PRAXISLÖSUNGEN

Gefahrgutrecht Straße/Schiene ADR/RID 2021

IMPRESSUM

Bibliografische Information der Deutschen Nationalbibliothek
Die Deutsche Nationalbibliothek verzeichnet diese Publikation in der Deutschen Nationalbibliografie; detaillierte bibliografische Daten sind im Internet über http://dnb.d-nb.de abrufbar.

© 2001–2021 by WEKA MEDIA GmbH & Co. KG
Alle Rechte vorbehalten. Nachdruck und Vervielfältigung – auch auszugsweise – nicht gestattet.

Wichtiger Hinweis
Die WEKA MEDIA GmbH & Co. KG ist bemüht, ihre Produkte jeweils nach neuesten Erkenntnissen zu erstellen. Deren Richtigkeit sowie inhaltliche und technische Fehlerfreiheit werden ausdrücklich nicht zugesichert. Die WEKA MEDIA GmbH & Co. KG gibt auch keine Zusicherung für die Anwendbarkeit bzw. Verwendbarkeit ihrer Produkte zu einem bestimmten Zweck. Die Auswahl der Ware, deren Einsatz und Nutzung fallen ausschließlich in den Verantwortungsbereich des Kunden.

WEKA MEDIA GmbH & Co. KG
Sitz in Kissing
Registergericht Augsburg
HRA 13940

Persönlich haftende Gesellschafterin:
WEKA MEDIA Beteiligungs-GmbH
Sitz in Kissing
Registergericht Augsburg
HRB 23695
Vertretungsberechtigte Geschäftsführer:
Stephan Behrens, Michael Bruns, Kurt Skupin

WEKA MEDIA GmbH & Co. KG
Römerstraße 4, D-86438 Kissing
Fon 0 82 33.23-40 00
Fax 0 82 33.23-74 00
service@weka.de
www.weka.de

Umschlag geschützt als Geschmacksmuster der
WEKA MEDIA GmbH & Co. KG
Druck: CPI books GmbH, Birkstraße 10, D-25917 Leck
Printed in Germany

ISBN 978-3-8111-0406-8

Vorwort

Liebe Leserin, lieber Leser,

heute erhalten Sie die 1. Auflage des Handbuchs „Gefahrgutrecht Straße/Schiene: ADR/RID 2021 + Nationale Vorschriften 2021". Darin finden Sie alle zum 1. Januar 2021 in Kraft getretenen Änderungen zum ADR und zum RID zuzüglich der inzwischen geänderten nationalen Vorschriften GGVSEB, GbV, GGAV und GGKostV sowie einer zwischenzeitlich bekannt gegebenen Berichtigung zum ADR 2021. Damit ist Ihr Handbuch auf dem neuesten Stand der Vorschriften.

Damit Sie auf einen Blick erkennen können, was sich seit der letzten Ausgabe des ADR/RID geändert hat, haben wir die Änderungen des ADR/RID 2021 wie gewohnt grau hinterlegt. Ebenfalls in gewohnter Manier sind die Vorschriften für den Straßen- und den Eisenbahnverkehr in synoptischer Darstellung gedruckt: links vom Mittelstrich die Textpassagen, die nur für den Straßenverkehr gelten, Texte rechts vom Mittelstrich gelten nur für den Eisenbahnverkehr. Texte, die über die ganze Seitenbreite gedruckt sind, gelten für beide Verkehrsträger gleichlautend.

Die Tabelle A in Kapitel 3.2 (Register 3) enthält das UN-numerische Verzeichnis der gefährlichen Güter mit einem Hinweis auf alle Güter, die dem Absatz 1.10.3.1.2 ADR/RID und § 35b GGVSEB unterliegen können.

Außerdem erhalten Sie die relevanten europäischen und nationalen Vorschriften in der derzeit geltenden Fassung. Dies sind die Richtlinie über die Beförderung gefährlicher Güter im Binnenland (RL Binnenland), das Gefahrgutbeförderungsgesetz (GGBefG), die Gefahrgutverordnung Straße, Eisenbahn und Binnenschifffahrt (GGVSEB), die Durchführungsrichtlinien Gefahrgut (RSEB), die Gefahrgut-Ausnahmeverordnung (GGAV), die Gefahrgutbeauftragtenverordnung (GbV), die Gefahrgutkontrollverordnung (GGKontrollV), die Ortsbewegliche-Druckgeräte-Verordnung (ODV) und die Gefahrgutkostenverordnung (GGKostV).

Wir wünschen Ihnen viel Erfolg bei Ihrer täglichen Arbeit.

Redaktion Gefahrgut
WEKA MEDIA GmbH & Co. KG

So arbeiten Sie mit dem Tab-Schnellsuchsystem

Zum schnellen Finden der einzelnen Teile des ADR/RID und der übrigen Vorschriften dieses Handbuchs erhalten Sie mit dieser Ausgabe ein Tab-Schnellsuchsystem.

Dazu haben wir einen Bogen mit aufklebbaren Taben in Ihr Handbuch eingelegt. Die Nummerierung der einzelnen Teile und Kapitel entnehmen Sie bitte der Titelseite des Handbuchs.

Die Taben mit den Nummern 1 bis 21 kleben Sie am besten auf die erste Seite des betreffenden Kapitels. So erhalten Sie ein überstehendes Register und gelangen mit einem Griff ins gewünschte Kapitel.

Und so wird's gemacht: Lösen Sie bitte den ersten aufklebbaren Tab (Nr. 1) von der Folie und kleben Sie ihn so auf die erste Seite des Kapitels Teil 1, dass die Außenkante des Blatts mit der Markierungslinie auf dem Tab abschließt. Nun wird der aufklebbare Tab an der dafür vorgesehenen perforierten Stelle nach hinten gefaltet und auf der Rückseite des Blatts angeklebt.

Mit allen weiteren Kapiteln machen Sie es bitte genauso – fertig ist das Schnellsuchsystem!

Ihr WEKA-Team

Inhaltsverzeichnis

ADR	RID

Seite

Stichwortverzeichnis 11

ADR | RID 2021

Anlage A Allgemeine Vorschriften und Vorschriften für gefährliche Stoffe und Gegenstände 27

Teil 1	Allgemeine Vorschriften	29
1.1	Geltungsbereich und Anwendbarkeit	33
1.2	Begriffsbestimmungen und Maßeinheiten	51
1.3	Unterweisung von Personen, die an der Beförderung gefährlicher Güter beteiligt sind	81
1.4	Sicherheitspflichten der Beteiligten	85
1.5	Abweichungen	95
1.6	Übergangsvorschriften	97
1.7	Allgemeine Vorschriften für radioaktive Stoffe	125
1.8	Maßnahmen zur Kontrolle und zur sonstigen Unterstützung der Einhaltung der Sicherheitsvorschriften	131
1.9	Beförderungseinschränkungen durch die zuständigen Behörden	157
1.10	Vorschriften für die Sicherung	167
1.11	Interne Notfallpläne für Rangierbahnhöfe	173

Teil 2	Klassifizierung	175
2.1	Allgemeine Vorschriften	179
2.2	Besondere Vorschriften für die einzelnen Klassen	191
2.3	Prüfverfahren	361

Teil 3	Verzeichnisse der gefährlichen Güter, Sondervorschriften und Freistellungen im Zusammenhang mit begrenzten und freigestellten Mengen	371
3.1	Allgemeines	373
3.2	Verzeichnis der gefährlichen Güter	377
Tabelle A:	Verzeichnis der gefährlichen Güter in UN-numerischer Reihenfolge	389
Tabelle B:	Verzeichnis der gefährlichen Güter in alphabetischer Reihenfolge	765
3.3	Für bestimmte Stoffe oder Gegenstände geltende Sondervorschriften	879
3.4	In begrenzten Mengen verpackte gefährliche Güter	953
3.5	In freigestellten Mengen verpackte gefährliche Güter	959

Inhaltsverzeichnis

ADR	RID

Seite

Teil 4	Vorschriften für die Verwendung von Verpackungen und Tanks		963
4.1	Verwendung von Verpackungen, einschließlich Großpackmittel (IBC) und Großverpackungen		967
4.2	Verwendung von ortsbeweglichen Tanks und von UN-Gascontainern mit mehreren Elementen (MEGC)		1121
4.3	Verwendung von festverbundenen Tanks (Tankfahrzeugen), Aufsetztanks, Tankcontainern und Tankwechselaufbauten (Tankwechselbehältern), deren Tankkörper aus metallenen Werkstoffen hergestellt sind, sowie von Batterie-Fahrzeugen und Gascontainern mit mehreren Elementen (MEGC)	Verwendung von Kesselwagen, abnehmbaren Tanks, Tankcontainern und Tankwechselaufbauten (Tankwechselbehältern), deren Tankkörper aus metallenen Werkstoffen hergestellt sind, sowie von Batteriewagen und Gascontainern mit mehreren Elementen (MEGC)	1151
4.4	Verwendung von festverbundenen Tanks (Tankfahrzeugen), Aufsetztanks, Tankcontainern und Tankwechselaufbauten (Tankwechselbehältern) aus faserverstärkten Kunststoffen (FVK)	Verwendung von Tankcontainern, einschließlich Tankwechselaufbauten (Tankwechselbehältern), deren Tankkörper aus faserverstärkten Kunststoffen (FVK) hergestellt sind	1189
4.5	Verwendung und Betrieb der Saug-Druck-Tanks für Abfälle		1191
4.6	(bleibt offen)		1193
4.7	Verwendung von mobilen Einheiten zur Herstellung von explosiven Stoffen oder Gegenständen mit Explosivstoff (MEMU)	(bleibt offen)	1195
Teil 5	Vorschriften für den Versand		1197
5.1	Allgemeine Vorschriften		1201
5.2	Kennzeichnung und Bezettelung		1209
5.3	Anbringen von Großzetteln (Placards) an und Kennzeichnung von Containern, Schüttgut-Containern, MEGC, MEMU, Tankcontainern, ortsbeweglichen Tanks und Fahrzeugen	Anbringen von Großzetteln (Placards) sowie Kennzeichnungen	1229
5.4	Dokumentation		1255
5.5	Sondervorschriften		1285

Inhaltsverzeichnis

	ADR	RID	Seite
Teil 6	Bau- und Prüfvorschriften für Verpackungen, Großpackmittel (IBC), Großverpackungen, Tanks und Schüttgut-Container		1293
6.1	Bau- und Prüfvorschriften für Verpackungen		1305
6.2	Bau- und Prüfvorschriften für Druckgefäße, Druckgaspackungen, Gefäße, klein, mit Gas (Gaspatronen) und Brennstoffzellen-Kartuschen mit verflüssigtem entzündbarem Gas		1347
6.3	Bau- und Prüfvorschriften für Verpackungen für ansteckungsgefährliche Stoffe der Kategorie A der Klasse 6.2 (UN-Nummern 2814 und 2900)		1403
6.4	Vorschriften für den Bau, die Prüfung und die Zulassung von Versandstücken für radioaktive Stoffe sowie für die Zulassung solcher Stoffe		1411
6.5	Bau- und Prüfvorschriften für Großpackmittel (IBC)		1443
6.6	Bau- und Prüfvorschriften für Großverpackungen		1471
6.7	Vorschriften für die Auslegung, den Bau und die Prüfung von ortsbeweglichen Tanks und von UN-Gascontainern mit mehreren Elementen (MEGC)		1483
6.8	Vorschriften für den Bau, die Ausrüstung, die Zulassung des Baumusters, die Prüfung und die Kennzeichnung von festverbundenen Tanks (Tankfahrzeugen), Aufsetztanks, Tankcontainern und Tankwechselaufbauten (Tankwechselbehältern), deren Tankkörper aus metallenen Werkstoffen hergestellt sind, sowie von Batterie-Fahrzeugen und Gascontainern mit mehreren Elementen (MEGC)	Vorschriften für den Bau, die Ausrüstung, die Zulassung des Baumusters, die Prüfung und die Kennzeichnung von Kesselwagen, abnehmbaren Tanks, Tankcontainern und Tankwechselaufbauten (Tankwechselbehältern), deren Tankkörper aus metallenen Werkstoffen hergestellt sind, sowie von Batteriewagen und Gascontainern mit mehreren Elementen (MEGC)	1553
6.9	Vorschriften für die Auslegung, den Bau, die Ausrüstung, die Zulassung des Baumusters, die Prüfung und die Kennzeichnung von festverbundenen Tanks (Tankfahrzeugen), Aufsetztanks, Tankcontainern und Tankwechselaufbauten (Tankwechselbehältern) aus faserverstärkten Kunststoffen (FVK)	Vorschriften für die Auslegung, den Bau, die Ausrüstung, die Zulassung des Baumusters, die Prüfung und die Kennzeichnung von Tankcontainern und Tankwechselaufbauten (Tankwechselbehältern) aus faserverstärkten Kunststoffen (FVK)	1627
6.10	Vorschriften für den Bau, die Ausrüstung, die Zulassung, die Prüfung und die Kennzeichnung von Saug-Druck-Tanks für Abfälle		1639
6.11	Vorschriften für die Auslegung, den Bau und die Prüfung von Schüttgut-Containern		1643
6.12	Vorschriften für den Bau, die Ausrüstung, die Zulassung des Baumusters, die Prüfung und die Kennzeichnung von Tanks, Schüttgut-Containern und besonderen Laderäumen für explosive Stoffe oder Gegenstände mit Explosivstoff in mobilen Einheiten zur Herstellung von explosiven Stoffen oder Gegenständen mit Explosivstoff (MEMU)		1653
Teil 7	Vorschriften für die Beförderung, die Be- und Entladung und die Handhabung		1657
7.1	Allgemeine Vorschriften und Sondervorschriften für die Temperaturkontrolle		1659
7.2	Vorschriften für die Beförderung in Versandstücken		1669
7.3	Vorschriften für die Beförderung in loser Schüttung		1673
7.4	Vorschriften für die Beförderung in Tanks		1683
7.5	Vorschriften für die Be- und Entladung und die Handhabung		1685
7.6	(bleibt offen)	Vorschriften für den Versand als Expressgut	1707
7.7	(bleibt offen)	Huckepackverkehr in gemischten Zügen (kombinierter Personen- und Güterverkehr)	1709

Inhaltsverzeichnis
nur ADR

		Seite
Anlage B	**Vorschriften für die Beförderungsausrüstung und die Durchführung der Beförderung**	**1711**
Teil 8	Vorschriften für die Fahrzeugbesatzungen, die Ausrüstung, den Betrieb der Fahrzeuge und die Dokumentation	1713
8.1	Allgemeine Vorschriften für die Beförderungseinheiten und das Bordgerät	1715
8.2	Vorschriften für die Schulung der Fahrzeugbesatzung	1719
8.3	Verschiedene Vorschriften, die von der Fahrzeugbesatzung zu beachten sind	1727
8.4	Vorschriften für die Überwachung der Fahrzeuge	1729
8.5	Zusätzliche Vorschriften für besondere Klassen oder Güter	1731
8.6	Straßentunnelbeschränkungen für die Durchfahrt von Fahrzeugen mit gefährlichen Gütern	1737
Teil 9	Vorschriften für den Bau und die Zulassung der Fahrzeuge	1741
9.1	Anwendungsbereich, Begriffsbestimmungen und Vorschriften für die Zulassung von Fahrzeugen	1743
9.2	Vorschriften für den Bau von Fahrzeugen	1749
9.3	Ergänzende Vorschriften für vollständige oder vervollständigte EX/II- und EX/III-Fahrzeuge zur Beförderung von explosiven Stoffen und Gegenständen mit Explosivstoff (Klasse 1) in Versandstücken	1761
9.4	Ergänzende Vorschriften für die Herstellung der Aufbauten vollständiger oder vervollständigter Fahrzeuge (andere als EX/II- und EX/III-Fahrzeuge) zur Beförderung gefährlicher Güter in Versandstücken	1763
9.5	Ergänzende Vorschriften für die Herstellung der Aufbauten vollständiger oder vervollständigter Fahrzeuge zur Beförderung fester gefährlicher Güter in loser Schüttung	1765
9.6	Ergänzende Vorschriften für vollständige oder vervollständigte Fahrzeuge zur Beförderung von Stoffen unter Temperaturkontrolle	1767
9.7	Ergänzende Vorschriften für Tankfahrzeuge (festverbundene Tanks), Batterie-Fahrzeuge und vollständige oder vervollständigte Fahrzeuge für die Beförderung gefährlicher Güter in Aufsetztanks mit einem Fassungsraum von mehr als 1 m³ oder in Tankcontainern, ortsbeweglichen Tanks oder MEGC mit einem Fassungsraum von mehr als 3 m³ (Fahrzeuge EX/III, FL und AT)	1769
9.8	Ergänzende Vorschriften für vollständige oder vervollständigte MEMU	1775

Inhaltsverzeichnis

Seite

RL **RICHTLINIE 2008/68/EG**
Binnen- **DES EUROPÄISCHEN PARLAMENTS UND DES RATES**
land über die Beförderung gefährlicher Güter im Binnenland   1779

GGBefG Gesetz über die Beförderung gefährlicher Güter
(Gefahrgutbeförderungsgesetz – GGBefG)   1843

GGVSEB Verordnung über die innerstaatliche und grenzüberschreitende
Beförderung gefährlicher Güter auf der Straße, mit Eisenbahnen
und auf Binnengewässern (Gefahrgutverordnung Straße,
Eisenbahn und Binnenschifffahrt – GGVSEB)   1855

RSEB Richtlinien zur Durchführung der Gefahrgutverordnung
Straße, Eisenbahn und Binnenschifffahrt (GGVSEB)
und weiterer gefahrgutrechtlicher Verordnungen
(Durchführungsrichtlinien-Gefahrgut) – RSEB   1925

GGAV Verordnung über Ausnahmen von den Vorschriften über die
Beförderung gefährlicher Güter
(Gefahrgut-Ausnahmeverordnung – GGAV)   2123

GbV Verordnung über die Bestellung von Gefahrgutbeauftragten
in Unternehmen (Gefahrgutbeauftragtenverordnung – GbV)   2151

GGKon- Verordnung über die Kontrollen von Gefahrguttransporten
trollV auf der Straße und in den Unternehmen (GGKontrollV)   2157

ODV Ortsbewegliche-Druckgeräte-Verordnung (ODV)   2165

GGKostV Kostenverordnung für Maßnahmen bei der Beförderung
gefährlicher Güter (Gefahrgutkostenverordnung – GGKostV)   2187

Stichwortverzeichnis

Stichwortverzeichnis

#
1000-Punkte-Tabelle 41

A
A_1 und A_2 297
Abbau in der Umwelt 344
Abblasmenge 1495
Abfälle 51
181
1191
1257
1639
2125
Ableitung von Kontroll- und Notfalltemperatur 1663
abnehmbare Tanks 1151
1553
Abschleppfahrzeuge 35
Absender 51
85
1859
Absperreinrichtungen 1155
Additive 180
administrative Kontrollen 143
ADN 51
ADN-Vertragsparteien 1942
ADR 51
ADR/RID-Tanks 384
ADR-Bescheinigung 1715
1724
ADR-Tanks 384
ADR-Vereinbarungen 95
ADR-Vertragsparteien 1942
ADR-Zulassung 1744
ADR-Zulassungsbescheinigung 1715
1745
1747
1978
2105
2109
Aerosol 51
57
Aktivität 1217
Aktivitätsgrenzwerte für freigestellte Versandstücke 325
Aktivitätskonzentrationsgrenzwerte 300
akute (kurzfristige) Gefährdung 343
akute aquatische Toxizität 343
allgemeine n.a.g.-Eintragungen 179
allgemeine Sicherheitspflichten 1861
1929
allgemeine Sicherheitsvorsorge 85
Alphastrahler geringer Toxizität 297
alternative Methoden (Dichtheitsprüfung) 1399
Altverpackungen, leer, ungereinigt 190
Amtshilfe 131
1851
Anbringen von Großzetteln (Placards) 1229
Anerkennung der Schulung 1722
Angaben im Beförderungspapier 47
Anhänger 1715
Ankunft 1685
ansteckungsgefährliche Stoffe 179
289
1107
1216
1732
Antriebsmotor 1757
1762
1767

Anweisungen für ortsbewegliche Tanks 1131
Anwendung von Normen 49
ANZÜNDER 203
ANZÜNDHÜTCHEN 203
ANZÜNDLITZE 203
ANZÜNDSCHNUR 203
aquatische Umwelt 342
355
1262
Argon 1287
Asbest 340
Assimilierung 973
Assimilierungsliste 978
Assimilierungsverfahren 974
ASTM 51
asymmetrische Kondensatoren 100
ätzend 220
221
ätzende Gase 219
ätzende Stoffe 179
329
Aufbau der Schulung 1720
Aufbaukurs 1719
Aufbewahrung 1281
aufgabenbezogene Unterweisung 81
Aufrichtprüfung 1468
Aufsetztanks 51
102
110
111
1151
1553
1769
Auftraggeber des Absenders 1860
Auslegungslebensdauer 52
AUSLÖSEVORRICHTUNG MIT EXPLOSIVSTOFF 204
Ausnahmen 1847
2123
... gem. GGVSEB 1861
1929
... zu den §§ 35 und 35a GGVSEB 1894
Auspuffanlage 1757
Ausrichtungspfeile 1214
ausschließliche Verwendung 52
Ausschluss aus der Klasse 1 199
Ausschwitzen 361
Außenverpackung(en) 52
968
997
1325
außerordentliche Prüfungen 149
automatischer Blockierverhinderer 1727
Azide 234
Azoverbindungen 234

B
Bakterien 289
Basiskurs 1719
Batterie-Fahrzeug(e) 52
102
1151
1553
1588
1769
1974
1975

Stichwortverzeichnis

Batterien	1753
Batterietrennschalter	1754
Batteriewagen	52
	102
	107
	1151
	1553
	1588
Bau- und Prüfvorschriften für Druckgefäße	1347
Bau- und Prüfvorschriften für Verpackungen	1305
Bau von Fahrzeugen	1743
	1749
Bauart	967
... für die Beförderung radioaktiver Stoffe	52
Bauartgenehmigung von IBC	1449
bauliche Ausrüstung	52
Baumusterprüfung	154
Baumusterzulassung	32
	98
	146
	1364
... von Tanks	1570
Baustahl	53
Baustellen	35
Be- und Entladung	387
	1659
	1685
Beauftragter	1731
bedeckter Container	53
	56
bedeckter Schüttgut-Container	53
	73
bedecktes Fahrzeug	53
Bedienungsausrüstung	53
	1491
Befestigungseinrichtungen	1770
Beförderer	53
	86
Beförderung	53
	1659
	1844
... durch zivile Unternehmen im Auftrag und unter der Verantwortung der Bundeswehr	2146
... erwärmter flüssiger und fester Stoffe	1896
... freigestellter Versandstücke	31
	126
... gefährlicher Güter als behördliche Asservate	1896
... gefährlicher Güter auf Fährschiffen, die Küstenschifffahrt betreiben	2147
	2149
... gefährlicher Güter mit Fähren	2126
... in loser Schüttung	53
... in Tanks	1683
... umweltgefährdender Stoffe	1262
... unter Temperaturkontrolle	1664
... verpackter gefährlicher Abfälle	2132
... von Anhängern	47
... von flüssigen Brennstoffen	38
... von Gasen	36
... von in begrenzten Mengen verpackten gefährlichen Gütern	953
... von UN 3509 Altverpackungen, leer, ungereinigt	1262
... von ungereinigten leeren Eichnormalen	2143
Beförderungsausrüstung	1711
Beförderungseinheit	53
	1715
Beförderungseinschränkungen durch die zuständigen Behörden	157
Beförderungsgenehmigung	1197
	1202
Beförderungskategorie	39
	386
Beförderungsmittel	54
Beförderungspapier	54
	1255
	1715
	2125
	2131
Beförderungsverbote	379
Beförderungsvertrag	51
Befüllen von MEGC	1130
Befüllen von ortsbeweglichen Tanks	1127
	1128
Befüller	54
	89
	1859
begaste Güterbeförderungseinheiten	1285
Begleitpapiere	1715
begrenzte Mengen	39
	380
	953
	959
Begrenzung der beförderten Mengen	1690
Begriffsbestimmungen	51
Behälter (für Klasse 1)	54
behördliche Asservate	1896
Bekanntgabe von Einschränkungen	163
Belade- und Entladestellen	1731
Beladen s. Verladen	54
	76
Beleuchtung	1753
Beleuchtungsgeräte	1727
benannte Stellen	1934
Benennung für die Beförderung	373
Benennung und Beschreibung	377
Berechnungsdruck	54
	1157
	1170
Bergungsdruckgefäß	54
	102
	972
	998
	1209
	1383
Bergungsgroßverpackungen	1477
Bergungsverpackung	54
	972
	1209
	1328
Bericht über Ereignisse bei der Beförderung gefährlicher Güter	140
Berstscheiben	1495
Bescheinigung über die Schulung des Fahrzeugführers	1715
	1724
Beschreibung der Großzettel (Placards)	1236
Beschreibung der orangefarbenen Tafel	1241
besondere Vorschriften für freigestellte Versandstücke radioaktiver Stoffe der Klasse 7	1206
besondere Zuständigkeiten im Straßenverkehr	1868
	1935
Bestellung von Gefahrgutbeauftragten	1943
	2152
Bestimmung grundlegender Radionuklidwerte	300
Betreiber der Eisenbahninfrastruktur	55
	91
Betreiber eines Kesselwagens	55
	91

13

Stichwortverzeichnis

Betreiber eines ortsbeweglichen Tanks 55
    90
Betreiber eines Tankcontainers 55
    90
Betrieb 387
  ... des Motors 1727
  ... von Tanks für Gase 1165
  ... von Tanks 1155
Betriebsdauer für Flaschen und Großflaschen aus Verbundwerkstoffen 55
Betriebsdruck 55
Bezettelung von Versandstücken 1215
Bezettelungsvorschriften 1215
Bezugsstahl 55
Bioakkumulation 344
biologische Produkte 289
    294
BK1 1643
BK2 1643
BK3 1646
BLITZLICHTPULVER 204
Blut 292
Blutbestandteile 292
Bodenöffnungen 1135
    1492
BOMBEN 204
Bremsausrüstung 1755
brennbare Flüssigkeiten 226
Brennstoffzelle 55
Brennstoffzellen-Kartuschen 1347
    1397
Brennstoffzellen-Motor 55
Bundeswasserstraßen 1860
Bundeswehr 2125
Bußgeldkatalog 2013

C

Cellulosemischungen 362
CGA 55
Chemikalien unter Druck 221
    1126
chemische Verbrennungswärme 220
chemische Verträglichkeit 967
  ... von Kunststoffumschließungen 973
chemische Verträglichkeit 1337
chronische aquatische Toxizität 344
CIM 56
CMR 56
CNG 76
Codierung 1306
  ... von Großverpackung 1471
  ... von IBC 1443
Compressed Gas Association 55
Container 56
Container-/Fahrzeugpackzertifikat 1270
CSC 56
    1643
CTU 56
    64
    1285

D

Dampfdruck 217
    226
    970

Datenschutz 1851
Dauerbremse des Fahrzeugs 1757
Dauerstromkreise 1755
Delegation von Prüfaufgaben 143
desensibilisierte explosive feste Stoffe 179
    231
    236
desensibilisierte explosive flüssige Stoffe 226
desensibilisierte Stoffe 1100
Desensibilisierung 236
  ... organischer Peroxide 261
DETONATOREN FÜR MUNITION 204
Diazoniumsalze 234
Dichtheitsprüfung 57
    1334
    1398
    1464
dickflüssige Stoffe 366
Dieselkraftstoff 226
Dioxine 340
Dokumentation 1255
Doppelschicht-Kondensatoren 99
Dosisleistung 57
Druckänderung 967
Druckentlastungseinrichtungen 1135
    1350
    1493
Druckfass / Druckfässer 57
    998
Druckgaspackung (Aerosol) 57
Druckgaspackungen 217
    220
    1347
    1397
Druckgefäße 57
    1102
  ... aus Verbundwerkstoffen 1397
  ..., die keine UN-Druckgefäße sind 1378
  ... für Acetylen 1348
  ... für feste Stoffe 998
  ... für flüssige Stoffe 998
Druck-Vakuumpumpe 1192
Durchführungsrichtlinien-Gefahrgut 1927
Durchmesser (für Tankkörper von Tanks) 57

E

ECM 60
    93
EDI 1255
EDV 1255
EG-Richtlinie 57
Eingangskontrolle 1685
Einschränkungen aus Gründen der Sicherheit der Beförderung gefährlicher Güter 1909
Einstufung von Gemischen 352
Einzelausnahmen für Kampfmittelräumdienste 2063
Einzeleintragungen 179
Einzelverpackungen 997
Eis als Kühlmittel 972
Eisenbahninfrastruktur 55
    57
    58
elektrische Anschlussverbindungen 1727
  ... zwischen Kraftfahrzeugen und Anhängern 1753

Stichwortverzeichnis

elektrische Ausrüstung	1752
	1762
	1772
elektronische Datenverarbeitung	1255
elektronischer Datenaustausch	1255
elektrostatische Aufladung(en)	1695
	1732
elektrostatische Entladung	996
elektrostatische Ladung	1101
Empfänger	58
	88
EN(-Norm)	58
Entladen	58
Entlader	58
	92
Entladestellen	1731
Entladung	387
	1659
	1685
Entleerungsdruck	58
entwickelter Druck	58
entzündbar	217
	220
	221
entzündbare feste Stoffe	179
	231
entzündbare flüssige Stoffe	179
	226
entzündbare Gase	218
entzündend (oxidierend) wirkende Stoffe	254
entzündend wirkende Stoffe	179
Erdung	1565
Ermittlung der Fallhöhe	974
erstickend	217
	220
	221
erstickende Gase	218
Erstickungsgefahr	1287
Erstickungswarnkennzeichen für Fahrzeuge/Wagen und Container	1291
erstmalige Prüfung	32
	149
erwärmte Stoffe	340
	1123
	1250
	1261
Essigsäure	1338
EX/II, EX/III	1743
EX/II-Fahrzeuge, EX/III-Fahrzeuge	1761
explosive Stoffe	179
	191
	204
	972
	1100
	1690
EXPLOSIVSTOFF	205
Expressgut	387
	1707
externe Wärmequellen	1762

F

Fähren	2125
Fahrgäste	1727
Fahrweg im Straßenverkehr	1892
	1939
Fahrwegbestimmung	1907
	2007
	2009
Fahrzeug(e)	35
	59
	117
	1229
	1743
	1860
... AT	1683
	1743
... EX/II, EX/III	1743
... FL	1683
	1743
	1770
... für die Beförderung in Tanks	385
... mit Aufsetztanks	1976
... und Container, die unverpacktes Trockeneis enthalten	1289
Fallhöhe	1480
FALLLOTE	205
Fallprüfung	974
	1331
	1466
	1480
faserverstärkte Kunststoffe	113
	1189
	1627
	1769
Fass / Fässer	59
	1306
	1313
... aus Kunststoff	972
Fassungsraum eines Tankkörperabteils / Tankkörpers	59
Feinstaub	340
Feinstblechverpackung	59
	381
	1084
	1306
	1326
feste Stoffe	59
	971
... über ihrem Schmelzpunkt	1126
Festlegung der Anforderungen für besonders ausgerüstete Fahrzeuge/Wagen und Container/ Großcontainer	1915
Feststellbremse	1727
festverbundene Tanks	59
	102
	110
	111
	1151
	1553
	1769
Feuchtigkeitsänderung	967
Feuerlöschausrüstung	1715
Feuerlöschgeräte	1727
	1895
Feuerwerkskörper	194
	205
FL	1743
	1770
Flammpunkt	59
	226
	227
	363
	996
Flasche(n)	59
	102
	998
Flaschenbündel	59
	102
	998
	1377

Stichwortverzeichnis

flexible Schüttgut-Container	59
	73
	1646
	1678
	1694
flexibles Großpackmittel	59
Fließverhalten	366
flüssiger Stoff	59
	970
Flüssiggas (LPG)	60
Flüssigkeitsdruckprüfung	970
	1398
Form und Sprache der Dokumente	1268
Formular multimodale Beförderung	1281
Frachtbrief	54
freigestellte Mengen	380
freigestellte Versandstücke Klasse 7	324
	1206
	1412
Freistellungen	35
	379
	959
Freistellungen (Klasse 6.2)	292
... in Zusammenhang mit der Beförderung von Leuchtmitteln, die gefährliche Güter enthalten	43
... in Zusammenhang mit der Verwendung von Kühl- oder Konditionierungsmittel	43
Freistellungsregelungen	1944
Führer von Fahrzeugen	1719
Füllbedingungen	1158
Fülldruck	60
FÜLLSPRENGKÖRPER	205
füllungsfreier Raum	968
Füllungsgrad	60
	968
	999
	1122
	1153
für die Instandhaltung zuständige Stelle (ECM)	60
Futtermittel	1689
FVK	1627
FVK-Tankcontainer	1627
FVK-Tanks	113
	1189
	1627
FVK-Tankwechselaufbauten	1627
FVK-Tankwechselbehälter	1627

G

Gas(e)	61
	179
	217
Gascontainer mit mehreren Elementen (MEGC)	61
	1151
	1553
Gasflasche	59
Gasöl	226
Gaspatrone(n)	61
	102
	217
	1347
	1397
Gattungseintragung(en)	179
	375
	377
GbV	2151
Gebührenverzeichnis GGKostV	2189
gedeckter Wagen	61

gedecktes Fahrzeug	61
Gefahrgut mit hohem Gefahrenpotenzial	168
Gefahrgut-Ausnahmeverordnung	2123
Gefahrgutbeauftragtenverordnung	2151
Gefahrgutbeförderungsgesetz	1843
Gefahrgutklassen	179
Gefahrgutkontrollen	131
Gefahrgutkostenverordnung	2187
Gefahrguttabelle	377
Gefahrgut-Verkehrs-Beirat	1849
Gefahrgutverordnung Straße, Eisenbahn und Binnenschifffahrt	1855
gefährliche Güter	61
	1844
	1860
..., für deren Beförderung die §§ 35 und 35a GGVSEB gelten	1893
... in Geräten	1292
gefährliche Reaktion	61
gefährliche Rückstände	967
Gefahrzettel	379
	1215
Gefahrzettelmuster	1221
	1255
Gefäß(e)	61
	381
..., klein, mit Gas (Gaspatrone)	61
	1347
	1397
... für Gase der Klasse 2	101
GEFECHTSKÖPFE	205
Gegenstände mit Explosivstoff	179
	191
	206
	972
	1100
	1690
GEGENSTÄNDE, EEI	206
GEGENSTÄNDE, PYROPHOR	206
Gehalt an Peroxid	365
gelöstes Gas	217
Geltungsbereich	33
... GGVSEB	1858
Gemische	181
	376
genetisch veränderte Mikroorganismen	275
	294
	356
genetisch veränderte Organismen	294
	356
Genussmittel	1689
gering dispergierbare radioaktive Stoffe	297
	323
Gesamtmenge	1256
geschlossene Ladung	62
geschlossener Container	56
	62
geschlossener Schüttgut-Container	73
GESCHOSSE	206
geschütztes Großpackmittel	62
Geschwindigkeitsbegrenzer	1758
Gesetz über die Beförderung gefährlicher Güter	1843
getrocknetes Blut	292
Gewährleistung der Einhaltung der Vorschriften (radioaktive Stoffe)	62
GGAV	2123
GGBefG	1843

Stichwortverzeichnis

GGKontrollV	2157
GGKostV	2187
GGVSEB	1855
GGVSee	1860
GHS	62
giftig	217
	220
	221
giftige Gase	219
giftige Stoffe	179
	275
Globally Harmonized System of Classification and Labelling of Chemicals	62
Glossar	51
... (Klasse 1)	203
GMMO	356
GMO	356
GRANATEN	207
Großcontainer	56
	62
	1229
	1659
Großflasche(n)	62
	998
Großpackmittel (IBC)	62
	97
	381
	967
	996
	1085
	1209
	1443
... aus Holz	63
... aus Pappe	63
Großverpackung(en)	64
	99
	381
	967
	996
	1091
	1471
Großzettel (Placard)	46
	379
	1229
	1715
... Klasse 7	1237
Güterbeförderungseinheit	64

H

Haltezeit	64
... (tatsächliche) ortsbeweglicher Tanks	1129
Handbuch Prüfungen und Kriterien	64
	220
	254
Handelsnamen	375
Handgepäck	43
Handhabung	387
	1659
	1685
Handhabungsvorrichtung	64
Hebeprüfung	1462
	1479
Heizöl	226
Hersteller von Verpackungen	1305
HEXOLIT	207
HEXOTOL	207
HEXOTONAL	207
hinterer Schutz der Fahrzeuge	1771

höchste Nettomasse	64
höchster Betriebsdruck	64
höchster Fassungsraum	65
höchstzulässige Bruttomasse	65
hohes Gefahrenpotenzial	168
HOHLLADUNGEN	207
Holzfass	65
Horde (Klasse 1)	65
Huckepackverkehr	46
	65
	1260
hydraulische Innendruckprüfung	1464

I

IAEA	66
IAEO-Regelungen für die sichere Beförderung radioaktiver Stoffe	66
IBC	59
	62
	66
	381
	967
	996
	1443
	1860
ICAO	66
ICAO-TI	44
	74
IMDG-Code	44
	66
	1860
IMO	66
Industrieversandstücke	1112
	1412
infektiöse Stoffe	179
	289
infizierte Tiere	295
Innenauskleidung	66
	967
Innenbehandlung	967
Innendruck	970
Innendruckprüfung	1335
Innengefäß	66
	1324
Innenverpackung(en)	66
	968
	997
Inspektion von IBC	996
	1449
International Atomic Energy Agency	66
International Civil Aviation Organization	66
International Maritime Organization	66
International Organization for Standardization	66
Internationale Atomenergiebehörde	66
Internationale Organisation für Normung	66
Internationale Seeschifffahrtsorganisation	66
Internationale Zivilluftfahrt-Organisation	66
Internationaler Code für die Beförderung gefährlicher Güter mit Seeschiffen	66
Internationaler Eisenbahnverband	75
Internationales Übereinkommen über sichere Container	56
interne Notfallpläne	2119
ISO(-Norm)	66
	1104

Stichwortverzeichnis

J
Jahresbericht des Gefahrgutbeauftragten ... 1943

K
Kanister ... 67, 1306, 1315
... aus Kunststoff ... 972
KARTUSCHEN ... 207
katalytische Reaktion ... 967
Kategorie A (ansteckungsgefährliche Stoffe) ... 290
Kategorie B (ansteckungsgefährliche Stoffe) ... 292
Kemler-Zahl *s. Nummer zur Kennzeichnung der Gefahr* ... 387, 1244
Kennzeichen ... 46
... für erwärmte Stoffe ... 1250
... für freigestellte Mengen ... 961
... für Lithiumbatterien ... 1213
... für umweltgefährdende Stoffe ... 1252
Kennzeichnung
   ... (ortsbeweglicher Tank) ... 1502
   ... der Verpackung ... 1308
   ... mit orangefarbenen Tafeln ... 1238
   ... umweltgefährdender Stoffe ... 1212
   ... von Druckgefäßen ... 999
   ... von Flaschenbündeln ... 1382
   ... von IBC ... 1445
   ... von Tanks ... 1577
   ... von UN-Flaschenbündeln ... 1377
   ... von Versandstücken ... 1209
   ... von Versandstücken, die begrenzte Mengen enthalten ... 954
   ... von Versandstücken, die ein Kühl- oder Konditionierungsmittel enthalten ... 1289
Kennzeichnungsnummer ... 387, 1244
Kesselwagen ... 67, 102, 107, 110, 111, 1151
   ... (Bauvorschriften) ... 1553
Kippfallprüfung ... 1467
Kiste(n) ... 67, 1306, 1318
Klasse ... 378
Klasse 1 ... 179, 191, 1100, 1209, 1230, 1234, 1263, 1690
Klasse 2 ... 179, 217, 1102, 1157, 1210, 1264, 1587
Klasse 3 ... 179, 226, 1123

Klasse 4.1 ... 179, 231, 1105, 1123, 1124, 1265
Klasse 4.2 ... 179, 245, 1123, 1675
Klasse 4.3 ... 179, 250, 1123, 1676
Klasse 5.1 ... 179, 254, 1124, 1676
Klasse 5.2 ... 179, 259, 1105, 1124, 1265
Klasse 6.1 ... 179, 275, 1126
Klasse 6.2 ... 179, 289, 1107, 1126, 1266, 1676
Klasse 7 ... 121, 125, 179, 297, 1109, 1126, 1202, 1210, 1230, 1234, 1266, 1411, 1677
Klasse 8 ... 179, 329, 1126, 1677
Klasse 9 ... 179, 340, 1126, 1677
Klassifizierung
   ... als oberflächenkontaminierte Gegenstände (SCO) ... 327
   ... als Stoffe mit geringer spezifischer Aktivität (LSA) ... 327
   ... als Typ A-Versandstück ... 327
   ... als Typ B(U)-, Typ B(M)- oder Typ C-Versandstücke ... 328
   ... für Feuerwerkskörper ... 195
   ... von Altverpackungen, leer, ungereinigt ... 190
   ... von Gegenständen als Gegenstände, die gefährliche Güter enthalten, n.a.g. ... 189
   ... von Uranhexafluorid ... 327
   ... von Versandstücken oder unverpackten Stoffen ... 324
Klassifizierungscode ... 378, 1255
Klassifizierungsdokumentation ... 200
Kleincontainer ... 56, 67
klinische Abfälle ... 289, 294

Stichwortverzeichnis

KNALLKAPSELN	207
Kohlenwasserstoffgemisch	1338
Kolonnen	1731
Kombinations-IBC mit Kunststoff-Innenbehälter	67
	972
Kombinationsverpackung(en)	67
	1306
	1323
Konditionierungszwecke	1287
Konformitätsbewertung	145
Konformitätsbewertungsverfahren für Gaspatronen	153
Kontamination	297
Kontrolle des Druckgefäßes	999
Kontrollen von Gefahrguttransporten	2157
Kontrolltemperatur	67
	1261
körnige Stoffe	972
Korrosion von Werkstoffen	2113
Kostenverordnung für Maßnahmen bei der Beförderung gefährlicher Güter	2187
Kraftstoffbehälter	38
Krankheitserreger	289
Kritikalitätssicherheitskennzahl	1204
kritische Temperatur	68
Kryo-Behälter	68
	1102
	1347
	1349
	1397
kubischer Ausdehnungskoeffizient	1122
Kühlzwecke	1287
Kulturen	289
Kunststoffgewebe	68
Kunststoff-IBC	972
Kunststoffverpackungen	967
	1101

L

Ladungssicherung	1693
langfristige Gefährdung	344
LC_{50}	276
LD_{50}-Wert	276
leere Großpackmittel (IBC)	971
leere Großverpackungen	971
leere Umschließungsmittel	1258
leere Verpackungen	971
Lehrplan	1721
LEUCHTKÖRPER	208
LEUCHTSPURKÖRPER	208
Lichtbildausweis	1715
Limited Quantities (LQ)	380
	959
Liste der gefährlichen Güter mit hohem Gefahrenpotenzial	168
Lithiumbatterien	99
	340
	341
LNG	76
LOCKERUNGSSPRENGGERÄTE	208
lose Schüttung	53
	386
	1673
	1765
Lösungen	181
	376
LPG	60

LQ	380
	959
LSA-Stoffe	319
	1111
	1212
Luftbeförderung	44
	1260
luftdicht verschlossener Tank	68
Lüftungseinrichtung	970

M

Managementsystem	68
	128
Masse eines Versandstückes	68
Maßeinheiten	79
Maßnahmen der zuständigen Behörden	1849
medizinische Abfälle	294
medizinische oder klinische Abfälle	289
MEDIZINISCHE PROBE	292
MEGC	61
	69
	113
	116
	1229
	1553
	1588
	1769
	1860
Meldepflichten	143
... der Prüfstellen	144
meldepflichtiges Ereignis	139
Meldungen von Ereignissen mit gefährlichen Gütern	139
MEMU	119
	1195
	1729
	1860
metallene Großpackmittel (IBC)	69
	970
Metallhydrid-Speichersystem	69
Metalllegierungen	232
metallorganische Stoffe	368
Metallpulver	232
militärische Benennungen	375
militärische Sendungen	95
Mindestprüfdruck	998
	1135
... für Tanks	1159
Mindestwanddicke	1135
... des Tankkörpers	1489
	1557
MINEN	208
Mitglied der Fahrzeugbesatzung	69
Motor	1757
Motor und Laderaum	1762
multilaterale Vereinbarungen	95
multimodale Beförderung	1281
MUNITION	208

N

n.a.g.-Eintragung	70
	375
	377
nachfüllbare Druckgefäße	999
Nahrungsmittel	1689
n-Butylacetat	1338
Netto-Explosivstoffmasse (NEM)	70
Netzmittellösung	1337

Stichwortverzeichnis

Neutronenstrahlendetektor	70
nicht anderweitig genannte Eintragung	
s. n.a.g.-Eintragung	70
	375
	377
nicht tiefgekühlt verflüssigte Gase	1126
N-Nitrosoverbindungen	234
Notfallbeförderungen	35
Notfall-Druckentlastungseinrichtung	999
Notfallfluchtmaske	1717
Notfallmaßnahmen	35
Notfallpläne für Rangierbahnhöfe	173
Notfalltemperatur	70
	1261
Nummer zur Kennzeichnung der Gefahr	387
	1244

O

oberflächenkontaminierter Gegenstand (SCO)	297
	320
	1111
OCTOL	209
OCTONAL	209
ODV	2165
offener Container	56
offener Kryo-Behälter	70
offener Wagen	70
offenes Fahrzeug	70
offizielle Benennung	1255
... für die Beförderung	373
Öffnung von Versandstücken	1727
OKTOLIT	209
orangefarbene Kennzeichnung	1238
orangefarbene Tafeln	46
Ordnungswidrigkeiten	1852
	1940
... gem. GGVSEB	1896
organische Peroxide	179
	259
	265
	972
	1105
	1216
	1265
	1692
ortsbewegliche Druckgeräte	1860
Ortsbewegliche-Druckgeräte-Verordnung	1860
ortsbewegliche Gasflaschen	1105
ortsbewegliche Tanks	70
	113
	116
	383
	1121
	1229
	1483
OTIF	70
	1860
oxidierend	217
	220
oxidierend wirkende Stoffe	179
	254
oxidierende Gase	219

P

Packmittelkörper	71
Parasiten	289
Parkmöglichkeiten	1729

pastenförmige Stoffe	366
PATRONEN	209
PCB	340
PCT	340
Penetrometer	366
PENTOLIT	211
PERFORATIONSHOHLLADUNGSTRÄGER	211
Permeation	1336
Peroxid, Gehalt an	365
Personenschaden	139
Pestizide	226
	275
	281
Pflichten	1936
... anderer Beteiligter	89
... der Besatzung und sonstiger Personen an Bord in der Binnenschifffahrt	1891
... der für die Instandhaltung zuständigen Stelle im Eisenbahnverkehr	1889
... der Hauptbeteiligten	85
... der Unternehmer (GbV)	2154
... des Absenders	1872
	1936
... des Auftraggebers des Absenders	1872
	1936
... des Beförderers	1874
	1937
... des Befüllers	1880
	1937
... des Betreibers der Eisenbahninfrastruktur im Eisenbahnverkehr	1890
... des Betreibers eines Kesselwagens, abnehmbaren Tanks und Batteriewagens im Eisenbahnverkehr	1889
	1938
... des Betreibers eines Tankcontainers, ortsbeweglichen Tanks, MEGC, Schüttgut-Containers oder MEMU	1884
... des Eigentümers oder Betreibers in der Binnenschifffahrt	1891
	1938
... des Empfängers	1876
	1937
... des Entladers	1882
	1937
... des Fahrzeugführers im Straßenverkehr	1887
... des Fahrzeugführers	1938
... des Gefahrgutbeauftragten	2153
... des Herstellers, Wiederaufarbeiters und Rekonditionierers von Verpackungen,	1884
... des Reisenden im Eisenbahnverkehr	1890
... des Schiffsführers in der Binnenschifffahrt	1890
	1938
... des Triebfahrzeugführers im Eisenbahnverkehr	1890
... des Verladers	1877
... des Verpackers	1879
... mehrerer Beteiligter im Straßen- und Eisenbahnverkehr sowie in der Binnenschifffahrt	1885
... mehrerer Beteiligter im Straßenverkehr	1888
	1938
phlegmatisiert	191
phlegmatisierte Stoffe	1100
Pilze	289
Placards	46
	379
	1229
	1715
polychlorierte Biphenyle	340
polychlorierte Terphenyle	340

Stichwortverzeichnis

Polyethylen	967
	973
polyhalogenierte Biphenyle	340
polyhalogenierte Terphenyle	340
polymerisierende Stoffe	231
	1265
	1692
Präparate	181
Prionen	289
Privatpersonen	35
Proben	188
... energetischer Stoffe für Prüfzwecke	188
Programm für die Auffrischungsschulung	1722
Programm für die Erstschulung	1721
Prüfbericht	1337
	1469
	1481
Prüfdruck	71
	970
	1158
Prüffrist für Feuerlöschgeräte	1895
Prüfstelle	71
Prüfung(en)	1723
... der Verpackung	1327
... GbV	2153
... in einem Heißwasserbad (Dichtheitsprüfung)	1398
... und außerordentliche Prüfung von Rohrleitungen an Tanks	2075
... von IBC	996
	1449
... von Tanks	1573
Prüfungsfahrten	2125
... bei technischen Untersuchungen	2146
Prüfverfahren	361
Prüfvorschriften für IBC	1459
Prüfvorschriften für Verpackungen	1305
pulverförmige Stoffe	972
PULVERROHMASSE	211
pyrophore Stoffe	245
PYROTECHNISCHE GEGENSTÄNDE	211
pyrotechnische Sätze	191
pyrotechnischer Stoff	193

Q

Qualitätssicherung	71
Qualitätssicherungsprogramm	1305

R

radioaktive Stoffe	121
	125
	179
	297
	1109
	1216
	1411
	1733
... in besonderer Form	297
	321
... mit geringer spezifischer Aktivität	1111
Radionuklid(e)	170
	1216
Radionuklidwerte	300
Rahmenlehrpläne für die Aus- und Fortbildung von Gefahrgutkontrollpersonal	2039
RAKETEN	211
RAKETENMOTOREN	212

RAKETENTRIEBWERKE	212
Rangierzettel	1251
	1255
rationalisierter Ansatz	1170
Rauchverbot	1695
	1727
	1731
Reaktion mit gefährlichen Gütern	967
Recycling-Kunststoffe	71
	1312
regelmäßig gewartete Großpackmittel (IBC)	970
regelmäßige Wartung eines flexiblen Großpackmittels	63
	71
regelmäßige Wartung eines IBC	996
regelmäßige Wartung eines starren Großpackmittel	63
	71
Reinigung	1695
Reisegepäck	43
Rekonditionierer	1860
rekonditionierte Verpackung(en)	71
	970
Rekonditionierung	1311
Reparatur- und Wartungsarbeiten	35
repariertes Großpackmittel (IBC)	63
	72
	970
Rettungsmittel	340
	342
Richtlinie Beförderung gefährlicher Güter im Binnenland	1779
Richtlinien zur Durchführung der Gefahrgutverordnung Straße, Eisenbahn und Binnenschifffahrt (GGVSEB)	1927
RID	72
RID-Vertragsstaaten	1942
RL Binnenland	1779
RSEB	1927

S

Sack / Säcke	72
	1306
	1322
SADT	72
	1107
Salpetersäure	1338
Sammeleintragungen	72
	976
... (Klasse 1)	202
... (Klasse 2)	222
... (Klasse 3)	229
... (Klasse 4.1)	239
... (Klasse 4.2)	248
... (Klasse 4.3)	252
... (Klasse 5.1)	258
... (Klasse 5.2)	264
... (Klasse 6.1)	282
... (Klasse 6.2)	296
... (Klasse 8)	337
SAPT	72
Sattelanhänger	1715
Saug-Druck-Tank für Abfälle	72
	1191
	1639
	1769
	2125
	2142

Stichwortverzeichnis

Schädlingsbekämpfung	226
	275
	281
Schmelzpunkt	998
Schmelzsicherungen	1495
SCHNEIDLADUNG	212
SCHNEIDVORRICHTUNG	212
schriftliche Weisungen	1271
	1715
Schulung	1719
... der Fahrzeugführer	1719
	1731
Schulungsanforderungen GbV	2152
Schulungsnachweis des Gefahrgutbeauftragten	138
Schulungsnachweis GbV	2152
Schüttgut-Container	72
	383
	1262
	1674
Schutzabstand	1689
Schutzauskleidung (von Tanks)	73
Schutzkappe	1103
Schutzkisten	1103
Schutzrahmen	1103
Schutzverpackung	75
Schwarzpulver	193
	212
SCO(-Gegenstände)	320
	1111
	1212
Screening-Proben	292
Security	167
See- oder Luftbeförderung	44
	1260
selbstbeschleunigende Zersetzung	1107
selbstentzündliche Stoffe	179
	245
selbsterhitzungsfähige Stoffe	245
selbstzersetzliche Stoffe	233
	242
	972
	1105
	1216
	1265
	1692
self-accelerating decomposition temperature	72
self-accelerating polymerization temperature	72
Sendung	73
Sicherheitsberater	132
Sicherheitseinrichtung(en)	1157
	1170
	1493
..., PYROTECHNISCH	212
Sicherheitspflichten	85
Sicherheitsunterweisung	83
Sicherheitsventil	73
	1157
	1170
SICHERHEITSZÜNDSCHNUR	203
Sicherung	167
Sicherungen und Trennschalter	1753
Sicherungspläne	171
Siedebeginn	227
	365
Siedepunkt	227
SIGNALKÖRPER	212
SMGS	73
Sofortmaßnahmen	1848

Sondervereinbarung	128
Sondervorschriften	373
	379
	879
... für Abfälle	1257
... für ADR/RID-Tanks	385
... für ADR-Tanks	385
... für Beförderung von UN 3528, UN 3529 und UN 3530	1262
... für Beförderungen gemäß Übergangsvorschriften	1261
... für Beförderungen in einer Transportkette	1260
... für Bergungsverpackungen und Bergungsdruckgefäße	1258
... für den Huckepackverkehr	1260
... für die Beförderung – Be- und Entladung, Handhabung	387
... für die Beförderung – Betrieb	387
... für die Beförderung – lose Schüttung	386
... für die Beförderung – Versandstücke	386
... für die Beförderung fester Stoffe in Schüttgut-Containern	1262
... für die Beförderung in Tankfahrzeugen	1261
... für die Beförderung von erwärmten Stoffen	1261
... für die Beförderung von gemäß Absatz 2.1.2.8 klassifizierten Stoffen	1262
... für die Beförderung von temperaturkontrollierten Stoffen	1261
... für die Klasse 1	1263
... für die Klasse 2	1157
	1587
... für die Klassen 1 und 3 bis 9	1170
... für die Verpackung	382
	997
... für die Zusammenpackung	382
	1113
... für leere Umschließungsmittel	1258
... für ortsbewegliche Tanks	383
	1131
	1145
... für Schüttgut-Container	383
... für ungereinigte leere Umschließungsmittel	1258
... (Tanks)	1183
... (Versandstücke)	1669
Sondervorschriften lose Schüttung	1678
sonstige Pflichten	1938
... gem. GGVSEB	1885
spaltbare Nuklide	297
spaltbare Stoffe	297
	323
	1419
Spannung	1754
spezifische Aktivität eines Radionuklids	298
spezifische n.a.g.-Eintragungen	179
Sprache der Dokumente	1268
SPRENGKAPSELN	213
SPRENGKÖRPER	213
SPRENGLADUNGEN	213
SPRENGNIETE	213
SPRENGSCHNUR	213
SPRENGSTOFF	214
Sprengstoffe des Typs A	361
Spule	73
Stabilität der Tankfahrzeuge	1771
Standardflüssigkeit(en)	973
	978
	1337

Stichwortverzeichnis

Stapeldruckprüfung	1336
	1463
	1479
starrer Innenbehälter (für Kombinations-IBC)	73
starrer Kunststoff-IBC	73
staubdicht	972
staubdichte Verpackung	73
Staubexplosion	996
Stickstoff	1287
Stoffe mit geringer spezifischer Aktivität (LSA)	298
	319
Stoffe, die in Berührung mit Wasser entzündbare Gase entwickeln	179
	250
STOFFE, EVI	204
STOPPINEN	214
Strafvorschriften	1853
Strahlenschutzprogramm	127
Straßenfahrzeug	74
Straßentunnel	1737
Straßentunnelbeschränkungen	1737
Straßenverkehrszeichen	1737
Sulfonylhydrazide	234
Summierungsmethode	353

T

Tabelle A	377
Tabelle B	765
Tabelle der überwiegenden Gefahr	186
Tank	74
Tankabteil	1233
Tankakte	74
	1153
Tankbeförderung	1683
Tankcodierung	384
	1157
	1170
Tankcontainer	74
	113
	116
	1151
	1229
	1553
	1769
... zur Beförderung von Gasen	114
Tankfahrzeug(e)	74
	102
	110
	111
	1151
	1261
	1553
	1769
	1974
	1975
Tankhierarchie	1157
	1158
	1170
	1179
Tanks	1151
... aus faserverstärkten Kunststoffen	113
... aus faserverstärkten Kunststoffen	1189
... aus glasfaserverstärktem Kunststoff	2125
	2130
... (Bauvorschriften)	1553
Tankschild	1502
	1577
Tanktyp	384
	1157
	1170
Tankwechselaufbau	74
Tankwechselaufbauten	1151
	1553
Tankwechselbehälter	74
	1151
	1553
tatsächliche Haltezeit ortsbeweglicher Tanks	1129
technische Anweisungen der ICAO	44
	74
technische Benennung	74
	375
technische Unreinheiten	180
technische Unterlagen	151
technische Untersuchung	1745
Temperatur der selbstbeschleunigenden Polymerisation (SAPT)	75
Temperatur der selbstbeschleunigenden Zersetzung (SADT)	75
Temperaturkontrolle	231
	236
	259
	262
	1261
	1661
	1767
temperaturkontrollierte Stoffe	1261
Temperaturwechsel	967
tiefgekühlt verflüssigte Gase	217
	1128
	1131
	1524
Tiere	295
TORPEDOS	214
tragbare Beleuchtungsgeräte	1727
	1732
Trägerfahrzeuge	1232
Tragwagen	1232
Transportkennzahl	1204
	1217
Transportkette	44
	1260
TREIBLADUNGEN	215
TREIBLADUNGSANZÜNDER	215
TREIBLADUNGSHÜLSEN	215
TREIBLADUNGSPULVER	215
TREIBSÄTZE	216
Treibstoff	193
	215
Treibstofftank	1000
Trennschalter	1753
Trennventile	1130
TRITONAL	216
Trockeneis	1287
Tunnelbeschränkungen	159
Tunnelbeschränkungscode	386
	1737
Tunnelkategorie	159
	1737
	2061
Typ A bis G (organische Peroxide)	260
Typ A bis G (selbstzersetzliche Stoffe)	234
Typ A-Versandstück	1414
Typ B(M)-Versandstück	1418
Typ B(U)-Versandstück	1416
Typ C-Versandstücke	1418

Stichwortverzeichnis

Typ IP-1- / Typ IP-2- / Typ IP-3-Versandstück 1111
                                                              1412
Typ IP-1- / Typ IP-2- / Typ IP-3-Versandstückmuster 1210
typgenehmigte Fahrzeuge 1744
                                                              1745

U

Überdruck 970
Übergangsvorschriften 97
                                                              1261
Überwachung 1729
                                                              1849
   ... der Fahrzeuge 1732
   ... der Fahrzeuge und Container 1910
   ... der Herstellung 32
                                                              148
   ... des betriebseigenen Prüfdienstes 32
                                                              150
überwiegende Gefahr 186
UIC 75
umformte Flasche 75
Umschließungsmittel 99
Umverpackung 75
                                                              1201
umweltgefährdende Stoffe 340
                                                              342
                                                              355
unbekannte Radionuklide 318
unbestrahltes Thorium 298
unbestrahltes Uran 298
UN-Codierung 1306
   ... von Großverpackung 1471
   ... von IBC 1443
UN-Druckgefäße 1104
                                                              1371
                                                              1374
UNECE 75
                                                              1860
Unfall- oder Pannenfahrzeuge 35
Unfallbericht 139
                                                              140
Unfallmerkblatt 1271
                                                              1715
UN-Flaschenbündel 1377
UN-Gascontainer mit mehreren Elementen (MEGC) 1129
                                                              1483
ungereinigte leere Tanks, Batterie-Fahrzeuge
   und MEGC 1156
ungereinigte leere Umschließungen 1201
ungereinigte leere Umschließungsmittel 1258
ungereinigte leere Verpackungen 39
UN-MEGC 61
                                                              383
                                                              1121
                                                              1483
UN-Modellvorschriften 75
UN-Nummer 75
                                                              377
                                                              1255
UN-Regelung 76
Untenentleerung 1155
untere Explosionsgrenze 218
Unterklasse 378
                                                              1230
Unterklassen (Klasse 1) 192
Unterlagen, technische 151
Unterlegkeile 1727

Unternehmen 76
Unterrichtung des Fahrpersonals durch Befüller und
   Empfänger 1910
Unterweisung 81
                                                              1726
   ... im Bereich der Sicherung 167
unverpackte Gegenstände 999
                                                              1000
unvollständiges Fahrzeug 1744
Uran – natürlich, abgereichert, angereichert 298
Uranhexafluorid 1414

V

Vakuumventil 76
                                                              1487
Verband für verdichtete Gase 55
Verbindungseinrichtungen von Kraftfahrzeugen und
   Anhängern 1759
Verbindungsleitungen 1182
Verbot von Feuer und offenem Licht 1731
                                                              1910
Verbrennungsheizgeräte 76
                                                              1732
                                                              1758
                                                              1761
                                                              1763
                                                              1765
                                                              1771
verdichtetes Erdgas (CNG) 76
verdichtetes Gas 217
verflüssigtes Erdgas (LNG) 76
verflüssigtes Gas 217
Verhütung von Feuergefahren 1756
Verladen 76
Verlader 76
                                                              89
                                                              1859
Verlagerung 1891
Verlagerung und Fahrweg im Straßenverkehr 1939
Verordnung über Ausnahmen von den Vorschriften
   über die Beförderung gefährlicher Güter 2123
Verordnung über die Bestellung von
   Gefahrgutbeauftragten in Unternehmen 2151
Verpacker 76
                                                              89
                                                              1859
Verpackung(en) 76
                                                              381
                                                              967
                                                              996
                                                              1001
                                                              1305
   ... für ansteckungsgefährliche Stoffe 1403
Verpackungsanweisungen 381
                                                              996
                                                              1000
Verpackungscodierung 1306
Verpackungsgruppe 77
                                                              180
                                                              378
                                                              1255
Verpackungswerkstoff 997
Verpflichtungen der zuständigen Behörde 143
Versand 1201
Versandstücke 77
                                                              386
                                                              1859
   ..., die Trockeneis (UN 1845) oder ein Kühl- oder
   Konditionierungsmittel enthalten 1288

Stichwortverzeichnis

verschiedene gefährliche Stoffe und Gegenstände	179
	340
verschiedene Unterklassen	1230
Verschlag	77
Verschließen der Fahrzeuge	1732
Verschluss	77
Verschlüsse von Verpackungen	969
Verschlusssysteme	969
Verschlussventile	1103
Verstauung	1693
Verträglichkeit	997
Verträglichkeitsgruppe	193
	378
	1230
Verwarnungsgeldkatalog Eisenbahn	2034
Verwarnungsgeldkatalog Straße	2033
Verwendung von Großpackmitteln (IBC)	1085
Verwendung von Großverpackungen	1091
Verwendung von Umverpackungen	956
	962
Verwendungsdauer	972
Verzeichnis	
... der Eintragungen (Klasse 9)	358
... der Gase und Gasgemische	1159
... der gefährlichen Güter	373
	377
... der Sammeleintragungen (Klasse 1)	202
... der Sammeleintragungen (Klasse 2)	222
... der Sammeleintragungen (Klasse 3)	229
... der Sammeleintragungen (Klasse 4.1)	239
... der Sammeleintragungen (Klasse 4.2)	248
... der Sammeleintragungen (Klasse 4.3)	252
... der Sammeleintragungen (Klasse 5.1)	258
... der Sammeleintragungen (Klasse 5.2)	264
... der Sammeleintragungen (Klasse 6.1)	282
... der Sammeleintragungen (Klasse 6.2)	296
... der Sammeleintragungen (Klasse 8)	337
... der Verpackungsanweisungen	1000
... organischer Peroxide	265
... selbstzersetzlicher Stoffe	242
VETERINÄRMEDIZINISCHE PROBE	292
Vibration	967
Vibrationsprüfung	1468
Viren	289
viskose entzündbare flüssige Stoffe	227
Viskosität	1123
vollständiges Fahrzeug	1744
Vorschriften	
... für das Verpacken ansteckungsgefährlicher Stoffe der Klasse 6.2	1107
... für das Verpacken organischer Peroxide der Klasse 5.2	1105
... für das Verpacken selbstzersetzlicher Stoffe der Klasse 4.1	1105
... für das Verpacken von Gütern der Klasse 1	1100
... für das Verpacken von Gütern der Klasse 2	1102
... für das Verpacken von radioaktiven Stoffen	1109
... für die Beförderung selbstzersetzlicher Stoffe	1661
... für die Beförderung von festen Stoffen, die über ihrem Schmelzpunkt befördert werden	1126
... für die Beförderung von Stoffen der Klasse 3 in ortsbeweglichen Tanks	1123
... für die Beförderung von Stoffen der Klasse 4.1 in ortsbeweglichen Tanks	1124
... für die Beförderung von Stoffen der Klasse 4.2 in ortsbeweglichen Tanks	1123
... für die Beförderung von Stoffen der Klasse 4.3 in ortsbeweglichen Tanks	1123
... für die Beförderung von Stoffen der Klasse 5.1 in ortsbeweglichen Tanks	1124
... für die Beförderung von Stoffen der Klasse 5.2 in ortsbeweglichen Tanks	1124
... für die Beförderung von Stoffen der Klasse 6.1 in ortsbeweglichen Tanks	1126
... für die Beförderung von Stoffen der Klasse 6.2 in ortsbeweglichen Tanks	1126
... für die Beförderung von Stoffen der Klasse 7 in ortsbeweglichen Tanks	1126
... für die Beförderung von Stoffen der Klasse 8 in ortsbeweglichen Tanks	1126
... für die Beförderung von Stoffen der Klasse 9 in ortsbeweglichen Tanks	1126
... für die Bezettelung radioaktiver Stoffe	1216
... für die Bezettelung von organischen Peroxiden	1216
... für die Bezettelung von selbstzersetzlichen Stoffen	1216
... für die Bezettelung von Versandstücken mit ansteckungsgefährlichen Stoffen	1216
... für die Bezettelung von Versandstücken mit explosiven Stoffen und Gegenständen	1215
... für die Kennzeichnung von radioaktiven Stoffen	1210
... für die Klasse 2	1264
... für die Klasse 6.2	1266
... für die Klasse 7	1202
	1266
... für die Prüfungen der Verpackungen	1327
... für die Sicherung	167
... für die Temperaturkontrolle	1661
... für die Verwendung ortsbeweglicher Tanks zur Beförderung nicht tiefgekühlt verflüssigter Gase	1126
... für die Verwendung ortsbeweglicher Tanks zur Beförderung tiefgekühlt verflüssigter Gase	1128
... für die Verwendung von UN-Gascontainern mit mehreren Elementen (MEGC)	1129
... für freigestellte Versandstücke Klasse 7	1412
... für Gase der Klasse 2	1210
... für Gefahrzettel	1218
... für Güter der Klasse 1	1209
... für Industrieversandstücke	1412
... für organische Peroxide der Klasse 5.2	1265
... für selbstzersetzliche Stoffe der Klasse 4.1	1265
... für Straßenverkehrszeichen	163
... für Tanks	1769
... für typgenehmigte Fahrzeuge	1745
... für Verpackungen	1313
Vorsorgeuntersuchungsproben	292

W

Wagen	77
	1229
... und Container, die unverpacktes Trockeneis enthalten	1289
Wanddicke des Tankkörpers	1556
Wärmequellen	1762
Warnkennzeichen für Begasung	1286
Warntafel	1238
Wartungsarbeiten	35
Wasser	1339
WASSERBOMBEN	216
wässerige Lösungen	975
wasserlösliche explosive Stoffe	1100
wasserverunreinigende feste Stoffe	340
wasserverunreinigende flüssige Stoffe	340

Stichwortverzeichnis

Wechselaufbau	56
	77
Wechselbehälter	56
	77
Weiterreißprüfung	1467
Werkstoffe des Tankkörpers	1555
Werkstoffe zur Herstellung des Fahrzeugaufbaus	1761
Werkstoffverträglichkeit	967
	997
White Spirit	1338
Wiederaufarbeiter	1860
wiederaufgearbeitete Großverpackung	64
	77
wiederaufgearbeitete Verpackung	77
	970
wiederaufgearbeitetes Großpackmittel	63
	77
Wiederholung von Großzetteln (Placards)	47
wiederkehrende Inspektion	999
... von IBC	996
wiederkehrende Prüfung	145
	149
	999
wiederverwendete Großverpackung	64
	78
wiederverwendete Verpackung	78
	970

Z

zeitweilige Abweichungen	95
ZERLEGER	216
Zubereitungen	181
Zulassung	
... der Fahrzeuge	1744
... des Baumusters von Tanks	1570
... von Fahrzeugen	1743
... von Prüfstellen	143
... zur Beförderung	1861
	1929
Zulassungsbescheinigung	1715
	1745
	1747
Zulassungszeugnis	1204
Zulauf Seehafen/Flughafen	44
ZÜNDEINRICHTUNGEN	216
ZÜNDER	216
ZÜNDKETTE	204

ZÜNDVERSTÄRKER	216
zusammengesetzte Verpackung	78
	997
	1326
Zusammenladeverbote	1686
Zusammenladung	1686
	2125
... von Automobilteilen der Klassifizierung 1.4G mit gefährlichen Gütern	2144
Zusammenpacken von Patronen mit Waffenpflegemitteln	2141
Zusammenpackung	382
	969
	1113
	1202
zuständige Behörde	78
	138
	1849
Zuständigkeiten	1846
... der Benannten Stellen für Druckgefäße	1867
... der Benannten Stellen für Tanks	1866
... der Benennenden Behörde	1868
... der Bundesanstalt für Materialforschung und -prüfung	1864
	1934
... der vom Bundesministerium der Verteidigung oder vom Bundesministerium des Innern, für Bau und Heimat bestellten Sachverständigen oder Dienststellen	1863
... der von der Bundesanstalt für Materialforschung und -prüfung anerkannten Prüfstellen	1865
... des Bundesamtes für Ausrüstung, Informationstechnik	1866
... des Bundesamtes für die Sicherheit der nuklearen Entsorgung	1866
... des Bundesministeriums für Verkehr und digitale Infrastruktur	1863
... GbV	2153
... im Eisenbahnverkehr	1868
... in der Binnenschifffahrt	1870
	1935
zwangsbetätigtes Belüftungsventil	78
Zwischenfall	35
Zwischenprüfungen	149
Zwischenstaatliche Organisation für den internationalen Eisenbahnverkehr	70
Zwischenverpackung	78

ADR / RID 2021

nur ADR	
Anlage A **Allgemeine Vorschriften und Vorschriften für gefährliche Stoffe und Gegenstände**	

Allgemeine Vorschriften

	ADR	RID
1.1	**Geltungsbereich und Anwendbarkeit**	
1.1.1	Aufbau	
1.1.2	Geltungsbereich	
1.1.3	Freistellungen	
1.1.3.1	Freistellungen in Zusammenhang mit der Art der Beförderungsdurchführung	
1.1.3.2	Freistellungen in Zusammenhang mit der Beförderung von Gasen	
1.1.3.3	Freistellungen in Zusammenhang mit der Beförderung von flüssigen Brennstoffen	
1.1.3.4	Freistellungen in Zusammenhang mit Sondervorschriften oder mit in begrenzten oder freigestellten Mengen verpackten gefährlichen Gütern	
1.1.3.5	Freistellungen in Zusammenhang mit ungereinigten leeren Verpackungen	
1.1.3.6	Freistellungen in Zusammenhang mit Mengen, die je Beförderungseinheit befördert werden	Höchstzulässige Gesamtmenge je Wagen oder Großcontainer
1.1.3.7	Freistellungen in Zusammenhang mit der Beförderung von Einrichtungen zur Speicherung und Erzeugung elektrischer Energie	
1.1.3.8	(bleibt offen)	Anwendung von Freistellungen bei der Beförderung gefährlicher Güter als Handgepäck, Reisegepäck oder in oder auf Fahrzeugen
1.1.3.9	Freistellungen in Zusammenhang mit gefährlichen Gütern, die während der Beförderung als Kühl- oder Konditionierungsmittel verwendet werden	
1.1.3.10	Freistellungen in Zusammenhang mit der Beförderung von Leuchtmitteln, die gefährliche Güter enthalten	
1.1.4	Anwendbarkeit anderer Vorschriften	
1.1.4.1	(bleibt offen)	Allgemeines
1.1.4.2	Beförderungen in einer Transportkette, die eine See- oder Luftbeförderung einschließt	
1.1.4.3	Verwendung der für den Seeverkehr zugelassenen ortsbeweglichen Tanks des IMO-Typs	
1.1.4.4	(bleibt offen)	Huckepackverkehr
1.1.4.4.2		Großzettel (Placards), Kennzeichen oder orangefarbene Tafeln an Tragwagen, auf denen Straßenfahrzeuge befördert werden
1.1.4.4.3		Beförderung von Anhängern, in denen Versandstücke befördert werden
1.1.4.4.4		Wiederholung von Großzetteln (Placards), Kennzeichen oder orangefarbenen Tafeln an Tragwagen, auf denen Straßenfahrzeuge befördert werden
1.1.4.4.5		Angaben im Beförderungspapier
1.1.4.5	Beförderungen, die nicht auf der Straße erfolgen	Beförderungen, die nicht auf der Schiene erfolgen
1.1.4.6	(bleibt offen)	Beförderungen in oder durch das Hoheitsgebiet eines SMGS-Vertragsstaates
1.1.5	Anwendung von Normen	
1.2	**Begriffsbestimmungen und Maßeinheiten**	
1.2.1	Begriffsbestimmungen	
1.2.2	Maßeinheiten	

1 Allgemeine Vorschriften

ADR	RID

1.3	**Unterweisung von Personen, die an der Beförderung gefährlicher Güter beteiligt sind**
1.3.1	Anwendungsbereich
1.3.2	Art der Unterweisung
1.3.2.1	Unterweisung in Bezug auf das allgemeine Sicherheitsbewusstsein
1.3.2.2	Aufgabenbezogene Unterweisung
1.3.2.3	Sicherheitsunterweisung
1.3.3	Dokumentation

1.4	**Sicherheitspflichten der Beteiligten**	
1.4.1	Allgemeine Sicherheitsvorsorge	
1.4.2	Pflichten der Hauptbeteiligten	
1.4.2.1	Absender	
1.4.2.2	Beförderer	
1.4.2.3	Empfänger	
1.4.3	Pflichten anderer Beteiligter	
1.4.3.1	Verlader	
1.4.3.2	Verpacker	
1.4.3.3	Befüller	
1.4.3.4	Betreiber eines Tankcontainers oder eines ortsbeweglichen Tanks	
1.4.3.5	(bleibt offen)	Betreiber eines Kesselwagens
1.4.3.6	(bleibt offen)	Betreiber der Eisenbahninfrastruktur
1.4.3.7	Entlader	
1.4.3.8	(bleibt offen)	Für die Instandhaltung zuständige Stelle (ECM)

1.5	**Abweichungen**	
1.5.1	Zeitweilige Abweichungen	
1.5.2	(bleibt offen)	Militärische Sendungen

1.6	**Übergangsvorschriften**	
1.6.1	Verschiedenes	
1.6.2	Druckgefäße und Gefäße für die Klasse 2	
1.6.3	Festverbundene Tanks (Tankfahrzeuge), Aufsetztanks und Batterie-Fahrzeuge	Kesselwagen und Batteriewagen
1.6.4	Tankcontainer, ortsbewegliche Tanks und MEGC	
1.6.5	Fahrzeuge	(bleibt offen)

Allgemeine Vorschriften

ADR	RID

1.6.6	Klasse 7	
1.6.6.1	Versandstücke, für die nach den Vorschriften der Ausgaben 1985, 1985 (in der Fassung 1990), 1996, 1996 (überarbeitet), 1996 (in der Fassung 2003), 2005, 2009 und 2012 der IAEO-Regelungen für die sichere Beförderung radioaktiver Stoffe keine Bauartzulassung durch die zuständige Behörde erforderlich ist	
1.6.6.2	Versandstückmuster, die nach den Vorschriften der Ausgaben 1985, 1985 (in der Fassung 1990), 1996, 1996 (überarbeitet), 1996 (in der Fassung 2003), 2005, 2009 und 2012 der IAEO-Regelungen für die sichere Beförderung radioaktiver Stoffe zugelassen wurden	
1.6.6.3	Versandstücke, die nach den Ausgaben 2011 und 2013 des ADR/RID (Ausgabe 2009 der IAEO-Regelungen für die sichere Beförderung radioaktiver Stoffe) von den Vorschriften für spaltbare Stoffe freigestellt waren	
1.6.6.4	Radioaktive Stoffe in besonderer Form, die nach den Vorschriften der Ausgaben 1985, 1985 (in der Fassung 1990), 1996, 1996 (überarbeitet), 1996 (in der Fassung 2003), 2005, 2009 und 2012 der IAEO-Regelungen für die sichere Beförderung radioaktiver Stoffe zugelassen wurden	
1.7	**Allgemeine Vorschriften für radioaktive Stoffe**	
1.7.1	Anwendungsbereich	
1.7.1.5	Besondere Vorschriften für die Beförderung freigestellter Versandstücke	
1.7.2	Strahlenschutzprogramm	
1.7.3	Managementsystem	
1.7.4	Sondervereinbarung	
1.7.5	Radioaktive Stoffe mit weiteren gefährlichen Eigenschaften	
1.7.6	Nichteinhaltung	
1.8	**Maßnahmen zur Kontrolle und zur sonstigen Unterstützung der Einhaltung der Sicherheitsvorschriften**	
1.8.1	Behördliche Gefahrgutkontrollen	
1.8.2	Amtshilfe	
1.8.3	Sicherheitsberater	
1.8.3.12	Prüfungen	
1.8.4	Liste der zuständigen Behörden und der von ihnen benannten Stellen	
1.8.5	Meldungen von Ereignissen mit gefährlichen Gütern	
1.8.5.4	Muster des Berichts über Ereignisse bei der Beförderung gefährlicher Güter	
1.8.6	Administrative Kontrollen für die Anwendung der in Abschnitt 1.8.7 beschriebenen Konformitätsbewertungen, wiederkehrenden Prüfungen, Zwischenprüfungen und außerordentlichen Prüfungen	
1.8.6.1	Zulassung von Prüfstellen	
1.8.6.2	Verpflichtungen der zuständigen Behörde, ihres Beauftragten oder der Prüfstelle in Bezug auf ihre Arbeit	
1.8.6.3	Meldepflichten	
1.8.6.4	Delegation von Prüfaufgaben	
1.8.6.5	Meldepflichten der Prüfstellen	
1.8.7	Verfahren für die Konformitätsbewertung und die wiederkehrende Prüfung	
1.8.7.1	Allgemeine Vorschriften	

1 Allgemeine Vorschriften

ADR	RID
1.8.7.2	Baumusterzulassung
1.8.7.3	Überwachung der Herstellung
1.8.7.4	Erstmalige Prüfung
1.8.7.5	Wiederkehrende Prüfungen, Zwischenprüfungen und außerordentliche Prüfungen
1.8.7.6	Überwachung des betriebseigenen Prüfdienstes des Antragstellers
1.8.7.7	Unterlagen
1.8.7.7.1	Unterlagen für die Baumusterzulassung
1.8.7.7.2	Unterlagen für die Überwachung der Herstellung
1.8.7.7.3	Unterlagen für die erstmaligen Prüfungen
1.8.7.7.4	Unterlagen für wiederkehrende Prüfungen, Zwischenprüfungen und außerordentliche Prüfungen
1.8.7.7.5	Unterlagen für die Bewertung von betriebseigenen Prüfdiensten
1.8.7.8	Nach Normen hergestellte, zugelassene und geprüfte Produkte
1.8.8	Konformitätsbewertungsverfahren für Gaspatronen
1.8.8.1	Allgemeine Vorschriften
1.8.8.2	Baumusterprüfung
1.8.8.3	Überwachung der Herstellung
1.8.8.4	Dichtheitsprüfung
1.8.8.6	Beaufsichtigung des betriebseigenen Prüfdienstes
1.8.8.7	Unterlagen
1.9	**Beförderungseinschränkungen durch die zuständigen Behörden**
1.9.5	Tunnelbeschränkungen
1.9.5.1	Allgemeine Vorschriften
1.9.5.2	Kategorisierung
1.9.5.3	Vorschriften für Straßenverkehrszeichen und die Bekanntgabe von Einschränkungen
1.10	**Vorschriften für die Sicherung**
1.10.1	Allgemeine Vorschriften
1.10.2	Unterweisung im Bereich der Sicherung
1.10.3	Vorschriften für gefährliche Güter mit hohem Gefahrenpotenzial
1.10.3.1	Begriffsbestimmung gefährlicher Güter mit hohem Gefahrenpotenzial
1.10.3.2	Sicherungspläne
1.11	(bleibt offen)	**Interne Notfallpläne für Rangierbahnhöfe**

Geltungsbereich und Anwendbarkeit 1.1

ADR	RID

1.1.1 Aufbau

Die Anlagen A und B des ADR sind in neun Teile gegliedert. Anlage A besteht aus den Teilen 1 bis 7 und Anlage B aus den Teilen 8 und 9.	Das RID ist in sieben Teile gegliedert.

Jeder Teil ist in Kapitel und jedes Kapitel in Abschnitte und Unterabschnitte unterteilt (siehe Inhaltsverzeichnis).

Innerhalb jedes Teils ist die Ziffer des Teils Bestandteil der Kapitel-, Abschnitts- und Unterabschnittsnummer; z.B. hat der Abschnitt 1 in Kapitel 2 des Teils 4 die Nummer «4.2.1».

1.1.2 Geltungsbereich

1.1.2.1

Im Sinne von Artikel 2 des ADR legt die Anlage A fest:	Im Sinne von Artikel 1 des Anhanges C legt das RID fest:

a) die gefährlichen Güter, deren internationale Beförderung ausgeschlossen ist;

b) die gefährlichen Güter, deren internationale Beförderung zulässig ist und die für diese Güter geltenden Vorschriften (einschließlich der Freistellungen), insbesondere hinsichtlich:

– der Zuordnung (Klassifizierung) der Güter, einschließlich der Zuordnungskriterien und der diesbezüglichen Prüfverfahren;

– der Verwendung von Verpackungen (einschließlich Zusammenpackung);

– der Verwendung von Tanks (einschließlich ihrer Befüllung);

– der Verfahren beim Versand (einschließlich der Kennzeichnung und Bezettelung der Versandstücke, das Anbringen von Großzetteln (Placards) auf Beförderungsmitteln und die Kennzeichnung der Beförderungsmittel sowie der Dokumentation und der vorgeschriebenen Angaben und Vermerke);

– der Vorschriften über den Bau, die Prüfung und Zulassung der Verpackungen und Tanks;

– der Verwendung von Beförderungsmitteln (einschließlich der Beladung, Zusammenladung und Entladung).

	Für die Beförderungen im Sinne des RID gelten außer dem Anhang C auch die auf sie anwendbaren Vorschriften der übrigen Anhänge des COTIF, insbesondere jene des Anhanges B bei Beförderungen aufgrund eines Beförderungsvertrags.

1.1 Geltungsbereich und Anwendbarkeit

ADR	RID
1.1.2.2 Die Anlage A enthält auch bestimmte Vorschriften, die gemäß Artikel 2 des ADR die Anlage B oder sowohl die Anlage A als auch die Anlage B wie folgt betreffen: 1.1.1 Aufbau 1.1.2.3 (Geltungsbereich der Anlage B) 1.1.2.4 1.1.3.1 Freistellungen in Zusammenhang mit der Art der Beförderungsdurchführung 1.1.3.6 Freistellungen in Zusammenhang mit Mengen, die je Beförderungseinheit befördert werden 1.1.4 Anwendbarkeit anderer Vorschriften 1.1.4.5 Beförderungen, die nicht auf der Straße erfolgen Kapitel 1.2 Begriffsbestimmungen und Maßeinheiten Kapitel 1.3 Unterweisung von Personen, die an der Beförderung gefährlicher Güter beteiligt sind Kapitel 1.4 Sicherheitspflichten der Beteiligten Kapitel 1.5 Abweichungen Kapitel 1.6 Übergangsvorschriften Kapitel 1.8 Maßnahmen zur Kontrolle und zur sonstigen Unterstützung der Einhaltung der Sicherheitsvorschriften Kapitel 1.9 Beförderungseinschränkungen durch die zuständigen Behörden Kapitel 1.10 Vorschriften für die Sicherung Kapitel 3.1 Allgemeines Kapitel 3.2 Spalten 1, 2, 14, 15 und 19 (Anwendung der Sondervorschriften der Teile 8 und 9 auf einzelne Stoffe und Gegenstände).	Für die Beförderung gefährlicher Güter in anderen als Güterzügen gemäß Artikel 5 § 1 a) des Anhangs C gelten die Vorschriften der Kapitel 7.6 und 7.7.
1.1.2.3 Im Sinne von Artikel 2 des ADR legt die Anlage B die Bedingungen für Bau, Ausrüstung und Betrieb von Fahrzeugen fest, die für die Beförderung gefährlicher Güter zugelassen sind: – Vorschriften für Fahrzeugbesatzungen, Ausrüstung und Betrieb der Fahrzeuge sowie Dokumentation; – Vorschriften für den Bau und die Zulassung von Fahrzeugen.	Für die Beförderung gefährlicher Güter als Handgepäck, Reisegepäck oder in oder auf Fahrzeugen gemäß Artikel 5 § 1 b) des Anhangs C gelten nur die Vorschriften in Unterabschnitt 1.1.3.8.

Geltungsbereich und Anwendbarkeit 1.1

ADR	RID

1.1.2.4 In Artikel 1 Buchstabe c) des ADR bedeutet das Wort «Fahrzeug» nicht notwendigerweise ein und dasselbe Fahrzeug. Ein internationaler Beförderungsvorgang kann mit mehreren verschiedenen Fahrzeugen durchgeführt werden, sofern er auf dem Gebiet mindestens zweier Vertragsparteien des ADR zwischen dem im Beförderungspapier angegebenen Absender und Empfänger erfolgt. | (gestrichen)

1.1.3 Freistellungen

1.1.3.1 Freistellungen in Zusammenhang mit der Art der Beförderungsdurchführung

Die Vorschriften des ADR/RID gelten nicht für:

a) Beförderungen gefährlicher Güter, die von Privatpersonen durchgeführt werden, sofern diese Güter einzelhandelsgerecht abgepackt sind und für den persönlichen oder häuslichen Gebrauch oder für Freizeit und Sport bestimmt sind, vorausgesetzt, es werden Maßnahmen getroffen, die unter normalen Beförderungsbedingungen ein Freiwerden des Inhalts verhindern. Wenn diese Güter entzündbare flüssige Stoffe sind, die in wiederbefüllbaren Behältern befördert werden, welche durch oder für Privatpersonen befüllt werden, darf die Gesamtmenge 60 Liter je Behälter und 240 Liter je Beförderungseinheit nicht überschreiten. Gefährliche Güter in Großpackmitteln (IBC), Großverpackungen oder Tanks gelten nicht als einzelhandelsgerecht verpackt;

▶ *1.6.1.46 bis 31.12.2022* b) (gestrichen)

c) Beförderungen, die von Unternehmen in Verbindung mit ihrer Haupttätigkeit durchgeführt werden, wie Lieferungen für oder Rücklieferungen von Baustellen im Hoch- und Tiefbau oder im Zusammenhang mit Messungen, Reparatur- und Wartungsarbeiten in Mengen, die 450 Liter je Verpackung, einschließlich Großpackmittel (IBC) und Großverpackungen, und die Höchstmengen gemäß Unterabschnitt 1.1.3.6 nicht überschreiten. Es sind Maßnahmen zu treffen, die unter normalen Beförderungsbedingungen ein Freiwerden des Inhalts verhindern. Diese Freistellungen gelten nicht für die Klasse 7. Beförderungen, die von solchen Unternehmen zu ihrer internen oder externen Versorgung durchgeführt werden, fallen jedoch nicht unter diese Ausnahmeregelung;

d) Beförderungen, die von den für Notfallmaßnahmen zuständigen Behörden oder unter deren Überwachung durchgeführt werden, soweit diese im Zusammenhang mit Notfallmaßnahmen erforderlich sind, insbesondere

– Beförderungen mit Abschleppfahrzeugen, die Unfall- oder Pannenfahrzeuge mit gefährlichen Gütern befördern, oder – Beförderungen, die durchgeführt werden, um die bei einem Zwischenfall oder Unfall betroffenen gefährlichen Güter einzudämmen, aufzunehmen und zum nächst gelegenen geeigneten sicheren Ort zu verbringen;	Beförderungen, die durchgeführt werden, um die bei einem Zwischenfall oder Unfall betroffenen gefährlichen Güter einzudämmen, aufzunehmen und zu einem nahen geeigneten sicheren Ort zu verbringen;

e) Notfallbeförderungen zur Rettung menschlichen Lebens oder zum Schutz der Umwelt, vorausgesetzt, es werden alle Maßnahmen zur völlig sicheren Durchführung dieser Beförderungen getroffen;

1.1 Geltungsbereich und Anwendbarkeit

ADR	RID

f) die Beförderung ungereinigter leerer ortsfester Lagerbehälter, die Gase der Klasse 2 Gruppe A, O oder F, Stoffe der Verpackungsgruppe II oder III der Klasse 3 oder 9 oder Pestizide der Verpackungsgruppe II oder III der Klasse 6.1 enthalten haben, unter den folgenden Bedingungen:

– alle Öffnungen mit Ausnahme der Druckentlastungseinrichtungen (sofern angebracht) sind luftdicht verschlossen;

– es wurden Maßnahmen getroffen, um unter normalen Beförderungsbedingungen ein Austreten des Inhalts zu verhindern, und

– die Ladung ist so auf Schlitten, in Verschlägen, in anderen Handhabungsvorrichtungen oder auf dem

Fahrzeug	Wagen

oder im Container befestigt, dass sie sich unter normalen Beförderungsbedingungen nicht lösen oder bewegen kann.

Diese Freistellung gilt nicht für ortsfeste Lagerbehälter, die desensibilisierte explosive Stoffe oder Stoffe, deren Beförderung nach dem ADR/RID verboten ist, enthalten haben.

Bem. Für radioaktive Stoffe siehe auch Unterabschnitt 1.7.1.4.

1.1.3.2 Freistellungen in Zusammenhang mit der Beförderung von Gasen

Die Vorschriften des ADR/RID gelten nicht für die Beförderung von:

a) Gasen, die in Brennstoffbehältern oder -flaschen [1] von Fahrzeugen, mit denen eine Beförderung durchgeführt wird, enthalten sind und die zu deren Antrieb oder zum Betrieb einer ihrer Einrichtungen dienen, die während der Beförderung verwendet wird oder für die Verwendung während der Beförderung bestimmt ist (z.B. Kühlanlage).	Gasen, die in Brennstoffbehältern oder -flaschen [1] von Eisenbahnfahrzeugen, mit denen eine Beförderung durchgeführt wird, enthalten sind und die zu deren Antrieb oder zum Betrieb einer ihrer Einrichtungen dienen, die während der Beförderung verwendet wird oder für die Verwendung während der Beförderung bestimmt ist (z.B. Kühleinrichtungen);
Die Gase dürfen in festverbundenen Brennstoffbehältern oder -flaschen, die direkt an den Fahrzeugmotor und/oder an Zusatzeinrichtungen angeschlossen sind, oder in ortsbeweglichen Druckgefäßen befördert werden, die den entsprechenden gesetzlichen Vorschriften entsprechen.	Bem. Ein Container, der mit einer Einrichtung zur Verwendung während der Beförderung ausgerüstet ist und der auf einem Eisenbahnfahrzeug befestigt ist, gilt als Bestandteil dieses Eisenbahnfahrzeugs und kommt in Bezug auf den Brennstoff, der für den Betrieb der Einrichtung erforderlich ist, in den Genuss derselben Freistellungen.
Der Gesamtfassungsraum der Brennstoffbehälter oder -flaschen einer Beförderungseinheit, einschließlich des nach Unterabschnitt 1.1.3.3 a) zugelassenen, darf diejenige Energiemenge (MJ) oder Masse (kg) nicht überschreiten, die einem Energieäquivalent von 54000 MJ entspricht.	
Bem. 1. Der Wert von 54000 MJ Energieäquivalent entspricht dem Brennstoffgrenzwert des Unterabschnitts 1.1.3.3 a) (1500 Liter). Wegen des Energiegehalts von Brennstoffen siehe die nachstehende Tabelle:	

---

[1] Der Begriff «Brennstoff» schließt auch Kraftstoffe ein.

Geltungsbereich und Anwendbarkeit 1.1

ADR | RID

Brennstoff	Energiegehalt
Diesel	36 MJ/Liter
Benzin	32 MJ/Liter
Erdgas/Biogas	35 MJ/Nm³ ᵃ⁾
Flüssiggas (LPG)	24 MJ/Liter
Ethanol	21 MJ/Liter
Biodiesel	33 MJ/Liter
Emulsionskraftstoff	32 MJ/Liter
Wasserstoff	11 MJ/Nm³ ᵃ⁾

a) 1 Nm³ bezeichnet einen Normkubikmeter, d. h. die Menge eines Gases, die 1 m³ unter Temperatur- und Druckbedingungen von 0 °C und 1,01325 bar (0,101325 MPa) einnimmt.

Der Gesamtfassungsraum darf nicht größer sein als:
- 1080 kg für verflüssigtes Erdgas (LNG) und verdichtetes Erdgas (CNG);
- 2250 Liter für Flüssiggas (LPG).

Bem. 2. Ein Container, der mit einer Einrichtung zur Verwendung während der Beförderung ausgerüstet ist und der auf einem Fahrzeug befestigt ist, gilt als Bestandteil dieses Fahrzeugs und kommt in Bezug auf den Brennstoff, der für den Betrieb der Einrichtung erforderlich ist, in den Genuss derselben Freistellungen.

b) (gestrichen)

c) Gasen der Gruppen A und O (gemäß Unterabschnitt 2.2.2.1), wenn der Druck des Gases im Gefäß oder Tank bei einer Temperatur von 20 °C höchstens 200 kPa (2 bar) beträgt und das Gas kein verflüssigtes oder tiefgekühlt verflüssigtes Gas ist. Das schließt jede Art von Gefäß oder Tank ein, z.B. auch Maschinen- und Apparateteile;

Bem. Diese Freistellung gilt nicht für Leuchtmittel. Für Leuchtmittel siehe Unterabschnitt 1.1.3.10.

d) Gasen in Ausrüstungsteilen zum Betrieb des Fahrzeugs (z.B. Feuerlöscher), einschließlich in Ersatzteilen (z.B. gasgefüllte Fahrzeugreifen); diese Freistellung gilt auch für gasgefüllte Fahrzeugreifen, die als Ladung befördert werden;

e) Gasen in besonderen Einrichtungen von Fahrzeugen, | Wagen oder von als Ladung beförderten Fahrzeugen, die für den Betrieb dieser besonderen Einrichtungen während der Beförderung erforderlich sind (Kühlapparate, Fischbehälter, Heizapparate, usw.) sowie Ersatzgefäße solcher Einrichtungen und ungereinigte leere Tauschgefäße, die in derselben Beförderungseinheit | demselben Wagen oder Fahrzeug befördert werden;

f) Gasen, die in Nahrungsmitteln (ausgenommen UN 1950) einschließlich mit Kohlensäure versetzten Getränken enthalten sind; und

g) Gasen, die in zur Sportausübung vorgesehenen Bällen enthalten sind.

h) (gestrichen)

1.1 Geltungsbereich und Anwendbarkeit

ADR	RID

1.1.3.3 **Freistellungen in Zusammenhang mit der Beförderung von flüssigen Brennstoffen** [1]

Die Vorschriften des ADR/RID gelten nicht für die Beförderung von:

a) In Behältern von

Fahrzeugen,	Eisenbahnfahrzeugen,

mit denen eine Beförderung durchgeführt wird, enthaltenem Brennstoff, der zu deren Antrieb oder zum Betrieb einer ihrer Einrichtungen dient, die während der Beförderung verwendet wird oder für die Verwendung während der Beförderung bestimmt ist

. Der Brennstoff darf in befestigten Brennstoffbehältern, die direkt mit dem Fahrzeugmotor und/oder der Einrichtung verbunden sind und den entsprechenden gesetzlichen Vorschriften entsprechen, oder in tragbaren Brennstoffbehältern wie Kanistern befördert werden. Der gesamte Fassungsraum der befestigten Behälter darf 1500 Liter je Beförderungseinheit und der Fassungsraum eines auf einem Anhänger befestigten Behälters darf 500 Liter nicht überschreiten. Je Beförderungseinheit dürfen höchstens 60 Liter in tragbaren Brennstoffbehältern befördert werden. Diese Einschränkungen gelten nicht für Fahrzeuge von Einsatzkräften. **Bem.** 1. Ein Container, der mit einer Einrichtung zur Verwendung während der Beförderung ausgerüstet ist und der auf einem Fahrzeug befestigt ist, gilt als Bestandteil dieses Fahrzeugs und kommt in Bezug auf den Brennstoff, der für den Betrieb der Einrichtung erforderlich ist, in den Genuss derselben Freistellungen. 2. Der Gesamtfassungsraum der Behälter oder Flaschen, einschließlich derjenigen, die gasförmige Brennstoffe enthalten, darf nicht größer sein als das Energieäquivalent von 54000 MJ (siehe Bem. 1 in Unterabschnitt 1.1.3.2 a)).	(z.B. Kühleinrichtungen). **Bem.** Ein Container, der mit einer Einrichtung zur Verwendung während der Beförderung ausgerüstet ist und der auf einem Eisenbahnfahrzeug befestigt ist, gilt als Bestandteil dieses Eisenbahnfahrzeugs und kommt in Bezug auf den Brennstoff, der für den Betrieb der Einrichtung erforderlich ist, in den Genuss derselben Freistellungen.

b) (gestrichen)

c) (gestrichen)

---

[1] Der Begriff «Brennstoff» schließt auch Kraftstoffe ein.

Geltungsbereich und Anwendbarkeit 1.1

ADR	RID

1.1.3.4 **Freistellungen in Zusammenhang mit Sondervorschriften oder mit in begrenzten oder freigestellten Mengen verpackten gefährlichen Gütern**

Bem. Für radioaktive Stoffe siehe auch Unterabschnitt 1.7.1.4.

1.1.3.4.1 Die Beförderung bestimmter gefährlicher Güter wird durch gewisse Sondervorschriften des Kapitels 3.3 teilweise oder vollständig von den Vorschriften des ADR/RID freigestellt. Diese Freistellung gilt, wenn unter der Eintragung der entsprechenden gefährlichen Güter in Kapitel 3.2 Tabelle A Spalte 6 die Sondervorschrift aufgeführt ist.

1.1.3.4.2 Bestimmte gefährliche Güter können Freistellungen unterliegen, vorausgesetzt, die Vorschriften des Kapitels 3.4 sind erfüllt.

1.1.3.4.3 Bestimmte gefährliche Güter können Freistellungen unterliegen, vorausgesetzt, die Vorschriften des Kapitels 3.5 werden erfüllt.

1.1.3.5 **Freistellungen in Zusammenhang mit ungereinigten leeren Verpackungen**

Ungereinigte leere Verpackungen, einschließlich Großpackmittel (IBC) und Großverpackungen, die Stoffe der Klassen 2, 3, 4.1, 5.1, 6.1, 8 und 9 enthalten haben, unterliegen nicht den Vorschriften des ADR/RID, wenn geeignete Maßnahmen ergriffen wurden, um mögliche Gefahren auszuschließen. Gefahren sind ausgeschlossen, wenn Maßnahmen zur Beseitigung der Gefahren der Klassen 1 bis 9 ergriffen wurden.

1.1.3.6 ▶ *1.1.3.1*	**Freistellungen in Zusammenhang mit Mengen, die je Beförderungseinheit befördert werden**	**Höchstzulässige Gesamtmenge je Wagen oder Großcontainer**
1.1.3.6.1	Im Sinne dieses Unterabschnittes werden gefährliche Güter der in Kapitel 3.2 Tabelle A Spalte 15 angegebenen Beförderungskategorie 0, 1, 2, 3 oder 4 zugeordnet. Ungereinigte leere Verpackungen, die Stoffe enthalten haben, die der Beförderungskategorie «0» zugeordnet sind, werden ebenfalls der Beförderungskategorie «0» zugeordnet. Ungereinigte leere Verpackungen, die Stoffe enthalten haben, die anderen Beförderungskategorien als der Beförderungskategorie «0» zugeordnet sind, werden der Beförderungskategorie «4» zugeordnet.	(bleibt offen)
1.1.3.6.2	Wenn die mit einer Beförderungseinheit beförderten Mengen gefährlicher Güter die in der Tabelle in Absatz 1.1.3.6.3 Spalte 3 für eine bestimmte Beförderungskategorie angegebenen Werte (sofern die mit der Beförderungseinheit beförderten gefährlichen Güter unter dieselbe Kategorie fallen) oder die nach Absatz 1.1.3.6.4 berechneten Werte (sofern die mit der Beförderungseinheit beförderten gefährliche Güter unter verschiedene Kategorien fallen) nicht überschreiten, dürfen sie in Versandstücken in derselben Beförderungseinheit befördert werden, ohne dass nachfolgende Vorschriften anzuwenden sind:	(bleibt offen)

1.1 Geltungsbereich und Anwendbarkeit

ADR	RID

– Kapitel 1.10, ausgenommen für explosive Stoffe und Gegenstände mit Explosivstoff der UN-Nummern 0029, 0030, 0059, 0065, 0073, 0104, 0237, 0255, 0267, 0288, 0289, 0290, 0360, 0361, 0364, 0365, 0366, 0439, 0440, 0441, 0455, 0456, 0500, 0512 und 0513 der Klasse 1 und ausgenommen freigestellte Versandstücke der UN-Nummern 2910 und 2911 der Klasse 7, sofern der Aktivitätswert den A_2-Wert überschreitet;
– Kapitel 5.3;
– Abschnitt 5.4.3;
– Kapitel 7.2 mit Ausnahme der Sondervorschriften V5 und V8 des Abschnitts 7.2.4;
– Sondervorschrift CV1 des Abschnitts 7.5.11;
– Teil 8 mit Ausnahme von
    Unterabschnitt 8.1.2.1 a),
    Unterabschnitte 8.1.4.2 bis 8.1.4.5,
    Abschnitt 8.2.3,
    Abschnitte 8.3.3, 8.3.4, 8.3.5,
    Kapitel 8.4,
    Sondervorschrift S1 (3) und (6),
    Sondervorschrift S2 (1),
    Sondervorschrift S4,
    Sondervorschrift S5,
    Sondervorschriften S14 bis S21 und
    Sondervorschriften S24 des Kapitels 8.5;
– Teil 9.	

1.1.3.6.3 Werden | gemäß Unterabschnitt 1.1.3.1 c) gefährliche Güter derselben Beförderungskategorie in derselben Beförderungseinheit | demselben Wagen oder Großcontainer befördert, gilt die in der Spalte 3 der nachstehenden Tabelle angegebene höchstzulässige Menge je Beförderungseinheit. | Wagen oder Großcontainer.

Geltungsbereich und Anwendbarkeit 1.1

ADR		RID	
Beförde-rungs-kategorie	Stoffe oder Gegenstände Verpackungsgruppe oder Klassifizierungscode / -gruppe oder UN-Nummer		Höchstzulässige Gesamtmenge je ADR: Beförderungseinheit[b] RID: Wagen oder Großcontainer
0	Klasse 1:	ADR: 1.1 A, 1.1 L, 1.2 L, 1.3 L, UN-Nummer 0190 RID: 1.1 L, 1.2 L, 1.3 L, UN-Nummer 0190	0
	Klasse 3:	UN-Nummer 3343	
	Klasse 4.2:	Stoffe, die der Verpackungsgruppe I zugeordnet sind	
	Klasse 4.3:	UN-Nummern 1183, 1242, 1295, 1340, 1390, 1403, 1928, 2813, 2965, 2968, 2988, 3129, 3130, 3131, 3132, 3134, 3148, 3396, 3398 und 3399	
	Klasse 5.1:	UN-Nummer 2426	
	Klasse 6.1:	UN-Nummern 1051, 1600, 1613, 1614, 2312, 3250 und 3294	
	Klasse 6.2:	UN-Nummern 2814, 2900 und 3549	
	Klasse 7:	UN-Nummern 2912 bis 2919, 2977, 2978, 3321 bis 3333	
	Klasse 8:	UN-Nummer 2215 (MALEINSÄUREANHYDRID, GESCHMOLZEN)	
	Klasse 9:	UN-Nummern 2315, 3151, 3152 und 3432 sowie Gegenstände, die solche Stoffe oder Gemische enthalten	
	sowie ungereinigte leere Verpackungen, die Stoffe dieser Beförderungskategorie enthalten haben, ausgenommen Verpackungen, der der UN-Nummer 2908 zugeordnet sind.		
1	Stoffe und Gegenstände, die der Verpackungsgruppe I zugeordnet sind und nicht unter die Beförderungskategorie 0 fallen, sowie Stoffe und Gegenstände der folgenden Klassen:		20
	Klasse 1:	1.1 B bis 1.1 J[a]), 1.2 B bis 1.2 J, 1.3 C, 1.3 G, 1.3 H, 1.3 J und 1.5 D[a])	
	Klasse 2:	Gruppen T, TC[a]), TO, TF, TOC[a]) und TFC Druckgaspackungen: Gruppen C, CO, FC, T, TF, TC, TO, TFC und TOC Chemikalien unter Druck: UN-Nummern 3502, 3503, 3504 und 3505	
	Klasse 4.1:	ADR: UN-Nummern 3221 bis 3224, 3231 bis 3240, 3533 und 3534 RID: UN-Nummern 3221 bis 3224	
	Klasse 5.2:	ADR: UN-Nummern 3101 bis 3104 und 3111 bis 3120 RID: UN-Nummern 3101 bis 3104	
2	Stoffe, die der Verpackungsgruppe II zugeordnet sind und nicht unter die Beförderungskategorie 0, 1 oder 4 fallen, sowie Stoffe und Gegenstände der folgenden Klassen:		333
	Klasse 1:	1.4 B bis 1.4 G und 1.6 N	
	Klasse 2:	Gruppe F Druckgaspackungen: Gruppe F Chemikalien unter Druck: UN-Nummer 3501	
	Klasse 4.1:	UN-Nummern 3225 bis 3230, 3531 und 3532	
	Klasse 4.3:	UN-Nummer 3292	
	Klasse 5.1:	UN-Nummer 3356	
	Klasse 5.2:	UN-Nummern 3105 bis 3110	
	Klasse 6.1:	UN-Nummern 1700, 2016 und 2017 sowie Stoffe, die der Verpackungsgruppe III zugeordnet sind	
	Klasse 9:	UN-Nummern 3090, 3091, 3245, 3480 und 3481	
3	Stoffe, die der Verpackungsgruppe III zugeordnet sind und nicht unter die Beförderungskategorie 0, 2 oder 4 fallen, sowie Stoffe und Gegenstände der folgenden Klassen:		1000
	Klasse 2:	Gruppen A und O Druckgaspackungen: Gruppen A und O Chemikalien unter Druck: UN-Nummer 3500	
	Klasse 3:	UN-Nummer 3473	
	Klasse 4.3:	UN-Nummer 3476	
	Klasse 8:	UN-Nummern 2794, 2795, 2800, 3028, 3477 und 3506	
	Klasse 9:	UN-Nummern 2990 und 3072	
4	Klasse 1:	1.4 S	unbegrenzt
	Klasse 2:	UN-Nummern 3537 bis 3539	
	Klasse 3:	UN-Nummer 3540	
	Klasse 4.1:	UN-Nummern 1331, 1345, 1944, 1945, 2254, 2623 und 3541	
	Klasse 4.2:	UN-Nummern 1361 und 1362 der Verpackungsgruppe III und UN-Nummer 3542	
	Klasse 4.3:	UN-Nummer 3543	
	Klasse 5.1:	UN-Nummer 3544	
	Klasse 5.2:	UN-Nummer 3545	
	Klasse 6.1:	UN-Nummer 3546	
	Klasse 7:	UN-Nummern 2908 bis 2911	
	Klasse 8:	UN-Nummer 3547	
	Klasse 9:	UN-Nummern 3268, 3499, 3508, 3509 und 3548	
	sowie ungereinigte leere Verpackungen, die gefährliche Stoffe enthalten haben, ausgenommen solche Verpackungen, die unter die Beförderungskategorie 0 fallen.		

Fußnoten zu Tabelle 1.1.3.6.3 siehe nächste Seite

1.1 Geltungsbereich und Anwendbarkeit

ADR	RID

Fußnoten zu Tabelle 1.1.3.6.3

a) Für die UN-Nummern 0081, 0082, 0084, 0241, 0331, 0332, 0482, 1005 und 1017 beträgt die höchstzulässige Gesamtmenge je Beförderungseinheit 50 kg. | Wagen oder Großcontainer 50 kg.

b) Die höchstzulässige Gesamtmenge für jede Beförderungskategorie entspricht einem berechneten Wert von «1000» (siehe auch Absatz 1.1.3.6.4).

In vorstehender Tabelle bedeutet «höchstzulässige Gesamtmenge je Beförderungseinheit»: | Wagen oder Großcontainer»:

- für Gegenstände die Gesamtmasse in kg der Gegenstände ohne ihre Verpackungen (für Gegenstände der Klasse 1 die Nettomasse des explosiven Stoffes in kg; für gefährliche Güter in Geräten und Ausrüstungen, die
  in dieser Anlage | im RID
  näher bezeichnet sind, die Gesamtmenge der darin enthaltenen gefährlichen Güter in kg bzw. in Liter);
- für feste Stoffe, verflüssigte Gase, tiefgekühlt verflüssigte Gase und gelöste Gase die Nettomasse in kg;
- für flüssige Stoffe die Gesamtmenge der enthaltenen gefährlichen Güter in Litern;
- für verdichtete Gase, adsorbierte Gase und Chemikalien unter Druck der mit Wasser ausgeliterte Fassungsraum des Gefäßes in Litern.

1.1.3.6.4 Wenn gefährliche Güter, die verschiedenen Beförderungskategorien angehören, in derselben Beförderungseinheit | demselben Wagen oder Großcontainer befördert werden, darf die Summe

- der Menge der Stoffe und Gegenstände der Beförderungskategorie 1, multipliziert mit 50,
- der Menge der in Fußnote a) zur Tabelle 1.1.3.6.3 aufgeführten Stoffe und Gegenstände der Beförderungskategorie 1, multipliziert mit 20,
- der Menge der Stoffe und Gegenstände der Beförderungskategorie 2, multipliziert mit 3, und
- der Menge der Stoffe und Gegenstände der Beförderungskategorie 3

einen berechneten Wert von 1000 nicht überschreiten.

1.1.3.6.5 Bezüglich dieses Unterabschnitts bleiben gefährliche Güter, die gemäß den Unterabschnitten 1.1.3.1 a) und d) bis f), 1.1.3.2 bis 1.1.3.5, 1.1.3.7, | 1.1.3.8, 1.1.3.9 und 1.1.3.10 freigestellt sind, unberücksichtigt.

1.1.3.7 Freistellungen in Zusammenhang mit der Beförderung von Einrichtungen zur Speicherung und Erzeugung elektrischer Energie

Die Vorschriften des ADR/RID gelten nicht für Einrichtungen zur Speicherung und Erzeugung elektrischer Energie (z.B. Lithiumbatterien, elektrische Kondensatoren, asymmetrische Kondensatoren, Metallhydrid-Speichersysteme, Brennstoffzellen),

a) die in
  Fahrzeugen | Eisenbahnfahrzeugen
  eingebaut sind, mit denen eine Beförderung durchgeführt wird, und die für deren Antrieb oder den Betrieb einer ihrer Einrichtungen dienen;

Geltungsbereich und Anwendbarkeit 1.1

ADR	RID

b) die in einem Gerät für dessen Betrieb enthalten sind, das während der Beförderung verwendet wird oder für die Verwendung während der Beförderung bestimmt ist (z.B. tragbarer Rechner), ausgenommen Geräte, wie Datensammler und Ladungsortungseinrichtungen, die an Versandstücken, Umverpackungen, Containern oder Ladeabteilen angebracht oder in diese eingesetzt sind, die nur den Vorschriften des Abschnitts 5.5.4 unterliegen.

c)	(bleibt offen)

1.1.3.8 (bleibt offen) | **Anwendung von Freistellungen bei der Beförderung gefährlicher Güter als Handgepäck, Reisegepäck oder in oder auf Fahrzeugen**

Bem. 1. Einschränkungen im Rahmen privatrechtlicher Beförderungsbedingungen der Beförderer bleiben von den nachstehenden Vorschriften unberührt.

2. Für Huckepackverkehr in gemischten Zügen (kombinierter Personen- und Güterverkehr) siehe Kapitel 7.7.

Für die Beförderung gefährlicher Güter als Handgepäck, Reisegepäck oder in oder auf Fahrzeugen gelten die Freistellungen der Unterabschnitte 1.1.3.1, 1.1.3.2 c) bis g), 1.1.3.4, 1.1.3.5, 1.1.3.7 und 1.1.3.10.

1.1.3.9 Freistellungen in Zusammenhang mit gefährlichen Gütern, die während der Beförderung als Kühl- oder Konditionierungsmittel verwendet werden

Gefährliche Güter, die nur erstickend sind (die den in der Atmosphäre normalerweise vorhandenen Sauerstoff verdünnen oder verdrängen), unterliegen bei Verwendung zu Kühl- oder Konditionierungszwecken in

Fahrzeugen	Wagen

oder Containern nur den Vorschriften des Abschnitts 5.5.3.

1.1.3.10 Freistellungen in Zusammenhang mit der Beförderung von Leuchtmitteln, die gefährliche Güter enthalten

Folgende Leuchtmittel unterliegen nicht den Vorschriften des ADR/RID, vorausgesetzt, sie enthalten keine radioaktiven Stoffe und sie enthalten kein Quecksilber in größeren als den in der Sondervorschrift 366 des Kapitels 3.3 festgelegten Mengen:

a) Leuchtmittel, die direkt von Privatpersonen und Haushalten gesammelt werden, wenn sie zu einer Sammelstelle oder Recyclingeinrichtung befördert werden;

Bem. Dies schließt auch Leuchtmittel ein, die von Privatpersonen zu einer ersten Sammelstelle gebracht und anschließend zu einer anderen Sammelstelle, einer Zwischenverarbeitungsstelle oder Recyclingeinrichtung befördert werden.

b) Leuchtmittel, die jeweils höchstens 1 g gefährliche Güter enthalten und so verpackt sind, dass in einem Versandstück höchstens 30 g gefährliche Güter enthalten sind, vorausgesetzt:

(i) die Leuchtmittel sind nach einem zertifizierten Qualitätsmanagementsystem hergestellt;

Bem. Die Norm ISO 9001 darf für diesen Zweck verwendet werden.

1.1 Geltungsbereich und Anwendbarkeit

ADR	RID

und

(ii) jedes Leuchtmittel ist zum Schutz entweder einzeln in Innenverpackungen verpackt, durch Unterteilungen abgetrennt oder mit Polstermaterial umgeben und in widerstandsfähige Außenverpackungen verpackt, die den allgemeinen Vorschriften des Unterabschnitts 4.1.1.1 entsprechen und in der Lage sind, eine Fallprüfung aus 1,2 m Höhe zu bestehen;

c) gebrauchte, beschädigte oder defekte Leuchtmittel, die jeweils höchstens 1 g gefährliche Güter enthalten, mit höchstens 30 g gefährliche Güter je Versandstück, wenn sie von einer Sammelstelle oder Recyclingeinrichtung befördert werden. Die Leuchtmittel müssen in Außenverpackungen verpackt sein, die ausreichend widerstandsfähig sind, um unter normalen Beförderungsbedingungen das Austreten des Inhalts zu verhindern, die den allgemeinen Vorschriften des Unterabschnitts 4.1.1.1 entsprechen und die in der Lage sind, eine Fallprüfung aus mindestens 1,2 m Höhe zu bestehen;

d) Leuchtmittel, die nur Gase der Gruppen A und O (gemäß Unterabschnitt 2.2.2.1) enthalten, vorausgesetzt, diese sind so verpackt, dass die durch ein Zubruchgehen des Leuchtmittels verursachte Splitterwirkung auf das Innere des Versandstücks begrenzt bleibt.

Bem. Leuchtmittel, die radioaktive Stoffe enthalten, werden in Absatz 2.2.7.2.2.2 b) behandelt.

1.1.4 Anwendbarkeit anderer Vorschriften

1.1.4.1 (bleibt offen)	Allgemeines
1.1.4.1.1	Die internationale Beförderung auf dem Gebiet eines RID-Vertragsstaates kann Vorschriften oder Verboten unterliegen, die gemäß Artikel 3 des Anhanges C aus anderen Gründen als denen der Sicherheit während der Beförderung erlassen wurden. Diese Vorschriften oder Verbote sind in entsprechender Weise bekannt zu geben.
1.1.4.1.2	(bleibt offen)
1.1.4.1.3	(bleibt offen)

1.1.4.2 Beförderungen in einer Transportkette, die eine See- oder Luftbeförderung einschließt

1.1.4.2.1 Versandstücke, Container, Schüttgut-Container, ortsbewegliche Tanks, Tankcontainer und MEGC

sowie Wagen, die eine geschlossene Ladung Versandstücke mit ein und demselben Gut enthalten,

die den Vorschriften für Verpackung, Zusammenpackung, Kennzeichnung und Bezettelung von Versandstücken oder Anbringen von Großzetteln (Placards) und Kennzeichnung mit orangefarbenen Tafeln des ADR/RID nicht in vollem Umfang, wohl aber den Vorschriften des IMDG-Codes oder der Technischen Anweisungen der ICAO entsprechen, dürfen, sofern die Transportkette eine See- oder Luftbeförderung einschließt, unter folgenden Bedingungen befördert werden:

a) die Versandstücke müssen, sofern ihre Kennzeichen und Gefahrzettel nicht dem ADR/RID entsprechen, mit Kennzeichen und Gefahrzetteln nach den Vorschriften des IMDG-Codes oder der Technischen Anweisungen der ICAO versehen sein;

b) für die Zusammenpackung in einem Versandstück gelten die Vorschriften des IMDG-Codes oder der Technischen Anweisungen der ICAO;

Geltungsbereich und Anwendbarkeit   1.1

ADR	RID

c) bei Beförderungen in einer Transportkette, die eine Seebeförderung einschließt, müssen die Container, die Schüttgut-Container, die ortsbeweglichen Tanks, die Tankcontainer und die MEGC

nach Kapitel 5.3 des IMDG-Codes mit Großzetteln (Placards) versehen und gekennzeichnet sein, sofern sie nicht nach Kapitel 5.3 dieser Anlage	sowie die Wagen, die eine geschlossene Ladung Versandstücke mit ein und demselben Gut enthalten, des RID

mit Großzetteln (Placards) versehen und gekennzeichnet sind.
In diesem Fall gilt für die Kennzeichnung der Fahrzeuge nur der Absatz 5.3.2.1.1 dieser Anlage.
Für ungereinigte leere ortsbewegliche Tanks, Tankcontainer und MEGC gilt dies auch für die anschließende Beförderung zu einer Reinigungsstation.

Diese Abweichung gilt nicht für Güter, die nach den Klassen 1 bis 9 des ADR/RID als gefährlich eingestuft sind, nach den Vorschriften des IMDG-Codes oder der Technischen Anweisungen der ICAO jedoch als nicht gefährlich gelten.

1.1.4.2.2	Beförderungseinheiten, die aus einem oder mehreren anderen Fahrzeugen als Fahrzeuge zur Beförderung von den in Absatz 1.1.4.2.1 c) vorgesehenen Containern, ortsbeweglichen Tanks, Tankcontainern oder MEGC zusammengesetzt sind und die nicht nach den Vorschriften des Abschnitts 5.3.1 des ADR mit Großzetteln (Placards) versehen sind, jedoch nach Kapitel 5.3 des IMDG-Codes gekennzeichnet und mit Großzetteln (Placards) versehen sind, sind für die Beförderung in einer Transportkette einschließlich einer Seebeförderung zugelassen, vorausgesetzt, die Vorschriften für die Kennzeichnung mit orangefarbenen Tafeln des Abschnitts 5.3.2 ADR werden erfüllt.	(bleibt offen)
1.1.4.2.3	Bei der Beförderung in einer Transportkette, die eine See- oder Luftbeförderung einschließt, dürfen die in den Abschnitten 5.4.1 und 5.4.2 und in bestimmten Sondervorschriften des Kapitels 3.3 vorgeschriebenen Angaben durch das Beförderungspapier und die Angaben ersetzt werden, die gemäß dem IMDG-Code oder den Technischen Anweisungen der ICAO vorgeschrieben sind, vorausgesetzt, alle im ADR vorgeschriebenen zusätzlichen Angaben sind ebenfalls enthalten.	(bleibt offen)

Bem. Für Beförderungen gemäß Absatz 1.1.4.2.1 siehe auch Absatz 5.4.1.1.7. Für Beförderungen in Containern siehe auch Abschnitt 5.4.2.

1.1 Geltungsbereich und Anwendbarkeit

ADR	RID

1.1.4.3 Verwendung der für den Seeverkehr zugelassenen ortsbeweglichen Tanks des IMO-Typs

Ortsbewegliche Tanks der IMO-Typen 1, 2, 5 und 7, die den Vorschriften des Kapitels 6.7 oder 6.8 nicht entsprechen, die jedoch vor dem 1. Januar 2003 nach den Vorschriften des IMDG-Codes (Amendment 29-98) gebaut und zugelassen wurden, dürfen weiterverwendet werden, vorausgesetzt, sie entsprechen den anwendbaren Vorschriften für die wiederkehrende Prüfung des IMDG-Codes[2]. Darüber hinaus müssen sie den Vorschriften der jeweiligen in Kapitel 3.2 Tabelle A Spalten 10 und 11 angegebenen Anweisungen und den Vorschriften des Kapitels 4.2 des ADR/RID entsprechen. Siehe auch Unterabschnitt 4.2.0.1 des IMDG-Codes.

1.1.4.4 (bleibt offen)	**Huckepackverkehr**
1.1.4.4.1	Gefährliche Güter dürfen unter folgenden Bedingungen auch im Huckepackverkehr befördert werden:
	Die zur Beförderung im Huckepackverkehr aufgegebenen Straßenfahrzeuge sowie deren Inhalt müssen den Vorschriften des ADR entsprechen.
	Nicht zugelassen sind jedoch:
	– explosive Stoffe der Klasse 1, Verträglichkeitsgruppe A (UN-Nummern 0074, 0113, 0114, 0129, 0130, 0135, 0224 und 0473);
	– selbstzersetzliche Stoffe der Klasse 4.1, die eine Temperaturkontrolle erfordern (UN-Nummern 3231 - 3240);
	– polymerisierende Stoffe der Klasse 4.1, die eine Temperaturkontrolle erfordern (UN-Nummern 3533 und 3534);
	– organische Peroxide der Klasse 5.2, die eine Temperaturkontrolle erfordern (UN-Nummern 3111 - 3120);
	– Schwefeltrioxid der Klasse 8 mit einem Reinheitsgrad von mindestens 99,95 %, das ohne Inhibitoren in Tanks befördert wird (UN-Nummer 1829).
1.1.4.4.2	**Großzettel (Placards), Kennzeichen oder orangefarbene Tafeln an Tragwagen, auf denen Straßenfahrzeuge befördert werden**
	Das Anbringen von Großzetteln (Placards), Kennzeichen oder orangefarbenen Tafeln an Tragwagen ist in den folgenden Fällen nicht erforderlich:

---

[2] Die Internationale Seeschifffahrtsorganisation (IMO) hat mit Rundschreiben CCC.1/Circ.3 einen Leitfaden für die Weiterverwendung von bestehenden ortsbeweglichen Tanks und von Straßentankfahrzeugen für die Beförderung gefährlicher Güter («Guidance on the Continued Use of Existing IMO Type Portable Tanks and Road Tank Vehicles for the Transport of Dangerous Goods») herausgegeben. Der englische Text dieses Leitfadens kann auf der Website der IMO unter www.imo.org eingesehen werden.

Geltungsbereich und Anwendbarkeit 1.1

ADR	RID
	a) wenn die Straßenfahrzeuge mit den gemäß Kapitel 5.3 oder 3.4 des ADR vorgeschriebenen Großzetteln (Placards), Kennzeichen oder orangefarbenen Tafeln versehen sind;
	b) wenn für die Straßenfahrzeuge keine Großzettel (Placards), Kennzeichen oder orangefarbenen Tafeln vorgeschrieben sind (z.B. gemäß Unterabschnitt 1.1.3.6 oder der Bem. zu Absatz 5.3.2.1.5 des ADR).
1.1.4.4.3	**Beförderung von Anhängern, in denen Versandstücke befördert werden**
	Wird ein Anhänger von seiner Zugmaschine getrennt, müssen die orangefarbene Tafel nach Unterabschnitt 5.3.2 ADR und das Kennzeichen nach Kapitel 3.4 ADR, die an der Heckseite des Anhängers angebracht sind, auch an seiner Stirnseite angebracht werden. Die orangefarbene Tafel muss jedoch nicht an der Stirnseite des Anhängers angebracht werden, wenn die entsprechenden Großzettel (Placards) an beiden Längsseiten angebracht sind.
1.1.4.4.4	**Wiederholung von Großzetteln (Placards), Kennzeichen oder orangefarbenen Tafeln an Tragwagen, auf denen Straßenfahrzeuge befördert werden**
	Wenn die gemäß Absatz 1.1.4.4.2 angebrachten Großzettel (Placards), Kennzeichen oder orangefarbenen Tafeln außerhalb des Tragwagens nicht sichtbar sind, müssen diese an beiden Längsseiten des Tragwagens angebracht werden.
1.1.4.4.5	**Angaben im Beförderungspapier**
	Bei der Beförderung im Huckepackverkehr gemäß diesem Unterabschnitt ist im Beförderungspapier anzugeben:
	«BEFÖRDERUNG GEMÄSS UNTERABSCHNITT 1.1.4.4.».
	Bei der Beförderung von Tanks oder von gefährlichen Gütern in loser Schüttung, für die das ADR eine orangefarbene Tafel mit Angabe der Nummer zur Kennzeichnung der Gefahr vorsieht, ist im Beförderungspapier den Buchstaben «UN» und der darauffolgenden UN-Nummer (siehe Absatz 5.4.1.1.1 a)) die Nummer zur Kennzeichnung der Gefahr voranzustellen.

1.1 Geltungsbereich und Anwendbarkeit

ADR	RID
1.1.4.4.6	Alle übrigen Vorschriften des RID bleiben davon unberührt.
1.1.4.5 Beförderungen, die nicht auf der Straße erfolgen	Beförderungen, die nicht auf der Schiene erfolgen
1.1.4.5.1 Wenn das Fahrzeug, das für eine den Vorschriften des ADR/RID unterliegende Beförderung verwendet wird, einen Teil der Beförderungsstrecke nicht auf der Straße zurücklegt, sind für diesen Teil der Beförderungsstrecke nur jene nationalen oder internationalen Vorschriften anzuwenden, die hier gegebenenfalls für die Beförderung gefährlicher Güter mit dem Verkehrsträger gelten, mit dem das Straßenfahrzeug befördert wird.	Wenn der Wagen, der einen Teil der Beförderungsstrecke nicht auf der Schiene zurücklegt, sind für diesen Teil der Beförderungsstrecke nur jene nationalen oder internationalen Vorschriften anzuwenden, die hier gegebenenfalls für die Beförderung gefährlicher Güter mit dem Verkehrsträger gelten, mit dem der Wagen befördert wird.
1.1.4.5.2 Für den in Absatz 1.1.4.5.1 aufgeführten Fall können die betroffenen Vertragsparteien des ADR für eine Teilstrecke, auf der ein Fahrzeug anders als auf der Straße befördert wird, vereinbaren, die Vorschriften des ADR, gegebenenfalls ergänzt durch zusätzliche Vorschriften, anzuwenden, sofern diese Vereinbarungen zwischen den betroffenen Vertragsparteien des ADR den Regelungen der internationalen Übereinkommen für die Beförderung gefährlicher Güter mit dem für die Beförderung des Straßenfahrzeugs auf der betreffenden Teilstrecke verwendeten Verkehrsträger nicht widersprechen, zum Beispiel das Internationale Übereinkommen zum Schutz des menschlichen Lebens auf See (SOLAS), zu dessen Vertragsparteien auch diese Vertragsparteien des ADR gehören. Diese Vereinbarungen sind von der Vertragspartei, von der die Initiative zum Abschluss der Vereinbarung ausgeht, dem Sekretariat der Wirtschaftskommission der Vereinten Nationen für Europa mitzuteilen, das sie allen Vertragsparteien zur Kenntnis bringt.	Die betroffenen RID-Vertragsstaaten können für eine Teilstrecke, auf der ein Wagen anders als auf der Schiene befördert wird, vereinbaren, die Vorschriften des RID, gegebenenfalls ergänzt durch zusätzliche Vorschriften, anzuwenden, sofern diese Vereinbarungen zwischen den RID-Vertragsstaaten den Regelungen der internationalen Übereinkommen für die Beförderung gefährlicher Güter mit dem für die Beförderung des Wagens auf der betreffenden Teilstrecke verwendeten Verkehrsträger nicht widersprechen. Diese Vereinbarungen sind von dem RID-Vertragsstaat, von dem die Initiative zum Abschluss der Vereinbarung ausgeht, dem Sekretariat der OTIF mitzuteilen, das sie den RID-Vertragsstaaten zur Kenntnis bringt. *) --- *) Die nach diesem Unterabschnitt getroffenen Vereinbarungen können auf der Homepage der OTIF (www.otif.org) eingesehen werden.

Geltungsbereich und Anwendbarkeit 1.1

ADR	RID

1.1.4.5.3 Falls eine Beförderung, die den Vorschriften des ADR unterliegt, auf ihrer gesamten oder einem Teil ihrer Straßenstrecke auch den Vorschriften eines internationalen Übereinkommens unterliegt, das die Beförderung gefährlicher Güter durch einen anderen Verkehrsträger als die Straße regelt - und zwar aufgrund von Vorschriften, die dessen Anwendungsbereich auf bestimmte Kraftfahrzeugdienste ausdehnen -, so gelten die Vorschriften dieses internationalen Übereinkommens für diesen Streckenabschnitt gleichzeitig mit denen des ADR, soweit sie mit ihnen vereinbar sind; die übrigen Vorschriften des ADR gelten nicht für den betreffenden Streckenabschnitt.

1.1.4.6 (bleibt offen)

Beförderungen in oder durch das Hoheitsgebiet eines SMGS-Vertragsstaates

Wenn einer Beförderung gemäß RID eine Beförderung gemäß Anlage 2 zum SMGS folgt, müssen für diesen Teil der Beförderung die Vorschriften der Anlage 2 zum SMGS angewendet werden.

In diesem Fall müssen die im RID vorgeschriebenen Kennzeichen von Versandstücken, Umverpackungen, Kesselwagen und Tankcontainern sowie die im RID vorgeschrieben Angaben im Beförderungspapier[*] und in den Anlagen zum Beförderungspapier zusätzlich zu den im RID vorgeschriebenen Sprachen in Chinesisch oder Russisch erfolgen, sofern nicht Vereinbarungen zwischen den von der Beförderung berührten Staaten etwas anderes vorsehen.

[*] Vom Internationalen Eisenbahntransportkomitee (CIT) wird das «Handbuch Frachtbrief CIM/SMGS (GLV CIM/SMGS)» herausgegeben, welches das Muster des einheitlichen Frachtbriefs gemäß CIM- und SMGS-Beförderungsvertrag und seine Anwendungsbestimmungen enthält (siehe www.cit-rail.org).

1.1.5 **Anwendung von Normen**

Wenn die Anwendung einer Norm vorgeschrieben ist und ein Widerspruch zwischen der Norm und den Vorschriften des ADR/RID besteht, haben die Vorschriften des ADR/RID Vorrang. Die Anforderungen der Norm, die nicht in Widerspruch zum ADR/RID stehen, müssen wie festgelegt angewendet werden, einschließlich Anforderungen einer anderen Norm oder von Teilen einer Norm, auf die in dieser Norm normativ verwiesen wird.

1.1	Geltungsbereich und Anwendbarkeit
ADR	RID

Begriffsbestimmungen und Maßeinheiten 1.2

ADR	RID

1.2.1 Begriffsbestimmungen

Bem. 1. In diesem Abschnitt sind alle allgemeinen und besonderen Begriffsbestimmungen aufgeführt.

2. Die in den Begriffsbestimmungen dieses Abschnitts enthaltenen Begriffe, die Gegenstand einer entsprechenden Begriffsbestimmung sind, sind in *Kursivdruck* dargestellt.

Im ADR/RID bedeutet:

A

Abfälle: Stoffe, Lösungen, Gemische oder Gegenstände, für die keine unmittelbare Verwendung vorgesehen ist, die aber befördert werden zur Aufarbeitung, zur Deponie oder zur Beseitigung durch Verbrennung oder durch sonstige Entsorgungsverfahren.

abnehmbarer Tank: Den besonderen Vorrichtungen des *Wagens* angepasster *Tank*, der von diesem erst nach Lösung der Befestigungsmittel abgenommen werden kann.

Absender: Das *Unternehmen*, das selbst oder für einen Dritten *gefährliche Güter* versendet. Erfolgt die *Beförderung* auf Grund eines Beförderungsvertrages, gilt als *Absender* der *Absender* gemäß diesem Vertrag.

ADR: Übereinkommen über die internationale *Beförderung gefährlicher Güter* auf der Straße einschließlich der Sondervereinbarungen, die von allen an der *Beförderung* beteiligten Staaten unterzeichnet worden sind.

ADN: Europäisches Übereinkommen über die internationale *Beförderung gefährlicher Güter* auf Binnenwasserstraßen.

Aerosol: siehe *Druckgaspackung*.

Anlage 2 zum SMGS: siehe *SMGS*

Antragsteller: Im Fall der *Konformitätsbewertung* der Hersteller oder sein bevollmächtigter Vertreter
im Land einer Vertragspartei. | in einem RID-Vertragsstaat.
Im Fall der wiederkehrenden Prüfungen, Zwischenprüfungen und außerordentlichen Prüfungen ist der *Antragsteller* die Prüfeinrichtung, der Betreiber oder deren bevollmächtigter Vertreter
im Land einer Vertragspartei. | in einem RID-Vertragsstaat.

Bem. Ausnahmsweise kann auch ein Dritter (z.B. ein *Betreiber eines Tankcontainers* gemäß Begriffsbestimmung in Abschnitt 1.2.1) die *Konformitätsbewertung* beantragen.

ASTM: American Society for Testing and Materials (Amerikanische Gesellschaft für Materialprüfung) (ASTM International, 100 Barr Harbor Drive, PO Box C700, West Conshohocken, PA, 19428-2959, Vereinigte Staaten von Amerika).

Aufsetztank: Ein Tank – ausgenommen festverbundener Tank, ortsbeweglicher Tank, Tankcontainer und Element eines

1.2 Begriffsbestimmungen und Maßeinheiten

ADR	RID
Batterie-Fahrzeugs oder eines MEGC – mit einem Fassungsraum von mehr als 450 Litern, der durch seine Bauart nicht dazu bestimmt ist, Güter ohne Umschlag zu befördern, und der gewöhnlich nur in leerem Zustand abgenommen werden kann.	

Auslegungslebensdauer für Flaschen und Großflaschen aus Verbundwerkstoffen: Die höchste Lebensdauer (in Anzahl Jahren), für die die *Flasche* oder *Großflasche* in Übereinstimmung mit der anwendbaren Norm ausgelegt und zugelassen ist.

Ausschließliche Verwendung für die Beförderung radioaktiver Stoffe: Die alleinige Benutzung eines

Fahrzeugs	*Wagens*

oder eines *Großcontainers* durch einen einzigen *Absender*, wobei sämtliche Be- und Entladevorgänge vor, während und nach der *Beförderung* und die *Beförderung* selbst entsprechend den Anweisungen des *Absenders* oder des *Empfängers* ausgeführt werden, sofern dies im ADR/RID vorgeschrieben ist.

Außenverpackung: Der äußere Schutz einer *Kombinationsverpackung* oder einer *zusammengesetzten Verpackung*, einschließlich des saugfähigen Materials, des Polstermaterials und aller anderen Bestandteile, die erforderlich sind, um *Innengefäße* oder *Innenverpackungen* zu umschließen und zu schützen.

B

| *Batterie-Fahrzeug:* Ein *Fahrzeug*, das aus Elementen besteht, die durch ein Sammelrohr miteinander verbunden sind und die dauerhaft auf diesem *Fahrzeug* befestigt sind. Als Elemente eines *Batterie-Fahrzeugs* gelten *Flaschen, Großflaschen, Druckfässer* und *Flaschenbündel* sowie *Tanks* mit einem Fassungsraum von mehr als 450 Liter für in Absatz 2.2.2.1.1 definierte *Gase*. | *Batteriewagen:* Ein *Wagen*, der aus Elementen besteht, die durch ein Sammelrohr miteinander verbunden sind und die dauerhaft auf diesem *Wagen* befestigt sind. Als Elemente eines *Batteriewagens* gelten *Flaschen, Großflaschen, Druckfässer* und *Flaschenbündel* sowie *Tanks* mit einem Fassungsraum von mehr als 450 Liter für in Absatz 2.2.2.1.1 definierte *Gase*. |

Bauart für die Beförderung radioaktiver Stoffe: Die Beschreibung eines gemäß Absatz 2.2.7.2.3.5 f) freigestellten spaltbaren Stoffes, eines radioaktiven Stoffes in besonderer Form, eines gering dispergierbaren radioaktiven Stoffes, eines *Versandstückes* oder einer *Verpackung*, die dessen/deren vollständige Identifizierung ermöglicht. Die Beschreibung kann Spezifikationen, Konstruktionszeichnungen, Berichte über den Nachweis der Übereinstimmung mit den Vorschriften und andere relevante Unterlagen enthalten.

Bauliche Ausrüstung:

| a) des *Tanks* eines *Tankfahrzeugs* oder eines *Aufsetztanks*: die außen oder innen am *Tankkörper* angebrachten Versteifungselemente, Elemente für die Befestigung, den Schutz oder die Stabilisierung; | des *Tanks* eines *Kesselwagens*: die außen oder innen am *Tankkörper* angebrachten Versteifungselemente, Elemente für die Befestigung oder den Schutz; |

b) des *Tanks* eines *Tankcontainers*: die außen oder innen am *Tankkörper* angebrachten Versteifungselemente, Elemente für die Befestigung, den Schutz oder die Stabilisierung;

Begriffsbestimmungen und Maßeinheiten 1.2

ADR	RID

    c) der Elemente eines *Batterie-Fahrzeugs* | der Elemente eines *Batteriewagens*
       oder *MEGC*: die außen am *Tankkörper* oder *Gefäß* angebrachten Versteifungselemente, Elemente für die Befestigung, den Schutz oder die Stabilisierung;

    d) eines *Großpackmittels (IBC)* (ausgenommen *flexible IBC*): Verstärkungs-, Befestigungs-, Handhabungs-, Schutz- oder Stabilisierungsteile des *Packmittelkörpers* (einschließlich des Palettensockels für *Kombinations-IBC mit Kunststoff-Innenbehälter*).

Bem. Für *ortsbewegliche Tanks* siehe Kapitel 6.7.

Baustahl: Stahl, dessen Mindestzugfestigkeit zwischen 360 N/mm² und 440 N/mm² liegt.

Bem. Für *ortsbewegliche Tanks* siehe Kapitel 6.7.

Bedeckter Container: siehe *Container*.

Bedeckter Schüttgut-Container: siehe *Schüttgut-Container*.

Bedecktes Fahrzeug: Ein offenes Fahrzeug, das zum Schutz der Ladung mit einer Plane versehen ist.

Bedienungsausrüstung:

    a) eines *Tanks*: die Füll- und Entleerungseinrichtungen, die Über- und Unterdruckbelüftungseinrichtungen, die Sicherheits-, Heizungs-, Wärmeschutz- und Additivierungseinrichtungen | und Wärmeschutzeinrichtungen
       sowie die Messinstrumente;

    b) der Elemente eines *Batterie-Fahrzeugs* | der Elemente eines *Batteriewagens*
       oder *MEGC*: die Füll- und Entleerungseinrichtungen einschließlich des Sammelrohrsystems, die Sicherheitseinrichtungen sowie die Messinstrumente;

    c) eines *Großpackmittels (IBC)*: Befüllungs- und Entleerungseinrichtungen und gegebenenfalls vorhandene Druckausgleichs- oder Lüftungseinrichtungen, Sicherheits-, Heizungs- und Wärmeschutzeinrichtungen sowie Messinstrumente.

Bem. Für *ortsbewegliche Tanks* siehe Kapitel 6.7.

Beförderer: Das *Unternehmen*, das die *Beförderung* mit oder ohne Beförderungsvertrag durchführt.

Beförderung: Die Ortsveränderung der *gefährlichen Güter* einschließlich der transportbedingten Aufenthalte und einschließlich des verkehrsbedingten Verweilens der *gefährlichen Güter* in den
Fahrzeugen, | Wagen,
Tanks und Containern vor, während und nach der Ortsveränderung.

Die vorliegende Definition schließt auch das zeitweilige Abstellen *gefährlicher Güter* für den Wechsel der Beförderungsart oder des Beförderungsmittels (Umschlag) ein. Dies gilt unter der Voraussetzung, dass die Beförderungsdokumente, aus denen Versand- und Empfangsort feststellbar sind, auf Verlangen vorgelegt werden, sowie – außer für Kontrollzwecke der zuständigen Behörde – unter der Voraussetzung, dass *Versandstücke* und *Tanks* während des zeitweiligen Aufenthalts nicht geöffnet werden.

Beförderung in loser Schüttung: *Beförderung* von unverpackten *festen Stoffen* oder Gegenständen in
Fahrzeugen, | Wagen,
Containern oder Schüttgut-Containern; dieser Begriff gilt weder für Güter, die als *Versandstücke*, noch für Stoffe, die in *Tanks* befördert werden.

Beförderungseinheit: Ein Kraftfahrzeug ohne Anhänger oder eine Einheit aus einem Kraftfahrzeug mit Anhänger.

1.2 Begriffsbestimmungen und Maßeinheiten

ADR	RID

Beförderungsmittel: Für die Straßen- oder Eisenbahnbeförderung ein

Fahrzeug oder *Wagen*.	*Straßenfahrzeug*

	Beförderungspapier: Der Frachtbrief gemäß Beförderungsvertrag (siehe *CIM*), der Wagenbrief gemäß dem Allgemeinen Vertrag für die Verwendung von Güterwagen (AVV) [5]) oder ein sonstiges den Vorschriften des Abschnitts 5.4.1 entsprechendes Beförderungspapier.

[5]) Veröffentlicht durch das AVV-Büro, Avenue Louise, 500, BE-1050 Bruxelles, www.gcubureau.org.

Befüller: Das *Unternehmen*, das die *gefährlichen Güter* in einen *Tank*

(*Tankfahrzeug*, *Aufsetztank*, *ortsbeweglicher Tank* oder *Tankcontainer*), in ein *Batterie-Fahrzeug* oder *MEGC* und/oder in ein *Fahrzeug*,	(*Kesselwagen*, *Wagen* mit *abnehmbaren Tanks*, *ortsbeweglicher Tank* oder *Tankcontainer*), in einen *Batteriewagen* oder *MEGC* und/oder in einen *Wagen*,

Großcontainer oder *Kleincontainer* für Güter *in loser Schüttung* einfüllt.

Behälter (für Klasse 1): Als *Innen-* oder *Zwischenverpackungen* verwendete *Kisten*, Flaschen, Dosen, *Fässer*, Kannen oder Hülsen sowie deren *Verschluss*einrichtungen aller Art.

Beladen: siehe *Verladen*.

Berechnungsdruck: Fiktiver Druck, der je nach dem Gefahrengrad des beförderten Stoffes mehr oder weniger stark nach oben vom Betriebsdruck abweichen kann, jedoch mindestens so hoch sein muss wie der *Prüfdruck*, und nur zur Bestimmung der Wanddicke des *Tankkörpers* dient, wobei die äußeren oder inneren Verstärkungseinrichtungen unberücksichtigt bleiben (siehe auch *Entleerungsdruck*, *Fülldruck*, *höchster Betriebsdruck (Überdruck)* und *Prüfdruck*).

Bem. Für *ortsbewegliche Tanks* siehe Kapitel 6.7.

▶ 1.6.2.12 **Bergungsdruckgefäß:** Ein *Druckgefäß* mit einem mit Wasser ausgeliterten Fassungsraum von höchstens 3000 Litern, in das ein oder mehrere beschädigte, defekte, undichte oder nicht den Vorschriften entsprechende *Druckgefäße* zum Zwecke der Beförderung, z.B. zur Wiederverwertung oder Entsorgung, eingesetzt werden.

Bergungsgroßverpackung: *Sonderverpackung*, die
a) für eine mechanische Handhabung ausgelegt ist und
b) eine Nettomasse von mehr als 400 kg oder einen Fassungsraum von mehr als 450 Liter, aber ein Höchstvolumen von 3 m³ hat,

und in die beschädigte, defekte, undichte oder nicht den Vorschriften entsprechende *Versandstücke* mit *gefährlichen Gütern* oder *gefährliche Güter*, die verschüttet wurden oder ausgetreten sind, eingesetzt werden, um diese zu Zwecken der Wiedergewinnung oder der Entsorgung zu befördern.

Bergungsverpackung: *Sonderverpackung*, in die beschädigte, defekte, undichte oder nicht den Vorschriften entsprechende *Versandstücke* mit *gefährlichen Gütern* oder *gefährliche Güter*, die verschüttet wurden oder ausgetreten sind, eingesetzt werden, um diese zu Zwecken der Wiedergewinnung oder der Entsorgung zu befördern.

Begriffsbestimmungen und Maßeinheiten 1.2

ADR	RID
	Betreiber der Eisenbahninfrastruktur: Jede öffentliche Einrichtung oder jedes Unternehmen, dem insbesondere die Einrichtung und die Unterhaltung der Eisenbahninfrastruktur sowie die Führung der Betriebsleit- und Sicherheitssysteme übertragen sind.
Betreiber eines Tankcontainers oder eines ortsbeweglichen Tanks: Das *Unternehmen*, in dessen Namen der *Tankcontainer* oder *ortsbewegliche Tank* betrieben wird.	
	Betreiber eines Kesselwagens [6]*:* Das *Unternehmen*, auf dessen Namen der *Kesselwagen* eingestellt oder sonst zum Verkehr zugelassen ist.
	6) Der Begriff «Betreiber» entspricht dem in Artikel 2 n) des Anhangs G des COTIF (ATMF) sowie in Artikel 3 s) der Richtlinie über die Eisenbahnsicherheit (Richtlinie 2004/49/EG des Europäischen Parlaments und des Rates vom 29. April 2004 über Eisenbahnsicherheit in der Gemeinschaft und zur Änderung der Richtlinie 95/18/EG des Rates über die Erteilung von Genehmigungen an Eisenbahnunternehmen und der Richtlinie 2001/14/EG über die Zuweisung von Fahrwegkapazität der Eisenbahn, die Erhebung von Entgelten für die Nutzung von Eisenbahninfrastruktur und die Sicherheitsbescheinigung) und in Artikel 2 s) der Richtlinie 2008/57/EG des Europäischen Parlaments und des Rates vom 17. Juni 2008 über die Interoperabilität des Eisenbahnsystems in der Gemeinschaft definierten Begriff für «Halter».

Betriebsdauer für Flaschen und Großflaschen aus Verbundwerkstoffen:
Die Anzahl Jahre, für die der Betrieb der *Flasche* oder *Großflasche* zugelassen ist.

Betriebsdruck: Der *entwickelte Druck* eines verdichteten Gases bei einer Bezugstemperatur von 15 °C in einem vollen *Druckgefäß*.
Bem. Für *Tanks* siehe Begriffsbestimmung für *höchster Betriebsdruck*.

Bezugsstahl: Stahl mit einer Zugfestigkeit von 370 N/mm^2 und einer Bruchdehnung von 27 %.

Brennstoffzelle: Eine elektrochemische Vorrichtung, welche die chemische Energie eines Brennstoffs in elektrische Energie, Wärme und Reaktionsprodukte umwandelt.

Brennstoffzellen-Motor: Eine Vorrichtung, die für den Antrieb von Einrichtungen verwendet wird und die aus einer *Brennstoffzelle* und ihrer Brennstoffversorgung besteht – unabhängig davon, ob diese in die *Brennstoffzelle* integriert oder von dieser getrennt ist – und die alle Zubehörteile umfasst, die für ihre Funktion notwendig sind.

C

CGA: Compressed Gas Association (Verband für verdichtete Gase)
(CGA, 14501 George Carter Way, Suite 103, Chantilly VA 20151, Vereinigte Staaten von Amerika).

1.2 Begriffsbestimmungen und Maßeinheiten

ADR	RID

CIM: Einheitliche Rechtsvorschriften für den Vertrag über die internationale Eisenbahnbeförderung von Gütern (Anhang B des Übereinkommens über den internationalen Eisenbahnverkehr (COTIF)) in der jeweils geänderten Fassung.

CMR: Übereinkommen über den Beförderungsvertrag im internationalen Straßengüterverkehr (Genf, 19. Mai 1956) in der jeweils geänderten Fassung.

CNG (compressed natural gas): siehe *Verdichtetes Erdgas (CNG).*

Container: Ein Beförderungsgerät (Rahmenkonstruktion oder ähnliches Gerät),
- das von dauerhafter Beschaffenheit und deshalb genügend widerstandsfähig ist, um wiederholt verwendet werden zu können,
- das besonders dafür gebaut ist, um die *Beförderung* von Gütern durch einen oder mehrere Verkehrsträger ohne Veränderung der Ladung zu erleichtern,
- das mit Vorrichtungen versehen ist, welche die Befestigung und die Handhabung insbesondere beim Übergang von einem Beförderungsmittel auf ein anderes erleichtern,
- das so gebaut ist, dass die Befüllung und Entleerung erleichtert wird,
- das mit der Ausnahme von Containern zur Beförderung radioaktiver Stoffe ein Innenvolumen von mindestens 1 m³ hat.

Ein *Wechselaufbau (Wechselbehälter)* ist ein *Container*, der laut der europäischen Norm EN 283:1991 folgende Besonderheiten aufweist:
- er ist hinsichtlich der mechanischen Festigkeit ausschließlich für die *Beförderung* mit *Wagen* oder *Fahrzeugen* im Land- und Fährverkehr ausgelegt,
- er ist nicht stapelbar,
- er kann von *Fahrzeugen* mit bordeigenen Mitteln auf Stützbeinen abgesetzt und wieder aufgenommen werden.

Bem. Der Begriff *Container* schließt weder die üblichen *Verpackungen*, noch die *Großpackmittel (IBC),* die *Tankcontainer* oder die
Fahrzeuge ein. | *Wagen* ein.

Dennoch darf ein Container für die Beförderung radioaktiver Stoffe als Verpackung verwendet werden.

Außerdem: *Bedeckter Container:* Ein offener *Container*, der zum Schutz der Ladung mit einer Plane versehen ist.

Geschlossener Container: Ein vollständig geschlossener *Container* mit einem starren Dach, starren Seitenwänden, starren Stirnseiten und einem Boden. Der Begriff umfasst *Container* mit öffnungsfähigem Dach, sofern das Dach während der *Beförderung* geschlossen ist.

Großcontainer:
a) ein *Container*, der nicht der Begriffsbestimmung für *Kleincontainer* entspricht.
b) im Sinne des *CSC* ein *Container* mit einer durch die vier unteren äußeren Ecken begrenzten Grundfläche
   (i) von mindestens 14 m² (150 sq ft) oder
   (ii) von mindestens 7 m² (75 sq ft), wenn er mit oberen Eckbeschlägen ausgerüstet ist.

Kleincontainer: Ein *Container*, der ein Innenvolumen von höchstens 3 m³ hat.

Offener Container: Ein *Container* mit offenem Dach oder ein Flach*container*.

CSC: Internationales Übereinkommen über sichere Container (Genf, 1972) in der jeweils geänderten Fassung, herausgegeben von der Internationalen Seeschifffahrtsorganisation (*IMO*) in London.

CTU: siehe *Güterbeförderungseinheit.*

Begriffsbestimmungen und Maßeinheiten 1.2

ADR	RID

D

Dichte Umschließung für die Beförderung radioaktiver Stoffe: Die vom Konstrukteur festgelegte Anordnung der Verpackungsbauteile, die ein Entweichen der radioaktiven Stoffe während der *Beförderung* verhindern sollen.

Dichtheitsprüfung: Eine Prüfung, bei der die Dichtheit eines *Tanks*, einer *Verpackung* oder eines *Großpackmittels (IBC)* sowie der Ausrüstung oder der Verschlusseinrichtungen geprüft wird.
Bem. Für *ortsbewegliche Tanks* siehe Kapitel 6.7.

Dosisleistung: Die Umgebungsäquivalentdosis bzw. die Richtungsäquivalentdosis je Zeiteinheit, die am fraglichen Punkt gemessen wird.

Druckfass: Geschweißtes ortsbewegliches *Druckgefäß* mit einem mit Wasser ausgeliterten Fassungsraum von mehr als 150 Liter und höchstens 1000 Liter (z.B. zylindrisches *Gefäß* mit Rollreifen, kugelförmige *Gefäße* auf Gleiteinrichtungen).

Druckgaspackung (Aerosol): Ein Gegenstand, der aus einem nicht nachfüllbaren *Gefäß* besteht, das den Vorschriften des Abschnitts 6.2.6 entspricht, aus Metall, Glas oder Kunststoff hergestellt ist, ein verdichtetes, verflüssigtes oder unter Druck gelöstes *Gas* mit oder ohne einen *flüssigen*, pastösen oder pulverförmigen *Stoff* enthält und mit einer Entnahmeeinrichtung ausgerüstet ist, die ein Ausstoßen des Inhalts in Form einer Suspension von festen oder flüssigen Teilchen in einem *Gas*, in Form eines Schaums, einer Paste oder eines Pulvers oder in flüssigem oder gasförmigem Zustand ermöglicht.

Druckgefäß: Ein Sammelbegriff für *Flasche, Großflasche, Druckfass*, verschlossener *Kryo-Behälter, Metallhydrid-Speichersystem, Flaschenbündel* und *Bergungsdruckgefäße*.

Durchmesser *(für Tankkörper von Tanks):* Der innere Durchmesser des *Tankkörpers*.

durch oder in für die Beförderung radioaktiver Stoffe: Durch oder in die Länder, in die eine Sendung befördert wird, jedoch werden Länder, «über» die eine Sendung in der Luft befördert wird, ausdrücklich ausgeschlossen, vorausgesetzt, in diesen Ländern erfolgt keine planmäßige Zwischenlandung.

E

ECM (entity in charge of maintenance): siehe *Für die Instandhaltung zuständige Stelle.*

EG-Richtlinie: Von den zuständigen Institutionen der Europäischen Gemeinschaften verabschiedete Bestimmungen, die für jeden Mitgliedstaat, an den sie gerichtet sind, hinsichtlich des zu erreichenden Ziels verbindlich sind, jedoch den innerstaatlichen Stellen die Wahl der Form und der Mittel überlassen.

Einschließungssystem für die Beförderung radioaktiver Stoffe: Die vom Konstrukteur festgelegte und von der *zuständigen Behörde* anerkannte Anordnung der spaltbaren Stoffe und der Verpackungsbauteile, die zur Erhaltung der Kritikalitätssicherheit vorgesehen ist.

Eisenbahnfahrzeug: Ein Fahrzeug, das geeignet ist, auf den eigenen Rädern mit oder ohne eigenen Antrieb auf Eisenbahnstrecken zu verkehren.

1.2 Begriffsbestimmungen und Maßeinheiten

ADR	RID
	Eisenbahninfrastruktur: Alle Schienenwege und festen Anlagen, soweit diese für das Verkehren von Eisenbahnfahrzeugen und die Verkehrssicherheit notwendig sind.

Empfänger: Der *Empfänger* gemäß Beförderungsvertrag. Bezeichnet der *Empfänger* gemäß den für den Beförderungsvertrag geltenden Bestimmungen einen Dritten, so gilt dieser als *Empfänger* im Sinne des ADR/RID. Erfolgt die *Beförderung* ohne Beförderungsvertrag, so ist *Empfänger* das *Unternehmen*, welches die *gefährlichen Güter* bei der Ankunft übernimmt.

EN(-Norm): Vom Europäischen Komitee für Normung (CEN, Avenue Marnix 17, B-1000 Brüssel) veröffentlichte europäische Norm.

Entladen: Alle Tätigkeiten, die vom *Entlader* gemäß der Begriffsbestimmung von *Entlader* vorgenommen werden.

Entlader: Das *Unternehmen*, das

a) einen *Container*, *Schüttgut-Container*, *MEGC*, *Tankcontainer*

oder *ortsbeweglichen Tank* von einem *Fahrzeug* absetzt oder	, *ortsbeweglichen Tank* oder ein *Straßenfahrzeug* von einem *Wagen*

b) verpackte *gefährliche Güter*, *Kleincontainer* oder *ortsbewegliche Tanks* aus oder von einem

Fahrzeug oder *Container* entlädt oder	*Wagen*

c) *gefährliche Güter* aus einem *Tank*

(*Tankfahrzeug*, *Aufsetztank*, *ortsbeweglicher Tank* oder *Tankcontainer*) oder aus einem *Batterie-Fahrzeug*, *MEMU* oder *MEGC* oder aus einem *Fahrzeug*,	(*Kesselwagen*, *abnehmbarer Tank*, *ortsbeweglicher Tank* oder *Tankcontainer*) oder aus einem *Batteriewagen* oder *MEGC* oder aus einem *Wagen*,

Großcontainer oder *Kleincontainer* für Güter *in loser Schüttung* oder einem *Schüttgut-Container* entleert.

Entleerungsdruck: Höchster Druck, der sich bei Druckentleerung im *Tank* tatsächlich entwickelt (siehe auch *Berechnungsdruck*, *Fülldruck*, *höchster Betriebsdruck* (*Überdruck*) und *Prüfdruck*).

Entwickelter Druck: Der Druck des Inhaltes eines *Druckgefäßes* bei Temperatur- und Diffusionsgleichgewicht.

Entzündbare Bestandteile (Druckgaspackungen): Entzündbare *flüssige Stoffe*, entzündbare *feste Stoffe* oder die im *Handbuch Prüfungen und Kriterien* Teil III Unterabschnitt 31.1.3 Bem. 1 bis 3 definierten entzündbaren Gase oder Gasgemische. Durch diese Bezeichnung werden pyrophore, selbsterhitzungsfähige oder mit Wasser reagierende Stoffe nicht erfasst. Die chemische Verbrennungswärme ist durch eines der folgenden Verfahren zu bestimmen: ASTM D 240, ISO/FDIS 13943:1999 (E/F) 86.1 bis 86.3 oder NFPA 30B.

Begriffsbestimmungen und Maßeinheiten 1.2

ADR	RID

F

Fahrzeug: siehe *Batterie-Fahrzeug*, *bedecktes Fahrzeug*, *gedecktes Fahrzeug*, *offenes Fahrzeug* und *Tankfahrzeug*.

Fass: Zylindrische *Verpackung* aus Metall, Pappe, Kunststoff, Sperrholz oder einem anderen geeigneten Stoff mit flachen oder gewölbten Böden. Unter diesen Begriff fallen auch *Verpackungen* anderer Form, z.B. runde *Verpackungen* mit kegelförmigem Hals oder eimerförmige *Verpackungen*. Nicht unter diesen Begriff fallen *Holzfass* und *Kanister*.

Fassungsraum eines Tankkörpers oder eines Tankkörperabteils für Tanks: Das gesamte Innenvolumen des *Tankkörpers* oder des *Tankkörper*abteils in Liter oder Kubikmeter. Wenn es nicht möglich ist, den *Tankkörper* oder das *Tankkörper*abteil wegen seiner Form oder seines Baus vollständig zu befüllen, ist dieser geringere Fassungsraum für die Bestimmung des Füllungsgrades und die Kennzeichnung des Tanks zu verwenden.

Feinstblechverpackung: Verpackung mit rundem, elliptischem, rechteckigem oder mehreckigem Querschnitt (auch konisch) sowie *Verpackung* mit kegelförmigem Hals oder eimerförmige *Verpackung* aus Metall mit einer Wanddicke unter 0,5 mm (z.B. Weißblech), mit flachen oder gewölbten Böden, mit einer oder mehreren Öffnungen, die nicht unter die Begriffsbestimmung für *Fass* oder *Kanister* fällt.

Fester Stoff:

a) ein Stoff mit einem Schmelzpunkt oder Schmelzbeginn über 20 °C bei einem Druck von 101,3 kPa oder

b) ein Stoff, der nach dem Prüfverfahren ASTM D 4359-90 nicht flüssig ist oder der nach den Kriterien des in Abschnitt 2.3.4 beschriebenen Prüfverfahrens für die Bestimmung des Fließverhaltens (Penetrometerverfahren) dickflüssig ist.

Festverbundener Tank: Ein *Tank* mit einem Fassungsraum von mehr als 1000 Liter, der dauerhaft auf einem

Fahrzeug (das damit zum *Tankfahrzeug* wird) befestigt ist oder einen Bestandteil des Fahrgestells eines solchen *Fahrzeugs* bildet.	*Wagen* (der damit zum *Kesselwagen* wird) befestigt ist oder einen Bestandteil des Untergestells eines solchen *Wagens* bildet.

Flammpunkt: Die niedrigste Temperatur eines *flüssigen Stoffes*, bei der seine Dämpfe mit der Luft ein entzündbares Gemisch bilden.

Flasche: Ortsbewegliches *Druckgefäß* mit einem mit Wasser ausgeliterten Fassungsraum von höchstens 150 Liter.

Flaschenbündel: Eine Einheit aus *Flaschen*, die aneinander befestigt und untereinander mit einem Sammelrohr verbunden sind und die als untrennbare Einheit befördert werden. Der gesamte mit Wasser ausgeliterte Fassungsraum darf 3000 Liter nicht überschreiten; bei Flaschenbündeln, die für die *Beförderung* von giftigen *Gasen* der Klasse 2 (Gruppen, die gemäß Absatz 2.2.2.1.3 mit dem Buchstaben T beginnen) vorgesehen sind, ist dieser mit Wasser ausgeliterte Fassungsraum auf 1000 Liter begrenzt.

Flexibler Schüttgut-Container: siehe *Schüttgut-Container*.

Flexibles Großpackmittel (IBC): Ein *Großpackmittel*, das aus einem mit geeigneten *Bedienungsausrüstungen* und *Handhabungsvorrichtungen* versehenen *Packmittelkörper* besteht, der aus einer Folie, einem Gewebe oder einem anderen flexiblen Werkstoff oder aus Zusammensetzungen von Werkstoffen dieser Art gebildet wird, soweit erforderlich, mit einer inneren Beschichtung oder einer Auskleidung.

Flüssiger Stoff: Ein Stoff, der bei 50 °C einen Dampfdruck von höchstens 300 kPa (3 bar) hat und bei 20 °C und einem Druck von 101,3 kPa nicht vollständig *gas*förmig ist und der

1.2 Begriffsbestimmungen und Maßeinheiten

ADR	RID

a) bei einem Druck von 101,3 kPa einen Schmelzpunkt oder Schmelzbeginn von 20 °C oder darunter hat oder

b) nach dem Prüfverfahren ASTM D 4359-90 flüssig ist oder

c) nach den Kriterien des in Abschnitt 2.3.4 beschriebenen Prüfverfahrens für die Bestimmung des Fließverhaltens (Penetrometerverfahren) nicht dickflüssig ist.

Bem. Im Sinne der Tankvorschriften gelten als *Beförderung* in flüssigem Zustand:
- die *Beförderung* von gemäß oben stehender Definition *flüssigen Stoffen* oder
- die *Beförderung* von *festen Stoffen*, die in geschmolzenem Zustand zur *Beförderung* aufgegeben werden.

Flüssiggas (LPG) [3]***:*** Unter geringem Druck verflüssigtes Gas, das aus einem oder mehreren nur der UN-Nummer 1011, 1075, 1965, 1969 oder 1978 zugeordneten leichten Kohlenwasserstoffen besteht und das neben Spuren anderer Kohlenwasserstoffgase hauptsächlich Propan, Propen, Butan, Butan-Isomeren und/oder Buten enthält.

Bem. 1. Entzündbare Gase, die anderen UN-Nummern zugeordnet sind, gelten nicht als LPG.

2. Für UN 1075 siehe Bem. 2 unter Klassifizierungscode 2 F UN 1965 in der Tabelle für verflüssigte Gase in Unterabschnitt 2.2.2.3.

Fülldruck: Höchster Druck, der sich bei Druckfüllung im *Tank* tatsächlich entwickelt (siehe auch *Berechnungsdruck, Entleerungsdruck, höchster Betriebsdruck (Überdruck)* und *Prüfdruck*).

Füllungsgrad: Das Verhältnis zwischen der Masse an *Gas* und der Masse an Wasser bei 15 °C, die ein für die Verwendung vorbereitetes *Druckgefäß* vollständig ausfüllen würde.

Für die Instandhaltung zuständige Stelle (ECM): Diejenige Stelle gemäß den Einheitlichen Rechtsvorschriften für die technische Zulassung von Eisenbahnmaterial, das im internationalen Verkehr verwendet wird (ATMF – Anhang G zum COTIF), die gemäß Anlage A dieser Rechtsvorschriften [8] zertifiziert ist und deren Aufgabe die Instandhaltung eines Wagens ist.

8) Der Anhang G des COTIF (ATMF) ist in Bezug auf die für die Instandhaltung zuständigen Stellen (ECM) und ihre Zertifizierung mit der europäischen Gesetzgebung, insbesondere mit der Richtlinie (EU) 2016/798 des Europäischen Parlaments und des Rates vom 11. Mai 2016 über Eisenbahnsicherheit (Artikel 14 Punkte 1 bis 5) und Richtlinie (EU) 2016/797 des Europäischen Parlaments und des Rates vom 11. Mai 2016 über die Interoperabilität des Eisenbahnsystems in der Europäischen Union (Artikel 47 Punkt 3 Buchstabe f) harmonisiert. Die Anlage A des ATMF entspricht in Bezug auf das Zertifizierungssystem der für die Instandhaltung zuständigen Stellen der Durchführungsverordnung (EU) 2019/779 der Kommission vom 16. Mai 2019 mit Durchführungsbestimmungen für ein System zur Zertifizierung von für die Instandhaltung von Fahrzeugen zuständigen Stellen gemäß der Richtlinie (EU) 2016/798 des Europäischen Parlaments und des Rates und zur Aufhebung der Verordnung (EU) Nr. 445/2011 der Kommission.

---

3) Die Buchstaben «LPG» sind die Abkürzung des englischen Ausdrucks «Liquefied Petroleum Gas».

Begriffsbestimmungen und Maßeinheiten 1.2

ADR	RID

G

Gas: Stoff, der

a) bei 50 °C einen Dampfdruck von mehr als 300 kPa (3 bar) hat oder
b) bei 20 °C und dem Standarddruck von 101,3 kPa vollständig *gas*förmig ist.

Gascontainer mit mehreren Elementen (MEGC): Ein Beförderungsgerät, das aus Elementen besteht, die durch ein Sammelrohr miteinander verbunden sind und die in einem Rahmen montiert sind. Als Elemente eines *MEGC* gelten *Flaschen*, *Großflaschen*, *Druckfässer* oder *Flaschenbündel* sowie *Tanks* mit einem Fassungsraum von mehr als 450 Liter für in Absatz 2.2.2.1.1 definierte *Gase*.

Bem. Für UN-MEGC siehe Kapitel 6.7.

▶ *1.6.2.11* **Gaspatrone:** siehe *Gefäß, klein, mit Gas.*

Gedecktes Fahrzeug: Ein *Fahrzeug* mit einem Aufbau, der geschlossen werden kann.	**Gedeckter Wagen:** *Wagen* mit festen oder beweglichen Wänden und Dächern.

Gefährliche Güter: Stoffe und Gegenstände, deren *Beförderung* gemäß ADR/RID verboten oder nur unter

in diesem Übereinkommen vorgesehenen	bestimmten

Bedingungen gestattet ist.

Gefährliche Reaktion:

a) eine Verbrennung und/oder Entwicklung beträchtlicher Wärme;
b) eine Entwicklung entzündbarer, erstickend wirkender, oxidierender, und/oder giftiger *Gase*;
c) die Bildung ätzender Stoffe;
d) die Bildung instabiler Stoffe;
e) ein gefährlicher Druckanstieg (nur für *Tanks*).

Gefäß: Behältnis, das Stoffe oder Gegenstände aufnehmen und enthalten kann, einschließlich aller *Verschluss*mittel. *Tankkörper* fallen nicht unter diese Begriffsbestimmung. (Siehe auch *Druckgefäß* und *Innengefäß*.)

Gefäß, klein, mit Gas (Gaspatrone): Ein nicht nachfüllbares *Gefäß*, das im Falle von *Gefäßen* aus Metall einen mit Wasser ausgeliterten Fassungsraum von höchstens 1000 ml und im Falle von *Gefäßen* aus Kunststoff oder Glas von höchstens 500 ml hat und das ein *Gas* oder *Gasgemisch* unter Druck enthält. Es kann mit einem Ventil ausgerüstet sein.

Genehmigung/Zulassung:

Multilaterale Genehmigung/Zulassung für die Beförderung radioaktiver Stoffe: Eine je nach Fall durch die jeweils *zuständige Behörde* des Ursprungslandes der *Bauart* oder der *Beförderung* und durch die *zuständige Behörde* jedes Landes, durch oder in das eine Sendung zu befördern ist, erteilte Genehmigung/Zulassung.

Unilaterale Zulassung für die Beförderung von radioaktiver Stoffe: Eine Zulassung einer *Bauart*, die nur von der *zuständigen Behörde* des Ursprungslandes der *Bauart* erteilt werden muss.

Ist das Ursprungsland

keine Vertragspartei des ADR,	kein RID-Vertragsstaat,

so bedarf die Genehmigung/Zulassung der Anerkennung durch die *zuständige Behörde*

einer Vertragspartei des ADR	eines RID-Vertragsstaates

(siehe Unterabschnitt 6.4.22.8).

1.2 Begriffsbestimmungen und Maßeinheiten

ADR	RID

Geschlossene Ladung: Jede Ladung, die von einem einzigen *Absender* kommt, dem der ausschließliche Gebrauch eines

Fahrzeugs oder	*Wagens* oder

Großcontainers vorbehalten ist, wobei alle Ladevorgänge nach den Anweisungen des *Absenders* oder des *Empfängers* durchgeführt werden.

Bem. 1. Der entsprechende Begriff für Zwecke radioaktiver Stoffe ist «*ausschließliche Verwendung*».

	2. Diese Begriffsbestimmung schließt den in den anderen Anhängen des COTIF sowie in den sonstigen Eisenbahnvorschriften verwendeten Begriff «Wagenladung» ein.

Geschlossener Container: siehe *Container*.

Geschlossener Schüttgut-Container: siehe *Schüttgut-Container*.

Geschütztes Großpackmittel (IBC): (für *metallene IBC*): Ein *IBC*, der mit einem zusätzlichen Schutz gegen Stöße ausgestattet ist. Dieser Schutz kann z.B. aus einer Mehrschicht-(Sandwich-) oder Doppelwandkonstruktion oder aus einem Rahmen mit Gitter aus Metall bestehen.

Gewährleistung der Einhaltung der Vorschriften (radioaktive Stoffe): Ein systematisches Programm von Maßnahmen, das von einer zuständigen Behörde mit dem Ziel angewendet wird, die Einhaltung des ADR/RID in der Praxis sicherzustellen.

GHS (Globally Harmonized System of Classification and Labelling of Chemicals): Das von den Vereinten Nationen mit Dokument ST/SG/AC.10/30/Rev.8 veröffentlichte achte überarbeitete Ausgabe des global harmonisierten Systems zur Einstufung und Kennzeichnung von Chemikalien.

Großcontainer: siehe *Container*.

Großflasche: Ortsbewegliches *Druckgefäß* einer nahtlosen Bauweise oder einer Bauweise aus Verbundwerkstoff mit einem mit Wasser ausgeliterten Fassungsraum von mehr als 150 Liter bis höchstens 3000 Liter.

Großpackmittel (IBC): Starre oder flexible, transportable *Verpackung*, die nicht in Kapitel 6.1 aufgeführt ist und:

a) einen Fassungsraum hat von
   (i) höchstens 3,0 m³ für *feste* und *flüssige Stoffe* der *Verpackungsgruppen* II und III,
   (ii) höchstens 1,5 m³ für *feste Stoffe* der *Verpackungsgruppe* I, soweit diese in *flexiblen IBC, Kunststoff-IBC, Kombinations-IBC, IBC aus Pappe* oder *aus Holz* verpackt sind,
   (iii) höchstens 3,0 m³ für *feste Stoffe* der *Verpackungsgruppe* I, soweit diese in *metallenen IBC* verpackt sind,
   (iv) höchstens 3,0 m³ für radioaktive Stoffe der Klasse 7,

b) für mechanische Handhabung ausgelegt ist;

c) den Beanspruchungen bei der Handhabung und *Beförderung* standhalten kann, was durch die in Kapitel 6.5 festgelegten Prüfungen zu bestätigen ist.

(siehe auch *flexibles Großpackmittel (IBC), Großpackmittel (IBC) aus Holz, Großpackmittel (IBC) aus Pappe, Kombinations-IBC mit Kunststoff-Innenbehälter, metallenes Großpackmittel (IBC)* und *starrer Kunststoff-IBC*).

Begriffsbestimmungen und Maßeinheiten 1.2

ADR	RID

Bem. 1. *Ortsbewegliche Tanks* oder *Tankcontainer*, die den Vorschriften des Kapitels 6.7 oder 6.8 entsprechen, gelten nicht als *Großpackmittel (IBC)*.

2. *Großpackmittel (IBC)*, die den Vorschriften des Kapitels 6.5 entsprechen, gelten nicht als *Container* im Sinne des ADR/RID.

Großpackmittel (IBC) aus Holz: Ein *Großpackmittel aus Holz* besteht aus einem starren oder zerlegbaren *Packmittelkörper* aus Holz mit einer *Innenauskleidung* (aber keinen *Innenverpackungen*) sowie der geeigneten *Bedienungsausrüstung* und *baulichen Ausrüstung*.

Großpackmittel (IBC) aus Pappe: Ein *Großpackmittel*, das aus einem *Packmittelkörper* aus Pappe mit oder ohne getrennten oberen und unteren Deckeln, gegebenenfalls mit einer *Innenauskleidung* (aber keinen *Innenverpackungen*), sowie der geeigneten *Bedienungsausrüstung* und *baulichen Ausrüstung* besteht.

Regelmäßige Wartung eines flexiblen Großpackmittels (IBC): Die routinemäßige Ausführung von Arbeiten an *flexiblen* Kunststoff-*IBC* oder *flexiblen IBC* aus Textilgewebe, wie:

a) Reinigung oder

b) Ersatz nicht integraler Bestandteile, wie nicht integrale Auskleidungen und Verschlussverbindungen, durch Bestandteile, die den ursprünglichen Spezifikationen des Herstellers entsprechen,

vorausgesetzt, diese Arbeiten haben keine negativen Auswirkungen auf die Behältnisfunktion des *flexiblen IBC* und verändern nicht die Bauart.

Regelmäßige Wartung eines starren Großpackmittel (IBC): Die Ausführung regelmäßiger Arbeiten an *metallenen IBC*, *starren Kunststoff-IBC* oder *Kombinations-IBC* wie

a) Reinigung;

b) Entfernen und Wiederanbringen oder Ersetzen der Verschlüsse des *Packmittelkörpers* (einschließlich der damit verbundenen Dichtungen) oder der *Bedienungsausrüstung* entsprechend den ursprünglichen Spezifikationen des Herstellers, vorausgesetzt, die Dichtheit des IBC wird überprüft; oder

c) Wiederherstellen der *baulichen Ausrüstung*, die nicht direkt die Funktion hat, ein gefährliches Gut einzuschließen oder einen Entleerungsdruck aufrechtzuerhalten, um eine Übereinstimmung mit der geprüften Bauart herzustellen (z.B. Richten der Stützfüße oder der Hebeeinrichtungen), vorausgesetzt, die Behältnisfunktion des IBC wird nicht beeinträchtigt.

Repariertes Großpackmittel (IBC): Ein *metallener IBC*, ein *starrer Kunststoff-IBC* oder ein *Kombinations-IBC*, der wegen eines Stoßes oder eines anderen Grundes (z.B. Korrosion, Versprödung oder andere Anzeichen einer gegenüber der geprüften Bauart verminderten Festigkeit) so wiederhergestellt wurde, dass er wieder der geprüften Bauart entspricht und in der Lage ist, den Bauartprüfungen standzuhalten. Für Zwecke des ADR/RID gilt das Ersetzen des *starren Innenbehälters* eines *Kombinations-IBC* durch einen der ursprünglichen Bauart desselben Herstellers entsprechenden Behälter als Reparatur. Dieser Begriff schließt jedoch nicht die *regelmäßige Wartung eines starren IBC* ein. Der *Packmittelkörper* eines *starren Kunststoff-IBC* und der Innenbehälter eines *Kombinations-IBC* sind nicht reparabel. *Flexible IBC* sind, sofern dies nicht von der *zuständigen Behörde* zugelassen ist, nicht reparabel.

Wiederaufgearbeitetes Großpackmittel (IBC): Ein *metallener IBC*, ein *starrer Kunststoff-IBC* oder ein *Kombinations-IBC*:

a) der sich, ausgehend von einem den Vorschriften nicht entsprechenden Typ, aus der Fertigung eines den Vorschriften entsprechenden UN-Typs ergibt oder

b) der sich aus der Umwandlung eines den Vorschriften entsprechenden UN-Typs in einen anderen, den Vorschriften entsprechenden Typ ergibt.

1.2	Begriffsbestimmungen und Maßeinheiten
ADR	**RID**

Wiederaufgearbeitete IBC unterliegen denselben Vorschriften des ADR/RID wie ein neuer IBC desselben Typs (siehe auch Definition der Bauart in Absatz 6.5.6.1.1).

Großverpackung: Eine aus einer *Außenverpackung* bestehende *Verpackung*, die Gegenstände oder *Innenverpackungen* enthält,

a) für eine mechanische Handhabung ausgelegt ist und

b) eine Nettomasse von mehr als 400 kg oder einen Fassungsraum von mehr als 450 Liter, aber ein Höchstvolumen von 3,0 m³ hat.

Wiederaufgearbeitete Großverpackung: Eine *Großverpackung* aus Metall oder aus starrem Kunststoff:

a) die sich ausgehend von einem den Vorschriften nicht entsprechenden Typ, aus der Fertigung eines den Vorschriften entsprechenden UN-Typs ergibt oder

b) die sich aus der Umwandlung eines den Vorschriften entsprechenden UN-Typs in einen anderen, den Vorschriften entsprechenden UN-Typ ergibt.

Wiederaufgearbeitete Großverpackungen unterliegen denselben Vorschriften des ADR/RID wie eine neue *Großverpackung* desselben Typs (siehe auch Definition der Bauart in Absatz 6.6.5.1.2).

Wiederverwendete Großverpackung: Eine zur Wiederbefüllung vorgesehene *Großverpackung*, die nach einer Untersuchung als frei von solchen Mängeln befunden wurde, die das erfolgreiche Bestehen der Funktionsprüfungen beeinträchtigen könnten; unter diese Begriffsbestimmung fallen insbesondere solche *Großverpackungen*, die mit gleichen oder ähnlichen verträglichen Gütern wiederbefüllt und innerhalb von Vertriebsnetzen, die vom Absender des Produktes überwacht werden, befördert werden.

Güterbeförderungseinheit (CTU):
Ein *Fahrzeug*, | Ein *Straßenfahrzeug*,
ein *Wagen*, ein *Container*, ein *Tankcontainer*, ein *ortsbeweglicher Tank* oder ein *MEGC*.

H

Haltezeit: Der Zeitraum zwischen der Herstellung des erstmaligen Füllzustandes bis zu dem Zeitpunkt, in dem der Druck durch Wärmezufuhr auf den niedrigsten Ansprechdruck der Druckbegrenzungseinrichtung(en) von *Tanks* für die Beförderung tiefgekühlt verflüssigter *Gase* gestiegen ist.

Bem. Für *ortsbewegliche Tanks* siehe Unterabschnitt 6.7.4.1.

Handbuch Prüfungen und Kriterien: Siebte überarbeitete Ausgabe des Handbuchs Prüfungen und Kriterien, herausgegeben von den Vereinten Nationen (ST/SG/AC.10/11/Rev.7).

Handhabungsvorrichtung (für *flexible IBC*): Traggurte, Schlingen, Ösen oder Rahmen, die am *Packmittelkörper* des *IBC* befestigt oder aus dem *Packmittelkörper* herausgebildet sind.

Höchste Nettomasse: Die höchste Nettomasse des Inhalts einer einzelnen *Verpackung* oder die höchste Summe der Massen der *Innenverpackungen* und ihrem Inhalt, ausgedrückt in Kilogramm.

Höchster Betriebsdruck (Überdruck): Größter der drei folgenden Werte, die im Scheitel des *Tanks* im Betriebszustand erreicht werden können:

a) höchster effektiver Druck, der im *Tank* während des Füllens zugelassen ist (höchstzulässiger *Fülldruck*);

Begriffsbestimmungen und Maßeinheiten 1.2

ADR	RID

b) höchster effektiver Druck, der im *Tank* während des Entleerens zugelassen ist (höchstzulässiger *Entleerungsdruck*);

c) durch das Füllgut (einschließlich eventuell vorhandener Fremdgase) bewirkter effektiver Überdruck im *Tank* bei der höchsten Betriebstemperatur.

Wenn im Kapitel 4.3 nichts anderes vorgeschrieben ist, darf der Zahlenwert dieses Betriebsdrucks (Überdruck) nicht geringer sein als der Dampfdruck (absolut) des Füllgutes bei 50 °C.

Bei *Tanks* mit *Sicherheitsventilen* (mit oder ohne Berstscheibe) mit Ausnahme von *Tanks* zur *Beförderung* verdichteter, verflüssigter oder gelöster *Gase* der Klasse 2 ist der *höchste Betriebsdruck (Überdruck)* jedoch gleich dem vorgeschriebenen Ansprechdruck dieser *Sicherheitsventile* (siehe auch *Berechnungsdruck*, *Entleerungsdruck*, *Fülldruck* und *Prüfdruck*).

Bem. 1. Der *höchste Betriebsdruck* ist für *Tanks* mit Schwerkraftentleerung gemäß Absatz 6.8.2.1.14 a) nicht anwendbar.
2. Für *ortsbewegliche Tanks* siehe Kapitel 6.7.
3. Für verschlossene *Kryo-Behälter* siehe Bem. zu Absatz 6.2.1.3.6.5.

Höchster Fassungsraum: Das höchste Innenvolumen von *Gefäßen* oder *Verpackungen*, einschließlich *Großverpackungen* und *Großpackmittel (IBC)*, ausgedrückt in m^3 oder Liter.

Höchster normaler Betriebsdruck für die Beförderung radioaktiver Stoffe: Der höchste Druck über dem Luftdruck bei mittlerer Meereshöhe, der sich in der *dichten Umschließung* im Laufe eines Jahres unter den Temperatur- und Sonneneinstrahlungsbedingungen entwickeln würde, die den Umgebungsbedingungen während der *Beförderung* ohne Entlüftung, äußere Kühlung durch ein Hilfssystem oder betriebliche Überwachung entsprechen.

Höchstzulässige Bruttomasse:
a) (für *IBC*): die Summe aus Masse des *IBC* und der gesamten *Bedienungsausrüstung* oder *baulichen Ausrüstung* und höchstzulässiger Nettomasse;
b) (für *Tanks*): die Summe aus Eigenmasse des *Tanks* und höchster für die *Beförderung* zugelassener Ladung.

Bem. Für *ortsbewegliche Tanks* siehe Kapitel 6.7.

Holzfass: *Verpackung* aus Naturholz mit rundem Querschnitt und bauchig geformten Wänden, die aus Dauben und Böden besteht und mit Reifen versehen ist.

Horde (Klasse 1): Ein Blatt aus Metall, Kunststoff, Pappe oder einem anderen geeigneten Werkstoff, das in die *Innen-*, *Zwischen-* oder *Außenverpackungen* eingesetzt und durch das eine kompakte Verstauung in diesen *Verpackungen* ermöglicht wird. Die Oberfläche der *Horde* darf so geformt sein, dass *Verpackungen* oder Gegenstände eingesetzt, sicher gehalten und voneinander getrennt werden können.

	Huckepackverkehr: *Beförderung* von *Straßenfahrzeugen* im kombinierten Verkehr Straße/Schiene. Dieser Begriff schließt auch die rollende Landstraße (Verladung von *Straßenfahrzeugen* (begleitet oder unbegleitet) auf für diese Beförderungsart bestimmten Wagen) ein.

1.2	Begriffsbestimmungen und Maßeinheiten
ADR	**RID**

I

IAEA: International Atomic Energy Agency (IAEO – Internationale Atomenergiebehörde) (IAEO, Postfach 100, A-1400 Wien).

IAEO-Regelungen für die sichere Beförderung radioaktiver Stoffe: Eine der folgenden Ausgaben dieser Regelungen:

a) für die Ausgaben 1985 und 1985 (in der Fassung 1990): die IAEA Safety Series No. 6;
b) für die Ausgabe 1996: die IAEA Safety Series No. ST-1;
c) für die Ausgabe 1996 (überarbeitet): die IAEA Safety Series No. TS-R-1 (ST-1, überarbeitet);
d) für die Ausgaben 1996 (in der Fassung 2003), 2005 und 2009: die IAEA Safety Standards Series No. TS-R-1;
e) für die Ausgabe 2012: die IAEA Safety Standards Series No. SSR-6;
f) für die Ausgabe 2018: die IAEA Safety Standards Series No. SSR-6 (Rev.1).

IBC: siehe *Großpackmittel*.

ICAO: International Civil Aviation Organization (Internationale Zivilluftfahrt-Organisation) (ICAO, 999 University Street, Montreal, Quebec H3C 5H7, Kanada.

IMDG-Code: Internationaler Code für die Beförderung gefährlicher Güter mit Seeschiffen, Anwendungsbestimmungen zu Kapitel VII Teil A des Internationalen Übereinkommens von 1974 zum Schutz des menschlichen Lebens auf See (SOLAS-Übereinkommen), herausgegeben von der Internationalen Seeschifffahrtsorganisation (*IMO*), London.

IMO: International Maritime Organization (Internationale Seeschifffahrtsorganisation) (IMO, 4 Albert Embankment, London SE1 7SR, Vereinigtes Königreich).

Innenauskleidung: Eine schlauchförmige Hülle oder ein *Sack*, die/der in eine *Verpackung*, einschließlich *Großverpackung* oder *Großpackmittel (IBC)*, eingesetzt wird, aber nicht ein Bestandteil davon ist, einschließlich der *Verschlussmittel* für ihre/seine Öffnungen.

Innengefäß: *Gefäß*, das eine *Außenverpackung* erfordert, um seine Behältnisfunktion zu erfüllen.

Innenverpackung: *Verpackung*, für deren *Beförderung* eine *Außenverpackung* erforderlich ist.

ISO(-Norm): Von der International Organization for Standardization (Internationale Organisation für Normung) (ISO, 1, rue de Varembé, CH-1204 Genf 20) veröffentlichte internationale Norm.

Begriffsbestimmungen und Maßeinheiten 1.2

ADR	RID

K

Kanister: *Verpackung* aus Metall oder Kunststoff von rechteckigem oder mehreckigem Querschnitt mit einer oder mehreren Öffnungen.

> **Kesselwagen:** *Wagen* zur *Beförderung* von *flüssigen, gasförmigen,* pulverförmigen oder körnigen *Stoffen,* der aus einem Aufbau mit einem oder mehreren *Tanks* und ihren Ausrüstungsteilen und einem Untergestell besteht, das mit seinen eigenen Ausrüstungsteilen versehen ist (Laufwerk, Federung, Zug- und Stoßvorrichtung, Bremse und Beschriftungen).
> **Bem.** Als *Kesselwagen* gelten auch *Wagen* mit *abnehmbaren Tanks.*

Kiste: Rechteckige oder mehreckige vollwandige *Verpackung* aus Metall, Holz, Sperrholz, Holzfaserwerkstoff, Pappe, Kunststoff oder einem anderen geeigneten Werkstoff. Sofern die Unversehrtheit der *Verpackung* während der *Beförderung* dadurch nicht gefährdet wird, dürfen kleine Öffnungen angebracht werden, um die Handhabung oder das Öffnen zu erleichtern oder um den Zuordnungskriterien zu entsprechen.

Kleincontainer: siehe *Container.*

Kombinations-IBC mit Kunststoff-Innenbehälter: Ein *IBC,* der aus einer *baulichen Ausrüstung* in Form einer starren äußeren Umhüllung um einen Kunststoff-Innenbehälter mit den Bedienungs- oder anderen *baulichen Ausrüstungen* besteht. Er ist so ausgelegt, dass der Innenbehälter und die äußere Umhüllung nach der Zusammensetzung eine untrennbare Einheit bilden, die als solche gefüllt, gelagert, befördert oder entleert wird.

Bem. Wenn der Ausdruck «Kunststoff» in Zusammenhang mit Innenbehältern von Kombinations-IBC verwendet wird, schließt er auch andere polymere Werkstoffe wie Gummi ein.

Kombinationsverpackung: Aus einer *Außenverpackung* und einem *Innengefäß* bestehende *Verpackung,* die so gebaut ist, dass das *Innengefäß* und die *Außenverpackung* eine integrale Verpackung bilden. Ist sie einmal zusammengebaut, so bildet sie eine untrennbare Einheit, die als solche gefüllt, gelagert, befördert und entleert wird.

Bem. Der Begriff «*Innengefäß*» einer *Kombinationsverpackung* darf nicht mit dem Begriff «*Innenverpackung*» einer zusammengesetzten Verpackung verwechselt werden. So ist zum Beispiel der Innenteil einer 6HA1-*Kombinationsverpackung* (Kunststoff) ein solches *Innengefäß,* da er normalerweise nicht dazu bestimmt ist, eine Behältnisfunktion ohne seine *Außenverpackung* auszuüben, daher ist er keine *Innenverpackung.*

Wenn nach dem Begriff „*Kombinationsverpackung*" in Klammern ein Werkstoff angegeben ist, bezieht sich dieser auf das *Innengefäß.*

Konformitätsbewertung: Der Prozess der Überprüfung der Konformität eines Produkts nach den Vorschriften der Abschnitte 1.8.6 und 1.8.7 betreffend die Baumusterzulassung, die Überwachung der Herstellung und die erstmalige Prüfung.

Kontrolltemperatur: Die höchste Temperatur, bei der das organische Peroxid, der selbstzersetzliche Stoff oder der polymerisierende Stoff sicher befördert werden kann.

1.2	Begriffsbestimmungen und Maßeinheiten	
	ADR	RID

Kritikalitätssicherheitskennzahl (CSI) [4]*, die einem Versandstück, einer Umverpackung oder einem Container mit spaltbaren Stoffen zugeordnet ist,* für die Beförderung radioaktiver Stoffe: Eine Zahl, anhand derer die Ansammlung von *Versandstücken, Umverpackungen* oder *Containern,* die spaltbare Stoffe enthalten, überwacht wird.

Kritische Temperatur: Die Temperatur, oberhalb der ein Stoff nicht in *flüssigem* Zustand existieren kann.

Kryo-Behälter: Ortsbewegliches wärmeisoliertes *Druckgefäß* für die Beförderung tiefgekühlt verflüssigter *Gase* mit einem mit Wasser ausgeliterten Fassungsraum von höchstens 1000 Liter (siehe auch *offener Kryo-Behälter*).

Kunststoffgewebe (für *flexible IBC*): Werkstoff aus gedehnten Bändern oder Einzelfasern eines geeigneten Kunststoffes.

L

LNG (liquefied natural gas): siehe *Verflüssigtes Erdgas (LNG).*

Luftdicht verschlossener Tank: Ein *Tank* der
- nicht mit *Sicherheitsventilen,* Berstscheiben, anderen ähnlichen Sicherheitseinrichtungen oder *Vakuumventilen*

  | oder *zwangsbetätigten Belüftungsventilen* ausgerüstet ist oder

- mit *Sicherheitsventilen,* denen gemäß Absatz 6.8.2.2.10 eine Berstscheibe vorgeschaltet ist, nicht jedoch mit *Vakuumventilen*

  | oder *zwangsbetätigten Belüftungsventilen* ausgerüstet ist.

Ein *Tank* für die *Beförderung flüssiger Stoffe* mit einem *Berechnungsdruck* von mindestens 4 bar oder für die *Beförderung fester* (pulverförmiger oder körniger) *Stoffe* ungeachtet seines *Berechnungsdrucks* gilt ebenfalls als luftdicht verschlossen, wenn er

- mit *Sicherheitsventilen,* denen gemäß Absatz 6.8.2.2.10 eine Berstscheibe vorgeschaltet ist, und mit *Vakuumventilen*

  | oder *zwangsbetätigten Belüftungsventilen* ausgerüstet ist, die dem Absatz 6.8.2.2.3 entsprechen, oder

- nicht mit *Sicherheitsventilen,* Berstscheiben oder anderen ähnlichen Sicherheitseinrichtungen, jedoch mit *Vakuumventilen*

  | oder *zwangsbetätigten Belüftungsventilen* ausgerüstet ist, die dem Absatz 6.8.2.2.3 entsprechen.

M

Managementsystem für die Beförderung radioaktiver Stoffe: Eine Reihe zusammenhängender oder sich gegenseitig beeinflussender Elemente (System) für die Festlegung von Strategien und Zielen und die Ermöglichung der Erreichung der Ziele in einer wirksamen und nachhaltigen Weise.

Masse eines Versandstückes: Sofern nichts anderes bestimmt ist, die Bruttomasse des *Versandstückes.*
Die Masse der für die Beförderung der Güter verwendeten Container und Tanks ist in den Bruttomassen nicht enthalten.

---

4) Die Buchstaben «CSI» sind die Abkürzung des englischen Ausdrucks «Criticality Safety Index».

Begriffsbestimmungen und Maßeinheiten 1.2

ADR	RID

MEGC: siehe *Gascontainer mit mehreren Elementen.*

MEMU: siehe *Mobile Einheit zur Herstellung von explosiven Stoffen oder Gegenständen mit Explosivstoff.*

Metallenes Großpackmittel (IBC): Ein *Großpackmittel (IBC)*, das aus einem *Packmittelkörper* aus Metall sowie der geeigneten *Bedienungsausrüstung* und *baulichen Ausrüstung* besteht.

Metallhydrid-Speichersystem: Ein einzelnes vollständiges Wasserstoff-Speichersystem, das ein Gefäß, ein Metallhydrid, eine Druckentlastungseinrichtung, ein Absperrventil, eine *Bedienungsausrüstung* und innere Bestandteile enthält und nur für die *Beförderung* von Wasserstoff verwendet wird.

Mitglied der Fahrzeugbesatzung: Ein Fahrer oder jede andere Person, die den Fahrer aus Sicherheits-, Sicherungs-, Ausbildungs- oder Betriebsgründen begleitet.

Mobile Einheit zur Herstellung von explosiven Stoffen oder Gegenständen mit Explosivstoff (MEMU) *):* Eine Einheit oder ein *Fahrzeug*, auf dem eine Einheit befestigt ist, zur Herstellung und zum Laden von explosiven Stoffen oder Gegenständen mit Explosivstoff aus *gefährlichen Gütern*, die selbst keine explosive Stoffe oder Gegenstände mit Explosivstoff sind. Die Einheit besteht aus verschiedenen *Tanks*, *Schüttgut-Containern* und Herstelleinrichtungen sowie aus Pumpen und der damit zusammenhängenden Ausrüstung. Die MEMU kann verschiedene besondere Laderäume für verpackte explosive Stoffe oder Gegenständen mit Explosivstoff haben.

*) Die Buchstaben «MEMU» sind die Abkürzung des englischen Ausdrucks «Mobile Explosives Manufacturing Unit».

Bem. Obwohl die Begriffsbestimmung für MEMU den Ausdruck «zur Herstellung und zum Laden von explosiven Stoffen oder Gegenständen mit Explosivstoff» enthält, gelten die Vorschriften für MEMU nur für die Beförderung und nicht für die Herstellung und das Laden von explosiven Stoffen oder Gegenständen mit Explosivstoff.

1.2 Begriffsbestimmungen und Maßeinheiten

ADR	RID

N

***n.a.g.-Eintragung* (nicht anderweitig genannte Eintragung):** Eine Sammelbezeichnung, der solche Stoffe, Gemische, Lösungen oder Gegenstände zugeordnet werden können, die

a) in Kapitel 3.2 Tabelle A nicht namentlich genannt sind und

b) chemische, physikalische und/oder gefährliche Eigenschaften besitzen, die der Klasse, dem Klassifizierungscode, der *Verpackungsgruppe* und der Benennung der *n.a.g.-Eintragung* entsprechen.

Netto-Explosivstoffmasse (NEM): Die Gesamtmasse der explosiven Stoffe ohne Verpackungen, Gehäuse usw. (Die Begriffe «Netto-Explosivstoffmenge», «Netto-Explosivstoffinhalt», «Netto-Explosivstoffgewicht» oder «Nettomasse des explosiven Inhalts» werden oft mit derselben Bedeutung verwendet.)

Neutronenstrahlungsdetektor: Eine Einrichtung zum Feststellen von Neutronenstrahlung. In einer derartigen Einrichtung kann ein Gas in einem dicht verschlossenen Elektronenröhrenwandler, der Neutronenstrahlen in ein messbares elektrisches Signal umwandelt, enthalten sein.

Notfalltemperatur: Die Temperatur, bei der bei Ausfall der Temperaturkontrolle Notfallmaßnahmen zu ergreifen sind.

O

Offener Container: siehe *Container*.

Offenes Fahrzeug: Ein *Fahrzeug*, dessen Ladefläche offen oder nur mit Seitenwänden und einer Rückwand versehen ist.

Offener Kryo-Behälter: Ortsbewegliches wärmeisoliertes *Gefäß* für tiefgekühlt verflüssigte *Gase*, das durch ständiges Entlüften des tiefgekühlt verflüssigten *Gases* auf Umgebungsdruck gehalten wird.

Offener Wagen: *Wagen* mit oder ohne Stirn- und Seitenwänden, dessen Ladeflächen offen sind.

Offshore-Schüttgut-Container: Ein *Container* für Güter in loser Schüttung, der besonders für die wiederholte Verwendung für die *Beförderung* von, zu und zwischen Offshore-Einrichtungen ausgelegt ist. Ein Offshore-Schüttgut-Container wird nach den Richtlinien für die Zulassung von auf hoher See eingesetzten Offshore-Containern, die von der Internationalen Seeschifffahrts-Organisation (*IMO*) im Dokument MSC/Circ.860 festgelegt wurden, ausgelegt und gebaut.

Ortsbeweglicher Tank: Ein multimodaler *Tank*, der, wenn er für die *Beförderung* von in Absatz 2.2.2.1.1 definierten *Gasen* verwendet wird, einen Fassungsraum von mehr als 450 Liter hat, der der Begriffsbestimmung im Kapitel 6.7 oder im *IMDG-Code* entspricht und in Kapitel 3.2 Tabelle A Spalte 10 mit einer Anweisung für ortsbewegliche Tanks (Code T) aufgeführt ist.

OTIF: Zwischenstaatliche Organisation für den internationalen Eisenbahnverkehr (OTIF, Gryphenhübeliweg 30, CH-3006 Bern, Schweiz).

Begriffsbestimmungen und Maßeinheiten 1.2

ADR	RID

P

Packmittelkörper: (für alle Arten von *IBC* außer für *Kombinations-IBC*): Eigentlicher Behälter, einschließlich der Öffnungen und deren Verschlüsse, jedoch ohne *Bedienungsausrüstung*.

Prüfdruck: Druck, der bei einer Druckprüfung für die erstmalige oder wiederkehrende Prüfung anzuwenden ist (siehe auch *Berechnungsdruck, Entleerungsdruck, Fülldruck* und *höchster Betriebsdruck (Überdruck)*).

Bem. Für *ortsbewegliche Tanks* siehe Kapitel 6.7.

Prüfstelle: Eine von der *zuständigen Behörde* zugelassene unabhängige Prüfstelle.

Q

Qualitätssicherung: Ein systematisches Überwachungs- und Kontrollprogramm, das von jeder Organisation oder Stelle mit dem Ziel angewendet wird, dass die im ADR/RID vorgeschriebenen Sicherheitsvorschriften in der Praxis eingehalten werden.

R

Radioaktiver Inhalt für die Beförderung radioaktiver Stoffe: Die radioaktiven Stoffe mit allen kontaminierten oder aktivierten *festen Stoffen, flüssigen Stoffen* und *Gasen* innerhalb der *Verpackung*.

Recycling-Kunststoffe: Werkstoffe, die aus gebrauchten Industrie*verpackungen* wiedergewonnen, gereinigt und für die Verarbeitung zu neuen *Verpackungen* vorbereitet wurden.

Regelmäßige Wartung eines flexiblen Großpackmittels (IBC): siehe *Großpackmittel (IBC)*.

Regelmäßige Wartung eines starren Großpackmittel (IBC): siehe *Großpackmittel (IBC)*.

Rekonditionierte Verpackung: *Verpackung*, insbesondere

a) ein Metall*fass*:
 (i) das so gereinigt wurde, dass die Konstruktionswerkstoffe wieder ihr ursprüngliches Aussehen erhalten und dabei alle Reste des früheren Inhalts, ebenso wie innere und äußere Korrosion sowie äußere Beschichtungen und Bezettelungen entfernt wurden,
 (ii) das wieder in seine ursprüngliche Form und sein ursprüngliches Profil gebracht wurde, wobei die Verbindungen zwischen Böden und Mantel (soweit vorhanden) gerichtet und abgedichtet und alle Dichtungen, die nicht integrierter Teil der *Verpackung* sind, ausgetauscht wurden, und
 (iii) das nach der Reinigung aber vor dem erneuten Anstrich untersucht wurde, wobei *Verpackungen*, die sichtbare kleine Löcher, eine wesentliche Verminderung der Materialstärke, eine Ermüdung des Metalls, beschädigte Gewinde oder Verschlüsse oder andere bedeutende Mängel aufweisen, zurückgewiesen werden müssen;

b) ein *Fass* oder *Kanister* aus Kunststoff:
 (i) das/der so gereinigt wurde, dass die Konstruktionswerkstoffe wieder ihr ursprüngliches Aussehen erhalten und dabei alle Reste des früheren Inhalts sowie äußere Beschichtungen und Bezettelungen entfernt wurden,

1.2 Begriffsbestimmungen und Maßeinheiten

ADR	RID

(ii) dessen Dichtungen, die nicht integrierter Teil der *Verpackung* sind, ausgetauscht wurden und

(iii) das/der nach der Reinigung untersucht wurde, wobei *Verpackungen*, die sichtbare Schäden, wie Risse, Falten oder Bruchstellen, oder beschädigte Gewinde oder Verschlüsse oder andere bedeutende Mängel aufweisen, zurückgewiesen werden müssen.

Repariertes Großpackmittel (IBC): siehe *Großpackmittel (IBC)*.

RID: Ordnung für die internationale Eisenbahnbeförderung gefährlicher Güter (Anhang C des COTIF (Übereinkommen über den internationalen Eisenbahnverkehr)).

S

Sack: Flexible *Verpackung* aus Papier, Kunststofffolien, Textilien, gewebten oder anderen geeigneten Werkstoffen.

SADT (self-accelerating decomposition temperature): Die niedrigste Temperatur, bei der sich ein Stoff in versandmäßiger *Verpackung* unter Selbstbeschleunigung zersetzen kann. Die Vorschriften zur Bestimmung der *SADT* und der Auswirkungen beim Erwärmen unter Einschluss sind im *Handbuch Prüfungen und Kriterien* Teil II enthalten.

Sammeleintragung: Eine definierte Gruppe von Stoffen oder Gegenständen (siehe Unterabschnitt 2.1.1.2 Buchstaben B, C und D).

SAPT (self-accelerating polymerization temperature): siehe *Temperatur der selbstbeschleunigenden Polymerisation (SAPT)*.

Saug-Druck-Tank für Abfälle: Ein hauptsächlich für die *Beförderung* gefährlicher *Abfälle* verwendeter
festverbundener Tank, Aufsetztank,
Tankcontainer oder Tankwechselaufbau (Tankwechselbehälter), der in besonderer Weise gebaut oder ausgerüstet ist, um das Einfüllen und Entleeren von *Abfällen* gemäß den Vorschriften des Kapitels 6.10 zu erleichtern.
Ein *Tank*, der vollständig den Vorschriften des Kapitels 6.7 oder 6.8 entspricht, gilt nicht als *Saug-Druck-Tank für Abfälle*.

Schüttgut-Container: Ein Behältnissystem (einschließlich eventueller Auskleidungen oder Beschichtungen), das für die *Beförderung fester Stoffe* in direktem Kontakt mit dem Behältnissystem vorgesehen ist. *Verpackungen, Großpackmittel (IBC), Großverpackungen* und *Tanks* sind nicht eingeschlossen.
Ein Schüttgut-Container:
– ist von dauerhafter Beschaffenheit und genügend widerstandsfähig, um wiederholt verwendet werden zu können,
– ist besonders dafür gebaut, um die *Beförderung* von Gütern durch ein oder mehrere Beförderungsmittel ohne Veränderung der Ladung zu erleichtern,
– ist mit Vorrichtungen versehen, welche die Handhabung erleichtern,
– hat einen Fassungsraum vom mindestens $1,0\ m^3$.
Beispiele für Schüttgut-Container sind *Container, Offshore-Schüttgut-Container*, Mulden, Silos für Güter in loser Schüttung, *Wechselaufbauten (Wechselbehälter)*, trichterförmige *Container*, Roll*container*, Ladeabteile von Fahrzeugen. | Wagen.

Begriffsbestimmungen und Maßeinheiten 1.2

ADR	RID

Bem. Diese Begriffsbestimmung gilt nur für Schüttgut-Container, die den Vorschriften des Kapitels 6.11 entsprechen.

Bedeckter Schüttgut-Container: Ein oben offener Schüttgut-Container mit starrem Boden (einschließlich trichterförmiger Böden), starren Seitenwänden und starren Stirnseiten und einer nicht starren Abdeckung.

Flexibler Schüttgut-Container: Ein flexibler *Container* mit einem Fassungsraum von höchstens 15 m³, einschließlich Auskleidungen, angebrachte Handhabungseinrichtungen und Bedienungsausrüstung.

Geschlossener Schüttgut-Container: Ein vollständig geschlossener Schüttgut-Container mit einem starren Dach, starren Seitenwänden, starren Stirnseiten und einem starren Boden (einschließlich trichterförmiger Böden). Der Begriff umfasst Schüttgut-Container mit einem öffnungsfähigen Dach, öffnungsfähigen Seitenwänden oder öffnungsfähigen Stirnseiten, das/die während der Beförderung geschlossen werden kann/können. Geschlossene Schüttgut-Container dürfen mit Öffnungen ausgerüstet sein, die einen Austausch von Dämpfen und Gasen mit Luft ermöglichen und die unter normalen Beförderungsbedingungen ein Freiwerden fester Stoffe sowie ein Eindringen von Regen- oder Spritzwasser verhindern.

Schutzauskleidung (von Tanks)*:* Auskleidung oder Beschichtung, die den metallenen Werkstoff des *Tanks* vor den zu befördernden Stoffen schützt.

Bem. Diese Begriffsbestimmung gilt nicht für Auskleidungen oder Beschichtungen, die nur für den Schutz des zu befördernden Stoffes verwendet werden.

Sendung: Ein einzelnes *Versandstück* oder mehrere *Versandstücke* oder eine Ladung *gefährlicher Güter*, die ein *Absender* zur *Beförderung* aufgibt.

Sicherheitsventil: Eine selbsttätige druckabhängige federbelastete Einrichtung zum Schutz des *Tanks* gegen einen unzulässigen inneren Überdruck.

	SMGS: Abkommen über den internationalen Eisenbahngüterverkehr der Organisation für die Zusammenarbeit der Eisenbahnen (OSShD), Warschau.
	Anlage 2 zum SMGS: Vorschriften für die Beförderung gefährlicher Güter als Anlage 2 zum *SMGS*.

Spule (Klasse 1)*:* Eine Einrichtung aus Kunststoff, Holz, Pappe, Metall oder einem anderen geeigneten Werkstoff, der aus einer Spindel und gegebenenfalls aus Seitenwänden an jedem Ende der Spindel besteht. Die Stoffe und Gegenstände müssen auf die Spindel aufgewickelt und gegebenenfalls durch die Seitenwände gesichert werden können.

Starrer Innenbehälter (für *Kombinations-IBC*)*:* Behälter, der seine Form in leerem Zustand im Großen und Ganzen beibehält, ohne dass die Verschlüsse eingesetzt sind und ohne dass er durch die äußere Umhüllung gestützt wird. Innenbehälter, die nicht «starr» sind, gelten als «flexibel».

Starrer Kunststoff-IBC: Ein *Großpackmittel (IBC)*, das aus einem *Packmittelkörper* aus starrem Kunststoff besteht und mit einer *baulichen Ausrüstung* und einer geeigneten *Bedienungsausrüstung* versehen sein kann.

Staubdichte Verpackung: Verpackung, die für trockenen Inhalt, einschließlich während der *Beförderung* entstandener feinstaubiger *fester Stoffe*, undurchlässig ist.

Strahlendetektionssystem: Ein Gerät, das als Bestandteile Strahlendetektoren enthält.

1.2 Begriffsbestimmungen und Maßeinheiten

ADR	RID
	Straßenfahrzeug: Kraftfahrzeug, Sattelkraftfahrzeug, Anhänger oder Sattelanhänger im Sinne des ADR, mit dem *gefährliche Güter* befördert werden.

T

Tank: Ein *Tankkörper* mit seiner *Bedienungsausrüstung* und *baulichen Ausrüstung*. Wenn der Begriff allein verwendet wird, umfasst er die in diesem Abschnitt definierten *Tankcontainer*, *ortsbeweglichen Tanks*,

Aufsetztanks und *festverbundenen Tanks* sowie die Tanks als Elemente von *Batterie-Fahrzeugen* oder *MEGC*.	*Kesselwagen* und *abnehmbaren Tanks* *Batteriewagen*

Bem. Für *ortsbewegliche Tanks* siehe Unterabschnitt 6.7.4.1.

Tankakte: Ein Dokument, das alle technisch relevanten Informationen eines *Tanks*, eines

Batterie-Fahrzeugs	*Batteriewagens*

oder eines *MEGC*, wie die in den Unterabschnitten 6.8.2.3, 6.8.2.4 und 6.8.3.4 genannten Bescheinigungen, enthält.

Tankcontainer: Ein Beförderungsgerät, das der Begriffsbestimmung für *Container* entspricht, das aus einem *Tankkörper* und den Ausrüstungsteilen besteht, einschließlich der Einrichtungen, die das Umsetzen des *Tankcontainers* ohne wesentliche Veränderung der Gleichgewichtslage erlauben, das für die *Beförderung* von gasförmigen, flüssigen, pulverförmigen oder körnigen *Stoffen* verwendet wird und das einen Fassungsraum von mehr als 0,45 m³ (450 Liter) hat, wenn es für die *Beförderung* von in Absatz 2.2.2.1.1 definierten *Gasen* verwendet wird.

Bem. *Großpackmittel (IBC)*, die den Vorschriften des Kapitels 6.5 entsprechen, gelten nicht als *Tankcontainer*.

Tankfahrzeug: Ein *Fahrzeug* mit einem oder mehreren *festverbundenen Tanks* zur *Beförderung* von flüssigen, gasförmigen, pulverförmigen oder körnigen Stoffen. Es besteht – außer dem eigentlichen *Fahrzeug* oder einem Fahrgestell – aus einem oder mehreren *Tankkörpern*, deren Ausrüstungsteilen und den Verbindungsteilen zum *Fahrzeug* oder zum Fahrgestell.

Tankkörper (für Tanks): Der Teil des Tanks, der den zu befördernden Stoff enthält, einschließlich der Öffnungen und ihrer Verschlüsse, jedoch mit Ausnahme der Bedienungsausrüstung und der äußeren baulichen Ausrüstung.

Bem. Für *ortsbewegliche Tanks* siehe Kapitel 6.7.

Tankwechselaufbau (Tankwechselbehälter): Ein Tankwechselaufbau (Tankwechselbehälter) gilt als *Tankcontainer*.

Technische Anweisungen der ICAO: Technische Anweisungen für die sichere Beförderung gefährlicher Güter im Luftverkehr, Ergänzung zu Anhang 18 zum Chicagoer Übereinkommen für den internationalen Zivilluftverkehr (Chicago, 1944), herausgegeben von der Internationalen Zivilluftfahrt-Organisation (*ICAO*), Montreal.

Technische Benennung: Eine anerkannte chemische Benennung, gegebenenfalls eine anerkannte biologische Benennung oder eine andere Benennung, die üblicherweise in wissenschaftlichen und technischen Handbüchern, Zeitschriften und Texten verwendet wird (siehe Absatz 3.1.2.8.1.1).

Begriffsbestimmungen und Maßeinheiten 1.2

ADR	RID

Temperatur der selbstbeschleunigenden Polymerisation (SAPT): Die niedrigste Temperatur, bei der die selbstbeschleunigende Polymerisation eines Stoffes in den zur Beförderung aufgegebenen *Verpackungen, Großpackmitteln (IBC)* oder *Tanks* auftreten kann. Die *SAPT* ist nach den für die *Temperatur der selbstbeschleunigenden Zersetzung* von selbstzersetzlichen Stoffen im Handbuch Prüfungen und Kriterien Teil II Abschnitt 28 festgelegten Prüfverfahren zu bestimmen.

Temperatur der selbstbeschleunigenden Zersetzung (SADT): Die niedrigste Temperatur, bei der in einem Stoff in den zur Beförderung aufgegebenen *Verpackungen, Großpackmitteln (IBC)* oder *Tanks* eine selbstbeschleunigende Zersetzung auftreten kann. Die *SADT* ist nach den im *Handbuch Prüfungen und Kriterien* Teil II Abschnitt 28 enthaltenen Prüfverfahren zu bestimmen.

Tierische Stoffe: Tierkörper, Tierkörperteile oder aus Tieren gewonnene Nahrungsmittel oder Futtermittel.

Transportkennzahl (TI) [5]*, die einem Versandstück, einer Umverpackung oder einem Container oder unverpackten LSA-I-Stoffen oder SCO-I- oder SCO-III-Gegenständen zugeordnet ist,* für die Beförderung radioaktiver Stoffe: Eine Zahl, anhand derer die Strahlenexposition überwacht wird.

U

UIC: Internationaler Eisenbahnverband (UIC, 16 rue Jean Rey, F-75015 Paris).

Umformte Flasche: Eine *Flasche* zur *Beförderung* von *Flüssiggas* mit einem mit Wasser ausgeliterten Fassungsraum von höchstens 13 Litern aus einer beschichteten geschweißten Innen*flasche* aus Stahl mit einem Schutzgehäuse, das aus einer Umformung aus Schaumstoff besteht, die nicht abnehmbar und auf der äußeren Oberfläche der Wand der Stahl*flasche* aufgeklebt ist.

Umverpackung: Eine Umschließung, die (im Falle radioaktiver Stoffe von einem einzigen *Absender*) für die Aufnahme von einem oder mehreren *Versandstücken* und für die Bildung einer Einheit zur leichteren Handhabung und Verladung während der *Beförderung* verwendet wird. Beispiele für *Umverpackungen* sind:

a) eine Ladeplatte, wie eine Palette, auf die mehrere *Versandstücke* gestellt oder gestapelt werden und die durch Kunststoffband, Schrumpf- oder Dehnfolie oder andere geeignete Mittel gesichert werden, oder

b) eine äußere *Schutzverpackung* wie eine *Kiste* oder ein *Verschlag*.

UNECE: United Nations Economic Commission for Europe (Wirtschaftskommission der Vereinten Nationen für Europa) (UNECE, Palais des Nations, 8-14 avenue de la Paix, CH-1211 Genf 10).

UN-Modellvorschriften: Die Modellvorschriften, die in der Anlage der einundzwanzigsten überarbeiteten Ausgabe der UN-Empfehlungen für die Beförderung gefährlicher Güter, herausgegeben von den Vereinten Nationen (ST/SG/AC.10/1/Rev.21), enthalten sind.

UN-Nummer: Vierstellige Zahl als Nummer zur Kennzeichnung von Stoffen oder Gegenständen gemäß *UN-Modellvorschriften*.

---

5) Die Buchstaben «TI» sind die Abkürzung des englischen Ausdrucks «Transport Index».

1.2 Begriffsbestimmungen und Maßeinheiten

ADR	RID

UN-Regelung: Eine Regelung als Anlage zum Übereinkommen über die Annahme einheitlicher technischer Vorschriften für Radfahrzeuge, Ausrüstungsgegenstände und Teile, die in Radfahrzeuge(n) eingebaut und/oder verwendet werden können, und die Bedingungen für die gegenseitige Anerkennung von Genehmigungen, die nach diesen Vorschriften erteilt werden (Übereinkommen von 1958 in der jeweils geänderten Fassung).

Unternehmen: Jede natürliche Person, jede juristische Person mit oder ohne Erwerbszweck, jede Vereinigung oder jeder Zusammenschluss von Personen ohne Rechtspersönlichkeit mit oder ohne Erwerbszweck sowie jede staatliche Einrichtung, unabhängig davon, ob diese über eine eigene Rechtspersönlichkeit verfügt oder von einer Behörde mit Rechtspersönlichkeit abhängt.

V

Vakuumventil: Eine selbsttätige druckabhängige federbelastete Einrichtung zum Schutz des *Tanks* gegen einen unzulässigen inneren Unterdruck.

Verbrennungsheizgerät: Eine Einrichtung, die unmittelbar einen flüssigen oder gasförmigen Brennstoff verwendet und keine Abwärme des Antriebsmotors des *Fahrzeugs* aufnimmt.

Verdichtetes Erdgas (CNG): Ein verdichtetes *Gas*, das aus Erdgas mit einem hohen Methangehalt besteht und der UN-Nummer 1971 zugeordnet ist.

Verflüssigtes Erdgas (LNG): Ein tiefgekühlt verflüssigtes *Gas*, das aus Erdgas mit einem hohen Methangehalt besteht und der UN-Nummer 1972 zugeordnet ist.

Verladen: Alle Tätigkeiten, die vom *Verlader* gemäß der Begriffsbestimmung von *Verlader* vorgenommen werden.

Verlader: Das *Unternehmen*, das

a) verpackte *gefährliche Güter*, *Kleincontainer* oder *ortsbewegliche Tanks* in oder auf ein *Fahrzeug* oder einen *Container* verlädt oder | einen *Wagen* oder

b) einen *Container*, *Schüttgut-Container*, *Tankcontainer* oder *ortsbeweglichen Tank* auf ein *Fahrzeug* verlädt. | , *ortsbeweglichen Tank* oder ein *Straßenfahrzeug* auf einen *Wagen*

Verpacker: Das *Unternehmen*, das die *gefährlichen Güter* in *Verpackungen*, einschließlich *Großverpackungen* und *Großpackmittel (IBC)* einfüllt und gegebenenfalls die *Versandstücke* zur *Beförderung* vorbereitet.

Verpackung: Ein oder mehrere *Gefäße* und alle anderen Bestandteile und Werkstoffe, die notwendig sind, damit die *Gefäße* ihre Behältnis- und andere Sicherheitsfunktionen erfüllen können (siehe auch *Außenverpackung*, *Bergungsverpackung*, *Feinstblechverpackung*, *Großpackmittel (IBC)*, *Großverpackung*, *Innenverpackung*, *Kombinationsverpackung*, *rekonditionierte Verpackung*, *staubdichte Verpackung*, *Zwischenverpackung*, *wiederaufgearbeitete Verpackung*, *wiederverwendete Verpackung* und *zusammengesetzte Verpackung*).

Begriffsbestimmungen und Maßeinheiten 1.2

ADR	RID

Verpackungsgruppe: Eine Gruppe, der gewisse Stoffe auf Grund ihres Gefahrengrades während der *Beförderung* für Verpackungszwecke zugeordnet sind. Die *Verpackungsgruppen* haben folgende Bedeutung, die in Teil 2 genauer erläutert wird:

Verpackungsgruppe I: Stoffe mit hoher Gefahr
Verpackungsgruppe II: Stoffe mit mittlerer Gefahr
Verpackungsgruppe III: Stoffe mit geringer Gefahr.

Bem. Bestimmte Gegenstände, die gefährliche Stoffe enthalten, sind ebenfalls einer Verpackungsgruppe zugeordnet.

Versandstück: Das versandfertige Endprodukt des Verpackungsvorganges, bestehend aus der *Verpackung*, der *Großverpackung* oder dem *Großpackmittel (IBC)* und ihrem bzw. seinem Inhalt. Der Begriff umfasst die *Druckgefäße für Gase* gemäß Begriffsbestimmung in diesem Abschnitt sowie die Gegenstände, die wegen ihrer Größe, Masse oder Formgebung unverpackt, oder in Schlitten, Verschlägen oder Handhabungseinrichtungen befördert werden dürfen. Mit Ausnahme der Beförderung radioaktiver Stoffe gilt dieser Begriff weder für Güter, die *in loser Schüttung* befördert werden, noch für Stoffe, die in *Tanks* befördert werden.

Bem. Für radioaktive Stoffe siehe Unterabschnitt 2.2.7.2, Absatz 4.1.9.1.1 und Kapitel 6.4.

Verschlag: Eine *Außenverpackung*, die eine durchbrochene Oberfläche aufweist.

Verschluss: Eine Einrichtung, die dazu dient, die Öffnung eines *Gefäßes* zu verschließen.

W

	Wagen: Ein Eisenbahnfahrzeug ohne eigenen Antrieb, das zur *Beförderung* von Gütern bestimmt ist
	(siehe auch *Batteriewagen, gedeckter Wagen, Kesselwagen, offener Wagen, Wagen mit Decken*).
	Wagen mit Decken: *Offener Wagen*, der zum Schutz der Ladung mit Decken versehen ist.

Wechselaufbau (Wechselbehälter): siehe *Container*.

Wiederaufgearbeitetes Großpackmittel (IBC): siehe *Großpackmittel (IBC)*.

Wiederaufgearbeitete Großverpackung: siehe *Großverpackung*.

Wiederaufgearbeitete Verpackung: *Verpackung*, insbesondere

a) ein Metall*fass*:
  (i) das sich, ausgehend von einem den Vorschriften des Kapitels 6.1 nicht entsprechenden Typ, aus der Fertigung eines UN-Verpackungstyps ergibt, der diesen Vorschriften entspricht;
  (ii) das sich aus der Umwandlung eines UN-Verpackungstyps, der den Vorschriften des Kapitels 6.1 entspricht, in einen anderen Typ, der denselben Vorschriften entspricht, ergibt oder
  (iii) bei dem fest eingebaute Konstruktionsbestandteile (wie nicht abnehmbare Deckel) ausgetauscht wurden;

1.2 Begriffsbestimmungen und Maßeinheiten

ADR	RID

b) ein *Fass* aus Kunststoff:
  (i) das sich aus der Umwandlung eines UN-Verpackungstyps in einen anderen UN-Verpackungstyp ergibt (z.B. 1H1 in 1H2) oder
  (ii) bei dem fest eingebaute Konstruktionsbestandteile ausgetauscht wurden.

Wiederaufgearbeitete *Fässer* unterliegen den Vorschriften des Kapitels 6.1, die für neue *Fässer* des gleichen Typs gelten.

Wiederverwendete Großverpackung: siehe *Großverpackung.*

Wiederverwendete Verpackung: Eine *Verpackung*, die nach einer Untersuchung als frei von solchen Mängeln befunden wurde, die das erfolgreiche Bestehen der Funktionsprüfungen beeinträchtigen könnten; unter diese Definition fallen insbesondere solche *Verpackungen*, die mit gleichen oder ähnlichen verträglichen Gütern wiederbefüllt und innerhalb von Vertriebsnetzen, die vom *Absender* des Produktes überwacht werden, befördert werden.

Z

Zusammengesetzte Verpackung: Eine Kombination von *Verpackungen* für Beförderungszwecke, bestehend aus einer oder mehreren *Innenverpackungen*, die nach Unterabschnitt 4.1.1.5 in eine *Außenverpackung* eingesetzt sein müssen.

Bem. Der Begriff «*Innenverpackung*» einer zusammengesetzten Verpackung darf nicht mit dem Begriff «*Innengefäß*» einer *Kombinationsverpackung* verwechselt werden.

Zuständige Behörde: Die Behörde(n) oder sonstige Stelle(n), die in jedem Staat in jedem Einzelfall gemäß Landesrecht als solche bestimmt wird (werden).

> ***Zwangsbetätigtes Belüftungsventil:***
> Ventil an *Tanks* mit Untenentleerung, das mit dem Bodenventil verbunden ist und betriebsmäßig nur beim Be- und Entladen zur Belüftung des *Tanks* geöffnet wird.

Zwischenverpackung: Eine *Verpackung*, die sich zwischen *Innenverpackungen* oder Gegenständen und einer *Außenverpackung* befindet.

Begriffsbestimmungen und Maßeinheiten 1.2

ADR	RID

1.2.2 Maßeinheiten

1.2.2.1 Im ADR/RID gelten folgende Maßeinheiten [1]:

Größe	SI-Einheit [2]	Zusätzlich zugelassene Einheit	Beziehung zwischen den Einheiten
Länge	m (Meter)	–	–
Fläche	m^2 (Quadratmeter)	–	–
Volumen	m^3 (Kubikmeter)	l [3] (Liter)	$1\,l = 10^{-3}\,m^3$
Zeit	s (Sekunde)	min (Minute)	1 min = 60 s
		h (Stunde)	1 h = 3600 s
		d (Tag)	1 d = 86 400 s
Masse	kg (Kilogramm)	g (Gramm)	$1\,g = 10^{-3}\,kg$
		t (Tonne)	$1\,t = 10^3\,kg$
Dichte	kg/m^3	kg/l	$1\,kg/l = 10^3\,kg/m^3$
Temperatur	K (Kelvin)	°C (Grad Celsius)	0 °C = 273,15 K
Temperaturdifferenz	K (Kelvin)	°C (Grad Celsius)	1 °C = 1 K
Kraft	N (Newton)	–	$1\,N = 1\,kg \cdot m/s^2$
Druck	Pa (Pascal)	bar (Bar)	$1\,Pa = 1\,N/m^2$
			$1\,bar = 10^5\,Pa$
Mechanische Spannung	N/m^2	N/mm^2	$1\,N/mm^2 = 1\,MPa$
Arbeit	J (Joule)	kWh (Kilowattstunde)	1 kWh = 3,6 MJ
Energie	J (Joule)	–	$1\,J = 1\,N\cdot m = 1\,W\cdot s$
Wärmemenge	J (Joule)	eV (Elektronvolt)	$1\,eV = 0{,}1602 \cdot 10^{-18}\,J$
Leistung	W (Watt)	–	$1\,W = 1\,J/s = 1\,N\cdot m/s$
Kinematische Viskosität	m^2/s	mm^2/s	$1\,mm^2/s = 10^{-6}\,m^2/s$
Dynamische Viskosität	$Pa \cdot s$	$mPa \cdot s$	$1\,mPa\cdot s = 10^{-3}\,Pa\cdot s$
Aktivität	Bq (Becquerel)		
Äquivalentdosis	Sv (Sievert)		

---

1) Für die Umrechnung der bisher gebräuchlichen Einheiten in SI-Einheiten gelten folgende gerundete Werte:

Kraft
1 kg = 9,807 N
1 N = 0,102 kg

Mechanische Spannung
$1\,kg/mm^2 = 9{,}807\,N/mm^2$
$1\,N/mm^2 = 0{,}102\,kg/mm^2$

Druck
$1\,Pa = 1\,N/m^2 = 10^{-5}\,bar = 1{,}02 \cdot 10^{-5}\,kg/cm^2 = 0{,}75 \cdot 10^{-2}\,Torr$
$1\,bar = 10^5\,Pa = 1{,}02\,kg/cm^2 = 750\,Torr$
$1\,kg/cm^2 = 9{,}807 \cdot 10^4\,Pa = 0{,}9807\,bar = 736\,Torr$
$1\,Torr = 1{,}33 \cdot 10^2\,Pa = 1{,}33 \cdot 10^{-3}\,bar = 1{,}36 \cdot 10^{-3}\,kg/cm^2$

Arbeit, Energie, Wärmemenge
$1\,J = 1\,N\cdot m = 0{,}278 \cdot 10^{-6}\,kWh = 0{,}102\,kg\cdot m = 0{,}239 \cdot 10^{-3}\,kcal$
$1\,kWh = 3{,}6 \cdot 10^6\,J = 367 \cdot 10^3\,kg\cdot m = 860\,kcal$
$1\,kg\cdot m = 9{,}807\,J = 2{,}72 \cdot 10^{-6}\,kWh = 2{,}34 \cdot 10^{-3}\,kcal$
$1\,kcal = 4{,}19 \cdot 10^3\,J = 1{,}16 \cdot 10^{-3}\,kWh = 427\,kg\cdot m$

Leistung
$1\,W = 0{,}102\,kg\cdot m/s = 0{,}86\,kcal/h$
$1\,kg\cdot m/s = 9{,}807\,W = 8{,}43\,kcal/h$
$1\,kcal/h = 1{,}16\,W = 0{,}119\,kg\cdot m/s$

Viskosität, kinematisch
$1\,m^2/s = 10^4\,St\ (Stokes)$
$1\,St = 10^{-4}\,m^2/s$

Viskosität, dynamisch
$1\,Pa\cdot s = 1\,N\cdot s/m^2 = 10\,P\ (Poise) = 0{,}102\,kg\cdot s/m^2$
$1\,P = 0{,}1\,Pa\cdot s = 0{,}1\,N\cdot s/m^2 = 1{,}02 \cdot 10^{-2}\,kg\cdot s/m^2$
$1\,kg\cdot s/m^2 = 9{,}807\,Pa\cdot s = 9{,}807\,N\cdot s/m^2 = 98{,}07\,P$

2) Das internationale Einheitensystem (SI) ist das Ergebnis von Beschlüssen der Generalkonferenz für Maße und Gewichte (Adr.: Pavillon de Breteuil, Parc de St-Cloud, F- 92 310 Sèvres).

3) Beim Schreiben mit der Schreibmaschine ist für Liter neben dem Zeichen «l» auch das Zeichen «L» zulässig.

1.2 Begriffsbestimmungen und Maßeinheiten

ADR	RID

Dezimale Vielfache und Teile einer Einheit können durch Vorsetzen der nachfolgenden Vorsätze bzw. Vorsatzzeichen vor den Namen bzw. das Zeichen der Einheit gebildet werden:

Faktor			Vorsatz	Vorsatzzeichen
1 000 000 000 000 000 000 =	10^{18}	Trillionenfach	Exa	E
1 000 000 000 000 000 =	10^{15}	Billiardenfach	Peta	P
1 000 000 000 000 =	10^{12}	Billionenfach	Tera	T
1 000 000 000 =	10^{9}	Milliardenfach	Giga	G
1 000 000 =	10^{6}	Millionenfach	Mega	M
1 000 =	10^{3}	Tausendfach	Kilo	k
100 =	10^{2}	Hundertfach	Hekto	h
10 =	10^{1}	Zehnfach	Deka	da
0,1 =	10^{-1}	Zehntel	Dezi	d
0,01 =	10^{-2}	Hundertstel	Zenti	c
0,001 =	10^{-3}	Tausendstel	Milli	m
0,000 001 =	10^{-6}	Millionstel	Mikro	μ
0,000 000 001 =	10^{-9}	Milliardstel	Nano	n
0,000 000 000 001 =	10^{-12}	Billonstel	Piko	p
0,000 000 000 000 001 =	10^{-15}	Billiardstel	Femto	f
0,000 000 000 000 000 001 =	10^{-18}	Trillionstel	Atto	a

1.2.2.2   Sofern nicht ausdrücklich etwas anderes angegeben ist, bedeutet im ADR/RID das Zeichen «%»:

a) bei Gemischen von festen oder flüssigen Stoffen, bei Lösungen oder bei festen, von einer Flüssigkeit getränkten Stoffen den in Prozent angegebenen Massenanteil, bezogen auf die Gesamtmasse des Gemisches, der Lösung oder des getränkten Stoffes;

b) bei verdichteten Gasgemischen, wenn sie unter Druck eingefüllt werden, den in Prozent angegebenen Volumenanteil, bezogen auf das Gesamtvolumen des Gasgemisches, oder, wenn sie nach Masse eingefüllt werden, den in Prozent angegebenen Massenanteil, bezogen auf die Gesamtmasse des Gemisches;

c) bei verflüssigten Gasgemischen sowie gelösten Gasen den in Prozent angegebenen Massenanteil, bezogen auf die Gesamtmasse des Gemisches.

1.2.2.3   Drücke jeder Art bei Gefäßen (z.B. Prüfdruck, innerer Druck, Öffnungsdruck von Sicherheitsventilen) werden immer als Überdruck (über dem atmosphärischen Druck liegender Druck) angegeben; der Dampfdruck von Stoffen wird dagegen immer als Absolutdruck angegeben.

1.2.2.4   Sieht das ADR/RID einen Füllungsgrad für Gefäße vor, so bezieht sich dieser auf eine Temperatur des Stoffes von 15 °C, sofern nicht eine andere Temperatur genannt ist.

Unterweisung von Personen, die an der Beförderung gefährlicher Güter beteiligt sind 1.3

ADR	RID

1.3.1 Anwendungsbereich

▶ 8.2.3 Die bei den Beteiligten gemäß Kapitel 1.4 beschäftigten Personen, deren Arbeitsbereich die Beförderung gefährlicher Güter umfasst, müssen in den Anforderungen, die die Beförderung gefährlicher Güter an ihren Arbeits- und Verantwortungsbereich stellt, unterwiesen sein. Arbeitnehmer müssen vor der Übernahme von Pflichten gemäß Abschnitt 1.3.2 unterwiesen sein und dürfen Aufgaben, für die eine erforderliche Unterweisung noch nicht stattgefunden hat, nur unter der direkten Überwachung einer unterwiesenen Person wahrnehmen. Die Unterweisung muss auch die in Kapitel 1.10 aufgeführten besonderen Vorschriften für die Sicherung von Beförderungen gefährlicher Güter beinhalten.

Bem.
1. Wegen der Ausbildung des Sicherheitsberaters siehe anstelle dieses Abschnitts Abschnitt 1.8.3.
2. Wegen der Schulung der Fahrzeugbesatzung siehe anstelle dieses Abschnitts Kapitel 8.2. | (bleibt offen)
3. Für die Unterweisung in Bezug auf die Klasse 7 siehe auch Unterabschnitt 1.7.2.5.

1.3.2 Art der Unterweisung

Je nach Verantwortlichkeiten und Aufgaben muss die betreffende Person in folgender Form unterwiesen sein:

1.3.2.1 Unterweisung in Bezug auf das allgemeine Sicherheitsbewusstsein

Das Personal muss mit den allgemeinen Bestimmungen der Vorschriften für die Beförderung gefährlicher Güter vertraut gemacht sein.

1.3.2.2 Aufgabenbezogene Unterweisung

Das Personal muss seinen Aufgaben und Verantwortlichkeiten entsprechend über die Vorschriften unterwiesen sein, die die Beförderung gefährlicher Güter regeln.

In den Fällen, in denen die Beförderung gefährlicher Güter multimodale Transportvorgänge umfasst, muss das Personal die für andere Verkehrsträger geltenden Vorschriften kennen.

Das Personal des Beförderers und des Betreibers der Eisenbahninfrastruktur muss zusätzlich hinsichtlich der Besonderheiten des Schienenverkehrs unterwiesen sein. Diese Unterweisung muss in Form einer Basis- und einer fachbezogenen Aufbauunterweisung erfolgen.

a) Basisunterweisung für das gesamte Personal:

Das gesamte Personal muss über die Bedeutung der Gefahrzettel und der orangefarbenen Tafeln unterwiesen sein. Darüber hinaus müssen dem Personal die Meldeverfahren bei Unregelmäßigkeiten bekannt sein.

b) Fachbezogene Aufbauunterweisung für betriebliches Personal, das unmittelbar an der Beförderung gefährlicher Güter beteiligt ist:

Zusätzlich zu der unter a) beschriebenen Basisunterweisung muss das Personal abhängig von seinem Tätigkeitsbereich unterwiesen sein.

1.3 Unterweisung von Personen, die an der Beförderung gefährlicher Güter beteiligt sind

ADR	RID
	Das Personal muss über die Themen der fachbezogenen Aufbauunterweisung, die im Absatz 1.3.2.2.2 in drei Kategorien eingeteilt sind, entsprechend der Zuordnung in Absatz 1.3.2.2.1 unterwiesen sein.
1.3.2.2.1	Für die Zuordnung des Personals zu den einzelnen Kategorien gilt die nachstehende Tabelle:

Kategorie	Beschreibung der Kategorie	Personal
1	betriebliches Personal, das unmittelbar an der Beförderung gefährlicher Güter beteiligt ist	Triebfahrzeugführer, Rangierer oder Personal mit entsprechender Funktion
2	für die technische Kontrolle der für die Beförderung gefährlicher Güter verwendeten Wagen zuständiges Personal	Wagenmeister oder Personal mit entsprechender Funktion
3	für die Lenkung und Steuerung des Eisenbahn- und Rangierdienstes zuständiges Personal und Management-Personal des Infrastrukturbetreibers	Fahrdienstleiter, Stellwerksmitarbeiter, Mitarbeiter von Leitzentralen oder Personal mit entsprechender Funktion

1.3.2.2.2 Die fachbezogene Aufbauunterweisung muss mindestens die folgenden Themen umfassen:

a) Triebfahrzeugführer oder Personal mit entsprechender Funktion der Kategorie 1:
   – Zugangsmöglichkeiten zu notwendigen Informationen über die Zusammensetzung des Zuges, das Vorhandensein gefährlicher Güter und die Stelle, an der sich diese Güter im Zug befinden;
   – Arten von Unregelmäßigkeiten;
   – Handeln in kritischen Situationen bei Unregelmäßigkeiten, Ergreifen von Maßnahmen zum Schutz des eigenen Zuges und des Verkehrs auf den benachbarten Gleisen.

Rangierer oder Personal mit entsprechender Funktion der Kategorie 1:
   – Bedeutung der Rangierzettel nach Muster 13 und 15 des RID (siehe Unterabschnitt 5.3.4.2);
   – Schutzabstände bei Gütern der Klasse 1 gemäß Abschnitt 7.5.3 RID;
   – Arten von Unregelmäßigkeiten.

Unterweisung von Personen, die an der Beförderung gefährlicher Güter beteiligt sind 1.3

ADR	RID
	b) Wagenmeister oder Personal mit entsprechender Funktion der Kategorie 2: – Durchführung von Prüfungen nach Anlage 9 des Allgemeinen Vertrags für die Verwendung von Güterwagen (AVV) *) – Bedingungen für die technische Übergangsuntersuchung an Güterwagen; – Durchführung der in Absatz 1.4.2.2.1 beschriebenen Prüfungen (nur für Mitarbeiter, die die in Absatz 1.4.2.2.1 beschriebenen Prüfungen vornehmen); – Erkennen von Unregelmäßigkeiten. *) Veröffentlicht durch das AVV-Büro, Avenue Louise, 500, BE-1050 Bruxelles, www.gcubureau.org. c) Fahrdienstleiter, Stellwerksmitarbeiter, Mitarbeiter von Leitzentralen oder Personal mit entsprechender Funktion der Kategorie 3: – Bewältigung von kritischen Situationen bei Unregelmäßigkeiten; – interne Notfallpläne für Rangierbahnhöfe gemäß Kapitel 1.11.

1.3.2.3 **Sicherheitsunterweisung**

Entsprechend den bei der Beförderung gefährlicher Güter und ihrer Be- und Entladung möglichen Gefahren einer Verletzung oder Schädigung als Folge von Zwischenfällen muss das Personal über die von den gefährlichen Gütern ausgehenden Risiken und Gefahren unterwiesen sein.

Ziel der Unterweisung muss es sein, dem Personal die sichere Handhabung und die Notfallmaßnahmen zu verdeutlichen.

1.3.2.4 Die Unterweisung ist in regelmäßigen Abständen durch Auffrischungskurse zu ergänzen, um Änderungen in den Vorschriften Rechnung zu tragen.

1.3.3 **Dokumentation**

▶ 1.10.2 Aufzeichnungen der nach diesem Kapitel erhaltenen Unterweisung sind vom Arbeitgeber aufzubewahren und dem Arbeitnehmer oder der zuständigen Behörde auf Verlangen zur Verfügung zu stellen. Die Aufzeichnungen müssen vom Arbeitgeber für den von der zuständigen Behörde festgelegten Zeitraum aufbewahrt werden. Die Aufzeichnungen der erhaltenen Unterweisung sind bei der Aufnahme einer neuen Tätigkeit zu überprüfen.

1.3 Unterweisung von Personen, die an der Beförderung gefährlicher Güter beteiligt sind

ADR	RID

Sicherheitspflichten der Beteiligten 1.4

ADR	RID

1.4.1 Allgemeine Sicherheitsvorsorge
▶ 1.8.1.3

1.4.1.1 Die an der Beförderung gefährlicher Güter Beteiligten haben die nach Art und Ausmaß der vorhersehbaren Gefahren erforderlichen Vorkehrungen zu treffen, um Schadensfälle zu verhindern und bei Eintritt eines Schadens dessen Umfang so gering wie möglich zu halten. Sie haben in jedem Fall die für sie jeweils geltenden Bestimmungen des ADR/RID einzuhalten.

1.4.1.2 Die Beteiligten haben im Fall einer möglichen unmittelbaren Gefahr für die öffentliche Sicherheit unverzüglich die Einsatz- und Sicherheitskräfte zu verständigen und mit den für den Einsatz notwendigen Informationen zu versehen.

1.4.1.3 Das ADR/RID kann bestimmte Pflichten der Beteiligten näher bestimmen.

Unter der Voraussetzung, dass die in den Abschnitten 1.4.2 und 1.4.3 aufgeführten Pflichten beachtet werden, kann

eine Vertragspartei in ihrer nationalen Gesetzgebung die einem genannten Beteiligten obliegenden Pflichten auf einen oder mehrere andere Beteiligte übertragen, wenn er der Auffassung ist, dass dies keine Verringerung der Sicherheit zur Folge hat. Diese Abweichungen sind	ein RID-Vertragsstaat in seiner
von der Vertragspartei dem Sekretariat der Wirtschaftskommission der Vereinten Nationen für Europa mitzuteilen, das sie den übrigen Vertragsparteien zur Kenntnis bringt.	vom RID-Vertragsstaat dem Sekretariat der OTIF mitzuteilen, das sie den übrigen RID-Vertragsstaaten zur Kenntnis bringt.

Die Vorschriften der Abschnitte 1.2.1, 1.4.2 und 1.4.3 über die Definitionen der Beteiligten und deren jeweilige Pflichten berühren nicht die Vorschriften des Landesrechts betreffend die rechtlichen Folgen (Strafbarkeit, Haftung usw.), die sich daraus ergeben, dass der jeweilige Beteiligte z.B. eine juristische Person,

	eine natürliche Person,

eine auf eigene Rechnung tätige Person, ein Arbeitgeber oder eine Person im Angestelltenverhältnis ist.

1.4.2 Pflichten der Hauptbeteiligten

Bem. 1. Verschiedene Beteiligte, denen in diesem Abschnitt Sicherheitspflichten zugeordnet sind, können ein und dasselbe Unternehmen sein. Die Tätigkeiten und die entsprechenden Sicherheitspflichten eines Beteiligten können auch von verschiedenen Unternehmen wahrgenommen werden.

Bem. 2. Für radioaktive Stoffe siehe auch Abschnitt 1.7.6.

1.4.2.1 Absender
▶ 1.10.3.2.1

1.4.2.1.1 Der Absender gefährlicher Güter ist verpflichtet, eine den Vorschriften des ADR/RID entsprechende Sendung zur Beförderung zu übergeben. Im Rahmen des Abschnitts 1.4.1 hat er insbesondere:

a) sich zu vergewissern, dass die gefährlichen Güter gemäß ADR/RID klassifiziert und zur Beförderung zugelassen sind;

b) dem Beförderer in nachweisbarer Form die erforderlichen Angaben und Informationen und gegebenenfalls die erforderlichen Beförderungspapiere und Begleitpapiere (Genehmigungen, Zulassungen, Benachrichtigungen, Zeugnisse, usw.) unter Berücksichtigung insbesondere der Vorschriften des Kapitels 5.4 und der Tabelle A des Kapitels 3.2 zu liefern;

c) nur Verpackungen, Großverpackungen, Großpackmittel (IBC) und Tanks

(Tankfahrzeuge, Aufsetztanks, Batterie-Fahrzeuge, MEGC, ortsbewegliche Tanks und Tankcontainer)	(Kesselwagen, Batteriewagen, Wagen mit abnehmbaren Tanks, ortsbewegliche Tanks, Tankcontainer oder MEGC)

1.4 Sicherheitspflichten der Beteiligten

ADR	RID

zu verwenden, die für die Beförderung der betreffenden Güter zugelassen und geeignet sowie mit den im ADR/RID vorgeschriebenen Kennzeichen versehen sind;

d) die Vorschriften über die Versandart und die Versandbeschränkungen zu beachten;	Abfertigungsbeschränkungen zu beachten;
e) dafür zu sorgen, dass auch ungereinigte und nicht entgaste leere Tanks	
(Tankfahrzeuge, Aufsetztanks, Batterie-Fahrzeuge, MEGC, ortsbewegliche Tanks und Tankcontainer) oder ungereinigte leere Fahrzeuge	(Kesselwagen, Wagen mit abnehmbaren Tanks, Batteriewagen, MEGC, ortsbewegliche Tanks und Tankcontainer) Wagen

und Container für Güter in loser Schüttung gemäß Kapitel 5.3 mit Großzetteln (Placards) versehen, gekennzeichnet und bezettelt werden und dass ungereinigte leere Tanks ebenso verschlossen und undurchlässig sind wie in gefülltem Zustand.

1.4.2.1.2 Nimmt der Absender die Dienste anderer Beteiligter (Verpacker, Verlader, Befüller, usw.) in Anspruch, hat er geeignete Maßnahmen zu ergreifen, damit gewährleistet ist, dass die Sendung den Vorschriften des ADR/RID entspricht. Er kann jedoch in den Fällen des Absatzes 1.4.2.1.1 a), b), c) und e) auf die ihm von anderen Beteiligten zur Verfügung gestellten Informationen und Daten vertrauen.

1.4.2.1.3 Handelt der Absender im Auftrag eines Dritten, so hat dieser den Absender schriftlich auf das gefährliche Gut hinzuweisen und ihm alle Auskünfte und Dokumente, die zur Erfüllung seiner Aufgaben erforderlich sind, zur Verfügung zu stellen.

1.4.2.2 Beförderer
▶ 1.10.3.2.1

1.4.2.2.1 Der Beförderer, hat gegebenenfalls im Rahmen des Abschnitts 1.4.1 insbesondere	Der Beförderer, der die gefährlichen Güter am Abgangsort übernimmt, hat im Rahmen des Abschnitts 1.4.1 insbesondere

a) zu prüfen, ob die zu befördernden gefährlichen Güter gemäß ADR/RID zur Beförderung zugelassen sind;

b) sich zu vergewissern, dass alle im ADR/RID vorgeschriebenen Informationen zu den zu befördernden gefährlichen Gütern vom Absender vor der Beförderung zur Verfügung gestellt wurden, dass die vorgeschriebenen Unterlagen

in der Beförderungseinheit mitgeführt werden	dem Beförderungspapier beigefügt sind

oder, wenn anstelle der Papierdokumentation Arbeitsverfahren der elektronischen Datenverarbeitung (EDV) oder des elektronischen Datenaustausches (EDI) verwendet werden, die Daten während der Beförderung in einer Art verfügbar sind, die der Papierdokumentation zumindest gleichwertig ist;

c) sich durch eine Sichtprüfung zu vergewissern, dass die

Fahrzeuge	Wagen

und die Ladung keine offensichtlichen Mängel, keine Undichtheiten oder Risse aufweisen, dass keine Ausrüstungsteile fehlen, usw.;

d) sich zu vergewissern, dass bei

Tankfahrzeugen, Batterie-Fahrzeugen, Aufsetztanks, MEGC, ortsbeweglichen Tanks und Tankcontainern	Kesselwagen, Batteriewagen, Wagen mit abnehmbaren Tanks, ortsbeweglichen Tanks, Tankcontainern und MEGC

die Frist für die nächste Prüfung nicht überschritten ist;

Bem. Tanks,

Batterie-Fahrzeuge	Batteriewagen

und MEGC dürfen jedoch nach Ablauf dieser Frist unter den Vorschriften des Unterabschnitts 4.1.6.10 (bei

Batterie-Fahrzeugen	Batteriewagen

und MEGC, deren Elemente aus Druckgefäßen bestehen), des Unterabschnitts 4.2.4.4, des Absatzes 4.3.2.3.7, 4.3.2.4.4, 6.7.2.19.6, 6.7.3.15.6 oder 6.7.4.14.6 befördert werden.

Sicherheitspflichten der Beteiligten 1.4

ADR	RID
e) zu prüfen, dass die Fahrzeuge nicht überladen sind;	Wagen nicht überladen sind;
f) sich zu vergewissern, dass die für die Fahrzeuge / Wagen in Kapitel 5.3 vorgeschriebenen Großzettel (Placards), Kennzeichen und orangefarbenen Tafeln angebracht sind;	
g) sich zu vergewissern, dass die im ADR für die Beförderungseinheit, für die Fahrzeugbesatzung und für bestimmte Klassen vorgeschriebenen Ausrüstungen in der Beförderungseinheit mitgeführt werden.	die in den schriftlichen Weisungen vorgeschriebenen Ausrüstungen auf dem Führerstand
Dies ist gegebenenfalls anhand der Beförderungspapiere und der Begleitpapiere durch eine Sichtprüfung des Fahrzeugs / Wagens oder des Containers und gegebenenfalls der Ladung durchzuführen.	
	Die Bestimmungen dieses Absatzes gelten bei Anwendung der von der UIC veröffentlichten IRS 40471-3 («Prüfungen, die bei Sendungen gefährlicher Güter durchzuführen sind») Punkt 5 *) als erfüllt.
	*) Fassung der ab 1. Januar 2021 geltenden IRS (International Railway Solution).

1.4.2.2.2 Der Beförderer kann jedoch in den Fällen des Absatzes 1.4.2.2.1 a), b), | d), e) und f) auf die ihm von anderen Beteiligten zur Verfügung gestellten Informationen und Daten vertrauen. Im Falle des Absatzes 1.4.2.2.1 c) kann er auf das vertrauen, was in dem gemäß Abschnitt 5.4.2 bereitgestellten Container-/Fahrzeugpackzertifikat bescheinigt wird.

1.4.2.2.3 Stellt der Beförderer gemäß Absatz 1.4.2.2.1 einen Verstoß gegen die Vorschriften des ADR/RID fest, so hat er die Sendung nicht zu befördern, bis die Vorschriften erfüllt sind.

1.4.2.2.4 Wird unterwegs ein Verstoß festgestellt, der die Sicherheit der Beförderung beeinträchtigen könnte, so ist die Sendung unter Berücksichtigung der Erfordernisse der Verkehrssicherheit, eines sicheren Abstellens der Sendung und der öffentlichen Sicherheit möglichst rasch anzuhalten.

Die Beförderung darf erst fortgesetzt werden, wenn die Vorschriften erfüllt sind. Die für den verbleibenden Teil der Beförderung zuständige(n) Behörde(n) kann (können) für die Fortsetzung der Beförderung eine Genehmigung erteilen.

Können die Vorschriften nicht erfüllt werden und wird für den verbleibenden Teil der Beförderung keine Genehmigung erteilt, gewährleistet (gewährleisten) die zuständige(n) Behörde(n) dem Beförderer die notwendige administrative Unterstützung. Dies gilt auch, wenn der Beförderer dieser (diesen) Behörde(n) mitteilt, dass ihm die gefährlichen Eigenschaften der zur Beförderung übergebenen Güter vom Absender nicht angezeigt wurden und er auf Grund des insbesondere für den Beförderungsvertrag geltenden Rechts wünscht, die Güter auszuladen, zu vernichten oder unschädlich zu machen.

1.4 Sicherheitspflichten der Beteiligten

	ADR	RID
1.4.2.2.5	(bleibt offen)	Der Beförderer muss sicherstellen, dass der Betreiber der von ihm genutzten Eisenbahninfrastruktur zu jedem Zeitpunkt während der Beförderung schnell und uneingeschränkt über die Daten verfügen kann, die es ihm ermöglichen, die Anforderungen des Unterabschnittes 1.4.3.6 b) zu erfüllen. **Bem.** Die Art und Weise der Übermittlung der Daten wird in den Regelungen zur Nutzung der Eisenbahninfrastruktur festgelegt.
1.4.2.2.6	Der Beförderer muss der Fahrzeugbesatzung die schriftlichen Weisungen, die im ADR vorgeschrieben sind, bereitstellen.	Der Beförderer muss dem Triebfahrzeugführer die schriftlichen Weisungen, wie in Abschnitt 5.4.3 vorgesehen, bereitstellen.
1.4.2.2.7	(bleibt offen)	Der Beförderer muss den Triebfahrzeugführer vor Antritt der Fahrt über die geladenen gefährlichen Güter und deren Position im Zug informieren. Die Bestimmungen dieses Absatzes gelten bei Anwendung des UIC-Merkblattes 472 («Bremszettel, Wagenliste für den Triebfahrzeugführer und Anforderungen an die für die Produktionsdurchführung im Güterverkehr auszutauschenden Informationen») Anlagen A und B*) als erfüllt. ――――――― *) Fassung des ab 1. Juli 2015 geltenden UIC-Merkblattes.
1.4.2.2.8	(bleibt offen)	Der Beförderer hat dafür zu sorgen, dass die Informationen, die gemäß Artikel 15 § 3 des Anhangs G des COTIF (ATMF) und der Anlage A ATMF der für die Instandhaltung zuständigen Stelle (ECM) entweder selbst oder über den Betreiber des Kesselwagens zur Verfügung gestellt werden, auch den Tank und seine Ausrüstung erfassen.
1.4.2.3	**Empfänger**	
1.4.2.3.1	Der Empfänger ist verpflichtet, die Annahme des Gutes nicht ohne zwingenden Grund zu verzögern und nach dem Entladen zu prüfen, dass die ihn betreffenden Vorschriften des ADR/RID eingehalten worden sind.	
1.4.2.3.2	Wenn diese Prüfung im Falle eines Containers einen Verstoß gegen die Vorschriften des ADR aufzeigt, darf der Empfänger dem Beförderer den Container erst dann zurückstellen, wenn der Verstoß behoben worden ist.	Ein Wagen oder Container darf erst zurückgestellt oder wieder verwendet werden, wenn die Vorschriften des RID für die Entladung eingehalten worden sind.
1.4.2.3.3	Nimmt der Empfänger die Dienste anderer Beteiligter (Entlader, Reiniger, Entgiftungsstelle usw.) in Anspruch, hat er geeignete Maßnahmen zu ergreifen, damit gewährleistet ist, dass den Vorschriften des Absatzes 1.4.2.3.1 und 1.4.2.3.2 des ADR/RID entsprochen wird.	

Sicherheitspflichten der Beteiligten 1.4

ADR	RID

1.4.3 Pflichten anderer Beteiligter

▶ 1.4.1.3
1.10.3.2.1

Nachstehend sind die anderen Beteiligten und deren Pflichten beispielhaft aufgeführt. Die Pflichten der anderen Beteiligten ergeben sich aus dem vorstehenden Abschnitt 1.4.1, soweit diese wissen oder wissen müssten, dass sie ihre Aufgaben im Rahmen einer Beförderung ausüben, die dem ADR/RID unterliegt.

1.4.3.1 Verlader

1.4.3.1.1 Im Rahmen des Abschnitts 1.4.1 hat der Verlader insbesondere folgende Pflichten: Der Verlader

a) darf gefährliche Güter dem Beförderer nur übergeben, wenn sie gemäß ADR/RID zur Beförderung zugelassen sind;

b) hat bei der Übergabe verpackter gefährlicher Güter oder ungereinigter leerer Verpackungen zur Beförderung zu prüfen, ob die Verpackung beschädigt ist. Er darf ein Versandstück, dessen Verpackung beschädigt, insbesondere undicht ist, so dass gefährliches Gut austritt oder austreten kann, zur Beförderung erst übergeben, wenn der Mangel beseitigt worden ist; Gleiches gilt für ungereinigte leere Verpackungen;

c) hat die Vorschriften für die Beladung und Handhabung zu beachten;

d) hat nach dem Verladen gefährlicher Güter in Container die Vorschriften für das Anbringen von Großzetteln (Placards), die Kennzeichnung und das Anbringen orangefarbener Tafeln gemäß Kapitel 5.3 zu beachten;	hat, wenn er die gefährlichen Güter dem Beförderer unmittelbar zur Beförderung übergibt, die Vorschriften für das Anbringen von Großzetteln (Placards), die Kennzeichnung und das Anbringen orangefarbener Tafeln am Wagen oder Großcontainer gemäß Kapitel 5.3 zu beachten;

e) hat beim Verladen von Versandstücken die Zusammenladeverbote auch unter Berücksichtigung der bereits im

Fahrzeug	Wagen

oder Großcontainer befindlichen gefährlichen Güter sowie die Vorschriften über die Trennung von Nahrungs-, Genuss- und Futtermitteln zu beachten.

1.4.3.1.2 Der Verlader kann jedoch in den Fällen des Absatzes 1.4.3.1.1 a), d) und e) auf die ihm von anderen Beteiligten zur Verfügung gestellten Informationen und Daten vertrauen.

1.4.3.2 Verpacker

Im Rahmen des Abschnitts 1.4.1 hat der Verpacker insbesondere zu beachten:

a) die Verpackungsvorschriften und die Vorschriften über die Zusammenpackung und

b) wenn er die Versandstücke zur Beförderung vorbereitet, die Vorschriften über die Kennzeichnung und Bezettelung von Versandstücken.

1.4.3.3 Befüller

Im Rahmen des Abschnitts 1.4.1 hat der Befüller insbesondere folgende Pflichten: Der Befüller

a) hat sich vor dem Befüllen der Tanks zu vergewissern, dass sich die Tanks und ihre Ausrüstungsteile in einem technisch einwandfreien Zustand befinden;

b) hat sich zu vergewissern, dass bei

Tankfahrzeugen, Batterie-Fahrzeugen, Aufsetztanks, MEGC, ortsbeweglichen Tanks und Tankcontainern	Kesselwagen, Batteriewagen, Wagen mit abnehmbaren Tanks, ortsbeweglichen Tanks, Tankcontainern und MEGC

das Datum der nächsten Prüfung nicht überschritten ist;

c) darf Tanks nur mit den für diese Tanks zugelassenen gefährlichen Gütern befüllen;

1.4 Sicherheitspflichten der Beteiligten

ADR	RID

d) hat beim Befüllen des Tanks die Vorschriften hinsichtlich gefährlicher Güter in unmittelbar nebeneinanderliegenden Tankabteilen zu beachten;

e) hat beim Befüllen des Tanks den zulässigen Füllungsgrad oder die zulässige Masse der Füllung je Liter Fassungsraum für das Füllgut einzuhalten;

f) hat nach dem Befüllen des Tanks sicherzustellen, dass alle Verschlüsse in geschlossener Stellung sind und keine Undichtheit auftritt;

g) hat dafür zu sorgen, dass an den von ihm befüllten Tanks außen keine gefährlichen Reste des Füllgutes anhaften;

h) hat, wenn er die gefährlichen Güter zur Beförderung vorbereitet, dafür zu sorgen, dass die Großzettel (Placards), Kennzeichen, orangefarbenen Tafeln und Gefahrzettel

gemäß Kapitel 5.3 an den Tanks, an den Fahrzeugen und an den Containern für die Beförderung in loser Schüttung angebracht sind;	sowie die Rangierzettel Wagen und Containern angebracht sind;
i) (bleibt offen);	hat vor und nach dem Befüllen von Flüssiggas in Kesselwagen die hierfür geltenden besonderen Kontrollvorschriften zu beachten;
j) hat beim Befüllen von Fahrzeugen	Wagen

oder Containern mit gefährlichen Gütern in loser Schüttung die Beachtung der anwendbaren Vorschriften des Kapitels 7.3 sicherzustellen.

> **Bem.** Der Befüller muss Verfahren erarbeiten, mit denen sichergestellt wird, dass er alle seine Pflichten erfüllt. Leitlinien in Form von Checklisten für Kesselwagen für flüssige Stoffe und für Gase sind auf der Website der OTIF (www.otif.org) eingestellt, um dem Befüller von Kesselwagen für flüssige Stoffe und für Gase dabei zu helfen, seine Sicherheitspflichten, insbesondere in Bezug auf die Dichtheit von Kesselwagen zu erfüllen.

1.4.3.4 Betreiber eines Tankcontainers oder eines ortsbeweglichen Tanks

Im Rahmen des Abschnitts 1.4.1 hat der Betreiber eines Tankcontainers oder eines ortsbeweglichen Tanks insbesondere dafür zu sorgen, dass:

a) die Vorschriften betreffend Bau, Ausrüstung, Prüfungen und Kennzeichnung beachtet werden;

b) die Instandhaltung der Tankkörper und ihrer Ausrüstungen in einer Weise durchgeführt wird, die gewährleistet, dass der Tankcontainer oder der ortsbewegliche Tank unter normalen Betriebsbeanspruchungen bis zur nächsten Prüfung die Vorschriften des ADR/RID erfüllt;

c) eine außerordentliche Prüfung durchgeführt wird, wenn die Sicherheit des Tankkörpers oder seiner Ausrüstungen durch Ausbesserung, Umbau oder Unfall beeinträchtigt sein kann.

Sicherheitspflichten der Beteiligten 1.4

ADR	RID
1.4.3.5 (bleibt offen)	**Betreiber eines Kesselwagens** Im Rahmen des Abschnitts 1.4.1 hat der Betreiber eines Kesselwagens insbesondere dafür zu sorgen, dass*⁾: a) die Vorschriften betreffend Bau, Ausrüstung, Prüfungen und Kennzeichnung beachtet werden; *) Der Betreiber des Kesselwagens darf die Organisation der Prüfungen gemäß Kapitel 6.8 an eine für die Instandhaltung zuständige Stelle (ECM) übertragen. b) eine außerordentliche Prüfung durchgeführt wird, wenn die Sicherheit des Tankkörpers oder seiner Ausrüstungen durch Ausbesserung, Umbau oder Unfall beeinträchtigt sein kann; c) die Ergebnisse der in den Absätzen a) und b) vorgeschriebenen Tätigkeiten in der Tankakte aufgezeichnet werden; d) die dem Kesselwagen zugewiesene für die Instandhaltung zuständige Stelle (ECM) über ein gültiges Zertifikat verfügt, das auch Gefahrgut-Kesselwagen umfasst; e) die Informationen, die gemäß Artikel 15 § 3 des Anhangs G des COTIF (ATMF) und der Anlage A ATMF der ECM zur Verfügung gestellt werden, auch den Tank und seine Ausrüstung erfassen.
1.4.3.6 (bleibt offen)	**Betreiber der Eisenbahninfrastruktur** Im Rahmen des Abschnittes 1.4.1 hat der Betreiber der Eisenbahninfrastruktur insbesondere folgende Pflichten. Der Betreiber der Eisenbahninfrastruktur a) hat dafür zu sorgen, dass interne Notfallpläne für Rangierbahnhöfe gemäß Kapitel 1.11 aufgestellt werden; b) hat sicherzustellen, dass er zu jedem Zeitpunkt während der Beförderung einen schnellen und uneingeschränkten Zugriff zu mindestens folgenden Informationen hat:

1.4 Sicherheitspflichten der Beteiligten

ADR	RID
	– Zusammensetzung des Zuges durch Angabe der Nummer jedes einzelnen Wagens und der Wagengattung, sofern diese nicht bereits in der Wagennummer enthalten ist,
	– UN-Nummern der in oder auf jedem einzelnen Wagen beförderten gefährlichen Güter, sofern diese im Beförderungspapier angegeben werden müssen, oder, wenn nur in begrenzten Mengen verpackte gefährliche Güter gemäß Kapitel 3.4 befördert werden und eine Kennzeichnung des Wagens oder Großcontainers gemäß Kapitel 3.4 vorgeschrieben ist, die Angabe, dass solche Güter vorhanden sind,
	– Position jedes einzelnen Wagens im Zug (Wagenreihung).
	Diese Angaben dürfen nur denjenigen Stellen zur Verfügung gestellt werden, die diese für Sicherheits-, Sicherungs- oder Notfalleinsatzzwecke benötigen.
	Bem. Die Art und Weise der Übermittlung der Daten wird in den Regelungen zur Nutzung der Eisenbahninfrastruktur festgelegt.

1.4.3.7 Entlader

1.4.3.7.1 Im Rahmen des Abschnitts 1.4.1 hat der Entlader insbesondere folgende Pflichten: Der Entlader

a) hat sich durch einen Vergleich der entsprechenden Informationen im Beförderungspapier mit den Informationen auf dem Versandstück, Container, Tank,

| MEMU, MEGC oder Fahrzeug | Wagen |

zu vergewissern, dass die richtigen Güter ausgeladen werden;

b) hat vor und während der Entladung zu prüfen, ob die Verpackungen, der Tank,

| das Fahrzeug | der Wagen |

oder der Container so stark beschädigt worden sind, dass eine Gefahr für den Entladevorgang entsteht. In diesem Fall hat er sich zu vergewissern, dass die Entladung erst durchgeführt wird, wenn geeignete Maßnahmen ergriffen wurden;

c) hat alle anwendbaren Vorschriften für die Entladung und Handhabung einzuhalten;

d) hat unmittelbar nach der Entladung des Tanks,

| Fahrzeugs oder Containers | Wagens |

(i) gefährliche Rückstände zu entfernen, die sich während des Entladevorgangs an der Außenseite des Tanks,

| Fahrzeugs oder Containers | Wagens |

angeheftet haben;

(ii) den Verschluss der Ventile und der Besichtigungsöffnungen sicherzustellen;

Sicherheitspflichten der Beteiligten 1.4

ADR	RID

e) hat sicherzustellen, dass die vorgeschriebene Reinigung und Entgiftung von Fahrzeugen | Wagen oder Containern vorgenommen wird, und

f) hat dafür zu sorgen, dass bei vollständig entladenen, gereinigten | , entgasten und entgifteten Containern | Wagen und Containern keine Großzettel (Placards), keine Kennzeichen und keine orangefarbenen Tafeln mehr sichtbar sind, die gemäß Kapitel 5.3 angebracht wurden.

> **Bem.** Der Entlader muss Verfahren erarbeiten, mit denen sichergestellt wird, dass er alle seine Pflichten erfüllt. Leitlinien in Form von Checklisten für Kesselwagen für flüssige Stoffe und für Gase sind auf der Website der OTIF (www.otif.org) eingestellt, um dem Entlader von Kesselwagen für flüssige Stoffe und für Gase dabei zu helfen, seine Sicherheitspflichten, insbesondere in Bezug auf die Dichtheit von Kesselwagen zu erfüllen.

1.4.3.7.2 Nimmt der Entlader die Dienste anderer Beteiligter (Reiniger, Entgiftungseinrichtung usw.) in Anspruch, hat er geeignete Maßnahmen zu ergreifen, damit gewährleistet ist, dass den Vorschriften des ADR/RID entsprochen worden ist.

1.4.3.8 (bleibt offen) | **Für die Instandhaltung zuständige Stelle (ECM)**

Im Rahmen des Abschnitts 1.4.1 hat die für die Instandhaltung zuständige Stelle (ECM) insbesondere dafür zu sorgen, dass:

a) die Instandhaltung des Tanks und seiner Ausrüstung in einer Weise sichergestellt wird, die gewährleistet, dass der Kesselwagen unter normalen Betriebsbeanspruchungen die Vorschriften des RID erfüllt;

b) die in Artikel 15 § 3 des Anhangs G des COTIF (ATMF) und in Anlage A ATMF festgelegten Informationen auch den Tank und seine Ausrüstung erfassen;

c) die Instandhaltungsarbeiten betreffend den Tank und seine Ausrüstung in den Instandhaltungsunterlagen aufgezeichnet werden.

1.4	Sicherheitspflichten der Beteiligten
ADR	RID

Abweichungen 1.5

ADR	RID

1.5.1 Zeitweilige Abweichungen

1.5.1.1 ▶ 1.7.4.1

Gemäß Artikel 4 Absatz 3 des ADR können die zuständigen Behörden der Vertragsparteien	Die zuständigen Behörden der RID-Vertragsstaaten können

unmittelbar untereinander vereinbaren, bestimmte Beförderungen auf ihren Gebieten unter zeitweiligen Abweichungen von den Vorschriften des ADR/RID zu genehmigen, sofern dadurch die Sicherheit nicht beeinträchtigt wird. Diese Abweichungen sind von der Behörde, die hinsichtlich der zeitweiligen Abweichung die Initiative ergreift,

dem Sekretariat der Wirtschaftskommission der Vereinten Nationen für Europa mitzuteilen, das sie den Vertragsparteien zur Kenntnis bringt. [1]	dem Sekretariat der OTIF mitzuteilen, das sie den RID-Vertragsstaaten zur Kenntnis bringt. [1]

Bem. Die «Sondervereinbarung» nach Abschnitt 1.7.4 gilt nicht als zeitweilige Abweichung im Sinne dieses Abschnitts.

[1] **Anmerkung des Sekretariats:** Die auf der Grundlage dieses Kapitels abgeschlossenen Sondervereinbarungen können auf der Website des Sekretariats der Wirtschaftskommission der Vereinten Nationen für Europa (http://www.unece.org/trans/danger/danger.htm) eingesehen werden.	[1] Die nach diesem Abschnitt vereinbarten zeitweiligen Abweichungen können auf der Homepage der OTIF (www.otif.org) eingesehen werden.

1.5.1.2 Die Geltungsdauer der zeitweiligen Abweichung darf fünf Jahre ab dem Zeitpunkt des Inkrafttretens nicht überschreiten. Die zeitweilige Abweichung tritt automatisch mit dem Zeitpunkt außer Kraft, zu dem eine entsprechende Änderung des ADR/RID in Kraft tritt.

1.5.1.3

Beförderungen auf Grund zeitweiliger Abweichungen sind Beförderungen gemäß ADR.	Beförderungen auf Grund zeitweiliger Abweichungen sind Beförderungen gemäß Anhang C des COTIF.

1.5.2

(bleibt offen)	**Militärische Sendungen** Für militärische Sendungen, d.h. Sendungen mit Stoffen oder Gegenständen der Klasse 1, die den Streitkräften gehören oder für die die Streitkräfte verantwortlich sind, gelten abweichende Vorschriften (siehe Unterabschnitt 5.2.1.5, Absätze 5.2.2.1.8, 5.3.1.1.2 und 5.4.1.2.1 f) sowie Abschnitt 7.2.4 Sondervorschrift W 2).

ADR	RID

Übergangsvorschriften 1.6

ADR	RID

1.6.1 Verschiedenes

1.6.1.1 Sofern nichts anderes vorgeschrieben ist, dürfen Stoffe und Gegenstände des ADR/RID bis zum 30. Juni 2021 nach den bis zum 31. Dezember 2020 geltenden Vorschriften des ADR/RID [1)] befördert werden.

> **Bem.** Wegen der Angabe im Beförderungspapier siehe Absatz 5.4.1.1.12.
>
> [1)] Fassung des ab 1. Januar 2019 geltenden RID.

1.6.1.2 (gestrichen)

1.6.1.3 Stoffe und Gegenstände der Klasse 1, die den Streitkräften

| einer Vertragspartei | eines RID-Vertragsstaates |

gehören und die vor dem 1. Januar 1990 in Übereinstimmung mit den damals geltenden Bestimmungen des

| ADR | RID [2)] |

verpackt wurden, dürfen nach dem 31. Dezember 1989 befördert werden, sofern die Verpackungen unversehrt sind und im Beförderungspapier angegeben wird, dass es sich um vor dem 1. Januar 1990 verpackte militärische Güter handelt. Die übrigen für diese Klasse ab 1. Januar 1990 geltenden Vorschriften sind zu beachten.

> [2)] Fassung des ab 1. Mai 1985 geltenden RID.

1.6.1.4 Stoffe und Gegenstände der Klasse 1, die zwischen dem 1. Januar 1990 und dem 31. Dezember 1996 in Übereinstimmung mit den während dieses Zeitraums geltenden Vorschriften des

| ADR | RID [3)] |

verpackt wurden, dürfen nach dem 31. Dezember 1996 befördert werden, sofern die Verpackungen unversehrt sind und im Beförderungspapier angegeben wird, dass es sich um Güter der Klasse 1 handelt, die zwischen dem 1. Januar 1990 und dem 31. Dezember 1996 verpackt wurden.

> [3)] Fassung des ab 1. Januar 1990, 1. Januar 1993 und 1. Januar 1995 geltenden RID.

1.6.1.5

| (bleibt offen) | Großpackmittel (IBC), die gemäß den vor dem 1. Januar 1999 geltenden Vorschriften der Rn. 405 (5) und 555 (3) gebaut wurden, die jedoch nicht den ab 1. Januar 1999 geltenden Vorschriften der Rn. 405 (5) und 555 (3) entsprechen, dürfen weiterverwendet werden. |

1.6.1.6 Großpackmittel (IBC), die vor dem 1. Januar 2003 gemäß den bis zum 30. Juni 2001 geltenden Vorschriften

| der Rn. 3612 (1) | der Rn. 1612 (1) |

gebaut wurden, jedoch nicht den ab 1. Juli 2001 geltenden Vorschriften des Absatzes 6.5.2.1.1 hinsichtlich der Zeichenhöhe der Buchstaben, Ziffern und Symbolen entsprechen, dürfen weiterverwendet werden.

1.6.1.7 Baumusterzulassungen für Fässer, Kanister und Kombinationsverpackungen aus hochmolekularem oder mittelmolekularem Polyethylen, die vor dem 1. Juli 2005 gemäß den bis zum 31. Dezember 2004 geltenden Vorschriften des Absatzes 6.1.5.2.6 ausgestellt wurden, jedoch nicht den Vorschriften des Unterabschnitts 4.1.1.21 entsprechen, bleiben bis 31. Dezember 2009 gültig. Alle Verpackungen, die auf der Grundlage dieser Baumusterzulassungen gebaut und gekennzeichnet wurden, dürfen bis zum Ablauf ihrer in Unterabschnitt 4.1.1.15 festgelegten Verwendungsdauer weiterverwendet werden.

1.6 Übergangsvorschriften

ADR	RID

1.6.1.8 Noch vorhandene orangefarbene Tafeln, die den bis zum 31. Dezember 2004 geltenden Vorschriften des Unterabschnitts 5.3.2.2 entsprechen, dürfen weiterverwendet werden, vorausgesetzt, die Vorschriften der Absätze 5.3.2.2.1 und 5.3.2.2.2, wonach die Tafel, die Ziffern und die Buchstaben unabhängig von der Ausrichtung des

| Fahrzeugs | Wagens |

befestigt bleiben müssen, werden erfüllt.

1.6.1.9 (gestrichen)

1.6.1.10 (gestrichen)

1.6.1.11 Baumusterzulassungen für Fässer, Kanister und Kombinationsverpackungen aus hochmolekularem oder mittelmolekularem Polyethylen und für Großpackmittel (IBC) aus hochmolekularem Polyethylen, die vor dem 1. Juli 2007 gemäß den bis zum 31. Dezember 2006 geltenden Vorschriften des Abschnitts 6.1.6 a) ausgestellt wurden, jedoch nicht den ab 1. Januar 2007 geltenden Vorschriften des Unterabschnitts 6.1.6.1 a) entsprechen, bleiben weiterhin gültig.

1.6.1.12 (gestrichen) | (bleibt offen)

1.6.1.13 (gestrichen)

1.6.1.14 Großpackmittel (IBC), die vor dem 1. Januar 2011 nach einer Bauart gebaut wurden, welche die Vibrationsprüfung des Unterabschnitts 6.5.6.13 nicht bestanden hat oder zum Zeitpunkt der Durchführung der Fallprüfung nicht den Kriterien des Absatzes 6.5.6.9.5 d) entsprechen musste, dürfen weiterverwendet werden.

1.6.1.15 Großpackmittel (IBC), die vor dem 1. Januar 2011 gebaut, wiederaufgearbeitet oder repariert wurden, müssen nicht mit der höchstzulässigen Stapellast gemäß Absatz 6.5.2.2.2 gekennzeichnet sein. Derartige Großpackmittel (IBC), die nicht gemäß Absatz 6.5.2.2.2 gekennzeichnet sind, dürfen nach dem 31. Dezember 2010 weiterverwendet werden, müssen jedoch gemäß Absatz 6.5.2.2.2 gekennzeichnet werden, wenn sie nach diesem Zeitpunkt wiederaufgearbeitet oder repariert werden.

Zwischen dem 1. Januar 2011 und dem 31. Dezember 2016 gebaute, wiederaufgearbeitete oder reparierte Großpackmittel (IBC), die gemäß den bis zum 31. Dezember 2014 geltenden Vorschriften des Absatzes 6.5.2.2.2 mit der höchstzulässigen Stapellast gekennzeichnet sind, dürfen weiterverwendet werden.

1.6.1.16 (gestrichen)

1.6.1.17 (gestrichen)

1.6.1.18 (gestrichen)

1.6.1.19 (gestrichen)

1.6.1.20 (gestrichen)

Übergangsvorschriften 1.6

	ADR	RID
1.6.1.21	(gestrichen)	(bleibt offen)
1.6.1.22	(gestrichen)	
1.6.1.23	Feuerlöschgeräte, die vor dem 1. Juli 2011 gemäß den bis zum 31. Dezember 2010 geltenden Vorschriften des Unterabschnitts 8.1.4.3 gebaut wurden, dürfen weiterverwendet werden.	(bleibt offen)
1.6.1.24	(gestrichen)	
1.6.1.25	(gestrichen)	
1.6.1.26	Großverpackungen, die vor dem 1. Januar 2014 hergestellt oder wiederaufgearbeitet wurden und nicht den ab 1. Januar 2013 geltenden Vorschriften des Unterabschnitts 6.6.3.1 hinsichtlich der Zeichenhöhe von Buchstaben, Ziffern und Symbolen entsprechen, dürfen weiterverwendet werden. Großverpackungen, die vor dem 1. Januar 2015 hergestellt oder wiederaufgearbeitet wurden, müssen nicht mit der höchstzulässigen Stapellast gemäß Unterabschnitt 6.6.3.3 gekennzeichnet sein. Solche nicht nach Unterabschnitt 6.6.3.3 gekennzeichnete Großverpackungen dürfen nach dem 31. Dezember 2014 weiterverwendet werden, müssen jedoch gemäß Unterabschnitt 6.6.3.3 gekennzeichnet werden, wenn sie nach diesem Zeitpunkt wiederaufgearbeitet werden. Zwischen dem 1. Januar 2011 und dem 31. Dezember 2016 gebaute, wiederaufgearbeitete oder reparierte Großverpackungen, die gemäß den bis zum 31. Dezember 2014 geltenden Vorschriften des Unterabschnitts 6.6.3.3 mit der höchstzulässigen Stapellast gekennzeichnet sind, dürfen weiterverwendet werden.	
1.6.1.27	Vor dem 1. Juli 2013 gebaute Umschließungsmittel, die Bestandteil von Geräten oder Maschinen sind, flüssige Brennstoffe der UN-Nummern 1202, 1203, 1223, 1268, 1863 und 3475 enthalten und nicht den ab 1. Januar 2013 anwendbaren Vorschriften des Absatzes a) der Sondervorschrift 363 des Kapitels 3.3 entsprechen, dürfen weiterverwendet werden.	
1.6.1.28	(gestrichen)	
1.6.1.29	Sofern im ADR/RID nichts anderes vorgesehen ist, dürfen Lithiumzellen und -batterien, die nach einem Typ hergestellt wurden, der den Vorschriften des Unterabschnitts 38.3 des Handbuchs Prüfungen und Kriterien, dritte überarbeite Ausgabe, Änderung 1 oder einer zum Zeitpunkt der Typprüfung anwendbaren nachfolgenden überarbeiteten Ausgabe und Änderung entspricht, weiter befördert werden. Lithiumzellen und -batterien, die vor dem 1. Juli 2003 hergestellt wurden und den Vorschriften der dritten überarbeiteten Ausgabe des Handbuchs Prüfungen und Kriterien entsprechen, dürfen weiter befördert werden, wenn alle übrigen Vorschriften erfüllt sind.	
1.6.1.30	(gestrichen)	
1.6.1.31	(gestrichen)	
1.6.1.32	(gestrichen)	
1.6.1.33	Vor dem 1. Januar 2014 hergestellte elektrische Doppelschicht-Kondensatoren der UN-Nummer 3499 müssen nicht mit der gemäß Absatz e) der Sondervorschrift 361 in Kapitel 3.3 vorgeschriebenen Energiespeicherkapazität in Wattstunden (Wh) gekennzeichnet sein.	

1.6 Übergangsvorschriften

ADR	RID

1.6.1.34 Vor dem 1. Januar 2016 hergestellte asymmetrische Kondensatoren der UN-Nummer 3508 müssen nicht mit der gemäß Absatz c) der Sondervorschrift 372 in Kapitel 3.3 vorgeschriebenen Energiespeicherkapazität in Wattstunden (Wh) gekennzeichnet sein.

1.6.1.35 (gestrichen) | (bleibt offen)

1.6.1.36 (gestrichen) | (bleibt offen)

1.6.1.37 (gestrichen)

1.6.1.38 Die Vertragsparteien | Vertragsstaaten dürfen bis zum 31. Dezember 2018 weiterhin Schulungsnachweise für Gefahrgutbeauftragte gemäß dem bis zum 31. Dezember 2016 geltenden Muster anstelle des den ab 1. Januar 2017 geltenden Vorschriften des Unterabschnitts 1.8.3.18 entsprechenden Musters ausstellen. Diese Schulungsnachweise dürfen bis zum Ablauf ihrer fünfjährigen Geltungsdauer weiterverwendet werden.

1.6.1.39 (gestrichen)

1.6.1.40 (gestrichen)

1.6.1.41 Abweichend von den ab dem 1. Januar 2017 geltenden Vorschriften des ADR/RID dürfen Großverpackungen, die gemäß der bis zum 31. Dezember 2016 geltenden Sondervorschrift für die Verpackung L 2 der Verpackungsanweisung LP 02 des Unterabschnitts 4.1.4.3 den Prüfanforderungen für die Verpackungsgruppe III entsprechen, bis zum 31. Dezember 2022 für die UN-Nummer 1950 weiterverwendet werden.

1.6.1.42 (gestrichen)

1.6.1.43 Die in den Sondervorschriften 388 und 669 des Kapitels 3.3 definierten Fahrzeuge, die vor dem 1. Juli 2017 zum Verkehr zugelassen oder in Betrieb genommen wurden, sowie deren Einrichtungen, die für eine Verwendung während der Beförderung bestimmt sind, die den bis zum 31. Dezember 2016 geltenden Vorschriften des ADR/RID entsprechen, jedoch Lithiumzellen und -batterien enthalten, die den Vorschriften des Absatzes 2.2.9.1.7 nicht entsprechen, dürfen in Übereinstimmung mit den Vorschriften der Sondervorschrift 666 des Kapitels 3.3 weiterhin als Ladung befördert werden.

1.6.1.44 Unternehmen, die an der Beförderung gefährlicher Güter lediglich als Absender beteiligt sind und die auf Grund der bis zum 31. Dezember 2018 geltenden Vorschriften keinen Gefahrgutbeauftragten ernennen mussten, müssen abweichend von den ab dem 1. Januar 2019 geltenden Vorschriften des Unterabschnitts 1.8.3.1 spätestens bis zum 31. Dezember 2022 einen Gefahrgutbeauftragten benennen.

1.6.1.45 Die Vertragsstaaten dürfen bis zum 31. Dezember 2020 weiterhin Schulungsnachweise für Gefahrgutbeauftragte gemäß dem bis zum 31. Dezember 2018 geltenden Muster anstelle des den ab 1. Januar 2019 geltenden Vorschriften des Unterabschnitts 1.8.3.18 entsprechenden Musters ausstellen. Diese Schulungsnachweise dürfen bis zum Ablauf ihrer fünfjährigen Geltungsdauer weiterverwendet werden.

Übergangsvorschriften 1.6

ADR	RID

1.6.1.46 Die Beförderung von in dieser Anlage | im RID nicht näher bezeichneten Maschinen oder Geräten, die in ihrem inneren Aufbau oder in ihren Funktionselementen gefährliche Güter enthalten und die deshalb der UN-Nummer 3363, 3537, 3538, 3539, 3540, 3541, 3542, 3543, 3544, 3545, 3546, 3547 oder 3548 zugeordnet sind, die gemäß dem bis zum 31. Dezember 2018 geltenden Unterabschnitt 1.1.3.1 b) von den Vorschriften des ADR/RID freigestellt war, darf bis zum 31. Dezember 2022 weiterhin von den Vorschriften des ADR/RID freigestellt werden, vorausgesetzt, es sind Maßnahmen getroffen worden, die unter normalen Beförderungsbedingungen ein Freiwerden des Inhalts verhindern.

1.6.1.47 (gestrichen)

1.6.1.48 Zulassungsbescheinigungen für Fahrzeuge zur Beförderung gefährlicher Güter, die vor dem 1. Juli 2021 gemäß dem bis zum 31. Dezember 2020 geltenden Muster des Unterabschnitts 9.1.3.5 ausgestellt wurden, dürfen weiter verwendet werden.

1.6.2 Druckgefäße und Gefäße für die Klasse 2

1.6.2.1 Gefäße, die vor dem 1. Januar 1997 gebaut wurden und die nicht den ab 1. Januar 1997 geltenden Vorschriften des ADR/RID entsprechen, deren Beförderung aber nach den bis zum 31. Dezember 1996 geltenden Vorschriften des ADR/RID zugelassen war, dürfen nach diesem Zeitpunkt weiterhin verwendet werden, sofern sie den in den Verpackungsanweisungen P 200 und P 203 enthaltenen Vorschriften für die wiederkehrenden Prüfungen entsprechen.

1.6.2.2 (gestrichen)

1.6.2.3 Vor dem 1. Januar 2003 gebaute Druckgefäße für Stoffe der Klasse 2 dürfen nach dem 1. Januar 2003 nach den bis zum 31. Dezember 2002 geltenden Vorschriften gekennzeichnet sein.

1.6.2.4 Druckgefäße, die nach technischen Regelwerken ausgelegt und gebaut sind, die gemäß Abschnitt 6.2.5 nicht mehr anerkannt sind, dürfen weiterverwendet werden.

1.6.2.5 Druckgefäße und ihre Verschlüsse, die in Übereinstimmung mit Normen ausgelegt und gebaut sind, die gemäß den zum Zeitpunkt ihres Baus anwendbaren Vorschriften des ADR/RID zu diesem Zeitpunkt anwendbar waren (siehe Abschnitt 6.2.4), dürfen weiterverwendet werden, sofern dies nicht durch eine spezifische Übergangsvorschrift eingeschränkt wird.

1.6.2.6 Druckgefäße für nicht unter die Klasse 2 fallende Stoffe, die vor dem 1. Juli 2009 gemäß den bis zum 31. Dezember 2008 geltenden Vorschriften des Unterabschnitts 4.1.4.4 gebaut wurden, jedoch nicht den ab 1. Januar 2009 geltenden Vorschriften des Unterabschnitts 4.1.3.6 entsprechen, dürfen weiterverwendet werden, vorausgesetzt, die bis zum 31. Dezember 2008 anwendbaren Vorschriften des Unterabschnitts 4.1.4.4 werden eingehalten.

1.6.2.7 (gestrichen)

1.6.2.8 (gestrichen)

1.6.2.9 Die bis zum 31. Dezember 2010 anwendbaren Vorschriften der Sondervorschrift für die Verpackung v in Absatz (10) der Verpackungsanweisung P 200 des Unterabschnitts 4.1.4.1 dürfen von den
Vertragsparteien des ADR | RID-Vertragsstaaten
für Flaschen angewendet werden, die vor dem 1. Januar 2015 gebaut werden.

1.6 Übergangsvorschriften

ADR	RID

1.6.2.10 Nachfüllbare geschweißte Flaschen aus Stahl für die Beförderung von Gasen der UN-Nummer 1011, 1075, 1965, 1969 oder 1978, für die nach den bis zum 31. Dezember 2010 anwendbaren Vorschriften der Sondervorschrift für die Verpackung v in Absatz (10) der Verpackungsanweisung P 200 des Unterabschnitts 4.1.4.1 durch die zuständige Behörde des Staates (der Staaten) der Beförderung eine Frist von 15 Jahren für die wiederkehrende Prüfung gewährt wurde, dürfen weiterhin nach diesen Vorschriften wiederkehrend geprüft werden.

1.6.2.11 Gaspatronen, die vor dem 1. Januar 2013 gebaut und für die Beförderung vorbereitet wurden, ohne dass die Vorschriften des Abschnitts 1.8.6, 1.8.7 oder 1.8.8 für die Konformitätsbewertung von Gaspatronen angewendet wurde, dürfen nach diesem Zeitpunkt weiterhin befördert werden, vorausgesetzt, alle übrigen anwendbaren Vorschriften des ADR/RID werden eingehalten.

1.6.2.12 Bergungsdruckgefäße dürfen bis zum 31. Dezember 2013 weiterhin nach nationalen Vorschriften gebaut und zugelassen werden. Bergungsdruckgefäße, die vor dem 1. Januar 2014 nach nationalen Vorschriften gebaut und zugelassen wurden, dürfen mit Zulassung der zuständigen Behörden der Verwendungsländer weiterverwendet werden.

1.6.2.13 Flaschenbündel, die vor dem 1. Juli 2013 hergestellt wurden und nicht nach den Vorschriften der ab 1. Januar 2013 anwendbaren Absätze 6.2.3.9.7.2 und 6.2.3.9.7.3 oder des ab 1. Januar 2015 anwendbaren Absatzes 6.2.3.9.7.2 gekennzeichnet sind, dürfen bis zur nächsten, nach dem 1. Juli 2015 vorzunehmenden wiederkehrenden Prüfung weiterverwendet werden.

1.6.2.14 Flaschen, die vor dem 1. Januar 2016 gemäß Abschnitt 6.2.3 und einer von den zuständigen Behörden der Beförderungs- und Verwendungsländer zugelassenen Spezifikation, nicht jedoch nach der in Unterabschnitt 4.1.4.1 Verpackungsanweisung P 208 (1) vorgeschriebenen Norm ISO 11513:2011 oder ISO 9809-1:2010 gebaut wurden, dürfen für die Beförderung adsorbierter Gase verwendet werden, vorausgesetzt, die allgemeinen Verpackungsvorschriften des Unterabschnitts 4.1.6.1 werden erfüllt.

1.6.2.15 Flaschenbündel, die vor dem 1. Juli 2015 wiederkehrend geprüft wurden und nicht nach den Vorschriften des ab 1. Januar 2015 anwendbaren Absatzes 6.2.3.9.7.3 gekennzeichnet sind, dürfen bis zur nächsten, nach dem 1. Juli 2015 vorzunehmenden wiederkehrenden Prüfung weiterverwendet werden.

1.6.2.16 Die bis zum 31. Dezember 2020 geltenden Vorschriften der Bem. 3 des Absatzes 6.2.3.5.1 dürfen bis zum 31. Dezember 2022 angewendet werden.

ADR	RID
1.6.3 Festverbundene Tanks (Tankfahrzeuge), Aufsetztanks und Batterie-Fahrzeuge	Kesselwagen und Batteriewagen
1.6.3.1 Festverbundene Tanks (Tankfahrzeuge), Aufsetztanks und Batterie-Fahrzeuge, die vor Inkrafttreten der ab 1. Oktober 1978 geltenden Vorschriften gebaut wurden, dürfen weiterverwendet werden, wenn die Ausrüstung des Tanks den Vorschriften des Kapitels 6.8 entspricht. Die Wanddicke der Tankkörper, mit Ausnahme jener der Tankkörper für tiefgekühlt verflüssigte Gase der Klasse 2, muss mindestens einem Berechnungsdruck von 0,4 MPa (4 bar) (Überdruck) bei Baustahl und 200 kPa (2 bar) (Überdruck) bei Aluminium und Aluminiumlegierungen entsprechen. Für die Tankquerschnitte, die nicht kreisförmig sind, wird der für die Berechnung dienende Durchmesser auf der Grundlage eines Kreises festgelegt, dessen Fläche dem tatsächlichen Querschnitt des Tanks entspricht.	(gestrichen)

Übergangsvorschriften 1.6

	ADR	RID
1.6.3.2	Die wiederkehrenden Prüfungen an den nach den Übergangsvorschriften weiterverwendeten festverbundenen Tanks (Tankfahrzeuge), Aufsetztanks und Batterie-Fahrzeugen sind nach den Vorschriften der Unterabschnitte 6.8.2.4 und 6.8.3.4 und den entsprechenden Sondervorschriften der einzelnen Klassen durchzuführen. Soweit nach den bisherigen Vorschriften kein höherer Prüfdruck vorgeschrieben war, genügt bei Tanks aus Aluminium und Aluminiumlegierungen ein Prüfdruck von 200 kPa (2 bar) (Überdruck).	(gestrichen)
1.6.3.3	Festverbundene Tanks (Tankfahrzeuge), Aufsetztanks und Batterie-Fahrzeuge, welche die Übergangsbestimmungen der Unterabschnitte 1.6.3.1 und 1.6.3.2 erfüllen, dürfen bis zum 30. September 1993 für die Beförderung gefährlicher Güter, für die sie zugelassen sind, verwendet werden. Diese Übergangszeit gilt weder für festverbundene Tanks (Tankfahrzeuge), Aufsetztanks und Batterie-Fahrzeuge für Stoffe der Klasse 2 noch für festverbundene Tanks (Tankfahrzeuge), Aufsetztanks und Batterie-Fahrzeuge, die hinsichtlich Wanddicke und Ausrüstung den Vorschriften des Kapitels 6.8 entsprechen.	Kesselwagen, deren Tankkörper vor dem Inkrafttreten der ab 1. Oktober 1978 geltenden Vorschriften gebaut wurden, dürfen weiterverwendet werden, wenn sie hinsichtlich Wanddicke und Ausrüstung den Vorschriften des Kapitels 6.8 entsprechen.
1.6.3.3.1		(gestrichen)
1.6.3.3.2		(gestrichen)
1.6.3.3.3		Kesselwagen für die Beförderung von Gasen der Klasse 2, deren Tankkörper zwischen dem 1. Januar 1967 und dem 31. Dezember 1970 gebaut wurden, dürfen bis zum 31. Dezember 2021 weiterverwendet werden, wenn sie hinsichtlich der Ausrüstung, nicht aber hinsichtlich der Wanddicke den Vorschriften des Kapitels 6.8 entsprechen.
1.6.3.3.4		Kesselwagen für die Beförderung von Gasen der Klasse 2, deren Tankkörper zwischen dem 1. Januar 1971 und dem 31. Dezember 1975 gebaut wurden, dürfen bis zum 31. Dezember 2025 weiterverwendet werden, wenn sie hinsichtlich der Ausrüstung, nicht aber hinsichtlich der Wanddicke den Vorschriften des Kapitels 6.8 entsprechen.

1.6 Übergangsvorschriften

	ADR	RID
1.6.3.3.5		Kesselwagen für die Beförderung von Gasen der Klasse 2, deren Tankkörper zwischen dem 1. Januar 1976 und dem 30. September 1978 gebaut wurden, dürfen bis zum 31. Dezember 2029 weiterverwendet werden, wenn sie hinsichtlich der Ausrüstung, nicht aber hinsichtlich der Wanddicke den Vorschriften des Kapitels 6.8 entsprechen.
1.6.3.4	a) Festverbundene Tanks (Tankfahrzeuge), Aufsetztanks und Batterie-Fahrzeuge, die vor dem 1. Mai 1985 nach den Vorschriften des ADR, die zwischen dem 1. Oktober 1978 und dem 30. April 1985 in Kraft waren, gebaut wurden, jedoch nicht den ab 1. Mai 1985 geltenden Vorschriften entsprechen, dürfen auch nach diesem Zeitpunkt weiterverwendet werden. b) Festverbundene Tanks (Tankfahrzeuge), Aufsetztanks und Batterie-Fahrzeuge, die zwischen dem 1. Mai 1985 und dem Inkrafttreten der ab 1. Januar 1988 anzuwendenden Vorschriften gebaut wurden und die diesen nicht entsprechen, jedoch nach den Vorschriften des ADR gebaut wurden, die bis zu diesem Zeitpunkt in Kraft waren, dürfen auch nach diesem Zeitpunkt weiterverwendet werden.	Kesselwagen, die vor dem 1. Januar 1988 gemäß den bis zum 31. Dezember 1987 geltenden Vorschriften gebaut wurden, jedoch nicht den ab 1. Januar 1988 geltenden Vorschriften entsprechen, dürfen weiterverwendet werden. Dies gilt auch für Kesselwagen, die nicht mit der ab 1. Januar 1988 vorgeschriebenen Angabe des Tankwerkstoffes nach Anhang XI Absatz 1.6.1 gekennzeichnet sind.
1.6.3.5	Festverbundene Tanks (Tankfahrzeuge), Aufsetztanks und Batterie-Fahrzeuge, die vor dem 1. Januar 1993 gemäß den bis zum 31. Dezember 1992 geltenden Vorschriften gebaut wurden, jedoch nicht den ab 1. Januar 1993 geltenden Vorschriften entsprechen, dürfen weiterverwendet werden.	Kesselwagen,
1.6.3.6	a) Festverbundene Tanks (Tankfahrzeuge), Aufsetztanks und Batterie-Fahrzeuge, die zwischen dem 1. Januar 1978 und dem 31. Dezember 1984 gebaut wurden, müssen, wenn sie nach dem 31. Dezember 2004 verwendet werden, den ab 1. Januar 1990 geltenden Vorschriften der Rn. 211 127 (5) über die Wanddicken und den Schutz gegen Beschädigungen entsprechen. b) Festverbundene Tanks (Tankfahrzeuge), Aufsetztanks und Batterie-Fahrzeuge, die zwischen dem 1. Januar 1985 und dem 31. Dezember 1989 gebaut wurden, müssen, wenn sie nach dem 31. Dezember 2010 verwendet werden, den ab 1. Januar 1990 geltenden Vorschriften der Rn. 211 127 (5) über die Wanddicken und den Schutz gegen Beschädigungen entsprechen.	Kesselwagen, die vor dem 1. Januar 1995 gemäß den bis zum 31. Dezember 1994 geltenden Vorschriften gebaut wurden, jedoch nicht den ab 1. Januar 1995 geltenden Vorschriften entsprechen, dürfen weiterverwendet werden.

Übergangsvorschriften 1.6

ADR	RID

1.6.3.7 Festverbundene Tanks (Tankfahrzeuge), Aufsetztanks und Batterie-Fahrzeuge, die vor dem 1. Januar 1999 gemäß den bis zum 31. Dezember 1998 geltenden Vorschriften gebaut wurden, jedoch nicht den ab 1. Januar 1999 | Kesselwagen zur Beförderung von entzündbaren flüssigen Stoffen mit einem Flammpunkt über 55 °C bis 60 °C, die vor dem 1. Januar 1997 gemäß den bis zum 31. Dezember 1996 geltenden Vorschriften des Anhanges XI Absätze 1.2.7, 1.3.8 und 3.3.3 gebaut wurden, jedoch nicht den ab 1. Januar 1997

geltenden Vorschriften dieser Absätze entsprechen, dürfen weiterverwendet werden.

1.6.3.8 Wenn auf Grund von Änderungen des ADR/RID bestimmte offizielle Benennungen für die Beförderung der Gase geändert wurden, so ist es nicht erforderlich, die Benennungen am Tankschild oder am Tankkörper selbst (siehe Absatz 6.8.3.5.2 oder 6.8.3.5.3) zu ändern, vorausgesetzt, die Benennungen der Gase an den festverbundenen Tanks (Tankfahrzeugen), Aufsetztanks und Batterie-Fahrzeugen | Kesselwagen, Batteriewagen und Wagen mit abnehmbaren Tanks

oder auf den Tafeln (siehe Absatz 6.8.3.5.6 b) oder c)) werden bei der ersten darauffolgenden wiederkehrenden Prüfung angepasst.

1.6.3.9 (bleibt offen)

1.6.3.10 (bleibt offen)

1.6.3.11 Festverbundene Tanks (Tankfahrzeuge) und Aufsetztanks, | Kesselwagen,

die vor dem 1. Januar 1997 gemäß den bis zum 31. Dezember 1996 geltenden Vorschriften gebaut wurden, jedoch nicht den ab 1. Januar 1997 geltenden Vorschriften der Rn. 211 332 und 211 333 entsprechen, dürfen weiterverwendet werden. | des Anhanges XI Absätze 3.3.3 und 3.3.4

1.6.3.12 (bleibt offen) | (gestrichen)

1.6.3.13 (gestrichen)

1.6.3.14 (bleibt offen) | Kesselwagen, die vor dem 1. Januar 1999 gemäß den bis zum 31. Dezember 1998 geltenden Vorschriften des Anhanges XI Absatz 5.3.6.3 gebaut wurden, jedoch nicht den ab 1. Januar 1999 geltenden Vorschriften des Anhanges XI Absatz 5.3.6.3 entsprechen, dürfen weiterverwendet werden.

1.6.3.15 (gestrichen)

1.6.3.16 Bei festverbundenen Tanks (Tankfahrzeugen), Aufsetztanks und Batterie-Fahrzeugen, | Bei Kesselwagen und Batteriewagen,

die vor dem 1. Januar 2007 gebaut wurden und nicht den Vorschriften des Abschnitts 4.3.2 sowie der Unterabschnitte 6.8.2.3, 6.8.2.4 und 6.8.3.4 betreffend die Tankakte entsprechen, muss spätestens bei der nächsten, nach dem 30. Juni 2007 durchzuführenden wiederkehrenden Prüfung mit der Aufbewahrung der Dokumente für die Tankakte begonnen werden.

1.6 Übergangsvorschriften

	ADR	RID
1.6.3.17	(gestrichen)	Kesselwagen für die Beförderung von Stoffen der Klasse 3, Verpackungsgruppe I mit einem Dampfdruck bei 50 °C von höchstens 175 kPa (1,75 bar) (absolut), die vor dem 1. Juli 2007 gemäß den bis zum 31. Dezember 2006 geltenden Vorschriften gebaut wurden und denen gemäß den bis zum 31. Dezember 2006 geltenden Vorschriften die Tankcodierung L1,5BN zugeordnet wurde, dürfen bis zum 31. Dezember 2022 für die Beförderung oben genannter Stoffe weiterverwendet werden.
1.6.3.18	Festverbundene Tanks (Tankfahrzeuge), Aufsetztanks und Batterie-Fahrzeuge, die vor dem 1. Januar 2003 gemäß den bis zum 30. Juni 2001 geltenden Vorschriften gebaut wurden, jedoch nicht den ab 1. Juli 2001 geltenden Vorschriften entsprechen, dürfen weiterverwendet werden , vorausgesetzt, die Zuordnung zu der entsprechenden Tankcodierung wurde vorgenommen.	Kesselwagen und Batteriewagen, . Jedoch müssen sie mit der entsprechenden Tankcodierung und, sofern anwendbar, mit den entsprechenden alphanumerischen Codes der Sondervorschriften TC und TE gemäß Abschnitt 6.8.4 gekennzeichnet sein.
1.6.3.19	Festverbundene Tanks (Tankfahrzeuge) und Aufsetztanks, die vor dem 1. Januar 2003 gemäß den bis zum 31. Dezember 2002 geltenden Vorschriften des Absatzes 6.8.2.1.21 gebaut wurden, jedoch nicht den ab 1. Januar 2003 geltenden Vorschriften entsprechen, dürfen weiterverwendet werden.	(bleibt offen)
1.6.3.20	Festverbundene Tanks (Tankfahrzeuge), und Aufsetztanks, die vor dem 1. Juli 2003 gemäß den bis zum 31. Dezember 2002 geltenden Vorschriften gebaut wurden, jedoch nicht den ab 1. Januar 2003 geltenden Vorschriften des Absatzes 6.8.2.1.7 und den vom 1. Januar 2003 bis 31. Dezember 2006 geltenden Vorschriften des Abschnitts 6.8.4 b) Sondervorschrift TE 15 entsprechen, dürfen weiterverwendet werden.	Kesselwagen,
1.6.3.21	(gestrichen)	
1.6.3.22	(bleibt offen)	Kesselwagen mit Tankkörpern aus Aluminiumlegierungen, die vor dem 1. Januar 2003 gemäß den bis zum 31. Dezember 2002 geltenden Vorschriften gebaut wurden, jedoch nicht den ab 1. Januar 2003 geltenden Vorschriften entsprechen, dürfen weiterverwendet werden.
1.6.3.23	(bleibt offen)	(gestrichen)

Übergangsvorschriften 1.6

ADR	RID
1.6.3.24 (bleibt offen)	Kesselwagen zur Beförderung von Gasen der UN-Nummern 1052, 1790 und 2073, die vor dem 1. Januar 2003 gemäß den bis zum 31. Dezember 2002 geltenden Vorschriften gebaut wurden, jedoch nicht den ab 1. Januar 2003 geltenden Vorschriften des Absatzes 6.8.5.1.1 b) entsprechen, dürfen weiterverwendet werden.
1.6.3.25 (gestrichen)	
1.6.3.26 Festverbundene Tanks (Tankfahrzeuge) und Aufsetztanks,	Kesselwagen,

die vor dem 1. Januar 2007 gemäß den bis zum 31. Dezember 2006 geltenden Vorschriften gebaut wurden, jedoch nicht den ab 1. Januar 2007 geltenden Vorschriften bezüglich der Kennzeichnung mit dem äußeren Auslegungsdruck gemäß Absatz 6.8.2.5.1 entsprechen, dürfen weiterverwendet werden.

ADR	RID
1.6.3.27 (bleibt offen)	a) Bei Kesselwagen und Batteriewagen ohne automatische Kupplungseinrichtungen – für Gase der Klasse 2 mit Klassifizierungscodes, die den/die Buchstaben T, TF, TC, TO, TFC oder TOC enthalten, sowie – für Stoffe der Klassen 3 bis 8, die in flüssigem Zustand befördert werden und denen in Kapitel 3.2 Tabelle A Spalte 12 die Tankcodierung L15CH, L15DH oder L21DH zugeordnet ist, die vor dem 1. Januar 2005 gebaut wurden, muss die minimale Energieaufnahme der in der Sondervorschrift TE 22 des Abschnitts 6.8.4 definierten Einrichtungen 500 kJ je Wagenende betragen. b) Kesselwagen und Batteriewagen ohne automatische Kupplungseinrichtungen – für Gase der Klasse 2 mit Klassifizierungscodes, die nur den Buchstaben F enthalten, sowie – für Stoffe der Klassen 3 bis 8, die in flüssigem Zustand befördert werden und denen in Kapitel 3.2 Tabelle A Spalte 12 die Tankcodierung L10BH, L10CH oder L10DH zugeordnet ist, die vor dem 1. Januar 2007 gebaut wurden, jedoch nicht den Anforderungen der ab 1. Januar 2007 geltenden Vorschriften des Abschnittes 6.8.4 Sondervorschrift TE 22 entsprechen, dürfen weiterverwendet werden.

1.6 Übergangsvorschriften

ADR	RID
	Kesselwagen und Batteriewagen zur Beförderung dieser Gase und Stoffe, die mit automatischen Kupplungseinrichtungen ausgerüstet sind und die vor dem 1. Juli 2015 gebaut wurden, jedoch nicht den Anforderungen der ab 1. Januar 2015 geltenden Sondervorschrift TE 22 des Abschnitts 6.8.4 entsprechen, dürfen weiterverwendet werden.
1.6.3.28 (bleibt offen)	Kesselwagen, die vor dem 1. Januar 2005 gemäß den bis zum 31. Dezember 2004 geltenden Vorschriften gebaut wurden, jedoch nicht den Vorschriften des Absatzes 6.8.2.2.1 zweiter Unterabsatz entsprechen, sind spätestens beim nächsten Umbau oder bei der nächsten Reparatur umzurüsten, sofern dies praktisch möglich ist und die durchgeführten Arbeiten eine Demontage der Anbauteile erfordern.
1.6.3.29 (bleibt offen)	Kesselwagen, die vor dem 1. Januar 2005 gebaut wurden, jedoch nicht den Anforderungen der ab 1. Januar 2005 geltenden Vorschriften des Absatzes 6.8.2.2.4 entsprechen, dürfen weiterverwendet werden.
1.6.3.30 Saug-Druck-Tanks für Abfälle (festverbundene Tanks (Tankfahrzeuge) oder Aufsetztanks), die vor dem 1. Juli 2005 gemäß den bis zum 31. Dezember 2004 geltenden Vorschriften gebaut wurden, jedoch nicht den ab 1. Januar 2005 geltenden Vorschriften des Unterabschnitts 6.10.3.9 entsprechen, dürfen weiterverwendet werden.	(bleibt offen)
1.6.3.31 Festverbundene Tanks (Tankfahrzeuge), Aufsetztanks und Tanks als Elemente eines Batterie-Fahrzeugs,	Kesselwagen und Tanks als Elemente eines Batteriewagens,

die nach einem technischen Regelwerk ausgelegt und gebaut wurden, das zum Zeitpunkt ihres Baus nach den zu diesem Zeitpunkt anwendbaren Vorschriften des Unterabschnitts 6.8.2.7 anerkannt war, dürfen weiterverwendet werden.

Übergangsvorschriften 1.6

ADR	RID

1.6.3.32 Festverbundene Tanks (Tankfahrzeuge) und Aufsetztanks, die vor dem 1. Juli 2007 gemäß den bis zum 31. Dezember 2006 geltenden Vorschriften gebaut wurden und mit Deckeln für Einsteigeöffnungen ausgerüstet sind, die den Vorschriften der Norm EN 13317:2002, auf die in der Tabelle des bis zum 31. Dezember 2006 geltenden Unterabschnitts 6.8.2.6 verwiesen wurde, einschließlich der Vorschriften der Abbildung und der Tabelle B.2 in der Anlage B dieser Norm entsprechen und ab 1. Januar 2007 nicht mehr zugelassen sind oder deren Werkstoff nicht den Vorschriften der Norm EN 13094:2004 Absatz 5.2 entspricht, dürfen weiterverwendet werden.

Kesselwagen
– für Gase der Klasse 2 mit Klassifizierungscodes, die den/die Buchstaben T, TF, TC, TO, TFC oder TOC enthalten, sowie
– für flüssige Stoffe der Klassen 3 bis 8, denen in Kapitel 3.2 Tabelle A Spalte 12 die Tankcodierung L15CH, L15DH oder L21DH zugeordnet ist,
die vor dem 1. Januar 2007 gebaut wurden, jedoch nicht den Anforderungen der ab 1. Januar 2007 geltenden Vorschriften des Abschnitts 6.8.4 b) Sondervorschrift TE 25 entsprechen, dürfen weiterverwendet werden.

Kesselwagen zur Beförderung der Gase UN 1017 Chlor, UN 1749 Chlortrifluorid, UN 2189 Dichlorsilan, UN 2901 Bromchlorid und UN 3057 Trifluoracetylchlorid, bei welchen die Wanddicke der Böden nicht der Sondervorschrift TE 25 b) entspricht, müssen jedoch mit Einrichtungen nach Sondervorschrift TE 25 a), c) oder d) nachgerüstet werden.

1.6.3.33 Wenn der Tankkörper eines festverbundenen Tanks (Tankfahrzeugs) oder Aufsetztanks bereits vor dem 1. Januar 2009 durch Trenn- oder Schwallwände in Abschnitte von höchstens 7500 Liter Fassungsraum unterteilt war, muss der Fassungsraum in den gemäß Absatz 6.8.2.5.1 vorgeschriebenen Angaben bis zur nächsten wiederkehrenden Prüfung nach Absatz 6.8.2.4.2 nicht mit dem Symbol «S» ergänzt werden.

Kesselwagen und Batteriewagen für Gase der Klasse 2, die vor dem 1. Januar 1986 gemäß den bis zum 31. Dezember 1985 geltenden Vorschriften gebaut wurden, jedoch hinsichtlich der Puffer nicht den Vorschriften des Absatzes 6.8.3.1.6 entsprechen, dürfen weiterverwendet werden.

1.6.3.34 Abweichend von den Vorschriften des Absatzes 4.3.2.2.4 dürfen festverbundene Tanks (Tankfahrzeuge) und Aufsetztanks zur Beförderung verflüssigter oder tiefgekühlt verflüssigter Gase, die den anwendbaren Bauvorschriften des ADR entsprechen, jedoch vor dem 1. Juli 2009 durch Trenn- oder Schwallwände in Abschnitte von mehr als 7500 Liter Fassungsraum unterteilt wurden, weiterhin zu mehr als 20 % und zu weniger als 80 % ihres Fassungsraums gefüllt sein.

(bleibt offen)

109

1.6 Übergangsvorschriften

ADR	RID
1.6.3.35 (gestrichen)	
1.6.3.36 Festverbundene Tanks (Tankfahrzeuge) zur Beförderung verflüssigter nicht giftiger entzündbarer Gase, die vor dem 1. Juli 2011 gebaut wurden, mit Rückschlagventilen anstelle von inneren Absperreinrichtungen ausgerüstet sind und den Vorschriften des Absatzes 6.8.3.2.3 nicht entsprechen, dürfen weiterverwendet werden.	Kesselwagen, die vor dem 1. Januar 2011 gemäß den bis zum 31. Dezember 2010 geltenden Vorschriften gebaut wurden, jedoch nicht den ab 1. Januar 2011 geltenden Vorschriften des Absatzes 6.8.2.1.29 entsprechen, dürfen weiterverwendet werden.
1.6.3.37 (gestrichen)	
1.6.3.38 Festverbundene Tanks (Tankfahrzeuge), Aufsetztanks und Batterie-Fahrzeuge,	Kesselwagen und Batteriewagen,
die in Übereinstimmung mit Normen, die zum Zeitpunkt ihres Baus anwendbar waren (siehe Unterabschnitte 6.8.2.6 und 6.8.3.6), nach den zu diesem Zeitpunkt anwendbaren Vorschriften des ADR/RID ausgelegt und gebaut wurden, dürfen weiterverwendet werden, sofern dies nicht durch eine spezifische Übergangsvorschrift eingeschränkt wird.	
1.6.3.39 Festverbundene Tanks (Tankfahrzeuge) und Aufsetztanks,	Kesselwagen,
die vor dem 1. Juli 2011 gemäß den bis zum 31. Dezember 2010 geltenden Vorschriften des Absatzes 6.8.2.2.3 gebaut wurden, jedoch nicht den Vorschriften des dritten Unterabsatzes des Absatzes 6.8.2.2.3 betreffend die Anordnung des Flammensiebs oder der Flammendurchschlagsicherung entsprechen, dürfen weiterverwendet werden.	
1.6.3.40 (gestrichen)	
1.6.3.41 Festverbundene Tanks (Tankfahrzeuge) und Aufsetztanks,	Kesselwagen,
die vor dem 1. Juli 2013 gemäß den bis zum 31. Dezember 2012 geltenden Vorschriften gebaut wurden, jedoch nicht den ab 1. Januar 2013 geltenden Vorschriften für die Kennzeichnung nach Absatz 6.8.2.5.2 oder 6.8.3.5.6 entsprechen, dürfen bis zur nächsten, nach dem 1. Juli 2013 vorzunehmenden wiederkehrenden Prüfung nach den bis zum 31. Dezember 2012 geltenden Vorschriften gekennzeichnet sein.	
1.6.3.42 (gestrichen)	
1.6.3.43 Festverbundene Tanks (Tankfahrzeuge) und Aufsetztanks,	Kesselwagen,
die vor dem 1. Januar 2012 gemäß den bis zum 31. Dezember 2012 geltenden Vorschriften gebaut wurden, jedoch nicht den ab 1. Januar 2011 geltenden Vorschriften des Unterabschnitts 6.8.2.6 bezüglich der Normen EN 14432:2006 und EN 14433:2006 entsprechen, dürfen weiterverwendet werden.	

Übergangsvorschriften 1.6

ADR	RID

1.6.3.44 Festverbundene Tanks (Tankfahrzeuge) und Aufsetztanks zur Beförderung von Stoffen der UN-Nummern 1202, 1203, 1223 und 3475 sowie der UN-Nummer 1268 oder 1863 zugeordnetem Flugkraftstoff, die mit vor dem 1. Juli 2015 gemäß nationalen Vorschriften ausgelegten und gebauten Additivierungseinrichtungen ausgerüstet sind, jedoch nicht den ab 1. Januar 2015 geltenden Vorschriften für den Bau, die Zulassung und die Prüfung der Sondervorschrift 664 des Kapitels 3.3 entsprechen, dürfen nur mit Zustimmung der zuständigen Behörden der Verwendungsländer verwendet werden. | (bleibt offen)

1.6.3.45 (bleibt offen) | Kesselwagen für tiefgekühlt verflüssigte Gase, die vor dem 1. Juli 2017 gemäß den bis zum 31. Dezember 2016 geltenden Vorschriften gebaut wurden, jedoch nicht den ab 1. Januar 2017 geltenden Vorschriften der Absätze 6.8.3.4.10, 6.8.3.4.11 und 6.8.3.5.4 entsprechen, dürfen bis zur nächsten, nach dem 1. Juli 2017 vorzunehmenden Prüfung weiterverwendet werden. Bis zu diesem Zeitpunkt dürfen für die Einhaltung der Vorschriften des Unterabschnitts 4.3.3.5 und des Absatzes 5.4.1.2.2 d) die tatsächlichen Haltezeiten ohne Rückgriff auf die Referenzhaltezeit geschätzt werden.

1.6.3.46 Festverbundene Tanks (Tankfahrzeuge) und Aufsetztanks, | Kesselwagen,

die vor dem 1. Juli 2017 gemäß den bis zum 31. Dezember 2016 geltenden Vorschriften gebaut wurden, jedoch nicht den ab 1. Januar 2017 geltenden Vorschriften des Unterabschnitts 6.8.2.1.23 entsprechen, dürfen weiterverwendet werden.

1.6.3.47 Festverbundene Tanks (Tankfahrzeuge) und Aufsetztanks, | Kesselwagen,

die vor dem 1. Juli 2019 gebaut wurden und mit Sicherheitsventilen ausgerüstet sind, die den bis zum 31. Dezember 2018 geltenden Vorschriften, nicht jedoch den ab 1. Januar 2019 geltenden Vorschriften des letzten Unterabsatzes des Absatzes 6.8.3.2.9 in Bezug auf ihre Auslegung oder ihren Schutz entsprechen, dürfen bis zur nächsten nach dem 1. Januar 2021 durchzuführenden Zwischenprüfung oder wiederkehrenden Prüfung weiterverwendet werden.

1.6.3.48 Ungeachtet der ab dem 1. Januar 2019 anwendbaren Vorschriften der Sondervorschrift TU 42 des Abschnitts 4.3.5 dürfen

festverbundene Tanks (Tankfahrzeuge) und Aufsetztanks | Kesselwagen

mit einem Tankkörper aus Aluminiumlegierung, einschließlich solcher mit einer Schutzauskleidung, die vor dem 1. Januar 2019 für die Beförderung von Stoffen mit einem pH-Wert von weniger als 5,0 oder mehr als 8,0 verwendet wurden, bis zum 31. Dezember 2026 für die Beförderung dieser Stoffe weiterverwendet werden.

1.6 Übergangsvorschriften

ADR	RID

1.6.3.49 Festverbundene Tanks (Tankfahrzeuge) | Kesselwagen,
und Aufsetztanks,
die vor dem 1. Juli 2019 gemäß den bis zum 31. Dezember 2018 geltenden Vorschriften gebaut wurden, jedoch nicht den ab 1. Januar 2019 geltenden Vorschriften des Absatzes 6.8.2.2.10 betreffend den Berstdruck der Berstscheibe entsprechen, dürfen weiterverwendet werden.

1.6.3.50 Festverbundene Tanks (Tankfahrzeuge) | Kesselwagen,
und Aufsetztanks,
die vor dem 1. Juli 2019 gemäß den bis zum 31. Dezember 2018 geltenden Vorschriften des Absatzes 6.8.2.2.3 gebaut wurden, jedoch nicht den ab 1. Januar 2019 geltenden Vorschriften des letzten Unterabsatzes des Absatzes 6.8.2.2.3 für Flammensperren an Überdruck- und Unterdruckbelüftungseinrichtungen entsprechen, dürfen weiterverwendet werden.

1.6.3.51 Festverbundene Tanks (Tankfahrzeuge) | Kesselwagen,
und Aufsetztanks,
die vor dem 1. Juli 2019 gemäß den bis zum 31. Dezember 2018 geltenden Vorschriften gebaut wurden, jedoch nicht den ab 1. Januar 2019 geltenden Vorschriften des Absatzes 6.8.2.1.23 betreffend die Prüfung der Schweißnähte im Kantenbereich der Tankböden entsprechen, dürfen weiterverwendet werden.

1.6.3.52 Festverbundene Tanks (Tankfahrzeuge) | Kesselwagen,
und Aufsetztanks,
die vor dem 1. Juli 2019 gemäß den bis zum 31. Dezember 2018 geltenden Vorschriften gebaut wurden, jedoch nicht den ab 1. Januar 2019 geltenden Vorschriften des Absatzes 6.8.2.2.11 entsprechen, dürfen weiterverwendet werden.

1.6.3.53 Baumusterzulassungsbescheinigungen für
festverbundene Tanks (Tankfahrzeuge), | Kesselwagen und Batteriewagen,
Aufsetztanks und Batterie-Fahrzeuge,
die vor dem 1. Juli 2019 gemäß den bis zum 31. Dezember 2018 geltenden Vorschriften des Absatzes 6.8.2.3.1 ausgestellt wurden, jedoch nicht den ab 1. Januar 2019 geltenden Vorschriften des Absatzes 6.8.2.3.1 in Bezug auf die Angabe des Unterscheidungszeichens für Kraftfahrzeuge im internationalen Verkehr *) des Staates, in dem die Zulassung erteilt wurde, und der Registriernummer entsprechen, dürfen weiterverwendet werden.

1.6.3.54 bis (bleibt offen)
1.6.3.99

---

*) Das für Kraftfahrzeuge und Anhänger im internationalen Straßenverkehr verwendete Unterscheidungszeichen des Zulassungsstaates, z.B. gemäß dem Genfer Übereinkommen über den Straßenverkehr von 1949 oder dem Wiener Übereinkommen über den Straßenverkehr von 1968.

Übergangsvorschriften 1.6

ADR	RID

1.6.3.100 Tanks aus faserverstärkten Kunststoffen (FVK-Tanks)

1.6.3.100.1 Tanks aus faserverstärkten Kunststoffen, die vor dem 1. Juli 2002 nach einem vor dem 1. Juli 2001 zugelassenen Baumuster gemäß den Vorschriften des Anhangs B.1c gebaut wurden, die bis zum 30. Juni 2001 in Kraft waren, dürfen bis an das Ende ihrer Lebensdauer weiterverwendet werden, vorausgesetzt, alle Vorschriften, die bis zum 30. Juni 2001 in Kraft waren, wurden und werden beachtet. Jedoch darf ab 1. Juli 2001 kein neues Baumuster nach den Vorschriften zugelassen werden, die bis zum 30. Juni 2001 in Kraft waren.

1.6.3.100.2 Tanks aus faserverstärkten Kunststoffen, die vor dem 1. Juli 2021 gemäß den bis zum 31. Dezember 2020 geltenden Vorschriften gebaut wurden, jedoch nicht den ab 1. Januar 2021 geltenden Vorschriften für die Kennzeichnung mit der Tankcodierung des Unterabschnitts 6.9.6.1 entsprechen, dürfen bis zur nächsten, nach dem 1. Juli 2021 vorzunehmenden wiederkehrenden Prüfung nach den bis zum 31. Dezember 2020 geltenden Vorschriften gekennzeichnet sein.

1.6.4 Tankcontainer, ortsbewegliche Tanks und MEGC

1.6.4.1 Tankcontainer, die vor dem 1. Januar 1988 gemäß den bis zum 31. Dezember 1987 geltenden Vorschriften gebaut wurden, jedoch nicht den ab 1. Januar 1988 geltenden Vorschriften entsprechen, dürfen weiterverwendet werden.

1.6.4.2 Tankcontainer, die vor dem 1. Januar 1993 gemäß den bis zum 31. Dezember 1992 geltenden Vorschriften gebaut wurden, jedoch nicht den ab 1. Januar 1993 geltenden Vorschriften entsprechen, dürfen weiterverwendet werden.

	ADR	RID
1.6.4.3	Tankcontainer, die vor dem 1. Januar 1999 gemäß den bis zum 31. Dezember 1998 geltenden Vorschriften gebaut wurden, jedoch nicht den ab 1. Januar 1999 geltenden Vorschriften entsprechen, dürfen weiterverwendet werden.	1. Januar 1995 gemäß den bis zum 31. Dezember 1994 1. Januar 1995
1.6.4.4	(bleibt offen)	Tankcontainer zur Beförderung von entzündbaren flüssigen Stoffen mit einem Flammpunkt über 55 °C bis 60 °C, die vor dem 1. Januar 1997 gemäß den bis zum 31. Dezember 1996 geltenden Vorschriften des Anhanges X Absätze 1.2.7, 1.3.8 und 3.3.3 gebaut wurden, jedoch nicht den ab 1. Januar 1997 geltenden Vorschriften dieser Absätze entsprechen, dürfen weiterverwendet werden.

1.6 Übergangsvorschriften

ADR	RID

1.6.4.5 Wenn auf Grund von Änderungen des ADR/RID bestimmte offizielle Benennungen für die Beförderung der Gase geändert wurden, so ist es nicht erforderlich, die Benennungen am Tankschild oder am Tankkörper selbst (siehe Absatz 6.8.3.5.2 oder 6.8.3.5.3) zu ändern, vorausgesetzt, die Benennungen der Gase an den Tankcontainern und MEGC oder auf den Tafeln (siehe Absatz 6.8.3.5.6 b) oder c)) werden bei der ersten darauf folgenden wiederkehrenden Prüfung angepasst.

1.6.4.6 Tankcontainer, die vor dem 1. Januar 2007 gemäß den bis zum 31. Dezember 2006 geltenden Vorschriften gebaut wurden, jedoch nicht den ab 1. Januar 2007 geltenden Vorschriften bezüglich der Kennzeichnung mit dem äußeren Auslegungsdruck gemäß Absatz 6.8.2.5.1 entsprechen, dürfen weiterverwendet werden.

1.6.4.7 Tankcontainer, die vor dem 1. Januar 1997 gemäß den bis zum 31. Dezember 1996 geltenden Vorschriften gebaut wurden, jedoch nicht den ab 1. Januar 1997 geltenden Vorschriften

Rn. 212 332 und 212 333	des Anhanges X Absätze 3.3.3 und 3.3.4

entsprechen, dürfen weiterverwendet werden.

1.6.4.8 (bleibt offen)	Tankcontainer, die vor dem 1. Januar 1999 gemäß den bis zum 31. Dezember 1998 geltenden Vorschriften des Anhanges X Absatz 5.3.6.3 gebaut wurden, jedoch nicht den ab 1. Januar 1999 geltenden Vorschriften des Anhanges X Absatz 5.3.6.3 entsprechen, dürfen weiterverwendet werden.

1.6.4.9 Tankcontainer und MEGC, die nach einem technischen Regelwerk ausgelegt und gebaut wurden, das zum Zeitpunkt ihres Baus nach den zu diesem Zeitpunkt anwendbaren Vorschriften des Unterabschnitts 6.8.2.7 anerkannt war, dürfen weiterverwendet werden.

1.6.4.10 (gestrichen)

1.6.4.11 (bleibt offen)

1.6.4.12 Tankcontainer und MEGC, die vor dem 1. Januar 2003 gemäß den bis zum 30. Juni 2001 geltenden Vorschriften gebaut wurden, jedoch nicht den ab 1. Juli 2001 geltenden Vorschriften entsprechen, dürfen weiterverwendet werden.

Jedoch müssen sie mit der entsprechenden Tankcodierung und, sofern anwendbar, mit den entsprechenden alphanumerischen Codes der Sondervorschriften TC und TE gemäß Abschnitt 6.8.4 gekennzeichnet sein.

1.6.4.13 Tankcontainer, die vor dem 1. Januar 2003 gemäß den bis zum 31. Dezember 2002 geltenden Vorschriften gebaut wurden, jedoch nicht den ab 1. Januar 2003 geltenden Vorschriften des Absatzes 6.8.2.1.7 und den vom 1. Januar 2003 bis 31. Dezember 2006 geltenden Vorschriften des Abschnitts 6.8.4 b) Sondervorschrift TE 15 entsprechen, dürfen weiterverwendet werden.

1.6.4.14 (bleibt offen)	Tankcontainer zur Beförderung von Gasen der UN-Nummern 1052, 1790 und 2073, die vor dem 1. Januar 2003 gemäß den bis zum 31. Dezember 2002 geltenden Vorschriften gebaut wurden, jedoch nicht den ab 1. Januar 2003 geltenden Vorschriften des Absatzes 6.8.5.1.1 b) entsprechen, dürfen weiterverwendet werden.

Übergangsvorschriften 1.6

ADR	RID

1.6.4.15 (gestrichen)

1.6.4.16 (gestrichen)

1.6.4.17 (gestrichen)

1.6.4.18 Bei Tankcontainern und MEGC, die vor dem 1. Januar 2007 gebaut wurden und nicht den Vorschriften des Abschnitts 4.3.2 sowie der Unterabschnitte 6.8.2.3, 6.8.2.4 und 6.8.3.4 betreffend die Tankakte entsprechen, muss spätestens bei der nächsten, nach dem 30. Juni 2007 durchzuführenden wiederkehrenden Prüfung mit der Aufbewahrung der Dokumente für die Tankakte begonnen werden.

1.6.4.19 (gestrichen)

1.6.4.20 Saug-Druck-Tankcontainer für Abfälle, die vor dem 1. Juli 2005 gemäß den bis zum 31. Dezember 2004 geltenden Vorschriften gebaut wurden, jedoch nicht den ab 1. Januar 2005 geltenden Vorschriften des Unterabschnitts 6.10.3.9 entsprechen, dürfen weiterverwendet werden.

1.6.4.21 bis (bleibt offen)
1.6.4.29

1.6.4.30 Ortsbewegliche Tanks und UN-MEGC, die den ab 1. Januar 2007 geltenden Vorschriften für die Auslegung nicht entsprechen, jedoch nach einer vor dem 1. Januar 2008 ausgestellten Baumusterzulassungsbescheinigung gebaut wurden, dürfen weiterverwendet werden.

1.6.4.31 (gestrichen)

1.6.4.32 Wenn der Tankkörper eines Tankcontainers bereits vor dem 1. Januar 2009 durch Trenn- oder Schwallwände in Abschnitte von höchstens 7500 Liter Fassungsraum unterteilt war, muss der Fassungsraum in den gemäß Absatz 6.8.2.5.1 vorgeschriebenen Angaben bis zur nächsten wiederkehrenden Prüfung nach Absatz 6.8.2.4.2 nicht mit dem Symbol «S» ergänzt werden.

1.6.4.33 Abweichend von den Vorschriften des Absatzes 4.3.2.2.4 dürfen Tankcontainer zur Beförderung verflüssigter oder tiefgekühlt verflüssigter Gase, die den anwendbaren Bauvorschriften des ADR/RID entsprechen, jedoch vor dem 1. Juli 2009 durch Trenn- oder Schwallwände in Abschnitte von mehr als 7500 Liter Fassungsraum unterteilt wurden, weiterhin zu mehr als 20 % und zu weniger als 80 % ihres Fassungsraums gefüllt sein.

1.6.4.34 (gestrichen)

1.6.4.35 (gestrichen)

1.6.4.36 (gestrichen)

1.6.4.37 Ortsbewegliche Tanks und MEGC, die vor dem 1. Januar 2012 nach den bis zum 31. Dezember 2010 geltenden Kennzeichnungsvorschriften des Absatzes 6.7.2.20.1, 6.7.3.16.1, 6.7.4.15.1 oder 6.7.5.13.1 gebaut wurden, dürfen weiterverwendet werden, wenn sie allen übrigen, ab dem 1. Januar 2011 geltenden Vorschriften des ADR/RID entsprechen, einschließlich der Vorschrift des Absatzes 6.7.2.20.1 g) betreffend die Angabe des Symbols «S» auf dem Tankschild, wenn der Tankkörper oder die Tankkammer durch Schwallwände in Abschnitte von höchstens 7 500 Liter Fassungsraum unterteilt ist.

1.6.4.38 (gestrichen)

1.6		Übergangsvorschriften
	ADR	**RID**

1.6.4.39 Tankcontainer und MEGC, die in Übereinstimmung mit Normen, die zum Zeitpunkt ihres Baus anwendbar waren (siehe Unterabschnitte 6.8.2.6 und 6.8.3.6), nach den zu diesem Zeitpunkt anwendbaren Vorschriften des ADR/RID ausgelegt und gebaut wurden, dürfen weiterverwendet werden, sofern dies nicht durch eine spezifische Übergangsvorschrift eingeschränkt wird.

1.6.4.40 Tankcontainer, die vor dem 1. Juli 2011 gemäß den bis zum 31. Dezember 2010 geltenden Vorschriften des Absatzes 6.8.2.2.3 gebaut wurden, jedoch nicht den Vorschriften des dritten Unterabsatzes des Absatzes 6.8.2.2.3 betreffend die Anordnung des Flammensiebs oder der Flammendurchschlagsicherung entsprechen, dürfen weiterverwendet werden.

1.6.4.41 (gestrichen)

1.6.4.42 Tankcontainer, die vor dem 1. Juli 2013 gemäß den bis zum 31. Dezember 2012 geltenden Vorschriften gebaut wurden, jedoch nicht den ab 1. Januar 2013 geltenden Vorschriften für die Kennzeichnung nach Absatz 6.8.2.5.2 oder 6.8.3.5.6 entsprechen, dürfen bis zur nächsten, nach dem 1. Juli 2013 vorzunehmenden wiederkehrenden Prüfung nach den bis zum 31. Dezember 2012 geltenden Vorschriften gekennzeichnet sein.

1.6.4.43 Ortsbewegliche Tanks und MEGC, die vor dem 1. Januar 2014 gebaut wurden, müssen die Vorschriften der Absätze 6.7.2.13.1 f), 6.7.3.9.1 e), 6.7.4.8.1 e) und 6.7.5.6.1 d) betreffend die Kennzeichnung der Druckentlastungseinrichtungen nicht erfüllen.

1.6.4.44 (gestrichen)

1.6.4.45 (gestrichen)

1.6.4.46 Tankcontainer, die vor dem 1. Januar 2012 gemäß den bis zum 31. Dezember 2012 geltenden Vorschriften gebaut wurden, jedoch nicht den ab 1. Januar 2011 geltenden Vorschriften des Unterabschnitts 6.8.2.6 bezüglich der Normen EN 14432:2006 und EN 14433:2006 entsprechen, dürfen weiterverwendet werden.

1.6.4.47 Tankcontainer für tiefgekühlt verflüssigte Gase, die vor dem 1. Juli 2017 gemäß den bis zum 31. Dezember 2016 geltenden Vorschriften gebaut wurden, jedoch nicht den ab 1. Januar 2017 geltenden Vorschriften der Absätze 6.8.3.4.10, 6.8.3.4.11 und 6.8.3.5.4 entsprechen, dürfen bis zur nächsten, nach dem 1. Juli 2017 vorzunehmenden Prüfung weiterverwendet werden. Bis zu diesem Zeitpunkt dürfen für die Einhaltung der Vorschriften des Unterabschnitts 4.3.3.5 und des Absatzes 5.4.1.2.2 d) die tatsächlichen Haltezeiten ohne Rückgriff auf die Referenzhaltezeit geschätzt werden.

1.6.4.48 Tankcontainer, die vor dem 1. Juli 2017 gemäß den bis zum 31. Dezember 2016 geltenden Vorschriften gebaut wurden, jedoch nicht den ab 1. Januar 2017 geltenden Vorschriften des Unterabschnitts 6.8.2.1.23 entsprechen, dürfen weiterverwendet werden.

1.6.4.49 Tankcontainer, die vor dem 1. Juli 2019 gebaut wurden und mit Sicherheitsventilen ausgerüstet sind, die den bis zum 31. Dezember 2018 geltenden Vorschriften, nicht jedoch den ab 1. Januar 2019 geltenden Vorschriften des letzten Unterabsatzes des Absatzes 6.8.3.2.9 in Bezug auf ihre Auslegung oder ihren Schutz entsprechen, dürfen bis zur nächsten nach dem 1. Januar 2021 durchzuführenden Zwischenprüfung oder wiederkehrenden Prüfung weiterverwendet werden.

1.6.4.50 Ungeachtet der ab dem 1. Januar 2019 anwendbaren Vorschriften der Sondervorschrift TU 42 des Abschnitts 4.3.5 dürfen Tankcontainer mit einem Tankkörper aus Aluminiumlegierung, einschließlich solcher mit einer Schutzauskleidung, die vor dem 1. Januar 2019 für die Beförderung von Stoffen mit einem pH-Wert von weniger als 5,0 oder mehr als 8,0 verwendet wurden, bis zum 31. Dezember 2026 für die Beförderung dieser Stoffe weiterverwendet werden.

Übergangsvorschriften 1.6

ADR	RID

1.6.4.51 Tankcontainer, die vor dem 1. Juli 2019 gemäß den bis zum 31. Dezember 2018 geltenden Vorschriften gebaut wurden, jedoch nicht den ab 1. Januar 2019 geltenden Vorschriften des Absatzes 6.8.2.2.10 betreffend den Berstdruck der Berstscheibe entsprechen, dürfen weiterverwendet werden.

1.6.4.52 Tankcontainer, die vor dem 1. Juli 2019 gemäß den bis zum 31. Dezember 2018 geltenden Vorschriften des Absatzes 6.8.2.2.3 gebaut wurden, jedoch nicht den ab 1. Januar 2019 geltenden Vorschriften des vorletzten Unterabsatzes des Absatzes 6.8.2.2.3 für Flammensperren an Überdruck- und Unterdruckbelüftungseinrichtungen entsprechen, dürfen weiterverwendet werden.

1.6.4.53 Tankcontainer, die vor dem 1. Juli 2019 gemäß den bis zum 31. Dezember 2018 geltenden Vorschriften gebaut wurden, jedoch nicht den ab 1. Januar 2019 geltenden Vorschriften des Absatzes 6.8.2.1.23 betreffend die Prüfung der Schweißnähte im Kantenbereich der Tankböden entsprechen, dürfen weiterverwendet werden.

1.6.4.54 Tankcontainer, die vor dem 1. Juli 2019 gemäß den bis zum 31. Dezember 2018 geltenden Vorschriften gebaut wurden, jedoch nicht den ab 1. Januar 2019 geltenden Vorschriften des Absatzes 6.8.2.2.11 entsprechen, dürfen weiterverwendet werden.

1.6.4.55 | Tankcontainer aus faserverstärkten Kunststoffen, die vor dem 1. Juli 2021 gemäß den bis zum 31. Dezember 2020 geltenden Vorschriften gebaut wurden, jedoch nicht den ab 1. Januar 2021 geltenden Vorschriften für die Kennzeichnung mit der Tankcodierung des Unterabschnitts 6.9.6.1 entsprechen, dürfen bis zur nächsten, nach dem 1. Juli 2021 vorzunehmenden wiederkehrenden Prüfung nach den bis zum 31. Dezember 2020 geltenden Vorschriften gekennzeichnet sein.

1.6.5 Fahrzeuge | (bleibt offen)

1.6.5.1 (bleibt offen)

1.6.5.2 (bleibt offen)

1.6.5.3 (gestrichen)

1.6.5.4 (bleibt offen)

1.6.5.5 Fahrzeuge, die vor dem 1. Januar 2003 zum Verkehr zugelassen oder in Betrieb genommen wurden und deren elektrische Ausrüstung zwar nicht den Vorschriften des Abschnitts 9.2.2, 9.3.7 oder 9.7.8, aber den bis zum 30. Juni 2001 geltenden Vorschriften entspricht, dürfen weiterverwendet werden.

1.6.5.6 (gestrichen)

1.6 Übergangsvorschriften

ADR	RID

1.6.5.7 Vollständige oder vervollständigte Fahrzeuge, die vor dem 31. Dezember 2002 nach der UN-Regelung Nr. 105 *) in der durch die Änderungen der Serie 01 geänderten Fassung oder nach den entsprechenden Bestimmungen der Richtlinie 98/91/EG **) typgenehmigt wurden und nicht den Vorschriften des Kapitels 9.2 entsprechen jedoch den bis zum 30. Juni 2001 anwendbaren Vorschriften für den Bau der Basisfahrzeuge (Randnummern 220 100 bis 220 540 des Anhanges B.2) entsprechen, dürfen weiterhin genehmigt und verwendet werden, vorausgesetzt sie wurden vor dem 1. Juli 2003 erstmalig zum Verkehr zugelassen oder in Betrieb gesetzt.

*) UN-Regelung Nr. 105 (Einheitliche Bedingungen für die Genehmigung von Fahrzeugen für den Transport gefährlicher Güter hinsichtlich ihrer besonderen konstruktiven Merkmale).

**) Richtlinie 98/91/EG des Europäischen Parlaments und des Rates vom 14. Dezember 1998 über Kraftfahrzeuge und Kraftfahrzeuganhänger, die zur Beförderung gefährlicher Güter auf der Straße bestimmt sind, und zur Änderung der Richtlinie 70/156/EWG über die Betriebserlaubnis für Kraftfahrzeuge und Kraftfahrzeuganhänger (Amtsblatt Nr. L 011 vom 16.01.1999 S. 25 – 36).

1.6.5.8 Fahrzeuge EX/II und EX/III, die erstmalig vor dem 1. Juli 2005 zugelassen wurden und den bis zum 31. Dezember 2004 anwendbaren Vorschriften des Teils 9, jedoch nicht den ab 1. Januar 2005 anwendbaren Vorschriften entsprechen, dürfen weiterverwendet werden.

1.6.5.9 Tankfahrzeuge mit festverbundenen Tanks mit einem Fassungsraum von mehr als 3 m^3, die zur Beförderung gefährlicher Güter in flüssigem oder geschmolzenem Zustand vorgesehen und mit einem Druck von weniger als 4 bar geprüft sind und die nicht den Vorschriften des Unterabschnitts 9.7.5.2 entsprechen und erstmals vor dem 1. Juli 2004 zugelassen wurden (oder, falls eine Zulassung nicht erforderlich ist, in Betrieb gesetzt wurden), dürfen weiterverwendet werden.

Übergangsvorschriften 1.6

ADR	RID
1.6.5.10 Zulassungsbescheinigungen, die dem bis zum 31. Dezember 2006 geltenden Muster des Unterabschnitts 9.1.3.5 entsprechen, und solche, die dem vom 1. Januar 2007 bis zum 31. Dezember 2008 geltenden Muster des Unterabschnitts 9.1.3.5 entsprechen, dürfen weiterverwendet werden. Zulassungsbescheinigungen, die dem vom 1. Januar 2009 bis zum 31. Dezember 2014 geltenden Muster des Unterabschnitts 9.1.3.5 entsprechen, dürfen weiterverwendet werden.	
1.6.5.11 MEMU, die vor dem 1. Juli 2009 gemäß den nationalen Vorschriften gebaut und zugelassen wurden, jedoch nicht den ab 1. Januar 2009 geltenden Vorschriften für den Bau und die Zulassung entsprechen, dürfen mit Zulassung der zuständigen Behörden der Verwendungsländer verwendet werden.	
1.6.5.12 Fahrzeuge EX/III und FL, die vor dem 1. April 2012 erstmalig zum Verkehr zugelassen oder in Betrieb genommen wurden und deren elektrische Anschlussverbindungen zwar nicht den Vorschriften des Absatzes 9.2.2.6.3, aber den bis zum 31. Dezember 2010 anwendbaren Vorschriften entsprechen, dürfen weiterverwendet werden.	
1.6.5.13 Anhänger, die vor dem 1. Juli 1995 erstmalig zum Verkehr zugelassen wurden (oder in Betrieb genommen wurden, sofern eine Zulassung zum Verkehr nicht zwingend vorgeschrieben war) und mit einem automatischen Blockierverhinderer in Übereinstimmung mit der UN-Regelung Nr. 13 Änderungsreihe 06 ausgerüstet sind, jedoch nicht den technischen Vorschriften für automatische Blockierverhinderer der Kategorie A entsprechen, dürfen weiterverwendet werden.	
1.6.5.14 MEMU, die vor dem 1. Juli 2013 gemäß den bis zum 31. Dezember 2012 geltenden Vorschriften des ADR zugelassen wurden, jedoch nicht den ab 1. Januar 2013 geltenden Vorschriften des Absatzes 6.12.3.1.2 oder 6.12.3.2.2 entsprechen, dürfen weiterverwendet werden.	

1.6 Übergangsvorschriften

ADR	RID
1.6.5.15 Hinsichtlich der Anwendung der Vorschriften des Teils 9 dürfen Fahrzeuge, die vor dem 1. November 2014 erstmalig zum Verkehr zugelassen oder in Betrieb genommen wurden und die nach den Vorschriften der durch die Verordnung (EG) Nr. 661/2009*) aufgehobenen Richtlinien zugelassen wurden, weiterverwendet werden. *) Verordnung (EG) Nr. 661/2009 des Europäischen Parlaments und des Rates vom 13. Juli 2009 über die Typgenehmigung von Kraftfahrzeugen, Kraftfahrzeuganhängern und von Systemen, Bauteilen und selbstständigen technischen Einheiten für diese Fahrzeuge hinsichtlich ihrer allgemeinen Sicherheit (Amtsblatt L 200 vom 31. Juli 2009, Seite 1).	
1.6.5.16 EX/II-, EX/III-, FL- und OX-Fahrzeuge, die vor dem 1. April 2018 zugelassen wurden und die mit Kraftstoffbehältern ausgerüstet sind, die nicht nach der UN-Regelung Nr. 34 zugelassen sind, dürfen weiterverwendet werden.	
1.6.5.17 Fahrzeuge, die erstmalig vor dem 1. April 2018 zum Verkehr zugelassen oder in Betrieb genommen wurden und in Bezug auf Kabel des Absatzes 9.2.2.2.1 zwar nicht den Vorschriften des Absatzes 9.2.2.8.5 oder der Norm ISO 6722-1:2011 + Cor 01:2012 oder ISO 6722-2:2013 entsprechen, aber den bis zum 31. Dezember 2016 geltenden Vorschriften entsprechen, dürfen weiterverwendet werden.	
1.6.5.18 Fahrzeuge, die erstmalig vor dem 1. April 2018 ausdrücklich als Fahrzeuge OX zum Verkehr zugelassen oder in Betrieb genommen wurden, dürfen für die Beförderung von Stoffen der UN-Nummer 2015 weiterverwendet werden.	
1.6.5.19 Hinsichtlich der jährlichen technischen Untersuchung von Fahrzeugen, die vor dem 1. April 2018 erstmalig zum Verkehr zugelassen oder in Betrieb genommen wurden und die ausdrücklich als Fahrzeug OX zugelassen wurden, dürfen die bis zum 31. Dezember 2016 geltenden Vorschriften des Teils 9 weiterhin angewendet werden.	
1.6.5.20 Zulassungsbescheinigungen für Fahrzeuge OX, die dem bis zum 31. Dezember 2016 geltenden Muster des Unterabschnitts 9.1.3.5 entsprechen, dürfen weiterverwendet werden.	

Übergangsvorschriften 1.6

ADR	RID

1.6.5.21 (gestrichen)

1.6.5.22 Fahrzeuge, die erstmalig vor dem 1. Januar 2021 zum Verkehr zugelassen wurden (oder in Betrieb genommen wurden, sofern eine Zulassung zum Verkehr nicht zwingend vorgeschrieben war) und den bis zum 31. Dezember 2018 geltenden Vorschriften des Abschnitts 9.7.3, nicht jedoch den ab 1. Januar 2019 geltenden Vorschriften des Abschnitts 9.7.3 entsprechen, dürfen weiterverwendet werden.

1.6.6 Klasse 7

1.6.6.1 Versandstücke, für die nach den Vorschriften der Ausgaben 1985, 1985 (in der Fassung 1990), 1996, 1996 (überarbeitet), 1996 (in der Fassung 2003), 2005, 2009 und 2012 der IAEO-Regelungen für die sichere Beförderung radioaktiver Stoffe keine Bauartzulassung durch die zuständige Behörde erforderlich ist

Versandstücke, für die eine Bauartzulassung durch die zuständige Behörde nicht erforderlich ist (freigestellte Versandstücke, Industrieversandstücke Typ IP-1, Typ IP-2 und Typ IP-3 sowie Typ A-Versandstücke), müssen den Vorschriften des ADR/RID vollständig entsprechen, mit der Ausnahme, dass

a) Versandstücke, die den Vorschriften der Ausgabe 1985 oder 1985 (in der Fassung 1990) der IAEO-Regelungen für die sichere Beförderung radioaktiver Stoffe entsprechen,

(i) weiter befördert werden dürfen, vorausgesetzt, sie wurden vor dem 31. Dezember 2003 für den Versand vorbereitet und sie unterliegen, sofern anwendbar, den Vorschriften des Absatzes 1.6.6.2.3, oder

(ii) weiterverwendet werden dürfen, vorausgesetzt, alle folgenden Vorschriften sind erfüllt:

- sie sind nicht für die Aufnahme von Uranhexafluorid ausgelegt;
- die anwendbaren Vorschriften des Abschnitts 1.7.3 werden angewendet;
- die Aktivitätsgrenzwerte und die Klassifizierung in Abschnitt 2.2.7 werden angewendet;
- die Vorschriften und Beförderungskontrollen in den Teilen 1, 3, 4, 5 und 7 werden angewendet und
- die Verpackung wurde nicht nach dem 31. Dezember 2003 hergestellt oder verändert;

1.6		Übergangsvorschriften
	ADR	RID

b) Versandstücke, die den Vorschriften der Ausgabe 1996, 1996 (überarbeitet), 1996 (in der Fassung 2003), 2005, 2009 oder 2012 der IAEO-Regelungen für die sichere Beförderung radioaktiver Stoffe entsprechen,

    (i) weiter befördert werden dürfen, vorausgesetzt, sie wurden vor dem 31. Dezember 2025 für den Versand vorbereitet und sie unterliegen, sofern anwendbar, den Vorschriften des Absatzes 1.6.6.2.3, oder

    (ii) weiterverwendet werden dürfen, vorausgesetzt, alle folgenden Vorschriften sind erfüllt:

      – die anwendbaren Vorschriften des Abschnitts 1.7.3 werden angewendet;

      – die Aktivitätsgrenzwerte und die Klassifizierung in Abschnitt 2.2.7 werden angewendet;

      – die Vorschriften und Beförderungskontrollen in den Teilen 1, 3, 4, 5 und 7 werden angewendet und

      – die Verpackung wurde nicht nach dem 31. Dezember 2025 hergestellt oder verändert.

1.6.6.2 **Versandstückmuster, die nach den Vorschriften der Ausgaben 1985, 1985 (in der Fassung 1990), 1996, 1996 (überarbeitet), 1996 (in der Fassung 2003), 2005, 2009 und 2012 der IAEO-Regelungen für die sichere Beförderung radioaktiver Stoffe zugelassen wurden**

1.6.6.2.1 Versandstücke, für die eine Bauartzulassung durch die zuständige Behörde erforderlich ist, müssen den Vorschriften des ADR/RID vollständig entsprechen, mit der Ausnahme, dass:

a) Verpackungen, die nach einem Versandstückmuster hergestellt wurden, das von der zuständigen Behörde nach den Vorschriften der Ausgabe 1985 oder 1985 (in der Fassung 1990) der IAEO-Regelungen für die sichere Beförderung radioaktiver Stoffe zugelassen wurde, weiterverwendet werden dürfen, vorausgesetzt, alle folgenden Bedingungen werden erfüllt:

    (i) das Versandstückmuster unterliegt einer multilateralen Zulassung;

    (ii) die anwendbaren Vorschriften des Abschnitts 1.7.3 werden angewendet;

    (iii) die Aktivitätsgrenzwerte und die Klassifizierung in Abschnitt 2.2.7 werden angewendet und

    (iv) die Vorschriften und Beförderungskontrollen in den Teilen 1, 3, 4, 5 und 7 werden angewendet.

    (v) (bleibt offen)

b) Verpackungen, die nach einem Versandstückmuster hergestellt wurden, das von der zuständigen Behörde nach den Vorschriften der Ausgabe 1996, 1996 (überarbeitet), 1996 (in der Fassung 2003), 2005, 2009 oder 2012 der IAEO-Regelungen für die sichere Beförderung radioaktiver Stoffe zugelassen wurde, weiterverwendet werden dürfen, vorausgesetzt, alle folgenden Bedingungen werden erfüllt:

    (i) das Versandstückmuster unterliegt nach dem 31. Dezember 2025 einer multilateralen Zulassung;

    (ii) die anwendbaren Vorschriften des Abschnitts 1.7.3 werden angewendet;

    (iii) die Aktivitätsgrenzwerte und die Stoffbegrenzungen des Abschnitts 2.2.7 werden angewendet;

    (iv) die Vorschriften und Beförderungskontrollen in den Teilen 1, 3, 4, 5 und 7 werden angewendet.

Übergangsvorschriften 1.6

ADR	RID

1.6.6.2.2 Die Neuaufnahme der Herstellung von Verpackungen eines Versandstückmusters, das den Vorschriften der Ausgaben 1985 und 1985 (in der Fassung 1990) der IAEO-Regelungen für die sichere Beförderung radioaktiver Stoffe entspricht, darf nicht genehmigt werden.

1.6.6.2.3 Die Neuaufnahme der Herstellung von Verpackungen eines Versandstückmusters, das den Vorschriften der Ausgabe 1996, 1996 (überarbeitet), 1996 (in der Fassung 2003), 2005, 2009 oder 2012 der IAEO-Regelungen für die sichere Beförderung radioaktiver Stoffe entspricht, darf nach dem 31. Dezember 2028 nicht genehmigt werden.

1.6.6.3 **Versandstücke, die nach den Ausgaben 2011 und 2013 des ADR/RID (Ausgabe 2009 der IAEO-Regelungen für die sichere Beförderung radioaktiver Stoffe) von den Vorschriften für spaltbare Stoffe freigestellt waren**

Versandstücke, die spaltbare Stoffe enthalten und die nach den Vorschriften des Absatzes 2.2.7.2.3.5 a) (i) oder (iii) der Ausgaben 2011 und 2013 des ADR/RID (Absatz 417 a) (i) oder (iii) der Ausgabe 2009 der IAEO-Regelungen für die sichere Beförderung radioaktiver Stoffe) von der Klassifizierung als «SPALTBAR» freigestellt sind und die vor dem 31. Dezember 2014 für den Versand vorbereitet wurden, dürfen weiter befördert und weiterhin als «nicht spaltbar oder spaltbar, freigestellt» klassifiziert werden, mit der Ausnahme, dass die Begrenzungen je Sendung in der Tabelle 2.2.7.2.3.5 dieser Ausgaben für

das Fahrzeug	den Wagen

gelten. Die Sendung muss unter ausschließlicher Verwendung befördert werden.

1.6.6.4 **Radioaktive Stoffe in besonderer Form, die nach den Vorschriften der Ausgaben 1985, 1985 (in der Fassung 1990), 1996, 1996 (überarbeitet), 1996 (in der Fassung 2003), 2005, 2009 und 2012 der IAEO-Regelungen für die sichere Beförderung radioaktiver Stoffe zugelassen wurden**

Radioaktive Stoffe in besonderer Form, die nach einer Bauart hergestellt wurden, die eine unilaterale Zulassung durch die zuständige Behörde nach den Vorschriften der Ausgaben 1985, 1985 (in der Fassung 1990), 1996, 1996 (überarbeitet), 1996 (in der Fassung 2003), 2005, 2009 und 2012 der IAEO-Regelungen für die sichere Beförderung radioaktiver Stoffe erhalten wurden, dürfen weiterverwendet werden, wenn das vorgeschriebene Managementsystem nach den anwendbaren Vorschriften des Abschnitts 1.7.3 erfüllt wird. Eine erneute Herstellung von radioaktiven Stoffen in besonderer Form nach einer Bauart, die nach den Vorschriften der Ausgabe 1985 oder 1985 (in der Fassung 1990) der IAEO-Regelungen für die sichere Beförderung radioaktiver Stoffe eine unilaterale Zulassung durch die zuständige Behörde erhalten hat, darf nicht erfolgen. Die Neuaufnahme der Herstellung von radioaktiven Stoffen in besonderer Form nach einer Bauart, die nach den Vorschriften der Ausgaben 1996, 1996 (überarbeitet), 1996 (in der Fassung 2003), 2005, 2009 und 2012 der IAEO-Regelungen für die sichere Beförderung radioaktiver Stoffe eine unilaterale Zulassung durch die zuständige Behörde erhalten hat, darf nach dem 31. Dezember 2025 nicht genehmigt werden.

Allgemeine Vorschriften für radioaktive Stoffe 1.7

ADR	RID

1.7.1 Anwendungsbereich

Bem. 1. Bei nuklearen oder radiologischen Notfällen bei der Beförderung radioaktiver Stoffe sind die von den entsprechenden nationalen und/oder internationalen Organisationen festgelegten Vorschriften zu beachten, um Personen, Eigentum und die Umwelt zu schützen. Dies schließt Vorkehrungen für die Vorbereitung und Reaktion ein, die in Übereinstimmung mit den nationalen und/oder internationalen Anforderungen und in kohärenter und koordinierter Weise mit den nationalen und/oder internationalen Notfallvorkehrungen getroffen werden.

2. Die Vorkehrungen für die Vorbereitung und Reaktion müssen auf einem abgestuften Ansatz basieren und die festgestellten Gefahren und ihre möglichen Folgen, einschließlich der Bildung anderer gefährlicher Stoffe, die sich aus der Reaktion zwischen dem Inhalt einer Sendung und der Umgebung bei einem nuklearen oder radiologischen Notfall ergeben können, berücksichtigen. Leitlinien für das Treffen solcher Vorkehrungen sind in «Preparedness and Response for a Nuclear or Radiological Emergency» (Vorbereitung und Reaktion auf einen nuklearen oder radiologischen Notfall), IAEA Safety Standards Series No. GSR Part 7, IAEO, Wien (2015); «Criteria for Use in Preparedness and Response for a Nuclear or Radiological Emergency» (Kriterien für die Verwendung bei der Vorbereitung und Reaktion auf einen nuklearen oder radiologischen Notfall), IAEA Safety Standards Series No. GSG-2, IAEO, Wien (2011); «Arrangements for Preparedness for a Nuclear or Radiological Emergency» (Vorkehrungen für die Vorbereitung auf einen nuklearen oder radiologischen Notfall), IAEA Safety Standards Series No. GS-G-2.1, IAEO, Wien (2007), und «Arrangements for the Termination of a Nuclear or Radiological Emergency» (Vorkehrungen für die Beendigung eines nuklearen oder radiologischen Notfalls), IAEA Safety Standards Series No. GSG-11, IAEO, Wien (2018) enthalten.

1.7.1.1 Das ADR/RID setzt Sicherheitsstandards fest, die eine ausreichende Überwachung der Strahlungsgefahr, der Kritikalitätsgefahr und der thermischen Gefahr für Personen, Eigentum und Umwelt ermöglichen, soweit diese mit der Beförderung radioaktiver Stoffe in Zusammenhang stehen. Diese Standards basieren auf der Ausgabe 2018 der IAEO-Regelungen für die sichere Beförderung radioaktiver Stoffe. Das erläuternde Material ist in «Advisory Material for the IAEA Regulations for the Safe Transport of Radioactive Material (2018 edition)», Safety Standards Series No. SSG-26, (Rev.1), IAEO, Wien (2019) enthalten.

1.7.1.2 Das Ziel des ADR/RID besteht darin, Anforderungen aufzustellen, die für die Gewährleistung der Sicherheit und den Schutz von Personen, Eigentum und der Umwelt vor den schädlichen Einflüssen ionisierender Strahlung während der Beförderung radioaktiver Stoffe zu erfüllen sind. Dieser Schutz wird erreicht durch:

a) Umschließung des radioaktiven Inhalts;
b) Kontrolle der äußeren Dosisleistung;
c) Verhinderung der Kritikalität und
d) Verhinderung von Schäden durch Hitze.

Diese Anforderungen werden erstens durch die Anwendung eines abgestuften Ansatzes zur Begrenzung der Inhalte für Versandstücke und

Fahrzeuge | Wagen

und zur Aufstellung von Standards, die für Versandstückbauarten in Abhängigkeit von der Gefahr des radioaktiven Inhalts angewendet werden, erreicht. Zweitens werden sie durch das Aufstellen von Bedingungen für die Auslegung und den Betrieb der Versandstücke und an die Instandhaltung der Verpackungen einschließlich der Berücksichtigung der Art des radioaktiven Inhalts erreicht. Drittens werden sie durch die Forderung administrativer Kontrollen einschließlich, soweit erforderlich, der Genehmigung/Zulassung durch die zuständigen Behörden erreicht. Schließlich wird ein weiterer Schutz durch Vorkehrungen für die Planung und Vorbereitung von Notfallmaßnahmen zum Schutz von Personen, Eigentum und Umwelt gewährleistet.

1.7 Allgemeine Vorschriften für radioaktive Stoffe

ADR	RID

1.7.1.3 Das ADR/RID gilt für die Beförderung radioaktiver Stoffe auf der

Straße	Schiene

einschließlich der Beförderung, die zum Gebrauch der radioaktiven Stoffe gehört. Die Beförderung schließt alle Tätigkeiten und Maßnahmen ein, die mit der Ortsveränderung radioaktiver Stoffe in Zusammenhang stehen und von dieser umfasst werden; das schließt sowohl die Auslegung, Herstellung, Wartung und Instandsetzung der Verpackung als auch die Vorbereitung, den Versand, das Verladen, die Beförderung einschließlich beförderungsbedingter Zwischenaufenthalt, das Entladen und den Eingang am endgültigen Bestimmungsort von Ladungen radioaktiver Stoffe und Versandstücken ein. Ein abgestufter Ansatz wird für die Leistungsvorgaben des ADR/RID angewendet, die durch drei Schweregrade charakterisiert sind:

a) Routine-Beförderungsbedingungen (zwischenfallfrei);

b) normale Beförderungsbedingungen (kleinere Zwischenfälle);

c) Unfall-Beförderungsbedingungen.

1.7.1.4 Die Vorschriften des ADR/RID gelten nicht für:

a) radioaktive Stoffe, die integraler Bestandteil der Beförderungsmittel sind;

b) radioaktive Stoffe, die innerhalb von Anlagen befördert werden, in denen geeignete Sicherheitsvorschriften in Kraft sind und wo die Beförderung nicht auf öffentlichen Straßen oder Schienenwegen erfolgt;

c) radioaktive Stoffe, die in Personen oder lebende Tiere für diagnostische oder therapeutische Zwecke implantiert oder inkorporiert wurden;

d) radioaktive Stoffe, die sich im Organismus oder auf dem Körper einer Person befinden, die nach einer zufälligen oder unfreiwilligen Aufnahme radioaktiver Stoffe oder nach einer Kontamination zur medizinischen Behandlung befördert wird;

e) radioaktive Stoffe in Konsumgütern, die eine vorschriftsmäßige Genehmigung/Zulassung erhalten haben, nach ihrem Verkauf an den Endverbraucher;

f) natürliche Stoffe und Erze, die in der Natur vorkommende Radionuklide enthalten (und die bearbeitet worden sein können), vorausgesetzt, die Aktivitätskonzentration dieser Stoffe überschreitet nicht das Zehnfache der Tabelle in Absatz 2.2.7.2.2.1 angegebenen und gemäß den Absätzen 2.2.7.2.2.2 a) und aus 2.2.7.2.2.3 bis 2.2.7.2.2.6 berechneten Werte. Bei natürlichen Stoffen und Erzen, die in der Natur vorkommende Radionuklide enthalten, die sich nicht im säkularen Gleichgewicht befinden, muss die Berechnung der Aktivitätskonzentration gemäß Absatz 2.2.7.2.2.4 erfolgen;

g) nicht radioaktive feste Gegenstände, bei denen die auf der Oberfläche vorhandenen Mengen radioaktiver Stoffe an keiner Stelle den in der Begriffsbestimmung für Kontamination in Absatz 2.2.7.1.2 festgelegten Grenzwert überschreiten.

1.7.1.5 Besondere Vorschriften für die Beförderung freigestellter Versandstücke

1.7.1.5.1 Freigestellte Versandstücke, die gemäß Absatz 2.2.7.2.4.1 radioaktive Stoffe in begrenzten Mengen, Instrumente, Fabrikate oder leere Verpackungen enthalten können, unterliegen nur den folgenden Vorschriften der Teile 5 bis 7:

▶ 1.6.6.1

a) die anwendbaren Vorschriften des Unterabschnitts 5.1.2.1, des Unterabschnitts 5.1.3.2, des Absatz 5.1.5.2.2, der Unterabschnitte 5.1.5.4 und 5.2.1.10, der Absätze 5.4.1.2.5.1 f) (i) und (ii), 5.4.1.2.5.1 i), und des Abschnitts 7.5.11 Sondervorschrift

CV 33	CW 33

(3.1), (4.3), (5.1) bis (5.4) und (6) und

b) den in Abschnitt 6.4.4 aufgeführten Vorschriften für freigestellte Versandstücke,

Allgemeine Vorschriften für radioaktive Stoffe 1.7

ADR	RID

es sei denn, die radioaktiven Stoffe besitzen andere Gefahreneigenschaften und müssen gemäß Sondervorschrift 290 oder 369 des Kapitels 3.3 einer anderen Klasse als der Klasse 7 zugeordnet werden, wobei die in den Absätzen a) und b) aufgeführten Vorschriften nur sofern zutreffend und zusätzlich zu den für die Hauptklasse geltenden Vorschriften gelten.

1.7.1.5.2 Freigestellte Versandstücke unterliegen den entsprechenden Vorschriften aller übrigen Teile des ADR/RID.
▶ *1.6.6.2*

1.7.2 Strahlenschutzprogramm

1.7.2.1 Die Beförderung radioaktiver Stoffe ist einem Strahlenschutzprogramm zu unterziehen, das aus einer systematischen Zusammenstellung mit dem Ziel besteht, eine angemessene Berücksichtigung von Strahlenschutzmaßnahmen sicherzustellen.

1.7.2.2 Die Personendosen müssen unter den relevanten Dosisgrenzwerten liegen. Schutz und Sicherheit müssen so optimiert sein, dass die Höhe der Individualdosen, die Anzahl der exponierten Personen sowie die Wahrscheinlichkeit der einwirkenden Exposition so niedrig wie vernünftigerweise erreichbar gehalten werden, wobei wirtschaftliche und soziale Faktoren zu berücksichtigen sind, mit der Einschränkung, dass die Dosen für Einzelpersonen Dosisbeschränkungen unterliegen. Ein strukturiertes und systematisches Herangehen ist zu wählen, wobei die Berücksichtigung der Wechselwirkung zwischen der Beförderung und anderen Aktivitäten einzuschließen ist.

1.7.2.3 Art und Umfang der im Programm zu ergreifenden Maßnahmen ist abhängig von der Höhe und Wahrscheinlichkeit der Strahlenexposition. Das Programm muss die Vorschriften der Unterabschnitte 1.7.2.2, 1.7.2.4 und 1.7.2.5 sowie des Abschnitts 7.5.11 Sondervorschrift

CV 33 (1.1)	CW 33 (1.1)

einschließen. Programmdokumente müssen auf Anfrage der entsprechenden zuständigen Behörde für eine Begutachtung verfügbar sein.

1.7.2.4 Für berufsbedingte, von Beförderungsaktivitäten herrührende Expositionen, bei denen eingeschätzt wird, dass die Effektivdosis entweder

a) wahrscheinlich zwischen 1 und 6 mSv pro Jahr liegt, ist ein Dosiseinschätzungsprogramm durch Arbeitsplatzüberwachung oder Individualüberwachung durchzuführen, oder

b) wahrscheinlich 6 mSv pro Jahr überschreitet, ist eine Individualüberwachung durchzuführen.

Wenn eine Arbeitsplatz- oder Individualüberwachung durchgeführt wird, ist eine angemessene Buchführung durchzuführen.

Bem. Für berufsbedingte, von Beförderungsaktivitäten herrührende Expositionen, bei denen eingeschätzt wird, dass die Effektivdosis höchstwahrscheinlich 1 mSv pro Jahr nicht überschreitet, sind keine besonderen Arbeitsverhaltensmuster, genaue Überwachungen, Dosiseinschätzungsprogramme oder Individualbuchführungen erforderlich.

1.7.2.5 Beschäftigte (siehe Abschnitt 7.5.11 Sondervorschrift
▶ *1.3.1*

CV 33 Bem. 3)	CW 33 Bem. 3)

müssen bezüglich des Strahlenschutzes, einschließlich der zu beachtenden Vorsichtsmaßnahmen, angemessen unterwiesen sein, um ihre berufsbedingte Exposition und die Exposition anderer Personen, die durch ihre Tätigkeiten betroffen sein können, zu beschränken.

1.7 Allgemeine Vorschriften für radioaktive Stoffe

ADR	RID

1.7.3 **Managementsystem**

Für alle Tätigkeiten in dem durch Unterabschnitt 1.7.1.3 festgelegten Anwendungsbereich des ADR/RID muss ein Managementsystem, das auf internationalen, nationalen oder anderen Standards basiert und durch die zuständige Behörde akzeptiert ist, erstellt und umgesetzt werden, um die Einhaltung der zutreffenden Vorschriften des ADR/RID zu gewährleisten. Die Bescheinigung, dass die Spezifikation der Bauart in vollem Umfang umgesetzt worden ist, muss der zuständigen Behörde zur Verfügung stehen. Der Hersteller, Absender oder Verwender muss auf Anfrage

a) Einrichtungen für die Inspektion während der Herstellung und Verwendung zur Verfügung stellen und

b) der zuständigen Behörde die Einhaltung der Vorschriften des ADR/RID nachweisen.

Soweit eine Genehmigung/Zulassung der zuständigen Behörde erforderlich ist, muss diese Genehmigung/Zulassung die Angemessenheit des Managementsystems berücksichtigen und davon abhängig sein.

1.7.4 **Sondervereinbarung**

1.7.4.1 Unter Sondervereinbarung versteht man solche Vorschriften, die von der zuständigen Behörde genehmigt sind und nach denen Sendungen, die nicht alle für radioaktive Stoffe geltenden Vorschriften des ADR/RID erfüllen, befördert werden dürfen.
▶ 1.5.1.1

Bem. Eine Sondervereinbarung gilt nicht als zeitweilige Abweichung im Sinne des Abschnitts 1.5.1.

1.7.4.2 Sendungen, für die eine Übereinstimmung mit den Vorschriften für radioaktive Stoffe undurchführbar ist, dürfen nur auf Grund einer Sondervereinbarung befördert werden. Vorausgesetzt, die zuständige Behörde ist überzeugt, dass die Übereinstimmung mit den Vorschriften für radioaktive Stoffe des ADR/RID undurchführbar ist und dass die erforderlichen Sicherheitsstandards, die durch das ADR/RID festgesetzt wurden, durch Mittel nachgewiesen wurden, die eine Alternative zu den übrigen Bestimmungen des ADR/RID darstellen, kann die zuständige Behörde Sondervereinbarungen für eine einzelne Sendung oder für eine geplante Serie von mehreren Sendungen genehmigen. Die insgesamt erreichte Sicherheit bei der Beförderung muss der bei Erfüllung aller anwendbaren Vorschriften des ADR/RID erreichbaren Sicherheit mindestens gleichwertig sein. Für internationale Sendungen dieser Art ist eine multilaterale Genehmigung erforderlich.

1.7.5 **Radioaktive Stoffe mit weiteren gefährlichen Eigenschaften**

Bei der Dokumentation, der Verpackung, der Bezettelung, der Kennzeichnung, dem Anbringen von Großzetteln (Placards), der Zwischenlagerung, der Trennung und der Beförderung sind zusätzlich zu den Eigenschaften der Radioaktivität und der Spaltbarkeit alle anderen Nebengefahren des Inhalts des Versandstücks, wie Explosivität, Entzündbarkeit, Pyrophorität, chemische Giftigkeit und Ätzwirkung, zu berücksichtigen, um allen anwendbaren Vorschriften für gefährliche Güter des ADR/RID zu entsprechen.

1.7.6 **Nichteinhaltung**

1.7.6.1 Bei Nichteinhaltung irgendeines Grenzwertes des ADR/RID für die Dosisleistung oder die
▶ 1.4.2   Kontamination

a) müssen der Absender, der Beförderer, der Empfänger und jede gegebenenfalls in die Beförderung beteiligte Stelle, der oder die davon betroffen sein könnte, über die Nichteinhaltung informiert werden

(i) durch den Beförderer, wenn die Nichteinhaltung während der Beförderung festgestellt wird, oder

(ii) durch den Empfänger, wenn die Nichteinhaltung beim Empfang festgestellt wird;

Allgemeine Vorschriften für radioaktive Stoffe 1.7
ADR | RID

b) muss, je nach Fall, der Absender, der Beförderer oder der Empfänger
   (i) sofortige Maßnahmen ergreifen, um die Folgen der Nichteinhaltung abzuschwächen;
   (ii) die Nichteinhaltung und ihre Ursachen, Umstände und Folgen untersuchen;
   (iii) geeignete Maßnahmen ergreifen, um die Ursachen und Umstände, die zu der Nichteinhaltung geführt haben, abzustellen und ein erneutes Auftreten ähnlicher Ursachen und Umstände, die zu der Nichteinhaltung geführt haben, zu verhindern, und
   (iv) die zuständige(n) Behörde(n) über die Gründe der Nichteinhaltung und über die eingeleiteten oder einzuleitenden Maßnahmen zur Abhilfe oder Vorbeugung informieren;

c) muss die Mitteilung über die Nichteinhaltung an den Absender und an die zuständige(n) Behörde(n) sobald wie möglich und, wenn sich eine Notfallexpositionssituation entwickelt hat oder entwickelt, sofort erfolgen.

1.7	Allgemeine Vorschriften für radioaktive Stoffe	
	ADR	RID

Maßnahmen zur Kontrolle und zur sonstigen Unterstützung der Einhaltung der Sicherheitsvorschriften 1.8

ADR	RID

1.8.1   **Behördliche Gefahrgutkontrollen**

1.8.1.1   Die zuständigen Behörden der Vertragsparteien | RID-Vertragsstaaten
können auf ihrem Hoheitsgebiet jederzeit an Ort und Stelle prüfen, ob die Vorschriften für die Beförderung gefährlicher Güter eingehalten sind, und zwar gemäß Unterabschnitt 1.10.1.5 einschließlich der Vorschriften betreffend die Maßnahmen für die Sicherung.

Diese Kontrollen sind jedoch ohne Gefährdung von Personen, Sachen und der Umwelt und ohne erhebliche Störung des
Straßenverkehrs durchzuführen. | Eisenbahnbetriebs durchzuführen.

1.8.1.2   Die an der Beförderung gefährlicher Güter Beteiligten (Kapitel 1.4) haben im Rahmen ihrer jeweiligen Verpflichtung den zuständigen Behörden und deren Beauftragten die zur Durchführung der Kontrollen erforderlichen Auskünfte unverzüglich zu erteilen.

1.8.1.3   Die zuständigen Behörden können auch in den Betrieben der an der Beförderung gefährlicher Güter beteiligten Unternehmen (Kapitel 1.4) zu Kontrollzwecken Besichtigungen vornehmen, Unterlagen einsehen und zu Prüfzwecken Proben der gefährlichen Güter oder der Verpackungen entnehmen, sofern dies die Sicherheit nicht gefährdet. Die an der Beförderung gefährlicher Güter Beteiligten (Kapitel 1.4) haben
Fahrzeuge, Fahrzeugteile | Wagen, Wagenteile
sowie Ausrüstungs- und Ausstattungsgegenstände für Kontrollzwecke zugänglich zu machen, soweit dies möglich und zumutbar ist. Sie können, soweit sie dies als erforderlich erachten, eine Person des Unternehmens bezeichnen, die den Vertreter der zuständigen Behörde begleitet.

1.8.1.4   Stellen die zuständigen Behörden fest, dass die Vorschriften des ADR/RID nicht eingehalten sind, so können sie die Sendung verbieten oder die Beförderung unterbrechen, bis die festgestellten Mängel behoben sind, oder andere geeignete Maßnahmen ergreifen. Das Anhalten kann an Ort und Stelle erfolgen oder an einem von den Behörden aus Sicherheitsgründen gewählten anderen Ort. Diese Maßnahmen dürfen den
Straßenverkehr | Eisenbahnbetrieb
nicht unangemessen stören.

1.8.2   **Amtshilfe**

1.8.2.1   Die Vertragsparteien | RID-Vertragsstaaten
gewähren einander Amtshilfe bei der Durchführung des ADR/RID.

1.8.2.2   Wird auf dem Gebiet einer Vertragspartei | Wird auf dem Gebiet eines RID-Vertragsstaates
bei schwerwiegenden oder wiederholten Verstößen durch ein Unternehmen mit Sitz im Gebiet
einer anderen Vertragspartei | eines anderen RID-Vertragsstaates
die Sicherheit der Beförderung gefährlicher Güter gefährdet, müssen diese Verstöße den zuständigen Behörden
der Vertragspartei gemeldet werden, in deren | des RID-Vertragsstaates gemeldet werden, in dessen
Gebiet das Unternehmen seinen Sitz hat. Die zuständigen Behörden
der Vertragspartei, auf deren | des RID-Vertragsstaates, auf dessen
Gebiet schwerwiegende oder wiederholte Verstöße festgestellt wurden, können die zuständigen Behörden
der Vertragspartei, in deren | des RID-Vertragsstaates, in dessen

1.8 Maßnahmen zur Kontrolle und zur sonstigen Unterstützung der Einhaltung der Sicherheitsvorschriften

ADR	RID

Gebiet das Unternehmen seinen Sitz hat, ersuchen, gegenüber dem oder den Zuwiderhandelnden angemessene Maßnahmen zu ergreifen. Die Übermittlung personenbezogener Daten ist nur zulässig, soweit dies zur Verfolgung von schwerwiegenden oder wiederholten Verstößen erforderlich ist.

1.8.2.3 Die ersuchten Behörden teilen den zuständigen Behörden

der Vertragspartei, auf deren	des RID-Vertragsstaates, auf dessen

Gebiet die Verstöße festgestellt wurden, die gegebenenfalls gegenüber dem Unternehmen ergriffenen Maßnahmen mit.

1.8.3 Sicherheitsberater

1.8.3.1
▶ 1.6.1.44
bis 31.12.2022

Jedes Unternehmen, dessen Tätigkeiten den Versand oder die Beförderung gefährlicher Güter auf der

Straße	Schiene

oder das damit zusammenhängende Verpacken, Beladen, Befüllen oder Entladen umfassen, muss einen oder mehrere Sicherheitsberater für die Beförderung gefährlicher Güter, nachstehend «Gefahrgutbeauftragter» genannt, benennen, deren Aufgabe darin besteht, die Risiken verhüten zu helfen, die sich aus solchen Tätigkeiten für Personen, Sachen und die Umwelt ergeben.

1.8.3.2 Die zuständigen Behörden der

Vertragsparteien	RID-Vertragsstaaten

können vorsehen, dass diese Vorschriften nicht für Unternehmen gelten,

a) deren betroffene Tätigkeiten sich auf begrenzte Mengen je Beförderungseinheit erstrecken, welche die in Unterabschnitt 1.1.3.6, in Unterabschnitt 1.7.1.4 sowie in den Kapiteln 3.3, 3.4 und 3.5 festgelegten Grenzwerte nicht überschreiten, oder	a) deren betroffene Tätigkeiten sich auf die Beförderung gefährlicher Güter mit Beförderungsmitteln erstrecken, die den Streitkräften gehören oder der Verantwortung der Streitkräfte unterstehen, oder
b) deren Haupt- oder Nebentätigkeit nicht in der Beförderung gefährlicher Güter oder im mit dieser Beförderung zusammenhängenden Verpacken, Befüllen, Be- oder Entladen besteht, sondern die gelegentlich innerstaatliche Beförderungen gefährlicher Güter oder das damit zusammenhängende Verpacken, Befüllen, Be- oder Entladen vornehmen, wenn mit diesen Tätigkeiten nur eine sehr geringe Gefahr oder Umweltbelastung verbunden ist.	b) deren betroffene Tätigkeiten sich auf begrenzte Mengen je Wagen erstrecken, welche die in Unterabschnitt 1.1.3.6, in Unterabschnitt 1.7.1.4 sowie in den Kapiteln 3.3, 3.4 und 3.5 festgelegten Grenzwerte nicht überschreiten, oder
	c) deren Haupt- oder Nebentätigkeit nicht in der Beförderung gefährlicher Güter oder im mit dieser Beförderung zusammenhängenden Verpacken, Befüllen, Be- oder Entladen besteht, sondern die gelegentlich innerstaatliche Beförderungen gefährlicher Güter oder das damit zusammenhängende Verpacken, Befüllen, Be- oder Entladen vornehmen, wenn mit diesen Tätigkeiten nur eine sehr geringe Gefahr oder Umweltbelastung verbunden ist.

Maßnahmen zur Kontrolle und zur sonstigen Unterstützung der Einhaltung der Sicherheitsvorschriften 1.8

ADR	RID

1.8.3.3 Der Gefahrgutbeauftragte hat unter der Verantwortung des Unternehmensleiters im Wesentlichen die Aufgabe, im Rahmen der betroffenen Tätigkeiten des Unternehmens nach Mitteln und Wegen zu suchen und Maßnahmen zu veranlassen, die die Durchführung dieser Tätigkeiten unter Einhaltung der geltenden Bestimmungen und unter optimalen Sicherheitsbedingungen erleichtern.

Seine den Tätigkeiten des Unternehmens entsprechenden Aufgaben sind insbesondere:

– Überwachung der Einhaltung der Vorschriften für die Beförderung gefährlicher Güter;

– Beratung des Unternehmens bei den Tätigkeiten im Zusammenhang mit der Beförderung gefährlicher Güter;

– Erstellung eines Jahresberichts für die Unternehmensleitung oder gegebenenfalls für eine örtliche Behörde über die Tätigkeiten des Unternehmens in Bezug auf die Beförderung gefährlicher Güter. Die Berichte sind fünf Jahre lang aufzubewahren und den einzelstaatlichen Behörden auf Verlangen vorzulegen.

Darüber hinaus umfassen die Aufgaben des Gefahrgutbeauftragten insbesondere die Überprüfung des nachstehenden Vorgehens bzw. der nachstehenden Verfahren hinsichtlich der betroffenen Tätigkeiten:

– Verfahren, mit denen die Einhaltung der Vorschriften zur Identifizierung des beförderten gefährlichen Guts sichergestellt werden soll;

– Vorgehen des Unternehmens, um beim Kauf von Beförderungsmitteln den besonderen Erfordernissen in Bezug auf das beförderte gefährliche Gut Rechnung zu tragen;

– Verfahren, mit denen das für die Beförderung gefährlicher Güter oder für das Verpacken, Befüllen, Be- oder Entladen verwendete Material überprüft wird;

– ausreichende Schulung der betreffenden Arbeitnehmer des Unternehmens, einschließlich zu Änderungen der Vorschriften, und Vermerk über diese Schulung in der Personalakte;

– Durchführung geeigneter Sofortmaßnahmen bei etwaigen Unfällen oder Zwischenfällen, die unter Umständen die Sicherheit während der Beförderung gefährlicher Güter oder während des Verpackens, Befüllens, Be- oder Entladens gefährden;

– Durchführung von Untersuchungen und, sofern erforderlich, Erstellung von Berichten über Unfälle, Zwischenfälle oder schwere Verstöße, die während der Beförderung gefährlicher Güter oder während des Verpackens, Befüllens, Be- oder Entladens festgestellt wurden;

– Einführung geeigneter Maßnahmen, mit denen das erneute Auftreten von Unfällen, Zwischenfällen oder schweren Verstößen verhindert werden soll;

– Berücksichtigung der Rechtsvorschriften und der besonderen Anforderungen der Beförderung gefährlicher Güter bei der Auswahl und dem Einsatz von Subunternehmern oder sonstigen Dritten;

– Überprüfung, ob das mit dem Versenden, der Beförderung, dem Verpacken, Befüllen, Verladen oder Entladen der gefährlichen Güter betraute Personal über ausführliche Arbeitsanleitungen und Anweisungen verfügt;

– Einführung von Maßnahmen zur Aufklärung über die Risiken bei der Beförderung gefährlicher Güter oder beim Verpacken, Befüllen, Verladen oder Entladen der gefährlichen Güter;

– Einführung von Maßnahmen zur Überprüfung des Vorhandenseins der im Beförderungsmittel mitzuführenden Papiere und Sicherheitsausrüstungen sowie der Vorschriftsmäßigkeit dieser Papiere und Ausrüstungen;

– Einführung von Verfahren zur Überprüfung der Einhaltung der Vorschriften für das Verpacken, Befüllen, Be- und Entladen;

– Vorhandensein des Sicherungsplanes gemäß Unterabschnitt 1.10.3.2.

1.8 Maßnahmen zur Kontrolle und zur sonstigen Unterstützung der Einhaltung der Sicherheitsvorschriften

ADR	RID

1.8.3.4 Die Funktion des Gefahrgutbeauftragten kann vom Leiter des Unternehmens, von einer Person mit anderen Aufgaben in dem Unternehmen oder von einer dem Unternehmen nicht angehörenden Person wahrgenommen werden, sofern diese tatsächlich in der Lage ist, die Aufgaben des Gefahrgutbeauftragten zu erfüllen.

1.8.3.5 Das Unternehmen teilt der zuständigen Behörde oder der hierzu

von der Vertragspartei	vom RID-Vertragsstaat

benannten Stelle auf Verlangen den Namen seines Gefahrgutbeauftragten mit.

1.8.3.6 Der Gefahrgutbeauftragte trägt dafür Sorge, dass nach einem Unfall, der sich während einer von dem jeweiligen Unternehmen durchgeführten Beförderung oder während des von dem Unternehmen vorgenommenen Verpackens, Befüllens, Be- oder Entladens ereignet und bei dem Personen, Sachen oder die Umwelt zu Schaden gekommen sind, nach Einholung aller sachdienlichen Auskünfte ein Unfallbericht für die Unternehmensleitung oder gegebenenfalls für eine örtliche Behörde erstellt wird. Dieser Unfallbericht ersetzt nicht die Berichte der Unternehmensleitung, die entsprechend sonstiger internationaler oder innerstaatlicher Rechtsvorschriften zu erstellen sind.

1.8.3.7 Der Gefahrgutbeauftragte muss Inhaber eines für die Beförderung auf der

Straße	Schiene

gültigen Schulungsnachweises sein. Dieser wird von der zuständigen Behörde oder der hierzu

von der Vertragspartei	vom RID-Vertragsstaat

benannten Stelle ausgestellt.

1.8.3.8 Zur Erlangung des Nachweises muss der Bewerber eine Schulung erhalten, die durch das Bestehen einer von der zuständigen Behörde

der Vertragspartei	des RID-Vertragsstaates

anerkannten Prüfung nachgewiesen wird.

1.8.3.9 Mit der Schulung sollen dem Bewerber in erster Linie eine ausreichende Kenntnis über die Risiken bei der Beförderung, dem Verpacken, Befüllen, Be- oder Entladen von gefährlichen Gütern, eine ausreichende Kenntnis der anwendbaren Rechts- und Verwaltungsvorschriften sowie eine ausreichende Kenntnis der in Unterabschnitt 1.8.3.3 festgelegten Aufgaben vermittelt werden.

1.8.3.10 Die Prüfung wird von der zuständigen Behörde oder einer von dieser bestimmten Prüfungsstelle durchgeführt. Die Prüfungsstelle darf nicht Schulungsveranstalter sein.

Die Benennung der Prüfungsstelle erfolgt in schriftlicher Form. Diese Zulassung kann befristet sein und muss unter Zugrundelegung folgender Kriterien erfolgen:
- Kompetenz der Prüfungsstelle;
- Spezifikation der von der Prüfungsstelle vorgeschlagenen Prüfungsmodalitäten, einschließlich gegebenenfalls der Infrastruktur und Organisation elektronischer Prüfungen entsprechend Absatz 1.8.3.12.5, wenn diese durchgeführt werden sollen;
- Maßnahmen zur Gewährleistung der Objektivität der Prüfungen;
- Unabhängigkeit der Prüfungsstelle gegenüber allen natürlichen oder juristischen Personen, die Gefahrgutbeauftragte beschäftigen.

1.8.3.11 Ziel der Prüfung ist es festzustellen, ob die Kandidaten über den erforderlichen Kenntnisstand zur Erfüllung der Aufgaben eines Gefahrgutbeauftragten gemäß Unterabschnitt 1.8.3.3 und somit zum Erhalt des in Unterabschnitt 1.8.3.7 vorgesehenen Schulungsnachweises verfügen; die Prüfung muss mindestens folgende Sachgebiete umfassen:

a) Kenntnisse über Unfallfolgen im Zusammenhang mit der Beförderung gefährlicher Güter und Kenntnisse der wichtigsten Unfallursachen;

Maßnahmen zur Kontrolle und zur sonstigen Unterstützung der Einhaltung der Sicherheitsvorschriften 1.8

ADR	RID
b) Bestimmungen in einzelstaatlichen Rechtsvorschriften sowie in internationalen Übereinkommen, die insbesondere folgende Bereiche betreffen:	
– Klassifizierung der gefährlichen Güter (Verfahren zur Klassifizierung von Lösungen und Gemischen, Aufbau des Stoffverzeichnisses, Klassen der gefährlichen Güter und Klassifizierungskriterien, Eigenschaften der beförderten gefährlichen Güter, physikalische und chemische sowie toxikologische Eigenschaften der gefährlichen Güter);	
– allgemeine Vorschriften für Verpackungen, Tanks und Tankcontainer (Typen, Codierung, Kennzeichnung, Bau, erste und wiederkehrende Prüfungen);	
– Kennzeichnung, Bezettelung, Anbringen von Großzetteln (Placards) und Kennzeichnung mit orangefarbenen Tafeln (Kennzeichnung und Bezettelung von Versandstücken, Anbringen und Entfernen der Großzettel (Placards) und der orangefarbenen Tafeln);	
– Vermerke im Beförderungspapier (erforderliche Angaben);	
– Versandart und Versandbeschränkungen (geschlossene Ladung, Beförderung in loser Schüttung, Beförderung in Großpackmitteln (IBC), Beförderung in Containern, Beförderung in festverbundenen oder Aufsetztanks);	Abfertigungsbeschränkungen (abnehmbaren Tanks);
– Beförderung von Fahrgästen;	
– Zusammenladeverbote und Vorsichtsmaßnahmen bei der Zusammenladung;	
– Trennung von Gütern;	
– begrenzte Mengen und freigestellte Mengen;	
– Handhabung und Sicherung der Ladung (Verpacken, Befüllen, Be- und Entladen – Füllungsgrad, Stauen und Trennen);	
– Reinigung bzw. Entgasung vor dem Verpacken, Befüllen und Beladen sowie nach dem Entladen;	
– Fahrpersonal bzw. Besatzung: Ausbildung;	
– mitzuführende Papiere (Beförderungspapiere, schriftliche Weisungen, Zulassungsbescheinigung des Fahrzeugs, Bescheinigung über die Schulung der Fahrzeugführer, Kopie der etwaigen Ausnahme oder Abweichung, sonstige Papiere);	
– schriftliche Weisungen (Durchführung der Anweisungen sowie Schutzausrüstung für die Fahrzeugbesatzung);	Ausrüstung für den persönlichen Schutz);
– Überwachungspflichten (Halten und Parken);	
– Verkehrsregeln und -beschränkungen;	
– Freiwerden umweltbelastender Stoffe auf Grund eines Betriebsvorgangs oder eines Unfalls;	
– Vorschriften für Beförderungsausrüstungen.	

1.8 Maßnahmen zur Kontrolle und zur sonstigen Unterstützung der Einhaltung der Sicherheitsvorschriften

ADR	RID

1.8.3.12 Prüfungen

1.8.3.12.1 Die Prüfung besteht aus einer schriftlichen Prüfung, die durch eine mündliche Prüfung ergänzt werden kann.

1.8.3.12.2 Die zuständige Behörde oder eine von dieser bestimmte Prüfungsstelle muss jede Prüfung beaufsichtigen. Jegliche Manipulation und Täuschung muss weitestgehend ausgeschlossen sein. Eine Authentifizierung des Teilnehmers muss sichergestellt sein. Bei der schriftlichen Prüfung ist die Verwendung von Unterlagen mit Ausnahme von internationalen oder nationalen Vorschriften nicht zugelassen. Alle Prüfungsunterlagen müssen durch einen Ausdruck oder elektronisch als Datei erfasst und aufbewahrt werden.

1.8.3.12.3 Es dürfen nur die von der Prüfungsstelle zur Verfügung gestellten elektronischen Hilfsmittel verwendet werden. Es darf nicht die Möglichkeit bestehen, dass der Kandidat auf dem zur Verfügung gestellten elektronischen Hilfsmittel andere Daten aufnimmt; der Kandidat darf nur auf die gestellten Fragen antworten.

1.8.3.12.4 Die schriftliche Prüfung besteht aus zwei Teilen:

a) Dem Kandidaten wird ein Fragebogen vorgelegt. Dieser besteht aus mindestens 20 Fragen mit direkter Antwort, die mindestens die in der Liste gemäß Unterabschnitt 1.8.3.11 genannten Sachgebiete betreffen. Multiple-Choice-Fragen sind jedoch auch möglich. In diesem Fall entsprechen zwei Multiple-Choice-Fragen einer Frage mit direkter Antwort. Innerhalb dieser Sachgebiete ist folgenden Aspekten besondere Aufmerksamkeit zu widmen:

- allgemeine Verhütungs- und Sicherheitsmaßnahmen
- Klassifizierung der gefährlichen Güter
- allgemeine Vorschriften für Verpackungen, Tanks, Tankcontainer, Tankfahrzeuge, usw. | Kesselwagen, usw.
- Kennzeichen, Großzettel (Placards) und Gefahrzettel
- Vermerke im Beförderungspapier
- Handhabung und Sicherung der Ladung
- Ausbildung des Fahrpersonals bzw. der Besatzung
- mitzuführende Papiere und Beförderungspapiere
- schriftliche Weisungen
- Vorschriften für Beförderungsausrüstungen.

b) Jeder Kandidat hat eine Fallstudie in Zusammenhang mit den in Unterabschnitt 1.8.3.3 aufgeführten Aufgaben des Gefahrgutbeauftragten zu bearbeiten, bei der er nachweisen kann, dass er in der Lage ist, die Aufgaben eines Gefahrgutbeauftragten zu erfüllen.

1.8.3.12.5 Schriftliche Prüfungen können ganz oder teilweise auch als elektronische Prüfungen durchgeführt werden, bei denen die Antworten in Arbeitsverfahren der elektronischen Datenverarbeitung (EDV) erfasst und ausgewertet werden, wenn folgende zusätzlichen Voraussetzungen erfüllt sind:

a) Die Hard- und Software muss von der zuständigen Behörde oder eine von dieser bestimmten Prüfungsstelle geprüft und akzeptiert sein.

b) Die einwandfreie technische Funktion ist sicherzustellen. Es müssen Vorkehrungen bei Ausfall von Geräten und Anwendungen getroffen werden, ob und wie die Prüfung fortgesetzt werden kann. Die Geräte dürfen über keine Hilfsmittel (z.B. elektronische Suchfunktion) verfügen; bei der gemäß Absatz 1.8.3.12.3 zur Verfügung gestellten Ausrüstung muss die Möglichkeit ausgeschlossen sein, dass die Kandidaten während der Prüfung mit anderen Geräten kommunizieren können.

Maßnahmen zur Kontrolle und zur sonstigen Unterstützung der Einhaltung der Sicherheitsvorschriften   1.8

ADR	RID

c) Die endgültigen Eingaben der jeweiligen Teilnehmer müssen erfasst werden. Die Ergebnisermittlung muss nachvollziehbar sein.

1.8.3.13 Die Vertragsparteien | Die RID-Vertragsstaaten
können vorsehen, dass die Kandidaten, die für Unternehmen tätig werden wollen, die sich auf die Beförderung bestimmter Arten gefährlicher Güter spezialisiert haben, nur auf den ihre Tätigkeit betreffenden Gebieten geprüft werden. Bei diesen Arten von Gütern handelt es sich um Güter der

– Klasse 1

– Klasse 2

– Klasse 7

– Klassen 3, 4.1, 4.2, 4.3, 5.1, 5.2, 6.1, 6.2, 8 und 9

– UN-Nummern 1202, 1203, 1223, 3475 und Flugkraftstoff, welcher der UN-Nummer 1268 oder 1863 zugeordnet ist.

Im Schulungsnachweis gemäß Unterabschnitt 1.8.3.7 ist deutlich anzugeben, dass dieser nur für die unter diesem Unterabschnitt genannten Arten gefährlicher Güter gültig ist, für die der Gefahrgutbeauftragte gemäß den im Unterabschnitt 1.8.3.12 genannten Bedingungen geprüft worden ist.

1.8.3.14 Die zuständige Behörde oder die Prüfungsstelle erstellt im Laufe der Zeit einen Katalog der Fragen, die Gegenstand der Prüfungen waren.

1.8.3.15 Der Schulungsnachweis gemäß Unterabschnitt 1.8.3.7 wird entsprechend dem Muster in Unterabschnitt 1.8.3.18 ausgestellt und von allen
Vertragsparteien anerkannt. | RID-Vertragsstaaten anerkannt.

1.8.3.16 Geltungsdauer und Verlängerung des Schulungsnachweises

1.8.3.16.1 Der Nachweis hat eine Geltungsdauer von fünf Jahren. Die Geltungsdauer des Nachweises wird ab dem Zeitpunkt seines Ablaufens um fünf Jahre verlängert, wenn der Inhaber des Nachweises im Jahr vor dessen Ablaufen einen Test bestanden hat. Der Test muss von der zuständigen Behörde anerkannt sein.

1.8.3.16.2 Ziel des Tests ist es sicherzustellen, dass der Inhaber die notwendigen Kenntnisse hat, um die in Unterabschnitt 1.8.3.3 aufgeführten Pflichten zu erfüllen. Die erforderlichen Kenntnisse sind in Unterabschnitt 1.8.3.11 b) aufgeführt und müssen die seit dem Erwerb des letzten Schulungsnachweises eingeführten Vorschriftenänderungen einschließen. Der Test muss auf derselben Grundlage, wie in den Unterabschnitten 1.8.3.10 und 1.8.3.12 bis 1.8.3.14 beschrieben, durchgeführt und überwacht werden. Jedoch muss der Inhaber nicht die in Absatz 1.8.3.12.4 b) festgelegte Fallstudie bearbeiten.

1.8.3.17 (gestrichen)

1.8	Maßnahmen zur Kontrolle und zur sonstigen Unterstützung der Einhaltung der Sicherheitsvorschriften	
	ADR	**RID**

1.8.3.18 Muster des Nachweises

▶ *1.6.1.45* **Schulungsnachweis des Gefahrgutbeauftragten**
▶ *1.6.1.38*

Nummer des Schulungsnachweises: ....

Nationalitätszeichen des ausstellenden Staates: ....

Name: ....

Vorname(n): ....

Geburtsdatum und Geburtsort: ....

Staatsangehörigkeit: ....

Unterschrift des Inhabers: ....

Gültig bis .... (Datum) für gefährliche Güter befördernde Unternehmen sowie Unternehmen, die das Versenden, Verpacken, Befüllen, Be- oder Entladen im Zusammenhang mit Beförderungen gefährlicher Güter durchführen:

☐ im Straßenverkehr

☐ im Eisenbahnverkehr

☐ im Binnenschiffsverkehr

Ausgestellt durch: ....

Datum: ....

Unterschrift: ....

1.8.3.19 Ausdehnung des Schulungsnachweises

Wenn ein Gefahrgutbeauftragter den Geltungsbereich seines Schulungsnachweises während dessen Geltungsdauer unter Einhaltung der Vorschriften des Absatzes 1.8.3.16.2 ausdehnt, bleibt die Geltungsdauer des neuen Schulungsnachweises gegenüber derjenigen des vorherigen Schulungsnachweises unverändert.

1.8.4 Liste der zuständigen Behörden und der von ihnen benannten Stellen

Die Vertragsparteien teilen dem Sekretariat der Wirtschaftskommission der Vereinten Nationen für Europa die Adressen der gemäß Landesrecht für die Anwendung des ADR/RID zuständigen Behörden und der von ihnen benannten Stellen, jeweils bezogen auf die betreffende Bestimmung des ADR/RID, sowie die Adressen mit, an welche die jeweiligen Anträge zu stellen sind.	Die RID-Vertragsstaaten teilen dem Sekretariat der OTIF
Das Sekretariat der Wirtschaftskommission der Vereinten Nationen für Europa erstellt aus den erhaltenen Informationen eine Liste und hält sie auf dem Laufenden. Es teilt die Liste und deren Änderungen den Vertragsparteien mit.	Das Sekretariat der OTIF RID-Vertragsstaaten mit.

Maßnahmen zur Kontrolle und zur sonstigen Unterstützung der Einhaltung der Sicherheitsvorschriften 1.8

ADR	RID

1.8.5 Meldungen von Ereignissen mit gefährlichen Gütern

1.8.5.1 Ereignet sich beim Beladen, beim Befüllen, bei der Beförderung oder beim Entladen gefährlicher Güter auf dem Gebiet

einer Vertragspartei	eines RID-Vertragsstaates

ein schwerer Unfall oder Zwischenfall, so hat der Verlader, Befüller, Beförderer, Entlader

oder Empfänger	, Empfänger oder gegebenenfalls der Betreiber der Eisenbahninfrastruktur

sicherzustellen, dass der zuständigen Behörde

der betreffenden Vertragspartei	des betreffenden RID-Vertragsstaates

spätestens einen Monat nach dem Ereignis ein Bericht gemäß dem in Unterabschnitt 1.8.5.4 vorgeschriebenen Muster vorgelegt wird.

1.8.5.2

Diese Vertragspartei leitet erforderlichenfalls ihrerseits einen Bericht an das Sekretariat der Wirtschaftskommission der Vereinten Nationen für Europa zwecks Information der anderen Vertragsparteien weiter.	Dieser RID-Vertragsstaat leitet erforderlichenfalls seinerseits einen Bericht an das Sekretariat der OTIF zwecks Information der anderen RID-Vertragsstaaten weiter.

1.8.5.3 Ein meldepflichtiges Ereignis nach Unterabschnitt 1.8.5.1 liegt vor, wenn gefährliche Güter ausgetreten sind oder die unmittelbare Gefahr eines Produktaustritts bestand, ein Personen-, Sach- oder Umweltschaden eingetreten ist oder Behörden beteiligt waren und ein oder mehrere der nachfolgenden Kriterien erfüllt sind:

Ein Personenschaden ist ein Ereignis, bei dem der Tod oder eine Verletzung im unmittelbaren Zusammenhang mit dem beförderten gefährlichen Gut steht, und die Verletzung

a) zu einer intensiven medizinischen Behandlung führt,

b) einen Krankenhausaufenthalt von mindestens einem Tag zur Folge hat oder

c) eine Arbeitsunfähigkeit von mindestens drei aufeinander folgenden Tagen zur Folge hat.

Ein Produktaustritt liegt vor, wenn gefährliche Güter

a) der Beförderungskategorie 0 oder 1 ab 50 kg oder Liter,

b) der Beförderungskategorie 2 ab 333 kg oder Liter oder

c) der Beförderungskategorie 3 oder 4 ab 1000 kg oder Liter

ausgetreten sind.

Das Kriterium des Produktaustritts liegt auch vor, wenn die unmittelbare Gefahr eines Produktaustrittes in der vorgenannten Menge bestand. In der Regel ist dies anzunehmen, wenn das Behältnis aufgrund von strukturellen Schäden für die nachfolgende Beförderung nicht mehr geeignet ist oder aus anderen Gründen keine ausreichende Sicherheit gewährleistet ist (z.B. durch Verformung von Tanks oder Containern, Umkippen eines Tanks oder Brand in unmittelbarer Nähe).

Sind gefährliche Güter der Klasse 6.2 beteiligt, gilt die Berichtspflicht ohne Mengenbegrenzung.

Sind bei einem Ereignis radioaktive Stoffe beteiligt, gelten folgende Kriterien für den Produktaustritt:

a) jedes Austreten radioaktiver Stoffe aus Versandstücken;

b) Exposition, die zu einer Überschreitung der in den Regelungen für den Schutz von Beschäftigten und der Öffentlichkeit vor ionisierender Strahlung («Radiation Protection and Safety of Radiation Sources: International Basic Safety Standards» (Strahlenschutz und Sicherheit von Strahlenquellen: Internationale grundlegende Sicherheitsnormen), IAEA Safety Standards Series No. GSR Teil 3, IAEO, Wien (2014)) festgelegten Grenzwerte führt, oder

1.8	Maßnahmen zur Kontrolle und zur sonstigen Unterstützung der Einhaltung der Sicherheitsvorschriften
ADR	**RID**

c) wenn Grund zur Annahme besteht, dass eine bedeutende Verminderung der Sicherheitsfunktionen des Versandstücks (dichte Umschließung, Abschirmung, Wärmeschutz oder Kritikalität) stattgefunden hat, durch die das Versandstück für die Fortsetzung der Beförderung ohne zusätzliche Sicherheitsmaßnahmen ungeeignet geworden ist.

Bem. Siehe Vorschriften für unzustellbare Sendungen in Abschnitt 7.5.11 Sondervorschrift
CV 33 (6). | CW 33 (6).

Ein Sach- und/oder Umweltschaden liegt vor, wenn gefährliche Güter in beliebiger Menge ausgetreten sind und dabei eine geschätzte Schadenshöhe von 50.000 Euro überschritten wird. Schäden an unmittelbar betroffenen Beförderungsmitteln mit gefährlichen Gütern und an der Infrastruktur des Verkehrsträgers bleiben dabei unberücksichtigt.

Eine Behördenbeteiligung liegt vor, wenn bei dem Ereignis mit gefährlichen Gütern Behörden oder Hilfsdienste unmittelbar involviert waren und eine Evakuierung von Personen oder die Sperrung von öffentlichen Verkehrswegen (Straße/Schiene) bedingt durch die von dem gefährlichen Gut ausgehende Gefahr für eine Dauer von mindestens drei Stunden erfolgte.

Falls erforderlich, kann die zuständige Behörde weitere sachdienliche Auskünfte anfordern.

1.8.5.4 Muster des Berichts über Ereignisse bei der Beförderung gefährlicher Güter

Bericht über Ereignisse bei der Beförderung gefährlicher Güter gemäß Abschnitt 1.8.5 RID/ADR

Beförderer/
Eisenbahninfrastrukturbetreiber: ....

Adresse: ....

Kontaktperson: .... Telefon: .... Telefax: ....

(Dieses Deckblatt ist vor Weitergabe des Berichts durch die zuständige Behörde zu entfernen.)

Maßnahmen zur Kontrolle und zur sonstigen Unterstützung der Einhaltung der Sicherheitsvorschriften 1.8

ADR	RID

1. Verkehrsträger

☐ Schiene
Wagen-Nummer (Angabe freigestellt):
....

☐ Straße
Fahrzeugkennzeichen (Angabe freigestellt):
....

2. Datum und Ort des Ereignisses

Jahr: .... Monat: .... Tag: .... Stunde: ....

Schiene
☐ Bahnhof
☐ Rangierbahnhof / Zugbildungsbahnhof
☐ Belade- / Entlade- / Umschlaganlage
Ort / Staat: ....
oder
☐ freie Strecke
Streckenbezeichnung: ....
Kilometer: ....

Straße
☐ innerorts
☐ Belade- / Entlade- / Umschlaganlage
☐ außerorts
Ort / Staat: ....

3. Topographie

☐ Steigung/Gefälle
☐ Tunnel
☐ Brücke/Unterführung
☐ Kreuzung

4. Besondere Wetterbedingungen

☐ Regen
☐ Schneefall
☐ Glätte
☐ Nebel
☐ Gewitter
☐ Sturm
Temperatur: ... °C

5. Beschreibung des Ereignisses

☐ Entgleisung / Abkommen von der Fahrbahn
☐ Kollision (Zusammenstoß/Aufprall)
☐ Umkippen / Überrollen
☐ Brand
☐ Explosion
☐ Leckage
☐ technischer Mangel

Zusätzliche Beschreibung des Ereignisses:
....
....
....
....
....
....

1.8 Maßnahmen zur Kontrolle und zur sonstigen Unterstützung der Einhaltung der Sicherheitsvorschriften

ADR | **RID**

6. Betroffene gefährliche Güter

UN-Nummer [1]	Klasse	Verpackungsgruppe	geschätzte Menge des ausgetretenen Produktes (kg oder l) [2]	Art der Umschließung [3]	Werkstoff der Umschließung	Art des Versagens der Umschließung [4]

[1] Bei gefährlichen Gütern, die unter eine Sammeleintragung fallen, für die die Sondervorschrift 274 gilt, ist zusätzlich die technische Benennung anzugeben.

[2] Für radioaktive Stoffe der Klasse 7 sind die Werte gemäß den Kriterien in Unterabschnitt 1.8.5.3 anzugeben.

[3] Es ist die entsprechende Nummer anzugeben:
1 Verpackung
2 Großpackmittel (IBC)
3 Großverpackung
4 Kleincontainer
5 Wagen
6 Fahrzeug
7 Kesselwagen
8 Tankfahrzeug
9 Batteriewagen
10 Batterie-Fahrzeug
11 Wagen mit abnehmbaren Tanks
12 Aufsetztank
13 Großcontainer
14 Tankcontainer
15 MEGC
16 ortsbeweglicher Tank

[4] Es ist die entsprechende Nummer anzugeben:
1 Leckage
2 Brand
3 Explosion
4 strukturelles Versagen

7. Ereignisursache (falls eindeutig bekannt)

☐ technischer Mangel
☐ nicht ordnungsgemäße Ladungssicherung
☐ betriebliche Ursache (Eisenbahnbetrieb)
☐ Sonstiges: ....

8. Auswirkungen des Ereignisses

Personenschaden in Zusammenhang mit den betroffenen gefährlichen Gütern:
☐ Tote (Anzahl: .....)
☐ Verletzte (Anzahl: .....)

Produktaustritt
☐ ja
☐ nein
☐ unmittelbare Gefahr eines Produktaustritts

Sach-/Umweltschaden
☐ geschätzte Schadenshöhe ≤ 50.000 Euro
☐ geschätzte Schadenshöhe > 50.000 Euro

Behördenbeteiligung:
☐ ja → ☐ durch die betroffenen gefährlichen Güter bedingte Evakuierung von Personen für eine Dauer von mindestens drei Stunden
☐ durch die betroffenen gefährlichen Güter bedingte Sperrung von öffentlichen Verkehrswegen von mindestens drei Stunden

☐ nein

Falls erforderlich, kann die zuständige Behörde weitere sachdienliche Auskünfte anfordern.

Maßnahmen zur Kontrolle und zur sonstigen Unterstützung der Einhaltung der Sicherheitsvorschriften 1.8

ADR	RID

1.8.6   Administrative Kontrollen für die Anwendung der in Abschnitt 1.8.7 beschriebenen Konformitätsbewertungen, wiederkehrenden Prüfungen, Zwischenprüfungen und außerordentlichen Prüfungen

▶ 1.6.2.11

1.8.6.1   **Zulassung von Prüfstellen**

Die zuständige Behörde kann für die in Abschnitt 1.8.7 festgelegten Konformitätsbewertungen, wiederkehrenden Prüfungen, Zwischenprüfungen, außerordentlichen Prüfungen und die Überwachung des betriebseigenen Prüfdienstes Prüfstellen zulassen.

1.8.6.2   **Verpflichtungen der zuständigen Behörde, ihres Beauftragten oder der Prüfstelle in Bezug auf ihre Arbeit**

1.8.6.2.1   Die zuständige Behörde, ihr Beauftragter oder die Prüfstelle müssen Konformitätsbewertungsverfahren, wiederkehrende Prüfungen, Zwischenprüfungen und außerordentliche Prüfungen unter Wahrung der Verhältnismäßigkeit durchführen, wobei unnötige Belastungen vermieden werden. Die zuständige Behörde, ihr Beauftragter oder die Prüfstelle müssen ihre Tätigkeiten unter Berücksichtigung der Größe, der Branche und der Struktur der betroffenen Unternehmen, der relativen Komplexität der Technologie und des Seriencharakters der Fertigung ausüben.

1.8.6.2.2   Allerdings muss die zuständige Behörde, ihr Beauftragter oder die Prüfstelle so streng vorgehen und ein Schutzniveau einhalten, wie dies für die Konformität des ortsbeweglichen Druckgeräts mit den Vorschriften des Teils 4 bzw. 6 erforderlich ist.

1.8.6.2.3   Wenn eine zuständige Behörde, ihr Beauftragter oder die Prüfstelle feststellt, dass ein Hersteller die in Teil 4 oder 6 enthaltenen Vorschriften nicht erfüllt hat, muss sie den Hersteller auffordern, angemessene Korrekturmaßnahmen zu ergreifen, und darf keine Baumusterzulassungsbescheinigung oder Konformitätsbescheinigung ausstellen.

1.8.6.3   **Meldepflichten**

Die Vertragsparteien des ADR	Die RID-Vertragsstaaten

müssen ihre nationalen Verfahren für die Bewertung, Ernennung und Beaufsichtigung von Prüfstellen und alle Änderungen zu diesen Informationen veröffentlichen.

1.8.6.4   **Delegation von Prüfaufgaben**

Bem. Betriebseigene Prüfstellen gemäß Unterabschnitt 1.8.7.6 werden durch den Unterabschnitt 1.8.6.4 nicht erfasst.

1.8.6.4.1   Wenn sich eine Prüfstelle der Dienste anderer Betriebe (z.B. Unterauftragnehmer, Zweigniederlassung) für die Durchführung bestimmter mit der Konformitätsbewertung, der wiederkehrenden Prüfung, der Zwischenprüfungen oder der außerordentlichen Prüfung verbundener Aufgaben bedient, muss dieser Betrieb in die Akkreditierung der Prüfstelle eingeschlossen werden oder getrennt akkreditiert werden. Im Fall der getrennten Akkreditierung muss dieser Betrieb gemäß der Norm EN ISO/IEC 17025:2017 (ausgenommen Absatz 8.1.3) in geeigneter Weise akkreditiert und von der Prüfstelle als ein unabhängiges und unparteiisches Prüflaboratorium anerkannt sein, um Prüfaufgaben gemäß seiner Akkreditierung durchführen zu können, oder er muss gemäß der Norm EN ISO/IEC 17020:2012 (ausgenommen Absatz 8.1.3) akkreditiert sein. Die Prüfstelle muss sicherstellen, dass dieser Betrieb die Vorschriften für die delegierten Aufgaben mit demselben Maß an Sachkunde und Sicherheit erfüllt, wie es für die Prüfstellen (siehe Unterabschnitt 1.8.6.8) festgelegt ist, und muss dies beaufsichtigen. Die Prüfstelle muss die zuständige Behörde über die oben genannten Vorkehrungen informieren.

1.8.6.4.2   Die Prüfstelle muss die volle Verantwortung für die Arbeiten tragen, die von diesen Betrieben ausgeführt werden, unabhängig davon, wo die Aufgaben von diesen ausgeführt werden.

1.8	Maßnahmen zur Kontrolle und zur sonstigen Unterstützung der Einhaltung der Sicherheitsvorschriften
ADR	**RID**

1.8.6.4.3 Die Prüfstelle darf nicht die gesamte Aufgabe der Konformitätsbewertung, der wiederkehrenden Prüfung, der Zwischenprüfung oder der außerordentlichen Prüfung delegieren. In jedem Fall muss die Bewertung und die Ausstellung von Bescheinigungen von der Prüfstelle selbst vorgenommen werden.

1.8.6.4.4 Arbeiten dürfen ohne Zustimmung des Antragstellers nicht delegiert werden.

1.8.6.4.5 Die Prüfstelle muss für die zuständige Behörde die einschlägigen Unterlagen über die Begutachtung der Qualifikation und die von den oben genannten Betrieben ausgeführten Arbeiten bereithalten.

1.8.6.5 **Meldepflichten der Prüfstellen**

Jede Prüfstelle muss der zuständigen Behörde, die sie zugelassen hat, folgende Informationen melden:

a) jede Verweigerung, Einschränkung, Aussetzung oder Rücknahme einer Baumusterzulassungsbescheinigung, ausgenommen in den Fällen, in denen die Vorschriften des Absatzes 1.8.7.2.4 Anwendung finden;

b) alle Umstände, die Folgen für den Geltungsbereich und die Bedingungen der von der zuständigen Behörde erteilten Zulassung haben;

c) jedes Auskunftsersuchen über durchgeführte Tätigkeiten der Konformitätsbewertung, das sie von der Konformitätsüberwachung der zuständigen Behörde nach Abschnitt 1.8.1 oder Unterabschnitt 1.8.6.6 erhalten haben;

d) auf Verlangen, welchen Konformitätsbewertungstätigkeiten sie im Geltungsbereich ihrer Zulassung nachgegangen sind und welche anderen Tätigkeiten, einschließlich der Delegation von Aufgaben, sie ausgeführt haben.

1.8.6.6 Die zuständige Behörde muss die Überwachung der Prüfstellen sicherstellen und die erteilte Zulassung zurückziehen oder einschränken, wenn sie feststellt, dass eine zugelassene Stelle nicht mehr die Zulassung und die Anforderungen des Unterabschnitts 1.8.6.8 erfüllt oder die in den Vorschriften des ADR/RID festgelegten Verfahren nicht einhält.

1.8.6.7 Wenn die Zulassung der Prüfstelle zurückgezogen oder eingeschränkt wurde oder wenn die Prüfstelle ihre Tätigkeit eingestellt hat, muss die zuständige Behörde die entsprechenden Schritte einleiten, um sicherzustellen, dass die Akten entweder von einer anderen Prüfstelle bearbeitet werden oder verfügbar bleiben.

1.8.6.8 Die Prüfstelle muss:

a) über in einer Organisationsstruktur eingebundenes, geeignetes, geschultes, sachkundiges und erfahrenes Personal verfügen, das seine technischen Aufgaben in zufrieden stellender Weise ausüben kann;

b) Zugang zu geeigneten und hinreichenden Einrichtungen und Ausrüstungen haben;

c) in unabhängiger Art und Weise arbeiten und frei von Einflüssen sein, die sie daran hindern könnten;

d) geschäftliche Verschwiegenheit über die unternehmerischen und eigentumsrechtlich geschützten Tätigkeiten des Herstellers und anderer Stellen bewahren;

e) eine klare Trennung zwischen den eigentlichen Aufgaben als Prüfstelle und den damit nicht zusammenhängenden Aufgaben einhalten;

f) ein dokumentiertes Qualitätssicherungssystem haben;

g) sicherstellen, dass die in der entsprechenden Norm und im ADR/RID festgelegten Prüfungen durchgeführt werden, und

h) ein wirksames und geeignetes Berichts- und Aufzeichnungssystem in Übereinstimmung mit den Abschnitten 1.8.7 und 1.8.8 unterhalten.

Maßnahmen zur Kontrolle und zur sonstigen Unterstützung der Einhaltung der Sicherheitsvorschriften   1.8

ADR	RID

Die Prüfstelle muss darüber hinaus, wie in den Unterabschnitten 6.2.2.11 und 6.2.3.6 sowie den Sondervorschriften TA 4 und TT 9 des Abschnitts 6.8.4 festgelegt, gemäß der Norm EN ISO/IEC 17020:2012 (ausgenommen Absatz 8.1.3) akkreditiert sein.

Eine Prüfstelle, die eine neue Tätigkeit aufnimmt, darf vorübergehend zugelassen werden. Vor einer vorübergehenden Zulassung muss die zuständige Behörde sicherstellen, dass die Prüfstelle die Anforderungen der Norm EN ISO/IEC 17020:2012 (ausgenommen Absatz 8.1.3) erfüllt. Die Prüfstelle muss im ersten Jahr ihrer Tätigkeit akkreditiert sein, um diese neue Tätigkeit fortsetzen zu können.

1.8.7 **Verfahren für die Konformitätsbewertung und die wiederkehrende Prüfung**

▶ 1.6.2.11

Bem. Im Sinne dieses Abschnitts bedeutet «entsprechende Stelle» die für die Zertifizierung von UN-Druckgefäßen in Unterabschnitt 6.2.2.11, die für die Zulassung von Druckgefäßen, die keine UN-Druckgefäße sind, in Unterabschnitt 6.2.3.6 und die in den Sondervorschriften TA 4 und TT 9 des Abschnitts 6.8.4 bestimmte Stelle.

1.8.7.1 **Allgemeine Vorschriften**

1.8.7.1.1 Die Verfahren des Abschnitts 1.8.7 müssen gemäß Unterabschnitt 6.2.3.6 bei der Zulassung von Druckgefäßen, die keine UN-Druckgefäße sind, und nach den Sondervorschriften TA 4 und TT 9 des Abschnitts 6.8.4 bei der Zulassung von Tanks, Batterie-Fahrzeuge | Batteriewagen
und MEGC angewendet werden.

Die Verfahren des Abschnitts 1.8.7 dürfen gemäß der Tabelle in Unterabschnitt 6.2.2.11 bei der Zertifizierung von UN-Druckgefäßen angewendet werden.

1.8.7.1.2 Jeder Antrag für

a) die Baumusterzulassung gemäß Unterabschnitt 1.8.7.2 oder

b) die Überwachung der Herstellung gemäß Unterabschnitt 1.8.7.3 und die erstmalige Prüfung gemäß Unterabschnitt 1.8.7.4 oder

c) die wiederkehrenden Prüfungen, Zwischenprüfungen und außerordentlichen Prüfungen gemäß Unterabschnitt 1.8.7.5

muss vom Antragsteller bei einer einzigen zuständigen Behörde, deren Beauftragten oder einer zugelassenen Prüfstelle seiner Wahl eingereicht werden.

1.8.7.1.3 Der Antrag muss enthalten:

a) den Namen und die Adresse des Antragstellers;

b) bei der Konformitätsbewertung, wenn der Antragsteller nicht der Hersteller ist, den Namen und die Adresse des Herstellers;

c) eine schriftliche Erklärung, dass derselbe Antrag nicht bei einer anderen zuständigen Behörde, deren Beauftragten oder Prüfstelle eingereicht wurde;

d) die entsprechenden in Unterabschnitt 1.8.7.7 festgelegten technischen Unterlagen;

e) eine Erklärung, die der zuständigen Behörde, deren Beauftragten oder der Prüfstelle zu Prüfzwecken Zugang zu den Orten der Herstellung, Prüfung und Lagerung und die Zurverfügungstellung aller notwendigen Informationen gewährt.

1.8.7.1.4 Sofern der Antragsteller zur Zufriedenheit der zuständigen Behörde oder deren beauftragten Prüfstelle die Übereinstimmung mit Unterabschnitt 1.8.7.6 nachweisen kann, darf der Antragsteller einen betriebseigenen Prüfdienst einrichten, der, sofern dies in Unterabschnitt 6.2.2.11 oder 6.2.3.6 festgelegt ist, Teile oder die Gesamtheit der Prüfungen durchführen darf.

1.8	Maßnahmen zur Kontrolle und zur sonstigen Unterstützung der Einhaltung der Sicherheitsvorschriften	
	ADR	**RID**

1.8.7.1.5   Baumusterzulassungsbescheinigungen und Konformitätsbescheinigungen – einschließlich der technischen Unterlagen – müssen vom Hersteller oder vom Antragsteller der Baumusterzulassung, wenn dieser nicht der Hersteller ist, und von der Prüfstelle, welche die Bescheinigung ausgestellt hat, für eine Dauer von mindestens 20 Jahren, beginnend ab dem letzten Produktionszeitpunkt von Produkten desselben Baumusters, aufbewahrt werden.

1.8.7.1.6   Wenn ein Hersteller oder Eigentümer beabsichtigt, seinen Betrieb einzustellen, muss er der zuständigen Behörde die Unterlagen zusenden. Die zuständige Behörde muss die Unterlagen dann für den restlichen in Absatz 1.8.7.1.5 festgelegten Zeitraum aufbewahren.

1.8.7.2   Baumusterzulassung

Baumusterzulassungen genehmigen die Herstellung von Druckgefäßen, Tanks, Batterie-Fahrzeugen | Batteriewagen
oder MEGC während der Gültigkeitsdauer dieser Zulassung.

1.8.7.2.1   Der Antragsteller muss

a) im Fall von Druckgefäßen repräsentative Muster der vorgesehenen Produktion der entsprechenden Stelle zur Verfügung stellen. Die entsprechende Stelle darf weitere Muster anfordern, wenn dies durch das Prüfprogramm erforderlich ist;

b) im Fall von Tanks,
Batterie-Fahrzeugen | Batteriewagen
oder MEGC für die Baumusterprüfung Zugang zum Ausgangsbaumuster gewähren.

1.8.7.2.2   Die entsprechende Stelle muss

a) die in Absatz 1.8.7.7.1 festgelegten technischen Unterlagen begutachten, um zu überprüfen, dass die Auslegung den entsprechenden Vorschriften des ADR/RID entspricht und das Ausgangsbaumuster oder das Fertigungslos des Ausgangsbaumusters in Übereinstimmung mit den technischen Unterlagen hergestellt wurde und für die Auslegung repräsentativ ist;

b) die Untersuchungen durchführen und die im ADR/RID festgelegten Prüfungen bestätigen, um festzustellen, dass die Vorschriften angewandt und erfüllt worden sind und die vom Hersteller angewandten Verfahren den Vorschriften entsprechen;

c) die vom (von den) Werkstoffhersteller(n) ausgestellte(n) Bescheinigung(en) anhand der entsprechenden Vorschriften des ADR/RID überprüfen;

d) sofern zutreffend, die Arbeitsverfahren zur Ausführung dauerhafter Verbindungen zulassen oder überprüfen, ob diese bereits zugelassen worden sind, und überprüfen, ob das mit der Ausführung dauerhafter Verbindungen und der zerstörungsfreien Prüfung betraute Personal qualifiziert oder zugelassen ist;

e) mit dem Antragsteller den Ort und die Prüfeinrichtungen vereinbaren, an dem/denen die Untersuchungen und erforderlichen Prüfungen durchgeführt werden sollen.

Die entsprechende Stelle muss für den Antragsteller einen Baumusterprüfbericht ausstellen.

1.8.7.2.3   Wenn das Baumuster allen anwendbaren Vorschriften entspricht, muss die zuständige Behörde, deren Beauftragter oder die Prüfstelle dem Antragsteller eine Baumusterzulassungsbescheinigung ausstellen.

Diese Bescheinigung muss enthalten:

a) den Namen und die Adresse des Ausstellers;

b) den Namen und die Adresse des Herstellers und, wenn der Antragsteller nicht der Hersteller ist, des Antragstellers;

Maßnahmen zur Kontrolle und zur sonstigen Unterstützung der Einhaltung der Sicherheitsvorschriften 1.8

ADR	RID

c) einen Verweis auf die für die Baumusterprüfung verwendete Ausgabe des ADR/RID und die für die Baumusterprüfung verwendeten Normen;

d) alle Anforderungen, die sich aus der Untersuchung ergeben;

e) die in der jeweiligen Norm für die Identifizierung des Baumusters und die Abweichungen vom Baumuster festgelegten erforderlichen Angaben;

f) den Verweis auf den (die) Baumusterprüfbericht(e) und

g) die maximale Gültigkeitsdauer der Baumusterzulassung.

Eine Liste der entsprechenden Bestandteile der technischen Unterlagen muss der Bescheinigung beigefügt werden (siehe Absatz 1.8.7.7.1).

1.8.7.2.4 Die Baumusterzulassung darf höchstens zehn Jahre gültig sein. Wenn sich die entsprechenden technischen Vorschriften des ADR/RID (einschließlich der in Bezug genommenen Normen) während dieses Zeitraums geändert haben, so dass das zugelassene Baumuster nicht mehr in Übereinstimmung mit diesen Vorschriften ist, muss die entsprechende Stelle, welche die Baumusterzulassung ausgestellt hat, die Baumusterzulassung zurückziehen und den Inhaber der Baumusterzulassung darüber in Kenntnis setzen.

Bem. Wegen des spätesten Zeitpunkts des Entzugs bestehender Baumusterzulassungen siehe Spalte (5) der Tabellen in Abschnitt 6.2.4, in Unterabschnitt 6.8.2.6 bzw. in Unterabschnitt 6.8.3.6.

Wenn eine Baumusterzulassung abgelaufen ist oder zurückgezogen wurde, ist die Herstellung von Druckgefäßen, Tanks,

| Batterie-Fahrzeugen | Batteriewagen |

oder MEGC in Übereinstimmung mit dieser Baumusterzulassung nicht mehr genehmigt.

In diesem Fall gelten die entsprechenden Vorschriften für die Verwendung, die wiederkehrende Prüfung und die Zwischenprüfung von Druckgefäßen, Tanks,

| Batterie-Fahrzeugen | Batteriewagen |

oder MEGC, die in der abgelaufenen oder zurückgezogenen Baumusterzulassung enthalten sind, weiterhin für die vor dem Ablauf oder dem Entzug der Baumusterzulassung gebauten Druckgefäße, Tanks,

| Batterie-Fahrzeuge | Batteriewagen |

oder MEGC, sofern diese weiterverwendet werden dürfen.

Sie dürfen so lange weiterverwendet werden, solange sie weiterhin mit den Vorschriften des ADR/RID übereinstimmen. Wenn sie mit den Vorschriften des ADR/RID nicht mehr übereinstimmen, dürfen sie nur dann weiterverwendet werden, wenn eine solche Verwendung durch entsprechende Übergangsvorschriften in Kapitel 1.6 zugelassen ist.

Baumusterzulassungen dürfen durch eine vollständige Überprüfung und Bewertung der Konformität mit den zum Zeitpunkt der Verlängerung anwendbaren Vorschriften des ADR/RID verlängert werden. Eine Verlängerung ist nicht zugelassen, wenn eine Baumusterzulassung zurückgezogen wurde. Zwischenzeitliche Änderungen an einer bestehenden Baumusterzulassung (z.B. für Druckgefäße kleinere Änderungen wie die Hinzufügung weiterer Größen oder Volumen, welche keinen Einfluss auf die Konformität haben, oder für Tanks siehe Absatz 6.8.2.3.2) verlängern oder verändern nicht die ursprüngliche Gültigkeit der Bescheinigung.

Bem. Die Überprüfung und Bewertung der Konformität darf durch eine andere Stelle als diejenige Stelle, welche die ursprüngliche Baumusterzulassung ausgestellt hat, durchgeführt werden.

Die ausstellende Stelle muss alle Unterlagen für die Baumusterzulassung (siehe Absatz 1.8.7.7.1) während der gesamten Gültigkeitsdauer einschließlich ihrer gegebenenfalls eingeräumten Verlängerungen aufbewahren.

1.8 Maßnahmen zur Kontrolle und zur sonstigen Unterstützung der Einhaltung der Sicherheitsvorschriften

ADR	RID

1.8.7.2.5 Bei Änderungen an einem Druckgefäß, Tank,

| Batterie-Fahrzeug | Batteriewagen |

oder MEGC mit einer gültigen, abgelaufenen oder zurückgezogenen Baumusterzulassung beschränken sich die Prüfung und die Zulassung auf die Teile des Druckgefäßes, Tanks,

| Batterie-Fahrzeugs | Batteriewagens |

oder MEGC, die geändert wurden. Die Änderung muss den zum Zeitpunkt der Änderung anwendbaren Vorschriften des ADR/RID entsprechen. Für alle von der Änderung nicht betroffenen Teile des Druckgefäßes, Tanks,

| Batterie-Fahrzeugs | Batteriewagens |

oder MEGC behalten die Unterlagen der ursprünglichen Baumusterzulassung ihre Gültigkeit.

Eine Änderung kann sowohl für ein als auch für mehrere unter eine Baumusterzulassung fallende Druckgefäße, Tanks,

| Batterie-Fahrzeuge | Batteriewagen |

oder MEGC gelten.

Die zuständige Behörde
einer ADR-Vertragspartei | eines RID-Vertragsstaates

oder eine von dieser Behörde bestimmte Stelle muss dem Antragsteller eine Bescheinigung über die Zulassung der Änderung ausstellen. Bei Tanks,

| Batterie-Fahrzeugen | Batteriewagen |

und MEGC muss eine Kopie als Teil der Tankakte aufbewahrt werden.

Jeder Antrag auf Erteilung einer Bescheinigung über die Zulassung einer Änderung muss vom Antragsteller bei einer einzigen zuständigen Behörde oder einer von dieser Behörde bestimmten Stelle eingereicht werden.

1.8.7.3 Überwachung der Herstellung

1.8.7.3.1 Der Herstellungsprozess muss einer Begutachtung durch die entsprechende Stelle unterzogen werden, um sicherzustellen, dass das Produkt in Übereinstimmung mit den Vorschriften der Baumusterzulassung hergestellt wird.

1.8.7.3.2 Der Antragsteller muss alle notwendigen Maßnahmen ergreifen, um sicherzustellen, dass der Herstellungsprozess den anwendbaren Vorschriften des ADR/RID und der Baumusterzulassungsbescheinigung und ihren Anlagen entspricht.

1.8.7.3.3 Die entsprechende Stelle muss

a) die Übereinstimmung mit den in Absatz 1.8.7.7.2 festgelegten technischen Unterlagen überprüfen;

b) überprüfen, ob der Herstellungsprozess Produkte liefert, die mit den anwendbaren Anforderungen und Unterlagen übereinstimmen;

c) die Rückverfolgbarkeit von Werkstoffen überprüfen und die Werkstoffbescheinigung(en) anhand der Spezifikationen kontrollieren;

d) sofern zutreffend, überprüfen, ob das mit der Ausführung dauerhafter Verbindungen und der zerstörungsfreien Prüfung betraute Personal qualifiziert oder zugelassen ist;

e) mit dem Antragsteller den Ort vereinbaren, an dem die Untersuchungen und erforderlichen Prüfungen durchgeführt werden sollen, und

f) die Ergebnisse ihrer Begutachtung festhalten.

Maßnahmen zur Kontrolle und zur sonstigen Unterstützung der Einhaltung der Sicherheitsvorschriften 1.8

ADR	RID

1.8.7.4 Erstmalige Prüfung

1.8.7.4.1 Der Antragsteller muss

a) die im ADR/RID festgelegten Kennzeichen anbringen und

b) der entsprechenden Stelle die in Unterabschnitt 1.8.7.7 festgelegten technischen Unterlagen zur Verfügung stellen.

1.8.7.4.2 Die entsprechende Stelle muss

a) die notwendigen Untersuchungen und Prüfungen durchführen, um zu überprüfen, ob das Produkt in Übereinstimmung mit der Baumusterzulassung und den entsprechenden Vorschriften hergestellt wird;

b) die von den Herstellern der Bedienungsausrüstung zur Verfügung gestellten Bescheinigungen anhand der Bedienungsausrüstung kontrollieren;

c) einen Bericht über die erstmalige Prüfung für den Antragsteller ausstellen, der auf die durchgeführten detaillierten Prüfungen und Überprüfungen und die überprüften technischen Unterlagen Bezug nimmt;

d) schriftliche Bescheinigungen über die Konformität der Herstellung ausstellen und ihr eingetragenes Kennzeichen anbringen, wenn die Herstellung den Vorschriften entspricht, und

e) prüfen, ob die Baumusterzulassung gültig bleibt, nachdem sich die für die Baumusterzulassung relevanten Vorschriften des ADR/RID (einschließlich der in Bezug genommenen Normen) geändert haben.

Die Bescheinigung in Absatz d) und der Bericht in Absatz c) dürfen eine Anzahl von Gegenständen desselben Typs abdecken (Gruppenbescheinigung oder Gruppenbericht).

1.8.7.4.3 Die Bescheinigung muss mindestens enthalten:

a) den Namen und die Adresse der entsprechenden Stelle;

b) den Namen und die Adresse des Herstellers und den Namen und die Adresse des Antragstellers, wenn dieser nicht der Hersteller ist;

c) einen Verweis auf die für die erstmaligen Prüfungen verwendete Ausgabe des ADR/RID und die für die erstmaligen Prüfungen verwendeten Normen;

d) die Ergebnisse der Prüfungen;

e) die Identifizierungsdaten des (der) geprüften Produkts (Produkte), und zwar mindestens die Seriennummer oder bei nicht nachfüllbaren Flaschen die Chargennummer, und

f) die Nummer der Baumusterzulassung.

1.8.7.5 Wiederkehrende Prüfungen, Zwischenprüfungen und außerordentliche Prüfungen

1.8.7.5.1 Die entsprechende Stelle muss

a) die Identifizierung vornehmen und die Übereinstimmung mit den Unterlagen überprüfen;

b) die Inspektionen durchführen und den Prüfungen beiwohnen, um zu überwachen, dass die Vorschriften erfüllt sind;

c) Berichte über die Ergebnisse der Prüfungen ausstellen, die auch eine Anzahl von Gegenständen abdecken können, und

d) sicherstellen, dass die vorgeschriebenen Kennzeichen angebracht sind.

1.8 Maßnahmen zur Kontrolle und zur sonstigen Unterstützung der Einhaltung der Sicherheitsvorschriften

ADR	RID

1.8.7.5.2 Berichte über die wiederkehrenden Prüfungen von Druckgefäßen müssen vom Antragsteller mindestens bis zur nächsten wiederkehrenden Prüfung aufbewahrt werden.

Bem. Für Tanks siehe die Vorschriften für die Tankakte in Absatz 4.3.2.1.7.

1.8.7.6 Überwachung des betriebseigenen Prüfdienstes des Antragstellers

1.8.7.6.1 Antragsteller muss

a) einen betriebseigenen Prüfdienst mit einem gemäß Absatz 1.8.7.7.5 dokumentierten Qualitätssicherungssystem für Prüfungen einrichten und einer Überwachung unterziehen;

b) die sich aus dem zugelassenen Qualitätssicherungssystem ergebenden Pflichten erfüllen und sicherstellen, dass das Qualitätssicherungssystem zufrieden stellend und wirksam bleibt;

c) ausgebildetes und sachkundiges Personal für den betriebseigenen Prüfdienst einsetzen und

d) sofern zutreffend, das eingetragene Kennzeichen der Prüfstelle anbringen.

1.8.7.6.2 Die Prüfstelle muss eine erstmalige Nachprüfung (Audit) durchführen. Wenn diese zufrieden stellend verläuft, muss die Prüfstelle eine Genehmigung für einen Zeitraum von höchstens drei Jahren ausstellen. Folgende Vorschriften müssen eingehalten werden:

a) Diese Nachprüfung muss bestätigen, dass die am Produkt durchgeführten Prüfungen mit den Vorschriften des ADR/RID übereinstimmen.

b) Die Prüfstelle darf den betriebseigenen Prüfdienst des Antragstellers bevollmächtigen, das eingetragene Kennzeichen der Prüfstelle an jedem zugelassenen Produkt anzubringen.

c) Die Genehmigung darf nach einer zufrieden stellenden Nachprüfung im letzten Jahr vor Ablauf erneuert werden. Der neue Geltungszeitraum muss mit dem Tag des Ablaufs der Genehmigung beginnen.

d) Die Nachprüfer (Auditoren) der Prüfstelle müssen sachkundig sein, um die Konformitätsbewertung des durch das Qualitätssicherungssystem abgedeckten Produkts durchzuführen.

1.8.7.6.3 Die Prüfstelle muss innerhalb der Geltungsdauer der Genehmigung regelmäßige Nachprüfungen durchführen, um sicherzustellen, dass der Antragsteller das Qualitätssicherungssystem aufrechterhält und anwendet. Folgende Vorschriften müssen eingehalten werden:

a) In einem Zeitraum von 12 Monaten müssen mindestens zwei Nachprüfungen durchgeführt werden.

b) Die Prüfstelle darf zusätzliche Besuche, Ausbildungen, technische Veränderungen und Änderungen des Qualitätssicherungssystems vorschreiben und die Ausführung der Prüfungen durch den Antragsteller einschränken oder verbieten.

c) Die Prüfstelle muss alle Änderungen im Qualitätssicherungssystem bewerten und entscheiden, ob das geänderte Qualitätssicherungssystem noch die Vorschriften der erstmaligen Nachprüfung erfüllt oder ob eine vollständige Neubewertung erforderlich ist.

d) Die Nachprüfer der Prüfstelle müssen sachkundig sein, um die Konformitätsbewertung des durch das Qualitätssicherungssystem abgedeckten Produkts durchzuführen.

e) Die Prüfstelle muss dem Antragsteller einen Besuchs- oder Nachprüfungsbericht oder, wenn eine Prüfung stattgefunden hat, einen Prüfbericht zur Verfügung stellen.

Maßnahmen zur Kontrolle und zur sonstigen Unterstützung der Einhaltung der Sicherheitsvorschriften 1.8

ADR	RID

1.8.7.6.4 Bei Nichteinhaltung der entsprechenden Vorschriften muss die Prüfstelle sicherstellen, dass Korrekturmaßnahmen ergriffen werden. Wenn die Korrekturmaßnahmen nicht in angemessener Zeit ergriffen werden, muss die Prüfstelle die Erlaubnis für den betriebseigenen Prüfdienst, ihre Tätigkeiten durchzuführen, aussetzen oder zurückziehen. Die Mitteilung der Aussetzung oder des Zurückziehens muss der zuständigen Behörde zugesandt werden. Dem Antragsteller muss ein Bericht zur Verfügung gestellt werden, in dem die genauen Gründe für die von der Prüfstelle getroffenen Entscheidungen dargelegt werden.

1.8.7.7 Unterlagen

Die technischen Unterlagen müssen die Durchführung einer Bewertung der Übereinstimmung mit den entsprechenden Vorschriften ermöglichen.

1.8.7.7.1 Unterlagen für die Baumusterzulassung

Der Antragsteller muss, sofern zutreffend, die folgenden Unterlagen zur Verfügung stellen:

a) das Verzeichnis der Normen, die für die Auslegung und Herstellung verwendet werden;

b) eine Beschreibung des Baumusters einschließlich aller Abweichungen;

c) die Angaben der entsprechenden Spalte in Kapitel 3.2 Tabelle A oder bei bestimmten Produkten ein Verzeichnis der zu befördernden gefährlichen Güter;

d) eine allgemeine Montagezeichnung oder -zeichnungen;

e) die für die Überprüfung der Konformität notwendigen detaillierten Zeichnungen einschließlich der für die Berechnungen verwendeten Abmessungen des Produkts, der Bedienungsausrüstung, der baulichen Ausrüstung, der Kennzeichnung und/oder der Bezettelung;

f) die Berechnungsaufzeichnungen, -ergebnisse und -schlussfolgerungen;

g) das Verzeichnis der Bedienungsausrüstung mit den entsprechenden technischen Daten und Informationen über die Sicherheitseinrichtungen, gegebenenfalls einschließlich der Berechnung der Abblasmenge;

h) das in der Norm für die Herstellung geforderte Verzeichnis der Werkstoffe, die für jedes Bauteil, jedes Unterbauteil, jede Auskleidung, jede Bedienungsausrüstung und jede bauliche Ausrüstung verwendet werden, und die entsprechenden Werkstoffspezifikationen oder die entsprechende Erklärung der Übereinstimmung mit dem ADR/RID;

i) die zugelassene Qualifizierung der Arbeitsverfahren zur Ausführung dauerhafter Verbindungen;

j) die Beschreibung der (des) Wärmebehandlungsverfahren(s) und

k) die Verfahren, Beschreibungen und Aufzeichnungen aller entsprechenden Prüfungen, die in den Normen oder im ADR/RID für die Baumusterzulassung und die Herstellung aufgeführt sind.

1.8.7.7.2 Unterlagen für die Überwachung der Herstellung

Der Antragsteller muss, sofern zutreffend, die folgenden Unterlagen zur Verfügung stellen:

a) die in Absatz 1.8.7.7.1 aufgeführten Unterlagen;

b) eine Kopie der Baumusterzulassungsbescheinigung;

c) die Herstellungsverfahren einschließlich Prüfverfahren;

d) die Herstellungsaufzeichnungen;

1.8	Maßnahmen zur Kontrolle und zur sonstigen Unterstützung der Einhaltung der Sicherheitsvorschriften
ADR	**RID**

    e) die zugelassenen Qualifizierungen der Personen, die dauerhafte Verbindungen ausführen;

    f) die zugelassenen Qualifizierungen der Personen, die zerstörungsfreie Prüfungen durchführen;

    g) die Berichte der zerstörenden und zerstörungsfreien Prüfungen;

    h) die Aufzeichnungen über die Wärmebehandlung und

    i) die Kalibrierungsaufzeichnungen.

1.8.7.7.3 **Unterlagen für die erstmaligen Prüfungen**

Der Antragsteller muss, sofern zutreffend, die folgenden Unterlagen zur Verfügung stellen:

    a) die in den Absätzen 1.8.7.7.1 und 1.8.7.7.2 aufgeführten Unterlagen;

    b) die Werkstoffbescheinigungen des Produkts und aller Unterbauteile;

    c) die Konformitätserklärungen und Werkstoffbescheinigungen für die Bedienungsausrüstung und

    d) eine Konformitätserklärung einschließlich der Beschreibung des Produkts und aller aus der Baumusterzulassung übernommenen Abweichungen.

1.8.7.7.4 **Unterlagen für wiederkehrende Prüfungen, Zwischenprüfungen und außerordentliche Prüfungen**

Der Antragsteller muss, sofern zutreffend, die folgenden Unterlagen zur Verfügung stellen:

    a) für Druckgefäße die Unterlagen, in denen besondere Anforderungen festgelegt werden, sofern dies durch die Normen für die Herstellung und die wiederkehrenden Prüfungen vorgeschrieben wird;

    b) für Tanks

       (i) die Tankakte und

       (ii) eine oder mehrere der in den Absätzen 1.8.7.7.1 bis 1.8.7.7.3 aufgeführten Unterlagen.

1.8.7.7.5 **Unterlagen für die Bewertung von betriebseigenen Prüfdiensten**

Der Antragsteller für betriebseigene Prüfdienste muss, sofern zutreffend, die folgenden Unterlagen des Qualitätssicherungssystems zur Verfügung stellen:

    a) die Organisationsstruktur und die Verantwortlichkeiten;

    b) die entsprechenden Handlungsanweisungen für Prüfung, Qualitätskontrolle, Qualitätssicherung und Arbeitsvorgänge und die zu verwendenden systematischen Abläufe;

    c) die Qualitätsaufzeichnungen, wie Prüfberichte, Prüf- und Kalibrierungsdaten und Bescheinigungen;

    d) die Überprüfungen durch die Geschäftsleitung in Folge der Nachprüfungen gemäß Unterabschnitt 1.8.7.6, um die erfolgreiche Wirkungsweise des Qualitätssicherungssystems sicherzustellen;

    e) das Verfahren, das beschreibt, wie Kundenanforderungen erfüllt und Vorschriften eingehalten werden;

    f) das Verfahren für die Kontrolle der Dokumente und deren Überarbeitung;

    g) die Verfahrensweisen für nicht konforme Produkte und

    h) die Schulungsprogramme und Qualifizierungsverfahren für das betroffene Personal.

Maßnahmen zur Kontrolle und zur sonstigen Unterstützung der Einhaltung der Sicherheitsvorschriften 1.8

ADR	RID

1.8.7.8 **Nach Normen hergestellte, zugelassene und geprüfte Produkte**

Die Vorschriften des Unterabschnitts 1.8.7.7 gelten bei Anwendung der entsprechenden nachstehenden Normen als erfüllt:

anwendbarer Unterabschnitt und Absatz	Referenz	Titel des Dokuments
1.8.7.7.1 bis 1.8.7.7.4	EN 12972:2018	Tanks für die Beförderung gefährlicher Güter – Prüfung, Inspektion und Kennzeichnung von Metalltanks

1.8.8 **Konformitätsbewertungsverfahren für Gaspatronen**

▶ *1.6.2.11* Bei der Konformitätsbewertung von Gaspatronen muss eines der folgenden Verfahren angewendet werden:

a) das Verfahren in Abschnitt 1.8.7 für Druckgefäße, die keine UN-Druckgefäße sind, mit Ausnahme von Unterabschnitt 1.8.7.5 oder

b) das Verfahren in den Unterabschnitten 1.8.8.1 bis 1.8.8.7.

1.8.8.1 **Allgemeine Vorschriften**

1.8.8.1.1 Die Überwachung der Herstellung muss von einer Xa-Stelle und die in Abschnitt 6.2.6 vorgeschriebenen Prüfungen müssen entweder von dieser Xa-Stelle oder einer von dieser Xa-Stelle zugelassenen IS-Stelle durchgeführt werden; für die Definition der Xa- und IS-Stellen siehe Absatz 6.2.3.6.1. Die Konformitätsbewertung muss von der zuständigen Behörde, ihrem Beauftragten oder der von ihr zugelassenen Prüfstelle einer Vertragspartei des ADR | eines RID-Vertragsstaates durchgeführt werden.

1.8.8.1.2 Bei Anwendung des Abschnitts 1.8.8 muss der Antragsteller unter alleiniger Verantwortung die Konformität der Gaspatronen mit den Vorschriften des Abschnitts 6.2.6 und allen weiteren anwendbaren Vorschriften des ADR/RID nachweisen, sicherstellen und erklären.

1.8.8.1.3 Der Antragsteller muss

a) eine Baumusterprüfung jedes Baumusters von Gaspatronen (einschließlich der zu verwendenden Werkstoffe und Variationen dieses Baumusters, z.B. Volumen, Drücke, Zeichnungen sowie Verschluss- und Entlastungseinrichtungen) gemäß Unterabschnitt 1.8.8.2 durchführen;

b) ein zugelassenes Qualitätssicherungssystem für die Auslegung, Herstellung und Prüfung gemäß Unterabschnitt 1.8.8.3 betreiben;

c) ein zugelassenes Prüfsystem gemäß Unterabschnitt 1.8.8.4 für die in Abschnitt 6.2.6 vorgeschriebenen Prüfungen betreiben;

d) die Zulassung seines Qualitätssicherungssystems für die Überwachung der Herstellung und für die Prüfung bei einer Xa-Stelle seiner Wahl
der Vertragspartei des ADR | des RID-Vertragsstaates
beantragen; wenn der Antragsteller nicht in
einer Vertragspartei des ADR | einem RID-Vertragsstaat
niedergelassen ist, muss er diese Zulassung vor der ersten Beförderung in
einer Vertragspartei des ADR | einem RID-Vertragsstaat
bei einer Xa-Stelle
einer Vertragspartei des ADR | eines RID-Vertragsstaates
beantragen;

1.8	Maßnahmen zur Kontrolle und zur sonstigen Unterstützung der Einhaltung der Sicherheitsvorschriften	
	ADR	**RID**

e) wenn die Gaspatrone aus vom Antragsteller hergestellten Teilen durch ein oder mehrere Unternehmen endgültig zusammengebaut wird, schriftliche Anweisungen zur Verfügung stellen, wie die Gaspatronen zusammengebaut und befüllt werden müssen, um die Vorschriften seiner Baumusterprüfbescheinigung zu erfüllen.

1.8.8.1.4 Wenn der Antragsteller und die Unternehmen, welche die Gaspatronen nach den Anweisungen des Antragstellers zusammenbauen und/oder befüllen, zur Zufriedenheit der Xa-Stelle die Übereinstimmung mit den Vorschriften des Unterabschnitts 1.8.7.6 mit Ausnahme der Absätze 1.8.7.6.1 d) und 1.8.7.6.2 b) belegen können, dürfen sie einen betriebseigenen Prüfdienst einrichten, der die in Abschnitt 6.2.6 festgelegten Prüfungen teilweise oder in ihrer Gesamtheit durchführt.

1.8.8.2   Baumusterprüfung

1.8.8.2.1 Der Antragsteller muss für jedes Baumuster von Gaspatronen die eine technische Dokumentation einschließlich der angewandten technischen Norm(en) zusammenstellen. Wenn er die Anwendung einer in Abschnitt 6.2.6 nicht in Bezug genommenen Norm wählt, muss er den Unterlagen die angewandte Norm beifügen.

1.8.8.2.2 Der Antragsteller muss die technischen Unterlagen zusammen mit Proben dieses Baumusters zur Verfügung der Xa-Stelle während der Produktion und danach für einen Zeitraum von mindestens fünf Jahren, beginnend ab dem letzten Produktionszeitpunkt von Gaspatronen nach dieser Baumusterprüfbescheinigung, aufbewahren.

1.8.8.2.3 Der Antragsteller muss nach einer sorgfältigen Prüfung eine Baumusterbescheinigung ausstellen, die für einen Zeitraum von höchstens zehn Jahren gültig sein muss; diese Bescheinigung muss er den Unterlagen beifügen. Diese Bescheinigung gestattet ihm für diesen Zeitraum die Produktion von Gaspatronen dieses Baumusters.

1.8.8.2.4 Wenn sich innerhalb dieses Zeitraums die entsprechenden technischen Vorschriften des ADR/RID (einschließlich der in Bezug genommenen Normen) geändert haben, so dass das Baumuster nicht mehr mit diesen Vorschriften übereinstimmt, muss der Antragsteller die Baumusterprüfbescheinigung zurückziehen und die Xa-Stelle informieren.

1.8.8.2.5 Der Antragsteller darf die Bescheinigung nach einer sorgfältigen und vollständigen Überprüfung erneut für einen weiteren Zeitraum von höchstens zehn Jahren ausstellen.

1.8.8.3   Überwachung der Herstellung

1.8.8.3.1 Das Verfahren der Baumusterprüfung sowie der Herstellungsprozess müssen Gegenstand einer Begutachtung durch die Xa-Stelle sein, um sicherzustellen, dass das vom Antragsteller bescheinigte Baumuster und das hergestellte Produkt in Übereinstimmung mit den Vorschriften der Baumusterbescheinigung und den anwendbaren Vorschriften des ADR/RID sind. Wenn der Absatz 1.8.8.1.3 e) Anwendung findet, müssen die Unternehmen, welche den Zusammenbau und das Befüllen vornehmen, in dieses Verfahren einbezogen werden.

1.8.8.3.2 Der Antragsteller muss alle notwendigen Maßnahmen ergreifen, um sicherzustellen, dass der Herstellungsprozess mit den anwendbaren Vorschriften des ADR/RID und seiner Baumusterbescheinigung mit deren Anlagen übereinstimmt. Wenn der Absatz 1.8.8.1.3 e) Anwendung findet, müssen die Unternehmen, welche den Zusammenbau und das Befüllen vornehmen, in dieses Verfahren einbezogen werden.

Maßnahmen zur Kontrolle und zur sonstigen Unterstützung der Einhaltung der Sicherheitsvorschriften	1.8
ADR	RID

1.8.8.3.3 Die Xa-Stelle muss:

a) die Konformität der Baumusterprüfung des Antragstellers und die Konformität des Baumusters von Gaspatronen mit den in Unterabschnitt 1.8.8.2 festgelegten technischen Unterlagen überprüfen;

b) überprüfen, dass durch den Herstellungsprozess Produkte in Konformität mit den Vorschriften und den dafür geltenden Unterlagen hergestellt werden; wenn die Gaspatrone aus vom Antragsteller hergestellten Teilen durch ein oder mehrere Unternehmen endgültig zusammengebaut wird, muss die Xa-Stelle auch überprüfen, dass die Gaspatronen nach dem endgültigen Zusammenbau und dem Befüllen in voller Konformität mit allen anwendbaren Vorschriften sind und dass die Anweisungen des Antragstellers korrekt angewendet werden;

c) überprüfen, dass das Personal, das die dauerhafte Verbindung der Bauteile herstellt und die Prüfungen durchführt, qualifiziert oder anerkannt ist;

d) die Ergebnisse ihrer Begutachtungen aufzeichnen.

1.8.8.3.4 Wenn die Ergebnisse der Xa-Stelle eine Nichtkonformität der Baumusterbescheinigung des Antragstellers oder des Herstellungsprozesses aufzeigen, muss sie geeignete Korrekturmaßnahmen oder die Rücknahme der Bescheinigung des Antragstellers anordnen.

1.8.8.4 **Dichtheitsprüfung**

1.8.8.4.1 Der Antragsteller und die Unternehmen, die den endgültigen Zusammenbau und das Befüllen der Gaspatronen nach den Anweisungen des Antragstellers vornehmen, müssen:

a) die in Abschnitt 6.2.6 vorgeschriebenen Prüfungen vornehmen;

b) die Prüfergebnisse aufzeichnen;

c) eine Konformitätsbescheinigung nur für die Gaspatronen ausstellen, welche in voller Übereinstimmung mit den Vorschriften seiner Baumusterprüfung und den anwendbaren Vorschriften des ADR/RID sind und welche die in Abschnitt 6.2.6 vorgeschriebenen Prüfungen erfolgreich bestanden haben;

d) die in Unterabschnitt 1.8.8.7 vorgeschriebenen Unterlagen während der Produktion und danach für einen Zeitraum von mindestens fünf Jahren ab dem letzten Produktionszeitpunkt von Gaspatronen, die zu einer Baumusterbescheinigung gehören, zur Einsichtnahme in unregelmäßigen Abständen durch die Xa-Stelle aufbewahren;

e) ein dauerhaftes und lesbares Kennzeichen für die Identifizierung des Baumusters der Gaspatrone, des Antragstellers und des Produktionszeitpunktes oder der Chargennummer anbringen; wenn das Kennzeichen wegen des begrenzt verfügbaren Platzes nicht vollständig auf dem Gehäuse der Gaspatrone angebracht werden kann, muss er ein dauerhaftes Anhängeschild mit diesen Informationen an der Gaspatrone befestigen oder zusammen mit einer Gaspatrone in eine Innenverpackung einlegen.

1.8.8.4.2 Die Xa-Stelle muss:

a) die notwendigen Untersuchungen und Prüfungen in unregelmäßigen Zeitabständen, mindestens jedoch kurz nach Aufnahme der Herstellung eines Baumusters von Gaspatronen und danach mindestens einmal in drei Jahren durchführen, um zu überprüfen, dass das Verfahren der Baumusterprüfung des Antragstellers sowie die Herstellung und Prüfung des Produkts in Übereinstimmung mit der Baumusterbescheinigung und den entsprechenden Vorschriften durchgeführt werden;

b) die vom Antragsteller zur Verfügung gestellten Bescheinigungen kontrollieren;

c) die in Abschnitt 6.2.6 vorgeschriebenen Prüfungen durchführen oder das Prüfprogramm und den betriebseigenen Prüfdienst für die Durchführung der Prüfungen zulassen.

1.8 Maßnahmen zur Kontrolle und zur sonstigen Unterstützung der Einhaltung der Sicherheitsvorschriften

ADR	RID

1.8.8.4.3 Die Bescheinigung muss mindestens enthalten:

a) den Namen und die Adresse des Antragstellers und, wenn der endgültige Zusammenbau nicht durch den Antragsteller, sondern durch ein oder mehrere Unternehmen nach den schriftlichen Anweisungen des Antragstellers vorgenommen wird, den (die) Namen und die Adresse(n) dieser Unternehmen;

b) einen Verweis auf die Ausgabe des ADR/RID und die Norm(en), die für die Herstellung und die Prüfungen verwendet wird (werden);

c) das Ergebnis der Prüfungen;

d) die in Absatz 1.8.8.4.1 e) vorgeschriebenen Einzelheiten der Kennzeichnung.

1.8.8.5 (bleibt offen)

1.8.8.6 Beaufsichtigung des betriebseigenen Prüfdienstes

Wenn der Antragsteller oder das Unternehmen, welches die Gaspatronen des Antragstellers zusammenbaut und/oder befüllt, einen betriebseigenen Prüfdienst eingerichtet hat, müssen die Vorschriften des Unterabschnitts 1.8.7.6 mit Ausnahme der Absätze 1.8.7.6.1 d) und 1.8.7.6.2 b) angewendet werden. Das Unternehmen, welches die Gaspatronen zusammenbaut und/oder befüllt, muss die für den Antragsteller relevanten Vorschriften erfüllen.

1.8.8.7 Unterlagen

Die Vorschriften der Absätze 1.8.7.7.1, 1.8.7.7.2, 1.8.7.7.3 und 1.8.7.7.5 müssen angewendet werden.

Beförderungseinschränkungen durch die zuständigen Behörden 1.9

ADR	RID
1.9.1 Gemäß Artikel 4 Absatz 1 des ADR kann die Einfuhr gefährlicher Güter in das Gebiet einer Vertragspartei Vorschriften oder Verboten unterliegen, die aus anderen Gründen als denen der Sicherheit während der Beförderung erlassen wurden. Diese Vorschriften oder Verbote sind in entsprechender Weise bekannt zu geben.	Ein RID-Vertragsstaat kann für die internationale Eisenbahnbeförderung gefährlicher Güter auf seinem Hoheitsgebiet bestimmte ergänzende Vorschriften, die nicht im RID enthalten sind, anwenden, vorausgesetzt, diese ergänzenden Vorschriften – sind solche gemäß Abschnitt 1.9.2, – stehen nicht in Widerspruch zu den Vorschriften des Unterabschnitts 1.1.2.1 b), – sind im innerstaatlichen Recht des RID-Vertragsstaates aufgeführt und gelten auch für die innerstaatliche Eisenbahnbeförderung gefährlicher Güter im Hoheitsgebiet des RID-Vertragsstaates, – haben nicht das Verbot der Eisenbahnbeförderung der durch diese Vorschriften erfassten gefährlichen Güter auf dem gesamten Hoheitsgebiet des RID-Vertragsstaates zur Folge.
1.9.2 Vorbehaltlich der Vorschriften des Abschnittes 1.9.3 kann eine Vertragspartei für Fahrzeuge, die internationale Beförderungen gefährlicher Güter auf der Straße auf ihrem Hoheitsgebiet durchführen, bestimmte ergänzende Vorschriften anwenden, die nicht im ADR enthalten sind, sofern diese Vorschriften nicht im Widerspruch zu den Vorschriften des Artikels 2 Absatz 2 des Übereinkommens stehen und sie in seinem innerstaatlichen Recht aufgeführt sind und auch für Fahrzeuge gelten, die eine innerstaatliche Beförderung gefährlicher Güter auf der Straße im Hoheitsgebiet der besagten Vertragspartei durchführen.	Die im Abschnitt 1.9.1 genannten ergänzenden Vorschriften sind: a) zusätzliche Vorschriften oder der Sicherheit dienende Einschränkungen für Beförderungen, – bei denen bestimmte Kunstbauten wie Brücken oder Tunnel *) befahren werden, – bei denen Einrichtungen des kombinierten Verkehrs wie z.B. Umschlageinrichtungen benutzt werden oder – die in Häfen, Bahnhöfen oder anderen Beförderungsterminals beginnen oder enden. *) Für Beförderungen durch den Ärmelkanal-Tunnel und durch Tunnel mit ähnlichen Merkmalen siehe auch Anhang II der Richtlinie 2008/68/EG des Europäischen Parlaments und des Rates vom 24. September 2008 über die Beförderung gefährlicher Güter im Binnenland, veröffentlicht im Amtsblatt der Europäischen Union L 260 vom 30. September 2008, Seite 13. b) Vorschriften, mit denen die Beförderung bestimmter gefährlicher Güter auf Strecken mit besonderen und örtlichen Risiken, wie Strecken durch Wohngebiete, ökologisch sensible Gebiete, Wirtschaftszentren oder Industriegebiete mit gefährlichen Anlagen, untersagt oder besonderen Bedingungen, wie z.B. betriebliche Maßnahmen (reduzierte Geschwindigkeit, bestimmte Fahrzeiten, Begegnungsverbot, usw.), unterstellt wird. Die zuständigen Behörden haben;

1.9 Beförderungseinschränkungen durch die zuständigen Behörden

ADR	RID
	soweit dies möglich ist, Ersatzstrecken festzulegen, die für die jeweils gesperrten oder besonderen Bedingungen unterstellten Strecken benutzt werden können.
	c) besondere Vorschriften, in denen ausgeschlossene oder bestimmte einzuhaltende Strecken genannt sind, oder einzuhaltende Vorschriften für zeitweilige Aufenthalte bei extremen Witterungsbedingungen, Erdbeben, Unfällen, Demonstrationen, öffentlichen Unruhen oder bewaffneten Aufständen.
1.9.3 Die in Abschnitt 1.9.2 genannten ergänzenden Vorschriften sind: a) zusätzliche Vorschriften oder der Sicherheit dienende Einschränkungen für Fahrzeuge, die bestimmte Kunstbauwerke wie Brücken befahren, für Fahrzeuge, die Mittel des kombinierten Verkehrs, wie z.B. Umschlageinrichtungen oder Züge benutzen, oder für Fahrzeuge, die in Häfen oder anderen besonderen Beförderungsterminals ankommen oder von diesen ausgehen; b) Vorschriften, in denen bestimmte von den Fahrzeugen einzuhaltende Fahrstrecken genannt sind, um Wirtschaftszentren, Wohngebiete oder ökologisch sensible Gebiete oder Industriegebiete mit gefährlichen Anlagen oder Straßen zu umgehen, die bedeutende physische Gefahren aufweisen; c) besondere Vorschriften, in denen bestimmte einzuhaltende Fahrstrecken genannt sind, oder einzuhaltende Vorschriften für das Halten und Parken der Fahrzeuge mit gefährlichen Gütern bei extremen Witterungsbedingungen, Erdbeben, Unfällen, Demonstrationen, öffentlichen Unruhen oder bewaffneten Aufständen; d) Einschränkungen für den Verkehr der Fahrzeuge mit gefährlichen Gütern an bestimmten Tagen der Woche oder des Jahres.	Die Anwendung der ergänzenden Vorschriften nach Abschnitt 1.9.2 a) und b) setzt voraus, dass die zuständige Behörde die Notwendigkeit der Maßnahmen nachweist.[1] [1] Der vom RID-Fachausschuss am 24. November 2005 verabschiedete allgemeine Leitfaden für die Berechnung von Risiken durch die Eisenbahnbeförderung gefährlicher Güter kann auf der Homepage der OTIF (www.otif.org) eingesehen werden.

Beförderungseinschränkungen durch die zuständigen Behörden 1.9

ADR	RID
1.9.4 Die zuständige Behörde der Vertragspartei, die auf ihrem Hoheitsgebiet die ergänzenden Vorschriften nach Abschnitt 1.9.3 a) und d) anwendet, unterrichtet das Sekretariat der Wirtschaftskommission der Vereinten Nationen für Europa über die besagten Bestimmungen, das diese den Vertragsparteien zur Kenntnis bringt. [11] [11] Ein allgemeiner Leitfaden für die Berechnung von Risiken durch die Beförderung gefährlicher Güter auf der Straße kann auf der Website des Sekretariats der UNECE (http://www.unece.org/trans/danger/danger.htm) eingesehen werden.	Die zuständige Behörde des RID-Vertragsstaates, der auf seinem Hoheitsgebiet die ergänzenden Vorschriften nach Abschnitt 1.9.2 a) und b) anwendet, unterrichtet das Sekretariat der OTIF in der Regel vorab über die besagten Bestimmungen, das diese den RID-Vertragsstaaten zur Kenntnis bringt.
1.9.5 Tunnelbeschränkungen **Bem.** Vorschriften betreffend Beschränkungen für die Durchfahrt von Fahrzeugen durch Straßentunnel sind auch in Kapitel 8.6 enthalten.	Ungeachtet der Vorschriften der vorstehenden Abschnitte können die RID-Vertragsstaaten besondere Sicherheitsvorschriften für die internationale Eisenbahnbeförderung gefährlicher Güter erlassen, sofern der betreffende Bereich nicht im RID erfasst ist; dies gilt insbesondere für – den Zugverkehr, – die Betriebsregelung für die transportbedingten Tätigkeiten, wie Rangieren oder Abstellen, – die Erfassung der Angaben über die beförderten gefährlichen Güter, vorausgesetzt, diese Vorschriften sind im innerstaatlichen Recht des RID-Vertragsstaates aufgeführt und gelten auch für die innerstaatliche Eisenbahnbeförderung gefährlicher Güter im Hoheitsgebiet des RID-Vertragsstaates. Diese besonderen Vorschriften dürfen nicht die im RID erfassten Bereiche betreffen, und zwar insbesondere nicht die in den Abschnitten 1.1.2 a) und 1.1.2 b) aufgeführten Bereiche.
1.9.5.1 Allgemeine Vorschriften Bei der Anwendung von Beschränkungen für die Durchfahrt von Fahrzeugen mit gefährlichen Gütern durch Tunnel muss die zuständige Behörde den Straßentunnel einer der in Absatz 1.9.5.2.2 festgelegten Tunnelkategorien zuordnen. Dabei sind die Tunneleigenschaften, die Risikoeinschätzung, einschließlich Verfügbarkeit und Eignung alternativer Strecken und Verkehrsträger, und Überlegungen zur Verkehrsleitung zu berücksichtigen. Derselbe Tunnel darf mehreren Tunnelkategorien zugeordnet sein, z.B. in Abhängigkeit von der Uhrzeit oder dem Wochentag usw.	
1.9.5.2 Kategorisierung **1.9.5.2.1** Die Kategorisierung basiert auf der Annahme, dass in Tunneln drei Hauptgefahren bestehen, die zu zahlreichen Opfern oder ernsthaften Schäden am Tunnelbauwerk führen können: a) Explosionen; b) Freiwerden giftiger Gase oder flüchtiger giftiger flüssiger Stoffe; c) Brände.	
1.9.5.2.2 Die fünf Tunnelkategorien sind: *Tunnelkategorie A:* Keine Beschränkungen für die Beförderung gefährlicher Güter.	

1.9 Beförderungseinschränkungen durch die zuständigen Behörden

ADR	RID
Tunnelkategorie B: Beschränkungen für die Beförderung gefährlicher Güter, die zu einer sehr großen Explosion führen können. Bei folgenden gefährlichen Gütern wird davon ausgegangen, dass sie diese Bedingungen erfüllen [1]: Klasse 1: Verträglichkeitsgruppen A und L; Klasse 2: UN-Nummer 3529; Klasse 3: Klassifizierungscode D (UN-Nummern 1204, 2059, 3064, 3343, 3357 und 3379); Klasse 4.1: Klassifizierungscodes D und DT und selbstzersetzliche Stoffe des Typs B (UN-Nummern 3221, 3222, 3231 und 3232); Klasse 5.2: organische Peroxide des Typs B (UN-Nummern 3101, 3102, 3111 und 3112). Wenn die gesamte Nettoexplosivstoffmasse je Beförderungseinheit größer als 1000 kg ist: Klasse 1: Unterklassen 1.1, 1.2 und 1.5 (ausgenommen Verträglichkeitsgruppen A und L). Bei der Beförderung in Tanks: Klasse 2: Klassifizierungscodes F, TF und TFC; Klasse 4.2: Verpackungsgruppe I; Klasse 4.3: Verpackungsgruppe I; Klasse 5.1: Verpackungsgruppe I; Klasse 6.1: UN-Nummer 1510.	

Beförderungseinschränkungen durch die zuständigen Behörden 1.9

ADR	RID
Tunnelkategorie C: Beschränkungen für die Beförderung gefährlicher Güter, die zu einer sehr großen Explosion, einer großen Explosion oder einem umfangreichen Freiwerden giftiger Stoffe führen können. Bei folgenden gefährlichen Gütern wird davon ausgegangen, dass sie diese Bedingungen erfüllen [1]: - gefährliche Güter, die in der Tunnelkategorie B Beschränkungen unterliegen, und - folgende gefährliche Güter: · Klasse 1: Unterklassen 1.1, 1.2 und 1.5 (ausgenommen Verträglichkeitsgruppen A und L) und Unterklasse 1.3 (Verträglichkeitsgruppen H und J); · Klasse 7: UN-Nummern 2977 und 2978. Wenn die gesamte Nettoexplosivstoffmasse je Beförderungseinheit größer als 5000 kg ist: · Klasse 1: Unterklasse 1.3 (Verträglichkeitsgruppen C und G). Bei der Beförderung in Tanks: · Klasse 2: Klassifizierungscodes 2A, 2O, 3A und 3O und Klassifizierungscodes, die nur den Buchstaben T oder die Buchstaben TC, TO und TOC enthalten; · Klasse 3: Verpackungsgruppe I für Klassifizierungscodes FC, FT1, FT2 und FTC; · Klasse 6.1: Verpackungsgruppe I, ausgenommen UN-Nummer 1510; · Klasse 8: Verpackungsgruppe I für Klassifizierungscodes CT1, CFT und COT.	

1.9 Beförderungseinschränkungen durch die zuständigen Behörden

ADR	RID
Tunnelkategorie D: Beschränkungen für die Beförderung gefährlicher Güter, die zu einer sehr großen Explosion, einer großen Explosion, einem umfangreichen Freiwerden giftiger Stoffe oder einem großen Brand führen können. Bei folgenden gefährlichen Gütern wird davon ausgegangen, dass sie diese Bedingungen erfüllen [1]: – gefährliche Güter, die in der Tunnelkategorie C Beschränkungen unterliegen, und – folgende gefährliche Güter: Klasse 1: Unterklasse 1.3 (Verträglichkeitsgruppen C und G); Klasse 2: Klassifizierungscodes F, FC, T, TF, TC, TO, TFC und TOC; Klasse 3: UN-Nummer 3528; Klasse 4.1: selbstzersetzliche Stoffe der Typen C, D, E und F und UN-Nummern 2956, 3241, 3242, 3251, 3531, 3532, 3533 und 3534; Klasse 5.2: organische Peroxide der Typen C, D, E und F; Klasse 6.1: Verpackungsgruppe I für Klassifizierungscodes TF1, TFC und TFW sowie für die UN-Nummer 3507 und Eintragungen für beim Einatmen giftige Stoffe, denen in Kapitel 3.2 Tabelle A Spalte 6 die Sondervorschrift 354 zugeordnet ist, sowie Eintragungen für beim Einatmen giftige Stoffe der UN-Nummern 3381 bis 3390; Klasse 8: Verpackungsgruppe I für Klassifizierungscodes CT1, CFT und COT; Klasse 9: Klassifizierungscodes M9 und M10. Bei der Beförderung in loser Schüttung oder in Tanks: Klasse 3; Klasse 4.2: Verpackungsgruppe II; Klasse 4.3: Verpackungsgruppe II; Klasse 6.1: Verpackungsgruppe II und Verpackungsgruppe III für Klassifizierungscode TF2; Klasse 8: Verpackungsgruppe I für Klassifizierungscodes CF1, CFT und CW1 und Verpackungsgruppe II für Klassifizierungscodes CF1 und CFT; Klasse 9: Klassifizierungscodes M2 und M3.	

Beförderungseinschränkungen durch die zuständigen Behörden　　1.9

ADR	RID
Tunnelkategorie E: Beschränkungen für die Beförderung aller gefährlichen Güter mit Ausnahme derer, bei denen in Kapitel 3.2 Tabelle A Spalte (15) «(–)» angegeben ist, sowie für alle gefährlichen Güter nach den Vorschriften des Kapitels 3.4, wenn die beförderten Mengen 8 Tonnen Bruttogesamtmasse je Beförderungseinheit überschreiten. **Bem.** Für gefährliche Güter, die den UN-Nummern 2919 und 3331 zugeordnet sind, können Beschränkungen für die Durchfahrt durch Tunnel jedoch Teil der von der (den) zuständigen Behörde(n) auf der Grundlage des Unterabschnitts 1.7.4.2 genehmigten Sondervereinbarungen sein.	

1) Diese Zuordnung basiert auf den intrinsischen gefährlichen Eigenschaften der Güter, der Art ihrer Umschließung und der beförderten Menge.

1.9.5.3	**Vorschriften für Straßenverkehrszeichen und die Bekanntgabe von Einschränkungen**	
1.9.5.3.1	Die Vertragsparteien müssen Tunnelverbote und alternative Strecken mit Hilfe von Straßenverkehrszeichen angeben.	
1.9.5.3.2	Für diesen Zweck können sie die Zeichen C, 3^h und D, 10^a, 10^b und 10^c gemäß dem Wiener Übereinkommen über Straßenverkehrszeichen (Wien, 1968) und dem Europäischen Zusatzübereinkommen zum Übereinkommen über Straßenverkehrszeichen (Genf, 1971) in der Interpretation der Resolution über Straßenverkehrszeichen (R.E.2) der Hauptarbeitsgruppe Straßenverkehr des UNECE-Binnenverkehrsausschusses in der jeweils geänderten Fassung verwenden.	
1.9.5.3.3	Um das internationale Verständnis von Straßenverkehrszeichen zu erleichtern, basiert das in dem Wiener Übereinkommen beschriebene System von Straßenverkehrszeichen auf der Verwendung von Formen und Farben, die für jede Klasse von Zeichen charakteristisch sind, und so weit wie möglich auf der Verwendung grafischer Symbole anstelle von Aufschriften. Sofern es die Vertragsparteien als notwendig erachten, die vorgeschriebenen Zeichen und Symbole abzuändern,	

1.9 Beförderungseinschränkungen durch die zuständigen Behörden

ADR	RID
dürfen die vorgenommenen Änderungen die wesentlichen Eigenschaften der Zeichen und Symbole nicht verändern. Sofern Vertragsparteien das Wiener Übereinkommen nicht anwenden, dürfen die vorgeschriebenen Zeichen und Symbole verändert werden, vorausgesetzt, die vorgenommenen Änderungen verändern nicht die wesentliche Bedeutung der Zeichen und Symbole.	
1.9.5.3.4 Straßenverkehrszeichen für das Durchfahrtsverbot von Fahrzeugen mit gefährlichen Gütern durch Straßentunnel müssen an einem Ort angebracht sein, an dem die Wahl alternativer Strecken möglich ist.	
1.9.5.3.5 Wenn der Zugang zu Tunneln beschränkt ist oder alternative Strecken vorgeschrieben sind, müssen die Straßenverkehrszeichen wie folgt mit zusätzlichen Tafeln versehen sein:	
Kein Zeichen: keine Einschränkung;	
Zeichen mit zusätzlicher Tafel, auf der der Buchstabe B angegeben ist: gilt für Fahrzeuge mit gefährlichen Gütern, die nicht in Tunneln der Kategorie B zugelassen sind;	
Zeichen mit zusätzlicher Tafel, auf der der Buchstabe C angegeben ist: gilt für Fahrzeuge mit gefährlichen Gütern, die nicht in Tunneln der Kategorie C zugelassen sind;	
Zeichen mit zusätzlicher Tafel, auf der der Buchstabe D angegeben ist: gilt für Fahrzeuge mit gefährlichen Gütern, die nicht in Tunneln der Kategorie D zugelassen sind;	
Zeichen mit zusätzlicher Tafel, auf der der Buchstabe E angegeben ist: gilt für Fahrzeuge mit gefährlichen Gütern, die nicht in Tunneln der Kategorie E zugelassen sind.	
1.9.5.3.6 Tunnelbeschränkungen gelten für Beförderungseinheiten, für die eine Kennzeichnung mit orangefarbenen Tafeln gemäß Abschnitt 5.3.2 vorgeschrieben ist, ausgenommen Beförderungseinheiten für die Beförderung von gefährlichen Gütern, bei denen in Kapitel 3.2 Tabelle A Spalte (15) «(–)» angegeben ist. Für gefährliche Güter, die den UN-Nummern 2919 und 3331 zugeordnet sind, dürfen Beschränkungen für die Durchfahrt von Tunneln jedoch Teil der von der (den) zuständige(n) Behörde(n) auf der Grundlage des Unterabschnitts 1.7.4.2 genehmigten	

Beförderungseinschränkungen durch die zuständigen Behörden 1.9

ADR	RID
Sondervereinbarung sein. Für Tunnel der Kategorie E gelten die Tunnelbeschränkungen auch für Beförderungseinheiten, für die eine Kennzeichnung gemäß Abschnitt 3.4.13 vorgeschrieben ist oder die Container befördern, für die eine Kennzeichnung gemäß Abschnitt 3.4.13 vorgeschrieben ist.	
Tunnelbeschränkungen finden keine Anwendung, wenn gefährliche Güter in Übereinstimmung mit Abschnitt 1.1.3 befördert werden, es sei denn, Beförderungseinheiten mit solchen gefährlichen Gütern sind mit der in Abschnitt 3.4.13 unter Vorbehalt des Abschnitts 3.4.14 vorgeschriebenen Kennzeichnung versehen.	

1.9.5.3.7 Die Beschränkungen müssen offiziell bekannt und der Allgemeinheit zugänglich gemacht werden. Die Vertragsparteien müssen dem Sekretariat der UNECE solche Beschränkungen mitteilen, das diese Informationen auf seiner Website öffentlich zugänglich macht.

1.9.5.3.8 Wenn Vertragsparteien besondere betriebliche Maßnahmen anwenden, die für die Verringerung von Risiken ausgelegt sind und sich auf bestimmte oder alle Fahrzeuge beziehen, die den Tunnel benutzen, wie Anmeldung vor dem Befahren oder Durchfahrt in Konvois mit Begleitfahrzeugen, müssen diese offiziell bekannt und der Allgemeinheit zugänglich gemacht werden.

1.9	Beförderungseinschränkungen durch die zuständigen Behörden
ADR	RID

Vorschriften für die Sicherung 1.10

ADR	RID

Bem. Für Zwecke dieses Kapitels versteht man unter «Sicherung» die Maßnahmen oder Vorkehrungen, die zu treffen sind, um den Diebstahl oder den Missbrauch gefährlicher Güter, durch den Personen, Güter oder die Umwelt gefährdet werden können, zu minimieren.

1.10.1 Allgemeine Vorschriften

1.10.1.1 Alle an der Beförderung gefährlicher Güter beteiligten Personen müssen entsprechend ihren Verantwortlichkeiten die in diesem Kapitel aufgeführten Vorschriften für die Sicherung beachten.

1.10.1.2 Gefährliche Güter dürfen nur Beförderern zur Beförderung übergeben werden, deren Identität in geeigneter Weise festgestellt wurde.

1.10.1.3 Bereiche innerhalb von Terminals für das zeitweilige Abstellen, Plätzen für das zeitweilige Abstellen, Fahrzeugdepots, Liegeplätzen und Rangierbahnhöfen, die für das zeitweilige Abstellen während der Beförderung gefährlicher Güter verwendet werden, müssen ordnungsgemäß gesichert, gut beleuchtet und, soweit möglich und angemessen, für die Öffentlichkeit unzugänglich sein.

1.10.1.4 Jedes Mitglied

der Fahrzeugbesatzung	der Besatzung eines Zuges, mit dem gefährliche Güter befördert werden,

muss während der Beförderung gefährlicher Güter einen Lichtbildausweis mit sich führen.

1.10.1.5 Sicherheitsüberprüfungen gemäß Abschnitt 1.8.1 und Unterabschnitt 7.5.1.1 müssen sich auch auf angemessene Maßnahmen für die Sicherung erstrecken.

1.10.1.6 Die zuständige Behörde muss auf dem neuesten Stand befindliche Verzeichnisse über alle gültigen Schulungsbescheinigungen für Fahrzeugführer gemäß Abschnitt 8.2.1 führen, die durch sie oder andere anerkannte Stellen ausgestellt wurden.

1.10.2 Unterweisung im Bereich der Sicherung

1.10.2.1 Die in Kapitel 1.3 festgelegte erstmalige Unterweisung und Auffrischungsunterweisung muss auch Bestandteile beinhalten, die der Sensibilisierung gegenüber der Sicherung dienen. Die Auffrischungsunterweisung im Bereich der Sicherung muss nicht unbedingt nur mit Änderungen der Vorschriften zusammenhängen.

1.10.2.2 Die Unterweisung zur Sensibilisierung gegenüber der Sicherung muss sich auf die Art der Sicherungsrisiken, deren Erkennung und die Verfahren zur Verringerung dieser Risiken sowie die bei Beeinträchtigung der Sicherung zu ergreifenden Maßnahmen beziehen. Sie muss Kenntnisse über eventuelle Sicherungspläne entsprechend dem Arbeits- und Verantwortungsbereich des Einzelnen und dessen Rolle bei der Umsetzung dieser Pläne vermitteln.

1.10.2.3 Eine solche Unterweisung muss bei der Aufnahme einer Tätigkeit, welche die Beförderung gefährlicher Güter umfasst, erfolgen oder überprüft und in regelmäßigen Abständen durch Auffrischungskurse ergänzt werden.

1.10 Vorschriften für die Sicherung

ADR	RID

1.10.2.4 Eine detaillierte Beschreibung der gesamten im Bereich der Sicherung erhaltenen Unterweisung ist vom Arbeitgeber aufzubewahren und dem Arbeitnehmer oder der zuständigen Behörde auf Verlangen zur Verfügung zu stellen. Die detaillierten Beschreibungen müssen vom Arbeitgeber für den von der zuständigen Behörde festgelegten Zeitraum aufbewahrt werden.

1.10.3 Vorschriften für gefährliche Güter mit hohem Gefahrenpotenzial

Bem. Zusätzlich zu den Vorschriften des ADR/RID für die Sicherung dürfen die zuständigen Behörden weitere Vorschriften für die Sicherung aus anderen Gründen als denen der Sicherheit während der Beförderung in Kraft setzen
(siehe Artikel 4 Absatz 1 des Übereinkommens;) | (siehe Artikel 3 des Anhangs C zum COTIF).
Um die internationale und multimodale Beförderung nicht durch verschiedene Kennzeichen für die Sicherung von Explosivstoffen zu erschweren, wird empfohlen, solche Kennzeichen in Übereinstimmung mit einer international harmonisierten Norm (z. B. Richtlinie der Europäischen Kommission 2008/43/EG) zu gestalten.

1.10.3.1 Begriffsbestimmung gefährlicher Güter mit hohem Gefahrenpotenzial

1.10.3.1.1 Gefährliche Güter mit hohem Gefahrenpotenzial sind solche, bei denen die Möglichkeit eines Missbrauchs zu terroristischen Zwecken und damit die Gefahr schwerwiegender Folgen, wie der Verlust zahlreicher Menschenleben, massive Zerstörungen oder, insbesondere im Fall der Klasse 7, tiefgreifende sozioökonomische Veränderungen, besteht.

1.10.3.1.2 Gefährliche Güter mit hohem Gefahrenpotenzial der verschiedenen Klassen mit Ausnahme der Klasse 7 sind solche, die in der nachstehenden Tabelle 1.10.3.1.2 aufgeführt sind und in Mengen befördert werden, welche die in der Tabelle angegebenen Mengen überschreiten.

Tabelle 1.10.3.1.2: Liste der gefährlichen Güter mit hohem Gefahrenpotenzial

Klasse	Unterklasse	Stoff oder Gegenstand	Menge		
			Tank (Liter) [c]	lose Schüttung (kg) [d]	Versandstück (kg)
1	1.1	explosive Stoffe und Gegenstände mit Explosivstoff	a)	a)	0
	1.2	explosive Stoffe und Gegenstände mit Explosivstoff	a)	a)	0
	1.3	explosive Stoffe und Gegenstände mit Explosivstoff der Verträglichkeitsgruppe C	a)	a)	0
	1.4	explosive Stoffe und Gegenstände mit Explosivstoff der UN-Nummern 0104, 0237, 0255, 0267, 0289, 0361, 0365, 0366, 0440, 0441, 0455, 0456, 0500, 0512 und 0513	a)	a)	0
	1.5	explosive Stoffe und Gegenstände mit Explosivstoff	0	a)	0
	1.6	explosive Stoffe und Gegenstände mit Explosivstoff	a)	a)	0

Vorschriften für die Sicherung 1.10

ADR	RID

Tabelle 1.10.3.1.2 *(Forts.)*: Liste der gefährlichen Güter mit hohem Gefahrenpotenzial

Klasse	Unter-klasse	Stoff oder Gegenstand	Menge		
			Tank (Liter) c)	lose Schüttung (kg) d)	Versandstück (kg)
2		entzündbare, nicht giftige Gase (Klassifizierungscodes, die nur den/die Buchstaben F oder FC enthalten)	3000	a)	b)
		giftige Gase (Klassifizierungscodes, die den/die Buchstaben T, TF, TC, TO, TFC oder TOC enthalten) mit Ausnahme von Druckgaspackungen	0	a)	0
3		entzündbare flüssige Stoffe der Verpackungsgruppen I und II	3000	a)	b)
		desensibilisierte explosive flüssige Stoffe	0	a)	0
	4.1	desensibilisierte explosive Stoffe	a)	a)	0
	4.2	Stoffe der Verpackungsgruppe I	3000	a)	b)
	4.3	Stoffe der Verpackungsgruppe I	3000	a)	b)
	5.1	entzündend (oxidierend) wirkende flüssige Stoffe der Verpackungsgruppe I	3000	a)	b)
		Perchlorate, Ammoniumnitrat, ammoniumnitrathaltige Düngemittel und Ammoniumnitrat-Emulsionen oder -Suspensionen oder -Gele	3000	3000	b)
	6.1	giftige Stoffe der Verpackungsgruppe I	0	a)	0
	6.2	ansteckungsgefährliche Stoffe der Kategorie A (UN-Nummern 2814 und 2900 mit Ausnahme von tierischen Stoffen) und medizinische Abfälle der Kategorie A (UN-Nummer 3549)	a)	0	0
8		ätzende Stoffe der Verpackungsgruppe I	3000	a)	b)

a) gegenstandslos

b) Unabhängig von der Menge gelten die Vorschriften des Abschnitts 1.10.3 nicht.

c) Ein in dieser Spalte angegebener Wert gilt nur, wenn die Beförderung in Tanks gemäß Kapitel 3.2 Tabelle A Spalte 10 oder 12 zugelassen ist. Für Stoffe, die nicht zur Beförderung in Tanks zugelassen sind, ist die Angabe in dieser Spalte gegenstandslos.

d) Ein in dieser Spalte angegebener Wert gilt nur, wenn die Beförderung in loser Schüttung gemäß Kapitel 3.2 Tabelle A Spalte 10 oder 17 zugelassen ist. Für Stoffe, die nicht zur Beförderung in loser Schüttung zugelassen sind, ist die Angabe in dieser Spalte gegenstandslos.

1.10		**Vorschriften für die Sicherung**
ADR		**RID**

1.10.3.1.3 Bei gefährlichen Gütern der Klasse 7 sind radioaktive Stoffe mit hohem Gefahrenpotenzial solche mit einer Aktivität, die je Versandstück mindestens so hoch ist wie der Grenzwert für die Beförderungssicherung von 3000 A_2 (siehe auch Absatz 2.2.7.2.2.1), ausgenommen jedoch folgende Radionuklide, für die der Grenzwert für die Beförderungssicherung in nachstehender Tabelle 1.10.3.1.3 angegeben ist.

Tabelle 1.10.3.1.3: Grenzwerte für die Beförderungssicherung für bestimmte Radionuklide

Element	Radionuklid	Grenzwert für die Beförderungssicherung (TBq)
Americium	Am-241	0,6
Gold	Au-198	2
Cadmium	Cd-109	200
Californium	Cf-252	0,2
Curium	Cm-244	0,5
Cobalt	Co-57	7
Cobalt	Co-60	0,3
Caesium	Cs-137	1
Eisen	Fe-55	8000
Germanium	Ge-68	7
Gadolinium	Gd-153	10
Iridium	Ir-192	0,8
Nickel	Ni-63	600
Palladium	Pd-103	900
Promethium	Pm-147	400
Polonium	Po-210	0,6
Plutonium	Pu-238	0,6
Plutonium	Pu-239	0,6
Radium	Ra-226	0,4
Ruthenium	Ru-106	3
Selenium	Se-75	2
Strontium	Sr-90	10
Thallium	Tl-204	200
Thulium	Tm-170	200
Ytterbium	Yb-169	3

1.10.3.1.4 Für Gemische von Radionukliden kann die Feststellung, ob der Grenzwert für die Beförderungssicherung erreicht oder überschritten wurde, durch Bildung der Summe der Quotienten aus der Aktivität jedes Radionuklids und dem für dieses Radionuklid geltenden Grenzwert für die Beförderungssicherung berechnet werden. Wenn die Summe der Quotienten kleiner als 1 ist, ist der Radioaktivitätsgrenzwert des Gemisches weder erreicht noch überschritten.

Diese Berechnung kann mit folgender Formel erfolgen:

$$\sum_i \frac{A_i}{T_i} < 1,$$

wobei

A_i = Aktivität des im Versandstück enthaltenen Radionuklids i (TBq)

T_i = Grenzwert für die Beförderungssicherung des Radionuklids i (TBq)

Vorschriften für die Sicherung 1.10

ADR	RID

1.10.3.1.5 Wenn radioaktive Stoffe Nebengefahren anderer Klassen aufweisen, müssen die Kriterien der Tabelle 1.10.3.1.2 ebenfalls berücksichtigt werden (siehe auch Abschnitt 1.7.5).

1.10.3.2 Sicherungspläne

1.10.3.2.1 Die an der Beförderung gefährlicher Güter mit hohem Gefahrenpotenzial (siehe Tabelle 1.10.3.1.2) oder radioaktiver Stoffe mit hohem Gefahrenpotenzial (siehe Absatz 1.10.3.1.3) beteiligten Beförderer und Absender sowie andere Beteiligte gemäß den Abschnitten 1.4.2 und 1.4.3 müssen Sicherungspläne, die mindestens die in Absatz 1.10.3.2.2 aufgeführten Elemente beinhalten, einführen und tatsächlich anwenden.

1.10.3.2.2 Jeder Sicherungsplan muss mindestens folgende Elemente beinhalten:

a) spezifische Zuweisung der Verantwortlichkeiten im Bereich der Sicherung an Personen, welche über die erforderlichen Kompetenzen und Qualifikationen verfügen und mit den entsprechenden Befugnissen ausgestattet sind;

b) Verzeichnis der betroffenen gefährlichen Güter oder der Arten der betroffenen gefährlichen Güter;

c) Bewertung der üblichen Vorgänge und den sich daraus ergebenden Sicherungsrisiken, einschließlich der transportbedingten Aufenthalte, des verkehrsbedingten Verweilens der Güter in den Fahrzeugen, | Wagen, Tanks oder Containern vor, während und nach der Ortsveränderung und des zeitweiligen Abstellens gefährlicher Güter für den Wechsel der Beförderungsart oder des Beförderungsmittels (Umschlag), soweit angemessen;

d) klare Darstellung der Maßnahmen, die für die Verringerung der Sicherungsrisiken entsprechend den Verantwortlichkeiten und Pflichten des Beteiligten zu ergreifen sind, einschließlich:
   – Unterweisung;
   – Sicherungspolitik (z.B. Maßnahmen bei erhöhter Bedrohung, Überprüfung bei Einstellung von Personal oder Versetzung von Personal auf bestimmte Stellen, usw.);
   – Betriebsverfahren (z.B. Wahl und Nutzung von Strecken, sofern diese bekannt sind, Zugang zu gefährlichen Gütern während des zeitweiligen Abstellens (wie in Absatz c) bestimmt), Nähe zu gefährdeten Infrastruktureinrichtungen, usw.);
   – für die Verringerung der Sicherungsrisiken zu verwendende Ausrüstungen und Ressourcen;

e) wirksame und aktualisierte Verfahren zur Meldung von und für das Verhalten bei Bedrohungen, Verletzungen der Sicherung oder damit zusammenhängenden Zwischenfällen;

f) Verfahren zur Bewertung und Erprobung der Sicherungspläne und Verfahren zur wiederkehrenden Überprüfung und Aktualisierung der Pläne;

g) Maßnahmen zur Gewährleistung der physischen Sicherung der im Sicherungsplan enthaltenen Beförderungsinformation und

h) Maßnahmen zur Gewährleistung, dass die Verbreitung der im Sicherungsplan enthaltenen Information betreffend den Beförderungsvorgang auf diejenigen Personen begrenzt ist, die diese Informationen benötigen. Diese Maßnahmen dürfen die an anderen Stellen des ADR/RID vorgeschriebene Bereitstellung von Informationen nicht ausschließen.

Bem. Beförderer, Absender und Empfänger sollten untereinander und mit den zuständigen Behörden zusammenarbeiten, um Hinweise über eventuelle Bedrohungen auszutauschen, geeignete Sicherungsmaßnahmen zu treffen und auf Zwischenfälle, welche die Sicherung gefährden, zu reagieren.

1.10	Vorschriften für die Sicherung
ADR	**RID**

1.10.3.3 Vorrichtungen, Ausrüstungen oder Verfahren zum Schutz gegen Diebstahl der Fahrzeuge, | Züge oder Wagen,
die gefährliche Güter mit hohem Gefahrenpotenzial (siehe Tabelle 1.10.3.1.2) oder radioaktive Stoffe mit hohem Gefahrenpotenzial (siehe Absatz 1.10.3.1.3) befördern, und deren Ladung müssen verwendet werden, und es sind Maßnahmen zu treffen, um sicherzustellen, dass diese jederzeit funktionsfähig und wirksam sind. Die Anwendung dieser Schutzmaßnahmen darf die Reaktion auf Notfälle nicht gefährden.

Bem. Sofern dies geeignet ist und die notwendigen Ausrüstungen bereits vorhanden sind, sollten Telemetriesysteme oder andere Methoden oder Vorrichtungen, die eine Transportverfolgung von gefährlichen Gütern mit hohem Gefahrenpotenzial (siehe Tabelle 1.10.3.1.2) oder von radioaktiven Stoffe mit hohem Gefahrenpotenzial (siehe Absatz 1.10.3.1.3) ermöglichen, eingesetzt werden.

1.10.4 Mit Ausnahme der UN-Nummern 0029, 0030, 0059, 0065, 0073, 0104, 0237, 0255, 0267, 0288, 0289, 0290, 0360, 0361, 0364, 0365, 0366, 0439, 0440, 0441, 0455, 0456, 0500, 0512 und 0513 und mit Ausnahme der UN-Nummern 2910 und 2911, sofern der Aktivitätswert den A_2-Wert überschreitet,

(siehe Absatz 1.1.3.6.2 erster Spiegelstrich) gelten nach den Vorschriften des Unterabschnitts 1.1.3.6 die Vorschriften der Abschnitte 1.10.1, 1.10.2 und 1.10.3 sowie des Unterabschnitts 8.1.2.1 d) nicht, wenn die in einer Beförderungseinheit in Versandstücken beförderten Mengen die in Absatz 1.1.3.6.3 aufgeführten Mengen nicht überschreiten. Darüber hinaus gelten die Vorschriften der Abschnitte 1.10.1, 1.10.2 und 1.10.3 sowie des Unterabschnitts 8.1.2.1 d) nicht, wenn die in einer Beförderungseinheit	gelten die Vorschriften der Abschnitte 1.10.1, 1.10.2 und 1.10.3 nicht, wenn die in einem Wagen oder Großcontainer in Versandstücken beförderten Mengen die in Absatz 1.1.3.6.3 aufgeführten Mengen nicht überschreiten. Darüber hinaus gelten die Vorschriften der Abschnitte 1.10.1, 1.10.2 und 1.10.3 nicht, wenn die in einem Wagen oder Container

in Tanks oder in loser Schüttung beförderten Mengen die in Absatz 1.1.3.6.3 aufgeführten Mengen nicht überschreiten. Darüber hinaus gelten die Vorschriften dieses Kapitels nicht für die Beförderung von UN 2912 RADIOAKTIVE STOFFE MIT GERINGER SPEZIFISCHER AKTIVITÄT (LSA-I) und UN 2913 RADIOAKTIVE STOFFE, OBERFLÄCHENKONTAMINIERTE GEGENSTÄNDE (SCO-I).

1.10.5 Bei Anwendung der Vorschriften der Convention on Physical Protection of Nuclear Material (Übereinkommen über den physischen Schutz von Kernmaterial) [1] und des IAEA circular on «Nuclear Security Recommendations on Physical Protection of Nuclear Material and Nuclear Facilities» (IAEO-Rundschreiben über nukleare Sicherheitsempfehlungen zum physischen Schutz von Kernmaterial und Atomanlagen) [2] gelten die Vorschriften dieses Kapitels für radioaktive Stoffe als erfüllt.

---

[1] INFCIRC/274/Rev.1, IAEO, Wien (1980).
[2] INFCIRC/225/Rev.5, IAEO, Wien (2011).

Interne Notfallpläne für Rangierbahnhöfe 1.11

ADR	RID
1.11 (bleibt offen)	**Interne Notfallpläne für Rangierbahnhöfe** Für die Beförderung gefährlicher Güter in Rangierbahnhöfen sind interne Notfallpläne zu erstellen. Die Notfallpläne sollen bewirken, dass bei Unfällen oder Zwischenfällen in Rangierbahnhöfen alle Beteiligten koordiniert zusammenwirken und die Auswirkungen des Unfalls oder Zwischenfalls auf menschliches Leben oder die Umwelt möglichst gering bleiben. Die Bestimmungen dieses Kapitels gelten bei Anwendung der von der UIC veröffentlichen IRS 20201 («Transport gefährlicher Güter – Leitfaden für die Notfallplanung in Rangierbahnhöfen») *) als erfüllt. *) Fassung der ab 1. Januar 2019 geltenden IRS (International Railway Solution).

1.11	Interne Notfallpläne für Rangierbahnhöfe
ADR	RID

Klassifizierung 2

ADR	RID

2.1	**Allgemeine Vorschriften**
2.1.1	Einleitung
2.1.2	Grundsätze der Klassifizierung
2.1.3	Zuordnung von nicht namentlich genannten Stoffen einschließlich Lösungen und Gemische (wie Präparate, Zubereitungen und Abfälle)
2.1.3.10	Tabelle der überwiegenden Gefahr
2.1.4	Zuordnung von Proben
2.1.5	Klassifizierung von Gegenständen als Gegenstände, die gefährliche Güter enthalten, n.a.g.
2.1.6	Klassifizierung von Altverpackungen, leer, ungereinigt
2.2	**Besondere Vorschriften für die einzelnen Klassen**
2.2.1	Klasse 1: Explosive Stoffe und Gegenstände mit Explosivstoff
2.2.1.1	Kriterien
2.2.1.1.5	Beschreibung der Unterklassen
2.2.1.1.6	Beschreibung der Verträglichkeitsgruppen der Stoffe und Gegenstände
2.2.1.1.7	Zuordnung von Feuerwerkskörpern zu Unterklassen
2.2.1.1.8	Ausschluss aus der Klasse 1
2.2.1.1.9	Klassifizierungsdokumentation
2.2.1.2	Nicht zur Beförderung zugelassene Stoffe und Gegenstände
2.2.1.3	Verzeichnis der Sammeleintragungen
2.2.1.4	Glossar der Benennungen
2.2.2	Klasse 2: Gase
2.2.2.1	Kriterien
2.2.2.1.6	Druckgaspackungen
2.2.2.1.7	Chemikalien unter Druck
2.2.2.2	Nicht zur Beförderung zugelassene Gase
2.2.2.3	Verzeichnis der Sammeleintragungen
2.2.3	Klasse 3: Entzündbare flüssige Stoffe
2.2.3.1	Kriterien
2.2.3.2	Nicht zur Beförderung zugelassene Stoffe
2.2.3.3	Verzeichnis der Sammeleintragungen
2.2.41	Klasse 4.1: Entzündbare feste Stoffe, selbstzersetzliche Stoffe, polymerisierende Stoffe und desensibilisierte explosive feste Stoffe
2.2.41.1	Kriterien
2.2.41.2	Nicht zur Beförderung zugelassene Stoffe
2.2.41.3	Verzeichnis der Sammeleintragungen
2.2.41.4	Verzeichnis der bereits zugeordneten selbstzersetzlichen Stoffe in Verpackungen
2.2.42	Klasse 4.2: Selbstentzündliche Stoffe
2.2.42.1	Kriterien
2.2.42.2	Nicht zur Beförderung zugelassene Stoffe
2.2.42.3	Verzeichnis der Sammeleintragungen
2.2.43	Klasse 4.3: Stoffe, die in Berührung mit Wasser entzündbare Gase entwickeln
2.2.43.1	Kriterien
2.2.43.2	Nicht zur Beförderung zugelassene Stoffe
2.2.43.3	Verzeichnis der Sammeleintragungen

2 Klassifizierung

ADR		RID

2.2.51	Klasse 5.1: Entzündend (oxidierend) wirkende Stoffe
2.2.51.1	Kriterien
2.2.51.2	Nicht zur Beförderung zugelassene Stoffe
2.2.51.3	Verzeichnis der Sammeleintragungen
2.2.52	Klasse 5.2: Organische Peroxide
2.2.52.1	Kriterien
2.2.52.2	Nicht zur Beförderung zugelassene Stoffe
2.2.52.3	Verzeichnis der Sammeleintragungen
2.2.52.4	Verzeichnis der bereits zugeordneten organischen Peroxide in Verpackungen
2.2.61	Klasse 6.1: Giftige Stoffe
2.2.61.1	Kriterien
2.2.61.2	Nicht zur Beförderung zugelassene Stoffe
2.2.61.3	Verzeichnis der Sammeleintragungen
2.2.62	Klasse 6.2: Ansteckungsgefährliche Stoffe
2.2.62.1	Kriterien
2.2.62.1.5	Freistellungen
2.2.62.1.9	Biologische Produkte
2.2.62.1.10	Genetisch veränderte Mikroorganismen und Organismen
2.2.62.1.11	Medizinische oder klinische Abfälle
2.2.62.2	Nicht zur Beförderung zugelassene Stoffe
2.2.62.3	Verzeichnis der Sammeleintragungen
2.2.7	Klasse 7: Radioaktive Stoffe
2.2.7.1	Begriffsbestimmungen
2.2.7.2	Klassifizierung
2.2.7.2.1	Allgemeine Vorschriften
2.2.7.2.2	Bestimmung grundlegender Radionuklidwerte
2.2.7.2.3	Bestimmung anderer Stoffeigenschaften
2.2.7.2.3.1	Stoffe mit geringer spezifischer Aktivität (LSA)
2.2.7.2.3.2	Oberflächenkontaminierter Gegenstand (SCO)
2.2.7.2.3.3	Radioaktive Stoffe in besonderer Form
2.2.7.2.3.4	Gering dispergierbare radioaktive Stoffe
2.2.7.2.3.5	Spaltbare Stoffe
2.2.7.2.4	Klassifizierung von Versandstücken oder unverpackten Stoffen
2.2.7.2.4.1	Klassifizierung als freigestelltes Versandstück
2.2.7.2.4.2	Klassifizierung als Stoffe mit geringer spezifischer Aktivität (LSA)
2.2.7.2.4.3	Klassifizierung als oberflächenkontaminierte Gegenstände (SCO)
2.2.7.2.4.4	Klassifizierung als Typ A-Versandstück
2.2.7.2.4.5	Klassifizierung von Uranhexafluorid
2.2.7.2.4.6	Klassifizierung als Typ B(U)-, Typ B(M)- oder Typ C-Versandstücke
2.2.7.2.5	Sondervereinbarungen

Klassifizierung 2

ADR	RID

2.2.8	Klasse 8:	Ätzende Stoffe
2.2.8.1	Begriffsbestimmung, allgemeine Vorschriften und Kriterien	
2.2.8.2	Nicht zur Beförderung zugelassene Stoffe	
2.2.8.3	Verzeichnis der Sammeleintragungen	
2.2.9	Klasse 9:	Verschiedene gefährliche Stoffe und Gegenstände
2.2.9.1	Kriterien	
2.2.9.1.10	Umweltgefährdende Stoffe (aquatische Umwelt)	
2.2.9.1.10.1	Allgemeine Begriffsbestimmungen	
2.2.9.1.10.2	Begriffsbestimmungen und Anforderungen an die Daten	
2.2.9.1.10.3	Kategorien und Kriterien für die Zuordnung von Stoffen	
2.2.9.1.10.4	Kategorien und Kriterien für die Zuordnung von Gemischen	
2.2.9.1.10.4.5	Einstufung von Gemischen, wenn Toxizitätsdaten für alle Bestandteile oder nur manche Bestandteile des Gemisches vorliegen	
2.2.9.1.10.4.6	Summierungsmethode	
2.2.9.1.10.5	Stoffe oder Gemische, die auf der Grundlage der Verordnung (EG) Nr. 1272/2008 als umweltgefährdende Stoffe (aquatische Umwelt) eingestuft sind	
2.2.9.1.10.6	Zuordnung von Stoffen oder Gemischen, die auf der Grundlage der Vorschriften des Absatzes 2.2.9.1.10.3, 2.2.9.1.10.4 oder 2.2.9.1.10.5 als umweltgefährdende Stoffe (aquatische Umwelt) eingestuft sind	
2.2.9.2	Nicht zur Beförderung zugelassene Stoffe und Gegenstände	
2.2.9.3	Verzeichnis der Eintragungen	

2.3	**Prüfverfahren**
2.3.0	Allgemeines
2.3.1	Prüfung auf Ausschwitzen für Sprengstoffe des Typs A
2.3.2	Prüfungen bezüglich der nitrierten Cellulosemischungen der Klasse 1 und der Klasse 4.1
2.3.2.5	Entzündungstemperatur
2.3.3	Prüfungen der entzündbaren flüssigen Stoffe der Klassen 3, 6.1 und 8
2.3.3.1	Bestimmung des Flammpunktes
2.3.3.2	Bestimmung des Siedebeginns
2.3.3.3	Prüfung zur Bestimmung des Gehalts an Peroxid
2.3.4	Prüfung zur Bestimmung des Fließverhaltens
2.3.5	Zuordnung metallorganischer Stoffe zu den Klassen 4.2 und 4.3

2		Klassifizierung
ADR		RID

Allgemeine Vorschriften 2.1

ADR	RID

2.1.1 Einleitung

2.1.1.1 Im ADR/RID gibt es folgende Klassen gefährlicher Güter:

Klasse 1	Explosive Stoffe und Gegenstände mit Explosivstoff
Klasse 2	Gase
Klasse 3	Entzündbare flüssige Stoffe
Klasse 4.1	Entzündbare feste Stoffe, selbstzersetzliche Stoffe, polymerisierende Stoffe und desensibilisierte explosive feste Stoffe
Klasse 4.2	Selbstentzündliche Stoffe
Klasse 4.3	Stoffe, die in Berührung mit Wasser entzündbare Gase entwickeln
Klasse 5.1	Entzündend (oxidierend) wirkende Stoffe
Klasse 5.2	Organische Peroxide
Klasse 6.1	Giftige Stoffe
Klasse 6.2	Ansteckungsgefährliche Stoffe
Klasse 7	Radioaktive Stoffe
Klasse 8	Ätzende Stoffe
Klasse 9	Verschiedene gefährliche Stoffe und Gegenstände

2.1.1.2 Jeder Eintragung in den verschiedenen Klassen ist eine UN-Nummer zugeordnet. Folgende Arten von Eintragungen werden verwendet:

A. Einzeleintragungen für genau definierte Stoffe oder Gegenstände, einschließlich Eintragungen für Stoffe, die verschiedene Isomere abdecken, z. B.:

UN 1090 ACETON
UN 1104 AMYLACETATE
UN 1194 ETHYLNITRIT, LÖSUNG

B. Gattungseintragungen für genau definierte Gruppen von Stoffen oder Gegenständen, die nicht unter n.a.g.-Eintragungen fallen, z. B.:

UN 1133 KLEBSTOFFE
UN 1266 PARFÜMERIEERZEUGNISSE
UN 2757 CARBAMAT-PESTIZID, FEST, GIFTIG
UN 3101 ORGANISCHES PEROXID TYP B, FLÜSSIG

C. Spezifische n.a.g.-Eintragungen, die Gruppen von nicht anderweitig genannten Stoffen oder Gegenständen einer bestimmten chemischen oder technischen Beschaffenheit umfassen, z. B.:

UN 1477 NITRATE, ANORGANISCH, N.A.G.
UN 1987 ALKOHOLE, N.A.G.

D. Allgemeine n.a.g.-Eintragungen, die Gruppen von nicht anderweitig genannten Stoffen oder Gegenständen mit einer oder mehreren gefährlichen Eigenschaften umfassen, z. B.:

UN 1325 ENTZÜNDBARER ORGANISCHER FESTER STOFF, N.A.G.
UN 1993 ENTZÜNDBARER FLÜSSIGER STOFF, N.A.G.

▶ *1.2.1* Die unter B, C und D aufgeführten Eintragungen werden als Sammeleintragungen bezeichnet.

2.1 Allgemeine Vorschriften

ADR	RID

2.1.1.3 Mit Ausnahme von Stoffen der Klassen 1, 2, 5.2, 6.2 und 7 sowie mit Ausnahme der
▶ 1.2.1   selbstzersetzlichen Stoffe der Klasse 4.1 sind die Stoffe für Verpackungszwecke auf
Grund ihres Gefahrengrades Verpackungsgruppen zugeordnet:

– Verpackungsgruppe I: Stoffe mit hoher Gefahr;
– Verpackungsgruppe II: Stoffe mit mittlerer Gefahr;
– Verpackungsgruppe III: Stoffe mit geringer Gefahr.

Die Verpackungsgruppe(n), der (denen) ein Stoff zugeordnet ist, ist (sind) in Kapitel 3.2 Tabelle A angegeben.

Gegenstände sind keinen Verpackungsgruppen zugeordnet. Für Zwecke der Verpackung sind eventuelle Prüfanforderungen an die Verpackung in der anwendbaren Verpackungsanweisung festgelegt.

2.1.2 Grundsätze der Klassifizierung

2.1.2.1 Die gefährlichen Güter, die unter die Überschrift einer Klasse fallen, werden nach Unterabschnitt 2.2.x.1 der entsprechenden Klasse auf der Grundlage ihrer Eigenschaften definiert. Die Zuordnung eines gefährlichen Gutes zu einer Klasse und einer Verpackungsgruppe erfolgt nach den im gleichen Unterabschnitt 2.2.x.1 aufgeführten Kriterien. Die Zuordnung einer oder mehrerer Nebengefahr(en) zu einem gefährlichen Stoff oder Gegenstand erfolgt nach den Kriterien des Unterabschnitts (der Unterabschnitte) 2.2.x.1 der Klasse(n), die diesen Gefahren entsprechen.

2.1.2.2 Alle Eintragungen für gefährliche Güter sind in Kapitel 3.2 Tabelle A in der Reihenfolge ihrer UN-Nummern aufgeführt. Diese Tabelle enthält entsprechende Informationen über das aufgeführte Gut, wie Benennung, Klasse, Verpackungsgruppe(n), anzubringende(r) Zettel sowie Verpackungs- und Beförderungsvorschriften.[1] Die in Kapitel 3.2 Tabelle A Spalte (2) namentlich genannten Stoffe müssen entsprechend ihrer Klassifizierung in der Tabelle A oder unter den in Unterabschnitt 2.1.2.8 festgelegten Vorschriften befördert werden.

[1] Ein alphabetisches Verzeichnis dieser Eintragungen wurde vom Sekretariat erstellt und ist im Kapitel 3.2 Tabelle B enthalten. Diese Tabelle ist kein offizieller Teil des ADR.

Bem. Ein alphabetisches Verzeichnis dieser Eintragungen ist in Kapitel 3.2 Tabelle B enthalten.

2.1.2.3 Stoffe können technische Unreinheiten (z.B. aus dem Produktionsprozess) oder Additive für die Stabilisierung oder für andere Zwecke enthalten, die keine Auswirkungen auf ihre Klassifizierung haben. Jedoch gilt ein namentlich genannter Stoff, d.h. ein in Kapitel 3.2 Tabelle A als Einzeleintragung aufgeführter Stoff, der technische Unreinheiten oder Additive für die Stabilisierung oder für andere Zwecke enthält, die Auswirkungen auf seine Klassifizierung haben, als Lösung oder Gemisch (siehe Unterabschnitt 2.1.3.3).

2.1.2.4 Die in Unterabschnitt 2.2.x.2 der einzelnen Klassen aufgeführten oder definierten gefährlichen Güter sind nicht zur Beförderung zugelassen.

2.1.2.5 Nicht namentlich genannte Güter, d.h. Güter, die in Kapitel 3.2 Tabelle A nicht als Einzeleintragungen aufgeführt und in einer der oben genannten Unterabschnitte 2.2.x.2 nicht aufgeführt oder definiert sind, sind nach dem Verfahren des Abschnitts 2.1.3 der entsprechenden Klasse zuzuordnen. Zusätzlich ist die Nebengefahr (soweit vorhanden) und die Verpackungsgruppe (soweit vorhanden) zu bestimmen. Nachdem die Klasse, die Nebengefahr (soweit vorhanden) und die Verpackungsgruppe (soweit vorhanden) festgelegt ist, ist die entsprechende UN-Nummer zu bestimmen. In den Entscheidungsbäumen im Unterabschnitt 2.2.x.3 (Verzeichnis der Sammeleintragungen) am Ende jeder Klasse sind die jeweiligen Parameter für die Auswahl der entsprechenden Sammeleintragung (UN-Nummer) angegeben. In allen Fällen ist die jeweils zutreffendste Sammeleintragung, welche die Eigenschaften des Stoffes oder des Gegenstandes erfasst, nach der im Unterabschnitt 2.1.1.2 durch die Buchstaben B, C und D dargestellten Rangfolge auszuwählen. Nur wenn der Stoff oder Gegenstand nicht einer Eintragung des Typs B oder C nach Unterabschnitt 2.1.1.2 zugeordnet werden kann, darf er einer Eintragung des Typs D zugeordnet werden.

Allgemeine Vorschriften 2.1

ADR	RID

2.1.2.6 Auf der Grundlage der Prüfverfahren des Kapitels 2.3 und der in den Unterabschnitten 2.2.x.1 derjenigen Klassen, in denen dies so festgelegt ist, angegebenen Kriterien kann festgestellt werden, dass ein in Kapitel 3.2 Tabelle A namentlich genannter Stoff, eine namentlich genannte Lösung oder ein namentlich genanntes Gemisch einer bestimmten Klasse die Kriterien dieser Klasse nicht erfüllt. In diesem Fall gehört dieser Stoff, diese Lösung oder dieses Gemisch nicht zu dieser Klasse.

2.1.2.7 Für die Klassifizierung gelten Stoffe mit einem Schmelzpunkt oder Schmelzbeginn von 20 °C oder darunter bei einem Druck von 101,3 kPa als flüssige Stoffe. Ein viskoser Stoff, für den ein spezifischer Schmelzpunkt nicht bestimmt werden kann, ist dem Prüfverfahren ASTM D 4359-90 oder der in Abschnitt 2.3.4 beschriebenen Prüfung zur Bestimmung des Fließverhaltens (Penetrometerverfahren) zu unterziehen.

2.1.2.8 Mit Genehmigung der zuständigen Behörde darf ein Absender, der auf der Grundlage von Prüfdaten festgestellt hat, dass ein in Kapitel 3.2 Tabelle A Spalte (2) namentlich genannter Stoff die Klassifizierungskriterien einer in Kapitel 3.2 Tabelle A Spalte (3a) oder (5) nicht ausgewiesenen Klasse erfüllt, den Stoff wie folgt versenden:

– unter der am besten geeigneten in Unterabschnitt 2.2.x.3 aufgeführten Sammeleintragung, die alle Gefahren widerspiegelt, oder

– unter derselben UN-Nummer und Benennung, jedoch mit zusätzlichen Angaben zur Gefahr, die erforderlich sind, um die zusätzliche(n) Nebengefahr(en) abzubilden (Dokumentation, Gefahrzettel, Großzettel (Placard)), vorausgesetzt, die Klasse bleibt unverändert und alle übrigen Beförderungsvorschriften (z. B. begrenzte Mengen, Verpackung und Tankvorschriften), die normalerweise für Stoffe mit einer solchen Gefahrenkombination anwendbar wären, sind dieselben wie die für den aufgeführten Stoff.

Bem. 1. Die zuständige Behörde, welche die Genehmigung erteilt, kann die zuständige Behörde

irgendeiner Vertragspartei des ADR	irgendeines RID-Vertragsstaates

sein, wobei diese zuständige Behörde auch eine von der zuständigen Behörde eines Landes, das

keine Vertragspartei des ADR	kein RID-Vertragsstaat

ist, erteilte Genehmigung anerkennen kann, vorausgesetzt, diese wurde in Übereinstimmung mit den gemäß dem RID, dem ADR, dem ADN, dem IMDG-Code oder den technischen Anweisungen der ICAO anwendbaren Verfahren erteilt.

2. Wenn eine zuständige Behörde eine solche Genehmigung erteilt, sollte sie den Expertenunterausschuss für die Beförderung gefährlicher Güter der Vereinten Nationen entsprechend unterrichten und einen diesbezüglichen Antrag auf Änderung der Gefahrgutliste der UN-Modellvorschriften unterbreiten. Sollte die vorgeschlagene Änderung abgelehnt werden, sollte die zuständige Behörde ihre Genehmigung zurückziehen.

3. Für Beförderungen gemäß Unterabschnitt 2.1.2.8 siehe auch Absatz 5.4.1.1.20.

2.1.3 Zuordnung von nicht namentlich genannten Stoffen einschließlich Lösungen und Gemische (wie Präparate, Zubereitungen und Abfälle)

2.1.3.1 Nicht namentlich genannte Stoffe, einschließlich Lösungen und Gemische, sind auf der Grundlage der in Unterabschnitt 2.2.x.1 der verschiedenen Klassen aufgeführten Kriterien entsprechend ihrem Gefahrengrad zuzuordnen. Die von einem Stoff ausgehende(n) Gefahr(en) ist (sind) auf der Grundlage seiner physikalischen, chemischen und physiologischen Eigenschaften zu bestimmen. Diese Eigenschaften sind auch zu berücksichtigen, wenn Erfahrungen zu einer strengeren Zuordnung führen.

2.1 Allgemeine Vorschriften

ADR	RID

2.1.3.2 Ein in Kapitel 3.2 Tabelle A nicht namentlich genannter Stoff, der eine einzige Gefahr aufweist, ist in der entsprechenden Klasse einer in Unterabschnitt 2.2.x.3 dieser Klasse aufgeführten Sammeleintragung zuzuordnen.

2.1.3.3 Eine Lösung oder ein Gemisch, die/das den Klassifizierungskriterien des ADR/RID entspricht und nur einen in Kapitel 3.2 Tabelle A namentlich genannten überwiegenden gefährlichen Stoff und einen oder mehrere nicht dem ADR/RID unterliegende Stoffe und/oder Spuren eines oder mehrerer in Kapitel 3.2 Tabelle A namentlich genannter Stoffe enthält, ist der UN-Nummer und der offiziellen Benennung für die Beförderung des in Kapitel 3.2 Tabelle A genannten überwiegenden Stoffes zuzuordnen, es sei denn:

a) die Lösung oder das Gemisch ist in Kapitel 3.2 Tabelle A namentlich genannt;

b) aus der Benennung und der Beschreibung des in Kapitel 3.2 Tabelle A namentlich genannten Stoffes geht hervor, dass die Eintragung nur für den reinen Stoff gilt;

c) die Klasse, der Klassifizierungscode, die Verpackungsgruppe oder der Aggregatzustand der Lösung oder des Gemisches unterscheidet sich von denen des in Kapitel 3.2 Tabelle A namentlich genannten Stoffes oder

d) die Gefahrenmerkmale und -eigenschaften der Lösung oder des Gemisches machen Notfallmaßnahmen erforderlich, die sich von denen des in Kapitel 3.2 Tabelle A namentlich genannten Stoffes unterscheiden.

In anderen als den in Absatz a) beschriebenen Fällen ist die Lösung oder das Gemisch als nicht namentlich genannter Stoff in der entsprechenden Klasse einer in Unterabschnitt 2.2.x.3 dieser Klasse aufgeführten Sammeleintragung unter Berücksichtigung der eventuell vorhandenen Nebengefahren der Lösung oder des Gemisches zuzuordnen, es sei denn, die Lösung oder das Gemisch entspricht den Kriterien keiner Klasse und unterliegt deshalb nicht den Vorschriften des ADR/RID.

2.1.3.4 Lösungen und Gemische, die einen Stoff einer der in Absatz 2.1.3.4.1 oder 2.1.3.4.2 genannten Eintragungen enthalten, sind nach den in diesen Absätzen genannten Bedingungen zuzuordnen.

2.1.3.4.1 Lösungen und Gemische, die einen der folgenden namentlich genannten Stoffe enthalten, sind immer derselben Eintragung zuzuordnen wie der in ihnen enthaltene Stoff selbst, vorausgesetzt, diese Lösungen und Gemische weisen nicht die in Absatz 2.1.3.5.3 angegebenen Gefahreneigenschaften auf:

– <u>Klasse 3</u>

UN 1921 PROPYLENIMIN, STABILISIERT

UN 3064 NITROGLYCERIN, LÖSUNG IN ALKOHOL mit mehr als 1 %, aber höchstens 5 % Nitroglycerin

– <u>Klasse 6.1</u>

UN 1051 CYANWASSERSTOFF, STABILISIERT, mit weniger als 3 % Wasser

UN 1185 ETHYLENIMIN, STABILISIERT

UN 1259 NICKELTETRACARBONYL

UN 1613 CYANWASSERSTOFF, WÄSSERIGE LÖSUNG (CYANWASSERSTOFFSÄURE, WÄSSERIGE LÖSUNG) mit höchstens 20 % Cyanwasserstoff

UN 1614 CYANWASSERSTOFF, STABILISIERT, mit weniger als 3 % Wasser und aufgesaugt durch ein inertes poröses Material

UN 1994 EISENPENTACARBONYL

UN 2480 METHYLISOCYANAT

UN 2481 ETHYLISOCYANAT

UN 3294 CYANWASSERSTOFF, LÖSUNG IN ALKOHOL mit höchstens 45 % Cyanwasserstoff

Allgemeine Vorschriften 2.1

ADR	RID

- Klasse 8

  UN 1052 FLUORWASSERSTOFF, WASSERFREI

  UN 1744 BROM oder UN 1744 BROM, LÖSUNG

  UN 1790 FLUORWASSERSTOFFSÄURE mit mehr als 85 % Fluorwasserstoff

  UN 2576 PHOSPHOROXYBROMID, GESCHMOLZEN

2.1.3.4.2 Lösungen und Gemische, die einen Stoff enthalten, der unter eine der folgenden Eintragungen der Klasse 9 fällt:

UN 2315 POLYCHLORIERTE BIPHENYLE, FLÜSSIG,

UN 3151 POLYHALOGENIERTE BIPHENYLE, FLÜSSIG,

UN 3151 HALOGENIERTE MONOMETHYLDIPHENYLMETHANE, FLÜSSIG,

UN 3151 POLYHALOGENIERTE TERPHENYLE, FLÜSSIG,

UN 3152 POLYHALOGENIERTE BIPHENYLE, FEST,

UN 3152 HALOGENIERTE MONOMETHYLDIPHENYLMETHANE, FEST,

UN 3152 POLYHALOGENIERTE TERPHENYLE, FEST oder

UN 3432 POLYCHLORIERTE BIPHENYLE, FEST

sind immer derselben Eintragung der Klasse 9 zuzuordnen, vorausgesetzt,

- sie enthalten darüber hinaus keine anderen gefährlichen Bestandteile mit Ausnahme von Bestandteilen der Verpackungsgruppe III der Klasse 3, 4.1, 4.2, 4.3, 5.1, 6.1 oder 8 und
- sie weisen nicht die in Absatz 2.1.3.5.3 angegebenen Gefahreigenschaften auf.

2.1.3.4.3 Gebrauchte Gegenstände, wie z. B. Transformatoren und Kondensatoren, die eine in Absatz 2.1.3.4.2 genannte Lösung oder ein in Absatz 2.1.3.4.2 genanntes Gemisch enthalten, sind immer derselben Eintragung der Klasse 9 zuzuordnen, vorausgesetzt:

a) sie enthalten darüber hinaus keine anderen gefährlichen Bestandteile mit Ausnahme von polyhalogenierten Dibenzodioxinen und -furanen der Klasse 6.1 oder von Bestandteilen der Verpackungsgruppe III der Klasse 3, 4.1, 4.2, 4.3, 5.1, 6.1 oder 8 und

b) sie weisen nicht die in Absatz 2.1.3.5.3 a) bis g) und i) angegebenen Gefahreigenschaften auf.

2.1.3.5 In Kapitel 3.2 Tabelle A nicht namentlich genannte Stoffe mit mehreren gefährlichen Eigenschaften sowie Lösungen oder Gemische, die den Klassifizierungskriterien des ADR/RID entsprechen und mehrere gefährliche Stoffe enthalten, sind einer Sammeleintragung (siehe Unterabschnitt 2.1.2.5) und einer den Gefahreneigenschaften entsprechenden Verpackungsgruppe der jeweiligen Klasse zuzuordnen. Bei dieser Zuordnung auf Grund der gefährlichen Eigenschaften ist wie folgt zu verfahren:

2.1.3.5.1 Die physikalischen, chemischen und physiologischen Eigenschaften sind durch Messung oder Berechnung zu bestimmen, und die Zuordnung des Stoffes, der Lösung oder des Gemisches hat nach den Kriterien des Unterabschnitts 2.2.x.1 der einzelnen Klassen zu erfolgen.

2.1.3.5.2 Wenn diese Bestimmung nur mit unverhältnismäßig großem Aufwand möglich ist (z.B. bei gewissen Abfällen), so ist der Stoff, die Lösung oder das Gemisch der Klasse der Komponente mit der überwiegenden Gefahr zuzuordnen.

2.1.3.5.3 Sofern die gefährlichen Eigenschaften des Stoffes, der Lösung oder des Gemisches in mehr als eine der nachstehend aufgeführten Klassen oder Stoffgruppen fallen, ist der Stoff, die Lösung oder das Gemisch der Klasse oder Stoffgruppe mit der überwiegenden Gefahr entsprechend nachstehender Reihenfolge zuzuordnen:

2.1 Allgemeine Vorschriften

ADR | **RID**

a) Stoffe der Klasse 7 (ausgenommen radioaktive Stoffe in freigestellten Versandstücken, für welche mit Ausnahme von UN 3507 URANHEXAFLUORID, RADIOAKTIVE STOFFE, FREIGESTELLTES VERSANDSTÜCK die Sondervorschrift 290 des Kapitels 3.3 gilt und bei denen die anderen gefährlichen Eigenschaften überwiegen);

b) Stoffe der Klasse 1;

c) Stoffe der Klasse 2;

d) desensibilisierte explosive flüssige Stoffe der Klasse 3;

e) selbstzersetzliche Stoffe und desensibilisierte explosive feste Stoffe der Klasse 4.1;

f) pyrophore Stoffe der Klasse 4.2;

g) Stoffe der Klasse 5.2;

h) Stoffe der Klasse 6.1, welche die Kriterien für die Giftigkeit beim Einatmen der Verpackungsgruppe I erfüllen (Stoffe, die die Zuordnungskriterien der Klasse 8 erfüllen und eine Giftigkeit beim Einatmen von Staub und Nebel (LC_{50}) entsprechend Verpackungsgruppe I, aber eine Giftigkeit bei Einnahme oder bei Absorption durch die Haut, die nur Verpackungsgruppe III entspricht, oder eine geringere Giftigkeit aufweisen, sind der Klasse 8 zuzuordnen.);

i) ansteckungsgefährliche Stoffe der Klasse 6.2.

2.1.3.5.4 Sofern die gefährlichen Eigenschaften des Stoffes in mehr als eine Klasse oder Stoffgruppe fallen, die in Absatz 2.1.3.5.3 nicht aufgeführt sind, ist der Stoff nach demselben Verfahren zuzuordnen, wobei jedoch die entsprechende Klasse nach der Tabelle der überwiegenden Gefahr in Unterabschnitt 2.1.3.10 auszuwählen ist.

2.1.3.5.5 Handelt es sich bei dem zu befördernden Stoff um einen Abfall, dessen Zusammensetzung nicht genau bekannt ist, kann die Zuordnung zu einer UN-Nummer und Verpackungsgruppe gemäß Absatz 2.1.3.5.2 auf der Grundlage der Kenntnisse des Absenders, einschließlich aller verfügbaren, von der geltenden Sicherheits- und Umweltgesetzgebung [1] geforderten technischen und sicherheitstechnischen Daten, erfolgen.

Im Zweifelsfall ist das höchste Gefahrenniveau anzuwenden.

Wenn jedoch auf der Grundlage der Kenntnisse über die Zusammensetzung des Abfalls und der physikalischen und chemischen Eigenschaften der festgestellten Bestandteile der Nachweis möglich ist, dass die Eigenschaften des Abfalls nicht den Eigenschaften der Verpackungsgruppe I entsprechen, darf der Abfall standardmäßig der am besten geeigneten n.a.g.-Eintragung der Verpackungsgruppe II zugeordnet werden. Wenn jedoch bekannt ist, dass der Abfall nur umweltgefährdende Eigenschaften besitzt, darf er der Verpackungsgruppe III der UN-Nummer 3077 oder 3082 zugeordnet werden.

Dieses Verfahren darf nicht für Abfälle angewendet werden, die in Absatz 2.1.3.5.3 genannte Stoffe, Stoffe der Klasse 4.3, Stoffe des in Unterabschnitt 2.1.3.7 genannten Falls oder Stoffe enthalten, die gemäß Unterabschnitt 2.2.x.2 nicht zur Beförderung zugelassen sind.

2.1.3.6 Es ist immer die jeweils zutreffendste Sammeleintragung (siehe Unterabschnitt 2.1.2.5) zu verwenden, d.h. eine allgemeine n.a.g.-Eintragung ist nur zu verwenden, wenn eine Gattungseintragung oder eine spezifische n.a.g.-Eintragung nicht verwendet werden kann.

---

[1] Zu diesen Rechtsvorschriften gehört zum Beispiel die Entscheidung der Kommission 2000/532/EG vom 3. Mai 2000 zur Ersetzung der Entscheidung 94/3/EG über ein Abfallverzeichnis gemäß Artikel 1 Buchstabe a) der Richtlinie 75/442/EWG des Rates über Abfälle und der Entscheidung 94/904/EG des Rates über ein Verzeichnis gefährlicher Abfälle im Sinne von Artikel 1 Absatz 4 der Richtlinie 91/689/EWG des Rates über gefährliche Abfälle (Amtsblatt der Europäischen Gemeinschaften Nr. L 226 vom 6. September 2000, Seite 3 in der jeweils geänderten Fassung) sowie Richtlinie 2008/98/EG des Europäischen Parlaments und des Rates vom 19. November 2008 über Abfälle und zur Aufhebung bestimmter Richtlinien (Amtsblatt der Europäischen Union Nr. L 312 vom 22. November 2008, Seiten 3-30 in der jeweils geänderten Fassung).

Allgemeine Vorschriften 2.1

ADR	RID

2.1.3.7 Lösungen und Gemische entzündend (oxidierend) wirkender Stoffe oder Stoffe mit der Nebengefahr entzündend (oxidierend) wirkend können explosive Eigenschaften haben. In diesem Fall sind sie zur Beförderung nicht zugelassen, es sei denn, sie erfüllen die Vorschriften der Klasse 1. Für feste ammoniumnitrathaltige Düngemittel siehe auch Absatz 2.2.51.2.2 dreizehnter und vierzehnter Spiegelstrich und Handbuch Prüfungen und Kriterien Teil III Abschnitt 39.

2.1.3.8 Stoffe der Klassen 1 bis 6.2, 8 und 9 mit Ausnahme von Stoffen der UN-Nummern 3077 und 3082, die den Kriterien des Absatzes 2.2.9.1.10 entsprechen, gelten zusätzlich zu ihren Gefahren der Klassen 1 bis 6.2, 8 und 9 als umweltgefährdende Stoffe. Andere Stoffe, die den Kriterien keiner anderen Klasse oder keines anderen Stoffes der Klasse 9, aber den Kriterien des Absatzes 2.2.9.1.10 entsprechen, sind der UN-Nummer 3077 bzw. 3082 zuzuordnen.

2.1.3.9 Abfälle, die nicht den Kriterien für eine Zuordnung zu den Klassen 1 bis 9 entsprechen, jedoch unter das Baseler Übereinkommen über die Kontrolle der grenzüberschreitenden Verbringung von gefährlichen Abfällen und ihrer Entsorgung fallen, dürfen unter den UN-Nummern 3077 und 3082 befördert werden.

2.1 Allgemeine Vorschriften

ADR | **RID**

2.1.3.10 Tabelle der überwiegenden Gefahr

Klasse und Ver-packungs-gruppe	4.1 II	4.1 III	4.2 II	4.2 III	4.3 I	4.3 II	4.3 III	5.1 I	5.1 II	5.1 III	6.1 I DER-MAL	6.1 I ORAL	6.1 II	6.1 III	8 I	8 II	8 III	9
3 I	SOL 4.1 LIQ 3 I	SOL 4.1 LIQ 3 I	SOL 4.2 LIQ 3 I	SOL 4.2 LIQ 3 I	4.3 I	4.3 I	4.3 I	SOL 5.1 I LIQ 3 I	SOL 5.1 I LIQ 3 I	SOL 5.1 I LIQ 3 I	3 I	3 I	3 I	3 I	3 I	3 I	3 I	3 I
3 II	SOL 4.1 LIQ 3 II	SOL 4.1 LIQ 3 II	SOL 4.2 LIQ 3 II	SOL 4.2 LIQ 3 II	4.3 I	4.3 II	4.3 II	SOL 5.1 I LIQ 3 I	SOL 5.1 II LIQ 3 II	SOL 5.1 II LIQ 3 II	3 I	3 I	3 II	3 II	8 I	3 II	3 II	3 II
3 III	SOL 4.1 LIQ 3 II	SOL 4.1 LIQ 3 III	SOL 4.2 LIQ 3 III	SOL 4.2 LIQ 3 III	4.3 I	4.3 II	4.3 III	SOL 5.1 I LIQ 3 I	SOL 5.1 II LIQ 3 II	SOL 5.1 III LIQ 3 III	6.1 I	6.1 I	6.1 II	3 III *)	8 I	8 II	3 III	3 III
4.1 II			4.2 II	4.2 II	4.3 I	4.3 II	4.3 II	5.1 I	4.1 II	4.1 II	6.1 I	6.1 I	SOL 4.1 II LIQ 6.1 II	SOL 4.1 II LIQ 6.1 II	8 I	SOL 4.1 II LIQ 8 II	SOL 4.1 II LIQ 8 II	4.1 II
4.1 III			4.2 II	4.2 III	4.3 I	4.3 II	4.3 III	5.1 I	4.1 II	4.1 III	6.1 I	6.1 I	6.1 II	SOL 4.1 III LIQ 6.1 III	8 I	8 II	SOL 4.1 III LIQ 8 III	4.1 III
4.2 II					4.3 I	4.3 II	4.3 II	5.1 I	4.2 II	4.2 II	6.1 I	6.1 I	4.2 II	4.2 II	8 I	4.2 II	4.2 II	4.2 II
4.2 III					4.3 I	4.3 II	4.3 III	5.1 I	5.1 II	4.2 III	6.1 I	6.1 I	6.1 II	4.2 III	8 I	8 II	4.2 III	4.2 III
4.3 I								5.1 I	4.3 I	4.3 I	6.1 I	4.3 I	4.3 I	4.3 I	4.3 I	4.3 I	4.3 I	4.3 I
4.3 II								5.1 I	4.3 II	4.3 II	6.1 I	4.3 II	4.3 II	4.3 II	8 I	4.3 II	4.3 II	4.3 II
4.3 III								5.1 I	5.1 II	4.3 III	6.1 I	6.1 I	6.1 II	4.3 III	8 I	8 II	4.3 III	4.3 III
5.1 I											5.1 I	5.1 I	5.1 I	5.1 I	5.1 I	5.1 I	5.1 I	5.1 I
5.1 II											6.1 I	5.1 II	5.1 II	5.1 II	8 I	5.1 II	5.1 II	5.1 II
5.1 III											6.1 I	6.1 I	6.1 II	5.1 III	8 I	8 II	5.1 III	5.1 III
6.1 I DERMAL													SOL 6.1 I LIQ 8 I	6.1 I	6.1 I	6.1 I		
6.1 I ORAL													SOL 6.1 I LIQ 8 I	6.1 I	6.1 I	6.1 I		
6.1 II INHAL													SOL 6.1 I LIQ 8 I	6.1 II	6.1 II	6.1 II		
6.1 II DERMAL													SOL 6.1 I LIQ 8 I	SOL 6.1 II LIQ 8 II	6.1 II	6.1 II		
6.1 II ORAL														8 I	SOL 6.1 II LIQ 8 II	6.1 II	6.1 II	
6.1 III															8 I	8 II	8 III	6.1 III
8 I																		8 I
8 II																		8 II
8 III																		8 III

SOL = feste Stoffe und Gemische
LIQ = flüssige Stoffe, Gemische und Lösungen
DERMAL = Giftigkeit bei Absorption durch die Haut
ORAL = Giftigkeit bei Einnahme
INHAL = Giftigkeit beim Einatmen
*) Bei Mitteln zur Schädlingsbekämpfung (Pestizide) Klasse 6.1.

Allgemeine Vorschriften 2.1

ADR	RID

Bem. 1. Beispiele für die Anwendung der Tabelle:

Zuordnung eines einzelnen Stoffes

Beschreibung des zuzuordnenden Stoffes:

Ein nicht namentlich genanntes Amin, das sowohl den Kriterien der Klasse 3 Verpackungsgruppe II als auch den Kriterien der Klasse 8 Verpackungsgruppe I entspricht.

Vorgehensweise:

Schnittpunkt von Zeile 3 II mit Spalte 8 I ergibt 8 I. Dieses Amin ist somit der Klasse 8 zuzuordnen, und zwar unter UN 2734 AMINE, FLÜSSIG, ÄTZEND, ENTZÜNDBAR, N.A.G. oder UN 2734 POLYAMINE, FLÜSSIG, ÄTZEND, ENTZÜNDBAR, N.A.G. Verpackungsgruppe I.

Zuordnung eines Gemisches

Beschreibung des zuzuordnenden Gemisches:

Ein Gemisch bestehend aus einem entzündbaren flüssigen Stoff der Klasse 3 Verpackungsgruppe III, einem giftigen Stoff der Klasse 6.1 Verpackungsgruppe II und einem ätzenden Stoff der Klasse 8 Verpackungsgruppe I.

Vorgehensweise:

Schnittpunkt von Zeile 3 III mit Spalte 6.1 II ergibt 6.1 II.

Schnittpunkt von Zeile 6.1 II mit Spalte 8 I ergibt 8 I LIQ.

Dieses nicht näher definierte Gemisch ist somit der Klasse 8 zuzuordnen, und zwar unter UN 2922 ÄTZENDER FLÜSSIGER STOFF, GIFTIG, N.A.G. Verpackungsgruppe I.

2. Beispiele für die Zuordnung der Gemische und Lösungen zu einer Klasse und Verpackungsgruppe:

Eine Lösung von Phenol der Klasse 6.1 Verpackungsgruppe II in Benzin der Klasse 3 Verpackungsgruppe II ist der Klasse 3 Verpackungsgruppe II zuzuordnen; auf Grund der Giftigkeit des Phenols ist diese Lösung der UN-Nummer 1992 ENTZÜNDBARER FLÜSSIGER STOFF, GIFTIG, N.A.G. in Klasse 3 Verpackungsgruppe II zuzuordnen.

Ein festes Gemisch von Natriumarsenat der Klasse 6.1 Verpackungsgruppe II und Natriumhydroxid der Klasse 8 Verpackungsgruppe II ist der UN-Nummer 3290 GIFTIGER ANORGANISCHER FESTER STOFF, ÄTZEND, N.A.G. in Klasse 6.1 Verpackungsgruppe II zuzuordnen.

Eine Lösung von Naphtalen, roh oder raffiniert, der Klasse 4.1 Verpackungsgruppe III in Benzin der Klasse 3 Verpackungsgruppe II ist der UN-Nummer 3295 KOHLENWASSERSTOFFE, FLÜSSIG, N.A.G. in Klasse 3 Verpackungsgruppe II zuzuordnen.

Ein Gemisch von Kohlenwasserstoffen der Klasse 3 Verpackungsgruppe III und polychlorierten Biphenylen (PCB) der Klasse 9 Verpackungsgruppe II ist der UN-Nummer 2315 POLYCHLORIERTE BIPHENYLE, FLÜSSIG oder 3432 POLYCHLORIERTE BIPHENYLE, FEST in Klasse 9 Verpackungsgruppe II zuzuordnen.

Ein Gemisch von Propylenimin der Klasse 3 und polychlorierten Biphenylen (PCB) der Klasse 9 Verpackungsgruppe II ist der Eintragung UN 1921 PROPYLENIMIN, STABILISIERT in Klasse 3 zuzuordnen.

2.1 Allgemeine Vorschriften

ADR	RID

2.1.4 Zuordnung von Proben

2.1.4.1 Wenn die Klasse eines Stoffes unsicher ist und der Stoff zur weiteren Prüfung befördert wird, ist auf der Grundlage der Kenntnis des Absenders über den Stoff eine vorläufige Klasse, offizielle Benennung für die Beförderung und UN-Nummer zuzuordnen, und zwar unter Anwendung:

a) der Klassifizierungskriterien des Kapitels 2.2 und

b) der Vorschriften dieses Kapitels.

Die strengste, für die gewählte offizielle Benennung für die Beförderung mögliche Verpackungsgruppe ist anzuwenden.

Bei Anwendung dieser Vorschrift ist die offizielle Benennung für die Beförderung durch den Ausdruck «PROBE» zu ergänzen (z. B. «ENTZÜNDBARER FLÜSSIGER STOFF, N.A.G., PROBE»). In den Fällen, in denen für eine Probe eines Stoffes, von dem man annimmt, dass er bestimmten Klassifizierungskriterien entspricht, eine bestimmte Benennung für die Beförderung vorgesehen ist (z. B. «UN 3167 GASPROBE, NICHT UNTER DRUCK STEHEND, ENTZÜNDBAR, N.A.G.»), ist diese offizielle Benennung für die Beförderung zu verwenden. Wenn für die Beförderung einer Probe eine n.a.g.-Eintragung verwendet wird, muss die offizielle Benennung für die Beförderung nicht durch die technische Benennung ergänzt werden, wie dies in Kapitel 3.3 Sondervorschrift 274 vorgeschrieben ist.

2.1.4.2 Proben des Stoffes sind in Übereinstimmung mit den für die vorläufig zugeordnete offizielle Benennung für die Beförderung anwendbaren Vorschriften zu befördern, vorausgesetzt:

a) der Stoff gilt nicht als Stoff, der nach den Unterabschnitten 2.2.x.2 des Kapitels 2.2 oder nach Kapitel 3.2 nicht zur Beförderung zugelassen ist;

b) der Stoff gilt nicht als Stoff, der die Kriterien der Klasse 1 erfüllt, und nicht als ansteckungsgefährlicher oder radioaktiver Stoff;

c) der Stoff entspricht den Vorschriften der Absätze 2.2.41.1.15 bzw. 2.2.52.1.9, wenn es sich um einen selbstzersetzlichen Stoff bzw. um ein organisches Peroxid handelt;

d) die Probe wird in einer zusammengesetzten Verpackung mit einer Nettomasse von höchstens 2,5 kg je Versandstück befördert und

e) die Probe wird nicht mit anderen Gütern zu einem Versandstück vereinigt.

2.1.4.3 *Proben energetischer Stoffe für Prüfzwecke*

2.1.4.3.1 Proben organischer Stoffe, die funktionelle Gruppen enthalten, die in den Tabellen A6.1 und/oder A6.3 in Anhang 6 (Screening Procedures – Voruntersuchungen) des Handbuchs Prüfungen und Kriterien aufgeführt sind, dürfen unter der UN-Nummer 3224 (Selbstzersetzlicher Stoff Typ C, fest) bzw. 3223 (Selbstzersetzlicher Stoff Typ C, flüssig) der Klasse 4.1 befördert werden, vorausgesetzt:

a) die Proben enthalten:

– keine bekannten explosiven Stoffe,

– keine Stoffe, die bei der Prüfung explosive Effekte aufweisen,

– keine Verbindungen, die mit der Absicht entwickelt wurden, einen praktischen explosiven oder pyrotechnischen Effekt zu erzeugen, oder

– keine Bestandteile, die aus synthetischen Grundstoffen beabsichtigter explosiver Stoffe bestehen;

b) die Konzentration des anorganischen oxidierenden Stoffs beträgt bei Gemischen, Komplexen oder Salzen anorganischer entzündend (oxidierend) wirkender Stoffe der Klasse 5.1 mit einem oder mehreren organischen Stoffen:

Allgemeine Vorschriften 2.1

ADR	RID

- weniger als 15 Masse-% bei einer Zuordnung zur Verpackungsgruppe I (hohe Gefahr) oder II (mittlere Gefahr) oder
- weniger als 30 Masse-% bei einer Zuordnung zur Verpackungsgruppe III (niedrige Gefahr);

c) die verfügbaren Daten ermöglichen keine genauere Klassifizierung;

d) die Probe ist nicht mit anderen Gütern zusammengepackt und

e) die Probe ist gemäß der Verpackungsanweisung P 520 und der Sondervorschrift für die Verpackung PP 94 bzw. PP 95 des Unterabschnitts 4.1.4.1 verpackt.

2.1.5 **Klassifizierung von Gegenständen als Gegenstände, die gefährliche Güter enthalten, n.a.g.**

Bem. Für Gegenstände, die keine offizielle Benennung für die Beförderung haben und die nur gefährliche Güter im Rahmen der in Kapitel 3.2 Tabelle A Spalte 7a zugelassenen begrenzten Mengen enthalten, dürfen die UN-Nummer 3363 und die Sondervorschriften 301 und 672 des Kapitels 3.3 angewendet werden.

2.1.5.1 Gegenstände, die gefährliche Güter enthalten, dürfen, wie an anderer Stelle im ADR/RID vorgesehen, der offiziellen Benennung für die Beförderung der gefährlichen Güter, die in ihnen enthalten sind, zugeordnet oder in Übereinstimmung mit diesem Abschnitt klassifiziert werden.

Für Zwecke dieses Abschnitts ist ein «Gegenstand» eine Maschine, ein Gerät oder eine andere Einrichtung, das/die ein oder mehrere gefährliche Güter (oder Rückstände dieser Güter) enthält, die fester Bestandteil des Gegenstands sind, für die Funktion des Gegenstands notwendig sind und für Beförderungszwecke nicht entfernt werden können.

Eine Innenverpackung ist kein Gegenstand.

2.1.5.2 Solche Gegenstände dürfen darüber hinaus Batterien enthalten. Sofern im ADR/RID nichts anderes bestimmt ist (z. B. für Vorproduktionsprototypen von Gegenständen, die Lithiumbatterien enthalten, oder für kleine Produktionsserien von höchstens 100 solcher Gegenstände), müssen Lithiumbatterien, die Bestandteil des Gegenstandes sind, einem Typ entsprechen, für den nachgewiesen wurde, dass er die Prüfvorschriften des Handbuchs Prüfungen und Kriterien Teil III Unterabschnitt 38.3 erfüllt.

2.1.5.3 Dieser Abschnitt gilt nicht für Gegenstände, für die in Kapitel 3.2 Tabelle A bereits eine genauere offizielle Benennung für die Beförderung besteht.

2.1.5.4 Dieser Abschnitt gilt nicht für gefährliche Güter der Klasse 1, der Klasse 6.2 und der Klasse 7 oder für radioaktive Stoffe, die in Gegenständen enthalten sind. Dieser Abschnitt gilt jedoch für Gegenstände, die explosive Stoffe enthalten, die in Übereinstimmung mit Absatz 2.2.1.1.8.2 aus der Klasse 1 ausgeschlossen sind.

2.1.5.5 Gegenstände, die gefährliche Güter enthalten, müssen der zutreffenden Klasse zugeordnet werden, die durch die in jedem einzelnen im Gegenstand enthaltenen gefährlichen Gut vorhandenen Gefahren, gegebenenfalls unter Verwendung der Tabelle der überwiegenden Gefahr in Unterabschnitt 2.1.3.10, bestimmt wird. Wenn im Gegenstand gefährliche Güter enthalten sind, die der Klasse 9 zugeordnet sind, wird davon ausgegangen, dass alle anderen im Gegenstand enthaltenen gefährlichen Güter eine größere Gefahr darstellen.

2.1 Allgemeine Vorschriften

ADR	RID

2.1.5.6 Nebengefahren müssen repräsentativ für die Hauptgefahren der anderen im Gegenstand enthaltenen gefährlichen Güter sein. Wenn im Gegenstand nur ein gefährliches Gut vorhanden ist, ist (sind) die eventuell vorhandene(n) Nebengefahr(en) diejenige(n), die durch den (die) Nebengefahrzettel in Kapitel 3.2 Tabelle A Spalte 5 ausgewiesen ist (sind). Wenn der Gegenstand mehrere gefährliche Güter enthält und diese während der Beförderung gefährlich miteinander reagieren können, muss jedes gefährliche Gut getrennt umschlossen sein (siehe Unterabschnitt 4.1.1.6).

2.1.6 Klassifizierung von Altverpackungen, leer, ungereinigt

Leere ungereinigte Verpackungen, Großverpackungen oder Großpackmittel (IBC) oder Teile davon, die zur Entsorgung, zum Recycling oder zur Wiederverwendung ihrer Werkstoffe, nicht aber zur Rekonditionierung, Reparatur, regelmäßigen Wartung, Wiederaufarbeitung oder Wiederverwendung befördert werden, dürfen der UN-Nummer 3509 zugeordnet werden, wenn sie den Vorschriften dieser Eintragung entsprechen.

Besondere Vorschriften für die einzelnen Klassen 2.2

ADR	RID

2.2.1 Klasse 1: Explosive Stoffe und Gegenstände mit Explosivstoff

2.2.1.1 Kriterien
▶ 1.6.1.3
▶ 1.6.1.4
▶ RID: 1.6.1.5

2.2.1.1.1 Unter den Begriff der Klasse 1 fallen:

a) Explosive Stoffe: Feste oder flüssige Stoffe (oder Stoffgemische), die durch chemische Reaktion Gase solcher Temperatur, solchen Drucks und solcher Geschwindigkeit entwickeln können, dass hierdurch in der Umgebung Zerstörungen eintreten können.

Pyrotechnische Sätze: Stoffe oder Stoffgemische, mit denen eine Wirkung in Form von Wärme, Licht, Schall, Gas, Nebel oder Rauch oder einer Kombination dieser Wirkungen als Folge nicht detonativer, selbstunterhaltender, exothermer chemischer Reaktionen erzielt werden soll.

Bem. 1. Stoffe, die selbst keine explosiven Stoffe sind, die aber ein explosionsfähiges Gas-, Dampf- oder Staubgemisch bilden können, sind keine Stoffe der Klasse 1.

2. Ausgenommen von der Klasse 1 sind auch wasser- und alkoholfeuchte Explosivstoffe, deren Wasser- bzw. Alkoholgehalt die angegebenen Grenzwerte überschreitet, sowie Explosivstoffe mit Plastifizierungsmitteln – diese explosiven Stoffe sind der Klasse 3 oder 4.1 zugeordnet – sowie explosive Stoffe, die auf Grund ihrer überwiegenden Gefahr der Klasse 5.2 zugeordnet sind.

b) Gegenstände mit Explosivstoff: Gegenstände, die einen oder mehrere explosive Stoffe oder pyrotechnische Sätze enthalten.

Bem. Gegenstände, die explosive Stoffe oder pyrotechnische Sätze in so geringer Menge oder solcher Art enthalten, dass ihre unbeabsichtigte oder zufällige Entzündung oder Zündung während der Beförderung außerhalb des Gegenstandes sich nicht durch Splitter, Feuer, Nebel, Rauch, Wärme oder starken Schall bemerkbar macht, unterliegen nicht den Vorschriften der Klasse 1.

c) Stoffe und Gegenstände, die oben nicht genannt sind und die hergestellt worden sind, um einen praktischen explosiven oder pyrotechnischen Effekt zu erzeugen.

Im Sinne der Klasse 1 gilt folgende Begriffsbestimmung:

Phlegmatisiert: Einem explosiven Stoff wurde ein Stoff (oder ein «Phlegmatisierungsmittel») hinzugefügt, um die Sicherheit bei der Handhabung und Beförderung dieses explosiven Stoffes zu erhöhen. Das Phlegmatisierungsmittel macht den explosiven Stoff bei folgenden Einflüssen unempfindlich oder weniger empfindlich: Wärme, Stoß, Aufprall, Schlag oder Reibung. Typische Phlegmatisierungsmittel sind unter anderem: Wachs, Papier, Wasser, Polymere (wie Fluor-Chlor-Polymere), Alkohol und Öle (wie Vaseline und Paraffin).

2.2.1.1.2 Stoffe oder Gegenstände, die explosive Eigenschaften aufweisen oder aufweisen können, werden nach den im Handbuch Prüfungen und Kriterien Teil I aufgeführten Prüfungen, Verfahren und Kriterien für eine Zuordnung nach Klasse 1 in Betracht gezogen.

Ein der Klasse 1 zugeordneter Stoff oder Gegenstand darf nur zur Beförderung zugelassen werden, wenn er einer der Benennungen oder einer der n.a.g.-Eintragungen in Kapitel 3.2 Tabelle A zugeordnet worden ist und den Kriterien des Handbuchs Prüfungen und Kriterien entspricht.

2.2.1.1.3 Die Stoffe und Gegenstände der Klasse 1 müssen einer UN-Nummer und einer Benennung oder n.a.g.-Eintragung zugeordnet sein, die in Kapitel 3.2 Tabelle A aufgeführt ist. Die Interpretation der Benennungen der in Kapitel 3.2 Tabelle A namentlich genannten Stoffe und Gegenstände erfolgt auf der Grundlage des Glossars in Unterabschnitt 2.2.1.4.

2.2 Besondere Vorschriften für die einzelnen Klassen

ADR	RID

Muster von neuen oder bereits bestehenden explosiven Stoffen oder Gegenständen mit Explosivstoff, ausgenommen Initialsprengstoffe, die unter anderem zu Versuchs-, Zuordnungs-, Forschungs- und Entwicklungszwecken, zu Qualitätskontrollzwecken oder als Handelsmuster befördert werden, dürfen der UN-Nummer 0190 EXPLOSIVSTOFF, MUSTER zugeordnet werden.

Die Zuordnung von in Kapitel 3.2 Tabelle A nicht namentlich genannten Stoffen und Gegenständen zu einer n.a.g.-Eintragung oder der UN-Nummer 0190 EXPLOSIVSTOFF, MUSTER sowie die Zuordnung von bestimmten Stoffen, deren Beförderung nach den Sondervorschriften in Kapitel 3.2 Tabelle A Spalte 6 von einer Sondergenehmigung der zuständigen Behörde abhängig ist, erfolgt durch die zuständige Behörde des Ursprungslandes. Diese zuständige Behörde muss auch die Beförderungsbedingungen für diese Stoffe und Gegenstände schriftlich genehmigen. Ist das Ursprungsland

keine Vertragspartei des ADR,	kein RID-Vertragsstaat des COTIF,

müssen die Zuordnung und die Beförderungsbedingungen von der zuständigen Behörde

der	des

ersten von der Sendung berührten

Vertragspartei des ADR	RID-Vertragsstaat des COTIF

anerkannt werden.

2.2.1.1.4 Stoffe und Gegenstände der Klasse 1 müssen einer Unterklasse nach Absatz 2.2.1.1.5 und einer Verträglichkeitsgruppe nach Absatz 2.2.1.1.6 zugeordnet sein. Die Unterklasse muss auf der Grundlage der Ergebnisse der in den Abschnitten 2.3.0 und 2.3.1 beschriebenen Prüfungen unter Verwendung der Beschreibungen in Absatz 2.2.1.1.5 ermittelt sein. Die Verträglichkeitsgruppe muss nach den Beschreibungen in Absatz 2.2.1.1.6 bestimmt sein. Die Nummern der Unterklasse zusammen mit dem Buchstaben der Verträglichkeitsgruppe bilden den Klassifizierungscode.

2.2.1.1.5 **Beschreibung der Unterklassen**

Unterklasse 1.1 Stoffe und Gegenstände, die massenexplosionsfähig sind. (Eine Massenexplosion ist eine Explosion, die nahezu die gesamte Ladung praktisch gleichzeitig erfasst.)

Unterklasse 1.2 Stoffe und Gegenstände, die die Gefahr der Bildung von Splittern, Spreng- und Wurfstücken aufweisen, aber nicht massenexplosionsfähig sind.

Unterklasse 1.3 Stoffe und Gegenstände, die eine Feuergefahr besitzen und die entweder eine geringe Gefahr durch Luftdruck oder eine geringe Gefahr durch Splitter, Spreng- und Wurfstücke oder durch beides aufweisen, aber nicht massenexplosionsfähig sind,

a) bei deren Verbrennung beträchtliche Strahlungswärme entsteht oder

b) die nacheinander so abbrennen, dass eine geringe Luftdruckwirkung oder Splitter-, Sprengstück-, Wurfstückwirkung oder beide Wirkungen entstehen.

Unterklasse 1.4 Stoffe und Gegenstände, die im Falle der Entzündung oder Zündung während der Beförderung nur eine geringe Explosionsgefahr darstellen. Die Auswirkungen bleiben im Wesentlichen auf das Versandstück beschränkt, und es ist nicht zu erwarten, dass Sprengstücke mit größeren Abmessungen oder größerer Reichweite entstehen. Ein von außen einwirkendes Feuer darf keine praktisch gleichzeitige Explosion des nahezu gesamten Inhalts des Versandstückes nach sich ziehen.

Unterklasse 1.5 Sehr unempfindliche massenexplosionsfähige Stoffe, die so unempfindlich sind, dass die Wahrscheinlichkeit einer Zündung oder des Überganges eines Brandes in eine Detonation unter normalen Beförderungsbedingungen sehr gering ist. Als Minimalanforderung für diese Stoffe gilt, dass sie beim Außenbrandversuch nicht explodieren dürfen.

Besondere Vorschriften für die einzelnen Klassen 2.2

ADR	RID

Unterklasse 1.6 Extrem unempfindliche Gegenstände, die nicht massenexplosionsfähig sind. Diese Gegenstände enthalten überwiegend extrem unempfindliche Stoffe und weisen eine zu vernachlässigende Wahrscheinlichkeit einer unbeabsichtigten Zündung oder Fortpflanzung auf.

Bem. Die von Gegenständen der Unterklasse 1.6 ausgehende Gefahr ist auf die Explosion eines einzigen Gegenstandes beschränkt.

2.2.1.1.6 Beschreibung der Verträglichkeitsgruppen der Stoffe und Gegenstände

A Zündstoff

B Gegenstand mit Zündstoff und weniger als zwei wirksamen Sicherungsvorrichtungen. Eingeschlossen sind einige Gegenstände, wie Sprengkapseln, Zündeinrichtungen für Sprengungen und Anzündhütchen, selbst wenn diese keinen Zündstoff enthalten

C Treibstoff oder anderer deflagrierender explosiver Stoff oder Gegenstand mit solchem explosiven Stoff

D Detonierender explosiver Stoff oder Schwarzpulver oder Gegenstand mit detonierendem explosivem Stoff, jeweils ohne Zündmittel und ohne treibende Ladung, oder Gegenstand mit Zündstoff mit mindestens zwei wirksamen Sicherungsvorrichtungen

E Gegenstand mit detonierendem explosivem Stoff ohne Zündmittel mit treibender Ladung (andere als solche, die aus entzündbarer Flüssigkeit oder entzündbarem Gel oder Hypergolen bestehen)

F Gegenstand mit detonierendem explosivem Stoff mit seinem eigenen Zündmittel, mit treibender Ladung (andere als solche, die aus entzündbarer Flüssigkeit oder entzündbarem Gel oder Hypergolen bestehen) oder ohne treibende Ladung

G Pyrotechnischer Stoff oder Gegenstand mit pyrotechnischem Stoff oder Gegenstand mit sowohl explosivem Stoff als auch Leucht-, Brand-, Augenreiz- oder Nebelstoff (außer Gegenständen, die durch Wasser aktiviert werden oder die weißen Phosphor, Phosphide, einen pyrophoren Stoff, eine entzündbare Flüssigkeit oder ein entzündbares Gel oder Hypergole enthalten)

H Gegenstand, der sowohl explosiven Stoff als auch weißen Phosphor enthält

J Gegenstand, der sowohl explosiven Stoff als auch entzündbare Flüssigkeit oder entzündbares Gel enthält

K Gegenstand, der sowohl explosiven Stoff als auch giftigen chemischen Wirkstoff enthält

L Explosiver Stoff oder Gegenstand mit explosivem Stoff, der eine besondere Gefahr darstellt (z.B. wegen seiner Aktivierung bei Zutritt von Wasser oder wegen der Anwesenheit von Hypergolen, Phosphiden oder eines pyrophoren Stoffes) und eine Trennung jeder einzelnen Art erfordert

N Gegenstände, die überwiegend extrem unempfindliche Stoffe enthalten

S Stoff oder Gegenstand, der so verpackt oder gestaltet ist, dass jede durch nicht beabsichtigte Reaktion auftretende gefährliche Wirkung auf das Versandstück beschränkt bleibt, außer das Versandstück wurde durch Brand beschädigt; in diesem Falle müssen die Luftdruck- und Splitterwirkung auf ein Maß beschränkt bleiben, dass Feuerbekämpfungs- oder andere Notmaßnahmen in der unmittelbaren Nähe des Versandstückes weder wesentlich eingeschränkt noch verhindert werden.

Bem. 1. Jeder Stoff oder Gegenstand in einer spezifizierten Verpackung darf nur einer Verträglichkeitsgruppe zugeordnet werden. Da das Kriterium der Verträglichkeitsgruppe S empirischer Natur ist, ist die Zuordnung zu dieser Gruppe notwendigerweise an die Versuche zur Zuordnung eines Klassifizierungscodes gebunden.

2.2	Besondere Vorschriften für die einzelnen Klassen
ADR	**RID**

2. Gegenstände der Verträglichkeitsgruppen D und E dürfen mit ihren eigenen Zündmitteln versehen oder mit ihnen zusammengepackt werden, vorausgesetzt, die Zündeinrichtung enthält zumindest zwei wirksame Sicherungsvorrichtungen, um die Auslösung einer Explosion im Falle einer nicht beabsichtigten Reaktion des Zündmittels zu verhindern. Solche Gegenstände und Versandstücke sind der Verträglichkeitsgruppe D oder E zuzuordnen.

3. Gegenstände der Verträglichkeitsgruppen D und E dürfen mit ihren eigenen Zündmitteln, welche nicht zwei wirksame Sicherungsvorrichtungen enthalten, zusammengepackt werden (d.h. Zündmittel, die der Verträglichkeitsgruppe B zugeordnet sind), vorausgesetzt, sie entsprechen der Vorschrift für die Zusammenpackung MP 21 in Abschnitt 4.1.10. Solche Versandstücke sind der Verträglichkeitsgruppe D oder E zuzuordnen.

4. Gegenstände dürfen mit ihren eigenen Anzündmitteln versehen oder mit ihnen zusammengepackt werden, vorausgesetzt, die Anzündmittel können unter normalen Beförderungsbedingungen nicht ausgelöst werden.

5. Gegenstände der Verträglichkeitsgruppen C, D und E dürfen zusammengepackt werden. Solche Versandstücke sind der Verträglichkeitsgruppe E zuzuordnen.

2.2.1.1.7 Zuordnung von Feuerwerkskörpern zu Unterklassen

2.2.1.1.7.1 Feuerwerkskörper müssen normalerweise auf der Grundlage der von der Prüfreihe 6 des Handbuchs Prüfungen und Kriterien erzielten Prüfdaten den Unterklassen 1.1, 1.2, 1.3 und 1.4 zugeordnet werden. Jedoch gilt Folgendes:

a) Wasserfälle, die einen Blitzknallsatz enthalten (siehe Absatz 2.2.1.1.7.5 Bem. 2), müssen ungeachtet der Ergebnisse der Prüfreihe 6 als 1.1G klassifiziert werden.

b) Da das Angebot an Feuerwerkskörpern sehr umfangreich ist und die Verfügbarkeit von Prüfeinrichtungen begrenzt sein kann, darf die Zuordnung zu Unterklassen auch gemäß dem Verfahren in Absatz 2.2.1.1.7.2 erfolgen.

2.2.1.1.7.2 Die Zuordnung von Feuerwerkskörpern zur UN-Nummer 0333, 0334, 0335 oder 0336 sowie die Zuordnung von Gegenständen zur UN-Nummer 0431, sofern diese für bühnenpyrotechnische Effekte verwendet werden, die der Begriffsbestimmung für den Typ des Gegenstands und der Spezifikation 1.4G in der Tabelle für die vorgegebene Klassifizierung von Feuerwerkskörpern in Absatz 2.2.1.1.7.5 entsprechen, darf ohne Prüfung gemäß Prüfreihe 6 auf der Grundlage eines Analogieschlusses gemäß der Tabelle für die vorgegebene Klassifizierung von Feuerwerkskörpern in Absatz 2.2.1.1.7.5 erfolgen. Eine solche Zuordnung muss mit Zustimmung der zuständigen Behörde erfolgen. Gegenstände, die in der Tabelle nicht aufgeführt sind, müssen auf der Grundlage der von der Prüfreihe 6 erzielten Prüfdaten klassifiziert werden.

Bem. 1. Die Aufnahme anderer Typen von Feuerwerkskörpern in die Spalte 1 der Tabelle in Absatz 2.2.1.1.7.5 darf nur auf der Grundlage vollständiger Prüfdaten, die dem UN-Expertenunterausschuss für die Beförderung gefährlicher Güter zur Prüfung unterbreitet werden, erfolgen.

2. Die von den zuständigen Behörden erzielten Prüfdaten, die eine Bestätigung der oder einen Widerspruch zur Zuordnung von in der Spalte 4 der Tabelle in Absatz 2.2.1.1.7.5 spezifizierten Feuerwerkskörpern zu den Unterklassen der Spalte 5 darstellen, sollten dem UN-Expertenunterausschuss für die Beförderung gefährlicher Güter zur Information unterbreitet werden.

2.2.1.1.7.3 Wenn Feuerwerkskörper, die mehr als einer Unterklasse zugeordnet sind, in einem Versandstück zusammengepackt werden, müssen sie auf der Grundlage der Unterklasse mit der höchsten Gefahr klassifiziert werden, es sei denn, die von der Prüfreihe 6 erzielten Prüfdaten liefern ein anderes Ergebnis.

Besondere Vorschriften für die einzelnen Klassen 2.2
ADR RID

2.2.1.1.7.4 Die in der Tabelle in Absatz 2.2.1.1.7.5 angegebene Klassifizierung gilt nur für Gegenstände, die in Kisten aus Pappe (4G) verpackt sind.

2.2.1.1.7.5 Tabelle für die vorgegebene Klassifizierung von Feuerwerkskörpern [1)]

Bem. 1. Die in der Tabelle angegebenen Prozentsätze beziehen sich, sofern nichts anderes angegeben ist, auf die Masse aller pyrotechnischen Stoffe (z.B. Raketenmotoren, Treibladung, Zerlegerladung und Effektladung).

2. Der in dieser Tabelle verwendete Ausdruck «Blitzknallsatz» bezieht sich auf pyrotechnische Stoffe in Pulverform oder als pyrotechnische Einheiten, wie sie in Feuerwerkskörpern vorhanden sind, die in Wasserfällen verwendet werden, oder für die Erzeugung eines akustischen Effekts oder als Zerlegerladung oder Treibladung verwendet werden, es sei denn,

   a) es wird nachgewiesen, dass die Zeit für den Druckanstieg in der HSL-Prüfung für Blitzknallsätze in Anhang 7 des Handbuchs Prüfungen und Kriterien mehr als 6 ms für 0,5 g eines pyrotechnischen Stoffes beträgt, oder

   b) der pyrotechnische Stoff liefert beim US Flash Composition Test (US-Blitzknallsatz-Prüfung) in Anhang 7 des Handbuchs Prüfungen und Kriterien ein negatives «-» Ergebnis.

3. Angaben in mm beziehen sich
   - bei kugelförmigen Großfeuerwerksbomben und Mehrfachkugelbomben auf den Kugeldurchmesser der Großfeuerwerksbombe;
   - bei zylindrischen Großfeuerwerksbomben auf die Länge der Großfeuerwerksbombe;
   - bei einer Großfeuerwerksbombe in einem Mörser, einem Römischen Licht, einem Feuerwerkskörper in einem geschlossenen Rohr oder einem Feuerwerkstopf auf den Innendurchmesser des Rohres, das den Feuerwerkskörper einschließt oder enthält;
   - bei einem Feuertopf ohne Mörser oder einem zylindrischen Feuertopf auf den Innendurchmesser des Mörsers, der für die Aufnahme des Feuertopfes vorgesehen ist.

[1)] Diese Tabelle enthält ein Verzeichnis von Klassifizierungen für Feuerwerkskörper, die bei fehlenden Prüfdaten der Prüfreihe 6 (siehe Absatz 2.2.1.1.7.2) verwendet werden dürfen.

Typ	einschließlich: / Synonyme:	Begriffsbestimmung	Spezifikation	Klassifizierung
Großfeuerwerksbombe, kugelförmig oder zylindrisch	Sternbombe, Kugelbombe, Blitzknallbombe, Tageslichtbombe, Wasserbombe, Mehrschlagbombe, Display Shell	Gegenstand mit oder ohne Ausstoßladung, mit Verzögerungszünder und Zerlegerladung, pyrotechnischer Einheit (pyrotechnischen Einheiten) oder losem pyrotechnischen Stoff, für den Abschuss aus einem Mörser ausgelegt	alle Blitzknallbomben	1.1G
			Sterneffektbombe: ≥ 180 mm	1.1G
			Sterneffektbombe: < 180 mm mit > 25 % Blitzknallsatz, als loses Pulver und/oder Knalleffekte	1.1G
			Sterneffektbombe: < 180 mm mit ≤ 25 % Blitzknallsatz, als loses Pulver und/oder Knalleffekte	1.3G
			Sterneffektbombe: ≤ 50 mm oder ≤ 60 g pyrotechnischer Stoff mit ≤ 2 % Blitzknallsatz, als loses Pulver und/oder Knalleffekte	1.4G
	Mehrfachkugelbombe (engl. peanut shell)	Gegenstand mit zwei oder mehreren Kugelbomben in einer gemeinsamen Hülle, die von derselben Ausstoßladung angetrieben werden, mit getrennten externen Verzögerungszündern	Die gefährlichste Kugelbombe bestimmt die Klassifizierung.	

2.2 Besondere Vorschriften für die einzelnen Klassen

ADR | RID

Typ	einschließlich: / Synonyme:	Begriffsbestimmung	Spezifikation	Klassifizierung
(Forts.) Großfeuerwerksbombe, kugelförmig oder zylindrisch	vorgeladener Mörser, Großfeuerwerksbombe in einem Mörser (engl. shell in mortar)	Anordnung aus einer kugelförmigen oder zylindrischen Großfeuerwerksbombe in einem Mörser, die für einen Abschuss aus diesem Mörser ausgelegt ist	alle Blitzknallbomben	1.1G
			Sterneffektbombe: ≥ 180 mm	1.1G
			Sterneffektbombe: > 25 % Blitzknallsatz, als loses Pulver und/oder Knalleffekte	1.1G
			Sterneffektbombe: > 50 mm und < 180 mm	1.2G
			Sterneffektbombe: ≤ 50 mm oder ≤ 60 g pyrotechnischer Stoff mit ≤ 25 % Blitzknallsatz, als loses Pulver und/oder Knalleffekte	1.3G
	Kugelbombe aus Kugelbomben (engl. shell of shells (spherical)) (die angegebenen Prozentsätze von Kugelbomben aus Kugelbomben beziehen sich auf die Bruttomasse von Feuerwerksartikeln)	Gegenstand ohne Ausstoßladung und mit Verzögerungszünder und Zerlegerladung, der Blitzknallbomben und inertes Material enthält und für den Abschuss aus einem Mörser ausgelegt ist	> 120 mm	1.1G
		Gegenstand ohne Ausstoßladung und mit Verzögerungszünder und Zerlegerladung, der Bitzknallbomben mit ≤ 25 g Blitzknallsatz pro Knalleinheit enthält, mit ≤ 33 % Blitzknallsatz und ≥ 60 % inertem Material, und der für den Abschuss aus einem Mörser ausgelegt ist	≤ 120 mm	1.3G
		Gegenstand ohne Ausstoßladung und mit Verzögerungszünder und Zerlegerladung, der Sterneffektbomben und/oder pyrotechnische Einheiten enthält und für den Abschuss aus einem Mörser ausgelegt ist	> 300 mm	1.1G
		Gegenstand ohne Ausstoßladung und mit Verzögerungszünder und Zerlegerladung, der Sterneffektbomben ≤ 70 mm und/oder pyrotechnische Einheiten enthält, mit ≤ 25 % Blitzknallsatz und ≤ 60 % pyrotechnischem Stoff, und der für den Abschuss aus einem Mörser ausgelegt ist	> 200 mm und ≤ 300 mm	1.3G
		Gegenstand mit Ausstoßladung und mit Verzögerungszünder und Zerlegerladung, der Sterneffektbomben ≤ 70 mm und/oder pyrotechnische Einheiten enthält, mit ≤ 25 % Blitzknallsatz und ≤ 60 % pyrotechnischem Stoff, und der für den Abschuss aus einem Mörser ausgelegt ist	≤ 200 mm	1.3G
Batterie / Kombination	Kombinationsfeuerwerk, Feuerwerksbatterie, Cake, Battery	Anordnung, die mehrere Elemente desselben Typs oder verschiedener Typen enthält, wobei jeder Typ einem der in dieser Tabelle aufgeführten Feuerwerkstypen entspricht, mit einem oder zwei Anzündstellen	Der gefährlichste Feuerwerkstyp bestimmt die Klassifizierung.	
Römisches Licht (engl. Roman candle)		Rohr, das eine Serie pyrotechnischer Einheiten enthält, die abwechselnd aus einem pyrotechnischen Stoff, einer Ausstoßladung und einer Überzündung bestehen	Innendurchmesser ≥ 50 mm mit Blitzknallsatz oder Innendurchmesser < 50 mm mit > 25 % Blitzknallsatz	1.1G
			Innendurchmesser ≥ 50 mm ohne Blitzknallsatz	1.2G
			Innendurchmesser < 50 mm und mit ≤ 25 % Blitzknallsatz	1.3G
			Innendurchmesser ≤ 30 mm, jede pyrotechnische Einheit ≤ 25 g, mit ≤ 5 % Blitzknallsatz	1.4G

Besondere Vorschriften für die einzelnen Klassen 2.2

ADR | RID

Typ	einschließlich: / Synonyme:	Begriffsbestimmung	Spezifikation	Klassifizierung
Feuerwerksrohr	Römisches Licht mit Einzelschuss (engl. single shot Roman candle), kleiner vorgeladener Mörser (engl. small preloaded mortar)	Rohr, das eine pyrotechnische Einheit enthält, die wiederum aus einem pyrotechnischen Stoff, einer Ausstoßladung und mit oder ohne Überzündung besteht	Innendurchmesser ≤ 30 mm und pyrotechnische Einheit > 25 g oder > 5 % und ≤ 25 % Blitzknallsatz	1.3G
			Innendurchmesser ≤ 30 mm, pyrotechnische Einheit ≤ 25 g und ≤ 5 % Blitzknallsatz	1.4G
Rakete (engl. rocket)	Signalrakete, Pfeifrakete	Hülse, die einen pyrotechnischen Stoff und/oder pyrotechnische Einheiten enthält, mit Leitstab (Leitstäben) oder anderen Mitteln zur Flugstabilisierung ausgerüstet, und die für einen Aufstieg in die Luft ausgelegt ist	nur Effekte von Blitzknallsätzen	1.1G
			Blitzknallsatz > 25 % des pyrotechnischen Stoffes	1.1G
			pyrotechnischer Stoff > 20 g und Blitzknallsatz ≤ 25 %	1.3G
			pyrotechnischer Stoff ≤ 20 g, Schwarzpulver-Zerlegerladung und Blitzknallsatz ≤ 0,13 g je Knall und ≤ 1 g insgesamt	1.4G
Feuertopf (engl. mine)	Feuertopf, Bodenfeuertopf, Feuertopf ohne Mörser	Rohr, das eine Ausstoßladung und pyrotechnische Einheiten enthält und für ein Abstellen auf dem Boden oder ein Fixieren im Boden ausgelegt ist. Der Haupteffekt besteht darin, alle pyrotechnischen Einheiten mit einem Mal auszustoßen und dabei in der Luft einen großräumig verteilten visuellen und/oder akustischen Effekt zu erzeugen; oder Stoff- oder Papiertüte oder Stoff- oder Papierzylinder, die/ der eine Ausstoßladung und pyrotechnische Einheiten enthält und für ein Einsetzen in einen Mörser und für eine Funktion als Feuertopf ausgelegt ist	> 25 % Blitzknallsatz, als loses Pulver und/oder als Knalleffekte	1.1G
			≥ 180 mm und ≤ 25 % Blitzknallsatz, als loses Pulver und/oder als Knalleffekte	1.1G
			< 180 mm und ≤ 25 % Blitzknallsatz, als loses Pulver und/oder als Knalleffekte	1.3G
			≤ 150 g pyrotechnischer Stoff mit ≤ 5 % Blitzknallsatz, als loses Pulver und/oder als Knalleffekte. Jede pyrotechnische Einheit ≤ 25 g, jeder Knalleffekt < 2 g; jeder Heuler (sofern vorhanden) ≤ 3 g	1.4G
Fontäne	Vulkane, Lanzen, Bengalisches Feuer, zylindrische Fontänen, Kegelfontänen, Leuchtfackeln	nicht metallener Behälter, der einen gepressten oder verdichteten pyrotechnischen Stoff enthält, der Funken und Flammen erzeugt **Bem.** Fontänen, die dazu bestimmt sind, eine senkrechte Kaskade oder einen Funkenvorhang zu erzeugen, gelten als Wasserfälle (siehe nachfolgende Zeile).	≥ 1 kg pyrotechnischer Stoff	1.3G
			< 1 kg pyrotechnischer Stoff	1.4G
Wasserfall	Kaskade, Schauer	pyrotechnische Fontäne, die dazu bestimmt ist, eine senkrechte Kaskade oder einen Funkenvorhang zu erzeugen	enthält ungeachtet der Ergebnisse der Prüfreihe 6 (siehe Absatz 2.2.1.1.7.1 a)) einen Blitzknallsatz	1.1G
			enthält keinen Blitzknallsatz	1.3G
Wunderkerze (engl. sparkler)	Wunderkerzen, die in der Hand gehalten werden, Wunderkerzen, die nicht in der Hand gehalten werden, Draht-Wunderkerzen	starrer Draht, der teilweise (an einem Ende) mit langsam abbrennendem pyrotechnischen Stoff beschichtet ist, mit oder ohne Anzündkopf	Wunderkerzen auf Perchlorat-Basis: > 5 g je Einheit oder > 10 Einheiten je Packung	1.3G
			Wunderkerzen auf Perchlorat-Basis: ≤ 5 g je Einheit und ≤ 10 g je Packung; Wunderkerzen auf Nitrat-Basis: ≤ 30 g je Einheit	1.4G
Bengalholz (engl. Bengal stick)		nicht metallener Stock, der teilweise (an einem Ende) mit langsam abbrennendem pyrotechnischen Stoff beschichtet und für das Halten in der Hand ausgelegt ist	Einheiten auf Perchlorat-Basis: > 5 g je Einheit oder > 10 Einheiten je Packung	1.3G
			Einheiten auf Perchlorat-Basis: ≤ 5 g je Einheit und ≤ 10 Einheiten je Packung; Einheiten auf Nitrat-Basis: ≤ 30 g je Einheit	1.4G

2.2 Besondere Vorschriften für die einzelnen Klassen

ADR | **RID**

Typ	einschließlich: / Synonyme:	Begriffsbestimmung	Spezifikation	Klassifizierung
Party- und Tischfeuerwerk	Tischbomben, Knallerbsen, Knatterartikel, Rauchkörper, Schlangenmasse, Knaller, Partyknaller, Novelties, Party Poppers	Vorrichtung, die für die Erzeugung sehr beschränkter visueller und/oder akustischer Effekte ausgelegt ist und geringe Mengen eines pyrotechnischen Stoffes und/oder eines explosiven Stoffes enthält	Knallerbsen und Knaller dürfen bis zu 1,6 mg Silberfulminat enthalten; Knaller und Partyknaller dürfen bis zu 16 mg eines Gemisches aus Kaliumchlorat und rotem Phosphor enthalten; andere Artikel dürfen bis zu 5 g pyrotechnischen Stoff, jedoch keinen Blitzknallsatz enthalten	1.4G
Wirbel (engl. spinner)	Luftkreisel, Hubschrauber, Schwärmer, Bodenkreisel	nicht metallene Hülse(n), die einen Gas oder Funken erzeugenden pyrotechnischen Stoff enthält (enthalten), mit oder ohne Geräusch erzeugendem Stoff, mit oder ohne angebaute Flügel	pyrotechnischer Stoff je Einheit > 20 g, die ≤ 3 % Blitzknallsatz als Knalleffekte enthält, oder Pfeifsatz ≤ 5 g	1.3G
			pyrotechnischer Stoff je Einheit ≤ 20 g, die ≤ 3 % Blitzknallsatz als Knalleffekte enthält, oder Pfeifsatz ≤ 5 g	1.4G
Räder (engl. wheels)	Sonnen	Anordnung mit Treiberhülsen, die einen pyrotechnischen Stoff enthält und die mit Hilfsmitteln zur Befestigung an einer Halterung ausgerüstet ist, um eine Rotation zu ermöglichen	gesamter pyrotechnischer Stoff ≥ 1 kg, kein Knalleffekt, jeder Heuler (sofern vorhanden) ≤ 25 g und je Rad ≤ 50 g Pfeifsatz	1.3G
			gesamter pyrotechnischer Stoff < 1 kg, kein Knalleffekt, jeder Heuler (sofern vorhanden) ≤ 5 g und je Rad ≤ 10 g Pfeifsatz	1.4G
Steigende Krone (engl. aerial wheel)	UFO, aufsteigende Krone	Hülsen, die Ausstoßladungen und Funken, Flammen und/oder Geräusch erzeugende pyrotechnische Stoffe enthalten, wobei die Hülsen an einem Trägerring befestigt sind	gesamter pyrotechnischer Stoff > 200 g oder pyrotechnischer Stoff je Antrieb > 60 g, Blitzknallsatz als Knalleffekte ≤ 3 %, jeder Heuler (sofern vorhanden) ≤ 25 g und je Rad ≤ 50 g Pfeifsatz	1.3G
			gesamter pyrotechnischer Stoff ≤ 200 g und pyrotechnischer Stoff je Antrieb ≤ 60 g, Blitzknallsatz als Knalleffekte ≤ 3 %, jeder Heuler (sofern vorhanden) ≤ 5 g und je Rad ≤ 10 g Pfeifsatz	1.4G
Sortimente (engl. selection pack)	Sortimentspackung	eine Packung mit mehr als einem Feuerwerkstyp, wobei jeder Typ einem der in dieser Tabelle aufgeführten Typen entspricht	Der gefährlichste Feuerwerkstyp bestimmt die Klassifizierung.	
Knallkörperbatterie	China Cracker, Celebration Cracker	Anordnung von Rohren (aus Papier oder Pappe), die durch eine pyrotechnische Zündschnur verbunden sind, wobei jedes Rohr für die Erzeugung eines akustischen Effekts vorgesehen ist	jedes Rohr ≤ 140 mg Blitzknallsatz oder ≤ 1 g Schwarzpulver	1.4G
Knallkörper (engl. banger)	Salut-Knallkörper, Blitz-Knallkörper, Kracher, Lady Cracker, Böller	nicht metallene Hülse, die einen Knallsatz für die Erzeugung eines akustischen Effekts enthält	Blitzknallsatz je Einheit > 2 g	1.1G
			Blitzknallsatz je Einheit ≤ 2 g und je Innenverpackung ≤ 10 g	1.3G
			Blitzknallsatz je Einheit ≤ 1 g und je Innenverpackung ≤ 10 g oder Schwarzpulver je Einheit ≤ 10 g	1.4G

Besondere Vorschriften für die einzelnen Klassen 2.2

ADR	RID

2.2.1.1.8 Ausschluss aus der Klasse 1

2.2.1.1.8.1 Ein Stoff oder Gegenstand darf auf der Grundlage von Prüfergebnissen und der Begriffsbestimmung der Klasse 1 mit Genehmigung der zuständigen Behörde

einer Vertragspartei des ADR	eines RID-Vertragsstaates

aus der Klasse 1 ausgeschlossen werden, wobei diese zuständige Behörde auch eine von der zuständigen Behörde eines Landes, das

keine Vertragspartei des ADR	kein RID-Vertragsstaat

ist, erteilte Genehmigung anerkennen kann, vorausgesetzt, diese wurde in Übereinstimmung mit den gemäß dem RID, dem ADR, dem ADN, dem IMDG-Code oder den technischen Anweisungen der ICAO anwendbaren Verfahren erteilt.

2.2.1.1.8.2 Mit Genehmigung der zuständigen Behörde gemäß Absatz 2.2.1.1.8.1 darf ein Gegenstand aus der Klasse 1 ausgeschlossen werden, wenn drei unverpackte Gegenstände, die für die vorgesehene Funktion durch ihre eigenen Zünd- oder Anzündmittel oder durch externe Mittel einzeln aktiviert werden, folgende Prüfkriterien erfüllen:

a) Temperatur an keiner Außenfläche größer als 65 °C; kurzzeitige Temperaturspitzen von bis zu 200 °C sind dabei zulässig;

b) kein Bruch oder keine Zertrümmerung des externen Gehäuses und keine Bewegung des Gegenstandes und davon abgelöster Teile um mehr als einen Meter in jede Richtung;

Bem. Wenn die Unversehrtheit des Gegenstandes im Falle eines externen Brands beeinträchtigt werden kann, müssen diese Kriterien anhand einer Brandprüfung geprüft werden. Eine solche Methode ist in der Norm ISO 14451-2 mit einer Aufheizrate von 80 K/min beschrieben.

c) kein hörbarer Knall mit einem Spitzenwert über 135 dB (C) in einem Meter Entfernung;

d) kein Blitz oder keine Flamme, durch die sich ein Stoff, wie beispielsweise ein Blatt Papier von 80 ± 10 g/m^2, in Kontakt mit dem Gegenstand entzünden kann, und

e) keine Bildung von Rauch, Dämpfen und Staub in Mengen, welche die Sichtbarkeit in einem $1 m^3$ großen, mit Berstplatten geeigneter Größe ausgestatteten Raum um mehr als 50 % verringern, wobei die Messung durch einen geeichten Belichtungsmesser (Luxmeter) oder Radiometer erfolgt, der sich in einem Abstand von einem Meter von einer in der Mitte der gegenüberliegenden Wand angeordneten konstanten Lichtquelle befindet. Die allgemeinen Leitlinien der Norm ISO 5659-1 zur Prüfung der optischen Dichte und des Abschnitts 7.5 der Norm ISO 5659-2 zum photometrischen Verfahren oder ähnliche Verfahren zur Messung der optischen Dichte, die den gleichen Zweck verfolgen, dürfen angewendet werden. Es muss eine passende Abdeckhaube, die den hinteren Teil und die Seiten des Belichtungsmessers umschließt, verwendet werden, um die Effekte nicht direkt aus der Lichtquelle ausgestrahlten Lichts oder Streulichts zu minimieren.

Bem. 1. Wenn bei den Prüfungen zu den Kriterien in den Absätzen a), b), c) und d) keine oder nur eine sehr geringe Rauchentwicklung festgestellt wird, darf auf die in Absatz e) genannte Prüfung verzichtet werden.

2. Die zuständige Behörde, auf die in Absatz 2.2.1.1.8.1 Bezug genommen wird, kann eine Prüfung des Gegenstandes in seiner Verpackung anordnen, wenn festgestellt wird, dass der für die Beförderung verpackte Gegenstand eine größere Gefahr darstellen kann.

2.2	Besondere Vorschriften für die einzelnen Klassen
ADR	**RID**

2.2.1.1.9 Klassifizierungsdokumentation

2.2.1.1.9.1 Die zuständige Behörde, die einen Stoff oder Gegenstand der Klasse 1 zuordnet, muss dem Antragsteller diese Klassifizierung schriftlich bestätigen.

2.2.1.1.9.2 Das Klassifizierungsdokument der zuständigen Behörde kann formlos sein und darf aus mehr als einer Seite bestehen, vorausgesetzt, die Seiten sind fortlaufend nummeriert. Das Dokument muss eine einmal vergebene Referenznummer haben.

2.2.1.1.9.3 Die in diesem Dokument zur Verfügung gestellten Informationen müssen leicht erkennbar, lesbar und dauerhaft sein.

2.2.1.1.9.4 Beispiele für Informationen, die im Klassifizierungsdokument zur Verfügung gestellt werden können:

a) der Name der zuständigen Behörde und die Vorschriften in der nationalen Gesetzgebung, nach denen die zuständige Behörde ermächtigt ist;

b) die Verkehrsträgervorschriften oder nationalen Vorschriften, für die das Klassifizierungsdokument anwendbar ist;

c) die Bestätigung, dass die Klassifizierung in Übereinstimmung mit den UN-Modellvorschriften oder den entsprechenden Verkehrsträgervorschriften genehmigt, erfolgt oder angenommen wurde;

d) der Name und die Adresse der juristischen Person, der die Klassifizierung erteilt worden ist, und eine Unternehmensregistrierung, durch die ein Unternehmen oder eine andere Körperschaft nationalen Rechts eindeutig identifiziert wird;

e) die Benennung, unter der die explosiven Stoffe oder Gegenstände mit Explosivstoff in Verkehr gebracht oder anderweitig zur Beförderung aufgegeben werden;

f) die offizielle Benennung für die Beförderung, die UN-Nummer, die Klasse, die Unterklasse und die entsprechende Verträglichkeitsgruppe der explosiven Stoffe oder Gegenstände mit Explosivstoff;

g) gegebenenfalls die höchste im Versandstück oder Gegenstand enthaltene Nettoexplosivstoffmasse;

h) der Name, die Unterschrift, der Stempel, das Siegel oder jedes andere Identifizierungskennzeichen der Person, die von der zuständigen Behörde für die Ausstellung des Klassifizierungsdokuments zugelassen ist, wobei diese deutlich sichtbar sein müssen;

i) wenn die Bewertung ergibt, dass die Beförderungssicherheit oder die Unterklasse von der Verpackung abhängig ist, das Kennzeichen der Verpackung oder eine Beschreibung der zugelassenen Innenverpackungen, Zwischenverpackungen, Außenverpackungen;

j) die Artikelnummer, die Lagernummer oder eine andere Referenznummer, unter der die explosiven Stoffe oder Gegenstände mit Explosivstoff in Verkehr gebracht oder anderweitig zur Beförderung aufgegeben werden;

k) der Name und die Adresse der juristischen Person, welche die explosiven Stoffe oder Gegenstände mit Explosivstoff hergestellt hat, und eine Unternehmensregistrierung, durch die ein Unternehmen oder eine andere Körperschaft nationalen Rechts eindeutig identifiziert wird;

l) jede zusätzliche Information in Bezug auf die anwendbare Verpackungsanweisung und gegebenenfalls auf die anwendbaren Sondervorschriften für die Verpackung;

Besondere Vorschriften für die einzelnen Klassen 2.2

ADR	RID

m) die Grundlage für die Klassifizierung, d.h. Prüfergebnisse, vorgegebene Klassifizierung bei Feuerwerkskörpern, Analogie zu zugeordneten explosiven Stoffen oder Gegenständen mit Explosivstoff, Festlegung in Kapitel 3.2 Tabelle A usw.;

n) besondere Bedingungen oder Beschränkungen, welche die zuständige Behörde für die Beförderungssicherheit der explosiven Stoffe oder der Gegenstände mit Explosivstoff, die Mitteilung der Gefahr und die internationale Beförderung als relevant ermittelt hat;

o) das Ablaufdatum des Klassifizierungsdokuments, sofern die zuständige Behörde dies für erforderlich hält.

2.2.1.2 Nicht zur Beförderung zugelassene Stoffe und Gegenstände

2.2.1.2.1 Explosive Stoffe, die nach den Kriterien des Handbuchs Prüfungen und Kriterien Teil I eine unzulässig hohe Empfindlichkeit aufweisen oder bei denen eine spontane Reaktion eintreten kann, sowie explosive Stoffe und Gegenstände mit Explosivstoff, die einer in Kapitel 3.2 Tabelle A aufgeführten Benennung oder n.a.g.-Eintragung nicht zugeordnet werden können, sind nicht zur Beförderung zugelassen.

2.2.1.2.2	Stoffe der Verträglichkeitsgruppe A (1.1 A UN-Nummern 0074, 0113, 0114, 0129, 0130, 0135, 0224 und 0473) sind zur Beförderung im Eisenbahnverkehr nicht zugelassen.
	Gegenstände der Verträglichkeitsgruppe K (1.2 K UN-Nummer 0020 und 1.3 K UN-Nummer 0021) sind zur Beförderung nicht zugelassen.

2.2 Besondere Vorschriften für die einzelnen Klassen

ADR | **RID**

2.2.1.3 Verzeichnis der Sammeleintragungen

Klassifizie-rungscode (siehe Absatz 2.2.1.1.4)	UN-Nummer	Benennung des Stoffes oder Gegenstandes
1.1 A	0473	EXPLOSIVE STOFFE, N.A.G. (nicht zur Beförderung im Eisenbahnverkehr zugelassen, siehe Absatz 2.2.1.2.2)
1.1 B	0461	BESTANDTEILE, ZÜNDKETTE, N.A.G.
1.1 C	0474	EXPLOSIVE STOFFE, N.A.G.
	0497	TREIBSTOFF, FLÜSSIG
	0498	TREIBSTOFF, FEST
	0462	GEGENSTÄNDE MIT EXPLOSIVSTOFF, N.A.G.
1.1 D	0475	EXPLOSIVE STOFFE, N.A.G.
	0463	GEGENSTÄNDE MIT EXPLOSIVSTOFF, N.A.G.
1.1 E	0464	GEGENSTÄNDE MIT EXPLOSIVSTOFF, N.A.G.
1.1 F	0465	GEGENSTÄNDE MIT EXPLOSIVSTOFF, N.A.G.
1.1 G	0476	EXPLOSIVE STOFFE, N.A.G.
1.1 L	0357	EXPLOSIVE STOFFE, N.A.G.
	0354	GEGENSTÄNDE MIT EXPLOSIVSTOFF, N.A.G.
1.2 B	0382	BESTANDTEILE, ZÜNDKETTE, N.A.G.
1.2 C	0466	GEGENSTÄNDE MIT EXPLOSIVSTOFF, N.A.G.
1.2 D	0467	GEGENSTÄNDE MIT EXPLOSIVSTOFF, N.A.G.
1.2 E	0468	GEGENSTÄNDE MIT EXPLOSIVSTOFF, N.A.G.
1.2 F	0469	GEGENSTÄNDE MIT EXPLOSIVSTOFF, N.A.G.
1.2 L	0358	EXPLOSIVE STOFFE, N.A.G.
	0248	VORRICHTUNGEN, DURCH WASSER AKTIVIERBAR, mit Zerleger, Ausstoß- oder Treibladung
	0355	GEGENSTÄNDE MIT EXPLOSIVSTOFF, N.A.G.
1.3 C	0132	DEFLAGRIERENDE METALLSALZE AROMATISCHER NITROVERBINDUNGEN, N.A.G.
	0477	EXPLOSIVE STOFFE, N.A.G.
	0495	TREIBSTOFF, FLÜSSIG
	0499	TREIBSTOFF, FEST
	0470	GEGENSTÄNDE MIT EXPLOSIVSTOFF, N.A.G.
1.3 G	0478	EXPLOSIVE STOFFE, N.A.G.
1.3 L	0359	EXPLOSIVE STOFFE, N.A.G.
	0249	VORRICHTUNGEN, DURCH WASSER AKTIVIERBAR, mit Zerleger, Ausstoß- oder Treibladung
	0356	GEGENSTÄNDE MIT EXPLOSIVSTOFF, N.A.G.
1.4 B	0350	GEGENSTÄNDE MIT EXPLOSIVSTOFF, N.A.G.
	0383	BESTANDTEILE, ZÜNDKETTE, N.A.G.
1.4 C	0479	EXPLOSIVE STOFFE, N.A.G.
	0501	TREIBSTOFF, FEST
	0351	GEGENSTÄNDE MIT EXPLOSIVSTOFF, N.A.G.
1.4 D	0480	EXPLOSIVE STOFFE, N.A.G.
	0352	GEGENSTÄNDE MIT EXPLOSIVSTOFF, N.A.G.
1.4 E	0471	GEGENSTÄNDE MIT EXPLOSIVSTOFF, N.A.G.
1.4 F	0472	GEGENSTÄNDE MIT EXPLOSIVSTOFF, N.A.G.
1.4 G	0485	EXPLOSIVE STOFFE, N.A.G.
	0353	GEGENSTÄNDE MIT EXPLOSIVSTOFF, N.A.G.
1.4 S	0481	EXPLOSIVE STOFFE, N.A.G.
	0349	GEGENSTÄNDE MIT EXPLOSIVSTOFF, N.A.G.
	0384	BESTANDTEILE, ZÜNDKETTE, N.A.G.
1.5 D	0482	EXPLOSIVE STOFFE, SEHR UNEMPFINDLICH (STOFFE, EVI [a]) , N.A.G.
1.6 N	0486	GEGENSTÄNDE MIT EXPLOSIVSTOFF, EXTREM UNEMPFINDLICH (GEGENSTÄNDE, EEI [b])
	0190	EXPLOSIVSTOFF, MUSTER, außer Initialsprengstoff
	Bem.	Die Unterklasse und die Verträglichkeitsgruppe werden in Übereinstimmung mit der zuständigen Behörde und nach den Grundsätzen des Absatzes 2.2.1.1.4 bestimmt.

Fußnoten
a) EVI = explosive, very insensitive
b) EEI = explosive, extremely insensitive

Besondere Vorschriften für die einzelnen Klassen 2.2

ADR	RID

2.2.1.4 Glossar der Benennungen

Bem. 1. Es ist nicht Zweck der Beschreibungen im Glossar, die Prüfverfahren zu ersetzen, noch die Gefahrenklassifizierung eines Stoffes oder Gegenstandes der Klasse 1 zu bestimmen. Die Zuordnung zur richtigen Unterklasse und die Entscheidung darüber, ob sie der Verträglichkeitsgruppe S zuzuordnen sind, muss auf Grund der Prüfungen des Produktes gemäß Handbuch Prüfungen und Kriterien Teil I oder in Analogie zu gleichartigen, bereits geprüften und nach den Verfahren des Handbuchs Prüfungen und Kriterien zugeordneten Produkten erfolgen.

2. Nach den Benennungen sind die jeweiligen UN-Nummern (Kapitel 3.2 Tabelle A Spalte 1) angegeben. Hinsichtlich der Klassifizierungscodes siehe Absatz 2.2.1.1.4.

ANZÜNDER: UN-Nummern 0121, 0314, 0315, 0325, 0454

Gegenstände, die einen oder mehrere explosive Stoffe enthalten und dazu dienen, eine Deflagration in einer Anzünd- oder Zündkette auszulösen. Die Gegenstände werden chemisch, elektrisch oder mechanisch ausgelöst.

Bem. Die folgenden Gegenstände fallen nicht unter diesen Begriff: ANZÜNDER, ANZÜNDSCHNUR; ANZÜNDHÜTCHEN; ANZÜNDLITZE; ANZÜNDSCHNUR; STOPPINEN, NICHT SPRENGKRÄFTIG; TREIBLADUNGSANZÜNDER; ZÜNDER, NICHT SPRENGKRÄFTIG. Sie sind in diesem Glossar gesondert aufgeführt.

ANZÜNDER, ANZÜNDSCHNUR: UN-Nummer 0131

Gegenstände unterschiedlichen Aufbaus, die zur Anzündung von Anzündschnur dienen und durch Reibung, Perkussion oder elektrisch ausgelöst werden.

ANZÜNDHÜTCHEN: UN-Nummern 0044, 0377, 0378

Gegenstände, die aus Metall- oder Kunststoffkapseln bestehen, in denen eine kleine Menge eines Gemisches aus Zünd- oder Anzündstoffen, die sich leicht durch Schlag entzünden lassen, enthalten ist. Sie dienen als Anzündmittel in Patronen für Handfeuerwaffen und als Perkussionsanzünder für Treibladungen.

ANZÜNDLITZE: UN-Nummer 0066

Gegenstand, der entweder aus Textilfäden, die mit Schwarzpulver oder einer anderen pyrotechnischen Mischung bedeckt sind und sich in einem biegsamen Schlauch befinden, oder aus einer Seele aus Schwarzpulver in einer biegsamen Textilumspinnung bestehen. Er brennt entlang seiner Längenausdehnung mit offener Flamme und dient der Übertragung der Anzündung von einer Einrichtung auf eine Ladung oder einen Anzünder.

ANZÜNDSCHNUR, rohrförmig, mit Metallmantel: UN-Nummer 0103

Gegenstand, der aus einer Metallröhre mit einer Seele aus deflagrierendem Explosivstoff besteht.

ANZÜNDSCHNUR (SICHERHEITSZÜNDSCHNUR): UN-Nummer 0105

Gegenstand, der aus einer Seele aus feinkörnigem Schwarzpulver besteht, die von einem biegsamen Textilgewebe mit einem oder mehreren äußeren Schutzüberzügen umhüllt ist. Er brennt nach dem Anzünden mit vorbestimmter Geschwindigkeit ohne jegliche explosive Wirkung ab.

2.2 Besondere Vorschriften für die einzelnen Klassen

ADR	RID

AUSLÖSEVORRICHTUNG MIT EXPLOSIVSTOFF: UN-Nummer 0173
Gegenstand, der aus einer kleinen Explosivstoffladung, einem Zündmittel und einem Gestänge oder Verbindungsstück besteht. Er dient dazu, Einrichtungen durch Durchtrennen des Gestänges oder Verbindungsstückes rasch auszulösen.

BESTANDTEILE, ZÜNDKETTE, N.A.G.: UN-Nummern 0382, 0383, 0384, 0461
Gegenstände mit Explosivstoff, die dazu bestimmt sind, eine Detonation oder eine Deflagration in einer Zündkette zu übertragen.

BLITZLICHTPULVER: UN-Nummern 0094, 0305
Pyrotechnischer Stoff, der beim Anzünden intensives Licht aussendet.

BOMBEN, mit Sprengladung: UN-Nummern 0034, 0035
Gegenstände mit Explosivstoff, die aus Luftfahrzeugen abgeworfen werden, ohne Zündmittel oder mit Zündmitteln, die mindestens zwei wirksame Sicherungsvorrichtungen beinhalten.

BOMBEN, mit Sprengladung: UN-Nummern 0033, 0291
Gegenstände mit Explosivstoff, die aus Luftfahrzeugen abgeworfen werden, mit Zündmitteln, die weniger als zwei wirksame Sicherungsvorrichtungen haben.

BOMBEN, BLITZLICHT: UN-Nummer 0038
Gegenstände mit Explosivstoff, die aus Luftfahrzeugen abgeworfen werden, um eine kurzzeitig wirkende, intensive Lichtquelle für photographische Zwecke zu liefern. Sie enthalten eine Ladung detonierenden Explosivstoffs ohne Zündmittel oder mit Zündmitteln, die mindestens zwei wirksame Sicherungsvorrichtungen beinhalten.

BOMBEN, BLITZLICHT: UN-Nummer 0037
Gegenstände mit Explosivstoff, die aus Luftfahrzeugen abgeworfen werden, um eine kurzzeitig wirkende, intensive Lichtquelle für photographische Zwecke zu liefern. Sie enthalten eine Ladung detonierenden Explosivstoffs mit Zündmitteln, die weniger als zwei wirksame Sicherungsvorrichtungen haben.

BOMBEN, BLITZLICHT: UN-Nummern 0039, 0299
Gegenstände mit Explosivstoff, die aus Luftfahrzeugen abgeworfen werden, um eine kurzzeitig wirkende, intensive Lichtquelle für photographische Zwecke zu liefern. Sie enthalten einen Blitzsatz.

BOMBEN, DIE ENTZÜNDBARE FLÜSSIGKEIT ENTHALTEN, mit Sprengladung: UN-Nummern 0399, 0400
Gegenstände, die aus Luftfahrzeugen abgeworfen werden und die aus einem Tank, der entzündbare Flüssigkeit enthält, und einer explosiven Sprengladung bestehen.

DETONATOREN FÜR MUNITION: UN-Nummern 0073, 0364, 0365, 0366
Gegenstände, die aus kleinen Metall- oder Kunststoffrohren bestehen und Explosivstoffe wie Bleiazid, PETN oder Kombinationen von Explosivstoffen enthalten. Sie sind zur Auslösung von Zündketten bestimmt.

EXPLOSIVE STOFFE, SEHR UNEMPFINDLICH (STOFFE, EVI), N.A.G.: UN-Nummer 0482
Massenexplosionsgefährliche Stoffe, die aber so unempfindlich sind, dass bei normalen Beförderungsbedingungen nur eine geringe Wahrscheinlichkeit einer Auslösung oder eines Übergangs vom Brand zur Detonation besteht, und die die Prüfreihe 5 bestanden haben.

Besondere Vorschriften für die einzelnen Klassen 2.2

ADR	RID

EXPLOSIVSTOFF, MUSTER, außer Initialsprengstoff: UN-Nummer 0190

Neue oder bereits bestehende explosive Stoffe oder Gegenstände mit Explosivstoff, die noch keiner Benennung des Kapitels 3.2 Tabelle A zugeordnet sind und die entsprechend den Anweisungen der zuständigen Behörde im Allgemeinen in kleinen Mengen unter anderem zu Versuchs-, Zuordnungs-, Forschungs- und Entwicklungszwecken, zu Qualitätskontrollzwecken oder als Handelsmuster befördert werden.

Bem. Explosive Stoffe oder Gegenstände mit Explosivstoff, die bereits einer anderen Benennung des Kapitels 3.2 Tabelle A zugeordnet sind, fallen nicht unter diesen Begriff.

FALLLOTE, MIT EXPLOSIVSTOFF: UN-Nummern 0374, 0375

Gegenstände, die aus einer Ladung detonierenden Explosivstoffs bestehen, ohne Zündmittel oder mit Zündmitteln, die mindestens zwei wirksame Sicherungsvorrichtungen beinhalten. Sie werden von Schiffen über Bord geworfen und explodieren entweder in vorbestimmter Wassertiefe oder wenn sie auf dem Meeresboden auftreffen.

FALLLOTE, MIT EXPLOSIVSTOFF: UN-Nummern 0204, 0296

Gegenstände, die aus einer Ladung detonierenden Explosivstoffs bestehen, mit Zündmitteln, die weniger als zwei wirksame Sicherungsvorrichtungen haben. Sie werden von Schiffen über Bord geworfen und explodieren entweder in vorbestimmter Wassertiefe oder wenn sie auf dem Meeresboden auftreffen.

FEUERWERKSKÖRPER: UN-Nummern 0333, 0334, 0335, 0336, 0337

Pyrotechnische Gegenstände, die für Unterhaltungszwecke bestimmt sind.

FÜLLSPRENGKÖRPER: UN-Nummer 0060

Gegenstände, die aus einer kleinen entfernbaren Verstärkungsladung bestehen, die in Höhlungen von Geschossen zwischen Zünder und Hauptsprengladung eingesetzt werden.

GEFECHTSKÖPFE, RAKETE, mit Sprengladung: UN-Nummern 0286, 0287

Gegenstände, die aus detonierenden Explosivstoffen bestehen, ohne Zündmittel oder mit Zündmitteln, die mindestens zwei wirksame Sicherungsvorrichtungen beinhalten. Sie sind dazu bestimmt, mit einer Rakete verbunden zu werden. Unter diese Benennung fallen auch Gefechtsköpfe für Lenkflugkörper.

GEFECHTSKÖPFE, RAKETE, mit Sprengladung: UN-Nummer 0369

Gegenstände, die aus detonierenden Explosivstoffen bestehen, mit Zündmitteln, die weniger als zwei wirksame Sicherungsvorrichtungen haben. Sie sind dazu bestimmt, mit einer Rakete verbunden zu werden. Unter diese Benennung fallen auch Gefechtsköpfe für Lenkflugkörper.

GEFECHTSKÖPFE, RAKETE, mit Zerleger- oder Ausstoßladung: UN-Nummer 0370

Gegenstände, die aus einer inerten Nutzlast und einer kleinen Ladung aus detonierendem oder deflagrierendem Explosivstoff bestehen, ohne Zündmittel oder mit Zündmitteln, die mindestens zwei wirksame Sicherungsvorrichtungen beinhalten. Sie sind dazu bestimmt, mit einer Rakete verbunden zu werden, um das inerte Material zu zerstreuen. Unter diese Benennung fallen auch Gefechtsköpfe für Lenkflugkörper.

2.2	Besondere Vorschriften für die einzelnen Klassen	
	ADR	**RID**

GEFECHTSKÖPFE, RAKETE, mit Zerleger- oder Ausstoßladung: UN-Nummer 0371
Gegenstände, die aus einer inerten Nutzlast und einer kleinen Ladung aus detonierendem oder deflagrierendem Explosivstoff bestehen, mit Zündmitteln, die weniger als zwei wirksame Sicherungsvorrichtungen haben. Sie sind dazu bestimmt, mit einer Rakete verbunden zu werden, um das inerte Material zu zerstreuen. Unter diese Benennung fallen auch Gefechtsköpfe für Lenkflugkörper.

GEFECHTSKÖPFE, TORPEDO, mit Sprengladung: UN-Nummer 0221
Gegenstände, die aus detonierendem Explosivstoff bestehen, ohne Zündmittel oder mit Zündmitteln, die mindestens zwei wirksame Sicherungsvorrichtungen beinhalten. Sie sind dazu bestimmt, mit einem Torpedo verbunden zu werden.

GEGENSTÄNDE MIT EXPLOSIVSTOFF, EXTREM UNEMPFINDLICH (GEGENSTÄNDE, EEI): UN-Nummer 0486
Gegenstände, die überwiegend extrem unempfindliche Stoffe enthalten, die bei normalen Beförderungsbedingungen nur eine geringfügige Wahrscheinlichkeit einer unbeabsichtigten Zündung oder Fortpflanzung aufweisen, und die die Prüfreihe 7 bestanden haben.

GEGENSTÄNDE, PYROPHOR: UN-Nummer 0380
Gegenstände, die einen pyrophoren Stoff (selbstentzündungsfähig in Berührung mit Luft) und einen Explosivstoff oder eine explosive Komponente enthalten. Diese Benennung schließt Gegenstände aus, die weißen Phosphor enthalten.

GESCHOSSE, inert, mit Leuchtspurmitteln: UN-Nummern 0345, 0424, 0425
Gegenstände wie Granaten oder Kugeln, die aus Kanonen oder anderen Artilleriegeschützen, Gewehren oder anderen Handfeuerwaffen abgefeuert werden.

GESCHOSSE, mit Sprengladung: UN-Nummern 0168, 0169, 0344
Gegenstände wie Granaten oder Kugeln, die aus Kanonen oder anderen Artilleriegeschützen abgefeuert werden. Sie enthalten keine Zündmittel oder Zündmittel, die mindestens zwei wirksame Sicherungsvorrichtungen beinhalten.

GESCHOSSE, mit Sprengladung: UN-Nummern 0167, 0324
Gegenstände wie Granaten oder Kugeln, die aus Kanonen oder anderen Artilleriegeschützen abgefeuert werden. Sie enthalten Zündmittel, die weniger als zwei wirksame Sicherungsvorrichtungen haben.

GESCHOSSE, mit Zerleger- oder Ausstoßladung: UN-Nummern 0346, 0347
Gegenstände wie Granaten oder Kugeln, die aus Kanonen oder anderen Artilleriegeschützen verschossen werden. Sie enthalten keine Zündmittel oder Zündmittel, die mindestens zwei wirksame Sicherungsvorrichtungen beinhalten. Sie dienen dem Verteilen von Farbstoffen für Markierungszwecke oder von anderen inerten Stoffen.

GESCHOSSE, mit Zerleger- oder Ausstoßladung: UN-Nummern 0426, 0427
Gegenstände wie Granaten oder Kugeln, die aus Kanonen oder anderen Artilleriegeschützen abgefeuert werden. Sie enthalten Zündmittel, die weniger als zwei wirksame Sicherungsvorrichtungen haben. Sie dienen dem Verteilen von Farbstoffen für Markierungszwecke oder von anderen inerten Stoffen.

GESCHOSSE, mit Zerleger- oder Ausstoßladung: UN-Nummern 0434, 0435
Gegenstände wie Granaten oder Kugeln, die aus Kanonen oder anderen Artilleriegeschützen, Gewehren oder anderen Handfeuerwaffen abgefeuert werden. Sie dienen dem Verteilen von Farbstoffen für Markierungszwecke oder von anderen inerten Stoffen.

Besondere Vorschriften für die einzelnen Klassen 2.2

ADR	RID

GRANATEN, Hand oder Gewehr, mit Sprengladung: UN-Nummern 0284, 0285
Gegenstände, die dazu bestimmt sind, mit der Hand geworfen oder aus einem Gewehr abgefeuert zu werden. Sie enthalten keine Zündmittel oder Zündmittel, die mindestens zwei wirksame Sicherungsvorrichtungen beinhalten.

GRANATEN, Hand oder Gewehr, mit Sprengladung: UN-Nummern 0292, 0293
Gegenstände, die dazu bestimmt sind, mit der Hand geworfen oder aus einem Gewehr abgefeuert zu werden. Sie enthalten Zündmittel, die weniger als zwei wirksame Sicherungsvorrichtungen haben.

GRANATEN, ÜBUNG, Hand oder Gewehr: UN-Nummern 0110, 0318, 0372, 0452
Gegenstände ohne Hauptsprengladung, die dazu bestimmt sind, mit der Hand geworfen oder aus einem Gewehr abgefeuert zu werden. Sie enthalten die Anzündeinrichtung und können eine Markierungsladung enthalten.

HEXOLIT (HEXOTOL), trocken oder mit weniger als 15 Masse-% Wasser: UN-Nummer 0118
Stoff, der aus einer innigen Mischung aus Cyclotrimethylentrinitramin (RDX) und Trinitrotoluen (TNT) besteht. Unter diese Benennung fällt auch «Composition B».

HEXOTONAL: UN-Nummer 0393
Stoff, der aus einer innigen Mischung aus Cyclotrimethylentrinitramin (RDX), Trinitrotoluen (TNT) und Aluminium besteht.

HOHLLADUNGEN, ohne Zündmittel: UN-Nummern 0059, 0439, 0440, 0441
Gegenstände, die aus einem Gehäuse mit einer Ladung aus detonierendem Explosivstoff mit einer Höhlung, welche mit festem Material ausgekleidet ist, ohne Zündmittel bestehen. Sie sind dazu bestimmt, einen starken, materialdurchschlagenden Hohlladungseffekt zu erzeugen.

KARTUSCHEN, ERDÖLBOHRLOCH: UN-Nummern 0277, 0278
Gegenstände, die aus einem dünnwandigen Gehäuse aus Pappe, Metall oder anderem Material bestehen und ausschließlich Treibladungspulver enthalten und die dazu dienen, gehärtete Projektile auszustoßen, um damit Verrohrungen von Erdölbohrlöchern zu perforieren.
Bem. Folgende Gegenstände fallen nicht unter diese Benennung: HOHLLADUNGEN. Sie sind in diesem Glossar gesondert aufgeführt.

KARTUSCHEN FÜR TECHNISCHE ZWECKE: UN-Nummern 0275, 0276, 0323, 0381
Gegenstände, die dazu bestimmt sind, mechanische Wirkungen hervorzurufen. Sie bestehen aus einem Gehäuse mit einer Ladung aus deflagrierendem Explosivstoff und einem Anzündmittel. Die gasförmigen Deflagrationsprodukte dienen zum Aufblasen, erzeugen lineare oder rotierende Bewegung oder bewirken die Funktion von Unterbrechern, Ventilen oder Schaltern oder sie stoßen Befestigungselemente oder Löschmittel aus.

KNALLKAPSELN, EISENBAHN: UN-Nummern 0192, 0193, 0492, 0493
Gegenstände, die einen pyrotechnischen Stoff enthalten, der bei Zerstörung des Gegenstandes mit lautem Knall explodiert. Sie sind dazu bestimmt, auf Eisenbahngleise gelegt zu werden.

2.2	Besondere Vorschriften für die einzelnen Klassen
ADR	**RID**

LEUCHTKÖRPER, BODEN: UN-Nummern 0092, 0418, 0419
Gegenstände, die pyrotechnische Stoffe enthalten und dazu bestimmt sind, auf der Erdoberfläche für Beleuchtungs-, Erkennungs-, Signal- oder Warnzwecke verwendet zu werden.

LEUCHTKÖRPER, LUFTFAHRZEUG: UN-Nummern 0093, 0403, 0404, 0420, 0421
Gegenstände, die pyrotechnische Stoffe enthalten und dazu bestimmt sind, für Beleuchtungs-, Erkennungs-, Signal- oder Warnzwecken aus Luftfahrzeugen abgeworfen zu werden.

LEUCHTSPURKÖRPER FÜR MUNITION: UN-Nummern 0212, 0306
Geschlossene Gegenstände, die pyrotechnische Stoffe enthalten und dazu dienen, die Flugbahnen von Geschossen sichtbar zu machen.

LOCKERUNGSSPRENGGERÄTE MIT EXPLOSIVSTOFF, für Erdölbohrungen, ohne Zündmittel: UN-Nummer 0099
Gegenstände, die aus einem Gehäuse mit detonierendem Explosivstoff ohne Zündmittel bestehen. Sie werden zur Auflockerung des Gesteins in der Umgebung eines Bohrlochs eingesetzt, um dadurch den Austritt des Rohöls aus dem Gestein zu erleichtern.

MINEN, mit Sprengladung: UN-Nummern 0137, 0138
Gegenstände, die im Allgemeinen aus Behältern aus Metall oder kombinierten Materialien bestehen, die detonierenden Explosivstoff enthalten, ohne Zündmittel oder mit Zündmitteln, die mindestens zwei wirksame Sicherungsvorrichtungen beinhalten. Sie sind dazu bestimmt, beim Passieren von Schiffen, Fahrzeugen oder Personen ausgelöst zu werden. Unter diese Benennung fallen auch «Bangalore Torpedos».

MINEN, mit Sprengladung: UN-Nummern 0136, 0294
Gegenstände, die im Allgemeinen aus Behältern aus Metall oder kombinierten Materialien bestehen, die detonierenden Explosivstoff enthalten, mit Zündmitteln, die weniger als zwei wirksame Sicherungsvorrichtungen haben. Sie sind dazu bestimmt, beim Passieren von Schiffen, Fahrzeugen oder Personen ausgelöst zu werden. Unter diese Benennung fallen auch «Bangalore Torpedos».

MUNITION, AUGENREIZSTOFF, mit Zerleger, Ausstoß- oder Treibladung: UN-Nummern 0018, 0019, 0301
Munition, die einen Augenreizstoff enthält. Sie enthält außerdem eine oder mehrere der folgenden Komponenten: einen pyrotechnischen Stoff; eine Treibladung mit Treibladungsanzünder und Anzündladung; einen Zünder mit Zerleger oder einer Ausstoßladung.

MUNITION, BRAND, mit flüssigem oder geliertem Brandstoff, mit Zerleger, Ausstoß- oder Treibladung: UN-Nummer 0247
Munition, die einen flüssigen oder gelförmigen Brandstoff enthält. Sofern der Brandstoff selbst kein explosiver Stoff ist, enthält sie außerdem eine oder mehrere der folgenden Komponenten: eine Treibladung mit Treibladungsanzünder und Anzündladung; einen Zünder mit Zerleger oder einer Ausstoßladung.

MUNITION, BRAND, mit oder ohne Zerleger, Ausstoß- oder Treibladung: UN-Nummern 0009, 0010, 0300
Munition, die einen Brandstoff enthält. Sofern der Brandstoff selbst kein explosiver Stoff ist, enthält sie außerdem eine oder mehrere der folgenden Komponenten: eine Treibladung mit Treibladungsanzünder und Anzündladung; einen Zünder mit Zerleger oder Ausstoßladung.

Besondere Vorschriften für die einzelnen Klassen 2.2

ADR	RID

MUNITION, BRAND, WEISSER PHOSPHOR, mit Zerleger, Ausstoß- oder Treibladung: UN-Nummern 0243, 0244

Munition, die weißen Phosphor als Brandstoff enthält. Sie enthält außerdem eine oder mehrere der folgenden Komponenten: eine Treibladung mit Treibladungsanzünder und Anzündladung; einen Zünder mit Zerleger oder Ausstoßladung.

MUNITION, LEUCHT, mit oder ohne Zerleger, Ausstoß- oder Treibladung: UN-Nummern 0171, 0254, 0297

Munition, die eine intensive Lichtquelle erzeugen kann, die zur Beleuchtung eines Gebietes bestimmt ist. Diese Benennung schließt Leuchtgranaten und Leuchtgeschosse sowie Leuchtbomben und Zielerkennungsbomben mit ein.

Bem. Die folgenden Gegenstände fallen nicht unter diese Benennung: LEUCHT-KÖRPER, BODEN und LEUCHTKÖRPER, LUFTFAHRZEUG; PATRONEN, SIGNAL; SIGNALKÖRPER, HAND; SIGNALKÖRPER, SEENOT. Sie sind in diesem Glossar gesondert aufgeführt.

MUNITION, NEBEL, mit oder ohne Zerleger, Ausstoß- oder Treibladung: UN-Nummern 0015, 0016, 0303

Munition, die einen Nebelstoff wie Chlorsulfonsäuremischung, Titantetrachlorid oder einen auf Hexachlorethan oder rotem Phosphor basierenden nebelbildenden pyrotechnischen Satz enthält. Sofern der Nebelstoff selbst kein explosiver Stoff ist, enthält die Munition außerdem eine oder mehrere der folgenden Komponenten: eine Treibladung mit Treibladungsanzünder und Anzündladung; einen Zünder mit Zerleger oder einer Ausstoßladung. Diese Benennung schließt Nebelgranaten mit ein.

Bem. Die folgenden Gegenstände fallen nicht unter diese Benennung: SIGNAL-KÖRPER, RAUCH. Sie sind in diesem Glossar gesondert aufgeführt.

MUNITION, NEBEL, WEISSER PHOSPHOR, mit Zerleger, Ausstoß- oder Treibladung: UN-Nummern 0245, 0246

Munition, die weißen Phosphor als Nebelstoff enthält. Sie enthält außerdem eine oder mehrere der folgenden Komponenten: eine Treibladung mit Treibladungsanzünder und Anzündladung; einen Zünder mit Zerleger oder Ausstoßladung. Diese Benennung schließt Nebelgranaten mit ein.

MUNITION, PRÜF: UN-Nummer 0363

Munition, die pyrotechnische Stoffe enthält und die zur Prüfung der Funktionsfähigkeit und Stärke neuer Munition, Waffenteile oder Waffensysteme dient.

MUNITION, ÜBUNG: UN-Nummern 0362, 0488

Munition ohne Hauptsprengladung, aber mit Zerleger oder Ausstoßladung. Im Allgemeinen enthält die Munition auch einen Zünder und eine Treibladung.

Bem. Die folgenden Gegenstände fallen nicht unter diese Benennung: GRANATEN, ÜBUNG. Sie sind in diesem Glossar gesondert aufgeführt.

OCTONAL: UN-Nummer 0496

Stoff, der aus einer innigen Mischung aus Cyclotetramethylentetranitramin (HMX), Trinitrotoluen (TNT) und Aluminium besteht.

OKTOLIT (OCTOL), trocken oder mit weniger als 15 Masse-% Wasser: UN-Nummer 0266

Stoff, der aus einer innigen Mischung aus Cyclotetramethylentetranitramin (HMX) und Trinitrotoluen (TNT) besteht.

PATRONEN, BLITZLICHT: UN-Nummern 0049, 0050

Gegenstände, die aus einem Gehäuse, einem Anzündelement und einem Blitzsatz bestehen, alle zu einer Einheit vereinigt und fertig zum Abschuss.

2.2 Besondere Vorschriften für die einzelnen Klassen

ADR	RID

PATRONEN FÜR HANDFEUERWAFFEN: UN-Nummern 0012, 0339, 0417

Munition, die aus einer Treibladungshülse mit Zentral- oder Randfeuerung besteht und sowohl eine Treibladung als auch ein Geschoss enthält. Sie ist dazu bestimmt, aus Waffen mit einem Kaliber von höchstens 19,1 mm abgefeuert zu werden. Schrotpatronen jeden Kalibers sind in dieser Benennung eingeschlossen.

Bem. PATRONEN FÜR HANDFEUERWAFFEN, MANÖVER fallen nicht unter diese Benennung. Diese sind getrennt aufgeführt. Einige Patronen für militärische Handfeuerwaffen fallen nicht unter diese Benennung. Diese sind unter PATRONEN FÜR WAFFEN, MIT INERTEM GESCHOSS aufgeführt.

PATRONEN FÜR HANDFEUERWAFFEN, MANÖVER: UN-Nummern 0014, 0327, 0338

Munition, die aus einer geschlossenen Treibladungshülse mit Zentral- oder Randfeuerung und aus einer Ladung aus Treibladungspulver oder aus Schwarzpulver besteht. Die Treibladungshülsen tragen keine Geschosse. Die Patronen sind dazu bestimmt, aus Waffen mit einem Kaliber von höchstens 19,1 mm abgefeuert zu werden und dienen der Erzeugung eines lauten Knalls und werden für Übungszwecke, zum Salutschießen, als Treibladung und für Starterpistolen usw. verwendet.

PATRONEN FÜR WAFFEN, MANÖVER: UN-Nummern 0014, 0326, 0327, 0338, 0413

Munition, die aus einer geschlossenen Treibladungshülse mit Zentral- oder Randfeuerung und aus einer Ladung aus Treibladungspulver oder aus Schwarzpulver besteht, aber ohne Geschosse. Sie dient zur Erzeugung eines lauten Knalls und wird für Übungszwecke, zum Salutschießen, als Treibladungen und für Starterpistolen usw. verwendet. Unter diese Benennung fällt auch Munition, Manöver.

PATRONEN, FÜR WAFFEN, MIT INERTEM GESCHOSS (PATRONEN FÜR HANDFEUERWAFFEN): UN-Nummern 0012, 0328, 0339, 0417

Munition, die aus einem Geschoss ohne Sprengladung und einer Treibladung mit oder ohne Treibladungsanzünder besteht. Die Munition kann ein Lichtspurmittel enthalten, vorausgesetzt, die Hauptgefahr rührt von der Treibladung her.

PATRONEN FÜR WAFFEN, mit Sprengladung: UN-Nummern 0006, 0321, 0412

Munition, die aus einem Geschoss mit Sprengladung und einer Treibladung mit oder ohne Treibladungsanzünder besteht, ohne Zündmittel oder mit Zündmitteln, die mindestens zwei wirksame Sicherungsvorrichtungen beinhalten. Unter diese Benennung fallen auch Patronen ohne Ladungswahl, Patronen mit Ladungswahl und getrennt zu ladende Rohrwaffenmunition, sofern sie zusammengepackt sind.

PATRONEN FÜR WAFFEN, mit Sprengladung: UN-Nummern 0005, 0007, 0348

Munition, die aus einem Geschoss mit Sprengladung und einer Treibladung mit oder ohne Treibladungsanzünder besteht, mit Zündmitteln, die weniger als zwei wirksame Sicherungsvorrichtungen haben. Unter diese Benennung fallen auch Patronen ohne Ladungswahl, Patronen mit Ladungswahl und getrennt zu ladende Rohrwaffenmunition, sofern sie zusammengepackt sind.

PATRONEN FÜR WERKZEUGE, OHNE GESCHOSS: UN-Nummer 0014

In Werkzeugen verwendeter Gegenstand, der aus einer geschlossenen Treibladungshülse mit Zentral- oder Randfeuerung mit oder ohne Ladung aus Treibladungspulver oder aus Schwarzpulver besteht, aber ohne Geschoss.

PATRONEN, SIGNAL: UN-Nummern 0054, 0312, 0405

Gegenstände, die dazu bestimmt sind, farbige Lichtzeichen oder andere Signale auszustoßen und aus Signalpistolen usw. abgefeuert zu werden.

Besondere Vorschriften für die einzelnen Klassen	2.2
ADR	**RID**

PENTOLIT, trocken oder mit weniger als 15 Masse-% Wasser: UN-Nummer 0151
Stoff, der aus einer innigen Mischung aus Pentaerythritoltetranitrat (PETN) und Trinitrotoluen (TNT) besteht.

PERFORATIONSHOHLLADUNGSTRÄGER, GELADEN, für Erdölbohrlöcher, ohne Zündmittel: UN-Nummern 0124, 0494
Gegenstände, die aus Stahlrohren oder Metallbändern bestehen, in die durch Sprengschnur miteinander verbundene Hohlladungen eingesetzt sind, ohne Zündmittel.

PULVERROHMASSE, ANGEFEUCHTET mit nicht weniger als 17 Masse-% Alkohol: UN-Nummer 0433;
PULVERROHMASSE, ANGEFEUCHTET mit mindestens 25 Masse-% Wasser: UN-Nummer 0159
Stoff, der aus Nitrocellulose besteht, die mit höchstens 60 Masse-% Nitroglycerin, anderen flüssigen organischen Nitraten oder deren Mischungen imprägniert ist.

PYROTECHNISCHE GEGENSTÄNDE für technische Zwecke: UN-Nummern 0428, 0429, 0430, 0431, 0432
Gegenstände, die pyrotechnische Stoffe enthalten und für technische Anwendungszwecke wie Wärmeentwicklung, Gasentwicklung oder Theatereffekte usw. verwendet werden.
Bem. Die folgenden Gegenstände fallen nicht unter diese Benennung: Alle Arten von Munition; AUSLÖSEVORRICHTUNGEN, MIT EXPLOSIVSTOFF; FEUERWERKSKÖRPER; KNALLKAPSELN, EISENBAHN; LEUCHTKÖRPER, BODEN; LEUCHTKÖRPER, LUFTFAHRZEUG; PATRONEN, SIGNAL; SCHNEIDVORRICHTUNGEN, KABEL, MIT EXPLOSIVSTOFF; SIGNALKÖRPER, HAND; SIGNALKÖRPER, RAUCH; SIGNALKÖRPER, SEENOT; SPRENGNIETE. Sie sind in diesem Glossar gesondert aufgeführt.

RAKETEN, mit Ausstoßladung: UN-Nummern 0436, 0437, 0438
Gegenstände, die aus einem Raketenmotor und einer Ausstoßladung zum Ausstoßen der Nutzlast aus dem Raketenkopf bestehen. Unter diese Benennung fallen auch Lenkflugkörper.

RAKETEN, mit inertem Kopf: UN-Nummern 0183, 0502
Gegenstände, die aus einem Raketenmotor und einem inerten Raketenkopf bestehen. Unter diese Benennung fallen auch Lenkflugkörper.

RAKETEN, mit Sprengladung: UN-Nummern 0181, 0182
Gegenstände, die aus einem Raketenmotor und einem Gefechtskopf bestehen, ohne Zündmittel oder mit Zündmitteln, die mindestens zwei wirksame Sicherungsvorrichtungen beinhalten. Unter diese Benennung fallen auch Lenkflugkörper.

RAKETEN, mit Sprengladung: UN-Nummern 0180, 0295
Gegenstände, die aus einem Raketenmotor und einem Gefechtskopf bestehen, mit Zündmitteln, die weniger als zwei wirksame Sicherungsvorrichtungen haben. Unter diese Benennung fallen auch Lenkflugkörper.

RAKETEN, FLÜSSIGTREIBSTOFF, mit Sprengladung: UN-Nummern 0397, 0398
Gegenstände, die aus einem mit flüssigem Treibstoff gefüllten Zylinder mit einer oder mehreren Düsen und einem Gefechtskopf bestehen. Unter diese Benennung fallen auch Lenkflugkörper.

RAKETEN, LEINENWURF: UN-Nummern 0238, 0240, 0453
Gegenstände, die aus einem Raketenmotor bestehen und dazu bestimmt sind, eine Leine hinter sich her zu schleppen.

2.2 Besondere Vorschriften für die einzelnen Klassen

ADR	RID

RAKETENMOTOREN: UN-Nummern 0186, 0280, 0281, 0510

Gegenstände, die aus einer Treibladung, im Allgemeinen einem Festtreibstoff, bestehen, die in einem Zylinder mit einer oder mehreren Düsen enthalten ist. Sie sind dazu bestimmt, eine Rakete oder einen Lenkflugkörper anzutreiben.

RAKETENMOTOREN, FLÜSSIGTREIBSTOFF: UN-Nummern 0395, 0396

Gegenstände, die aus einem Zylinder mit einer oder mehreren Düsen bestehen, der einen Flüssigtreibstoff enthält. Sie sind dazu bestimmt, eine Rakete oder einen Lenkflugkörper anzutreiben.

RAKETENTRIEBWERKE MIT HYPERGOLEN, mit oder ohne Ausstoßladung: UN-Nummern 0250, 0322

Gegenstände, die aus einem Zylinder mit einer oder mehreren Düsen bestehen und einen hypergolischen Treibstoff enthalten. Sie sind dazu bestimmt, eine Rakete oder einen Lenkflugkörper anzutreiben.

SCHNEIDLADUNG, BIEGSAM, GESTRECKT: UN-Nummern 0237, 0288

Gegenstände, die aus einer V-förmigen Seele aus detonierendem Explosivstoff in einem biegsamen Mantel bestehen.

SCHNEIDVORRICHTUNG, KABEL, MIT EXPLOSIVSTOFF: UN-Nummer 0070

Gegenstände, die aus einer messerartigen Vorrichtung bestehen, die durch eine kleine Ladung deflagrierenden Explosivstoffs auf ein Widerlager gepresst wird.

SCHWARZPULVER, gekörnt oder in Mehlform: UN-Nummer 0027

Stoff, aus einem innigen Gemisch aus Holzkohle oder einer anderen Kohleart und entweder Kaliumnitrat oder Natriumnitrat mit oder ohne Schwefel besteht.

SCHWARZPULVER GEPRESST oder als **PELLETS**: UN-Nummer 0028

Stoff, der aus geformtem Schwarzpulver besteht.

SICHERHEITSEINRICHTUNGEN, PYROTECHNISCH: UN-Nummer 0503

Gegenstände, die pyrotechnische Stoffe oder gefährliche Güter anderer Klassen enthalten und zur Erhöhung der Sicherheit von Personen in Fahrzeugen, Schiffen oder Flugzeugen verwendet werden. Beispiele sind: Airbag-Gasgeneratoren, Airbag-Module, Gurtstraffer und pyromechanische Einrichtungen. Bei diesen pyromechanischen Einrichtungen handelt es sich um montierte Bauteile für Aufgaben wie beispielsweise Trennung, Verschluss oder Rückhalt von Insassen.

SIGNALKÖRPER, HAND: UN-Nummern 0191, 0373

Tragbare Gegenstände, die pyrotechnische Stoffe enthalten und die sichtbare Signale oder Warnzeichen aussenden. Unter diese Benennung fallen auch kleine Leuchtkörper, Boden, wie Autobahnfackeln, Eisenbahnfackeln oder kleine Seenotfackeln.

SIGNALKÖRPER, RAUCH: UN-Nummern 0196, 0197, 0313, 0487, 0507

Gegenstände, die pyrotechnische Stoffe enthalten und Rauch ausstoßen. Sie können zusätzlich auch Einrichtungen zum Erzeugen hörbarer Signale enthalten.

SIGNALKÖRPER, SEENOT: UN-Nummern 0194, 0195, 0505, 0506

Gegenstände, die pyrotechnische Stoffe enthalten und dazu bestimmt sind, Signale in Form von Knall, Flammen oder Rauch oder einer Kombination davon zu geben.

Besondere Vorschriften für die einzelnen Klassen 2.2

ADR	RID

SPRENGKAPSELN, ELEKTRISCH: UN-Nummern 0030, 0255, 0456

Gegenstände, die insbesondere zur Auslösung gewerblicher Sprengstoffe bestimmt sind. Es kann sich um Sprengkapseln mit oder ohne Verzögerungselement handeln. Elektrische Sprengkapseln werden durch elektrischen Strom ausgelöst.

SPRENGKAPSELN, ELEKTRONISCH, programmierbar: UN-Nummern 0511, 0512, 0513

Sprengkapseln mit verbesserten Sicherheits- und Sicherungsmerkmalen, die elektronische Komponenten verwenden, um ein Zündsignal mit validierten Befehlen und sicherer Kommunikation zu übertragen. Sprengkapseln dieser Art können nicht mit anderen Mitteln ausgelöst werden.

SPRENGKAPSELN, NICHT ELEKTRISCH: UN-Nummern 0029, 0267, 0455

Gegenstände, die insbesondere zur Auslösung gewerblicher Sprengstoffe bestimmt sind. Es kann sich um Sprengkapseln mit oder ohne Verzögerungselement handeln. Nicht elektrische Sprengkapseln werden durch Stoßrohr, Anzündschlauch, Anzündschnur, andere Anzündmittel oder schmiegsame Sprengschnur ausgelöst. Unter diese Benennung fallen auch Verbindungsstücke ohne Sprengschnur.

SPRENGKÖRPER: UN-Nummer 0048

Gegenstände, die eine Ladung aus einem detonierenden Explosivstoff in einem Gehäuse aus Pappe, Kunststoff, Metall oder einem anderen Material enthalten. Sie enthalten keine Zündmittel oder sie enthalten Zündmittel, die mindestens zwei wirksame Sicherungsvorrichtungen beinhalten.

Bem. Die folgenden Gegenstände fallen nicht unter diese Benennung: BOMBEN, GESCHOSSE, MINEN usw. Sie sind in diesem Glossar gesondert aufgeführt.

SPRENGLADUNGEN, GEWERBLICHE, ohne Zündmittel: UN-Nummern 0442, 0443, 0444, 0445

Gegenstände, die aus einer Ladung eines detonierenden Explosivstoffs ohne Zündmittel bestehen und zum Sprengschweißen, Sprengplattieren, Sprengverformen oder für andere metallurgische Prozesse verwendet werden.

SPRENGLADUNGEN, KUNSTSTOFFGEBUNDEN: UN-Nummern 0457, 0458, 0459, 0460

Gegenstände, die aus einer kunststoffgebundenen Ladung eines detonierenden Explosivstoffs bestehen, in spezieller Form ohne Umhüllung hergestellt sind und keine Zündmittel enthalten. Sie dienen als Bestandteil von Munition, z.B. Gefechtsköpfen.

SPRENGNIETE: UN-Nummer 0174

Gegenstände, die aus kleinen Explosivstoffladungen innerhalb eines Metallniets bestehen.

SPRENGSCHNUR, biegsam: UN-Nummern 0065, 0289

Gegenstand, der aus einer Seele aus detonierendem Explosivstoff in einer Umspinnung aus Textilfäden besteht, mit einer Beschichtung aus Kunststoff oder einem anderen Werkstoff. Die Beschichtung ist nicht erforderlich, wenn die Umspinnung staubdicht ist.

SPRENGSCHNUR MIT GERINGER WIRKUNG, mit Metallmantel: UN-Nummer 0104

Gegenstand, der aus einer Seele aus detonierendem Explosivstoff in einem Rohr aus weichem Metall mit oder ohne Schutzbeschichtung besteht. Die Menge an Explosivstoff ist so begrenzt, dass nur eine geringe Wirkung nach außen auftritt.

SPRENGSCHNUR, mit Metallmantel: UN-Nummern 0102, 0290

Gegenstand, der aus einer Seele aus detonierendem Explosivstoff in einem Rohr aus weichem Metall mit oder ohne Schutzbeschichtung besteht.

2.2 Besondere Vorschriften für die einzelnen Klassen

ADR	RID

SPRENGSTOFF, TYP A: UN-Nummer 0081

Stoffe, die aus flüssigen organischen Nitraten wie Nitroglycerin oder einer Mischung derartiger Stoffe bestehen, mit einem oder mehreren der folgenden Bestandteile: Nitrocellulose; Ammoniumnitrat oder andere anorganische Nitrate; aromatische Nitroverbindungen oder brennbare Stoffe wie Holzmehl oder Aluminium-Pulver. Sie können außerdem inerte Bestandteile, wie Kieselgur, oder geringfügige Zuschläge, wie Farbstoffe oder Stabilisatoren, enthalten. Diese Sprengstoffe haben pulverförmige, gelatinöse oder elastische Konsistenz. Unter diese Benennung fallen auch Dynamite, Sprenggelatine, Gelatinedynamite.

SPRENGSTOFF, TYP B: UN-Nummern 0082, 0331

Stoffe, die aus

a) einer Mischung von Ammoniumnitrat oder anderen anorganischen Nitraten mit Explosivstoffen, wie Trinitrotoluen (TNT), mit oder ohne anderen Stoffen, wie Holzmehl und Aluminium-Pulver, oder

b) einer Mischung aus Ammoniumnitrat oder anderen anorganischen Nitraten mit anderen brennbaren, nicht explosiven Stoffen

bestehen.

In beiden Fällen können die Sprengstoffe inerte Bestandteile, wie Kieselgur, und Zusätze, wie Farbstoffe und Stabilisatoren, enthalten. Diese Sprengstoffe dürfen kein Nitroglycerin oder ähnliche flüssige organische Nitrate und keine Chlorate enthalten.

SPRENGSTOFF, TYP C: UN-Nummer 0083

Stoffe, die aus einer Mischung aus Kalium- oder Natriumchlorat oder Kalium-, Natrium- oder Ammoniumperchlorat mit organischen Nitroverbindungen oder brennbaren Stoffen, wie Holzmehl, Aluminium-Pulver oder Kohlenwasserstoffen, bestehen. Sie können außerdem inerte Bestandteile, wie Kieselgur, und Zusätze, wie Farbstoffe und Stabilisatoren, enthalten. Diese Sprengstoffe dürfen kein Nitroglycerin oder ähnliche flüssige organische Nitrate enthalten.

SPRENGSTOFF, TYP D: UN-Nummer 0084

Stoffe, die aus einer Mischung organischer nitrierter Verbindungen und brennbarer Stoffe, wie Kohlenwasserstoffe und Aluminium-Pulver, bestehen. Sie können inerte Bestandteile, wie Kieselgur, und Zusätze, wie Farbstoffe und Stabilisatoren, enthalten. Diese Sprengstoffe dürfen kein Nitroglycerin oder ähnliche flüssige organische Nitrate, keine Chlorate und kein Ammoniumnitrat enthalten. Unter diese Benennung fallen im Allgemeinen die Plastiksprengstoffe.

SPRENGSTOFF, TYP E: UN-Nummern 0241, 0332

Stoffe, die aus Wasser als wesentlichen Bestandteil und einem hohen Anteil an Ammoniumnitrat oder anderen Oxidationsmitteln, die ganz oder teilweise gelöst sind, bestehen. Die anderen Bestandteile können Nitroverbindungen, wie Trinitrotoluen, Kohlenwasserstoffe oder Aluminium-Pulver, sein. Sie können inerte Bestandteile, wie Kieselgur, und Zusätze, wie Farbstoffe und Stabilisatoren, enthalten. Unter diese Benennung fallen die Emulsionssprengstoffe, die Slurry-Sprengstoffe und die «Wassergele».

STOPPINEN, NICHT SPRENGKRÄFTIG: UN-Nummer 0101

Gegenstände, die aus Baumwollfäden bestehen, die mit feinem Schwarzpulver imprägniert sind (Zündschnur). Sie brennen mit offener Flamme und werden in Anzündketten für Feuerwerkskörper usw. verwendet.

TORPEDOS, MIT FLÜSSIGTREIBSTOFF, mit inertem Kopf: UN-Nummer 0450

Gegenstände, die aus einem flüssigen explosiven Antriebssystem, das den Torpedo durch das Wasser bewegt, und einem inerten Kopf bestehen.

Besondere Vorschriften für die einzelnen Klassen 2.2

ADR	RID

TORPEDOS, MIT FLÜSSIGTREIBSTOFF, mit oder ohne Sprengladung: UN-Nummer 0449

Gegenstände, die entweder aus einem flüssigen, explosiven Antriebssystem bestehen, das den Torpedo durch das Wasser bewegt, mit oder ohne Gefechtskopf, oder aus einem flüssigen, nicht explosiven Antriebssystem, das den Torpedo durch das Wasser bewegt, mit einem Gefechtskopf.

TORPEDOS, mit Sprengladung: UN-Nummer 0451

Gegenstände, die aus einem nicht explosiven Antriebssystem bestehen, das den Torpedo durch das Wasser bewegt, mit einem Gefechtskopf, ohne Zündmittel oder mit Zündmitteln, die mindestens zwei wirksame Sicherungsvorrichtungen beinhalten.

TORPEDOS, mit Sprengladung: UN-Nummer 0329

Gegenstände, die aus einem explosiven Antriebssystem bestehen, das den Torpedo durch das Wasser bewegt, mit einem Gefechtskopf, ohne Zündmittel oder mit Zündmitteln, die mindestens zwei wirksame Sicherungsvorrichtungen beinhalten.

TORPEDOS, mit Sprengladung: UN-Nummer 0330

Gegenstände, die aus einem explosiven oder einem nicht explosiven Antriebssystem bestehen, das den Torpedo durch das Wasser bewegt, und einem Gefechtskopf und mit Zündmitteln, die weniger als zwei wirksame Sicherungsvorrichtungen haben.

TREIBLADUNGEN FÜR GESCHÜTZE: UN-Nummern 0242, 0279, 0414

Treibladungen in jeglicher physikalischer Form für getrennt zu ladende Geschützmunition.

TREIBLADUNGSANZÜNDER: UN-Nummern 0319, 0320, 0376

Gegenstände, die aus einem Anzündmittel und einer zusätzlichen Ladung aus deflagrierendem Explosivstoff, wie Schwarzpulver, bestehen und als Anzünder für Treibladungen in Treibladungshülsen für Geschütze usw. dienen.

TREIBLADUNGSHÜLSEN, LEER, MIT TREIBLADUNGSANZÜNDER: UN-Nummern 0055, 0379

Gegenstände, die aus einer Treibladungshülse aus Metall, Kunststoff oder einem anderen nicht entzündbaren Material bestehen, deren einziger explosive Bestandteil der Treibladungsanzünder ist.

TREIBLADUNGSHÜLSEN, VERBRENNLICH, LEER, OHNE TREIBLADUNGSANZÜNDER: UN-Nummern 0446, 0447

Gegenstände, die aus einer Treibladungshülse bestehen, die teilweise oder vollständig aus Nitrocellulose hergestellt ist.

TREIBLADUNGSPULVER: UN-Nummern 0160, 0161, 0509

Stoffe, die auf Nitrocellulosebasis aufgebaut sind und als Treibladungspulver verwendet werden. Unter den Begriff fallen einbasige Treibladungspulver (Nitrocellulose (NC) allein), zweibasige Treibladungspulver (wie NC mit Nitroglycerin (NG)) und dreibasige Treibladungspulver (wie NC/NG/Nitroguanidin).

Bem. Gegossenes, gepresstes oder in Beuteln enthaltenes Treibladungspulver ist unter TREIBLADUNGEN FÜR GESCHÜTZE oder TREIBSÄTZE aufgeführt.

TREIBSTOFF, FEST: UN-Nummern 0498, 0499, 0501

Stoffe, die aus festem deflagrierendem Explosivstoff bestehen und für den Antrieb verwendet werden.

TREIBSTOFF, FLÜSSIG: UN-Nummern 0495, 0497

Stoffe, die aus flüssigem deflagrierendem Explosivstoff bestehen und für den Antrieb verwendet werden.

2.2 Besondere Vorschriften für die einzelnen Klassen

ADR	RID

TREIBSÄTZE: UN-Nummern 0271, 0272, 0415, 0491

Gegenstände, die aus einer Treibladung in beliebiger Form bestehen, mit oder ohne Umhüllung; sie werden als Bestandteile von Raketenmotoren und zur Reduzierung des Luftwiderstands von Geschossen verwendet.

TRITONAL: UN-Nummer 0390

Stoff, der aus einem Gemisch aus Trinitrotoluen (TNT) und Aluminium besteht.

VORRICHTUNGEN, DURCH WASSER AKTIVIERBAR, mit Zerleger, Ausstoß- oder Treibladung: UN-Nummern 0248, 0249

Gegenstände, deren Funktion auf einer physikalisch-chemischen Reaktion ihres Inhalts mit Wasser beruht.

WASSERBOMBEN: UN-Nummer 0056

Gegenstände, die aus einem Fass oder einem Geschoss bestehen, mit einer Ladung eines detonierenden Explosivstoffs, ohne Zündmittel oder mit Zündmitteln, die mindestens zwei wirksame Sicherungsvorrichtungen beinhalten. Sie sind dazu bestimmt, unter Wasser zu detonieren.

ZERLEGER, mit Explosivstoff: UN-Nummer 0043

Gegenstände, die aus einer kleinen Explosivstoffladung bestehen und der Zerlegung von Geschossen oder anderer Munition dienen, um deren Inhalt zu zerstreuen.

ZÜNDEINRICHTUNGEN für Sprengungen, **NICHT ELEKTRISCH**: UN-Nummern 0360, 0361, 0500

Nicht elektrische Sprengkapseln, die aus Anzündschnur, Stoßrohr, Anzündschlauch oder Sprengschnur bestehen und durch diese ausgelöst werden. Dies können Zündeinrichtungen mit oder ohne Verzögerung sein. Unter diese Benennung fallen auch Verbindungsstücke, die eine Sprengschnur enthalten.

ZÜNDER, NICHT SPRENGKRÄFTIG: UN-Nummern 0316, 0317, 0368

Gegenstände, die Bestandteile mit Zündstoffen enthalten und dazu bestimmt sind, eine Deflagration in Munition auszulösen. Sie enthalten mechanisch, elektrisch, chemisch oder hydrostatisch aktivierbare Einrichtungen zur Auslösung der Deflagration. Sie haben im Allgemeinen Sicherungsvorrichtungen.

ZÜNDER, SPRENGKRÄFTIG: UN-Nummern 0106, 0107, 0257, 0367

Gegenstände, die explosive Bestandteile enthalten und dazu bestimmt sind, eine Detonation in Munition auszulösen. Sie enthalten mechanisch, elektrisch, chemisch oder hydrostatisch aktivierbare Einrichtungen zur Auslösung der Detonation. Sie haben im allgemeinen Sicherungsvorrichtungen.

ZÜNDER, SPRENGKRÄFTIG, mit Sicherungsvorrichtungen: UN-Nummern 0408, 0409, 0410

Gegenstände, die explosive Bestandteile enthalten und dazu bestimmt sind, eine Detonation in Munition auszulösen. Sie enthalten mechanisch, elektrisch, chemisch oder hydrostatisch aktivierbare Einrichtungen zur Auslösung der Detonation. Der sprengkräftige Zünder muss mindestens zwei wirksame Sicherungsvorrichtungen beinhalten.

ZÜNDVERSTÄRKER, MIT DETONATOR: UN-Nummern 0225, 0268

Gegenstände, die aus detonierendem Explosivstoff und einem Zündmittel bestehen. Sie dienen der Verstärkung des Zündimpulses eines Detonators oder einer Sprengschnur.

ZÜNDVERSTÄRKER, ohne Detonator: UN-Nummern 0042, 0283

Gegenstände, die aus detonierendem Explosivstoff ohne Zündmittel bestehen. Sie dienen der Verstärkung des Zündimpulses eines Detonators oder einer Sprengschnur.

Besondere Vorschriften für die einzelnen Klassen 2.2

ADR	RID

2.2.2 Klasse 2: Gase

2.2.2.1 Kriterien

2.2.2.1.1 Der Begriff der Klasse 2 umfasst reine Gase, Gasgemische, Gemische eines oder mehrerer Gase mit einem oder mehreren anderen Stoffen sowie Gegenstände, die solche Stoffe enthalten.

Gase sind Stoffe, die

a) bei 50 °C einen Dampfdruck von mehr als 300 kPa (3 bar) haben oder

b) bei 20 °C und dem Standarddruck von 101,3 kPa vollständig gasförmig sind.

Bem. 1. UN 1052 FLUORWASSERSTOFF, WASSERFREI ist dennoch ein Stoff der Klasse 8.

2. Ein reines Gas darf andere Bestandteile enthalten, die vom Produktionsprozess herrühren oder die hinzugefügt werden, um die Stabilität des Produkts aufrechtzuerhalten, vorausgesetzt, die Konzentration dieser Bestandteile verändert nicht die Klassifizierung oder die Beförderungsvorschriften wie Füllungsgrad, Fülldruck oder Prüfdruck.

3. Die n.a.g.-Eintragungen in Unterabschnitt 2.2.2.3 können sowohl reine Gase als auch Gemische einschließen.

2.2.2.1.2 Die Stoffe und Gegenstände der Klasse 2 sind wie folgt unterteilt:

1. *Verdichtetes Gas*: Ein Gas, das im für die Beförderung unter Druck verpackten Zustand bei – 50 °C vollständig gasförmig ist; diese Kategorie schließt alle Gase ein, die eine kritische Temperatur von höchstens – 50 °C haben.

2. *Verflüssigtes Gas*: Ein Gas, das im für die Beförderung unter Druck verpackten Zustand bei Temperaturen über – 50 °C teilweise flüssig ist. Es wird unterschieden zwischen:
   unter hohem Druck verflüssigtes Gas: ein Gas, das eine kritische Temperatur über – 50 °C bis höchstens + 65 °C hat; und
   unter geringem Druck verflüssigtes Gas: ein Gas, das eine kritische Temperatur über + 65 °C hat.

3. *Tiefgekühlt verflüssigtes Gas*: Ein Gas, das im für die Beförderung verpackten Zustand wegen seiner niedrigen Temperatur teilweise flüssig ist.

4. *Gelöstes Gas*: Ein Gas, das im für die Beförderung unter Druck verpackten Zustand in einem Lösungsmittel in flüssiger Phase gelöst ist.

5. Druckgaspackungen und Gefäße, klein, mit Gas (Gaspatronen).

6. Andere Gegenstände, die Gas unter Druck enthalten.

7. Nicht unter Druck stehende Gase, die besonderen Vorschriften unterliegen (Gasproben).

8. *Chemikalien unter Druck*: flüssige, pastöse oder pulverförmige Stoffe, die mit einem Treibmittel unter Druck gesetzt werden, das der Begriffsbestimmung für verdichtetes oder verflüssigtes Gas entspricht, und Gemische dieser Stoffe.

9. *Adsorbiertes Gas*: Ein Gas, das im für die Beförderung verpackten Zustand an einem festen porösen Werkstoff adsorbiert ist, was zu einem Gefäßinnendruck bei 20 °C von weniger als 101,3 kPa und bei 50 °C von weniger als 300 kPa führt.

2.2.2.1.3 Die Stoffe und Gegenstände (ausgenommen Druckgaspackungen und Chemikalien unter Druck) der Klasse 2 werden ihren gefährlichen Eigenschaften entsprechend einer der folgenden Gruppen zugeordnet:

A	erstickend
O	oxidierend
F	entzündbar
T	giftig
TF	giftig, entzündbar
TC	giftig, ätzend
TO	giftig, oxidierend
TFC	giftig, entzündbar, ätzend
TOC	giftig, oxidierend, ätzend

2.2 Besondere Vorschriften für die einzelnen Klassen

ADR	RID

Wenn nach diesen Kriterien Gase oder Gasgemische gefährliche Eigenschaften haben, die mehr als einer Gruppe zugeordnet werden können, haben die mit dem Buchstaben T bezeichneten Gruppen Vorrang vor allen anderen Gruppen. Die mit dem Buchstaben F bezeichneten Gruppen haben Vorrang vor den mit dem Buchstaben A oder O bezeichneten Gruppen.

Bem. 1. In den UN-Modellvorschriften, im IMDG-Code und in den Technischen Anweisungen der ICAO werden die Gase auf Grund ihrer Hauptgefahr einer der folgenden drei Unterklassen zugeordnet:

Unterklasse 2.1: entzündbare Gase (entspricht den Gruppen, die durch den Großbuchstaben F bezeichnet sind)

Unterklasse 2.2: nicht entzündbare, nicht giftige Gase (entspricht den Gruppen, die durch den Großbuchstaben A oder O bezeichnet sind)

Unterklasse 2.3: giftige Gase (entspricht den Gruppen, die durch den Großbuchstaben T bezeichnet sind, d.h. T, TF, TC, TO, TFC und TOC).

2. Gefäße, klein, mit Gas (UN-Nummer 2037), sind entsprechend der vom Inhalt ausgehenden Gefahren den Gruppen A bis TOC zuzuordnen. Für Druckgaspackungen (UN-Nummer 1950) siehe Absatz 2.2.2.1.6. Für Chemikalien unter Druck (UN-Nummern 3500 bis 3505) siehe Absatz 2.2.2.1.7.

3. Ätzende Gase gelten als giftig und werden daher der Gruppe TC, TFC oder TOC zugeordnet.

2.2.2.1.4 Wenn ein in Kapitel 3.2 Tabelle A namentlich genanntes Gemisch der Klasse 2 anderen als den in den Absätzen 2.2.2.1.2 und 2.2.2.1.5 genannten Kriterien entspricht, so ist dieses Gemisch entsprechend den Kriterien einzuordnen und einer geeigneten n.a.g.-Eintragung zuzuordnen.

2.2.2.1.5 Die in Kapitel 3.2 Tabelle A nicht namentlich genannten Stoffe und Gegenstände (ausgenommen Druckgaspackungen und Chemikalien unter Druck) der Klasse 2 sind nach den Absätzen 2.2.2.1.2 und 2.2.2.1.3 einer in Unterabschnitt 2.2.2.3 aufgeführten Sammeleintragung zuzuordnen. Es gelten folgende Kriterien:

Erstickende Gase

Nicht oxidierende, nicht entzündbare und nicht giftige Gase, die in der Atmosphäre normalerweise vorhandenen Sauerstoff verdünnen oder verdrängen.

Entzündbare Gase

Gase, die bei 20 °C und dem Standarddruck von 101,3 kPa

a) in einer Mischung von höchstens 13 Vol.-% mit Luft entzündbar sind oder

b) unabhängig von der unteren Explosionsgrenze einen Explosionsbereich mit Luft von mindestens 12 Prozentpunkten besitzen.

Die Entzündbarkeit muss durch Versuche oder durch Berechnungen nach den von der ISO angenommenen Methoden (siehe Norm ISO 10156:2017) festgestellt werden.

Stehen für die Anwendung dieser Methoden nur unzureichende Daten zur Verfügung, dürfen Prüfungen nach vergleichbaren Methoden, die von der zuständigen Behörde des Ursprungslandes anerkannt sind, angewendet werden.

Ist das Ursprungsland

keine Vertragspartei des ADR,	kein RID-Vertragsstaat des COTIF,

so müssen die Methoden von der zuständigen Behörde der

ersten von der Sendung berührten Vertragspartei des ADR	des RID-Vertragsstaates des COTIF

anerkannt werden.

Besondere Vorschriften für die einzelnen Klassen 2.2

ADR	RID

Oxidierende Gase

Gase, die im allgemeinen durch Lieferung von Sauerstoff die Verbrennung anderer Stoffe stärker als Luft verursachen oder begünstigen können. Dies sind reine Gase oder Gasgemische mit einer Oxidationsfähigkeit von mehr als 23,5 %, die nach einer in der Norm ISO 10156:2017 festgelegten Methode bestimmt wird.

Giftige Gase

Bem. Gase, die wegen ihrer Ätzwirkung teilweise oder vollständig den Kriterien für die Giftigkeit entsprechen, sind als giftig einzustufen. Wegen der möglichen Nebengefahr der Ätzwirkung siehe auch die Kriterien unter der Überschrift «Ätzende Gase».

Gase,

a) die bekanntermaßen so giftig oder ätzend auf den Menschen wirken, dass sie eine Gefahr für die Gesundheit darstellen; oder

b) von denen man annimmt, dass sie giftig oder ätzend auf den Menschen wirken, weil sie bei den Prüfungen gemäß Unterabschnitt 2.2.61.1 einen LC_{50}-Wert für die akute Giftigkeit von höchstens 5000 ml/m³ (ppm) aufweisen.

Für die Zuordnung von Gasgemischen (einschließlich Dämpfe von Stoffen anderer Klassen) darf folgende Formel verwendet werden:

$$LC_{50} \text{ giftig (Gemisch)} = \frac{1}{\sum_{i=1}^{n} \frac{f_i}{T_i}}$$

Wobei

f_i = Molenbruch des i-ten Bestandteils des Gemisches

T_i = Giftigkeitskennzahl des i-ten Bestandteils des Gemisches. Der T_i-Wert entspricht dem LC_{50}-Wert nach Unterabschnitt 4.1.4.1 Verpackungsanweisung P 200. Ist der LC_{50}-Wert in nach Unterabschnitt 4.1.4.1 Verpackungsanweisung P 200 nicht aufgeführt, so ist der in der wissenschaftlichen Literatur vorhandene LC_{50}-Wert zu verwenden. Ist der LC_{50}-Wert nicht bekannt, wird die Giftigkeitskennzahl anhand des niedrigsten LC_{50}-Wertes von Stoffen mit ähnlichen physiologischen und chemischen Eigenschaften oder, wenn dies die einzige Möglichkeit ist, anhand von Versuchen berechnet.

Ätzende Gase

Gase oder Gasgemische, die wegen ihrer Ätzwirkung vollständig den Kriterien für die Giftigkeit entsprechen, sind als giftig mit der Nebengefahr der Ätzwirkung einzustufen.

Ein Gasgemisch, das wegen der Verbindung von Ätzwirkung und Giftigkeit als giftig angesehen wird, besitzt die Nebengefahr der Ätzwirkung, wenn durch Erfahrungswerte in bezug auf den Menschen bekannt ist, dass das Gemisch schädlich für die Haut, die Augen oder die Schleimhäute ist, oder wenn der LC_{50}-Wert der ätzenden Bestandteile des Gemisches bei Berechnung nach der folgenden Formel höchstens 5000 ml/m³ (ppm) beträgt:

$$LC_{50} \text{ ätzend (Gemisch)} = \frac{1}{\sum_{i=1}^{n} \frac{fc_i}{Tc_i}}$$

Wobei

fc_i = Molenbruch des i-ten ätzenden Bestandteils des Gemisches

Tc_i = Giftigkeitskennzahl des i-ten ätzenden Bestandteils des Gemisches. Der Tc_i-Wert entspricht dem LC_{50}-Wert nach Unterabschnitt 4.1.4.1 Verpackungsanweisung P 200. Ist der LC_{50}-Wert in nach Unterabschnitt 4.1.4.1 Verpackungsanweisung P 200 nicht aufgeführt, so ist der in der wissenschaftlichen Literatur vorhandene LC_{50}-Wert zu verwenden. Ist der LC_{50}-Wert nicht bekannt, wird die Giftigkeits-

2.2 Besondere Vorschriften für die einzelnen Klassen

ADR	RID

kennzahl anhand des niedrigsten LC_{50}-Wertes von Stoffen mit ähnlichen physiologischen und chemischen Eigenschaften oder, wenn dies die einzige Möglichkeit ist, anhand von Versuchen berechnet.

2.2.2.1.6 Druckgaspackungen

Druckgaspackungen (UN-Nummer 1950) werden ihren gefährlichen Eigenschaften entsprechend einer der folgenden Gruppen zugeordnet:

A	erstickend
O	oxidierend
F	entzündbar
T	giftig
C	ätzend
CO	ätzend, oxidierend
FC	entzündbar, ätzend
TF	giftig, entzündbar
TC	giftig, ätzend
TO	giftig, oxidierend
TFC	giftig, entzündbar, ätzend
TOC	giftig, oxidierend, ätzend.

Die Klassifizierung ist abhängig von der Art des Inhalts der Druckgaspackung.

Bem. Gase, die der Begriffsbestimmung für giftige Gase gemäß Absatz 2.2.2.1.5 entsprechen, und Gase, die durch die Fußnote c) der Tabelle 2 in Verpackungsanweisung P 200 des Unterabschnitts 4.1.4.1 als «Gilt als selbstentzündlich (pyrophor)» ausgewiesen sind, dürfen nicht als Treibmittel in Druckgaspackungen verwendet werden. Druckgaspackungen mit einem Inhalt, der hinsichtlich der Giftigkeit und der Ätzwirkung den Kriterien der Verpackungsgruppe I entspricht, sind zur Beförderung nicht zugelassen (siehe auch Absatz 2.2.2.2).

Es gelten folgende Kriterien:

a) Eine Zuordnung zur Gruppe A erfolgt, wenn der Inhalt nicht den Kriterien einer anderen Gruppe gemäß den Absätzen b) bis f) entspricht.

b) Eine Zuordnung zur Gruppe O erfolgt, wenn die Druckgaspackung ein oxidierendes Gas gemäß Absatz 2.2.2.1.5 enthält.

c) Eine Zuordnung zur Gruppe F erfolgt, wenn der Inhalt mindestens 85 Masse-% entzündbare Bestandteile enthält und die chemische Verbrennungswärme mindestens 30 kJ/g beträgt.

Eine Zuordnung zur Gruppe F erfolgt nicht, wenn der Inhalt höchstens 1 Masse-% entzündbare Bestandteile enthält und die Verbrennungswärme geringer als 20 kJ/g ist.

Andernfalls ist die Druckgaspackung gemäß den im Handbuch Prüfungen und Kriterien Teil III Abschnitt 31 beschriebenen Prüfungen auf Entzündbarkeit zu prüfen. Leicht entzündbare und entzündbare Druckgaspackungen sind der Gruppe F zuzuordnen.

Bem. Entzündbare Bestandteile sind entzündbare flüssige Stoffe, entzündbare feste Stoffe oder die im Handbuch Prüfungen und Kriterien Teil III Unterabschnitt 31.1.3 Bem. 1 bis 3 definierten entzündbaren Gase oder Gasgemische. Durch diese Bezeichnung werden pyrophore, selbsterhitzungsfähige oder mit Wasser reagierende Stoffe nicht erfasst. Die chemische Verbrennungswärme ist durch eines der folgenden Verfahren zu bestimmen: ASTM D 240, ISO/FDIS 13943:1999 (E/F) 86.1 bis 86.3 oder NFPA 30B.

Besondere Vorschriften für die einzelnen Klassen 2.2

ADR | **RID**

d) Eine Zuordnung zur Gruppe T erfolgt, wenn der Inhalt, ausgenommen das Treibmittel der Druckgaspackungen, der Klasse 6.1 Verpackungsgruppe II oder III zugeordnet ist.

e) Eine Zuordnung zur Gruppe C erfolgt, wenn der Inhalt, ausgenommen das Treibmittel der Druckgaspackungen, den Kriterien der Klasse 8 Verpackungsgruppe II oder III entspricht.

f) Wenn die Kriterien für mehr als eine Gruppe der Gruppen O, F, T und C erfüllt werden, erfolgt eine Zuordnung zu den Gruppen CO, FC, TF, TC, TO, TFC bzw. TOC.

2.2.2.1.7 Chemikalien unter Druck

Chemikalien unter Druck (UN-Nummern 3500 bis 3505) werden ihren gefährlichen Eigenschaften entsprechend einer der folgenden Gruppen zugeordnet:

A   erstickend
F   entzündbar
T   giftig
C   ätzend
FC   entzündbar, ätzend
TF   giftig, entzündbar.

Die Klassifizierung ist abhängig von den Gefahreneigenschaften der Bestandteile in den verschiedenen Aggregatzuständen:

das Treibmittel,
der flüssige Stoff oder
der feste Stoff.

Bem. 1. Gase, die der Begriffsbestimmung für giftige Gase oder für oxidierende Gase gemäß Absatz 2.2.2.1.5 entsprechen, oder Gase, die durch die Fußnote c) der Tabelle 2 in Verpackungsanweisung P 200 des Unterabschnitts 4.1.4.1 als «Gilt als selbstentzündlich (pyrophor)» ausgewiesen sind, dürfen nicht als Treibmittel in Chemikalien unter Druck verwendet werden.

2. Chemikalien unter Druck mit einem Inhalt, der hinsichtlich der Giftigkeit oder der Ätzwirkung den Kriterien der Verpackungsgruppe I entspricht, oder mit einem Inhalt, der sowohl hinsichtlich der Giftigkeit als auch hinsichtlich der Ätzwirkung den Kriterien der Verpackungsgruppe II oder III entspricht, sind zur Beförderung unter diesen UN-Nummern nicht zugelassen.

3. Chemikalien unter Druck mit Bestandteilen, die die Eigenschaften der Klasse 1, von desensibilisierten explosiven flüssigen Stoffen der Klasse 3, von selbstzersetzlichen Stoffen und desensibilisierten explosiven festen Stoffen der Klasse 4.1, der Klasse 4.2, der Klasse 4.3, der Klasse 5.1, der Klasse 5.2, der Klasse 6.2 oder der Klasse 7 aufweisen, dürfen nicht für die Beförderung unter diesen UN-Nummern verwendet werden.

4. Eine Chemikalie unter Druck in einer Druckgaspackung muss unter der UN-Nummer 1950 befördert werden.

Es gelten folgende Kriterien:

a) Eine Zuordnung zur Gruppe A erfolgt, wenn der Inhalt nicht den Kriterien einer anderen Gruppe gemäß den Absätzen b) bis e) entspricht.

b) Eine Zuordnung zur Gruppe F erfolgt, wenn einer der Bestandteile, bei dem es sich um einen reinen Stoff oder ein Gemisch handeln kann, als entzündbar klassifiziert werden muss. Entzündbare Bestandteile sind entzündbare flüssige Stoffe und Gemische entzündbarer flüssiger Stoffe, entzündbare feste Stoffe und Gemische entzündbarer fester Stoffe oder entzündbare Gase und Gasgemische, die den folgenden Kriterien entsprechen:

2.2 Besondere Vorschriften für die einzelnen Klassen

ADR	RID

(i) ein entzündbarer flüssiger Stoff ist ein flüssiger Stoff mit einem Flammpunkt von höchstens 93 °C;

(ii) ein entzündbarer fester Stoff ist ein fester Stoff, der den Kriterien des Unterabschnitts 2.2.41.1 entspricht;

(iii) ein entzündbares Gas ist ein Gas, das den Kriterien des Absatzes 2.2.2.1.5 entspricht.

c) Eine Zuordnung zur Gruppe T erfolgt, wenn der Inhalt mit Ausnahme des Treibmittels der Klasse 6.1 Verpackungsgruppe II oder III zugeordnet ist.

d) Eine Zuordnung zur Gruppe C erfolgt, wenn der Inhalt mit Ausnahme des Treibmittels den Kriterien der Klasse 8 Verpackungsgruppe II oder III entspricht.

e) Wenn die Kriterien zweier Gruppen der Gruppen F, T und C erfüllt werden, erfolgt eine Zuordnung zur Gruppe FC bzw. TF.

2.2.2.2 Nicht zur Beförderung zugelassene Gase

2.2.2.2.1 Chemisch instabile Gase der Klasse 2 sind zur Beförderung nur zugelassen, wenn die erforderlichen Vorsichtsmaßnahmen zur Verhinderung der Möglichkeit einer gefährlichen Zersetzung oder Polymerisation unter normalen Beförderungsbedingungen getroffen wurden oder wenn die Beförderung, sofern zutreffend, gemäß Unterabschnitt 4.1.4.1 Verpackungsanweisung P 200 (10) Sondervorschrift für die Verpackung r erfolgt. Für die Vorsichtsmaßnahmen zur Verhinderung einer Polymerisation siehe Kapitel 3.3 Sondervorschrift 386. Zu diesem Zweck muss insbesondere dafür gesorgt werden, dass die Gefäße und Tanks keine Stoffe enthalten, die diese Reaktionen begünstigen können.

2.2.2.2.2 Folgende Stoffe und Gemische sind zur Beförderung nicht zugelassen:
- UN 2186 CHLORWASSERSTOFF, TIEFGEKÜHLT, FLÜSSIG;
- UN 2421 DISTICKSTOFFTRIOXID;
- UN 2455 METHYLNITRIT;
- tiefgekühlt verflüssigte Gase, die den Klassifizierungscodes 3 A, 3 O oder 3 F nicht zugeordnet werden können;
- gelöste Gase, die den UN-Nummern 1001, 2073 oder 3318 nicht zugeordnet werden können;
- Druckgaspackungen, bei denen Gase, die gemäß Absatz 2.2.2.1.5 giftig oder gemäß Unterabschnitt 4.1.4.1 Verpackungsanweisung P 200 pyrophor sind, als Treibmittel verwendet werden;
- Druckgaspackungen mit einem Inhalt, der hinsichtlich seiner Giftigkeit oder Ätzwirkung den Kriterien der Verpackungsgruppe I entspricht (siehe Abschnitte 2.2.61 und 2.2.8);
- Gefäße, klein, mit Gas, die sehr giftige Gase (LC_{50}-Wert kleiner als 200 ppm) oder gemäß Unterabschnitt 4.1.4.1 Verpackungsanweisung P 200 pyrophore Gase enthalten.

2.2.2.3 Verzeichnis der Sammeleintragungen

Verdichtete Gase		
Klassifizierungscode	UN-Nr.	Benennung des Stoffes oder Gegenstandes
1 A	1956	VERDICHTETES GAS, N.A.G.
1 O	3156	VERDICHTETES GAS, OXIDIEREND, N.A.G.
1 F	1964	KOHLENWASSERSTOFFGAS, GEMISCH, VERDICHTET, N.A.G.
	1954	VERDICHTETES GAS, ENTZÜNDBAR, N.A.G.
1 T	1955	VERDICHTETES GAS, GIFTIG, N.A.G.
1 TF	1953	VERDICHTETES GAS, GIFTIG, ENTZÜNDBAR, N.A.G.
1 TC	3304	VERDICHTETES GAS, GIFTIG, ÄTZEND, N.A.G.
1 TO	3303	VERDICHTETES GAS, GIFTIG, OXIDIEREND, N.A.G.
1 TFC	3305	VERDICHTETES GAS, GIFTIG, ENTZÜNDBAR, ÄTZEND, N.A.G.
1 TOC	3306	VERDICHTETES GAS, GIFTIG, OXIDIEREND, ÄTZEND, N.A.G.

Besondere Vorschriften für die einzelnen Klassen 2.2

ADR	RID

Verflüssigte Gase

Klassifizierungscode	UN-Nr.	Benennung des Stoffes oder Gegenstandes
2 A	1058	VERFLÜSSIGTE GASE, nicht entzündbar, überlagert mit Stickstoff, Kohlendioxid oder Luft
	1078	GAS ALS KÄLTEMITTEL, N.A.G., wie Gemische von Gasen mit der Bezeichnung R..., die als: Gemisch F 1 bei 70 °C einen Dampfdruck von höchstens 1,3 MPa (13 bar) und bei 50 °C eine Dichte haben, die mindestens der von Dichlorfluormethan (1,30 kg/l) entspricht; Gemisch F 2 bei 70 °C einen Dampfdruck von höchstens 1,9 MPa (19 bar) und bei 50 °C eine Dichte haben, die mindestens der von Dichlordifluormethan (1,21 kg/l) entspricht; Gemisch F 3 bei 70 °C einen Dampfdruck von höchstens 3 MPa (30 bar) und bei 50 °C eine Dichte haben, die mindestens der von Chlordifluormethan (1,09 kg/l) entspricht. Bem. Trichlorfluormethan (Kältemittel R 11), 1,1,2-Trichlor-1,2,2-trifluorethan (Kältemittel R 113), 1,1,1-Trichlor-2,2,2-trifluorethan (Kältemittel R 113a), 1-Chlor-1,2,2-trifluorethan (Kältemittel R 133) und 1-Chlor-1,1,2-trifluorethan (Kältemittel R 133b) sind keine Stoffe der Klasse 2. Sie können jedoch Bestandteil der Gemische F 1 bis F 3 sein.
	1968	INSEKTENBEKÄMPFUNGSMITTEL, GASFÖRMIG, N.A.G.
	3163	VERFLÜSSIGTES GAS, N.A.G.
2 O	3157	VERFLÜSSIGTES GAS, OXIDIEREND, N.A.G.
2 F	1010	BUTADIENE, STABILISIERT oder BUTADIENE UND KOHLENWASSERSTOFF, GEMISCH, STABILISIERT mit mehr als 40 % Butadienen
	1060	METHYLACETYLEN UND PROPADIEN, GEMISCH, STABILISIERT, wie Gemische von Methylacetylen und Propadien mit Kohlenwasserstoffen, die als: Gemisch P 1 höchstens 63 Vol.-% Methylacetylen und Propadien und höchstens 24 Vol.-% Propan und Propen enthalten, wobei der Prozentsatz an gesättigten Kohlenwasserstoffen C_4 mindestens 14 Vol.-% betragen muss; Gemisch P 2 höchstens 48 Vol.-% Methylacetylen und Propadien und höchstens 50 Vol.-% Propan und Propen enthalten, wobei der Prozentsatz an gesättigten Kohlenwasserstoffen C_4, mindestens 5 Vol-% betragen muss; sowie Gemische von Propadien mit 1 % bis 4 % Methylacetylen.
	1965	KOHLENWASSERSTOFFGAS, GEMISCH, VERFLÜSSIGT, N.A.G., wie Gemische, die als Gemisch A bei 70 °C einen Dampfdruck von höchstens 1,1 MPa (11 bar) und bei 50 °C eine Dichte von mindestens 0,525 kg/l haben, Gemisch A 01 bei 70 °C einen Dampfdruck von höchstens 1,6 MPa (16 bar) und bei 50 °C eine Dichte von mindestens 0,516 kg/l haben, Gemisch A 02 bei 70 °C einen Dampfdruck von höchstens 1,6 MPa (16 bar) und bei 50 °C eine Dichte von mindestens 0,505 kg/l haben, Gemisch A 0 bei 70 °C einen Dampfdruck von höchstens 1,6 MPa (16 bar) und bei 50 °C eine Dichte von mindestens 0,495 kg/l haben, Gemisch A 1 bei 70 °C einen Dampfdruck von höchstens 2,1 MPa (21 bar) und bei 50 °C eine Dichte von mindestens 0,485 kg/l haben, Gemisch B 1 bei 70 °C einen Dampfdruck von höchstens 2,6 MPa (26 bar) und bei 50 °C eine Dichte von mindestens 0,474 kg/l haben, Gemisch B 2 bei 70 °C einen Dampfdruck von höchstens 2,6 MPa (26 bar) und bei 50 °C eine Dichte von mindestens 0,463 kg/l haben, Gemisch B bei 70 °C einen Dampfdruck von höchstens 2,6 MPa (26 bar) und bei 50 °C eine Dichte von mindestens 0,450 kg/l haben, Gemisch C bei 70 °C einen Dampfdruck von höchstens 3,1 MPa (31 bar) und bei 50 °C eine Dichte von mindestens 0,440 kg/l haben. Bem. 1. Für die vorerwähnten Gemische sind auch folgende Handelsnamen für die Beschreibung zugelassen: für Gemische A, A 01, A 02 und A 0 BUTAN, für Gemisch C PROPAN. 2. Wenn eine See- oder Luftbeförderung vorangeht oder folgt, darf für UN 1965 KOHLENWASSERSTOFFGAS, GEMISCH, VERFLÜSSIGT, N.A.G., die Eintragung UN 1075 PETROLEUMGASE, VERFLÜSSIGT, verwendet werden.
	3354	INSEKTENBEKÄMPFUNGSMITTEL, GASFÖRMIG, ENTZÜNDBAR, N.A.G.
	3161	VERFLÜSSIGTES GAS, ENTZÜNDBAR, N.A.G.

2.2 Besondere Vorschriften für die einzelnen Klassen

ADR | **RID**

Verflüssigte Gase (Fortsetzung)

Klassifizierungscode	UN-Nr.	Benennung des Stoffes oder Gegenstandes
2 T	1967	INSEKTENBEKÄMPFUNGSMITTEL, GASFÖRMIG, GIFTIG, N.A.G.
	3162	VERFLÜSSIGTES GAS, GIFTIG, N.A.G.
2 TF	3355	INSEKTENBEKÄMPFUNGSMITTEL, GASFÖRMIG, GIFTIG, ENTZÜNDBAR, N.A.G.
	3160	VERFLÜSSIGTES GAS, GIFTIG, ENTZÜNDBAR, N.A.G.
2 TC	3308	VERFLÜSSIGTES GAS, GIFTIG, ÄTZEND, N.A.G.
2 TO	3307	VERFLÜSSIGTES GAS, GIFTIG, OXIDIEREND, N.A.G.
2 TFC	3309	VERFLÜSSIGTES GAS, GIFTIG, ENTZÜNDBAR, ÄTZEND, N.A.G.
2 TOC	3310	VERFLÜSSIGTES GAS, GIFTIG, OXIDIEREND, ÄTZEND, N.A.G.

Tiefgekühlt verflüssigte Gase

Klassifizierungscode	UN-Nr.	Benennung des Stoffes oder Gegenstandes
3 A	3158	GAS, TIEFGEKÜHLT, FLÜSSIG, N.A.G.
3 O	3311	GAS, TIEFGEKÜHLT, FLÜSSIG, OXIDIEREND, N.A.G.
3 F	3312	GAS, TIEFGEKÜHLT, FLÜSSIG, ENTZÜNDBAR, N.A.G.

Gelöste Gase

Klassifizierungscode	UN-Nr.	Benennung des Stoffes oder Gegenstandes
4		Nur die in Kapitel 3.2 Tabelle A namentlich genannten Stoffe sind zur Beförderung zugelassen.

Druckgaspackungen und Gefäße, klein, mit Gas (Gaspatronen)

Klassifizierungscode	UN-Nr.	Benennung des Stoffes oder Gegenstandes
5	1950	DRUCKGASPACKUNGEN
	2037	GEFÄSSE, KLEIN, MIT GAS (GASPATRONEN), ohne Entnahmeeinrichtung, nicht nachfüllbar

Andere Gegenstände, die Gas unter Druck enthalten

Klassifizierungscode	UN-Nr.	Benennung des Stoffes oder Gegenstandes
6 A	2857	KÄLTEMASCHINEN mit nicht entzündbaren, nicht giftigen Gasen oder Ammoniaklösungen (UN 2672)
	3164	GEGENSTÄNDE UNTER PNEUMATISCHEM DRUCK (mit nicht entzündbarem Gas) oder
	3164	GEGENSTÄNDE UNTER HYDRAULISCHEM DRUCK (mit nicht entzündbarem Gas)
	3538	GEGENSTÄNDE, DIE NICHT ENTZÜNDBARES, NICHT GIFTIGES GAS ENTHALTEN, N.A.G.
6 F	3150	GERÄTE, KLEIN, MIT KOHLENWASSERSTOFFGAS, mit Entnahmeeinrichtung, oder
	3150	KOHLENWASSERSTOFFGAS-NACHFÜLLPATRONEN FÜR KLEINE GERÄTE mit Entnahmeeinrichtung
	3358	KÄLTEMASCHINEN mit entzündbarem, nicht giftigem verflüssigtem Gas
	3478	BRENNSTOFFZELLEN-KARTUSCHEN, verflüssigtes entzündbares Gas enthaltend, oder
	3478	BRENNSTOFFZELLEN-KARTUSCHEN IN AUSRÜSTUNGEN, verflüssigtes entzündbares Gas enthaltend, oder
	3478	BRENNSTOFFZELLEN-KARTUSCHEN, MIT AUSRÜSTUNGEN VERPACKT, verflüssigtes entzündbares Gas enthaltend
	3479	BRENNSTOFFZELLEN-KARTUSCHEN, Wasserstoff in Metallhydrid enthaltend, oder
	3479	BRENNSTOFFZELLEN-KARTUSCHEN IN AUSRÜSTUNGEN, Wasserstoff in Metallhydrid enthaltend, oder
	3479	BRENNSTOFFZELLEN-KARTUSCHEN, MIT AUSRÜSTUNGEN VER-PACKT, Wasserstoff in Metallhydrid enthaltend
	3529	VERBRENNUNGSMOTOR MIT ANTRIEB DURCH ENTZÜNDBARES GAS oder
	3529	BRENNSTOFFZELLEN-MOTOR MIT ANTRIEB DURCH ENTZÜNDBARES GAS oder
	3529	VERBRENNUNGSMASCHINE MIT ANTRIEB DURCH ENTZÜNDBARES GAS oder MASCHINE MIT BRENNSTOFFZELLEN-MOTOR MIT ANTRIEB DURCH ENTZÜNDBARES GAS
	3537	GEGENSTÄNDE, DIE ENTZÜNDBARES GAS ENTHALTEN, N.A.G.
6 T	3539	GEGENSTÄNDE, DIE GIFTIGES GAS ENTHALTEN, N.A.G.

Besondere Vorschriften für die einzelnen Klassen 2.2

ADR	RID

Gasproben		
Klassifizierungscode	UN-Nr.	Benennung des Stoffes oder Gegenstandes
7 F	3167	GASPROBE, NICHT UNTER DRUCK STEHEND, ENTZÜNDBAR, N.A.G., nicht tiefgekühlt flüssig
7 T	3169	GASPROBE, NICHT UNTER DRUCK STEHEND, GIFTIG, N.A.G., nicht tiefgekühlt flüssig
7 TF	3168	GASPROBE, NICHT UNTER DRUCK STEHEND, GIFTIG, ENTZÜNDBAR, N.A.G., nicht tiefgekühlt flüssig

Chemikalien unter Druck		
Klassifizierungscode	UN-Nr.	Benennung des Stoffes oder Gegenstandes
8 A	3500	CHEMIKALIE UNTER DRUCK, N.A.G.
8 F	3501	CHEMIKALIE UNTER DRUCK, ENTZÜNDBAR, N.A.G.
8 T	3502	CHEMIKALIE UNTER DRUCK, GIFTIG, N.A.G.
8 C	3503	CHEMIKALIE UNTER DRUCK, ÄTZEND, N.A.G.
8 TF	3504	CHEMIKALIE UNTER DRUCK, ENTZÜNDBAR, GIFTIG, N.A.G.
8 FC	3505	CHEMIKALIE UNTER DRUCK, ENTZÜNDBAR, ÄTZEND, N.A.G.

Adsorbierte Gase		
Klassifizierungscode	UN-Nr.	Benennung des Stoffes oder Gegenstandes
9 A	3511	ADSORBIERTES GAS, N.A.G.
9 O	3513	ADSORBIERTES GAS, OXIDIEREND, N.A.G.
9 F	3510	ADSORBIERTES GAS, ENTZÜNDBAR, N.A.G.
9 T	3512	ADSORBIERTES GAS, GIFTIG, N.A.G.
9 TF	3514	ADSORBIERTES GAS, GIFTIG, ENTZÜNDBAR, N.A.G.
9 TC	3516	ADSORBIERTES GAS, GIFTIG, ÄTZEND, N.A.G.
9 TO	3515	ADSORBIERTES GAS, GIFTIG, OXIDIEREND, N.A.G.
9 TFC	3517	ADSORBIERTES GAS, GIFTIG, ENTZÜNDBAR, ÄTZEND, N.A.G.
9 TOC	3518	ADSORBIERTES GAS, GIFTIG, OXIDIEREND, ÄTZEND, N.A.G.

2.2	Besondere Vorschriften für die einzelnen Klassen
ADR	**RID**

2.2.3 Klasse 3: Entzündbare flüssige Stoffe

2.2.3.1 **Kriterien**

2.2.3.1.1 Der Begriff der Klasse 3 umfasst Stoffe sowie Gegenstände, die Stoffe dieser Klasse enthalten, die

- gemäß Absatz a) der Begriffsbestimmung für «flüssig» in Abschnitt 1.2.1 flüssige Stoffe sind;
- einen Dampfdruck bei 50 °C von höchstens 300 kPa (3 bar) haben und bei 20 °C und dem Standarddruck von 101,3 kPa nicht vollständig gasförmig sind und
- einen Flammpunkt von höchstens 60 °C haben (wegen der entsprechenden Prüfung siehe Unterabschnitt 2.3.3.1).

Der Begriff der Klasse 3 umfasst auch flüssige Stoffe und feste Stoffe in geschmolzenem Zustand mit einem Flammpunkt über 60 °C, die auf oder über ihren Flammpunkt erwärmt zur Beförderung aufgegeben oder befördert werden. Diese Stoffe sind der UN-Nummer 3256 zugeordnet.

Der Begriff der Klasse 3 umfasst auch desensibilisierte explosive flüssige Stoffe. Desensibilisierte explosive flüssige Stoffe sind explosive Stoffe, die in Wasser oder anderen Flüssigkeiten gelöst oder suspendiert sind, um zur Unterdrückung ihrer explosiven Eigenschaften ein homogenes flüssiges Gemisch zu bilden. In Kapitel 3.2 Tabelle A sind dies die Eintragungen der UN-Nummern 1204, 2059, 3064, 3343, 3357 und 3379.

Bem. 1. Stoffe mit einem Flammpunkt von mehr als 35 °C, die gemäß den Kriterien des Handbuchs Prüfungen und Kriterien Teil III Unterabschnitt 32.5.2 keine selbstständige Verbrennung unterhalten, sind keine Stoffe der Klasse 3; werden diese Stoffe jedoch auf oder über ihren Flammpunkt erwärmt zur Beförderung aufgegeben und befördert, sind sie Stoffe dieser Klasse.

2. In Abweichung zu Absatz 2.2.3.1.1 gilt Dieselkraftstoff oder Gasöl oder Heizöl (leicht), einschließlich synthetisch hergestellter Produkte, mit einem Flammpunkt über 60 °C bis höchstens 100 °C als Stoff der Klasse 3 UN-Nummer 1202.

3. Entzündbare flüssige Stoffe, die nach den Absätzen 2.2.61.1.4 bis 2.2.61.1.9 beim Einatmen sehr giftig sind, und giftige Stoffe mit einem Flammpunkt von 23 °C oder darüber sind Stoffe der Klasse 6.1 (siehe Unterabschnitt 2.2.61.1). Flüssige Stoffe, die beim Einatmen sehr giftig sind, sind in ihrer offiziellen Benennung für die Beförderung in Kapitel 3.2 Tabelle A Spalte (2) als «beim Einatmen giftig» bezeichnet oder in Spalte (6) durch die Sondervorschrift 354 gekennzeichnet.

4. Als Mittel zur Schädlingsbekämpfung (Pestizide) verwendete flüssige Stoffe und Präparate, die sehr giftig, giftig oder schwach giftig sind und einen Flammpunkt von 23 °C oder darüber haben, sind Stoffe der Klasse 6.1 (siehe Unterabschnitt 2.2.61.1).

2.2.3.1.2 Die Stoffe und Gegenstände der Klasse 3 sind wie folgt unterteilt:

F Entzündbare flüssige Stoffe ohne Nebengefahr und Gegenstände, die solche Stoffe enthalten

    F1 Entzündbare flüssige Stoffe mit einem Flammpunkt von höchstens 60 °C

    F2 Entzündbare flüssige Stoffe mit einem Flammpunkt über 60 °C, die auf oder über ihren Flammpunkt erwärmt zur Beförderung aufgegeben oder befördert werden (erwärmte Stoffe)

    F3 Gegenstände, die entzündbare flüssige Stoffe enthalten

FT Entzündbare flüssige Stoffe, giftig

    FT1 Entzündbare flüssige Stoffe, giftig

    FT2 Mittel zur Schädlingsbekämpfung (Pestizide)

FC Entzündbare flüssige Stoffe, ätzend

FTC Entzündbare flüssige Stoffe, giftig, ätzend

D Desensibilisierte explosive flüssige Stoffe

Besondere Vorschriften für die einzelnen Klassen 2.2

ADR | RID

2.2.3.1.3 Die der Klasse 3 zugeordneten Stoffe und Gegenstände sind in Kapitel 3.2 Tabelle A aufgeführt. In Kapitel 3.2 Tabelle A nicht namentlich genannte Stoffe sind nach den Vorschriften dieses Abschnitts der entsprechenden Eintragung des Unterabschnitts 2.2.3.3 und der entsprechenden Verpackungsgruppe zuzuordnen. Entzündbare flüssige Stoffe sind auf Grund ihres Gefahrengrades, den sie bei der Beförderung darstellen, einer der folgenden Verpackungsgruppen zuzuordnen.

Verpackungsgruppe	Flammpunkt (geschlossener Tiegel)	Siedebeginn
I	–	≤ 35 °C
II a)	< 23 °C	> 35 °C
III a)	≥ 23 °C und ≤ 60 °C	> 35 °C

a) Siehe auch Absatz 2.2.3.1.4.

Bei flüssigen Stoffen mit (einer) Nebengefahr(en) ist die gemäß oben stehender Tabelle bestimmte Verpackungsgruppe und die auf der Grundlage der Nebengefahr(en) bestimmte Verpackungsgruppe zu berücksichtigen; die Klassifizierung und Verpackungsgruppe ist in Übereinstimmung mit den Vorschriften der Tabelle der überwiegenden Gefahr in Unterabschnitt 2.1.3.10 zu bestimmen.

2.2.3.1.4 Viskose entzündbare flüssige Stoffe, wie Farben, Emaillen, Lacke, Firnisse, Klebstoffe und Polituren, mit einem Flammpunkt unter 23 °C dürfen in Übereinstimmung mit den im Handbuch Prüfungen und Kriterien Teil III Unterabschnitt 32.3 vorgeschriebenen Verfahren der Verpackungsgruppe III zugeordnet werden, vorausgesetzt:

a) die Viskosität[2] und der Flammpunkt stimmen mit der folgenden Tabelle überein:

Extrapolierte kinematische Viskosität υ (bei einer Schergeschwindigkeit nahe 0) mm²/s bei 23 °C	Auslaufzeit t in Sekunden	Durchmesser der Auslaufdüse (mm)	Flammpunkt, geschlossener Tiegel (°C)
20 < υ ≤ 80	20 < t ≤ 60	4	über 17
80 < υ ≤ 135	60 < t ≤ 100	4	über 10
135 < υ ≤ 220	20 < t ≤ 32	6	über 5
220 < υ ≤ 300	32 < t ≤ 44	6	über -1
300 < υ ≤ 700	44 < t ≤ 100	6	über -5
700 < υ	100 < t	6	keine Begrenzung

b) bei der Lösungsmittel-Trennprüfung werden weniger als 3 % der Schicht des klaren Lösungsmittels abgetrennt;

c) das Gemisch oder das eventuell abgetrennte Lösungsmittel entspricht nicht den Kriterien der Klasse 6.1 oder 8;

d) die Stoffe werden in Gefäßen mit einem Fassungsraum von höchstens 450 Litern verpackt.

Bem. Diese Vorschriften gelten auch für Gemische mit höchstens 20 % Nitrocellulose mit einem Stickstoffgehalt von höchstens 12,6 % in der Trockenmasse. Gemische mit mehr als 20 %, aber höchstens 55 % Nitrocellulose mit einem Stickstoffgehalt von höchstens 12,6 % in der Trockenmasse sind der UN-Nummer 2059 zugeordnet.

---

[2] Bestimmung der Viskosität: Wenn der betreffende Stoff sich nicht newtonisch verhält oder wenn die Auslaufbecher-Methode zur Bestimmung der Viskosität ungeeignet ist, muss ein Viskosimeter mit variabler Schergeschwindigkeit verwendet werden, um den Koeffizienten der dynamischen Viskosität des Stoffes bei 23 °C bei einer Anzahl von Schergeschwindigkeiten zu bestimmen. Die ermittelten Werte müssen in Abhängigkeit von den Schergeschwindigkeiten auf eine Schergeschwindigkeit 0 extrapoliert werden. Die auf diese Weise festgestellte dynamische Viskosität dividiert durch die Dichte ergibt die scheinbare kinematische Viskosität bei einer Schergeschwindigkeit nahe 0.

2.2	Besondere Vorschriften für die einzelnen Klassen
ADR	**RID**

Gemische mit einem Flammpunkt unter 23 °C
- mit mehr als 55 % Nitrocellulose mit beliebigem Stickstoffgehalt oder
- mit höchstens 55 % Nitrocellulose mit einem Stickstoffgehalt von mehr als 12,6 % in der Trockenmasse

sind Stoffe der Klasse 1 (UN-Nummer 0340 oder 0342) oder der Klasse 4.1 (UN-Nummer 2555, 2556 oder 2557).

2.2.3.1.5 *Viskose flüssige Stoffe*

2.2.3.1.5.1 Sofern in Absatz 2.2.3.1.5.2 nichts anderes vorgesehen ist, unterliegen viskose flüssige Stoffe, die
- einen Flammpunkt von mindestens 23 °C und höchstens 60 °C haben,
- nicht giftig, ätzend oder umweltgefährdend sind,
- höchstens 20 % Nitrocellulose enthalten, vorausgesetzt, die Nitrocellulose enthält höchstens 12,6 % Stickstoff in der Trockenmasse, und
- in Gefäßen mit einem Fassungsraum von höchstens 450 Litern verpackt sind,

nicht den Vorschriften des ADR/RID, wenn

a) bei der Lösemittel-Trennprüfung (siehe Handbuch Prüfungen und Kriterien Teil III Abschnitt 32.5.1) die Höhe der sich abtrennenden Schicht des Lösemittels weniger als 3 % der Gesamthöhe beträgt und

b) die Auslaufzeit bei der Viskositätsprüfung (siehe Handbuch Prüfungen und Kriterien Teil III Abschnitt 32.4.3) mit einer Auslaufdüse von 6 mm

(i) mindestens 60 Sekunden beträgt oder

(ii) mindestens 40 Sekunden beträgt, wenn der viskose Stoff höchstens 60 % Stoffe der Klasse 3 enthält.

2.2.3.1.5.2 Viskose flüssige Stoffe, die auch umweltgefährdend sind, aber allen anderen Kriterien des Absatzes 2.2.3.1.5.1 entsprechen, unterliegen, wenn sie in Einzelverpackungen oder zusammengesetzten Verpackungen mit einer Nettomenge von höchstens 5 Litern je Einzel- oder Innenverpackung befördert werden, nicht den übrigen Vorschriften des ADR/RID, vorausgesetzt, die Verpackungen entsprechen den allgemeinen Vorschriften der Unterabschnitte 4.1.1.1, 4.1.1.2 und 4.1.1.4 bis 4.1.1.8.

2.2.3.1.6 Wenn die Stoffe der Klasse 3 durch Beimengungen in andere Gefahrenkategorien fallen als die, zu denen die in Kapitel 3.2 Tabelle A namentlich genannten Stoffe gehören, sind diese Gemische oder Lösungen den Eintragungen zuzuordnen, zu denen sie auf Grund ihrer tatsächlichen Gefahr gehören.

Bem. Für die Zuordnung von Lösungen und Gemischen (wie Präparate, Zubereitungen und Abfälle) siehe auch Abschnitt 2.1.3.

2.2.3.1.7 Auf Grundlage der Prüfverfahren des Unterabschnitts 2.3.3.1 und des Abschnitts 2.3.4 sowie der Kriterien des Absatzes 2.2.3.1.1 kann auch festgestellt werden, ob eine namentlich genannte Lösung oder ein namentlich genanntes Gemisch bzw. eine Lösung oder ein Gemisch, das einen namentlich genannten Stoff enthält, so beschaffen ist, dass diese Lösung oder dieses Gemisch nicht den Vorschriften dieser Klasse unterliegt (siehe auch Abschnitt 2.1.3).

Besondere Vorschriften für die einzelnen Klassen 2.2

ADR	RID

2.2.3.2 Nicht zur Beförderung zugelassene Stoffe

2.2.3.2.1 Stoffe der Klasse 3, die leicht peroxidieren (wie Ether oder gewisse heterozyklische sauerstoffhaltige Stoffe), sind nicht zur Beförderung zugelassen, wenn ihr Gehalt an Peroxid, auf Wasserstoffperoxid (H_2O_2) berechnet, 0,3 % übersteigt. Der Gehalt an Peroxid ist nach den Vorschriften des Unterabschnitts 2.3.3.3 zu bestimmen.

2.2.3.2.2 Chemisch instabile Stoffe der Klasse 3 sind zur Beförderung nur zugelassen, wenn die erforderlichen Vorsichtsmaßnahmen zur Verhinderung der Möglichkeit einer gefährlichen Zersetzung oder Polymerisation unter normalen Beförderungsbedingungen getroffen wurden. Für die Vorsichtsmaßnahmen zur Verhinderung einer Polymerisation siehe Kapitel 3.3 Sondervorschrift 386. Zu diesem Zweck muss insbesondere dafür gesorgt werden, dass die Gefäße und Tanks keine Stoffe enthalten, die diese Reaktionen begünstigen können.

2.2.3.2.3 In Kapitel 3.2 Tabelle A nicht aufgeführte desensibilisierte explosive flüssige Stoffe sind als Stoffe der Klasse 3 nicht zur Beförderung zugelassen.

2.2.3.3 Verzeichnis der Sammeleintragungen

Nebengefahr	Klassifizierungscode	UN-Nummer	Benennung des Stoffes oder Gegenstandes
			Entzündbare flüssige Stoffe und Gegenstände, die solche Stoffe enthalten
ohne Nebengefahr	F1	1133	KLEBSTOFFE, mit entzündbarem flüssigem Stoff
		1136	STEINKOHLENTEERDESTILLATE, ENTZÜNDBAR
		1139	SCHUTZANSTRICHLÖSUNG (einschließlich zu Industrie- oder anderen Zwecken verwendete Oberflächenbehandlungen oder Beschichtungen, wie Zwischenbeschichtung für Fahrzeugkarosserien, Auskleidung für Fässer)
		1169	EXTRAKTE, AROMATISCH, FLÜSSIG
		1197	EXTRAKTE, GESCHMACKSTOFFE, FLÜSSIG
		1210	DRUCKFARBE, entzündbar oder
		1210	DRUCKFARBZUBEHÖRSTOFFE (einschließlich Druckfarbverdünnung und -lösemittel), entzündbar
		1263	FARBE (einschließlich Farbe, Lack, Emaille, Beize, Schellack, Firnis, Politur, flüssiger Füllstoff und flüssige Lackgrundlage) oder
		1263	FARBZUBEHÖRSTOFFE (einschließlich Farbverdünnung und -lösemittel)
		1266	PARFÜMERIEERZEUGNISSE mit entzündbaren Lösungsmitteln
		1293	TINKTUREN, MEDIZINISCHE
		1306	HOLZSCHUTZMITTEL, FLÜSSIG
		1866	HARZLÖSUNG, entzündbar
		1999	TEERE, FLÜSSIG, einschließlich Straßenöle und Cutback-Bitumen (Verschnittbitumen)
		3065	ALKOHOLISCHE GETRÄNKE
ohne Nebengefahr F		1224	KETONE, FLÜSSIG, N.A.G.
		1268	ERDÖLDESTILLATE, N.A.G. oder
		1268	ERDÖLPRODUKTE, N.A.G.
		1987	ALKOHOLE, N.A.G.
		1989	ALDEHYDE, N.A.G.
		2319	TERPENKOHLENWASSERSTOFFE, N.A.G.
		3271	ETHER, N.A.G.
		3272	ESTER, N.A.G.
		3295	KOHLENWASSERSTOFFE, FLÜSSIG, N.A.G.
		3336	MERCAPTANE, FLÜSSIG, ENTZÜNDBAR, N.A.G. oder
		3336	MERCAPTANE, MISCHUNG, FLÜSSIG, ENTZÜNDBAR, N.A.G.
		1993	ENTZÜNDBARER FLÜSSIGER STOFF, N.A.G.
	F2 erwärmter Stoff	3256	ERWÄRMTER FLÜSSIGER STOFF, ENTZÜNDBAR, N.A.G., mit einem Flammpunkt über 60°C, bei oder über seinem Flammpunkt

2.2 Besondere Vorschriften für die einzelnen Klassen

ADR

Nebengefahr	Klassifizierungscode	UN-Nummer	Benennung des Stoffes oder Gegenstandes
ohne Nebengefahr F (Forts.)	F3 Gegenstände	3269	POLYESTERHARZ-MEHRKOMPONENTENSYSTEME, flüssiges Grundprodukt
		3473	BRENNSTOFFZELLEN-KARTUSCHEN oder
		3473	BRENNSTOFFZELLEN-KARTUSCHEN IN AUSRÜSTUNGEN oder
		3473	BRENNSTOFFZELLEN-KARTUSCHEN, MIT AUSRÜSTUNGEN VERPACKT
		3528	VERBRENNUNGSMOTOR MIT ANTRIEB DURCH ENTZÜNDBARE FLÜSSIGKEIT oder
		3528	BRENNSTOFFZELLEN-MOTOR MIT ANTRIEB DURCH ENTZÜNDBARE FLÜSSIGKEIT oder
		3528	VERBRENNUNGSMASCHINE MIT ANTRIEB DURCH ENTZÜNDBARE FLÜSSIGKEIT oder
		3528	MASCHINE MIT BRENNSTOFFZELLEN-MOTOR MIT ANTRIEB DURCH ENTZÜNDBARE FLÜSSIGKEIT
		3540	GEGENSTÄNDE, DIE EINEN ENTZÜNDBAREN FLÜSSIGEN STOFF ENTHALTEN, N.A.G.
giftig FT	FT1	1228	MERCAPTANE, FLÜSSIG, ENTZÜNDBAR, GIFTIG, N.A.G. oder
		1228	MERCAPTANE, MISCHUNG, FLÜSSIG, ENTZÜNDBAR, GIFTIG, N.A.G.
		1986	ALKOHOLE, ENTZÜNDBAR, GIFTIG, N.A.G.
		1988	ALDEHYDE, ENTZÜNDBAR, GIFTIG, N.A.G.
		2478	ISOCYANATE, ENTZÜNDBAR, GIFTIG, N.A.G. oder
		2478	ISOCYANATE, LÖSUNG, ENTZÜNDBAR, GIFTIG, N.A.G.
		3248	MEDIKAMENT, FLÜSSIG, ENTZÜNDBAR, GIFTIG, N.A.G.
		3273	NITRILE, ENTZÜNDBAR, GIFTIG, N.A.G.
		1992	ENTZÜNDBARER FLÜSSIGER STOFF, GIFTIG, N.A.G.
	Pestizide (Flammpunkt unter 23°C) FT2	2758	CARBAMAT-PESTIZID, FLÜSSIG, ENTZÜNDBAR, GIFTIG
		2760	ARSENHALTIGES PESTIZID, FLÜSSIG, ENTZÜNDBAR, GIFTIG
		2762	ORGANOCHLOR-PESTIZID, FLÜSSIG, ENTZÜNDBAR, GIFTIG
		2764	TRIAZIN-PESTIZID, FLÜSSIG, ENTZÜNDBAR, GIFTIG
		2772	THIOCARBAMAT-PESTIZID, FLÜSSIG, ENTZÜNDBAR, GIFTIG
		2776	KUPFERHALTIGES PESTIZID, FLÜSSIG, ENTZÜNDBAR, GIFTIG
		2778	QUECKSILBERHALTIGES PESTIZID, FLÜSSIG, ENTZÜNDBAR, GIFTIG
		2780	SUBSTITUIERTES NITROPHENOL-PESTIZID, FLÜSSIG, ENTZÜNDBAR, GIFTIG
		2782	BIPYRIDILIUM-PESTIZID, FLÜSSIG, ENTZÜNDBAR, GIFTIG
		2784	ORGANOPHOSPHOR-PESTIZID, FLÜSSIG, ENTZÜNDBAR, GIFTIG
		2787	ORGANOZINN-PESTIZID, FLÜSSIG, ENTZÜNDBAR, GIFTIG
		3024	CUMARIN-PESTIZID, FLÜSSIG, ENTZÜNDBAR, GIFTIG
		3346	PHENOXYESSIGSÄUREDERIVAT-PESTIZID, FLÜSSIG, ENTZÜNDBAR, GIFTIG
		3350	PYRETHROID-PESTIZID, FLÜSSIG, ENTZÜNDBAR, GIFTIG
		3021	PESTIZID, FLÜSSIG, ENTZÜNDBAR, GIFTIG, N.A.G.
		Bem.	Die Klassifizierung eines Pestizids unter einer Eintragung ist auf der Grundlage des aktiven Bestandteils, des Aggregatzustands des Pestizids und aller möglicherweise gegebenen Nebengefahren durchzuführen.
ätzend FC		3469	FARBE, ENTZÜNDBAR, ÄTZEND (einschließlich Farbe, Lack, Emaille, Beize, Schellack, Firnis, Politur, flüssiger Füllstoff und flüssige Lackgrundlage) oder
		3469	FARBZUBEHÖRSTOFFE, ENTZÜNDBAR, ÄTZEND (einschließlich Farbverdünnung und -lösemittel)
		2733	AMINE, ENTZÜNDBAR, ÄTZEND, N.A.G. oder
		2733	POLYAMINE, ENTZÜNDBAR, ÄTZEND, N.A.G.
		2985	CHLORSILANE, ENTZÜNDBAR, ÄTZEND, N.A.G.
		3274	ALKOHOLATE, LÖSUNG in Alkohol, N.A.G.
		2924	ENTZÜNDBARER FLÜSSIGER STOFF, ÄTZEND, N.A.G.
giftig, ätzend FTC		3286	ENTZÜNDBARER FLÜSSIGER STOFF, GIFTIG, ÄTZEND, N.A.G.
desensibilisierter explosiver flüssiger Stoff	D	3343	NITROGLYCERIN, GEMISCH, DESENSIBILISIERT, FLÜSSIG, ENTZÜNDBAR, N.A.G., mit höchstens 30 Masse-% Nitroglycerin
		3357	NITROGLYCERIN, GEMISCH, DESENSIBILISIERT, FLÜSSIG, N.A.G., mit höchstens 30 Masse-% Nitroglycerin
		3379	DESENSIBILISIERTER EXPLOSIVER FLÜSSIGER STOFF, N.A.G.

Besondere Vorschriften für die einzelnen Klassen 2.2

ADR	RID

2.2.41 Klasse 4.1: Entzündbare feste Stoffe, selbstzersetzliche Stoffe, polymerisierende Stoffe und desensibilisierte explosive feste Stoffe

2.2.41.1 Kriterien

2.2.41.1.1 Der Begriff der Klasse 4.1 umfasst entzündbare Stoffe und Gegenstände, desensibilisierte explosive Stoffe, die gemäß Absatz a) der Begriffsbestimmung für «fest» in Abschnitt 1.2.1 feste Stoffe sind, selbstzersetzliche flüssige oder feste Stoffe und polymerisierende Stoffe.

Der Klasse 4.1 sind zugeordnet:
- leicht brennbare feste Stoffe und Gegenstände (siehe Absätze 2.2.41.1.3 bis 2.2.41.1.8);
- selbstzersetzliche feste oder flüssige Stoffe (siehe Absätze 2.2.41.1.9 bis 2.2.41.1.17); | 2.2.41.1.16);
- desensibilisierte explosive feste Stoffe (siehe Absatz 2.2.41.1.18);
- mit selbstzersetzlichen Stoffen verwandte Stoffe (siehe Absatz 2.2.41.1.19);
- polymerisierende Stoffe (siehe Absätze 2.2.41.1.20 und 2.2.41.1.21). | Absatz 2.2.41.1.20).

2.2.41.1.2 Die Stoffe und Gegenstände der Klasse 4.1 sind wie folgt unterteilt:

- F   Entzündbare feste Stoffe ohne Nebengefahr
  - F1   organische Stoffe
  - F2   organische Stoffe, geschmolzen
  - F3   anorganische Stoffe
  - F4   Gegenstände
- FO   Entzündbare feste Stoffe, entzündend (oxidierend) wirkend
- FT   Entzündbare feste Stoffe, giftig
  - FT1   organische Stoffe, giftig
  - FT2   anorganische Stoffe, giftig
- FC   Entzündbare feste Stoffe, ätzend
  - FC1   organische Stoffe, ätzend
  - FC2   anorganische Stoffe, ätzend
- D   Desensibilisierte explosive feste Stoffe ohne Nebengefahr
- DT   Desensibilisierte explosive feste Stoffe, giftig
- SR   Selbstzersetzliche Stoffe
  - SR1   Stoffe, für die keine Temperaturkontrolle erforderlich ist
  - SR2   Stoffe, für die eine Temperaturkontrolle erforderlich ist (nicht zur Beförderung im Eisenbahnverkehr zugelassen)
- PM   Polymerisierende Stoffe
  - PM1   Stoffe, für die keine Temperaturkontrolle erforderlich ist
  - PM2   Stoffe, für die eine Temperaturkontrolle erforderlich ist | (nicht zur Beförderung im Eisenbahnverkehr zugelassen).

2.2 Besondere Vorschriften für die einzelnen Klassen

ADR	RID

Entzündbare feste Stoffe

Begriffsbestimmungen und Eigenschaften

2.2.41.1.3 *Entzündbare feste Stoffe* sind leicht brennbare feste Stoffe und feste Stoffe, die durch Reibung in Brand geraten können.

Leicht brennbare feste Stoffe sind pulverförmige, körnige oder pastöse Stoffe, die gefährlich sind, wenn sie durch einen kurzen Kontakt mit einer Zündquelle wie einem brennenden Zündholz leicht entzündet werden können und sich die Flammen schnell ausbreiten. Die Gefahr kann dabei nicht nur vom Feuer, sondern auch von giftigen Verbrennungsprodukten ausgehen. Metallpulver sind wegen der Schwierigkeit beim Löschen eines Feuers besonders gefährlich, da normale Löschmittel wie Kohlendioxid oder Wasser die Gefahr vergrößern können.

Zuordnung

2.2.41.1.4 Stoffe und Gegenstände, die der Klasse 4.1 als entzündbare feste Stoffe zugeordnet sind, sind in Kapitel 3.2 Tabelle A aufgeführt. Die Zuordnung von organischen Stoffen und Gegenständen, die in Kapitel 3.2 Tabelle A nicht namentlich genannt sind, zur entsprechenden Eintragung des Unterabschnitts 2.2.41.3 in Übereinstimmung mit den Vorschriften des Kapitels 2.1 kann auf Grund von Erfahrungen oder auf Grund der Ergebnisse der Prüfverfahren gemäß Handbuch Prüfungen und Kriterien Teil III Unterabschnitt 33.2 erfolgen. Die Zuordnung nicht namentlich genannter anorganischer Stoffe muss auf Grund der Ergebnisse der Prüfverfahren gemäß Handbuch Prüfungen und Kriterien Teil III Unterabschnitt 33.2 erfolgen; hierbei müssen auch Erfahrungen berücksichtigt werden, wenn sie zu einer strengeren Einstufung führen.

2.2.41.1.5 Wenn nicht namentlich genannte Stoffe auf Grund der Prüfverfahren gemäß Handbuch Prüfungen und Kriterien Teil III Unterabschnitt 33.2 einer der in Unterabschnitt 2.2.41.3 aufgeführten Eintragungen zugeordnet werden, gelten folgende Kriterien:

a) Pulverförmige, körnige oder pastöse Stoffe mit Ausnahme der Metallpulver oder der Pulver von Metalllegierungen sind als leicht brennbare Stoffe der Klasse 4.1 zu klassifizieren, wenn sie durch kurzzeitigen Kontakt mit einer Zündquelle leicht entzündet werden können (z.B. durch ein brennendes Zündholz) oder sich die Flamme bei Zündung schnell ausbreitet, die Abbrandzeit für eine Messstrecke von 100 mm kürzer als 45 s ist oder die Abbrandgeschwindigkeit größer als 2,2 mm/s ist.

b) Metallpulver oder Pulver von Metalllegierungen sind der Klasse 4.1 zuzuordnen, wenn sie durch eine Flamme entzündet werden können und die Reaktion sich in 10 Minuten oder weniger über die ganze Probe ausbreitet.

Feste Stoffe, die durch Reibung in Brand geraten können, sind analog zu bestehenden Eintragungen (z.B. Zündhölzer) oder in Übereinstimmung mit einer zutreffenden Sondervorschrift der Klasse 4.1 zuzuordnen.

2.2.41.1.6 Mit den Prüfverfahren gemäß Handbuch Prüfungen und Kriterien Teil III Unterabschnitt 33.2 und den Kriterien der Absätze 2.2.41.1.4 und 2.2.41.1.5 kann auch festgestellt werden, ob ein namentlich genannter Stoff so beschaffen ist, dass er nicht den Vorschriften dieser Klasse unterliegt.

2.2.41.1.7 Wenn die Stoffe der Klasse 4.1 durch Beimengungen in andere Gefahrenkategorien fallen als die, zu denen die in Kapitel 3.2 Tabelle A namentlich genannten Stoffe gehören, sind diese Gemische den Eintragungen zuzuordnen, zu denen sie auf Grund ihrer tatsächlichen Gefahr gehören.

Bem. Für die Zuordnung von Lösungen und Gemischen (wie Präparate, Zubereitungen und Abfälle) siehe auch Abschnitt 2.1.3.

Besondere Vorschriften für die einzelnen Klassen 2.2

ADR	RID

Zuordnung zu Verpackungsgruppen

2.2.41.1.8 Die den verschiedenen Eintragungen des Kapitels 3.2 Tabelle A zugeordneten entzündbaren festen Stoffe sind auf Grund der Prüfverfahren des Handbuchs Prüfungen und Kriterien Teil III Unterabschnitt 33.2 in Übereinstimmung mit den folgenden Kriterien der Verpackungsgruppe II oder III zuzuordnen:

a) Leicht brennbare feste Stoffe, die bei der Prüfung eine Abbrandzeit für eine Messstrecke von 100 mm haben, die kürzer ist als 45 s, sind

der Verpackungsgruppe II zuzuordnen, wenn die Flamme die befeuchtete Zone durchläuft;

der Verpackungsgruppe III zuzuordnen, wenn die befeuchtete Zone die Ausbreitung der Flamme mindestens vier Minuten lang aufhält.

b) Metallpulver oder Pulver von Metalllegierungen sind

der Verpackungsgruppe II zuzuordnen, wenn sich bei der Prüfung die Reaktion in fünf Minuten oder weniger über die gesamte Länge der Probe ausbreitet;

der Verpackungsgruppe III zuzuordnen, wenn sich bei der Prüfung die Reaktion in mehr als fünf Minuten über die gesamte Länge der Probe ausbreitet.

Bei festen Stoffen, die durch Reibung in Brand geraten können, erfolgt die Zuordnung zu einer Verpackungsgruppe in Analogie zu bestehenden Eintragungen oder in Übereinstimmung mit einer entsprechenden Sondervorschrift.

Selbstzersetzliche Stoffe

Begriffsbestimmungen

2.2.41.1.9 Für Zwecke des ADR/RID sind *selbstzersetzliche Stoffe* thermisch instabile Stoffe, die sich auch ohne Beteiligung von Sauerstoff (Luft) stark exotherm zersetzen können. Stoffe gelten nicht als selbstzersetzliche Stoffe der Klasse 4.1, wenn:

a) sie explosive Stoffe gemäß den Kriterien der Klasse 1 sind;

b) sie entzündend (oxidierend) wirkende Stoffe gemäß dem Klassifizierungsverfahren der Klasse 5.1 sind (siehe Unterabschnitt 2.2.51.1), ausgenommen Gemische entzündend (oxidierend) wirkender Stoffe, die mindestens 5 % brennbare organische Stoffe enthalten und die dem in Bem. 2 festgelegten Klassifizierungsverfahren zu unterziehen sind;

c) sie organische Peroxide gemäß den Kriterien der Klasse 5.2 sind (siehe Unterabschnitt 2.2.52.1);

d) ihre Zersetzungswärme geringer als 300 J/g ist oder

e) ihre Temperatur der selbstbeschleunigenden Zersetzung (SADT) (siehe Bem. 3) bei einem Versandstück von 50 kg höher als 75 °C ist.

Bem. 1. Die Zersetzungswärme kann durch eine beliebige international anerkannte Methode bestimmt werden, z.B. der dynamischen Differenz-Kalorimetrie und der adiabatischen Kalorimetrie.

2. Gemische entzündend (oxidierend) wirkender Stoffe, die den Kriterien der Klasse 5.1 entsprechen, mindestens 5 % brennbare organische Stoffe enthalten und nicht den in Absatz a), c), d) oder e) aufgeführten Kriterien entsprechen, sind dem Klassifizierungsverfahren für selbstzersetzliche Stoffe zu unterziehen.

Gemische, welche die Eigenschaften selbstzersetzlicher Stoffe der Typen B bis F aufweisen, sind als selbstzersetzliche Stoffe der Klasse 4.1 zu klassifizieren.

Gemische, welche nach dem Grundsatz des Handbuchs Prüfungen und Kriterien Teil II Abschnitt 20.4.3 g) die Eigenschaften selbstzersetzlicher Stoffe des Typs G aufweisen, gelten für Zwecke der Klassifizierung als Stoffe der Klasse 5.1 (siehe Unterabschnitt 2.2.51.1).

2.2 Besondere Vorschriften für die einzelnen Klassen

ADR | **RID**

3. Die Temperatur der selbstbeschleunigenden Zersetzung (SADT) ist die niedrigste Temperatur, bei der sich ein Stoff in versandmäßiger Verpackung exotherm zersetzen kann. Die notwendigen Vorschriften zur Bestimmung dieser Temperatur sind im Handbuch Prüfungen und Kriterien Teil II Kapitel 20 und Abschnitt 28.4 enthalten.

4. Stoffe, welche die Eigenschaften von selbstzersetzlichen Stoffen aufweisen, sind als solche zuzuordnen, auch wenn diese Stoffe nach Absatz 2.2.42.1.5 ein positives Prüfergebnis für die Zuordnung zur Klasse 4.2 aufweisen.

Eigenschaften

2.2.41.1.10 Die Zersetzung von selbstzersetzlichen Stoffen kann durch Wärme, Kontakt mit katalytischen Verunreinigungen (z.B. Säuren, Schwermetallverbindungen, Basen), Reibung oder Stoß ausgelöst werden. Die Zersetzungsgeschwindigkeit nimmt mit der Temperatur zu und ist je nach Stoff unterschiedlich. Die Zersetzung kann, besonders wenn keine Entzündung eintritt, die Entwicklung giftiger Gase oder Dämpfe zur Folge haben. Bei bestimmten selbstzersetzlichen Stoffen muss die Temperatur kontrolliert werden. Bestimmte selbstzersetzliche Stoffe können sich vor allem unter Einschluss explosionsartig zersetzen. Diese Eigenschaft kann durch Hinzufügen von Verdünnungsmitteln oder die Verwendung geeigneter Verpackungen verändert werden. Bestimmte selbstzersetzliche Stoffe brennen heftig. Selbstzersetzliche Stoffe sind zum Beispiel bestimmte Verbindungen der unten angegebenen Typen:

aliphatische Azoverbindungen (-C-N=N-C-);

organische Azide (-C-N$_3$);

Diazoniumsalze (-CN$_2^+$ Z$^-$);

N-Nitrosoverbindungen (-N-N=O);

aromatische Sulfonylhydrazide (-SO$_2$-NH-NH$_2$).

Diese Aufzählung ist unvollständig, Stoffe mit anderen reaktiven Gruppen und bestimmte Stoffgemische können ähnliche Eigenschaften haben.

Zuordnung

2.2.41.1.11 Selbstzersetzliche Stoffe werden auf Grund ihres Gefahrengrades in sieben Typen eingeteilt. Die Typen reichen von Typ A, der nicht zur Beförderung in der Verpackung, in der er geprüft worden ist, zugelassen ist, bis zu Typ G, der nicht den Vorschriften für selbstzersetzliche Stoffe der Klasse 4.1 unterliegt. Die Zuordnung der selbstzersetzlichen Stoffe der Typen B bis F steht in unmittelbarer Beziehung zu der zulässigen Höchstmenge in einer Verpackung. Die für die Zuordnung anzuwendenden Grundsätze sowie die anwendbaren Zuordnungsverfahren, Prüfmethoden und Kriterien und ein Muster eines geeigneten Prüfberichts sind im Handbuch Prüfungen und Kriterien Teil II aufgeführt.

2.2.41.1.12 Bereits klassifizierte selbstzersetzliche Stoffe, die bereits zur Beförderung in Verpackungen zugelassen sind, sind in Unterabschnitt 2.2.41.4 aufgeführt, diejenigen, die bereits zur Beförderung in Großpackmitteln (IBC) zugelassen sind, sind in Unterabschnitt 4.1.4.2 Verpackungsanweisung IBC 520 aufgeführt und diejenigen, die bereits zur Beförderung in Tanks gemäß Kapitel 4.2 zugelassen sind, sind in Unterabschnitt 4.2.5.2 Anweisung für ortsbewegliche Tanks T 23 aufgeführt. Für jeden aufgeführten zugelassenen Stoff ist die Gattungseintragung aus Kapitel 3.2 Tabelle A (UN-Nummern 3221 bis 3240) zugeordnet und sind die entsprechenden Nebengefahren und Bemerkungen mit relevanten Informationen für die Beförderung angegeben.

Besondere Vorschriften für die einzelnen Klassen 2.2

ADR	RID

Diese Sammeleintragungen geben an:
- den Typ (B bis F) des selbstzersetzlichen Stoffes, siehe Absatz 2.2.41.1.11;
- den Aggregatzustand (flüssig/fest)
- und gegebenenfalls die Temperaturkontrolle, siehe Absatz 2.2.41.1.17.

Die Zuordnung der in Unterabschnitt 2.2.41.4 aufgeführten selbstzersetzlichen Stoffe erfolgt auf der Grundlage des technisch reinen Stoffes (sofern nicht eine geringere Konzentration als 100 % besonders angegeben ist).

2.2.41.1.13 Die Klassifizierung selbstzersetzlicher Stoffe, die in Unterabschnitt 2.2.41.4, in Unterabschnitt 4.1.4.2 Verpackungsanweisung IBC 520 oder in Unterabschnitt 4.2.5.2 Anweisung für ortsbewegliche Tanks T 23 nicht aufgeführt sind, sowie ihre Zuordnung zu einer Sammeleintragung sind von der zuständigen Behörde des Ursprungslandes auf der Grundlage eines Prüfberichts vorzunehmen. Das Genehmigungszeugnis muss die Zuordnung und die entsprechenden Beförderungsbedingungen enthalten. Ist das Ursprungsland

keine Vertragspartei des ADR,	kein RID-Vertragsstaat des COTIF,

so müssen die Zuordnung und die Beförderungsbedingungen von der zuständigen Behörde

der	des
ersten von der Sendung berührten Vertragspartei des ADR	RID-Vertragsstaates des COTIF

anerkannt werden.

2.2.41.1.14 Aktivatoren wie Zinkverbindungen dürfen bestimmten selbstzersetzlichen Stoffen zugefügt werden, um deren Reaktionsfähigkeit zu verändern. Je nach Typ und Konzentration des Aktivators kann dies eine Abnahme der thermischen Stabilität und eine Veränderung der explosiven Eigenschaften zur Folge haben. Wenn eine dieser Eigenschaften verändert wird, ist die neue Zubereitung gemäß dem Zuordnungsverfahren zu bewerten.

2.2.41.1.15 Muster von selbstzersetzlichen Stoffen oder Zubereitungen selbstzersetzlicher Stoffe, die in Unterabschnitt 2.2.41.4 nicht genannt sind, für die ein vollständiger Prüfdatensatz nicht vorliegt und die für die Durchführung weiterer Prüfungen und Bewertungen zu befördern sind, sind einer der für selbstzersetzliche Stoffe Typ C zutreffenden Eintragung zuzuordnen, vorausgesetzt,
- aus den vorliegenden Daten geht hervor, dass das Muster nicht gefährlicher ist als ein selbstzersetzlicher Stoff Typ B;

- das Muster ist gemäß Verpackungsmethode OP2 verpackt und die Masse je

Beförderungseinheit beträgt nicht mehr als 10 kg;	Wagen beträgt nicht mehr als 10 kg.

- aus den vorliegenden Daten geht hervor, dass die Kontrolltemperatur, falls sie erforderlich ist, so niedrig ist, dass eine gefährliche Zersetzung vermieden wird, und hoch genug ist, um eine gefährliche Phasentrennung zu vermeiden.	Muster, für die eine Temperaturkontrolle erforderlich ist, sind zur Beförderung im Eisenbahnverkehr nicht zugelassen.

2.2 Besondere Vorschriften für die einzelnen Klassen
ADR | RID

Desensibilisierung

2.2.41.1.16 Um eine sichere Beförderung selbstzersetzlicher Stoffe zu gewährleisten, werden sie in vielen Fällen durch ein Verdünnungsmittel desensibilisiert. Wenn ein Prozentgehalt eines Stoffes festgesetzt ist, bezieht sich dieser auf den Massengehalt, gerundet auf die nächste ganze Zahl. Wird ein Verdünnungsmittel verwendet, muss der selbstzersetzliche Stoff zusammen mit dem Verdünnungsmittel in der bei der Beförderung verwendeten Konzentration und Form geprüft werden. Verdünnungsmittel, durch die sich ein selbstzersetzlicher Stoff beim Freiwerden aus einer Verpackung auf einen gefährlichen Grad anreichern kann, dürfen nicht verwendet werden. Jedes Verdünnungsmittel muss mit dem selbstzersetzlichen Stoff verträglich sein. In dieser Hinsicht sind die festen oder flüssigen Verdünnungsmittel verträglich, die keine nachteiligen Auswirkungen auf die thermische Stabilität und den Gefahrentyp des selbstzersetzlichen Stoffes haben.

Flüssige Verdünnungsmittel in Zubereitungen, die eine Temperaturkontrolle erfordern (siehe Absatz 2.2.41.1.14), müssen einen Siedepunkt von mindestens 60 °C und einen Flammpunkt von mindestens 5 °C besitzen. Der Siedepunkt des flüssigen Stoffes muss um mindestens 50 °C höher sein als die Kontrolltemperatur des selbstzersetzlichen Stoffes.

Vorschriften für die Temperaturkontrolle

2.2.41.1.17 Selbstzersetzliche Stoffe mit einer SADT von höchstens 55 °C müssen unter Temperaturkontrolle befördert werden. Siehe Abschnitt 7.1.7. | (bleibt offen)

Desensibilisierte explosive feste Stoffe

2.2.41.1.18 Desensibilisierte explosive feste Stoffe sind Stoffe, die mit Wasser oder mit Alkoholen angefeuchtet oder mit anderen Stoffen verdünnt sind, um ihre explosiven Eigenschaften zu unterdrücken. In Kapitel 3.2 Tabelle A sind dies die Eintragungen der UN-Nummern 1310, 1320, 1321, 1322, 1336, 1337, 1344, 1347, 1348, 1349, 1354, 1355, 1356, 1357, 1517, 1571, 2555, 2556, 2557, 2852, 2907, 3317, 3319, 3344, 3364, 3365, 3366, 3367, 3368, 3369, 3370, 3376, 3380 und 3474.

Mit selbstzersetzlichen Stoffen verwandte Stoffe

2.2.41.1.19 Stoffe, die
  a) gemäß den Prüfreihen 1 und 2 vorläufig der Klasse 1 zugeordnet wurden, jedoch durch die Prüfreihe 6 von der Klasse 1 freigestellt sind,
  b) keine selbstzersetzlichen Stoffe der Klasse 4.1 sind,
  c) keine Stoffe der Klasse 5.1 oder 5.2 sind,

werden ebenfalls der Klasse 4.1 zugeordnet. Die UN-Nummern 2956, 3241, 3242 und 3251 sind solche Eintragungen.

Besondere Vorschriften für die einzelnen Klassen 2.2

ADR	RID

Polymerisierende Stoffe

Begriffsbestimmungen und Eigenschaften

2.2.41.1.20 *Polymerisierende Stoffe* sind Stoffe, die ohne Stabilisierung eine stark exotherme Reaktion eingehen können, die unter normalen Beförderungsbedingungen zur Bildung größerer Moleküle oder zur Bildung von Polymeren führt. Solche Stoffe gelten als polymerisierende Stoffe der Klasse 4.1, wenn:

a) ihre Temperatur der selbstbeschleunigenden Polymerisation (SAPT) unter den Bedingungen (mit oder ohne chemische Stabilisierung bei der Übergabe zur Beförderung) und in den Verpackungen, Großpackmitteln (IBC) oder Tanks, in denen der Stoff oder das Gemisch befördert wird, höchstens 75 °C beträgt;

b) sie eine Reaktionswärme von mehr als 300 J/g aufweisen und

c) sie keine anderen Kriterien für eine Zuordnung zu den Klassen 1 bis 8 erfüllen.

Ein Gemisch, das die Kriterien eines polymerisierenden Stoffes erfüllt, ist als polymerisierender Stoff der Klasse 4.1 zuzuordnen.

Vorschriften für die Temperaturkontrolle

2.2.41.1.21 Polymerisierende Stoffe unterliegen während der Beförderung einer Temperaturkontrolle, wenn:

a) bei der Übergabe zur Beförderung in Verpackungen oder Großpackmitteln (IBC) ihre Temperatur der selbstbeschleunigenden Polymerisation (SAPT) in der Verpackung oder dem Großpackmittel (IBC), in der/dem der Stoff befördert wird, höchstens 50 °C ist oder

b) bei der Übergabe zur Beförderung in Tanks ihre Temperatur der selbstbeschleunigenden Polymerisation (SAPT) im Tank, in dem der Stoff befördert wird, höchstens 45 °C ist.

Siehe Abschnitt 7.1.7.

Bem. Stoffe, die den Kriterien für polymerisierende Stoffe und darüber hinaus den Kriterien für eine Aufnahme in die Klassen 1 bis 8 entsprechen, unterliegen den Vorschriften der Sondervorschrift 386 des Kapitels 3.3.

(bleibt offen)

2.2.41.2 **Nicht zur Beförderung zugelassene Stoffe**

2.2.41.2.1 Die chemisch instabilen Stoffe der Klasse 4.1 sind zur Beförderung nur zugelassen, wenn die erforderlichen Maßnahmen zur Verhinderung jeglicher gefährlichen Zerfalls- oder Polymerisationsreaktion während der Beförderung getroffen wurden. Zu diesem Zweck muss insbesondere auch dafür gesorgt werden, dass die Gefäße und Tanks keine Stoffe enthalten, die diese Reaktionen begünstigen können.

2.2.41.2.2 Entzündbare feste Stoffe, entzündend (oxidierend) wirkend, die der UN-Nummer 3097 zugeordnet sind, sind zur Beförderung nicht zugelassen, es sei denn, sie entsprechen den Vorschriften der Klasse 1 (siehe auch Unterabschnitt 2.1.3.7).

2.2 Besondere Vorschriften für die einzelnen Klassen

ADR	RID

2.2.41.2.3 Folgende Stoffe sind nicht zur Beförderung zugelassen:
- selbstzersetzliche Stoffe Typ A (siehe Handbuch Prüfungen und Kriterien Teil II Absatz 20.4.2 a));
- Phosphorsulfide, die nicht frei von weißem oder gelbem Phosphor sind;
- andere als in Kapitel 3.2 Tabelle A aufgeführte desensibilisierte explosive feste Stoffe;
- anorganische entzündbare Stoffe in geschmolzenem Zustand mit Ausnahme von UN 2448 SCHWEFEL, GESCHMOLZEN.

Folgende Stoffe sind zur Beförderung im Eisenbahnverkehr nicht zugelassen:
- Bariumazid mit einem Wassergehalt von weniger als 50 Masse-%
- selbstzersetzliche Stoffe mit einer SADT von ≤ 55 °C, für die deshalb eine Temperaturkontrolle erforderlich ist:
  UN 3231 SELBSTZERSETZLICHER STOFF TYP B, FLÜSSIG, TEMPERATURKONTROLLIERT;
  UN 3232 SELBSTZERSETZLICHER STOFF TYP B, FEST, TEMPERATURKONTROLLIERT;
  UN 3233 SELBSTZERSETZLICHER STOFF TYP C, FLÜSSIG, TEMPERATURKONTROLLIERT;
  UN 3234 SELBSTZERSETZLICHER STOFF TYP C, FEST, TEMPERATURKONTROLLIERT;
  UN 3235 SELBSTZERSETZLICHER STOFF TYP D, FLÜSSIG, TEMPERATURKONTROLLIERT;
  UN 3236 SELBSTZERSETZLICHER STOFF TYP D, FEST, TEMPERATURKONTROLLIERT;
  UN 3237 SELBSTZERSETZLICHER STOFF TYP E, FLÜSSIG, TEMPERATURKONTROLLIERT;
  UN 3238 SELBSTZERSETZLICHER STOFF TYP E, FEST, TEMPERATURKONTROLLIERT;
  UN 3239 SELBSTZERSETZLICHER STOFF TYP F, FLÜSSIG, TEMPERATURKONTROLLIERT;
  UN 3240 SELBSTZERSETZLICHER STOFF TYP F, FEST, TEMPERATURKONTROLLIERT;
- polymerisierende Stoffe, für die eine Temperaturkontrolle erforderlich ist:
  UN 3533 POLYMERISIERENDER STOFF, FEST, TEMPERATURKONTROLLIERT, N.A.G.;
  UN 3534 POLYMERISIERENDER STOFF, FLÜSSIG, TEMPERATURKONTROLLIERT, N.A.G.

Besondere Vorschriften für die einzelnen Klassen 2.2

ADR / RID

2.2.41.3 Verzeichnis der Sammeleintragungen

Nebengefahr			Klassifizierungscode	UN-Nummer	Benennung des Stoffes oder Gegenstandes
entzündbare feste Stoffe F	ohne Nebengefahr	organisch	F1	3175	FESTE STOFFE, DIE ENTZÜNDBARE FLÜSSIGE STOFFE ENTHALTEN, N.A.G.
				1353	FASERN, IMPRÄGNIERT MIT SCHWACH NITRIERTER CELLULOSE, N.A.G. oder
				1353	GEWEBE, IMPRÄGNIERT MIT SCHWACH NITRIERTER CELLULOSE, N.A.G.
				1325	ENTZÜNDBARER ORGANISCHER FESTER STOFF, N.A.G.
		organisch, geschmolzen	F2	3176	ENTZÜNDBARER ORGANISCHER FESTER STOFF IN GESCHMOLZENEM ZUSTAND, N.A.G.
		anorganisch	F3	3089	ENTZÜNDBARES METALLPULVER, N.A.G. [a),b)]
				3181	ENTZÜNDBARE METALLSALZE ORGANISCHER VERBINDUNGEN, N.A.G.
				3182	ENTZÜNDBARE METALLHYDRIDE, N.A.G. [c)]
				3178	ENTZÜNDBARER ANORGANISCHER FESTER STOFF, N.A.G.
		Gegenstände	F4	3527	POLYESTERHARZMEHRKOMPONENTENSYSTEME, festes Grundprodukt
				3541	GEGENSTÄNDE, DIE EINEN ENTZÜNDBAREN FESTEN STOFF ENTHALTEN, N.A.G.
	entzündend (oxidierend) wirkend		FO	3097	ENTZÜNDBARER FESTER STOFF, ENTZÜNDEND (OXIDIEREND) WIRKEND, N.A.G. (nicht zur Beförderung zugelassen, siehe Absatz 2.2.41.2.2)
	giftig FT	organisch	FT1	2926	ENTZÜNDBARER ORGANISCHER FESTER STOFF, GIFTIG, N.A.G.
		anorganisch	FT2	3179	ENTZÜNDBARER ANORGANISCHER FESTER STOFF, GIFTIG, N.A.G.
	ätzend FC	organisch	FC1	2925	ENTZÜNDBARER ORGANISCHER FESTER STOFF, ÄTZEND, N.A.G.
		anorganisch	FC2	3180	ENTZÜNDBARER ANORGANISCHER FESTER STOFF, ÄTZEND, N.A.G.
desensibilisierte explosive feste Stoffe	ohne Nebengefahr		D	3319	NITROGLYCERIN, GEMISCH, DESENSIBILISIERT, FEST, N.A.G., mit mehr als 2 Masse-%, aber höchstens 10 Masse-% Nitroglycerin
				3344	PENTAERYTHRITTETRANITRAT (PENTAERYTHRITOLTETRANITRAT) (PETN), GEMISCH, DESENSIBILISIERT, FEST, N.A.G., mit mehr als 10 Masse-%, aber höchstens 20 Masse-% PETN
				3380	DESENSIBILISIERTER EXPLOSIVER FESTER STOFF, N.A.G.
	giftig		DT		nur die in Kapitel 3.2 Tabelle A aufgeführten Stoffe sind als Stoffe der Klasse 4.1 zur Beförderung zugelassen
					SELBSTZERSETZLICHER STOFF TYP A, FLÜSSIG (nicht zur Beförderung zugelassen, siehe Absatz 2.2.41.2.3)
					SELBSTZERSETZLICHER STOFF TYP A, FEST (nicht zur Beförderung zugelassen, siehe Absatz 2.2.41.2.3)
				3221	SELBSTZERSETZLICHER STOFF TYP B, FLÜSSIG
				3222	SELBSTZERSETZLICHER STOFF TYP B, FEST
				3223	SELBSTZERSETZLICHER STOFF TYP C, FLÜSSIG
				3224	SELBSTZERSETZLICHER STOFF TYP C, FEST

2.2 Besondere Vorschriften für die einzelnen Klassen

ADR **RID**

Verzeichnis der Sammeleintragungen (Fortsetzung)

Nebengefahr	Klassifizierungscode	UN-Nummer	Benennung des Stoffes oder Gegenstandes
selbstzersetzliche Stoffe SR	keine Temperaturkontrolle erforderlich SR1	3225	SELBSTZERSETZLICHER STOFF TYP D, FLÜSSIG
		3226	SELBSTZERSETZLICHER STOFF TYP D, FEST
		3227	SELBSTZERSETZLICHER STOFF TYP E, FLÜSSIG
		3228	SELBSTZERSETZLICHER STOFF TYP E, FEST
		3229	SELBSTZERSETZLICHER STOFF TYP F, FLÜSSIG
		3230	SELBSTZERSETZLICHER STOFF TYP F, FEST
			SELBSTZERSETZLICHER STOFF TYP G, FLÜSSIG (unterliegt nicht den für die Klasse 4.1 geltenden Vorschriften, siehe Absatz 2.2.41.1.11)
			SELBSTZERSETZLICHER STOFF TYP G, FEST (unterliegt nicht den für die Klasse 4.1 geltenden Vorschriften, siehe Absatz 2.2.41.1.11)
	Temperaturkontrolle erforderlich SR2	3231	SELBSTZERSETZLICHER STOFF TYP B, FLÜSSIG, TEMPERATURKONTROLLIERT (nicht zur Beförderung im Eisenbahnverkehr zugelassen, siehe Absatz 2.2.41.2.3)
		3232	SELBSTZERSETZLICHER STOFF TYP B, FEST, TEMPERATURKONTROLLIERT (nicht zur Beförderung im Eisenbahnverkehr zugelassen, siehe Absatz 2.2.41.2.3)
		3233	SELBSTZERSETZLICHER STOFF TYP C, FLÜSSIG, TEMPERATURKONTROLLIERT (nicht zur Beförderung im Eisenbahnverkehr zugelassen, siehe Absatz 2.2.41.2.3)
		3234	SELBSTZERSETZLICHER STOFF TYP C, FEST, TEMPERATURKONTROLLIERT (nicht zur Beförderung im Eisenbahnverkehr zugelassen, siehe Absatz 2.2.41.2.3)
		3235	SELBSTZERSETZLICHER STOFF TYP D, FLÜSSIG, TEMPERATURKONTROLLIERT (nicht zur Beförderung im Eisenbahnverkehr zugelassen, siehe Absatz 2.2.41.2.3)
		3236	SELBSTZERSETZLICHER STOFF TYP D, FEST, TEMPERATURKONTROLLIERT (nicht zur Beförderung im Eisenbahnverkehr zugelassen, siehe Absatz 2.2.41.2.3)
		3237	SELBSTZERSETZLICHER STOFF TYP E, FLÜSSIG, TEMPERATURKONTROLLIERT (nicht zur Beförderung im Eisenbahnverkehr zugelassen, siehe Absatz 2.2.41.2.3)
		3238	SELBSTZERSETZLICHER STOFF TYP E, FEST, TEMPERATURKONTROLLIERT (nicht zur Beförderung im Eisenbahnverkehr zugelassen, siehe Absatz 2.2.41.2.3)
		3239	SELBSTZERSETZLICHER STOFF TYP F, FLÜSSIG, TEMPERATURKONTROLLIERT (nicht zur Beförderung im Eisenbahnverkehr zugelassen, siehe Absatz 2.2.41.2.3)
		3240	SELBSTZERSETZLICHER STOFF TYP F, FEST, TEMPERATURKONTROLLIERT (nicht zur Beförderung im Eisenbahnverkehr zugelassen, siehe Absatz 2.2.41.2.3)

Besondere Vorschriften für die einzelnen Klassen 2.2

ADR | RID

Verzeichnis der Sammeleintragungen (Fortsetzung)

	Nebengefahr	Klassifizierungscode	UN-Nummer	Benennung des Stoffes oder Gegenstandes
polymerisierende Stoffe PM	keine Temperaturkontrolle erforderlich	PM1	3531 3532	POLYMERISIERENDER STOFF, FEST, STABILISIERT, N.A.G. POLYMERISIERENDER STOFF, FLÜSSIG, STABILISIERT, N.A.G.
	Temperaturkontrolle erforderlich	PM2	3533 3534	POLYMERISIERENDER STOFF, FEST, TEMPERATURKONTROLLIERT, N.A.G. *nur RID:* (nicht zur Beförderung im Eisenbahnverkehr zugelassen, siehe Absatz 2.2.41.2.3) POLYMERISIERENDER STOFF, FLÜSSIG, TEMPERATURKONTROLLIERT, N.A.G. *nur RID:* (nicht zur Beförderung im Eisenbahnverkehr zugelassen, siehe Absatz 2.2.41.2.3)

a) Metalle und Metalllegierungen in Pulverform oder anderer entzündbarer Form, die selbstentzündlich sind, sind Stoffe der Klasse 4.2.

b) Metalle und Metalllegierungen in Pulverform oder anderer entzündbarer Form, die in Berührung mit Wasser entzündliche Gase entwickeln, sind Stoffe der Klasse 4.3.

c) Metallhydride, die in Berührung mit Wasser entzündbare Gase entwickeln, sind Stoffe der Klasse 4.3. Aluminiumborhydrid oder Aluminiumborhydrid in Geräten ist ein Stoff der Klasse 4.2 UN-Nummer 2870.

2.2 Besondere Vorschriften für die einzelnen Klassen

ADR	RID

2.2.41.4 Verzeichnis der bereits zugeordneten selbstzersetzlichen Stoffe in Verpackungen

Die in der Spalte «Verpackungsmethode» angegebenen Codes «OP1» bis «OP8» verweisen auf die Verpackungsmethoden in Unterabschnitt 4.1.4.1 Verpackungsanweisung P 520 (siehe auch Unterabschnitt 4.1.7.1). Die zu befördernden selbstzersetzlichen Stoffe müssen der angegebenen Klassifizierung
und den angegebenen (von der SADT abgeleiteten) Kontroll- und Notfalltemperaturen
entsprechen. Für Stoffe, die in Großpackmitteln (IBC) zugelassen sind, siehe Unterabschnitt 4.1.4.2 Verpackungsanweisung IBC 520, und für Stoffe, die in Tanks gemäß Kapitel 4.2 zugelassen sind, siehe Absatz 4.2.5.2.6 Anweisung für ortsbewegliche Tanks T 23. Die in der Verpackungsanweisung IBC 520 des Unterabschnitts 4.1.4.2 und in der Anweisung für ortsbewegliche Tanks T 23 des Absatzes 4.2.5.2.6 aufgeführten Zubereitungen dürfen
, gegebenenfalls mit denselben Kontroll-
und Notfalltemperaturen,
auch gemäß Unterabschnitt 4.1.4.1 Verpackungsanweisung P 520 Verpackungsmethode OP8 verpackt befördert werden.

Bem. Die in dieser Tabelle enthaltene Zuordnung bezieht sich auf den technisch reinen Stoff (es sei denn, es ist eine Konzentration unter 100 % angegeben). Für andere Konzentrationen kann der Stoff unter Berücksichtigung der Verfahren des Handbuchs Prüfungen und Kriterien Teil II und des Absatzes 2.2.41.1.17 abweichend zugeordnet werden.

Selbstzersetzlicher Stoff	Konzentration (%)	Verpackungsmethode	Kontrolltemperatur (° C) (nur ADR)	Notfalltemperatur (° C) (nur ADR)	UN-Nr. der Gattungseintragung	Bemerkungen
ACETON-PYROGALLOL-COPOLYMER-2-DIAZO-1-NAPHTHOL-5-SULFONAT	100	OP8			3228	
AZODICARBONAMID, ZUBEREITUNG TYP B, TEMPERATURKONTROLLIERT	< 100	ADR: OP5			3232	ADR: (1) (2) RID: verboten
AZODICARBONAMID, ZUBEREITUNG TYP C	< 100	OP6			3224	(3)
AZODICARBONAMID, ZUBEREITUNG TYP C, TEMPERATURKONTROLLIERT	< 100	ADR: OP6			3234	ADR: (4) RID: verboten
AZODICARBONAMID, ZUBEREITUNG TYP D	< 100	OP7			3226	(5)
AZODICARBONAMID, ZUBEREITUNG TYP D, TEMPERATURKONTROLLIERT	< 100	ADR: OP7			3236	ADR: (6) RID: verboten
2,2'-AZODI-(2,4-DIMETHYL-4-METHOXYVALERONITRIL)	100	ADR: OP7	− 5	+ 5	3236	RID: verboten
2,2'-AZODI-(2,4-DIMETHYLVALERONITRIL)	100	ADR: OP7	+ 10	+ 15	3236	RID: verboten
2,2'-AZODI-(ETHYL-2-METHYLPROPIONAT)	100	ADR: OP7	+ 20	+ 25	3235	RID: verboten
1,1-AZODI-(HEXAHYDROBENZONITRIL)	100	OP7			3226	
2,2'-AZODI-(ISOBUTYRONITRIL)	100	ADR: OP6	+ 40	+ 45	3234	RID: verboten
2,2'-AZODI-(ISOBUTYRONITRIL), als Paste auf Wasserbasis	≤ 50	OP6			3224	
2,2'-AZODI-(2-METHYLBUTYRONITRIL)	100	ADR: OP7	+ 35	+ 40	3236	RID: verboten
BENZEN-1,3-DISULFONYLHYDRAZID, als Paste	52	OP7			3226	
BENZENSULFONYLHYDRAZID	100	OP7			3226	
4-(BENZYL(ETHYL)AMINO)-3-ETHOXYBENZENDIAZONIUM-ZINKCHLORID	100	OP7			3226	
4-(BENZYL(METHYL)AMINO)-3-ETHOXYBENZENDIAZONIUM-ZINKCHLORID	100	ADR: OP7	+ 40	+ 45	3236	RID: verboten
3-CHLOR-4-DIETHYLAMINOBENZENDIAZONIUMZINKCHLORID	100	OP7			3226	

Besondere Vorschriften für die einzelnen Klassen 2.2

ADR | RID

Verzeichnis der bereits zugeordneten selbstzersetzlichen Stoffe in Verpackungen (Fortsetzung)

Selbstzersetzlicher Stoff	Konzentration (%)	Verpackungsmethode	Kontrolltemperatur (° C) (nur ADR)	Notfalltemperatur (° C) (nur ADR)	UN-Nr. der Gattungseintragung	Bemerkungen
2-DIAZO-1-NAPHTHOL-4-SULFONYLCHLORID	100	OP5			3222	(2)
2-DIAZO-1-NAPHTHOL-5-SULFONYLCHLORID	100	OP5			3222	(2)
2-DIAZO-1-NAPHTHOL-SULFONSÄUREESTER, GEMISCH, TYP D	< 100	OP7			3226	(9)
2,5-DIBUTOXY-4-(4-MORPHOLINYL)-BENZENDIAZONIUM, TETRACHLORZINKAT (2:1)	100	OP8			3228	
2,5-DIETHOXY-4-MORPHOLINOBENZENDIAZONIUM-ZINKCHLORID	67-100	ADR: OP7	+ 35	+ 40	3236	RID: verboten
2,5-DIETHOXY-4-MORPHOLINO-BENZENDIAZONIUM-ZINKCHLORID	66	ADR: OP7	+ 40	+ 45	3236	RID: verboten
2,5-DIETHOXY-4-MORPHOLINOBENZENDIAZONIUM-TETRAFLUOROBORAT	100	ADR: OP7	+ 30	+ 35	3236	RID: verboten
2,5-DIETHOXY-4-(4-MORPHOLINYL)-BENZENDIAZONIUM-SULFAT	100	OP7			3226	
2,5-DIETHOXY-4-(PHENYLSULFONYL)-BENZENDIAZONIUM-ZINKCHLORID	67	ADR: OP7	+ 40	+ 45	3236	RID: verboten
DIETHYLENGLYCOL-BIS-(ALLYLCARBONAT) + DIISOPROPYLPEROXYDICARBONAT	≥ 88 + ≤ 12	ADR: OP8	– 10	0	3237	RID: verboten
2,5-DIMETHOXY-4-(4-METHYLPHENYLSULFONYL)-BENZENDIAZONIUM-ZINKCHLORID	79	ADR: OP7	+ 40	+ 45	3236	RID: verboten
4-(DIMETHYLAMINO)-BENZENDIAZONIUM-TRICHLORZINKAT(-1)	100	OP8			3228	
4-DIMETHYLAMINO-6-(2-DIMETHYLAMINO-ETHOXY) TOLUEN-2-DIAZONIUM-ZINKCHLORID	100	ADR: OP7	+ 40	+ 45	3236	RID: verboten
N,N'-DINITROSO-N,N'-DIMETHYL-TEREPHTHALAMID, als Paste	72	OP6			3224	
N,N'-DINITROSOPENTAMETHYLEN-TETRAMIN	82	OP6			3224	(7)
DIPHENYLOXID-4,4'-DISULFONYLHYDRAZID	100	OP7			3226	
4-DIPROPYLAMINOBENZENDIAZONIUM-ZINKCHLORID	100	OP7			3226	
2-(N,N-ETHOXYCARBONYLPHENYLAMINO)-3-METHOXY-4-(N-METHYL-N-CYCLOHEXY-LAMINO)-BENZENDIAZONIUM-ZINKCHLORID	63 - 92	ADR: OP7	+ 40	+ 45	3236	RID: verboten
2-(N,N-ETHOXYCARBONYLPHENYLAMINO)-3-METHOXY-4-(N-METHYL-N-CYCLOHEXY-LAMINO)-BENZENDIAZONIUM-ZINKCHLORID	62	ADR: OP7	+ 35	+ 40	3236	RID: verboten
N-FORMYL-2-(NITROMETHYLEN)-1,3-PERHYDROTHIAZIN	100	ADR: OP7	+ 45	+ 50	3236	RID: verboten
2-(2-HYDROXYETHOXY)-1-(PYRROLIDIN-1-YL)-BENZEN-4-DIAZONIUM-ZINKCHLORID	100	ADR: OP7	+ 45	+ 50	3236	RID: verboten
3-(2-HYDROXYETHOXY)-4-(PYRROLIDIN-1-YL)-BENZENDIAZONIUM-ZINKCHLORID	100	ADR: OP7	+ 40	+ 45	3236	RID: verboten
2-(N,N-METHYLAMINOETHYLCARBONYL)-4-(3,4-DIMETHYLPHENYLSULFONYL)-BENZENDIAZONIUM-HYDROGENSULFAT	96	ADR: OP7	+ 45	+ 50	3236	RID: verboten
4-METHYLBENZENSULFONYLHYDRAZID	100	OP7			3226	
3-METHYL-4-(PYRROLIDIN-1-YL)-BENZENDIAZONIUM-TETRAFLUOROBORAT	95	ADR: OP6	+ 45	+ 50	3234	RID: verboten
NATRIUM-2-DIAZO-1-NAPHTHOL-4-SULFONAT	100	OP7			3226	
NATRIUM-2-DIAZO-1-NAPHTHOL-5-SULFONAT	100	OP7			3226	
4-NITROSOPHENOL	100	ADR: OP7	+ 35	+ 40	3236	RID: verboten
SELBSTZERSETZLICHER STOFF, FLÜSSIG, MUSTER		OP2			3223	(8)

2.2 Besondere Vorschriften für die einzelnen Klassen

ADR | **RID**

Verzeichnis der bereits zugeordneten selbstzersetzlichen Stoffe in Verpackungen (Fortsetzung)

Selbstzersetzlicher Stoff	Konzentration (%)	Verpackungsmethode	Kontrolltemperatur (° C) (nur ADR)	Notfalltemperatur (° C) (nur ADR)	UN-Nr. der Gattungseintragung	Bemerkungen
SELBSTZERSETZLICHER STOFF, FLÜSSIG, MUSTER, TEMPERATURKONTROLLIERT		ADR: OP2			3233	ADR: (8) RID: verboten
SELBSTZERSETZLICHER STOFF, FEST, MUSTER		OP2			3224	(8)
SELBSTZERSETZLICHER STOFF, FEST, MUSTER, TEMPERATURKONTROLLIERT		ADR: OP2			3234	ADR: (8) RID: verboten
TETRAMINOPALLADIUM-(II)-NITRAT	100	ADR: OP6	+ 30	+ 35	3234	RID: verboten
THIOPHOSPHORSÄURE-O-[(CYANOPHENYL-METHYLEN)-AZANYL]-O,O-DIETHYLESTER	82-91 (Z-Isomer)	OP8			3227	(10)

Bemerkungen:

(1) Azodicarbonamid-Zubereitungen, die die Kriterien des Handbuchs Prüfungen und Kriterien Teil II Absatz 20.4.2 b) erfüllen. Die Kontrolltemperatur und die Notfalltemperatur sind anhand des Verfahrens in den Absätzen 7.1.7.3.1 bis 7.1.7.3.6 zu bestimmen. (bleibt offen)

(2) Nebengefahrzettel «EXPLOSIV» nach Muster 1 (siehe Absatz 5.2.2.2.2) erforderlich.

(3) Azodicarbonamid-Zubereitungen, die die Kriterien des Handbuchs Prüfungen und Kriterien Teil II Absatz 20.4.2 c) erfüllen.

(4) Azodicarbonamid-Zubereitungen, die die Kriterien des Handbuchs Prüfungen und Kriterien Teil II Absatz 20.4.2 c) erfüllen. Die Kontrolltemperatur und die Notfalltemperatur sind anhand des Verfahrens in den Absätzen 7.1.7.3.1 bis 7.1.7.3.6 zu bestimmen. (bleibt offen)

(5) Azodicarbonamid-Zubereitungen, die die Kriterien des Handbuchs Prüfungen und Kriterien Teil II Absatz 20.4.2 d) erfüllen.

(6) Azodicarbonamid-Zubereitungen, die die Kriterien des Handbuchs Prüfungen und Kriterien Teil II Absatz 20.4.2 d) erfüllen. Die Kontrolltemperatur und die Notfalltemperatur sind anhand des Verfahrens in den Absätzen 7.1.7.3.1 bis 7.1.7.3.6 zu bestimmen. (bleibt offen)

(7) Mit einem verträglichen Verdünnungsmittel mit einem Siedepunkt von mindestens 150 °C.

(8) Siehe Absatz 2.2.41.1.15.

(9) Diese Eintragung bezieht sich auf Gemische von 2-Diazo-1-naphthol-4-sulfonsäureester und 2-Diazo-1-naphthol-5-sulfonsäureester, die die Kriterien des Handbuchs Prüfungen und Kriterien Teil II Absatz 20.4.2 d) erfüllen.

(10) Diese Eintragung gilt für das technische Gemisch in n-Butanol mit den angegebenen Konzentrationsgrenzwerten des (Z-)Isomers.

Besondere Vorschriften für die einzelnen Klassen 2.2

ADR	RID

2.2.42 Klasse 4.2: Selbstentzündliche Stoffe

2.2.42.1 Kriterien

2.2.42.1.1 Der Begriff der Klasse 4.2 umfasst:

- *pyrophore Stoffe;* dies sind Stoffe einschließlich Gemische und Lösungen (flüssig oder fest), die sich in Berührung mit Luft schon in kleinen Mengen innerhalb von fünf Minuten entzünden. Diese Stoffe sind die am leichtesten selbstentzündlichen Stoffe der Klasse 4.2; und

- *selbsterhitzungsfähige Stoffe und Gegenstände;* dies sind Stoffe und Gegenstände einschließlich Gemische und Lösungen, die in Berührung mit Luft ohne Energiezufuhr selbsterhitzungsfähig sind. Diese Stoffe können sich nur in großen Mengen (mehrere Kilogramm) und nach einem längeren Zeitraum (Stunden oder Tagen) entzünden.

2.2.42.1.2 Die Stoffe und Gegenstände der Klasse 4.2 sind wie folgt unterteilt:

- S   Selbstentzündliche Stoffe ohne Nebengefahr
  - S1   organische flüssige Stoffe
  - S2   organische feste Stoffe
  - S3   anorganische flüssige Stoffe
  - S4   anorganische feste Stoffe
  - S5   metallorganische Stoffe
  - S6   Gegenstände
- SW   Selbstentzündliche Stoffe, die in Berührung mit Wasser entzündbare Gase entwickeln
- SO   Selbstentzündliche oxidierende Stoffe
- ST   Selbstentzündliche giftige Stoffe
  - ST1   organische giftige flüssige Stoffe
  - ST2   organische giftige feste Stoffe
  - ST3   anorganische giftige flüssige Stoffe
  - ST4   anorganische giftige feste Stoffe
- SC   Selbstentzündliche ätzende Stoffe
  - SC1   organische ätzende flüssige Stoffe
  - SC2   organische ätzende feste Stoffe
  - SC3   anorganische ätzende flüssige Stoffe
  - SC4   anorganische ätzende feste Stoffe.

Eigenschaften

2.2.42.1.3 Die Selbsterhitzung eines Stoffes ist ein Prozess, bei dem die fortschreitende Reaktion dieses Stoffes mit Sauerstoff (der Luft) Wärme erzeugt. Wenn die Menge der entstandenen Wärme größer ist als die Menge der abgeführten Wärme, führt dies zu einem Anstieg der Temperatur des Stoffes, was nach einer Induktionszeit zur Selbstentzündung und Verbrennung führen kann.

2.2 Besondere Vorschriften für die einzelnen Klassen

ADR	RID

Zuordnung

2.2.42.1.4 Die der Klasse 4.2 zugeordneten Stoffe und Gegenstände sind in Kapitel 3.2 Tabelle A aufgeführt. Die Zuordnung der in Kapitel 3.2 Tabelle A nicht namentlich genannten Stoffe und Gegenstände zu den entsprechenden spezifischen n.a.g.-Eintragungen des Unterabschnitts 2.2.42.3 in Übereinstimmung mit den Vorschriften des Kapitels 2.1 kann auf Grund von Erfahrungen oder auf Grund der Ergebnisse der Prüfverfahren gemäß Handbuch Prüfungen und Kriterien Teil III Unterabschnitt 33.4 erfolgen. Die Zuordnung zu den allgemeinen n.a.g.-Eintragungen der Klasse 4.2 hat auf Grund der Ergebnisse der Prüfverfahren gemäß Handbuch Prüfungen und Kriterien Teil III Unterabschnitt 33.4 zu erfolgen; hierbei müssen auch Erfahrungen berücksichtigt werden, wenn sie zu einer strengeren Einstufung führen.

2.2.42.1.5 Wenn nicht namentlich genannte Stoffe oder Gegenstände auf Grund der Prüfverfahren gemäß Handbuch Prüfungen und Kriterien Teil III Unterabschnitt 33.4 einer der in Unterabschnitt 2.2.42.3 aufgeführten Eintragungen zugeordnet werden, gelten folgende Kriterien:

a) selbstentzündliche (pyrophore) feste Stoffe sind der Klasse 4.2 zuzuordnen, wenn sie sich beim Fall aus 1 m Höhe oder innerhalb von fünf Minuten danach entzünden;

b) selbstentzündliche (pyrophore) flüssige Stoffe sind der Klasse 4.2 zuzuordnen,

   (i) wenn sie, aufgetragen auf ein inertes Trägermaterial, sich innerhalb von fünf Minuten entzünden oder

   (ii) wenn sie bei negativem Ergebnis der Prüfung nach (i), aufgetragen auf ein eingerissenes trockenes Filterpapier (Whatman-Filter Nr. 3), dieses innerhalb von 5 Minuten entzünden oder verkohlen;

c) Stoffe, bei denen in einer kubischen Probe von 10 cm Kantenlänge bei 140 °C Versuchstemperatur innerhalb von 24 Stunden eine Selbstentzündung oder ein Temperaturanstieg auf über 200 °C eintritt, sind der Klasse 4.2 zuzuordnen. Dieses Kriterium basiert auf der Selbstentzündungstemperatur von Holzkohle, die 50 °C für eine kubische Probe von 27 m³ beträgt. Stoffe mit einer Selbstentzündungstemperatur von mehr als 50 °C für ein Volumen von 27 m³ sind nicht der Klasse 4.2 zuzuordnen.

Bem. 1. Stoffe, die in Verpackungen mit einem Volumen von höchstens 3 m³ befördert werden, unterliegen nicht der Klasse 4.2, wenn bei Prüfung in einer kubischen Probe von 10 cm Kantenlänge bei 120 °C innerhalb von 24 Stunden keine Selbstentzündung oder ein Temperaturanstieg auf über 180 °C eintritt.

2. Stoffe, die in Verpackungen mit einem Volumen von höchstens 450 Liter befördert werden, unterliegen nicht der Klasse 4.2, wenn bei Prüfung in einer kubischen Probe von 10 cm Kantenlänge bei 100 °C innerhalb von 24 Stunden keine Selbstentzündung oder ein Temperaturanstieg auf über 160 °C eintritt.

3. Da metallorganische Stoffe in Abhängigkeit von ihren Eigenschaften der Klasse 4.2 oder 4.3 mit zusätzlichen Nebengefahren zugeordnet werden können, ist in Abschnitt 2.3.5 ein besonderes Flussdiagramm für die Klassifizierung dieser Stoffe aufgeführt.

2.2.42.1.6 Wenn die Stoffe der Klasse 4.2 durch Beimengungen in andere Gefahrenkategorien fallen als die, zu denen die in Kapitel 3.2 Tabelle A namentlich genannten Stoffe gehören, sind diese Gemische den Eintragungen zuzuordnen, zu denen sie auf Grund ihrer tatsächlichen Gefahr gehören.

Bem. Für die Zuordnung von Lösungen und Gemischen (wie Präparate, Zubereitungen und Abfälle) siehe auch Abschnitt 2.1.3.

Besondere Vorschriften für die einzelnen Klassen 2.2

ADR	RID

2.2.42.1.7 Mit dem Prüfverfahren gemäß Handbuch Prüfungen und Kriterien Teil III Unterabschnitt 33.4 und den Kriterien des Absatzes 2.2.42.1.5 kann auch festgestellt werden, ob ein namentlich genannter Stoff so beschaffen ist, dass er nicht den Vorschriften dieser Klasse unterliegt.

Zuordnung zu Verpackungsgruppen

2.2.42.1.8 Die den verschiedenen Eintragungen des Kapitels 3.2 Tabelle A zugeordneten Stoffe und Gegenstände sind auf Grund der Prüfverfahren des Handbuchs Prüfungen und Kriterien Teil III Unterabschnitt 33.4 in Übereinstimmung mit den folgenden Kriterien der Verpackungsgruppe I, II oder III zuzuordnen:

a) selbstentzündliche (pyrophore) Stoffe sind der Verpackungsgruppe I zuzuordnen;

b) selbsterhitzungsfähige Stoffe und Gegenstände, bei denen in einer kubischen Probe von 2,5 cm Kantenlänge bei 140 °C Versuchstemperatur innerhalb von 24 Stunden eine Selbstentzündung oder ein Temperaturanstieg auf über 200 °C eintritt, sind der Verpackungsgruppe II zuzuordnen;

Stoffe mit einer Selbstentzündungstemperatur von mehr als 50 °C für ein Volumen von 450 Litern sind nicht der Verpackungsgruppe II zuzuordnen;

c) weniger selbsterhitzungsfähige Stoffe, bei denen in einer kubischen Probe von 2,5 cm Kantenlänge die unter b) genannten Ereignisse unter den dort genannten Bedingungen nicht eintreten, in einer kubischen Probe von 10 cm Kantenlänge bei 140 °C Versuchstemperatur innerhalb von 24 Stunden jedoch eine Selbstentzündung oder ein Temperaturanstieg auf über 200 °C eintritt, sind der Verpackungsgruppe III zuzuordnen.

2.2.42.2 **Nicht zur Beförderung zugelassene Stoffe**

Folgende Stoffe sind nicht zur Beförderung zugelassen:

- UN 3255 tert-BUTYLHYPOCHLORIT;
- selbsterhitzungsfähige feste Stoffe, entzündend (oxidierend) wirkend, die der UN-Nummer 3127 zugeordnet sind, es sei denn, sie entsprechen den Vorschriften der Klasse 1 (siehe auch Unterabschnitt 2.1.3.7).

2.2 Besondere Vorschriften für die einzelnen Klassen

ADR | **RID**

2.2.42.3 Verzeichnis der Sammeleintragungen

Nebengefahr		Klassifizierungscode	UN-Nummer	Benennung des Stoffes oder Gegenstandes
Selbstentzündliche Stoffe				
ohne Nebengefahr S	organisch	flüssig S1	2845	PYROPHORER ORGANISCHER FLÜSSIGER STOFF, N.A.G.
			3183	SELBSTERHITZUNGSFÄHIGER ORGANISCHER FLÜSSIGER STOFF, N.A.G.
		fest S2	1373	FASERN, TIERISCHEN oder PFLANZLICHEN oder SYNTHETISCHEN URSPRUNGS, imprägniert mit Öl, N.A.G. oder
			1373	GEWEBE, TIERISCHEN oder PFLANZLICHEN oder SYNTHETISCHEN URSPRUNGS, imprägniert mit Öl, N.A.G.
			2006	KUNSTSTOFFE AUF NITROCELLULOSEBASIS, SELBSTERHITZUNGSFÄHIG, N.A.G.
			3313	SELBSTERHITZUNGSFÄHIGE ORGANISCHE PIGMENTE
			2846	PYROPHORER ORGANISCHER FESTER STOFF, N.A.G.
			3088	SELBSTERHITZUNGSFÄHIGER ORGANISCHER FESTER STOFF, N.A.G.
	anorganisch	flüssig S3	3194	PYROPHORER ANORGANISCHER FLÜSSIGER STOFF, N.A.G.
			3186	SELBSTERHITZUNGSFÄHIGER ANORGANISCHER FLÜSSIGER STOFF, N.A.G.
		fest S4	1383	PYROPHORES METALL, N.A.G. oder
			1383	PYROPHORE LEGIERUNG, N.A.G.
			1378	METALLKATALYSATOR, ANGEFEUCHTET, mit einem sichtbaren Überschuss an Flüssigkeit
			2881	METALLKATALYSATOR, TROCKEN
			3189	SELBSTERHITZUNGSFÄHIGES METALLPULVER, N.A.G.a)
			3205	ERDALKALIMETALLALKOHOLATE, N.A.G.
			3200	PYROPHORER ANORGANISCHER FESTER STOFF, N.A.G.
			3190	SELBSTERHITZUNGSFÄHIGER ANORGANISCHER FESTER STOFF, N.A.G.
	metallorganisch	S5	3391	PYROPHORER METALLORGANISCHER FESTER STOFF
			3392	PYROPHORER METALLORGANISCHER FLÜSSIGER STOFF
			3400	SELBSTERHITZUNGSFÄHIGER METALLORGANISCHER FESTER STOFF
	Gegenstände	S6	3542	GEGENSTÄNDE, DIE EINEN SELBSTENTZÜNDLICHEN STOFF ENTHALTEN, N.A.G.
mit Wasser reagierend		SW	3393	PYROPHORER METALLORGANISCHER FESTER STOFF, MIT WASSER REAGIEREND
			3394	PYROPHORER METALLORGANISCHER FLÜSSIGER STOFF, MIT WASSER REAGIEREND

Besondere Vorschriften für die einzelnen Klassen 2.2

ADR		RID

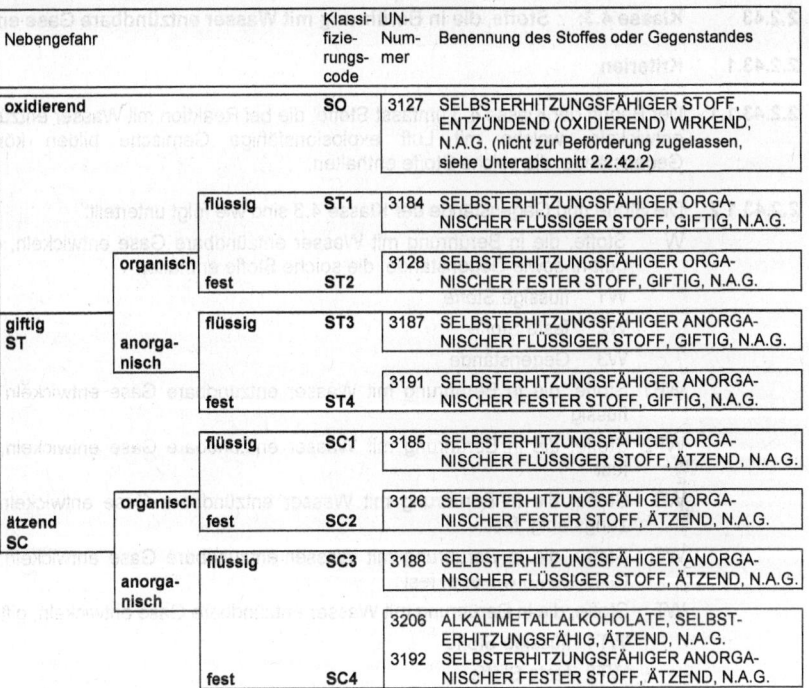

Nebengefahr			Klassi-fizie-rungs-code	UN-Nummer	Benennung des Stoffes oder Gegenstandes
oxidierend			SO	3127	SELBSTERHITZUNGSFÄHIGER STOFF, ENTZÜNDEND (OXIDIEREND) WIRKEND, N.A.G. (nicht zur Beförderung zugelassen, siehe Unterabschnitt 2.2.42.2)
giftig ST	organisch	flüssig	ST1	3184	SELBSTERHITZUNGSFÄHIGER ORGANISCHER FLÜSSIGER STOFF, GIFTIG, N.A.G.
		fest	ST2	3128	SELBSTERHITZUNGSFÄHIGER ORGANISCHER FESTER STOFF, GIFTIG, N.A.G.
	anorganisch	flüssig	ST3	3187	SELBSTERHITZUNGSFÄHIGER ANORGANISCHER FLÜSSIGER STOFF, GIFTIG, N.A.G.
		fest	ST4	3191	SELBSTERHITZUNGSFÄHIGER ANORGANISCHER FESTER STOFF, GIFTIG, N.A.G.
ätzend SC	organisch	flüssig	SC1	3185	SELBSTERHITZUNGSFÄHIGER ORGANISCHER FLÜSSIGER STOFF, ÄTZEND, N.A.G.
		fest	SC2	3126	SELBSTERHITZUNGSFÄHIGER ORGANISCHER FESTER STOFF, ÄTZEND, N.A.G.
	anorganisch	flüssig	SC3	3188	SELBSTERHITZUNGSFÄHIGER ANORGANISCHER FLÜSSIGER STOFF, ÄTZEND, N.A.G.
		fest	SC4	3206	ALKALIMETALLALKOHOLATE, SELBSTERHITZUNGSFÄHIG, ÄTZEND, N.A.G.
				3192	SELBSTERHITZUNGSFÄHIGER ANORGANISCHER FESTER STOFF, ÄTZEND, N.A.G.

Fußnote
a) Staub und Pulver von Metallen, nicht giftig, in nicht selbstentzündlicher Form, die jedoch in Berührung mit Wasser entzündbare Gase entwickeln, sind Stoffe der Klasse 4.3.

2.2 Besondere Vorschriften für die einzelnen Klassen

ADR	RID

2.2.43 Klasse 4.3: Stoffe, die in Berührung mit Wasser entzündbare Gase entwickeln

2.2.43.1 Kriterien

2.2.43.1.1 Der Begriff der Klasse 4.3 umfasst Stoffe, die bei Reaktion mit Wasser entzündbare Gase entwickeln, welche mit Luft explosionsfähige Gemische bilden können, sowie Gegenstände, die solche Stoffe enthalten.

2.2.43.1.2 Die Stoffe und Gegenstände der Klasse 4.3 sind wie folgt unterteilt:

    W   Stoffe, die in Berührung mit Wasser entzündbare Gase entwickeln, ohne Nebengefahr sowie Gegenstände, die solche Stoffe enthalten

        W1   flüssige Stoffe
        W2   feste Stoffe
        W3   Gegenstände

    WF1 Stoffe, die in Berührung mit Wasser entzündbare Gase entwickeln, entzündbar, flüssig

    WF2 Stoffe, die in Berührung mit Wasser entzündbare Gase entwickeln, entzündbar, fest

    WS   Stoffe, die in Berührung mit Wasser entzündbare Gase entwickeln, selbsterhitzungsfähig, fest

    WO   Stoffe, die in Berührung mit Wasser entzündbare Gase entwickeln, entzündend (oxidierend) wirkend, fest

    WT   Stoffe, die in Berührung mit Wasser entzündbare Gase entwickeln, giftig

        WT1 flüssige Stoffe
        WT2 feste Stoffe

    WC   Stoffe, die in Berührung mit Wasser entzündbare Gase entwickeln, ätzend

        WC1 flüssige Stoffe
        WC2 feste Stoffe

    WFC Stoffe, die in Berührung mit Wasser entzündbare Gase entwickeln, entzündbar, ätzend.

Eigenschaften

2.2.43.1.3 Bestimmte Stoffe können in Berührung mit Wasser entzündbare Gase entwickeln, welche mit Luft explosionsfähige Gemische bilden können. Solche Gemische werden durch alle gewöhnlichen Zündquellen, z.B. offenes Feuer, von einem Werkzeug ausgehende Funken oder ungeschützte Leuchtmittel, leicht entzündet. Die dabei entstehenden Druckwellen und Flammen können Menschen und die Umwelt gefährden. Das Prüfverfahren, auf das in Absatz 2.2.43.1.4 Bezug genommen wird, wird angewendet, um festzustellen, ob die Reaktion eines Stoffes mit Wasser zur Entwicklung einer gefährlichen Menge von möglicherweise entzündbaren Gasen führt. Dieses Prüfverfahren darf nicht bei pyrophoren Stoffen angewendet werden.

Zuordnung

2.2.43.1.4 Die der Klasse 4.3 zugeordneten Stoffe und Gegenstände sind in Kapitel 3.2 Tabelle A aufgeführt. Die Zuordnung der in Kapitel 3.2 Tabelle A nicht namentlich genannten Stoffe und Gegenstände zur entsprechenden Eintragung des Unterabschnitts 2.2.43.3 in Übereinstimmung mit den Vorschriften des Kapitels 2.1 erfolgt auf Grund der Ergebnisse der Prüfverfahren gemäß Handbuch Prüfungen und Kriterien Teil III Unterabschnitt 33.5; hierbei müssen auch Erfahrungen berücksichtigt werden, wenn sie zu einer strengeren Einstufung führen.

Besondere Vorschriften für die einzelnen Klassen 2.2

ADR	RID

2.2.43.1.5 Wenn nicht namentlich genannte Stoffe auf Grund der Prüfverfahren gemäß Handbuch Prüfungen und Kriterien Teil III Unterabschnitt 33.5 einer der in Unterabschnitt 2.2.43.3 aufgeführten Eintragungen zugeordnet werden, gelten folgende Kriterien:

Ein Stoff ist der Klasse 4.3 zuzuordnen, wenn

a) sich das entwickelte Gas während irgendeiner Phase der Prüfung selbst entzündet oder

b) die Menge des je Stunde entwickelten entzündbaren Gases größer ist als 1 Liter pro Kilogramm des Stoffes.

Bem. Da metallorganische Stoffe in Abhängigkeit von ihren Eigenschaften der Klasse 4.2 oder 4.3 mit zusätzlichen Nebengefahren zugeordnet werden können, ist in Abschnitt 2.3.5 ein besonderes Flussdiagramm für die Klassifizierung dieser Stoffe aufgeführt.

2.2.43.1.6 Wenn die Stoffe der Klasse 4.3 durch Beimengungen in andere Gefahrenkategorien fallen als die, zu denen die in Kapitel 3.2 Tabelle A namentlich genannten Stoffe gehören, sind diese Gemische den Eintragungen zuzuordnen, zu denen sie auf Grund ihrer tatsächlichen Gefahr gehören.

Bem. Für die Zuordnung von Lösungen und Gemischen (wie Präparate, Zubereitungen und Abfälle) siehe auch Abschnitt 2.1.3.

2.2.43.1.7 Mit den Prüfverfahren gemäß Handbuch Prüfungen und Kriterien Teil III Unterabschnitt 33.5 und den Kriterien des Absatzes 2.2.43.1.5 kann auch festgestellt werden, ob ein namentlich genannter Stoff so beschaffen ist, dass er nicht den Vorschriften dieser Klasse unterliegt.

Zuordnung zu Verpackungsgruppen

2.2.43.1.8 Die den verschiedenen Eintragungen in Kapitel 3.2 Tabelle A zugeordneten Stoffe und Gegenstände sind auf Grund der Prüfverfahren des Handbuchs Prüfungen und Kriterien Teil III Unterabschnitt 33.5 in Übereinstimmung mit den folgenden Kriterien der Verpackungsgruppe I, II oder III zuzuordnen:

a) Der Verpackungsgruppe I ist jeder Stoff zuzuordnen, der bei Raumtemperatur heftig mit Wasser reagiert, wobei sich das entwickelte Gas im Allgemeinen selbst entzünden kann, oder der bei Raumtemperatur leicht mit Wasser reagiert, wobei die Menge des entwickelten entzündbaren Gases größer oder gleich 10 Liter pro Kilogramm des Stoffes innerhalb einer Minute ist.

b) Der Verpackungsgruppe II ist jeder Stoff zuzuordnen, der bei Raumtemperatur leicht mit Wasser reagiert, wobei die größte Menge des entwickelten entzündbaren Gases größer oder gleich 20 Liter pro Kilogramm des Stoffes je Stunde ist, und der nicht die Zuordnungskriterien der Verpackungsgruppe I erfüllt.

c) Der Verpackungsgruppe III ist jeder Stoff zuzuordnen, der bei Raumtemperatur langsam mit Wasser reagiert, wobei die größte Menge des entwickelten entzündbaren Gases größer als 1 Liter pro Kilogramm des Stoffes je Stunde ist, und der nicht die Zuordnungskriterien der Verpackungsgruppe I oder II erfüllt.

2.2.43.2 **Nicht zur Beförderung zugelassene Stoffe**

Mit Wasser reagierende feste Stoffe, entzündend (oxidierend) wirkend, die der UN-Nummer 3133 zugeordnet sind, sind zur Beförderung nicht zugelassen, es sei denn, sie entsprechen den Vorschriften der Klasse 1 (siehe auch Unterabschnitt 2.1.3.7).

2.2 Besondere Vorschriften für die einzelnen Klassen

ADR | **RID**

2.2.43.3 Verzeichnis der Sammeleintragungen

Nebengefahr			Klassifizierungscode	UN-Nummer	Benennung des Stoffes oder Gegenstandes
Stoffe, die in Berührung mit Wasser entzündbare Gase entwickeln					
ohne Nebengefahr W	flüssig		W1	1389 1391 1391 1392 1420 1421 1422 3148 3398	ALKALIMETALLAMALGAM, FLÜSSIG ALKALIMETALLDISPERSION ERDALKALIMETALLDISPERSION ERDALKALIMETALLAMALGAM, FLÜSSIG KALIUMMETALLLEGIERUNGEN, FLÜSSIG ALKALIMETALLLEGIERUNG, FLÜSSIG, N.A.G. KALIUM-NATRIUM-LEGIERUNGEN, FLÜSSIG MIT WASSER REAGIERENDER FLÜSSIGER STOFF, N.A.G. MIT WASSER REAGIERENDER METALLORGANISCHER FLÜSSIGER STOFF
	fest		W2[a)]	1390 1393 1409 2813 3170 3170 3208 3395 3401 3402 3403 3404	ALKALIMETALLAMIDE ERDALKALIMETALLLEGIERUNG, N.A.G. METALLHYDRIDE, MIT WASSER REAGIEREND, N.A.G. MIT WASSER REAGIERENDER FESTER STOFF, N.A.G. NEBENPRODUKTE DER ALUMINIUMHERSTELLUNG oder NEBENPRODUKTE DER ALUMINIUMUMSCHMELZUNG METALLISCHER STOFF, MIT WASSER REAGIEREND, N.A.G. MIT WASSER REAGIERENDER METALLORGANISCHER FESTER STOFF ALKALIMETALLAMALGAM, FEST ERDALKALIMETALLAMALGAM, FEST KALIUMMETALLLEGIERUNGEN, FEST KALIUM-NATRIUM-LEGIERUNGEN, FEST
	Gegenstände		W3	3292 3292 3543	NATRIUMBATTERIEN oder NATRIUMZELLEN GEGENSTÄNDE, DIE EINEN STOFF ENTHALTEN, DER IN BERÜHRUNG MIT WASSER ENTZÜNDBARE GASE ENTWICKELT, N.A.G.
entzündbar, flüssig			WF1	3482 3482 3399	ALKALIMETALLDISPERSION, ENTZÜNDBAR oder ERDALKALIMETALLDISPERSION, ENTZÜNDBAR MIT WASSER REAGIERENDER METALLORGANISCHER FLÜSSIGER STOFF, ENTZÜNDBAR
entzündbar, fest			WF2	3132 3396	MIT WASSER REAGIERENDER FESTER STOFF, ENTZÜNDBAR, N.A.G. MIT WASSER REAGIERENDER METALLORGANISCHER FESTER STOFF, ENTZÜNDBAR
selbsterhitzungsfähig, fest			WS[b)]	3135 3209 3397	MIT WASSER REAGIERENDER FESTER STOFF, SELBSTERHITZUNGSFÄHIG, N.A.G. METALLISCHER STOFF, MIT WASSER REAGIEREND, SELBSTERHITZUNGSFÄHIG, N.A.G. MIT WASSER REAGIERENDER METALLORGANISCHER FESTER STOFF, SELBSTERHITZUNGSFÄHIG
entzündend (oxidierend) wirkend, fest			WO	3133	MIT WASSER REAGIERENDER FESTER STOFF, ENTZÜNDEND (OXIDIEREND) WIRKEND, N.A.G. (nicht zur Beförderung zugelassen, siehe Unterabschnitt 2.2.43.2)
giftig WT	flüssig		WT1	3130	MIT WASSER REAGIERENDER FLÜSSIGER STOFF, GIFTIG, N.A.G.
	fest		WT2	3134	MIT WASSER REAGIERENDER FESTER STOFF, GIFTIG, N.A.G.
ätzend WC	flüssig		WC1	3129	MIT WASSER REAGIERENDER FLÜSSIGER STOFF, ÄTZEND, N.A.G.
	fest		WC2	3131	MIT WASSER REAGIERENDER FESTER STOFF, ÄTZEND, N.A.G.
entzündbar, ätzend			WFC[c)]	2988	CHLORSILANE, MIT WASSER REAGIEREND, ENTZÜNDBAR, ÄTZEND, N.A.G. (keine weitere Sammeleintragung mit diesem Klassifizierungscode vorhanden; soweit erforderlich Zuordnung zu einer Sammeleintragung mit einem Klassifizierungscode, der nach der Tabelle der überwiegenden Gefahr in Unterabschnitt 2.1.3.10 zu bestimmen ist)

Fußnoten siehe nächste Seite !

Besondere Vorschriften für die einzelnen Klassen 2.2
ADR RID

Fußnoten

a) Metalle und Metalllegierungen, die in Berührung mit Wasser keine entzündbaren Gase entwickeln, nicht pyrophor oder selbsterhitzungsfähig, aber leicht entzündbar sind, sind Stoffe der Klasse 4.1. Erdalkalimetalle und Erdalkalimetalllegierungen in pyrophorer Form sind Stoffe der Klasse 4.2. Staub und Pulver von Metallen in pyrophorem Zustand sind Stoffe der Klasse 4.2. Metalle und Metalllegierungen in pyrophorem Zustand sind Stoffe der Klasse 4.2. Verbindungen von Phosphor mit Schwermetallen wie Eisen, Kupfer, usw. unterliegen nicht den Vorschriften des ADR/RID.

b) Metalle und Metalllegierungen in pyrophorem Zustand sind Stoffe der Klasse 4.2.

c) Chlorsilane mit einem Flammpunkt unter 23 °C, die in Berührung mit Wasser keine entzündbaren Gase entwickeln, sind Stoffe der Klasse 3. Chlorsilane mit einem Flammpunkt von 23 °C oder darüber, die in Berührung mit Wasser keine entzündbaren Gase entwickeln, sind Stoffe der Klasse 8.

2.2 Besondere Vorschriften für die einzelnen Klassen

ADR	RID

2.2.51 Klasse 5.1: Entzündend (oxidierend) wirkende Stoffe

2.2.51.1 Kriterien

2.2.51.1.1 Der Begriff der Klasse 5.1 umfasst Stoffe, die obwohl selbst nicht notwendigerweise brennbar, im Allgemeinen durch Abgabe von Sauerstoff einen Brand verursachen oder einen Brand anderer Stoffe unterstützen können, sowie Gegenstände, die solche Stoffe enthalten.

2.2.51.1.2 Die Stoffe der Klasse 5.1 sowie die Gegenstände, die solche Stoffe enthalten, sind wie folgt unterteilt:

O   Entzündend (oxidierend) wirkende Stoffe ohne Nebengefahr oder Gegenstände, die solche Stoffe enthalten
- O1 flüssige Stoffe
- O2 feste Stoffe
- O3 Gegenstände

OF Entzündend (oxidierend) wirkende feste Stoffe, entzündbar

OS Entzündend (oxidierend) wirkende feste Stoffe, selbsterhitzungsfähig

OW Entzündend (oxidierend) wirkende feste Stoffe, die in Berührung mit Wasser entzündbare Gase entwickeln

OT Entzündend (oxidierend) wirkende Stoffe, giftig
- OT1 flüssige Stoffe
- OT2 feste Stoffe

OC Entzündend (oxidierend) wirkende Stoffe, ätzend
- OC1 flüssige Stoffe
- OC2 feste Stoffe

OTC Entzündend (oxidierend) wirkende Stoffe, giftig, ätzend.

2.2.51.1.3 Die der Klasse 5.1 zugeordneten Stoffe und Gegenstände sind in Kapitel 3.2 Tabelle A aufgeführt. Die Zuordnung der in Kapitel 3.2 Tabelle A nicht namentlich genannten Stoffe und Gegenstände zur entsprechenden Eintragung des Unterabschnitts 2.2.51.3 in Übereinstimmung mit den Vorschriften des Kapitels 2.1 kann auf Grund der Prüfungen, Methoden und Kriterien der Absätze 2.2.51.1.6 bis 2.2.51.1.10 und des Handbuchs Prüfungen und Kriterien Teil III Abschnitt 34.4 oder – bei festen ammoniumnitrathaltigen Düngemitteln – Abschnitt 39 vorbehaltlich der Einschränkungen in Absatz 2.2.51.2.2 dreizehnter und vierzehnter Spiegelstrich erfolgen. Falls sich die Prüfergebnisse von bekannten Erfahrungen unterscheiden, muss der Beurteilung auf Grund der bekannten Erfahrungen der Vorzug vor den Prüfergebnissen gegeben werden.

2.2.51.1.4 Wenn die Stoffe der Klasse 5.1 durch Beimengungen in andere Gefahrenkategorien fallen als die, zu denen die in Kapitel 3.2 Tabelle A namentlich genannten Stoffe gehören, sind diese Gemische oder Lösungen den Eintragungen zuzuordnen, zu denen sie auf Grund ihrer tatsächlichen Gefahr gehören.

Bem. Für die Zuordnung von Lösungen und Gemischen (wie Präparate, Zubereitungen und Abfälle) siehe auch Abschnitt 2.1.3.

2.2.51.1.5 Mit den Prüfverfahren gemäß Handbuch Prüfungen und Kriterien Teil III Abschnitt 34.4 oder – bei festen ammoniumnitrathaltigen Düngemitteln – Abschnitt 39 und den Kriterien der Absätze 2.2.51.1.6 bis 2.2.51.1.10 kann auch festgestellt werden, ob ein in Kapitel 3.2 Tabelle A namentlich genannter Stoff so beschaffen ist, dass er nicht den Vorschriften dieser Klasse unterliegt.

Besondere Vorschriften für die einzelnen Klassen 2.2
ADR | RID

Entzündend (oxidierend) wirkende feste Stoffe

Zuordnung

2.2.51.1.6 Wenn in Kapitel 3.2 Tabelle A nicht namentlich genannte entzündend (oxidierend) wirkende feste Stoffe auf Grund der Prüfverfahren gemäß Handbuch Prüfungen und Kriterien Teil III Unterabschnitt 34.4.1 (Prüfung O.1) oder alternativ Unterabschnitt 34.4.3 (Prüfung O.3) einer der in Unterabschnitt 2.2.51.3 aufgeführten Eintragungen zugeordnet werden, gelten folgende Kriterien:

    a) bei der Prüfung O.1 ist ein fester Stoff der Klasse 5.1 zuzuordnen, wenn er sich in einem Gemisch mit Cellulose von 4:1 oder 1:1 (Masseverhältnis) entzündet oder brennt oder eine gleiche oder kürzere durchschnittliche Brenndauer aufweist als ein Gemisch von Kaliumbromat/Cellulose von 3:7 (Masseverhältnis), oder

    b) bei der Prüfung O.3 ist ein fester Stoff der Klasse 5.1 zuzuordnen, wenn er in einem Gemisch mit Cellulose von 4:1 oder 1:1 (Masseverhältnis) eine gleiche oder größere durchschnittliche Abbrandgeschwindigkeit aufweist als ein Gemisch von Calciumperoxid/Cellulose von 1:2 (Masseverhältnis).

2.2.51.1.7 Ausgenommen hiervon sind feste ammoniumnitrathaltige Düngemittel, die in Übereinstimmung mit dem im Handbuch Prüfungen und Kriterien Teil III Abschnitt 39 festgelegten Verfahren klassifiziert werden müssen.

Zuordnung zu Verpackungsgruppen

2.2.51.1.8 Die den verschiedenen Eintragungen des Kapitels 3.2 Tabelle A zugeordneten entzündend (oxidierend) wirkenden festen Stoffe sind auf Grund der Prüfverfahren des Handbuchs Prüfungen und Kriterien Teil III Unterabschnitt 34.4.1 (Prüfung O.1) oder alternativ Unterabschnitt 34.4.3 (Prüfung O.3) in Übereinstimmung mit den folgenden Kriterien der Verpackungsgruppe I, II oder III zuzuordnen:

    a) Prüfung O.1:

        (i) Verpackungsgruppe I: Stoffe, die in einem Gemisch mit Cellulose von 4:1 oder 1:1 (Masseverhältnis) eine geringere durchschnittliche Brenndauer als die durchschnittliche Brenndauer eines Gemisches Kaliumbromat/Cellulose von 3:2 (Masseverhältnis) aufweisen;

        (ii) Verpackungsgruppe II: Stoffe, die in einem Gemisch mit Cellulose von 4:1 oder 1:1 (Masseverhältnis) eine gleiche oder geringere durchschnittliche Brenndauer als die durchschnittliche Brenndauer eines Gemisches Kaliumbromat/Cellulose von 2:3 (Masseverhältnis) aufweisen und nicht die Kriterien der Verpackungsgruppe I erfüllen;

        (iii) Verpackungsgruppe III: Stoffe, die in einem Gemisch mit Cellulose von 4:1 oder 1:1 (Masseverhältnis) eine gleiche oder geringere durchschnittliche Brenndauer als die durchschnittliche Brenndauer eines Gemisches Kaliumbromat/Cellulose von 3:7 (Masseverhältnis) aufweisen und nicht die Kriterien der Verpackungsgruppen I und II erfüllen.

    b) Prüfung O.3:

        (i) Verpackungsgruppe I: Stoffe, die in einem Gemisch mit Cellulose von 4:1 oder 1:1 (Masseverhältnis) eine größere durchschnittliche Abbrandgeschwindigkeit aufweisen als ein Gemisch von Calciumperoxid/Cellulose von 3:1 (Masseverhältnis);

        (ii) Verpackungsgruppe II: Stoffe, die in einem Gemisch mit Cellulose von 4:1 oder 1:1 (Masseverhältnis) eine gleiche oder größere durchschnittliche Abbrandgeschwindigkeit aufweisen als ein Gemisch von Calciumperoxid/Cellulose von 1:1 (Masseverhältnis) und nicht die Kriterien der Verpackungsgruppe I erfüllen;

        (iii) Verpackungsgruppe III: Stoffe, die in einem Gemisch mit Cellulose von 4:1 oder 1:1 (Masseverhältnis) eine gleiche oder größere durchschnittliche Abbrandgeschwindigkeit aufweisen als ein Gemisch von Calciumperoxid/Cellulose von 1:2 (Masseverhältnis) und nicht die Kriterien der Verpackungsgruppen I und II erfüllen.

2.2 Besondere Vorschriften für die einzelnen Klassen

ADR	RID

Entzündend (oxidierend) wirkende flüssige Stoffe

Zuordnung

2.2.51.1.9 Wenn in Kapitel 3.2 Tabelle A nicht namentlich genannte entzündend (oxidierend) wirkende flüssige Stoffe auf Grund der Prüfverfahren gemäß Handbuch Prüfungen und Kriterien Teil III Unterabschnitt 34.4.2 einer der in Unterabschnitt 2.2.51.3 aufgeführten Eintragungen zugeordnet werden, gelten folgende Kriterien:

Ein flüssiger Stoff ist der Klasse 5.1 zuzuordnen, wenn er in einem Gemisch mit Cellulose von 1:1 (Masseverhältnis) einen Druck von mindestens 2070 kPa (Überdruck) und eine geringere oder gleiche durchschnittliche Druckanstiegszeit aufweist als ein Gemisch 65%iger Salpetersäure in wässeriger Lösung/Cellulose von 1:1 (Masseverhältnis).

Zuordnung zu Verpackungsgruppen

2.2.51.1.10 Die den verschiedenen Eintragungen des Kapitels 3.2 Tabelle A zugeordneten entzündend (oxidierend) wirkenden flüssigen Stoffe sind auf Grund der Prüfverfahren des Handbuchs Prüfungen und Kriterien Teil III Abschnitt 34.4.2 in Übereinstimmung mit den folgenden Kriterien der Verpackungsgruppe I, II oder III zuzuordnen:

a) Verpackungsgruppe I: Stoffe, die sich in einem Gemisch mit Cellulose von 1:1 (Masseverhältnis) selbst entzünden oder eine geringere durchschnittliche Druckanstiegszeit aufweisen als ein Gemisch 50%iger Perchlorsäure/Cellulose von 1:1 (Masseverhältnis);

b) Verpackungsgruppe II: Stoffe, die in einem Gemisch mit Cellulose von 1:1 (Masseverhältnis) eine geringere oder gleiche durchschnittliche Druckanstiegszeit aufweisen als ein Gemisch von 40%igem Natriumchlorat in wässeriger Lösung/Cellulose von 1:1 (Masseverhältnis) und nicht die Zuordnungskriterien der Verpackungsgruppe I erfüllen;

c) Verpackungsgruppe III: Stoffe, die in einem Gemisch mit Cellulose von 1:1 (Masseverhältnis) eine geringere oder gleiche durchschnittliche Druckanstiegszeit aufweisen als ein Gemisch von 65%iger Salpetersäure in wässeriger Lösung/Cellulose von 1:1 (Masseverhältnis) und nicht die Zuordnungskriterien der Verpackungsgruppen I und II erfüllen.

2.2.51.2 Nicht zur Beförderung zugelassene Stoffe

2.2.51.2.1 Die chemisch instabilen Stoffe der Klasse 5.1 sind zur Beförderung nur zugelassen, wenn die erforderlichen Maßnahmen zur Verhinderung jeglicher gefährlichen Zerfalls- oder Polymerisationsreaktion während der Beförderung getroffen wurden. Zu diesem Zweck muss insbesondere auch dafür gesorgt werden, dass die Gefäße und Tanks keine Stoffe enthalten, die diese Reaktionen begünstigen können.

2.2.51.2.2 Folgende Stoffe und Gemische sind zur Beförderung nicht zugelassen:

– Entzündend (oxidierend) wirkende feste Stoffe, selbsterhitzungsfähig, die der UN-Nummer 3100, entzündend (oxidierend) wirkende feste Stoffe, mit Wasser reagierend, die der UN-Nummer 3121, und entzündend (oxidierend) wirkende feste Stoffe, entzündbar, die der UN-Nummer 3137 zugeordnet sind, es sei denn, sie entsprechen den Vorschriften der Klasse 1 (siehe auch Unterabschnitt 2.1.3.7);

– nicht stabilisiertes Wasserstoffperoxid oder nicht stabilisierte wässerige Lösungen von Wasserstoffperoxid mit mehr als 60 % Wasserstoffperoxid;

– Tetranitromethan, nicht frei von brennbaren Verunreinigungen;

– Lösungen von Perchlorsäure mit mehr als 72 Masse-% Säure oder Gemische von Perchlorsäure mit irgendeinem flüssigen Stoff außer Wasser;

Besondere Vorschriften für die einzelnen Klassen 2.2

ADR	RID

- Lösung von Chlorsäure mit mehr als 10 % Chlorsäure oder Gemische von Chlorsäure mit irgendeinem flüssigen Stoff außer Wasser;
- andere halogenierte Fluorverbindungen als UN 1745 BROMPENTAFLUORID, UN 1746 BROMTRIFLUORID und UN 2495 IODPENTAFLUORID der Klasse 5.1 sowie UN 1749 CHLORTRIFLUORID und UN 2548 CHLORPENTAFLUORID der Klasse 2;
- Ammoniumchlorat und seine wässerigen Lösungen sowie Gemische von Chlorat mit einem Ammoniumsalz;
- Ammoniumchlorit und seine wässerigen Lösungen sowie Gemische eines Chlorits mit einem Ammoniumsalz;
- Hypochloritgemische mit einem Ammoniumsalz;
- Ammoniumbromat und seine wässerigen Lösungen sowie Gemische eines Bromats mit einem Ammoniumsalz;
- Ammoniumpermanganat und seine wässerigen Lösungen sowie Gemische eines Permanganats mit einem Ammoniumsalz;
- Ammoniumnitrat mit mehr als 0,2 % brennbaren Stoffen (einschließlich aller organischen Stoffe als Kohlenstoff-Äquivalent), ausgenommen als Bestandteil eines Stoffes oder Gegenstandes der Klasse 1;
- ammoniumnitrathaltige Düngemittel mit Zusammensetzungen, die zu Ausgang 4, 6, 8, 15, 31 oder 33 des Ablaufdiagramms in Absatz 39.5.1 des Handbuchs Prüfungen und Kriterien Teil III Abschnitt 39 führen, es sei denn, sie wurden einer geeigneten UN-Nummer der Klasse 1 zugeordnet;
- ammoniumnitrathaltige Düngemittel mit Zusammensetzungen, die zu Ausgang 20, 23 oder 39 des Ablaufdiagramms in Absatz 39.5.1 des Handbuchs Prüfungen und Kriterien Teil III Abschnitt 39 führen, es sei denn, sie wurden einer geeigneten UN-Nummer der Klasse 1 oder unter der Voraussetzung, dass die Eignung für die Beförderung nachgewiesen und dies von der zuständigen Behörde genehmigt wurde, einer geeigneten UN-Nummer der Klasse 5.1 mit Ausnahme der UN-Nummer 2067 zugeordnet;

Bem. Der Begriff «zuständige Behörde» bedeutet die zuständige Behörde des Ursprungslandes. Ist das Ursprungsland

keine Vertragspartei des ADR,	kein RID-Vertragsstaat,

so müssen die Klassifizierung und die Beförderungsbedingungen von der zuständigen Behörde

der	des

ersten von der Sendung berührten

Vertragspartei des ADR	RID-Vertragsstaates

anerkannt werden.

- Ammoniumnitrit und seine wässerigen Lösungen sowie Gemische von einem anorganischen Nitrit mit einem Ammoniumsalz;
- Gemische von Kaliumnitrat und Natriumnitrit mit einem Ammoniumsalz.

2.2 Besondere Vorschriften für die einzelnen Klassen

ADR | **RID**

2.2.51.3 Verzeichnis der Sammeleintragungen

Nebengefahr		Klassifizierungscode	UN-Nummer	Benennung des Stoffes oder Gegenstandes
Entzündend (oxidierend) wirkende Stoffe und Gegenstände die solche Stoffe enthalten				
ohne Nebengefahr O	flüssig	O1	3210	CHLORATE, ANORGANISCHE, WÄSSERIGE LÖSUNG, N.A.G.
			3211	PERCHLORATE, ANORGANISCHE, WÄSSERIGE LÖSUNG, N.A.G.
			3213	BROMATE, ANORGANISCHE, WÄSSERIGE LÖSUNG, N.A.G.
			3214	PERMANGANATE, ANORGANISCHE, WÄSSERIGE LÖSUNG, N.A.G.
			3216	PERSULFATE, ANORGANISCHE, WÄSSERIGE LÖSUNG, N.A.G.
			3218	NITRATE, ANORGANISCHE, WÄSSERIGE LÖSUNG, N.A.G.
			3219	NITRITE, ANORGANISCHE, WÄSSERIGE LÖSUNG, N.A.G.
			3139	ENTZÜNDEND (OXIDIEREND) WIRKENDER FLÜSSIGER STOFF, N.A.G.
	fest	O2	1450	BROMATE, ANORGANISCHE, N.A.G.
			1461	CHLORATE, ANORGANISCHE, N.A.G.
			1462	CHLORITE, ANORGANISCHE, N.A.G.
			1477	NITRATE, ANORGANISCHE, N.A.G.
			1481	PERCHLORATE, ANORGANISCHE, N.A.G.
			1482	PERMANGANATE, ANORGANISCHE, N.A.G.
			1483	PEROXIDE, ANORGANISCHE, N.A.G.
			2627	NITRITE, ANORGANISCHE, N.A.G.
			3212	HYPOCHLORITE, ANORGANISCHE, N.A.G.
			3215	PERSULFATE, ANORGANISCHE, N.A.G.
			1479	ENTZÜNDEND (OXIDIEREND) WIRKENDER FESTER STOFF, N.A.G.
	Gegenstände	O3	3356	SAUERSTOFFGENERATOR, CHEMISCH
			3544	GEGENSTÄNDE, DIE EINEN ENTZÜNDEND (OXIDIEREND) WIRKENDEN STOFF ENTHALTEN, N.A.G.
entzündbar, fest		OF	3137	ENTZÜNDEND (OXIDIEREND) WIRKENDER FESTER STOFF, ENTZÜNDBAR, N.A.G. (nicht zur Beförderung zugelassen, siehe Unterabschnitt 2.2.51.2)
selbsterhitzungsfähig, fest		OS	3100	ENTZÜNDEND (OXIDIEREND) WIRKENDER FESTER STOFF, SELBSTERHITZUNGSFÄHIG, N.A.G. (nicht zur Beförderung zugelassen, siehe Unterabschnitt 2.2.51.2)
mit Wasser reagierend, fest		OW	3121	ENTZÜNDEND (OXIDIEREND) WIRKENDER FESTER STOFF, MIT WASSER REAGIEREND, N.A.G. (nicht zur Beförderung zugelassen, siehe Unterabschnitt 2.2.51.2)
giftig OT	flüssig	OT1	3099	ENTZÜNDEND (OXIDIEREND) WIRKENDER FLÜSSIGER STOFF, GIFTIG, N.A.G.
	fest	OT2	3087	ENTZÜNDEND (OXIDIEREND) WIRKENDER FESTER STOFF, GIFTIG, N.A.G.
ätzend OC	flüssig	OC1	3098	ENTZÜNDEND (OXIDIEREND) WIRKENDER FLÜSSIGER STOFF, ÄTZEND, N.A.G.
	fest	OC2	3085	ENTZÜNDEND (OXIDIEREND) WIRKENDER FESTER STOFF, ÄTZEND, N.A.G.
giftig, ätzend		OTC		(keine Sammeleintragung mit diesem Klassifizierungscode vorhanden; soweit erforderlich Zuordnung zu einer Sammeleintragung mit einem Klassifizierungscode, der nach der Tabelle der überwiegenden Gefahr in Unterabschnitt 2.1.3.10 zu bestimmen ist)

Besondere Vorschriften für die einzelnen Klassen 2.2

ADR	RID

2.2.52 Klasse 5.2: Organische Peroxide

2.2.52.1 Kriterien

2.2.52.1.1 Der Begriff der Klasse 5.2 umfasst organische Peroxide und Zubereitungen organischer Peroxide.

2.2.52.1.2 Die Stoffe der Klasse 5.2 sind wie folgt unterteilt:

P1 organische Peroxide, für die keine Temperaturkontrolle erforderlich ist

P2 organische Peroxide, für die eine Temperaturkontrolle erforderlich ist (nicht zur Beförderung im Eisenbahnverkehr zugelassen).

Begriffsbestimmung

2.2.52.1.3 *Organische Peroxide* sind organische Stoffe, die das bivalente -O-O-Strukturelement enthalten und die als Derivate des Wasserstoffperoxids, in welchem ein Wasserstoffatom oder beide Wasserstoffatome durch organische Radikale ersetzt sind, angesehen werden können.

Eigenschaften

2.2.52.1.4 Organische Peroxide können sich bei normalen oder erhöhten Temperaturen exotherm zersetzen. Die Zersetzung kann durch Wärme, Kontakt mit Verunreinigungen (z.B. Säuren, Schwermetallverbindungen, Amine), Reibung oder Stoß ausgelöst werden. Die Zersetzungsgeschwindigkeit nimmt mit der Temperatur zu und ist abhängig von der Zusammensetzung des organischen Peroxids. Bei der Zersetzung können sich schädliche oder entzündliche Gase oder Dämpfe entwickeln.

Für bestimmte organische Peroxide ist eine Temperaturkontrolle während der Beförderung erforderlich.

Bestimmte organische Peroxide können sich vor allem unter Einschluss explosionsartig zersetzen. Diese Eigenschaft kann durch Hinzufügen von Verdünnungsmitteln oder die Verwendung geeigneter Verpackungen verändert werden. Viele organische Peroxide brennen heftig. Es ist zu vermeiden, dass organische Peroxide mit den Augen in Berührung kommen. Schon nach sehr kurzer Berührung verursachen bestimmte organische Peroxide ernste Hornhautschäden oder Hautverätzungen.

Bem. Prüfverfahren zur Bestimmung der Entzündbarkeit organischer Peroxide sind im Handbuch Prüfungen und Kriterien Teil III Abschnitt 32.4 enthalten. Da organische Peroxide bei Erwärmung heftig reagieren können, wird empfohlen, für die Bestimmung ihres Flammpunktes kleine Probengrößen, wie in ISO-Norm 3679:1983 beschrieben, zu verwenden.

Zuordnung

2.2.52.1.5 Jedes organische Peroxid ist als der Klasse 5.2 zugeordnet anzusehen, es sei denn die Zubereitung des organischen Peroxids

a) enthält nicht mehr als 1,0 % Aktivsauerstoff bei höchstens 1,0 % Wasserstoffperoxid;

b) enthält nicht mehr als 0,5 % Aktivsauerstoff bei mehr als 1,0 %, jedoch höchstens 7,0 % Wasserstoffperoxid.

Bem. Der Aktivsauerstoffgehalt (%) einer Zubereitung eines organischen Peroxids ergibt sich aus der Formel

$16 \times \sum (n_i \times c_i / m_i)$,

wobei:

n_i = Anzahl der Peroxygruppen je Molekül des organischen Peroxids i;

c_i = Konzentration (Masse-%) des organischen Peroxids i;

m_i = molekulare Masse des organischen Peroxids i.

2.2 Besondere Vorschriften für die einzelnen Klassen

ADR	RID

2.2.52.1.6 Organische Peroxide werden auf Grund ihres Gefahrengrades in sieben Typen eingeteilt. Die Typen reichen von Typ A, der nicht zur Beförderung in der Verpackung, in der er geprüft worden ist, zugelassen ist, bis zu Typ G, der nicht den Vorschriften der Klasse 5.2 unterliegt. Die Zuordnung zu den Typen B bis F steht in unmittelbarer Beziehung zu der zulässigen Höchstmenge in einem Versandstück. Die Grundsätze für die Zuordnung von Stoffen, die in Unterabschnitt 2.2.52.4 nicht genannt sind, sind im Handbuch Prüfungen und Kriterien Teil II aufgeführt.

2.2.52.1.7 Bereits klassifizierte organische Peroxide, die bereits zur Beförderung in Verpackungen zugelassen sind, sind in Unterabschnitt 2.2.52.4 aufgeführt, diejenigen, die bereits zur Beförderung in Großpackmitteln (IBC) zugelassen sind, sind in Unterabschnitt 4.1.4.2 Verpackungsanweisung IBC 520 aufgeführt und diejenigen, die bereits zur Beförderung in Tanks gemäß den Kapiteln 4.2 und 4.3 zugelassen sind, sind in Unterabschnitt 4.2.5.2 Anweisung für ortsbewegliche Tanks T 23 aufgeführt. Für jeden aufgeführten zugelassenen Stoff ist die Gattungseintragung aus Kapitel 3.2 Tabelle A (UN-Nummern 3101 bis 3120) zugeordnet und sind die entsprechenden Nebengefahren und Bemerkungen mit relevanten Informationen für die Beförderung angegeben.

Diese Gattungseintragungen geben an:
- den Typ (B bis F) des organischen Peroxids, siehe Absatz 2.2.52.1.6;
- den Aggregatzustand (flüssig/fest)
- und gegebenenfalls die Temperaturkontrolle, siehe Absätze 2.2.52.1.15 und 2.2.52.1.16.

Gemische dieser Zubereitungen können dem Typ des organischen Peroxids, der dem gefährlichsten Bestandteil entspricht, gleichgestellt und unter den für diesen Typ geltenden Beförderungsbedingungen befördert werden. Wenn jedoch zwei stabile Bestandteile ein thermisch weniger stabiles Gemisch bilden können, so ist die Temperatur der selbstbeschleunigenden Zersetzung (SADT) des Gemisches zu bestimmen und, falls erforderlich, die aus der SADT nach den Vorschriften des Absatzes 7.1.7.3.6 berechnete Kontroll- und Notfalltemperatur.

2.2.52.1.8 Die Klassifizierung organischer Peroxide, die in Unterabschnitt 2.2.52.4, in Unterabschnitt 4.1.4.2 Verpackungsanweisung IBC 520 oder in Unterabschnitt 4.2.5.2 Anweisung für ortsbewegliche Tanks T 23 nicht aufgeführt sind, sowie ihre Zuordnung zu einer Sammeleintragung sind von der zuständigen Behörde des Ursprungslandes vorzunehmen. Das Genehmigungszeugnis muss die Zuordnung und die entsprechenden Beförderungsbedingungen enthalten. Ist das Ursprungsland

keine Vertragspartei des ADR,	kein RID-Vertragsstaat des COTIF,

so müssen die Zuordnung und die Beförderungsbedingungen von der zuständigen Behörde des ersten von der Sendung berührten

Vertragspartei des ADR	RID-Vertragsstaates des COTIF

anerkannt werden.

2.2.52.1.9 Muster von organischen Peroxiden oder von Zubereitungen organischer Peroxide, die in Unterabschnitt 2.2.52.4 nicht aufgeführt sind, für die ein vollständiger Prüfdatensatz nicht vorliegt und die für die Durchführung weiterer Prüfungen und Bewertungen zu befördern sind, sind einer der für organische Peroxide Typ C zutreffenden Eintragung zuzuordnen, vorausgesetzt:
- aus den vorliegenden Daten geht hervor, dass das Muster nicht gefährlicher ist als ein organisches Peroxid Typ B;
- das Muster ist gemäß Verpackungsmethode OP2 verpackt und die Masse je Beförderungseinheit | Wagen
beträgt nicht mehr als 10 kg;

Besondere Vorschriften für die einzelnen Klassen 2.2

ADR	RID
– aus den vorliegenden Daten geht hervor, dass die Kontrolltemperatur, falls sie erforderlich ist, so niedrig ist, dass eine gefährliche Zersetzung vermieden wird, und hoch genug ist, um eine gefährliche Phasentrennung zu vermeiden.	
	Muster, für die eine Temperaturkontrolle erforderlich ist, sind zur Beförderung im Eisenbahnverkehr nicht zugelassen.

Desensibilisierung organischer Peroxide

2.2.52.1.10 Um eine sichere Beförderung organischer Peroxide zu gewährleisten, werden sie in vielen Fällen durch organische flüssige oder feste Stoffe, anorganische feste Stoffe oder Wasser desensibilisiert. Wenn ein Prozentgehalt eines Stoffes festgesetzt ist, bezieht sich dieser auf den Massengehalt, gerundet auf die nächste ganze Zahl. Grundsätzlich ist die Desensibilisierung so vorzunehmen, dass beim Freiwerden keine gefährliche Aufkonzentrierung des organischen Peroxids eintreten kann.

2.2.52.1.11 Soweit für eine einzelne Zubereitung eines organischen Peroxids nichts anderes bestimmt ist, gelten die nachfolgenden Begriffsbestimmungen für Verdünnungsmittel, die zur Desensibilisierung verwendet werden:

– Verdünnungsmittel des Typs A sind organische flüssige Stoffe, die mit dem organischen Peroxid verträglich sind und die einen Siedepunkt von mindestens 150 °C haben. Verdünnungsmittel des Typs A dürfen zur Desensibilisierung aller organischen Peroxide verwendet werden.

– Verdünnungsmittel des Typs B sind organische flüssige Stoffe, die mit dem organischen Peroxid verträglich sind und die einen Siedepunkt unter 150 °C, jedoch nicht unter 60 °C, und einen Flammpunkt nicht unter 5 °C haben.

Verdünnungsmittel des Typs B dürfen zur Desensibilisierung aller organischen Peroxide verwendet werden, vorausgesetzt, der Siedepunkt des flüssigen Stoffes ist mindestens 60 °C höher als die SADT in einem Versandstück von 50 kg.

2.2.52.1.12 Verdünnungsmittel, die nicht zum Typ A oder B gehören, dürfen den in Unterabschnitt 2.2.52.4 aufgeführten Zubereitungen organischer Peroxide hinzugefügt werden, wenn sie mit diesen verträglich sind. Das vollständige oder teilweise Ersetzen von Verdünnungsmitteln des Typs A oder B durch ein anderes Verdünnungsmittel mit unterschiedlichen Eigenschaften erfordert jedoch eine erneute Bewertung der Zubereitung nach dem normalen Zuordnungsverfahren für die Klasse 5.2.

2.2.52.1.13 Wasser darf zur Desensibilisierung nur den organischen Peroxiden zugefügt werden, die in Unterabschnitt 2.2.52.4 oder in der Genehmigung der zuständigen Behörde gemäß Absatz 2.2.52.1.8 als «mit Wasser» oder als «stabile Dispersion in Wasser» bezeichnet sind. Muster und Zubereitungen organischer Peroxide, die in Unterabschnitt 2.2.52.4 nicht aufgeführt sind, dürfen ebenfalls mit Wasser desensibilisiert sein, vorausgesetzt, die Bedingungen in Absatz 2.2.52.1.9 sind erfüllt.

2.2.52.1.14 Organische und anorganische feste Stoffe dürfen zur Desensibilisierung organischer Peroxide verwendet werden, wenn sie mit diesen verträglich sind. Flüssige und feste Stoffe gelten als verträglich, wenn sie weder die thermische Stabilität noch den Gefahrentyp der Zubereitung des organischen Peroxids nachteilig beeinflussen.

2.2 Besondere Vorschriften für die einzelnen Klassen

ADR	RID
Vorschriften für die Temperaturkontrolle	
2.2.52.1.15 Folgende organische Peroxide unterliegen der Temperaturkontrolle während der Beförderung: – organische Peroxide der Typen B und C mit einer SADT ≤ 50 °C; – organische Peroxide des Typs D, die eine mäßige Reaktion beim Erwärmen unter Einschluss zeigen, mit einer SADT ≤ 50 °C, oder die eine schwache oder keine Reaktion beim Erwärmen unter Einschluss zeigen, mit einer SADT ≤ 45 °C, und – organische Peroxide der Typen E und F mit einer SADT ≤ 45 °C. **Bem.** Vorschriften zur Bestimmung der Reaktionen beim Erwärmen unter Einschluss sind im Handbuch Prüfungen und Kriterien Teil II Abschnitt 20 und Prüfreihe E in Abschnitt 25 angegeben. Siehe Abschnitt 7.1.7.	(bleibt offen)
2.2.52.1.16 Soweit zutreffend, sind die Kontroll- und Notfalltemperaturen in Unterabschnitt 2.2.52.4 angegeben. Die tatsächliche Temperatur während der Beförderung darf niedriger sein als die Kontrolltemperatur, ist aber so zu wählen, dass keine gefährliche Phasentrennung eintritt.	(bleibt offen)
2.2.52.2 Nicht zur Beförderung zugelassene Stoffe	
Die organischen Peroxide des Typs A (siehe Handbuch Prüfungen und Kriterien Teil II Absatz 20.4.3 a)) sind unter den Bedingungen der Klasse 5.2 nicht zur Beförderung zugelassen.	Folgende organische Peroxide sind unter den Bedingungen der Klasse 5.2 nicht zur Beförderung zugelassen: – organische Peroxide des Typs A (siehe Handbuch Prüfungen und Kriterien Teil II Absatz 20.4.3 a)); Folgende organische Peroxide, für die eine Temperaturkontrolle erforderlich ist, sind zur Beförderung im Eisenbahnverkehr nicht zugelassen: – organische Peroxide der Typen B und C mit einer Temperatur der selbstbeschleunigenden Zersetzung (SADT) ≤ 50 °C: UN 3111 ORGANISCHES PEROXID TYP B, FLÜSSIG, TEMPERATURKONTROLLIERT; UN 3112 ORGANISCHES PEROXID TYP B, FEST, TEMPERATURKONTROLLIERT;

Besondere Vorschriften für die einzelnen Klassen 2.2

ADR	RID
	UN 3113 ORGANISCHES PEROXID TYP C, FLÜSSIG, TEMPERATURKONTROLLIERT;
	UN 3114 ORGANISCHES PEROXID TYP C, FEST, TEMPERATURKONTROLLIERT;
	– organische Peroxide des Typs D, die bei Erwärmen unter Einschluss eine heftige oder mäßige Reaktion zeigen, mit einer SADT ≤ 50 °C, oder die bei Erwärmen unter Einschluss eine schwache oder keine Reaktion zeigen, mit einer SADT ≤ 45 °C:
	UN 3115 ORGANISCHES PEROXID TYP D, FLÜSSIG, TEMPERATURKONTROLLIERT;
	UN 3116 ORGANISCHES PEROXID TYP D, FEST, TEMPERATURKONTROLLIERT;
	– organische Peroxide der Typen E und F mit einer SADT ≤ 45 °C:
	UN 3117 ORGANISCHES PEROXID TYP E, FLÜSSIG, TEMPERATURKONTROLLIERT;
	UN 3118 ORGANISCHES PEROXID TYP E, FEST, TEMPERATURKONTROLLIERT;
	UN 3119 ORGANISCHES PEROXID TYP F, FLÜSSIG, TEMPERATURKONTROLLIERT;
	UN 3120 ORGANISCHES PEROXID TYP F, FEST, TEMPERATURKONTROLLIERT.

2.2 Besondere Vorschriften für die einzelnen Klassen

ADR | **RID**

2.2.52.3 Verzeichnis der Sammeleintragungen

Klassifizierungscode	UN-Nummer	Benennung des Stoffes oder Gegenstandes
Organische Peroxide		
keine Temperaturkontrolle erforderlich P1		ORGANISCHES PEROXID TYP A, FLÜSSIG (nicht zur Beförderung zugelassen, siehe Unterabschnitt 2.2.52.2)
		ORGANISCHES PEROXID TYP A, FEST (nicht zur Beförderung zugelassen, siehe Unterabschnitt 2.2.52.2)
	3101	ORGANISCHES PEROXID TYP B, FLÜSSIG
	3102	ORGANISCHES PEROXID TYP B, FEST
	3103	ORGANISCHES PEROXID TYP C, FLÜSSIG
	3104	ORGANISCHES PEROXID TYP C, FEST
	3105	ORGANISCHES PEROXID TYP D, FLÜSSIG
	3106	ORGANISCHES PEROXID TYP D, FEST
	3107	ORGANISCHES PEROXID TYP E, FLÜSSIG
	3108	ORGANISCHES PEROXID TYP E, FEST
	3109	ORGANISCHES PEROXID TYP F, FLÜSSIG
	3110	ORGANISCHES PEROXID TYP F, FEST
		ORGANISCHES PEROXID TYP G, FLÜSSIG (unterliegt nicht den für die Klasse 5.2 geltenden Vorschriften, siehe Absatz 2.2.52.1.6)
		ORGANISCHES PEROXID TYP G, FEST (unterliegt nicht den für die Klasse 5.2 geltenden Vorschriften, siehe Absatz 2.2.52.1.6)
	3545	GEGENSTÄNDE, DIE ORGANISCHES PEROXID ENTHALTEN, N.A.G.
Temperaturkontrolle erforderlich P2	3111	ORGANISCHES PEROXID TYP B, FLÜSSIG, TEMPERATURKONTROLLIERT (nicht zur Beförderung im Eisenbahnverkehr zugelassen, siehe Unterabschnitt 2.2.52.2)
	3112	ORGANISCHES PEROXID TYP B, FEST, TEMPERATURKONTROLLIERT (nicht zur Beförderung im Eisenbahnverkehr zugelassen, siehe Unterabschnitt 2.2.52.2)
	3113	ORGANISCHES PEROXID TYP C, FLÜSSIG, TEMPERATURKONTROLLIERT (nicht zur Beförderung im Eisenbahnverkehr zugelassen, siehe Unterabschnitt 2.2.52.2)
	3114	ORGANISCHES PEROXID TYP C, FEST, TEMPERATURKONTROLLIERT (nicht zur Beförderung im Eisenbahnverkehr zugelassen, siehe Unterabschnitt 2.2.52.2)
	3115	ORGANISCHES PEROXID TYP D, FLÜSSIG, TEMPERATURKONTROLLIERT (nicht zur Beförderung im Eisenbahnverkehr zugelassen, siehe Unterabschnitt 2.2.52.2)
	3116	ORGANISCHES PEROXID TYP D, FEST, TEMPERATURKONTROLLIERT (nicht zur Beförderung im Eisenbahnverkehr zugelassen, siehe Unterabschnitt 2.2.52.2)
	3117	ORGANISCHES PEROXID TYP E, FLÜSSIG, TEMPERATURKONTROLLIERT (nicht zur Beförderung im Eisenbahnverkehr zugelassen, siehe Unterabschnitt 2.2.52.2)
	3118	ORGANISCHES PEROXID TYP E, FEST, TEMPERATURKONTROLLIERT (nicht zur Beförderung im Eisenbahnverkehr zugelassen, siehe Unterabschnitt 2.2.52.2)
	3119	ORGANISCHES PEROXID TYP F, FLÜSSIG, TEMPERATURKONTROLLIERT (nicht zur Beförderung im Eisenbahnverkehr zugelassen, siehe Unterabschnitt 2.2.52.2)
	3120	ORGANISCHES PEROXID TYP F, FEST, TEMPERATURKONTROLLIERT (nicht zur Beförderung im Eisenbahnverkehr zugelassen, siehe Unterabschnitt 2.2.52.2)
	3545 (nur ADR)	GEGENSTÄNDE, DIE ORGANISCHES PEROXID ENTHALTEN, N.A.G.

Besondere Vorschriften für die einzelnen Klassen 2.2
ADR RID

2.2.52.4 Verzeichnis der bereits zugeordneten organischen Peroxide in Verpackungen

Die in der Spalte «Verpackungsmethode» angegebenen Codes «OP1» bis «OP8» verweisen auf die Verpackungsmethoden in Unterabschnitt 4.1.4.1 Verpackungsanweisung P 520 (siehe auch Unterabschnitt 4.1.7.1). Die zu befördernden organischen Peroxide müssen der Klassifizierung
und den angegebenen (von der SADT abgeleiteten) Kontroll- und Notfalltemperaturen
entsprechen. Für Stoffe, die in Großpackmitteln (IBC) zugelassen sind, siehe Unterabschnitt 4.1.4.2 Verpackungsanweisung IBC 520, und für Stoffe, die in Tanks gemäß den Kapiteln 4.2 und 4.3 zugelassen sind, siehe Absatz 4.2.5.2.6 Anweisung für ortsbewegliche Tanks T 23. Die in der Verpackungsanweisung IBC 520 des Unterabschnitts 4.1.4.2 und in der Anweisung für ortsbewegliche Tanks T 23 des Absatzes 4.2.5.2.6 aufgeführten Zubereitungen dürfen
, gegebenenfalls mit denselben Kontroll-
und Notfalltemperaturen,
auch gemäß Unterabschnitt 4.1.4.1 Verpackungsanweisung P 520 Verpackungsmethode OP8 verpackt befördert werden.

Organisches Peroxid	Konzentration %	Verdünnungsmittel Typ A (%)	Verdünnungsmittel Typ B (%)[1]	inerter fester Stoff (%)	Wasser (%)	Verpackungsmethode	Kontrolltemperatur (°C) (nur ADR)	Notfalltemperatur (°C) (nur ADR)	UN-Nr. der Gattungseintragung	Nebengefahr und Bemerkungen
ACETYLACETONPEROXID	≤ 42	≥ 48			≥ 8	OP7			3105	2)
– " – (als Paste)	≤ 32					OP7			3106	20)
ACETYLCYCLOHEXAN-SULFONYLPEROXID	≤ 82				≥ 12	ADR: OP4	– 10	0	3112	ADR: 3) RID: verboten
– " –	≤ 32		≥ 68			ADR: OP7	– 10	0	3115	RID: verboten
tert-AMYLHYDROPEROXID	≤ 88	≥ 6			≥ 6	OP8			3107	
tert-AMYLPEROXYACETAT	≤ 62	≥ 38				OP7			3105	
tert-AMYLPEROXYBENZOAT	≤ 100					OP5			3103	
tert-AMYLPEROXY-2-ETHYLHEXANOAT	≤ 100					ADR: OP7	+ 20	+ 25	3115	RID: verboten
tert-AMYLPEROXY-2-ETHYLHEXYLCARBONAT	≤ 100					OP7			3105	
tert-AMYLPEROXY-ISOPROPYLCARBONAT	≤ 77	≥ 23				OP5			3103	
tert-AMYLPEROXYNEODE-CANOAT	≤ 77		≥ 23			ADR: OP7	0	+ 10	3115	RID: verboten
– " –	≤ 47	≥ 53				ADR: OP8	0	+ 10	3119	RID: verboten
tert-AMYLPEROXYPIVALAT	≤ 77		≥ 23			ADR: OP5	+ 10	+ 15	3113	RID: verboten
tert-AMYLPEROXY-3,5,5-TRIMETHYLHEXANOAT	≤ 100					OP7			3105	
tert-BUTYLCUMYLPEROXID	> 42-100					OP8			3109	
– " –	≤ 52			≥ 48		OP8			3108	
n-BUTYL-4,4-DI-(tert-BUTYLPEROXY)-VALERAT	> 52-100					OP5			3103	
– " –	≤ 52			≥ 48		OP8			3108	
tert-BUTYLHYDROPEROXID	> 79-90				≥ 10	OP5			3103	13)
– " –	≤ 80	≥ 20				OP7			3105	4), 13)
– " –	≤ 79				> 14	OP8			3107	13), 23)
– " –	≤ 72				≥ 28	OP8			3109	13)
tert-BUTYLHYDROPEROXID + DI-tert-BUTYLPEROXID	< 82 + > 9				≥ 7	OP5			3103	13)

2.2 Besondere Vorschriften für die einzelnen Klassen

ADR | **RID**

Verzeichnis der bereits zugeordneten organischen Peroxide in Verpackungen (Fortsetzung)

Organisches Peroxid	Konzentration %	Verdünnungsmittel Typ A (%)	Verdünnungsmittel Typ B (%)[1]	inerter fester Stoff (%)	Wasser (%)	Verpackungsmethode	Kontrolltemperatur (°C) (nur ADR)	Notfalltemperatur (°C) (nur ADR)	UN-Nr. der Gattungseintragung	Nebengefahr und Bemerkungen
tert-BUTYLMONOPEROXY-MALEAT	> 52-100					OP5			3102	3)
–"–	≤ 52	≥ 48				OP6			3103	
–"–	≤ 52			≥ 48		OP8			3108	
–"– (als Paste)	≤ 52					OP8			3108	
tert-BUTYLPEROXYACETAT	> 52-77	≥ 23				OP5			3101	3)
–"–	> 32-52	≥ 48				OP6			3103	
–"–	≤ 52		≥ 68			OP8			3109	
tert-BUTYLPEROXYBENZOAT	> 77-100					OP5			3103	
–"–	> 52-77	≥ 23				OP7			3105	
–"–	≤ 52			≥ 48		OP7			3106	
tert-BUTYLPEROXYBUTYL-FUMARAT	≤ 52	≥ 48				OP7			3105	
tert-BUTYLPEROXYCROTONAT	≤ 77	≥ 23				OP7			3105	
tert-BUTYLPEROXYDIETHYL-ACETAT	≤ 100					ADR: OP5	+ 20	+ 25	3113	RID: verboten
tert-BUTYLPEROXY-2-ETHYLHEXANOAT	> 52-100					ADR: OP6	+ 20	+ 25	3113	RID: verboten
–"–	> 32-52	≥ 48				ADR: OP8	+ 30	+ 35	3117	RID: verboten
–"–	≤ 52			≥ 48		ADR: OP8	+ 20	+ 25	3118	RID: verboten
–"–	≤ 32		≥ 68			ADR: OP8	+ 40	+ 45	3119	RID: verboten
tert-BUTYLPEROXY-2-ETHYLHEXANOAT + 2,2-DI-(tert-BUTYLPEROXY)-BUTAN	≤ 12 + ≤ 14	≥ 14		≥ 60		OP7			3106	
–"–	≤ 31 + ≤ 36		≥ 33			ADR: OP7	+ 35	+ 40	3115	RID: verboten
tert-BUTYLPEROXY-2-ETHYLHEXYLCARBONAT	≤ 100					OP7			3105	
tert-BUTYLPEROXYISOBUTYRAT	> 52-77		≥ 23			ADR: OP5	+ 15	+ 20	3111	ADR: 3) RID: verboten
–"–	≤ 52		≥ 48			ADR: OP7	+ 15	+ 20	3115	RID: verboten
tert-BUTYLPEROXY-ISOPROPYLCARBONAT	≤ 77	≥ 23				OP5			3103	
1-(2-tert-BUTYLPEROXYISOPROPYL)-3-ISOPROPENYLBENZEN	≤ 77	≥ 23				OP7			3105	
–"–	≤ 42			≥ 58		OP8			3108	
tert-BUTYLPEROXY-2-METHYLBENZOAT	≤ 100					OP5			3103	

Besondere Vorschriften für die einzelnen Klassen 2.2
ADR | RID

Verzeichnis der bereits zugeordneten organischen Peroxide in Verpackungen (Fortsetzung)

Organisches Peroxid	Konzentration %	Verdünnungsmittel Typ A (%)	Verdünnungsmittel Typ B (%)[1]	inerter fester Stoff (%)	Wasser (%)	Verpackungsmethode	Kontrolltemperatur (°C) (nur ADR)	Notfalltemperatur (°C) (nur ADR)	UN-Nr. der Gattungseintragung	Nebengefahr und Bemerkungen
tert-BUTYLPEROXYNEODECANOAT	> 77-100					ADR: OP7	– 5	+ 5	3115	RID: verboten
– " –	≤ 77		≥ 23			ADR: OP7	0	+ 10	3115	RID: verboten
– " – (als stabile Dispersion in Wasser)	≤ 52					ADR: OP8	0	+ 10	3119	RID: verboten
– " – (als stabile Dispersion in Wasser (gefroren))	≤ 42					ADR: OP8	0	+ 10	3118	RID: verboten
– " –	≤ 32	≥ 68				ADR: OP8	0	+ 10	3119	RID: verboten
tert-BUTYLPEROXYNEOHEPTANOAT	≤ 77	≥ 23				ADR: OP7	0	+ 10	3115	RID: verboten
– " – (als stabile Dispersion in Wasser)	≤ 42					ADR: OP8			3117	RID: verboten
tert-BUTYLPEROXYPIVALAT	> 67-77	≥ 23				ADR: OP5	0	+ 10	3113	RID: verboten
– " –	> 27-67		≥ 33			ADR: OP7	0	+ 10	3115	RID: verboten
– " –	≤ 27		≥ 73			ADR: OP8	+ 30	+ 35	3119	RID: verboten
tert-BUTYLPEROXY-STEARYLCARBONAT	≤ 100					OP7			3106	
tert-BUTYLPEROXY-3,5,5-TRIMETHYLHEXANOAT	> 37-100					OP7			3105	
– " –	≤ 42			≥ 58		OP7			3106	
– " –	≤ 37		≥ 63			OP8			3109	
3-CHLORPEROXYBENZOESÄURE	> 57-86			≥ 14		OP1			3102	3)
– " –	≤ 57			≥ 3	≥ 40	OP7			3106	
– " –	≤ 77			≥ 6	≥ 17	OP7			3106	
CUMYLHYDROPEROXID	> 90-98	≤ 10				OP8			3107	13)
– " –	≤ 90	≥ 10				OP8			3109	13), 18)
CUMYLPEROXYNEODECANOAT	≤ 87	≥ 13				ADR: OP7	– 10	0	3115	RID: verboten
– " –	≤ 77		≥ 23			ADR: OP7	– 10	0	3115	RID: verboten
– " – (als stabile Dispersion in Wasser)	≤ 52					ADR: OP8	– 10	0	3119	RID: verboten
CUMYLPEROXYNEOHEPTANOAT	≤ 77	≥ 23				ADR: OP7	– 10	0	3115	RID: verboten
CUMYLPEROXYPIVALAT	≤ 77		≥ 23			ADR: OP7	– 5	+ 5	3115	RID: verboten
CYCLOHEXANONPEROXID(E)	≤ 91				≥ 9	OP6			3104	13)
– " –	≤ 72	≥ 28				OP7			3105	5)
– " – (als Paste)	≤ 72					OP7			3106	5), 20)
– " –	≤ 32			≥ 68					freigestellt	29)
([3R-(3R,5aS,6S,8aS,9R,10R, 12S, 12aR**)]-DECAHYDRO-10-METHOXY-3,6,9-TRIMETHYL-3,12-EPOXY-12H-PYRANO[4,3-j]-1,2-BENZODIOXEPIN)	≤ 100					OP7			3106	

2.2 Besondere Vorschriften für die einzelnen Klassen

ADR | **RID**

Verzeichnis der bereits zugeordneten organischen Peroxide in Verpackungen (Fortsetzung)

Organisches Peroxid	Konzentration %	Verdünnungsmittel Typ A (%)	Verdünnungsmittel Typ B (%)[1]	inerter fester Stoff (%)	Wasser (%)	Verpackungsmethode	Kontrolltemperatur (°C) (nur ADR)	Notfalltemperatur (°C) (nur ADR)	UN-Nr. der Gattungseintragung	Nebengefahr und Bemerkungen
DIACETONALKOHOL-PEROXIDE	≤ 57		≥ 26		≥ 8	ADR: OP7	+ 40	+ 45	3115	ADR: 6) RID: verboten
DIACETYLPEROXID	≤ 27		≥ 73			ADR: OP7	+ 20	+ 25	3115	ADR: 7), 13) RID: verboten
DI-tert-AMYLPEROXID	≤ 100					OP8			3107	
2,2-DI-(tert-AMYLPEROXY)-BUTAN	≤ 57	≥ 43				OP7			3105	
1,1-DI-(tert-AMYLPEROXY)-CYCLOHEXAN	≤ 82	≥ 18				OP6			3103	
DIBENZOYLPEROXID	> 52-100			≤ 48		OP2			3102	3)
-"-	> 77-94				≥ 6	OP4			3102	3)
-"-	≤ 77			≥ 23		OP6			3104	
-"-	≤ 62			≥ 28	≥ 10	OP7			3106	
-"- (als Paste)	> 52-62					OP7			3106	20)
-"-	> 35-52			≥ 48		OP7			3106	
-"-	> 36-42	≥ 18			≤ 40	OP8			3107	
-"- (als Paste)	≤ 56,5				≥ 15	OP8			3108	
-"- (als Paste)	≤ 52					OP8			3108	20)
-"- (als stabile Dispersion in Wasser)	≤ 42					OP8			3109	
-"-	≤ 35				≥ 65				freigestellt	29)
DIBERNSTEINSÄURE-PEROXID	> 72-100					OP4			3102	3), 17)
-"-	≤ 72			≥ 28		ADR: OP7	+ 10	+ 15	3116	RID: verboten
DI-(4-tert-BUTYLCYCLOHE-XYL)-PEROXYDICARBONAT	≤ 100					ADR: OP6	+ 30	+ 35	3114	RID: verboten
-"- (als stabile Dispersion in Wasser)	≤ 42					ADR: OP8	+ 30	+ 35	3119	RID: verboten
-"- (als Paste)	≤ 42					ADR: OP8	+ 35	+ 40	3118	RID: verboten
DI-tert-BUTYLPEROXID	> 52-100					OP8			3107	
-"-	≤ 52		≥ 48			OP8			3109	25)
DI-tert-BUTYLPEROXYAZELAT	≤ 52	≥ 48				OP7			3105	
2,2-DI-(tert-BUTYLPEROXY)-BUTAN	≤ 52	≥ 48				OP6			3103	
1,6-DI-(tert-BUTYLPEROXY-CARBONYLOXY)-HEXAN	≤ 72	≥ 28				OP5			3103	
1,1-DI-(tert-BUTYLPEROXY)-CYCLOHEXAN	> 80-100					OP5			3101	3)
-"-	≤ 72	≥ 28				OP5			3103	30)
-"-	> 52-80	≥ 20				OP5			3103	
-"-	> 42-52	≥ 48				OP7			3105	
-"-	≤ 42	≥ 13		≥ 45		OP7			3106	
-"-	≤ 42	≥ 58				OP8			3109	
-"-	≤ 27	≥ 25				OP8			3107	21)
-"-	≤ 13	≥ 13		≥ 74		OP8			3109	
1,1-DI-(tert-BUTYLPEROXY)-CYCLOHEXAN + tert-BUTYLPEROXY-2-ETHYLHEXANOAT	≤ 43 + ≤ 16	≥ 41				OP7			3105	

Besondere Vorschriften für die einzelnen Klassen 2.2
ADR | RID

Verzeichnis der bereits zugeordneten organischen Peroxide in Verpackungen (Fortsetzung)

Organisches Peroxid	Konzentration %	Verdünnungsmittel Typ A (%)	Verdünnungsmittel Typ B (%)[1)]	inerter fester Stoff (%)	Wasser (%)	Verpackungsmethode	Kontrolltemperatur (°C) (nur ADR)	Notfalltemperatur (°C) (nur ADR)	UN-Nr. der Gattungseintragung	Nebengefahr und Bemerkungen
DI-n-BUTYLPEROXYDICARBONAT	> 27-52		≥ 48			ADR: OP7	– 15	– 5	3115	RID: verboten
– " –	≤ 27		≥ 73			ADR: OP8	– 10	0	3117	RID: verboten
– " – (als stabile Dispersion in Wasser (gefroren))	≤ 42					ADR: OP8	– 15	– 5	3118	RID: verboten
DI-sec-BUTYLPEROXYDICARBONAT	> 52-100					ADR: OP4	– 20	– 10	3113	RID: verboten
– " –	≤ 52		≥ 48			ADR: OP7	– 15	– 5	3115	RID: verboten
DI-(tert-BUTYLPEROXY-ISOPROPYL)-BENZEN(E)	> 42-100			≥ 57		OP7			3106	
– " –	≤ 42			≥ 58		freigestellt				29)
DI-(tert-BUTYLPEROXY)-PHTHALAT	> 42-52	≥ 48				OP7			3105	
– " – (als Paste)	≤ 52					OP7			3106	20)
– " –	≤ 42	≥ 58				OP8			3107	
2,2-DI-(tert-BUTYLPEROXY)-PROPAN	≤ 52	≥ 48				OP7			3105	
– " –	≤ 42	≥ 13		≥ 45		OP7			3106	
1,1-DI-(tert-BUTYLPEROXY)-3,3,5-TRIMETHYLCYCLOHEXAN	> 90-100					OP5			3101	3)
– " –	≤ 90		≥ 10			OP5			3105	30)
– " –	> 57-90	≥ 10				OP5			3103	
– " –	≤ 77		≥ 23			OP5			3103	
– " –	≤ 57			≥ 43		OP8			3110	
– " –	≤ 57	≥ 43				OP8			3107	
– " –	≤ 32	≥ 26	≥ 42			OP8			3107	
DICETYLPEROXYDICARBONAT	≤ 100					ADR: OP8	+ 30	+ 35	3120	RID: verboten
– " – (als stabile Dispersion in Wasser)	≤ 42					ADR: OP8	+ 30	+ 35	3119	RID: verboten
DI-(4-CHLORBENZOYL)-PEROXID	≤ 77				≥ 23	OP5			3102	3)
– " – (als Paste)	≤ 52					OP7			3106	20)
– " –	≤ 32			≥ 68		freigestellt				29)
DICUMYLPEROXID	> 52-100					OP8			3110	12)
– " –	≤ 52			≥ 48		freigestellt				29)
DICYCLOHEXYLPEROXYDICARBONAT	> 91-100					ADR: OP3	+ 10	+ 15	3112	ADR: 3) RID: verboten
– " –	≤ 91				≥ 9	ADR: OP5	+ 10	+ 15	3114	RID: verboten
– " – (als stabile Dispersion in Wasser)	≤ 42					ADR: OP8	+ 15	+ 20	3119	RID: verboten
DIDECANOYLPEROXID	≤ 100					ADR: OP6	+ 30	+ 35	3114	RID: verboten
2,2-DI-(4,4-DI-(tert-BUTYLPEROXY)-CYCLOHEXYL)-PROPAN	≤ 42			≥ 58		OP7			3106	
– " –	≤ 22		≥ 78			OP8			3107	
DI-(2,4-DICHLORBENZOYL)-PEROXID	≤ 77				≥ 23	OP5			3102	3)
– " – (als Paste)	≤ 52					ADR: OP8	+ 20	+ 25	3118	RID: verboten
– " – (als Paste mit Silikonöl)	≤ 52					OP7			3106	

2.2 Besondere Vorschriften für die einzelnen Klassen
ADR / RID

Verzeichnis der bereits zugeordneten organischen Peroxide in Verpackungen (Fortsetzung)

Organisches Peroxid	Konzentration %	Verdünnungsmittel Typ A (%)	Verdünnungsmittel Typ B (%)[1]	inerter fester Stoff (%)	Wasser (%)	Verpackungsmethode	Kontrolltemperatur (°C) (nur ADR)	Notfalltemperatur (°C) (nur ADR)	UN-Nr. der Gattungseintragung	Nebengefahr und Bemerkungen
DI-(2-ETHOXYETHYL)-PEROXYDICARBONAT	≤ 52		≥ 48			ADR: OP7	– 10	0	3115	RID: verboten
DI-(2-ETHYLHEXYL)-PEROXYDICARBONAT	> 77-100					ADR: OP5	– 20	– 10	3113	RID: verboten
– " –	≤ 77		≥ 23			ADR: OP7	– 15	– 5	3115	RID: verboten
– " – (als stabile Dispersion in Wasser)	≤ 62					ADR: OP8	– 15	– 5	3119	RID: verboten
– " – (als stabile Dispersion in Wasser (gefroren))	≤ 52					ADR: OP8	– 15	– 5	3120	RID: verboten
2,2-DIHYDROPEROXYPROPAN	≤ 27			≥ 73		OP5			3102	3)
DI-(1-HYDROXYCYCLOHEXYL)-PEROXID	≤ 100					OP7			3106	
DIISOBUTYRYLPEROXID	> 32-52		≥ 48			ADR: OP5	– 20	– 10	3111	ADR: 3) RID: verboten
– " –	≤ 32		≥ 68			ADR: OP7	– 20	– 10	3115	RID: verboten
– " – (als stabile Dispersion in Wasser)	≤ 42					ADR: OP8	– 20	– 10	3119	RID: verboten
DIISOPROPYLBENZEN-DIHYDROPEROXID	≤ 82	≥ 5			≥ 5	OP7			3106	24)
DIISOPROPYL-PEROXYDICARBONAT	> 52-100					ADR: OP2	– 15	– 5	3112	ADR: 3) RID: verboten
– " –	≤ 52		≥ 48			ADR: OP7	– 20	– 10	3115	RID: verboten
– " –	≤ 32	≥ 68				ADR: OP7	– 15	– 5	3115	RID: verboten
DILAUROYLPEROXID	≤ 100					OP7			3106	
– " – (als stabile Dispersion in Wasser)	≤ 42					OP8			3109	
DI-(3-METHOXYBUTYL)-PEROXYDICARBONAT	≤ 52		≥ 48			ADR: OP7	– 5	+ 5	3115	RID: verboten
DI-(2-METHYLBENZOYL)-PEROXID	≤ 87			≥ 13		ADR: OP5	+ 30	+ 35	3112	ADR: 3) RID: verboten
DI-(4-METHYLBENZOYL)-PEROXID (als Paste mit Silikonöl)	≤ 52					OP7			3106	
DI-(3-METHYLBENZOYL)-PEROXID + BENZOYL-(3-METHYLBENZOYL)-PEROXID + DIBENZOYLPEROXID	≤ 20 + ≤ 18 + ≤ 4		≥ 58			ADR: OP7	+ 35	+ 40	3115	RID: verboten
2,5-DIMETHYL-2,5-DI-(BENZOYLPEROXY)-HEXAN	> 82-100					OP5			3102	3)
– " –	≤ 82			≥ 18		OP7			3106	
– " –	≤ 82			≥ 18		OP5			3104	

Besondere Vorschriften für die einzelnen Klassen 2.2

ADR	RID

Verzeichnis der bereits zugeordneten organischen Peroxide in Verpackungen (Fortsetzung)

Organisches Peroxid	Konzentration %	Verdünnungsmittel Typ A (%)	Verdünnungsmittel Typ B (%)[1]	inerter fester Stoff (%)	Wasser (%)	Verpackungsmethode	Kontrolltemperatur (°C) (nur ADR)	Notfalltemperatur (°C) (nur ADR)	UN-Nr. der Gattungseintragung	Nebengefahr und Bemerkungen
2,5-DIMETHYL-2,5-DI-(tert-BUTYLPEROXY)-HEXAN	> 90-100					OP5			3103	
– " –	> 52-90	≥ 10				OP7			3105	
– " –	≤ 77			≥ 23		OP8			3108	
– " –	≤ 52	≥ 48				OP8			3109	
– " – (als Paste)	≤ 47					OP8			3108	
2,5-DIMETHYL-2,5-DI-(tert-BUTYLPEROXY)-HEX-3-IN	> 86-100					OP5			3101	3)
– " –	> 52-86	≥ 14				OP5			3103	26)
– " –	≤ 52			≥ 48		OP7			3106	
2,5-DIMETHYL-2,5-DI-(2-ETHYLHEXANOYLPEROXY)-HEXAN	≤ 100					ADR: OP5	+ 20	+ 25	3113	RID: verboten
2,5-DIMETHYL-2-5-DIHYDROPEROXYHEXAN	≤ 82			≥ 18		OP6			3104	
2,5-DIMETHYL-2,5-DI-(3,5,5-TRIMETHYLHEXANOYL-PEROXY)-HEXAN	≤ 77	≥ 23				OP7			3105	
1,1-DIMETHYL-3-HYDROXYBUTYLPER-OXYNEOHEPTANOAT	≤ 52	≥ 48				ADR: OP8	0	+ 10	3117	RID: verboten
DIMYRISTYLPEROXYDI-CARBONAT	≤ 100					ADR: OP7	+ 20	+ 25	3116	RID: verboten
– " – (als stabile Dispersion in Wasser)	≤ 42					ADR: OP8	+ 20	+ 25	3119	RID: verboten
DI-(2-NEODECANOYLPER-OXYISOPROPYL)-BENZEN	≤ 52	≥ 48				ADR: OP7	– 10	0	3115	RID: verboten
DI-n-NONANOYLPEROXID	≤ 100					ADR: OP7	0	+ 10	3116	RID: verboten
DI-n-OCTANOYLPEROXID	≤ 100					ADR: OP5	+ 10	+ 15	3114	RID: verboten
DI-(2-PHENOXYETHYL)-PEROXYDICARBONAT	> 85-100					OP5			3102	3)
– " –	≤ 85				≥ 15	OP7			3106	
DIPROPIONYLPEROXID	≤ 27		≥ 73			ADR: OP8	+ 15	+ 20	3117	RID: verboten
DI-n-PROPYLPEROXYDI-CARBONAT	≤ 100					ADR: OP3	– 25	– 15	3113	RID: verboten
– " –	≤ 77	≥ 23				ADR: OP5	– 20	– 10	3113	RID: verboten
DI-(3,5,5-TRIMETHYL-HEXANOYL)-PEROXID	> 52-82	≥ 18				ADR: OP7	0	+ 10	3115	RID: verboten
– " –	> 38-52	≥ 48				ADR: OP8	+ 10	+ 15	3119	RID: verboten
– " – (als stabile Dispersion in Wasser)	≤ 52					ADR: OP8	+ 10	+ 15	3119	RID: verboten
– " –	≤ 38	≥ 62				ADR: OP8	+ 20	+ 25	3119	RID: verboten

2.2 Besondere Vorschriften für die einzelnen Klassen
ADR | RID

Verzeichnis der bereits zugeordneten organischen Peroxide in Verpackungen (Fortsetzung)

Organisches Peroxid	Konzentration %	Verdünnungsmittel Typ A (%)	Verdünnungsmittel Typ B (%)[1]	inerter fester Stoff (%)	Wasser (%)	Verpackungsmethode	Kontrolltemperatur (°C) (nur ADR)	Notfalltemperatur (°C) (nur ADR)	UN-Nr. der Gattungseintragung	Nebengefahr und Bemerkungen
ETHYL-3,3-DI-(tert-AMYLPEROXY)-BUTYRAT	≤ 67	≥ 33				OP7			3105	
ETHYL-3,3-DI-(tert-BUTYLPEROXY)-BUTYRAT	> 77-100					OP5			3103	
– " –	≤ 77	≥ 23				OP7			3105	
– " –	≤ 52			≥ 48		OP7			3106	
1-(2-ETHYLHEXANOYLPEROXY)-1,3-DIMETHYLBUTYLPEROXYPIVALAT	≤ 52	≥ 45	≥ 10			ADR: OP7	– 20	– 10	3115	RID: verboten
tert-HEXYLPEROXYNEODECANOAT	≤ 71	≥ 29				ADR: OP7	0	+ 10	3115	RID: verboten
tert-HEXYLPEROXYPIVALAT	≤ 72		≥ 28			ADR: OP7	+ 10	+ 15	3115	RID: verboten
3-HYDROXY-1,1-DIMETHYLBUTYLPEROXYNEODECANOAT	≤ 77	≥ 23				ADR: OP7	– 5	+ 5	3115	RID: verboten
– " –	≤ 52	≥ 48				ADR: OP8	– 5	+ 5	3117	RID: verboten
– " – (als stabile Dispersion in Wasser)	≤ 52					ADR: OP8	– 5	+ 5	3119	RID: verboten
ISOPROPYL-sec-BUTYL-PEROXYDICARBONAT + DI-sec-BUTYLPEROXYDICARBONAT + DIISOPROPYLPEROXYDICARBONAT	≤ 32 + ≤ 15-18 + ≤ 12-15	≥ 38				ADR: OP7	– 20	– 10	3115	RID: verboten
– " –	≤ 52 + ≤ 28 + ≤ 22					ADR: OP5	– 20	– 10	3111	ADR: 3) RID: verboten
ISOPROPYLCUMYLHYDROPEROXID	≤ 72	≥ 28				OP8			3109	13)
p-MENTHYLHYDROPEROXID	> 72 - 100					OP7			3105	13)
– " –	≤ 72	≥ 28				OP8			3109	27)
METHYLCYCLOHEXANONPEROXID(E)	≤ 67		≥ 33			ADR: OP7	+ 35	+ 40	3115	RID: verboten
METHYLETHYLKETONPEROXID(E)	siehe Bemerkung 8)	≥ 48				OP5			3101	3), 8), 13)
– " –	siehe Bemerkung 9)	≥ 55				OP7			3105	9)
– " –	siehe Bemerkung 10)	≥ 60				OP8			3107	10)
METHYLISOBUTYLKETONPEROXID(E)	≤ 62	≥ 19				OP7			3105	22)
METHYLISOPROPYLKETONPEROXID(E)	siehe Bemerkung 31)	≥ 70				OP8			3109	31)
ORGANISCHES PEROXID, FEST, MUSTER						OP2			3104	11)

Besondere Vorschriften für die einzelnen Klassen 2.2

ADR	RID

Verzeichnis der bereits zugeordneten organischen Peroxide in Verpackungen (Fortsetzung)

Organisches Peroxid	Konzentration %	Verdünnungsmittel Typ A (%)	Verdünnungsmittel Typ B (%)[1]	inerter fester Stoff (%)	Wasser (%)	Verpackungsmethode	Kontrolltemperatur (°C) (nur ADR)	Notfalltemperatur (°C) (nur ADR)	UN-Nr. der Gattungseintragung	Nebengefahr und Bemerkungen
ORGANISCHES PEROXID, FEST, MUSTER, TEMPERATURKONTROLLIERT						ADR: OP2			3114	ADR: 11) RID: verboten
ORGANISCHES PEROXID, FLÜSSIG, MUSTER						OP2			3103	11)
ORGANISCHES PEROXID, FLÜSSIG, MUSTER, TEMPERATURKONTROLLIERT						ADR: OP2			3113	ADR: 11) RID: verboten
3,3,5,7,7-PENTAMETHYL-1,2,4-TRIOXEPAN	≤ 100					OP8			3107	
PEROXYESSIGSÄURE, TYP D, stabilisiert	≤ 43					OP7			3105	13), 14), 19)
PEROXYESSIGSÄURE, TYP E, stabilisiert	≤ 43					OP8			3107	13), 15), 19)
PEROXYESSIGSÄURE, TYP F, stabilisiert	≤ 43					OP8			3109	13), 16), 19)
PEROXYLAURINSÄURE	≤ 100					ADR: OP8	+ 35	+ 40	3118	RID: verboten
1-PHENYLETHYLHYDROPEROXID	≤ 38		≥ 62			OP8			3109	
PINANYLHYDROPEROXID	> 56 - 100					OP7			3105	13)
– " –	≤ 56	≥ 44				OP8			3109	
POLYETHER-POLY-tert-BUTYLPEROXYCARBONAT	≤ 52		≥ 48			OP8			3107	
1,1,3,3-TETRAMETHYL-BUTYLHYDROPEROXID	≤ 100					OP7			3105	
1,1,3,3-TETRAMETHYL-BUTYLPEROXY-2-ETHYLHEXANOAT	≤ 100					ADR: OP7	+ 15	+ 20	3115	RID: verboten
1,1,3,3-TETRAMETHYL-BUTYLPEROXYNEODECANOAT	≤ 72		≥ 28			ADR: OP7	– 5	+ 5	3115	RID: verboten
– " – (als stabile Dispersion in Wasser)	≤ 52					ADR: OP8	– 5	+ 5	3119	RID: verboten
1,1,3,3-TETRAMETHYL-BUTYLPEROXYPIVALAT	≤ 77	≥ 23				ADR: OP7	0	+ 10	3115	RID: verboten
3,6,9-TRIETHYL-3,6,9-TRIMETHYL-1,4,7-TRIPEROXONAN	≤ 42	≥ 58				OP7			3105	28)
– " –	≤ 17	≥ 18		≥ 65		OP8			3110	

Bemerkungen (siehe letzte Spalte der Tabelle in Unterabschnitt 2.2.52.4):

1) Verdünnungsmittel Typ B darf jeweils durch Verdünnungsmittel Typ A ersetzt werden. Der Siedepunkt des Verdünnungsmittels Typ B muss mindestens 60 °C höher sein als die SADT des organischen Peroxids.
2) Aktivsauerstoffgehalt ≤ 4,7 %.
3) Nebengefahrzettel «EXPLOSIV» nach Muster 1 (siehe Absatz 5.2.2.2.2) erforderlich.
4) Verdünnungsmittel darf durch Di-tert-butylperoxid ersetzt werden.
5) Aktivsauerstoffgehalt ≤ 9 %.
6) Mit ≤ 9 % Wasserstoffperoxid; Aktivsauerstoffgehalt ≤ 10 %. | (bleibt offen)
7) Nur in Nichtmetallverpackungen zugelassen. | (bleibt offen)
8) Aktivsauerstoffgehalt > 10 % und ≤ 10,7 %, mit oder ohne Wasser.
9) Aktivsauerstoffgehalt ≤ 10 %, mit oder ohne Wasser.
10) Aktivsauerstoffgehalt ≤ 8,2 %, mit oder ohne Wasser.

2.2 Besondere Vorschriften für die einzelnen Klassen

ADR	RID

11) Siehe Absatz 2.2.52.1.9.
12) Bis 2000 kg je Gefäß auf der Grundlage von Großversuchen der Eintragung ORGANISCHES PEROXID TYP F zugeordnet.
13) Nebengefahrzettel «ÄTZEND» nach Muster 8 (siehe Absatz 5.2.2.2.2) erforderlich.
14) Zubereitungen von Peroxyessigsäure, die den Kriterien des Handbuchs Prüfungen und Kriterien Absatz 20.4.3 d) entsprechen.
15) Zubereitungen von Peroxyessigsäure, die den Kriterien des Handbuchs Prüfungen und Kriterien Absatz 20.4.3 e) entsprechen.
16) Zubereitungen von Peroxyessigsäure, die den Kriterien des Handbuchs Prüfungen und Kriterien Absatz 20.4.3 f) entsprechen.
17) Durch Wasserzusatz wird die thermische Stabilität dieses organischen Peroxids vermindert.
18) Für Konzentrationen unter 80 % ist kein Nebengefahrzettel «ÄTZEND» nach Muster 8 (siehe Absatz 5.2.2.2.2) erforderlich.
19) Gemische mit Wasserstoffperoxid, Wasser und Säure(n).
20) Mit Verdünnungsmittel Typ A, mit oder ohne Wasser.
21) Mit ≥ 25 Masse-% Verdünnungsmittel Typ A und zusätzlich Ethylbenzen.
22) Mit ≥ 19 Masse-% Verdünnungsmittel Typ A und zusätzlich Methylisobutylketon.
23) Mit < 6 % Di-tert-butylperoxid.
24) Mit ≤ 8 % 1-Isopropylhydroperoxy-4-isopropylhydroxybenzen.
25) Verdünnungsmittel Typ B mit einem Siedepunkt > 110 °C.
26) Hydroperoxidgehalt < 0,5 %.
27) Für Konzentrationen über 56 % ist ein Nebengefahrzettel «ÄTZEND» nach Muster 8 (siehe Absatz 5.2.2.2.2) erforderlich.
28) Aktivsauerstoffgehalt ≤ 7,6 % in Verdünnungsmittel Typ A mit einem Siedepunkt, der zu 95 % im Bereich zwischen 200 °C und 260 °C liegt.
29) Unterliegt nicht den für die Klasse 5.2 geltenden Vorschriften des ADR/RID.
30) Verdünnungsmittel Typ B mit einem Siedepunkt > 130 °C.
31) Aktivsauerstoffgehalt ≤ 6,7 %.

Besondere Vorschriften für die einzelnen Klassen 2.2

ADR	RID

2.2.61 Klasse 6.1: Giftige Stoffe

2.2.61.1 Kriterien

2.2.61.1.1 Der Begriff der Klasse 6.1 umfasst Stoffe, von denen aus der Erfahrung bekannt oder nach tierexperimentellen Untersuchungen anzunehmen ist, dass sie bei einmaliger oder kurzdauernder Einwirkung in relativ kleiner Menge beim Einatmen, bei Absorption durch die Haut oder Einnahme zu Gesundheitsschäden oder zum Tode eines Menschen führen können.

Bem. Genetisch veränderte Mikroorganismen und Organismen sind dieser Klasse zuzuordnen, wenn sie deren Bedingungen erfüllen.

2.2.61.1.2 Die Stoffe der Klasse 6.1 sind wie folgt unterteilt:

- T Giftige Stoffe ohne Nebengefahr
  - T1 organische flüssige Stoffe
  - T2 organische feste Stoffe
  - T3 metallorganische Stoffe
  - T4 anorganische flüssige Stoffe
  - T5 anorganische feste Stoffe
  - T6 Mittel zur Schädlingsbekämpfung (Pestizide), flüssig
  - T7 Mittel zur Schädlingsbekämpfung (Pestizide), fest
  - T8 Proben
  - T9 sonstige giftige Stoffe
  - T10 Gegenstände
- TF Giftige entzündbare Stoffe
  - TF1 flüssige Stoffe
  - TF2 flüssige Stoffe, die als Mittel zur Schädlingsbekämpfung (Pestizide) verwendet werden
  - TF3 feste Stoffe
- TS Giftige selbsterhitzungsfähige feste Stoffe
- TW Giftige Stoffe, die in Berührung mit Wasser entzündbare Gase bilden
  - TW1 flüssige Stoffe
  - TW2 feste Stoffe
- TO Giftige entzündend (oxidierend) wirkende Stoffe
  - TO1 flüssige Stoffe
  - TO2 feste Stoffe
- TC Giftige ätzende Stoffe
  - TC1 organische flüssige Stoffe
  - TC2 organische feste Stoffe
  - TC3 anorganische flüssige Stoffe
  - TC4 anorganische feste Stoffe
- TFC Giftige entzündbare ätzende Stoffe
- TFW Giftige entzündbare Stoffe, die in Berührung mit Wasser entzündbare Gase bilden.

2.2 Besondere Vorschriften für die einzelnen Klassen

ADR	RID

Begriffsbestimmungen

2.2.61.1.3 Für Zwecke des ADR/RID gilt:

LD_{50}-*Wert (mittlere tödliche Dosis) für die akute Giftigkeit bei Einnahme* ist die statistisch abgeleitete Einzeldosis eines Stoffes, bei der erwartet werden kann, dass innerhalb von 14 Tagen bei oraler Einnahme der Tod von 50 Prozent junger ausgewachsener Albino-Ratten herbeigeführt wird. Der LD_{50}-Wert wird in Masse Prüfsubstanz zu Masse Versuchstier (mg/kg) ausgedrückt.

LD_{50}-*Wert für die akute Giftigkeit bei Absorption durch die Haut* ist diejenige Menge, die bei kontinuierlichem Kontakt während 24 Stunden mit der nackten Haut von Albino-Kaninchen mit der größten Wahrscheinlichkeit den Tod der Hälfte der Tiergruppe innerhalb von 14 Tagen herbeiführt. Die Anzahl Tiere, die diesem Versuch unterworfen wird, muss genügend groß sein, damit das Ergebnis statistisch signifikant ist und den guten Gepflogenheiten der Pharmakologie entspricht. Das Ergebnis wird in mg je kg Körpermasse ausgedrückt.

LC_{50}-*Wert für die akute Giftigkeit beim Einatmen* ist diejenige Konzentration von Dampf, Nebel oder Staub, die bei kontinuierlichem Einatmen während einer Stunde durch junge, erwachsene männliche und weibliche Albino-Ratten mit der größten Wahrscheinlichkeit den Tod der Hälfte der Tiergruppe innerhalb von 14 Tagen herbeiführt. Ein fester Stoff muss einer Prüfung unterzogen werden, wenn die Gefahr gegeben ist, dass mindestens 10 % seiner Gesamtmasse aus Staub besteht, der eingeatmet werden kann, z.B. wenn der aerodynamische Durchmesser dieser Partikelfraktion höchstens 10 µm beträgt. Ein flüssiger Stoff muss einer Prüfung unterzogen werden, wenn die Gefahr gegeben ist, dass bei einer Undichtigkeit der für die Beförderung verwendeten Umschließung Nebel entsteht. Sowohl bei den festen als auch bei den flüssigen Stoffen müssen mehr als 90 Masse-% einer für die Prüfung vorbereiteten Probe aus Partikeln bestehen, die, wie oben beschrieben, eingeatmet werden können. Das Ergebnis wird in mg je Liter Luft für Staub und Nebel und in ml je m³ Luft (ppm) für Dampf ausgedrückt.

Klassifizierung und Zuordnung zu Verpackungsgruppen

2.2.61.1.4 Die Stoffe der Klasse 6.1 sind auf Grund ihres Gefahrengrades, den sie bei der Beförderung darstellen, einer der folgenden Verpackungsgruppen zuzuordnen:

Verpackungsgruppe I: sehr giftige Stoffe;
Verpackungsgruppe II: giftige Stoffe;
Verpackungsgruppe III: schwach giftige Stoffe.

2.2.61.1.5 Die der Klasse 6.1 zugeordneten Stoffe, Lösungen, Gemische und Gegenstände sind in Kapitel 3.2 Tabelle A aufgeführt. Die Zuordnung von Stoffen, Lösungen und Gemischen, die in Kapitel 3.2 Tabelle A nicht namentlich genannt sind, zur entsprechenden Eintragung des Unterabschnitts 2.2.61.3 und zur entsprechenden Verpackungsgruppe in Übereinstimmung mit den Vorschriften des Kapitels 2.1 muss nach den Kriterien der Absätze 2.2.61.1.6 bis 2.2.61.1.11 erfolgen.

2.2.61.1.6 Der Beurteilung des Giftigkeitsgrades sind Erfahrungen aus Vergiftungsfällen bei Menschen zugrunde zu legen. Ferner sollten besondere Eigenschaften des zu beurteilenden Stoffes, wie flüssiger Zustand, hohe Flüchtigkeit, besondere Wahrscheinlichkeit der Absorption durch die Haut und besondere biologische Wirkungen, berücksichtigt werden.

Besondere Vorschriften für die einzelnen Klassen 2.2
ADR RID

2.2.61.1.7 Sofern keine Erfahrungswerte in Bezug auf den Menschen vorliegen, wird der Giftigkeitsgrad durch Auswertung von tierexperimentellen Untersuchungen nach nachstehender Tabelle beurteilt:

	Verpackungsgruppe	Giftigkeit bei Einnahme LD_{50} (mg/kg)	Giftigkeit bei Absorption durch die Haut LD_{50} (mg/kg)	Giftigkeit beim Einatmen von Staub und Nebel LC_{50} (mg/l)
sehr giftig	I	≤ 5	≤ 50	≤ 0,2
giftig	II	> 5 und ≤ 50	> 50 und ≤ 200	> 0,2 und ≤ 2
schwach giftig	III [a)]	> 50 und ≤ 300	> 200 und ≤ 1000	> 2 und ≤ 4

a) Stoffe zur Herstellung von Tränengasen sind der Verpackungsgruppe II zuzuordnen, selbst wenn die Daten über ihre Giftigkeit den Kriterien der Verpackungsgruppe III entsprechen.

2.2.61.1.7.1 Wenn ein Stoff bei zwei oder mehr verschiedenen Zuführungsarten verschiedene Toxizitätswerte ergibt, so ist die höchste Toxizität zugrunde zu legen.

2.2.61.1.7.2 Stoffe, welche die Kriterien der Klasse 8 erfüllen und eine Giftigkeit beim Einatmen von Staub und Nebel (LC_{50}) entsprechend Verpackungsgruppe I aufweisen, dürfen in die Klasse 6.1 nur eingeordnet werden, wenn gleichzeitig die Giftigkeit bei Einnahme oder bei Absorption durch die Haut mindestens der Verpackungsgruppe I oder II entspricht. Andernfalls ist der Stoff, soweit erforderlich, der Klasse 8 zuzuordnen (siehe Absatz 2.2.8.1.4.5).

2.2.61.1.7.3 Die Kriterien für die Giftigkeit beim Einatmen von Staub und Nebel beruhen auf LC_{50}-Werten bei einer Versuchsdauer von einer Stunde, und diese Werte müssen, soweit sie vorhanden sind, auch verwendet werden. Wenn jedoch nur LC_{50}-Werte bei einer Versuchsdauer von 4 Stunden zur Verfügung stehen, dürfen die entsprechenden Werte mit 4 multipliziert werden, und das Resultat kann an die Stelle des oben genannten Kriteriums treten, d.h. der vervierfachte LC_{50}-Wert (4 Stunden) wird als Äquivalent des LC_{50}-Wertes (1 Stunde) angesehen.

Giftigkeit beim Einatmen von Dämpfen

2.2.61.1.8 Flüssige Stoffe, die giftige Dämpfe abgeben, sind den nachstehenden Gruppen zuzuordnen; der Buchstabe «V» stellt die gesättigte Dampfkonzentration (Flüchtigkeit) (in ml/m³ Luft) bei 20 °C und Standardatmosphärendruck dar:

	Verpackungsgruppe	
sehr giftig	I	wenn $V \geq 10\ LC_{50}$ und $LC_{50} \leq 1\ 000$ ml/m³
giftig	II	wenn $V \geq LC_{50}$ und $LC_{50} \leq 3000$ ml/m³ und die Kriterien für Verpackungsgruppe I nicht erfüllt sind
schwach giftig	III [a)]	wenn $V \geq 1/5\ LC_{50}$ und $LC_{50} \leq 5000$ ml/m³ und die Kriterien für Verpackungsgruppen I und II nicht erfüllt sind

a) Stoffe zur Herstellung von Tränengasen sind der Verpackungsgruppe II zuzuordnen, selbst wenn die Daten über ihre Giftigkeit den Kriterien der Verpackungsgruppe III entsprechen.

Diese Kriterien beruhen auf LC_{50}-Werten bei einer Versuchsdauer von einer Stunde, und diese Werte müssen, soweit sie vorhanden sind, auch verwendet werden.

2.2	Besondere Vorschriften für die einzelnen Klassen	
	ADR	**RID**

Wenn jedoch nur LC$_{50}$-Werte bei einer Versuchsdauer von 4 Stunden zur Verfügung stehen, dürfen die entsprechenden Werte mit 2 multipliziert werden, und das Resultat kann an die Stelle des oben genannten Kriteriums treten, d.h. der doppelte LC$_{50}$-Wert (4 Stunden) wird als Äquivalent des LC$_{50}$-Wertes (1 Stunde) angesehen.

Trennlinien der Verpackungsgruppen - Giftigkeit beim Einatmen von Dämpfen

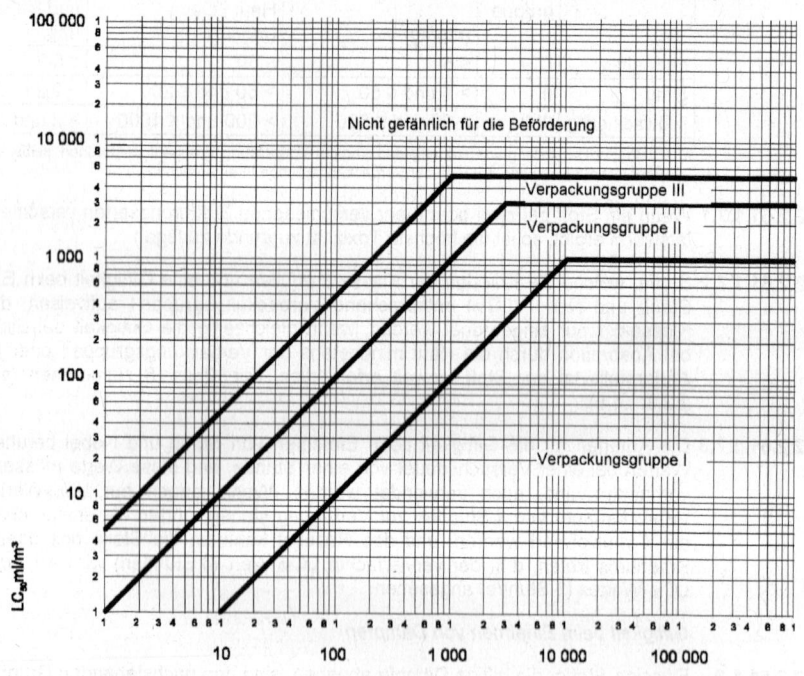

In dieser Abbildung sind die Kriterien graphisch dargestellt, um die Zuordnung zu vereinfachen. Wegen der näherungsweisen Genauigkeit bei Verwendung graphischer Darstellungen sind jedoch Stoffe, die in der Nähe von oder direkt auf Trennlinien liegen, mit Hilfe der numerischen Kriterien zu überprüfen.

Gemische flüssiger Stoffe

2.2.61.1.9 Gemische flüssiger Stoffe, die beim Einatmen giftig sind, sind den Verpackungsgruppen unter Beachtung der nachfolgend aufgeführten Kriterien zuzuordnen:

2.2.61.1.9.1 Ist der LC$_{50}$-Wert für jeden giftigen Stoff, der Bestandteil des Gemisches ist, bekannt, kann die Verpackungsgruppe wie folgt bestimmt werden:

a) Berechnung des LC$_{50}$-Wertes des Gemisches:

$$LC_{50} \text{ (Gemisch)} = \frac{1}{\sum_{i=1}^{n} \frac{f_i}{LC_{50i}}} ,$$

wobei

f_i = Molbruch des i-ten Bestandteils des Gemisches,

LC_{50i} = mittlere tödliche Konzentration des i-ten Bestandteils in ml/m³.

Besondere Vorschriften für die einzelnen Klassen 2.2
ADR | RID

b) Berechnung der Flüchtigkeit jedes Bestandteils des Gemisches:

$$V_i = P_i \times \frac{10^6}{101{,}3} \; (ml/m^3)\;,$$

wobei

P_i = Partialdruck des i-ten Bestandteils in kPa bei 20 °C und atmosphärischem Normaldruck.

c) Berechnung des Verhältnisses Flüchtigkeit zu LC_{50}-Wert:

$$R = \sum_{i=1}^{n} \frac{V_i}{LC_{50i}}$$

d) Die errechneten Werte für LC_{50} (Gemisch) und R dienen dann dazu, die Verpackungsgruppe des Gemisches zu bestimmen:

Verpackungsgruppe I: $R \geq 10$ und LC_{50} (Gemisch) $\leq 1\,000\;ml/m^3$.

Verpackungsgruppe II: $R \geq 1$ und LC_{50} (Gemisch) $\leq 3000\;ml/m^3$ und wenn das Gemisch nicht die Kriterien der Verpackungsgruppe I erfüllt.

Verpackungsgruppe III: $R \geq 1/5$ und LC_{50} (Gemisch) $\leq 5000\;ml/m^3$ und wenn das Gemisch nicht die Kriterien der Verpackungsgruppe I oder II erfüllt.

2.2.61.1.9.2 Ist der LC_{50}-Wert der giftigen Komponenten nicht bekannt, kann das Gemisch einer Verpackungsgruppe auf Grund der nachstehend beschriebenen vereinfachten Prüfungen der Schwellentoxizität zugeordnet werden. In diesem Fall muss die strengste Verpackungsgruppe bestimmt und für die Beförderung des Gemisches verwendet werden.

2.2.61.1.9.3 Ein Gemisch wird der Verpackungsgruppe I nur dann zugeordnet, wenn es die beiden folgenden Kriterien erfüllt:

a) Eine Probe des flüssigen Gemisches wird versprüht und derart mit Luft verdünnt, dass sich eine Prüfatmosphäre von $1\,000\;ml/m^3$ versprühten Gemisches in Luft bildet. Zehn Albino-Ratten (fünf männliche und fünf weibliche) werden während einer Stunde dieser Prüfatmosphäre ausgesetzt und anschließend 14 Tage beobachtet. Falls fünf oder mehr der Versuchstiere innerhalb des Beobachtungszeitraums sterben, wird angenommen, dass das Gemisch einen LC_{50}-Wert von gleich oder weniger als $1\,000\;ml/m^3$ hat.

b) Eine Probe des Dampfes im Gleichgewicht mit dem flüssigen Gemisch wird mit dem neunfachen Luftvolumen verdünnt, um eine Prüfatmosphäre zu bilden. Zehn Albino-Ratten (fünf männliche und fünf weibliche) werden während einer Stunde dieser Prüfatmosphäre ausgesetzt und anschließend 14 Tage beobachtet. Falls fünf oder mehr der Versuchstiere innerhalb des Beobachtungszeitraums sterben, wird angenommen, dass das Gemisch eine Flüchtigkeit hat, die gleich oder größer ist als der zehnfache LC_{50}-Wert des Gemisches.

2.2.61.1.9.4 Ein Gemisch wird der Verpackungsgruppe II nur dann zugeordnet, wenn es die beiden folgenden Kriterien, nicht aber die Kriterien für die Verpackungsgruppe I erfüllt:

a) Eine Probe des flüssigen Gemisches wird versprüht und derart mit Luft verdünnt, dass sich eine Prüfatmosphäre von $3000\;ml/m^3$ versprühten Gemisches in Luft bildet. Zehn Albino-Ratten (fünf männliche und fünf weibliche) werden während einer Stunde dieser Prüfatmosphäre ausgesetzt und anschließend 14 Tage beobachtet. Falls fünf oder mehr der Versuchstiere innerhalb des Beobachtungszeitraums sterben, wird angenommen, dass das Gemisch einen LC_{50}-Wert von gleich oder weniger als $3000\;ml/m^3$ hat.

b) Eine Probe des Dampfes im Gleichgewicht mit dem flüssigen Gemisch wird verwendet, um eine Prüfatmosphäre zu bilden. Zehn Albino-Ratten (fünf männliche und fünf weibliche) werden während einer Stunde dieser Prüfatmosphäre ausgesetzt und anschließend 14 Tage beobachtet. Falls fünf oder mehr der Versuchstiere innerhalb des Beobachtungszeitraums sterben, wird angenommen, dass das Gemisch eine Flüchtigkeit hat, die gleich oder größer ist als der LC_{50}-Wert des Gemisches.

2.2 Besondere Vorschriften für die einzelnen Klassen

ADR	RID

2.2.61.1.9.5 Ein Gemisch wird der Verpackungsgruppe III nur dann zugeordnet, wenn es die beiden folgenden Kriterien, nicht aber die Kriterien für die Verpackungsgruppe I oder II erfüllt:

a) Eine Probe des flüssigen Gemisches wird versprüht und derart mit Luft verdünnt, dass sich eine Prüfatmosphäre von 5000 ml/m³ versprühten Gemisches in Luft bildet. Zehn Albino-Ratten (fünf männliche und fünf weibliche) werden während einer Stunde dieser Prüfatmosphäre ausgesetzt und anschließend 14 Tage beobachtet. Falls fünf oder mehr der Versuchstiere innerhalb des Beobachtungszeitraums sterben, wird angenommen, dass das Gemisch einen LC_{50}-Wert von gleich oder weniger als 5000 ml/m³ hat.

b) Die Dampfkonzentration (Flüchtigkeit) des flüssigen Gemisches wird gemessen; ist sie gleich oder größer als 1 000 ml/m³, wird angenommen, dass das Gemisch eine Flüchtigkeit hat, die gleich oder größer ist als 1/5 des LC_{50}-Wertes des Gemisches.

Berechnungsmethoden für die Giftigkeit der Gemische bei Einnahme und bei Absorption durch die Haut

2.2.61.1.10 Für die Zuordnung der Gemische der Klasse 6.1 und der Bestimmung der nach den Kriterien für die Giftigkeit bei Einnahme und bei Absorption durch die Haut geeigneten Verpackungsgruppe (siehe Absatz 2.2.61.1.3) ist es notwendig, den akuten LD_{50}-Wert des Gemisches zu berechnen.

2.2.61.1.10.1 Wenn ein Gemisch nur einen Wirkstoff enthält, dessen LD_{50}-Wert bekannt ist, kann bei fehlenden zuverlässigen Daten für die akute Giftigkeit bei Einnahme und bei Absorption durch die Haut des zu befördernden Gemisches der LD_{50}-Wert für die Einnahme oder die Absorption durch die Haut wie folgt bestimmt werden:

$$LD_{50} \text{ - Wert der Zubereitung} = \frac{LD_{50} - \text{Wert des Wirkstoffes} \times 100}{\text{Anteil des Wirkstoffes (Masse – \%)}}$$

2.2.61.1.10.2 Wenn ein Gemisch mehr als einen Wirkstoff enthält, können drei mögliche Methoden für die Berechnung des LD_{50}-Wertes für die Einnahme oder die Absorption durch die Haut verwendet werden. Die bevorzugte Methode besteht darin, zuverlässige Daten für die akute Giftigkeit bei Einnahme und bei Absorption durch die Haut des tatsächlich zu befördernden Gemisches zu erhalten. Wenn keine zuverlässigen genauen Daten vorliegen, greift man auf eine der folgenden Methoden zurück:

a) Zuordnung der Zubereitung in Abhängigkeit des gefährlichsten Wirkstoffes des Gemisches unter der Annahme, dass dieser in der gleichen Konzentration wie die Gesamtkonzentration aller Wirkstoffe vorliegt;

b) Anwendung der Formel:

$$\frac{C_A}{T_A} + \frac{C_B}{T_B} + \ldots + \frac{C_Z}{T_Z} = \frac{100}{T_M}$$

wobei:

C = die Konzentration in Prozent des Bestandteils A, B, ..., Z des Gemisches
T = der LD_{50}-Wert bei Einnahme des Bestandteils A, B, ..., Z
T_M = der LD_{50}-Wert bei Einnahme des Gemisches.

Bem. Diese Formel kann auch für die Giftigkeit bei Absorption durch die Haut verwendet werden, vorausgesetzt, diese Informationen liegen in der gleichen Art für alle Bestandteile vor. Die Verwendung dieser Formel berücksichtigt nicht eventuelle Potenzierungs- oder Schutzeffekte.

Besondere Vorschriften für die einzelnen Klassen 2.2
ADR | RID

Klassifizierung und Zuordnung von Mitteln zur Schädlingsbekämpfung (Pestiziden)

2.2.61.1.11 Alle Pestizid-Wirkstoffe und ihre Zubereitungen, für welche die LC_{50}- und/oder LD_{50}-Werte bekannt sind und die der Klasse 6.1 zugeordnet sind, sind in Übereinstimmung mit den Kriterien in den Absätzen 2.2.61.1.6 bis 2.2.61.1.9 den entsprechenden Verpackungsgruppen zuzuordnen. Stoffe und Zubereitungen, die Nebengefahren aufweisen, sind nach der Tabelle der überwiegenden Gefahr in Unterabschnitt 2.1.3.10 mit der Zuordnung der entsprechenden Verpackungsgruppen zu klassifizieren.

2.2.61.1.11.1 Ist für eine Pestizidzubereitung der LD_{50}-Wert für die Einnahme oder die Absorption durch die Haut nicht bekannt, der LD_{50}-Wert des (der) Wirkstoffe(s) jedoch bekannt, kann der LD_{50}-Wert für die Zubereitung durch Anwendung der Verfahren nach Absatz 2.2.61.1.10 ermittelt werden.

Bem. Die LD_{50}-Giftigkeitsdaten für eine gewisse Anzahl gebräuchlicher Schädlingsbekämpfungsmittel (Pestizide) können aus der neuesten Ausgabe des Dokuments «The WHO Recommended Classification of Pesticides by Hazard and Guidelines to Classification», das über die Weltgesundheitsorganisation (WHO), International Programme on Chemical Safety, CH-1211 Genf 27, bezogen werden kann, entnommen werden. Während dieses Dokument als Datenquelle für die LD_{50}-Werte der Schädlingsbekämpfungsmittel (Pestizide) verwendet werden kann, darf das darin enthaltene Zuordnungssystem nicht dafür verwendet werden, die Schädlingsbekämpfungsmittel (Pestizide) für die Beförderung zuzuordnen oder deren Verpackungsgruppen zu bestimmen, was nach den Vorschriften des ADR/RID erfolgen muss.

2.2.61.1.11.2 Die für die Beförderung des Pestizids verwendete offizielle Benennung ist auf der Grundlage des aktiven Bestandteils, des Aggregatzustandes des Pestizids und aller möglicherweise gegebenen Nebengefahren zu wählen (siehe Abschnitt 3.1.2).

2.2.61.1.12 Wenn die Stoffe der Klasse 6.1 durch Beimengungen in andere Gefahrenkategorien fallen als die, zu denen die in Kapitel 3.2 Tabelle A namentlich genannten Stoffe gehören, sind diese Gemische oder Lösungen den Eintragungen zuzuordnen, zu denen sie auf Grund ihrer tatsächlichen Gefahr gehören.

Bem. Für die Zuordnung von Lösungen und Gemischen (wie Präparate, Zubereitungen und Abfälle) siehe auch Abschnitt 2.1.3.

2.2.61.1.13 Auf Grundlage der Kriterien der Absätze 2.2.61.1.6 bis 2.2.61.1.11 kann auch festgestellt werden, ob eine namentlich genannte Lösung oder ein namentlich genanntes Gemisch bzw. eine Lösung oder ein Gemisch, das einen namentlich genannten Stoff enthält, so beschaffen ist, dass diese Lösung oder dieses Gemisch nicht den Vorschriften dieser Klasse unterliegt.

2.2.61.1.14 Stoffe, Lösungen und Gemische – mit Ausnahme der als Mittel zur Schädlingsbekämpfung (Pestizide) dienenden Stoffe und Zubereitungen – die nach der Verordnung (EG) Nr. 1272/2008[2] nicht als akut giftig der Kategorie 1, 2 oder 3 eingestuft sind, können als nicht zur Klasse 6.1 gehörige Stoffe angesehen werden.

---

[2] Verordnung (EG) Nr. 1272/2008 des Europäischen Parlaments und des Rates vom 16. Dezember 2008 über die Einstufung, Kennzeichnung und Verpackung von Stoffen und Gemischen, zur Änderung und Aufhebung der Richtlinien 67/548/EWG und 1999/45/EG und zur Änderung der Verordnung (EG) Nr. 1907/2006, veröffentlicht im Amtsblatt der Europäischen Union L 353 vom 31. Dezember 2008, Seiten 1 bis 1355.

2.2 Besondere Vorschriften für die einzelnen Klassen

ADR	RID

2.2.61.2 Nicht zur Beförderung zugelassene Stoffe

2.2.61.2.1 Chemisch instabile Stoffe der Klasse 6.1 sind zur Beförderung nur zugelassen, wenn die erforderlichen Vorsichtsmaßnahmen zur Verhinderung der Möglichkeit einer gefährlichen Zersetzung oder Polymerisation unter normalen Beförderungsbedingungen getroffen wurden. Für die Vorsichtsmaßnahmen zur Verhinderung einer Polymerisation siehe Kapitel 3.3 Sondervorschrift 386. Zu diesem Zweck muss insbesondere dafür gesorgt werden, dass die Gefäße und Tanks keine Stoffe enthalten, die diese Reaktionen begünstigen können.

2.2.61.2.2 Folgende Stoffe und Gemische sind zur Beförderung nicht zugelassen:

– Cyanwasserstoff, wasserfrei, und Cyanwasserstofflösungen (Blausäurelösungen), die nicht den Bedingungen der UN-Nummern 1051, 1613, 1614 und 3294 entsprechen,

– andere Metallcarbonyle als UN 1259 NICKELTETRACARBONYL und UN 1994 EISEN-PENTA-CARBONYL mit einem Flammpunkt unter 23 °C,

– 2,3,7,8-TETRACHLORDIBENZO-1,4-DIOXIN (TCDD) in Konzentrationen, die nach den Kriterien des Absatzes 2.2.61.1.7 als sehr giftig gelten,

– UN 2249 DICHLORDIMETHYLETHER, SYMMETRISCH,

– Zubereitungen von Phosphiden ohne Zusätze zur Verzögerung der Entwicklung von giftigen entzündbaren Gasen.

Folgende Stoffe sind zur Beförderung im Eisenbahnverkehr nicht zugelassen:
– Bariumazid, trocken oder mit weniger als 50 % Wasser oder Alkoholen,
– UN 0135 Quecksilberfulminate, angefeuchtet.

2.2.61.3 Verzeichnis der Sammeleintragungen

Nebengefahr		Klassifizierungscode	UN-Nummer	Benennung des Stoffes oder Gegenstandes
Giftige Stoffe				
			1583	CHLORPIKRIN, MISCHUNG, N.A.G.
			1602	FARBE, FLÜSSIG, GIFTIG, N.A.G. oder
			1602	FARBSTOFFZWISCHENPRODUKT, FLÜSSIG, GIFTIG, N.A.G.
			1693	STOFF ZUR HERSTELLUNG VON TRÄNENGASEN, FLÜSSIG, N.A.G.
			1851	MEDIKAMENT, FLÜSSIG, GIFTIG, N.A.G.
			2206	ISOCYANATE, GIFTIG, N.A.G. oder
			2206	ISOCYANAT, LÖSUNG, GIFTIG, N.A.G.
			2810	GIFTIGER ORGANISCHER FLÜSSIGER STOFF, N.A.G.
			3140	ALKALOIDE, FLÜSSIG, N.A.G. oder
			3140	ALKALOIDSALZE, FLÜSSIG, N.A.G.
			3142	DESINFEKTIONSMITTEL, FLÜSSIG, GIFTIG, N.A.G.
	flüssig a)	T1	3144	NICOTINVERBINDUNG, FLÜSSIG, N.A.G. oder
			3144	NICOTINZUBEREITUNG, FLÜSSIG, N.A.G.
			3172	TOXINE, GEWONNEN AUS LEBENDEN ORGANISMEN, FLÜSSIG, N.A.G.
			3276	NITRILE, FLÜSSIG, GIFTIG, N.A.G.
			3278	ORGANISCHE PHOSPHORVERBINDUNG, FLÜSSIG, GIFTIG, N.A.G.
			3381	BEIM EINATMEN GIFTIGER FLÜSSIGER STOFF, N.A.G., mit einem LC_{50}-Wert von höchstens 200 ml/m³ und einer gesättigten Dampfkonzentration von mindestens 500 LC_{50}
			3382	BEIM EINATMEN GIFTIGER FLÜSSIGER STOFF, N.A.G., mit einem LC_{50}-Wert von höchstens 1 000 ml/m³ und einer gesättigten Dampfkonzentration von mindestens 10 LC_{50}

Besondere Vorschriften für die einzelnen Klassen 2.2

ADR	RID

Nebengefahr		Klassifizierungscode	UN-Nummer	Benennung des Stoffes oder Gegenstandes
	organisch fest a), b)	T2	1544 1544 1601 1655 1655 2811 3143 3143 3249 3439 3448 3462 3464	ALKALOIDE, FEST, N.A.G. oder ALKALOIDSALZE, FEST, N.A.G. DESINFEKTIONSMITTEL, FEST, GIFTIG, N.A.G. NICOTINVERBINDUNG, FEST, N.A.G. oder NICOTINZUBEREITUNG, FEST, N.A.G. GIFTIGER ORGANISCHER FESTER STOFF, N.A.G. FARBE, FEST, GIFTIG, N.A.G. oder FARBSTOFFZWISCHENPRODUKT, FEST, GIFTIG, N.A.G. MEDIKAMENT, FEST, GIFTIG, N.A.G. NITRILE, FEST, GIFTIG, N.A.G. STOFF ZUR HERSTELLUNG VON TRÄNENGASEN, FEST, N.A.G. TOXINE, GEWONNEN AUS LEBENDEN ORGANISMEN, FEST, N.A.G. ORGANISCHE PHOSPHORVERBINDUNG, FEST, GIFTIG, N.A.G.
ohne Nebengefahr	metallorganisch c), d)	T3	2026 2788 3146 3280 3281 3282 3465 3466 3467	PHENYLQUECKSILBERVERBINDUNG, N.A.G. ORGANISCHE ZINNVERBINDUNG, FLÜSSIG, N.A.G. ORGANISCHE ZINNVERBINDUNG, FEST, N.A.G. ORGANISCHE ARSENVERBINDUNG, FLÜSSIG, N.A.G. METALLCARBONYLE, FLÜSSIG, N.A.G. METALLORGANISCHE VERBINDUNG, FLÜSSIG, GIFTIG, N.A.G. ORGANISCHE ARSENVERBINDUNG, FEST, N.A.G. METALLCARBONYLE, FEST, N.A.G. METALLORGANISCHE VERBINDUNG, FEST, GIFTIG, N.A.G.
	anorganisch flüssig e)	T4	1556 1935 2024 3141 3287 3381 3382 3440	ARSENVERBINDUNG, FLÜSSIG, N.A.G., anorganisch, einschließlich Arsenate, n.a.g., Arsenite, n.a.g. und Arsensulfide, n.a.g. CYANID, LÖSUNG, N.A.G. QUECKSILBERVERBINDUNG, FLÜSSIG, N.A.G. ANORGANISCHE ANTIMONVERBINDUNG, FLÜSSIG, N.A.G. GIFTIGER ANORGANISCHER FLÜSSIGER STOFF, N.A.G. BEIM EINATMEN GIFTIGER FLÜSSIGER STOFF, N.A.G., mit einem LC_{50}-Wert von höchstens 200 ml/m³ und einer gesättigten Dampfkonzentration von mindestens 500 LC_{50} BEIM EINATMEN GIFTIGER FLÜSSIGER STOFF, N.A.G., mit einem LC_{50}-Wert von höchstens 1 000 ml/m³ und einer gesättigten Dampfkonzentration von mindestens 10 LC_{50} SELENVERBINDUNG, FLÜSSIG, N.A.G.
	anorganisch fest f), g)	T5	1549 1557 1564 1566 1588 1707 2025 2291	ANORGANISCHE ANTIMONVERBINDUNG, FEST, N.A.G. ARSENVERBINDUNG, FEST, N.A.G., anorganisch, einschließlich Arsenate, n.a.g., Arsenite, n.a.g. und Arsensulfide, n.a.g. BARIUMVERBINDUNG, N.A.G. BERYLLIUMVERBINDUNG, N.A.G. CYANIDE, ANORGANISCH, FEST, N.A.G. THALLIUMVERBINDUNG, N.A.G. QUECKSILBERVERBINDUNG, FEST, N.A.G. BLEIVERBINDUNG, LÖSLICH, N.A.G.

2.2 Besondere Vorschriften für die einzelnen Klassen

ADR | **RID**

Nebengefahr	Klassifizierungscode	UN-Nummer	Benennung des Stoffes oder Gegenstandes
		2570	CADMIUMVERBINDUNG
		2630	SELENATE oder
		2630	SELENITE
		2856	FLUOROSILICATE, N.A.G.
		3283	SELENVERBINDUNG, FEST, N.A.G.
		3284	TELLURVERBINDUNG, N.A.G.
		3285	VANADIUMVERBINDUNG, N.A.G.
		3288	GIFTIGER ANORGANISCHER FESTER STOFF, N.A.G.
		2902	PESTIZID, FLÜSSIG, GIFTIG, N.A.G.
		2992	CARBAMAT-PESTIZID, FLÜSSIG, GIFTIG
		2994	ARSENHALTIGES PESTIZID, FLÜSSIG, GIFTIG
		2996	ORGANOCHLOR-PESTIZID, FLÜSSIG, GIFTIG
		2998	TRIAZIN-PESTIZID, FLÜSSIG, GIFTIG
		3006	THIOCARBAMAT-PESTIZID, FLÜSSIG, GIFTIG
		3010	KUPFERHALTIGES PESTIZID, FLÜSSIG, GIFTIG
		3012	QUECKSILBERHALTIGES PESTIZID, FLÜSSIG, GIFTIG
flüssig h)	T6	3014	SUBSTITUIERTES NITROPHENOL-PESTIZID, FLÜSSIG, GIFTIG
		3016	BIPYRIDILIUM-PESTIZID, FLÜSSIG, GIFTIG
		3018	ORGANOPHOSPHOR-PESTIZID, FLÜSSIG, GIFTIG
		3020	ORGANOZINN-PESTIZID, FLÜSSIG, GIFTIG
		3026	CUMARIN-PESTIZID, FLÜSSIG, GIFTIG
		3348	PHENOXYESSIGSÄUREDERIVAT-PESTIZID, FLÜSSIG, GIFTIG
		3352	PYRETHROID-PESTIZID, FLÜSSIG, GIFTIG
Mittel zur Schädlingsbekämpfung (Pestizide)		2588	PESTIZID, FEST, GIFTIG, N.A.G.
		2757	CARBAMAT-PESTIZID, FEST, GIFTIG
		2759	ARSENHALTIGES PESTIZID, FEST, GIFTIG
		2761	ORGANOCHLOR-PESTIZID, FEST, GIFTIG
		2763	TRIAZIN-PESTIZID, FEST, GIFTIG
		2771	THIOCARBAMAT-PESTIZID, FEST, GIFTIG
		2775	KUPFERHALTIGES PESTIZID, FEST, GIFTIG
		2777	QUECKSILBERHALTIGES PESTIZID, FEST, GIFTIG
		2779	SUBSTITUIERTES NITROPHENOL-PESTIZID, FEST, GIFTIG
fest h)	T7	2781	BIPYRIDILIUM-PESTIZID, FEST, GIFTIG
		2783	ORGANOPHOSPHOR-PESTIZID, FEST, GIFTIG
		2786	ORGANOZINN-PESTIZID, FEST, GIFTIG
		3027	CUMARIN-PESTIZID, FEST, GIFTIG
		3048	ALUMINIUMPHOSPHID-PESTIZID
		3345	PHENOXYESSIGSÄUREDERIVAT-PESTIZID, FEST, GIFTIG
		3349	PYRETHROID-PESTIZID, FEST, GIFTIG
Proben	T8	3315	CHEMISCHE PROBE, GIFTIG
sonstige giftige Stoffe i)	T9	3243	FESTE STOFFE MIT GIFTIGEM FLÜSSIGEM STOFF, N.A.G.
Gegenstände	T10	3546	GEGENSTÄNDE, DIE EINEN GIFTIGEN STOFF ENTHALTEN, N.A.G.
		2929	GIFTIGER ORGANISCHER FLÜSSIGER STOFF, ENTZÜNDBAR, N.A.G.
		3071	MERCAPTANE, FLÜSSIG, GIFTIG, ENTZÜNDBAR, N.A.G. oder
		3071	MERCAPTANE, MISCHUNG, FLÜSSIG, GIFTIG, ENTZÜNDBAR, N.A.G.
flüssig j, k)	TF1	3080	ISOCYANATE, GIFTIG, ENTZÜNDBAR, N.A.G. oder
		3080	ISOCYANAT, LÖSUNG, GIFTIG, ENTZÜNDBAR, N.A.G.
		3275	NITRILE, GIFTIG, ENTZÜNDBAR, N.A.G.

Besondere Vorschriften für die einzelnen Klassen 2.2

ADR			RID	
Nebengefahr	Klassi-fizie-rungs-code	UN-Num-mer	Benennung des Stoffes oder Gegenstandes	
entzündbar	TF	3279	ORGANISCHE PHOSPHORVERBINDUNG, GIFTIG, ENTZÜNDBAR, N.A.G.	
		3383	BEIM EINATMEN GIFTIGER FLÜSSIGER STOFF, ENTZÜNDBAR, N.A.G., mit einem LC_{50}-Wert von höchstens 200 ml/m³ und einer gesättigten Dampfkonzentration von mindestens 500 LC_{50}	
		3384	BEIM EINATMEN GIFTIGER FLÜSSIGER STOFF, ENTZÜNDBAR, N.A.G., mit einem LC_{50}-Wert von höchstens 1 000 ml/m³ und einer gesättigten Dampfkonzentration von mindestens 10 LC_{50}	
Mittel zur Schäd-lingsbekämpfung (Pestizide) (Flammpunkt von 23 °C oder darüber)	TF2	2903	PESTIZID, FLÜSSIG, GIFTIG, ENTZÜNDBAR, N.A.G.	
		2991	CARBAMAT-PESTIZID, FLÜSSIG, GIFTIG, ENTZÜNDBAR	
		2993	ARSENHALTIGES PESTIZID, FLÜSSIG, GIFTIG, ENTZÜNDBAR	
		2995	ORGANOCHLOR-PESTIZID, FLÜSSIG, GIFTIG, ENTZÜNDBAR	
		2997	TRIAZIN-PESTIZID, FLÜSSIG, GIFTIG, ENTZÜNDBAR	
		3005	DITHIOCARBAMAT-PESTIZID, FLÜSSIG, GIFTIG, ENTZÜNDBAR	
		3009	KUPFERHALTIGES PESTIZID, FLÜSSIG, GIFTIG, ENTZÜNDBAR	
		3011	QUECKSILBERHALTIGES PESTIZID, FLÜSSIG, GIFTIG, ENTZÜNDBAR	
		3013	SUBSTITUIERTES NITROPHENOL-PESTIZID, FLÜSSIG, GIFTIG, ENTZÜNDBAR	
		3015	BIPYRIDILIUM-PESTIZID, FLÜSSIG, GIFTIG, ENTZÜNDBAR	
		3017	ORGANOPHOSPHOR-PESTIZID, FLÜSSIG, GIFTIG, ENTZÜNDBAR	
		3019	ORGANOZINN-PESTIZID, FLÜSSIG, GIFTIG, ENTZÜNDBAR	
		3025	CUMARIN-PESTIZID, FLÜSSIG, GIFTIG, ENTZÜNDBAR	
		3347	PHENOXYESSIGSÄUREDERIVAT-PESTIZID, FLÜSSIG, GIFTIG, ENTZÜNDBAR	
		3351	PYRETHROID-PESTIZID, FLÜSSIG, GIFTIG, ENTZÜNDBAR	
fest	TF3	1700	TRÄNENGAS-KERZEN	
		2930	GIFTIGER ORGANISCHER FESTER STOFF, ENTZÜNDBAR, N.A.G.	
		3535	GIFTIGER ANORGANISCHER FESTER STOFF, ENTZÜNDBAR, N.A.G.	
selbsterhitzungsfähig, fest [c]	TS	3124	GIFTIGER FESTER STOFF, SELBSTERHITZUNGSFÄHIG, N.A.G.	
flüssig	TW1	3123	GIFTIGER FLÜSSIGER STOFF, MIT WASSER REAGIEREND, N.A.G.	
		3385	BEIM EINATMEN GIFTIGER FLÜSSIGER STOFF, MIT WASSER REAGIEREND, N.A.G., mit einem LC_{50}-Wert von höchstens 200 ml/m³ und einer gesättigten Dampfkonzentration von mindestens 500 LC_{50}	
		3386	BEIM EINATMEN GIFTIGER FLÜSSIGER STOFF, MIT WASSER REAGIEREND, N.A.G., mit einem LC_{50}-Wert von höchstens 1 000 ml/m³ und einer gesättigten Dampfkonzentration von mindestens 10 LC_{50}	

2.2 Besondere Vorschriften für die einzelnen Klassen

ADR | **RID**

Nebengefahr		Klassi-fizie-rungs-code	UN-Num-mer	Benennung des Stoffes oder Gegenstandes
mit Wasser reagierend [d] TW	fest [l]	TW2	3125	GIFTIGER FESTER STOFF, MIT WASSER REAGIEREND, N.A.G
entzündend (oxidierend) wirkend [m] TO	flüssig	TO1	3122	GIFTIGER FLÜSSIGER STOFF, ENTZÜNDEND (OXIDIEREND) WIRKEND, N.A.G
			3387	BEIM EINATMEN GIFTIGER FLÜSSIGER STOFF, ENTZÜNDEND (OXIDIEREND) WIRKEND, N.A.G., mit einem LC_{50}-Wert von höchstens 200 ml/m³ und einer gesättigten Dampfkonzentration von mindestens 500 LC_{50}
			3388	BEIM EINATMEN GIFTIGER FLÜSSIGER STOFF, ENTZÜNDEND (OXIDIEREND) WIRKEND, N.A.G., mit einem LC_{50}-Wert von höchstens 1 000 ml/m³ und einer gesättigten Dampfkonzentration von mindestens 10 LC_{50}
	fest	TO2	3086	GIFTIGER FESTER STOFF, ENTZÜNDEND (OXIDIEREND) WIRKEND, N.A.G.
ätzend [n] TC	organisch — flüssig	TC1	2927	GIFTIGER ORGANISCHER FLÜSSIGER STOFF, ÄTZEND, N.A.G.
			3277	CHLORFORMIATE, GIFTIG, ÄTZEND, N.A.G.
			3361	CHLORSILANE, GIFTIG, ÄTZEND, N.A.G.
			3389	BEIM EINATMEN GIFTIGER FLÜSSIGER STOFF, ÄTZEND, N.A.G., mit einem LC_{50}-Wert von höchstens 200 ml/m³ und einer gesättigten Dampfkonzentration von mindestens 500 LC_{50}
			3390	BEIM EINATMEN GIFTIGER FLÜSSIGER STOFF, ÄTZEND, N.A.G., mit einem LC_{50}-Wert von höchstens 1 000 ml/m³ und einer gesättigten Dampfkonzentration von mindestens 10 LC_{50}
	organisch — fest	TC2	2928	GIFTIGER ORGANISCHER FESTER STOFF, ÄTZEND, N.A.G.
	anorganisch — flüssig	TC3	3289	GIFTIGER ANORGANISCHER FLÜSSIGER STOFF, ÄTZEND, N.A.G.
			3389	BEIM EINATMEN GIFTIGER FLÜSSIGER STOFF, ÄTZEND, N.A.G., mit einem LC_{50}-Wert von höchstens 200 ml/m³ und einer gesättigten Dampfkonzentration von mindestens 500 LC_{50}
			3390	BEIM EINATMEN GIFTIGER FLÜSSIGER STOFF, ÄTZEND, N.A.G., mit einem LC_{50}-Wert von höchstens 1 000 ml/m³ und einer gesättigten Dampfkonzentration von mindestens 10 LC_{50}
	anorganisch — fest	TC4	3290	GIFTIGER ANORGANISCHER FESTER STOFF, ÄTZEND, N.A.G.

Besondere Vorschriften für die einzelnen Klassen 2.2

ADR | **RID**

Nebengefahr	Klassifizierungscode	UN-Nummer	Benennung des Stoffes oder Gegenstandes
		2742	CHLORFORMIATE, GIFTIG, ÄTZEND, ENTZÜNDBAR, N.A.G.
		3362	CHLORSILANE, GIFTIG, ÄTZEND, ENTZÜNDBAR, N.A.G.
		3488	BEIM EINATMEN GIFTIGER FLÜSSIGER STOFF, ENTZÜNDBAR, ÄTZEND, N.A.G., mit einem LC_{50}-Wert von höchstens 200 ml/m³ und einer gesättigten Dampfkonzentration von mindestens 500 LC_{50}
entzündbar, ätzend	TFC	3489	BEIM EINATMEN GIFTIGER FLÜSSIGER STOFF, ENTZÜNDBAR, ÄTZEND, N.A.G., mit einem LC_{50}-Wert von höchstens 1 000 ml/m³ und einer gesättigten Dampfkonzentration von mindestens 10 LC_{50}
		3490	BEIM EINATMEN GIFTIGER FLÜSSIGER STOFF, MIT WASSER REAGIEREND, ENTZÜNDBAR, N.A.G., mit einem LC_{50}-Wert von höchstens 200 ml/m³ und einer gesättigten Dampfkonzentration von mindestens 500 LC_{50}
entzündbar, mit Wasser reagierend	TFW	3491	BEIM EINATMEN GIFTIGER FLÜSSIGER STOFF, MIT WASSER REAGIEREND, ENTZÜNDBAR, N.A.G., mit einem LC_{50}-Wert von höchstens 1 000 ml/m³ und einer gesättigten Dampfkonzentration von mindestens 10 LC_{50}

Fußnoten:

a) Stoffe und Zubereitungen zur Schädlingsbekämpfung, die Alkaloide oder Nicotin enthalten, sind den Eintragungen UN 2588 PESTIZID, FEST, GIFTIG, N.A.G., UN 2902 PESTIZID, FLÜSSIG, GIFTIG, N.A.G. oder UN 2903 PESTIZID, FLÜSSIG, GIFTIG, ENTZÜNDBAR, N.A.G. zugeordnet.

b) Wirkstoffe sowie Verreibungen oder Mischungen, die für Labor- und Versuchszwecke sowie zur Herstellung von Arzneimitteln bestimmt sind, mit anderen Stoffen sind entsprechend ihrer Toxizität zuzuordnen (siehe Absätze 2.2.61.1.7 bis 2.2.61.1.11).

c) Schwach giftige selbsterhitzungsfähige Stoffe und selbstentzündliche metallorganische Verbindungen sind Stoffe der Klasse 4.2.

d) Schwach giftige Stoffe, die in Berührung mit Wasser entzündbare Gase entwickeln, und metallorganische Verbindungen, die in Berührung mit Wasser entzündbare Gase entwickeln, sind Stoffe der Klasse 4.3.

e) Quecksilberfulminat, angefeuchtet mit mindestens 20 Masse-% Wasser oder einer Alkohol/Wasser-Mischung ist ein Stoff der Klasse 1 UN-Nummer 0135 und nicht zur Beförderung im Eisenbahnverkehr zugelassen (siehe Absatz 2.2.61.2.2).

f) Die Ferricyanide, Ferrocyanide sowie die Alkali- und Ammoniumthiocyanate (Rhodanide) unterliegen nicht den Vorschriften des ADR/RID.

g) Bleisalze und Bleipigmente, die, wenn sie im Verhältnis von 1:1000 mit 0,07 M-Salzsäure gemischt bei einer Temperatur von 23 °C ± 2 °C während einer Stunde umgerührt werden, eine Löslichkeit von höchstens 5 % aufweisen, unterliegen nicht den Vorschriften des ADR/RID.

h) Mit diesem Mittel zur Schädlingsbekämpfung (Pestizid) imprägnierte Gegenstände, wie Pappteller, Papierstreifen, Wattekugeln, Kunststoffplatten, in luftdicht verschlossenen Umhüllungen unterliegen nicht den Vorschriften des ADR/RID.

i) Gemische fester Stoffe, die den Vorschriften des ADR/RID nicht unterliegen, mit giftigen flüssigen Stoffen dürfen unter der UN-Nummer 3243 befördert werden, ohne dass zuvor die Klassifizierungskriterien der Klasse 6.1 angewendet werden, vorausgesetzt, zum Zeitpunkt des Verladens des Stoffes oder des Verschließens der Verpackung, des Containers oder der Beförderungseinheit | oder des Wagens ist keine freie Flüssigkeit sichtbar. Jede Verpackung muss einer Bauart entsprechen, die erfolgreich eine Dichtheitsprüfung für die Verpackungsgruppe II bestanden hat. Diese Eintragung darf nicht für feste Stoffe verwendet werden, die einen flüssigen Stoff der Verpackungsgruppe I enthalten.

2.2 Besondere Vorschriften für die einzelnen Klassen

ADR	RID

j) Sehr giftige und giftige entzündbare flüssige Stoffe mit einem Flammpunkt unter 23 °C, ausgenommen Stoffe, die nach den Absätzen 2.2.61.1.4 bis 2.2.61.1.9 beim Einatmen sehr giftig sind, sind Stoffe der Klasse 3. Flüssige Stoffe, die beim Einatmen sehr giftig sind, sind in ihrer offiziellen Benennung für die Beförderung in Kapitel 3.2 Tabelle A Spalte (2) als «beim Einatmen giftig» bezeichnet oder in Spalte (6) durch die Sondervorschrift 354 gekennzeichnet.

k) Schwach giftige entzündbare flüssige Stoffe mit einem Flammpunkt von 23 °C bis einschließlich 60 °C, mit Ausnahme der Mittel zur Schädlingsbekämpfung, sind Stoffe der Klasse 3.

l) Die Metallphosphide der UN-Nummern 1360, 1397, 1432, 1714, 2011 und 2013 sind Stoffe der Klasse 4.3.

m) Schwach giftige entzündend (oxidierend) wirkende Stoffe sind Stoffe der Klasse 5.1.

n) Schwach giftige schwach ätzende Stoffe sind Stoffe der Klasse 8.

Besondere Vorschriften für die einzelnen Klassen 2.2
ADR | RID

2.2.62 **Klasse 6.2:** **Ansteckungsgefährliche Stoffe**

2.2.62.1 **Kriterien**

2.2.62.1.1 Der Begriff der Klasse 6.2 umfasst ansteckungsgefährliche Stoffe. Ansteckungsgefährliche Stoffe im Sinne des ADR/RID sind Stoffe, von denen bekannt oder anzunehmen ist, dass sie Krankheitserreger enthalten. Krankheitserreger sind Mikroorganismen (einschließlich Bakterien, Viren, Parasiten und Pilze) und andere Erreger wie Prionen, die bei Menschen oder Tieren Krankheiten hervorrufen können.

    Bem. 1. Genetisch veränderte Mikroorganismen und Organismen, biologische Produkte, diagnostische Proben und absichtlich infizierte lebende Tiere sind dieser Klasse zuzuordnen, wenn sie deren Bedingungen erfüllen.

    Die Beförderung nicht absichtlich oder auf natürliche Weise infizierter lebender Tiere unterliegt nur den relevanten Rechtsvorschriften der jeweiligen Ursprungs-, Transit- und Bestimmungsländer.

      2. Toxine aus Pflanzen, Tieren oder Bakterien, die keine ansteckungsgefährlichen Stoffe oder Organismen enthalten oder die nicht in ansteckungsgefährlichen Stoffen oder Organismen enthalten sind, sind Stoffe der Klasse 6.1 UN-Nummer 3172 oder 3462.

2.2.62.1.2 Die Stoffe der Klasse 6.2 sind wie folgt unterteilt:

I1 Ansteckungsgefährliche Stoffe, gefährlich für Menschen

I2 Ansteckungsgefährliche Stoffe, gefährlich nur für Tiere

I3 Klinische Abfälle

I4 Biologische Stoffe.

Begriffsbestimmungen

2.2.62.1.3 Für Zwecke des ADR/RID gilt:

Biologische Produkte sind Produkte von lebenden Organismen, die in Übereinstimmung mit den Vorschriften der entsprechenden nationalen Behörden, die besondere Zulassungsvorschriften erlassen können, hergestellt und verteilt werden und die entweder für die Vorbeugung, Behandlung oder Diagnose von Krankheiten an Menschen oder Tieren oder für diesbezügliche Entwicklungs-, Versuchs- oder Forschungszwecke verwendet werden. Sie schließen Fertigprodukte, wie Impfstoffe, oder Zwischenprodukte ein, sind aber nicht auf diese begrenzt.

Kulturen sind das Ergebnis eines Prozesses, bei dem Krankheitserreger absichtlich vermehrt werden. Diese Begriffsbestimmung schließt von menschlichen oder tierischen Patienten entnommene Proben gemäß der in diesem Absatz aufgeführten Begriffsbestimmung nicht ein.

Medizinische oder klinische Abfälle sind Abfälle, die aus der veterinärmedizinischen Behandlung von Tieren, der medizinischen Behandlung von Menschen oder aus der biologischen Forschung stammen.

Von Patienten entnommene Proben (Patientenproben) sind solche, die direkt von Menschen oder Tieren entnommen werden, einschließlich, jedoch nicht begrenzt auf Ausscheidungsstoffe, Sekrete, Blut und Blutbestandteile, Gewebe und Abstriche von Gewebsflüssigkeit sowie Körperteile, die insbesondere zu Forschungs-, Diagnose-, Untersuchungs-, Behandlungs- oder Vorsorgezwecken befördert werden.

2.2 Besondere Vorschriften für die einzelnen Klassen

ADR	RID

Zuordnung

2.2.62.1.4 Ansteckungsgefährliche Stoffe sind der Klasse 6.2 und je nach Fall der UN-Nummer 2814, 2900, 3291, 3373 oder 3549 zuzuordnen.

Ansteckungsgefährliche Stoffe werden in folgende Kategorien unterteilt:

2.2.62.1.4.1 Kategorie A: Ein ansteckungsgefährlicher Stoff, der in einer solchen Form befördert wird, dass er bei einer Exposition bei sonst gesunden Menschen oder Tieren eine dauerhafte Behinderung oder eine lebensbedrohende oder tödliche Krankheit hervorrufen kann. Beispiele für Stoffe, die diese Kriterien erfüllen, sind in der Tabelle dieses Absatzes aufgeführt.

Bem. Eine Exposition erfolgt, wenn ein ansteckungsgefährlicher Stoff aus der Schutzverpackung austritt und zu einem physischen Kontakt mit Menschen oder Tieren führt.

a) Ansteckungsgefährliche Stoffe, die diese Kriterien erfüllen und die bei Menschen oder sowohl bei Menschen als auch bei Tieren eine Krankheit hervorrufen können, sind der UN-Nummer 2814 zuzuordnen. Ansteckungsgefährliche Stoffe, die nur bei Tieren eine Krankheit hervorrufen können, sind der UN-Nummer 2900 zuzuordnen.

b) Die Zuordnung zur UN-Nummer 2814 oder 2900 hat auf der Grundlage der bekannten Anamnese und Symptome des erkrankten Menschen oder Tieres, der lokalen endemischen Gegebenheiten oder der Einschätzung eines Spezialisten bezüglich des individuellen Zustands des erkrankten Menschen oder Tieres zu erfolgen.

Bem. 1. Die offizielle Benennung für die Beförderung der UN-Nummer 2814 lautet «ANSTECKUNGSGEFÄHRLICHER STOFF, GEFÄHRLICH FÜR MENSCHEN». Die offizielle Benennung für die Beförderung der UN-Nummer 2900 lautet «ANSTECKUNGSGEFÄHRLICHER STOFF, nur GEFÄHRLICH FÜR TIERE».

2. Die nachfolgende Tabelle ist nicht vollständig. Ansteckungsgefährliche Stoffe, einschließlich neue oder auftauchende Krankheitserreger, die in der Tabelle nicht aufgeführt sind, die jedoch dieselben Kriterien erfüllen, sind der Kategorie A zuzuordnen. Darüber hinaus ist ein Stoff in die Kategorie A aufzunehmen, wenn Zweifel darüber bestehen, ob dieser die Kriterien erfüllt oder nicht.

3. Diejenigen Mikroorganismen, die in der nachfolgenden Tabelle in Kursivschrift dargestellt sind, sind Bakterien oder Pilze.

Beispiele für ansteckungsgefährliche Stoffe, die in jeder Form unter die Kategorie A fallen, sofern nichts anderes angegeben ist (siehe Absatz 2.2.62.1.4.1)	
UN-Nummer und Benennung	**Mikroorganismus**
UN 2814 ANSTECKUNGS-GEFÄHRLICHER STOFF; GEFÄHRLICH FÜR MENSCHEN	*Bacillus anthracis* (nur Kulturen)
	Brucella abortus (nur Kulturen)
	Brucella melitensis (nur Kulturen)
	Brucella suis (nur Kulturen)
	Burkholderia mallei – Pseudomonas mallei – Rotz (nur Kulturen)
	Burkholderia pseudomallei – Pseudomonas pseudomallei (nur Kulturen)
	Chlamydia psittaci – aviäre Stämme (nur Kulturen)
	Clostridium botulinum (nur Kulturen)
	Coccidioides immitis (nur Kulturen)
	Coxiella burnetii (nur Kulturen)
	Virus des hämorrhagischen Krim-Kongo-Fiebers
	Dengue-Virus (nur Kulturen)
	Virus der östlichen Pferde-Encephalitis (nur Kulturen)
	Escherichia coli, verotoxigen (nur Kulturen) [a]
	Ebola-Virus
	Flexal-Virus

Besondere Vorschriften für die einzelnen Klassen 2.2

ADR	RID

(Fortsetzung)

UN-Nummer und Benennung	Mikroorganismus
	Francisella tularensis (nur Kulturen)
	Guanarito-Virus
	Hantaan-Virus
	Hanta-Virus, das hämorrhagisches Fieber mit Nierensyndrom hervorruft
	Hendra-Virus
	Hepatitis-B-Virus (nur Kulturen)
	Herpes-B-Virus (nur Kulturen)
	humanes Immundefizienz-Virus (nur Kulturen)
	hoch pathogenes Vogelgrippe-Virus (nur Kulturen)
	japanisches Encephalititis-Virus (nur Kulturen)
	Junin-Virus
	Kyasanur-Waldkrankheit-Virus
	Lassa-Virus
	Machupo-Virus
	Marburg-Virus
	Affenpocken-Virus
	Mycobacterium tuberculosis (nur Kulturen) [a]
	Nipah-Virus
	Virus des hämorrhagischen Omsk-Fiebers
	Polio-Virus (nur Kulturen)
	Tollwut-Virus (nur Kulturen)
	Rickettsia prowazekii (nur Kulturen)
	Rickettsia rickettsii (nur Kulturen)
	Rifttal-Fiebervirus (nur Kulturen)
	Virus der russischen Frühsommer-Encephalitis (nur Kulturen)
	Sabia-Virus
	Shigella dysenteriae type 1 (nur Kulturen) [a]
	Zecken-Encephalitis-Virus (nur Kulturen)
	Pocken-Virus
	Virus der Venezuela-Pferde-Encephalitis (nur Kulturen)
	West-Nil-Virus (nur Kulturen)
	Gelbfieber-Virus (nur Kulturen)
	Yersinia pestis (nur Kulturen)
UN 2900 ANSTECKUNGS-GEFÄHRLICHER STOFF; nur GEFÄHRLICH FÜR TIERE	Virus der afrikanischen Schweinepest (nur Kulturen)
	aviäres Paramyxovirus Typ 1 – velogenes Newcastle-Disease-Virus (nur Kulturen)
	klassisches Schweinepest-Virus (nur Kulturen)
	Maul- und Klauenseuche-Virus (nur Kulturen)
	Virus der Dermatitis nodularis (lumpy skin disease) (nur Kulturen)
	Mycoplasma mycoides – Erreger der infektiösen bovinen Pleuropneumonie (nur Kulturen)
	Kleinwiederkäuer-Pest-Virus (nur Kulturen)
	Rinderpest-Virus (nur Kulturen)
	Schafpocken-Virus (nur Kulturen)
	Ziegenpocken-Virus (nur Kulturen)
	Virus der vesikulären Schweinekrankheit (nur Kulturen)
	vesikuläres Stomatitis-Virus (nur Kulturen)

[a] Kulturen, die für diagnostische oder klinische Zwecke vorgesehen sind, dürfen jedoch als ansteckungsgefährliche Stoffe der Kategorie B klassifiziert werden.

2.2 Besondere Vorschriften für die einzelnen Klassen

ADR	RID

2.2.62.1.4.2 <u>Kategorie B</u>: Ein ansteckungsgefährlicher Stoff, der den Kriterien für eine Aufnahme in Kategorie A nicht entspricht. Ansteckungsgefährliche Stoffe der Kategorie B sind der UN-Nummer 3373 zuzuordnen.

Bem. Die offizielle Benennung für die Beförderung der UN-Nummer 3373 lautet «BIOLOGISCHER STOFF, KATEGORIE B».

2.2.62.1.5 *Freistellungen*

2.2.62.1.5.1 Stoffe, die keine ansteckungsgefährlichen Stoffe enthalten, oder Stoffe, bei denen es unwahrscheinlich ist, dass sie bei Menschen oder Tieren Krankheiten hervorrufen, unterliegen nicht den Vorschriften des ADR/RID, es sei denn, sie entsprechen den Kriterien für die Aufnahme in eine andere Klasse.

2.2.62.1.5.2 Stoffe, die Mikroorganismen enthalten, die gegenüber Menschen oder Tieren nicht pathogen sind, unterliegen nicht den Vorschriften des ADR/RID, es sei denn, sie entsprechen den Kriterien für die Aufnahme in eine andere Klasse.

2.2.62.1.5.3 Stoffe in einer Form, in der jegliche vorhandene Krankheitserreger so neutralisiert oder deaktiviert wurden, dass sie kein Gesundheitsrisiko mehr darstellen, unterliegen nicht den Vorschriften des ADR/RID, es sei denn, sie entsprechen den Kriterien für die Aufnahme in eine andere Klasse.

Bem. Medizinische Geräte, denen freie Flüssigkeit entzogen wurde, gelten als den Vorschriften dieses Absatzes entsprechend und unterliegen nicht den Vorschriften des ADR/RID.

2.2.62.1.5.4 Stoffe, bei denen sich die Konzentration von Krankheitserregern auf einem in der Natur vorkommenden Niveau befindet (einschließlich Nahrungsmittel und Wasserproben) und bei denen nicht davon auszugehen ist, dass sie ein bedeutsames Infektionsrisiko darstellen, unterliegen nicht den Vorschriften des ADR/RID, es sei denn, sie entsprechen den Kriterien für die Aufnahme in eine andere Klasse.

2.2.62.1.5.5 Getrocknetes Blut, das durch Aufbringen eines Bluttropfens auf ein saugfähiges Material gewonnen wird, unterliegt nicht den Vorschriften des ADR/RID.

2.2.62.1.5.6 Vorsorgeuntersuchungsproben (Screening-Proben) für im Stuhl enthaltenes Blut unterliegen nicht den Vorschriften des ADR/RID.

2.2.62.1.5.7 Blut oder Blutbestandteile, die für Zwecke der Transfusion oder der Zubereitung von Blutprodukten für die Verwendung bei der Transfusion oder der Transplantation gesammelt wurden, und alle Gewebe oder Organe, die zur Transplantation bestimmt sind, sowie Proben, die zu diesen Zwecken entnommen wurden, unterliegen nicht den Vorschriften des ADR/RID.

2.2.62.1.5.8 Von Menschen oder Tieren entnommene Proben (Patientenproben), bei denen eine minimale Wahrscheinlichkeit besteht, dass sie Krankheitserreger enthalten, unterliegen nicht den Vorschriften des ADR/RID, wenn die Probe in einer Verpackung befördert wird, die jegliches Freiwerden verhindert und die mit dem Ausdruck «FREIGESTELLTE MEDIZINISCHE PROBE» bzw. «FREIGESTELLTE VETERINÄRMEDIZINISCHE PROBE» gekennzeichnet ist.

Die Verpackung wird als den oben aufgeführten Vorschriften entsprechend angesehen, wenn sie folgende Bedingungen erfüllt:

a) Die Verpackung besteht aus drei Bestandteilen:
   (i) (einem) wasserdichten Primärgefäß(en);
   (ii) einer wasserdichten Sekundärverpackung und

Besondere Vorschriften für die einzelnen Klassen 2.2

ADR	RID

(iii) einer in Bezug auf ihren Fassungsraum, ihre Masse und ihre beabsichtigte Verwendung ausreichend festen Außenverpackung, bei der mindestens eine der Oberflächen eine Mindestabmessung von 100 mm x 100 mm aufweist.

b) Für flüssige Stoffe ist zwischen dem (den) Primärgefäß(en) und der Sekundärverpackung absorbierendes Material in einer für die Aufnahme des gesamten Inhalts ausreichenden Menge eingesetzt, so dass ein während der Beförderung austretender oder auslaufender flüssiger Stoff nicht die Außenverpackung erreicht und nicht zu einer Beeinträchtigung der Unversehrtheit des Polstermaterials führt.

c) Wenn mehrere zerbrechliche Primärgefäße in eine einzige Sekundärverpackung eingesetzt werden, sind diese entweder einzeln eingewickelt oder so voneinander getrennt, dass eine gegenseitige Berührung verhindert wird.

Bem. 1. Für die Feststellung, ob ein Stoff nach den Vorschriften dieses Absatzes freigestellt ist, ist eine fachliche Beurteilung erforderlich. Diese Beurteilung sollte auf der Grundlage der bekannten Anamnese, Symptome und individuellen Gegebenheiten des betreffenden Patienten oder Tieres und den lokalen endemischen Bedingungen erfolgen. Beispiele für Proben, die nach den Vorschriften dieses Absatzes befördert werden können, sind

- Blut- oder Urinproben zur Kontrolle des Cholesterin-Spiegels, des Blutzucker-Spiegels, des Hormon-Spiegels oder prostataspezifischer Antikörper (PSA),
- erforderliche Proben zur Kontrolle der Organfunktionen, wie Herz-, Leber- oder Nierenfunktion, bei Menschen oder Tieren mit nicht ansteckenden Krankheiten oder zur therapeutischen Arzneimittel-Kontrolle,
- für Versicherungs- oder Beschäftigungszwecke entnommene Proben mit dem Ziel, Drogen oder Alkohol festzustellen,
- Schwangerschaftstests,
- Biopsien zur Feststellung von Krebs und
- Feststellung von Antikörpern bei Menschen oder Tieren bei Nichtvorhandensein eines Infektionsverdachts (z.B. Bewertung einer durch einen Impfstoff herbeigeführten Immunität, Diagnose einer Autoimmunerkrankung usw.).

2. Im Luftverkehr müssen Verpackungen für Proben, die nach diesem Absatz freigestellt sind, den Vorschriften der Absätze a) bis c) entsprechen.

2.2.62.1.5.9 Mit Ausnahme von

a) medizinischem Abfall (UN-Nummern 3291 und 3549),

b) medizinischen Instrumenten oder Geräten, die mit ansteckungsgefährlichen Stoffen der Kategorie A (UN 2814 oder UN 2900) kontaminiert sind oder solche Stoffe enthalten, und

c) medizinischen Instrumenten oder Geräten, die mit gefährlichen Gütern, welche unter die Begriffsbestimmung einer anderen Klasse fallen, kontaminiert sind oder solche Güter enthalten,

unterliegen medizinische Instrumente oder Geräte, die möglicherweise mit ansteckungsgefährlichen Stoffen kontaminiert sind oder solche Stoffe enthalten und die zur Desinfektion, Reinigung, Sterilisation, Reparatur oder zur Beurteilung der Geräte befördert werden, mit Ausnahme der Vorschriften dieses Absatzes nicht den Vorschriften des ADR/RID, wenn sie in Verpackungen verpackt sind, die so ausgelegt und gebaut sind, dass sie unter normalen Beförderungsbedingungen nicht zu Bruch gehen, durchstoßen werden oder ihren Inhalt freisetzen können. Die Verpackungen müssen so ausgelegt sein, dass sie den Bauvorschriften des Abschnitts 6.1.4 oder 6.6.4 entsprechen.

Diese Verpackungen müssen den allgemeinen Verpackungsvorschriften der Unterabschnitte 4.1.1.1 und 4.1.1.2 entsprechen und müssen in der Lage sein, nach einem Fall aus einer Höhe von 1,20 m die medizinischen Instrumente und Geräte zurückzuhalten.

2.2	Besondere Vorschriften für die einzelnen Klassen
ADR	**RID**

Die Verpackungen müssen mit «GEBRAUCHTES MEDIZINISCHES INSTRUMENT» oder «GEBRAUCHTES MEDIZINISCHES GERÄT» gekennzeichnet sein. Bei Verwendung von Umverpackungen müssen diese in gleicher Weise gekennzeichnet sein, es sei denn, die Aufschrift bleibt sichtbar.

2.2.62.1.6 (bleibt offen)

2.2.62.1.7 (bleibt offen)

2.2.62.1.8 (bleibt offen)

2.2.62.1.9 *Biologische Produkte*

Für Zwecke des ADR/RID werden biologische Produkte in folgende Gruppen unterteilt:

a) solche Produkte, die in Übereinstimmung mit den Vorschriften der zuständigen nationalen Behörden hergestellt und verpackt sind und zum Zwecke ihrer endgültigen Verpackung oder Verteilung befördert werden und die für die Behandlung durch medizinisches Personal oder Einzelpersonen verwendet werden. Stoffe dieser Gruppe unterliegen nicht den Vorschriften des ADR/RID;

b) solche Produkte, die nicht unter den Absatz a) fallen und von denen bekannt ist oder bei denen Gründe für die Annahme bestehen, dass sie ansteckungsgefährliche Stoffe enthalten, und die den Kriterien für eine Aufnahme in Kategorie A oder B entsprechen. Stoffe dieser Gruppe sind je nach Fall der UN-Nummer 2814, 2900 oder 3373 zuzuordnen.

Bem. Bei einigen amtlich zugelassenen biologischen Produkten ist eine biologische Gefahr nur in bestimmten Teilen der Welt gegeben. In diesem Fall können die zuständigen Behörden vorschreiben, dass diese biologischen Produkte den örtlichen Vorschriften für ansteckungsgefährliche Stoffe entsprechen müssen, oder andere Einschränkungen verfügen.

2.2.62.1.10 *Genetisch veränderte Mikroorganismen und Organismen*

Genetische veränderte Mikroorganismen, die nicht der Begriffsbestimmung für ansteckungsgefährliche Stoffe entsprechen, sind nach Abschnitt 2.2.9 zu klassifizieren.

2.2.62.1.11 *Medizinische oder klinische Abfälle*

2.2.62.1.11.1 Medizinische oder klinische Abfälle,

a) die ansteckungsgefährliche Stoffe der Kategorie A enthalten, sind der UN-Nummer 2814, 2900 bzw. 3549 zuzuordnen. Feste medizinische Abfälle, die ansteckungsgefährliche Stoffe der Kategorie A enthalten, die aus der medizinischen Behandlung von Menschen oder der veterinärmedizinischen Behandlung von Tieren stammen, dürfen der UN-Nummer 3549 zugeordnet werden. Die Eintragung der UN-Nummer 3549 darf nicht für Abfälle, die aus der biologischen Forschung stammen, oder für flüssige Abfälle verwendet werden;

b) die ansteckungsgefährliche Stoffe der Kategorie B enthalten, sind der UN-Nummer 3291 zuzuordnen.

Bem. 1 Die offizielle Benennung für die Beförderung der UN-Nummer 3549 lautet «MEDIZINISCHE ABFÄLLE, KATEGORIE A, GEFÄHRLICH FÜR MENSCHEN, fest» oder «MEDIZINISCHE ABFÄLLE, KATEGORIE A, nur GEFÄHRLICH FÜR TIERE, fest».

Besondere Vorschriften für die einzelnen Klassen 2.2

ADR	RID

Bem. 2 Medizinische oder klinische Abfälle, die nach dem Europäischen Abfallartenkatalog in der Anlage zur Entscheidung der Europäischen Kommission 2000/532/EG [5] in der jeweils geänderten Fassung der EAK-Nummer 18 01 03 (Abfälle aus der humanmedizinischen oder tierärztlichen Versorgung und Forschung – Abfälle aus der Geburtshilfe, Diagnose, Behandlung oder Vorbeugung von Krankheiten beim Menschen – Abfälle, an deren Sammlung und Entsorgung aus infektionspräventiver Sicht besondere Anforderungen gestellt werden) oder 18 02 02 (Abfälle aus der humanmedizinischen oder tierärztlichen Versorgung und Forschung – Abfälle aus Forschung, Diagnose, Krankenbehandlung und Vorsorge bei Tieren – Abfälle, an deren Sammlung und Entsorgung aus infektionspräventiver Sicht besondere Anforderungen gestellt werden) zugeordnet sind, müssen nach den Vorschriften dieses Absatzes auf Grund der ärztlichen bzw. tierärztlichen Diagnose des betreffenden Patienten bzw. Tieres klassifiziert werden.

2.2.62.1.11.2 Medizinische oder klinische Abfälle, bei denen Gründe für die Annahme bestehen, dass eine geringe Wahrscheinlichkeit für das Vorhandensein ansteckungsgefährlicher Stoffe besteht, sind der UN-Nummer 3291 zuzuordnen. Für die Zuordnung dürfen internationale, regionale oder nationale Abfallartenkataloge herangezogen werden.

Bem. 1. Die offizielle Benennung für die Beförderung von UN 3291 lautet «KLINISCHER ABFALL, UNSPEZIFIZIERT, N.A.G.» oder «(BIO)MEDIZINISCHER ABFALL, N.A.G.» oder «UNTER DIE VORSCHRIFTEN FALLENDER MEDIZINISCHER ABFALL, N.A.G.».

2. Ungeachtet der oben aufgeführten Klassifizierungskriterien unterliegen medizinische oder klinische Abfälle, die nach dem Europäischen Abfallartenkatalog in der Anlage zur Entscheidung der Europäischen Kommission 2000/532/EG [5] in der jeweils geänderten Fassung der EAK-Nummer 18 01 04 (Abfälle aus der humanmedizinischen oder tierärztlichen Versorgung und Forschung – Abfälle aus der Geburtshilfe, Diagnose, Behandlung oder Vorbeugung von Krankheiten beim Menschen – Abfälle, an deren Sammlung und Entsorgung aus infektionspräventiver Sicht keine besonderen Anforderungen gestellt werden (z.B. Wund- und Gipsverbände, Wäsche, Einwegkleidung, Windeln)) oder 18 02 03 (Abfälle aus der humanmedizinischen oder tierärztlichen Versorgung und Forschung – Abfälle aus Forschung, Diagnose, Krankenbehandlung und Vorsorge bei Tieren – Abfälle, an deren Sammlung und Entsorgung aus infektionspräventiver Sicht keine besonderen Anforderungen gestellt werden) zugeordnet sind, nicht den Vorschriften des ADR/RID.

2.2.62.1.11.3 Dekontaminierte medizinische oder klinische Abfälle, die vorher ansteckungsgefährliche Stoffe enthalten haben, unterliegen nicht den Vorschriften des ADR/RID, es sei denn, sie entsprechen den Kriterien für die Aufnahme in eine andere Klasse.

2.2.62.1.11.4 (gestrichen)

2.2.62.1.12 *Infizierte Tiere*

2.2.62.1.12.1 Lebende Tiere dürfen nicht dazu benutzt werden, einen ansteckungsgefährlichen Stoff zu befördern, es sei denn, diese können nicht auf eine andere Weise befördert werden. Lebende Tiere, die absichtlich infiziert wurden und von denen bekannt ist oder bei denen der Verdacht besteht, dass sie einen ansteckungsgefährlichen Stoff enthalten, dürfen nur unter den von den zuständigen Behörden genehmigten Bedingungen befördert werden.

---

[5] Entscheidung der Kommission 2000/532/EG vom 3. Mai 2000 zur Ersetzung der Entscheidung 94/3/EG über ein Abfallverzeichnis gemäß Artikel 1 Buchstabe a) der Richtlinie 75/442/EWG des Rates über Abfälle (ersetzt durch Richtlinie 2006/12/EG des Europäischen Parlaments und des Rates (Amtsblatt der Europäischen Union Nr. L 114 vom 27. April 2006, Seite 9)) und der Entscheidung 94/904/EG des Rates über ein Verzeichnis gefährlicher Abfälle im Sinne von Artikel 1 Absatz 4 der Richtlinie 91/689/EWG des Rates über gefährliche Abfälle (Amtsblatt der Europäischen Gemeinschaften Nr. L 226 vom 6. September 2000, Seite 3).

2.2 Besondere Vorschriften für die einzelnen Klassen

ADR	RID

Bem. Die Genehmigung der zuständigen Behörden ist auf der Grundlage der einschlägigen Regelungen für Tiertransporte zu erteilen, gefahrgutrechtliche Gesichtspunkte sind dabei zu berücksichtigen. Welche Behörden für die Festlegung dieser Bedingungen und Regelungen für eine Genehmigung zuständig sind, ist auf nationaler Ebene zu regeln.

Falls keine Genehmigung der zuständigen Behörde
einer Vertragspartei des ADR | eines RID-Vertragsstaates
vorliegt, kann die zuständige Behörde
einer Vertragspartei des ADR | eines RID-Vertragsstaates
eine von der zuständigen Behörde eines Landes, das
keine Vertragspartei des ADR | kein RID-Vertragsstaat
ist, erteilte Genehmigung anerkennen.

Regelungen für Tiertransporte sind z.B. enthalten in der Verordnung (EG) Nr. 1/2005 des Rates vom 22. Dezember 2004 über den Schutz von Tieren beim Transport (Amtsblatt der Europäischen Gemeinschaft Nr. L 3 vom 5. Januar 2005) in der jeweils geltenden Fassung.

2.2.62.1.12.2 (gestrichen)

2.2.62.2 Nicht zur Beförderung zugelassene Stoffe

Lebende Wirbeltiere oder wirbellose Tiere dürfen nicht dazu benutzt werden, einen ansteckungsgefährlichen Stoff zu befördern, es sei denn, dieser kann nicht auf eine andere Weise befördert werden oder diese Beförderung ist von der zuständigen Behörde zugelassen (siehe Absatz 2.2.62.1.12.1).

2.2.62.3 Verzeichnis der Sammeleintragungen

	Klassifizierungscode	UN-Nummer	Benennung des Stoffes oder Gegenstandes
Ansteckungsgefährliche Stoffe			
Ansteckungsgefährliche Stoffe, gefährlich für Menschen	I1	2814	ANSTECKUNGSGEFÄHRLICHER STOFF, GEFÄHRLICH FÜR MENSCHEN
Ansteckungsgefährliche Stoffe, gefährlich nur für Tiere	I2	2900	ANSTECKUNGSGEFÄHRLICHER STOFF, nur GEFÄHRLICH FÜR TIERE
Klinische Abfälle	I3	3549	MEDIZINISCHE ABFÄLLE, KATEGORIE A, GEFÄHRLICH FÜR MENSCHEN, fest oder
		3549	MEDIZINISCHE ABFÄLLE, KATEGORIE A, nur GEFÄHRLICH FÜR TIERE, fest
		3291	KLINISCHER ABFALL, UNSPEZIFIZIERT, N.A.G. oder
		3291	(BIO)MEDIZINISCHER ABFALL, N.A.G. oder
		3291	UNTER DIE VORSCHRIFTEN FALLENDER MEDIZINISCHER ABFALL, N.A.G.
Biologische Stoffe	I4	3373	BIOLOGISCHER STOFF, KATEGORIE B

Besondere Vorschriften für die einzelnen Klassen 2.2

ADR	RID

2.2.7 Klasse 7: Radioaktive Stoffe

2.2.7.1 Begriffsbestimmungen

2.2.7.1.1 *Radioaktive Stoffe* sind Stoffe, die Radionuklide enthalten, bei denen sowohl die Aktivitätskonzentration als auch die Gesamtaktivität je Sendung die in den Absätzen 2.2.7.2.2.1 bis 2.2.7.2.2.6 aufgeführten Werte übersteigt.

2.2.7.1.2 *Kontamination*

Kontamination ist das Vorhandensein eines radioaktiven Stoffes auf einer Oberfläche in Mengen von mehr als 0,4 Bq/cm² für Beta- und Gammastrahler und Alphastrahler geringer Toxizität oder 0,04 Bq/cm² für alle anderen Alphastrahler.

Nicht festhaftende Kontamination ist eine Kontamination, die unter Routine-Beförderungsbedingungen von der Oberfläche ablösbar ist.

Festhaftende Kontamination ist jede Kontamination mit Ausnahme der nicht festhaftenden Kontamination.

2.2.7.1.3 *Besondere Begriffsbestimmungen*

A_1 und A_2

A_1 ist der in der Tabelle 2.2.7.2.2.1 aufgeführte oder der nach Absatz 2.2.7.2.2.2 abgeleitete Aktivitätswert von radioaktiven Stoffen in besonderer Form, der für die Bestimmung der Aktivitätsgrenzwerte für die Vorschriften des ADR/RID verwendet wird.

A_2 ist der in der Tabelle 2.2.7.2.2.1 aufgeführte oder der nach Absatz 2.2.7.2.2.2 abgeleitete Aktivitätswert von radioaktiven Stoffen, ausgenommen radioaktive Stoffe in besonderer Form, der für die Bestimmung der Aktivitätsgrenzwerte für die Vorschriften des ADR/RID verwendet wird.

Alphastrahler geringer Toxizität sind: natürliches Uran, abgereichertes Uran, natürliches Thorium, Uran-235 oder Uran-238, Thorium-232, Thorium-228 und Thorium-230, wenn sie in Erzen oder in physikalischen oder chemischen Konzentraten enthalten sind, oder Alphastrahler mit einer Halbwertszeit von weniger als 10 Tagen.

Gering dispergierbarer radioaktiver Stoff ist entweder ein fester radioaktiver Stoff oder ein fester radioaktiver Stoff in einer dichten Kapsel, der eine begrenzte Dispersibilität hat und nicht pulverförmig ist.

Oberflächenkontaminierter Gegenstand (SCO) [6] ist ein fester Gegenstand, der selbst nicht radioaktiv ist, auf dessen Oberfläche jedoch radioaktive Stoffe verteilt sind.

Radioaktiver Stoff in besonderer Form ist entweder

a) ein nicht dispergierbarer fester radioaktiver Stoff oder

b) eine dichte Kapsel, die radioaktive Stoffe enthält.

Spaltbare Nuklide sind Uran-233, Uran-235, Plutonium-239 und Plutonium-241.

Spaltbare Stoffe sind Stoffe, die irgendein spaltbares Nuklid enthalten.
Unter diese Begriffsbestimmung fallen nicht:

a) unbestrahltes natürliches oder abgereichertes Uran;

b) natürliches Uran oder abgereichertes Uran, das nur in thermischen Reaktoren bestrahlt worden ist;

c) Stoffe mit spaltbaren Nukliden mit einer Gesamtmasse von weniger als 0,25 g;

d) alle Kombinationen von a), b) und/oder c).

Diese Ausnahmen gelten nur, wenn im Versandstück oder in der unverpackt beförderten Sendung kein anderer Stoff mit spaltbaren Nukliden enthalten ist.

---

[6] Die Buchstaben «SCO» sind die Abkürzung des englischen Ausdrucks «Surface Contaminated Object».

2.2 Besondere Vorschriften für die einzelnen Klassen
ADR | RID

Spezifische Aktivität eines Radionuklids ist die Aktivität des Radionuklids je Masseeinheit dieses Nuklids. Die spezifische Aktivität eines Stoffes ist die Aktivität je Masseeinheit dieses Stoffes, in dem die Radionuklide im Wesentlichen gleichmäßig verteilt sind.

Stoff mit geringer spezifischer Aktivität (LSA) [7)] ist ein radioaktiver Stoff mit begrenzter spezifischer Eigenaktivität oder ein radioaktiver Stoff, für den die Grenzwerte der geschätzten mittleren spezifischen Aktivität gelten. Äußere, den LSA-Stoff umgebende Abschirmungsmaterialien sind bei der Bestimmung der geschätzten mittleren spezifischen Aktivität nicht zu berücksichtigen.

Unbestrahltes Thorium ist Thorium, das höchstens 10^{-7} g Uran-233 pro Gramm Thorium-232 enthält.

Unbestrahltes Uran ist Uran, das höchstens 2×10^3 Bq Plutonium pro Gramm Uran-235, höchstens 9×10^6 Bq Spaltprodukte pro Gramm Uran-235 und höchstens 5×10^{-3} g Uran-236 pro Gramm Uran-235 enthält.

Uran – natürlich, abgereichert, angereichert

Natürliches Uran ist Uran (das chemisch abgetrennt sein darf) mit der natürlichen Zusammensetzung der Uranisotope (ca. 99,28 Masse-% Uran-238 und 0,72 Masse-% Uran-235).

Abgereichertes Uran ist Uran mit einem geringeren Masseanteil an Uran-235 als natürliches Uran.

Angereichertes Uran ist Uran mit einem Masseanteil an Uran-235 von mehr als 0,72 %.

In allen Fällen ist ein sehr kleiner Masseanteil an Uran-234 vorhanden.

2.2.7.2 Klassifizierung

2.2.7.2.1 Allgemeine Vorschriften

2.2.7.2.1.1 Radioaktive Stoffe sind nach den Vorschriften der Absätze 2.2.7.2.4 und 2.2.7.2.5 unter Berücksichtigung der in Absatz 2.2.7.2.3 bestimmten Stoffeigenschaften einer der in der Tabelle 2.2.7.2.1.1 festgelegten UN-Nummern zuzuordnen.

Tabelle 2.2.7.2.1.1: Zuordnung der UN-Nummern

UN-Nummer	offizielle Benennung für die Beförderung und Beschreibung [a)]
Freigestellte Versandstücke (Unterabschnitt 1.7.1.5)	
UN 2908	RADIOAKTIVE STOFFE, FREIGESTELLTES VERSANDSTÜCK – LEERE VERPACKUNG
UN 2909	RADIOAKTIVE STOFFE, FREIGESTELLTES VERSANDSTÜCK – FABRIKATE AUS NATÜRLICHEM URAN oder AUS ABGEREICHERTEM URAN oder AUS NATÜRLICHEM THORIUM
UN 2910	RADIOAKTIVE STOFFE, FREIGESTELLTES VERSANDSTÜCK – BEGRENZTE STOFFMENGE
UN 2911	RADIOAKTIVE STOFFE, FREIGESTELLTES VERSANDSTÜCK – INSTRUMENTE oder FABRIKATE
UN 3507	URANHEXAFLUORID, RADIOAKTIVE STOFFE, FREIGESTELLTES VERSANDSTÜCK mit weniger als 0,1 kg je Versandstück, nicht spaltbar oder spaltbar, freigestellt [b),c)]
Radioaktive Stoffe mit geringer spezifischer Aktivität (Absatz 2.2.7.2.3.1)	
UN 2912	RADIOAKTIVE STOFFE MIT GERINGER SPEZIFISCHER AKTIVITÄT (LSA-I), nicht spaltbar oder spaltbar, freigestellt [b)]
UN 3321	RADIOAKTIVE STOFFE MIT GERINGER SPEZIFISCHER AKTIVITÄT (LSA-II), nicht spaltbar oder spaltbar, freigestellt [b)]

[7)] Die Buchstaben «LSA» sind die Abkürzung des englischen Ausdrucks «Low Specific Activity».

Besondere Vorschriften für die einzelnen Klassen 2.2

ADR	RID

UN 3322	RADIOAKTIVE STOFFE MIT GERINGER SPEZIFISCHER AKTIVITÄT (LSA-III), nicht spaltbar oder spaltbar, freigestellt [b]
UN 3324	RADIOAKTIVE STOFFE MIT GERINGER SPEZIFISCHER AKTIVITÄT (LSA-II), SPALTBAR
UN 3325	RADIOAKTIVE STOFFE MIT GERINGER SPEZIFISCHER AKTIVITÄT (LSA-III), SPALTBAR
Oberflächenkontaminierte Gegenstände (Absatz 2.2.7.2.3.2)	
UN 2913	RADIOAKTIVE STOFFE, OBERFLÄCHENKONTAMINIERTE GEGENSTÄNDE (SCO-I, SCO-II oder SCO-III), nicht spaltbar oder spaltbar, freigestellt [b]
UN 3326	RADIOAKTIVE STOFFE, OBERFLÄCHENKONTAMINIERTE GEGENSTÄNDE (SCO-I oder SCO-II), SPALTBAR
Typ A-Versandstücke (Absatz 2.2.7.2.4.4)	
UN 2915	RADIOAKTIVE STOFFE, TYP A-VERSANDSTÜCK, nicht in besonderer Form, nicht spaltbar oder spaltbar, freigestellt [b]
UN 3327	RADIOAKTIVE STOFFE, TYP A-VERSANDSTÜCK, SPALTBAR, nicht in besonderer Form
UN 3332	RADIOAKTIVE STOFFE, TYP A-VERSANDSTÜCK, IN BESONDERER FORM, nicht spaltbar oder spaltbar, freigestellt [b]
UN 3333	RADIOAKTIVE STOFFE, TYP A-VERSANDSTÜCK, IN BESONDERER FORM, SPALTBAR
Typ B(U)-Versandstücke (Absatz 2.2.7.2.4.6)	
UN 2916	RADIOAKTIVE STOFFE, TYP B(U)-VERSANDSTÜCK, nicht spaltbar oder spaltbar, freigestellt [b]
UN 3328	RADIOAKTIVE STOFFE, TYP B(U)-VERSANDSTÜCK, SPALTBAR
Typ B(M)-Versandstücke (Absatz 2.2.7.2.4.6)	
UN 2917	RADIOAKTIVE STOFFE, TYP B(M)-VERSANDSTÜCK, nichtspaltbar oder spaltbar, freigestellt [b]
UN 3329	RADIOAKTIVE STOFFE, TYP B(M)-VERSANDSTÜCK, SPALTBAR
Typ C-Versandstücke (Absatz 2.2.7.2.4.6)	
UN 3323	RADIOAKTIVE STOFFE, TYP C-VERSANDSTÜCK, nicht spaltbar oder spaltbar, freigestellt [b]
UN 3330	RADIOAKTIVE STOFFE, TYP C-VERSANDSTÜCK, SPALTBAR
Sondervereinbarung (Absatz 2.2.7.2.5)	
UN 2919	RADIOAKTIVE STOFFE, UNTER SONDERVEREINBARUNG BEFÖRDERT, nicht spaltbar oder spaltbar, freigestellt [b]
UN 3331	RADIOAKTIVE STOFFE, UNTER SONDERVEREINBARUNG BEFÖRDERT, SPALTBAR
Uranhexafluorid (Absatz 2.2.7.2.4.5)	
UN 2977	RADIOAKTIVE STOFFE, URANHEXAFLUORID, SPALTBAR
UN 2978	RADIOAKTIVE STOFFE, URANHEXAFLUORID, nicht spaltbar oder spaltbar, freigestellt [b]
UN 3507	URANHEXAFLUORID, RADIOAKTIVE STOFFE, FREIGESTELLTES VERSANDSTÜCK mit weniger als 0,1 kg je Versandstück, nicht spaltbar oder spaltbar, freigestellt [b],[c]

a) Die offizielle Benennung für die Beförderung ist in der Spalte «offizielle Benennung für die Beförderung und Beschreibung» enthalten und beschränkt sich auf die Teile, die in Großbuchstaben angegeben sind. In den Fällen der UN-Nummern 2909, 2911, 2913 und 3326, in denen alternative offizielle Benennungen für die Beförderung durch den Ausdruck „oder" getrennt sind, darf nur die zutreffende offizielle Benennung für die Beförderung verwendet werden.

b) Der Ausdruck «spaltbar, freigestellt» bezieht sich nur auf Stoffe, die gemäß Absatz 2.2.7.2.3.5 freigestellt sind.

c) Für UN-Nummer 3507 siehe auch Kapitel 3.3 Sondervorschrift 369.

2.2 Besondere Vorschriften für die einzelnen Klassen

ADR	RID

2.2.7.2.2 Bestimmung grundlegender Radionuklidwerte

2.2.7.2.2.1 Die folgenden grundlegenden Werte für die einzelnen Radionuklide sind in Tabelle 2.2.7.2.2.1 angegeben:

a) A_1 und A_2 in TBq;

b) Aktivitätskonzentrationsgrenzwert für freigestellte Stoffe in Bq/g und

c) Aktivitätsgrenzwerte für freigestellte Sendungen in Bq.

Tabelle 2.2.7.2.2.1: Grundlegende Radionuklidwerte für einzelne Radionuklide

Radionuklid (Atomzahl)	A_1	A_2	Aktivitätskonzentrationsgrenzwert für freigestellte Stoffe	Aktivitätsgrenzwert für eine freigestellte Sendung
	(TBq)	(TBq)	(Bq/g)	(Bq)
Actinium (89)				
Ac-225 [a]	8×10^{-1}	6×10^{-3}	1×10^{1}	1×10^{4}
Ac-227 [a]	9×10^{-1}	9×10^{-5}	1×10^{-1}	1×10^{3}
Ac-228	6×10^{-1}	5×10^{-1}	1×10^{1}	1×10^{6}
Silber (47)				
Ag-105	2×10^{0}	2×10^{0}	1×10^{2}	1×10^{6}
Ag-108m [a]	7×10^{-1}	7×10^{-1}	1×10^{1} [b]	1×10^{6} [b]
Ag-110m [a]	4×10^{-1}	4×10^{-1}	1×10^{1}	1×10^{6}
Ag-111	2×10^{0}	6×10^{-1}	1×10^{3}	1×10^{6}
Aluminium (13)				
Al-26	1×10^{-1}	1×10^{-1}	1×10^{1}	1×10^{5}
Americium (95)				
Am-241	1×10^{1}	1×10^{-3}	1×10^{0}	1×10^{4}
Am-242m [a]	1×10^{1}	1×10^{-3}	1×10^{0} [b]	1×10^{4} [b]
Am-243 [a]	5×10^{0}	1×10^{-3}	1×10^{0} [b]	1×10^{3} [b]
Argon (18)				
Ar-37	4×10^{1}	4×10^{1}	1×10^{6}	1×10^{8}
Ar-39	4×10^{1}	2×10^{1}	1×10^{7}	1×10^{4}
Ar-41	3×10^{-1}	3×10^{-1}	1×10^{2}	1×10^{9}
Arsen (33)				
As-72	3×10^{-1}	3×10^{-1}	1×10^{1}	1×10^{5}
As-73	4×10^{1}	4×10^{1}	1×10^{3}	1×10^{7}
As-74	1×10^{0}	9×10^{-1}	1×10^{1}	1×10^{6}
As-76	3×10^{-1}	3×10^{-1}	1×10^{2}	1×10^{5}
As-77	2×10^{1}	7×10^{-1}	1×10^{3}	1×10^{6}
Astat (85)				
At-211 [a]	2×10^{1}	5×10^{-1}	1×10^{3}	1×10^{7}
Gold (79)				
Au-193	7×10^{0}	2×10^{0}	1×10^{2}	1×10^{7}
Au-194	1×10^{0}	1×10^{0}	1×10^{1}	1×10^{6}
Au-195	1×10^{1}	6×10^{0}	1×10^{2}	1×10^{7}
Au-198	1×10^{0}	6×10^{-1}	1×10^{2}	1×10^{6}
Au-199	1×10^{1}	6×10^{-1}	1×10^{2}	1×10^{6}

Besondere Vorschriften für die einzelnen Klassen 2.2

ADR	RID

Tabelle 2.2.7.2.2.1 (Fortsetzung)

Radionuklid (Atomzahl)	A_1	A_2	Aktivitäts-konzentrations-grenzwert für freigestellte Stoffe	Aktivitäts-grenzwert für eine freigestellte Sendung
	(TBq)	(TBq)	(Bq/g)	(Bq)
Barium (56)				
Ba-131 [a]	2×10^0	2×10^0	1×10^2	1×10^6
Ba-133	3×10^0	3×10^0	1×10^2	1×10^6
Ba-133m	2×10^1	6×10^{-1}	1×10^2	1×10^6
Ba-135m	2×10^1	6×10^{-1}	1×10^2	1×10^6
Ba-140 [a]	5×10^{-1}	3×10^{-1}	1×10^1 [b]	1×10^5 [b]
Beryllium (4)				
Be-7	2×10^1	2×10^1	1×10^3	1×10^7
Be-10	4×10^1	6×10^{-1}	1×10^4	1×10^6
Bismut (83)				
Bi-205	7×10^{-1}	7×10^{-1}	1×10^1	1×10^6
Bi-206	3×10^{-1}	3×10^{-1}	1×10^1	1×10^5
Bi-207	7×10^{-1}	7×10^{-1}	1×10^1	1×10^6
Bi-210	1×10^0	6×10^{-1}	1×10^3	1×10^6
Bi-210m [a]	6×10^{-1}	2×10^{-2}	1×10^1	1×10^5
Bi-212 [a]	7×10^{-1}	6×10^{-1}	1×10^1 [b]	1×10^5 [b]
Berkelium (97)				
Bk-247	8×10^0	8×10^{-4}	1×10^0	1×10^4
Bk-249 [a]	4×10^1	3×10^{-1}	1×10^3	1×10^6
Brom (35)				
Br-76	4×10^{-1}	4×10^{-1}	1×10^1	1×10^5
Br-77	3×10^0	3×10^0	1×10^2	1×10^6
Br-82	4×10^{-1}	4×10^{-1}	1×10^1	1×10^6
Kohlenstoff (6)				
C-11	1×10^0	6×10^{-1}	1×10^1	1×10^6
C-14	4×10^1	3×10^0	1×10^4	1×10^7
Calcium (20)				
Ca-41	unbegrenzt	unbegrenzt	1×10^5	1×10^7
Ca-45	4×10^1	1×10^0	1×10^4	1×10^7
Ca-47 [a]	3×10^0	3×10^{-1}	1×10^1	1×10^6
Cadmium (48)				
Cd-109	3×10^1	2×10^0	1×10^4	1×10^6
Cd-113m	4×10^1	5×10^{-1}	1×10^3	1×10^6
Cd-115 [a]	3×10^0	4×10^{-1}	1×10^2	1×10^6
Cd-115m	5×10^{-1}	5×10^{-1}	1×10^3	1×10^6

2.2 Besondere Vorschriften für die einzelnen Klassen

ADR	RID

Tabelle 2.2.7.2.2.1 (Fortsetzung)

Radionuklid (Atomzahl)	A_1	A_2	Aktivitätskonzentrationsgrenzwert für freigestellte Stoffe	Aktivitätsgrenzwert für eine freigestellte Sendung
	(TBq)	(TBq)	(Bq/g)	(Bq)
Cer (58)				
Ce-139	7×10^0	2×10^0	1×10^2	1×10^6
Ce-141	2×10^1	6×10^{-1}	1×10^2	1×10^7
Ce-143	9×10^{-1}	6×10^{-1}	1×10^2	1×10^6
Ce-144 [a]	2×10^{-1}	2×10^{-1}	1×10^2 [b]	1×10^5 [b]
Californium (98)				
Cf-248	4×10^1	6×10^{-3}	1×10^1	1×10^4
Cf-249	3×10^0	8×10^{-4}	1×10^0	1×10^3
Cf-250	2×10^1	2×10^{-3}	1×10^1	1×10^4
Cf-251	7×10^0	7×10^{-4}	1×10^0	1×10^3
Cf-252	1×10^{-1}	3×10^{-3}	1×10^1	1×10^4
Cf-253 [a]	4×10^1	4×10^{-2}	1×10^2	1×10^5
Cf-254	1×10^{-3}	1×10^{-3}	1×10^0	1×10^3
Chlor (17)				
Cl-36	1×10^1	6×10^{-1}	1×10^4	1×10^6
Cl-38	2×10^{-1}	2×10^{-1}	1×10^1	1×10^5
Curium (96)				
Cm-240	4×10^1	2×10^{-2}	1×10^2	1×10^5
Cm-241	2×10^0	1×10^0	1×10^2	1×10^6
Cm-242	4×10^1	1×10^{-2}	1×10^2	1×10^5
Cm-243	9×10^0	1×10^{-3}	1×10^0	1×10^4
Cm-244	2×10^1	2×10^{-3}	1×10^1	1×10^4
Cm-245	9×10^0	9×10^{-4}	1×10^0	1×10^3
Cm-246	9×10^0	9×10^{-4}	1×10^0	1×10^3
Cm-247 [a]	3×10^0	1×10^{-3}	1×10^0	1×10^4
Cm-248	2×10^{-2}	3×10^{-4}	1×10^0	1×10^3
Cobalt (27)				
Co-55	5×10^{-1}	5×10^{-1}	1×10^1	1×10^6
Co-56	3×10^{-1}	3×10^{-1}	1×10^1	1×10^5
Co-57	1×10^1	1×10^1	1×10^2	1×10^6
Co-58	1×10^0	1×10^0	1×10^1	1×10^6
Co-58m	4×10^1	4×10^1	1×10^4	1×10^7
Co-60	4×10^{-1}	4×10^{-1}	1×10^1	1×10^5
Chrom (24)				
Cr-51	3×10^1	3×10^1	1×10^3	1×10^7

Besondere Vorschriften für die einzelnen Klassen 2.2
ADR RID

Tabelle 2.2.7.2.2.1 (Fortsetzung)

Radionuklid (Atomzahl)	A_1	A_2	Aktivitäts-konzentrations-grenzwert für freigestellte Stoffe	Aktivitäts-grenzwert für eine freigestellte Sendung
	(TBq)	(TBq)	(Bq/g)	(Bq)
Caesium (55)				
Cs-129	4×10^0	4×10^0	1×10^2	1×10^5
Cs-131	3×10^1	3×10^1	1×10^3	1×10^6
Cs-132	1×10^0	1×10^0	1×10^1	1×10^5
Cs-134	7×10^{-1}	7×10^{-1}	1×10^1	1×10^4
Cs-134m	4×10^1	6×10^{-1}	1×10^3	1×10^5
Cs-135	4×10^1	1×10^0	1×10^4	1×10^7
Cs-136	5×10^{-1}	5×10^{-1}	1×10^1	1×10^5
Cs-137 [a]	2×10^0	6×10^{-1}	1×10^1 [b]	1×10^4 [b]
Kupfer (29)				
Cu-64	6×10^0	1×10^0	1×10^2	1×10^6
Cu-67	1×10^1	7×10^{-1}	1×10^2	1×10^6
Dysprosium (66)				
Dy-159	2×10^1	2×10^1	1×10^3	1×10^7
Dy-165	9×10^{-1}	6×10^{-1}	1×10^3	1×10^6
Dy-166 [a]	9×10^{-1}	3×10^{-1}	1×10^3	1×10^6
Erbium (68)				
Er-169	4×10^1	1×10^0	1×10^4	1×10^7
Er-171	8×10^{-1}	5×10^{-1}	1×10^2	1×10^6
Europium (63)				
Eu-147	2×10^0	2×10^0	1×10^2	1×10^6
Eu-148	5×10^{-1}	5×10^{-1}	1×10^1	1×10^6
Eu-149	2×10^1	2×10^1	1×10^2	1×10^7
Eu-150 (kurzlebig)	2×10^0	7×10^{-1}	1×10^3	1×10^6
Eu-150 (langlebig)	7×10^{-1}	7×10^{-1}	1×10^1	1×10^6
Eu-152	1×10^0	1×10^0	1×10^1	1×10^6
Eu-152m	8×10^{-1}	8×10^{-1}	1×10^2	1×10^6
Eu-154	9×10^{-1}	6×10^{-1}	1×10^1	1×10^6
Eu-155	2×10^1	3×10^0	1×10^2	1×10^7
Eu-156	7×10^{-1}	7×10^{-1}	1×10^1	1×10^6
Fluor (9)				
F-18	1×10^0	6×10^{-1}	1×10^1	1×10^6

2.2 Besondere Vorschriften für die einzelnen Klassen

ADR | **RID**

Tabelle 2.2.7.2.2.1 (Fortsetzung)

Radionuklid (Atomzahl)	A₁	A₂	Aktivitätskonzentrationsgrenzwert für freigestellte Stoffe	Aktivitätsgrenzwert für eine freigestellte Sendung
	(TBq)	(TBq)	(Bq/g)	(Bq)
Eisen (26)				
Fe-52 a)	3×10^{-1}	3×10^{-1}	1×10^{1}	1×10^{6}
Fe-55	4×10^{1}	4×10^{1}	1×10^{4}	1×10^{6}
Fe-59	9×10^{-1}	9×10^{-1}	1×10^{1}	1×10^{6}
Fe-60 a)	4×10^{1}	2×10^{-1}	1×10^{2}	1×10^{5}
Gallium (31)				
Ga-67	7×10^{0}	3×10^{0}	1×10^{2}	1×10^{6}
Ga-68	5×10^{-1}	5×10^{-1}	1×10^{1}	1×10^{5}
Ga-72	4×10^{-1}	4×10^{-1}	1×10^{1}	1×10^{5}
Gadolinium (64)				
Gd-146 a)	5×10^{-1}	5×10^{-1}	1×10^{1}	1×10^{6}
Gd-148	2×10^{1}	2×10^{-3}	1×10^{1}	1×10^{4}
Gd-153	1×10^{1}	9×10^{0}	1×10^{2}	1×10^{7}
Gd-159	3×10^{0}	6×10^{-1}	1×10^{3}	1×10^{6}
Germanium (32)				
Ge-68 a)	5×10^{-1}	5×10^{-1}	1×10^{1}	1×10^{5}
Ge-69	1×10^{0}	1×10^{0}	1×10^{1}	1×10^{6}
Ge-71	4×10^{1}	4×10^{1}	1×10^{4}	1×10^{8}
Ge-77	3×10^{-1}	3×10^{-1}	1×10^{1}	1×10^{5}
Hafnium (72)				
Hf-172 a)	6×10^{-1}	6×10^{-1}	1×10^{1}	1×10^{6}
Hf-175	3×10^{0}	3×10^{0}	1×10^{2}	1×10^{6}
Hf-181	2×10^{0}	5×10^{-1}	1×10^{1}	1×10^{6}
Hf-182	unbegrenzt	unbegrenzt	1×10^{2}	1×10^{6}
Quecksilber (80)				
Hg-194 a)	1×10^{0}	1×10^{0}	1×10^{1}	1×10^{6}
Hg-195m a)	3×10^{0}	7×10^{-1}	1×10^{2}	1×10^{6}
Hg-197	2×10^{1}	1×10^{1}	1×10^{2}	1×10^{7}
Hg-197m	1×10^{1}	4×10^{-1}	1×10^{2}	1×10^{6}
Hg-203	5×10^{0}	1×10^{0}	1×10^{2}	1×10^{5}
Holmium (67)				
Ho-166	4×10^{-1}	4×10^{-1}	1×10^{3}	1×10^{5}
Ho-166m	6×10^{-1}	5×10^{-1}	1×10^{1}	1×10^{6}

Besondere Vorschriften für die einzelnen Klassen 2.2

ADR	RID

Tabelle 2.2.7.2.2.1 (Fortsetzung)

Radionuklid (Atomzahl)	A_1	A_2	Aktivitäts-konzentrations-grenzwert für freigestellte Stoffe	Aktivitäts-grenzwert für eine freigestellte Sendung
	(TBq)	(TBq)	(Bq/g)	(Bq)
Iod (53)				
I-123	6×10^0	3×10^0	1×10^2	1×10^7
I-124	1×10^0	1×10^0	1×10^1	1×10^6
I-125	2×10^1	3×10^0	1×10^3	1×10^6
I-126	2×10^0	1×10^0	1×10^2	1×10^6
I-129	unbegrenzt	unbegrenzt	1×10^2	1×10^5
I-131	3×10^0	7×10^{-1}	1×10^2	1×10^6
I-132	4×10^{-1}	4×10^{-1}	1×10^1	1×10^5
I-133	7×10^{-1}	6×10^{-1}	1×10^1	1×10^6
I-134	3×10^{-1}	3×10^{-1}	1×10^1	1×10^5
I-135 a)	6×10^{-1}	6×10^{-1}	1×10^1	1×10^6
Indium (49)				
In-111	3×10^0	3×10^0	1×10^2	1×10^6
In-113m	4×10^0	2×10^0	1×10^2	1×10^6
In-114m a)	1×10^1	5×10^{-1}	1×10^2	1×10^6
In-115m	7×10^0	1×10^0	1×10^2	1×10^6
Iridium (77)				
Ir-189 a)	1×10^1	1×10^1	1×10^2	1×10^7
Ir-190	7×10^{-1}	7×10^{-1}	1×10^1	1×10^6
Ir-192	1×10^{0} c)	6×10^{-1}	1×10^1	1×10^4
Ir-193m	4×10^1	4×10^0	1×10^4	1×10^7
Ir-194	3×10^{-1}	3×10^{-1}	1×10^2	1×10^5
Kalium (19)				
K-40	9×10^{-1}	9×10^{-1}	1×10^2	1×10^6
K-42	2×10^{-1}	2×10^{-1}	1×10^2	1×10^6
K-43	7×10^{-1}	6×10^{-1}	1×10^1	1×10^6
Krypton (36)				
Kr-79	4×10^0	2×10^0	1×10^3	1×10^5
Kr-81	4×10^1	4×10^1	1×10^4	1×10^7
Kr-85	1×10^1	1×10^1	1×10^5	1×10^4
Kr-85m	8×10^0	3×10^0	1×10^3	1×10^{10}
Kr-87	2×10^{-1}	2×10^{-1}	1×10^2	1×10^9
Lanthan (57)				
La-137	3×10^1	6×10^0	1×10^3	1×10^7
La-140	4×10^{-1}	4×10^{-1}	1×10^1	1×10^5

2.2 Besondere Vorschriften für die einzelnen Klassen
ADR **RID**

Tabelle 2.2.7.2.2.1 (Fortsetzung)

Radionuklid (Atomzahl)	A_1	A_2	Aktivitätskonzentrationsgrenzwert für freigestellte Stoffe	Aktivitätsgrenzwert für eine freigestellte Sendung
	(TBq)	(TBq)	(Bq/g)	(Bq)
Lutetium (71)				
Lu-172	6×10^{-1}	6×10^{-1}	1×10^{1}	1×10^{6}
Lu-173	8×10^{0}	8×10^{0}	1×10^{2}	1×10^{7}
Lu-174	9×10^{0}	9×10^{0}	1×10^{2}	1×10^{7}
Lu-174m	2×10^{1}	1×10^{1}	1×10^{2}	1×10^{7}
Lu-177	3×10^{1}	7×10^{-1}	1×10^{3}	1×10^{7}
Magnesium (12)				
Mg-28 a)	3×10^{-1}	3×10^{-1}	1×10^{1}	1×10^{5}
Mangan (25)				
Mn-52	3×10^{-1}	3×10^{-1}	1×10^{1}	1×10^{5}
Mn-53	unbegrenzt	unbegrenzt	1×10^{4}	1×10^{9}
Mn-54	1×10^{0}	1×10^{0}	1×10^{1}	1×10^{6}
Mn-56	3×10^{-1}	3×10^{-1}	1×10^{1}	1×10^{5}
Molybdän (42)				
Mo-93	4×10^{1}	2×10^{1}	1×10^{3}	1×10^{8}
Mo-99 a)	1×10^{0}	6×10^{-1}	1×10^{2}	1×10^{6}
Stickstoff (7)				
N-13	9×10^{-1}	6×10^{-1}	1×10^{2}	1×10^{9}
Natrium (11)				
Na-22	5×10^{-1}	5×10^{-1}	1×10^{1}	1×10^{6}
Na-24	2×10^{-1}	2×10^{-1}	1×10^{1}	1×10^{5}
Niobium (41)				
Nb-93m	4×10^{1}	3×10^{1}	1×10^{4}	1×10^{7}
Nb-94	7×10^{-1}	7×10^{-1}	1×10^{1}	1×10^{6}
Nb-95	1×10^{0}	1×10^{0}	1×10^{1}	1×10^{6}
Nb-97	9×10^{-1}	6×10^{-1}	1×10^{1}	1×10^{6}
Neodymium (60)				
Nd-147	6×10^{0}	6×10^{-1}	1×10^{2}	1×10^{6}
Nd-149	6×10^{-1}	5×10^{-1}	1×10^{2}	1×10^{6}
Nickel (28)				
Ni-57	6×10^{-1}	6×10^{-1}	1×10^{1}	1×10^{6}
Ni-59	unbegrenzt	unbegrenzt	1×10^{4}	1×10^{8}
Ni-63	4×10^{1}	3×10^{1}	1×10^{5}	1×10^{8}
Ni-65	4×10^{-1}	4×10^{-1}	1×10^{1}	1×10^{6}

Besondere Vorschriften für die einzelnen Klassen 2.2

ADR	RID

Tabelle 2.2.7.2.2.1 (Fortsetzung)

Radionuklid (Atomzahl)	A_1	A_2	Aktivitäts-konzentrations-grenzwert für freigestellte Stoffe	Aktivitäts-grenzwert für eine freigestellte Sendung
	(TBq)	(TBq)	(Bq/g)	(Bq)
Neptunium (93)				
Np-235	4×10^1	4×10^1	1×10^3	1×10^7
Np-236 (kurzlebig)	2×10^1	2×10^0	1×10^3	1×10^7
Np-236 (langlebig)	9×10^0	2×10^{-2}	1×10^2	1×10^5
Np-237	2×10^1	2×10^{-3}	1×10^0 [b]	1×10^3 [b]
Np-239	7×10^0	4×10^{-1}	1×10^2	1×10^7
Osmium (76)				
Os-185	1×10^0	1×10^0	1×10^1	1×10^6
Os-191	1×10^1	2×10^0	1×10^2	1×10^7
Os-191m	4×10^1	3×10^1	1×10^3	1×10^7
Os-193	2×10^0	6×10^{-1}	1×10^2	1×10^6
Os-194 [a]	3×10^{-1}	3×10^{-1}	1×10^2	1×10^5
Phosphor (15)				
P-32	5×10^{-1}	5×10^{-1}	1×10^3	1×10^5
P-33	4×10^1	1×10^0	1×10^5	1×10^8
Protactinium (91)				
Pa-230 [a]	2×10^0	7×10^{-2}	1×10^1	1×10^6
Pa-231	4×10^0	4×10^{-4}	1×10^0	1×10^3
Pa-233	5×10^0	7×10^{-1}	1×10^2	1×10^7
Blei (82)				
Pb-201	1×10^0	1×10^0	1×10^1	1×10^6
Pb-202	4×10^1	2×10^1	1×10^3	1×10^6
Pb-203	4×10^0	3×10^0	1×10^2	1×10^6
Pb-205	unbegrenzt	unbegrenzt	1×10^4	1×10^7
Pb-210 [a]	1×10^0	5×10^{-2}	1×10^1 [b]	1×10^4 [b]
Pb-212 [a]	7×10^{-1}	2×10^{-1}	1×10^1 [b]	1×10^5 [b]
Palladium (46)				
Pd-103 [a]	4×10^1	4×10^1	1×10^3	1×10^8
Pd-107	unbegrenzt	unbegrenzt	1×10^5	1×10^8
Pd-109	2×10^0	5×10^{-1}	1×10^3	1×10^6

2.2 Besondere Vorschriften für die einzelnen Klassen
ADR RID

Tabelle 2.2.7.2.2.1 (Fortsetzung)

Radionuklid (Atomzahl)	A_1	A_2	Aktivitätskonzentrationsgrenzwert für freigestellte Stoffe	Aktivitätsgrenzwert für eine freigestellte Sendung
	(TBq)	(TBq)	(Bq/g)	(Bq)
Promethium (61)				
Pm-143	3×10^0	3×10^0	1×10^2	1×10^6
Pm-144	7×10^{-1}	7×10^{-1}	1×10^1	1×10^6
Pm-145	3×10^1	1×10^1	1×10^3	1×10^7
Pm-147	4×10^1	2×10^0	1×10^4	1×10^7
Pm-148m [a)]	8×10^{-1}	7×10^{-1}	1×10^1	1×10^6
Pm-149	2×10^0	6×10^{-1}	1×10^3	1×10^6
Pm-151	2×10^0	6×10^{-1}	1×10^2	1×10^6
Polonium (84)				
Po-210	4×10^1	2×10^{-2}	1×10^1	1×10^4
Praseodymium (59)				
Pr-142	4×10^{-1}	4×10^{-1}	1×10^2	1×10^5
Pr-143	3×10^0	6×10^{-1}	1×10^4	1×10^6
Platin (78)				
Pt-188 [a)]	1×10^0	8×10^{-1}	1×10^1	1×10^6
Pt-191	4×10^0	3×10^0	1×10^2	1×10^6
Pt-193	4×10^1	4×10^1	1×10^4	1×10^7
Pt-193m	4×10^1	5×10^{-1}	1×10^3	1×10^7
Pt-195m	1×10^1	5×10^{-1}	1×10^2	1×10^6
Pt-197	2×10^1	6×10^{-1}	1×10^3	1×10^6
Pt-197m	1×10^1	6×10^{-1}	1×10^2	1×10^6
Plutonium (94)				
Pu-236	3×10^1	3×10^{-3}	1×10^1	1×10^4
Pu-237	2×10^1	2×10^1	1×10^3	1×10^7
Pu-238	1×10^1	1×10^{-3}	1×10^0	1×10^4
Pu-239	1×10^1	1×10^{-3}	1×10^0	1×10^4
Pu-240	1×10^1	1×10^{-3}	1×10^0	1×10^3
Pu-241 [a)]	4×10^1	6×10^{-2}	1×10^2	1×10^5
Pu-242	1×10^1	1×10^{-3}	1×10^0	1×10^4
Pu-244 [a)]	4×10^{-1}	1×10^{-3}	1×10^0	1×10^4
Radium (88)				
Ra-223 [a)]	4×10^{-1}	7×10^{-3}	$1 \times 10^{2\,b)}$	$1 \times 10^{5\,b)}$
Ra-224 [a)]	4×10^{-1}	2×10^{-2}	$1 \times 10^{1\,b)}$	$1 \times 10^{5\,b)}$
Ra-225 [a)]	2×10^{-1}	4×10^{-3}	1×10^2	1×10^5
Ra-226 [a)]	2×10^{-1}	3×10^{-3}	$1 \times 10^{1\,b)}$	$1 \times 10^{4\,b)}$
Ra-228 [a)]	6×10^{-1}	2×10^{-2}	$1 \times 10^{1\,b)}$	$1 \times 10^{5\,b)}$

Besondere Vorschriften für die einzelnen Klassen 2.2

ADR				RID

Tabelle 2.2.7.2.2.1 (Fortsetzung)

Radionuklid (Atomzahl)	A_1	A_2	Aktivitätskonzentrationsgrenzwert für freigestellte Stoffe	Aktivitätsgrenzwert für eine freigestellte Sendung
	(TBq)	(TBq)	(Bq/g)	(Bq)
Rubidium (37)				
Rb-81	2×10^0	8×10^{-1}	1×10^1	1×10^6
Rb-83 [a]	2×10^0	2×10^0	1×10^2	1×10^6
Rb-84	1×10^0	1×10^0	1×10^1	1×10^6
Rb-86	5×10^{-1}	5×10^{-1}	1×10^2	1×10^5
Rb-87	unbegrenzt	unbegrenzt	1×10^4	1×10^7
Rb (natürlich)	unbegrenzt	unbegrenzt	1×10^4	1×10^7
Rhenium (75)				
Re-184	1×10^0	1×10^0	1×10^1	1×10^6
Re-184m	3×10^0	1×10^0	1×10^2	1×10^6
Re-186	2×10^0	6×10^{-1}	1×10^3	1×10^6
Re-187	unbegrenzt	unbegrenzt	1×10^6	1×10^9
Re-188	4×10^{-1}	4×10^{-1}	1×10^2	1×10^5
Re-189 [a]	3×10^0	6×10^{-1}	1×10^2	1×10^6
Re (natürlich)	unbegrenzt	unbegrenzt	1×10^6	1×10^9
Rhodium (45)				
Rh-99	2×10^0	2×10^0	1×10^1	1×10^6
Rh-101	4×10^0	3×10^0	1×10^2	1×10^7
Rh-102	5×10^{-1}	5×10^{-1}	1×10^1	1×10^6
Rh-102m	2×10^0	2×10^0	1×10^2	1×10^6
Rh-103m	4×10^1	4×10^1	1×10^4	1×10^8
Rh-105	1×10^1	8×10^{-1}	1×10^2	1×10^7
Radon (86)				
Rn-222 [a]	3×10^{-1}	4×10^{-3}	$1 \times 10^{1\ [b]}$	$1 \times 10^{8\ [b]}$
Ruthenium (44)				
Ru-97	5×10^0	5×10^0	1×10^2	1×10^7
Ru-103 [a]	2×10^0	2×10^0	1×10^2	1×10^6
Ru-105	1×10^0	6×10^{-1}	1×10^1	1×10^6
Ru-106 [a]	2×10^{-1}	2×10^{-1}	$1 \times 10^{2\ [b]}$	$1 \times 10^{5\ [b]}$
Schwefel (16)				
S-35	4×10^1	3×10^0	1×10^5	1×10^8
Antimon (51)				
Sb-122	4×10^{-1}	4×10^{-1}	1×10^2	1×10^4
Sb-124	6×10^{-1}	6×10^{-1}	1×10^1	1×10^6
Sb-125	2×10^0	1×10^0	1×10^2	1×10^6
Sb-126	4×10^{-1}	4×10^{-1}	1×10^1	1×10^5

2.2 Besondere Vorschriften für die einzelnen Klassen

ADR **RID**

Tabelle 2.2.7.2.2.1 (Fortsetzung)

Radionuklid (Atomzahl)	A_1	A_2	Aktivitäts-konzentrations-grenzwert für freigestellte Stoffe	Aktivitäts-grenzwert für eine freigestellte Sendung
	(TBq)	(TBq)	(Bq/g)	(Bq)
Scandium (21)				
Sc-44	5×10^{-1}	5×10^{-1}	1×10^{1}	1×10^{5}
Sc-46	5×10^{-1}	5×10^{-1}	1×10^{1}	1×10^{6}
Sc-47	1×10^{1}	7×10^{-1}	1×10^{2}	1×10^{6}
Sc-48	3×10^{-1}	3×10^{-1}	1×10^{1}	1×10^{5}
Selen (34)				
Se-75	3×10^{0}	3×10^{0}	1×10^{2}	1×10^{6}
Se-79	4×10^{1}	2×10^{0}	1×10^{4}	1×10^{7}
Silicium (14)				
Si-31	6×10^{-1}	6×10^{-1}	1×10^{3}	1×10^{6}
Si-32	4×10^{1}	5×10^{-1}	1×10^{3}	1×10^{6}
Samarium (62)				
Sm-145	1×10^{1}	1×10^{1}	1×10^{2}	1×10^{7}
Sm-147	unbegrenzt	unbegrenzt	1×10^{1}	1×10^{4}
Sm-151	4×10^{1}	1×10^{1}	1×10^{4}	1×10^{8}
Sm-153	9×10^{0}	6×10^{-1}	1×10^{2}	1×10^{6}
Zinn (50)				
Sn-113 [a]	4×10^{0}	2×10^{0}	1×10^{3}	1×10^{7}
Sn-117m	7×10^{0}	4×10^{-1}	1×10^{2}	1×10^{6}
Sn-119m	4×10^{1}	3×10^{1}	1×10^{3}	1×10^{7}
Sn-121m [a]	4×10^{1}	9×10^{-1}	1×10^{3}	1×10^{7}
Sn-123	8×10^{-1}	6×10^{-1}	1×10^{3}	1×10^{6}
Sn-125	4×10^{-1}	4×10^{-1}	1×10^{2}	1×10^{5}
Sn-126 [a]	6×10^{-1}	4×10^{-1}	1×10^{1}	1×10^{5}
Strontium (38)				
Sr-82 [a]	2×10^{-1}	2×10^{-1}	1×10^{1}	1×10^{5}
Sr-83	1×10^{0}	1×10^{0}	1×10^{1}	1×10^{6}
Sr-85	2×10^{0}	2×10^{0}	1×10^{2}	1×10^{6}
Sr-85m	5×10^{0}	5×10^{0}	1×10^{2}	1×10^{7}
Sr-87m	3×10^{0}	3×10^{0}	1×10^{2}	1×10^{6}
Sr-89	6×10^{-1}	6×10^{-1}	1×10^{3}	1×10^{6}
Sr-90 [a]	3×10^{-1}	3×10^{-1}	1×10^{2} [b]	1×10^{4} [b]
Sr-91 [a]	3×10^{-1}	3×10^{-1}	1×10^{1}	1×10^{5}
Sr-92 [a]	1×10^{0}	3×10^{-1}	1×10^{1}	1×10^{6}
Tritium (1)				
T (H-3)	4×10^{1}	4×10^{1}	1×10^{6}	1×10^{9}

Besondere Vorschriften für die einzelnen Klassen 2.2
ADR | RID

Tabelle 2.2.7.2.2.1 (Fortsetzung)

Radionuklid (Atomzahl)	A_1	A_2	Aktivitätskonzentrationsgrenzwert für freigestellte Stoffe	Aktivitätsgrenzwert für eine freigestellte Sendung
	(TBq)	(TBq)	(Bq/g)	(Bq)
Tantal (73)				
Ta-178 (langlebig)	1×10^0	8×10^{-1}	1×10^1	1×10^6
Ta-179	3×10^1	3×10^1	1×10^3	1×10^7
Ta-182	9×10^{-1}	5×10^{-1}	1×10^1	1×10^4
Terbium (65)				
Tb-149	8×10^{-1}	8×10^{-1}	1×10^1	1×10^6
Tb-157	4×10^1	4×10^1	1×10^4	1×10^7
Tb-158	1×10^0	1×10^0	1×10^1	1×10^6
Tb-160	1×10^0	6×10^{-1}	1×10^1	1×10^6
Tb-161	3×10^1	7×10^{-1}	1×10^3	1×10^6
Technetium (43)				
Tc-95m [a)]	2×10^0	2×10^0	1×10^1	1×10^6
Tc-96	4×10^{-1}	4×10^{-1}	1×10^1	1×10^6
Tc-96m [a)]	4×10^{-1}	4×10^{-1}	1×10^3	1×10^7
Tc-97	unbegrenzt	unbegrenzt	1×10^3	1×10^8
Tc-97m	4×10^1	1×10^0	1×10^3	1×10^7
Tc-98	8×10^{-1}	7×10^{-1}	1×10^1	1×10^6
Tc-99	4×10^1	9×10^{-1}	1×10^4	1×10^7
Tc-99m	1×10^1	4×10^0	1×10^2	1×10^7
Tellur (52)				
Te-121	2×10^0	2×10^0	1×10^1	1×10^6
Te-121m	5×10^0	3×10^0	1×10^2	1×10^6
Te-123m	8×10^0	1×10^0	1×10^2	1×10^7
Te-125m	2×10^1	9×10^{-1}	1×10^3	1×10^7
Te-127	2×10^1	7×10^{-1}	1×10^3	1×10^6
Te-127m [a)]	2×10^1	5×10^{-1}	1×10^3	1×10^7
Te-129	7×10^{-1}	6×10^{-1}	1×10^2	1×10^6
Te-129m [a)]	8×10^{-1}	4×10^{-1}	1×10^3	1×10^6
Te-131m [a)]	7×10^{-1}	5×10^{-1}	1×10^1	1×10^6
Te-132 [a)]	5×10^{-1}	4×10^{-1}	1×10^2	1×10^7
Thorium (90)				
Th-227	1×10^1	5×10^{-3}	1×10^1	1×10^4
Th-228 [a)]	5×10^{-1}	1×10^{-3}	1×10^0 [b)]	1×10^4 [b)]
Th-229	5×10^0	5×10^{-4}	1×10^0 [b)]	1×10^3 [b)]
Th-230	1×10^1	1×10^{-3}	1×10^0	1×10^4
Th-231	4×10^1	2×10^{-2}	1×10^3	1×10^7
Th-232	unbegrenzt	unbegrenzt	1×10^1	1×10^4

2.2 Besondere Vorschriften für die einzelnen Klassen
ADR **RID**

Tabelle 2.2.7.2.2.1 (Fortsetzung)

Radionuklid (Atomzahl)	A_1	A_2	Aktivitäts-konzentrations-grenzwert für freigestellte Stoffe	Aktivitäts-grenzwert für eine freigestellte Sendung
	(TBq)	(TBq)	(Bq/g)	(Bq)
Th-234 [a]	3×10^{-1}	3×10^{-1}	1×10^{3} [b]	1×10^{5} [b]
Th (natürlich)	unbegrenzt	unbegrenzt	1×10^{0} [b]	1×10^{3} [b]
Titan (22)				
Ti-44 [a]	5×10^{-1}	4×10^{-1}	1×10^{1}	1×10^{5}
Thallium (81)				
Tl-200	9×10^{-1}	9×10^{-1}	1×10^{1}	1×10^{6}
Tl-201	1×10^{1}	4×10^{0}	1×10^{2}	1×10^{6}
Tl-202	2×10^{0}	2×10^{0}	1×10^{2}	1×10^{6}
Tl-204	1×10^{1}	7×10^{-1}	1×10^{4}	1×10^{4}
Thulium (69)				
Tm-167	7×10^{0}	8×10^{-1}	1×10^{2}	1×10^{6}
Tm-170	3×10^{0}	6×10^{-1}	1×10^{3}	1×10^{6}
Tm-171	4×10^{1}	4×10^{1}	1×10^{4}	1×10^{8}
Uran (92)				
U-230 (schnelle Absorption durch die Lunge) [a] [d]	4×10^{1}	1×10^{-1}	1×10^{1} [b]	1×10^{5} [b]
U-230 (mittlere Absorption durch die Lunge) [a] [e]	4×10^{1}	4×10^{-3}	1×10^{1}	1×10^{4}
U-230 (langsame Absorption durch die Lunge) [a] [f]	3×10^{1}	3×10^{-3}	1×10^{1}	1×10^{4}
U-232 (schnelle Absorption durch die Lunge) [d]	4×10^{1}	1×10^{-2}	1×10^{0} [b]	1×10^{3} [b]
U-232 (mittlere Absorption durch die Lunge) [e]	4×10^{1}	7×10^{-3}	1×10^{1}	1×10^{4}
U-232 (langsame Absorption durch die Lunge) [f]	1×10^{1}	1×10^{-3}	1×10^{1}	1×10^{4}
U-233 (schnelle Absorption durch die Lunge) [d]	4×10^{1}	9×10^{-2}	1×10^{1}	1×10^{4}
U-233 (mittlere Absorption durch die Lunge) [e]	4×10^{1}	2×10^{-2}	1×10^{2}	1×10^{5}
U-233 (langsame Absorption durch die Lunge) [f]	4×10^{1}	6×10^{-3}	1×10^{1}	1×10^{5}
U-234 (schnelle Absorption durch die Lunge) [d]	4×10^{1}	9×10^{-2}	1×10^{1}	1×10^{4}
U-234 (mittlere Absorption durch die Lunge) [e]	4×10^{1}	2×10^{-2}	1×10^{2}	1×10^{5}
U-234 (langsame Absorption durch die Lunge) [f]	4×10^{1}	6×10^{-3}	1×10^{1}	1×10^{5}
U-235 (alle Arten der Absorption durch die Lunge) [a] [d] [e] [f]	unbegrenzt	unbegrenzt	1×10^{1} [b]	1×10^{4} [b]

Besondere Vorschriften für die einzelnen Klassen 2.2

ADR	RID

Tabelle 2.2.7.2.2.1 (Fortsetzung)

Radionuklid (Atomzahl)	A_1 (TBq)	A_2 (TBq)	Aktivitäts-konzentrations-grenzwert für freigestellte Stoffe (Bq/g)	Aktivitäts-grenzwert für eine freigestellte Sendung (Bq)
U-236 (schnelle Absorption durch die Lunge) [d]	unbegrenzt	unbegrenzt	1×10^1	1×10^4
U-236 (mittlere Absorption durch die Lunge) [e]	4×10^1	2×10^{-2}	1×10^2	1×10^5
U-236 (langsame Absorption durch die Lunge) [f]	4×10^1	6×10^{-3}	1×10^1	1×10^4
U-238 (alle Arten der Absorption durch die Lunge) [d] [e] [f]	unbegrenzt	unbegrenzt	1×10^1 [b]	1×10^4 [b]
U (natürlich)	unbegrenzt	unbegrenzt	1×10^0 [b]	1×10^3 [b]
U (angereichert ≤ 20 %) [g]	unbegrenzt	unbegrenzt	1×10^0	1×10^3
U (abgereichert)	unbegrenzt	unbegrenzt	1×10^0	1×10^3
Vanadium (23)				
V-48	4×10^{-1}	4×10^{-1}	1×10^1	1×10^5
V-49	4×10^1	4×10^1	1×10^4	1×10^7
Wolfram (74)				
W-178 [a]	9×10^0	5×10^0	1×10^1	1×10^6
W-181	3×10^1	3×10^1	1×10^3	1×10^7
W-185	4×10^1	8×10^{-1}	1×10^4	1×10^7
W-187	2×10^0	6×10^{-1}	1×10^2	1×10^6
W-188 [a]	4×10^{-1}	3×10^{-1}	1×10^2	1×10^5
Xenon (54)				
Xe-122 [a]	4×10^{-1}	4×10^{-1}	1×10^2	1×10^9
Xe-123	2×10^0	7×10^{-1}	1×10^2	1×10^9
Xe-127	4×10^0	2×10^0	1×10^3	1×10^5
Xe-131m	4×10^1	4×10^1	1×10^4	1×10^4
Xe-133	2×10^1	1×10^1	1×10^3	1×10^4
Xe-135	3×10^0	2×10^0	1×10^3	1×10^{10}
Yttrium (39)				
Y-87 [a]	1×10^0	1×10^0	1×10^1	1×10^6
Y-88	4×10^{-1}	4×10^{-1}	1×10^1	1×10^6
Y-90	3×10^{-1}	3×10^{-1}	1×10^3	1×10^5
Y-91	6×10^{-1}	6×10^{-1}	1×10^3	1×10^6
Y-91m	2×10^0	2×10^0	1×10^2	1×10^6
Y-92	2×10^{-1}	2×10^{-1}	1×10^2	1×10^5
Y-93	3×10^{-1}	3×10^{-1}	1×10^2	1×10^5
Ytterbium (70)				
Yb-169	4×10^0	1×10^0	1×10^2	1×10^7
Yb-175	3×10^1	9×10^{-1}	1×10^3	1×10^7

2.2 Besondere Vorschriften für die einzelnen Klassen
ADR **RID**

Tabelle 2.2.7.2.2.1 (Fortsetzung)

Radionuklid (Atomzahl)	A_1	A_2	Aktivitäts-konzentrations-grenzwert für freigestellte Stoffe	Aktivitäts-grenzwert für eine freigestellte Sendung
	(TBq)	(TBq)	(Bq/g)	(Bq)
Zink (30)				
Zn-65	2×10^0	2×10^0	1×10^1	1×10^6
Zn-69	3×10^0	6×10^{-1}	1×10^4	1×10^6
Zn-69m [a]	3×10^0	6×10^{-1}	1×10^2	1×10^6
Zirkonium (40)				
Zr-88	3×10^0	3×10^0	1×10^2	1×10^6
Zr-93	unbegrenzt	unbegrenzt	$1 \times 10^{3\ [b]}$	$1 \times 10^{7\ [b]}$
Zr-95 [a]	2×10^0	8×10^{-1}	1×10^1	1×10^6
Zr-97 [a]	4×10^{-1}	4×10^{-1}	$1 \times 10^{1\ [b]}$	$1 \times 10^{5\ [b]}$

[a] A_1- und/oder A_2-Werte dieser Ausgangsnuklide schließen Beiträge ihrer Folgenuklide mit einer Halbwertszeit von weniger als 10 Tagen wie folgt ein:

Mg-28	Al-28
Ar-42	K-42
Ca-47	Sc-47
Ti-44	Sc-44
Fe-52	Mn-52m
Fe-60	Co-60m
Zn-69m	Zn-69
Ge-68	Ga-68
Rb-83	Kr-83m
Sr-82	Rb-82
Sr-90	Y-90
Sr-91	Y-91m
Sr-92	Y-92
Y-87	Sr-87m
Zr-95	Nb-95m
Zr-97	Nb-97m, Nb-97
Mo-99	Tc-99m
Tc-95m	Tc-95
Tc-96m	Tc-96
Ru-103	Rh-103m
Ru-106	Rh-106
Pd-103	Rh-103m
Ag-108m	Ag-108
Ag-110m	Ag-110
Cd-115	In-115m

Besondere Vorschriften für die einzelnen Klassen 2.2

ADR	RID
In-114m	In-114
Sn-113	In-113m
Sn-121m	Sn-121
Sn-126	Sb-126m
Te-118	Sb-118
Te-127m	Te-127
Te-129m	Te-129
Te-131m	Te-131
Te-132	I-132
I-135	Xe-135m
Xe-122	I-122
Cs-137	Ba-137m
Ba-131	Cs-131
Ba-140	La-140
Ce-144	Pr-144m, Pr-144
Pm-148m	Pm-148
Gd-146	Eu-146
Dy-166	Ho-166
Hf-172	Lu-172
W-178	Ta-178
W-188	Re-188
Re-189	Os-189m
Os-194	Ir-194
Ir-189	Os-189m
Pt-188	Ir-188
Hg-194	Au-194
Hg-195m	Hg-195
Pb-210	Bi-210
Pb-212	Bi-212, Tl-208, Po-212
Bi-210m	Tl-206
Bi-212	Tl-208, Po-212
At-211	Po-211
Rn-222	Po-218, Pb-214, At-218, Bi-214, Po-214
Ra-223	Rn-219, Po-215, Pb-211, Bi-211, Po-211, Tl-207
Ra-224	Rn-220, Po-216, Pb-212, Bi-212, Tl-208, Po-212
Ra-225	Ac-225, Fr-221, At-217, Bi-213, Tl-209, Po-213, Pb-209
Ra-226	Rn-222, Po-218, Pb-214, At-218, Bi-214, Po-214
Ra-228	Ac-228
Ac-225	Fr-221, At-217, Bi-213, Tl-209, Po-213, Pb-209
Ac-227	Fr-223
Th-228	Ra-224, Rn-220, Po-216, Pb-212, Bi-212, Tl-208, Po-212
Th-234	Pa-234m, Pa-234

2.2 Besondere Vorschriften für die einzelnen Klassen

ADR	RID
Pa-230	Ac-226, Th-226, Fr-222, Ra-222, Rn-218, Po-214
U-230	Th-226, Ra-222, Rn-218, Po-214
U-235	Th-231
Pu-241	U-237
Pu-244	U-240, Np-240m
Am-242m	Am-242, Np-238
Am-243	Np-239
Cm-247	Pu-243
Bk-249	Am-245
Cf-253	Cm-249

b) Ausgangsnuklide und ihre im säkularen Gleichgewicht stehenden Folgenuklide sind nachfolgend dargestellt (die zu berücksichtigende Aktivität ist nur diejenige des Ausgangsnuklids):

Sr-90	Y-90
Zr-93	Nb-93m
Zr-97	Nb-97
Ru-106	Rh-106
Ag-108m	Ag-108
Cs-137	Ba-137m
Ce-144	Pr-144
Ba-140	La-140
Bi-212	Tl-208 (0,36), Po-212 (0,64)
Pb-210	Bi-210, Po-210
Pb-212	Bi-212, Tl-208 (0,36), Po-212 (0,64)
Rn-222	Po-218, Pb-214, Bi-214, Po-214
Ra-223	Rn-219, Po-215, Pb-211, Bi-211, Tl-207
Ra-224	Rn-220, Po-216, Pb-212, Bi-212, Tl-208 (0,36), Po-212 (0,64)
Ra-226	Rn-222, Po-218, Pb-214, Bi-214, Po-214, Pb-210, Bi-210, Po-210
Ra-228	Ac-228
Th-228	Ra-224, Rn-220, Po-216, Pb-212, Bi-212, Tl-208 (0,36), Po-212 (0,64)
Th-229	Ra-225, Ac-225, Fr-221, At-217, Bi-213, Po-213, Pb-209
Th (nat)[8]	Ra-228, Ac-228, Th-228, Ra-224, Rn-220, Po-216, Pb-212, Bi-212, Tl-208 (0,36), Po-212 (0,64)
Th-234	Pa-234m
U-230	Th-226, Ra-222, Rn-218, Po-214
U-232	Th-228, Ra-224, Rn-220, Po-216, Pb-212, Bi-212, Tl-208 (0,36), Po-212 (0,64)
U-235	Th-231
U-238	Th-234, Pa-234m
U (nat)[8]	Th-234, Pa-234m, U-234, Th-230, Ra-226, Rn-222, Po-218, Pb-214, Bi-214, Po-214, Pb-210, Bi-210, Po-210
Np-237	Pa-233
Am-242m	Am-242
Am-243	Np-239

[8] Im Falle von Th-natürlich ist das Ausgangsnuklid Th-232, im Falle von U-natürlich ist das Ausgangsnuklid U-238.

Besondere Vorschriften für die einzelnen Klassen 2.2

ADR	RID

c) Die Menge kann durch Messung der Zerfallsrate oder Messung der Dosisleistung in einem vorgeschriebenen Abstand von der Quelle bestimmt werden.

d) Diese Werte gelten nur für Uranverbindungen, die sowohl unter normalen Beförderungsbedingungen als auch unter Unfall-Beförderungsbedingungen die chemische Form UF_6, UO_2F_2 und $UO_2(NO_3)_2$ einnehmen.

e) Diese Werte gelten nur für Uranverbindungen, die sowohl unter normalen Beförderungsbedingungen als auch unter Unfall-Beförderungsbedingungen die chemische Form UO_3, UF_4 und UCl_4 und sechswertige Verbindungen einnehmen.

f) Diese Werte gelten für alle in den Fußnoten d) und e) nicht genannten Uranverbindungen.

g) Diese Werte gelten nur für unbestrahltes Uran.

2.2.7.2.2.2 Für einzelne Radionuklide

a) die nicht in Tabelle 2.2.7.2.2.1 aufgeführt sind, ist für die Bestimmung der in Absatz 2.2.7.2.2.1 genannten grundlegenden Radionuklidwerte eine multilaterale Genehmigung erforderlich. Für diese Radionuklide müssen die Aktivitätskonzentrationsgrenzwerte für freigestellte Stoffe und die Aktivitätsgrenzwerte für freigestellte Sendungen gemäß den in den «Radiation Protection and Safety of Radiation Sources: International Basic Safety Standards» (Strahlenschutz und Sicherheit von Strahlungsquellen: Internationale grundlegende Sicherheitsnormen), IAEA Safety Standards Series No. GSR Teil 3, IAEO, Wien (2014) aufgestellten Grundsätzen berechnet werden. Es ist zulässig, einen A_2-Wert zu verwenden, der gemäß der Empfehlung der Internationalen Strahlenschutzkommission (International Commission on Radiological Protection – ICRP) unter Verwendung eines Dosiskoeffizienten für den entsprechenden Lungenabsorptionstyp berechnet wird, sofern die chemischen Formen sowohl unter normalen Bedingungen als auch unter Unfall-Beförderungsbedingungen berücksichtigt werden. Alternativ dürfen ohne Genehmigung der zuständigen Behörde die Radionuklidwerte der Tabelle 2.2.7.2.2.2 verwendet werden;

b) in Instrumenten oder Fabrikaten, in denen die radioaktiven Stoffe eingeschlossen oder als Bauteil des Instruments oder eines anderen Fabrikats enthalten sind und die den Vorschriften des Absatzes 2.2.7.2.4.1.3 c) entsprechen, sind zu dem in der Tabelle 2.2.7.2.2.1 angegebenen Aktivitätsgrenzwert für eine freigestellte Sendung alternative grundlegende Radionuklidwerte zugelassen, für die eine multilaterale Genehmigung erforderlich ist. Solche alternativen Aktivitätsgrenzwerte für eine freigestellte Sendung müssen gemäß den in GSR Teil 3 aufgestellten Grundsätzen berechnet werden.

2.2 Besondere Vorschriften für die einzelnen Klassen
ADR | **RID**

Tabelle 2.2.7.2.2.2: Grundlegende Radionuklidwerte für unbekannte Radionuklide oder Gemische

Radioaktiver Inhalt	A_1	A_2	Aktivitätskonzentrationsgrenzwert für freigestellte Stoffe	Aktivitätsgrenzwert für freigestellte Sendungen
	(TBq)	(TBq)	(Bq/g)	(Bq)
nur das Vorhandensein von Nukliden, die Beta- oder Gammastrahlen emittieren, ist bekannt	0,1	0,02	1×10^1	1×10^4
das Vorhandensein von Nukliden, die Alphastrahlen, jedoch keine Neutronenstrahlen emittieren, ist bekannt	0,2	9×10^{-5}	1×10^{-1}	1×10^3
das Vorhandensein von Nukliden, die Neutronenstrahlen emittieren, ist bekannt oder es sind keine relevanten Daten verfügbar	0,001	9×10^{-5}	1×10^{-1}	1×10^3

2.2.7.2.2.3 Bei den Berechnungen von A_1 und A_2 für ein in Tabelle 2.2.7.2.2.1 nicht enthaltenes Radionuklid ist eine radioaktive Zerfallskette, in der Radionuklide in ihrem natürlich vorkommenden Maße vorhanden sind und in der kein Folgenuklid eine Halbwertszeit hat, die entweder größer als zehn Tage oder größer als die des Ausgangsnuklids ist, als einzelnes Radionuklid zu betrachten; die zu berücksichtigende Aktivität und der zu verwendende A_1- oder A_2-Wert sind die Werte des Ausgangsnuklids dieser Zerfallskette. Bei radioaktiven Zerfallsketten, in denen ein Folgenuklid eine Halbwertszeit hat, die entweder größer als zehn Tage oder größer als die des Ausgangsnuklids ist, sind das Ausgangsnuklid und derartige Folgenuklide als Gemisch verschiedener Nuklide zu betrachten.

2.2.7.2.2.4 Für Gemische von Radionukliden können die in Absatz 2.2.7.2.2.1 genannten grundlegenden Radionuklidwerte wie folgt bestimmt werden:

$$X_m = \frac{1}{\sum_i \frac{f(i)}{X(i)}}$$

wobei

f (i) der Anteil der Aktivität oder der Aktivitätskonzentration des Radionuklids i im Gemisch ist,

X (i) der entsprechende A_1- oder A_2-Wert oder der Aktivitätskonzentrationsgrenzwert für freigestellte Stoffe oder der Aktivitätsgrenzwert für eine freigestellte Sendung für das entsprechende Radionuklid i ist, und

X_m im Falle von Gemischen der abgeleitete A_1- oder A_2-Wert, der Aktivitätskonzentrationsgrenzwert für freigestellte Stoffe oder der Aktivitätsgrenzwert für eine freigestellte Sendung ist.

Besondere Vorschriften für die einzelnen Klassen 2.2

ADR	RID

2.2.7.2.2.5 Wenn die Identität jedes Radionuklids bekannt ist, aber die Einzelaktivitäten einiger Radionuklide unbekannt sind, dürfen die Radionuklide in Gruppen zusammengefasst werden und der jeweils niedrigste entsprechende Radionuklidwert für die Radionuklide in jeder Gruppe bei der Anwendung der Formeln der Absätze 2.2.7.2.2.4 und 2.2.7.2.4.4 verwendet werden. Basis für die Gruppeneinteilung können die gesamte Alphaaktivität und die gesamte Beta-/Gammaaktivität sein, sofern diese bekannt sind, wobei die niedrigsten Radionuklidwerte für Alphastrahler bzw. Beta-/Gammastrahler zu verwenden sind.

2.2.7.2.2.6 Für einzelne Radionuklide oder Radionuklidgemische, für die keine relevanten Daten vorliegen, sind die Werte aus Tabelle 2.2.7.2.2.2 anzuwenden.

2.2.7.2.3 **Bestimmung anderer Stoffeigenschaften**

2.2.7.2.3.1 **Stoffe mit geringer spezifischer Aktivität (LSA)**

2.2.7.2.3.1.1 (bleibt offen)

2.2.7.2.3.1.2 LSA-Stoffe werden in drei Gruppen unterteilt:

a) LSA-I

(i) Uran- oder Thoriumerze und deren Konzentrate sowie andere Erze, die in der Natur vorkommende Radionuklide enthalten;

(ii) natürliches Uran, abgereichertes Uran, natürliches Thorium oder deren Verbindungen oder Gemische, die unbestrahlt und in festem oder flüssigem Zustand sind;

(iii) radioaktive Stoffe, für die der A_2-Wert unbegrenzt ist. Spaltbare Stoffe dürfen nur eingeschlossen werden, wenn sie nach Absatz 2.2.7.2.3.5 freigestellt sind;

(iv) andere radioaktive Stoffe, in denen die Aktivität über den gesamten Stoff verteilt ist und die geschätzte mittlere spezifische Aktivität das Dreißigfache der Werte der in den Absätzen 2.2.7.2.2.1 bis 2.2.7.2.2.6 festgelegten Aktivitätskonzentration nicht überschreitet. Spaltbare Stoffe dürfen nur eingeschlossen werden, wenn sie nach Absatz 2.2.7.2.3.5 freigestellt sind.

b) LSA-II

(i) Wasser mit einer Tritium-Konzentration bis zu 0,8 TBq/l;

(ii) andere Stoffe, in denen die Aktivität über den gesamten Stoff verteilt ist und die geschätzte mittlere spezifische Aktivität 10^{-4} A_2/g bei festen Stoffen und Gasen und 10^{-5} A_2/g bei flüssigen Stoffen nicht überschreitet.

c) LSA-III

Feste Stoffe (z.B. verfestigte Abfälle, aktivierte Stoffe), ausgenommen pulverförmige Stoffe, bei denen

(i) die radioaktiven Stoffe über einen gesamten festen Stoff oder eine gesamte Ansammlung fester Gegenstände verteilt sind oder in einem festen kompakten Bindemittel (wie Beton, Bitumen, Keramik) im Wesentlichen gleichmäßig verteilt sind;

(ii) die geschätzte mittlere spezifische Aktivität des festen Stoffes mit Ausnahme des Abschirmmaterials 2×10^{-3} A_2/g nicht übersteigt.

2.2.7.2.3.1.3 (gestrichen)

2.2 Besondere Vorschriften für die einzelnen Klassen
ADR | RID

2.2.7.2.3.1.4 LSA-III-Stoffe sind wie folgt zu prüfen:

Eine feste Stoffprobe, die den gesamten Inhalt des Versandstücks repräsentiert, ist sieben Tage lang in Wasser bei Umgebungstemperatur einzutauchen. Das für die Prüfung zu verwendende Wasservolumen muss ausreichend sein, dass am Ende des Zeitraums von sieben Tagen das freie Volumen des nicht absorbierten und ungebundenen Wassers noch mindestens 10 % des Volumens des festen Prüfmusters beträgt. Das Wasser muss zu Beginn einen pH-Wert von 6 bis 8 und eine maximale Leitfähigkeit von 1 mS/m bei 20 °C aufweisen. Im Anschluss an das siebentägige Eintauchen des Prüfmusters ist die Gesamtaktivität des freien Wasservolumens zu messen.

2.2.7.2.3.1.5 Der Nachweis der Einhaltung der nach Absatz 2.2.7.2.3.1.4 geforderten Leistungsvorgaben muss mit den Unterabschnitten 6.4.12.1 und 6.4.12.2 übereinstimmen.

2.2.7.2.3.2 Oberflächenkontaminierter Gegenstand (SCO)

SCO werden in drei Gruppen unterteilt:

a) SCO-I: Ein fester Gegenstand, auf dem
  (i) die nicht festhaftende Kontamination auf der zugänglichen Oberfläche, gemittelt über 300 cm² (oder über die Gesamtoberfläche bei weniger als 300 cm²), 4 Bq/cm² für Beta- und Gammastrahler sowie Alphastrahler geringer Toxizität oder 0,4 Bq/cm² für alle anderen Alphastrahler nicht überschreitet und
  (ii) die festhaftende Kontamination auf der zugänglichen Oberfläche, gemittelt über 300 cm² (oder über die Gesamtoberfläche bei weniger als 300 cm²), 4×10^4 Bq/cm² für Beta- und Gammastrahler sowie Alphastrahler geringer Toxizität oder 4×10^3 Bq/cm² für alle anderen Alphastrahler nicht überschreitet und
  (iii) die Summe aus nicht festhaftender Kontamination und festhaftender Kontamination auf der unzugänglichen Oberfläche, gemittelt über 300 cm² (oder über die Gesamtoberfläche bei weniger als 300 cm²), 4×10^4 Bq/cm² für Beta- und Gammastrahler sowie Alphastrahler geringer Toxizität oder 4×10^3 Bq/cm² für alle anderen Alphastrahler nicht überschreitet.

b) SCO-II: Ein fester Gegenstand, auf dessen Oberfläche entweder die festhaftende oder die nicht festhaftende Kontamination die unter a) für SCO-I festgelegten, jeweils zutreffenden Grenzwerte überschreitet und auf dem
  (i) die nicht festhaftende Kontamination auf der zugänglichen Oberfläche, gemittelt über 300 cm² (oder über die Gesamtoberfläche bei weniger als 300 cm²), 400 Bq/cm² für Beta- und Gammastrahler sowie Alphastrahler geringer Toxizität oder 40 Bq/cm² für alle anderen Alphastrahler nicht überschreitet und
  (ii) die festhaftende Kontamination auf der zugänglichen Oberfläche, gemittelt über 300 cm² (oder über die Gesamtoberfläche bei weniger als 300 cm²), 8×10^5 Bq/cm² für Beta- und Gammastrahler sowie Alphastrahler geringer Toxizität oder 8×10^4 Bq/cm² für alle anderen Alphastrahler nicht überschreitet und
  (iii) die Summe aus nicht festhaftender Kontamination und festhaftender Kontamination auf der unzugänglichen Oberfläche, gemittelt über 300 cm² (oder über die Gesamtoberfläche bei weniger als 300 cm²), 8×10^5 Bq/cm² für Beta- und Gammastrahler sowie Alphastrahler geringer Toxizität oder 8×10^4 Bq/cm² für alle anderen Alphastrahler nicht überschreitet.

c) SCO-III: Ein großer fester Gegenstand, der wegen seiner Größe nicht in einer im ADR/RID beschriebenen Versandstückart befördert werden kann und bei dem:
  (i) alle Öffnungen abgedichtet sind, um die Freisetzung radioaktiver Stoffe während der in Absatz 4.1.9.2.4 e) festgelegten Bedingungen zu verhindern;
  (ii) das Innere des Gegenstandes so trocken wie möglich ist;
  (iii) die nicht festhaftende Kontamination auf den äußeren Oberflächen die in Absatz 4.1.9.1.2 festgelegten Grenzwerte nicht überschreitet und

Besondere Vorschriften für die einzelnen Klassen 2.2

ADR	RID

(iv) die Summe aus nicht festhaftender Kontamination und festhaftender Kontamination auf der unzugänglichen Oberfläche, gemittelt über 300 cm², 8×10^5 Bq/cm² für Beta- und Gammastrahler sowie Alphastrahler geringer Toxizität oder 8×10^4 Bq/cm² für alle anderen Alphastrahler nicht überschreitet.

2.2.7.2.3.3 Radioaktive Stoffe in besonderer Form
► 1.6.6.3
► 1.6.6.4

2.2.7.2.3.3.1 Radioaktive Stoffe in besonderer Form müssen mindestens eine Abmessung von wenigstens 5 mm aufweisen. Wenn eine dichte Kapsel Bestandteil des radioaktiven Stoffs in besonderer Form ist, ist die Kapsel so zu fertigen, dass sie nur durch Zerstörung geöffnet werden kann. Für die Bauart eines radioaktiven Stoffes in besonderer Form ist eine unilaterale Zulassung erforderlich.

2.2.7.2.3.3.2 Radioaktive Stoffe in besonderer Form müssen so beschaffen oder ausgelegt sein, dass sie, wenn sie den Prüfungen der Absätze 2.2.7.2.3.3.4 bis 2.2.7.2.3.3.8 unterzogen werden, folgende Vorschriften erfüllen:

a) Sie dürfen bei den Stoßempfindlichkeits-, Schlag- und Biegeprüfungen der Absätze 2.2.7.2.3.3.5 a), b), c) und, sofern anwendbar, des Absatzes 2.2.7.2.3.3.6 a) weder zerbrechen noch zersplittern.

b) Sie dürfen bei der anzuwendenden Erhitzungsprüfung des Absatzes 2.2.7.2.3.3.5 d) oder, sofern anwendbar, des Absatzes 2.2.7.2.3.3.6 b) weder schmelzen noch dispergieren.

c) Die Aktivität im Wasser darf nach den Auslaugprüfungen der Absätze 2.2.7.2.3.3.7 und 2.2.7.2.3.3.8 2 kBq nicht überschreiten; alternativ darf bei umschlossenen Quellen die Undichtheitsrate bei dem volumetrischen Dichtheitsprüfverfahren gemäß Norm ISO 9978:1992 «Strahlenschutz: Geschlossene radioaktive Quellen – Dichtheitsprüfungen» den anwendbaren und von der zuständigen Behörde akzeptierten Grenzwert nicht überschreiten.

2.2.7.2.3.3.3 Der Nachweis der Einhaltung der nach Absatz 2.2.7.2.3.3.2 geforderten Leistungsvorgaben muss nach den Unterabschnitten 6.4.12.1 und 6.4.12.2 erfolgen.

2.2.7.2.3.3.4 Prüfmuster, die die radioaktiven Stoffe in besonderer Form darstellen oder simulieren, müssen der in Absatz 2.2.7.2.3.3.5 festgelegten Stoßempfindlichkeitsprüfung, Schlagprüfung, Biegeprüfung und Erhitzungsprüfung oder den in Absatz 2.2.7.2.3.3.6 zugelassenen alternativen Prüfungen unterzogen werden. Für jede Prüfung darf ein anderes Prüfmuster verwendet werden. Im Anschluss an jede Prüfung ist das Prüfmuster nach einem Verfahren, das mindestens so empfindlich ist wie die in Absatz 2.2.7.2.3.3.7 für nicht dispergierbare feste Stoffe oder in Absatz 2.2.7.2.3.3.8 für gekapselte Stoffe beschriebenen Verfahren, einer Auslaugprüfung oder einer volumetrischen Dichtheitsprüfung zu unterziehen.

2.2.7.2.3.3.5 Die anzuwendenden Prüfverfahren sind:

a) Stoßempfindlichkeitsprüfung: Das Prüfmuster muss aus 9 m Höhe auf ein Aufprallfundament fallen. Das Aufprallfundament muss so beschaffen sein, dass es dem Abschnitt 6.4.14 entspricht.

b) Schlagprüfung: Das Prüfmuster wird auf eine Bleiplatte gelegt, die auf einer glatten, festen Unterlage aufliegt; ihm wird mit dem flachen Ende einer Baustahlstange ein Schlag versetzt, dessen Wirkung dem freien Fall von 1,4 kg aus 1 m Höhe entspricht. Die untere Seite der Stange muss einen Durchmesser von 25 mm haben, die Kanten sind auf einen Radius von (3,0 ± 0,3) mm abgerundet. Das Blei mit einer Vickers-Härte von 3,5 bis 4,5 und einer Dicke von höchstens 25 mm muss eine größere Fläche als das Prüfmuster überdecken. Für jede Prüfung ist eine neue Bleiplatte zu verwenden. Die Stange muss das Prüfmuster so treffen, dass die größtmögliche Beschädigung eintritt.

2.2 Besondere Vorschriften für die einzelnen Klassen
ADR | **RID**

c) Biegeprüfung: Die Prüfung gilt nur für lange, dünne Quellen mit einer Mindestlänge von 10 cm und einem Verhältnis von Länge zur minimalen Breite von mindestens 10. Das Prüfmuster wird starr waagerecht eingespannt, so dass eine Hälfte seiner Länge aus der Einspannung herausragt. Das Prüfmuster ist so auszurichten, dass es die größtmögliche Beschädigung erleidet, wenn seinem freien Ende mit der flachen Seite der Stahlstange ein Schlag versetzt wird. Die Stange muss das Prüfmuster so treffen, dass die Wirkung des Schlags dem freien Fall von 1,4 kg aus 1 m Höhe entspricht. Die untere Seite der Stange muss einen Durchmesser von 25 mm haben, die Kanten sind auf einen Radius von (3,0 ± 0,3) mm abgerundet.

d) Erhitzungsprüfung: Das Prüfmuster ist in Luftatmosphäre auf 800 °C zu erhitzen und 10 Minuten bei dieser Temperatur zu belassen; danach lässt man es abkühlen.

2.2.7.2.3.3.6 Prüfmuster, die in eine dichte Kapsel eingeschlossene radioaktive Stoffe darstellen oder simulieren, dürfen ausgenommen werden von:

a) den in den Absätzen 2.2.7.2.3.3.5 a) und b) vorgeschriebenen Prüfungen, vorausgesetzt, die Prüfmuster werden alternativ der Stoßempfindlichkeitsprüfung gemäß Norm ISO 2919:2012 «Strahlenschutz – Umschlossene radioaktive Stoffe – Allgemeine Anforderungen und Klassifikation» unterzogen:

(i) Stoßempfindlichkeitsprüfung der Klasse 4, sofern die Masse der radioaktiven Stoffe in besonderer Form kleiner als 200 g ist;

(ii) Stoßempfindlichkeitsprüfung der Klasse 5, sofern die Masse der radioaktiven Stoffe in besonderer Form mindestens 200 g, aber kleiner als 500 g ist;

b) der in Absatz 2.2.7.2.3.3.5 d) vorgeschriebenen Prüfung, wenn die Prüfmuster alternativ der Erhitzungsprüfung der Klasse 6 gemäß Norm ISO 2919:2012 «Strahlenschutz – Umschlossene radioaktive Stoffe – Allgemeine Anforderungen und Klassifikation» unterzogen werden.

2.2.7.2.3.3.7 Bei Prüfmustern, die nicht dispergierbare feste Stoffe darstellen oder simulieren, ist folgende Auslaugprüfung durchzuführen:

a) Das Prüfmuster ist sieben Tage in Wasser bei Umgebungstemperatur einzutauchen. Das für die Prüfung zu verwendende Wasservolumen muss ausreichend sein, dass am Ende des Zeitraums von sieben Tagen das freie Volumen des nicht absorbierten und ungebundenen Wassers noch mindestens 10 % des Volumens des festen Prüfmusters beträgt. Das Wasser muss zu Beginn einen pH-Wert von 6 bis 8 und eine maximale Leitfähigkeit von 1 mS/m bei 20 °C aufweisen.

b) Das Wasser und das Prüfmuster sind dann auf eine Temperatur von (50 ± 5) °C zu erhitzen und vier Stunden bei dieser Temperatur zu belassen.

c) Danach ist die Aktivität des Wassers zu bestimmen.

d) Anschließend ist das Prüfmuster mindestens sieben Tage in unbewegter Luft bei mindestens 30 °C und einer relativen Feuchtigkeit von mindestens 90 % zu lagern.

e) Das Prüfmuster wird dann in Wasser von derselben Beschaffenheit wie in a) eingetaucht, das Wasser und das Prüfmuster werden auf eine Temperatur von (50 ± 5) °C erhitzt und vier Stunden bei dieser Temperatur belassen.

f) Danach ist die Aktivität des Wassers zu bestimmen.

2.2.7.2.3.3.8 Bei Prüfmustern, die in eine dichte Kapsel eingeschlossene radioaktive Stoffe darstellen oder simulieren, ist entweder eine Auslaugprüfung oder eine volumetrische Dichtheitsprüfung wie folgt durchzuführen:

a) Die Auslaugprüfung besteht aus folgenden Schritten:

(i) Das Prüfmuster ist in Wasser bei Umgebungstemperatur einzutauchen. Das Wasser muss zu Beginn einen pH-Wert von 6 bis 8 und eine maximale Leitfähigkeit von 1 mS/m bei 20 °C aufweisen.

Besondere Vorschriften für die einzelnen Klassen 2.2

ADR	RID

(ii) Wasser und Prüfmuster werden dann auf eine Temperatur von (50 ± 5) °C erhitzt und vier Stunden bei dieser Temperatur belassen.

(iii) Danach ist die Aktivität des Wassers zu bestimmen.

(iv) Anschließend ist das Prüfmuster mindestens sieben Tage in unbewegter Luft bei mindestens 30 °C und einer relativen Feuchtigkeit von mindestens 90 % zu lagern.

(v) Die Schritte gemäß den Absätzen (i), (ii) und (iii) sind zu wiederholen.

b) Die alternative volumetrische Dichtheitsprüfung muss eine der in der Norm ISO 9978:1992 «Strahlenschutz; Geschlossene radioaktive Quellen – Dichtheitsprüfungen» beschriebenen Prüfungen, sofern sie für die zuständige Behörde annehmbar sind, umfassen.

2.2.7.2.3.4 Gering dispergierbare radioaktive Stoffe

2.2.7.2.3.4.1 Für die Bauart gering dispergierbarer radioaktiver Stoffe ist eine multilaterale Zulassung erforderlich. Gering dispergierbare radioaktive Stoffe müssen so beschaffen sein, dass die Gesamtmenge dieser radioaktiven Stoffe in einem Versandstück unter Berücksichtigung der Vorschriften des Unterabschnitts 6.4.8.14 die folgenden Vorschriften erfüllt:

a) Die Dosisleistung darf in einem Abstand von 3 m vom unabgeschirmten radioaktiven Stoff 10 mSv/h nicht übersteigen.

b) Bei den in den Unterabschnitten 6.4.20.3 und 6.4.20.4 festgelegten Prüfungen darf die Freisetzung in Luft von Gas und Partikeln bis zu einem aerodynamischen äquivalenten Durchmesser von 100 μm den Wert von 100 A_2 nicht überschreiten. Für jede Prüfung darf ein separates Prüfmuster verwendet werden.

c) Bei der in Absatz 2.2.7.2.3.1.4 festgelegten Prüfung darf die Aktivität im Wasser 100 A_2 nicht übersteigen. Bei der Anwendung dieser Prüfung sind die in Absatz b) festgelegten Beschädigungen durch die Prüfungen zu berücksichtigen.

2.2.7.2.3.4.2 Gering dispergierbare radioaktive Stoffe sind wie folgt zu prüfen:

Ein Prüfmuster, das einen gering dispergierbaren radioaktiven Stoff darstellt oder simuliert, muss der in Unterabschnitt 6.4.20.3 festgelegten gesteigerten Erhitzungsprüfung und der in Unterabschnitt 6.4.20.4 festgelegten Aufprallprüfung unterzogen werden. Für jede Prüfung darf ein anderes Prüfmuster verwendet werden. Im Anschluss an jede Prüfung muss das Prüfmuster der in Absatz 2.2.7.2.3.1.4 festgelegten Auslaugprüfung unterzogen werden. Nach jeder Prüfung muss ermittelt werden, ob die anwendbaren Vorschriften des Absatzes 2.2.7.2.3.4.1 erfüllt wurden.

2.2.7.2.3.4.3 Der Nachweis der Einhaltung der Leistungsvorgaben der Absätze 2.2.7.2.3.4.1 und 2.2.7.2.3.4.2 muss den Unterabschnitten 6.4.12.1 und 6.4.12.2 entsprechen.

2.2.7.2.3.5 Spaltbare Stoffe
▶ *1.6.6.3*

Spaltbare Stoffe und Versandstücke, die spaltbare Stoffe enthalten, müssen der jeweiligen «SPALTBAR»-Eintragung gemäß Tabelle 2.2.7.2.1.1 zugeordnet werden, es sei denn, sie sind durch eine der Vorschriften der nachfolgenden Absätze a) bis f) ausgenommen und werden nach den Vorschriften des Abschnitts 7.5.11 Sondervorschrift CV 33 (4.3) | CW 33 (4.3)
befördert. Alle Vorschriften gelten nur für Stoffe in Versandstücken, welche die Vorschriften des Unterabschnitts 6.4.7.2 erfüllen, es sei denn, unverpackte Stoffe sind in der Vorschrift ausdrücklich zugelassen.

2.2 Besondere Vorschriften für die einzelnen Klassen

ADR	RID

a) Uran mit einer auf die Masse bezogenen Anreicherung an Uran-235 von maximal 1 % und mit einem Gesamtgehalt von Plutonium und Uran-233, der 1 % der Uran-235-Masse nicht übersteigt, vorausgesetzt, die spaltbaren Nuklide sind ist im Wesentlichen homogen über den gesamten Stoff verteilt. Außerdem darf Uran-235 keine gitterförmige Anordnung bilden, wenn es in metallischer, oxidischer oder karbidischer Form vorhanden ist.

b) Flüssige Uranylnitratlösungen mit einer auf die Masse bezogenen Anreicherung an Uran-235 von maximal 2 %, mit einem Gesamtgehalt von Plutonium und Uran-233, der 0,002 % der Uran-Masse nicht übersteigt, und mit einem Atomzahlverhältnis von Stickstoff zu Uran (N/U) von mindestens 2.

c) Uran mit einer maximalen Uran-Anreicherung von 5 Masse-% Uran-235, vorausgesetzt:
   (i) in jedem Versandstück sind höchstens 3,5 g Uran-235 enthalten;
   (ii) der Gesamtinhalt an Plutonium und Uran-233 je Versandstück überschreitet nicht 1 % der Masse an Uran-235 im Versandstück;
   (iii) die Beförderung des Versandstücks unterliegt dem in Abschnitt 7.5.11 Sondervorschrift

CV 33 (4.3) c)	CW 33 (4.3) c)

   vorgesehenen Sendungsgrenzwert.

d) Spaltbare Nuklide mit einer Gesamtmasse von höchstens 2,0 g je Versandstück, vorausgesetzt, das Versandstück wird unter dem in Abschnitt 7.5.11 Sondervorschrift

CV 33 (4.3) d)	CW 33 (4.3) d)

   vorgesehenen Sendungsgrenzwert befördert.

e) Spaltbare Nuklide mit einer Gesamtmasse von höchstens 45 g entweder verpackt oder unverpackt gemäß den Vorschriften des Abschnitts 7.5.11 Sondervorschrift

CV 33 (4.3) e)	CW 33 (4.3) e)

f) Ein spaltbarer Stoff, der den Vorschriften des Abschnitts 7.5.11 Sondervorschrift

CV 33 (4.3) b)	CW 33 (4.3) b)

   und der Absätze 2.2.7.2.3.6 und 5.1.5.2.1 entspricht.

2.2.7.2.3.6 Spaltbare Stoffe, die gemäß Absatz 2.2.7.2.3.5 f) von der Klassifizierung als «SPALTBAR» ausgenommen sind, müssen unter den folgenden Bedingungen unterkritisch sein, ohne dass eine Überwachung der Ansammlung notwendig ist:

a) den Bedingungen des Unterabschnitts 6.4.11.1 a);

b) den Bedingungen, die mit den in den Unterabschnitten 6.4.11.12 b) und 6.4.11.13 b) für Versandstücke festgelegten Bewertungsvorschriften im Einklang sind.

2.2.7.2.4 Klassifizierung von Versandstücken oder unverpackten Stoffen

Die Menge radioaktiver Stoffe in einem Versandstück darf die nachfolgend festgelegten, dem Versandstück-Typ entsprechenden Grenzwerte nicht übersteigen.

2.2.7.2.4.1 Klassifizierung als freigestelltes Versandstück
▶ 1.6.6.1

2.2.7.2.4.1.1 Ein Versandstück darf als freigestelltes Versandstück klassifiziert werden, wenn es eine der folgenden Bedingungen erfüllt:

a) es handelt sich um ein leeres Versandstück, das radioaktive Stoffe enthalten hat;

b) es enthält Instrumente oder Fabrikate, welche die in den Spalten 2 und 3 der Tabelle 2.2.7.2.4.1.2 festgelegten Aktivitätsgrenzwerte nicht überschreiten;

c) es enthält Fabrikate, die aus natürlichem Uran, abgereichertem Uran oder natürlichem Thorium hergestellt sind;

Besondere Vorschriften für die einzelnen Klassen 2.2

ADR	RID

d) es enthält radioaktive Stoffe, welche die in der Spalte 4 der Tabelle 2.2.7.2.4.1.2 festgelegten Aktivitätsgrenzwerte nicht überschreiten, oder

e) es enthält weniger als 0,1 kg Uranhexafluorid, das die in Spalte 4 der Tabelle 2.2.7.2.4.1.2 festgelegten Aktivitätsgrenzwerte nicht überschreitet.

2.2.7.2.4.1.2 Ein Versandstück, das radioaktive Stoffe enthält, darf als freigestelltes Versandstück klassifiziert werden, vorausgesetzt, die Dosisleistung überschreitet an keinem Punkt der Außenfläche des Versandstückes 5 µSv/h.

Tabelle 2.2.7.2.4.1.2: Aktivitätsgrenzwerte für freigestellte Versandstücke

Aggregatzustand des Inhalts	Instrumente oder Fabrikate		Stoffe
	Grenzwerte je Einzelstück[a]	Grenzwerte je Versandstück[a]	Grenzwerte je Versandstück[a]
(1)	(2)	(3)	(4)
feste Stoffe			
in besonderer Form	$10^{-2} A_1$	A_1	$10^{-3} A_1$
in anderer Form	$10^{-2} A_2$	A_2	$10^{-3} A_2$
flüssige Stoffe	$10^{-3} A_2$	$10^{-1} A_2$	$10^{-4} A_2$
Gase			
Tritium	$2 \times 10^{-2} A_2$	$2 \times 10^{-1} A_2$	$2 \times 10^{-2} A_2$
in besonderer Form	$10^{-3} A_1$	$10^{-2} A_1$	$10^{-3} A_1$
in anderer Form	$10^{-3} A_2$	$10^{-2} A_2$	$10^{-3} A_2$

a) Für Radionuklidgemische siehe Absätze 2.2.7.2.2.4 bis 2.2.7.2.2.6.

2.2.7.2.4.1.3 Radioaktive Stoffe, die in einem Instrument oder Fabrikat eingeschlossen oder als Bauteil enthalten sind, dürfen der UN-Nummer 2911 RADIOAKTIVE STOFFE, FREIGESTELLTES VERSANDSTÜCK – INSTRUMENTE oder FABRIKATE zugeordnet werden, vorausgesetzt:

a) die Dosisleistung in 10 cm Abstand von jedem Punkt der Außenfläche jedes unverpackten Instruments oder Fabrikats ist nicht größer als 0,1 mSv/h;

b) jedes Instrument oder Fabrikat ist auf seiner Außenfläche mit dem Kennzeichen «RADIOACTIVE» versehen, mit Ausnahme von:

(i) radiolumineszierenden Uhren oder Geräten;

(ii) Konsumgütern, die entweder eine vorschriftsmäßige Genehmigung/Zulassung gemäß Absatz 1.7.1.4 e) erhalten haben oder einzeln nicht die Aktivitätsgrenzwerte für eine freigestellte Sendung in Spalte 5 der Tabelle 2.2.7.2.2.1 überschreiten, vorausgesetzt, solche Produkte werden in einem Versandstück befördert, das auf seiner Innenfläche so mit dem Kennzeichen «RADIOACTIVE» versehen ist, dass beim Öffnen des Versandstücks vor dem Vorhandensein radioaktiver Stoffe gewarnt wird, und

(iii) anderen Instrumenten oder Fabrikaten, die für das Kennzeichen «RADIOACTIVE» zu klein sind, vorausgesetzt, sie werden in einem Versandstück befördert, das auf einer Innenfläche so mit dem Kennzeichen «RADIOACTIVE» versehen ist, dass beim Öffnen des Versandstücks vor dem Vorhandensein radioaktiver Stoffe gewarnt wird;

c) die aktiven Stoffe sind vollständig von nicht aktiven Bestandteilen eingeschlossen (ein Gerät, dessen alleinige Funktion in der Umschließung radioaktiver Stoffe besteht, gilt nicht als Instrument oder Fabrikat);

d) die in Tabelle 2.2.7.2.4.1.2 Spalte 2 bzw. 3 für jedes Einzelstück bzw. für jedes Versandstück festgelegten Grenzwerte werden eingehalten;

e) (bleibt offen)

2.2 Besondere Vorschriften für die einzelnen Klassen

ADR	RID

f) es gilt eine der Vorschriften des Absatzes 2.2.7.2.3.5 a) bis f), wenn das Versandstück spaltbare Stoffe enthält.

2.2.7.2.4.1.4 Radioaktive Stoffe in anderer als der in Absatz 2.2.7.2.4.1.3 festgelegten Form mit einer Aktivität, welche die in Tabelle 2.2.7.2.4.1.2 Spalte 4 festgelegten Grenzwerte nicht überschreitet, dürfen der UN-Nummer 2910 RADIOAKTIVE STOFFE, FREIGESTELLTES VERSANDSTÜCK – BEGRENZTE STOFFMENGE zugeordnet werden, vorausgesetzt:

    a) das Versandstück hält unter Routine-Beförderungsbedingungen den radioaktiven Inhalt eingeschlossen;

    b) das Versandstück ist mit dem Kennzeichen «RADIOACTIVE» versehen, und zwar

        (i) entweder so auf einer Innenfläche, dass beim Öffnen des Versandstücks vor dem Vorhandensein radioaktiver Stoffe gewarnt wird,

        (ii) oder auf der Außenseite des Versandstücks, sofern die Kennzeichnung einer Innenfläche unmöglich ist, und

    c) es gilt eine der Vorschriften des Absatzes 2.2.7.2.3.5 a) bis f), wenn das Versandstück spaltbare Stoffe enthält.

2.2.7.2.4.1.5 Uranhexafluorid, das die in Spalte 4 der Tabelle 2.2.7.2.4.1.2 festgelegten Aktivitätsgrenzwerte nicht überschreitet, darf der Eintragung UN 3507 URANHEXAFLUORID, RADIOAKTIVE STOFFE, FREIGESTELLTES VERSANDSTÜCK mit weniger als 0,1 kg je Versandstück, nicht spaltbar oder spaltbar, freigestellt zugeordnet werden, vorausgesetzt:

    a) die Masse an Uranhexafluorid im Versandstück ist kleiner als 0,1 kg;

    b) die Vorschriften der Absätze 2.2.7.2.4.5.2 und 2.2.7.2.4.1.4 a) und b) werden erfüllt.

2.2.7.2.4.1.6 Fabrikate, die aus natürlichem Uran, abgereichertem Uran oder natürlichem Thorium hergestellt sind, und Fabrikate, in denen unbestrahltes natürliches Uran, unbestrahltes abgereichertes Uran oder unbestrahltes natürliches Thorium die einzigen radioaktiven Stoffe sind, dürfen der UN-Nummer 2909 RADIOAKTIVE STOFFE, FREIGESTELLTES VERSANDSTÜCK – FABRIKATE AUS NATÜRLICHEM URAN oder AUS ABGEREICHERTEM URAN oder AUS NATÜRLICHEM THORIUM zugeordnet werden, vorausgesetzt, die äußere Oberfläche des Urans oder des Thoriums besitzt eine inaktive Ummantelung aus Metall oder einem anderen festen Werkstoff.

2.2.7.2.4.1.7 Eine leere Verpackung, in der vorher radioaktive Stoffe enthalten waren, darf der UN-Nummer 2908 RADIOAKTIVE STOFFE, FREIGESTELLTES VERSANDSTÜCK – LEERE VERPACKUNG zugeordnet werden, vorausgesetzt:

    a) die Verpackung ist in einem gut erhaltenen Zustand und sicher verschlossen;

    b) die Außenfläche des Urans oder des Thoriums in der Verpackungskonstruktion besitzt eine inaktive Ummantelung aus Metall oder einem anderen festen Werkstoff;

    c) die innere nicht festhaftende Kontamination, gemittelt über 300 cm^2, überschreitet nicht:

        (i) 400 Bq/cm^2 für Beta- und Gammastrahler sowie Alphastrahler geringer Toxizität und

        (ii) 40 Bq/cm^2 für alle anderen Alphastrahler;

    d) alle Gefahrzettel, die in Übereinstimmung mit Absatz 5.2.2.1.11.1 gegebenenfalls auf der Verpackung angebracht waren, sind nicht mehr sichtbar und

    e) es gilt eine der Vorschriften des Absatzes 2.2.7.2.3.5 a) bis f) oder eine der Vorschriften des Absatzes 2.2.7.1.3 für den Ausschluss, wenn das Versandstück spaltbare Stoffe enthalten hat.

Besondere Vorschriften für die einzelnen Klassen 2.2

ADR	RID

2.2.7.2.4.2 Klassifizierung als Stoffe mit geringer spezifischer Aktivität (LSA)

Radioaktive Stoffe dürfen nur als LSA-Stoffe klassifiziert werden, wenn die Begriffsbestimmung für LSA in Absatz 2.2.7.1.3 und die Vorschriften des Absatzes 2.2.7.2.3.1, des Unterabschnitts 4.1.9.2 und des Abschnitts 7.5.11 Sondervorschrift CV 33 (2) | CW 33 (2) erfüllt sind.

2.2.7.2.4.3 Klassifizierung als oberflächenkontaminierte Gegenstände (SCO)

Radioaktive Stoffe dürfen nur als SCO-Gegenstände klassifiziert werden, wenn die Begriffsbestimmung für SCO in Absatz 2.2.7.1.3 und die Vorschriften des Absatzes 2.2.7.2.3.2, des Unterabschnitts 4.1.9.2 und des Abschnitts 7.5.11 Sondervorschrift CV 33 (2) | CW 33 (2) erfüllt sind.

2.2.7.2.4.4 Klassifizierung als Typ A-Versandstück

Versandstücke, die radioaktive Stoffe enthalten, dürfen als Typ A-Versandstücke klassifiziert werden, vorausgesetzt, die folgenden Vorschriften werden eingehalten:

Typ A-Versandstücke dürfen höchstens eine der beiden folgenden Aktivitäten enthalten:

a) radioaktive Stoffe in besonderer Form: A_1;
b) alle anderen radioaktiven Stoffe: A_2.

Bei Radionuklidgemischen, deren Identitäten und jeweiligen Aktivitäten bekannt sind, ist die folgende Bedingung für den radioaktiven Inhalt eines Typ A-Versandstücks anzuwenden:

$$\sum_i \frac{B(i)}{A_1(i)} + \sum_j \frac{C(j)}{A_2(j)} \leq 1,$$

wobei
B (i) die Aktivität des Radionuklids i als radioaktiver Stoff in besonderer Form ist;
A_1 (i) der A_1-Wert für das Radionuklid i ist;
C (j) die Aktivität des Radionuklids j, das kein radioaktiver Stoff in besonderer Form ist;
A_2 (j) der A_2-Wert für das Radionuklid j ist.

2.2.7.2.4.5 Klassifizierung von Uranhexafluorid

2.2.7.2.4.5.1 Uranhexafluorid darf nur einer der folgenden UN-Nummern zugeordnet werden:

a) UN 2977 RADIOAKTIVE STOFFE, URANHEXAFLUORID, SPALTBAR;
b) UN 2978 RADIOAKTIVE STOFFE, URANHEXAFLUORID, nicht spaltbar oder spaltbar, freigestellt, oder
c) UN 3507 URANHEXAFLUORID, RADIOAKTIVE STOFFE, FREIGESTELLTES VERSANDSTÜCK mit weniger als 0,1 kg je Versandstück, nicht spaltbar oder spaltbar, freigestellt.

2.2.7.2.4.5.2 Der Inhalt eines Versandstücks mit Uranhexafluorid muss folgenden Vorschriften entsprechen:

a) für die UN-Nummern 2977 und 2978 darf die Masse an Uranhexafluorid nicht von der für das Versandstückmuster zugelassenen Masse abweichen, für die UN-Nummer 3507 muss die Masse an Uranhexafluorid geringer sein als 0,1 kg;
b) die Masse an Uranhexafluorid darf nicht größer als ein Wert sein, der bei der höchsten Temperatur des Versandstücks, die für die Betriebsanlagen festgelegt ist, in denen das Versandstück verwendet werden soll, zu einem Leerraum von weniger als 5 % führen würde, und
c) das Uranhexafluorid muss in fester Form vorliegen, und der Innendruck darf bei der Übergabe zur Beförderung nicht oberhalb des Luftdrucks liegen.

2.2 Besondere Vorschriften für die einzelnen Klassen

ADR	RID

2.2.7.2.4.6 Klassifizierung als Typ B(U)-, Typ B(M)- oder Typ C-Versandstücke
▶ 1.6.6.2.1, 1.6.6.2.2

2.2.7.2.4.6.1 Versandstücke, die gemäß Absatz 2.2.7.2.4 (Absätze 2.2.7.2.4.1 bis 2.2.7.2.4.5) nicht anderweitig klassifiziert sind, sind in Übereinstimmung mit dem von der zuständigen Behörde des Ursprungslandes der Bauart ausgestellten Zulassungszeugnis des Versandstücks zu klassifizieren.

2.2.7.2.4.6.2 Der Inhalt eines Typ B(U)-, Typ B(M)- oder Typ C-Versandstücks muss den Festlegungen im Zulassungszeugnis entsprechen.

2.2.7.2.5 Sondervereinbarungen
Radioaktive Stoffe sind als Beförderung unter Sondervereinbarung zu klassifizieren, wenn sie gemäß Abschnitt 1.7.4 befördert werden sollen.

Besondere Vorschriften für die einzelnen Klassen 2.2

ADR	RID

2.2.8 Klasse 8: Ätzende Stoffe

2.2.8.1 Begriffsbestimmung, allgemeine Vorschriften und Kriterien

2.2.8.1.1 *Ätzende Stoffe* sind Stoffe, die durch chemische Einwirkung eine irreversible Schädigung der Haut verursachen oder beim Freiwerden materielle Schäden an anderen Gütern oder Transportmitteln herbeiführen oder sie sogar zerstören. Unter den Begriff dieser Klasse fallen auch Stoffe, die erst bei Vorhandensein von Wasser einen ätzenden flüssigen Stoff oder in Gegenwart von natürlicher Luftfeuchtigkeit ätzende Dämpfe oder Nebel bilden.

2.2.8.1.2 Für Stoffe und Gemische, die ätzend für die Haut sind, sind die allgemeinen Zuordnungskriterien in Absatz 2.2.8.1.4 enthalten. Die Ätzwirkung auf die Haut bezieht sich auf die Verursachung einer irreversiblen Schädigung der Haut, und zwar eine sichtbare Nekrose durch die Epidermis und in die Dermis, die nach Exposition gegenüber einem Stoff oder einem Gemisch auftritt.

2.2.8.1.3 Bei flüssigen Stoffen und festen Stoffen, die sich während der Beförderung verflüssigen können, von denen angenommen wird, dass sie nicht ätzend für die Haut sind, ist dennoch die Korrosionswirkung auf bestimmte Metalloberflächen in Übereinstimmung mit den Kriterien in Absatz 2.2.8.1.5.3 c) (ii) zu berücksichtigen.

2.2.8.1.4 Allgemeine Vorschriften für die Klassifizierung

2.2.8.1.4.1 Die Stoffe und Gegenstände der Klasse 8 sind wie folgt unterteilt:

C1 – C11   Ätzende Stoffe ohne Nebengefahr und Gegenstände, die solche Stoffe enthalten

    C1 – C4   Stoffe sauren Charakters
        C1   anorganische flüssige Stoffe
        C2   anorganische feste Stoffe
        C3   organische flüssige Stoffe
        C4   organische feste Stoffe

    C5 – C8   Stoffe basischen Charakters
        C5   anorganische flüssige Stoffe
        C6   anorganische feste Stoffe
        C7   organische flüssige Stoffe
        C8   organische feste Stoffe

    C9 – C10   Sonstige ätzende Stoffe
        C9   flüssige Stoffe
        C10   feste Stoffe

    C11   Gegenstände

CF   Ätzende entzündbare Stoffe
    CF1   flüssige Stoffe
    CF2   feste Stoffe

CS   Ätzende selbsterhitzungsfähige Stoffe
    CS1   flüssige Stoffe
    CS2   feste Stoffe

CW   Ätzende Stoffe, die in Berührung mit Wasser entzündbare Gase entwickeln
    CW1   flüssige Stoffe
    CW2   feste Stoffe

2.2 Besondere Vorschriften für die einzelnen Klassen

ADR	RID

CO   Ätzende entzündend (oxidierend) wirkende Stoffe
         CO1   flüssige Stoffe
         CO2   feste Stoffe
CT   Ätzende giftige Stoffe und Gegenstände, die solche Stoffe enthalten
         CT1   flüssige Stoffe
         CT2   feste Stoffe
         CT3   Gegenstände
CFT   Ätzende entzündbare giftige flüssige Stoffe
COT   Ätzende entzündend (oxidierend) wirkende giftige Stoffe.

2.2.8.1.4.2   Die Stoffe und Gemische der Klasse 8 sind auf Grund ihres Gefahrengrades während der Beförderung in folgende Verpackungsgruppen unterteilt:

      a) Verpackungsgruppe I: sehr gefährliche Stoffe und Gemische;

      b) Verpackungsgruppe II: Stoffe und Gemische, die eine mittlere Gefahr darstellen;

      c) Verpackungsgruppe III: Stoffe und Gemische, die eine geringe Gefahr darstellen.

2.2.8.1.4.3   Die Zuordnung der in Kapitel 3.2 Tabelle A aufgeführten Stoffe zu Verpackungsgruppen in der Klasse 8 wurde auf Grundlage von Erfahrungen unter Berücksichtigung zusätzlicher Faktoren, wie Risiko des Einatmens (siehe Absatz 2.2.8.1.4.5) und Reaktionsfähigkeit mit Wasser (einschließlich der Bildung gefährlicher Zerfallsprodukte), durchgeführt.

2.2.8.1.4.4   Neue Stoffe und Gemische können, in Übereinstimmung mit den Kriterien des Absatzes 2.2.8.1.5, auf der Grundlage der Länge der Kontaktzeit, die nötig ist, um eine irreversible Schädigung des unverletzten Hautgewebes zu verursachen, den Verpackungsgruppen zugeordnet werden. Für Gemische dürfen alternativ die Kriterien in Absatz 2.2.8.1.6 verwendet werden.

2.2.8.1.4.5   Ein Stoff oder ein Gemisch, der/das die Kriterien der Klasse 8 erfüllt und eine Giftigkeit beim Einatmen von Staub und Nebel (LC_{50}) entsprechend Verpackungsgruppe I, aber eine Giftigkeit bei Einnahme oder bei Absorption durch die Haut entsprechend Verpackungsgruppe III oder eine geringere Giftigkeit aufweist, ist der Klasse 8 zuzuordnen (siehe Absatz 2.2.61.1.7.2).

2.2.8.1.5   Zuordnung von Stoffen und Gemischen zu Verpackungsgruppen

2.2.8.1.5.1   In erster Linie sind bestehende Daten in Bezug auf den Menschen oder auf Tiere, einschließlich Informationen über einzelne oder wiederholte Expositionen, zu betrachten, da sie Informationen liefern, die unmittelbar für die Auswirkungen auf die Haut von Relevanz sind.

Besondere Vorschriften für die einzelnen Klassen 2.2
| ADR | RID |

2.2.8.1.5.2 Bei der Zuordnung zu Verpackungsgruppen in Übereinstimmung mit Absatz 2.2.8.1.4.4 sind die bei unbeabsichtigter Exposition gemachten Erfahrungen in Bezug auf den Menschen zu berücksichtigen. Fehlen Erfahrungen in Bezug auf den Menschen, ist die Klassifizierung zu Verpackungsgruppen auf der Grundlage der Ergebnisse von Versuchen gemäß OECD Test Guidelines [9),10),11),12)] vorzunehmen. Ein Stoff oder Gemisch, der/das in Übereinstimmung mit den OECD Test Guidelines [9),10),11),12)] als nicht ätzend bestimmt ist, kann für Zwecke des ADR/RID ohne weitere Prüfungen als nicht ätzend für die Haut angesehen werden. Wenn die In-vitro-Prüfergebnisse ergeben, dass der Stoff oder das Gemisch ätzend und nicht der Verpackungsgruppe I zugeordnet ist, aber das Prüfverfahren keine Abgrenzung zwischen den Verpackungsgruppen II und III zulässt, so gilt der Stoff oder das Gemisch als der Verpackungsgruppe II zugeordnet.

2.2.8.1.5.3 Die Zuordnung von ätzenden Stoffen zu Verpackungsgruppen erfolgt in Übereinstimmung mit den folgenden Kriterien (siehe Tabelle 2.2.8.1.5.3):

   a) Der Verpackungsgruppe I sind Stoffe zugeordnet, die innerhalb eines Beobachtungszeitraums von bis zu 60 Minuten nach einer Einwirkungszeit von 3 Minuten oder weniger eine irreversible Schädigung des unverletzten Hautgewebes verursachen.

   b) Der Verpackungsgruppe II sind Stoffe zugeordnet, die innerhalb eines Beobachtungszeitraums von bis zu 14 Tagen nach einer Einwirkungszeit von mehr als 3 Minuten, aber höchstens 60 Minuten eine irreversible Schädigung des unverletzten Hautgewebes verursachen.

   c) Der Verpackungsgruppe III sind Stoffe zugeordnet:

      (i) die innerhalb eines Beobachtungszeitraums von bis zu 14 Tagen nach einer Einwirkungszeit von mehr als 60 Minuten, aber höchstens 4 Stunden eine irreversible Schädigung des unverletzten Hautgewebes verursachen oder

      (ii) von denen angenommen wird, dass sie keine irreversible Schädigung des unverletzten Hautgewebes verursachen, bei denen aber die Korrosionsrate auf Stahl- oder Aluminiumoberflächen bei einer Prüftemperatur von 55 °C den Wert von 6,25 mm pro Jahr überschreitet, wenn die Stoffe an beiden Werkstoffen geprüft wurden. Für Prüfungen an Stahl ist der Typ S235JR+CR (1.0037 bzw. St 37-2), S275J2G3+CR (1.0144 bzw. St 44-3), ISO 3574, «Unified Numbering System (UNS)» G10200 oder ein ähnlicher Typ oder SAE 1020 und für Prüfungen an Aluminium der unbeschichtete Typ 7075-T6 oder AZ5GU-T6 zu verwenden. Eine zulässige Prüfung ist im Handbuch Prüfungen und Kriterien Teil III Abschnitt 37 beschrieben.

   Bem. Wenn bei einer anfänglichen Prüfung entweder auf Stahl oder auf Aluminium festgestellt wird, dass der geprüfte Stoff ätzend ist, ist die anschließende Prüfung an dem anderen Metall nicht erforderlich.

[9)] OECD Guideline for the testing of chemicals No. 404 «Acute Dermal Irritation/Corrosion» 2015 (OECD-Richtlinie für die Prüfung von Chemikalien Nr. 404 «Akute Irritation/Verätzung der Haut» 2015).

[10)] OECD Guideline for the testing of chemicals No. 435 «In Vitro Membrane Barrier Test Method for Skin Corrosion» 2015 (OECD-Richtlinie für die Prüfung von Chemikalien Nr. 435 «In-vitro-Membranbarriere-Prüfmethode für die Verätzung der Haut» 2015).

[11)] OECD Guideline for the testing of chemicals No. 431 «In Vitro Skin Corrosion: reconstructed human epidermis (RHE) test method» 2016 (OECD-Richtlinie für die Prüfung von Chemikalien Nr. 431 «In-vitro-Verätzung der Haut: Prüfmethode mit rekonstruierter menschlicher Epidermis (RHE)» 2016).

[12)] OECD Guideline for the testing of chemicals No. 430 «In Vitro Skin Corrosion: Transcutaneous Electrical Resistance Test Method (TER)» 2015 (OECD-Richtlinie für die Prüfung von Chemikalien Nr. 430 «In-vitro-Verätzung der Haut: Tanskutane elektrische Widerstandsprüfmethode (TER)» 2015).

2.2 Besondere Vorschriften für die einzelnen Klassen

ADR | **RID**

Tabelle 2.2.8.1.5.3: Zusammenfassende Darstellung der Kriterien des Absatzes 2.2.8.1.5.3

Verpackungsgruppe	Einwirkungszeit	Beobachtungszeitraum	Auswirkungen
I	≤ 3 min	≤ 60 min	irreversible Schädigung des unverletzten Hautgewebes
II	> 3 min ≤ 1 h	≤ 14 Tage	irreversible Schädigung des unverletzten Hautgewebes
III	> 1 h ≤ 4 h	≤ 14 Tage	irreversible Schädigung des unverletzten Hautgewebes
III	–	–	Korrosionsrate auf Stahl- oder Aluminiumoberflächen, die bei einer Prüftemperatur von 55 °C den Wert von 6,25 mm pro Jahr überschreitet, wenn die Stoffe an beiden Werkstoffen geprüft wurden

2.2.8.1.6 Alternative Methoden für die Zuordnung von Gemischen zu Verpackungsgruppen: schrittweises Vorgehen

2.2.8.1.6.1 *Allgemeine Vorschriften*

Für Gemische ist es notwendig, Informationen zu erhalten oder abzuleiten, mit denen die Kriterien für Zwecke der Klassifizierung und der Zuordnung von Verpackungsgruppen auf das Gemisch angewendet werden können. Das Vorgehen für die Klassifizierung und die Zuordnung von Verpackungsgruppen ist mehrstufig und hängt von der Menge an Informationen ab, die für das Gemisch selbst, für ähnliche Gemische und/oder für seine Bestandteile verfügbar sind. Das Ablaufdiagramm in Abbildung 2.2.8.1.6.1 zeigt die Schritte des Verfahrens.

Abbildung 2.2.8.1.6.1: Schrittweises Vorgehen für die Klassifizierung von ätzenden Gemischen und die Zuordnung von ätzenden Gemischen zu Verpackungsgruppen

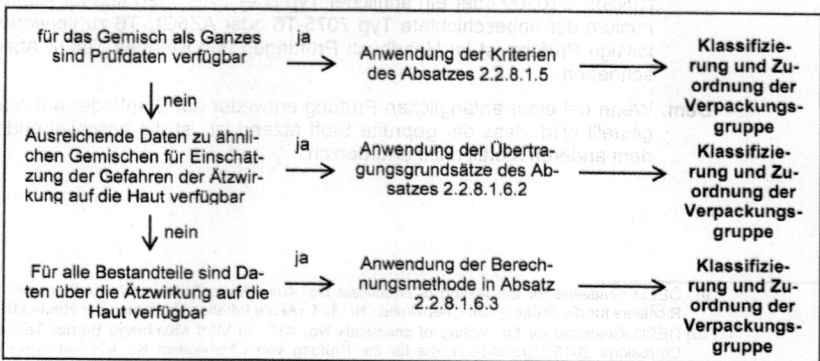

Besondere Vorschriften für die einzelnen Klassen 2.2

ADR	RID

2.2.8.1.6.2 *Übertragungsgrundsätze*

Wurde das Gemisch selbst nicht auf seine potenzielle Ätzwirkung auf die Haut geprüft, liegen jedoch ausreichende Daten sowohl über die einzelnen Bestandteile als auch über ähnliche geprüfte Gemische vor, um eine angemessene Klassifizierung des Gemisches und die Zuordnung des Gemisches zu einer Verpackungsgruppe vorzunehmen, dann werden diese Daten nach Maßgabe der nachstehenden Übertragungsgrundsätze verwendet. Dies stellt sicher, dass für das Klassifizierungsverfahren die verfügbaren Daten in größtmöglichem Maße für die Beschreibung der Gefahren des Gemisches verwendet werden.

a) **Verdünnung:** Wenn ein geprüftes Gemisch mit einem Verdünnungsmittel verdünnt ist, das nicht den Kriterien der Klasse 8 entspricht und keine Auswirkungen auf die Verpackungsgruppe anderer Bestandteile hat, darf das neue verdünnte Gemisch derselben Verpackungsgruppe zugeordnet werden wie das ursprünglich geprüfte Gemisch.

   Bem. In bestimmten Fällen kann die Verdünnung eines Gemisches oder Stoffes zu einer Verstärkung der ätzenden Eigenschaften führen. Wenn dies der Fall ist, darf dieser Übertragungsgrundsatz nicht angewendet werden.

b) **Fertigungslose:** Es kann angenommen werden, dass die potenzielle Ätzwirkung auf die Haut eines geprüften Fertigungsloses eines Gemisches mit dem eines anderen ungeprüften Fertigungsloses desselben Handelsproduktes, wenn es von oder unter Überwachung desselben Herstellers produziert wurde, im Wesentlichen gleichwertig ist, es sei denn, es besteht Grund zur Annahme, dass bedeutende Schwankungen auftreten, die zu einer Änderung der potenziellen Ätzwirkung auf die Haut des ungeprüften Loses führen. In diesem Fall ist eine neue Klassifizierung erforderlich.

c) **Konzentration von Gemischen der Verpackungsgruppe I:** Wenn ein geprüftes Gemisch, das den Kriterien für eine Aufnahme in die Verpackungsgruppe I entspricht, konzentriert wird, darf das ungeprüfte Gemisch mit der höheren Konzentration ohne zusätzliche Prüfungen der Verpackungsgruppe I zugeordnet werden.

d) **Interpolation innerhalb einer Verpackungsgruppe:** Bei drei Gemischen (A, B und C) mit identischen Bestandteilen, wobei die Gemische A und B geprüft wurden und unter dieselbe Verpackungsgruppe in Bezug auf die Ätzwirkung auf die Haut fallen und das ungeprüfte Gemisch C dieselbe Bestandteile der Klasse 8 wie die Gemische A und B hat, die Konzentrationen der Bestandteile der Klasse 8 dieses Gemisches jedoch zwischen den Konzentrationen in den Gemischen A und B liegen, wird angenommen, dass das Gemisch C in dieselbe Verpackungsgruppe in Bezug auf die Ätzwirkung auf die Haut fällt wie die Gemische A und B.

e) **Im Wesentlichen ähnliche Gemische** liegen vor, wenn Folgendes gegeben ist:

   (i) zwei Gemische: (A + B) und (C + B);

   (ii) die Konzentration des Bestandteils B ist in beiden Gemischen gleich;

   (iii) die Konzentration des Bestandteils A im Gemisch (A + B) ist gleich hoch wie die Konzentration des Bestandteils C im Gemisch (C + B);

   (iv) Daten über die Ätzwirkung auf die Haut der Bestandteile A und C sind verfügbar und im Wesentlichen gleichwertig, d. h. die Bestandteile fallen unter dieselbe Verpackungsgruppe in Bezug auf die Ätzwirkung auf die Haut und haben keine Auswirkungen auf die potenzielle Ätzwirkung auf die Haut des Bestandteils B.

   Wenn das Gemisch (A + B) oder (C + B) bereits auf der Grundlage von Prüfdaten klassifiziert ist, dann kann das andere Gemisch derselben Verpackungsgruppe zugeordnet werden.

2.2	Besondere Vorschriften für die einzelnen Klassen
ADR	RID

2.2.8.1.6.3 *Berechnungsmethode auf der Grundlage der Klassifizierung der Stoffe*

2.2.8.1.6.3.1 Wenn ein Gemisch weder zur Bestimmung seiner potenziellen Ätzwirkung auf die Haut geprüft wurde noch genügend Daten zu ähnlichen Gemischen verfügbar sind, müssen für die Klassifizierung und die Zuordnung einer Verpackungsgruppe die ätzenden Eigenschaften der Stoffe im Gemisch betrachtet werden.

Die Anwendung der Berechnungsmethode ist nur zugelassen, wenn es keine Synergieeffekte gibt, durch die das Gemisch ätzender wird als die Summe seiner Stoffe. Diese Einschränkung gilt nur, wenn dem Gemisch die Verpackungsgruppe II oder III zugeordnet würde.

2.2.8.1.6.3.2 Bei der Anwendung der Berechnungsmethode müssen alle Bestandteile der Klasse 8 in Konzentrationen ≥ 1 % berücksichtigt werden oder in Konzentrationen < 1 %, sofern diese Bestandteile in dieser Konzentration noch für die Klassifizierung des Gemisches als ätzend für die Haut relevant sind.

2.2.8.1.6.3.3 Für die Bestimmung, ob ein Gemisch, das ätzende Stoffe enthält, als ätzendes Gemisch anzusehen ist, und für die Zuordnung einer Verpackungsgruppe muss die Berechnungsmethode im Ablaufdiagramm in Abbildung 2.2.8.1.6.3 angewendet werden. Für diese Berechnungsmethode gelten allgemeine Konzentrationsgrenzwerte, wenn im ersten Schritt für die Bewertung von Stoffen der Verpackungsgruppe I 1 % bzw. in den übrigen Schritten 5 % verwendet wird.

2.2.8.1.6.3.4 Wenn einem Stoff gemäß seiner Eintragung in Kapitel 3.2 Tabelle A oder durch eine Sondervorschrift ein spezifischer Konzentrationsgrenzwert (SCL) zugeordnet ist, muss dieser Grenzwert anstelle der allgemeinen Konzentrationsgrenzwerte (GCL) angewendet werden.

2.2.8.1.6.3.5 Zu diesem Zweck muss die Summenformel für jeden einzelnen Schritt der Berechnungsmethode angepasst werden. Dies bedeutet, dass der allgemeine Konzentrationsgrenzwert, sofern anwendbar, durch den dem Stoff (den Stoffen) zugeordneten spezifischen Konzentrationsgrenzwert (SCL$_i$) ersetzt werden muss; die angepasste Formel ist ein gewichteter Mittelwert der verschiedenen Konzentrationsgrenzwerte, die den verschiedenen Stoffen im Gemisch zugeordnet sind:

$$\frac{VGx_1}{GCL} + \frac{VGx_2}{SCL_2} + \ldots + \frac{VGx_i}{SCL_i} \geq 1,$$

wobei

VG x$_i$ = Konzentration des Stoffes 1, 2 ... i im Gemisch, welcher der Verpackungsgruppe x (I, II oder III) zugeordnet ist

GCL = allgemeiner Konzentrationsgrenzwert

SCL$_i$ = spezifischer Konzentrationsgrenzwert, der dem Stoff i zugeordnet ist

Das Kriterium für eine Verpackungsgruppe ist erfüllt, wenn das Ergebnis der Berechnung ≥ 1 ist. Die für die Bewertung in jedem einzelnen Schritt der Berechnungsmethode zu verwendenden allgemeinen Konzentrationsgrenzwerte entsprechen denen in der Abbildung 2.2.8.1.6.3.

Beispiele für die Anwendung der oben genannten Formel können der nachfolgenden Bem. entnommen werden.

Bem. Beispiele für die Anwendung der oben genannten Formel

Beispiel 1: Ein Gemisch enthält einen der Verpackungsgruppe I zugeordneten ätzenden Stoff ohne spezifischen Konzentrationsgrenzwert in einer Konzentration von 5 %:

Besondere Vorschriften für die einzelnen Klassen 2.2
ADR | RID

Berechnung für die Verpackungsgruppe I: $\frac{5}{5(GCL)} = 1$

→ Zuordnung zur Klasse 8, Verpackungsgruppe I.

Beispiel 2: Ein Gemisch enthält drei Stoffe, die ätzend für die Haut sind; zwei dieser Stoffe (A und B) haben spezifische Konzentrationsgrenzwerte; für den dritten Stoff (C) gilt der allgemeine Konzentrationsgrenzwert. Der Rest des Gemisches muss nicht berücksichtigt werden:

Stoff X im Gemisch und die Zuordnung seiner Verpackungsgruppe in Klasse 8	Konzentration (conc) im Gemisch in %	spezifischer Konzentrationsgrenzwert (SCL) für die Verpackungsgruppe I	spezifischer Konzentrationsgrenzwert (SCL) für die Verpackungsgruppe II	spezifischer Konzentrationsgrenzwert (SCL) für die Verpackungsgruppe III
A, der Verpackungsgruppe I zugeordnet	3	30 %	keiner	keiner
B, der Verpackungsgruppe I zugeordnet	2	20 %	10 %	keiner
C, der Verpackungsgruppe III zugeordnet	10	keiner	keiner	keiner

Berechnung für die Verpackungsgruppe I:

$$\frac{3(concA)}{30(SCL\ VG\ I)} + \frac{2(concB)}{20(SCL\ VG\ I)} = 0{,}2 < 1$$

Das Kriterium für die Verpackungsgruppe I ist nicht erfüllt.

Berechnung für die Verpackungsgruppe II:

$$\frac{3(concA)}{5(GCL\ VG\ II)} + \frac{2(concB)}{10(SCL\ VG\ II)} = 0{,}8 < 1$$

Das Kriterium für die Verpackungsgruppe II ist nicht erfüllt.

Berechnung für die Verpackungsgruppe III:

$$\frac{3(concA)}{5(GCL\ VG\ III)} + \frac{2(concB)}{5(GCL\ VG\ III)} + \frac{10(concC)}{5(GCL\ VG\ III)} = 3 \geq 1$$

Das Kriterium für die Verpackungsgruppe III ist erfüllt, das Gemisch muss der Klasse 8 Verpackungsgruppe III zugeordnet werden.

2.2 Besondere Vorschriften für die einzelnen Klassen
ADR | RID

Abbildung 2.2.8.1.6.3: Berechnungsmethode

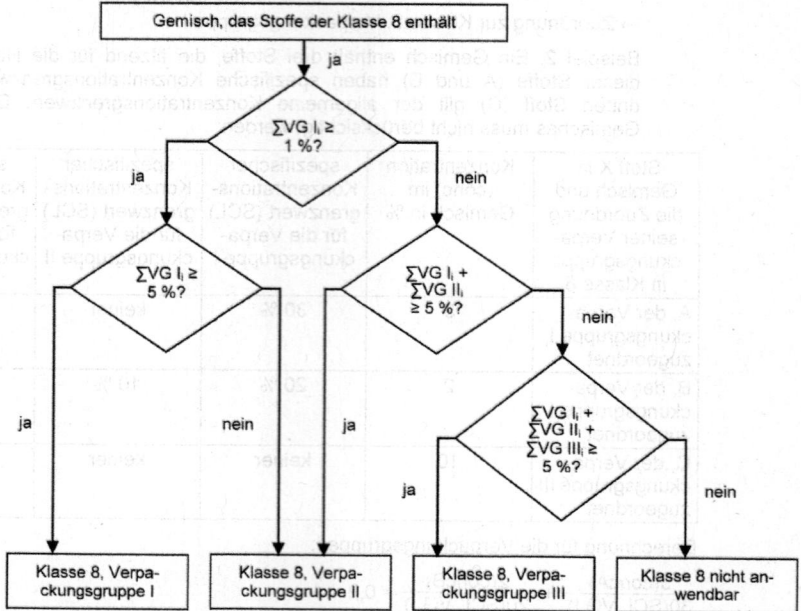

2.2.8.1.7 Wenn die Stoffe der Klasse 8 durch Beimengungen in andere Gefahrenkategorien fallen als die, zu denen die in Kapitel 3.2 Tabelle A namentlich genannten Stoffe gehören, sind diese Gemische oder Lösungen den Eintragungen zuzuordnen, zu denen sie auf Grund ihrer tatsächlichen Gefahr gehören.

Bem. Für die Zuordnung von Lösungen und Gemischen (wie Präparate, Zubereitungen und Abfälle) siehe auch Abschnitt 2.1.3.

2.2.8.1.8 Auf Grundlage der Kriterien des Absatzes 2.2.8.1.6 kann auch festgestellt werden, ob eine namentlich genannte Lösung oder ein namentlich genanntes Gemisch bzw. eine Lösung oder ein Gemisch, das einen namentlich genannten Stoff enthält, so beschaffen ist, dass diese Lösung oder dieses Gemisch nicht den Vorschriften dieser Klasse unterliegt.

Bem. Die in den UN-Modellvorschriften aufgeführten Stoffe UN 1910 CALCIUMOXID und UN 2812 NATRIUMALUMINAT unterliegen nicht den Vorschriften des ADR/RID.

Besondere Vorschriften für die einzelnen Klassen 2.2

ADR	RID

2.2.8.2 Nicht zur Beförderung zugelassene Stoffe

2.2.8.2.1 Chemisch instabile Stoffe der Klasse 8 sind zur Beförderung nur zugelassen, wenn die erforderlichen Vorsichtsmaßnahmen zur Verhinderung der Möglichkeit einer gefährlichen Zersetzung oder Polymerisation unter normalen Beförderungsbedingungen getroffen wurden. Für die Vorsichtsmaßnahmen zur Verhinderung einer Polymerisation siehe Kapitel 3.3 Sondervorschrift 386. Zu diesem Zweck muss insbesondere dafür gesorgt werden, dass die Gefäße und Tanks keine Stoffe enthalten, die diese Reaktionen begünstigen können.

2.2.8.2.2 Folgende Stoffe sind zur Beförderung nicht zugelassen:
- UN 1798 GEMISCHE AUS SALPETERSÄURE UND SALZSÄURE,
- chemisch instabile Gemische von Abfallschwefelsäuren,
- chemisch instabile Gemische von Nitriersäure oder Abfallmischsäuren, nicht denitriert,
- Perchlorsäure, wässerige Lösungen mit mehr als 72 Masse-% reiner Säure, oder Gemische von Perchlorsäure mit anderen flüssigen Stoffen als Wasser.

Folgender Stoff ist zur Beförderung im Eisenbahnverkehr nicht zugelassen:
- Schwefeltrioxid, mindestens 99,95 % rein, nicht stabilisiert (ohne Inhibitor).

2.2.8.3 Verzeichnis der Sammeleintragungen

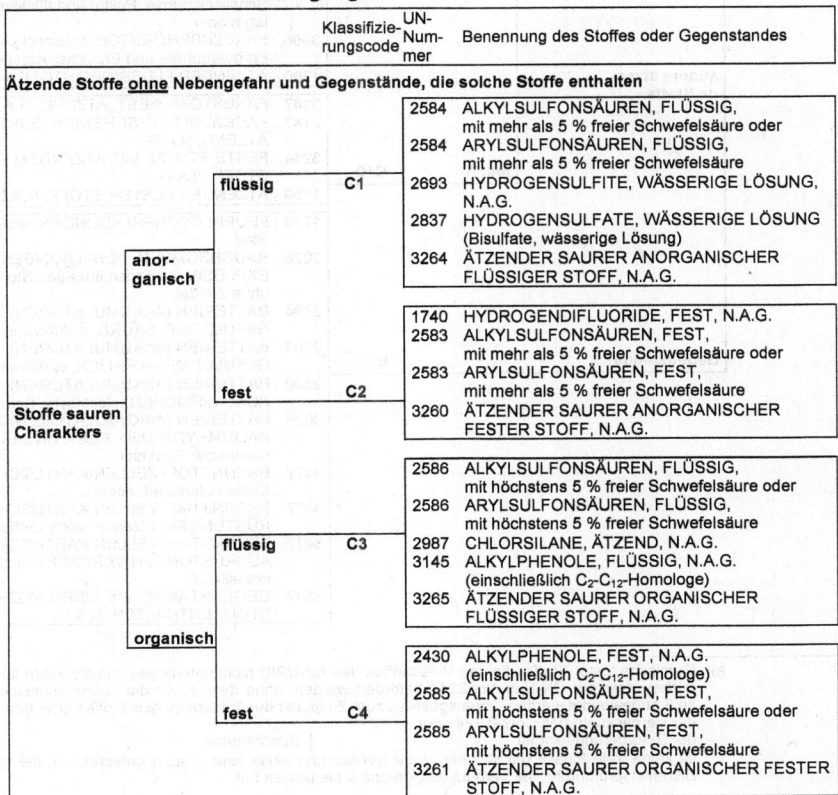

337

2.2 Besondere Vorschriften für die einzelnen Klassen

ADR				RID	
			Klassifizierungscode	UN-Nummer	Benennung des Stoffes oder Gegenstandes
Ätzende Stoffe ohne Nebengefahr und Gegenstände, die solche Stoffe enthalten					
Stoffe basischen Charakters	anorganisch	flüssig	C5	1719 2797 3266	ÄTZENDER ALKALISCHER FLÜSSIGER STOFF, N.A.G. BATTERIEFLÜSSIGKEIT, ALKALISCH ÄTZENDER BASISCHER ANORGANISCHER FLÜSSIGER STOFF, N.A.G.
		fest	C6	3262	ÄTZENDER BASISCHER ANORGANISCHER FESTER STOFF, N.A.G.
	organisch	flüssig	C7	2735 2735 3267	AMINE, FLÜSSIG, ÄTZEND, N.A.G. oder POLYAMINE, FLÜSSIG, ÄTZEND, N.A.G. ÄTZENDER BASISCHER ORGANISCHER FLÜSSIGER STOFF, N.A.G.
		fest	C8	3259 3259 3263	AMINE, FEST, ÄTZEND, N.A.G. oder POLYAMINE, FEST, ÄTZEND, N.A.G. ÄTZENDER BASISCHER ORGANISCHER FESTER STOFF, N.A.G.
andere ätzende Stoffe		flüssig	C9	1903 2801 2801 3066 3066 1760	DESINFEKTIONSMITTEL, FLÜSSIG, ÄTZEND, N.A.G. FARBSTOFF, FLÜSSIG, ÄTZEND, N.A.G. oder FARBSTOFFZWISCHENPRODUKT, FLÜSSIG, ÄTZEND, N.A.G. FARBE (einschließlich Farbe, Lack, Email, Beize, Schellack, Firnis, Politur und flüssige Lackgrundlage) oder FARBZUBEHÖRSTOFFE (einschließlich Farbverdünner und Entferner-Komponenten) ÄTZENDER FLÜSSIGER STOFF, N.A.G.
		fest a)	C10	3147 3147 3244 1759	FARBSTOFF, FEST, ÄTZEND, N.A.G. oder FARBSTOFFZWISCHENPRODUKT, FEST, ÄTZEND, N.A.G. FESTE STOFFE MIT ÄTZENDEM FLÜSSIGEM STOFF, N.A.G. ÄTZENDER FESTER STOFF, N.A.G.
Gegenstände			C11	1774 2028 2794 2795 2800 3028 3477 3477 3477 3547	FEUERLÖSCHERLADUNGEN, ätzender flüssiger Stoff RAUCHBOMBEN, NEBELBOMBEN, NICHT EXPLOSIV, ätzenden flüssigen Stoff enthaltend, ohne Zünder BATTERIEN (AKKUMULATOREN), NASS, GEFÜLLT MIT SÄURE, elektrische Sammler BATTERIEN (AKKUMULATOREN), NASS, GEFÜLLT MIT ALKALIEN, elektrische Sammler BATTERIEN (AKKUMULATOREN), NASS, AUSLAUFSICHER, elektrische Sammler BATTERIEN (AKKUMULATOREN), TROCKEN, KALIUMHYDROXID, FEST, ENTHALTEND, elektrische Sammler BRENNSTOFFZELLEN-KARTUSCHEN, ätzende Stoffe enthaltend, oder BRENNSTOFFZELLEN-KARTUSCHEN IN AUSRÜSTUNGEN, ätzende Stoffe enthaltend, oder BRENNSTOFFZELLEN-KARTUSCHEN, MIT AUSRÜSTUNGEN VERPACKT, ätzende Stoffe enthaltend GEGENSTÄNDE, DIE EINEN ÄTZENDEN STOFF ENTHALTEN, N.A.G.

a) Gemische fester Stoffe, die den Vorschriften des ADR/RID nicht unterliegen, mit ätzenden flüssigen Stoffen dürfen unter der UN-Nummer 3244 befördert werden, ohne dass zuvor die Zuordnungskriterien der Klasse 8 angewendet werden, vorausgesetzt, zum Zeitpunkt des Verladens des Stoffes oder des Verschließens der Verpackung, des Containers oder der Beförderungseinheit | des Wagens
ist keine freie Flüssigkeit sichtbar. Jede Verpackung muss einer Bauart entsprechen, die erfolgreich eine Dichtheitsprüfung für die Verpackungsgruppe II bestanden hat.

Besondere Vorschriften für die einzelnen Klassen 2.2

ADR | RID

Nebengefahr		Klassifizierungscode	UN-Nummer	Benennung des Stoffes oder Gegenstandes
Ätzende Stoffe mit Nebengefahr(en) und Gegenstände, die solche Stoffe enthalten				
entzündbar CF	flüssig [b)]	CF1	3470	FARBE, ÄTZEND, ENTZÜNDBAR (einschließlich Farbe, Lack, Emaille, Beize, Schellack, Firnis, Politur, flüssiger Füllstoff und flüssige Lackgrundlage) oder
			3470	FARBZUBEHÖRSTOFFE, ÄTZEND, ENTZÜNDBAR (einschließlich Farbverdünnung und -lösemittel)
			2734	AMINE, FLÜSSIG, ÄTZEND, ENTZÜNDBAR, N.A.G. oder
			2734	POLYAMINE, FLÜSSIG, ÄTZEND, ENTZÜNDBAR, N.A.G.
			2920	ÄTZENDER FLÜSSIGER STOFF, ENTZÜNDBAR, N.A.G.
			2986	CHLORSILANE, ÄTZEND, ENTZÜNDBAR, N.A.G.
	fest	CF2	2921	ÄTZENDER FESTER STOFF, ENTZÜNDBAR, N.A.G.
selbsterhitzungsfähig CS	flüssig	CS1	3301	ÄTZENDER FLÜSSIGER STOFF, SELBSTERHITZUNGSFÄHIG, N.A.G.
	fest	CS2	3095	ÄTZENDER FESTER STOFF, SELBSTERHITZUNGSFÄHIG, N.A.G.
mit Wasser reagierend CW	flüssig [b)]	CW1	3094	ÄTZENDER FLÜSSIGER STOFF, MIT WASSER REAGIEREND, N.A.G.
	fest	CW2	3096	ÄTZENDER FESTER STOFF, MIT WASSER REAGIEREND, N.A.G.
entzündend (oxidierend) wirkend CO	flüssig	CO1	3093	ÄTZENDER FLÜSSIGER STOFF, ENTZÜNDEND (OXIDIEREND) WIRKEND, N.A.G.
	fest	CO2	3084	ÄTZENDER FESTER STOFF, ENTZÜNDEND (OXIDIEREND) WIRKEND, N.A.G.
giftig [d)] CT	flüssig [c)]	CT1	3471	HYDROGENDIFLUORIDE, LÖSUNG, N.A.G.
			2922	ÄTZENDER FLÜSSIGER STOFF, GIFTIG, N.A.G.
	fest [e)]	CT2	2923	ÄTZENDER FESTER STOFF, GIFTIG, N.A.G.
	Gegenstände	CT3	3506	QUECKSILBER IN HERGESTELLTEN GEGENSTÄNDEN
entzündbar, giftig, flüssig [d)]		CFT	(keine Sammeleintragung mit diesem Klassifizierungscode vorhanden; soweit erforderlich Zuordnung zu einer Sammeleintragung mit einem Klassifizierungscode, der nach der Tabelle der überwiegenden Gefahr in Unterabschnitt 2.1.3.10 zu bestimmen ist)	
entzündend (oxidierend) wirkend, giftig [d), e)]		COT	(keine Sammeleintragung mit diesem Klassifizierungscode vorhanden; soweit erforderlich Zuordnung zu einer Sammeleintragung mit einem Klassifizierungscode, der nach der Tabelle der überwiegenden Gefahr in Unterabschnitt 2.1.3.10 zu bestimmen ist)	

b) Chlorsilane, die mit Wasser oder an feuchter Luft entzündbare Gase entwickeln, sind Stoffe der Klasse 4.3.
c) Chlorformiate mit vorwiegend giftigen Eigenschaften sind Stoffe der Klasse 6.1.
d) Ätzende Stoffe, die nach den Absätzen 2.2.61.1.4 bis 2.2.61.1.9 beim Einatmen sehr giftig sind, sind Stoffe der Klasse 6.1.
e) UN 1690 NATRIUMFLUORID, FEST, UN 1812 KALIUMFLUORID, FEST, UN 2505 AMMONIUMFLUORID, UN 2674 NATRIUMFLUOROSILICAT, UN 2856 FLUOROSILICATE, N.A.G., UN 3415 NATRIUMFLUORID, LÖSUNG und UN 3422 KALIUMFLUORID, LÖSUNG sind Stoffe der Klasse 6.1.

2.2 Besondere Vorschriften für die einzelnen Klassen

ADR	RID

2.2.9 Klasse 9: Verschiedene gefährliche Stoffe und Gegenstände

2.2.9.1 Kriterien

2.2.9.1.1 Unter den Begriff der Klasse 9 fallen Stoffe und Gegenstände, die während der Beförderung eine Gefahr darstellen, die nicht unter die Begriffe anderer Klassen fällt.

2.2.9.1.2 Die Stoffe und Gegenstände der Klasse 9 sind wie folgt unterteilt:

    M1   Stoffe, die beim Einatmen als Feinstaub die Gesundheit gefährden können

    M2   Stoffe und Gegenstände, die im Brandfall Dioxine bilden können

    M3   Stoffe, die entzündbare Dämpfe abgeben

    M4   Lithiumbatterien

    M5   Rettungsmittel

    M6 – M8   Umweltgefährdende Stoffe

        M6   Wasserverunreinigende flüssige Stoffe

        M7   Wasserverunreinigende feste Stoffe

        M8   Genetisch veränderte Mikroorganismen und Organismen

    M9 – M10   Erwärmte Stoffe

        M9   flüssige Stoffe

        M10   feste Stoffe

    M11   Andere Stoffe und Gegenstände, die während der Beförderung eine Gefahr darstellen und nicht unter die Definition einer anderen Klasse fallen.

Begriffsbestimmungen und Zuordnung

2.2.9.1.3 Die der Klasse 9 zugeordneten Stoffe und Gegenstände sind in Kapitel 3.2 Tabelle A aufgeführt. Die Zuordnung der in Kapitel 3.2 Tabelle A nicht namentlich genannten Stoffe und Gegenstände zu den entsprechenden Eintragungen dieser Tabelle oder des Unterabschnitts 2.2.9.3 erfolgt in Übereinstimmung mit den Absätzen 2.2.9.1.4 bis 2.2.9.1.8, 2.2.9.1.10, 2.2.9.1.11, 2.2.9.1.13 und 2.2.9.1.14.

Stoffe, die beim Einatmen als Feinstaub die Gesundheit gefährden können

2.2.9.1.4 Stoffe, die beim Einatmen als Feinstaub die Gesundheit gefährden können, umfassen Asbest und asbesthaltige Gemische.

Stoffe und Gegenstände, die im Brandfall Dioxine bilden können

2.2.9.1.5 Stoffe und Gegenstände, die im Brandfall Dioxine bilden können, umfassen polychlorierte Biphenyle (PCB) und Terphenyle (PCT) und polyhalogenierte Biphenyle und Terphenyle sowie Gemische, die diese Stoffe enthalten, sowie Gegenstände wie Transformatoren, Kondensatoren und andere Gegenstände, die solche Stoffe oder Gemische enthalten.

    Bem. Gemische mit einem PCB- oder PCT-Gehalt von nicht mehr als 50 mg/kg unterliegen nicht den Vorschriften des ADR/RID.

Stoffe, die entzündbare Dämpfe abgeben

2.2.9.1.6 Stoffe, die entzündbare Dämpfe abgeben, umfassen Polymere, die entzündbare flüssige Stoffe mit einem Flammpunkt bis 55 °C enthalten.

Besondere Vorschriften für die einzelnen Klassen 2.2

ADR	RID

Lithiumbatterien

2.2.9.1.7 Sofern im ADR/RID nichts anderes vorgeschrieben ist (z.B. für Batterie-Prototypen und
▶ 1.6.1.29 kleine Produktionsserien von Batterien gemäß Sondervorschrift 310 oder beschädigte Batterien gemäß Sondervorschrift 376), müssen Lithiumbatterien den folgenden Vorschriften entsprechen.

Bem. Für UN 3536 LITHIUMBATTERIEN, IN GÜTERBEFÖRDERUNGSEINHEITEN EINGEBAUT, siehe Kapitel 3.3 Sondervorschrift 389.

Zellen und Batterien, Zellen und Batterien in Ausrüstung oder Zellen und Batterien mit Ausrüstungen verpackt, die Lithium in irgendeiner Form enthalten, müssen der UN-Nummer 3090, 3091, 3480 bzw. 3481 zugeordnet werden. Sie dürfen unter diesen Eintragungen befördert werden, wenn sie den folgenden Vorschriften entsprechen:

a) jede Zelle oder Batterie entspricht einem Typ, für den nachgewiesen wurde, dass er die Anforderungen aller Prüfungen des Handbuchs Prüfungen und Kriterien Teil III Unterabschnitt 38.3 erfüllt;

Bem. Batterien müssen einem Typ entsprechen, für den nachgewiesen wurde, dass er die Prüfanforderungen des Handbuchs Prüfungen und Kriterien Teil III Unterabschnitt 38.3 erfüllt, unabhängig davon, ob die Zellen, aus denen sie zusammengesetzt sind, einem geprüften Typ entsprechen.

b) jede Zelle und Batterie ist mit einer Schutzeinrichtung gegen inneren Überdruck versehen oder so ausgelegt, dass ein Gewaltbruch unter normalen Beförderungsbedingungen verhindert wird;

c) jede Zelle und Batterie ist mit einer wirksamen Vorrichtung zur Verhinderung äußerer Kurzschlüsse ausgerüstet;

d) jede Batterie mit mehreren Zellen oder mit Zellen in Parallelschaltung ist mit wirksamen Einrichtungen ausgerüstet, die einen gefährlichen Rückstrom verhindern (z.B. Dioden, Sicherungen usw.);

e) Zellen und Batterien sind gemäß einem Qualitätssicherungsprogramm hergestellt, das Folgendes beinhaltet:

    (i) eine Beschreibung der Organisationsstruktur und der Verantwortlichkeiten des Personals hinsichtlich der Auslegung und der Produktqualität;

    (ii) die entsprechenden Anweisungen, die für die Prüfung, die Qualitätskontrolle, die Qualitätssicherung und die Arbeitsabläufe verwendet werden;

    (iii) Prozesskontrollen, die entsprechende Aktivitäten zur Vorbeugung und Feststellung innerer Kurzschlussdefekte während der Herstellung von Zellen umfassen sollten;

    (iv) Qualitätsaufzeichnungen, wie Prüfberichte, Prüf- und Kalibrierungsdaten und Nachweise; Prüfdaten müssen aufbewahrt und der zuständigen Behörde auf Verlangen zur Verfügung gestellt werden;

    (v) Überprüfungen durch die Geschäftsleitung, um die erfolgreiche Wirkungsweise des Qualitätssicherungsprogramms sicherzustellen;

    (vi) ein Verfahren für die Kontrolle der Dokumente und deren Überarbeitung;

    (vii) ein Mittel für die Kontrolle von Zellen oder Batterien, die dem in Absatz a) genannten geprüften Typ nicht entsprechen;

    (viii) Schulungsprogramme und Qualifizierungsverfahren für das betroffene Personal und

    (ix) Verfahren um sicherzustellen, dass am Endprodukt keine Schäden vorhanden sind.

Bem. Betriebseigene Qualitätssicherungsprogramme dürfen zugelassen werden. Eine Zertifizierung durch Dritte ist nicht erforderlich, jedoch müssen die in den Absätzen (i) bis (ix) aufgeführten Verfahren genau aufgezeichnet werden und nachvollziehbar sein. Eine Kopie des Qualitätssicherungsprogramms muss der zuständigen Behörde auf Verlangen zur Verfügung gestellt werden.

2.2 Besondere Vorschriften für die einzelnen Klassen

ADR	RID

f) Lithiumbatterien, die sowohl Lithium-Metall-Primärzellen als auch wiederaufladbare Lithium-Ionen-Zellen enthalten und die nicht für eine externe Aufladung ausgelegt sind (siehe Sondervorschrift 387 des Kapitels 3.3), müssen folgenden Vorschriften entsprechen:

(i) die wiederaufladbaren Lithium-Ionen-Zellen können nur von den Lithium-Metall-Primärzellen aufgeladen werden;

(ii) eine Überladung der wiederaufladbaren Lithium-Ionen-Zellen ist auslegungsbedingt ausgeschlossen;

(iii) die Batterie wurde als Lithium-Primärbatterie geprüft;

(iv) die Komponentenzellen der Batterie müssen einer Bauart entsprechen, für die nachgewiesen wurde, dass sie die entsprechenden Prüfvorschriften des Handbuchs Prüfungen und Kriterien Teil III Unterabschnitt 38.3 erfüllen.

g) Hersteller und nachfolgende Vertreiber von Zellen oder Batterien, die nach dem 30. Juni 2003 hergestellt wurden, müssen die im Handbuch Prüfungen und Kriterien Teil III Unterabschnitt 38.3 Absatz 38.3.5 festgelegte Prüfzusammenfassung zur Verfügung stellen.

Lithiumbatterien unterliegen den Vorschriften des ADR nicht, wenn sie den Anforderungen des Kapitels 3.3 Sondervorschrift 188 entsprechen.

Rettungsmittel

2.2.9.1.8 Rettungsmittel umfassen Rettungsmittel und Automobilteile, die den Beschreibungen des Kapitels 3.3 Sondervorschrift 235 oder 296 entsprechen.

2.2.9.1.9 (gestrichen)

2.2.9.1.10 **Umweltgefährdende Stoffe (aquatische Umwelt)**
▶ *5.2.1.8.3*

2.2.9.1.10.1 Allgemeine Begriffsbestimmungen

2.2.9.1.10.1.1 Umweltgefährdende Stoffe umfassen unter anderem flüssige oder feste wasserverunreinigende Stoffe sowie Lösungen und Gemische mit solchen Stoffen (wie Präparate, Zubereitungen und Abfälle).

Im Sinne des Absatzes 2.2.9.1.10 sind «*Stoffe*» chemische Elemente und deren Verbindungen, wie sie in der Natur vorkommen oder durch ein Herstellungsverfahren gewonnen werden, einschließlich notwendiger Zusatzstoffe für die Aufrechterhaltung der Stabilität des Produkts und durch das verwendete Verfahren entstandene Verunreinigungen, ausgenommen jedoch Lösungsmittel, die ohne Beeinträchtigung der Stabilität des Stoffes oder ohne Änderung seiner Zusammensetzung extrahiert werden können.

2.2.9.1.10.1.2 Als aquatische Umwelt können die aquatischen Organismen, die im Wasser leben, und das aquatische Ökosystem, zu dem sie gehören[16], betrachtet werden. Die Basis für die Gefahrenermittlung ist daher die aquatische Toxizität des Stoffes oder Gemisches, auch wenn diese unter Berücksichtigung weiterer Informationen über das Abbau- und Bioakkumulationsverhalten geändert werden kann.

2.2.9.1.10.1.3 Obwohl das folgende Einstufungsverfahren für alle Stoffe und Gemische zur Anwendung vorgesehen ist, wird anerkannt, dass in einigen Fällen, z.B. bei Metallen oder schwach löslichen anorganischen Verbindungen, besondere Richtlinien erforderlich sind [17].

---

[16] Dabei werden gewässerverunreinigende Stoffe nicht erfasst, für die es notwendig sein kann, die Auswirkungen über die aquatische Umwelt hinaus, wie z.B. auf die menschliche Gesundheit, zu berücksichtigen.
[17] Diese sind in Anlage 10 des GHS enthalten.

Besondere Vorschriften für die einzelnen Klassen 2.2

ADR	RID

2.2.9.1.10.1.4 Die folgenden Definitionen gelten für die in diesem Abschnitt verwendeten Abkürzungen oder Begriffe:

- BCF: Biokonzentrationsfaktor;
- BOD: biochemischer Sauerstoffbedarf;
- COD: chemischer Sauerstoffbedarf;
- GLP: gute Laborpraxis;
- EC_x: die Konzentration, die mit x % der Reaktion verbunden ist;
- EC_{50}: die wirksame Konzentration des Stoffes, die 50 % der höchsten Reaktion verursacht;
- ErC_{50}: der EC_{50}-Wert als Verringerung der Wachstumsrate;
- K_{ow}: Verteilungskoeffizient Octanol/Wasser;
- LC_{50} (50 % der tödlichen Konzentration): die Konzentration des Stoffes in Wasser, die zum Tod von 50 % (der Hälfte) der Versuchstiere einer Gruppe führt;
- $L(E)C_{50}$: LC_{50} oder EC_{50};
- NOEC (höchste geprüfte Konzentration ohne beobachtete schädliche Wirkung): die Prüfkonzentration unmittelbar unterhalb der niedrigsten geprüften Konzentration mit statistisch signifikanter schädlicher Wirkung. Die NOEC hat im Vergleich zur Kontrolle keine statistisch signifikante schädliche Wirkung;
- OECD-Prüfrichtlinien: die von der Organisation für wirtschaftliche Zusammenarbeit und Entwicklung (OECD) veröffentlichten Prüfrichtlinien.

2.2.9.1.10.2 Begriffsbestimmungen und Anforderungen an die Daten

2.2.9.1.10.2.1 Die Grundelemente für die Einstufung umweltgefährdender Stoffe (aquatische Umwelt) sind:

a) akute aquatische Toxizität;

b) chronische aquatische Toxizität;

c) potenzielle oder tatsächliche Bioakkumulation sowie

d) Abbau (biotisch oder abiotisch) bei organischen Chemikalien.

2.2.9.1.10.2.2 Obwohl Daten aus international harmonisierten Prüfverfahren bevorzugt werden, dürfen in der Praxis auch aus nationalen Methoden hervorgegangene Daten verwendet werden, wenn diese als gleichwertig gelten. Die Toxizitätsdaten von Süß- und Salzwasserarten gelten allgemein als gleichwertige Daten und sind bevorzugt unter Verwendung der OECD-Prüfrichtlinien oder von Verfahren, die nach den Grundsätzen guter Laborpraxis (GLP) gleichwertig sind, abzuleiten. Liegen keine derartigen Daten vor, erfolgt die Einstufung auf der Grundlage der besten verfügbaren Daten.

2.2.9.1.10.2.3 Akute aquatische Toxizität: Die intrinsische Eigenschaft eines Stoffes, einen Organismus bei kurzzeitiger aquatischer Exposition zu schädigen.

Akute (kurzfristige) Gefährdung: Für Einstufungszwecke die durch die akute Toxizität einer Chemikalie für einen Organismus hervorgerufene Gefahr bei kurzfristiger aquatischer Exposition.

Die akute aquatische Toxizität muss normalerweise unter Verwendung eines 96-Stunden-LC_{50}-Wertes für Fische (OECD-Prüfrichtlinie 203 oder ein gleichwertiges Verfahren), eines 48-Stunden-EC_{50}-Wertes für Krebstiere (OECD-Prüfrichtlinie 202 oder ein gleichwertiges Verfahren) und/oder eines 72- oder 96-Stunden-EC_{50}-Wertes für Algen (OECD-Prüfrichtlinie 201 oder ein gleichwertiges Verfahren) bestimmt werden. Diese Spezies werden stellvertretend für alle Wasserorganismen betrachtet, und Daten über andere Spezies, wie Lemna (Wasserlinsen), dürfen bei geeigneter Testmethodik auch berücksichtigt werden.

2.2 Besondere Vorschriften für die einzelnen Klassen
ADR | RID

2.2.9.1.10.2.4 Chronische aquatische Toxizität: Die intrinsische Eigenschaft eines Stoffes, schädliche Wirkungen bei Wasserorganismen hervorzurufen im Zuge von aquatischen Expositionen, die im Verhältnis zum Lebenszyklus des Organismus bestimmt werden.

Langfristige Gefährdung: Für Einstufungszwecke die durch die chronische Toxizität einer Chemikalie hervorgerufene Gefahr bei langfristiger aquatischer Exposition.

Es existieren weniger Daten über die chronische Toxizität als über die akute Toxizität, und die Gesamtheit der Prüfmethoden ist weniger standardisiert. Daten, die gemäß der OECD-Richtlinie 210 (Fisch in einem frühen Lebensstadium) oder 211 (Reproduktion von Daphnien) und 201 (Hemmung des Algenwachstums) gewonnen wurden, können akzeptiert werden. Andere validierte und international anerkannte Prüfungen dürfen ebenfalls verwendet werden. Es sind die NOEC-Werte oder andere gleichwertige EC_x-Werte zu verwenden.

2.2.9.1.10.2.5 Bioakkumulation: Das Nettoergebnis von Aufnahme, Umwandlung und Ausscheidung eines Stoffes in einem Organismus über sämtliche Expositionswege (d.h. Luft, Wasser, Sediment/Boden und Nahrung).

Das **Bioakkumulationspotenzial** ist in der Regel durch den Octanol/Wasser-Verteilungskoeffizienten zu ermitteln, der üblicherweise als der gemäß OECD-Prüfrichtlinie 107, 117 oder 123 bestimmte log K_{ow} ausgedrückt wird. Dies stellt dann zwar ein Bioakkumulationspotenzial dar, ein experimentell bestimmter Biokonzentrationsfaktor (BCF) eignet sich jedoch besser als Maßzahl und ist, falls verfügbar, vorzuziehen. Der BCF muss gemäß OECD-Prüfrichtlinie 305 bestimmt werden.

2.2.9.1.10.2.6 Abbau: Die Zersetzung organischer Moleküle in kleinere Moleküle und schließlich in Kohlendioxid, Wasser und Salze.

Abbau in der Umwelt kann biotisch oder abiotisch (z.B. durch Hydrolyse) erfolgen; die verwendeten Kriterien geben diesen Umstand wieder. Die leichte biologische Abbaubarkeit wird am einfachsten unter Verwendung der Prüfungen für die biologische Abbaubarkeit (A – F) der OECD-Prüfrichtlinie 301 festgestellt. Ein Bestehen dieser Prüfungen kann als Indikator für die schnelle Abbaubarkeit in den meisten Umgebungen angesehen werden. Dies sind Süßwasser-Prüfungen; damit müssen auch die Ergebnisse aus der OECD-Prüfrichtlinie 306 berücksichtigt werden, die für die Meeresumwelt besser geeignet ist. Sind derartige Daten nicht verfügbar, gilt ein BOD_5 (5 Tage)/COD-Verhältnis von ≥ 0,5 als Hinweis auf die schnelle Abbaubarkeit.

Abiotische Abbaubarkeit, wie Hydrolyse, abiotische und biotische Primärabbaubarkeit, Abbaubarkeit in nicht aquatischen Medien und eine nachgewiesene schnelle Abbaubarkeit in der Umwelt dürfen bei der Bestimmung der schnellen Abbaubarkeit berücksichtigt werden [18].

Stoffe gelten als schnell in der Umwelt abbaubar, wenn die folgenden Kriterien erfüllt sind:

---

[18] Eine besondere Anleitung für die Interpretation der Daten ist in Kapitel 4.1 und Anlage 9 des GHS enthalten.

Besondere Vorschriften für die einzelnen Klassen 2.2
ADR | RID

a) in 28-tägigen Studien auf leichte Bioabbaubarkeit werden mindestens folgende Abbauwerte erreicht:

  (i) Tests basierend auf gelöstem organischem Kohlenstoff: 70 %;

  (ii) Tests basierend auf Sauerstoffverbrauch oder Kohlendioxidbildung: 60 % des theoretischen Maximums.

  Diese Schwellenwerte der Bioabbaubarkeit müssen innerhalb von 10 Tagen nach dem Beginn des Abbauprozesses (Zeitpunkt, zu dem 10 % des Stoffes abgebaut sind) erreicht sein, sofern der Stoff nicht als komplexer Stoff mit mehreren Komponenten mit strukturell ähnlichen Bestandteilen identifiziert ist. In diesem Fall und in Fällen, in denen eine ausreichende Begründung vorliegt, kann auf die Bedingung des Intervalls von 10 Tagen verzichtet und das Niveau für das Bestehen der Prüfung auf 28 Tage [19] angesetzt werden; oder

b) in Fällen, in denen nur BOD- und COD-Daten vorliegen, beträgt das Verhältnis $BOD_5/COD \geq 0,5$ ist, oder

c) es liegen andere stichhaltige wissenschaftliche Nachweise darüber vor, dass der Stoff in Gewässern innerhalb von 28 Tagen zu > 70 % (biotisch und/ oder abiotisch) abgebaut werden kann.

2.2.9.1.10.3 Kategorien und Kriterien für die Zuordnung von Stoffen

2.2.9.1.10.3.1 Stoffe sind als «umweltgefährdende Stoffe (aquatische Umwelt)» einzustufen, wenn sie den Kriterien für Akut 1, Chronisch 1 oder Chronisch 2 gemäß der Tabelle 2.2.9.1.10.3.1 entsprechen. Diese Kriterien beschreiben genau die Einstufungskategorien. Sie sind in der Tabelle 2.2.9.1.10.3.2 als Diagramm zusammengefasst.

Tabelle 2.2.9.1.10.3.1: Kategorien für gewässergefährdende Stoffe (siehe Bem. 1)

a) **gewässergefährdend, akute (kurzfristige) Gefährdung**

Kategorie Akut 1: (siehe Bem. 2)	
96-Stunden-LC_{50}-Wert (für Fische)	≤ 1 mg/l und/oder
48-Stunden-EC_{50}-Wert (für Krebstiere)	≤ 1 mg/l und/oder
72- oder 96-Stunden-ErC_{50}-Wert (für Algen oder andere Wasserpflanzen)	≤ 1 mg/l (siehe Bem. 3)

b) **gewässergefährdend, langfristige Gefährdung** (siehe auch Abbildung 2.2.9.1.10.3.1)

(i) **nicht schnell abbaubare Stoffe** (siehe Bem. 4), **für die hinreichende Daten über die chronische Toxizität vorhanden sind**

Kategorie Chronisch 1: (siehe Bem. 2)	
chronischer NOEC- oder EC_x-Wert (für Fische)	$\leq 0,1$ mg/l und/oder
chronischer NOEC- oder EC_x-Wert (für Krebstiere)	$\leq 0,1$ mg/l und/oder
chronischer NOEC- oder EC_x-Wert (für Algen oder andere Wasserpflanzen)	$\leq 0,1$ mg/l

Kategorie Chronisch 2:	
chronischer NOEC- oder EC_x-Wert (für Fische)	≤ 1 mg/l und/oder
chronischer NOEC- oder EC_x-Wert (für Krebstiere)	≤ 1 mg/l und/oder
chronischer NOEC- oder EC_x-Wert (für Algen oder andere Wasserpflanzen)	≤ 1 mg/l

---

[19] Siehe Kapitel 4.1 und Anlage 9 Absatz A9.4.2.2.3 des GHS.

2.2 Besondere Vorschriften für die einzelnen Klassen

ADR	RID

(ii) **schnell abbaubare Stoffe, für die hinreichende Daten über die chronische Toxizität vorhanden sind**

Kategorie Chronisch 1: (siehe Bem. 2)

chronischer NOEC- oder EC_x-Wert (für Fische)	≤ 0,01 mg/l und/oder
chronischer NOEC- oder EC_x-Wert (für Krebstiere)	≤ 0,01 mg/l und/oder
chronischer NOEC- oder EC_x-Wert (für Algen oder andere andere Wasserpflanzen)	≤ 0,01 mg/l

Kategorie Chronisch 2:

chronischer NOEC- oder EC_x-Wert (für Fische)	≤ 0,1 mg/l und/oder
chronischer NOEC- oder EC_x-Wert (für Krebstiere)	≤ 0,1 mg/l und/oder
chronischer NOEC- oder EC_x-Wert (für Algen oder andere andere Wasserpflanzen)	≤ 0,1 mg/l

(iii) **Stoffe, für die keine hinreichende Daten über die chronische Toxizität vorhanden sind**

Kategorie Chronisch 1: (siehe Bem. 2)

96-Stunden-LC_{50}-Wert (für Fische)	≤ 1 mg/l und/oder
48-Stunden-EC_{50}-Wert (für Krebstiere)	≤ 1 mg/l und/oder
72- oder 96-Stunden-ErC_{50}-Wert (für Algen oder andere andere Wasserpflanzen)	≤ 1 mg/l (siehe Bem. 3)

und der Stoff ist nicht schnell abbaubar und/oder der experimentell bestimmte BCF beträgt ≥ 500 (oder, wenn nicht vorhanden, log K_{ow} ≥ 4) (siehe Bem. 4 und 5)

Kategorie Chronisch 2:

96-Stunden-LC_{50}-Wert (für Fische)	> 1 bis ≤ 10 mg/l und/oder
48-Stunden-EC_{50}-Wert (für Krebstiere)	> 1 bis ≤ 10 mg/l und/oder
72- oder 96-Stunden-ErC_{50}-Wert (für Algen oder andere andere Wasserpflanzen)	> 1 bis ≤ 10 mg/l (siehe Bem. 3)

und der Stoff ist nicht schnell abbaubar und/oder der experimentell bestimmte BCF beträgt ≥ 500 (oder, wenn nicht vorhanden, log K_{ow} ≥ 4) (siehe Bem. 4 und 5)

Bem. 1. Die Organismen Fisch, Krebstiere und Algen werden als stellvertretende Spezies geprüft, die eine Bandbreite von trophischen Ebenen und Gruppen von Lebewesen abdecken; die Prüfmethoden sind stark standardisiert. Daten über andere Organismen können ebenfalls betrachtet werden, sofern sie gleichwertige Spezies und Prüfendpunkte repräsentieren.

2. Bei der Einstufung von Stoffen als Akut 1 und/oder Chronisch 1 muss ein entsprechender M-Faktor für die Anwendung der Summierungsmethode angegeben werden (siehe Absatz 2.2.9.1.10.4.6.4).

3. Wenn die Toxizität für Algen ErC_{50} (= EC_{50} (Wachstumsgeschwindigkeit)) mehr als das Hundertfache unter der der nächst empfindlichsten Spezies liegt und die Einstufung einzig und allein auf dieser Wirkung basiert, muss abgewogen werden, ob diese Toxizität repräsentativ für die Toxizität für Wasserpflanzen ist. Wenn nachgewiesen werden kann, dass dies nicht der Fall ist, muss für die Entscheidung, ob die Einstufung so vorgenommen werden muss, von einem Sachverständigen eine Beurteilung durchgeführt werden. Die Einstufung erfolgt auf der Grundlage des ErC_{50}-Wertes. Ist die Grundlage des EC_{50}-Wertes nicht angegeben und wird kein ErC_{50}-Wert berichtet, hat die Einstufung auf dem niedrigsten verfügbaren EC_{50}-Wert zu basieren.

Besondere Vorschriften für die einzelnen Klassen 2.2

ADR | RID

4. Der Mangel an schneller Abbaubarkeit beruht entweder auf einem Mangel an leichter Bioabbaubarkeit oder auf anderen Anhaltspunkten für einen Mangel an schnellem Abbau. Wenn weder experimentell bestimmte noch geschätzte verwendbare Daten über die Abbaubarkeit verfügbar sind, gilt der Stoff als nicht schnell abbaubar.

5. Bioakkumulationspotenzial auf Grundlage eines experimentell abgeleiteten BCF ≥ 500 oder, sofern dieser nicht vorhanden ist, eines log K_{ow} ≥ 4, vorausgesetzt, log K_{ow} ist ein geeigneter Deskriptor für das Bioakkumulationspotenzial des Stoffes. Gemessene log K_{ow}-Werte haben den Vorrang vor geschätzten Werten und gemessene BCF-Werte haben den Vorrang vor log K_{ow}-Werten.

Abbildung 2.2.9.1.10.3.1: Kategorien für langfristig gewässergefährdende Stoffe

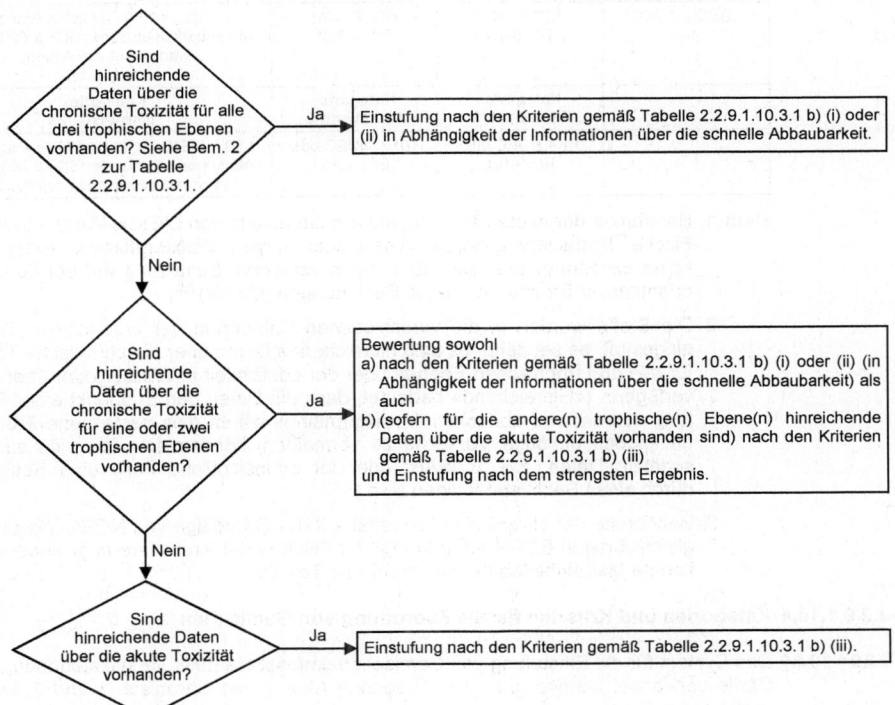

2.2 Besondere Vorschriften für die einzelnen Klassen

ADR	RID

2.2.9.1.10.3.2 Das Einstufungsschema in der nachstehenden Tabelle 2.2.9.1.10.3.2 fasst die Einstufungskriterien für Stoffe zusammen.

Tabelle 2.2.9.1.10.3.2: Einstufungsschema für gewässergefährdende Stoffe

Einstufungskategorien			
akute Gefährdung (siehe Bem. 1)	langfristige Gefährdung (siehe Bem. 2)		
	hinreichende Daten über die chronische Toxizität vorhanden		hinreichende Daten über die chronische Toxizität nicht vorhanden (siehe Bem. 1)
	nicht schnell abbaubare Stoffe (siehe Bem. 3)	schnell abbaubare Stoffe (siehe Bem. 3)	
Kategorie: Akut 1 $L(E)C_{50} \leq 1{,}00$	Kategorie: Chronisch 1 NOEC oder $EC_x \leq 0{,}1$	Kategorie: Chronisch 1 NOEC oder $EC_x \leq 0{,}01$	Kategorie: Chronisch 1 $L(E)C_{50} \leq 1{,}00$ und keine schnelle Abbaubarkeit und/oder $BCF \geq 500$ oder, wenn nicht vorhanden, $\log K_{ow} \geq 4$
	Kategorie: Chronisch 2 $0{,}1 <$ NOEC oder $EC_x \leq 0{,}1$	Kategorie: Chronisch 2 $0{,}01 <$ NOEC oder $EC_x \leq 0{,}1$	Kategorie: Chronisch 2 $1{,}00 < L(E)C_{50} \leq 10{,}0$ und keine schnelle Abbaubarkeit und/oder $BCF \geq 500$ oder, wenn nicht vorhanden, $\log K_{ow} \geq 4$

Bem. 1. Bandbreite der akuten Toxizität auf der Grundlage von $L(E)C_{50}$-Werten in mg/l für Fische, Krebstiere und/oder Algen oder andere Wasserpflanzen (oder, wenn keine experimentell bestimmten Daten vorliegen, Schätzung auf der Grundlage quantitativer Struktur-Wirkungs-Beziehungen (QSAR)[20]).

2. Die Stoffe werden in die verschiedenen Kategorien der chronischen Toxizität eingestuft, es sei denn, es sind hinreichende Daten über die chronische Toxizität für alle drei trophischen Ebenen über der Löslichkeit in Wasser oder über 1 mg/l verfügbar. («Hinreichend» bedeutet, dass die Daten den Endpunkt einer Bedeutung ausreichend abdecken. Im Allgemeinen wären dies gemessene Prüfdaten; um jedoch unnötige Versuche zu vermeiden, können dies fallweise auch geschätzte Daten, z.B. (Q)SAR, oder für offensichtliche Fälle eine Beurteilung durch einen Sachverständigen sein.)

3. Bandbreite der chronischen Toxizität auf der Grundlage von NOEC-Werten oder gleichwertigen ECx-Werten in mg/l für Fische oder Krebstiere oder andere anerkannte Maßeinheiten für die chronische Toxizität.

2.2.9.1.10.4 Kategorien und Kriterien für die Zuordnung von Gemischen

2.2.9.1.10.4.1 Das System für die Einstufung von Gemischen umfasst die Einstufungskategorien, die für Stoffe verwendet werden, d.h. die Kategorien Akut 1 und Chronisch 1 und 2. Um alle verfügbaren Daten zur Einstufung eines Gemisches auf Grund seiner Gewässergefährdung zu nutzen, wird folgende Annahme getroffen und gegebenenfalls angewendet:

Als «relevante Bestandteile» eines Gemisches gelten jene, die für Bestandteile, die als Akut und/oder Chronisch 1 eingestuft sind, in Konzentrationen von mindestens 0,1 Masse-% und für andere Bestandteile in Konzentrationen von mindestens 1 % vorliegen, sofern (z.B. bei hochtoxischen Bestandteilen) kein Anlass zu der Annahme besteht, dass ein in einer Konzentration von weniger als 0,1 % enthaltener Bestandteil dennoch für die Einstufung des Gemisches auf Grund seiner Gefahren für die aquatische Umwelt relevant sein kann.

---

[20] Eine besondere Anleitung ist in Kapitel 4.1 Absatz 4.1.2.13 und in Anlage 9 Abschnitt A9.6 des GHS enthalten.

Besondere Vorschriften für die einzelnen Klassen 2.2
ADR | RID

2.2.9.1.10.4.2 Die Einstufung von Gefahren für die aquatische Umwelt ist ein mehrstufiger Prozess und von der Art der Information abhängig, die zu dem Gemisch selbst und seinen Bestandteilen verfügbar ist. Das Stufenkonzept beinhaltet folgende Elemente:

a) die Einstufung auf der Grundlage von Prüfergebnissen des Gemisches;
b) die Einstufung auf der Grundlage von Übertragungsgrundsätzen;
c) die «Summierung eingestufter Bestandteile» und/oder die Verwendung einer «Additivitätsformel».

Die nachstehende Abbildung 2.2.9.1.10.4.2 zeigt die Schritte des Verfahrens.

Abbildung 2.2.9.1.10.4.2: Mehrstufiges Verfahren zur Einstufung von Gemischen nach ihrer akuten und langfristigen Gewässergefährdung

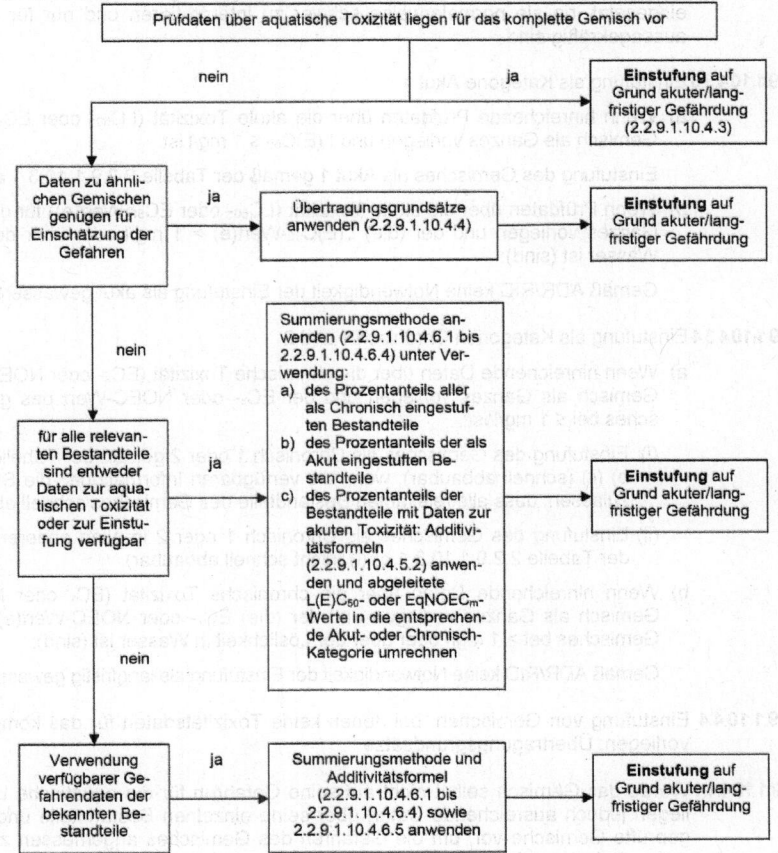

349

2.2　Besondere Vorschriften für die einzelnen Klassen

ADR	RID

2.2.9.1.10.4.3 Einstufung von Gemischen, wenn Toxizitätsdaten für das komplette Gemisch vorliegen

2.2.9.1.10.4.3.1 Wurde das Gemisch als Ganzes auf seine aquatische Toxizität geprüft, muss diese Information für die Einstufung des Gemisches nach den Kriterien verwendet werden, die für Stoffe festgelegt wurden. Die Einstufung basiert üblicherweise auf Daten für Fische, Krebstiere und Algen/Pflanzen (siehe Absätze 2.2.9.1.10.2.3 und 2.2.9.1.10.2.4). Wenn hinreichende Daten über die akute oder chronische Toxizität des Gemisches als Ganzes nicht vorliegen, sind die «Übertragungsgrundsätze» oder die «Summierungsmethode» anzuwenden (siehe Absätze 2.2.9.1.10.4.4 bis 2.2.9.1.10.4.6).

2.2.9.1.10.4.3.2 Die Einstufung von Gemischen nach der langfristigen Gefährdung erfordert zusätzliche Informationen über die Abbaubarkeit und in bestimmten Fällen über die Bioakkumulation. Es gibt keine Daten über die Abbaubarkeit und die Bioakkumulation von Gemischen als Ganzes. Abbaubarkeits- und Bioakkumulationsprüfungen werden bei Gemischen nicht eingesetzt, da sie normalerweise schwer zu interpretieren und nur für einzelne Stoffe aussagekräftig sind.

2.2.9.1.10.4.3.3 Einstufung als Kategorie Akut 1

a) Wenn hinreichende Prüfdaten über die akute Toxizität (LC_{50}- oder EC_{50}-Wert) für das Gemisch als Ganzes vorliegen und $L(E)C_{50} \leq 1$ mg/l ist:

Einstufung des Gemisches als Akut 1 gemäß der Tabelle 2.2.9.1.10.3.1 a).

b) Wenn Prüfdaten über die akute Toxizität (LC_{50}- oder EC_{50}-Wert(e)) für das Gemisch als Ganzes vorliegen und der (die) $L(E)C_{50}$-Wert(e) > 1 mg/l oder über der Löslichkeit in Wasser ist (sind):

Gemäß ADR/RID keine Notwendigkeit der Einstufung als akut gewässergefährdend.

2.2.9.1.10.4.3.4 Einstufung als Kategorien Chronisch 1 und 2

a) Wenn hinreichende Daten über die chronische Toxizität (EC_x- oder NOEC-Wert) für das Gemisch als Ganzes vorliegen und der EC_x- oder NOEC-Wert des geprüften Gemisches bei ≤ 1 mg/l ist:

(i) Einstufung des Gemisches als Chronisch 1 oder 2 gemäß der Tabelle 2.2.9.1.10.3.1 b) (ii) (schnell abbaubar), wenn die verfügbaren Informationen die Schlussfolgerung zulassen, dass alle relevanten Bestandteile des Gemisches schnell abbaubar sind;

(ii) Einstufung des Gemisches als Chronisch 1 oder 2 in allen anderen Fällen gemäß der Tabelle 2.2.9.1.10.3.1 b) (i) (nicht schnell abbaubar).

b) Wenn hinreichende Daten über die chronische Toxizität (EC_x oder NOEC) für das Gemisch als Ganzes vorliegen und der (die) EC_x- oder NOEC-Wert(e) des geprüften Gemisches bei > 1 mg/l oder über der Löslichkeit in Wasser ist (sind):

Gemäß ADR/RID keine Notwendigkeit der Einstufung als langfristig gewässergefährdend.

2.2.9.1.10.4.4 Einstufung von Gemischen, bei denen keine Toxizitätsdaten für das komplette Gemisch vorliegen: Übertragungsgrundsätze

2.2.9.1.10.4.4.1 Wurde das Gemisch selbst nicht auf seine Gefahren für die aquatische Umwelt geprüft, liegen jedoch ausreichende Daten über seine einzelnen Bestandteile und über ähnliche geprüfte Gemische vor, um die Gefahren des Gemisches angemessen zu beschreiben, dann sind diese Daten nach Maßgabe der nachstehenden Übertragungsregeln zu verwenden. Dies stellt sicher, dass für das Einstufungsverfahren in größtmöglichem Maße verfügbare Daten für die Beschreibung der Gefahren des Gemisches verwendet werden, ohne dass die Notwendigkeit für zusätzliche Tierversuche besteht.

Besondere Vorschriften für die einzelnen Klassen 2.2

ADR	RID

2.2.9.1.10.4.4.2 Verdünnung

Entsteht ein neues Gemisch durch Verdünnung eines geprüften Gemisches oder eines Stoffes, wobei der Verdünner in eine gleichwertige oder niedrigere Kategorie der Gewässergefährdung eingestuft wurde als der am wenigsten gewässergefährdende Bestandteil des Ausgangsgemisches, und ist nicht davon auszugehen, dass das Verdünnungsmittel die Gefahren anderer Bestandteile für die aquatische Umwelt beeinflusst, dann kann das neue Gemisch als ebenso gewässergefährdend wie das Ausgangsgemisch oder der Ausgangsstoff eingestuft werden. Alternativ darf die in Absatz 2.2.9.1.10.4.5 erläuterte Methode angewendet werden.

2.2.9.1.10.4.4.3 Fertigungslose

Es wird angenommen, dass die Einstufung der gewässergefährdenden Eigenschaften eines geprüften Fertigungsloses eines Gemisches mit der eines anderen ungeprüften Fertigungsloses desselben Handelsproduktes, wenn es von oder unter Überwachung desselben Herstellers produziert wurde, im Wesentlichen gleichwertig ist, es sei denn, es besteht Grund zur Annahme, dass bedeutende Schwankungen auftreten, die zu einer Änderung der Einstufung der gewässergefährdenden Eigenschaften des ungeprüften Loses führen. In diesem Fall ist eine neue Einstufung erforderlich.

2.2.9.1.10.4.4.4 Konzentration von Gemischen, die als strengste Kategorien (Chronisch 1 und Akut 1) eingestuft sind

Wenn ein geprüftes Gemisch als Chronisch 1 und/oder als Akut 1 eingestuft ist und die Bestandteile des Gemisches, die als Chronisch 1 und/oder als Akut 1 eingestuft sind, weiter ungeprüft konzentriert werden, ist das Gemisch mit der höheren Konzentration ohne zusätzliche Prüfungen in dieselbe Kategorie einzustufen wie das ursprüngliche geprüfte Gemisch.

2.2.9.1.10.4.4.5 Interpolation innerhalb einer Toxizitätskategorie

Bei drei Gemischen (A, B und C) mit identischen Bestandteilen, wobei die Gemische A und B geprüft wurden und unter dieselbe Toxizitätskategorie fallen und das ungeprüfte Gemisch C dieselben toxikologisch aktiven Bestandteile wie die Gemische A und B hat, die Konzentrationen der toxikologisch aktiven Bestandteile dieses Gemisches jedoch zwischen den Konzentrationen in den Gemischen A und B liegen, wird angenommen, dass das Gemisch C in dieselbe Kategorie wie die Gemische A und B fällt.

2.2.9.1.10.4.4.6 Im Wesentlichen ähnliche Gemische

Wenn Folgendes gegeben ist:

a) zwei Gemische:

   (i) A + B;

   (ii) C + B;

b) die Konzentration des Bestandteils B ist in beiden Gemischen im Wesentlichen gleich;

c) die Konzentration des Bestandteils A im Gemisch (i) ist gleich hoch wie die Konzentration des Bestandteils C im Gemisch (ii);

d) die Daten über die Gewässergefährdungseigenschaften der Bestandteile A und C sind verfügbar und substanziell gleichwertig, d.h. die Bestandteile fallen unter dieselbe Gefährdungskategorie, und es ist nicht zu erwarten, dass sie die aquatische Toxizität des Bestandteils B beeinträchtigen,

und das Gemisch (i) oder (ii) bereits auf der Grundlage von Prüfdaten eingestuft ist, dann kann das andere Gemisch in dieselbe Gefährdungskategorie eingestuft werden.

2.2	Besondere Vorschriften für die einzelnen Klassen	
ADR		**RID**

2.2.9.1.10.4.5 Einstufung von Gemischen, wenn Toxizitätsdaten für alle Bestandteile oder nur manche Bestandteile des Gemisches vorliegen

2.2.9.1.10.4.5.1 Die Einstufung eines Gemisches muss auf der Summierung der Konzentrationen seiner eingestuften Bestandteile basieren. Der Prozentanteil der als akut oder als chronisch gewässergefährdend eingestuften Bestandteile fließt direkt in die Summierungsmethode ein. Diese Methode wird in den Absätzen 2.2.9.1.10.4.6.1 bis 2.2.9.1.10.4.6.4 detailliert beschrieben.

2.2.9.1.10.4.5.2 Gemische können aus einer Kombination sowohl von (als Akut 1 und/oder Chronisch 1, 2) eingestuften Bestandteilen als auch von Bestandteilen bestehen, für die geeignete Prüfdaten für die Toxizität verfügbar sind. Sind geeignete Toxizitätsdaten für mehr als einen Bestandteil des Gemisches verfügbar, wird die kombinierte Toxizität dieser Bestandteile mit Hilfe der Additivitätsformel in Absatz a) oder b) in Abhängigkeit von der Art der Toxizitätsdaten berechnet:

a) auf der Grundlage der akuten aquatischen Toxizität:

$$\frac{\sum C_i}{L(E)C_{50m}} = \sum_n \frac{C_i}{L(E)C_{50i}}$$

wobei:

C_i = Konzentration des Bestandteils i (Masseprozent);
$L(E)C_{50i}$ = (mg/l) LC_{50}- oder EC_{50}-Wert für Bestandteil i;
n = Anzahl der Bestandteile, wobei i zwischen 1 und n liegt;
$L(E)C_{50m}$ = $L(E)C_{50}$-Wert des Teils des Gemisches mit Prüfdaten.

Die errechnete Toxizität dient dazu, diesen Anteil des Gemisches in eine Kategorie der akuten Gefährdung einzustufen, die anschließend in die Anwendung der Summierungsmethode einfließt.

b) auf der Grundlage der chronischen aquatischen Toxizität:

$$\frac{\sum C_i + \sum C_j}{EqNOEC_m} = \sum_n \frac{C_i}{NOEC_i} + \sum_n \frac{C_j}{0{,}1 \cdot NOEC_j}$$

wobei:

C_i = Konzentration des Bestandteils i (Masseprozent), wobei i die schnell abbaubaren Bestandteile umfasst;
C_j = Konzentration des Bestandteils j (Masseprozent), wobei j die nicht schnell abbaubaren Bestandteile umfasst;
$NOEC_i$ = NOEC (oder andere anerkannte Größenwerte für die chronische Toxizität) des Bestandteils i, wobei i die schnell abbaubaren Bestandteile umfasst, in mg/l;
$NOEC_j$ = NOEC (oder andere anerkannte Größenwerte für die chronische Toxizität) des Bestandteils j, wobei j die nicht schnell abbaubaren Bestandteile umfasst, in mg/l;
n = Anzahl der Bestandteile, wobei i und j zwischen 1 und n liegen;
$EqNOEC_m$ = NOEC-Äquivalent des Teils des Gemisches mit Prüfdaten.

Die gleichwertige Toxizität spiegelt somit die Tatsache wieder, dass nicht schnell abbaubare Stoffe eine Gefährdungskategorie-Stufe «strenger» als schnell abbaubare Stoffe eingestuft werden.

Die errechnete gleichwertige Toxizität dient dazu, diesen Anteil des Gemisches in Übereinstimmung mit den Kriterien für schnell abbaubare Stoffe (Tabelle 2.2.9.1.10.3.1 b) (ii)) in eine Kategorie der langfristigen Gefährdung einzustufen, die anschließend in die Anwendung der Summierungsmethode einfließt.

Besondere Vorschriften für die einzelnen Klassen 2.2
ADR | RID

2.2.9.1.10.4.5.3 Bei Anwendung der Additivitätsformel auf einen Teil des Gemisches sollten bei der Berechnung der Toxizität dieses Teils des Gemisches für jeden Bestandteil vorzugsweise Toxizitätswerte verwendet werden, die sich auf dieselbe taxonomische Gruppe beziehen (d. h. Fisch, Krebstiere oder Algen); anschließend sollte die höchste errechnete Toxizität (niedrigster Wert) verwendet werden (d.h. Verwendung der sensibelsten der drei taxonomischen Gruppen). Sind die Toxizitätsdaten für die einzelnen Bestandteile jedoch nicht für dieselbe taxonomische Gruppe verfügbar, wird der Toxizitätswert der einzelnen Bestandteile auf dieselbe Art und Weise ausgewählt wie die Toxizitätswerte für die Einstufung von Stoffen, d.h. es wird die höhere Toxizität (des sensibelsten Prüforganismus) verwendet. Anhand der errechneten akuten und chronischen Toxizität wird dieser Teil des Gemisches in Anwendung der auch für Stoffe geltenden Kriterien als Akut 1 und/oder Chronisch 1 oder 2 eingestuft.

2.2.9.1.10.4.5.4 Wird ein Gemisch nach mehreren Methoden eingestuft, ist dem Ergebnis der Methode zu folgen, die das konservativere Ergebnis erbringt.

2.2.9.1.10.4.6 Summierungsmethode

2.2.9.1.10.4.6.1 Einstufungsverfahren

Im Allgemeinen hebt eine strengere Einstufung von Gemischen eine weniger strenge auf, z.B. eine Einstufung als Chronisch 1 hebt eine Einstufung als Chronisch 2 auf. Folglich ist das Einstufungsverfahren bereits abgeschlossen, wenn das Ergebnis der Einstufung Chronisch 1 lautet. Eine strengere Einstufung als Chronisch 1 ist nicht möglich; daher ist es nicht erforderlich, das Einstufungsverfahren fortzusetzen.

2.2.9.1.10.4.6.2 Einstufung als Kategorie Akut 1

2.2.9.1.10.4.6.2.1 Zunächst werden sämtliche als Akut 1 eingestuften Bestandteile betrachtet. Übersteigt die Summe der Konzentrationen (in %) dieser Bestandteile 25 %, wird das gesamte Gemisch als Akut 1 eingestuft. Wenn das Ergebnis der Berechnung eine Einstufung des Gemisches als Akut 1 ergibt, ist das Einstufungsverfahren abgeschlossen.

2.2.9.1.10.4.6.2.2 Die Einstufung von Gemischen auf Grund ihrer akuten Gewässergefährdung mit Hilfe dieser Summierung der Konzentrationen der eingestuften Bestandteile ist in der nachstehenden Tabelle 2.2.9.1.10.4.6.2.2 zusammengefasst.

Tabelle 2.2.9.1.10.4.6.2.2: Einstufung eines Gemisches nach seiner akuten Gewässergefährdung auf der Grundlage der Summierung der Konzentrationen der eingestuften Bestandteile

Summe der Konzentrationen (in %) der Bestandteile, die eingestuft sind als	Gemisch wird eingestuft als
Akut 1 x M [a] ≥ 25 %	Akut 1

[a] Siehe Absatz 2.2.9.1.10.4.6.4 zur Erläuterung des Faktors M.

2.2 Besondere Vorschriften für die einzelnen Klassen

ADR	RID

2.2.9.1.10.4.6.3 Einstufung als Kategorien Chronisch 1 und 2

2.2.9.1.10.4.6.3.1 Zunächst werden sämtliche als Chronisch 1 eingestuften Bestandteile betrachtet. Ist die Summe der Konzentrationen (in %) dieser Bestandteile größer oder gleich 25 %, wird das gesamte Gemisch als Chronisch 1 eingestuft. Ergibt die Berechnung eine Einstufung des Gemisches als Chronisch 1, ist das Einstufungsverfahren abgeschlossen.

2.2.9.1.10.4.6.3.2 Falls das Gemisch nicht als Chronisch 1 eingestuft wird, wird eine Einstufung als Chronisch 2 geprüft. Ein Gemisch ist dann als Chronisch 2 einzustufen, wenn die zehnfache Summe der Konzentrationen (in %) aller Bestandteile, die als Chronisch 1 eingestuft sind, zuzüglich der Summe der Konzentrationen (in %) aller Bestandteile, die als Chronisch 2 eingestuft sind, größer oder gleich 25 % ist. Ergibt die Berechnung eine Einstufung des Gemisches als Chronisch 2, ist das Einstufungsverfahren abgeschlossen.

2.2.9.1.10.4.6.3.3 Die Einstufung von Gemischen nach ihrer langfristigen Gewässergefährdung mit Hilfe der Summierung der Konzentrationen von eingestuften Bestandteilen wird in der nachstehenden Tabelle 2.2.9.1.10.4.6.3.3 zusammengefasst.

Tabelle 2.2.9.1.10.4.6.3.3: Einstufung eines Gemisches nach seiner langfristigen Gewässergefährdung auf der Grundlage der Summierung der Konzentrationen von eingestuften Bestandteilen

Summe der Konzentrationen (in %) der Bestandteile, die eingestuft sind als	Gemisch wird eingestuft als
Chronisch 1 x M [a)] ≥ 25 %	Chronisch 1
(M x 10 x Chronisch 1) + Chronisch 2 ≥ 25 %	Chronisch 2

[a)] Siehe Absatz 2.2.9.1.10.4.6.4 zur Erläuterung des Faktors M.

2.2.9.1.10.4.6.4 Gemische mit hochtoxischen Bestandteilen

Als Akut 1 oder Chronisch 1 eingestufte Bestandteile mit akuten Toxizitäten von weit unter 1 mg/l und/oder chronischen Toxizitäten weit unter 0,1 mg/l (für nicht schnell abbaubare Bestandteile) und 0,01 mg/l (für schnell abbaubare Bestandteile) tragen zur Toxizität des Gemisches bei und erhalten bei der Einstufung mit Hilfe der Summierungsmethode ein größeres Gewicht. Enthält ein Gemisch Bestandteile, die als Akut 1 oder Chronisch 1 eingestuft sind, ist das unter den Absätzen 2.2.9.1.10.4.6.2 und 2.2.9.1.10.4.6.3 beschriebene Stufenkonzept anzuwenden, das eine gewichtete Summe verwendet, die aus der Multiplikation der Konzentrationen der als Akut 1 und Chronisch 1 eingestuften Bestandteile mit einem Faktor resultiert, anstatt lediglich Prozentanteile zu addieren. Dies bedeutet, dass die Konzentration von «Akut 1» in der linken Spalte der Tabelle 2.2.9.1.10.4.6.2.2 und die Konzentration von «Chronisch 1» in der linken Spalte der Tabelle 2.2.9.1.10.4.6.3.3 mit dem entsprechenden Multiplikationsfaktor multipliziert werden. Die auf diese Bestandteile anzuwendenden Multiplikationsfaktoren werden anhand des Toxizitätswertes bestimmt, wie in nachstehender Tabelle 2.2.9.1.10.4.6.4 zusammenfassend dargestellt. Zur Einstufung eines Gemisches mit als Akut 1 und/oder Chronisch 1 eingestuften Bestandteilen muss daher die für die Einstufung zuständige Person den Wert des Faktors M kennen, um die Summierungsmethode anwenden zu können. Alternativ darf die Additivitätsformel (siehe Absatz 2.2.9.1.10.4.5.2) verwendet werden, sofern für alle hochtoxischen Bestandteile des Gemisches Toxizitätsdaten vorliegen und es schlüssige Belege dafür gibt, dass sämtliche anderen Bestandteile (einschließlich derjenigen, für die keine spezifischen Daten über die akute und/oder chronische Toxizität vorliegen) wenig oder gar nicht toxisch sind und nicht deutlich zur Umweltgefahr des Gemisches beitragen.

Besondere Vorschriften für die einzelnen Klassen 2.2
ADR | RID

Tabelle 2.2.9.1.10.4.6.4: **Multiplikationsfaktoren für hochtoxische Bestandteile von Gemischen**

akute Toxizität	M-Faktor	chronische Toxizität	M-Faktor	
L(E)C$_{50}$-Wert		NOEC-Wert	nicht schnell abbaubare Bestandteile	schnell abbaubare Bestandteile
0,1 < L(E)C$_{50}$ ≤ 1	1	0,01 < NOEC ≤ 0,1	1	–
0,01 < L(E)C$_{50}$ ≤ 0,1	10	0,001 < NOEC ≤ 0,01	10	1
0,001 < L(E)C$_{50}$ ≤ 0,01	100	0,0001 < NOEC ≤ 0,001	100	10
0,0001 < L(E)C$_{50}$ ≤ 0,001	1 000	0,00001 < NOEC ≤ 0,0001	1 000	100
0,00001 < L(E)C$_{50}$ ≤ 0,0001	10 000	0,000001 < NOEC ≤ 0,00001	10 000	1 000
(weiter in Faktor-10-Intervallen)		(weiter in Faktor-10-Intervallen)		

2.2.9.1.10.4.6.5 Einstufung von Gemischen mit Bestandteilen, zu denen keine verwertbaren Informationen vorliegen

Liegen für einen oder mehrere relevante Bestandteile keinerlei verwertbare Informationen über eine akute und/oder chronische aquatische Toxizität vor, führt dies zu dem Schluss, dass eine endgültige Zuordnung des Gemisches zu einer oder mehreren Gefahrenkategorie/-n nicht möglich ist. In einem solchen Fall wird das Gemisch lediglich auf Grund der bekannten Bestandteile eingestuft.

2.2.9.1.10.5 Stoffe oder Gemische, die auf der Grundlage der Verordnung (EG) Nr. 1272/2008 [21] als umweltgefährdende Stoffe (aquatische Umwelt) eingestuft sind

Wenn Daten für eine Einstufung nach den Kriterien der Absätze 2.2.9.1.10.3 und 2.2.9.1.10.4 nicht vorliegen,

a) muss ein Stoff oder ein Gemisch als umweltgefährdender Stoff (aquatische Umwelt) eingestuft werden, wenn ihm nach der Verordnung (EG) Nr. 1272/2008 [21] die Kategorie(n) Aquatisch Akut 1, Aquatisch Chronisch 1 oder Aquatisch Chronisch 2 zugeordnet werden muss (müssen);

b) darf ein Stoff oder ein Gemisch als nicht umweltgefährdender Stoff (aquatische Umwelt) angesehen werden, wenn ihm nach der genannten Verordnung keine derartige Kategorie zugeordnet werden muss.

---

[21] Verordnung (EG) Nr. 1272/2008 des Europäischen Parlaments und des Rates vom 16. Dezember 2008 über die Einstufung, Kennzeichnung und Verpackung von Stoffen und Gemischen, zur Änderung und Aufhebung der Richtlinien 67/548/EWG und 1999/45/EG und zur Änderung der Verordnung (EG) Nr. 1907/2006, veröffentlicht im Amtsblatt der Europäischen Union L 353 vom 31. Dezember 2008, Seiten 1 bis 1355.

2.2	Besondere Vorschriften für die einzelnen Klassen
ADR	RID

2.2.9.1.10.6 Zuordnung von Stoffen oder Gemischen, die auf der Grundlage der Vorschriften des Absatzes 2.2.9.1.10.3, 2.2.9.1.10.4 oder 2.2.9.1.10.5 als umweltgefährdende Stoffe (aquatische Umwelt) eingestuft sind

Stoffe oder Gemische, die als umweltgefährdende Stoffe (aquatische Umwelt) eingestuft sind und nicht den Zuordnungskriterien einer anderen Klasse oder eines anderen Stoffes der Klasse 9 entsprechen, werden wie folgt bezeichnet:

UN 3077 UMWELTGEFÄHRDENDER STOFF, FEST, N.A.G., oder

UN 3082 UMWELTGEFÄHRDENDER STOFF, FLÜSSIG, N.A.G.

Sie sind der Verpackungsgruppe III zuzuordnen.

Genetisch veränderte Mikroorganismen oder Organismen

2.2.9.1.11 *Genetisch veränderte Mikroorganismen (GMMO)* und *genetisch veränderte Organismen (GMO)* sind Mikroorganismen und Organismen, in denen das genetische Material durch gentechnische Methoden absichtlich in einer Weise verändert worden ist, die in der Natur nicht vorkommt. Sie sind der Klasse 9 (UN-Nummer 3245) zuzuordnen, wenn sie nicht der Definition für giftige Stoffe oder ansteckungsgefährliche Stoffe entsprechen, sie jedoch in der Lage sind, Tiere, Pflanzen oder mikrobiologische Stoffe in einer Weise zu verändern, die normalerweise nicht aus natürlicher Reproduktion resultiert.

Bem. 1. GMMO und GMO, die ansteckungsgefährliche Stoffe sind, sind Stoffe der Klasse 6.2 (UN-Nummern 2814, 2900 oder 3373).

2. GMMO oder GMO unterliegen nicht den Vorschriften des ADR/RID, wenn sie von den zuständigen Behörden der Ursprungs-, Transit- und Bestimmungsländer zur Verwendung zugelassen wurden.[24]

3. Genetisch veränderte lebende Tiere, die nach dem derzeitigen Stand der wissenschaftlichen Erkenntnisse keine pathogenen Auswirkungen auf Menschen, Tiere und Pflanzen haben und die in Behältnissen befördert werden, die geeignet sind, sowohl ein Entweichen der Tiere als auch einen unzulässigen Zugriff sicher zu verhindern, unterliegen nicht den Vorschriften des ADR/RID. Die für den Luftverkehr vom Internationalen Luftverkehrsverband (IATA) festgelegten Bestimmungen „Live Animals Regulations, LAR" (Vorschriften für Lebendtiertransporte) können als Leitfaden für geeignete Behältnisse für die Beförderung lebender Tiere herangezogen werden.

4. Lebende Tiere dürfen nicht dazu benutzt werden, der Klasse 9 zugeordnete genetisch veränderte Mikroorganismen zu befördern, es sei denn, diese können nicht auf eine andere Weise befördert werden. Genetisch veränderte lebende Tiere müssen nach den von den zuständigen Behörden der Ursprungs- und Bestimmungsländer festgelegten Bedingungen befördert werden.

2.2.9.1.12 (bleibt offen)

Erwärmte Stoffe

2.2.9.1.13 Erwärmte Stoffe umfassen Stoffe, die in flüssigem Zustand bei oder über 100 °C und, sofern diese einen Flammpunkt haben, bei einer Temperatur unter ihrem Flammpunkt befördert oder zur Beförderung aufgegeben werden. Sie umfassen auch feste Stoffe, die bei oder über 240 °C befördert oder zur Beförderung aufgegeben werden.

Bem. Erwärmte Stoffe dürfen der Klasse 9 nur dann zugeordnet werden, wenn sie nicht die Kriterien einer anderen Klasse erfüllen.

---

[24] Siehe Teil C der Richtlinie 2001/18/EG des Europäischen Parlaments und des Rates über die absichtliche Freisetzung genetisch veränderter Organismen in die Umwelt und zur Aufhebung der Richtlinie 90/220/EWG des Rates (Amtsblatt der Europäischen Gemeinschaften Nr. L 106 vom 17. April 2001, Seiten 8 bis 14) und Verordnung (EG) Nr. 1829/2003 des Europäischen Parlaments und des Rates über genetisch veränderte Lebensmittel und Futtermittel (Amtsblatt der Europäischen Union Nr. L 268 vom 18. Oktober 2003, Seiten 1 bis 23), in dem die Zulassungsverfahren für die Europäische Union festgelegt sind.

Besondere Vorschriften für die einzelnen Klassen 2.2

ADR	RID

Andere Stoffe und Gegenstände, die während der Beförderung eine Gefahr darstellen und nicht unter die Definition einer anderen Klasse fallen

2.2.9.1.14 Die nachfolgend genannten verschiedenen Stoffe, die nicht unter die Definition einer anderen Klasse fallen, sind der Klasse 9 zugeordnet:

feste Ammoniakverbindung mit einem Flammpunkt unter 60 °C

weniger gefährliches Dithionit

sehr leicht flüchtiger flüssiger Stoff

Stoff, der schädliche Dämpfe abgibt

Stoffe, die Allergene enthalten

Chemie-Testsätze und Erste-Hilfe-Ausrüstungen

elektrische Doppelschicht-Kondensatoren (mit einer Energiespeicherkapazität von mehr als 0,3 Wh)

Fahrzeuge, Verbrennungsmotoren und Verbrennungsmaschinen

Gegenstände, die verschiedene gefährliche Güter enthalten

Bem. Folgende in den UN-Modellvorschriften aufgeführte Stoffe und Gegenstände unterliegen nicht den Vorschriften des ADR/RID:

UN 1845 KOHLENDIOXID, FEST (TROCKENEIS), [26]

UN 2216 FISCHMEHL (FISCHABFÄLLE), STABILISIERT,

UN 2807 MAGNETISIERTE STOFFE,

UN 3334 FLÜSSIGER STOFF, DEN FÜR DIE LUFTFAHRT GELTENDEN VORSCHRIFTEN UNTERLIEGEND, N.A.G.,

UN 3335 FESTER STOFF, DEN FÜR DIE LUFTFAHRT GELTENDEN VORSCHRIFTEN UNTERLIEGEND, N.A.G.

Zuordnung zu Verpackungsgruppen

2.2.9.1.15 Auf Grund ihres Gefahrengrades sind die Stoffe und Gegenstände der Klasse 9 einer der folgenden Verpackungsgruppen zugeordnet, sofern diese in Kapitel 3.2 Tabelle A Spalte 4 angegeben ist:

Verpackungsgruppe II: Stoffe mit mittlerer Gefahr;

Verpackungsgruppe III: Stoffe mit geringer Gefahr.

2.2.9.2 Nicht zur Beförderung zugelassene Stoffe und Gegenstände

Folgende Stoffe und Gegenstände sind zur Beförderung nicht zugelassen:

– Lithiumbatterien, die den Bedingungen des Kapitels 3.3 Sondervorschrift 188, 230, 310, 636 oder 670 nicht entsprechen;

– ungereinigte leere Auffangbehältnisse (Auffangwannen) für Gegenstände wie Transformatoren, Kondensatoren und hydraulische Geräte, die Stoffe der UN-Nummern 2315, 3151, 3152 oder 3432 enthalten.

---

[26] Für UN 1845 KOHLENDIOXID, FEST (TROCKENEIS) siehe Abschnitt 5.5.3.

2.2 Besondere Vorschriften für die einzelnen Klassen

ADR | **RID**

2.2.9.3 Verzeichnis der Eintragungen

	Klassifizierungscode	UN-Nr.	Benennung des Stoffes oder Gegenstandes
Verschiedene gefährliche Stoffe und Gegenstände			
Stoffe, die beim Einatmen als Feinstaub die Gesundheit gefährden können	M1	2212	ASBEST, AMPHIBOL (Amosit, Tremolit, Aktinolith, Anthophyllit, Krokydolith)
		2590	ASBEST, CHRYSOTIL
Stoffe und Gegenstände, die im Brandfall Dioxine bilden können	M2	2315	POLYCHLORIERTE BIPHENYLE, FLÜSSIG
		3432	POLYCHLORIERTE BIPHENYLE, FEST
		3151	POLYHALOGENIERTE BIPHENYLE, FLÜSSIG oder
		3151	HALOGENIERTE MONOMETHYLDIPHENYL-METHANE, FLÜSSIG oder
		3151	POLYHALOGENIERTE TERPHENYLE, FLÜSSIG
		3152	POLYHALOGENIERTE BIPHENYLE, FEST oder
		3152	HALOGENIERTE MONOMETHYLDIPHENYL-METHANE, FEST oder
		3152	POLYHALOGENIERTE TERPHENYLE, FEST
Stoffe, die entzündbare Dämpfe abgeben	M3	2211	SCHÄUMBARE POLYMER-KÜGELCHEN, entzündbare Dämpfe abgebend
		3314	KUNSTSTOFFPRESSMISCHUNG, in Teig-, Platten- oder Strangpressform, entzündbare Dämpfe abgebend
Lithiumbatterien	M4	3090	LITHIUM-METALL-BATTERIEN (einschließlich Batterien aus Lithiumlegierung)
		3091	LITHIUM-METALL-BATTERIEN IN AUSRÜSTUNGEN (einschließlich Batterien aus Lithiumlegierung) oder
		3091	LITHIUM-METALL-BATTERIEN, MIT AUSRÜSTUNGEN VERPACKT (einschließlich Batterien aus Lithiumlegierung)
		3480	LITHIUM-IONEN-BATTERIEN (einschließlich Lithium-Ionen-Polymer-Batterien)
		3481	LITHIUM-IONEN-BATTERIEN IN AUSRÜSTUNGEN (einschließlich Lithium-Ionen-Polymer-Batterien) oder
		3481	LITHIUM-IONEN-BATTERIEN, MIT AUSRÜSTUNGEN VERPACKT (einschließlich Lithium-Ionen-Polymer-Batterien)
		3536	LITHIUMBATTERIEN, IN GÜTERBEFÖRDERUNGSEINHEITEN EINGEBAUT, Lithium-Ionen-Batterien oder Lithium-Metall-Batterien
Rettungsmittel	M5	2990	RETTUNGSMITTEL, SELBSTAUFBLASEND, wie Flugzeug-Notrutschen, Flugzeug-Überlebensausrüstungen und Seenotrettungsgeräte
		3072	RETTUNGSMITTEL, NICHT SELBSTAUFBLASEND, gefährliche Güter als Ausrüstung enthaltend
		3268	SICHERHEITSEINRICHTUNGEN, elektrische Auslösung
umweltgefährdende Stoffe	flüssig M6	3082	UMWELTGEFÄHRDENDER STOFF, FLÜSSIG, N.A.G.
	wasserverunreinigend / fest M7	3077	UMWELTGEFÄHRDENDER STOFF, FEST, N.A.G.
	genetisch veränderte Mikroorganismen und Organismen M8	3245	GENETISCH VERÄNDERTE MIKROORGANISMEN oder
		3245	GENETISCH VERÄNDERTE ORGANISMEN

Besondere Vorschriften für die einzelnen Klassen 2.2
ADR | RID

		Klassifizierungscode	UN-Nr.	Benennung des Stoffes oder Gegenstandes
Verschiedene gefährliche Stoffe und Gegenstände *(Fortsetzung)*				
erwärmte Stoffe		flüssig M9	3257	ERWÄRMTER FLÜSSIGER STOFF, N.A.G., bei oder über 100 °C und, bei Stoffen mit einem Flammpunkt, unter seinem Flammpunkt (einschließlich geschmolzenes Metall, geschmolzenes Salz, usw.)
		fest M10	3258	ERWÄRMTER FESTER STOFF, N.A.G., bei oder über 240 °C
andere Stoffe und Gegenstände, die während der Beförderung eine Gefahr darstellen und nicht unter die Definition einer anderen Klasse fallen		M11		Nur die folgenden, in Kapitel 3.2 Tabelle A mit diesem Klassifizierungscode aufgeführten Stoffe und Gegenstände unterliegen den Vorschriften der Klasse 9:
			1841	ACETALDEHYDAMMONIAK
			1931	ZINKDITHIONIT
			1941	DIBROMDIFLUORMETHAN
			1990	BENZALDEHYD
			2071	AMMONIUMNITRATHALTIGES DÜNGEMITTEL
			2969	RIZINUSSAAT oder
			2969	RIZINUSMEHL oder
			2969	RIZINUSKUCHEN oder
			2969	RIZINUSFLOCKEN
			3166	FAHRZEUG MIT ANTRIEB DURCH ENTZÜNDBARES GAS oder
			3166	FAHRZEUG MIT ANTRIEB DURCH ENTZÜNDBARE FLÜSSIGKEIT oder
			3166	BRENNSTOFFZELLEN-FAHRZEUG MIT ANTRIEB DURCH ENTZÜNDBARES GAS oder
			3166	BRENNSTOFFZELLEN-FAHRZEUG MIT ANTRIEB DURCH ENTZÜNDBARE FLÜSSIGKEIT
			3171	BATTERIEBETRIEBENES FAHRZEUG oder
			3171	BATTERIEBETRIEBENES GERÄT
			3316	CHEMIE-TESTSATZ oder
			3316	ERSTE-HILFE-AUSRÜSTUNG
			3359	BEGASTE GÜTERBEFÖRDERUNGSEINHEIT (CTU)
			3363	GEFÄHRLICHE GÜTER IN GEGENSTÄNDEN oder
			3363	GEFÄHRLICHE GÜTER IN MASCHINEN oder
			3363	GEFÄHRLICHE GÜTER IN GERÄTEN
			3499	KONDENSATOR, ELEKTRISCHE DOPPELSCHICHT (mit einer Energiespeicherkapazität von mehr als 0,3 Wh)
			3508	KONDENSATOR, ASYMMETRISCH (mit einer Energiespeicherkapazität von mehr als 0,3 Wh)
			3509	ALTVERPACKUNGEN, LEER, UNGEREINIGT
			3530	VERBRENNUNGSMOTOR oder
			3530	VERBRENNUNGSMASCHINE
			3548	GEGENSTÄNDE, DIE VERSCHIEDENE GEFÄHRLICHE GÜTER ENTHALTEN, N.A.G.

2.2 Besondere Vorschriften für die einzelnen Klassen

ADR	RID

Prüfverfahren	2.3
ADR	**RID**

2.3.0 Allgemeines

Sofern in Kapitel 2.2 oder in diesem Kapitel nichts anderes vorgeschrieben ist, entsprechen die für die Klassifizierung gefährlicher Güter verwendeten Prüfverfahren denen, die im Handbuch Prüfungen und Kriterien beschrieben sind.

2.3.1 Prüfung auf Ausschwitzen für Sprengstoffe des Typs A

2.3.1.1 UN 0081 Sprengstoffe Typ A müssen, wenn sie einen Gehalt an flüssigem Salpetersäureester von mehr als 40 % aufweisen, zusätzlich zu der im Handbuch Prüfungen und Kriterien erwähnten Prüfung noch der nachstehenden Prüfung auf Ausschwitzen genügen.

2.3.1.2 Der Apparat für die Prüfung der Sprengstoffe auf Ausschwitzen (Abbildungen 1 bis 3) besteht aus einem hohlen Bronzezylinder. Dieser Zylinder, der an einer Seite durch eine Platte aus dem gleichen Metall verschlossen ist, hat einen mittleren Durchmesser von 15,7 mm und eine Tiefe von 40 mm. Er weist an der Wand 20 Löcher von je 0,5 mm Durchmesser (4 Reihen zu 5 Löchern) auf. Ein auf einer Länge von 48 mm zylindrisch gestalteter Bronzekolben, dessen Gesamtlänge 52 mm beträgt, kann in den senkrecht gestellten Zylinder hineingleiten; dieser Kolben, dessen Durchmesser 15,6 mm beträgt, wird mit einer Masse von 2220 g belastet, so dass ein Druck von 120 kPa (1,2 bar) auf den Zylinderboden ausgeübt wird.

2.3.1.3 Man bildet aus 5 Gramm bis 8 Gramm Sprengstoff einen kleinen Wulst von 30 mm Länge und 15 mm Durchmesser, den man mit ganz feiner Gaze umgibt und in den Zylinder bringt; dann setzt man den Kolben und die Belastungsmasse darauf, damit der Sprengstoff einem Druck von 120 kPa (1,2 bar) ausgesetzt wird.

Man notiert die Zeit, die es braucht, bis die ersten öligen Tröpfchen (Nitroglycerin) an der Außenseite der Löcher des Zylinders erscheinen.

2.3.1.4 Wenn bei einem bei 15 °C bis 25 °C durchgeführten Versuch die ersten Tröpfchen erst nach einem Zeitraum von mehr als fünf Minuten erscheinen, entspricht der Sprengstoff den Bedingungen.

361

2.3 Prüfverfahren

ADR	RID

Prüfung der Sprengstoffe auf Ausschwitzen

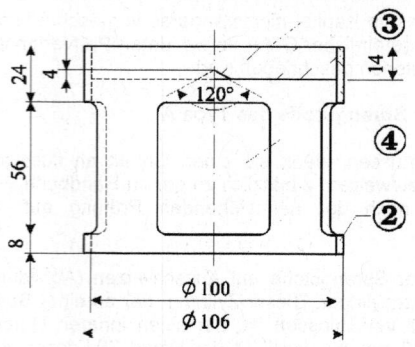

Abb. 1:
Belastungskörper, glockenförmig,
Masse 2220 g; aufhängbar auf
Bronzekolben

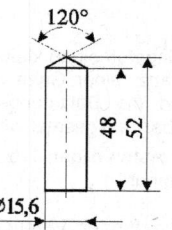

Abb. 2:
Zylindrischer Bronzekolben;
Maße in mm

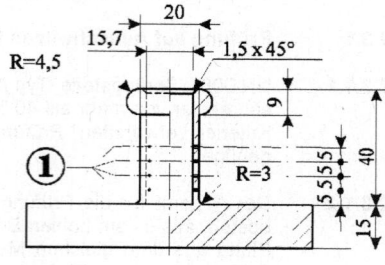

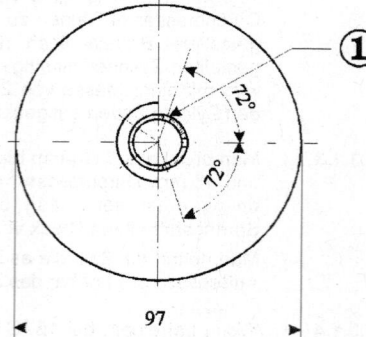

Abb. 3:
Hohler Bronzezylinder, einseitig
verschlossen; Aufriss und Grundriss;
Maße in mm

zu Abbildungen 1 bis 3:

(1) 4 Reihen zu 5 Löchern mit einem Durchmesser von 0,5
(2) Kupfer
(3) Bleiplatte mit zentrischem Konus an der Unterseite
(4) 4 Öffnungen, ca. 46 x 56, gleichmäßig auf Umfang verteilt

2.3.2 **Prüfungen bezüglich der nitrierten Cellulosemischungen der Klasse 1 und der Klasse 4.1**

2.3.2.1 Zur Feststellung der Kriterien der Nitrocellulose muss der Bergmann-Junk-Test oder der Methylviolettpapier-Test im Handbuch Prüfungen und Kriterien Anhang 10 (siehe Kapitel 3.3 Sondervorschriften 393 und 394) durchgeführt werden. Wenn Zweifel daran bestehen, dass die Entzündungstemperatur der Nitrocellulose im Falle des Bergmann-Junk-Tests deutlich höher als 132 °C oder im Falle des Methylviolettpapier-Tests deutlich höher als 134,5 °C ist, sollte vor der Durchführung dieser Tests der in Abschnitt 2.3.2.5 beschriebene Test der Entzündungstemperatur durchgeführt werden. Wenn die Entzündungstemperatur von Nitrocellulosemischungen über 180 °C oder die Entzündungstemperatur von plastifizierter Nitrocellulose über 170 °C liegt, kann der Bergmann-Junk-Test oder der Methylviolettpapier-Test sicher durchgeführt werden.

Prüfverfahren 2.3

ADR	RID

2.3.2.2 Vor den Prüfungen nach Unterabschnitt 2.3.2.5 müssen die Proben während mindestens 15 Stunden in einem mit geschmolzenem und gekörntem Chlorcalcium beschickten Vakuum-Exsikkator bei Raumtemperatur getrocknet werden, wobei die Probe in dünner Schicht ausgelegt wird; zu diesem Zwecke müssen die Proben, die weder pulverförmig noch faserig sind, entweder zu Stücken mit kleinen Abmessungen zerbrochen, geraspelt oder geschnitten werden. Der Druck muss im Exsikkator unter 6,5 kPa (0,065 bar) gehalten werden.

2.3.2.3 Vor der unter den Bedingungen des Unterabschnitts 2.3.2.2 vorzunehmenden Trocknung muss plastifizierte Nitrocellulose einer Vortrocknung in einem Trockenschrank mit guter Durchlüftung, dessen Temperatur auf 70 °C eingestellt ist, so lange unterworfen werden, bis der Masseverlust innerhalb von 15 Minuten weniger als 0,3 % der Einwaage beträgt.

2.3.2.4 Schwach nitrierte Nitrocellulose ist zunächst einer Vortrocknung nach den Bedingungen des Unterabschnitts 2.3.2.3 zu unterwerfen; die Trocknung wird durch einen Aufenthalt von mindestens 15 Stunden in einem mit konzentrierter Schwefelsäure beschickten Exsikkator abgeschlossen.

2.3.2.5 **Entzündungstemperatur** (siehe Unterabschnitt 2.3.2.1)

a) Zur Bestimmung der Entzündungstemperatur werden 0,2 g des Stoffes in einem Probierglas erhitzt, das in ein Wood'sches Metallbad eingetaucht ist. Das Probierglas wird in das Bad eingesetzt, nachdem dieses 100 °C erreicht hat. Die Temperatur wird dann um 5 °C je Minute erhöht.

b) Die Probiergläser müssen

eine Länge von	125 mm,
einen inneren Durchmesser von	15 mm,
eine Wanddicke von	0,5 mm

haben und 20 mm tief eingetaucht sein.

c) Bei dem dreimal zu wiederholenden Versuch ist jedes Mal festzustellen, bei welcher Temperatur eine Entzündung des Stoffes eintritt, ob unter langsamer oder schneller Verbrennung, ob unter Verpuffung oder Explosion.

d) Die bei den drei Versuchen festgestellte niedrigste Temperatur ist die Entzündungstemperatur.

2.3.3 **Prüfungen der entzündbaren flüssigen Stoffe der Klassen 3, 6.1 und 8**

2.3.3.1 **Bestimmung des Flammpunktes**

2.3.3.1.1 Für die Bestimmung des Flammpunktes von entzündbaren flüssigen Stoffen dürfen folgende Methoden verwendet werden:

Internationale Normen:

ISO 1516 (Flammpunktbestimmung – Ja/Nein-Verfahren – Gleichgewichtsverfahren mit geschlossenem Tiegel)
ISO 1523 (Bestimmung des Flammpunktes – Gleichgewichtsverfahren mit geschlossenem Tiegel)
ISO 2719 (Bestimmung des Flammpunktes – Verfahren nach Pensky-Martens mit geschlossenem Tiegel)
ISO 13736 (Bestimmung des Flammpunktes – Verfahren mit geschlossenem Tiegel nach Abel)
ISO 3679 (Bestimmung des Flammpunktes – Schnelles Gleichgewichtsverfahren mit geschlossenem Tiegel)

2.3 Prüfverfahren

ADR	RID

ISO 3680 (Bestimmung des Flammpunktes – Ja/Nein-Verfahren – Schnelles Gleichgewichtsverfahren mit geschlossenem Tiegel)

Nationale Normen:

American Society for Testing Materials International, 100 Barr Harbor Drive, PO Box C700, West Conshohocken, Pennsylvania, USA 19428-2959:
ASTM D3828-07a, Standard Test Methods for Flash Point by Small Scale Closed-Cup Tester (Standard-Prüfmethoden zur Bestimmung des Flammpunktes mit einem Kleinprüfgerät mit geschlossenem Tiegel)
ASTM D56-05, Standard Test Method for Flash Point by Tag Closed-Cup Tester (Standard-Prüfmethode zur Bestimmung des Flammpunktes mit einem Tag-Prüfgerät mit geschlossenem Tiegel)
ASTM D3278-96(2004)e1, Standard Test Methods for Flash Point of Liquids by Small Scale Closed-Cup Apparatus (Standard-Prüfmethoden zur Bestimmung des Flammpunktes von flüssigen Stoffen mit einem Kleinprüfgerät mit geschlossenem Tiegel)
ASTM D93-08, Standard Test Methods for Flash Point by Pensky-Martens Closed-Cup Tester (Standard-Prüfmethoden zur Bestimmung des Flammpunktes durch Pensky-Martens-Prüfgeräte mit geschlossenem Tiegel)

Association française de normalisation, AFNOR, 11, rue de Pressensé, F-93571 La Plaine Saint-Denis Cedex:
Französische Norm NF M 07 - 019
Französische Normen NF M 07 - 011 / NF T 30 - 050 / NF T 66 - 009
Französische Norm NF M 07 - 036

Deutsches Institut für Normung, Burggrafenstraße 6, D-10787 Berlin:
Norm DIN 51755 (Flammpunkte unter 65 °C)

Staatskomitee des Ministerrates für Normung, RUS-113813, GSP, Moskau, M-49 Leninsky Prospect, 9:
GOST 12.1.044-84.

2.3.3.1.2 Für die Flammpunktbestimmung von Anstrichstoffen, Klebstoffen und ähnlichen viskosen lösungsmittelhaltigen Produkten dürfen nur Apparate und Prüfmethoden verwendet werden, die für die Flammpunktbestimmung viskoser Flüssigkeiten geeignet sind und den folgenden Normen entsprechen:

    a) Internationale Norm ISO 3679:1983
    b) Internationale Norm ISO 3680:1983
    c) Internationale Norm ISO 1523:1983
    d) Internationale Normen EN ISO 13736 und EN ISO 2719 (Methode B).

2.3.3.1.3 Die in Absatz 2.3.3.1.1 aufgeführten Normen sind nur für die darin angegebenen Flammpunktbereiche anzuwenden. Die Möglichkeit einer chemischen Reaktion zwischen dem Stoff und dem Probenhalter ist bei der Auswahl der anzuwendenden Norm zu beachten. Der Apparat ist, soweit dies mit der Sicherheit vereinbar ist, an einem zugfreien Ort aufzustellen. Aus Sicherheitsgründen dürfen für organische Peroxide und selbstzersetzliche Stoffe (auch als «energetische» Stoffe bekannt) oder für giftige Stoffe nur Prüfverfahren angewendet werden, bei denen kleine Probengrößen von ca. 2 ml verwendet werden.

2.3.3.1.4 Wenn nach einer Ungleichgewichtsmethode ein Flammpunkt von 23 °C ± 2 °C oder von 60 °C ± 2 °C festgestellt wird, ist dieses Ergebnis für jeden Temperaturbereich mit einer Gleichgewichtsmethode zu bestätigen.

Prüfverfahren 2.3

ADR	RID

2.3.3.1.5 Ist die Zuordnung eines entzündbaren flüssigen Stoffes umstritten, so gilt die vom Absender vorgeschlagene Zuordnung, wenn sich bei der Nachprüfung des Flammpunktes ein Wert ergibt, der um nicht mehr als 2 °C von den in Unterabschnitt 2.2.3.1 festgelegten Grenzwerten (23 °C bzw. 60 °C) abweicht. Ist die Abweichung größer als 2 °C, so ist eine zweite Nachprüfung vorzunehmen, und es gilt der niedrigste der bei den Nachprüfungen festgestellten Werte.

2.3.3.2 **Bestimmung des Siedebeginns**

Für die Bestimmung des Siedebeginns von entzündbaren flüssigen Stoffen dürfen folgende Methoden verwendet werden:

Internationale Normen:

ISO 3924 (Mineralölerzeugnisse – Bestimmung der Siedebereichsverteilung – Gaschromatographisches Verfahren)

ISO 4626 (Flüchtige organische Flüssigkeiten – Bestimmung des Siedebereiches von organischen Lösemitteln, die als Rohstoffe verwendet werden)

ISO 3405 (Mineralölerzeugnisse – Bestimmung des Siedeverlaufes bei Atmosphärendruck)

Nationale Normen:

American Society for Testing Materials International, 100 Barr Harbor Drive,
PO Box C700, West Conshohocken, Pennsylvania, USA 19428-2959:

ASTM D86-07a, Standard Test Method for Distillation of Petroleum Products at Atmospheric Pressure (Standard-Prüfmethode für die Destillation von Erdölprodukten bei Atmosphärendruck)

ASTM D1078-05, Standard Test Method for Distillation Range of Volatile Organic Liquids (Standard-Prüfmethode für den Destillationsbereich flüchtiger organischer flüssiger Stoffe)

Weitere anwendbare Methoden:

Die in Teil A des Anhangs zur Verordnung (EG) Nr. 440/2008 [27] der Kommission beschriebene Methode A.2.

2.3.3.3 **Prüfung zur Bestimmung des Gehalts an Peroxid**

Der Gehalt an Peroxid eines flüssigen Stoffes wird wie folgt bestimmt:

Man gießt eine Menge p (ungefähr 5 g, auf 0,01 g genau gewogen) der zu prüfenden Flüssigkeit in einen Erlenmeyerkolben, fügt 20 cm^3 Essigsäureanhydrid und ungefähr 1 g festes pulverisiertes Kaliumiodid bei und rührt um. Nach 10 Minuten wird die Flüssigkeit während 3 Minuten bis auf 60 °C erwärmt, dann lässt man sie 5 Minuten abkühlen und gibt 25 cm^3 Wasser bei. Das freigewordene Iod wird nach einer halben Stunde mit einer zehntelnormalen Natriumthiosulfatlösung ohne Beigabe eines Indikators titriert. Die vollständige Entfärbung zeigt das Ende der Reaktion an. Werden die erforderlichen cm^3 der Thiosulfatlösung mit n bezeichnet, so ergibt sich der prozentuale Peroxidgehalt der Probe (in H_2O_2 berechnet) durch die Formel

$$\frac{17n}{100p}$$

---

[27] Verordnung (EG) Nr. 440/2008 der Kommission vom 30. Mai 2008 zur Festlegung von Prüfmethoden gemäß der Verordnung (EG) Nr. 1907/2006 des Europäischen Parlaments und des Rates zur Registrierung, Bewertung, Zulassung und Beschränkung chemischer Stoffe (REACH) (Amtsblatt der Europäischen Union Nr. L 142 vom 31. Mai 2008, Seiten 1 - 739).

2.3 Prüfverfahren

ADR	RID

2.3.4 Prüfung zur Bestimmung des Fließverhaltens

Zur Bestimmung des Fließverhaltens flüssiger, dickflüssiger oder pastenförmiger Stoffe und Gemische ist folgendes Verfahren anzuwenden:

2.3.4.1 *Prüfgerät*

Handelsübliches Penetrometer nach ISO-Norm 2137:1985 mit einer Führungsstange von 47,5 g ± 0,05 g;

Siebscheibe aus Duraluminium mit konischen Bohrungen und einer Masse von 102,5 g ± 0,05 g (siehe Abbildung 1);

Penetrationsgefäß mit einem Innendurchmesser von 72 mm bis 80 mm zur Aufnahme der Probe.

2.3.4.2 *Prüfverfahren*

Die Probe wird mindestens eine halbe Stunde vor der Messung in das Penetrationsgefäß gefüllt. Das Gefäß wird dicht verschlossen und bis zur Messung ruhig gelagert. Die Probe wird in dem dicht verschlossenen Penetrationsgefäß auf 35 °C ± 0,5 °C erwärmt und erst unmittelbar (höchstens 2 Minuten) vor der Messung auf den Tisch des Penetrometers gebracht. Nun wird die Spitze S der Siebscheibe auf die Flüssigkeitsoberfläche aufgesetzt und die Eindringtiefe in Abhängigkeit von der Zeit gemessen.

2.3.4.3 *Beurteilung der Prüfergebnisse*

Ein Stoff ist pastenförmig, wenn nach Aufsetzen der Spitze S auf die Oberfläche der Probe die auf dem Messgerät abgelesene Penetration

a) nach einer Belastungszeit von 5 s ± 0,1 s weniger als 15 mm ± 0,3 mm oder

b) nach einer Belastungszeit von 5 s ± 0,1 s mehr als 15 mm ± 0,3 mm, jedoch die zusätzliche Penetration nach weiteren 55 s ± 0,5 s weniger als 5,0 mm ± 0,5 mm

beträgt.

Bem. Bei Proben mit einer Fließgrenze ist es häufig nicht möglich, im Penetrationsgefäß eine stabile Oberfläche zu erreichen und somit beim Aufsetzen der Spitze S eindeutige Anfangsbedingungen der Messung zu schaffen. Darüber hinaus kann bei manchen Proben eine elastische Verformung der Oberfläche beim Auftreffen der Siebscheibe auftreten und in den ersten Sekunden eine größere Penetration vortäuschen. In all diesen Fällen kann eine Beurteilung der Ergebnisse nach Absatz b zweckmäßig sein.

Prüfverfahren 2.3

ADR	RID

**Abbildung 1
Penetrometer**

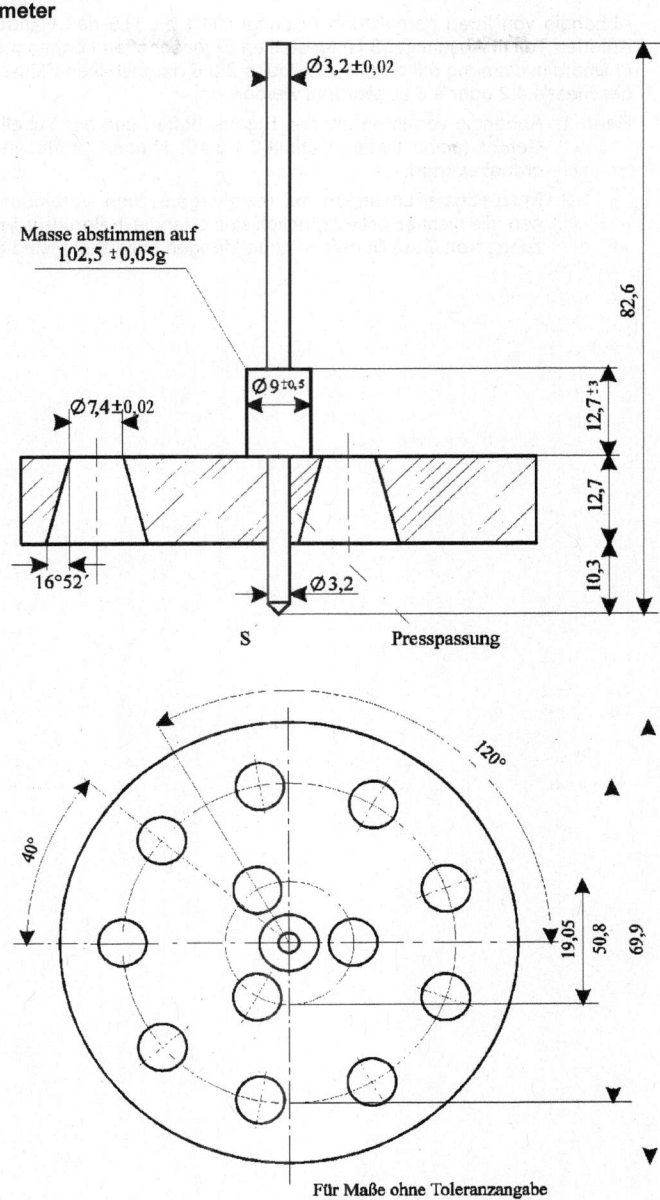

Für Maße ohne Toleranzangabe gilt ±0,1 mm

2.3 Prüfverfahren

ADR	RID

2.3.5 Zuordnung metallorganischer Stoffe zu den Klassen 4.2 und 4.3

Abhängig von ihren gemäß den Prüfungen N.1 bis N.5 des Handbuchs Prüfungen und Kriterien Teil III Abschnitt 33 festgestellten Eigenschaften können metallorganische Stoffe in Übereinstimmung mit dem in Abbildung 2.3.5 dargestellten Flussdiagramm je nach Fall der Klasse 4.2 oder 4.3 zugeordnet werden.

Bem. 1. Abhängig von ihren übrigen Eigenschaften und der Tabelle der überwiegenden Gefahr (siehe Unterabschnitt 2.1.3.10) können Stoffe anderen Klassen zugeordnet werden.

2. Entzündbare Lösungen mit metallorganischen Verbindungen in Konzentrationen, die nicht selbstentzündlich sind oder die in Berührung mit Wasser keine entzündbaren Gase in gefährlichen Mengen entwickeln, sind Stoffe der Klasse 3.

Prüfverfahren 2.3

ADR | **RID**

Abbildung 2.3.5: Flussdiagramm für die Zuordnung metallorganischer Stoffe zu den Klassen 4.2 und 4.3 [a), b)]

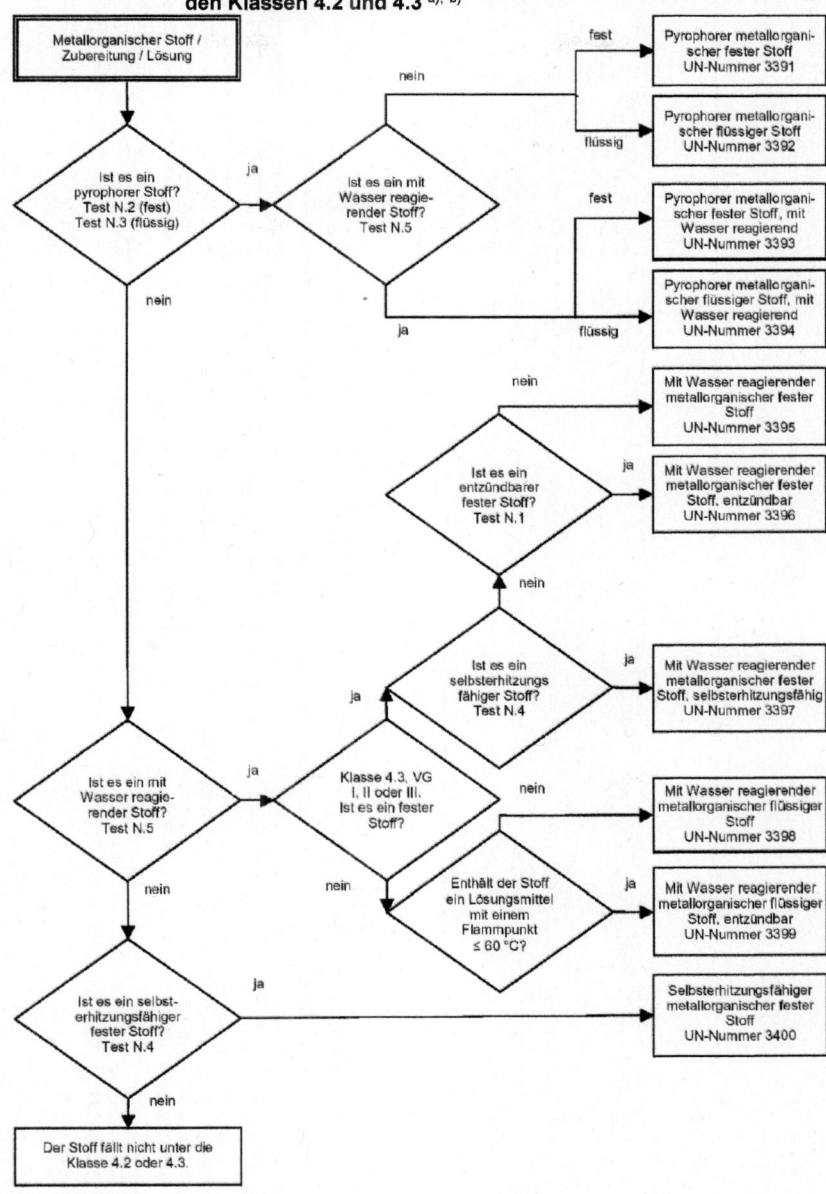

a) Die Prüfverfahren N.1 bis N.5 sind im Handbuch Prüfungen und Kriterien Teil III Abschnitt 33 enthalten.
b) Sofern anwendbar und sofern eine Prüfung unter Berücksichtigung der Reaktionseigenschaften angebracht ist, sind die Eigenschaften der Klassen 6.1 und 8 gemäß der Tabelle der überwiegenden Gefahr in Unterabschnitt 2.1.3.10 zu bestimmen.

2.3 Prüfverfahren

ADR	RID

Verzeichnisse der gefährlichen Güter, Sondervorschriften und Freistellungen im Zusammenhang mit begrenzten und freigestellten Mengen

ADR	RID

3.1 Allgemeines

3.1.1	Einführung
3.1.2	Offizielle Benennung für die Beförderung
3.1.2.8	Benennungen der Gattungseintragungen oder der «nicht anderweitig genannten» (N.A.G.) Eintragungen
3.1.3	Lösungen oder Gemische

3.2 Verzeichnis der gefährlichen Güter

3.2.1	Erläuterungen zur Tabelle A
Tabelle A:	Verzeichnis der gefährlichen Güter in UN-numerischer Reihenfolge
Tabelle B:	Verzeichnis der gefährlichen Güter in alphabetischer Reihenfolge

3.3 Für bestimmte Stoffe oder Gegenstände geltende Sondervorschriften

3.4 In begrenzten Mengen verpackte gefährliche Güter

3.4.7	Kennzeichnung von Versandstücken, die begrenzte Mengen enthalten
3.4.8	Kennzeichnung von Versandstücken, die begrenzte Mengen enthalten, gemäß Teil 3 Kapitel 4 der Technischen Anweisungen der ICAO
3.4.11	Verwendung von Umverpackungen

3.5 In freigestellten Mengen verpackte gefährliche Güter

3.5.1	Freigestellte Mengen	
3.5.2	Verpackungen	
3.5.3	Prüfungen für Versandstücke	
3.5.4	Kennzeichnung der Versandstücke	
3.5.4.2	Kennzeichen für freigestellte Mengen	
3.5.4.3	Verwendung von Umverpackungen	
3.5.5	Höchste Anzahl Versandstücke in einem Fahrzeug oder Container	Wagen
3.5.6	Dokumentation	

3 Verzeichnisse der gefährlichen Güter, Sondervorschriften und Freistellungen im Zusammenhang mit begrenzten und freigestellten Mengen

ADR	RID

Allgemeines 3.1

ADR	RID

3.1.1 Einführung

Neben den Vorschriften, die in den Tabellen dieses Teils angegeben sind oder auf die verwiesen wird, sind die allgemeinen Vorschriften jedes Teils, Kapitels und/oder Abschnitts zu beachten. Diese allgemeinen Vorschriften sind in den Tabellen nicht angegeben. Wenn eine allgemeine Vorschrift in Widerspruch zu einer Sondervorschrift steht, hat die Sondervorschrift Vorrang.

3.1.2 Offizielle Benennung für die Beförderung

Bem. Wegen der offiziellen Benennungen für die Beförderung, die für die Beförderung von Proben verwendet werden, siehe Unterabschnitt 2.1.4.1.

3.1.2.1 Die offizielle Benennung für die Beförderung ist derjenige Teil der Eintragung, der die Güter in Kapitel 3.2 Tabelle A am genauesten beschreibt und in Großbuchstaben erscheint (Zahlen, griechische Buchstaben und die Angaben in Kleinbuchstaben «sec-», «tert-», «m-», «n-», «o-» und «p-» sind Bestandteil der Benennung). Nach der vorwiegend verwendeten offiziellen Benennung für die Beförderung kann eine alternative offizielle Benennung für die Beförderung in Klammern angegeben sein (z.B. ETHANOL (ETHYLALKOHOL)). Teile der Eintragung, die in Kleinbuchstaben angegeben sind, gelten nicht als Bestandteil der offiziellen Benennung für die Beförderung.

3.1.2.2 Wenn unter einer einzelnen UN-Nummer eine Kombination mehrerer unterschiedlicher offizieller Benennungen für die Beförderung aufgeführt ist und diese durch «und» oder «oder» in Kleinbuchstaben oder durch Kommas getrennt sind, darf im Beförderungspapier oder auf den Kennzeichen des Versandstücks nur die zutreffendste offizielle Benennung für die Beförderung angegeben werden. Folgende Beispiele veranschaulichen die Auswahl der offiziellen Benennung für die Beförderung in derartigen Fällen:

a) UN 1057 FEUERZEUGE oder NACHFÜLLPATRONEN FÜR FEUERZEUGE – Die offizielle Benennung für die Beförderung ist diejenige der nachstehenden Benennungen, die am besten geeignet ist:
FEUERZEUGE
NACHFÜLLPATRONEN FÜR FEUERZEUGE;

b) UN 2793 METALLISCHES EISEN als BOHRSPÄNE, FRÄSSPÄNE, DREHSPÄNE, ABFÄLLE in selbsterhitzungsfähiger Form. Die offizielle Benennung für die Beförderung ist die am besten geeignete der nachstehenden Kombinationen:
METALLISCHES EISEN, BOHRSPÄNE
METALLISCHES EISEN, FRÄSSPÄNE
METALLISCHES EISEN, DREHSPÄNE
METALLISCHES EISEN, ABFÄLLE.

3.1.2.3 Die offizielle Benennung für die Beförderung darf im Singular oder im Plural verwendet werden. Wenn diese Benennung zur näheren Bestimmung Begriffe enthält, ist außerdem die Reihenfolge dieser Begriffe im Beförderungspapier oder in den Kennzeichen der Versandstücke freigestellt. Zum Beispiel darf anstelle von «DIMETHYLAMIN, WÄSSERIGE LÖSUNG» alternativ angegeben werden «WÄSSERIGE LÖSUNG VON DIMETHYLAMIN». Für Güter der Klasse 1 dürfen Handelsnamen oder militärische Benennungen verwendet werden, welche die durch einen beschreibenden Wortlaut ergänzte offizielle Benennung enthalten.

3.1 Allgemeines

ADR	RID

3.1.2.4 Zahlreiche Stoffe haben eine Eintragung sowohl für den flüssigen als auch für den festen Zustand (siehe Begriffsbestimmungen von «flüssiger Stoff» und «fester Stoff» in Abschnitt 1.2.1) oder für den festen Stoff und die Lösung. Diese sind verschiedenen UN-Nummern zugeordnet, die nicht unbedingt nacheinander erscheinen. [1]

[1] Einzelheiten sind aus dem alphabetischen Verzeichnis (Kapitel 3.2 Tabelle B) ersichtlich, z.B.:
NITROXYLENE, FLÜSSIG   6.1   1665
NITROXYLENE, FEST   6.1   3447.

3.1.2.5 Wird ein Stoff, der gemäß Begriffsbestimmung in Abschnitt 1.2.1 ein fester Stoff ist, in geschmolzenem Zustand zur Beförderung aufgegeben, ist die offizielle Benennung für die Beförderung durch die Präzisierung «GESCHMOLZEN» zu ergänzen, sofern dies nicht bereits in Großbuchstaben in der in Kapitel 3.2 Tabelle A angegebenen Benennung enthalten ist (z.B. ALKYLPHENOL, FEST, N.A.G., GESCHMOLZEN).

3.1.2.6 Mit Ausnahme der selbstzersetzlichen Stoffe und der organischen Peroxide und mit Ausnahme der Fälle, in denen der Ausdruck «STABILISIERT» bereits in der in Kapitel 3.2 Tabelle A Spalte 2 angegebenen Benennung in Großbuchstaben angegeben ist, ist bei einem Stoff, der auf Grund der Vorschriften in den Unterabschnitten 2.2.x.2 ohne Stabilisierung für die Beförderung verboten wäre, da er unter normalen Beförderungsbedingungen in der Lage ist, gefährlich zu reagieren, der Ausdruck „STABILISIERT" als Teil der offiziellen Benennung für die Beförderung hinzuzufügen (z.B. «GIFTIGER ORGANISCHER FLÜSSIGER STOFF, N.A.G., STABILISIERT»).

Wenn für die Stabilisierung eines solchen Stoffes eine Temperaturkontrolle angewendet wird, um die Entwicklung eines gefährlichen Überdrucks oder eine zu starke Wärmeentwicklung zu verhindern, oder wenn eine chemische Stabilisierung in Verbindung mit einer Temperaturkontrolle angewendet wird, gilt Folgendes:

a) Wenn bei flüssigen und festen Stoffen die SAPT [2] (bei Anwendung einer chemischen Stabilisierung mit oder ohne Inhibitor gemessen) höchstens dem in Absatz 2.2.41.1.21 vorgeschriebenen Wert entspricht, gelten die Vorschriften des Absatzes 2.2.41.1.17, die Sondervorschrift 386 des Kapitels 3.3, die Vorschriften des Abschnitts 7.1.7, die Sondervorschrift V 8 des Kapitels 7.2, die Sondervorschrift S4 des Kapitels 8.5 und die Vorschriften des Kapitels 9.6 mit der Ausnahme, dass der in diesen Absätzen verwendete Begriff «SADT» auch die «SAPT» einschließt, wenn der betreffende Stoff durch Polymerisation reagiert;	a) für flüssige und feste Stoffe: flüssige und feste Stoffe, für die eine Temperaturkontrolle erforderlich ist [2], sind zur Beförderung im Eisenbahnverkehr nicht zugelassen;
[2] Für die Begriffsbestimmung von «Temperatur der selbstbeschleunigenden Polymerisation (SAPT)» siehe Abschnitt 1.2.1.	[2] Dies umfasst alle Stoffe (einschließlich Stoffe, die durch chemische Inhibitoren stabilisiert werden), deren Temperatur der selbstbeschleunigenden Zersetzung (SADT) oder Temperatur der selbstbeschleunigenden Polymerisation (SAPT) in der für die Beförderung verwendeten Umschließung höchstens 50 °C beträgt.
b) sofern der Ausdruck «TEMPERATURKONTROLLIERT» nicht bereits in der in Kapitel 3.2 Tabelle A Spalte 2 angegebenen Benennung in Großbuchstaben enthalten ist, ist er als Teil der offiziellen Benennung für die Beförderung hinzuzufügen;	b) (bleibt offen)

Allgemeines 3.1

ADR	RID

c) für Gase: die Beförderungsbedingungen sind von der zuständigen Behörde zu genehmigen.

3.1.2.7 Hydrate dürfen unter der offiziellen Benennung für die Beförderung des wasserfreien Stoffes befördert werden.

3.1.2.8 **Benennungen der Gattungseintragungen oder der «nicht anderweitig genannten» (N.A.G.) Eintragungen**

3.1.2.8.1 Die offiziellen Benennungen für die Beförderung von Gattungseintragungen und „nicht anderweitig genannten" Eintragungen, denen in Kapitel 3.2 Tabelle A Spalte 6 die Sondervorschrift 274 oder 318 zugeordnet ist, sind mit der technischen Benennung des Gutes zu ergänzen, sofern nicht ein nationales Gesetz oder ein internationales Übereinkommen bei Stoffen, die einer Kontrolle unterstehen, die genaue Beschreibung verbietet. Bei explosiven Stoffen und Gegenständen mit Explosivstoff der Klasse 1 darf die Beschreibung der gefährlichen Güter durch eine zusätzliche Beschreibung für die Angabe der Handelsnamen oder der militärischen Benennungen ergänzt werden. Die technischen Benennungen sind unmittelbar nach der offiziellen Benennung für die Beförderung in Klammern anzugeben. Eine geeignete nähere Bestimmung, wie «ENTHÄLT» oder «ENTHALTEND», oder andere bezeichnende Ausdrücke, wie «GEMISCH», «LÖSUNG», usw., und der Prozentsatz des technischen Bestandteils dürfen ebenfalls verwendet werden. Zum Beispiel: «UN 1993 ENTZÜNDBARER FLÜSSIGER STOFF, N.A.G. (ENTHÄLT XYLEN UND BENZEN), 3, II».

3.1.2.8.1.1 Die technische Benennung ist eine anerkannte chemische oder biologische Benennung oder eine andere Benennung, die üblicherweise in wissenschaftlichen und technischen Handbüchern, Zeitschriften und Texten verwendet wird. Handelsnamen dürfen zu diesem Zweck nicht verwendet werden. Bei Mitteln zur Schädlingsbekämpfung (Pestiziden) darf (dürfen) nur die allgemein gebräuchliche(n) ISO-Benennung(en), (eine) andere Benennung(en) gemäß «The WHO Recommended Classification of Pesticides by Hazard and Guidelines to Classification» oder die Benennung(en) des (der) aktiven Bestandteils (Bestandteile) verwendet werden.

3.1.2.8.1.2 Wenn ein Gemisch gefährlicher Güter oder Gegenstände, die gefährliche Güter enthalten, durch eine der «n.a.g.-» oder «Gattungseintragungen» beschrieben wird (werden), denen in Kapitel 3.2 Tabelle A Spalte 6 die Sondervorschrift 274 zugeordnet ist, müssen nicht mehr als die zwei Komponenten angegeben werden, die für die Gefahr(en) des Gemisches oder der Gegenstände maßgebend sind, ausgenommen Stoffe, die einer Kontrolle unterstehen und deren Offenlegung durch ein nationales Gesetz oder ein internationales Übereinkommen verboten ist. Ist das Versandstück, das ein Gemisch enthält, mit einem Gefahrzettel für die Nebengefahr versehen, muss eine der beiden in Klammern angegebenen technischen Benennungen die Benennung der Komponente sein, welche die Verwendung des Gefahrzettels für die Nebengefahr erforderlich macht.

Bem. Siehe Absatz 5.4.1.2.2.

3.1.2.8.1.3 Folgende Beispiele veranschaulichen, wie bei den n.a.g.-Eintragungen die offizielle Benennung für die Beförderung durch die technische Benennung ergänzt wird:

UN 3394 PYROPHORER METALLORGANISCHER FLÜSSIGER STOFF, MIT WASSER REAGIEREND (Trimethylgallium)

UN 2902 PESTIZID, FLÜSSIG, GIFTIG, N.A.G. (Drazoxolon)

UN 3540 GEGENSTÄNDE, DIE EINEN ENTZÜNDBAREN FLÜSSIGEN STOFF ENTHALTEN, N.A.G. (Pyrrolidin).

3.1 Allgemeines

ADR	RID

3.1.2.8.1.4 Nur bei den UN-Nummern 3077 und 3082 darf die technische Benennung eine Benennung sein, die in Kapitel 3.2 Tabelle A Spalte 2 in Großbuchstaben angegeben ist, vorausgesetzt, diese Benennung enthält nicht die Bezeichnung „N.A.G." und die Sondervorschrift 274 ist nicht zugeordnet. Es ist die Benennung zu verwenden, die den Stoff oder das Gemisch am zutreffendsten beschreibt, z. B.:

UN 3082 UMWELTGEFÄHRDENDER STOFF, FLÜSSIG, N.A.G. (FARBE)

UN 3082 UMWELTGEFÄHRDENDER STOFF, FLÜSSIG, N.A.G. (PARFÜMERIEERZEUGNISSE).

3.1.3 **Lösungen oder Gemische**

Bem. Wenn ein Stoff in Kapitel 3.2 Tabelle A namentlich aufgeführt ist, muss er bei der Beförderung durch die offizielle Benennung für die Beförderung gemäß Kapitel 3.2 Tabelle A Spalte 2 identifiziert werden. Solche Stoffe können technische Unreinheiten (die z.B. aus dem Produktionsprozess herrühren) oder Additive für die Stabilisierung oder für andere Zwecke enthalten, die keine Auswirkungen auf ihre Klassifizierung haben. Jedoch gilt ein namentlich genannter Stoff, der technische Unreinheiten oder Additive für die Stabilisierung oder für andere Zwecke enthält, die Auswirkungen auf seine Klassifizierung haben, als Lösung oder Gemisch (siehe Unterabschnitt 2.1.3.3).

3.1.3.1 Eine Lösung oder ein Gemisch unterliegt nicht dem ADR/RID, wenn die Merkmale, Eigenschaften, die Form oder der Aggregatzustand der Lösung oder des Gemisches so ausgeprägt sind, dass die Lösung oder das Gemisch nicht den Kriterien, einschließlich der Kriterien der menschlichen Erfahrung, für die Aufnahme in eine Klasse entspricht.

3.1.3.2 Eine Lösung oder ein Gemisch, die/das den Klassifizierungskriterien des ADR/RID entspricht und nur einen in Kapitel 3.2 Tabelle A namentlich genannten überwiegenden Stoff und einen oder mehrere nicht dem ADR/RID unterliegende Stoffe und/oder Spuren eines oder mehrerer in Kapitel 3.2 Tabelle A namentlich genannter Stoffe enthält, ist der UN-Nummer und der offiziellen Benennung für die Beförderung des in Kapitel 3.2 Tabelle A genannten überwiegenden Stoffes zuzuordnen, es sei denn:

a) die Lösung oder das Gemisch ist in Kapitel 3.2 Tabelle A namentlich genannt;

b) aus der Benennung und der Beschreibung des in Kapitel 3.2 Tabelle A namentlich genannten Stoffes geht hervor, dass die Eintragung nur für den reinen Stoff gilt;

c) die Klasse, der Klassifizierungscode, die Verpackungsgruppe oder der Aggregatzustand der Lösung oder des Gemisches unterscheidet sich von denen des in Kapitel 3.2 Tabelle A namentlich genannten Stoffes oder

d) die Gefahrenmerkmale und -eigenschaften der Lösung oder des Gemisches machen Notfallmaßnahmen erforderlich, die sich von denen des in Kapitel 3.2 Tabelle A namentlich genannten Stoffes unterscheiden.

Bezeichnende Ausdrücke, wie «LÖSUNG» bzw. «GEMISCH», sind als Teil der offiziellen Benennung für die Beförderung hinzuzufügen, z.B. «ACETON, LÖSUNG». Darüber hinaus darf nach der Grundbeschreibung des Gemisches oder der Lösung auch die Konzentration des Gemisches oder der Lösung angegeben werden, z.B. «ACETON, LÖSUNG, 75 %».

3.1.3.3 Eine Lösung oder ein Gemisch, die/das den Klassifizierungskriterien des ADR/RID entspricht und in Kapitel 3.2 Tabelle A nicht namentlich genannt ist und mehrere gefährliche Güter enthält, ist einer Eintragung zuzuordnen, deren offizielle Benennung für die Beförderung, Beschreibung, Klasse, Klassifizierungscode und Verpackungsgruppe die Lösung oder das Gemisch am genauesten beschreibt.

Verzeichnis der gefährlichen Güter 3.2

ADR	RID

3.2.1 Erläuterungen zur Tabelle A: Verzeichnis der gefährlichen Güter in UN-numerischer Reihenfolge

Jede Zeile der Tabelle A dieses Kapitels behandelt in der Regel den (die) Stoff(e) oder Gegenstand (Gegenstände), der (die) durch eine bestimmte UN-Nummer erfasst wird (werden). Wenn jedoch Stoffe oder Gegenstände, die zu ein und derselben UN-Nummer gehören, unterschiedliche chemische Eigenschaften, physikalische Eigenschaften und/oder Beförderungsvorschriften haben, können für diese UN-Nummer mehrere aufeinanderfolgende Zeilen verwendet werden.

Jede Spalte der Tabelle A ist, wie in den nachstehenden erläuternden Bemerkungen angegeben, einem bestimmten Thema gewidmet. Der Schnittpunkt von Spalten und Zeilen (Zelle) enthält Informationen zu dem in der Spalte behandelten Thema für den (die) Stoff(e) oder Gegenstand (Gegenstände) dieser Zeile:

- die ersten vier Zellen identifizieren den (die) zu dieser Zeile gehörenden Stoff(e) oder Gegenstand (Gegenstände) (die Sondervorschriften in Spalte 6 können diesbezügliche zusätzliche Informationen angeben);
- die nachfolgenden Zellen geben die anwendbaren besonderen Vorschriften entweder als vollständige Information oder in kodierter Form an. Die Codes verweisen auf detaillierte Informationen, die in dem in den nachstehenden erläuternden Bemerkungen angegebenen Teil, Kapitel, Abschnitt und/oder Unterabschnitt enthalten sind. Eine leere Zelle bedeutet entweder, dass es keine besonderen Vorschriften gibt und nur die allgemeinen Vorschriften anwendbar sind oder dass die in den erläuternden Bemerkungen angegebene Beförderungseinschränkung gilt. Ein in dieser Tabelle verwendeter mit den Buchstaben „SV" beginnender alphanumerischer Code bezeichnet eine Sondervorschrift des Kapitels 3.3.

Auf die anwendbaren allgemeinen Vorschriften wird in den entsprechenden Spalten nicht verwiesen. Die nachstehenden erläuternden Bemerkungen geben für jede Spalte den/das (die) Teil(e), Kapitel, Abschnitt(e) und/oder Unterabschnitt(e) an, in dem diese enthalten sind.

Erläuternde Bemerkungen für jede Spalte:

Spalte 1	«UN-Nummer»
	Diese Spalte enthält die UN-Nummer
	– des gefährlichen Stoffes oder Gegenstandes, wenn diesem Stoff oder Gegenstand eine spezifische UN-Nummer zugeordnet ist, oder
	– der Gattungseintragung oder n.a.g.-Eintragung, welcher die nicht namentlich genannten gefährlichen Stoffe oder Gegenstände gemäß den Kriterien des Teils 2 («Entscheidungsbäume») zuzuordnen sind.

Spalte 2	«Benennung und Beschreibung»
	Diese Spalte enthält in Großbuchstaben die Benennung des Stoffes oder Gegenstandes, wenn dem Stoff oder Gegenstand eine spezifische UN-Nummer zugeordnet ist, oder der Gattungseintragung oder n.a.g.-Eintragung, welcher der gefährliche Stoff oder Gegenstand gemäß den Kriterien des Teils 2 («Entscheidungsbäume») zugeordnet ist. Diese Benennung ist als offizielle Benennung für die Beförderung oder gegebenenfalls als Teil der offiziellen Benennung für die Beförderung zu verwenden (für weitere Einzelheiten zur offiziellen Benennung für die Beförderung siehe Abschnitt 3.1.2).

3.2 Verzeichnis der gefährlichen Güter

ADR	RID

Nach der offiziellen Benennung für die Beförderung ist ein beschreibender Text in Kleinbuchstaben hinzugefügt, um den Anwendungsbereich der Eintragung in den Fällen zu erläutern, in denen die Klassifizierungs- und/oder Beförderungsvorschriften für den Stoff oder Gegenstand unter bestimmten Umständen unterschiedlich sein können.

Spalte 3a	«Klasse»

Diese Spalte enthält die Nummer der Klasse, unter deren Begriff der gefährliche Stoff oder Gegenstand fällt. Diese Nummer der Klasse wird nach den Verfahren und Kriterien des Teils 2 zugeordnet.

Spalte 3b	«Klassifizierungscode»

Diese Spalte enthält den Klassifizierungscode des gefährlichen Stoffes oder Gegenstandes.

- Für gefährliche Stoffe oder Gegenstände der Klasse 1 besteht der Code aus der Nummer der Unterklasse und dem Buchstaben der Verträglichkeitsgruppe, die nach den Verfahren und Kriterien des Absatzes 2.2.1.1.4 zugeordnet werden.
- Für gefährliche Stoffe oder Gegenstände der Klasse 2 besteht der Code aus einer Ziffer und einem oder mehreren, die Gruppe der gefährlichen Eigenschaften wiedergebenden Buchstaben, die in den Absätzen 2.2.2.1.2 und 2.2.2.1.3 erläutert werden.
- Für gefährliche Stoffe oder Gegenstände der Klassen 3, 4.1, 4.2, 4.3, 5.1, 5.2, 6.1, 6.2 und 9 werden die Codes in Absatz 2.2.x.1.2 [1] erläutert.
- Für gefährliche Stoffe oder Gegenstände der Klasse 8 werden die Codes in Absatz 2.2.8.1.4.1 erläutert.
- Gefährliche Stoffe oder Gegenstände der Klasse 7 haben keinen Klassifizierungscode.

[1] x = Nummer der Klasse des gefährlichen Stoffes oder Gegenstandes, gegebenenfalls ohne Punkt.

Spalte 4	«Verpackungsgruppe»

Diese Spalte enthält die Nummer(n) der Verpackungsgruppe(n) (I, II oder III), die dem gefährlichen Stoff zugeordnet ist (sind). Diese Nummern der Verpackungsgruppen werden auf der Grundlage der Verfahren und Kriterien des Teils 2 zugeordnet. Bestimmte Gegenstände und Stoffe sind keiner Verpackungsgruppe zugeordnet.

Verzeichnis der gefährlichen Güter 3.2

ADR	RID

Spalte 5	«Gefahrzettel»
	Diese Spalte enthält die Nummer des Musters der Gefahrzettel / Großzettel (Placards) (siehe Unterabschnitte 5.2.2.2 und 5.3.1.7), die an Versandstücken, Containern, Tankcontainern, ortsbeweglichen Tanks, MEGC,
und Fahrzeugen	Kesselwagen, Wagen mit abnehmbaren Tanks, Batteriewagen und Wagen
anzubringen sind.	
	Die bei bestimmten Stoffen in Klammern angegebenen Rangierzettel nach Muster 13 und 15 (siehe Abschnitt 5.3.4) müssen nur in folgenden Fällen angebracht werden:
	– Klasse 1: an beiden Seiten von Wagen, in denen geschlossene Ladungen dieser Stoffe befördert werden;
	– Klasse 2: an beiden Seiten von Kesselwagen, Batteriewagen, Wagen mit abnehmbaren Tanks und Wagen, auf denen Tankcontainer, MEGC oder ortsbewegliche Tanks befördert werden.
	Jedoch bedeutet für Stoffe oder Gegenstände der Klasse 7 «7X» abhängig von der Kategorie ein Gefahrzettel nach Muster 7A, 7B bzw. 7C (siehe Absätze 5.1.5.3.4 und 5.2.2.1.11.1) oder ein Großzettel (Placard) nach Muster 7D (siehe Absätze 5.3.1.1.3 und 5.3.1.7.2).
	Die allgemeinen Vorschriften für das Anbringen der Gefahrzettel / Großzettel (Placards) (z.B. Nummer der Gefahrzettel, oder Stelle, an der diese anzubringen sind) sind für Versandstücke
	und Kleincontainer
in Unterabschnitt 5.2.2.1 und für	
Container,	Großcontainer,
Tankcontainer, MEGC, ortsbewegliche Tanks,	
und Fahrzeuge	Kesselwagen, Wagen mit abnehmbaren Tanks, Batteriewagen und Wagen
in Abschnitt 5.3.1 enthalten.	
	Bem. Die oben genannten Bezettelungsvorschriften können durch in Spalte 6 angegebene Sondervorschriften abgeändert werden.

Spalte 6	«Sondervorschriften»
	Diese Spalte enthält die numerischen Codes der einzuhaltenden Sondervorschriften. Diese Vorschriften betreffen einen ausgedehnten Themenbereich, der hauptsächlich mit dem Inhalt der Spalten 1 bis 5 zusammenhängt (z.B. Beförderungsverbote, Freistellungen von Vorschriften, Erläuterungen zur Klassifizierung bestimmter Formen der betreffenden gefährlichen Güter sowie zusätzliche Bezettelungs- und Kennzeichnungsvorschriften), und sind in Kapitel 3.3 in numerischer Reihenfolge aufgeführt. Enthält die Spalte 6 keinen Eintrag, gelten für das betreffende gefährliche Gut in Bezug auf den Inhalt der Spalten 1 bis 5 keine Sondervorschriften.

3.2 Verzeichnis der gefährlichen Güter

ADR | **RID**

Spalte 7a	«Begrenzte Mengen»
	Diese Spalte enthält die Höchstmenge des Stoffes je Innenverpackung oder Gegenstand für die Beförderung gefährlicher Güter in begrenzten Mengen in Übereinstimmung mit Kapitel 3.4.

Spalte 7b	«Freigestellte Mengen»
	Diese Spalte enthält einen alphanumerischen Code mit folgender Bedeutung: – «E 0» bedeutet, dass für das in freigestellten Mengen verpackte gefährliche Gut keine Freistellung von den Vorschriften des ADR/RID besteht; – die übrigen, mit dem Buchstaben «E» beginnenden alphanumerischen Codes bedeuten, dass die Vorschriften des ADR/RID nicht anwendbar sind, wenn die in Kapitel 3.5 angegebenen Bedingungen erfüllt sind.

Verzeichnis der gefährlichen Güter 3.2

ADR RID

Spalte 8	«Verpackungsanweisungen»
	Diese Spalte enthält die alphanumerischen Codes der anwendbaren Verpackungsanweisungen:
	– Die mit dem Buchstaben «P» beginnenden alphanumerischen Codes beziehen sich auf Verpackungsanweisungen für Verpackungen und Gefäße (ausgenommen Großpackmittel (IBC) und Großverpackungen), die mit dem Buchstaben «R» beginnenden alphanumerischen Codes beziehen sich auf Verpackungsanweisungen für Feinstblechverpackungen. Diese Anweisungen sind in Unterabschnitt 4.1.4.1 in numerischer Reihenfolge aufgeführt und legen die zugelassenen Verpackungen und Gefäße fest. Sie geben auch an, welche der allgemeinen Verpackungsvorschriften der Abschnitte 4.1.1, 4.1.2 und 4.1.3 und welche der besonderen Verpackungsvorschriften der Abschnitte 4.1.5, 4.1.6, 4.1.7, 4.1.8 und 4.1.9 einzuhalten sind. Wenn die Spalte 8 keinen mit dem Buchstaben «P» oder «R» beginnenden Code enthält, darf das betreffende gefährliche Gut nicht in Verpackungen befördert werden.
	– Die mit den Buchstaben «IBC» beginnenden alphanumerischen Codes beziehen sich auf Verpackungsanweisungen für Großpackmittel (IBC). Diese Anweisungen sind in Unterabschnitt 4.1.4.2 in numerischer Reihenfolge aufgeführt und legen die zugelassenen Großpackmittel (IBC) fest. Sie geben auch an, welche der allgemeinen Verpackungsvorschriften der Abschnitte 4.1.1, 4.1.2 und 4.1.3 und welche der besonderen Verpackungsvorschriften der Abschnitte 4.1.5, 4.1.6, 4.1.7, 4.1.8 und 4.1.9 einzuhalten sind. Wenn die Spalte 8 keinen mit den Buchstaben «IBC» beginnenden Code enthält, darf das betreffende gefährliche Gut nicht in Großpackmitteln (IBC) befördert werden.
	– Die mit den Buchstaben «LP» beginnenden alphanumerischen Codes beziehen sich auf Verpackungsanweisungen für Großverpackungen. Diese Anweisungen sind in Unterabschnitt 4.1.4.3 in numerischer Reihenfolge aufgeführt und legen die zugelassenen Großverpackungen fest. Sie geben auch an, welche der allgemeinen Verpackungsvorschriften der Abschnitte 4.1.1, 4.1.2 und 4.1.3 und welche der besonderen Verpackungsvorschriften der Abschnitte 4.1.5, 4.1.6, 4.1.7, 4.1.8 und 4.1.9 einzuhalten sind. Wenn die Spalte 8 keinen mit den Buchstaben «LP» beginnenden Code enthält, darf das betreffende gefährliche Gut nicht in Großverpackungen befördert werden.
	Bem. Die oben genannten Verpackungsanweisungen können durch in Spalte 9a angegebene Sondervorschriften für die Verpackungen abgeändert werden.

3.2 Verzeichnis der gefährlichen Güter

ADR	RID

Spalte 9a	«Sondervorschriften für die Verpackung»
	Diese Spalte enthält die alphanumerischen Codes der anwendbaren Sondervorschriften für die Verpackung: – Die mit den Buchstaben «PP» oder «RR» beginnenden alphanumerischen Codes, beziehen sich auf zusätzlich einzuhaltende Sondervorschriften für Verpackungen und Gefäße (ausgenommen Großpackmittel (IBC) und Großverpackungen). Diese sind in Unterabschnitt 4.1.4.1 am Ende der entsprechenden, in Spalte 8 angegebenen Verpackungsanweisung (mit dem Buchstaben «P» oder «R») aufgeführt. Wenn die Spalte 9a keinen mit den Buchstaben «PP» oder «RR» beginnenden Code enthält, gilt keine der am Ende der entsprechenden Verpackungsanweisung aufgeführten Sondervorschriften für die Verpackung. – Die mit dem (den) Buchstaben «B» oder «BB» beginnenden alphanumerischen Codes beziehen sich auf zusätzlich einzuhaltende Sondervorschriften für Großpackmittel (IBC). Diese sind in Unterabschnitt 4.1.4.2 am Ende der entsprechenden, in Spalte 8 angegebenen Verpackungsanweisung (mit den Buchstaben «IBC») aufgeführt. Wenn die Spalte 9a keinen mit dem (den) Buchstaben «B» oder «BB» beginnenden Code enthält, gilt keine der am Ende der entsprechenden Verpackungsanweisung aufgeführten Sondervorschriften für die Verpackung. – Die mit dem Buchstaben «L» oder den Buchstaben «LL» beginnenden alphanumerischen Codes beziehen sich auf zusätzlich einzuhaltende Sondervorschriften für Großverpackungen. Diese sind in Unterabschnitt 4.1.4.3 am Ende der entsprechenden, in Spalte 8 angegebenen Verpackungsanweisung (mit den Buchstaben «LP») aufgeführt. Wenn die Spalte 9a keinen mit dem Buchstaben «L» oder den Buchstaben «LL» beginnenden Code enthält, gilt keine der am Ende der entsprechenden Verpackungsanweisung aufgeführten Sondervorschriften für die Verpackung.

Spalte 9b	«Sondervorschriften für die Zusammenpackung»
	Diese Spalte enthält die mit den Buchstaben «MP» beginnenden alphanumerischen Codes der anwendbaren Sondervorschriften für die Zusammenpackung. Diese Sondervorschriften sind in Abschnitt 4.1.10 in numerischer Reihenfolge aufgeführt. Wenn die Spalte 9b keinen mit den Buchstaben «MP» beginnenden Code enthält, gelten nur die allgemeinen Vorschriften (siehe Unterabschnitte 4.1.1.5 und 4.1.1.6).

Verzeichnis der gefährlichen Güter 3.2

ADR	RID

Spalte 10	«Anweisungen für ortsbewegliche Tanks und Schüttgut-Container»
	Diese Spalte enthält einen alphanumerischen Code, der nach den Absätzen 4.2.5.2.1 bis 4.2.5.2.4 und 4.2.5.2.6 einer Anweisung für ortsbewegliche Tanks zugeordnet ist. Diese Anweisung für ortsbewegliche Tanks entspricht den am wenigsten strengen Vorschriften, die für die Beförderung des betreffenden Stoffes in ortsbeweglichen Tanks zugelassen sind. Die Codes, welche die übrigen, ebenfalls für die Beförderung des Stoffes zugelassenen Anweisungen für ortsbewegliche Tanks kennzeichnen, sind in Absatz 4.2.5.2.5 enthalten. Wenn kein Code angegeben ist, ist die Beförderung in ortsbeweglichen Tanks nicht zugelassen, es sei denn, eine zuständige Behörde hat eine Zulassung gemäß Unterabschnitt 6.7.1.3 erteilt. Die allgemeinen Vorschriften für die Auslegung, den Bau, die Ausrüstung, die Bauartzulassung, die Prüfung und die Kennzeichnung von ortsbeweglichen Tanks sind in Kapitel 6.7 enthalten. Die allgemeinen Vorschriften für die Verwendung (z.B. Befüllen) sind in den Abschnitten 4.2.1 bis 4.2.4 enthalten. Die Angabe «(M)» bedeutet, dass der Stoff in UN-MEGC befördert werden darf. **Bem.** Die oben genannten Vorschriften können durch in Spalte 11 angegebene Sondervorschriften abgeändert werden. Diese Spalte kann auch mit den Buchstaben «BK» beginnende alphanumerische Codes enthalten, die sich auf die in Kapitel 6.11 beschriebenen Schüttgut-Container-Typen beziehen, die in Übereinstimmung mit Unterabschnitt 7.3.1.1 a) und Abschnitt 7.3.2 für die Beförderung von Gütern in loser Schüttung verwendet werden dürfen.

Spalte 11	«Sondervorschriften für ortsbewegliche Tanks und Schüttgut-Container»
	Diese Spalte enthält die alphanumerischen Codes für die zusätzlich einzuhaltenden Sondervorschriften für ortsbewegliche Tanks. Diese mit den Buchstaben «TP» beginnenden Codes beziehen sich auf Sondervorschriften für den Bau oder die Verwendung dieser ortsbeweglichen Tanks. Sie sind in Unterabschnitt 4.2.5.3 enthalten. **Bem.** Diese Sondervorschriften sind, sofern sie technisch relevant sind, nicht nur für die in Spalte 10 angegebenen ortsbeweglichen Tanks anwendbar, sondern auch für die ortsbeweglichen Tanks, die gemäß der Tabelle in Absatz 4.2.5.2.5 verwendet werden dürfen.

3.2 Verzeichnis der gefährlichen Güter

ADR | **RID**

Spalte 12	«Tankcodierungen für ADR/RID-Tanks»
	Diese Spalte enthält einen alphanumerischen Code, der gemäß Absatz 4.3.3.1.1 (für Gase der Klasse 2) oder 4.3.4.1.1 (für Stoffe der Klassen 3 bis 9) einen Tanktyp beschreibt. Dieser Tanktyp entspricht den am wenigsten strengen Tankvorschriften, die für die Beförderung des betreffenden Stoffes in ADR/RID-Tanks zugelassen sind. Die Codierungen, welche die übrigen zugelassenen Tanktypen beschreiben, sind in Absatz 4.3.3.1.2 (für Gase der Klasse 2) oder 4.3.4.1.2 (für Stoffe der Klassen 3 bis 9) aufgeführt. Wenn keine Codierung angegeben ist, ist die Beförderung in ADR/RID-Tanks nicht zugelassen.
	Wenn in dieser Spalte eine Tankcodierung für feste Stoffe (S) und für flüssige Stoffe (L) angegeben ist, bedeutet dies, dass dieser Stoff in festem oder flüssigem (geschmolzenem) Zustand zur Beförderung aufgegeben werden darf. Im Allgemeinen gilt diese Vorschrift für Stoffe mit einem Schmelzpunkt zwischen 20 °C und 180 °C.
	Wenn für einen festen Stoff in dieser Spalte nur eine Tankcodierung für flüssige Stoffe (L) angegeben ist, bedeutet dies, dass dieser Stoff nur in flüssigem (geschmolzenem) Zustand zur Beförderung aufgegeben wird.
	Die allgemeinen Vorschriften für den Bau, die Ausrüstung, die Bauartzulassung, die Prüfung und die Kennzeichnung, die nicht in der Tankcodierung angegeben sind, sind in den Abschnitten 6.8.1, 6.8.2, 6.8.3 und 6.8.5 enthalten. Die allgemeinen Vorschriften für die Verwendung (z.B. höchster Füllungsgrad, Mindestprüfdruck) sind in den Abschnitten 4.3.1 bis 4.3.4 enthalten.
	Die Angabe «(M)» nach der Tankcodierung bedeutet, dass der Stoff auch in Batterie-Fahrzeugen | Batteriewagen oder MEGC befördert werden darf.
	Die Angabe «(+)» nach der Tankcodierung bedeutet, dass die wechselweise Verwendung von Tanks nur zugelassen ist, wenn dies in der Bescheinigung über die Baumusterzulassung spezifiziert ist.
	Für Tanks | Für Tankcontainer aus faserverstärkten Kunststoffen siehe Abschnitt 4.4.1 und Kapitel 6.9; für Saug-Druck-Tanks für Abfälle siehe Abschnitt 4.5.1 und Kapitel 6.10.
	Bem. Die oben genannten Vorschriften können durch in Spalte 13 angegebene Sondervorschriften abgeändert werden.

Verzeichnis der gefährlichen Güter 3.2

ADR	RID

Spalte 13	«Sondervorschriften für ADR/RID-Tanks»
	Diese Spalte enthält alphanumerische Codes für die zusätzlich einzuhaltenden Sondervorschriften für ADR/RID-Tanks:
	– Die mit den Buchstaben «TU» beginnenden alphanumerischen Codes beziehen sich auf Sondervorschriften für die Verwendung dieser Tanks. Diese sind in Abschnitt 4.3.5 enthalten.
	– Die mit den Buchstaben «TC» beginnenden alphanumerischen Codes beziehen sich auf die Sondervorschriften für den Bau dieser Tanks. Diese sind in Abschnitt 6.8.4 a) enthalten.
	– Die mit den Buchstaben «TE» beginnenden alphanumerischen Codes beziehen sich auf die Sondervorschriften für die Ausrüstung dieser Tanks. Diese sind in Abschnitt 6.8.4 b) enthalten.
	– Die mit den Buchstaben «TA» beginnenden alphanumerischen Codes beziehen sich auf die Sondervorschriften für die Bauartzulassung dieser Tanks. Diese sind in Abschnitt 6.8.4 c) enthalten.
	– Die mit den Buchstaben «TT» beginnenden alphanumerischen Codes beziehen sich auf die Sondervorschriften für die Prüfung dieser Tanks. Diese sind in Abschnitt 6.8.4 d) enthalten.
	– Die mit den Buchstaben «TM» beginnenden alphanumerischen Codes beziehen sich auf die Sondervorschriften für die Kennzeichnung dieser Tanks. Diese sind in Abschnitt 6.8.4 e) enthalten.
	Bem. Diese Sondervorschriften sind, sofern sie technisch relevant sind, nicht nur für die in Spalte 12 angegebenen Tanks anwendbar, sondern auch für die Tanks, die gemäß den Hierarchien in den Absätzen 4.3.3.1.2 und 4.3.4.1.2 verwendet werden dürfen.

Spalte 14	«Fahrzeug für die Beförderung in Tanks»	(bleibt offen)
	Diese Spalte enthält einen Code, der das gemäß Abschnitt 7.4.2 für die Beförderung des Stoffes in Tanks zu verwendende Fahrzeug (einschließlich des Zugfahrzeugs von Anhängern und Sattelanhängern) (siehe Abschnitt 9.1.1) angibt. Die Vorschriften für den Bau und die Zulassung der Fahrzeuge sind in den Kapiteln 9.1, 9.2 und 9.7 aufgeführt.	

3.2 Verzeichnis der gefährlichen Güter

ADR	RID
Spalte 15	«Beförderungskategorie / (Tunnelbeschränkungscode)»	«Beförderungskategorie»

	ADR	RID
	Diese Spalte enthält im oberen Teil der Zelle eine Ziffer, welche die Beförderungskategorie angibt, der der Stoff oder Gegenstand für Zwecke der Freistellungen	
	in Zusammenhang mit Mengen, die je Beförderungseinheit befördert werden, zugeordnet ist (siehe Unterabschnitt 1.1.3.6).	von Beförderungen, die von Unternehmen in Verbindung mit ihrer Haupttätigkeit durchgeführt werden, zugeordnet ist (siehe Unterabschnitt 1.1.3.1 c)).

Die Angabe «–» bedeutet, dass keine Beförderungskategorie zugeordnet wurde.

Diese Spalte enthält im unteren Teil der Zelle in Klammern den Tunnelbeschränkungscode, der sich auf die anwendbare Beschränkung für die Durchfahrt von Fahrzeugen, mit denen der Stoff oder Gegenstand durch Tunnel befördert wird, bezieht. Diese sind in Kapitel 8.6 aufgeführt. Die Angabe «(–)» bedeutet, dass kein Tunnelbeschränkungscode zugeordnet wurde.

Spalte 16	«Sondervorschriften für die Beförderung – Versandstücke»

Diese Spalte enthält den (die) mit dem Buchstaben
«V» | «W»
beginnenden alphanumerischen Code(s) der für die Beförderung in Versandstücken anwendbaren Sondervorschriften (sofern zutreffend). Diese Vorschriften sind in Abschnitt 7.2.4 aufgeführt. Die allgemeinen Vorschriften für die Beförderung in Versandstücken sind in den Kapiteln 7.1 und 7.2 aufgeführt.

Bem. Darüber hinaus sind die in Spalte 18 angegebenen Sondervorschriften für die Be- und Entladung sowie die Handhabung zu beachten.

Spalte 17	«Sondervorschriften für die Beförderung – lose Schüttung»

Diese Spalte enthält den (die) mit den Buchstaben «VC» beginnenden alphanumerischen Code(s) sowie den (die) mit den Buchstaben «AP» beginnenden alphanumerischen Code(s) der für die Beförderung in loser Schüttung anwendbaren Vorschriften. Diese Vorschriften sind in Abschnitt 7.3.3 aufgeführt. Wenn keine mit dem Code «VC» bezeichnete Sondervorschrift oder kein Verweis auf einen bestimmten Absatz angegeben ist, welche/welcher diese Beförderungsart ausdrücklich zulässt, und wenn in Spalte (10) keine mit dem Code «BK» bezeichnete Sondervorschrift oder kein Verweis auf einen bestimmten Absatz angegeben ist, welche/welcher diese Beförderungsart ausdrücklich zulässt, ist die Beförderung in loser Schüttung nicht zugelassen. Die allgemeinen und zusätzlichen Vorschriften für die Beförderung in loser Schüttung sind in den Kapiteln 7.1 und 7.3 aufgeführt.

Bem. Darüber hinaus sind die in Spalte 18 angegebenen Sondervorschriften für die Be- und Entladung sowie die Handhabung zu beachten.

Verzeichnis der gefährlichen Güter 3.2

ADR	RID

Spalte 18	«Sondervorschriften für die Beförderung – Be- und Entladung, Handhabung»	
	Diese Spalte enthält den (die) mit den Buchstaben	
	«CV»	«CW»
	beginnenden alphanumerischen Code(s) der für die Be- und Entladung sowie die Handhabung anwendbaren Sondervorschriften. Diese Vorschriften sind in Abschnitt 7.5.11 aufgeführt. Wenn die Spalte 18 keinen Code enthält, gelten nur die allgemeinen Vorschriften (siehe Abschnitte 7.5.1 bis 7.5.10).	7.5.4 und 7.5.8).

Spalte 19	«Sondervorschriften für die Beförderung – Betrieb»	«Expressgut»
	Diese Spalte enthält den (die) mit dem Buchstaben «S» beginnenden alphanumerischen Code(s) der für den Betrieb anwendbaren Vorschriften, die in Kapitel 8.5 aufgeführt sind. Diese Vorschriften gelten zusätzlich zu den Vorschriften der Kapitel 8.1 bis 8.4; bei Widersprüchen zu den Vorschriften der Kapitel 8.1 bis 8.4 haben die Sondervorschriften jedoch Vorrang.	Diese Spalte enthält den (die) mit den Buchstaben «CE» beginnenden alphanumerischen Code(s) der für den Versand als Expressgut anwendbaren Vorschriften. Diese Vorschriften sind in Kapitel 7.6 aufgeführt. Wenn kein Code angegeben ist, ist die Beförderung als Expressgut nicht zugelassen.

Spalte 20	«Nummer zur Kennzeichnung der Gefahr»
	Diese Spalte enthält eine Nummer, die für Stoffe und Gegenstände der Klassen 2 bis 9 aus zwei oder drei Ziffern (in bestimmten Fällen mit vorangestelltem Buchstaben «X») und für Stoffe und Gegenstände der Klasse 1 aus dem Klassifizierungscode (siehe Spalte 3b) besteht. Diese Nummer muss in den in Unterabschnitt 5.3.2.1 vorgeschriebenen Fällen im oberen Teil der orangefarbenen Tafeln erscheinen. Die Bedeutung der Nummer zur Kennzeichnung der Gefahr ist in Unterabschnitt 5.3.2.3 erläutert.

3.2 Verzeichnis der gefährlichen Güter

ADR	RID

Verzeichnis der gefährlichen Güter		3.2
ADR	RID	

3

Tabelle A

Verzeichnis der gefährlichen Güter

in UN-numerischer Reihenfolge

Hinweise zur Tabelle A:

Die Tabelle in Absatz 1.10.3.1.2 nennt gefährliche Güter mit hohem Gefahrenpotential. Alle Stoffe oder Gegenstände, die dem Absatz 1.10.3.1.2 unterliegen können, sind am linken Tabellenrand mit einem schwarzen Punkt (•) markiert.

Die Gefahrgutverordnung Straße, Eisenbahn und Binnenschifffahrt (GGVSEB) schreibt in Deutschland für bestimmte Stoffe und Gegenstände ab festgelegten Mengengrenzen eine Verlagerungsprüfung bzw. Fahrwegbestimmung vor. Diese Regelungen befinden sich in den §§ 35 bis 35c der GGVSEB. Alle Güter, die dem § 35b GGVSEB unterliegen können, sind am linken Tabellenrand mit G .. markiert. Hier ist anhand der Beförderungsbedingungen die Anwendung der §§ 35 und 35a GGVSEB zu prüfen.

Mit der neuen GGVSEB 2017 werden die neuen §§ 35 bis 35c aufgenommen. § 35b benennt die gefährlichen Güter, für die die § 35 (Verlagerung) und § 35a (Fahrweg im Straßenverkehr) gelten. Diese sind zusätzlich am linken Tabellenrand markiert:

        G..   Güter die nur der GGVSEB § 35b unterliegen

Es ist anhand der Beförderungsbedingungen die Anwendung von §§ 35 und 35a zu prüfen. Hinzuweisen ist auch auf die Ausnahmeregelungen in § 35c.

3.2 Verzeichnis der gefährlichen Güter

ADR | RID

Hinweis auf § 35b (Gefährliche Güter, für deren Beförderung die §§ 35 und 35a gelten)

Für die nachfolgend genannten gefährlichen Güter gelten die §§ 35 und 35a wie folgt:

Tabelle

lfd. Nr.	Klasse/ Unterklasse	Stoff oder Gegenstand	Geltung der §§ 35 und 35a	Beförderung in Tanks ab	Beförderung in Versandstücken ab	Bemerkungen
1 = G1	1.1	explosive Stoffe und Gegenstände mit Explosivstoff	§ 35 und § 35a	nicht zulässig	1000 kg Nettoexplosivstoffmasse	Siehe Ausnahmen nach § 35c Absatz 9
	1.2	explosive Stoffe und Gegenstände mit Explosivstoff	§ 35 und § 35a	nicht zulässig	1000 kg Nettoexplosivstoffmasse	
	1.5	explosive Stoffe und Gegenstände mit Explosivstoff	§ 35 und § 35a	1000 kg Nettoexplosivstoffmasse	1000 kg Nettoexplosivstoffmasse	Beförderungen in Tanks sind nur für die UN-Nummern 0331 und 0332 zulässig (Siehe Ausnahmen nach § 35c Absatz 9)
2 = G2	2	entzündbare Gase (Klassifizierungscodes, die nur den Buchstaben F enthalten)	§ 35 und § 35a	9000 kg Nettomasse	entfällt	§§ 35 und 35a gelten nur für Beförderungen in Tanks (Siehe Ausnahmen nach § 35c Absatz 1 und 5 bis 8)
3 = G3	2	giftige Gase (Klassifizierungscodes, die den/ die Buchstaben T, TF, TC, TO, TFC oder TOC enthalten)	§ 35 und § 35a	1000 kg Nettomasse	entfällt	§§ 35 und 35a gelten nur für Beförderungen in Tanks
4 = G4	3	entzündbare flüssige Stoffe der Verpackungsgruppen I und II, mit Ausnahme der UN-Nummern 1093, 1099, 1100, 1131 und 1921	§ 35a	3000 Liter bei Verpackungsgruppe I 6000 Liter bei Verpackungsgruppe II	entfällt	§ 35a gilt nur für Beförderungen in Tanks (Siehe Ausnahme nach § 35c Absatz 3)
5 = G5	3	UN-Nummern 1093, 1099, 1100, 1131 und 1921 der Verpackungsgruppe I	§ 35 und § 35a	3000 Liter	entfällt	§§ 35 und 35a gelten nur für Beförderungen in Tanks
6 = G6	4.1	desensibilisierte explosive Stoffe der UN-Nummern 3364, 3365, 3367 und 3368	§ 35 und § 35a	nicht zulässig	1000 kg Nettomasse	
7 = G7	4.2	UN-Nummer 3394	§ 35 und § 35a	3000 Liter	entfällt	§§ 35 und 35a gelten nur für Beförderungen in Tanks
8 = G8	4.3	UN-Nummern 1928 und 3399	§ 35 und § 35a	3000 Liter	entfällt	§§ 35 und 35a gelten nur für Beförderungen in Tanks
9 = G9	5.1	entzündend (oxidierend) wirkende flüssige Stoffe der Verpackungsgruppe I der UN-Nummern 1745, 1746, 1873 und 2015	§ 35 und § 35a	3000 Liter	entfällt	§§ 35 und 35a gelten nur für Beförderungen in Tanks

Verzeichnis der gefährlichen Güter 3.2

ADR	RID

lfd. Nr.	Klasse/ Unter- klasse	Stoff oder Gegenstand	Geltung der §§ 35 und 35a	Beförderung in Tanks ab	Beförderung in Versandstücken ab	Bemerkungen
10 = G10	6.1	giftige flüssige Stoffe der Verpackungs- gruppe I	§ 35 und § 35a	3000 Liter	entfällt	§§ 35 und 35a gelten nur für Beförderungen in Tanks
11 = G11	8	ätzende flüssige Stoffe der Verpackungsgruppe I der UN-Nummern 1052, 1739, 1744, 1777, 1790, 1829 und 2699	§ 35 und § 35a	3000 Liter	entfällt	§§ 35 und 35a gelten nur für Beförderungen in Tanks

Die angegebenen Mengen beziehen sich auf die Beförderungseinheit. Werden verschiedene Güter der Klasse 1 jeweils in geringeren Mengen als 1000 kg Nettoexplosivstoffmasse in einer Beförde- rungseinheit befördert, sind die §§ 35 und 35a ab einer Summe der Nettoexplosivstoffmassen dieser Güter von 1000 kg in der Beförderungseinheit anzuwenden.

3.2 Tabelle A: Verzeichnis der gefährlichen Güter

gemäß Tabelle 1.10.3.1.2 § 35b GGVSEB	UN-Nummer	Benennung und Beschreibung	Klasse	Klassifizierungscode	Verpackungsgruppe	Gefahrzettel	Sondervorschriften	Begrenzte und freigestellte Mengen	Verpackung Anweisungen	Verpackung Sondervorschriften	Verpackung Zusammenpackung
G..		3.1.2	2.2	2.2	2.1.1.3	5.2.2	3.3	3.4 / 3.5.1.2	4.1.4	4.1.4	4.1.10
(1)		(2)	(3a)	(3b)	(4)	(5)	(6)	(7a)	(7b)	(8)	(9a)	(9b)
• G1	0004	AMMONIUMPIKRAT, trocken oder angefeuchtet mit weniger als 10 Masse-% Wasser	1	1.1D		1 RID: (+13)		0	E0	P112a P112b P112c	PP26	MP20
• G1	0005	PATRONEN FÜR WAFFEN, mit Sprengladung	1	1.1F		1 RID: (+13)		0	E0	P130 LP101		MP23
• G1	0006	PATRONEN FÜR WAFFEN, mit Sprengladung	1	1.1E		1 RID: (+13)		0	E0	P130 LP101	PP67 L1	MP21
• G1	0007	PATRONEN FÜR WAFFEN, mit Sprengladung	1	1.2F		1 RID: (+13)		0	E0	P130 LP101		MP23
• G1	0009	MUNITION, BRAND, mit oder ohne Zerleger, Ausstoß- oder Treibladung	1	1.2G		1		0	E0	P130 LP101	PP67 L1	MP23
	0010	MUNITION, BRAND, mit oder ohne Zerleger, Ausstoß- oder Treibladung	1	1.3G		1		0	E0	P130 LP101	PP67 L1	MP23
	0012	PATRONEN FÜR WAFFEN, MIT INERTEM GESCHOSS oder PATRONEN FÜR HANDFEUERWAFFEN	1	1.4S		1.4	364	5 kg	E0	P130 LP101		MP23 MP24
	0014	PATRONEN FÜR WAFFEN, MANÖVER oder PATRONEN FÜR HANDFEUERWAFFEN, MANÖVER oder PATRONEN FÜR WERKZEUGE, OHNE GESCHOSS	1	1.4S		1.4	364	5 kg	E0	P130 LP101		MP23 MP24
• G1	0015	MUNITION, NEBEL, mit oder ohne Zerleger, Ausstoß- oder Treibladung	1	1.2G		1		0	E0	P130 LP101	PP67 L1	MP23
• G1	0015	MUNITION, NEBEL, mit oder ohne Zerleger, Ausstoß- oder Treibladung, mit ätzenden Stoffen	1	1.2G		1 + 8		0	E0	P130 LP101	PP67 L1	MP23
• G1	0015	MUNITION, NEBEL, mit oder ohne Zerleger, Ausstoß- oder Treibladung, mit beim Einatmen giftigen Stoffen	1	1.2G		1 + 6.1		0	E0	P130 LP101	PP67 L1	MP23
	0016	MUNITION, NEBEL, mit oder ohne Zerleger, Ausstoß- oder Treibladung	1	1.3G		1		0	E0	P130 LP101	PP67 L1	MP23
	0016	MUNITION, NEBEL, mit oder ohne Zerleger, Ausstoß- oder Treibladung, mit ätzenden Stoffen	1	1.3G		1 + 8		0	E0	P130 LP101	PP67 L1	MP23
•	0016	MUNITION, NEBEL, mit oder ohne Zerleger, Ausstoß- oder Treibladung, mit beim Einatmen giftigen Stoffen	1	1.3G		1 + 6.1		0	E0	P130 LP101	PP67 L1	MP23
• G1	0018	MUNITION, AUGENREIZSTOFF, mit Zerleger, Ausstoß- oder Treibladung	1	1.2G		1 + 6.1 + 8		0	E0	P130 LP101	PP67 L1	MP23
	0019	MUNITION, AUGENREIZSTOFF, mit Zerleger, Ausstoß- oder Treibladung	1	1.3G		1 + 6.1 + 8		0	E0	P130 LP101	PP67 L1	MP23
•	0020	MUNITION, GIFTIG, mit Zerleger, Ausstoß- oder Treibladung	1	1.2K		BEFÖRDERUNG VERBOTEN						

Tabelle A: Verzeichnis der gefährlichen Güter 3.2

ortsbewegliche Tanks und Schüttgut-Container	Sondervorschriften	Tankcodierungen für ADR/RID-Tanks	ADR								RID							Nummer zur Kennzeichnung der Gefahr	UN-Nummer
			Sondervorschriften für ADR-Tanks	Fahrzeug für die Beförderung in Tanks	Beförderungskategorie (Tunnelbeschränkungs-code)	Sondervorschriften für die Beförderung			Betrieb		Sondervorschriften für RID-Tanks	Beförderungs-kategorie	Sondervorschriften für die Beförderung			Expressgut		
Anweisungen						Versand-stücke	lose Schüttung	Be- und Entladung, Handhabung					Versand-stücke	lose Schüttung	Be- und Entladung, Handhabung			
4.2.5.2 7.3.2	4.2.5.3	4.3	4.3.5 6.8.4	9.1.1.2	1.1.3.6 (8.6)	7.2.4	7.3.3	7.5.11	8.5		4.3.5 6.8.4	1.1.3.1	7.2.4	7.3.3	7.5.11	7.6		5.3.2.3	(1)
(10)	(11)	(12)	(13)	(14)	(15)	(16)	(17)	(18)	(19)		(13)	(15)	(16)	(17)	(18)	(19)		(20)	
					1 (B1000C)	V2 V3		CV1 CV2 CV3	S1			1	W2 W3		CW1			RID: 1.1D	0004
					1 (B1000C)	V2		CV1 CV2 CV3	S1			1	W2		CW1			RID: 1.1F	0005
					1 (B1000C)	V2		CV1 CV2 CV3	S1			1	W2		CW1			RID: 1.1E	0006
					1 (B1000C)	V2		CV1 CV2 CV3	S1			1	W2		CW1			RID: 1.2F	0007
					1 (B1000C)	V2		CV1 CV2 CV3	S1			1	W2		CW1			RID: 1.2G	0009
					1 (C5000D)	V2		CV1 CV2 CV3	S1			1	W2		CW1			RID: 1.3G	0010
					4 (E)			CV1 CV2 CV3	S1			4			CW1		CE1	RID: 1.4S	0012
					4 (E)			CV1 CV2 CV3	S1			4			CW1		CE1	RID: 1.4S	0014
					1 (B1000C)	V2		CV1 CV2 CV3	S1			1	W2		CW1			RID: 1.2G	0015
					1 (B1000C)	V2		CV1 CV2 CV3	S1			1	W2		CW1			RID: 1.2G	0015
					1 (B1000C)	V2		CV1 CV2 CV3 CV28	S1			1	W2		CW1 CW28			RID: 1.2G	0015
					1 (C5000D)	V2		CV1 CV2 CV3	S1			1	W2		CW1			RID: 1.3G	0016
					1 (C5000D)	V2		CV1 CV2 CV3	S1			1	W2		CW1			RID: 1.3G	0016
					1 (C5000D)	V2		CV1 CV2 CV3 CV28	S1			1	W2		CW1 CW28			RID: 1.3G	0016
					1 (B1000C)	V2		CV1 CV2 CV3 CV28	S1			1	W2		CW1 CW28			RID: 1.2G	0018
					1 (C5000D)	V2		CV1 CV2 CV3 CV28	S1			1	W2		CW1 CW28			RID: 1.3G	0019
					BEFÖRDERUNG VERBOTEN														0020

3.2 Tabelle A: Verzeichnis der gefährlichen Güter

gemäß Tabelle 1.10.3.1.2	§ 35b GGVSEB	UN-Nummer	Benennung und Beschreibung	Klasse	Klassifizierungscode	Verpackungsgruppe	Gefahrzettel	Sondervorschriften	Begrenzte und freigestellte Mengen	Verpackung Anweisungen	Verpackung Sondervorschriften	Verpackung Zusammenpackung
G..			3.1.2	2.2	2.2	2.1.1.3	5.2.2	3.3	3.4 / 3.5.1.2	4.1.4	4.1.4	4.1.10
•		(1)	(2)	(3a)	(3b)	(4)	(5)	(6)	(7a)	(7b)	(8)	(9a)	(9b)
•		0021	MUNITION, GIFTIG, mit Zerleger, Ausstoß- oder Treibladung	1	1.3K				BEFÖRDERUNG VERBOTEN			
•	G1	0027	SCHWARZPULVER, gekörnt oder in Mehlform	1	1.1D	1 RID: (+13)			0	E0	P113	PP50	MP20 MP24
•	G1	0028	SCHWARZPULVER, GEPRESST oder als PELLETS	1	1.1D	1 RID: (+13)			0	E0	P113	PP51	MP20 MP24
•	G1	0029	SPRENGKAPSELN, NICHT ELEKTRISCH	1	1.1B	1 RID: (+13)			0	E0	P131	PP68	MP23
•	G1	0030	SPRENGKAPSELN, ELEKTRISCH	1	1.1B	1 RID: (+13)			0	E0	P131		MP23
•	G1	0033	BOMBEN, mit Sprengladung	1	1.1F	1 RID: (+13)			0	E0	P130 LP101		MP23
•	G1	0034	BOMBEN, mit Sprengladung	1	1.1D	1 RID: (+13)			0	E0	P130 LP101	PP67 L1	MP21
•	G1	0035	BOMBEN, mit Sprengladung	1	1.2D	1			0	E0	P130 LP101	PP67 L1	MP21
•	G1	0037	BOMBEN, BLITZLICHT	1	1.1F	1			0	E0	P130 LP101		MP23
•	G1	0038	BOMBEN, BLITZLICHT	1	1.1D	1 RID: (+13)			0	E0	P130 LP101	PP67 L1	MP21
•	G1	0039	BOMBEN, BLITZLICHT	1	1.2G	1			0	E0	P130 LP101	PP67 L1	MP23
•	G1	0042	ZÜNDVERSTÄRKER, ohne Detonator	1	1.1D	1 RID: (+13)			0	E0	P132a P132b		MP21
•	G1	0043	ZERLEGER, mit Explosivstoff	1	1.1D	1 RID: (+13)			0	E0	P133	PP69	MP21
		0044	ANZÜNDHÜTCHEN	1	1.4S	1.4			0	E0	P133		MP23 MP24
•	G1	0048	SPRENGKÖRPER	1	1.1D	1 RID: (+13)			0	E0	P130 LP101	PP67 L1	MP21
•	G1	0049	PATRONEN, BLITZLICHT	1	1.1G	1 RID: (+13)			0	E0	P135		MP23
		0050	PATRONEN, BLITZLICHT	1	1.3G	1			0	E0	P135		MP23

Tabelle A: Verzeichnis der gefährlichen Güter 3.2

ortsbewegliche Tanks und Schüttgut-Container		Tankcodierungen für ADR/RID-Tanks	Sondervorschriften für ADR-Tanks	Fahrzeug für die Beförderung in Tanks	ADR Beförderungskategorie (Tunnelbeschränkungscode)	Sondervorschriften für die Beförderung			Betrieb	RID Sondervorschriften für RID-Tanks	Beförderungskategorie	Sondervorschriften für die Beförderung			Expressgut	Nummer zur Kennzeichnung der Gefahr	UN-Nummer
Anweisungen	Sondervorschriften					Versandstücke	lose Schüttung	Be- und Entladung, Handhabung				Versandstücke	lose Schüttung	Be- und Entladung, Handhabung			
4.2.5.2 7.3.2	4.2.5.3	4.3	4.3.5 6.8.4	9.1.1.2	1.1.3.6 (8.6)	7.2.4	7.3.3	7.5.11	8.5	4.3.5 6.8.4	1.1.3.1	7.2.4	7.3.3	7.5.11	7.6	5.3.2.3	(1)
(10)	(11)	(12)	(13)	(14)	(15)	(16)	(17)	(18)	(19)	(13)	(15)	(16)	(17)	(18)	(19)	(20)	
					BEFÖRDERUNG VERBOTEN												0021
				1 (B1000C)	V2 V3	CV1 CV2 CV3		S1		1	W2 W3			CW1		RID: 1.1D	0027
				1 (B1000C)	V2	CV1 CV2 CV3		S1		1	W2			CW1		RID: 1.1D	0028
				1 (B1000C)	V2	CV1 CV2 CV3		S1		1	W2			CW1		RID: 1.1B	0029
				1 (B1000C)	V2	CV1 CV2 CV3		S1		1	W2			CW1		RID: 1.1B	0030
				1 (B1000C)	V2	CV1 CV2 CV3		S1		1	W2			CW1		RID: 1.1F	0033
				1 (B1000C)	V2	CV1 CV2 CV3		S1		1	W2			CW1		RID: 1.1D	0034
				1 (B1000C)	V2	CV1 CV2 CV3		S1		1	W2			CW1		RID: 1.2D	0035
				1 (B1000C)	V2	CV1 CV2 CV3		S1		1	W2			CW1		RID: 1.1F	0037
				1 (B1000C)	V2	CV1 CV2 CV3		S1		1	W2			CW1		RID: 1.1D	0038
				1 (B1000C)	V2	CV1 CV2 CV3		S1		1	W2			CW1		RID: 1.2G	0039
				1 (B1000C)	V2	CV1 CV2 CV3		S1		1	W2			CW1		RID: 1.1D	0042
				1 (B1000C)	V2	CV1 CV2 CV3		S1		1	W2			CW1		RID: 1.1D	0043
				4 (E)		CV1 CV2 CV3		S1		4				CW1	CE1	RID: 1.4S	0044
				1 (B1000C)	V2	CV1 CV2 CV3		S1		1	W2			CW1		RID: 1.1D	0048
				1 (B1000C)	V2	CV1 CV2 CV3		S1		1	W2			CW1		RID: 1.1G	0049
				1 (C5000D)	V2	CV1 CV2 CV3		S1		1	W2			CW1		RID: 1.3G	0050

3.2 Tabelle A: Verzeichnis der gefährlichen Güter

gemäß Tabelle 1.10.3.1.2	§ 35b GGVSEB	UN-Nummer	Benennung und Beschreibung	Klasse	Klassifizierungscode	Verpackungsgruppe	Gefahrzettel	Sondervorschriften	Begrenzte und freigestellte Mengen		Verpackung Anweisungen	Verpackung Sondervorschriften	Verpackung Zusammenpackung
G..			3.1.2	2.2	2.2	2.1.1.3	5.2.2	3.3	3.4 / 3.5.1.2		4.1.4	4.1.4	4.1.10
(1)			(2)	(3a)	(3b)	(4)	(5)	(6)	(7a)	(7b)	(8)	(9a)	(9b)
		0054	PATRONEN, SIGNAL	1	1.3G		1		0	E0	P135		MP23 MP24
		0055	TREIBLADUNGSHÜLSEN, LEER, MIT TREIBLADUNGSANZÜNDER	1	1.4S		1.4	364	5 kg	E0	P136		MP23
•	G1	0056	WASSERBOMBEN	1	1.1D		1 RID: (+13)		0	E0	P130 LP101	PP67 L1	MP21
•	G1	0059	HOHLLADUNGEN, ohne Zündmittel	1	1.1D		1 RID: (+13)		0	E0	P137	PP70	MP21
•	G1	0060	FÜLLSPRENGKÖRPER	1	1.1D		1 RID: (+13)		0	E0	P132a P132b		MP21
•	G1	0065	SPRENGSCHNUR, biegsam	1	1.1D		1 RID: (+13)		0	E0	P139	PP71 PP72	MP21
		0066	ANZÜNDLITZE	1	1.4G		1.4		0	E0	P140		MP23
		0070	SCHNEIDVORRICHTUNGEN, KABEL, MIT EXPLOSIVSTOFF	1	1.4S		1.4		0	E0	P134 LP102		MP23
•	G1	0072	CYCLOTRIMETHYLEN-TRINITRAMIN (CYCLONIT), (HEXOGEN), (RDX), ANGEFEUCHTET mit mindestens 15 Masse-% Wasser	1	1.1D		1 RID: (+15)	266	0	E0	P112a	PP45	MP20
•	G1	0073	DETONATOREN FÜR MUNITION	1	1.1B		1 RID: (+13)		0	E0	P133		MP23
•	G1	0074	DIAZODINITROPHENOL, ANGEFEUCHTET mit mindestens 40 Masse-% Wasser oder einer Alkohol/Wasser-Mischung	1	1.1A		1	266	0	E0	P110b	PP42	MP20
•	G1	0075	DIETHYLENGLYCOLDINITRAT, DESENSIBILISIERT, mit mindestens 25 Masse-% nicht flüchtigem, wasserunlöslichem Phlegmatisierungsmittel	1	1.1D		1 RID: (+15)	266	0	E0	P115	PP53 PP54 PP57 PP58	MP20
•	G1	0076	DINITROPHENOL, trocken oder angefeuchtet mit weniger als 15 Masse-% Wasser	1	1.1D		1 + 6.1 RID: (+13)		0	E0	P112a P112b P112c	PP26	MP20
•		0077	DINITROPHENOLATE der Alkalimetalle, trocken oder angefeuchtet mit weniger als 15 Masse-% Wasser	1	1.3C		1 + 6.1 RID: (+13)		0	E0	P114a P114b	PP26	MP20
•	G1	0078	DINITRORESORCINOL, trocken oder angefeuchtet mit weniger als 15 Masse-% Wasser	1	1.1D		1 RID: (+13)		0	E0	P112a P112b P112c	PP26	MP20
•	G1	0079	HEXANITRODIPHENYLAMIN (DIPIKRYLAMIN), (HEXYL)	1	1.1D		1 RID: (+13)		0	E0	P112b P112c		MP20

Tabelle A: Verzeichnis der gefährlichen Güter 3.2

ortsbewegliche Tanks und Schüttgut-Container		Tankcodierungen für ADR/RID-Tanks	Sondervorschriften für ADR-Tanks	Fahrzeug für die Beförderung in Tanks	ADR Beförderungs- kategorie (Tunnel- beschrän- kungs- code)	Sondervorschriften für die Beförderung			Betrieb	RID Sondervorschriften für RID-Tanks	Beförderungs- kategorie	Sondervorschriften für die Beförderung			Expressgut	Nummer zur Kenn- zeichnung der Gefahr	UN-Nummer
Anwei- sungen	Sondervor- schriften					Versand- stücke	lose Schüttung	Be- und Entladung, Handhabung				Versand- stücke	lose Schüttung	Be- und Entladung, Handhabung			
4.2.5.2 7.3.2	4.2.5.3	4.3	4.3.5 6.8.4	9.1.1.2	1.1.3.6 (8.6)	7.2.4	7.3.3	7.5.11	8.5	4.3.5 6.8.4	1.1.3.1	7.2.4	7.3.3	7.5.11	7.6	5.3.2.3	(1)
(10)	(11)	(12)	(13)	(14)	(15)	(16)	(17)	(18)	(19)	(13)	(15)	(16)	(17)	(18)	(19)	(20)	(1)
					1 (C5000D)	V2		CV1 CV2 CV3	S1		1	W2		CW1		RID: 1.3G	0054
					4 (E)			CV1 CV2 CV3	S1		4			CW1	CE1	RID: 1.4S	0055
					1 (B1000C)	V2		CV1 CV2 CV3	S1		1	W2		CW1		RID: 1.1D	0056
					1 (B1000C)	V2		CV1 CV2 CV3	S1		1	W2		CW1		RID: 1.1D	0059
					1 (B1000C)	V2		CV1 CV2 CV3	S1		1	W2		CW1		RID: 1.1D	0060
					1 (B1000C)	V2		CV1 CV2 CV3	S1		1	W2		CW1		RID: 1.1D	0065
					2 (E)	V2		CV1 CV2 CV3	S1		2	W2		CW1	CE1	RID: 1.4G	0066
					4 (E)			CV1 CV2 CV3	S1		4			CW1	CE1	RID: 1.4S	0070
					1 (B1000C)	V2		CV1 CV2 CV3	S1		1	W2		CW1		RID: 1.1D	0072
					1 (B1000C)	V2		CV1 CV2 CV3	S1		1	W2		CW1		RID: 1.1B	0073
					0 (B)	V2		CV1 CV2 CV3	S1		RID: verboten						0074
					1 (B1000C)	V2		CV1 CV2 CV3	S1		1	W2		CW1		RID: 1.1D	0075
					1 (B1000C)	V2 V3		CV1 CV2 CV3 CV28	S1		1	W2 W3		CW1 CW28		RID: 1.1D	0076
					1 (C5000D)	V2 V3		CV1 CV2 CV3 CV28	S1		1	W2 W3		CW1 CW28		RID: 1.3C	0077
					1 (B1000C)	V2 V3		CV1 CV2 CV3	S1		1	W2 W3		CW1		RID: 1.1D	0078
					1 (B1000C)	V2 V3		CV1 CV2 CV3	S1		1	W2 W3		CW1		RID: 1.1D	0079

3.2 Tabelle A: Verzeichnis der gefährlichen Güter

gemäß Tabelle 1.10.3.1.2	§ 35b GGVSEB	UN-Nummer	Benennung und Beschreibung	Klasse	Klassifizierungscode	Verpackungsgruppe	Gefahrzettel	Sondervorschriften	Begrenzte und freigestellte Mengen		Verpackung		
											Anweisungen	Sondervorschriften	Zusammenpackung
			3.1.2	2.2	2.2	2.1.1.3	5.2.2	3.3	3.4	3.5.1.2	4.1.4	4.1.4	4.1.10
(1)			(2)	(3a)	(3b)	(4)	(5)	(6)	(7a)	(7b)	(8)	(9a)	(9b)
• G1		0081	SPRENGSTOFF, TYP A	1	1.1D		1	616 617 RID: (+13)	0	E0	P116	PP63 PP66	MP20
• G1		0082	SPRENGSTOFF, TYP B	1	1.1D		1	617 RID: (+13)	0	E0	P116 IBC100	PP61 PP62 B9	MP20
• G1		0083	SPRENGSTOFF, TYP C	1	1.1D		1	267 617 RID: (+15)	0	E0	P116		MP20
• G1		0084	SPRENGSTOFF, TYP D	1	1.1D		1	617 RID: (+13)	0	E0	P116		MP20
		0092	LEUCHTKÖRPER, BODEN	1	1.3G		1		0	E0	P135		MP23
		0093	LEUCHTKÖRPER, LUFTFAHRZEUG	1	1.3G		1		0	E0	P135		MP23
• G1		0094	BLITZLICHTPULVER	1	1.1G		1	RID: (+13)	0	E0	P113	PP49	MP20
• G1		0099	LOCKERUNGSSPRENGGERÄTE MIT EXPLOSIVSTOFF, für Erdölbohrungen, ohne Zündmittel	1	1.1D		1	RID: (+13)	0	E0	P134 LP102		MP21
		0101	STOPPINEN, NICHT SPRENGKRÄFTIG	1	1.3G		1		0	E0	P140	PP74 PP75	MP23
• G1		0102	SPRENGSCHNUR, mit Metallmantel	1	1.2D		1		0	E0	P139	PP71	MP21
		0103	ANZÜNDSCHNUR, rohrförmig, mit Metallmantel	1	1.4G		1.4		0	E0	P140		MP23
•		0104	SPRENGSCHNUR MIT GERINGER WIRKUNG, mit Metallmantel	1	1.4D		1.4		0	E0	P139	PP71	MP21
		0105	ANZÜNDSCHNUR (SICHERHEITSZÜNDSCHNUR)	1	1.4S		1.4		0	E0	P140	PP73	MP23
• G1		0106	ZÜNDER, SPRENGKRÄFTIG	1	1.1B		1	RID: (+13)	0	E0	P141		MP23
• G1		0107	ZÜNDER, SPRENGKRÄFTIG	1	1.2B		1	RID: (+13)	0	E0	P141		MP23
		0110	GRANATEN, ÜBUNG, Hand oder Gewehr	1	1.4S		1.4		0	E0	P141		MP23
• G1		0113	GUANYLNITROSAMINOGUANYLIDEN-HYDRAZIN, ANGEFEUCHTET mit mindestens 30 Masse-% Wasser	1	1.1A		1	266	0	E0	P110b	PP42	MP20

Tabelle A: Verzeichnis der gefährlichen Güter 3.2

ortsbewegliche Tanks und Schüttgut-Container Anweisungen	Sondervorschriften	Tankcodierungen für ADR/RID-Tanks	Sondervorschriften für ADR-Tanks	Fahrzeug für die Beförderung in Tanks	ADR Beförderungskategorie (Tunnelbeschränkungscode)	ADR Sondervorschriften für die Beförderung Versandstücke	ADR Sondervorschriften für die Beförderung lose Schüttung	ADR Sondervorschriften für die Beförderung Be- und Entladung, Handhabung	Betrieb	RID Sondervorschriften für RID-Tanks	RID Beförderungskategorie	RID Sondervorschriften für die Beförderung Versandstücke	RID Sondervorschriften für die Beförderung lose Schüttung	RID Sondervorschriften für die Beförderung Be- und Entladung, Handhabung	Expressgut	Nummer zur Kennzeichnung der Gefahr	UN-Nummer
4.2.5.2 / 7.3.2	4.2.5.3	4.3	4.3.5 / 6.8.4	9.1.1.2	1.1.3.6 (8.6)	7.2.4	7.3.3	7.5.11	8.5	4.3.5 / 6.8.4	1.1.3.1	7.2.4	7.3.3	7.5.11	7.6	5.3.2.3	
(10)	(11)	(12)	(13)	(14)	(15)	(16)	(17)	(18)	(19)	(13)	(15)	(16)	(17)	(18)	(19)	(20)	(1)
					1 (B1000C)	V2 V3		CV1 CV2 CV3	S1		1	W2 W3		CW1		RID: 1.1D	0081
					1 (B1000C)	V2 V3 V12		CV1 CV2 CV3	S1		1	W2 W3 W12		CW1		RID: 1.1D	0082
					1 (B1000C)	V2 V3		CV1 CV2 CV3	S1		1	W2 W3		CW1		RID: 1.1D	0083
					1 (B1000C)	V2		CV1 CV2 CV3	S1		1	W2		CW1		RID: 1.1D	0084
					1 (C5000D)	V2		CV1 CV2 CV3	S1		1	W2		CW1		RID: 1.3G	0092
					1 (C5000D)	V2		CV1 CV2 CV3	S1		1	W2		CW1		RID: 1.3G	0093
					1 (B1000C)	V2 V3		CV1 CV2 CV3	S1		1	W2 W3		CW1		RID: 1.1G	0094
					1 (B1000C)	V2		CV1 CV2 CV3	S1		1	W2		CW1		RID: 1.1D	0099
					1 (C5000D)	V2		CV1 CV2 CV3	S1		1	W2		CW1		RID: 1.3G	0101
					1 (B1000C)	V2		CV1 CV2 CV3	S1		1	W2		CW1		RID: 1.2D	0102
					2 (E)	V2		CV1 CV2 CV3	S1		2	W2		CW1		RID: 1.4G	0103
					2 (E)	V2		CV1 CV2 CV3	S1		2	W2		CW1		RID: 1.4D	0104
					4 (E)			CV1 CV2 CV3	S1		4			CW1	CE1	RID: 1.4S	0105
					1 (B1000C)	V2		CV1 CV2 CV3	S1		1	W2		CW1		RID: 1.1B	0106
					1 (B1000C)	V2		CV1 CV2 CV3	S1		1	W2		CW1		RID: 1.2B	0107
					4 (E)			CV1 CV2 CV3	S1		4			CW1	CE1	RID: 1.4S	0110
					0 (B)	V2		CV1 CV2 CV3	S1		RID: verboten						0113

3.2 Tabelle A: Verzeichnis der gefährlichen Güter

gemäß Tabelle 1.10.3.1.2 § 35b GGVSEB	UN-Nummer	Benennung und Beschreibung	Klasse	Klassifizierungscode	Verpackungsgruppe	Gefahrzettel	Sondervorschriften	Begrenzte und freigestellte Mengen		Verpackung Anweisungen	Sondervorschriften	Zusammenpackung
G..		3.1.2	2.2	2.2	2.1.1.3	5.2.2	3.3	3.4	3.5.1.2	4.1.4	4.1.4	4.1.10
		(1) (2)	(3a)	(3b)	(4)	(5)	(6)	(7a)	(7b)	(8)	(9a)	(9b)
• G1	0114	GUANYLNITROSAMINOGUANYLTETRAZEN (TETRACEN), ANGEFEUCHTET mit mindestens 30 Masse-% Wasser oder einer Alkohol/Wasser-Mischung	1	1.1A		1	266	0	E0	P110b	PP42	MP20
• G1	0118	HEXOLIT (HEXOTOL), trocken oder angefeuchtet mit weniger als 15 Masse-% Wasser	1	1.1D		1 RID: (+13)		0	E0	P112a P112b P112c		MP20
• G1	0121	ANZÜNDER	1	1.1G		1 RID: (+13)		0	E0	P142		MP23
• G1	0124	PERFORATIONSHOHLLADUNGSTRÄGER, GELADEN, für Erdölbohrlöcher, ohne Zündmittel	1	1.1D		1 RID: (+13)		0	E0	P101		MP21
• G1	0129	BLEIAZID, ANGEFEUCHTET mit mindestens 20 Masse-% Wasser oder einer Alkohol/Wasser-Mischung	1	1.1A		1	266	0	E0	P110b	PP42	MP20
• G1	0130	BLEISTYPHNAT (BLEITRINITRORESORCINAT), ANGEFEUCHTET mit mindestens 20 Masse-% Wasser oder einer Alkohol/Wasser-Mischung	1	1.1A		1	266	0	E0	P110b	PP42	MP20
	0131	ANZÜNDER, ANZÜNDSCHNUR	1	1.4S		1.4		0	E0	P142		MP23
•	0132	DEFLAGRIERENDE METALLSALZE AROMATISCHER NITROVERBINDUNGEN, N.A.G.	1	1.3C		1 RID: (+13)	274	0	E0	P114a P114b	PP26	MP2
• G1	0133	MANNITOLHEXANITRAT (NITROMANNITOL), ANGEFEUCHTET mit mindestens 40 Masse-% Wasser oder einer Alkohol/Wasser-Mischung	1	1.1D		1 RID: (+15)	266	0	E0	P112a		MP20
• G1	0135	QUECKSILBERFULMINAT, ANGEFEUCHTET mit mindestens 20 Masse-% Wasser oder einer Alkohol/Wasser-Mischung	1	1.1A		1	266	0	E0	P110b	PP42	MP20
• G1	0136	MINEN, mit Sprengladung	1	1.1F		1 RID: (+13)		0	E0	P130 LP101		MP23
• G1	0137	MINEN, mit Sprengladung	1	1.1D		1 RID: (+13)		0	E0	P130 LP101	PP67 L1	MP21
• G1	0138	MINEN, mit Sprengladung	1	1.2D		1		0	E0	P130 LP101	PP67 L1	MP21
• G1	0143	NITROGLYCERIN, DESENSIBILISIERT mit mindestens 40 Masse-% nicht flüchtigem, wasserunlöslichem Phlegmatisierungsmittel	1	1.1D		1 + 6.1 RID: (+15)	266 271	0	E0	P115	PP53 PP54 PP57 PP58	MP20
• G1	0144	NITROGLYCERIN, LÖSUNG IN ALKOHOL mit mehr als 1 %, aber nicht mehr als 10 % Nitroglycerin	1	1.1D		1 RID: (+13)	358	0	E0	P115	PP45 PP55 PP56 PP59 PP60	MP20

Tabelle A: Verzeichnis der gefährlichen Güter 3.2

ortsbewegliche Tanks und Schüttgut-Container		Tankcodierungen für ADR/RID-Tanks	Sondervorschriften	Fahrzeug für die Beförderung in Tanks	Beförderungs-kategorie (Tunnel-beschränkungs-code)	ADR Sondervorschriften für die Beförderung					RID Sondervorschriften für die Beförderung					Expressgut	Nummer zur Kennzeichnung der Gefahr	UN-Nummer
Anweisungen	Sondervorschriften					Versandstücke	lose Schüttung	Be- und Entladung, Handhabung		Betrieb	Sondervorschriften für RID-Tanks	Beförderungs-kategorie	Versandstücke	lose Schüttung	Be- und Entladung, Handhabung			
4.2.5.2 7.3.2	4.2.5.3	4.3	4.3.5 6.8.4	9.1.1.2	1.1.3.6 (8.6)	7.2.4	7.3.3	7.5.11		8.5	4.3.5 6.8.4	1.1.3.1	7.2.4	7.3.3	7.5.11	7.6	5.3.2.3	(1)
(10)	(11)	(12)	(13)	(14)	(15)	(16)	(17)	(18)		(19)	(13)	(15)	(16)	(17)	(18)	(19)	(20)	
					0 (B)	V2		CV1 CV2 CV3		S1	RID: verboten							0114
					1 (B1000C)	V2 V3		CV1 CV2 CV3		S1		1	W2 W3		CW1		RID: 1.1D	0118
					1 (B1000C)	V2		CV1 CV2 CV3		S1		1	W2		CW1		RID: 1.1G	0121
					1 (B1000C)	V2		CV1 CV2 CV3		S1		1	W2		CW1		RID: 1.1D	0124
					0 (B)	V2		CV1 CV2 CV3		S1	RID: verboten							0129
					0 (B)	V2		CV1 CV2 CV3		S1	RID: verboten							0130
					4 (E)			CV1 CV2 CV3		S1		4			CW1	CE1	RID: 1.4S	0131
					1 (C5000D)	V2 V3		CV1 CV2 CV3		S1		1	W2 W3		CW1		RID: 1.3C	0132
					1 (B1000C)	V2		CV1 CV2 CV3		S1		1	W2		CW1		RID: 1.1D	0133
					0 (B)	V2		CV1 CV2 CV3		S1								0135
											RID: verboten							
					1 (B1000C)	V2		CV1 CV2 CV3		S1		1	W2		CW1		RID: 1.1F	0136
					1 (B1000C)	V2		CV1 CV2 CV3		S1		1	W2		CW1		RID: 1.1D	0137
					1 (B1000C)	V2		CV1 CV2 CV3		S1		1	W2		CW1		RID: 1.2D	0138
					1 (B1000C)	V2		CV1 CV2 CV3 CV28		S1		1	W2		CW1 CW28		RID: 1.1D	0143
					1 (B1000C)	V2		CV1 CV2 CV3		S1		1	W2		CW1		RID: 1.1D	0144

3.2 Tabelle A: Verzeichnis der gefährlichen Güter

gemäß Tabelle 1.10.3.1.2	§ 35b GGVSEB	UN-Nummer	Benennung und Beschreibung	Klasse	Klassifizierungscode	Verpackungsgruppe	Gefahrzettel	Sondervorschriften	Begrenzte und freigestellte Mengen		Verpackung Anweisungen	Verpackung Sondervorschriften	Verpackung Zusammenpackung
• G..			3.1.2	2.2	2.2	2.1.1.3	5.2.2	3.3	3.4 / 3.5.1.2		4.1.4	4.1.4	4.1.10
		(1)	(2)	(3a)	(3b)	(4)	(5)	(6)	(7a)	(7b)	(8)	(9a)	(9b)
•	G1	0146	NITROSTÄRKE, trocken oder angefeuchtet mit weniger als 20 Masse-% Wasser	1	1.1D		1 RID: (+15)		0	E0	P112a P112b P112c		MP20
•	G1	0147	NITROHARNSTOFF	1	1.1D		1 RID: (+13)		0	E0	P112b		MP20
•	G1	0150	PENTAERYTHRITTETRANITRAT (PENTAERYTHRITOLTETRANITRAT) (PETN), ANGEFEUCHTET mit mindestens 25 Masse-% Wasser oder DESENSIBILISIERT mit mindestens 15 Masse-% Phlegmatisierungsmittel	1	1.1D		1 RID: (+15)	266	0	E0	P112a P112b		MP20
•	G1	0151	PENTOLIT, trocken oder angefeuchtet mit weniger als 15 Masse-% Wasser	1	1.1D		1 RID: (+13)		0	E0	P112a P112b P112c		MP20
•	G1	0153	TRINITROANILIN (PIKRAMID)	1	1.1D		1 RID: (+13)		0	E0	P112b P112c		MP20
•	G1	0154	TRINITROPHENOL (PIKRINSÄURE), trocken oder angefeuchtet mit weniger als 30 Masse-% Wasser	1	1.1D		1 RID: (+13)		0	E0	P112a P112b P112c	PP26	MP20
•	G1	0155	TRINITROCHLORBENZEN (PIKRYLCHLORID)	1	1.1D		1 RID: (+13)		0	E0	P112b P112c		MP20
•		0159	PULVERROHMASSE, ANGEFEUCHTET mit mindestens 25 Masse-% Wasser	1	1.3C		1 RID: (+13)	266	0	E0	P111	PP43	MP20
•	G1	0160	TREIBLADUNGSPULVER	1	1.1C		1 RID: (+15)		0	E0	P114b	PP50 PP52	MP20 MP24
•		0161	TREIBLADUNGSPULVER	1	1.3C		1 RID: (+13)		0	E0	P114b	PP50 PP52	MP20 MP24
•	G1	0167	GESCHOSSE, mit Sprengladung	1	1.1F		1 RID: (+13)		0	E0	P130 LP101		MP23
•	G1	0168	GESCHOSSE, mit Sprengladung	1	1.1D		1 RID: (+13)		0	E0	P130 LP101	PP67 L1	MP21
•	G1	0169	GESCHOSSE, mit Sprengladung	1	1.2D		1		0	E0	P130 LP101	PP67 L1	MP21
•	G1	0171	MUNITION, LEUCHT-, mit oder ohne Zerleger, Ausstoß- oder Treibladung	1	1.2G		1		0	E0	P130 LP101	PP67 L1	MP23
		0173	AUSLÖSEVORRICHTUNGEN MIT EXPLOSIVSTOFF	1	1.4S		1.4		0	E0	P134 LP102		MP23
		0174	SPRENGNIETE	1	1.4S		1.4		0	E0	P134 LP102		MP23

Tabelle A: Verzeichnis der gefährlichen Güter   3.2

ortsbewegliche Tanks und Schüttgut-Container Anweisungen 4.2.5.2 7.3.2	Sondervorschriften 4.2.5.3	Tankcodierungen für ADR/RID-Tanks 4.3	ADR Sondervorschriften für ADR-Tanks 4.3.5 6.8.4	Fahrzeug für die Beförderung in Tanks 9.1.1.2	ADR Beförderungskategorie (Tunnelbeschränkungscode) 1.1.3.6 (8.6)	ADR Sondervorschriften für die Beförderung Versandstücke 7.2.4	ADR lose Schüttung 7.3.3	ADR Be- und Entladung, Handhabung 7.5.11	ADR Betrieb 8.5	RID Sondervorschriften für RID-Tanks 4.3.5 6.8.4	RID Beförderungskategorie 1.1.3.1	RID Versandstücke 7.2.4	RID lose Schüttung 7.3.3	RID Be- und Entladung, Handhabung 7.5.11	RID Expressgut 7.6	Nummer zur Kennzeichnung der Gefahr 5.3.2.3	UN-Nummer
(10)	(11)	(12)	(13)	(14)	(15)	(16)	(17)	(18)	(19)	(13)	(15)	(16)	(17)	(18)	(19)	(20)	(1)
					1 (B1000C)	V2 V3		CV1 CV2 CV3	S1		1	W2 W3		CW1		RID: 1.1D	0146
					1 (B1000C)	V2 V3		CV1 CV2 CV3	S1		1	W2 W3		CW1		RID: 1.1D	0147
					1 (B1000C)	V2 V3		CV1 CV2 CV3	S1		1	W2 W3		CW1		RID: 1.1D	0150
					1 (B1000C)	V2 V3		CV1 CV2 CV3	S1		1	W2 W3		CW1		RID: 1.1D	0151
					1 (B1000C)	V2 V3		CV1 CV2 CV3	S1		1	W2 W3		CW1		RID: 1.1D	0153
					1 (B1000C)	V2 V3		CV1 CV2 CV3	S1		1	W2 W3		CW1		RID: 1.1D	0154
					1 (B1000C)	V2 V3		CV1 CV2 CV3	S1		1	W2 W3		CW1		RID: 1.1D	0155
					1 (C5000D)	V2		CV1 CV2 CV3	S1		1	W2		CW1		RID: 1.3C	0159
					1 (B1000C)	V2 V3		CV1 CV2 CV3	S1		1	W2 W3		CW1		RID: 1.1C	0160
					1 (C5000D)	V2 V3		CV1 CV2 CV3	S1		1	W2 W3		CW1		RID: 1.3C	0161
					1 (B1000C)	V2		CV1 CV2 CV3	S1		1	W2		CW1		RID: 1.1F	0167
					1 (B1000C)	V2		CV1 CV2 CV3	S1		1	W2		CW1		RID: 1.1D	0168
					1 (B1000C)	V2		CV1 CV2 CV3	S1		1	W2		CW1		RID: 1.2D	0169
					1 (B1000C)	V2		CV1 CV2 CV3	S1		1	W2		CW1		RID: 1.2G	0171
					4 (E)			CV1 CV2 CV3	S1		4			CW1	CE1	RID: 1.4S	0173
					4 (E)			CV1 CV2 CV3	S1		4			CW1	CE1	RID: 1.4S	0174

3.2 Tabelle A: Verzeichnis der gefährlichen Güter

gemäß Tabelle 1.10.3.1.2	§ 35b GGVSEB	UN-Nummer	Benennung und Beschreibung	Klasse	Klassifizierungscode	Verpackungsgruppe	Gefahrzettel	Sondervorschriften	Begrenzte und freigestellte Mengen		Verpackung Anweisungen	Verpackung Sondervorschriften	Verpackung Zusammenpackung
			3.1.2	2.2	2.2	2.1.1.3	5.2.2	3.3	3.4 / 3.5.1.2		4.1.4	4.1.4	4.1.10
		(1)	(2)	(3a)	(3b)	(4)	(5)	(6)	(7a)	(7b)	(8)	(9a)	(9b)
●	G1	0180	RAKETEN, mit Sprengladung	1	1.1F		1 RID: (+13)		0	E0	P130 LP101		MP23
●	G1	0181	RAKETEN, mit Sprengladung	1	1.1E		1 RID: (+13)		0	E0	P130 LP101	PP67 L1	MP21
●	G1	0182	RAKETEN, mit Sprengladung	1	1.2E		1		0	E0	P130 LP101	PP67 L1	MP21
●		0183	RAKETEN, mit inertem Kopf	1	1.3C		1		0	E0	P130 LP101	PP67 L1	MP22
●		0186	RAKETENMOTOREN	1	1.3C		1		0	E0	P130 LP101	PP67 L1	MP22 MP24
		0190	EXPLOSIVSTOFF, MUSTER, außer Initialsprengstoff	1				16 274	0	E0	P101		MP2
		0191	SIGNALKÖRPER, HAND	1	1.4G		1.4		0	E0	P135		MP23 MP24
●	G1	0192	KNALLKAPSELN, EISENBAHN	1	1.1G		1 RID: (+13)		0	E0	P135		MP23
		0193	KNALLKAPSELN, EISENBAHN	1	1.4S		1.4		0	E0	P135		MP23
●	G1	0194	SIGNALKÖRPER, SEENOT	1	1.1G		1 RID: (+13)		0	E0	P135		MP23 MP24
		0195	SIGNALKÖRPER, SEENOT	1	1.3G		1		0	E0	P135		MP23 MP24
●	G1	0196	SIGNALKÖRPER, RAUCH	1	1.1G		1 RID: (+13)		0	E0	P135		MP23
		0197	SIGNALKÖRPER, RAUCH	1	1.4G		1.4		0	E0	P135		MP23 MP24
●	G1	0204	FALLLOTE, MIT EXPLOSIVSTOFF	1	1.2F		1 RID: (+13)		0	E0	P134 LP102		MP23
●	G1	0207	TETRANITROANILIN	1	1.1D		1 RID: (+13)		0	E0	P112b P112c		MP20
●	G1	0208	TRINITROPHENYLMETHYLNITRAMIN (TETRYL)	1	1.1D		1 RID: (+15)		0	E0	P112b P112c		MP20
●	G1	0209	TRINITROTOLUEN (TNT), trocken oder angefeuchtet mit weniger als 30 Masse-% Wasser	1	1.1D		1 RID: (+13)		0	E0	P112b P112c	PP46	MP20

Tabelle A: Verzeichnis der gefährlichen Güter 3.2

ortsbewegliche Tanks und Schüttgut-Container		Tankcodierungen für ADR/RID-Tanks	Sondervorschriften für ADR-Tanks	Fahrzeug für die Beförderung in Tanks	ADR Beförderungskategorie (Tunnelbeschränkungscode)	Sondervorschriften für die Beförderung			Betrieb	RID Sondervorschriften für RID-Tanks	Beförderungskategorie	Sondervorschriften für die Beförderung				Expressgut	Nummer zur Kennzeichnung der Gefahr	UN-Nummer
Anweisungen	Sondervorschriften					Versandstücke	lose Schüttung	Be- und Entladung, Handhabung				Versandstücke	lose Schüttung	Be- und Entladung, Handhabung				
4.2.5.2 7.3.2	4.2.5.3	4.3	4.3.5 6.8.4	9.1.1.2	1.1.3.6 (8.6)	7.2.4	7.3.3	7.5.11	8.5	4.3.5 6.8.4	1.1.3.1	7.2.4	7.3.3	7.5.11	7.6	5.3.2.3	(1)
(10)	(11)	(12)	(13)	(14)	(15)	(16)	(17)	(18)	(19)	(13)	(15)	(16)	(17)	(18)	(19)	(20)	(1)
					1 (B1000C)	V2		CV1 CV2 CV3	S1		1	W2		CW1		RID: 1.1F	0180
					1 (B1000C)	V2		CV1 CV2 CV3	S1		1	W2		CW1		RID: 1.1E	0181
					1 (B1000C)	V2		CV1 CV2 CV3	S1		1	W2		CW1		RID: 1.2E	0182
					1 (C5000D)	V2		CV1 CV2 CV3	S1		1	W2		CW1		RID: 1.3C	0183
					1 (C5000D)	V2		CV1 CV2 CV3	S1		1	W2		CW1		RID: 1.3C	0186
					0 (E)	V2		CV1 CV2 CV3	S1		0	W2		CW1			0190
					2 (E)	V2		CV1 CV2 CV3	S1		2	W2		CW1		RID: 1.4G	0191
					1 (B1000C)	V2		CV1 CV2 CV3	S1		1	W2		CW1		RID: 1.1G	0192
					4 (E)			CV1 CV2 CV3	S1		4			CW1	CE1	RID: 1.4S	0193
					1 (B1000C)	V2		CV1 CV2 CV3	S1		1	W2		CW1		RID: 1.1G	0194
					1 (C5000D)	V2		CV1 CV2 CV3	S1		1	W2		CW1		RID: 1.3G	0195
					1 (B1000C)	V2		CV1 CV2 CV3	S1		1	W2		CW1		RID: 1.1G	0196
					2 (E)	V2		CV1 CV2 CV3	S1		2	W2		CW1		RID: 1.4G	0197
					1 (B1000C)	V2		CV1 CV2 CV3	S1		1	W2		CW1		RID: 1.2F	0204
					1 (B1000C)	V2 V3		CV1 CV2 CV3	S1		1	W2 W3		CW1		RID: 1.1D	0207
					1 (B1000C)	V2 V3		CV1 CV2 CV3	S1		1	W2 W3		CW1		RID: 1.1D	0208
					1 (B1000C)	V2 V3		CV1 CV2 CV3	S1		1	W2 W3		CW1		RID: 1.1D	0209

3.2 Tabelle A: Verzeichnis der gefährlichen Güter

gemäß Tabelle 1.10.3.1.2	§ 35b GGVSEB	UN-Nummer	Benennung und Beschreibung	Klasse	Klassifizierungscode	Verpackungsgruppe	Gefahrzettel	Sondervorschriften	Begrenzte und freigestellte Mengen		Verpackung		
											Anweisungen	Sondervorschriften	Zusammenpackung
G..			3.1.2	2.2	2.2	2.1.1.3	5.2.2	3.3	3.4 / 3.5.1.2		4.1.4	4.1.4	4.1.10
(1)			(2)	(3a)	(3b)	(4)	(5)	(6)	(7a)	(7b)	(8)	(9a)	(9b)
•		0212	LEUCHTSPURKÖRPER FÜR MUNITION	1	1.3G		1		0	E0	P133	PP69	MP23
•	G1	0213	TRINITROANISOL	1	1.1D		1 RID: (+13)		0	E0	P112b P112c		MP20
•	G1	0214	TRINITROBENZEN, trocken oder angefeuchtet mit weniger als 30 Masse-% Wasser	1	1.1D		1 RID: (+13)		0	E0	P112a P112b P112c		MP20
•	G1	0215	TRINITROBENZOESÄURE, trocken oder angefeuchtet mit weniger als 30 Masse-% Wasser	1	1.1D		1 RID: (+13)		0	E0	P112a P112b P112c		MP20
•	G1	0216	TRINITRO-m-CRESOL	1	1.1D		1 RID: (+13)		0	E0	P112b P112c	PP26	MP20
•	G1	0217	TRINITRONAPHTHALEN	1	1.1D		1 RID: (+13)		0	E0	P112b P112c		MP20
•	G1	0218	TRINITROPHENETOL	1	1.1D		1 RID: (+13)		0	E0	P112b P112c		MP20
•	G1	0219	TRINITRORESORCINOL (STYPHNINSÄURE), trocken oder angefeuchtet mit weniger als 20 Masse-% Wasser oder einer Alkohol/Wasser-Mischung	1	1.1D		1 RID: (+15)		0	E0	P112a P112b P112c	PP26	MP20
•	G1	0220	HARNSTOFFNITRAT, trocken oder angefeuchtet mit weniger als 20 Masse-% Wasser	1	1.1D		1 RID: (+13)		0	E0	P112a P112b P112c		MP20
•	G1	0221	GEFECHTSKÖPFE, TORPEDO, mit Sprengladung	1	1.1D		1 RID: (+13)		0	E0	P130 LP101	PP67 L1	MP21
•	G1	0222	AMMONIUMNITRAT	1	1.1D		1 RID: (+13)	370	0	E0	P112b P112c IBC100	PP47 B3, B17	MP20
•	G1	0224	BARIUMAZID, trocken oder angefeuchtet mit weniger als 50 Masse-% Wasser	1	1.1A		1 + 6.1		0	E0	P110b	PP42	MP20
•	G1	0225	ZÜNDVERSTÄRKER, MIT DETONATOR	1	1.1B		1 RID: (+13)		0	E0	P133	PP69	MP23
•	G1	0226	CYCLOTETRAMETHYLENTETRA-NITRAMIN (HMX) (OKTOGEN), ANGEFEUCHTET mit mindestens 15 Masse-% Wasser	1	1.1D		1 RID: (+15)	266	0	E0	P112a	PP45	MP20
•		0234	NATRIUMDINITROORTHOCRESOLAT, trocken oder angefeuchtet mit weniger als 15 Masse-% Wasser	1	1.3C		1 RID: (+13)		0	E0	P114a P114b	PP26	MP20
•		0235	NATRIUMPIKRAMAT, trocken oder angefeuchtet mit weniger als 20 Masse-% Wasser	1	1.3C		1 RID: (+13)		0	E0	P114a P114b	PP26	MP20

Tabelle A: Verzeichnis der gefährlichen Güter 3.2

ortsbewegliche Tanks und Schüttgut-Container		Tankcodierungen für ADR/RID-Tanks	ADR							RID						Nummer zur Kennzeichnung der Gefahr	UN-Nummer
Anweisungen	Sondervorschriften		Sondervorschriften für ADR-Tanks	Fahrzeug für die Beförderung in Tanks	Beförderungskategorie (Tunnelbeschränkungscode)	Sondervorschriften für die Beförderung			Betrieb	Sondervorschriften für RID-Tanks	Beförderungskategorie	Sondervorschriften für die Beförderung			Expressgut		
						Versandstücke	lose Schüttung	Be- und Entladung, Handhabung				Versandstücke	lose Schüttung	Be- und Entladung, Handhabung			
4.2.5.2 7.3.2	4.2.5.3	4.3	4.3.5 6.8.4	9.1.1.2	1.1.3.6 (8.6)	7.2.4	7.3.3	7.5.11	8.5	4.3.5 6.8.4	1.1.3.1	7.2.4	7.3.3	7.5.11	7.6	5.3.2.3	(1)
(10)	(11)	(12)	(13)	(14)	(15)	(16)	(17)	(18)	(19)	(13)	(15)	(16)	(17)	(18)	(19)	(20)	(1)
					1 (C5000D)	V2		CV1 CV2 CV3	S1		1	W2		CW1		RID: 1.3G	0212
					1 (B1000C)	V2 V3		CV1 CV2 CV3	S1		1	W2 W3		CW1		RID: 1.1D	0213
					1 (B1000C)	V2 V3		CV1 CV2 CV3	S1		1	W2 W3		CW1		RID: 1.1D	0214
					1 (B1000C)	V2 V3		CV1 CV2 CV3	S1		1	W2 W3		CW1		RID: 1.1D	0215
					1 (B1000C)	V2 V3		CV1 CV2 CV3	S1		1	W2 W3		CW1		RID: 1.1D	0216
					1 (B1000C)	V2 V3		CV1 CV2 CV3	S1		1	W2 W3		CW1		RID: 1.1D	0217
					1 (B1000C)	V2 V3		CV1 CV2 CV3	S1		1	W2 W3		CW1		RID: 1.1D	0218
					1 (B1000C)	V2 V3		CV1 CV2 CV3	S1		1	W2 W3		CW1		RID: 1.1D	0219
					1 (B1000C)	V2 V3		CV1 CV2 CV3	S1		1	W2 W3		CW1		RID: 1.1D	0220
					1 (B1000C)	V2		CV1 CV2 CV3	S1		1	W2		CW1		RID: 1.1D	0221
					1 (B1000C)	V2		CV1 CV2 CV3	S1		1	W2		CW1		RID: 1.1D	0222
					0 (B)	V2 V3		CV1 CV2 CV3 CV28	S1				RID: verboten				0224
					1 (B1000C)	V2		CV1 CV2 CV3	S1		1	W2		CW1		RID: 1.1B	0225
					1 (B1000C)	V2		CV1 CV2 CV3	S1		1	W2		CW1		RID: 1.1D	0226
					1 (C5000D)	V2 V3		CV1 CV2 CV3	S1		1	W2 W3		CW1		RID: 1.3C	0234
					1 (C5000D)	V2 V3		CV1 CV2 CV3	S1		1	W2 W3		CW1		RID: 1.3C	0235

3.2 Tabelle A: Verzeichnis der gefährlichen Güter

gemäß Tabelle 1.10.3.1.2 § 35b GGVSEB	UN-Nummer	Benennung und Beschreibung	Klasse	Klassifizierungscode	Verpackungsgruppe	Gefahrzettel	Sondervorschriften	Begrenzte und freigestellte Mengen		Verpackung Anweisungen	Verpackung Sondervorschriften	Verpackung Zusammenpackung
G..		3.1.2	2.2	2.2	2.1.1.3	5.2.2	3.3	3.4 / 3.5.1.2		4.1.4	4.1.4	4.1.10
•	(1)	(2)	(3a)	(3b)	(4)	(5)	(6)	(7a)	(7b)	(8)	(9a)	(9b)
•	0236	ZIRKONIUMPIKRAMAT, trocken oder angefeuchtet mit weniger als 20 Masse-% Wasser	1	1.3C		1 RID: (+13)		0	E0	P114a P114b	PP26	MP20
	0237	SCHNEIDLADUNG, BIEGSAM, GESTRECKT	1	1.4D		1.4		0	E0	P138		MP21
•	G1 0238	RAKETEN, LEINENWURF	1	1.2G		1		0	E0	P130 LP101		MP23 MP24
	0240	RAKETEN, LEINENWURF	1	1.3G		1		0	E0	P130 LP101		MP23 MP24
•	G1 0241	SPRENGSTOFF, TYP E	1	1.1D		1 RID: (+13)	617	0	E0	P116 IBC100	PP61 PP62 B10	MP20
•	0242	TREIBLADUNGEN FÜR GESCHÜTZE	1	1.3C		1		0	E0	P130 LP101		MP22
•	G1 0243	MUNITION, BRAND, WEISSER PHOSPHOR, mit Zerleger, Ausstoß- oder Treibladung	1	1.2H		1 RID: (+13)		0	E0	P130 LP101	PP67 L1	MP23
	0244	MUNITION, BRAND, WEISSER PHOSPHOR, mit Zerleger, Ausstoß- oder Treibladung	1	1.3H		1 RID: (+13)		0	E0	P130 LP101	PP67 L1	MP23
•	G1 0245	MUNITION, NEBEL, WEISSER PHOSPHOR, mit Zerleger, Ausstoß- oder Treibladung	1	1.2H		1 RID: (+13)		0	E0	P130 LP101	PP67 L1	MP23
	0246	MUNITION, NEBEL, WEISSER PHOSPHOR, mit Zerleger, Ausstoß- oder Treibladung	1	1.3H		1 RID: (+13)		0	E0	P130 LP101	PP67 L1	MP23
	0247	MUNITION, BRAND, mit flüssigem oder geliertem Brandstoff, mit Zerleger, Ausstoß- oder Treibladung	1	1.3J		1 RID: (+13)		0	E0	P101		MP23
•	G1 0248	VORRICHTUNGEN, DURCH WASSER AKTIVIERBAR, mit Zerleger, Ausstoß- oder Treibladung	1	1.2L		1 RID: (+13)	274	0	E0	P144	PP77	MP1
	0249	VORRICHTUNGEN, DURCH WASSER AKTIVIERBAR, mit Zerleger, Ausstoß- oder Treibladung	1	1.3L		1 RID: (+13)	274	0	E0	P144	PP77	MP1
	0250	RAKETENTRIEBWERKE MIT HYPERGOLEN, mit oder ohne Ausstoßladung	1	1.3L		1 RID: (+13)		0	E0	P101		MP1
	0254	MUNITION, LEUCHT, mit oder ohne Zerleger, Ausstoß- oder Treibladung	1	1.3G		1		0	E0	P130 LP101	PP67 L1	MP23
•	0255	SPRENGKAPSELN, ELEKTRISCH	1	1.4B		1.4		0	E0	P131		MP23
	0257	ZÜNDER, SPRENGKRÄFTIG	1	1.4B		1.4		0	E0	P141		MP23

Tabelle A: Verzeichnis der gefährlichen Güter 3.2

ortsbewegliche Tanks und Schüttgut-Container			ADR							RID						
Anweisungen	Sondervorschriften	Tankcodierungen für ADR/RID-Tanks	Fahrzeug für die Beförderung in Tanks	Beförderungskategorie (Tunnelbeschränkungscode)	Sondervorschriften für die Beförderung			Betrieb	Sondervorschriften für RID-Tanks	Beförderungskategorie	Sondervorschriften für die Beförderung			Expressgut	Nummer zur Kennzeichnung der Gefahr	UN-Nummer
					Versandstücke	lose Schüttung	Be- und Entladung, Handhabung				Versandstücke	lose Schüttung	Be- und Entladung, Handhabung			
4.2.5.2 7.3.2	4.2.5.3	4.3	9.1.1.2	1.1.3.6 (8.6)	7.2.4	7.3.3	7.5.11	8.5	4.3.5 6.8.4	1.1.3.1	7.2.4	7.3.3	7.5.11	7.6	5.3.2.3	(1)
(10)	(11)	(12)	(13)	(14)	(15)	(16)	(17)	(18)	(19)	(13)	(15)	(16)	(17)	(18)	(19)	(20)
				1 (C5000D)	V2 V3		CV1 CV2 CV3	S1		1	W2 W3		CW1		RID: 1.3C	0236
				2 (E)	V2		CV1 CV2 CV3	S1		2	W2		CW1		RID: 1.4D	0237
				1 (B1000C)	V2		CV1 CV2 CV3	S1		1	W2		CW1		RID: 1.2G	0238
				1 (C5000D)	V2		CV1 CV2 CV3	S1		1	W2		CW1		RID: 1.3G	0240
				1 (B1000C)	V2 V12		CV1 CV2 CV3	S1		1	W2 W12		CW1		RID: 1.1D	0241
				1 (C5000D)	V2		CV1 CV2 CV3	S1		1	W2		CW1		RID: 1.3C	0242
				1 (B1000C)	V2		CV1 CV2 CV3	S1		1	W2		CW1		RID: 1.2H	0243
				1 (C)	V2		CV1 CV2 CV3	S1		1	W2		CW1		RID: 1.3H	0244
				1 (B1000C)	V2		CV1 CV2 CV3	S1		1	W2		CW1		RID: 1.2H	0245
				1 (C)	V2		CV1 CV2 CV3	S1		1	W2		CW1		RID: 1.3H	0246
				1 (C)	V2		CV1 CV2 CV3	S1		1	W2		CW1		RID: 1.3J	0247
				0 (B)	V2		CV1 CV2 CV3 CV4	S1		0	W2		CW1 CW4		RID: 1.2L	0248
				0 (B)	V2		CV1 CV2 CV3 CV4	S1		0	W2		CW1 CW4		RID: 1.3L	0249
				0 (B)	V2		CV1 CV2 CV3 CV4	S1		0	W2		CW1 CW4		RID: 1.3L	0250
				1 (C5000D)	V2		CV1 CV2 CV3	S1		1	W2		CW1		RID: 1.3G	0254
				2 (E)	V2		CV1 CV2 CV3	S1		2	W2		CW1		RID: 1.4B	0255
				2 (E)	V2		CV1 CV2 CV3	S1		2	W2		CW1		RID: 1.4B	0257

3.2 Tabelle A: Verzeichnis der gefährlichen Güter

gemäß Tabelle 1.10.3.1.2	§ 35b GGVSEB	UN-Nummer	Benennung und Beschreibung	Klasse	Klassifizierungscode	Verpackungsgruppe	Gefahrzettel	Sondervorschriften	Begrenzte und freigestellte Mengen	Verpackung Anweisungen	Verpackung Sondervorschriften	Verpackung Zusammenpackung
G..			3.1.2	2.2	2.2	2.1.1.3	5.2.2	3.3	3.4 / 3.5.1.2	4.1.4	4.1.4	4.1.10
(1)			(2)	(3a)	(3b)	(4)	(5)	(6)	(7a)	(7b)	(8)	(9a)	(9b)
●	G1	0266	OKTOLIT (OCTOL), trocken oder angefeuchtet mit weniger als 15 Masse-% Wasser	1	1.1D		1 RID: (+13)		0	E0	P112a P112b P112c		MP20
●		0267	SPRENGKAPSELN, NICHT ELEKTRISCH	1	1.4B		1.4		0	E0	P131	PP68	MP23
●	G1	0268	ZÜNDVERSTÄRKER, MIT DETONATOR	1	1.2B		1 RID: (+13)		0	E0	P133	PP69	MP23
●	G1	0271	TREIBSÄTZE	1	1.1C		1 RID: (+13)		0	E0	P143	PP76	MP22
●		0272	TREIBSÄTZE	1	1.3C		1		0	E0	P143	PP76	MP22
●		0275	KARTUSCHEN FÜR TECHNISCHE ZWECKE	1	1.3C		1		0	E0	P134 LP102		MP22
		0276	KARTUSCHEN FÜR TECHNISCHE ZWECKE	1	1.4C		1.4		0	E0	P134 LP102		MP22
●		0277	KARTUSCHEN, ERDÖLBOHRLOCH	1	1.3C		1		0	E0	P134 LP102		MP22
		0278	KARTUSCHEN, ERDÖLBOHRLOCH	1	1.4C		1.4		0	E0	P134 LP102		MP22
●	G1	0279	TREIBLADUNGEN FÜR GESCHÜTZE	1	1.1C		1 RID: (+13)		0	E0	P130 LP101		MP22
●	G1	0280	RAKETENMOTOREN	1	1.1C		1 RID: (+13)		0	E0	P130 LP101	PP67 L1	MP22
●	G1	0281	RAKETENMOTOREN	1	1.2C		1		0	E0	P130 LP101	PP67 L1	MP22
●	G1	0282	NITROGUANIDIN (PICRIT), trocken oder angefeuchtet mit weniger als 20 Masse-% Wasser	1	1.1D		1 RID: (+13)		0	E0	P112a P112b P112c		MP20
●	G1	0283	ZÜNDVERSTÄRKER, ohne Detonator	1	1.2D		1		0	E0	P132a P132b		MP21
●	G1	0284	GRANATEN, Hand oder Gewehr, mit Sprengladung	1	1.1D		1 RID: (+13)		0	E0	P141		MP21
●	G1	0285	GRANATEN, Hand oder Gewehr, mit Sprengladung	1	1.2D		1		0	E0	P141		MP21
●	G1	0286	GEFECHTSKÖPFE, RAKETE, mit Sprengladung	1	1.1D		1 RID: (+13)		0	E0	P130 LP101	PP67 L1	MP21
●	G1	0287	GEFECHTSKÖPFE, RAKETE, mit Sprengladung	1	1.2D		1		0	E0	P130 LP101	PP67 L1	MP21

Tabelle A: Verzeichnis der gefährlichen Güter 3.2

ortsbewegliche Tanks und Schüttgut-Container Anweisungen 4.2.5.2 7.3.2	Sondervorschriften 4.2.5.3	Tankcodierungen für ADR/RID-Tanks 4.3	Sondervorschriften für ADR-Tanks 4.3.5 6.8.4	Fahrzeug für die Beförderung in Tanks 9.1.1.2	ADR Beförderungs-kategorie (Tunnelbeschränkungs-code) 1.1.3.6 (8.6)	ADR Versandstücke 7.2.4	ADR lose Schüttung 7.3.3	ADR Be- und Entladung, Handhabung 7.5.11	ADR Betrieb 8.5	RID Sondervorschriften für RID-Tanks 4.3.5 6.8.4	RID Beförderungs-kategorie 1.1.3.1	RID Versandstücke 7.2.4	RID lose Schüttung 7.3.3	RID Be- und Entladung, Handhabung 7.5.11	Expressgut 7.6	Nummer zur Kennzeichnung der Gefahr 5.3.2.3	UN-Nummer (1)
(10)	(11)	(12)	(13)	(14)	(15)	(16)	(17)	(18)	(19)	(13)	(15)	(16)	(17)	(18)	(19)	(20)	(1)
					1 (B1000C)	V2 V3		CV1 CV2 CV3	S1		1	W2 W3		CW1		RID: 1.1D	0266
					2 (E)	V2		CV1 CV2 CV3	S1		2	W2		CW1		RID: 1.4B	0267
					1 (B1000C)	V2		CV1 CV2 CV3	S1		1	W2		CW1		RID: 1.2B	0268
					1 (B1000C)	V2		CV1 CV2 CV3	S1		1	W2		CW1		RID: 1.1C	0271
					1 (C5000D)	V2		CV1 CV2 CV3	S1		1	W2		CW1		RID: 1.3C	0272
					1 (C5000D)	V2		CV1 CV2 CV3	S1		1	W2		CW1		RID: 1.3C	0275
					2 (E)	V2		CV1 CV2 CV3	S1		2	W2		CW1		RID: 1.4C	0276
					1 (C5000D)	V2		CV1 CV2 CV3	S1		1	W2		CW1		RID: 1.3C	0277
					2 (E)	V2		CV1 CV2 CV3	S1		2	W2		CW1		RID: 1.4C	0278
					1 (B1000C)	V2		CV1 CV2 CV3	S1		1	W2		CW1		RID: 1.1C	0279
					1 (B1000C)	V2		CV1 CV2 CV3	S1		1	W2		CW1		RID: 1.1C	0280
					1 (B1000C)	V2		CV1 CV2 CV3	S1		1	W2		CW1		RID: 1.2C	0281
					1 (B1000C)	V2 V3		CV1 CV2 CV3	S1		1	W2 W3		CW1		RID: 1.1D	0282
					1 (B1000C)	V2		CV1 CV2 CV3	S1		1	W2		CW1		RID: 1.2D	0283
					1 (B1000C)	V2		CV1 CV2 CV3	S1		1	W2		CW1		RID: 1.1D	0284
					1 (B1000C)	V2		CV1 CV2 CV3	S1		1	W2		CW1		RID: 1.2D	0285
					1 (B1000C)	V2		CV1 CV2 CV3	S1		1	W2		CW1		RID: 1.1D	0286
					1 (B1000C)	V2		CV1 CV2 CV3	S1		1	W2		CW1		RID: 1.2D	0287

3.2 Tabelle A: Verzeichnis der gefährlichen Güter

gemäß Tabelle 1.10.3.1.2	§ 35b GGVSEB	UN-Nummer	Benennung und Beschreibung	Klasse	Klassifizierungscode	Verpackungsgruppe	Gefahrzettel	Sondervorschriften	Begrenzte und freigestellte Mengen		Verpackung		
											Anweisungen	Sondervorschriften	Zusammenpackung
• G..			3.1.2	2.2	2.2	2.1.1.3	5.2.2	3.3	3.4 / 3.5.1.2		4.1.4	4.1.4	4.1.10
		(1)	(2)	(3a)	(3b)	(4)	(5)	(6)	(7a)	(7b)	(8)	(9a)	(9b)
•	G1	0288	SCHNEIDLADUNG, BIEGSAM, GESTRECKT	1	1.1D		1 RID: (+13)		0	E0	P138		MP21
•		0289	SPRENGSCHNUR, biegsam	1	1.4D		1.4		0	E0	P139	PP71 PP72	MP21
•	G1	0290	SPRENGSCHNUR, mit Metallmantel	1	1.1D		1 RID: (+13)		0	E0	P139	PP71	MP21
•	G1	0291	BOMBEN, mit Sprengladung	1	1.2F		1 RID: (+13)		0	E0	P130 LP101		MP23
•	G1	0292	GRANATEN, Hand oder Gewehr, mit Sprengladung	1	1.1F		1 RID: (+13)		0	E0	P141		MP23
•	G1	0293	GRANATEN, Hand oder Gewehr, mit Sprengladung	1	1.2F		1 RID: (+13)		0	E0	P141		MP23
•	G1	0294	MINEN, mit Sprengladung	1	1.2F		1 RID: (+13)		0	E0	P130 LP101		MP23
•	G1	0295	RAKETEN, mit Sprengladung	1	1.2F		1 RID: (+13)		0	E0	P130 LP101		MP23
•	G1	0296	FALLLOTE, MIT EXPLOSIVSTOFF	1	1.1F		1 RID: (+13)		0	E0	P134 LP102		MP23
		0297	MUNITION, LEUCHT, mit oder ohne Zerleger, Ausstoß- oder Treibladung	1	1.4G		1.4		0	E0	P130 LP101	PP67 L1	MP23
		0299	BOMBEN, BLITZLICHT	1	1.3G		1		0	E0	P130 LP101	PP67 L1	MP23
		0300	MUNITION, BRAND, mit oder ohne Zerleger, Ausstoß- oder Treibladung	1	1.4G		1.4		0	E0	P130 LP101	PP67 L1	MP23
		0301	MUNITION, AUGENREIZSTOFF, mit Zerleger, Ausstoß- oder Treibladung	1	1.4G		1.4 + 6.1 + 8		0	E0	P130 LP101	PP67 L1	MP23
		0303	MUNITION, NEBEL, mit oder ohne Zerleger, Ausstoß- oder Treibladung	1	1.4G		1.4		0	E0	P130 LP101	PP67 L1	MP23
		0303	MUNITION, NEBEL, mit oder ohne Zerleger, Ausstoß- oder Treibladung, mit ätzenden Stoffen	1	1.4G		1.4 + 8		0	E0	P130 LP101	PP67 L1	MP23
		0303	MUNITION, NEBEL, mit oder ohne Zerleger, Ausstoß- oder Treibladung, mit beim Einatmen giftigen Stoffen	1	1.4G		1.4 + 6.1		0	E0	P130 LP101	PP67 L1	MP23
		0305	BLITZLICHTPULVER	1	1.3G		1		0	E0	P113	PP49	MP20

Tabelle A: Verzeichnis der gefährlichen Güter 3.2

Anweisungen für ortsbewegliche Tanks und Schüttgut-Container	Sondervorschriften	Tankcodierungen für ADR/RID-Tanks	Sondervorschriften für ADR-Tanks	Fahrzeug für die Beförderung in Tanks	ADR Beförderungskategorie (Tunnelbeschränkungscode)	ADR Sondervorschriften für die Beförderung Versandstücke	ADR Sondervorschriften für die Beförderung lose Schüttung	ADR Sondervorschriften für die Beförderung Be- und Entladung, Handhabung	Betrieb	Sondervorschriften für RID-Tanks	RID Beförderungskategorie	RID Sondervorschriften für die Beförderung Versandstücke	RID Sondervorschriften für die Beförderung lose Schüttung	RID Sondervorschriften für die Beförderung Be- und Entladung, Handhabung	Expressgut	Nummer zur Kennzeichnung der Gefahr	UN-Nummer
4.2.5.2 7.3.2	4.2.5.3	4.3	4.3.5 6.8.4	9.1.1.2	1.1.3.6 (8.6)	7.2.4	7.3.3	7.5.11	8.5	4.3.5 6.8.4	1.1.3.6	7.2.4	7.3.3	7.5.11	7.6	5.3.2.3	(1)
(10)	(11)	(12)	(13)	(14)	(15)	(16)	(17)	(18)	(19)	(13)	(15)	(16)	(17)	(18)	(19)	(20)	(1)
					1 (B1000C)	V2		CV1 CV2 CV3	S1		1	W2		CW1		RID: 1.1D	0288
					2 (E)	V2		CV1 CV2 CV3	S1		2	W2		CW1		RID: 1.4D	0289
					1 (B1000C)	V2		CV1 CV2 CV3	S1		1	W2		CW1		RID: 1.1D	0290
					1 (B1000C)	V2		CV1 CV2 CV3	S1		1	W2		CW1		RID: 1.2F	0291
					1 (B1000C)	V2		CV1 CV2 CV3	S1		1	W2		CW1		RID: 1.1F	0292
					1 (B1000C)	V2		CV1 CV2 CV3	S1		1	W2		CW1		RID: 1.2F	0293
					1 (B1000C)	V2		CV1 CV2 CV3	S1		1	W2		CW1		RID: 1.2F	0294
					1 (B1000C)	V2		CV1 CV2 CV3	S1		1	W2		CW1		RID: 1.2F	0295
					1 (B1000C)	V2		CV1 CV2 CV3	S1		1	W2		CW1		RID: 1.1F	0296
					2 (E)	V2		CV1 CV2 CV3	S1		2	W2		CW1		RID: 1.4G	0297
					1 (C5000D)	V2		CV1 CV2 CV3	S1		1	W2		CW1		RID: 1.3G	0299
					2 (E)	V2		CV1 CV2 CV3	S1		2	W2		CW1		RID: 1.4G	0300
					2 (E)	V2		CV1 CV2 CV3 CV28	S1		2	W2		CW1 CW28		RID: 1.4G	0301
					2 (E)	V2		CV1 CV2 CV3	S1		2	W2		CW1		RID: 1.4G	0303
					2 (E)	V2		CV1 CV2 CV3	S1		2	W2		CW1		RID: 1.4G	0303
					2 (E)	V2		CV1 CV2 CV3 CV28	S1		2	W2		CW1 CW28		RID: 1.4G	0303
					1 (C5000D)	V2 V3		CV1 CV2 CV3	S1		1	W2 W3		CW1		RID: 1.3G	0305

3.2 Tabelle A: Verzeichnis der gefährlichen Güter

gemäß Tabelle 1.10.3.1.2	§ 35b GGVSEB	UN-Nummer	Benennung und Beschreibung	Klasse	Klassifizierungscode	Verpackungsgruppe	Gefahrzettel	Sondervorschriften	Begrenzte und freigestellte Mengen		Verpackung		
											Anweisungen	Sondervor- schriften	Zusammen- packung
G..			3.1.2	2.2	2.2	2.1.1.3	5.2.2	3.3	3.4 / 3.5.1.2		4.1.4	4.1.4	4.1.10
(1)			(2)	(3a)	(3b)	(4)	(5)	(6)	(7a)	(7b)	(8)	(9a)	(9b)
		0306	LEUCHTSPURKÖRPER FÜR MUNITION	1	1.4G		1.4		0	E0	P133	PP69	MP23
		0312	PATRONEN, SIGNAL	1	1.4G		1.4		0	E0	P135		MP23 MP24
●	G1	0313	SIGNALKÖRPER, RAUCH	1	1.2G		1		0	E0	P135		MP23
●	G1	0314	ANZÜNDER	1	1.2G		1		0	E0	P142		MP23
		0315	ANZÜNDER	1	1.3G		1		0	E0	P142		MP23
		0316	ZÜNDER, NICHT SPRENGKRÄFTIG	1	1.3G		1		0	E0	P141		MP23
		0317	ZÜNDER, NICHT SPRENGKRÄFTIG	1	1.4G		1.4		0	E0	P141		MP23
		0318	GRANATEN, ÜBUNG, Hand oder Gewehr	1	1.3G		1		0	E0	P141		MP23
		0319	TREIBLADUNGSANZÜNDER	1	1.3G		1		0	E0	P133		MP23
		0320	TREIBLADUNGSANZÜNDER	1	1.4G		1.4		0	E0	P133		MP23
●	G1	0321	PATRONEN FÜR WAFFEN, mit Sprengladung	1	1.2E		1		0	E0	P130 LP101	PP67 L1	MP21
●	G1	0322	RAKETENTRIEBWERKE, MIT HYPERGOLEN, mit oder ohne Ausstoßladung	1	1.2L		1 RID: (+13)		0	E0	P101		MP1
		0323	KARTUSCHEN FÜR TECHNISCHE ZWECKE	1	1.4S		1.4	347	0	E0	P134 LP102		MP23
●	G1	0324	GESCHOSSE, mit Sprengladung	1	1.2F		1 RID: (+13)		0	E0	P130 LP101		MP23
		0325	ANZÜNDER	1	1.4G		1.4		0	E0	P142		MP23
●	G1	0326	PATRONEN FÜR WAFFEN, MANÖVER	1	1.1C		1 RID: (+13)		0	E0	P130 LP101		MP22
		0327	PATRONEN FÜR WAFFEN, MANÖVER oder PATRONEN FÜR HANDFEUERWAFFEN, MANÖVER	1	1.3C		1		0	E0	P130 LP101		MP22
●	G1	0328	PATRONEN FÜR WAFFEN, MIT INERTEM GESCHOSS	1	1.2C		1		0	E0	P130 LP101	PP67 L1	MP22

Tabelle A: Verzeichnis der gefährlichen Güter 3.2

ortsbewegliche Tanks und Schüttgut-Container		Tankcodierungen für ADR/RID-Tanks	Sondervorschriften für ADR-Tanks	Fahrzeug für die Beförderung in Tanks	ADR Beförderungs-kategorie (Tunnel-beschränkungs-code)	Sondervorschriften für die Beförderung			Betrieb	RID Sondervorschriften für RID-Tanks	Beförderungs-kategorie	Sondervorschriften für die Beförderung			Expressgut	Nummer zur Kennzeichnung der Gefahr	UN-Nummer
Anweisungen	Sondervorschriften					Versandstücke	lose Schüttung	Be- und Entladung, Handhabung				Versandstücke	lose Schüttung	Be- und Entladung, Handhabung			
4.2.5.2 7.3.2	4.2.5.3	4.3	4.3.5 6.8.4	9.1.1.2	1.1.3.6 (8.6)	7.2.4	7.3.3	7.5.11	8.5	4.3.5 6.8.4	1.1.3.1	7.2.4	7.3.3	7.5.11	7.6	5.3.2.3	
(10)	(11)	(12)	(13)	(14)	(15)	(16)	(17)	(18)	(19)	(13)	(15)	(16)	(17)	(18)	(19)	(20)	(1)
					2 (E)	V2		CV1 CV2 CV3	S1		2	W2		CW1		RID: 1.4G	0306
					2 (E)	V2		CV1 CV2 CV3	S1		2	W2		CW1		RID: 1.4G	0312
					1 (B1000C)	V2		CV1 CV2 CV3	S1		1	W2		CW1		RID: 1.2G	0313
					1 (B1000C)	V2		CV1 CV2 CV3	S1		1	W2		CW1		RID: 1.2G	0314
					1 (C5000D)	V2		CV1 CV2 CV3	S1		1	W2		CW1		RID: 1.3G	0315
					1 (C5000D)	V2		CV1 CV2 CV3	S1		1	W2		CW1		RID: 1.3G	0316
					2 (E)	V2		CV1 CV2 CV3	S1		2	W2		CW1		RID: 1.4G	0317
					1 (C5000D)	V2		CV1 CV2 CV3	S1		1	W2		CW1		RID: 1.3G	0318
					1 (C5000D)	V2		CV1 CV2 CV3	S1		1	W2		CW1		RID: 1.3G	0319
					2 (E)	V2		CV1 CV2 CV3	S1		2	W2		CW1		RID: 1.4G	0320
					1 (B1000C)	V2		CV1 CV2 CV3	S1		1	W2		CW1		RID: 1.2E	0321
					0 (B)	V2		CV1 CV2 CV3 CV4	S1		0	W2		CW1 CW4		RID: 1.2L	0322
					4 (E)			CV1 CV2 CV3	S1		4	W2		CW1	CE1	RID: 1.4S	0323
					1 (B1000C)	V2		CV1 CV2 CV3	S1		1	W2		CW1		RID: 1.2F	0324
					2 (E)	V2		CV1 CV2 CV3	S1		2	W2		CW1		RID: 1.4G	0325
					1 (B1000C)	V2		CV1 CV2 CV3	S1		1	W2		CW1		RID: 1.1C	0326
					1 (C5000D)	V2		CV1 CV2 CV3	S1		1	W2		CW1		RID: 1.3C	0327
					1 (B1000C)	V2		CV1 CV2 CV3	S1		1	W2		CW1		RID: 1.2C	0328

3.2 Tabelle A: Verzeichnis der gefährlichen Güter

gemäß Tabelle 1.10.3.1.2 § 35b GGVSEB	UN-Nummer	Benennung und Beschreibung	Klasse	Klassifizierungscode	Verpackungsgruppe	Gefahrzettel	Sondervorschriften	Begrenzte und freigestellte Mengen		Verpackung		
										Anweisungen	Sondervorschriften	Zusammenpackung
G..		3.1.2	2.2	2.2	2.1.1.3	5.2.2	3.3	3.4 / 3.5.1.2		4.1.4	4.1.4	4.1.10
•	(1)	(2)	(3a)	(3b)	(4)	(5)	(6)	(7a)	(7b)	(8)	(9a)	(9b)
• G1	0329	TORPEDOS, mit Sprengladung	1	1.1E		1 RID: (+13)		0	E0	P130 LP101	PP67 L1	MP21
• G1	0330	TORPEDOS, mit Sprengladung	1	1.1F		1 RID: (+13)		0	E0	P130 LP101		MP23
• G1	0331	SPRENGSTOFF, TYP B	1	1.5D		1.5	617	0	E0	P116 IBC100	PP61 PP62 PP64	MP20
• G1	0332	SPRENGSTOFF, TYP E	1	1.5D		1.5	617	0	E0	P116 IBC100	PP61 PP62	MP20
• G1	0333	FEUERWERKSKÖRPER	1	1.1G		1 RID: (+13)	645	0	E0	P135		MP23 MP24
• G1	0334	FEUERWERKSKÖRPER	1	1.2G		1	645	0	E0	P135		MP23 MP24
	0335	FEUERWERKSKÖRPER	1	1.3G		1	645	0	E0	P135		MP23 MP24
	0336	FEUERWERKSKÖRPER	1	1.4G		1.4	645 ADR: 651	0	E0	P135		MP23 MP24
	0337	FEUERWERKSKÖRPER	1	1.4S		1.4	645	0	E0	P135		MP23 MP24
	0338	PATRONEN FÜR WAFFEN, MANÖVER oder PATRONEN FÜR HANDFEUERWAFFEN, MANÖVER	1	1.4C		1.4		0	E0	P130 LP101		MP22
	0339	PATRONEN FÜR WAFFEN MIT INERTEM GESCHOSS oder PATRONEN FÜR HANDFEUERWAFFEN	1	1.4C		1.4		0	E0	P130 LP101		MP22
• G1	0340	NITROCELLULOSE, trocken oder angefeuchtet mit weniger als 25 Masse-% Wasser (oder Alkohol)	1	1.1D		1 RID: (+15)	393	0	E0	P112a P112b		MP20
• G1	0341	NITROCELLULOSE, nicht behandelt oder plastifiziert mit weniger als 18 Masse-% Plastifizierungsmittel	1	1.1D		1 RID: (+15)	393	0	E0	P112b		MP20
•	0342	NITROCELLULOSE, ANGEFEUCHTET mit mindestens 25 Masse-% Alkohol	1	1.3C		1 RID: (+13)	105 393	0	E0	P114a	PP43	MP20
•	0343	NITROCELLULOSE, PLASTIFIZIERT, mit mindestens 18 Masse-% Plastifizierungsmittel	1	1.3C		1 RID: (+13)	105 393	0	E0	P111		MP20
	0344	GESCHOSSE, mit Sprengladung	1	1.4D		1.4		0	E0	P130 LP101	PP67 L1	MP21

Tabelle A: Verzeichnis der gefährlichen Güter 3.2

ortsbewegliche Tanks und Schüttgut-Container Anweisungen	Sondervorschriften	Tankcodierungen für ADR/RID-Tanks	Sondervorschriften für ADR-Tanks	Fahrzeug für die Beförderung in Tanks	ADR Beförderungskategorie (Tunnelbeschränkungscode)	ADR Sondervorschriften für die Beförderung Versandstücke	ADR lose Schüttung	ADR Be- und Entladung, Handhabung	Betrieb	RID Sondervorschriften für RID-Tanks	RID Beförderungskategorie	RID Sondervorschriften für die Beförderung Versandstücke	RID lose Schüttung	RID Be- und Entladung, Handhabung	Expressgut	Nummer zur Kennzeichnung der Gefahr	UN-Nummer
4.2.5.2 7.3.2	4.2.5.3	4.3	4.3.5 6.8.4	9.1.1.2	1.1.3.6 (8.6)	7.2.4	7.3.3	7.5.11	8.5	4.3.5 6.8.4	1.1.3.1	7.2.4	7.3.3	7.5.11	7.6	5.3.2.3	(1)
(10)	(11)	(12)	(13)	(14)	(15)	(16)	(17)	(18)	(19)	(13)	(15)	(16)	(17)	(18)	(19)	(20)	(1)
					1 (B1000C)	V2		CV1 CV2 CV3	S1		1	W2		CW1		RID: 1.1E	0329
					1 (B1000C)	V2		CV1 CV2 CV3	S1		1	W2		CW1		RID: 1.1F	0330
T1	TP1 TP17 TP32	S2,65AN(+)	TU3 TU12 TU41 TC8 TA1 TA5	EX/II	1 (B1000C)	V2 V12		CV1 CV2 CV3	S1		1	W2 W12		CW1		1.5D	0331
T1	TP1 TP17 TP32			EX/II	1 (B1000C)	V2 V12		CV1 CV2 CV3	S1		1	W2 W12		CW1		1.5D	0332
					1 (B1000C)	V2 V3		CV1 CV2 CV3	S1		1	W2 W3		CW1		RID: 1.1G	0333
					1 (B1000C)	V2 V3		CV1 CV2 CV3	S1		1	W2 W3		CW1		RID: 1.2G	0334
					1 (C5000D)	V2 V3		CV1 CV2 CV3	S1		1	W2 W3		CW1		RID: 1.3G	0335
					2 (E)	V2		CV1 CV2 CV3	S1		2	W2		CW1	CE1	RID: 1.4G	0336
					4 (E)			CV1 CV2 CV3	S1		4			CW1	CE1	RID: 1.4S	0337
					2 (E)	V2		CV1 CV2 CV3	S1		2	W2		CW1		RID: 1.4C	0338
					2 (E)	V2		CV1 CV2 CV3	S1		2	W2		CW1		RID: 1.4C	0339
					1 (B1000C)	V2 V3		CV1 CV2 CV3	S1		1	W2 W3		CW1		RID: 1.1D	0340
					1 (B1000C)	V2 V3		CV1 CV2 CV3	S1		1	W2 W3		CW1		RID: 1.1D	0341
					1 (C5000D)	V2		CV1 CV2 CV3	S1		1	W2		CW1		RID: 1.3C	0342
					1 (C5000D)	V2		CV1 CV2 CV3	S1		1	W2		CW1		RID: 1.3C	0343
					2 (E)	V2		CV1 CV2 CV3	S1		2	W2		CW1		RID: 1.4D	0344

3.2 Tabelle A: Verzeichnis der gefährlichen Güter

gemäß Tabelle 1.10.3.1.2	§ 35b GGVSEB	UN-Nummer	Benennung und Beschreibung	Klasse	Klassifizierungscode	Verpackungsgruppe	Gefahrzettel	Sondervorschriften	Begrenzte und freigestellte Mengen		Verpackung		
											Anweisungen	Sondervorschriften	Zusammenpackung
• G..			3.1.2	2.2	2.2	2.1.1.3	5.2.2	3.3	3.4 / 3.5.1.2		4.1.4	4.1.4	4.1.10
		(1)	(2)	(3a)	(3b)	(4)	(5)	(6)	(7a)	(7b)	(8)	(9a)	(9b)
		0345	GESCHOSSE, inert, mit Leuchtspurmitteln	1	1.4S		1.4		0	E0	P130 LP101	PP67 L1	MP23
•	G1	0346	GESCHOSSE, mit Zerleger oder Ausstoßladung	1	1.2D		1		0	E0	P130 LP101	PP67 L1	MP21
		0347	GESCHOSSE, mit Zerleger oder Ausstoßladung	1	1.4D		1.4		0	E0	P130 LP101	PP67 L1	MP21
		0348	PATRONEN FÜR WAFFEN, mit Sprengladung	1	1.4F		1.4		0	E0	P130 LP101		MP23
		0349	GEGENSTÄNDE MIT EXPLOSIVSTOFF, N.A.G.	1	1.4S		1.4	178 274 347	0	E0	P101		MP2
		0350	GEGENSTÄNDE MIT EXPLOSIVSTOFF, N.A.G.	1	1.4B		1.4	178 274	0	E0	P101		MP2
		0351	GEGENSTÄNDE MIT EXPLOSIVSTOFF, N.A.G.	1	1.4C		1.4	178 274	0	E0	P101		MP2
		0352	GEGENSTÄNDE MIT EXPLOSIVSTOFF, N.A.G.	1	1.4D		1.4	178 274	0	E0	P101		MP2
		0353	GEGENSTÄNDE MIT EXPLOSIVSTOFF, N.A.G.	1	1.4G		1.4	178 274	0	E0	P101		MP2
•	G1	0354	GEGENSTÄNDE MIT EXPLOSIVSTOFF, N.A.G.	1	1.1L		1	178 274 RID: (+13)	0	E0	P101		MP1
•	G1	0355	GEGENSTÄNDE MIT EXPLOSIVSTOFF, N.A.G.	1	1.2L		1	178 274 RID: (+13)	0	E0	P101		MP1
		0356	GEGENSTÄNDE MIT EXPLOSIVSTOFF, N.A.G.	1	1.3L		1	178 274 RID: (+13)	0	E0	P101		MP1
•	G1	0357	EXPLOSIVE STOFFE, N.A.G.	1	1.1L		1	178 274 RID: (+13)	0	E0	P101		MP1
•	G1	0358	EXPLOSIVE STOFFE, N.A.G.	1	1.2L		1	178 274 RID: (+13)	0	E0	P101		MP1
		0359	EXPLOSIVE STOFFE, N.A.G.	1	1.3L		1	178 274 RID: (+13)	0	E0	P101		MP1
•	G1	0360	ZÜNDEINRICHTUNGEN für Sprengungen, NICHT ELEKTRISCH	1	1.1B		1	RID: (+13)	0	E0	P131		MP23
•		0361	ZÜNDEINRICHTUNGEN für Sprengungen, NICHT ELEKTRISCH	1	1.4B		1.4		0	E0	P131		MP23

Tabelle A: Verzeichnis der gefährlichen Güter 3.2

ortsbewegliche Tanks und Schüttgut-Container		Tankcodierungen für ADR/RID-Tanks	Sondervorschriften für ADR-Tanks	Fahrzeug für die Beförderung in Tanks	ADR Beförderungskategorie (Tunnelbeschränkungscode)	Sondervorschriften für die Beförderung			Betrieb	RID Sondervorschriften für RID-Tanks	Beförderungskategorie	Sondervorschriften für die Beförderung			Expressgut	Nummer zur Kennzeichnung der Gefahr	UN-Nummer
Anweisungen	Sondervorschriften					Versandstücke	lose Schüttung	Be- und Entladung, Handhabung				Versandstücke	lose Schüttung	Be- und Entladung, Handhabung			
4.2.5.2 7.3.2	4.2.5.3	4.3	4.3.3 6.8.4	9.1.1.2	1.1.3.6 (8.6)	7.2.4	7.3.3	7.5.11	8.5	4.3.5 6.8.4	1.1.3.1	7.2.4	7.3.3	7.5.11	7.6	5.3.2.3	(1)
(10)	(11)	(12)	(13)	(14)	(15)	(16)	(17)	(18)	(19)	(13)	(15)	(16)	(17)	(18)	(19)	(20)	(1)
					4 (E)			CV1 CV2 CV3	S1		4			CW1	CE1	RID: 1.4S	0345
					1 (B1000C)	V2		CV1 CV2 CV3	S1		1	W2		CW1		RID: 1.2D	0346
					2 (E)	V2		CV1 CV2 CV3	S1		2	W2		CW1		RID: 1.4D	0347
					2 (E)	V2		CV1 CV2 CV3	S1		2	W2		CW1		RID: 1.4F	0348
					4 (E)			CV1 CV2 CV3	S1		4			CW1	CE1	RID: 1.4S	0349
					2 (E)	V2		CV1 CV2 CV3	S1		2	W2		CW1		RID: 1.4B	0350
					2 (E)	V2		CV1 CV2 CV3	S1		2	W2		CW1		RID: 1.4C	0351
					2 (E)	V2		CV1 CV2 CV3	S1		2	W2		CW1		RID: 1.4D	0352
					2 (E)	V2		CV1 CV2 CV3	S1		2	W2		CW1		RID: 1.4G	0353
					0 (B)	V2		CV1 CV2 CV3 CV4	S1		0	W2		CW1 CW4		RID: 1.1L	0354
					0 (B)	V2		CV1 CV2 CV3 CV4	S1		0	W2		CW1 CW4		RID: 1.2L	0355
					0 (B)	V2		CV1 CV2 CV3 CV4	S1		0	W2		CW1 CW4		RID: 1.3L	0356
					0 (B)	V2		CV1 CV2 CV3 CV4	S1		0	W2		CW1 CW4		RID: 1.1L	0357
					0 (B)	V2		CV1 CV2 CV3 CV4	S1		0	W2		CW1 CW4		RID: 1.2L	0358
					0 (B)	V2		CV1 CV2 CV3 CV4	S1		0	W2		CW1 CW4		RID: 1.3L	0359
					1 (B1000C)	V2		CV1 CV2 CV3	S1		1	W2		CW1		RID: 1.1B	0360
					2 (E)	V2		CV1 CV2 CV3	S1		2	W2		CW1		RID: 1.4B	0361

3.2 Tabelle A: Verzeichnis der gefährlichen Güter

gemäß Tabelle 1.10.3.1.2	§ 35b GGVSEB	UN-Nummer	Benennung und Beschreibung	Klasse	Klassifizierungscode	Verpackungsgruppe	Gefahrzettel	Sondervorschriften	Begrenzte und freigestellte Mengen		Verpackung Anweisungen	Verpackung Sondervorschriften	Verpackung Zusammenpackung
G..			3.1.2	2.2	2.2	2.1.1.3	5.2.2	3.3	3.4	3.5.1.2	4.1.4	4.1.4	4.1.10
	(1)		(2)	(3a)	(3b)	(4)	(5)	(6)	(7a)	(7b)	(8)	(9a)	(9b)
		0362	MUNITION, ÜBUNG	1	1.4G		1.4		0	E0	P130 LP101	PP67 L1	MP23
		0363	MUNITION, PRÜF	1	1.4G		1.4		0	E0	P130 LP101	PP67 L1	MP23
•	G1	0364	DETONATOREN FÜR MUNITION	1	1.2B		1 RID: (+13)		0	E0	P133		MP23
•		0365	DETONATOREN FÜR MUNITION	1	1.4B		1.4		0	E0	P133		MP23
•		0366	DETONATOREN FÜR MUNITION	1	1.4S		1.4	347	0	E0	P133		MP23
		0367	ZÜNDER, SPRENGKRÄFTIG	1	1.4S		1.4	347	0	E0	P141		MP23
		0368	ZÜNDER, NICHT SPRENGKRÄFTIG	1	1.4S		1.4		0	E0	P141		MP23
•	G1	0369	GEFECHTSKÖPFE, RAKETE, mit Sprengladung	1	1.1F		1 RID: (+13)		0	E0	P130 LP101		MP23
		0370	GEFECHTSKÖPFE, RAKETE, mit Zerleger oder Ausstoßladung	1	1.4D		1.4		0	E0	P130 LP101	PP67 L1	MP21
		0371	GEFECHTSKÖPFE, RAKETE, mit Zerleger oder Ausstoßladung	1	1.4F		1.4		0	E0	P130 LP101		MP23
•		0372	GRANATEN, ÜBUNG, Hand oder Gewehr	1	1.2G		1		0	E0	P141		MP23
		0373	SIGNALKÖRPER, HAND	1	1.4S		1.4		0	E0	P135		MP23 MP24
•	G1	0374	FALLLOTE, MIT EXPLOSIVSTOFF	1	1.1D		1 RID: (+13)		0	E0	P134 LP102		MP21
•	G1	0375	FALLLOTE, MIT EXPLOSIVSTOFF	1	1.2D		1		0	E0	P134 LP102		MP21
		0376	TREIBLADUNGSANZÜNDER	1	1.4S		1.4		0	E0	P133		MP23
•	G1	0377	ANZÜNDHÜTCHEN	1	1.1B		1 RID: (+13)		0	E0	P133		MP23
		0378	ANZÜNDHÜTCHEN	1	1.4B		1.4		0	E0	P133		MP23
		0379	TREIBLADUNGSHÜLSEN, LEER, MIT TREIBLADUNGSANZÜNDER	1	1.4C		1.4		0	E0	P136		MP22

Tabelle A: Verzeichnis der gefährlichen Güter 3.2

ortsbewegliche Tanks und Schüttgut-Container Anweisungen	Sondervorschriften	Tankcodierungen für ADR/RID-Tanks	Sondervorschriften für ADR-Tanks	Fahrzeug für die Beförderung in Tanks	ADR Beförderungskategorie (Tunnelbeschränkungscode)	ADR Sondervorschriften für die Beförderung Versandstücke	ADR lose Schüttung	ADR Be- und Entladung, Handhabung	Betrieb	RID Sondervorschriften für RID-Tanks	RID Beförderungskategorie	RID Sondervorschriften für die Beförderung Versandstücke	RID lose Schüttung	RID Be- und Entladung, Handhabung	Expressgut	Nummer zur Kennzeichnung der Gefahr	UN-Nummer
4.2.5.2 7.3.2	4.2.5.3	4.3	4.3.5 6.8.4	9.1.1.2	1.1.3.6 (8.6)	7.2.4	7.3.3	7.5.11	8.5	4.3.5 6.8.4	1.1.3.1	7.2.4	7.3.3	7.5.11	7.6	5.3.2.3	(1)
(10)	(11)	(12)	(13)	(14)	(15)	(16)	(17)	(18)	(19)	(13)	(15)	(16)	(17)	(18)	(19)	(20)	(1)
					2 (E)	V2		CV1 CV2 CV3	S1		2	W2		CW1		RID: 1.4G	0362
					2 (E)	V2		CV1 CV2 CV3	S1		2	W2		CW1		RID: 1.4G	0363
					1 (B1000C)	V2		CV1 CV2 CV3	S1		1	W2		CW1		RID: 1.2B	0364
					2 (E)	V2		CV1 CV2 CV3	S1		2	W2		CW1		RID: 1.4B	0365
					4 (E)			CV1 CV2 CV3	S1		4			CW1	CE1	RID: 1.4S	0366
					4 (E)			CV1 CV2 CV3	S1		4			CW1	CE1	RID: 1.4S	0367
					4 (E)			CV1 CV2 CV3	S1		4			CW1	CE1	RID: 1.4S	0368
					1 (B1000C)	V2		CV1 CV2 CV3	S1		1	W2		CW1		RID: 1.1F	0369
					2 (E)	V2		CV1 CV2 CV3	S1		2	W2		CW1		RID: 1.4D	0370
					2 (E)	V2		CV1 CV2 CV3	S1		2	W2		CW1		RID: 1.4F	0371
					1 (B1000C)	V2		CV1 CV2 CV3	S1		1	W2		CW1		RID: 1.2G	0372
					4 (E)			CV1 CV2 CV3	S1		4			CW1	CE1	RID: 1.4S	0373
					1 (B1000C)	V2		CV1 CV2 CV3	S1		1	W2		CW1		RID: 1.1D	0374
					1 (B1000C)	V2		CV1 CV2 CV3	S1		1	W2		CW1		RID: 1.2D	0375
					4 (E)			CV1 CV2 CV3	S1		4			CW1	CE1	RID: 1.4S	0376
					1 (B1000C)	V2		CV1 CV2 CV3	S1		1	W2		CW1		RID: 1.1B	0377
					2 (E)	V2		CV1 CV2 CV3	S1		2	W2		CW1		RID: 1.4B	0378
					2 (E)	V2		CV1 CV2 CV3	S1		2	W2		CW1		RID: 1.4C	0379

3.2 Tabelle A: Verzeichnis der gefährlichen Güter

gemäß Tabelle 1.10.3.1.2	§ 35b GGVSEB	UN-Nummer	Benennung und Beschreibung	Klasse	Klassifizierungscode	Verpackungsgruppe	Gefahrzettel	Sondervorschriften	Begrenzte und freigestellte Mengen		Verpackung		
											Anweisungen	Sondervorschriften	Zusammenpackung
G..			3.1.2	2.2	2.2	2.1.1.3	5.2.2	3.3	3.4 / 3.5.1.2		4.1.4	4.1.4	4.1.10
		(1)	(2)	(3a)	(3b)	(4)	(5)	(6)	(7a)	(7b)	(8)	(9a)	(9b)
•	G1	0380	GEGENSTÄNDE, PYROPHOR	1	1.2L		1 RID: (+13)		0	E0	P101		MP1
•	G1	0381	KARTUSCHEN FÜR TECHNISCHE ZWECKE	1	1.2C		1		0	E0	P134 LP102		MP22
•	G1	0382	BESTANDTEILE, ZÜNDKETTE, N.A.G.	1	1.2B		1 RID: (+13)	178 274	0	E0	P101		MP2
		0383	BESTANDTEILE, ZÜNDKETTE, N.A.G.	1	1.4B		1.4	178 274	0	E0	P101		MP2
		0384	BESTANDTEILE, ZÜNDKETTE, N.A.G.	1	1.4S		1.4	178 274 347	0	E0	P101		MP2
•	G1	0385	5-NITROBENZOTRIAZOL	1	1.1D		1 RID: (+13)		0	E0	P112b P112c		MP20
•	G1	0386	TRINITROBENZENSULFONSÄURE	1	1.1D		1 RID: (+13)		0	E0	P112b P112c	PP26	MP20
•	G1	0387	TRINITROFLUORENON	1	1.1D		1 RID: (+13)		0	E0	P112b P112c		MP20
•	G1	0388	TRINITROTOLUEN (TNT) IN MISCHUNG MIT TRINITROBENZEN oder TRINITROTOLUEN (TNT) IN MISCHUNG MIT HEXANITROSTILBEN	1	1.1D		1 RID: (+13)		0	E0	P112b P112c		MP20
•	G1	0389	TRINITROTOLUEN (TNT) IN MISCHUNG MIT TRINITROBENZEN UND HEXANITROSTILBEN	1	1.1D		1 RID: (+13)		0	E0	P112b P112c		MP20
•	G1	0390	TRITONAL	1	1.1D		1 RID: (+13)		0	E0	P112b P112c		MP20
•	G1	0391	CYCLOTRIMETHYLENTRINITRAMIN (CYCLONIT), (HEXOGEN), (RDX), IN MISCHUNG MIT CYCLOTETRAMETHYLENTETRA-NITRAMIN (HMX), (OKTOGEN), ANGEFEUCHTET mit mindestens 15 Masse-% Wasser oder DESENSIBILISIERT mit mindestens 10 Masse-% Phlegmatisierungsmittel	1	1.1D		1 RID: (+15)	266	0	E0	P112a P112b		MP20
•	G1	0392	HEXANITROSTILBEN	1	1.1D		1 RID: (+13)		0	E0	P112b P112c		MP20
•	G1	0393	HEXOTONAL	1	1.1D		1 RID: (+13)		0	E0	P112b		MP20

Tabelle A: Verzeichnis der gefährlichen Güter 3.2

ortsbewegliche Tanks und Schüttgut-Container		Tankcodierungen für ADR/RID-Tanks	ADR							RID							
			Sondervorschriften für ADR-Tanks	Fahrzeug für die Beförderung in Tanks	Beförderungs-kategorie	Sondervorschriften für die Beförderung			Betrieb	Sondervorschriften für RID-Tanks	Beförderungs-kategorie	Sondervorschriften für die Beförderung				Expressgut	Nummer zur Kennzeichnung der Gefahr	UN-Nummer
Anweisungen	Sondervorschriften				(Tunnel-beschränkungs-code)	Versandstücke	lose Schüttung	Be- und Entladung, Handhabung				Versandstücke	lose Schüttung	Be- und Entladung, Handhabung			
4.2.5.2 7.3.2	4.2.5.3	4.3	4.3.5 6.8.4	9.1.1.2	1.1.3.6 (8.6)	7.2.4	7.3.3	7.5.11	8.5	4.3.5 6.8.4	1.1.3.1	7.2.4	7.3.3	7.5.11	7.6	5.3.2.3	
(10)	(11)	(12)	(13)	(14)	(15)	(16)	(17)	(18)	(19)	(13)	(15)	(16)	(17)	(18)	(19)	(20)	(1)
					0 (B)	V2		CV1 CV2 CV3 CV4	S1		0	W2		CW1 CW4		RID: 1.2L	0380
					1 (B1000C)	V2		CV1 CV2 CV3	S1		1	W2		CW1		RID: 1.2C	0381
					1 (B1000C)	V2		CV1 CV2 CV3	S1		1	W2		CW1		RID: 1.2B	0382
					2 (E)	V2		CV1 CV2 CV3	S1		2	W2		CW1		RID: 1.4B	0383
					4 (E)			CV1 CV2 CV3	S1		4			CW1	CE1	RID: 1.4S	0384
					1 (B1000C)	V2 V3		CV1 CV2 CV3	S1		1	W2 W3		CW1		RID: 1.1D	0385
					1 (B1000C)	V2 V3		CV1 CV2 CV3	S1		1	W2 W3		CW1		RID: 1.1D	0386
					1 (B1000C)	V2 V3		CV1 CV2 CV3	S1		1	W2 W3		CW1		RID: 1.1D	0387
					1 (B1000C)	V2 V3		CV1 CV2 CV3	S1		1	W2 W3		CW1		RID: 1.1D	0388
					1 (B1000C)	V2 V3		CV1 CV2 CV3	S1		1	W2 W3		CW1		RID: 1.1D	0389
					1 (B1000C)	V2 V3		CV1 CV2 CV3	S1		1	W2 W3		CW1		RID: 1.1D	0390
					1 (B1000C)	V2 V3		CV1 CV2 CV3	S1		1	W2 W3		CW1		RID: 1.1D	0391
					1 (B1000C)	V2 V3		CV1 CV2 CV3	S1		1	W2 W3		CW1		RID: 1.1D	0392
					1 (B1000C)	V2 V3		CV1 CV2 CV3	S1		1	W2 W3		CW1		RID: 1.1D	0393

3.2 Tabelle A: Verzeichnis der gefährlichen Güter

gemäß Tabelle 1.10.3.1.2 § 35b GGVSEB	UN-Nummer	Benennung und Beschreibung	Klasse	Klassifizierungscode	Verpackungsgruppe	Gefahrzettel	Sondervorschriften	Begrenzte und freigestellte Mengen		Verpackung Anweisungen	Verpackung Sondervorschriften	Verpackung Zusammenpackung
G..		3.1.2	2.2	2.2	2.1.1.3	5.2.2	3.3	3.4 / 3.5.1.2		4.1.4	4.1.4	4.1.10
	(1)	(2)	(3a)	(3b)	(4)	(5)	(6)	(7a)	(7b)	(8)	(9a)	(9b)
• G1	0394	TRINITRORESORCINOL (STYPHNINSÄURE), ANGEFEUCHTET mit mindestens 20 Masse-% Wasser oder einer Alkohol/Wasser-Mischung	1	1.1D		1 RID: (+15)		0	E0	P112a	PP26	MP20
• G1	0395	RAKETENMOTOREN, FLÜSSIGTREIBSTOFF	1	1.2J		1 RID: (+13)		0	E0	P101		MP23
	0396	RAKETENMOTOREN, FLÜSSIGTREIBSTOFF	1	1.3J		1 RID: (+13)		0	E0	P101		MP23
• G1	0397	RAKETEN, FLÜSSIGTREIBSTOFF, mit Sprengladung	1	1.1J		1 RID: (+13)		0	E0	P101		MP23
• G1	0398	RAKETEN, FLÜSSIGTREIBSTOFF, mit Sprengladung	1	1.2J		1 RID: (+13)		0	E0	P101		MP23
• G1	0399	BOMBEN, DIE ENTZÜNDBARE FLÜSSIGKEIT ENTHALTEN, mit Sprengladung	1	1.1J		1 RID: (+13)		0	E0	P101		MP23
• G1	0400	BOMBEN, DIE ENTZÜNDBARE FLÜSSIGKEIT ENTHALTEN, mit Sprengladung	1	1.2J		1 RID: (+13)		0	E0	P101		MP23
• G1	0401	DIPIKRYLSULFID, trocken oder angefeuchtet mit weniger als 10 Masse-% Wasser	1	1.1D		1 RID: (+13)		0	E0	P112a P112b P112c		MP20
• G1	0402	AMMONIUMPERCHLORAT	1	1.1D		1 RID: (+13)		152	0	E0	P112b P112c	MP20
	0403	LEUCHTKÖRPER, LUFTFAHRZEUG	1	1.4G		1.4		0	E0	P135		MP23
	0404	LEUCHTKÖRPER, LUFTFAHRZEUG	1	1.4S		1.4		0	E0	P135		MP23
	0405	PATRONEN, SIGNAL	1	1.4S		1.4		0	E0	P135		MP23 MP24
•	0406	DINITROSOBENZEN	1	1.3C		1 RID: (+13)		0	E0	P114b		MP20
	0407	TETRAZOL-1-ESSIGSÄURE	1	1.4C		1.4		0	E0	P114b		MP20
• G1	0408	ZÜNDER, SPRENGKRÄFTIG, mit Sicherungsvorrichtungen	1	1.1D		1 RID: (+13)		0	E0	P141		MP21
• G1	0409	ZÜNDER, SPRENGKRÄFTIG, mit Sicherungsvorrichtungen	1	1.2D		1		0	E0	P141		MP21
	0410	ZÜNDER, SPRENGKRÄFTIG, mit Sicherungsvorrichtungen	1	1.4D		1.4		0	E0	P141		MP21

Tabelle A: Verzeichnis der gefährlichen Güter 3.2

ortsbewegliche Tanks und Schüttgut-Container		Tankcodierungen für ADR/RID-Tanks	Sondervorschriften für ADR-Tanks	Fahrzeug für die Beförderung in Tanks	ADR Beförderungskategorie (Tunnelbeschränkungscode)	Sondervorschriften für die Beförderung				Sondervorschriften für RID-Tanks	RID Beförderungskategorie	Sondervorschriften für die Beförderung				Expressgut	Nummer zur Kennzeichnung der Gefahr	UN-Nummer
Anweisungen	Sondervorschriften					Versandstücke	lose Schüttung	Be- und Entladung, Handhabung	Betrieb			Versandstücke	lose Schüttung	Be- und Entladung, Handhabung				
4.2.5.2 7.3.2	4.2.5.3	4.3	4.3.5 6.8.4	9.1.1.2	1.1.3.6 (8.6)	7.2.4	7.3.3	7.5.11	8.5	4.3.5 6.8.4	1.1.3.1	7.2.4	7.3.3	7.5.11	7.6	5.3.2.3	(1)
(10)	(11)	(12)	(13)	(14)	(15)	(16)	(17)	(18)	(19)	(13)	(15)	(16)	(17)	(18)	(19)	(20)	(1)
					1 (B1000C)	V2		CV1 CV2 CV3	S1		1	W2		CW1		RID: 1.1D	0394
					1 (B1000C)	V2		CV1 CV2 CV3	S1		1	W2		CW1		RID: 1.2J	0395
					1 (C)	V2		CV1 CV2 CV3	S1		1	W2		CW1		RID: 1.3J	0396
					1 (B1000C)	V2		CV1 CV2 CV3	S1		1	W2		CW1		RID: 1.1J	0397
					1 (B1000C)	V2		CV1 CV2 CV3	S1		1	W2		CW1		RID: 1.2J	0398
					1 (B1000C)	V2		CV1 CV2 CV3	S1		1	W2		CW1		RID: 1.1J	0399
					1 (B1000C)	V2		CV1 CV2 CV3	S1		1	W2		CW1		RID: 1.2J	0400
					1 (B1000C)	V2 V3		CV1 CV2 CV3	S1		1	W2 W3		CW1		RID: 1.1D	0401
					1 (B1000C)	V2 V3		CV1 CV2 CV3	S1		1	W2 W3		CW1		RID: 1.1D	0402
					2 (E)	V2		CV1 CV2 CV3	S1		2	W2		CW1		RID: 1.4G	0403
					4 (E)			CV1 CV2 CV3	S1		4			CW1	CE1	RID: 1.4S	0404
					4 (E)			CV1 CV2 CV3	S1		4			CW1	CE1	RID: 1.4S	0405
					1 (C5000D)	V2 V3		CV1 CV2 CV3	S1		1	W2 W3		CW1		RID: 1.3C	0406
					2 (E)	V2		CV1 CV2 CV3	S1		2	W2		CW1		RID: 1.4C	0407
					1 (B1000C)	V2		CV1 CV2 CV3	S1		1	W2		CW1		RID: 1.1D	0408
					1 (B1000C)	V2		CV1 CV2 CV3	S1		1	W2		CW1		RID: 1.2D	0409
					2 (E)	V2		CV1 CV2 CV3	S1		2	W2		CW1		RID: 1.4D	0410

3.2 Tabelle A: Verzeichnis der gefährlichen Güter

gemäß Tabelle 1.10.3.1.2	§ 35b GGVSEB	UN-Nummer	Benennung und Beschreibung	Klasse	Klassifizierungscode	Verpackungsgruppe	Gefahrzettel	Sondervorschriften	Begrenzte und freigestellte Mengen		Verpackung Anweisungen	Verpackung Sondervorschriften	Verpackung Zusammenpackung
			3.1.2	2.2	2.2	2.1.1.3	5.2.2	3.3	3.4 / 3.5.1.2		4.1.4	4.1.4	4.1.10
● G..		(1)	(2)	(3a)	(3b)	(4)	(5)	(6)	(7a)	(7b)	(8)	(9a)	(9b)
●	G1	0411	PENTAERYTHRITTETRANITRAT (PENTAERYTHRITOLTETRANITRAT) (PETN), mit nicht weniger als 7 Masse-% Wachs	1	1.1D		1 RID: (+15)	131	0	E0	P112b P112c		MP20
		0412	PATRONEN FÜR WAFFEN, mit Sprengladung	1	1.4E		1.4		0	E0	P130 LP101	PP67 L1	MP21
●	G1	0413	PATRONEN FÜR WAFFEN, MANÖVER	1	1.2C		1		0	E0	P130 LP101		MP22
●	G1	0414	TREIBLADUNGEN FÜR GESCHÜTZE	1	1.2C		1		0	E0	P130 LP101		MP22
●	G1	0415	TREIBSÄTZE	1	1.2C		1		0	E0	P143	PP76	MP22
●		0417	PATRONEN FÜR WAFFEN, MIT INERTEM GESCHOSS oder PATRONEN FÜR HANDFEUERWAFFEN	1	1.3C		1		0	E0	P130 LP101		MP22
●	G1	0418	LEUCHTKÖRPER, BODEN	1	1.1G		1 RID: (+13)		0	E0	P135		MP23
●	G1	0419	LEUCHTKÖRPER, BODEN	1	1.2G		1		0	E0	P135		MP23
●	G1	0420	LEUCHTKÖRPER, LUFTFAHRZEUG	1	1.1G		1 RID: (+13)		0	E0	P135		MP23
●	G1	0421	LEUCHTKÖRPER, LUFTFAHRZEUG	1	1.2G		1		0	E0	P135		MP23
		0424	GESCHOSSE, inert, mit Leuchtspurmitteln	1	1.3G		1		0	E0	P130 LP101	PP67 L1	MP23
		0425	GESCHOSSE, inert, mit Leuchtspurmitteln	1	1.4G		1.4		0	E0	P130 LP101	PP67 L1	MP23
●	G1	0426	GESCHOSSE, mit Zerleger oder Ausstoßladung	1	1.2F		1 RID: (+13)		0	E0	P130 LP101		MP23
		0427	GESCHOSSE, mit Zerleger oder Ausstoßladung	1	1.4F		1.4		0	E0	P130 LP101		MP23
●	G1	0428	PYROTECHNISCHE GEGENSTÄNDE für technische Zwecke	1	1.1G		1 RID: (+13)		0	E0	P135		MP23 MP24
●	G1	0429	PYROTECHNISCHE GEGENSTÄNDE für technische Zwecke	1	1.2G		1		0	E0	P135		MP23 MP24
		0430	PYROTECHNISCHE GEGENSTÄNDE für technische Zwecke	1	1.3G		1		0	E0	P135		MP23 MP24
		0431	PYROTECHNISCHE GEGENSTÄNDE für technische Zwecke	1	1.4G		1.4		0	E0	P135		MP23 MP24

Tabelle A: Verzeichnis der gefährlichen Güter — 3.2

ortsbewegliche Tanks und Schüttgut-Container		Tankcodierungen für ADR/RID-Tanks	ADR							RID							Nummer zur Kennzeichnung der Gefahr	UN-Nummer
Anweisungen	Sondervorschriften		Sondervorschriften für ADR-Tanks	Fahrzeug für die Beförderung in Tanks	Beförderungskategorie (Tunnelbeschränkungscode)	Sondervorschriften für die Beförderung			Betrieb	Sondervorschriften für RID-Tanks	Beförderungskategorie	Sondervorschriften für die Beförderung				Expressgut		
						Versandstücke	lose Schüttung	Be- und Entladung, Handhabung				Versandstücke	lose Schüttung	Be- und Entladung, Handhabung				
4.2.5.2 7.3.2	4.2.5.3	4.3	4.3.5 6.8.4	9.1.1.2	1.1.3.6 (8.6)	7.2.4	7.3.3	7.5.11	8.5	4.3.5 6.8.4	1.1.3.1	7.2.4	7.3.3	7.5.11	7.6	5.3.2.3	(1)
(10)	(11)	(12)	(13)	(14)	(15)	(16)	(17)	(18)	(19)	(13)	(15)	(16)	(17)	(18)	(19)	(20)	(1)
					1 (B1000C)	V2 V3		CV1 CV2 CV3	S1		1	W2 W3		CW1		RID: 1.1D	0411
					2 (E)	V2		CV1 CV2 CV3	S1		2	W2		CW1		RID: 1.4E	0412
					1 (B1000C)	V2		CV1 CV2 CV3	S1		1	W2		CW1		RID: 1.2C	0413
					1 (B1000C)	V2		CV1 CV2 CV3	S1		1	W2		CW1		RID: 1.2C	0414
					1 (B1000C)	V2		CV1 CV2 CV3	S1		1	W2		CW1		RID: 1.2C	0415
					1 (C5000D)	V2		CV1 CV2 CV3	S1		1	W2		CW1		RID: 1.3C	0417
					1 (B1000C)	V2		CV1 CV2 CV3	S1		1	W2		CW1		RID: 1.1G	0418
					1 (B1000C)	V2		CV1 CV2 CV3	S1		1	W2		CW1		RID: 1.2G	0419
					1 (B1000C)	V2		CV1 CV2 CV3	S1		1	W2		CW1		RID: 1.1G	0420
					1 (B1000C)	V2		CV1 CV2 CV3	S1		1	W2		CW1		RID: 1.2G	0421
					1 (C5000D)	V2		CV1 CV2 CV3	S1		1	W2		CW1		RID: 1.3G	0424
					2 (E)	V2		CV1 CV2 CV3	S1		2	W2		CW1		RID: 1.4G	0425
					1 (B1000C)	V2		CV1 CV2 CV3	S1		1	W2		CW1		RID: 1.2F	0426
					2 (E)	V2		CV1 CV2 CV3	S1		2	W2		CW1		RID: 1.4F	0427
					1 (B1000C)	V2		CV1 CV2 CV3	S1		1	W2		CW1		RID: 1.1G	0428
					1 (B1000C)	V2		CV1 CV2 CV3	S1		1	W2		CW1		RID: 1.2G	0429
					1 (C5000D)	V2		CV1 CV2 CV3	S1		1	W2		CW1		RID: 1.3G	0430
					2 (E)	V2		CV1 CV2 CV3	S1		2	W2		CW1	CE1	RID: 1.4G	0431

3.2 Tabelle A: Verzeichnis der gefährlichen Güter

gemäß Tabelle 1.10.3.1.2	§ 35b GGVSEB	UN-Nummer	Benennung und Beschreibung	Klasse	Klassifizierungscode	Verpackungsgruppe	Gefahrzettel	Sondervorschriften	Begrenzte und freigestellte Mengen		Verpackung Anweisungen	Verpackung Sondervorschriften	Verpackung Zusammenpackung
	G..		3.1.2	2.2	2.2	2.1.1.3	5.2.2	3.3	3.4 / 3.5.1.2		4.1.4	4.1.4	4.1.10
•	(1)	(2)		(3a)	(3b)	(4)	(5)	(6)	(7a)	(7b)	(8)	(9a)	(9b)
		0432	PYROTECHNISCHE GEGENSTÄNDE für technische Zwecke	1	1.4S		1.4		0	E0	P135		MP23 MP24
•	G1	0433	PULVERROHMASSE, ANGEFEUCHTET mit nicht weniger als 17 Masse-% Alkohol	1	1.1C		1 RID: (+13)	266	0	E0	P111		MP20
•	G1	0434	GESCHOSSE, mit Zerleger oder Ausstoßladung	1	1.2G		1		0	E0	P130 LP101	PP67 L1	MP23
		0435	GESCHOSSE, mit Zerleger oder Ausstoßladung	1	1.4G		1.4		0	E0	P130 LP101	PP67 L1	MP23
•	G1	0436	RAKETEN, mit Ausstoßladung	1	1.2C		1		0	E0	P130 LP101	PP67 L1	MP22
•		0437	RAKETEN, mit Ausstoßladung	1	1.3C		1		0	E0	P130 LP101	PP67 L1	MP22
		0438	RAKETEN, mit Ausstoßladung	1	1.4C		1.4		0	E0	P130 LP101	PP67 L1	MP22
•	G1	0439	HOHLLADUNGEN, ohne Zündmittel	1	1.2D		1		0	E0	P137	PP70	MP21
•		0440	HOHLLADUNGEN, ohne Zündmittel	1	1.4D		1.4		0	E0	P137	PP70	MP21
•		0441	HOHLLADUNGEN, ohne Zündmittel	1	1.4S		1.4	347	0	E0	P137	PP70	MP23
•	G1	0442	SPRENGLADUNGEN, GEWERBLICHE, ohne Zündmittel	1	1.1D		1 RID: (+13)		0	E0	P137		MP21
•	G1	0443	SPRENGLADUNGEN, GEWERBLICHE, ohne Zündmittel	1	1.2D		1		0	E0	P137		MP21
		0444	SPRENGLADUNGEN, GEWERBLICHE, ohne Zündmittel	1	1.4D		1.4		0	E0	P137		MP21
		0445	SPRENGLADUNGEN, GEWERBLICHE, ohne Zündmittel	1	1.4S		1.4	347	0	E0	P137		MP23
		0446	TREIBLADUNGSHÜLSEN, VERBRENNLICH, LEER, OHNE TREIBLADUNGSANZÜNDER	1	1.4C		1.4		0	E0	P136		MP22
•		0447	TREIBLADUNGSHÜLSEN, VERBRENNLICH, LEER, OHNE TREIBLADUNGSANZÜNDER	1	1.3C		1		0	E0	P136		MP22
		0448	5-MERCAPTOTETRAZOL-1-ESSIGSÄURE	1	1.4C		1.4		0	E0	P114b		MP20
•	G1	0449	TORPEDOS, MIT FLÜSSIGTREIBSTOFF, mit oder ohne Sprengladung	1	1.1J		1 RID: (+13)		0	E0	P101		MP23
		0450	TORPEDOS, MIT FLÜSSIGTREIBSTOFF, mit inertem Kopf	1	1.3J		1 RID: (+13)		0	E0	P101		MP23

Tabelle A: Verzeichnis der gefährlichen Güter 3.2

ortsbewegliche Tanks und Schüttgut-Container		Tankcodierungen für ADR/RID-Tanks	Sondervorschriften für ADR-Tanks	Fahrzeug für die Beförderung in Tanks	ADR Beförderungs-kategorie (Tunnel-beschrän-kungs-code)	Sondervorschriften für die Beförderung			Betrieb	RID Sondervorschriften für RID-Tanks	Beförderungs-kategorie	Sondervorschriften für die Beförderung			Expressgut	Nummer zur Kenn-zeichnung der Gefahr	UN-Nummer
Anwei-sungen	Sondervor-schriften					Versand-stücke	lose Schüttung	Be- und Entladung, Handhabung				Versand-stücke	lose Schüttung	Be- und Entladung, Handhabung			
4.2.5.2 7.3.2	4.2.5.3	4.3	4.3.5 6.8.4	9.1.1.2	1.1.3.6 (8.6)	7.2.4	7.3.3	7.5.11	8.5	4.3.5 6.8.4	1.1.3.1	7.2.4	7.3.3	7.5.11	7.6	5.3.2.3	(1)
(10)	(11)	(12)	(13)	(14)	(15)	(16)	(17)	(18)	(19)	(13)	(15)	(16)	(17)	(18)	(19)	(20)	
					4 (E)	CV1 CV2 CV3			S1		4			CW1	CE1	RID: 1.4S	0432
					1 (B1000C)	V2	CV1 CV2 CV3		S1		1	W2		CW1		RID: 1.1C	0433
					1 (B1000C)	V2	CV1 CV2 CV3		S1		1	W2		CW1		RID: 1.2G	0434
					2 (E)	V2	CV1 CV2 CV3		S1		2	W2		CW1		RID: 1.4G	0435
					1 (B1000C)	V2	CV1 CV2 CV3		S1		1	W2		CW1		RID: 1.2C	0436
					1 (C5000D)	V2	CV1 CV2 CV3		S1		1	W2		CW1		RID: 1.3C	0437
					2 (E)	V2	CV1 CV2 CV3		S1		2	W2		CW1		RID: 1.4C	0438
					1 (B1000C)	V2	CV1 CV2 CV3		S1		1	W2		CW1		RID: 1.2D	0439
					2 (E)	V2	CV1 CV2 CV3		S1		2	W2		CW1		RID: 1.4D	0440
					4 (E)		CV1 CV2 CV3		S1		4			CW1	CE1	RID: 1.4S	0441
					1 (B1000C)	V2	CV1 CV2 CV3		S1		1	W2		CW1		RID: 1.1D	0442
					1 (B1000C)	V2	CV1 CV2 CV3		S1		1	W2		CW1		RID: 1.2D	0443
					2 (E)	V2	CV1 CV2 CV3		S1		2	W2		CW1		RID: 1.4D	0444
					4 (E)		CV1 CV2 CV3		S1		4			CW1	CE1	RID: 1.4S	0445
					2 (E)	V2	CV1 CV2 CV3		S1		2	W2		CW1		RID: 1.4C	0446
					1 (C5000D)	V2	CV1 CV2 CV3		S1		1	W2		CW1		RID: 1.3C	0447
					2 (E)	V2	CV1 CV2 CV3		S1		2	W2		CW1		RID: 1.4C	0448
					1 (B1000C)	V2	CV1 CV2 CV3		S1		1	W2		CW1		RID: 1.1J	0449
					1 (C)	V2	CV1 CV2 CV3		S1		1	W2		CW1		RID: 1.3J	0450

3.2 Tabelle A: Verzeichnis der gefährlichen Güter

gemäß Tabelle 1.10.3.1.2	§ 35b GGVSEB	UN-Nummer	Benennung und Beschreibung	Klasse	Klassifizierungscode	Verpackungsgruppe	Gefahrzettel	Sondervorschriften	Begrenzte und freigestellte Mengen		Verpackung Anweisungen	Verpackung Sondervorschriften	Verpackung Zusammenpackung
			3.1.2	2.2	2.2	2.1.1.3	5.2.2	3.3	3.4 / 3.5.1.2		4.1.4	4.1.4	4.1.10
•	G..	(1)	(2)	(3a)	(3b)	(4)	(5)	(6)	(7a)	(7b)	(8)	(9a)	(9b)
•	G1	0451	TORPEDOS, mit Sprengladung	1	1.1D		1 RID: (+13)		0	E0	P130 LP101	PP67 L1	MP21
		0452	GRANATEN, ÜBUNG, Hand oder Gewehr	1	1.4G		1.4		0	E0	P141		MP23
		0453	RAKETEN, LEINENWURF	1	1.4G		1.4		0	E0	P130 LP101		MP23
		0454	ANZÜNDER	1	1.4S		1.4		0	E0	P142		MP23
•		0455	SPRENGKAPSELN, NICHT ELEKTRISCH	1	1.4S		1.4	347	0	E0	P131	PP68	MP23
•		0456	SPRENGKAPSELN, ELEKTRISCH	1	1.4S		1.4	347	0	E0	P131		MP23
•	G1	0457	SPRENGLADUNGEN, KUNSTSTOFFGEBUNDEN	1	1.1D		1 RID: (+13)		0	E0	P130 LP101		MP21
•	G1	0458	SPRENGLADUNGEN, KUNSTSTOFFGEBUNDEN	1	1.2D		1		0	E0	P130 LP101		MP21
		0459	SPRENGLADUNGEN, KUNSTSTOFFGEBUNDEN	1	1.4D		1.4		0	E0	P130 LP101		MP21
		0460	SPRENGLADUNGEN, KUNSTSTOFFGEBUNDEN	1	1.4S		1.4	347	0	E0	P130 LP101		MP23
•	G1	0461	BESTANDTEILE, ZÜNDKETTE, N.A.G.	1	1.1B		1 RID: (+13)	178 274	0	E0	P101		MP2
•	G1	0462	GEGENSTÄNDE MIT EXPLOSIVSTOFF, N.A.G.	1	1.1C		1 RID: (+13)	178 274	0	E0	P101		MP2
•	G1	0463	GEGENSTÄNDE MIT EXPLOSIVSTOFF, N.A.G.	1	1.1D		1 RID: (+13)	178 274	0	E0	P101		MP2
•	G1	0464	GEGENSTÄNDE MIT EXPLOSIVSTOFF, N.A.G.	1	1.1E		1 RID: (+13)	178 274	0	E0	P101		MP2
•	G1	0465	GEGENSTÄNDE MIT EXPLOSIVSTOFF, N.A.G.	1	1.1F		1 RID: (+13)	178 274	0	E0	P101		MP2
•	G1	0466	GEGENSTÄNDE MIT EXPLOSIVSTOFF, N.A.G.	1	1.2C		1	178 274	0	E0	P101		MP2
•	G1	0467	GEGENSTÄNDE MIT EXPLOSIVSTOFF, N.A.G.	1	1.2D		1	178 274	0	E0	P101		MP2
•	G1	0468	GEGENSTÄNDE MIT EXPLOSIVSTOFF, N.A.G.	1	1.2E		1	178 274	0	E0	P101		MP2

Tabelle A: Verzeichnis der gefährlichen Güter 3.2

ortsbewegliche Tanks und Schüttgut-Container		Tankcodierungen für ADR/RID-Tanks	Sondervorschriften für ADR-Tanks	Fahrzeug für die Beförderung in Tanks	ADR Beförderungskategorie (Tunnelbeschränkungscode)	ADR Sondervorschriften für die Beförderung			Betrieb	RID Sondervorschriften für RID-Tanks	RID Beförderungskategorie	RID Sondervorschriften für die Beförderung			Expressgut	Nummer zur Kennzeichnung der Gefahr	UN-Nummer
Anweisungen	Sondervorschriften					Versandstücke	lose Schüttung	Be- und Entladung, Handhabung				Versandstücke	lose Schüttung	Be- und Entladung, Handhabung			
4.2.5.2 7.3.2	4.2.5.3	4.3	4.3.5 6.8.4	9.1.1.2	1.1.3.6 (8.6)	7.2.4	7.3.3	7.5.11	8.5	4.3.5 6.8.4	1.1.3.1	7.2.4	7.3.3	7.5.11	7.6	5.3.2.3	
(10)	(11)	(12)	(13)	(14)	(15)	(16)	(17)	(18)	(19)	(13)	(15)	(16)	(17)	(18)	(19)	(20)	(1)
					1 (B1000C)	V2		CV1 CV2 CV3	S1		1	W2		CW1		RID: 1.1D	0451
					2 (E)	V2		CV1 CV2 CV3	S1		2	W2		CW1		RID: 1.4G	0452
					2 (E)	V2		CV1 CV2 CV3	S1		2	W2		CW1		RID: 1.4G	0453
					4 (E)			CV1 CV2 CV3	S1		4			CW1	CE1	RID: 1.4S	0454
					4 (E)			CV1 CV2 CV3	S1		4			CW1	CE1	RID: 1.4S	0455
					4 (E)			CV1 CV2 CV3	S1		4			CW1	CE1	RID: 1.4S	0456
					1 (B1000C)	V2		CV1 CV2 CV3	S1		1	W2		CW1		RID: 1.1D	0457
					1 (B1000C)	V2		CV1 CV2 CV3	S1		1	W2		CW1		RID: 1.2D	0458
					2 (E)	V2		CV1 CV2 CV3	S1		2	W2		CW1		RID: 1.4D	0459
					4 (E)			CV1 CV2 CV3	S1		4			CW1	CE1	RID: 1.4S	0460
					1 (B1000C)	V2		CV1 CV2 CV3	S1		1	W2		CW1		RID: 1.1B	0461
					1 (B1000C)	V2		CV1 CV2 CV3	S1		1	W2		CW1		RID: 1.1C	0462
					1 (B1000C)	V2		CV1 CV2 CV3	S1		1	W2		CW1		RID: 1.1D	0463
					1 (B1000C)	V2		CV1 CV2 CV3	S1		1	W2		CW1		RID: 1.1E	0464
					1 (B1000C)	V2		CV1 CV2 CV3	S1		1	W2		CW1		RID: 1.1F	0465
					1 (B1000C)	V2		CV1 CV2 CV3	S1		1	W2		CW1		RID: 1.2C	0466
					1 (B1000C)	V2		CV1 CV2 CV3	S1		1	W2		CW1		RID: 1.2D	0467
					1 (B1000C)	V2		CV1 CV2 CV3	S1		1	W2		CW1		RID: 1.2E	0468

3.2 Tabelle A: Verzeichnis der gefährlichen Güter

gemäß Tabelle 1.10.3.1.2 § 35b GGVSEB	UN-Nummer	Benennung und Beschreibung	Klasse	Klassifizierungscode	Verpackungsgruppe	Gefahrzettel	Sondervorschriften	Begrenzte und freigestellte Mengen	Verpackung Anweisungen	Verpackung Sondervorschriften	Verpackung Zusammenpackung
G..		3.1.2	2.2	2.2	2.1.1.3	5.2.2	3.3	3.4 / 3.5.1.2	4.1.4	4.1.4	4.1.10
	(1)	(2)	(3a)	(3b)	(4)	(5)	(6)	(7a) / (7b)	(8)	(9a)	(9b)
G1	0469	GEGENSTÄNDE MIT EXPLOSIVSTOFF, N.A.G.	1	1.2F		1	178 274 RID: (+13)	0	E0	P101		MP2
	0470	GEGENSTÄNDE MIT EXPLOSIVSTOFF, N.A.G.	1	1.3C		1	178 274	0	E0	P101		MP2
	0471	GEGENSTÄNDE MIT EXPLOSIVSTOFF, N.A.G.	1	1.4E		1.4	178 274	0	E0	P101		MP2
	0472	GEGENSTÄNDE MIT EXPLOSIVSTOFF, N.A.G.	1	1.4F		1.4	178 274	0	E0	P101		MP2
G1	0473	EXPLOSIVE STOFFE, N.A.G.	1	1.1A		1	178 274	0	E0	P101		MP2
G1	0474	EXPLOSIVE STOFFE, N.A.G.	1	1.1C		1	178 274 RID: (+13)	0	E0	P101		MP2
G1	0475	EXPLOSIVE STOFFE, N.A.G.	1	1.1D		1	178 274 RID: (+13)	0	E0	P101		MP2
G1	0476	EXPLOSIVE STOFFE, N.A.G.	1	1.1G		1	178 274 RID: (+13)	0	E0	P101		MP2
G1	0477	EXPLOSIVE STOFFE, N.A.G.	1	1.3C		1	178 274 RID: (+13)	0	E0	P101		MP2
	0478	EXPLOSIVE STOFFE, N.A.G.	1	1.3G		1	178 274	0	E0	P101		MP2
	0479	EXPLOSIVE STOFFE, N.A.G.	1	1.4C		1.4	178 274	0	E0	P101		MP2
	0480	EXPLOSIVE STOFFE, N.A.G.	1	1.4D		1.4	178 274	0	E0	P101		MP2
	0481	EXPLOSIVE STOFFE, N.A.G.	1	1.4S		1.4	178 274 347	0	E0	P101		MP2
G1	0482	EXPLOSIVE STOFFE, SEHR UNEMPFINDLICH, N.A.G. (STOFFE, EVI, N.A.G.)	1	1.5D		1.5	178 274	0	E0	P101		MP2
G1	0483	CYCLOTRIMETHYLENTRINITRAMIN (CYCLONIT), (HEXOGEN), (RDX), DESENSIBILISIERT	1	1.1D		1	RID: (+13)	0	E0	P112b P112c		MP20
G1	0484	CYCLOTETRAMETHYLENTETRA-NITRAMIN (HMX), (OKTOGEN), DESENSIBILISIERT	1	1.1D		1	RID: (+13)	0	E0	P112b P112c		MP20
	0485	EXPLOSIVE STOFFE, N.A.G.	1	1.4G		1.4	178 274	0	E0	P101		MP2
	0486	GEGENSTÄNDE MIT EXPLOSIVSTOFF, EXTREM UNEMPFINDLICH (GEGENSTÄNDE, EEI)	1	1.6N		1.6		0	E0	P101		MP23

Tabelle A: Verzeichnis der gefährlichen Güter 3.2

ortsbewegliche Tanks und Schüttgut-Container				ADR						RID						
Anweisungen	Sondervorschriften	Tankcodierungen für ADR/RID-Tanks	Sondervorschriften für ADR-Tanks	Fahrzeug für die Beförderung in Tanks	Beförderungs-kategorie (Tunnelbeschränkungs-code)	Sondervorschriften für die Beförderung			Betrieb	Sondervorschriften für RID-Tanks	Beförderungs-kategorie	Sondervorschriften für die Beförderung			Expressgut	Nummer zur Kennzeichnung der Gefahr	UN-Nummer
						Versandstücke	lose Schüttung	Be- und Entladung, Handhabung				Versandstücke	lose Schüttung	Be- und Entladung, Handhabung			
4.2.5.2 7.3.2	4.2.5.3	4.3	4.3.5 6.8.4	9.1.1.2	1.1.3.6 (8.6)	7.2.4	7.3.3	7.5.11	8.5	4.3.5 6.8.4	1.1.3.1	7.2.4	7.3.3	7.5.11	7.6	5.3.2.3	(1)
(10)	(11)	(12)	(13)	(14)	(15)	(16)	(17)	(18)	(19)	(13)	(15)	(16)	(17)	(18)	(19)	(20)	
					1 (B1000C)	V2		CV1 CV2 CV3	S1		1	W2		CW1		RID: 1.2F	0469
					1 (C5000D)	V2		CV1 CV2 CV3	S1		1	W2		CW1		RID: 1.3C	0470
					2 (E)	V2		CV1 CV2 CV3	S1		2	W2		CW1		RID: 1.4E	0471
					2 (E)	V2		CV1 CV2 CV3	S1		2	W2		CW1		RID: 1.4F	0472
					0 (B)	V2		CV1 CV2 CV3	S1				RID: verboten				0473
					1 (B1000C)	V2 V3		CV1 CV2 CV3	S1		1	W2 W3		CW1		RID: 1.1C	0474
					1 (B1000C)	V2 V3		CV1 CV2 CV3	S1		1	W2 W3		CW1		RID: 1.1D	0475
					1 (B1000C)	V2 V3		CV1 CV2 CV3	S1		1	W2 W3		CW1		RID: 1.1G	0476
					1 (C5000D)	V2 V3		CV1 CV2 CV3	S1		1	W2 W3		CW1		RID: 1.3C	0477
					1 (C5000D)	V2 V3		CV1 CV2 CV3	S1		1	W2 W3		CW1		RID: 1.3G	0478
					2 (E)	V2		CV1 CV2 CV3	S1		2	W2		CW1		RID: 1.4C	0479
					2 (E)	V2		CV1 CV2 CV3	S1		2	W2		CW1		RID: 1.4D	0480
					4 (E)	V2		CV1 CV2 CV3	S1		4			CW1		RID: 1.4S	0481
					1 (B1000C)	V2		CV1 CV2 CV3	S1		1	W2		CW1		RID: 1.5D	0482
					1 (B1000C)	V2 V3		CV1 CV2 CV3	S1		1	W2 W3		CW1		RID: 1.1D	0483
					1 (B1000C)	V2 V3		CV1 CV2 CV3	S1		1	W2 W3		CW1		RID: 1.1D	0484
					2 (E)	V2 V3		CV1 CV2 CV3	S1		2	W2 W3		CW1		RID: 1.4G	0485
					2 (E)	V2		CV1 CV2 CV3	S1		2	W2		CW1		RID: 1.6N	0486

3.2 Tabelle A: Verzeichnis der gefährlichen Güter

gemäß Tabelle 1.10.3.1.2	§ 35b GGVSEB	UN-Nummer	Benennung und Beschreibung	Klasse	Klassifizierungscode	Verpackungsgruppe	Gefahrzettel	Sondervorschriften	Begrenzte und freigestellte Mengen		Verpackung		
											Anweisungen	Sondervorschriften	Zusammenpackung
			3.1.2	2.2	2.2	2.1.1.3	5.2.2	3.3	3.4 / 3.5.1.2		4.1.4	4.1.4	4.1.10
		(1)	(2)	(3a)	(3b)	(4)	(5)	(6)	(7a)	(7b)	(8)	(9a)	(9b)
●		0487	SIGNALKÖRPER, RAUCH	1	1.3G		1		0	E0	P135		MP23
		0488	MUNITION, ÜBUNG	1	1.3G		1		0	E0	P130 LP101	PP67 L1	MP23
●	G1	0489	DINITROGLYCOLURIL (DINGU)	1	1.1D		1 RID: (+13)		0	E0	P112b P112c		MP20
●	G1	0490	OXYNITROTRIAZOL (ONTA)	1	1.1D		1 RID: (+13)		0	E0	P112b P112c		MP20
		0491	TREIBSÄTZE	1	1.4C		1.4		0	E0	P143	PP76	MP22
		0492	KNALLKAPSELN, EISENBAHN	1	1.3G		1		0	E0	P135		MP23
		0493	KNALLKAPSELN, EISENBAHN	1	1.4G		1.4		0	E0	P135		MP23
		0494	PERFORATIONSHOHLLADUNGSTRÄGER, GELADEN, für Erdölbohrlöcher, ohne Zündmittel	1	1.4D		1.4		0	E0	P101		MP21
●		0495	TREIBSTOFF, FLÜSSIG	1	1.3C		1 RID: (+13)	224	0	E0	P115	PP53 PP54 PP57 PP58	MP20
●	G1	0496	OCTONAL	1	1.1D		1 RID: (+13)		0	E0	P112b P112c		MP20
●	G1	0497	TREIBSTOFF, FLÜSSIG	1	1.1C		1 RID: (+13)	224	0	E0	P115	PP53 PP54 PP57 PP58	MP20
●	G1	0498	TREIBSTOFF, FEST	1	1.1C		1 RID: (+13)		0	E0	P114b		MP20
●		0499	TREIBSTOFF, FEST	1	1.3C		1 RID: (+13)		0	E0	P114b		MP20
●		0500	ZÜNDEINRICHTUNGEN für Sprengungen, NICHT ELEKTRISCH	1	1.4S		1.4	347	0	E0	P131		MP23
		0501	TREIBSTOFF, FEST	1	1.4C		1.4		0	E0	P114b		MP20
●	G1	0502	RAKETEN, mit inertem Kopf	1	1.2C		1		0	E0	P130 LP101	PP67 L1	MP22
		0503	SICHERHEITSEINRICHTUNGEN, PYROTECHNISCH	1	1.4G		1.4	235 289	0	E0	P135		MP23

Tabelle A: Verzeichnis der gefährlichen Güter 3.2

ortsbewegliche Tanks und Schüttgut-Container		Tankcodierungen für ADR/RID-Tanks	Sondervorschriften für ADR-Tanks	Fahrzeug für die Beförderung in Tanks	ADR Beförderungskategorie (Tunnelbeschränkungscode)	Sondervorschriften für die Beförderung			Betrieb	Sondervorschriften für RID-Tanks	RID Beförderungskategorie	Sondervorschriften für die Beförderung			Expressgut	Nummer zur Kennzeichnung der Gefahr	UN-Nummer
Anweisungen	Sondervorschriften					Versandstücke	lose Schüttung	Be- und Entladung, Handhabung				Versandstücke	lose Schüttung	Be- und Entladung, Handhabung			
4.2.5.2 7.3.2	4.2.5.3	4.3	4.3.3 6.8.4	9.1.1.2	1.1.3.6 (8.6)	7.2.4	7.3.3	7.5.11	8.5	4.3.3 6.8.4	1.1.3.1	7.2.4	7.3.3	7.5.11	7.6	5.3.2.3	(1)
(10)	(11)	(12)	(13)	(14)	(15)	(16)	(17)	(18)	(19)	(13)	(15)	(16)	(17)	(18)	(19)	(20)	(1)
					1 (C5000D)	V2		CV1 CV2 CV3	S1		1	W2		CW1		RID: 1.3G	0487
					1 (C5000D)	V2		CV1 CV2 CV3	S1		1	W2		CW1		RID: 1.3G	0488
					1 (B1000C)	V2 V3		CV1 CV2 CV3	S1		1	W2 W3		CW1		RID: 1.1D	0489
					1 (B1000C)	V2 V3		CV1 CV2 CV3	S1		1	W2 W3		CW1		RID: 1.1D	0490
					2 (E)	V2		CV1 CV2 CV3	S1		2	W2		CW1		RID: 1.4C	0491
					1 (C5000D)	V2		CV1 CV2 CV3	S1		1	W2		CW1		RID: 1.3G	0492
					2 (E)	V2		CV1 CV2 CV3	S1		2	W2		CW1		RID: 1.4G	0493
					2 (E)	V2		CV1 CV2 CV3	S1		2	W2		CW1		RID: 1.4D	0494
					1 (C5000D)	V2		CV1 CV2 CV3	S1		1	W2		CW1		RID: 1.3C	0495
					1 (B1000C)	V2 V3		CV1 CV2 CV3	S1		1	W2 W3		CW1		RID: 1.1D	0496
					1 (B1000C)	V2		CV1 CV2 CV3	S1		1	W2		CW1		RID: 1.1C	0497
					1 (B1000C)	V2		CV1 CV2 CV3	S1		1	W2		CW1		RID: 1.1C	0498
					1 (C5000D)	V2		CV1 CV2 CV3	S1		1	W2		CW1		RID: 1.3C	0499
					4 (E)			CV1 CV2 CV3	S1		4			CW1	CE1	RID: 1.4S	0500
					2 (E)	V2		CV1 CV2 CV3	S1		2	W2		CW1		RID: 1.4C	0501
					1 (B1000C)	V2		CV1 CV2 CV3	S1		1	W2		CW1		RID: 1.2C	0502
					2 (E)	V2		CV1 CV2 CV3	S1		2	W2		CW1		RID: 1.4G	0503

3.2 Tabelle A: Verzeichnis der gefährlichen Güter

gemäß Tabelle 1.10.3.1.2 § 35b GGVSEB	UN-Nummer	Benennung und Beschreibung	Klasse	Klassifizierungscode	Verpackungsgruppe	Gefahrzettel	Sondervorschriften	Begrenzte und freigestellte Mengen		Verpackung		
										Anweisungen	Sondervorschriften	Zusammenpackung
G..		3.1.2	2.2	2.2	2.1.1.3	5.2.2	3.3	3.4 / 3.5.1.2		4.1.4	4.1.4	4.1.10
	(1)	(2)	(3a)	(3b)	(4)	(5)	(6)	(7a)	(7b)	(8)	(9a)	(9b)
G1	0504	1H-TETRAZOL	1	1.1D		1 RID: (+13)		0	E0	P112c	PP48	MP20
	0505	SIGNALKÖRPER, SEENOT	1	1.4G		1.4		0	E0	P135		MP23 MP24
	0506	SIGNALKÖRPER, SEENOT	1	1.4S		1.4		0	E0	P135		MP23 MP24
	0507	SIGNALKÖRPER, RAUCH	1	1.4S		1.4		0	E0	P135		MP23 MP24
•	0508	1-HYDROXYBENZOTRIAZOL, WASSERFREI, trocken oder angefeuchtet mit weniger als 20 Masse-% Wasser	1	1.3C		1 RID: (+13)		0	E0	P114b	PP48 PP50	MP20
	0509	TREIBLADUNGSPULVER	1	1.4C		1.4		0	E0	P114b	PP48	MP20 MP24
	0510	RAKETENMOTOREN	1	1.4C		1.4		0	E0	P130 LP101	PP67 L1	MP22
G1	0511	SPRENGKAPSELN, ELEKTRONISCH, programmierbar	1	1.1B		1 RID: (+13)		0	E0	P131		MP23
	0512	SPRENGKAPSELN, ELEKTRONISCH, programmierbar	1	1.4B		1.4		0	E0	P131		MP23
	0513	SPRENGKAPSELN, ELEKTRONISCH, programmierbar	1	1.4S		1.4	347	0	E0	P131		MP23
G2	1001	ACETYLEN, GELÖST	2	4F		2.1 RID: (+13)	662	0	E0	P200		MP9
	1002	LUFT, VERDICHTET (DRUCKLUFT)	2	1A		2.2 RID: (+13)	392 655 662	120 ml	E1	P200		MP9
	1003	LUFT, TIEFGEKÜHLT, FLÜSSIG	2	3O		2.2 + 5.1 RID: (+13)		0	E0	P203		MP9
G3	1005	AMMONIAK, WASSERFREI	2	2TC		2.3 + 8 RID: (+13)	23 379	0	E0	P200		MP9
	1006	ARGON, VERDICHTET	2	1A		2.2 RID: (+13)	378 392 653 662	120 ml	E1	P200		MP9

Tabelle A: Verzeichnis der gefährlichen Güter 3.2

ortsbewegliche Tanks und Schüttgut-Container					ADR							RID								
Anweisungen	Sondervorschriften	Tankcodierungen für ADR/RID-Tanks	Sondervorschriften für ADR-Tanks	Fahrzeug für die Beförderung in Tanks	Beförderungskategorie (Tunnelbeschränkungscode)	Sondervorschriften für die Beförderung			Betrieb		Sondervorschriften für RID-Tanks	Beförderungskategorie	Sondervorschriften für die Beförderung				Expressgut	Nummer zur Kennzeichnung der Gefahr	UN-Nummer
						Versandstücke	lose Schüttung	Be- und Entladung, Handhabung					Versandstücke	lose Schüttung	Be- und Entladung, Handhabung				
4.2.5.2 7.3.2	4.2.5.3	4.3	4.3.5 6.8.4	9.1.1.2	1.1.3.6 (8.6)	7.2.4	7.3.3	7.5.11	8.5		4.3.5 6.8.4	1.1.3.1	7.2.4	7.3.3	7.5.11	7.6		5.3.2.3	(1)
(10)	(11)	(12)	(13)	(14)	(15)	(16)	(17)	(18)	(19)		(13)	(15)	(16)	(17)	(18)	(19)		(20)	(1)
					1 (B1000C)	V2 V3		CV1 CV2 CV3	S1			1	W2		CW1			RID: 1.1D	0504
					2 (E)	V2		CV1 CV2 CV3	S1			2	W2		CW1			RID: 1.4G	0505
					4 (E)			CV1 CV2 CV3	S1			4	W2		CW1	CE1		RID: 1.4S	0506
					4 (E)			CV1 CV2 CV3	S1			4	W2		CW1	CE1		RID: 1.4S	0507
					1 (C5000D)	V2 V3		CV1 CV2 CV3	S1			1	W2 W3		CW1			RID: 1.3C	0508
					2 (E)	V2		CV1 CV2 CV3	S1			2	W2		CW1			RID: 1.4C	0509
					2 (E)	V2		CV1 CV2 CV3	S1			2	W2		CW1			RID: 1.4C	0510
					1 (B1000C)	V2		CV1 CV2 CV3	S1			1	W2		CW1			RID: 1.1B	0511
					2 (E)	V2		CV1 CV2 CV3	S1			2	W2		CW1			RID: 1.4B	0512
					4 (E)			CV1 CV2 CV3	S1			4	W2		CW1	CE1		RID: 1.4S	0513
		PxBN(M)	TU17 TA4 TT9	FL	2 (B/D)			CV9 CV10 CV36	S2		TU17 TU38 TE22 TA4 TT9	2			CW9 CW10 CW36	CE2		239	1001
(M)		CxBN(M)	TA4 TT9	AT	3 (E)			CV9 CV10			TA4 TT9	3			CW9 CW10	CE3		20	1002
T75	TP5 TP22	RxBN	TU7 TU19 TA4 TT9	AT	3 (C/E)	V5		CV9 CV11 CV36	S20		TU7 TU19 TM6 TA4 TT9	3	W5		CW9 CW11 CW36	CE2		225	1003
(M) T50		PxBH(M)	TA4 TT8 TT9	AT	1 (C/D)			CV9 CV10 CV36	S14		TU38 TE22 TE25 TM6 TT8 TA4 TT9	1			CW9 CW10 CW36			268	1005
(M)		CxBN(M)	TA4 TT9	AT	3 (E)			CV9 CV10 CV36			TA4 TT9	3			CW9 CW10 CW36	CE3		20	1006

3.2 Tabelle A: Verzeichnis der gefährlichen Güter

gemäß Tabelle 1.10.3.1.2 § 35b GGVSEB	UN-Nummer	Benennung und Beschreibung	Klasse	Klassifizierungscode	Verpackungsgruppe	Gefahrzettel	Sondervorschriften	Begrenzte und freigestellte Mengen		Verpackung		
										Anweisungen	Sondervorschriften	Zusammenpackung
G..		3.1.2	2.2	2.2	2.1.1.3	5.2.2	3.3	3.4 / 3.5.1.2		4.1.4	4.1.4	4.1.10
	(1)	(2)	(3a)	(3b)	(4)	(5)	(6)	(7a)	(7b)	(8)	(9a)	(9b)
● G3	1008	BORTRIFLUORID	2	2TC		2.3 + 8 RID: (+13)	373	0	E0	P200		MP9
	1009	BROMTRIFLUORMETHAN (GAS ALS KÄLTEMITTEL R 13B1)	2	2A		2.2 RID: (+13)	662	120 ml	E1	P200		MP9
● G2	1010	BUTADIENE, STABILISIERT oder BUTADIENE UND KOHLENWASSERSTOFF, GEMISCH, STABILISIERT mit mehr als 40 % Butadienen	2	2F		2.1 RID: (+13)	386 618 662	0	E0	P200		MP9
● G2	1011	BUTAN	2	2F		2.1 RID: (+13)	392 657 662 674 ADR: 652	0	E0	P200		MP9
● G2	1012	BUT-1-EN oder cis-BUT-2-EN oder trans-BUT-2-EN oder BUTENE, GEMISCH	2	2F		2.1 RID: (+13)	662	0	E0	P200		MP9
	1013	KOHLENDIOXID	2	2A		2.2 RID: (+13)	378 392 584 653 662	120 ml	E1	P200		MP9
● G3	1016	KOHLENMONOXID, VERDICHTET	2	1TF		2.3 + 2.1 RID: (+13)		0	E0	P200		MP9
● G3	1017	CHLOR	2	2TOC		2.3 + 5.1 + 8 RID: (+13)		0	E0	P200		MP9
	1018	CHLORDIFLUORMETHAN (GAS ALS KÄLTEMITTEL R 22)	2	2A		2.2 RID: (+13)	662	120 ml	E1	P200		MP9
	1020	CHLORPENTAFLUORETHAN (GAS ALS KÄLTEMITTEL R 115)	2	2A		2.2 RID: (+13)	662	120 ml	E1	P200		MP9
	1021	1-CHLOR-1,2,2,2-TETRAFLUORETHAN (GAS ALS KÄLTEMITTEL R 124)	2	2A		2.2 RID: (+13)	662	120 ml	E1	P200		MP9
	1022	CHLORTRIFLUORMETHAN (GAS ALS KÄLTEMITTEL R 13)	2	2A		2.2 RID: (+13)	662	120 ml	E1	P200		MP9

Tabelle A: Verzeichnis der gefährlichen Güter 3.2

ortsbewegliche Tanks und Schüttgut-Container	Sondervorschriften	Tankcodierungen für ADR/RID-Tanks	Sondervorschriften für ADR-Tanks	Fahrzeug für die Beförderung in Tanks	ADR Beförderungskategorie (Tunnelbeschränkungscode)	Sondervorschriften für die Beförderung			Betrieb	RID Sondervorschriften für RID-Tanks	Beförderungskategorie	Sondervorschriften für die Beförderung			Expressgut	Nummer zur Kennzeichnung der Gefahr	UN-Nummer
						Versandstücke	lose Schüttung	Be- und Entladung, Handhabung				Versandstücke	lose Schüttung	Be- und Entladung, Handhabung			
Anweisungen																	
4.2.5.2 7.3.2	4.2.5.3	4.3	4.3.5 6.8.4	9.1.1.2	1.1.3.6 (8.6)	7.2.4	7.3.3	7.5.11	8.5	4.3.5 6.8.4	1.1.3.1	7.2.4	7.3.3	7.5.11	7.6	5.3.2.3	(1)
(10)	(11)	(12)	(13)	(14)	(15)	(16)	(17)	(18)	(19)	(13)	(15)	(16)	(17)	(18)	(19)	(20)	(1)
(M)		PxBH(M)	TA4 TT9 TT10	AT	1 (C/D)			CV9 CV10 CV36	S14	TU38 TE22 TE25 TM6 TA4 TT9 TT10	1			CW9 CW10 CW36		268	1008
(M) T50		PxBN(M)	TA4 TT9	AT	3 (C/E)			CV9 CV10 CV36		TM6 TA4 TT9	3			CW9 CW10 CW36	CE3	20	1009
(M) T50		PxBN(M)	TA4 TT9	FL	2 (B/D)	V8		CV9 CV10 CV36	S2 S4 S20	TU38 TE22 TM6 TA4 TT9	2			CW9 CW10 CW36	CE3	239	1010
(M) T50		PxBN(M)	TA4 TT9 TT11	FL	2 (B/D)			CV9 CV10 CV36	S2 S20	TU38 TE22 TM6 TA4 TT9	2			CW9 CW10 CW36	CE3	23	1011
(M) T50		PxBN(M)	TA4 TT9	FL	2 (B/D)			CV9 CV10 CV36	S2 S20	TU38 TE22 TM6 TA4 TT9	2			CW9 CW10 CW36	CE3	23	1012
(M)		PxBN(M)	TA4 TT9	AT	3 (C/E)			CV9 CV10 CV36		TM6 TA4 TT9	3			CW9 CW10 CW36	CE3	20	1013
(M)		CxBH(M)	TA4 TT9	FL	1 (B/D)			CV9 CV10 CV36	S2 S14	TU38 TE22 TE25 TA4 TT9	1			CW9 CW10 CW36		263	1016
(M) T50	TP19	P22DH(M)	TA4 TT9 TT10	AT	1 (C/D)			CV9 CV10 CV36	S14	TU38 TE22 TE25 TM6 TA4 TT9 TT10	1			CW9 CW10 CW36		265	1017
(M) T50		PxBN(M)	TA4 TT9	AT	3 (C/E)			CV9 CV10 CV36		TM6 TA4 TT9	3			CW9 CW10 CW36	CE3	20	1018
(M) T50		PxBN(M)	TA4 TT9	AT	3 (C/E)			CV9 CV10 CV36		TM6 TA4 TT9	3			CW9 CW10 CW36	CE3	20	1020
(M) T50		PxBN(M)	TA4 TT9	AT	3 (C/E)			CV9 CV10 CV36		TM6 TA4 TT9	3			CW9 CW10 CW36	CE3	20	1021
(M)		PxBN(M)	TA4 TT9	AT	3 (C/E)			CV9 CV10 CV36		TM6 TA4 TT9	3			CW9 CW10 CW36	CE3	20	1022

3.2 Tabelle A: Verzeichnis der gefährlichen Güter

gemäß Tabelle 1.10.3.1.2	§ 35b GGVSEB	UN-Nummer	Benennung und Beschreibung	Klasse	Klassifizierungscode	Verpackungsgruppe	Gefahrzettel	Sondervorschriften	Begrenzte und freigestellte Mengen		Verpackung		
											Anweisungen	Sondervorschriften	Zusammenpackung
• G..			3.1.2	2.2	2.2	2.1.1.3	5.2.2	3.3	3.4 / 3.5.1.2		4.1.4	4.1.4	4.1.10
(1)			(2)	(3a)	(3b)	(4)	(5)	(6)	(7a)	(7b)	(8)	(9a)	(9b)
• G3		1023	STADTGAS, VERDICHTET	2	1TF		2.3 + 2.1 RID: (+13)		0	E0	P200		MP9
• G3		1026	DICYAN	2	2TF		2.3 + 2.1 RID: (+13)		0	E0	P200		MP9
• G2		1027	CYCLOPROPAN	2	2F		2.1 RID: (+13)	662	0	E0	P200		MP9
		1028	DICHLORDIFLUORMETHAN (GAS ALS KÄLTEMITTEL R 12)	2	2A		2.2 RID: (+13)	662	120 ml	E1	P200		MP9
		1029	DICHLORMONOFLUORMETHAN (GAS ALS KÄLTEMITTEL R 21)	2	2A		2.2 RID: (+13)	662	120 ml	E1	P200		MP9
• G2		1030	1,1-DIFLUORETHAN (GAS ALS KÄLTEMITTEL R 152a)	2	2F		2.1 RID: (+13)	662	0	E0	P200		MP9
• G2		1032	DIMETHYLAMIN, WASSERFREI	2	2F		2.1 RID: (+13)	662	0	E0	P200		MP9
• G2		1033	DIMETHYLETHER	2	2F		2.1 RID: (+13)	662	0	E0	P200		MP9
• G2		1035	ETHAN	2	2F		2.1 RID: (+13)	662	0	E0	P200		MP9
• G2		1036	ETHYLAMIN	2	2F		2.1 RID: (+13)	662	0	E0	P200		MP9
• G2		1037	ETHYLCHLORID	2	2F		2.1 RID: (+13)	662	0	E0	P200		MP9
• G2		1038	ETHYLEN, TIEFGEKÜHLT, FLÜSSIG	2	3F		2.1 RID: (+13)		0	E0	P203		MP9

Tabelle A: Verzeichnis der gefährlichen Güter 3.2

ortsbewegliche Tanks und Schüttgut-Container Anweisungen 4.2.5.2 7.3.2	Sondervorschriften 4.2.5.3	Tankcodierungen für ADR/RID-Tanks 4.3	ADR Sondervorschriften für ADR-Tanks 4.3.5 6.8.4	Fahrzeug für die Beförderung in Tanks 9.1.1.2	Beförderungskategorie (Tunnelbeschränkungscode) 1.1.3.6 (8.6)	Sondervorschriften für die Beförderung Versandstücke 7.2.4	lose Schüttung 7.3.3	Be- und Entladung, Handhabung 7.5.11	Betrieb 8.5	RID Sondervorschriften für RID-Tanks 4.3.5 6.8.4	Beförderungskategorie 1.1.3.1	Versandstücke 7.2.4	lose Schüttung 7.3.3	Be- und Entladung, Handhabung 7.5.11	Expressgut 7.6	Nummer zur Kennzeichnung der Gefahr 5.3.2.3	UN-Nummer (1)
(10)	(11)	(12)	(13)	(14)	(15)	(16)	(17)	(18)	(19)	(13)	(15)	(16)	(17)	(18)	(19)	(20)	(1)
(M)		CxBH(M)	TA4 TT9	FL	1 (B/D)			CV9 CV10 CV36	S2 S14	TU38 TE22 TE25 TA4 TT9	1			CW9 CW10 CW36		263	1023
(M)		PxBH(M)	TA4 TT9	FL	1 (B/D)			CV9 CV10 CV36	S2 S14	TU38 TE22 TE25 TM6 TA4 TT9	1			CW9 CW10 CW36		263	1026
(M) T50		PxBN(M)	TA4 TT9	FL	2 (B/D)			CV9 CV10 CV36	S2 S20	TU38 TE22 TM6 TA4 TT9	2			CW9 CW10 CW36	CE3	23	1027
(M) T50		PxBN(M)	TA4 TT9	AT	3 (C/E)			CV9 CV10 CV36		TM6 TA4 TT9	3			CW9 CW10 CW36	CE3	20	1028
(M) T50		PxBN(M)	TA4 TT9	AT	3 (C/E)			CV9 CV10 CV36		TM6 TA4 TT9	3			CW9 CW10 CW36	CE3	20	1029
(M) T50		PxBN(M)	TA4 TT9	FL	2 (B/D)			CV9 CV10 CV36	S2 S20	TU38 TE22 TM6 TA4 TT9	2			CW9 CW10 CW36	CE3	23	1030
(M) T50		PxBN(M)	TA4 TT9	FL	2 (B/D)			CV9 CV10 CV36	S2 S20	TU38 TE22 TM6 TA4 TT9	2			CW9 CW10 CW36	CE3	23	1032
(M) T50		PxBN(M)	TA4 TT9	FL	2 (B/D)			CV9 CV10 CV36	S2 S20	TU38 TE22 TM6 TA4 TT9	2			CW9 CW10 CW36	CE3	23	1033
(M) T50		PxBN(M)	TA4 TT9	FL	2 (B/D)			CV9 CV10 CV36	S2 S20	TU38 TE22 TM6 TA4 TT9	2			CW9 CW10 CW36	CE3	23	1035
(M) T50		PxBN(M)	TA4 TT9	FL	2 (B/D)			CV9 CV10 CV36	S2 S20	TU38 TE22 TM6 TA4 TT9	2			CW9 CW10 CW36	CE3	23	1036
(M) T50		PxBN(M)	TA4 TT9	FL	2 (B/D)			CV9 CV10 CV36	S2 S20	TU38 TE22 TM6 TA4 TT9	2			CW9 CW10 CW36	CE3	23	1037
T75	TP5	RxBN	TU18 TA4 TT9	FL	2 (B/D)	V5		CV9 CV11 CV36	S2 S17	TU18 TU38 TE22 TM6 TA4 TT9	2	W5		CW9 CW11 CW36	CE2	223	1038

3.2 Tabelle A: Verzeichnis der gefährlichen Güter

gemäß Tabelle 1.10.3.1.2	§ 35b GGVSEB	UN-Nummer	Benennung und Beschreibung	Klasse	Klassifizierungscode	Verpackungsgruppe	Gefahrzettel	Sondervorschriften	Begrenzte und freigestellte Mengen		Verpackung		
											Anweisungen	Sondervorschriften	Zusammenpackung
G..			3.1.2	2.2	2.2	2.1.1.3	5.2.2	3.3	3.4 / 3.5.1.2		4.1.4	4.1.4	4.1.10
		(1)	(2)	(3a)	(3b)	(4)	(5)	(6)	(7a)	(7b)	(8)	(9a)	(9b)
•	G2	1039	ETHYLMETHYLETHER	2	2F		2.1 RID: (+13)	662	0	E0	P200		MP9
•		1040	ETHYLENOXID	2	2TF		2.3 + 2.1	342	0	E0	P200		MP9
•	G3	1040	ETHYLENOXID MIT STICKSTOFF bis zu einem Gesamtdruck von 1 MPa (10 bar) bei 50 °C	2	2TF		2.3 + 2.1 RID: (+13)	342	0	E0	P200		MP9
•	G2	1041	ETHYLENOXID UND KOHLENDIOXID, GEMISCH mit mehr als 9 %, aber höchstens 87 % Ethylenoxid	2	2F		2.1 RID: (+13)	662	0	E0	P200		MP9
		1043	DÜNGEMITTEL, LÖSUNG, mit freiem Ammoniak	2	ADR: 4A		2.2	642					
		1044	FEUERLÖSCHER mit verdichtetem oder verflüssigtem Gas	2	6A		2.2	225 594	120 ml	E0	P003	PP91	MP9
•		1045	FLUOR, VERDICHTET	2	1TOC		2.3 + 5.1 + 8		0	E0	P200		MP9
		1046	HELIUM, VERDICHTET	2	1A		2.2 RID: (+13)	378 392 653 662	120 ml	E1	P200		MP9
•	G3	1048	BROMWASSERSTOFF, WASSERFREI	2	2TC		2.3 + 8 RID: (+13)		0	E0	P200		MP9
•	G2	1049	WASSERSTOFF, VERDICHTET	2	1F		2.1 RID: (+13)	392 662	0	E0	P200		MP9
•	G3	1050	CHLORWASSERSTOFF, WASSERFREI	2	2TC		2.3 + 8 RID: (+13)		0	E0	P200		MP9
•		1051	CYANWASSERSTOFF, STABILISIERT, mit weniger als 3 % Wasser	6.1	TF1	I	6.1 + 3	386 603	0	E0	P200		MP2

Tabelle A: Verzeichnis der gefährlichen Güter 3.2

ortsbewegliche Tanks und Schüttgut-Container	Sondervorschriften	Tankcodierungen für ADR/RID-Tanks	ADR							RID						Expressgut	Nummer zur Kennzeichnung der Gefahr	UN-Nummer
			Sondervorschriften für ADR-Tanks	Fahrzeug für die Beförderung in Tanks	Beförderungs-kategorie (Tunnel-beschränkungs-code)	Sondervorschriften für die Beförderung			Betrieb	Sondervorschriften für RID-Tanks	Beförderungs-kategorie	Sondervorschriften für die Beförderung						
Anweisungen	Sondervorschriften					Versandstücke	lose Schüttung	Be- und Entladung, Handhabung				Versandstücke	lose Schüttung	Be- und Entladung, Handhabung				
4.2.5.2 7.3.2	4.2.5.3	4.3	4.3.5 6.8.4	9.1.1.2	1.1.3.6 (8.6)	7.2.4	7.3.3	7.5.11	8.5	4.3.5 6.8.4	1.1.3.1	7.2.4	7.3.3	7.5.11	7.6	5.3.2.3	(1)
(10)	(11)	(12)	(13)	(14)	(15)	(16)	(17)	(18)	(19)	(13)	(15)	(16)	(17)	(18)	(19)	(20)	(1)
(M)		PxBN(M)	TA4 TT9	FL	2 (B/D)			CV9 CV10 CV36	S2 S20	TU38 TE22 TM6 TA4 TT9	2			CW9 CW10 CW36	CE3	23	1039
(M)				FL	1 (B/D)			CV9 CV10 CV36	S2 S14		1			CW9 CW10 CW36		263	1040
(M) T50	TP20	PxBH(M)	TA4 TT9	FL	1 (B/D)			CV9 CV10 CV36	S2 S14	TU38 TE22 TE25 TM6 TA4 TT9	1			CW9 CW10 CW36		263	1040
(M) T50		PxBN(M)	TA4 TT9	FL	2 (B/D)			CV9 CV10 CV36	S2 S20	TU38 TE22 TM6 TA4 TT9	2			CW9 CW10 CW36	CE3	239	1041
					– (–)					–							1043
					3 (E)			CV9			3			CW9	CE2	RID: 20	1044
					1 (D)			CV9 CV10 CV36	S14		1			CW9 CW10 CW36		RID: 265	1045
(M)		CxBN(M)	TA4 TT9	AT	3 (E)			CV9 CV10 CV36		TA4 TT9	3			CW9 CW10 CW36	CE3	20	1046
(M)		PxBH(M)	TA4 TT9 TT10	AT	1 (C/D)			CV9 CV10 CV36	S14	TU38 TE22 TE25 TM6 TA4 TT9 TT10	1			CW9 CW10 CW36		268	1048
(M)		CxBN(M)	TA4 TT9	FL	2 (B/D)			CV9 CV10 CV36	S2 S20	TU38 TE22 TA4 TT9	2			CW9 CW10 CW36	CE3	23	1049
(M)		PxBH(M)	TA4 TT9 TT10	AT	1 (C/D)			CV9 CV10 CV36	S14	TU38 TE22 TE25 TM6 TA4 TT9 TT10	1			CW9 CW10 CW36		268	1050
					0 (D)	V8		CV1 CV13 CV28	S2 S4 S9 S10 S14		0			CW13 CW28 CW31		RID: 663	1051

3.2 Tabelle A: Verzeichnis der gefährlichen Güter

gemäß Tabelle 1.10.3.1.2	§ 35b GGVSEB	UN-Nummer	Benennung und Beschreibung	Klasse	Klassifizierungscode	Verpackungsgruppe	Gefahrzettel	Sondervorschriften	Begrenzte und freigestellte Mengen		Verpackung		
													Zusammen-packung
											Anweisungen	Sondervor-schriften	
G..			3.1.2	2.2	2.2	2.1.1.3	5.2.2	3.3	3.4 / 3.5.1.2		4.1.4	4.1.4	4.1.10
(1)			(2)	(3a)	(3b)	(4)	(5)	(6)	(7a)	(7b)	(8)	(9a)	(9b)
G11		1052	FLUORWASSERSTOFF, WASSERFREI	8	CT1	I	8 + 6.1		0	E0	P200		MP2
G3		1053	SCHWEFELWASSERSTOFF	2	2TF		2.3 + 2.1 RID: (+13)		0	E0	P200		MP9
G2		1055	ISOBUTEN	2	2F		2.1 RID: (+13)	662	0	E0	P200		MP9
		1056	KRYPTON, VERDICHTET	2	1A		2.2 RID: (+13)	378 392 662	120 ml	E1	P200		MP9
		1057	FEUERZEUGE mit entzündbarem Gas oder NACHFÜLLPATRONEN FÜR FEUERZEUGE mit entzündbarem Gas	2	6F		2.1	201 654 658	0	E0	P002	PP84 RR5	MP9
		1058	VERFLÜSSIGTE GASE, nicht entzündbar, überlagert mit Stickstoff, Kohlendioxid oder Luft	2	2A		2.2 RID: (+13)	392 662	120 ml	E1	P200		MP9
G2		1060	METHYLACETYLEN UND PROPADIEN, GEMISCH, STABILISIERT (Gemisch P 1) (Gemisch P 2)	2	2F		2.1 RID: (+13)	386 581 662	0	E0	P200		MP9
G2		1061	METHYLAMIN, WASSERFREI	2	2F		2.1 RID: (+13)	662	0	E0	P200		MP9
G3		1062	METHYLBROMID mit höchstens 2 % Chlorpikrin	2	2T		2.3 RID: (+13)	23	0	E0	P200		MP9
G2		1063	METHYLCHLORID (GAS ALS KÄLTEMITTEL R 40)	2	2F		2.1 RID: (+13)	662	0	E0	P200		MP9

Tabelle A: Verzeichnis der gefährlichen Güter 3.2

ortsbewegliche Tanks und Schüttgut-Container	Sondervorschriften	Tankcodierungen für ADR/RID-Tanks	ADR							RID					Expressgut	Nummer zur Kennzeichnung der Gefahr	UN-Nummer
			Sondervorschriften für ADR-Tanks	Fahrzeug für die Beförderung in Tanks	Beförderungskategorie (Tunnelbeschränkungscode)	Sondervorschriften für die Beförderung				Sondervorschriften für RID-Tanks	Beförderungskategorie	Sondervorschriften für die Beförderung					
Anweisungen						Versandstücke	lose Schüttung	Be- und Entladung, Handhabung	Betrieb			Versandstücke	lose Schüttung	Be- und Entladung, Handhabung			
4.2.5.2 7.3.2	4.2.5.3	4.3	4.3.5 6.8.4	9.1.1.2	1.1.3.6 (8.6)	7.2.4	7.3.3	7.5.11	8.5	4.3.5 6.8.4	1.1.3.1	7.2.4	7.3.3	7.5.11	7.6	5.3.2.3	(1)
(10)	(11)	(12)	(13)	(14)	(15)	(16)	(17)	(18)	(19)	(13)	(15)	(16)	(17)	(18)	(19)	(20)	(1)
T10	TP2	L21DH(+)	TU14 TU34 TC1 TE21 TA4 TT9 TM3	AT	1 (C/D)			CV13 CV28 CV34	S14	TU14 TU34 TU38 TC1 TE17 TE21 TE22 TE25 TT4 TM3 TA4 TT9	1			CW13 CW28 CW34		886	1052
(M)		PxDH(M)	TA4 TT9 TT10	FL	1 (B/D)			CV9 CV10 CV36	S2 S14	TU38 TE22 TE25 TM6 TA4 TT9 TT10	1			CW9 CW10 CW36		263	1053
(M) T50		PxBN(M)	TA4 TT9	FL	2 (B/D)			CV9 CV10 CV36	S2 S20	TU38 TE22 TM6 TA4 TT9	2			CW9 CW10 CW36	CE3	23	1055
(M)		CxBN(M)	TA4 TT9	AT	3 (E)			CV9 CV10 CV36		TA4 TT9	3			CW9 CW10 CW36	CE3	20	1056
					2 (D)			CV9	S2		2			CW9	CE2	RID: 23	1057
(M)		PxBN(M)	TA4 TT9	AT	3 (C/E)			CV9 CV10 CV36		TM6 TA4 TT9	3			CW9 CW10 CW36	CE3	20	1058
(M) T50		PxBN(M)	TA4 TT9	FL	2 (B/D)	V8		CV9 CV10 CV36	S2 S4 S20	TU38 TE22 TM6 TA4 TT9	2			CW9 CW10 CW36	CE3	239	1060
(M) T50		PxBN(M)	TA4 TT9	FL	2 (B/D)			CV9 CV10 CV36	S2 S20	TU38 TE22 TM6 TA4 TT9	2			CW9 CW10 CW36	CE3	23	1061
(M) T50		PxBH(M)	TA4 TT9	AT	1 (C/D)			CV9 CV10 CV36	S14	TU38 TE22 TE25 TM6 TA4 TT9	1			CW9 CW10 CW36		26	1062
(M) T50		PxBN(M)	TA4 TT9	FL	2 (B/D)			CV9 CV10 CV36	S2 S20	TU38 TE22 TM6 TA4 TT9	2			CW9 CW10 CW36	CE3	23	1063

3.2　　　　　　　　　　　　　　　　Tabelle A: Verzeichnis der gefährlichen Güter

gemäß Tabelle 1.10.3.1.2 § 35b GGVSEB	UN-Nummer	Benennung und Beschreibung	Klasse	Klassifizierungscode	Verpackungsgruppe	Gefahrzettel	Sondervorschriften	Begrenzte und freigestellte Mengen		Verpackung		
										Anweisungen	Sondervorschriften	Zusammenpackung
G..		3.1.2	2.2	2.2	2.1.1.3	5.2.2	3.3	3.4 / 3.5.1.2		4.1.4	4.1.4	4.1.10
(1)		(2)	(3a)	(3b)	(4)	(5)	(6)	(7a)	(7b)	(8)	(9a)	(9b)
G3	1064	METHYLMERCAPTAN	2	2TF		2.3 + 2.1 RID: (+13)		0	E0	P200		MP9
	1065	NEON, VERDICHTET	2	1A		2.2 RID: (+13)	378 392 662	120 ml	E1	P200		MP9
	1066	STICKSTOFF, VERDICHTET	2	1A		2.2 RID: (+13)	378 392 653 662	120 ml	E1	P200		MP9
G3	1067	DISTICKSTOFFTETROXID (STICKSTOFFDIOXID)	2	2TOC		2.3 + 5.1 + 8 RID: (+13)		0	E0	P200		MP9
	1069	NITROSYLCHLORID	2	2TC		2.3 + 8		0	E0	P200		MP9
	1070	DISTICKSTOFFMONOXID	2	2O		2.2 + 5.1 RID: (+13)	584 662	0	E0	P200		MP9
G3	1071	ÖLGAS, VERDICHTET	2	1TF		2.3 + 2.1 RID: (+13)		0	E0	P200		MP9
	1072	SAUERSTOFF, VERDICHTET	2	1O		2.2 + 5.1 RID: (+13)	355 655 662	0	E0	P200		MP9
	1073	SAUERSTOFF, TIEFGEKÜHLT, FLÜSSIG	2	3O		2.2 + 5.1 RID: (+13)		0	E0	P203		MP9
G2	1075	PETROLEUMGASE, VERFLÜSSIGT	2	2F		2.1 RID: (+13)	274 392 583 639 662 674	0	E0	P200		MP9
G3	1076	PHOSGEN	2	2TC		2.3 + 8 RID: (+13)		0	E0	P200		MP9
G2	1077	PROPEN	2	2F		2.1 RID: (+13)	662	0	E0	P200		MP9

Tabelle A: Verzeichnis der gefährlichen Güter 3.2

ortsbewegliche Tanks und Schüttgut-Container	Sondervorschriften	Tankcodierungen für ADR/RID-Tanks	Sondervorschriften für ADR-Tanks	Fahrzeug für die Beförderung in Tanks	Beförderungskategorie (Tunnelbeschränkungscode)	Sondervorschriften für die Beförderung (ADR)				Sondervorschriften für RID-Tanks	Beförderungskategorie	Sondervorschriften für die Beförderung (RID)				Expressgut	Nummer zur Kennzeichnung der Gefahr	UN-Nummer
Anweisungen						Versandstücke	lose Schüttung	Be- und Entladung, Handhabung	Betrieb			Versandstücke	lose Schüttung	Be- und Entladung, Handhabung				
4.2.5.2 7.3.2	4.2.5.3	4.3	4.3.5 6.8.4	9.1.1.2	1.1.3.6 (8.6)	7.2.4	7.3.3	7.5.11	8.5	4.3.5 6.8.4	1.1.3.1	7.2.4	7.3.3	7.5.11	7.6	5.3.2.3	(1)
(10)	(11)	(12)	(13)	(14)	(15)	(16)	(17)	(18)	(19)	(13)	(15)	(16)	(17)	(18)	(19)	(20)	(1)
(M) T50		PxDH(M)	TA4 TT9	FL	1 (B/D)			CV9 CV10 CV36	S2 S14	TU38 TE22 TE25 TM6 TA4 TT9	1			CW9 CW10 CW36		263	1064
(M)		CxBN(M)	TA4 TT9	AT	3 (E)			CV9 CV10 CV36		TA4 TT9	3			CW9 CW10 CW36	CE3	20	1065
(M)		CxBN(M)	TA4 TT9	AT	3 (E)			CV9 CV10 CV36		TA4 TT9	3			CW9 CW10 CW36	CE3	20	1066
T50	TP21	PxBH(M)	TU17 TA4 TT9	AT	1 (C/D)			CV9 CV10 CV36	S14	TU17 TU38 TE22 TA4 TT9	1			CW9 CW10 CW36		265	1067
					1 (D)			CV9 CV10 CV36	S14		1			CW9 CW10 CW36		RID: 268	1069
(M)		PxBN(M)	TA4 TT9	AT	3 (C/E)			CV9 CV10 CV36		TM6 TA4 TT9	3			CW9 CW10 CW36	CE3	25	1070
(M)		CxBH(M)	TA4 TT9	FL	1 (B/D)			CV9 CV10 CV36	S2 S14	TU38 TE22 TE25 TA4 TT9	1			CW9 CW10 CW36		263	1071
(M)		CxBN(M)	TA4 TT9	AT	3 (E)			CV9 CV10 CV36		TA4 TT9	3			CW9 CW10 CW36	CE3	25	1072
T75	TP5 TP22	RxBN	TU7 TU19 TA4 TT9	AT	3 (C/E)	V5		CV9 CV11 CV36	S20	TU7 TU19 TM6 TA4 TT9	3	W5		CW9 CW11 CW36	CE2	225	1073
(M) T50		PxBN(M)	TA4 TT9 TT11	FL	2 (B/D)			CV9 CV10 CV36	S2 S20	TU38 TE22 TM6 TA4 TT9	2			CW9 CW10 CW36	CE3	23	1075
		P22DH(M)	TU17 TA4 TT9	AT	1 (C/D)			CV9 CV10 CV36	S14	TU17 TU38 TE22 TA4 TT9	1			CW9 CW10 CW36		268	1076
(M) T50		PxBN(M)	TA4 TT9	FL	2 (B/D)			CV9 CV10 CV36	S2 S20	TU38 TE22 TM6 TA4 TT9	2			CW9 CW10 CW36	CE3	23	1077

3.2 Tabelle A: Verzeichnis der gefährlichen Güter

gemäß Tabelle 1.10.3.1.2	§ 35b GGVSEB	UN-Nummer	Benennung und Beschreibung	Klasse	Klassifizierungscode	Verpackungsgruppe	Gefahrzettel	Sondervorschriften	Begrenzte und freigestellte Mengen		Verpackung Anweisungen	Verpackung Sondervorschriften	Verpackung Zusammenpackung
G..			3.1.2	2.2	2.2	2.1.1.3	5.2.2	3.3	3.4 / 3.5.1.2		4.1.4	4.1.4	4.1.10
(1)			(2)	(3a)	(3b)	(4)	(5)	(6)	(7a)	(7b)	(8)	(9a)	(9b)
●		1078	GAS ALS KÄLTEMITTEL, N.A.G. (Gemisch F 1) (Gemisch F 2) (Gemisch F 3)	2	2A		2.2	274 582 662 RID: (+13)	120 ml	E1	P200		MP9
●	G3	1079	SCHWEFELDIOXID	2	2TC		2.3 + 8	RID: (+13)	0	E0	P200		MP9
		1080	SCHWEFELHEXAFLUORID	2	2A		2.2	392 662 RID: (+13)	120 ml	E1	P200		MP9
●	G2	1081	TETRAFLUORETHYLEN, STABILISIERT	2	2F		2.1	386 662	0	E0	P200		MP9
●	G3	1082	CHLORTRIFLUORETHYLEN, STABILISIERT (GAS ALS KÄLTEMITTEL R 1113)	2	2TF		2.3 + 2.1 RID: (+13)	386	0	E0	P200		MP9
●	G2	1083	TRIMETHYLAMIN, WASSERFREI	2	2F		2.1	662 RID: (+13)	0	E0	P200		MP9
●	G2	1085	VINYLBROMID, STABILISIERT	2	2F		2.1	386 662 RID: (+13)	0	E0	P200		MP9
●	G2	1086	VINYLCHLORID, STABILISIERT	2	2F		2.1	386 662 RID: (+13)	0	E0	P200		MP9
●	G2	1087	VINYLMETHYLETHER, STABILISIERT	2	2F		2.1	386 662 RID: (+13)	0	E0	P200		MP9
●	G4	1088	ACETAL	3	F1	II	3		1 l	E2	P001 IBC02 R001		MP19
●	G4	1089	ACETALDEHYD	3	F1	I	3		0	E0	P001		MP7 MP17
●	G4	1090	ACETON	3	F1	II	3		1 l	E2	P001 IBC02 R001		MP19
●	G4	1091	ACETONÖLE	3	F1	II	3		1 l	E2	P001 IBC02 R001		MP19

Tabelle A: Verzeichnis der gefährlichen Güter 3.2

ortsbewegliche Tanks und Schüttgut-Container	Sondervorschriften	Tankcodierungen für ADR/RID-Tanks	Sondervorschriften für ADR-Tanks	Fahrzeug für die Beförderung in Tanks	ADR Beförderungs-kategorie (Tunnel-beschränkungs-code)	Sondervorschriften für die Beförderung			Betrieb	Sondervorschriften für RID-Tanks	RID Beförderungs-kategorie	Sondervorschriften für die Beförderung			Expressgut	Nummer zur Kennzeichnung der Gefahr	UN-Nummer
						Versand-stücke	lose Schüttung	Be- und Entladung, Handhabung				Versand-stücke	lose Schüttung	Be- und Entladung, Handhabung			
4.2.5.2 7.3.2	4.2.5.3	4.3	4.3.5 6.8.4	9.1.1.2	1.1.3.6 (8.6)	7.2.4	7.3.3	7.5.11	8.5	4.3.5 6.8.4	1.1.3.1	7.2.4	7.3.3	7.5.11	7.6	5.3.2.3	(1)
(10)	(11)	(12)	(13)	(14)	(15)	(16)	(17)	(18)	(19)	(13)	(15)	(16)	(17)	(18)	(19)	(20)	(1)
(M) T50		PxBN(M)	TA4 TT9	AT	3 (C/E)			CV9 CV10 CV36		TM6 TA4 TT9	3			CW9 CW10 CW36	CE3	20	1078
(M) T50	TP19	PxDH(M)	TA4 TT9 TT10	AT	1 (C/D)			CV9 CV10 CV36	S14	TU38 TE22 TE25 TM6 TA4 TT9 TT10	1			CW9 CW10 CW36		268	1079
(M)		PxBN(M)	TA4 TT9	AT	3 (C/E)			CV9 CV10 CV36		TM6 TA4 TT9	3			CW9 CW10 CW36	CE3	20	1080
(M)		PxBN(M)	TU40 TA4 TT9	FL	2 (B/D)	V8		CV9 CV10 CV36	S2 S4 S20	TU38 TU40 TE22 TA4 TT9	2			CW9 CW10 CW36	CE3	239	1081
(M) T50		PxBH(M)	TA4 TT9	FL	1 (B/D)	V8		CV9 CV10 CV36	S2 S4 S14	TU38 TE22 TE25 TM6 TA4 TT9	1			CW9 CW10 CW36		263	1082
(M) T50		PxBN(M)	TA4 TT9	FL	2 (B/D)	V8		CV9 CV10 CV36	S2 S20	TU38 TE22 TM6 TA4 TT9	2			CW9 CW10 CW36	CE3	23	1083
(M) T50		PxBN(M)	TA4 TT9	FL	2 (B/D)	V8		CV9 CV10 CV36	S2 S4 S20	TU38 TE22 TM6 TA4 TT9	2			CW9 CW10 CW36	CE3	239	1085
(M) T50		PxBN(M)	TA4 TT9	FL	2 (B/D)	V8		CV9 CV10 CV36	S2 S4 S20	TU38 TE22 TM6 TA4 TT9	2			CW9 CW10 CW36	CE3	239	1086
(M) T50		PxBN(M)	TA4 TT9	FL	2 (B/D)	V8		CV9 CV10 CV36	S2 S4 S20	TU38 TE22 TM6 TA4 TT9	2			CW9 CW10 CW36	CE3	239	1087
T4	TP1	LGBF		FL	2 (D/E)				S2 S20		2				CE7	33	1088
T11	TP2 TP7	L4BN	TU8	FL	1 (D/E)				S2 S20	TU8	1					33	1089
T4	TP1	LGBF		FL	2 (D/E)				S2 S20		2				CE7	33	1090
T4	TP1 TP8	LGBF		FL	2 (D/E)				S2 S20		2				CE7	33	1091

3.2 Tabelle A: Verzeichnis der gefährlichen Güter

gemäß Tabelle 1.10.3.1.2	§ 35b GGVSEB	UN-Nummer	Benennung und Beschreibung	Klasse	Klassifizierungscode	Verpackungsgruppe	Gefahrzettel	Sondervorschriften	Begrenzte und freigestellte Mengen		Verpackung Anweisungen	Verpackung Sondervorschriften	Verpackung Zusammenpackung
G..			3.1.2	2.2	2.2	2.1.1.3	5.2.2	3.3	3.4	3.5.1.2	4.1.4	4.1.4	4.1.10
(1)			(2)	(3a)	(3b)	(4)	(5)	(6)	(7a)	(7b)	(8)	(9a)	(9b)
•	G10	1092	ACROLEIN, STABILISIERT	6.1	TF1	I	6.1 + 3	354 386	0	E0	P601		MP8 MP17
•	G5	1093	ACRYLNITRIL, STABILISIERT	3	FT1	I	3 + 6.1	386	0	E0	P001		MP7 MP17
•	G10	1098	ALLYLALKOHOL	6.1	TF1	I	6.1 + 3	354	0	E0	P602		MP8 MP17
•	G5	1099	ALLYLBROMID	3	FT1	I	3 + 6.1		0	E0	P001		MP7 MP17
•	G5	1100	ALLYLCHLORID	3	FT1	I	3 + 6.1		0	E0	P001		MP7 MP17
		1104	AMYLACETATE	3	F1	III	3		5 l	E1	P001 IBC03 LP01 R001		MP19
•	G4	1105	PENTANOLE	3	F1	II	3		1 l	E2	P001 IBC02 R001		MP19
		1105	PENTANOLE	3	F1	III	3		5 l	E1	P001 IBC03 LP01 R001		MP19
•		1106	AMYLAMINE	3	FC	II	3 + 8		1 l	E2	P001 IBC02		MP19
		1106	AMYLAMINE	3	FC	III	3 + 8		5 l	E1	P001 IBC03 R001		MP19
•	G4	1107	AMYLCHLORIDE	3	F1	II	3		1 l	E2	P001 IBC02 R001		MP19
•	G4	1108	PENT-1-EN (n-AMYLEN)	3	F1	I	3		0	E3	P001		MP7 MP17
		1109	AMYLFORMIATE	3	F1	III	3		5 l	E1	P001 IBC03 LP01 R001		MP19
		1110	n-AMYLMETHYLKETON	3	F1	III	3		5 l	E1	P001 IBC03 LP01 R001		MP19
•	G4	1111	AMYLMERCAPTAN	3	F1	II	3		1 l	E2	P001 IBC02 R001		MP19

Tabelle A: Verzeichnis der gefährlichen Güter 3.2

ortsbewegliche Tanks und Schüttgut-Container Anweisungen	Sondervorschriften	Tankcodierungen für ADR/RID-Tanks	ADR Sondervorschriften für ADR-Tanks	ADR Fahrzeug für die Beförderung in Tanks	ADR Beförderungskategorie (Tunnelbeschränkungscode)	ADR Sondervorschriften für die Beförderung Versandstücke	ADR lose Schüttung	ADR Be- und Entladung, Handhabung	ADR Betrieb	RID Sondervorschriften für RID-Tanks	RID Beförderungskategorie	RID Sondervorschriften für die Beförderung Versandstücke	RID lose Schüttung	RID Be- und Entladung, Handhabung	Expressgut	Nummer zur Kennzeichnung der Gefahr	UN-Nummer
4.2.5.2 7.3.2	4.2.5.3	4.3	4.3.3 6.8.4	9.1.1.2	1.1.3.6 (8.6)	7.2.4	7.3.3	7.5.11	8.5	4.3.3 6.8.4	1.1.3.1	7.2.4	7.3.3	7.5.11	7.6	5.3.2.3	(1)
(10)	(11)	(12)	(13)	(14)	(15)	(16)	(17)	(18)	(19)	(13)	(15)	(16)	(17)	(18)	(19)	(20)	(1)
T22	TP2 TP7	L15CH	TU14 TU15 TE19 TE21	FL	1 (C/D)	V8		CV1 CV13 CV28	S2 S4 S9 S14	TU14 TU15 TU38 TE21 TE22 TE25	1			CW13 CW28 CW31		663	1092
T14	TP2	L10CH	TU14 TU15 TE21	FL	1 (C/E)	V8		CV13 CV28	S2 S4 S22	TU14 TU15 TU38 TE21 TE22	1			CW13 CW28		336	1093
T20	TP2	L10CH	TU14 TU15 TE19 TE21	FL	1 (C/D)			CV1 CV13 CV28	S2 S9 S14	TU14 TU15 TU38 TE21 TE22	1			CW13 CW28 CW31		663	1098
T14	TP2	L10CH	TU14 TU15 TE21	FL	1 (C/E)			CV13 CV28	S2 S22	TU14 TU15 TU38 TE21 TE22	1			CW13 CW28		336	1099
T14	TP2	L10CH	TU14 TU15 TE21	FL	1 (C/E)			CV13 CV28	S2 S22	TU14 TU15 TU38 TE21 TE22	1			CW13 CW28		336	1100
T2	TP1	LGBF		FL	3 (D/E)	V12			S2		3		W12		CE4	30	1104
T4	TP1 TP29	LGBF		FL	2 (D/E)				S2 S20		2				CE7	33	1105
T2	TP1	LGBF		FL	3 (D/E)	V12			S2		3		W12		CE4	30	1105
T7	TP1	L4BH		FL	2 (D/E)				S2 S20		2				CE7	338	1106
T4	TP1	L4BN		FL	3 (D/E)	V12			S2		3		W12		CE4	38	1106
T4	TP1	LGBF		FL	2 (D/E)				S2 S20		2				CE7	33	1107
T11	TP2	L4BN		FL	1 (D/E)				S2 S20		1					33	1108
T2	TP1	LGBF		FL	3 (D/E)	V12			S2		3		W12		CE4	30	1109
T2	TP1	LGBF		FL	3 (D/E)	V12			S2		3		W12		CE4	30	1110
T4	TP1	LGBF		FL	2 (D/E)				S2 S20		2				CE7	33	1111

3.2 Tabelle A: Verzeichnis der gefährlichen Güter

gemäß Tabelle 1.10.3.1.2	§ 35b GGVSEB	UN-Nummer	Benennung und Beschreibung	Klasse	Klassifizierungscode	Verpackungsgruppe	Gefahrzettel	Sondervorschriften	Begrenzte und freigestellte Mengen		Verpackung Anweisungen	Verpackung Sondervorschriften	Verpackung Zusammenpackung
G..			3.1.2	2.2	2.2	2.1.1.3	5.2.2	3.3	3.4 / 3.5.1.2		4.1.4	4.1.4	4.1.10
		(1)	(2)	(3a)	(3b)	(4)	(5)	(6)	(7a)	(7b)	(8)	(9a)	(9b)
		1112	AMYLNITRATE	3	F1	III	3		5 l	E1	P001 IBC03 LP01 R001		MP19
●	G4	1113	AMYLNITRITE	3	F1	II	3		1 l	E2	P001 IBC02 R001		MP19
●	G4	1114	BENZEN	3	F1	II	3		1 l	E2	P001 IBC02 R001		MP19
●	G4	1120	BUTANOLE	3	F1	II	3		1 l	E2	P001 IBC02 R001		MP19
		1120	BUTANOLE	3	F1	III	3		5 l	E1	P001 IBC03 LP01 R001		MP19
●	G4	1123	BUTYLACETATE	3	F1	II	3		1 l	E2	P001 IBC02 R001		MP19
		1123	BUTYLACETATE	3	F1	III	3		5 l	E1	P001 IBC03 LP01 R001		MP19
●		1125	n-BUTYLAMIN	3	FC	II	3 + 8		1 l	E2	P001 IBC02		MP19
●	G4	1126	1-BROMBUTAN	3	F1	II	3		1 l	E2	P001 IBC02 R001		MP19
●	G4	1127	CHLORBUTANE	3	F1	II	3		1 l	E2	P001 IBC02 R001		MP19
●	G4	1128	n-BUTYLFORMIAT	3	F1	II	3		1 l	E2	P001 IBC02 R001		MP19
●	G4	1129	BUTYRALDEHYD	3	F1	II	3		1 l	E2	P001 IBC02 R001		MP19
		1130	KAMPFERÖL	3	F1	III	3		5 l	E1	P001 IBC03 LP01 R001		MP19
●	G5	1131	KOHLENSTOFFDISULFID	3	FT1	I	3 + 6.1		0	E0	P001	PP31	MP7 MP17
●	G4	1133	KLEBSTOFFE, mit entzündbarem flüssigem Stoff	3	F1	I	3		500 ml	E3	P001		MP7 MP17
●	G4	1133	KLEBSTOFFE, mit entzündbarem flüssigem Stoff (Dampfdruck bei 50 °C größer als 110 kPa)	3	F1	II	3	640C	5 l	E2	P001	PP1	MP19
●	G4	1133	KLEBSTOFFE, mit entzündbarem flüssigem Stoff (Dampfdruck bei 50 °C höchstens 110 kPa)	3	F1	II	3	640D	5 l	E2	P001 IBC02 R001	PP1	MP19

Tabelle A: Verzeichnis der gefährlichen Güter 3.2

ortsbewegliche Tanks und Schüttgut-Container		Tankcodierungen für ADR/RID-Tanks	Sondervorschriften für ADR-Tanks	Fahrzeug für die Beförderung in Tanks	ADR Beförderungs-kategorie (Tunnel-beschrän-kungs-code)	Sondervorschriften für die Beförderung			Betrieb	RID Sondervorschriften für RID-Tanks	Beförderungs-kategorie	Sondervorschriften für die Beförderung			Expressgut	Nummer zur Kenn-zeichnung der Gefahr	UN-Nummer
Anwei-sungen	Sondervor-schriften					Versand-stücke	lose Schüttung	Be- und Entladung, Handhabung				Versand-stücke	lose Schüttung	Be- und Entladung, Handhabung			
4.2.5.2 7.3.2	4.2.5.3	4.3	4.3.5 6.8.4	9.1.1.2	1.1.3.6 (8.6)	7.2.4	7.3.3	7.5.11	8.5	4.3.5 6.8.4	1.1.3.1	7.2.4	7.3.3	7.5.11	7.6	5.3.2.3	
(10)	(11)	(12)	(13)	(14)	(15)	(16)	(17)	(18)	(19)	(13)	(15)	(16)	(17)	(18)	(19)	(20)	(1)
T2	TP1	LGBF		FL	3 (D/E)	V12			S2		3	W12			CE4	30	1112
T4	TP1	LGBF		FL	2 (D/E)				S2 S20		2				CE7	33	1113
T4	TP1	LGBF		FL	2 (D/E)				S2 S20		2				CE7	33	1114
T4	TP1 TP29	LGBF		FL	2 (D/E)				S2 S20		2				CE7	33	1120
T2	TP1	LGBF		FL	3 (D/E)	V12			S2		3	W12			CE4	30	1120
T4	TP1	LGBF		FL	2 (D/E)				S2 S20		2				CE7	33	1123
T2	TP1	LGBF		FL	3 (D/E)	V12			S2		3	W12			CE4	30	1123
T7	TP1	L4BH		FL	2 (D/E)				S2 S20		2				CE7	338	1125
T4	TP1	LGBF		FL	2 (D/E)				S2 S20		2				CE7	33	1126
T4	TP1	LGBF		FL	2 (D/E)				S2 S20		2				CE7	33	1127
T4	TP1	LGBF		FL	2 (D/E)				S2 S20		2				CE7	33	1128
T4	TP1	LGBF		FL	2 (D/E)				S2 S20		2				CE7	33	1129
T2	TP1	LGBF		FL	3 (D/E)	V12			S2		3	W12			CE4	30	1130
T14	TP2 TP7	L10CH	TU2 TU14 TU15 TE21	FL	1 (C/E)		CV13 CV28		S2 S22		1	TU2 TU14 TU15 TU38 TE21 TE22			CW13 CW28	336	1131
T11	TP1 TP8 TP27	L4BN		FL	1 (D/E)				S2 S20		1					33	1133
T4	TP1 TP8	L1,5BN		FL	2 (D/E)				S2 S20		2				CE7	33	1133
T4	TP1 TP8	LGBF		FL	2 (D/E)				S2 S20		2				CE7	33	1133

3.2 Tabelle A: Verzeichnis der gefährlichen Güter

gemäß Tabelle 1.10.3.1.2	§ 35b GGVSEB	UN-Nummer	Benennung und Beschreibung	Klasse	Klassifizierungscode	Verpackungsgruppe	Gefahrzettel	Sondervorschriften	Begrenzte und freigestellte Mengen		Verpackung		
											Anweisungen	Sondervorschriften	Zusammenpackung
G..			3.1.2	2.2	2.2	2.1.1.3	5.2.2	3.3	3.4 / 3.5.1.2		4.1.4	4.1.4	4.1.10
		(1)	(2)	(3a)	(3b)	(4)	(5)	(6)	(7a)	(7b)	(8)	(9a)	(9b)
•		1133	KLEBSTOFFE, mit entzündbarem flüssigem Stoff	3	F1	III	3		5 l	E1	P001 IBC03 LP01 R001	PP1	MP19
		1133	KLEBSTOFFE, mit entzündbarem flüssigem Stoff (mit einem Flammpunkt unter 23 °C und viskos gemäß 2.2.3.1.4) (Dampfdruck bei 50 °C größer als 110 kPa)	3	F1	III	3		5 l	E1	P001 R001	PP1	MP19
		1133	KLEBSTOFFE, mit entzündbarem flüssigem Stoff (mit einem Flammpunkt unter 23 °C und viskos gemäß 2.2.3.1.4) (Dampfdruck bei 50 °C höchstens 110 kPa)	3	F1	III	3		5 l	E1	P001 IBC02 R001	PP1 BB4	MP19
		1134	CHLORBENZEN	3	F1	III	3		5 l	E1	P001 IBC03 LP01 R001		MP19
•	G10	1135	ETHYLENCHLORHYDRIN	6.1	TF1	I	6.1 + 3	354	0	E0	P602		MP8 MP17
•	G4	1136	STEINKOHLENTEERDESTILLATE, ENTZÜNDBAR	3	F1	II	3		1 l	E2	P001 IBC02 R001		MP19
		1136	STEINKOHLENTEERDESTILLATE, ENTZÜNDBAR	3	F1	III	3		5 l	E1	P001 IBC03 LP01 R001		MP19
•	G4	1139	SCHUTZANSTRICHLÖSUNG (einschließlich zu Industrie- oder anderen Zwecken verwendete Oberflächenbehandlungen oder Beschichtungen, wie Zwischenbeschichtung für Fahrzeugkarosserien, Auskleidung für Fässer)	3	F1	I	3		500 ml	E3	P001		MP7 MP17
•	G4	1139	SCHUTZANSTRICHLÖSUNG (einschließlich zu Industrie- oder anderen Zwecken verwendete Oberflächenbehandlungen oder Beschichtungen, wie Zwischenbeschichtung für Fahrzeugkarosserien, Auskleidung für Fässer) (Dampfdruck bei 50 °C größer als 110 kPa)	3	F1	II	3	640C	5 l	E2	P001		MP19
•	G4	1139	SCHUTZANSTRICHLÖSUNG (einschließlich zu Industrie- oder anderen Zwecken verwendete Oberflächenbehandlungen oder Beschichtungen, wie Zwischenbeschichtung für Fahrzeugkarosserien, Auskleidung für Fässer) (Dampfdruck bei 50 °C höchstens 110 kPa)	3	F1	II	3	640D	5 l	E2	P001 IBC02 R001		MP19
		1139	SCHUTZANSTRICHLÖSUNG (einschließlich zu Industrie- oder anderen Zwecken verwendete Oberflächenbehandlungen oder Beschichtungen, wie Zwischenbeschichtung für Fahrzeugkarosserien, Auskleidung für Fässer)	3	F1	III	3		5 l	E1	P001 IBC03 LP01 R001		MP19

Tabelle A: Verzeichnis der gefährlichen Güter 3.2

ortsbewegliche Tanks und Schüttgut-Container		Tankcodierungen für ADR/RID-Tanks	Sondervorschriften für ADR-Tanks	Fahrzeug für die Beförderung in Tanks	ADR Beförderungskategorie (Tunnelbeschränkungscode)	ADR Sondervorschriften für die Beförderung			Betrieb	RID Sondervorschriften für RID-Tanks	Beförderungskategorie	RID Sondervorschriften für die Beförderung			Expressgut	Nummer zur Kennzeichnung der Gefahr	UN-Nummer
Anweisungen	Sondervorschriften					Versandstücke	lose Schüttung	Be- und Entladung, Handhabung				Versandstücke	lose Schüttung	Be- und Entladung, Handhabung			
4.2.5.2 7.3.2	4.2.5.3	4.3	4.3.3 6.8.4	9.1.1.2	1.1.3.6 (8.6)	7.2.4	7.3.3	7.5.11	8.5	4.3.3 6.8.4	1.1.3.1	7.2.4	7.3.3	7.5.11	7.6	5.3.2.3	(1)
(10)	(11)	(12)	(13)	(14)	(15)	(16)	(17)	(18)	(19)	(13)	(15)	(16)	(17)	(18)	(19)	(20)	(1)
T2	TP1	LGBF		FL	3 (D/E)	V12		S2		3		W12			CE4	30	1133
					3 (E)			S2		3					CE4	RID: 33	1133
					3 (E)			S2		3					CE4	RID: 33	1133
T2	TP1	LGBF		FL	3 (D/E)	V12		S2		3		W12			CE4	30	1134
T20	TP2	L10CH	TU14 TU15 TE19 TE21	FL	1 (C/D)		CV1 CV13 CV28	S2 S9 S14		TU14 TU15 TU38 TE21 TE22	1			CW13 CW28 CW31		663	1135
T4	TP1	LGBF		FL	2 (D/E)			S2 S20		2					CE7	33	1136
T4	TP1 TP29	LGBF		FL	3 (D/E)	V12		S2		3		W12			CE4	30	1136
T11	TP1 TP8 TP27	L4BN		FL	1 (D/E)			S2 S20		1						33	1139
T4	TP1 TP8	L1,5BN		FL	2 (D/E)			S2 S20		2					CE7	33	1139
T4	TP1 TP8	LGBF		FL	2 (D/E)			S2 S20		2					CE7	33	1139
T2	TP1	LGBF		FL	3 (D/E)	V12		S2		3		W12			CE4	30	1139

3.2 Tabelle A: Verzeichnis der gefährlichen Güter

gemäß Tabelle 1.10.3.1.2 § 35b GGVSEB	UN-Nummer	Benennung und Beschreibung	Klasse	Klassifizierungscode	Verpackungsgruppe	Gefahrzettel	Sondervorschriften	Begrenzte und freigestellte Mengen		Verpackung		
										Anweisungen	Sondervorschriften	Zusammenpackung
G..		3.1.2	2.2	2.2	2.1.1.3	5.2.2	3.3	3.4 / 3.5.1.2		4.1.4	4.1.4	4.1.10
(1)		(2)	(3a)	(3b)	(4)	(5)	(6)	(7a)	(7b)	(8)	(9a)	(9b)
	1139	SCHUTZANSTRICHLÖSUNG (einschließlich zu Industrie- oder anderen Zwecken verwendete Oberflächenbehandlungen oder Beschichtungen, wie Zwischenbeschichtung für Fahrzeugkarosserien, Auskleidung für Fässer) (mit einem Flammpunkt unter 23 °C und viskos gemäß 2.2.3.1.4) (Dampfdruck bei 50 °C größer als 110 kPa)	3	F1	III	3		5 l	E1	P001 R001		MP19
	1139	SCHUTZANSTRICHLÖSUNG (einschließlich zu Industrie- oder anderen Zwecken verwendete Oberflächenbehandlungen oder Beschichtungen, wie Zwischenbeschichtung für Fahrzeugkarosserien, Auskleidung für Fässer) (mit einem Flammpunkt unter 23 °C und viskos gemäß 2.2.3.1.4) (Dampfdruck bei 50 °C höchstens 110 kPa)	3	F1	III	3		5 l	E1	P001 IBC02 R001	BB4	MP19
● G10	1143	CROTONALDEHYD oder CROTONALDEHYD, STABILISIERT	6.1	TF1	I	6.1 + 3	324 354 386	0	E0	P602		MP8 MP17
● G4	1144	CROTONYLEN	3	F1	I	3		0	E3	P001		MP7 MP17
● G4	1145	CYCLOHEXAN	3	F1	II	3		1 l	E2	P001 IBC02 R001		MP19
● G4	1146	CYCLOPENTAN	3	F1	II	3		1 l	E2	P001 IBC02 R001		MP19
	1147	DECAHYDRONAPHTHALEN	3	F1	III	3		5 l	E1	P001 IBC03 LP01 R001		MP19
● G4	1148	DIACETONALKOHOL	3	F1	II	3		1 l	E2	P001 IBC02 R001		MP19
	1148	DIACETONALKOHOL	3	F1	III	3		5 l	E1	P001 IBC03 LP01 R001		MP19
	1149	DIBUTYLETHER	3	F1	III	3		5 l	E1	P001 IBC03 LP01 R001		MP19
● G4	1150	1,2-DICHLORETHYLEN	3	F1	II	3		1 l	E2	P001 IBC02 R001		MP19
	1152	DICHLORPENTANE	3	F1	III	3		5 l	E1	P001 IBC03 LP01 R001		MP19
● G4	1153	ETHYLENGLYCOLDIETHYLETHER	3	F1	II	3		1 l	E2	P001 IBC02 R001		MP19

Tabelle A: Verzeichnis der gefährlichen Güter 3.2

ortsbewegliche Tanks und Schüttgut-Container Anweisungen 4.2.5.2 / 7.3.2	Sondervorschriften 4.2.5.3	Tankcodierungen für ADR/RID-Tanks 4.3	ADR Sondervorschriften für ADR-Tanks 4.3.5 / 6.8.4	ADR Fahrzeug für die Beförderung in Tanks 9.1.1.2	ADR Beförderungskategorie (Tunnelbeschränkungscode) 1.1.3.6 (8.6)	ADR Sondervorschriften für die Beförderung – Versandstücke 7.2.4	ADR lose Schüttung 7.3.3	ADR Be- und Entladung, Handhabung 7.5.11	ADR Betrieb 8.5	RID Sondervorschriften für RID-Tanks 4.3.5 / 6.8.4	RID Beförderungskategorie 1.1.3.1	RID Versandstücke 7.2.4	RID lose Schüttung 7.3.3	RID Be- und Entladung, Handhabung 7.5.11	Expressgut 7.6	Nummer zur Kennzeichnung der Gefahr 5.3.2.3	UN-Nummer
(10)	(11)	(12)	(13)	(14)	(15)	(16)	(17)	(18)	(19)	(13)	(15)	(16)	(17)	(18)	(19)	(20)	(1)
					3 (E)			S2		3					CE4	RID: 33	1139
					3 (E)			S2		3					CE4	RID: 33	1139
T20	TP2	L10CH	TU14 TU15 TE19 TE21	FL	1 (C/D)	V8		S2 CV1 CV13 CV28 S4 S9 S14		TU14 TU15 TU38 TE21 TE22	1			CW13 CW28 CW31		663	1143
T11	TP2	L4BN		FL	1 (D/E)			S2 S20		1						339	1144
T4	TP1	LGBF		FL	2 (D/E)			S2 S20		2					CE7	33	1145
T7	TP1	LGBF		FL	2 (D/E)			S2 S20		2					CE7	33	1146
T2	TP1	LGBF		FL	3 (D/E)	V12		S2		3				W12	CE4	30	1147
T4	TP1	LGBF		FL	2 (D/E)			S2 S20		2					CE7	33	1148
T2	TP1	LGBF		FL	3 (D/E)	V12		S2		3				W12	CE4	30	1148
T2	TP1	LGBF		FL	3 (D/E)	V12		S2		3				W12	CE4	30	1149
T7	TP2	LGBF		FL	2 (D/E)			S2 S20		2					CE7	33	1150
T2	TP1	LGBF		FL	3 (D/E)	V12		S2		3				W12	CE4	30	1152
T4	TP1	LGBF		FL	2 (D/E)			S2 S20		2					CE7	33	1153

3.2 Tabelle A: Verzeichnis der gefährlichen Güter

gemäß Tabelle 1.10.3.1.2	§ 35b GGVSEB	UN-Nummer	Benennung und Beschreibung	Klasse	Klassifizierungscode	Verpackungsgruppe	Gefahrzettel	Sondervorschriften	Begrenzte und freigestellte Mengen		Verpackung		
											Anweisungen	Sondervorschriften	Zusammenpackung
G..			3.1.2	2.2	2.2	2.1.1.3	5.2.2	3.3	3.4 / 3.5.1.2		4.1.4	4.1.4	4.1.10
•		(1)	(2)	(3a)	(3b)	(4)	(5)	(6)	(7a)	(7b)	(8)	(9a)	(9b)
•		1153	ETHYLENGLYCOLDIETHYLETHER	3	F1	III	3		5 l	E1	P001 IBC03 LP01 R001		MP19
•		1154	DIETHYLAMIN	3	FC	II	3 + 8		1 l	E2	P001 IBC02		MP19
•	G4	1155	DIETHYLETHER (ETHYLETHER)	3	F1	I	3		0	E3	P001		MP7 MP17
•	G4	1156	DIETHYLKETON	3	F1	II	3		1 l	E2	P001 IBC02 R001		MP19
		1157	DIISOBUTYLKETON	3	F1	III	3		5 l	E1	P001 IBC03 LP01 R001		MP19
•		1158	DIISOPROPYLAMIN	3	FC	II	3 + 8		1 l	E2	P001 IBC02		MP19
•	G4	1159	DIISOPROPYLETHER	3	F1	II	3		1 l	E2	P001 IBC02 R001		MP19
•		1160	DIMETHYLAMIN, WÄSSERIGE LÖSUNG	3	FC	II	3 + 8		1 l	E2	P001 IBC02		MP19
•	G4	1161	DIMETHYLCARBONAT	3	F1	II	3		1 l	E2	P001 IBC02 R001		MP19
•		1162	DIMETHYLDICHLORSILAN	3	FC	II	3 + 8		0	E0	P010		MP19
•	G10	1163	DIMETHYLHYDRAZIN, ASYMMETRISCH	6.1	TFC	I	6.1 + 3 + 8	354	0	E0	P602		MP8 MP17
•	G4	1164	DIMETHYLSULFID	3	F1	II	3		1 l	E2	P001 IBC02	B8	MP19
•	G4	1165	DIOXAN	3	F1	II	3		1 l	E2	P001 IBC02 R001		MP19
•	G4	1166	DIOXOLAN	3	F1	II	3		1 l	E2	P001 IBC02 R001		MP19
•	G4	1167	DIVINYLETHER, STABILISIERT	3	F1	I	3	386	0	E3	P001		MP7 MP17
•	G4	1169	EXTRAKTE, AROMATISCH, FLÜSSIG (Dampfdruck bei 50 °C größer als 110 kPa)	3	F1	II	3	601 640C	5 l	E2	P001		MP19
•	G4	1169	EXTRAKTE, AROMATISCH, FLÜSSIG (Dampfdruck bei 50 °C höchstens 110 kPa)	3	F1	II	3	601 640D	5 l	E2	P001 IBC02 R001		MP19
		1169	EXTRAKTE, AROMATISCH, FLÜSSIG	3	F1	III	3	601	5 l	E1	P001 IBC03 LP01 R001		MP19

Tabelle A: Verzeichnis der gefährlichen Güter 3.2

ortsbewegliche Tanks und Schüttgut-Container	Sondervorschriften	Tankcodierungen für ADR/RID-Tanks	Sondervorschriften für ADR-Tanks	Fahrzeug für die Beförderung in Tanks	ADR Beförderungskategorie (Tunnelbeschränkungscode)	ADR Sondervorschriften für die Beförderung Versandstücke	ADR lose Schüttung	ADR Be- und Entladung, Handhabung	Betrieb	Sondervorschriften für RID-Tanks	RID Beförderungskategorie	RID Versandstücke	RID lose Schüttung	RID Be- und Entladung, Handhabung	Expressgut	Nummer zur Kennzeichnung der Gefahr	UN-Nummer
Anweisungen 4.2.5.2 7.3.2	4.2.5.3	4.3	4.3.3 6.8.4	9.1.1.2	1.1.3.6 (8.6)	7.2.4	7.3.3	7.5.11	8.5	4.3.3 6.8.4	1.1.3.1	7.2.4	7.3.3	7.5.11	7.6	5.3.2.3	(1)
(10)	(11)	(12)	(13)	(14)	(15)	(16)	(17)	(18)	(19)	(13)	(15)	(16)	(17)	(18)	(19)	(20)	(1)
T2	TP1	LGBF		FL	3 (D/E)	V12			S2		3	W12			CE4	30	1153
T7	TP1	L4BH		FL	2 (D/E)				S2 S20		2				CE7	338	1154
T11	TP2	L4BN		FL	1 (D/E)				S2 S20		1					33	1155
T4	TP1	LGBF		FL	2 (D/E)				S2 S20		2				CE7	33	1156
T2	TP1	LGBF		FL	3 (D/E)	V12			S2		3	W12			CE4	30	1157
T7	TP1	L4BH		FL	2 (D/E)				S2 S20		2				CE7	338	1158
T4	TP1	LGBF		FL	2 (D/E)				S2 S20		2				CE7	33	1159
T7	TP1	L4BH		FL	2 (D/E)				S2 S20		2				CE7	338	1160
T4	TP1	LGBF		FL	2 (D/E)				S2 S20		2				CE7	33	1161
T10	TP2 TP7	L4BH		FL	2 (D/E)				S2 S20		2				CE7	X338	1162
T20	TP2	L10CH	TU14 TU15 TE19 TE21	FL	1 (C/D)	CV1 CV13 CV28			S2 S9 S14	TU14 TU15 TU38 TE21 TE22	1				CW13 CW28 CW31	663	1163
T7	TP2	L1,5BN		FL	2 (D/E)				S2 S20		2				CE7	33	1164
T4	TP1	LGBF		FL	2 (D/E)				S2 S20		2				CE7	33	1165
T4	TP1	LGBF		FL	2 (D/E)				S2 S20		2				CE7	33	1166
T11	TP2	L4BN		FL	1 (D/E)	V8			S2 S4 S20		1					339	1167
T4	TP1 TP8	L1,5BN		FL	2 (D/E)				S2 S20		2				CE7	33	1169
T4	TP1 TP8	LGBF		FL	2 (D/E)				S2 S20		2				CE7	33	1169
T2	TP1	LGBF		FL	3 (D/E)	V12			S2		3	W12			CE4	30	1169

3.2 Tabelle A: Verzeichnis der gefährlichen Güter

gemäß Tabelle 1.10.3.1.2 § 35b GGVSEB	UN-Nummer	Benennung und Beschreibung	Klasse	Klassifizierungscode	Verpackungsgruppe	Gefahrzettel	Sondervorschriften	Begrenzte und freigestellte Mengen		Verpackung		
										Anweisungen	Sondervorschriften	Zusammenpackung
G..		3.1.2	2.2	2.2	2.1.1.3	5.2.2	3.3	3.4 / 3.5.1.2		4.1.4	4.1.4	4.1.10
(1)		(2)	(3a)	(3b)	(4)	(5)	(6)	(7a)	(7b)	(8)	(9a)	(9b)
	1169	EXTRAKTE, AROMATISCH, FLÜSSIG (mit einem Flammpunkt unter 23 °C und viskos gemäß 2.2.3.1.4) (Dampfdruck bei 50 °C größer als 110 kPa)	3	F1	III	3	601	5 l	E1	P001 R001		MP19
	1169	EXTRAKTE, AROMATISCH, FLÜSSIG (mit einem Flammpunkt unter 23 °C und viskos gemäß 2.2.3.1.4) (Dampfdruck bei 50 °C höchstens 110 kPa)	3	F1	III	3	601	5 l	E1	P001 IBC02 R001	BB4	MP19
● G4	1170	ETHANOL (ETHYLALKOHOL) oder ETHANOL, LÖSUNG (ETHYLALKOHOL, LÖSUNG)	3	F1	II	3	144 601	1 l	E2	P001 IBC02 R001		MP19
	1170	ETHANOL, LÖSUNG (ETHYLALKOHOL, LÖSUNG)	3	F1	III	3	144 601	5 l	E1	P001 IBC03 LP01 R001		MP19
	1171	ETHYLENGLYCOLMONOETHYLETHER	3	F1	III	3		5 l	E1	P001 IBC03 LP01 R001		MP19
	1172	ETHYLENGLYCOLMONOETHYLETHER-ACETAT	3	F1	III	3		5 l	E1	P001 IBC03 LP01 R001		MP19
● G4	1173	ETHYLACETAT	3	F1	II	3		1 l	E2	P001 IBC02 R001		MP19
● G4	1175	ETHYLBENZEN	3	F1	II	3		1 l	E2	P001 IBC02 R001		MP19
● G4	1176	TRIETHYLBORAT	3	F1	II	3		1 l	E2	P001 IBC02 R001		MP19
	1177	2-ETHYLBUTYLACETAT	3	F1	III	3		5 l	E1	P001 IBC03 LP01 R001		MP19
● G4	1178	2-ETHYLBUTYRALDEHYD	3	F1	II	3		1 l	E2	P001 IBC02 R001		MP19
● G4	1179	ETHYLBUTYLETHER	3	F1	II	3		1 l	E2	P001 IBC02 R001		MP19
	1180	ETHYLBUTYRAT	3	F1	III	3		5 l	E1	P001 IBC03 LP01 R001		MP19
	1181	ETHYLCHLORACETAT	6.1	TF1	II	6.1 + 3		100 ml	E4	P001 IBC02		MP15
● G10	1182	ETHYLCHLORFORMIAT	6.1	TFC	I	6.1 + 3 + 8	354	0	E0	P602		MP8 MP17

Tabelle A: Verzeichnis der gefährlichen Güter 3.2

ortsbewegliche Tanks und Schüttgut-Container		Tankcodierungen für ADR/RID-Tanks	Sondervorschriften für ADR-Tanks	Fahrzeug für die Beförderung in Tanks	ADR Beförderungs-kategorie (Tunnel-beschrän-kungs-code)	Sondervorschriften für die Beförderung				Sondervorschriften für RID-Tanks	RID Beförderungs-kategorie	Sondervorschriften für die Beförderung				Expressgut	Nummer zur Kenn-zeichnung der Gefahr	UN-Nummer
Anweisungen	Sondervor-schriften					Versand-stücke	lose Schüttung	Be- und Entladung, Handhabung	Betrieb			Versand-stücke	lose Schüttung	Be- und Entladung, Handhabung				
4.2.5.2 7.3.2	4.2.5.3	4.3	4.3.5 6.8.4	9.1.1.2	1.1.3.6 (8.6)	7.2.4	7.3.3	7.5.11	8.5	4.3.5 6.8.4	1.1.3.1	7.2.4	7.3.3	7.5.11	7.6	5.3.2.3		(1)
(10)	(11)	(12)	(13)	(14)	(15)	(16)	(17)	(18)	(19)	(13)	(15)	(16)	(17)	(18)	(19)	(20)		
					3 (E)				S2		3				CE4	RID: 33		1169
					3 (E)				S2		3				CE4	RID: 33		1169
T4	TP1	LGBF		FL	2 (D/E)				S2 S20		2				CE7	33		1170
T2	TP1	LGBF		FL	3 (D/E)	V12			S2		3	W12			CE4	30		1170
T2	TP1	LGBF		FL	3 (D/E)	V12			S2		3	W12			CE4	30		1171
T2	TP1	LGBF		FL	3 (D/E)	V12			S2		3	W12			CE4	30		1172
T4	TP1	LGBF		FL	2 (D/E)				S2 S20		2				CE7	33		1173
T4	TP1	LGBF		FL	2 (D/E)				S2 S20		2				CE7	33		1175
T4	TP1	LGBF		FL	2 (D/E)				S2 S20		2				CE7	33		1176
T2	TP1	LGBF		FL	3 (D/E)	V12			S2		3	W12			CE4	30		1177
T4	TP1	LGBF		FL	2 (D/E)				S2 S20		2				CE7	33		1178
T4	TP1	LGBF		FL	2 (D/E)				S2 S20		2				CE7	33		1179
T2	TP1	LGBF		FL	3 (D/E)	V12			S2		3	W12			CE4	30		1180
T7	TP2	L4BH	TU15 TE19	FL	2 (D/E)			CV13 CV28	S2 S9 S19	TU15	2			CW13 CW28 CW31	CE5	63		1181
T20	TP2	L10CH	TU14 TU15 TE19 TE21	FL	1 (C/D)			CV1 CV13 CV28	S2 S9 S14	TU14 TU15 TU38 TE21 TE22	1			CW13 CW28 CW31		663		1182

3.2 Tabelle A: Verzeichnis der gefährlichen Güter

gemäß Tabelle 1.10.3.1.2	§ 35b GGVSEB	UN-Nummer	Benennung und Beschreibung	Klasse	Klassifizierungscode	Verpackungsgruppe	Gefahrzettel	Sondervorschriften	Begrenzte und freigestellte Mengen		Verpackung		
											Anweisungen	Sondervorschriften	Zusammenpackung
			3.1.2	2.2	2.2	2.1.1.3	5.2.2	3.3	3.4 / 3.5.1.2		4.1.4	4.1.4	4.1.10
•	G..	(1)	(2)	(3a)	(3b)	(4)	(5)	(6)	(7a)	(7b)	(8)	(9a)	(9b)
•		1183	ETHYLDICHLORSILAN	4.3	WFC	I	4.3 + 3 + 8		0	E0	P401	RR7	MP2
•		1184	ETHYLENDICHLORID	3	FT1	II	3 + 6.1		1 l	E2	P001 IBC02		MP19
•	G10	1185	ETHYLENIMIN, STABILISIERT	6.1	TF1	I	6.1 + 3	354 386	0	E0	P601		MP2
•		1188	ETHYLENGLYCOLMONOMETHYLETHER	3	F1	III	3		5 l	E1	P001 IBC03 LP01 R001		MP19
•		1189	ETHYLENGLYCOLMONOMETHYL-ETHERACETAT	3	F1	III	3		5 l	E1	P001 IBC03 LP01 R001		MP19
•	G4	1190	ETHYLFORMIAT	3	F1	II	3		1 l	E2	P001 IBC02 R001		MP19
•		1191	OCTYLALDEHYDE	3	F1	III	3		5 l	E1	P001 IBC03 LP01 R001		MP19
•		1192	ETHYLLACTAT	3	F1	III	3		5 l	E1	P001 IBC03 LP01 R001		MP19
•	G4	1193	ETHYLMETHYLKETON (METHYLETHYLKETON)	3	F1	II	3		1 l	E2	P001 IBC02 R001		MP19
•		1194	ETHYLNITRIT, LÖSUNG	3	FT1	I	3 + 6.1		0	E0	P001		MP7 MP17
•	G4	1195	ETHYLPROPIONAT	3	F1	II	3		1 l	E2	P001 IBC02 R001		MP19
•		1196	ETHYLTRICHLORSILAN	3	FC	II	3 + 8		0	E0	P010		MP19
•	G4	1197	EXTRAKTE, GESCHMACKSTOFFE, FLÜSSIG (Dampfdruck bei 50 °C größer als 110 kPa)	3	F1	II	3	601 640C	5 l	E2	P001		MP19
•	G4	1197	EXTRAKTE, GESCHMACKSTOFFE, FLÜSSIG (Dampfdruck bei 50 °C höchstens 110 kPa)	3	F1	II	3	601 640D	5 l	E2	P001 IBC02 R001		MP19
		1197	EXTRAKTE, GESCHMACKSTOFFE, FLÜSSIG	3	F1	III	3	601	5 l	E1	P001 IBC03 LP01 R001		MP19

Tabelle A: Verzeichnis der gefährlichen Güter 3.2

ortsbewegliche Tanks und Schüttgut-Container	Sondervorschriften	Tankcodierungen für ADR/RID-Tanks	Sondervorschriften für ADR-Tanks	Fahrzeug für die Beförderung in Tanks	ADR Beförderungskategorie (Tunnelbeschränkungscode)	Sondervorschriften für die Beförderung			Betrieb	Sondervorschriften für RID-Tanks	RID Beförderungskategorie	Sondervorschriften für die Beförderung			Expressgut	Nummer zur Kennzeichnung der Gefahr	UN-Nummer
						Versandstücke	lose Schüttung	Be- und Entladung, Handhabung				Versandstücke	lose Schüttung	Be- und Entladung, Handhabung			
Anweisungen																	
4.2.5.2 7.3.2	4.2.5.3	4.3	4.3.5 6.8.4	9.1.1.2	1.1.3.6 (8.6)	7.2.4	7.3.3	7.5.11	8.5	4.3.5 6.8.4	1.1.3.1	7.2.4	7.3.3	7.5.11	7.6	5.3.2.3	
(10)	(11)	(12)	(13)	(14)	(15)	(16)	(17)	(18)	(19)	(13)	(15)	(16)	(17)	(18)	(19)	(20)	(1)
T14	TP2 TP7	L10DH	TU14 TU23 TE21 TM2 TM3	FL	0 (B/E)	V1		CV23	S2 S20	TU14 TU23 TU38 TE21 TE22 TM2 TM3	0	W1		CW23		X338	1183
T7	TP1	L4BH	TU15	FL	2 (D/E)			CV13 CV28	S2 S19	TU15	2			CW13 CW28	CE7	336	1184
T22	TP2	L15CH	TU14 TU15 TE19 TE21	FL	1 (C/D)	V8		CV1 CV13 CV28	S2 S4 S9 S14	TU14 TU15 TU38 TE21 TE22 TE25	1			CW13 CW28 CW31		663	1185
T2	TP1	LGBF		FL	3 (D/E)	V12			S2		3	W12			CE4	30	1188
T2	TP1	LGBF		FL	3 (D/E)	V12			S2		3	W12			CE4	30	1189
T4	TP1	LGBF		FL	2 (D/E)				S2 S20		2				CE7	33	1190
T2	TP1	LGBF		FL	3 (D/E)	V12			S2		3	W12			CE4	30	1191
T2	TP1	LGBF		FL	3 (D/E)	V12			S2		3	W12			CE4	30	1192
T4	TP1	LGBF		FL	2 (D/E)				S2 S20		2				CE7	33	1193
		L10CH	TU14 TU15 TE21	FL	1 (C/E)			CV13 CV28	S2 S22	TU14 TU15 TU38 TE21 TE22	1			CW13 CW28		336	1194
T4	TP1	LGBF		FL	2 (D/E)				S2 S20		2				CE7	33	1195
T10	TP2 TP7	L4BH		FL	2 (D/E)				S2 S20		2				CE7	X338	1196
T4	TP1 TP8	L1,5BN		FL	2 (D/E)				S2 S20		2				CE7	33	1197
T4	TP1 TP8	LGBF		FL	2 (D/E)				S2 S20		2				CE7	33	1197
T2	TP1	LGBF		FL	3 (D/E)	V12			S2		3	W12			CE4	30	1197

3.2 Tabelle A: Verzeichnis der gefährlichen Güter

gemäß Tabelle 1.10.3.1.2	§ 35b GGVSEB	UN-Nummer	Benennung und Beschreibung	Klasse	Klassifizierungscode	Verpackungsgruppe	Gefahrzettel	Sondervorschriften	Begrenzte und freigestellte Mengen		Verpackung		
											Anweisungen	Sondervorschriften	Zusammenpackung
G..			3.1.2	2.2	2.2	2.1.1.3	5.2.2	3.3	3.4 / 3.5.1.2		4.1.4	4.1.4	4.1.10
(1)			(2)	(3a)	(3b)	(4)	(5)	(6)	(7a)	(7b)	(8)	(9a)	(9b)
		1197	EXTRAKTE, GESCHMACKSTOFFE, FLÜSSIG (mit einem Flammpunkt unter 23 °C und viskos gemäß 2.2.3.1.4) (Dampfdruck bei 50 °C größer als 110 kPa)	3	F1	III	3	601	5 l	E1	P001 R001		MP19
		1197	EXTRAKTE, GESCHMACKSTOFFE, FLÜSSIG (mit einem Flammpunkt unter 23 °C und viskos gemäß 2.2.3.1.4) (Dampfdruck bei 50 °C höchstens 110 kPa)	3	F1	III	3	601	5 l	E1	P001 IBC02 R001	BB4	MP19
		1198	FORMALDEHYDLÖSUNG, ENTZÜNDBAR	3	FC	III	3 + 8		5 l	E1	P001 IBC03 R001		MP19
		1199	FURALDEHYDE	6.1	TF1	II	6.1 + 3		100 ml	E4	P001 IBC02		MP15
●	G4	1201	FUSELÖL	3	F1	II	3		1 l	E2	P001 IBC02 R001		MP19
		1201	FUSELÖL	3	F1	III	3		5 l	E1	P001 IBC03 LP01 R001		MP19
		1202	DIESELKRAFTSTOFF oder GASÖL oder HEIZÖL, LEICHT (Flammpunkt höchstens 60 °C)	3	F1	III	3	640K ADR: 664	5 l	E1	P001 IBC03 LP01 R001		MP19
		1202	DIESELKRAFTSTOFF, der Norm EN 590:2013 + A1:2017 entsprechend, oder GASÖL oder HEIZÖL, LEICHT mit einem Flammpunkt gemäß EN 590:2013 + A1:2017	3	F1	III	3	640L ADR: 664	5 l	E1	P001 IBC03 LP01 R001		MP19
		1202	DIESELKRAFTSTOFF oder GASÖL oder HEIZÖL, LEICHT (Flammpunkt über 60 °C bis einschließlich 100 °C)	3	F1	III	3	640M ADR: 664	5 l	E1	P001 IBC03 LP01 R001		MP19
●	G4	1203	BENZIN oder OTTOKRAFTSTOFF	3	F1	II	3	243 534 ADR: 664	1 l	E2	P001 IBC02 R001	BB2	MP19
●		1204	NITROGLYCERIN, LÖSUNG IN ALKOHOL mit höchstens 1 % Nitroglycerin	3	D	II	3	601	1 l	E0	P001 IBC02	PP5	MP2
●	G4	1206	HEPTANE	3	F1	II	3		1 l	E2	P001 IBC02 R001		MP19
		1207	HEXALDEHYD	3	F1	III	3		5 l	E1	P001 IBC03 LP01 R001		MP19
●	G4	1208	HEXANE	3	F1	II	3		1 l	E2	P001 IBC02 R001		MP19

Tabelle A: Verzeichnis der gefährlichen Güter 3.2

ortsbewegliche Tanks und Schüttgut-Container				ADR						RID						
Anweisungen	Sondervorschriften	Tankcodierungen für ADR/RID-Tanks	Sondervorschriften für ADR-Tanks	Fahrzeug für die Beförderung in Tanks	Beförderungskategorie (Tunnelbeschränkungscode)	Sondervorschriften für die Beförderung			Betrieb	Sondervorschriften für RID-Tanks	Beförderungskategorie	Sondervorschriften für die Beförderung			Expressgut	Nummer zur Kennzeichnung der Gefahr	UN-Nummer
						Versandstücke	lose Schüttung	Be- und Entladung, Handhabung				Versandstücke	lose Schüttung	Be- und Entladung, Handhabung			
4.2.5.2 7.3.2	4.2.5.3	4.3	4.3.5 6.8.4	9.1.1.2	1.1.3.6 (8.6)	7.2.4	7.3.3	7.5.11	8.5	4.3.5 6.8.4	1.1.3.1	7.2.4	7.3.3	7.5.11	7.6	5.3.2.3	(1)
(10)	(11)	(12)	(13)	(14)	(15)	(16)	(17)	(18)	(19)	(13)	(15)	(16)	(17)	(18)	(19)	(20)	
					3 (E)				S2		3				CE4	RID: 33	1197
					3 (E)				S2		3				CE4	RID: 33	1197
T4	TP1	L4BN		FL	3 (D/E)	V12			S2		3	W12			CE4	38	1198
T7	TP2	L4BH	TU15 TE19	FL	2 (D/E)		CV13 CV28		S2 S9 S19	TU15	2		CW13 CW28 CW31		CE5	63	1199
T4	TP1	LGBF		FL	2 (D/E)				S2 S20		2				CE7	33	1201
T2	TP1	LGBF		FL	3 (D/E)	V12			S2		3	W12			CE4	30	1201
T2	TP1	LGBF		FL	3 (D/E)	V12			S2		3	W12			CE4	30	1202
T2	TP1	LGBF		AT	3 (D/E)	V12			S2		3	W12			CE4	30	1202
T2	TP1	LGBV		AT	3 (D/E)	V12					3	W12			CE4	30	1202
T4	TP1	LGBF	TU9	FL	2 (D/E)				S2 S20	TU9	2				CE7	33	1203
					2 (B)				S2 S14		2				CE7	RID: 33	1204
T4	TP1	LGBF		FL	2 (D/E)				S2 S20		2				CE7	33	1206
T2	TP1	LGBF		FL	3 (D/E)	V12			S2		3	W12			CE4	30	1207
T4	TP1	LGBF		FL	2 (D/E)				S2 S20		2				CE7	33	1208

3.2 Tabelle A: Verzeichnis der gefährlichen Güter

gemäß Tabelle 1.10.3.1.2	§ 35b GGVSEB	UN-Nummer	Benennung und Beschreibung	Klasse	Klassifizierungscode	Verpackungsgruppe	Gefahrzettel	Sondervorschriften	Begrenzte und freigestellte Mengen		Verpackung Anweisungen	Verpackung Sondervorschriften	Verpackung Zusammenpackung
	G..		3.1.2	2.2	2.2	2.1.1.3	5.2.2	3.3	3.4 / 3.5.1.2		4.1.4	4.1.4	4.1.10
•		(1)	(2)	(3a)	(3b)	(4)	(5)	(6)	(7a)	(7b)	(8)	(9a)	(9b)
•	G4	1210	DRUCKFARBE, entzündbar oder DRUCKFARBZUBEHÖRSTOFFE (einschließlich Druckfarbverdünnung und -lösemittel), entzündbar	3	F1	I	3	163 367	500 ml	E3	P001		MP7 MP17
•	G4	1210	DRUCKFARBE, entzündbar oder DRUCKFARBZUBEHÖRSTOFFE (einschließlich Druckfarbverdünnung und -lösemittel), entzündbar (Dampfdruck bei 50 °C größer als 110 kPa)	3	F1	II	3	163 367 640C	5 l	E2	P001	PP1	MP19
•	G4	1210	DRUCKFARBE, entzündbar oder DRUCKFARBZUBEHÖRSTOFFE (einschließlich Druckfarbverdünnung und -lösemittel), entzündbar (Dampfdruck bei 50 °C höchstens 110 kPa)	3	F1	II	3	163 367 640D	5 l	E2	P001 IBC02 R001	PP1	MP19
		1210	DRUCKFARBE, entzündbar oder DRUCKFARBZUBEHÖRSTOFFE (einschließlich Druckfarbverdünnung und -lösemittel), entzündbar	3	F1	III	3	163 367	5 l	E1	P001 IBC03 LP01 R001	PP1	MP19
		1210	DRUCKFARBE, entzündbar oder DRUCKFARBZUBEHÖRSTOFFE (einschließlich Druckfarbverdünnung und -lösemittel), entzündbar (mit einem Flammpunkt unter 23 °C und viskos gemäß 2.2.3.1.4) (Dampfdruck bei 50 °C größer als 110 kPa)	3	F1	III	3	163 367	5 l	E1	P001 R001	PP1	MP19
		1210	DRUCKFARBE, entzündbar oder DRUCKFARBZUBEHÖRSTOFFE (einschließlich Druckfarbverdünnung und -lösemittel), entzündbar (mit einem Flammpunkt unter 23 °C und viskos gemäß 2.2.3.1.4) (Dampfdruck bei 50 °C höchstens 110 kPa)	3	F1	III	3	163 367	5 l	E1	P001 IBC02 R001	PP1 BB4	MP19
		1212	ISOBUTANOL (ISOBUTYLALKOHOL)	3	F1	III	3		5 l	E1	P001 IBC03 LP01 R001		MP19
•	G4	1213	ISOBUTYLACETAT	3	F1	II	3		1 l	E2	P001 IBC02 R001		MP19
•		1214	ISOBUTYLAMIN	3	FC	II	3 + 8		1 l	E2	P001 IBC02		MP19
•	G4	1216	ISOOCTENE	3	F1	II	3		1 l	E2	P001 IBC02 R001		MP19
•	G4	1218	ISOPREN, STABILISIERT	3	F1	I	3	386	0	E3	P001		MP7 MP17
•	G4	1219	ISOPROPANOL (ISOPROPYLALKOHOL)	3	F1	II	3	601	1 l	E2	P001 IBC02 R001		MP19
•	G4	1220	ISOPROPYLACETAT	3	F1	II	3		1 l	E2	P001 IBC02 R001		MP19

Tabelle A: Verzeichnis der gefährlichen Güter 3.2

ortsbewegliche Tanks und Schüttgut-Container	Sondervorschriften	Tankcodierungen für ADR/RID-Tanks	Sondervorschriften für ADR-Tanks	Fahrzeug für die Beförderung in Tanks	ADR Beförderungskategorie (Tunnelbeschränkungscode)	ADR Sondervorschriften für die Beförderung Versandstücke	ADR lose Schüttung	ADR Be- und Entladung, Handhabung	Betrieb	RID Sondervorschriften für RID-Tanks	RID Beförderungskategorie	RID Sondervorschriften für die Beförderung Versandstücke	RID lose Schüttung	RID Be- und Entladung, Handhabung	Expressgut	Nummer zur Kennzeichnung der Gefahr	UN-Nummer
Anweisungen 4.2.5.2 7.3.2	Sondervorschriften 4.2.5.3	4.3	4.3.5 6.8.2	9.1.1.2	1.1.3.6 (8.6)	7.2.4	7.3.3	7.5.11	8.5	4.3.5 6.8.4	1.1.3.1	7.2.4	7.3.3	7.5.11	7.6	5.3.2.3	
(10)	(11)	(12)	(13)	(14)	(15)	(16)	(17)	(18)	(19)	(13)	(15)	(16)	(17)	(18)	(19)	(20)	(1)
T11	TP1 TP8	L4BN		FL	1 (D/E)				S2 S20		1					33	1210
T4	TP1 TP8	L1,5BN		FL	2 (D/E)				S2 S20		2				CE7	33	1210
T4	TP1 TP8	LGBF		FL	2 (D/E)				S2 S20		2				CE7	33	1210
T2	TP1	LGBF		FL	3 (D/E)	V12			S2		3		W12		CE4	30	1210
					3 (E)				S2		3				CE4	RID: 33	1210
					3 (E)				S2		3				CE4	RID: 33	1210
T2	TP1	LGBF		FL	3 (D/E)	V12			S2		3		W12		CE4	30	1212
T4	TP1	LGBF		FL	2 (D/E)				S2 S20		2				CE7	33	1213
T7	TP1	L4BH		FL	2 (D/E)				S2 S20		2				CE7	338	1214
T4	TP1	LGBF		FL	2 (D/E)				S2 S20		2				CE7	33	1216
T11	TP2	L4BN		FL	1 (D/E)	V8			S2 S4 S20		1					339	1218
T4	TP1	LGBF		FL	2 (D/E)				S2 S20		2				CE7	33	1219
T4	TP1	LGBF		FL	2 (D/E)				S2 S20		2				CE7	33	1220

3.2 Tabelle A: Verzeichnis der gefährlichen Güter

gemäß Tabelle 1.10.3.1.2 § 35b GGVSEB	UN-Nummer	Benennung und Beschreibung	Klasse	Klassifizierungscode	Verpackungsgruppe	Gefahrzettel	Sondervorschriften	Begrenzte und freigestellte Mengen		Verpackung		
										Anweisungen	Sondervorschriften	Zusammenpackung
G..		3.1.2	2.2	2.2	2.1.1.3	5.2.2	3.3	3.4 / 3.5.1.2		4.1.4	4.1.4	4.1.10
(1)		(2)	(3a)	(3b)	(4)	(5)	(6)	(7a)	(7b)	(8)	(9a)	(9b)
●	1221	ISOPROPYLAMIN	3	FC	I	3 + 8		0	E0	P001		MP7 MP17
●	1222	ISOPROPYLNITRAT	3	F1	II	3		1 l	E2	P001 IBC02 R001	B7	MP19
	1223	KEROSIN	3	F1	III	3	ADR: 664	5 l	E1	P001 IBC03 LP01 R001		MP19
● G4	1224	KETONE, FLÜSSIG, N.A.G. (Dampfdruck bei 50 °C größer als 110 kPa)	3	F1	II	3	274 640C	1 l	E2	P001		MP19
● G4	1224	KETONE, FLÜSSIG, N.A.G. (Dampfdruck bei 50 °C höchstens 110 kPa)	3	F1	II	3	274 640D	1 l	E2	P001 IBC02 R001		MP19
	1224	KETONE, FLÜSSIG, N.A.G.	3	F1	III	3	274	5 l	E1	P001 IBC03 LP01 R001		MP19
●	1228	MERCAPTANE, FLÜSSIG, ENTZÜNDBAR, GIFTIG, N.A.G. oder MERCAPTANE, MISCHUNG, FLÜSSIG, ENTZÜNDBAR, GIFTIG, N.A.G.	3	FT1	II	3 + 6.1	274	1 l	E0	P001 IBC02		MP19
	1228	MERCAPTANE, FLÜSSIG, ENTZÜNDBAR, GIFTIG, N.A.G. oder MERCAPTANE, MISCHUNG, FLÜSSIG, ENTZÜNDBAR, GIFTIG, N.A.G.	3	FT1	III	3 + 6.1	274	5 l	E1	P001 IBC03 R001		MP19
	1229	MESITYLOXID	3	F1	III	3		5 l	E1	P001 IBC03 LP01 R001		MP19
●	1230	METHANOL	3	FT1	II	3 + 6.1	279	1 l	E2	P001 IBC02		MP19
● G4	1231	METHYLACETAT	3	F1	II	3		1 l	E2	P001 IBC02 R001		MP19
	1233	METHYLAMYLACETAT	3	F1	III	3		5 l	E1	P001 IBC03 LP01 R001		MP19
● G4	1234	METHYLAL	3	F1	II	3		1 l	E2	P001 IBC02	B8	MP19
●	1235	METHYLAMIN, WÄSSERIGE LÖSUNG	3	FC	II	3 + 8		1 l	E2	P001 IBC02		MP19
● G4	1237	METHYLBUTYRAT	3	F1	II	3		1 l	E2	P001 IBC02 R001		MP19
● G10	1238	METHYLCHLORFORMIAT	6.1	TFC	I	6.1 + 3 + 8	354	0	E0	P602		MP8 MP17

Tabelle A: Verzeichnis der gefährlichen Güter 3.2

ortsbewegliche Tanks und Schüttgut-Container				ADR						RID						
Anweisungen	Sondervorschriften	Tankcodierungen für ADR/RID-Tanks	Fahrzeug für die Beförderung in Tanks	Beförderungskategorie (Tunnelbeschränkungscode)	Sondervorschriften für die Beförderung			Betrieb	Sondervorschriften für RID-Tanks	Beförderungskategorie	Sondervorschriften für die Beförderung			Expressgut	Nummer zur Kennzeichnung der Gefahr	UN-Nummer
					Versandstücke	lose Schüttung	Be- und Entladung, Handhabung				Versandstücke	lose Schüttung	Be- und Entladung, Handhabung			
4.2.5.2 7.3.2	4.2.5.3	4.3	9.1.1.2	1.1.3.6 (8.6)	7.2.4	7.3.3	7.5.11	8.5	4.3.5 6.8.4	1.1.3.1	7.2.4	7.3.3	7.5.11	7.6	5.3.2.3	
(10)	(11)	(12)	(13)	(14)	(15)	(16)	(17)	(18)	(19)	(13)	(15)	(16)	(17)	(18)	(19)	(20)	(1)
T11	TP2	L10CH	TU14 TE21	FL	1 (C/E)				S2 S20	TU14 TU38 TE21 TE22	1					338	1221
				2 (E)					S2 S20		2				CE7	RID: 33	1222
T2	TP2	LGBF		FL	3 (D/E)	V12			S2		3	W12			CE4	30	1223
T7	TP1 TP8 TP28	L1,5BN		FL	2 (D/E)				S2 S20		2				CE7	33	1224
T7	TP1 TP8 TP28	LGBF		FL	2 (D/E)				S2 S20		2				CE7	33	1224
T4	TP1 TP29	LGBF		FL	3 (D/E)	V12			S2		3	W12			CE4	30	1224
T11	TP2 TP27	L4BH	TU15	FL	2 (D/E)				CV13 CV28	S2 S19	TU15	2				CW13 CW28	CE7	336	1228
T7	TP1 TP28	L4BH	TU15	FL	3 (D/E)	V12			CV13 CV28	S2	TU15	3	W12			CW13 CW28	CE4	36	1228
T2	TP1	LGBF		FL	3 (D/E)	V12			S2		3	W12			CE4	30	1229
T7	TP2	L4BH	TU15	FL	2 (D/E)				CV13 CV28	S2 S19	TU15	2				CW13 CW28	CE7	336	1230
T4	TP1	LGBF		FL	2 (D/E)				S2 S20		2				CE7	33	1231
T2	TP1	LGBF		FL	3 (D/E)	V12			S2		3	W12			CE4	30	1233
T7	TP2	L1,5BN		FL	2 (D/E)				S2 S20		2				CE7	33	1234
T7	TP1	L4BH		FL	2 (D/E)				S2 S20		2				CE7	338	1235
T4	TP1	LGBF		FL	2 (D/E)				S2 S20		2				CE7	33	1237
T22	TP2	L15CH	TU14 TU15 TE19 TE21	FL	1 (C/D)				CV1 CV13 CV28	S2 S9 S14	TU14 TU15 TU38 TE21 TE22 TE25	1				CW13 CW28 CW31		663	1238

3.2 Tabelle A: Verzeichnis der gefährlichen Güter

gemäß Tabelle 1.10.3.1.2	§ 35b GGVSEB	UN-Nummer	Benennung und Beschreibung	Klasse	Klassifizierungscode	Verpackungsgruppe	Gefahrzettel	Sondervorschriften	Begrenzte und freigestellte Mengen		Verpackung Anweisungen	Verpackung Sondervorschriften	Verpackung Zusammenpackung
G..			3.1.2	2.2	2.2	2.1.1.3	5.2.2	3.3	3.4	3.5.1.2	4.1.4	4.1.4	4.1.10
(1)			(2)	(3a)	(3b)	(4)	(5)	(6)	(7a)	(7b)	(8)	(9a)	(9b)
G10		1239	METHYLCHLORMETHYLETHER	6.1	TF1	I	6.1 + 3	354	0	E0	P602		MP8 MP17
		1242	METHYLDICHLORSILAN	4.3	WFC	I	4.3 + 3 + 8		0	E0	P401	RR7	MP2
G4		1243	METHYLFORMIAT	3	F1	I	3		0	E3	P001		MP7 MP17
G10		1244	METHYLHYDRAZIN	6.1	TFC	I	6.1 + 3 + 8	354	0	E0	P602		MP8 MP17
G4		1245	METHYLISOBUTYLKETON	3	F1	II	3		1 l	E2	P001 IBC02 R001		MP19
G4		1246	METHYLISOPROPENYLKETON, STABILISIERT	3	F1	II	3	386	1 l	E2	P001 IBC02 R001		MP19
G4		1247	METHYLMETHACRYLAT, MONOMER, STABILISIERT	3	F1	II	3	386	1 l	E2	P001 IBC02 R001		MP19
G4		1248	METHYLPROPIONAT	3	F1	II	3		1 l	E2	P001 IBC02 R001		MP19
G4		1249	METHYLPROPYLKETON	3	F1	II	3		1 l	E2	P001 IBC02 R001		MP19
		1250	METHYLTRICHLORSILAN	3	FC	II	3 + 8		0	E0	P010		MP19
G10		1251	METHYLVINYLKETON, STABILISIERT	6.1	TFC	I	6.1 + 3 + 8	354 386	0	E0	P601	RR7	MP8 MP17
G10		1259	NICKELTETRACARBONYL	6.1	TF1	I	6.1 + 3		0	E0	P601		MP2
		1261	NITROMETHAN	3	F1	II	3		1 l	E0	P001 R001	RR2	MP19
G4		1262	OCTANE	3	F1	II	3		1 l	E2	P001 IBC02 R001		MP19

Tabelle A: Verzeichnis der gefährlichen Güter 3.2

ortsbewegliche Tanks und Schüttgut-Container		Tankcodierungen für ADR/RID-Tanks	ADR							RID						Expressgut	Nummer zur Kennzeichnung der Gefahr	UN-Nummer
Anweisungen	Sondervorschriften		Sondervorschriften für ADR-Tanks	Fahrzeug für die Beförderung in Tanks	Beförderungskategorie (Tunnelbeschränkungscode)	Sondervorschriften für die Beförderung			Betrieb	Sondervorschriften für RID-Tanks	Beförderungskategorie	Sondervorschriften für die Beförderung						
						Versandstücke	lose Schüttung	Be- und Entladung, Handhabung				Versandstücke	lose Schüttung	Be- und Entladung, Handhabung				
4.2.5.2 7.3.2	4.2.5.3	4.3	4.3.5 6.8.4	9.1.1.2	1.1.3.6 (8.6)	7.2.4	7.3.3	7.5.11	8.5	4.3.5 6.8.4	1.1.3.1	7.2.4	7.3.3	7.5.11	7.6	5.3.2.3	(1)
(10)	(11)	(12)	(13)	(14)	(15)	(16)	(17)	(18)	(19)	(13)	(15)	(16)	(17)	(18)	(19)	(20)	(1)
T22	TP2	L15CH	TU14 TU15 TE19 TE21	FL	1 (C/D)			CV1 CV13 CV28	S2 S9 S14	TU14 TU15 TU38 TE21 TE22 TE25	1			CW13 CW28 CW31		663	1239
T14	TP2 TP7	L10DH	TU14 TU24 TE21 TM2 TM3	FL	0 (B/E)	V1		CV23	S2 S20	TU14 TU24 TU38 TE21 TE22 TM2 TM3	0	W1		CW23		X338	1242
T11	TP2	L4BN		FL	1 (D/E)				S2 S20		1					33	1243
T22	TP2	L15CH	TU14 TU15 TE19 TE21	FL	1 (C/D)			CV1 CV13 CV28	S2 S9 S14	TU14 TU15 TU38 TE21 TE22 TE25	1			CW13 CW28 CW31		663	1244
T4	TP1	LGBF		FL	2 (D/E)				S2 S20		2				CE7	33	1245
T4	TP1	LGBF		FL	2 (D/E)	V8			S2 S4 S20		2				CE7	339	1246
T4	TP1	LGBF		FL	2 (D/E)	V8			S2 S4 S20		2				CE7	339	1247
T4	TP1	LGBF		FL	2 (D/E)				S2 S20		2				CE7	33	1248
T4	TP1	LGBF		FL	2 (D/E)				S2 S20		2				CE7	33	1249
T10	TP2 TP7	L4BH		FL	2 (D/E)				S2 S20		2				CE7	X338	1250
T22	TP2	L15CH	TU14 TU15 TE19 TE21	FL	1 (C/D)	V8		CV1 CV13 CV28	S2 S4 S9 S14	TU14 TU15 TU38 TE21 TE22 TE25	1			CW13 CW28 CW31		639	1251
		L15CH	TU14 TU15 TU31 TE19 TE21 TM3	FL	1 (C/D)			CV1 CV13 CV28	S2 S9 S14	TU14 TU15 TU31 TU38 TE21 TE22 TE25 TM3	1			CW13 CW28 CW31		663	1259
					2 (E)				S2 S20		2				CE7	RID: 33	1261
T4	TP1	LGBF		FL	2 (D/E)				S2 S20		2				CE7	33	1262

3.2 Tabelle A: Verzeichnis der gefährlichen Güter

gemäß Tabelle 1.10.3.1.2 § 35b GGVSEB	UN-Nummer	Benennung und Beschreibung	Klasse	Klassifizierungscode	Verpackungsgruppe	Gefahrzettel	Sondervorschriften	Begrenzte und freigestellte Mengen		Verpackung		
										Anweisungen	Sondervorschriften	Zusammenpackung
G..		3.1.2	2.2	2.2	2.1.1.3	5.2.2	3.3	3.4 / 3.5.1.2		4.1.4	4.1.4	4.1.10
	(1)	(2)	(3a)	(3b)	(4)	(5)	(6)	(7a)	(7b)	(8)	(9a)	(9b)
• G4	1263	FARBE (einschließlich Farbe, Lack, Emaille, Beize, Schellack, Firnis, Politur, flüssiger Füllstoff und flüssige Lackgrundlage) oder FARBZUBEHÖRSTOFFE (einschließlich Farbverdünnung und -lösemittel)	3	F1	I	3	163 367 650	500 ml	E3	P001		MP7 MP17
• G4	1263	FARBE (einschließlich Farbe, Lack, Emaille, Beize, Schellack, Firnis, Politur, flüssiger Füllstoff und flüssige Lackgrundlage) oder FARBZUBEHÖRSTOFFE (einschließlich Farbverdünnung und -lösemittel) (Dampfdruck bei 50 °C größer als 110 kPa)	3	F1	II	3	163 367 640C 650	5 l	E2	P001	PP1	MP19
• G4	1263	FARBE (einschließlich Farbe, Lack, Emaille, Beize, Schellack, Firnis, Politur, flüssiger Füllstoff und flüssige Lackgrundlage) oder FARBZUBEHÖRSTOFFE (einschließlich Farbverdünnung und -lösemittel) (Dampfdruck bei 50 °C höchstens 110 kPa)	3	F1	II	3	163 367 640D 650	5 l	E2	P001 IBC02 R001	PP1	MP19
	1263	FARBE (einschließlich Farbe, Lack, Emaille, Beize, Schellack, Firnis, Politur, flüssiger Füllstoff und flüssige Lackgrundlage) oder FARBZUBEHÖRSTOFFE (einschließlich Farbverdünnung und -lösemittel)	3	F1	III	3	163 367 650	5 l	E1	P001 IBC03 LP01 R001	PP1	MP19
	1263	FARBE (einschließlich Farbe, Lack, Emaille, Beize, Schellack, Firnis, Politur, flüssiger Füllstoff und flüssige Lackgrundlage) oder FARBZUBEHÖRSTOFFE (einschließlich Farbverdünnung und -lösemittel) (mit einem Flammpunkt unter 23 °C und viskos gemäß 2.2.3.1.4) (Dampfdruck bei 50 °C größer als 110 kPa)	3	F1	III	3	163 367 650	5 l	E1	P001 R001	PP1	MP19
	1263	FARBE (einschließlich Farbe, Lack, Emaille, Beize, Schellack, Firnis, Politur, flüssiger Füllstoff und flüssige Lackgrundlage) oder FARBZUBEHÖRSTOFFE (einschließlich Farbverdünnung und -lösemittel) (mit einem Flammpunkt unter 23 °C und viskos gemäß 2.2.3.1.4) (Dampfdruck bei 50 °C höchstens 110 kPa)	3	F1	III	3	163 367 650	5 l	E1	P001 IBC02 R001	PP1 BB4	MP19
	1264	PARALDEHYD	3	F1	III	3		5 l	E1	P001 IBC03 LP01 R001		MP19
• G4	1265	PENTANE, flüssig	3	F1	I	3		0	E3	P001		MP7 MP17
• G4	1265	PENTANE, flüssig	3	F1	II	3		1 l	E2	P001 IBC02	B8	MP19
• G4	1266	PARFÜMERIEERZEUGNISSE mit entzündbaren Lösungsmitteln (Dampfdruck bei 50 °C größer als 110 kPa)	3	F1	II	3	163 640C	5 l	E2	P001		MP19

Tabelle A: Verzeichnis der gefährlichen Güter   3.2

ortsbewegliche Tanks und Schüttgut-Container Anweisungen 4.2.5.2 7.3.2	Sondervorschriften 4.2.5.3	Tankcodierungen für ADR/RID-Tanks 4.3	ADR							RID						Nummer zur Kennzeichnung der Gefahr 5.3.2.3	UN-Nummer
			Sondervorschriften für ADR-Tanks 4.3.5 6.8.4	Fahrzeug für die Beförderung in Tanks 9.1.1.2	Beförderungskategorie (Tunnelbeschränkungscode) 1.1.3.6 (8.6)	Versandstücke 7.2.4	lose Schüttung 7.3.3	Be- und Entladung, Handhabung 7.5.11	Betrieb 8.5	Sondervorschriften für RID-Tanks 4.3.5 6.8.4	Beförderungskategorie 1.1.3.1	Versandstücke 7.2.4	lose Schüttung 7.3.3	Be- und Entladung, Handhabung 7.5.11	Expressgut 7.6		
(10)	(11)	(12)	(13)	(14)	(15)	(16)	(17)	(18)	(19)	(13)	(15)	(16)	(17)	(18)	(19)	(20)	(1)
T11	TP1 TP8 TP27	L4BN		FL	1 (D/E)				S2 S20	1						33	1263
T4	TP1 TP8 TP28	L1,5BN		FL	2 (D/E)				S2 S20	2					CE7	33	1263
T4	TP1 TP8 TP28	LGBF		FL	2 (D/E)				S2 S20	2					CE7	33	1263
T2	TP1 TP29	LGBF		FL	3 (D/E)	V12			S2	3		W12			CE4	30	1263
					3 (E)				S2	3					CE4	RID: 33	1263
					3 (E)				S2	3					CE4	RID: 33	1263
T2	TP1	LGBF		FL	3 (D/E)	V12			S2	3		W12			CE4	30	1264
T11	TP2	L4BN		FL	1 (D/E)				S2 S20	1						33	1265
T4	TP1	L1,5BN		FL	2 (D/E)				S2 S20	2					CE7	33	1265
T4	TP1 TP8	L1,5BN		FL	2 (D/E)				S2 S20	2					CE7	33	1266

3.2 Tabelle A: Verzeichnis der gefährlichen Güter

gemäß Tabelle 1.10.3.1.2	§ 35b GGVSEB	UN-Nummer	Benennung und Beschreibung	Klasse	Klassifizierungscode	Verpackungsgruppe	Gefahrzettel	Sondervorschriften	Begrenzte und freigestellte Mengen		Verpackung		
											Anweisungen	Sondervorschriften	Zusammenpackung
			3.1.2	2.2	2.2	2.1.1.3	5.2.2	3.3	3.4 / 3.5.1.2		4.1.4	4.1.4	4.1.10
		(1)	(2)	(3a)	(3b)	(4)	(5)	(6)	(7a)	(7b)	(8)	(9a)	(9b)
●	G4	1266	PARFÜMERIEERZEUGNISSE mit entzündbaren Lösungsmitteln (Dampfdruck bei 50 °C höchstens 110 kPa)	3	F1	II	3	163 640D	5 l	E2	P001 IBC02 R001		MP19
		1266	PARFÜMERIEERZEUGNISSE mit entzündbaren Lösungsmitteln	3	F1	III	3	163	5 l	E1	P001 IBC03 LP01 R001		MP19
		1266	PARFÜMERIEERZEUGNISSE mit entzündbaren Lösungsmitteln (mit einem Flammpunkt unter 23 °C und viskos gemäß 2.2.3.1.4) (Dampfdruck bei 50 °C größer als 110 kPa)	3	F1	III	3	163	5 l	E1	P001 R001		MP19
		1266	PARFÜMERIEERZEUGNISSE mit entzündbaren Lösungsmitteln (mit einem Flammpunkt unter 23 °C und viskos gemäß 2.2.3.1.4) (Dampfdruck bei 50 °C höchstens 110 kPa)	3	F1	III	3	163	5 l	E1	P001 IBC02 R001	BB4	MP19
●	G4	1267	ROHERDÖL	3	F1	I	3	357	500 ml	E3	P001		MP7 MP17
●	G4	1267	ROHERDÖL (Dampfdruck bei 50 °C größer als 110 kPa)	3	F1	II	3	357 640C	1 l	E2	P001		MP19
●	G4	1267	ROHERDÖL (Dampfdruck bei 50 °C höchstens 110 kPa)	3	F1	II	3	357 640D	1 l	E2	P001 IBC02 R001		MP19
		1267	ROHERDÖL	3	F1	III	3	357	5 l	E1	P001 IBC03 LP01 R001		MP19
●	G4	1268	ERDÖLDESTILLATE, N.A.G. oder ERDÖLPRODUKTE, N.A.G.	3	F1	I	3	ADR: 664	500 ml	E3	P001		MP7 MP17
●	G4	1268	ERDÖLDESTILLATE, N.A.G. oder ERDÖLPRODUKTE, N.A.G. (Dampfdruck bei 50 °C größer als 110 kPa)	3	F1	II	3	640C ADR: 664	1 l	E2	P001		MP19
●	G4	1268	ERDÖLDESTILLATE, N.A.G. oder ERDÖLPRODUKTE, N.A.G. (Dampfdruck bei 50 °C höchstens 110 kPa)	3	F1	II	3	640D ADR: 664	1 l	E2	P001 IBC02 R001		MP19
		1268	ERDÖLDESTILLATE, N.A.G. oder ERDÖLPRODUKTE, N.A.G.	3	F1	III	3	ADR: 664	5 l	E1	P001 IBC03 LP01 R001		MP19
		1272	KIEFERNÖL	3	F1	III	3		5 l	E1	P001 IBC03 LP01 R001		MP19
●	G4	1274	n-PROPANOL (n-PROPYLALKOHOL)	3	F1	II	3		1 l	E2	P001 IBC02 R001		MP19
		1274	n-PROPANOL (n-PROPYLALKOHOL)	3	F1	III	3		5 l	E1	P001 IBC03 LP01 R001		MP19
●	G4	1275	PROPIONALDEHYD	3	F1	II	3		1 l	E2	P001 IBC02 R001		MP19
●	G4	1276	n-PROPYLACETAT	3	F1	II	3		1 l	E2	P001 IBC02 R001		MP19

Tabelle A: Verzeichnis der gefährlichen Güter 3.2

ortsbewegliche Tanks und Schüttgut-Container		Tankcodierungen für ADR/RID-Tanks	Sondervorschriften für ADR-Tanks	Fahrzeug für die Beförderung in Tanks	ADR Beförderungskategorie (Tunnelbeschränkungscode)	ADR Sondervorschriften für die Beförderung			Betrieb	RID Sondervorschriften für RID-Tanks	Beförderungskategorie	RID Sondervorschriften für die Beförderung			Expressgut	Nummer zur Kennzeichnung der Gefahr	UN-Nummer
Anweisungen	Sondervorschriften					Versandstücke	lose Schüttung	Be- und Entladung, Handhabung				Versandstücke	lose Schüttung	Be- und Entladung, Handhabung			
4.2.5.2 7.3.2	4.2.5.3	4.3	4.3.5 6.8.4	9.1.1.2	1.1.3.6 (8.6)	7.2.4	7.3.3	7.5.11	8.5	4.3.5 6.8.4	1.1.3.1	7.2.4	7.3.3	7.5.11	7.6	5.3.2.3	
(10)	(11)	(12)	(13)	(14)	(15)	(16)	(17)	(18)	(19)	(13)	(15)	(16)	(17)	(18)	(19)	(20)	(1)
T4	TP1 TP8	LGBF		FL	2 (D/E)				S2 S20		2				CE7	33	1266
T2	TP1	LGBF		FL	3 (D/E)	V12			S2		3	W12			CE4	30	1266
					3 (E)				S2		3				CE4	RID: 33	1266
					3 (E)				S2		3				CE4	RID: 33	1266
T11	TP1 TP8	L4BN		FL	1 (D/E)				S2 S20		1					33	1267
T4	TP1 TP8	L1,5BN		FL	2 (D/E)				S2 S20		2				CE7	33	1267
T4	TP1 TP8	LGBF		FL	2 (D/E)				S2 S20		2				CE7	33	1267
T2	TP1	LGBF		FL	3 (D/E)	V12			S2		3	W12			CE4	30	1267
T11	TP1 TP8	L4BN		FL	1 (D/E)				S2 S20		1					33	1268
T7	TP1 TP8 TP28	L1,5BN		FL	2 (D/E)				S2 S20		2				CE7	33	1268
T7	TP1 TP8 TP28	LGBF		FL	2 (D/E)				S2 S20		2				CE7	33	1268
T4	TP1 TP29	LGBF		FL	3 (D/E)	V12			S2		3	W12			CE4	30	1268
T2	TP1	LGBF		FL	3 (D/E)	V12			S2		3	W12			CE4	30	1272
T4	TP1	LGBF		FL	2 (D/E)				S2 S20		2				CE7	33	1274
T2	TP1	LGBF		FL	3 (D/E)	V12			S2		3	W12			CE4	30	1274
T7	TP1	LGBF		FL	2 (D/E)				S2 S20		2				CE7	33	1275
T4	TP1	LGBF		FL	2 (D/E)				S2 S20		2				CE7	33	1276

3.2 Tabelle A: Verzeichnis der gefährlichen Güter

gemäß Tabelle 1.10.3.1.2	§ 35b GGVSEB	UN-Nummer	Benennung und Beschreibung	Klasse	Klassifizierungscode	Verpackungsgruppe	Gefahrzettel	Sondervorschriften	Begrenzte und freigestellte Mengen		Verpackung		
											Anweisungen	Sondervorschriften	Zusammenpackung
G..			3.1.2	2.2	2.2	2.1.1.3	5.2.2	3.3	3.4 / 3.5.1.2		4.1.4	4.1.4	4.1.10
		(1)	(2)	(3a)	(3b)	(4)	(5)	(6)	(7a)	(7b)	(8)	(9a)	(9b)
●		1277	PROPYLAMIN	3	FC	II	3 + 8		1 I	E2	P001 IBC02		MP19
●	G4	1278	1-CHLORPROPAN	3	F1	II	3		1 I	E0	P001 IBC02	B8	MP19
●	G4	1279	1,2-DICHLORPROPAN	3	F1	II	3		1 I	E2	P001 IBC02 R001		MP19
●	G4	1280	PROPYLENOXID	3	F1	I	3		0	E3	P001		MP7 MP17
●	G4	1281	PROPYLFORMIATE	3	F1	II	3		1 I	E2	P001 IBC02 R001		MP19
●	G4	1282	PYRIDIN	3	F1	II	3		1 I	E2	P001 IBC02 R001		MP19
●	G4	1286	HARZÖL (Dampfdruck bei 50 °C größer als 110 kPa)	3	F1	II	3	640C	5 I	E2	P001		MP19
●	G4	1286	HARZÖL (Dampfdruck bei 50 °C höchstens 110 kPa)	3	F1	II	3	640D	5 I	E2	P001 IBC02 R001		MP19
		1286	HARZÖL	3	F1	III	3		5 I	E1	P001 IBC03 LP01 R001		MP19
		1286	HARZÖL (mit einem Flammpunkt unter 23 °C und viskos gemäß 2.2.3.1.4) (Dampfdruck bei 50 °C größer als 110 kPa)	3	F1	III	3		5 I	E1	P001 R001		MP19
		1286	HARZÖL (mit einem Flammpunkt unter 23 °C und viskos gemäß 2.2.3.1.4) (Dampfdruck bei 50 °C höchstens 110 kPa)	3	F1	III	3		5 I	E1	P001 IBC02 R001	BB4	MP19
●	G4	1287	GUMMILÖSUNG (Dampfdruck bei 50 °C größer als 110 kPa)	3	F1	II	3	640C	5 I	E2	P001		MP19
●	G4	1287	GUMMILÖSUNG (Dampfdruck bei 50 °C höchstens 110 kPa)	3	F1	II	3	640D	5 I	E2	P001 IBC02 R001		MP19
		1287	GUMMILÖSUNG	3	F1	III	3		5 I	E1	P001 IBC03 LP01 R001		MP19
		1287	GUMMILÖSUNG (mit einem Flammpunkt unter 23 °C und viskos gemäß 2.2.3.1.4) (Dampfdruck bei 50 °C größer als 110 kPa)	3	F1	III	3		5 I	E1	P001 R001		MP19
		1287	GUMMILÖSUNG (mit einem Flammpunkt unter 23 °C und viskos gemäß 2.2.3.1.4) (Dampfdruck bei 50 °C höchstens 110 kPa)	3	F1	III	3		5 I	E1	P001 IBC02 R001	BB4	MP19
●	G4	1288	SCHIEFERÖL	3	F1	II	3		1 I	E2	P001 IBC02 R001		MP19
		1288	SCHIEFERÖL	3	F1	III	3		5 I	E1	P001 IBC03 LP01 R001		MP19

Tabelle A: Verzeichnis der gefährlichen Güter 3.2

ortsbewegliche Tanks und Schüttgut-Container		Tankcodierungen für ADR/RID-Tanks	Sondervorschriften für ADR-Tanks	Fahrzeug für die Beförderung in Tanks	ADR Beförderungskategorie (Tunnelbeschränkungscode)	Sondervorschriften für die Beförderung			Betrieb	Sondervorschriften für RID-Tanks	RID Beförderungskategorie	Sondervorschriften für die Beförderung			Expressgut	Nummer zur Kennzeichnung der Gefahr	UN-Nummer
Anweisungen	Sondervorschriften					Versandstücke	lose Schüttung	Be- und Entladung, Handhabung				Versandstücke	lose Schüttung	Be- und Entladung, Handhabung			
4.2.5.2 7.3.2	4.2.5.3	4.3	4.3.5 6.8.4	9.1.1.2	1.1.3.6 (8.6)	7.2.4	7.3.3	7.5.11	8.5	4.3.5 6.8.4	1.1.3.1	7.2.4	7.3.3	7.5.11	7.6	5.3.2.3	(1)
(10)	(11)	(12)	(13)	(14)	(15)	(16)	(17)	(18)	(19)	(13)	(15)	(16)	(17)	(18)	(19)	(20)	(1)
T7	TP1	L4BH		FL	2 (D/E)				S2 S20		2				CE7	338	1277
T7	TP2	L1,5BN		FL	2 (D/E)				S2 S20		2				CE7	33	1278
T4	TP1	LGBF		FL	2 (D/E)				S2 S20		2				CE7	33	1279
T11	TP2 TP7	L4BN		FL	1 (D/E)				S2 S20		1					33	1280
T4	TP1	LGBF		FL	2 (D/E)				S2 S20		2				CE7	33	1281
T4	TP2	LGBF		FL	2 (D/E)				S2 S20		2				CE7	33	1282
T4	TP1	L1,5BN		FL	2 (D/E)				S2 S20		2				CE7	33	1286
T4	TP1	LGBF		FL	2 (D/E)				S2 S20		2				CE7	33	1286
T2	TP1	LGBF		FL	3 (D/E)	V12			S2		3	W12			CE4	30	1286
					3 (E)				S2		3				CE4	RID: 33	1286
					3 (E)				S2		3				CE4	RID: 33	1286
T4	TP1 TP8	L1,5BN		FL	2 (D/E)				S2 S20		2				CE7	33	1287
T4	TP1 TP8	LGBF		FL	2 (D/E)				S2 S20		2				CE7	33	1287
T2	TP1	LGBF		FL	3 (D/E)	V12			S2		3	W12			CE4	30	1287
					3 (E)				S2		3				CE4	RID: 33	1287
					3 (E)				S2		3				CE4	RID: 33	1287
T4	TP1 TP8	LGBF		FL	2 (D/E)				S2 S20		2				CE7	33	1288
T2	TP1	LGBF		FL	3 (D/E)	V12			S2		3	W12			CE4	30	1288

3.2 Tabelle A: Verzeichnis der gefährlichen Güter

gemäß Tabelle 1.10.3.1.2	§ 35b GGVSEB	UN-Nummer	Benennung und Beschreibung	Klasse	Klassifizierungscode	Verpackungsgruppe	Gefahrzettel	Sondervorschriften	Begrenzte und freigestellte Mengen		Verpackung		
											Anweisungen	Sondervorschriften	Zusammenpackung
G..			3.1.2	2.2	2.2	2.1.1.3	5.2.2	3.3	3.4 / 3.5.1.2		4.1.4	4.1.4	4.1.10
(1)			(2)	(3a)	(3b)	(4)	(5)	(6)	(7a)	(7b)	(8)	(9a)	(9b)
•		1289	NATRIUMMETHYLAT, LÖSUNG in Alkohol	3	FC	II	3 + 8		1 l	E2	P001 IBC02		MP19
		1289	NATRIUMMETHYLAT, LÖSUNG in Alkohol	3	FC	III	3 + 8		5 l	E1	P001 IBC02 R001		MP19
		1292	TETRAETHYLSILICAT	3	F1	III	3		5 l	E1	P001 IBC03 LP01 R001		MP19
•	G4	1293	TINKTUREN, MEDIZINISCHE	3	F1	II	3	601	1 l	E2	P001 IBC02 R001		MP19
		1293	TINKTUREN, MEDIZINISCHE	3	F1	III	3	601	5 l	E1	P001 IBC03 LP01 R001		MP19
•	G4	1294	TOLUEN	3	F1	II	3		1 l	E2	P001 IBC02 R001		MP19
•		1295	TRICHLORSILAN	4.3	WFC	I	4.3 + 3 + 8		0	E0	P401	RR7	MP2
•		1296	TRIETHYLAMIN	3	FC	II	3 + 8		1 l	E2	P001 IBC02		MP19
•		1297	TRIMETHYLAMIN, WÄSSERIGE LÖSUNG mit höchstens 50 Masse-% Trimethylamin	3	FC	I	3 + 8		0	E0	P001		MP7 MP17
•		1297	TRIMETHYLAMIN, WÄSSERIGE LÖSUNG mit höchstens 50 Masse-% Trimethylamin	3	FC	II	3 + 8		1 l	E2	P001 IBC02		MP19
•		1297	TRIMETHYLAMIN, WÄSSERIGE LÖSUNG mit höchstens 50 Masse-% Trimethylamin	3	FC	III	3 + 8		5 l	E1	P001 IBC03 R001		MP19
•		1298	TRIMETHYLCHLORSILAN	3	FC	II	3 + 8		0	E0	P010		MP19
		1299	TERPENTIN	3	F1	III	3		5 l	E1	P001 IBC03 LP01 R001		MP19
•	G4	1300	TERPENTINÖLERSATZ	3	F1	II	3		1 l	E2	P001 IBC02 R001		MP19
		1300	TERPENTINÖLERSATZ	3	F1	III	3		5 l	E1	P001 IBC03 LP01 R001		MP19
•	G4	1301	VINYLACETAT, STABILISIERT	3	F1	II	3	386	1 l	E2	P001 IBC02 R001		MP19
•	G4	1302	VINYLETHYLETHER, STABILISIERT	3	F1	I	3	386	0	E3	P001		MP7 MP17

Tabelle A: Verzeichnis der gefährlichen Güter 3.2

ortsbewegliche Tanks und Schüttgut-Container		Tankcodierungen für ADR/RID-Tanks	Sondervorschriften für ADR-Tanks	Fahrzeug für die Beförderung in Tanks	ADR Beförderungs-kategorie (Tunnelbeschränkungscode)	Sondervorschriften für die Beförderung			Betrieb	RID Sondervorschriften für RID-Tanks	Beförderungs-kategorie	Sondervorschriften für die Beförderung			Expressgut	Nummer zur Kennzeichnung der Gefahr	UN-Nummer
Anweisungen	Sondervorschriften					Versandstücke	lose Schüttung	Be- und Entladung, Handhabung				Versandstücke	lose Schüttung	Be- und Entladung, Handhabung			
4.2.5.2 7.3.2	4.2.5.3	4.3	4.3.5 6.8.4	9.1.1.2	1.1.3.6 (8.6)	7.2.4	7.3.3	7.5.11	8.5	4.3.5 6.8.4	1.1.3.1	7.2.4	7.3.3	7.5.11	7.6	5.3.2.3	(1)
(10)	(11)	(12)	(13)	(14)	(15)	(16)	(17)	(18)	(19)	(13)	(15)	(16)	(17)	(18)	(19)	(20)	(1)
T7 TP8	TP1	L4BH		FL	2 (D/E)				S2 S20		2				CE7	338	1289
T4	TP1	L4BN		FL	3 (D/E)				S2		3				CE4	38	1289
T2	TP1	LGBF		FL	3 (D/E)	V12			S2		3	W12			CE4	30	1292
T4 TP8	TP1	LGBF		FL	2 (D/E)				S2 S20		2				CE7	33	1293
T2	TP1	LGBF		FL	3 (D/E)	V12			S2		3	W12			CE4	30	1293
T4	TP1	LGBF		FL	2 (D/E)				S2 S20		2				CE7	33	1294
T14 TP7	TP2	L10DH	TU14 TU25 TE21 TM2 TM3	FL	0 (B/E)	V1		CV23	S2 S20	TU14 TU25 TU38 TE21 TE22 TM2 TM3	0	W1		CW23		X338	1295
T7	TP1	L4BH		FL	2 (D/E)				S2 S20		2				CE7	338	1296
T11	TP1	L10CH	TU14 TE21	FL	1 (C/E)				S2 S20	TU14 TU38 TE21 TE22	1					338	1297
T7	TP1	L4BH		FL	2 (D/E)				S2 S20		2				CE7	338	1297
T7	TP1	L4BN		FL	3 (D/E)	V12			S2		3	W12			CE4	38	1297
T10 TP7	TP2	L4BH		FL	2 (D/E)				S2 S20		2				CE7	X338	1298
T2	TP1	LGBF		FL	3 (D/E)	V12			S2		3	W12			CE4	30	1299
T4	TP1	LGBF		FL	2 (D/E)				S2 S20		2				CE7	33	1300
T2	TP1	LGBF		FL	3 (D/E)	V12			S2		3	W12			CE4	30	1300
T4	TP1	LGBF		FL	2 (D/E)	V8			S2 S4 S20		2				CE7	339	1301
T11	TP2	L4BN		FL	1 (D/E)	V8			S2 S4 S20		1					339	1302

3.2 Tabelle A: Verzeichnis der gefährlichen Güter

gemäß Tabelle 1.10.3.1.2 § 35b GGVSEB	UN-Nummer	Benennung und Beschreibung	Klasse	Klassifizierungscode	Verpackungsgruppe	Gefahrzettel	Sondervorschriften	Begrenzte und freigestellte Mengen	Verpackung		
									Anweisungen	Sondervorschriften	Zusammenpackung
G..		3.1.2	2.2	2.2	2.1.1.3	5.2.2	3.3	3.4 / 3.5.1.2	4.1.4	4.1.4	4.1.10
(1)		(2)	(3a)	(3b)	(4)	(5)	(6)	(7a)	(7b)	(8)	(9a)	(9b)
● G4	1303	VINYLIDENCHLORID, STABILISIERT	3	F1	I	3	386	0	E3	P001		MP7 MP17
● G4	1304	VINYLISOBUTYLETHER, STABILISIERT	3	F1	II	3	386	1 l	E2	P001 IBC02 R001		MP19
●	1305	VINYLTRICHLORSILAN	3	FC	II	3 + 8		0	E0	P010		MP19
● G4	1306	HOLZSCHUTZMITTEL, FLÜSSIG (Dampfdruck bei 50 °C größer als 110 kPa)	3	F1	II	3	640C	5 l	E2	P001		MP19
● G4	1306	HOLZSCHUTZMITTEL, FLÜSSIG (Dampfdruck bei 50 °C höchstens 110 kPa)	3	F1	II	3	640D	5 l	E2	P001 IBC02 R001		MP19
	1306	HOLZSCHUTZMITTEL, FLÜSSIG	3	F1	III	3		5 l	E1	P001 IBC03 LP01 R001		MP19
	1306	HOLZSCHUTZMITTEL, FLÜSSIG (mit einem Flammpunkt unter 23 °C und viskos gemäß 2.2.3.1.4) (Dampfdruck bei 50 °C größer als 110 kPa)	3	F1	III	3		5 l	E1	P001 R001		MP19
	1306	HOLZSCHUTZMITTEL, FLÜSSIG (mit einem Flammpunkt unter 23 °C und viskos gemäß 2.2.3.1.4) (Dampfdruck bei 50 °C höchstens 110 kPa)	3	F1	III	3		5 l	E1	P001 IBC02 R001	BB4	MP19
● G4	1307	XYLENE	3	F1	II	3		1 l	E2	P001 IBC02 R001		MP19
	1307	XYLENE	3	F1	III	3		5 l	E1	P001 IBC03 LP01 R001		MP19
● G4	1308	ZIRKONIUM, SUSPENDIERT IN EINEM ENTZÜNDBAREN FLÜSSIGEN STOFF	3	F1	I	3		0	E0	P001	PP33	MP7 MP17
● G4	1308	ZIRKONIUM, SUSPENDIERT IN EINEM ENTZÜNDBAREN FLÜSSIGEN STOFF (Dampfdruck bei 50 °C größer als 110 kPa)	3	F1	II	3	640C	1 l	E2	P001 R001	PP33	MP19
● G4	1308	ZIRKONIUM, SUSPENDIERT IN EINEM ENTZÜNDBAREN FLÜSSIGEN STOFF (Dampfdruck bei 50 °C höchstens 110 kPa)	3	F1	II	3	640D	1 l	E2	P001 R001	PP33	MP19
	1308	ZIRKONIUM, SUSPENDIERT IN EINEM ENTZÜNDBAREN FLÜSSIGEN STOFF	3	F1	III	3		5 l	E1	P001 R001		MP19
	1309	ALUMINIUM-PULVER, ÜBERZOGEN	4.1	F3	II	4.1		1 kg	E2	P002 IBC08	PP38 B4	MP11
	1309	ALUMINIUM-PULVER, ÜBERZOGEN	4.1	F3	III	4.1		5 kg	E1	P002 IBC08 LP02 R001	PP11 B3	MP11
●	1310	AMMONIUMPIKRAT, ANGEFEUCHTET mit mindestens 10 Masse-% Wasser	4.1	D	I	4.1		0	E0	P406	PP26	MP2
	1312	BORNEOL	4.1	F1	III	4.1		5 kg	E1	P002 IBC08 LP02 R001	B3	MP10

Tabelle A: Verzeichnis der gefährlichen Güter 3.2

ortsbewegliche Tanks und Schüttgut-Container Anweisungen	Sondervorschriften	Tankcodierungen für ADR/RID-Tanks	Fahrzeug für die Beförderung in Tanks	Beförderungskategorie (Tunnelbeschränkungscode)	ADR Sondervorschriften für die Beförderung Versandstücke	lose Schüttung	Be- und Entladung, Handhabung	Betrieb	Sondervorschriften für RID-Tanks	Beförderungskategorie	RID Sondervorschriften für die Beförderung Versandstücke	lose Schüttung	Be- und Entladung, Handhabung	Expressgut	Nummer zur Kennzeichnung der Gefahr	UN-Nummer
4.2.5.2 7.3.2	4.2.5.3	4.3	9.1.1.2	1.1.3.6 (8.6)	7.2.4	7.3.3	7.5.11	8.5	4.3.5 6.8.4	1.1.3.1	7.2.4	7.3.3	7.5.11	7.6	5.3.2.3	
(10)	(11)	(12)	(13)	(14)	(15)	(16)	(17)	(18)	(19)	(13)	(15)	(16)	(17)	(18)	(19)	(20)	(1)
T12	TP2 TP7	L4BN	FL	1 (D/E)	V8			S2 S4 S20		1					339	1303
T4	TP1	LGBF	FL	2 (D/E)	V8			S2 S4 S20		2				CE7	339	1304
T10	TP2 TP7	L4BH	FL	2 (D/E)				S2 S20		2				CE7	X338	1305
T4	TP1 TP8	L1,5BN	FL	2 (D/E)				S2 S20		2				CE7	33	1306
T4	TP1 TP8	LGBF	FL	2 (D/E)				S2 S20		2				CE7	33	1306
T2	TP1	LGBF	FL	3 (D/E)	V12			S2		3		W12		CE4	30	1306
				3 (E)				S2		3				CE4	RID: 33	1306
				3 (E)				S2		3				CE4	RID: 33	1306
T4	TP1	LGBF	FL	2 (D/E)				S2 S20		2				CE7	33	1307
T2	TP1	LGBF	FL	3 (D/E)	V12			S2		3		W12		CE4	30	1307
		L4BN	FL	1 (D/E)				S2 S20		1					33	1308
		L1,5BN	FL	2 (D/E)				S2 S20		2				CE7	33	1308
		LGBF	FL	2 (D/E)				S2 S20		2				CE7	33	1308
		LGBF	FL	3 (D/E)				S2		3				CE4	30	1308
T3	TP33	SGAN	AT	2 (E)	V11					2		W1		CE10	40	1309
T1	TP33	SGAV	AT	3 (E)	VC1 VC2					3		W1	VC1 VC2	CE11	40	1309
				1 (B)				S14		1		W1			RID: 40	1310
T1	TP33	SGAV	AT	3 (E)	VC1 VC2					3		W1	VC1 VC2	CE11	40	1312

3.2 Tabelle A: Verzeichnis der gefährlichen Güter

gemäß Tabelle 1.10.3.1.2 § 35b GGVSEB	UN-Nummer	Benennung und Beschreibung	Klasse	Klassifizierungscode	Verpackungsgruppe	Gefahrzettel	Sondervorschriften	Begrenzte und freigestellte Mengen		Verpackung Anweisungen	Verpackung Sondervorschriften	Verpackung Zusammenpackung
G..		3.1.2	2.2	2.2	2.1.1.3	5.2.2	3.3	3.4 / 3.5.1.2		4.1.4	4.1.4	4.1.10
(1)	(2)		(3a)	(3b)	(4)	(5)	(6)	(7a)	(7b)	(8)	(9a)	(9b)
	1313	CALCIUMRESINAT	4.1	F3	III	4.1		5 kg	E1	P002 IBC06 R001		MP11
	1314	CALCIUMRESINAT, GESCHMOLZEN und erstarrt	4.1	F3	III	4.1		5 kg	E1	P002 IBC04 R001		MP11
	1318	COBALTRESINAT, GEFÄLLT	4.1	F3	III	4.1		5 kg	E1	P002 IBC06 R001		MP11
•	1320	DINITROPHENOL, ANGEFEUCHTET mit mindestens 15 Masse-% Wasser	4.1	DT	I	4.1 + 6.1		0	E0	P406	PP26	MP2
•	1321	DINITROPHENOLATE, ANGEFEUCHTET mit mindestens 15 Masse-% Wasser	4.1	DT	I	4.1 + 6.1		0	E0	P406	PP26	MP2
•	1322	DINITRORESORCINOL, ANGEFEUCHTET mit mindestens 15 Masse-% Wasser	4.1	D	I	4.1		0	E0	P406	PP26	MP2
	1323	CEREISEN	4.1	F3	II	4.1	249	1 kg	E2	P002 IBC08	B4	MP11
	1324	FILME AUF NITROCELLULOSEBASIS, gelatiniert, ausgenommen Abfälle	4.1	F1	III	4.1		5 kg	E1	P002 R001	PP15	MP11
	1325	ENTZÜNDBARER ORGANISCHER FESTER STOFF, N.A.G.	4.1	F1	II	4.1	274	1 kg	E2	P002 IBC08	B4	MP10
	1325	ENTZÜNDBARER ORGANISCHER FESTER STOFF, N.A.G.	4.1	F1	III	4.1	274	5 kg	E1	P002 IBC08 LP02 R001	B3	MP10
	1326	HAFNIUM-PULVER, ANGEFEUCHTET mit mindestens 25 % Wasser	4.1	F3	II	4.1	586	1 kg	E2	P410 IBC06	PP40	MP11
	1327	Heu oder Stroh oder Bhusa	4.1	F1				UNTERLIEGT NICHT DEN VORSCHRIFTEN DES ADR / RID				
	1328	HEXAMETHYLENTETRAMIN	4.1	F1	III	4.1		5 kg	E1	P002 IBC08 R001	B3	MP10
	1330	MANGANRESINAT	4.1	F3	III	4.1		5 kg	E1	P002 IBC06 R001		MP11
	1331	ZÜNDHÖLZER, ÜBERALL ZÜNDBAR	4.1	F1	III	4.1	293	5 kg	E0	P407	PP27	MP12
	1332	METALDEHYD	4.1	F1	III	4.1		5 kg	E1	P002 IBC08 LP02 R001	B3	MP10
	1333	CER, Platten, Barren, Stangen	4.1	F3	II	4.1		1 kg	E2	P002 IBC08	B4	MP11
	1334	NAPHTHALEN, ROH oder NAPHTHALEN, RAFFINIERT	4.1	F1	III	4.1	501	5 kg	E1	P002 IBC08 LP02 R001	B3	MP10
•	1336	NITROGUANIDIN (PICRIT), ANGEFEUCHTET mit mindestens 20 Masse-% Wasser	4.1	D	I	4.1		0	E0	P406		MP2
•	1337	NITROSTÄRKE, ANGEFEUCHTET mit mindestens 20 Masse-% Wasser	4.1	D	I	4.1		0	E0	P406		MP2

Tabelle A: Verzeichnis der gefährlichen Güter 3.2

ortsbewegliche Tanks und Schüttgut-Container			ADR						RID						
Anweisungen	Sondervorschriften	Tankcodierungen für ADR/RID-Tanks	Fahrzeug für die Beförderung in Tanks	Beförderungs-kategorie (Tunnel-beschränkungs-code)	Sondervorschriften für die Beförderung			Betrieb	Sondervorschriften für RID-Tanks	Beförderungs-kategorie	Sondervorschriften für die Beförderung			Expressgut	Nummer zur Kennzeichnung der Gefahr	UN-Nummer
					Versand-stücke	lose Schüttung	Be- und Entladung, Handhabung				Versand-stücke	lose Schüttung	Be- und Entladung, Handhabung			
4.2.5.2 7.3.2	4.2.5.3	4.3	4.3.5 6.8.4	9.1.1.2	1.1.3.6 (8.6)	7.2.4	7.3.3	7.5.11	8.5	4.3.5 6.8.4	1.1.3.1	7.2.4	7.3.3	7.5.11	7.6	5.3.2.3
(10)	(11)	(12)	(13)	(14)	(15)	(16)	(17)	(18)	(19)	(13)	(15)	(16)	(17)	(18)	(19)	(20)	(1)
T1	TP33	SGAV		AT	3 (E)	VC1 VC2					3		W1	VC1 VC2		CE11	40	1313
T1	TP33	SGAV		AT	3 (E)	VC1 VC2					3		W1	VC1 VC2		CE11	40	1314
T1	TP33	SGAV		AT	3 (E)	VC1 VC2					3		W1	VC1 VC2		CE11	40	1318
					1 (B)		CV28	S14			1		W1		CW28		RID: 46	1320
					1 (B)		CV28	S14			1		W1		CW28		RID: 46	1321
					1 (B)			S14			1		W1				RID: 40	1322
T3	TP33	SGAN		AT	2 (E)	V11					2		W1			CE10	40	1323
					3 (E)						3		W1			CE11	RID: 40	1324
T3	TP33	SGAN		AT	2 (E)	V11					2		W1			CE10	40	1325
T1	TP33	SGAV		AT	3 (E)	VC1 VC2					3		W1	VC1 VC2		CE11	40	1325
T3	TP33	SGAN		AT	2 (E)	V11					2		W1			CE10	40	1326
					UNTERLIEGT NICHT DEN VORSCHRIFTEN DES ADR / RID												1327
T1	TP33	SGAV		AT	3 (E)	VC1 VC2					3		W1	VC1 VC2		CE11	40	1328
T1	TP33	SGAV		AT	3 (E)	VC1 VC2					3		W1	VC1 VC2		CE11	40	1330
					4 (E)						4		W1			CE11	RID: 40	1331
T1	TP33	SGAV		AT	3 (E)	VC1 VC2					3		W1	VC1 VC2		CE11	40	1332
					2 (E)	V11					2		W1			CE10	RID: 40	1333
T1 BK1 BK2 BK3	TP33	SGAV		AT	3 (E)	VC1 VC2 AP1					3		W1	VC1 VC2 AP1		CE11	40	1334
					1 (B)			S14			1		W1				RID: 40	1336
					1 (B)			S14			1		W1				RID: 40	1337

3.2 Tabelle A: Verzeichnis der gefährlichen Güter

gemäß Tabelle 1.10.3.1.2 § 35b GGVSEB	UN-Nummer	Benennung und Beschreibung	Klasse	Klassifizierungscode	Verpackungsgruppe	Gefahrzettel	Sondervorschriften	Begrenzte und freigestellte Mengen		Verpackung		
										Anweisungen	Sondervorschriften	Zusammenpackung
G..		3.1.2	2.2	2.2	2.1.1.3	5.2.2	3.3	3.4 / 3.5.1.2		4.1.4	4.1.4	4.1.10
(1)		(2)	(3a)	(3b)	(4)	(5)	(6)	(7a)	(7b)	(8)	(9a)	(9b)
	1338	PHOSPHOR, AMORPH	4.1	F3	III	4.1		5 kg	E1	P410 IBC08 R001	B3	MP11
	1339	PHOSPHORHEPTASULFID (chemische Formel P_4S_7), frei von gelbem oder weißem Phosphor	4.1	F3	II	4.1	602	1 kg	E2	P410 IBC04		MP11
	1340	PHOSPHORPENTASULFID (chemische Formel P_2S_5), frei von gelbem oder weißem Phosphor	4.3	WF2	II	4.3 + 4.1	602	500 g	E2	P410 IBC04		MP14
	1341	PHOSPHORSESQUISULFID (chemische Formel P_4S_3), frei von gelbem oder weißem Phosphor	4.1	F3	II	4.1	602	1 kg	E2	P410 IBC04		MP11
	1343	PHOSPHORTRISULFID (chemische Formel P_4S_6), frei von gelbem oder weißem Phosphor	4.1	F3	II	4.1	602	1 kg	E2	P410 IBC04		MP11
●	1344	TRINITROPHENOL (PIKRINSÄURE), ANGEFEUCHTET mit mindestens 30 Masse-% Wasser	4.1	D	I	4.1		0	E0	P406	PP26	MP2
	1345	KAUTSCHUK- (Gummi-) ABFÄLLE, gemahlen oder KAUTSCHUK- (Gummi-) RESTE, pulverförmig oder granuliert	4.1	F1	II	4.1		1 kg	E2	P002 IBC08	B4	MP11
	1346	SILICIUM-PULVER, AMORPH	4.1	F3	III	4.1	32	5 kg	E1	P002 IBC08 LP02 R001	B3	MP11
●	1347	SILBERPIKRAT, ANGEFEUCHTET mit mindestens 30 Masse-% Wasser	4.1	D	I	4.1		0	E0	P406	PP25 PP26	MP2
●	1348	NATRIUMDINITROORTHOCRESOLAT, ANGEFEUCHTET mit mindestens 15 Masse-% Wasser	4.1	DT	I	4.1 + 6.1		0	E0	P406	PP26	MP2
●	1349	NATRIUMPIKRAMAT, ANGEFEUCHTET mit mindestens 20 Masse-% Wasser	4.1	D	I	4.1		0	E0	P406	PP26	MP2
	1350	SCHWEFEL	4.1	F3	III	4.1	242	5 kg	E1	P002 IBC08 LP02 R001	B3	MP11
	1352	TITAN-PULVER, ANGEFEUCHTET mit mindestens 25 % Wasser	4.1	F3	II	4.1	586	1 kg	E2	P410 IBC06	PP40	MP11
	1353	FASERN, IMPRÄGNIERT MIT SCHWACH NITRIERTER CELLULOSE, N.A.G. oder GEWEBE, IMPRÄGNIERT MIT SCHWACH NITRIERTER CELLULOSE, N.A.G.	4.1	F1	III	4.1	502	5 kg	E1	P410 IBC08 R001	B3	MP11
●	1354	TRINITROBENZEN, ANGEFEUCHTET mit mindestens 30 Masse-% Wasser	4.1	D	I	4.1		0	E0	P406		MP2
●	1355	TRINITROBENZOESÄURE, ANGEFEUCHTET mit mindestens 30 Masse-% Wasser	4.1	D	I	4.1		0	E0	P406		MP2
●	1356	TRINITROTOLUEN (TNT), ANGEFEUCHTET mit mindestens 30 Masse-% Wasser	4.1	D	I	4.1		0	E0	P406		MP2
●	1357	HARNSTOFFNITRAT, ANGEFEUCHTET mit mindestens 20 Masse-% Wasser	4.1	D	I	4.1	227	0	E0	P406		MP2
	1358	ZIRKONIUM-PULVER, ANGEFEUCHTET mit mindestens 25 % Wasser	4.1	F3	II	4.1	586	1 kg	E2	P410 IBC06	PP40	MP11

Tabelle A: Verzeichnis der gefährlichen Güter 3.2

ortsbewegliche Tanks und Schüttgut-Container			ADR							RID						Nummer zur Kennzeichnung der Gefahr	UN-Nummer
Anweisungen	Sondervorschriften	Tankcodierungen für ADR/RID-Tanks	Sondervorschriften für ADR-Tanks	Fahrzeug für die Beförderung in Tanks	Beförderungskategorie (Tunnelbeschränkungscode)	Sondervorschriften für die Beförderung			Betrieb	Sondervorschriften für RID-Tanks	Beförderungskategorie	Sondervorschriften für die Beförderung			Expressgut		
						Versandstücke	lose Schüttung	Be- und Entladung, Handhabung				Versandstücke	lose Schüttung	Be- und Entladung, Handhabung			
4.2.5.2 7.3.2	4.2.5.3	4.3	4.3.5 6.8.4	9.1.1.2	1.1.3.6 (8.6)	7.2.4	7.3.3	7.5.11	8.5	4.3.5 6.8.4	1.1.3.1	7.2.4	7.3.3	7.5.11	7.6	5.3.2.3	(1)
(10)	(11)	(12)	(13)	(14)	(15)	(16)	(17)	(18)	(19)	(13)	(15)	(16)	(17)	(18)	(19)	(20)	(1)
T1	TP33	SGAV		AT	3 (E)		VC1 VC2				3		W1	VC1 VC2		CE11	40	1338
T3	TP33	SGAN		AT	2 (E)						2		W1			CE10	40	1339
T3	TP33	SGAN		AT	0 (D/E)	V1		CV23			0		W1		CW23	CE10	423	1340
T3	TP33	SGAN		AT	2 (E)						2		W1			CE10	40	1341
T3	TP33	SGAN		AT	2 (E)						2		W1			CE10	40	1343
					1 (B)				S14		1		W1			RID: 40		1344
T3	TP33	SGAN		AT	4 (E)	V11					4		W1			CE10	40	1345
T1	TP33	SGAV		AT	3 (E)		VC1 VC2				3		W1	VC1 VC2		CE11	40	1346
					1 (B)				S14		1		W1			RID: 40		1347
					1 (B)			CV28	S14		1		W1		CW28	RID: 46		1348
					1 (B)				S14		1		W1			RID: 40		1349
T1 BK1 BK2 BK3	TP33	SGAV		AT	3 (E)		VC1 VC2				3		W1	VC1 VC2		CE11	40	1350
T3	TP33	SGAN		AT	2 (E)	V11					2		W1			CE10	40	1352
					3 (E)						3		W1			CE11	RID: 40	1353
					1 (B)				S14		1		W1			RID: 40		1354
					1 (B)				S14		1		W1			RID: 40		1355
					1 (B)				S14		1		W1			RID: 40		1356
					1 (B)				S14		1		W1			RID: 40		1357
T3	TP33	SGAN		AT	2 (E)	V11					2		W1			CE10	40	1358

3.2 Tabelle A: Verzeichnis der gefährlichen Güter

gemäß Tabelle 1.10.3.1.2 § 35b GGVSEB	UN-Nummer	Benennung und Beschreibung	Klasse	Klassifizierungscode	Verpackungsgruppe	Gefahrzettel	Sondervorschriften	Begrenzte und freigestellte Mengen	Verpackung Anweisungen	Verpackung Sondervorschriften	Verpackung Zusammenpackung
G..		3.1.2	2.2	2.2	2.1.1.3	5.2.2	3.3	3.4 / 3.5.1.2	4.1.4	4.1.4	4.1.10
(1)		(2)	(3a)	(3b)	(4)	(5)	(6)	(7a)	(7b)	(8)	(9a)	(9b)
•	1360	CALCIUMPHOSPHID	4.3	WT2	I	4.3 + 6.1		0	E0	P403		MP2
	1361	KOHLE oder RUSS, tierischen oder pflanzlichen Ursprungs	4.2	S2	II	4.2		0	E0	P002 IBC06	PP12	MP14
	1361	KOHLE oder RUSS, tierischen oder pflanzlichen Ursprungs	4.2	S2	III	4.2	665	0	E0	P002 IBC08 LP02 R001	PP12 B3	MP14
	1362	KOHLE, AKTIVIERT	4.2	S2	III	4.2	646	0	E1	P002 IBC08 LP02 R001	PP11 B3	MP14
	1363	KOPRA	4.2	S2	III	4.2		0	E0	P003 IBC08 LP02 R001	PP20 B3 B6	MP14
	1364	BAUMWOLLABFÄLLE, ÖLHALTIG	4.2	S2	III	4.2		0	E0	P003 IBC08 LP02 R001	PP19 B3 B6	MP14
	1365	BAUMWOLLE, NASS	4.2	S2	III	4.2		0	E0	P003 IBC08 LP02 R001	PP19 B3 B6	MP14
	1369	p-NITROSODIMETHYLANILIN	4.2	S2	II	4.2		0	E2	P410 IBC06		MP14
	1372	Fasern, tierischen Ursprungs oder Fasern, pflanzlichen Ursprungs, gebrannt, nass oder feucht	4.2	S2		UNTERLIEGT NICHT DEN VORSCHRIFTEN DES ADR / RID						
	1373	FASERN oder GEWEBE, TIERISCHEN oder PFLANZLICHEN oder SYNTHETISCHEN URSPRUNGS, N.A.G., imprägniert mit Öl	4.2	S2	III	4.2		0	E0	P410 IBC08 R001	B3	MP14
	1374	FISCHMEHL (FISCHABFALL), NICHT STABILISIERT	4.2	S2	II	4.2	300	0	E2	P410 IBC08	B4	MP14
	1376	EISENOXID, GEBRAUCHT oder EISEN-SCHWAMM, GEBRAUCHT, aus der Kokereigasreinigung	4.2	S4	III	4.2	592	0	E0	P002 IBC08 LP02 R001	B3	MP14
	1378	METALLKATALYSATOR, ANGEFEUCHTET mit einem sichtbaren Überschuss an Flüssigkeit	4.2	S4	II	4.2	274	0	E0	P410 IBC01	PP39	MP14
	1379	PAPIER, MIT UNGESÄTTIGTEN ÖLEN BEHANDELT, unvollständig getrocknet (auch Kohlepapier)	4.2	S2	III	4.2		0	E0	P410 IBC08 R001	B3	MP14
•	1380	PENTABORAN	4.2	ST3	I	4.2 + 6.1		0	E0	P601		MP2

Tabelle A: Verzeichnis der gefährlichen Güter 3.2

ortsbewegliche Tanks und Schüttgut-Container	Sondervorschriften	Tankcodierungen für ADR/RID-Tanks	Sondervorschriften für ADR-Tanks	Fahrzeug für die Beförderung in Tanks	ADR Beförderungskategorie (Tunnelbeschränkungscode)	Sondervorschriften für die Beförderung – Versandstücke	Sondervorschriften für die Beförderung – lose Schüttung	Sondervorschriften für die Beförderung – Be- und Entladung, Handhabung	Betrieb	Sondervorschriften für RID-Tanks	RID Beförderungskategorie	Sondervorschriften für die Beförderung – Versandstücke	Sondervorschriften für die Beförderung – lose Schüttung	Sondervorschriften für die Beförderung – Be- und Entladung, Handhabung	Expressgut	Nummer zur Kennzeichnung der Gefahr	UN-Nummer
Anweisungen 4.2.5.2 7.3.2	Sondervorschriften 4.2.5.3	4.3	4.3.5 6.8.4	9.1.1.2	1.1.3.6 (8.4)	7.2.4	7.3.3	7.5.11	8.5	4.3.5 6.8.4	1.1.3.1	7.2.4	7.3.3	7.5.11	7.6	5.3.2.3	(1)
(10)	(11)	(12)	(13)	(14)	(15)	(16)	(17)	(18)	(19)	(13)	(15)	(16)	(17)	(18)	(19)	(20)	(1)
					1 (E)	V1		CV23 CV28	S20		1	W1		CW23 CW28		RID: X462	1360
T3	TP33	SGAN	TU11	AT	2 (D/E)	V1 V13				TU11	2	W1 W13		CE10	40		1361
T1	TP33	SGAV		AT	4 (E)	V1 V13		VC1 VC2 AP1			4	W1 W13		VC1 VC2 AP1	CE11	40	1361
T1	TP33	SGAV		AT	4 (E)	V1		VC1 VC2 AP1			4	W1		VC1 VC2 AP1	CE11	40	1362
BK2					3 (E)	V1		VC1 VC2 AP1			3	W1		VC1 VC2 AP1	CE11	40	1363
					3 (E)	V1		VC1 VC2 AP1			3	W1		VC1 VC2 AP1	CE11	40	1364
					3 (E)	V1		VC1 VC2 AP1			3	W1		VC1 VC2 AP1	CE11	40	1365
T3	TP33	SGAN		AT	2 (D/E)	V1					2	W1			CE10	40	1369
					UNTERLIEGT NICHT DEN VORSCHRIFTEN DES ADR / RID												1372
T1	TP33			AT	3 (E)	V1		VC1 VC2 AP1			3	W1		VC1 VC2 AP1	CE11	40	1373
T3	TP33			AT	2 (D/E)	V1					2	W1			CE10	40	1374
T1 BK2	TP33	SGAV		AT	3 (E)	V1		VC1 VC2 AP1			3	W1		VC1 VC2 AP1	CE11	40	1376
T3	TP33	SGAN		AT	2 (D/E)	V1					2	W1			CE10	40	1378
					3 (E)	V1		VC1 VC2 AP1			3	W1		VC1 VC2 AP1	CE11	40	1379
		L21DH	TU14 TC1 TE21 TM1	AT	0 (B/E)	V1		CV28	S20	TU14 TU38 TC1 TE21 TE22 TE25 TM1	0	W1		CW28		333	1380

3.2 Tabelle A: Verzeichnis der gefährlichen Güter

gemäß Tabelle 1.10.3.1.2	§ 35b GGVSEB	UN-Nummer	Benennung und Beschreibung	Klasse	Klassifizierungscode	Verpackungsgruppe	Gefahrzettel	Sondervorschriften	Begrenzte und freigestellte Mengen		Verpackung		
											Anweisungen	Sondervorschriften	Zusammenpackung
• G..			3.1.2	2.2	2.2	2.1.1.3	5.2.2	3.3	3.4 / 3.5.1.2		4.1.4	4.1.4	4.1.10
		(1)	(2)	(3a)	(3b)	(4)	(5)	(6)	(7a)	(7b)	(8)	(9a)	(9b)
•		1381	PHOSPHOR, WEISS oder GELB, UNTER WASSER oder IN LÖSUNG	4.2	ST3	I	4.2 + 6.1	503	0	E0	P405		MP2
•		1381	PHOSPHOR, WEISS oder GELB, TROCKEN	4.2	ST4	I	4.2 + 6.1	503	0	E0	P405		MP2
		1382	KALIUMSULFID, WASSERFREI oder KALIUMSULFID mit weniger als 30 % Kristallwasser	4.2	S4	II	4.2	504	0	E2	P410 IBC06		MP14
•		1383	PYROPHORES METALL, N.A.G. oder PYROPHORE LEGIERUNG, N.A.G.	4.2	S4	I	4.2	274	0	E0	P404		MP13
		1384	NATRIUMDITHIONIT (NATRIUMHYDROSULFIT)	4.2	S4	II	4.2		0	E2	P410 IBC06		MP14
		1385	NATRIUMSULFID, WASSERFREI oder NATRIUMSULFID mit weniger als 30 % Kristallwasser	4.2	S4	II	4.2	504	0	E2	P410 IBC06		MP14
		1386	ÖLSAATKUCHEN mit mehr als 1,5 Masse-% Öl und höchstens 11 Masse-% Feuchtigkeit	4.2	S2	III	4.2		0	E0	P003 IBC08 LP02 R001	PP20 B3 B6	MP14
		1387	Wollabfälle, nass	4.2	S2		UNTERLIEGT NICHT DEN VORSCHRIFTEN DES ADR / RID							
•		1389	ALKALIMETALLAMALGAM, FLÜSSIG	4.3	W1	I	4.3	182	0	E0	P402	RR8	MP2
		1390	ALKALIMETALLAMIDE	4.3	W2	II	4.3	182 505	500 g	E2	P410 IBC07		MP14
•		1391	ALKALIMETALLDISPERSION oder ERDALKALIMETALLDISPERSION	4.3	W1	I	4.3	182 183 506	0	E0	P402	RR8	MP2
•		1392	ERDALKALIMETALLAMALGAM, FLÜSSIG	4.3	W1	I	4.3	183 506	0	E0	P402		MP2
		1393	ERDALKALIMETALLLEGIERUNG, N.A.G.	4.3	W2	II	4.3	183 506	500 g	E2	P410 IBC07		MP14
		1394	ALUMINIUMCARBID	4.3	W2	II	4.3		500 g	E2	P410 IBC07		MP14
		1395	ALUMINIUMFERROSILICIUM-PULVER	4.3	WT2	II	4.3 + 6.1		500 g	E2	P410 IBC05	PP40	MP14
		1396	ALUMINIUM-PULVER, NICHT ÜBERZOGEN	4.3	W2	II	4.3		500 g	E2	P410 IBC07	PP40	MP14

Tabelle A: Verzeichnis der gefährlichen Güter 3.2

ortsbewegliche Tanks und Schüttgut-Container			ADR						RID						
Anweisungen	Sondervorschriften	Tankcodierungen für ADR/RID-Tanks	Sondervorschriften für ADR-Tanks	Fahrzeug für die Beförderung in Tanks	Beförderungskategorie (Tunnelbeschränkungscode)	Versandstücke	lose Schüttung	Be- und Entladung, Handhabung	Betrieb	Sondervorschriften für RID-Tanks	Beförderungskategorie	Versandstücke	lose Schüttung	Be- und Entladung, Handhabung	Expressgut	Nummer zur Kennzeichnung der Gefahr	UN-Nummer
4.2.5.2 7.3.2	4.2.5.3	4.3	4.3.5 6.8.4	9.1.1.2	1.1.3.6 (8.6)	7.2.4	7.3.3	7.5.11	8.5	4.3.5 6.8.4	1.1.3.1	7.2.4	7.3.3	7.5.11	7.6	5.3.2.3	(1)
(10)	(11)	(12)	(13)	(14)	(15)	(16)	(17)	(18)	(19)	(13)	(15)	(16)	(17)	(18)	(19)	(20)	(1)
T9	TP3 TP31		L10DH(+)	TU14 TU16 TU21 TE3 TE21	AT	0 (B/E)	V1		CV28	S20	TU14 TU16 TU21 TU38 TE3 TE21 TE22	0	W1		CW28		46	1381
T9	TP3 TP31		L10DH(+)	TU14 TU16 TU21 TE3 TE21	AT	0 (B/E)	V1		CV28	S20	TU14 TU16 TU21 TU38 TE3 TE21 TE22	0	W1		CW28		46	1381
T3	TP33		SGAN		AT	2 (D/E)	V1					2	W1		CE10		40	1382
T21	TP7 TP33				AT	0 (B/E)	V1			S20		0	W1				43	1383
T3	TP33		SGAN		AT	2 (D/E)	V1					2	W1		CE10		40	1384
T3	TP33		SGAN		AT	2 (D/E)	V1					2	W1		CE10		40	1385
BK2						3 (E)	V1	VC1 VC2 AP1				3	W1	VC1 VC2 AP1	CE11		40	1386
					UNTERLIEGT NICHT DEN VORSCHRIFTEN DES ADR / RID													1387
			L10BN(+)	TU1 TE5 TT3 TM2	AT	1 (B/E)	V1		CV23	S20	TU1 TE5 TT3 TM2	1	W1		CW23		X323	1389
T3	TP33		SGAN		AT	0 (D/E)	V1		CV23			0	W1		CW23	CE10	423	1390
			L10BN(+)	TU1 TE5 TT3 TM2	AT	1 (B/E)	V1		CV23	S20	TU1 TE5 TT3 TM2	1	W1		CW23		X323	1391
			L10BN(+)	TU1 TE5 TT3 TM2	AT	1 (B/E)	V1		CV23	S20	TU1 TE5 TT3 TM2	1	W1		CW23		X323	1392
T3	TP33		SGAN		AT	2 (D/E)	V1		CV23			2	W1		CW23	CE7	423	1393
T3	TP33		SGAN		AT	2 (D/E)	V1	VC1 VC2 AP3 AP4 AP5	CV23			2	W1	VC1 VC2 AP3 AP4 AP5	CW23	CE10	423	1394
T3	TP33		SGAN		AT	2 (D/E)	V1		CV23 CV28			2	W1		CW23 CW28	CE10	462	1395
T3	TP33		SGAN		AT	2 (D/E)	V1		CV23			2	W1		CW23	CE10	423	1396

3.2 Tabelle A: Verzeichnis der gefährlichen Güter

gemäß Tabelle 1.10.3.1.2 § 35b GGVSEB	UN-Nummer	Benennung und Beschreibung	Klasse	Klassifizierungscode	Verpackungsgruppe	Gefahrzettel	Sondervorschriften	Begrenzte und freigestellte Mengen		Verpackung Anweisungen	Verpackung Sondervorschriften	Verpackung Zusammenpackung
G..		3.1.2	2.2	2.2	2.1.1.3	5.2.2	3.3	3.4 / 3.5.1.2		4.1.4	4.1.4	4.1.10
(1)	(2)		(3a)	(3b)	(4)	(5)	(6)	(7a)	(7b)	(8)	(9a)	(9b)
	1396	ALUMINIUM-PULVER, NICHT ÜBERZOGEN	4.3	W2	III	4.3		1 kg	E1	P410 IBC08 R001	B4	MP14
•	1397	ALUMINIUMPHOSPHID	4.3	WT2	I	4.3 + 6.1	507	0	E0	P403		MP2
	1398	ALUMINIUMSILICIUM-PULVER, NICHT ÜBERZOGEN	4.3	W2	III	4.3	37	1 kg	E1	P410 IBC08 R001	B4	MP14
	1400	BARIUM	4.3	W2	II	4.3		500 g	E2	P410 IBC07		MP14
	1401	CALCIUM	4.3	W2	II	4.3		500 g	E2	P410 IBC07		MP14
•	1402	CALCIUMCARBID	4.3	W2	I	4.3		0	E0	P403 IBC04		MP2
	1402	CALCIUMCARBID	4.3	W2	II	4.3		500 g	E2	P410 IBC07		MP14
	1403	CALCIUMCYANAMID mit mehr als 0,1 Masse-% Calciumcarbid	4.3	W2	III	4.3	38	1 kg	E1	P410 IBC08 R001	B4	MP14
•	1404	CALCIUMHYDRID	4.3	W2	I	4.3		0	E0	P403		MP2
	1405	CALCIUMSILICID	4.3	W2	II	4.3		500 g	E2	P410 IBC07		MP14
	1405	CALCIUMSILICID	4.3	W2	III	4.3		1 kg	E1	P410 IBC08 R001	B4	MP14
•	1407	CAESIUM	4.3	W2	I	4.3		0	E0	P403 IBC04		MP2
	1408	FERROSILICIUM mit mindestens 30 Masse-%, aber weniger als 90 Masse-% Silicium	4.3	WT2	III	4.3 + 6.1	39	1 kg	E1	P003 IBC08 R001	PP20 B4 B6	MP14
•	1409	METALLHYDRIDE, MIT WASSER REAGIEREND, N.A.G.	4.3	W2	I	4.3	274 508	0	E0	P403		MP2
	1409	METALLHYDRIDE, MIT WASSER REAGIEREND, N.A.G.	4.3	W2	II	4.3	274 508	500 g	E2	P410 IBC04		MP14
•	1410	LITHIUMALUMINIUMHYDRID	4.3	W2	I	4.3		0	E0	P403		MP2

Tabelle A: Verzeichnis der gefährlichen Güter 3.2

ortsbewegliche Tanks und Schüttgut-Container Anweisungen	Sondervorschriften	Tankcodierungen für ADR/RID-Tanks	Sondervorschriften für ADR-Tanks	Fahrzeug für die Beförderung in Tanks	ADR Beförderungskategorie (Tunnelbeschränkungscode)	Sondervorschriften für die Beförderung Versandstücke	lose Schüttung	Be- und Entladung, Handhabung	Betrieb	Sondervorschriften für RID-Tanks	RID Beförderungskategorie	Sondervorschriften für die Beförderung Versandstücke	lose Schüttung	Be- und Entladung, Handhabung	Expressgut	Nummer zur Kennzeichnung der Gefahr	UN-Nummer
4.2.5.2 7.3.2	4.2.5.3	4.3	4.3.5 6.8.4	9.1.1.2	1.1.3.6 (8.6)	7.2.4	7.3.3	7.5.11	8.5	4.3.5 6.8.4	1.1.3.1	7.2.4	7.3.3	7.5.11	7.6	5.3.2.3	(1)
(10)	(11)	(12)	(13)	(14)	(15)	(16)	(17)	(18)	(19)	(13)	(15)	(16)	(17)	(18)	(19)	(20)	(1)
T1	TP33	SGAN		AT	3 (E)	V1	VC2 AP4 AP5	CV23			3	W1	VC2 AP4 AP5	CW23	CE11	423	1396
					1 (E)	V1		CV23 CV28	S20		1	W1		CW23 CW28		RID: X462	1397
T1 BK2	TP33	SGAN		AT	3 (E)	V1	VC2 AP4 AP5	CV23			3	W1	VC2 AP4 AP5	CW23	CE11	423	1398
T3	TP33	SGAN		AT	2 (D/E)	V1		CV23			2	W1		CW23	CE10	423	1400
T3	TP33	SGAN		AT	2 (D/E)	V1		CV23			2	W1		CW23	CE10	423	1401
T9	TP7 TP33	S2,65AN(+)	TU4 TU22 TM2 TA5	AT	1 (B/E)			CV23	S20	TU4 TU22 TM2 TA5	1	W1		CW23		X423	1402
T3	TP33	SGAN		AT	2 (D/E)	V1	VC1 VC2 AP3 AP4 AP5	CV23			2	W1	VC1 VC2 AP3 AP4 AP5	CW23	CE10	423	1402
T1	TP33	SGAN		AT	0 (E)	V1		CV23			0	W1		CW23	CE11	423	1403
					1 (E)	V1		CV23	S20		1	W1		CW23		RID: X423	1404
T3	TP33	SGAN		AT	2 (D/E)	V1	VC1 VC2 AP3 AP4 AP5	CV23			2	W1	VC1 VC2 AP3 AP4 AP5	CW23	CE10	423	1405
T1	TP33	SGAN		AT	3 (E)	V1	VC1 VC2 AP3 AP4 AP5	CV23			3	W1	VC1 VC2 AP3 AP4 AP5	CW23	CE11	423	1405
		L10CH(+)	TU2 TU14 TE5 TE21 TT3 TM2	AT	1 (B/E)	V1		CV23	S20	TU2 TU14 TU38 TE5 TE21 TE22 TT3 TM2	1	W1		CW23		X423	1407
T1 BK2	TP33	SGAN		AT	3 (E)	V1	VC1 VC2 AP3 AP4 AP5	CV23 CV28			3	W1	VC1 VC2 AP3 AP4 AP5	CW23 CW28	CE11	462	1408
					1 (E)	V1		CV23	S20		1	W1		CW23		RID: X409	1409
T3	TP33	SGAN		AT	2 (D/E)	V1		CV23			2	W1		CW23	CE10	423	1409
					1 (E)	V1		CV23	S20		1	W1		CW23		RID: X423	1410

3.2 Tabelle A: Verzeichnis der gefährlichen Güter

gemäß Tabelle 1.10.3.1.2 § 35b GGVSEB	UN-Nummer	Benennung und Beschreibung	Klasse	Klassifizierungscode	Verpackungsgruppe	Gefahrzettel	Sondervorschriften	Begrenzte und freigestellte Mengen		Verpackung		
										Anweisungen	Sondervorschriften	Zusammenpackung
G..		3.1.2	2.2	2.2	2.1.1.3	5.2.2	3.3	3.4 / 3.5.1.2		4.1.4	4.1.4	4.1.10
(1)		(2)	(3a)	(3b)	(4)	(5)	(6)	(7a)	(7b)	(8)	(9a)	(9b)
●	1411	LITHIUMALUMINIUMHYDRID IN ETHER	4.3	WF1	I	4.3 + 3		0	E0	P402	RR8	MP2
●	1413	LITHIUMBORHYDRID	4.3	W2	I	4.3		0	E0	P403		MP2
●	1414	LITHIUMHYDRID	4.3	W2	I	4.3		0	E0	P403		MP2
●	1415	LITHIUM	4.3	W2	I	4.3		0	E0	P403 IBC04		MP2
	1417	LITHIUMSILICIUM	4.3	W2	II	4.3		500 g	E2	P410 IBC07		MP14
●	1418	MAGNESIUM-PULVER oder MAGNESIUMLEGIERUNGSPULVER	4.3	WS	I	4.3 + 4.2		0	E0	P403		MP2
	1418	MAGNESIUM-PULVER oder MAGNESIUMLEGIERUNGSPULVER	4.3	WS	II	4.3 + 4.2		0	E2	P410 IBC05		MP14
	1418	MAGNESIUM-PULVER oder MAGNESIUMLEGIERUNGSPULVER	4.3	WS	III	4.3 + 4.2		0	E1	P410 IBC08 R001	B4	MP14
●	1419	MAGNESIUMALUMINIUMPHOSPHID	4.3	WT2	I	4.3 + 6.1		0	E0	P403		MP2
●	1420	KALIUMMETALLLEGIERUNGEN, FLÜSSIG	4.3	W1	I	4.3		0	E0	P402		MP2
●	1421	ALKALIMETALLLEGIERUNG, FLÜSSIG, N.A.G.	4.3	W1	I	4.3	182	0	E0	P402	RR8	MP2
●	1422	KALIUM-NATRIUM-LEGIERUNGEN, FLÜSSIG	4.3	W1	I	4.3		0	E0	P402		MP2
●	1423	RUBIDIUM	4.3	W2	I	4.3		0	E0	P403 IBC04		MP2
●	1426	NATRIUMBORHYDRID	4.3	W2	I	4.3		0	E0	P403		MP2
●	1427	NATRIUMHYDRID	4.3	W2	I	4.3		0	E0	P403		MP2
●	1428	NATRIUM	4.3	W2	I	4.3		0	E0	P403 IBC04		MP2
	1431	NATRIUMMETHYLAT	4.2	SC4	II	4.2 + 8		0	E2	P410 IBC05		MP14
●	1432	NATRIUMPHOSPHID	4.3	WT2	I	4.3 + 6.1		0	E0	P403		MP2

Tabelle A: Verzeichnis der gefährlichen Güter 3.2

ortsbewegliche Tanks und Schüttgut-Container	Sondervorschriften	Tankcodierungen für ADR/RID-Tanks	Fahrzeug für die Beförderung in Tanks	ADR Beförderungskategorie (Tunnelbeschränkungscode)	ADR Sondervorschriften für die Beförderung Versandstücke	lose Schüttung	Be- und Entladung, Handhabung	Betrieb	Sondervorschriften für RID-Tanks	RID Beförderungskategorie	RID Sondervorschriften für die Beförderung Versandstücke	lose Schüttung	Be- und Entladung, Handhabung	Expressgut	Nummer zur Kennzeichnung der Gefahr	UN-Nummer
Anweisungen 4.2.5.2 7.3.2	Sondervorschriften 4.2.5.3	4.3	9.1.1.2	1.1.3.6 (8.6)	7.2.4	7.3.3	7.5.11	8.5	4.3.5 6.8.4	1.1.3.1	7.2.4	7.3.3	7.5.11	7.6	5.3.2.3	(1)
(10)	(11)	(12)	(13)	(14)	(15)	(16)	(17)	(18)	(19)	(13)	(15)	(16)	(17)	(18)	(19)	(20)
				1 (E)	V1		CV23	S2 S20		1	W1		CW23		RID: X323	1411
				1 (E)	V1		CV23	S20		1	W1		CW23		RID: X423	1413
				1 (E)	V1		CV23	S20		1	W1		CW23		RID: X423	1414
T9	TP7 TP33	L10BN(+)	TU1 TE5 TT3 TM2	AT	1 (B/E)	V1		CV23	S20	TU1 TE5 TT3 TM2	1	W1		CW23		X423	1415
T3	TP33	SGAN		AT	2 (D/E)	V1		CV23			2	W1		CW23	CE10	423	1417
				1 (E)	V1		CV23	S20		1	W1		CW23		RID: X423	1418
T3	TP33	SGAN		AT	2 (D/E)	V1		CV23			2	W1		CW23	CE10	423	1418
T1	TP33	SGAN		AT	3 (E)	V1	VC2 AP4 AP5	CV23			3	W1	VC2 AP4 AP5	CW23	CE11	423	1418
				1 (E)	V1		CV23 CV28	S20		1	W1		CW23 CW28		RID: X462	1419
		L10BN(+)	TU1 TE5 TT3 TM2	AT	1 (B/E)	V1		CV23	S20	TU1 TE5 TT3 TM2	1	W1		CW23		X323	1420
		L10BN(+)	TU1 TE5 TT3 TM2	AT	1 (B/E)	V1		CV23	S20	TU1 TE5 TT3 TM2	1	W1		CW23		X323	1421
T9	TP3 TP7 TP31	L10BN(+)	TU1 TE5 TT3 TM2	AT	1 (B/E)	V1		CV23	S20	TU1 TE5 TT3 TM2	1	W1		CW23		X323	1422
		L10CH(+)	TU2 TU14 TE5 TE21 TT3 TM2	AT	1 (B/E)	V1		CV23	S20	TU2 TU14 TU38 TE5 TE21 TE22 TT3 TM2	1	W1		CW23		X423	1423
				1 (E)	V1		CV23	S20		1	W1		CW23		RID: X423	1426
				1 (E)	V1		CV23	S20		1	W1		CW23		RID: X423	1427
T9	TP7 TP33	L10BN(+)	TU1 TE5 TT3 TM2	AT	1 (B/E)	V1		CV23	S20	TU1 TE5 TT3 TM2	1	W1		CW23		X423	1428
T3	TP33	SGAN		AT	2 (D/E)	V1					2	W1			CE10	48	1431
				1 (E)	V1		CV23 CV28	S20		1	W1		CW23 CW28		RID: X462	1432

3.2 Tabelle A: Verzeichnis der gefährlichen Güter

gemäß Tabelle 1.10.3.1.2 § 35b GGVSEB	UN-Nummer	Benennung und Beschreibung	Klasse	Klassifizierungscode	Verpackungsgruppe	Gefahrzettel	Sondervorschriften	Begrenzte und freigestellte Mengen		Verpackung		
										Anweisungen	Sondervorschriften	Zusammenpackung
G..		3.1.2	2.2	2.2	2.1.1.3	5.2.2	3.3	3.4 / 3.5.1.2		4.1.4	4.1.4	4.1.10
(1)		(2)	(3a)	(3b)	(4)	(5)	(6)	(7a)	(7b)	(8)	(9a)	(9b)
●	1433	ZINNPHOSPHIDE	4.3	WT2	I	4.3 + 6.1		0	E0	P403		MP2
	1435	ZINK-ASCHEN	4.3	W2	III	4.3		1 kg	E1	P002 IBC08 R001	B4	MP14
●	1436	ZINK-PULVER oder ZINK-STAUB	4.3	WS	I	4.3 + 4.2		0	E0	P403		MP2
	1436	ZINK-PULVER oder ZINK-STAUB	4.3	WS	II	4.3 + 4.2		0	E2	P410 IBC07	PP40	MP14
	1436	ZINK-PULVER oder ZINK-STAUB	4.3	WS	III	4.3 + 4.2		0	E1	P410 IBC08 R001	B4	MP14
	1437	ZIRKONIUMHYDRID	4.1	F3	II	4.1		1 kg	E2	P410 IBC04	PP40	MP11
	1438	ALUMINIUMNITRAT	5.1	O2	III	5.1		5 kg	E1	P002 IBC08 LP02 R001	B3	MP10
	1439	AMMONIUMDICHROMAT	5.1	O2	II	5.1		1 kg	E2	P002 IBC08	B4	MP2
●	1442	AMMONIUMPERCHLORAT	5.1	O2	II	5.1	152	1 kg	E2	P002 IBC06		MP2
	1444	AMMONIUMPERSULFAT	5.1	O2	III	5.1		5 kg	E1	P002 IBC08 LP02 R001	B3	MP10
	1445	BARIUMCHLORAT, FEST	5.1	OT2	II	5.1 + 6.1		1 kg	E2	P002 IBC06		MP2
	1446	BARIUMNITRAT	5.1	OT2	II	5.1 + 6.1		1 kg	E2	P002 IBC08	B4	MP2
	1447	BARIUMPERCHLORAT, FEST	5.1	OT2	II	5.1 + 6.1		1 kg	E2	P002 IBC06		MP2
	1448	BARIUMPERMANGANAT	5.1	OT2	II	5.1 + 6.1		1 kg	E2	P002 IBC06		MP2
	1449	BARIUMPEROXID	5.1	OT2	II	5.1 + 6.1		1 kg	E2	P002 IBC06		MP2
	1450	BROMATE, ANORGANISCHE, N.A.G.	5.1	O2	II	5.1	274 350	1 kg	E2	P002 IBC08	B4	MP2
	1451	CAESIUMNITRAT	5.1	O2	III	5.1		5 kg	E1	P002 IBC08 LP02 R001	B3	MP10
	1452	CALCIUMCHLORAT	5.1	O2	II	5.1		1 kg	E2	P002 IBC08	B4	MP2

Tabelle A: Verzeichnis der gefährlichen Güter 3.2

ortsbewegliche Tanks und Schüttgut-Container Anweisungen	Sondervorschriften	Tankcodierungen für ADR/RID-Tanks	ADR Sondervorschriften für ADR-Tanks	ADR Fahrzeug für die Beförderung in Tanks	ADR Beförderungskategorie (Tunnelbeschränkungscode)	ADR Sondervorschriften für die Beförderung Versandstücke	ADR lose Schüttung	ADR Be- und Entladung, Handhabung	ADR Betrieb	RID Sondervorschriften für RID-Tanks	RID Beförderungskategorie	RID Versandstücke	RID lose Schüttung	RID Be- und Entladung, Handhabung	Expressgut	Nummer zur Kennzeichnung der Gefahr	UN-Nummer
4.2.5.2 7.3.2	4.2.5.3	4.3	4.3.5 6.8.4	9.1.1.2	1.1.3.6 (8.6)	7.2.4	7.3.3	7.5.11	8.5	4.3.5 6.8.4	1.1.3.1	7.2.4	7.3.3	7.5.11	7.6	5.3.2.3	(1)
(10)	(11)	(12)	(13)	(14)	(15)	(16)	(17)	(18)	(19)	(13)	(15)	(16)	(17)	(18)	(19)	(20)	(1)
					1 (E)	V1		CV23 CV28	S20		1	W1		CW23 CW28		RID: X462	1433
T1 BK2	TP33	SGAN		AT	3 (E)	V1	VC1 VC2 AP3 AP4 AP5	CV23			3	W1	VC1 VC2 AP3 AP4 AP5	CW23	CE11	423	1435
					1 (E)	V1		CV23	S20		1	W1		CW23		RID: X423	1436
T3	TP33	SGAN		AT	2 (D/E)	V1		CV23			2	W1		CW23	CE10	423	1436
T1	TP33	SGAN		AT	3 (E)	V1	VC2 AP4 AP5	CV23			3	W1	VC2 AP4 AP5	CW23	CE11	423	1436
T3	TP33	SGAN		AT	2 (E)						2	W1			CE10	40	1437
T1 BK1 BK2	TP33	SGAV	TU3	AT	3 (E)		VC1 VC2 AP6 AP7	CV24		TU3	3		VC1 VC2 AP6 AP7	CW24	CE11	50	1438
T3	TP33	SGAN	TU3	AT	2 (E)	V11		CV24		TU3	2	W11		CW24	CE10	50	1439
T3	TP33			AT	2 (E)	V11	VC1 VC2 AP6 AP7	CV24	S23		2	W11	VC1 VC2 AP6 AP7	CW24	CE10	50	1442
T1	TP33	SGAV	TU3	AT	3 (E)		VC1 VC2 AP6 AP7	CV24		TU3	3		VC1 VC2 AP6 AP7	CW24	CE11	50	1444
T3	TP33	SGAN	TU3	AT	2 (E)	V11		CV24 CV28		TU3	2	W11		CW24 CW28	CE10	56	1445
T3	TP33	SGAN	TU3	AT	2 (E)	V11		CV24 CV28		TU3	2	W11		CW24 CW28	CE10	56	1446
T3	TP33	SGAN	TU3	AT	2 (E)	V11		CV24 CV28	S23	TU3	2	W11		CW24 CW28	CE10	56	1447
T3	TP33	SGAN	TU3	AT	2 (E)	V11		CV24 CV28		TU3	2	W11		CW24 CW28	CE10	56	1448
T3	TP33	SGAN	TU3	AT	2 (E)	V11		CV24 CV28		TU3	2	W11		CW24 CW28	CE10	56	1449
T3	TP33	SGAV	TU3	AT	2 (E)	V11	VC1 VC2 AP6 AP7	CV24		TU3	2	W11	VC1 VC2 AP6 AP7	CW24	CE10	50	1450
T1	TP33	SGAV	TU3	AT	3 (E)		VC1 VC2 AP6 AP7	CV24		TU3	3		VC1 VC2 AP6 AP7	CW24	CE11	50	1451
T3	TP33	SGAV	TU3	AT	2 (E)	V11	VC1 VC2 AP6 AP7	CV24		TU3	2	W11	VC1 VC2 AP6 AP7	CW24	CE10	50	1452

3.2 Tabelle A: Verzeichnis der gefährlichen Güter

gemäß Tabelle 1.10.3.1.2 § 35b GGVSEB	UN-Nummer	Benennung und Beschreibung	Klasse	Klassifizierungscode	Verpackungsgruppe	Gefahrzettel	Sondervorschriften	Begrenzte und freigestellte Mengen		Verpackung		
										Anweisungen	Sondervorschriften	Zusammenpackung
G..		3.1.2	2.2	2.2	2.1.1.3	5.2.2	3.3	3.4 / 3.5.1.2		4.1.4	4.1.4	4.1.10
•	(1)	(2)	(3a)	(3b)	(4)	(5)	(6)	(7a)	(7b)	(8)	(9a)	(9b)
	1453	CALCIUMCHLORIT	5.1	O2	II	5.1		1 kg	E2	P002 IBC08	B4	MP2
	1454	CALCIUMNITRAT	5.1	O2	III	5.1	208	5 kg	E1	P002 IBC08 LP02 R001	B3	MP10
	1455	CALCIUMPERCHLORAT	5.1	O2	II	5.1		1 kg	E2	P002 IBC06		MP2
	1456	CALCIUMPERMANGANAT	5.1	O2	II	5.1		1 kg	E2	P002 IBC06		MP2
	1457	CALCIUMPEROXID	5.1	O2	II	5.1		1 kg	E2	P002 IBC06		MP2
	1458	CHLORAT UND BORAT, MISCHUNG	5.1	O2	II	5.1		1 kg	E2	P002 IBC08	B4	MP2
	1458	CHLORAT UND BORAT, MISCHUNG	5.1	O2	III	5.1		5 kg	E1	P002 IBC08 LP02 R001	B3	MP2
	1459	CHLORAT UND MAGNESIUMCHLORID, MISCHUNG, FEST	5.1	O2	II	5.1		1 kg	E2	P002 IBC08	B4	MP2
	1459	CHLORAT UND MAGNESIUMCHLORID, MISCHUNG, FEST	5.1	O2	III	5.1		5 kg	E1	P002 IBC08 LP02 R001	B3	MP2
	1461	CHLORATE, ANORGANISCHE, N.A.G.	5.1	O2	II	5.1	274 351	1 kg	E2	P002 IBC06		MP2
	1462	CHLORITE, ANORGANISCHE, N.A.G.	5.1	O2	II	5.1	274 352 509	1 kg	E2	P002 IBC06		MP2
	1463	CHROMTRIOXID, WASSERFREI	5.1	OTC	II	5.1 + 6.1 + 8	510	1 kg	E2	P002 IBC08	B4	MP2
	1465	DIDYMIUMNITRAT	5.1	O2	III	5.1		5 kg	E1	P002 IBC08 LP02 R001	B3	MP10
	1466	EISEN(III)NITRAT	5.1	O2	III	5.1		5 kg	E1	P002 IBC08 LP02 R001	B3	MP10
	1467	GUANIDINNITRAT	5.1	O2	III	5.1		5 kg	E1	P002 IBC08 LP02 R001	B3	MP10
	1469	BLEINITRAT	5.1	OT2	II	5.1 + 6.1		1 kg	E2	P002 IBC08	B4	MP2
	1470	BLEIPERCHLORAT, FEST	5.1	OT2	II	5.1 + 6.1		1 kg	E2	P002 IBC06		MP2

Tabelle A: Verzeichnis der gefährlichen Güter 3.2

ortsbewegliche Tanks und Schüttgut-Container	Sondervorschriften	Tankcodierungen für ADR/RID-Tanks	Sondervorschriften für ADR-Tanks	Fahrzeug für die Beförderung in Tanks	ADR Beförderungskategorie (Tunnelbeschränkungscode)	ADR Sondervorschriften für die Beförderung Versandstücke	ADR Sondervorschriften für die Beförderung lose Schüttung	ADR Sondervorschriften für die Beförderung Be- und Entladung, Handhabung	Betrieb	Sondervorschriften für RID-Tanks	RID Beförderungskategorie	RID Sondervorschriften für die Beförderung Versandstücke	RID Sondervorschriften für die Beförderung lose Schüttung	RID Sondervorschriften für die Beförderung Be- und Entladung, Handhabung	Expressgut	Nummer zur Kennzeichnung der Gefahr	UN-Nummer
4.2.5.2 7.3.2	4.2.5.3	4.3	4.3.5 6.8.4	9.1.1.2	1.1.3.6 (8.6)	7.2.4	7.3.3	7.5.11	8.5	4.3.5 6.8.4	1.1.3.1	7.2.4	7.3.3	7.5.11	7.6	5.3.2.3	(1)
(10)	(11)	(12)	(13)	(14)	(15)	(16)	(17)	(18)	(19)	(13)	(15)	(16)	(17)	(18)	(19)	(20)	(1)
T3	TP33	SGAN	TU3	AT	2 (E)	V11		CV24		TU3	2		W11	CW24	CE10	50	1453
T1 BK1 BK2 BK3	TP33	SGAV	TU3	AT	3 (E)		VC1 VC2 AP6 AP7	CV24		TU3	3		VC1 VC2 AP6 AP7	CW24	CE11	50	1454
T3	TP33	SGAV	TU3	AT	2 (E)	V11	VC1 VC2 AP6 AP7	CV24	S23	TU3	2	W11	VC1 VC2 AP6 AP7	CW24	CE10	50	1455
T3	TP33	SGAN	TU3	AT	2 (E)	V11		CV24		TU3	2	W11		CW24	CE10	50	1456
T3	TP33	SGAN	TU3	AT	2 (E)	V11		CV24		TU3	2	W11		CW24	CE10	50	1457
T3	TP33	SGAV	TU3	AT	2 (E)	V11	VC1 VC2 AP6 AP7	CV24		TU3	2	W11	VC1 VC2 AP6 AP7	CW24	CE10	50	1458
T1	TP33	SGAV	TU3	AT	3 (E)		VC1 VC2 AP6 AP7	CV24		TU3	3		VC1 VC2 AP6 AP7	CW24	CE11	50	1458
T3	TP33	SGAV	TU3	AT	2 (E)	V11	VC1 VC2 AP6 AP7	CV24		TU3	2	W11	VC1 VC2 AP6 AP7	CW24	CE10	50	1459
T1	TP33	SGAV	TU3	AT	3 (E)		VC1 VC2 AP6 AP7	CV24		TU3	3		VC1 VC2 AP6 AP7	CW24	CE11	50	1459
T3	TP33	SGAV	TU3	AT	2 (E)	V11	VC1 VC2 AP6 AP7	CV24		TU3	2	W11	VC1 VC2 AP6 AP7	CW24	CE10	50	1461
T3	TP33	SGAN	TU3	AT	2 (E)	V11		CV24		TU3	2	W11		CW24	CE10	50	1462
T3	TP33	SGAN	TU3	AT	2 (E)	V11		CV24 CV28		TU3	2	W11		CW24 CW28	CE10	568	1463
T1	TP33	SGAV	TU3	AT	3 (E)		VC1 VC2 AP6 AP7	CV24		TU3	3		VC1 VC2 AP6 AP7	CW24	CE11	50	1465
T1	TP33	SGAV	TU3	AT	3 (E)		VC1 VC2 AP6 AP7	CV24		TU3	3		VC1 VC2 AP6 AP7	CW24	CE11	50	1466
T1	TP33	SGAV	TU3	AT	3 (E)		VC1 VC2 AP6 AP7	CV24		TU3	3		VC1 VC2 AP6 AP7	CW24	CE11	50	1467
T3	TP33	SGAN	TU3	AT	2 (E)	V11		CV24 CV28		TU3	2	W11		CW24 CW28	CE10	56	1469
T3	TP33	SGAN	TU3	AT	2 (E)	V11		CV24 CV28	S23	TU3	2	W11		CW24 CW28	CE10	56	1470

3.2 Tabelle A: Verzeichnis der gefährlichen Güter

gemäß Tabelle 1.10.3.1.2	§ 35b GGVSEB	UN-Nummer	Benennung und Beschreibung	Klasse	Klassifizierungscode	Verpackungsgruppe	Gefahrzettel	Sondervorschriften	Begrenzte und freigestellte Mengen		Verpackung Anweisungen	Verpackung Sondervorschriften	Verpackung Zusammenpackung
	G..		3.1.2	2.2	2.2	2.1.1.3	5.2.2	3.3	3.4 / 3.5.1.2		4.1.4	4.1.4	4.1.10
		(1)	(2)	(3a)	(3b)	(4)	(5)	(6)	(7a)	(7b)	(8)	(9a)	(9b)
		1471	LITHIUMHYPOCHLORIT, TROCKEN oder LITHIUMHYPOCHLORIT, MISCHUNG	5.1	O2	II	5.1		1 kg	E2	P002 IBC08	B4	MP10
		1471	LITHIUMHYPOCHLORIT, TROCKEN oder LITHIUMHYPOCHLORIT, GEMISCH	5.1	O2	III	5.1		5 kg	E1	P002 IBC08 LP02 R001	B3	MP10
		1472	LITHIUMPEROXID	5.1	O2	II	5.1		1 kg	E2	P002 IBC06		MP2
		1473	MAGNESIUMBROMAT	5.1	O2	II	5.1		1 kg	E2	P002 IBC08	B4	MP2
		1474	MAGNESIUMNITRAT	5.1	O2	III	5.1	332	5 kg	E1	P002 IBC08 LP02 R001	B3	MP10
•		1475	MAGNESIUMPERCHLORAT	5.1	O2	II	5.1		1 kg	E2	P002 IBC06		MP2
		1476	MAGNESIUMPEROXID	5.1	O2	II	5.1		1 kg	E2	P002 IBC06		MP2
		1477	NITRATE, ANORGANISCHE, N.A.G.	5.1	O2	II	5.1	511	1 kg	E2	P002 IBC08	B4	MP10
		1477	NITRATE, ANORGANISCHE, N.A.G.	5.1	O2	III	5.1	511	5 kg	E1	P002 IBC08 LP02 R001	B3	MP10
•		1479	ENTZÜNDEND (OXIDIEREND) WIRKENDER FESTER STOFF, N.A.G.	5.1	O2	I	5.1	274	0	E0	P503 IBC05		MP2
		1479	ENTZÜNDEND (OXIDIEREND) WIRKENDER FESTER STOFF, N.A.G.	5.1	O2	II	5.1	274	1 kg	E2	P002 IBC08	B4	MP2
		1479	ENTZÜNDEND (OXIDIEREND) WIRKENDER FESTER STOFF, N.A.G.	5.1	O2	III	5.1	274	5 kg	E1	P002 IBC08 LP02 R001	B3	MP2
•		1481	PERCHLORATE, ANORGANISCHE, N.A.G.	5.1	O2	II	5.1		1 kg	E2	P002 IBC06		MP2
•		1481	PERCHLORATE, ANORGANISCHE, N.A.G.	5.1	O2	III	5.1		5 kg	E1	P002 IBC08 LP02 R001	B3	MP2
		1482	PERMANGANATE, ANORGANISCHE, N.A.G.	5.1	O2	II	5.1	274 353	1 kg	E2	P002 IBC06		MP2
		1482	PERMANGANATE, ANORGANISCHE, N.A.G.	5.1	O2	III	5.1	274 353	5 kg	E1	P002 IBC08 LP02 R001	B3	MP2
		1483	PEROXIDE, ANORGANISCHE, N.A.G.	5.1	O2	II	5.1		1 kg	E2	P002 IBC06		MP2

Tabelle A: Verzeichnis der gefährlichen Güter 3.2

ortsbewegliche Tanks und Schüttgut-Container		Tankcodierungen für ADR/RID-Tanks	Sondervorschriften für ADR-Tanks	Fahrzeug für die Beförderung in Tanks	ADR Beförderungs-kategorie (Tunnel-beschränkungs-code)	Sondervorschriften für die Beförderung			Betrieb	RID Sondervorschriften für RID-Tanks	Beförderungs-kategorie	Sondervorschriften für die Beförderung			Be- und Entladung, Handhabung	Expressgut	Nummer zur Kenn-zeichnung der Gefahr	UN-Nummer
Anwei-sungen	Sondervor-schriften					Versand-stücke	lose Schüttung	Be- und Entladung, Handhabung				Versand-stücke	lose Schüttung	Be- und Entladung, Handhabung				
4.2.5.2 7.3.2	4.2.5.3	4.3	4.3.5 6.8.4	9.1.1.2	1.1.3.6 (8.6)	7.2.4	7.3.3	7.5.11	8.5	4.3.5 6.8.4	1.1.3.1	7.2.4	7.3.3	7.5.11	7.6	5.3.2.3		
(10)	(11)	(12)	(13)	(14)	(15)	(16)	(17)	(18)	(19)	(13)	(15)	(16)	(17)	(18)	(19)	(20)	(1)	
		SGAN	TU3	AT	2 (E)	V11		CV24		TU3	2	W11		CW24	CE10	50	1471
T1	TP33	SGVA	TU3	AT	3 (E)			CV24		TU3	3			CW24	CE11	50	1471
T3	TP33	SGAN	TU3	AT	2 (E)	V11		CV24		TU3	2	W11		CW24	CE10	50	1472
T3	TP33	SGAV	TU3	AT	2 (E)	V11	VC1 VC2 AP6 AP7	CV24		TU3	2	W11	VC1 VC2 AP6 AP7	CW24	CE10	50	1473
T1 BK1 BK2 BK3	TP33	SGAV	TU3	AT	3 (E)		VC1 VC2 AP6 AP7	CV24		TU3	3		VC1 VC2 AP6 AP7	CW24	CE11	50	1474
T3	TP33	SGAV	TU3	AT	2 (E)	V11	VC1 VC2 AP6 AP7	CV24	S23	TU3	2	W11	VC1 VC2 AP6 AP7	CW24	CE10	50	1475
T3	TP33	SGAN	TU3	AT	2 (E)	V11		CV24		TU3	2	W11		CW24	CE10	50	1476
T3	TP33	SGAN	TU3	AT	2 (E)	V11		CV24		TU3	2	W11		CW24	CE10	50	1477
T1	TP33	SGAV	TU3	AT	3 (E)		VC1 VC2 AP6 AP7	CV24		TU3	3		VC1 VC2 AP6 AP7	CW24	CE11	50	1477
					1 (E)	V10		CV24	S20		1	W10		CW24		RID: 55	1479
T3	TP33	SGAN	TU3	AT	2 (E)	V11		CV24		TU3	2	W11		CW24	CE10	50	1479
T1	TP33	SGAN	TU3	AT	3 (E)			CV24		TU3	3			CW24	CE11	50	1479
T3	TP33	SGAV	TU3	AT	2 (E)	V11	VC1 VC2 AP6 AP7	CV24	S23	TU3	2	W11	VC1 VC2 AP6 AP7	CW24	CE10	50	1481
T1	TP33	SGAV	TU3	AT	3 (E)		VC1 VC2 AP6 AP7	CV24	S23	TU3	3		VC1 VC2 AP6 AP7	CW24	CE11	50	1481
T3	TP33	SGAN	TU3	AT	2 (E)	V11		CV24		TU3	2	W11		CW24	CE10	50	1482
T1	TP33	SGAN	TU3	AT	3 (E)			CV24		TU3	3			CW24	CE11	50	1482
T3	TP33	SGAN	TU3	AT	2 (E)	V11		CV24		TU3	2	W11		CW24	CE10	50	1483

3.2 Tabelle A: Verzeichnis der gefährlichen Güter

gemäß Tabelle 1.10.3.1.2 § 35b GGVSEB	UN-Nummer	Benennung und Beschreibung	Klasse	Klassifizierungscode	Verpackungsgruppe	Gefahrzettel	Sondervorschriften	Begrenzte und freigestellte Mengen		Verpackung		
										Anweisungen	Sondervorschriften	Zusammenpackung
G..		3.1.2	2.2	2.2	2.1.1.3	5.2.2	3.3	3.4 / 3.5.1.2		4.1.4	4.1.4	4.1.10
(1)		(2)	(3a)	(3b)	(4)	(5)	(6)	(7a)	(7b)	(8)	(9a)	(9b)
	1483	PEROXIDE, ANORGANISCHE, N.A.G.	5.1	O2	III	5.1		5 kg	E1	P002 IBC08 LP02 R001	B3	MP2
	1484	KALIUMBROMAT	5.1	O2	II	5.1		1 kg	E2	P002 IBC08	B4	MP2
	1485	KALIUMCHLORAT	5.1	O2	II	5.1		1 kg	E2	P002 IBC08	B4	MP2
	1486	KALIUMNITRAT	5.1	O2	III	5.1		5 kg	E1	P002 IBC08 LP02 R001	B3	MP10
	1487	KALIUMNITRAT UND NATRIUMNITRIT, MISCHUNG	5.1	O2	II	5.1	607	1 kg	E2	P002 IBC08	B4	MP10
	1488	KALIUMNITRIT	5.1	O2	II	5.1		1 kg	E2	P002 IBC08	B4	MP10
●	1489	KALIUMPERCHLORAT	5.1	O2	II	5.1		1 kg	E2	P002 IBC06		MP2
	1490	KALIUMPERMANGANAT	5.1	O2	II	5.1		1 kg	E2	P002 IBC08	B4	MP2
●	1491	KALIUMPEROXID	5.1	O2	I	5.1		0	E0	P503 IBC06		MP2
	1492	KALIUMPERSULFAT	5.1	O2	III	5.1		5 kg	E1	P002 IBC08 LP02 R001	B3	MP10
	1493	SILBERNITRAT	5.1	O2	II	5.1		1 kg	E2	P002 IBC08	B4	MP10
	1494	NATRIUMBROMAT	5.1	O2	II	5.1		1 kg	E2	P002 IBC08	B4	MP2
	1495	NATRIUMCHLORAT	5.1	O2	II	5.1		1 kg	E2	P002 IBC08	B4	MP2
	1496	NATRIUMCHLORIT	5.1	O2	II	5.1		1 kg	E2	P002 IBC08	B4	MP2
	1498	NATRIUMNITRAT	5.1	O2	III	5.1		5 kg	E1	P002 IBC08 LP02 R001	B3	MP10
	1499	NATRIUMNITRAT UND KALIUMNITRAT, MISCHUNG	5.1	O2	III	5.1		5 kg	E1	P002 IBC08 LP02 R001	B3	MP10

Tabelle A: Verzeichnis der gefährlichen Güter 3.2

ortsbewegliche Tanks und Schüttgut-Container			ADR							RID						
Anweisungen	Sondervorschriften	Tankcodierungen für ADR/RID-Tanks	Sondervorschriften für ADR-Tanks	Fahrzeug für die Beförderung in Tanks	Beförderungskategorie (Tunnelbeschränkungscode)	Sondervorschriften für die Beförderung			Betrieb	Sondervorschriften für RID-Tanks	Beförderungskategorie	Sondervorschriften für die Beförderung			Expressgut	Nummer zur Kennzeichnung der Gefahr	UN-Nummer
						Versandstücke	lose Schüttung	Be- und Entladung, Handhabung				Versandstücke	lose Schüttung	Be- und Entladung, Handhabung			
4.2.5.2 7.3.2	4.2.5.3	4.3	4.3.5 6.8.4	9.1.1.2	1.1.3.6 (8.6)	7.2.4	7.3.3	7.5.11	8.5	4.3.5 6.8.4	1.1.3.1	7.2.4	7.3.3	7.5.11	7.6	5.3.2.3	(1)
(10)	(11)	(12)	(13)	(14)	(15)	(16)	(17)	(18)	(19)	(13)	(15)	(16)	(17)	(18)	(19)	(20)	(1)
T1	TP33	SGAN	TU3	AT	3 (E)			CV24		TU3	3			CW24	CE11	50	1483
T3	TP33	SGAV	TU3	AT	2 (E)	V11	VC1 VC2 AP6 AP7	CV24		TU3	2	W11	VC1 VC2 AP6 AP7	CW24	CE10	50	1484
T3	TP33	SGAV	TU3	AT	2 (E)	V11	VC1 VC2 AP6 AP7	CV24		TU3	2	W11	VC1 VC2 AP6 AP7	CW24	CE10	50	1485
T1 BK1 BK2 BK3	TP33	SGAV	TU3	AT	3 (E)		VC1 VC2 AP6 AP7	CV24		TU3	3		VC1 VC2 AP6 AP7	CW24	CE11	50	1486
T3	TP33	SGAV	TU3	AT	2 (E)	V11	VC1 VC2 AP6 AP7	CV24		TU3	2	W11	VC1 VC2 AP6 AP7	CW24	CE10	50	1487
T3	TP33	SGAV	TU3	AT	2 (E)	V11	VC1 VC2 AP6 AP7	CV24		TU3	2	W11	VC1 VC2 AP6 AP7	CW24	CE10	50	1488
T3	TP33	SGAV	TU3	AT	2 (E)	V11	VC1 VC2 AP6 AP7	CV24	S23	TU3	2	W11	VC1 VC2 AP6 AP7	CW24	CE10	50	1489
T3	TP33	SGAN	TU3	AT	2 (E)	V11		CV24		TU3	2	W11		CW24	CE10	50	1490
					1 (E)	V10		CV24	S20		1	W10		CW24		RID: 55	1491
T1	TP33	SGAV	TU3	AT	3 (E)		VC1 VC2 AP6 AP7	CV24		TU3	3		VC1 VC2 AP6 AP7	CW24	CE11	50	1492
T3	TP33	SGAV	TU3	AT	2 (E)	V11	VC1 VC2 AP6 AP7	CV24		TU3	2	W11	VC1 VC2 AP6 AP7	CW24	CE10	50	1493
T3	TP33	SGAV	TU3	AT	2 (E)	V11	VC1 VC2 AP6 AP7	CV24		TU3	2	W11	VC1 VC2 AP6 AP7	CW24	CE10	50	1494
T3 BK1 BK2	TP33	SGAV	TU3	AT	2 (E)	V11	VC1 VC2 AP6 AP7	CV24		TU3	2	W11	VC1 VC2 AP6 AP7	CW24	CE10	50	1495
T3	TP33	SGAN	TU3	AT	2 (E)	V11		CV24		TU3	2	W11		CW24	CE10	50	1496
T1 BK1 BK2 BK3	TP33	SGAV	TU3	AT	3 (E)		VC1 VC2 AP6 AP7	CV24		TU3	3		VC1 VC2 AP6 AP7	CW24	CE11	50	1498
T1 BK1 BK2 BK3	TP33	SGAV	TU3	AT	3 (E)		VC1 VC2 AP6 AP7	CV24		TU3	3		VC1 VC2 AP6 AP7	CW24	CE11	50	1499

3.2 Tabelle A: Verzeichnis der gefährlichen Güter

gemäß Tabelle 1.10.3.1.2	§ 35b GGVSEB	UN-Nummer	Benennung und Beschreibung	Klasse	Klassifizierungscode	Verpackungsgruppe	Gefahrzettel	Sondervorschriften	Begrenzte und freigestellte Mengen		Verpackung		
											Anweisungen	Sondervorschriften	Zusammenpackung
G..			3.1.2	2.2	2.2	2.1.1.3	5.2.2	3.3	3.4 / 3.5.1.2		4.1.4	4.1.4	4.1.10
		(1)	(2)	(3a)	(3b)	(4)	(5)	(6)	(7a)	(7b)	(8)	(9a)	(9b)
		1500	NATRIUMNITRIT	5.1	OT2	III	5.1 + 6.1		5 kg	E1	P002 IBC08 R001	B3	MP10
●		1502	NATRIUMPERCHLORAT	5.1	O2	II	5.1		1 kg	E2	P002 IBC06		MP2
		1503	NATRIUMPERMANGANAT	5.1	O2	II	5.1		1 kg	E2	P002 IBC06		MP2
●		1504	NATRIUMPEROXID	5.1	O2	I	5.1		0	E0	P503 IBC05		MP2
		1505	NATRIUMPERSULFAT	5.1	O2	III	5.1		5 kg	E1	P002 IBC08 LP02 R001	B3	MP10
		1506	STRONTIUMCHLORAT	5.1	O2	II	5.1		1 kg	E2	P002 IBC08	B4	MP2
		1507	STRONTIUMNITRAT	5.1	O2	III	5.1		5 kg	E1	P002 IBC08 LP02 R001	B3	MP10
		1508	STRONTIUMPERCHLORAT	5.1	O2	II	5.1		1 kg	E2	P002 IBC06		MP2
		1509	STRONTIUMPEROXID	5.1	O2	II	5.1		1 kg	E2	P002 IBC06		MP2
●	G10	1510	TETRANITROMETHAN	6.1	TO1	I	6.1 + 5.1	354 609	0	E0	P602		MP8 MP17
		1511	HARNSTOFFWASSERSTOFFPEROXID	5.1	OC2	III	5.1 + 8		5 kg	E1	P002 IBC08 R001	B3	MP2
		1512	ZINKAMMONIUMNITRIT	5.1	O2	II	5.1		1 kg	E2	P002 IBC08	B4	MP10
		1513	ZINKCHLORAT	5.1	O2	II	5.1		1 kg	E2	P002 IBC08	B4	MP2
		1514	ZINKNITRAT	5.1	O2	II	5.1		1 kg	E2	P002 IBC08	B4	MP10
		1515	ZINKPERMANGANAT	5.1	O2	II	5.1		1 kg	E2	P002 IBC06		MP2
		1516	ZINKPEROXID	5.1	O2	II	5.1		1 kg	E2	P002 IBC06		MP2
●		1517	ZIRKONIUMPIKRAMAT, ANGEFEUCHTET mit mindestens 20 Masse-% Wasser	4.1	D	I	4.1		0	E0	P406	PP26	MP2

Tabelle A: Verzeichnis der gefährlichen Güter 3.2

ortsbewegliche Tanks und Schüttgut-Container Anweisungen	Sondervorschriften	Tankcodierungen für ADR/RID-Tanks	ADR Sondervorschriften für ADR-Tanks	Fahrzeug für die Beförderung in Tanks	Beförderungskategorie (Tunnelbeschränkungscode)	Sondervorschriften für die Beförderung Versandstücke	lose Schüttung	Be- und Entladung, Handhabung	Betrieb	RID Sondervorschriften für RID-Tanks	Beförderungskategorie	Sondervorschriften für die Beförderung Versandstücke	lose Schüttung	Be- und Entladung, Handhabung	Expressgut	Nummer zur Kennzeichnung der Gefahr	UN-Nummer
4.2.5.2 7.3.2	4.2.5.3	4.3	4.3.5 6.8.4	9.1.1.2	1.1.3.6 (8.6)	7.2.4	7.3.3	7.5.11	8.5	4.3.5 6.8.4	1.1.3.1	7.2.4	7.3.3	7.5.11	7.6	5.3.2.3	(1)
(10)	(11)	(12)	(13)	(14)	(15)	(16)	(17)	(18)	(19)	(13)	(15)	(16)	(17)	(18)	(19)	(20)	(1)
T1	TP33	SGAN	TU3	AT	3 (E)			CV24 CV28		TU3	3			CW24 CW28	CE11	56	1500
T3	TP33	SGAV	TU3	AT	2 (E)	V11		VC1 VC2 AP6 AP7	CV24	S23	TU3	2	W11	VC1 VC2 AP6 AP7	CW24	CE10	50	1502
T3	TP33	SGAN	TU3	AT	2 (E)	V11			CV24		TU3	2	W11		CW24	CE10	50	1503
					1 (E)	V10			CV24	S20		1	W10		CW24		RID: 55	1504
T1	TP33	SGAV	TU3	AT	3 (E)			VC1 VC2 AP6 AP7	CV24		TU3	3		VC1 VC2 AP6 AP7	CW24	CE11	50	1505
T3	TP33	SGAV	TU3	AT	2 (E)	V11		VC1 VC2 AP6 AP7	CV24		TU3	2	W11	VC1 VC2 AP6 AP7	CW24	CE10	50	1506
T1	TP33	SGAV	TU3	AT	3 (E)			VC1 VC2 AP6 AP7	CV24		TU3	3		VC1 VC2 AP6 AP7	CW24	CE11	50	1507
T3	TP33	SGAV	TU3	AT	2 (E)	V11		VC1 VC2 AP6 AP7	CV24	S23	TU3	2	W11	VC1 VC2 AP6 AP7	CW24	CE10	50	1508
T3	TP33	SGAN	TU3	AT	2 (E)	V11			CV24		TU3	2	W11		CW24	CE10	50	1509
		L10CH	TU14 TU15 TE19 TE21	AT	1 (B/D)			CV1 CV13 CV28		S9 S14	TU14 TU15 TU38 TE21 TE22	1			CW13 CW28 CW31		665	1510
T1	TP33	SGAN	TU3	AT	3 (E)				CV24		TU3	3			CW24	CE11	58	1511
T3	TP33	SGAN	TU3	AT	2 (E)	V11			CV24		TU3	2	W11		CW24	CE10	50	1512
T3	TP33	SGAV	TU3	AT	2 (E)	V11	VC1 VC2 AP6 AP7		CV24		TU3	2	W11	VC1 VC2 AP6 AP7	CW24	CE10	50	1513
T3	TP33	SGAN	TU3	AT	2 (E)	V11			CV24		TU3	2	W11		CW24	CE10	50	1514
T3	TP33	SGAN	TU3	AT	2 (E)	V11			CV24		TU3	2	W11		CW24	CE10	50	1515
T3	TP33	SGAN	TU3	AT	2 (E)	V11			CV24		TU3	2	W11		CW24	CE10	50	1516
					1 (B)					S14		1	W1				RID: 40	1517

3.2 Tabelle A: Verzeichnis der gefährlichen Güter

gemäß Tabelle 1.10.3.1.2 § 35b GGVSEB	UN-Nummer	Benennung und Beschreibung	Klasse	Klassifizierungscode	Verpackungsgruppe	Gefahrzettel	Sondervorschriften	Begrenzte und freigestellte Mengen		Verpackung Anweisungen	Verpackung Sondervorschriften	Verpackung Zusammenpackung
G..		3.1.2	2.2	2.2	2.1.1.3	5.2.2	3.3	3.4 / 3.5.1.2		4.1.4	4.1.4	4.1.10
(1)		(2)	(3a)	(3b)	(4)	(5)	(6)	(7a)	(7b)	(8)	(9a)	(9b)
G10	1541	ACETONCYANHYDRIN, STABILISIERT	6.1	T1	I	6.1	354	0	E0	P602		MP8 MP17
	1544	ALKALOIDE, FEST, N.A.G. oder ALKALOIDSALZE, FEST, N.A.G.	6.1	T2	I	6.1	43 274	0	E5	P002 IBC07		MP18
	1544	ALKALOIDE, FEST, N.A.G. oder ALKALOIDSALZE, FEST, N.A.G.	6.1	T2	II	6.1	43 274	500 g	E4	P002 IBC08	B4	MP10
	1544	ALKALOIDE, FEST, N.A.G. oder ALKALOIDSALZE, FEST, N.A.G.	6.1	T2	III	6.1	43 274	5 kg	E1	P002 IBC08 LP02 R001	B3	MP10
	1545	ALLYLISOTHIOCYANAT, STABILISIERT	6.1	TF1	II	6.1 + 3	386	100 ml	E0	P001 IBC02		MP15
	1546	AMMONIUMARSENAT	6.1	T5	II	6.1		500 g	E4	P002 IBC08	B4	MP10
	1547	ANILIN	6.1	T1	II	6.1	279	100 ml	E4	P001 IBC02		MP15
	1548	ANILINHYDROCHLORID	6.1	T2	III	6.1		5 kg	E1	P002 IBC08 LP02 R001	B3	MP10
	1549	ANORGANISCHE ANTIMONVERBINDUNG, FEST, N.A.G.	6.1	T5	III	6.1	45 274 512	5 kg	E1	P002 IBC08 LP02 R001	B3	MP10
	1550	ANTIMONLAKTAT	6.1	T5	III	6.1		5 kg	E1	P002 IBC08 LP02 R001	B3	MP10
	1551	ANTIMONYLKALIUMTARTRAT	6.1	T5	III	6.1		5 kg	E1	P002 IBC08 LP02 R001	B3	MP10
G10	1553	ARSENSÄURE, FLÜSSIG	6.1	T4	I	6.1		0	E5	P001		MP8 MP17
	1554	ARSENSÄURE, FEST	6.1.	T5	II	6.1		500 g	E4	P002 IBC08	B4	MP10
	1555	ARSENBROMID	6.1	T5	II	6.1		500 g	E4	P002 IBC08	B4	MP10
G10	1556	ARSENVERBINDUNG, FLÜSSIG, N.A.G., anorganisch, einschließlich Arsenate, n.a.g., Arsenite, n.a.g. und Arsensulfide, n.a.g.	6.1	T4	I	6.1	43 274	0	E5	P001		MP8 MP17

Tabelle A: Verzeichnis der gefährlichen Güter 3.2

ortsbewegliche Tanks und Schüttgut-Container		Tankcodierungen für ADR/RID-Tanks	Sondervorschriften für ADR-Tanks	Fahrzeug für die Beförderung in Tanks	ADR Beförderungs-kategorie (Tunnel-beschränkungs-code)	Sondervorschriften für die Beförderung			Betrieb	Sondervorschriften für RID-Tanks	Beförderungs-kategorie	RID Sondervorschriften für die Beförderung				Expressgut	Nummer zur Kenn-zeichnung der Gefahr	UN-Nummer
Anwei-sungen	Sondervor-schriften					Versand-stücke	lose Schüttung	Be- und Entladung, Handhabung				Versand-stücke	lose Schüttung	Be- und Entladung, Handhabung				
4.2.5.2 7.3.2	4.2.5.3	4.3	4.3.5 6.8.4	9.1.1.2	1.1.3.6 (8.6)	7.2.4	7.3.3	7.5.11	8.5	4.3.5 6.8.4	1.1.3.1	7.2.4	7.3.3	7.5.11	7.6	5.3.2.3	(1)
(10)	(11)	(12)	(13)	(14)	(15)	(16)	(17)	(18)	(19)	(13)	(15)	(16)	(17)	(18)	(19)	(20)	(1)
T20	TP2	L10CH	TU14 TU15 TE19 TE21	AT	1 (C/D)			CV1 CV13 CV28	S9 S14	TU14 TU15 TU38 TE21 TE22	1			CW13 CW28 CW31			669	1541
T6	TP33	S10AH	TU15 TE19	AT	1 (C/E)	V10		CV1 CV13 CV28	S9 S14	TU15	1	W10		CW13 CW28 CW31			66	1544
T3	TP33	SGAH L4BH	TU15 TE19	AT	2 (D/E)	V11		CV13 CV28	S9 S19	TU15	2	W11		CW13 CW28 CW31		CE9	60	1544
T1	TP33	SGAH L4BH	TU15 TE19	AT	2 (E)		VC1 VC2 AP7	CV13 CV28	S9	TU15	2		VC1 VC2 AP7	CW13 CW28 CW31		CE11	60	1544
T7	TP2	L4BH	TU15 TE19	FL	2 (D/E)	V8		CV13 CV28	S2 S4 S9 S19	TU15	2			CW13 CW28 CW31		CE5	639	1545
T3	TP33	SGAH	TU15 TE19	AT	2 (D/E)	V11		CV13 CV28	S9 S19	TU15	2	W11		CW13 CW28 CW31		CE9	60	1546
T7	TP2	L4BH	TU15 TE19	AT	2 (D/E)			CV13 CV28	S9 S19	TU15	2			CW13 CW28 CW31		CE5	60	1547
T1	TP33	SGAH	TU15 TE19	AT	2 (E)		VC1 VC2 AP7	CV13 CV28	S9	TU15	2		VC1 VC2 AP7	CW13 CW28 CW31		CE11	60	1548
T1	TP33	SGAH L4BH	TU15 TE19	AT	2 (E)		VC1 VC2 AP7	CV13 CV28	S9	TU15	2		VC1 VC2 AP7	CW13 CW28 CW31		CE11	60	1549
T1	TP33	SGAH L4BH	TU15 TE19	AT	2 (E)		VC1 VC2 AP7	CV13 CV28	S9	TU15	2		VC1 VC2 AP7	CW13 CW28 CW31		CE11	60	1550
T1	TP33	SGAH L4BH	TU15 TE19	AT	2 (E)		VC1 VC2 AP7	CV13 CV28	S9	TU15	2		VC1 VC2 AP7	CW13 CW28 CW31		CE11	60	1551
T20	TP2 TP7	L10CH	TU14 TU15 TE19 TE21	AT	1 (C/E)			CV1 CV13 CV28	S9 S14	TU14 TU15 TU38 TE21 TE22	1			CW13 CW28 CW31			66	1553
T3	TP33	SGAH L4BH	TU15 TE19	AT	2 (D/E)	V11		CV13 CV28	S9 S19	TU15	2	W11		CW13 CW28 CW31		CE9	60	1554
T3	TP33	SGAH L4BH	TU15 TE19	AT	2 (D/E)	V11		CV13 CV28	S9 S19	TU15	2	W11		CW13 CW28 CW31		CE9	60	1555
T14	TP2 TP27	L10CH	TU14 TU15 TE19 TE21	AT	1 (C/E)			CV1 CV13 CV28	S9 S14	TU14 TU15 TU38 TE21 TE22	1			CW13 CW28 CW31			66	1556

3.2 Tabelle A: Verzeichnis der gefährlichen Güter

gemäß Tabelle 1.10.3.1.2 § 35b GGVSEB	UN-Nummer	Benennung und Beschreibung	Klasse	Klassifizierungscode	Verpackungsgruppe	Gefahrzettel	Sondervorschriften	Begrenzte und freigestellte Mengen		Verpackung Anweisungen	Verpackung Sondervorschriften	Verpackung Zusammenpackung
G..		3.1.2	2.2	2.2	2.1.1.3	5.2.2	3.3	3.4 / 3.5.1.2		4.1.4	4.1.4	4.1.10
•	(1)	(2)	(3a)	(3b)	(4)	(5)	(6)	(7a)	(7b)	(8)	(9a)	(9b)
	1556	ARSENVERBINDUNG, FLÜSSIG, N.A.G., anorganisch, einschließlich Arsenate, n.a.g., Arsenite, n.a.g. und Arsensulfide, n.a.g.	6.1	T4	II	6.1	43 274	100 ml	E4	P001 IBC02		MP15
	1556	ARSENVERBINDUNG, FLÜSSIG, N.A.G., anorganisch, einschließlich Arsenate, n.a.g., Arsenite, n.a.g. und Arsensulfide, n.a.g.	6.1	T4	III	6.1	43 274	5 l	E1	P001 IBC03 LP01 R001		MP19
•	1557	ARSENVERBINDUNG, FEST, N.A.G., anorganisch, einschließlich Arsenate, n.a.g., Arsenite, n.a.g. und Arsensulfide, n.a.g.	6.1	T5	I	6.1	43 274	0	E5	P002 IBC07		MP18
	1557	ARSENVERBINDUNG, FEST, N.A.G., anorganisch, einschließlich Arsenate, n.a.g., Arsenite, n.a.g. und Arsensulfide, n.a.g.	6.1	T5	II	6.1	43 274	500 g	E4	P002 IBC08	B4	MP10
	1557	ARSENVERBINDUNG, FEST, N.A.G., anorganisch, einschließlich Arsenate, n.a.g., Arsenite, n.a.g. und Arsensulfide, n.a.g.	6.1	T5	III	6.1	43 274	5 kg	E1	P002 IBC08 LP02 R001	B3	MP10
	1558	ARSEN	6.1	T5	II	6.1		500 g	E4	P002 IBC08	B4	MP10
	1559	ARSENPENTOXID	6.1	T5	II	6.1		500 g	E4	P002 IBC08	B4	MP10
• G10	1560	ARSENTRICHLORID	6.1	T4	I	6.1		0	E0	P602		MP8 MP17
	1561	ARSENTRIOXID	6.1	T5	II	6.1		500 g	E4	P002 IBC08	B4	MP10
	1562	ARSEN-STAUB	6.1	T5	II	6.1		500 g	E4	P002 IBC08	B4	MP10
	1564	BARIUMVERBINDUNG, N.A.G.	6.1	T5	II	6.1	177 274 513 587	500 g	E4	P002 IBC08	B4	MP10
	1564	BARIUMVERBINDUNG, N.A.G.	6.1	T5	III	6.1	177 274 513 587	5 kg	E1	P002 IBC08 LP02 R001	B3	MP10
•	1565	BARIUMCYANID	6.1	T5	I	6.1		0	E5	P002 IBC07		MP18
	1566	BERYLLIUMVERBINDUNG, N.A.G.	6.1	T5	II	6.1	274 514	500 g	E4	P002 IBC08	B4	MP10
	1566	BERYLLIUMVERBINDUNG, N.A.G.	6.1	T5	III	6.1	274 514	5 kg	E1	P002 IBC08 LP02 R001	B3	MP10
	1567	BERYLLIUM-PULVER	6.1	TF3	II	6.1 + 4.1		500 g	E4	P002 IBC08	B4	MP10

Tabelle A: Verzeichnis der gefährlichen Güter 3.2

ortsbewegliche Tanks und Schüttgut-Container				ADR						RID								
Anweisungen	Sondervorschriften	Tankcodierungen für ADR/RID-Tanks	Fahrzeug für die Beförderung in Tanks	Beförderungskategorie (Tunnelbeschränkungscode)	Sondervorschriften für die Beförderung			Betrieb	Sondervorschriften für RID-Tanks	Beförderungskategorie	Sondervorschriften für die Beförderung			Expressgut	Nummer zur Kennzeichnung der Gefahr	UN-Nummer
					Versandstücke	lose Schüttung	Be- und Entladung, Handhabung				Versandstücke	lose Schüttung	Be- und Entladung, Handhabung			
4.2.5.2 7.3.2	4.2.5.3	4.3	9.1.1.2	4.3.5 6.8.4 1.1.3.6 (8.6)	7.2.4	7.3.3	7.5.11	8.5	4.3.5 6.8.4	1.1.3.1	7.2.4	7.3.3	7.5.11	7.6	5.3.2.3	
(10)	(11)	(12)	(13)	(14)	(15)	(16)	(17)	(18)	(19)	(13)	(15)	(16)	(17)	(18)	(19)	(20)	(1)
T11	TP2 TP27	L4BH	TU15 TE19	AT	2 (D/E)			CV13 CV28	S9 S19	TU15	2			CW13 CW28 CW31	CE5	60	1556
T7	TP2 TP28	L4BH	TU15 TE19	AT	2 (E)	V12		CV13 CV28	S9	TU15	2	W12		CW13 CW28 CW31	CE8	60	1556
T6	TP33	S10AH L10CH	TU15 TE19	AT	1 (C/E)	V10		CV1 CV13 CV28	S9 S14	TU15 TU38 TE22	1	W10		CW13 CW28 CW31		66	1557
T3	TP33	SGAH L4BH	TU15 TE19	AT	2 (D/E)	V11		CV13 CV28	S9 S19	TU15	2	W11		CW13 CW28 CW31	CE9	60	1557
T1	TP33	SGAH L4BH	TU15 TE19	AT	2 (E)	VC1 VC2 AP7		CV13 CV28	S9	TU15	2		VC1 VC2 AP7	CW13 CW28 CW31	CE11	60	1557
T3	TP33	SGAH	TU15 TE19	AT	2 (D/E)	V11		CV13 CV28	S9 S19	TU15	2	W11		CW13 CW28 CW31	CE9	60	1558
T3	TP33	SGAH	TU15 TE19	AT	2 (D/E)	V11		CV13 CV28	S9 S19	TU15	2	W11		CW13 CW28 CW31	CE9	60	1559
T14	TP2	L10CH	TU14 TU15 TE19 TE21	AT	1 (C/E)			CV1 CV13 CV28	S9 S14	TU14 TU15 TU38 TE21 TE22	1			CW13 CW28 CW31		66	1560
T3	TP33	SGAH	TU15 TE19	AT	2 (D/E)	V11		CV13 CV28	S9 S19	TU15	2	W11		CW13 CW28 CW31	CE9	60	1561
T3	TP33	SGAH	TU15 TE19	AT	2 (D/E)	V11		CV13 CV28	S9 S19	TU15	2	W11		CW13 CW28 CW31	CE9	60	1562
T3	TP33	SGAH L4BH	TU15 TE19	AT	2 (D/E)	V11		CV13 CV28	S9 S19	TU15	2	W11		CW13 CW28 CW31	CE9	60	1564
T1	TP33	SGAH L4BH	TU15 TE19	AT	2 (E)	VC1 VC2 AP7		CV13 CV28	S9	TU15	2		VC1 VC2 AP7	CW13 CW28 CW31	CE11	60	1564
T6	TP33	S10AH	TU15 TE19	AT	1 (C/E)	V10		CV1 CV13 CV28	S9 S14	TU15	1	W10		CW13 CW28 CW31		66	1565
T3	TP33	SGAH L4BH	TU15 TE19	AT	2 (D/E)	V11		CV13 CV28	S9 S19	TU15	2	W11		CW13 CW28 CW31	CE9	60	1566
T1	TP33	SGAH L4BH	TU15 TE19	AT	2 (E)	VC1 VC2 AP7		CV13 CV28	S9	TU15	2		VC1 VC2 AP7	CW13 CW28 CW31	CE11	60	1566
T3	TP33	SGAH	TU15 TE19	AT	2 (D/E)	V11		CV13 CV28	S9 S19	TU15	2	W11		CW13 CW28 CW31	CE9	64	1567

3.2 Tabelle A: Verzeichnis der gefährlichen Güter

gemäß Tabelle 1.10.3.1.2 § 35b GGVSEB	UN-Nummer	Benennung und Beschreibung	Klasse	Klassifizierungscode	Verpackungsgruppe	Gefahrzettel	Sondervorschriften	Begrenzte und freigestellte Mengen		Verpackung Anweisungen	Verpackung Sondervorschriften	Verpackung Zusammenpackung
G..		3.1.2	2.2	2.2	2.1.1.3	5.2.2	3.3	3.4 / 3.5.1.2		4.1.4	4.1.4	4.1.10
(1)		(2)	(3a)	(3b)	(4)	(5)	(6)	(7a)	(7b)	(8)	(9a)	(9b)
	1569	BROMACETON	6.1	TF1	II	6.1 + 3		0	E0	P602		MP15
●	1570	BRUCIN	6.1	T2	I	6.1	43	0	E5	P002 IBC07		MP18
●	1571	BARIUMAZID, ANGEFEUCHTET mit mindestens 50 Masse-% Wasser	4.1	DT	I	4.1 + 6.1	568	0	E0	P406		MP2
	1572	KAKODYLSÄURE	6.1	T5	II	6.1		500 g	E4	P002 IBC08	B4	MP10
	1573	CALCIUMARSENAT	6.1	T5	II	6.1		500 g	E4	P002 IBC08	B4	MP10
	1574	CALCIUMARSENAT UND CALCIUMARSENIT, MISCHUNG, FEST	6.1	T5	II	6.1		500 g	E4	P002 IBC08	B4	MP10
●	1575	CALCIUMCYANID	6.1	T5	I	6.1		0	E5	P002 IBC07		MP18
	1577	CHLORDINITROBENZENE, FLÜSSIG	6.1	T1	II	6.1	279	100 ml	E4	P001 IBC02		MP15
	1578	CHLORNITROBENZENE, FEST	6.1	T2	II	6.1	279	500 g	E4	P002 IBC08	B4	MP10
	1579	4-CHLOR-o-TOLUIDIN-HYDROCHLORID, FEST	6.1	T2	III	6.1		5 kg	E1	P002 IBC08 LP02 R001	B3	MP10
● G10	1580	CHLORPIKRIN	6.1	T1	I	6.1	354	0	E0	P601		MP8 MP17
● G3	1581	CHLORPIKRIN UND METHYLBROMID, GEMISCH mit mehr als 2 % Chlorpikrin	2	2T		2.3 RID: (+13)		0	E0	P200		MP9
● G3	1582	CHLORPIKRIN UND METHYLCHLORID, GEMISCH	2	2T		2.3 RID: (+13)		0	E0	P200		MP9
● G10	1583	CHLORPIKRIN, MISCHUNG, N.A.G.	6.1	T1	I	6.1	274 315 515	0	E0	P602		MP8 MP17
	1583	CHLORPIKRIN, MISCHUNG, N.A.G.	6.1	T1	II	6.1	274 515	100 ml	E0	P001 IBC02		MP15

Tabelle A: Verzeichnis der gefährlichen Güter 3.2

ortsbewegliche Tanks und Schüttgut-Container			ADR						RID						Expressgut	Nummer zur Kennzeichnung der Gefahr	UN-Nummer
Anweisungen	Sondervorschriften	Tankcodierungen für ADR/RID-Tanks	Sondervorschriften für ADR-Tanks	Fahrzeug für die Beförderung in Tanks	Beförderungskategorie (Tunnelbeschränkungscode)	Sondervorschriften für die Beförderung			Sondervorschriften für RID-Tanks	Beförderungskategorie	Sondervorschriften für die Beförderung						
						Versandstücke	lose Schüttung	Be- und Entladung, Handhabung	Betrieb			Versandstücke	lose Schüttung	Be- und Entladung, Handhabung			
4.2.5.2 7.3.2	4.2.5.3	4.3	4.3.5 6.8.4	9.1.1.2	1.1.3.6 (8.6)	7.2.4	7.3.3	7.5.11	8.5	4.3.5 6.8.4	1.1.3.1	7.2.4	7.3.3	7.5.11	7.6	5.3.2.3	(1)
(10)	(11)	(12)	(13)	(14)	(15)	(16)	(17)	(18)	(19)	(13)	(15)	(16)	(17)	(18)	(19)	(20)	(1)
T20	TP2	L4BH	TU15 TE19	FL	2 (D/E)			CV13 CV28	S2 S9 S19	TU15	2			CW13 CW28 CW31	CE5	63	1569
T6	TP33	S10AH L10CH	TU14 TU15 TE19 TE21	AT	1 (C/E)	V10		CV1 CV13 CV28	S9 S14	TU14 TU15 TU38 TE21 TE22	1	W10		CW13 CW28 CW31		66	1570
					1 (B)			CV28	S14		1	W1		CW28		RID: 46	1571
T3	TP33	SGAH	TU15 TE19	AT	2 (D/E)	V11		CV13 CV28	S9 S19	TU15	2	W11		CW13 CW28 CW31	CE9	60	1572
T3	TP33	SGAH	TU15 TE19	AT	2 (D/E)	V11		CV13 CV28	S9 S19	TU15	2	W11		CW13 CW28 CW31	CE9	60	1573
T3	TP33	SGAH	TU15 TE19	AT	2 (D/E)	V11		CV13 CV28	S9 S19	TU15	2	W11		CW13 CW28 CW31	CE9	60	1574
T6	TP33	S10AH	TU15 TE19	AT	1 (C/E)	V10		CV1 CV13 CV28	S9 S14	TU15	1	W10		CW13 CW28 CW31		66	1575
T7	TP2	L4BH	TU15 TE19	AT	2 (D/E)			CV13 CV28	S9 S19	TU15	2			CW13 CW28 CW31	CE5	60	1577
T3	TP33	SGAH	TU15 TE19	AT	2 (D/E)	V11		CV13 CV28	S9 S19	TU15	2	W11		CW13 CW28 CW31	CE9	60	1578
T1	TP33	SGAH L4BH	TU15 TE19	AT	2 (E)		VC1 VC2 AP7	CV13 CV28	S9	TU15	2		VC1 VC2 AP7	CW13 CW28 CW31	CE11	60	1579
T22	TP2	L15CH	TU14 TU15 TE19 TE21	AT	1 (C/D)			CV1 CV13 CV28	S9 S14	TU14 TU15 TU38 TE21 TE22 TE25	1			CW13 CW28 CW31		66	1580
(M) T50		PxBH(M)	TA4 TT9	AT	1 (C/D)			CV9 CV10 CV36	S14	TU38 TE22 TE25 TM6 TA4 TT9	1			CW9 CW10 CW36		26	1581
(M) T50		PxBH(M)	TA4 TT9	AT	1 (C/D)			CV9 CV10 CV36	S14	TU38 TE22 TE25 TM6 TA4 TT9	1			CW9 CW10 CW36		26	1582
		L10CH	TU14 TU15 TE19 TE21	AT	1 (C/E)			CV1 CV13 CV28	S9 S14	TU14 TU15 TU38 TE21 TE22	1			CW13 CW28 CW31		66	1583
		L4BH	TU15 TE19	AT	2 (D/E)			CV13 CV28	S9 S19	TU15	2			CW13 CW28 CW31	CE5	60	1583

3.2 Tabelle A: Verzeichnis der gefährlichen Güter

gemäß Tabelle 1.10.3.1.2	§ 35b GGVSEB	UN-Nummer	Benennung und Beschreibung	Klasse	Klassifizierungscode	Verpackungsgruppe	Gefahrzettel	Sondervorschriften	Begrenzte und freigestellte Mengen		Verpackung Anweisungen	Verpackung Sondervorschriften	Verpackung Zusammenpackung
	G..		3.1.2	2.2	2.2	2.1.1.3	5.2.2	3.3	3.4 / 3.5.1.2		4.1.4	4.1.4	4.1.10
		(1)	(2)	(3a)	(3b)	(4)	(5)	(6)	(7a)	(7b)	(8)	(9a)	(9b)
		1583	CHLORPIKRIN, MISCHUNG, N.A.G.	6.1	T1	III	6.1	274 515	5 l	E0	P001 IBC03 LP01 R001		MP19
		1585	KUPFERACETOARSENIT	6.1	T5	II	6.1		500 g	E4	P002 IBC08	B4	MP10
		1586	KUPFERARSENIT	6.1	T5	II	6.1		500 g	E4	P002 IBC08	B4	MP10
		1587	KUPFERCYANID	6.1	T5	II	6.1		500 g	E4	P002 IBC08	B4	MP10
•		1588	CYANIDE, ANORGANISCH, FEST, N.A.G.	6.1	T5	I	6.1	47 274	0	E5	P002 IBC07		MP18
		1588	CYANIDE, ANORGANISCH, FEST, N.A.G.	6.1	T5	II	6.1	47 274	500 g	E4	P002 IBC08	B4	MP10
		1588	CYANIDE, ANORGANISCH, FEST, N.A.G.	6.1	T5	III	6.1	47 274	5 kg	E1	P002 IBC08 LP02 R001	B3	MP10
•		1589	CHLORCYAN, STABILISIERT	2	2TC		2.3 + 8	386	0	E0	P200		MP9
		1590	DICHLORANILINE, FLÜSSIG	6.1	T1	II	6.1	279	100 ml	E4	P001 IBC02		MP15
		1591	o-DICHLORBENZEN	6.1	T1	III	6.1	279	5 l	E1	P001 IBC03 LP01 R001		MP19
		1593	DICHLORMETHAN	6.1	T1	III	6.1	516	5 l	E1	P001 IBC03 LP01 R001	B8	MP19
		1594	DIETHYLSULFAT	6.1	T1	II	6.1		100 ml	E4	P001 IBC02		MP15
•	G10	1595	DIMETHYLSULFAT	6.1	TC1	I	6.1 + 8	354	0	E0	P602		MP8 MP17
		1596	DINITROANILINE	6.1	T2	II	6.1		500 g	E4	P002 IBC08	B4	MP10
		1597	DINITROBENZENE, FLÜSSIG	6.1	T1	II	6.1		100 ml	E4	P001 IBC02		MP15
		1597	DINITROBENZENE, FLÜSSIG	6.1	T1	III	6.1		5 l	E1	P001 IBC03 LP01 R001		MP19
		1598	DINITRO-o-CRESOL	6.1	T2	II	6.1	43	500 g	E4	P002 IBC08	B4	MP10

Tabelle A: Verzeichnis der gefährlichen Güter 3.2

ortsbewegliche Tanks und Schüttgut-Container				ADR						RID							
Anweisungen	Sondervorschriften	Tankcodierungen für ADR/RID-Tanks	Fahrzeug für die Beförderung in Tanks	Beförderungskategorie (Tunnelbeschränkungscode)	Sondervorschriften für die Beförderung			Betrieb	Sondervorschriften für RID-Tanks	Beförderungskategorie	Sondervorschriften für die Beförderung			Expressgut	Nummer zur Kennzeichnung der Gefahr	UN-Nummer
					Versandstücke	lose Schüttung	Be- und Entladung, Handhabung				Versandstücke	lose Schüttung	Be- und Entladung, Handhabung			
4.2.5.2 7.3.2	4.2.5.3	4.3	3.4.3.5 6.8.4	9.1.1.2	1.1.3.6 (8.6)	7.2.4	7.3.3	7.5.11	8.5	4.3.5 6.8.4	1.1.3.1	7.2.4	7.3.3	7.5.11	7.6	5.3.2.3	(1)
(10)	(11)	(12)	(13)	(14)	(15)	(16)	(17)	(18)	(19)	(13)	(15)	(16)	(17)	(18)	(19)	(20)	(1)
		L4BH	TU15 TE19	AT	2 (E)	V12		CV13 CV28	S9	TU15	2	W12		CW13 CW28 CW31	CE8	60	1583
T3	TP33	SGAH	TU15 TE19	AT	2 (D/E)	V11		CV13 CV28	S9 S19	TU15	2	W11		CW13 CW28 CW31	CE9	60	1585
T3	TP33	SGAH	TU15 TE19	AT	2 (D/E)	V11		CV13 CV28	S9 S19	TU15	2	W11		CW13 CW28 CW31	CE9	60	1586
T3	TP33	SGAH	TU15 TE19	AT	2 (D/E)	V11		CV13 CV28	S9 S19	TU15	2	W11		CW13 CW28 CW31	CE9	60	1587
T6	TP33	S10AH	TU15 TE19	AT	1 (C/E)	V10		CV1 CV13 CV28	S9 S14	TU15	1	W10		CW13 CW28 CW31	CE13	66	1588
T3	TP33	SGAH	TU15 TE19	AT	2 (D/E)	V11		CV13 CV28	S9 S19	TU15	2	W11		CW13 CW28 CW31	CE9	60	1588
T1	TP33	SGAH	TU15 TE19	AT	2 (E)		VC1 VC2 AP7	CV13 CV28	S9	TU15	2		VC1 VC2 AP7	CW13 CW28 CW31	CE11	60	1588
				1 (D)	V8		CV9 CV10 CV36	S4 S14		1			CW9 CW10 CW36		RID: 268	1589
T7	TP2	L4BH	TU15 TE19	AT	2 (D/E)			CV13 CV28	S9 S19	TU15	2			CW13 CW28 CW31	CE5	60	1590
T4	TP1	L4BH	TU15 TE19	AT	2 (E)	V12		CV13 CV28	S9	TU15	2	W12		CW13 CW28 CW31	CE8	60	1591
T7	TP2	L4BH	TU15 TE19	AT	2 (E)	V12		CV13 CV28	S9	TU15	2	W12		CW13 CW28 CW31	CE8	60	1593
T7	TP2	L4BH	TU15 TE19	AT	2 (D/E)			CV13 CV28	S9 S19	TU15	2			CW13 CW28 CW31	CE5	60	1594
T20	TP2	L10CH	TU14 TU15 TE19 TE21	AT	1 (C/D)			CV1 CV13 CV28	S9 S14	TU14 TU15 TU38 TE21 TE22	1			CW13 CW28 CW31		668	1595
T3	TP33	SGAH L4BH	TU15 TE19	AT	2 (D/E)	V11		CV13 CV28	S9 S19	TU15	2	W11		CW13 CW28 CW31	CE9	60	1596
T7	TP2	L4BH	TU15 TE19	AT	2 (D/E)			CV13 CV28	S9 S19	TU15	2			CW13 CW28 CW31	CE5	60	1597
T7	TP2	L4BH	TU15 TE19	AT	2 (E)	V12		CV13 CV28	S9	TU15	2	W12		CW13 CW28 CW31	CE8	60	1597
T3	TP33	SGAH L4BH	TU15 TE19	AT	2 (D/E)	V11		CV13 CV28	S9 S19	TU15	2	W11		CW13 CW28 CW31	CE9	60	1598

3.2 Tabelle A: Verzeichnis der gefährlichen Güter

gemäß Tabelle 1.10.3.1.2 § 35b GGVSEB	UN-Nummer	Benennung und Beschreibung	Klasse	Klassifizierungscode	Verpackungsgruppe	Gefahrzettel	Sondervorschriften	Begrenzte und freigestellte Mengen		Verpackung Anweisungen	Verpackung Sondervorschriften	Verpackung Zusammenpackung
G..		3.1.2	2.2	2.2	2.1.1.3	5.2.2	3.3	3.4	3.5.1.2	4.1.4	4.1.4	4.1.10
	(1)	(2)	(3a)	(3b)	(4)	(5)	(6)	(7a)	(7b)	(8)	(9a)	(9b)
	1599	DINITROPHENOL, LÖSUNG	6.1	T1	II	6.1		100 ml	E4	P001 IBC02		MP15
	1599	DINITROPHENOL, LÖSUNG	6.1	T1	III	6.1		5 l	E1	P001 IBC03 LP01 R001		MP19
	1600	DINITROTOLUENE, GESCHMOLZEN	6.1	T1	II	6.1		0	E0			
•	1601	DESINFEKTIONSMITTEL, FEST, GIFTIG, N.A.G.	6.1	T2	I	6.1	274	0	E5	P002 IBC07		MP18
	1601	DESINFEKTIONSMITTEL, FEST, GIFTIG, N.A.G.	6.1	T2	II	6.1	274	500 g	E4	P002 IBC08	B4	MP10
	1601	DESINFEKTIONSMITTEL, FEST, GIFTIG, N.A.G.	6.1	T2	III	6.1	274	5 kg	E1	P002 IBC08 LP02 R001	B3	MP10
• G10	1602	FARBSTOFF, FLÜSSIG, GIFTIG, N.A.G. oder FARBSTOFFZWISCHENPRODUKT, FLÜSSIG, GIFTIG, N.A.G.	6.1	T1	I	6.1	274	0	E5	P001		MP8 MP17
	1602	FARBSTOFF, FLÜSSIG, GIFTIG, N.A.G. oder FARBSTOFFZWISCHENPRODUKT, FLÜSSIG, GIFTIG, N.A.G.	6.1	T1	II	6.1	274	100 ml	E4	P001 IBC02		MP15
	1602	FARBSTOFF, FLÜSSIG, GIFTIG, N.A.G. oder FARBSTOFFZWISCHENPRODUKT, FLÜSSIG, GIFTIG, N.A.G.	6.1	T1	III	6.1	274	5 l	E1	P001 IBC03 LP01 R001		MP19
	1603	ETHYLBROMACETAT	6.1	TF1	II	6.1 + 3		100 ml	E0	P001 IBC02		MP15
	1604	ETHYLENDIAMIN	8	CF1	II	8 + 3		1 l	E2	P001 IBC02		MP15
• G10	1605	ETHYLENDIBROMID	6.1	T1	I	6.1	354	0	E0	P602		MP8 MP17
	1606	EISEN(III)ARSENAT	6.1	T5	II	6.1		500 g	E4	P002 IBC08	B4	MP10
	1607	EISEN(III)ARSENIT	6.1	T5	II	6.1		500 g	E4	P002 IBC08	B4	MP10
	1608	EISEN(II)ARSENAT	6.1	T5	II	6.1		500 g	E4	P002 IBC08	B4	MP10
	1611	HEXAETHYLTETRAPHOSPHAT	6.1	T1	II	6.1		100 ml	E4	P001 IBC02		MP15
• G3	1612	HEXAETHYLTETRAPHOSPHAT UND VERDICHTETES GAS, GEMISCH	2	1T		2.3 RID: (+13)		0	E0	P200		MP9

Tabelle A: Verzeichnis der gefährlichen Güter 3.2

ortsbewegliche Tanks und Schüttgut-Container			ADR							RID						
Anweisungen	Sondervorschriften	Tankcodierungen für ADR/RID-Tanks	Sondervorschriften für ADR-Tanks	Fahrzeug für die Beförderung in Tanks	Beförderungskategorie (Tunnelbeschränkungscode)	Sondervorschriften für die Beförderung			Betrieb	Sondervorschriften für RID-Tanks	Beförderungskategorie	Sondervorschriften für die Beförderung			Expressgut	Nummer zur Kennzeichnung der Gefahr	UN-Nummer
						Versandstücke	lose Schüttung	Be- und Entladung, Handhabung				Versandstücke	lose Schüttung	Be- und Entladung, Handhabung			
4.2.5.2 7.3.2	4.2.5.3	4.3	4.3.5 6.8.4	9.1.1.2	1.1.3.6 (8.6)	7.2.4	7.3.3	7.5.11	8.5	4.3.5 6.8.4	1.1.3.1	7.2.4	7.3.3	7.5.11	7.6	5.3.2.3	(1)
(10)	(11)	(12)	(13)	(14)	(15)	(16)	(17)	(18)	(19)	(13)	(15)	(16)	(17)	(18)	(19)	(20)	(1)
T7	TP2	L4BH	TU15 TE19	AT	2 (D/E)			CV13 CV28	S9 S19	TU15	2			CW13 CW28 CW31	CE5	60	1599
T4	TP1	L4BH	TU15 TE19	AT	2 (E)	V12		CV13 CV28	S9	TU15	2	W12		CW13 CW28 CW31	CE8	60	1599
T7	TP3	L4BH	TU15 TE19	AT	0 (D/E)			CV13	S9 S19	TU15	0			CW13 CW31		60	1600
T6	TP33	S10AH L10CH	TU15 TE19	AT	1 (C/E)	V10		CV1 CV13 CV28	S9 S14	TU15 TU38 TE22	1	W10		CW13 CW28 CW31		66	1601
T3	TP33	SGAH L4BH	TU15 TE19	AT	2 (D/E)	V11		CV13 CV28	S9 S19	TU15	2	W11		CW13 CW28 CW31	CE9	60	1601
T1	TP33	SGAH L4BH	TU15 TE19	AT	2 (E)	VC1 VC2 AP7		CV13 CV28	S9	TU15	2	VC1 VC2 AP7		CW13 CW28 CW31	CE11	60	1601
		L10CH	TU14 TU15 TE19 TE21	AT	1 (C/E)			CV1 CV13 CV28	S9 S14	TU14 TU15 TU38 TE21 TE22	1			CW13 CW28 CW31		66	1602
		L4BH	TU15 TE19	AT	2 (D/E)			CV13 CV28	S9 S19	TU15	2			CW13 CW28 CW31	CE5	60	1602
		L4BH	TU15 TE19	AT	2 (E)	V12		CV13 CV28	S9	TU15	2	W12		CW13 CW28 CW31	CE8	60	1602
T7	TP2	L4BH	TU15 TE19	FL	2 (D/E)			CV13 CV28	S2 S9 S19	TU15	2			CW13 CW28 CW31	CE5	63	1603
T7	TP2	L4BN		FL	2 (D/E)				S2		2				CE6	83	1604
T20	TP2	L10CH	TU14 TU15 TE19 TE21	AT	1 (C/D)			CV1 CV13 CV28	S9 S14	TU14 TU15 TU38 TE21 TE22	1			CW13 CW28 CW31		66	1605
T3	TP33	SGAH	TU15 TE19	AT	2 (D/E)	V11		CV13 CV28	S9 S19	TU15	2	W11		CW13 CW28 CW31	CE9	60	1606
T3	TP33	SGAH	TU15 TE19	AT	2 (D/E)	V11		CV13 CV28	S9 S19	TU15	2	W11		CW13 CW28 CW31	CE9	60	1607
T3	TP33	SGAH	TU15 TE19	AT	2 (D/E)	V11		CV13 CV28	S9 S19	TU15	2	W11		CW13 CW28 CW31	CE9	60	1608
T7	TP2	L4BH	TU15 TE19	AT	2 (D/E)			CV13 CV28	S9 S19	TU15	2			CW13 CW28 CW31	CE5	60	1611
(M)		CxBH(M)	TA4 TT9	AT	1 (C/D)			CV9 CV10 CV36	S14	TU38 TE22 TE25 TA4 TT9	1			CW9 CW10 CW36		26	1612

3.2 Tabelle A: Verzeichnis der gefährlichen Güter

gemäß Tabelle 1.10.3.1.2	§ 35b GGVSEB	UN-Nummer	Benennung und Beschreibung	Klasse	Klassifizierungscode	Verpackungsgruppe	Gefahrzettel	Sondervorschriften	Begrenzte und freigestellte Mengen		Verpackung Anweisungen	Verpackung Sondervorschriften	Verpackung Zusammenpackung
	G..		3.1.2	2.2	2.2	2.1.1.3	5.2.2	3.3	3.4 / 3.5.1.2		4.1.4	4.1.4	4.1.10
	(1)		(2)	(3a)	(3b)	(4)	(5)	(6)	(7a)	(7b)	(8)	(9a)	(9b)
●	G10	1613	CYANWASSERSTOFF, WÄSSERIGE LÖSUNG (CYANWASSERSTOFFSÄURE, WÄSSERIGE LÖSUNG) mit höchstens 20 % Cyanwasserstoff	6.1	TF1	I	6.1 + 3	48	0	E0	P601		MP8 MP17
●		1614	CYANWASSERSTOFF, STABILISIERT, mit weniger als 3 % Wasser und aufgesaugt durch ein inertes poröses Material	6.1	TF1	I	6.1 + 3	386 603	0	E0	P099 P601	RR10	MP2
		1616	BLEIACETAT	6.1	T5	III	6.1		5 kg	E1	P002 IBC08 LP02 R001	B3	MP10
		1617	BLEIARSENATE	6.1	T5	II	6.1		500 g	E4	P002 IBC08	B4	MP10
		1618	BLEIARSENITE	6.1	T5	II	6.1		500 g	E4	P002 IBC08	B4	MP10
		1620	BLEICYANID	6.1	T5	II	6.1		500 g	E4	P002 IBC08	B4	MP10
		1621	LONDON PURPLE	6.1	T5	II	6.1	43	500 g	E4	P002 IBC08	B4	MP10
		1622	MAGNESIUMARSENAT	6.1	T5	II	6.1		500 g	E4	P002 IBC08	B4	MP10
		1623	QUECKSILBER(II)ARSENAT	6.1	T5	II	6.1		500 g	E4	P002 IBC08	B4	MP10
		1624	QUECKSILBER(II)CHLORID	6.1	T5	II	6.1		500 g	E4	P002 IBC08	B4	MP10
		1625	QUECKSILBER(II)NITRAT	6.1	T5	II	6.1		500 g	E4	P002 IBC08	B4	MP10
●		1626	KALIUMQUECKSILBER(II)CYANID	6.1	T5	I	6.1		0	E5	P002 IBC07		MP18
		1627	QUECKSILBER(I)NITRAT	6.1	T5	II	6.1		500 g	E4	P002 IBC08	B4	MP10
		1629	QUECKSILBERACETAT	6.1	T5	II	6.1		500 g	E4	P002 IBC08	B4	MP10
		1630	QUECKSILBER(II)AMMONIUMCHLORID	6.1	T5	II	6.1		500 g	E4	P002 IBC08	B4	MP10
		1631	QUECKSILBER(II)BENZOAT	6.1	T5	II	6.1		500 g	E4	P002 IBC08	B4	MP10
		1634	QUECKSILBERBROMIDE	6.1	T5	II	6.1		500 g	E4	P002 IBC08	B4	MP10
		1636	QUECKSILBERCYANID	6.1	T5	II	6.1		500 g	E4	P002 IBC08	B4	MP10

Tabelle A: Verzeichnis der gefährlichen Güter 3.2

ortsbewegliche Tanks und Schüttgut-Container		Tankcodierungen für ADR/RID-Tanks	ADR							RID						Expressgut	Nummer zur Kennzeichnung der Gefahr	UN-Nummer
Anweisungen	Sondervorschriften		Sondervorschriften für ADR-Tanks	Fahrzeug für die Beförderung in Tanks	Beförderungskategorie (Tunnelbeschränkungscode)	Sondervorschriften für die Beförderung			Betrieb	Sondervorschriften für RID-Tanks	Beförderungskategorie	Sondervorschriften für die Beförderung						
						Versandstücke	lose Schüttung	Be- und Entladung, Handhabung				Versandstücke	lose Schüttung	Be- und Entladung, Handhabung				
4.2.5.2 7.3.2.	4.2.5.3	4.3	4.3.5 6.8.4	9.1.1.2	1.1.3.6 (8.6)	7.2.4	7.3.3	7.5.11	8.5	4.3.5 6.8.4	1.1.3.1	7.2.4	7.3.3	7.5.11	7.6	5.3.2.3	(1)
(10)	(11)	(12)	(13)	(14)	(15)	(16)	(17)	(18)	(19)	(13)	(15)	(16)	(17)	(18)	(19)	(20)	(1)
T14	TP2	L15DH(+)	TU14 TU15 TE19 TE21	FL	0 (C/D)			CV1 CV13 CV28	S2 S9 S14	TU14 TU15 TU38 TE21 TE22 TE25	0			CW13 CW28 CW31		663	1613
					0 (D)	V8		CV1 CV13 CV28	S2 S4 S9 S10 S14		0			CW13 CW28 CW31			1614
T1	TP33	SGAH L4BH	TU15 TE19	AT	2 (E)		VC1 VC2 AP7	CV13 CV28	S9	TU15	2		VC1 VC2 AP7	CW13 CW28 CW31	CE11	60	1616
T3	TP33	SGAH	TU15 TE19	AT	2 (D/E)	V11		CV13 CV28	S9 S19	TU15	2	W11		CW13 CW28 CW31	CE9	60	1617
T3	TP33	SGAH	TU15 TE19	AT	2 (D/E)	V11		CV13 CV28	S9 S19	TU15	2	W11		CW13 CW28 CW31	CE9	60	1618
T3	TP33	SGAH	TU15 TE19	AT	2 (D/E)	V11		CV13 CV28	S9 S19	TU15	2	W11		CW13 CW28 CW31	CE9	60	1620
T3	TP33	SGAH	TU15 TE19	AT	2 (D/E)	V11		CV13 CV28	S9 S19	TU15	2	W11		CW13 CW28 CW31	CE9	60	1621
T3	TP33	SGAH	TU15 TE19	AT	2 (D/E)	V11		CV13 CV28	S9 S19	TU15	2	W11		CW13 CW28 CW31	CE9	60	1622
T3	TP33	SGAH	TU15 TE19	AT	2 (D/E)	V11		CV13 CV28	S9 S19	TU15	2	W11		CW13 CW28 CW31	CE9	60	1623
T3	TP33	SGAH	TU15 TE19	AT	2 (D/E)	V11		CV13 CV28	S9 S19	TU15	2	W11		CW13 CW28 CW31	CE9	60	1624
T3	TP33	SGAH	TU15 TE19	AT	2 (D/E)	V11		CV13 CV28	S9 S19	TU15	2	W11		CW13 CW28 CW31	CE9	60	1625
T6	TP33	S10AH	TU15 TE19	AT	1 (C/E)	V10		CV1 CV13 CV28	S9 S14	TU15	1	W10		CW13 CW28 CW31		66	1626
T3	TP33	SGAH	TU15 TE19	AT	2 (D/E)	V11		CV13 CV28	S9 S19	TU15	2	W11		CW13 CW28 CW31	CE9	60	1627
T3	TP33	SGAH	TU15 TE19	AT	2 (D/E)	V11		CV13 CV28	S9 S19	TU15	2	W11		CW13 CW28 CW31	CE9	60	1629
T3	TP33	SGAH	TU15 TE19	AT	2 (D/E)	V11		CV13 CV28	S9 S19	TU15	2	W11		CW13 CW28 CW31	CE9	60	1630
T3	TP33	SGAH	TU15 TE19	AT	2 (D/E)	V11		CV13 CV28	S9 S19	TU15	2	W11		CW13 CW28 CW31	CE9	60	1631
T3	TP33	SGAH	TU15 TE19	AT	2 (D/E)	V11		CV13 CV28	S9 S19	TU15	2	W11		CW13 CW28 CW31	CE9	60	1634
T3	TP33	SGAH	TU15 TE19	AT	2 (D/E)	V11		CV13 CV28	S9 S19	TU15	2	W11		CW13 CW28 CW31	CE9	60	1636

3.2 Tabelle A: Verzeichnis der gefährlichen Güter

gemäß Tabelle 1.10.3.1.2	§ 35b GGVSEB	UN-Nummer	Benennung und Beschreibung	Klasse	Klassifizierungscode	Verpackungsgruppe	Gefahrzettel	Sondervorschriften	Begrenzte und freigestellte Mengen		Verpackung		
											Anweisungen	Sondervorschriften	Zusammenpackung
G..			3.1.2	2.2	2.2	2.1.1.3	5.2.2	3.3	3.4 / 3.5.1.2		4.1.4	4.1.4	4.1.10
(1)			(2)	(3a)	(3b)	(4)	(5)	(6)	(7a)	(7b)	(8)	(9a)	(9b)
		1637	QUECKSILBERGLUCONAT	6.1	T5	II	6.1		500 g	E4	P002 IBC08	B4	MP10
		1638	QUECKSILBERIODID	6.1	T5	II	6.1		500 g	E4	P002 IBC08	B4	MP10
		1639	QUECKSILBERNUCLEAT	6.1	T5	II	6.1		500 g	E4	P002 IBC08	B4	MP10
		1640	QUECKSILBEROLEAT	6.1	T5	II	6.1		500 g	E4	P002 IBC08	B4	MP10
		1641	QUECKSILBEROXID	6.1	T5	II	6.1		500 g	E4	P002 IBC08	B4	MP10
		1642	QUECKSILBEROXYCYANID, DESENSIBISIERT	6.1	T5	II	6.1		500 g	E4	P002 IBC08	B4	MP10
		1643	KALIUMQUECKSILBER(II)IODID	6.1	T5	II	6.1		500 g	E4	P002 IBC08	B4	MP10
		1644	QUECKSILBERSALICYLAT	6.1	T5	II	6.1		500 g	E4	P002 IBC08	B4	MP10
		1645	QUECKSILBERSULFAT	6.1	T5	II	6.1		500 g	E4	P002 IBC08	B4	MP10
		1646	QUECKSILBERTHIOCYANAT	6.1	T5	II	6.1		500 g	E4	P002 IBC08	B4	MP10
●	G10	1647	METHYLBROMID UND ETHYLENDIBROMID, MISCHUNG, FLÜSSIG	6.1	T1	I	6.1	354	0	E0	P602		MP8 MP17
●	G4	1648	ACETONITRIL	3	F1	II	3		1 l	E2	P001 IBC02 R001		MP19
●	G10	1649	ANTIKLOPFMISCHUNG FÜR MOTORKRAFTSTOFF	6.1	T3	I	6.1		0	E0	P602		MP8 MP17
		1650	beta-NAPHTHYLAMIN, FEST	6.1	T2	II	6.1		500 g	E4	P002 IBC08	B4	MP10
		1651	NAPHTHYLTHIOHARNSTOFF	6.1	T2	II	6.1	43	500 g	E4	P002 IBC08	B4	MP10
		1652	NAPHTHYLHARNSTOFF	6.1	T2	II	6.1		500 g	E4	P002 IBC08	B4	MP10
		1653	NICKELCYANID	6.1	T5	II	6.1		500 g	E4	P002 IBC08	B4	MP10
		1654	NICOTIN	6.1	T1	II	6.1		100 ml	E4	P001 IBC02		MP15

Tabelle A: Verzeichnis der gefährlichen Güter 3.2

ortsbewegliche Tanks und Schüttgut-Container			Sondervorschriften für ADR-Tanks	Fahrzeug für die Beförderung in Tanks	ADR Beförderungs-kategorie (Tunnelbeschränkungs-code)	Sondervorschriften für die Beförderung			Betrieb	Sondervorschriften für RID-Tanks	RID Beförderungs-kategorie	Sondervorschriften für die Beförderung			Expressgut	Nummer zur Kennzeichnung der Gefahr	UN-Nummer
Anweisungen	Sondervorschriften	Tankcodierungen für ADR/RID-Tanks				Versandstücke	lose Schüttung	Be- und Entladung, Handhabung				Versandstücke	lose Schüttung	Be- und Entladung, Handhabung			
4.2.5.2 7.3.2	4.2.5.3	4.3	4.3.5 6.8.4	9.1.1.2	1.1.3.6 (8.6)	7.2.4	7.3.3	7.5.11	8.5	4.3.5 6.8.4	1.1.3.1	7.2.4	7.3.3	7.5.11	7.6	5.3.2.3	(1)
(10)	(11)	(12)	(13)	(14)	(15)	(16)	(17)	(18)	(19)	(13)	(15)	(16)	(17)	(18)	(19)	(20)	(1)
T3	TP33	SGAH	TU15 TE19	AT	2 (D/E)	V11		CV13 CV28	S9 S19	TU15	2	W11		CW13 CW28 CW31	CE9	60	1637
T3	TP33	SGAH	TU15 TE19	AT	2 (D/E)	V11		CV13 CV28	S9 S19	TU15	2	W11		CW13 CW28 CW31	CE9	60	1638
T3	TP33	SGAH	TU15 TE19	AT	2 (D/E)	V11		CV13 CV28	S9 S19	TU15	2	W11		CW13 CW28 CW31	CE9	60	1639
T3	TP33	SGAH	TU15 TE19	AT	2 (D/E)	V11		CV13 CV28	S9 S19	TU15	2	W11		CW13 CW28 CW31	CE9	60	1640
T3	TP33	SGAH	TU15 TE19	AT	2 (D/E)	V11		CV13 CV28	S9 S19	TU15	2	W11		CW13 CW28 CW31	CE9	60	1641
T3	TP33	SGAH	TU15 TE19	AT	2 (D/E)	V11		CV13 CV28	S9 S19	TU15	2	W11		CW13 CW28 CW31	CE9	60	1642
T3	TP33	SGAH	TU15 TE19	AT	2 (D/E)	V11		CV13 CV28	S9 S19	TU15	2	W11		CW13 CW28 CW31	CE9	60	1643
T3	TP33	SGAH	TU15 TE19	AT	2 (D/E)	V11		CV13 CV28	S9 S19	TU15	2	W11		CW13 CW28 CW31	CE9	60	1644
T3	TP33	SGAH	TU15 TE19	AT	2 (D/E)	V11		CV13 CV28	S9 S19	TU15	2	W11		CW13 CW28 CW31	CE9	60	1645
T3	TP33	SGAH	TU15 TE19	AT	2 (D/E)	V11		CV13 CV28	S9 S19	TU15	2	W11		CW13 CW28 CW31	CE9	60	1646
T20	TP2	L10CH	TU14 TU15 TE19 TE21	AT	1 (C/D)			CV1 CV13 CV28	S9 S14	TU14 TU15 TU38 TE21 TE22	1			CW13 CW28 CW31		66	1647
T7	TP2	LGBF		FL	2 (D/E)				S2 S20		2				CE7	33	1648
T14	TP2	L10CH	TU14 TU15 TE19 TE21	AT	1 (C/E)			CV1 CV13 CV28	S9 S14	TU14 TU15 TU38 TE21 TE22 TT6	1			CW13 CW28 CW31		66	1649
T3	TP33	SGAH L4BH	TU15 TE19	AT	2 (D/E)	V11		CV13 CV28	S9 S19	TU15	2	W11		CW13 CW28 CW31	CE9	60	1650
T3	TP33	SGAH	TU15 TE19	AT	2 (D/E)	V11		CV13 CV28	S9 S19	TU15	2	W11		CW13 CW28 CW31	CE9	60	1651
T3	TP33	SGAH	TU15 TE19	AT	2 (D/E)	V11		CV13 CV28	S9 S19	TU15	2	W11		CW13 CW28 CW31	CE9	60	1652
T3	TP33	SGAH L4BH	TU15 TE19	AT	2 (D/E)	V11		CV13 CV28	S9 S19	TU15	2	W11		CW13 CW28 CW31	CE9	60	1653
		L4BH	TU15 TE19	AT	2 (D/E)			CV13 CV28	S9 S19	TU15	2			CW13 CW28 CW31	CE5	60	1654

517

3.2 Tabelle A: Verzeichnis der gefährlichen Güter

gemäß Tabelle 1.10.3.1.2 § 35b GGVSEB	UN-Nummer	Benennung und Beschreibung	Klasse	Klassifizierungscode	Verpackungsgruppe	Gefahrzettel	Sondervorschriften	Begrenzte und freigestellte Mengen		Verpackung		
										Anweisungen	Sondervorschriften	Zusammenpackung
G..		3.1.2	2.2	2.2	2.1.1.3	5.2.2	3.3	3.4 / 3.5.1.2		4.1.4	4.1.4	4.1.10
(1)		(2)	(3a)	(3b)	(4)	(5)	(6)	(7a)	(7b)	(8)	(9a)	(9b)
•	1655	NICOTINVERBINDUNG, FEST, N.A.G. oder NICOTINZUBEREITUNG, FEST, N.A.G.	6.1	T2	I	6.1	43 274	0	E5	P002 IBC07		MP18
	1655	NICOTINVERBINDUNG, FEST, N.A.G. oder NICOTINZUBEREITUNG, FEST, N.A.G.	6.1	T2	II	6.1	43 274	500 g	E4	P002 IBC08	B4	MP10
	1655	NICOTINVERBINDUNG, FEST, N.A.G. oder NICOTINZUBEREITUNG, FEST, N.A.G.	6.1	T2	III	6.1	43 274	5 kg	E1	P002 IBC08 LP02 R001	B3	MP10
	1656	NICOTINHYDROCHLORID, FLÜSSIG oder NICOTINHYDROCHLORID, LÖSUNG	6.1	T1	II	6.1	43	100 ml	E4	P001 IBC02		MP15
	1656	NICOTINHYDROCHLORID, FLÜSSIG oder NICOTINHYDROCHLORID, LÖSUNG	6.1	T1	III	6.1	43	5 l	E1	P001 IBC03 LP01 R001		MP19
	1657	NICOTINSALICYLAT	6.1	T2	II	6.1		500 g	E4	P002 IBC08	B4	MP10
	1658	NICOTINSULFAT, LÖSUNG	6.1	T1	II	6.1		100 ml	E4	P001 IBC02		MP15
	1658	NICOTINSULFAT, LÖSUNG	6.1	T1	III	6.1		5 l	E1	P001 IBC03 LP01 R001		MP19
	1659	NICOTINTARTRAT	6.1	T2	II	6.1		500 g	E4	P002 IBC08	B4	MP10
•	1660	STICKSTOFFMONOXID, VERDICHTET (STICKSTOFFOXID, VERDICHTET)	2	1TOC		2.3 + 5.1 + 8		0	E0	P200		MP9
	1661	NITROANILINE (o-, m-, p-)	6.1	T2	II	6.1	279	500 g	E4	P002 IBC08	B4	MP10
	1662	NITROBENZEN	6.1	T1	II	6.1	279	100 ml	E4	P001 IBC02		MP15
	1663	NITROPHENOLE (o-, m-, p-)	6.1	T2	III	6.1	279	5 kg	E1	P002 IBC08 LP02 R001	B3	MP10
	1664	NITROTOLUENE, FLÜSSIG	6.1	T1	II	6.1		100 ml	E4	P001 IBC02		MP15
	1665	NITROXYLENE, FLÜSSIG	6.1	T1	II	6.1		100 ml	E4	P001 IBC02		MP15
	1669	PENTACHLORETHAN	6.1	T1	II	6.1		100 ml	E4	P001 IBC02		MP15
• G10	1670	PERCHLORMETHYLMERCAPTAN	6.1	T1	I	6.1	354	0	E0	P602		MP8 MP17
	1671	PHENOL, FEST	6.1	T2	II	6.1	279	500 g	E4	P002 IBC08	B4	MP10

Tabelle A: Verzeichnis der gefährlichen Güter 3.2

ortsbewegliche Tanks und Schüttgut-Container Anweisungen	Sondervorschriften	Tankcodierungen für ADR/RID-Tanks	Sondervorschriften für ADR-Tanks	Fahrzeug für die Beförderung in Tanks	ADR Beförderungskategorie (Tunnelbeschränkungscode)	Sondervorschriften für die Beförderung Versandstücke	lose Schüttung	Be- und Entladung, Handhabung	Betrieb	RID Sondervorschriften für RID-Tanks	Beförderungskategorie	Versandstücke	lose Schüttung	Be- und Entladung, Handhabung	Expressgut	Nummer zur Kennzeichnung der Gefahr	UN-Nummer
4.2.5.2 7.3.2	4.2.5.3	4.3	4.3.5 6.8.4	9.1.1.2	1.1.3.6 (8.6)	7.2.4	7.3.3	7.5.11	8.5	4.3.5 6.8.4	1.1.3.1	7.2.4	7.3.3	7.5.11	7.6	5.3.2.3	
(10)	(11)	(12)	(13)	(14)	(15)	(16)	(17)	(18)	(19)	(13)	(15)	(16)	(17)	(18)	(19)	(20)	(1)
T6	TP33	S10AH L10CH	TU15 TE19	AT	1 (C/E)	V10		CV1 CV13 CV28	S9 S14	TU15 TU38 TE22	1	W10		CW13 CW28 CW31		66	1655
T3	TP33	SGAH L4BH	TU15 TE19	AT	2 (D/E)	V11		CV13 CV28	S9 S19	TU15	2	W11		CW13 CW28 CW31	CE9	60	1655
T1	TP33	SGAH L4BH	TU15 TE19	AT	2 (E)			VC1 VC2 AP7	CV13 CV28	S9	TU15	2		VC1 VC2 AP7	CW13 CW28 CW31	CE11	60	1655
		L4BH	TU15 TE19	AT	2 (D/E)			CV13 CV28	S9 S19	TU15	2			CW13 CW28 CW31	CE5	60	1656
		L4BH	TU15 TE19	AT	2 (E)	V12		CV13 CV28	S9	TU15	2	W12		CW13 CW28 CW31	CE8	60	1656
T3	TP33	SGAH L4BH	TU15 TE19	AT	2 (D/E)	V11		CV13 CV28	S9 S19	TU15	2	W11		CW13 CW28 CW31	CE9	60	1657
T7	TP2	L4BH	TU15 TE19	AT	2 (D/E)			CV13 CV28	S9 S19	TU15	2			CW13 CW28 CW31	CE5	60	1658
T7	TP2	L4BH	TU15 TE19	AT	2 (E)	V12		CV13 CV28	S9	TU15	2	W12		CW13 CW28 CW31	CE8	60	1658
T3	TP33	SGAH L4BH	TU15 TE19	AT	2 (D/E)	V11		CV13 CV28	S9 S19	TU15	2	W11		CW13 CW28 CW31	CE9	60	1659
					1 (D)			CV9 CV10 CV36	S14		1			CW9 CW10 CW36		RID: 265	1660
T3	TP33	SGAH L4BH	TU15 TE19	AT	2 (D/E)	V11		CV13 CV28	S9 S19	TU15	2	W11		CW13 CW28 CW31	CE9	60	1661
T7	TP2	L4BH	TU15 TE19	AT	2 (D/E)			CV13 CV28	S9 S19	TU15	2			CW13 CW28 CW31	CE5	60	1662
T1	TP33	SGAH L4BH	TU15 TE19	AT	2 (E)			VC1 VC2 AP7	CV13 CV28	S9	TU15	2		VC1 VC2 AP7	CW13 CW28 CW31	CE11	60	1663
T7	TP2	L4BH	TU15 TE19	AT	2 (D/E)			CV13 CV28	S9 S19	TU15	2			CW13 CW28 CW31	CE5	60	1664
T7	TP2	L4BH	TU15 TE19	AT	2 (D/E)			CV13 CV28	S9 S19	TU15	2			CW13 CW28 CW31	CE5	60	1665
T7	TP2	L4BH	TU15 TE19	AT	2 (D/E)			CV13 CV28	S9 S19	TU15	2			CW13 CW28 CW31	CE5	60	1669
T20	TP2	L10CH	TU14 TU15 TE19 TE21	AT	1 (C/D)			CV1 CV13 CV28	S9 S14	TU14 TU15 TU38 TE21 TE22	1			CW13 CW28 CW31		66	1670
T3	TP33	SGAH	TU15 TE19	AT	2 (D/E)	V11		CV13 CV28	S9 S19	TU15	2	W11		CW13 CW28 CW31	CE9	60	1671

3.2 Tabelle A: Verzeichnis der gefährlichen Güter

gemäß Tabelle 1.10.3.1.2	§ 35b GGVSEB	UN-Nummer	Benennung und Beschreibung	Klasse	Klassifizierungscode	Verpackungsgruppe	Gefahrzettel	Sondervorschriften	Begrenzte und freigestellte Mengen		Verpackung Anweisungen	Verpackung Sondervorschriften	Verpackung Zusammenpackung
	G..		3.1.2	2.2	2.2	2.1.1.3	5.2.2	3.3	3.4 / 3.5.1.2		4.1.4	4.1.4	4.1.10
	(1)		(2)	(3a)	(3b)	(4)	(5)	(6)	(7a)	(7b)	(8)	(9a)	(9b)
●	G10	1672	PHENYLCARBYLAMINCHLORID	6.1	T1	I	6.1		0	E0	P602		MP8 MP17
		1673	PHENYLENDIAMINE (o-, m-, p-)	6.1	T2	III	6.1	279	5 kg	E1	P002 IBC08 LP02 R001	B3	MP10
		1674	PHENYLQUECKSILBER(II)ACETAT	6.1	T3	II	6.1	43	500 g	E4	P002 IBC08	B4	MP10
		1677	KALIUMARSENAT	6.1	T5	II	6.1		500 g	E4	P002 IBC08	B4	MP10
		1678	KALIUMARSENIT	6.1	T5	II	6.1		500 g	E4	P002 IBC08	B4	MP10
		1679	KALIUMKUPFER(I)CYANID	6.1	T5	II	6.1		500 g	E4	P002 IBC08	B4	MP10
●		1680	KALIUMCYANID, FEST	6.1	T5	I	6.1		0	E5	P002 IBC07		MP18
		1683	SILBERARSENIT	6.1	T5	II	6.1		500 g	E4	P002 IBC08	B4	MP10
		1684	SILBERCYANID	6.1	T5	II	6.1		500 g	E4	P002 IBC08	B4	MP10
		1685	NATRIUMARSENAT	6.1	T5	II	6.1		500 g	E4	P002 IBC08	B4	MP10
		1686	NATRIUMARSENIT, WÄSSERIGE LÖSUNG	6.1	T4	II	6.1	43	100 ml	E4	P001 IBC02		MP15
		1686	NATRIUMARSENIT, WÄSSERIGE LÖSUNG	6.1	T4	III	6.1	43	5 l	E1	P001 IBC03 LP01 R001		MP19
		1687	NATRIUMAZID	6.1	T5	II	6.1		500 g	E4	P002 IBC08	B4	MP10
		1688	NATRIUMKAKODYLAT	6.1	T5	II	6.1		500 g	E4	P002 IBC08	B4	MP10
●		1689	NATRIUMCYANID, FEST	6.1	T5	I	6.1		0	E5	P002 IBC07		MP18
		1690	NATRIUMFLUORID, FEST	6.1	T5	III	6.1		5 kg	E1	P002 IBC08 LP02 R001	B3	MP10
		1691	STRONTIUMARSENIT	6.1	T5	II	6.1		500 g	E4	P002 IBC08	B4	MP10
●		1692	STRYCHNIN oder STRYCHNINSALZE	6.1	T2	I	6.1		0	E5	P002 IBC07		MP18

Tabelle A: Verzeichnis der gefährlichen Güter 3.2

ortsbewegliche Tanks und Schüttgut-Container Anweisungen 4.2.5.2 7.3.2 (10)	Sondervorschriften 4.2.5.3 (11)	Tankcodierungen für ADR/RID-Tanks 4.3 (12)	ADR Sondervorschriften für ADR-Tanks 4.3.5 6.8.4 (13)	ADR Fahrzeug für die Beförderung in Tanks 9.1.1.2 (14)	ADR Beförderungskategorie (Tunnelbeschränkungscode) 1.1.3.6 (8.6) (15)	ADR Sondervorschriften für die Beförderung Versandstücke 7.2.4 (16)	ADR Sondervorschriften für die Beförderung lose Schüttung 7.3.3 (17)	ADR Sondervorschriften für die Beförderung Be- und Entladung, Handhabung 7.5.11 (18)	ADR Betrieb 8.5 (19)	RID Sondervorschriften für RID-Tanks 4.3.5 6.8.4 (13)	RID Beförderungskategorie 1.1.3.1 (15)	RID Sondervorschriften für die Beförderung Versandstücke 7.2.4 (16)	RID Sondervorschriften für die Beförderung lose Schüttung 7.3.3 (17)	RID Sondervorschriften für die Beförderung Be- und Entladung, Handhabung 7.5.11 (18)	Expressgut 7.6 (19)	Nummer zur Kennzeichnung der Gefahr 5.3.2.3 (20)	UN-Nummer (1)
T14	TP2	L10CH	TU14 TU15 TE19 TE21	AT	1 (C/E)			CV1 CV13 CV28	S9 S14	TU14 TU15 TU38 TE21 TE22	1			CW13 CW28 CW31		66	1672
T1	TP33	SGAH L4BH	TU15 TE19	AT	2 (E)		VC1 VC2 AP7	CV13 CV28	S9	TU15	2		VC1 VC2 AP7	CW13 CW28 CW31	CE11	60	1673
T3	TP33	SGAH L4BH	TU15 TE19	AT	2 (D/E)	V11		CV13 CV28	S9 S19	TU15	2	W11		CW13 CW28 CW31	CE9	60	1674
T3	TP33	SGAH	TU15 TE19	AT	2 (D/E)	V11		CV13 CV28	S9 S19	TU15	2	W11		CW13 CW28 CW31	CE9	60	1677
T3	TP33	SGAH	TU15 TE19	AT	2 (D/E)	V11		CV13 CV28	S9 S19	TU15	2	W11		CW13 CW28 CW31	CE9	60	1678
T3	TP33	SGAH	TU15 TE19	AT	2 (D/E)	V11		CV13 CV28	S9 S19	TU15	2	W11		CW13 CW28 CW31	CE9	60	1679
T6	TP33	S10AH	TU15 TE19	AT	1 (C/E)	V10		CV1 CV13 CV28	S9 S14	TU15	1	W10		CW13 CW28 CW31		66	1680
T3	TP33	SGAH	TU15 TE19	AT	2 (D/E)	V11		CV13 CV28	S9 S19	TU15	2	W11		CW13 CW28 CW31	CE9	60	1683
T3	TP33	SGAH	TU15 TE19	AT	2 (D/E)	V11		CV13 CV28	S9 S19	TU15	2	W11		CW13 CW28 CW31	CE9	60	1684
T3	TP33	SGAH	TU15 TE19	AT	2 (D/E)	V11		CV13 CV28	S9 S19	TU15	2	W11		CW13 CW28 CW31	CE9	60	1685
T7	TP2	L4BH	TU15 TE19	AT	2 (D/E)			CV13 CV28	S9 S19	TU15	2			CW13 CW28 CW31	CE5	60	1686
T4	TP2	L4BH	TU15 TE19	AT	2 (E)	V12		CV13 CV28	S9	TU15	2	W12		CW13 CW28 CW31	CE8	60	1686
					2 (E)	V11		CV13 CV28	S9 S19		2	W11		CW13 CW28 CW31	CE9	RID: 60	1687
T3	TP33	SGAH	TU15 TE19	AT	2 (D/E)	V11		CV13 CV28	S9 S19	TU15	2	W11		CW13 CW28 CW31	CE9	60	1688
T6	TP33	S10AH	TU15 TE19	AT	1 (C/E)	V10		CV1 CV13 CV28	S9 S14	TU15	1	W10		CW13 CW28 CW31		66	1689
T1	TP33	SGAH	TU15 TE19	AT	2 (E)		VC1 VC2 AP7	CV13 CV28	S9	TU15	2		VC1 VC2 AP7	CW13 CW28 CW31	CE11	60	1690
T3	TP33	SGAH	TU15 TE19	AT	2 (D/E)	V11		CV13 CV28	S9 S19	TU15	2	W11		CW13 CW28 CW31	CE9	60	1691
T6	TP33	S10AH	TU15 TE19	AT	1 (C/E)	V10		CV1 CV13 CV28	S9 S14	TU15	1	W10		CW13 CW28 CW31		66	1692

3.2 Tabelle A: Verzeichnis der gefährlichen Güter

gemäß Tabelle 1.10.3.1.2 § 35b GGVSEB	UN-Nummer	Benennung und Beschreibung	Klasse	Klassifizierungscode	Verpackungsgruppe	Gefahrzettel	Sondervorschriften	Begrenzte und freigestellte Mengen		Verpackung		
										Anweisungen	Sondervorschriften	Zusammenpackung
G..		3.1.2	2.2	2.2	2.1.1.3	5.2.2	3.3	3.4 / 3.5.1.2		4.1.4	4.1.4	4.1.10
	(1)	(2)	(3a)	(3b)	(4)	(5)	(6)	(7a)	(7b)	(8)	(9a)	(9b)
● G10	1693	STOFF ZUR HERSTELLUNG VON TRÄNENGASEN, FLÜSSIG, N.A.G.	6.1	T1	I	6.1	274	0	E0	P001		MP8 MP17
	1693	STOFF ZUR HERSTELLUNG VON TRÄNENGASEN, FLÜSSIG, N.A.G.	6.1	T1	II	6.1	274	0	E0	P001 IBC02		MP15
● G10	1694	BROMBENZYLCYANIDE, FLÜSSIG	6.1	T1	I	6.1	138	0	E0	P001		MP8 MP17
● G10	1695	CHLORACETON, STABILISIERT	6.1	TFC	I	6.1 + 3 + 8	354	0	E0	P602		MP8 MP17
	1697	CHLORACETOPHENON, FEST	6.1	T2	II	6.1		0	E0	P002 IBC08	B4	MP10
	1698	DIPHENYLAMINOCHLORARSIN	6.1	T3	I	6.1		0	E0	P002		MP18
● G10	1699	DIPHENYLCHLORARSIN, FLÜSSIG	6.1	T3	I	6.1		0	E0	P001		MP8 MP17
	1700	TRÄNENGAS-KERZEN	6.1	TF3		6.1 + 4.1		0	E0	P600		
	1701	XYLYLBROMID, FLÜSSIG	6.1	T1	II	6.1		0	E0	P001 IBC02		MP15
	1702	1,1,2,2-TETRACHLORETHAN	6.1	T1	II	6.1		100 ml	E4	P001 IBC02		MP15
	1704	TETRAETHYLDITHIOPYROPHOSPHAT	6.1	T1	II	6.1	43	100 ml	E4	P001 IBC02		MP15
	1707	THALLIUMVERBINDUNG, N.A.G.	6.1	T5	II	6.1	43 274	500 g	E4	P002 IBC08	B4	MP10
	1708	TOLUIDINE, FLÜSSIG	6.1	T1	II	6.1	279	100 ml	E4	P001 IBC02		MP15
	1709	2,4-TOLUYLENDIAMIN, FEST	6.1	T2	III	6.1		5 kg	E1	P002 IBC08 LP02 R001	B3	MP10
	1710	TRICHLORETHYLEN	6.1	T1	III	6.1		5 l	E1	P001 IBC03 LP01 R001		MP19
	1711	XYLIDINE, FLÜSSIG	6.1	T1	II	6.1		100 ml	E4	P001 IBC02		MP15

Tabelle A: Verzeichnis der gefährlichen Güter 3.2

ortsbewegliche Tanks und Schüttgut-Container Anweisungen	Sondervorschriften	Tankcodierungen für ADR/RID-Tanks	Sondervorschriften für ADR-Tanks	Fahrzeug für die Beförderung in Tanks	ADR Beförderungskategorie (Tunnelbeschränkungscode)	Sondervorschriften für die Beförderung Versandstücke	lose Schüttung	Be- und Entladung, Handhabung	Betrieb	RID Sondervorschriften für RID-Tanks	Beförderungskategorie	Sondervorschriften für die Beförderung Versandstücke	lose Schüttung	Be- und Entladung, Handhabung	Expressgut	Nummer zur Kennzeichnung der Gefahr	UN-Nummer
4.2.5.2 7.3.2	4.2.5.3	4.3	4.3.5 6.8.4	9.1.1.2	1.1.3.6 (8.6)	7.2.4	7.3.3	7.5.11		8.5	4.3.5 6.8.4	1.1.3.1	7.2.4	7.3.3	7.5.11	7.6	5.3.2.3
(10)	(11)	(12)	(13)	(14)	(15)	(16)	(17)	(18)	(19)	(13)	(15)	(16)	(17)	(18)	(19)	(20)	(1)
		L10CH	TU14 TU15 TE19 TE21	AT	1 (C/E)			CV1 CV13 CV28	S9 S14	TU14 TU15 TU38 TE21 TE22	1			CW13 CW28 CW31		66	1693
		L4BH	TU15 TE19	AT	2 (D/E)			CV13 CV28	S9 S19	TU15	2			CW13 CW28 CW31	CE5	60	1693
T14	TP2	L10CH	TU14 TU15 TE19 TE21	AT	1 (C/E)			CV1 CV13 CV28	S9 S14	TU14 TU15 TU38 TE21 TE22	1			CW13 CW28 CW31		66	1694
T20	TP2	L10CH	TU14 TU15 TE19 TE21	FL	1 (C/D)			CV1 CV13 CV28	S2 S9 S14	TU14 TU15 TU38 TE21 TE22	1			CW13 CW28 CW31		663	1695
T3	TP33	SGAH L4BH	TU15 TE19	AT	2 (D/E)	V11		CV13 CV28	S9 S19	TU15	2	W11		CW13 CW28 CW31	CE9	60	1697
T6	TP33	S10AH	TU15 TE19	AT	1 (C/E)			CV1 CV13 CV28	S9 S14	TU15	1			CW13 CW28 CW31		66	1698
		L10CH	TU14 TU15 TE19 TE21	AT	1 (C/E)			CV1 CV13 CV28	S9 S14	TU14 TU15 TU38 TE21 TE22	1			CW13 CW28 CW31		66	1699
					2 (E)			CV13 CV28	S9 S19		2			CW13 CW28 CW31		RID: 64	1700
T7	TP2	L4BH	TU15 TE19	AT	2 (D/E)			CV13 CV28	S9 S19	TU15	2			CW13 CW28 CW31	CE5	60	1701
T7	TP2	L4BH	TU15 TE19	AT	2 (D/E)			CV13 CV28	S9 S19	TU15	2			CW13 CW28 CW31	CE5	60	1702
T7	TP2	L4BH	TU15 TE19	AT	2 (D/E)			CV13 CV28	S9 S19	TU15	2			CW13 CW28 CW31	CE5	60	1704
T3	TP33	SGAH L4BH	TU15 TE19	AT	2 (D/E)	V11		CV13 CV28	S9 S19	TU15	2	W11		CW13 CW28 CW31	CE9	60	1707
T7	TP2	L4BH	TU15 TE19	AT	2 (D/E)			CV13 CV28	S9 S19	TU15	2			CW13 CW28 CW31	CE5	60	1708
T1	TP33	SGAH L4BH	TU15 TE19	AT	2 (E)	VC1 VC2 AP7		CV13 CV28	S9	TU15	2	VC1 VC2 AP7		CW13 CW28 CW31	CE11	60	1709
T4	TP1	L4BH	TU15 TE19	AT	2 (E)	V12		CV13 CV28	S9	TU15	2	W12		CW13 CW28 CW31	CE8	60	1710
T7	TP2	L4BH	TU15 TE19	AT	2 (D/E)			CV13 CV28	S9 S19	TU15	2			CW13 CW28 CW31	CE5	60	1711

3.2 Tabelle A: Verzeichnis der gefährlichen Güter

gemäß Tabelle 1.10.3.1.2	§ 35b GGVSEB	UN-Nummer	Benennung und Beschreibung	Klasse	Klassifizierungscode	Verpackungsgruppe	Gefahrzettel	Sondervorschriften	Begrenzte und freigestellte Mengen		Verpackung		
											Anweisungen	Sondervorschriften	Zusammenpackung
G..			3.1.2	2.2	2.2	2.1.1.3	5.2.2	3.3	3.4 / 3.5.1.2		4.1.4	4.1.4	4.1.10
(1)			(2)	(3a)	(3b)	(4)	(5)	(6)	(7a)	(7b)	(8)	(9a)	(9b)
		1712	ZINKARSENAT oder ZINKARSENIT oder ZINKARSENAT UND ZINKARSENIT, MISCHUNG	6.1	T5	II	6.1		500 g	E4	P002 IBC08	B4	MP10
●		1713	ZINKCYANID	6.1	T5	I	6.1		0	E5	P002 IBC07		MP18
●		1714	ZINKPHOSPHID	4.3	WT2	I	4.3 + 6.1		0	E0	P403		MP2
		1715	ESSIGSÄUREANHYDRID	8	CF1	II	8 + 3		1 l	E2	P001 IBC02		MP15
		1716	ACETYLBROMID	8	C3	II	8		1 l	E2	P001 IBC02		MP15
●		1717	ACETYLCHLORID	3	FC	II	3 + 8		1 l	E2	P001 IBC02		MP19
		1718	BUTYLPHOSPHAT	8	C3	III	8		5 l	E1	P001 IBC03 LP01 R001		MP19
		1719	ÄTZENDER ALKALISCHER FLÜSSIGER STOFF, N.A.G.	8	C5	II	8	274	1 l	E2	P001 IBC02		MP15
		1719	ÄTZENDER ALKALISCHER FLÜSSIGER STOFF, N.A.G.	8	C5	III	8	274	5 l	E1	P001 IBC03 R001		MP19
●	G10	1722	ALLYLCHLORFORMIAT	6.1	TFC	I	6.1 + 3 + 8		0	E0	P001		MP8 MP17
●		1723	ALLYLIODID	3	FC	II	3 + 8		1 l	E2	P001 IBC02		MP19
		1724	ALLYLTRICHLORSILAN, STABILISIERT	8	CF1	II	8 + 3	386	0	E0	P010		MP15
		1725	ALUMINIUMBROMID, WASSERFREI	8	C2	II	8	588	1 kg	E2	P002 IBC08	B4	MP10
		1726	ALUMINIUMCHLORID, WASSERFREI	8	C2	II	8	588	1 kg	E2	P002 IBC08	B4	MP10
		1727	AMMONIUMHYDROGENDIFLUORID, FEST	8	C2	II	8		1 kg	E2	P002 IBC08	B4	MP10
		1728	AMYLTRICHLORSILAN	8	C3	II	8		0	E0	P010		MP15
		1729	ANISOYLCHLORID	8	C4	II	8		1 kg	E2	P002 IBC08	B4	MP10
		1730	ANTIMONPENTACHLORID, FLÜSSIG	8	C1	II	8		1 l	E2	P001 IBC02		MP15
		1731	ANTIMONPENTACHLORID, LÖSUNG	8	C1	II	8		1 l	E2	P001 IBC02		MP15
		1731	ANTIMONPENTACHLORID, LÖSUNG	8	C1	III	8		5 l	E1	P001 IBC03 LP01 R001		MP19

Tabelle A: Verzeichnis der gefährlichen Güter 3.2

ortsbewegliche Tanks und Schüttgut-Container			ADR							RID							
Anweisungen	Sondervorschriften	Tankcodierungen für ADR/RID-Tanks	Sondervorschriften für ADR-Tanks	Fahrzeug für die Beförderung in Tanks	Beförderungskategorie (Tunnelbeschränkungscode)	Sondervorschriften für die Beförderung			Betrieb	Sondervorschriften für RID-Tanks	Beförderungskategorie	Sondervorschriften für die Beförderung			Expressgut	Nummer zur Kennzeichnung der Gefahr	UN-Nummer
						Versandstücke	lose Schüttung	Be- und Entladung, Handhabung				Versandstücke	lose Schüttung	Be- und Entladung, Handhabung			
4.2.5.2 7.3.2	4.2.5.3	4.3	4.3.5 6.8.4	9.1.1.2	1.1.3.6 (8.6)	7.2.4	7.3.3	7.5.11	8.5	4.3.5 6.8.4	1.1.3.1	7.2.4	7.3.3	7.5.11	7.6	5.3.2.3	(1)
(10)	(11)	(12)	(13)	(14)	(15)	(16)	(17)	(18)	(19)	(13)	(15)	(16)	(17)	(18)	(19)	(20)	(1)
T3	TP33	SGAH	TU15 TE19	AT	2 (D/E)	V11		CV13 CV28	S9 S19	TU15	2	W11		CW13 CW28 CW31	CE9	60	1712
T6	TP33	S10AH	TU15 TE19	AT	1 (C/E)	V10		CV1 CV13 CV28	S9 S14	TU15	1	W10		CW13 CW28 CW31		66	1713
					1 (E)	V1		CV23 CV28	S14		1	W1		CW23 CW28		RID: X462	1714
T7	TP2	L4BN		FL	2 (D/E)				S2		2				CE6	83	1715
T8	TP2	L4BN		AT	2 (E)						2				CE6	80	1716
T8	TP2	L4BH		FL	2 (D/E)				S2 S20		2				CE7	X338	1717
T4	TP1	L4BN		AT	3 (E)	V12					3	W12			CE8	80	1718
T11	TP2 TP27	L4BN		AT	2 (E)						2				CE6	80	1719
T7	TP1 TP28	L4BN		AT	3 (E)	V12					3	W12			CE8	80	1719
T14	TP2	L10CH	TU14 TU15 TE19 TE21	FL	1 (C/D)			CV1 CV13 CV28	S2 S9 S14	TU14 TU15 TU38 TE21 TE22	1			CW13 CW28 CW31		668	1722
T7	TP2	L4BH		FL	2 (D/E)				S2 S20		2				CE7	338	1723
T10	TP2 TP7	L4BN		FL	2 (D/E)	V8			S2 S4		2				CE6	X839	1724
T3	TP33	SGAN		AT	2 (E)	V11					2	W11			CE10	80	1725
T3	TP33	SGAN		AT	2 (E)	V11					2	W11			CE10	80	1726
T3	TP33	SGAN		AT	2 (E)	V11					2	W11			CE10	80	1727
T10	TP2 TP7	L4BN		AT	2 (E)						2				CE6	X80	1728
T3	TP33	SGAN L4BN		AT	2 (E)	V11					2	W11			CE10	80	1729
T7	TP2	L4BN		AT	2 (E)						2				CE6	X80	1730
T7	TP2	L4BN		AT	2 (E)						2				CE6	80	1731
T4	TP1	L4BN		AT	3 (E)	V12					3	W12			CE8	80	1731

3.2 Tabelle A: Verzeichnis der gefährlichen Güter

gemäß Tabelle 1.10.3.1.2 § 35b GGVSEB	UN-Nummer	Benennung und Beschreibung	Klasse	Klassifizierungscode	Verpackungsgruppe	Gefahrzettel	Sondervorschriften	Begrenzte und freigestellte Mengen		Verpackung		
										Anweisungen	Sondervorschriften	Zusammenpackung
G..		3.1.2	2.2	2.2	2.1.1.3	5.2.2	3.3	3.4 / 3.5.1.2		4.1.4	4.1.4	4.1.10
(1)		(2)	(3a)	(3b)	(4)	(5)	(6)	(7a)	(7b)	(8)	(9a)	(9b)
	1732	ANTIMONPENTAFLUORID	8	CT1	II	8 + 6.1		1 l	E0	P001 IBC02		MP15
	1733	ANTIMONTRICHLORID	8	C2	II	8		1 kg	E2	P002 IBC08	B4	MP10
	1736	BENZOYLCHLORID	8	C3	II	8		1 l	E2	P001 IBC02		MP15
	1737	BENZYLBROMID	6.1	TC1	II	6.1 + 8		0	E4	P001 IBC02		MP15
	1738	BENZYLCHLORID	6.1	TC1	II	6.1 + 8		0	E4	P001 IBC02		MP15
G11	1739	BENZYLCHLORFORMIAT	8	C9	I	8		0	E0	P001		MP8 MP17
	1740	HYDROGENDIFLUORIDE, FEST, N.A.G.	8	C2	II	8	517	1 kg	E2	P002 IBC08	B4	MP10
	1740	HYDROGENDIFLUORIDE, FEST, N.A.G.	8	C2	III	8	517	5 kg	E1	P002 IBC08 LP02 R001	B3	MP10
•	1741	BORTRICHLORID	2	2TC		2.3 + 8		0	E0	P200		MP9
	1742	BORTRIFLUORID-ESSIGSÄURE-KOMPLEX, FLÜSSIG	8	C3	II	8		1 l	E2	P001 IBC02		MP15
	1743	BORTRIFLUORID-PROPIONSÄURE-KOMPLEX, FLÜSSIG	8	C3	II	8		1 l	E2	P001 IBC02		MP15
G11	1744	BROM oder BROM, LÖSUNG	8	CT1	I	8 + 6.1		0	E0	P804		MP2
G9	1745	BROMPENTAFLUORID	5.1	OTC	I	5.1 + 6.1 + 8		0	E0	P200		MP2
G9	1746	BROMTRIFLUORID	5.1	OTC	I	5.1 + 6.1 + 8		0	E0	P200		MP2
	1747	BUTYLTRICHLORSILAN	8	CF1	II	8 + 3		0	E0	P010		MP15
	1748	CALCIUMHYPOCHLORIT, TROCKEN oder CALCIUMHYPOCHLORIT, MISCHUNG, TROCKEN, mit mehr als 39 % aktivem Chlor (8,8 % aktivem Sauerstoff)	5.1	O2	II	5.1	314	1 kg	E2	P002 IBC08	B4 B13	MP10

Tabelle A: Verzeichnis der gefährlichen Güter 3.2

ortsbewegliche Tanks und Schüttgut-Container	Sondervorschriften	Tankcodierungen für ADR/RID-Tanks	Sondervorschriften für ADR-Tanks	Fahrzeug für die Beförderung in Tanks	ADR Beförderungskategorie (Tunnelbeschränkungscode)	ADR Sondervorschriften für die Beförderung Versandstücke	ADR lose Schüttung	ADR Be- und Entladung, Handhabung	Betrieb	Sondervorschriften für RID-Tanks	RID Beförderungskategorie	RID Versandstücke	RID lose Schüttung	RID Be- und Entladung, Handhabung	Expressgut	Nummer zur Kennzeichnung der Gefahr	UN-Nummer
Anweisungen 4.2.5.2 7.3.2	4.2.5.3	4.3	4.3.5 6.8.4	9.1.1.2	1.1.3.6 (8.6)	7.2.4	7.3.3	7.5.11	8.5	4.3.5 6.8.4	1.1.3.1	7.2.4	7.3.3	7.5.11	7.6	5.3.2.3	(1)
(10)	(11)	(12)	(13)	(14)	(15)	(16)	(17)	(18)	(19)	(13)	(15)	(16)	(17)	(18)	(19)	(20)	(1)
T7	TP2	L4BN		AT	2 (E)			CV13 CV28			2			CW13 CW28	CE6	86	1732
T3	TP33	SGAN L4BN		AT	2 (E)	V11					2			W11	CE10	80	1733
T8	TP2	L4BN		AT	2 (E)						2				CE6	80	1736
T8	TP2	L4BH	TU15 TE19	AT	2 (D/E)			CV13 CV28	S9 S19	TU15	2			CW13 CW28 CW31	CE5	68	1737
T8	TP2	L4BH	TU15 TE19	AT	2 (D/E)			CV13 CV28	S9 S19	TU15	2			CW13 CW28 CW31	CE5	68	1738
T10	TP2	L10BH		AT	1 (E)				S20	TU38 TE22	1					88	1739
T3	TP33	SGAN		AT	2 (E)	V11					2			W11	CE10	80	1740
T1	TP33	SGAV		AT	3 (E)	VC1 VC2 AP7					3		VC1 VC2 AP7		CE11	80	1740
(M)				AT	1 (C/D)			CV9 CV10 CV36	S14	TE25	1			CW9 CW10 CW36		268	1741
T8	TP2	L4BN		AT	2 (E)						2				CE6	80	1742
T8	TP2	L4BN		AT	2 (E)						2				CE6	80	1743
T22	TP2 TP10	L21DH(+)	TU14 TU33 TU43 TC5 TE21 TT2 TM3 TM5	AT	1 (C/D)			CV13 CV28	S14	TU14 TU33 TU38 TU43 TC5 TE21 TE22 TE25 TT2 TM3 TM5	1			CW13 CW28		886	1744
T22	TP2	L10DH	TU3	AT	1 (B/E)			CV24 CV28	S14	TU3 TU38 TE16 TE22	1			CW24 CW28		568	1745
T22	TP2	L10DH	TU3	AT	1 (B/E)			CV24 CV28	S14	TU3 TU38 TE16 TE22	1			CW24 CW28		568	1746
T10	TP2 TP7	L4BN		FL	2 (D/E)				S2		2				CE6	X83	1747
		SGAN	TU3	AT	2 (E)	V11		CV24 CV35		TU3	2		W11	CW24 CW35	CE10	50	1748

3.2 Tabelle A: Verzeichnis der gefährlichen Güter

gemäß Tabelle 1.10.3.1.2 § 35b GGVSEB	UN-Nummer	Benennung und Beschreibung	Klasse	Klassifizierungscode	Verpackungsgruppe	Gefahrzettel	Sondervorschriften	Begrenzte und freigestellte Mengen		Verpackung		
										Anweisungen	Sondervorschriften	Zusammenpackung
G..		3.1.2	2.2	2.2	2.1.1.3	5.2.2	3.3	3.4 / 3.5.1.2		4.1.4	4.1.4	4.1.10
(1)		(2)	(3a)	(3b)	(4)	(5)	(6)	(7a)	(7b)	(8)	(9a)	(9b)
	1748	CALCIUMHYPOCHLORIT, TROCKEN oder CALCIUMHYPOCHLORIT, MISCHUNG, TROCKEN, mit mehr als 39 % aktivem Chlor (8,8 % aktivem Sauerstoff)	5.1	O2	III	5.1	316	5 kg	E1	P002 IBC08 R001	B4 B13	MP10
G3	1749	CHLORTRIFLUORID	2	2TOC		2.3 + 5.1 + 8 RID: (+13)		0	E0	P200		MP9
	1750	CHLORESSIGSÄURE, LÖSUNG	6.1	TC1	II	6.1 + 8		100 ml	E4	P001 IBC02		MP15
	1751	CHLORESSIGSÄURE, FEST	6.1	TC2	II	6.1 + 8		500 g	E4	P002 IBC08	B4	MP10
G10	1752	CHLORACETYLCHLORID	6.1	TC1	I	6.1 + 8	354	0	E0	P602		MP8 MP17
	1753	CHLORPHENYLTRICHLORSILAN	8	C3	II	8		0	E0	P010		MP15
	1754	CHLORSULFONSÄURE mit oder ohne Schwefeltrioxid	8	C1	I	8		0	E0	P001		MP8 MP17
	1755	CHROMSÄURE, LÖSUNG	8	C1	II	8	518	1 l	E2	P001 IBC02		MP15
	1755	CHROMSÄURE, LÖSUNG	8	C1	III	8	518	5 l	E1	P001 IBC02 LP01 R001		MP19
	1756	CHROMFLUORID, FEST	8	C2	II	8		1 kg	E2	P002 IBC08	B4	MP10
	1757	CHROMFLUORID, LÖSUNG	8	C1	II	8		1 l	E2	P001 IBC02		MP15
	1757	CHROMFLUORID, LÖSUNG	8	C1	III	8		5 l	E1	P001 IBC03 LP01 R001		MP19
	1758	CHROMOXYCHLORID	8	C1	I	8		0	E0	P001		MP8 MP17
	1759	ÄTZENDER FESTER STOFF, N.A.G.	8	C10	I	8	274	0	E0	P002 IBC07		GUP18
	1759	ÄTZENDER FESTER STOFF, N.A.G.	8	C10	II	8	274	1 kg	E2	P002 IBC08	B4	MP10
	1759	ÄTZENDER FESTER STOFF, N.A.G.	8	C10	III	8	274	5 kg	E1	P002 IBC08 LP02 R001	B3	MP10
	1760	ÄTZENDER FLÜSSIGER STOFF, N.A.G.	8	C9	I	8	274	0	E0	P001		MP8 MP17

Tabelle A: Verzeichnis der gefährlichen Güter 3.2

ortsbewegliche Tanks und Schüttgut-Container			ADR							RID						Expressgut	Nummer zur Kennzeichnung der Gefahr	UN-Nummer
Anweisungen	Sondervorschriften	Tankcodierungen für ADR/RID-Tanks	Sondervorschriften für ADR-Tanks	Fahrzeug für die Beförderung in Tanks	Beförderungskategorie (Tunnelbeschränkungscode)	Sondervorschriften für die Beförderung				Sondervorschriften für RID-Tanks	Beförderungskategorie	Sondervorschriften für die Beförderung						
						Versandstücke	lose Schüttung	Be- und Entladung, Handhabung	Betrieb			Versandstücke	lose Schüttung	Be- und Entladung, Handhabung				
4.2.5.2 7.3.2	4.2.5.3	4.3	4.3.5 6.8.4	9.1.1.2	1.1.3.6 (8.6)	7.2.4	7.3.3	7.5.11	8.5	4.3.5 6.8.4	1.1.3.1	7.2.4	7.3.3	7.5.11	7.6	5.3.2.3	(1)
(10)	(11)	(12)	(13)	(14)	(15)	(16)	(17)	(18)	(19)	(13)	(15)	(16)	(17)	(18)	(19)	(20)	(1)
		SGAV	TU3	AT	3 (E)			CV24 CV35		TU3	2			CW24 CW35	CE10	50	1748
(M)		PxBH(M)	TA4 TT9	AT	1 (C/D)			CV9 CV10 CV36	S14	TU38 TE22 TE25 TM6 TA4 TT9	1			CW9 CW10 CW16 CW36		265	1749
T7	TP2	L4BH	TU15 TE19	AT	2 (D/E)			CV13 CV28	S9 S19	TU15	2			CW13 CW28 CW31	CE5	68	1750
T3	TP33	SGAH	TU15 TE19	AT	2 (D/E)	V11		CV13 CV28	S9 S19	TU15	2	W11		CW13 CW28 CW31	CE9	68	1751
T20	TP2	L10CH	TU14 TU15 TE19 TE21	AT	1 (C/D)			CV1 CV13 CV28	S9 S14	TU14 TU15 TU38 TE21 TE22	1			CW13 CW28 CW31		668	1752
T10	TP2 TP7	L4BN		AT	2 (E)						2				CE6	X80	1753
T20	TP2	L10BH		AT	1 (E)				S20	TU38 TE22	1					X88	1754
T8	TP2	L4BN	TU42	AT	2 (E)					TU42	2				CE6	80	1755
T4	TP1	L4BN	TU42	AT	3 (E)					TU42	3				CE8	80	1755
T3	TP33	SGAN		AT	2 (E)	V11					2	W11			CE10	80	1756
T7	TP2	L4BN		AT	2 (E)						2				CE6	80	1757
T4	TP1	L4BN		AT	3 (E)	V12					3	W12			CE8	80	1757
T10	TP2	L10BH		AT	1 (E)				S20	TU38 TE22	1					X88	1758
T6	TP33	S10AN L10BH		AT	1 (E)	V10			S20	TU38 TE22	1	W10				88	1759
T3	TP33	SGAN L4BN		AT	2 (E)	V11					2	W11			CE10	80	1759
T1	TP33	SGAV L4BN		AT	3 (E)	VC1 VC2 AP7					3	VC1 VC2 AP7			CE11	80	1759
T14	TP2 TP27	L10BH		AT	1 (E)				S20	TU38 TE22	1					88	1760

3.2 Tabelle A: Verzeichnis der gefährlichen Güter

gemäß Tabelle 1.10.3.1.2 § 35b GGVSEB	UN-Nummer	Benennung und Beschreibung	Klasse	Klassifizierungscode	Verpackungsgruppe	Gefahrzettel	Sondervorschriften	Begrenzte und freigestellte Mengen		Verpackung Anweisungen	Verpackung Sondervorschriften	Verpackung Zusammenpackung
G..		3.1.2	2.2	2.2	2.1.1.3	5.2.2	3.3	3.4 / 3.5.1.2		4.1.4	4.1.4	4.1.10
(1)	(2)		(3a)	(3b)	(4)	(5)	(6)	(7a)	(7b)	(8)	(9a)	(9b)
	1760	ÄTZENDER FLÜSSIGER STOFF, N.A.G.	8	C9	II	8	274	1 l	E2	P001 IBC02		MP15
	1760	ÄTZENDER FLÜSSIGER STOFF, N.A.G.	8	C9	III	8	274	5 l	E1	P001 IBC03 LP01 R001		MP19
	1761	KUPFERETHYLENDIAMIN, LÖSUNG	8	CT1	II	8 + 6.1		1 l	E2	P001 IBC02		MP15
	1761	KUPFERETHYLENDIAMIN, LÖSUNG	8	CT1	III	8 + 6.1		5 l	E1	P001 IBC03 R001		MP19
	1762	CYCLOHEXENYLTRICHLORSILAN	8	C3	II	8		0	E0	P010		MP15
	1763	CYCLOHEXYLTRICHLORSILAN	8	C3	II	8		0	E0	P010		MP15
	1764	DICHLORESSIGSÄURE	8	C3	II	8		1 l	E2	P001 IBC02		MP15
	1765	DICHLORACETYLCHLORID	8	C3	II	8		1 l	E2	P001 IBC02		MP15
	1766	DICHLORPHENYLTRICHLORSILAN	8	C3	II	8		0	E0	P010		MP15
	1767	DIETHYLDICHLORSILAN	8	CF1	II	8 + 3		0	E0	P010		MP15
	1768	DIFLUORPHOSPHORSÄURE, WASSERFREI	8	C1	II	8		1 l	E2	P001 IBC02		MP15
	1769	DIPHENYLDICHLORSILAN	8	C3	II	8		0	E0	P010		MP15
	1770	DIPHENYLBROMMETHAN	8	C10	II	8		1 kg	E2	P002 IBC08	B4	MP10
	1771	DODECYLTRICHLORSILAN	8	C3	II	8		0	E0	P010		MP15
	1773	EISENCHLORID, WASSERFREI	8	C2	III	8	590	5 kg	E1	P002 IBC08 LP02 R001	B3	MP10
	1774	FEUERLÖSCHER-LADUNGEN, ätzender flüssiger Stoff	8	C11	II	8		1 l	E0	P001	PP4	
	1775	FLUORBORSÄURE	8	C1	II	8		1 l	E2	P001 IBC02		MP15
	1776	FLUORPHOSPHORSÄURE, WASSERFREI	8	C1	II	8		1 l	E2	P001 IBC02		MP15
● G11	1777	FLUORSULFONSÄURE	8	C1	I	8		0	E0	P001		MP8 MP17
	1778	FLUORKIESELSÄURE	8	C1	II	8		1 l	E2	P001 IBC02		MP15
	1779	AMEISENSÄURE mit mehr als 85 Masse-% Säure	8	CF1	II	8 + 3		1 l	E2	P001 IBC02		MP15

Tabelle A: Verzeichnis der gefährlichen Güter 3.2

ortsbewegliche Tanks und Schüttgut-Container Anweisungen 4.2.5.2 7.3.2 (10)	Sondervorschriften 4.2.5.3 (11)	Tankcodierungen für ADR/RID-Tanks 4.3 (12)	ADR Sondervorschriften für ADR-Tanks 4.3.5 6.8.4 (13)	ADR Fahrzeug für die Beförderung in Tanks 9.1.1.2 (14)	ADR Beförderungskategorie (Tunnelbeschränkungscode) 1.1.3.6 (8.6) (15)	ADR Sondervorschriften für die Beförderung Versandstücke 7.2.4 (16)	ADR lose Schüttung 7.3.3 (17)	ADR Be- und Entladung, Handhabung 7.5.11 (18)	ADR Betrieb 8.5 (19)	RID Sondervorschriften für RID-Tanks 4.3.5 6.8.4 (13)	RID Beförderungskategorie 1.1.3.1 (15)	RID Sondervorschriften für die Beförderung Versandstücke 7.2.4 (16)	RID lose Schüttung 7.3.3 (17)	RID Be- und Entladung, Handhabung 7.5.11 (18)	Expressgut 7.6 (19)	Nummer zur Kennzeichnung der Gefahr 5.3.2.3 (20)	UN-Nummer (1)
T11	TP2 TP27	L4BN		AT	2 (E)						2				CE6	80	1760
T7	TP1 TP28	L4BN		AT	3 (E)	V12					3		W12		CE8	80	1760
T7	TP2	L4BN		AT	2 (E)		CV13 CV28				2		CW13 CW28		CE6	86	1761
T7	TP1 TP28	L4BN		AT	3 (E)	V12	CV13 CV28				3		W12	CW13 CW28	CE8	86	1761
T10	TP2 TP7	L4BN		AT	2 (E)						2				CE6	X80	1762
T10	TP2 TP7	L4BN		AT	2 (E)						2				CE6	X80	1763
T8	TP2	L4BN		AT	2 (E)						2				CE6	80	1764
T7	TP2	L4BN		AT	2 (E)						2				CE6	X80	1765
T10	TP2 TP7	L4BN		AT	2 (E)						2				CE6	X80	1766
T10	TP2 TP7	L4BN		FL	2 (D/E)				S2		2				CE6	X83	1767
T8	TP2	L4BN		AT	2 (E)						2				CE6	80	1768
T10	TP2 TP7	L4BN		AT	2 (E)						2				CE6	X80	1769
T3	TP33	SGAN L4BN		AT	2 (E)	V11					2		W11		CE10	80	1770
T10	TP2 TP7	L4BN		AT	2 (E)						2				CE6	X80	1771
T1	TP33	SGAV		AT	3 (E)		VC1 VC2 AP7				3		VC1 VC2 AP7		CE11	80	1773
					2 (E)						2				CE6	RID: 80	1774
T7	TP2	L4BN		AT	2 (E)						2				CE6	80	1775
T8	TP2	L4BN		AT	2 (E)						2				CE6	80	1776
T10	TP2	L10BH		AT	1 (E)				S20	TU38 TE22	1					88	1777
T8	TP2	L4BN	TU42	AT	2 (E)					TU42	2				CE6	80	1778
T7	TP2	L4BN	TU42	FL	2 (D/E)				S2	TU42	2				CE6	83	1779

3.2 Tabelle A: Verzeichnis der gefährlichen Güter

gemäß Tabelle 1.10.3.1.2	§ 356 GGVSEB	UN-Nummer	Benennung und Beschreibung	Klasse	Klassifizierungscode	Verpackungsgruppe	Gefahrzettel	Sondervorschriften	Begrenzte und freigestellte Mengen		Verpackung		
											Anweisungen	Sondervorschriften	Zusammenpackung
G..			3.1.2	2.2	2.2	2.1.1.3	5.2.2	3.3	3.4 / 3.5.1.2		4.1.4	4.1.4	4.1.10
(1)			(2)	(3a)	(3b)	(4)	(5)	(6)	(7a)	(7b)	(8)	(9a)	(9b)
		1780	FUMARYLCHLORID	8	C3	II	8		1 l	E2	P001 IBC02		MP15
		1781	HEXADECYLTRICHLORSILAN	8	C3	II	8		0	E0	P010		MP15
		1782	HEXAFLUORPHOSPHORSÄURE	8	C1	II	8		1 l	E2	P001 IBC02		MP15
		1783	HEXAMETHYLENDIAMIN, LÖSUNG	8	C7	II	8		1 l	E2	P001 IBC02		MP15
		1783	HEXAMETHYLENDIAMIN, LÖSUNG	8	C7	III	8		5 l	E1	P001 IBC03 LP01 R001		MP19
		1784	HEXYLTRICHLORSILAN	8	C3	II	8		0	E0	P010		MP15
●		1786	FLUORWASSERSTOFFSÄURE UND SCHWEFELSÄURE, MISCHUNG	8	CT1	I	8 + 6.1		0	E0	P001		MP8 MP17
		1787	IODWASSERSTOFFSÄURE	8	C1	II	8		1 l	E2	P001 IBC02		MP15
		1787	IODWASSERSTOFFSÄURE	8	C1	III	8		5 l	E1	P001 IBC03 LP01 R001		MP19
		1788	BROMWASSERSTOFFSÄURE	8	C1	II	8	519	1 l	E2	P001 IBC02		MP15
		1788	BROMWASSERSTOFFSÄURE	8	C1	III	8	519	5 l	E1	P001 IBC03 LP01 R001		MP19
		1789	CHLORWASSERSTOFFSÄURE	8	C1	II	8	520	1 l	E2	P001 IBC02		MP15
		1789	CHLORWASSERSTOFFSÄURE	8	C1	III	8	520	5 l	E1	P001 IBC03 LP01 R001		MP19
●	G11	1790	FLUORWASSERSTOFFSÄURE mit mehr als 85 % Fluorwasserstoff	8	CT1	I	8 + 6.1	640I	0	E0	P802		MP2
●	G11	1790	FLUORWASSERSTOFFSÄURE mit mehr als 60 % Fluorwasserstoff, aber höchstens 85 % Fluorwasserstoff	8	CT1	I	8 + 6.1	640J	0	E0	P001	PP81	MP8 MP17

Tabelle A: Verzeichnis der gefährlichen Güter 3.2

ortsbewegliche Tanks und Schüttgut-Container		Tankcodierungen für ADR/RID-Tanks	ADR							RID						Expressgut	Nummer zur Kennzeichnung der Gefahr	UN-Nummer
Anweisungen	Sondervorschriften		Sondervorschriften für ADR-Tanks	Fahrzeug für die Beförderung in Tanks	Beförderungskategorie (Tunnelbeschränkungscode)	Sondervorschriften für die Beförderung				Sondervorschriften für RID-Tanks	Beförderungskategorie	Sondervorschriften für die Beförderung						
						Versandstücke	lose Schüttung	Be- und Entladung, Handhabung	Betrieb			Versandstücke	lose Schüttung	Be- und Entladung, Handhabung				
4.2.5.2 7.3.2	4.2.5.3	4.3	4.3.5 6.8.4	9.1.1.2	1.1.3.6 (8.6)	7.2.4	7.3.3	7.5.11	8.5	4.3.5 6.8.4	1.1.3.1	7.2.4	7.3.3	7.5.11	7.6	5.3.2.3	(1)
(10)	(11)	(12)	(13)	(14)	(15)	(16)	(17)	(18)	(19)	(13)	(15)	(16)	(17)	(18)	(19)	(20)	(1)
T7	TP2	L4BN		AT	2 (E)						2				CE6	80	1780
T10	TP2 TP7	L4BN		AT	2 (E)						2				CE6	X80	1781
T8	TP2	L4BN		AT	2 (E)						2				CE6	80	1782
T7	TP2	L4BN		AT	2 (E)						2				CE6	80	1783
T4	TP1	L4BN		AT	3 (E)	V12					3		W12		CE8	80	1783
T10	TP2 TP7	L4BN		AT	2 (E)						2				CE6	X80	1784
T10	TP2	L10DH	TU14 TE21	AT	1 (C/D)			CV13 CV28	S14	TU14 TU38 TE21 TE22 TT4	1			CW13 CW28		886	1786
T7	TP2	L4BN		AT	2 (E)						2				CE6	80	1787
T4	TP1	L4BN		AT	3 (E)	V12					3		W12		CE8	80	1787
T7	TP2	L4BN	TU42	AT	2 (E)					TU42	2				CE6	80	1788
T4	TP1	L4BN	TU42	AT	3 (E)	V12				TU42	3		W12		CE8	80	1788
T8	TP2	L4BN	TU42	AT	2 (E)					TU42	2				CE6	80	1789
T4	TP1	L4BN	TU42	AT	3 (E)	V12				TU42	3		W12		CE8	80	1789
T10	TP2	L21DH(+)	TU14 TU34 TC1 TE21 TA4 TT9 TM3	AT	1 (C/D)			CV13 CV28	S14	TU14 TU34 TU38 TC1 TE17 TE21 TE22 TE25 TT4 TA4 TT9 TM3	1			CW13 CW28		886	1790
T10	TP2	L10DH	TU14 TE21	AT	1 (C/D)			CV13 CV28	S14	TU14 TU38 TE21 TE22 TT4	1			CW13 CW28		886	1790

3.2 Tabelle A: Verzeichnis der gefährlichen Güter

gemäß Tabelle 1.10.3.1.2 § 35b GGVSEB	UN-Nummer	Benennung und Beschreibung	Klasse	Klassifizierungscode	Verpackungsgruppe	Gefahrzettel	Sondervorschriften	Begrenzte und freigestellte Mengen		Verpackung		
										Anweisungen	Sondervorschriften	Zusammenpackung
G..		3.1.2	2.2	2.2	2.1.1.3	5.2.2	3.3	3.4 / 3.5.1.2		4.1.4	4.1.4	4.1.10
(1)		(2)	(3a)	(3b)	(4)	(5)	(6)	(7a)	(7b)	(8)	(9a)	(9b)
	1790	FLUORWASSERSTOFFSÄURE mit höchstens 60 % Fluorwasserstoff	8	CT1	II	8 + 6.1		1 l	E2	P001 IBC02		MP15
	1791	HYPOCHLORITLÖSUNG	8	C9	II	8	521	1 l	E2	P001 IBC02	PP10 B5	MP15
	1791	HYPOCHLORITLÖSUNG	8	C9	III	8	521	5 l	E1	P001 IBC02 LP01 R001	B5	MP19
	1792	IODMONOCHLORID, FEST	8	C2	II	8		1 kg	E0	P002 IBC08	B4	MP10
	1793	ISOPROPYLPHOSPHAT	8	C3	III	8		5 l	E1	P001 IBC02 LP01 R001		MP19
	1794	BLEISULFAT mit mehr als 3 % freier Säure	8	C2	II	8	591	1 kg	E2	P002 IBC08	B4	MP10
•	1796	NITRIERSÄUREMISCHUNG mit mehr als 50 % Salpetersäure	8	CO1	I	8 + 5.1		0	E0	P001		MP8 MP17
	1796	NITRIERSÄUREMISCHUNG mit höchstens 50 % Salpetersäure	8	C1	II	8		1 l	E0	P001 IBC02		MP15
	1798	GEMISCHE AUS SALPETERSÄURE UND SALZSÄURE	8	COT				BEFÖRDERUNG VERBOTEN				
	1799	NONYLTRICHLORSILAN	8	C3	II	8		0	E0	P010		MP15
	1800	OCTADECYLTRICHLORSILAN	8	C3	II	8		0	E0	P010		MP15
	1801	OCTYLTRICHLORSILAN	8	C3	II	8		0	E0	P010		MP15
	1802	PERCHLORSÄURE mit höchstens 50 Masse-% Säure	8	CO1	II	8 + 5.1	522	1 l	E0	P001 IBC02		MP3
	1803	PHENOLSULFONSÄURE, FLÜSSIG	8	C3	II	8		1 l	E2	P001 IBC02		MP15
	1804	PHENYLTRICHLORSILAN	8	C3	II	8		0	E0	P010		MP15
	1805	PHOSPHORSÄURE, LÖSUNG	8	C1	III	8		5 l	E1	P001 IBC03 LP01 R001		MP19
	1806	PHOSPHORPENTACHLORID	8	C2	II	8		1 kg	E0	P002 IBC08	B4	MP10
	1807	PHOSPHORPENTOXID	8	C2	II	8		1 kg	E2	P002 IBC08	B4	MP10
	1808	PHOSPHORTRIBROMID	8	C1	II	8		1 l	E0	P001 IBC02		MP15

Tabelle A: Verzeichnis der gefährlichen Güter 3.2

ortsbewegliche Tanks und Schüttgut-Container		Tankcodierungen für ADR/RID-Tanks	Fahrzeug für die Beförderung in Tanks	ADR Beförderungskategorie (Tunnelbeschränkungscode)	ADR Sondervorschriften für die Beförderung			Betrieb	RID Sondervorschriften für RID-Tanks	Beförderungskategorie	RID Sondervorschriften für die Beförderung			Expressgut	Nummer zur Kennzeichnung der Gefahr	UN-Nummer
Anweisungen	Sondervorschriften				Versandstücke	lose Schüttung	Be- und Entladung, Handhabung				Versandstücke	lose Schüttung	Be- und Entladung, Handhabung			
4.2.5.2 7.3.2	4.2.5.3	4.3	4.3.5 6.8.4	9.1.1.2	1.1.3.6 (8.6)	7.2.4	7.3.3	7.5.11	8.5	4.3.5 6.8.4	1.1.3.1	7.2.4	7.3.3	7.5.11	7.6	5.3.2.3	(1)
(10)	(11)	(12)	(13)	(14)	(15)	(16)	(17)	(18)	(19)	(13)	(15)	(16)	(17)	(18)	(19)	(20)	(1)
T8	TP2	L4DH	TU14 TE21	AT	2 (E)			CV13 CV28		TU14 TE17 TE21 TT4	2			CW13 CW28	CE6	86	1790
T7	TP2 TP24	L4BV(+)	TU42 TE11	AT	2 (E)					TU42 TE11	2				CE6	80	1791
T4	TP2 TP24	L4BV(+)	TU42 TE11	AT	3 (E)					TU42 TE11	3				CE8	80	1791
T7	TP2	SGAN L4BN		AT	2 (E)	V11					2	W11			CE10	80	1792
T4	TP1	L4BN		AT	3 (E)						3				CE8	80	1793
T3	TP33	SGAN		AT	2 (E)	V11	VC1 VC2 AP7				2	W11	VC1 VC2 AP7		CE10	80	1794
T10	TP2	L10BH	TC6 TT1	AT	1 (E)			CV24	S14	TU38 TC6 TE22 TT1	1			CW24		885	1796
T8	TP2	L4BN		AT	2 (E)						2				CE6	80	1796
				BEFÖRDERUNG VERBOTEN													1798
T10	TP2 TP7	L4BN		AT	2 (E)						2				CE6	X80	1799
T10	TP2 TP7	L4BN		AT	2 (E)						2				CE6	X80	1800
T10	TP2 TP7	L4BN		AT	2 (E)						2				CE6	X80	1801
T7	TP2	L4BN		AT	2 (E)			CV24			2			CW24	CE6	85	1802
T7	TP2	L4BN	TU42	AT	2 (E)					TU42	2				CE6	80	1803
T10	TP2 TP7	L4BN		AT	2 (E)						2				CE6	X80	1804
T4	TP1	L4BN	TU42	AT	3 (E)	V12				TU42	3	W12			CE8	80	1805
T3	TP33	SGAN		AT	2 (E)	V11					2	W11			CE10	80	1806
T3	TP33	SGAN		AT	2 (E)	V11					2	W11			CE10	80	1807
T7	TP2	L4BN		AT	2 (E)						2				CE6	X80	1808

3.2 Tabelle A: Verzeichnis der gefährlichen Güter

gemäß Tabelle 1.10.3.1.2 § 35b GGVSEB	UN-Nummer	Benennung und Beschreibung	Klasse	Klassifizierungscode	Verpackungsgruppe	Gefahrzettel	Sondervorschriften	Begrenzte und freigestellte Mengen	Verpackung Anweisungen	Verpackung Sondervorschriften	Verpackung Zusammenpackung
G..		3.1.2	2.2	2.2	2.1.1.3	5.2.2	3.3	3.4 / 3.5.1.2	4.1.4	4.1.4	4.1.10
(1)	(2)		(3a)	(3b)	(4)	(5)	(6)	(7a)	(7b)	(8)	(9a)	(9b)
• G10	1809	PHOSPHORTRICHLORID	6.1	TC3	I	6.1+8	354	0	E0	P602		MP8 MP17
• G10	1810	PHOSPHOROXYCHLORID	6.1	TC3	I	6.1+8	354	0	E0	P602		MP8 MP17
	1811	KALIUMHYDROGENDIFLUORID, FEST	8	CT2	II	8+6.1		1 kg	E2	P002 IBC08	B4	MP10
	1812	KALIUMFLUORID, FEST	6.1	T5	III	6.1		5 kg	E1	P002 IBC08 LP02 R001	B3	MP10
	1813	KALIUMHYDROXID, FEST	8	C6	II	8		1 kg	E2	P002 IBC08	B4	MP10
	1814	KALIUMHYDROXIDLÖSUNG	8	C5	II	8		1 l	E2	P001 IBC02		MP15
	1814	KALIUMHYDROXIDLÖSUNG	8	C5	III	8		5 l	E1	P001 IBC03 LP01 R001		MP19
•	1815	PROPIONYLCHLORID	3	FC	II	3+8		1 l	E2	P001 IBC02		MP19
	1816	PROPYLTRICHLORSILAN	8	CF1	II	8+3		0	E0	P010		MP15
	1817	PYROSULFURYLCHLORID	8	C1	II	8		1 l	E2	P001 IBC02		MP15
	1818	SILICIUMTETRACHLORID	8	C1	II	8		0	E0	P010		MP15
	1819	NATRIUMALUMINATLÖSUNG	8	C5	II	8		1 l	E2	P001 IBC02		MP15
	1819	NATRIUMALUMINATLÖSUNG	8	C5	III	8		5 l	E1	P001 IBC03 LP01 R001		MP19
	1823	NATRIUMHYDROXID, FEST	8	C6	II	8		1 kg	E2	P002 IBC08	B4	MP10
	1824	NATRIUMHYDROXIDLÖSUNG	8	C5	II	8		1 l	E2	P001 IBC02		MP15
	1824	NATRIUMHYDROXIDLÖSUNG	8	C5	III	8		5 l	E1	P001 IBC03 LP01 R001		MP19
	1825	NATRIUMMONOXID	8	C6	II	8		1 kg	E2	P002 IBC08	B4	MP10
•	1826	ABFALLNITRIERSÄUREMISCHUNG mit mehr als 50 % Salpetersäure	8	CO1	I	8+5.1	113	0	E0	P001		MP8 MP17

Tabelle A: Verzeichnis der gefährlichen Güter 3.2

ortsbewegliche Tanks und Schüttgut-Container Anweisungen	Sondervorschriften	Tankcodierungen für ADR/RID-Tanks	Sondervorschriften für ADR-Tanks	Fahrzeug für die Beförderung in Tanks	ADR Beförderungskategorie (Tunnelbeschränkungscode)	Sondervorschriften für die Beförderung Versandstücke	lose Schüttung	Be- und Entladung, Handhabung	Betrieb	Sondervorschriften für RID-Tanks	RID Beförderungskategorie	Sondervorschriften für die Beförderung Versandstücke	lose Schüttung	Be- und Entladung, Handhabung	Expressgut	Nummer zur Kennzeichnung der Gefahr	UN-Nummer
4.2.5.2 7.3.2	4.2.5.3	4.3	4.3.5 6.8.4	9.1.1.2	1.1.3.2 (8.6)	7.2.4	7.3.3	7.5.11	8.5	4.3.5 6.8.4	1.1.3.1	7.2.4	7.3.3	7.5.11	7.6	5.3.2.3	(1)
(10)	(11)	(12)	(13)	(14)	(15)	(16)	(17)	(18)	(19)	(13)	(15)	(16)	(17)	(18)	(19)	(20)	(1)
T20	TP2	L10CH	TU14 TU15 TE19 TE21	AT	1 (C/D)			CV1 CV13 CV28	S9 S14	TU14 TU15 TU38 TE21 TE22	1			CW13 CW28 CW31		668	1809
T20	TP2	L10CH	TU14 TU15 TE19 TE21	AT	1 (C/D)			CV1 CV13 CV28	S9 S14	TU14 TU15 TU38 TE21 TE22	1			CW13 CW28 CW31		X668	1810
T3	TP33	SGAN		AT	2 (E)	V11		CV13 CV28			2		W11	CW13 CW28	CE10	86	1811
T1	TP33	SGAH	TU15 TE19	AT	2 (E)		VC1 VC2 AP7	CV13 CV28	S9	TU15	2		VC1 VC2 AP7	CW13 CW28 CW31	CE11	60	1812
T3	TP33	SGAN		AT	2 (E)	V11					2		W11		CE10	80	1813
T7	TP2	L4BN	TU42	AT	2 (E)					TU42	2				CE6	80	1814
T4	TP1	L4BN	TU42	AT	3 (E)	V12				TU42	3		W12		CE8	80	1814
T7	TP1	L4BH		FL	2 (D/E)			S2 S20			2				CE7	338	1815
T10	TP2 TP7	L4BN		FL	2 (D/E)			S2			2				CE6	X83	1816
T8	TP2	L4BN		AT	2 (E)						2				CE6	X80	1817
T10	TP2 TP7	L4BN		AT	2 (E)						2				CE6	X80	1818
T7	TP2	L4BN	TU42	AT	2 (E)					TU42	2				CE6	80	1819
T4	TP1	L4BN	TU42	AT	3 (E)	V12				TU42	3		W12		CE8	80	1819
T3	TP33	SGAN		AT	2 (E)	V11					2		W11		CE10	80	1823
T7	TP2	L4BN	TU42	AT	2 (E)					TU42	2				CE6	80	1824
T4	TP1	L4BN	TU42	AT	3 (E)	V12				TU42	3		W12		CE8	80	1824
T3	TP33	SGAN		AT	2 (E)	V11					2		W11		CE10	80	1825
T10	TP2	L10BH		AT	1 (E)			CV24	S14	TU38 TE22	1			CW24		885	1826

3.2 Tabelle A: Verzeichnis der gefährlichen Güter

gemäß Tabelle 1.10.3.1.2	§ 35b GGVSEB	UN-Nummer	Benennung und Beschreibung	Klasse	Klassifizierungscode	Verpackungsgruppe	Gefahrzettel	Sondervorschriften	Begrenzte und freigestellte Mengen		Verpackung		
											Anweisungen	Sondervorschriften	Zusammenpackung
•	G..		3.1.2	2.2	2.2	2.1.1.3	5.2.2	3.3	3.4 / 3.5.1.2		4.1.4	4.1.4	4.1.10
		(1)	(2)	(3a)	(3b)	(4)	(5)	(6)	(7a)	(7b)	(8)	(9a)	(9b)
		1826	ABFALLNITRIERSÄUREMISCHUNG mit höchstens 50 % Salpetersäure	8	C1	II	8	113	1 l	E0	P001 IBC02		MP15
		1827	ZINNTETRACHLORID, WASSERFREI	8	C1	II	8		1 l	E2	P001 IBC02		MP15
•		1828	SCHWEFELCHLORIDE	8	C1	I	8		0	E0	P602		MP8 MP17
•	G11	1829	SCHWEFELTRIOXID, STABILISIERT	8	C1	I	8	386 623	0	E0	P001		MP8 MP17
		1830	SCHWEFELSÄURE mit mehr als 51 % Säure	8	C1	II	8		1 l	E2	P001 IBC02		MP15
•		1831	SCHWEFELSÄURE, RAUCHEND	8	CT1	I	8 + 6.1		0	E0	P602		MP8 MP17
		1832	SCHWEFELSÄURE, GEBRAUCHT	8	C1	II	8	113	1 l	E0	P001 IBC02		MP15
		1833	SCHWEFELIGE SÄURE	8	C1	II	8		1 l	E2	P001 IBC02		MP15
•	G10	1834	SULFURYLCHLORID	6.1	TC3	I	6.1 + 8	354	0	E0	P602		MP8 MP17
		1835	TETRAMETHYLAMMONIUMHYDROXID, LÖSUNG	8	C7	II	8		1 l	E2	P001 IBC02		MP15
		1835	TETRAMETHYLAMMONIUMHYDROXID, LÖSUNG	8	C7	III	8		5 l	E1	P001 IBC03 LP01 R001		MP19
•		1836	THIONYLCHLORID	8	C1	I	8		0	E0	P802		MP8 MP17
		1837	THIOPHOSPHORYLCHLORID	8	C1	II	8		1 l	E0	P001 IBC02		MP15
•	G10	1838	TITANTETRACHLORID	6.1	TC3	I	6.1 + 8	354	0	E0	P602		MP8 MP17
		1839	TRICHLORESSIGSÄURE	8	C4	II	8		1 kg	E2	P002 IBC08	B4	MP10
		1840	ZINKCHLORID, LÖSUNG	8	C1	III	8		5 l	E1	P001 IBC03 LP01 R001		MP19
		1841	ACETALDEHYDAMMONIAK	9	M11	III	9		5 kg	E1	P002 IBC08 LP02 R001	B3 B6	MP10
		1843	AMMONIUMDINITRO-o-CRESOLAT, FEST	6.1	T2	II	6.1		500 g	E4	P002 IBC08	B4	MP10

Tabelle A: Verzeichnis der gefährlichen Güter 3.2

ortsbewegliche Tanks und Schüttgut-Container Anweisungen 4.2.5.2 7.3.2	Sondervorschriften 4.2.5.3	Tankcodierungen für ADR/RID-Tanks 4.3	ADR Sondervorschriften für ADR-Tanks 4.3.5 6.8.4	ADR Fahrzeug für die Beförderung in Tanks 9.1.1.2	ADR Beförderungskategorie (Tunnelbeschränkungscode) 1.1.3.6 (8.6)	ADR Sondervorschriften für die Beförderung Versandstücke 7.2.4	ADR lose Schüttung 7.3.3	ADR Be- und Entladung, Handhabung 7.5.11	ADR Betrieb 8.5	RID Sondervorschriften für RID-Tanks 4.3.5 6.8.4	RID Beförderungskategorie 1.1.3.1	RID Sondervorschriften für die Beförderung Versandstücke 7.2.4	RID lose Schüttung 7.3.3	RID Be- und Entladung, Handhabung 7.5.11	Expressgut 7.6	Nummer zur Kennzeichnung der Gefahr 5.3.2.3	UN-Nummer (1)
(10)	(11)	(12)	(13)	(14)	(15)	(16)	(17)	(18)	(19)	(13)	(15)	(16)	(17)	(18)	(19)	(20)	(1)
T8	TP2	L4BN		AT	2 (E)						2				CE6	80	1826
T7	TP2	L4BN		AT	2 (E)						2				CE6	X80	1827
T20	TP2	L10BH		AT	1 (E)			S20		TU38 TE22	1					X88	1828
T20	TP4 TP26 ADR: TP25	L10BH	TU32 TE13 TT5 TM3	AT	1 (E)	V8		S4 S20		TU32 TU38 TE13 TE22 TT5 TM3	1					X88	1829
T8	TP2	L4BN	TU42	AT	2 (E)					TU42	2				CE6	80	1830
T20	TP2	L10BH		AT	1 (C/D)		CV13 CV28	S14		TU38 TE22	1			CW13 CW28		X886	1831
T8	TP2	L4BN	TU42	AT	2 (E)					TU42	2				CE6	80	1832
T7	TP2	L4BN		AT	2 (E)						2				CE6	80	1833
T20	TP2	L10CH	TU14 TU15 TE19 TE21	AT	1 (C/D)		CV1 CV13 CV28	S9 S14		TU14 TU15 TU38 TE21 TE22	1			CW13 CW28 CW31		X668	1834
T7	TP2	L4BN		AT	2 (E)						2				CE6	80	1835
T7	TP2	L4BN		AT	3 (E)	V12					3	W12			CE8	80	1835
T10	TP2	L10BH		AT	1 (E)			S20		TU38 TE22	1					X88	1836
T7	TP2	L4BN		AT	2 (E)						2				CE6	X80	1837
T20	TP2	L10CH	TU14 TU15 TE19 TE21	AT	1 (C/D)		CV1 CV13 CV28	S9 S14		TU14 TU15 TU38 TE21 TE22	1			CW13 CW28 CW31		X668	1838
T3	TP33	SGAN L4BN		AT	2 (E)	V11					2	W11			CE10	80	1839
T4	TP1	L4BN	TU42	AT	3 (E)	V12				TU42	3	W12			CE8	80	1840
T1	TP33	SGAV		AT	3 (E)		VC1 VC2				3		VC1 VC2	CW31	CE11	90	1841
T3	TP33	SGAH	TU15 TE19	AT	2 (D/E)	V11	CV13 CV28	S9 S19		TU15	2	W11		CW13 CW28 CW31	CE9	60	1843

3.2 Tabelle A: Verzeichnis der gefährlichen Güter

gemäß Tabelle 1.10.3.1.2	§ 35b GGVSEB	UN-Nummer	Benennung und Beschreibung	Klasse	Klassifizierungscode	Verpackungsgruppe	Gefahrzettel	Sondervorschriften	Begrenzte und freigestellte Mengen		Verpackung Anweisungen	Sondervorschriften	Zusammenpackung
			3.1.2	2.2	2.2	2.1.1.3	5.2.2	3.3	3.4 / 3.5.1.2		4.1.4	4.1.4	4.1.10
●	G..	(1)	(2)	(3a)	(3b)	(4)	(5)	(6)	(7a)	(7b)	(8)	(9a)	(9b)
		1845	Kohlendioxid, fest (Trockeneis)	9	M11				UNTERLIEGT NICHT DEN VORSCHRIFTEN DES ADR / RID mit Ausnahme von Abschnitt 5.5.3				
		1846	TETRACHLORKOHLENSTOFF	6.1	T1	II	6.1		100 ml	E4	P001 IBC02		MP15
		1847	KALIUMSULFID, HYDRATISIERT mit mindestens 30 % Kristallwasser	8	C6	II	8	523	1 kg	E2	P002 IBC08	B4	MP10
		1848	PROPIONSÄURE mit mindestens 10 % und weniger als 90 Masse-% Säure	8	C3	III	8		5 l	E1	P001 IBC03 LP01 R001		MP19
		1849	NATRIUMSULFID, HYDRATISIERT mit mindestens 30 % Kristallwasser	8	C6	II	8	523	1 kg	E2	P002 IBC08	B4	MP10
		1851	MEDIKAMENT, FLÜSSIG, GIFTIG, N.A.G.	6.1	T1	II	6.1	221 601	100 ml	E4	P001		MP15
		1851	MEDIKAMENT, FLÜSSIG, GIFTIG, N.A.G.	6.1	T1	III	6.1	221 601	5 l	E1	P001 LP01 R001		MP19
●		1854	BARIUMLEGIERUNGEN, PYROPHOR	4.2	S4	I	4.2		0	E0	P404		MP13
●		1855	CALCIUM, PYROPHOR oder CALCIUMLEGIERUNGEN, PYROPHOR	4.2	S4	I	4.2		0	E0	P404		MP13
		1856	Lappen, ölhaltig	4.2	S2				UNTERLIEGT NICHT DEN VORSCHRIFTEN DES ADR / RID				
		1857	Textilabfälle, nass	4.2	S2				UNTERLIEGT NICHT DEN VORSCHRIFTEN DES ADR / RID				
		1858	HEXAFLUORPROPYLEN (GAS ALS KÄLTEMITTEL R 1216)	2	2A		2.2 RID: (+13)	662	120 ml	E1	P200		MP9
●	G3	1859	SILICIUMTETRAFLUORID	2	2TC		2.3 + 8 RID: (+13)		0	E0	P200		MP9
●	G2	1860	VINYLFLUORID, STABILISIERT	2	2F		2.1 RID: (+13)	386 662	0	E0	P200		MP9
●	G4	1862	ETHYLCROTONAT	3	F1	II	3		1 l	E2	P001 IBC02 R001		MP19
●	G4	1863	DÜSENKRAFTSTOFF	3	F1	I	3	ADR: 664	500 ml	E3	P001		MP7 MP17
●	G4	1863	DÜSENKRAFTSTOFF (Dampfdruck bei 50 °C größer als 110 kPa)	3	F1	II	3	640C ADR: 664	1 l	E2	P001		MP19
●	G4	1863	DÜSENKRAFTSTOFF (Dampfdruck bei 50 °C höchstens 110 kPa)	3	F1	II	3	640D ADR: 664	1 l	E2	P001 IBC02 R001		MP19

Tabelle A: Verzeichnis der gefährlichen Güter 3.2

ortsbewegliche Tanks und Schüttgut-Container		Tankcodierungen für ADR/RID-Tanks	ADR							RID						Nummer zur Kennzeichnung der Gefahr	UN-Nummer
Anweisungen	Sondervorschriften		Sondervorschriften für ADR-Tanks	Fahrzeug für die Beförderung in Tanks	Beförderungskategorie (Tunnelbeschränkungscode)	Sondervorschriften für die Beförderung			Betrieb	Sondervorschriften für RID-Tanks	Beförderungskategorie	Sondervorschriften für die Beförderung			Expressgut		
						Versandstücke	lose Schüttung	Be- und Entladung, Handhabung				Versandstücke	lose Schüttung	Be- und Entladung, Handhabung			
4.2.5.2 7.3.2	4.2.5.3	4.3	4.3.5 6.8.4	9.1.1.2	1.1.3.6 (8.6)	7.2.4	7.3.3	7.5.11	8.5	4.3.5 6.8.4	1.1.3.1	7.2.4	7.3.3	7.5.11	7.6	5.3.2.3	
(10)	(11)	(12)	(13)	(14)	(15)	(16)	(17)	(18)	(19)	(13)	(15)	(16)	(17)	(18)	(19)	(20)	(1)
					UNTERLIEGT NICHT DEN VORSCHRIFTEN DES ADR / RID mit Ausnahme von Abschnitt 5.5.3												1845
T7	TP2	L4BH	TU15 TE19	AT	2 (D/E)					CV13 CV28	S9 S19	TU15	2			CW13 CW28 CW31	CE5	60	1846
T3	TP33	SGAN L4BN		AT	2 (E)	V11						2	W11			CE10	80	1847
T4	TP1	L4BN		AT	3 (E)	V12						3	W12			CE8	80	1848
T3	TP33	SGAN L4BN		AT	2 (E)	V11						2	W11			CE10	80	1849
		L4BH	TU15 TE19	AT	2 (D/E)					CV13 CV28	S9 S19	TU15	2			CW13 CW28 CW31	CE5	60	1851
		L4BH	TU15 TE19	AT	2 (D/E)					CV13 CV28	S9	TU15	2			CW13 CW28 CW31	CE8	60	1851
T21	TP7 TP33			AT	0 (B/E)	V1					S20		0	W1			43	1854
					0 (E)	V1					S20		0	W1			RID: 43	1855
					UNTERLIEGT NICHT DEN VORSCHRIFTEN DES ADR / RID												1856
					UNTERLIEGT NICHT DEN VORSCHRIFTEN DES ADR / RID												1857
(M) T50		PxBN(M)	TA4 TT9	AT	3 (C/E)					CV9 CV10 CV36		TM6 TA4 TT9	3			CW9 CW10 CW36	CE3	20	1858
(M)		PxBH(M)	TA4 TT9	AT	1 (C/D)				S14	CV9 CV10 CV36		TU38 TE22 TE25 TM6 TA4 TT9	1			CW9 CW10 CW36		268	1859
(M)		PxBN(M)	TA4 TT9	FL	2 (B/D)	V8				CV9 CV10 CV36	S2 S4 S20	TU38 TE22 TM6 TA4 TT9	2			CW9 CW10 CW36	CE3	239	1860
T4	TP2	LGBF		FL	2 (D/E)						S2 S20		2			CE7	33	1862
T11	TP1 TP8 TP28	L4BN		FL	1 (D/E)						S2 S20		1				33	1863
T4	TP1 TP8	L1,5BN		FL	2 (D/E)						S2 S20		2			CE7	33	1863
T4	TP1 TP8	LGBF		FL	2 (D/E)						S2 S20		2			CE7	33	1863

3.2 Tabelle A: Verzeichnis der gefährlichen Güter

gemäß Tabelle 1.10.3.1.2	§ 35b GGVSEB	UN-Nummer	Benennung und Beschreibung	Klasse	Klassifizierungscode	Verpackungsgruppe	Gefahrzettel	Sondervorschriften	Begrenzte und freigestellte Mengen	Verpackung Anweisungen	Verpackung Sondervorschriften	Verpackung Zusammenpackung
G..			3.1.2	2.2	2.2	2.1.1.3	5.2.2	3.3	3.4 / 3.5.1.2	4.1.4	4.1.4	4.1.10
		(1)	(2)	(3a)	(3b)	(4)	(5)	(6)	(7a)	(7b)	(8)	(9a)	(9b)
		1863	DÜSENKRAFTSTOFF	3	F1	III	3	ADR: 664	5 l	E1	P001 IBC03 LP01 R001		MP19
●		1865	n-PROPYLNITRAT	3	F1	II	3		1 l	E2	P001 IBC02 R001	B7	MP19
●	G4	1866	HARZLÖSUNG, entzündbar	3	F1	I	3		500 ml	E3	P001		MP7 MP17
●	G4	1866	HARZLÖSUNG, entzündbar (Dampfdruck bei 50 °C größer als 110 kPa)	3	F1	II	3	640C	5 l	E2	P001	PP1	MP19
●	G4	1866	HARZLÖSUNG, entzündbar (Dampfdruck bei 50 °C höchstens 110 kPa)	3	F1	II	3	640D	5 l	E2	P001 IBC02 R001	PP1	MP19
		1866	HARZLÖSUNG, entzündbar	3	F1	III	3		5 l	E1	P001 IBC03 LP01 R001	PP1	MP19
		1866	HARZLÖSUNG, entzündbar (mit einem Flammpunkt unter 23 °C und viskos gemäß 2.2.3.1.4) (Dampfdruck bei 50 °C größer als 110 kPa)	3	F1	III	3		5 l	E1	P001 R001	PP1	MP19
		1866	HARZLÖSUNG, entzündbar (mit einem Flammpunkt unter 23 °C und viskos gemäß 2.2.3.1.4) (Dampfdruck bei 50 °C höchstens 110 kPa)	3	F1	III	3		5 l	E1	P001 IBC02 R001	PP1 BB4	MP19
		1868	DECABORAN	4.1	FT2	II	4.1 + 6.1		1 kg	E0	P002 IBC06		MP10
		1869	MAGNESIUM oder MAGNESIUMLEGIERUNGEN, mit mehr als 50 % Magnesium, in Pellets, Spänen, Bändern	4.1	F3	III	4.1	59	5 kg	E1	P002 IBC08 LP02 R001	B3	MP11
●		1870	KALIUMBORHYDRID	4.3	W2	I	4.3		0	E0	P403		MP2
		1871	TITANHYDRID	4.1	F3	II	4.1		1 kg	E2	P410 IBC04	PP40	MP11
		1872	BLEIDIOXID	5.1	OT2	III	5.1 + 6.1		5 kg	E1	P002 IBC08 LP02 R001	B3	MP2
●	G9	1873	PERCHLORSÄURE mit mehr als 50 Masse-%, aber höchstens 72 Masse-% Säure	5.1	OC1	I	5.1 + 8	60	0	E0	P502	PP28	MP3
		1884	BARIUMOXID	6.1	T5	III	6.1		5 kg	E1	P002 IBC08 LP02 R001	B3	MP10
		1885	BENZIDIN	6.1	T2	II	6.1		500 g	E4	P002 IBC08	B4	MP10
		1886	BENZYLIDENCHLORID	6.1	T1	II	6.1		100 ml	E4	P001 IBC02		MP15

Tabelle A: Verzeichnis der gefährlichen Güter 3.2

ortsbewegliche Tanks und Schüttgut-Container Anweisungen 4.2.5.2 7.3.2	Sondervorschriften 4.2.5.3	Tankcodierungen für ADR/RID-Tanks 4.3	Sondervorschriften für ADR-Tanks 4.3.5 6.8.4	Fahrzeug für die Beförderung in Tanks 9.1.1.2	ADR Beförderungskategorie (Tunnelbeschränkungscode) 1.1.3.6 (8.6)	ADR Sondervorschriften für die Beförderung Versandstücke 7.2.4	ADR lose Schüttung 7.3.3	ADR Be- und Entladung, Handhabung 7.5.11	Betrieb 8.5	Sondervorschriften für RID-Tanks 4.3.5 6.8.4	Beförderungskategorie 1.1.3.1	RID Sondervorschriften für die Beförderung Versandstücke 7.2.4	RID lose Schüttung 7.3.3	RID Be- und Entladung, Handhabung 7.5.11	Expressgut 7.6	Nummer zur Kennzeichnung der Gefahr 5.3.2.3	UN-Nummer (1)
(10)	(11)	(12)	(13)	(14)	(15)	(16)	(17)	(18)	(19)	(13)	(15)	(16)	(17)	(18)	(19)	(20)	(1)
T2	TP1	LGBF		FL	3 (D/E)	V12		S2		3		W12			CE4	30	1863
					2 (E)			S2 S20		2					CE7	RID: 33	1865
T11	TP1 TP8 TP28	L4BN		FL	1 (D/E)			S2 S20		1						33	1866
T4	TP1 TP8	L1,5BN		FL	2 (D/E)			S2 S20		2					CE7	33	1866
T4	TP1 TP8	LGBF		FL	2 (D/E)			S2 S20		2					CE7	33	1866
T2	TP1	LGBF		FL	3 (D/E)	V12		S2		3		W12			CE4	30	1866
					3 (E)			S2		3					CE4	RID: 33	1866
					3 (E)			S2		3					CE4	RID: 33	1866
T3	TP33	SGAN		AT	2 (E)	V11		CV28		2		W1		CW28	CE10	46	1868
T1	TP33	SGAV		AT	3 (E)		VC1 VC2			3		W1	VC1 VC2		CE11	40	1869
					1 (E)	V1		CV23	S20	1		W1		CW23		RID: X423	1870
T3	TP33	SGAN		AT	2 (E)					2		W1			CE10	40	1871
T1	TP33	SGAN	TU3	AT	3 (E)			CV24 CV28		TU3	3				CW24 CW28	CE11	56	1872
T10	TP1	L4DN(+)	TU3 TU28	AT	1 (B/E)			CV24	S20	TU3 TU28 TE16	1				CW24		558	1873
T1	TP33	SGAH L4BH	TU15 TE19	AT	2 (E)		VC1 VC2 AP7	CV13 CV28	S9	TU15	2		VC1 VC2 AP7		CW13 CW28 CW31	CE11	60	1884
T3	TP33	SGAH L4BH	TU15 TE19	AT	2 (D/E)	V11		CV13 CV28	S9 S19	TU15	2		W11		CW13 CW28 CW31	CE9	60	1885
T7	TP2	L4BH	TU15 TE19	AT	2 (D/E)			CV13 CV28	S9 S19	TU15	2				CW13 CW28 CW31	CE5	60	1886

3.2 Tabelle A: Verzeichnis der gefährlichen Güter

gemäß Tabelle 1.10.3.1.2	§ 35b GGVSEB	UN-Nummer	Benennung und Beschreibung	Klasse	Klassifizierungscode	Verpackungsgruppe	Gefahrzettel	Sondervorschriften	Begrenzte und freigestellte Mengen		Verpackung		
											Anweisungen	Sondervorschriften	Zusammenpackung
G..			3.1.2	2.2	2.2	2.1.1.3	5.2.2	3.3	3.4 / 3.5.1.2		4.1.4	4.1.4	4.1.10
(1)			(2)	(3a)	(3b)	(4)	(5)	(6)	(7a)	(7b)	(8)	(9a)	(9b)
		1887	BROMCHLORMETHAN	6.1	T1	III	6.1		5 l	E1	P001 IBC03 LP01 R001		MP19
		1888	CHLOROFORM	6.1	T1	III	6.1		5 l	E1	P001 IBC03 LP01 R001		MP19
●		1889	CYANBROMID	6.1	TC2	I	6.1 + 8		0	E0	P002		MP18
		1891	ETHYLBROMID	6.1	T1	II	6.1		100 ml	E4	P001 IBC02	B8	MP15
●	G10	1892	ETHYLDICHLORARSIN	6.1	T3	I	6.1	354	0	E0	P602		MP8 MP17
		1894	PHENYLQUECKSILBER(II)HYDROXID	6.1	T3	II	6.1		500 g	E4	P002 IBC08	B4	MP10
		1895	PHENYLQUECKSILBER(II)NITRAT	6.1	T3	II	6.1		500 g	E4	P002 IBC08	B4	MP10
		1897	TETRACHLORETHYLEN	6.1	T1	III	6.1		5 l	E1	P001 IBC03 LP01 R001		MP19
		1898	ACETYLIODID	8	C3	II	8		1 l	E2	P001 IBC02		MP15
		1902	DIISOOCTYLPHOSPHAT	8	C3	III	8		5 l	E1	P001 IBC03 LP01 R001		MP19
●		1903	DESINFEKTIONSMITTEL, FLÜSSIG, ÄTZEND, N.A.G.	8	C9	I	8	274	0	E0	P001		MP8 MP17
		1903	DESINFEKTIONSMITTEL, FLÜSSIG, ÄTZEND, N.A.G.	8	C9	II	8	274	1 l	E2	P001 IBC02		MP15
		1903	DESINFEKTIONSMITTEL, FLÜSSIG, ÄTZEND, N.A.G.	8	C9	III	8	274	5 l	E1	P001 IBC03 LP01 R001		MP19
●		1905	SELENSÄURE	8	C2	I	8		0	E0	P002 IBC07		MP18
		1906	ABFALLSCHWEFELSÄURE	8	C1	II	8		1 l	E0	P001 IBC02		MP15
		1907	NATRONKALK mit mehr als 4 % Natriumhydroxid	8	C6	III	8	62	5 kg	E1	P002 IBC08 LP02 R001	B3	MP10
		1908	CHLORITLÖSUNG	8	C9	II	8	521	1 l	E2	P001 IBC02		MP15

Tabelle A: Verzeichnis der gefährlichen Güter 3.2

ortsbewegliche Tanks und Schüttgut-Container			ADR							RID						Expressgut	Nummer zur Kennzeichnung der Gefahr	UN-Nummer
Anweisungen	Sondervorschriften	Tankcodierungen für ADR/RID-Tanks	Sondervorschriften für ADR-Tanks	Fahrzeug für die Beförderung in Tanks	Beförderungs-kategorie (Tunnelbeschränkungscode)	Sondervorschriften für die Beförderung			Betrieb	Sondervorschriften für RID-Tanks	Beförderungs-kategorie	Sondervorschriften für die Beförderung						
						Versandstücke	lose Schüttung	Be- und Entladung, Handhabung				Versandstücke	lose Schüttung	Be- und Entladung, Handhabung				
4.2.5.2 7.3.2	4.2.5.3	4.3	4.3.5 6.8.4	9.1.1.2	1.1.3.6 (8.6)	7.2.4	7.3.3	7.5.11	8.5	4.3.5 6.8.4	1.1.3.1	7.2.4	7.3.3	7.5.11	7.6	5.3.2.3	(1)
(10)	(11)	(12)	(13)	(14)	(15)	(16)	(17)	(18)	(19)	(13)	(15)	(16)	(17)	(18)	(19)	(20)	(1)
T4	TP1	L4BH	TU15 TE19	AT	2 (E)	V12		CV13 CV28	S9	TU15	2		W12	CW13 CW28 CW31	CE8	60	1887
T7	TP2	L4BH	TU15 TE19	AT	2 (E)	V12		CV13 CV28	S9	TU15	2		W12	CW13 CW28 CW31	CE8	60	1888
T6	TP33	S10AH L10CH	TU14 TU15 TE19 TE21	AT	1 (C/E)			CV1 CV13 CV28	S9 S14	TU14 TU15 TU38 TE21 TE22	1			CW13 CW28 CW31		668	1889
T7	TP2	L4BH	TU15 TE19	AT	2 (D/E)			CV13 CV28	S9 S19	TU15	2			CW13 CW28 CW31	CE5	60	1891
T20	TP2	L10CH	TU14 TU15 TE19 TE21	AT	1 (C/D)			CV1 CV13 CV28	S9 S14	TU14 TU15 TU38 TE21 TE22	1			CW13 CW28 CW31		66	1892
T3	TP33	SGAH	TU15 TE19	AT	2 (D/E)	V11		CV13 CV28	S9 S19	TU15	2		W11	CW13 CW28 CW31	CE9	60	1894
T3	TP33	SGAH	TU15 TE19	AT	2 (D/E)	V11		CV13 CV28	S9 S19	TU15	2		W11	CW13 CW28 CW31	CE9	60	1895
T4	TP1	L4BH	TU15 TE19	AT	2 (E)	V12		CV13 CV28	S9	TU15	2		W12	CW13 CW28 CW31	CE8	60	1897
T7	TP2	L4BN		AT	2 (E)						2				CE6	80	1898
T4	TP1	L4BN		AT	3 (E)	V12					3		W12		CE8	80	1902
		L10BH		AT	1 (E)				S20	TU38 TE22	1					88	1903
		L4BN		AT	2 (E)						2				CE6	80	1903
		L4BN		AT	3 (E)	V12					3		W12		CE8	80	1903
T6	TP33	S10AN		AT	1 (E)	V10			S20		1		W10			88	1905
T8	TP2 TP28	L4BN	TU42	AT	2 (E)					TU42	2				CE6	80	1906
T1	TP33	SGAV		AT	3 (E)	VC1 VC2 AP7					3		VC1 VC2 AP7		CE11	80	1907
T7	TP2 TP24	L4BV(+)	TE11	AT	2 (E)					TE11	2				CE6	80	1908

3.2 Tabelle A: Verzeichnis der gefährlichen Güter

gemäß Tabelle 1.10.3.1.2 § 35b GGVSEB	UN-Nummer	Benennung und Beschreibung	Klasse	Klassifizierungscode	Verpackungsgruppe	Gefahrzettel	Sondervorschriften	Begrenzte und freigestellte Mengen		Verpackung Anweisungen	Sondervorschriften	Zusammenpackung
G..		3.1.2	2.2	2.2	2.1.1.3	5.2.2	3.3	3.4 / 3.5.1.2		4.1.4	4.1.4	4.1.10
(1)		(2)	(3a)	(3b)	(4)	(5)	(6)	(7a)	(7b)	(8)	(9a)	(9b)
	1908	CHLORITLÖSUNG	8	C9	III	8	521	5 l	E1	P001 IBC03 LP01 R001		MP19
	1910	Calciumoxid	8	C6			UNTERLIEGT NICHT DEN VORSCHRIFTEN DES ADR / RID					
●	1911	DIBORAN	2	2TF		2.3 + 2.1		0	E0	P200		MP9
● G2	1912	METHYLCHLORID UND DICHLORMETHAN, GEMISCH	2	2F		2.1	228 662 RID: (+13)	0	E0	P200		MP9
	1913	NEON, TIEFGEKÜHLT, FLÜSSIG	2	3A		2.2	593 RID: (+13)	120 ml	E1	P203		MP9
	1914	BUTYLPROPIONATE	3	F1	III	3		5 l	E1	P001 IBC03 LP01 R001		MP19
	1915	CYCLOHEXANON	3	F1	III	3		5 l	E1	P001 IBC03 LP01 R001		MP19
	1916	2,2'-DICHLORDIETHYLETHER	6.1	TF1	II	6.1 + 3		100 ml	E4	P001 IBC02		MP15
● G4	1917	ETHYLACRYLAT, STABILISIERT	3	F1	II	3	386	1 l	E2	P001 IBC02 R001		MP19
	1918	ISOPROPYLBENZEN	3	F1	III	3		5 l	E1	P001 IBC03 LP01 R001		MP19
● G4	1919	METHYLACRYLAT, STABILISIERT	3	F1	II	3	386	1 l	E2	P001 IBC02 R001		MP19
	1920	NONANE	3	F1	III	3		5 l	E1	P001 IBC03 LP01 R001		MP19
● G5	1921	PROPYLENIMIN, STABILISIERT	3	FT1	I	3 + 6.1	386	0	E0	P001		MP2
●	1922	PYRROLIDIN	3	FC	II	3 + 8		1 l	E2	P001 IBC02		MP19
	1923	CALCIUMDITHIONIT (CALCIUMHYDROSULFIT)	4.2	S4	II	4.2		0	E2	P410 IBC06		MP14

Tabelle A: Verzeichnis der gefährlichen Güter 3.2

ortsbewegliche Tanks und Schüttgut-Container		Tankcodierungen für ADR/RID-Tanks	ADR							RID						Expressgut	Nummer zur Kennzeichnung der Gefahr	UN-Nummer
Anweisungen	Sondervorschriften		Sondervorschriften für ADR-Tanks	Fahrzeug für die Beförderung in Tanks	Beförderungskategorie (Tunnelbeschränkungscode)	Sondervorschriften für die Beförderung			Betrieb	Sondervorschriften für RID-Tanks	Beförderungskategorie	Sondervorschriften für die Beförderung						
						Versandstücke	lose Schüttung	Be- und Entladung, Handhabung				Versandstücke	lose Schüttung	Be- und Entladung, Handhabung				
4.2.5.2 7.3.2	4.2.5.3	4.3	4.3.5 6.8.4	9.1.1.2	1.1.3.6 (8.6)	7.2.4	7.3.3	7.5.11	8.5	4.3.5 6.8.4	1.1.3.1	7.2.4	7.3.3	7.5.11	7.6	5.3.2.3	(1)
(10)	(11)	(12)	(13)	(14)	(15)	(16)	(17)	(18)	(19)	(13)	(15)	(16)	(17)	(18)	(19)	(20)	(1)
T4	TP2 TP24	L4BV(+)	TE11	AT	3 (E)	V12				TE11	3	W12			CE8	80	1908
					UNTERLIEGT NICHT DEN VORSCHRIFTEN DES ADR / RID												1910
					1 (D)		CV9 CV10 CV36	S2 S14			1		CW9 CW10 CW36			RID: 263	1911
(M) T50		PxBN(M)	TA4 TT9	FL	2 (B/D)		CV9 CV10 CV36	S2 S20		TU38 TE22 TM6 TA4 TT9	2		CW9 CW10 CW36		CE3	23	1912
T75	TP5	RxBN	TU19 TA4 TT9	AT	3 (C/E)	V5	CV9 CV11 CV36	S20		TU19 TM6 TA4 TT9	3	W5	CW9 CW11 CW36		CE2	22	1913
T2	TP1	LGBF		FL	3 (D/E)	V12		S2			3	W12			CE4	30	1914
T2	TP1	LGBF		FL	3 (D/E)	V12		S2			3	W12			CE4	30	1915
T7	TP2	L4BH	TU15 TE19	FL	2 (D/E)		CV13 CV28	S2 S9 S19		TU15	2		CW13 CW28 CW31		CE5	63	1916
T4	TP1	LGBF		FL	2 (D/E)	V8		S2 S4 S20			2				CE7	339	1917
T2	TP1	LGBF		FL	3 (D/E)	V12		S2			3	W12			CE4	30	1918
T4	TP1	LGBF		FL	2 (D/E)	V8		S2 S4 S20			2				CE7	339	1919
T2	TP1	LGBF		FL	3 (D/E)	V12		S2			3	W12			CE4	30	1920
T14	TP2	L15CH	TU14 TU15 TE21	FL	1 (C/E)	V8	CV13 CV28	S2 S4 S22		TU14 TU15 TU38 TE21 TE22 TE25	1		CW13 CW28			336	1921
T7	TP1	L4BH		FL	2 (D/E)			S2 S20			2				CE7	338	1922
T3	TP33	SGAN		AT	2 (D/E)	V1					2	W1			CE10	40	1923

3.2 Tabelle A: Verzeichnis der gefährlichen Güter

gemäß Tabelle 1.10.3.1.2	§ 35b GGVSEB	UN-Nummer	Benennung und Beschreibung	Klasse	Klassifizierungscode	Verpackungsgruppe	Gefahrzettel	Sondervorschriften	Begrenzte und freigestellte Mengen		Verpackung		
											Anweisungen	Sondervorschriften	Zusammenpackung
•	G..		3.1.2	2.2	2.2	2.1.1.3	5.2.2	3.3	3.4 / 3.5.1.2		4.1.4	4.1.4	4.1.10
		(1)	(2)	(3a)	(3b)	(4)	(5)	(6)	(7a)	(7b)	(8)	(9a)	(9b)
•	G8	1928	METHYLMAGNESIUMBROMID IN ETHYLETHER	4.3	WF1	I	4.3 + 3	0		E0	P402	RR8	MP2
		1929	KALIUMDITHIONIT (KALIUMHYDROSULFIT)	4.2	S4	II	4.2		0	E2	P410 IBC06		MP14
		1931	ZINKDITHIONIT	9	M11	III	9		5 kg	E1	P002 IBC08 LP02 R001	B3	MP10
		1932	ZIRKONIUM-ABFALL	4.2	S4	III	4.2	524 592	0	E0	P002 IBC08 LP02 R001	B3	MP14
•	G10	1935	CYANID, LÖSUNG, N.A.G.	6.1	T4	I	6.1	274 525	0	E5	P001		MP8 MP17
		1935	CYANID, LÖSUNG, N.A.G.	6.1	T4	II	6.1	274 525	100 ml	E4	P001 IBC02		MP15
		1935	CYANID, LÖSUNG, N.A.G.	6.1	T4	III	6.1	274 525	5 l	E1	P001 IBC03 LP01 R001		MP19
		1938	BROMESSIGSÄURE, LÖSUNG	8	C3	II	8		1 l	E2	P001 IBC02		MP15
		1938	BROMESSIGSÄURE, LÖSUNG	8	C3	III	8		5 l	E1	P001 IBC02 LP01 R001		MP19
		1939	PHOSPHOROXYBROMID	8	C2	II	8		1 kg	E0	P002 IBC08	B4	MP10
		1940	THIOGLYCOLSÄURE	8	C3	II	8		1 l	E2	P001 IBC02		MP15
		1941	DIBROMDIFLUORMETHAN	9	M11	III	9		5 l	E1	P001 LP01 R001		MP15
•		1942	AMMONIUMNITRAT mit höchstens 0,2 % brennbaren Stoffen, einschließlich jedes als Kohlenstoff berechneten organischen Stoffes, unter Ausschluss jedes anderen zugesetzten Stoffes	5.1	O2	III	5.1	306 611	5 kg	E1	P002 IBC08 LP02 R001	B3	MP10
		1944	SICHERHEITSZÜNDHÖLZER (Heftchen, Briefchen oder Schachteln)	4.1	F1	III	4.1	293	5 kg	E1	P407 R001		MP11
		1945	WACHSZÜNDHÖLZER	4.1	F1	III	4.1	293	5 kg	E1	P407 R001		MP11
		1950	DRUCKGASPACKUNGEN, erstickend [▶ 1.6.1.41 bis 31.12.2022]	2	5A		2.2	190 327 344 625	1 l	E0	P207 LP200	PP87 RR6 L2	MP9

Tabelle A: Verzeichnis der gefährlichen Güter 3.2

ortsbewegliche Tanks und Schüttgut-Container		Tankcodierungen für ADR/RID-Tanks	ADR							RID						Expressgut	Nummer zur Kennzeichnung der Gefahr	UN-Nummer
Anweisungen	Sondervorschriften		Sondervorschriften für ADR-Tanks	Fahrzeug für die Beförderung in Tanks	Beförderungskategorie (Tunnelbeschränkungscode)	Sondervorschriften für die Beförderung			Betrieb	Sondervorschriften für RID-Tanks	Beförderungskategorie	Sondervorschriften für die Beförderung						
						Versandstücke	lose Schüttung	Be- und Entladung, Handhabung				Versandstücke	lose Schüttung	Be- und Entladung, Handhabung				
4.2.5.2 7.3.2	4.2.5.3	4.3	4.3.5 6.8.4	9.1.1.2	1.1.3.6 (8.6)	7.2.4	7.3.3	7.5.11	8.5	4.3.5 6.8.4	1.1.3.1	7.2.4	7.3.3	7.5.11	7.6	5.3.2.3	(1)
(10)	(11)	(12)	(13)	(14)	(15)	(16)	(17)	(18)	(19)	(13)	(15)	(16)	(17)	(18)	(19)	(20)	(1)
		L10DH	TU4 TU14 TU22 TE21 TM2	FL	0 (B/E)	V1		CV23	S2 S20	TU4 TU14 TU22 TU38 TE21 TE22 TM2	0		W1		CW23	X323	1928
T3	TP33	SGAN		AT	2 (D/E)	V1					2		W1		CE10	40	1929
T1	TP33	SGAV		AT	3 (E)		VC1 VC2				3		VC1 VC2	CW31	CE11	90	1931
T1	TP33	SGAN		AT	3 (E)	V1	VC1 VC2 AP1				3		W1	VC1 VC2 AP1		CE11	40	1932
T14	TP2 TP27	L10CH	TU14 TU15 TE19 TE21	AT	1 (C/E)			CV1 CV13 CV28	S9 S14	TU14 TU15 TU38 TE21 TE22	1			CW13 CW28 CW31		66	1935
T11	TP2 TP27	L4BH	TU15 TE19	AT	2 (D/E)			CV13 CV28	S9 S19	TU15	2			CW13 CW28 CW31	CE5	60	1935
T7	TP2 TP28	L4BH	TU15 TE19	AT	2 (E)	V12		CV13 CV28	S9	TU15	2		W12	CW13 CW28 CW31	CE8	60	1935
T7	TP2	L4BN		AT	2 (E)						2				CE6	80	1938
T7	TP2	L4BN		AT	3 (E)						3				CE8	80	1938
T3	TP33	SGAN		AT	2 (E)	V11					2		W11		CE10	80	1939
T7	TP2	L4BN		AT	2 (E)						2				CE6	80	1940
T11	TP2	L4BN		AT	3 (E)						3			CW31	CE8	90	1941
T1 BK1 BK2 BK3	TP33	SGAV	TU3	AT	3 (E)		VC1 VC2 AP6 AP7	CV24	S23	TU3	3		VC1 VC2 AP6 AP7	CW24	CE11	50	1942
					4 (E)						4		W1		CE11	RID: 40	1944
					4 (E)						4		W1		CE11	RID: 40	1945
					3 (E)	V14		CV9 CV12			3		W14		CW9 CW12	CE2	RID: 20	1950

3.2 Tabelle A: Verzeichnis der gefährlichen Güter

gemäß Tabelle 1.10.3.1.2	§ 35b GGVSEB	UN-Nummer	Benennung und Beschreibung	Klasse	Klassifizierungscode	Verpackungsgruppe	Gefahrzettel	Sondervorschriften	Begrenzte und freigestellte Mengen		Verpackung		
											Anweisungen	Sondervorschriften	Zusammenpackung
	G..		3.1.2	2.2	2.2	2.1.1.3	5.2.2	3.3	3.4 / 3.5.1.2		4.1.4	4.1.4	4.1.10
		(1)	(2)	(3a)	(3b)	(4)	(5)	(6)	(7a)	(7b)	(8)	(9a)	(9b)
		1950	DRUCKGASPACKUNGEN, ätzend [▶ 1.6.1.41 bis 31.12.2022]	2	5C		2.2 + 8	190 327 344 625	1 l	E0	P207 LP200	PP87 RR6 L2	MP9
		1950	DRUCKGASPACKUNGEN, ätzend, oxidierend [▶ 1.6.1.41 bis 31.12.2022]	2	5CO		2.2 + 5.1 + 8	190 327 344 625	1 l	E0	P207 LP200	PP87 RR6 L2	MP9
		1950	DRUCKGASPACKUNGEN, entzündbar [▶ 1.6.1.41 bis 31.12.2022]	2	5F		2.1	190 327 344 625	1 l	E0	P207 LP200	PP87 RR6 L2	MP9
		1950	DRUCKGASPACKUNGEN, entzündbar, ätzend [▶ 1.6.1.41 bis 31.12.2022]	2	5FC		2.1 + 8	190 327 344 625	1 l	E0	P207 LP200	PP87 RR6 L2	MP9
		1950	DRUCKGASPACKUNGEN, oxidierend [▶ 1.6.1.41 bis 31.12.2022]	2	5O		2.2 + 5.1	190 327 344 625	1 l	E0	P207 LP200	PP87 RR6 L2	MP9
		1950	DRUCKGASPACKUNGEN, giftig [▶ 1.6.1.41 bis 31.12.2022]	2	5T		2.2 + 6.1	190 327 344 625	120 ml	E0	P207 LP200	PP87 RR6 L2	MP9
		1950	DRUCKGASPACKUNGEN, giftig, ätzend [▶ 1.6.1.41 bis 31.12.2022]	2	5TC		2.2 + 6.1 + 8	190 327 344 625	120 ml	E0	P207 LP200	PP87 RR6 L2	MP9
		1950	DRUCKGASPACKUNGEN, giftig, entzündbar [▶ 1.6.1.41 bis 31.12.2022]	2	5TF		2.1 + 6.1	190 327 344 625	120 ml	E0	P207 LP200	PP87 RR6 L2	MP9
		1950	DRUCKGASPACKUNGEN, giftig, entzündbar, ätzend [▶ 1.6.1.41 bis 31.12.2022]	2	5TFC		2.1 + 6.1 + 8	190 327 344 625	120 ml	E0	P207 LP200	PP87 RR6 L2	MP9
		1950	DRUCKGASPACKUNGEN, giftig, oxidierend [▶ 1.6.1.41 bis 31.12.2022]	2	5TO		2.2 + 5.1 + 6.1	190 327 344 625	120 ml	E0	P207 LP200	PP87 RR6 L2	MP9
		1950	DRUCKGASPACKUNGEN, giftig, oxidierend, ätzend [▶ 1.6.1.41 bis 31.12.2022]	2	5TOC		2.2 + 5.1 + 6.1 + 8	190 327 344 625	120 ml	E0	P207 LP200	PP87 RR6 L2	MP9
		1951	ARGON, TIEFGEKÜHLT, FLÜSSIG	2	3A		2.2 RID: (+13)	593	120 ml	E1	P203		MP9
		1952	ETHYLENOXID UND KOHLENDIOXID, GEMISCH mit höchstens 9 % Ethylenoxid	2	2A		2.2 RID: (+13)	392 662	120 ml	E1	P200		MP9
●	G3	1953	VERDICHTETES GAS, GIFTIG, ENTZÜNDBAR, N.A.G.	2	1TF		2.3 + 2.1 RID: (+13)	274	0	E0	P200		MP9

Tabelle A: Verzeichnis der gefährlichen Güter 3.2

ortsbewegliche Tanks und Schüttgut-Container				ADR						RID						Expressgut	Nummer zur Kennzeichnung der Gefahr	UN-Nummer
Anweisungen	Sondervorschriften	Tankcodierungen für ADR/RID-Tanks	Sondervorschriften für ADR-Tanks	Fahrzeug für die Beförderung in Tanks	Beförderungskategorie (Tunnelbeschränkungscode)	Sondervorschriften für die Beförderung			Betrieb	Sondervorschriften für RID-Tanks	Beförderungskategorie	Sondervorschriften für die Beförderung						
						Versandstücke	lose Schüttung	Be- und Entladung, Handhabung				Versandstücke	lose Schüttung	Be- und Entladung, Handhabung				
4.2.5.2 7.3.2	4.2.5.3	4.3	4.3.3 6.8.4	9.1.1.2	1.1.3.6 (8.6)	7.2.4	7.3.3	7.5.11	8.5	4.3.3 6.8.4	1.1.3.1	7.2.4	7.3.3	7.5.11	7.6	5.3.2.3	
(10)	(11)	(12)	(13)	(14)	(15)	(16)	(17)	(18)	(19)	(13)	(15)	(16)	(17)	(18)	(19)	(20)	(1)
					1 (E)	V14		CV9 CV12			1			CW9 CW12	CE2	RID: 28	1950
					1 (E)	V14		CV9 CV12			1			CW9 CW12	CE2	RID: 285	1950
					2 (D)	V14		CV9 CV12	S2		2			CW9 CW12	CE2	RID: 23	1950
					1 (D)	V14		CV9 CV12	S2		1			CW9 CW12	CE2	RID: 238	1950
					3 (E)	V14		CV9 CV12			3			CW9 CW12	CE2	RID: 25	1950
					1 (D)	V14		CV9 CV12 CV28			1			CW9 CW12 CW28		RID: 26	1950
					1 (D)	V14		CV9 CV12 CV28			1			CW9 CW12 CW28		RID: 268	1950
					1 (D)	V14		CV9 CV12 CV28	S2		1			CW9 CW12 CW28		RID: 263	1950
					1 (D)	V14		CV9 CV12 CV28	S2		1			CW9 CW12 CW28		RID: 263	1950
					1 (D)	V14		CV9 CV12 CV28			1			CW9 CW12 CW28		RID: 265	1950
					1 (D)	V14		CV9 CV12 CV28			1			CW9 CW12 CW28		RID: 265	1950
T75	TP5	RxBN	TU19 TA4 TT9	AT	3 (C/E)	V5		CV9 CV11 CV36	S20	TU19 TM6 TA4 TT9	3		W5	CW9 CW11 CW36	CE2	22	1951
(M)		PxBN(M)	TA4 TT9	AT	3 (C/E)			CV9 CV10 CV36		TM6 TA4 TT9	3			CW9 CW10 CW36	CE3	20	1952
(M)		CxBH(M)	TU6 TA4 TT9	FL	1 (B/D)			CV9 CV10 CV36	S2 S14	TU6 TU38 TE22 TE25 TA4 TT9	1			CW9 CW10 CW36		263	1953

3.2 Tabelle A: Verzeichnis der gefährlichen Güter

gemäß Tabelle 1.10.3.1.2	§ 35b GGVSEB	UN-Nummer	Benennung und Beschreibung	Klasse	Klassifizierungscode	Verpackungsgruppe	Gefahrzettel	Sondervorschriften	Begrenzte und freigestellte Mengen		Verpackung Anweisungen	Sondervorschriften	Zusammenpackung
G..			3.1.2	2.2	2.2	2.1.1.3	5.2.2	3.3	3.4 / 3.5.1.2		4.1.4	4.1.4	4.1.10
		(1)	(2)	(3a)	(3b)	(4)	(5)	(6)	(7a)	(7b)	(8)	(9a)	(9b)
●	G2	1954	VERDICHTETES GAS, ENTZÜNDBAR, N.A.G.	2	1F		2.1	274 392 662 RID: (+13)	0	E0	P200		MP9
●	G3	1955	VERDICHTETES GAS, GIFTIG, N.A.G.	2	1T		2.3	274 RID: (+13)	0	E0	P200		MP9
		1956	VERDICHTETES GAS, N.A.G.	2	1A		2.2	274 378 RID: 392 (+13) 655 662	120 ml	E1	P200		MP9
●	G2	1957	DEUTERIUM, VERDICHTET	2	1F		2.1	662 RID: (+13)	0	E0	P200		MP9
		1958	1,2-DICHLOR-1,1,2,2-TETRAFLUORETHAN (GAS ALS KÄLTEMITTEL R 114)	2	2A		2.2	662 RID: (+13)	120 ml	E1	P200		MP9
●	G2	1959	1,1-DIFLUORETHYLEN (GAS ALS KÄLTEMITTEL R 1132a)	2	2F		2.1	662 RID: (+13)	0	E0	P200		MP9
●	G2	1961	ETHAN, TIEFGEKÜHLT, FLÜSSIG	2	3F		2.1	RID: (+13)	0	E0	P203		MP9
●	G2	1962	ETHYLEN	2	2F		2.1	662 RID: (+13)	0	E0	P200		MP9
		1963	HELIUM, TIEFGEKÜHLT, FLÜSSIG	2	3A		2.2	593 RID: (+13)	120 ml	E1	P203		MP9
●	G2	1964	KOHLENWASSERSTOFFGAS, GEMISCH, VERDICHTET, N.A.G.	2	1F		2.1	274 662 RID: (+13)	0	E0	P200		MP9
●	G2	1965	KOHLENWASSERSTOFFGAS, GEMISCH, VERFLÜSSIGT, N.A.G. (Gemisch A, A 01, A 02, A 0, A 1, B 1, B 2, B oder C)	2	2F		2.1	274 392 RID: 583 (+13) 662 674 ADR: 652	0	E0	P200		MP9
●	G2	1966	WASSERSTOFF, TIEFGEKÜHLT, FLÜSSIG	2	3F		2.1	RID: (+13)	0	E0	P203		MP9

Tabelle A: Verzeichnis der gefährlichen Güter 3.2

ortsbewegliche Tanks und Schüttgut-Container		Tankcodierungen für ADR/RID-Tanks	Sondervorschriften für ADR-Tanks	Fahrzeug für die Beförderung in Tanks	ADR Beförderungskategorie (Tunnelbeschränkungscode)	ADR Sondervorschriften für die Beförderung			Betrieb	Sondervorschriften für RID-Tanks	RID Beförderungskategorie	RID Sondervorschriften für die Beförderung			Expressgut	Nummer zur Kennzeichnung der Gefahr	UN-Nummer
Anweisungen	Sondervorschriften					Versandstücke	lose Schüttung	Be- und Entladung, Handhabung				Versandstücke	lose Schüttung	Be- und Entladung, Handhabung			
4.2.5.2 7.3.2	4.2.5.3	4.3	4.3.5 6.8.4	9.1.1.2	1.1.3.6 (8.6)	7.2.4	7.3.3	7.5.11	8.5	4.3.5 6.8.4	1.1.3.1	7.2.4	7.3.3	7.5.11	7.6	5.3.2.3	(1)
(10)	(11)	(12)	(13)	(14)	(15)	(16)	(17)	(18)	(19)	(13)	(15)	(16)	(17)	(18)	(19)	(20)	(1)
(M)			CxBN(M)	TA4 TT9	FL	2 (B/D)			CV9 CV10 CV36	S2 S20	TU38 TE22 TA4 TT9	2			CW9 CW10 CW36	CE3	23	1954
(M)			CxBH(M)	TU6 TA4 TT9	AT	1 (C/D)			CV10 CV36	S14	TU6 TU38 TE22 TE25 TA4 TT9	1			CW9 CW10 CW36		26	1955
(M)			CxBN(M)	TA4 TT9	AT	3 (E)			CV9 CV10 CV36		TA4 TT9	3			CW9 CW10 CW36	CE3	20	1956
(M)			CxBN(M)	TA4 TT9	FL	2 (B/D)			CV9 CV10 CV36	S2 S20	TU38 TE22 TA4 TT9	2			CW9 CW10 CW36	CE3	23	1957
(M) T50			PxBN(M)	TA4 TT9	AT	3 (C/E)			CV9 CV10 CV36		TM6 TA4 TT9	3			CW9 CW10 CW36	CE3	20	1958
(M)			PxBN(M)	TA4 TT9	FL	2 (B/D)			CV9 CV10 CV36	S2 S20	TU38 TE22 TM6 TA4 TT9	2			CW9 CW10 CW36	CE3	239	1959
T75	TP5		RxBN	TU18 TA4 TT9	FL	2 (B/D)	V5		CV9 CV11 CV36	S2 S17	TU18 TU38 TE22 TM6 TA4 TT9	2	W5		CW9 CW11 CW36	CE2	223	1961
(M)			PxBN(M)	TA4 TT9	FL	2 (B/D)			CV9 CV10 CV36	S2 S20	TU38 TE22 TM6 TA4 TT9	2			CW9 CW10 CW36	CE3	23	1962
T75	TP5 TP34		RxBN	TU19 TA4 TT9	AT	3 (C/E)	V5		CV9 CV11 CV36	S20	TU19 TM6 TA4 TT9	3	W5		CW9 CW11 CW36	CE2	22	1963
(M)			CxBN(M)	TA4 TT9	FL	2 (B/D)			CV9 CV10 CV36	S2 S20	TU38 TE22 TA4 TT9	2			CW9 CW10 CW36	CE3	23	1964
(M) T50			PxBN(M)	TA4 TT9 TT11	FL	2 (B/D)			CV9 CV10 CV36	S2 S20	TU38 TE22 TM6 TA4 TT9	2			CW9 CW10 CW36	CE3	23	1965
T75	TP5 TP34		RxBN	TU18 TA4 TT9	FL	2 (B/D)	V5		CV9 CV11 CV36	S2 S17	TU18 TU38 TE22 TM6 TA4 TT9	2	W5		CW9 CW11 CW36	CE2	223	1966

3.2 Tabelle A: Verzeichnis der gefährlichen Güter

gemäß Tabelle 1.10.3.1.2	§ 35b GGVSEB	UN-Nummer	Benennung und Beschreibung	Klasse	Klassifizierungscode	Verpackungsgruppe	Gefahrzettel	Sondervorschriften	Begrenzte und freigestellte Mengen		Verpackung Anweisungen	Verpackung Sondervorschriften	Verpackung Zusammenpackung
G..			3.1.2	2.2	2.2	2.1.1.3	5.2.2	3.3	3.4 / 3.5.1.2		4.1.4	4.1.4	4.1.10
(1)			(2)	(3a)	(3b)	(4)	(5)	(6)	(7a)	(7b)	(8)	(9a)	(9b)
•	G3	1967	INSEKTENBEKÄMPFUNGSMITTEL, GASFÖRMIG, GIFTIG, N.A.G.	2	2T		2.3	274 RID: (+13)	0	E0	P200		MP9
		1968	INSEKTENBEKÄMPFUNGSMITTEL, GASFÖRMIG, N.A.G.	2	2A		2.2	274 662 RID: (+13)	120 ml	E1	P200		MP9
•	G2	1969	ISOBUTAN	2	2F		2.1	392 657 RID: 662 (+13) 674	0	E0	P200		MP9
		1970	KRYPTON, TIEFGEKÜHLT, FLÜSSIG	2	3A		2.2	593	120 ml	E1	P203		MP9
•	G2	1971	METHAN, VERDICHTET oder ERDGAS, VERDICHTET, mit hohem Methangehalt	2	1F		2.1	392 662 RID: (+13)	0	E0	P200		MP9
•	G2	1972	METHAN, TIEFGEKÜHLT, FLÜSSIG oder ERDGAS, TIEFGEKÜHLT, FLÜSSIG, mit hohem Methangehalt	2	3F		2.1	392 RID: (+13)	0	E0	P203		MP9
		1973	CHLORDIFLUORMETHAN UND CHLORPENTAFLUORETHAN, GEMISCH mit einem konstanten Siedepunkt, mit ca. 49 % Chlordifluormethan (GAS ALS KÄLTEMITTEL R 502)	2	2A		2.2	662 RID: (+13)	120 ml	E1	P200		MP9
		1974	BROMCHLORDIFLUORMETHAN (GAS ALS KÄLTEMITTEL R 12B1)	2	2A		2.2	662 RID: (+13)	120 ml	E1	P200		MP9
•		1975	STICKSTOFFMONOXID UND DISTICKSTOFFTETROXID, GEMISCH (STICKSTOFFMONOXID UND STICKSTOFFDIOXID, GEMISCH)	2	2TOC		2.3 + 5.1 + 8		0	E0	P200		MP9
		1976	OCTAFLUORCYCLOBUTAN (GAS ALS KÄLTEMITTEL RC 318)	2	2A		2.2	662 RID: (+13)	120 ml	E1	P200		MP9
		1977	STICKSTOFF, TIEFGEKÜHLT, FLÜSSIG	2	3A		2.2	345 346 RID: 593 (+13)	120 ml	E1	P203		MP9
•	G2	1978	PROPAN	2	2F		2.1	392 657 RID: 662 (+13) 674	0	E0	P200		MP9
		1982	TETRAFLUORMETHAN (GAS ALS KÄLTEMITTEL R 14)	2	2A		2.2	662 RID: (+13)	120 ml	E1	P200		MP9

Tabelle A: Verzeichnis der gefährlichen Güter　　3.2

ortsbewegliche Tanks und Schüttgut-Container		Tankcodierungen für ADR/RID-Tanks	ADR							RID						Expressgut	Nummer zur Kennzeichnung der Gefahr	UN-Nummer
			Sondervorschriften für ADR-Tanks	Fahrzeug für die Beförderung in Tanks	Beförderungskategorie (Tunnelbeschränkungscode)	Sondervorschriften für die Beförderung			Betrieb	Sondervorschriften für RID-Tanks	Beförderungskategorie	Sondervorschriften für die Beförderung						
Anweisungen	Sondervorschriften					Versandstücke	lose Schüttung	Be- und Entladung, Handhabung				Versandstücke	lose Schüttung	Be- und Entladung, Handhabung				
4.2.5.2 7.3.2	4.2.5.3	4.3	4.3.5 6.8.4	9.1.1.2	1.1.3.6 (8.6)	7.2.4	7.3.3	7.5.11	8.5	4.3.5 6.8.4	1.1.3.1	7.2.4	7.3.3	7.5.11	7.6	5.3.2.3	(1)
(10)	(11)	(12)	(13)	(14)	(15)	(16)	(17)	(18)	(19)	(13)	(15)	(16)	(17)	(18)	(19)	(20)	(1)
(M)		PxBH(M)	TU6 TA4 TT9	AT	1 (C/D)			CV9 CV10 CV36	S14	TU6 TU38 TE22 TE25 TM6 TA4 TT9	1			CW9 CW10 CW36		26	1967
(M)		PxBN(M)	TA4 TT9	AT	3 (C/E)			CV9 CV10 CV36		TM6 TA4 TT9	3			CW9 CW10 CW36	CE3	20	1968
(M) T50		PxBN(M)	TA4 TT9 TT11	FL	2 (B/D)			CV9 CV10 CV36	S2 S20	TU38 TE22 TM6 TA4 TT9	2			CW9 CW10 CW36	CE3	23	1969
T75	TP5	RxBN	TU19 TA4 TT9	AT	3 (C/E)	V5		CV9 CV11 CV36	S20	TU19 TM6 TA4 TT9	3	W8		CW9 CW11 CW36	CE2	22	1970
(M)		CxBN(M)	TA4 TT9	FL	2 (B/D)			CV9 CV10 CV36	S2 S20	TU38 TE22 TA4 TT9	2			CW9 CW10 CW36	CE3	23	1971
T75	TP5	RxBN	TU18 TA4 TT9	FL	2 (B/D)	V5		CV9 CV11 CV36	S2 S17	TU18 TU38 TE22 TM6 TA4 TT9	2	W8		CW9 CW11 CW36	CE2	223	1972
(M) T50		PxBN(M)	TA4 TT9	AT	3 (C/E)			CV9 CV10 CV36		TM6 TA4 TT9	3			CW9 CW10 CW36	CE3	20	1973
(M) T50		PxBN(M)	TA4 TT9	AT	3 (C/E)			CV9 CV10 CV36		TM6 TA4 TT9	3			CW9 CW10 CW36	CE3	20	1974
					1 (D)			CV9 CV10 CV36	S14		1			CW9 CW10 CW36		RID: 265	1975
(M) T50		PxBN(M)	TA4 TT9	AT	3 (C/E)			CV9 CV10 CV36		TM6 TA4 TT9	3			CW9 CW10 CW36	CE3	20	1976
T75	TP5	RxBN	TU19 TA4 TT9	AT	3 (C/E)	V5		CV9 CV11 CV36	S20	TU19 TM6 TA4 TT9	3	W8		CW9 CW11 CW36	CE2	22	1977
(M) T50		PxBN(M)	TA4 TT9 TT11	FL	2 (B/D)			CV9 CV10 CV36	S2 S20	TU38 TE22 TM6 TA4 TT9	2			CW9 CW10 CW36	CE3	23	1978
(M)		PxBN(M)	TA4 TT9	AT	3 (C/E)			CV9 CV10 CV36		TM6 TA4 TT9	3			CW9 CW10 CW36	CE3	20	1982

3.2 Tabelle A: Verzeichnis der gefährlichen Güter

gemäß Tabelle 1.10.3.1.2	§ 35b GGVSEB	UN-Nummer	Benennung und Beschreibung	Klasse	Klassifizierungscode	Verpackungsgruppe	Gefahrzettel	Sondervorschriften	Begrenzte und freigestellte Mengen		Verpackung Anweisungen	Verpackung Sondervorschriften	Verpackung Zusammenpackung
G..			3.1.2	2.2	2.2	2.1.1.3	5.2.2	3.3	3.4 / 3.5.1.2		4.1.4	4.1.4	4.1.10
(1)			(2)	(3a)	(3b)	(4)	(5)	(6)	(7a)	(7b)	(8)	(9a)	(9b)
		1983	1-CHLOR-2,2,2-TRIFLUORETHAN (GAS ALS KÄLTEMITTEL R 133a)	2	2A		2.2	662	120 ml	E1	P200		MP9
							RID: (+13)						
		1984	TRIFLUORMETHAN (GAS ALS KÄLTEMITTEL R 23)	2	2A		2.2	662	120 ml	E1	P200		MP9
							RID: (+13)						
•		1986	ALKOHOLE, ENTZÜNDBAR, GIFTIG, N.A.G.	3	FT1	I	3 + 6.1	274	0	E0	P001		MP7 MP17
•		1986	ALKOHOLE, ENTZÜNDBAR, GIFTIG, N.A.G.	3	FT1	II	3 + 6.1	274	1 l	E2	P001 IBC02		MP19
		1986	ALKOHOLE, ENTZÜNDBAR, GIFTIG, N.A.G.	3	FT1	III	3 + 6.1	274	5 l	E1	P001 IBC03 R001		MP19
•	G4	1987	ALKOHOLE, N.A.G. (Dampfdruck bei 50 °C größer als 110 kPa)	3	F1	II	3	274 601 640C	1 l	E2	P001		MP19
•	G4	1987	ALKOHOLE, N.A.G. (Dampfdruck bei 50 °C höchstens 110 kPa)	3	F1	II	3	274 601 640D	1 l	E2	P001 IBC02 R001		MP19
		1987	ALKOHOLE, N.A.G.	3	F1	III	3	274 601	5 l	E1	P001 IBC03 LP01 R001		MP19
•		1988	ALDEHYDE, ENTZÜNDBAR, GIFTIG, N.A.G.	3	FT1	I	3 + 6.1	274	0	E0	P001		MP7 MP17
•		1988	ALDEHYDE, ENTZÜNDBAR, GIFTIG, N.A.G.	3	FT1	II	3 + 6.1	274	1 l	E2	P001 IBC02		MP19
		1988	ALDEHYDE, ENTZÜNDBAR, GIFTIG, N.A.G.	3	FT1	III	3 + 6.1	274	5 l	E1	P001 IBC03 R001		MP19
•	G4	1989	ALDEHYDE, N.A.G.	3	F1	I	3	274	0	E3	P001		MP7 MP17
•	G4	1989	ALDEHYDE, N.A.G. (Dampfdruck bei 50 °C größer als 110 kPa)	3	F1	II	3	274 640C	1 l	E2	P001		MP19
•	G4	1989	ALDEHYDE, N.A.G. (Dampfdruck bei 50 °C höchstens 110 kPa)	3	F1	II	3	274 640D	1 l	E2	P001 IBC02 R001		MP19
		1989	ALDEHYDE, N.A.G.	3	F1	III	3	274	5 l	E1	P001 IBC03 LP01 R001		MP19
		1990	BENZALDEHYD	9	M11	III	9		5 l	E1	P001 IBC03 LP01 R001		MP15

Tabelle A: Verzeichnis der gefährlichen Güter 3.2

Anweisungen für ortsbewegliche Tanks und Schüttgut-Container	Sondervorschriften	Tankcodierungen für ADR/RID-Tanks	Sondervorschriften für ADR-Tanks	Fahrzeug für die Beförderung in Tanks	ADR Beförderungskategorie (Tunnelbeschränkungscode)	Sondervorschriften für die Beförderung Versandstücke	Sondervorschriften für die Beförderung lose Schüttung	Sondervorschriften für die Beförderung Be- und Entladung, Handhabung	Betrieb	Sondervorschriften für RID-Tanks	RID Beförderungskategorie	Sondervorschriften für die Beförderung Versandstücke	Sondervorschriften für die Beförderung lose Schüttung	Sondervorschriften für die Beförderung Be- und Entladung, Handhabung	Expressgut	Nummer zur Kennzeichnung der Gefahr	UN-Nummer
4.2.5.2 7.3.2	4.2.5.3	4.3	4.3.5 6.8.4	9.1.1.2	1.1.3.6 (8.6)	7.2.4	7.3.3	7.5.11	8.5	4.3.5 6.8.4	1.1.3.1	7.2.4	7.3.3	7.5.11	7.6	5.3.2.3	(1)
(10)	(11)	(12)	(13)	(14)	(15)	(16)	(17)	(18)	(19)	(13)	(15)	(16)	(17)	(18)	(19)	(20)	(1)
(M) T50		PxBN(M)	TA4 TT9	AT	3 (C/E)			CV9 CV10 CV36		TM6 TA4 TT9	3			CW9 CW10 CW36	CE3	20	1983
(M)		PxBN(M)	TA4 TT9	AT	3 (C/E)			CV9 CV10 CV36		TM6 TA4 TT9	3			CW9 CW10 CW36	CE3	20	1984
T14	TP2 TP27	L10CH	TU14 TU15 TE21	FL	1 (C/E)			CV13 CV28	S2 S22	TU14 TU15 TU38 TE21 TE22	1			CW13 CW28		336	1986
T11	TP2 TP27	L4BH	TU15	FL	2 (D/E)			CV13 CV28	S2 S22	TU15	2			CW13 CW28	CE7	336	1986
T7	TP1 TP28	L4BH	TU15	FL	3 (D/E)	V12		CV13 CV28	S2	TU15	3	W12		CW13 CW28	CE4	36	1986
T7	TP1 TP8 TP28	L1,5BN		FL	2 (D/E)				S2 S20		2				CE7	33	1987
T7	TP1 TP8 TP28	LGBF		FL	2 (D/E)				S2 S20		2				CE7	33	1987
T4	TP1 TP29	LGBF		FL	3 (D/E)	V12			S2		3	W12			CE4	30	1987
T14	TP2 TP27	L10CH	TU14 TU15 TE21	FL	1 (C/E)			CV13 CV28	S2 S22	TU14 TU15 TU38 TE21 TE22	1			CW13 CW28		336	1988
T11	TP2 TP27	L4BH	TU15	FL	2 (D/E)			CV13 CV28	S2 S22	TU15	2			CW13 CW28	CE7	336	1988
T7	TP1 TP28	L4BH	TU15	FL	3 (D/E)	V12		CV13 CV28	S2	TU15	3	W12		CW13 CW28	CE4	36	1988
T11	TP1 TP27	L4BN		FL	1 (D/E)				S2 S20		1					33	1989
T7	TP1 TP8 TP28	L1,5BN		FL	2 (D/E)				S2 S20		2				CE7	33	1989
T7	TP1 TP8 TP28	LGBF		FL	2 (D/E)				S2 S20		2				CE7	33	1989
T4	TP1 TP29	LGBF		FL	3 (D/E)	V12			S2		3	W12			CE4	30	1989
T2	TP1	LGBV		AT	3 (E)	V12					3	W12		CW31	CE8	90	1990

3.2 Tabelle A: Verzeichnis der gefährlichen Güter

gemäß Tabelle 1.10.3.1.2 § 35b GGVSEB	UN-Nummer	Benennung und Beschreibung	Klasse	Klassifizierungscode	Verpackungsgruppe	Gefahrzettel	Sondervorschriften	Begrenzte und freigestellte Mengen		Verpackung Anweisungen	Verpackung Sondervorschriften	Verpackung Zusammen-packung
		3.1.2	2.2	2.2	2.1.1.3	5.2.2	3.3	3.4	3.5.1.2	4.1.4	4.1.4	4.1.10
• G..	(1)	(2)	(3a)	(3b)	(4)	(5)	(6)	(7a)	(7b)	(8)	(9a)	(9b)
•	1991	CHLOROPREN, STABILISIERT	3	FT1	I	3 + 6.1	386	0	E0	P001		MP7 MP17
•	1992	ENTZÜNDBARER FLÜSSIGER STOFF, GIFTIG, N.A.G.	3	FT1	I	3 + 6.1	274	0	E0	P001		MP7 MP17
•	1992	ENTZÜNDBARER FLÜSSIGER STOFF, GIFTIG, N.A.G.	3	FT1	II	3 + 6.1	274	1 I	E2	P001 IBC02		MP19
•	1992	ENTZÜNDBARER FLÜSSIGER STOFF, GIFTIG, N.A.G.	3	FT1	III	3 + 6.1	274	5 I	E1	P001 IBC03 R001		MP19
• G4	1993	ENTZÜNDBARER FLÜSSIGER STOFF, N.A.G.	3	F1	I	3	274	0	E3	P001		MP7 MP17
• G4	1993	ENTZÜNDBARER FLÜSSIGER STOFF, N.A.G. (Dampfdruck bei 50 °C größer als 110 kPa)	3	F1	II	3	274 601 640C	1 I	E2	P001		MP19
• G4	1993	ENTZÜNDBARER FLÜSSIGER STOFF, N.A.G. (Dampfdruck bei 50 °C höchstens 110 kPa)	3	F1	II	3	274 601 640D	1 I	E2	P001 IBC02 R001		MP19
	1993	ENTZÜNDBARER FLÜSSIGER STOFF, N.A.G.	3	F1	III	3	274 601	5 I	E1	P001 IBC03 LP01 R001		MP19
	1993	ENTZÜNDBARER FLÜSSIGER STOFF, N.A.G. (mit einem Flammpunkt unter 23 °C und viskos gemäß 2.2.3.1.4) (Dampfdruck bei 50 °C größer als 110 kPa)	3	F1	III	3	274 601	5 I	E1	P001 R001		MP19
	1993	ENTZÜNDBARER FLÜSSIGER STOFF, N.A.G. (mit einem Flammpunkt unter 23 °C und viskos gemäß 2.2.3.1.4) (Dampfdruck bei 50 °C höchstens 110 kPa)	3	F1	III	3	274 601	5 I	E1	P001 IBC02 R001	BB4	MP19
• G10	1994	EISENPENTACARBONYL	6.1	TF1	I	6.1 + 3	354	0	E0	P601		MP2
• G4	1999	TEERE, FLÜSSIG, einschließlich Straßenöle und Cutback-Bitumen (Verschnittbitumen) (Dampfdruck bei 50 °C größer als 110 kPa)	3	F1	II	3	640C	5 I	E2	P001		MP19
• G4	1999	TEERE, FLÜSSIG, einschließlich Straßenöle und Cutback-Bitumen (Verschnittbitumen) (Dampfdruck bei 50 °C höchstens 110 kPa)	3	F1	II	3	640D	5 I	E2	P001 IBC02		MP19
	1999	TEERE, FLÜSSIG, einschließlich Straßenöle und Cutback-Bitumen (Verschnittbitumen)	3	F1	III	3		5 I	E1	P001 IBC03 LP01 R001		MP19

Tabelle A: Verzeichnis der gefährlichen Güter 3.2

ortsbewegliche Tanks und Schüttgut-Container			ADR							RID						
Anweisungen	Sondervorschriften	Tankcodierungen für ADR/RID-Tanks	Sondervorschriften für ADR-Tanks	Fahrzeug für die Beförderung in Tanks	Beförderungskategorie (Tunnelbeschränkungscode)	Sondervorschriften für die Beförderung			Betrieb	Sondervorschriften für RID-Tanks	Beförderungskategorie	Sondervorschriften für die Beförderung			Expressgut	Nummer zur Kennzeichnung der Gefahr	UN-Nummer
						Versandstücke	lose Schüttung	Be- und Entladung, Handhabung				Versandstücke	lose Schüttung	Be- und Entladung, Handhabung			
4.2.5.2 7.3.2	4.2.5.3	4.3	4.3.5 6.8.4	9.1.1.2	1.1.3.6 (8.6)	7.2.4	7.3.3	7.5.11	8.5	4.3.5 6.8.4	1.1.3.1	7.2.4	7.3.3	7.5.11	7.6	5.3.2.3	(1)
(10)	(11)	(12)	(13)	(14)	(15)	(16)	(17)	(18)	(19)	(13)	(15)	(16)	(17)	(18)	(19)	(20)	(1)
T14	TP2 TP6	L10CH	TU14 TU15 TE21	FL	1 (C/E)	V8		CV13 CV28	S2 S4 S22	TU14 TU15 TU38 TE21 TE22	1			CW13 CW28		336	1991
T14	TP2 TP27	L10CH	TU14 TU15 TE21	FL	1 (C/E)			CV13 CV28	S2 S22	TU14 TU15 TU38 TE21 TE22	1			CW13 CW28		336	1992
T7	TP2	L4BH	TU15	FL	2 (D/E)			CV13 CV28	S2 S22	TU15	2			CW13 CW28	CE7	336	1992
T7	TP1 TP28	L4BH	TU15	FL	3 (D/E)	V12		CV13 CV28	S2	TU15	3	W12		CW13 CW28	CE4	36	1992
T11	TP1 TP27	L4BN		FL	1 (D/E)				S2 S20		1					33	1993
T7	TP1 TP8 TP28	L1,5BN		FL	2 (D/E)				S2 S20		2				CE7	33	1993
T7	TP1 TP8 TP28	LGBF		FL	2 (D/E)				S2 S20		2				CE7	33	1993
T4	TP1 TP29	LGBF		FL	3 (D/E)	V12			S2		3	W12			CE4	30	1993
					3 (E)				S2		3				CE4	RID: 33	1993
					3 (E)				S2		3				CE4	RID: 33	1993
T22	TP2	L15CH	TU14 TU15 TU31 TE19 TE21 TM3	FL	1 (C/D)			CV1 CV13 CV28	S2 S9 S14	TU14 TU15 TU31 TU38 TE21 TE22 TE25 TM3	1			CW13 CW28 CW31		663	1994
T3	TP3 TP29	L1,5BN		FL	2 (D/E)				S2 S20		2				CE7	33	1999
T3	TP3 TP29	LGBF		FL	2 (D/E)				S2 S20		2				CE7	33	1999
T1	TP3	LGBF		FL	3 (D/E)	V12			S2		3	W12			CE4	30	1999

3.2 Tabelle A: Verzeichnis der gefährlichen Güter

gemäß Tabelle 1.10.3.1.2	§ 35b GGVSEB	UN-Nummer	Benennung und Beschreibung	Klasse	Klassifizierungscode	Verpackungsgruppe	Gefahrzettel	Sondervorschriften	Begrenzte und freigestellte Mengen		Verpackung Anweisungen	Verpackung Sondervorschriften	Verpackung Zusammenpackung
	G..		3.1.2	2.2	2.2	2.1.1.3	5.2.2	3.3	3.4 / 3.5.1.2		4.1.4	4.1.4	4.1.10
(1)			(2)	(3a)	(3b)	(4)	(5)	(6)	(7a)	(7b)	(8)	(9a)	(9b)
		1999	TEERE, FLÜSSIG, einschließlich Straßenöle und Cutback-Bitumen (Verschnittbitumen) (mit einem Flammpunkt unter 23 °C und viskos gemäß 2.2.3.1.4) (Dampfdruck bei 50 °C größer als 110 kPa)	3	F1	III	3		5 l	E1	P001 R001		MP19
		1999	TEERE, FLÜSSIG, einschließlich Straßenöle und Cutback-Bitumen (Verschnittbitumen) (mit einem Flammpunkt unter 23 °C und viskos gemäß 2.2.3.1.4) (Dampfdruck bei 50 °C höchstens 110 kPa)	3	F1	III	3		5 l	E1	P001 IBC02 R001	BB4	MP19
		2000	ZELLULOID in Blöcken, Stangen, Platten, Rohren, usw. (ausgenommen Abfälle)	4.1	F1	III	4.1	383 502	5 kg	E1	P002 LP02 R001	PP7	MP11
		2001	COBALTNAPHTHENAT-PULVER	4.1	F3	III	4.1		5 kg	E1	P002 IBC08 LP02 R001	B3	MP11
		2002	ZELLULOID, ABFALL	4.2	S2	III	4.2	526 592	0	E0	P002 IBC08 LP02 R001	PP8 B3	MP14
		2004	MAGNESIUMDIAMID	4.2	S4	II	4.2		0	E2	P410 IBC06		MP14
		2006	KUNSTSTOFFE AUF NITROCELLULOSEBASIS, SELBSTERHITZUNGSFÄHIG, N.A.G.	4.2	S2	III	4.2	274 528	0	E0	P002 R001		MP14
●		2008	ZIRKONIUM-PULVER, TROCKEN	4.2	S4	I	4.2	524 540	0	E0	P404		MP13
		2008	ZIRKONIUM-PULVER, TROCKEN	4.2	S4	II	4.2	524 540	0	E2	P410 IBC06		MP14
		2008	ZIRKONIUM-PULVER, TROCKEN	4.2	S4	III	4.2	524 540	0	E1	P002 IBC08 LP02 R001	B3	MP14
		2009	ZIRKONIUM, TROCKEN, Bleche, Streifen oder gerollter Draht (dünner als 18 μm)	4.2	S4	III	4.2	524 592	0	E1	P002 LP02 R001		MP14
●		2010	MAGNESIUMHYDRID	4.3	W2	I	4.3		0	E0	P403		MP2
●		2011	MAGNESIUMPHOSPHID	4.3	WT2	I	4.3 + 6.1		0	E0	P403		MP2
●		2012	KALIUMPHOSPHID	4.3	WT2	I	4.3 + 6.1		0	E0	P403		MP2
●		2013	STRONTIUMPHOSPHID	4.3	WT2	I	4.3 + 6.1		0	E0	P403		MP2
		2014	WASSERSTOFFPEROXID, WÄSSERIGE LÖSUNG mit mindestens 20 %, aber höchstens 60 % Wasserstoffperoxid (Stabilisierung nach Bedarf)	5.1	OC1	II	5.1 + 8		1 l	E2	P504 IBC02	PP10 B5	MP15

Tabelle A: Verzeichnis der gefährlichen Güter 3.2

ortsbewegliche Tanks und Schüttgut-Container		Tankcodierungen für ADR/RID-Tanks	Sondervorschriften für ADR-Tanks	Fahrzeug für die Beförderung in Tanks	ADR Beförderungskategorie (Tunnelbeschränkungscode)	Sondervorschriften für die Beförderung			Betrieb	RID	Beförderungskategorie	Sondervorschriften für die Beförderung			Expressgut	Nummer zur Kennzeichnung der Gefahr	UN-Nummer
Anweisungen	Sondervorschriften					Versandstücke	lose Schüttung	Be- und Entladung, Handhabung		Sondervorschriften für RID-Tanks		Versandstücke	lose Schüttung	Be- und Entladung, Handhabung			
4.2.5.2 7.3.2	4.2.5.3	4.3	4.3.5 6.8.4	9.1.1.2	1.1.3.6 (8.6)	7.2.4	7.3.3	7.5.11	8.5	4.3.5 6.8.4	1.1.3.1	7.2.4	7.3.3	7.5.11	7.6	5.3.2.3	(1)
(10)	(11)	(12)	(13)	(14)	(15)	(16)	(17)	(18)	(19)	(13)	(15)	(16)	(17)	(18)	(19)	(20)	(1)
					3 (E)				S2		3				CE4	RID: 33	1999
					3 (E)				S2		3				CE4	RID: 33	1999
					3 (E)						3	W1			CE11	RID: 40	2000
T1	TP33	SGAV		AT	3 (E)		VC1 VC2				3	W1	VC1 VC2		CE11	40	2001
					3 (E)	V1					3	W1			CE11	RID: 40	2002
T3	TP33	SGAN		AT	2 (D/E)	V1					2	W1			CE10	40	2004
					3 (E)	V1					3	W1			CE11	RID: 40	2006
T21	TP7 TP33			AT	0 (B/E)	V1			S20		0	W1				43	2008
T3	TP33	SGAN		AT	2 (D/E)	V1					2	W1			CE10	40	2008
T1	TP33	SGAN		AT	3 (E)	V1	VC1 VC2 AP1				3	W1	VC1 VC2 AP1		CE11	40	2008
					3 (E)	V1	VC1 VC2 AP1				3	W1	VC1 VC2 AP1		CE11	40	2009
					1 (E)	V1		CV23	S20		1	W1		CW23		RID: X423	2010
					1 (E)	V1		CV23 CV28	S20		1	W1		CW23 CW28		RID: X462	2011
					1 (E)	V1		CV23 CV28	S20		1	W1		CW23 CW28		RID: X462	2012
					1 (E)	V1		CV23 CV28	S20		1	W1		CW23 CW28		RID: X462	2013
T7	TP2 TP6 TP24	L4BV(+)	TU3 TC2 TE8 TE11 TT1	AT	2 (E)			CV24		TU3 TC2 TE8 TE11 TT1	2			CW24	CE6	58	2014

3.2 Tabelle A: Verzeichnis der gefährlichen Güter

gemäß Tabelle 1.10.3.1.2 § 35b GGVSEB	UN-Nummer	Benennung und Beschreibung	Klasse	Klassifizierungscode	Verpackungsgruppe	Gefahrzettel	Sondervorschriften	Begrenzte und freigestellte Mengen		Verpackung		
										Anweisungen	Sondervorschriften	Zusammenpackung
G..		3.1.2	2.2	2.2	2.1.1.3	5.2.2	3.3	3.4 / 3.5.1.2		4.1.4	4.1.4	4.1.10
(1)		(2)	(3a)	(3b)	(4)	(5)	(6)	(7a)	(7b)	(8)	(9a)	(9b)
• G9	2015	WASSERSTOFFPEROXID, WÄSSERIGE LÖSUNG, STABILISIERT, mit mehr als 70 % Wasserstoffperoxid	5.1	OC1	I	5.1 + 8	640N	0	E0	P501		MP2
• G9	2015	WASSERSTOFFPEROXID, WÄSSERIGE LÖSUNG, STABILISIERT, mit mehr als 60 %, aber höchstens 70 % Wasserstoffperoxid	5.1	OC1	I	5.1 + 8	640O	0	E0	P501		MP2
	2016	MUNITION, GIFTIG, NICHT EXPLOSIV, ohne Zerleger oder Ausstoßladung, nicht scharf	6.1	T2		6.1		0	E0	P600		MP10
	2017	MUNITION, TRÄNENERZEUGEND, NICHT EXPLOSIV, ohne Zerleger oder Ausstoßladung, nicht scharf	6.1	TC2		6.1 + 8		0	E0	P600		MP10
	2018	CHLORANILINE, FEST	6.1	T2	II	6.1		500 g	E4	P002 IBC08	B4	MP10
	2019	CHLORANILINE, FLÜSSIG	6.1	T1	II	6.1		100 ml	E4	P001 IBC02		MP15
	2020	CHLORPHENOLE, FEST	6.1	T2	III	6.1	205	5 kg	E1	P002 IBC08 LP02 R001	B3	MP10
	2021	CHLORPHENOLE, FLÜSSIG	6.1	T1	III	6.1		5 l	E1	P001 IBC03 LP01 R001		MP19
	2022	CRESYLSÄURE	6.1	TC1	II	6.1 + 8		100 ml	E4	P001 IBC02		MP15
	2023	EPICHLORHYDRIN	6.1	TF1	II	6.1 + 3	279	100 ml	E4	P001 IBC02		MP15
• G10	2024	QUECKSILBERVERBINDUNG, FLÜSSIG, N.A.G.	6.1	T4	I	6.1	43 274	0	E5	P001		MP8 MP17
	2024	QUECKSILBERVERBINDUNG, FLÜSSIG, N.A.G.	6.1	T4	II	6.1	43 274	100 ml	E4	P001 IBC02		MP15
	2024	QUECKSILBERVERBINDUNG, FLÜSSIG, N.A.G.	6.1	T4	III	6.1	43 274	5 l	E1	P001 IBC03 LP01 R001		MP19
•	2025	QUECKSILBERVERBINDUNG, FEST, N.A.G.	6.1	T5	I	6.1	43 66 274 529	0	E5	P002 IBC07		MP18

Tabelle A: Verzeichnis der gefährlichen Güter 3.2

ortsbewegliche Tanks und Schüttgut-Container			ADR							RID								
Anweisungen	Sondervorschriften	Tankcodierungen für ADR/RID-Tanks	Sondervorschriften für ADR-Tanks	Fahrzeug für die Beförderung in Tanks	Beförderungskategorie (Tunnelbeschränkungscode)	Sondervorschriften für die Beförderung			Betrieb	Sondervorschriften für RID-Tanks	Beförderungskategorie	Sondervorschriften für die Beförderung				Expressgut	Nummer zur Kennzeichnung der Gefahr	UN-Nummer
						Versandstücke	lose Schüttung	Be- und Entladung, Handhabung				Versandstücke	lose Schüttung	Be- und Entladung, Handhabung				
4.2.5.2 7.3.2	4.2.5.3	4.3	4.3.5 6.8.4	9.1.1.2	1.1.3.6 (8.6)	7.2.4	7.3.3	7.5.11	8.5	4.3.5 6.8.4	1.1.3.1	7.2.4	7.3.3	7.5.11	7.6	5.3.2.3	
(10)	(11)	(12)	(13)	(14)	(15)	(16)	(17)	(18)	(19)	(13)	(15)	(16)	(17)	(18)	(19)	(20)	(1)
T9	TP2 TP6 TP24	L4DV(+)	TU3 TU28 TC2 TE8 TE9 TT1	FL	1 (B/E)	V5		CV24	S20	TU3 TU28 TC2 TE8 TE9 TE16 TT1	1		W5	CW24		559	2015
T9	TP2 TP6 TP24	L4BV(+)	TU3 TU28 TC2 TE7 TE8 TE9 TT1	FL	1 (B/E)	V5		CV24	S20	TU3 TU28 TC2 TE7 TE8 TE9 TE16 TT1	1		W5	CW24		559	2015
					2 (E)			CV13 CV28	S9 S19		2			CW13 CW28 CW31	CE9	RID: 60	2016
					2 (D/E)			CV13 CV28	S9 S19		2			CW13 CW28 CW31		RID: 68	2017
T3	TP33	SGAH L4BH	TU15 TE19	AT	2 (D/E)	V11		CV13 CV28	S9 S19	TU15	2		W11	CW13 CW28 CW31	CE9	60	2018
T7	TP2	L4BH	TU15 TE19	AT	2 (D/E)			CV13 CV28	S9 S19	TU15	2			CW13 CW28 CW31	CE5	60	2019
T1	TP33	SGAH	TU15 TE19	AT	2 (E)		VC1 VC2 AP7	CV13 CV28	S9	TU15	2		VC1 VC2 AP7	CW13 CW28 CW31	CE11	60	2020
T4	TP1	L4BH	TU15 TE19	AT	2 (E)	V12		CV13 CV28	S9	TU15	2		W12	CW13 CW28 CW31	CE8	60	2021
T7	TP2	L4BH	TU15 TE19	AT	2 (D/E)			CV13 CV28	S9 S19	TU15	2			CW13 CW28 CW31	CE5	68	2022
T7	TP2	L4BH	TU15 TE19	FL	2 (D/E)			CV13 CV28	S2 S9 S19	TU15	2			CW13 CW28 CW31	CE5	63	2023
		L10CH	TU14 TU15 TE19 TE21	AT	1 (C/E)			CV1 CV13 CV28	S9 S14	TU14 TU15 TU38 TE21 TE22	1			CW13 CW28 CW31		66	2024
		L4BH	TU15 TE19	AT	2 (D/E)			CV13 CV28	S9 S19	TU15	2			CW13 CW28 CW31	CE5	60	2024
		L4BH	TU15 TE19	AT	2 (E)	V12		CV13 CV28	S9	TU15	2		W12	CW13 CW28 CW31	CE8	60	2024
T6	TP33	S10AH	TU15 TE19	AT	1 (C/E)	V10		CV1 CV13 CV28	S9 S14	TU15	1		W10	CW13 CW28 CW31		66	2025

3.2 Tabelle A: Verzeichnis der gefährlichen Güter

gemäß Tabelle 1.10.3.1.2 § 35b GGVSEB	UN-Nummer	Benennung und Beschreibung	Klasse	Klassifizierungscode	Verpackungsgruppe	Gefahrzettel	Sondervorschriften	Begrenzte und freigestellte Mengen		Verpackung Anweisungen	Verpackung Sondervorschriften	Verpackung Zusammenpackung
G..		3.1.2	2.2	2.2	2.1.1.3	5.2.2	3.3	3.4 / 3.5.1.2		4.1.4	4.1.4	4.1.10
(1)		(2)	(3a)	(3b)	(4)	(5)	(6)	(7a)	(7b)	(8)	(9a)	(9b)
	2025	QUECKSILBERVERBINDUNG, FEST, N.A.G.	6.1	T5	II	6.1	43 66 274 529	500 g	E4	P002 IBC08	B4	MP10
	2025	QUECKSILBERVERBINDUNG, FEST, N.A.G.	6.1	T5	III	6.1	43 66 274 529	5 kg	E1	P002 IBC08 LP02 R001	B3	MP10
●	2026	PHENYLQUECKSILBERVERBINDUNG, N.A.G.	6.1	T3	I	6.1	43 274	0	E5	P002 IBC07		MP18
	2026	PHENYLQUECKSILBERVERBINDUNG, N.A.G.	6.1	T3	II	6.1	43 274	500 g	E4	P002 IBC08	B4	MP10
	2026	PHENYLQUECKSILBERVERBINDUNG, N.A.G.	6.1	T3	III	6.1	43 274	5 kg	E1	P002 IBC08 LP02 R001	B3	MP10
	2027	NATRIUMARSENIT, FEST	6.1	T5	II	6.1	43	500 g	E4	P002 IBC08	B4	MP10
	2028	RAUCHBOMBEN, NEBELBOMBEN, NICHT EXPLOSIV, ätzenden flüssigen Stoff enthaltend, ohne Zünder	8	C11	II	8		0	E0	P803		
●	2029	HYDRAZIN, WASSERFREI	8	CFT	I	8 + 3 + 6.1		0	E0	P001		MP8 MP17
●	2030	HYDRAZIN, WÄSSERIGE LÖSUNG mit mehr als 37 Masse-% Hydrazin	8	CT1	I	8 + 6.1	530	0	E0	P001		MP8 MP17
	2030	HYDRAZIN, WÄSSERIGE LÖSUNG mit mehr als 37 Masse-% Hydrazin	8	CT1	II	8 + 6.1	530	1 l	E0	P001 IBC02		MP15
	2030	HYDRAZIN, WÄSSERIGE LÖSUNG mit mehr als 37 Masse-% Hydrazin	8	CT1	III	8 + 6.1	530	5 l	E1	P001 IBC03 LP01 R001		MP19
●	2031	SALPETERSÄURE, andere als rotrauchende, mit mehr als 70 % Säure	8	CO1	I	8 + 5.1		0	E0	P001	PP81	MP8 MP17
	2031	SALPETERSÄURE, andere als rotrauchende, mit mindestens 65 %, aber höchstens 70 % Säure	8	CO1	II	8 + 5.1		1 l	E2	P001 IBC02	PP81 B15	MP15
	2031	SALPETERSÄURE, andere als rotrauchende, mit weniger als 65 % Säure	8	C1	II	8		1 l	E2	P001 IBC02	PP81 B15	MP15
●	2032	SALPETERSÄURE, ROTRAUCHEND	8	COT	I	8 + 5.1 + 6.1		0	E0	P602		MP8 MP17
	2033	KALIUMMONOXID	8	C6	II	8		1 kg	E2	P002 IBC08	B4	MP10
●	G2 2034	WASSERSTOFF UND METHAN, GEMISCH, VERDICHTET	2	1F		2.1 RID: (+13)	662	0	E0	P200		MP9

564

Tabelle A: Verzeichnis der gefährlichen Güter 3.2

ortsbewegliche Tanks und Schüttgut-Container		Tankcodierungen für ADR/RID-Tanks	Sondervorschriften für ADR-Tanks	Fahrzeug für die Beförderung in Tanks	ADR Beförderungs-kategorie (Tunnel-beschränkungs-code)	ADR Sondervorschriften für die Beförderung			Betrieb	Sondervorschriften für RID-Tanks	RID Beförderungs-kategorie	RID Sondervorschriften für die Beförderung			Expressgut	Nummer zur Kennzeichnung der Gefahr	UN-Nummer
Anweisungen	Sondervorschriften					Versandstücke	lose Schüttung	Be- und Entladung, Handhabung				Versandstücke	lose Schüttung	Be- und Entladung, Handhabung			
4.2.5.2 7.3.2	4.2.5.3	4.3	4.3.5 6.8.4	9.1.1.2	1.1.3.6 (8.6)	7.2.4	7.3.3	7.5.11	8.5	4.3.5 6.8.4	1.1.3.1	7.2.4	7.3.3	7.5.11	7.6	5.3.2.3	(1)
(10)	(11)	(12)	(13)	(14)	(15)	(16)	(17)	(18)	(19)	(13)	(15)	(16)	(17)	(18)	(19)	(20)	(1)
T3	TP33	SGAH	TU15 TE19	AT	2 (D/E)	V11		CV13 CV28	S9 S19	TU15	2		W11	CW13 CW28 CW31	CE9	60	2025
T1	TP33	SGAH	TU15 TE19	AT	2 (E)		VC1 VC2 AP7	CV13 CV28	S9	TU15	2		VC1 VC2 AP7	CW13 CW28 CW31	CE11	60	2025
T6	TP33	S10AH L10CH	TU14 TU15 TE19 TE21	AT	1 (C/E)	V10		CV1 CV13 CV28	S9 S14	TU14 TU15 TU38 TE21 TE22	1		W10	CW13 CW28 CW31		66	2026
T3	TP33	SGAH L4BH	TU15 TE19	AT	2 (D/E)	V11		CV13 CV28	S9 S19	TU15	2		W11	CW13 CW28 CW31	CE9	60	2026
T1	TP33	SGAH L4BH	TU15 TE19	AT	2 (E)		VC1 VC2 AP7	CV13 CV28	S9	TU15	2		VC1 VC2 AP7	CW13 CW28 CW31	CE11	60	2026
T3	TP33	SGAH	TU15 TE19	AT	2 (D/E)	V11		CV13 CV28	S9 S19	TU15	2		W11	CW13 CW28 CW31	CE9	60	2027
					2 (E)						2					RID: 80	2028
					1 (E)			CV13 CV28	S2 S14		1			CW13 CW28		RID: 886	2029
T10	TP2	L10BH		AT	1 (C/D)			CV13 CV28	S14	TU38 TE22	1			CW13 CW28		886	2030
T7	TP2	L4BN		AT	2 (E)			CV13 CV28			2			CW13 CW28	CE6	86	2030
T4	TP1	L4BN		AT	3 (E)	V12		CV13 CV28			3		W12	CW13 CW28	CE6	86	2030
T10	TP2	L10BH	TC6 TT1	AT	1 (E)			CV24	S14	TU38 TC6 TE22 TT1	1			CW24		885	2031
T8	TP2	L4BN	TU42	AT	2 (E)			CV24		TU42	2			CW24	CE6	85	2031
T8	TP2	L4BN	TU42	AT	2 (E)					TU42	2				CE6	80	2031
T20	TP2	L10BH	TC6 TT1	AT	1 (C/D)			CV13 CV24 CV28	S14	TU38 TC6 TE22 TT1	1			CW13 CW24 CW28		856	2032
T3	TP33	SGAN		AT	2 (E)	V11					2		W11		CE10	80	2033
(M)		CxBN(M)	TA4 TT9	FL	2 (B/D)			CV9 CV10 CV36	S2 S20	TU38 TE22 TA4 TT9	2			CW9 CW10 CW36	CE3	23	2034

3.2 Tabelle A: Verzeichnis der gefährlichen Güter

gemäß Tabelle 1.10.3.1.2 § 35b GGVSEB	UN-Nummer	Benennung und Beschreibung	Klasse	Klassifizierungscode	Verpackungsgruppe	Gefahrzettel	Sondervorschriften	Begrenzte und freigestellte Mengen		Verpackung		
										Anweisungen	Sondervorschriften	Zusammenpackung
G..		3.1.2	2.2	2.2	2.1.1.3	5.2.2	3.3	3.4 / 3.5.1.2		4.1.4	4.1.4	4.1.10
	(1)	(2)	(3a)	(3b)	(4)	(5)	(6)	(7a)	(7b)	(8)	(9a)	(9b)
● G2	2035	1,1,1-TRIFLUORETHAN (GAS ALS KÄLTEMITTEL R 143a)	2	2F		2.1	662 RID: (+13)	0	E0	P200		MP9
	2036	XENON	2	2A		2.2	378 392 662 RID: (+13)	120 ml	E1	P200		MP9
	2037	GEFÄSSE, KLEIN, MIT GAS (GASPATRONEN), ohne Entnahmeeinrichtung, nicht nachfüllbar	2	5A		2.2	191 303 327 344	1 l	E0	P003 LP200	PP17 PP96 L2 RR6	MP9
●	2037	GEFÄSSE, KLEIN, MIT GAS (GASPATRONEN), ohne Entnahmeeinrichtung, nicht nachfüllbar	2	5F		2.1	191 303 327 344	1 l	E0	P003 LP200	PP17 PP96 L2 RR6	MP9
	2037	GEFÄSSE, KLEIN, MIT GAS (GASPATRONEN), ohne Entnahmeeinrichtung, nicht nachfüllbar	2	5O		2.2 + 5.1	191 303 327 344	1 l	E0	P003 LP200	PP17 PP96 L2 RR6	MP9
●	2037	GEFÄSSE, KLEIN, MIT GAS (GASPATRONEN), ohne Entnahmeeinrichtung, nicht nachfüllbar	2	5T		2.3	303 327 344	120 ml	E0	P003 LP200	PP17 PP96 L2 RR6	MP9
●	2037	GEFÄSSE, KLEIN, MIT GAS (GASPATRONEN), ohne Entnahmeeinrichtung, nicht nachfüllbar	2	5TC		2.3 + 8	303 327 344	120 ml	E0	P003 LP200	PP17 PP96 L2 RR6	MP9
●	2037	GEFÄSSE, KLEIN, MIT GAS (GASPATRONEN), ohne Entnahmeeinrichtung, nicht nachfüllbar	2	5TF		2.3 + 2.1	303 327 344	120 ml	E0	P003 LP200	PP17 PP96 L2 RR6	MP9
●	2037	GEFÄSSE, KLEIN, MIT GAS (GASPATRONEN), ohne Entnahmeeinrichtung, nicht nachfüllbar	2	5TFC		2.3 + 2.1 + 8	303 327 344	120 ml	E0	P003 LP200	PP17 PP96 L2 RR6	MP9
●	2037	GEFÄSSE, KLEIN, MIT GAS (GASPATRONEN), ohne Entnahmeeinrichtung, nicht nachfüllbar	2	5TO		2.3 + 5.1	303 327 344	120 ml	E0	P003 LP200	PP17 PP96 L2 RR6	MP9
●	2037	GEFÄSSE, KLEIN, MIT GAS (GASPATRONEN), ohne Entnahmeeinrichtung, nicht nachfüllbar	2	5TOC		2.3 + 5.1 + 8	303 327 344	120 ml	E0	P003 LP200	PP17 PP96 L2 RR6	MP9
	2038	DINITROTOLUENE, FLÜSSIG	6.1	T1	II	6.1		100 ml	E4	P001 IBC02		MP15
● G2	2044	2,2-DIMETHYLPROPAN	2	2F		2.1	662 RID: (+13)	0	E0	P200		MP9
● G4	2045	ISOBUTYRALDEHYD (ISOBUTYLALDEHYD)	3	F1	II	3		1 l	E2	P001 IBC02 R001		MP19
	2046	CYMENE	3	F1	III	3		5 l	E1	P001 IBC03 LP01 R001		MP19

Tabelle A: Verzeichnis der gefährlichen Güter 3.2

ortsbewegliche Tanks und Schüttgut-Container	Sondervorschriften	Tankcodierungen für ADR/RID-Tanks	Sondervorschriften für ADR-Tanks	Fahrzeug für die Beförderung in Tanks	ADR Beförderungskategorie (Tunnelbeschränkungscode)	ADR Sondervorschriften Versandstücke	ADR Sondervorschriften lose Schüttung	ADR Sondervorschriften Be- und Entladung, Handhabung	Betrieb	Sondervorschriften für RID-Tanks	RID Beförderungskategorie	RID Versandstücke	RID lose Schüttung	RID Be- und Entladung, Handhabung	Expressgut	Nummer zur Kennzeichnung der Gefahr	UN-Nummer
Anweisungen 4.2.5.2 7.3.2	Sondervorschriften 4.2.5.3	4.3	4.3.5 6.8.4	9.1.1.2	1.1.3.6 (8.6)	7.2.4	7.3.3	7.5.11	8.5	4.3.5 6.8.4	1.1.3.1	7.2.4	7.3.3	7.5.11	7.6	5.3.2.3	(1)
(10)	(11)	(12)	(13)	(14)	(15)	(16)	(17)	(18)	(19)	(13)	(15)	(16)	(17)	(18)	(19)	(20)	(1)
(M) T50		PxBN(M)	TA4 TT9	FL	2 (B/D)			CV9 CV10 CV36	S2 S20	TU38 TE22 TM6 TA4 TT9	2			CW9 CW10 CW36	CE3	23	2035
(M)		PxBN(M)	TA4 TT9	AT	3 (C/E)			CV9 CV10 CV36		TM6 TA4 TT9	3			CW9 CW10 CW36	CE3	20	2036
					3 (E)			CV9 CV12			3			CW9 CW12	CE2	RID: 20	2037
					2 (D)			CV9 CV12	S2		2			CW9 CW12	CE2	RID: 23	2037
					3 (E)			CV9 CV12			3			CW9 CW12	CE2	RID: 25	2037
					1 (D)			CV9 CV12			1			CW9 CW12		RID: 26	2037
					1 (D)			CV9 CV12			1			CW9 CW12		RID: 268	2037
					1 (D)			CV9 CV12	S2		1			CW9 CW12		RID: 263	2037
					1 (D)			CV9 CV12	S2		1			CW9 CW12		RID: 263	2037
					1 (D)			CV9 CV12			1			CW9 CW12		RID: 265	2037
					1 (D)			CV9 CV12			1			CW9 CW12		RID: 265	2037
T7	TP2	L4BH	TU15 TE19	AT	2 (D/E)			CV13 CV28	S9 S19	TU15	2			CW13 CW28 CW31	CE5	60	2038
(M)		PxBN(M)	TA4 TT9	FL	2 (B/D)			CV9 CV10 CV36	S2 S20	TU38 TE22 TM6 TA4 TT9	2			CW9 CW10 CW36	CE3	23	2044
T4	TP1	LGBF		FL	2 (D/E)				S2 S20		2				CE7	33	2045
T2	TP1	LGBF		FL	3 (D/E)	V12			S2		3		W12		CE4	30	2046

3.2 Tabelle A: Verzeichnis der gefährlichen Güter

gemäß Tabelle 1.10.3.1.2 § 35b GGVSEB	UN-Nummer	Benennung und Beschreibung	Klasse	Klassifizierungscode	Verpackungsgruppe	Gefahrzettel	Sondervorschriften	Begrenzte und freigestellte Mengen		Verpackung		
										Anweisungen	Sondervorschriften	Zusammenpackung
G..		3.1.2	2.2	2.2	2.1.1.3	5.2.2	3.3	3.4 / 3.5.1.2		4.1.4	4.1.4	4.1.10
(1)		(2)	(3a)	(3b)	(4)	(5)	(6)	(7a)	(7b)	(8)	(9a)	(9b)
G4	2047	DICHLORPROPENE	3	F1	II	3		1 l	E2	P001 IBC02 R001		MP19
	2047	DICHLORPROPENE	3	F1	III	3		5 l	E1	P001 IBC03 LP01 R001		MP19
	2048	DICYCLOPENTADIEN	3	F1	III	3		5 l	E1	P001 IBC03 LP01 R001		MP19
	2049	DIETHYLBENZEN	3	F1	III	3		5 l	E1	P001 IBC03 LP01 R001		MP19
G4	2050	DIISOBUTYLEN, ISOMERE VERBINDUNGEN	3	F1	II	3		1 l	E2	P001 IBC02 R001		MP19
	2051	2-DIMETHYLAMINOETHANOL	8	CF1	II	8 + 3		1 l	E2	P001 IBC02		MP15
	2052	DIPENTEN	3	F1	III	3		5 l	E1	P001 IBC03 LP01 R001		MP19
	2053	METHYLISOBUTYLCARBINOL	3	F1	III	3		5 l	E1	P001 IBC03 LP01 R001		MP19
•	2054	MORPHOLIN	8	CF1	I	8 + 3		0	E0	P001		MP8 MP17
	2055	STYREN, MONOMER, STABILISIERT	3	F1	III	3	386	5 l	E1	P001 IBC03 LP01 R001		MP19
G4	2056	TETRAHYDROFURAN	3	F1	II	3		1 l	E2	P001 IBC02 R001		MP19
G4	2057	TRIPROPYLEN	3	F1	II	3		1 l	E2	P001 IBC02 R001		MP19
	2057	TRIPROPYLEN	3	F1	III	3		5 l	E1	P001 IBC03 LP01 R001		MP19
G4	2058	VALERALDEHYD	3	F1	II	3		1 l	E2	P001 IBC02 R001		MP19
G4	2059	NITROCELLULOSE, LÖSUNG, ENTZÜNDBAR, mit höchstens 12,6 % Stickstoff in der Trockenmasse und höchstens 55 % Nitrocellulose	3	D	I	3	198 531	0	E0	P001		MP7 MP17
G4	2059	NITROCELLULOSE, LÖSUNG, ENTZÜNDBAR, mit höchstens 12,6 % Stickstoff in der Trockenmasse und höchstens 55 % Nitrocellulose (Dampfdruck bei 50 °C größer als 110 kPa)	3	D	II	3	198 531 640C	1 l	E0	P001 IBC02		MP19

Tabelle A: Verzeichnis der gefährlichen Güter 3.2

ortsbewegliche Tanks und Schüttgut-Container		Tankcodierungen für ADR/RID-Tanks	Sondervorschriften für ADR-Tanks	Fahrzeug für die Beförderung in Tanks	ADR Beförderungskategorie (Tunnelbeschränkungscode)	Sondervorschriften für die Beförderung			Betrieb	RID Sondervorschriften für RID-Tanks	Beförderungskategorie	Sondervorschriften für die Beförderung			Expressgut	Nummer zur Kennzeichnung der Gefahr	UN-Nummer
Anweisungen	Sondervorschriften					Versandstücke	lose Schüttung	Be- und Entladung, Handhabung				Versandstücke	lose Schüttung	Be- und Entladung, Handhabung			
4.2.5.2 7.3.2	4.2.5.3	4.3	4.3.5 6.8.4	9.1.1.2	1.1.3.6 (8.6)	7.2.4	7.3.3	7.5.11	8.5	4.3.5 6.8.4	1.1.3.1	7.2.4	7.3.3	7.5.11	7.6	5.3.2.3	(1)
(10)	(11)	(12)	(13)	(14)	(15)	(16)	(17)	(18)	(19)	(13)	(15)	(16)	(17)	(18)	(19)	(20)	(1)
T4	TP1	LGBF		FL	2 (D/E)				S2 S20		2				CE7	33	2047
T2	TP1	LGBF		FL	3 (D/E)	V12			S2		3	W12			CE4	30	2047
T2	TP1	LGBF		FL	3 (D/E)	V12			S2		3	W12			CE4	30	2048
T2	TP1	LGBF		FL	3 (D/E)	V12			S2		3	W12			CE4	30	2049
T4	TP1	LGBF		FL	2 (D/E)				S2 S20		2				CE7	33	2050
T7	TP2	L4BN		FL	2 (D/E)				S2		2				CE6	83	2051
T2	TP1	LGBF		FL	3 (D/E)	V12			S2		3	W12			CE4	30	2052
T2	TP1	LGBF		FL	3 (D/E)	V12			S2		3	W12			CE4	30	2053
T10	TP2	L10BH		FL	1 (D/E)				S2 S14	TU38 TE22	1					883	2054
T2	TP1	LGBF		FL	3 (D/E)	V8 V12			S2 S4		3	W12			CE4	39	2055
T4	TP1	LGBF		FL	2 (D/E)				S2 S20		2				CE7	33	2056
T4	TP1	LGBF		FL	2 (D/E)				S2 S20		2				CE7	33	2057
T2	TP1	LGBF		FL	3 (D/E)	V12			S2		3	W12			CE4	30	2057
T4	TP1	LGBF		FL	2 (D/E)				S2 S20		2				CE7	33	2058
T11	TP1 TP8 TP27	L4BN		FL	1 (B)				S2 S14		1					33	2059
T4	TP1 TP8	L1,5BN		FL	2 (B)				S2 S14		2				CE7	33	2059

3.2 Tabelle A: Verzeichnis der gefährlichen Güter

gemäß Tabelle 1.10.3.1.2	§ 35b GGVSEB	UN-Nummer	Benennung und Beschreibung	Klasse	Klassifizierungscode	Verpackungsgruppe	Gefahrzettel	Sondervorschriften	Begrenzte und freigestellte Mengen		Verpackung Anweisungen	Verpackung Sondervorschriften	Verpackung Zusammenpackung
			3.1.2	2.2	2.2	2.1.1.3	5.2.2	3.3	3.4 / 3.5.1.2		4.1.4	4.1.4	4.1.10
•	G..		(2)	(3a)	(3b)	(4)	(5)	(6)	(7a)	(7b)	(8)	(9a)	(9b)
•	G4	2059	NITROCELLULOSE, LÖSUNG, ENTZÜNDBAR, mit höchstens 12,6 % Stickstoff in der Trockenmasse und höchstens 55 % Nitrocellulose (Dampfdruck bei 50 °C höchstens 110 kPa)	3	D	II	3	198 531 640D	1 l	E0	P001 IBC02 R001		MP19
		2059	NITROCELLULOSE, LÖSUNG, ENTZÜNDBAR, mit höchstens 12,6 % Stickstoff in der Trockenmasse und höchstens 55 % Nitrocellulose	3	D	III	3	198 531	5 l	E0	P001 IBC03 LP01 R001		MP19
•		2067	AMMONIUMNITRATHALTIGES DÜNGEMITTEL	5.1	O2	III	5.1	306 307	5 kg	E1	P002 IBC08 LP02 R001	B3	MP10
		2071	AMMONIUMNITRATHALTIGES DÜNGEMITTEL		M11			193					
		2073	AMMONIAKLÖSUNG in Wasser, relative Dichte kleiner als 0,880 bei 15 °C, mit mehr als 35 %, aber höchstens 50 % Ammoniak	2	4A		2.2 RID: (+13)	532	120 ml	E0	P200		MP9
		2074	ACRYLAMID, FEST	6.1	T2	III	6.1		5 kg	E1	P002 IBC08 LP02 R001	B3	MP10
		2075	CHLORAL, WASSERFREI, STABILISIERT	6.1	T1	II	6.1		100 ml	E4	P001 IBC02		MP15
		2076	CRESOLE, FLÜSSIG	6.1	TC1	II	6.1 + 8		100 ml	E4	P001 IBC02		MP15
		2077	alpha-NAPHTHYLAMIN	6.1	T2	III	6.1		5 kg	E1	P002 IBC08 LP02 R001	B3	MP10
		2078	TOLUENDIISOCYANAT	6.1	T1	II	6.1	279	100 ml	E4	P001 IBC02		MP15
		2079	DIETHYLENTRIAMIN	8	C7	II	8		1 l	E2	P001 IBC02		MP15
•		2186	CHLORWASSERSTOFF, TIEFGEKÜHLT, FLÜSSIG	2	3TC			BEFÖRDERUNG VERBOTEN					
		2187	KOHLENDIOXID, TIEFGEKÜHLT, FLÜSSIG	2	3A		2.2 RID: (+13)		120 ml	E1	P203		MP9
•		2188	ARSENWASSERSTOFF (ARSIN)	2	2TF		2.3 + 2.1		0	E0	P200		MP9
•	G3	2189	DICHLORSILAN	2	2TFC		2.3 + 2.1 + 8 RID: (+13)		0	E0	P200		MP9
•		2190	SAUERSTOFFDIFLUORID, VERDICHTET	2	1TOC		2.3 + 5.1 + 8		0	E0	P200		MP9

570

Tabelle A: Verzeichnis der gefährlichen Güter 3.2

ortsbewegliche Tanks und Schüttgut-Container		Tankcodierungen für ADR/RID-Tanks	ADR							RID						Expressgut	Nummer zur Kennzeichnung der Gefahr	UN-Nummer
Anweisungen	Sondervorschriften		Sondervorschriften für ADR-Tanks	Fahrzeug für die Beförderung in Tanks	Beförderungskategorie (Tunnelbeschränkungscode)	Sondervorschriften für die Beförderung			Betrieb	Sondervorschriften für RID-Tanks	Beförderungskategorie	Sondervorschriften für die Beförderung						
						Versandstücke	lose Schüttung	Be- und Entladung, Handhabung				Versandstücke	lose Schüttung	Be- und Entladung, Handhabung				
4.2.5.2 7.3.2	4.2.5.3	4.3	4.3.5 6.8.4	9.1.1.2	1.1.3.6 (8.6)	7.2.4	7.3.3	7.5.11	8.5	4.3.5 6.8.4	1.1.3.1	7.2.4	7.3.3	7.5.11	7.6	5.3.2.3	(1)
(10)	(11)	(12)	(13)	(14)	(15)	(16)	(17)	(18)	(19)	(13)	(15)	(16)	(17)	(18)	(19)	(20)	(1)
T4	TP1 TP8	LGBF		FL	2 (B)				S2 S14		2				CE7	33	2059
T2	TP1	LGBF		FL	3 (B)	V12			S2 S14		3	W12			CE4	30	2059
T1 BK1 BK2 BK3	TP33	SGAV	TU3	AT	3 (E)		VC1 VC2 AP6 AP7	CV24	S23	TU3	3		VC1 VC2 AP6 AP7	CW24	CE11	50	2067
																	2071
(M)		PxBN(M)	TA4 TT9	AT	3 (E)		CV9 CV10			TM6 TA4 TT9	3		CW9 CW10		CE2	20	2073
T1	TP33	SGAH L4BH	TU15 TE19	AT	2 (E)		VC1 VC2 AP7	CV13 CV28	S9	TU15	2		VC1 VC2 AP7	CW13 CW28 CW31	CE11	60	2074
T7	TP2	L4BH	TU15 TE19	AT	2 (D/E)			CV13 CV28	S9 S19	TU15	2			CW13 CW28 CW31	CE5	69	2075
T7	TP2	L4BH	TU15 TE19	AT	2 (D/E)			CV13 CV28	S9 S19	TU15	2			CW13 CW28 CW31	CE5	68	2076
T1	TP33	SGAH L4BH	TU15 TE19	AT	2 (E)		VC1 VC2 AP7	CV13 CV28	S9	TU15	2		VC1 VC2 AP7	CW13 CW28 CW31	CE11	60	2077
T7	TP2	L4BH	TU15 TE19	AT	2 (D/E)			CV13 CV28	S9	TU15	2			CW13 CW28 CW31	CE5	60	2078
T7	TP2	L4BN		AT	2 (E)						2				CE6	80	2079
					BEFÖRDERUNG VERBOTEN												2186
T75	TP5	RxBN	TU19 TA4 TT9	AT	3 (C/E)	V5		CV9 CV11 CV36	S20	TU19 TM6 TA4 TT9	3		W5	CW9 CW11 CW36	CE2	22	2187
					1 (D)			CV9 CV10 CV36	S2 S14		1			CW9 CW10 CW36	RID: 263		2188
(M)		PxBH(M)	TA4 TT9	FL	1 (B/D)			CV9 CV10 CV36	S2 S14	TU38 TE22 TE25 TM6 TA4 TT9	1			CW9 CW10 CW36	263		2189
					1 (D)			CV9 CV10 CV36	S14		1			CW9 CW10 CW36	RID: 265		2190

3.2 Tabelle A: Verzeichnis der gefährlichen Güter

gemäß Tabelle 1.10.3.1.2	§ 35b GGVSEB	UN-Nummer	Benennung und Beschreibung	Klasse	Klassifizierungscode	Verpackungsgruppe	Gefahrzettel	Sondervorschriften	Begrenzte und freigestellte Mengen	Verpackung Anweisungen	Verpackung Sondervorschriften	Verpackung Zusammenpackung
G..			3.1.2	2.2	2.2	2.1.1.3	5.2.2	3.3	3.4 / 3.5.1.2	4.1.4	4.1.4	4.1.10
(1)			(2)	(3a)	(3b)	(4)	(5)	(6)	(7a)	(7b)	(8)	(9a)	(9b)
• G3		2191	SULFURYLFLUORID	2	2T		2.3 RID: (+13)		0	E0	P200		MP9
•		2192	GERMANIUMWASSERSTOFF (GERMAN)	2	2TF		2.3 + 2.1	632	0	E0	P200		MP9
		2193	HEXAFLUORETHAN (GAS ALS KÄLTEMITTEL R 116)	2	2A		2.2 RID: (+13)	662	120 ml	E1	P200		MP9
•		2194	SELENHEXAFLUORID	2	2TC		2.3 + 8		0	E0	P200		MP9
•		2195	TELLURHEXAFLUORID	2	2TC		2.3 + 8		0	E0	P200		MP9
•		2196	WOLFRAMHEXAFLUORID	2	2TC		2.3 + 8		0	E0	P200		MP9
• G3		2197	IODWASSERSTOFF, WASSERFREI	2	2TC		2.3 + 8 RID: (+13)		0	E0	P200		MP9
•		2198	PHOSPHORPENTAFLUORID	2	2TC		2.3 + 8		0	E0	P200		MP9
•		2199	PHOSPHORWASSERSTOFF (PHOSPHIN)	2	2TF		2.3 + 2.1	632	0	E0	P200		MP9
• G2		2200	PROPADIEN, STABILISIERT	2	2F		2.1 RID: (+13)	386 662	0	E0	P200		MP9
		2201	DISTICKSTOFFMONOXID, TIEFGEKÜHLT, FLÜSSIG	2	3O		2.2 + 5.1 RID: (+13)		0	E0	P203		MP9
•		2202	SELENWASSERSTOFF, WASSERFREI	2	2TF		2.3 + 2.1		0	E0	P200		MP9
• G2		2203	SILICIUMWASSERSTOFF (SILAN)	2	2F		2.1 RID: (+13)	632 662	0	E0	P200		MP9
• G3		2204	CARBONYLSULFID	2	2TF		2.3 + 2.1		0	E0	P200		MP9

Tabelle A: Verzeichnis der gefährlichen Güter 3.2

ortsbewegliche Tanks und Schüttgut-Container		Tankcodierungen für ADR/RID-Tanks	ADR							RID						Expressgut	Nummer zur Kennzeichnung der Gefahr	UN-Nummer
Anweisungen	Sondervorschriften		Sondervorschriften für ADR-Tanks	Fahrzeug für die Beförderung in Tanks	Beförderungskategorie (Tunnelbeschränkungscode)	Sondervorschriften für die Beförderung			Betrieb	Sondervorschriften für RID-Tanks	Beförderungskategorie	Sondervorschriften für die Beförderung						
						Versandstücke	lose Schüttung	Be- und Entladung, Handhabung				Versandstücke	lose Schüttung	Be- und Entladung, Handhabung				
4.2.5.2 7.3.2	4.2.5.3	4.3	4.3.5 6.8.4	9.1.1.2	1.1.3.6 (8.6)	7.2.4	7.3.3	7.5.11	8.5	4.3.5 6.8.4	1.1.3.1	7.2.4	7.3.3	7.5.11	7.6	5.3.2.3	(1)
(10)	(11)	(12)	(13)	(14)	(15)	(16)	(17)	(18)	(19)	(13)	(15)	(16)	(17)	(18)	(19)	(20)	(1)
(M)		PxBH(M)	TA4 TT9	AT	1 (C/D)			CV9 CV10 CV36	S14	TU38 TE22 TE25 TM6 TA4 TT9	1			CW9 CW10 CW36		26	2191
(M)				FL	1 (B/D)			CV9 CV10 CV36	S2 S14	TE25	1			CW9 CW10 CW36		263	2192
(M)		PxBN(M)	TA4 TT9	AT	3 (C/E)			CV9 CV10 CV36		TM6 TA4 TT9	3			CW9 CW10 CW36	CE3	20	2193
					1 (D)			CV9 CV10 CV36	S14		1			CW9 CW10 CW36		RID: 268	2194
					1 (D)			CV9 CV10 CV36			1			CW9 CW10 CW36		RID: 268	2195
					1 (D)			CV9 CV10 CV36	S14		1			CW9 CW10 CW36		RID: 268	2196
(M)		PxBH(M)	TA4 TT9	AT	1 (C/D)			CV9 CV10 CV36	S14	TU38 TE22 TE25 TM6 TA4 TT9	1			CW9 CW10 CW36		268	2197
					1 (D)			CV9 CV10 CV36	S14		1			CW9 CW10 CW36		RID: 268	2198
					1 (D)			CV9 CV10 CV36	S2 S14		1			CW9 CW10 CW36			2199
(M)		PxBN(M)	TA4 TT9	FL	2 (B/D)	V8		CV9 CV10 CV36	S2 S4 S20	TU38 TE22 TM6 TA4 TT9	2			CW9 CW10 CW36	CE3	239	2200
T75	TP5 TP22	RxBN	TU7 TU19 TA4 TT9	AT	3 (C/E)	V5		CV9 CV11 CV36	S20	TU7 TU19 TM6 TA4 TT9	3	W5		CW9 CW11 CW36	CE2	225	2201
					1 (D)			CV9 CV10 CV36	S2 S14		1			CW9 CW10 CW36		RID: 263	2202
(M)		PxBN(M)	TA4 TT9	FL	2 (B/D)			CV9 CV10 CV36	S2 S20	TU38 TE22 TM6 TA4 TT9	2			CW9 CW10 CW36		23	2203
(M)		PxBH(M)	TA4 TT9	FL	1 (B/D)			CV9 CV10 CV36	S2 S14	TU38 TE22 TE25 TM6 TA4 TT9	1			CW9 CW10 CW36		263	2204

3.2 Tabelle A: Verzeichnis der gefährlichen Güter

gemäß Tabelle 1.10.3.1.2	§ 35b GGVSEB	UN-Nummer	Benennung und Beschreibung	Klasse	Klassifizierungscode	Verpackungsgruppe	Gefahrzettel	Sondervorschriften	Begrenzte und freigestellte Mengen		Verpackung Anweisungen	Verpackung Sondervorschriften	Verpackung Zusammenpackung
			3.1.2	2.2	2.2	2.1.1.3	5.2.2	3.3	3.4 / 3.5.1.2		4.1.4	4.1.4	4.1.10
	G..	(1)	(2)	(3a)	(3b)	(4)	(5)	(6)	(7a)	(7b)	(8)	(9a)	(9b)
•		2205	ADIPONITRIL	6.1	T1	III	6.1		5 l	E1	P001 IBC03 LP01 R001		MP19
		2206	ISOCYANATE, GIFTIG, N.A.G. oder ISOCYANAT, LÖSUNG, GIFTIG, N.A.G.	6.1	T1	II	6.1	274 551	100 ml	E4	P001 IBC02		MP15
		2206	ISOCYANATE, GIFTIG, N.A.G. oder ISOCYANAT, LÖSUNG, GIFTIG, N.A.G.	6.1	T1	III	6.1	274 551	5 l	E1	P001 IBC03 LP01 R001		MP19
		2208	CALCIUMHYPOCHLORIT, MISCHUNG, TROCKEN, mit mehr als 10 %, aber höchstens 39 % aktivem Chlor	5.1	O2	III	5.1	314	5 kg	E1	P002 IBC08 LP02 R001	B3 B13 L3	MP10
		2209	FORMALDEHYDLÖSUNG mit mindestens 25 % Formaldehyd	8	C9	III	8	533	5 l	E1	P001 IBC03 LP01 R001		MP19
		2210	MANEB oder MANEBZUBEREITUNGEN mit mindestens 60 Masse-% Maneb	4.2	SW	III	4.2 + 4.3	273	0	E1	P002 IBC06 R001		MP14
		2211	SCHÄUMBARE POLYMER-KÜGELCHEN, entzündbare Dämpfe abgebend	9	M3	III	keine	382 633 675	5 kg	E1	P002 IBC08 R001	PP14 B3 B6	MP10
		2212	ASBEST, AMPHIBOL (Amosit, Tremolit, Aktinolith, Anthophyllit, Krokydolith)	9	M1	II	9	168 274 542	1 kg	E0	P002 IBC08	PP37 B4	MP10
		2213	PARAFORMALDEHYD	4.1	F1	III	4.1		5 kg	E1	P002 IBC08 LP02 R001	PP12 B3	MP10
		2214	PHTHALSÄUREANHYDRID mit mehr als 0,05 % Maleinsäureanhydrid	8	C4	III	8	169	5 kg	E1	P002 IBC08 LP02 R001	B3	MP10
		2215	MALEINSÄUREANHYDRID, GESCHMOLZEN	8	C3	III	8		0	E0			
		2215	MALEINSÄUREANHYDRID	8	C4	III	8		5 kg	E1	P002 IBC08 R001	B3	MP10
		2216	Fischmehl (Fischabfälle), stabilisiert	9	M11				UNTERLIEGT NICHT DEN VORSCHRIFTEN DES ADR / RID					
		2217	ÖLSAATKUCHEN mit höchstens 1,5 Masse-% Öl und höchstens 11 Masse-% Feuchtigkeit	4.2	S2	III	4.2	142	0	E0	P002 IBC08 LP02 R001	PP20 B3 B6	MP14
		2218	ACRYLSÄURE, STABILISIERT	8	CF1	II	8 + 3	386	1 l	E2	P001 IBC02		MP15
		2219	ALLYLGLYCIDYLETHER	3	F1	III	3		5 l	E1	P001 IBC03 LP01 R001		MP19
		2222	ANISOL	3	F1	III	3		5 l	E1	P001 IBC03 LP01 R001		MP19

Tabelle A: Verzeichnis der gefährlichen Güter 3.2

ortsbewegliche Tanks und Schüttgut-Container	Sondervorschriften	Tankcodierungen für ADR/RID-Tanks	Fahrzeug für die Beförderung in Tanks	ADR Beförderungskategorie (Tunnelbeschränkungscode)	ADR Sondervorschriften für die Beförderung			Betrieb	Sondervorschriften für RID-Tanks	RID Beförderungskategorie	RID Sondervorschriften für die Beförderung			Expressgut	Nummer zur Kennzeichnung der Gefahr	UN-Nummer
Anweisungen					Versandstücke	lose Schüttung	Be- und Entladung, Handhabung				Versandstücke	lose Schüttung	Be- und Entladung, Handhabung			
4.2.5.2 7.3.2	4.2.5.3	4.3	9.1.1.2	1.1.3.6 (8.6)	7.2.4	7.3.3	7.5.11	8.5	4.3.5 6.8.4	1.1.3.1	7.2.4	7.3.3	7.5.11	7.6	5.3.2.3	
(10)	(11)	(12)	(13)	(14)	(15)	(16)	(17)	(18)	(19)	(13)	(15)	(16)	(17)	(18)	(19)	(20)	(1)
T3	TP1	L4BH	TU15 TE19	AT	2 (E)	V12		CV13 CV28	S9	TU15	2		W12		CW13 CW28 CW31	CE8	60	2205
T11	TP2 TP27	L4BH	TU15 TE19	AT	2 (D/E)			CV13 CV28	S9 S19	TU15	2				CW13 CW28 CW31	CE5	60	2206
T7	TP1 TP28	L4BH	TU15 TE19	AT	2 (E)	V12		CV13 CV28	S9	TU15	2		W12		CW13 CW28 CW31	CE8	60	2206
		SGAN	TU3	AT	3 (E)			CV24 CV35		TU3	3				CW24 CW35	CE11	50	2208
T4	TP1	L4BN		AT	3 (E)	V12					3		W12			CE8	80	2209
T1	TP33	SGAN		AT	3 (E)	V1	VC1 VC2 AP1				3		W1	VC1 VC2 AP1		CE11	40	2210
T1	TP33	SGAN	TE20	AT	3 (D/E)		VC1 VC2 AP2	CV36		TE20	3			VC1 VC2 AP2	CW31 CW36	CE11	90	2211
T3	TP33	SGAH	TU15	AT	2 (E)	V11		CV1 CV13 CV28	S19	TU15	2		W11		CW13 CW28 CW31	CE9	90	2212
T1 BK1 BK2 BK3	TP33	SGAV		AT	3 (E)	V13	VC1 VC2				3		W1 W13	VC1 VC2		CE11	40	2213
T1	TP33	SGAV L4BN		AT	3 (E)		VC1 VC2 AP7				3			VC1 VC2 AP7		CE11	80	2214
T4	TP3	L4BN		AT	0 (E)						0					CE8	80	2215
T1	TP33	SGAV		AT	3 (E)		VC1 VC2 AP7				3			VC1 VC2 AP7		CE11	80	2215
				UNTERLIEGT NICHT DEN VORSCHRIFTEN DES ADR / RID														2216
BK2					3 (E)	V1	VC1 VC2 AP1				3		W1	VC1 VC2 AP1		CE11	40	2217
T7	TP2	L4BN		FL	2 (D/E)	V8			S2 S4		2					CE6	839	2218
T2	TP1	LGBF		FL	3 (D/E)	V12			S2		3		W12			CE4	30	2219
T2	TP1	LGBF		FL	3 (D/E)	V12			S2		3		W12			CE4	30	2222

3.2 Tabelle A: Verzeichnis der gefährlichen Güter

gemäß Tabelle 1.10.3.1.2	§ 35b GGVSEB	UN-Nummer	Benennung und Beschreibung	Klasse	Klassifizierungscode	Verpackungsgruppe	Gefahrzettel	Sondervorschriften	Begrenzte und freigestellte Mengen		Verpackung Anweisungen	Verpackung Sondervorschriften	Verpackung Zusammenpackung
G..			3.1.2	2.2	2.2	2.1.1.3	5.2.2	3.3	3.4	3.5.1.2	4.1.4	4.1.4	4.1.10
(1)			(2)	(3a)	(3b)	(4)	(5)	(6)	(7a)	(7b)	(8)	(9a)	(9b)
		2224	BENZONITRIL	6.1	T1	II	6.1		100 ml	E4	P001 IBC02		MP15
		2225	BENZENSULFONYLCHLORID	8	C3	III	8		5 l	E1	P001 IBC03 LP01 R001		MP19
		2226	BENZOTRICHLORID	8	C9	II	8		1 l	E2	P001 IBC02		MP15
		2227	n-BUTYLMETHACRYLAT, STABILISIERT	3	F1	III	3	386	5 l	E1	P001 IBC03 LP01 R001		MP19
●	G10	2232	2-CHLORETHANAL	6.1	T1	I	6.1	354	0	E0	P602		MP8 MP17
		2233	CHLORANISIDINE	6.1	T2	III	6.1		5 kg	E1	P002 IBC08 LP02 R001	B3	MP10
		2234	CHLORBENZOTRIFLUORIDE	3	F1	III	3		5 l	E1	P001 IBC03 LP01 R001		MP19
		2235	CHLORBENZYLCHLORIDE, FLÜSSIG	6.1	T1	III	6.1		5 l	E1	P001 IBC03 LP01 R001		MP19
		2236	3-CHLOR-4-METHYLPHENYLISOCYANAT, FLÜSSIG	6.1	T1	II	6.1		100 ml	E4	P001 IBC02		MP15
		2237	CHLORNITROANILINE	6.1	T2	III	6.1		5 kg	E1	P002 IBC08 LP02 R001	B3	MP10
		2238	CHLORTOLUENE	3	F1	III	3		5 l	E1	P001 IBC03 LP01 R001		MP19
		2239	CHLORTOLUIDINE, FEST	6.1	T2	III	6.1		5 kg	E1	P002 IBC08 LP02 R001	B3	MP10
●		2240	CHROMSCHWEFELSÄURE	8	C1	I	8		0	E0	P001		MP8 MP17
●	G4	2241	CYCLOHEPTAN	3	F1	II	3		1 l	E2	P001 IBC02 R001		MP19
●	G4	2242	CYCLOHEPTEN	3	F1	II	3		1 l	E2	P001 IBC02 R001		MP19
		2243	CYCLOHEXYLACETAT	3	F1	III	3		5 l	E1	P001 IBC03 LP01 R001		MP19

Tabelle A: Verzeichnis der gefährlichen Güter 3.2

ortsbewegliche Tanks und Schüttgut-Container		Tankcodierungen für ADR/RID-Tanks	Sondervorschriften für ADR-Tanks	Fahrzeug für die Beförderung in Tanks	ADR Beförderungs-kategorie (Tunnel-beschränkungs-code)	Sondervorschriften für die Beförderung			Betrieb	RID Sondervorschriften für RID-Tanks	Beförderungs-kategorie	Sondervorschriften für die Beförderung			Expressgut	Nummer zur Kennzeichnung der Gefahr	UN-Nummer
Anwei-sungen	Sondervor-schriften					Versand-stücke	lose Schüttung	Be- und Entladung, Handhabung				Versand-stücke	lose Schüttung	Be- und Entladung, Handhabung			
4.2.5.2 7.3.2	4.2.5.3	4.3	4.3.5 6.8.4	9.1.1.2	1.1.3.6 (8.6)	7.2.4	7.3.3	7.5.11	8.5	4.3.5 6.8.4	1.1.3.1	7.2.4	7.3.3	7.5.11	7.6	5.3.2.3	(1)
(10)	(11)	(12)	(13)	(14)	(15)	(16)	(17)	(18)	(19)	(13)	(15)	(16)	(17)	(18)	(19)	(20)	(1)
T7	TP2	L4BH	TU15 TE19	AT	2			CV13 CV28	S9 S19	TU15	2			CW13 CW28 CW31	CE5	60	2224
T4	TP1	L4BN		AT	3 (E)	V12					3			W12	CE8	80	2225
T7	TP2	L4BN		AT	2 (E)						2				CE6	80	2226
T2	TP1	LGBF		FL	3 (D/E)	V8 V12			S2 S4		3			W12	CE4	39	2227
T20	TP2	L10CH	TU14 TU15 TE19 TE21	AT	1 (C/D)			CV1 CV13 CV28	S9 S14	TU14 TU15 TU38 TE21 TE22	1			CW13 CW28 CW31		66	2232
T1	TP33	SGAH L4BH	TU15 TE19	AT	2 (E)	VC1 VC2 AP7		CV13 CV28	S9	TU15	2	VC1 VC2 AP7		CW13 CW28 CW31	CE11	60	2233
T2	TP1	LGBF		FL	3 (D/E)	V12			S2		3			W12	CE4	30	2234
T4	TP1	L4BH	TU15 TE19	AT	2 (E)	V12		CV13 CV28	S9	TU15	2			W12 CW13 CW28 CW31	CE8	60	2235
		L4BH	TU15 TE19	AT	2 (D/E)			CV13 CV28	S9 S19	TU15	2			CW13 CW28 CW31	CE5	60	2236
T1	TP33	SGAH L4BH	TU15 TE19	AT	2 (E)	VC1 VC2 AP7		CV13 CV28	S9	TU15	2	VC1 VC2 AP7		CW13 CW28 CW31	CE11	60	2237
T2	TP1	LGBF		FL	3 (D/E)	V12			S2		3			W12	CE4	30	2238
T1	TP33	SGAH L4BH	TU15 TE19	AT	2 (E)	VC1 VC2 AP7		CV13 CV28	S9	TU15	2	VC1 VC2 AP7		CW13 CW28 CW31	CE11	60	2239
T10	TP2	L10BH		AT	1 (E)				S20	TU38 TE22	1					88	2240
T4	TP1	LGBF		FL	2 (D/E)				S2 S20		2				CE7	33	2241
T4	TP1	LGBF		FL	2 (D/E)				S2 S20		2				CE7	33	2242
T2	TP1	LGBF		FL	3 (D/E)	V12			S2		3			W12	CE4	30	2243

3.2 Tabelle A: Verzeichnis der gefährlichen Güter

gemäß Tabelle 1.10.3.1.2	§ 35b GGVSEB	UN-Nummer	Benennung und Beschreibung	Klasse	Klassifizierungscode	Verpackungsgruppe	Gefahrzettel	Sondervorschriften	Begrenzte und freigestellte Mengen		Verpackung		
											Anweisungen	Sondervorschriften	Zusammenpackung
G..			3.1.2	2.2	2.2	2.1.1.3	5.2.2	3.3	3.4 / 3.5.1.2		4.1.4	4.1.4	4.1.10
(1)			(2)	(3a)	(3b)	(4)	(5)	(6)	(7a)	(7b)	(8)	(9a)	(9b)
		2244	CYCLOPENTANOL	3	F1	III	3		5 l	E1	P001 IBC03 LP01 R001		MP19
		2245	CYCLOPENTANON	3	F1	III	3		5 l	E1	P001 IBC03 LP01 R001		MP19
•	G4	2246	CYCLOPENTEN	3	F1	II	3		1 l	E2	P001 IBC02	B8	MP19
		2247	n-DECAN	3	F1	III	3		5 l	E1	P001 IBC03 LP01 R001		MP19
		2248	DI-n-BUTYLAMIN	8	CF1	II	8 + 3		1 l	E2	P001 IBC02		MP15
		2249	DICHLORDIMETHYLETHER, SYMMETRISCH	6.1	TF1				BEFÖRDERUNG VERBOTEN				
		2250	DICHLORPHENYLISOCYANATE	6.1	T2	II	6.1		500 g	E4	P002 IBC08	B4	MP10
•	G4	2251	BICYCLO-[2,2,1]-HEPTA-2,5-DIEN, STABILISIERT (NORBORNAN-2,5-DIEN, STABILISIERT)	3	F1	II	3	386	1 l	E2	P001 IBC02 R001		MP19
•	G4	2252	1,2-DIMETHOXYETHAN	3	F1	II	3		1 l	E2	P001 IBC02 R001		MP19
		2253	N,N-DIMETHYLANILIN	6.1	T1	II	6.1		100 ml	E4	P001 IBC02		MP15
		2254	STURMZÜNDHÖLZER	4.1	F1	III	4.1	293	5 kg	E0	P407 R001		MP11
•	G4	2256	CYCLOHEXEN	3	F1	II	3		1 l	E2	P001 IBC02 R001		MP19
•		2257	KALIUM	4.3	W2	I	4.3		0	E0	P403 IBC04		MP2
		2258	1,2-PROPYLENDIAMIN	8	CF1	II	8 + 3		1 l	E2	P001 IBC02		MP15
		2259	TRIETHYLENTETRAMIN	8	C7	II	8		1 l	E2	P001 IBC02		MP15
		2260	TRIPROPYLAMIN	3	FC	III	3 + 8		5 l	E1	P001 IBC03 R001		MP19
		2261	XYLENOLE, FEST	6.1	T2	II	6.1		500 g	E4	P002 IBC08	B4	MP10
		2262	N,N-DIMETHYLCARBAMOYLCHLORID	8	C3	II	8		1 l	E2	P001 IBC02		MP15
•	G4	2263	DIMETHYLCYCLOHEXANE	3	F1	II	3		1 l	E2	P001 IBC02 R001		MP19

Tabelle A: Verzeichnis der gefährlichen Güter 3.2

ortsbewegliche Tanks und Schüttgut-Container Anweisungen 4.2.5.2 7.3.2	Sondervorschriften 4.2.5.3	Tankcodierungen für ADR/RID-Tanks 4.3	ADR Sondervorschriften für ADR-Tanks 4.3.5 6.8.4	Fahrzeug für die Beförderung in Tanks 9.1.1.2	Beförderungskategorie (Tunnelbeschränkungscode) 1.1.3.6 (8.6)	Sondervorschriften für die Beförderung Versandstücke 7.2.4	lose Schüttung 7.3.3	Be- und Entladung, Handhabung 7.5.11	Betrieb 8.5	RID Sondervorschriften für RID-Tanks 4.3.5 6.8.4	Beförderungskategorie 1.1.3.1	Sondervorschriften für die Beförderung Versandstücke 7.2.4	lose Schüttung 7.3.3	Be- und Entladung, Handhabung 7.5.11	Expressgut 7.6	Nummer zur Kennzeichnung der Gefahr 5.3.2.3	UN-Nummer (1)
(10)	(11)	(12)	(13)	(14)	(15)	(16)	(17)	(18)	(19)	(13)	(15)	(16)	(17)	(18)	(19)	(20)	(1)
T2	TP1	LGBF		FL	3 (D/E)	V12			S2		3			W12	CE4	30	2244
T2	TP1	LGBF		FL	3 (D/E)	V12			S2		3			W12	CE4	30	2245
T7	TP2	L1,5BN		FL	2 (D/E)				S2 S20		2				CE7	33	2246
T2	TP1	LGBF		FL	3 (D/E)	V12			S2		3			W12	CE4	30	2247
T7	TP2	L4BN		FL	2 (D/E)				S2		2				CE6	83	2248
					BEFÖRDERUNG VERBOTEN												2249
T3	TP33	SGAH L4BH	TU15 TE19	AT	2 (D/E)	V11	CV13 CV28	S9 S19		TU15	2			W11	CW13 CW28 CW31	CE9	60	2250
T7	TP2	LGBF		FL	2 (D/E)	V8			S2 S4 S20		2				CE7	339	2251
T4	TP1	LGBF		FL	2 (D/E)				S2 S20		2				CE7	33	2252
T7	TP2	L4BH	TU15 TE19	AT	2 (D/E)		CV13 CV28	S9 S19		TU15	2				CW13 CW28 CW31	CE5	60	2253
					4 (E)						4			W1		CE11	RID: 40	2254
T4	TP1	LGBF		FL	2 (D/E)				S2 S20		2				CE7	33	2256
T9	TP7 TP33	L10BN(+)	TU1 TE5 TT3 TM2	AT	1 (B/E)	V1	CV23		S20	TU1 TE5 TT3 TM2	1			W1	CW23	X423		2257
T7	TP2	L4BN		FL	2 (D/E)				S2		2				CE6	83	2258
T7	TP2	L4BN		AT	2 (E)						2				CE6	80	2259
T4	TP1	L4BN		FL	3 (D/E)	V12			S2		3			W12	CE4	38	2260
T3	TP33	SGAH L4BH	TU15 TE19	AT	2 (D/E)	V11	CV13 CV28	S9 S19		TU15	2			W11	CW13 CW28 CW31	CE9	60	2261
T7	TP2	L4BN		AT	2 (E)						2				CE6	80	2262
T4	TP1	LGBF		FL	2 (D/E)				S2 S20		2				CE7	33	2263

3.2　Tabelle A: Verzeichnis der gefährlichen Güter

gemäß Tabelle 1.10.3.1.2	§ 35b GGVSEB	UN-Nummer	Benennung und Beschreibung	Klasse	Klassifizierungscode	Verpackungsgruppe	Gefahrzettel	Sondervorschriften	Begrenzte und freigestellte Mengen		Verpackung		
											Anweisungen	Sondervorschriften	Zusammenpackung
●	G..		3.1.2	2.2	2.2	2.1.1.3	5.2.2	3.3	3.4 / 3.5.1.2		4.1.4	4.1.4	4.1.10
		(1)	(2)	(3a)	(3b)	(4)	(5)	(6)	(7a)	(7b)	(8)	(9a)	(9b)
		2264	N,N-DIMETHYLCYCLOHEXYLAMIN	8	CF1	II	8 + 3		1 l	E2	P001 IBC02		MP15
		2265	N,N-DIMETHYLFORMAMID	3	F1	III	3		5 l	E1	P001 IBC03 LP01 R001		MP19
●		2266	DIMETHYL-N-PROPYLAMIN	3	FC	II	3 + 8		1 l	E2	P001 IBC02		MP19
		2267	DIMETHYLTHIOPHOSPHORYLCHLORID	6.1	TC1	II	6.1 + 8		100 ml	E4	P001 IBC02		MP15
		2269	3,3'-IMINOBISPROPYLAMIN	8	C7	III	8		5 l	E1	P001 IBC03 LP01 R001		MP19
●		2270	ETHYLAMIN, WÄSSERIGE LÖSUNG mit mindestens 50 Masse-% und höchstens 70 Masse-% Ethylamin	3	FC	II	3 + 8		1 l	E2	P001 IBC02		MP19
		2271	ETHYLAMYLKETON	3	F1	III	3		5 l	E1	P001 IBC03 LP01 R001		MP19
		2272	N-ETHYLANILIN	6.1	T1	III	6.1		5 l	E1	P001 IBC03 LP01 R001		MP19
		2273	2-ETHYLANILIN	6.1	T1	III	6.1		5 l	E1	P001 IBC03 LP01 R001		MP19
		2274	N-ETHYL-N-BENZYLANILIN	6.1	T1	III	6.1		5 l	E1	P001 IBC03 LP01 R001		MP19
		2275	2-ETHYLBUTANOL	3	F1	III	3		5 l	E1	P001 IBC03 LP01 R001		MP19
		2276	2-ETHYLHEXYLAMIN	3	FC	III	3 + 8		5 l	E1	P001 IBC03 R001		MP19
●	G4	2277	ETHYLMETHACRYLAT, STABILISIERT	3	F1	II	3	386	1 l	E2	P001 IBC02 R001		MP19
●	G4	2278	n-HEPTEN	3	F1	II	3		1 l	E2	P001 IBC02 R001		MP19
		2279	HEXACHLORBUTADIEN	6.1	T1	III	6.1		5 l	E1	P001 IBC03 LP01 R001		MP19
		2280	HEXAMETHYLENDIAMIN, FEST	8	C8	III	8		5 kg	E1	P002 IBC08 LP02 R001	B3	MP10
		2281	HEXAMETHYLENDIISOCYANAT	6.1	T1	II	6.1		100 ml	E4	P001 IBC02		MP15

Tabelle A: Verzeichnis der gefährlichen Güter 3.2

ortsbewegliche Tanks und Schüttgut-Container			ADR							RID							
Anweisungen	Sondervorschriften	Tankcodierungen für ADR/RID-Tanks	Sondervorschriften für ADR-Tanks	Fahrzeug für die Beförderung in Tanks	Beförderungskategorie (Tunnelbeschränkungscode)	Versandstücke	lose Schüttung	Be- und Entladung, Handhabung	Betrieb	Sondervorschriften für RID-Tanks	Beförderungskategorie	Versandstücke	lose Schüttung	Be- und Entladung, Handhabung	Expressgut	Nummer zur Kennzeichnung der Gefahr	UN-Nummer
4.2.5.2 7.3.2	4.2.5.3	4.3	4.3.5 6.8.4	9.1.1.2	1.1.3.6 (8.6)	7.2.4	7.3.3	7.5.11	8.5	4.3.5 6.8.4	1.1.3.1	7.2.4	7.3.3	7.5.11	7.6	5.3.2.3	(1)
(10)	(11)	(12)	(13)	(14)	(15)	(16)	(17)	(18)	(19)	(13)	(15)	(16)	(17)	(18)	(19)	(20)	(1)
T7	TP2	L4BN		FL	2 (D/E)				S2		2				CE6	83	2264
T2	TP2	LGBF		FL	3 (D/E)	V12			S2		3	W12			CE4	30	2265
T7	TP2	L4BH		FL	2 (D/E)				S2 S20		2				CE7	338	2266
T7	TP2	L4BH	TU15 TE19	AT	2 (D/E)			CV13 CV28	S9 S19	TU15	2			CW13 CW28 CW31	CE5	68	2267
T4	TP2	L4BN		AT	3 (E)	V12					3	W12			CE8	80	2269
T7	TP1	L4BH		FL	2 (D/E)				S2 S20		2				CE7	338	2270
T2	TP1	LGBF		FL	3 (D/E)	V12			S2		3	W12			CE4	30	2271
T4	TP1	L4BH	TU15 TE19	AT	2 (E)	V12		CV13 CV28	S9	TU15	2	W12		CW13 CW28 CW31	CE8	60	2272
T4	TP1	L4BH	TU15 TE19	AT	2 (E)	V12		CV13 CV28	S9	TU15	2	W12		CW13 CW28 CW31	CE8	60	2273
T4	TP1	L4BH	TU15 TE19	AT	2 (E)	V12		CV13 CV28	S9	TU15	2	W12		CW13 CW28 CW31	CE8	60	2274
T2	TP1	LGBF		FL	3 (D/E)	V12			S2		3	W12			CE4	30	2275
T4	TP1	L4BN		FL	3 (D/E)	V12			S2		3	W12			CE4	38	2276
T4	TP1	LGBF		FL	2 (D/E)	V8			S2 S4 S20		2				CE7	339	2277
T4	TP1	LGBF		FL	2 (D/E)				S2 S20		2				CE7	33	2278
T4	TP1	L4BH	TU15 TE19	AT	2 (E)	V12		CV13 CV28	S9	TU15	2	W12		CW13 CW28 CW31	CE8	60	2279
T1	TP33	SGAV L4BN		AT	3 (E)	VC1 VC2 AP7					3	VC1 VC2 AP7			CE11	80	2280
T7	TP2	L4BH	TU15 TE19	AT	2 (D/E)			CV13 CV28	S9 S19	TU15	2			CW13 CW28 CW31	CE5	60	2281

3.2 Tabelle A: Verzeichnis der gefährlichen Güter

gemäß Tabelle 1.10.3.1.2	§ 35b GGVSEB	UN-Nummer	Benennung und Beschreibung	Klasse	Klassifizierungscode	Verpackungsgruppe	Gefahrzettel	Sondervorschriften	Begrenzte und freigestellte Mengen		Verpackung		
											Anweisungen	Sondervorschriften	Zusammenpackung
●	G..		3.1.2	2.2	2.2	2.1.1.3	5.2.2	3.3	3.4 / 3.5.1.2		4.1.4	4.1.4	4.1.10
		(1)	(2)	(3a)	(3b)	(4)	(5)	(6)	(7a)	(7b)	(8)	(9a)	(9b)
		2282	HEXANOLE	3	F1	III	3		5 l	E1	P001 IBC03 LP01 R001		MP19
		2283	ISOBUTYLMETHACRYLAT, STABILISIERT	3	F1	III	3	386	5 l	E1	P001 IBC03 LP01 R001		MP19
●		2284	ISOBUTYRONITRIL	3	FT1	II	3 + 6.1		1 l	E2	P001 IBC02		MP19
		2285	ISOCYANATOBENZOTRIFLUORIDE	6.1	TF1	II	6.1 + 3		100 ml	E4	P001 IBC02		MP15
		2286	PENTAMETHYLHEPTAN	3	F1	III	3		5 l	E1	P001 IBC03 LP01 R001		MP19
●	G4	2287	ISOHEPTENE	3	F1	II	3		1 l	E2	P001 IBC02 R001		MP19
●	G4	2288	ISOHEXENE	3	F1	II	3		1 l	E2	P001 IBC02 R001	B8	MP19
		2289	ISOPHORONDIAMIN	8	C7	III	8		5 l	E1	P001 IBC03 LP01 R001		MP19
		2290	ISOPHORONDIISOCYANAT	6.1	T1	III	6.1		5 l	E1	P001 IBC03 LP01 R001		MP19
		2291	BLEIVERBINDUNG, LÖSLICH, N.A.G.	6.1	T5	III	6.1	199 274 535	5 kg	E1	P002 IBC08 LP02 R001	B3	MP10
		2293	4-METHOXY-4-METHYLPENTAN-2-ON	3	F1	III	3		5 l	E1	P001 IBC03 LP01 R001		MP19
		2294	N-METHYLANILIN	6.1	T1	III	6.1		5 l	E1	P001 IBC03 LP01 R001		MP19
●	G10	2295	METHYLCHLORACETAT	6.1	TF1	I	6.1 + 3		0	E0	P001		MP8 MP17
●	G4	2296	METHYLCYCLOHEXAN	3	F1	II	3		1 l	E2	P001 IBC02 R001		MP19
		2297	METHYLCYCLOHEXANON	3	F1	III	3		5 l	E1	P001 IBC03 LP01 R001		MP19
●	G4	2298	METHYLCYCLOPENTAN	3	F1	II	3		1 l	E2	P001 IBC02 R001		MP19

Tabelle A: Verzeichnis der gefährlichen Güter 3.2

ortsbewegliche Tanks und Schüttgut-Container		Tankcodierungen für ADR/RID-Tanks	Fahrzeug für die Beförderung in Tanks	ADR Beförderungs- kategorie (Tunnel- beschrän- kungs- code)	ADR Sondervorschriften für die Beförderung			Betrieb	RID Sondervorschriften für RID-Tanks	RID Beförderungs- kategorie	RID Sondervorschriften für die Beförderung			Expressgut	Nummer zur Kenn- zeichnung der Gefahr	UN-Nummer
Anwei- sungen	Sondervor- schriften				Versand- stücke	lose Schüttung	Be- und Entladung, Handhabung				Versand- stücke	lose Schüttung	Be- und Entladung, Handhabung			
4.2.5.2 7.3.2	4.2.5.3	4.3	4.3.5 6.8.4	9.1.1.2	1.1.3.6 (8.6)	7.2.4	7.3.3	7.5.11	8.5	4.3.5 6.8.4	1.1.3.1	7.2.4	7.3.3	7.5.11	7.6	5.3.2.3	
(10)	(11)	(12)	(13)	(14)	(15)	(16)	(17)	(18)	(19)	(13)	(15)	(16)	(17)	(18)	(19)	(20)	(1)
T2	TP1	LGBF		FL	3 (D/E)	V12			S2		3			W12	CE4	30	2282
T2	TP1	LGBF		FL	3 (D/E)	V8 V12			S2 S4		3			W12	CE4	39	2283
T7	TP2	L4BH	TU15	FL	2 (D/E)			CV13 CV28	S2 S19	TU15	2			CW13 CW28	CE7	336	2284
T7	TP2	L4BH	TU15 TE19	FL	2 (D/E)			CV13 CV28	S2 S9 S19	TU15	2			CW13 CW28 CW31	CE5	63	2285
T2	TP1	LGBF		FL	3 (D/E)	V12			S2		3			W12	CE4	30	2286
T4	TP1	LGBF		FL	2 (D/E)				S2 S20		2				CE7	33	2287
T11	TP1	LGBF		FL	2 (D/E)				S2 S20		2				CE7	33	2288
T4	TP1	L4BN		AT	3 (E)	V12					3			W12	CE8	80	2289
T4	TP2	L4BH	TU15 TE19	AT	2 (E)	V12		CV13 CV28	S9	TU15	2			W12 CW13 CW28 CW31	CE8	60	2290
T1	TP33	SGAH L4BH	TU15 TE19	AT	2 (E)	VC1 VC2 AP7		CV13 CV28	S9	TU15	2	VC1 VC2 AP7		CW13 CW28 CW31	CE11	60	2291
T2	TP1	LGBF		FL	3 (D/E)	V12			S2		3			W12	CE4	30	2293
T4	TP1	L4BH	TU15 TE19	AT	2 (E)	V12		CV13 CV28	S9	TU15	2			W12 CW13 CW28 CW31	CE8	60	2294
T14	TP2	L10CH	TU14 TU15 TE19 TE21	FL	1 (C/D)			CV1 CV13 CV28	S2 S9 S14	TU14 TU15 TU38 TE21 TE22	1			CW13 CW28 CW31		663	2295
T4	TP1	LGBF		FL	2 (D/E)				S2 S20		2				CE7	33	2296
T2	TP1	LGBF		FL	3 (D/E)	V12			S2		3			W12	CE4	30	2297
T4	TP1	LGBF		FL	2 (D/E)				S2 S20		2				CE7	33	2298

3.2 Tabelle A: Verzeichnis der gefährlichen Güter

gemäß Tabelle 1.10.3.1.2 § 35b GGVSEB	UN-Nummer	Benennung und Beschreibung	Klasse	Klassifizierungscode	Verpackungsgruppe	Gefahrzettel	Sondervorschriften	Begrenzte und freigestellte Mengen		Verpackung		
										Anweisungen	Sondervorschriften	Zusammenpackung
G..		3.1.2	2.2	2.2	2.1.1.3	5.2.2	3.3	3.4 / 3.5.1.2		4.1.4	4.1.4	4.1.10
(1)		(2)	(3a)	(3b)	(4)	(5)	(6)	(7a)	(7b)	(8)	(9a)	(9b)
	2299	METHYLDICHLORACETAT	6.1	T1	III	6.1		5 l	E1	P001 IBC03 LP01 R001		MP19
	2300	2-METHYL-5-ETHYLPYRIDIN	6.1	T1	III	6.1		5 l	E1	P001 IBC03 LP01 R001		MP19
G4	2301	2-METHYLFURAN	3	F1	II	3		1 l	E2	P001 IBC02 R001		MP19
	2302	5-METHYLHEXAN-2-ON	3	F1	III	3		5 l	E1	P001 IBC03 LP01 R001		MP19
	2303	ISOPROPENYLBENZEN	3	F1	III	3		5 l	E1	P001 IBC03 LP01 R001		MP19
	2304	NAPHTHALEN, GESCHMOLZEN	4.1	F2	III	4.1	536	0	E0			
	2305	NITROBENZENSULFONSÄURE	8	C4	II	8		1 kg	E2	P002 IBC08	B4	MP10
	2306	NITROBENZOTRIFLUORIDE, FLÜSSIG	6.1	T1	II	6.1		100 ml	E4	P001 IBC02		MP15
	2307	3-NITRO-4-CHLORBENZOTRIFLUORID	6.1	T1	II	6.1		100 ml	E4	P001 IBC02		MP10
	2308	NITROSYLSCHWEFELSÄURE, FLÜSSIG	8	C1	II	8		1 l	E2	P001 IBC02		MP15
G4	2309	OCTADIENE	3	F1	II	3		1 l	E2	P001 IBC02 R001		MP19
	2310	PENTAN-2,4-DION	3	FT1	III	3 + 6.1		5 l	E1	P001 IBC03 R001		MP19
	2311	PHENETIDINE	6.1	T1	III	6.1	279	5 l	E1	P001 IBC03 LP01 R001		MP19
	2312	PHENOL, GESCHMOLZEN	6.1	T1	II	6.1		0	E0			
	2313	PICOLINE	3	F1	III	3		5 l	E1	P001 IBC03 LP01 R001		MP19
	2315	POLYCHLORIERTE BIPHENYLE, FLÜSSIG	9	M2	II	9	305	1 l	E2	P906 IBC02		MP15
	2316	NATRIUMKUPFER(I)CYANID, FEST	6.1	T5	I	6.1		0	E5	P002 IBC07		MP18

Tabelle A: Verzeichnis der gefährlichen Güter 3.2

ortsbewegliche Tanks und Schüttgut-Container			ADR							RID							
Anweisungen	Sondervorschriften	Tankcodierungen für ADR/RID-Tanks	Sondervorschriften für ADR-Tanks	Fahrzeug für die Beförderung in Tanks	Beförderungskategorie (Tunnelbeschränkungscode)	Sondervorschriften für die Beförderung			Betrieb	Sondervorschriften für RID-Tanks	Beförderungskategorie	Sondervorschriften für die Beförderung			Expressgut	Nummer zur Kennzeichnung der Gefahr	UN-Nummer
						Versandstücke	lose Schüttung	Be- und Entladung, Handhabung				Versandstücke	lose Schüttung	Be- und Entladung, Handhabung			
4.2.5.2 7.3.2	4.2.5.3	4.3	4.3.5 6.8.4	9.1.1.2	1.1.3.2 (8.6)	7.2.4	7.3.3	7.5.11	8.5	4.3.5 6.8.4	1.1.3.1	7.2.4	7.3.3	7.5.11	7.6	5.3.2.3	
(10)	(11)	(12)	(13)	(14)	(15)	(16)	(17)	(18)	(19)	(13)	(15)	(16)	(17)	(18)	(19)	(20)	(1)
T4	TP1	L4BH	TU15 TE19	AT	2 (E)	V12		CV13 CV28	S9	TU15	2		W12	CW13 CW28 CW31	CE8	60	2299
T4	TP1	L4BH	TU15 TE19	AT	2 (E)	V12		CV13 CV28	S9	TU15	2		W12	CW13 CW28 CW31	CE8	60	2300
T4	TP1	LGBF		FL	2 (D/E)				S2 S20		2				CE7	33	2301
T2	TP1	LGBF		FL	3 (D/E)	V12			S2		3		W12		CE4	30	2302
T2	TP1	LGBF		FL	3 (D/E)	V12			S2		3		W12		CE4	30	2303
T1	TP3	LGBV	TU27 TE4 TE6	AT	3 (E)					TU27 TE4 TE6	3					44	2304
T3	TP33	SGAN L4BN		AT	2 (E)	V11					2		W11		CE10	80	2305
T7	TP2	L4BH	TU15 TE19	AT	2 (D/E)			CV13 CV28	S9 S19	TU15	2			CW13 CW28 CW31	CE5	60	2306
T7	TP2	L4BH	TU15 TE19	AT	2 (D/E)			CV13 CV28	S9 S19	TU15	2			CW13 CW28 CW31	CE9	60	2307
T8	TP2	L4BN		AT	2 (E)						2				CE6	X80	2308
T4	TP1	LGBF		FL	2 (D/E)				S2 S20		2				CE7	33	2309
T4	TP1	L4BH	TU15	FL	3 (D/E)	V12		CV13 CV28	S2	TU15	3		W12	CW13 CW28	CE4	36	2310
T4	TP1	L4BH	TU15 TE19	AT	2 (E)	V12		CV13 CV28	S9	TU15	2		W12	CW13 CW28 CW31	CE8	60	2311
T7	TP3	L4BH	TU15 TE19	AT	0 (D/E)			CV13	S9 S19	TU15	0			CW13 CW31		60	2312
T4	TP1	LGBF		FL	3 (D/E)	V12			S2		3		W12		CE4	30	2313
T4	TP1	L4BH	TU15	AT	0 (D/E)		VC1 VC2 AP9	CV1 CV13 CV28	S19	TU15	0		VC1 VC2 AP9	CW13 CW28 CW31	CE5	90	2315
T6	TP33	S10AH	TU15 TE19	AT	1 (C/E)	V10		CV1 CV13 CV28	S9 S14	TU15	1		W10	CW13 CW28 CW31		66	2316

3.2 Tabelle A: Verzeichnis der gefährlichen Güter

gemäß Tabelle 1.10.3.1.2	§ 35b GGVSEB	UN-Nummer	Benennung und Beschreibung	Klasse	Klassifizierungscode	Verpackungsgruppe	Gefahrzettel	Sondervorschriften	Begrenzte und freigestellte Mengen		Verpackung Anweisungen	Verpackung Sondervorschriften	Verpackung Zusammenpackung
•	G..		3.1.2	2.2	2.2	2.1.1.3	5.2.2	3.3	3.4 / 3.5.1.2		4.1.4	4.1.4	4.1.10
		(1)	(2)	(3a)	(3b)	(4)	(5)	(6)	(7a)	(7b)	(8)	(9a)	(9b)
•	G10	2317	NATRIUMKUPFER(I)CYANID, LÖSUNG	6.1	T4	I	6.1		0	E5	P001		MP8 MP17
		2318	NATRIUMHYDROGENSULFID mit weniger als 25 % Kristallwasser	4.2	S4	II	4.2	504	0	E2	P410 IBC06		MP14
		2319	TERPENKOHLENWASSERSTOFFE, N.A.G.	3	F1	III	3		5 l	E1	P001 IBC03 LP01 R001		MP19
		2320	TETRAETHYLENPENTAMIN	8	C7	III	8		5 l	E1	P001 IBC03 LP01 R001		MP19
		2321	TRICHLORBENZENE, FLÜSSIG	6.1	T1	III	6.1		5 l	E1	P001 IBC03 LP01 R001		MP19
		2322	TRICHLORBUTEN	6.1	T1	II	6.1		100 ml	E4	P001 IBC02		MP15
		2323	TRIETHYLPHOSPHIT	3	F1	III	3		5 l	E1	P001 IBC03 LP01 R001		MP19
		2324	TRIISOBUTYLEN	3	F1	III	3		5 l	E1	P001 IBC03 LP01 R001		MP19
		2325	1,3,5-TRIMETHYLBENZEN	3	F1	III	3		5 l	E1	P001 IBC03 LP01 R001		MP19
		2326	TRIMETHYLCYCLOHEXYLAMIN	8	C7	III	8		5 l	E1	P001 IBC03 LP01 R001		MP19
		2327	TRIMETHYLHEXAMETHYLENDIAMINE	8	C7	III	8		5 l	E1	P001 IBC03 LP01 R001		MP19
		2328	TRIMETHYLHEXAMETHYLENDIISO-CYANAT (und isomere Gemische)	6.1	T1	III	6.1		5 l	E1	P001 IBC03 LP01 R001		MP19
		2329	TRIMETHYLPHOSPHIT	3	F1	III	3		5 l	E1	P001 IBC03 LP01 R001		MP19
		2330	UNDECAN	3	F1	III	3		5 l	E1	P001 IBC03 LP01 R001		MP19
		2331	ZINKCHLORID, WASSERFREI	8	C2	III	8		5 kg	E1	P002 IBC08 LP02 R001	B3	MP10

Tabelle A: Verzeichnis der gefährlichen Güter 3.2

ortsbewegliche Tanks und Schüttgut-Container		Tankcodierungen für ADR/RID-Tanks	Sondervorschriften für ADR-Tanks	Fahrzeug für die Beförderung in Tanks	ADR Beförderungskategorie (Tunnelbeschränkungscode)	ADR Sondervorschriften für die Beförderung Versandstücke	ADR Sondervorschriften für die Beförderung lose Schüttung	ADR Sondervorschriften für die Beförderung Be- und Entladung, Handhabung	Betrieb	RID Sondervorschriften für RID-Tanks	RID Beförderungskategorie	RID Sondervorschriften für die Beförderung Versandstücke	RID Sondervorschriften für die Beförderung lose Schüttung	RID Sondervorschriften für die Beförderung Be- und Entladung, Handhabung	Expressgut	Nummer zur Kennzeichnung der Gefahr	UN-Nummer
Anweisungen	Sondervorschriften																
4.2.5.2 7.3.2	4.2.5.3	4.3	4.3.5 6.8.4	9.1.1.2	1.1.3.6 (8.6)	7.2.4	7.3.3	7.5.11	8.5	4.3.5 6.8.4	1.1.3.1	7.2.4	7.3.3	7.5.11	7.6	5.3.2.3	(1)
(10)	(11)	(12)	(13)	(14)	(15)	(16)	(17)	(18)	(19)	(13)	(15)	(16)	(17)	(18)	(19)	(20)	(1)
T14	TP2	L10CH	TU14 TU15 TE19 TE21	AT	1 (C/E)			CV1 CV13 CV28	S9 S14	TU14 TU15 TU38 TE21 TE22	1			CW13 CW28 CW31		66	2317
T3	TP33	SGAN		AT	2 (D/E)	V1					2	W1			CE10	40	2318
T4	TP1 TP29	LGBF		FL	3 (D/E)	V12			S2		3	W12			CE4	30	2319
T4	TP1	L4BN		AT	3 (E)	V12					3	W12			CE8	80	2320
T4	TP1	L4BH	TU15 TE19	AT	2 (E)	V12		CV13 CV28	S9	TU15	2	W12		CW13 CW28 CW31	CE8	60	2321
T7	TP2	L4BH	TU15 TE19	AT	2 (D/E)			CV13 CV28	S9 S19	TU15	2			CW13 CW28 CW31	CE5	60	2322
T2	TP1	LGBF		FL	3 (D/E)	V12			S2		3	W12			CE4	30	2323
T4	TP1	LGBF		FL	3 (D/E)	V12			S2		3	W12			CE4	30	2324
T2	TP1	LGBF		FL	3 (D/E)	V12			S2		3	W12			CE4	30	2325
T4	TP1	L4BN		AT	3 (E)	V12					3	W12			CE8	80	2326
T4	TP1	L4BN		AT	3 (E)	V12					3	W12			CE8	80	2327
T4	TP2	L4BH	TU15 TE19	AT	2 (E)	V12		CV13 CV28	S9	TU15	2	W12		CW13 CW28 CW31	CE8	60	2328
T2	TP1	LGBF		FL	3 (D/E)	V12			S2		3	W12			CE4	30	2329
T2	TP1	LGBF		FL	3 (D/E)	V12			S2		3	W12			CE4	30	2330
T1	TP33	SGAV		AT	3 (E)		VC1 VC2 AP7				3		VC1 VC2 AP7		CE11	80	2331

3.2 Tabelle A: Verzeichnis der gefährlichen Güter

gemäß Tabelle 1.10.3.1.2	§ 35b GGVSEB	UN-Nummer	Benennung und Beschreibung	Klasse	Klassifizierungscode	Verpackungsgruppe	Gefahrzettel	Sondervorschriften	Begrenzte und freigestellte Mengen		Verpackung Anweisungen	Sondervorschriften	Zusammenpackung
			3.1.2	2.2	2.2	2.1.1.3	5.2.2	3.3	3.4 / 3.5.1.2		4.1.4	4.1.4	4.1.10
•	G..	(1)	(2)	(3a)	(3b)	(4)	(5)	(6)	(7a)	(7b)	(8)	(9a)	(9b)
		2332	ACETALDEHYDOXIM	3	F1	III	3		5 l	E1	P001 IBC03 LP01 R001		MP19
•		2333	ALLYLACETAT	3	FT1	II	3 + 6.1		1 l	E2	P001 IBC02		MP19
•	G10	2334	ALLYLAMIN	6.1	TF1	I	6.1 + 3	354	0	E0	P602		MP8 MP17
•		2335	ALLYLETHYLETHER	3	FT1	II	3 + 6.1		1 l	E2	P001 IBC02		MP19
•		2336	ALLYLFORMIAT	3	FT1	I	3 + 6.1		0	E0	P001		MP7 MP17
•	G10	2337	PHENYLMERCAPTAN	6.1	TF1	I	6.1 + 3	354	0	E0	P602		MP8 MP17
•	G4	2338	BENZOTRIFLUORID	3	F1	II	3		1 l	E2	P001 IBC02 R001		MP19
•	G4	2339	2-BROMBUTAN	3	F1	II	3		1 l	E2	P001 IBC02 R001		MP19
•	G4	2340	2-BROMETHYLETHYLETHER	3	F1	II	3		1 l	E2	P001 IBC02 R001		MP19
		2341	1-BROM-3-METHYLBUTAN	3	F1	III	3		5 l	E1	P001 IBC03 LP01 R001		MP19
•	G4	2342	BROMMETHYLPROPANE	3	F1	II	3		1 l	E2	P001 IBC02 R001		MP19
•	G4	2343	2-BROMPENTAN	3	F1	II	3		1 l	E2	P001 IBC02 R001		MP19
•	G4	2344	BROMPROPANE	3	F1	II	3		1 l	E2	P001 IBC02 R001		MP19
		2344	BROMPROPANE	3	F1	III	3		5 l	E1	P001 IBC03 LP01 R001		MP19
•	G4	2345	3-BROMPROPIN	3	F1	II	3		1 l	E2	P001 IBC02 R001		MP19
•	G4	2346	BUTANDION	3	F1	II	3		1 l	E2	P001 IBC02 R001		MP19
•	G4	2347	BUTYLMERCAPTAN	3	F1	II	3		1 l	E2	P001 IBC02 R001		MP19

Tabelle A: Verzeichnis der gefährlichen Güter 3.2

ortsbewegliche Tanks und Schüttgut-Container	Sondervorschriften	Tankcodierungen für ADR/RID-Tanks	Sondervorschriften für ADR-Tanks	Fahrzeug für die Beförderung in Tanks	ADR Beförderungskategorie (Tunnelbeschränkungscode)	ADR Sondervorschriften für die Beförderung Versandstücke	ADR lose Schüttung	ADR Be- und Entladung, Handhabung	ADR Betrieb	Sondervorschriften für RID-Tanks	RID Beförderungskategorie	RID Versandstücke	RID lose Schüttung	RID Be- und Entladung, Handhabung	Expressgut	Nummer zur Kennzeichnung der Gefahr	UN-Nummer
Anweisungen 4.2.5.2 7.3.2	4.2.5.3	4.3	4.3.5 6.8.4	9.1.1.2	1.1.3.6 (8.6)	7.2.4	7.3.3	7.5.11	8.5	4.3.5 6.8.4	1.1.3.1	7.2.4	7.3.3	7.5.11	7.6	5.3.2.3	
(10)	(11)	(12)	(13)	(14)	(15)	(16)	(17)	(18)	(19)	(13)	(15)	(16)	(17)	(18)	(19)	(20)	(1)
T4	TP1	LGBF		FL	3 (D/E)	V12			S2		3	W12			CE4	30	2332
T7	TP1	L4BH	TU15	FL	2 (D/E)			CV13 CV28	S2 S19	TU15	2			CW13 CW28	CE7	336	2333
T20	TP2	L10CH	TU14 TU15 TE19 TE21	FL	1 (C/D)			CV1 CV13 CV28	S2 S9 S14	TU14 TU15 TU38 TE21 TE22	1			CW13 CW28 CW31		663	2334
T7	TP1	L4BH	TU15	FL	2 (D/E)			CV13 CV28	S2 S19	TU15	2			CW13 CW28	CE7	336	2335
T14	TP2	L10CH	TU14 TU15 TE21	FL	1 (C/E)			CV13 CV28	S2 S22	TU14 TU15 TU38 TE21 TE22	1			CW13 CW28		336	2336
T20	TP2	L10CH	TU14 TU15 TE19 TE21	FL	1 (C/D)			CV1 CV13 CV28	S2 S9 S14	TU14 TU15 TU38 TE21 TE22	1			CW13 CW28 CW31		663	2337
T4	TP1	LGBF		FL	2 (D/E)				S2 S20		2				CE7	33	2338
T4	TP1	LGBF		FL	2 (D/E)				S2 S20		2				CE7	33	2339
T4	TP1	LGBF		FL	2 (D/E)				S2 S20		2				CE7	33	2340
T2	TP1	LGBF		FL	3 (D/E)	V12			S2		3	W12			CE4	30	2341
T4	TP1	LGBF		FL	2 (D/E)				S2 S20		2				CE7	33	2342
T4	TP1	LGBF		FL	2 (D/E)				S2 S20		2				CE7	33	2343
T4	TP1	LGBF		FL	2 (D/E)				S2 S20		2				CE7	33	2344
T2	TP1	LGBF		FL	3 (D/E)	V12			S2		3	W12			CE4	30	2344
T4	TP1	LGBF		FL	2 (D/E)				S2 S20		2				CE7	33	2345
T4	TP1	LGBF		FL	2 (D/E)				S2 S20		2				CE7	33	2346
T4	TP1	LGBF		FL	2 (D/E)				S2 S20		2				CE7	33	2347

3.2 Tabelle A: Verzeichnis der gefährlichen Güter

gemäß Tabelle 1.10.3.1.2	§ 35b GGVSEB	UN-Nummer	Benennung und Beschreibung	Klasse	Klassifizierungscode	Verpackungsgruppe	Gefahrzettel	Sondervorschriften	Begrenzte und freigestellte Mengen		Verpackung Anweisungen	Verpackung Sondervorschriften	Verpackung Zusammenpackung
G..			3.1.2	2.2	2.2	2.1.1.3	5.2.2	3.3	3.4	3.5.1.2	4.1.4	4.1.4	4.1.10
(1)			(2)	(3a)	(3b)	(4)	(5)	(6)	(7a)	(7b)	(8)	(9a)	(9b)
		2348	BUTYLACRYLATE, STABILISIERT	3	F1	III	3	386	5 l	E1	P001 IBC03 LP01 R001		MP19
●	G4	2350	BUTYLMETHYLETHER	3	F1	II	3		1 l	E2	P001 IBC02 R001		MP19
●	G4	2351	BUTYLNITRITE	3	F1	II	3		1 l	E2	P001 IBC02 R001		MP19
		2351	BUTYLNITRITE	3	F1	III	3		5 l	E1	P001 IBC03 LP01 R001		MP19
●	G4	2352	BUTYLVINYLETHER, STABILISIERT	3	F1	II	3	386	1 l	E2	P001 IBC02 R001		MP19
●		2353	BUTYRYLCHLORID	3	FC	II	3 + 8		1 l	E2	P001 IBC02		MP19
●		2354	CHLORMETHYLETHYLETHER	3	FT1	II	3 + 6.1		1 l	E2	P001 IBC02		MP19
●	G4	2356	2-CHLORPROPAN	3	F1	I	3		0	E3	P001		MP7 MP17
		2357	CYCLOHEXYLAMIN	8	CF1	II	8 + 3		1 l	E2	P001 IBC02		MP15
●	G4	2358	CYCLOOCTATETRAEN	3	F1	II	3		1 l	E2	P001 IBC02 R001		MP19
●		2359	DIALLYLAMIN	3	FTC	II	3 + 6.1 + 8		1 l	E2	P001 IBC02		MP19
●		2360	DIALLYLETHER	3	FT1	II	3 + 6.1		1 l	E2	P001 IBC02		MP19
●		2361	DIISOBUTYLAMIN	3	FC	III	3 + 8		5 l	E1	P001 IBC03 R001		MP19
●	G4	2362	1,1-DICHLORETHAN	3	F1	II	3		1 l	E2	P001 IBC02 R001		MP19
●	G4	2363	ETHYLMERCAPTAN	3	F1	I	3		0	E0	P001		MP7 MP17
		2364	n-PROPYLBENZEN	3	F1	III	3		5 l	E1	P001 IBC03 LP01 R001		MP19
		2366	DIETHYLCARBONAT	3	F1	III	3		5 l	E1	P001 IBC03 LP01 R001		MP19
●	G4	2367	alpha-METHYLVALERALDEHYD	3	F1	II	3		1 l	E2	P001 IBC02 R001		MP19
		2368	alpha-PINEN	3	F1	III	3		5 l	E1	P001 IBC03 LP01 R001		MP19

Tabelle A: Verzeichnis der gefährlichen Güter 3.2

ortsbewegliche Tanks und Schüttgut-Container		Tankcodierungen für ADR/RID-Tanks	Sondervorschriften für ADR-Tanks	Fahrzeug für die Beförderung in Tanks	ADR Beförderungskategorie (Tunnelbeschränkungscode)	Sondervorschriften für die Beförderung			Betrieb	Sondervorschriften für RID-Tanks	RID Beförderungskategorie	Sondervorschriften für die Beförderung			Expressgut	Nummer zur Kennzeichnung der Gefahr	UN-Nummer
Anweisungen	Sondervorschriften					Versandstücke	lose Schüttung	Be- und Entladung, Handhabung				Versandstücke	lose Schüttung	Be- und Entladung, Handhabung			
4.2.5.2 7.3.2	4.2.5.3	4.3	4.3.5 6.8.4	9.1.1.2	1.1.3.6 (8.6)	7.2.4	7.3.3	7.5.11	8.5	4.3.5 6.8.4	1.1.3.1	7.2.4	7.3.3	7.5.11	7.6	5.3.2.3	(1)
(10)	(11)	(12)	(13)	(14)	(15)	(16)	(17)	(18)	(19)	(13)	(15)	(16)	(17)	(18)	(19)	(20)	(1)
T2	TP1	LGBF		FL	3 (D/E)	V8 V12		S2 S4			3	W12			CE4	39	2348
T4	TP1	LGBF		FL	2 (D/E)			S2 S20			2				CE7	33	2350
T4	TP1	LGBF		FL	2 (D/E)			S2 S20			2				CE7	33	2351
T2	TP1	LGBF		FL	3 (D/E)	V12		S2			3	W12			CE4	30	2351
T4	TP1	LGBF		FL	2 (D/E)	V8		S2 S4 S20			2				CE7	339	2352
T8	TP2	L4BH		FL	2 (D/E)			S2 S20			2				CE7	338	2353
T7	TP1	L4BH	TU15	FL	2 (D/E)		CV13 CV28	S2 S19		TU15	2			CW13 CW28	CE7	336	2354
T11	TP2	L4BN		FL	1 (D/E)			S2 S20			1					33	2356
T7	TP2	L4BN		FL	2 (D/E)			S2			2				CE6	83	2357
T4	TP1	LGBF		FL	2 (D/E)			S2 S20			2				CE7	33	2358
T7	TP1	L4BH	TU15	FL	2 (D/E)		CV13 CV28	S2 S19		TU15	2			CW13 CW28	CE7	338	2359
T7	TP1	L4BH	TU15	FL	2 (D/E)		CV13 CV28	S2 S19		TU15	2			CW13 CW28	CE7	336	2360
T4	TP1	L4BN		FL	3 (D/E)	V12		S2			3	W12			CE4	38	2361
T4	TP1	LGBF		FL	2 (D/E)			S2 S20			2				CE7	33	2362
T11	TP2	L4BN		FL	1 (D/E)			S2 S20			1					33	2363
T2	TP1	LGBF		FL	3 (D/E)	V12		S2			3	W12			CE4	30	2364
T2	TP1	LGBF		FL	3 (D/E)	V12		S2			3	W12			CE4	30	2366
T4	TP1	LGBF		FL	2 (D/E)			S2 S20			2				CE7	33	2367
T2	TP1	LGBF		FL	3 (D/E)	V12		S2			3	W12			CE4	30	2368

3.2 Tabelle A: Verzeichnis der gefährlichen Güter

gemäß Tabelle 1.10.3.1.2 § 35b GGVSEB	UN-Nummer	Benennung und Beschreibung	Klasse	Klassifizierungscode	Verpackungsgruppe	Gefahrzettel	Sondervorschriften	Begrenzte und freigestellte Mengen		Verpackung		
										Anweisungen	Sondervorschriften	Zusammenpackung
		3.1.2	2.2	2.2	2.1.1.3	5.2.2	3.3	3.4 / 3.5.1.2		4.1.4	4.1.4	4.1.10
G..	(1)	(2)	(3a)	(3b)	(4)	(5)	(6)	(7a)	(7b)	(8)	(9a)	(9b)
• G4	2370	HEX-1-EN	3	F1	II	3		1 I	E2	P001 IBC02 R001		MP19
• G4	2371	ISOPENTENE	3	F1	I	3		0	E3	P001 R001		MP7 MP17
• G4	2372	1,2-DI-(DIMETHYLAMINO)-ETHAN	3	F1	II	3		1 I	E2	P001 IBC02 R001		MP19
• G4	2373	DIETHOXYMETHAN	3	F1	II	3		1 I	E2	P001 IBC02 R001		MP19
• G4	2374	3,3-DIETHOXYPROPEN	3	F1	II	3		1 I	E2	P001 IBC02 R001		MP19
• G4	2375	DIETHYLSULFID	3	F1	II	3		1 I	E2	P001 IBC02 R001		MP19
• G4	2376	2,3-DIHYDROPYRAN	3	F1	II	3		1 I	E2	P001 IBC02 R001		MP19
• G4	2377	1,1-DIMETHOXYETHAN	3	F1	II	3		1 I	E2	P001 IBC02 R001		MP19
•	2378	2-DIMETHYLAMINOACETONITRIL	3	FT1	II	3 + 6.1		1 I	E2	P001 IBC02		MP19
•	2379	1,3-DIMETHYLBUTYLAMIN	3	FC	II	3 + 8		1 I	E2	P001 IBC02		MP19
• G4	2380	DIMETHYLDIETHOXYSILAN	3	F1	II	3		1 I	E2	P001 IBC02 R001		MP19
•	2381	DIMETHYLDISULFID	3	FT1	II	3 + 6.1		1 I	E0	P001 IBC02		MP19
• G10	2382	DIMETHYLHYDRAZIN, SYMMETRISCH	6.1	TF1	I	6.1 + 3	354	0	E0	P602		MP8 MP17
•	2383	DIPROPYLAMIN	3	FC	II	3 + 8		1 I	E2	P001 IBC02		MP19
• G4	2384	DI-n-PROPYLETHER	3	F1	II	3		1 I	E2	P001 IBC02 R001		MP19
• G4	2385	ETHYLISOBUTYRAT	3	F1	II	3		1 I	E2	P001 IBC02 R001		MP19
•	2386	1-ETHYLPIPERIDIN	3	FC	II	3 + 8		1 I	E2	P001 IBC02		MP19
• G4	2387	FLUORBENZEN	3	F1	II	3		1 I	E2	P001 IBC02 R001		MP19
• G4	2388	FLUORTOLUENE	3	F1	II	3		1 I	E2	P001 IBC02 R001		MP19

Tabelle A: Verzeichnis der gefährlichen Güter 3.2

ortsbewegliche Tanks und Schüttgut-Container		Tankcodierungen für ADR/RID-Tanks	Sondervorschriften für ADR-Tanks	Fahrzeug für die Beförderung in Tanks	ADR Beförderungskategorie (Tunnelbeschränkungscode)	Sondervorschriften für die Beförderung			Betrieb	Sondervorschriften für RID-Tanks	RID Beförderungskategorie	Sondervorschriften für die Beförderung			Expressgut	Nummer zur Kennzeichnung der Gefahr	UN-Nummer
Anweisungen	Sondervorschriften					Versandstücke	lose Schüttung	Be- und Entladung, Handhabung				Versandstücke	lose Schüttung	Be- und Entladung, Handhabung			
4.2.5.2 7.3.2	4.2.5.3	4.3	4.3.5 6.8.4	9.1.1.2	1.1.3.6 (8.6)	7.2.4	7.3.3	7.5.11	8.5	4.3.5 6.8.4	1.1.3.1	7.2.4	7.3.3	7.5.11	7.6	5.3.2.3	(1)
(10)	(11)	(12)	(13)	(14)	(15)	(16)	(17)	(18)	(19)	(13)	(15)	(16)	(17)	(18)	(19)	(20)	(1)
T4	TP1	LGBF		FL	2 (D/E)				S2 S20		2				CE7	33	2370
T11	TP2	L4BN		FL	1 (D/E)				S2 S20		1					33	2371
T4	TP1	LGBF		FL	2 (D/E)				S2 S20		2				CE7	33	2372
T4	TP1	LGBF		FL	2 (D/E)				S2 S20		2				CE7	33	2373
T4	TP1	LGBF		FL	2 (D/E)				S2 S20		2				CE7	33	2374
T7	TP1	LGBF		FL	2 (D/E)				S2 S20		2				CE7	33	2375
T4	TP1	LGBF		FL	2 (D/E)				S2 S20		2				CE7	33	2376
T7	TP1	LGBF		FL	2 (D/E)				S2 S20		2				CE7	33	2377
T7	TP1	L4BH	TU15	FL	2 (D/E)			CV13 CV28	S2 S19	TU15	2			CW13 CW28	CE7	336	2378
T7	TP1	L4BH		FL	2 (D/E)				S2 S20		2				CE7	338	2379
T4	TP1	LGBF		FL	2 (D/E)				S2 S20		2				CE7	33	2380
T7	TP2	L4BH	TU15	FL	2 (D/E)			CV13 CV28	S2 S22	TU15	2			CW13 CW28	CE7	336	2381
T20	TP2	L10CH	TU14 TU15 TE19 TE21	FL	1 (C/D)			CV1 CV13 CV28	S2 S9 S14	TU14 TU15 TU38 TE21 TE22	1			CW13 CW28 CW31		663	2382
T7	TP1	L4BH		FL	2 (D/E)				S2 S20		2				CE7	338	2383
T4	TP1	LGBF		FL	2 (D/E)				S2 S20		2				CE7	33	2384
T4	TP1	LGBF		FL	2 (D/E)				S2 S20		2				CE7	33	2385
T7	TP1	L4BH		FL	2 (D/E)				S2 S20		2				CE7	338	2386
T4	TP1	LGBF		FL	2 (D/E)				S2 S20		2				CE7	33	2387
T4	TP1	LGBF		FL	2 (D/E)				S2 S20		2				CE7	33	2388

3.2 Tabelle A: Verzeichnis der gefährlichen Güter

gemäß Tabelle 1.10.3.1.2	§ 35b GGVSEB	UN-Nummer	Benennung und Beschreibung	Klasse	Klassifizierungscode	Verpackungsgruppe	Gefahrzettel	Sondervorschriften	Begrenzte und freigestellte Mengen		Verpackung Anweisungen	Verpackung Sondervorschriften	Verpackung Zusammenpackung
G..			3.1.2	2.2	2.2	2.1.1.3	5.2.2	3.3	3.4	3.5.1.2	4.1.4	4.1.4	4.1.10
(1)			(2)	(3a)	(3b)	(4)	(5)	(6)	(7a)	(7b)	(8)	(9a)	(9b)
• G4		2389	FURAN	3	F1	I	3		0	E3	P001		MP7 MP17
• G4		2390	2-IODBUTAN	3	F1	II	3		1 l	E2	P001 IBC02 R001		MP19
• G4		2391	IODMETHYLPROPANE	3	F1	II	3		1 l	E2	P001 IBC02 R001		MP19
		2392	IODPROPANE	3	F1	III	3		5 l	E1	P001 IBC03 LP01 R001		MP19
• G4		2393	ISOBUTYLFORMIAT	3	F1	II	3		1 l	E2	P001 IBC02 R001		MP19
		2394	ISOBUTYLPROPIONAT	3	F1	III	3		5 l	E1	P001 IBC03 LP01 R001		MP19
•		2395	ISOBUTYRYLCHLORID	3	FC	II	3 + 8		1 l	E2	P001 IBC02		MP19
•		2396	METHACRYLALDEHYD, STABILISIERT	3	FT1	II	3 + 6.1	386	1 l	E2	P001 IBC02		MP19
• G4		2397	3-METHYLBUTAN-2-ON	3	F1	II	3		1 l	E2	P001 IBC02 R001		MP19
• G4		2398	METHYL-tert-BUTYLETHER	3	F1	II	3		1 l	E2	P001 IBC02 R001		MP19
•		2399	1-METHYLPIPERIDIN	3	FC	II	3 + 8		1 l	E2	P001 IBC02		MP19
• G4		2400	METHYLISOVALERAT	3	F1	II	3		1 l	E2	P001 IBC02 R001		MP19
•		2401	PIPERIDIN	8	CF1	I	8 + 3		0	E0	P001		MP8 MP17
• G4		2402	PROPANTHIOLE	3	F1	II	3		1 l	E2	P001 IBC02 R001		MP19
• G4		2403	ISOPROPENYLACETAT	3	F1	II	3		1 l	E2	P001 IBC02 R001		MP19
•		2404	PROPIONITRIL	3	FT1	II	3 + 6.1		1 l	E0	P001 IBC02		MP19
		2405	ISOPROPYLBUTYRAT	3	F1	III	3		5 l	E1	P001 IBC03 LP01 R001		MP19
• G4		2406	ISOPROPYLISOBUTYRAT	3	F1	II	3		1 l	E2	P001 IBC02 R001		MP19
•		2407	ISOPROPYLCHLORFORMIAT	6.1	TFC	I	6.1 + 3 + 8	354	0	E0	P602		MP8 MP17

Tabelle A: Verzeichnis der gefährlichen Güter 3.2

ortsbewegliche Tanks und Schüttgut-Container		Tankcodierungen für ADR/RID-Tanks	ADR							RID						Nummer zur Kennzeichnung der Gefahr	UN-Nummer
Anweisungen	Sondervorschriften		Sondervorschriften für ADR-Tanks	Fahrzeug für die Beförderung in Tanks	Beförderungskategorie (Tunnelbeschränkungscode)	Sondervorschriften für die Beförderung			Betrieb	Sondervorschriften für RID-Tanks	Beförderungskategorie	Sondervorschriften für die Beförderung			Expressgut		
						Versandstücke	lose Schüttung	Be- und Entladung, Handhabung				Versandstücke	lose Schüttung	Be- und Entladung, Handhabung			
4.2.5.2 7.3.2	4.2.5.3	4.3	4.3.5 6.8.4	9.1.1.2	1.1.3.6 (8.6)	7.2.4	7.3.3	7.5.11	8.5	4.3.5 6.8.4	1.1.3.1	7.2.4	7.3.3	7.5.11	7.6	5.3.2.3	
(10)	(11)	(12)	(13)	(14)	(15)	(16)	(17)	(18)	(19)	(13)	(15)	(16)	(17)	(18)	(19)	(20)	(1)
T12	TP2	L4BN		FL	1 (D/E)				S2 S20		1					33	2389
T4	TP1	LGBF		FL	2 (D/E)				S2 S20		2				CE7	33	2390
T4	TP1	LGBF		FL	2 (D/E)				S2 S20		2				CE7	33	2391
T2	TP1	LGBF		FL	3 (D/E)	V12			S2		3	W12			CE4	30	2392
T4	TP1	LGBF		FL	2 (D/E)				S2 S20		2				CE7	33	2393
T2	TP1	LGBF		FL	3 (D/E)	V12			S2		3	W12			CE4	30	2394
T7	TP2	L4BH		FL	2 (D/E)				S2 S20		2				CE7	338	2395
T7	TP1	L4BH	TU15	FL	2 (D/E)	V8		CV13 CV28	S2 S4 S19	TU15	2			CW13 CW28	CE7	336	2396
T4	TP1	LGBF		FL	2 (D/E)				S2 S20		2				CE7	33	2397
T7	TP1	LGBF		FL	2 (D/E)				S2 S20		2				CE7	33	2398
T7	TP1	L4BH		FL	2 (D/E)				S2 S20		2				CE7	338	2399
T4	TP1	LGBF		FL	2 (D/E)				S2 S20		2				CE7	33	2400
T10	TP2	L10BH		FL	1 (D/E)				S2 S14	TU38 TE22	1					883	2401
T4	TP1	LGBF		FL	2 (D/E)				S2 S20		2				CE7	33	2402
T4	TP1	LGBF		FL	2 (D/E)				S2 S20		2				CE7	33	2403
T7	TP1	L4BH	TU15	FL	2 (D/E)			CV13 CV28	S2 S19	TU15	2			CW13 CW28	CE7	336	2404
T2	TP1	LGBF		FL	3 (D/E)	V12			S2		3	W12			CE4	30	2405
T4	TP1	LGBF		FL	2 (D/E)				S2 S20		2				CE7	33	2406
					1 (D)			CV1 CV13 CV28	S2 S9 S14		1			CW13 CW28 CW31		RID: 663	2407

3.2 Tabelle A: Verzeichnis der gefährlichen Güter

gemäß Tabelle 1.10.3.1.2 § 35b GGVSEB	UN-Nummer	Benennung und Beschreibung	Klasse	Klassifizierungscode	Verpackungsgruppe	Gefahrzettel	Sondervorschriften	Begrenzte und freigestellte Mengen		Verpackung Anweisungen	Sondervorschriften	Zusammenpackung
G..		3.1.2	2.2	2.2	2.1.1.3	5.2.2	3.3	3.4	3.5.1.2	4.1.4	4.1.4	4.1.10
	(1)	(2)	(3a)	(3b)	(4)	(5)	(6)	(7a)	(7b)	(8)	(9a)	(9b)
G4	2409	ISOPROPYLPROPIONAT	3	F1	II	3		1 l	E2	P001 IBC02 R001		MP19
G4	2410	1,2,3,6-TETRAHYDROPYRIDIN	3	F1	II	3		1 l	E2	P001 IBC02 R001		MP19
	2411	BUTYRONITRIL	3	FT1	II	3 + 6.1		1 l	E2	P001 IBC02		MP19
G4	2412	TETRAHYDROTHIOPHEN	3	F1	II	3		1 l	E2	P001 IBC02 R001		MP19
	2413	TETRAPROPYLORTHOTITANAT	3	F1	III	3		5 l	E1	P001 IBC03 LP01 R001		MP19
G4	2414	THIOPHEN	3	F1	II	3		1 l	E2	P001 IBC02 R001		MP19
G4	2416	TRIMETHYLBORAT	3	F1	II	3		1 l	E2	P001 IBC02 R001		MP19
G3	2417	CARBONYLFLUORID	2	2TC		2.3 + 8 RID: (+13)		0	E0	P200		MP9
	2418	SCHWEFELTETRAFLUORID	2	2TC		2.3 + 8		0	E0	P200		MP9
G2	2419	BROMTRIFLUORETHYLEN	2	2F		2.1 RID: (+13)	662	0	E0	P200		MP9
G3	2420	HEXAFLUORACETON	2	2TC		2.3 + 8 RID: (+13)		0	E0	P200		MP9
	2421	DISTICKSTOFFTRIOXID	2	2TOC				BEFÖRDERUNG VERBOTEN				
	2422	OCTAFLUORBUT-2-EN (GAS ALS KÄLTEMITTEL R 1318)	2	2A		2.2 RID: (+13)	662	120 ml	E1	P200		MP9
	2424	OCTAFLUORPROPAN (GAS ALS KÄLTEMITTEL R 218)	2	2A		2.2 RID: (+13)	662	120 ml	E1	P200		MP9
	2426	AMMONIUMNITRAT, FLÜSSIG, heiße konzentrierte Lösung mit einer Konzentration von mehr als 80 %, aber höchstens 93 %	5.1	O1		5.1	252 644	0	E0			
	2427	KALIUMCHLORAT, WÄSSERIGE LÖSUNG	5.1	O1	II	5.1		1 l	E2	P504 IBC02		MP2

Tabelle A: Verzeichnis der gefährlichen Güter 3.2

ortsbewegliche Tanks und Schüttgut-Container	Sondervorschriften	Tankcodierungen für ADR/RID-Tanks	ADR							RID						Expressgut	Nummer zur Kennzeichnung der Gefahr	UN-Nummer
Anweisungen			Fahrzeug für die Beförderung in Tanks	Beförderungskategorie (Tunnelbeschränkungscode)	Sondervorschriften für die Beförderung					Sondervorschriften für RID-Tanks	Beförderungskategorie	Sondervorschriften für die Beförderung						
					Versandstücke	lose Schüttung	Be- und Entladung, Handhabung	Betrieb				Versandstücke	lose Schüttung	Be- und Entladung, Handhabung				
4.2.5.2 7.3.2	4.2.5.3	4.3	4.3.5 6.8.4	9.1.1.2	1.1.3.6 (8.6)	7.2.4	7.3.3	7.5.11	8.5	4.3.5 6.8.4	1.1.3.1	7.2.4	7.3.3	7.5.11	7.6	5.3.2.3	(1)
(10)	(11)	(12)	(13)	(14)	(15)	(16)	(17)	(18)	(19)	(13)	(15)	(16)	(17)	(18)	(19)	(20)	(1)
T4	TP1	LGBF		FL	2 (D/E)				S2 S20		2				CE7	33	2409
T4	TP1	LGBF		FL	2 (D/E)				S2 S20		2				CE7	33	2410
T7	TP1	L4BH	TU15	FL	2 (D/E)			CV13 CV28	S2 S19	TU15	2			CW13 CW28	CE7	336	2411
T4	TP1	LGBF		FL	2 (D/E)				S2 S20		2				CE7	33	2412
T4	TP1	LGBF		FL	3 (D/E)	V12			S2		3	W12			CE4	30	2413
T4	TP1	LGBF		FL	2 (D/E)				S2 S20		2				CE7	33	2414
T7	TP1	LGBF		FL	2 (D/E)				S2 S20		2				CE7	33	2416
(M)		PxBH(M)	TA4 TT9	AT	1 (C/D)			CV9 CV10 CV36	S14	TU38 TE22 TE25 TM6 TA4 TT9	1			CW9 CW10 CW36		268	2417
					1 (D)			CV9 CV10 CV36	S14		1			CW9 CW10 CW36		RID: 268	2418
(M)		PxBN(M)	TA4 TT9	FL	2 (B/D)			CV9 CV10 CV36	S2 S20	TU38 TE22 TM6 TA4 TT9	2			CW9 CW10 CW36	CE3	23	2419
(M)		PxBH(M)	TA4 TT9	AT	1 (C/D)			CV9 CV10 CV36	S14	TU38 TE22 TE25 TM6 TA4 TT9	1			CW9 CW10 CW36		268	2420
					BEFÖRDERUNG VERBOTEN												2421
(M)		PxBN(M)	TA4 TT9	AT	3 (C/E)			CV9 CV10 CV36		TM6 TA4 TT9	3			CW9 CW10 CW36	CE3	20	2422
(M) T50		PxBN(M)	TA4 TT9	AT	3 (C/E)			CV9 CV10 CV36		TM6 TA4 TT9	3			CW9 CW10 CW36	CE3	20	2424
T7	TP1 TP16 TP17	L4BV(+)	TU3 TU12 TU29 TC3 TE9 TE10 TA1	AT	0 (E)				S23	TU3 TU12 TU29 TC3 TE9 TE10 TA1	0					59	2426
T4	TP1	L4BN	TU3	AT	2 (E)			CV24		TU3	2			CW24	CE6	50	2427

3.2 Tabelle A: Verzeichnis der gefährlichen Güter

gemäß Tabelle 1.10.3.1.2	§ 35b GGVSEB	UN-Nummer	Benennung und Beschreibung	Klasse	Klassifizierungscode	Verpackungsgruppe	Gefahrzettel	Sondervorschriften	Begrenzte und freigestellte Mengen		Verpackung		
											Anweisungen	Sondervorschriften	Zusammenpackung
			3.1.2	2.2	2.2	2.1.1.3	5.2.2	3.3	3.4 / 3.5.1.2		4.1.4	4.1.4	4.1.10
●	G..		(2)	(3a)	(3b)	(4)	(5)	(6)	(7a)	(7b)	(8)	(9a)	(9b)
		2427	KALIUMCHLORAT, WÄSSERIGE LÖSUNG	5.1	O1	III	5.1		5 l	E1	P504 IBC02 R001		MP2
		2428	NATRIUMCHLORAT, WÄSSERIGE LÖSUNG	5.1	O1	II	5.1		1 l	E2	P504 IBC02		MP2
		2428	NATRIUMCHLORAT, WÄSSERIGE LÖSUNG	5.1	O1	III	5.1		5 l	E1	P504 IBC02 R001		MP2
		2429	CALCIUMCHLORAT, WÄSSERIGE LÖSUNG	5.1	O1	II	5.1		1 l	E2	P504 IBC02		MP2
		2429	CALCIUMCHLORAT, WÄSSERIGE LÖSUNG	5.1	O1	III	5.1		5 l	E1	P504 IBC02 R001		MP2
●		2430	ALKYLPHENOLE, FEST, N.A.G. (einschließlich C_2-C_{12}-Homologe)	8	C4	I	8		0	E0	P002 IBC07		MP18
		2430	ALKYLPHENOLE, FEST, N.A.G. (einschließlich C_2-C_{12}-Homologe)	8	C4	II	8		1 kg	E2	P002 IBC08	B4	MP10
		2430	ALKYLPHENOLE, FEST, N.A.G. (einschließlich C_2-C_{12}-Homologe)	8	C4	III	8		5 kg	E1	P002 IBC08 LP02 R001	B3	MP10
		2431	ANISIDINE	6.1	T1	III	6.1		5 l	E1	P001 IBC03 LP01 R001		MP19
		2432	N,N-DIETHYLANILIN	6.1	T1	III	6.1	279	5 l	E1	P001 IBC03 LP01 R001		MP19
		2433	CHLORNITROTOLUENE, FLÜSSIG	6.1	T1	III	6.1		5 l	E1	P001 IBC03 LP01 R001		MP19
		2434	DIBENZYLDICHLORSILAN	8	C3	II	8		0	E0	P010		MP15
		2435	ETHYLPHENYLDICHLORSILAN	8	C3	II	8		0	E0	P010		MP15
●	G4	2436	THIOESSIGSÄURE	3	F1	II	3		1 l	E2	P001 IBC02 R001		MP19
		2437	METHYLPHENYLDICHLORSILAN	8	C3	II	8		0	E0	P010		MP15
●	G10	2438	TRIMETHYLACETYLCHLORID	6.1	TFC	I	6.1 + 3 + 8		0	E0	P001		MP8 MP17
		2439	NATRIUMHYDROGENDIFLUORID	8	C2	II	8		1 kg	E2	P002 IBC08	B4	MP10
		2440	ZINNTETRACHLORIDPENTAHYDRAT	8	C2	III	8		5 kg	E1	P002 IBC08 LP02 R001	B3	MP10

Tabelle A: Verzeichnis der gefährlichen Güter 3.2

ortsbewegliche Tanks und Schüttgut-Container				ADR					RID						
Anweisungen	Sondervorschriften	Tankcodierungen für ADR/RID-Tanks	Fahrzeug für die Beförderung	Beförderungskategorie (Tunnelbeschränkungscode)	Sondervorschriften für die Beförderung			Sondervorschriften für RID-Tanks	Beförderungskategorie	Sondervorschriften für die Beförderung			Expressgut	Nummer zur Kennzeichnung der Gefahr	UN-Nummer
			in Tanks		Versandstücke	lose Schüttung	Be- und Entladung, Handhabung	Betrieb			Versandstücke	lose Schüttung	Be- und Entladung, Handhabung			
4.2.5.2 7.3.2	4.2.5.3	4.3	4.3.5 6.8.3	9.1.1.2	1.1.3.6 (8.6)	7.2.4	7.3.3	7.5.11	8.5	4.3.5 6.8.4	1.1.3.1	7.2.4	7.3.3	7.5.11	7.6	5.3.2.3	(1)
(10)	(11)	(12)	(13)	(14)	(15)	(16)	(17)	(18)	(19)	(13)	(15)	(16)	(17)	(18)	(19)	(20)	(1)
T4	TP1	LGBV	TU3	AT	3 (E)			CV24		TU3	3			CW24	CE8	50	2427
T4	TP1	L4BN	TU3	AT	2 (E)			CV24		TU3	2			CW24	CE6	50	2428
T4	TP1	LGBV	TU3	AT	3 (E)			CV24		TU3	3			CW24	CE8	50	2428
T4	TP1	L4BN	TU3	AT	2 (E)			CV24		TU3	2			CW24	CE6	50	2429
T4	TP1	LGBV	TU3	AT	3 (E)			CV24		TU3	3			CW24	CE8	50	2429
T6	TP33	S10AN L10BH		AT	1 (E)	V10			S20	TU38 TE22	1	W10				88	2430
T3	TP33	SGAN L4BN		AT	2 (E)	V11					2	W11			CE10	80	2430
T1	TP33	SGAV L4BN		AT	3 (E)		VC1 VC2 AP7				3		VC1 VC2 AP7		CE11	80	2430
T4	TP1	L4BH	TU15 TE19	AT	2 (E)	V12		CV13 CV28	S9	TU15	2	W12		CW13 CW28 CW31	CE8	60	2431
T4	TP1	L4BH	TU15 TE19	AT	2 (E)	V12		CV13 CV28	S9	TU15	2	W12		CW13 CW28 CW31	CE8	60	2432
T4	TP1	L4BH	TU15 TE19	AT	2 (E)	V12		CV13 CV28	S9	TU15	2	W12		CW13 CW28 CW31	CE8	60	2433
T10	TP2 TP7	L4BN		AT	2 (E)						2				CE6	X80	2434
T10	TP2 TP7	L4BN		AT	2 (E)						2				CE6	X80	2435
T4	TP1	LGBF		FL	2 (D/E)				S2 S20		2				CE7	33	2436
T10	TP2 TP7	L4BN		AT	2 (E)						2				CE6	X80	2437
T14	TP2	L10CH	TU14 TU15 TE19 TE21	FL	1 (C/D)			CV1 CV13 CV28	S2 S9 S14	TU14 TU15 TU38 TE21 TE22	1			CW13 CW28 CW31		663	2438
T3	TP33	SGAN		AT	2 (E)	V11					2	W11			CE10	80	2439
T1	TP33	SGAV		AT	3 (E)		VC1 VC2 AP7				3		VC1 VC2 AP7		CE11	80	2440

3.2 Tabelle A: Verzeichnis der gefährlichen Güter

gemäß Tabelle 1.10.3.1.2	§ 35b GGVSEB	UN-Nummer	Benennung und Beschreibung	Klasse	Klassifizierungscode	Verpackungsgruppe	Gefahrzettel	Sondervorschriften	Begrenzte und freigestellte Mengen		Verpackung Anweisungen	Verpackung Sondervorschriften	Verpackung Zusammenpackung
•	G..		3.1.2	2.2	2.2	2.1.1.3	5.2.2	3.3	3.4 / 3.5.1.2		4.1.4	4.1.4	4.1.10
		(1)	(2)	(3a)	(3b)	(4)	(5)	(6)	(7a)	(7b)	(8)	(9a)	(9b)
•		2441	TITANTRICHLORID, PYROPHOR oder TITANTRICHLORIDMISCHUNGEN, PYROPHOR	4.2	SC4	I	4.2 + 8	537	0	E0	P404		MP13
		2442	TRICHLORACETYLCHLORID	8	C3	II	8		0	E0	P001		MP15
		2443	VANADIUMOXYTRICHLORID	8	C1	II	8		1 l	E0	P001 IBC02		MP15
•		2444	VANADIUMTETRACHLORID	8	C1	I	8		0	E0	P802		MP8 MP17
		2446	NITROCRESOLE, FEST	6.1	T2	III	6.1		5 kg	E1	P002 IBC08 LP02 R001	B3	MP10
•		2447	PHOSPHOR, WEISS, GESCHMOLZEN	4.2	ST3	I	4.2 + 6.1		0	E0			
		2448	SCHWEFEL, GESCHMOLZEN	4.1	F3	III	4.1	538	0	E0			
		2451	STICKSTOFFTRIFLUORID	2	2O		2.2 + 5.1 RID: (+13)	662	0	E0	P200		MP9
•	G2	2452	ETHYLACETYLEN, STABILISIERT	2	2F		2.1 RID: (+13)	386 662	0	E0	P200		MP9
•	G2	2453	ETHYLFLUORID (GAS ALS KÄLTEMITTEL R 161)	2	2F		2.1 RID: (+13)	662	0	E0	P200		MP9
•	G2	2454	METHYLFLUORID (GAS ALS KÄLTEMITTEL R 41)	2	2F		2.1 RID: (+13)	662	0	E0	P200		MP9
		2455	METHYLNITRIT	2	2A		BEFÖRDERUNG VERBOTEN						
•	G4	2456	2-CHLORPROPEN	3	F1	I	3		0	E3	P001		MP7 MP17
•	G4	2457	2,3-DIMETHYLBUTAN	3	F1	II	3		1 l	E2	P001 IBC02 R001		MP19
•	G4	2458	HEXADIENE	3	F1	II	3		1 l	E2	P001 IBC02 R001		MP19
•	G4	2459	2-METHYLBUT-1-EN	3	F1	I	3		0	E3	P001		MP7 MP17
•	G4	2460	2-METHYLBUT-2-EN	3	F1	II	3		1 l	E2	P001 IBC02	B8	MP19

Tabelle A: Verzeichnis der gefährlichen Güter 3.2

ortsbewegliche Tanks und Schüttgut-Container					ADR					RID						
Anweisungen	Sondervorschriften	Tankcodierungen für ADR/RID-Tanks	Sondervorschriften für ADR-Tanks	Fahrzeug für die Beförderung in Tanks	Beförderungskategorie (Tunnelbeschränkungscode)	Sondervorschriften für die Beförderung			Betrieb	Sondervorschriften für RID-Tanks	Beförderungskategorie	Sondervorschriften für die Beförderung			Expressgut	Nummer zur Kennzeichnung der Gefahr	UN-Nummer
						Versandstücke	lose Schüttung	Be- und Entladung, Handhabung				Versandstücke	lose Schüttung	Be- und Entladung, Handhabung			
4.2.5.2 7.3.2	4.2.5.3	4.3	4.3.5 6.8.4	9.1.1.2	1.1.3.6 (8.6)	7.2.4	7.3.3	7.5.11	8.5	4.3.5 6.8.4	1.1.3.5	7.2.4	7.3.3	7.5.11	7.6	5.3.2.3	(1)
(10)	(11)	(12)	(13)	(14)	(15)	(16)	(17)	(18)	(19)	(13)	(15)	(16)	(17)	(18)	(19)	(20)	(1)
					0 (E)	V1			S20		0			W1		RID: 48	2441
T7	TP2	L4BN		AT	2 (E)						2				CE6	X80	2442
T7	TP2	L4BN		AT	2 (E)						2				CE6	80	2443
T10	TP2	L10BN		AT	1 (E)				S20	TU38 TE22	1					X88	2444
T1	TP33	SGAH L4BH	TU15 TE19	AT	2 (E)		VC1 VC2 AP7	CV13 CV28	S9	TU15	2		VC1 VC2 AP7	CW13 CW28 CW31	CE11	60	2446
T21	TP3 TP7 TP26	L10DH(+)	TU14 TU16 TU21 TE3 TE21	AT	0 (B/E)				S20	TU14 TU16 TU21 TU38 TE3 TE21 TE22	0					446	2447
T1	TP3	LGBV(+)	TU27 TE4 TE6	AT	3 (E)					TU27 TE4 TE6	3					44	2448
(M)		PxBN(M)	TA4 TT9	AT	3 (C/E)		CV9 CV10 CV36			TM6 TA4 TT9	3		CW9 CW10 CW36		CE3	25	2451
(M)		PxBN(M)	TA4 TT9	FL	2 (B/D)	V8	CV9 CV10 CV36	S2 S4 S20		TU38 TE22 TM6 TA4 TT9	2		CW9 CW10 CW36		CE3	239	2452
(M)		PxBN(M)	TA4 TT9	FL	2 (B/D)		CV9 CV10 CV36	S2 S20		TU38 TE22 TM6 TA4 TT9	2		CW9 CW10 CW36		CE3	23	2453
(M)		PxBN(M)	TA4 TT9	FL	2 (B/D)		CV9 CV10 CV36	S2 S20		TU38 TE22 TM6 TA4 TT9	2		CW9 CW10 CW36		CE3	23	2454
					BEFÖRDERUNG VERBOTEN												2455
T11	TP2	L4BN		FL	1 (D/E)			S2 S20			1					33	2456
T7	TP1	LGBF		FL	2 (D/E)			S2 S20			2				CE7	33	2457
T4	TP1	LGBF		FL	2 (D/E)			S2 S20			2				CE7	33	2458
T11	TP2	L4BN		FL	1 (D/E)			S2 S20			1					33	2459
T7	TP1	L1,5BN		FL	2 (D/E)			S2 S20			2				CE7	33	2460

3.2 Tabelle A: Verzeichnis der gefährlichen Güter

gemäß Tabelle 1.10.3.1.2	§ 35b GGVSEB	UN-Nummer	Benennung und Beschreibung	Klasse	Klassifizierungscode	Verpackungsgruppe	Gefahrzettel	Sondervorschriften	Begrenzte und freigestellte Mengen		Verpackung		
											Anweisungen	Sondervorschriften	Zusammenpackung
G..			3.1.2	2.2	2.2	2.1.1.3	5.2.2	3.3	3.4 / 3.5.1.2		4.1.4	4.1.4	4.1.10
		(1)	(2)	(3a)	(3b)	(4)	(5)	(6)	(7a)	(7b)	(8)	(9a)	(9b)
G4	•	2461	METHYLPENTADIENE	3	F1	II	3		1 l	E2	P001 IBC02 R001		MP19
•			2463 ALUMINIUMHYDRID	4.3	W2	I	4.3		0	E0	P403		MP2
		2464	BERYLLIUMNITRAT	5.1	OT2	II	5.1 + 6.1		1 kg	E2	P002 IBC08	B4	MP2
		2465	DICHLORISOCYANURSÄURE, TROCKEN oder DICHLORISOCYANURSÄURESALZE	5.1	O2	II	5.1	135	1 kg	E2	P002 IBC08	B4	MP10
•		2466	KALIUMSUPEROXID	5.1	O2	I	5.1		0	E0	P503 IBC06		MP2
		2468	TRICHLORISOCYANURSÄURE, TROCKEN	5.1	O2	II	5.1		1 kg	E2	P002 IBC08	B4	MP10
		2469	ZINKBROMAT	5.1	O2	III	5.1		5 kg	E1	P002 IBC08 LP02 R001	B3	MP10
		2470	PHENYLACETONITRIL, FLÜSSIG	6.1	T1	III	6.1		5 l	E1	P001 IBC03 LP01 R001		MP19
•		2471	OSMIUMTETROXID	6.1	T5	I	6.1		0	E5	P002 IBC07	PP30	MP18
		2473	NATRIUMARSANILAT	6.1	T3	III	6.1		5 kg	E1	P002 IBC08 LP02 R001	B3	MP10
•	G10	2474	THIOPHOSGEN	6.1	T1	I	6.1	279 354	0	E0	P602		MP8 MP17
		2475	VANADIUMTRICHLORID	8	C2	III	8		5 kg	E1	P002 IBC08 LP02 R001	B3	MP10
•	G10	2477	METHYLISOTHIOCYANAT	6.1	TF1	I	6.1 + 3	354	0	E0	P602		MP8 MP17
•		2478	ISOCYANATE, ENTZÜNDBAR, GIFTIG, N.A.G. oder ISOCYANAT, LÖSUNG, ENTZÜNDBAR, GIFTIG, N.A.G.	3	FT1	II	3 + 6.1	274 539	1 l	E2	P001 IBC02		MP19
		2478	ISOCYANATE, ENTZÜNDBAR, GIFTIG, N.A.G. oder ISOCYANAT, LÖSUNG, ENTZÜNDBAR, GIFTIG, N.A.G.	3	FT1	III	3 + 6.1	274	5 l	E1	P001 IBC03 R001		MP19
•	G10	2480	METHYLISOCYANAT	6.1	TF1	I	6.1 + 3	354	0	E0	P601		MP2

Tabelle A: Verzeichnis der gefährlichen Güter 3.2

ortsbewegliche Tanks und Schüttgut-Container Anweisungen	Sondervorschriften	Tankcodierungen für ADR/RID-Tanks	Sondervorschriften für ADR-Tanks	Fahrzeug für die Beförderung in Tanks	ADR Beförderungskategorie (Tunnelbeschränkungscode)	Versandstücke	lose Schüttung	Be- und Entladung, Handhabung	Betrieb	Sondervorschriften für RID-Tanks	RID Beförderungskategorie	Versandstücke	lose Schüttung	Be- und Entladung, Handhabung	Expressgut	Nummer zur Kennzeichnung der Gefahr	UN-Nummer
4.2.5.2 7.3.2	4.2.5.3	4.3	4.3.5 6.8.4	9.1.1.2	1.1.3.6 (8.6)	7.2.4	7.3.3	7.5.11	8.5	4.3.5 6.8.4	1.1.3.1	7.2.4	7.3.3	7.5.11	7.6	5.3.2.3	
(10)	(11)	(12)	(13)	(14)	(15)	(16)	(17)	(18)	(19)	(13)	(15)	(16)	(17)	(18)	(19)	(20)	(1)
T4	TP1	LGBF		FL	2 (D/E)				S2 S20		2				CE7	33	2461
					1 (E)	V1		CV23	S20		1	W1		CW23		RID: X423	2463
T3	TP33	SGAN	TU3	AT	2 (E)	V11		CV24 CV28		TU3	2	W11		CW24 CW28	CE10	56	2464
T3	TP33	SGAN	TU3	AT	2 (E)	V11		CV24		TU3	2	W11		CW24	CE10	50	2465
					1 (E)	V10		CV24	S20		1	W10		CW24		RID: 55	2466
T3	TP33	SGAN	TU3	AT	2 (E)	V11		CV24		TU3	2	W11		CW24	CE10	50	2468
T1	TP33	SGAV	TU3	AT	3 (E)			VC1 VC2 AP6 AP7	CV24	TU3	3			VC1 VC2 AP6 AP7	CW24	CE11	50	2469
T4	TP1	L4BH	TU15 TE19	AT	2 (E)	V12		CV13 CV28	S9	TU15	2	W12		CW13 CW28 CW31	CE8	60	2470
T6	TP33	S10AH	TU15 TE19	AT	1 (C/E)	V10		CV1 CV13 CV28	S9 S14	TU15	1	W10		CW13 CW28 CW31		66	2471
T1	TP33	SGAH L4BH	TU15 TE19	AT	2 (E)			VC1 VC2 AP7	CV13 CV28	S9	TU15	2		VC1 VC2 AP7	CW13 CW28 CW31	CE11	60	2473
T20	TP2	L10CH	TU14 TU15 TE19 TE21	AT	1 (C/D)			CV1 CV13 CV28	S9 S14	TU14 TU15 TU38 TE21 TE22	1			CW13 CW28 CW31		66	2474
T1	TP33	SGAV		AT	3 (E)			VC1 VC2 AP7			3			VC1 VC2 AP7		CE11	80	2475
T20	TP2	L10CH	TU14 TU15 TE19 TE21	FL	1 (C/D)			CV1 CV13 CV28	S2 S9 S14	TU14 TU15 TU38 TE21 TE22	1			CW13 CW28 CW31		663	2477
T11	TP2 TP27	L4BH	TU15	FL	2 (D/E)			CV13 CV28	S2 S19	TU15	2			CW13 CW28	CE7	336	2478
T7	TP1 TP28	L4BH	TU15	FL	3 (D/E)	V12		CV13 CV28	S2	TU15	3	W12		CW13 CW28	CE4	36	2478
T22	TP2	L15CH	TU14 TU15 TE19 TE21	FL	1 (C/D)			CV1 CV13 CV28	S2 S9 S14	TU14 TU15 TU38 TE21 TE22 TE25	1			CW13 CW28 CW31		663	2480

3.2 Tabelle A: Verzeichnis der gefährlichen Güter

gemäß Tabelle 1.10.3.1.2	§ 356 GGVSEB	UN-Nummer	Benennung und Beschreibung	Klasse	Klassifizierungscode	Verpackungsgruppe	Gefahrzettel	Sondervorschriften	Begrenzte und freigestellte Mengen		Verpackung		
											Anweisungen	Sondervorschriften	Zusammenpackung
G..			3.1.2	2.2	2.2	2.1.1.3	5.2.2	3.3	3.4 / 3.5.1.2		4.1.4	4.1.4	4.1.10
(1)			(2)	(3a)	(3b)	(4)	(5)	(6)	(7a)	(7b)	(8)	(9a)	(9b)
G10		2481	ETHYLISOCYANAT	6.1	TF1	I	6.1 + 3	354	0	E0	P602		MP8 MP17
G10		2482	n-PROPYLISOCYANAT	6.1	TF1	I	6.1 + 3	354	0	E0	P602		MP8 MP17
G10		2483	ISOPROPYLISOCYANAT	6.1	TF1	I	6.1 + 3	354	0	E0	P602		MP8 MP17
G10		2484	tert-BUTYLISOCYANAT	6.1	TF1	I	6.1 + 3	354	0	E0	P602		MP8 MP17
G10		2485	n-BUTYLISOCYANAT	6.1	TF1	I	6.1 + 3	354	0	E0	P602		MP8 MP17
G10		2486	ISOBUTYLISOCYANAT	6.1	TF1	I	6.1 + 3	354	0	E0	P602		MP8 MP17
G10		2487	PHENYLISOCYANAT	6.1	TF1	I	6.1 + 3	354	0	E0	P602		MP8 MP17
G10		2488	CYCLOHEXYLISOCYANAT	6.1	TF1	I	6.1 + 3	354	0	E0	P602		MP8 MP17
		2490	DICHLORISOPROPYLETHER	6.1	T1	II	6.1		100 ml	E4	P001 IBC02		MP15
		2491	ETHANOLAMIN oder ETHANOLAMIN, LÖSUNG	8	C7	III	8		5 l	E1	P001 IBC03 LP01 R001		MP19
•		2493	HEXAMETHYLENIMIN	3	FC	II	3 + 8		1 l	E2	P001 IBC02		MP19
•		2495	IODPENTAFLUORID	5.1	OTC	I	5.1 + 6.1 + 8		0	E0	P200		MP2
•		2496	PROPIONSÄUREANHYDRID	8	C3	III	8		5 l	E1	P001 IBC03 LP01 R001		MP19

Tabelle A: Verzeichnis der gefährlichen Güter 3.2

ortsbewegliche Tanks und Schüttgut-Container			ADR							RID							
Anweisungen	Sondervorschriften	Tankcodierungen für ADR/RID-Tanks	Sondervorschriften für ADR-Tanks	Fahrzeug für die Beförderung in Tanks	Beförderungskategorie (Tunnelbeschränkungscode)	Sondervorschriften für die Beförderung			Betrieb	Sondervorschriften für RID-Tanks	Beförderungskategorie	Sondervorschriften für die Beförderung			Expressgut	Nummer zur Kennzeichnung der Gefahr	UN-Nummer
						Versandstücke	lose Schüttung	Be- und Entladung, Handhabung				Versandstücke	lose Schüttung	Be- und Entladung, Handhabung			
4.2.5.2 7.3.2	4.2.5.3	4.3	4.3.5 6.8.4	9.1.1.2	1.1.3.6 (8.6)	7.2.4	7.3.3	7.5.11	8.5	4.3.5 6.8.4	1.1.3.1	7.2.4	7.3.3	7.5.11	7.6	5.3.2.2	(1)
(10)	(11)	(12)	(13)	(14)	(15)	(16)	(17)	(18)	(19)	(13)	(15)	(16)	(17)	(18)	(19)	(20)	(1)
T20	TP2	L10CH	TU14 TU15 TE19 TE21	FL	1 (C/D)		CV1 CV13 CV28	S2 S9 S14		TU14 TU15 TU38 TE21 TE22 TE25	1			CV13 CV28 CW31		663	2481
T20	TP2	L10CH	TU14 TU15 TE19 TE21	FL	1 (C/D)		CV1 CV13 CV28	S2 S9 S14		TU14 TU15 TU38 TE21 TE22	1			CW13 CW28 CW31		663	2482
T20	TP2	L15CH	TU14 TU15 TE19 TE21	FL	1 (C/D)		CV1 CV13 CV28	S2 S9 S14		TU14 TU15 TU38 TE21 TE22	1			CV13 CV28 CW31		663	2483
T20	TP2	L10CH	TU14 TU15 TE19 TE21	FL	1 (C/D)		CV1 CV13 CV28	S2 S9 S14		TU14 TU15 TU38 TE21 TE22	1			CW13 CW28 CW31		663	2484
T20	TP2	L10CH	TU14 TU15 TE19 TE21	FL	1 (C/D)		CV1 CV13 CV28	S2 S9 S14		TU14 TU15 TU38 TE21 TE22	1			CW13 CW28 CW31		663	2485
T20	TP2	L10CH	TU14 TU15 TE19 TE21	FL	1 (C/D)		CV1 CV13 CV28	S2 S9 S14		TU14 TU15 TU38 TE21 TE22	1			CV13 CV28 CW31		663	2486
T20	TP2	L10CH	TU14 TU15 TE19 TE21	FL	1 (C/D)		CV1 CV13 CV28	S2 S9 S14		TU14 TU15 TU38 TE21 TE22	1			CW13 CW28 CW31		663	2487
T20	TP2	L10CH	TU14 TU15 TE19 TE21	FL	1 (C/D)		CV1 CV13 CV28	S2 S9 S14		TU14 TU15 TU38 TE21 TE22	1			CW13 CW28 CW31		663	2488
T7	TP2	L4BH	TU15 TE19	AT	2 (D/E)		CV13 CV28	S9 S19		TU15	2			CW13 CW28 CW31	CE5	60	2490
T4	TP1	L4BN		AT	3 (E)	V12					3			W12	CE8	80	2491
T7	TP1	L4BH		FL	2 (D/E)			S2 S20			2				CE7	338	2493
		L10DH	TU3	AT	1 (B/E)		CV24 CV28	S20		TU3 TU38 TE16 TE22	1			CW24 CW28		568	2495
T4	TP1	L4BN		AT	3 (E)	V12					3			W12	CE8	80	2496

3.2 Tabelle A: Verzeichnis der gefährlichen Güter

gemäß Tabelle 1.10.3.1.2 § 35b GGVSEB	UN-Nummer	Benennung und Beschreibung	Klasse	Klassifizierungscode	Verpackungsgruppe	Gefahrzettel	Sondervorschriften	Begrenzte und freigestellte Mengen		Verpackung		
										Anweisungen	Sondervorschriften	Zusammenpackung
G..		3.1.2	2.2	2.2	2.1.1.3	5.2.2	3.3	3.4 / 3.5.1.2		4.1.4	4.1.4	4.1.10
(1)		(2)	(3a)	(3b)	(4)	(5)	(6)	(7a)	(7b)	(8)	(9a)	(9b)
	2498	1,2,3,6-TETRAHYDROBENZALDEHYD	3	F1	III	3		5 l	E1	P001 IBC03 LP01 R001		MP19
	2501	TRIS-(1-AZIRIDINYL)-PHOSPHINOXID, LÖSUNG	6.1	T1	II	6.1		100 ml	E4	P001 IBC02		MP15
	2501	TRIS-(1-AZIRIDINYL)-PHOSPHINOXID, LÖSUNG	6.1	T1	III	6.1		5 l	E1	P001 IBC03 LP01 R001		MP19
	2502	VALERYLCHLORID	8	CF1	II	8 + 3		1 l	E2	P001 IBC02		MP15
	2503	ZIRKONIUMTETRACHLORID	8	C2	III	8		5 kg	E1	P002 IBC08 LP02 R001	B3	MP10
	2504	TETRABROMETHAN	6.1	T1	III	6.1		5 l	E1	P001 IBC03 LP01 R001		MP19
	2505	AMMONIUMFLUORID	6.1	T5	III	6.1		5 kg	E1	P002 IBC08 LP02 R001	B3	MP10
	2506	AMMONIUMHYDROGENSULFAT	8	C2	II	8		1 kg	E2	P002 IBC08	B4	MP10
	2507	HEXACHLORPLATINSÄURE, FEST	8	C2	III	8		5 kg	E1	P002 IBC08 LP02 R001	B3	MP10
	2508	MOLYBDÄNPENTACHLORID	8	C2	III	8		5 kg	E1	P002 IBC08 LP02 R001	B3	MP10
	2509	KALIUMHYDROGENSULFAT	8	C2	II	8		1 kg	E2	P002 IBC08	B4	MP10
	2511	alpha-CHLORPROPIONSÄURE	8	C3	III	8		5 l	E1	P001 IBC03 LP01 R001		MP19
	2512	AMINOPHENOLE (o-, m-, p-)	6.1	T2	III	6.1	279	5 kg	E1	P002 IBC08 LP02 R001	B3	MP10
	2513	BROMACETYLBROMID	8	C3	II	8		1 l	E2	P001 IBC02		MP15
	2514	BROMBENZEN	3	F1	III	3		5 l	E1	P001 IBC03 LP01 R001		MP19
	2515	BROMOFORM	6.1	T1	III	6.1		5 l	E1	P001 IBC03 LP01 R001		MP19

Tabelle A: Verzeichnis der gefährlichen Güter 3.2

ortsbewegliche Tanks und Schüttgut-Container		Tankcodierungen für ADR/RID-Tanks	ADR							RID						Expressgut	Nummer zur Kennzeichnung der Gefahr	UN-Nummer
Anweisungen	Sondervorschriften		Sondervorschriften für ADR-Tanks	Fahrzeug für die Beförderung in Tanks	Beförderungskategorie (Tunnelbeschränkungscode)	Sondervorschriften für die Beförderung			Betrieb	Sondervorschriften für RID-Tanks	Beförderungskategorie	Sondervorschriften für die Beförderung						
						Versandstücke	lose Schüttung	Be- und Entladung, Handhabung				Versandstücke	lose Schüttung	Be- und Entladung, Handhabung				
4.2.5.2 7.3.2	4.2.5.3	4.3	4.3.5 6.8.4	9.1.1.2	1.1.3.6 (8.6)	7.2.4	7.3.3	7.5.11	8.5	4.3.5 6.8.4	1.1.3.1	7.2.4	7.3.3	7.5.11	7.6	5.3.2.3	(1)
(10)	(11)	(12)	(13)	(14)	(15)	(16)	(17)	(18)	(19)	(13)	(15)	(16)	(17)	(18)	(19)	(20)	(1)
T2	TP1	LGBF		FL	3 (D/E)	V12			S2		3	W12			CE4	30	2498
T7	TP2	L4BH	TU15 TE19	AT	2 (D/E)		CV13 CV28	S9 S19		TU15	2			CW13 CW28 CW31	CE5	60	2501
T4	TP1	L4BH	TU15 TE19	AT	2 (E)	V12	CV13 CV28	S9		TU15	2	W12		CW13 CW28 CW31	CE8	60	2501
T7	TP2	L4BN		FL	2 (D/E)				S2		2				CE6	83	2502
T1	TP33	SGAV		AT	3 (E)		VC1 VC2 AP7				3		VC1 VC2 AP7		CE11	80	2503
T4	TP1	L4BH	TU15 TE19	AT	2 (E)	V12	CV13 CV28	S9		TU15	2	W12		CW13 CW28 CW31	CE8	60	2504
T1	TP33	SGAH	TU15 TE19	AT	2 (E)		VC1 VC2 AP7	CV13 CV28	S9		TU15	2		VC1 VC2 AP7	CW13 CW28 CW31	CE11	60	2505
T3	TP33	SGAV		AT	2 (E)	V11	VC1 VC2 AP7				2	W11	VC1 VC2 AP7		CE10	80	2506
T1	TP33	SGAV		AT	3 (E)		VC1 VC2 AP7				3		VC1 VC2 AP7		CE11	80	2507
T1	TP33	SGAV		AT	3 (E)		VC1 VC2 AP7				3		VC1 VC2 AP7		CE11	80	2508
T3	TP33	SGAV		AT	2 (E)	V11	VC1 VC2 AP7				2	W11	VC1 VC2 AP7		CE10	80	2509
T4	TP2	L4BN		AT	3 (E)	V12					3	W12			CE8	80	2511
T1	TP33	SGAH L4BH	TU15 TE19	AT	2 (E)		VC1 VC2 AP7	CV13 CV28	S9		TU15	2		VC1 VC2 AP7	CW13 CW28 CW31	CE11	60	2512
T8	TP2	L4BN		AT	2 (E)						2				CE6	X80	2513
T2	TP1	LGBF		FL	3 (D/E)	V12			S2		3	W12			CE4	30	2514
T4	TP1	L4BH	TU15 TE19	AT	2 (E)	V12	CV13 CV28	S9		TU15	2	W12		CW13 CW28 CW31	CE8	60	2515

3.2 Tabelle A: Verzeichnis der gefährlichen Güter

gemäß Tabelle 1.10.3.1.2 § 35b GGVSEB	UN-Nummer	Benennung und Beschreibung	Klasse	Klassifizierungscode	Verpackungsgruppe	Gefahrzettel	Sondervorschriften	Begrenzte und freigestellte Mengen		Verpackung		
										Anweisungen	Sondervorschriften	Zusammenpackung
G..		3.1.2	2.2	2.2	2.1.1.3	5.2.2	3.3	3.4 / 3.5.1.2		4.1.4	4.1.4	4.1.10
(1)		(2)	(3a)	(3b)	(4)	(5)	(6)	(7a)	(7b)	(8)	(9a)	(9b)
	2516	TETRABROMKOHLENSTOFF	6.1	T2	III	6.1		5 kg	E1	P002 IBC08 LP02 R001	B3	MP10
G2	2517	1-CHLOR-1,1-DIFLUORETHAN (GAS ALS KÄLTEMITTEL R 142b)	2	2F		2.1 RID: (+13)	662	0	E0	P200		MP9
	2518	1,5,9-CYCLODODECATRIEN	6.1	T1	III	6.1		5 l	E1	P001 IBC03 LP01 R001		MP19
	2520	CYCLOOCTADIENE	3	F1	III	3		5 l	E1	P001 IBC03 LP01 R001		MP19
G10	2521	DIKETEN, STABILISIERT	6.1	TF1	I	6.1 + 3	354 386	0	E0	P602		MP8 MP17
	2522	2-DIMETHYLAMINOETHYLMETHACRYLAT, STABILISIERT	6.1	T1	II	6.1	386	100 ml	E4	P001 IBC02		MP15
	2524	ETHYLORTHOFORMIAT	3	F1	III	3		5 l	E1	P001 IBC03 LP01 R001		MP19
	2525	ETHYLOXALAT	6.1	T1	III	6.1		5 l	E1	P001 IBC03 LP01 R001		MP19
	2526	FURFURYLAMIN	3	FC	III	3 + 8		5 l	E1	P001 IBC03 R001		MP19
	2527	ISOBUTYLACRYLAT, STABILISIERT	3	F1	III	3	386	5 l	E1	P001 IBC03 LP01 R001		MP19
	2528	ISOBUTYLISOBUTYRAT	3	F1	III	3		5 l	E1	P001 IBC03 LP01 R001		MP19
	2529	ISOBUTTERSÄURE	3	FC	III	3 + 8		5 l	E1	P001 IBC03 R001		MP19
	2531	METHACRYLSÄURE, STABILISIERT	8	C3	II	8	386	1 l	E2	P001 IBC02 LP01		MP15
	2533	METHYLTRICHLORACETAT	6.1	T1	III	6.1		5 l	E1	P001 IBC03 LP01 R001		MP19
•	2534	METHYLCHLORSILAN	2	2TFC		2.3 + 2.1 + 8		0	E0	P200		MP9
•	2535	4-METHYLMORPHOLIN (N-METHYLMORPHOLIN)	3	FC	II	3 + 8		1 l	E2	P001 IBC02		MP19

Tabelle A: Verzeichnis der gefährlichen Güter   3.2

ortsbewegliche Tanks und Schüttgut-Container			ADR							RID						
			Tankcodierungen für ADR-Tanks	Sondervorschriften für ADR-Tanks	Fahrzeug für die Beförderung in Tanks	Beförderungs-kategorie (Tunnel-beschränkungs-code)	Sondervorschriften für die Beförderung				Sondervorschriften für RID-Tanks	Beförderungs-kategorie	Sondervorschriften für die Beförderung			Expressgut	Nummer zur Kenn-zeichnung der Gefahr	UN-Nummer
Anwei-sungen	Sondervor-schriften						Versand-stücke	lose Schüttung	Be- und Entladung, Handhabung	Betrieb			Versand-stücke	lose Schüttung	Be- und Entladung, Handhabung			
4.2.5.2 7.3.2	4.2.5.3	4.3	4.3.5 6.8.4	9.1.1.2	1.1.3.6 (8.6)	7.2.4	7.3.3	7.5.11	8.5	4.3.5 6.8.4	1.1.3.1	7.2.4	7.3.3	7.5.11	7.6	5.3.2.3	(1)
(10)	(11)	(12)	(13)	(14)	(15)	(16)	(17)	(18)	(19)	(13)	(15)	(16)	(17)	(18)	(19)	(20)	(1)
T1	TP33	SGAH L4BH	TU15 TE19	AT	2 (E)		VC1 VC2 AP7	CV13 CV28	S9	TU15	2		VC1 VC2 AP7	CW13 CW28 CW31	CE11	60	2516
(M) T50		PxBN(M)	TA4 TT9	FL	2 (B/D)			CV9 CV10 CV36	S2 S20	TU38 TE22 TM6 TA4 TT9	2			CW9 CW10 CW36	CE3	23	2517
T4	TP1	L4BH	TU15 TE19	AT	2 (E)	V12		CV13 CV28	S9	TU15	2	W12		CW13 CW28 CW31	CE8	60	2518
T2	TP1	LGBF		FL	3 (D/E)	V12			S2		3	W12			CE4	30	2520
T20	TP2	L10CH	TU14 TU15 TE19 TE21	FL	1 (C/D)	V8		CV1 CV13 CV28	S2 S4 S9 S14	TU14 TU15 TU38 TE21 TE22	1			CW13 CW28 CW31		663	2521
T7	TP2	L4BH	TU15 TE19	AT	2 (D/E)	V8		CV13 CV28	S4 S9 S19	TU15	2			CW13 CW28 CW31	CE5	69	2522
T2	TP1	LGBF		FL	3 (D/E)	V12			S2		3	W12			CE4	30	2524
T4	TP1	L4BH	TU15 TE19	AT	2 (E)	V12		CV13 CV28	S9	TU15	2	W12		CW13 CW28 CW31	CE8	60	2525
T4	TP1	L4BN		FL	3 (D/E)	V12			S2		3	W12			CE4	38	2526
T2	TP1	LGBF		FL	3 (D/E)	V8 V12			S2 S4		3	W12			CE4	39	2527
T2	TP1	LGBF		FL	3 (D/E)	V12			S2		3	W12			CE4	30	2528
T4	TP1	L4BN		FL	3 (D/E)	V12			S2		3	W12			CE4	38	2529
T7	TP2 TP18 TP30	L4BN		AT	2 (E)	V8			S4		2				CE8	89	2531
T4	TP1	L4BH	TU15 TE19	AT	2 (E)	V12		CV13 CV28	S9	TU15	2	W12		CW13 CW28 CW31	CE8	60	2533
(M)				FL	1 (B/D)			CV9 CV10 CV36	S2 S14	TE25	1			CW9 CW10 CW36		263	2534
T7	TP1	L4BH		FL	2 (D/E)				S2 S20		2				CE7	338	2535

3.2 Tabelle A: Verzeichnis der gefährlichen Güter

gemäß Tabelle 1.10.3.1.2 § 35b GGVSEB	UN-Nummer	Benennung und Beschreibung	Klasse	Klassifizierungscode	Verpackungsgruppe	Gefahrzettel	Sondervorschriften	Begrenzte und freigestellte Mengen		Verpackung Anweisungen	Verpackung Sondervorschriften	Verpackung Zusammenpackung
G..		3.1.2	2.2	2.2	2.1.1.3	5.2.2	3.3	3.4	3.5.1.2	4.1.4	4.1.4	4.1.10
(1)		(2)	(3a)	(3b)	(4)	(5)	(6)	(7a)	(7b)	(8)	(9a)	(9b)
● G4	2536	METHYLTETRAHYDROFURAN	3	F1	II	3		1 l	E2	P001 IBC02 R001		MP19
	2538	NITRONAPHTHALEN	4.1	F1	III	4.1		5 kg	E1	P002 IBC08 LP02 R001	B3	MP10
	2541	TERPINOLEN	3	F1	III	3		5 l	E1	P001 IBC03 LP01 R001		MP19
	2542	TRIBUTYLAMIN	6.1	T1	II	6.1		100 ml	E4	P001 IBC02		MP15
●	2545	HAFNIUM-PULVER, TROCKEN	4.2	S4	I	4.2	540	0	E0	P404		MP13
	2545	HAFNIUM-PULVER, TROCKEN	4.2	S4	II	4.2	540	0	E2	P410 IBC06		MP14
	2545	HAFNIUM-PULVER, TROCKEN	4.2	S4	III	4.2	540	0	E1	P002 IBC08 LP02 R001	B3	MP14
●	2546	TITAN-PULVER, TROCKEN	4.2	S4	I	4.2	540	0	E0	P404		MP13
	2546	TITAN-PULVER, TROCKEN	4.2	S4	II	4.2	540	0	E2	P410 IBC06		MP14
	2546	TITAN-PULVER, TROCKEN	4.2	S4	III	4.2	540	0	E1	P002 IBC08 LP02 R001	B3	MP14
●	2547	NATRIUMSUPEROXID	5.1	O2	I	5.1		0	E0	P503 IBC06		MP2
●	2548	CHLORPENTAFLUORID	2	2TOC		2.3 + 5.1 + 8		0	E0	P200		MP9
	2552	HEXAFLUORACETONHYDRAT, FLÜSSIG	6.1	T1	II	6.1		100 ml	E4	P001 IBC02		MP15
● G4	2554	METHYLALLYLCHLORID	3	F1	II	3		1 l	E2	P001 IBC02 R001		MP19
●	2555	NITROCELLULOSE MIT mindestens 25 Masse-% WASSER	4.1	D	II	4.1	394 541	0	E0	P406		MP2
●	2556	NITROCELLULOSE MIT mindestens 25 Masse-% ALKOHOL und höchstens 12,6 % Stickstoff in der Trockenmasse	4.1	D	II	4.1	394 541	0	E0	P406		MP2
●	2557	NITROCELLULOSE, MISCHUNG mit höchstens 12,6% Stickstoff in der Trockenmasse, MIT oder OHNE PLASTIFIZIERUNGSMITTEL, MIT oder OHNE PIGMENT	4.1	D	II	4.1	241 394 541	0	E0	P406		MP2

Tabelle A: Verzeichnis der gefährlichen Güter 3.2

ortsbewegliche Tanks und Schüttgut-Container Anweisungen	Sondervorschriften	Tankcodierungen für ADR/RID-Tanks	Sondervorschriften für ADR-Tanks	Fahrzeug für die Beförderung in Tanks	ADR Beförderungskategorie (Tunnelbeschränkungscode)	ADR Sondervorschriften für die Beförderung Versandstücke	ADR Sondervorschriften für die Beförderung lose Schüttung	ADR Sondervorschriften für die Beförderung Be- und Entladung, Handhabung	Betrieb	Sondervorschriften für RID-Tanks	RID Beförderungskategorie	RID Sondervorschriften für die Beförderung Versandstücke	RID Sondervorschriften für die Beförderung lose Schüttung	RID Sondervorschriften für die Beförderung Be- und Entladung, Handhabung	Expressgut	Nummer zur Kennzeichnung der Gefahr	UN-Nummer
4.2.5.2 7.3.2	4.2.5.3	4.3	4.3.5 6.8.4	9.1.1.2	1.1.3.6 (8.6)	7.2.4	7.3.3	7.5.11	8.5	4.3.5 6.8.4	1.1.3.1	7.2.4	7.3.3	7.5.11	7.6	5.3.2.3	
(10)	(11)	(12)	(13)	(14)	(15)	(16)	(17)	(18)	(19)	(13)	(15)	(16)	(17)	(18)	(19)	(20)	(1)
T4	TP1	LGBF		FL	2 (D/E)				S2 S20		2				CE7	33	2536
T1	TP33	SGAV		AT	3 (E)		VC1 VC2				3		W1	VC1 VC2	CE11	40	2538
T2	TP1	LGBF		FL	3 (D/E)	V12			S2		3		W12		CE4	30	2541
T7	TP2	L4BH	TU15 TE19	AT	2 (D/E)			CV13 CV28	S9 S19	TU15	2			CW13 CW28 CW31	CE5	60	2542
					0 (E)	V1			S20		0	V1	W1			RID: 43	2545
T3	TP33	SGAN		AT	2 (D/E)	V1					2	V1	W1		CE10	40	2545
T1	TP33	SGAN		AT	3 (E)	V1	VC1 VC2 AP1				3	V1	W1	VC1 VC2 AP1	CE11	40	2545
					0 (E)	V1			S20		0	V1	W1			RID: 43	2546
T3	TP33	SGAN		AT	2 (D/E)	V1					2	V1	W1		CE10	40	2546
T1	TP33	SGAN		AT	3 (E)	V1	VC1 VC2 AP1				3	V1	W1	VC1 VC2 AP1	CE11	40	2546
					1 (E)	V10		CV24	S20		1	V10	W10	CW24		RID: 55	2547
					1 (D)			CV9 CV10 CV36	S14		1		W1	CW9 CW10 CW36		RID: 265	2548
T7	TP2	L4BH	TU15 TE19	AT	2 (D/E)			CV13 CV28	S9 S19	TU15	2			CW13 CW28 CW31	CE5	60	2552
T4	TP1	LGBF		FL	2 (D/E)				S2 S20		2				CE7	33	2554
					2 (B)				S14		2		W1		CE10	RID: 40	2555
					2 (B)				S14		2		W1		CE10	RID: 40	2556
					2 (B)				S14		2		W1		CE10	RID: 40	2557

3.2 Tabelle A: Verzeichnis der gefährlichen Güter

gemäß Tabelle 1.10.3.1.2 § 35b GGVSEB	UN-Nummer	Benennung und Beschreibung	Klasse	Klassifizierungscode	Verpackungsgruppe	Gefahrzettel	Sondervorschriften	Begrenzte und freigestellte Mengen		Verpackung Anweisungen	Verpackung Sondervorschriften	Verpackung Zusammenpackung
G..		3.1.2	2.2	2.2	2.1.1.3	5.2.2	3.3	3.4	3.5.1.2	4.1.4	4.1.4	4.1.10
(1)		(2)	(3a)	(3b)	(4)	(5)	(6)	(7a)	(7b)	(8)	(9a)	(9b)
• G10	2558	EPIBROMHYDRIN	6.1	TF1	I	6.1 + 3		0	E0	P001		MP8 MP17
	2560	2-METHYLPENTAN-2-OL	3	F1	III	3		5 l	E1	P001 IBC03 LP01 R001		MP19
• G4	2561	3-METHYLBUT-1-EN	3	F1	I	3		0	E3	P001		MP7 MP17
	2564	TRICHLORESSIGSÄURE, LÖSUNG	8	C3	II	8		1 l	E2	P001 IBC02		MP15
	2564	TRICHLORESSIGSÄURE, LÖSUNG	8	C3	III	8		5 l	E1	P001 IBC03 LP01 R001		MP19
	2565	DICYCLOHEXYLAMIN	8	C7	III	8		5 l	E1	P001 IBC03 LP01 R001		MP19
	2567	NATRIUMPENTACHLORPHENOLAT	6.1	T2	II	6.1		500 g	E4	P002 IBC08	B4	MP10
•	2570	CADMIUMVERBINDUNG	6.1	T5	I	6.1	274 596	0	E5	P002 IBC07		MP18
	2570	CADMIUMVERBINDUNG	6.1	T5	II	6.1	274 596	500 g	E4	P002 IBC08	B4	MP10
	2570	CADMIUMVERBINDUNG	6.1	T5	III	6.1	274 596	5 kg	E1	P002 IBC08 LP02 R001	B3	MP10
	2571	ALKYLSCHWEFELSÄUREN	8	C3	II	8		1 l	E2	P001 IBC02		MP15
	2572	PHENYLHYDRAZIN	6.1	T1	II	6.1		100 ml	E4	P001 IBC02		MP15
	2573	THALLIUMCHLORAT	5.1	OT2	II	5.1 + 6.1		1 kg	E2	P002 IBC06		MP2
	2574	TRICRESYLPHOSPHAT mit mehr als 3 % ortho-Isomer	6.1	T1	II	6.1		100 ml	E4	P001 IBC02		MP15
	2576	PHOSPHOROXYBROMID, GESCHMOLZEN	8	C1	II	8		0	E0			
	2577	PHENYLACETYLCHLORID	8	C3	II	8		1 l	E2	P001 IBC02		MP15
	2578	PHOSPHORTRIOXID	8	C2	III	8		5 kg	E1	P002 IBC08 LP02 R001	B3	MP10

Tabelle A: Verzeichnis der gefährlichen Güter 3.2

ortsbewegliche Tanks und Schüttgut-Container		Tankcodierungen für ADR/RID-Tanks	Sondervorschriften für ADR-Tanks	Fahrzeug für die Beförderung in Tanks	ADR Beförderungs-kategorie (Tunnel-beschränkungs-code)	Sondervorschriften für die Beförderung			Betrieb	Sondervorschriften für RID-Tanks	RID Beförderungs-kategorie	Sondervorschriften für die Beförderung			Expressgut	Nummer zur Kenn-zeichnung der Gefahr	UN-Nummer
Anwei-sungen	Sondervor-schriften					Versand-stücke	lose Schüttung	Be- und Entladung, Handhabung				Versand-stücke	lose Schüttung	Be- und Entladung, Handhabung			
4.2.5.2 7.3.2	4.2.5.3	4.3	4.3.5 6.8.4	9.1.1.2	1.1.3.6 (8.6)	7.2.4	7.3.3	7.5.11	8.5	4.3.5 6.8.4	1.1.3.1	7.2.4	7.3.3	7.5.11	7.6	5.3.2.3	
(10)	(11)	(12)	(13)	(14)	(15)	(16)	(17)	(18)	(19)	(13)	(15)	(16)	(17)	(18)	(19)	(20)	(1)
T14	TP2	L10CH	TU14 TU15 TE19 TE21	FL	1 (C/D)					TU14 TU15 TU38 TE21 TE22	1			CW13 CW28 CW31		663	2558
T2	TP1	LGBF		FL	3 (D/E)	V12		S2			3		W12		CE4	30	2560
T11	TP2	L4BN		FL	1 (D/E)			S2 S20			1					33	2561
T7	TP2	L4BN		AT	2 (E)						2				CE6	80	2564
T4	TP1	L4BN		AT	3 (E)	V12					3		W12		CE8	80	2564
T4	TP1	L4BN		AT	3 (E)	V12					3		W12		CE8	80	2565
T3	TP33	SGAH	TU15 TE19	AT	2 (D/E)	V11		CV13 CV28	S9 S19		TU15	2		W11		CW13 CW28 CW31	CE9	60	2567
T6	TP33	S10AH L10CH	TU14 TU15 TE19 TE21	AT	1 (C/E)	V10		CV1 CV13 CV28	S9 S14		TU14 TU15 TU38 TE21 TE22	1		W10		CW13 CW28 CW31		66	2570
T3	TP33	SGAH L4BH	TU15 TE19	AT	2 (D/E)	V11		CV13 CV28	S9 S19		TU15	2		W11		CW13 CW28 CW31	CE9	60	2570
T1	TP33	SGAH L4BH	TU15 TE19	AT	2 (E)	VC1 VC2 AP7		CV13 CV28	S9		TU15	2		VC1 VC2 AP7		CW13 CW28 CW31	CE11	60	2570
T8	TP2 TP28	L4BN		AT	2 (E)						2				CE6	80	2571
T7	TP2	L4BH	TU15 TE19	AT	2 (D/E)			CV13 CV28	S9 S19		TU15	2				CW13 CW28 CW31	CE5	60	2572
T3	TP33	SGAN	TU3	AT	2 (E)	V11		CV24 CV28			TU3	2		W11		CW24 CW28	CE10	56	2573
T7	TP2	L4BH	TU15 TE19	AT	2 (D/E)			CV13 CV28	S9 S19		TU15	2				CW13 CW28 CW31	CE5	60	2574
T7	TP3	L4BN		AT	2 (E)						2					80	2576
T7	TP2	L4BN		AT	2 (E)						2				CE6	80	2577
T1	TP33	SGAV		AT	3 (E)	VC1 VC2 AP7					3		VC1 VC2 AP7		CE11	80	2578

3.2 Tabelle A: Verzeichnis der gefährlichen Güter

gemäß Tabelle 1.10.3.1.2 § 35b GGVSEB	UN-Nummer	Benennung und Beschreibung	Klasse	Klassifizierungscode	Verpackungsgruppe	Gefahrzettel	Sondervorschriften	Begrenzte und freigestellte Mengen		Verpackung		
										Anweisungen	Sondervorschriften	Zusammenpackung
G..		3.1.2	2.2	2.2	2.1.1.3	5.2.2	3.3	3.4 / 3.5.1.2		4.1.4	4.1.4	4.1.10
(1)		(2)	(3a)	(3b)	(4)	(5)	(6)	(7a)	(7b)	(8)	(9a)	(9b)
	2579	PIPERAZIN	8	C8	III	8		5 kg	E1	P002 IBC08 LP02 R001	B3	MP10
	2580	ALUMINIUMBROMID, LÖSUNG	8	C1	III	8		5 l	E1	P001 IBC03 LP01 R001		MP19
	2581	ALUMINIUMCHLORID, LÖSUNG	8	C1	III	8		5 l	E1	P001 IBC03 LP01 R001		MP19
	2582	EISEN(III)CHLORID, LÖSUNG	8	C1	III	8		5 l	E1	P001 IBC03 LP01 R001		MP19
	2583	ALKYLSULFONSÄUREN, FEST oder ARYLSULFONSÄUREN, FEST, mit mehr als 5 % freier Schwefelsäure	8	C2	II	8		1 kg	E2	P002 IBC08	B4	MP10
	2584	ALKYLSULFONSÄUREN, FLÜSSIG oder ARYLSULFONSÄUREN, FLÜSSIG, mit mehr als 5 % freier Schwefelsäure	8	C1	II	8		1 l	E2	P001 IBC02		MP15
	2585	ALKYLSULFONSÄUREN, FEST oder ARYLSULFONSÄUREN, FEST, mit höchstens 5 % freier Schwefelsäure	8	C4	III	8		5 kg	E1	P002 IBC08 LP02 R001	B3	MP10
	2586	ALKYLSULFONSÄUREN, FLÜSSIG oder ARYLSULFONSÄUREN, FLÜSSIG, mit höchstens 5 % freier Schwefelsäure	8	C3	III	8		5 l	E1	P001 IBC03 LP01 R001		MP19
	2587	BENZOCHINON	6.1	T2	II	6.1		500 g	E4	P002 IBC08	B4	MP10
•	2588	PESTIZID, FEST, GIFTIG, N.A.G.	6.1	T7	I	6.1	61 274 648	0	E5	P002 IBC02		MP18
	2588	PESTIZID, FEST, GIFTIG, N.A.G.	6.1	T7	II	6.1	61 274 648	500 g	E4	P002 IBC08	B4	MP10
	2588	PESTIZID, FEST, GIFTIG, N.A.G.	6.1	T7	III	6.1	61 274 648	5 kg	E1	P002 IBC08 LP02 R001	B3	MP10
	2589	VINYLCHLORACETAT	6.1	TF1	II	6.1 + 3		100 ml	E4	P001 IBC02		MP15
	2590	ASBEST, CHRYSOTIL	9	M1	III	9	168 ADR: 542	5 kg	E1	P002 IBC08 R001	PP37 B4	MP10
	2591	XENON, TIEFGEKÜHLT, FLÜSSIG	2	3A		2.2 RID: (+13)	593	120 ml	E1	P203		MP9

Tabelle A: Verzeichnis der gefährlichen Güter 3.2

ortsbewegliche Tanks und Schüttgut-Container					ADR					RID						
Anweisungen	Sondervorschriften	Tankcodierungen für ADR/RID-Tanks	Sondervorschriften für ADR-Tanks	Fahrzeug für die Beförderung in Tanks	Beförderungskategorie (Tunnelbeschränkungscode)	Sondervorschriften für die Beförderung			Betrieb	Sondervorschriften für RID-Tanks	Beförderungskategorie	Sondervorschriften für die Beförderung			Expressgut	Nummer zur Kennzeichnung der Gefahr	UN-Nummer
						Versandstücke	lose Schüttung	Be- und Entladung, Handhabung				Versandstücke	lose Schüttung	Be- und Entladung, Handhabung			
4.2.5.2 7.3.2	4.2.5.3	4.3	4.3.5 6.8.4	9.1.1.2	1.1.3.6 (8.6)	7.2.4	7.3.3	7.5.11	8.5	4.3.5 6.8.4	1.1.3.1	7.2.4	7.3.3	7.5.11	7.6	5.3.2.3	(1)
(10)	(11)	(12)	(13)	(14)	(15)	(16)	(17)	(18)	(19)	(13)	(15)	(16)	(17)	(18)	(19)	(20)	(1)
T1	TP33	SGAV L4BN		AT	3 (E)		VC1 VC2 AP7				3		VC1 VC2 AP7		CE11	80	2579
T4	TP1	L4BN		AT	3 (E)	V12					3	W12			CE8	80	2580
T4	TP1	L4BN	TU42	AT	3 (E)	V12				TU42	3	W12			CE8	80	2581
T4	TP1	L4BN	TU42	AT	3 (E)	V12				TU42	3	W12			CE8	80	2582
T3	TP33	SGAN L4BN		AT	2 (E)	V11					2	W11			CE10	80	2583
T8	TP2	L4BN		AT	2 (E)						2				CE6	80	2584
T1	TP33	SGAV		AT	3 (E)		VC1 VC2 AP7				3		VC1 VC2 AP7		CE11	80	2585
T4	TP1	L4BN	TU42	AT	3 (E)	V12				TU42	3	W12			CE8	80	2586
T3	TP33	SGAH L4BH	TU15 TE19	AT	2 (D/E)	V11		CV13 CV28	S9 S19	TU15	2	W11		CW13 CW28 CW31	CE9	60	2587
T6	TP33	S10AH L10CH	TU14 TU15 TE19 TE21	AT	1 (C/E)		CV1 CV13 CV28	S9 S14		TU14 TU15 TU38 TE21 TE22	1			CW13 CW28 CW31	CE12	66	2588
T3	TP33	SGAH L4BH	TU15 TE19	AT	2 (D/E)	V11		CV13 CV28	S9 S19	TU15	2	W11		CW13 CW28 CW31	CE9 CE12	60	2588
T1	TP33	SGAH L4BH	TU15 TE19	AT	2 (E)		VC1 VC2 AP7	CV13 CV28	S9	TU15	2		VC1 VC2 AP7	CW13 CW28 CW31	CE11 CE12	60	2588
T7	TP2	L4BH	TU15 TE19	FL	2 (D/E)			CV13 CV28	S2 S9 S19	TU15	2			CW13 CW28 CW31	CE5	63	2589
T1	TP33	SGAH	TU15	AT	3 (E)	V11		CV13 CV28		TU15	3	W11		CW13 CW28 CW31	CE11	90	2590
T75	TP5	RxBN	TU19 TA4 TT9	AT	3 (C/E)	V5		CV9 CV11 CV36	S20	TU19 TM6 TA4 TT9	3	W5		CW9 CW11 CW36	CE2	22	2591

3.2 Tabelle A: Verzeichnis der gefährlichen Güter

gemäß Tabelle 1.10.3.1.2	§ 35b GGVSEB	UN-Nummer	Benennung und Beschreibung	Klasse	Klassifizierungscode	Verpackungsgruppe	Gefahrzettel	Sondervorschriften	Begrenzte und freigestellte Mengen		Verpackung		
											Anweisungen	Sondervorschriften	Zusammenpackung
G..			3.1.2	2.2	2.2	2.1.1.3	5.2.2	3.3	3.4 / 3.5.1.2		4.1.4	4.1.4	4.1.10
		(1)	(2)	(3a)	(3b)	(4)	(5)	(6)	(7a)	(7b)	(8)	(9a)	(9b)
		2599	CHLORTRIFLUORMETHAN UND TRIFLUORMETHAN, AZEOTROPES GEMISCH mit ca. 60 % Chlortrifluormethan (GAS ALS KÄLTEMITTEL R 503)	2	2A		2.2 RID: (+13)	662	120 ml	E1	P200		MP9
•	G2	2601	CYCLOBUTAN	2	2F		2.1 RID: (+13)	662	0	E0	P200		MP9
		2602	DICHLORDIFLUORMETHAN UND 1,1-DIFLUORETHAN, AZEOTROPES GEMISCH mit ca. 74 % Dichlordifluormethan (GAS ALS KÄLTEMITTEL R 500)	2	2A		2.2 RID: (+13)	662	120 ml	E1	P200		MP9
•		2603	CYCLOHEPTATRIEN	3	FT1	II	3 + 6.1		1 l	E2	P001 IBC02		MP19
•		2604	BORTRIFLUORIDDIETHYLETHERAT	8	CF1	I	8 + 3		0	E0	P001		MP8 MP17
•	G10	2605	METHOXYMETHYLISOCYANAT	6.1	TF1	I	6.1 + 3	354	0	E0	P602		MP8 MP17
•	G10	2606	METHYLORTHOSILICAT	6.1	TF1	I	6.1 + 3	354	0	E0	P602		MP8 MP17
		2607	ACROLEIN, DIMER, STABILISIERT	3	F1	III	3	386	5 l	E1	P001 IBC03 LP01 R001		MP19
		2608	NITROPROPANE	3	F1	III	3		5 l	E1	P001 IBC03 LP01 R001		MP19
		2609	TRIALLYLBORAT	6.1	T1	III	6.1		5 l	E1	P001 IBC03 LP01 R001		MP19
		2610	TRIALLYLAMIN	3	FC	III	3 + 8		5 l	E1	P001 IBC03 R001		MP19
		2611	1-CHLORPROPAN-2-OL	6.1	TF1	II	6.1 + 3		100 ml	E4	P001 IBC02		MP15
•	G4	2612	METHYLPROPYLETHER	3	F1	II	3		1 l	E2	P001 IBC02	B8	MP19
		2614	METHYLALLYLALKOHOL	3	F1	III	3		5 l	E1	P001 IBC03 LP01 R001		MP19
•	G4	2615	ETHYLPROPYLETHER	3	F1	II	3		1 l	E2	P001 IBC02 R001		MP19

Tabelle A: Verzeichnis der gefährlichen Güter 3.2

ortsbewegliche Tanks und Schüttgut-Container		Sondervorschriften	Tankcodierungen für ADR/RID-Tanks	Sondervorschriften für ADR-Tanks	Fahrzeug für die Beförderung in Tanks	ADR Beförderungskategorie (Tunnelbeschränkungscode)	Sondervorschriften für die Beförderung			Betrieb	Sondervorschriften für RID-Tanks	RID Beförderungskategorie	Sondervorschriften für die Beförderung			Expressgut	Nummer zur Kennzeichnung der Gefahr	UN-Nummer
Anweisungen	Sondervorschriften						Versandstücke	lose Schüttung	Be- und Entladung, Handhabung				Versandstücke	lose Schüttung	Be- und Entladung, Handhabung			
4.2.5.2 7.3.2	4.2.5.3		4.3	4.3.5 6.8.4	9.1.1.2	1.1.3.6 (8.6)	7.2.4	7.3.3	7.5.11	8.5	4.3.5 6.8.4	1.1.3.1	7.2.4	7.3.3	7.5.11	7.6	5.3.2.3	
(10)	(11)	(12)	(13)	(14)	(15)	(16)	(17)	(18)	(19)	(13)	(15)	(16)	(17)	(18)	(19)	(20)	(1)
(M)			PxBN(M)	TA4 TT9	AT	3 (C/E)			CV9 CV10 CV36		TM6 TA4 TT9	3			CW9 CW10 CW36	CE3	20	2599
(M)			PxBN(M)	TA4 TT9	FL	2 (B/D)			CV9 CV10 CV36	S2 S20	TU38 TE22 TM6 TA4 TT9	2			CW9 CW10 CW36	CE3	23	2601
(M) T50			PxBN(M)	TA4 TT9	AT	3 (C/E)			CV9 CV10 CV36		TM6 TA4 TT9	3			CW9 CW10 CW36	CE3	20	2602
T7	TP1		L4BH	TU15	FL	2 (D/E)			CV13 CV28	S2 S19	TU15	2			CW13 CW28	CE7	336	2603
T10	TP2		L10BH		FL	1 (D/E)				S2 S14	TU38 TE22	1					883	2604
T20	TP2		L10CH	TU14 TU15 TE19 TE21	FL	1 (C/D)			CV1 CV13 CV28	S2 S9 S14	TU14 TU15 TU38 TE21 TE22	1			CW13 CW28 CW31		663	2605
T20	TP2		L10CH	TU14 TU15 TE19 TE21	FL	1 (C/D)			CV1 CV13 CV28	S2 S9 S14	TU14 TU15 TU38 TE21 TE22	1			CW13 CW28 CW31		663	2606
T2	TP1		LGBF		FL	3 (D/E)	V8 V12			S2 S4		3	W12			CE4	39	2607
T2	TP1		LGBF		FL	3 (D/E)	V12			S2		3	W12			CE4	30	2608
			L4BH	TU15 TE19	AT	2 (E)	V12		CV13 CV28	S9	TU15	2	W12		CW13 CW28 CW31	CE8	60	2609
T4	TP1		L4BN		FL	3 (D/E)	V12			S2		3	W12			CE4	38	2610
T7	TP2		L4BH	TU15 TE19	FL	2 (D/E)			CV13 CV28	S2 S9 S19	TU15	2			CW13 CW28 CW31	CE5	63	2611
T7	TP2		L1,5BN		FL	2 (D/E)				S2 S20		2				CE7	33	2612
T2	TP1		LGBF		FL	3 (D/E)	V12			S2		3	W12			CE4	30	2614
T4	TP1		LGBF		FL	2 (D/E)				S2 S20		2				CE7	33	2615

3.2 Tabelle A: Verzeichnis der gefährlichen Güter

gemäß Tabelle 1.10.3.1.2	§ 35b GGVSEB	UN-Nummer	Benennung und Beschreibung	Klasse	Klassifizierungscode	Verpackungsgruppe	Gefahrzettel	Sondervorschriften	Begrenzte und freigestellte Mengen		Verpackung Anweisungen	Verpackung Sondervorschriften	Verpackung Zusammenpackung
	G..		3.1.2	2.2	2.2	2.1.1.3	5.2.2	3.3	3.4 / 3.5.1.2		4.1.4	4.1.4	4.1.10
		(1)	(2)	(3a)	(3b)	(4)	(5)	(6)	(7a)	(7b)	(8)	(9a)	(9b)
•	G4	2616	TRIISOPROPYLBORAT	3	F1	II	3		1 l	E2	P001 IBC02 R001		MP19
		2616	TRIISOPROPYLBORAT	3	F1	III	3		5 l	E1	P001 IBC03 LP01 R001		MP19
		2617	METHYLCYCLOHEXANOLE, entzündbar	3	F1	III	3		5 l	E1	P001 IBC03 LP01 R001		MP19
		2618	VINYLTOLUENE, STABILISIERT	3	F1	III	3	386	5 l	E1	P001 IBC03 LP01 R001		MP19
		2619	BENZYLDIMETHYLAMIN	8	CF1	II	8 + 3		1 l	E2	P001 IBC02		MP15
		2620	AMYLBUTYRATE	3	F1	III	3		5 l	E1	P001 IBC03 LP01 R001		MP19
		2621	ACETYLMETHYLCARBINOL	3	F1	III	3		5 l	E1	P001 IBC03 LP01 R001		MP19
•		2622	GLYCIDALDEHYD	3	FT1	II	3 + 6.1		1 l	E2	P001 IBC02	B8	MP19
		2623	FEUERANZÜNDER, FEST mit entzündbarem flüssigem Stoff getränkt	4.1	F1	III	4.1		5 kg	E1	P002 LP02 R001	PP15	MP11
		2624	MAGNESIUMSILICID	4.3	W2	II	4.3		500 g	E2	P410 IBC07		MP14
		2626	CHLORSÄURE, WÄSSERIGE LÖSUNG mit höchstens 10 % Säure	5.1	O1	II	5.1	613	1 l	E0	P504 IBC02		MP2
		2627	NITRITE, ANORGANISCHE, N.A.G.	5.1	O2	II	5.1	103 274	1 kg	E2	P002 IBC08	B4	MP10
•		2628	KALIUMFLUORACETAT	6.1	T2	I	6.1		0	E5	P002 IBC07		MP18
•		2629	NATRIUMFLUORACETAT	6.1	T2	I	6.1		0	E5	P002 IBC07		MP18
•		2630	SELENATE oder SELENITE	6.1	T5	I	6.1	274	0	E5	P002 IBC07		MP18
•		2642	FLUORESSIGSÄURE	6.1	T2	I	6.1		0	E5	P002 IBC07		MP18
		2643	METHYLBROMACETAT	6.1	T1	II	6.1		100 ml	E4	P001 IBC02		MP15

Tabelle A: Verzeichnis der gefährlichen Güter 3.2

ortsbewegliche Tanks und Schüttgut-Container Anweisungen 4.2.5.2 7.3.2	Sondervorschriften 4.2.5.3	Tankcodierungen für ADR/RID-Tanks 4.3	ADR Sondervorschriften für ADR-Tanks 4.3.5 6.8.4	Fahrzeug für die Beförderung in Tanks 9.1.1.2	Beförderungskategorie (Tunnelbeschränkungscode) 1.1.3.6 (8.6)	Sondervorschriften für die Beförderung Versandstücke 7.2.4	lose Schüttung 7.3.3	Be- und Entladung, Handhabung 7.5.11	Betrieb 8.5	RID Sondervorschriften für RID-Tanks 4.3.5 6.8.4	Beförderungskategorie 1.1.3.1	Sondervorschriften für die Beförderung Versandstücke 7.2.4	lose Schüttung 7.3.3	Be- und Entladung, Handhabung 7.5.11	Expressgut 7.6	Nummer zur Kennzeichnung der Gefahr 5.3.2.3	UN-Nummer (1)
(10)	(11)	(12)	(13)	(14)	(15)	(16)	(17)	(18)	(19)	(13)	(15)	(16)	(17)	(18)	(19)	(20)	(1)
T4	TP1	LGBF		FL	2 (D/E)				S2 S20		2				CE7	33	2616
T2	TP1	LGBF		FL	3 (D/E)	V12			S2		3		W12		CE4	30	2616
T2	TP1	LGBF		FL	3 (D/E)	V12			S2		3		W12		CE4	30	2617
T2	TP1	LGBF		FL	3 (D/E)	V8 V12			S2 S4		3		W12		CE4	39	2618
T7	TP2	L4BN		FL	2 (D/E)				S2		2				CE6	83	2619
T2	TP1	LGBF		FL	3 (D/E)	V12			S2		3		W12		CE4	30	2620
T2	TP1	LGBF		FL	3 (D/E)	V12			S2		3		W12		CE4	30	2621
T7	TP1	L4BH	TU15	FL	2 (D/E)			CV13 CV28	S2 S19	TU15	2			CW13 CW28	CE7	336	2622
					4 (E)						4		W1		CE11	RID: 40	2623
T3	TP33	SGAN		AT	2 (D/E)	V1		CV23			2		W1	CW23	CE10	423	2624
T4	TP1	L4BN	TU3	AT	2 (E)			CV24		TU3	2			CW24	CE6	50	2626
T3	TP33	SGAN	TU3	AT	2 (E)	V11		CV24		TU3	2	W11		CW24	CE10	50	2627
T6	TP33	S10AH	TU15 TE19	AT	1 (C/E)	V10		CV1 CV13 CV28	S9 S14	TU15	1		W10	CW13 CW28 CW31		66	2628
T6	TP33	S10AH	TU15 TE19	AT	1 (C/E)	V10		CV1 CV13 CV28	S9 S14	TU15	1		W10	CW13 CW28 CW31		66	2629
T6	TP33	S10AH L10CH	TU14 TU15 TE19 TE21	AT	1 (C/E)	V10		CV1 CV13 CV28	S9 S14	TU14 TU15 TU38 TE21 TE22	1		W10	CW13 CW28 CW31		66	2630
T6	TP33	S10AH L10CH	TU14 TU15 TE19 TE21	AT	1 (C/E)	V10		CV1 CV13 CV28	S9 S14	TU14 TU15 TU38 TE21 TE22	1		W10	CW13 CW28 CW31		66	2642
T7	TP2	L4BH	TU15 TE19	AT	2 (D/E)			CV13 CV28	S9 S19	TU15	2			CW13 CW28 CW31	CE5	60	2643

3.2 Tabelle A: Verzeichnis der gefährlichen Güter

gemäß Tabelle 1.10.3.1.2 § 35b GGVSEB	UN-Nummer	Benennung und Beschreibung	Klasse	Klassifizierungscode	Verpackungsgruppe	Gefahrzettel	Sondervorschriften	Begrenzte und freigestellte Mengen		Verpackung Anweisungen	Verpackung Sondervorschriften	Verpackung Zusammenpackung
G..		3.1.2	2.2	2.2	2.1.1.3	5.2.2	3.3	3.4 / 3.5.1.2		4.1.4	4.1.4	4.1.10
(1)		(2)	(3a)	(3b)	(4)	(5)	(6)	(7a)	(7b)	(8)	(9a)	(9b)
● G10	2644	METHYLIODID	6.1	T1	I	6.1	354	0	E0	P602		MP8 MP17
	2645	PHENACYLBROMID	6.1	T2	II	6.1		500 g	E4	P002 IBC08	B4	MP10
● G10	2646	HEXACHLORCYCLOPENTADIEN	6.1	T1	I	6.1	354	0	E0	P602		MP8 MP17
	2647	MALONONITRIL	6.1	T2	II	6.1		500 g	E4	P002 IBC08	B4	MP10
	2648	1,2-DIBROMBUTAN-3-ON	6.1	T1	II	6.1		100 ml	E4	P001 IBC02		MP15
	2649	1,3-DICHLORACETON	6.1	T1	II	6.1		500 g	E4	P002 IBC08	B4	MP10
	2650	1,1-DICHLOR-1-NITROETHAN	6.1	T1	II	6.1		100 ml	E4	P001 IBC02		MP15
	2651	4,4'-DIAMINODIPHENYLMETHAN	6.1	T2	III	6.1		5 kg	E1	P002 IBC08 LP02 R001	B3	MP10
	2653	BENZYLIODID	6.1	T1	II	6.1		100 ml	E4	P001 IBC02		MP15
	2655	KALIUMFLUOROSILICAT	6.1	T5	III	6.1		5 kg	E1	P002 IBC08 LP02 R001	B3	MP10
	2656	CHINOLIN	6.1	T1	III	6.1		5 l	E1	P001 IBC03 LP01 R001		MP19
	2657	SELENDISULFID	6.1	T5	II	6.1		500 g	E4	P002 IBC08	B4	MP10
	2659	NATRIUMCHLORACETAT	6.1	T2	III	6.1		5 kg	E1	P002 IBC08 LP02 R001	B3	MP10
	2660	NITROTOLUIDINE (MONO)	6.1	T2	III	6.1		5 kg	E1	P002 IBC08 LP02 R001	B3	MP10
	2661	HEXACHLORACETON	6.1	T1	III	6.1		5 l	E1	P001 IBC03 LP01 R001		MP19
	2664	DIBROMMETHAN	6.1	T1	III	6.1		5 l	E1	P001 IBC03 LP01 R001		MP19

Tabelle A: Verzeichnis der gefährlichen Güter 3.2

ortsbewegliche Tanks und Schüttgut-Container		Tankcodierungen für ADR/RID-Tanks	ADR							RID						Expressgut	Nummer zur Kennzeichnung der Gefahr	UN-Nummer
Anweisungen	Sondervorschriften		Sondervorschriften für ADR-Tanks	Fahrzeug für die Beförderung in Tanks	Beförderungskategorie (Tunnelbeschränkungscode)	Sondervorschriften für die Beförderung			Betrieb	Sondervorschriften für RID-Tanks	Beförderungskategorie	Sondervorschriften für die Beförderung						
						Versandstücke	lose Schüttung	Be- und Entladung, Handhabung				Versandstücke	lose Schüttung	Be- und Entladung, Handhabung				
4.2.5.2 7.3.2	4.2.5.3	4.3	4.3.5 6.8.4	9.1.1.2	1.1.3.6 (8.6)	7.2.4	7.3.3	7.5.11	8.5	4.3.5 6.8.4	1.1.3.1	7.2.4	7.3.3	7.5.11	7.6	5.3.2.3	(1)
(10)	(11)	(12)	(13)	(14)	(15)	(16)	(17)	(18)	(19)	(13)	(15)	(16)	(17)	(18)	(19)	(20)	(1)
T20	TP2	L10CH	TU14 TU15 TE19 TE21	AT	1 (C/D)			CV1 CV13 CV28	S9 S14	TU14 TU15 TU38 TE21 TE22	1			CW13 CW28 CW31		66	2644
T3	TP33	SGAH L4BH	TU15 TE19	AT	2 (D/E)	V11		CV13 CV28	S9 S19	TU15	2	W11		CW13 CW28 CW31	CE9	60	2645
T20	TP2	L10CH	TU14 TU15 TE19 TE21	AT	1 (C/D)			CV1 CV13 CV28	S9 S14	TU14 TU15 TU38 TE21 TE22	1			CW13 CW28 CW31		66	2646
T3	TP33	SGAH L4BH	TU15 TE19	AT	2 (D/E)	V11		CV13 CV28	S9 S19	TU15	2	W11		CW13 CW28 CW31	CE9	60	2647
		L4BH	TU15 TE19	AT	2 (D/E)			CV13 CV28	S9 S19	TU15	2			CW13 CW28 CW31	CE5	60	2648
T3	TP33	SGAH L4BH	TU15 TE19	AT	2 (D/E)	V11		CV13 CV28	S9 S19	TU15	2	W11		CW13 CW28 CW31	CE9	60	2649
T7	TP2	L4BH	TU15 TE19	AT	2 (D/E)			CV13 CV28	S9 S19	TU15	2			CW13 CW28 CW31	CE5	60	2650
T1	TP33	SGAH L4BH	TU15 TE19	AT	2 (E)	VC1 VC2 AP7		CV13 CV28	S9	TU15	2	VC1 VC2 AP7		CW13 CW28 CW31	CE11	60	2651
T7	TP2	L4BH	TU15 TE19	AT	2 (D/E)			CV13 CV28	S9 S19	TU15	2			CW13 CW28 CW31	CE5	60	2653
T1	TP33	SGAH L4BH	TU15 TE19	AT	2 (E)	VC1 VC2 AP7		CV13 CV28	S9	TU15	2	VC1 VC2 AP7		CW13 CW28 CW31	CE11	60	2655
T4	TP1	L4BH	TU15 TE19	AT	2 (E)	V12		CV13 CV28	S9	TU15	2	W12		CW13 CW28 CW31	CE8	60	2656
T3	TP33	SGAH L4BH	TU15 TE19	AT	2 (D/E)	V11		CV13 CV28	S9 S19	TU15	2	W11		CW13 CW28 CW31	CE9	60	2657
T1	TP33	SGAH	TU15 TE19	AT	2 (E)	VC1 VC2 AP7		CV13 CV28	S9	TU15	2	VC1 VC2 AP7		CW13 CW28 CW31	CE11	60	2659
T1	TP33	SGAH L4BH	TU15 TE19	AT	2 (E)	VC1 VC2 AP7		CV13 CV28	S9	TU15	2	VC1 VC2 AP7		CW13 CW28 CW31	CE11	60	2660
T4	TP1	L4BH	TU15 TE19	AT	2 (E)	V12		CV13 CV28	S9	TU15	2	W12		CW13 CW28 CW31	CE8	60	2661
T4	TP1	L4BH	TU15 TE19	AT	2 (E)	V12		CV13 CV28	S9	TU15	2	W12		CW13 CW28 CW31	CE8	60	2664

3.2 Tabelle A: Verzeichnis der gefährlichen Güter

gemäß Tabelle 1.10.3.1.2 § 35b GGVSEB	UN-Nummer	Benennung und Beschreibung	Klasse	Klassifizierungscode	Verpackungsgruppe	Gefahrzettel	Sondervorschriften	Begrenzte und freigestellte Mengen		Verpackung Anweisungen	Verpackung Sondervorschriften	Verpackung Zusammenpackung
G..		3.1.2	2.2	2.2	2.1.1.3	5.2.2	3.3	3.4 / 3.5.1.2		4.1.4	4.1.4	4.1.10
(1)		(2)	(3a)	(3b)	(4)	(5)	(6)	(7a)	(7b)	(8)	(9a)	(9b)
	2667	BUTYLTOLUENE	6.1	T1	III	6.1		5 l	E1	P001 IBC03 LP01 R001		MP19
● G10	2668	CHLORACETONITRIL	6.1	TF1	I	6.1 + 3	354	0	E0	P602		MP8 MP17
	2669	CHLORCRESOLE, LÖSUNG	6.1	T1	II	6.1		100 ml	E4	P001 IBC02		MP15
	2669	CHLORCRESOLE, LÖSUNG	6.1	T1	III	6.1		5 l	E1	P001 IBC03 LP01 R001		MP19
	2670	CYANURCHLORID	8	C4	II	8		1 kg	E2	P002 IBC08	B4	MP10
	2671	AMINOPYRIDINE (o-, m-, p-)	6.1	T2	II	6.1		500 g	E4	P002 IBC08	B4	MP10
	2672	AMMONIAKLÖSUNG in Wasser, relative Dichte zwischen 0,880 und 0,957 bei 15 °C, mit mehr als 10 %, aber höchstens 35 % Ammoniak	8	C5	III	8	543	5 l	E1	P001 IBC03 LP01 R001		MP19
	2673	2-AMINO-4-CHLORPHENOL	6.1	T2	II	6.1		500 g	E4	P002 IBC08	B4	MP10
	2674	NATRIUMFLUOROSILICAT	6.1	T5	III	6.1		5 kg	E1	P002 IBC08 LP02 R001	B3	MP10
●	2676	ANTIMONWASSERSTOFF (STIBIN)	2	2TF		2.3 + 2.1		0	E0	P200		MP9
	2677	RUBIDIUMHYDROXIDLÖSUNG	8	C5	II	8		1 l	E2	P001 IBC02		MP15
	2677	RUBIDIUMHYDROXIDLÖSUNG	8	C5	III	8		5 l	E1	P001 IBC03 LP01 R001		MP19
	2678	RUBIDIUMHYDROXID	8	C6	II	8		1 kg	E2	P002 IBC08	B4	MP10
	2679	LITHIUMHYDROXIDLÖSUNG	8	C5	II	8		1 l	E2	P001 IBC02		MP15
	2679	LITHIUMHYDROXIDLÖSUNG	8	C5	III	8		5 l	E1	P001 IBC03 LP01 R001		MP19
	2680	LITHIUMHYDROXID	8	C6	II	8		1 kg	E2	P002 IBC08	B4	MP10
	2681	CAESIUMHYDROXIDLÖSUNG	8	C5	II	8		1 l	E2	P001 IBC02		MP15

Tabelle A: Verzeichnis der gefährlichen Güter 3.2

ortsbewegliche Tanks und Schüttgut-Container		Tankcodierungen für ADR/RID-Tanks	ADR							RID						Expressgut	Nummer zur Kennzeichnung der Gefahr	UN-Nummer
Anweisungen	Sondervorschriften		Sondervorschriften für ADR-Tanks	Fahrzeug für die Beförderung in Tanks	Beförderungs-kategorie (Tunnelbeschränkungs-code)	Sondervorschriften für die Beförderung			Betrieb	Sondervorschriften für RID-Tanks	Beförderungskategorie	Sondervorschriften für die Beförderung						
						Versandstücke	lose Schüttung	Be- und Entladung, Handhabung				Versandstücke	lose Schüttung	Be- und Entladung, Handhabung				
4.2.5.2 7.3.2	4.2.5.3	4.3	4.3.5 6.8.4	9.1.1.2	1.1.3.6 (8.6)	7.2.4	7.3.3	7.5.11	8.5	4.3.5 6.8.4	1.1.3.1	7.2.4	7.3.3	7.5.11	7.6	5.3.2.3	(1)
(10)	(11)	(12)	(13)	(14)	(15)	(16)	(17)	(18)	(19)	(13)	(15)	(16)	(17)	(18)	(19)	(20)	(1)
T4	TP1	L4BH	TU15 TE19	AT	2 (E)	V12		CV13 CV28	S9	TU15	2	W12		CW13 CW28 CW31	CE8	60	2667
T20	TP2	L10CH	TU14 TU15 TE19 TE21	FL	1 (C/D)			CV1 CV13 CV28	S2 S9 S14	TU14 TU15 TU38 TE21 TE22	1			CW13 CW28		663	2668
T7	TP2	L4BH	TU15 TE19	AT	2 (D/E)			CV13 CV28	S9 S19	TU15	2			CW13 CW28 CW31	CE5	60	2669
T7	TP2	L4BH	TU15 TE19	AT	2 (E)	V12		CV13 CV28	S9	TU15	2	W12		CW13 CW28 CW31	CE8	60	2669
T3	TP33	SGAN L4BN		AT	2 (E)	V11					2	W11			CE10	80	2670
T3	TP33	SGAH L4BH	TU15 TE19	AT	2 (D/E)	V11		CV13 CV28	S9 S19	TU15	2	W11		CW13 CW28 CW31	CE9	60	2671
T7	TP1	L4BN		AT	3 (E)	V12					3	W12			CE8	80	2672
T3	TP33	SGAH L4BH	TU15 TE19	AT	2 (D/E)	V11		CV13 CV28	S9 S19	TU15	2	W11		CW13 CW28 CW31	CE9	60	2673
T1	TP33	SGAH L4BH	TU15 TE19	AT	2 (E)			VC1 VC2 AP7	CV13 CV28	S9	TU15	2		VC1 VC2 AP7	CW13 CW28 CW31	CE11	60	2674
					1 (D)			CV9 CV10 CV36	S2 S14		1			CW9 CW10 CW36		RID: 263	2676
T7	TP2	L4BN		AT	2 (E)						2				CE6	80	2677
T4	TP1	L4BN		AT	3 (E)	V12					3	W12			CE8	80	2677
T3	TP33	SGAN		AT	2 (E)	V11					2	W11			CE10	80	2678
T7	TP2	L4BN		AT	2 (E)						2				CE6	80	2679
T4	TP2	L4BN		AT	3 (E)	V12					3	W12			CE8	80	2679
T3	TP33	SGAN		AT	2 (E)	V11					2	W11			CE10	80	2680
T7	TP2	L4BN		AT	2 (E)						2				CE6	80	2681

3.2 Tabelle A: Verzeichnis der gefährlichen Güter

gemäß Tabelle 1.10.3.1.2 § 35b GGVSEB	UN-Nummer	Benennung und Beschreibung	Klasse	Klassifizierungscode	Verpackungsgruppe	Gefahrzettel	Sondervorschriften	Begrenzte und freigestellte Mengen		Verpackung Anweisungen	Verpackung Sondervorschriften	Verpackung Zusammenpackung
• G..		3.1.2	2.2	2.2	2.1.1.3	5.2.2	3.3	3.4 / 3.5.1.2		4.1.4	4.1.4	4.1.10
(1)		(2)	(3a)	(3b)	(4)	(5)	(6)	(7a)	(7b)	(8)	(9a)	(9b)
	2681	CAESIUMHYDROXIDLÖSUNG	8	C5	III	8		5 l	E1	P001 IBC03 LP01 R001		MP19
	2682	CAESIUMHYDROXID	8	C6	II	8		1 kg	E2	P002 IBC08	B4	MP10
	2683	AMMONIUMSULFID, LÖSUNG	8	CFT	II	8 + 3 + 6.1		1 l	E2	P001 IBC01		MP15
	2684	3-DIETHYLAMINOPROPYLAMIN	3	FC	III	3 + 8		5 l	E1	P001 IBC03 R001		MP19
	2685	N,N-DIETHYLETHYLENDIAMIN	8	CF1	II	8 + 3		1 l	E2	P001 IBC02		MP15
	2686	2-DIETHYLAMINOETHANOL	8	CF1	II	8 + 3		1 l	E2	P001 IBC02		MP15
	2687	DICYCLOHEXYLAMMONIUMNITRIT	4.1	F3	III	4.1		5 kg	E1	P002 IBC08 LP02 R001	B3	MP11
	2688	1-BROM-3-CHLORPROPAN	6.1	T1	III	6.1		5 l	E1	P001 IBC03 LP01 R001		MP19
	2689	GLYCEROL-alpha-MONOCHLORHYDRIN	6.1	T1	III	6.1		5 l	E1	P001 IBC03 LP01 R001		MP19
	2690	N,n-BUTYLIMIDAZOL	6.1	T1	II	6.1		100 ml	E4	P001 IBC02		MP15
	2691	PHOSPHORPENTABROMID	8	C2	II	8		1 kg	E0	P002 IBC08	B4	MP10
•	2692	BORTRIBROMID	8	C1	I	8		0	E0	P602		MP8 MP17
	2693	HYDROGENSULFITE, WÄSSERIGE LÖSUNG, N.A.G.	8	C1	III	8	274	5 l	E1	P001 IBC03 LP01 R001		MP19
	2698	TETRAHYDROPHTHALSÄURE-ANHYDRIDE mit mehr als 0,05 % Maleinsäureanhydrid	8	C4	III	8	169	5 kg	E1	P002 IBC08 LP02 R001	PP14 B3	MP10
• G11	2699	TRIFLUORESSIGSÄURE	8	C3	I	8		0	E0	P001		MP8 MP17
	2705	1-PENTOL	8	C9	II	8		1 l	E2	P001 IBC02		MP15
• G4	2707	DIMETHYLDIOXANE	3	F1	II	3		1 l	E2	P001 IBC02 R001		MP19
	2707	DIMETHYLDIOXANE	3	F1	III	3		5 l	E1	P001 IBC03 LP01 R001		MP19

Tabelle A: Verzeichnis der gefährlichen Güter 3.2

ortsbewegliche Tanks und Schüttgut-Container			ADR							RID						Expressgut	Nummer zur Kennzeichnung der Gefahr	UN-Nummer
Anweisungen	Sondervorschriften	Tankcodierungen für ADR/RID-Tanks	Sondervorschriften für ADR-Tanks	Fahrzeug für die Beförderung in Tanks	Beförderungskategorie (Tunnelbeschränkungscode)	Sondervorschriften für die Beförderung				Sondervorschriften für RID-Tanks	Beförderungskategorie	Sondervorschriften für die Beförderung						
						Versandstücke	lose Schüttung	Be- und Entladung, Handhabung	Betrieb			Versandstücke	lose Schüttung	Be- und Entladung, Handhabung				
4.2.5.2 7.3.2	4.2.5.3	4.3	4.3.5 6.8.4	9.1.1.2	1.1.3.6 (8.6)	7.2.4	7.3.3	7.5.11	8.5	4.3.5 6.8.4	1.1.3.1	7.2.4	7.3.3	7.5.11	7.6	5.3.2.3	(1)
(10)	(11)	(12)	(13)	(14)	(15)	(16)	(17)	(18)	(19)	(13)	(15)	(16)	(17)	(18)	(19)	(20)	(1)
T4	TP1	L4BN		AT	3 (E)	V12					3	W12			CE8	80	2681
T3	TP33	SGAN		AT	2 (E)	V11					2	W11			CE10	80	2682
T7	TP2	L4BN		FL	2 (D/E)		CV13 CV28	S2			2		CW13 CW28		CE6	836	2683
T4	TP1	L4BN		FL	3 (D/E)	V12		S2			3	W12			CE4	38	2684
T7	TP2	L4BN		FL	2 (D/E)			S2			2				CE6	83	2685
T7	TP2	L4BN		FL	2 (D/E)			S2			2				CE6	83	2686
T1	TP33	SGAV		AT	3 (E)	VC1 VC2					3	W1	VC1 VC2		CE11	40	2687
T4	TP1	L4BH	TU15 TE19	AT	2 (E)	V12	CV13 CV28	S9	TU15		2	W12		CW13 CW28 CW31	CE8	60	2688
T4	TP1	L4BH	TU15 TE19	AT	2 (E)	V12	CV13 CV28	S9	TU15		2	W12		CW13 CW28 CW31	CE8	60	2689
T7	TP2	L4BH	TU15 TE19	AT	2 (D/E)		CV13 CV28	S9 S19	TU15		2			CW13 CW28 CW31	CE5	60	2690
T3	TP33	SGAN		AT	2 (E)	V11					2	W11			CE10	80	2691
T20	TP2	L10BH		AT	1 (E)			S20	TU38 TE22		1				X88		2692
T7	TP1 TP28	L4BN	TU42	AT	3 (E)	V12			TU42		3	W12			CE8	80	2693
T1	TP33	SGAV L4BN		AT	3 (E)	VC1 VC2 AP7					3		VC1 VC2 AP7		CE11	80	2698
T10	TP2	L10BH		AT	1 (E)			S20	TU38 TE22		1					88	2699
T7	TP2	L4BN		AT	2 (E)						2				CE6	80	2705
T4	TP1	LGBF		FL	2 (D/E)			S2 S20			2				CE7	33	2707
T2	TP1	LGBF		FL	3 (D/E)	V12		S2			3	W12			CE4	30	2707

3.2 Tabelle A: Verzeichnis der gefährlichen Güter

gemäß Tabelle 1.10.3.1.2	§ 35b GGVSEB	UN-Nummer	Benennung und Beschreibung	Klasse	Klassifizierungscode	Verpackungsgruppe	Gefahrzettel	Sondervorschriften	Begrenzte und freigestellte Mengen		Verpackung		
											Anweisungen	Sondervorschriften	Zusammenpackung
G..			3.1.2	2.2	2.2	2.1.1.3	5.2.2	3.3	3.4 / 3.5.1.2		4.1.4	4.1.4	4.1.10
(1)			(2)	(3a)	(3b)	(4)	(5)	(6)	(7a)	(7b)	(8)	(9a)	(9b)
		2709	BUTYLBENZENE	3	F1	III	3		5 l	E1	P001 IBC03 LP01 R001		MP19
		2710	DIPROPYLKETON	3	F1	III	3		5 l	E1	P001 IBC03 LP01 R001		MP19
		2713	ACRIDIN	6.1	T2	III	6.1		5 kg	E1	P002 IBC08 LP02 R001	B3	MP10
		2714	ZINKRESINAT	4.1	F3	III	4.1		5 kg	E1	P002 IBC06 R001		MP11
		2715	ALUMINIUMRESINAT	4.1	F3	III	4.1		5 kg	E1	P002 IBC06 R001		MP11
		2716	BUTIN-1,4-DIOL	6.1	T2	III	6.1		5 kg	E1	P002 IBC08 LP02 R001	B3	MP10
		2717	CAMPHER, synthetisch	4.1	F1	III	4.1		5 kg	E1	P002 IBC08 LP02 R001	B3	MP10
		2719	BARIUMBROMAT	5.1	OT2	II	5.1 + 6.1		1 kg	E2	P002 IBC08	B4	MP2
		2720	CHROMNITRAT	5.1	O2	III	5.1		5 kg	E1	P002 IBC08 LP02 R001	B3	MP10
		2721	KUPFERCHLORAT	5.1	O2	II	5.1		1 kg	E2	P002 IBC08	B4	MP2
		2722	LITHIUMNITRAT	5.1	O2	III	5.1		5 kg	E1	P002 IBC08 LP02 R001	B3	MP10
		2723	MAGNESIUMCHLORAT	5.1	O2	II	5.1		1 kg	E2	P002 IBC08	B4	MP2
		2724	MANGANNITRAT	5.1	O2	III	5.1		5 kg	E1	P002 IBC08 LP02 R001	B3	MP10
		2725	NICKELNITRAT	5.1	O2	III	5.1		5 kg	E1	P002 IBC08 LP02 R001	B3	MP10
		2726	NICKELNITRIT	5.1	O2	III	5.1		5 kg	E1	P002 IBC08 LP02 R001	B3	MP10
		2727	THALLIUMNITRAT	6.1	TO2	II	6.1 + 5.1		500 g	E4	P002 IBC06		MP10

Tabelle A: Verzeichnis der gefährlichen Güter 3.2

ortsbewegliche Tanks und Schüttgut-Container	Sondervorschriften	Tankcodierungen für ADR/RID-Tanks	Fahrzeug für die Beförderung in Tanks	ADR Beförderungskategorie (Tunnelbeschränkungscode)	ADR Sondervorschriften für die Beförderung			Betrieb	RID Sondervorschriften für RID-Tanks	RID Beförderungskategorie	RID Sondervorschriften für die Beförderung			Expressgut	Nummer zur Kennzeichnung der Gefahr	UN-Nummer
Anweisungen	Sondervorschriften				Versandstücke	lose Schüttung	Be- und Entladung, Handhabung				Versandstücke	lose Schüttung	Be- und Entladung, Handhabung			
4.2.5.2 7.3.2	4.2.5.3	4.3	9.1.1.2	1.1.3.6 (8.6)	7.2.4	7.3.3	7.5.11	8.5	4.3.4 6.8.4	1.1.3.1	7.2.4	7.3.3	7.5.11	7.6	5.3.2.3	
(10)	(11)	(12)	(13)	(14)	(15)	(16)	(17)	(18)	(19)	(13)	(15)	(16)	(17)	(18)	(19)	(20)	(1)
T2	TP1	LGBF	FL	3 (D/E)	V12		S2		3	W12				CE4	30	2709
T2	TP1	LGBF	FL	3 (D/E)	V12		S2		3	W12				CE4	30	2710
T1	TP33	SGAH L4BH	TU15 TE19	AT 2 (E)		VC1 VC2 AP7	CV13 CV28	S9	TU15	2		VC1 VC2 AP7	CW13 CW28 CW31	CE11	60	2713
T1	TP33	SGAV	AT	3 (E)		VC1 VC2			3	W1		VC1 VC2		CE11	40	2714
T1	TP33	SGAV	AT	3 (E)		VC1 VC2			3	W1		VC1 VC2		CE11	40	2715
T1	TP33	SGAH L4BH	TU15 TE19	AT 2 (E)		VC1 VC2 AP7	CV13 CV28	S9	TU15	2		VC1 VC2 AP7	CW13 CW28 CW31	CE11	60	2716
T1	TP33	SGAV	AT	3 (E)		VC1 VC2			3	W1		VC1 VC2		CE11	40	2717
T3	TP33	SGAN	TU3	AT 2 (E)	V11		CV24 CV28		TU3	2	W11			CW24 CW28	CE10	56	2719
T1	TP33	SGAV	TU3	AT 3 (E)		VC1 VC2 AP6 AP7	CV24		TU3	3		VC1 VC2 AP6 AP7	CW24	CE11	50	2720
T3	TP33	SGAV	TU3	AT 2 (E)	V11	VC1 VC2 AP6 AP7	CV24		TU3	2	W11	VC1 VC2 AP6 AP7	CW24	CE10	50	2721
T1	TP33	SGAV	TU3	AT 3 (E)		VC1 VC2 AP6 AP7	CV24		TU3	3		VC1 VC2 AP6 AP7	CW24	CE11	50	2722
T3	TP33	SGAV	TU3	AT 2 (E)	V11	VC1 VC2 AP6 AP7	CV24		TU3	2	W11	VC1 VC2 AP6 AP7	CW24	CE10	50	2723
T1	TP33	SGAV	TU3	AT 3 (E)		VC1 VC2 AP6 AP7	CV24		TU3	3		VC1 VC2 AP6 AP7	CW24	CE11	50	2724
T1	TP33	SGAV	TU3	AT 3 (E)		VC1 VC2 AP6 AP7	CV24		TU3	3		VC1 VC2 AP6 AP7	CW24	CE11	50	2725
T1	TP33	SGAV	TU3	AT 3 (E)		VC1 VC2 AP6 AP7	CV24		TU3	3		VC1 VC2 AP6 AP7	CW24	CE11	50	2726
T3	TP33	SGAH	TU15 TE19	AT 2 (D/E)	V11		CV13 CV28	S9 S19	TU15	2	W11		CW13 CW28 CW31	CE9	65	2727

3.2 Tabelle A: Verzeichnis der gefährlichen Güter

gemäß Tabelle 1.10.3.1.2 § 35b GGVSEB	UN-Nummer	Benennung und Beschreibung	Klasse	Klassifizierungscode	Verpackungsgruppe	Gefahrzettel	Sondervorschriften	Begrenzte und freigestellte Mengen		Verpackung Anweisungen	Verpackung Sondervorschriften	Verpackung Zusammenpackung
G..	3.1.2	3.1.2	2.2	2.2	2.1.1.3	5.2.2	3.3	3.4 / 3.5.1.2		4.1.4	4.1.4	4.1.10
(1)	(2)	(2)	(3a)	(3b)	(4)	(5)	(6)	(7a)	(7b)	(8)	(9a)	(9b)
	2728	ZIRKONIUMNITRAT	5.1	O2	III	5.1		5 kg	E1	P002 IBC08 LP02 R001	B3	MP10
	2729	HEXACHLORBENZEN	6.1	T2	III	6.1		5 kg	E1	P002 IBC08 LP02 R001	B3	MP10
	2730	NITROANISOLE, FLÜSSIG	6.1	T1	III	6.1	279	5 l	E1	P001 IBC03 LP01 R001		MP19
	2732	NITROBROMBENZENE, FLÜSSIG	6.1	T1	III	6.1		5 l	E1	P001 IBC03 LP01 R001		MP19
●	2733	AMINE, ENTZÜNDBAR, ÄTZEND, N.A.G. oder POLYAMINE, ENTZÜNDBAR, ÄTZEND, N.A.G.	3	FC	I	3 + 8	274 544	0	E0	P001		MP7 MP17
●	2733	AMINE, ENTZÜNDBAR, ÄTZEND, N.A.G. oder POLYAMINE, ENTZÜNDBAR, ÄTZEND, N.A.G.	3	FC	II	3 + 8	274 544	1 l	E2	P001 IBC02		MP19
●	2733	AMINE, ENTZÜNDBAR, ÄTZEND, N.A.G. oder POLYAMINE, ENTZÜNDBAR, ÄTZEND, N.A.G.	3	FC	III	3 + 8	274 544	5 l	E1	P001 IBC03 R001		MP19
●	2734	AMINE, FLÜSSIG, ÄTZEND, ENTZÜNDBAR, N.A.G. oder POLYAMINE, FLÜSSIG, ÄTZEND, ENTZÜNDBAR, N.A.G.	8	CF1	I	8 + 3	274	0	E0	P001		MP8 MP17
	2734	AMINE, FLÜSSIG, ÄTZEND, ENTZÜNDBAR, N.A.G. oder POLYAMINE, FLÜSSIG, ÄTZEND, ENTZÜNDBAR, N.A.G.	8	CF1	II	8 + 3	274	1 l	E2	P001 IBC02		MP15
●	2735	AMINE, FLÜSSIG, ÄTZEND, N.A.G. oder POLYAMINE, FLÜSSIG, ÄTZEND, N.A.G.	8	C7	I	8	274	0	E0	P001		MP8 MP17
	2735	AMINE, FLÜSSIG, ÄTZEND, N.A.G. oder POLYAMINE, FLÜSSIG, ÄTZEND, N.A.G.	8	C7	II	8	274	1 l	E2	P001 IBC02		MP15
	2735	AMINE, FLÜSSIG, ÄTZEND, N.A.G. oder POLYAMINE, FLÜSSIG, ÄTZEND, N.A.G.	8	C7	III	8	274	5 l	E1	P001 IBC03 LP01 R001		MP19
	2738	N-BUTYLANILIN	6.1	T1	II	6.1		100 ml	E4	P001 IBC02		MP15
	2739	BUTTERSÄUREANHYDRID	8	C3	III	8		5 l	E1	P001 IBC03 LP01 R001		MP19
● G10	2740	n-PROPYLCHLORFORMIAT	6.1	TFC	I	6.1 + 3 + 8		0	E0	P602		MP8 MP17
	2741	BARIUMHYPOCHLORIT mit mehr als 22 % aktivem Chlor	5.1	OT2	II	5.1 + 6.1		1 kg	E2	P002 IBC08	B4	MP2

Tabelle A: Verzeichnis der gefährlichen Güter 3.2

ortsbewegliche Tanks und Schüttgut-Container			ADR							RID							
Anweisungen	Sondervorschriften	Tankcodierungen für ADR/RID-Tanks	Sondervorschriften für ADR-Tanks	Fahrzeug für die Beförderung in Tanks	Beförderungskategorie (Tunnelbeschränkungscode)	Sondervorschriften für die Beförderung			Betrieb	Sondervorschriften für RID-Tanks	Beförderungskategorie	Sondervorschriften für die Beförderung			Expressgut	Nummer zur Kennzeichnung der Gefahr	UN-Nummer
						Versandstücke	lose Schüttung	Be- und Entladung, Handhabung				Versandstücke	lose Schüttung	Be- und Entladung, Handhabung			
4.2.5.2 7.3.2	4.2.5.3	4.3	4.3.5 6.8.4	9.1.1.2	1.1.3.6 (8.6)	7.2.4	7.3.3	7.5.11	8.5	4.3.5 6.8.4	1.1.3.1	7.2.4	7.3.3	7.5.11	7.6	5.3.2.3	(1)
(10)	(11)	(12)	(13)	(14)	(15)	(16)	(17)	(18)	(19)	(13)	(15)	(16)	(17)	(18)	(19)	(20)	(1)
T1	TP33	SGAV	TU3	AT	3 (E)		VC1 VC2 AP6 AP7	CV24		TU3	3		VC1 VC2 AP6 AP7	CW24	CE11	50	2728
T1	TP33	SGAH	TU15 TE19	AT	2 (E)		VC1 VC2 AP7	CV13 CV28	S9	TU15	2		VC1 VC2 AP7	CW13 CW28 CW31	CE11	60	2729
T4	TP1	L4BH	TU15 TE19	AT	2 (E)	V12		CV13 CV28	S9	TU15	2	W12		CW13 CW28 CW31	CE8	60	2730
T4	TP1	L4BH	TU15 TE19	AT	2 (E)	V12		CV13 CV28	S9	TU15	2	W12		CW13 CW28 CW31	CE8	60	2732
T14	TP1 TP27	L10CH	TU14 TE21	FL	1 (C/E)				S2 S20	TU14 TU38 TE21 TE22	1					338	2733
T11	TP1 TP27	L4BH		FL	2 (D/E)				S2 S20		2				CE7	338	2733
T7	TP1 TP28	L4BN		FL	3 (D/E)	V12			S2		3	W12			CE4	38	2733
T14	TP2 TP27	L10BH		FL	1 (D/E)				S2 S14	TU38 TE22	1					883	2734
T11	TP2 TP27	L4BN		FL	2 (D/E)				S2		2				CE6	83	2734
T14	TP2 TP27	L10BH		AT	1 (E)				S20	TU38 TE22	1					88	2735
T11	TP1 TP27	L4BN		AT	2 (E)						2				CE6	80	2735
T7	TP1 TP28	L4BN		AT	3 (E)	V12					3	W12			CE8	80	2735
T7	TP2	L4BH	TU15 TE19	AT	2 (D/E)			CV13 CV28	S9 S19	TU15	2			CW13 CW28 CW31	CE5	60	2738
T4	TP1	L4BN		AT	3 (E)	V12					3	W12			CE8	80	2739
T20	TP2	L10CH	TU14 TU15 TE19 TE21	FL	1 (C/D)			CV1 CV13 CV28	S2 S9 S14	TU14 TU15 TU38 TE21 TE22	1			CW13 CW28 CW31		668	2740
T3	TP33	SGAN	TU3	AT	2 (E)	V11		CV24 CV28		TU3	2	W11		CW24 CW28	CE10	56	2741

629

3.2 Tabelle A: Verzeichnis der gefährlichen Güter

gemäß Tabelle 1.10.3.1.2	§ 35b GGVSEB	UN-Nummer	Benennung und Beschreibung	Klasse	Klassifizierungscode	Verpackungsgruppe	Gefahrzettel	Sondervorschriften	Begrenzte und freigestellte Mengen		Verpackung Anweisungen	Verpackung Sondervorschriften	Verpackung Zusammenpackung
			3.1.2	2.2	2.2	2.1.1.3	5.2.2	3.3	3.4 / 3.5.1.2		4.1.4	4.1.4	4.1.10
	G..	(1)	(2)	(3a)	(3b)	(4)	(5)	(6)	(7a)	(7b)	(8)	(9a)	(9b)
•		2742	CHLORFORMIATE, GIFTIG, ÄTZEND, ENTZÜNDBAR, N.A.G.	6.1	TFC	II	6.1 + 3 + 8	274 561	100 ml	E4	P001 IBC01		MP15
		2743	n-BUTYLCHLORFORMIAT	6.1	TFC	II	6.1 + 3 + 8		100 ml	E0	P001		MP15
		2744	CYCLOBUTYLCHLORFORMIAT	6.1	TFC	II	6.1 + 3 + 8		100 ml	E4	P001 IBC01		MP15
		2745	CHLORMETHYLCHLORFORMIAT	6.1	TC1	II	6.1 + 8		100 ml	E4	P001 IBC02		MP15
		2746	PHENYLCHLORFORMIAT	6.1	TC1	II	6.1 + 8		100 ml	E4	P001 IBC02		MP15
		2747	tert-BUTYLCYCLOHEXYLCHLORFORMIAT	6.1	T1	III	6.1		5 l	E1	P001 IBC03 LP01 R001		MP19
		2748	2-ETHYLHEXYLCHLORFORMIAT	6.1	TC1	II	6.1 + 8		100 ml	E4	P001 IBC02		MP15
•	G4	2749	TETRAMETHYLSILAN	3	F1	I	3		0	E0	P001		MP7 MP17
		2750	1,3-DICHLORPROPAN-2-OL	6.1	T1	II	6.1		100 ml	E4	P001 IBC02		MP15
		2751	DIETHYLTHIOPHOSPHORYLCHLORID	8	C3	II	8		1 l	E2	P001 IBC02		MP15
		2752	1,2-EPOXY-3-ETHOXYPROPAN	3	F1	III	3		5 l	E1	P001 IBC03 LP01 R001		MP19
		2753	N-ETHYL-N-BENZYLTOLUIDINE, FLÜSSIG	6.1	T1	III	6.1		5 l	E1	P001 IBC03 LP01 R001		MP19
		2754	N-ETHYLTOLUIDINE	6.1	T1	II	6.1		100 ml	E4	P001 IBC02		MP15
•		2757	CARBAMAT-PESTIZID, FEST, GIFTIG	6.1	T7	I	6.1	61 274 648	0	E5	P002 IBC07		MP18
		2757	CARBAMAT-PESTIZID, FEST, GIFTIG	6.1	T7	II	6.1	61 274 648	500 g	E4	P002 IBC08	B4	MP10
		2757	CARBAMAT-PESTIZID, FEST, GIFTIG	6.1	T7	III	6.1	61 274 648	5 kg	E1	P002 IBC08 LP02 R001	B3	MP10
•		2758	CARBAMAT-PESTIZID, FLÜSSIG, ENTZÜNDBAR, GIFTIG, Flammpunkt unter 23 °C	3	FT2	I	3 + 6.1	61 274	0	E0	P001		MP7 MP17

Tabelle A: Verzeichnis der gefährlichen Güter 3.2

ortsbewegliche Tanks und Schüttgut-Container		Tankcodierungen für ADR/RID-Tanks	ADR							RID						Expressgut	Nummer zur Kennzeichnung der Gefahr	UN-Nummer
Anweisungen	Sondervorschriften		Sondervorschriften für ADR-Tanks	Fahrzeug für die Beförderung in Tanks	Beförderungskategorie (Tunnelbeschränkungscode)	Sondervorschriften für die Beförderung			Betrieb	Sondervorschriften für RID-Tanks	Beförderungskategorie	Sondervorschriften für die Beförderung						
						Versandstücke	lose Schüttung	Be- und Entladung, Handhabung				Versandstücke	lose Schüttung	Be- und Entladung, Handhabung				
4.2.5.2 7.3.2	4.2.5.3	4.3	4.3.5 6.8.4	9.1.1.2	1.1.3.6 (8.6)	7.2.4	7.3.3	7.5.11	8.5	4.3.5 6.8.4	1.1.3.1	7.2.4	7.3.3	7.5.11	7.6	5.3.2.3	(1)
(10)	(11)	(12)	(13)	(14)	(15)	(16)	(17)	(18)	(19)	(13)	(15)	(16)	(17)	(18)	(19)	(20)	(1)
		L4BH	TU15 TE19	FL	2 (D/E)			CV13 CV28	S2 S9 S19	TU15	2			CW13 CW28 CW31	CE5	638	2742
T20	TP2	L4BH	TU15 TE19	FL	2 (D/E)			CV13 CV28	S2 S9 S19	TU15	2			CW13 CW28 CW31	CE5	638	2743
T7	TP2	L4BH	TU15 TE19	FL	2 (D/E)			CV13 CV28	S2 S9 S19	TU15	2			CW13 CW28 CW31	CE5	638	2744
T7	TP2	L4BH	TU15 TE19	AT	2 (D/E)			CV13 CV28	S9 S19	TU15	2			CW13 CW28 CW31	CE5	68	2745
T7	TP2	L4BH	TU15 TE19	AT	2 (D/E)			CV13 CV28	S9 S19	TU15	2			CW13 CW28 CW31	CE5	68	2746
T4	TP1	L4BH	TU15 TE19	AT	2 (E)	V12		CV13 CV28	S9	TU15	2	W12		CW13 CW28 CW31	CE8	60	2747
T7	TP2	L4BH	TU15 TE19	AT	2 (D/E)			CV13 CV28	S9 S19	TU15	2			CW13 CW28 CW31	CE5	68	2748
T14	TP2	L4BN		FL	1 (D/E)				S2 S20		1					33	2749
T7	TP2	L4BH	TU15 TE19	AT	2 (D/E)			CV13 CV28	S9 S19	TU15	2			CW13 CW28 CW31	CE5	60	2750
T7	TP2	L4BN		AT	2 (E)						2				CE6	80	2751
T2	TP1	LGBF		FL	3 (D/E)	V12			S2		3	W12			CE4	30	2752
T7	TP1	L4BH	TU15 TE19	AT	2 (E)	V12		CV13 CV28	S9	TU15	2	W12		CW13 CW28 CW31	CE8	60	2753
T7	TP2	L4BH	TU15 TE19	AT	2 (D/E)			CV13 CV28	S9 S19	TU15	2			CW13 CW28 CW31	CE5	60	2754
T6	TP33	S10AH L10CH	TU14 TU15 TE19 TE21	AT	1 (C/E)	V10		CV1 CV13 CV28	S9 S14	TU14 TU15 TU38 TE21 TE22	1	W10		CW13 CW28 CW31	CE12	66	2757
T3	TP33	SGAH L4BH	TU15 TE19	AT	2 (D/E)	V11		CV13 CV28	S9 S19	TU15	2	W11		CW13 CW28 CW31	CE9 CE12	60	2757
T1	TP33	SGAH L4BH	TU15 TE19	AT	2 (E)		VC1 VC2 AP7	CV13 CV28	S9	TU15	2		VC1 VC2 AP7	CW13 CW28 CW31	CE11 CE12	60	2757
T14	TP2 TP27	L10CH	TU14 TU15 TE19	FL	1 (C/E)			CV13 CV28	S2 S22	TU14 TU15 TU38 TE21 TE22	1			CW13 CW28		336	2758

3.2 Tabelle A: Verzeichnis der gefährlichen Güter

gemäß Tabelle 1.10.3.1.2	§ 35b GGVSEB	UN-Nummer	Benennung und Beschreibung	Klasse	Klassifizierungscode	Verpackungsgruppe	Gefahrzettel	Sondervorschriften	Begrenzte und freigestellte Mengen		Verpackung Anweisungen	Verpackung Sondervorschriften	Verpackung Zusammenpackung
G..			3.1.2	2.2	2.2	2.1.1.3	5.2.2	3.3	3.4 / 3.5.1.2		4.1.4	4.1.4	4.1.10
•		(1)	(2)	(3a)	(3b)	(4)	(5)	(6)	(7a)	(7b)	(8)	(9a)	(9b)
•		2758	CARBAMAT-PESTIZID, FLÜSSIG, ENTZÜNDBAR, GIFTIG, Flammpunkt unter 23 °C	3	FT2	II	3 + 6.1	61 274	1 l	E2	P001 IBC02 R001		MP19
•		2759	ARSENHALTIGES PESTIZID, FEST, GIFTIG	6.1	T7	I	6.1	61 274 648	0	E5	P002 IBC07		MP18
•		2759	ARSENHALTIGES PESTIZID, FEST, GIFTIG	6.1	T7	II	6.1	61 274 648	500 g	E4	P002 IBC08	B4	MP10
•		2759	ARSENHALTIGES PESTIZID, FEST, GIFTIG	6.1	T7	III	6.1	61 274 648	5 kg	E1	P002 IBC08 LP02 R001	B3	MP10
•		2760	ARSENHALTIGES PESTIZID, FLÜSSIG, ENTZÜNDBAR, GIFTIG, Flammpunkt unter 23 °C	3	FT2	I	3 + 6.1	61 274	0	E0	P001		MP7 MP17
•		2760	ARSENHALTIGES PESTIZID, FLÜSSIG, ENTZÜNDBAR, GIFTIG, Flammpunkt unter 23 °C	3	FT2	II	3 + 6.1	61 274	1 l	E2	P001 IBC02 R001		MP19
•		2761	ORGANOCHLOR-PESTIZID, FEST, GIFTIG	6.1	T7	I	6.1	61 274 648	0	E5	P002 IBC07		MP18
•		2761	ORGANOCHLOR-PESTIZID, FEST, GIFTIG	6.1	T7	II	6.1	61 274 648	500 g	E4	P002 IBC08	B4	MP10
•		2761	ORGANOCHLOR-PESTIZID, FEST, GIFTIG	6.1	T7	III	6.1	61 274 648	5 kg	E1	P002 IBC08 LP02 R001	B3	MP10
•		2762	ORGANOCHLOR-PESTIZID, FLÜSSIG, ENTZÜNDBAR, GIFTIG, Flammpunkt unter 23 °C	3	FT2	I	3 + 6.1	61 274	0	E0	P001		MP7 MP17
•		2762	ORGANOCHLOR-PESTIZID, FLÜSSIG, ENTZÜNDBAR, GIFTIG, Flammpunkt unter 23 °C	3	FT2	II	3 + 6.1	61 274	1 l	E2	P001 IBC02 R001		MP19
•		2763	TRIAZIN-PESTIZID, FEST, GIFTIG	6.1	T7	I	6.1	61 274 648	0	E5	P002 IBC07		MP18
•		2763	TRIAZIN-PESTIZID, FEST, GIFTIG	6.1	T7	II	6.1	61 274 648	500 g	E4	P002 IBC08	B4	MP10
•		2763	TRIAZIN-PESTIZID, FEST, GIFTIG	6.1	T7	III	6.1	61 274 648	5 kg	E1	P002 IBC08 R001	B3	MP10
•		2764	TRIAZIN-PESTIZID, FLÜSSIG, ENTZÜNDBAR, GIFTIG, Flammpunkt unter 23 °C	3	FT2	I	3 + 6.1	61 274	0	E0	P001		MP7 MP17

Tabelle A: Verzeichnis der gefährlichen Güter 3.2

ortsbewegliche Tanks und Schüttgut-Container			ADR							RID							
Anweisungen	Sondervorschriften	Tankcodierungen für ADR/RID-Tanks	Sondervorschriften für ADR-Tanks	Fahrzeug für die Beförderung in Tanks	Beförderungskategorie (Tunnelbeschränkungscode)	Sondervorschriften für die Beförderung				Sondervorschriften für RID-Tanks	Beförderungskategorie	Sondervorschriften für die Beförderung				Expressgut	Nummer zur Kennzeichnung der Gefahr	UN-Nummer
						Versandstücke	lose Schüttung	Be- und Entladung, Handhabung	Betrieb			Versandstücke	lose Schüttung	Be- und Entladung, Handhabung			
4.2.5.2 7.3.2	4.2.5.3	4.3	4.3.5 6.8.4	9.1.1.2	1.1.3.6 (8.6)	7.2.4	7.3.3	7.5.11	8.5	4.3.5 6.8.4	1.1.3.1	7.2.4	7.3.3	7.5.11	7.6	5.3.2.3	(1)
(10)	(11)	(12)	(13)	(14)	(15)	(16)	(17)	(18)	(19)	(13)	(15)	(16)	(17)	(18)	(19)	(20)	(1)
T11	TP2 TP27	L4BH	TU15	FL	2 (D/E)			CV13 CV28	S2 S22	TU15	2			CW13 CW28	CE7	336	2758
T6	TP33	S10AH L10CH	TU14 TU15 TE19 TE21	AT	1 (C/E)	V10		CV1 CV13 CV28	S9 S14	TU14 TU15 TU38 TE21 TE22	1		W10	CW13 CW28 CW31	CE12	66	2759
T3	TP33	SGAH L4BH	TU15 TE19	AT	2 (D/E)	V11		CV13 CV28	S9 S19	TU15	2		W11	CW13 CW28 CW31	CE9 CE12	60	2759
T1	TP33	SGAH L4BH	TU15 TE19	AT	2 (E)		VC1 VC2 AP7	CV13 CV28	S9	TU15	2		VC1 VC2 AP7	CW13 CW28 CW31	CE11 CE12	60	2759
T14	TP2 TP27	L10CH	TU14 TU15 TE21	FL	1 (C/E)			CV13 CV28	S2 S22	TU14 TU15 TU38 TE21 TE22	1			CW13 CW28		336	2760
T11	TP2 TP27	L4BH	TU15	FL	2 (D/E)			CV13 CV28	S2 S22	TU15	2			CW13 CW28	CE7	336	2760
T6	TP33	S10AH L10CH	TU14 TU15 TE19 TE21	AT	1 (C/E)	V10		CV1 CV13 CV28	S9 S14	TU14 TU15 TU38 TE21 TE22	1		W10	CW13 CW28 CW31	CE12	66	2761
T3	TP33	SGAH L4BH	TU15 TE19	AT	2 (D/E)	V11		CV13 CV28	S9 S19	TU15	2		W11	CW13 CW28 CW31	CE9 CE12	60	2761
T1	TP33	SGAH L4BH	TU15 TE19	AT	2 (E)		VC1 VC2 AP7	CV13 CV28	S9	TU15	2		VC1 VC2 AP7	CW13 CW28 CW31	CE11 CE12	60	2761
T14	TP2 TP27	L10CH	TU14 TU15 TE21	FL	1 (C/E)			CV13 CV28	S2 S22	TU14 TU15 TU38 TE21 TE22	1			CW13 CW28		336	2762
T11	TP2 TP27	L4BH	TU15	FL	2 (D/E)			CV13 CV28	S2 S22	TU15	2			CW13 CW28	CE7	336	2762
T6	TP33	S10AH L10CH	TU14 TU15 TE19 TE21	AT	1 (C/E)	V10		CV1 CV13 CV28	S9 S14	TU14 TU15 TU38 TE21 TE22	1		W10	CW13 CW28 CW31	CE12	66	2763
T3	TP33	SGAH L4BH	TU15 TE19	AT	2 (D/E)	V11		CV13 CV28	S9 S19	TU15	2		W11	CW13 CW28 CW31	CE9 CE12	60	2763
T1	TP33	SGAH L4BH	TU15 TE19	AT	2 (E)		VC1 VC2 AP7	CV13 CV28	S9	TU15	2		VC1 VC2 AP7	CW13 CW28 CW31	CE11 CE12	60	2763
T14	TP2 TP27	L10CH	TU14 TU15 TE21	FL	1 (C/E)			CV13 CV28	S2 S22	TU14 TU15 TU38 TE21 TE22	1			CW13 CW28		336	2764

3.2 Tabelle A: Verzeichnis der gefährlichen Güter

gemäß Tabelle 1.10.3.1.2	§ 35b GGVSEB	UN-Nummer	Benennung und Beschreibung	Klasse	Klassifizierungscode	Verpackungsgruppe	Gefahrzettel	Sondervorschriften	Begrenzte und freigestellte Mengen		Verpackung		
											Anweisungen	Sondervorschriften	Zusammenpackung
•	G..		3.1.2	2.2	2.2	2.1.1.3	5.2.2	3.3	3.4 / 3.5.1.2		4.1.4	4.1.4	4.1.10
		(1)	(2)	(3a)	(3b)	(4)	(5)	(6)	(7a)	(7b)	(8)	(9a)	(9b)
•		2764	TRIAZIN-PESTIZID, FLÜSSIG, ENTZÜNDBAR, GIFTIG, Flammpunkt unter 23 °C	3	FT2	II	3 + 6.1	61 274	1 l	E2	P001 IBC02 R001		MP19
•		2771	THIOCARBAMAT-PESTIZID, FEST, GIFTIG	6.1	T7	I	6.1	61 274 648	0	E5	P002 IBC07		MP18
		2771	THIOCARBAMAT-PESTIZID, FEST, GIFTIG	6.1	T7	II	6.1	61 274 648	500 g	E4	P002 IBC08	B4	MP10
		2771	THIOCARBAMAT-PESTIZID, FEST, GIFTIG	6.1	T7	III	6.1	61 274 648	5 kg	E1	P002 IBC08 LP02 R001	B3	MP10
•		2772	THIOCARBAMAT-PESTIZID, FLÜSSIG, ENTZÜNDBAR, GIFTIG, Flammpunkt unter 23 °C	3	FT2	I	3 + 6.1	61 274	0	E0	P001		MP7 MP17
•		2772	THIOCARBAMAT-PESTIZID, FLÜSSIG, ENTZÜNDBAR, GIFTIG, Flammpunkt unter 23 °C	3	FT2	II	3 + 6.1	61 274	1 l	E2	P001 IBC02 R001		MP19
•		2775	KUPFERHALTIGES PESTIZID, FEST, GIFTIG	6.1	T7	I	6.1	61 274 648	0	E5	P002 IBC07		MP18
		2775	KUPFERHALTIGES PESTIZID, FEST, GIFTIG	6.1	T7	II	6.1	61 274 648	500 g	E4	P002 IBC08	B4	MP10
		2775	KUPFERHALTIGES PESTIZID, FEST, GIFTIG	6.1	T7	III	6.1	61 274 648	5 kg	E1	P002 IBC08 LP02 R001	B3	MP10
•		2776	KUPFERHALTIGES PESTIZID, FLÜSSIG, ENTZÜNDBAR, GIFTIG, Flammpunkt unter 23 °C	3	FT2	I	3 + 6.1	61 274	0	E0	P001		MP7 MP17
•		2776	KUPFERHALTIGES PESTIZID, FLÜSSIG, ENTZÜNDBAR, GIFTIG, Flammpunkt unter 23 °C	3	FT2	II	3 + 6.1	61 274	1 l	E2	P001 IBC02 R001		MP19
•		2777	QUECKSILBERHALTIGES PESTIZID, FEST, GIFTIG	6.1	T7	I	6.1	61 274 648	0	E5	P002 IBC07		MP18
		2777	QUECKSILBERHALTIGES PESTIZID, FEST, GIFTIG	6.1	T7	II	6.1	61 274 648	500 g	E4	P002 IBC08	B4	MP10
		2777	QUECKSILBERHALTIGES PESTIZID, FEST, GIFTIG	6.1	T7	III	6.1	61 274 648	5 kg	E1	P002 IBC08 LP02 R001	B3	MP10
•		2778	QUECKSILBERHALTIGES PESTIZID, FLÜSSIG, ENTZÜNDBAR, GIFTIG, Flammpunkt unter 23 °C	3	FT2	I	3 + 6.1	61 274	0	E0	P001		MP7 MP17

Tabelle A: Verzeichnis der gefährlichen Güter 3.2

ortsbewegliche Tanks und Schüttgut-Container					ADR						RID						Expressgut	Nummer zur Kennzeichnung der Gefahr	UN-Nummer
Anweisungen	Sondervorschriften	Tankcodierungen für ADR/RID-Tanks	Sondervorschriften für ADR-Tanks	Fahrzeug für die Beförderung in Tanks	Beförderungskategorie (Tunnelbeschränkungscode)	Sondervorschriften für die Beförderung		Versandstücke	lose Schüttung	Be- und Entladung, Handhabung	Betrieb	Sondervorschriften für RID-Tanks	Beförderungskategorie	Versandstücke	lose Schüttung	Be- und Entladung, Handhabung			
4.2.5.2 7.3.2	4.2.5.3	4.3	4.3.5 6.8.4	9.1.1.2	1.1.3.6 (8.6)	7.2.4	7.3.3	7.5.11	8.5	4.3.5 6.8.4	1.1.3.1	7.2.4	7.3.3	7.5.11	7.6	5.3.2.3			
(10)	(11)	(12)	(13)	(14)	(15)	(16)	(17)	(18)	(19)	(13)	(15)	(16)	(17)	(18)	(19)	(20)	(1)		
T11	TP2 TP27	L4BH	TU15	FL	2 (D/E)			CV13 CV28	S2 S22	TU15	2			CW13 CW28	CE7	336	2764		
T6	TP33	S10AH L10CH	TU14 TU15 TE19 TE21	AT	1 (C/E)	V10		CV1 CV13 CV28	S9 S14	TU14 TU15 TU38 TE21 TE22	1	W10		CW13 CW28 CW31	CE12	66	2771		
T3	TP33	SGAH L4BH	TU15 TE19	AT	2 (D/E)	V11		CV13 CV28	S9 S19	TU15	2	W11		CW13 CW28 CW31	CE9 CE12	60	2771		
T1	TP33	SGAH L4BH	TU15 TE19	AT	2 (E)		VC1 VC2 AP7	CV13 CV28	S9	TU15	2		VC1 VC2 AP7	CW13 CW28 CW31	CE11 CE12	60	2771		
T14	TP2 TP27	L10CH	TU14 TU15 TE21	FL	1 (C/E)			CV13 CV28	S2 S22	TU14 TU15 TU38 TE21 TE22	1			CW13 CW28		336	2772		
T11	TP2 TP27	L4BH	TU15	FL	2 (D/E)			CV13 CV28	S2 S22	TU15	2			CW13 CW28	CE7	336	2772		
T6	TP33	S10AH L10CH	TU14 TU15 TE19 TE21	AT	1 (C/E)	V10		CV1 CV13 CV28	S9 S14	TU14 TU15 TU38 TE21 TE22	1	W10		CW13 CW28 CW31	CE12	66	2775		
T3	TP33	SGAH L4BH	TU15 TE19	AT	2 (D/E)	V11		CV13 CV28	S9 S19	TU15	2	W11		CW13 CW28 CW31	CE9 CE12	60	2775		
T1	TP33	SGAH L4BH	TU15 TE19	AT	2 (E)		VC1 VC2 AP7	CV13 CV28	S9	TU15	2		VC1 VC2 AP7	CW13 CW28 CW31	CE11 CE12	60	2775		
T14	TP2 TP27	L10CH	TU14 TU15 TE21	FL	1 (C/E)			CV13 CV28	S2 S22	TU14 TU15 TU38 TE21 TE22	1			CW13 CW28		336	2776		
T11	TP2 TP27	L4BH	TU15	FL	2 (D/E)			CV13 CV28	S2 S22	TU15	2			CW13 CW28	CE7	336	2776		
T6	TP33	S10AH L10CH	TU14 TU15 TE19 TE21	AT	1 (C/E)	V10		CV1 CV13 CV28	S9 S14	TU14 TU15 TU38 TE21 TE22	1	W10		CW13 CW28 CW31	CE12	66	2777		
T3	TP33	SGAH L4BH	TU15 TE19	AT	2 (D/E)	V11		CV13 CV28	S9 S19	TU15	2	W11		CW13 CW28 CW31	CE9 CE12	60	2777		
T1	TP33	SGAH L4BH	TU15 TE19	AT	2 (E)		VC1 VC2 AP7	CV13 CV28	S9	TU15	2		VC1 VC2 AP7	CW13 CW28 CW31	CE11 CE12	60	2777		
T14	TP2 TP27	L10CH	TU14 TU15 TE21	FL	1 (C/E)			CV13 CV28	S2 S22	TU14 TU15 TU38 TE21 TE22	1			CW13 CW28		336	2778		

3.2 Tabelle A: Verzeichnis der gefährlichen Güter

gemäß Tabelle 1.10.3.1.2 § 35b GGVSEB	UN-Nummer	Benennung und Beschreibung	Klasse	Klassifizierungscode	Verpackungsgruppe	Gefahrzettel	Sondervorschriften	Begrenzte und freigestellte Mengen		Verpackung Anweisungen	Verpackung Sondervorschriften	Verpackung Zusammenpackung
G..		3.1.2	2.2	2.2	2.1.1.3	5.2.2	3.3	3.4 / 3.5.1.2		4.1.4	4.1.4	4.1.10
(1)		(2)	(3a)	(3b)	(4)	(5)	(6)	(7a)	(7b)	(8)	(9a)	(9b)
●	2778	QUECKSILBERHALTIGES PESTIZID, FLÜSSIG, ENTZÜNDBAR, GIFTIG, Flammpunkt unter 23 °C	3	FT2	II	3 + 6.1	61 274	1 l	E2	P001 IBC02 R001		MP19
●	2779	SUBSTITUIERTES NITROPHENOL-PESTIZID, FEST, GIFTIG	6.1	T7	I	6.1	61 274 648	0	E5	P002 IBC07		MP18
	2779	SUBSTITUIERTES NITROPHENOL-PESTIZID, FEST, GIFTIG	6.1	T7	II	6.1	61 274 648	500 g	E4	P002 IBC08	B4	MP10
	2779	SUBSTITUIERTES NITROPHENOL-PESTIZID, FEST, GIFTIG	6.1	T7	III	6.1	61 274 648	5 kg	E1	P002 IBC08 LP02 R001	B3	MP10
●	2780	SUBSTITUIERTES NITROPHENOL-PESTIZID, FLÜSSIG, ENTZÜNDBAR, GIFTIG, Flammpunkt unter 23 °C	3	FT2	I	3 + 6.1	61 274	0	E0	P001		MP7 MP17
●	2780	SUBSTITUIERTES NITROPHENOL-PESTIZID, FLÜSSIG, ENTZÜNDBAR, GIFTIG, Flammpunkt unter 23 °C	3	FT2	II	3 + 6.1	61 274	1 l	E2	P001 IBC02 R001		MP19
●	2781	BIPYRIDILIUM-PESTIZID, FEST, GIFTIG	6.1	T7	I	6.1	61 274 648	0	E5	P002 IBC07		MP18
	2781	BIPYRIDILIUM-PESTIZID, FEST, GIFTIG	6.1	T7	II	6.1	61 274 648	500 g	E4	P002 IBC08	B4	MP10
	2781	BIPYRIDILIUM-PESTIZID, FEST, GIFTIG	6.1	T7	III	6.1	61 274 648	5 kg	E1	P002 IBC08 LP02 R001	B3	MP10
●	2782	BIPYRIDILIUM-PESTIZID, FLÜSSIG, ENTZÜNDBAR, GIFTIG, Flammpunkt unter 23 °C	3	FT2	I	3 + 6.1	61 274	0	E0	P001		MP7 MP17
●	2782	BIPYRIDILIUM-PESTIZID, FLÜSSIG, ENTZÜNDBAR, GIFTIG, Flammpunkt unter 23 °C	3	FT2	II	3 + 6.1	61 274	1 l	E2	P001 IBC02 R001		MP19
●	2783	ORGANOPHOSPHOR-PESTIZID, FEST, GIFTIG	6.1	T7	I	6.1	61 274 648	0	E5	P002 IBC07		MP18
	2783	ORGANOPHOSPHOR-PESTIZID, FEST, GIFTIG	6.1	T7	II	6.1	61 274 648	500 g	E4	P002 IBC08	B4	MP10
	2783	ORGANOPHOSPHOR-PESTIZID, FEST, GIFTIG	6.1	T7	III	6.1	61 274 648	5 kg	E1	P002 IBC08 LP02 R001	B3	MP10

Tabelle A: Verzeichnis der gefährlichen Güter 3.2

ortsbewegliche Tanks und Schüttgut-Container		Tankcodierungen für ADR/RID-Tanks	ADR							RID						Expressgut	Nummer zur Kennzeichnung der Gefahr	UN-Nummer
Anweisungen	Sondervorschriften		Sondervorschriften für ADR-Tanks	Fahrzeug für die Beförderung in Tanks	Beförderungskategorie (Tunnelbeschränkungscode)	Sondervorschriften für die Beförderung			Betrieb	Sondervorschriften für RID-Tanks	Beförderungskategorie	Sondervorschriften für die Beförderung						
						Versandstücke	lose Schüttung	Be- und Entladung, Handhabung				Versandstücke	lose Schüttung	Be- und Entladung, Handhabung				
4.2.5.2 7.3.2	4.2.5.3	4.3	4.3.5 6.8.4	9.1.1.2	1.1.3.6 (8.6)	7.2.4	7.3.3	7.5.11	8.5	4.3.5 6.8.4	1.1.3.1	7.2.4	7.3.3	7.5.11	7.6	5.3.2.3	(1)
(10)	(11)	(12)	(13)	(14)	(15)	(16)	(17)	(18)	(19)	(13)	(15)	(16)	(17)	(18)	(19)	(20)	(1)
T11	TP2 TP27	L4BH	TU15	FL	2 (D/E)			CV13 CV28	S2 S22	TU15	2			CW13 CW28	CE7	336	2778
T6	TP33	S10AH L10CH	TU14 TU15 TE19 TE21	AT	1 (C/E)	V10		CV1 CV13 CV28	S9 S14	TU14 TU15 TU38 TE21 TE22	1	W10		CW13 CW28 CW31	CE12	66	2779
T3	TP33	SGAH L4BH	TU15 TE19	AT	2 (D/E)	V11		CV13 CV28	S9 S19	TU15	2	W11		CW13 CW28 CW31	CE9 CE12	60	2779
T1	TP33	SGAH L4BH	TU15 TE19	AT	2 (E)		VC1 VC2 AP7	CV13 CV28	S9	TU15	2		VC1 VC2 AP7	CW13 CW28 CW31	CE11 CE12	60	2779
T14	TP2 TP27	L10CH	TU14 TU15 TE21	FL	1 (C/E)			CV13 CV28	S2 S22	TU14 TU15 TU38 TE21 TE22	1			CW13 CW28		336	2780
T11	TP2 TP27	L4BH	TU15	FL	2 (D/E)			CV13 CV28	S2 S22	TU15	2			CW13 CW28	CE7	336	2780
T6	TP33	S10AH L10CH	TU14 TU15 TE19 TE21	AT	1 (C/E)	V10		CV1 CV13 CV28	S9 S14	TU14 TU15 TU38 TE21 TE22	1	W10		CW13 CW28 CW31	CE12	66	2781
T3	TP33	SGAH L4BH	TU15 TE19	AT	2 (D/E)	V11		CV13 CV28	S9 S19	TU15	2	W11		CW13 CW28 CW31	CE9 CE12	60	2781
T1	TP33	SGAH L4BH	TU15 TE19	AT	2 (E)		VC1 VC2 AP7	CV13 CV28	S9	TU15	2		VC1 VC2 AP7	CW13 CW28 CW31	CE11 CE12	60	2781
T14	TP2 TP27	L10CH	TU14 TU15 TE21	FL	1 (C/E)			CV13 CV28	S2 S22	TU14 TU15 TU38 TE21 TE22	1			CW13 CW28		336	2782
T11	TP2 TP27	L4BH	TU15	FL	2 (D/E)			CV13 CV28	S2 S22	TU15	2			CW13 CW28	CE7	336	2782
T6	TP33	S10AH L10CH	TU14 TU15 TE19 TE21	AT	1 (C/E)	V10		CV1 CV13 CV28	S9 S14	TU14 TU15 TU38 TE21 TE22	1	W10		CW13 CW28 CW31	CE12	66	2783
T3	TP33	SGAH L4BH	TU15 TE19	AT	2 (D/E)	V11		CV13 CV28	S9 S19	TU15	2	W11		CW13 CW28 CW31	CE9 CE12	60	2783
T1	TP33	SGAH L4BH	TU15 TE19	AT	2 (E)		VC1 VC2 AP7	CV13 CV28	S9	TU15	2		VC1 VC2 AP7	CW13 CW28 CW31	CE11 CE12	60	2783

3.2 Tabelle A: Verzeichnis der gefährlichen Güter

gemäß Tabelle 1.10.3.1.2	§ 35b GGVSEB	UN-Nummer	Benennung und Beschreibung	Klasse	Klassifizierungscode	Verpackungsgruppe	Gefahrzettel	Sondervorschriften	Begrenzte und freigestellte Mengen		Verpackung Anweisungen	Verpackung Sondervorschriften	Verpackung Zusammenpackung
G..			3.1.2	2.2	2.2	2.1.1.3	5.2.2	3.3	3.4 / 3.5.1.2		4.1.4	4.1.4	4.1.10
(1)			(2)	(3a)	(3b)	(4)	(5)	(6)	(7a)	(7b)	(8)	(9a)	(9b)
•		2784	ORGANOPHOSPHOR-PESTIZID, FLÜSSIG, ENTZÜNDBAR, GIFTIG, Flammpunkt unter 23 °C	3	FT2	I	3 + 6.1	61 274	0	E0	P001		MP7 MP17
•		2784	ORGANOPHOSPHOR-PESTIZID, FLÜSSIG, ENTZÜNDBAR, GIFTIG, Flammpunkt unter 23 °C	3	FT2	II	3 + 6.1	61 274	1 l	E2	P001 IBC02 R001		MP19
		2785	4-THIAPENTANAL	6.1	T1	III	6.1		5 l	E1	P001 IBC03 LP01 R001		MP19
•		2786	ORGANOZINN-PESTIZID, FEST, GIFTIG	6.1	T7	I	6.1	61 274 648	0	E5	P002 IBC07		MP18
		2786	ORGANOZINN-PESTIZID, FEST, GIFTIG	6.1	T7	II	6.1	61 274 648	500 g	E4	P002 IBC08	B4	MP10
		2786	ORGANOZINN-PESTIZID, FEST, GIFTIG	6.1	T7	III	6.1	61 274 648	5 kg	E1	P002 IBC08 LP02 R001	B3	MP10
•		2787	ORGANOZINN-PESTIZID, FLÜSSIG, ENTZÜNDBAR, GIFTIG, Flammpunkt unter 23 °C	3	FT2	I	3 + 6.1	61 274	0	E0	P001		MP7 MP17
•		2787	ORGANOZINN-PESTIZID, FLÜSSIG, ENTZÜNDBAR, GIFTIG, Flammpunkt unter 23 °C	3	FT2	II	3 + 6.1	61 274	1 l	E2	P001 IBC02 R001		MP19
•	G10	2788	ORGANISCHE ZINNVERBINDUNG, FLÜSSIG, N.A.G.	6.1	T3	I	6.1	43 274	0	E5	P001		MP8 MP17
		2788	ORGANISCHE ZINNVERBINDUNG, FLÜSSIG, N.A.G.	6.1	T3	II	6.1	43 274	100 ml	E4	P001 IBC02		MP15
		2788	ORGANISCHE ZINNVERBINDUNG, FLÜSSIG, N.A.G.	6.1	T3	III	6.1	43 274	5 l	E1	P001 IBC03 LP01 R001		MP19
		2789	EISESSIG oder ESSIGSÄURE, LÖSUNG mit mehr als 80 Masse-% Säure	8	CF1	II	8 + 3		1 l	E2	P001 IBC02		MP15
		2790	ESSIGSÄURE, LÖSUNG mit mindestens 50 Masse-% und höchstens 80 Masse-% Säure	8	C3	II	8		1 l	E2	P001 IBC02		MP15
		2790	ESSIGSÄURE, LÖSUNG mit mehr als 10 Masse-%, aber weniger als 50 Masse-% Säure	8	C3	III	8	597 647	5 l	E1	P001 IBC03 LP01 R001		MP19
		2793	METALLISCHES EISEN als BOHRSPÄNE, FRÄSSPÄNE, DREHSPÄNE, ABFÄLLE in selbsterhitzungsfähiger Form	4.2	S4	III	4.2	592	0	E1	P003 IBC08 LP02 R001	PP20 B3 B6	MP14

Tabelle A: Verzeichnis der gefährlichen Güter 3.2

ortsbewegliche Tanks und Schüttgut-Container				ADR						RID						Expressgut	Nummer zur Kennzeichnung der Gefahr	UN-Nummer
Anweisungen	Sondervorschriften	Tankcodierungen für ADR/RID-Tanks	Fahrzeug für die Beförderung in Tanks	Beförderungskategorie (Tunnelbeschränkungscode)	Sondervorschriften für die Beförderung					Sondervorschriften für RID-Tanks	Beförderungskategorie	Sondervorschriften für die Beförderung						
					Versandstücke	lose Schüttung	Be- und Entladung, Handhabung	Betrieb				Versandstücke	lose Schüttung	Be- und Entladung, Handhabung				
4.2.5.2 7.3.2	4.2.5.3	4.3	9.1.1.2	1.1.3.6 (8.6)	7.2.4	7.3.3	7.5.11	8.5		4.3.5 6.8.4	1.1.3.1	7.2.4	7.3.3	7.5.11		7.6	5.3.2.3	(1)
(10)	(11)	(12)	(13)	(14)	(15)	(16)	(17)	(18)	(19)	(13)	(15)	(16)	(17)	(18)	(19)	(19)	(20)	(1)
T14	TP2 TP27	L10CH		TU14 TU15 TE21	FL	1 (C/E)			CV13 CV28	S2 S22	TU14 TU15 TU38 TE21 TE22	1			CW13 CW28		336	2784
T11	TP2 TP27	L4BH		TU15	FL	2 (D/E)			CV13 CV28	S2 S22	TU15	2			CW13 CW28	CE7	336	2784
T4	TP1	L4BH		TU15 TE19	AT	2 (E)	V12		CV13 CV28	S9	TU15	2	W12		CW13 CW28 CW31	CE8	60	2785
T6	TP33	S10AH L10CH		TU14 TU15 TE19 TE21	AT	1 (C/E)	V10		CV1 CV13 CV28	S9 S14	TU14 TU15 TU38 TE21 TE22	1	W10		CW13 CW28 CW31	CE12	66	2786
T3	TP33	SGAH L4BH		TU15 TE19	AT	2 (D/E)	V11		CV13 CV28	S9 S19	TU15	2	W11		CW13 CW28 CW31	CE9 CE12	60	2786
T1	TP33	SGAH L4BH		TU15 TE19	AT	2 (E)		VC1 VC2 AP7	CV13 CV28	S9	TU15	2		VC1 VC2 AP7	CW13 CW28 CW31	CE11 CE12	60	2786
T14	TP2 TP27	L10CH		TU14 TU15 TE21	FL	1 (C/E)			CV13 CV28	S2 S22	TU14 TU15 TU38 TE21 TE22	1			CW13 CW28		336	2787
T11	TP2 TP27	L4BH		TU15	FL	2 (D/E)			CV13 CV28	S2 S22	TU15	2			CW13 CW28	CE7	336	2787
T14	TP2 TP27	L10CH		TU14 TU15 TE19 TE21	AT	1 (C/E)			CV1 CV13 CV28	S9 S14	TU14 TU15 TU38 TE21 TE22	1			CW13 CW28 CW31		66	2788
T11	TP2 TP27	L4BH		TU15 TE19	AT	2 (D/E)			CV13 CV28	S9 S19	TU15	2			CW13 CW28 CW31	CE5	60	2788
T7	TP2 TP28	L4BH		TU15 TE19	AT	2 (E)	V12		CV13 CV28	S9	TU15	2	W12		CW13 CW28 CW31	CE8	60	2788
T7	TP2	L4BN			FL	2 (D/E)				S2		2				CE6	83	2789
T7	TP2	L4BN			AT	2 (E)						2				CE6	80	2790
T4	TP1	L4BN			AT	3 (E)	V12					3	W12			CE8	80	2790
BK2						3 (E)	V1	VC1 VC2 AP1				3	W1	VC1 VC2 AP1		CE11	40	2793

3.2 Tabelle A: Verzeichnis der gefährlichen Güter

gemäß Tabelle 1.10.3.1.2 § 35b GGVSEB	UN-Nummer	Benennung und Beschreibung	Klasse	Klassifizierungscode	Verpackungsgruppe	Gefahrzettel	Sondervorschriften	Begrenzte und freigestellte Mengen		Verpackung		
										Anweisungen	Sondervorschriften	Zusammenpackung
G..		3.1.2	2.2	2.2	2.1.1.3	5.2.2	3.3	3.4 / 3.5.1.2		4.1.4	4.1.4	4.1.10
(1)		(2)	(3a)	(3b)	(4)	(5)	(6)	(7a)	(7b)	(8)	(9a)	(9b)
•	2794	BATTERIEN (AKKUMULATOREN), NASS, GEFÜLLT MIT SÄURE, elektrische Sammler	8	C11		8	295 598	1 I	E0	P801		
	2795	BATTERIEN (AKKUMULATOREN), NASS, GEFÜLLT MIT ALKALIEN, elektrische Sammler	8	C11		8	295 598	1 I	E0	P801		
	2796	SCHWEFELSÄURE mit höchstens 51 % Säure oder BATTERIEFLÜSSIGKEIT, SAUER	8	C1	II	8		1 I	E2	P001 IBC02		MP15
	2797	BATTERIEFLÜSSIGKEIT, ALKALISCH	8	C5	II	8		1 I	E2	P001 IBC02		MP15
	2798	PHENYLPHOSPHORDICHLORID	8	C3	II	8		1 I	E0	P001 IBC02		MP15
	2799	PHENYLPHOSPHORTHIODICHLORID	8	C3	II	8		1 I	E0	P001 IBC02		MP15
	2800	BATTERIEN (AKKUMULATOREN), NASS, AUSLAUFSICHER, elektrische Sammler	8	C11		8	238 295 598	1 I	E0	P003 P801	PP16	
•	2801	FARBSTOFF, FLÜSSIG, ÄTZEND, N.A.G. oder FARBSTOFFZWISCHENPRODUKT, FLÜSSIG, ÄTZEND, N.A.G.	8	C9	I	8	274	0	E0	P001		MP8 MP17
	2801	FARBSTOFF, FLÜSSIG, ÄTZEND, N.A.G. oder FARBSTOFFZWISCHENPRODUKT, FLÜSSIG, ÄTZEND, N.A.G.	8	C9	II	8	274	1 I	E2	P001 IBC02		MP15
	2801	FARBSTOFF, FLÜSSIG, ÄTZEND, N.A.G. oder FARBSTOFFZWISCHENPRODUKT, FLÜSSIG, ÄTZEND, N.A.G.	8	C9	III	8	274	5 I	E1	P001 IBC03 LP01 R001		MP19
	2802	KUPFERCHLORID	8	C2	III	8		5 kg	E1	P002 IBC08 LP02 R001	B3	MP10
	2803	GALLIUM	8	C10	III	8		5 kg	E0	P800	PP41	MP10
	2805	LITHIUMHYDRID, GESCHMOLZEN UND ERSTARRT	4.3	W2	II	4.3		500 g	E2	P410 IBC04	PP40	MP14
•	2806	LITHIUMNITRID	4.3	W2	I	4.3		0	E0	P403 IBC04		MP2
	2807	Magnetisierte Stoffe	9	M11			UNTERLIEGT NICHT DEN VORSCHRIFTEN DES ADR / RID						
	2809	QUECKSILBER	8	CT1	III	8 + 6.1	365	5 kg	E0	P800		MP15
• G10	2810	GIFTIGER ORGANISCHER FLÜSSIGER STOFF, N.A.G.	6.1	T1	I	6.1	274 315 614	0	E5	P001		MP8 MP17
	2810	GIFTIGER ORGANISCHER FLÜSSIGER STOFF, N.A.G.	6.1	T1	II	6.1	274 614	100 ml	E4	P001 IBC02		MP15
	2810	GIFTIGER ORGANISCHER FLÜSSIGER STOFF, N.A.G.	6.1	T1	III	6.1	274 614	5 I	E1	P001 IBC03 LP01 R001		MP19

Tabelle A: Verzeichnis der gefährlichen Güter 3.2

ortsbewegliche Tanks und Schüttgut-Container			ADR							RID						
Anweisungen	Sondervorschriften	Tankcodierungen für ADR/RID-Tanks	Sondervorschriften für ADR-Tanks	Fahrzeug für die Beförderung in Tanks	Beförderungskategorie (Tunnelbeschränkungscode)	Sondervorschriften für die Beförderung			Betrieb	Sondervorschriften für RID-Tanks	Beförderungskategorie	Sondervorschriften für die Beförderung			Expressgut	Nummer zur Kennzeichnung der Gefahr	UN-Nummer
						Versandstücke	lose Schüttung	Be- und Entladung, Handhabung				Versandstücke	lose Schüttung	Be- und Entladung, Handhabung			
4.2.5.2 7.3.2	4.2.5.3	4.3	4.3.5 6.8.4	9.1.1.2	1.1.3.6 (8.6)	7.2.4	7.3.3	7.5.11	8.5	4.3.5 6.8.4	1.1.3.1	7.2.4	7.3.3	7.5.11	7.6	5.3.2.3	(1)
(10)	(11)	(12)	(13)	(14)	(15)	(16)	(17)	(18)	(19)	(13)	(15)	(16)	(17)	(18)	(19)	(20)	(1)
					3 (E)		VC1 VC2 AP8				3		VC1 VC2 AP8		CE8	80	2794
					3 (E)		VC1 VC2 AP8				3		VC1 VC2 AP8		CE8	80	2795
T8	TP2	L4BN	TU42	AT	2 (E)					TU42	2				CE6	80	2796
T7	TP2 TP28	L4BN		AT	2 (E)						2				CE6	80	2797
T7	TP2	L4BN		AT	2 (E)						2				CE6	80	2798
T7	TP2	L4BN		AT	2 (E)						2				CE6	80	2799
					3 (E)		VC1 VC2 AP8				3		VC1 VC2 AP8		CE8	80	2800
T14	TP2 TP27	L10BH		AT	1 (E)				S20	TU38 TE22	1					88	2801
T11	TP2 TP27	L4BN		AT	2 (E)						2				CE6	80	2801
T7	TP1 TP28	L4BN		AT	3 (E)	V12					3	W12			CE8	80	2801
T1	TP33	SGAV		AT	3 (E)		VC1 VC2 AP7				3		VC1 VC2 AP7		CE11	80	2802
T1	TP33	SGAV L4BN		AT	3 (E)		VC1 VC2 AP7				3		VC1 VC2 AP7		CE11	80	2803
T3	TP33	SGAN		AT	2 (D/E)	V1		CV23			2	W1		CW23	CE10	423	2805
					1 (E)	V1		CV23	S20		1	W1		CW23		RID: X423	2806
					UNTERLIEGT NICHT DEN VORSCHRIFTEN DES ADR / RID												2807
		L4BN		AT	3 (E)			CV23 CV28			3			CW13 CW28	CE8	86	2809
T14	TP2 TP27	L10CH	TU14 TU15 TE19 TE21	AT	1 (C/E)		CV1 CV13 CV28		S9 S14	TU14 TU15 TU38 TE21 TE22	1			CW13 CW28 CW31		66	2810
T11	TP2 TP27	L4BH	TU15 TE19	AT	2 (D/E)			CV13 CV28	S9 S19	TU15	2			CW13 CW28 CW31	CE5	60	2810
T7	TP1 TP28	L4BH	TU15 TE19	AT	2 (E)	V12		CV13 CV28	S9	TU15	2	W12		CW13 CW28 CW31	CE8	60	2810

3.2 Tabelle A: Verzeichnis der gefährlichen Güter

gemäß Tabelle 1.10.3.1.2	§ 35b GGVSEB	UN-Nummer	Benennung und Beschreibung	Klasse	Klassifizierungscode	Verpackungsgruppe	Gefahrzettel	Sondervorschriften	Begrenzte und freigestellte Mengen		Verpackung		
											Anweisungen	Sondervorschriften	Zusammenpackung
G..			3.1.2	2.2	2.2	2.1.1.3	5.2.2	3.3	3.4 / 3.5.1.2		4.1.4	4.1.4	4.1.10
(1)			(2)	(3a)	(3b)	(4)	(5)	(6)	(7a)	(7b)	(8)	(9a)	(9b)
•		2811	GIFTIGER ORGANISCHER FESTER STOFF, N.A.G.	6.1	T2	I	6.1	274 614	0	E5	P002 IBC07		MP18
		2811	GIFTIGER ORGANISCHER FESTER STOFF, N.A.G.	6.1	T2	II	6.1	274 614	500 g	E4	P002 IBC08	B4	MP10
		2811	GIFTIGER ORGANISCHER FESTER STOFF, N.A.G.	6.1	T2	III	6.1	274 614	5 kg	E1	P002 IBC08 LP02 R001	B3	MP10
		2812	Natriumaluminat, fest	8	C6				UNTERLIEGT NICHT DEN VORSCHRIFTEN DES ADR / RID				
•		2813	MIT WASSER REAGIERENDER FESTER STOFF, N.A.G.	4.3	W2	I	4.3	274	0	E0	P403 IBC99		MP2
		2813	MIT WASSER REAGIERENDER FESTER STOFF, N.A.G.	4.3	W2	II	4.3	274	500 g	E2	P410 IBC07		MP14
		2813	MIT WASSER REAGIERENDER FESTER STOFF, N.A.G.	4.3	W2	III	4.3	274	1 kg	E1	P410 IBC08 R001	B4	MP14
•		2814	ANSTECKUNGSGEFÄHRLICHER STOFF, GEFÄHRLICH FÜR MENSCHEN	6.2	I1		6.2	318	0	E0	P620		MP5
•		2814	ANSTECKUNGSGEFÄHRLICHER STOFF, GEFÄHRLICH FÜR MENSCHEN, in tiefgekühlt verflüssigtem Stickstoff	6.2	I1		6.2 + 2.2	318	0	E0	P620		MP5
		2814	ANSTECKUNGSGEFÄHRLICHER STOFF, GEFÄHRLICH FÜR MENSCHEN (nur tierische Stoffe)	6.2	I1		6.2	318	0	E0	P620		MP5
		2815	N-AMINOETHYLPIPERAZIN	8	CT1	III	8 + 6.1		5 l	E1	P001 IBC03 LP01 R001		MP19
		2817	AMMONIUMHYDROGENDIFLUORID, LÖSUNG	8	CT1	II	8 + 6.1		1 l	E2	P001 IBC02		MP15
		2817	AMMONIUMHYDROGENDIFLUORID, LÖSUNG	8	CT1	III	8 + 6.1		5 l	E1	P001 IBC03 R001		MP19
		2818	AMMONIUMPOLYSULFID, LÖSUNG	8	CT1	II	8 + 6.1		1 l	E2	P001 IBC02		MP15
		2818	AMMONIUMPOLYSULFID, LÖSUNG	8	CT1	III	8 + 6.1		5 l	E1	P001 IBC03 R001		MP19
		2819	AMYLPHOSPHAT	8	C3	III	8		5 l	E1	P001 IBC03 LP01 R001		MP19

Tabelle A: Verzeichnis der gefährlichen Güter   3.2

ortsbewegliche Tanks und Schüttgut-Container		Tankcodierungen für ADR/RID-Tanks	ADR							RID						Expressgut	Nummer zur Kennzeichnung der Gefahr	UN-Nummer
			Sondervorschriften für ADR-Tanks	Fahrzeug für die Beförderung in Tanks	Beförderungskategorie (Tunnelbeschränkungscode)	Sondervorschriften für die Beförderung			Betrieb	Sondervorschriften für RID-Tanks	Beförderungskategorie	Sondervorschriften für die Beförderung						
Anweisungen	Sondervorschriften					Versandstücke	lose Schüttung	Be- und Entladung, Handhabung				Versandstücke	lose Schüttung	Be- und Entladung, Handhabung				
4.2.5.2 7.3.2	4.2.5.3	4.3	4.3.5 6.8.4	9.1.1.2	1.1.3.6 (8.6)	7.2.4	7.3.3	7.5.11	8.5	4.3.5 6.8.4	1.1.3.1	7.2.4	7.3.3	7.5.11	7.6	5.3.2.3	(1)
(10)	(11)	(12)	(13)	(14)	(15)	(16)	(17)	(18)	(19)	(13)	(15)	(16)	(17)	(18)	(19)	(20)	(1)
T6	TP33	S10AH L10CH	TU15 TE19	AT	1 (C/E)	V10		CV1 CV13 CV28	S9 S14	TU15 TU38 TE22	1	W10		CW13 CW28 CW31		66	2811
T3	TP33	SGAH L4BH	TU15 TE19	AT	2 (D/E)	V11		CV13 CV28	S9 S19	TU15	2	W11		CW13 CW28 CW31	CE9	60	2811
T1	TP33	SGAH L4BH	TU15 TE19	AT	2 (E)			VC1 VC2 AP7	CV13 CV28	S9	TU15	2		VC1 VC2 AP7	CW13 CW28 CW31	CE11	60	2811
					UNTERLIEGT NICHT DEN VORSCHRIFTEN DES ADR / RID												2812
T9	TP7 TP33	S10AN L10DH	TU4 TU14 TU22 TE21 TM2	AT	0 (B/E)	V1		CV23	S20	TU4 TU14 TU22 TU38 TE21 TE22 TM2	0	W1		CW23		X423	2813
T3	TP33	SGAN		AT	0 (D/E)	V1		CV23			0	W1		CW23	CE10	423	2813
T1	TP33	SGAN		AT	0 (E)	V1	VC1 VC2 AP3 AP4 AP5	CV23			0	W1	VC1 VC2 AP3 AP4 AP5	CW23	CE11	423	2813
					0 (–)			CV13 CV25 CV26 CV28	S3 S9 S15		0	W9		CW13 CW26 CW18 CW28	CE14	RID: 606	2814
					0 (E)			CV13 CV25 CV26 CV28	S3 S9 S15		0	W9		CW13 CW18 CW26 CW28	CE14	RID: 606	2814
BK1 BK2					0 (E)			CV13 CV25 CV26 CV28	S3 S9 S15		0	W9		CW13 CW18 CW26 CW28	CE14	606	2814
T4	TP1	L4BN		AT	3 (E)	V12					3	W12			CE8	86	2815
T8	TP2	L4DH	TU14 TE21	AT	2 (E)			CV13 CV28		TU14 TE17 TE21 TT4	2			CW13 CW28	CE6	86	2817
T4	TP1	L4DH	TU14 TE21	AT	3 (E)	V12		CV13 CV28		TU14 TE21	3	W12		CW13 CW28	CE8	86	2817
T7	TP2	L4BN		AT	2 (E)			CV13 CV28			2			CW13 CW28	CE6	86	2818
T4	TP1	L4BN		AT	3 (E)	V12		CV13 CV28			3	W12		CW13 CW28	CE8	86	2818
T4	TP1	L4BN		AT	3 (E)	V12					3	W12			CE8	80	2819

3.2 Tabelle A: Verzeichnis der gefährlichen Güter

gemäß Tabelle 1.10.3.1.2	§ 35b GGVSEB	UN-Nummer	Benennung und Beschreibung	Klasse	Klassifizierungscode	Verpackungsgruppe	Gefahrzettel	Sondervorschriften	Begrenzte und freigestellte Mengen		Verpackung Anweisungen	Verpackung Sondervorschriften	Verpackung Zusammenpackung
			3.1.2	2.2	2.2	2.1.1.3	5.2.2	3.3	3.4 / 3.5.1.2		4.1.4	4.1.4	4.1.10
●	G..	(1)	(2)	(3a)	(3b)	(4)	(5)	(6)	(7a)	(7b)	(8)	(9a)	(9b)
		2820	BUTTERSÄURE	8	C3	III	8		5 l	E1	P001 IBC03 LP01 R001		MP19
		2821	PHENOL, LÖSUNG	6.1	T1	II	6.1		100 ml	E4	P001 IBC02		MP15
		2821	PHENOL, LÖSUNG	6.1	T1	III	6.1		5 l	E1	P001 IBC03 LP01 R001		MP19
		2822	2-CHLORPYRIDIN	6.1	T1	II	6.1		100 ml	E4	P001 IBC02		MP15
		2823	CROTONSÄURE, FEST	8	C4	III	8		5 kg	E1	P002 IBC08 LP02 R001	B3	MP10
		2826	ETHYLCHLORTHIOFORMIAT	8	CF1	II	8 + 3		0	E0	P001		MP15
		2829	CAPRONSÄURE	8	C3	III	8		5 l	E1	P001 IBC03 LP01 R001		MP19
		2830	LITHIUMFERROSILICID	4.3	W2	II	4.3		500 g	E2	P410 IBC07		MP14
		2831	1,1,1-TRICHLORETHAN	6.1	T1	III	6.1		5 l	E1	P001 IBC03 LP01 R001		MP19
		2834	PHOSPHORIGE SÄURE	8	C2	III	8		5 kg	E1	P002 IBC08 LP02 R001	B3	MP10
		2835	NATRIUMALUMINIUMHYDRID	4.3	W2	II	4.3		500 g	E0	P410 IBC04		MP14
		2837	HYDROGENSULFATE, WÄSSERIGE LÖSUNG	8	C1	II	8		1 l	E2	P001 IBC02		MP15
		2837	HYDROGENSULFATE, WÄSSERIGE LÖSUNG	8	C1	III	8		5 l	E1	P001 IBC03 LP01 R001		MP19
●	G4	2838	VINYLBUTYRAT, STABILISIERT	3	F1	II	3	386	1 l	E2	P001 IBC02 R001		MP19
		2839	ALDOL (3-HYDROXYBUTYRALDEHYD)	6.1	T1	II	6.1		100 ml	E4	P001 IBC02		MP15
		2840	BUTYRALDOXIM	3	F1	III	3		5 l	E1	P001 IBC03 LP01 R001		MP19
		2841	DI-n-AMYLAMIN	3	FT1	III	3 + 6.1		5 l	E1	P001 IBC03 R001		MP19

Tabelle A: Verzeichnis der gefährlichen Güter 3.2

ortsbewegliche Tanks und Schüttgut-Container		Tankcodierungen für ADR/RID-Tanks	Sondervorschriften für ADR-Tanks	Fahrzeug für die Beförderung in Tanks	ADR Beförderungskategorie (Tunnelbeschränkungscode)	Sondervorschriften für die Beförderung			Betrieb	Sondervorschriften für RID-Tanks	RID Beförderungskategorie	Sondervorschriften für die Beförderung			Expressgut	Nummer zur Kennzeichnung der Gefahr	UN-Nummer
Anweisungen	Sondervorschriften					Versandstücke	lose Schüttung	Be- und Entladung, Handhabung				Versandstücke	lose Schüttung	Be- und Entladung, Handhabung			
4.2.5.2 7.3.2	4.2.5.3	4.3	4.3.5 6.8.4	9.1.1.2	1.1.3.6 (8.6)	7.2.4	7.3.3	7.5.11	8.5	4.3.5 6.8.4	1.1.3.1	7.2.4	7.3.3	7.5.11	7.6	5.3.2.3	(1)
(10)	(11)	(12)	(13)	(14)	(15)	(16)	(17)	(18)	(19)	(13)	(15)	(16)	(17)	(18)	(19)	(20)	(1)
T4	TP1	L4BN		AT	3 (E)	V12					3			W12	CE8	80	2820
T7	TP2	L4BH	TU15 TE19	AT	2 (D/E)			CV13 CV28	S9 S19	TU15	2			CW13 CW28 CW31	CE5	60	2821
T4	TP1	L4BH	TU15 TE19	AT	2 (E)	V12		CV13 CV28	S9	TU15	2		W12	CW13 CW28 CW31	CE8	60	2821
T7	TP2	L4BH	TU15 TE19	AT	2 (D/E)			CV13 CV28	S9 S19	TU15	2			CW13 CW28 CW31	CE5	60	2822
T1	TP33	SGAV L4BN		AT	3 (E)	VC1 VC2 AP7					3		VC1 VC2 AP7		CE11	80	2823
T7	TP2	L4BN		FL	2 (D/E)				S2		2				CE6	83	2826
T4	TP1	L4BN		AT	3 (E)	V12					3			W12	CE8	80	2829
T3	TP33	SGAN		AT	2 (D/E)	V1		CV23			2		W1	CW23	CE10	423	2830
T4	TP1	L4BH	TU15 TE19	AT	2 (E)	V12		CV13 CV28	S9	TU15	2		W12	CW13 CW28 CW31	CE8	60	2831
T1	TP33	SGAV		AT	3 (E)	VC1 VC2 AP7					3		VC1 VC2 AP7		CE11	80	2834
T3	TP33	SGAN		AT	2 (D/E)	V1		CV23			2		W1	CW23	CE10	423	2835
T7	TP2	L4BN		AT	2 (E)						2				CE6	80	2837
T4	TP1	L4BN		AT	3 (E)	V12					3			W12	CE8	80	2837
T4	TP1	LGBF		FL	2 (D/E)	V8			S2 S4 S20		2				CE7	339	2838
T7	TP2	L4BH	TU15 TE19	AT	2 (D/E)			CV13 CV28	S9 S19	TU15	2			CW13 CW28 CW31	CE5	60	2839
T2	TP1	LGBF		FL	3 (D/E)	V12			S2		3			W12	CE4	30	2840
T4	TP1	L4BH	TU15	FL	3 (D/E)	V12		CV13 CV28	S2	TU15	3		W12	CW13 CW28	CE4	36	2841

3.2 Tabelle A: Verzeichnis der gefährlichen Güter

gemäß Tabelle 1.10.3.1.2	§ 35b GGVSEB	UN-Nummer	Benennung und Beschreibung	Klasse	Klassifizierungscode	Verpackungsgruppe	Gefahrzettel	Sondervorschriften	Begrenzte und freigestellte Mengen		Verpackung		
											Anweisungen	Sondervorschriften	Zusammenpackung
G..			3.1.2	2.2	2.2	2.1.1.3	5.2.2	3.3	3.4 / 3.5.1.2		4.1.4	4.1.4	4.1.10
(1)			(2)	(3a)	(3b)	(4)	(5)	(6)	(7a)	(7b)	(8)	(9a)	(9b)
		2842	NITROETHAN	3	F1	III	3		5 l	E1	P001 IBC03 LP01 R001		MP19
		2844	CALCIUMMANGANSILICIUM	4.3	W2	III	4.3		1 kg	E1	P410 IBC08 R001	B4	MP14
●		2845	PYROPHORER ORGANISCHER FLÜSSIGER STOFF, N.A.G.	4.2	S1	I	4.2	274	0	E0	P400		MP2
●		2846	PYROPHORER ORGANISCHER FESTER STOFF, N.A.G.	4.2	S2	I	4.2	274	0	E0	P404		MP13
		2849	3-CHLORPROPAN-1-OL	6.1	T1	III	6.1		5 l	E1	P001 IBC03 LP01 R001		MP19
		2850	TETRAPROPYLEN (PROPYLENTETRAMER)	3	F1	III	3		5 l	E1	P001 IBC03 LP01 R001		MP19
		2851	BORTRIFLUORID-DIHYDRAT	8	C1	II	8		1 l	E2	P001 IBC02		MP15
●		2852	DIPIKRYLSULFID, ANGEFEUCHTET mit mindestens 10 Masse-% Wasser	4.1	D	I	4.1	545	0	E0	P406	PP24	MP2
		2853	MAGNESIUMFLUOROSILICAT	6.1	T5	III	6.1		5 kg	E1	P002 IBC08 LP02 R001	B3	MP10
		2854	AMMONIUMFLUOROSILICAT	6.1	T5	III	6.1		5 kg	E1	P002 IBC08 LP02 R001	B3	MP10
		2855	ZINKFLUOROSILICAT	6.1	T5	III	6.1		5 kg	E1	P002 IBC08 LP02 R001	B3	MP10
		2856	FLUOROSILICATE, N.A.G.	6.1	T5	III	6.1	274	5 kg	E1	P002 IBC08 LP02 R001	B3	MP10
		2857	KÄLTEMASCHINEN mit nicht entzündbaren, nicht giftigen Gasen oder Ammoniaklösungen (UN 2672)	2	6A		2.2	119	0	E0	P003	PP32	MP9
		2858	ZIRKONIUM, TROCKEN, gerollter Draht, fertige Bleche, Streifen (dünner als 254 μm, aber nicht dünner als 18 μm)	4.1	F3	III	4.1	546	5 kg	E1	P002 LP02 R001		MP11
		2859	AMMONIUMMETAVANADAT	6.1	T5	II	6.1		500 g	E4	P002 IBC08	B4	MP10

Tabelle A: Verzeichnis der gefährlichen Güter 3.2

ortsbewegliche Tanks und Schüttgut-Container Anweisungen	Sondervorschriften	Tankcodierungen für ADR/RID-Tanks	Sondervorschriften für ADR-Tanks	Fahrzeug für die Beförderung in Tanks	Beförderungs-kategorie (Tunnel-beschränkungs-code)	ADR Sondervorschriften für die Beförderung Versandstücke	lose Schüttung	Be- und Entladung, Handhabung	Betrieb	Sondervorschriften für RID-Tanks	Beförderungs-kategorie	RID Sondervorschriften für die Beförderung Versandstücke	lose Schüttung	Be- und Entladung, Handhabung	Expressgut	Nummer zur Kennzeichnung der Gefahr	UN-Nummer
4.2.5.2 7.3.2	4.2.5.3	4.3	4.3.5 6.8.4	9.1.1.2	1.1.3.6 (8.6)	7.2.4	7.3.3	7.5.11	8.5	4.3.5 6.8.4	1.1.3.1	7.2.4	7.3.3	7.5.11	7.6	5.3.2.3	(1)
(10)	(11)	(12)	(13)	(14)	(15)	(16)	(17)	(18)	(19)	(13)	(15)	(16)	(17)	(18)	(19)	(20)	(1)
T2	TP1	LGBF		FL	3 (D/E)	V12			S2		3			W12		CE4	30	2842
T1	TP33	SGAN		AT	3 (E)	V1	VC1 VC2 AP3 AP4 AP5	CV23			3		W1	VC1 VC2 AP3 AP4 AP5	CW23	CE11	423	2844
T22	TP2 TP7	L21DH	TU14 TC1 TE21 TM1	AT	0 (B/E)	V1			S20	TU14 TU38 TC1 TE21 TE22 TE25 TM1	0		W1			333		2845
					0 (E)	V1			S20		0		W1				RID: 43	2846
T4	TP1	L4BH	TU15 TE19	AT	2 (E)	V12		CV13 CV28	S9	TU15	2		W12		CW13 CW28 CW31	CE8	60	2849
T2	TP1	LGBF		FL	3 (D/E)	V12			S2		3			W12		CE4	30	2850
T7	TP2	L4BN		AT	2 (E)						2					CE6	80	2851
					1 (B)				S14		1		W1				RID: 40	2852
T1	TP33	SGAH L4BH	TU15 TE19	AT	2 (E)		VC1 VC2 AP7	CV13 CV28	S9	TU15	2		VC1 VC2 AP7	CW13 CW28 CW31	CE11	60	2853
T1	TP33	SGAH L4BH	TU15 TE19	AT	2 (E)		VC1 VC2 AP7	CV13 CV28	S9	TU15	2		VC1 VC2 AP7	CW13 CW28 CW31	CE11	60	2854
T1	TP33	SGAH L4BH	TU15 TE19	AT	2 (E)		VC1 VC2 AP7	CV13 CV28	S9	TU15	2		VC1 VC2 AP7	CW13 CW28 CW31	CE11	60	2855
T1	TP33	SGAH L4BH	TU15 TE19	AT	2 (E)		VC1 VC2 AP7	CV13 CV28	S9	TU15	2		VC1 VC2 AP7	CW13 CW28 CW31	CE11	60	2856
					3 (E)			CV9			3				CW9	CE2	RID: 20	2857
					3 (E)		VC1 VC2				3		W1	VC1 VC2		CE11	40	2858
T3	TP33	SGAH	TU15 TE19	AT	2 (D/E)	V1		CV13 CV28	S9 S19	TU15	2		W11		CW13 CW28 CW31	CE9	60	2859

647

3.2 Tabelle A: Verzeichnis der gefährlichen Güter

gemäß Tabelle 1.10.3.1.2 § 35b GGVSEB	UN-Nummer	Benennung und Beschreibung	Klasse	Klassifizierungscode	Verpackungsgruppe	Gefahrzettel	Sondervorschriften	Begrenzte und freigestellte Mengen		Verpackung Anweisungen	Verpackung Sondervorschriften	Verpackung Zusammenpackung
G..		3.1.2	2.2	2.2	2.1.1.3	5.2.2	3.3	3.4 / 3.5.1.2		4.1.4	4.1.4	4.1.10
(1)		(2)	(3a)	(3b)	(4)	(5)	(6)	(7a)	(7b)	(8)	(9a)	(9b)
	2861	AMMONIUMPOLYVANADAT	6.1	T5	II	6.1		500 g	E4	P002 IBC08	B4	MP10
	2862	VANADIUMPENTOXID, nicht geschmolzen	6.1	T5	III	6.1	600	5 kg	E1	P002 IBC08 LP02 R001	B3	MP10
	2863	NATRIUMAMMONIUMVANADAT	6.1	T5	II	6.1		500 g	E4	P002 IBC08	B4	MP10
	2864	KALIUMMETAVANADAT	6.1	T5	II	6.1		500 g	E4	P002 IBC08	B4	MP10
	2865	HYDROXYLAMINSULFAT	8	C2	III	8		5 kg	E1	P002 IBC08 LP02 R001	B3	MP10
	2869	TITANTRICHLORID, GEMISCH	8	C2	II	8		1 kg	E2	P002 IBC08	B4	MP10
	2869	TITANTRICHLORID, GEMISCH	8	C2	III	8		5 kg	E1	P002 IBC08 LP02 R001	B3	MP10
•	2870	ALUMINIUMBORHYDRID	4.2	SW	I	4.2 + 4.3		0	E0	P400		MP2
•	2870	ALUMINIUMBORHYDRID IN GERÄTEN	4.2	SW	I	4.2 + 4.3		0	E0	P002	PP13	MP2
	2871	ANTIMON-PULVER	6.1	T5	III	6.1		5 kg	E1	P002 IBC08 LP02 R001	B3	MP10
	2872	DIBROMCHLORPROPANE	6.1	T1	II	6.1		100 ml	E4	P001 IBC02		MP15
	2872	DIBROMCHLORPROPANE	6.1	T1	III	6.1		5 l	E1	P001 IBC03 LP01 R001		MP19
	2873	DIBUTYLAMINOETHANOL	6.1	T1	III	6.1		5 l	E1	P001 IBC03 LP01 R001		MP19
	2874	FURFURYLALKOHOL	6.1	T1	III	6.1		5 l	E1	P001 IBC03 LP01 R001		MP19
	2875	HEXACHLOROPHEN	6.1	T2	III	6.1		5 kg	E1	P002 IBC08 LP02 R001	B3	MP10
	2876	RESORCINOL	6.1	T2	III	6.1		5 kg	E1	P002 IBC08 LP02 R001	B3	MP10

Tabelle A: Verzeichnis der gefährlichen Güter 3.2

ortsbewegliche Tanks und Schüttgut-Container			ADR						RID						
Anweisungen	Sondervorschriften	Tankcodierungen für ADR/RID-Tanks	Sondervorschriften für ADR-Tanks	Fahrzeug für die Beförderung in Tanks	Beförderungskategorie (Tunnelbeschränkungscode)	Sondervorschriften für die Beförderung			Betrieb	Sondervorschriften für RID-Tanks	Beförderungskategorie	Sondervorschriften für die Beförderung			Expressgut	Nummer zur Kennzeichnung der Gefahr	UN-Nummer
						Versandstücke	lose Schüttung	Be- und Entladung, Handhabung				Versandstücke	lose Schüttung	Be- und Entladung, Handhabung			
4.2.5.2 7.3.2	4.2.5.3	4.3	4.3.5 6.8.4	9.1.1.2	1.1.3.6 (8.6)	7.2.4	7.3.3	7.5.11	8.5	4.3.5 6.8.4	1.1.3.1	7.2.4	7.3.3	7.5.11	7.6	5.3.2.3	(1)
(10)	(11)	(12)	(13)	(14)	(15)	(16)	(17)	(18)	(19)	(13)	(15)	(16)	(17)	(18)	(19)	(20)	(1)
T3	TP33	SGAH	TU15 TE19	AT	2 (D/E)	V11		CV13 CV28	S9 S19	TU15	2		W11	CW13 CW28 CW31	CE9	60	2861
T1	TP33	SGAH	TU15 TE19	AT	2 (E)		VC1 VC2 AP7	CV13 CV28	S9	TU15	2		VC1 VC2 AP7	CW13 CW28 CW31	CE11	60	2862
T3	TP33	SGAH	TU15 TE19	AT	2 (D/E)	V11		CV13 CV28	S9 S19	TU15	2		W11	CW13 CW28 CW31	CE9	60	2863
T3	TP33	SGAH	TU15 TE19	AT	2 (D/E)	V11		CV13 CV28	S9 S19	TU15	2		W11	CW13 CW28 CW31	CE9	60	2864
T1	TP33	SGAV		AT	3 (E)		VC1 VC2 AP7				3		VC1 VC2 AP7		CE11	80	2865
T3	TP33	SGAN		AT	2 (E)	V11					2		W11		CE10	80	2869
T1	TP33	SGAV		AT	3 (E)		VC1 VC2 AP7				3		VC1 VC2 AP7		CE11	80	2869
T21	TP7 TP33	L21DH	TU14 TC1 TE21 TM1	AT	0 (B/E)	V1			S20	TU14 TU38 TC1 TE21 TE22 TE25 TM1	0		W1			X333	2870
					0 (E)	V1			S20		0		W1			RID: X333	2870
T1	TP33	SGAH L4BH	TU15 TE19	AT	2 (E)		VC1 VC2 AP7	CV13 CV28	S9	TU15	2		VC1 VC2 AP7	CW13 CW28 CW31	CE11	60	2871
T7	TP2	L4BH	TU15 TE19	AT	2 (D/E)			CV13 CV28	S9 S19	TU15	2			CW13 CW28 CW31	CE5	60	2872
T4	TP1	L4BH	TU15 TE19	AT	2 (E)	V12		CV13 CV28	S9	TU15	2	W12		CW13 CW28 CW31	CE8	60	2872
T4	TP1	L4BH	TU15 TE19	AT	2 (E)	V12		CV13 CV28	S9	TU15	2	W12		CW13 CW28 CW31	CE8	60	2873
T4	TP1	L4BH	TU15 TE19	AT	2 (E)	V12		CV13 CV28	S9	TU15	2	W12		CW13 CW28 CW31	CE8	60	2874
T1	TP33	SGAH L4BH	TU15 TE19	AT	2 (E)		VC1 VC2 AP7	CV13 CV28	S9	TU15	2		VC1 VC2 AP7	CW13 CW28 CW31	CE11	60	2875
T1	TP33	SGAH L4BH	TU15 TE19	AT	2 (E)		VC1 VC2 AP7	CV13 CV28	S9	TU15	2		VC1 VC2 AP7	CW13 CW28 CW31	CE11	60	2876

3.2 Tabelle A: Verzeichnis der gefährlichen Güter

gemäß Tabelle 1.10.3.1.2	§ 35b GGVSEB	UN-Nummer	Benennung und Beschreibung	Klasse	Klassifizierungscode	Verpackungsgruppe	Gefahrzettel	Sondervorschriften	Begrenzte und freigestellte Mengen		Verpackung		
											Anweisungen	Sondervorschriften	Zusammenpackung
			3.1.2	2.2	2.2	2.1.1.3	5.2.2	3.3	3.4 / 3.5.1.2		4.1.4	4.1.4	4.1.10
		(1)	(2)	(3a)	(3b)	(4)	(5)	(6)	(7a)	(7b)	(8)	(9a)	(9b)
		2878	TITAN-SCHWAMMGRANULATE oder TITAN-SCHWAMMPULVER	4.1	F3	III	4.1		5 kg	E1	P002 IBC08 LP02 R001	B3	MP11
•		2879	SELENOXYCHLORID	8	CT1	I	8 + 6.1		0	E0	P001		MP8 MP17
		2880	CALCIUMHYPOCHLORIT, HYDRATISIERT oder CALCIUMHYPOCHLORIT, HYDRATISIERTE MISCHUNG mit mindestens 5,5 %, aber höchstens 16 % Wasser	5.1	O2	II	5.1	314 322	1 kg	E2	P002 IBC08	B4 B13	MP10
		2880	CALCIUMHYPOCHLORIT, HYDRATISIERT oder CALCIUMHYPOCHLORIT, HYDRATISIERTE MISCHUNG mit mindestens 5,5 %, aber höchstens 16 % Wasser	5.1	O2	III	5.1	314	5 kg	E1	P002 IBC08 R001	B4 B13	MP10
•		2881	METALLKATALYSATOR, TROCKEN	4.2	S4	I	4.2	274	0	E0	P404		MP13
		2881	METALLKATALYSATOR, TROCKEN	4.2	S4	II	4.2	274	0	E0	P410 IBC06		MP14
		2881	METALLKATALYSATOR, TROCKEN	4.2	S4	III	4.2	274	0	E1	P002 IBC08 LP02 R001	B3	MP14
		2900	ANSTECKUNGSGEFÄHRLICHER STOFF, nur GEFÄHRLICH FÜR TIERE	6.2	I2		6.2	318	0	E0	P620		MP5
•		2900	ANSTECKUNGSGEFÄHRLICHER STOFF, nur GEFÄHRLICH FÜR TIERE, in tiefgekühlt verflüssigtem Stickstoff	6.2	I2		6.2 + 2.2	318	0	E0	P620		MP5
•		2900	ANSTECKUNGSGEFÄHRLICHER STOFF, nur GEFÄHRLICH FÜR TIERE (nur tierische Stoffe)	6.2	I2		6.2	318	0	E0	P620		MP5
•	G3	2901	BROMCHLORID	2	2TOC		2.3 + 5.1 + 8 RID: (+13)		0	E0	P200		MP9
•	G10	2902	PESTIZID, FLÜSSIG, GIFTIG, N.A.G.	6.1	T6	I	6.1	61 274 648	0	E5	P001		MP8 MP17
		2902	PESTIZID, FLÜSSIG, GIFTIG, N.A.G.	6.1	T6	II	6.1	61 274 648	100 ml	E4	P001 IBC02		MP15
		2902	PESTIZID, FLÜSSIG, GIFTIG, N.A.G.	6.1	T6	III	6.1	61 274 648	5 l	E1	P001 IBC03 LP01 R001		MP19

Tabelle A: Verzeichnis der gefährlichen Güter 3.2

ortsbewegliche Tanks und Schüttgut-Container	Sondervorschriften	Tankcodierungen für ADR/RID-Tanks	ADR							RID						Expressgut	Nummer zur Kennzeichnung der Gefahr	UN-Nummer
			Sondervorschriften für ADR-Tanks	Fahrzeug für die Beförderung in Tanks	Beförderungskategorie (Tunnelbeschränkungscode)	Sondervorschriften für die Beförderung			Betrieb	Sondervorschriften für RID-Tanks	Beförderungskategorie	Sondervorschriften für die Beförderung						
Anweisungen						Versandstücke	lose Schüttung	Be- und Entladung, Handhabung				Versandstücke	lose Schüttung	Be- und Entladung, Handhabung				
4.2.5.2 7.3.2	4.2.5.3	4.3	4.3.5 6.8.4	9.1.1.2	1.1.3.6 (8.6)	7.2.4	7.3.3	7.5.11	8.5	4.3.5 6.8.4	1.1.3.1	7.2.4	7.3.3	7.5.11	7.6	5.3.2.3	(1)
(10)	(11)	(12)	(13)	(14)	(15)	(16)	(17)	(18)	(19)	(13)	(15)	(16)	(17)	(18)	(19)	(20)	(1)
T1	TP33	SGAV		AT	3 (E)		VC1 VC2				3		W1	VC1 VC2		CE11	40	2878
T10	TP2	L10BH		AT	1 (C/D)			CV13 CV28	S14 TE22	TU38	1				CW13 CW28		X886	2879
		SGAN	TU3	AT	2 (E)	V11		CV24 CV35		TU3	2		W11		CW24 CW35	CE10	50	2880
		SGAV	TU3	AT	3 (E)		VC1 VC2 AP6 AP7	CV24 CV35		TU3	3			VC1 VC2 AP6 AP7	CW24 CW35	CE11	50	2880
T21	TP7 TP33			AT	0 (B/E)	V1			S20		0		W1				43	2881
T3	TP33	SGAN		AT	2 (D/E)	V1					2		W1			CE10	40	2881
T1	TP33	SGAN		AT	3 (E)	V1	VC1 VC2 AP1				3		W1	VC1 VC2 AP1		CE11	40	2881
					0 (–)			CV13 CV25 CV26 CV28	S3 S9 S15		0		W9		CW13 CW18 CW26 CW28	CE14	RID: 606	2900
					0 (E)			CV13 CV25 CV26 CV28	S3 S9 S15		0		W9		CW13 CW18 CW26 CW28	CE14	RID: 606	2900
BK1 BK2					0 (E)			CV13 CV25 CV26 CV28	S3 S9 S15		0		W9		CW13 CW18 CW26 CW28	CE14	606	2900
(M)		PxBH(M)	TA4 TT9	AT	1 (C/D)			CV9 CV10 CV36	S14	TU38 TE22 TE25 TM6 TA4 TT9	1				CW9 CW10 CW36		265	2901
T14	TP2 TP27	L10CH	TU14 TU15 TE19 TE21	AT	1 (C/E)			CV1 CV13 CV28	S9 S14	TU14 TU15 TU38 TE21 TE22	1				CW13 CW28 CW31	CE12	66	2902
T11	TP2 TP27	L4BH	TU15 TE19	AT	2 (D/E)			CV13 CV28	S9 S19	TU15	2				CW13 CW28 CW31	CE5 CE12	60	2902
T7	TP2 TP28	L4BH	TU15 TE19	AT	2 (E)	V12		CV13 CV28	S9	TU15	2		W12		CW13 CW28 CW31	CE8 CE12	60	2902

3.2 Tabelle A: Verzeichnis der gefährlichen Güter

gemäß Tabelle 1.10.3.1.2 § 35b GGVSEB	UN-Nummer	Benennung und Beschreibung	Klasse	Klassifizierungscode	Verpackungsgruppe	Gefahrzettel	Sondervorschriften	Begrenzte und freigestellte Mengen		Verpackung		
										Anweisungen	Sondervorschriften	Zusammenpackung
G..		3.1.2	2.2	2.2	2.1.1.3	5.2.2	3.3	3.4 / 3.5.1.2		4.1.4	4.1.4	4.1.10
(1)		(2)	(3a)	(3b)	(4)	(5)	(6)	(7a)	(7b)	(8)	(9a)	(9b)
• G10	2903	PESTIZID, FLÜSSIG, GIFTIG, ENTZÜNDBAR, N.A.G., mit einem Flammpunkt von 23 °C oder darüber	6.1	TF2	I	6.1 + 3	61 274	0	E5	P001		MP8 MP17
	2903	PESTIZID, FLÜSSIG, GIFTIG, ENTZÜNDBAR, N.A.G., mit einem Flammpunkt von 23 °C oder darüber	6.1	TF2	II	6.1 + 3	61 274	100 ml	E4	P001 IBC02		MP15
	2903	PESTIZID, FLÜSSIG, GIFTIG, ENTZÜNDBAR, N.A.G., mit einem Flammpunkt von 23 °C oder darüber	6.1	TF2	III	6.1 + 3	61 274	5 l	E1	P001 IBC03 R001		MP19
	2904	CHLORPHENOLATE, FLÜSSIG oder PHENOLATE, FLÜSSIG	8	C9	III	8		5 l	E1	P001 IBC03 LP01 R001		MP19
	2905	CHLORPHENOLATE, FEST oder PHENOLATE, FEST	8	C10	III	8		5 kg	E1	P002 IBC08 LP02 R001	B3	MP10
•	2907	ISOSORBIDDINITRAT, MISCHUNG mit mindestens 60 % Lactose, Mannose, Stärke oder Calciumhydrogenphosphat	4.1	D	II	4.1	127	0	E0	P406 IBC06	PP26 PP80 B12	MP2
	2908	RADIOAKTIVE STOFFE, FREIGESTELLTES VERSANDSTÜCK - LEERE VERPACKUNG	7				290 368	0	E0	siehe 1.7	siehe 4.1.9.1.3	
	2909	RADIOAKTIVE STOFFE, FREIGESTELLTES VERSANDSTÜCK - FABRIKATE AUS NATÜRLICHEM URAN oder AUS ABGEREICHERTEM URAN oder AUS NATÜRLICHEM THORIUM	7				290	0	E0	siehe 1.7	siehe 4.1.9.1.3	
	2910	RADIOAKTIVE STOFFE, FREIGESTELLTES VERSANDSTÜCK - BEGRENZTE STOFFMENGE	7				290 368	0	E0	siehe 1.7	siehe 4.1.9.1.3	
	2911	RADIOAKTIVE STOFFE, FREIGESTELLTES VERSANDSTÜCK - INSTRUMENTE oder FABRIKATE	7				290	0	E0	siehe 1.7	siehe 4.1.9.1.3	
	2912	RADIOAKTIVE STOFFE MIT GERINGER SPEZIFISCHER AKTIVITÄT (LSA-I), nicht spaltbar oder spaltbar, freigestellt	7			7X	172 317 325	0	E0	siehe 2.2.7 und 4.1.9	siehe 4.1.9.1.3	
	2913	RADIOAKTIVE STOFFE, OBERFLÄCHENKONTAMINIERTE GEGENSTÄNDE (SCO-I, SCO-II oder SCO-III), nicht spaltbar oder spaltbar, freigestellt	7			7X	172 317 325	0	E0	siehe 2.2.7 und 4.1.9	siehe 4.1.9.1.3	

Tabelle A: Verzeichnis der gefährlichen Güter 3.2

ortsbewegliche Tanks und Schüttgut-Container Anweisungen 4.2.5.2 7.3.2 (10)	Sondervorschriften 4.2.5.3	Tankcodierungen für ADR/RID-Tanks 4.3	ADR Sondervorschriften für ADR-Tanks 4.3.5 6.8.4	Fahrzeug für die Beförderung in Tanks 9.1.1.2	Beförderungskategorie (Tunnelbeschränkungscode) 1.1.3.6 (8.6)	Sondervorschriften für die Beförderung Versandstücke 7.2.4	lose Schüttung 7.3.3	Be- und Entladung, Handhabung 7.5.11	Betrieb 8.5	RID Sondervorschriften für RID-Tanks 4.3.5 6.8.4	Beförderungskategorie 1.1.3.1	Sondervorschriften für die Beförderung Versandstücke 7.2.4	lose Schüttung 7.3.3	Be- und Entladung, Handhabung 7.5.11	Expressgut 7.6	Nummer zur Kennzeichnung der Gefahr 5.3.2.3	UN-Nummer (1)
(10)	(11)	(12)	(13)	(14)	(15)	(16)	(17)	(18)	(19)	(13)	(15)	(16)	(17)	(18)	(19)	(20)	(1)
T14	TP2 TP27	L10CH	TU14 TU15 TE19 TE21	FL	1 (C/E)			CV1 CV13 CV28	S2 S9 S14	TU14 TU15 TE21 TE22	1			CW13 CW28 CW31	CE12	663	2903
T11	TP2 TP27	L4BH	TU15 TE19	FL	2 (D/E)			CV13 CV28	S2 S9 S19	TU15	2			CW13 CW28 CW31	CE5 CE12	63	2903
T7	TP2	L4BH	TU15 TE19	FL	2 (D/E)	V12		CV13 CV28	S2 S9	TU15	2	W12		CW13 CW28 CW31	CE8 CE12	63	2903
		L4BN		AT	3 (E)	V12					3	W12			CE8	80	2904
T1	TP33	SGAV L4BN		AT	3 (E)			VC1 VC2 AP7			3			VC1 VC2 AP7	CE11	80	2905
					2 (B)	V11			S14		2	W1			CE10	RID: 40	2907
					4 (E)			CV33 (siehe 1.7.1.5.1)	S5 S21		4			CW33 (siehe 1.7.1.5.1)	CE15	RID: 70	2908
					4 (E)			CV33 (siehe 1.7.1.5.1)	S5 S21		4			CW33 (siehe 1.7.1.5.1)	CE15	RID: 70	2909
					4 (E)			CV33 (siehe 1.7.1.5.1)	S5 S21		4			CW33 (siehe 1.7.1.5.1)	CE15	RID: 70	2910
					4 (E)			CV33 (siehe 1.7.1.5.1)	S5 S21		4			CW33 (siehe 1.7.1.5.1)	CE15	RID: 70	2911
T5 siehe 4.1.9.2.4	TP4	S2,65AN(+) L2,65CN(+)	TU36 TT7 TM7	AT	0 (E)	siehe 4.1.9.2.4		CV33	S6 S11 S21	TU36 TT7 TM7	0	siehe 4.1.9.2.4		CW33	CE15	70	2912
siehe 4.1.9.2.4					0 (E)	siehe 4.1.9.2.4		CV33	S6 S11 S21		0	siehe 4.1.9.2.4		CW33	CE15	70	2913

3.2 Tabelle A: Verzeichnis der gefährlichen Güter

gemäß Tabelle 1.10.3.1.2	§ 35b GGVSEB	UN-Nummer	Benennung und Beschreibung	Klasse	Klassifizierungscode	Verpackungsgruppe	Gefahrzettel	Sondervorschriften	Begrenzte und freigestellte Mengen		Verpackung		
											Anweisungen	Sondervorschriften	Zusammenpackung
G..			3.1.2	2.2	2.2	2.1.1.3	5.2.2	3.3	3.4 / 3.5.1.2		4.1.4	4.1.4	4.1.10
(1)			(2)	(3a)	(3b)	(4)	(5)	(6)	(7a)	(7b)	(8)	(9a)	(9b)
		2915	RADIOAKTIVE STOFFE, TYP A-VERSANDSTÜCK, nicht in besonderer Form, nicht spaltbar oder spaltbar, freigestellt	7			7X	172 317 325	0	E0	siehe 2.2.7 und 4.1.9	siehe 4.1.9.1.3	
		2916	RADIOAKTIVE STOFFE, TYP B(U)-VERSANDSTÜCK, nicht spaltbar oder spaltbar, freigestellt	7			7X	172 317 325 337	0	E0	siehe 2.2.7 und 4.1.9	siehe 4.1.9.1.3	
		2917	RADIOAKTIVE STOFFE, TYP B(M)-VERSANDSTÜCK, nicht spaltbar oder spaltbar, freigestellt	7			7X	172 317 325 337	0	E0	siehe 2.2.7 und 4.1.9	siehe 4.1.9.1.3	
		2919	RADIOAKTIVE STOFFE, UNTER SONDERVEREINBARUNG BEFÖRDERT, nicht spaltbar oder spaltbar, freigestellt	7			7X	172 317 325	0	E0	siehe 2.2.7 und 4.1.9	siehe 4.1.9.1.3	
•		2920	ÄTZENDER FLÜSSIGER STOFF, ENTZÜNDBAR, N.A.G.	8	CF1	I	8 + 3	274	0	E0	P001		MP8 MP17
		2920	ÄTZENDER FLÜSSIGER STOFF, ENTZÜNDBAR, N.A.G.	8	CF1	II	8 + 3	274	1 l	E2	P001 IBC02		MP15
•		2921	ÄTZENDER FESTER STOFF, ENTZÜNDBAR, N.A.G.	8	CF2	I	8 + 4.1	274	0	E0	P002 IBC05		MP18
		2921	ÄTZENDER FESTER STOFF, ENTZÜNDBAR, N.A.G.	8	CF2	II	8 + 4.1	274	1 kg	E2	P002 IBC08	B4	MP10
•		2922	ÄTZENDER FLÜSSIGER STOFF, GIFTIG, N.A.G.	8	CT1	I	8 + 6.1	274	0	E0	P001		MP8 MP17
		2922	ÄTZENDER FLÜSSIGER STOFF, GIFTIG, N.A.G.	8	CT1	II	8 + 6.1	274	1 l	E2	P001 IBC02		MP15
		2922	ÄTZENDER FLÜSSIGER STOFF, GIFTIG, N.A.G.	8	CT1	III	8 + 6.1	274	5 l	E1	P001 IBC03 R001		MP19
•		2923	ÄTZENDER FESTER STOFF, GIFTIG, N.A.G.	8	CT2	I	8 + 6.1	274	0	E0	P002 IBC05		MP18
		2923	ÄTZENDER FESTER STOFF, GIFTIG, N.A.G.	8	CT2	II	8 + 6.1	274	1 kg	E2	P002 IBC08	B4	MP10
		2923	ÄTZENDER FESTER STOFF, GIFTIG, N.A.G.	8	CT2	III	8 + 6.1	274	5 kg	E1	P002 IBC08 R001	B3	MP10
•		2924	ENTZÜNDBARER FLÜSSIGER STOFF, ÄTZEND, N.A.G.	3	FC	I	3 + 8	274	0	E0	P001		MP7 MP17
•		2924	ENTZÜNDBARER FLÜSSIGER STOFF, ÄTZEND, N.A.G.	3	FC	II	3 + 8	274	1 l	E2	P001 IBC02		MP19
		2924	ENTZÜNDBARER FLÜSSIGER STOFF, ÄTZEND, N.A.G.	3	FC	III	3 + 8	274	5 l	E1	P001 IBC03 R001		MP19
		2925	ENTZÜNDBARER ORGANISCHER FESTER STOFF, ÄTZEND, N.A.G.	4.1	FC1	II	4.1 + 8	274	1 kg	E2	P002 IBC06		MP10
		2925	ENTZÜNDBARER ORGANISCHER FESTER STOFF, ÄTZEND, N.A.G.	4.1	FC1	III	4.1 + 8	274	5 kg	E1	P002 IBC06 R001		MP10

Tabelle A: Verzeichnis der gefährlichen Güter 3.2

ortsbewegliche Tanks und Schüttgut-Container Anweisungen 4.2.5.2 7.3.2 (10)	Sondervorschriften 4.2.5.3 (11)	Tankcodierungen für ADR/RID-Tanks 4.3 (12)	ADR Sondervorschriften für ADR-Tanks 4.3.5 6.8.4 (13)	ADR Fahrzeug für die Beförderung in Tanks 9.1.1.2 (14)	ADR Beförderungskategorie (Tunnelbeschränkungscode) 1.1.3.6 (8.6) (15)	ADR Sondervorschriften für die Beförderung Versandstücke 7.2.4 (16)	ADR lose Schüttung 7.3.3 (17)	ADR Be- und Entladung, Handhabung 7.5.11 (18)	Betrieb 8.5 (19)	RID Sondervorschriften für RID-Tanks 4.3.5 6.8.4 (13)	RID Beförderungskategorie 1.1.3.1 (15)	RID Sondervorschriften für die Beförderung Versandstücke 7.2.4 (16)	RID lose Schüttung 7.3.3 (17)	RID Be- und Entladung, Handhabung 7.5.11 (18)	Expressgut 7.6 (19)	Nummer zur Kennzeichnung der Gefahr 5.3.2.3 (20)	UN-Nummer (1)
					0 (E)			CV33	S6 S11 S12 S21		0			CW33	CE15	70	2915
					0 (E)			CV33	S6 S11 S21		0			CW33	CE15	70	2916
					0 (E)			CV33	S6 S11 S21		0			CW33	CE15	70	2917
					0 (–)			CV33	S6 S11 S21		0			CW33	CE15	70	2919
T14	TP2 TP27	L10BH		FL	1 (D/E)				S2 S14	TU38 TE22	1				883		2920
T11	TP2 TP27	L4BN		FL	2 (D/E)				S2		2				CE6	83	2920
T6	TP33	S10AN L10BH		AT	1 (E)	V10			S14	TU38 TE22	1	W10			884		2921
T3	TP33	SGAN L4BN		AT	2 (E)	V11					2	W11			CE10	84	2921
T14	TP2 TP27	L10BH		AT	1 (C/D)			CV13 CV28	S14	TU38 TE22	1			CW13 CW28		886	2922
T7	TP2	L4BN		AT	2 (E)			CV13 CV28			2			CW13 CW28	CE6	86	2922
T7	TP1 TP28	L4BN		AT	3 (E)	V12		CV13 CV28			3	W12		CW13 CW28	CE8	86	2922
T6	TP33	S10AN L10BH		AT	1 (E)	V10		CV13 CV28	S14	TU38 TE22	1	W10		CW13 CW28		886	2923
T3	TP33	SGAN L4BN		AT	2 (E)	V11		CV13 CV28			2	W11		CW13 CW28	CE10	86	2923
T1	TP33	SGAV L4BN		AT	3 (E)	VC1 VC2 AP7		CV13 CV28			3		VC1 VC2 AP7	CW13 CW28	CE11	86	2923
T14	TP2	L10CH	TU14 TE21	FL	1 (C/E)				S2 S20	TU14 TU38 TE21 TE22	1				338		2924
T11	TP2 TP27	L4BH		FL	2 (D/E)				S2 S20		2				CE7	338	2924
T7	TP1 TP28	L4BN		FL	3 (D/E)	V12			S2		3	W12			CE4	38	2924
T3	TP33	SGAN		AT	2 (E)	V11					2	W1			CE10	48	2925
T1	TP33	SGAN		AT	3 (E)						3	W1			CE11	48	2925

3.2 Tabelle A: Verzeichnis der gefährlichen Güter

gemäß Tabelle 1.10.3.1.2	§ 35b GGVSEB	UN-Nummer	Benennung und Beschreibung	Klasse	Klassifizierungscode	Verpackungsgruppe	Gefahrzettel	Sondervorschriften	Begrenzte und freigestellte Mengen		Verpackung Anweisungen	Verpackung Sondervorschriften	Verpackung Zusammenpackung
G..			3.1.2	2.2	2.2	2.1.1.3	5.2.2	3.3	3.4 / 3.5.1.2		4.1.4	4.1.4	4.1.10
(1)			(2)	(3a)	(3b)	(4)	(5)	(6)	(7a)	(7b)	(8)	(9a)	(9b)
		2926	ENTZÜNDBARER ORGANISCHER FESTER STOFF, GIFTIG, N.A.G.	4.1	FT1	II	4.1 + 6.1	274	1 kg	E2	P002 IBC06		MP10
		2926	ENTZÜNDBARER ORGANISCHER FESTER STOFF, GIFTIG, N.A.G.	4.1	FT1	III	4.1 + 6.1	274	5 kg	E1	P002 IBC06 R001		MP10
•	G10	2927	GIFTIGER ORGANISCHER FLÜSSIGER STOFF, ÄTZEND, N.A.G.	6.1	TC1	I	6.1 + 8	274 315	0	E5	P001		MP8 MP17
		2927	GIFTIGER ORGANISCHER FLÜSSIGER STOFF, ÄTZEND, N.A.G.	6.1	TC1	II	6.1 + 8	274	100 ml	E4	P001 IBC02		MP15
•		2928	GIFTIGER ORGANISCHER FESTER STOFF, ÄTZEND, N.A.G.	6.1	TC2	I	6.1 + 8	274	0	E5	P002 IBC05		MP18
		2928	GIFTIGER ORGANISCHER FESTER STOFF, ÄTZEND, N.A.G.	6.1	TC2	II	6.1 + 8	274	500 g	E4	P002 IBC06		MP10
•	G10	2929	GIFTIGER ORGANISCHER FLÜSSIGER STOFF, ENTZÜNDBAR, N.A.G.	6.1	TF1	I	6.1 + 3	274 315	0	E5	P001		MP8 MP17
		2929	GIFTIGER ORGANISCHER FLÜSSIGER STOFF, ENTZÜNDBAR, N.A.G.	6.1	TF1	II	6.1 + 3	274	100 ml	E4	P001 IBC02		MP15
•		2930	GIFTIGER ORGANISCHER FESTER STOFF, ENTZÜNDBAR, N.A.G.	6.1	TF3	I	6.1 + 4.1	274	0	E5	P002 IBC05		MP18
		2930	GIFTIGER ORGANISCHER FESTER STOFF, ENTZÜNDBAR, N.A.G.	6.1	TF3	II	6.1 + 4.1	274	500 g	E4	P002 IBC08	B4	MP10
		2931	VANADYLSULFAT	6.1	T5	II	6.1		500 g	E4	P002 IBC08	B4	MP10
		2933	METHYL-2-CHLORPROPIONAT	3	F1	III	3		5 l	E1	P001 IBC03 LP01 R001		MP19
		2934	ISOPROPYL-2-CHLORPROPIONAT	3	F1	III	3		5 l	E1	P001 IBC03 LP01 R001		MP19
		2935	ETHYL-2-CHLORPROPIONAT	3	F1	III	3		5 l	E1	P001 IBC03 LP01 R001		MP19
		2936	THIOMILCHSÄURE	6.1	T1	II	6.1		100 ml	E4	P001 IBC02		MP15
		2937	alpha-METHYLBENZYLALKOHOL, FLÜSSIG	6.1	T1	III	6.1		5 l	E1	P001 IBC03 LP01 R001		MP19
		2940	9-PHOSPHABICYCLONONANE (CYCLOOCTADIENPHOSPHINE)	4.2	S2	II	4.2		0	E2	P410 IBC06		MP14

Tabelle A: Verzeichnis der gefährlichen Güter 3.2

ortsbewegliche Tanks und Schüttgut-Container		Tankcodierungen für ADR/RID-Tanks	Sondervorschriften für ADR-Tanks	Fahrzeug für die Beförderung in Tanks	ADR Beförderungskategorie (Tunnelbeschränkungscode)	Sondervorschriften für die Beförderung			Sondervorschriften für RID-Tanks	RID Beförderungskategorie	Sondervorschriften für die Beförderung			Expressgut	Nummer zur Kennzeichnung der Gefahr	UN-Nummer
Anweisungen	Sondervorschriften					Versandstücke	lose Schüttung	Be- und Entladung, Handhabung	Betrieb			Versandstücke	lose Schüttung	Be- und Entladung, Handhabung			
4.2.5.2 7.3.2	4.2.5.3	4.3	4.3.5 6.8.4	9.1.1.2	1.1.3.6 (8.6)	7.2.4	7.3.3	7.5.11	8.5	4.3.5 6.8.4	1.1.3.1	7.2.4	7.3.3	7.5.11	7.6	5.3.2.3	(1)
(10)	(11)	(12)	(13)	(14)	(15)	(16)	(17)	(18)	(19)	(13)	(15)	(16)	(17)	(18)	(19)	(20)	(1)
T3	TP33	SGAN		AT	2 (E)	V11		CV28		2		W1		CW28	CE10	46	2926
T1	TP33	SGAN		AT	3 (E)			CV28		3		W1		CW28	CE11	46	2926
T14	TP2 TP27	L10CH	TU14 TU15 TE19 TE21	AT	1 (C/E)			CV1 CV13 CV28	S9 S14	TU14 TU15 TU38 TE21 TE22	1			CW13 CW28 CW31		668	2927
T11	TP2 TP27	L4BH	TU15 TE19	AT	2 (D/E)			CV13 CV28	S9 S19	TU15	2			CW13 CW28 CW31	CE5	68	2927
T6	TP33	S10AH	TU14 TU15 TE19 TE21	AT	1 (C/E)	V10		CV1 CV13 CV28	S9 S14	TU14 TU15 TE21	1	W10		CW13 CW28 CW31		668	2928
T3	TP33	SGAH L4BH	TU15 TE19	AT	2 (D/E)	V11		CV13 CV28	S9 S19	TU15	2	W11		CW13 CW28 CW31	CE9	68	2928
T14	TP2 TP27	L10CH	TU14 TU15 TE19 TE21	FL	1 (C/D)			CV1 CV13 CV28	S2 S9 S14	TU14 TU15 TU38 TE21 TE22	1			CW13 CW28 CW31		663	2929
T11	TP2 TP27	L4BH	TU15 TE19	FL	2 (D/E)			CV13 CV28	S2 S9 S19	TU15	2			CW13 CW28 CW31	CE5	63	2929
T6	TP33			AT	1 (C/E)	V10		CV1 CV13 CV28	S9 S14		1	W10		CW13 CW28 CW31		664	2930
T3	TP33	SGAH L4BH	TU15 TE19	AT	2 (D/E)	V11		CV13 CV28	S9 S19	TU15	2	W11		CW13 CW28 CW31	CE9	64	2930
T3	TP33	SGAH	TU15 TE19	AT	2 (D/E)	V11		CV13 CV28	S9 S19	TU15	2	W11		CW13 CW28 CW31	CE9	60	2931
T2	TP1	LGBF		FL	3 (D/E)	V12			S2		3	W12			CE4	30	2933
T2	TP1	LGBF		FL	3 (D/E)	V12			S2		3	W12			CE4	30	2934
T2	TP1	LGBF		FL	3 (D/E)	V12			S2		3	W12			CE4	30	2935
T7	TP2	L4BH	TU15 TE19	AT	2 (D/E)			CV13 CV28	S9 S19	TU15	2			CW13 CW28 CW31	CE5	60	2936
T4	TP1	L4BH	TU15 TE19	AT	2 (E)	V12		CV13 CV28	S9	TU15	2	W12		CW13 CW28 CW31	CE8	60	2937
T3	TP33	SGAN		AT	2 (D/E)	V1					2	W1			CE10	40	2940

3.2 Tabelle A: Verzeichnis der gefährlichen Güter

gemäß Tabelle 1.10.3.1.2	§ 35b GGVSEB	UN-Nummer	Benennung und Beschreibung	Klasse	Klassifizierungscode	Verpackungsgruppe	Gefahrzettel	Sondervorschriften	Begrenzte und freigestellte Mengen		Verpackung Anweisungen	Verpackung Sondervorschriften	Verpackung Zusammenpackung
G..			3.1.2	2.2	2.2	2.1.1.3	5.2.2	3.3	3.4 / 3.5.1.2		4.1.4	4.1.4	4.1.10
(1)			(2)	(3a)	(3b)	(4)	(5)	(6)	(7a)	(7b)	(8)	(9a)	(9b)
		2941	FLUORANILINE	6.1	T1	III	6.1		5 l	E1	P001 IBC03 LP01 R001		MP19
		2942	2-TRIFLUORMETHYLANILIN	6.1	T1	III	6.1		5 l	E1	P001 IBC03 LP01 R001		MP19
		2943	TETRAHYDROFURFURYLAMIN	3	F1	III	3		5 l	E1	P001 IBC03 LP01 R001		MP19
●		2945	N-METHYLBUTYLAMIN	3	FC	II	3 + 8		1 l	E2	P001 IBC02		MP19
		2946	2-AMINO-5-DIETHYLAMINOPENTAN	6.1	T1	III	6.1		5 l	E1	P001 IBC03 LP01 R001		MP19
		2947	ISOPROPYLCHLORACETAT	3	F1	III	3		5 l	E1	P001 IBC03 LP01 R001		MP19
		2948	3-TRIFLUORMETHYLANILIN	6.1	T1	II	6.1		100 ml	E4	P001 IBC02		MP15
		2949	NATRIUMHYDROGENSULFID, HYDRATISIERT mit mindestens 25 % Kristallwasser	8	C6	II	8	523	1 kg	E2	P002 IBC08	B4	MP10
		2950	MAGNESIUM-GRANULATE, ÜBERZOGEN, mit einer Teilchengröße von mindestens 149 μm	4.3	W2	III	4.3		1 kg	E1	P410 IBC08 R001	B4	MP14
		2956	5-tert-BUTYL-2,4,6-TRINITRO-m-XYLEN (XYLENMOSCHUS)	4.1	SR1	III	4.1	638	5 kg	E0	P409		MP2
●		2965	BORTRIFLUORIDDIMETHYLETHERAT	4.3	WFC	I	4.3 + 3 + 8		0	E0	P401		MP2
		2966	THIOGLYCOL	6.1	T1	II	6.1		100 ml	E4	P001 IBC02		MP15
		2967	SULFAMINSÄURE	8	C2	III	8		5 kg	E1	P002 IBC08 LP02 R001	B3	MP10
		2968	MANEB, STABILISIERT oder MANEBZUBEREITUNGEN, STABILISIERT gegen Selbsterhitzung	4.3	W2	III	4.3	547	1 kg	E1	P002 IBC08 R001	B4	MP14
		2969	RIZINUSSAAT oder RIZINUSMEHL oder RIZINUSSAATKUCHEN oder RIZINUSFLOCKEN	9	M11	II	9	141	5 kg	E2	P002 IBC08	PP34 B4	MP10

Tabelle A: Verzeichnis der gefährlichen Güter 3.2

ortsbewegliche Tanks und Schüttgut-Container Anweisungen	Sondervorschriften	Tankcodierungen für ADR/RID-Tanks	Sondervorschriften für ADR-Tanks	Fahrzeug für die Beförderung in Tanks	ADR Beförderungskategorie (Tunnelbeschränkungscode)	Sondervorschriften für die Beförderung Versandstücke	lose Schüttung	Be- und Entladung, Handhabung	Betrieb	Sondervorschriften für RID-Tanks	RID Beförderungskategorie	Sondervorschriften für die Beförderung Versandstücke	lose Schüttung	Be- und Entladung, Handhabung	Expressgut	Nummer zur Kennzeichnung der Gefahr	UN-Nummer
4.2.5.2 7.3.2	4.2.5.3	4.3	4.3.5 6.8.4	9.1.1.2	1.1.3.6 (8.6)	7.2.4	7.3.3	7.5.11	8.5	4.3.5 6.8.4	1.1.3.1	7.2.4	7.3.3	7.5.11	7.6	5.3.2.3	(1)
(10)	(11)	(12)	(13)	(14)	(15)	(16)	(17)	(18)	(19)	(13)	(15)	(16)	(17)	(18)	(19)	(20)	(1)
T4	TP1	L4BH	TU15 TE19	AT	2 (E)	V12		CV13 CV28	S9	TU15	2	W12		CW13 CW28 CW31	CE8	60	2941
		L4BH	TU15 TE19	AT	2 (E)	V12		CV13 CV28	S9	TU15	2	W12		CW13 CW28 CW31	CE8	60	2942
T2	TP1	LGBF		FL	3 (D/E)	V12			S2		3	W12			CE4	30	2943
T7	TP1	L4BH		FL	2 (D/E)				S2 S20		2				CE7	338	2945
T4	TP1	L4BH	TU15 TE19	AT	2 (E)	V12		CV13 CV28	S9	TU15	2	W12		CW13 CW28 CW31	CE8	60	2946
T2	TP1	LGBF		FL	3 (D/E)	V12			S2		3	W12			CE4	30	2947
T7	TP2	L4BH	TU15 TE19	AT	2 (D/E)			CV13 CV28	S9 S19	TU15	2			CW13 CW28 CW31	CE5	60	2948
T7	TP2	SGAN L4BN		AT	2 (E)	V11					2	W11			CE10	80	2949
T1 BK2	TP33	SGAN		AT	3 (E)	V1	VC2 AP4 AP5	CV23			3	W1	VC2 AP4 AP5	CW23	CE11	423	2950
					3 (D)			CV14	S24		3	W1			CE11	RID: 40	2956
T10	TP2 TP7	L10DH	TU4 TU14 TU22 TE21 TM2	FL	0 (B/E)	V1		CV23	S2 S20	TU4 TU14 TU22 TU38 TE21 TE22 TM2	0	W1		CW23		382	2965
T7	TP2	L4BH	TU15 TE19	AT	2 (D/E)			CV13 CV28	S9 S19	TU15	2			CW13 CW28 CW31	CE5	60	2966
T1	TP33	SGAV		AT	3 (E)		VC1 VC2 AP7				3		VC1 VC2 AP7		CE11	80	2967
T1	TP33	SGAN		AT	0 (E)	V1	VC1 VC2 AP3 AP4 AP5	CV23			0	W1	VC1 VC2 AP3 AP4 AP5	CW23	CE11	423	2968
T3 BK1 BK2	TP33	SGAV		AT	2 (E)	V11	VC1 VC2				2	W11	VC1 VC2	CW31	CE9	90	2969

3.2 Tabelle A: Verzeichnis der gefährlichen Güter

gemäß Tabelle 1.10.3.1.2 § 35b GGVSEB	UN-Nummer	Benennung und Beschreibung	Klasse	Klassifizierungscode	Verpackungsgruppe	Gefahrzettel	Sondervorschriften	Begrenzte und freigestellte Mengen		Verpackung Anweisungen	Verpackung Sondervorschriften	Verpackung Zusammenpackung
G..		3.1.2	2.2	2.2	2.1.1.3	5.2.2	3.3	3.4 / 3.5.1.2		4.1.4	4.1.4	4.1.10
(1)		(2)	(3a)	(3b)	(4)	(5)	(6)	(7a)	(7b)	(8)	(9a)	(9b)
	2977	RADIOAKTIVE STOFFE, URANHEXAFLUORID, SPALTBAR	7			7X + 7E + 6.1 + 8		0	E0	siehe 2.2.7 und 4.1.9	siehe 4.1.9.1.3	
	2978	RADIOAKTIVE STOFFE, URANHEXAFLUORID, nicht spaltbar oder spaltbar, freigestellt	7			7X + 6.1 + 8	317	0	E0	siehe 2.2.7 und 4.1.9	siehe 4.1.9.1.3	
•	2983	ETHYLENOXID UND PROPYLENOXID, MISCHUNG mit höchstens 30 % Ethylenoxid	3	FT1	I	3 + 6.1		0	E0	P001		MP7 MP17
	2984	WASSERSTOFFPEROXID, WÄSSERIGE LÖSUNG mit mindestens 8 %, aber weniger als 20 % Wasserstoffperoxid (Stabilisierung nach Bedarf)	5.1	O1	III	5.1	65	5 l	E1	P504 IBC02 R001	PP10 B5	MP15
•	2985	CHLORSILANE, ENTZÜNDBAR, ÄTZEND, N.A.G.	3	FC	II	3 + 8	548	0	E0	P010		MP19
	2986	CHLORSILANE, ÄTZEND, ENTZÜNDBAR, N.A.G.	8	CF1	II	8 + 3	548	0	E0	P010		MP15
	2987	CHLORSILANE, ÄTZEND, N.A.G.	8	C3	II	8	548	0	E0	P010		MP15
	2988	CHLORSILANE, MIT WASSER REAGIEREND, ENTZÜNDBAR, ÄTZEND, N.A.G.	4.3	WFC	I	4.3 + 3 + 8	549	0	E0	P401	RR7	MP2
	2989	BLEIPHOSPHIT, ZWEIBASIG	4.1	F3	II	4.1		1 kg	E2	P002 IBC08	B4	MP11
	2989	BLEIPHOSPHIT, ZWEIBASIG	4.1	F3	III	4.1		5 kg	E1	P002 IBC08 LP02 R001	B3	MP11
	2990	RETTUNGSMITTEL, SELBSTAUFBLASEND	9	M5		9	296 635	0	E0	P905		
•	G10 2991	CARBAMAT-PESTIZID, FLÜSSIG, GIFTIG, ENTZÜNDBAR, mit einem Flammpunkt von 23 °C oder darüber	6.1	TF2	I	6.1 + 3	61 274	0	E5	P001		MP8 MP17
	2991	CARBAMAT-PESTIZID, FLÜSSIG, GIFTIG, ENTZÜNDBAR, mit einem Flammpunkt von 23 °C oder darüber	6.1	TF2	II	6.1 + 3	61 274	100 ml	E4	P001 IBC02		MP15
	2991	CARBAMAT-PESTIZID, FLÜSSIG, GIFTIG, ENTZÜNDBAR, mit einem Flammpunkt von 23 °C oder darüber	6.1	TF2	III	6.1 + 3	61 274	5 l	E1	P001 IBC03 R001		MP19

Tabelle A: Verzeichnis der gefährlichen Güter   3.2

ortsbewegliche Tanks und Schüttgut-Container	Sondervorschriften	Tankcodierungen für ADR/RID-Tanks	ADR								RID						Expressgut	Nummer zur Kennzeichnung der Gefahr	UN-Nummer
			Sondervorschriften für ADR-Tanks	Fahrzeug für die Beförderung in Tanks	Beförderungskategorie (Tunnelbeschränkungscode)	Versandstücke	lose Schüttung	Be- und Entladung, Handhabung	Betrieb		Sondervorschriften für RID-Tanks	Beförderungskategorie	Versandstücke	lose Schüttung	Be- und Entladung, Handhabung				
4.2.5.2 7.3.2	4.2.5.3	4.3	4.3.5 6.8.4	9.1.1.2	1.1.3.6 (8.6)	7.2.4	7.3.3	7.5.11	8.5		4.3.5 6.8.4	1.1.3.1	7.2.4	7.3.3	7.5.11		7.6	5.3.2.3	(1)
(10)	(11)	(12)	(13)	(14)	(15)	(16)	(17)	(18)	(19)		(13)	(15)	(16)	(17)	(18)		(19)	(20)	(1)
					0 (C)			CV33	S6 S11 S21		0				CW33			768	2977
					0 (C)			CV33	S6 S11 S21		0				CW33			768	2978
T14	TP2 TP7	L10CH	TU14 TU15 TE21	FL	1 (C/E)			CV13 CV28	S2 S22		TU14 TU15 TU38 TE21 TE22	1			CW13 CW28			336	2983
T4	TP1 TP6 TP24	LGBV	TU3 TC2 TE8 TE11 TT1	AT	3 (E)			CV24			TU3 TC2 TE8 TE11 TT1	3			CW24		CE8	50	2984
T14	TP2 TP7 TP27	L4BH		FL	2 (D/E)				S2 S20			2					CE7	X338	2985
T14	TP2 TP7 TP27	L4BN		FL	2 (D/E)				S2			2					CE6	X83	2986
T14	TP2 TP7 TP27	L4BN		AT	2 (E)				S2			2					CE6	X80	2987
T14	TP2 TP7	L10DH	TU14 TU26 TE21 TM2 TM3	FL	0 (B/E)	V1		CV23	S2 S20		TU14 TU26 TU38 TE21 TE22 TM2 TM3	0	W1		CW23			X338	2988
T3	TP33	SGAN		AT	2 (E)	V11						2	W1				CE10	40	2989
T1	TP33	SGAV		AT	3 (E)		VC1 VC2					3	W1	VC1 VC2			CE11	40	2989
					3 (E)							3					CE2	RID: 90	2990
T14	TP2 TP27	L10CH	TU14 TU15 TE19 TE21	FL	1 (C/E)			CV1 CV13 CV28	S2 S9 S14		TU14 TU15 TU38 TE21 TE22	1			CW13 CW28 CW31		CE12	663	2991
T11	TP2 TP27	L4BH	TU15 TE19	FL	2 (D/E)			CV13 CV28	S2 S9 S19		TU15	2			CW13 CW28 CW31		CE5 CE12	63	2991
T7	TP2 TP28	L4BH	TU15 TE19	FL	2 (D/E)	V12		CV13 CV28	S2 S9		TU15	2	W12		CW13 CW28 CW31		CE8 CE12	63	2991

3.2 Tabelle A: Verzeichnis der gefährlichen Güter

gemäß Tabelle 1.10.3.1.2	§ 35b GGVSEB	UN-Nummer	Benennung und Beschreibung	Klasse	Klassifizierungscode	Verpackungsgruppe	Gefahrzettel	Sondervorschriften	Begrenzte und freigestellte Mengen		Verpackung Anweisungen	Verpackung Sondervorschriften	Verpackung Zusammenpackung
			3.1.2	2.2	2.2	2.1.1.3	5.2.2	3.3	3.4 / 3.5.1.2		4.1.4	4.1.4	4.1.10
●	G..	(1)	(2)	(3a)	(3b)	(4)	(5)	(6)	(7a)	(7b)	(8)	(9a)	(9b)
●	G10	2992	CARBAMAT-PESTIZID, FLÜSSIG, GIFTIG	6.1	T6	I	6.1	61 274 648	0	E5	P001		MP8 MP17
		2992	CARBAMAT-PESTIZID, FLÜSSIG, GIFTIG	6.1	T6	II	6.1	61 274 648	100 ml	E4	P001 IBC02		MP15
		2992	CARBAMAT-PESTIZID, FLÜSSIG, GIFTIG	6.1	T6	III	6.1	61 274 648	5 l	E1	P001 IBC03 LP01 R001		MP19
●	G10	2993	ARSENHALTIGES PESTIZID, FLÜSSIG, GIFTIG, ENTZÜNDBAR, mit einem Flammpunkt von 23 °C oder darüber	6.1	TF2	I	6.1 + 3	61 274	0	E5	P001		MP8 MP17
		2993	ARSENHALTIGES PESTIZID, FLÜSSIG, GIFTIG, ENTZÜNDBAR, mit einem Flammpunkt von 23 °C oder darüber	6.1	TF2	II	6.1 + 3	61 274	100 ml	E4	P001 IBC02		MP15
		2993	ARSENHALTIGES PESTIZID, FLÜSSIG, GIFTIG, ENTZÜNDBAR, mit einem Flammpunkt von 23 °C oder darüber	6.1	TF2	III	6.1 + 3	61 274	5 l	E1	P001 IBC03 R001		MP19
●	G10	2994	ARSENHALTIGES PESTIZID, FLÜSSIG, GIFTIG	6.1	T6	I	6.1	61 274 648	0	E5	P001		MP8 MP17
		2994	ARSENHALTIGES PESTIZID, FLÜSSIG, GIFTIG	6.1	T6	II	6.1	61 274 648	100 ml	E4	P001 IBC02		MP15
		2994	ARSENHALTIGES PESTIZID, FLÜSSIG, GIFTIG	6.1	T6	III	6.1	61 274 648	5 l	E1	P001 IBC03 LP01 R001		MP19
●	G10	2995	ORGANOCHLOR-PESTIZID, FLÜSSIG, GIFTIG, ENTZÜNDBAR, mit einem Flammpunkt von 23 °C oder darüber	6.1	TF2	I	6.1 + 3	61 274	0	E5	P001		MP8 MP17
		2995	ORGANOCHLOR-PESTIZID, FLÜSSIG, GIFTIG, ENTZÜNDBAR, mit einem Flammpunkt von 23 °C oder darüber	6.1	TF2	II	6.1 + 3	61 274	100 ml	E4	P001 IBC02		MP15
		2995	ORGANOCHLOR-PESTIZID, FLÜSSIG, GIFTIG, ENTZÜNDBAR, mit einem Flammpunkt von 23 °C oder darüber	6.1	TF2	III	6.1 + 3	61 274	5 l	E1	P001 IBC03 R001		MP19
●	G10	2996	ORGANOCHLOR-PESTIZID, FLÜSSIG, GIFTIG	6.1	T6	I	6.1	61 274 648	0	E5	P001		MP8 MP17
		2996	ORGANOCHLOR-PESTIZID, FLÜSSIG, GIFTIG	6.1	T6	II	6.1	61 274 648	100 ml	E4	P001 IBC02		MP15

Tabelle A: Verzeichnis der gefährlichen Güter   3.2

ortsbewegliche Tanks und Schüttgut-Container		Tankcodierungen für ADR/RID-Tanks	ADR							RID						Expressgut	Nummer zur Kennzeichnung der Gefahr	UN-Nummer
Anweisungen	Sondervorschriften		Sondervorschriften für ADR-Tanks	Fahrzeug für die Beförderung in Tanks	Beförderungs-kategorie (Tunnel-beschränkungs-code)	Sondervorschriften für die Beförderung				Sondervorschriften für RID-Tanks	Beförderungs-kategorie	Sondervorschriften für die Beförderung						
						Versand-stücke	lose Schüttung	Be- und Entladung, Handhabung	Betrieb			Versand-stücke	lose Schüttung	Be- und Entladung, Handhabung				
4.2.5.2 7.3.2	4.2.5.3	4.3	4.3.5 6.8.4	9.1.1.2	1.1.3.6 (8.6)	7.2.4	7.3.3	7.5.11	8.6	4.3.5 6.8.4	1.1.3.6	7.2.4	7.3.3	7.5.11	7.6	5.3.2.3	(1)
(10)	(11)	(12)	(13)	(14)	(15)	(16)	(17)	(18)	(19)	(13)	(15)	(16)	(17)	(18)	(19)	(20)	(1)
T14	TP2 TP27	L10CH	TU14 TU15 TE19 TE21	AT	1 (C/E)			CV1 CV13 CV28	S9 S14	TU14 TU15 TU38 TE21 TE22	1			CW13 CW28 CW31	CE12	66	2992
T11	TP2 TP27	L4BH	TU15 TE19	AT	2 (D/E)			CV13 CV28	S9 S19	TU15	2			CW13 CW28 CW31	CE5 CE12	60	2992
T7	TP2 TP28	L4BH	TU15 TE19	AT	2 (E)	V12		CV13 CV28	S9	TU15	2	W12		CW13 CW28 CW31	CE8 CE12	60	2992
T14	TP2 TP27	L10CH	TU14 TU15 TE19 TE21	FL	1 (C/E)			CV1 CV13 CV28	S2 S9 S14	TU14 TU15 TU38 TE21 TE22	1			CW13 CW28 CW31	CE12	663	2993
T11	TP2 TP27	L4BH	TU15 TE19	FL	2 (D/E)			CV13 CV28	S2 S9 S19	TU15	2			CW13 CW28 CW31	CE5 CE12	63	2993
T7	TP2 TP28	L4BH	TU15 TE19	FL	2 (D/E)	V12		CV13 CV28	S2 S9	TU15	2	W12		CW13 CW28 CW31	CE8 CE12	63	2993
T14	TP2 TP27	L10CH	TU14 TU15 TE19 TE21	AT	1 (C/E)			CV1 CV13 CV28	S9 S14	TU14 TU15 TU38 TE21 TE22	1			CW13 CW28 CW31	CE12	66	2994
T11	TP2 TP27	L4BH	TU15 TE19	AT	2 (D/E)			CV13 CV28	S9 S19	TU15	2			CW13 CW28 CW31	CE5 CE12	60	2994
T7	TP2 TP28	L4BH	TU15 TE19	AT	2 (E)	V12		CV13 CV28	S9	TU15	2	W12		CW13 CW28 CW31	CE8 CE12	60	2994
T14	TP2 TP27	L10CH	TU14 TU15 TE19 TE21	FL	1 (C/E)			CV1 CV13 CV28	S2 S9 S14	TU14 TU15 TU38 TE21 TE22	1			CW13 CW28 CW31	CE12	663	2995
T11	TP2 TP27	L4BH	TU15 TE19	FL	2 (D/E)			CV13 CV28	S2 S9 S19	TU15	2			CW13 CW28 CW31	CE5 CE12	63	2995
T7	TP2 TP28	L4BH	TU15 TE19	FL	2 (D/E)	V12		CV13 CV28	S2 S9	TU15	2	W12		CW13 CW28 CW31	CE8 CE12	63	2995
T14	TP2 TP27	L10CH	TU14 TU15 TE19 TE21	AT	1 (C/E)			CV1 CV13 CV28	S9 S14	TU14 TU15 TU38 TE21 TE22	1			CW13 CW28 CW31	CE12	66	2996
T11	TP2 TP27	L4BH	TU15 TE19	AT	2 (D/E)			CV13 CV28	S9 S19	TU15	2			CW13 CW28 CW31	CE5 CE12	60	2996

3.2 Tabelle A: Verzeichnis der gefährlichen Güter

gemäß Tabelle 1.10.3.1.2 § 35b GGVSEB	UN-Nummer	Benennung und Beschreibung	Klasse	Klassifizierungscode	Verpackungsgruppe	Gefahrzettel	Sondervorschriften	Begrenzte und freigestellte Mengen		Verpackung Anweisungen	Verpackung Sondervorschriften	Verpackung Zusammenpackung
G..		3.1.2	2.2	2.2	2.1.1.3	5.2.2	3.3	3.4 / 3.5.1.2		4.1.4	4.1.4	4.1.10
(1)		(2)	(3a)	(3b)	(4)	(5)	(6)	(7a)	(7b)	(8)	(9a)	(9b)
	2996	ORGANOCHLOR-PESTIZID, FLÜSSIG, GIFTIG	6.1	T6	III	6.1	61 274 648	5 l	E1	P001 IBC03 LP01 R001		MP19
G10	2997	TRIAZIN-PESTIZID, FLÜSSIG, GIFTIG, ENTZÜNDBAR, mit einem Flammpunkt von 23 °C oder darüber	6.1	TF2	I	6.1 + 3	61 274	0	E5	P001		MP8 MP17
	2997	TRIAZIN-PESTIZID, FLÜSSIG, GIFTIG, ENTZÜNDBAR, mit einem Flammpunkt von 23 °C oder darüber	6.1	TF2	II	6.1 + 3	61 274	100 ml	E4	P001 IBC02		MP15
	2997	TRIAZIN-PESTIZID, FLÜSSIG, GIFTIG, ENTZÜNDBAR, mit einem Flammpunkt von 23 °C oder darüber	6.1	TF2	III	6.1 + 3	61 274	5 l	E1	P001 IBC03 R001		MP19
G10	2998	TRIAZIN-PESTIZID, FLÜSSIG, GIFTIG	6.1	T6	I	6.1	61 274 648	0	E5	P001		MP8 MP17
	2998	TRIAZIN-PESTIZID, FLÜSSIG, GIFTIG	6.1	T6	II	6.1	61 274 648	100 ml	E4	P001 IBC02		MP15
	2998	TRIAZIN-PESTIZID, FLÜSSIG, GIFTIG	6.1	T6	III	6.1	61 274 648	5 l	E1	P001 IBC03 LP01 R001		MP19
G10	3005	THIOCARBAMAT-PESTIZID, FLÜSSIG, GIFTIG, ENTZÜNDBAR, mit einem Flammpunkt von 23 °C oder darüber	6.1	TF2	I	6.1 + 3	61 274	0	E5	P001		MP8 MP17
	3005	THIOCARBAMAT-PESTIZID, FLÜSSIG, GIFTIG, ENTZÜNDBAR, mit einem Flammpunkt von 23 °C oder darüber	6.1	TF2	II	6.1 + 3	61 274	100 ml	E4	P001 IBC02		MP15
	3005	THIOCARBAMAT-PESTIZID, FLÜSSIG, GIFTIG, ENTZÜNDBAR, mit einem Flammpunkt von 23 °C oder darüber	6.1	TF2	III	6.1 + 3	61 274	5 l	E1	P001 IBC03 R001		MP19
G10	3006	THIOCARBAMAT-PESTIZID, FLÜSSIG, GIFTIG	6.1	T6	I	6.1	61 274 648	0	E5	P001		MP8 MP17
	3006	THIOCARBAMAT-PESTIZID, FLÜSSIG, GIFTIG	6.1	T6	II	6.1	61 274 648	100 ml	E4	P001 IBC02		MP15
	3006	THIOCARBAMAT-PESTIZID, FLÜSSIG, GIFTIG	6.1	T6	III	6.1	61 274 648	5 l	E1	P001 IBC03 LP01 R001		MP19
G10	3009	KUPFERHALTIGES PESTIZID, FLÜSSIG, GIFTIG, ENTZÜNDBAR, mit einem Flammpunkt von 23 °C oder darüber	6.1	TF2	I	6.1 + 3	61 274	0	E5	P001		MP8 MP17

Tabelle A: Verzeichnis der gefährlichen Güter 3.2

ortsbewegliche Tanks und Schüttgut-Container		Tankcodierungen für ADR/RID-Tanks	ADR							RID							Nummer zur Kennzeichnung der Gefahr	UN-Nummer
			Sondervorschriften für ADR-Tanks	Fahrzeug für die Beförderung in Tanks	Beförderungs-kategorie (Tunnelbeschränkungs-code)	Sondervorschriften für die Beförderung			Betrieb	Sondervorschriften für RID-Tanks	Beförderungs-kategorie	Sondervorschriften für die Beförderung			Expressgut			
Anweisungen	Sondervorschriften					Versandstücke	lose Schüttung	Be- und Entladung, Handhabung				Versandstücke	lose Schüttung	Be- und Entladung, Handhabung				
4.2.5.2 7.3.2	4.2.5.3	4.3	4.3.5 6.8.4	9.1.1.2	1.1.3.6 (8.6)	7.2.4	7.3.3	7.5.11	8.5	4.3.5 6.8.4	1.1.3.1	7.2.4	7.3.3	7.5.11	7.6	5.3.2.3	(1)
(10)	(11)	(12)	(13)	(14)	(15)	(16)	(17)	(18)	(19)	(13)	(15)	(16)	(17)	(18)	(19)	(20)	(1)
T7	TP2 TP28	L4BH	TU15 TE19	AT	2 (E)	V12		CV13 CV28	S9	TU15	2		W12	CW13 CW28 CW31	CE8 CE12	60	2996
T14	TP2 TP27	L10CH	TU14 TU15 TE19 TE21	FL	1 (C/E)			CV1 CV13 CV28	S2 S9 S14	TU14 TU15 TU38 TE21 TE22	1			CW13 CW28 CW31	CE12	663	2997
T11	TP2 TP27	L4BH	TU15 TE19	FL	2 (D/E)			CV13 CV28	S2 S9 S19	TU15	2			CW13 CW28 CW31	CE5 CE12	63	2997
T7	TP2 TP28	L4BH	TU15 TE19	FL	2 (D/E)	V12		CV13 CV28	S2 S9	TU15	2		W12	CW13 CW28 CW31	CE8 CE12	63	2997
T14	TP2 TP27	L10CH	TU14 TU15 TE19 TE21	AT	1 (C/E)			CV1 CV13 CV28	S9 S14	TU14 TU15 TU38 TE21 TE22	1			CW13 CW28 CW31	CE12	66	2998
T11	TP2 TP27	L4BH	TU15 TE19	AT	2 (D/E)			CV13 CV28	S9 S19	TU15	2			CW13 CW28 CW31	CE5 CE12	60	2998
T7	TP2 TP28	L4BH	TU15 TE19	AT	2 (E)	V12		CV13 CV28	S9	TU15	2		W12	CW13 CW28 CW31	CE8 CE12	60	2998
T14	TP2	L10CH	TU14 TU15 TE19 TE21	FL	1 (C/E)			CV1 CV13 CV28	S2 S9 S14	TU14 TU15 TU38 TE21 TE22	1			CW13 CW28 CW31	CE12	663	3005
T11	TP2 TP27	L4BH	TU15 TE19	FL	2 (D/E)			CV13 CV28	S2 S9 S19	TU15	2			CW13 CW28 CW31	CE5 CE12	63	3005
T7	TP2 TP28	L4BH	TU15 TE19	FL	2 (D/E)	V12		CV13 CV28	S2 S9	TU15	2		W12	CW13 CW28 CW31	CE8 CE12	63	3005
T14	TP2	L10CH	TU14 TU15 TE19 TE21	AT	1 (C/E)			CV1 CV13 CV28	S9 S14	TU14 TU15 TU38 TE21 TE22	1			CW13 CW28 CW31	CE12	66	3006
T11	TP2 TP27	L4BH	TU15 TE19	AT	2 (D/E)			CV13 CV28	S9 S19	TU15	2			CW13 CW28 CW31	CE5 CE12	60	3006
T7	TP2 TP28	L4BH	TU15 TE19	AT	2 (E)	V12		CV13 CV28	S9	TU15	2		W12	CW13 CW28 CW31	CE8 CE12	60	3006
T14	TP2 TP27	L10CH	TU14 TU15 TE19 TE21	FL	1 (C/E)			CV1 CV13 CV28	S2 S9 S14	TU14 TU15 TU38 TE21 TE22	1			CW13 CW28 CW31	CE12	663	3009

3.2 Tabelle A: Verzeichnis der gefährlichen Güter

gemäß Tabelle 1.10.3.1.2	§ 35b GGVSEB	UN-Nummer	Benennung und Beschreibung	Klasse	Klassifizierungscode	Verpackungsgruppe	Gefahrzettel	Sondervorschriften	Begrenzte und freigestellte Mengen		Verpackung Anweisungen	Verpackung Sondervorschriften	Verpackung Zusammenpackung
G..			3.1.2	2.2	2.2	2.1.1.3	5.2.2	3.3	3.4 / 3.5.1.2		4.1.4	4.1.4	4.1.10
		(1)	(2)	(3a)	(3b)	(4)	(5)	(6)	(7a)	(7b)	(8)	(9a)	(9b)
		3009	KUPFERHALTIGES PESTIZID, FLÜSSIG, GIFTIG, ENTZÜNDBAR, mit einem Flammpunkt von 23 °C oder darüber	6.1	TF2	II	6.1 + 3	61 274	100 ml	E4	P001 IBC02		MP15
		3009	KUPFERHALTIGES PESTIZID, FLÜSSIG, GIFTIG, ENTZÜNDBAR, mit einem Flammpunkt von 23 °C oder darüber	6.1	TF2	III	6.1 + 3	61 274	5 l	E1	P001 IBC03 R001		MP19
•	G10	3010	KUPFERHALTIGES PESTIZID, FLÜSSIG, GIFTIG	6.1	T6	I	6.1	61 274 648	0	E5	P001		MP8 MP17
		3010	KUPFERHALTIGES PESTIZID, FLÜSSIG, GIFTIG	6.1	T6	II	6.1	61 274 648	100 ml	E4	P001 IBC02		MP15
		3010	KUPFERHALTIGES PESTIZID, FLÜSSIG, GIFTIG	6.1	T6	III	6.1	61 274 648	5 l	E1	P001 IBC03 LP01 R001		MP19
•	G10	3011	QUECKSILBERHALTIGES PESTIZID, FLÜSSIG, GIFTIG, ENTZÜNDBAR, mit einem Flammpunkt von 23 °C oder darüber	6.1	TF2	I	6.1 + 3	61 274	0	E5	P001		MP8 MP17
		3011	QUECKSILBERHALTIGES PESTIZID, FLÜSSIG, GIFTIG, ENTZÜNDBAR, mit einem Flammpunkt von 23 °C oder darüber	6.1	TF2	II	6.1 + 3	61 274	100 ml	E4	P001 IBC02		MP15
		3011	QUECKSILBERHALTIGES PESTIZID, FLÜSSIG, GIFTIG, ENTZÜNDBAR, mit einem Flammpunkt von 23 °C oder darüber	6.1	TF2	III	6.1 + 3	61 274	5 l	E1	P001 IBC03 R001		MP19
•	G10	3012	QUECKSILBERHALTIGES PESTIZID, FLÜSSIG, GIFTIG	6.1	T6	I	6.1	61 274 648	0	E5	P001		MP8 MP17
		3012	QUECKSILBERHALTIGES PESTIZID, FLÜSSIG, GIFTIG	6.1	T6	II	6.1	61 274 648	100 ml	E4	P001 IBC02		MP15
		3012	QUECKSILBERHALTIGES PESTIZID, FLÜSSIG, GIFTIG	6.1	T6	III	6.1	61 274 648	5 l	E1	P001 IBC03 LP01 R001		MP19
•	G10	3013	SUBSTITUIERTES NITROPHENOL-PESTIZID, FLÜSSIG, GIFTIG, ENTZÜNDBAR, mit einem Flammpunkt von 23 °C oder darüber	6.1	TF2	I	6.1 + 3	61 274	0	E5	P001		MP8 MP17
		3013	SUBSTITUIERTES NITROPHENOL-PESTIZID, FLÜSSIG, GIFTIG, ENTZÜNDBAR, mit einem Flammpunkt von 23 °C oder darüber	6.1	TF2	II	6.1 + 3	61 274	100 ml	E4	P001 IBC02		MP15
		3013	SUBSTITUIERTES NITROPHENOL-PESTIZID, FLÜSSIG, GIFTIG, ENTZÜNDBAR, mit einem Flammpunkt von 23 °C oder darüber	6.1	TF2	III	6.1 + 3	61 274	5 l	E1	P001 IBC03 R001		MP19

Tabelle A: Verzeichnis der gefährlichen Güter 3.2

ortsbewegliche Tanks und Schüttgut-Container	Sondervorschriften	Tankcodierungen für ADR/RID-Tanks	ADR Sondervorschriften für ADR-Tanks	Fahrzeug für die Beförderung in Tanks	Beförderungskategorie (Tunnelbeschränkungscode)	ADR Sondervorschriften für die Beförderung Versandstücke	lose Schüttung	Be- und Entladung, Handhabung	Betrieb	RID Sondervorschriften für RID-Tanks	Beförderungskategorie	RID Sondervorschriften für die Beförderung Versandstücke	lose Schüttung	Be- und Entladung, Handhabung	Expressgut	Nummer zur Kennzeichnung der Gefahr	UN-Nummer
Anweisungen 4.2.5.2 7.3.2	4.2.5.3	4.3	4.3.5 6.8.4	9.1.1.2	1.1.3.6 (8.6)	7.2.4	7.3.3	7.5.11	8.5	4.3.5 6.8.4	1.1.3.1	7.2.4	7.3.3	7.5.11	7.6	5.3.2.3	(1)
(10)	(11)	(12)	(13)	(14)	(15)	(16)	(17)	(18)	(19)	(13)	(15)	(16)	(17)	(18)	(19)	(20)	(1)
T11	TP2 TP27	L4BH	TU15 TE19	FL	2 (D/E)			CV13 CV28	S2 S9 S19	TU15	2			CW13 CW28 CW31	CE5 CE12	63	3009
T7	TP2 TP28	L4BH	TU15 TE19	FL	2 (D/E)	V12		CV13 CV28	S2 S9	TU15	2	W12		CW13 CW28 CW31	CE8 CE12	63	3009
T14	TP2 TP27	L10CH	TU14 TU15 TE19 TE21	AT	1 (C/E)			CV1 CV13 CV28	S9 S14	TU14 TU15 TU38 TE21 TE22	1			CW13 CW28 CW31	CE12	66	3010
T11	TP2 TP27	L4BH	TU15 TE19	AT	2 (D/E)			CV13 CV28	S9 S19	TU15	2			CW13 CW28 CW31	CE5 CE12	60	3010
T7	TP2 TP28	L4BH	TU15 TE19	AT	2 (E)	V12		CV13 CV28	S9	TU15	2	W12		CW13 CW28 CW31	CE8 CE12	60	3010
T14	TP2 TP27	L10CH	TU14 TU15 TE19 TE21	FL	1 (C/E)			CV1 CV13 CV28	S2 S9 S14	TU14 TU15 TU38 TE21 TE22	1			CW13 CW28 CW31	CE12	663	3011
T11	TP2 TP27	L4BH	TU15 TE19	FL	2 (D/E)			CV13 CV28	S2 S9 S19	TU15	2			CW13 CW28 CW31	CE5 CE12	63	3011
T7	TP2 TP28	L4BH	TU15 TE19	FL	2 (D/E)	V12		CV13 CV28	S2 S9	TU15	2	W12		CW13 CW28 CW31	CE8 CE12	63	3011
T14	TP2 TP27	L10CH	TU14 TU15 TE19 TE21	AT	1 (C/E)			CV1 CV13 CV28	S9 S14	TU14 TU15 TU38 TE21 TE22	1			CW13 CW28 CW31	CE12	66	3012
T11	TP2 TP27	L4BH	TU15 TE19	AT	2 (D/E)			CV13 CV28	S9 S19	TU15	2			CW13 CW28 CW31	CE5 CE12	60	3012
T7	TP2 TP28	L4BH	TU15 TE19	AT	2 (E)	V12		CV13 CV28	S9	TU15	2	W12		CW13 CW28 CW31	CE8 CE12	60	3012
T14	TP2 TP27	L10CH	TU14 TU15 TE19 TE21	FL	1 (C/E)			CV1 CV13 CV28	S2 S9 S14	TU14 TU15 TU38 TE21 TE22	1			CW13 CW28 CW31	CE12	663	3013
T11	TP2 TP27	L4BH	TU15 TE19	FL	2 (D/E)			CV13 CV28	S2 S9 S19	TU15	2			CW13 CW28 CW31	CE5 CE12	63	3013
T7	TP2 TP28	L4BH	TU15 TE19	FL	2 (D/E)	V12		CV13 CV28	S2 S9	TU15	2	W12		CW13 CW28 CW31	CE8 CE12	63	3013

3.2 Tabelle A: Verzeichnis der gefährlichen Güter

gemäß Tabelle 1.10.3.1.2 § 35b GGVSEB	UN-Nummer	Benennung und Beschreibung	Klasse	Klassifizierungscode	Verpackungsgruppe	Gefahrzettel	Sondervorschriften	Begrenzte und freigestellte Mengen		Verpackung Anweisungen	Verpackung Sondervorschriften	Verpackung Zusammenpackung
G..		3.1.2	2.2	2.2	2.1.1.3	5.2.2	3.3	3.4 / 3.5.1.2		4.1.4	4.1.4	4.1.10
(1)		(2)	(3a)	(3b)	(4)	(5)	(6)	(7a)	(7b)	(8)	(9a)	(9b)
• G10	3014	SUBSTITUIERTES NITROPHENOL-PESTIZID, FLÜSSIG, GIFTIG	6.1	T6	I	6.1	61 274 648	0	E5	P001		MP8 MP17
	3014	SUBSTITUIERTES NITROPHENOL-PESTIZID, FLÜSSIG, GIFTIG	6.1	T6	II	6.1	61 274 648	100 ml	E4	P001 IBC02		MP15
	3014	SUBSTITUIERTES NITROPHENOL-PESTIZID, FLÜSSIG, GIFTIG	6.1	T6	III	6.1	61 274 648	5 l	E1	P001 IBC03 LP01 R001		MP19
• G10	3015	BIPYRIDILIUM-PESTIZID, FLÜSSIG, GIFTIG, ENTZÜNDBAR, mit einem Flammpunkt von 23 °C oder darüber	6.1	TF2	I	6.1 + 3	61 274	0	E5	P001		MP8 MP17
	3015	BIPYRIDILIUM-PESTIZID, FLÜSSIG, GIFTIG, ENTZÜNDBAR, mit einem Flammpunkt von 23 °C oder darüber	6.1	TF2	II	6.1 + 3	61 274	100 ml	E4	P001 IBC02		MP15
	3015	BIPYRIDILIUM-PESTIZID, FLÜSSIG, GIFTIG, ENTZÜNDBAR, mit einem Flammpunkt von 23 °C oder darüber	6.1	TF2	III	6.1 + 3	61 274	5 l	E1	P001 IBC03 R001		MP19
• G10	3016	BIPYRIDILIUM-PESTIZID, FLÜSSIG, GIFTIG	6.1	T6	I	6.1	61 274 648	0	E5	P001		MP8 MP17
	3016	BIPYRIDILIUM-PESTIZID, FLÜSSIG, GIFTIG	6.1	T6	II	6.1	61 274 648	100 ml	E4	P001 IBC02		MP15
	3016	BIPYRIDILIUM-PESTIZID, FLÜSSIG, GIFTIG	6.1	T6	III	6.1	61 274 648	5 l	E1	P001 IBC03 LP01 R001		MP19
• G10	3017	ORGANOPHOSPHOR-PESTIZID, FLÜSSIG, GIFTIG, ENTZÜNDBAR, mit einem Flammpunkt von 23 °C oder darüber	6.1	TF2	I	6.1 + 3	61 274	0	E5	P001		MP8 MP17
	3017	ORGANOPHOSPHOR-PESTIZID, FLÜSSIG, GIFTIG, ENTZÜNDBAR, mit einem Flammpunkt von 23 °C oder darüber	6.1	TF2	II	6.1 + 3	61 274	100 ml	E4	P001 IBC02		MP15
	3017	ORGANOPHOSPHOR-PESTIZID, FLÜSSIG, GIFTIG, ENTZÜNDBAR, mit einem Flammpunkt von 23 °C oder darüber	6.1	TF2	III	6.1 + 3	61 274	5 l	E1	P001 IBC03 R001		MP19
• G10	3018	ORGANOPHOSPHOR-PESTIZID, FLÜSSIG, GIFTIG	6.1	T6	I	6.1	61 274 648	0	E5	P001		MP8 MP17
	3018	ORGANOPHOSPHOR-PESTIZID, FLÜSSIG, GIFTIG	6.1	T6	II	6.1	61 274 648	100 ml	E4	P001 IBC02		MP15

Tabelle A: Verzeichnis der gefährlichen Güter 3.2

ortsbewegliche Tanks und Schüttgut-Container		Tankcodierungen für ADR/RID-Tanks	ADR							RID						Expressgut	Nummer zur Kennzeichnung der Gefahr	UN-Nummer
			Sondervorschriften für ADR-Tanks	Fahrzeug für die Beförderung in Tanks	Beförderungskategorie (Tunnelbeschränkungscode)	Sondervorschriften für die Beförderung				Sondervorschriften für RID-Tanks	Beförderungskategorie	Sondervorschriften für die Beförderung						
Anweisungen	Sondervorschriften					Versandstücke	lose Schüttung	Be- und Entladung, Handhabung	Betrieb			Versandstücke	lose Schüttung	Be- und Entladung, Handhabung				
4.2.5.2 7.3.2	4.2.5.3	4.3	4.3.5 6.8.4	9.1.1.2	1.1.3.6 (8.6)	7.2.4	7.3.3	7.5.11	8.5	4.3.5 6.8.4	1.1.3.1	7.2.4	7.3.3	7.5.11	7.6	5.3.2.3	(1)
(10)	(11)	(12)	(13)	(14)	(15)	(16)	(17)	(18)	(19)	(13)	(15)	(16)	(17)	(18)	(19)	(20)	(1)
T14	TP2 TP27	L10CH	TU14 TU15 TE19 TE21	AT	1 (C/E)			CV1 CV13 CV28	S9 S14	TU14 TU15 TU38 TE21 TE22	1			CW13 CW28 CW31		CE12	66	3014
T11	TP2 TP27	L4BH	TU15 TE19	AT	2 (D/E)			CV13 CV28	S9 S19	TU15	2			CW13 CW28 CW31		CE5 CE12	60	3014
T7	TP2 TP28	L4BH	TU15 TE19	AT	2 (E)	V12		CV13 CV28	S9	TU15	2		W12	CW13 CW28 CW31		CE8 CE12	60	3014
T14	TP2 TP27	L10CH	TU14 TU15 TE19 TE21	FL	1 (C/E)			CV1 CV13 CV28	S2 S9 S14	TU14 TU15 TU38 TE21 TE22	1			CW13 CW28 CW31		CE12	663	3015
T11	TP2 TP27	L4BH	TU15 TE19	FL	2 (D/E)			CV13 CV28	S2 S9 S19	TU15	2			CW13 CW28 CW31		CE5 CE12	63	3015
T7	TP2 TP28	L4BH	TU15 TE19	FL	2 (D/E)	V12		CV13 CV28	S2 S9	TU15	2		W12	CW13 CW28 CW31		CE8 CE12	63	3015
T14	TP2 TP27	L10CH	TU14 TU15 TE19 TE21	AT	1 (C/E)			CV1 CV13 CV28	S9 S14	TU14 TU15 TU38 TE21 TE22	1			CW13 CW28 CW31		CE12	66	3016
T11	TP2 TP27	L4BH	TU15 TE19	AT	2 (D/E)			CV13 CV28	S9 S19	TU15	2			CW13 CW28 CW31		CE5 CE12	60	3016
T7	TP2 TP28	L4BH	TU15 TE19	AT	2 (E)	V12		CV13 CV28	S9	TU15	2		W12	CW13 CW28 CW31		CE8 CE12	60	3016
T14	TP2 TP27	L10CH	TU14 TU15 TE19 TE21	FL	1 (C/E)			CV1 CV13 CV28	S2 S9 S14	TU14 TU15 TU38 TE21 TE22	1			CW13 CW28 CW31		CE12	663	3017
T11	TP2 TP27	L4BH	TU15 TE19	FL	2 (D/E)			CV13 CV28	S2 S9 S19	TU15	2			CW13 CW28 CW31		CE5 CE12	63	3017
T7	TP2 TP28	L4BH	TU15 TE19	FL	2 (D/E)	V12		CV13 CV28	S2 S9	TU15	2		W12	CW13 CW28 CW31		CE8 CE12	63	3017
T14	TP2 TP27	L10CH	TU14 TU15 TE19 TE21	AT	1 (C/E)			CV1 CV13 CV28	S9 S14	TU14 TU15 TU38 TE21 TE22	1			CW13 CW28 CW31		CE12	66	3018
T11	TP2 TP27	L4BH	TU15 TE19	AT	2 (D/E)			CV13 CV28	S9 S19	TU15	2			CW13 CW28 CW31		CE5 CE12	60	3018

3.2 Tabelle A: Verzeichnis der gefährlichen Güter

gemäß Tabelle 1.10.3.1.2	§ 35b GGVSEB	UN-Nummer	Benennung und Beschreibung	Klasse	Klassifizierungscode	Verpackungsgruppe	Gefahrzettel	Sondervorschriften	Begrenzte und freigestellte Mengen		Verpackung Anweisungen	Verpackung Sondervorschriften	Verpackung Zusammenpackung
G..			3.1.2	2.2	2.2	2.1.1.3	5.2.2	3.3	3.4 / 3.5.1.2		4.1.4	4.1.4	4.1.10
		(1)	(2)	(3a)	(3b)	(4)	(5)	(6)	(7a)	(7b)	(8)	(9a)	(9b)
		3018	ORGANOPHOSPHOR-PESTIZID, FLÜSSIG, GIFTIG	6.1	T6	III	6.1	61 274 648	5 l	E1	P001 IBC03 LP01 R001		MP19
●	G10	3019	ORGANOZINN-PESTIZID, FLÜSSIG, GIFTIG, ENTZÜNDBAR, mit einem Flammpunkt von 23 °C oder darüber	6.1	TF2	I	6.1 + 3	61 274	0	E5	P001		MP8 MP17
		3019	ORGANOZINN-PESTIZID, FLÜSSIG, GIFTIG, ENTZÜNDBAR, mit einem Flammpunkt von 23 °C oder darüber	6.1	TF2	II	6.1 + 3	61 274	100 ml	E4	P001 IBC02		MP15
		3019	ORGANOZINN-PESTIZID, FLÜSSIG, GIFTIG, ENTZÜNDBAR, mit einem Flammpunkt von 23 °C oder darüber	6.1	TF2	III	6.1 + 3	61 274	5 l	E1	P001 IBC03 R001		MP19
●	G10	3020	ORGANOZINN-PESTIZID, FLÜSSIG, GIFTIG	6.1	T6	I	6.1	61 274 648	0	E5	P001		MP8 MP17
		3020	ORGANOZINN-PESTIZID, FLÜSSIG, GIFTIG	6.1	T6	II	6.1	61 274 648	100 ml	E4	P001 IBC02		MP15
		3020	ORGANOZINN-PESTIZID, FLÜSSIG, GIFTIG	6.1	T6	III	6.1	61 274 648	5 l	E1	P001 IBC03 LP01 R001		MP19
●		3021	PESTIZID, FLÜSSIG, ENTZÜNDBAR, GIFTIG, N.A.G., Flammpunkt unter 23 °C	3	FT2	I	3 + 6.1	61 274	0	E0	P001		MP7 MP17
●		3021	PESTIZID, FLÜSSIG, ENTZÜNDBAR, GIFTIG, N.A.G., Flammpunkt unter 23 °C	3	FT2	II	3 + 6.1	61 274	1 l	E2	P001 IBC02 R001		MP19
●	G4	3022	1,2-BUTYLENOXID, STABILISIERT	3	F1	II	3	386	1 l	E2	P001 IBC02 R001		MP19
●	G10	3023	2-METHYL-2-HEPTANTHIOL	6.1	TF1	I	6.1 + 3	354	0	E0	P602		MP8 MP17
●		3024	CUMARIN-PESTIZID, FLÜSSIG, ENTZÜNDBAR, GIFTIG, Flammpunkt unter 23 °C	3	FT2	I	3 + 6.1	61 274	0	E0	P001		MP7 MP17
●		3024	CUMARIN-PESTIZID, FLÜSSIG, ENTZÜNDBAR, GIFTIG, Flammpunkt unter 23 °C	3	FT2	II	3 + 6.1	61 274	1 l	E2	P001 IBC02 R001		MP19
●	G10	3025	CUMARIN-PESTIZID, FLÜSSIG, GIFTIG, ENTZÜNDBAR, mit einem Flammpunkt von 23 °C oder darüber	6.1	TF2	I	6.1 + 3	61 274	0	E5	P001		MP8 MP17

Tabelle A: Verzeichnis der gefährlichen Güter 3.2

ortsbewegliche Tanks und Schüttgut-Container		Tankcodierungen für ADR/RID-Tanks	ADR							RID						Expressgut	Nummer zur Kennzeichnung der Gefahr	UN-Nummer
Anweisungen	Sondervorschriften		Sondervorschriften für ADR-Tanks	Fahrzeug für die Beförderung in Tanks	Beförderungskategorie (Tunnelbeschränkungs-code)	Sondervorschriften für die Beförderung				Sondervorschriften für RID-Tanks	Beförderungskategorie	Sondervorschriften für die Beförderung						
						Versandstücke	lose Schüttung	Be- und Entladung, Handhabung	Betrieb			Versandstücke	lose Schüttung	Be- und Entladung, Handhabung				
4.2.5.2 7.3.2	4.2.5.3	4.3	4.3.5 6.8.4	9.1.1.2	1.1.3.6 (8.6)	7.2.4	7.3.3	7.5.11	8.5	4.3.5 6.8.4	1.1.3.1	7.2.4	7.3.3	7.5.11	7.6		5.3.2.3	(1)
(10)	(11)	(12)	(13)	(14)	(15)	(16)	(17)	(18)	(19)	(13)	(15)	(16)	(17)	(18)	(19)		(20)	(1)
T7	TP2 TP28	L4BH	TU15 TE19	AT	2 (E)	V12		CV13 CV28	S9	TU15	2		W12	CW13 CW28 CW31		CE8 CE12	60	3018
T14	TP2 TP27	L10CH	TU14 TU15 TE19 TE21	FL	1 (C/E)			CV1 CV13 CV28	S2 S9 S14	TU14 TU15 TU38 TE21 TE22	1			CW13 CW28 CW31		CE12	663	3019
T11	TP2 TP27	L4BH	TU15 TE19	FL	2 (D/E)			CV13 CV28	S2 S9 S19	TU15	2			CW13 CW28 CW31		CE5 CE12	63	3019
T7	TP2 TP28	L4BH	TU15 TE19	FL	2 (D/E)	V12		CV13 CV28	S2 S9	TU15	2		W12	CW13 CW28 CW31		CE8 CE12	63	3019
T14	TP2 TP27	L10CH	TU14 TU15 TE19 TE21	AT	1 (C/E)			CV1 CV13 CV28	S9 S14	TU14 TU15 TU38 TE21 TE22	1			CW13 CW28 CW31		CE12	66	3020
T11	TP2 TP27	L4BH	TU15 TE19	AT	2 (D/E)			CV13 CV28	S9 S19	TU15	2			CW13 CW28 CW31		CE5 CE12	60	3020
T7	TP2 TP28	L4BH	TU15 TE19	AT	2 (E)	V12		CV13 CV28	S9	TU15	2		W12	CW13 CW28 CW31		CE8 CE12	60	3020
T14	TP2 TP27	L10CH	TU14 TU15 TE19 TE21	FL	1 (C/E)			CV13 CV28	S2 S22	TU14 TU15 TU38 TE21 TE22	1			CW13 CW28			336	3021
T11	TP2 TP27	L4BH	TU15	FL	2 (D/E)			CV13 CV28	S2 S22	TU15	2			CW13 CW28		CE7	336	3021
T4	TP1	LGBF		FL	2 (D/E)	V8			S2 S4 S20		2					CE7	339	3022
T20	TP2	L10CH	TU14 TU15 TE19 TE21	FL	1 (C/D)			CV1 CV13 CV28	S2 S9 S14	TU14 TU15 TU38 TE21 TE22	1			CW13 CW28 CW31			663	3023
T14	TP2 TP27	L10CH	TU14 TU15 TE21	FL	1 (C/E)			CV13 CV28	S2 S22	TU14 TU15 TU38 TE21 TE22	1			CW13 CW28			336	3024
T11	TP2 TP27	L4BH	TU15	FL	2 (D/E)			CV13 CV28	S2 S22	TU15	2			CW13 CW28		CE7	336	3024
T14	TP2 TP27	L10CH	TU14 TU15 TE19 TE21	FL	1 (C/E)			CV1 CV13 CV28	S2 S9 S14	TU14 TU15 TU38 TE21 TE22	1			CW13 CW28 CW31		CE12	663	3025

3.2 Tabelle A: Verzeichnis der gefährlichen Güter

gemäß Tabelle 1.10.3.1.2 § 35b GGVSEB	UN-Nummer	Benennung und Beschreibung	Klasse	Klassifizierungscode	Verpackungsgruppe	Gefahrzettel	Sondervorschriften	Begrenzte und freigestellte Mengen		Verpackung Anweisungen	Verpackung Sondervorschriften	Verpackung Zusammenpackung
G..		3.1.2	2.2	2.2	2.1.1.3	5.2.2	3.3	3.4 / 3.5.1.2		4.1.4	4.1.4	4.1.10
(1)		(2)	(3a)	(3b)	(4)	(5)	(6)	(7a)	(7b)	(8)	(9a)	(9b)
•	3025	CUMARIN-PESTIZID, FLÜSSIG, GIFTIG, ENTZÜNDBAR, mit einem Flammpunkt von 23 °C oder darüber	6.1	TF2	II	6.1 + 3	61 274	100 ml	E4	P001 IBC02		MP15
	3025	CUMARIN-PESTIZID, FLÜSSIG, GIFTIG, ENTZÜNDBAR, mit einem Flammpunkt von 23 °C oder darüber	6.1	TF2	III	6.1 + 3	61 274	5 l	E1	P001 IBC03 R001		MP19
• G10	3026	CUMARIN-PESTIZID, FLÜSSIG, GIFTIG	6.1	T6	I	6.1	61 274 648	0	E5	P001		MP8 MP17
	3026	CUMARIN-PESTIZID, FLÜSSIG, GIFTIG	6.1	T6	II	6.1	61 274 648	100 ml	E4	P001 IBC02		MP15
	3026	CUMARIN-PESTIZID, FLÜSSIG, GIFTIG	6.1	T6	III	6.1	61 274 648	5 l	E1	P001 IBC03 LP01 R001		MP19
•	3027	CUMARIN-PESTIZID, FEST, GIFTIG	6.1	T7	I	6.1	61 274 648	0	E5	P002 IBC07		MP18
	3027	CUMARIN-PESTIZID, FEST, GIFTIG	6.1	T7	II	6.1	61 274 648	500 g	E4	P002 IBC08	B4	MP10
	3027	CUMARIN-PESTIZID, FEST, GIFTIG	6.1	T7	III	6.1	61 274 648	5 kg	E1	P002 IBC08 LP02 R001	B3	MP10
	3028	BATTERIEN (AKKUMULATOREN), TROCKEN, KALIUMHYDROXID, FEST, ENTHALTEND, elektrische Sammler	8	C11		8	295 304 598	2 kg	E0	P801		
•	3048	ALUMINIUMPHOSPHID-PESTIZID	6.1	T7	I	6.1	153 648	0	E0	P002 IBC07		MP18
	3054	CYCLOHEXYLMERCAPTAN	3	F1	III	3		5 l	E1	P001 IBC03 LP01 R001		MP19
	3055	2-(2-AMINOETHOXY)-ETHANOL	8	C7	III	8		5 l	E1	P001 IBC03 LP01 R001		MP19
	3056	n-HEPTALDEHYD	3	F1	III	3		5 l	E1	P001 IBC03 LP01 R001		MP19
• G3	3057	TRIFLUORACETYLCHLORID	2	2TC		2.3 + 8 RID: (+13)		0	E0	P200		MP9

Tabelle A: Verzeichnis der gefährlichen Güter 3.2

ortsbewegliche Tanks und Schüttgut-Container	Sondervorschriften	Tankcodierungen für ADR/RID-Tanks	ADR							RID						Expressgut	Nummer zur Kennzeichnung der Gefahr	UN-Nummer
Anweisungen			Sondervorschriften für ADR-Tanks	Fahrzeug für die Beförderung in Tanks	Beförderungskategorie (Tunnelbeschränkungscode)	Sondervorschriften für die Beförderung			Betrieb	Sondervorschriften für RID-Tanks	Beförderungskategorie	Sondervorschriften für die Beförderung						
						Versandstücke	lose Schüttung	Be- und Entladung, Handhabung				Versandstücke	lose Schüttung	Be- und Entladung, Handhabung				
4.2.5.2 7.3.2	4.2.5.3	4.3	4.3.5 6.8.4	9.1.1.2	1.1.3.6 (8.6)	7.2.4	7.3.3	7.5.11	8.5	4.3.5 6.8.4	1.1.3.1	7.2.4	7.3.3	7.5.11	7.6	5.3.2.3	
(10)	(11)	(12)	(13)	(14)	(15)	(16)	(17)	(18)	(19)	(13)	(15)	(16)	(17)	(18)	(19)	(20)	(1)
T11	TP2 TP27	L4BH	TU15 TE19	FL	2 (D/E)			CV13 CV28	S2 S9 S19	TU15	2			CW13 CW28 CW31	CE5 CE12	63	3025
T7	TP1 TP28	L4BH	TU15 TE19	FL	2 (D/E)	V12		CV13 CV28	S2 S9	TU15	2	W12		CW13 CW28 CW31	CE8 CE12	63	3025
T14	TP2 TP27	L10CH	TU14 TU15 TE19 TE21	AT	1 (C/E)			CV1 CV13 CV28	S9 S14	TU14 TU15 TU38 TE21 TE22	1			CW13 CW28 CW31	CE12	66	3026
T11	TP2 TP27	L4BH	TU15 TE19	AT	2 (D/E)			CV13 CV28	S9 S19	TU15	2			CW13 CW28 CW31	CE5 CE12	60	3026
T7	TP1 TP28	L4BH	TU15 TE19	AT	2 (E)	V12		CV13 CV28	S9	TU15	2	W12		CW13 CW28 CW31	CE8 CE12	60	3026
T6	TP33	S10AH L10CH	TU14 TU15 TE19 TE21	AT	1 (C/E)	V10		CV1 CV13 CV28	S9 S14	TU14 TU15 TU38 TE21 TE22	1	W10		CW13 CW28 CW31	CE12	66	3027
T3	TP33	SGAH L4BH	TU15 TE19	AT	2 (D/E)	V11		CV13 CV28	S9 S19	TU15	2	W11		CW13 CW28 CW31	CE9 CE12	60	3027
T1	TP33	SGAH L4BH	TU15 TE19	AT	2 (E)			VC1 VC2 AP7	CV13 CV28	S9	TU15	2		VC1 VC2 AP7	CW13 CW28 CW31	CE11 CE12	60	3027
					3 (E)			VC1 VC2 AP8				3		VC1 VC2 AP8		CE11	80	3028
T6	TP33	S10AH	TU15 TE19	AT	1 (C/E)	V10		CV1 CV13 CV28	S9 S14	TU15	1	W10		CW13 CW28 CW31		642	3048
T2	TP1	LGBF		FL	3 (D/E)	V12			S2		3	W12			CE4	30	3054
T4	TP1	L4BN		AT	3 (E)	V12					3	W12			CE8	80	3055
T2	TP1	LGBF		FL	3 (D/E)	V12			S2		3	W12			CE4	30	3056
T50	TP21	PxBH(M)	TA4 TT9	AT	1 (C/D)			CV9 CV10 CV36	S14	TU38 TE22 TE25 TM6 TA4 TT9	1			CW9 CW10 CW36		268	3057

3.2 Tabelle A: Verzeichnis der gefährlichen Güter

gemäß Tabelle 1.10.3.1.2	§ 35b GGVSEB	UN-Nummer	Benennung und Beschreibung	Klasse	Klassifizierungscode	Verpackungsgruppe	Gefahrzettel	Sondervorschriften	Begrenzte und freigestellte Mengen		Verpackung		
											Anweisungen	Sondervorschriften	Zusammenpackung
•	G..		3.1.2	2.2	2.2	2.1.1.3	5.2.2	3.3	3.4 / 3.5.1.2		4.1.4	4.1.4	4.1.10
		(1)	(2)	(3a)	(3b)	(4)	(5)	(6)	(7a)	(7b)	(8)	(9a)	(9b)
•		3064	NITROGLYCERIN, LÖSUNG IN ALKOHOL mit mehr als 1 %, aber höchstens 5 % Nitroglycerin	3	D	II	3	359	0	E0	P300		MP2
•	G4	3065	ALKOHOLISCHE GETRÄNKE mit mehr als 70 Vol.-% Alkohol	3	F1	II	3		5 l	E2	P001 IBC02 R001	PP2	MP19
		3065	ALKOHOLISCHE GETRÄNKE mit mehr als 24 Vol.-% und höchstens 70 Vol.-% Alkohol	3	F1	III	3	144 145 247	5 l	E1	P001 IBC03 R001	PP2	MP19
		3066	FARBE (einschließlich Farbe, Lack, Emaille, Beize, Schellack, Firnis, Politur, flüssiger Füllstoff und flüssige Lackgrundlage) oder FARBZUBEHÖRSTOFFE (einschließlich Farbverdünnung und -lösemittel)	8	C9	II	8	163 367	1 l	E2	P001 IBC02		MP15
		3066	FARBE (einschließlich Farbe, Lack, Emaille, Beize, Schellack, Firnis, Politur, flüssiger Füllstoff und flüssige Lackgrundlage) oder FARBZUBEHÖRSTOFFE (einschließlich Farbverdünnung und -lösemittel)	8	C9	III	8	163 367	5 l	E1	P001 IBC03 R001		MP19
		3070	ETHYLENOXID UND DICHLORDIFLUORMETHAN, GEMISCH mit höchstens 12,5 % Ethylenoxid	2	2A		2.2	392 662 RID: (+13)	120 ml	E1	P200		MP9
		3071	MERCAPTANE, FLÜSSIG, GIFTIG, ENTZÜNDBAR, N.A.G. oder MERCAPTANE, MISCHUNG, FLÜSSIG, GIFTIG, ENTZÜNDBAR, N.A.G.	6.1	TF1	II	6.1 + 3	274	100 ml	E4	P001 IBC02		MP15
		3072	RETTUNGSMITTEL, NICHT SELBSTAUFBLASEND, gefährliche Güter als Ausrüstung enthaltend	9	M5		9	296 635	0	E0	P905		
		3073	VINYLPYRIDINE, STABILISIERT	6.1	TFC	II	6.1 + 3 + 8	386	100 ml	E4	P001 IBC01		MP15
		3077	UMWELTGEFÄHRDENDER STOFF, FEST, N.A.G.	9	M7	III	9	274 335 375 601	5 kg	E1	P002 IBC08 LP02 R001	PP12 B3	MP10
		3078	CER, Späne oder Grieß	4.3	W2	II	4.3	550	500 g	E2	P410 IBC07		MP14
•	G10	3079	METHACRYLNITRIL, STABILISIERT	6.1	TF1	I	6.1 + 3	354 386	0	E0	P602		MP8 MP17
		3080	ISOCYANATE, GIFTIG, ENTZÜNDBAR, N.A.G. oder ISOCYANAT, LÖSUNG, GIFTIG, ENTZÜNDBAR, N.A.G.	6.1	TF1	II	6.1 + 3	274 551	100 ml	E4	P001 IBC02		MP15
		3082	UMWELTGEFÄHRDENDER STOFF, FLÜSSIG, N.A.G.	9	M6	III	9	274 335 375 601	5 l	E1	P001 IBC03 LP01 R001	PP1	MP19

Tabelle A: Verzeichnis der gefährlichen Güter 3.2

ortsbewegliche Tanks und Schüttgut-Container	Sondervorschriften	Tankcodierungen für ADR/RID-Tanks	Sondervorschriften für ADR-Tanks	Fahrzeug für die Beförderung in Tanks	ADR Beförderungskategorie (Tunnelbeschränkungscode)	ADR Sondervorschriften für die Beförderung — Versandstücke	ADR — lose Schüttung	ADR — Be- und Entladung, Handhabung	Betrieb	Sondervorschriften für RID-Tanks	RID Beförderungskategorie	RID Sondervorschriften für die Beförderung — Versandstücke	RID — lose Schüttung	RID — Be- und Entladung, Handhabung	Expressgut	Nummer zur Kennzeichnung der Gefahr	UN-Nummer
Anweisungen 4.2.5.2 7.3.2	Sondervorschriften 4.2.5.3	4.3	4.3.5 6.8.4	9.1.1.2	1.1.3.6 (8.6)	7.2.4	7.3.3	7.5.11	8.5	4.3.5 6.8.4	1.1.3.1	7.2.4	7.3.3	7.5.11	7.6	5.3.2.3	(1)
(10)	(11)	(12)	(13)	(14)	(15)	(16)	(17)	(18)	(19)	(13)	(15)	(16)	(17)	(18)	(19)	(20)	(1)
					2 (B)				S2 S14		2					RID: 33	3064
T4	TP1	LGBF		FL	2 (D/E)				S2 S20		2				CE7	33	3065
T2	TP1	LGBF		FL	3 (D/E)	V12			S2		3			W12	CE4	30	3065
T7	TP2 TP28	L4BN		AT	2 (E)						2				CE6	80	3066
T4	TP1 TP29	L4BN		AT	3 (E)	V12					3			W12	CE8	80	3066
(M) T50		PxBN(M)	TA4 TT9	AT	3 (C/E)		CV9 CV10 CV36			TM6 TA4 TT9	3			CW9 CW10 CW36	CE3	20	3070
T11	TP2 TP27	L4BH	TU15 TE19	FL	2 (D/E)		CV13 CV28	S2 S9 S19		TU15	2			CW13 CW28 CW31	CE5	63	3071
					3 (E)						3				CE2	RID: 90	3072
T7	TP2	L4BH	TU15 TE19	FL	2 (D/E)	V8	CV13 CV28	S2 S4 S9 S19		TU15	2			CW13 CW28 CW31	CE5	638	3073
T1 BK1 BK2 BK3	TP33	SGAV LGBV		AT	3 (–)	V13	VC1 VC2	CV13			3		W13	VC1 VC2	CW13 CW31	CE11	90	3077
T3	TP33	SGAN		AT	2 (D/E)	V1		CV23			2		W1		CW23	CE10	423	3078
T20	TP2	L10CH	TU14 TU15 TE19 TE21	FL	1 (C/D)	V8	CV1 CV13 CV28	S2 S4 S9 S14		TU14 TU15 TU38 TE21 TE22	1			CW13 CW28 CW31		663	3079
T11	TP2 TP27	L4BH	TU15 TE19	FL	2 (D/E)			CV13 CV28	S2 S9 S19	TU15	2			CW13 CW28 CW31	CE5	63	3080
T4	TP1 TP29	LGBV		AT	3 (–)	V12		CV13			3			W12	CW13 CW31	CE8	90	3082

3.2 Tabelle A: Verzeichnis der gefährlichen Güter

gemäß Tabelle 1.10.3.1.2 § 35b GGVSEB	UN-Nummer	Benennung und Beschreibung	Klasse	Klassifizierungscode	Verpackungsgruppe	Gefahrzettel	Sondervorschriften	Begrenzte und freigestellte Mengen		Verpackung Anweisungen	Verpackung Sondervorschriften	Verpackung Zusammenpackung
G..		3.1.2	2.2	2.2	2.1.1.3	5.2.2	3.3	3.4 / 3.5.1.2		4.1.4	4.1.4	4.1.10
(1)		(2)	(3a)	(3b)	(4)	(5)	(6)	(7a)	(7b)	(8)	(9a)	(9b)
● G3	3083	PERCHLORYLFLUORID	2	2TO		2.3 + 5.1 RID: (+13)		0	E0	P200		MP9
●	3084	ÄTZENDER FESTER STOFF, ENTZÜNDEND (OXIDIEREND) WIRKEND, N.A.G.	8	CO2	I	8 + 5.1	274	0	E0	P002		MP18
	3084	ÄTZENDER FESTER STOFF, ENTZÜNDEND (OXIDIEREND) WIRKEND, N.A.G.	8	CO2	II	8 + 5.1	274	1 kg	E2	P002 IBC06		MP10
●	3085	ENTZÜNDEND (OXIDIEREND) WIRKENDER FESTER STOFF, ÄTZEND, N.A.G.	5.1	OC2	I	5.1 + 8	274	0	E0	P503		MP2
	3085	ENTZÜNDEND (OXIDIEREND) WIRKENDER FESTER STOFF, ÄTZEND, N.A.G.	5.1	OC2	II	5.1 + 8	274	1 kg	E2	P002 IBC06		MP2
	3085	ENTZÜNDEND (OXIDIEREND) WIRKENDER FESTER STOFF, ÄTZEND, N.A.G.	5.1	OC2	III	5.1 + 8	274	5 kg	E1	P002 IBC08 R001	B3	MP2
●	3086	GIFTIGER FESTER STOFF, ENTZÜNDEND (OXIDIEREND) WIRKEND, N.A.G.	6.1	TO2	I	6.1 + 5.1	274	0	E5	P002		MP18
	3086	GIFTIGER FESTER STOFF, ENTZÜNDEND (OXIDIEREND) WIRKEND, N.A.G.	6.1	TO2	II	6.1 + 5.1	274	500 g	E4	P002 IBC06		MP10
●	3087	ENTZÜNDEND (OXIDIEREND) WIRKENDER FESTER STOFF, GIFTIG, N.A.G.	5.1	OT2	I	5.1 + 6.1	274	0	E0	P503		MP2
	3087	ENTZÜNDEND (OXIDIEREND) WIRKENDER FESTER STOFF, GIFTIG, N.A.G.	5.1	OT2	II	5.1 + 6.1	274	1 kg	E2	P002 IBC06		MP2
	3087	ENTZÜNDEND (OXIDIEREND) WIRKENDER FESTER STOFF, GIFTIG, N.A.G.	5.1	OT2	III	5.1 + 6.1	274	5 kg	E1	P002 IBC08 R001	B3	MP2
	3088	SELBSTERHITZUNGSFÄHIGER ORGANISCHER FESTER STOFF, N.A.G.	4.2	S2	II	4.2	274	0	E2	P410 IBC06		MP14
	3088	SELBSTERHITZUNGSFÄHIGER ORGANISCHER FESTER STOFF, N.A.G.	4.2	S2	III	4.2	274 665	0	E1	P002 IBC08 LP02 R001	B3	MP14
	3089	ENTZÜNDBARES METALLPULVER, N.A.G.	4.1	F3	II	4.1	552	1 kg	E2	P002 IBC08	B4	MP11
	3089	ENTZÜNDBARES METALLPULVER, N.A.G.	4.1	F3	III	4.1	552	5 kg	E1	P002 IBC08 R001	B4	MP11
	3090	LITHIUM-METALL-BATTERIEN (einschließlich Batterien aus Lithiumlegierung)	9	M4		9A	188 230 310 376 377 387 636	0	E0	P903 P908 P909 P910 P911 LP903 LP904 LP905 LP906		

Tabelle A: Verzeichnis der gefährlichen Güter 3.2

ortsbewegliche Tanks und Schüttgut-Container		Tankcodierungen für ADR/RID-Tanks	ADR							RID						Expressgut	Nummer zur Kennzeichnung der Gefahr	UN-Nummer
Anweisungen	Sondervorschriften		Sondervorschriften für ADR-Tanks	Fahrzeug für die Beförderung in Tanks	Beförderungskategorie (Tunnelbeschränkungscode)	Sondervorschriften für die Beförderung				Sondervorschriften für RID-Tanks	Beförderungskategorie	Sondervorschriften für die Beförderung						
						Versandstücke	lose Schüttung	Be- und Entladung, Handhabung	Betrieb			Versandstücke	lose Schüttung	Be- und Entladung, Handhabung				
4.2.5.2 7.3.2	4.2.5.3	4.3	4.3.5 6.8.4	9.1.1.2	1.1.3.6 (8.6)	7.2.4	7.3.3	7.5.11	8.5	4.3.5 6.8.4	1.1.3.1	7.2.4	7.3.3	7.5.11	7.6	5.3.2.3	
(10)	(11)	(12)	(13)	(14)	(15)	(16)	(17)	(18)	(19)	(13)	(15)	(16)	(17)	(18)	(19)	(20)	(1)
(M)		PxBH(M)	TA4 TT9	AT	1 (C/D)			CV9 CV10 CV36	S14	TU38 TE22 TE25 TM6 TA4 TT9	1			CW9 CW10 CW36		265	3083
T6	TP33	S10AN L10BH		AT	1 (E)			CV24	S14	TU38 TE22	1			CW24		885	3084
T3	TP33	SGAN L4BN		AT	2 (E)	V11		CV24			2	W11		CW24	CE10	85	3084
					1 (E)			CV24	S20		1			CW24		RID: 558	3085
T3	TP33	SGAN	TU3	AT	2 (E)	V11		CV24		TU3	2	W11		CW24	CE10	58	3085
T1	TP33	SGAN	TU3	AT	3 (E)			CV24		TU3	3			CW24	CE11	58	3085
T6	TP33	S10AH L10CH	TU14 TU15 TE19 TE21	AT	1 (C/E)			CV1 CV13 CV28	S9 S14	TU14 TU15 TU38 TE21 TE22	1			CW13 CW28 CW31		665	3086
T3	TP33	SGAH L4BH	TU15 TE19	AT	2 (D/E)	V11		CV13 CV28	S9 S19	TU15	2	W11		CW13 CW28 CW31	CE9	65	3086
					1 (E)			CV24 CV28	S20		1			CW24 CW28		RID: 556	3087
T3	TP33	SGAN	TU3	AT	2 (E)	V11		CV24 CV28		TU3	2	W11		CW24 CW28	CE10	56	3087
T1	TP33	SGAN	TU3	AT	3 (E)			CV24 CV28		TU3	3			CW24 CW28	CE11	56	3087
T3	TP33	SGAV		AT	2 (D/E)	V1					2	W1			CE10	40	3088
T1	TP33	SGAV		AT	3 (E)	V1					3	W1			CE11	40	3088
T3	TP33	SGAN		AT	2 (E)	V11					2	W1			CE10	40	3089
T1	TP33	SGAV		AT	3 (E)	V11	VC1 VC2				3	W1	VC1 VC2		CE11	40	3089
					2 (E)						2				CE2	RID: 90	3090

3.2 Tabelle A: Verzeichnis der gefährlichen Güter

gemäß Tabelle 1.10.3.1.2	§ 35b GGVSEB	UN-Nummer	Benennung und Beschreibung	Klasse	Klassifizierungscode	Verpackungsgruppe	Gefahrzettel	Sondervorschriften	Begrenzte und freigestellte Mengen		Verpackung Anweisungen	Verpackung Sondervorschriften	Verpackung Zusammenpackung
G..			3.1.2	2.2	2.2	2.1.1.3	5.2.2	3.3	3.4 / 3.5.1.2		4.1.4	4.1.4	4.1.10
(1)			(2)	(3a)	(3b)	(4)	(5)	(6)	(7a)	(7b)	(8)	(9a)	(9b)
		3091	LITHIUM-METALL-BATTERIEN IN AUSRÜSTUNGEN oder LITHIUM-METALL-BATTERIEN, MIT AUSRÜSTUNGEN VERPACKT (einschließlich Batterien aus Lithiumlegierung)	9	M4		9A	188 230 310 360 376 377 387 390 670	0	E0	P903 P908 P909 P910 P911 LP903 LP904 LP905 LP906		
		3092	1-METHOXY-2-PROPANOL	3	F1	III	3		5 l	E1	P001 IBC03 LP01 R001		MP19
•		3093	ÄTZENDER FLÜSSIGER STOFF, ENTZÜNDEND (OXIDIEREND) WIRKEND, N.A.G.	8	CO1	I	8 + 5.1	274	0	E0	P001		MP8 MP17
		3093	ÄTZENDER FLÜSSIGER STOFF, ENTZÜNDEND (OXIDIEREND) WIRKEND, N.A.G.	8	CO1	II	8 + 5.1	274	1 l	E2	P001 IBC02		MP15
•		3094	ÄTZENDER FLÜSSIGER STOFF, MIT WASSER REAGIEREND, N.A.G.	8	CW1	I	8 + 4.3	274	0	E0	P001		MP8 MP17
		3094	ÄTZENDER FLÜSSIGER STOFF, MIT WASSER REAGIEREND, N.A.G.	8	CW1	II	8 + 4.3	274	1 l	E2	P001		MP15
•		3095	ÄTZENDER FESTER STOFF, SELBSTERHITZUNGSFÄHIG, N.A.G.	8	CS2	I	8 + 4.2	274	0	E0	P002		MP18
		3095	ÄTZENDER FESTER STOFF, SELBSTERHITZUNGSFÄHIG, N.A.G.	8	CS2	II	8 + 4.2	274	1 kg	E2	P002 IBC06		MP10
•		3096	ÄTZENDER FESTER STOFF, MIT WASSER REAGIEREND, N.A.G.	8	CW2	I	8 + 4.3	274	0	E0	P002		MP18
		3096	ÄTZENDER FESTER STOFF, MIT WASSER REAGIEREND, N.A.G.	8	CW2	II	8 + 4.3	274	1 kg	E2	P002 IBC06		MP10
		3097	ENTZÜNDBARER FESTER STOFF, ENTZÜNDEND (OXIDIEREND) WIRKEND, N.A.G.	4.1	FO				BEFÖRDERUNG VERBOTEN				
•		3098	ENTZÜNDEND (OXIDIEREND) WIRKENDER FLÜSSIGER STOFF, ÄTZEND, N.A.G.	5.1	OC1	I	5.1 + 8	274	0	E0	P502		MP2
		3098	ENTZÜNDEND (OXIDIEREND) WIRKENDER FLÜSSIGER STOFF, ÄTZEND, N.A.G.	5.1	OC1	II	5.1 + 8	274	1 l	E2	P504 IBC01		MP2
		3098	ENTZÜNDEND (OXIDIEREND) WIRKENDER FLÜSSIGER STOFF, ÄTZEND, N.A.G.	5.1	OC1	III	5.1 + 8	274	5 l	E1	P504 IBC02 R001		MP2
•		3099	ENTZÜNDEND (OXIDIEREND) WIRKENDER FLÜSSIGER STOFF, GIFTIG, N.A.G.	5.1	OT1	I	5.1 + 6.1	274	0	E0	P502		MP2
		3099	ENTZÜNDEND (OXIDIEREND) WIRKENDER FLÜSSIGER STOFF, GIFTIG, N.A.G.	5.1	OT1	II	5.1 + 6.1	274	1 l	E2	P504 IBC01		MP2
		3099	ENTZÜNDEND (OXIDIEREND) WIRKENDER FLÜSSIGER STOFF, GIFTIG, N.A.G.	5.1	OT1	III	5.1 + 6.1	274	5 l	E1	P504 IBC02 R001		MP2
		3100	ENTZÜNDEND (OXIDIEREND) WIRKENDER FESTER STOFF, SELBSTERHITZUNGSFÄHIG, N.A.G.	5.1	OS				BEFÖRDERUNG VERBOTEN				

Tabelle A: Verzeichnis der gefährlichen Güter 3.2

ortsbewegliche Tanks und Schüttgut-Container		Tankcodierungen für ADR/RID-Tanks	ADR							RID						Expressgut	Nummer zur Kennzeichnung der Gefahr	UN-Nummer
Anweisungen	Sondervorschriften		Sondervorschriften für ADR-Tanks	Fahrzeug für die Beförderung in Tanks	Beförderungskategorie (Tunnelbeschränkungscode)	Sondervorschriften für die Beförderung			Betrieb	Sondervorschriften für RID-Tanks	Beförderungskategorie	Sondervorschriften für die Beförderung						
						Versandstücke	lose Schüttung	Be- und Entladung, Handhabung				Versandstücke	lose Schüttung	Be- und Entladung, Handhabung				
4.2.5.2 7.3.2	4.2.5.3	4.3	4.3.5 6.8.4	9.1.1.2	1.1.3.6 (8.6)	7.2.4	7.3.3	7.5.11	8.5	4.3.5 6.8.4	1.1.3.1	7.2.4	7.3.3	7.5.11	7.6	5.3.2.3	(1)
(10)	(11)	(12)	(13)	(14)	(15)	(16)	(17)	(18)	(19)	(13)	(15)	(16)	(17)	(18)	(19)	(20)	(1)
					2 (E)						2					CE2	RID: 90	3091
T2	TP1	LGBF		FL	3 (D/E)	V12		S2			3	W12				CE4	30	3092
		L10BH		AT	1 (E)		CV24	S14		TU38 TE22	1				CW24		885	3093
		L4BN		AT	2 (E)		CV24				2				CW24	CE6	85	3093
		L10BH		AT	1 (D/E)			S14		TU38 TE22	1						823	3094
		L4BN		AT	2 (E)						2					CE6	823	3094
T6	TP33	S10AN		AT	1 (E)			S14			1						884	3095
T3	TP33	SGAN		AT	2 (E)	V11					2	W11				CE10	84	3095
T6	TP33	S10AN L10BH		AT	1 (E)			S14		TU38 TE22	1						842	3096
T3	TP33	SGAN L4BN		AT	2 (E)	V11					2	W11				CE10	842	3096
					BEFÖRDERUNG VERBOTEN													3097
					1 (E)		CV24	S20			1				CW24		RID: 558	3098
					2 (E)		CV24				2				CW24	CE6	RID: 58	3098
					3 (E)		CV24				3				CW24	CE8	RID: 58	3098
					1 (E)		CV24 CV28	S20			1				CW24 CW28		RID: 556	3099
					2 (E)		CV24 CV28				2				CW24 CW28	CE6	RID: 56	3099
					3 (E)		CV24 CV28				3				CW24 CW28	CE8	RID: 56	3099
					BEFÖRDERUNG VERBOTEN													3100

3.2 Tabelle A: Verzeichnis der gefährlichen Güter

gemäß Tabelle 1.10.3.1.2 § 35b GGVSEB	UN-Nummer	Benennung und Beschreibung	Klasse	Klassifizierungscode	Verpackungsgruppe	Gefahrzettel	Sondervorschriften	Begrenzte und freigestellte Mengen		Verpackung Anweisungen	Verpackung Sondervorschriften	Verpackung Zusammenpackung
G..		3.1.2	2.2	2.2	2.1.1.3	5.2.2	3.3	3.4 / 3.5.1.2		4.1.4	4.1.4	4.1.10
	(1)	(2)	(3a)	(3b)	(4)	(5)	(6)	(7a)	(7b)	(8)	(9a)	(9b)
	3101	ORGANISCHES PEROXID TYP B, FLÜSSIG	5.2	P1		5.2 + 1	122 181 274	25 ml	E0	P520		MP4
	3102	ORGANISCHES PEROXID TYP B, FEST	5.2	P1		5.2 + 1	122 181 274	100 g	E0	P520		MP4
	3103	ORGANISCHES PEROXID TYP C, FLÜSSIG	5.2	P1		5.2	122 274	25 ml	E0	P520		MP4
	3104	ORGANISCHES PEROXID TYP C, FEST	5.2	P1		5.2	122 274	100 g	E0	P520		MP4
	3105	ORGANISCHES PEROXID TYP D, FLÜSSIG	5.2	P1		5.2	122 274	125 ml	E0	P520		MP4
	3106	ORGANISCHES PEROXID TYP D, FEST	5.2	P1		5.2	122 274	500 g	E0	P520		MP4
	3107	ORGANISCHES PEROXID TYP E, FLÜSSIG	5.2	P1		5.2	122 274	125 ml	E0	P520		MP4
	3108	ORGANISCHES PEROXID TYP E, FEST	5.2	P1		5.2	122 274	500 g	E0	P520		MP4
	3109	ORGANISCHES PEROXID TYP F, FLÜSSIG	5.2	P1		5.2	122 274	125 ml	E0	P520 IBC520		MP4
	3110	ORGANISCHES PEROXID TYP F, FEST	5.2	P1		5.2	122 274	500 g	E0	P520 IBC520		MP4
	3111	ORGANISCHES PEROXID TYP B, FLÜSSIG, TEMPERATURKONTROLLIERT	5.2	P2		5.2 + 1	122 181 274	0	E0	P520		MP4
	3112	ORGANISCHES PEROXID TYP B, FEST, TEMPERATURKONTROLLIERT	5.2	P2		5.2 + 1	122 181 274	0	E0	P520		MP4
	3113	ORGANISCHES PEROXID TYP C, FLÜSSIG, TEMPERATURKONTROLLIERT	5.2	P2		5.2	122 274	0	E0	P520		MP4
	3114	ORGANISCHES PEROXID TYP C, FEST, TEMPERATURKONTROLLIERT	5.2	P2		5.2	122 274	0	E0	P520		MP4

Tabelle A: Verzeichnis der gefährlichen Güter 3.2

ortsbewegliche Tanks und Schüttgut-Container		Tankcodierungen für ADR/RID-Tanks	ADR								RID						Expressgut	Nummer zur Kennzeichnung der Gefahr	UN-Nummer
Anweisungen	Sondervorschriften		Sondervorschriften für ADR-Tanks	Fahrzeug für die Beförderung in Tanks	Beförderungskategorie (Tunnelbeschränkungscode)	Sondervorschriften für die Beförderung				Betrieb	Sondervorschriften für RID-Tanks	Beförderungskategorie	Sondervorschriften für die Beförderung						
						Versandstücke	lose Schüttung	Be- und Entladung, Handhabung					Versandstücke	lose Schüttung	Be- und Entladung, Handhabung				
4.2.5.2 7.3.2	4.2.5.3	4.3	4.3.5 6.8.4	9.1.1.2	1.1.3.6 (8.6)	7.2.4	7.3.3	7.5.11		8.5	4.3.5 6.8.4	1.1.3.1	7.2.4	7.3.3	7.5.11	7.6	5.3.2.3	(1)
(10)	(11)	(12)	(13)	(14)	(15)	(16)	(17)	(18)		(19)	(13)	(15)	(16)	(17)	(18)		(19)	(20)	(1)
					1 (B)	V1 V5		CV15 CV20 CV22 CV24	S9 S17			1	W5 W7 W8		CW22 CW24 CW29			RID: 539	3101
					1 (B)	V1 V5		CV15 CV20 CV22 CV24	S9 S17			1	W5 W7 W8		CW22 CW24 CW29			RID: 539	3102
					1 (D)	V1		CV15 CV20 CV22 CV24	S8 S18			1	W7		CW22 CW24 CW29		CE6	RID: 539	3103
					1 (D)	V1		CV15 CV20 CV22 CV24	S8 S18			1	W7		CW22 CW24 CW29		CE10	RID: 539	3104
					2 (D)	V1		CV15 CV22 CV24	S19			2	W7		CW22 CW24 CW29		CE6	RID: 539	3105
					2 (D)	V1		CV15 CV22 CV24	S19			2	W7		CW22 CW24 CW29		CE10	RID: 539	3106
					2 (D)	V1		CV15 CV22 CV24				2	W7		CW22 CW24 CW29		CE6	RID: 539	3107
					2 (D)	V1		CV15 CV22 CV24				2	W7		CW22 CW24 CW29		CE10	RID: 539	3108
T23		L4BN(+)	TU3 TU13 TU30 TE12 TA2 TM4	AT	2 (D)	V1		CV15 CV22 CV24			TU3 TU13 TU30 TE12 TA2 TM4	2	W7		CW22 CW24 CW29		CE6	539	3109
T23	TP33	S4AN(+)	TU3 TU13 TU30 TE12 TA2 TM4	AT	2 (D)	V1		CV15 CV22 CV24			TU3 TU13 TU30 TE12 TA2 TM4	2	W7		CW22 CW24 CW29		CE10	539	3110
					1 (B)	V8		CV15 CV20 CV21 CV22 CV24	S4 S9 S16		RID: verboten								3111
					1 (B)	V8		CV15 CV20 CV21 CV22 CV24	S4 S9 S16		RID: verboten								3112
					1 (D)	V8		CV15 CV20 CV21 CV22 CV24	S4 S8 S17		RID: verboten								3113
					1 (D)	V8		CV15 CV20 CV21 CV22 CV24	S4 S8 S17		RID: verboten								3114

3.2 Tabelle A: Verzeichnis der gefährlichen Güter

gemäß Tabelle 1.10.3.1.2	§ 35b GGVSEB	UN-Nummer	Benennung und Beschreibung	Klasse	Klassifizierungscode	Verpackungsgruppe	Gefahrzettel	Sondervorschriften	Begrenzte und freigestellte Mengen		Verpackung		
											Anweisungen	Sondervorschriften	Zusammenpackung
			3.1.2	2.2	2.2	2.1.1.3	5.2.2	3.3	3.4 / 3.5.1.2		4.1.4	4.1.4	4.1.10
●	G..	(1)	(2)	(3a)	(3b)	(4)	(5)	(6)	(7a)	(7b)	(8)	(9a)	(9b)
		3115	ORGANISCHES PEROXID TYP D, FLÜSSIG, TEMPERATURKONTROLLIERT	5.2	P2		5.2	122 274	0	E0	P520		MP4
		3116	ORGANISCHES PEROXID TYP D, FEST, TEMPERATURKONTROLLIERT	5.2	P2		5.2	122 274	0	E0	P520		MP4
		3117	ORGANISCHES PEROXID TYP E, FLÜSSIG, TEMPERATURKONTROLLIERT	5.2	P2		5.2	122 274	0	E0	P520		MP4
		3118	ORGANISCHES PEROXID TYP E, FEST, TEMPERATURKONTROLLIERT	5.2	P2		5.2	122 274	0	E0	P520		MP4
		3119	ORGANISCHES PEROXID TYP F, FLÜSSIG, TEMPERATURKONTROLLIERT	5.2	P2		5.2	122 274	0	E0	P520 IBC520		MP4
		3120	ORGANISCHES PEROXID TYP F, FEST, TEMPERATURKONTROLLIERT	5.2	P2		5.2	122 274	0	E0	P520 IBC520		MP4
		3121	ENTZÜNDEND (OXIDIEREND) WIRKENDER FESTER STOFF, MIT WASSER REAGIEREND, N.A.G.	5.1	OW				BEFÖRDERUNG VERBOTEN				
●	G10	3122	GIFTIGER FLÜSSIGER STOFF, ENTZÜNDEND (OXIDIEREND) WIRKEND, N.A.G.	6.1	TO1	I	6.1 + 5.1	274 315	0	E0	P001		MP8 MP17
		3122	GIFTIGER FLÜSSIGER STOFF, ENTZÜNDEND (OXIDIEREND) WIRKEND, N.A.G.	6.1	TO1	II	6.1 + 5.1	274	100 ml	E4	P001 IBC02		MP15
●	G10	3123	GIFTIGER FLÜSSIGER STOFF, MIT WASSER REAGIEREND, N.A.G.	6.1	TW1	I	6.1 + 4.3	274 315	0	E0	P099		MP8 MP17
		3123	GIFTIGER FLÜSSIGER STOFF, MIT WASSER REAGIEREND, N.A.G.	6.1	TW1	II	6.1 + 4.3	274	100 ml	E4	P001 IBC02		MP15
●		3124	GIFTIGER FESTER STOFF, SELBSTERHITZUNGSFÄHIG, N.A.G.	6.1	TS	I	6.1 + 4.2	274	0	E5	P002		MP18
		3124	GIFTIGER FESTER STOFF, SELBSTERHITZUNGSFÄHIG, N.A.G.	6.1	TS	II	6.1 + 4.2	274	0	E4	P002 IBC06		MP10
●		3125	GIFTIGER FESTER STOFF, MIT WASSER REAGIEREND, N.A.G.	6.1	TW2	I	6.1 + 4.3	274	0	E5	P099		MP18

Tabelle A: Verzeichnis der gefährlichen Güter 3.2

			ADR							RID							
ortsbewegliche Tanks und Schüttgut-Container Anweisungen	Sondervorschriften	Tankcodierungen für ADR/RID-Tanks	Sondervorschriften für ADR-Tanks	Fahrzeug für die Beförderung in Tanks	Beförderungskategorie (Tunnelbeschränkungscode)	Sondervorschriften für die Beförderung Versandstücke	lose Schüttung	Be- und Entladung, Handhabung	Betrieb	Sondervorschriften für RID-Tanks	Beförderungskategorie	Sondervorschriften für die Beförderung Versandstücke	lose Schüttung	Be- und Entladung, Handhabung	Expressgut	Nummer zur Kennzeichnung der Gefahr	UN-Nummer
4.2.5.2 7.3.2	4.2.5.3	4.3	4.3.5 6.8.4	9.1.1.2	1.1.3.6 (8.6)	7.2.4	7.3.3	7.5.11	8.5	4.3.5 6.8.4	1.1.3.1	7.2.4	7.3.3	7.5.11	7.6	5.3.2.3	(1)
(10)	(11)	(12)	(13)	(14)	(15)	(16)	(17)	(18)	(19)	(13)	(15)	(16)	(17)	(18)	(19)	(20)	(1)
					1 (D)	V8		CV15 CV21 CV22 CV24	S4 S18				RID: verboten				3115
					1 (D)	V8		CV15 CV21 CV22 CV24	S4 S18				RID: verboten				3116
					1 (D)	V8		CV15 CV21 CV22 CV24	S4 S19				RID: verboten				3117
					1 (D)	V8		CV15 CV21 CV22 CV24	S4 S19				RID: verboten				3118
T23		L4BN(+)	TU3 TU13 TU30 TE12 TA2 TM3	AT	1 (D)	V8		CV15 CV21 CV22 CV24	S4				RID: verboten			539	3119
T23	TP33	S4AN(+)	TU3 TU13 TU30 TE12 TA2 TM3	AT	1 (D)	V8		CV15 CV21 CV22 CV24	S4				RID: verboten			539	3120
					BEFÖRDERUNG VERBOTEN												3121
		L10CH	TU14 TU15 TE19 TE21	AT	1 (C/E)			CV1 CV13 CV28	S9 S14	TU14 TU15 TU38 TE21 TE22	1			CW13 CW28 CW31		665	3122
		L4BH	TU15 TE19	AT	2 (D/E)			CV13 CV28	S9 S19	TU15	2			CW13 CW28 CW31	CE5	65	3122
		L10CH	TU14 TU15 TE19 TE21	AT	1 (C/E)			CV1 CV13 CV28	S9 S14	TU14 TU15 TU38 TE21 TE22	1			CW13 CW28 CW31		623	3123
		L4BH	TU15 TE19	AT	2 (D/E)			CV13 CV28	S9 S19	TU15	2			CW13 CW28 CW31	CE5	623	3123
T6	TP33	S10AH L10CH	TU14 TU15 TE19 TE21	AT	1 (C/E)			CV1 CV13 CV28	S9 S14	TU14 TU15 TU38 TE21 TE22	1			CW13 CW28 CW31		664	3124
T3	TP33	SGAH L4BH	TU15 TE19	AT	2 (D/E)	V11		CV13 CV28	S9 S19	TU15	2	W11		CW13 CW28 CW31	CE9	64	3124
T6	TP33	S10AH L10CH	TU14 TU15 TE19 TE21	AT	1 (C/E)			CV1 CV13 CV28	S9 S14	TU14 TU15 TU38 TE21 TE22	1			CW13 CW28 CW31		642	3125

3.2 Tabelle A: Verzeichnis der gefährlichen Güter

gemäß Tabelle 1.10.3.1.2 § 35b GGVSEB	UN-Nummer	Benennung und Beschreibung	Klasse	Klassifizierungscode	Verpackungsgruppe	Gefahrzettel	Sondervorschriften	Begrenzte und freigestellte Mengen		Verpackung Anweisungen	Verpackung Sondervorschriften	Verpackung Zusammenpackung
G..		3.1.2	2.2	2.2	2.1.1.3	5.2.2	3.3	3.4 / 3.5.1.2		4.1.4	4.1.4	4.1.10
(1)		(2)	(3a)	(3b)	(4)	(5)	(6)	(7a)	(7b)	(8)	(9a)	(9b)
	3125	GIFTIGER FESTER STOFF, MIT WASSER REAGIEREND, N.A.G.	6.1	TW2	II	6.1 + 4.3	274	500 g	E4	P002 IBC06		MP10
	3126	SELBSTERHITZUNGSFÄHIGER ORGANISCHER FESTER STOFF, ÄTZEND, N.A.G.	4.2	SC2	II	4.2 + 8	274	0	E2	P410 IBC05		MP14
	3126	SELBSTERHITZUNGSFÄHIGER ORGANISCHER FESTER STOFF, ÄTZEND, N.A.G.	4.2	SC2	III	4.2 + 8	274	0	E1	P002 IBC08 R001	B3	MP14
	3127	SELBSTERHITZUNGSFÄHIGER FESTER STOFF, ENTZÜNDEND (OXIDIEREND) WIRKEND, N.A.G.	4.2	SO			BEFÖRDERUNG VERBOTEN					
	3128	SELBSTERHITZUNGSFÄHIGER ORGANISCHER FESTER STOFF, GIFTIG, N.A.G.	4.2	ST2	II	4.2 + 6.1	274	0	E2	P410 IBC05		MP14
	3128	SELBSTERHITZUNGSFÄHIGER ORGANISCHER FESTER STOFF, GIFTIG, N.A.G.	4.2	ST2	III	4.2 + 6.1	274	0	E1	P002 IBC08 R001	B3	MP14
●	3129	MIT WASSER REAGIERENDER FLÜSSIGER STOFF, ÄTZEND, N.A.G.	4.3	WC1	I	4.3 + 8	274	0	E0	P402	RR7 RR8	MP2
	3129	MIT WASSER REAGIERENDER FLÜSSIGER STOFF, ÄTZEND, N.A.G.	4.3	WC1	II	4.3 + 8	274	500 ml	E0	P402 IBC01	RR7 RR8	MP15
	3129	MIT WASSER REAGIERENDER FLÜSSIGER STOFF, ÄTZEND, N.A.G.	4.3	WC1	III	4.3 + 8	274	1 l	E1	P001 IBC02 R001		MP15
●	3130	MIT WASSER REAGIERENDER FLÜSSIGER STOFF, GIFTIG, N.A.G.	4.3	WT1	I	4.3 + 6.1	274	0	E0	P402	RR4 RR8	MP2
	3130	MIT WASSER REAGIERENDER FLÜSSIGER STOFF, GIFTIG, N.A.G.	4.3	WT1	II	4.3 + 6.1	274	500 ml	E0	P402 IBC01	RR4 RR8 BB1	MP15
	3130	MIT WASSER REAGIERENDER FLÜSSIGER STOFF, GIFTIG, N.A.G.	4.3	WT1	III	4.3 + 6.1	274	1 l	E1	P001 IBC02 R001		MP15
	3131	MIT WASSER REAGIERENDER FESTER STOFF, ÄTZEND, N.A.G.	4.3	WC2	I	4.3 + 8	274	0	E0	P403		MP2
	3131	MIT WASSER REAGIERENDER FESTER STOFF, ÄTZEND, N.A.G.	4.3	WC2	II	4.3 + 8	274	500 g	E2	P410 IBC06		MP14
	3131	MIT WASSER REAGIERENDER FESTER STOFF, ÄTZEND, N.A.G.	4.3	WC2	III	4.3 + 8	274	1 kg	E1	P410 IBC08 R001	B4	MP14
●	3132	MIT WASSER REAGIERENDER FESTER STOFF, ENTZÜNDBAR, N.A.G.	4.3	WF2	I	4.3 + 4.1	274	0	E0	P403 IBC99		MP2
	3132	MIT WASSER REAGIERENDER FESTER STOFF, ENTZÜNDBAR, N.A.G.	4.3	WF2	II	4.3 + 4.1	274	500 g	E2	P410 IBC04		MP14
	3132	MIT WASSER REAGIERENDER FESTER STOFF, ENTZÜNDBAR, N.A.G.	4.3	WF2	III	4.3 + 4.1	274	1 kg	E1	P410 IBC06		MP14

Tabelle A: Verzeichnis der gefährlichen Güter 3.2

ortsbewegliche Tanks und Schüttgut-Container		Tankcodierungen für ADR/RID-Tanks	Sondervorschriften für ADR-Tanks	Fahrzeug für die Beförderung in Tanks	ADR Beförderungs-kategorie (Tunnel-beschrän-kungs-code)	Sondervorschriften für die Beförderung			Betrieb	RID	Beförderungs-kategorie	Sondervorschriften für die Beförderung			Expressgut	Nummer zur Kenn-zeichnung der Gefahr	UN-Nummer
Anwei-sungen	Sondervor-schriften					Versand-stücke	lose Schüttung	Be- und Entladung, Handhabung		Sondervorschriften für RID-Tanks		Versand-stücke	lose Schüttung	Be- und Entladung, Handhabung			
4.2.5.2 7.3.2	4.2.5.3	4.3	4.3.5 6.8.4	9.1.1.2	1.1.3.6 (8.6)	7.2.4	7.3.3	7.5.11	8.5	4.3.5 6.8.4	1.1.3.1	7.2.4	7.3.3	7.5.11	7.6	5.3.2.3	(1)
(10)	(11)	(12)	(13)	(14)	(15)	(16)	(17)	(18)	(19)	(13)	(15)	(16)	(17)	(18)	(19)	(20)	(1)
T3	TP33	SGAH L4BH	TU15 TE19	AT	2 (D/E)	V11		CV13 CV28	S9 S19	TU15	2	W11		CW13 CW28 CW31	CE9	642	3125
T3	TP33	SGAN		AT	2 (D/E)	V1					2	W1			CE10	48	3126
T1	TP33	SGAN		AT	3 (E)	V1					3	W1			CE11	48	3126
																	3127
				BEFÖRDERUNG VERBOTEN													
T3	TP33	SGAN		AT	2 (D/E)	V1		CV28			2	W1		CW28	CE10	46	3128
T1	TP33	SGAN		AT	3 (E)	V1		CV28			3	W1		CW28	CE11	46	3128
T14	TP2 TP7	L10DH	TU14 TE21 TM2	AT	0 (B/E)	V1		CV23	S20	TU14 TU38 TE21 TE22 TM2	0	W1		CW23		X382	3129
T11	TP2 TP7	L4DH	TU14 TE21 TM2	AT	0 (D/E)	V1		CV23		TU14 TE21 TM2	0	W1		CW23	CE7	382	3129
T7	TP2 TP7	L4DH	TU14 TE21 TM2	AT	0 (E)	V1		CV23		TU14 TE21 TM2	0	W1		CW23	CE8	382	3129
		L10DH	TU14 TE21 TM2	AT	0 (B/E)	V1		CV23 CV28	S20	TU14 TU38 TE21 TE22 TM2	0	W1		CW23 CW28		X362	3130
		L4DH	TU14 TE21 TM2	AT	0 (D/E)	V1		CV23 CV28		TU14 TE21 TM2	0	W1		CW23 CW28	CE7	362	3130
		L4DH	TU14 TE21 TM2	AT	0 (E)	V1		CV23 CV28		TU14 TE21 TM2	0	W1		CW23 CW28	CE8	362	3130
T9	TP7 TP33	S10AN L10DH	TU4 TU14 TU22 TE21 TM2	AT	0 (B/E)	V1		CV23	S20	TU4 TU14 TU22 TE21 TM2	0	W1		CW23		X482	3131
T3	TP33	SGAN		AT	0 (D/E)	V1		CV23			0	W1		CW23	CE10	482	3131
T1	TP33	SGAN		AT	0 (E)	V1		CV23			0	W1		CW23	CE11	482	3131
					0 (E)	V1		CV23	S20		0	W1		CW23		RID: X423	3132
T3	TP33	SGAN L4DH	TU14 TE21 TM2	AT	0 (D/E)	V1		CV23			0	W1		CW23		423	3132
T1	TP33	SGAN L4DH	TU14 TE21 TM2	AT	0 (E)	V1		CV23			0	W1		CW23		423	3132

3.2 Tabelle A: Verzeichnis der gefährlichen Güter

gemäß Tabelle 1.10.3.1.2	§ 35b GGVSEB	UN-Nummer	Benennung und Beschreibung	Klasse	Klassifizierungscode	Verpackungsgruppe	Gefahrzettel	Sondervorschriften	Begrenzte und freigestellte Mengen		Verpackung Anweisungen	Sondervorschriften	Zusammenpackung
G..			3.1.2	2.2	2.2	2.1.1.3	5.2.2	3.3	3.4 / 3.5.1.2		4.1.4	4.1.4	4.1.10
(1)			(2)	(3a)	(3b)	(4)	(5)	(6)	(7a)		(7b)	(8)	(9a)	(9b)
		3133	MIT WASSER REAGIERENDER FESTER STOFF, ENTZÜNDEND (OXIDIEREND) WIRKEND, N.A.G.	4.3	WO				BEFÖRDERUNG VERBOTEN				
•		3134	MIT WASSER REAGIERENDER FESTER STOFF, GIFTIG, N.A.G.	4.3	WT2	I	4.3 + 6.1	274	0		E0	P403		MP2
		3134	MIT WASSER REAGIERENDER FESTER STOFF, GIFTIG, N.A.G.	4.3	WT2	II	4.3 + 6.1	274	500 g		E2	P410 IBC05		MP14
		3134	MIT WASSER REAGIERENDER FESTER STOFF, GIFTIG, N.A.G.	4.3	WT2	III	4.3 + 6.1	274	1 kg		E1	P410 IBC08 R001	B4	MP14
•		3135	MIT WASSER REAGIERENDER FESTER STOFF, SELBSTERHITZUNGSFÄHIG, N.A.G.	4.3	WS	I	4.3 + 4.2	274	0		E0	P403		MP2
		3135	MIT WASSER REAGIERENDER FESTER STOFF, SELBSTERHITZUNGSFÄHIG, N.A.G.	4.3	WS	II	4.3 + 4.2	274	0		E2	P410 IBC05		MP14
		3135	MIT WASSER REAGIERENDER FESTER STOFF, SELBSTERHITZUNGSFÄHIG, N.A.G.	4.3	WS	III	4.3 + 4.2	274	0		E1	P410 IBC08	B4	MP14
		3136	TRIFLUORMETHAN, TIEFGEKÜHLT, FLÜSSIG	2	3A		2.2	593 RID: (+13)	120 ml		E1	P203		MP9
		3137	ENTZÜNDEND (OXIDIEREND) WIRKENDER FESTER STOFF, ENTZÜNDBAR, N.A.G.	5.1	OF				BEFÖRDERUNG VERBOTEN				
•	G2	3138	ETHYLEN, ACETYLEN UND PROPYLEN, GEMISCH, TIEFGEKÜHLT, FLÜSSIG, mit mindestens 71,5 % Ethylen, höchstens 22,5 % Acetylen und höchstens 6 % Propylen	2	3F		2.1	RID: (+13)	0		E0	P203		MP9
•		3139	ENTZÜNDEND (OXIDIEREND) WIRKENDER FLÜSSIGER STOFF, N.A.G.	5.1	O1	I	5.1	274	0		E0	P502		MP2
		3139	ENTZÜNDEND (OXIDIEREND) WIRKENDER FLÜSSIGER STOFF, N.A.G.	5.1	O1	II	5.1	274	1 l		E2	P504 IBC02		MP2
		3139	ENTZÜNDEND (OXIDIEREND) WIRKENDER FLÜSSIGER STOFF, N.A.G.	5.1	O1	III	5.1	274	5 l		E1	P504 IBC02 R001		MP2
•	G10	3140	ALKALOIDE, FLÜSSIG, N.A.G. oder ALKALOIDSALZE, FLÜSSIG, N.A.G.	6.1	T1	I	6.1	43 274	0		E5	P001		MP8 MP17
		3140	ALKALOIDE, FLÜSSIG, N.A.G. oder ALKALOIDSALZE, FLÜSSIG, N.A.G.	6.1	T1	II	6.1	43 274	100 ml		E4	P001 IBC02		MP15
		3140	ALKALOIDE, FLÜSSIG, N.A.G. oder ALKALOIDSALZE, FLÜSSIG, N.A.G.	6.1	T1	III	6.1	43 274	5 l		E1	P001 IBC03 LP01 R001		MP19
		3141	ANORGANISCHE ANTIMONVERBINDUNG, FLÜSSIG, N.A.G.	6.1	T4	III	6.1	45 274 512	5 l		E1	P001 IBC03 LP01 R001		MP19

Tabelle A: Verzeichnis der gefährlichen Güter 3.2

ortsbewegliche Tanks und Schüttgut-Container			ADR						RID						
Anweisungen	Sondervorschriften	Tankcodierungen für ADR/RID-Tanks	Sondervorschriften für ADR-Tanks	Fahrzeug für die Beförderung in Tanks	Beförderungskategorie (Tunnelbeschränkungscode)	Sondervorschriften für die Beförderung			Betrieb	Sondervorschriften für RID-Tanks	Beförderungskategorie	Sondervorschriften für die Beförderung			Expressgut	Nummer zur Kennzeichnung der Gefahr	UN-Nummer
						Versandstücke	lose Schüttung	Be- und Entladung, Handhabung				Versandstücke	lose Schüttung	Be- und Entladung, Handhabung			
4.2.5.2 7.3.2	4.2.5.3	4.3	4.3.3 6.8.4	9.1.1.2	1.1.3.6 (8.6)	7.2.4	7.3.3	7.5.11	8.5	4.3.3 6.8.4	1.1.3.1	7.2.4	7.3.3	7.5.11	7.6	5.3.2.3	(1)
(10)	(11)	(12)	(13)	(14)	(15)	(16)	(17)	(18)	(19)	(13)	(15)	(16)	(17)	(18)	(19)	(20)	
					BEFÖRDERUNG VERBOTEN												3133
					0 (E)	V1	CV23 CV28		S20		0		W1	CW23 CW28		RID: X462	3134
T3	TP33	SGAN		AT	0 (D/E)	V1	CV23 CV28				0		W1	CW23 CW28	CE10	462	3134
T1	TP33	SGAN		AT	0 (E)	V1	CV23 CV28				0		W1	CW23 CW28	CE11	462	3134
					1 (E)	V1	CV23		S20		0		W1	CW23		RID: X423	3135
T3	TP33	SGAN	TU14 TE21 TM2	AT	2 (D/E)	V1	CV23				0		W1	CW23		423	3135
T1	TP33	SGAN	TU14 TE21 TM2	AT	3 (E)	V1	CV23				0		W1	CW23		423	3135
T75	TP5	RxBN	TU19 TA4 TT9	AT	3 (C/E)	V5	CV9 CV11 CV36		S20	TU19 TM6 TA4 TT9	3		W5	CW9 CW11 CW36	CE2	22	3136
					BEFÖRDERUNG VERBOTEN												3137
T75	TP5	RxBN	TU18 TA4 TT9	FL	2 (B/D)	V5	CV9 CV11 CV36		S2 S17	TU18 TU38 TE22 TM6 TA4 TT9	2		W5	CW9 CW11 CW36	CE2	223	3138
					1 (E)		CV24		S20		1			CW24		RID: 55	3139
					2 (E)		CV24				2			CW24	CE6	RID: 50	3139
					3 (E)		CV24				3			CW24	CE8	RID: 50	3139
			L10CH	TU14 TU15 TE19 TE21	AT	1 (C/E)		CV1 CV13 CV28	S9 S14	TU14 TU15 TU38 TE21 TE22	1			CW13 CW28 CW31		66	3140
			L4BH	TU15 TE19	AT	2 (D/E)		CV13 CV28	S9 S19	TU15	2			CW13 CW28 CW31	CE5	60	3140
			L4BH	TU15 TE19	AT	2 (E)	V12	CV13 CV28	S9	TU15	2	W12		CW13 CW28 CW31	CE8	60	3140
			L4BH	TU15 TE19	AT	2 (E)	V12	CV13 CV28	S9	TU15	2	W12		CW13 CW28 CW31	CE8	60	3141

3.2 Tabelle A: Verzeichnis der gefährlichen Güter

gemäß Tabelle 1.10.3.1.2	§ 35b GGVSEB	UN-Nummer	Benennung und Beschreibung	Klasse	Klassifizierungscode	Verpackungsgruppe	Gefahrzettel	Sondervorschriften	Begrenzte und freigestellte Mengen		Verpackung Anweisungen	Verpackung Sondervorschriften	Verpackung Zusammenpackung
G..			3.1.2	2.2	2.2	2.1.1.3	5.2.2	3.3	3.4 / 3.5.1.2		4.1.4	4.1.4	4.1.10
(1)			(2)	(3a)	(3b)	(4)	(5)	(6)	(7a)	(7b)	(8)	(9a)	(9b)
•	G10	3142	DESINFEKTIONSMITTEL, FLÜSSIG, GIFTIG, N.A.G.	6.1	T1	I	6.1	274	0	E5	P001		MP8 MP17
		3142	DESINFEKTIONSMITTEL, FLÜSSIG, GIFTIG, N.A.G.	6.1	T1	II	6.1	274	100 ml	E4	P001 IBC02		MP15
		3142	DESINFEKTIONSMITTEL, FLÜSSIG, GIFTIG, N.A.G.	6.1	T1	III	6.1	274	5 l	E1	P001 IBC03 LP01 R001		MP19
•		3143	FARBSTOFF, FEST, GIFTIG, N.A.G. oder FARBSTOFFZWISCHENPRODUKT, FEST, GIFTIG, N.A.G.	6.1	T2	I	6.1	274	0	E5	P002 IBC07		MP18
		3143	FARBSTOFF, FEST, GIFTIG, N.A.G. oder FARBSTOFFZWISCHENPRODUKT, FEST, GIFTIG, N.A.G.	6.1	T2	II	6.1	274	500 g	E4	P002 IBC08	B4	MP10
		3143	FARBSTOFF, FEST, GIFTIG, N.A.G. oder FARBSTOFFZWISCHENPRODUKT, FEST, GIFTIG, N.A.G.	6.1	T2	III	6.1	274	5 kg	E1	P002 IBC08 LP02 R001	B3	MP10
•	G10	3144	NICOTINVERBINDUNG, FLÜSSIG, N.A.G. oder NICOTINZUBEREITUNG, FLÜSSIG, N.A.G.	6.1	T1	I	6.1	43 274	0	E5	P001		MP8 MP17
		3144	NICOTINVERBINDUNG, FLÜSSIG, N.A.G. oder NICOTINZUBEREITUNG, FLÜSSIG, N.A.G.	6.1	T1	II	6.1	43 274	100 ml	E4	P001 IBC02		MP15
		3144	NICOTINVERBINDUNG, FLÜSSIG, N.A.G. oder NICOTINZUBEREITUNG, FLÜSSIG, N.A.G.	6.1	T1	III	6.1	43 274	5 l	E1	P001 IBC03 LP01 R001		MP19
•		3145	ALKYLPHENOLE, FLÜSSIG, N.A.G. (einschließlich C_2-C_{12}-Homologe)	8	C3	I	8		0	E0	P001		MP8 MP17
		3145	ALKYLPHENOLE, FLÜSSIG, N.A.G. (einschließlich C_2-C_{12}-Homologe)	8	C3	II	8		1 l	E2	P001 IBC02		MP15
		3145	ALKYLPHENOLE, FLÜSSIG, N.A.G. (einschließlich C_2-C_{12}-Homologe)	8	C3	III	8		5 l	E1	P001 IBC03 LP01 R001		MP19
•		3146	ORGANISCHE ZINNVERBINDUNG, FEST, N.A.G.	6.1	T3	I	6.1	43 274	0	E5	P002 IBC07		MP18
		3146	ORGANISCHE ZINNVERBINDUNG, FEST, N.A.G.	6.1	T3	II	6.1	43 274	500 g	E4	P002 IBC08	B4	MP10
		3146	ORGANISCHE ZINNVERBINDUNG, FEST, N.A.G.	6.1	T3	III	6.1	43 274	5 kg	E1	P002 IBC08 LP02 R001	B3	MP10
•		3147	FARBSTOFF, FEST, ÄTZEND, N.A.G. oder FARBSTOFFZWISCHENPRODUKT, FEST, ÄTZEND, N.A.G.	8	C10	I	8	274	0	E0	P002 IBC07		MP18

Tabelle A: Verzeichnis der gefährlichen Güter 3.2

ortsbewegliche Tanks und Schüttgut-Container		Tankcodierungen für ADR/RID-Tanks	ADR							RID						Expressgut	Nummer zur Kennzeichnung der Gefahr	UN-Nummer
Anweisungen	Sondervorschriften		Sondervorschriften für ADR-Tanks	Fahrzeug für die Beförderung in Tanks	Beförderungskategorie (Tunnelbeschränkungscode)	Sondervorschriften für die Beförderung				Sondervorschriften für RID-Tanks	Beförderungskategorie	Sondervorschriften für die Beförderung						
						Versandstücke	lose Schüttung	Be- und Entladung, Handhabung	Betrieb			Versandstücke	lose Schüttung	Be- und Entladung, Handhabung				
4.2.5.2 7.3.2	4.2.5.3	4.3	4.3.5 6.8.4	9.1.1.2	1.1.3.6 (8.6)	7.2.4	7.3.3	7.5.11	8.5	4.3.5 6.8.4	1.1.3.1	7.2.4	7.3.3	7.5.11	7.6	5.3.2.3	(1)
(10)	(11)	(12)	(13)	(14)	(15)	(16)	(17)	(18)	(19)	(13)	(15)	(16)	(17)	(18)	(19)	(20)	(1)
		L10CH	TU14 TU15 TE19 TE21	AT	1 (C/E)			CV1 CV13 CV28	S9 S14	TU14 TU15 TU38 TE21 TE22	1			CW13 CW28 CW31		66	3142
		L4BH	TU15 TE19	AT	2 (D/E)			CV13 CV28	S9 S19	TU15	2			CW13 CW28 CW31	CE5	60	3142
		L4BH	TU15 TE19	AT	2 (E)	V12		CV13 CV28	S9	TU15	2		W12	CW13 CW28 CW31	CE8	60	3142
T6	TP33	S10AH L10CH	TU15 TE19	AT	1 (C/E)	V10		CV1 CV13 CV28	S9 S14	TU15 TU38 TE22	1		W10	CW13 CW28 CW31		66	3143
T3	TP33	SGAH L4BH	TU15 TE19	AT	2 (D/E)	V11		CV13 CV28	S9 S19	TU15	2		W11	CW13 CW28 CW31	CE9	60	3143
T1	TP33	SGAH L4BH	TU15 TE19	AT	2 (E)			VC1 VC2 AP7	CV13 CV28	S9	TU15	2		VC1 VC2 AP7	CW13 CW28 CW31	CE11	60	3143
		L10CH	TU14 TU15 TE19 TE21	AT	1 (C/E)			CV1 CV13 CV28	S9 S14	TU14 TU15 TU38 TE21 TE22	1			CW13 CW28 CW31		66	3144
		L4BH	TU15 TE19	AT	2 (D/E)			CV13 CV28	S9 S19	TU15	2			CW13 CW28 CW31	CE5	60	3144
		L4BH	TU15 TE19	AT	2 (E)	V12		CV13 CV28	S9	TU15	2		W12	CW13 CW28 CW31	CE8	60	3144
T14	TP2	L10BH		AT	1 (E)				S20	TU38 TE22	1					88	3145
T11	TP2 TP27	L4BN		AT	2 (E)						2				CE6	80	3145
T7	TP1 TP28	L4BN		AT	3 (E)	V12					3		W12		CE8	80	3145
T6	TP33	S10AH L10CH	TU14 TU15 TE19 TE21	AT	1 (C/E)	V10		CV1 CV13 CV28	S9 S14	TU14 TU15 TU38 TE21 TE22	1		W10	CW13 CW28 CW31		66	3146
T3	TP33	SGAH L4BH	TU15 TE19	AT	2 (D/E)	V11		CV13 CV28	S9 S19	TU15	2		W11	CW13 CW28 CW31	CE9	60	3146
T1	TP33	SGAH L4BH	TU15 TE19	AT	2 (E)			VC1 VC2 AP7	CV13 CV28	S9	TU15	2		VC1 VC2 AP7	CW13 CW28 CW31	CE11	60	3146
T6	TP33	S10AN L10BH		AT	1 (E)	V10			S20	TU38 TE22	1		W10			88	3147

3.2 Tabelle A: Verzeichnis der gefährlichen Güter

gemäß Tabelle 1.10.3.1.2	§ 35b GGVSEB	UN-Nummer	Benennung und Beschreibung	Klasse	Klassifizierungscode	Verpackungsgruppe	Gefahrzettel	Sondervorschriften	Begrenzte und freigestellte Mengen		Verpackung Anweisungen	Verpackung Sondervorschriften	Verpackung Zusammenpackung
	G..		3.1.2	2.2	2.2	2.1.1.3	5.2.2	3.3	3.4 / 3.5.1.2		4.1.4	4.1.4	4.1.10
	(1)		(2)	(3a)	(3b)	(4)	(5)	(6)	(7a)	(7b)	(8)	(9a)	(9b)
		3147	FARBSTOFF, FEST, ÄTZEND, N.A.G. oder FARBSTOFFZWISCHENPRODUKT, FEST, ÄTZEND, N.A.G.	8	C10	II	8	274	1 kg	E2	P002 IBC08	B4	MP10
		3147	FARBSTOFF, FEST, ÄTZEND, N.A.G. oder FARBSTOFFZWISCHENPRODUKT, FEST, ÄTZEND, N.A.G.	8	C10	III	8	274	5 kg	E1	P002 IBC08 LP02 R001	B3	MP10
•		3148	MIT WASSER REAGIERENDER FLÜSSIGER STOFF, N.A.G.	4.3	W1	I	4.3	274	0	E0	P402	RR8	MP2
		3148	MIT WASSER REAGIERENDER FLÜSSIGER STOFF, N.A.G.	4.3	W1	II	4.3	274	500 ml	E2	P402 IBC01	RR8	MP15
		3148	MIT WASSER REAGIERENDER FLÜSSIGER STOFF, N.A.G.	4.3	W1	III	4.3	274	1 l	E1	P001 IBC02 R001		MP15
		3149	WASSERSTOFFPEROXID UND PERESSIGSÄURE, MISCHUNG mit Säure(n), Wasser und höchstens 5 % Peressigsäure, STABILISIERT	5.1	OC1	II	5.1 + 8	196 553	1 l	E2	P504 IBC02	PP10 B5	MP15
•		3150	GERÄTE, KLEIN, MIT KOHLENWASSERSTOFFGAS, mit Entnahmeeinrichtung oder KOHLENWASSERSTOFFGAS-NACHFÜLLPATRONEN FÜR KLEINE GERÄTE, mit Entnahmeeinrichtung	2	6F		2.1		0	E0	P209		MP9
		3151	POLYHALOGENIERTE BIPHENYLE, FLÜSSIG oder HALOGENIERTE MONOMETHYLDIPHENYLMETHANE, FLÜSSIG oder POLYHALOGENIERTE TERPHENYLE, FLÜSSIG	9	M2	II	9	203 305	1 l	E2	P906 IBC02		MP15
		3152	POLYHALOGENIERTE BIPHENYLE, FEST oder HALOGENIERTE MONOMETHYLDIPHENYLMETHANE, FEST oder POLYHALOGENIERTE TERPHENYLE, FEST	9	M2	II	9	203 305	1 kg	E2	P906 IBC08	B4	MP10
•	G2	3153	PERFLUOR(METHYL-VINYL-ETHER)	2	2F		2.1	662 RID: (+13)	0	E0	P200		MP9
•	G2	3154	PERFLUOR(ETHYL-VINYL-ETHER)	2	2F		2.1	662 RID: (+13)	0	E0	P200		MP9
		3155	PENTACHLORPHENOL	6.1	T2	II	6.1	43	500 g	E4	P002 IBC08	B4	MP10
		3156	VERDICHTETES GAS, OXIDIEREND, N.A.G.	2	1O		2.2 + 5.1 RID: (+13)	274 655 662	0	E0	P200		MP9

Tabelle A: Verzeichnis der gefährlichen Güter 3.2

ortsbewegliche Tanks und Schüttgut-Container		Tankcodierungen für ADR/RID-Tanks	Sondervorschriften für ADR-Tanks	Fahrzeug für die Beförderung in Tanks	Beförderungs-kategorie (Tunnel-beschränkungs-code)	ADR Sondervorschriften für die Beförderung			Betrieb	RID Sondervorschriften für die Beförderung	Beförderungs-kategorie	Sondervorschriften für RID-Tanks				Expressgut	Nummer zur Kennzeichnung der Gefahr	UN-Nummer
Anweisungen	Sondervorschriften					Versandstücke	lose Schüttung	Be- und Entladung, Handhabung				Versandstücke	lose Schüttung	Be- und Entladung, Handhabung				
4.2.5.2 7.3.2	4.2.5.3	4.3	4.3.5 6.8.4	9.1.1.2	1.1.3.6 (8.6)	7.2.4	7.3.3	7.5.11	8.5	4.3.5 6.8.4	1.1.3.1	7.2.4	7.3.3	7.5.11	7.6	5.3.2.1	(1)
(10)	(11)	(12)	(13)	(14)	(15)	(16)	(17)	(18)	(19)	(13)	(15)	(16)	(17)	(18)	(19)	(20)	(1)
T3	TP33	SGAN L4BN		AT	2 (E)	V11				2		W11			CE10	80	3147
T1	TP33	SGAV L4BN		AT	3 (E)		VC1 VC2 AP7			3			VC1 VC2 AP7		CE11	80	3147
T13	TP2 TP7	L10DH	TU14 TE21 TM2	AT	0 (B/E)	V1		CV23	S20	TU14 TU38 TE21 TE22 TM2	0	W1		CW23		X323	3148
T7	TP2 TP7	L4DH	TU14 TE21 TM2	AT	0 (D/E)	V1		CV23		TU14 TE21 TM2	0	W1		CW23	CE7	323	3148
T7	TP2 TP7	L4DH	TU14 TE21 TM2	AT	0 (E)	V1		CV23		TU14 TE21 TM2	0	W1		CW23	CE8	323	3148
T7	TP2 TP6 TP24	L4BV(+)	TU3 TC2 TE8 TE11 TT1	AT	2 (E)			CV24		TU3 TC2 TE8 TE11 TT1	2			CW24	CE6	58	3149
					2 (D)			CV9	S2		2			CW9	CE2	RID: 23	3150
		L4BH	TU15	AT	0 (D/E)		VC1 VC2 AP9	CV1 CV13 CV28	S19	TU15	0		VC1 VC2 AP9	CW13 CW28 CW31	CE5	90	3151
T3	TP33	S4AH L4BH	TU15	AT	0 (D/E)	V11	VC1 VC2 AP9	CV1 CV13 CV28	S19	TU15	0	W11	VC1 VC2 AP9	CW13 CW28 CW31	CE9	90	3152
(M) T50		PxBN(M)	TA4 TT9	FL	2 (B/D)			CV9 CV10 CV36	S2 S20	TU38 TE22 TM6 TA4 TT9	2			CW9 CW10 CW36	CE3	23	3153
(M)		PxBN(M)	TA4 TT9	FL	2 (B/D)			CV9 CV10 CV36	S2 S20	TU38 TE22 TM6 TA4 TT9	2			CW9 CW10 CW36	CE3	23	3154
T3	TP33	SGAH	TU15 TE19	AT	2 (D/E)	V11		CV13 CV28	S9 S19	TU15	2	W11		CW13 CW28 CW31	CE9	60	3155
(M)		CxBN(M)	TA4 TT9	AT	3 (E)			CV9 CV10 CV36		TA4 TT9	3			CW9 CW10 CW36	CE3	25	3156

3.2 Tabelle A: Verzeichnis der gefährlichen Güter

gemäß Tabelle 1.10.3.1.2 § 35b GGVSEB	UN-Nummer	Benennung und Beschreibung	Klasse	Klassifizierungscode	Verpackungsgruppe	Gefahrzettel	Sondervorschriften	Begrenzte und freigestellte Mengen	Verpackung Anweisungen	Verpackung Sondervorschriften	Verpackung Zusammenpackung
G..		3.1.2	2.2	2.2	2.1.1.3	5.2.2	3.3	3.4 / 3.5.1.2	4.1.4	4.1.4	4.1.10
	(1)	(2)	(3a)	(3b)	(4)	(5)	(6)	(7a) / (7b)	(8)	(9a)	(9b)
	3157	VERFLÜSSIGTES GAS, OXIDIEREND, N.A.G.	2	2O		2.2 + 5.1 RID: (+13)	274 662	0 E0	P200		MP9
	3158	GAS, TIEFGEKÜHLT, FLÜSSIG, N.A.G.	2	3A		2.2 RID: (+13)	274 593	120 ml E1	P203		MP9
	3159	1,1,1,2-TETRAFLUORETHAN (GAS ALS KÄLTEMITTEL R 134a)	2	2A		2.2 RID: (+13)	662	120 ml E1	P200		MP9
● G3	3160	VERFLÜSSIGTES GAS, GIFTIG, ENTZÜNDBAR, N.A.G.	2	2TF		2.3 + 2.1 RID: (+13)	274	0 E0	P200		MP9
● G2	3161	VERFLÜSSIGTES GAS, ENTZÜNDBAR, N.A.G.	2	2F		2.1 RID: (+13)	274 662	0 E0	P200		MP9
● G3	3162	VERFLÜSSIGTES GAS, GIFTIG, N.A.G.	2	2T		2.3 RID: (+13)	274	0 E0	P200		MP9
	3163	VERFLÜSSIGTES GAS, N.A.G.	2	2A		2.2 RID: (+13)	274 392 662	120 ml E1	P200		MP9
	3164	GEGENSTÄNDE UNTER PNEUMATISCHEM DRUCK oder GEGENSTÄNDE UNTER HYDRAULISCHEM DRUCK (mit nicht entzündbarem Gas)	2	6A		2.2	283 371 594	120 ml E0	P003	PP32	MP9
●	3165	KRAFTSTOFFTANK FÜR HYDRAULISCHES AGGREGAT FÜR FLUGZEUGE (mit einer Mischung von wasserfreiem Hydrazin und Methylhydrazin) (Kraftstoff M86)	3	FTC	I	3 + 6.1 + 8		0 E0	P301		MP7
	3166	FAHRZEUG MIT ANTRIEB DURCH ENTZÜNDBARES GAS oder FAHRZEUG MIT ANTRIEB DURCH ENTZÜNDBARE FLÜSSIGKEIT oder BRENNSTOFFZELLEN-FAHRZEUG MIT ANTRIEB DURCH ENTZÜNDBARES GAS oder BRENNSTOFFZELLEN-FAHRZEUG MIT ANTRIEB DURCH ENTZÜNDBARE FLÜSSIGKEIT	9	M11			388 666 667 669				
●	3167	GASPROBE, NICHT UNTER DRUCK STEHEND, ENTZÜNDBAR, N.A.G., nicht tiefgekühlt flüssig	2	7F		2.1		0 E0	P201		MP9

Tabelle A: Verzeichnis der gefährlichen Güter 3.2

ortsbewegliche Tanks und Schüttgut-Container			ADR							RID							
Anweisungen	Sondervorschriften	Tankcodierungen für ADR/RID-Tanks	Sondervorschriften für ADR-Tanks	Fahrzeug für die Beförderung in Tanks	Beförderungskategorie (Tunnelbeschränkungscode)	Sondervorschriften für die Beförderung			Betrieb	Sondervorschriften für RID-Tanks	Beförderungskategorie	Sondervorschriften für die Beförderung			Expressgut	Nummer zur Kennzeichnung der Gefahr	UN-Nummer
						Versandstücke	lose Schüttung	Be- und Entladung, Handhabung				Versandstücke	lose Schüttung	Be- und Entladung, Handhabung			
4.2.5.2 7.3.2	4.2.5.3	4.3	4.3.5 6.8.4	9.1.1.2	1.1.3.6 (8.6)	7.2.4	7.3.3	7.5.11	8.5	4.3.5 6.8.4	1.1.3.6	7.2.4	7.3.3	7.5.11	7.6	5.3.2.3	(1)
(10)	(11)	(12)	(13)	(14)	(15)	(16)	(17)	(18)	(19)	(13)	(15)	(16)	(17)	(18)	(19)	(20)	(1)
(M)		PxBN(M)	TA4 TT9	AT	3 (C/E)			CV9 CV10 CV36		TM6 TA4 TT9	3			CW9 CW10 CW36	CE3	25	3157
T75	TP5	RxBN	TU19 TA4 TT9	AT	3 (C/E)	V5		CV9 CV11 CV36	S20	TU19 TM6 TA4 TT9	3	W5		CW9 CW11 CW36	CE2	22	3158
(M) T50		PxBN(M)	TA4 TT9	AT	3 (C/E)			CV9 CV10 CV36		TM6 TA4 TT9	3			CW9 CW10 CW36	CE3	20	3159
(M)		PxBH(M)	TU6 TA4 TT9	FL	1 (B/D)			CV9 CV10 CV36	S2 S14	TU6 TU38 TE22 TE25 TM6 TA4 TT9	1			CW9 CW10 CW36		263	3160
(M) T50		PxBN(M)	TA4 TT9	FL	2 (B/D)			CV9 CV10 CV36	S2 S20	TU38 TE22 TM6 TA4 TT9	2			CW9 CW10 CW36	CE3	23	3161
(M)		PxBH(M)	TU6 TA4 TT9	AT	1 (C/D)			CV9 CV10 CV36	S14	TU6 TU38 TE22 TE25 TM6 TA4 TT9	1			CW9 CW10 CW36		26	3162
(M) T50		PxBN(M)	TA4 TT9	AT	3 (C/E)			CV9 CV10 CV36		TM6 TA4 TT9	3			CW9 CW10 CW36	CE3	20	3163
					3 (E)			CV9			3			CW9	CE2	RID: 20	3164
					1 (E)			CV13 CV28	S2 S19		1			CW13 CW28		RID: 336	3165
					– (–)						–						3166
					2 (D)			CV9	S2		2			CW9	CE2	RID: 23	3167

3.2 Tabelle A: Verzeichnis der gefährlichen Güter

gemäß Tabelle 1.10.3.1.2	§ 35b GGVSEB	UN-Nummer	Benennung und Beschreibung	Klasse	Klassifizierungscode	Verpackungsgruppe	Gefahrzettel	Sondervorschriften	Begrenzte und freigestellte Mengen		Verpackung		
											Anweisungen	Sondervorschriften	Zusammenpackung
G..			3.1.2	2.2	2.2	2.1.1.3	5.2.2	3.3	3.4 / 3.5.1.2		4.1.4	4.1.4	4.1.10
(1)			(2)	(3a)	(3b)	(4)	(5)	(6)	(7a)	(7b)	(8)	(9a)	(9b)
●		3168	GASPROBE, NICHT UNTER DRUCK STEHEND, GIFTIG, ENTZÜNDBAR, N.A.G., nicht tiefgekühlt flüssig	2	7TF		2.3 + 2.1		0	E0	P201		MP9
●		3169	GASPROBE, NICHT UNTER DRUCK STEHEND, GIFTIG, N.A.G., nicht tiefgekühlt flüssig	2	7T		2.3		0	E0	P201		MP9
		3170	NEBENPRODUKTE DER ALUMINIUMHERSTELLUNG oder NEBENPRODUKTE DER ALUMINIUMUMSCHMELZUNG	4.3	W2	II	4.3	244	500 g	E2	P410 IBC07		MP14
		3170	NEBENPRODUKTE DER ALUMINIUMHERSTELLUNG oder NEBENPRODUKTE DER ALUMINIUMUMSCHMELZUNG	4.3	W2	III	4.3	244	1 kg	E1	P002 IBC08 R001	B4	MP14
		3171	BATTERIEBETRIEBENES FAHRZEUG oder BATTERIEBETRIEBENES GERÄT	9	M11			388 666 667 669					
●	G10	3172	TOXINE, GEWONNEN AUS LEBENDEN ORGANISMEN, FLÜSSIG, N.A.G.	6.1	T1	I	6.1	210 274	0	E5	P001		MP8 MP17
		3172	TOXINE, GEWONNEN AUS LEBENDEN ORGANISMEN, FLÜSSIG, N.A.G.	6.1	T1	II	6.1	210 274	100 ml	E4	P001 IBC02		MP15
		3172	TOXINE, GEWONNEN AUS LEBENDEN ORGANISMEN, FLÜSSIG, N.A.G.	6.1	T1	III	6.1	210 274	5 l	E1	P001 IBC03 LP01 R001		MP19
		3174	TITANDISULFID	4.2	S4	III	4.2		0	E1	P002 IBC08 LP02 R001	B3	MP14
		3175	FESTE STOFFE oder Gemische aus festen Stoffen (wie Präparate, Zubereitungen und Abfälle), DIE ENTZÜNDBARE FLÜSSIGE STOFFE mit einem Flammpunkt von höchstens 60 °C ENTHALTEN, N.A.G.	4.1	F1	II	4.1	216 274 601	1 kg	E2	P002 IBC06 R001	PP9	MP11
		3176	ENTZÜNDBARER ORGANISCHER FESTER STOFF IN GESCHMOLZENEM ZUSTAND, N.A.G.	4.1	F2	II	4.1	274	0	E0			
		3176	ENTZÜNDBARER ORGANISCHER FESTER STOFF IN GESCHMOLZENEM ZUSTAND, N.A.G.	4.1	F2	III	4.1	274	0	E0			
		3178	ENTZÜNDBARER ANORGANISCHER FESTER STOFF, N.A.G.	4.1	F3	II	4.1	274	1 kg	E2	P002 IBC08	B4	MP11
		3178	ENTZÜNDBARER ANORGANISCHER FESTER STOFF, N.A.G.	4.1	F3	III	4.1	274	5 kg	E1	P002 IBC08 LP02 R001	B3	MP11
		3179	ENTZÜNDBARER ANORGANISCHER FESTER STOFF, GIFTIG, N.A.G.	4.1	FT2	II	4.1 + 6.1	274	1 kg	E2	P002 IBC06		MP10

Tabelle A: Verzeichnis der gefährlichen Güter 3.2

ortsbewegliche Tanks und Schüttgut-Container	Sondervorschriften	Tankcodierungen für ADR/RID-Tanks	Sondervorschriften für ADR-Tanks	Fahrzeug für die Beförderung in Tanks	ADR Beförderungskategorie (Tunnelbeschränkungscode)	ADR Sondervorschriften für die Beförderung Versandstücke	ADR Sondervorschriften für die Beförderung lose Schüttung	ADR Sondervorschriften für die Beförderung Be- und Entladung, Handhabung	Betrieb	Sondervorschriften für RID-Tanks	RID Beförderungskategorie	RID Sondervorschriften für die Beförderung Versandstücke	RID Sondervorschriften für die Beförderung lose Schüttung	RID Sondervorschriften für die Beförderung Be- und Entladung, Handhabung	Expressgut	Nummer zur Kennzeichnung der Gefahr	UN-Nummer
4.2.5.2 7.3.2	4.2.5.3	4.3	4.3.5 6.8.4	9.1.1.2	1.1.3.6 (8.6)	7.2.4	7.3.3	7.5.11	8.5	4.3.5 6.8.4	1.1.3.1	7.2.4	7.3.3	7.5.11	7.6	5.3.2.3	(1)
(10)	(11)	(12)	(13)	(14)	(15)	(16)	(17)	(18)	(19)	(13)	(15)	(16)	(17)	(18)	(19)	(20)	(1)
					1 (D)			CV9	S2		1			CW9		RID: 263	3168
					1 (D)			CV9			1			CW9		RID: 26	3169
T3 BK1 BK2	TP33	SGAN		AT	2 (D/E)	V1	VC1 VC2 AP2	CV23 CV37			2	W1	VC1 VC2 AP2	CW23 CW37	CE10	423	3170
T1 BK1 BK2	TP33	SGAN		AT	3 (E)	V1	VC1 VC2 AP2	CV23 CV37			3	W1	VC1 VC2 AP2	CW23 CW37	CE11	423	3170
					– (–)						–						3171
		L10CH	TU14 TU15 TE19 TE21	AT	1 (C/E)		CV1 CV13 CV28		S9 S14	TU14 TU15 TU38 TE21 TE22	1			CW9 CW28 CW31		66	3172
		L4BH	TU15 TE19	AT	2 (D/E)		CV13 CV28		S9 S19	TU15	2			CW13 CW28 CW31	CE5	60	3172
		L4BH	TU15 TE19	AT	2 (E)	V12	CV13 CV28		S9	TU15	2	W12		CW13 CW28 CW31	CE8	60	3172
T1	TP33	SGAN		AT	3 (E)	V1					3	W1			CE11	40	3174
T3 BK1 BK2	TP33			AT	2 (E)	V11	VC1 VC2 AP2				2	W1	VC1 VC2 AP2		CE11	40	3175
T3	TP3 TP26	LGBV	TU27 TE4 TE6	AT	2 (E)					TU27 TE4 TE6	2					44	3176
T1	TP3 TP26	LGBV	TU27 TE4 TE6	AT	3 (E)					TU27 TE4 TE6	3					44	3176
T3	TP33	SGAN		AT	2 (E)	V11					2	W1			CE10	40	3178
T1	TP33	SGAV		AT	3 (E)		VC1 VC2				3	W1	VC1 VC2		CE11	40	3178
T3	TP33	SGAN		AT	2 (E)	V11		CV28			2	W1		CW28	CE10	46	3179

3.2 Tabelle A: Verzeichnis der gefährlichen Güter

gemäß Tabelle 1.10.3.1.2 § 35b GGVSEB	UN-Nummer	Benennung und Beschreibung	Klasse	Klassifizierungscode	Verpackungsgruppe	Gefahrzettel	Sondervorschriften	Begrenzte und freigestellte Mengen		Verpackung Anweisungen	Verpackung Sondervorschriften	Verpackung Zusammenpackung
• G..		3.1.2	2.2	2.2	2.1.1.3	5.2.2	3.3	3.4 / 3.5.1.2		4.1.4	4.1.4	4.1.10
(1)		(2)	(3a)	(3b)	(4)	(5)	(6)	(7a)	(7b)	(8)	(9a)	(9b)
	3179	ENTZÜNDBARER ANORGANISCHER FESTER STOFF, GIFTIG, N.A.G.	4.1	FT2	III	4.1 + 6.1	274	5 kg	E1	P002 IBC06 R001		MP10
	3180	ENTZÜNDBARER ANORGANISCHER FESTER STOFF, ÄTZEND, N.A.G.	4.1	FC2	II	4.1 + 8	274	1 kg	E2	P002 IBC06		MP10
	3180	ENTZÜNDBARER ANORGANISCHER FESTER STOFF, ÄTZEND, N.A.G.	4.1	FC2	III	4.1 + 8	274	5 kg	E1	P002 IBC06 R001		MP10
	3181	ENTZÜNDBARE METALLSALZE ORGANISCHER VERBINDUNGEN, N.A.G.	4.1	F3	II	4.1	274	1 kg	E2	P002 IBC08	B4	MP11
	3181	ENTZÜNDBARE METALLSALZE ORGANISCHER VERBINDUNGEN, N.A.G.	4.1	F3	III	4.1	274	5 kg	E1	P002 IBC08 LP02 R001	B3	MP11
	3182	ENTZÜNDBARE METALLHYDRIDE, N.A.G.	4.1	F3	II	4.1	274 554	1 kg	E2	P410 IBC04	PP40	MP11
	3182	ENTZÜNDBARE METALLHYDRIDE, N.A.G.	4.1	F3	III	4.1	274 554	5 kg	E1	P002 IBC04 R001		MP11
	3183	SELBSTERHITZUNGSFÄHIGER ORGANISCHER FLÜSSIGER STOFF, N.A.G.	4.2	S1	II	4.2	274	0	E2	P001 IBC02		MP15
	3183	SELBSTERHITZUNGSFÄHIGER ORGANISCHER FLÜSSIGER STOFF, N.A.G.	4.2	S1	III	4.2	274	0	E1	P001 IBC02 R001		MP15
	3184	SELBSTERHITZUNGSFÄHIGER ORGANISCHER FLÜSSIGER STOFF, GIFTIG, N.A.G.	4.2	ST1	II	4.2 + 6.1	274	0	E2	P402 IBC02		MP15
	3184	SELBSTERHITZUNGSFÄHIGER ORGANISCHER FLÜSSIGER STOFF, GIFTIG, N.A.G.	4.2	ST1	III	4.2 + 6.1	274	0	E1	P001 IBC02 R001		MP15
	3185	SELBSTERHITZUNGSFÄHIGER ORGANISCHER FLÜSSIGER STOFF, ÄTZEND, N.A.G.	4.2	SC1	II	4.2 + 8	274	0	E2	P402 IBC02		MP15
	3185	SELBSTERHITZUNGSFÄHIGER ORGANISCHER FLÜSSIGER STOFF, ÄTZEND, N.A.G.	4.2	SC1	III	4.2 + 8	274	0	E1	P001 IBC02 R001		MP15
	3186	SELBSTERHITZUNGSFÄHIGER ANORGANISCHER FLÜSSIGER STOFF, N.A.G.	4.2	S3	II	4.2	274	0	E2	P001 IBC02		MP15
	3186	SELBSTERHITZUNGSFÄHIGER ANORGANISCHER FLÜSSIGER STOFF, N.A.G.	4.2	S3	III	4.2	274	0	E1	P001 IBC02 R001		MP15
	3187	SELBSTERHITZUNGSFÄHIGER ANORGANISCHER FLÜSSIGER STOFF, GIFTIG, N.A.G.	4.2	ST3	II	4.2 + 6.1	274	0	E2	P402 IBC02		MP15
	3187	SELBSTERHITZUNGSFÄHIGER ANORGANISCHER FLÜSSIGER STOFF, GIFTIG, N.A.G.	4.2	ST3	III	4.2 + 6.1	274	0	E1	P001 IBC02 R001		MP15
	3188	SELBSTERHITZUNGSFÄHIGER ANORGANISCHER FLÜSSIGER STOFF, ÄTZEND, N.A.G.	4.2	SC3	II	4.2 + 8	274	0	E2	P402 IBC02		MP15
	3188	SELBSTERHITZUNGSFÄHIGER ANORGANISCHER FLÜSSIGER STOFF, ÄTZEND, N.A.G.	4.2	SC3	III	4.2 + 8	274	0	E1	P001 IBC02 R001		MP15

Tabelle A: Verzeichnis der gefährlichen Güter 3.2

ortsbewegliche Tanks und Schüttgut-Container		Tankcodierungen für ADR/RID-Tanks	Sondervorschriften für ADR-Tanks	Fahrzeug für die Beförderung in Tanks	ADR Beförderungs-kategorie (Tunnel-beschrän-kungscode)	ADR Sondervorschriften für die Beförderung			Betrieb	Sondervorschriften für RID-Tanks	RID Beförderungs-kategorie	RID Sondervorschriften für die Beförderung			Expressgut	Nummer zur Kenn-zeichnung der Gefahr	UN-Nummer
Anwei-sungen	Sondervor-schriften					Versand-stücke	lose Schüttung	Be- und Entladung, Handhabung				Versand-stücke	lose Schüttung	Be- und Entladung, Handhabung			
4.2.5.2 7.3.2	4.2.5.3	4.3	4.3.5 6.8.4	9.1.1.2	1.1.3.6 (8.6)	7.2.4	7.3.3	7.5.11	8.5	4.3.5 6.8.4	1.1.3.1	7.2.4	7.3.3	7.5.11	7.6	5.3.2.3	(1)
(10)	(11)	(12)	(13)	(14)	(15)	(16)	(17)	(18)	(19)	(13)	(15)	(16)	(17)	(18)	(19)	(20)	(1)
T1	TP33	SGAN		AT	3 (E)			CV28			3	W1		CW28	CE11	46	3179
T3	TP33	SGAN		AT	2 (E)	V11					2	W1			CE10	48	3180
T1	TP33	SGAN		AT	3 (E)						3	W1			CE11	48	3180
T3	TP33	SGAN		AT	2 (E)	V11					2	W1			CE10	40	3181
T1	TP33	SGAV		AT	3 (E)		VC1 VC2				3	W1	VC1 VC2		CE11	40	3181
T3	TP33	SGAN		AT	2 (E)						2	W1			CE10	40	3182
T1	TP33	SGAV		AT	3 (E)		VC1 VC2				3	W1	VC1 VC2		CE11	40	3182
		L4DH	TU14 TE21	AT	2 (D/E)	V1				TU14 TE21	2	W1			CE7	30	3183
		L4DH	TU14 TE21	AT	3 (E)	V1				TU14 TE21	3	W1			CE8	30	3183
		L4DH	TU14 TE21	AT	2 (D/E)	V1		CV28		TU14 TE21	2	W1		CW28	CE7	36	3184
		L4DH	TU14 TE21	AT	3 (E)	V1		CV28		TU14 TE21	3	W1		CW28	CE8	36	3184
		L4DH	TU14 TE21	AT	2 (D/E)	V1				TU14 TE21	2	W1			CE7	38	3185
		L4DH	TU14 TE21	AT	3 (E)	V1				TU14 TE21	3	W1			CE8	38	3185
		L4DH	TU14 TE21	AT	2 (D/E)	V1				TU14 TE21	2	W1			CE7	30	3186
		L4DH	TU14 TE21	AT	3 (E)	V1				TU14 TE21	3	W1			CE8	30	3186
		L4DH	TU14 TE21	AT	2 (D/E)	V1		CV28		TU14 TE21	2	W1		CW28	CE7	36	3187
		L4DH	TU14 TE21	AT	3 (E)	V1		CV28		TU14 TE21	3	W1		CW28	CE8	36	3187
		L4DH	TU14 TE21	AT	2 (D/E)	V1				TU14 TE21	2	W1			CE7	38	3188
		L4DH	TU14 TE21	AT	3 (E)	V1				TU14 TE21	3	W1			CE8	38	3188

3.2 Tabelle A: Verzeichnis der gefährlichen Güter

gemäß Tabelle 1.10.3.1.2 § 35b GGVSEB	UN-Nummer	Benennung und Beschreibung	Klasse	Klassifizierungscode	Verpackungsgruppe	Gefahrzettel	Sondervorschriften	Begrenzte und freigestellte Mengen	Verpackung Anweisungen	Verpackung Sondervorschriften	Verpackung Zusammenpackung
G..		3.1.2	2.2	2.2	2.1.1.3	5.2.2	3.3	3.4 / 3.5.1.2	4.1.4	4.1.4	4.1.10
	(1)	(2)	(3a)	(3b)	(4)	(5)	(6)	(7a) (7b)	(8)	(9a)	(9b)
	3189	SELBSTERHITZUNGSFÄHIGES METALLPULVER, N.A.G.	4.2	S4	II	4.2	274 555	0 E2	P410 IBC06		MP14
	3189	SELBSTERHITZUNGSFÄHIGES METALLPULVER, N.A.G.	4.2	S4	III	4.2	274 555	0 E1	P002 IBC08 LP02 R001	B3	MP14
	3190	SELBSTERHITZUNGSFÄHIGER ANORGANISCHER FESTER STOFF, N.A.G.	4.2	S4	II	4.2	274	0 E2	P410 IBC06		MP14
	3190	SELBSTERHITZUNGSFÄHIGER ANORGANISCHER FESTER STOFF, N.A.G.	4.2	S4	III	4.2	274	0 E1	P002 IBC08 LP02 R001	B3	MP14
	3191	SELBSTERHITZUNGSFÄHIGER ANORGANISCHER FESTER STOFF, GIFTIG, N.A.G.	4.2	ST4	II	4.2 + 6.1	274	0 E2	P410 IBC05		MP14
	3191	SELBSTERHITZUNGSFÄHIGER ANORGANISCHER FESTER STOFF, GIFTIG, N.A.G.	4.2	ST4	III	4.2 + 6.1	274	0 E1	P002 IBC08 R001	B3	MP14
	3192	SELBSTERHITZUNGSFÄHIGER ANORGANISCHER FESTER STOFF, ÄTZEND, N.A.G.	4.2	SC4	II	4.2 + 8	274	0 E2	P410 IBC05		MP14
	3192	SELBSTERHITZUNGSFÄHIGER ANORGANISCHER FESTER STOFF, ÄTZEND, N.A.G.	4.2	SC4	III	4.2 + 8	274	0 E1	P002 IBC08 R001	B3	MP14
•	3194	PYROPHORER ANORGANISCHER FLÜSSIGER STOFF, N.A.G.	4.2	S3	I	4.2	274	0 E0	P400		MP2
•	3200	PYROPHORER ANORGANISCHER FESTER STOFF, N.A.G.	4.2	S4	I	4.2	274	0 E0	P404		MP13
	3205	ERDALKALIMETALLALKOHOLATE, N.A.G.	4.2	S4	II	4.2	183 274	0 E2	P410 IBC06		MP14
	3205	ERDALKALIMETALLALKOHOLATE, N.A.G.	4.2	S4	III	4.2	183 274	0 E1	P002 IBC08 LP02 R001	B3	MP14
	3206	ALKALIMETALLALKOHOLATE, SELBSTERHITZUNGSFÄHIG, ÄTZEND, N.A.G.	4.2	SC4	II	4.2 + 8	182 274	0 E2	P410 IBC05		MP14
	3206	ALKALIMETALLALKOHOLATE, SELBSTERHITZUNGSFÄHIG, ÄTZEND, N.A.G.	4.2	SC4	III	4.2 + 8	182 274	0 E1	P002 IBC08 R001	B3	MP14
•	3208	METALLISCHER STOFF, MIT WASSER REAGIEREND, N.A.G.	4.3	W2	I	4.3	274 557	0 E0	P403 IBC99		MP2
	3208	METALLISCHER STOFF, MIT WASSER REAGIEREND, N.A.G.	4.3	W2	II	4.3	274 557	500 g E0	P410 IBC07		MP14
	3208	METALLISCHER STOFF, MIT WASSER REAGIEREND, N.A.G.	4.3	W2	III	4.3	274 557	1 kg E1	P410 IBC08 R001	B4	MP14

Tabelle A: Verzeichnis der gefährlichen Güter 3.2

ortsbewegliche Tanks und Schüttgut-Container	Sondervorschriften	Tankcodierungen für ADR/RID-Tanks	Sondervorschriften für ADR-Tanks	Fahrzeug für die Beförderung in Tanks	ADR Beförderungskategorie (Tunnelbeschränkungscode)	ADR Sondervorschriften für die Beförderung				Sondervorschriften für RID-Tanks	RID Beförderungskategorie	RID Sondervorschriften für die Beförderung				Expressgut	Nummer zur Kennzeichnung der Gefahr	UN-Nummer
Anweisungen						Versandstücke	lose Schüttung	Be- und Entladung, Handhabung	Betrieb			Versandstücke	lose Schüttung	Be- und Entladung, Handhabung				
4.2.5.2 7.3.2	4.2.5.3	4.3	4.3.3 6.8.4	9.1.1.2	1.1.3.6	7.2.4	7.3.3	7.5.11	8.5	4.3.3 6.8.4	1.1.3.1	7.2.4	7.3.3	7.5.11	7.6	5.3.2.3	
(10)	(11)	(12)	(13)	(14)	(15)	(16)	(17)	(18)	(19)	(13)	(15)	(16)	(17)	(18)	(19)	(20)	(1)
T3	TP33	SGAN		AT	2 (D/E)	V1					2	W1				CE10	40	3189
T1	TP33	SGAN		AT	3 (E)	V1	VC1 VC2 AP1				3	W1	VC1 VC2 AP1			CE11	40	3189
T3	TP33	SGAN		AT	2 (D/E)	V1					2	W1				CE10	40	3190
T1	TP33	SGAN		AT	3 (E)	V1	VC1 VC2 AP1				3	W1	VC1 VC2 AP1			CE11	40	3190
T3	TP33	SGAN		AT	2 (D/E)	V1		CV28			2	W1		CW28		CE10	46	3191
T1	TP33	SGAN		AT	3 (E)	V1		CV28			3	W1		CW28		CE11	46	3191
T3	TP33	SGAN		AT	2 (D/E)	V1					2	W1				CE10	48	3192
T1	TP33	SGAN		AT	3 (E)	V1					3	W1				CE11	48	3192
		L21DH	TU14 TC1 TE21 TM1	AT	0 (B/E)	V1			S20		TU14 TU38 TC1 TE21 TE22 TE25 TM1	0	W1					333	3194
T21	TP7 TP33			AT	0 (B/E)	V1			S20			0	W1					43	3200
T3	TP33	SGAN		AT	2 (D/E)	V1					2	W1				CE10	40	3205
T1	TP33	SGAN		AT	3 (E)	V1					3	W1				CE11	40	3205
T3	TP33	SGAN		AT	2 (D/E)	V1					2	W1				CE10	48	3206
T1	TP33	SGAN		AT	3 (E)	V1					3	W1				CE11	48	3206
					1 (E)	V1		CV23	S20			1	W1		CW23		RID: X423	3208
T3	TP33	SGAN		AT	2 (D/E)	V1		CV23			2	W1		CW23		CE10	423	3208
T1	TP33	SGAN		AT	3 (E)	V1	VC1 VC2 AP3 AP4 AP5	CV23			3	W1	VC1 VC2 AP3 AP4 AP5	CW23		CE11	423	3208

3.2 Tabelle A: Verzeichnis der gefährlichen Güter

gemäß Tabelle 1.10.3.1.2	§ 35b GGVSEB	UN-Nummer	Benennung und Beschreibung	Klasse	Klassifizierungscode	Verpackungsgruppe	Gefahrzettel	Sondervorschriften	Begrenzte und freigestellte Mengen		Verpackung		
											Anweisungen	Sondervorschriften	Zusammenpackung
G..			3.1.2	2.2	2.2	2.1.1.3	5.2.2	3.3	3.4 / 3.5.1.2		4.1.4	4.1.4	4.1.10
		(1)	(2)	(3a)	(3b)	(4)	(5)	(6)	(7a)	(7b)	(8)	(9a)	(9b)
●		3209	METALLISCHER STOFF, MIT WASSER REAGIEREND, SELBSTERHITZUNGSFÄHIG, N.A.G.	4.3	WS	I	4.3 + 4.2	274 558	0	E0	P403		MP2
		3209	METALLISCHER STOFF, MIT WASSER REAGIEREND, SELBSTERHITZUNGSFÄHIG, N.A.G.	4.3	WS	II	4.3 + 4.2	274 558	0	E2	P410 IBC05		MP14
		3209	METALLISCHER STOFF, MIT WASSER REAGIEREND, SELBSTERHITZUNGSFÄHIG, N.A.G.	4.3	WS	III	4.3 + 4.2	274 558	0	E1	P410 IBC08 R001	B4	MP14
		3210	CHLORATE, ANORGANISCHE, WÄSSERIGE LÖSUNG, N.A.G.	5.1	O1	II	5.1	274 351	1 l	E2	P504 IBC02		MP2
		3210	CHLORATE, ANORGANISCHE, WÄSSERIGE LÖSUNG, N.A.G.	5.1	O1	III	5.1	274 351	5 l	E1	P504 IBC02 R001		MP2
●		3211	PERCHLORATE, ANORGANISCHE, WÄSSERIGE LÖSUNG, N.A.G.	5.1	O1	II	5.1		1 l	E2	P504 IBC02		MP2
●		3211	PERCHLORATE, ANORGANISCHE, WÄSSERIGE LÖSUNG, N.A.G.	5.1	O1	III	5.1		5 l	E1	P504 IBC02 R001		MP2
		3212	HYPOCHLORITE, ANORGANISCHE, N.A.G.	5.1	O2	II	5.1	274 349	1 kg	E2	P002 IBC08	B4	MP10
		3213	BROMATE, ANORGANISCHE, WÄSSERIGE LÖSUNG, N.A.G.	5.1	O1	II	5.1	274 350	1 l	E2	P504 IBC02		MP2
		3213	BROMATE, ANORGANISCHE, WÄSSERIGE LÖSUNG, N.A.G.	5.1	O1	III	5.1	274 350	5 l	E1	P504 IBC02 R001		MP15
		3214	PERMANGANATE, ANORGANISCHE, WÄSSERIGE LÖSUNG, N.A.G.	5.1	O1	II	5.1	274 353	1 l	E2	P504 IBC02		MP2
		3215	PERSULFATE, ANORGANISCHE, N.A.G.	5.1	O2	III	5.1		5 kg	E1	P002 IBC08 LP02 R001	B3	MP10
		3216	PERSULFATE, ANORGANISCHE, WÄSSERIGE LÖSUNG, N.A.G.	5.1	O1	III	5.1		5 l	E1	P504 IBC02 R001		MP15
		3218	NITRATE, ANORGANISCHE, WÄSSERIGE LÖSUNG, N.A.G.	5.1	O1	II	5.1	270 511	1 l	E2	P504 IBC02		MP15
		3218	NITRATE, ANORGANISCHE, WÄSSERIGE LÖSUNG, N.A.G.	5.1	O1	III	5.1	270 511	5 l	E1	P504 IBC02 R001		MP15
		3219	NITRITE, ANORGANISCHE, WÄSSERIGE LÖSUNG, N.A.G.	5.1	O1	II	5.1	103 274	1 l	E2	P504 IBC01		MP15
		3219	NITRITE, ANORGANISCHE, WÄSSERIGE LÖSUNG, N.A.G.	5.1	O1	III	5.1	103 274	5 l	E1	P504 IBC02 R001		MP15
		3220	PENTAFLUORETHAN (GAS ALS KÄLTEMITTEL R 125)	2	2A		2.2	662 RID: (+13)	120 ml	E1	P200		MP9
		3221	SELBSTZERSETZLICHER STOFF TYP B, FLÜSSIG	4.1	SR1		4.1 + 1	181 194 274	25 ml	E0	P520	PP21	MP2

Tabelle A: Verzeichnis der gefährlichen Güter 3.2

ortsbewegliche Tanks und Schüttgut-Container		Tankcodierungen für ADR/RID-Tanks	ADR							RID					Nummer zur Kennzeichnung der Gefahr	UN-Nummer
Anweisungen	Sondervorschriften		Sondervorschriften für ADR-Tanks	Fahrzeug für die Beförderung in Tanks	Beförderungskategorie (Tunnelbeschränkungscode)	Sondervorschriften für die Beförderung				Sondervorschriften für RID-Tanks	Beförderungskategorie	Sondervorschriften für die Beförderung				
						Versandstücke	lose Schüttung	Be- und Entladung, Handhabung	Betrieb			Versandstücke	lose Schüttung	Be- und Entladung, Handhabung	Expressgut		
4.2.5.2 7.3.2	4.2.5.3	4.3	4.3.5 6.8.4	9.1.1.2	1.1.3.6 (8.6)	7.2.4	7.3.3	7.5.11	8.5	4.3.5 6.8.4	1.1.3.1	7.2.4	7.3.3	7.5.11	7.6	5.3.2.3	
(10)	(11)	(12)	(13)	(14)	(15)	(16)	(17)	(18)	(19)	(13)	(15)	(16)	(17)	(18)	(19)	(20)	(1)
					1 (E)	V1		CV23	S20		1	W1		CW23		RID: X423	3209
T3	TP33	SGAN		AT	2 (D/E)	V1		CV23			2	W1		CW23	CE10	423	3209
T1	TP33	SGAN		AT	3 (E)	V1	VC1 VC2 AP3 AP4 AP5	CV23			3	W1	VC1 VC2 AP3 AP4 AP5	CW23	CE11	423	3209
T4	TP1	L4BN	TU3	AT	2 (E)			CV24		TU3	2			CW24	CE6	50	3210
T4	TP1	LGBV	TU3	AT	3 (E)			CV24		TU3	3			CW24	CE8	50	3210
T4	TP1	L4BN	TU3	AT	2 (E)			CV24		TU3	2			CW24	CE6	50	3211
T4	TP1	LGBV	TU3	AT	3 (E)			CV24		TU3	3			CW24	CE8	50	3211
T3	TP33	SGAN	TU3	AT	2 (E)	V11		CV24		TU3	2	W11		CW24	CE10	50	3212
T4	TP1	L4BN	TU3	AT	2 (E)			CV24		TU3	2			CW24	CE6	50	3213
T4	TP1	LGBV	TU3	AT	3 (E)			CV24		TU3	3			CW24	CE8	50	3213
T4	TP1	L4BN	TU3	AT	2 (E)			CV24		TU3	2			CW24	CE6	50	3214
T1	TP33	SGAV	TU3	AT	3 (E)		VC1 VC2 AP6 AP7	CV24		TU3	3		VC1 VC2 AP6 AP7	CW24	CE11	50	3215
T4	TP1 TP29	LGBV	TU3	AT	3 (E)			CV24		TU3	3			CW24	CE8	50	3216
T4	TP1	L4BN	TU3	AT	2 (E)			CV24		TU3	2			CW24	CE6	50	3218
T4	TP1	LGBV	TU3	AT	3 (E)			CV24		TU3	3			CW24	CE8	50	3218
T4	TP1	L4BN	TU3	AT	2 (E)			CV24		TU3	2			CW24	CE6	50	3219
T4	TP1	LGBV	TU3	AT	3 (E)			CV24		TU3	3			CW24	CE8	50	3219
(M) T50		PxBN(M)	TA4 TT9	AT	3 (C/E)			CV9 CV10 CV36		TM6 TA4 TT9	3			CW9 CW10 CW36	CE3	20	3220
					1 (B)	V1		CV15 CV20 CV22	S9 S17		1	W5 W7 W8		CW22		RID: 40	3221

3.2 Tabelle A: Verzeichnis der gefährlichen Güter

gemäß Tabelle 1.10.3.1.2	§ 35b GGVSEB	UN-Nummer	Benennung und Beschreibung	Klasse	Klassifizierungscode	Verpackungsgruppe	Gefahrzettel	Sondervorschriften	Begrenzte und freigestellte Mengen		Verpackung Anweisungen	Verpackung Sondervorschriften	Verpackung Zusammenpackung
	G..		3.1.2	2.2	2.2	2.1.1.3	5.2.2	3.3	3.4 / 3.5.1.2		4.1.4	4.1.4	4.1.10
		(1)	(2)	(3a)	(3b)	(4)	(5)	(6)	(7a)	(7b)	(8)	(9a)	(9b)
•		3222	SELBSTZERSETZLICHER STOFF TYP B, FEST	4.1	SR1		4.1 + 1	181 194 274	100 g	E0	P520	PP21	MP2
		3223	SELBSTZERSETZLICHER STOFF TYP C, FLÜSSIG	4.1	SR1		4.1	194 274	25 ml	E0	P520	PP21 PP94 PP95	MP2
		3224	SELBSTZERSETZLICHER STOFF TYP C, FEST	4.1	SR1		4.1	194 274	100 g	E0	P520	PP21 PP94 PP95	MP2
		3225	SELBSTZERSETZLICHER STOFF TYP D, FLÜSSIG	4.1	SR1		4.1	194 274	125 ml	E0	P520		MP2
		3226	SELBSTZERSETZLICHER STOFF TYP D, FEST	4.1	SR1		4.1	194 274	500 g	E0	P520		MP2
		3227	SELBSTZERSETZLICHER STOFF TYP E, FLÜSSIG	4.1	SR1		4.1	194 274	125 ml	E0	P520		MP2
		3228	SELBSTZERSETZLICHER STOFF TYP E, FEST	4.1	SR1		4.1	194 274	500 g	E0	P520		MP2
		3229	SELBSTZERSETZLICHER STOFF TYP F, FLÜSSIG	4.1	SR1		4.1	194 274	125 ml	E0	P520 IBC99		MP2
		3230	SELBSTZERSETZLICHER STOFF TYP F, FEST	4.1	SR1		4.1	194 274	500 g	E0	P520 IBC99		MP2
		3231	SELBSTZERSETZLICHER STOFF TYP B, FLÜSSIG, TEMPERATURKONTROLLIERT	4.1	SR2		4.1 + 1	181 194 274	0	E0	P520	PP21	MP2
		3232	SELBSTZERSETZLICHER STOFF TYP B, FEST, TEMPERATURKONTROLLIERT	4.1	SR2		4.1 + 1	181 194 274	0	E0	P520	PP21	MP2
		3233	SELBSTZERSETZLICHER STOFF TYP C, FLÜSSIG, TEMPERATURKONTROLLIERT	4.1	SR2		4.1	194 274	0	E0	P520	PP21	MP2
		3234	SELBSTZERSETZLICHER STOFF TYP C, FEST, TEMPERATURKONTROLLIERT	4.1	SR2		4.1	194 274	0	E0	P520	PP21	MP2
		3235	SELBSTZERSETZLICHER STOFF TYP D, FLÜSSIG, TEMPERATURKONTROLLIERT	4.1	SR2		4.1	194 274	0	E0	P520		MP2
		3236	SELBSTZERSETZLICHER STOFF TYP D, FEST, TEMPERATURKONTROLLIERT	4.1	SR2		4.1	194 274	0	E0	P520		MP2
		3237	SELBSTZERSETZLICHER STOFF TYP E, FLÜSSIG, TEMPERATURKONTROLLIERT	4.1	SR2		4.1	194 274	0	E0	P520		MP2
		3238	SELBSTZERSETZLICHER STOFF TYP E, FEST, TEMPERATURKONTROLLIERT	4.1	SR2		4.1	194 274	0	E0	P520		MP2
		3239	SELBSTZERSETZLICHER STOFF TYP F, FLÜSSIG, TEMPERATURKONTROLLIERT	4.1	SR2		4.1	194 274	0	E0	P520		MP2
		3240	SELBSTZERSETZLICHER STOFF TYP F, FEST, TEMPERATURKONTROLLIERT	4.1	SR2		4.1	194 274	0	E0	P520		MP2

Tabelle A: Verzeichnis der gefährlichen Güter   3.2

ortsbewegliche Tanks und Schüttgut-Container		Tankcodierungen für ADR/RID-Tanks	Sondervorschriften für ADR-Tanks	Fahrzeug für die Beförderung in Tanks	ADR Beförderungs-kategorie (Tunnel-beschränkungs-code)	Sondervorschriften für die Beförderung			Betrieb	Sondervorschriften für RID-Tanks	RID Beförderungs-kategorie	Sondervorschriften für die Beförderung			Expressgut	Nummer zur Kenn-zeichnung der Gefahr	UN-Nummer
Anwei-sungen	Sondervor-schriften					Versand-stücke	lose Schüttung	Be- und Entladung, Handhabung				Versand-stücke	lose Schüttung	Be- und Entladung, Handhabung			
4.2.5.2 7.3.2	4.2.5.3	4.3	4.3.5 6.8.4	9.1.1.2	1.1.3.6 (8.6)	7.2.4	7.3.3	7.5.11	8.5	4.3.5 6.8.4	1.1.3.1	7.2.4	7.3.3	7.5.11	7.6	5.3.2.3	(1)
(10)	(11)	(12)	(13)	(14)	(15)	(16)	(17)	(18)	(19)	(13)	(15)	(16)	(17)	(18)	(19)	(20)	(1)
					1 (B)	V1		CV15 CV20 CV22	S9 S17		1	W5 W7 W8		CW22		RID: 40	3222
					1 (D)	V1		CV15 CV20 CV22	S8 S18		1	W7		CW22	CE6	RID: 40	3223
					1 (D)	V1		CV15 CV20 CV22	S8 S18		1	W7		CW22	CE10	RID: 40	3224
					2 (D)	V1		CV15 CV22	S19		2	W7		CW22	CE6	RID: 40	3225
					2 (D)	V1		CV15 CV22	S19		2	W7		CW22	CE10	RID: 40	3226
					2 (D)	V1		CV15 CV22			2	W7		CW22	CE6	RID: 40	3227
					2 (D)	V1		CV15 CV22			2	W7		CW22	CE10	RID: 40	3228
T23				AT	2 (D)	V1		CV15 CV22			2	W7		CW22	CE6	40	3229
T23				AT	2 (D)	V1		CV15 CV22			2	W7		CW22	CE10	40	3230
					1 (B)	V8		CV15 CV20 CV21 CV22	S4 S9 S16				RID: verboten				3231
					1 (B)	V8		CV15 CV20 CV21 CV22	S4 S9 S16				RID: verboten				3232
					1 (D)	V8		CV15 CV20 CV21 CV22	S4 S8 S17				RID: verboten				3233
					1 (D)	V8		CV15 CV20 CV21 CV22	S4 S8 S17				RID: verboten				3234
					1 (D)	V8		CV15 CV21 CV22	S4 S18				RID: verboten				3235
					1 (D)	V8		CV15 CV21 CV22	S4 S18				RID: verboten				3236
					1 (D)	V8		CV15 CV21 CV22	S4 S19				RID: verboten				3237
					1 (D)	V8		CV15 CV21 CV22	S4 S19				RID: verboten				3238
T23				AT	1 (D)	V8		CV15 CV21 CV22	S4				RID: verboten			40	3239
T23				AT	1 (D)	V8		CV15 CV21 CV22	S4				RID: verboten			40	3240

3.2 Tabelle A: Verzeichnis der gefährlichen Güter

gemäß Tabelle 1.10.3.1.2	§ 35b GGVSEB	UN-Nummer	Benennung und Beschreibung	Klasse	Klassifizierungscode	Verpackungsgruppe	Gefahrzettel	Sondervorschriften	Begrenzte und freigestellte Mengen		Verpackung Anweisungen	Verpackung Sondervorschriften	Verpackung Zusammenpackung
G..			3.1.2	2.2	2.2	2.1.1.3	5.2.2	3.3	3.4 / 3.5.1.2		4.1.4	4.1.4	4.1.10
(1)			(2)	(3a)	(3b)	(4)	(5)	(6)	(7a)	(7b)	(8)	(9a)	(9b)
		3241	2-BROM-2-NITROPROPAN-1,3-DIOL	4.1	SR1	III	4.1	638	5 kg	E1	P520 IBC08	PP22 B3	MP2
		3242	AZODICARBONAMID	4.1	SR1	II	4.1	215 638	1 kg	E0	P409		MP2
		3243	FESTE STOFFE MIT GIFTIGEM FLÜSSIGEM STOFF, N.A.G.	6.1	T9	II	6.1	217 274 601	500 g	E4	P002 IBC02	PP9	MP10
		3244	FESTE STOFFE MIT ÄTZENDEM FLÜSSIGEM STOFF, N.A.G.	8	C10	II	8	218 274	1 kg	E2	P002 IBC05	PP9	MP10
		3245	GENETISCH VERÄNDERTE MIKROORGANISMEN oder GENETISCH VERÄNDERTE ORGANISMEN	9	M8		9	219 637	0	E0	P904 IBC08		MP6
		3245	GENETISCH VERÄNDERTE MIKROORGANISMEN oder GENETISCH VERÄNDERTE ORGANISMEN, in tiefgekühlt verflüssigtem Stickstoff	9	M8		9 + 2.2	219 637	0	E0	P904 IBC08		MP6
•	G10	3246	METHANSULFONYLCHLORID	6.1	TC1	I	6.1 + 8	354	0	E0	P602		MP8 MP17
		3247	NATRIUMPEROXOBORAT, WASSERFREI	5.1	O2	II	5.1		1 kg	E2	P002 IBC08	B4	MP2
•		3248	MEDIKAMENT, FLÜSSIG, ENTZÜNDBAR, GIFTIG, N.A.G.	3	FT1	II	3 + 6.1	220 221 601	1 l	E2	P001		MP19
		3248	MEDIKAMENT, FLÜSSIG, ENTZÜNDBAR, GIFTIG, N.A.G.	3	FT1	III	3 + 6.1	220 221 601	5 l	E1	P001 R001		MP19
		3249	MEDIKAMENT, FEST, GIFTIG, N.A.G.	6.1	T2	II	6.1	221 601	500 g	E4	P002		MP10
		3249	MEDIKAMENT, FEST, GIFTIG, N.A.G.	6.1	T2	III	6.1	221 601	5 kg	E1	P002 LP02 R001		MP10
		3250	CHLORESSIGSÄURE, GESCHMOLZEN	6.1	TC1	II	6.1 + 8		0	E0			
		3251	ISOSORBID-5-MONONITRAT	4.1	SR1	III	4.1	226 638	5 kg	E0	P409		MP2
•	G2	3252	DIFLUORMETHAN (GAS ALS KÄLTEMITTEL R 32)	2	2F		2.1 RID: (+13)	662	0	E0	P200		MP9
		3253	DINATRIUMTRIOXOSILICAT	8	C6	III	8		5 kg	E1	P002 IBC08 LP02 R001	B3	MP10
•		3254	TRIBUTYLPHOSPHAN	4.2	S1	I	4.2		0	E0	P400		MP2

Tabelle A: Verzeichnis der gefährlichen Güter 3.2

ortsbewegliche Tanks und Schüttgut-Container			ADR							RID						
Anweisungen	Sondervorschriften	Tankcodierungen für ADR/RID-Tanks	Sondervorschriften für ADR-Tanks	Fahrzeug für die Beförderung in Tanks	Beförderungskategorie (Tunnelbeschränkungscode)	Sondervorschriften für die Beförderung			Betrieb	Sondervorschriften für RID-Tanks	Beförderungskategorie	Sondervorschriften für die Beförderung			Expressgut	Nummer zur Kennzeichnung der Gefahr	UN-Nummer
						Versandstücke	lose Schüttung	Be- und Entladung, Handhabung				Versandstücke	lose Schüttung	Be- und Entladung, Handhabung			
4.2.5.2 7.3.2	4.2.5.3	4.3	4.3.5 6.8.4	9.1.1.2	1.1.3.6 (8.6)	7.2.4	7.3.3	7.5.11	8.5	4.3.5 6.8.4	1.1.3.1	7.2.4	7.3.3	7.5.11	7.6	5.3.2.3	(1)
(10)	(11)	(12)	(13)	(14)	(15)	(16)	(17)	(18)	(19)	(13)	(15)	(16)	(17)	(18)	(19)	(20)	(1)
					3 (D)			CV14	S24		3			W1		CE11	RID: 40	3241
T3	TP33			AT	2 (D)			CV14	S24		2			W1		CE10	40	3242
T3 BK1 BK2	TP33	SGAH	TU15 TE19	AT	2 (D/E)			CV13 CV28	S9 S19	TU15	2			VC1 VC2 AP7	CW13 CW28 CW31	CE5	60	3243
T3 BK1 BK2	TP33	SGAV		AT	2 (E)	VC1 VC2 AP7					2	VC1 VC2 AP7				CE10	80	3244
					2 (E)			CV1 CV13 CV26 CV27 CV28	S17		2				CW13 CW17 CW18 CW26 CW28 CW31		RID: 90	3245
					2 (E)			CV1 CV13 CV26 CV27 CV28	S17		2				CW13 CW17 CW18 CW26 CW28 CW31		RID: 90	3245
T20	TP2	L10CH	TU14 TU15 TE19 TE21	AT	1 (C/D)			CV1 CV13 CV28	S9 S14	TU14 TU15 TU38 TE21 TE22	1				CW13 CW28 CW31		668	3246
T3	TP33	SGAN	TU3	AT	2 (E)	V11		CV24		TU3	2			W11	CW24	CE10	50	3247
		L4BH	TU15	FL	2 (D/E)			CV13 CV28	S2 S19	TU15	2				CW13 CW28	CE7	336	3248
		L4BH	TU15	FL	3 (D/E)			CV13 CV28	S2	TU15	3				CW13 CW28	CE4	36	3248
T3	TP33	SGAH L4BH	TU15 TE19	AT	2 (D/E)			CV13 CV28	S9 S19	TU15	2				CW13 CW28 CW31	CE9	60	3249
T1	TP33	SGAH L4BH	TU15 TE19	AT	2 (E)	VC1 VC2 AP7		CV13 CV28	S9	TU15	2			VC1 VC2 AP7	CW13 CW28 CW31	CE11	60	3249
T7	TP3 TP28	L4BH	TU15 TC4 TE19	AT	0 (D/E)			CV13	S9 S19	TU15 TC4	0				CW13 CW31		68	3250
					3 (D)			CV14	S24		3			W1		CE11	RID: 40	3251
(M) T50		PxBN(M)	TA4 TT9	FL	2 (B/D)			CV9 CV10 CV36	S2 S20	TU38 TE22 TM6 TA4 TT9	2				CW9 CW10 CW36	CE3	23	3252
T1	TP33	SGAV		AT	3 (E)	VC1 VC2 AP7					3	VC1 VC2 AP7				CE11	80	3253
T21	TP2 TP7			AT	0 (B/E)	V1			S20		0			W1			333	3254

3.2 Tabelle A: Verzeichnis der gefährlichen Güter

gemäß Tabelle 1.10.3.1.2	§ 35b GGVSEB	UN-Nummer	Benennung und Beschreibung	Klasse	Klassifizierungscode	Verpackungsgruppe	Gefahrzettel	Sondervorschriften	Begrenzte und freigestellte Mengen		Verpackung		
											Anweisungen	Sondervorschriften	Zusammenpackung
•	G..		3.1.2	2.2	2.2	2.1.1.3	5.2.2	3.3	3.4 / 3.5.1.2		4.1.4	4.1.4	4.1.10
		(1)	(2)	(3a)	(3b)	(4)	(5)	(6)	(7a)	(7b)	(8)	(9a)	(9b)
		3255	tert-BUTYLHYPOCHLORIT	4.2	SC1				BEFÖRDERUNG VERBOTEN				
		3256	ERWÄRMTER FLÜSSIGER STOFF, ENTZÜNDBAR, N.A.G., mit einem Flammpunkt über 60 °C, bei oder über seinem Flammpunkt und unter 100 °C	3	F2	III	3	274 560	0	E0	P099 IBC99		MP2
		3256	ERWÄRMTER FLÜSSIGER STOFF, ENTZÜNDBAR, N.A.G., mit einem Flammpunkt über 60 °C, bei oder über seinem Flammpunkt und bei oder über 100 °C	3	F2	III	3	274 560	0	E0	P099 IBC99		MP2
		3257 nur ADR	ERWÄRMTER FLÜSSIGER STOFF, N.A.G., bei oder über 100 °C und, bei Stoffen mit einem Flammpunkt, unter seinem Flammpunkt (einschließlich geschmolzenes Metall, geschmolzenes Salz, usw.), eingefüllt bei einer Temperatur über 190 °C	9	M9	III	9	274 643 668	0	E0	P099 IBC99		
		3257 nur ADR	ERWÄRMTER FLÜSSIGER STOFF, N.A.G., bei oder über 100 °C und, bei Stoffen mit einem Flammpunkt, unter seinem Flammpunkt (einschließlich geschmolzenes Metall, geschmolzenes Salz, usw.), eingefüllt bei einer Temperatur von höchstens 190 °C	9	M9	III	9	274 643 668	0	E0	P099 IBC99		
		3257 nur RID	ERWÄRMTER FLÜSSIGER STOFF, N.A.G., bei oder über 100 °C und, bei Stoffen mit einem Flammpunkt, unter seinem Flammpunkt (einschließlich geschmolzenes Metall, geschmolzenes Salz, usw.)	9	M9	III	9	274 643 668	0	E0	P099 IBC99		
		3258	ERWÄRMTER FESTER STOFF, N.A.G., bei oder über 240 °C	9	M10	III	9	274 643	0	E0	P099 IBC99		
•		3259	AMINE, FEST, ÄTZEND, N.A.G. oder POLYAMINE, FEST, ÄTZEND, N.A.G.	8	C8	I	8	274	0	E0	P002 IBC07		MP18
		3259	AMINE, FEST, ÄTZEND, N.A.G. oder POLYAMINE, FEST, ÄTZEND, N.A.G.	8	C8	II	8	274	1 kg	E2	P002 IBC08	B4	MP10
		3259	AMINE, FEST, ÄTZEND, N.A.G. oder POLYAMINE, FEST, ÄTZEND, N.A.G.	8	C8	III	8	274	5 kg	E1	P002 IBC08 LP02 R001	B3	MP10
•		3260	ÄTZENDER SAURER ANORGANISCHER FESTER STOFF, N.A.G.	8	C2	I	8	274	0	E0	P002 IBC07		MP18
		3260	ÄTZENDER SAURER ANORGANISCHER FESTER STOFF, N.A.G.	8	C2	II	8	274	1 kg	E2	P002 IBC08	B4	MP10
		3260	ÄTZENDER SAURER ANORGANISCHER FESTER STOFF, N.A.G.	8	C2	III	8	274	5 kg	E1	P002 IBC08 LP02 R001	B3	MP10
•		3261	ÄTZENDER SAURER ORGANISCHER FESTER STOFF, N.A.G.	8	C4	I	8	274	0	E0	P002 IBC07		MP18
		3261	ÄTZENDER SAURER ORGANISCHER FESTER STOFF, N.A.G.	8	C4	II	8	274	1 kg	E2	P002 IBC08	B4	MP10

Tabelle A: Verzeichnis der gefährlichen Güter 3.2

Anweisungen für ortsbewegliche Tanks und Schüttgut-Container	Sondervorschriften	Tankcodierungen für ADR/RID-Tanks	Sondervorschriften für ADR-Tanks	Fahrzeug für die Beförderung in Tanks	ADR Beförderungskategorie (Tunnelbeschränkungscode)	ADR Sondervorschriften für die Beförderung Versandstücke	ADR Sondervorschriften für die Beförderung lose Schüttung	ADR Sondervorschriften für die Beförderung Be- und Entladung, Handhabung	Betrieb	Sondervorschriften für RID-Tanks	RID Beförderungskategorie	RID Sondervorschriften für die Beförderung Versandstücke	RID Sondervorschriften für die Beförderung lose Schüttung	RID Sondervorschriften für die Beförderung Be- und Entladung, Handhabung	Expressgut	Nummer zur Kennzeichnung der Gefahr	UN-Nummer
4.2.5.2 7.3.2	4.2.5.3	4.3	4.3.5 6.8.4	9.1.1.2	1.1.3.6 (8.6)	7.2.4	7.3.3	7.5.11	8.5	4.3.5 6.8.4	1.1.3.1	7.2.4	7.3.3	7.5.11	7.6	5.3.2.3	(1)
(10)	(11)	(12)	(13)	(14)	(15)	(16)	(17)	(18)	(19)	(13)	(15)	(16)	(17)	(18)	(19)	(20)	
					BEFÖRDERUNG VERBOTEN												3255
T3	TP3 TP29	LGAV	TU35 TE24	FL	3 (D/E)				S2	TU35	3				CE4	30	3256
T3	TP3 TP29	LGAV	TU35 TE24	FL	3 (D/E)				S2	TU35	3				CE4	30	3256
T3	TP3 TP29	LGAV	TU35 TC7 TE6 TE14 TE18 TE24	AT	3 (D)	VC3										99	3257 nur ADR
T3	TP3 TP29	LGAV	TU35 TC7 TE6 TE14 TE24	AT	3 (D)	VC3										99	3257 nur ADR
T3	TP3 TP29	LGAV								TU35 TE6 TE14	3		VC3	CW17 CW31		99	3257 nur RID
					3 (D)	VC3					3		VC3	CW31		99	3258
T6	TP33	S10AN L10BH		AT	1 (E)	V10			S20	TU38 TE22	1	W10				88	3259
T3	TP33	SGAN L4BN		AT	2 (E)	V11					2	W11			CE10	80	3259
T1	TP33	SGAV L4BN		AT	3 (E)	VC1 VC2 AP7					3	VC1 VC2 AP7			CE11	80	3259
T6	TP33	S10AN		AT	1 (E)	V10			S20		1	W10				88	3260
T3	TP33	SGAN		AT	2 (E)	V11					2	W11			CE10	80	3260
T1	TP33	SGAV		AT	3 (E)	VC1 VC2 AP7					3	VC1 VC2 AP7			CE11	80	3260
T6	TP33	S10AN L10BH		AT	1 (E)	V10			S20	TU38 TE22	1	W10				88	3261
T3	TP33	SGAN L4BN		AT	2 (E)	V11					2	W11			CE10	80	3261

3.2 Tabelle A: Verzeichnis der gefährlichen Güter

gemäß Tabelle 1.10.3.1.2	§ 35b GGVSEB	UN-Nummer	Benennung und Beschreibung	Klasse	Klassifizierungscode	Verpackungsgruppe	Gefahrzettel	Sondervorschriften	Begrenzte und freigestellte Mengen		Verpackung		
											Anweisungen	Sondervorschriften	Zusammenpackung
•	G..		3.1.2	2.2	2.2	2.1.1.3	5.2.2	3.3	3.4 / 3.5.1.2		4.1.4	4.1.4	4.1.10
		(1)	(2)	(3a)	(3b)	(4)	(5)	(6)	(7a)	(7b)	(8)	(9a)	(9b)
		3261	ÄTZENDER SAURER ORGANISCHER FESTER STOFF, N.A.G.	8	C4	III	8	274	5 kg	E1	P002 IBC08 LP02 R001	B3	MP10
•		3262	ÄTZENDER BASISCHER ANORGANISCHER FESTER STOFF, N.A.G.	8	C6	I	8	274	0	E0	P002 IBC07		MP18
		3262	ÄTZENDER BASISCHER ANORGANISCHER FESTER STOFF, N.A.G.	8	C6	II	8	274	1 kg	E2	P002 IBC08	B4	MP10
		3262	ÄTZENDER BASISCHER ANORGANISCHER FESTER STOFF, N.A.G.	8	C6	III	8	274	5 kg	E1	P002 IBC08 LP02 R001	B3	MP10
•		3263	ÄTZENDER BASISCHER ORGANISCHER FESTER STOFF, N.A.G.	8	C8	I	8	274	0	E0	P002 IBC07		MP18
		3263	ÄTZENDER BASISCHER ORGANISCHER FESTER STOFF, N.A.G.	8	C8	II	8	274	1 kg	E2	P002 IBC08	B4	MP10
		3263	ÄTZENDER BASISCHER ORGANISCHER FESTER STOFF, N.A.G.	8	C8	III	8	274	5 kg	E1	P002 IBC08 LP02 R001	B3	MP10
•		3264	ÄTZENDER SAURER ANORGANISCHER FLÜSSIGER STOFF, N.A.G.	8	C1	I	8	274	0	E0	P001		MP8 MP17
		3264	ÄTZENDER SAURER ANORGANISCHER FLÜSSIGER STOFF, N.A.G.	8	C1	II	8	274	1 l	E2	P001 IBC02		MP15
		3264	ÄTZENDER SAURER ANORGANISCHER FLÜSSIGER STOFF, N.A.G.	8	C1	III	8	274	5 l	E1	P001 IBC03 LP01 R001		MP19
•		3265	ÄTZENDER SAURER ORGANISCHER FLÜSSIGER STOFF, N.A.G.	8	C3	I	8	274	0	E0	P001		MP8 MP17
		3265	ÄTZENDER SAURER ORGANISCHER FLÜSSIGER STOFF, N.A.G.	8	C3	II	8	274	1 l	E2	P001 IBC02		MP15
		3265	ÄTZENDER SAURER ORGANISCHER FLÜSSIGER STOFF, N.A.G.	8	C3	III	8	274	5 l	E1	P001 IBC03 LP01 R001		MP19
•		3266	ÄTZENDER BASISCHER ANORGANISCHER FLÜSSIGER STOFF, N.A.G.	8	C5	I	8	274	0	E0	P001		MP8 MP17
		3266	ÄTZENDER BASISCHER ANORGANISCHER FLÜSSIGER STOFF, N.A.G.	8	C5	II	8	274	1 l	E2	P001 IBC02		MP15
		3266	ÄTZENDER BASISCHER ANORGANISCHER FLÜSSIGER STOFF, N.A.G.	8	C5	III	8	274	5 l	E1	P001 IBC03 LP01 R001		MP19
•		3267	ÄTZENDER BASISCHER ORGANISCHER FLÜSSIGER STOFF, N.A.G.	8	C7	I	8	274	0	E0	P001		MP8 MP17
		3267	ÄTZENDER BASISCHER ORGANISCHER FLÜSSIGER STOFF, N.A.G.	8	C7	II	8	274	1 l	E2	P001 IBC02		MP15

Tabelle A: Verzeichnis der gefährlichen Güter 3.2

ortsbewegliche Tanks und Schüttgut-Container			ADR							RID							
Anweisungen	Sondervorschriften	Tankcodierungen für ADR/RID-Tanks	Fahrzeug für die Beförderung in Tanks	Beförderungskategorie (Tunnelbeschränkungscode)	Sondervorschriften für die Beförderung					Sondervorschriften für RID-Tanks	Beförderungskategorie	Sondervorschriften für die Beförderung				Expressgut	Nummer zur Kennzeichnung der Gefahr	UN-Nummer
					Versandstücke	lose Schüttung	Be- und Entladung, Handhabung	Betrieb				Versandstücke	lose Schüttung	Be- und Entladung, Handhabung			
4.2.5.2 7.3.2	4.2.5.3	4.3	4.3.5 6.8.4	9.1.1.2	1.1.3.6 (8.6)	7.2.4	7.3.3	7.5.11	8.5	4.3.5 6.8.4	1.1.3.1	7.2.4	7.3.3	7.5.11	7.6	5.3.2.3	(1)
(10)	(11)	(12)	(13)	(14)	(15)	(16)	(17)	(18)	(19)	(13)	(15)	(16)	(17)	(18)	(19)	(20)	(1)
T1	TP33	SGAV L4BN		AT	3 (E)		VC1 VC2 AP7				3		VC1 VC2 AP7		CE11	80	3261
T6	TP33	S10AN L10BH		AT	1 (E)	V10			S20	TU38 TE22	1	W10				88	3262
T3	TP33	SGAN L4BN		AT	2 (E)	V11					2	W11			CE10	80	3262
T1	TP33	SGAV L4BN		AT	3 (E)		VC1 VC2 AP7				3		VC1 VC2 AP7		CE11	80	3262
T6	TP33	S10AN L10BH		AT	1 (E)	V10			S20	TU38 TE22	1	W10				88	3263
T3	TP33	SGAN L4BN		AT	2 (E)	V11					2	W11			CE10	80	3263
T1	TP33	SGAV L4BN		AT	3 (E)		VC1 VC2 AP7				3		VC1 VC2 AP7		CE11	80	3263
T14	TP2 TP27	L10BH		AT	1 (E)				S20	TU38 TE22	1					88	3264
T11	TP2 TP27	L4BN	TU42	AT	2 (E)					TU42	2				CE6	80	3264
T7	TP1 TP28	L4BN	TU42	AT	3 (E)	V12				TU42	3	W12			CE8	80	3264
T14	TP2 TP27	L10BH		AT	1 (E)				S20	TU38 TE22	1					88	3265
T11	TP2 TP27	L4BN		AT	2 (E)						2				CE6	80	3265
T7	TP1 TP28	L4BN		AT	3 (E)	V12					3	W12			CE8	80	3265
T14	TP2 TP27	L10BH		AT	1 (E)				S20	TU38 TE22	1					88	3266
T11	TP2 TP27	L4BN	TU42	AT	2 (E)					TU42	2				CE6	80	3266
T7	TP1 TP28	L4BN	TU42	AT	3 (E)	V12				TU42	3	W12			CE8	80	3266
T14	TP2 TP27	L10BH		AT	1 (E)				S20	TU38 TE22	1					88	3267
T11	TP2 TP27	L4BN		AT	2 (E)						2				CE6	80	3267

3.2 Tabelle A: Verzeichnis der gefährlichen Güter

gemäß Tabelle 1.10.3.1.2 § 35b GGVSEB	UN-Nummer	Benennung und Beschreibung	Klasse	Klassifizierungscode	Verpackungsgruppe	Gefahrzettel	Sondervorschriften	Begrenzte und freigestellte Mengen		Verpackung		
										Anweisungen	Sondervorschriften	Zusammenpackung
G..		3.1.2	2.2	2.2	2.1.1.3	5.2.2	3.3	3.4 / 3.5.1.2		4.1.4	4.1.4	4.1.10
	(1)	(2)	(3a)	(3b)	(4)	(5)	(6)	(7a)	(7b)	(8)	(9a)	(9b)
	3267	ÄTZENDER BASISCHER ORGANISCHER FLÜSSIGER STOFF, N.A.G.	8	C7	III	8	274	5 l	E1	P001 IBC03 LP01 R001		MP19
	3268	SICHERHEITSEINRICHTUNGEN, elektrische Auslösung	9	M5		9	280 289	0	E0	P902 LP902		
•	3269	POLYESTERHARZ-MEHRKOMPONENTENSYSTEME, flüssiges Grundprodukt	3	F3	II	3	236 340	5 l	E0	P302 R001		
	3269	POLYESTERHARZ-MEHRKOMPONENTENSYSTEME, flüssiges Grundprodukt RID: (viskos gemäß 2.2.3.1.4)	3	F3	III	3	236 340	5 l	E0	P302 R001		
	3269	POLYESTERHARZ-MEHRKOMPONENTENSYSTEME, flüssiges Grundprodukt	3	F3	III	3	236 340	5 l	E0	P302 R001		
	3270	MEMBRANFILTER AUS NITROCELLULOSE, mit höchstens 12,6 % Stickstoff in der Trockenmasse	4.1	F1	II	4.1	237 286	1 kg	E2	P411		MP11
G4	3271	ETHER, N.A.G.	3	F1	II	3	274	1 l	E2	P001 IBC02 R001		MP19
	3271	ETHER, N.A.G.	3	F1	III	3	274	5 l	E1	P001 IBC03 LP01 R001		MP19
• G4	3272	ESTER, N.A.G.	3	F1	II	3	274 601	1 l	E2	P001 IBC02 R001		MP19
	3272	ESTER, N.A.G.	3	F1	III	3	274 601	5 l	E1	P001 IBC03 LP01 R001		MP19
•	3273	NITRILE, ENTZÜNDBAR, GIFTIG, N.A.G.	3	FT1	I	3 + 6.1	274	0	E0	P001		MP7 MP17
•	3273	NITRILE, ENTZÜNDBAR, GIFTIG, N.A.G.	3	FT1	II	3 + 6.1	274	1 l	E2	P001 IBC02		MP19
	3274	ALKOHOLATE, LÖSUNG in Alkohol, N.A.G.	3	FC	II	3 + 8	274	1 l	E2	P001 IBC02		MP19
• G10	3275	NITRILE, GIFTIG, ENTZÜNDBAR, N.A.G.	6.1	TF1	I	6.1 + 3	274 315	0	E5	P001		MP8 MP17
	3275	NITRILE, GIFTIG, ENTZÜNDBAR, N.A.G.	6.1	TF1	II	6.1 + 3	274	100 ml	E4	P001 IBC02		MP15
• G10	3276	NITRILE, FLÜSSIG, GIFTIG, N.A.G.	6.1	T1	I	6.1	274 315	0	E5	P001		MP8 MP17

Tabelle A: Verzeichnis der gefährlichen Güter 3.2

ortsbewegliche Tanks und Schüttgut-Container Anweisungen 4.2.5.2 7.3.2	Sondervorschriften 4.2.5.3	Tankcodierungen für ADR/RID-Tanks 4.3	ADR Sondervorschriften für ADR-Tanks 4.3.5 6.8.4	Fahrzeug für die Beförderung in Tanks 9.1.1.2	Beförderungskategorie (Tunnelbeschränkungscode) 1.1.3.6 (8.6)	ADR Sondervorschriften für die Beförderung Versandstücke 7.2.4	lose Schüttung 7.3.3	Be- und Entladung, Handhabung 7.5.11	Betrieb 8.5	RID Sondervorschriften für RID-Tanks 4.3.5 6.8.4	Beförderungskategorie 1.1.3.1	Versandstücke 7.2.4	lose Schüttung 7.3.3	Be- und Entladung, Handhabung 7.5.11	Expressgut 7.6	Nummer zur Kennzeichnung der Gefahr 5.3.2.3	UN-Nummer
(10)	(11)	(12)	(13)	(14)	(15)	(16)	(17)	(18)	(19)	(13)	(15)	(16)	(17)	(18)	(19)	(20)	(1)
T7	TP1 TP28	L4BN		AT	3 (E)	V12					3			W12	CE8	80	3267
					4 (E)						4				CE2	RID: 90	3268
					2 (E)			S2 S20			2				CE7	RID: 33	3269
					3 (E)			S2			3				CE4	RID: 33	3269
					3 (E)			S2			3				CE4	RID: 30	3269
					2 (E)						2			W1	CE10	RID: 40	3270
T7	TP1 TP8 TP28	LGBF		FL	2 (D/E)			S2 S20			2				CE7	33	3271
T4	TP1 TP29	LGBF		FL	3 (D/E)	V12		S2			3			W12	CE4	30	3271
T7	TP1 TP8 TP28	LGBF		FL	2 (D/E)			S2 S20			2				CE7	33	3272
T4	TP1 TP29	LGBF		FL	3 (D/E)	V12		S2			3			W12	CE4	30	3272
T14	TP2 TP27	L10CH	TU14 TU15 TE21	FL	1 (C/E)		CV13 CV28	S2 S22		TU14 TU15 TU38 TE21 TE22	1			CW13 CW28		336	3273
T11	TP2 TP27	L4BH	TU15	FL	2 (D/E)		CV13 CV28	S2 S22		TU15	2			CW13 CW28	CE7	336	3273
		L4BH		FL	2 (D/E)			S2 S20			2				CE7	338	3274
T14	TP2 TP27	L10CH	TU14 TU15 TE19 TE21	FL	1 (C/D)		CV1 CV13 CV28	S2 S9 S14		TU14 TU15 TU38 TE21 TE22	1			CW13 CW28 CW31		663	3275
T11	TP2 TP27	L4BH	TU15 TE19	FL	2 (D/E)		CV13 CV28	S2 S9 S19		TU15	2			CW13 CW28 CW31	CE5	63	3275
T14	TP2 TP27	L10CH	TU14 TU15 TE19 TE21	AT	1 (C/E)		CV1 CV13 CV28	S9 S14		TU14 TU15 TU38 TE21 TE22	1			CW13 CW28 CW31		66	3276

3.2 Tabelle A: Verzeichnis der gefährlichen Güter

gemäß Tabelle 1.10.3.1.2 § 35b GGVSEB	UN-Nummer	Benennung und Beschreibung	Klasse	Klassifizierungscode	Verpackungsgruppe	Gefahrzettel	Sondervorschriften	Begrenzte und freigestellte Mengen		Verpackung		
										Anweisungen	Sondervorschriften	Zusammenpackung
G..		3.1.2	2.2	2.2	2.1.1.3	5.2.2	3.3	3.4 / 3.5.1.2		4.1.4	4.1.4	4.1.10
(1)		(2)	(3a)	(3b)	(4)	(5)	(6)	(7a)	(7b)	(8)	(9a)	(9b)
	3276	NITRILE, FLÜSSIG, GIFTIG, N.A.G.	6.1	T1	II	6.1	274	100 ml	E4	P001 IBC02		MP15
	3276	NITRILE, FLÜSSIG, GIFTIG, N.A.G.	6.1	T1	III	6.1	274	5 l	E1	P001 IBC03 LP01 R001		MP19
	3277	CHLORFORMIATE, GIFTIG, ÄTZEND, N.A.G.	6.1	TC1	II	6.1 + 8	274 561	100 ml	E4	P001 IBC02		MP15
● G10	3278	ORGANISCHE PHOSPHORVERBINDUNG, FLÜSSIG, GIFTIG, N.A.G.	6.1	T1	I	6.1	43 274 315	0	E5	P001		MP8 MP17
	3278	ORGANISCHE PHOSPHORVERBINDUNG, FLÜSSIG, GIFTIG, N.A.G.	6.1	T1	II	6.1	43 274	100 ml	E4	P001 IBC02		MP15
	3278	ORGANISCHE PHOSPHORVERBINDUNG, FLÜSSIG, GIFTIG, N.A.G.	6.1	T1	III	6.1	43 274	5 l	E1	P001 IBC03 LP01 R001		MP19
● G10	3279	ORGANISCHE PHOSPHORVERBINDUNG, GIFTIG, ENTZÜNDBAR, N.A.G.	6.1	TF1	I	6.1 + 3	43 274 315	0	E5	P001		MP8 MP17
	3279	ORGANISCHE PHOSPHORVERBINDUNG, GIFTIG, ENTZÜNDBAR, N.A.G.	6.1	TF1	II	6.1 + 3	43 274	100 ml	E4	P001		MP15
● G10	3280	ORGANISCHE ARSENVERBINDUNG, FLÜSSIG, N.A.G.	6.1	T3	I	6.1	274 315	0	E5	P001		MP8 MP17
	3280	ORGANISCHE ARSENVERBINDUNG, FLÜSSIG, N.A.G.	6.1	T3	II	6.1	274	100 ml	E4	P001 IBC02		MP15
	3280	ORGANISCHE ARSENVERBINDUNG, FLÜSSIG, N.A.G.	6.1	T3	III	6.1	274	5 l	E1	P001 IBC03 LP01 R001		MP19
● G10	3281	METALLCARBONYLE, FLÜSSIG, N.A.G.	6.1	T3	I	6.1	274 315 562	0	E5	P601		MP8 MP17
	3281	METALLCARBONYLE, FLÜSSIG, N.A.G.	6.1	T3	II	6.1	274 562	100 ml	E4	P001 IBC02		MP15
	3281	METALLCARBONYLE, FLÜSSIG, N.A.G.	6.1	T3	III	6.1	274 562	5 l	E1	P001 IBC03 LP01 R001		MP19
● G10	3282	METALLORGANISCHE VERBINDUNG, FLÜSSIG, GIFTIG, N.A.G.	6.1	T3	I	6.1	274 562	0	E5	P001		MP8 MP17

Tabelle A: Verzeichnis der gefährlichen Güter 3.2

ortsbewegliche Tanks und Schüttgut-Container		Tankcodierungen für ADR/RID-Tanks	ADR							RID						Expressgut	Nummer zur Kennzeichnung der Gefahr	UN-Nummer
Anweisungen	Sondervorschriften		Sondervorschriften für ADR-Tanks	Fahrzeug für die Beförderung in Tanks	Beförderungskategorie (Tunnelbeschränkungscode)	Sondervorschriften für die Beförderung			Betrieb	Sondervorschriften für RID-Tanks	Beförderungskategorie	Sondervorschriften für die Beförderung						
						Versandstücke	lose Schüttung	Be- und Entladung, Handhabung				Versandstücke	lose Schüttung	Be- und Entladung, Handhabung				
4.2.5.2 7.3.2	4.2.5.3	4.3	4.3.5 6.8.4	9.1.1.2	1.1.3.6 (8.6)	7.2.4	7.3.3	7.5.11	8.5	4.3.5 6.8.4	1.1.3.1	7.2.4	7.3.3	7.5.11	7.6	5.3.2.3	(1)
(10)	(11)	(12)	(13)	(14)	(15)	(16)	(17)	(18)	(19)	(13)	(15)	(16)	(17)	(18)	(19)	(20)	(1)
T11	TP2 TP27	L4BH	TU15 TE19	AT	2 (D/E)			CV13 CV28	S9 S19	TU15	2			CW13 CW28 CW31	CE5	60	3276
T7	TP1 TP28	L4BH	TU15 TE19	AT	2 (E)	V12		CV13 CV28	S9	TU15	2		W12	CW13 CW28 CW31	CE8	60	3276
T8	TP2 TP28	L4BH	TU15 TE19	AT	2 (D/E)			CV13 CV28	S9 S19	TU15	2			CW13 CW28 CW31	CE9	68	3277
T14	TP2 TP27	L10CH	TU14 TU15 TE19 TE21	AT	1 (C/E)			CV1 CV13 CV28	S9 S14	TU14 TU15 TU38 TE21 TE22	1			CW13 CW28 CW31		66	3278
T11	TP2 TP27	L4BH	TU15 TE19	AT	2 (D/E)			CV13 CV28	S9 S19	TU15	2			CW13 CW28 CW31	CE5	60	3278
T7	TP1 TP28	L4BH	TU15 TE19	AT	2 (E)	V12		CV13 CV28	S9	TU15	2		W12	CW13 CW28 CW31	CE8	60	3278
T14	TP2 TP27	L10CH	TU14 TU15 TE19 TE21	FL	1 (C/D)			CV1 CV13 CV28	S2 S9 S14	TU14 TU15 TU38 TE21 TE22	1			CW13 CW28 CW31		663	3279
T11	TP2 TP27	L4BH	TU15 TE19	FL	2 (D/E)			CV13 CV28	S2 S9 S19	TU15	2			CW13 CW28 CW31	CE5	63	3279
T14	TP2 TP27	L10CH	TU14 TU15 TE19 TE21	AT	1 (C/E)			CV1 CV13 CV28	S9 S14	TU14 TU15 TU38 TE21 TE22	1			CW13 CW28 CW31		66	3280
T11	TP2 TP27	L4BH	TU15 TE19	AT	2 (D/E)			CV13 CV28	S9 S19	TU15	2			CW13 CW28 CW31	CE5	60	3280
T7	TP1 TP28	L4BH	TU15 TE19	AT	2 (E)	V12		CV13 CV28	S9	TU15	2		W12	CW13 CW28 CW31	CE11	60	3280
T14	TP2 TP27	L10CH	TU14 TU15 TE19 TE21	AT	1 (C/E)			CV1 CV13 CV28	S9 S14	TU14 TU15 TU38 TE21 TE22	1			CW13 CW28 CW31		66	3281
T11	TP2 TP27	L4BH	TU15 TE19	AT	2 (D/E)			CV13 CV28	S9 S19	TU15	2			CW13 CW28 CW31	CE5	60	3281
T7	TP1 TP28	L4BH	TU15 TE19	AT	2 (E)	V12		CV13 CV28	S9	TU15	2		W12	CW13 CW28 CW31	CE8	60	3281
T14	TP2 TP27	L10CH	TU14 TU15 TE19 TE21	AT	1 (C/E)			CV1 CV13 CV28	S9 S14	TU14 TU15 TU38 TE21 TE22	1			CW13 CW28 CW31		66	3282

3.2 Tabelle A: Verzeichnis der gefährlichen Güter

gemäß Tabelle 1.10.3.1.2	§ 35b GGVSEB	UN-Nummer	Benennung und Beschreibung	Klasse	Klassifizierungscode	Verpackungsgruppe	Gefahrzettel	Sondervorschriften	Begrenzte und freigestellte Mengen		Verpackung Anweisungen	Verpackung Sondervorschriften	Verpackung Zusammenpackung
G..			3.1.2	2.2	2.2	2.1.1.3	5.2.2	3.3	3.4 / 3.5.1.2		4.1.4	4.1.4	4.1.10
		(1)	(2)	(3a)	(3b)	(4)	(5)	(6)	(7a)	(7b)	(8)	(9a)	(9b)
		3282	METALLORGANISCHE VERBINDUNG, FLÜSSIG, GIFTIG, N.A.G.	6.1	T3	II	6.1	274 562	100 ml	E4	P001 IBC02		MP15
		3282	METALLORGANISCHE VERBINDUNG, FLÜSSIG, GIFTIG, N.A.G.	6.1	T3	III	6.1	274 562	5 l	E1	P001 IBC03 LP01 R001		MP19
•		3283	SELENVERBINDUNG, FEST, N.A.G.	6.1	T5	I	6.1	274 563	0	E5	P002 IBC07		MP18
		3283	SELENVERBINDUNG, FEST, N.A.G.	6.1	T5	II	6.1	274 563	500 g	E4	P002 IBC08	B4	MP10
		3283	SELENVERBINDUNG, FEST, N.A.G.	6.1	T5	III	6.1	274 563	5 kg	E1	P002 IBC08 LP02 R001	B3	MP10
•		3284	TELLURVERBINDUNG, N.A.G.	6.1	T5	I	6.1	274	0	E5	P002 IBC07		MP18
		3284	TELLURVERBINDUNG, N.A.G.	6.1	T5	II	6.1	274	500 g	E4	P002 IBC08	B4	MP10
		3284	TELLURVERBINDUNG, N.A.G.	6.1	T5	III	6.1	274	5 kg	E1	P002 IBC08 LP02 R001	B3	MP10
•		3285	VANADIUMVERBINDUNG, N.A.G.	6.1	T5	I	6.1	274 564	0	E5	P002 IBC07		MP18
		3285	VANADIUMVERBINDUNG, N.A.G.	6.1	T5	II	6.1	274 564	500 g	E4	P002 IBC08	B4	MP10
		3285	VANADIUMVERBINDUNG, N.A.G.	6.1	T5	III	6.1	274 564	5 kg	E1	P002 IBC08 LP02 R001	B3	MP10
•		3286	ENTZÜNDBARER FLÜSSIGER STOFF, GIFTIG, ÄTZEND, N.A.G.	3	FTC	I	3 + 6.1 + 8	274	0	E0	P001		MP7 MP17
•		3286	ENTZÜNDBARER FLÜSSIGER STOFF, GIFTIG, ÄTZEND, N.A.G.	3	FTC	II	3 + 6.1 + 8	274	1 l	E2	P001 IBC02		MP19
•	G10	3287	GIFTIGER ANORGANISCHER FLÜSSIGER STOFF, N.A.G.	6.1	T4	I	6.1	274 315	0	E5	P001		MP8 MP17
		3287	GIFTIGER ANORGANISCHER FLÜSSIGER STOFF, N.A.G.	6.1	T4	II	6.1	274	100 ml	E4	P001 IBC02		MP15

Tabelle A: Verzeichnis der gefährlichen Güter 3.2

ortsbewegliche Tanks und Schüttgut-Container		Tankcodierungen für ADR/RID-Tanks	ADR								RID						Expressgut	Nummer zur Kennzeichnung der Gefahr	UN-Nummer
Anweisungen	Sondervorschriften		Sondervorschriften für ADR-Tanks	Fahrzeug für die Beförderung in Tanks	Beförderungskategorie (Tunnelbeschränkungscode)	Sondervorschriften für die Beförderung				Betrieb	Sondervorschriften für RID-Tanks	Beförderungskategorie	Sondervorschriften für die Beförderung						
						Versandstücke	lose Schüttung	Be- und Entladung, Handhabung					Versandstücke	lose Schüttung	Be- und Entladung, Handhabung				
4.2.5.2 7.3.2	4.2.5.3	4.3	4.3.5 6.8.4	9.1.1.2	1.1.3.6 (8.6)	7.2.4	7.3.3	7.5.11		8.5	4.3.5 6.8.4	1.1.3.1	7.2.4	7.3.3	7.5.11		7.6	5.3.2.3	(1)
(10)	(11)	(12)	(13)	(14)	(15)	(16)	(17)	(18)		(19)	(13)	(15)	(16)	(17)	(18)		(19)	(20)	(1)
T11	TP2 TP27	L4BH	TU15 TE19	AT	2 (D/E)			CV13 CV28	S9 S19		TU15	2			CW13 CW28 CW31	CE5		60	3282
T7	TP1 TP28	L4BH	TU15 TE19	AT	2 (E)	V12		CV13 CV28	S9		TU15	2	W12		CW13 CW28 CW31	CE8		60	3282
T6	TP33	S10AH L10CH	TU14 TU15 TE19 TE21	AT	1 (C/E)	V10		CV1 CV13 CV28	S9 S14		TU14 TU15 TU38 TE21 TE22	1	W10		CW13 CW28 CW31			66	3283
T3	TP33	SGAH L4BH	TU15 TE19	AT	2 (D/E)	V11		CV13 CV28	S9 S19		TU15	2	W11		CW13 CW28 CW31	CE9		60	3283
T1	TP33	SGAH L4BH	TU15 TE19	AT	2 (E)			VC1 VC2 AP7	CV13 CV28	S9	TU15	2			VC1 VC2 AP7	CW13 CW28 CW31	CE11	60	3283
T6	TP33	S10AH L10CH	TU14 TU15 TE19 TE21	AT	1 (C/E)	V10		CV1 CV13 CV28	S9 S14		TU14 TU15 TU38 TE21 TE22	1	W10		CW13 CW28 CW31			66	3284
T3	TP33	SGAH L4BH	TU15 TE19	AT	2 (D/E)	V11		CV13 CV28	S9 S19		TU15	2	W11		CW13 CW28 CW31	CE9		60	3284
T1	TP33	SGAH L4BH	TU15 TE19	AT	2 (E)			VC1 VC2 AP7	CV13 CV28	S9	TU15	2			VC1 VC2 AP7	CW13 CW28 CW31	CE11	60	3284
T6	TP33	S10AH L10CH	TU14 TU15 TE19 TE21	AT	1 (C/E)	V10		CV1 CV13 CV28	S9 S14		TU14 TU15 TU38 TE21 TE22	1	W10		CW13 CW28 CW31			66	3285
T3	TP33	SGAH L4BH	TU15 TE19	AT	2 (D/E)	V11		CV13 CV28	S9 S19		TU15	2	W11		CW13 CW28 CW31	CE9		60	3285
T1	TP33	SGAH L4BH	TU15 TE19	AT	2 (E)			VC1 VC2 AP7	CV13 CV28	S9	TU15	2			VC1 VC2 AP7	CW13 CW28 CW31	CE11	60	3285
T14	TP2 TP27	L10CH	TU14 TU15 TE21	FL	1 (C/E)			CV13 CV28	S2 S22		TU14 TU15 TU38 TE21 TE22	1			CW13 CW28			368	3286
T11	TP2 TP27	L4BH	TU15 TE19	FL	2 (D/E)			CV13 CV28	S2 S22		TU15	2			CW13 CW28	CE7		368	3286
T14	TP2 TP27	L10CH	TU14 TU15 TE19 TE21	AT	1 (C/E)			CV1 CV13 CV28	S9 S14		TU14 TU15 TU38 TE21 TE22	1			CW13 CW28 CW31			66	3287
T11	TP2 TP27	L4BH	TU15 TE19	AT	2 (D/E)			CV13 CV28	S9 S19		TU15	2			CW13 CW28 CW31	CE5		60	3287

3.2 Tabelle A: Verzeichnis der gefährlichen Güter

gemäß Tabelle 1.10.3.1.2 § 35b GGVSEB	UN-Nummer	Benennung und Beschreibung	Klasse	Klassifizierungscode	Verpackungsgruppe	Gefahrzettel	Sondervorschriften	Begrenzte und freigestellte Mengen		Verpackung Anweisungen	Verpackung Sondervorschriften	Verpackung Zusammenpackung
G..		3.1.2	2.2	2.2	2.1.1.3	5.2.2	3.3	3.4 / 3.5.1.2		4.1.4	4.1.4	4.1.10
	(1)	(2)	(3a)	(3b)	(4)	(5)	(6)	(7a)	(7b)	(8)	(9a)	(9b)
•	3287	GIFTIGER ANORGANISCHER FLÜSSIGER STOFF, N.A.G.	6.1	T4	III	6.1	274	5 l	E1	P001 IBC03 LP01 R001		MP19
•	3288	GIFTIGER ANORGANISCHER FESTER STOFF, N.A.G.	6.1	T5	I	6.1	274	0	E5	P002 IBC07		MP18
	3288	GIFTIGER ANORGANISCHER FESTER STOFF, N.A.G.	6.1	T5	II	6.1	274	500 g	E4	P002 IBC08	B4	MP10
	3288	GIFTIGER ANORGANISCHER FESTER STOFF, N.A.G.	6.1	T5	III	6.1	274	5 kg	E1	P002 IBC08 LP02 R001	B3	MP10
• G10	3289	GIFTIGER ANORGANISCHER FLÜSSIGER STOFF, ÄTZEND, N.A.G.	6.1	TC3	I	6.1 + 8	274 315	0	E5	P001		MP8 MP17
	3289	GIFTIGER ANORGANISCHER FLÜSSIGER STOFF, ÄTZEND, N.A.G.	6.1	TC3	II	6.1 + 8	274	100 ml	E4	P001 IBC02		MP15
•	3290	GIFTIGER ANORGANISCHER FESTER STOFF, ÄTZEND, N.A.G.	6.1	TC4	I	6.1 + 8	274	0	E5	P002 IBC05		MP18
	3290	GIFTIGER ANORGANISCHER FESTER STOFF, ÄTZEND, N.A.G.	6.1	TC4	II	6.1 + 8	274	500 g	E4	P002 IBC06		MP10
	3291	KLINISCHER ABFALL, UNSPEZIFIZIERT, N.A.G. oder (BIO)MEDIZINISCHER ABFALL, N.A.G. oder UNTER DIE VORSCHRIFTEN FALLENDER MEDIZINISCHER ABFALL, N.A.G.	6.2	I3		6.2	565	0	E0	P621 IBC620 LP621		MP6
	3291	KLINISCHER ABFALL UNSPEZIFIZIERT, N.A.G. oder (BIO)MEDIZINISCHER ABFALL, N.A.G. oder UNTER DIE VORSCHRIFTEN FALLENDER MEDIZINISCHER ABFALL, N.A.G., in tiefgekühlt verflüssigtem Stickstoff	6.2	I3		6.2 + 2.2	565	0	E0	P621 IBC620 LP621		MP6
	3292	NATRIUMBATTERIEN oder NATRIUMZELLEN	4.3	W3		4.3	239 295	0	E0	P408		
	3293	HYDRAZIN, WÄSSERIGE LÖSUNG mit höchstens 37 Masse-% Hydrazin	6.1	T4	III	6.1	566	5 l	E1	P001 IBC03 LP01 R001		MP19
• G10	3294	CYANWASSERSTOFF, LÖSUNG IN ALKOHOL mit höchstens 45 % Cyanwasserstoff	6.1	TF1	I	6.1 + 3	610	0	E0	P601		MP8 MP17
• G4	3295	KOHLENWASSERSTOFFE, FLÜSSIG, N.A.G.	3	F1	I	3		500 ml	E3	P001		MP7 MP17

Tabelle A: Verzeichnis der gefährlichen Güter 3.2

Anweisungen ortsbewegliche Tanks und Schüttgut-Container	Sondervorschriften	Tankcodierungen für ADR/RID-Tanks	Sondervorschriften für ADR-Tanks	Fahrzeug für die Beförderung in Tanks	ADR Beförderungskategorie (Tunnelbeschränkungscode)	Sondervorschriften für die Beförderung Versandstücke	lose Schüttung	Be- und Entladung, Handhabung	Betrieb	Sondervorschriften für RID-Tanks	RID Beförderungskategorie	Versandstücke	lose Schüttung	Be- und Entladung, Handhabung	Expressgut	Nummer zur Kennzeichnung der Gefahr	UN-Nummer
4.2.5.2 7.3.2	4.2.5.3	4.3	4.3.5 6.8.4	9.1.1.2	1.1.3.6 (8.6)	7.2.4	7.3.3	7.5.11	8.5	4.3.5 6.8.4	1.1.3.1	7.2.4	7.3.3	7.5.11	7.6	5.3.2.3	(1)
(10)	(11)	(12)	(13)	(14)	(15)	(16)	(17)	(18)	(19)	(13)	(15)	(16)	(17)	(18)	(19)	(20)	(1)
T7	TP1 TP28	L4BH	TU15 TE19	AT	2 (E)	V12		CV13 CV28	S9	TU15	2		W12	CW13 CW28 CW31	CE8	60	3287
T6	TP33	S10AH L10CH	TU14 TU15 TE19 TE21	AT	1 (C/E)	V10		CV1 CV13 CV28	S9 S14	TU14 TU15 TU38 TE21 TE22	1		W10	CW13 CW28 CW31		66	3288
T3	TP33	SGAH L4BH	TU15 TE19	AT	2 (D/E)	V11		CV13 CV28	S9 S19	TU15	2		W11	CW13 CW28 CW31	CE9	60	3288
T1	TP33	SGAH L4BH	TU15 TE19	AT	2 (E)		VC1 VC2 AP7	CV13 CV28	S9	TU15	2		VC1 VC2 AP7	CW13 CW28 CW31	CE11	60	3288
T14	TP2 TP27	L10CH	TU14 TU15 TE19 TE21	AT	1 (C/E)			CV1 CV13 CV28	S9 S14	TU14 TU15 TU38 TE21 TE22	1			CW13 CW28 CW31		668	3289
T11	TP2 TP27	L4BH	TU15 TE19	AT	2 (D/E)			CV13 CV28	S9 S19	TU15	2			CW13 CW28 CW31	CE5	68	3289
T6	TP33	S10AH L10CH	TU15 TE19	AT	1 (C/E)	V10		CV1 CV13 CV28	S9 S14	TU15	1		W10	CW13 CW28 CW31		668	3290
T3	TP33	SGAH L4BH	TU15 TE19	AT	2 (D/E)	V11		CV13 CV28	S9 S19	TU15	2		W11	CW13 CW28 CW31	CE5	68	3290
BK2		ADR: S4AH L4BH	TU15 TE19	AT	2 (–)	V1	VC3	CV13 CV25 CV28	S3		2		W9	VC3	CW13 CW18 CW28	CE14	606	3291
					2 (–)	V1		CV13 CV25 CV28	S3		2		W9		CW13 CW18 CW28	CE14	RID: 606	3291
					2 (E)	V1		CV23			2		W1		CW23	CE2	RID: 423	3292
T4	TP1	L4BH	TU15 TE19	AT	2 (E)	V12		CV13 CV28	S9	TU15	2		W12	CW13 CW28 CW31	CE8	60	3293
T14	TP2	L15DH(+)	TU14 TU15 TE19 TE21	FL	0 (C/D)			CV1 CV13 CV28	S2 S9 S14	TU14 TU15 TU38 TE21 TE22 TE25	0			CW13 CW28 CW31		663	3294
T11	TP1 TP8 TP28	L4BN		FL	1 (D/E)				S2 S20		1					33	3295

3.2 Tabelle A: Verzeichnis der gefährlichen Güter

gemäß Tabelle 1.10.3.1.2	§ 35b GGVSEB	UN-Nummer	Benennung und Beschreibung	Klasse	Klassifizierungscode	Verpackungsgruppe	Gefahrzettel	Sondervorschriften	Begrenzte und freigestellte Mengen		Verpackung Anweisungen	Sondervorschriften	Zusammenpackung
G..			3.1.2	2.2	2.2	2.1.1.3	5.2.2	3.3	3.4 / 3.5.1.2		4.1.4	4.1.4	4.1.10
(1)			(2)	(3a)	(3b)	(4)	(5)	(6)	(7a)	(7b)	(8)	(9a)	(9b)
•	G4	3295	KOHLENWASSERSTOFFE, FLÜSSIG, N.A.G. (Dampfdruck bei 50 °C größer als 110 kPa)	3	F1	II	3	640C	1 l	E2	P001		MP19
•	G4	3295	KOHLENWASSERSTOFFE, FLÜSSIG, N.A.G. (Dampfdruck bei 50 °C höchstens 110 kPa)	3	F1	II	3	640D	1 l	E2	P001 IBC02 R001		MP19
		3295	KOHLENWASSERSTOFFE, FLÜSSIG, N.A.G.	3	F1	III	3		5 l	E1	P001 IBC03 LP01 R001		MP19
		3296	HEPTAFLUORPROPAN (GAS ALS KÄLTEMITTEL R 227)	2	2A		2.2 RID: (+13)	662	120 ml	E1	P200		MP9
		3297	ETHYLENOXID UND CHLORTETRAFLUORETHAN, GEMISCH mit höchstens 8,8 % Ethylenoxid	2	2A		2.2 RID: (+13)	392 662	120 ml	E1	P200		MP9
		3298	ETHYLENOXID UND PENTAFLUORETHAN, GEMISCH mit höchstens 7,9 % Ethylenoxid	2	2A		2.2 RID: (+13)	392 662	120 ml	E1	P200		MP9
		3299	ETHYLENOXID UND TETRAFLUORETHAN, GEMISCH mit höchstens 5,6 % Ethylenoxid	2	2A		2.2 RID: (+13)	392 662	120 ml	E1	P200		MP9
•	G3	3300	ETHYLENOXID UND KOHLENDIOXID, GEMISCH mit mehr als 87 % Ethylenoxid	2	2TF		2.3 + 2.1 RID: (+13)		0	E0	P200		MP9
		3301	ÄTZENDER FLÜSSIGER STOFF, SELBSTERHITZUNGSFÄHIG, N.A.G.	8	CS1	I	8 + 4.2	274	0	E0	P001		MP8 MP17
		3301	ÄTZENDER FLÜSSIGER STOFF, SELBSTERHITZUNGSFÄHIG, N.A.G.	8	CS1	II	8 + 4.2	274	0	E2	P001		MP15
		3302	2-DIMETHYLAMINOETHYLACRYLAT, STABILISIERT	6.1	T1	II	6.1	386	100 ml	E4	P001 IBC02		MP15
•	G3	3303	VERDICHTETES GAS, GIFTIG, OXIDIEREND, N.A.G.	2	1TO		2.3 + 5.1 RID: (+13)	274	0	E0	P200		MP9
•	G3	3304	VERDICHTETES GAS, GIFTIG, ÄTZEND, N.A.G.	2	1TC		2.3 + 8 RID: (+13)	274	0	E0	P200		MP9
•	G3	3305	VERDICHTETES GAS, GIFTIG, ENTZÜNDBAR, ÄTZEND, N.A.G.	2	1TFC		2.3 + 2.1 + 8 RID: (+13)	274	0	E0	P200		MP9

Tabelle A: Verzeichnis der gefährlichen Güter 3.2

ortsbewegliche Tanks und Schüttgut-Container		Tankcodierungen für ADR/RID-Tanks	ADR							RID						Expressgut	Nummer zur Kennzeichnung der Gefahr	UN-Nummer
Anweisungen	Sondervorschriften		Sondervorschriften für ADR-Tanks	Fahrzeug für die Beförderung in Tanks	Beförderungskategorie (Tunnelbeschränkungscode)	Sondervorschriften für die Beförderung				Sondervorschriften für RID-Tanks	Beförderungskategorie	Sondervorschriften für die Beförderung						
						Versandstücke	lose Schüttung	Be- und Entladung, Handhabung	Betrieb			Versandstücke	lose Schüttung	Be- und Entladung, Handhabung				
4.2.5.2 7.3.2	4.2.5.3	4.3	4.3.5 6.8.4	9.1.1.2	1.1.3.6 (8.6)	7.2.4	7.3.3	7.5.11	8.5	4.3.5 6.8.4	1.1.3.1	7.2.4	7.3.3	7.5.11	7.6	5.3.2.3	(1)
(10)	(11)	(12)	(13)	(14)	(15)	(16)	(17)	(18)	(19)	(13)	(15)	(16)	(17)	(18)	(19)	(20)	(1)
T7	TP1 TP8 TP28	L1,5BN		FL	2 (D/E)				S2 S20		2				CE7	33	3295
T7	TP1 TP8 TP28	LGBF		FL	2 (D/E)				S2 S20		2				CE7	33	3295
T4	TP1 TP29	LGBF		FL	3 (D/E)	V1			S2		3	W12			CE4	30	3295
(M) T50		PxBN(M)	TA4 TT9	AT	3 (C/E)		CV9 CV10 CV36			TM6 TA4 TT9	3			CW9 CW10 CW36	CE3	20	3296
(M) T50		PxBN(M)	TA4 TT9	AT	3 (C/E)		CV9 CV10 CV36			TM6 TA4 TT9	3			CW9 CW10 CW36	CE3	20	3297
(M) T50		PxBN(M)	TA4 TT9	AT	3 (C/E)		CV9 CV10 CV36			TM6 TA4 TT9	3			CW9 CW10 CW36	CE3	20	3298
(M) T50		PxBN(M)	TA4 TT9	AT	3 (C/E)		CV9 CV10 CV36			TM6 TA4 TT9	3			CW9 CW10 CW36	CE3	20	3299
(M)		PxBH(M)	TA4 TT9	FL	1 (B/D)		CV9 CV10 CV36		S2 S14	TU38 TE22 TE25 TM6 TA4 TT9	1			CW9 CW10 CW36		263	3300
		L10BH		AT	1 (E)				S14	TU38 TE22	1					884	3301
		L4BN		AT	2 (E)						2				CE6	84	3301
T7	TP2	L4BH	TU15 TE19	AT	2 (D/E)	V8	CV13 CV28		S4 S9 S19	TU15	2			CW13 CW28 CW31	CE5	60	3302
(M)		CxBH(M)	TU6 TA4 TT9	AT	1 (C/D)		CV9 CV10 CV36		S14	TU6 TU38 TE22 TE25 TA4 TT9	1			CW9 CW10 CW36		265	3303
(M)		CxBH(M)	TU6 TA4 TT9	AT	1 (C/D)		CV9 CV10 CV36		S14	TU6 TU38 TE22 TE25 TA4 TT9	1			CW9 CW10 CW36		268	3304
(M)		CxBH(M)	TU6 TA4 TT9	FL	1 (B/D)		CV9 CV10 CV36		S2 S14	TU6 TU38 TE22 TE25 TA4 TT9	1			CW9 CW10 CW36		263	3305

3.2 Tabelle A: Verzeichnis der gefährlichen Güter

gemäß Tabelle 1.10.3.1.2 § 35b GGVSEB	UN-Nummer	Benennung und Beschreibung	Klasse	Klassifizierungscode	Verpackungsgruppe	Gefahrzettel	Sondervorschriften	Begrenzte und freigestellte Mengen		Verpackung Anweisungen	Verpackung Sondervorschriften	Verpackung Zusammenpackung
G..		3.1.2	2.2	2.2	2.1.1.3	5.2.2	3.3	3.4 / 3.5.1.2		4.1.4	4.1.4	4.1.10
(1)		(2)	(3a)	(3b)	(4)	(5)	(6)	(7a)	(7b)	(8)	(9a)	(9b)
G3	3306	VERDICHTETES GAS, GIFTIG, OXIDIEREND, ÄTZEND, N.A.G.	2	1TOC		2.3 + 5.1 + 8 RID: (+13)	274	0	E0	P200		MP9
G3	3307	VERFLÜSSIGTES GAS, GIFTIG, OXIDIEREND, N.A.G.	2	2TO		2.3 + 5.1 RID: (+13)	274	0	E0	P200		MP9
G3	3308	VERFLÜSSIGTES GAS, GIFTIG, ÄTZEND, N.A.G.	2	2TC		2.3 + 8 RID: (+13)	274	0	E0	P200		MP9
G3	3309	VERFLÜSSIGTES GAS, GIFTIG, ENTZÜNDBAR, ÄTZEND, N.A.G.	2	2TFC		2.3 + 2.1 + 8 RID: (+13)	274	0	E0	P200		MP9
G3	3310	VERFLÜSSIGTES GAS, GIFTIG, OXIDIEREND, ÄTZEND, N.A.G.	2	2TOC		2.3 + 5.1 + 8 RID: (+13)	274	0	E0	P200		MP9
	3311	GAS, TIEFGEKÜHLT, FLÜSSIG, OXIDIEREND, N.A.G.	2	3O		2.2 + 5.1 RID: (+13)	274	0	E0	P203		MP9
G2	3312	GAS, TIEFGEKÜHLT, FLÜSSIG, ENTZÜNDBAR, N.A.G.	2	3F		2.1 RID: (+13)	274	0	E0	P203		MP9
	3313	SELBSTERHITZUNGSFÄHIGE ORGANISCHE PIGMENTE	4.2	S2	II	4.2		0	E2	P002 IBC08	B4	MP14
	3313	SELBSTERHITZUNGSFÄHIGE ORGANISCHE PIGMENTE	4.2	S2	III	4.2		0	E1	P002 IBC08 LP02 R001	B3	MP14
	3314	KUNSTSTOFFPRESSMISCHUNG, in Teig-, Platten- oder Strangpressform, entzündbare Dämpfe abgebend	9	M3	III	keine	207 633 675	5 kg	E1	P002 IBC08 R001	PP14 B3 B6	MP10
•	3315	CHEMISCHE PROBE, GIFTIG	6.1	T8	I	6.1	250	0	E0	P099		MP8 MP17

Tabelle A: Verzeichnis der gefährlichen Güter 3.2

ortsbewegliche Tanks und Schüttgut-Container	Sondervorschriften	Tankcodierungen für ADR/RID-Tanks	ADR							RID						Expressgut	Nummer zur Kennzeichnung der Gefahr	UN-Nummer
Anweisungen			Sondervorschriften für ADR-Tanks	Fahrzeug für die Beförderung in Tanks	Beförderungs-kategorie (Tunnelbeschränkungscode)	Sondervorschriften für die Beförderung			Betrieb	Sondervorschriften für RID-Tanks	Beförderungs-kategorie	Sondervorschriften für die Beförderung						
						Versand-stücke	lose Schüttung	Be- und Entladung, Handhabung				Versand-stücke	lose Schüttung	Be- und Entladung, Handhabung				
4.2.5.2 7.3.2	4.2.5.3	4.3	4.3.5 6.8.4	9.1.1.2	1.1.3.6 (8.6)	7.2.4	7.3.3	7.5.11	8.5	4.3.5 6.8.4	1.1.3.1	7.2.4	7.3.3	7.5.11	7.6	5.3.2.3	(1)
(10)	(11)	(12)	(13)	(14)	(15)	(16)	(17)	(18)	(19)	(13)	(15)	(16)	(17)	(18)	(19)	(20)	(1)
(M)		CxBH(M)	TU6 TA4 TT9	AT	1 (C/D)			CV9 CV10 CV36	S14	TU6 TU38 TE22 TE25 TA4 TT9	1			CW9 CW10 CW36		265	3306
(M)		PxBH(M)	TU6 TA4 TT9	AT	1 (C/D)			CV9 CV10 CV36	S14	TU6 TU38 TE22 TE25 TM6 TA4 TT9	1			CW9 CW10 CW36		265	3307
(M)		PxBH(M)	TU6 TA4 TT9	AT	1 (C/D)			CV9 CV10 CV36	S14	TU6 TU38 TE22 TE25 TM6 TA4 TT9	1			CW9 CW10 CW36		268	3308
(M)		PxBH(M)	TU6 TA4 TT9	FL	1 (B/D)			CV9 CV10 CV36	S2 S14	TU6 TU38 TE22 TE25 TM6 TA4 TT9	1			CW9 CW10 CW36		263	3309
(M)		PxBH(M)	TU6 TA4 TT9	AT	1 (C/D)			CV9 CV10 CV36	S14	TU6 TU38 TE22 TE25 TM6 TA4 TT9	1			CW9 CW10 CW36		265	3310
T75	TP5 TP22	RxBN	TU7 TU19 TA4 TT9	AT	3 (C/E)	V5		CV9 CV11 CV36	S20	TU7 TU19 TM6 TA4 TT9	3	W5		CW9 CW11 CW36		CE2 225	3311
T75	TP5	RxBN	TU18 TA4 TT9	FL	2 (B/D)	V5		CV9 CV11 CV36	S2 S17	TU18 TU38 TE22 TM6 TA4 TT9	2	W5		CW9 CW11 CW36		CE2 223	3312
T3	TP33	SGAV		AT	2 (D/E)	V1					2	W1				CE10 40	3313
T1	TP33	SGAV		AT	3 (E)	V1					3	W1				CE11 40	3313
					3 (D/E)		VC1 VC2 AP2	CV36			3		VC1 VC2 AP2	CW31 CW36		CE11 90	3314
					1 (E)			CV1 CV13 CV28	S9 S14		1			CW13 CW28 CW31		RID: 66	3315

3.2 Tabelle A: Verzeichnis der gefährlichen Güter

gemäß Tabelle 1.10.3.1.2	§ 35b GGVSEB	UN-Nummer	Benennung und Beschreibung	Klasse	Klassifizierungscode	Verpackungsgruppe	Gefahrzettel	Sondervorschriften	Begrenzte und freigestellte Mengen		Verpackung		
											Anweisungen	Sondervorschriften	Zusammenpackung
G..			3.1.2	2.2	2.2	2.1.1.3	5.2.2	3.3	3.4 / 3.5.1.2		4.1.4	4.1.4	4.1.10
(1)			(2)	(3a)	(3b)	(4)	(5)	(6)	(7a)	(7b)	(8)	(9a)	(9b)
		3316	CHEMIE-TESTSATZ oder ERSTE-HILFE-AUSRÜSTUNG	9	M11		9	251 340 671	siehe SV 251	siehe SV 340	P901		
●		3317	2-AMINO-4,6-DINITROPHENOL, ANGEFEUCHTET mit mindestens 20 Masse-% Wasser	4.1	D	I	4.1		0	E0	P406	PP26	MP2
●	G3	3318	AMMONIAKLÖSUNG in Wasser, relative Dichte kleiner als 0,880 bei 15 °C, mit mehr als 50 % Ammoniak	2	4TC		2.3 + 8	23 RID: (+13)	0	E0	P200		MP9
●		3319	NITROGLYCERIN, GEMISCH, DESENSIBILISIERT, FEST, N.A.G., mit mehr als 2 Masse-%, aber höchstens 10 Masse-% Nitroglycerin	4.1	D	II	4.1	272 274	0	E0	P099 IBC99		MP2
		3320	NATRIUMBORHYDRID UND NATRIUMHYDROXID, LÖSUNG mit höchstens 12 Masse-% Natriumborhydrid und höchstens 40 Masse-% Natriumhydroxid	8	C5	II	8		1 l	E2	P001 IBC02		MP15
		3320	NATRIUMBORHYDRID UND NATRIUMHYDROXID, LÖSUNG mit höchstens 12 Masse-% Natriumborhydrid und höchstens 40 Masse-% Natriumhydroxid	8	C5	III	8		5 l	E1	P001 IBC03 LP01 R001		MP19
		3321	RADIOAKTIVE STOFFE MIT GERINGER SPEZIFISCHER AKTIVITÄT (LSA-II), nicht spaltbar oder spaltbar, freigestellt	7			7X	172 317 325 336	0	E0	siehe 2.2.7 und 4.1.9	siehe 4.1.9.1.3	
		3322	RADIOAKTIVE STOFFE MIT GERINGER SPEZIFISCHER AKTIVITÄT (LSA-III), nicht spaltbar oder spaltbar, freigestellt	7			7X	172 317 325 336	0	E0	siehe 2.2.7 und 4.1.9	siehe 4.1.9.1.3	
		3323	RADIOAKTIVE STOFFE, TYP C-VERSANDSTÜCK, nicht spaltbar oder spaltbar, freigestellt	7			7X	172 317 325	0	E0	siehe 2.2.7 und 4.1.9	siehe 4.1.9.1.3	
		3324	RADIOAKTIVE STOFFE MIT GERINGER SPEZIFISCHER AKTIVITÄT (LSA-II), SPALTBAR	7			7X + 7E	172 326 336	0	E0	siehe 2.2.7 und 4.1.9	siehe 4.1.9.1.3	
		3325	RADIOAKTIVE STOFFE MIT GERINGER SPEZIFISCHER AKTIVITÄT (LSA-III), SPALTBAR	7			7X + 7E	172 326 336	0	E0	siehe 2.2.7 und 4.1.9	siehe 4.1.9.1.3	
		3326	RADIOAKTIVE STOFFE, OBERFLÄCHENKONTAMINIERTE GEGENSTÄNDE (SCO-I oder SCO-II), SPALTBAR	7			7X + 7E	172 326	0	E0	siehe 2.2.7 und 4.1.9	siehe 4.1.9.1.3	
		3327	RADIOAKTIVE STOFFE, TYP A-VERSANDSTÜCK, SPALTBAR, nicht in besonderer Form	7			7X + 7E	172 326	0	E0	siehe 2.2.7 und 4.1.9	siehe 4.1.9.1.3	
		3328	RADIOAKTIVE STOFFE, TYP B(U)-VERSANDSTÜCK, SPALTBAR	7			7X + 7E	172 326 337	0	E0	siehe 2.2.7 und 4.1.9	siehe 4.1.9.1.3	

Tabelle A: Verzeichnis der gefährlichen Güter 3.2

ortsbewegliche Tanks und Schüttgut-Container		Tankcodierungen für ADR/RID-Tanks	Sondervorschriften für ADR-Tanks	Fahrzeug für die Beförderung in Tanks	ADR Beförderungskategorie (Tunnelbeschränkungscode)	Sondervorschriften für die Beförderung			Betrieb	RID Sondervorschriften für RID-Tanks	Beförderungskategorie	Sondervorschriften für die Beförderung			Expressgut	Nummer zur Kennzeichnung der Gefahr	UN-Nummer
Anweisungen	Sondervorschriften					Versandstücke	lose Schüttung	Be- und Entladung, Handhabung				Versandstücke	lose Schüttung	Be- und Entladung, Handhabung			
4.2.5.2 7.3.2	4.2.5.3	4.3	4.3.5 6.8.4	9.1.1.2	1.1.3.6 (8.6)	7.2.4	7.3.3	7.5.11	8.5	4.3.5 6.8.4	1.1.3.1	7.2.4	7.3.3	7.5.11	7.6	5.3.2.3	(1)
(10)	(11)	(12)	(13)	(14)	(15)	(16)	(17)	(18)	(19)	(13)	(15)	(16)	(17)	(18)	(19)	(20)	(1)
					siehe SV 671 (E)					siehe SV 671						RID: 90	3316
					1 (B)			S14		1				W1		RID: 40	3317
(M) T50		PxBH(M)	TA4 TT9	AT	1 (C/D)			CV9 CV10	S14	TU38 TE22 TE25 TM6 TA4 TT9	1			CW9 CW10		268	3318
					2 (B)				S14		2			W1		CE10 RID: 40	3319
T7	TP2	L4BN		AT	2 (E)						2					CE6 80	3320
T4	TP2	L4BN		AT	3 (E)	V12					3			W12		CE8 80	3320
T5	TP4	S2,65AN(+) L2,65CN(+)	TU36 TT7 TM7	AT	0 (E)			CV33	S6 S11 S21	TU36 TT7 TM7	0			CW33		CE15 70	3321
T5	TP4	S2,65AN(+) L2,65CN(+)	TU36 TT7 TM7	AT	0 (E)			CV33	S6 S11 S21	TU36 TT7 TM7	0			CW33		CE15 70	3322
					0 (E)			CV33	S6 S11 S21		0			CW33		CE15 70	3323
					0 (E)			CV33	S6 S11 S21		0			CW33		CE15 70	3324
					0 (E)			CV33	S6 S11 S21		0			CW33		CE15 70	3325
					0 (E)			CV33	S6 S11 S21		0			CW33		CE15 70	3326
					0 (E)			CV33	S6 S11 S21		0			CW33		CE15 70	3327
					0 (E)			CV33	S6 S11 S21		0			CW33		CE15 70	3328

3.2 Tabelle A: Verzeichnis der gefährlichen Güter

gemäß Tabelle 1.10.3.1.2 § 35b GGVSEB	UN-Nummer	Benennung und Beschreibung	Klasse	Klassifizierungscode	Verpackungsgruppe	Gefahrzettel	Sondervorschriften	Begrenzte und freigestellte Mengen	Verpackung Anweisungen	Verpackung Sondervorschriften	Verpackung Zusammenpackung
G..		3.1.2	2.2	2.2	2.1.1.3	5.2.2	3.3	3.4 / 3.5.1.2	4.1.4	4.1.4	4.1.10
(1)		(2)	(3a)	(3b)	(4)	(5)	(6)	(7a) (7b)	(8)	(9a)	(9b)
	3329	RADIOAKTIVE STOFFE, TYP B(M)-VERSANDSTÜCK, SPALTBAR	7			7X + 7E	172 326 337	0 E0	siehe 2.2.7 und 4.1.9	siehe 4.1.9.1.3	
	3330	RADIOAKTIVE STOFFE, TYP C-VERSANDSTÜCK, SPALTBAR	7			7X + 7E	172 326	0 E0	siehe 2.2.7 und 4.1.9	siehe 4.1.9.1.3	
	3331	RADIOAKTIVE STOFFE, UNTER SONDERVEREINBARUNG BEFÖRDERT, SPALTBAR	7			7X + 7E	172 326	0 E0	siehe 2.2.7 und 4.1.9	siehe 4.1.9.1.3	
	3332	RADIOAKTIVE STOFFE, TYP A-VERSANDSTÜCK, IN BESONDERER FORM, nicht spaltbar oder spaltbar, freigestellt	7			7X	172 317	0 E0	siehe 2.2.7 und 4.1.9	siehe 4.1.9.1.3	
	3333	RADIOAKTIVE STOFFE, TYP A-VERSANDSTÜCK, IN BESONDERER FORM, SPALTBAR	7			7X + 7E	172	0 E0	siehe 2.2.7 und 4.1.9	siehe 4.1.9.1.3	
	3334	Flüssiger Stoff, den für die Luftfahrt geltenden Vorschriften unterliegend, n.a.g.	9	M11				UNTERLIEGT NICHT DEN VORSCHRIFTEN DES ADR / RID			
	3335	Fester Stoff, den für die Luftfahrt geltenden Vorschriften unterliegend, n.a.g.	9	M11				UNTERLIEGT NICHT DEN VORSCHRIFTEN DES ADR / RID			
• G4	3336	MERCAPTANE, FLÜSSIG, ENTZÜNDBAR, N.A.G. oder MERCAPTANE, MISCHUNG, FLÜSSIG, ENTZÜNDBAR, N.A.G.	3	F1	I	3	274	0 E0	P001		MP7 MP17
• G4	3336	MERCAPTANE, FLÜSSIG, ENTZÜNDBAR, N.A.G. oder MERCAPTANE, MISCHUNG, FLÜSSIG, ENTZÜNDBAR, N.A.G. (Dampfdruck bei 50 °C größer als 110 kPa)	3	F1	II	3	274 640C	1 l E2	P001		MP19
• G4	3336	MERCAPTANE, FLÜSSIG, ENTZÜNDBAR, N.A.G. oder MERCAPTANE, MISCHUNG, FLÜSSIG, ENTZÜNDBAR, N.A.G. (Dampfdruck bei 50 °C höchstens 110 kPa)	3	F1	II	3	274 640D	1 l E2	P001 IBC02 R001		MP19
	3336	MERCAPTANE, FLÜSSIG, ENTZÜNDBAR, N.A.G. oder MERCAPTANE, MISCHUNG, FLÜSSIG, ENTZÜNDBAR, N.A.G.	3	F1	III	3	274	5 l E1	P001 IBC03 LP01 R001		MP19
	3337	GAS ALS KÄLTEMITTEL R 404A (Pentafluorethan, 1,1,1-Trifluorethan und 1,1,1,2-Tetrafluorethan, zeotropes Gemisch mit ca. 44 % Pentafluorethan und 52 % 1,1,1-Trifluorethan)	2	2A		2.2	662 RID: (+13)	120 ml E1	P200		MP9
	3338	GAS ALS KÄLTEMITTEL R 407A (Difluormethan, Pentafluorethan und 1,1,1,2-Tetrafluorethan, zeotropes Gemisch mit ca. 20 % Difluormethan und 40 % Pentafluorethan)	2	2A		2.2	662 RID: (+13)	120 ml E1	P200		MP9
	3339	GAS ALS KÄLTEMITTEL R 407B (Difluormethan, Pentafluorethan und 1,1,1,2-Tetrafluorethan, zeotropes Gemisch mit ca. 10 % Difluormethan und 70 % Pentafluorethan)	2	2A		2.2	662 RID: (+13)	120 ml E1	P200		MP9

Tabelle A: Verzeichnis der gefährlichen Güter 3.2

ortsbewegliche Tanks und Schüttgut-Container	Sondervorschriften	Tankcodierungen für ADR/RID-Tanks	Sondervorschriften für ADR-Tanks	Fahrzeug für die Beförderung in Tanks	ADR Beförderungskategorie (Tunnelbeschränkungscode)	ADR Sondervorschriften für die Beförderung Versandstücke	ADR lose Schüttung	ADR Be- und Entladung, Handhabung	Betrieb	Sondervorschriften für RID-Tanks	RID Beförderungskategorie	RID Versandstücke	RID lose Schüttung	RID Be- und Entladung, Handhabung	Expressgut	Nummer zur Kennzeichnung der Gefahr	UN-Nummer
Anweisungen 4.2.5.2 7.3.2	4.2.5.3	4.3	4.3.5 6.8.4	9.1.1.2	1.1.3.6 (8.6)	7.2.4	7.3.3	7.5.11	8.5	4.3.5 6.8.4	1.1.3.1	7.2.4	7.3.3	7.5.11	7.6	5.3.2.3	(1)
(10)	(11)	(12)	(13)	(14)	(15)	(16)	(17)	(18)	(19)	(13)	(15)	(16)	(17)	(18)	(19)	(20)	(1)
					0 (E)			CV33	S6 S11 S21	0				CW33	CE15	70	3329
					0 (E)			CV33	S6 S11 S21	0				CW33	CE15	70	3330
					0 (–)			CV33	S6 S11 S21	0				CW33	CE15	70	3331
					0 (E)			CV33	S6 S11 S12 S21	0				CW33	CE15	70	3332
					0 (E)			CV33	S6 S11 S21	0				CW33	CE15	70	3333
					UNTERLIEGT NICHT DEN VORSCHRIFTEN DES ADR / RID												3334
					UNTERLIEGT NICHT DEN VORSCHRIFTEN DES ADR / RID												3335
T11	TP2	L4BN		FL	1 (D/E)				S2 S20	1						33	3336
T7	TP1 TP8 TP28	L1,5BN		FL	2 (D/E)				S2 S20	2					CE7	33	3336
T7	TP1 TP8 TP28	LGBF		FL	2 (D/E)				S2 S20	2					CE7	33	3336
T4	TP1 TP29	LGBF		FL	3 (D/E)	V12			S2	3	W12				CE4	30	3336
(M) T50		PxBN(M)	TA4 TT9	AT	3 (C/E)			CV9 CV10 CV36		TM6 TA4 TT9	3			CW9 CW10 CW36	CE3	20	3337
(M) T50		PxBN(M)	TA4 TT9	AT	3 (C/E)			CV9 CV10 CV36		TM6 TA4 TT9	3			CW9 CW10 CW36	CE3	20	3338
(M) T50		PxBN(M)	TA4 TT9	AT	3 (C/E)			CV9 CV10 CV36		TM6 TA4 TT9	3			CW9 CW10 CW36	CE3	20	3339

3.2 Tabelle A: Verzeichnis der gefährlichen Güter

gemäß Tabelle 1.10.3.1.2	§ 35b GGVSEB	UN-Nummer	Benennung und Beschreibung	Klasse	Klassifizierungscode	Verpackungsgruppe	Gefahrzettel	Sondervorschriften	Begrenzte und freigestellte Mengen		Verpackung Anweisungen	Verpackung Sondervorschriften	Verpackung Zusammenpackung
	G..		3.1.2	2.2	2.2	2.1.1.3	5.2.2	3.3	3.4 / 3.5.1.2		4.1.4	4.1.4	4.1.10
		(1)	(2)	(3a)	(3b)	(4)	(5)	(6)	(7a)	(7b)	(8)	(9a)	(9b)
		3340	GAS ALS KÄLTEMITTEL R 407C (Difluormethan, Pentafluorethan und 1,1,1,2-Tetrafluorethan, zeotropes Gemisch mit ca. 23 % Difluormethan und 25 % Pentafluorethan)	2	2A		2.2	662 RID: (+13)	120 ml	E1	P200		MP9
		3341	THIOHARNSTOFFDIOXID	4.2	S2	II	4.2	0	0	E2	P002 IBC06		MP14
		3341	THIOHARNSTOFFDIOXID	4.2	S2	III	4.2	0	0	E1	P002 IBC08 LP02 R001	B3	MP14
		3342	XANTHATE	4.2	S2	II	4.2	0	0	E2	P002 IBC06		MP14
		3342	XANTHATE	4.2	S2	III	4.2	0	0	E1	P002 IBC08 LP02 R001	B3	MP14
		3343	NITROGLYCERIN, GEMISCH, DESENSIBILISIERT, FLÜSSIG, ENTZÜNDBAR, N.A.G., mit höchstens 30 Masse-% Nitroglycerin	3	D		3	274 278	0	E0	P099		MP2
●		3344	PENTAERYTHRITTETRANITRAT (PENTAERYTHRITOLTETRANITRAT) (PETN), GEMISCH, DESENSIBILISIERT, FEST, N.A.G., mit mehr als 10 Masse-%, aber höchstens 20 Masse-% PETN	4.1	D	II	4.1	272 274	0	E0	P099		MP2
●		3345	PHENOXYESSIGSÄUREDERIVAT-PESTIZID, FEST, GIFTIG	6.1	T7	I	6.1	61 274 648	0	E5	P002 IBC07		MP18
		3345	PHENOXYESSIGSÄUREDERIVAT-PESTIZID, FEST, GIFTIG	6.1	T7	II	6.1	61 274 648	500 g	E4	P002 IBC08	B4	MP10
		3345	PHENOXYESSIGSÄUREDERIVAT-PESTIZID, FEST, GIFTIG	6.1	T7	III	6.1	61 274 648	5 kg	E1	P002 IBC08 LP02 R001	B3	MP10
●		3346	PHENOXYESSIGSÄUREDERIVAT-PESTIZID, FLÜSSIG, ENTZÜNDBAR, GIFTIG, Flammpunkt unter 23 °C	3	FT2	I	3 + 6.1	61 274	0	E0	P001		MP7 MP17
●		3346	PHENOXYESSIGSÄUREDERIVAT-PESTIZID, FLÜSSIG, ENTZÜNDBAR, GIFTIG, Flammpunkt unter 23 °C	3	FT2	II	3 + 6.1	61 274	1 l	E2	P001 IBC02 R001		MP19
●	G10	3347	PHENOXYESSIGSÄUREDERIVAT-PESTIZID, FLÜSSIG, GIFTIG, ENTZÜNDBAR, mit einem Flammpunkt von 23 °C oder darüber	6.1	TF2	I	6.1 + 3	61 274	0	E5	P001		MP8 MP17
		3347	PHENOXYESSIGSÄUREDERIVAT-PESTIZID, FLÜSSIG, GIFTIG, ENTZÜNDBAR, mit einem Flammpunkt von 23 °C oder darüber	6.1	TF2	II	6.1 + 3	61 274	100 ml	E4	P001 IBC02		MP15

Tabelle A: Verzeichnis der gefährlichen Güter 3.2

ortsbewegliche Tanks und Schüttgut-Container		Tankcodierungen für ADR/RID-Tanks	ADR								RID						Expressgut	Nummer zur Kennzeichnung der Gefahr	UN-Nummer
Anweisungen	Sondervorschriften		Sondervorschriften für ADR-Tanks	Fahrzeug für die Beförderung in Tanks	Beförderungs-kategorie (Tunnelbeschränkungs-code)	Sondervorschriften für die Beförderung					Sondervorschriften für RID-Tanks	Beförderungs-kategorie	Sondervorschriften für die Beförderung						
						Versandstücke	lose Schüttung	Be- und Entladung, Handhabung	Betrieb				Versandstücke	lose Schüttung	Be- und Entladung, Handhabung				
4.2.5.2 7.3.2	4.2.5.3	4.3	4.3.5 6.8.4	9.1.1.2	1.1.3.6 (8.6)	7.2.4	7.3.3	7.5.11	8.5		4.3.5 6.8.4	1.1.3.1	7.2.4	7.3.3	7.5.11		7.6	5.3.2.3	(1)
(10)	(11)	(12)	(13)	(14)	(15)	(16)	(17)	(18)	(19)		(13)	(15)	(16)	(17)	(18)		(19)	(20)	(1)
(M) T50		PxBN(M)	TA4 TT9	AT	3 (C/E)			CV9 CV10 CV36			TM6 TA4 TT9	3			CW9 CW10 CW36		CE3	20	3340
T3	TP33	SGAV		AT	2 (D/E)	V1						2		W1			CE10	40	3341
T1	TP33	SGAV		AT	3 (E)	V1						3		W1			CE11	40	3341
T3	TP33	SGAV		AT	2 (D/E)	V1						2		W1			CE10	40	3342
T1	TP33	SGAV		AT	3 (E)	V1						3		W1			CE11	40	3342
					0 (B)				S2 S14			0						RID: 30/33	3343
					2 (B)				S14			2		W1			CE10	RID: 40	3344
T6	TP33	S10AH L10CH	TU14 TU15 TE19 TE21	AT	1 (C/E)	V10		CV1 CV13 CV28	S9 S14		TU14 TU15 TU38 TE21 TE22	1		W10	CW13 CW28 CW31		CE12	66	3345
T3	TP33	SGAH L4BH	TU15 TE19	AT	2 (D/E)	V11		CV13 CV28	S9 S19		TU15	2		W11	CW13 CW28 CW31		CE9 CE12	60	3345
T1	TP33	SGAH L4BH	TU15 TE19	AT	2 (E)		VC1 VC2 AP7	CV13 CV28	S9		TU15	2	VC1 VC2 AP7		CW13 CW28 CW31		CE11 CE12	60	3345
T14	TP2 TP27	L10CH	TU14 TU15 TE19 TE21	FL	1 (C/E)			CV13 CV28	S2 S22		TU14 TU15 TU38 TE21 TE22	1			CW13 CW28			336	3346
T11	TP2 TP27	L4BH	TU15	FL	2 (D/E)			CV13 CV28	S2 S22		TU15	2			CW13 CW28		CE7	336	3346
T14	TP2 TP27	L10CH	TU14 TU15 TE19 TE21	FL	1 (C/E)			CV1 CV13 CV28	S2 S9 S14		TU14 TU15 TU38 TE21 TE22	1			CW13 CW28 CW31		CE12	663	3347
T11	TP2 TP27	L4BH	TU15 TE19	FL	2 (D/E)			CV13 CV28	S2 S9 S19		TU15	2			CW13 CW28 CW31		CE5 CE12	63	3347

3.2 Tabelle A: Verzeichnis der gefährlichen Güter

gemäß Tabelle 1.10.3.1.2	§ 35b GGVSEB	UN-Nummer	Benennung und Beschreibung	Klasse	Klassifizierungscode	Verpackungsgruppe	Gefahrzettel	Sondervorschriften	Begrenzte und freigestellte Mengen		Verpackung Anweisungen	Verpackung Sondervorschriften	Verpackung Zusammenpackung
G..			3.1.2	2.2	2.2	2.1.1.3	5.2.2	3.3	3.4 / 3.5.1.2		4.1.4	4.1.4	4.1.10
		(1)	(2)	(3a)	(3b)	(4)	(5)	(6)	(7a)	(7b)	(8)	(9a)	(9b)
•			3347	PHENOXYESSIGSÄUREDERIVAT-PESTIZID, FLÜSSIG, GIFTIG, ENTZÜNDBAR, mit einem Flammpunkt von 23 °C oder darüber	6.1	TF2	III	6.1 + 3	61 274	5 l	E1	P001 IBC03 R001		MP19
•	G10	3348	PHENOXYESSIGSÄUREDERIVAT-PESTIZID, FLÜSSIG, GIFTIG	6.1	T6	I	6.1	61 274 648	0	E5	P001		MP8 MP17
		3348	PHENOXYESSIGSÄUREDERIVAT-PESTIZID, FLÜSSIG, GIFTIG	6.1	T6	II	6.1	61 274 648	100 ml	E4	P001 IBC02		MP15
		3348	PHENOXYESSIGSÄUREDERIVAT-PESTIZID, FLÜSSIG, GIFTIG	6.1	T6	III	6.1	61 274 648	5 l	E1	P001 IBC03 LP01 R001		MP19
•		3349	PYRETHROID-PESTIZID, FEST, GIFTIG	6.1	T7	I	6.1	61 274 648	0	E5	P002 IBC07		MP18
		3349	PYRETHROID-PESTIZID, FEST, GIFTIG	6.1	T7	II	6.1	61 274 648	500 g	E4	P002 IBC08	B4	MP10
		3349	PYRETHROID-PESTIZID, FEST, GIFTIG	6.1	T7	III	6.1	61 274 648	5 kg	E1	P002 IBC08 LP02 R001	B3	MP10
•		3350	PYRETHROID-PESTIZID, FLÜSSIG, ENTZÜNDBAR, GIFTIG, Flammpunkt unter 23 °C	3	FT2	I	3 + 6.1	61 274	0	E0	P001		MP7 MP17
•		3350	PYRETHROID-PESTIZID, FLÜSSIG, ENTZÜNDBAR, GIFTIG, Flammpunkt unter 23 °C	3	FT2	II	3 + 6.1	61 274	1 l	E2	P001 IBC02 R001		MP19
•	G10	3351	PYRETHROID-PESTIZID, FLÜSSIG, GIFTIG, ENTZÜNDBAR, mit einem Flammpunkt von 23 °C oder darüber	6.1	TF2	I	6.1 + 3	61 274	0	E5	P001		MP8 MP17
		3351	PYRETHROID-PESTIZID, FLÜSSIG, GIFTIG, ENTZÜNDBAR, mit einem Flammpunkt von 23 °C oder darüber	6.1	TF2	II	6.1 + 3	61 274	100 ml	E4	P001 IBC02		MP15
		3351	PYRETHROID-PESTIZID, FLÜSSIG, GIFTIG, ENTZÜNDBAR, mit einem Flammpunkt von 23 °C oder darüber	6.1	TF2	III	6.1 + 3	61 274	5 l	E1	P001 IBC03 R001		MP19
•	G10	3352	PYRETHROID-PESTIZID, FLÜSSIG, GIFTIG	6.1	T6	I	6.1	61 274 648	0	E5	P001		MP8 MP17
		3352	PYRETHROID-PESTIZID, FLÜSSIG, GIFTIG	6.1	T6	II	6.1	61 274 648	100 ml	E4	P001 IBC02		MP15

Tabelle A: Verzeichnis der gefährlichen Güter 3.2

ortsbewegliche Tanks und Schüttgut-Container Anweisungen	Sondervorschriften	Tankcodierungen für ADR/RID-Tanks	ADR Sondervorschriften für ADR-Tanks	ADR Fahrzeug für die Beförderung in Tanks	ADR Beförderungskategorie (Tunnelbeschränkungscode)	ADR Sondervorschriften für die Beförderung Versandstücke	ADR lose Schüttung	ADR Be- und Entladung, Handhabung	ADR Betrieb	RID Sondervorschriften für RID-Tanks	RID Beförderungskategorie	RID Sondervorschriften für die Beförderung Versandstücke	RID lose Schüttung	RID Be- und Entladung, Handhabung	Expressgut	Nummer zur Kennzeichnung der Gefahr	UN-Nummer
4.2.5.2 7.3.2	4.2.5.3	4.3	4.3.5 6.8.4	9.1.1.2	1.1.3.6 (8.6)	7.2.4	7.3.3	7.5.11	8.5	4.3.5 6.8.4	1.1.3.1	7.2.4	7.3.3	7.5.11	7.6	5.3.2.3	(1)
(10)	(11)	(12)	(13)	(14)	(15)	(16)	(17)	(18)	(19)	(13)	(15)	(16)	(17)	(18)	(19)	(20)	(1)
T7	TP2 TP28	L4BH	TU15 TE19	FL	2 (D/E)	V12		CV13 CV28	S2 S9	TU15	2		W12	CW13 CW28 CW31	CE8 CE12	63	3347
T14	TP2 TP27	L10CH	TU14 TU15 TE19 TE21	AT	1 (C/E)			CV1 CV13 CV28	S9 S14	TU14 TU15 TU38 TE21 TE22	1			CW13 CW28 CW31	CE12	66	3348
T11	TP2 TP27	L4BH	TU15 TE19	AT	2 (D/E)			CV13 CV28	S9 S19	TU15	2			CW13 CW28 CW31	CE5 CE12	60	3348
T7	TP2 TP28	L4BH	TU15 TE19	AT	2 (E)	V12		CV13 CV28	S9	TU15	2		W12	CW13 CW28 CW31	CE8 CE12	60	3348
T6	TP33	S10AH L10CH	TU14 TU15 TE19 TE21	AT	1 (C/E)	V10		CV1 CV13 CV28	S9 S14	TU14 TU15 TU38 TE21 TE22	1		W10	CW13 CW28 CW31	CE12	66	3349
T3	TP33	SGAH L4BH	TU15 TE19	AT	2 (D/E)	V11		CV13 CV28	S9 S19	TU15	2		W11	CW13 CW28 CW31	CE9 CE12	60	3349
T1	TP33	SGAH L4BH	TU15 TE19	AT	2 (E)		VC1 VC2 AP7	CV13 CV28	S9	TU15	2		VC1 VC2 AP7	CW13 CW28 CW31	CE11 CE12	60	3349
T14	TP2 TP27	L10CH	TU14 TU15 TE19 TE21	FL	1 (C/E)			CV13 CV28	S2 S22	TU14 TU15 TU38 TE21 TE22	1			CW13 CW28		336	3350
T11	TP2 TP27	L4BH	TU15	FL	2 (D/E)			CV13 CV28	S2 S22	TU15	2			CW13 CW28	CE7	336	3350
T14	TP2 TP27	L10CH	TU14 TU15 TE19 TE21	FL	1 (C/E)			CV1 CV13 CV28	S2 S9 S14	TU14 TU15 TU38 TE21 TE22	1			CW13 CW28 CW31	CE12	663	3351
T11	TP2 TP27	L4BH	TU15 TE19	FL	2 (D/E)			CV13 CV28	S2 S9 S19	TU15	2			CW13 CW28 CW31	CE5 CE12	63	3351
T7	TP2 TP28	L4BH	TU15 TE19	FL	2 (D/E)	V12		CV13 CV28	S2 S9	TU15	2		W12	CW13 CW28 CW31	CE8 CE12	63	3351
T14	TP2 TP27	L10CH	TU14 TU15 TE19 TE21	AT	1 (C/E)			CV1 CV13 CV28	S9 S14	TU14 TU15 TU38 TE21 TE22	1			CW13 CW28 CW31	CE12	66	3352
T11	TP2 TP27	L4BH	TU15 TE19	AT	2 (D/E)			CV13 CV28	S9 S19	TU15	2			CW13 CW28 CW31	CE5 CE12	60	3352

3.2 Tabelle A: Verzeichnis der gefährlichen Güter

gemäß Tabelle 1.10.3.1.2	§ 35b GGVSEB	UN-Nummer	Benennung und Beschreibung	Klasse	Klassifizierungscode	Verpackungsgruppe	Gefahrzettel	Sondervorschriften	Begrenzte und freigestellte Mengen		Verpackung		
											Anweisungen	Sondervorschriften	Zusammenpackung
G..			3.1.2	2.2	2.2	2.1.1.3	5.2.2	3.3	3.4 / 3.5.1.2		4.1.4	4.1.4	4.1.10
(1)			(2)	(3a)	(3b)	(4)	(5)	(6)	(7a)	(7b)	(8)	(9a)	(9b)
•		3352	PYRETHROID-PESTIZID, FLÜSSIG, GIFTIG	6.1	T6	III	6.1	61 274 648	5 l	E1	P001 IBC03 LP01 R001		MP19
•	G2	3354	INSEKTENBEKÄMPFUNGSMITTEL, GASFÖRMIG, ENTZÜNDBAR, N.A.G.	2	2F		2.1	274 662 RID: (+13)	0	E0	P200		MP9
•	G3	3355	INSEKTENBEKÄMPFUNGSMITTEL, GASFÖRMIG, GIFTIG, ENTZÜNDBAR, N.A.G.	2	2TF		2.3 + 2.1 RID: (+13)	274	0	E0	P200		MP9
		3356	SAUERSTOFFGENERATOR, CHEMISCH	5.1	O3		5.1	284	0	E0	P500		MP2
•		3357	NITROGLYCERIN, GEMISCH, DESENSIBILISIERT, FLÜSSIG,N.A.G., mit höchstens 30 Masse-% Nitroglycerin	3	D	II	3	274 288	0	E0	P099		MP2
•		3358	KÄLTEMASCHINEN mit entzündbarem, nicht giftigem verflüssigtem Gas	2	6F		2.1	291	0	E0	P003	PP32	MP9
		3359	BEGASTE GÜTERBEFÖRDERUNGSEINHEIT (CTU)	9	M11			302					
		3360	Fasern, pflanzlichen Ursprungs, trocken	4.1	F1		UNTERLIEGT NICHT DEN VORSCHRIFTEN DES ADR / RID						
		3361	CHLORSILANE, GIFTIG, ÄTZEND, N.A.G.	6.1	TC1	II	6.1 + 8	274	0	E0	P010		MP15
		3362	CHLORSILANE, GIFTIG, ÄTZEND, ENTZÜNDBAR, N.A.G.	6.1	TFC	II	6.1 + 3 + 8	274	0	E0	P010		MP15
		3363	GEFÄHRLICHE GÜTER IN GEGENSTÄNDEN oder GEFÄHRLICHE GÜTER IN MASCHINEN oder GEFÄHRLICHE GÜTER IN GERÄTEN [▶ 1.6.1.46 bis 31.12.2022]	9	M11		9	301 672	0	E0	P907		
•	G6	3364	TRINITROPHENOL (PIKRINSÄURE), ANGEFEUCHTET mit mindestens 10 Masse-% Wasser	4.1	D	I	4.1		0	E0	P406	PP24	MP2
•	G6	3365	TRINITROCHLORBENZEN (PIKRYLCHLORID), ANGEFEUCHTET mit mindestens 10 Masse-% Wasser	4.1	D	I	4.1		0	E0	P406	PP24	MP2
•		3366	TRINITROTOLUEN (TNT), ANGEFEUCHTET mit mindestens 10 Masse-% Wasser	4.1	D	I	4.1		0	E0	P406	PP24	MP2
•	G6	3367	TRINITROBENZEN, ANGEFEUCHTET mit mindestens 10 Masse-% Wasser	4.1	D	I	4.1		0	E0	P406	PP24	MP2
•	G6	3368	TRINITROBENZOESÄURE, ANGEFEUCHTET mit mindestens 10 Masse-% Wasser	4.1	D	I	4.1		0	E0	P406	PP24	MP2

Tabelle A: Verzeichnis der gefährlichen Güter 3.2

Anweisungen	Sondervorschriften	Tankcodierungen für ADR/RID-Tanks	Sondervorschriften für ADR-Tanks	Fahrzeug für die Beförderung in Tanks	Beförderungskategorie (Tunnelbeschränkungscode)	Versandstücke	lose Schüttung	Be- und Entladung, Handhabung	Betrieb	Sondervorschriften für RID-Tanks	Beförderungskategorie	Versandstücke	lose Schüttung	Be- und Entladung, Handhabung	Expressgut	Nummer zur Kennzeichnung der Gefahr	UN-Nummer
ortsbewegliche Tanks und Schüttgut-Container					ADR	Sondervorschriften für die Beförderung					RID	Sondervorschriften für die Beförderung					
4.2.5.2 7.3.2	4.2.5.3	4.3	4.3.5 6.8.4	9.1.1.2	1.1.3.6 (8.6)	7.2.4	7.3.3	7.5.11	8.5	4.3.5 6.8.4	1.1.3.1	7.2.4	7.3.3	7.5.11	7.6	5.3.2.3	
(10)	(11)	(12)	(13)	(14)	(15)	(16)	(17)	(18)	(19)	(13)	(15)	(16)	(17)	(18)	(19)	(20)	(1)
T7	TP2 TP28	L4BH	TU15 TE19	AT	2 (E)	V12		CV13 CV28	S9	TU15	2			CW13 CW28 CW31	CE8 CE12	60	3352
(M)		PxBN(M)	TA4 TT9	FL	2 (B/D)			CV9 CV10 CV36	S2 S20	TU38 TE22 TM6 TA4 TT9	2			CW9 CW10 CW36	CE3	23	3354
(M)		PxBH(M)	TU6 TA4 TT9	FL	1 (B/D)			CV9 CV10 CV36	S2 S14	TU6 TU38 TE22 TE25 TM6 TA4 TT9	1			CW9 CW10 CW36		263	3355
					2 (E)			CV24			2			CW24		RID: 50	3356
					2 (B)				S2 S14		2				CE7	RID: 33	3357
					2 (D)			CV9	S2		2			CW9	CE2	RID: 23	3358
					– (–)						–						3359
					UNTERLIEGT NICHT DEN VORSCHRIFTEN DES ADR / RID												3360
T14	TP2 TP7 TP27	L4BH	TU15 TE19	AT	2 (D/E)			CV13 CV28	S9 S19	TU15	2			CW13 CW28 CW31	CE5	68	3361
T14	TP2 TP7 TP27	L4BH	TU15 TE19	FL	2 (D/E)			CV13 CV28	S2 S9 S19	TU15	2			CW13 CW28 CW31	CE5	638	3362
																	3363
					1 (B)				S14		1			W1		RID: 40	3364
					1 (B)				S14		1			W1		RID: 40	3365
					1 (B)				S14		1			W1		RID: 40	3366
					1 (B)				S14		1			W1		RID: 40	3367
					1 (B)				S14		1			W1		RID: 40	3368

3.2 Tabelle A: Verzeichnis der gefährlichen Güter

gemäß Tabelle 1.10.3.1.2 § 35b GGVSEB	UN-Nummer	Benennung und Beschreibung	Klasse	Klassifizierungscode	Verpackungsgruppe	Gefahrzettel	Sondervorschriften	Begrenzte und freigestellte Mengen		Verpackung Anweisungen	Verpackung Sondervorschriften	Verpackung Zusammenpackung
G..		3.1.2	2.2	2.2	2.1.1.3	5.2.2	3.3	3.4	3.5.1.2	4.1.4	4.1.4	4.1.10
(1)		(2)	(3a)	(3b)	(4)	(5)	(6)	(7a)	(7b)	(8)	(9a)	(9b)
•	3369	NATRIUMDINITROORTHOCRESOLAT, ANGEFEUCHTET mit mindestens 10 Masse-% Wasser	4.1	DT	I	4.1 + 6.1		0	E0	P406	PP24	MP2
•	3370	HARNSTOFFNITRAT, ANGEFEUCHTET mit mindestens 10 Masse-% Wasser	4.1	D	I	4.1		0	E0	P406	PP78	MP2
• G4	3371	2-METHYLBUTANAL	3	F1	II	3		1 l	E2	P001 IBC02 R001		MP19
	3373	BIOLOGISCHER STOFF, KATEGORIE B	6.2	I4		6.2	319	0	E0	P650		
	3373	BIOLOGISCHER STOFF, KATEGORIE B (nur tierische Stoffe)	6.2	I4		6.2	319	0	E0	P650		
	3374	ACETYLEN, LÖSUNGSMITTELFREI	2	2F		2.1	662	0	E0	P200		MP9
•	3375	AMMONIUMNITRAT-EMULSION oder AMMONIUMNITRAT-SUSPENSION oder AMMONIUMNITRAT-GEL, Zwischenprodukt für die Herstellung von Sprengstoffen, flüssig	5.1	O1	II	5.1	309	0	E2	P505 IBC02	B16	MP2
•	3375	AMMONIUMNITRAT-EMULSION oder AMMONIUMNITRAT-SUSPENSION oder AMMONIUMNITRAT-GEL, Zwischenprodukt für die Herstellung von Sprengstoffen, fest	5.1	O2	II	5.1	309	0	E2	P505 IBC02	B16	MP2
•	3376	4-NITROPHENYLHYDRAZIN, mit mindestens 30 Masse-% Wasser	4.1	D	I	4.1		0	E0	P406	PP26	MP2
	3377	NATRIUMPERBORAT-MONOHYDRAT	5.1	O2	III	5.1		5 kg	E1	P002 IBC08 LP02 R001	B3	MP10
	3378	NATRIUMCARBONAT-PEROXYHYDRAT	5.1	O2	II	5.1		1 kg	E2	P002 IBC08	B4	MP10
	3378	NATRIUMCARBONAT-PEROXYHYDRAT	5.1	O2	III	5.1		5 kg	E1	P002 IBC08 LP02 R001	B3	MP10
•	3379	DESENSIBILISIERTER EXPLOSIVER FLÜSSIGER STOFF, N.A.G.	3	D	I	3	274 311	0	E0	P099		MP2
•	3380	DESENSIBILISIERTER EXPLOSIVER FESTER STOFF, N.A.G.	4.1	D	I	4.1	274 311 394	0	E0	P099		MP2
• G10	3381	BEIM EINATMEN GIFTIGER FLÜSSIGER STOFF, N.A.G., mit einem LC_{50}-Wert von höchstens 200 ml/m³ und einer gesättigten Dampfkonzentration von mindestens 500 LC_{50}	6.1	T1 oder T4	I	6.1	274	0	E0	P601		MP8 MP17

Tabelle A: Verzeichnis der gefährlichen Güter 3.2

ortsbewegliche Tanks und Schüttgut-Container		Tankcodierungen für ADR/RID-Tanks	Sondervorschriften für ADR-Tanks	Fahrzeug für die Beförderung in Tanks	ADR Beförderungskategorie (Tunnelbeschränkungs-code)	ADR Sondervorschriften für die Beförderung			Betrieb	Sondervorschriften für RID-Tanks	RID Beförderungskategorie	RID Sondervorschriften für die Beförderung			Expressgut	Nummer zur Kennzeichnung der Gefahr	UN-Nummer
Anweisungen	Sondervorschriften					Versandstücke	lose Schüttung	Be- und Entladung, Handhabung				Versandstücke	lose Schüttung	Be- und Entladung, Handhabung			
4.2.5.2 7.3.2	4.2.5.3	4.3	4.3.5 6.8.4	9.1.1.2	1.1.3.6 (8.6)	7.2.4	7.3.3	7.5.11	8.5	4.3.5 6.8.4	1.1.3.1	7.2.4	7.3.3	7.5.11	7.6	5.3.2.3	(1)
(10)	(11)	(12)	(13)	(14)	(15)	(16)	(17)	(18)	(19)	(13)	(15)	(16)	(17)	(18)	(19)	(20)	(1)
					1 (B)			CV13 CV28	S14		1			CW13 CW28		RID: 46	3369
					1 (B)				S14		1			W1		RID: 40	3370
T4	TP1	LGBF		FL	2 (D/E)				S2 S20		2				CE7	33	3371
T1	TP1	L4BH	TU15 TU37 TE19	AT	– (–)				S3	TU15 TU37	–				CE14	606	3373
T1 BK1 BK2	TP1	L4BH	TU15 TU37 TE19	AT	– (–)				S3	TU15 TU37	–				CE14	606	3373
					2 (D)			CV9 CV10 CV36	S2 S20		2			CW9 CW10 CW36	CE3	RID: 239	3374
T1	TP1 TP9 TP17 TP32	LGAV(+)	TU3 TU12 TU39 TE10 TE23 TA1 TA3	AT	2 (E)			CV24	S9 S23	TU3 TU12 TU39 TE10 TE23 TA1 TA3	2			CW24		50	3375
T1	TP1 TP9 TP17 TP32	SGAV(+)	TU3 TU12 TU39 TE10 TE23 TA1 TA3	AT	2 (E)			CV24	S9 S23	TU3 TU12 TU39 TE10 TE23 TA1 TA3	2			CW24		50	3375
					1 (B)	V1			S14		1			W1	CE10	RID: 40	3376
T1 BK1 BK2 BK3	TP33	SGAV	TU3	AT	3 (E)		VC1 VC2 AP6 AP7	CV24		TU3	3		VC1 VC2 AP6 AP7	CW24	CE11	50	3377
T3 BK1 BK2	TP33	SGAV	TU3	AT	2 (E)	V11	VC1 VC2 AP6 AP7	CV24		TU3	2	W11	VC1 VC2 AP6 AP7	CW24	CE10	50	3378
T1 BK1 BK2 BK3	TP33	SGAV	TU3	AT	3 (E)		VC1 VC2 AP6 AP7	CV24		TU3	3		VC1 VC2 AP6 AP7	CW24	CE11	50	3378
					1 (B)				S2 S14		1					RID: 33	3379
					1 (B)				S14		1			W1		RID: 40	3380
T22	TP2	L15CH	TU14 TU15 TE19 TE21	AT	1 (C/D)			CV1 CV13 CV28	S9 S14	TU14 TU15 TU38 TE21 TE22 TE25	1			CW13 CW28 CW31		66	3381

3.2 Tabelle A: Verzeichnis der gefährlichen Güter

gemäß Tabelle 1.10.3.1.2	§ 35b GGVSEB	UN-Nummer	Benennung und Beschreibung	Klasse	Klassifizierungscode	Verpackungsgruppe	Gefahrzettel	Sondervorschriften	Begrenzte und freigestellte Mengen		Verpackung Anweisungen	Verpackung Sondervorschriften	Verpackung Zusammenpackung
G..			3.1.2	2.2	2.2	2.1.1.3	5.2.2	3.3	3.4 / 3.5.1.2		4.1.4	4.1.4	4.1.10
(1)			(2)	(3a)	(3b)	(4)	(5)	(6)	(7a)	(7b)	(8)	(9a)	(9b)
●	G10	3382	BEIM EINATMEN GIFTIGER FLÜSSIGER STOFF, N.A.G., mit einem LC$_{50}$-Wert von höchstens 1 000 ml/m³ und einer gesättigten Dampfkonzentration von mindestens 10 LC$_{50}$	6.1	T1 oder T4	I	6.1	274	0	E0	P602		MP8 MP17
●	G10	3383	BEIM EINATMEN GIFTIGER FLÜSSIGER STOFF, ENTZÜNDBAR, N.A.G., mit einem LC$_{50}$-Wert von höchstens 200 ml/m³ und einer gesättigten Dampfkonzentration von mindestens 500 LC$_{50}$	6.1	TF1	I	6.1 + 3	274	0	E0	P601		MP8 MP17
●	G10	3384	BEIM EINATMEN GIFTIGER FLÜSSIGER STOFF, ENTZÜNDBAR, N.A.G., mit einem LC$_{50}$-Wert von höchstens 1 000 ml/m³ und einer gesättigten Dampfkonzentration von mindestens 10 LC$_{50}$	6.1	TF1	I	6.1 + 3	274	0	E0	P602		MP8 MP17
●	G10	3385	BEIM EINATMEN GIFTIGER FLÜSSIGER STOFF, MIT WASSER REAGIEREND, N.A.G., mit einem LC$_{50}$-Wert von höchstens 200 ml/m³ und einer gesättigten Dampfkonzentration von mindestens 500 LC$_{50}$	6.1	TW1	I	6.1 + 4.3	274	0	E0	P601		MP8 MP17
●	G10	3386	BEIM EINATMEN GIFTIGER FLÜSSIGER STOFF, MIT WASSER REAGIEREND, N.A.G., mit einem LC$_{50}$-Wert von höchstens 1 000 ml/m³ und einer gesättigten Dampfkonzentration von mindestens 10 LC$_{50}$	6.1	TW1	I	6.1 + 4.3	274	0	E0	P602		MP8 MP17
●	G10	3387	BEIM EINATMEN GIFTIGER FLÜSSIGER STOFF, ENTZÜNDEND (OXIDIEREND) WIRKEND, N.A.G., mit einem LC$_{50}$-Wert von höchstens 200 ml/m³ und einer gesättigten Dampfkonzentration von mindestens 500 LC$_{50}$	6.1	TO1	I	6.1 + 5.1	274	0	E0	P601		MP8 MP17
●	G10	3388	BEIM EINATMEN GIFTIGER FLÜSSIGER STOFF, ENTZÜNDEND (OXIDIEREND) WIRKEND, N.A.G., mit einem LC$_{50}$-Wert von höchstens 1 000 ml/m³ und einer gesättigten Dampfkonzentration von mindestens 10 LC$_{50}$	6.1	TO1	I	6.1 + 5.1	274	0	E0	P602		MP8 MP17
●	G10	3389	BEIM EINATMEN GIFTIGER FLÜSSIGER STOFF, ÄTZEND, N.A.G., mit einem LC$_{50}$-Wert von höchstens 200 ml/m³ und einer gesättigten Dampfkonzentration von mindestens 500 LC$_{50}$	6.1	TC1 oder TC3	I	6.1 + 8	274	0	E0	P601		MP8 MP17
●	G10	3390	BEIM EINATMEN GIFTIGER FLÜSSIGER STOFF, ÄTZEND, N.A.G., mit einem LC$_{50}$-Wert von höchstens 1 000 ml/m³ und einer gesättigten Dampfkonzentration von mindestens 10 LC$_{50}$	6.1	TC1 oder TC3	I	6.1 + 8	274	0	E0	P602		MP8 MP17
●		3391	PYROPHORER METALLORGANISCHER FESTER STOFF	4.2	S5	I	4.2	274	0	E0	P404	PP86	MP2

Tabelle A: Verzeichnis der gefährlichen Güter 3.2

ortsbewegliche Tanks und Schüttgut-Container	Sondervorschriften	Tankcodierungen für ADR/RID-Tanks	ADR							RID						Expressgut	Nummer zur Kennzeichnung der Gefahr	UN-Nummer
			Sondervorschriften für ADR-Tanks	Fahrzeug für die Beförderung in Tanks	Beförderungs-kategorie (Tunnel-beschränkungs-code)	Sondervorschriften für die Beförderung				Sondervorschriften für RID-Tanks	Beförderungs-kategorie	Sondervorschriften für die Beförderung						
Anweisungen	Sondervorschriften					Versandstücke	lose Schüttung	Be- und Entladung, Handhabung	Betrieb			Versandstücke	lose Schüttung	Be- und Entladung, Handhabung				
4.2.5.2 7.3.2	4.2.5.3	4.3	4.3.5 6.8.4	9.1.1.2	1.1.3.6 (8.6)	7.2.4	7.3.3	7.5.11	8.5	4.3.5 6.8.4	1.1.3.1	7.2.4	7.3.3	7.5.11	7.6	5.3.2.3	(1)
(10)	(11)	(12)	(13)	(14)	(15)	(16)	(17)	(18)	(19)	(13)	(15)	(16)	(17)	(18)	(19)	(20)	(1)
T20	TP2	L10CH	TU14 TU15 TE19 TE21	AT	1 (C/D)			CV1 CV13 CV28	S9 S14	TU14 TU15 TU38 TE21 TE22	1			CW13 CW28 CW31		66	3382
T22	TP2	L15CH	TU14 TU15 TE19 TE21	FL	1 (C/D)			CV1 CV13 CV28	S2 S9 S14	TU14 TU15 TU38 TE21 TE22 TE25	1			CW13 CW28 CW31		663	3383
T20	TP2	L10CH	TU14 TU15 TE19 TE21	FL	1 (C/D)			CV1 CV13 CV28	S2 S9 S14	TU14 TU15 TU38 TE21 TE22	1			CW13 CW28 CW31		663	3384
T22	TP2	L15CH	TU14 TU15 TE19 TE21	AT	1 (C/D)			CV1 CV13 CV28	S9 S14	TU14 TU15 TU38 TE21 TE22 TE25	1			CW13 CW28 CW31		623	3385
T20	TP2	L10CH	TU14 TU15 TE19 TE21	AT	1 (C/D)			CV1 CV13 CV28	S9 S14	TU14 TU15 TU38 TE21 TE22	1			CW13 CW28 CW31		623	3386
T22	TP2	L15CH	TU14 TU15 TE19 TE21	AT	1 (C/D)			CV1 CV13 CV28	S9 S14	TU14 TU15 TU38 TE21 TE22 TE25	1			CW13 CW28 CW31		665	3387
T20	TP2	L10CH	TU14 TU15 TE19 TE21	AT	1 (C/D)			CV1 CV13 CV28	S9 S14	TU14 TU15 TU38 TE21 TE22	1			CW13 CW28 CW31		665	3388
T22	TP2	L15CH	TU14 TU15 TE19 TE21	AT	1 (C/D)			CV1 CV13 CV28	S9 S14	TU14 TU15 TU38 TE21 TE22 TE25	1			CW13 CW28 CW31		668	3389
T20	TP2	L10CH	TU14 TU15 TE19 TE21	AT	1 (C/D)			CV1 CV13 CV28	S9 S14	TU14 TU15 TU38 TE21 TE22	1			CW13 CW28 CW31		668	3390
T21	TP7 TP33 TP36	L21DH	TU4 TU14 TU22 TC1 TE21 TM1	AT	0 (B/E)	V1			S20	TU4 TU14 TU22 TU38 TC1 TE21 TE22 TE25 TM1	0	W1				43	3391

3.2 Tabelle A: Verzeichnis der gefährlichen Güter

gemäß Tabelle 1.10.3.1.2 § 35b GGVSEB	UN-Nummer	Benennung und Beschreibung	Klasse	Klassifizierungscode	Verpackungsgruppe	Gefahrzettel	Sondervorschriften	Begrenzte und freigestellte Mengen		Verpackung		
										Anweisungen	Sondervorschriften	Zusammenpackung
G..		3.1.2	2.2	2.2	2.1.1.3	5.2.2	3.3	3.4 / 3.5.1.2		4.1.4	4.1.4	4.1.10
(1)		(2)	(3a)	(3b)	(4)	(5)	(6)	(7a)	(7b)	(8)	(9a)	(9b)
•	3392	PYROPHORER METALLORGANISCHER FLÜSSIGER STOFF	4.2	S5	I	4.2	274	0	E0	P400	PP86	MP2
•	3393	PYROPHORER METALLORGANISCHER FESTER STOFF, MIT WASSER REAGIEREND	4.2	SW	I	4.2 + 4.3	274	0	E0	P404	PP86	MP2
• G7	3394	PYROPHORER METALLORGANISCHER FLÜSSIGER STOFF, MIT WASSER REAGIEREND	4.2	SW	I	4.2 + 4.3	274	0	E0	P400	PP86	MP2
•	3395	MIT WASSER REAGIERENDER METALLORGANISCHER FESTER STOFF	4.3	W2	I	4.3	274	0	E0	P403		MP2
	3395	MIT WASSER REAGIERENDER METALLORGANISCHER FESTER STOFF	4.3	W2	II	4.3	274	500 g	E2	P410 IBC04		MP14
	3395	MIT WASSER REAGIERENDER METALLORGANISCHER FESTER STOFF	4.3	W2	III	4.3	274	1 kg	E1	P410 IBC06		MP14
•	3396	MIT WASSER REAGIERENDER METALLORGANISCHER FESTER STOFF, ENTZÜNDBAR	4.3	WF2	I	4.3 + 4.1	274	0	E0	P403		MP2
	3396	MIT WASSER REAGIERENDER METALLORGANISCHER FESTER STOFF, ENTZÜNDBAR	4.3	WF2	II	4.3 + 4.1	274	500 g	E2	P410 IBC04		MP14
	3396	MIT WASSER REAGIERENDER METALLORGANISCHER FESTER STOFF, ENTZÜNDBAR	4.3	WF2	III	4.3 + 4.1	274	1 kg	E1	P410 IBC06		MP14
•	3397	MIT WASSER REAGIERENDER METALLORGANISCHER FESTER STOFF, SELBSTERHITZUNGSFÄHIG	4.3	WS	I	4.3 + 4.2	274	0	E0	P403		MP2

Tabelle A: Verzeichnis der gefährlichen Güter 3.2

ortsbewegliche Tanks und Schüttgut-Container			ADR							RID							
Anweisungen	Sondervorschriften	Tankcodierungen für ADR/RID-Tanks	Sondervorschriften für ADR-Tanks	Fahrzeug für die Beförderung in Tanks	Beförderungskategorie (Tunnelbeschränkungscode)	Versandstücke	lose Schüttung	Be- und Entladung, Handhabung	Betrieb	Sondervorschriften für RID-Tanks	Beförderungskategorie	Versandstücke	lose Schüttung	Be- und Entladung, Handhabung	Expressgut	Nummer zur Kennzeichnung der Gefahr	UN-Nummer
4.2.5.2 7.3.2	4.2.5.3	4.3	4.3.5 6.8.4	9.1.1.2	1.1.3.2 (8.6)	7.2.4	7.3.3	7.5.11	8.5	4.3.5 6.8.4	1.1.3.1	7.2.4	7.3.3	7.5.11	7.6	5.3.2.3	
(10)	(11)	(12)	(13)	(14)	(15)	(16)	(17)	(18)	(19)	(13)	(15)	(16)	(17)	(18)	(19)	(20)	(1)
T21	TP2 TP7 TP36	L21DH	TU4 TU14 TU22 TC1 TE21 TM1	AT	0 (B/E)	V1			S20	TU4 TU14 TU22 TU38 TC1 TE21 TE22 TE25 TM1	0	W1				333	3392
T21	TP7 TP33 TP36 TP41	L21DH	TU4 TU14 TU22 TC1 TE21 TM1	AT	0 (B/E)	V1			S20	TU4 TU14 TU22 TU38 TC1 TE21 TE22 TE25 TM1	0	W1				X432	3393
T21	TP2 TP7 TP36 TP41	L21DH	TU4 TU14 TU22 TC1 TE21 TM1	AT	0 (B/E)	V1			S20	TU4 TU14 TU22 TU38 TC1 TE21 TE22 TE25 TM1	0	W1				X333	3394
T9	TP7 TP33 TP36 TP41	S10AN L10DH	TU4 TU14 TU22 TE21 TM2	AT	1 (B/E)	V1		CV23	S20	TU4 TU14 TU22 TU38 TE21 TE22 TM2	1	W1		CW23		X423	3395
T3	TP33 TP36 TP41	SGAN L4DH	TU14 TE21 TM2	AT	2 (D/E)	V1		CV23		TU14 TE21 TM2	2	W1		CW23	CE10	423	3395
T1	TP33 TP36 TP41	SGAN L4DH	TU14 TE21 TM2	AT	3 (E)	V1		CV23		TU14 TE21 TM2	3	W1		CW23	CE11	423	3395
T9	TP7 TP33 TP36 TP41	S10AN L10DH	TU4 TU14 TU22 TE21 TM2	AT	0 (B/E)	V1		CV23	S20	TU4 TU14 TU22 TU38 TC1 TE21 TE22 TM1	0	W1		CW23		X423	3396
T3	TP33 TP36 TP41	SGAN L4DH	TU14 TE21 TM2	AT	0 (D/E)	V1		CV23		TU14 TE21 TM2	0	W1		CW23	CE10	423	3396
T1	TP33 TP36 TP41	SGAN L4DH	TU14 TE21 TM2	AT	0 (E)	V1		CV23		TU14 TE21 TM2	0	W1		CW23	CE11	423	3396
T9	TP7 TP33 TP36 TP41	S10AN L10DH	TU14 TE21 TM2	AT	1 (B/E)	V1		CV23	S20	TU14 TU38 TE21 TE22 TM2	1	W1		CW23		X423	3397

3.2 Tabelle A: Verzeichnis der gefährlichen Güter

gemäß Tabelle 1.10.3.1.2	§ 35b GGVSEB	UN-Nummer	Benennung und Beschreibung	Klasse	Klassifizierungscode	Verpackungsgruppe	Gefahrzettel	Sondervorschriften	Begrenzte und freigestellte Mengen		Verpackung		
											Anweisungen	Sondervorschriften	Zusammenpackung
G..			3.1.2	2.2	2.2	2.1.1.3	5.2.2	3.3	3.4 / 3.5.1.2		4.1.4	4.1.4	4.1.10
(1)			(2)	(3a)	(3b)	(4)	(5)	(6)	(7a)	(7b)	(8)	(9a)	(9b)
		3397	MIT WASSER REAGIERENDER METALLORGANISCHER FESTER STOFF, SELBSTERHITZUNGSFÄHIG	4.3	WS	II	4.3 + 4.2	274	500 g	E2	P410 IBC04		MP14
		3397	MIT WASSER REAGIERENDER METALLORGANISCHER FESTER STOFF, SELBSTERHITZUNGSFÄHIG	4.3	WS	III	4.3 + 4.2	274	1 kg	E1	P410 IBC06		MP14
•		3398	MIT WASSER REAGIERENDER METALLORGANISCHER FLÜSSIGER STOFF	4.3	W1	I	4.3	274	0	E0	P402		MP2
		3398	MIT WASSER REAGIERENDER METALLORGANISCHER FLÜSSIGER STOFF	4.3	W1	II	4.3	274	500 ml	E2	P001 IBC01		MP15
		3398	MIT WASSER REAGIERENDER METALLORGANISCHER FLÜSSIGER STOFF	4.3	W1	III	4.3	274	1 l	E1	P001 IBC02		MP15
•	G8	3399	MIT WASSER REAGIERENDER METALLORGANISCHER FLÜSSIGER STOFF, ENTZÜNDBAR	4.3	WF1	I	4.3 + 3	274	0	E0	P402		MP2
	G8	3399	MIT WASSER REAGIERENDER METALLORGANISCHER FLÜSSIGER STOFF, ENTZÜNDBAR	4.3	WF1	II	4.3 + 3	274	500 ml	E2	P001 IBC01		MP15
	G8	3399	MIT WASSER REAGIERENDER METALLORGANISCHER FLÜSSIGER STOFF, ENTZÜNDBAR	4.3	WF1	III	4.3 + 3	274	1 l	E1	P001 IBC02 R001		MP15
		3400	SELBSTERHITZUNGSFÄHIGER METALLORGANISCHER FESTER STOFF	4.2	S5	II	4.2	274	500 g	E2	P410 IBC06		MP14
		3400	SELBSTERHITZUNGSFÄHIGER METALLORGANISCHER FESTER STOFF	4.2	S5	III	4.2	274	1 kg	E1	P002 IBC08		MP14
•		3401	ALKALIMETALLAMALGAM, FEST	4.3	W2	I	4.3	182	0	E0	P403		MP2
•		3402	ERDALKALIMETALLAMALGAM, FEST	4.3	W2	I	4.3	183 506	0	E0	P403		MP2
•		3403	KALIUMMETALLLEGIERUNGEN, FEST	4.3	W2	I	4.3		0	E0	P403		MP2

Tabelle A: Verzeichnis der gefährlichen Güter 3.2

ortsbewegliche Tanks und Schüttgut-Container	Sondervorschriften	Tankcodierungen für ADR/RID-Tanks	Sondervorschriften für ADR-Tanks	Fahrzeug für die Beförderung in Tanks	ADR Beförderungskategorie (Tunnelbeschränkungscode)	Sondervorschriften für die Beförderung Versandstücke		lose Schüttung	Be- und Entladung, Handhabung	Betrieb	Sondervorschriften für RID-Tanks	RID Beförderungskategorie	Sondervorschriften für die Beförderung Versandstücke	lose Schüttung	Be- und Entladung, Handhabung	Expressgut	Nummer zur Kennzeichnung der Gefahr	UN-Nummer
Anweisungen 4.2.5.2 7.3.2	Sondervorschriften 4.2.5.3	4.3	4.3.5 6.8.4	9.1.1.2	1.1.3.6 (8.6)	7.2.4	7.3.3		7.5.11	8.5	4.3.5 6.8.4	1.1.3.1	7.2.4	7.3.3	7.5.11	7.6	5.3.2.3	
(10)	(11)	(12)	(13)	(14)	(15)	(16)	(17)		(18)	(19)	(13)	(15)	(16)	(17)	(18)	(19)	(20)	(1)
T3	TP33 TP36 TP41	SGAN L4DH		AT	2 (D/E)	V1			CV23			2	W1		CW23		CE10	423	3397
T1	TP33 TP36 TP41	SGAN L4DH		AT	3 (E)	V1			CV23			3	W1		CW23		CE11	423	3397
T13	TP2 TP7 TP36 TP41	L10DH	TU4 TU14 TU22 TE21 TM2	AT	0 (B/E)	V1			CV23	S20	TU4 TU14 TU22 TU38 TE21 TE22 TM1	0	W1		CW23		X323	3398
T7	TP2 TP7 TP36 TP41	L4DH	TU14 TE21 TM2	AT	0 (D/E)	V1			CV23		TU14 TE21 TM2	0	W1		CW23		CE7	323	3398
T7	TP2 TP7 TP36 TP41	L4DH	TU14 TE21 TM2	AT	0 (E)	V1			CV23		TU14 TE21 TM2	0	W1		CW23		CE8	323	3398
T13	TP2 TP7 TP36 TP41	L10DH	TU4 TU14 TU22 TE21 TM2	FL	0 (B/E)	V1			CV23	S2 S20	TU4 TU14 TU22 TU38 TE21 TE22 TM2	0	W1		CW23		X323	3399
T7	TP2 TP7 TP36 TP41	L4DH	TU4 TU14 TU22 TE21 TM2	FL	0 (D/E)	V1			CV23	S2	TU4 TU14 TU22 TE21 TM2	0	W1		CW23		CE7	323	3399
T7	TP2 TP7 TP36 TP41	L4DH	TU14 TE21 TM2	FL	0 (E)	V1			CV23	S2	TU14 TE21 TM2	0	W1		CW23		CE8	323	3399
T3	TP33 TP36	SGAN L4BN		AT	2 (D/E)	V1						2	W1				CE10	40	3400
T1	TP33 TP36	SGAN L4BN		AT	3 (E)	V1						3	W1				CE11	40	3400
T9	TP7 TP33	L10BN(+)	TU1 TE5 TT3 TM2	AT	1 (B/E)	V1			CV23	S20	TU1 TE5 TT3 TM2	1	W1		CW23			X423	3401
T9	TP7 TP33	L10BN(+)	TU1 TE5 TT3 TM2	AT	1 (B/E)	V1			CV23	S20	TU1 TE5 TT3 TM2	1	W1		CW23			X423	3402
T9	TP7 TP33	L10BN(+)	TU1 TE5 TT3 TM2	AT	1 (B/E)	V1			CV23	S20	TU1 TE5 TT3 TM2	1	W1		CW23			X423	3403

3.2 Tabelle A: Verzeichnis der gefährlichen Güter

gemäß Tabelle 1.10.3.1.2 § 35b GGVSEB	UN-Nummer	Benennung und Beschreibung	Klasse	Klassifizierungscode	Verpackungsgruppe	Gefahrzettel	Sondervorschriften	Begrenzte und freigestellte Mengen	Verpackung Anweisungen	Verpackung Sondervorschriften	Verpackung Zusammenpackung
G..	3.1.2	3.1.2	2.2	2.2	2.1.1.3	5.2.2	3.3	3.4 / 3.5.1.2	4.1.4	4.1.4	4.1.10
(1)	(2)	(2)	(3a)	(3b)	(4)	(5)	(6)	(7a)	(7b)	(8)	(9a)	(9b)
•	3404	KALIUM-NATRIUM-LEGIERUNGEN, FEST	4.3	W2	I	4.3		0	E0	P403		MP2
	3405	BARIUMCHLORAT, LÖSUNG	5.1	OT1	II	5.1 + 6.1		1 l	E2	P504 IBC02		MP2
	3405	BARIUMCHLORAT, LÖSUNG	5.1	OT1	III	5.1 + 6.1		5 l	E1	P001 IBC02		MP2
•	3406	BARIUMPERCHLORAT, LÖSUNG	5.1	OT1	II	5.1 + 6.1		1 l	E2	P504 IBC02		MP2
•	3406	BARIUMPERCHLORAT, LÖSUNG	5.1	OT1	III	5.1 + 6.1		5 l	E1	P001 IBC02		MP2
	3407	CHLORAT UND MAGNESIUMCHLORID, MISCHUNG, LÖSUNG	5.1	O1	II	5.1		1 l	E2	P504 IBC02		MP2
	3407	CHLORAT UND MAGNESIUMCHLORID, MISCHUNG, LÖSUNG	5.1	O1	III	5.1		5 l	E1	P504 IBC02		MP2
	3408	BLEIPERCHLORAT, LÖSUNG	5.1	OT1	II	5.1 + 6.1		1 l	E2	P504 IBC02		MP2
	3408	BLEIPERCHLORAT, LÖSUNG	5.1	OT1	III	5.1 + 6.1		5 l	E1	P001 IBC02		MP2
	3409	CHLORNITROBENZENE, FLÜSSIG	6.1	T1	II	6.1	279	100 ml	E4	P001 IBC02		MP15
	3410	4-CHLOR-o-TOLUIDIN-HYDROCHLORID, LÖSUNG	6.1	T1	III	6.1		5 l	E1	P001 IBC03 R001		MP19
	3411	beta-NAPHTHYLAMIN, LÖSUNG	6.1	T1	II	6.1		100 ml	E4	P001 IBC02		MP15
	3411	beta-NAPHTHYLAMIN, LÖSUNG	6.1	T1	III	6.1		5 l	E1	P001 IBC02		MP19
	3412	AMEISENSÄURE mit mindestens 10 Masse-%, aber höchstens 85 Masse-% Säure	8	C3	II	8		1 l	E2	P001 IBC02		MP15
	3412	AMEISENSÄURE mit mindestens 5 Masse-%, aber weniger als 10 Masse-% Säure	8	C3	III	8		5 l	E1	P001 IBC03 LP01 R001		MP19
• G10	3413	KALIUMCYANID, LÖSUNG	6.1	T4	I	6.1		0	E5	P001		MP8 MP17
	3413	KALIUMCYANID, LÖSUNG	6.1	T4	II	6.1		100 ml	E4	P001 IBC02		MP15
	3413	KALIUMCYANID, LÖSUNG	6.1	T4	III	6.1		5 l	E1	P001 IBC03 LP01 R001		MP19

Tabelle A: Verzeichnis der gefährlichen Güter 3.2

ortsbewegliche Tanks und Schüttgut-Container				ADR							RID						Expressgut	Nummer zur Kennzeichnung der Gefahr	UN-Nummer
Anweisungen	Sondervorschriften	Tankcodierungen für ADR/RID-Tanks	Sondervorschriften für ADR-Tanks	Fahrzeug für die Beförderung in Tanks	Beförderungskategorie (Tunnelbeschränkungscode)	Sondervorschriften für die Beförderung					Sondervorschriften für RID-Tanks	Beförderungskategorie	Sondervorschriften für die Beförderung						
						Versandstücke	lose Schüttung	Be- und Entladung, Handhabung	Betrieb				Versandstücke	lose Schüttung	Be- und Entladung, Handhabung				
4.2.5.2 7.3.2	4.2.5.3	4.3	4.3.5 6.8.4	9.1.1.2	1.1.3.6 (8.6)	7.2.4	7.3.3	7.5.11	8.5		4.3.5 6.8.4	1.1.3.1	7.2.4	7.3.3	7.5.11	7.6	5.3.2.3	(1)
(10)	(11)	(12)	(13)	(14)	(15)	(16)	(17)	(18)	(19)		(13)	(15)	(16)	(17)	(18)	(19)	(20)	(1)
T9	TP7 TP33	L10BN(+)	TU1 TE5 TT3 TM2	AT	1 (B/E)	V1		CV23	S20		TU1 TE5 TT3 TM2	1		W1	CW23		X423	3404
T4	TP1	L4BN	TU3	AT	2 (E)			CV24 CV28			TU3	2			CW24 CW28	CE6	56	3405
T4	TP1	LGBV	TU3	AT	3 (E)			CV24 CV28			TU3	2			CW24 CW28	CE8	56	3405
T4	TP1	L4BN	TU3	AT	2 (E)			CV24 CV28			TU3	2			CW24 CW28	CE6	56	3406
T4	TP1	LGBV	TU3	AT	3 (E)			CV24 CV28			TU3	3			CW24 CW28	CE8	56	3406
T4	TP1	L4BN	TU3	AT	2 (E)			CV24			TU3	2			CW24	CE6	50	3407
T4	TP1	LGBV	TU3	AT	3 (E)			CV24			TU3	3			CW24	CE8	50	3407
T4	TP1	L4BN	TU3	AT	2 (E)			CV24 CV28			TU3	2			CW24 CW28	CE6	56	3408
T4	TP1	LGBV	TU3	AT	3 (E)			CV24 CV28			TU3	3			CW24 CW28	CE8	56	3408
T7	TP2	L4BH	TU15 TE19	AT	2 (D/E)			CV13 CV28	S9 S19		TU15	2			CW13 CW28 CW31	CE5	60	3409
T4	TP1	L4BH	TU15 TE19	AT	2 (E)	V12		CV13 CV28	S9		TU15	2	W12		CW13 CW28 CW31	CE8	60	3410
T7	TP2	L4BH	TU15 TE19	AT	2 (D/E)			CV13 CV28	S9 S19		TU15	2			CW13 CW28 CW31	CE5	60	3411
T7	TP2	L4BH	TU15 TE19	AT	2 (E)			CV13 CV28	S9		TU15	2			CW13 CW28 CW31	CE8	60	3411
T7	TP2	L4BN		AT	2 (E)							2				CE6	80	3412
T4	TP1	L4BN		AT	3 (E)	V12						3	W12			CE8	80	3412
T14	TP2	L10CH	TU14 TU15 TE19 TE21	AT	1 (C/E)			CV1 CV13 CV28	S9 S14		TU14 TU15 TU38 TE21 TE22	1			CW13 CW28 CW31		66	3413
T11	TP2 TP27	L4BH	TU15 TE19	AT	2 (D/E)			CV13 CV28	S9 S19		TU15	2			CW13 CW28 CW31	CE5	60	3413
T7	TP2 TP28	L4BH	TU15 TE19	AT	2 (E)	V12		CV13 CV28	S9		TU15	2	W12		CW13 CW28 CW31	CE8	60	3413

3.2 Tabelle A: Verzeichnis der gefährlichen Güter

gemäß Tabelle 1.10.3.1.2 § 35b GGVSEB	UN-Nummer	Benennung und Beschreibung	Klasse	Klassifizierungscode	Verpackungsgruppe	Gefahrzettel	Sondervorschriften	Begrenzte und freigestellte Mengen		Verpackung Anweisungen	Verpackung Sondervorschriften	Verpackung Zusammenpackung
G..		3.1.2	2.2	2.2	2.1.1.3	5.2.2	3.3	3.4 / 3.5.1.2		4.1.4	4.1.4	4.1.10
(1)		(2)	(3a)	(3b)	(4)	(5)	(6)	(7a)	(7b)	(8)	(9a)	(9b)
G10	3414	NATRIUMCYANID, LÖSUNG	6.1	T4	I	6.1		0	E5	P001		MP8 MP17
	3414	NATRIUMCYANID, LÖSUNG	6.1	T4	II	6.1		100 ml	E4	P001 IBC02		MP15
	3414	NATRIUMCYANID, LÖSUNG	6.1	T4	III	6.1		5 l	E1	P001 IBC03 LP01 R001		MP19
	3415	NATRIUMFLUORID, LÖSUNG	6.1	T4	III	6.1		5 l	E1	P001 IBC03 LP01 R001		MP19
	3416	CHLORACETOPHENON, FLÜSSIG	6.1	T1	II	6.1		0	E0	P001 IBC02		MP15
	3417	XYLYLBROMID, FEST	6.1	T2	II	6.1		0	E4	P002 IBC08	B4	MP10
	3418	2,4-TOLUYLENDIAMIN, LÖSUNG	6.1	T1	III	6.1		5 l	E1	P001 IBC03 LP01 R001		MP19
	3419	BORTRIFLUORID-ESSIGSÄURE-KOMPLEX, FEST	8	C4	II	8		1 kg	E2	P002 IBC08	B4	MP10
	3420	BORTRIFLUORID-PROPIONSÄURE-KOMPLEX, FEST	8	C4	II	8		1 kg	E2	P002 IBC08	B4	MP10
	3421	KALIUMHYDROGENDIFLUORID, LÖSUNG	8	CT1	II	8 + 6.1		1 l	E2	P001 IBC02		MP15
	3421	KALIUMHYDROGENDIFLUORID, LÖSUNG	8	CT1	III	8 + 6.1		5 l	E1	P001 IBC03 R001		MP19
	3422	KALIUMFLUORID, LÖSUNG	6.1	T4	III	6.1		5 l	E1	P001 IBC03 LP01 R001		MP19
	3423	TETRAMETHYLAMMONIUMHYDROXID, FEST	8	C8	II	8		1 kg	E2	P002 IBC08	B4	MP10
	3424	AMMONIUMDINITRO-o-CRESOLAT, LÖSUNG	6.1	T1	II	6.1		100 ml	E4	P001 IBC02		MP15
	3424	AMMONIUMDINITRO-o-CRESOLAT, LÖSUNG	6.1	T1	III	6.1		5 l	E1	P001 IBC02		MP19
	3425	BROMESSIGSÄURE, FEST	8	C4	II	8		1 kg	E2	P002 IBC08	B4	MP10
	3426	ACRYLAMID, LÖSUNG	6.1	T1	III	6.1		5 l	E1	P001 IBC03 LP01 R001		MP19

Tabelle A: Verzeichnis der gefährlichen Güter 3.2

ortsbewegliche Tanks und Schüttgut-Container			ADR							RID						
		Tankcodierungen für ADR/RID-Tanks	Sondervorschriften für ADR-Tanks	Fahrzeug für die Beförderung in Tanks	Beförderungs-kategorie (Tunnel-beschränkungs-code)	Sondervorschriften für die Beförderung			Sondervorschriften für RID-Tanks	Beförderungs-kategorie	Sondervorschriften für die Beförderung			Expressgut	Nummer zur Kennzeichnung der Gefahr	UN-Nummer
Anweisungen	Sondervorschriften					Versandstücke	lose Schüttung	Be- und Entladung, Handhabung	Betrieb			Versandstücke	lose Schüttung	Be- und Entladung, Handhabung			
4.2.5.2 7.3.2	4.2.5.3	4.3	4.3.5 6.8.4	9.1.1.2	1.1.3.6 (8.6)	7.2.4	7.3.3	7.5.11	8.5	4.3.5 6.8.4	1.1.3.1	7.2.4	7.3.3	7.5.11	7.6	5.3.2.3	(1)
(10)	(11)	(12)	(13)	(14)	(15)	(16)	(17)	(18)	(19)	(13)	(15)	(16)	(17)	(18)	(19)	(20)	(1)
T14	TP2	L10CH	TU14 TU15 TE19 TE21	AT	1 (C/E)			CV1 CV13 CV28	S9 S14	TU14 TU15 TU38 TE21 TE22	1			CW13 CW28 CW31		66	3414
T11	TP2 TP27	L4BH	TU15 TE19	AT	2 (D/E)			CV13 CV28	S9 S19	TU15	2			CW13 CW28 CW31	CE5	60	3414
T7	TP2 TP28	L4BH	TU15 TE19	AT	2 (E)	V12		CV13 CV28	S9	TU15	2	W12		CW13 CW28 CW31	CE8	60	3414
T4	TP1	L4BH	TU15 TE19	AT	2 (E)	V12		CV13 CV28	S9	TU15	2	W12		CW13 CW28 CW31	CE8	60	3415
T7	TP2	L4BH	TU15 TE19	AT	2 (D/E)			CV13 CV28	S9 S19	TU15	2			CW13 CW28 CW31	CE5	60	3416
T3	TP33	SGAH L4BH	TU15 TE19	AT	2 (D/E)	V11		CV13 CV28	S9 S19	TU15	2	W11		CW13 CW28 CW31	CE9	60	3417
T4	TP1	L4BH	TU15 TE19	AT	2 (E)	V12		CV13 CV28	S9	TU15	2	W12		CW13 CW28 CW31	CE8	60	3418
T3	TP33	SGAN L4BN		AT	2 (E)	V11					2	W11			CE10	80	3419
T3	TP33	SGAN L4BN		AT	2 (E)	V11					2	W11			CE10	80	3420
T7	TP2	L4DH	TU14 TE21	AT	2 (E)			CV13 CV28		TU14 TE17 TE21 TT4	2			CW13 CW28	CE6	86	3421
T4	TP1	L4DH	TU14 TE21	AT	3 (E)	V12		CV13 CV28		TU14 TE21	3	W12		CW13 CW28	CE8	86	3421
T4	TP1	L4BH	TU15 TE19	AT	2 (E)	V12		CV13 CV28	S9	TU15	2	W12		CW13 CW28 CW31	CE8	60	3422
T3	TP33	SGAN L4BN		AT	2 (E)	V11					2	W11			CE10	80	3423
T7	TP2	L4BH	TU15 TE19	AT	2 (D/E)			CV13 CV28	S9 S19	TU15	2			CW13 CW28 CW31	CE5	60	3424
T7	TP2	L4BH	TU15 TE19	AT	2 (E)			CV13 CV28	S9	TU15	2			CW13 CW28 CW31	CE8	60	3424
T3	TP33	SGAN L4BN		AT	2 (E)	V11					2	W11			CE10	80	3425
T4	TP1	L4BH	TU15 TE19	AT	2 (E)	V12		CV13 CV28	S9	TU15	2	W12		CW13 CW28 CW31	CE8	60	3426

3.2 Tabelle A: Verzeichnis der gefährlichen Güter

gemäß Tabelle 1.10.3.1.2	§ 35b GGVSEB	UN-Nummer	Benennung und Beschreibung	Klasse	Klassifizierungscode	Verpackungsgruppe	Gefahrzettel	Sondervorschriften	Begrenzte und freigestellte Mengen		Verpackung Anweisungen	Verpackung Sondervorschriften	Verpackung Zusammenpackung
G..			3.1.2	2.2	2.2	2.1.1.3	5.2.2	3.3	3.4 / 3.5.1.2		4.1.4	4.1.4	4.1.10
(1)			(2)	(3a)	(3b)	(4)	(5)	(6)	(7a)	(7b)	(8)	(9a)	(9b)
		3427	CHLORBENZYLCHLORIDE, FEST	6.1	T2	III	6.1		5 kg	E1	P002 IBC08 LP02 R001	B3	MP10
		3428	3-CHLOR-4-METHYLPHENYLISOCYANAT, FEST	6.1	T2	II	6.1		500 g	E4	P002 IBC08	B4	MP10
		3429	CHLORTOLUIDINE, FLÜSSIG	6.1	T1	III	6.1		5 l	E1	P001 IBC03 LP01 R001		MP19
		3430	XYLENOLE, FLÜSSIG	6.1	T1	II	6.1		100 ml	E4	P001 IBC02		MP15
		3431	NITROBENZOTRIFLUORIDE, FEST	6.1	T2	II	6.1		500 g	E4	P002 IBC08	B4	MP10
		3432	POLYCHLORIERTE BIPHENYLE, FEST	9	M2	II	9	305	1 kg	E2	P906 IBC08	B4	MP10
		3434	NITROCRESOLE, FLÜSSIG	6.1	T1	III	6.1		5 l	E1	P001 IBC03 LP01 R001		MP19
		3436	HEXAFLUORACETONHYDRAT, FEST	6.1	T2	II	6.1		500 g	E4	P002 IBC08	B4	MP10
		3437	CHLORCRESOLE, FEST	6.1	T2	II	6.1		500 g	E4	P002 IBC08	B4	MP10
		3438	alpha-METHYLBENZYLALKOHOL, FEST	6.1	T2	III	6.1		5 kg	E1	P002 IBC08 LP02 R001	B3	MP10
●		3439	NITRILE, FEST, GIFTIG, N.A.G.	6.1	T2	I	6.1	274	0	E5	P002 IBC07		MP18
		3439	NITRILE, FEST, GIFTIG, N.A.G.	6.1	T2	II	6.1	274	500 g	E4	P002 IBC08	B4	MP10
		3439	NITRILE, FEST, GIFTIG, N.A.G.	6.1	T2	III	6.1	274	5 kg	E1	P002 IBC08 LP02 R001	B3	MP10
●	G10	3440	SELENVERBINDUNG, FLÜSSIG, N.A.G.	6.1	T4	I	6.1	274 563	0	E5	P001		MP8 MP17
		3440	SELENVERBINDUNG, FLÜSSIG, N.A.G.	6.1	T4	II	6.1	274 563	100 ml	E4	P001 IBC02		MP15
		3440	SELENVERBINDUNG, FLÜSSIG, N.A.G.	6.1	T4	III	6.1	274 563	5 l	E1	P001 IBC03 R001		MP19
		3441	CHLORDINITROBENZENE, FEST	6.1	T2	II	6.1	279	500 g	E4	P002 IBC08	B4	MP10

Tabelle A: Verzeichnis der gefährlichen Güter 3.2

ortsbewegliche Tanks und Schüttgut-Container		Tankcodierungen für ADR/RID-Tanks	ADR								RID						Expressgut	Nummer zur Kennzeichnung der Gefahr	UN-Nummer
Anweisungen	Sondervorschriften		Sondervorschriften für ADR-Tanks	Fahrzeug für die Beförderung in Tanks	Beförderungskategorie (Tunnelbeschränkungscode)	Sondervorschriften für die Beförderung			Betrieb		Sondervorschriften für RID-Tanks	Beförderungskategorie	Sondervorschriften für die Beförderung						
						Versandstücke	lose Schüttung	Be- und Entladung, Handhabung					Versandstücke	lose Schüttung	Be- und Entladung, Handhabung				
4.2.5.2 7.3.2	4.2.5.3	4.3	4.3.5 6.8.4	9.1.1.2	1.1.3.6 (8.6)	7.2.4	7.3.3	7.5.11	8.5		4.3.5 6.8.4	1.1.3.1	7.2.4	7.3.3	7.5.11		7.6	5.3.2.3	(1)
(10)	(11)	(12)	(13)	(14)	(15)	(16)	(17)	(18)	(19)		(13)	(15)	(16)	(17)	(18)		(19)	(20)	(1)
T1	TP33	SGAH L4BH	TU15 TE19	AT	2 (E)		VC1 VC2 AP7	CV13 CV28	S9		TU15	2		VC1 VC2 AP7	CW13 CW28 CW31		CE11	60	3427
T3	TP33	SGAH L4BH	TU15 TE19	AT	2 (D/E)	V11		CV13 CV28	S9 S19		TU15	2	W11		CW13 CW28 CW31		CE9	60	3428
T4	TP1	L4BH	TU15 TE19	AT	2 (E)	V12		CV13 CV28	S9		TU15	2	W12		CW13 CW28 CW31		CE8	60	3429
T7	TP2	L4BH	TU15 TE19	AT	2 (D/E)			CV13 CV28	S9 S19		TU15	2			CW13 CW28 CW31		CE5	60	3430
T3	TP33	SGAH L4BH	TU15 TE19	AT	2 (D/E)	V11		CV13 CV28	S9 S19		TU15	2	W11		CW13 CW28 CW31		CE9	60	3431
T3	TP33	S4AH L4BH	TU15	AT	0 (D/E)	V11	VC1 VC2 AP9	CV1 CV13 CV28	S19		TU15	0	W11	VC1 VC2 AP9	CW13 CW28 CW31		CE9	90	3432
T4	TP1	L4BH	TU15 TE19	AT	2 (E)	V12		CV13 CV28	S9		TU15	2	W12		CW13 CW28 CW31		CE8	60	3434
T3	TP33	SGAH L4BH	TU15 TE19	AT	2 (D/E)	V11		CV13 CV28	S9 S19		TU15	2	W11		CW13 CW28 CW31		CE9	60	3436
T3	TP33	SGAH L4BH	TU15 TE19	AT	2 (D/E)	V11		CV13 CV28	S9 S19		TU15	2	W11		CW13 CW28 CW31		CE9	60	3437
T1	TP33	SGAH L4BH	TU15 TE19	AT	2 (E)		VC1 VC2 AP7	CV13 CV28	S9		TU15	2		VC1 VC2 AP7	CW13 CW28 CW31		CE11	60	3438
T6	TP33	S10AH L10CH	TU14 TU15 TE19 TE21	AT	1 (C/E)	V10		CV1 CV13 CV28	S9 S14		TU14 TU15 TU38 TE21 TE22	1	W10		CW13 CW28 CW31			66	3439
T3	TP33	SGAH L4BH	TU15 TE19	AT	2 (D/E)	V11		CV13 CV28	S9 S19		TU15	2	W11		CW13 CW28 CW31		CE9	60	3439
T1	TP33	SGAH L4BH	TU15 TE19	AT	2 (E)		VC1 VC2 AP7	CV13 CV28	S9		TU15	2		VC1 VC2 AP7	CW13 CW28 CW31		CE11	60	3439
T14	TP2 TP27	L10CH	TU14 TU15 TE19 TE21	AT	1 (C/E)			CV1 CV13 CV28	S9 S14		TU14 TU15 TU38 TE21 TE22	1			CW13 CW28 CW31			66	3440
T11	TP2 TP27	L4BH	TU15 TE19	AT	2 (D/E)			CV13 CV28	S9 S19		TU15	2			CW13 CW28 CW31		CE5	60	3440
T7	TP1 TP28	L4BH	TU15 TE19	AT	2 (E)	V12		CV13 CV28	S9		TU15	2	W12		CW13 CW28 CW31		CE8	60	3440
T3	TP33	SGAH L4BH	TU15 TE19	AT	2 (D/E)	V11		CV13 CV28	S9 S19		TU15	2	W11		CW13 CW28 CW31		CE9	60	3441

3.2 Tabelle A: Verzeichnis der gefährlichen Güter

gemäß Tabelle 1.10.3.1.2 § 35b GGVSEB	UN-Nummer	Benennung und Beschreibung	Klasse	Klassifizierungscode	Verpackungsgruppe	Gefahrzettel	Sondervorschriften	Begrenzte und freigestellte Mengen		Verpackung		
										Anweisungen	Sondervorschriften	Zusammenpackung
G..		3.1.2	2.2	2.2	2.1.1.3	5.2.2	3.3	3.4 / 3.5.1.2		4.1.4	4.1.4	4.1.10
	(1)	(2)	(3a)	(3b)	(4)	(5)	(6)	(7a)	(7b)	(8)	(9a)	(9b)
	3442	DICHLORANILINE, FEST	6.1	T2	II	6.1	279	500 g	E4	P002 IBC08	B4	MP10
	3443	DINITROBENZENE, FEST	6.1	T2	II	6.1		500 g	E4	P002 IBC08	B4	MP10
	3444	NICOTINHYDROCHLORID, FEST	6.1	T2	II	6.1	43	500 g	E4	P002 IBC08	B4	MP10
	3445	NICOTINSULFAT, FEST	6.1	T2	II	6.1		500 g	E4	P002 IBC08	B4	MP10
	3446	NITROTOLUENE, FEST	6.1	T2	II	6.1		500 g	E4	P002 IBC08	B4	MP10
	3447	NITROXYLENE, FEST	6.1	T2	II	6.1		500 g	E4	P002 IBC08	B4	MP10
●	3448	STOFF ZUR HERSTELLUNG VON TRÄNENGASEN, FEST, N.A.G.	6.1	T2	I	6.1	274	0	E0	P002		MP18
	3448	STOFF ZUR HERSTELLUNG VON TRÄNENGASEN, FEST, N.A.G.	6.1	T2	II	6.1	274	0	E0	P002 IBC08	B4	MP10
●	3449	BROMBENZYLCYANIDE, FEST	6.1	T2	I	6.1	138	0	E5	P002		MP18
●	3450	DIPHENYLCHLORARSIN, FEST	6.1	T3	I	6.1		0	E0	P002 IBC07		MP18
	3451	TOLUIDINE, FEST	6.1	T2	II	6.1	279	500 g	E4	P002 IBC08	B4	MP10
	3452	XYLIDINE, FEST	6.1	T2	II	6.1		500 g	E4	P002 IBC08	B4	MP10
	3453	PHOSPHORSÄURE, FEST	8	C2	III	8		5 kg	E1	P002 IBC08 LP02 R001	B3	MP10
	3454	DINITROTOLUENE, FEST	6.1	T2	II	6.1		500 g	E4	P002 IBC08	B4	MP10
	3455	CRESOLE, FEST	6.1	TC2	II	6.1 + 8		500 g	E4	P002 IBC08	B4	MP10
	3456	NITROSYLSCHWEFELSÄURE, FEST	8	C2	II	8		1 kg	E2	P002 IBC08	B4	MP10
	3457	CHLORNITROTOLUENE, FEST	6.1	T2	III	6.1		5 kg	E1	P002 IBC08 LP02 R001	B3	MP10
	3458	NITROANISOLE, FEST	6.1	T2	III	6.1	279	5 kg	E1	P002 IBC08 LP02 R001	B3	MP10

Tabelle A: Verzeichnis der gefährlichen Güter 3.2

ortsbewegliche Tanks und Schüttgut-Container Anweisungen	Sondervorschriften	Tankcodierungen für ADR/RID-Tanks	Sondervorschriften für ADR-Tanks	Fahrzeug für die Beförderung in Tanks	ADR Beförderungskategorie (Tunnelbeschränkungscode)	ADR Sondervorschriften für die Beförderung Versandstücke	ADR Sondervorschriften für die Beförderung lose Schüttung	ADR Sondervorschriften für die Beförderung Be- und Entladung, Handhabung	Betrieb	Sondervorschriften für RID-Tanks	RID Beförderungskategorie	RID Sondervorschriften für die Beförderung Versandstücke	RID Sondervorschriften für die Beförderung lose Schüttung	RID Sondervorschriften für die Beförderung Be- und Entladung, Handhabung	Expressgut	Nummer zur Kennzeichnung der Gefahr	UN-Nummer
4.2.5.2 7.3.2	4.2.5.3	4.3	4.3.5 6.8.4	9.1.1.2	1.1.3.6	7.2.4	7.3.3	7.5.11	8.5	4.3.5 6.8.4	1.1.3.1	7.2.4	7.3.3	7.5.11	7.6	5.3.2.3	(1)
(10)	(11)	(12)	(13)	(14)	(15)	(16)	(17)	(18)	(19)	(13)	(15)	(16)	(17)	(18)	(19)	(20)	(1)
T3	TP33	SGAH L4BH	TU15 TE19	AT	2 (D/E)	V11		CV13 CV28	S9 S19	TU15	2		W11	CW13 CW28 CW31	CE9	60	3442
T3	TP33	SGAH L4BH	TU15 TE19	AT	2 (D/E)	V11		CV13 CV28	S9 S19	TU15	2		W11	CW13 CW28 CW31	CE9	60	3443
T3	TP33	SGAH	TU15 TE19	AT	2 (D/E)	V11		CV13 CV28	S9 S19	TU15	2		W11	CW13 CW28 CW31	CE9	60	3444
T3	TP33	SGAH	TU15 TE19	AT	2 (D/E)	V11		CV13 CV28	S9 S19	TU15	2		W11	CW13 CW28 CW31	CE9	60	3445
T3	TP33	SGAH L4BH	TU15 TE19	AT	2 (D/E)	V11		CV13 CV28	S9 S19	TU15	2		W11	CW13 CW28 CW31	CE9	60	3446
T3	TP33	SGAH L4BH	TU15 TE19	AT	2 (D/E)	V11		CV13 CV28	S9 S19	TU15	2		W11	CW13 CW28 CW31	CE9	60	3447
T6	TP33	S10AH L10CH	TU14 TU15 TE19 TE21	AT	1 (C/E)			CV1 CV13 CV28	S9 S14	TU14 TU15 TU38 TE21 TE22	1			CW13 CW28 CW31		66	3448
T3	TP33	SGAH L4BH	TU15 TE19	AT	2 (D/E)	V11		CV13 CV28	S9 S19	TU15	2		W11	CW13 CW28 CW31	CE9	60	3448
T6	TP33	S10AH L10CH	TU15 TE19	AT	1 (C/E)			CV1 CV13 CV28	S9 S14	TU15 TU38 TE22	1			CW13 CW28 CW31		66	3449
T6	TP33	S10AH L10CH	TU15 TE19	AT	1 (C/E)	V10		CV1 CV13 CV28	S9 S14	TU15 TU38 TE22	1		W10	CW13 CW28 CW31		66	3450
T3	TP33	SGAH L4BH	TU15 TE19	AT	2 (D/E)	V11		CV13 CV28	S9 S19	TU15	2		W11	CW13 CW28 CW31	CE9	60	3451
T3	TP33	SGAH L4BH	TU15 TE19	AT	2 (D/E)	V11		CV13 CV28	S9 S19	TU15	2		W11	CW13 CW28 CW31	CE9	60	3452
T1	TP33	SGAV L4BN		AT	3 (E)	VC1 VC2 AP7					3	VC1 VC2 AP7			CE11	80	3453
T3	TP33	SGAH L4BH	TU15 TE19	AT	2 (D/E)	V11		CV13 CV28	S9 S19	TU15	2		W11	CW13 CW28 CW31	CE9	60	3454
T3	TP33	SGAH L4BH	TU15 TE19	AT	2 (D/E)	V11		CV13 CV28	S9 S19	TU15	2		W11	CW13 CW28 CW31	CE9	68	3455
T3	TP33	SGAN L4BN		AT	2 (E)	V11					2		W11		CE10	X80	3456
T1	TP33	SGAH L4BH	TU15 TE19	AT	2 (E)	VC1 VC2 AP7		CV13 CV28	S9	TU15	2	VC1 VC2 AP7		CW13 CW28 CW31	CE11	60	3457
T1	TP33	SGAH L4BH	TU15 TE19	AT	2 (E)	VC1 VC2 AP7		CV13 CV28	S9	TU15	2	VC1 VC2 AP7		CW13 CW28 CW31	CE11	60	3458

3.2 Tabelle A: Verzeichnis der gefährlichen Güter

gemäß Tabelle 1.10.3.1.2 § 35b GGVSEB	UN-Nummer	Benennung und Beschreibung	Klasse	Klassifizierungscode	Verpackungsgruppe	Gefahrzettel	Sondervorschriften	Begrenzte und freigestellte Mengen		Verpackung		
										Anweisungen	Sondervorschriften	Zusammenpackung
G..		3.1.2	2.2	2.2	2.1.1.3	5.2.2	3.3	3.4 / 3.5.1.2		4.1.4	4.1.4	4.1.10
(1)		(2)	(3a)	(3b)	(4)	(5)	(6)	(7a)	(7b)	(8)	(9a)	(9b)
	3459	NITROBROMBENZENE, FEST	6.1	T2	III	6.1		5 kg	E1	P002 IBC08 LP02 R001	B3	MP10
	3460	N-ETHYL-N-BENZYLTOLUIDINE, FEST	6.1	T2	III	6.1		5 kg	E1	P002 IBC08 LP02 R001	B3	MP10
•	3462	TOXINE, GEWONNEN AUS LEBENDEN ORGANISMEN, FEST, N.A.G.	6.1	T2	I	6.1	210 274	0	E5	P002 IBC07		MP18
	3462	TOXINE, GEWONNEN AUS LEBENDEN ORGANISMEN, FEST, N.A.G.	6.1	T2	II	6.1	210 274	500 g	E4	P002 IBC08	B4	MP10
	3462	TOXINE, GEWONNEN AUS LEBENDEN ORGANISMEN, FEST, N.A.G.	6.1	T2	III	6.1	210 274	5 kg	E1	P002 IBC08 R001	B3	MP10
	3463	PROPIONSÄURE mit mindestens 90 Masse-% Säure	8	CF1	II	8 + 3		1 l	E2	P001 IBC02		MP15
•	3464	ORGANISCHE PHOSPHORVERBINDUNG, FEST, GIFTIG, N.A.G.	6.1	T2	I	6.1	43 274	0	E5	P002 IBC07		MP18
	3464	ORGANISCHE PHOSPHORVERBINDUNG, FEST, GIFTIG, N.A.G.	6.1	T2	II	6.1	43 274	500 g	E4	P002 IBC08	B4	MP10
	3464	ORGANISCHE PHOSPHORVERBINDUNG, FEST, GIFTIG, N.A.G.	6.1	T2	III	6.1	43 274	5 kg	E1	P002 IBC08 LP02 R001	B3	MP10
•	3465	ORGANISCHE ARSENVERBINDUNG, FEST, N.A.G.	6.1	T3	I	6.1	274	0	E5	P002 IBC07		MP18
	3465	ORGANISCHE ARSENVERBINDUNG, FEST, N.A.G.	6.1	T3	II	6.1	274	500 g	E4	P002 IBC08	B4	MP10
	3465	ORGANISCHE ARSENVERBINDUNG, FEST, N.A.G.	6.1	T3	III	6.1	274	5 kg	E1	P002 IBC08 LP02 R001	B3	MP10
•	3466	METALLCARBONYLE, FEST, N.A.G.	6.1	T3	I	6.1	274 562	0	E5	P002 IBC07		MP18
	3466	METALLCARBONYLE, FEST, N.A.G.	6.1	T3	II	6.1	274 562	500 g	E4	P002 IBC08	B4	MP10
	3466	METALLCARBONYLE, FEST, N.A.G.	6.1	T3	III	6.1	274 562	5 kg	E1	P002 IBC08 LP02 R001	B3	MP10

Tabelle A: Verzeichnis der gefährlichen Güter 3.2

ortsbewegliche Tanks und Schüttgut-Container		Tankcodierungen für ADR/RID-Tanks	ADR							RID						Expressgut	Nummer zur Kennzeichnung der Gefahr	UN-Nummer
Anweisungen	Sondervorschriften		Sondervorschriften für ADR-Tanks	Fahrzeug für die Beförderung in Tanks	Beförderungskategorie (Tunnelbeschränkungscode)	Sondervorschriften für die Beförderung				Sondervorschriften für RID-Tanks	Beförderungskategorie	Sondervorschriften für die Beförderung						
						Versandstücke	lose Schüttung	Be- und Entladung, Handhabung	Betrieb			Versandstücke	lose Schüttung	Be- und Entladung, Handhabung				
4.2.5.2 7.3.2	4.2.5.3	4.3	3.4.5 6.8.4	9.1.1.2	1.1.3.6 (8.6)	7.2.4	7.3.3	7.5.11	8.5	4.3.5 6.8.4	1.1.3.1	7.2.4	7.3.3	7.5.11	7.6	5.3.2.3	
(10)	(11)	(12)	(13)	(14)	(15)	(16)	(17)	(18)	(19)	(13)	(15)	(16)	(17)	(18)	(19)	(20)	(1)
T1	TP33	SGAH L4BH	TU15 TE19	AT	2 (E)		VC1 VC2 AP7	CV13 CV28	S9	TU15	2		VC1 VC2 AP7	CW13 CW28 CW31	CE11	60	3459
T1	TP33	SGAH L4BH	TU15 TE19	AT	2 (E)		VC1 VC2 AP7	CV13 CV28	S9	TU15	2		VC1 VC2 AP7	CW13 CW28 CW31	CE11	60	3460
T6	TP33	S10AH L10CH	TU15 TE19	AT	1 (C/E)	V10		CV1 CV13 CV28	S9 S14	TU15 TU38 TE22	1	W10		CW13 CW28 CW31		66	3462
T3	TP33	SGAH L4BH	TU15 TE19	AT	2 (D/E)	V11		CV13 CV28	S9 S19	TU15	2	W11		CW13 CW28 CW31	CE9	60	3462
T1	TP33	SGAH L4BH	TU15 TE19	AT	2 (E)		VC1 VC2 AP7	CV13 CV28	S9	TU15	2		VC1 VC2 AP7	CW13 CW28 CW31	CE11	60	3462
T7	TP2	L4BN		FL	2 (D/E)				S2		2				CE6	83	3463
T6	TP33	S10AH L10CH	TU14 TU15 TE19 TE21	AT	1 (C/E)	V10		CV1 CV13 CV28	S9 S14	TU14 TU15 TU38 TE21 TE22	1	W10		CW13 CW28 CW31		66	3464
T3	TP33	SGAH L4BH	TU15 TE19	AT	2 (D/E)	V11		CV13 CV28	S9 S19	TU15	2	W11		CW13 CW28 CW31	CE9	60	3464
T1	TP33	SGAH L4BH	TU15 TE19	AT	2 (E)		VC1 VC2 AP7	CV13 CV28	S9	TU15	2		VC1 VC2 AP7	CW13 CW28 CW31	CE11	60	3464
T6	TP33	S10AH L10CH	TU14 TU15 TE19 TE21	AT	1 (C/E)	V10		CV1 CV13 CV28	S9 S14	TU14 TU15 TU38 TE21 TE22	1	W10		CW13 CW28 CW31		66	3465
T3	TP33	SGAH L4BH	TU15 TE19	AT	2 (D/E)	V11		CV13 CV28	S9 S19	TU15	2	W11		CW13 CW28 CW31	CE9	60	3465
T1	TP33	SGAH L4BH	TU15 TE19	AT	2 (E)		VC1 VC2 AP7	CV13 CV28	S9	TU15	2		VC1 VC2 AP7	CW13 CW28 CW31	CE11	60	3465
T6	TP33	S10AH L10CH	TU14 TU15 TE19 TE21	AT	1 (C/E)	V10		CV1 CV13 CV28	S9 S14	TU14 TU15 TU38 TE21 TE22	1	W10		CW13 CW28 CW31		66	3466
T3	TP33	SGAH L4BH	TU15 TE19	AT	2 (D/E)	V11		CV13 CV28	S9 S19	TU15	2	W11		CW13 CW28 CW31	CE9	60	3466
T1	TP33	SGAH L4BH	TU15 TE19	AT	2 (E)		VC1 VC2 AP7	CV13 CV28	S9	TU15	2		VC1 VC2 AP7	CW13 CW28 CW31	CE11	60	3466

3.2 Tabelle A: Verzeichnis der gefährlichen Güter

gemäß Tabelle 1.10.3.1.2	§ 35b GGVSEB	UN-Nummer	Benennung und Beschreibung	Klasse	Klassifizierungscode	Verpackungsgruppe	Gefahrzettel	Sondervorschriften	Begrenzte und freigestellte Mengen		Verpackung Anweisungen	Verpackung Sondervorschriften	Verpackung Zusammenpackung
	G..		3.1.2	2.2	2.2	2.1.1.3	5.2.2	3.3	3.4 / 3.5.1.2		4.1.4	4.1.4	4.1.10
	(1)	(2)		(3a)	(3b)	(4)	(5)	(6)	(7a)	(7b)	(8)	(9a)	(9b)
•		3467	METALLORGANISCHE VERBINDUNG, FEST, GIFTIG, N.A.G.	6.1	T3	I	6.1	274 562	0	E5	P002 IBC07		MP18
		3467	METALLORGANISCHE VERBINDUNG, FEST, GIFTIG, N.A.G.	6.1	T3	II	6.1	274 562	500 g	E4	P002 IBC08	B4	MP10
		3467	METALLORGANISCHE VERBINDUNG, FEST, GIFTIG, N.A.G.	6.1	T3	III	6.1	274 562	5 kg	E1	P002 IBC08 LP02 R001	B3	MP10
•		3468	WASSERSTOFF IN EINEM METALLHYDRIDSPEICHERSYSTEM oder WASSERSTOFF IN EINEM METALLHYDRID-SPEICHERSYSTEM IN AUSRÜSTUNGEN oder WASSERSTOFF IN EINEM METALLHYDRID-SPEICHERSYSTEM, MIT AUSRÜSTUNGEN VERPACKT	2	1F		2.1	321 356	0	E0	P205		MP9
•		3469	FARBE, ENTZÜNDBAR, ÄTZEND (einschließlich Farbe, Lack, Emaille, Beize, Schellack, Firnis, Politur, flüssiger Füllstoff und flüssige Lackgrundlage) oder FARBZUBEHÖRSTOFFE, ENTZÜNDBAR, ÄTZEND (einschließlich Farbverdünnung und -lösemittel)	3	FC	I	3 + 8	163 367	0	E0	P001		MP7 MP17
•		3469	FARBE, ENTZÜNDBAR, ÄTZEND (einschließlich Farbe, Lack, Emaille, Beize, Schellack, Firnis, Politur, flüssiger Füllstoff und flüssige Lackgrundlage) oder FARBZUBEHÖRSTOFFE, ENTZÜNDBAR, ÄTZEND (einschließlich Farbverdünnung und -lösemittel)	3	FC	II	3 + 8	163 367	1 l	E2	P001 IBC02		MP19
		3469	FARBE, ENTZÜNDBAR, ÄTZEND (einschließlich Farbe, Lack, Emaille, Beize, Schellack, Firnis, Politur, flüssiger Füllstoff und flüssige Lackgrundlage) oder FARBZUBEHÖRSTOFFE, ENTZÜNDBAR, ÄTZEND (einschließlich Farbverdünnung und -lösemittel)	3	FC	III	3 + 8	163 367	5 l	E1	P001 IBC03 R001		MP19
		3470	FARBE, ÄTZEND, ENTZÜNDBAR (einschließlich Farbe, Lack, Emaille, Beize, Schellack, Firnis, Politur, flüssiger Füllstoff und flüssige Lackgrundlage) oder FARBZUBEHÖRSTOFFE, ÄTZEND, ENTZÜNDBAR (einschließlich Farbverdünnung und -lösemittel)	8	CF1	II	8 + 3	163 367	1 l	E2	P001 IBC02		MP15
		3471	HYDROGENDIFLUORIDE, LÖSUNG, N.A.G.	8	CT1	II	8 + 6.1		1 l	E2	P001 IBC02		MP15
		3471	HYDROGENDIFLUORIDE, LÖSUNG, N.A.G.	8	CT1	III	8 + 6.1		5 l	E1	P001 IBC03 R001		MP19
		3472	CROTONSÄURE, FLÜSSIG	8	C3	III	8		5 l	E1	P001 IBC03 LP01 R001		MP19

Tabelle A: Verzeichnis der gefährlichen Güter 3.2

ortsbewegliche Tanks und Schüttgut-Container			ADR							RID					Expressgut	Nummer zur Kennzeichnung der Gefahr	UN-Nummer
Anweisungen	Sondervorschriften	Tankcodierungen für ADR/RID-Tanks	Sondervorschriften für ADR-Tanks	Fahrzeug für die Beförderung in Tanks	Beförderungskategorie (Tunnelbeschränkungscode)	Sondervorschriften für die Beförderung			Betrieb	Sondervorschriften für RID-Tanks	Beförderungskategorie	Sondervorschriften für die Beförderung					
						Versandstücke	lose Schüttung	Be- und Entladung, Handhabung				Versandstücke	lose Schüttung	Be- und Entladung, Handhabung			
4.2.5.2 7.3.2	4.2.5.3	4.3	4.3.5 6.8.4	9.1.1.2	1.1.3.6 (8.6)	7.2.4	7.3.3	7.5.11	8.5	4.3.5 6.8.4	1.1.3.1	7.2.4	7.3.3	7.5.11	7.6	5.3.2.3	
(10)	(11)	(12)	(13)	(14)	(15)	(16)	(17)	(18)	(19)	(13)	(15)	(16)	(17)	(18)	(19)	(20)	(1)
T6	TP33	S10AH L10CH	TU14 TU15 TE19 TE21	AT	1 (C/E)	V10		CV1 CV13 CV28	S9 S14	TU14 TU15 TU38 TE21 TE22	1	W10		CW13 CW28 CW31		66	3467
T3	TP33	SGAH L4BH	TU15 TE19	AT	2 (D/E)	V11		CV13 CV28	S9 S19	TU15	2	W11		CW13 CW28 CW31	CE9	60	3467
T1	TP33	SGAH L4BH	TU15 TE19	AT	2 (E)		VC1 VC2 AP7	CV13 CV28	S9	TU15	2		VC1 VC2 AP7	CW13 CW28 CW31	CE11	60	3467
					2 (D)			CV9 CV10 CV36	S2 S20		2			CV9 CV10 CV36	CE3	RID: 23	3468
T11	TP2 TP27	L10CH	TU14 TE21	FL	1 (C/E)				S2 S20	TU14 TU38 TE21 TE22	1					338	3469
T7	TP2 TP8 TP28	L4BH		FL	2 (D/E)				S2 S20		2				CE7	338	3469
T4	TP1 TP29	L4BN		FL	3 (D/E)	V12			S2		3	W12			CE4	38	3469
T7	TP2 TP8 TP28	L4BN		FL	2 (D/E)				S2		2				CE6	83	3470
T7	TP2	L4DH	TU14 TE21	AT	2 (E)			CV13 CV28		TU14 TE17 TE21 TT4	2			CW13 CW28	CE6	86	3471
T4	TP1	L4DH	TU14 TE21	AT	3 (E)	V12		CV13 CV28		TU14 TE21	3	W12		CW13 CW28	CE8	86	3471
T4	TP1	L4BN		AT	3 (E)	V12					3	W12			CE8	80	3472

3.2 Tabelle A: Verzeichnis der gefährlichen Güter

gemäß Tabelle 1.10.3.1.2	§ 35b GGVSEB	UN-Nummer	Benennung und Beschreibung	Klasse	Klassifizierungscode	Verpackungsgruppe	Gefahrzettel	Sondervorschriften	Begrenzte und freigestellte Mengen		Verpackung Anweisungen	Verpackung Sondervorschriften	Verpackung Zusammenpackung
	G..		3.1.2	2.2	2.2	2.1.1.3	5.2.2	3.3	3.4 / 3.5.1.2		4.1.4	4.1.4	4.1.10
		(1)	(2)	(3a)	(3b)	(4)	(5)	(6)	(7a)	(7b)	(8)	(9a)	(9b)
•		3473	BRENNSTOFFZELLEN-KARTUSCHEN, oder BRENNSTOFFZELLEN-KARTUSCHEN IN AUSRÜSTUNGEN, oder BRENNSTOFFZELLEN-KARTUSCHEN, MIT AUSRÜSTUNGEN VERPACKT, entzündbare flüssige Stoffe enthaltend	3	F3		3	328	1 l	E0	P004		
•		3474	1-HYDROXYBENZOTRIAZOL-MONOHYDRAT	4.1	D	I	4.1		0		E0	P406	PP48	MP2
•	G4	3475	ETHANOL UND BENZIN, GEMISCH oder ETHANOL UND OTTOKRAFTSTOFF, GEMISCH mit mehr als 10 % Ethanol	3	F1	II	3	333 ADR: 664	1 l	E2	P001 IBC02		MP19
		3476	BRENNSTOFFZELLEN-KARTUSCHEN oder BRENNSTOFFZELLEN-KARTUSCHEN IN AUSRÜSTUNGEN oder BRENNSTOFFZELLEN-KARTUSCHEN, MIT AUSRÜSTUNGEN VERPACKT, mit Wasser reagierende Stoffe enthaltend	4.3	W3		4.3	328 334	500 ml oder 500 g	E0	P004		
		3477	BRENNSTOFFZELLEN-KARTUSCHEN oder BRENNSTOFFZELLEN-KARTUSCHEN IN AUSRÜSTUNGEN oder BRENNSTOFFZELLEN-KARTUSCHEN, MIT AUSRÜSTUNGEN VERPACKT, ätzende Stoffe enthaltend	8	C11		8	328 334	1 l oder 1 kg	E0	P004		
•		3478	BRENNSTOFFZELLEN-KARTUSCHEN oder BRENNSTOFFZELLEN-KARTUSCHEN IN AUSRÜSTUNGEN oder BRENNSTOFFZELLEN-KARTUSCHEN, MIT AUSRÜSTUNGEN VERPACKT, verflüssigtes entzündbares Gas enthaltend	2	6F		2.1	328 338	120 ml	E0	P004		
•		3479	BRENNSTOFFZELLEN-KARTUSCHEN oder BRENNSTOFFZELLEN-KARTUSCHEN IN AUSRÜSTUNGEN oder BRENNSTOFFZELLEN-KARTUSCHEN, MIT AUSRÜSTUNGEN VERPACKT, Wasserstoff in Metallhydrid enthaltend	2	6F		2.1	328 339	120 ml	E0	P004		
		3480	LITHIUM-IONEN-BATTERIEN (einschließlich Lithium-Ionen-Polymer-Batterien)	9	M4		9A	188 230 310 348 376 377 387 636	0	E0	P903 P908 P909 P910 P911 LP903 LP904 LP905 LP906		
		3481	LITHIUM-IONEN-BATTERIEN IN AUSRÜSTUNGEN oder LITHIUM-IONEN-BATTERIEN, MIT AUSRÜSTUNGEN VERPACKT (einschließlich Lithium-Ionen-Polymer-Batterien)	9	M4		9A	188 230 310 348 360 376 377 387 390 670	0	E0	P903 P908 P909 P910 P911 LP903 LP904 LP905 LP906		

Tabelle A: Verzeichnis der gefährlichen Güter 3.2

ortsbewegliche Tanks und Schüttgut-Container Anweisungen 4.2.5.2 7.3.2	Sondervorschriften 4.2.5.3	Tankcodierungen für ADR/RID-Tanks 4.3	ADR Sondervorschriften für ADR-Tanks 4.3.5 6.8.4	ADR Fahrzeug für die Beförderung in Tanks 9.1.1.2	ADR Beförderungskategorie (Tunnelbeschränkungscode) 1.1.3.6 (8.6)	ADR Sondervorschriften für die Beförderung — Versandstücke 7.2.4	ADR lose Schüttung 7.3.3	ADR Be- und Entladung, Handhabung 7.5.11	ADR Betrieb 8.5	RID Sondervorschriften für RID-Tanks 4.3.5 6.8.4	RID Beförderungskategorie 1.1.3.1	RID Versandstücke 7.2.4	RID lose Schüttung 7.3.3	RID Be- und Entladung, Handhabung 7.5.11	Expressgut 7.6	Nummer zur Kennzeichnung der Gefahr 5.3.2.3	UN-Nummer
(10)	(11)	(12)	(13)	(14)	(15)	(16)	(17)	(18)	(19)	(13)	(15)	(16)	(17)	(18)	(19)	(20)	(1)
					3 (E)				S2	3					CE7	RID: 30	3473
					1 (B)				S17	1		W1				RID: 40	3474
T4	TP1	LGBF		FL	2 (D/E)				S2 S20	2					CE7	33	3475
					3 (E)	V1		CV23		3		W1		CW23	CE2	RID: 423	3476
					3 (E)					3					CE8	RID: 80	3477
					2 (D)			CV9 CV12		2				CW9 CW12	CE3	RID: 23	3478
					2 (D)			CV9 CV12	S2	2				CW9 CW12	CE3	RID: 23	3479
					2 (E)					2					CE2	RID: 90	3480
					2 (E)					2					CE2	RID: 90	3481

3.2 Tabelle A: Verzeichnis der gefährlichen Güter

gemäß Tabelle 1.10.3.1.2	§ 35b GGVSEB	UN-Nummer	Benennung und Beschreibung	Klasse	Klassifizierungscode	Verpackungsgruppe	Gefahrzettel	Sondervorschriften	Begrenzte und freigestellte Mengen		Verpackung		
											Anweisungen	Sondervorschriften	Zusammenpackung
			3.1.2	2.2	2.2	2.1.1.3	5.2.2	3.3	3.4 / 3.5.1.2		4.1.4	4.1.4	4.1.10
G..			(2)	(3a)	(3b)	(4)	(5)	(6)	(7a)	(7b)	(8)	(9a)	(9b)
•		3482	ALKALIMETALLDISPERSION, ENTZÜNDBAR oder ERDALKALIMETALLDISPERSION, ENTZÜNDBAR	4.3	WF1	I	4.3 + 3	182 183 506	0	E0	P402	RR8	MP2
•	G10	3483	ANTIKLOPFMISCHUNG FÜR MOTORKRAFTSTOFF, ENTZÜNDBAR	6.1	TF1	I	6.1 + 3		0	E0	P602		MP8 MP17
•		3484	HYDRAZIN, WÄSSERIGE LÖSUNG, ENTZÜNDBAR, mit mehr als 37 Masse-% Hydrazin	8	CFT	I	8 + 3 + 6.1	530	0	E0	P001		MP8 MP17
		3485	CALCIUMHYPOCHLORIT, TROCKEN, ÄTZEND oder CALCIUMHYPOCHLORIT, MISCHUNG, TROCKEN, ÄTZEND mit mehr als 39 % aktivem Chlor (8,8 % aktivem Sauerstoff)	5.1	OC2	II	5.1 + 8	314	1 kg	E2	P002 IBC08	B4 B13	MP2
		3486	CALCIUMHYPOCHLORIT, MISCHUNG, TROCKEN, ÄTZEND mit mehr als 10 %, aber höchstens 39 % aktivem Chlor	5.1	OC2	III	5.1 + 8	314	5 kg	E1	P002 IBC08 LP02 R001	B3 B13 L3	MP2
		3487	CALCIUMHYPOCHLORIT, HYDRATISIERT, ÄTZEND oder CALCIUMHYPOCHLORIT, HYDRATISIERTE MISCHUNG, ÄTZEND mit mindestens 5,5 %, aber höchstens 16 % Wasser	5.1	OC2	II	5.1 + 8	314 322	1 kg	E2	P002 IBC08	B4 B13	MP2
		3487	CALCIUMHYPOCHLORIT, HYDRATISIERT, ÄTZEND oder CALCIUMHYPOCHLORIT, HYDRATISIERTE MISCHUNG, ÄTZEND mit mindestens 5,5 %, aber höchstens 16 % Wasser	5.1	OC2	III	5.1 + 8	314	5 kg	E1	P002 IBC08 R001	B4 B13	MP2
•	G10	3488	BEIM EINATMEN GIFTIGER FLÜSSIGER STOFF, ENTZÜNDBAR, ÄTZEND, N.A.G., mit einem LC$_{50}$-Wert von höchstens 200 ml/m³ und einer gesättigten Dampfkonzentration von mindestens 500 LC$_{50}$	6.1	TFC	I	6.1 + 3 + 8	274	0	E0	P601		MP8 MP17
•	G10	3489	BEIM EINATMEN GIFTIGER FLÜSSIGER STOFF, ENTZÜNDBAR, ÄTZEND, N.A.G., mit einem LC$_{50}$-Wert von höchstens 1 000 ml/m³ und einer gesättigten Dampfkonzentration von mindestens 10 LC$_{50}$	6.1	TFC	I	6.1 + 3 + 8	274	0	E0	P602		MP8 MP17
•	G10	3490	BEIM EINATMEN GIFTIGER FLÜSSIGER STOFF, MIT WASSER REAGIEREND, ENTZÜNDBAR, N.A.G., mit einem LC$_{50}$-Wert von höchstens 200 ml/m³ und einer gesättigten Dampfkonzentration von mindestens 500 LC$_{50}$	6.1	TFW	I	6.1 + 3 + 4.3	274	0	E0	P601		MP8 MP17
•	G10	3491	BEIM EINATMEN GIFTIGER FLÜSSIGER STOFF, MIT WASSER REAGIEREND, ENTZÜNDBAR, N.A.G., mit einem LC$_{50}$-Wert von höchstens 1 000 ml/m³ und einer gesättigten Dampfkonzentration von mindestens 10 LC$_{50}$	6.1	TFW	I	6.1 + 3 + 4.3	274	0	E0	P602		MP8 MP17

Tabelle A: Verzeichnis der gefährlichen Güter 3.2

ortsbewegliche Tanks und Schüttgut-Container		Tankcodierungen für ADR/RID-Tanks	ADR							RID						Expressgut	Nummer zur Kennzeichnung der Gefahr	UN-Nummer
Anweisungen	Sondervorschriften		Sondervorschriften für ADR-Tanks	Fahrzeug für die Beförderung in Tanks	Beförderungskategorie (Tunnelbeschränkungscode)	Sondervorschriften für die Beförderung			Betrieb	Sondervorschriften für RID-Tanks	Beförderungskategorie	Sondervorschriften für die Beförderung						
						Versandstücke	lose Schüttung	Be- und Entladung, Handhabung				Versandstücke	lose Schüttung	Be- und Entladung, Handhabung				
4.2.5.2 7.3.2	4.2.5.3	4.3	4.3.5 6.8.4	9.1.1.2	1.1.3.6 (8.6)	7.2.4	7.3.3	7.5.11	8.5	4.3.5 6.8.4	1.1.3.1	7.2.4	7.3.3	7.5.11	7.6	5.3.2.3	(1)
(10)	(11)	(12)	(13)	(14)	(15)	(16)	(17)	(18)	(19)	(13)	(15)	(16)	(17)	(18)	(19)	(20)	(1)
		L10BN(+)	TU1 TE5 TT3 TM2	FL	1 (B/E)	V1		CV23	S2 S20	TU1 TE5 TT3 TM2	1	W1		CW23		X323	3482
T14	TP2	L10CH	TU14 TU15 TE19 TE21 TT6	FL	1 (C/D)			CV1 CV13 CV28	S2 S9 S14	TU14 TU15 TU38 TE19 TE22 TT6	1			CW13 CW28 CW31		663	3483
T10	TP2	L10BH		FL	1 (C/D)			CV13 CV28	S2 S9 S14	TU38 TE22	1			CW13 CW28		886	3484
		SGAN	TU3	AT	2 (E)	V11		CV24 CV35		TU3	2	W11		CW24 CW35	CE10	58	3485
		SGAN	TU3	AT	3 (E)			CV24 CV35		TU3	3			CW24 CW35	CE11	58	3486
		SGAN	TU3	AT	2 (E)	V11		CV24 CV35		TU3	2	W11		CW24 CW35	CE10	58	3487
		SGAN	TU3	AT	3 (E)			CV24 CV35		TU3	3			CW24 CW35	CE11	58	3487
T22	TP2	L15CH	TU14 TU15 TE19 TE21	FL	1 (C/D)			CV1 CV13 CV28	S2 S9 S14	TU14 TU15 TU38 TE21 TE22 TE25	1			CW13 CW28 CW31		663	3488
T20	TP2	L10CH	TU14 TU15 TE19 TE21	FL	1 (C/D)			CV1 CV13 CV28	S2 S9 S14	TU14 TU15 TU38 TE21 TE22	1			CW13 CW28 CW31		663	3489
T22	TP2	L15CH	TU14 TU15 TE19 TE21	FL	1 (C/D)			CV1 CV13 CV28	S2 S9 S14	TU14 TU15 TU38 TE21 TE22 TE25	1			CW13 CW28 CW31		623	3490
T20	TP2	L10CH	TU14 TU15 TE19 TE21	FL	1 (C/D)			CV1 CV13 CV28	S2 S9 S14	TU14 TU15 TU38 TE21 TE22	1			CW13 CW28 CW31		623	3491

3.2 Tabelle A: Verzeichnis der gefährlichen Güter

gemäß Tabelle 1.10.3.1.2 § 35b GGVSEB	UN-Nummer	Benennung und Beschreibung	Klasse	Klassifizierungscode	Verpackungsgruppe	Gefahrzettel	Sondervorschriften	Begrenzte und freigestellte Mengen		Verpackung		
										Anweisungen	Sondervorschriften	Zusammenpackung
• G..		3.1.2	2.2	2.2	2.1.1.3	5.2.2	3.3	3.4 / 3.5.1.2	4.1.4	4.1.4	4.1.10
	(1)	(2)	(3a)	(3b)	(4)	(5)	(6)	(7a)	(7b)	(8)	(9a)	(9b)
•	3494	SCHWEFELREICHES ROHERDÖL, ENTZÜNDBAR, GIFTIG	3	FT1	I	3 + 6.1	343	0	E0	P001		MP7 MP17
•	3494	SCHWEFELREICHES ROHERDÖL, ENTZÜNDBAR, GIFTIG	3	FT1	II	3 + 6.1	343	1 l	E2	P001 IBC02		MP19
	3494	SCHWEFELREICHES ROHERDÖL, ENTZÜNDBAR, GIFTIG	3	FT1	III	3 + 6.1	343	5 l	E1	P001 IBC03 R001		MP19
	3495	IOD	8	CT2	III	8 + 6.1	279	5 kg	E1	P002 IBC08 R001	B3	MP10
	3496	Batterien, Nickelmetallhydrid	9	M11			UNTERLIEGT NICHT DEN VORSCHRIFTEN DES ADR / RID					
	3497	KRILLMEHL	4.2	S2	II	4.2	300	0	E2	P410 IBC06		MP14
	3497	KRILLMEHL	4.2	S2	III	4.2	300	0	E1	P002 IBC08 LP02 R001	B3	MP14
	3498	IODMONOCHLORID, FLÜSSIG	8	C1	II	8		1 l	E0	P001 IBC02		MP15
	3499	KONDENSATOR, ELEKTRISCHE DOPPELSCHICHT (mit einer Energiespeicherkapazität von mehr als 0,3 Wh)	9	M11		9	361	0	E0	P003		
	3500	CHEMIKALIE UNTER DRUCK, N.A.G.	2	8A		2.2	274 659	0	E0	P206	PP97	MP9
	3501	CHEMIKALIE UNTER DRUCK, ENTZÜNDBAR, N.A.G.	2	8F		2.1	274 659	0	E0	P206	PP89	MP9
G3	3502	CHEMIKALIE UNTER DRUCK, GIFTIG, N.A.G.	2	8T		2.2 + 6.1	274 659	0	E0	P206	PP89	MP9
	3503	CHEMIKALIE UNTER DRUCK, ÄTZEND, N.A.G.	2	8C		2.2 + 8	274 659	0	E0	P206	PP89	MP9
G3	3504	CHEMIKALIE UNTER DRUCK, ENTZÜNDBAR, GIFTIG, N.A.G.	2	8TF		2.1 + 6.1	274 659	0	E0	P206	PP89	MP9
	3505	CHEMIKALIE UNTER DRUCK, ENTZÜNDBAR, ÄTZEND, N.A.G.	2	8FC		2.1 + 8	274 659	0	E0	P206	PP89	MP9
	3506	QUECKSILBER IN HERGESTELLTEN GEGENSTÄNDEN	8	CT3		8 + 6.1	366	5 kg	E0	P003	PP90	MP15

Tabelle A: Verzeichnis der gefährlichen Güter 3.2

ortsbewegliche Tanks und Schüttgut-Container	Sondervorschriften	Tankcodierungen für ADR/RID-Tanks	Sondervorschriften für ADR-Tanks	Fahrzeug für die Beförderung in Tanks	ADR Beförderungskategorie (Tunnelbeschränkungscode)	ADR Sondervorschriften für die Beförderung Versandstücke	ADR lose Schüttung	ADR Be- und Entladung, Handhabung	Betrieb	Sondervorschriften für RID-Tanks	RID Beförderungskategorie	RID Versandstücke	RID lose Schüttung	RID Be- und Entladung, Handhabung	Expressgut	Nummer zur Kennzeichnung der Gefahr	UN-Nummer
Anweisungen 4.2.5.2 7.3.2	4.2.5.3	4.3	4.3.5 6.8.4	9.1.1.2	1.1.3.6 (8.6)	7.2.4	7.3.3	7.5.11	8.5	4.3.5 6.8.4	1.1.3.1	7.2.4	7.3.3	7.5.11	7.6	5.3.2.3	
(10)	(11)	(12)	(13)	(14)	(15)	(16)	(17)	(18)	(19)	(13)	(15)	(16)	(17)	(18)	(19)	(20)	(1)
T14	TP2	L10CH	TU14 TU15 TE21	FL	1 (C/E)			CV13 CV28	S2 S22	TU14 TU15 TU38 TE21 TE22	1			CW13 CW28		336	3494
T7	TP2	L4BH	TU15	FL	2 (D/E)			CV13 CV28	S2 S19	TU15	2			CW13 CW28	CE7	336	3494
T4	TP1	L4BH	TU15	FL	3 (D/E)	V12		CV13 CV28	S2	TU15	3	W12		CW13 CW28	CE4	36	3494
T1	TP33	SGAV L4BN		AT	3 (E)		VC1 VC2 AP7	CV13 CV28			3		VC1 VC2 AP7	CW13 CW28	CE11	86	3495
					UNTERLIEGT NICHT DEN VORSCHRIFTEN DES ADR / RID												3496
T3	TP33	SGAN		AT	2 (D/E)	V1					2	W1			CE10	40	3497
T1	TP33	SGAV		AT	3 (E)	V1	VC1 VC2 AP1				3	W1	VC1 VC2 AP1		CE11	40	3497
T7	TP2	L4BN		AT	2 (E)						2				CE10	80	3498
					4 (E)						4				CE2	RID: 90	3499
T50	TP4 TP40			AT	3 (C/E)			CV9 CV10 CV12 CV36			3			CW9 CW10 CW12 CW36	CE2	20	3500
T50	TP4 TP40			FL	2 (B/D)			CV9 CV10 CV12 CV36	S2		2			CW9 CW10 CW12 CW36	CE2	23	3501
T50	TP4 TP40			AT	1 (C/D)			CV9 CV10 CV12 CV28 CV36			1			CW9 CW10 CW12 CW28 CW36	CE2	26	3502
T50	TP4 TP40			AT	1 (C/D)			CV9 CV10 CV12 CV36			1			CW9 CW10 CW12 CW36	CE2	28	3503
T50	TP4 TP40			FL	1 (B/D)			CV9 CV10 CV12 CV28 CV36	S2		1			CW9 CW10 CW12 CW28 CW36	CE2	263	3504
T50	TP4 TP40			FL	1 (B/D)			CV9 CV10 CV12 CV36	S2		1			CW9 CW10 CW12 CW36	CE2	238	3505
					3 (E)			CV13 CV28			3			CW13 CW28	CE11	RID: 86	3506

3.2 Tabelle A: Verzeichnis der gefährlichen Güter

gemäß Tabelle 1.10.3.1.2	§ 35b GGVSEB	UN-Nummer	Benennung und Beschreibung	Klasse	Klassifizierungscode	Verpackungsgruppe	Gefahrzettel	Sondervorschriften	Begrenzte und freigestellte Mengen		Verpackung		
											Anweisungen	Sondervorschriften	Zusammenpackung
•	G..		3.1.2	2.2	2.2	2.1.1.3	5.2.2	3.3	3.4 / 3.5.1.2		4.1.4	4.1.4	4.1.10
		(1)	(2)	(3a)	(3b)	(4)	(5)	(6)	(7a)	(7b)	(8)	(9a)	(9b)
•		3507	URANHEXAFLUORID, RADIOAKTIVE STOFFE, FREIGE-STELLTES VERSANDSTÜCK mit weniger als 0,1 kg je Versandstück, nicht spaltbar oder spaltbar, freigestellt	6.1		I	6.1 + 8	317 369	0	E0	P603		
		3508	KONDENSATOR, ASYMMETRISCH (mit einer Energiespeicherkapazität von mehr als 0,3 Wh)	9	M11		9	372	0	E0	P003		
		3509	ALTVERPACKUNGEN, LEER, UNGEREINIGT	9	M11		9	663	0	E0	P003 IBC08 LP02	RR9 BB3 LL1	
		3510	ADSORBIERTES GAS, ENTZÜNDBAR, N.A.G.	2	9F		2.1	274	0	E0	P208		MP9
		3511	ADSORBIERTES GAS, N.A.G.	2	9A		2.2	274	0	E0	P208		MP9
		3512	ADSORBIERTES GAS, GIFTIG, N.A.G.	2	9T		2.3	274	0	E0	P208		MP9
		3513	ADSORBIERTES GAS, OXIDIEREND, N.A.G.	2	9O		2.2 + 5.1	274	0	E0	P208		MP9
		3514	ADSORBIERTES GAS, GIFTIG, ENTZÜNDBAR, N.A.G.	2	9TF		2.3 + 2.1	274	0	E0	P208		MP9
		3515	ADSORBIERTES GAS, GIFTIG, OXIDIEREND, N.A.G.	2	9TO		2.3 + 5.1	274	0	E0	P208		MP9
		3516	ADSORBIERTES GAS, GIFTIG, ÄTZEND, N.A.G.	2	9TC		2.3 + 8	274 379	0	E0	P208		MP9
		3517	ADSORBIERTES GAS, GIFTIG, ENTZÜNDBAR, ÄTZEND, N.A.G.	2	9TFC		2.3 + 2.1 + 8	274	0	E0	P208		MP9
		3518	ADSORBIERTES GAS, GIFTIG, OXIDIEREND, ÄTZEND, N.A.G.	2	9TOC		2.3 + 5.1 + 8	274	0	E0	P208		MP9
		3519	BORTRIFLUORID, ADSORBIERT	2	9TC		2.3 + 8		0	E0	P208		MP9
		3520	CHLOR, ADSORBIERT	2	9TOC		2.3 + 5.1 + 8		0	E0	P208		MP9
		3521	SILICIUMTETRAFLUORID, ADSORBIERT	2	9TC		2.3 + 8		0	E0	P208		MP9
		3522	ARSENWASSERSTOFF (ARSIN), ADSORBIERT	2	9TF		2.3 + 2.1		0	E0	P208		MP9
		3523	GERMANIUMWASSERSTOFF (GERMAN), ADSORBIERT	2	9TF		2.3 + 2.1		0	E0	P208		MP9
		3524	PHOSPHORPENTAFLUORID, ADSORBIERT	2	9TC		2.3 + 8		0	E0	P208		MP9
		3525	PHOSPHORWASSERSTOFF (PHOSPHIN), ADSORBIERT	2	9TF		2.3 + 2.1		0	E0	P208		MP9

Tabelle A: Verzeichnis der gefährlichen Güter 3.2

ortsbewegliche Tanks und Schüttgut-Container	Sondervorschriften	Tankcodierungen für ADR/RID-Tanks	Sondervorschriften für ADR-Tanks	Fahrzeug für die Beförderung in Tanks	ADR Beförderungskategorie (Tunnelbeschränkungscode)	ADR Sondervorschriften für die Beförderung Versandstücke	ADR Sondervorschriften für die Beförderung lose Schüttung	ADR Sondervorschriften für die Beförderung Be- und Entladung, Handhabung	Betrieb	RID Sondervorschriften für RID-Tanks	RID Beförderungskategorie	RID Sondervorschriften für die Beförderung Versandstücke	RID Sondervorschriften für die Beförderung lose Schüttung	RID Sondervorschriften für die Beförderung Be- und Entladung, Handhabung	Expressgut	Nummer zur Kennzeichnung der Gefahr	UN-Nummer
Anweisungen 4.2.5.2 7.3.2	4.2.5.3	4.3	4.3.5 6.8.4	9.1.1.2	1.1.3.6 (8.6)	7.2.4	7.3.3	7.5.11	8.5	4.3.5 6.8.4	1.1.3.1	7.2.4	7.3.3	7.5.11	7.6	5.3.2.3	(1)
(10)	(11)	(12)	(13)	(14)	(15)	(16)	(17)	(18)	(19)	(13)	(15)	(16)	(17)	(18)	(19)	(20)	(1)
					1 (D)			siehe SV 369	S21		1			siehe SV 369		RID: 687	3507
					4 (E)						4				CE2	RID: 90	3508
BK2					4 (E)		VC2 AP10				4		VC2 AP10			90	3509
					2 (D)			CV9 CV10 CV36	S2		2			CW9 CW10 CW36	CE3	RID: 23	3510
					3 (E)			CV9 CV10 CV36			3			CW9 CW10 CW36	CE3	RID: 20	3511
					1 (D)			CV9 CV10 CV36	S14		1			CW9 CW10 CW36		RID: 26	3512
					3 (E)			CV9 CV10 CV36			3			CW9 CW10 CW36	CE3	RID: 25	3513
					1 (D)			CV9 CV10 CV36	S2 S14		1			CW9 CW10 CW36		RID: 263	3514
					1 (D)			CV9 CV10 CV36	S14		1			CW9 CW10 CW36		RID: 265	3515
					1 (D)			CV9 CV10 CV36	S14		1			CW9 CW10 CW36		RID: 268	3516
					1 (D)			CV9 CV10 CV36	S2 S14		1			CW9 CW10 CW36		RID: 263	3517
					1 (D)			CV9 CV10 CV36	S14		1			CW9 CW10 CW36		RID: 265	3518
					1 (D)			CV9 CV10 CV36	S14		1			CW9 CW10 CW36		RID: 268	3519
					1 (D)			CV9 CV10 CV36	S14		1			CW9 CW10 CW36		RID: 265	3520
					1 (D)			CV9 CV10 CV36	S14		1			CW9 CW10 CW36		RID: 268	3521
					1 (D)			CV9 CV10 CV36	S2 S14		1			CW9 CW10 CW36		RID: 263	3522
					1 (D)			CV9 CV10 CV36	S2 S14		1			CW9 CW10 CW36		RID: 263	3523
					1 (D)			CV9 CV10 CV36	S14		1			CW9 CW10 CW36		RID: 268	3524
					1 (D)			CV9 CV10 CV36	S2 S14		1			CW9 CW10 CW36		RID: 263	3525

3.2 Tabelle A: Verzeichnis der gefährlichen Güter

gemäß Tabelle 1.10.3.1.2 § 35b GGVSEB	UN-Nummer	Benennung und Beschreibung	Klasse	Klassifizierungscode	Verpackungsgruppe	Gefahrzettel	Sondervorschriften	Begrenzte und freigestellte Mengen		Verpackung Anweisungen	Verpackung Sondervorschriften	Verpackung Zusammenpackung
G..		3.1.2	2.2	2.2	2.1.1.3	5.2.2	3.3	3.4 / 3.5.1.2		4.1.4	4.1.4	4.1.10
(1)		(2)	(3a)	(3b)	(4)	(5)	(6)	(7a)	(7b)	(8)	(9a)	(9b)
	3526	SELENWASSERSTOFF, ADSORBIERT	2	9TF		2.3 + 2.1		0	E0	P208		MP9
	3527	POLYESTERHARZ-MEHRKOMPONENTENSYSTEME, festes Grundprodukt	4.1	F4	II	4.1	236 340	5 kg	E0	P412		
	3527	POLYESTERHARZ-MEHRKOMPONENTENSYSTEME, festes Grundprodukt	4.1	F4	III	4.1	236 340	5 kg	E0	P412		
	3528	VERBRENNUNGSMOTOR MIT ANTRIEB DURCH ENTZÜNDBARE FLÜSSIGKEIT oder BRENNSTOFFZELLEN-MOTOR MIT ANTRIEB DURCH ENTZÜNDBARE FLÜSSIGKEIT oder VERBRENNUNGSMASCHINE MIT ANTRIEB DURCH ENTZÜNDBARE FLÜSSIGKEIT oder MASCHINE MIT BRENNSTOFFZELLEN-MOTOR MIT ANTRIEB DURCH ENTZÜNDBARE FLÜSSIGKEIT	3	F3		3	363 667 669	0	E0	P005		
	3529	VERBRENNUNGSMOTOR MIT ANTRIEB DURCH ENTZÜNDBARES GAS oder BRENNSTOFFZELLEN-MOTOR MIT ANTRIEB DURCH ENTZÜNDBARES GAS oder VERBRENNUNGSMASCHINE MIT ANTRIEB DURCH ENTZÜNDBARES GAS oder MASCHINE MIT BRENNSTOFFZELLEN-MOTOR MIT ANTRIEB DURCH ENTZÜNDBARES GAS	2	6F		2.1	363 667 669	0	E0	P005		
	3530	VERBRENNUNGSMOTOR oder VERBRENNUNGSMASCHINE	9	M11		9	363 667 669	0	E0	P005		
	3531	POLYMERISIERENDER STOFF, FEST, STABILISIERT, N.A.G.	4.1	PM1	III	4.1	274 386	0	E0	P002 IBC07	PP92 B18	
	3532	POLYMERISIERENDER STOFF, FLÜSSIG, STABILISIERT, N.A.G.	4.1	PM1	III	4.1	274 386	0	E0	P001 IBC03	PP93 B19	
	3533	POLYMERISIERENDER STOFF, FEST, TEMPERATURKONTROLLIERT, N.A.G.	4.1	PM2	III	4.1	274 386	0	E0	P002 IBC07	PP92 B18	
	3534	POLYMERISIERENDER STOFF, FLÜSSIG, TEMPERATURKONTROLLIERT, N.A.G.	4.1	PM2	III	4.1	274 386	0	E0	P001 IBC03	PP93 B19	
	3535	GIFTIGER ANORGANISCHER FESTER STOFF, ENTZÜNDBAR, N.A.G.	6.1	TF3	I	6.1 + 4.1	274	0	E5	P002 IBC99		MP18
	3535	GIFTIGER ANORGANISCHER FESTER STOFF, ENTZÜNDBAR, N.A.G.	6.1	TF3	II	6.1 + 4.1	274	500 g	E4	P002 IBC08	B4	MP10
	3536	LITHIUMBATTERIEN, IN GÜTERBEFÖRDERUNGSEINHEITEN EINGEBAUT, Lithium-Ionen-Batterien oder Lithium-Metall-Batterien	9	M4		9	389	0	E0			
	3537	GEGENSTÄNDE, DIE ENTZÜNDBARES GAS ENTHALTEN, N.A.G. [▶ 1.6.1.46 bis 31.12.2022]	2	6F		siehe 5.2.2.1.12	274 RID: 673	0	E0	P006 LP03		

Tabelle A: Verzeichnis der gefährlichen Güter 3.2

ortsbewegliche Tanks und Schüttgut-Container Anweisungen 4.2.5.2 / 7.3.2	Sondervorschriften 4.2.5.3	Tankcodierungen für ADR/RID-Tanks 4.3	ADR Sondervorschriften für ADR-Tanks 4.3.5 / 6.8.5	Fahrzeug für die Beförderung in Tanks 9.1.1.2	Beförderungskategorie (Tunnelbeschränkungscode) 1.1.3.6 (8.6)	Sondervorschriften für die Beförderung — Versandstücke 7.2.4	lose Schüttung 7.3.3	Be- und Entladung, Handhabung 7.5.11	Betrieb 8.5	RID Sondervorschriften für RID-Tanks 4.3.5 / 6.8.5	Beförderungskategorie 1.1.3.6	Sondervorschriften für die Beförderung — Versandstücke 7.2.4	lose Schüttung 7.3.3	Be- und Entladung, Handhabung 7.5.11	Expressgut 7.6	Nummer zur Kennzeichnung der Gefahr 5.3.2.3	UN-Nummer
(10)	(11)	(12)	(13)	(14)	(15)	(16)	(17)	(18)	(19)	(13)	(15)	(16)	(17)	(18)	(19)	(20)	(1)
					1 (D)			CV9 CV10 CV36	S2 S14		1			CW9 CW10 CW36		RID: 263	3526
					2 (E)						2				CE10	RID: 40	3527
					3 (E)						3				CE11	RID: 40	3527
					– (D)						–					RID: 30	3528
					– (B)						–					RID: 23	3529
					– (E)						–					RID: 90	3530
T7	TP4 TP6 TP33	SGAN(+)	TU30 TE11	AT	2 (D)	V1		CV15 CV22		TU30 TE11	2		W7	CW22	CE10	40	3531
T7	TP4 TP6	L4BN(+)	TU30 TE11	AT	2 (D)	V1		CV15 CV22		TU30 TE11	2		W7	CW22	CE6	40	3532
T7	TP4 TP6 TP33	SGAN(+)	TU30 TE11	AT	1 (D)	V8		CV15 CV21 CV22	S4	RID: verboten						40	3533
T7	TP4 TP6	L4BN(+)	TU30 TE11	AT	1 (D)	V8		CV15 CV21 CV22	S4	RID: verboten						40	3534
T6	TP33			AT	1 (C/E)	V10		CV1 CV13 CV28	S9 S14	1			W10	CW13 CW28 CW31		664	3535
T3	TP33	SGAH	TU15 TE19	AT	2 (D/E)	V11		CV13 CV28	S9 S19	TU15	2		W11	CW13 CW28 CW31	CE9	64	3535
					– (E)						–					RID: 90	3536
					4 (E)			CV13 CV28			4			CW13 CW28	CE3		3537

3.2 Tabelle A: Verzeichnis der gefährlichen Güter

gemäß Tabelle 1.10.3.1.2	§ 35b GGVSEB	UN-Nummer	Benennung und Beschreibung	Klasse	Klassifizierungscode	Verpackungsgruppe	Gefahrzettel	Sondervorschriften	Begrenzte und freigestellte Mengen		Verpackung Anweisungen	Verpackung Sondervorschriften	Verpackung Zusammenpackung
									3.4 / 3.5.1.2		4.1.4	4.1.4	4.1.10
●	G..		3.1.2	2.2	2.2	2.1.1.3	5.2.2	3.3	(7a)	(7b)	(8)	(9a)	(9b)
		(1)	(2)	(3a)	(3b)	(4)	(5)	(6)					
		3538	GEGENSTÄNDE, DIE NICHT ENTZÜNDBARES, NICHT GIFTIGES GAS ENTHALTEN, N.A.G. [▶ 1.6.1.46 bis 31.12.2022]	2	6A		siehe 5.2.2.1.12	274 RID: 673	0	E0	P006 LP03		
		3539	GEGENSTÄNDE, DIE GIFTIGES GAS ENTHALTEN, N.A.G. [▶ 1.6.1.46 bis 31.12.2022]	2	6T		siehe 5.2.2.1.12	274 RID: 673	0	E0	P006 LP03		
		3540	GEGENSTÄNDE, DIE EINEN ENTZÜNDBAREN FLÜSSIGEN STOFF ENTHALTEN, N.A.G. [▶ 1.6.1.46 bis 31.12.2022]	3	F3		siehe 5.2.2.1.12	274 RID: 673	0	E0	P006 LP03		
		3541	GEGENSTÄNDE, DIE EINEN ENTZÜNDBAREN FESTEN STOFF ENTHALTEN, N.A.G. [▶ 1.6.1.46 bis 31.12.2022]	4.1	F4		siehe 5.2.2.1.12	274 RID: 673	0	E0	P006 LP03		
		3542	GEGENSTÄNDE, DIE EINEN SELBSTENTZÜNDLICHEN STOFF ENTHALTEN, N.A.G. [▶ 1.6.1.46 bis 31.12.2022]	4.2	S6		siehe 5.2.2.1.12	274 RID: 673	0	E0	P006 LP03		
		3543	GEGENSTÄNDE, DIE EINEN STOFF ENTHALTEN, DER IN BERÜHRUNG MIT WASSER ENTZÜNDBARE GASE ENTWICKELT, N.A.G. [▶ 1.6.1.46 bis 31.12.2022]	4.3	W3		siehe 5.2.2.1.12	274 RID: 673	0	E0	P006 LP03		
		3544	GEGENSTÄNDE, DIE EINEN ENTZÜNDEND (OXIDIEREND) WIRKENDEN STOFF ENTHALTEN, N.A.G. [▶ 1.6.1.46 bis 31.12.2022]	5.1	O3		siehe 5.2.2.1.12	274 RID: 673	0	E0	P006 LP03		
		3545	GEGENSTÄNDE, DIE ORGANISCHES PEROXID ENTHALTEN, N.A.G. [▶ 1.6.1.46 bis 31.12.2022]	5.2	P1 ADR: oder P2		siehe 5.2.2.1.12	274 RID: 673	0	E0	P006 LP03		
		3546	GEGENSTÄNDE, DIE EINEN GIFTIGEN STOFF ENTHALTEN, N.A.G. [▶ 1.6.1.46 bis 31.12.2022]	6.1	T10		siehe 5.2.2.1.12	274 RID: 673	0	E0	P006 LP03		
		3547	GEGENSTÄNDE, DIE EINEN ÄTZENDEN STOFF ENTHALTEN, N.A.G. [▶ 1.6.1.46 bis 31.12.2022]	8	C11		siehe 5.2.2.1.12	274 RID: 673	0	E0	P006 LP03		
		3548	GEGENSTÄNDE, DIE VERSCHIEDENE GEFÄHRLICHE GÜTER ENTHALTEN, N.A.G. [▶ 1.6.1.46 bis 31.12.2022]	9	M11		siehe 5.2.2.1.12	274 RID: 673	0	E0	P006 LP03		
		3549	MEDIZINISCHE ABFÄLLE, KATEGORIE A, GEFÄHRLICH FÜR MENSCHEN, fest oder MEDIZINISCHE ABFÄLLE, KATEGORIE A, nur GEFÄHRLICH FÜR TIERE, fest	6.2	I3		6.2	395	0	E0	P622 LP622		MP2

Tabelle A: Verzeichnis der gefährlichen Güter — 3.2

ortsbewegliche Tanks und Schüttgut-Container		Tankcodierungen für ADR/RID-Tanks	ADR							RID							UN-Nummer
Anweisungen	Sondervorschriften		Sondervorschriften für ADR-Tanks	Fahrzeug für die Beförderung in Tanks	Beförderungs-kategorie (Tunnelbeschränkungs-code)	Sondervorschriften für die Beförderung			Betrieb	Sondervorschriften für RID-Tanks	Beförderungs-kategorie	Sondervorschriften für die Beförderung			Expressgut	Nummer zur Kennzeichnung der Gefahr	
						Versandstücke	lose Schüttung	Be- und Entladung, Handhabung				Versandstücke	lose Schüttung	Be- und Entladung, Handhabung			
4.2.5.2 7.3.2	4.2.5.3	4.3	4.3.5 6.8.4	9.1.1.2	1.1.3.6 (8.6)	7.2.4	7.3.3	7.5.11	8.5	4.3.5 6.8.4	1.1.3.1	7.2.4	7.3.3	7.5.11	7.6	5.3.2.3	(1)
(10)	(11)	(12)	(13)	(14)	(15)	(16)	(17)	(18)	(19)	(13)	(15)	(16)	(17)	(18)	(19)	(20)	
					4 (E)			CV13 CV28			4			CW13 CW28	CE3		3538
					4 (E)			CV13 CV28			4			CW13 CW28	CE3		3539
					4 (E)			CV13 CV28			4			CW13 CW28	CE3		3540
					4 (E)			CV13 CV28			4			CW13 CW28	CE3		3541
					4 (E)			CV13 CV28			4			CW13 CW28	CE3		3542
					4 (E)			CV13 CV28			4			CW13 CW28	CE3		3543
					4 (E)			CV13 CV28			4			CW13 CW28	CE3		3544
					4 (E)			CV13 CV28			4			CW13 CW28	CE3		3545
					4 (E)			CV13 CV28			4			CW13 CW28	CE3		3546
					4 (E)			CV13 CV28			4			CW13 CW28	CE3		3547
					4 (E)			CV13 CV28			4			CW13 CW28	CE3		3548
					0 (–)	V1		CV13 CV25 CV26 CV28	S3 S9 S15		0		W9	CW13 CW18 CW26 CW28	CE14	RID: 606	3549

3.2 Verzeichnis der gefährlichen Güter

ADR | **RID**

Tabelle B: Verzeichnis der gefährlichen Güter 3.2

Tabelle B
Verzeichnis der gefährlichen Güter
in alphabetischer Reihenfolge

Die Namen der Stoffe und Gegenstände sind in alphabetischer Reihenfolge aufgeführt, wobei die vorangestellten arabischen Zahlen oder Vorsilben, wie o-, m-, p-, n-, sec-, tert-, N-, alpha-, omega-, cis-, trans-, nicht berücksichtigt werden. Die Vorsilben Bis- und Iso- sind jedoch für die alphabetische Reihenfolge berücksichtigt worden und erscheinen deshalb als Großbuchstaben.

Spalte «NHM-Code»
(Nomenclature Harmonisée Marchandises – Harmonisiertes Güterverzeichnis)

In dieser Spalte ist der NHM-Code des Gutes nach dem Harmonisierten Güterverzeichnis (UIC-Merkblatt 221 [1]) aufgeführt. Die NHM-Codes umfassen acht Ziffern. Die in dieser Tabelle angegebenen Codes sind auf sechs Ziffern, wie sie im CIM-Frachtbrief vorgesehen sind, beschränkt. Da die gefährlichen Güter den NHM-Codes nach Grundsätzen zugeordnet werden, die von den Zuordnungsverfahren des RID abweichen, ist es nicht immer möglich, für eine Stoffbezeichnung aus dem RID einen einzigen NHM-Code vorzusehen. Dies gilt insbesondere für die Gattungseintragungen und n.a.g.-Eintragungen. In diesen Fällen kann der richtige NHM-Code nur gefunden werden, wenn die chemische oder technische Benennung des Gutes bekannt ist. Wenn der richtige NHM-Code nur unvollständig angegeben werden kann, sind anstelle der fehlenden Ziffern Pluszeichen («+») angegeben. In den Fällen, in denen mehrere NHM-Codes in Betracht kommen, sind in der Spalte NHM-Code zwei zutreffende NHM-Codes angegeben, wobei der am ehesten zutreffende Code an erster Stelle erscheint.

Die Zuordnung der NHM-Codes wurde vom Sekretariat der OTIF mit größter Sorgfalt vorgenommen. Für die inhaltliche und technische Fehlerfreiheit kann jedoch keine Gewähr übernommen werden.

Die Angaben in dieser Spalte sind nicht rechtsverbindlich.

---

[1] Die NHM-Codes können auf der Website der UIC unter http://www.uic.org/nhm eingesehen werden.

Anmerkung des Verlages:
Diese Tabelle B ist für die Beförderung gefährlicher Güter auf der **Straße** ein *nichtoffizieller* Bestandteil des Kapitels 3.2 ADR.
Für die Beförderung mit der **Eisenbahn** ist dieses Verzeichnis als Tabelle B im RID, Abschnitt 3.2 enthalten.
Da sich diese zwei Verzeichnisse nur in wenigen Angaben voneinander unterscheiden, haben wir uns entschlossen, nur dieses eine gemeinsame Verzeichnis herauszugeben, zumal der Verlag noch die Stoffe aus den Unterabschnitten 2.2.41.4 und 2.2.52.4 mit den entsprechenden Angaben eingearbeitet hat; diese Angaben sind *kursiv* dargestellt.
Weitere Angaben, die nicht RID-Text sind, sind ebenfalls *kursiv* dargestellt.

3.2 Tabelle B: Verzeichnis der gefährlichen Güter

Benennung und Beschreibung des Gutes		UN-Nr.	Bemerkung	NHM-Code
A				
Abfälle, die entzündbare flüssige Stoffe mit einem Flammpunkt von höchstens 60 °C enthalten:	siehe FESTE STOFFE, DIE ENTZÜNDBARE FLÜSSIGE STOFFE mit einem Flammpunkt von höchstens 60 °C ENTHALTEN, N.A.G.	3175		+++ +++
ABFALLNITRIERSÄUREMISCHUNG mit höchstens 50 % Salpetersäure		1826		280 800 382 569
ABFALLNITRIERSÄUREMISCHUNG mit mehr als 50 % Salpetersäure		1826		280 800 382 569
ABFALLSCHWEFELSÄURE		1906		280 700 382 569
ACETAL		1088		291 100
ACETALDEHYD		1089		291 212
ACETALDEHYDAMMONIAK		1841		292 219
ACETALDEHYDOXIM		2332		292 990
Acetoin:	siehe ACETYL-METHYL-CARBINOL	2621		290 519
ACETON		1090		291 411
ACETONCYANHYDRIN, STABILISIERT		1541		292 690
ACETONITRIL		1648		292 690
ACETONÖLE		1091		380 700
Acetylaceton:	siehe PENTAN-2,4-DION	2310		291 419
ACETYLACETONPEROXID:	siehe ORGANISCHES PEROXID TYP D, FLÜSSIG	3105	Organische Peroxide gem. 2.2.52.4	29+ +++
ACETYLACETONPEROXID (als Paste):	siehe ORGANISCHES PEROXID TYP D, FEST	3106	Organische Peroxide gem. 2.2.52.4	29+ +++
ACETYLBENZOYLPEROXID:	siehe ORGANISCHES PEROXID TYP D, FLÜSSIG	3105	Organische Peroxide gem. 2.2.52.4	29+ +++
ACETYLBROMID		1716		291 590
ACETYLCHLORID		1717		291 590
ACETYLCYCLOHEXANSULFONYLPEROXID:	siehe ORGANISCHES PEROXID TYP B, FEST, TEMPERATURKONTROLLIERT	3112	Organische Peroxide gem. 2.2.52.4 RID: verboten	
ACETYLCYCLOHEXANSULFONYLPEROXID:	siehe ORGANISCHES PEROXID TYP D, FLÜSSIG, TEMPERATURKONTROLLIERT	3115	Organische Peroxide gem. 2.2.52.4 RID: verboten	

Tabelle B: Verzeichnis der gefährlichen Güter   3.2

Benennung und Beschreibung des Gutes		UN-Nr.	Bemerkung	NHM-Code
ACETYLEN, GELÖST		1001		290 129
ACETYLEN, LÖSUNGSMITTELFREI		3374		290 129
Acetylentetrabromid:	siehe *TETRABROM-ETHAN*	2504		290 330
Acetylentetrachlorid:	siehe *1,1,2,2-TETRA-CHLORETHAN*	1702		290 319
ACETYLIODID		1898		290 330
ACETYLMETHYLCARBINOL		2621		290 519
ACRIDIN		2713		293 390
ACROLEIN, DIMER, STABILISIERT		2607		291 219
ACROLEIN, STABILISIERT		1092		291 219
ACRYLAMID, FEST		2074		292 410
ACRYLAMID, LÖSUNG		3426		292 419
ACRYLNITRIL, STABILISIERT		1093		292 610
ACRYLSÄURE, STABILISIERT		2218		291 611
ADIPONITRIL		2205		292 690
ADSORBIERTES GAS, N.A.G.		3511		+++ +++
ADSORBIERTES GAS, ENTZÜNDBAR, N.A.G.		3510		+++ +++
ADSORBIERTES GAS, GIFTIG, N.A.G.		3512		+++ +++
ADSORBIERTES GAS, GIFTIG, ÄTZEND, N.A.G.		3516		+++ +++
ADSORBIERTES GAS, GIFTIG, ENTZÜNDBAR, N.A.G.		3514		+++ +++
ADSORBIERTES GAS, GIFTIG, ENTZÜNDBAR, ÄTZEND, N.A.G.		3517		+++ +++
ADSORBIERTES GAS, GIFTIG, OXIDIEREND, N.A.G.		3515		+++ +++
ADSORBIERTES GAS, GIFTIG, OXIDIEREND, ÄTZEND, N.A.G.		3518		+++ +++
ADSORBIERTES GAS, OXIDIEREND, N.A.G.		3513		+++ +++
Airbag-Gasgeneratoren:	siehe *SICHERHEITS-EINRICHTUN-GEN, PYRO-TECHNISCH*	0503		870 8++
Airbag-Gasgeneratoren:	siehe *SICHERHEITS-EINRICHTUN-GEN, elektrische Auslösung*	3268		870 8++
Airbag-Module:	siehe *SICHERHEITS-EINRICHTUN-GEN, PYRO-TECHNISCH*	0503		870 8++
Airbag-Module:	siehe *SICHERHEITS-EINRICHTUN-GEN, elektrische Auslösung*	3268		870 8++
AKKUMULATOREN, NASS, AUSLAUFSICHER, elektrische Sammler		2800		850 7++
AKKUMULATOREN, NASS, GEFÜLLT MIT ALKALIEN, elektrische Sammler		2795		850 7++
AKKUMULATOREN, NASS, GEFÜLLT MIT SÄURE, elektrische Sammler		2794		850 7++
AKKUMULATOREN, TROCKEN, KALIUMHYDROXID, FEST, ENTHALTEND, elektrische Sammler		3028		850 7++
Aktinolith:	siehe *ASBEST, AMPHIBOL*	2212		252 490
ALDEHYDE, N.A.G.		1989		291 2++
ALDEHYDE, ENTZÜNDBAR, GIFTIG, N.A.G.		1988		291 2++

3.2 Tabelle B: Verzeichnis der gefährlichen Güter

Benennung und Beschreibung des Gutes	UN-Nr.	Bemerkung	NHM-Code
ALDOL	2839		291 249
ALKALIMETALLALKOHOLATE, SELBSTERHITZUNGSFÄHIG, ÄTZEND, N.A.G.	3206		290 550
ALKALIMETALLAMALGAM, FEST	3401		285 100
ALKALIMETALLAMALGAM, FLÜSSIG	1389		285 100
ALKALIMETALLAMIDE	1390		285 100
ALKALIMETALLDISPERSION	1391		280 519
ALKALIMETALLDISPERSION, ENTZÜNDBAR	3482		280 519
ALKALIMETALLLEGIERUNG, FLÜSSIG, N.A.G.	1421		280 519
ALKALOIDE, FEST, N.A.G.	1544		293 990
ALKALOIDE, FLÜSSIG, N.A.G.	3140		293 990
ALKALOIDSALZE, FEST, N.A.G.	1544		293 990
ALKALOIDSALZE, FLÜSSIG, N.A.G.	3140		293 990
Alkohol C_6 - C_{17} (sekundär) poly (3-6) ethoxylat:	siehe 3082 UMWELTGEFÄHRDENDER STOFF, FLÜSSIG, N.A.G.		+++ +++
Alkohol C_{12} - C_{15} poly (1-3) ethoxylat:	siehe 3082 UMWELTGEFÄHRDENDER STOFF, FLÜSSIG, N.A.G.		+++ +++
Alkohol C_{13} - C_{15} poly (1-6) ethoxylat:	siehe 3082 UMWELTGEFÄHRDENDER STOFF, FLÜSSIG, N.A.G.		+++ +++
ALKOHOLATE, LÖSUNG in Alkohol, N.A.G.	3274		290 550
ALKOHOLE, N.A.G.	1987		+++ +++
ALKOHOLE, ENTZÜNDBAR, GIFTIG, N.A.G.	1986		+++ +++
ALKOHOLISCHE GETRÄNKE	3065		220 8++
ALKYLPHENOLE, FEST, N.A.G. (einschließlich C2-C12-Homologe)	2430		290 719
ALKYLPHENOLE, FLÜSSIG, N.A.G. (einschließlich C2-C12-Homologe)	3145		290 719
ALKYLSCHWEFELSÄUREN	2571		290 410
ALKYLSULFONSÄUREN, FEST, mit höchstens 5 % freier Schwefelsäure	2585		290 410
ALKYLSULFONSÄUREN, FEST, mit mehr als 5 % freier Schwefelsäure	2583		290 410
ALKYLSULFONSÄUREN, FLÜSSIG, mit höchstens 5 % freier Schwefelsäure	2586		290 410
ALKYLSULFONSÄUREN, FLÜSSIG, mit mehr als 5 % freier Schwefelsäure	2584		290 410
ALLYLACETAT	2333		291 590
ALLYLALKOHOL	1098		290 529
ALLYLAMIN	2334		292 119
ALLYLBROMID	1099		290 339
ALLYLCHLORFORMIAT	1722		291 590
ALLYLCHLORID	1100		290 329
ALLYLETHYLETHER	2335		290 919
ALLYLFORMIAT	2336		291 513
ALLYLGLYCIDYLETHER	2219		291 090
ALLYLIODID	1723		290 339
ALLYLISOTHIOCYANAT, STABILISIERT	1545		293 090
ALLYLTRICHLORSILAN, STABILISIERT	1724		293 100

Tabelle B: Verzeichnis der gefährlichen Güter 3.2

Benennung und Beschreibung des Gutes		UN-Nr.	Bemerkung	NHM-Code
alpha-Methrin:	siehe	3082		+++ +++
	UMWELTGE-FÄHRDENDER STOFF, FLÜSSIG, N.A.G.			
ALTVERPACKUNG, LEER, UNGEREINIGT		3509		+++ +++
ALUMINIUMBORHYDRID		2870		285 000
ALUMINIUMBORHYDRID IN GERÄTEN		2870		285 000
ALUMINIUMBROMID, LÖSUNG		2580		282 759
ALUMINIUMBROMID, WASSERFREI		1725		282 759
ALUMINIUMCARBID		1394		284 990
ALUMINIUMCHLORID, LÖSUNG		2581		282 732
ALUMINIUMCHLORID, WASSERFREI		1726		282 732
Aluminiumeisensilicium-Pulver:	siehe	1395		760 120
	ALUMINIUM-FERROSILI-CIUM-PULVER			
ALUMINIUMFERROSILICIUM-PULVER		1395		760 120
ALUMINIUMHYDRID		2463		285 000
ALUMINIUMNITRAT		1438		283 429
ALUMINIUMPHOSPHID		1397		284 800
ALUMINIUMPHOSPHID-PESTIZID		3048		284 800
ALUMINIUM-PULVER, NICHT ÜBERZOGEN		1396		760 310
ALUMINIUM-PULVER, ÜBERZOGEN		1309		760 310
ALUMINIUMRESINAT		2715		380 690
ALUMINIUMSILICIUM-PULVER, NICHT ÜBERZOGEN		1398		285 000
AMEISENSÄURE mit mehr als 85 Masse-% Säure		1779		291 511
AMEISENSÄURE mit mindestens 5 Masse-%, aber höchstens 85 Masse-% Säure		3412		291 511
Ameisensäuremethylester:	siehe	1243		291 513
	METHYL-FORMIAT			
AMINE, ENTZÜNDBAR, ÄTZEND, N.A.G.		2733		292 1++
AMINE, FEST, ÄTZEND, N.A.G.		3259		292 1++
AMINE, FLÜSSIG, ÄTZEND, N.A.G.		2735		292 1++
AMINE, FLÜSSIG, ÄTZEND, ENTZÜNDBAR, N.A.G.		2734		292 1++
2-AMINO-4-CHLORPHENOL		2673		292 229
2-AMINO-5-DIETHYLAMINOPENTAN		2946		292 129
2-AMINO-4,6-DINITROPHENOL, ANGEFEUCHTET mit mindestens 20 Masse-% Wasser		3317		292 229
2-(2-AMINOETHOXY)-ETHANOL		3055		292 219
N-AMINOETHYLPIPERAZIN		2815		293 390
AMINOPHENOLE (o-, m-, p-)		2512		292 229
AMINOPYRIDINE (o-, m-, p-)		2671		293 339
Aminosulfonsäure:	siehe	2967		281 119
	SULFAMIN-SÄURE			
AMMONIAK, WASSERFREI		1005		281 410
AMMONIAKLÖSUNG in Wasser, Dichte kleiner als 0,880 kg/l bei 15 °C, mit mehr als 35 %, aber höchstens 50 % Ammoniak		2073		281 420
AMMONIAKLÖSUNG in Wasser, Dichte kleiner als 0,880 kg/l bei 15 °C, mit mehr als 50 % Ammoniak		3318		281 410
AMMONIAKLÖSUNG in Wasser, relative Dichte zwischen 0,880 und 0,957 bei 15 °C, mit mehr als 10 %, aber höchstens 35 % Ammoniak		2672		281 420

3.2 Tabelle B: Verzeichnis der gefährlichen Güter

Benennung und Beschreibung des Gutes		UN-Nr.	Bemerkung	NHM-Code
AMMONIUMARSENAT		1546		284 290
Ammoniumbifluorid:	siehe	1727		282 619
	AMMONIUM-HYDROGEN-DIFLUORID, FEST			
Ammoniumbifluorid, Lösung:	siehe	2817		282 619
	AMMONIUM-HYDROGEN-DIFLUORID, LÖSUNG			
AMMONIUMDICHROMAT		1439		284 150
AMMONIUMDINITRO-o-CRESOLAT, FEST		1843		290 899
AMMONIUMDINITRO-o-CRESOLAT, LÖSUNG		3424		290 899
Ammoniumdisulfat:	siehe	2506		283 329
	AMMONIUM-HYDROGEN-SULFAT			
AMMONIUMFLUORID		2505		282 619
AMMONIUMFLUOROSILICAT		2854		282 690
AMMONIUMHYDROGENDIFLUORID, FEST		1727	.	282 619
AMMONIUMHYDROGENDIFLUORID, LÖSUNG		2817		282 619
AMMONIUMHYDROGENSULFAT		2506		283 329
AMMONIUMMETAVANADAT		2859		284 190
AMMONIUMNITRAT, FLÜSSIG, heiße konzentrierte Lösung mit einer Konzentration von mehr als 80 %, aber höchstens 93 %		2426		310 230
AMMONIUMNITRAT mit höchstens 0,2 % brennbaren Stoffen, einschließlich jedes als Kohlenstoff berechneten organischen Stoffes, unter Ausschluss jedes anderen zugesetzten Stoffes		1942		310 230 310 510
AMMONIUMNITRAT		0222		310 230 310 510
AMMONIUMNITRAT-EMULSION, Zwischenprodukt für die Herstellung von Sprengstoffen		3375		310 230
AMMONIUMNITRAT-GEL, Zwischenprodukt für die Herstellung von Sprengstoffen		3375		310 230
AMMONIUMNITRATHALTIGES DÜNGEMITTEL		2067		310 230 310 510
AMMONIUMNITRATHALTIGES DÜNGEMITTEL		2071		310 230 310 510
AMMONIUMNITRAT-SUSPENSION, Zwischenprodukt für die Herstellung von Sprengstoffen		3375		310 230
AMMONIUMPERCHLORAT		0402		282 990
AMMONIUMPERCHLORAT		1442		282 990
AMMONIUMPERSULFAT		1444	.	283 340
AMMONIUMPIKRAT, ANGEFEUCHTET mit mindestens 10 Masse-% Wasser		1310		290 899
AMMONIUMPIKRAT, trocken oder angefeuchtet mit weniger als 10 Masse-% Wasser		0004		290 899
AMMONIUMPOLYSULFID, LÖSUNG		2818		283 090
AMMONIUMPOLYVANADAT		2861		284 190
AMMONIUMSULFID, LÖSUNG		2683		283 090

Tabelle B: Verzeichnis der gefährlichen Güter 3.2

Benennung und Beschreibung des Gutes	UN-Nr.		Bemerkung	NHM-Code
AMYLACETATE		1104		291 539
n-Amylamin:	siehe	1106		292 119
	AMYLAMINE			
sec-Amylamin:	siehe	1106		292 119
	AMYLAMINE			
tert-Amylamin:	siehe	1106		292 119
	AMYLAMINE			
AMYLAMINE		1106		292 119
AMYLBUTYRATE		2620		291 590
AMYLCHLORIDE		1107		290 319
n-AMYLEN		1108		290 129
AMYLFORMIATE		1109		291 513
tert-AMYLHYDROPEROXID:	siehe	3107	Organische Peroxide gem. 2.2.52.4	29+ +++
	ORGANISCHES PEROXID TYP E, FLÜSSIG			
AMYLMERCAPTAN		1111		293 090
n-AMYLMETHYLKETON		1110		291 419
AMYLNITRATE		1112		292 090
AMYLNITRITE		1113		292 090
tert-AMYLPEROXYACETAT:	siehe	3107	Organische Peroxide gem. 2.2.52.4	29+ +++
	ORGANISCHES PEROXID TYP E, FLÜSSIG			
tert-AMYLPEROXYBENZOAT:	siehe	3103	Organische Peroxide gem. 2.2.52.4	29+ +++
	ORGANISCHES PEROXID TYP C, FLÜSSIG			
tert-AMYLPEROXY-2-ETHYLHEXANOAT:	siehe	3115	Organische Peroxide gem. 2.2.52.4 RID: verboten	
	ORGANISCHES PEROXID TYP D, FLÜSSIG, TEMPERATURKONTROLLIERT			
tert-AMYLPEROXY-2-ETHYLHEXYLCARBONAT:	siehe	3105	Organische Peroxide gem. 2.2.52.4	29+ +++
	ORGANISCHES PEROXID TYP D, FLÜSSIG			
tert-AMYLPEROXYNEODECANOAT:	siehe	3115	Organische Peroxide gem. 2.2.52.4 RID: verboten	
	ORGANISCHES PEROXID TYP D, FLÜSSIG, TEMPERATURKONTROLLIERT			
tert-AMYLPEROXYPIVALAT:	siehe	3113	Organische Peroxide gem. 2.2.52.4 RID: verboten	
	ORGANISCHES PEROXID TYP C, FLÜSSIG, TEMPERATURKONTROLLIERT			

3.2 Tabelle B: Verzeichnis der gefährlichen Güter

Benennung und Beschreibung des Gutes		UN-Nr.	Bemerkung	NHM-Code
tert-AMYLPEROXY-3,5,5-TRIMETHYLHEXANOAT:	siehe ORGANISCHES PEROXID TYP B, FLÜSSIG	3101	Organische Peroxide gem. 2.2.52.4	29+ +++
AMYLPHOSPHAT		2819		291 900
AMYLTRICHLORSILAN		1728		293 100
ANILIN		1547		292 141
ANILINHYDROCHLORID		1548		292 142
ANISIDINE		2431		292 222
ANISOL		2222		290 920
ANISOYLCHLORID		1729		291 890
ANORGANISCHE ANTIMONVERBINDUNG, FEST, N.A.G.		1549		28+ +++
ANORGANISCHE ANTIMONVERBINDUNG, FLÜSSIG, N.A.G.		3141		28+ +++
ANSTECKUNGSGEFÄHRLICHER STOFF, GEFÄHRLICH FÜR MENSCHEN		2814		+++ +++
ANSTECKUNGSGEFÄHRLICHER STOFF, nur GEFÄHRLICH FÜR TIERE		2900		+++ +++
Anthophyllit:	siehe ASBEST, AMPHIBOL	2212		252 490
ANTIKLOPFMISCHUNG FÜR MOTORKRAFTSTOFF		1649		381 111
ANTIKLOPFMISCHUNG FÜR MOTORKRAFTSTOFF, ENTZÜNDBAR		3483		381 111
ANTIMONLAKTAT		1550		291 811
ANTIMONPENTACHLORID, FLÜSSIG		1730		282 739
ANTIMONPENTACHLORID, LÖSUNG		1731		282 739
ANTIMONPENTAFLUORID		1732		282 619
ANTIMON-PULVER		2871		811 000
ANTIMONTRICHLORID		1733		282 739
ANTIMONWASSERSTOFF		2676		285 000
ANTIMONYLKALIUMTARTRAT		1551		291 813
ANZÜNDER		0121		360 300
ANZÜNDER		0314		360 300
ANZÜNDER		0315		360 300
ANZÜNDER		0325		360 300
ANZÜNDER		0454		360 300
ANZÜNDER, ANZÜNDSCHNUR		0131		360 300
ANZÜNDHÜTCHEN		0044		360 300
ANZÜNDHÜTCHEN		0377		360 300
ANZÜNDHÜTCHEN		0378		360 300
ANZÜNDLITZE		0066		360 300
ANZÜNDSCHNUR		0105		360 300
ANZÜNDSCHNUR, rohrförmig, mit Metallmantel		0103		360 300
ARGON, TIEFGEKÜHLT, FLÜSSIG		1951		280 421
ARGON, VERDICHTET		1006		280 421
ARSEN		1558		280 480
Arsenate, n.a.g.:	siehe ARSENVER-BINDUNG, FLÜSSIG, N.A.G., anorganisch	1556		284 290
Arsenate, n.a.g.:	siehe ARSENVER-BINDUNG, FEST, N.A.G., anorganisch	1557		28+ +++

Tabelle B: Verzeichnis der gefährlichen Güter 3.2

Benennung und Beschreibung des Gutes	UN-Nr.	Bemerkung	NHM-Code
ARSENBROMID	1555		282 759
ARSENHALTIGES PESTIZID, FEST, GIFTIG	2759		380 810
ARSENHALTIGES PESTIZID, FLÜSSIG, ENTZÜNDBAR, GIFTIG, Flammpunkt unter 23 °C	2760		380 810
ARSENHALTIGES PESTIZID, FLÜSSIG, GIFTIG	2994		380 810
ARSENHALTIGES PESTIZID, FLÜSSIG, GIFTIG, ENTZÜNDBAR, mit einem Flammpunkt von 23 °C oder darüber	2993		380 810
Arsenite, n.a.g.:	siehe 1556 ARSENVER-BINDUNG, FLÜSSIG, N.A.G., anorganisch		284 290
Arsenite, n.a.g.:	siehe 1557 ARSENVER-BINDUNG, FEST, N.A.G., anorganisch		28+ +++
ARSENPENTOXID	1559		282 590
ARSENSÄURE, FEST	1554		281 119
ARSENSÄURE, FLÜSSIG	1553		281 119
ARSEN-STAUB	1562		280 480
Arsensulfide, n.a.g.:	siehe 1556 ARSENVER-BINDUNG, FLÜSSIG, N.A.G., anorganisch		284 290
Arsensulfide, n.a.g.:	siehe 1557 ARSENVER-BINDUNG, FEST, N.A.G., anorganisch		28+ +++
ARSENTRICHLORID	1560		281 210
ARSENTRIOXID	1561		281 129
ARSENVERBINDUNG, FEST, N.A.G., anorganisch	1557		28+ +++
ARSENVERBINDUNG, FLÜSSIG, N.A.G., anorganisch	1556		284 290
ARSENWASSERSTOFF	2188		285 000
ARSENWASSERSTOFF, ADSORBIERT	3522		285 000
ARSIN	2188		285 000
ARSIN, ADSORBIERT	3522		285 000
ARYLSULFONSÄUREN, FEST, mit höchstens 5 % freier Schwefelsäure	2585		290 410
ARYLSULFONSÄUREN, FEST, mit mehr als 5 % freier Schwefelsäure	2583		290 410
ARYLSULFONSÄUREN, FLÜSSIG, mit höchstens 5 % freier Schwefelsäure	2586		290 410
ARYLSULFONSÄUREN, FLÜSSIG, mit mehr als 5 % freier Schwefelsäure	2584		290 410
ASBEST, AMPHIBOL	2212		252 410
ASBEST, CHRYSOTIL	2590		252 490
ÄTZENDER ALKALISCHER FLÜSSIGER STOFF, N.A.G.	1719		282 590
ÄTZENDER BASISCHER ANORGANISCHER FESTER STOFF, N.A.G.	3262		28+ +++
ÄTZENDER BASISCHER ANORGANISCHER FLÜSSIGER STOFF, N.A.G.	3266		28+ +++
ÄTZENDER BASISCHER ORGANISCHER FESTER STOFF, N.A.G.	3263		29+ +++
ÄTZENDER BASISCHER ORGANISCHER FLÜSSIGER STOFF, N.A.G.	3267		29+ +++
ÄTZENDER FESTER STOFF, N.A.G.	1759		+++ +++
ÄTZENDER FESTER STOFF, ENTZÜNDBAR, N.A.G.	2921		+++ +++
ÄTZENDER FESTER STOFF, ENTZÜNDEND (OXIDIEREND) WIRKEND, N.A.G.	3084		+++ +++
ÄTZENDER FESTER STOFF, GIFTIG, N.A.G.	2923		+++ +++

3.2 Tabelle B: Verzeichnis der gefährlichen Güter

Benennung und Beschreibung des Gutes	UN-Nr.	Bemerkung	NHM-Code
ÄTZENDER FESTER STOFF, MIT WASSER REAGIEREND, N.A.G.	3096		+++ +++
ÄTZENDER FESTER STOFF, SELBSTERHITZUNGSFÄHIG, N.A.G.	3095		+++ +++
ÄTZENDER FLÜSSIGER STOFF, N.A.G.	1760		+++ +++
ÄTZENDER FLÜSSIGER STOFF, ENTZÜNDBAR, N.A.G.	2920		+++ +++
ÄTZENDER FLÜSSIGER STOFF, ENTZÜNDEND (OXIDIEREND) WIRKEND, N.A.G.	3093		+++ +++
ÄTZENDER FLÜSSIGER STOFF, GIFTIG, N.A.G.	2922		+++ +++
ÄTZENDER FLÜSSIGER STOFF, MIT WASSER REAGIEREND, N.A.G.	3094		+++ +++
ÄTZENDER FLÜSSIGER STOFF, SELBSTERHITZUNGSFÄHIG, N.A.G.	3301		+++ +++
ÄTZENDER SAURER ANORGANISCHER FESTER STOFF, N.A.G.	3260		28+ +++
ÄTZENDER SAURER ANORGANISCHER FLÜSSIGER STOFF, N.A.G.	3264		28+ +++
ÄTZENDER SAURER ORGANISCHER FESTER STOFF, N.A.G.	3261		29+ +++
ÄTZENDER SAURER ORGANISCHER FLÜSSIGER STOFF, N.A.G.	3265		29+ +++
Ätzkali:	siehe 1813 KALIUM-HYDROXID, FEST		281 520
Ätznatron:	siehe 1823 NATRIUM-HYDROXID, FEST		281 511
Auskleidung für Fässer:	siehe 1139 SCHUTZ-ANSTRICH-LÖSUNG		320 8++
AUSLÖSEVORRICHTUNGEN MIT EXPLOSIVSTOFF	0173		360 300
AZODICARBONAMID	3242		292 990
AZODICARBONAMID, ZUBEREITUNG TYP B, TEMPERATURKONTROLLIERT:	*siehe 3232 SELBSTZER-SETZLICHER STOFF TYP B, FEST, TEMPE-RATURKON-TROLLIERT*	*Selbstzersetz-licher Stoff gem. 2.2.41.4* *RID: verboten*	
AZODICARBONAMID, ZUBEREITUNG TYP C:	siehe 3224 SELBSTZER-SETZLICHER STOFF TYP C, FEST	Selbstzersetz-licher Stoff gem. 2.2.41.4	+++ +++
AZODICARBONAMID, ZUBEREITUNG TYP C, TEMPERATURKONTROLLIERT:	*siehe 3234 SELBSTZER-SETZLICHER STOFF TYP C, FEST, TEMPE-RATURKON-TROLLIERT*	*Selbstzersetz-licher Stoff gem. 2.2.41.4* *RID: verboten*	
AZODICARBONAMID, ZUBEREITUNG TYP D:	siehe 3226 SELBSTZER-SETZLICHER STOFF TYP D, FEST	Selbstzersetz-licher Stoff gem. 2.2.41.4	+++ +++
AZODICARBONAMID, ZUBEREITUNG TYP D, TEMPERATURKONTROLLIERT:	*siehe 3236 SELBSTZER-SETZLICHER STOFF TYP D, FEST, TEMPE-RATURKON-TROLLIERT*	*Selbstzersetz-licher Stoff gem. 2.2.41.4* *RID: verboten*	

Tabelle B: Verzeichnis der gefährlichen Güter 3.2

Benennung und Beschreibung des Gutes	UN-Nr.		Bemerkung	NHM-Code
2,2'-AZODI(2,4-DIMETHYL-4-METHOXYVALERONITRIL):	siehe	3236	Selbstzersetzlicher Stoff gem. 2.2.41.4	
	SELBSTZERSETZLICHER STOFF TYP D, FEST, TEMPERATURKONTROLLIERT		RID: verboten	
2,2'-AZODI(2,4-DIMETHYLVALERONITRIL):	siehe	3236	Selbstzersetzlicher Stoff gem. 2.2.41.4	
	SELBSTZERSETZLICHER STOFF TYP D, FEST, TEMPERATURKONTROLLIERT		RID: verboten	
2,2'-AZODI-(ETHYL-2-METHYLPROPIONAT):	siehe	3235	Selbstzersetzlicher Stoff gem. 2.2.41.4	
	SELBSTZERSETZLICHER STOFF TYP D, FLÜSSIG, TEMPERATURKONTROLLIERT		RID: verboten	
1,1'-AZODI-(HEXAHYDROBENZONITRIL):	siehe	3226	Selbstzersetzlicher Stoff gem. 2.2.41.4	+++ +++
	SELBSTZERSETZLICHER STOFF TYP D, FEST			
2,2'-AZODI(ISOBUTYRONITRIL):	siehe	3234	Selbstzersetzlicher Stoff gem. 2.2.41.4	
	SELBSTZERSETZLICHER STOFF TYP C, FEST, TEMPERATURKONTROLLIERT		RID: verboten	
2,2'-AZODI-(ISOBUTYRONITRIL), als Paste auf Wasserbasis:	siehe	3224	Selbstzersetzlicher Stoff gem. 2.2.41.4	+++ +++
	SELBSTZERSETZLICHER STOFF TYP C, FEST			

3.2 Tabelle B: Verzeichnis der gefährlichen Güter

Benennung und Beschreibung des Gutes	UN-Nr.	Bemerkung	NHM-Code
B			
BARIUM	1400		280 522
BARIUMAZID, ANGEFEUCHTET mit mindestens 50 Masse-% Wasser	1571		285 000
BARIUMAZID, trocken oder angefeuchtet mit weniger als 50 Masse-% Wasser	0224	*RID:* verboten	
BARIUMBROMAT	2719		282 990
BARIUMCHLORAT, FEST	1445		282 919
BARIUMCHLORAT, LÖSUNG	3405		282 919
BARIUMCYANID	1565		283 719
BARIUMHYPOCHLORIT mit mehr als 22 % aktivem Chlor	2741		282 890
BARIUMLEGIERUNGEN, PYROPHOR	1854		280 522
BARIUMNITRAT	1446		283 429
BARIUMOXID	1884		281 640
BARIUMPERCHLORAT, FEST	1447		282 990
BARIUMPERCHLORAT, LÖSUNG	3406		282 990
BARIUMPERMANGANAT	1448		284 169
BARIUMPEROXID	1449		281 630
BARIUMVERBINDUNG, N.A.G.	1564		+++ +++
BATTERIEBETRIEBENES FAHRZEUG	3171		+++ +++
BATTERIEBETRIEBENES GERÄT	3171		+++ +++
BATTERIEFLÜSSIGKEIT, ALKALISCH	2797		282 590
BATTERIEFLÜSSIGKEIT, SAUER	2796		280 700
BATTERIEN, NASS, AUSLAUFSICHER, elektrische Sammler	2800		850 7++
BATTERIEN, NASS, GEFÜLLT MIT ALKALIEN, elektrische Sammler	2795		850 7++
BATTERIEN, NASS, GEFÜLLT MIT SÄURE, elektrische Sammler	2794		850 7++
Batterien, Nickelmetallhydrid	3496	unterliegt nicht den Vorschriften des ADR / RID	850 680
BATTERIEN, TROCKEN, KALIUMHYDROXID, FEST, ENTHALTEND, elektrische Sammler	3028		850 7++
BAUMWOLLABFÄLLE, ÖLHALTIG	1364		520 2++
BAUMWOLLE, NASS	1365		520 100 520 300
BEGASTE GÜTERBEFÖRDERUNGSEINHEIT (CTU)	3359		+++ +++
BEIM EINATMEN GIFTIGER FLÜSSIGER STOFF, ÄTZEND, N.A.G., mit einem LC_{50}-Wert von höchstens 200 ml/m³ und einer gesättigten Dampfkonzentration von mindestens 500 LC_{50}	3389		+++ +++
BEIM EINATMEN GIFTIGER FLÜSSIGER STOFF, ÄTZEND, N.A.G., mit einem LC_{50}-Wert von höchstens 1000 ml/m³ und einer gesättigten Dampfkonzentration von mindestens 10 LC_{50}	3390		+++ +++
BEIM EINATMEN GIFTIGER FLÜSSIGER STOFF, ENTZÜNDBAR, N.A.G., mit einem LC_{50}-Wert von höchstens 200 ml/m³ und einer gesättigten Dampfkonzentration von mindestens 500 LC_{50}	3383		+++ +++
BEIM EINATMEN GIFTIGER FLÜSSIGER STOFF, ENTZÜNDBAR, N.A.G., mit einem LC_{50}-Wert von höchstens 1000 ml/m³ und einer gesättigten Dampfkonzentration von mindestens 10 LC_{50}	3384		+++ +++

Tabelle B: Verzeichnis der gefährlichen Güter 3.2

Benennung und Beschreibung des Gutes	UN-Nr.	Bemerkung	NHM-Code
BEIM EINATMEN GIFTIGER FLÜSSIGER STOFF, ENTZÜNDBAR, ÄTZEND, N.A.G., mit einem LC_{50}-Wert von höchstens 200 ml/m³ und einer gesättigten Dampfkonzentration von mindestens 500 LC_{50}	3488		+++ +++
BEIM EINATMEN GIFTIGER FLÜSSIGER STOFF, ENTZÜNDBAR, ÄTZEND, N.A.G., mit einem LC_{50}-Wert von höchstens 1000 ml/m3 und einer gesättigten Dampfkonzentration von mindestens 10 LC_{50}	3489		+++ +++
BEIM EINATMEN GIFTIGER FLÜSSIGER STOFF, MIT WASSER REAGIEREND, ENTZÜNDBAR, N.A.G., mit einem LC_{50}-Wert von höchstens 200 ml/m³ und einer gesättigten Dampfkonzentration von mindestens 500 LC_{50}	3490		+++ +++
BEIM EINATMEN GIFTIGER FLÜSSIGER STOFF, MIT WASSER REAGIEREND, ENTZÜNDBAR, N.A.G., mit einem LC_{50}-Wert von höchstens 1000 ml/m³ und einer gesättigten Dampfkonzentration von mindestens 10 LC_{50}	3491		+++ +++
BEIM EINATMEN GIFTIGER FLÜSSIGER STOFF, ENTZÜNDEND (OXIDIEREND) WIRKEND, N.A.G., mit einem LC_{50}-Wert von höchstens 200 ml/m³ und einer gesättigten Dampfkonzentration von mindestens 500 LC_{50}	3387		+++ +++
BEIM EINATMEN GIFTIGER FLÜSSIGER STOFF, ENTZÜNDEND (OXIDIEREND) WIRKEND, N.A.G., mit einem LC_{50}-Wert von höchstens 1000 ml/m³ und einer gesättigten Dampfkonzentration von mindestens 10 LC_{50}	3388		+++ +++
BEIM EINATMEN GIFTIGER FLÜSSIGER STOFF, MIT WASSER REAGIEREND, N.A.G., mit einem LC_{50}-Wert von höchstens 200 ml/m³ und einer gesättigten Dampfkonzentration von mindestens 500 LC_{50}	3385		+++ +++
BEIM EINATMEN GIFTIGER FLÜSSIGER STOFF, MIT WASSER REAGIEREND, N.A.G., mit einem LC_{50}-Wert von höchstens 1000 ml/m³ und einer gesättigten Dampfkonzentration von mindestens 10 LC_{50}	3386		+++ +++
BEIM EINATMEN GIFTIGER FLÜSSIGER STOFF, N.A.G., mit einem LC_{50}-Wert von höchstens 200 ml/m³ und einer gesättigten Dampfkonzentration von mindestens 500 LC_{50}	3381		+++ +++
BEIM EINATMEN GIFTIGER FLÜSSIGER STOFF, N.A.G., mit einem LC_{50}-Wert von höchstens 1000 ml/m³ und einer gesättigten Dampfkonzentration von mindestens 10 LC_{50}	3382		+++ +++
Beize:	siehe *FARBE* (Klasse 3) 1263		320 8++
Beize:	siehe *FARBE* (Klasse 8) 3066		320 8++
Beize:	siehe *FARBE, ENTZÜNDBAR, ÄTZEND* (Klasse 3) 3469		320 8++
Beize:	siehe *FARBE, ENTZÜNDBAR, ÄTZEND* (Klasse 8) 3470		320 8++
BENZALDEHYD	1990		291 221
BENZEN	1114		270 710 290 220

3.2 Tabelle B: Verzeichnis der gefährlichen Güter

Benennung und Beschreibung des Gutes		UN-Nr.	Bemerkung	NHM-Code
BENZEN-1,3-DISULFONYLHYDRAZID, als Paste:	siehe SELBSTZER-SETZLICHER STOFF TYP D, FEST	3226	Selbstzersetz-licher Stoff gem. 2.2.41.4	+++ +++
BENZENSULFONYLHYDRAZID:	siehe SELBSTZER-SETZLICHER STOFF TYP D, FEST	3226	Selbstzersetz-licher Stoff gem. 2.2.41.4	+++ +++
BENZENSULFONYLCHLORID		2225		293 090
BENZIDIN		1885		292 159
BENZIN		1203		272 400
BENZOCHINON		2587		291 469
BENZONITRIL		2224		292 690
BENZOTRICHLORID		2226		290 399
BENZOTRIFLUORID		2338		290 399
BENZOYLCHLORID		1736		291 632
BENZYLBROMID		1737		290 399
BENZYLCHLORFORMIAT		1739		291 590
BENZYLCHLORID		1738		290 399
Benzylcyanid:	siehe PHENYL-ACETONITRIL, FLÜSSIG	2470		292 690
BENZYLDIMETHYLAMIN		2619		292 149
4-(BENZYL(ETHYL)AMINO)-3-ETHOXYBENZENDIAZONIUM-ZINKCHLORID:	siehe SELBSTZER-SETZLICHER STOFF TYP D, FEST	3226	Selbstzersetz-licher Stoff gem. 2.2.41.4	+++ +++
BENZYLIDENCHLORID		1886		290 399
BENZYLIODID		2653		290 399
4-(BENZYL(METHYL)-AMINO)-3-ETHOXYBENZENDIAZONIUM-ZINKCHLORID:	siehe SELBSTZER-SETZLICHER STOFF TYP D, FEST, TEMPE-RATURKON-TROLLIERT	3236	Selbstzersetz-licher Stoff gem. 2.2.41.4 RID: verboten	
BERYLLIUM-PULVER		1567		811 211
BERYLLIUMNITRAT		2464		283 429
BERYLLIUMVERBINDUNG, N.A.G.		1566		28+ +++
BESTANDTEILE, ZÜNDKETTE, N.A.G.		0382		360 300
BESTANDTEILE, ZÜNDKETTE, N.A.G.		0383		360 300
BESTANDTEILE, ZÜNDKETTE, N.A.G.		0384		360 300
BESTANDTEILE, ZÜNDKETTE, N.A.G.		0461		360 300
Bhusa		1327	unterliegt nicht den Vorschriften des ADR / RID	+++ +++
BICYCLO-[2,2,1]-HEPTA-2,5-DIEN, STABILISIERT		2251		290 219
BIOLOGISCHER STOFF, KATEGORIE B		3373		+++ +++
BIOMEDIZINISCHER ABFALL, N.A.G.		3291		382 530
BIPYRIDILIUM-PESTIZID, FEST, GIFTIG		2781		380 810
BIPYRIDILIUM-PESTIZID, FLÜSSIG, ENTZÜNDBAR, GIFTIG, Flammpunkt unter 23 °C		2782		380 810
BIPYRIDILIUM-PESTIZID, FLÜSSIG, GIFTIG		3016		380 810

Tabelle B: Verzeichnis der gefährlichen Güter 3.2

Benennung und Beschreibung des Gutes		UN-Nr.	Bemerkung	NHM-Code
BIPYRIDILIUM-PESTIZID, FLÜSSIG, GIFTIG, ENTZÜNDBAR, mit einem Flammpunkt von 23 °C oder darüber		3015		380 810
Bisulfate, wässerige Lösung:	siehe HYDROGEN-SULFATE, WÄSSERIGE LÖSUNG	2837		283 329
BLEIACETAT		1616		291 529
BLEIARSENATE		1617		284 290
BLEIARSENITE		1618		284 290
BLEIAZID, ANGEFEUCHTET mit mindestens 20 Masse-% Wasser oder einer Alkohol/Wasser-Mischung		0129	RID: verboten	
BLEICYANID		1620		283 719
BLEIDIOXID		1872		282 490
BLEINITRAT		1469		283 429
BLEIPERCHLORAT, FEST		1470		282 990
BLEIPERCHLORAT, LÖSUNG		3408		282 990
BLEIPHOSPHIT, ZWEIBASIG		2989		283 510
BLEISTYPHNAT ANGEFEUCHTET mit mindestens 20 Masse-% Wasser oder einer Alkohol/Wasser-Mischung		0130	RID: verboten	
BLEISULFAT mit mehr als 3 % freier Säure		1794		283 329
BLEITRINITRORESORCINAT, ANGEFEUCHTET mit mindestens 20 Masse-% Wasser oder einer Alkohol/Wasser-Mischung		0130	RID: verboten	
BLEIVERBINDUNG, LÖSLICH, N.A.G.		2291		+++ +++
BLITZLICHTPULVER		0094		360 490
BLITZLICHTPULVER		0305		360 490
BOMBEN, BLITZLICHT		0037		930 690
BOMBEN, BLITZLICHT		0038		930 690
BOMBEN, BLITZLICHT		0039		930 690
BOMBEN, BLITZLICHT		0299		930 690
BOMBEN, DIE ENTZÜNDBARE FLÜSSIGKEIT ENTHALTEN, mit Sprengladung		0399		930 690
BOMBEN, DIE ENTZÜNDBARE FLÜSSIGKEIT ENTHALTEN, mit Sprengladung		0400		930 690
BOMBEN, mit Sprengladung		0033		930 690
BOMBEN, mit Sprengladung		0034		930 690
BOMBEN, mit Sprengladung		0035		930 690
BOMBEN, mit Sprengladung		0291		930 690
BORNEOL		1312		290 619
BORTRIBROMID		2692		281 290
BORTRICHLORID		1741		281 210
BORTRIFLUORID		1008		281 290
BORTRIFLUORID, ADSORBIERT		3519		281 290
BORTRIFLUORIDDIETHYLETHERAT		2604		293 100
BORTRIFLUORID-DIHYDRAT		2851		281 290
BORTRIFLUORIDDIMETHYLETHERAT		2965		294 200
BORTRIFLUORID-ESSIGSÄURE-KOMPLEX, FEST		3419		294 200
BORTRIFLUORID-ESSIGSÄURE-KOMPLEX, FLÜSSIG		1742		293 100
Bortrifluoric-Ether-Komplex:	siehe BORTRI-FLUORID-DIETHYL-ETHERAT	2604		293 100
BORTRIFLUORID-PROPIONSÄURE-KOMPLEX, FEST		3420		294 200

Tabelle B: Verzeichnis der gefährlichen Güter

Benennung und Beschreibung des Gutes	UN-Nr.	Bemerkung	NHM-Code
BORTRIFLUORID-PROPIONSÄURE-KOMPLEX, FLÜSSIG	1743		293 100
BRENNSTOFFZELLEN-FAHRZEUG MIT ANTRIEB DURCH ENTZÜNDBARES GAS	3166		840 7++
BRENNSTOFFZELLEN-FAHRZEUG MIT ANTRIEB DURCH ENTZÜNDBARE FLÜSSIGKEIT	3166		840 7++
BRENNSTOFFZELLEN-KARTUSCHEN, ätzende Stoffe enthaltend	3477		847 3++
BRENNSTOFFZELLEN-KARTUSCHEN entzündbare flüssige Stoffe enthaltend	3473		847 3++
BRENNSTOFFZELLEN-KARTUSCHEN IN AUSRÜSTUNGEN, ätzende Stoffe enthaltend	3477		847 +++
BRENNSTOFFZELLEN-KARTUSCHEN IN AUSRÜSTUNGEN, entzündbare flüssige Stoffe enthaltend	3473		847 +++
BRENNSTOFFZELLEN-KARTUSCHEN IN AUSRÜSTUNGEN, mit Wasser reagierende Stoffe enthaltend	3476		847 +++
BRENNSTOFFZELLEN-KARTUSCHEN IN AUSRÜSTUNGEN, verflüssigtes entzündbares Gas enthaltend	3478		847 +++
BRENNSTOFFZELLEN-KARTUSCHEN IN AUSRÜSTUNGEN, Wasserstoff in Metallhydrid enthaltend	3479		847 +++
BRENNSTOFFZELLEN-KARTUSCHEN, MIT AUSRÜSTUNGEN VERPACKT, ätzende Stoffe enthaltend	3477		847 +++
BRENNSTOFFZELLEN-KARTUSCHEN, MIT AUSRÜSTUNGEN VERPACKT, entzündbare flüssige Stoffe enthaltend	3473		847 +++
BRENNSTOFFZELLEN-KARTUSCHEN, MIT AUSRÜSTUNGEN VERPACKT, mit Wasser reagierende Stoffe enthaltend	3476		847 +++
BRENNSTOFFZELLEN-KARTUSCHEN, MIT AUSRÜSTUNGEN VERPACKT, verflüssigtes entzündbares Gas enthaltend	3478		847 +++
BRENNSTOFFZELLEN-KARTUSCHEN, MIT AUSRÜSTUNGEN VERPACKT, Wasserstoff in Metallhydrid enthaltend	3479		847 +++
BRENNSTOFFZELLEN-KARTUSCHEN, mit Wasser reagierende Stoffe enthaltend	3476		847 3++
BRENNSTOFFZELLEN-KARTUSCHEN, verflüssigtes entzündbares Gas enthaltend	3478		847 3++
BRENNSTOFFZELLEN-KARTUSCHEN, Wasserstoff in Metallhydrid enthaltend	3479		847 3++
BRENNSTOFFZELLEN-MOTOR MIT ANTRIEB DURCH ENTZÜNDBARE FLÜSSIGKEIT	3528		840 7++
BRENNSTOFFZELLEN-MOTOR MIT ANTRIEB DURCH ENTZÜNDBARES GAS	3529		840 7++
BROM	1744		280 130
BROM, LÖSUNG	1744		280 130
BROMACETON	1569		291 470
omega-Bromacetophenon:	2645	siehe PHENACYL-BROMID	291 470
BROMACETYLBROMID	2513		291 590
BROMATE, ANORGANISCHE, N.A.G.	1450		282 990
BROMATE, ANORGANISCHE, WÄSSERIGE LÖSUNG, N.A.G.	3213		282 990
BROMBENZEN	2514		290 399
BROMBENZYLCYANIDE, FEST	3449		292 690
BROMBENZYLCYANIDE, FLÜSSIG	1694		292 690
1-BROMBUTAN	1126		290 339
2-BROMBUTAN	2339		290 339
BROMCHLORDIFLUORMETHAN	1974		290 376
BROMCHLORID	2901		281 210

Tabelle B: Verzeichnis der gefährlichen Güter 3.2

Benennung und Beschreibung des Gutes	UN-Nr.	Bemerkung	NHM-Code
BROMCHLORMETHAN	1887		290 379
1-BROM-3-CHLORPROPAN	2688		290 379
BROMESSIGSÄURE, FEST	3425		291 590
BROMESSIGSÄURE, LÖSUNG	1938		291 590
2-BROMETHYLETHYLETHER	2340		290 919
1-BROM-3-METHYLBUTAN	2341		290 330 / 290 339
BROMMETHYLPROPANE	2342		290 339
2-BROM-2-NITROPROPAN-1,3-DIOL	3241		290 550
BROMOFORM	2515		290 339
BROMPENTAFLUORID	1745		281 290
2-BROMPENTAN	2343		290 339
BROMPROPANE	2344		290 339
3-BROMPROPIN	2345		290 339
BROMTRIFLUORETHYLEN	2419		290 378
BROMTRIFLUORID	1746		281 290
BROMTRIFLUORMETHAN	1009		290 376
BROMWASSERSTOFF, WASSERFREI	1048		281 119
BROMWASSERSTOFFSÄURE	1788		281 119
BRUCIN	1570		293 999
BUTADIENE, STABILISIERT (Buta-1,2-dien)	1010		290 129 / 271 114
BUTADIENE, STABILISIERT (Buta-1,3-dien)	1010		290 124 / 271 114
BUTADIENE UND KOHLENWASSERSTOFF, GEMISCH, STABILISIERT mit mehr als 40 % Butadienen	1010		290 1++
BUTAN	1011		290 110 / 271 113
BUTANDION	2346		291 419
BUTANOLE	1120		290 514
BUT-1-EN	1012		290 123
cis-BUT-2-EN	1012		290 123
trans-BUT-2-EN	1012		290 123
BUTENE, GEMISCH	1012		290 123 / 271 114
But-2-in:	siehe 1144 CROTONYLEN		290 129
BUTIN-1,4-DIOL	2716		290 550
BUTTERSÄURE	2820		291 560
BUTTERSÄUREANHYDRID	2739		291 590
BUTYLACETATE	1123		291 590
BUTYLACRYLATE, STABILISIERT	2348		291 612
n-BUTYLAMIN	1125		292 119
N-BUTYLANILIN	2738		292 142
BUTYLBENZENE	2709		290 290
Butylbenzylphthalat:	siehe 3082 UMWELTGEFÄHRDENDER STOFF, FLÜSSIG, N.A.G.		+++ +++
n-Butylbromid:	siehe 1126 1-BROMBUTAN		290 339
n-BUTYLCHLORFORMIAT	2743		291 590
Butylchloride:	siehe 1127 CHLORBUTANE		290 319

3.2 Tabelle B: Verzeichnis der gefährlichen Güter

Benennung und Beschreibung des Gutes		UN-Nr.	Bemerkung	NHM-Code
tert-BUTYLCUMYLPEROXID:	siehe ORGANISCHES PEROXID TYP D, FLÜSSIG	3105	Organische Peroxide gem. 2.2.52.4	29+ +++
tert-BUTYLCUMYLPEROXID:	siehe ORGANISCHES PEROXID TYP D, FEST	3106	Organische Peroxide gem. 2.2.52.4	29+ +++
tert-BUTYLCYCLOHEXYLCHLORFORMIAT		2747		291 590
n-BUTYL-4,4-DI-(tert-BUTYLPEROXY)-VALERAT:	siehe ORGANISCHES PEROXID TYP C, FLÜSSIG	3103	Organische Peroxide gem. 2.2.52.4	29+ +++
n-BUTYL-4,4-DI-(tert-BUTYLPEROXY)-VALERAT:	siehe ORGANISCHES PEROXID TYP D, FEST	3106	Organische Peroxide gem. 2.2.52.4	29+ +++
n-BUTYL-4,4-DI-(tert-BUTYLPEROXY)-VALERAT:	siehe ORGANISCHES PEROXID TYP E, FEST	3108	Organische Peroxide gem. 2.2.52.4	29+ +++
1,2-BUTYLENOXID, STABILISIERT		3022		291 090
n-BUTYLFORMIAT		1128		291 513
tert-BUTYLHYDROPEROXID:	siehe ORGANISCHES PEROXID TYP C, FLÜSSIG	3103	Organische Peroxide gem. 2.2.52.4	29+ +++
tert-BUTYLHYDROPEROXID:	siehe ORGANISCHES PEROXID TYP D, FLÜSSIG	3105	Organische Peroxide gem. 2.2.52.4	29+ +++
tert-BUTYLHYDROPEROXID:	siehe ORGANISCHES PEROXID TYP E, FLÜSSIG	3107	Organische Peroxide gem. 2.2.52.4	29+ +++
tert-BUTYLHYDROPEROXID:	siehe ORGANISCHES PEROXID TYP F, FLÜSSIG	3109	Organische Peroxide gem. 2.2.52.4	29+ +++
tert-BUTYLHYDROPEROXID + DI-tert-BUTYLPEROXID:	siehe ORGANISCHES PEROXID TYP C, FLÜSSIG	3103	Organische Peroxide gem. 2.2.52.4	29+ +++
tert-BUTYLHYPOCHLORIT		3255	ADR + RID: verboten	
N,n-BUTYLIMIDAZOL		2690		293 329
n-BUTYLISOCYANAT		2485		292 910
tert-BUTYLISOCYANAT		2484		292 910
BUTYLMERCAPTAN		2347		293 090
n-BUTYLMETHACRYLAT, STABILISIERT		2227		291 614
BUTYLMETHYLETHER		2350		290 919
tert-BUTYLMONOPEROXYMALEAT:	siehe ORGANISCHES PEROXID TYP B, FEST	3102	Organische Peroxide gem. 2.2.52.4	29+ +++
tert-BUTYLMONOPEROXYMALEAT:	siehe ORGANISCHES PEROXID TYP C, FLÜSSIG	3103	Organische Peroxide gem. 2.2.52.4	29+ +++

Tabelle B: Verzeichnis der gefährlichen Güter 3.2

Benennung und Beschreibung des Gutes	UN-Nr.	Bemerkung	NHM-Code
tert-BUTYLMONOPEROXYMALEAT:	siehe 3108 ORGANISCHES PEROXID TYP E, FEST	Organische Peroxide gem. 2.2.52.4	29+ +++
tert-BUTYLMONOPEROXYMALEAT (als Paste):	siehe 3108 ORGANISCHES PEROXID TYP E, FEST	Organische Peroxide gem. 2.2.52.4	29+ +++
tert-BUTYLMONOPEROXYPHTHALAT:	siehe 3102 ORGANISCHES PEROXID TYP B, FEST	Organische Peroxide gem. 2.2.52.4	29+ +++
BUTYLNITRITE	2351		292 090
tert-BUTYLPEROXYACETAT:	siehe 3101 ORGANISCHES PEROXID TYP B, FLÜSSIG	Organische Peroxide gem. 2.2.52.4	29+ +++
tert-BUTYLPEROXYACETAT:	siehe 3103 ORGANISCHES PEROXID TYP C, FLÜSSIG	Organische Peroxide gem. 2.2.52.4	29+ +++
tert-BUTYLPEROXYACETAT:	siehe 3109 ORGANISCHES PEROXID TYP F, FLÜSSIG	Organische Peroxide gem. 2.2.52.4	29+ +++
tert-BUTYLPEROXYACETAT (in Tanks):	siehe 3119 ORGANISCHES PEROXID TYP F, FLÜSSIG, TEMPERATURKONTROLLIERT	Organische Peroxide gem. 2.2.52.4 RID: verboten	
tert-BUTYLPEROXYBENZOAT:	siehe 3103 ORGANISCHES PEROXID TYP C, FLÜSSIG	Organische Peroxide gem. 2.2.52.4	29+ +++
tert-BUTYLPEROXYBENZOAT:	siehe 3105 ORGANISCHES PEROXID TYP D, FLÜSSIG	Organische Peroxide gem. 2.2.52.4	29+ +++
tert-BUTYLPEROXYBENZOAT:	siehe 3106 ORGANISCHES PEROXID TYP D, FEST	Organische Peroxide gem. 2.2.52.4	29+ +++
tert-BUTYLPEROXYBUTYLFUMARAT:	siehe 3105 ORGANISCHES PEROXID TYP D, FLÜSSIG	Organische Peroxide gem. 2.2.52.4	29+ +++
tert-BUTYLPEROXYCROTONAT:	siehe 3105 ORGANISCHES PEROXID TYP D, FLÜSSIG	Organische Peroxide gem. 2.2.52.4	29+ +++

3.2 Tabelle B: Verzeichnis der gefährlichen Güter

Benennung und Beschreibung des Gutes	UN-Nr.	Bemerkung	NHM-Code
tert-BUTYLPEROXYDIETHYLACETAT:	siehe 3113 ORGANISCHES PEROXID TYP C, FLÜSSIG, TEMPERATURKONTROLLIERT	Organische Peroxide gem. 2.2.52.4 RID: verboten	
tert-BUTYLPEROXYDIETHYLACETAT + tert-BUTYLPEROXYBENZOAT:	siehe 3105 ORGANISCHES PEROXID TYP D, FLÜSSIG	Organische Peroxide gem. 2.2.52.4	29+ +++
tert-BUTYLPEROXY-2-ETHYLHEXANOAT:	siehe 3113 ORGANISCHES PEROXID TYP C, FLÜSSIG, TEMPERATURKONTROLLIERT	Organische Peroxide gem. 2.2.52.4 RID: verboten	
tert-BUTYLPEROXY-2-ETHYLHEXANOAT:	siehe 3117 ORGANISCHES PEROXID TYP E, FLÜSSIG, TEMPERATURKONTROLLIERT	Organische Peroxide gem. 2.2.52.4 RID: verboten	
tert-BUTYLPEROXY-2-ETHYLHEXANOAT:	siehe 3118 ORGANISCHES PEROXID TYP E, FEST, TEMPERATURKONTROLLIERT	Organische Peroxide gem. 2.2.52.4 RID: verboten	
tert-BUTYLPEROXY-2-ETHYLHEXANOAT:	siehe 3119 ORGANISCHES PEROXID TYP F, FLÜSSIG, TEMPERATURKONTROLLIERT	Organische Peroxide gem. 2.2.52.4 RID: verboten	
tert-BUTYLPEROXY-2-ETHYLHEXANOAT (in Großpackmittel (IBC)):	siehe 3119 ORGANISCHES PEROXID TYP F, FLÜSSIG, TEMPERATURKONTROLLIERT	Organische Peroxide gem. 2.2.52.4 RID: verboten	
tert-BUTYLPEROXY-2-ETHYLHEXANOAT (in Tanks):	siehe 3119 ORGANISCHES PEROXID TYP F, FLÜSSIG, TEMPERATURKONTROLLIERT	Organische Peroxide gem. 2.2.52.4 RID: verboten	
tert-BUTYLPEROXY-2-ETHYLHEXANOAT + 2,2-DI-(tert-BUTYLPEROXY)-BUTAN:	siehe 3106 ORGANISCHES PEROXID TYP D, FEST	Organische Peroxide gem. 2.2.52.4	29+ +++
tert-BUTYLPEROXY-2-ETHYLHEXANOAT + 2,2-DI-(tert-BUTYLPEROXY)-BUTAN:	siehe 3115 ORGANISCHES PEROXID TYP D, FLÜSSIG, TEMPERATURKONTROLLIERT	Organische Peroxide gem. 2.2.52.4 RID: verboten	

Tabelle B: Verzeichnis der gefährlichen Güter 3.2

Benennung und Beschreibung des Gutes	UN-Nr.	Bemerkung	NHM-Code
tert-BUTYLPEROXY-2-ETHYLHEXYLCARBONAT:	siehe 3105 ORGANISCHES PEROXID TYP D, FLÜSSIG	Organische Peroxide gem. 2.2.52.4	29+ +++
tert-BUTYLPEROXYISOBUTYRAT:	siehe 3111 ORGANISCHES PEROXID TYP B, FLÜSSIG, TEMPERATURKONTROLLIERT	Organische Peroxide gem. 2.2.52.4 RID: verboten	
tert-BUTYLPEROXYISOBUTYRAT:	siehe 3115 ORGANISCHES PEROXID TYP D, FLÜSSIG, TEMPERATURKONTROLLIERT	Organische Peroxide gem. 2.2.52.4 RID: verboten	
tert-BUTYLPEROXYISOPROPYLCARBONAT:	siehe 3103 ORGANISCHES PEROXID TYP C, FLÜSSIG	Organische Peroxide gem. 2.2.52.4	29+ +++
1-(2-tert-BUTYLPEROXYISOPROPYL)-3-ISOPROPENYLBENZEN:	siehe 3105 ORGANISCHES PEROXID TYP D, FLÜSSIG	Organische Peroxide gem. 2.2.52.4	29+ +++
1-(2-tert-BUTYLPEROXYISOPROPYL)-3-ISOPROPENYLBENZEN:	siehe 3108 ORGANISCHES PEROXID TYP E, FEST	Organische Peroxide gem. 2.2.52.4	29+ +++
tert-BUTYLPEROXY-2-METHYLBENZOAT:	siehe 3103 ORGANISCHES PEROXID TYP C, FLÜSSIG	Organische Peroxide gem. 2.2.52.4	29+ +++
tert-BUTYLPEROXYNEODECANOAT:	siehe 3115 ORGANISCHES PEROXID TYP D, FLÜSSIG, TEMPERATURKONTROLLIERT	Organische Peroxide gem. 2.2.52.4 RID: verboten	
tert-BUTYLPEROXYNEODECANOAT:	siehe 3119 ORGANISCHES PEROXID TYP F, FLÜSSIG, TEMPERATURKONTROLLIERT	Organische Peroxide gem. 2.2.52.4 RID: verboten	
tert-BUTYLPEROXYNEODECANOAT (als stabile Dispersion in Wasser):	siehe 3117 ORGANISCHES PEROXID TYP E, FLÜSSIG, TEMPERATURKONTROLLIERT	Organische Peroxide gem. 2.2.52.4 RID: verboten	

3.2 Tabelle B: Verzeichnis der gefährlichen Güter

Benennung und Beschreibung des Gutes		UN-Nr.	Bemerkung	NHM-Code
tert-BUTYLPEROXYNEODECANOAT (als stabile Dispersion in Wasser (gefroren)):	siehe ORGANISCHES PEROXID TYP E, FEST, TEMPERATUR-KONTROL-LIERT	3118	Organische Peroxide gem. 2.2.52.4 RID: verboten	
tert-BUTYLPEROXYNEODECANOAT (als stabile Dispersion in Wasser) in Großpackmitteln (IBC):	siehe ORGANISCHES PEROXID TYP F, FLÜS-SIG, TEMPERA-TURKONTROL-LIERT	3119	Organische Peroxide gem. 2.2.52.4 RID: verboten	
tert-BUTYLPEROXYNEOHEPTANOAT:	siehe ORGANISCHES PEROXID TYP D, FLÜS-SIG, TEMPERA-TURKONTROL-LIERT	3115	Organische Peroxide gem. 2.2.52.4 RID: verboten	
3-tert-BUTYLPEROXY-3-PHENYLPHTHALID:	siehe ORGANISCHES PEROXID TYP D, FEST	3106	Organische Peroxide gem. 2.2.52.4	29+ +++
tert-BUTYLPEROXYPIVALAT:	siehe ORGANISCHES PEROXID TYP C, FLÜS-SIG, TEMPERA-TURKONTROL-LIERT	3113	Organische Peroxide gem. 2.2.52.4 RID: verboten	
tert-BUTYLPEROXYPIVALAT:	siehe ORGANISCHES PEROXID TYP D, FLÜS-SIG, TEMPERA-TURKONTROL-LIERT	3115	Organische Peroxide gem. 2.2.52.4 RID: verboten	
tert-BUTYLPEROXYPIVALAT:	siehe ORGANISCHES PEROXID TYP F, FLÜS-SIG, TEMPERA-TURKONTROL-LIERT	3119	Organische Peroxide gem. 2.2.52.4 RID: verboten	
tert-BUTYLPEROXYPIVALAT (in Großpackmitteln (IBC)):	siehe ORGANISCHES PEROXID TYP F, FLÜS-SIG, TEMPERA-TURKONTROL-LIERT	3119	Organische Peroxide gem. 2.2.52.4 RID: verboten	
tert-BUTYLPEROXYPIVALAT (in Tanks):	siehe ORGANISCHES PEROXID TYP F, FLÜS-SIG, TEMPERA-TURKONTROL-LIERT	3119	Organische Peroxide gem. 2.2.52.4 RID: verboten	
tert-BUTYLPEROXYSTEARYLCARBONAT:	siehe ORGANISCHES PEROXID TYP D, FEST	3106	Organische Peroxide gem. 2.2.52.4	29+ +++

Tabelle B: Verzeichnis der gefährlichen Güter 3.2

Benennung und Beschreibung des Gutes		UN-Nr.	Bemerkung	NHM-Code
tert-BUTYLPEROXY-3,5,5-TRIMETHYLHEXANOAT:	siehe ORGANISCHES PEROXID TYP D, FLÜSSIG	3105	Organische Peroxide gem. 2.2.52.4	29+ +++
tert-BUTYLPEROXY-3,5,5-TRIMETHYLHEXANOAT:	siehe ORGANISCHES PEROXID TYP F, FLÜSSIG	3109	Organische Peroxide gem. 2.2.52.4	29+ +++
tert-BUTYLPEROXY-3,5,5-TRIMETHYLHEXANOAT (in Tanks):	siehe ORGANISCHES PEROXID TYP F, FLÜSSIG, TEMPERATURKONTROLLIERT	3119	Organische Peroxide gem. 2.2.52.4 RID: verboten	
BUTYLPHOSPHAT		1718		291 900
BUTYLPROPIONATE		1914		291 590
BUTYLTOLUENE		2667		290 290
BUTYLTRICHLORSILAN		1747		293 100
5-tert-BUTYL-2,4,6-TRINITRO-m-XYLEN		2956		290 420
BUTYLVINYLETHER, STABILISIERT		2352		290 919
BUTYRALDEHYD		1129		291 213
BUTYRALDOXIM		2840		291 249
BUTYRONITRIL		2411		292 690
BUTYRYLCHLORID		2353		291 590

3.2 Tabelle B: Verzeichnis der gefährlichen Güter

Benennung und Beschreibung des Gutes	UN-Nr.	Bemerkung	NHM-Code
C			
CADMIUMVERBINDUNG	2570		+++ +++
CAESIUM	1407		280 519
CAESIUMHYDROXID	2682		282 590
CAESIUMHYDROXIDLÖSUNG	2681		282 590
CAESIUMNITRAT	1451		283 429
CALCIUM	1401		280 512
CALCIUM, PYROPHOR	1855		280 512
CALCIUMARSENAT	1573		284 290
CALCIUMARSENAT UND CALCIUMARSENIT, MISCHUNG, FEST	1574		284 290
CALCIUMCARBID	1402		284 910
CALCIUMCHLORAT	1452		282 919
CALCIUMCHLORAT, WÄSSERIGE LÖSUNG	2429		282 919
CALCIUMCHLORIT	1453		282 890
CALCIUMCYANAMID mit mehr als 0,1 Masse-% Calciumcarbid	1403		310 270 310 510
CALCIUMCYANID	1575		283 719
CALCIUMDITHIONIT	1923		283 220
CALCIUMHYDRID	1404		285 000
CALCIUMHYDROSULFIT	1923		283 220
CALCIUMHYPOCHLORIT, HYDRATISIERT mit mindestens 5,5 %, aber höchstens 16 % Wasser	2880		282 810
CALCIUMHYPOCHLORIT, HYDRATISIERT, ÄTZEND mit mindestens 5,5 %, aber höchstens 16 % Wasser	3487		282 810
CALCIUMHYPOCHLORIT, HYDRATISIERTE MISCHUNG mit mindestens 5,5 %, aber höchstens 16 % Wasser	2880		282 810
CALCIUMHYPOCHLORIT, HYDRATISIERTE MISCHUNG,ÄTZEND mit mindestens 5,5 %, aber höchstens 16 % Wasser	3487		282 810
CALCIUMHYPOCHLORIT, MISCHUNG, TROCKEN, mit mehr als 10 %, aber höchstens 39 % aktivem Chlor	2208		282 810
CALCIUMHYPOCHLORIT, MISCHUNG, TROCKEN, mit mehr als 39 % aktivem Chlor (8,8 % aktivem Sauerstoff)	1748		282 810
CALCIUMHYPOCHLORIT, MISCHUNG, TROCKEN, ÄTZEND mit mehr als 10 %, aber höchstens 39 % aktivem Chlor	3486		282 810
CALCIUMHYPOCHLORIT, MISCHUNG, TROCKEN, ÄTZEND mit mehr als 39 % aktivem Chlor (8,8 % aktivem Sauerstoff)	3485		282 810
CALCIUMHYPOCHLORIT, TROCKEN	1748		282 810
CALCIUMHYPOCHLORIT, TROCKEN, ÄTZEND	3485		282 810
CALCIUMLEGIERUNGEN, PYROPHOR	1855		280 521
CALCIUMMANGANSILICIUM	2844		285 000
CALCIUMNITRAT	1454		283 429
Calciumoxid	1910	unterliegt nicht den Vorschriften des ADR / RID	282 590
CALCIUMPERCHLORAT	1455		282 990
CALCIUMPERMANGANAT	1456		284 169
CALCIUMPEROXID	1457		282 590
CALCIUMPHOSPHID	1360		284 800
CALCIUMRESINAT	1313		380 690
CALCIUMRESINAT, GESCHMOLZEN und erstarrt	1314		380 690
CALCIUMSILICID	1405		285 000
Calomel:	siehe	2025 QUECKSILBER-VERBINDUNG, FEST, N.A.G.	285 200

Tabelle B: Verzeichnis der gefährlichen Güter 3.2

Benennung und Beschreibung des Gutes		UN-Nr.	Bemerkung	NHM-Code
CAMPHER, synthetisch		2717		291 249
CAPRONSÄURE		2829		291 590
CARBAMAT-PESTIZID, FEST, GIFTIG		2757		380 810
CARBAMAT-PESTIZID, FLÜSSIG, ENTZÜNDBAR, GIFTIG, Flammpunkt unter 23 °C		2758		380 810
CARBAMAT-PESTIZID, FLÜSSIG, GIFTIG		2992		380 810
CARBAMAT-PESTIZID, FLÜSSIG, GIFTIG, ENTZÜNDBAR, mit einem Flammpunkt von 23 °C oder darüber		2991		380 810
CARBONYLFLUORID		2417		281 290
CARBONYLSULFID		2204		281 390
CER, Platten, Barren, Stangen		1333		280 530
CER, Späne oder Grieß		3078		280 530 284 610
CEREISEN		1323		360 690
CHEMIKALIE UNTER DRUCK, N.A.G.		3500		380 000
CHEMIKALIE UNTER DRUCK, ÄTZEND, N.A.G.		3503		380 000
CHEMIKALIE UNTER DRUCK, ENTZÜNDBAR, N.A.G.		3501		380 000
CHEMIKALIE UNTER DRUCK, ENTZÜNDBAR, ÄTZEND, N.A.G.		3505		380 000
CHEMIKALIE UNTER DRUCK, ENTZÜNDBAR, GIFTIG, N.A.G.		3504		380 000
CHEMIKALIE UNTER DRUCK, GIFTIG, N.A.G.		3502		380 000
CHEMIE-TESTSATZ		3316		382 200
CHEMISCHE PROBE, GIFTIG		3315		+++ +++
CHINOLIN		2656		293 340
CHLOR		1017		280 110
CHLOR, ADSORBIERT		3520		280 110
Chloracetaldehyd:	siehe 2-CHLOR-ETHANAL	2232		291 300
CHLORACETON, STABILISIERT		1695		291 470
CHLORACETONITRIL		2668		292 690
CHLORACETOPHENON, FEST		1697		291 470
CHLORACETOPHENON, FLÜSSIG		3416		291 470
CHLORACETYLCHLORID		1752		291 590
CHLORAL WASSERFREI, STABILISIERT		2075		291 300
CHLORANILINE, FEST		2018		292 142
CHLORANILINE, FLÜSSIG		2019		292 142
CHLORANISIDINE		2233		292 229
CHLORAT UND BORAT, MISCHUNG		1458		282 91+ 284 0++
CHLORAT UND MAGNESIUMCHLORID, MISCHUNG, FEST		1459		282 91+ 282 731
CHLORAT UND MAGNESIUMCHLORID, MISCHUNG, LÖSUNG		3407		282 91+ 282 731
CHLORATE, ANORGANISCHE, N.A.G.		1461		282 919
CHLORATE, ANORGANISCHE, WÄSSERIGE LÖSUNG, N.A.G.		3210		282 919
CHLORBENZEN		1134		290 399
CHLORBENZOTRIFLUORIDE		2234		290 399
Chlorbenzotrifluorid (o-, m-, p-):	siehe CHLOR-BENZOTRI-FLUORIDE	2234		290 399
CHLORBENZYLCHLORIDE, FEST		3427		290 399
CHLORBENZYLCHLORIDE, FLÜSSIG		2235		290 399
CHLORBUTANE		1127		290 319
CHLORCRESOLE, FEST		3437		290 810
CHLORCRESOLE, LÖSUNG		2669		290 810

3.2 Tabelle B: Verzeichnis der gefährlichen Güter

Benennung und Beschreibung des Gutes		UN-Nr.	Bemerkung	NHM-Code
CHLORCYAN, STABILISIERT		1589		285 100
3-CHLOR-4-DIETHYLAMINOBENZENDIAZONIUM-ZINKCHLORID:	siehe SELBSTZERSETZLICHER STOFF TYP D, FEST	3226	Selbstzersetzlicher Stoff gem. 2.2.41.4	+++ +++
1-CHLOR-1,1-DIFLUORETHAN		2517		290 379
CHLORDIFLUORMETHAN		1018		290 379
CHLORDIFLUORMETHAN UND CHLORPENTAFLUORETHAN, GEMISCH mit einem konstanten Siedepunkt, mit ca. 49 % Chlordifluormethan		1973		382 479
CHLORDINITROBENZENE, FEST		3441		290 490
CHLORDINITROBENZENE, FLÜSSIG		1577		290 490
CHLORESSIGSÄURE, FEST		1751		291 540
CHLORESSIGSÄURE, GESCHMOLZEN		3250		291 540
CHLORESSIGSÄURE, LÖSUNG		1750		291 540
2-CHLORETHANAL		2232		291 300
2-Chlorethanol:	siehe ETHYLENCHLORHYDRIN	1135		290 559
CHLORFORMIATE, GIFTIG, ÄTZEND, N.A.G.		3277		291 590
CHLORFORMIATE, GIFTIG, ÄTZEND, ENTZÜNDBAR, N.A.G.		2742		291 590
Chlorhexidin:	siehe UMWELTGEFÄHRDENDER STOFF, FEST, N.A.G.	3077		+++ +++
chlorierte Paraffine ($C_{10} - C_{13}$):	siehe UMWELTGEFÄHRDENDER STOFF, FLÜSSIG, N.A.G.	3082		+++ +++
chlorierte Paraffine ($C_{10} - C_{13}$):	siehe UMWELTGEFÄHRDENDER STOFF, FEST, N.A.G.	3077		+++ +++
CHLORITE, ANORGANISCHE, N.A.G.		1462		282 890
CHLORITLÖSUNG		1908		282 890
CHLORMETHYLCHLORFORMIAT		2745		291 590
CHLORMETHYLETHYLETHER		2354		290 919
3-CHLOR-4-METHYLPHENYLISOCYANAT, FEST		3428		292 910
3-CHLOR-4-METHYLPHENYLISOCYANAT, FLÜSSIG		2236		292 910
CHLORNITROANILINE		2237		292 142
CHLORNITROBENZENE, FEST		1578		290 490
CHLORNITROBENZENE, FLÜSSIG		3409		290 490
CHLORNITROTOLUENE, FEST		3457		290 369
CHLORNITROTOLUENE, FLÜSSIG		2433		290 369
1-Chloroctan:	siehe UMWELTGEFÄHRDENDER STOFF, FLÜSSIG, N.A.G.	3082		+++ +++
CHLOROFORM		1888		290 313
CHLOROPREN, STABILISIERT		1991		290 319
CHLORPENTAFLUORETHAN		1020		290 377
CHLORPENTAFLUORID		2548		281 290

Tabelle B: Verzeichnis der gefährlichen Güter 3.2

Benennung und Beschreibung des Gutes		UN-Nr.	Bemerkung	NHM-Code
3-CHLORPEROXYBENZOESÄURE: ORGANISCHES PEROXID TYP B, FEST	siehe	3102	Organische Peroxide gem. 2.2.52.4	29+ +++
3-CHLORPEROXYBENZOESÄURE: ORGANISCHES PEROXID TYP D, FEST	siehe	3106	Organische Peroxide gem. 2.2.52.4	29+ +++
CHLORPHENOLATE, FEST		2905		290 810
CHLORPHENOLATE, FLÜSSIG		2904		290 810
CHLORPHENOLE, FEST		2020		290 810
CHLORPHENOLE, FLÜSSIG		2021		290 810
CHLORPHENYLTRICHLORSILAN		1753		293 100
CHLORPIKRIN		1580		290 491
CHLORPIKRIN, MISCHUNG, N.A.G.		1583		290 491
CHLORPIKRIN UND METHYLBROMID, GEMISCH mit mehr als 2 % Chlorpikrin		1581		290 491
CHLORPIKRIN UND METHYLCHLORID, GEMISCH		1582		290 491
1-CHLORPROPAN		1278		290 319
2-CHLORPROPAN		2356		290 319
1-CHLORPROPAN-2-OL		2611		290 550
3-CHLORPROPAN-1-OL		2849		290 550
2-CHLORPROPEN		2456		290 329
alpha-CHLORPROPIONSÄURE		2511		291 590
2-CHLORPYRIDIN		2822		293 339
CHLORSÄURE, WÄSSERIGE LÖSUNG mit höchstens 10 % Säure		2626		281 119
CHLORSILANE, ÄTZEND, N.A.G.		2987		293 100
CHLORSILANE, ÄTZEND, ENTZÜNDBAR, N.A.G.		2986		293 100
CHLORSILANE, ENTZÜNDBAR, ÄTZEND, N.A.G.		2985		293 100
CHLORSILANE, GIFTIG, ÄTZEND, N.A.G.		3361		293 100
CHLORSILANE, GIFTIG, ÄTZEND, ENTZÜNDBAR, N.A.G.		3362		293 100
CHLORSILANE, MIT WASSER REAGIEREND, ENTZÜNDBAR, ÄTZEND, N.A.G.		2988		293 100
CHLORSULFONSÄURE mit oder ohne Schwefeltrioxid		1754		280 620
1-CHLOR-1,2,2,2-TETRAFLUORETHAN		1021		290 379
Chlortoluen (o-, m, p-):	siehe	2238 CHLOR-TOLUENE		290 399
CHLORTOLUENE		2238		290 399
CHLORTOLUIDINE, FEST		2239		292 143
CHLORTOLUIDINE, FLÜSSIG		3429		292 143
4-CHLOR-o-TOLUIDIN-HYDROCHLORID, FEST		1579		292 143
4-CHLOR-o-TOLUIDIN-HYDROCHLORID, LÖSUNG		3410		292 143
1-CHLOR-2,2,2-TRIFLUORETHAN		1983		290 379
CHLORTRIFLUORETHYLEN, STABILISIERT		1082		290 377
CHLORTRIFLUORID		1749		281 210
CHLORTRIFLUORMETHAN		1022		290 377
CHLORTRIFLUORMETHAN UND TRIFLUORMETHAN, AZEOTROPES GEMISCH mit ca. 60 % Chlortrifluormethan		2599		382 471
CHLORWASSERSTOFF, TIEFGEKÜHLT, FLÜSSIG		2186	ADR + RID: verboten	
CHLORWASSERSTOFF, WASSERFREI		1050		280 610
CHLORWASSERSTOFFSÄURE		1789		280 610
CHROMFLUORID, FEST		1756		282 619
CHROMFLUORID, LÖSUNG		1757		282 619
CHROMNITRAT		2720		283 429

3.2 Tabelle B: Verzeichnis der gefährlichen Güter

Benennung und Beschreibung des Gutes		UN-Nr.	Bemerkung	NHM-Code
CHROMOXYCHLORID		1758		282 749
CHROMSÄURE, LÖSUNG		1755		281 910
CHROMSCHWEFELSÄURE		2240		340 290
Chromtrifluorid, fest:	siehe CHROM-FLUORID, FEST	1756		282 619
Chromtrifluorid, flüssig:	siehe CHROM-FLUORID, LÖSUNG	1757		282 619
CHROMTRIOXID, WASSERFREI		1463		281 910
Chromylchlorid:	siehe CHROM-OXYCHLORID	1758		282 749
Chrysotil:	siehe ASBEST, CHRYSOTIL	2590		252 490
COBALTNAPHTHENAT-PULVER		2001		291 829
COBALTRESINAT, GEFÄLLT		1318		380 690
CRESOLE, FEST		3455		290 712 270 760
CRESOLE, FLÜSSIG		2076		290 712 270 760
Cresyldiphenylphosphat:	siehe UMWELTGE-FÄHRDENDER STOFF, FLÜS-SIG, N.A.G.	3082		+++ +++
CRESYLSÄURE		2022		270 760 290 712
CROTONALDEHYD		1143		291 219
CROTONALDEHYD, STABILISIERT		1143		291 219
CROTONSÄURE, FEST		2823		291 619
CROTONSÄURE, FLÜSSIG		3472		291 619
CROTONYLEN		1144		290 129
CUMARIN-PESTIZID, FEST, GIFTIG		3027		380 810
CUMARIN-PESTIZID, FLÜSSIG, ENTZÜNDBAR, GIFTIG, Flammpunkt unter 23 °C		3024		380 810
CUMARIN-PESTIZID, FLÜSSIG, GIFTIG		3026		380 810
CUMARIN-PESTIZID, FLÜSSIG, GIFTIG, ENTZÜNDBAR, mit einem Flammpunkt von 23 °C oder darüber		3025		380 810
CUMYLHYDROPEROXID:	siehe ORGANISCHES PEROXID TYP E, FLÜSSIG	3107	Organische Peroxide gem. 2.2.52.4	29+ +++
CUMYLHYDROPEROXID:	siehe ORGANISCHES PEROXID TYP F, FLÜSSIG	3109	Organische Peroxide gem. 2.2.52.4	29+ +++
CUMYLPEROXYNEODECANOAT:	siehe ORGANISCHES PEROXID TYP D, FLÜS-SIG, TEMPERA-TURKONTROL-LIERT	3115	Organische Peroxide gem. 2.2.52.4 RID: verboten	

Tabelle B: Verzeichnis der gefährlichen Güter　　　　　　　　　　　　　　　　　3.2

Benennung und Beschreibung des Gutes		UN-Nr.	Bemerkung	NHM-Code
CUMYLPEROXYNEODECANOAT (als stabile Dispersion in Wasser):	siehe ORGANISCHES PEROXID TYP F, FLÜSSIG, TEMPERA-TURKONTROL-LIERT	3119	Organische Peroxide gem. 2.2.52.4 RID: verboten	
CUMYLPEROXYNEODECANOAT (als stabile Dispersion in Wasser) in Großpackmitteln (IBC):	siehe ORGANISCHES PEROXID TYP F, FLÜSSIG, TEMPERA-TURKONTROL-LIERT	3119	Organische Peroxide gem. 2.2.52.4 RID: verboten	
CUMYLPEROXYNEOHEPTANOAT:	siehe ORGANISCHES PEROXID TYP D, FLÜSSIG, TEMPERA-TURKONTROL-LIERT	3115	Organische Peroxide gem. 2.2.52.4 RID: verboten	
CUMYLPEROXYPIVALAT:	siehe ORGANISCHES PEROXID TYP D, FLÜSSIG, TEMPERA-TURKONTROL-LIERT	3115	Organische Peroxide gem. 2.2.52.4 RID: verboten	
Cutback-Bitumen mit einem Flammpunkt von höchstens 60 °C	siehe TEERE, FLÜSSIG	1999		271 500
Cutback-Bitumen mit einem Flammpunkt über 60 °C, bei oder über seinem Flammpunkt:	siehe ERWÄRMTER FLÜSSIGER STOFF, ENTZÜNDBAR, N.A.G.,	3256		271 500
Cutback-Bitumen bei oder über 100 °C und unter seinem Flammpunkt:	siehe ERWÄRMTER FLÜSSIGER STOFF, N.A.G.	3257		271 500
CYANBROMID		1889		285 100
CYANID, LÖSUNG, N.A.G.		1935		283 719
CYANIDE, ANORGANISCH, FEST, N.A.G.		1588		283 719
CYANURCHLORID		2670		293 369
CYANWASSERSTOFF, LÖSUNG IN ALKOHOL, mit höchstens 45 % Cyanwasserstoff		3294		281 119
CYANWASSERSTOFF, STABILISIERT, mit weniger als 3 % Wasser		1051		281 119
CYANWASSERSTOFF, STABILISIERT, mit weniger als 3 % Wasser und aufgesaugt durch ein inertes poröses Material		1614		281 119
CYANWASSERSTOFF, WÄSSERIGE LÖSUNG mit höchstens 20 % Cyanwasserstoff		1613		281 112
CYANWASSERSTOFFSÄURE, WÄSSERIGE LÖSUNG, mit höchstens 20 % Cyanwasserstoff		1613		281 112
CYCLOBUTAN		2601		290 219
CYCLOBUTYLCHLORFORMIAT		2744		291 590
1,5,9-CYCLODODECATRIEN		2518		290 219
CYCLOHEPTAN		2241		290 219
CYCLOHEPTATRIEN		2603		290 219
CYCLOHEPTEN		2242		290 219
CYCLOHEXAN		1145		290 211

3.2 Tabelle B: Verzeichnis der gefährlichen Güter

Benennung und Beschreibung des Gutes	UN-Nr.		Bemerkung	NHM-Code
CYCLOHEXANON	1915			291 422
CYCLOHEXANONPEROXID(E):	siehe	3104 ORGANISCHES PEROXID TYP C, FEST	Organische Peroxide gem. 2.2.52.4	29+ +++
CYCLOHEXANONPEROXID(E):	siehe	3105 ORGANISCHES PEROXID TYP D, FLÜSSIG	Organische Peroxide gem. 2.2.52.4	29+ +++
CYCLOHEXANONPEROXID(E) (Konzentration ≤ 32 %):		–	Organische Peroxide gem. 2.2.52.4 freigestellt	
CYCLOHEXANONPEROXID(E) (als Paste):	siehe	3106 ORGANISCHES PEROXID TYP D, FEST	Organische Peroxide gem. 2.2.52.4	29+ +++
CYCLOHEXEN	2256			290 219
CYCLOHEXENYLTRICHLORSILAN	1762			293 100
CYCLOHEXYLACETAT	2243			291 539
CYCLOHEXYLAMIN	2357			292 130
CYCLOHEXYLISOCYANAT	2488			292 910
CYCLOHEXYLMERCAPTAN	3054			293 090
CYCLOHEXYLTRICHLORSILAN	1763			293 100
CYCLONIT, ANGEFEUCHTET mit mindestens 15 Masse-% Wasser	0072			360 200
CYCLONIT, DESENSIBILISIERT	0483			360 200
CYCLONIT IN MISCHUNG MIT CYCLOTETRAMETHYLENTETRANITRAMIN, ANGEFEUCHTET mit mindestens 15 Masse-% Wasser	0391			293 369
CYCLONIT IN MISCHUNG MIT CYCLOTETRAMETHYLENTETRANITRAMIN, DESENSIBILISIERT mit mindestens 10 Masse-% Phlegmatisierungsmittel	0391			293 369
CYCLONIT IN MISCHUNG MIT HMX, ANGEFEUCHTET mit mindestens 15 Masse-% Wasser	0391			293 369
CYCLONIT IN MISCHUNG MIT HMX, DESENSIBILISIERT mit mindestens 10 Masse-% Phlegmatisierungsmittel	0391			293 369
CYCLONIT IN MISCHUNG MIT OKTOGEN, ANGEFEUCHTET mit mindestens 15 Masse-% Wasser	0391			293 369
CYCLONIT IN MISCHUNG MIT OKTOGEN, DESENSIBILISIERT mit mindestens 10 Masse-% Phlegmatisierungsmittel	0391			293 369
CYCLOOCTADIENE	2520			290 219
CYCLOOCTADIENPHOSPHINE	2940			293 100
CYCLOOCTATETRAEN	2358			290 219
CYCLOPENTAN	1146			290 219
CYCLOPENTANOL	2244			290 619
CYCLOPENTANON	2245			291 429
CYCLOPENTEN	2246			290 219
CYCLOPROPAN	1027			290 219
CYCLOTETRAMETHYLENTETRANITRAMIN, ANGEFEUCHTET mit mindestens 15 Masse-% Wasser	0226			360 200
CYCLOTETRAMETHYLENTETRANITRAMIN, DESENSIBILISIERT	0484			360 200
CYCLOTRIMETHYLENTRINITRAMIN, ANGEFEUCHTET mit mindestens 15 Masse-% Wasser	0072			360 200
CYCLOTRIMETHYLENTRINITRAMIN, DESENSIBILISIERT	0483			360 200
CYCLOTRIMETHYLENTRINITRAMIN IN MISCHUNG MIT CYCLOTETRAMETHYLENTETRANITRAMIN, ANGEFEUCHTET mit mindestens 15 Masse-% Wasser	0391			293 369

Tabelle E: Verzeichnis der gefährlichen Güter 3.2

Benennung und Beschreibung des Gutes	UN-Nr.	Bemerkung	NHM-Code
CYCLOTRIMETHYLENTRINITRAMIN IN MISCHUNG MIT CYCLOTETRAMETHYLENTETRANITRAMIN, DESENSIBILISIERT mit mindestens 10 Masse-% Phlegmatisierungsmittel	0391		293 369
CYCLOTRIMETHYLENTRINITRAMIN IN MISCHUNG MIT HMX, ANGEFEUCHTET mit mindestens 15 Masse-% Wasser	0391		293 369
CYCLOTRIMETHYLENTRINITRAMIN IN MISCHUNG MIT HMX, DESENSIBILISIERT mit mindestens 10 Masse-% Phlegmatisierungsmittel	0391		293 369
CYCLOTRIMETHYLENTRINITRAMIN IN MISCHUNG MIT OKTOGEN, ANGEFEUCHTET mit mindestens 15 Masse-% Wasser	0391		293 369
CYCLOTRIMETHYLENTRINITRAMIN IN MISCHUNG MIT OKTOGEN, DESENSIBILISIERT mit mindestens 10 Masse-% Phlegmatisierungsmittel	0391		293 369
Cyfluthrin:	siehe *3082* UMWELTGEFÄHRDENDER STOFF, FLÜSSIG, N.A.G.		+++ +++
Cymen (o-, m- p-):	siehe 2046 *CYMENE*		290 270
CYMENE	2046		290 270

Tabelle B: Verzeichnis der gefährlichen Güter

Benennung und Beschreibung des Gutes	UN-Nr.	Bemerkung	NHM-Code
D			
DECABORAN	1868		285 000
DECAHYDRONAPHTHALEN	1147		290 219
Decalin:	siehe 1147 DECAHYDRO-NAPHTHALEN		290 219
n-DECAN	2247		290 110
Decylacrylat:	siehe 3082 UMWELTGE-FÄHRDENDER STOFF, FLÜSSIG, N.A.G.		+++ +++
DEFLAGRIERENDE METALLSALZE AROMATISCHER NITROVERBINDUNGEN, N.A.G.	0132		290 899
DESENSIBILISIERTER EXPLOSIVER FESTER STOFF, N.A.G.	3380		360 200
DESENSIBILISIERTER EXPLOSIVER FLÜSSIGER STOFF, N.A.G.	3379		360 200
DESINFEKTIONSMITTEL, FEST, GIFTIG, N.A.G.	1601		380 840
DESINFEKTIONSMITTEL, FLÜSSIG, ÄTZEND, N.A.G.	1903		380 840
DESINFEKTIONSMITTEL, FLÜSSIG, GIFTIG, N.A.G.	3142		380 840
DETONATOREN FÜR MUNITION	0073		360 300
DETONATOREN FÜR MUNITION	0364		360 300
DETONATOREN FÜR MUNITION	0365		360 300
DETONATOREN FÜR MUNITION	0366		360 300
DEUTERIUM, VERDICHTET	1957		284 590
DIACETONALKOHOL	1148		291 440
DIACETONALKOHOLPEROXIDE:	siehe 3115 ORGANISCHES PEROXID TYP D, FLÜSSIG, TEMPERATURKONTROLLIERT	Organische Peroxide gem. 2.2.52.4 RID: verboten	
Diacetyl:	siehe 2346 BUTANDION		291 419
DIACETYLPEROXID:	siehe 3115 ORGANISCHES PEROXID TYP D, FLÜSSIG, TEMPERATURKONTROLLIERT	Organische Peroxide gem. 2.2.52.4 RID: verboten	
DIALLYLAMIN	2359		292 119
DIALLYLETHER	2360		290 919
4,4'-DIAMINODIPHENYLMETHAN	2651		292 159
DI-n-AMYLAMIN	2841		292 119
DI-tert-AMYLPEROXID:	siehe 3107 ORGANISCHES PEROXID TYP E, FLÜSSIG	Organische Peroxide gem. 2.2.52.4	29+ +++
1,1-DI-(tert-AMYLPEROXY)-CYCLOHEXAN:	siehe 3103 ORGANISCHES PEROXID TYP C, FLÜSSIG	Organische Peroxide gem. 2.2.52.4	29+ +++

Tabelle B: Verzeichnis der gefährlichen Güter 3.2

Benennung und Beschreibung des Gutes	UN-Nr.	Bemerkung	NHM-Code
DIAZODINITROPHENOL, ANGEFEUCHTET mit mindestens 40 Masse-% Wasser oder einer Alkohol/Wasser-Mischung	0074	RID: verboten	
2-DIAZO-1-NAPHTHOL-4-SULFONYLCHLORID:	siehe 3222 SELBSTZERSETZLICHER STOFF TYP B, FEST	Selbstzersetzlicher Stoff gem. 2.2.41.4	+++ +++
2-DIAZO-1-NAPHTHOL-5-SULFONYLCHLORID:	siehe 3222 SELBSTZERSETZLICHER STOFF TYP B, FEST	Selbstzersetzlicher Stoff gem. 2.2.41.4	+++ +++
2-DIAZO-1-NAPHTHOL-SULFONSÄUREESTER, GEMISCH, TYP D	siehe 3226 SELBSTZERSETZLICHER STOFF TYP D, FEST	Selbstzersetzlicher Stoff gem. 2.2.41.4	+++ +++
DIBENZOYLPEROXID:	siehe 3102 ORGANISCHES PEROXID TYP B, FEST	Organische Peroxide gem. 2.2.52.4	29+ +++
DIBENZOYLPEROXID:	siehe 3104 ORGANISCHES PEROXID TYP C, FEST	Organische Peroxide gem. 2.2.52.4	29+ +++
DIBENZOYLPEROXID:	siehe 3106 ORGANISCHES PEROXID TYP D, FEST	Organische Peroxide gem. 2.2.52.4	29+ +++
DIBENZOYLPEROXID:	siehe 3107 ORGANISCHES PEROXID TYP E, FLÜSSIG	Organische Peroxide gem. 2.2.52.4	29+ +++
DIBENZOYLPEROXID (Konzentration ≤ 35 %):	–	Organische Peroxide gem. 2.2.52.4 freigestellt	
DIBENZOYLPEROXID (als Paste):	siehe 3106 ORGANISCHES PEROXID TYP D, FEST	Organische Peroxide gem. 2.2.52.4	29+ +++
DIBENZOYLPEROXID (als Paste):	siehe 3108 ORGANISCHES PEROXID TYP E, FEST	Organische Peroxide gem. 2.2.52.4	29+ +++
DIBENZOYLPEROXID (als stabile Dispersion in Wasser):	siehe 3109 ORGANISCHES PEROXID TYP F, FLÜSSIG	Organische Peroxide gem. 2.2.52.4	29+ +++
DIBENZYLDICHLORSILAN	2434		293 100
DIBENZYLPEROXYDICARBONAT:	siehe 3112 ORGANISCHES PEROXID TYP B, FEST, TEMPERATURKONTROLLIERT	Organische Peroxide gem. 2.2.52.4 RID: verboten	

3.2 Tabelle B: Verzeichnis der gefährlichen Güter

Benennung und Beschreibung des Gutes	UN-Nr.		Bemerkung	NHM-Code
DIBERNSTEINSÄUREPEROXID:	siehe	3102	Organische Peroxide gem. 2.2.52.4	29+ +++
	ORGANISCHES PEROXID TYP B, FEST			
DIBERNSTEINSÄUREPEROXID:	siehe	3116	Organische Peroxide gem. 2.2.52.4	
	ORGANISCHES PEROXID TYP D, FEST, TEMPERATUR-KONTROL-LIERT		RID: verboten	
DIBORAN	1911			285 000
1,2-DIBROMBUTAN-3-ON	2648			291 470
DIBROMCHLORPROPANE	2872			290 379
DIBROMDIFLUORMETHAN	1941			290 378
1,2-Dibromethan:	siehe	1605		290 331
	ETHYLEN-DIBROMID			
DIBROMMETHAN	2664			290 339
2,5-DIBUTOXY-4-(4-MORPHOLINYL)-BENZENDIAZONIUM, TETRACHLORZINKAT (2:1)	siehe	3228	Selbstzersetz-licher Stoff gem. 2.2.41.4	+++ +++
	SELBSTZER-SETZLICHER STOFF TYP E, FEST			
DI-n-BUTYLAMIN	2248			292 119
DIBUTYLAMINOETHANOL	2873			292 219
DI-(4-tert-BUTYLCYCLOHEXYL)-PEROXYDICARBONAT:	siehe	3114	Organische Peroxide gem. 2.2.52.4	
	ORGANISCHES PEROXID TYP C, FEST, TEMPERATUR-KONTROL-LIERT		RID: verboten	
DI-(4-tert-BUTYLCYCLOHEXYL)-PEROXYDICARBONAT (als stabile Dispersion in Wasser):	siehe	3119	Organische Peroxide gem. 2.2.52.4	
	ORGANISCHES PEROXID TYP F, FLÜS-SIG, TEMPERA-TURKONTROL-LIERT		RID: verboten	
DIBUTYLETHER	1149			290 919
DI-tert-BUTYLPEROXID:	siehe	3107	Organische Peroxide gem. 2.2.52.4	29+ +++
	ORGANISCHES PEROXID TYP E, FLÜSSIG			
DI-tert-BUTYLPEROXID:	siehe	3109	Organische Peroxide gem. 2.2.52.4	29+ +++
	ORGANISCHES PEROXID TYP F, FLÜSSIG			
DI-tert-BUTYLPEROXYAZELAT:	siehe	3105	Organische Peroxide gem. 2.2.52.4	29+ +++
	ORGANISCHES PEROXID TYP D, FLÜSSIG			
2,2-DI-(tert-BUTYLPEROXY)-BUTAN:	siehe	3103	Organische Peroxide gem. 2.2.52.4	29+ +++
	ORGANISCHES PEROXID TYP C, FLÜSSIG			

Tabelle B: Verzeichnis der gefährlichen Güter 3.2

Benennung und Beschreibung des Gutes		UN-Nr.	Bemerkung	NHM-Code
1,1-DI-(tert-BUTYLPEROXY)-CYCLOHEXAN:	siehe ORGANISCHES PEROXID TYP B, FLÜSSIG	3101	Organische Peroxide gem. 2.2.52.4	290 960
1,1-DI-(tert-BUTYLPEROXY)-CYCLOHEXAN:	siehe ORGANISCHES PEROXID TYP C, FLÜSSIG	3103	Organische Peroxide gem. 2.2.52.4	29+ +++
1,1-DI-(tert-BUTYLPEROXY)-CYCLOHEXAN:	siehe ORGANISCHES PEROXID TYP D, FLÜSSIG	3105	Organische Peroxide gem. 2.2.52.4	29+ +++
1,1-DI-(tert-BUTYLPEROXY)-CYCLOHEXAN:	siehe ORGANISCHES PEROXID TYP D, FEST	3106	Organische Peroxide gem. 2.2.52.4	29+ +++
1,1-DI-(tert-BUTYLPEROXY)-CYCLOHEXAN:	siehe ORGANISCHES PEROXID TYP E, FLÜSSIG	3107	Organische Peroxide gem. 2.2.52.4	29+ +++
1,1-DI-(tert-BUTYLPEROXY)-CYCLOHEXAN:	siehe ORGANISCHES PEROXID TYP F, FLÜSSIG	3109	Organische Peroxide gem. 2.2.52.4	29+ +++
DI-n-BUTYLPEROXYDICARBONAT:	siehe ORGANISCHES PEROXID TYP D, FLÜSSIG, TEMPERATURKONTROLLIERT	3115	Organische Peroxide gem. 2.2.52.4 RID: verboten	
DI-n-BUTYLPEROXYDICARBONAT:	siehe ORGANISCHES PEROXID TYP E, FLÜSSIG, TEMPERATURKONTROLLIERT	3117	Organische Peroxide gem. 2.2.52.4 RID: verboten	
DI-n-BUTYLPEROXYDICARBONAT (als stabile Dispersion in Wasser (gefroren)):	siehe ORGANISCHES PEROXID TYP E, FEST, TEMPERATURKONTROLLIERT	3118	Organische Peroxide gem. 2.2.52.4 RID: verboten	
DI-sec-BUTYLPEROXYDICARBONAT:	siehe ORGANISCHES PEROXID TYP C, FLÜSSIG, TEMPERATURKONTROLLIERT	3113	Organische Peroxide gem. 2.2.52.4 RID: verboten	
DI-sec-BUTYLPEROXYDICARBONAT:	siehe ORGANISCHES PEROXID TYP D, FLÜSSIG, TEMPERATURKONTROLLIERT	3115	Organische Peroxide gem. 2.2.52.4 RID: verboten	

Tabelle B: Verzeichnis der gefährlichen Güter

Benennung und Beschreibung des Gutes	UN-Nr.	Bemerkung	NHM-Code
DI-(2-tert-BUTYLPEROXYISOPROPYL)-BENZEN(E):	siehe 3106 ORGANISCHES PEROXID TYP D, FEST	Organische Peroxide gem. 2.2.52.4	29+ +++
DI-(2-tert-BUTYLPEROXYISOPROPYL)-BENZEN(E) (Konzentration ≤ 42 %):	–	Organische Peroxide gem. 2.2.52.4 freigestellt	
DI-(tert-BUTYLPEROXY)-PHTHALAT:	siehe 3105 ORGANISCHES PEROXID TYP D, FLÜSSIG	Organische Peroxide gem. 2.2.52.4	29+ +++
DI-(tert-BUTYLPEROXY)-PHTHALAT:	siehe 3107 ORGANISCHES PEROXID TYP E, FLÜSSIG	Organische Peroxide gem. 2.2.52.4	29+ +++
DI-(tert-BUTYLPEROXY)-PHTHALAT (als Paste):	siehe 3106 ORGANISCHES PEROXID TYP D, FEST	Organische Peroxide gem. 2.2.52.4	29+ +++
2,2-DI-(tert-BUTYLPEROXY)-PROPAN:	siehe 3105 ORGANISCHES PEROXID TYP D, FLÜSSIG	Organische Peroxide gem. 2.2.52.4	29+ +++
2,2-DI-(tert-BUTYLPEROXY)-PROPAN:	siehe 3106 ORGANISCHES PEROXID TYP D, FEST	Organische Peroxide gem. 2.2.52.4	29+ +++
1,1-DI-(tert-BUTYLPEROXY)-3,3,5-TRIMETHYLCYCLOHEXAN:	siehe 3101 ORGANISCHES PEROXID TYP B, FLÜSSIG	Organische Peroxide gem. 2.2.52.4	29+ +++
1,1-DI-(tert-BUTYLPEROXY)-3,3,5-TRIMETHYLCYCLOHEXAN:	siehe 3103 ORGANISCHES PEROXID TYP C, FLÜSSIG	Organische Peroxide gem. 2.2.52.4	29+ +++
1,1-DI-(tert-BUTYLPEROXY)-3,3,5-TRIMETHYLCYCLOHEXAN:	siehe 3105 ORGANISCHES PEROXID TYP D, FLÜSSIG	Organische Peroxide gem. 2.2.52.4	29+ +++
1,1-DI-(tert-BUTYLPEROXY)-3,3,5-TRIMETHYLCYCLOHEXAN:	siehe 3106 ORGANISCHES PEROXID TYP D, FEST	Organische Peroxide gem. 2.2.52.4	29+ +++
1,1-DI-(tert-BUTYLPEROXY)-3,3,5-TRIMETHYLCYCLOHEXAN:	siehe 3107 ORGANISCHES PEROXID TYP E, FLÜSSIG	Organische Peroxide gem. 2.2.52.4	29+ +++
Di-n-butylphthalat:	siehe 3082 UMWELTGEFÄHRDENDER STOFF, FLÜSSIG, N.A.G.		+++ +++

Tabelle B: Verzeichnis der gefährlichen Güter 3.2

Benennung und Beschreibung des Gutes	UN-Nr.	Bemerkung	NHM-Code
DICETYLPEROXYDICARBONAT:	siehe 3116 ORGANISCHES PEROXID TYP D, FEST, TEMPERATUR-KONTROL-LIERT	Organische Peroxide gem. 2.2.52.4 RID: verboten	
DICETYLPEROXYDICARBONAT (als stabile Dispersion in Wasser):	siehe 3119 ORGANISCHES PEROXID TYP F, FLÜS-SIG, TEMPERA-TURKONTROL-LIERT	Organische Peroxide gem. 2.2.52.4 RID: verboten	
1,3-DICHLORACETON	2649		291 470
DICHLORACETYLCHLORID	1765		291 590
DICHLORANILINE, FEST	3442		292 142
DICHLORANILINE, FLÜSSIG	1590		292 142
o-DICHLORBENZEN	1591		290 399
p-Dichlorbenzen:	siehe 3077 UMWELTGE-FÄHRDENDER STOFF, FEST, N.A.G.		+++ +++
DI-(4-CHLORBENZOYL)-PEROXID:	siehe 3102 ORGANISCHES PEROXID TYP B, FEST	Organische Peroxide gem. 2.2.52.4	29+ +++
DI-(4-CHLORBENZOYL)-PEROXID (Konzentration ≤ 32 %):	–	Organische Peroxide gem. 2.2.52.4 freigestellt	
DI-(4-CHLORBENZOYL)-PEROXID (als Paste):	siehe 3106 ORGANISCHES PEROXID TYP D, FEST	Organische Peroxide gem. 2.2.52.4	29+ +++
2,2'-DICHLORDIETHYLETHER	1916		290 919
DICHLORDIFLUORMETHAN	1028		290 377
DICHLORDIFLUORMETHAN UND 1,1-DIFLUORETHAN, AZEOTROPES GEMISCH mit ca. 74 % Dichlordifluormethan	2602		382 479
DICHLORDIMETHYLETHER, SYMMETRISCH	2249	ADR + RID: verboten	
DICHLORESSIGSÄURE	1764		291 540
1,1-DICHLORETHAN	2362		290 319
1,2-Dichlorethan:	siehe 1184 ETHYLENDI-CHLORID		290 315
1,2-DICHLORETHYLEN	1150		290 329
1,1-Dichlorethylen, stabilisiert:	siehe 1303 VINYLIDEN-CHLORID, STABILISIERT		290 329
1,6-Dichlorhexan:	siehe 3082 UMWELTGE-FÄHRDENDER STOFF, FLÜS-SIG, N.A.G.		+++ +++
alpha-Dichlorhydrin:	siehe 2750 1,3-DICHLOR-PROPAN-2-OL		290 550

3.2 Tabelle B: Verzeichnis der gefährlichen Güter

Benennung und Beschreibung des Gutes	UN-Nr.	Bemerkung	NHM-Code
DICHLORISOCYANURSÄURE, TROCKEN	2465		293 369
DICHLORISOCYANURSÄURESALZE	2465		293 369
DICHLORISOPROPYLETHER	2490		290 919
DICHLORMETHAN	1593		290 312
DICHLORMONOFLUORMETHAN	1029		290 379
1,1-DICHLOR-1-NITROETHAN	2650		290 369
DICHLORPENTANE	1152		290 319
DICHLORPHENYLISOCYANATE	2250		292 910
DICHLORPHENYLTRICHLORSILAN	1766		293 100
1,2-DICHLORPROPAN	1279		290 316
1,3-DICHLORPROPAN-2-OL	2750		290 550
DICHLORPROPENE	2047		290 329
DICHLORSILAN	2189		281 210
1,2-DICHLOR-1,1,2,2-TETRAFLUORETHAN	1958		290 377
DICUMYLPEROXID:	siehe 3110 ORGANISCHES PEROXID TYP F, FEST	Organische Peroxide gem. 2.2.52.4	29+ +++
DICUMYLPEROXID (Konzentration ≤ 52 %):	–	Organische Peroxide gem. 2.2.52.4 freigestellt	
DICYAN	1026		292 690
DICYCLOHEXYLAMIN	2565		292 130
DICYCLOHEXYLAMMONIUMNITRIT	2687		292 130
DICYCLOHEXYLPEROXYDICARBONAT:	siehe 3112 ORGANISCHES PEROXID TYP B, FEST, TEMPERATUR-KONTROLLIERT	Organische Peroxide gem. 2.2.52.4 RID: verboten	
DICYCLOHEXYLPEROXYDICARBONAT:	siehe 3114 ORGANISCHES PEROXID TYP C, FEST, TEMPERATUR-KONTROLLIERT	Organische Peroxide gem. 2.2.52.4 RID: verboten	
DICYCLOPENTADIEN	2048		290 219
DIDECANOYLPEROXID:	siehe 3114 ORGANISCHES PEROXID TYP C, FEST, TEMPERATUR-KONTROLLIERT	Organische Peroxide gem. 2.2.52.4 RID: verboten	
2,2-DI-(4,4-DI-(tert-BUTYLPEROXY)-CYCLOHEXYL)-PROPAN:	siehe 3106 ORGANISCHES PEROXID TYP D, FEST	Organische Peroxide gem. 2.2.52.4	29+ +++
2,2-DI-(4,4-DI-(tert-BUTYLPEROXY)-CYCLOHEXYL)-PROPAN:	siehe 3107 ORGANISCHES PEROXID TYP E, FLÜSSIG	Organische Peroxide gem. 2.2.52.4	29+ +++
DI-(2,4-DICHLORBENZOYL)-PEROXID:	siehe 3102 ORGANISCHES PEROXID TYP B, FEST	Organische Peroxide gem. 2.2.52.4	29+ +++

Tabelle B: Verzeichnis der gefährlichen Güter 3.2

Benennung und Beschreibung des Gutes		UN-Nr.	Bemerkung	NHM-Code
DI-(2,4-DICHLORBENZOYL)-PEROXID (als Paste mit Silikonöl):	siehe ORGANISCHES PEROXID TYP D, FEST	3106	Organische Peroxide gem. 2.2.52.4	29+ +++
1,2-DI-(DIMETHYLAMINO)-ETHAN		2372		292 130
DIDYMIUMNITRAT		1465		283 429
DIESELKRAFTSTOFF		1202		274 +++
1,1-Diethoxyethan:	siehe ACETAL	1088		291 100
1,2-Diethoxyethan:	siehe ETHYLENGLY- COLDIETHYL- ETHER	1153		290 919
DI-(2-ETHOXYETHYL)-PEROXYDICARBONAT:	siehe ORGANISCHES PEROXID TYP D, FLÜS- SIG, TEMPERA- TURKONTROL- LIERT	3115	Organische Peroxide gem. 2.2.52.4 RID: verboten	
DIETHOXYMETHAN		2373		290 919
2,5-DIETHOXY-4-MORPHOLINOBENZEN-DIAZONIUM-TETRAFLUOROBORAT:	siehe SELBSTZER- SETZLICHER STOFF TYP D, FEST, TEMPE- RATURKON- TROLLIERT	3236	Selbstzersetz- licher Stoff gem. 2.2.41.4 RID: verboten	
2,5-DIETHOXY-4-MORPHOLINOBENZEN-DIAZONIUM-ZINKCHLORID:	siehe SELBSTZER- SETZLICHER STOFF TYP D, FEST, TEMPE- RATURKON- TROLLIERT	3236	Selbstzersetz- licher Stoff gem. 2.2.41.4 RID: verboten	
2,5-DIETHOXY-4-MORPHOLINO-BENZENDIAZONIUM-ZINKCHLORID:	siehe SELBSTZER- SETZLICHER STOFF TYP D, FEST, TEMPE- RATURKON- TROLLIERT	3236	Selbstzersetz- licher Stoff gem. 2.2.41.4 RID: verboten	
2,5-DIETHOXY-4-(4-MORPHOLINYL)-BENZENDIAZONIUM-SULFAT	siehe SELBSTZER- SETZLICHER STOFF TYP D, FEST	3226	Selbstzersetz- licher Stoff gem. 2.2.41.4	+++ +++
2,5-DIETHOXY-4-(PHENYLSULFONYL)-BENZEN-DIAZONIUM-ZINKCHLORID:	siehe SELBSTZER- SETZLICHER STOFF TYP D, FEST, TEMPE- RATURKON- TROLLIERT	3236	Selbstzersetz- licher Stoff gem. 2.2.41.4 RID: verboten	
3,3-DIETHOXYPROPEN		2374		291 100
DIETHYLAMIN		1154		292 112
2-DIETHYLAMINOETHANOL		2686		292 212
3-DIETHYLAMINO-PROPYLAMIN		2684		292 129
N,N-DIETHYLANILIN		2432		292 142

3.2 Tabelle B: Verzeichnis der gefährlichen Güter

Benennung und Beschreibung des Gutes	UN-Nr.	Bemerkung	NHM-Code
Diethylbenzen (o-, m-, p-):	siehe 2049 DIETHYL-BENZEN		290 290
DIETHYLBENZEN	2049		290 290
DIETHYLCARBONAT	2366		292 090
DIETHYLDICHLORSILAN	1767		293 100
Diethylendiamin:	siehe 2579 PIPERAZIN		293 390
DIETHYLENGLYCOL-BIS-(ALLYLCARBONAT) + DIISOPROPYLPEROXYDICARBONAT:	siehe 3237 SELBSTZER-SETZLICHER STOFF TYP E, FLÜSSIG, TEMPERATURKON-TROLLIERT	Selbstzersetz-licher Stoff gem. 2.2.41.4 RID: verboten	
DIETHYLENGLYCOLDINITRAT, DESENSIBILISIERT mit mindestens 25 Masse-% nicht flüchtigem, wasserunlöslichem Phlegmatisierungsmittel	0075		360 200
DIETHYLENTRIAMIN	2079		292 129
DIETHYLETHER	1155		290 911
N,N-DIETHYLETHYLENDIAMIN	2685		292 129
DI-(2-ETHYLHEXYL)-PEROXYDICARBONAT:	siehe 3113 ORGANISCHES PEROXID TYP C, FLÜS-SIG, TEMPERA-TURKONTROL-LIERT	Organische Peroxide gem. 2.2.52.4 RID: verboten	
DI-(2-ETHYLHEXYL)-PEROXYDICARBONAT:	siehe 3115 ORGANISCHES PEROXID TYP D, FLÜS-SIG, TEMPERA-TURKONTROL-LIERT	Organische Peroxide gem. 2.2.52.4 RID: verboten	
DI-(2-ETHYLHEXYL)-PEROXYDICARBONAT (als stabile Dispersion in Wasser):	siehe 3117 ORGANISCHES PEROXID TYP E, FLÜS-SIG, TEMPERA-TURKONTROL-LIERT	Organische Peroxide gem. 2.2.52.4 RID: verboten	
DI-(2-ETHYLHEXYL)-PEROXYDICARBONAT (als stabile Dispersion in Wasser):	siehe 3119 ORGANISCHES PEROXID TYP F, FLÜS-SIG, TEMPERA-TURKONTROL-LIERT	Organische Peroxide gem. 2.2.52.4 RID: verboten	
DI-(2-ETHYLHEXYL)-PEROXYDICARBONAT (als stabile Dispersion in Wasser (gefroren)):	siehe 3118 ORGANISCHES PEROXID TYP E, FEST, TEMPERATUR-KONTROL-LIERT	Organische Peroxide gem. 2.2.52.4 RID: verboten	
DI-(2-ETHYLHEXYL)-PEROXYDICARBONAT (als stabile Dispersion in Wasser) in Großpackmitteln (IBC):	siehe 3119 ORGANISCHES PEROXID TYP F, FLÜS-SIG, TEMPERA-TURKONTROL-LIERT	Organische Peroxide gem. 2.2.52.4 RID: verboten	

Tabelle B: Verzeichnis der gefährlichen Güter 3.2

Benennung und Beschreibung des Gutes		UN-Nr.	Bemerkung	NHM-Code
DIETHYLKETON		1156		291 419
DIETHYLPEROXYDICARBONAT:	siehe ORGANISCHES PEROXID TYP D, FLÜS- SIG, TEMPERA- TURKONTROL- LIERT	3115	Organische Peroxide gem. 2.2.52.4 RID: verboten	
DIETHYLSULFAT		1594		292 090
DIETHYLSULFID		2375		293 090
DIETHYLTHIOPHOSPHORYLCHLORID		2751		292 010
Difluordibrommethan:	siehe DIBROMDI- FLUORMETHAN	1941		290 378
1,1-DIFLUORETHAN		1030		290 339
1,1-DIFLUORETHYLEN		1959		290 339
DIFLUORMETHAN		3252		290 339
Difluormethan, Pentafluorethan und 1,1,1,2-Tetrafluorethan, zeotropes Gemisch mit ca. 10 % Difluormethan und 70 % Pentafluorethan:	siehe GAS ALS KÄLTEMITTEL R 407B	3339		382 474
Difluormethan, Pentafluorethan und 1,1,1,2-Tetrafluorethan, zeotropes Gemisch mit ca. 20 % Difluormethan und 40 % Pentafluorethan:	siehe GAS ALS KÄLTEMITTEL R 407A	3338		382 474
Difluormethan, Pentafluorethan und 1,1,1,2-Tetrafluorethan, zeotropes Gemisch mit ca. 23 % Difluormethan und 25 % Pentafluorethan:	siehe GAS ALS KÄLTEMITTEL R 407C	3340		382 474
DIFLUORPHOSPHORSÄURE, WASSERFREI		1768		281 119
2,2-DIHYDROPEROXYPROPAN:	siehe ORGANISCHES PEROXID TYP B, FEST	3102	Organische Peroxide gem. 2.2.52.4	29+ +++
2,3-DIHYDROPYRAN		2376		290 920
DI-(1-HYDROXYCYCLOHEXYL)-PEROXID:	siehe ORGANISCHES PEROXID TYP D, FEST	3106	Organische Peroxide gem. 2.2.52.4	29+ +++
DIISOBUTYLAMIN		2361		292 119
DIISOBUTYLEN, ISOMERE VERBINDUNGEN		2050		290 129
DIISOBUTYLKETON		1157		291 419
DIISOBUTYRYLPEROXID:	siehe ORGANISCHES PEROXID TYP B, FLÜS- SIG, TEMPERA- TURKONTROL- LIERT	3111	Organische Peroxide gem. 2.2.52.4 RID: verboten	
DIISOBUTYRYLPEROXID:	siehe ORGANISCHES PEROXID TYP D, FLÜS- SIG, TEMPERA- TURKONTROL- LIERT	3115	Organische Peroxide gem. 2.2.52.4 RID: verboten	
DIISOOCTYLPHOSPHAT		1902		291 900
DIISOPROPYLAMIN		1158		292 119

3.2 Tabelle B: Verzeichnis der gefährlichen Güter

Benennung und Beschreibung des Gutes		UN-Nr.	Bemerkung	NHM-Code
DI-ISOPROPYLBENZEN-DIHYDROPEROXID:	siehe ORGANISCHES PEROXID TYP D, FEST	3106	Organische Peroxide gem. 2.2.52.4	29+ +++
Diisopropylbenzene:	siehe UMWELTGEFÄHRDENDER STOFF, FLÜSSIG, N.A.G.	3082		+++ +++
DIISOPROPYLETHER		1159		290 919
DI-ISOPROPYL-PEROXYDICARBONAT:	siehe ORGANISCHES PEROXID TYP B, FEST, TEMPERATURKONTROLLIERT	3112	Organische Peroxide gem. 2.2.52.4 RID: verboten	
DI-ISOPROPYL-PEROXYDICARBONAT:	siehe ORGANISCHES PEROXID TYP D, FLÜSSIG, TEMPERATURKONTROLLIERT	3115	Organische Peroxide gem. 2.2.52.4 RID: verboten	
DIISOTRIDECYLPEROXYDICARBONAT:	siehe ORGANISCHES PEROXID TYP D, FLÜSSIG, TEMPERATURKONTROLLIERT	3115	Organische Peroxide gem. 2.2.52.4 RID: verboten	
DIKETEN, STABILISIERT		2521		293 220
DILAUROYLPEROXID:	siehe ORGANISCHES PEROXID TYP D, FEST	3106	Organische Peroxide gem. 2.2.52.4	29+ +++
DILAUROYLPEROXID (als stabile Dispersion in Wasser):	siehe ORGANISCHES PEROXID TYP F, FLÜSSIG	3109	Organische Peroxide gem. 2.2.52.4	29+ +++
DI-(3-METHOXYBUTYL)-PEROXYDICARBONAT:	siehe ORGANISCHES PEROXID TYP D, FLÜSSIG, TEMPERATURKONTROLLIERT	3115	Organische Peroxide gem. 2.2.52.4 RID: verboten	
1,1-DIMETHOXYETHAN		2377		291 100
1,2-DIMETHOXYETHAN		2252		291 100
Dimethoxymethan:	siehe METHYLAL	1234		291 100
2,5-DIMETHOXY-4-(4-METHYLPHENYLSULFONYL)- BENZEN-DIAZONIUM-ZINKCHLORID:	siehe SELBSTZERSETZLICHER STOFF TYP D, FEST, TEMPERATURKONTROLLIERT	3236	Selbstzersetzlicher Stoff gem. 2.2.41.4 RID: verboten	
DIMETHYLAMIN, WASSERFREI		1032		292 111
DIMETHYLAMIN, WÄSSERIGE LÖSUNG		1160		292 111
2-DIMETHYLAMINOACETONITRIL		2378		292 690

Tabelle B: Verzeichnis der gefährlichen Güter 3.2

Benennung und Beschreibung des Gutes		UN-Nr.	Bemerkung	NHM-Code
4-(DIMETHYLAMINO)-BENZENDIAZONIUM-TRICHLORZINKAT(-1)	siehe SELBSTZER-SETZLICHER STOFF TYP E, FEST	3228	Selbstzersetz-licher Stoff gem. 2.2.41.4	+++ +++
4-DIMETHYLAMINO-6-(2-DIMETHYLAMINOETHOXY)-TOLUEN-2-DIAZONIUM-ZINKCHLORID:	siehe SELBSTZER-SETZLICHER STOFF TYP D, FEST, TEMPE-RATURKON-TROLLIERT	3236	Selbstzersetz-licher Stoff gem. 2.2.41.4 RID: verboten	
2-DIMETHYLAMINOETHANOL		2051		292 219
2-DIMETHYLAMINOETHYLACRYLAT, STABILISIERT		3302		292 219
2-DIMETHYLAMINOETHYLMETHACRYLAT, STABILISIERT		2522		292 219
N,N-DIMETHYLANILIN		2253		292 142
DI-(2-METHYLBENZOYL)-PEROXID:	siehe ORGANISCHES PEROXID TYP B, FEST, TEMPERATUR-KONTROL-LIERT	3112	Organische Peroxide gem. 2.2.52.4 RID: verboten	
DI-(3-METHYLBENZOYL)-PEROXID + BENZOYL-(3-METHYLBENZOYL)-PEROXID + DIBENZOYLPEROXID:	siehe ORGANISCHES PEROXID TYP D, FLÜS-SIG, TEMPERA-TURKONTROL-LIERT	3115	Organische Peroxide gem. 2.2.52.4 RID: verboten	
DI-(4-METHYLBENZOYL)-PEROXID (als Paste mit Silikonöl):	siehe ORGANISCHES PEROXID TYP D, FEST	3106	Organische Peroxide gem. 2.2.52.4	29+ +++
2,3-DIMETHYLBUTAN		2457		290 110
1,3-DIMETHYLBUTYLAMIN		2379		292 119
N,N-DIMETHYLCARBAMOYLCHLORID		2262		291 590
DIMETHYLCARBONAT		1161		292 090
DIMETHYLCYCLOHEXANE		2263		290 219
N,N-DIMETHYLCYCLOHEXYLAMIN		2264		292 130
2,5-DIMETHYL-2,5-DI-(BENZOYLPEROXY)-HEXAN:	siehe ORGANISCHES PEROXID TYP B, FEST	3102	Organische Peroxide gem. 2.2.52.4	29+ +++
2,5-DIMETHYL-2,5-DI-(BENZOYLPEROXY)-HEXAN:	siehe ORGANISCHES PEROXID TYP C, FEST	3104	Organische Peroxide gem. 2.2.52.4	29+ +++
2,5-DIMETHYL-2,5-DI-(BENZOYLPEROXY)-HEXAN:	siehe ORGANISCHES PEROXID TYP D, FEST	3106	Organische Peroxide gem. 2.2.52.4	29+ +++
2,5-DIMETHYL-2,5-DI-(tert-BUTYLPEROXY)-HEXAN:	siehe ORGANISCHES PEROXID TYP C, FLÜSSIG	3103	Organische Peroxide gem. 2.2.52.4	29+ +++

3.2 Tabelle B: Verzeichnis der gefährlichen Güter

Benennung und Beschreibung des Gutes		UN-Nr.	Bemerkung	NHM-Code
2,5-DIMETHYL-2,5-DI-(tert-BUTYLPEROXY)-HEXAN:	siehe ORGANISCHES PEROXID TYP D, FLÜSSIG	3105	Organische Peroxide gem. 2.2.52.4	29+ +++
2,5-DIMETHYL-2,5-DI-(tert-BUTYLPEROXY)-HEXAN:	siehe ORGANISCHES PEROXID TYP D, FEST	3106	Organische Peroxide gem. 2.2.52.4	29+ +++
2,5-DIMETHYL-2,5-DI-(tert-BUTYLPEROXY)-HEXAN:	siehe ORGANISCHES PEROXID TYP E, FEST	3108	Organische Peroxide gem. 2.2.52.4	29+ +++
2,5-DIMETHYL-2,5-DI-(tert-BUTYLPEROXY)-HEXAN:	siehe ORGANISCHES PEROXID TYP F, FLÜSSIG	3109	Organische Peroxide gem. 2.2.52.4	29+ +++
2,5-DIMETHYL-2,5-DI-(tert-BUTYLPEROXY)-HEXAN (als Paste):	siehe ORGANISCHES PEROXID TYP E, FEST	3108	Organische Peroxide gem. 2.2.52.4	29+ +++
2,5-DIMETHYL-2,5-DI-(tert-BUTYLPEROXY)-HEX-3-IN:	siehe ORGANISCHES PEROXID TYP B, FLÜSSIG	3101	Organische Peroxide gem. 2.2.52.4	29+ +++
DIMETHYLDICHLORSILAN		1162		293 100
DIMETHYLDIETHOXYSILAN		2380		293 100
2,5-DIMETHYL-2,5-DI-(2-ETHYLHEXANOYLPEROXY)-HEXAN:	siehe ORGANISCHES PEROXID TYP C, FLÜSSIG, TEMPERATURKONTROLLIERT	3113	Organische Peroxide gem. 2.2.52.4 RID: verboten	
2,5-DIMETHYL-2-5-DIHYDROPEROXYHEXAN:	siehe ORGANISCHES PEROXID TYP C, FEST	3104	Organische Peroxide gem. 2.2.52.4	29+ +++
DIMETHYLDIOXANE		2707		293 299
DIMETHYLDISULFID		2381		293 090
2,5-DIMETHYL-2,5-DI-(3,5,5-TRIMETHYLHEXANOYLPEROXY)-HEXAN:	siehe ORGANISCHES PEROXID TYP D, FLÜSSIG	3105	Organische Peroxide gem. 2.2.52.4	29+ +++
DIMETHYLETHER		1033		290 919
N,N-DIMETHYLFORMAMID		2265		292 410
DIMETHYLHYDRAZIN, ASYMMETRISCH		1163		292 800
DIMETHYLHYDRAZIN, SYMMETRISCH		2382		292 800
1,1-DIMETHYL-3-HYDROXYBUTYL-PEROXYNEOHEPTANOAT:	siehe ORGANISCHES PEROXID TYP E, FLÜSSIG, TEMPERATURKONTROLLIERT	3117	Organische Peroxide gem. 2.2.52.4 RID: verboten	
2,2-DIMETHYLPROPAN		2044		290 110
DIMETHYL-N-PROPYLAMIN		2266		292 119

Tabelle B: Verzeichnis der gefährlichen Güter 3.2

Benennung und Beschreibung des Gutes	UN-Nr.	Bemerkung	NHM-Code
N,N-Dimethylpropylamin:	siehe 2266 DIMETHYL-N-PROPYLAMIN		292 119
DIMETHYLSULFAT	1595		292 090
DIMETHYLSULFID	1164		293 090
DIMETHYLTHIOPHOSPHORYLCHLORID	2267		292 010
DIMYRISTYLPEROXYDICARBONAT:	siehe 3116 ORGANISCHES PEROXID TYP D, FEST, TEMPERATUR-KONTROLLIERT	Organische Peroxide gem. 2.2.52.4 RID: verboten	
DIMYRISTYLPEROXYDICARBONAT (als stabile Dispersion in Wasser):	siehe 3119 ORGANISCHES PEROXID TYP F, FLÜSSIG, TEMPERATURKONTROLLIERT	Organische Peroxide gem. 2.2.52.4 RID: verboten	
DIMYRISTYLPEROXYDICARBONAT (als stabile Dispersion in Wasser) in Großpackmitteln (IBC):	siehe 3119 ORGANISCHES PEROXID TYP F, FLÜSSIG, TEMPERATURKONTROLLIERT	Organische Peroxide gem. 2.2.52.4 RID: verboten	
DINATRIUMTRIOXOSILICAT	3253		283 911
DI-(2-NEODECANOYL-PEROXYISOPROPYL)-BENZEN:	siehe 3115 ORGANISCHES PEROXID TYP D, FLÜSSIG, TEMPERATURKONTROLLIERT	Organische Peroxide gem. 2.2.52.4 RID: verboten	
DINGU	0489		293 399
DINITROANILINE	1596		292 142
DINITROBENZENE, FEST	3443		290 420
DINITROBENZENE, FLÜSSIG	1597		290 420
DINITRO-o-CRESOL	1598		290 899
DINITROGLYCOLURIL	0489		293 399
DINITROPHENOL, ANGEFEUCHTET mit mindestens 15 Masse-% Wasser	1320		290 899
DINITROPHENOL, LÖSUNG	1599		382 490
DINITROPHENOL, trocken oder angefeuchtet mit weniger als 15 Masse-% Wasser	0076		290 899
DINITROPHENOLATE, ANGEFEUCHTET mit mindestens 15 Masse-% Wasser	1321		290 899
DINITROPHENOLATE der Alkalimetalle, trocken oder angefeuchtet mit weniger als 15 Masse-% Wasser	0077		290 899
DINITRORESORCINOL, ANGEFEUCHTET mit mindestens 15 Masse-% Wasser	1322		290 899
DINITRORESORCINOL, trocken oder angefeuchtet mit weniger als 15 Masse-% Wasser	0078		290 899
DINITROSOBENZEN	0406		360 200
N,N'-DINITROSO-N,N'-DIMETHYL-TEREPHTHALAMID, als Paste:	siehe 3224 SELBSTZERSETZLICHER STOFF TYP C, FEST	Selbstzersetzlicher Stoff gem. 2.2.41.4	+++ +++

3.2 Tabelle B: Verzeichnis der gefährlichen Güter

Benennung und Beschreibung des Gutes		UN-Nr.	Bemerkung	NHM-Code
N,N'-DINITROSOPENTAMETHYLENTETRAMIN:	siehe SELBSTZER- SETZLICHER STOFF TYP C, FEST	3224	Selbstzersetz- licher Stoff gem. 2.2.41.4	+++ +++
DINITROTOLUENE, FEST		3454		290 420
DINITROTOLUENE, FLÜSSIG		2038		290 420
DINITROTOLUENE, GESCHMOLZEN		1600		290 420
DI-n-NONANOYLPEROXID:	siehe ORGANISCHES PEROXID TYP D, FEST, TEMPERATUR- KONTROL- LIERT	3116	Organische Peroxide gem. 2.2.52.4 RID: verboten	
DI-n-OCTANOYLPEROXID:	siehe ORGANISCHES PEROXID TYP C, FEST, TEMPERATUR- KONTROL- LIERT	3114	Organische Peroxide gem. 2.2.52.4 RID: verboten	
DIOXAN		1165		293 299
DIOXOLAN		1166		293 299
DIPENTEN		2052		290 219
DIPEROXYAZELAINSÄURE:	siehe ORGANISCHES PEROXID TYP D, FEST, TEMPERATUR- KONTROL- LIERT	3116	Organische Peroxide gem. 2.2.52.4 RID: verboten	
DIPEROXYDODECANDISÄURE:	siehe ORGANISCHES PEROXID TYP D, FEST, TEMPERATUR- KONTROL- LIERT	3116	Organische Peroxide gem. 2.2.52.4 RID: verboten	
DIPEROXYDODECANDISÄURE (Konzentration ≤ 13 %):		–	Organische Peroxide gem. 2.2.52.4 freigestellt	
DI-(2-PHENOXYETHYL)-PEROXYDICARBONAT:	siehe ORGANISCHES PEROXID TYP B, FEST	3102	Organische Peroxide gem. 2.2.52.4	29+ +++
DI-(2-PHENOXYETHYL)-PEROXYDICARBONAT:	siehe ORGANISCHES PEROXID TYP D, FEST	3106	Organische Peroxide gem. 2.2.52.4	29+ +++
Diphenyl:	siehe UMWELTGE- FÄHRDENDER STOFF, FEST, N.A.G.	3077		+++ +++
DIPHENYLAMINOCHLORARSIN		1698		293 490
DIPHENYLBROMMETHAN		1770		290 399
DIPHENYLCHLORARSIN, FEST		3450		293 100
DIPHENYLCHLORARSIN, FLÜSSIG		1699		293 100
DIPHENYLDICHLORSILAN		1769		293 100

Tabelle B: Verzeichnis der gefährlichen Güter 3.2

Benennung und Beschreibung des Gutes	UN-Nr.		Bemerkung	NHM-Code
Diphenylether:	siehe	3077		+++ +++
	UMWELTGE-FÄHRDENDER STOFF, FEST, N.A.G.			
DIPHENYLOXID-4,4'-DISULFOHYDRAZID:	siehe	3226	Selbstzersetz-licher Stoff gem. 2.2.41.4	+++ +++
	SELBSTZER-SETZLICHER STOFF TYP D, FEST			
DIPIKRYLAMIN		0079		292 144
DIPIKRYLSULFID, ANGEFEUCHTET mit mindestens 10 Masse-% Wasser		2852		290 899
DIPIKRYLSULFID, trocken oder angefeuchtet mit weniger als 10 Masse-% Wasser		0401		290 899
DIPROPIONYLPEROXID:	siehe	3117	Organische Peroxide gem. 2.2.52.4 RID: verboten	
	ORGANISCHES PEROXID TYP E, FLÜS-SIG, TEMPERA-TURKONTROL-LIERT			
DIPROPYLAMIN		2383		292 119
4-DIPROPYLAMINOBENZENDIAZONIUM-ZINKCHLORID:	siehe	3226	Selbstzersetz-licher Stoff gem. 2.2.41.4	+++ +++
	SELBSTZER-SETZLICHER STOFF TYP D, FEST			
Dipropylendiamin:	siehe	2269		292 129
	3,3'-IMINOBIS-PROPYLAMIN			
DI-n-PROPYLETHER		2384		290 919
DIPROPYLKETON		2710		291 419
DI-n-PROPYLPEROXYDICARBONAT:	siehe	3113	Organische Peroxide gem. 2.2.52.4 RID: verboten	
	ORGANISCHES PEROXID TYP C, FLÜS-SIG, TEMPERA-TURKONTROL-LIERT			
DISTEARYLPEROXYDICARBONAT:	siehe	3106	Organische Peroxide gem. 2.2.52.4	29+ +++
	ORGANISCHES PEROXID TYP D, FEST			
DISTICKSTOFFMONOXID		1070		281 129
DISTICKSTOFFMONOXID, TIEFGEKÜHLT, FLÜSSIG		2201		281 129
DISTICKSTOFFTETROXID		1067		281 129
DISTICKSTOFFTRIOXID		2421	ADR + RID: verboten	
DI-(3,5,5-TRIMETHYL-1,2-DIOXOLANYL-3)-PEROXID (als Paste):	siehe	3116	Organische Peroxide gem. 2.2.52.4 RID: verboten	
	ORGANISCHES PEROXID TYP D, FEST, TEMPERATUR-KONTROL-LIERT			

3.2 Tabelle B: Verzeichnis der gefährlichen Güter

Benennung und Beschreibung des Gutes		UN-Nr.	Bemerkung	NHM-Code
DI-(3,5,5-TRIMETHYLHEXANOYL)-PEROXID:	siehe	3115	Organische Peroxide gem. 2.2.52.4	
	ORGANISCHES PEROXID TYP D, FLÜSSIG, TEMPERATURKONTROLLIERT		RID: verboten	
DI-(3,5,5-TRIMETHYLHEXANOYL)-PEROXID:	siehe	3119	Organische Peroxide gem. 2.2.52.4	
	ORGANISCHES PEROXID TYP F, FLÜSSIG, TEMPERATURKONTROLLIERT		RID: verboten	
DI-(3,5,5-TRIMETHYLHEXANOYL)-PEROXID (als stabile Dispersion in Wasser):	siehe	3119	Organische Peroxide gem. 2.2.52.4	
	ORGANISCHES PEROXID TYP F, FLÜSSIG, TEMPERATURKONTROLLIERT		RID: verboten	
DI-(3,5,5-TRIMETHYLHEXANOYL)-PEROXID (in Großpackmitteln (IBC)):	siehe	3119	Organische Peroxide gem. 2.2.52.4	
	ORGANISCHES PEROXID TYP F, FLÜSSIG, TEMPERATURKONTROLLIERT		RID: verboten	
DI-(3,5,5-TRIMETHYLHEXANOYL)-PEROXID (in Tanks):	siehe	3119	Organische Peroxide gem. 2.2.52.4	
	ORGANISCHES PEROXID TYP F, FLÜSSIG, TEMPERATURKONTROLLIERT		RID: verboten	
DIVINYLETHER, STABILISIERT		1167		290 919
DODECYLTRICHLORSILAN		1771		293 100
DRUCKFARBE, entzündbar		1210		321 5++
DRUCKFARBZUBEHÖRSTOFFE (einschließlich Druckfarbverdünnung und -lösemittel), entzündbar		1210		381 400
DRUCKGASPACKUNGEN		1950		+++ +++
DRUCKLUFT		1002		285 100
DÜNGEMITTEL, LÖSUNG, mit freiem Ammoniak		1043		+++ +++
DÜSENKRAFTSTOFF		1863		272 200 272 600

Tabelle B: Verzeichnis der gefährlichen Güter 3.2

Benennung und Beschreibung des Gutes	UN-Nr.	Bemerkung	NHM-Code
E			
EISEN(II)ARSENAT	1608		284 290
EISEN(III)ARSENAT	1606		284 290
EISEN(III)ARSENIT	1607		284 290
EISEN(III)CHLORID, LÖSUNG	2582		282 739
EISENCHLORID, WASSERFREI	1773		282 739
Eisen(III)chlorid, wasserfrei:	siehe 1773 EISENCHLORID, WASSERFREI		282 739
EISEN(III)NITRAT	1466		283 429
EISENOXID, GEBRAUCHT, aus der Kokereigasreinigung	1376		282 110
EISENPENTACARBONYL	1994		293 100
EISEN-SCHWAMM, GEBRAUCHT, aus der Kokereigasreinigung	1376		282 110
EISESSIG	2789		291 521
Emaille:	siehe 1263 FARBE (Klasse 3)		320 8++ 320 5++
Emaille:	siehe 3066 FARBE (Klasse 8)		320 8++ 320 5++
Emaille:	siehe 3469 FARBE, ENTZÜNDBAR, ÄTZEND (Klasse 3)		320 8++
Emaille:	siehe 3470 FARBE, ÄTZEND, ENTZÜNDBAR (Klasse 8)		320 8++
ENTZÜNDBARE METALLHYDRIDE, N.A.G.	3182		285 000
ENTZÜNDBARE METALLSALZE ORGANISCHER VERBINDUNGEN, N.A.G.	3181		+++ +++
ENTZÜNDBARER ANORGANISCHER FESTER STOFF, N.A.G.	3178		28+ +++
ENTZÜNDBARER ANORGANISCHER FESTER STOFF, ÄTZEND, N.A.G.	3180		28+ +++
ENTZÜNDBARER ANORGANISCHER FESTER STOFF, GIFTIG, N.A.G.	3179		28+ +++
ENTZÜNDBARER FESTER STOFF, ENTZÜNDEND (OXIDIEREND) WIRKEND, N.A.G.	3097	ADR + RID: verboten	
ENTZÜNDBARER FLÜSSIGER STOFF, N.A.G.	1993		+++ +++
ENTZÜNDBARER FLÜSSIGER STOFF, ÄTZEND, N.A.G.	2924		+++ +++
ENTZÜNDBARER FLÜSSIGER STOFF, GIFTIG, N.A.G.	1992		+++ +++
ENTZÜNDBARER FLÜSSIGER STOFF, GIFTIG, ÄTZEND, N.A.G.	3286		+++ +++
ENTZÜNDBARER ORGANISCHER FESTER STOFF, N.A.G.	1325		+++ +++
ENTZÜNDBARER ORGANISCHER FESTER STOFF, ÄTZEND, N.A.G.	2925		29+ +++
ENTZÜNDBARER ORGANISCHER FESTER STOFF, GIFTIG, N.A.G.	2926		29+ +++
ENTZÜNDBARER ORGANISCHER FESTER STOFF IN GESCHMOLZENEM ZUSTAND, N.A.G.	3176		29+ +++
ENTZÜNDBARES METALLPULVER, N.A.G.	3089		+++ +++
ENTZÜNDEND (OXIDIEREND) WIRKENDER FESTER STOFF, N.A.G.	1479		+++ +++
ENTZÜNDEND (OXIDIEREND) WIRKENDER FESTER STOFF, ÄTZEND, N.A.G.	3085		+++ +++
ENTZÜNDEND (OXIDIEREND) WIRKENDER FESTER STOFF, ENTZÜNDBAR, N.A.G.	3137	ADR + RID: verboten	
ENTZÜNDEND (OXIDIEREND) WIRKENDER FESTER STOFF, GIFTIG, N.A.G.	3087		+++ +++

3.2 Tabelle B: Verzeichnis der gefährlichen Güter

Benennung und Beschreibung des Gutes		UN-Nr.	Bemerkung	NHM-Code
ENTZÜNDEND (OXIDIEREND) WIRKENDER FESTER STOFF, MIT WASSER REAGIEREND, N.A.G.		3121	ADR + RID: verboten	
ENTZÜNDEND (OXIDIEREND) WIRKENDER FESTER STOFF, SELBSTERHITZUNGSFÄHIG, N.A.G.		3100	ADR + RID: verboten	
ENTZÜNDEND (OXIDIEREND) WIRKENDER FLÜSSIGER STOFF, N.A.G.		3139		282 990
ENTZÜNDEND (OXIDIEREND) WIRKENDER FLÜSSIGER STOFF, ÄTZEND, N.A.G.		3098		+++ +++
ENTZÜNDEND (OXIDIEREND) WIRKENDER FLÜSSIGER STOFF, GIFTIG, N.A.G.		3099		+++ +++
EPIBROMHYDRIN		2558		291 090
EPICHLORHYDRIN		2023		291 030
1,2-EPOXY-3-ETHOXYPROPAN		2752		291 090
ERDALKALIMETALLALKOHOLATE, N.A.G.		3205		290 550
ERDALKALIMETALLAMALGAM, FEST		3402		285 100
ERDALKALIMETALLAMALGAM, FLÜSSIG		1392		811 299
ERDALKALIMETALLDISPERSION		1391		280 119
ERDALKALIMETALLDISPERSION, ENTZÜNDBAR		3482		280 519
ERDALKALIMETALLLEGIERUNG, N.A.G.		1393		280 519
ERDGAS, TIEFGEKÜHLT, FLÜSSIG, mit hohem Methangehalt		1972		271 121
ERDGAS, VERDICHTET, mit hohem Methangehalt		1971		271 121
ERDÖLDESTILLATE, N.A.G.		1268		272 900
ERDÖLPRODUKTE, N.A.G.		1268		272 900
ERSTE-HILFE-AUSRÜSTUNG		3316		382 200
ERWÄRMTER FESTER STOFF, N.A.G., bei oder über 240 °C		3258		+++ +++
ERWÄRMTER FLÜSSIGER STOFF, N.A.G., bei oder über 100 °C und, bei Stoffen mit einem Flammpunkt, unter seinem Flammpunkt (einschließlich geschmolzenes Metall, geschmolzenes Salz, usw.)		3257		+++ +++
ERWÄRMTER FLÜSSIGER STOFF, ENTZÜNDBAR, N.A.G., mit einem Flammpunkt über 60 °C, bei oder über seinem Flammpunkt		3256		+++ +++
ESSIGSÄURE, LÖSUNG mit mehr als 10 Masse-%, aber höchstens 80 Masse-% Säure		2790		291 521
ESSIGSÄURE, LÖSUNG mit mehr als 80 Masse-% Säure		2789		291 521
ESSIGSÄUREANHYDRID		1715		291 524
ESTER, N.A.G.		3272		29+ +++
ETHAN		1035		290 110 271 129
ETHAN, TIEFGEKÜHLT, FLÜSSIG		1961		290 110
Ethanal:	siehe ACETALDEHYD	1089		291 212
ETHANOL		1170		220 710 220 720
ETHANOL, LÖSUNG		1170		220 890
ETHANOL UND BENZIN, GEMISCH mit mehr als 10 % Ethanol		3475		272 200 272 400
ETHANOL UND OTTOKRAFTSTOFF, GEMISCH mit mehr als 10 % Ethanol		3475		272 200 272 400
ETHANOLAMIN		2491		292 211
ETHANOLAMIN, LÖSUNG		2491		292 211
ETHER, N.A.G.		3271		290 9++
2-(N,N-ETHOXYCARBONYLPHENYLAMINO)-3-METHOXY-4-(N-METHYL-N-CYCLO-HEXYLAMINO)-BENZENDIAZONIUM-ZINKCHLORID:	siehe SELBSTZER-SETZLICHER STOFF TYP D, FEST, TEMPE-RATURKON-TROLLIERT	3236	Selbstzersetz-licher Stoff gem. 2.2.41.4 RID: verboten	

Tabelle B: Verzeichnis der gefährlichen Güter 3.2

Benennung und Beschreibung des Gutes		UN-Nr.	Bemerkung	NHM-Code
Ethoxyethanol:	siehe ETHYLENGLY-COLMONO-ETHYLETHER	1171		290 944
Ethoxyethylacetate:	siehe ETHYLENGLY-COLMONO-ETHYLETHER-ACETAT	1172		291 535
ETHYLACETAT		1173		291 531
ETHYLACETYLEN, STABILISIERT		2452		290 129
ETHYLACRYLAT, STABILISIERT		1917		291 612
ETHYLALKOHOL		1170		220 710 / 227 720
ETHYLALKOHOL, LÖSUNG		1170		220 890
ETHYLAMIN		1036		292 119
ETHYLAMIN, WÄSSERIGE LÖSUNG mit mindestens 50 Masse-% und höchstens 70 Masse-% Ethylamin		2270		292 119
ETHYLAMYLKETON		2271		291 419
2-ETHYLANILIN		2273		292 149
N-ETHYLANILIN		2272		292 142
ETHYLBENZEN		1175		290 260
N-ETHYL-N-BENZYLANILIN		2274		292 149
N-ETHYL-N-BENZYLTOLUIDINE, FEST		3460		292 143
N-ETHYL-N-BENZYLTOLUIDINE, FLÜSSIG		2753		292 143
ETHYLBROMACETAT		1603		291 590
ETHYLBROMID		1891		290 339
2-ETHYLBUTANOL		2275		290 519
2-ETHYLBUTYLACETAT		1177		291 539
ETHYLBUTYLETHER		1179		290 919
2-ETHYLBUTYRALDEHYD		1178		291 219
ETHYLBUTYRAT		1180		291 560
Ethylcarbonat:	siehe DIETHYL-CARBONAT	2366		292 090
ETHYLCHLORACETAT		1181		291 540
ETHYLCHLORFORMIAT		1182		291 590
ETHYLCHLORID		1037		290 311
ETHYL-2-CHLORPROPIONAT		2935		291 590
ETHYLCHLORTHIOFORMIAT		2826		291 590
ETHYLCROTONAT		1862		291 590
ETHYL-3,3-DI-(tert-AMYLPEROXY)-BUTYRAT:	siehe ORGANISCHES PEROXID TYP D, FLÜSSIG	3105	Organische Peroxide gem. 2.2.52.4	29+ +++
ETHYL-3,3-DI-(tert-BUTYLPEROXY)-BUTYRAT:	siehe ORGANISCHES PEROXID TYP C, FLÜSSIG	3103	Organische Peroxide gem. 2.2.52.4	29+ +++
ETHYL-3,3-DI-(tert-BUTYLPEROXY)-BUTYRAT:	siehe ORGANISCHES PEROXID TYP D, FLÜSSIG	3105	Organische Peroxide gem. 2.2.52.4	29+ +++
ETHYL-3,3-DI-(tert-BUTYLPEROXY)-BUTYRAT:	siehe ORGANISCHES PEROXID TYP D, FEST	3106	Organische Peroxide gem. 2.2.52.4	29+ +++
ETHYLDICHLORARSIN		1892		293 100

3.2 Tabelle B: Verzeichnis der gefährlichen Güter

Benennung und Beschreibung des Gutes	UN-Nr.	Bemerkung	NHM-Code
ETHYLDICHLORSILAN	1183		293 100
ETHYLEN	1962		290 121 271 114
ETHYLEN, ACETYLEN UND PROPYLEN, GEMISCH, TIEFGEKÜHLT, FLÜSSIG, mit mindestens 71,5 % Ethylen, höchstens 22,5 % Acetylen und höchstens 6 % Propylen	3138		271 119
ETHYLEN, TIEFGEKÜHLT, FLÜSSIG	1038		290 121 271 114
ETHYLENCHLORHYDRIN	1135		290 550
ETHYLENDIAMIN	1604		292 121
ETHYLENDIBROMID	1605		290 331
ETHYLENDICHLORID	1184		290 315
ETHYLENGLYCOLDIETHYLETHER	1153		290 944
ETHYLENGLYCOLMONOETHYLETHER	1171		290 944
ETHYLENGLYCOLMONOETHYLETHERACETAT	1172		291 535
ETHYLENGLYCOLMONOMETHYLETHER	1188		290 944
ETHYLENGLYCOLMONOMETHYLETHERACETAT	1189		291 539
ETHYLENIMIN, STABILISIERT	1185		293 390
ETHYLENOXID	1040		291 010
ETHYLENOXID MIT STICKSTOFF bis zu einem Gesamtdruck von 1 MPa (10 bar) bei 50 °C	1040		291 010
ETHYLENOXID UND CHLORTETRAFLUORETHAN, GEMISCH mit höchstens 8,8 % Ethylenoxid	3297		291 010 290 342
ETHYLENOXID UND DICHLORDIFLUORMETHAN, GEMISCH mit höchstens 12,5 % Ethylenoxid	3070		290 342 291 010
ETHYLENOXID UND KOHLENDIOXID, GEMISCH mit höchstens 9 % Ethylenoxid	1952		281 121 291 010
ETHYLENOXID UND KOHLENDIOXID, GEMISCH mit mehr als 87 % Ethylenoxid	3300		291 010 281 121
ETHYLENOXID UND KOHLENDIOXID, GEMISCH mit mehr als 9 %, aber höchstens 87 % Ethylenoxid	1041		281 121 291 010
ETHYLENOXID UND PENTAFLUORETHAN, GEMISCH mit höchstens 7,9 % Ethylenoxid	3298		290 330 291 010
ETHYLENOXID UND PROPYLENOXID, MISCHUNG mit höchstens 30 % Ethylenoxid	2983		291 020 291 010
ETHYLENOXID UND TETRAFLUORETHAN, GEMISCH mit höchstens 5,6 % Ethylenoxid	3299		290 330 291 010
ETHYLETHER	1155		290 911
ETHYLFLUORID	2453		290 339
ETHYLFORMIAT	1190		291 513
2-Ethylhexaldehyd:	siehe 1191 OCTYLALDE-HYDE		291 219
3-Ethylhexaldehyd:	siehe 1191 OCTYLALDE-HYDE		291 219
Ethylhexaldehyde:	siehe 1191 OCTYLALDE-HYDE		291 219
2-ETHYLHEXYLAMIN	2276		292 119
2-ETHYLHEXYLCHLORFORMIAT	2748		291 590
ETHYLISOBUTYRAT	2385		291 590
ETHYLISOCYANAT	2481		292 910
ETHYLLACTAT	1192		291 811
ETHYLMERCAPTAN	2363		293 090
ETHYLMETHACRYLAT, STABILISIERT	2277		291 614

Tabelle B: Verzeichnis der gefährlichen Güter 3.2

Benennung und Beschreibung des Gutes	UN-Nr.	Bemerkung	NHM-Code
ETHYLMETHYLETHER	1039		290 919
ETHYLMETHYLKETON	1193		291 412
ETHYLNITRIT, LÖSUNG	1194		292 090
ETHYLORTHOFORMIAT	2524		291 513
ETHYLOXALAT	2525		291 711
ETHYLPHENYLDICHLORSILAN	2435		293 100
1-ETHYLPIPERIDIN	2386		293 390
ETHYLPROPIONAT	1195		291 550
ETHYLPROPYLETHER	2615		290 919
N-ETHYLTOLUIDINE	2754		292 143
ETHYLTRICHLORSILAN	1196		293 100
EXPLOSIVE STOFFE, N.A.G.	0357		360 200
EXPLOSIVE STOFFE, N.A.G.	0358		360 200
EXPLOSIVE STOFFE, N.A.G.	0359		360 200
EXPLOSIVE STOFFE, N.A.G.	0473	RID: verboten	
EXPLOSIVE STOFFE, N.A.G.	0474		360 200
EXPLOSIVE STOFFE, N.A.G.	0475		360 200
EXPLOSIVE STOFFE, N.A.G.	0476		360 200
EXPLOSIVE STOFFE, N.A.G.	0477		360 200
EXPLOSIVE STOFFE, N.A.G.	0478		360 200
EXPLOSIVE STOFFE, N.A.G.	0479		360 200
EXPLOSIVE STOFFE, N.A.G.	0480		360 200
EXPLOSIVE STOFFE, N.A.G.	0481		360 200
EXPLOSIVE STOFFE, N.A.G.	0485		360 200
EXPLOSIVE STOFFE, SEHR UNEMPFINDLICH, N.A.G.	0482		360 200
EXPLOSIVSTOFF, MUSTER, außer Initialsprengstoff	0190		360 200
EXTRAKTE AROMATISCH, FLÜSSIG	1169		330 1++
EXTRAKTE GESCHMACKSTOFFE, FLÜSSIG	1197		130 219

3.2 Tabelle B: Verzeichnis der gefährlichen Güter

Benennung und Beschreibung des Gutes	UN-Nr.	Bemerkung	NHM-Code
F			
FAHRZEUG MIT ANTRIEB DURCH ENTZÜNDBARE FLÜSSIGKEIT	3166		840 7++
FAHRZEUG MIT ANTRIEB DURCH ENTZÜNDBARES GAS	3166		840 7++
FALLLOTE, MIT EXPLOSIVSTOFF	0204		360 490
FALLLOTE, MIT EXPLOSIVSTOFF	0296		360 490
FALLLOTE, MIT EXPLOSIVSTOFF	0374		360 490
FALLLOTE, MIT EXPLOSIVSTOFF	0375		360 490
FARBE (einschließlich Farbe, Lack, Emaille, Beize, Schellack, Firnis, Politur, flüssiger Füllstoff und flüssige Lackgrundlage)	1263		320 8++ 320 5++
FARBE (einschließlich Farbe, Lack, Emaille, Beize, Schellack, Firnis, Politur, flüssiger Füllstoff und flüssige Lackgrundlage)	3066		320 8++
FARBE, ÄTZEND, ENTZÜNDBAR (einschließlich Farbe, Lack, Emaille, Beize, Schellack, Firnis, Politur, flüssiger Füllstoff und flüssige Lackgrundlage)	3470		320 8++
FARBE, ENTZÜNDBAR, ÄTZEND (einschließlich Farbe, Lack, Emaille, Beize, Schellack, Firnis, Politur, flüssiger Füllstoff und flüssige Lackgrundlage)	3469		320 8++
Farblösemittel:	siehe 1263 *FARBZUBE-HÖRSTOFFE (Klasse 3)*		381 400
Farblösemittel:	siehe 3066 *FARBZUBE-HÖRSTOFFE (Klasse 8)*		320 8++ 320 5++
Farblösemittel:	siehe 3469 *FARBE, ENTZÜNDBAR, ÄTZEND (Klasse 3)*		381 400
Farblösemittel:	siehe 3470 *FARBE, ÄTZEND, ENTZÜNDBAR (Klasse 8)*		381 400
FARBSTOFF, FEST, ÄTZEND, N.A.G.	3147		320 +++
FARBSTOFF, FEST, GIFTIG, N.A.G.	3143		320 +++
FARBSTOFF, FLÜSSIG, ÄTZEND, N.A.G.	2801		320 +++
FARBSTOFF, FLÜSSIG, GIFTIG, N.A.G.	1602		320 +++
FARBSTOFFZWISCHENPRODUKT, FEST, ÄTZEND, N.A.G.	3147		320 4++
FARBSTOFFZWISCHENPRODUKT, FEST, GIFTIG, N.A.G.	3143		320 4++
FARBSTOFFZWISCHENPRODUKT, FLÜSSIG, ÄTZEND, N.A.G.	2801		320 +++
FARBSTOFFZWISCHENPRODUKT, FLÜSSIG, GIFTIG, N.A.G.	1602		+++ +++
Farbverdünnung:	siehe 1263 *FARBZUBE-HÖRSTOFFE (Klasse 3)*		381 400
Farbverdünnung:	siehe 3066 *FARBZUBE-HÖRSTOFFE (Klasse 8)*		381 400
Farbverdünnung:	siehe 3469 *FARBE, ENTZÜNDBAR, ÄTZEND (Klasse 3)*		381 400
Farbverdünnung:	siehe 3470 *FARBE, ÄTZEND, ENTZÜNDBAR (Klasse 8)*		381 400

Tabelle B: Verzeichnis der gefährlichen Güter 3.2

Benennung und Beschreibung des Gutes	UN-Nr.	Bemerkung	NHM-Code
FARBZUBEHÖRSTOFFE (einschließlich Farbverdünnung und -lösemittel)	1263		381 400
FARBZUBEHÖRSTOFFE (einschließlich Farbverdünnung und -lösemittel)	3066		381 400
FARBZUBEHÖRSTOFFE, ÄTZEND, ENTZÜNDBAR (einschließlich Farbverdünnung und -lösemittel)	3470		381 400
FARBZUBEHÖRSTOFFE, ENTZÜNDBAR, ÄTZEND (einschließich Farbverdünnung und -lösemittel)	3469		381 400
FASERN, IMPRÄGNIERT MIT SCHWACH NITRIERTER CELLULOSE, N.A.G.	1353		391 220 / 590 700
Fasern, pflanzlichen Ursprungs, trocken	3360	unterliegt nicht den Vorschriften des ADR / RID	5++ +++
Fasern, pflanzlichen Ursprungs, gebrannt, nass oder feucht	1372	unterliegt nicht den Vorschriften des ADR / RID	5++ +++
Fasern, tierischen Ursprungs, gebrannt, nass oder feucht	1372	unterliegt nicht den Vorschriften des ADR / RID	5++ +++
FASERN, TIERISCHEN oder PFLANZLICHEN oder SYNTHETISCHEN URSPRUNGS, N.A.G., imprägniert mit Öl	1373		+++ +++
Fenbutatinoxid:	siehe 3077 UMWELTGE-FÄHRDENDER STOFF, FEST, N.A.G.		+++ +++
FERROSILICIUM mit mindestens 30 Masse-%, aber weniger als 90 Masse-% Silicium	1408		720 22+
FESTE STOFFE, DIE ENTZÜNDBARE FLÜSSIGE STOFFE mit einem Flammpunkt von höchstens 60 °C ENTHALTEN, N.A.G.	3175		+++ +++
FESTE STOFFE MIT ÄTZENDEM FLÜSSIGEM STOFF, N.A.G.	3244		+++ +++
FESTE STOFFE MIT GIFTIGEM FLÜSSIGEM STOFF, N.A.G.	3243		+++ +++
Fester Stoff, den für die Luftfahrt geltenden Vorschriften unterliegend, n.a.g.	3335	unterliegt nicht den Vorschriften des ADR / RID	+++ +++
FEUERANZÜNDER, FEST mit entzündbarem flüssigem Stoff getränkt	2623		360 690
FEUERLÖSCHER-LADUNGEN, ätzender flüssiger Stoff	1774		381 300
FEUERLÖSCHER mit verdichtetem oder verflüssigtem Gas	1044		842 410
FEUERWERKSKÖRPER	0333	siehe 2.2.1.1.7	360 410
FEUERWERKSKÖRPER	0334	siehe 2.2.1.1.7	360 410
FEUERWERKSKÖRPER	0335	siehe 2.2.1.1.7	360 410
FEUERWERKSKÖRPER	0336	siehe 2.2.1.1.7	360 410
FEUERWERKSKÖRPER	0337		360 410
FEUERZEUGE mit entzündbarem Gas	1057		961 3++
FILME AUF NITROCELLULOSEBASIS, gelatiniert	1324		391 290
Firnis:	siehe 1263 FARBE (Klasse 3)		320 8++ / 320 5++
Firnis:	siehe 3066 FARBE (Klasse 8)		320 8++ / 320 5++
Firnis:	siehe 3469 FARBE, ENTZÜNDBAR, ÄTZEND (Klasse 3)		320 8++

3.2 Tabelle B: Verzeichnis der gefährlichen Güter

Benennung und Beschreibung des Gutes	UN-Nr.	Bemerkung	NHM-Code
Firnis: siehe FARBE, ÄTZEND, ENTZÜNDBAR (Klasse 8)	3470		320 8++
FISCHABFALL, NICHT STABILISIERT	1374		230 120
Fischabfälle, stabilisiert	2216	unterliegt nicht den Vorschriften des ADR / RID	230 120
FISCHMEHL, NICHT STABILISIERT	1374		230 120
Fischmehl, stabilisiert	2216	unterliegt nicht den Vorschriften des ADR / RID	230 120
Flugzeugnotrutschen: siehe RETTUNGS- MITTEL, SELBSTAUF- BLASEND	2990		630 720
Flugzeugüberlebensausrüstungen: siehe RETTUNGS- MITTEL, SELBSTAUF- BLASEND	2990		630 720
FLUOR, VERDICHTET	1045		280 130
FLUORANILINE	2941		292 142
FLUORBENZEN	2387		290 399
FLUORBORSÄURE	1775		281 119
FLUORESSIGSÄURE	2642		291 590
FLUORKIESELSÄURE	1778		281 119
FLUOROSILICATE, N.A.G.	2856		282 690
FLUORPHOSPHORSÄURE, WASSERFREI	1776		281 119
FLUORSULFONSÄURE	1777		281 119
FLUORTOLUENE	2388		290 399
FLUORWASSERSTOFF, WASSERFREI	1052		281 111
FLUORWASSERSTOFFSÄURE	1790		281 111
FLUORWASSERSTOFFSÄURE UND SCHWEFELSÄURE, MISCHUNG	1786		281 119
flüssige Lackgrundlage: siehe FARBE (Klasse 3)	1263		320 8++ 320 5++
flüssige Lackgrundlage: siehe FARBE (Klasse 8)	3066		320 8++
flüssige Lackgrundlage: siehe FARBE, ENTZÜNDBAR, ÄTZEND (Klasse 3)	3469		320 8++
flüssige Lackgrundlage: siehe FARBE, ÄTZEND, ENTZÜNDBAR (Klasse 8)	3470		320 8++
flüssiger Füllstoff: siehe FARBE (Klasse 3)	1263		320 8++ 320 5++
flüssiger Füllstoff: siehe FARBE (Klasse 8)	3066		320 8++

Tabelle B: Verzeichnis der gefährlichen Güter 3.2

Benennung und Beschreibung des Gutes		UN-Nr.	Bemerkung	NHM-Code
flüssiger Füllstoff:	siehe FARBE, ENTZÜNDBAR, ÄTZEND (Klasse 3)	3469		320 8++
flüssiger Füllstoff:	siehe FARBE, ÄTZEND, ENTZÜNDBAR (Klasse 8)	3470		320 8++
Flüssiger Stoff, den für die Luftfahrt geltenden Vorschriften unterliegend, n.a.g.		3334	unterliegt nicht den Vorschriften des ADR / RID	+++ +++
FORMALDEHYDLÖSUNG, ENTZÜNDBAR		1198		291 211
FORMALDEHYDLÖSUNG mit mindestens 25 % Formaldehyd		2209		291 211
N-FORMYL-2-(NITROMETHYLEN)-1,3-PERHYDROTHIAZIN:	siehe SELBSTZER- SETZLICHER STOFF TYP D, FEST, TEMPE- RATURKON- TROLLIERT	3236	Selbstzersetz- licher Stoff gem. 2.2.41.4 RID: verboten	
FÜLLSPRENGKÖRPER		0060		930 690
FUMARYLCHLORID		1780		291 590
FURALDEHYDE		1199		293 212
FURAN		2389		293 219
Furfural:	siehe FURALDEHYDE	1199		293 212
FURFURYLALKOHOL		2874		293 213
FURFURYLAMIN		2526		292 250
FUSELÖL		1201		382 490

3.2 Tabelle B: Verzeichnis der gefährlichen Güter

Benennung und Beschreibung des Gutes	UN-Nr.	Bemerkung	NHM-Code
G			
GALLIUM	2803		811 291
GAS ALS KÄLTEMITTEL, N.A.G.	1078		382 471
GAS ALS KÄLTEMITTEL R 12	1028		290 377
GAS ALS KÄLTEMITTEL R 12B1	1974		290 376
GAS ALS KÄLTEMITTEL R 13	1022		290 377
GAS ALS KÄLTEMITTEL R 13B1	1009		290 376
GAS ALS KÄLTEMITTEL R 14	1982		290 339
GAS ALS KÄLTEMITTEL R 21	1029		290 379
GAS ALS KÄLTEMITTEL R 22	1018		290 379
GAS ALS KÄLTEMITTEL R 23	1984		290 339
GAS ALS KÄLTEMITTEL R 32	3252		290 339
GAS ALS KÄLTEMITTEL R 40	1063		290 311
GAS ALS KÄLTEMITTEL R 41	2454		290 339
GAS ALS KÄLTEMITTEL R 114	1958		290 377
GAS ALS KÄLTEMITTEL R 115	1020		290 377
GAS ALS KÄLTEMITTEL R 116	2193		290 339
GAS ALS KÄLTEMITTEL R 124	1021		290 379
GAS ALS KÄLTEMITTEL R 125	3220		290 339
GAS ALS KÄLTEMITTEL R 133a	1983		290 379
GAS ALS KÄLTEMITTEL R 134a	3159		290 339
GAS ALS KÄLTEMITTEL R 142b	2517		290 379
GAS ALS KÄLTEMITTEL R 143a	2035		290 339
GAS ALS KÄLTEMITTEL R 152a	1030		290 339
GAS ALS KÄLTEMITTEL R 161	2453		290 339
GAS ALS KÄLTEMITTEL R 218	2424		290 339
GAS ALS KÄLTEMITTEL R 227	3296		290 339
GAS ALS KÄLTEMITTEL R 404A	3337		382 474
GAS ALS KÄLTEMITTEL R 407A	3338		382 474
GAS ALS KÄLTEMITTEL R 407B	3339		382 474
GAS ALS KÄLTEMITTEL R 407C	3340		382 474
GAS ALS KÄLTEMITTEL R 500	2602		382 479
GAS ALS KÄLTEMITTEL R 502	1973		382 479
GAS ALS KÄLTEMITTEL R 503	2599		382 471
GAS ALS KÄLTEMITTEL R 1113	1082		290 377
GAS ALS KÄLTEMITTEL R 1132a	1959		290 330
GAS ALS KÄLTEMITTEL R 1216	1858		290 339
GAS ALS KÄLTEMITTEL R 1318	2422		290 339
GAS ALS KÄLTEMITTEL RC 318	1976		290 389
GAS, TIEFGEKÜHLT, FLÜSSIG, N.A.G.	3158		+++ +++
GAS, TIEFGEKÜHLT, FLÜSSIG, ENTZÜNDBAR, N.A.G.	3312		+++ +++
GAS, TIEFGEKÜHLT, FLÜSSIG, OXIDIEREND, N.A.G.	3311		+++ +++
GASÖL	1202		274 +++
GASPATRONEN, ohne Entnahmeeinrichtung, nicht nachfüllbar	2037		360 610
GASPROBE, NICHT UNTER DRUCK STEHEND, ENTZÜNDBAR, N.A.G., nicht tiefgekühlt flüssig	3167		+++ +++
GASPROBE, NICHT UNTER DRUCK STEHEND, GIFTIG, ENTZÜNDBAR, N.A.G., nicht tiefgekühlt flüssig	3168		+++ +++
GASPROBE, NICHT UNTER DRUCK STEHEND, GIFTIG, N.A.G., nicht tiefgekühlt flüssig	3169		+++ +++

Tabelle B: Verzeichnis der gefährlichen Güter 3.2

Benennung und Beschreibung des Gutes	UN-Nr.	Bemerkung	NHM-Code
GEFÄHRLICHE GÜTER IN GEGENSTÄNDEN	3363		8++ +++
GEFÄHRLICHE GÜTER IN GERÄTEN	3363		8++ +++
GEFÄHRLICHE GÜTER IN MASCHINEN	3363		8++ +++
GEFÄSSE, KLEIN, MIT GAS, ohne Entnahmeeinrichtung, nicht nachfüllbar	2037		360 610
GEFECHTSKÖPFE, RAKETE, mit Sprengladung	0286		930 690
GEFECHTSKÖPFE, RAKETE, mit Sprengladung	0287		930 690
GEFECHTSKÖPFE, RAKETE, mit Sprengladung	0369		930 690
GEFECHTSKÖPFE, RAKETE, mit Zerleger oder Ausstoßladung	0370		930 690
GEFECHTSKÖPFE, RAKETE, mit Zerleger oder Ausstoßladung	0371		930 690
GEFECHTSKÖPFE, TORPEDO, mit Sprengladung	0221		930 690
GEGENSTÄNDE, DIE EINEN ÄTZENDEN STOFF ENTHALTEN, N.A.G.	3547		+++ +++
GEGENSTÄNDE, DIE EINEN ENTZÜNDBAREN FESTEN STOFF ENTHALTEN, N.A.G.	3541		+++ +++
GEGENSTÄNDE, DIE EINEN ENTZÜNDBAREN FLÜSSIGEN STOFF ENTHALTEN, N.A.G.	3540		+++ +++
GEGENSTÄNDE, DIE EINEN ENTZÜNDEND (OXIDIEREND) WIRKENDEN STOFF ENTHALTEN, N.A.G.	3544		+++ +++
GEGENSTÄNDE, DIE EINEN GIFTIGEN STOFF ENTHALTEN, N.A.G.	3546		+++ +++
GEGENSTÄNDE, DIE EINEN SELBSTENTZÜNDLICHEN STOFF ENTHALTEN, N.A.G.	3542		+++ +++
GEGENSTÄNDE, DIE EINEN STOFF ENTHALTEN, DER IN BERÜHRUNG MIT WASSER ENTZÜNDBARE GASE ENTWICKELT, N.A.G.	3543		+++ +++
GEGENSTÄNDE, DIE ENTZÜNDBARES GAS ENTHALTEN, N.A.G.	3537		+++ +++
GEGENSTÄNDE, DIE GIFTIGES GAS ENTHALTEN, N.A.G.	3539		+++ +++
GEGENSTÄNDE, DIE NICHT ENTZÜNDBARES, NICHT GIFTIGES GAS ENTHALTEN, N.A.G.	3538		+++ +++
GEGENSTÄNDE, DIE ORGANISCHES PEROXID ENTHALTEN, N.A.G.	3545		+++ +++
GEGENSTÄNDE, DIE VERSCHIEDENE GEFÄHRLICHE GÜTER ENTHALTEN, N.A.G.	3548		+++ +++
GEGENSTÄNDE, EEI	0486		360 490
GEGENSTÄNDE MIT EXPLOSIVSTOFF, N.A.G.	0349		930 690
GEGENSTÄNDE MIT EXPLOSIVSTOFF, N.A.G.	0350		930 690
GEGENSTÄNDE MIT EXPLOSIVSTOFF, N.A.G.	0351		930 690
GEGENSTÄNDE MIT EXPLOSIVSTOFF, N.A.G.	0352		930 690
GEGENSTÄNDE MIT EXPLOSIVSTOFF, N.A.G.	0353		930 690
GEGENSTÄNDE MIT EXPLOSIVSTOFF, N.A.G.	0354		930 690
GEGENSTÄNDE MIT EXPLOSIVSTOFF, N.A.G.	0355		930 690
GEGENSTÄNDE MIT EXPLOSIVSTOFF, N.A.G.	0356		930 690
GEGENSTÄNDE MIT EXPLOSIVSTOFF, N.A.G.	0462		930 690
GEGENSTÄNDE MIT EXPLOSIVSTOFF, N.A.G.	0463		930 690
GEGENSTÄNDE MIT EXPLOSIVSTOFF, N.A.G.	0464		930 690
GEGENSTÄNDE MIT EXPLOSIVSTOFF, N.A.G.	0465		930 690
GEGENSTÄNDE MIT EXPLOSIVSTOFF, N.A.G.	0466		930 690
GEGENSTÄNDE MIT EXPLOSIVSTOFF, N.A.G.	0467		930 690
GEGENSTÄNDE MIT EXPLOSIVSTOFF, N.A.G.	0468		930 690
GEGENSTÄNDE MIT EXPLOSIVSTOFF, N.A.G.	0469		930 690
GEGENSTÄNDE MIT EXPLOSIVSTOFF, N.A.G.	0470		930 690
GEGENSTÄNDE MIT EXPLOSIVSTOFF, N.A.G.	0471		930 690
GEGENSTÄNDE MIT EXPLOSIVSTOFF, N.A.G.	0472		930 690
GEGENSTÄNDE MIT EXPLOSIVSTOFF, EXTREM UNEMPFINDLICH	0486		360 490
GEGENSTÄNDE, PYROPHOR	0380		930 690
GEGENSTÄNDE UNTER HYDRAULISCHEM DRUCK (mit nicht entzündbarem Gas)	3164		+++ +++
GEGENSTÄNDE UNTER PNEUMATISCHEM DRUCK (mit nicht entzündbarem Gas)	3164		+++ +++

3.2 Tabelle B: Verzeichnis der gefährlichen Güter

Benennung und Beschreibung des Gutes	UN-Nr.	Bemerkung	NHM-Code
Gemisch A:	siehe KOHLENWAS-SERSTOFFGAS, GEMISCH, VERFLÜSSIGT, N.A.G.	1965	271 119 271 113
Gemisch A 0:	siehe KOHLENWAS-SERSTOFFGAS, GEMISCH, VERFLÜSSIGT, N.A.G.	1965	271 119 271 113
Gemisch A 01:	siehe KOHLENWAS-SERSTOFFGAS, GEMISCH, VERFLÜSSIGT, N.A.G.	1965	271 119 271 113
Gemisch A 02:	siehe KOHLENWAS-SERSTOFFGAS, GEMISCH, VERFLÜSSIGT, N.A.G.	1965	271 119 271 113
Gemisch A 1:	siehe KOHLENWAS-SERSTOFFGAS, GEMISCH, VERFLÜSSIGT, N.A.G.	1965	271 119 271 113
Gemisch B:	siehe KOHLENWAS-SERSTOFFGAS, GEMISCH, VERFLÜSSIGT, N.A.G.	1965	271 119 271 113
Gemisch B 1:	siehe KOHLENWAS-SERSTOFFGAS, GEMISCH, VERFLÜSSIGT, N.A.G.	1965	271 119 271 113
Gemisch B 2:	siehe KOHLENWAS-SERSTOFFGAS, GEMISCH, VERFLÜSSIGT, N.A.G.	1965	271 119 271 113
Gemisch C:	siehe KOHLENWAS-SERSTOFFGAS, GEMISCH, VERFLÜSSIGT, N.A.G.	1965	271 119 271 113
Gemisch F 1:	siehe GAS ALS KÄLTEMITTEL, N.A.G.	1078	382 471
Gemisch F 2:	siehe GAS ALS KÄLTEMITTEL, N.A.G.	1078	382 471

Tabelle B: Verzeichnis der gefährlichen Güter 3.2

Benennung und Beschreibung des Gutes	UN-Nr.	Bemerkung	NHM-Code
Gemisch F 3:	siehe 1078 GAS ALS KÄLTEMITTEL, N.A.G.		382 471
Gemisch P 1:	siehe 1060 METHYLACE-TYLEN UND PROPADIEN, GEMISCH, STABILISIERT		271 119
Gemisch P 2:	siehe 1060 METHYLACE-TYLEN UND PROPADIEN, GEMISCH, STABILISIERT		271 119
Gemisch von Methylacetylen und Propadien mit Kohlenwasserstoffen:	siehe 1060 GEMISCH P 1 oder GEMISCH P 2 oder METHYLACE-TYLEN UND PROPADIEN, GEMISCH, STABILISIERT		271 119
Gemische aus festen Stoffen, die entzündbare flüssige Stoffe mit einem Flammpunkt von höchstens 60 °C enthalten:	siehe 3175 FESTE STOFFE, DIE ENTZÜNDBARE FLÜSSIGE STOFFE mit einem Flammpunkt von höchstens 60 °C ENTHALTEN, N.A.G.		+++ +++
GEMISCHE AUS SALPETERSÄURE UND SALZSÄURE	1798	ADR + RID: verboten	
GENETISCH VERÄNDERTE MIKROORGANISMEN	3245		300 290
GENETISCH VERÄNDERTE ORGANISMEN	3245		+++ +++
GERÄTE, KLEIN, MIT KOHLENWASSERSTOFFGAS, mit Entnahmeeinrichtung	3150		+++ +++
GERMAN	2192		285 000
GERMAN, ADSORBIERT	3523		285 000
GERMANIUMWASSERSTOFF	2192		285 000
GERMANIUMWASSERSTOFF, ADSORBIERT	3523		285 000
GESCHOSSE, inert, mit Leuchtspurmitteln	0345		930 690
GESCHOSSE, inert, mit Leuchtspurmitteln	0424		930 690
GESCHOSSE, inert, mit Leuchtspurmitteln	0425		930 690
GESCHOSSE, mit Sprengladung	0167		930 690
GESCHOSSE, mit Sprengladung	0168		930 690
GESCHOSSE, mit Sprengladung	0169		930 690
GESCHOSSE, mit Sprengladung	0324		930 690
GESCHOSSE, mit Sprengladung	0344		930 690
GESCHOSSE, mit Zerleger oder Ausstoßladung	0346		930 690
GESCHOSSE, mit Zerleger oder Ausstoßladung	0347		930 690
GESCHOSSE, mit Zerleger oder Ausstoßladung	0426		930 690
GESCHOSSE, mit Zerleger oder Ausstoßladung	0427		930 690
GESCHOSSE, mit Zerleger oder Ausstoßladung	0434		930 690
GESCHOSSE, mit Zerleger oder Ausstoßladung	0435		930 690
GEWEBE, IMPRÄGNIERT MIT SCHWACH NITRIERTER CELLULOSE, N.A.G.	1353		391 220 590 700

3.2 Tabelle B: Verzeichnis der gefährlichen Güter

Benennung und Beschreibung des Gutes	UN-Nr.	Bemerkung	NHM-Code
GEWEBE, TIERISCHEN oder PFLANZLICHEN oder SYNTHETISCHEN URSPRUNGS, N.A.G., imprägniert mit Öl	1373		+++ +++
GIFTIGER ANORGANISCHER FESTER STOFF, N.A.G.	3288		28+ +++
GIFTIGER ANORGANISCHER FESTER STOFF, ÄTZEND, N.A.G.	3290		28+ +++
GIFTIGER ANORGANISCHER FLÜSSIGER STOFF, N.A.G.	3287		28+ +++
GIFTIGER ANORGANISCHER FLÜSSIGER STOFF, ÄTZEND, N.A.G.	3289		28+ +++
GIFTIGER ANORGANISCHER FESTER STOFF, ENTZÜNDBAR, N.A.G.	3535		+++ +++
GIFTIGER FESTER STOFF, ENTZÜNDEND (OXIDIEREND) WIRKEND, N.A.G.	3086		+++ +++
GIFTIGER FESTER STOFF, MIT WASSER REAGIEREND, N.A.G.	3125		+++ +++
GIFTIGER FESTER STOFF, SELBSTERHITZUNGSFÄHIG, N.A.G.	3124		+++ +++
GIFTIGER FLÜSSIGER STOFF, ENTZÜNDEND (OXIDIEREND) WIRKEND, N.A.G.	3122		+++ +++
GIFTIGER FLÜSSIGER STOFF, MIT WASSER REAGIEREND, N.A.G.	3123		+++ +++
GIFTIGER ORGANISCHER FESTER STOFF, N.A.G.	2811		29+ +++
GIFTIGER ORGANISCHER FESTER STOFF, ÄTZEND, N.A.G.	2928		29+ +++
GIFTIGER ORGANISCHER FESTER STOFF, ENTZÜNDBAR, N.A.G.	2930		29+ +++
GIFTIGER ORGANISCHER FLÜSSIGER STOFF, N.A.G.	2810		29+ +++
GIFTIGER ORGANISCHER FLÜSSIGER STOFF, ÄTZEND, N.A.G.	2927		29+ +++
GIFTIGER ORGANISCHER FLÜSSIGER STOFF, ENTZÜNDBAR, N.A.G.	2929		29+ +++
GLYCEROL-alpha-MONOCHLORHYDRIN	2689		290 550
GLYCIDALDEHYD	2622		291 249
GRANATEN, Hand oder Gewehr, mit Sprengladung	0284		930 690
GRANATEN, Hand oder Gewehr, mit Sprengladung	0285		930 690
GRANATEN, Hand oder Gewehr, mit Sprengladung	0292		930 690
GRANATEN, Hand oder Gewehr, mit Sprengladung	0293		930 690
GRANATEN, ÜBUNG, Hand oder Gewehr	0110		930 690
GRANATEN, ÜBUNG, Hand oder Gewehr	0318		930 690
GRANATEN, ÜBUNG, Hand oder Gewehr	0372		930 690
GRANATEN, ÜBUNG, Hand oder Gewehr	0452		930 690
GUANIDINNITRAT	1467		292 520
GUANYLNITROSAMINOGUANYLIDENHYDRAZIN, ANGEFEUCHTET mit mindestens 30 Masse-% Wasser	0113	RID: verboten	
GUANYLNITROSAMINOGUANYLTETRAZEN, ANGEFEUCHTET mit mindestens 30 Masse-% Wasser oder einer Alkohol/Wasser-Mischung	0114	RID: verboten	
Gummi-Abfälle, gemahlen:	siehe 1345 KAUTSCHUK-RESTE, pulverförmig oder granuliert		400 400
GUMMILÖSUNG	1287		400 520
Gummi-Reste, pulverförmig oder granuliert:	siehe 1345 KAUTSCHUK-RESTE, pulverförmig oder granuliert		400 400
Gurtstraffer:	siehe 0503 SICHERHEITS-EINRICHTUNGEN, PYROTECHNISCH		400 400
Gurtstraffer:	siehe 3268 SICHERHEITS-EINRICHTUNGEN, elektrische Auslösung		400 400

Tabelle B: Verzeichnis der gefährlichen Güter 3.2

Benennung und Beschreibung des Gutes	UN-Nr.	Bemerkung	NHM-Code
H			
HAFNIUM-PULVER, ANGEFEUCHTET mit mindestens 25 % Wasser	1326		811 2++
HAFNIUM-PULVER, TROCKEN	2545		811 2++
HALOGENIERTE MONOMETHYLDIPHENYLMETHANE, FEST	3152		290 399
HALOGENIERTE MONOMETHYLDIPHENYLMETHANE, FLÜSSIG	3151		290 399
HARNSTOFFNITRAT, ANGEFEUCHTET mit mindestens 10 Masse-% Wasser	3370		292 410
HARNSTOFFNITRAT, ANGEFEUCHTET mit mindestens 20 Masse-% Wasser	1357		292 410
HARNSTOFFNITRAT, trocken oder angefeuchtet mit weniger als 20 Masse-% Wasser	0220		292 419
HARNSTOFFWASSERSTOFFPEROXID	1511		284 700
HARZLÖSUNG, entzündbar	1866		+++ +++
HARZÖL	1286		380 690
HEIZÖL, LEICHT	1202		274 +++
HELIUM, TIEFGEKÜHLT, FLÜSSIG	1963		280 429
HELIUM, VERDICHTET	1046		280 429
HEPTAFLUORPROPAN	3296		290 339
n-HEPTALDEHYD	3056		291 219
HEPTANE	1206		290 110
n-HEPTEN	2278		290 129
Heu	1327	unterliegt nicht den Vorschriften des ADR / RID	121 490
HEXACHLORACETON	2661		291 470
HEXACHLORBENZEN	2729		290 399
HEXACHLORBUTADIEN	2279		290 329
HEXACHLORCYCLOPENTADIEN	2646		290 389
HEXACHLOROPHEN	2875		290 810
HEXACHLORPLATINSÄURE, FEST	2507		281 119
HEXADECYLTRICHLORSILAN	1781		293 100
HEXADIENE	2458		290 129
HEXAETHYLTETRAPHOSPHAT	1611		291 900
HEXAETHYLTETRAPHOSPHAT UND VERDICHTETES GAS, GEMISCH	1612		291 900
HEXAFLUORACETON	2420		291 470
HEXAFLUORACETONHYDRAT, FEST	3436		291 470
HEXAFLUORACETONHYDRAT, FLÜSSIG	2552		291 470
HEXAFLUORETHAN	2193		290 330
HEXAFLUORPHOSPHORSÄURE	1782		281 119
HEXAFLUORPROPYLEN	1858		290 339
HEXALDEHYD	1207		291 219
HEXAMETHYLENDIAMIN, FEST	2280		292 122
HEXAMETHYLENDIAMIN, LÖSUNG	1783		292 122
HEXAMETHYLENDIISOCYANAT	2281		292 910
HEXAMETHYLENIMIN	2493		292 520
HEXAMETHYLENTETRAMIN	1328		293 390
3,3,6,6,9,9-HEXAMETHYL-1,2,4,5-TETRAOXACYCLONONAN:	siehe 3102 ORGANISCHES PEROXID TYP B, FEST	Organische Peroxide gem. 2.2.52.4	29+ +++
3,3,6,6,9,9-HEXAMETHYL-1,2,4,5-TETRAOXACYCLONONAN:	siehe 3105 ORGANISCHES PEROXID TYP D, FLÜSSIG	Organische Peroxide gem. 2.2.52.4	29+ +++

3.2 Tabelle B: Verzeichnis der gefährlichen Güter

Benennung und Beschreibung des Gutes	UN-Nr.	Bemerkung	NHM-Code
3,3,6,6,9,9-HEXAMETHYL-1,2,4,5-TETRAOXACYCLONONAN:	siehe 3106 ORGANISCHES PEROXID TYP D, FEST	Organische Peroxide gem. 2.2.52.4	29+ +++
HEXANE	1208		290 110
HEXANITRODIPHENYLAMIN	0079		292 144
HEXANITROSTILBEN	0392		360 200
HEXANOLE	2282		290 519
HEX-1-EN	2370		290 129
HEXOGEN, ANGEFEUCHTET mit mindestens 15 Masse-% Wasser	0072		360 200
HEXOGEN, DESENSIBILISIERT	0483		360 200
HEXOGEN IN MISCHUNG MIT CYCLOTETRAMETHYLENTETRANITRAMIN, ANGEFEUCHTET mit mindestens 15 Masse-% Wasser	0391		293 369
HEXOGEN IN MISCHUNG MIT CYCLOTETRAMETHYLENTETRANITRAMIN, DESENSIBILISIERT mit mindestens 10 Masse-% Phlegmatisierungsmittel	0391		293 369
HEXOGEN IN MISCHUNG MIT HMX, ANGEFEUCHTET mit mindestens 15 Masse-% Wasser	0391		293 369
HEXOGEN IN MISCHUNG MIT HMX, DESENSIBILISIERT mit mindestens 10 Masse-% Phlegmatisierungsmittel	0391		293 369
HEXOGEN IN MISCHUNG MIT OKTOGEN, ANGEFEUCHTET mit mindestens 15 Masse-% Wasser	0391		293 369
HEXOGEN IN MISCHUNG MIT OKTOGEN, DESENSIBILISIERT mit mindestens 10 Masse-% Phlegmatisierungsmittel	0391		293 369
HEXOLIT, trocken oder angefeuchtet mit weniger als 15 Masse-% Wasser	0118		360 200
HEXOTOL, trocken oder angefeuchtet mit weniger als 15 Masse-% Wasser	0118		360 200
HEXOTONAL	0393		360 200
HEXYL	0079		292 144
tert-HEXYLPEROXYNEODECANOAT:	siehe 3115 ORGANISCHES PEROXID TYP D, FLÜSSIG, TEMPERATURKONTROLLIERT	Organische Peroxide gem. 2.2.52.4 RID: verboten	
tert-HEXYLPEROXYPIVALAT:	siehe 3115 ORGANISCHES PEROXID TYP D, FLÜSSIG, TEMPERATURKONTROLLIERT	Organische Peroxide gem. 2.2.52.4 RID: verboten	
HEXYLTRICHLORSILAN	1784		293 100
HMX, ANGEFEUCHTET mit mindestens 15 Masse-% Wasser	0226		360 200
HMX, DESENSIBILISIERT	0484		360 200
HOHLLADUNGEN, ohne Zündmittel	0059		930 690
HOHLLADUNGEN, ohne Zündmittel	0439		930 690
HOHLLADUNGEN, ohne Zündmittel	0440		930 690
HOHLLADUNGEN, ohne Zündmittel	0441		930 690
HOLZSCHUTZMITTEL, FLÜSSIG	1306		+++ +++
HYDRAZIN, WASSERFREI	2029		282 510
HYDRAZIN, WÄSSERIGE LÖSUNG mit höchstens 37 Masse-% Hydrazin	3293		282 510
HYDRAZIN, WÄSSERIGE LÖSUNG mit mehr als 37 Masse-% Hydrazin	2030		282 510
HYDRAZIN, WÄSSERIGE LÖSUNG, ENTZÜNDBAR mit mehr als 37 Masse-% Hydrazin	3484		282 510
HYDROGENDIFLUORIDE, FEST, N.A.G.	1740		282 619
HYDROGENDIFLUORIDE, LÖSUNG, N.A.G.	3471		282 619

Tabelle B: Verzeichnis der gefährlichen Güter 3.2

Benennung und Beschreibung des Gutes	UN-Nr.	Bemerkung	NHM-Code
HYDROGENSULFATE, WÄSSERIGE LÖSUNG	2837		283 329
HYDROGENSULFITE, WÄSSERIGE LÖSUNG, N.A.G.	2693		283 220
1-HYDROXYBENZOTRIAZOL-MONOHYDRAT	3474		293 399
1-HYDROXYBENZOTRIAZOL, WASSERFREI, trocken oder angefeuchtet mit weniger als 20 Masse-% Wasser	0508		293 399
3-Hydroxybutyraldehyd:	siehe 2839 ALDOL		291 249
2-(2-HYDROXYETHOXY)-1-(PYRROLIDIN-1-YL)-BENZEN-4-DIAZONIUM-ZINKCHLORID:	siehe 3236 SELBSTZERSETZLICHER STOFF TYP D, FEST, TEMPERATURKONTROLLIERT	Selbstzersetzlicher Stoff gem. 2.2.41.4 RID: verboten	
3-(2-HYDROXYETHOXY)-4-(PYRROLIDIN-1-YL)-BENZENDIAZONIUM-ZINKCHLORID:	siehe 3236 SELBSTZERSETZLICHER STOFF TYP D, FEST, TEMPERATURKONTROLLIERT	Selbstzersetzlicher Stoff gem. 2.2.41.4 RID: verboten	
HYDROXYLAMINSULFAT	2865		282 510
HYPOCHLORITE, ANORGANISCHE, N.A.G.	3212		282 890
HYPOCHLORITLÖSUNG	1791		282 890

3.2 Tabelle B: Verzeichnis der gefährlichen Güter

Benennung und Beschreibung des Gutes		UN-Nr.	Bemerkung	NHM-Code
I				
3,3'-IMINOBISPROPYLAMIN		2269		292 129
INSEKTENBEKÄMPFUNGSMITTEL, GASFÖRMIG, N.A.G.		1968		380 810
INSEKTENBEKÄMPFUNGSMITTEL, GASFÖRMIG, ENTZÜNDBAR, N.A.G.		3354		380 810
INSEKTENBEKÄMPFUNGSMITTEL, GASFÖRMIG, GIFTIG, N.A.G.		1967		380 810
INSEKTENBEKÄMPFUNGSMITTEL, GASFÖRMIG, GIFTIG, ENTZÜNDBAR, N.A.G.		3355		380 810
2-IODBUTAN		2390		290 330
IOD		3495		280 120
IODMETHYLPROPANE		2391		290 339
IODMONOCHLORID, FEST		1792		281 210
IODMONOCHLORID, FLÜSSIG		3498		281 210
IODPENTAFLUORID		2495		281 290
IODPROPANE		2392		290 339
IODWASSERSTOFF, WASSERFREI		2197		281 119
IODWASSERSTOFFSÄURE		1787		281 119
Isoamyl-1-en:	siehe 3-METHYLBUT-1-EN	2561		290 129
ISOBUTAN		1969		271 113
ISOBUTANOL		1212		290 514
ISOBUTEN		1055		290 123
ISOBUTTERSÄURE		2529		291 560
ISOBUTYLACETAT		1213		291 534
ISOBUTYLACRYLAT, STABILISIERT		2527		291 611
ISOBUTYLALDEHYD		2045		291 219
ISOBUTYLALKOHOL		1212		290 514
ISOBUTYLAMIN		1214		292 119
ISOBUTYLFORMIAT		2393		291 513
ISOBUTYLISOBUTYRAT		2528		291 590
ISOBUTYLISOCYANAT		2486		292 910
ISOBUTYLMETHACRYLAT, STABILISIERT		2283		291 614
ISOBUTYLPROPIONAT		2394		291 590
ISOBUTYRALDEHYD		2045		291 219
ISOBUTYRONITRIL		2284		292 690
ISOBUTYRYLCHLORID		2395		291 590
ISOCYANAT, LÖSUNG, ENTZÜNDBAR, GIFTIG, N.A.G.		2478		292 910
ISOCYANAT, LÖSUNG, GIFTIG, N.A.G.		2206		292 910
ISOCYANAT, LÖSUNG, GIFTIG, ENTZÜNDBAR, N.A.G.		3080		292 910
ISOCYANATE, ENTZÜNDBAR, GIFTIG, N.A.G.		2478		292 910
ISOCYANATE, GIFTIG, N.A.G.		2206		292 910
ISOCYANATE, GIFTIG, ENTZÜNDBAR, N.A.G.		3080		292 910
ISOCYANATOBENZOTRIFLUORIDE		2285		292 910
3-Isocyantomethyl-3,5,5-trimethylcyclohexylisocyanat:	siehe ISOPHORON-DIISOCYANAT	2290		292 910
Isodecylacrylat:	siehe UMWELTGE-FÄHRDENDER STOFF, FLÜSSIG, N.A.G.	3082		+++ +++

830

Tabelle B: Verzeichnis der gefährlichen Güter 3.2

Benennung und Beschreibung des Gutes	UN-Nr.	Bemerkung	NHM-Code
Isodecyldiphenylphosphat:	siehe 3082 UMWELTGE-FÄHRDENDER STOFF, FLÜSSIG, N.A.G.		+++ +++
Isododecan:	siehe 2286 PENTAMETHYLHEPTAN		290 110
ISOHEPTENE	2287		290 129
ISOHEXENE	2288		290 129
ISOOCTENE	1216		290 129
Isooctylnitrat:	siehe 3082 UMWELTGE-FÄHRDENDER STOFF, FLÜSSIG, N.A.G.		+++ +++
Isopentan:	siehe 1265 PENTANE, flüssig		290 110
ISOPENTENE	2371		290 129
ISOPHORONDIAMIN	2289		292 230
ISOPHORONDIISOCYANAT	2290		292 910
ISOPREN, STABILISIERT	1218		290 124
ISOPROPANOL	1219		290 512
ISOPROPENYLACETAT	2403		291 590
ISOPROPENYLBENZEN	2303		290 290
ISOPROPYLACETAT	1220		291 539
ISOPROPYLALKOHOL	1219		290 512
ISOPROPYLAMIN	1221		292 119
ISOPROPYLBENZEN	1918		290 270
ISOPROPYL-sec-BUTYL-PEROXYDICARBONAT + DI-sec-BUTYLPEROXYDICARBONAT + DI-ISOPROPYLPEROXYDICARBONAT:	siehe 3115 ORGANISCHES PEROXID TYP D, FLÜSSIG, TEMPERATURKONTROLLIERT	Organische Peroxide gem. 2.2.52.4 RID: verboten	
ISOPROPYL-sec-BUTYL-PEROXYDICARBONAT + DI-sec-BUTYLPEROXYDICARBONAT + DI-ISOPROPYLPEROXYDICARBONAT:	siehe 3111 ORGANISCHES PEROXID TYP B, FLÜSSIG, TEMPERATURKONTROLLIERT	Organische Peroxide gem. 2.2.52.4 RID: verboten	
ISOPROPYLBUTYRAT	2405		291 590
ISOPROPYLCHLORACETAT	2947		291 540
ISOPROPYLCHLORFORMIAT	2407		291 590
Isopropylchlorid:	siehe 2356 2-CHLORPROPAN		290 319
ISOPROPYL-2-CHLORPROPIONAT	2934		291 590
ISOPROPYLCUMYLHYDROPEROXID:	siehe 3109 ORGANISCHES PEROXID TYP F, FLÜSSIG	Organische Peroxide gem. 2.2.52.4	29+ +++
Isopropylenethylen:	siehe 2561 3-METHYLBUT-1-EN		290 129

3.2 Tabelle B: Verzeichnis der gefährlichen Güter

Benennung und Beschreibung des Gutes	UN-Nr.	Bemerkung	NHM-Code
ISOPROPYLISOBUTYRAT	2406		291 590
ISOPROPYLISOCYANAT	2483		292 910
ISOPROPYLNITRAT	1222		292 090
ISOPROPYLPHOSPHAT	1793		291 900
ISOPROPYLPROPIONAT	2409		291 590
ISOSORBIDDINITRAT, MISCHUNG mit mindestens 60 % Lactose, Mannose, Stärke oder Calciumhydrogenphosphat oder mit anderen Phlegmatisierungsmitteln, die mindestens ebenso wirksame inertisierende Eigenschaften haben	2907		293 299
ISOSORBID-5-MONONITRAT	3251		293 299

Tabelle B: Verzeichnis der gefährlichen Güter 3.2

Benennung und Beschreibung des Gutes		UN-Nr.	Bemerkung	NHM-Code

K

Benennung und Beschreibung des Gutes		UN-Nr.	Bemerkung	NHM-Code
KAKODYLSÄURE		1572		293 100
Kalilauge:	siehe KALIUMHY-DROXID-LÖSUNG	1814		281 520
KALIUM		2257		280 519
KALIUMARSENAT		1677		284 290
KALIUMARSENIT		1678		284 290
Kaliumbifluorid, fest:	siehe KALIUMHYDRO-GENDIFLUORID, FEST	1811		282 619
Kaliumbifluorid, Lösung:	siehe KALIUMHYDRO-GENDIFLUORID, LÖSUNG	3421		282 619
Kaliumbisulfat:	siehe KALIUM-HYDROGEN-SULFAT	2509		283 329
KALIUMBORHYDRID		1870		285 000
KALIUMBROMAT		1484		282 990
KALIUMCHLORAT		1485		282 919
KALIUMCHLORAT, WÄSSERIGE LÖSUNG		2427		282 919
KALIUMCYANID, FEST		1680		283 719
KALIUMCYANID, LÖSUNG		3413		283 719
KALIUMDITHIONIT		1929		283 220
KALIUMFLUORACETAT		2628		291 590
KALIUMFLUORID, FEST		1812		282 619
KALIUMFLUORID, LÖSUNG		3422		282 619
KALIUMFLUOROSILICAT		2655		282 690
KALIUMHYDROGENDIFLUORID, FEST		1811		282 619
KALIUMHYDROGENDIFLUORID, LÖSUNG		3421		282 619
KALIUMHYDROGENSULFAT		2509		283 329
KALIUMHYDROSULFIT		1929		283 220
KALIUMHYDROXID, FEST		1813		281 520
KALIUMHYDROXIDLÖSUNG		1814		281 520
KALIUMKUPFER(I)CYANID		1679		283 720
KALIUMMETALLLEGIERUNGEN, FEST		3403		280 519
KALIUMMETALLLEGIERUNGEN, FLÜSSIG		1420		280 519
KALIUMMETAVANADAT		2864		284 190
KALIUMMONOXID		2033		282 590
KALIUM-NATRIUM-LEGIERUNGEN, FEST		3404		280 519
KALIUM-NATRIUM-LEGIERUNGEN, FLÜSSIG		1422		280 519
KALIUMNITRAT		1486		283 421
KALIUMNITRAT UND NATRIUMNITRIT, MISCHUNG		1487		283 421
KALIUMNITRIT		1488		283 410
Kaliumoxid:	siehe KALIUM-MONOXID	2033		282 590
KALIUMPERCHLORAT		1489		282 990
KALIUMPERMANGANAT		1490		284 161
KALIUMPEROXID		1491		281 530
KALIUMPERSULFAT		1492		283 340
KALIUMPHOSPHID		2012		284 800
KALIUMQUECKSILBER(II)CYANID		1626		285 200
KALIUMQUECKSILBER(II)IODID		1643		285 200

833

3.2 Tabelle B: Verzeichnis der gefährlichen Güter

Benennung und Beschreibung des Gutes	UN-Nr.	Bemerkung	NHM-Code
KALIUMSULFID, HYDRATISIERT mit mindestens 30 % Kristallwasser	1847		283 010
KALIUMSULFID mit weniger als 30 % Kristallwasser	1382		283 090
KALIUMSULFID, WASSERFREI	1382		283 090
KALIUMSUPEROXID	2466		281 530
KÄLTEMASCHINEN mit entzündbarem, nicht giftigem verflüssigtem Gas	3358		+++ +++
KÄLTEMASCHINEN mit nicht entzündbaren, nicht giftigen Gasen oder Ammoniaklösungen (UN 2672)	2857		841 8++
KAMPFERÖL	1130		151 590
KARTUSCHEN, ERDÖLBOHRLOCH	0277		930 630
KARTUSCHEN, ERDÖLBOHRLOCH	0278		930 630
KARTUSCHEN FÜR TECHNISCHE ZWECKE	0275		930 630
KARTUSCHEN FÜR TECHNISCHE ZWECKE	0276		930 630
KARTUSCHEN FÜR TECHNISCHE ZWECKE	0323		930 630
KARTUSCHEN FÜR TECHNISCHE ZWECKE	0381		930 630
KAUTSCHUK-ABFÄLLE, gemahlen	1345		400 400
KAUTSCHUK-RESTE, pulverförmig oder granuliert	1345		400 400
KEROSIN	1223		273 100
KETONE, FLÜSSIG, N.A.G.	1224		291 4++
KIEFERNÖL	1272		380 520
KLEBSTOFFE, mit entzündbarem flüssigem Stoff	1133		350 699
KLINISCHER ABFALL, UNSPEZIFIZIERT, N.A.G.	3291		382 490
KNALLKAPSELN, EISENBAHN	0192		360 490
KNALLKAPSELN, EISENBAHN	0193		360 490
KNALLKAPSELN, EISENBAHN	0492		360 490
KNALLKAPSELN, EISENBAHN	0493		360 490
KOHLE, AKTIVIERT	1362		380 210
KOHLE, tierischen oder pflanzlichen Ursprungs	1361		280 300
KOHLENDIOXID	1013		281 121
Kohlendioxid, fest	1845	unterliegt nicht den Vorschriften des ADR / RID	281 121
KOHLENDIOXID, TIEFGEKÜHLT, FLÜSSIG	2187		281 121
KOHLENMONOXID, VERDICHTET	1016		281 129
KOHLENSTOFFDISULFID	1131		281 310
KOHLENWASSERSTOFFE, FLÜSSIG, N.A.G.	3295		290 +++
KOHLENWASSERSTOFFGAS, GEMISCH, VERDICHTET, N.A.G.	1964		271 129
KOHLENWASSERSTOFFGAS, GEMISCH, VERFLÜSSIGT, N.A.G.	1965		271 119 271 113
KOHLENWASSERSTOFFGAS-NACHFÜLLPATRONEN FÜR KLEINE GERÄTE, mit Entnahmeeinrichtung	3150		360 610
Kohlepapier:	siehe 1379 "PAPIER, MIT UNGESÄTTIG- TEN ÖLEN BE- HANDELT, un- vollständig ge- trocknet"		481 140
KONDENSATOR, ELEKTRISCHE DOPPELSCHICHT (mit einer Energiespeicherkapazität von mehr als 0,3 Wh)	3499		853 2++
KONDENSATOR, ASYMMETRISCH (mit einer Energiespeicherkapazität von mehr als 0,3 Wh)	3508		853 2++
KOPRA	1363		120 300
KRAFTSTOFFTANK FÜR HYDRAULISCHES AGGREGAT FÜR FLUGZEUGE (mit einer Mischung von wasserfreiem Hydrazin und Methylhydrazin) (Kraftstoff M86)	3165		880 330
KRILLMEHL	3497		030 700

Tabelle B: Verzeichnis der gefährlichen Güter 3.2

Benennung und Beschreibung des Gutes		UN-Nr.	Bemerkung	NHM-Code
Krokydolith	siehe ASBEST, AMPHIBOL	2212		252 410
KRYPTON, TIEFGEKÜHLT, FLÜSSIG		1970		280 429
KRYPTON, VERDICHTET		1056		280 429
KUNSTSTOFFE AUF NITROCELLULOSEBASIS, SELBSTERHITZUNGSFÄHIG, N.A.G.		2006		391 290
KUNSTSTOFFPRESSMISCHUNG, in Teig-, Platten- oder Strangpressform, entzündbare Dämpfe abgebend		3314		+++ +++
KUPFERACETOARSENIT		1585		284 290
KUPFERARSENIT		1586		284 290
KUPFERCHLORAT		2721		282 919
KUPFERCHLORID		2802		282 739
KUPFERCYANID		1587		283 719
KUPFERETHYLENDIAMIN, LÖSUNG		1761		292 119
KUPFERHALTIGES PESTIZID, FEST, GIFTIG		2775		380 810
KUPFERHALTIGES PESTIZID, FLÜSSIG, ENTZÜNDBAR, GIFTIG, Flammpunkt unter 23 °C		2776		380 810
KUPFERHALTIGES PESTIZID, FLÜSSIG, GIFTIG		3010		380 810
KUPFERHALTIGES PESTIZID, FLÜSSIG, GIFTIG, ENTZÜNDBAR, mit einem Flammpunkt von 23 °C oder darüber		3009		380 810

3.2 Tabelle B: Verzeichnis der gefährlichen Güter

Benennung und Beschreibung des Gutes		UN-Nr.	Bemerkung	NHM-Code
L				
Lack:	siehe FARBE (Klasse 3)	1263		320 8++ 320 5++
Lack:	siehe FARBE (Klasse 8)	3066		320 8++ 320 5++
Lack:	siehe FARBE, ENTZÜNDBAR, ÄTZEND (Klasse 3)	3469		320 8++
Lack:	siehe FARBE, ÄTZEND, ENTZÜNDBAR (Klasse 8)	3470		320 8++
Lackgrundlage, flüssig:	siehe FARBE (Klasse 8)	3066		320 8++ 320 5++
Lappen, ölhaltig		1856	unterliegt nicht den Vorschriften des ADR / RID	5++ +++
LEERE GROSSVERPACKUNG		–	siehe 4.1.1.11	+++ +++
LEERE VERPACKUNG		–	siehe 4.1.1.11	+++ +++
LEERER ABNEHMBARER TANK		–	siehe 4.3.2.4	+++ +++
LEERER AUFSETZTANK		–	nur ADR siehe 4.3.2.4	
LEERER BATTERIEWAGEN		–	nur RID siehe 4.3.2.4	992 +++
LEERER FESTVERBUNDENER TANK		–	nur ADR siehe 4.3.2.4	
LEERER GROSSCONTAINER		–	siehe 7.3	993 +++
LEERER IBC		–	siehe 4.1.1.11	+++ +++
LEERER KESSELWAGEN		–	nur RID siehe 4.3.2.4	992 +++
LEERER KLEINCONTAINER		–	siehe 7.3	993 +++
LEERER MEGC		–	siehe 4.3.2.4	+++ +++
LEERER ORTSBEWEGLICHER TANK		–	siehe 4.2.1.5 4.2.2.6	993 +++
LEERER TANKCONTAINER		–	siehe 4.3.2.4	993 +++
LEERER WAGEN		–	nur RID siehe 7.3	+++ +++
LEERES BATTERIE-FAHRZEUG		–	nur ADR siehe 4.3.2.4	
LEERES FAHRZEUG		–	nur ADR siehe 7.3	
LEERES GEFÄSS		–	siehe 4.1.6	+++ +++
LEERES GROSSPACKMITTEL (IBC)		–	siehe 4.1.1.11	+++ +++
LEERES TANKFAHRZEUG		–	nur ADR siehe 4.3.2.4	
LEUCHTKÖRPER, BODEN		0092		360 490
LEUCHTKÖRPER, BODEN		0418		360 490

Tabelle B: Verzeichnis der gefährlichen Güter 3.2

Benennung und Beschreibung des Gutes		UN-Nr.	Bemerkung	NHM-Code
LEUCHTKÖRPER, BODEN		0419		360 490
LEUCHTKÖRPER, LUFTFAHRZEUG		0093		360 490
LEUCHTKÖRPER, LUFTFAHRZEUG		0403		360 490
LEUCHTKÖRPER, LUFTFAHRZEUG		0404		360 490
LEUCHTKÖRPER, LUFTFAHRZEUG		0420		360 490
LEUCHTKÖRPER, LUFTFAHRZEUG		0421		360 490
LEUCHTSPURKÖRPER FÜR MUNITION		0212		360 490
LEUCHTSPURKÖRPER FÜR MUNITION		0306		360 490
Limonen:	siehe DIPENTEN	2052		290 219
LITHIUM		1415		280 519
LITHIUMALUMINIUMHYDRID		1410		285 000
LITHIUMALUMINIUMHYDRID IN ETHER		1411		285 000
LITHIUMBATTERIEN, IN GÜTERBEFÖRDERUNGSEINHEITEN EINGEBAUT, Lithium-Ionen-Batterien oder Lithium-Metall-Batterien		3536		850 650
LITHIUMBORHYDRID		1413		285 000
Lithiumeisensilicium:	siehe LITHIUMFERROSILICID	2830		285 000
LITHIUMFERROSILICID		2830		285 000
LITHIUMHYDRID		1414		285 000
LITHIUMHYDRID, GESCHMOLZEN UND ERSTARRT		2805		285 000
LITHIUMHYDROXIDLÖSUNG		2679		282 520
LITHIUMHYDROXID		2680		282 520
LITHIUMHYPOCHLORIT, GEMISCH		1471		282 890
LITHIUMHYPOCHLORIT, MISCHUNG		1471		282 890
LITHIUMHYPOCHLORIT, TROCKEN		1471		282 890
LITHIUM-IONEN-BATTERIEN (einschließlich Lithium-Ionen-Polymer-Batterien)		3480		850 780
LITHIUM-IONEN-BATTERIEN IN AUSRÜSTUNGEN (einschließlich Lithium-Ionen-Polymer-Batterien)		3481		847 +++
LITHIUM-IONEN-BATTERIEN, MIT AUSRÜSTUNGEN VERPACKT (einschließlich Lithium-Ionen-Polymer-Batterien)		3481		847 +++
LITHIUM-METALL-BATTERIEN (einschließlich Batterien aus Lithiumlegierung)		3090		850 650
LITHIUM-METALL-BATTERIEN IN AUSRÜSTUNGEN (einschließlich Batterien aus Lithiumlegierung)		3091		850 650
LITHIUM-METALL-BATTERIEN, MIT AUSRÜSTUNGEN VERPACKT (einschließlich Batterien aus Lithiumlegierung)		3091		850 650
LITHIUMNITRAT		2722		283 429
LITHIUMNITRID		2806		285 000
LITHIUMPEROXID		1472		282 590
LITHIUMSILICIUM		1417		285 000
LOCKERUNGSSPRENGGERÄTE MIT EXPLOSIVSTOFF, für Erdölbohrungen, ohne Zündmittel		0099		930 690
LONDON PURPLE		1621		284 800
LUFT, TIEFGEKÜHLT, FLÜSSIG		1003		285 100
LUFT, VERDICHTET		1002		285 100

3.2 Tabelle B: Verzeichnis der gefährlichen Güter

Benennung und Beschreibung des Gutes	UN-Nr.	Bemerkung	NHM-Code
M			
MAGNESIUM, in Pellets, Spänen, Bändern	1869		285 100
MAGNESIUMALUMINIUMPHOSPHID	1419		284 800
MAGNESIUMARSENAT	1622		284 290
MAGNESIUMBROMAT	1473		282 990
MAGNESIUMCHLORAT	2723		282 919
MAGNESIUMDIAMID	2004		285 100
MAGNESIUMFLUOROSILICAT	2853		282 690
MAGNESIUM-GRANULATE, ÜBERZOGEN, mit einer Teilchengröße von mindestens 149 µm	2950		810 430
MAGNESIUMHYDRID	2010		285 000
MAGNESIUMLEGIERUNGEN mit mehr als 50 % Magnesium, in Pellets, Spänen, Bändern	1869		285 100
MAGNESIUMLEGIERUNGSPULVER	1418		810 430
MAGNESIUMNITRAT	1474		283 429
MAGNESIUMPERCHLORAT	1475		282 990
MAGNESIUMPEROXID	1476		281 610
MAGNESIUMPHOSPHID	2011		284 800
MAGNESIUM-PULVER	1418		810 430
MAGNESIUMSILICID	2624		285 000
Magnetisierte Stoffe	2807	unterliegt nicht den Vorschriften des ADR / RID	+++ +++
Malathion:	siehe 3082 UMWELTGEFÄHRDENDER STOFF, FLÜSSIG, N.A.G.		+++ +++
MALEINSÄUREANHYDRID	2215		291 714
MALEINSÄUREANHYDRID, GESCHMOLZEN	2215		291 714
MALONONITRIL	2647		292 690
MANEB	2210		380 892
MANEB, STABILISIERT gegen Selbsterhitzung	2968		380 892
MANEBZUBEREITUNGEN mit mindestens 60 Masse-% Maneb	2210		380 892
MANEBZUBEREITUNGEN, STABILISIERT gegen Selbsterhitzung	2968		380 892
Manganethylen-1,2-bisdithiocarbamat, stabilisiert gegen Selbsterhitzung:	siehe 2968 MANEB, STABILISIERT gegen Selbsterhitzung oder MANEBZUBEREITUNGEN, STABILISIERT gegen Selbsterhitzung		380 892
Manganethylen-1,2-bisdithiocarbamet:	siehe 2210 MANEB oder MANEBZUBEREITUNGEN mit mindestens 60 Masse-% Maneb		380 892
MANGANNITRAT	2724		283 429
MANGANRESINAT	1330		380 690
MANNITOLHEXANITRAT, ANGEFEUCHTET mit mindestens 40 Masse-% Wasser oder einer Alkohol/Wasser-Mischung	0133		360 200

Tabelle B: Verzeichnis der gefährlichen Güter 3.2

Benennung und Beschreibung des Gutes	UN-Nr.	Bemerkung	NHM-Code
MASCHINE MIT BRENNSTOFFZELLEN-MOTOR MIT ANTRIEB DURCH ENTZÜNDBARE FLÜSSIGKEIT	3528		840 7++
MASCHINE MIT BRENNSTOFFZELLEN-MOTOR MIT ANTRIEB DURCH ENTZÜNDBARES GAS	3529		840 7++
MEDIKAMENT, FEST, GIFTIG, N.A.G.	3249		300 3++
MEDIKAMENT, FLÜSSIG, ENTZÜNDBAR, GIFTIG, N.A.G.	3248		300 3++
MEDIKAMENT, FLÜSSIG, GIFTIG, N.A.G.	1851		300 3++
MEDIZINISCHE ABFÄLLE, KATEGORIE A, GEFÄHRLICH FÜR MENSCHEN, fest	3549		382 530
MEDIZINISCHE ABFÄLLE, KATEGORIE A, nur GEFÄHRLICH FÜR TIERE, fest	3549		382 530
MEDIZINISCHER ABFALL, N.A.G.	3291		382 530
MEMBRANFILTER AUS NITROCELLULOSE	3270		392 099
p-MENTHYLHYDROPEROXID:	siehe 3105 ORGANISCHES PEROXID TYP D, FLÜSSIG	Organische Peroxide gem. 2.2.52.4	29+ +++
p-MENTHYLHYDROPEROXID:	siehe 3109 ORGANISCHES PEROXID TYP F, FLÜSSIG	Organische Peroxide gem. 2.2.52.4	29+ +++
MERCAPTANE, FLÜSSIG, ENTZÜNDBAR, N.A.G.	3336		293 090
MERCAPTANE, FLÜSSIG, ENTZÜNDBAR, GIFTIG, N.A.G.	1228		293 090
MERCAPTANE, FLÜSSIG, GIFTIG, ENTZÜNDBAR, N.A.G.	3071		293 090
MERCAPTANE, MISCHUNG, FLÜSSIG, ENTZÜNDBAR, N.A.G.	3336		293 090
MERCAPTANE, MISCHUNG, FLÜSSIG, ENTZÜNDBAR, GIFTIG, N.A.G.	1228		293 090
MERCAPTANE, MISCHUNG, FLÜSSIG, GIFTIG, ENTZÜNDBAR, N.A.G.	3071		293 090
Mercaptoethanol:	siehe 2966 THIOGLYCOL		293 090
5-MERCAPTOTETRAZOL-1-ESSIGSÄURE	0448		360 200
Mesitylen:	siehe 2325 1,3,5-TRIME-THYLBENZEN		290 290
MESITYLOXID	1229		291 419
METALDEHYD	1332		291 250
METALLCARBONYLE, FEST, N.A.G.	3466		293 100
METALLCARBONYLE, FLÜSSIG, N.A.G.	3281		293 100
METALLHYDRIDE, MIT WASSER REAGIEREND, N.A.G.	1409		285 000
METALLISCHER STOFF, MIT WASSER REAGIEREND, N.A.G.	3208		+++ +++
METALLISCHER STOFF, MIT WASSER REAGIEREND, SELBSTERHITZUNGSFÄHIG, N.A.G.	3209		+++ +++
METALLISCHES EISEN als BOHRSPÄNE, FRÄSSPÄNE, DREHSPÄNE, ABFÄLLE in selbsterhitzungsfähiger Form	2793		+++ +++
METALLKATALYSATOR, ANGEFEUCHTET mit einem sichtbaren Überschuss an Flüssigkeit	1378		381 5++ 81+ +++
METALLKATALYSATOR, TROCKEN	2881		381 51+
METALLORGANISCHE VERBINDUNG, FEST, GIFTIG, N.A.G.	3467		293 100
METALLORGANISCHE VERBINDUNG, FLÜSSIG, GIFTIG, N.A.G.	3282		293 100
METHACRYLALDEHYD, STABILISIERT	2396		291 219
METHACRYLNITRIL, STABILISIERT	3079		292 690
METHACRYLSÄURE, STABILISIERT	2531		291 613
METHAN, TIEFGEKÜHLT, FLÜSSIG	1972		271 129
METHAN, VERDICHTET	1971		271 129
METHANOL	1230		290 511
METHANSULFONYLCHLORID	3246		290 490

3.2 Tabelle B: Verzeichnis der gefährlichen Güter

Benennung und Beschreibung des Gutes		UN-Nr.	Bemerkung	NHM-Code
2-Methoxyethanol:	siehe ETHYLENGLY-COLMONOME-THYLETHER	1188		290 944
METHOXYMETHYLISOCYANAT		2605		292 910
4-METHOXY-4-METHYLPENTAN-2-ON		2293		291 450
1-METHOXY-2-PROPANOL		3092		290 949
METHYLACETAT		1231		291 539
METHYLACETYLEN UND PROPADIEN, GEMISCH, STABILISIERT		1060		271 119
METHYLACRYLAT, STABILISIERT		1919		291 612
METHYLAL		1234		291 100
METHYLALLYLALKOHOL		2614		290 519
METHYLALLYLCHLORID		2554		290 329
METHYLAMIN, WASSERFREI		1061		292 111
METHYLAMIN, WÄSSERIGE LÖSUNG		1235		292 111
2-(N,N-METHYLAMINOETHYLCARBONYL)-4-(3,4-DIMETHYLPHENYLSULFONYL)-BENZENDIAZONIUM-HYDROGENSULFAT:	siehe SELBSTZER-SETZLICHER STOFF TYP D, FEST, TEMPE-RATURKON-TROLLIERT	3236	Selbstzersetz-licher Stoff gem. 2.2.41.4 RID: verboten	
METHYLAMYLACETAT		1233		291 539
Methylamylalkohol:	siehe METHYLISO-BUTYLCARBI-NOL	2053		290 519
N-METHYLANILIN		2294		292 142
4-METHYLBENZENSULFONYLHYDRAZID:	siehe SELBSTZER-SETZLICHER STOFF TYP D, FEST	3226	Selbstzersetz-licher Stoff gem. 2.2.41.4	+++ +++
alpha-METHYLBENZYLALKOHOL, FEST		3438		290 629
alpha-METHYLBENZYLALKOHOL, FLÜSSIG		2937		290 629
METHYLBROMACETAT		2643		291 590
METHYLBROMID mit höchstens 2 % Chlorpikrin		1062		290 330
METHYLBROMID UND ETHYLENDIBROMID, MISCHUNG, FLÜSSIG		1647		290 339
2-METHYLBUTANAL		3371		290 110
3-METHYLBUTAN-2-ON		2397		291 419
2-METHYLBUT-1-EN		2459		290 129
2-METHYLBUT-2-EN		2460		290 129
3-METHYLBUT-1-EN		2561		290 129
N-METHYLBUTYLAMIN		2945		292 119
METHYL-tert-BUTYLETHER		2398		290 919
METHYLBUTYRAT		1237		291 560
METHYLCHLORACETAT		2295		291 590
METHYLCHLORFORMIAT		1238		291 590
METHYLCHLORID		1063		290 311
METHYLCHLORID UND DICHLORMETHAN, GEMISCH		1912		294 200
METHYLCHLORMETHYLETHER		1239		290 919
METHYL-2-CHLORPROPIONAT		2933		291 590
METHYLCHLORSILAN		2534		293 100
Methylcyanid:	siehe ACETONITRIL	1648		292 690
METHYLCYCLOHEXAN		2296		290 219
METHYLCYCLOHEXANOLE, entzündbar		2617		290 619

Tabelle E: Verzeichnis der gefährlichen Güter 3.2

Benennung und Beschreibung des Gutes		UN-Nr.	Bemerkung	NHM-Code
METHYLCYCLOHEXANON		2297		291 422
METHYLCYCLOHEXANONPEROXID(E):	siehe ORGANISCHES PEROXID TYP D, FLÜSSIG, TEMPERATUR-KONTROLLIERT	3115	Organische Peroxide gem. 2.2.52.4 RID: verboten	
METHYLCYCLOPENTAN		2298		290 219
METHYLDICHLORACETAT		2299		291 590
METHYLDICHLORSILAN		1242		293 100
Methylenchlorid:	siehe DICHLOR-METHAN	1593		290 312
METHYLETHYLKETON		1193		291 412
METHYLETHYLKETONPEROXID(E):	siehe ORGANISCHES PEROXID TYP B, FLÜSSIG	3101	Organische Peroxide gem. 2.2.52.4	29+ +++
METHYLETHYLKETONPEROXID(E):	siehe ORGANISCHES PEROXID TYP D, FLÜSSIG	3105	Organische Peroxide gem. 2.2.52.4	29+ +++
METHYLETHYLKETONPEROXID(E):	siehe ORGANISCHES PEROXID TYP E, FLÜSSIG	3107	Organische Peroxide gem. 2.2.52.4	29+ +++
2-METHYL-5-ETHYLPYRIDIN		2300		293 339
METHYLFLUORID		2454		290 339
METHYLFORMIAT		1243		291 513
2-METHYLFURAN		2301		293 219
2-METHYL-2-HEPTANTHIOL		3023		293 090
5-METHYLHEXAN-2-ON		2302		291 419
METHYLHYDRAZIN		1244		292 800
METHYLIODID		2644		290 339
METHYLISOBUTYLCARBINOL		2053		290 519
METHYLISOBUTYLKETON		1245		291 413
METHYLISOBUTYLKETONPEROXID(E):	siehe ORGANISCHES PEROXID TYP D, FLÜSSIG	3105	Organische Peroxide gem. 2.2.52.4	29+ +++
METHYLISOCYANAT		2480		292 910
METHYLISOPROPENYLKETON, STABILISIERT		1246		291 419
Methylisopropylbenzene:	siehe CYMENE	2046		290 270
METHYLISOTHIOCYANAT		2477		293 090
METHYLISOVALERAT		2400		291 560
METHYLMAGNESIUMBROMID IN ETHYLETHER		1928		293 100
METHYLMERCAPTAN		1064		293 090
3-Methylmercaptopropionaldehyd:	siehe THIAPEN-TAN-4-AL	2785		293 090
METHYLMETHACRYLAT, MONOMER, STABILISIERT		1247		291 614
4-METHYLMORPHOLIN		2535		293 390

3.2 Tabelle B: Verzeichnis der gefährlichen Güter

Benennung und Beschreibung des Gutes		UN-Nr.	Bemerkung	NHM-Code
N-METHYLMORPHOLIN		2535		293 390
METHYLNITRIT		2455	ADR + RID: verboten	
METHYLORTHOSILICAT		2606		292 090
METHYLPENTADIENE		2461		290 129
2-METHYLPENTAN-2-OL		2560		290 519
3-Methylpent-2-en-4-in-1-ol:	siehe 1-PENTOL	2705		290 529
METHYLPHENYLDICHLORSILAN		2437		293 100
1-METHYLPIPERIDIN		2399		293 339
Methylpiridine:	siehe PICOLINE	2313		293 339
METHYLPROPIONAT		1248		291 550
METHYLPROPYLETHER		2612		290 919
METHYLPROPYLKETON		1249		291 419
3-METHYL-4-(PYRROLIDIN-1-YL)-BENZENDIAZONIUM-TETRAFLUOROBORAT:	siehe SELBSTZER-SETZLICHER STOFF TYP C, FEST, TEMPE-RATURKON-TROLLIERT	3234	Selbstzersetz-licher Stoff gem. 2.2.41.4 RID: verboten	
METHYLTETRAHYDROFURAN		2536		293 219
METHYLTRICHLORACETAT		2533		291 590
METHYLTRICHLORSILAN		1250		293 100
alpha-METHYLVALERALDEHYD		2367		291 219
METHYLVINYLKETON, STABILISIERT		1251		291 419
MINEN, mit Sprengladung		0136		930 690
MINEN, mit Sprengladung		0137		930 690
MINEN, mit Sprengladung		0138		930 690
MINEN, mit Sprengladung		0294		930 690
MIT WASSER REAGIERENDER FESTER STOFF, N.A.G.		2813		+++ +++
MIT WASSER REAGIERENDER FESTER STOFF, ÄTZEND, N.A.G.		3131		+++ +++
MIT WASSER REAGIERENDER FESTER STOFF, ENTZÜNDBAR, N.A.G.		3132		+++ +++
MIT WASSER REAGIERENDER FESTER STOFF, ENTZÜNDEND (OXIDIEREND) WIRKEND, N.A.G.		3133	ADR + RID: verboten	
MIT WASSER REAGIERENDER FESTER STOFF, GIFTIG, N.A.G.		3134		+++ +++
MIT WASSER REAGIERENDER FESTER STOFF, SELBSTERHITZUNGSFÄHIG, N.A.G.		3135		+++ +++
MIT WASSER REAGIERENDER FLÜSSIGER STOFF, N.A.G.		3148		+++ +++
MIT WASSER REAGIERENDER FLÜSSIGER STOFF, ÄTZEND, N.A.G.		3129		+++ +++
MIT WASSER REAGIERENDER FLÜSSIGER STOFF, GIFTIG, N.A.G.		3130		+++ +++
MIT WASSER REAGIERENDER METALLORGANISCHER FESTER STOFF		3395		293 100
MIT WASSER REAGIERENDER METALLORGANISCHER FESTER STOFF, ENTZÜNDBAR		3396		293 100
MIT WASSER REAGIERENDER METALLORGANISCHER FESTER STOFF, SELBSTERHITZUNGSFÄHIG		3397		293 100
MIT WASSER REAGIERENDER METALLORGANISCHER FLÜSSIGER STOFF		3398		293 100
MIT WASSER REAGIERENDER METALLORGANISCHER FLÜSSIGER STOFF, ENTZÜNDBAR		3399		293 100
MOLYBDÄNPENTACHLORID		2508		282 739
MONONITROTOLUIDINE		2660		292 143
MORPHOLIN		2054		293 490

Tabelle E: Verzeichnis der gefährlichen Güter 3.2

Benennung und Beschreibung des Gutes	UN-Nr.	Bemerkung	NHM-Code
MUNITION, AUGENREIZSTOFF, mit Zerleger, Ausstoß- oder Treibladung	0018		930 690
MUNITION, AUGENREIZSTOFF, mit Zerleger, Ausstoß- oder Treibladung	0019		930 690
MUNITION, AUGENREIZSTOFF, mit Zerleger, Ausstoß- oder Treibladung	0301		930 690
MUNITION, BRAND, mit flüssigem oder geliertem Brandstoff, mit Zerleger, Ausstoß- oder Treibladung	0247		930 690
MUNITION, BRAND, mit oder ohne Zerleger, Ausstoß- oder Treibladung	0009		930 690
MUNITION, BRAND, mit oder ohne Zerleger, Ausstoß- oder Treibladung	0010		930 690
MUNITION, BRAND, mit oder ohne Zerleger, Ausstoß- oder Treibladung	0300		930 690
MUNITION, BRAND, WEISSER PHOSPHOR, mit Zerleger, Ausstoß- oder Treibladung	0243		930 690
MUNITION, BRAND, WEISSER PHOSPHOR, mit Zerleger, Ausstoß- oder Treibladung	0244		930 690
MUNITION, GIFTIG, mit Zerleger, Ausstoß- oder Treibladung	0020	*ADR + RID: verboten*	
MUNITION, GIFTIG, mit Zerleger, Ausstoß- oder Treibladung	0021	*ADR + RID: verboten*	
MUNITION, GIFTIG, NICHT EXPLOSIV, ohne Zerleger oder Ausstoßladung, nicht scharf	2016		930 690
MUNITION, LEUCHT, mit oder ohne Zerleger, Ausstoß- oder Treibladung	0171		930 690
MUNITION, LEUCHT, mit oder ohne Zerleger, Ausstoß- oder Treibladung	0254		930 690
MUNITION, LEUCHT, mit oder ohne Zerleger, Ausstoß- oder Treibladung	0297		930 690
MUNITION, NEBEL, mit oder ohne Zerleger, Ausstoß- oder Treibladung	0015		930 690
MUNITION, NEBEL, mit oder ohne Zerleger, Ausstoß- oder Treibladung	0016		930 690
MUNITION, NEBEL, mit oder ohne Zerleger, Ausstoß- oder Treibladung	0303		930 690
MUNITION, NEBEL, WEISSER PHOSPHOR, mit Zerleger, Ausstoß- oder Treibladung	0245		930 690
MUNITION, NEBEL, WEISSER PHOSPHOR, mit Zerleger, Ausstoß- oder Treibladung	0246		930 690
MUNITION, PRÜF	0363		930 690
MUNITION, TRÄNENERZEUGEND, NICHT EXPLOSIV, ohne Zerleger oder Ausstoßladung, nicht scharf	2017		930 690
MUNITION, ÜBUNG	0362		930 690
MUNITION, ÜBUNG	0488		930 690

3.2 Tabelle B: Verzeichnis der gefährlichen Güter

Benennung und Beschreibung des Gutes	UN-Nr.	Bemerkung	NHM-Code
N			
NACHFÜLLPATRONEN FÜR FEUERZEUGE mit entzündbarem Gas	1057		961 3++
NAPHTHALEN, GESCHMOLZEN	2304		290 290
NAPHTHALEN, RAFFINIERT	1334		270 740
NAPHTHALEN, ROH	1334		270 740
alpha-NAPHTHYLAMIN	2077		292 145
beta-NAPHTHYLAMIN, FEST	1650		292 145
beta-NAPHTHYLAMIN, LÖSUNG	3411		292 145
NAPHTHYLHARNSTOFF	1652		292 421
NAPHTHYLTHIOHARNSTOFF	1651		293 090
NATRIUM	1428		280 511
Natriumaluminat, fest	2812	unterliegt nicht den Vorschriften des ADR / RID	284 190
NATRIUMALUMINATLÖSUNG	1819		284 190
NATRIUMALUMINIUMHYDRID	2835		285 000
NATRIUMAMMONIUMVANADAT	2863		284 190
NATRIUMARSANILAT	2473		293 100
NATRIUMARSENAT	1685		284 290
NATRIUMARSENIT, FEST	2027		284 290
NATRIUMARSENIT, WÄSSERIGE LÖSUNG	1686		284 290
NATRIUMAZID	1687		285 000
NATRIUMBATTERIEN	3292		850 6++
Natriumbifluorid: siehe *NATRIUM-HYDROGEN-DIFLUORID*	2439		282 619
NATRIUMBORHYDRID	1426		285 000
NATRIUMBORHYDRID UND NATRIUMHYDROXID, LÖSUNG mit höchstens 12 Masse-% Natriumborhydrid und höchstens 40 Masse-% Natriumhydroxid	3320		285 000
NATRIUMBROMAT	1494		282 990
NATRIUMCARBONAT-PEROXYHYDRAT	3378		283 699
NATRIUMCHLORACETAT	2659		291 540
NATRIUMCHLORAT	1495		282 911
NATRIUMCHLORAT, WÄSSERIGE LÖSUNG	2428		282 911
NATRIUMCHLORIT	1496		282 890
NATRIUMCYANID, FEST	1689		283 711
NATRIUMCYANID, LÖSUNG	3414		283 711
NATRIUM-2-DIAZO-1-NAPHTHOL-4-SULFONAT: siehe SELBSTZERSETZLICHER STOFF TYP D, FEST	3226	Selbstzersetzlicher Stoff gem. 2.2.41.4	+++ +++
NATRIUM-2-DIAZO-1-NAPHTHOL-5-SULFONAT: siehe SELBSTZERSETZLICHER STOFF TYP D, FEST	3226	Selbstzersetzlicher Stoff gem. 2.2.41.4	+++ +++
NATRIUMDINITROORTHOCRESOLAT, ANGEFEUCHTET mit mindestens 10 Masse-% Wasser	3369		290 899
NATRIUMDINITROORTHOCRESOLAT, ANGEFEUCHTET mit mindestens 15 Masse-% Wasser	1348		290 899
NATRIUMDINITROORTHOCRESOLAT, trocken oder angefeuchtet mit weniger als 15 Masse-% Wasser	0234		290 899

Tabelle B: Verzeichnis der gefährlichen Güter 3.2

Benennung und Beschreibung des Gutes	UN-Nr.	Bemerkung	NHM-Code
NATRIUMDITHIONIT	1384		283 110
NATRIUMFLUORACETAT	2629		291 590
NATRIUMFLUORID, FEST	1690		282 619
NATRIUMFLUORID, LÖSUNG	3415		282 619
NATRIUMFLUOROSILICAT	2674		282 690
NATRIUMHYDRID	1427		285 000
NATRIUMHYDROGENDIFLUORID	2439		282 619
NATRIUMHYDROGENSULFID, HYDRATISIERT mit mindestens 25 % Kristallwasser	2949		283 010
NATRIUMHYDROGENSULFID mit weniger als 25 % Kristallwasser	2318		283 010
NATRIUMHYDROSULFIT	1384		283 110
NATRIUMHYDROXID, FEST	1823		281 511
NATRIUMHYDROXIDLÖSUNG	1824		281 512
NATRIUMKAKODYLAT	1688		293 100
NATRIUMKUPFER(I)CYANID, FEST	2316		283 720
NATRIUMKUPFER(I)CYANID, LÖSUNG	2317		283 720
Natriummetasilicat:	siehe DINATRIUMTRI-OXOSILICAT	3253	283 911
NATRIUMMETHYLAT	1431		290 519
NATRIUMMETHYLAT, LÖSUNG in Alkohol	1289		290 519
NATRIUMMONOXID	1825		282 590
NATRIUMNITRAT	1498		310 250 310 510
NATRIUMNITRAT UND KALIUMNITRAT, MISCHUNG	1499		283 429
NATRIUMNITRIT	1500		283 410
Natriumoxid:	siehe NATRIUM-MONOXID	1825	282 590
NATRIUMPENTACHLORPHENOLAT	2567		290 810
NATRIUMPERBORAT-MONOHYDRAT	3377		284 030
NATRIUMPERCHLORAT	1502		282 990
NATRIUMPERMANGANAT	1503		284 169
NATRIUMPEROXID	1504		281 530
NATRIUMPEROXOBORAT, WASSERFREI	3247		284 030
NATRIUMPERSULFAT	1505		283 340
NATRIUMPHOSPHID	1432		284 800
NATRIUMPIKRAMAT, ANGEFEUCHTET mit mindestens 20 Masse-% Wasser	1349		292 229
NATRIUMPIKRAMAT, trocken oder angefeuchtet mit weniger als 20 Masse-% Wasser	0235		360 200
NATRIUMSULFID, HYDRATISIERT mit mindestens 30 % Kristallwasser	1849		283 090
NATRIUMSULFID mit weniger als 30 % Kristallwasser	1385		283 010
NATRIUMSULFID, WASSERFREI	1385		283 010
NATRIUMSUPEROXID	2547		281 530
NATRIUMZELLEN	3292		850 6++
NATRONKALK mit mehr als 4 % Natriumhydroxid	1907		382 490
Natronlauge:	siehe NATRIUM-HYDROXID-LÖSUNG	1824	281 512
NEBENPRODUKTE DER ALUMINIUMHERSTELLUNG	3170		262 040
NEBENPRODUKTE DER ALUMINIUMUMSCHMELZUNG	3170		262 040
NEON, TIEFGEKÜHLT, FLÜSSIG	1913		280 429
NEON, VERDICHTET	1065		280 429
NICKELCYANID	1653		283 719

3.2 Tabelle B: Verzeichnis der gefährlichen Güter

Benennung und Beschreibung des Gutes	UN-Nr.	Bemerkung	NHM-Code
NICKELNITRAT	2725		283 429
NICKELNITRIT	2726		283 410
NICKELTETRACARBONYL	1259		293 100
NICOTIN	1654		293 970
NICOTINHYDROCHLORID, FEST	3444		293 970
NICOTINHYDROCHLORID, FLÜSSIG	1656		293 970
NICOTINHYDROCHLORID, LÖSUNG	1656		293 970
NICOTINSALICYLAT, fest	1657		293 970
NICOTINSULFAT, FEST	3445		293 970
NICOTINSULFAT, LÖSUNG	1658		293 970
NICOTINTARTRAT	1659		293 970
NICOTINVERBINDUNG, FEST, N.A.G.	1655		293 970
NICOTINVERBINDUNG, FLÜSSIG, N.A.G.	3144		293 970
NICOTINZUBEREITUNG, FEST, N.A.G.	1655		293 970
NICOTINZUBEREITUNG, FLÜSSIG, N.A.G.	3144		293 970
NITRATE, ANORGANISCHE, N.A.G.	1477		283 429
NITRATE, ANORGANISCHE, WÄSSERIGE LÖSUNG, N.A.G.	3218		283 429
NITRIERSÄUREMISCHUNG mit höchstens 50 % Salpetersäure	1796		280 800
NITRIERSÄUREMISCHUNG mit mehr als 50 % Salpetersäure	1796		280 800
NITRILE, ENTZÜNDBAR, GIFTIG, N.A.G.	3273		292 690
NITRILE, FEST, GIFTIG, N.A.G.	3439		292 690
NITRILE, FLÜSSIG, GIFTIG, N.A.G.	3276		292 6++
NITRILE, GIFTIG, ENTZÜNDBAR, N.A.G.	3275		292 6++
NITRITE, ANORGANISCHE, N.A.G.	2627		283 410
NITRITE, ANORGANISCHE, WÄSSERIGE LÖSUNG, N.A.G.	3219		283 410
NITROANILINE (o-, m-, p-)	1661		292 142
NITROANISOLE, FEST	3458		290 920
NITROANISOLE, FLÜSSIG	2730		290 920
NITROBENZEN	1662		290 420
NITROBENZENSULFONSÄURE	2305		290 410
5-NITROBENZOTRIAZOL	0385		360 200
NITROBENZOTRIFLUORIDE, FEST	3431		290 490
NITROBENZOTRIFLUORIDE, FLÜSSIG	2306		290 369
NITROBROMBENZENE, FEST	3459		290 369
NITROBROMBENZENE, FLÜSSIG	2732		290 369
NITROCELLULOSE, ANGEFEUCHTET mit mindestens 25 Masse-% Alkohol	0342		391 220
NITROCELLULOSE, LÖSUNG, ENTZÜNDBAR, mit höchstens 12,6 % Stickstoff in der Trockenmasse und höchstens 55 % Nitrocellulose	2059		391 220
NITROCELLULOSE, MISCHUNG mit höchstens 12,6 % Stickstoff in der Trockenmasse, MIT oder OHNE PLASTIFIZIERUNGSMITTEL, MIT oder OHNE PIGMENT	2557		391 220
NITROCELLULOSE MIT mindestens 25 Masse-% ALKOHOL und höchstens 12,6 % Stickstoff in der Trockenmasse	2556		391 220
NITROCELLULOSE MIT mindestens 25 Masse-% WASSER	2555		391 220
NITROCELLULOSE, nicht behandelt oder plastifiziert mit weniger als 18 Masse-% Plastifizierungsmittel	0341		391 220
NITROCELLULOSE, PLASTIFIZIERT mit mindestens 18 Masse-% Plastifizierungsmittel	0343		391 220
NITROCELLULOSE, trocken oder angefeuchtet mit weniger als 25 Masse-% Wasser (oder Alkohol)	0340		391 220
3-NITRO-4-CHLORBENZOTRIFLUORID	2307		290 369
NITROCRESOLE, FEST	2446		290 899
NITROCRESOLE, FLÜSSIG	3434		290 899
NITROETHAN	2842		290 420

Tabelle B: Verzeichnis der gefährlichen Güter 3.2

Benennung und Beschreibung des Gutes	UN-Nr.	Bemerkung	NHM-Code
NITROGLYCERIN, DESENSIBILISIERT mit mindestens 40 Masse-% nicht flüchtigem, wasserunlöslichem Phlegmatisierungsmittel	0143		360 200
NITROGLYCERIN, GEMISCH, DESENSIBILISIERT, FEST, N.A.G., mit mehr als 2 Masse-%, aber höchstens 10 Masse-% Nitroglycerol	3319		360 200
NITROGLYCERIN, GEMISCH, DESENSIBILISIERT, FLÜSSIG, ENTZÜNDBAR, N.A.G., mit höchstens 30 Masse-% Nitroglycerol	3343		290 550
NITROGLYCERIN, GEMISCH, DESENSIBILISIERT, FLÜSSIG, N.A.G., mit höchstens 30 Masse-% Nitroglycerol	3357		300 390 382 490
NITROGLYCERIN, LÖSUNG IN ALKOHOL mit höchstens 1 % Nitroglycerol	1204		292 090
NITROGLYCERIN, LÖSUNG IN ALKOHOL mit mehr als 1 %, aber höchstens 5 % Nitroglycerol	3064		300 390
NITROGLYCERIN, LÖSUNG IN ALKOHOL mit mehr als 1 %, aber nicht mehr als 10 % Nitroglycerol	0144		300 390
NITROGUANIDIN, ANGEFEUCHTET mit mindestens 20 Masse-% Wasser	1336		292 529
NITROGUANIDIN, trocken oder angefeuchtet mit weniger als 20 Masse-% Wasser	0282		292 529
NITROHARNSTOFF	0147		360 200
NITROMETHAN	1261		290 420
NITROMANNITOL, ANGEFEUCHTET mit mindestens 40 Masse-% Wasser oder einer Alkohol/Wasser-Mischung	0133		360 200
NITRONAPHTHALEN	2538		290 420
NITROPHENOLE (o-, m-, p-)	1663		290 899
4-NITROPHENYLHYDRAZIN mit mindestens 30 Masse-% Wasser	3376		292 800
NITROPROPANE	2608		290 420
p-NITROSODIMETHYLANILIN	1369		292 119
4-NITROSOPHENOL:	siehe 3236 SELBSTZER- SETZLICHER STOFF TYP D, FEST, TEMPE- RATURKON- TROLLIERT	Selbstzersetz- licher Stoff gem. 2.2.41.4 RID: verboten	
NITROSTÄRKE, ANGEFEUCHTET mit mindestens 20 Masse-% Wasser	1337		360 200
NITROSTÄRKE, trocken oder angefeuchtet mit weniger als 20 Masse-% Wasser	0146		360 200
NITROSYLCHLORID	1069		281 210
NITROSYLSCHWEFELSÄURE, FEST	3456		281 119
NITROSYLSCHWEFELSÄURE, FLÜSSIG	2308		281 119
Nitrotoluen (o-, m-):	siehe 1664 NITRO- TOLUENE, FLÜSSIG		290 420
p-Nitrotoluen:	siehe 3446 NITRO- TOLUENE, FEST		290 420
NITROTOLUENE, FEST	3446		290 420
NITROTOLUENE, FLÜSSIG	1664		290 420
NITROXYLENE, FEST	3447		290 420
NITROXYLENE, FLÜSSIG	1665		290 420
NONANE	1920		290 110
NONYLTRICHLORSILAN	1799		293 100
NORBORNAN-2,5-DIEN, STABILISIERT	2251		290 219

3.2 Tabelle B: Verzeichnis der gefährlichen Güter

Benennung und Beschreibung des Gutes	UN-Nr.	Bemerkung	NHM-Code
O			
OCTADECYLTRICHLORSILAN	1800		293 100
OCTADIENE	2309		290 129
OCTAFLUORBUT-2-EN	2422		290 339
OCTAFLUORCYCLOBUTAN	1976		290 389
OCTAFLUORPROPAN	2424		290 339
OCTANE	1262		290 110
OCTOL, trocken oder angefeuchtet mit weniger als 15 Masse-% Wasser	0266		360 200
OCTONAL	0496		360 200
OCTYLALDEHYDE	1191		291 219
OCTYLTRICHLORSILAN	1801		293 100
OKTOGEN, ANGEFEUCHTET mit mindestens 15 Masse-% Wasser	0226		360 200
OKTOGEN, DESENSIBILISIERT	0484		360 200
OKTOLIT, trocken oder angefeuchtet mit weniger als 15 Masse-% Wasser	0266		360 200
Oleum:	siehe 1831 SCHWEFEL-SÄURE, RAUCHEND		280 700
ÖLGAS, VERDICHTET	1071		271 129
ÖLSAATKUCHEN mit höchstens 1,5 Masse-% Öl und höchstens 11 Masse-% Feuchtigkeit	2217		230 6++
ÖLSAATKUCHEN mit mehr als 1,5 Masse-% Öl und höchstens 11 Masse-% Feuchtigkeit	1386		230 6++
ONTA	0490		293 399
ORGANISCHE ARSENVERBINDUNG, FEST, N.A.G.	3465		29+ +++
ORGANISCHE ARSENVERBINDUNG, FLÜSSIG, N.A.G.	3280		29+ +++
ORGANISCHE PEROXIDE (Verzeichnis)	–	siehe 2.2.52.4	+++ +++
ORGANISCHE PHOSPHORVERBINDUNG, GIFTIG, ENTZÜNDBAR, N.A.G.	3279		+++ +++
ORGANISCHE PHOSPHORVERBINDUNG, FEST, GIFTIG, N.A.G.	3464		+++ +++
ORGANISCHE PHOSPHORVERBINDUNG, FLÜSSIG, GIFTIG, N.A.G.	3278		+++ +++
ORGANISCHE ZINNVERBINDUNG, FEST, N.A.G.	3146		29+ +++
ORGANISCHE ZINNVERBINDUNG, FLÜSSIG, N.A.G.	2788		293 100
ORGANISCHES PEROXID, FEST, MUSTER:	siehe 3104 ORGANISCHES PEROXID TYP C, FEST	Organische Peroxide gem. 2.2.52.4	29+ +++
ORGANISCHES PEROXID, FEST, MUSTER, TEMPERATURKONTROLLIERT:	siehe 3114 ORGANISCHES PEROXID TYP C, FEST, TEMPERATUR-KONTROL-LIERT	Organische Peroxide gem. 2.2.52.4 RID: verboten	
ORGANISCHES PEROXID, FLÜSSIG, MUSTER:	siehe 3103 ORGANISCHES PEROXID TYP C, FLÜSSIG	Organische Peroxide gem. 2.2.52.4	29+ +++

Tabelle B: Verzeichnis der gefährlichen Güter 3.2

Benennung und Beschreibung des Gutes	UN-Nr.	Bemerkung	NHM-Code
ORGANISCHES PEROXID, FLÜSSIG, MUSTER, TEMPERATURKONTROLLIERT:	siehe ORGANISCHES PEROXID TYP C, FLÜSSIG, TEMPERATURKONTROLLIERT	3113 Organische Peroxide gem. 2.2.52.4 RID: verboten	
ORGANISCHES PEROXID TYP B, FEST	3102		290 960
ORGANISCHES PEROXID TYP B, FEST, TEMPERATURKONTROLLIERT	3112	RID: verboten	
ORGANISCHES PEROXID TYP B, FLÜSSIG	3101		290 960
ORGANISCHES PEROXID TYP B, FLÜSSIG, TEMPERATURKONTROLLIERT	3111	RID: verboten	
ORGANISCHES PEROXID TYP C, FEST	3104		290 960
ORGANISCHES PEROXID TYP C, FEST, TEMPERATURKONTROLLIERT	3114	RID: verboten	
ORGANISCHES PEROXID TYP C, FLÜSSIG	3103		290 960
ORGANISCHES PEROXID TYP C, FLÜSSIG, TEMPERATURKONTROLLIERT	3113	RID: verboten	
ORGANISCHES PEROXID TYP D, FEST	3106		290 960
ORGANISCHES PEROXID TYP D, FEST, TEMPERATURKONTROLLIERT	3116	RID: verboten	
ORGANISCHES PEROXID TYP D, FLÜSSIG	3105		290 960
ORGANISCHES PEROXID TYP D, FLÜSSIG, TEMPERATURKONTROLLIERT	3115	RID: verboten	
ORGANISCHES PEROXID TYP E, FEST	3108		290 960
ORGANISCHES PEROXID TYP E, FEST, TEMPERATURKONTROLLIERT	3118	RID: verboten	
ORGANISCHES PEROXID TYP E, FLÜSSIG	3107		290 960
ORGANISCHES PEROXID TYP E, FLÜSSIG, TEMPERATURKONTROLLIERT	3117	RID: verboten	
ORGANISCHES PEROXID TYP F, FEST	3110		290 960
ORGANISCHES PEROXID TYP F, FEST, TEMPERATURKONTROLLIERT	3120	RID: verboten	
ORGANISCHES PEROXID TYP F, FLÜSSIG	3109		290 960
ORGANISCHES PEROXID TYP F, FLÜSSIG, TEMPERATURKONTROLLIERT	3119	RID: verboten	
ORGANOCHLOR-PESTIZID, FEST, GIFTIG	2761		380 810
ORGANOCHLOR-PESTIZID, FLÜSSIG, ENTZÜNDBAR, GIFTIG, Flammpunkt unter 23 °C	2762		380 810
ORGANOCHLOR-PESTIZID, FLÜSSIG, GIFTIG	2996		380 810
ORGANOCHLOR-PESTIZID, FLÜSSIG, GIFTIG, ENTZÜNDBAR, mit einem Flammpunkt von 23 °C oder darüber	2995		380 810
ORGANOPHOSPHOR-PESTIZID, FEST, GIFTIG	2783		380 810
ORGANOPHOSPHOR-PESTIZID, FLÜSSIG, ENTZÜNDBAR, GIFTIG, Flammpunkt unter 23 °C	2784		380 810
ORGANOPHOSPHOR-PESTIZID, FLÜSSIG, GIFTIG	3018		380 810
ORGANOPHOSPHOR-PESTIZID, FLÜSSIG, GIFTIG, ENTZÜNDBAR, mit einem Flammpunkt von 23 °C oder darüber	3017		380 810
ORGANOZINN-PESTIZID, FEST, GIFTIG	2786		380 810
ORGANOZINN-PESTIZID, FLÜSSIG, ENTZÜNDBAR, GIFTIG, Flammpunkt unter 23 °C	2787		380 810
ORGANOZINN-PESTIZID, FLÜSSIG, GIFTIG	3020		380 810
ORGANOZINN-PESTIZID, FLÜSSIG, GIFTIG, ENTZÜNDBAR, mit einem Flammpunkt von 23 °C oder darüber	3019		380 810
OSMIUMTETROXID	2471		282 590
OTTOKRAFTSTOFF	1203		272 400
OXYNITROTRIAZOL	0490		293 399

3.2 Tabelle B: Verzeichnis der gefährlichen Güter

Benennung und Beschreibung des Gutes	UN-Nr.	Bemerkung	NHM-Code
P			
PAPIER, MIT UNGESÄTTIGTEN ÖLEN BEHANDELT, unvollständig getrocknet	1379		481 140
PARAFORMALDEHYD	2213		291 260
PARALDEHYD	1264		291 250
PARFÜMERIEERZEUGNISSE, mit entzündbaren Lösungsmitteln	1266		330 7++
PATRONEN, BLITZLICHT	0049		360 490
PATRONEN, BLITZLICHT	0050		360 490
PATRONEN FÜR HANDFEUERWAFFEN	0012		930 630 930 621
PATRONEN FÜR HANDFEUERWAFFEN	0339		930 630 930 621
PATRONEN FÜR HANDFEUERWAFFEN	0417		930 630 930 621
PATRONEN FÜR HANDFEUERWAFFEN, MANÖVER	0014		930 630 930 621
PATRONEN FÜR HANDFEUERWAFFEN, MANÖVER	0327		930 630 930 621
PATRONEN FÜR HANDFEUERWAFFEN, MANÖVER	0338		930 630 930 621
PATRONEN FÜR WAFFEN, MANÖVER	0014		930 630 930 621
PATRONEN FÜR WAFFEN, MANÖVER	0326		930 630 930 621
PATRONEN FÜR WAFFEN, MANÖVER	0327		930 630 930 621
PATRONEN FÜR WAFFEN, MANÖVER	0338		930 630 930 621
PATRONEN FÜR WAFFEN, MANÖVER	0413		930 630 930 621
PATRONEN FÜR WAFFEN, MIT INERTEM GESCHOSS	0012		930 630 930 621
PATRONEN FÜR WAFFEN, MIT INERTEM GESCHOSS	0328		930 630
PATRONEN FÜR WAFFEN, MIT INERTEM GESCHOSS	0339		930 630 930 621
PATRONEN FÜR WAFFEN, MIT INERTEM GESCHOSS	0417		930 630 930 621
PATRONEN FÜR WAFFEN, mit Sprengladung	0005		930 630 930 621
PATRONEN FÜR WAFFEN, mit Sprengladung	0006		930 630 930 621
PATRONEN FÜR WAFFEN, mit Sprengladung	0007		930 630 930 621
PATRONEN FÜR WAFFEN, mit Sprengladung	0321		930 630 930 621
PATRONEN FÜR WAFFEN, mit Sprengladung	0348		930 630 930 621
PATRONEN FÜR WAFFEN, mit Sprengladung	0412		930 630 930 621
PATRONEN FÜR WERKZEUGE, OHNE GESCHOSS	0014		930 621 930 630
PATRONEN, SIGNAL	0054		360 490
PATRONEN, SIGNAL	0312		360 490
PATRONEN, SIGNAL	0405		360 490
PENTABORAN	1380		285 000
PENTACHLORETHAN	1669		290 319
PENTACHLORPHENOL	3155		290 810

Tabelle B: Verzeichnis der gefährlichen Güter 3.2

Benennung und Beschreibung des Gutes	UN-Nr.	Bemerkung	NHM-Code
PENTAERYTHRITOLTETRANITRAT, ANGEFEUCHTET mit mindestens 25 Masse-% Wasser	0150		292 090
PENTAERYTHRITOLTETRANITRAT, DESENSIBILISIERT mit mindestens 15 Masse-% Phlegmatisierungmittel	0150		292 090
PENTAERYTHRITOLTETRANITRAT, GEMISCH, DESENSIBILISIERT, FEST, N.A.G., mit mehr als 10 Masse-%, aber höchstens 20 Masse-% PETN	3344		292 090
PENTAERYTHRITOLTETRANITRAT, mit nicht weniger als 7 Masse-% Wachs	0411		292 090
PENTAERYTHRITTETRANITRAT, ANGEFEUCHTET mit mindestens 25 Masse-% Wasser	0150		292 090
PENTAERYTHRITTETRANITRAT, DESENSIBILISIERT mit mindestens 15 Masse-% Phlegmatisierungmittel	0150		292 090
PENTAERYTHRITTETRANITRAT, GEMISCH, DESENSIBILISIERT, FEST, N.A.G., mit mehr als 10 Masse-%, aber höchstens 20 Masse-% PETN	3344		292 090
PENTAERYTHRITTETRANITRAT, mit nicht weniger als 7 Masse-% Wachs	0411		292 090
PENTAFLUORETHAN	3220		290 339
Pentafluorethan, 1,1,1-Trifluorethan und 1,1,1,2-Tetrafluorethan, zeotropes Gemisch mit ca. 44 % Pentafluorethan und 52 % 1,1,1-Trifluorethan:	siehe 3337 GAS ALS KÄLTEMITTEL R 404A		382 474
PENTAMETHYLHEPTAN	2286		290 110
n-Pentan:	siehe 1265 PENTANE, flüssig		290 110
PENTAN-2,4-DION	2310		291 419
PENTANE, flüssig	1265		290 110
PENTANOLE	1105		290 515
PENT-1-EN	1108		290 129
1-PENTOL	2705		290 519
PENTOLIT, trocken oder angefeuchtet mit weniger als 15 Masse-% Wasser	0151		360 200
PERCHLORATE, ANORGANISCHE, N.A.G.	1481		282 990
PERCHLORATE, ANORGANISCHE, WÄSSERIGE LÖSUNG, N.A.G.	3211		282 990
Perchlorethylen:	siehe 1897 TETRACHLORETHYLEN		290 323
PERCHLORMETHYLMERCAPTAN	1670		293 090
PERCHLORSÄURE mit höchstens 50 Masse-% Säure	1802		281 119
PERCHLORSÄURE mit mehr als 50 Masse-%, aber höchstens 72 Masse-% Säure	1873		281 119
PERCHLORYLFLUORID	3083		281 210
PERFLUOR(ETHYL-VINYL-ETHER)	3154		290 920
PERFLUOR(METHYL-VINYL-ETHER)	3153		290 920
PERFORATIONSHOHLLADUNGSTRÄGER, GELADEN, für Erdölbohrlöcher, ohne Zündmittel	0124		930 690
PERFORATIONSHOHLLADUNGSTRÄGER, GELADEN, für Erdölbohrlöcher, ohne Zündmittel	0494		930 690
PERMANGANATE, ANORGANISCHE, WÄSSERIGE LÖSUNG, N.A.G.	3214		284 169
PERMANGANATE, ANORGANISCHE, N.A.G.	1482		284 169
PEROXIDE, ANORGANISCHE, N.A.G.	1483		282 590
PEROXYESSIGSÄURE, DESTILLIERT, TYP F, stabilisiert:	siehe 3119 *ORGANISCHES PEROXID TYP F, FLÜSSIG, TEMPERATURKONTROLLIERT*	Organische Peroxide gem. 2.2.52.4 RID: verboten	

3.2 Tabelle B: Verzeichnis der gefährlichen Güter

Benennung und Beschreibung des Gutes	UN-Nr.	Bemerkung	NHM-Code
PEROXYESSIGSÄURE, TYP D, stabilisiert:	siehe 3105 ORGANISCHES PEROXID TYP D, FLÜSSIG	Organische Peroxide gem. 2.2.52.4	29+ +++
PEROXYESSIGSÄURE, TYP E, stabilisiert:	siehe 3107 ORGANISCHES PEROXID TYP E, FLÜSSIG	Organische Peroxide gem. 2.2.52.4	29+ +++
PEROXYESSIGSÄURE, TYP F, stabilisiert:	siehe 3109 ORGANISCHES PEROXID TYP F, FLÜSSIG	Organische Peroxide gem. 2.2.52.4	29+ +++
PERSULFATE, ANORGANISCHE, N.A.G.	3215		283 340
PERSULFATE, ANORGANISCHE, WÄSSERIGE LÖSUNG, N.A.G.	3216		283 340
PESTIZID, FEST, GIFTIG, N.A.G.	2588		380 810
PESTIZID, FLÜSSIG, ENTZÜNDBAR, GIFTIG, N.A.G., Flammpunkt unter 23 °C	3021		380 810
PESTIZID, FLÜSSIG, GIFTIG, N.A.G.	2902		380 810
PESTIZID, FLÜSSIG, GIFTIG, ENTZÜNDBAR, N.A.G., mit einem Flammpunkt von 23 °C oder darüber	2903		380 810
PETN, ANGEFEUCHTET mit mindestens 25 Masse-% Wasser	0150		360 200
PETN, DESENSIBILISIERT mit mindestens 15 Masse-% Phlegmatisierungsmittel	0150		360 200
PETN, GEMISCH, DESENSIBILISIERT, FEST, N.A.G., mit mehr als 10 Masse-%, aber höchstens 20 Masse-% PETN	3344		292 090
PETN, mit nicht weniger als 7 Masse-% Wachs	0411		360 200
PETROLEUMGASE, VERFLÜSSIGT	1075		271 119
Phenacethylchlorid:	siehe 1697 CHLORACETO-PHENON		291 470
PHENACYLBROMID	2645		291 470
PHENETIDINE	2311		292 229
PHENOL, FEST	1671		290 711
PHENOL, GESCHMOLZEN	2312		290 711
PHENOL, LÖSUNG	2821		290 711 270 760
PHENOLATE, FEST	2905		290 711
PHENOLATE, FLÜSSIG	2904		290 711
PHENOLSULFONSÄURE, FLÜSSIG	1803		290 410
PHENOXYESSIGSÄUREDERIVAT-PESTIZID, FEST, GIFTIG	3345		380 810
PHENOXYESSIGSÄUREDERIVAT-PESTIZID, FLÜSSIG, ENTZÜNDBAR, GIFTIG, Flammpunkt unter 23 °C	3346		380 810
PHENOXYESSIGSÄUREDERIVAT-PESTIZID, FLÜSSIG, GIFTIG	3348		380 810
PHENOXYESSIGSÄUREDERIVAT-PESTIZID, FLÜSSIG, GIFTIG, ENTZÜNDBAR, mit einem Flammpunkt von 23 °C oder darüber	3347		380 810
PHENYLACETONITRIL, FLÜSSIG	2470		292 690
PHENYLACETYLCHLORID	2577		291 639
PHENYLCARBYLAMINCHLORID	1672		292 520
PHENYLCHLORFORMIAT	2746		291 590
Phenylchlorid:	siehe 1134 CHLORBENZEN		290 399
PHENYLENDIAMINE (o-, m-, p-)	1673		292 151
PHENYLHYDRAZIN	2572		292 800
PHENYLISOCYANAT	2487		292 910
PHENYLMERCAPTAN	2337		293 090

Tabelle B: Verzeichnis der gefährlichen Güter 3.2

Benennung und Beschreibung des Gutes		UN-Nr.	Bemerkung	NHM-Code
Phenylmethylether:	siehe ANISOL	2222		290 930
PHENYLPHOSPHORDICHLORID		2798		293 100
PHENYLPHOSPHORTHIODICHLORID		2799		292 010
PHENYLQUECKSILBER(II)ACETAT		1674		293 100
PHENYLQUECKSILBER(II)HYDROXID		1894		293 100
PHENYLQUECKSILBER(II)NITRAT		1895		293 100
PHENYLQUECKSILBERVERBINDUNG, N.A.G.		2026		293 100
PHENYLTRICHLORSILAN		1804		293 100
PHOSGEN		1076		281 211
9-PHOSPHABICYCLONONANE		2940		293 100
PHOSPHIN		2199		285 000
PHOSPHIN, ADSORBIERT		3525		284 800
PHOSPHOR, AMORPH		1338		280 470
Phosphor, gelb, geschmolzen:	siehe PHOSPHOR, WEISS, GE-SCHMOLZEN	2447		280 470
PHOSPHOR, GELB, TROCKEN oder UNTER WASSER oder IN LÖSUNG		1381		280 470
Phosphor, rot:	siehe PHOSPHOR, AMORPH	1338		280 470
PHOSPHOR, WEISS, GESCHMOLZEN		2447		280 470
PHOSPHOR, WEISS, TROCKEN oder UNTER WASSER oder IN LÖSUNG		1381		280 470
PHOSPHORHEPTASULFID (chemische Formel P_4S_7), frei von gelbem oder weißem Phosphor		1339		281 390
PHOSPHORIGE SÄURE		2834		281 119
PHOSPHOROXYBROMID		1939		281 290
PHOSPHOROXYBROMID, GESCHMOLZEN		2576		282 759
PHOSPHOROXYCHLORID		1810		281 212
PHOSPHORPENTABROMID		2691		281 290
PHOSPHORPENTACHLORID		1806		281 214
PHOSPHORPENTAFLUORID		2198		281 290
PHOSPHORPENTAFLUORID, ADSORBIERT		3524		281 290
PHOSPHORPENTASULFID (chemische Formel P_2S_5), frei von gelbem oder weißem Phosphor		1340		281 390
PHOSPHORPENTOXID		1807		280 910
PHOSPHORSÄURE, FEST		3453		280 920
PHOSPHORSÄURE, LÖSUNG		1805		280 920
Phosphorsäureanhydrid:	siehe PHOSPHOR-PENTOXID	1807		280 910
PHOSPHORSESQUISULFID (chemische Formel P_4S_3), frei von gelbem oder weißem Phosphor		1341		281 390
PHOSPHORTRIBROMID		1808		281 290
PHOSPHORTRICHLORID		1809		281 213
PHOSPHORTRIOXID		2578		281 129
PHOSPHORTRISULFID (chemische Formel P4S6), frei von gelbem oder weißem Phosphor		1343		281 390
PHOSPHORWASSERSTOFF		2199		285 000
PHOSPHORWASSERSTOFF, ADSORBIERT		3525		284 800
PHTHALSÄUREANHYDRID mit mehr als 0,05 % Maleinsäureanhydrid		2214		291 735
PICOLINE		2313		293 339
PICRIT, ANGEFEUCHTET mit mindestens 20 Masse-% Wasser		1336		292 529
PICRIT, trocken oder angefeuchtet mit weniger als 20 Masse-% Wasser		0282		292 529

3.2 Tabelle B: Verzeichnis der gefährlichen Güter

Benennung und Beschreibung des Gutes	UN-Nr.	Bemerkung	NHM-Code
PIKRAMID	0153		360 200
PIKRINSÄURE, ANGEFEUCHTET mit mindestens 10 Masse-% Wasser	3364		290 899
PIKRINSÄURE, ANGEFEUCHTET mit mindestens 30 Masse-% Wasser	1344		290 899
PIKRINSÄURE, trocken oder angefeuchtet mit weniger als 30 Masse-% Wasser	0154		290 899
PIKRYLCHLORID	0155		360 200
PIKRYLCHLORID, ANGEFEUCHTET mit mindestens 10 Masse-% Wasser	3365		290 490
PINANYLHYDROPEROXID:	*siehe* 3105 *ORGANISCHES PEROXID TYP D, FLÜSSIG*	*Organische Peroxide gem. 2.2.52.4*	29+ +++
PINANYLHYDROPEROXID:	*siehe* 3109 *ORGANISCHES PEROXID TYP F, FLÜSSIG*	*Organische Peroxide gem. 2.2.52.4*	29+ +++
alpha-PINEN	2368		290 219
PIPERAZIN	2579		293 390
PIPERIDIN	2401		293 332
Pivaloylchlorid:	*siehe* 2438 *TRIMETHYL-ACETYL-CHLORID*		291 590
Politur:	*siehe* 1263 *FARBE (Klasse 3)*		320 8++ 320 5++
Politur:	*siehe* 3066 *FARBE (Klasse 8)*		320 8++ 320 5++
Politur:	*siehe* 3469 *FARBE, ENTZÜNDBAR, ÄTZEND (Klasse 3)*		320 8++
Politur:	*siehe* 3470 *FARBE, ÄTZEND, ENTZÜNDBAR (Klasse 8)*		320 8++
POLYAMINE, ENTZÜNDBAR, ÄTZEND, N.A.G.	2733		292 1++
POLYAMINE, FEST, ÄTZEND, N.A.G.	3259		292 1++
POLYAMINE, FLÜSSIG, ÄTZEND, N.A.G.	2735		292 1++
POLYAMINE, FLÜSSIG, ÄTZEND, ENTZÜNDBAR, N.A.G.	2734		292 1++
POLYCHLORIERTE BIPHENYLE, FEST	3432		290 399
POLYCHLORIERTE BIPHENYLE, FLÜSSIG	2315		290 399
POLYESTERHARZ-MEHRKOMPONENTENSYSTEME, flüssiges Grundprodukt	3269		390 7++
POLYESTERHARZ-MEHRKOMPONENTENSYSTEME, festes Grundprodukt	3527		390 7++
POLYHALOGENIERTE BIPHENYLE, FEST	3152		290 399
POLYHALOGENIERTE BIPHENYLE, FLÜSSIG	3151		290 399
POLYHALOGENIERTE TERPHENYLE, FEST	3152		290 399
POLYHALOGENIERTE TERPHENYLE, FLÜSSIG	3151		290 399
POLYMERISIERENDER STOFF, FEST, STABILISIERT, N.A.G.	3531		39+ +++
POLYMERISIERENDER STOFF, FEST, TEMPERATURKONTROLLIERT, N.A.G.	3533	RID: verboten	–
POLYMERISIERENDER STOFF, FLÜSSIG, STABILISIERT, N.A.G.	3532		39+ +++
POLYMERISIERENDER STOFF, FLÜSSIG, TEMPERATURKONTROLLIERT, N.A.G.	3534	RID: verboten	–

Tabelle B: Verzeichnis der gefährlichen Güter 3.2

Benennung und Beschreibung des Gutes		UN-Nr.	Bemerkung	NHM-Code
Präparate, die entzündbare flüssige Stoffe mit einem Flammpunkt von höchstens 60 °C enthalten:	siehe *FESTE STOFFE, DIE ENTZÜNDBARE FLÜSSIGE STOFFE mit einem Flammpunkt von höchstens 60 °C ENTHALTEN, N.A.G.*	3175		+++ +++
PROPADIEN, STABILISIERT		2200		290 129
PROPAN		1978		271 112
n-PROPANOL		1274		290 512
PROPANTHIOLE		2402		293 090
PROPEN		1077		290 122 / 271 114
PROPIONALDEHYD		1275		291 219
PROPIONITRIL		2404		292 690
PROPIONSÄURE mit mindestens 10 Masse-% und weniger als 90 Masse-% Säure		1848		291 550
PROPIONSÄURE mit mindestens 90 Masse-% Säure		3463		291 550
PROPIONSÄUREANHYDRID		2496		291 590
PROPIONYLCHLORID		1815		291 590
n-PROPYLACETAT		1276		291 539
n-PROPYLALKOHOL		1274		290 512
PROPYLAMIN		1277		292 119
n-PROPYLBENZEN		2364		290 290
n-PROPYLCHLORFORMIAT		2740		291 590
Propylchlorid:	siehe *1-CHLORPROPAN*	1278		290 319
1,2-PROPYLENDIAMIN		2258		292 129
Propylendichlorid:	siehe *1,2-DICHLORPROPAN*	1279		290 319
PROPYLENIMIN, STABILISIERT		1921		293 390
PROPYLENOXID		1280		291 020
Propylentetramer:	siehe *TETRAPROPYLEN*	2850		290 129
Propylentrimer:	siehe *TRIPROPYLEN*	2057		290 129
PROPYLFORMIATE		1281		291 513
n-PROPYLISOCYANAT		2482		292 910
Propylmercaptane:	siehe *PROPANTHIOLE*	2402		293 090
n-PROPYLNITRAT		1865		292 090
PROPYLTRICHLORSILAN		1816		293 100
PULVERROHMASSE, ANGEFEUCHTET mit mindestens 25 Masse-% Wasser		0159		360 100
PULVERROHMASSE, ANGEFEUCHTET mit nicht weniger als 17 Masse-% Alkohol		0433		360 100
PYRETHROID-PESTIZID, FEST, GIFTIG		3349		380 810
PYRETHROID-PESTIZID, FLÜSSIG, ENTZÜNDBAR, GIFTIG, Flammpunkt unter 23 °C		3350		380 810
PYRETHROID-PESTIZID, FLÜSSIG, GIFTIG		3352		380 810
PYRETHROID-PESTIZID, FLÜSSIG, GIFTIG, ENTZÜNDBAR, mit einem Flammpunkt von 23 °C oder darüber		3351		380 810
PYRIDIN		1282		293 331
PYROPHORE LEGIERUNG, N.A.G.		1383		81+ +++
PYROPHORER ANORGANISCHER FESTER STOFF, N.A.G.		3200		28+ +++
PYROPHORER ANORGANISCHER FLÜSSIGER STOFF, N.A.G.		3194		28+ +++
PYROPHORER METALLORGANISCHER FESTER STOFF		3391		293 100
PYROPHORER METALLORGANISCHER FESTER STOFF, MIT WASSER REAGIEREND		3393		293 100
PYROPHORER METALLORGANISCHER FLÜSSIGER STOFF		3392		293 100

3.2   Tabelle B: Verzeichnis der gefährlichen Güter

Benennung und Beschreibung des Gutes	UN-Nr.	Bemerkung	NHM-Code
PYROPHORER METALLORGANISCHER FLÜSSIGER STOFF, MIT WASSER REAGIEREND	3394		293 100
PYROPHORER ORGANISCHER FESTER STOFF, N.A.G.	2846		29+ +++
PYROPHORER ORGANISCHER FLÜSSIGER STOFF, N.A.G.	2845		29+ +++
PYROPHORES METALL, N.A.G.	1383		81+ +++
PYROSULFURYLCHLORID	1817		281 210
PYROTECHNISCHE GEGENSTÄNDE für technische Zwecke	0428		360 490
PYROTECHNISCHE GEGENSTÄNDE für technische Zwecke	0429		360 490
PYROTECHNISCHE GEGENSTÄNDE für technische Zwecke	0430		360 490
PYROTECHNISCHE GEGENSTÄNDE für technische Zwecke	0431		360 490
PYROTECHNISCHE GEGENSTÄNDE für technische Zwecke	0432		360 490
PYRROLIDIN	1922		293 390

Tabelle B: Verzeichnis der gefährlichen Güter 3.2

Benennung und Beschreibung des Gutes	UN-Nr.	Bemerkung	NHM-Code
Q			
QUECKSILBER	2809		280 540
QUECKSILBERACETAT	1629		291 540
QUECKSILBER(II)AMMONIUMCHLORID	1630		282 739
QUECKSILBER(II)ARSENAT	1623		284 290
QUECKSILBER(II)BENZOAT	1631		291 639
QUECKSILBERBROMIDE	1634		282 759
QUECKSILBER(II)CHLORID	1624		282 739
Quecksilber(I)chlorid:	siehe 2025 QUECKSILBERVERBINDUNG, FEST, N.A.G.		285 200
QUECKSILBERCYANID	1636		283 719
QUECKSILBERFULMINAT, ANGEFEUCHTET mit mindestens 20 Masse-% Wasser oder einer Alkohol/Wasser-Mischung	0135	RID: verboten	
QUECKSILBERGLUCONAT	1637		291 816
QUECKSILBERHALTIGES PESTIZID, FEST, GIFTIG	2777		380 892
QUECKSILBERHALTIGES PESTIZID, FLÜSSIG, ENTZÜNDBAR, GIFTIG, Flammpunkt unter 23 °C	2778		380 810
QUECKSILBERHALTIGES PESTIZID, FLÜSSIG, GIFTIG	3012		380 810
QUECKSILBERHALTIGES PESTIZID, FLÜSSIG, GIFTIG, ENTZÜNDBAR, mit einem Flammpunkt von 23 °C oder darüber	3011		380 810
QUECKSILBER IN HERGESTELLTEN GEGENSTÄNDEN	3506		285 2++
QUECKSILBERIODID	1638		282 760
QUECKSILBER(I)NITRAT	1627		283 429
QUECKSILBER(II)NITRAT	1625		283 429
QUECKSILBERNUCLEAT	1639		293 490
QUECKSILBEROLEAT	1640		291 639
QUECKSILBEROXID	1641		282 590
QUECKSILBEROXYCYANID, DESENSIBILISIERT	1642		283 719
QUECKSILBERSALICYLAT	1644		291 821
QUECKSILBERSULFAT	1645		283 329
QUECKSILBERTHIOCYANAT	1646		283 800
QUECKSILBERVERBINDUNG, FEST, N.A.G.	2025		+++ +++
QUECKSILBERVERBINDUNG, FLÜSSIG, N.A.G.	2024		+++ +++

3.2 Tabelle B: Verzeichnis der gefährlichen Güter

Benennung und Beschreibung des Gutes	UN-Nr.	Bemerkung	NHM-Code
R			
RADIOAKTIVE STOFFE, FREIGESTELLTES VERSANDSTÜCK BEGRENZTE STOFFMENGE	2910		284 4++
RADIOAKTIVE STOFFE, FREIGESTELLTES VERSANDSTÜCK FABRIKATE	2911		284 4++
RADIOAKTIVE STOFFE, FREIGESTELLTES VERSANDSTÜCK FABRIKATE AUS NATÜRLICHEM URAN oder AUS ABGEREICHERTEM URAN oder AUS NATÜRLICHEM THORIUM	2909		284 4++
RADIOAKTIVE STOFFE, FREIGESTELLTES VERSANDSTÜCK INSTRUMENTE	2911		284 4++
RADIOAKTIVE STOFFE, FREIGESTELLTES VERSANDSTÜCK LEERE VERPACKUNG	2908		284 4++
RADIOAKTIVE STOFFE MIT GERINGER SPEZIFISCHER AKTIVITÄT (LSA-I), nicht spaltbar oder spaltbar, freigestellt	2912		284 4++
RADIOAKTIVE STOFFE MIT GERINGER SPEZIFISCHER AKTIVITÄT (LSA-II), nicht spaltbar oder spaltbar, freigestellt	3321		284 4++
RADIOAKTIVE STOFFE MIT GERINGER SPEZIFISCHER AKTIVITÄT (LSA-II), SPALTBAR	3324		284 4++
RADIOAKTIVE STOFFE MIT GERINGER SPEZIFISCHER AKTIVITÄT (LSA-III), nicht spaltbar oder spaltbar, freigestellt	3322		284 4++
RADIOAKTIVE STOFFE MIT GERINGER SPEZIFISCHER AKTIVITÄT (LSA-III), SPALTBAR	3325		284 4++
RADIOAKTIVE STOFFE, OBERFLÄCHENKONTAMINIERTE GEGENSTÄNDE (SCO-I, SCO-II oder SCO-III), nicht spaltbar oder spaltbar, freigestellt	2913		284 4++
RADIOAKTIVE STOFFE, OBERFLÄCHENKONTAMINIERTE GEGENSTÄNDE (SCO-I oder SCO-II), SPALTBAR	3326		284 4++
RADIOAKTIVE STOFFE, TYP A-VERSANDSTÜCK, IN BESONDERER FORM, nicht spaltbar oder spaltbar, freigestellt	3332		284 4++
RADIOAKTIVE STOFFE, TYP A-VERSANDSTÜCK, IN BESONDERER FORM, SPALTBAR	3333		284 4++
RADIOAKTIVE STOFFE, TYP A-VERSANDSTÜCK, nicht in besonderer Form, nicht spaltbar oder spaltbar, freigestellt	2915		284 4++
RADIOAKTIVE STOFFE, TYP A-VERSANDSTÜCK, SPALTBAR, nicht in besonderer Form	3327		284 4++
RADIOAKTIVE STOFFE, TYP B(M)-VERSANDSTÜCK, nicht spaltbar oder spaltbar, freigestellt	2917		284 4++
RADIOAKTIVE STOFFE, TYP B(M)-VERSANDSTÜCK, SPALTBAR	3329		284 4++
RADIOAKTIVE STOFFE, TYP B(U)-VERSANDSTÜCK, nicht spaltbar oder spaltbar, freigestellt	2916		284 4++
RADIOAKTIVE STOFFE, TYP B(U)-VERSANDSTÜCK, SPALTBAR	3328		284 4++
RADIOAKTIVE STOFFE, TYP C-VERSANDSTÜCK, nicht spaltbar oder spaltbar, freigestellt	3323		284 4++
RADIOAKTIVE STOFFE, TYP C-VERSANDSTÜCK, SPALTBAR	3330		284 +++
RADIOAKTIVE STOFFE, UNTER SONDERVEREINBARUNG BEFÖRDERT, nicht spaltbar oder spaltbar, freigestellt	2919		284 4++
RADIOAKTIVE STOFFE, UNTER SONDERVEREINBARUNG BEFÖRDERT, SPALTBAR	3331		284 4++
RADIOAKTIVE STOFFE, URANHEXAFLUORID, nicht spaltbar oder spaltbar, freigestellt	2978		284 4++
RADIOAKTIVE STOFFE, URANHEXAFLUORID, SPALTBAR	2977		284 4++
RAKETEN, FLÜSSIGTREIBSTOFF, mit Sprengladung	0397		930 690
RAKETEN, FLÜSSIGTREIBSTOFF, mit Sprengladung	0398		930 690
RAKETEN, LEINENWURF	0238		930 690
RAKETEN, LEINENWURF	0240		930 690
RAKETEN, LEINENWURF	0453		930 690
RAKETEN, mit Ausstoßladung	0436		930 690
RAKETEN, mit Ausstoßladung	0437		930 690
RAKETEN, mit Ausstoßladung	0438		930 690

Tabelle B: Verzeichnis der gefährlichen Güter 3.2

Benennung und Beschreibung des Gutes	UN-Nr.	Bemerkung	NHM-Code
RAKETEN, mit inertem Kopf	0183		930 690
RAKETEN, mit inertem Kopf	0502		930 690
RAKETEN, mit Sprengladung	0180		930 690
RAKETEN, mit Sprengladung	0181		930 690
RAKETEN, mit Sprengladung	0182		930 690
RAKETEN, mit Sprengladung	0295		930 690
RAKETENMOTOREN	0186		930 690
RAKETENMOTOREN	0280		930 690
RAKETENMOTOREN	0281		930 690
RAKETENMOTOREN	0510		930 690
RAKETENMOTOREN, FLÜSSIGTREIBSTOFF	0395		930 690
RAKETENMOTOREN, FLÜSSIGTREIBSTOFF	0396		930 690
RAKETENTRIEBWERKE MIT HYPERGOLEN, mit oder ohne Ausstoßladung	0250		930 690
RAKETENTRIEBWERKE, MIT HYPERGOLEN, mit oder ohne Ausstoßladung	0322		930 690
RAUCHBOMBEN, NEBELBOMBEN, NICHT EXPLOSIV, ätzenden flüssigen Stoff enthaltend, ohne Zünder	2028		930 690
RDX, ANGEFEUCHTET mit mindestens 15 Masse-% Wasser	0072		360 200
RDX, DESENSIBILISIERT	0483		360 200
RDX IN MISCHUNG MIT CYCLOTETRAMETHYLENTETRANITRAMIN, ANGEFEUCHTET mit mindestens 15 Masse-% Wasser	0391		293 369
RDX IN MISCHUNG MIT CYCLOTETRAMETHYLENTETRANITRAMIN, DESENSIBILISIERT mit mindestens 10 Masse-% Phlegmatisierungsmittel	0391		293 369
RDX IN MISCHUNG MIT HMX, ANGEFEUCHTET mit mindestens 15 Masse-% Wasser	0391		293 369
RDX IN MISCHUNG MIT HMX, DESENSIBILISIERT mit mindestens 10 Masse-% Phlegmatisierungsmittel	0391		293 369
RDX IN MISCHUNG MIT OKTOGEN, ANGEFEUCHTET mit mindestens 15 Masse-% Wasser	0391		293 369
RDX IN MISCHUNG MIT OKTOGEN, DESENSIBILISIERT mit mindestens 10 Masse-% Phlegmatisierungsmittel	0391		293 369
Resmethrin:	siehe 3082 UMWELTGEFÄHRDENDER STOFF, FLÜSSIG, N.A.G.		+++ +++
RESORCINOL	2876		290 721
RETTUNGSMITTEL, NICHT SELBSTAUFBLASEND, gefährliche Güter als Ausrüstung enthaltend	3072		890 690
RETTUNGSMITTEL, SELBSTAUFBLASEND	2990		890 710
RIZINUSFLOCKEN	2969		120 799
RIZINUSMEHL	2969		120 890
RIZINUSSAAT	2969		120 799
RIZINUSSAATKUCHEN	2969		230 690
ROHERDÖL	1267		270 900
roter Phosphor:	siehe 1338 PHOSPHOR, AMORPH		280 470
RUBIDIUM	1423		280 519
Rubidiumnitrat:	siehe 1477 NITRATE, ANORGANISCHE, N.A.G.		283 429
RUBIDIUMHYDROXID	2678		282 590
RUBIDIUMHYDROXIDLÖSUNG	2677		282 590
RUSS, tierischen oder pflanzlichen Ursprungs	1361		280 300

3.2 Tabelle B: Verzeichnis der gefährlichen Güter

Benennung und Beschreibung des Gutes		UN-Nr.	Bemerkung	NHM-Code
S				
SALPETERSÄURE, andere als rotrauchende		2031		280 800
SALPETERSÄURE, ROTRAUCHEND		2032		280 800
Salzsäure:	siehe CHLOR-WASSERSTOFF-SÄURE	1789		280 610
SAUERSTOFF, TIEFGEKÜHLT, FLÜSSIG		1073		280 440
SAUERSTOFF, VERDICHTET		1072		280 440
SAUERSTOFFDIFLUORID, VERDICHTET		2190		281 290
SAUERSTOFFGENERATOR, CHEMISCH		3356		+++ +++
SCHÄUMBARE POLYMER-KÜGELCHEN, entzündbare Dämpfe abgebend		2211		390 +++
Schellack:	siehe FARBE (Klasse 3)	1263		320 8++ 320 5++
Schellack:	siehe FARBE (Klasse 8)	3066		320 8++ 320 5++
Schellack:	siehe FARBE, ENTZÜNDBAR, ÄTZEND (Klasse 3)	3469		320 8++
Schellack:	siehe FARBE, ÄTZEND, ENTZÜNDBAR (Klasse 8)	3470		320 8++
SCHIEFERÖL		1288		270 900 274 900
SCHNEIDLADUNG, BIEGSAM, GESTRECKT		0237		360 300
SCHNEIDLADUNG, BIEGSAM, GESTRECKT		0288		360 300
SCHNEIDVORRICHTUNGEN, KABEL, MIT EXPLOSIVSTOFF		0070		930 690
SCHUTZANSTRICHLÖSUNG (einschließlich zu Industrie- oder anderen Zwecken verwendete Oberflächenbehandlungen oder Beschichtungen, wie Zwischenbeschichtung für Fahrzeugkarosserien, Auskleidung für Fässer)		1139		320 8++
SCHWARZPULVER, gekörnt oder in Mehlform		0027		360 200
SCHWARZPULVER, GEPRESST oder als PELLETS		0028		360 200
SCHWEFEL		1350		280 200
SCHWEFEL, GESCHMOLZEN		2448		250 300
Schwefelblume:	siehe SCHWEFEL	1350		250 300
SCHWEFELCHLORIDE		1828		281 216
SCHWEFELDIOXID		1079		281 129
SCHWEFELHEXAFLUORID		1080		281 290
SCHWEFELIGE SÄURE		1833		281 123
Schwefelkohlenstoff:	siehe KOHLENSTOFF-DISULFID	1131		281 310
SCHWEFELREICHES ROHERDÖL, ENTZÜNDBAR, GIFTIG		3494		270 900
SCHWEFELSÄURE, GEBRAUCHT		1832		280 700 382 569
SCHWEFELSÄURE mit höchstens 51 % Säure		2796		280 700
SCHWEFELSÄURE mit mehr als 51 % Säure		1830		280 700
SCHWEFELSÄURE, RAUCHEND		1831		280 700
Schwefelsäureanhydrid, stabilisiert:	siehe SCHWEFEL-TRIOXID, STABILISIERT	1829		281 129

Tabelle B: Verzeichnis der gefährlichen Güter 3.2

Benennung und Beschreibung des Gutes	UN-Nr.	Bemerkung	NHM-Code
SCHWEFELTETRAFLUORID	2418		281 290
SCHWEFELTRIOXID, STABILISIERT	1829		281 129
SCHWEFELWASSERSTOFF	1053		281 119
Seenotrettungsgeräte:	siehe 2990 RETTUNGS-MITTEL, SELBST-AUFBLASEND		630 720
SELBSTERHITZUNGSFÄHIGE ORGANISCHE PIGMENTE	3313		+++ +++
SELBSTERHITZUNGSFÄHIGER ANORGANISCHER FESTER STOFF, N.A.G.	3190		28+ +++
SELBSTERHITZUNGSFÄHIGER ANORGANISCHER FESTER STOFF, ÄTZEND, N.A.G.	3192		28+ +++
SELBSTERHITZUNGSFÄHIGER ANORGANISCHER FESTER STOFF, GIFTIG, N.A.G.	3191		28+ +++
SELBSTERHITZUNGSFÄHIGER ANORGANISCHER FLÜSSIGER STOFF, N.A.G.	3186		28+ +++
SELBSTERHITZUNGSFÄHIGER ANORGANISCHER FLÜSSIGER STOFF, ÄTZEND, N.A.G.	3188		28+ +++
SELBSTERHITZUNGSFÄHIGER ANORGANISCHER FLÜSSIGER STOFF, GIFTIG, N.A.G.	3187		28+ +++
SELBSTERHITZUNGSFÄHIGER FESTER STOFF, ENTZÜNDEND (OXIDIEREND) WIRKEND, N.A.G.	3127	ADR + RID: verboten	
SELBSTERHITZUNGSFÄHIGER METALLORGANISCHER FESTER STOFF	3400		293 100
SELBSTERHITZUNGSFÄHIGER ORGANISCHER FESTER STOFF, N.A.G.	3088		29+ +++
SELBSTERHITZUNGSFÄHIGER ORGANISCHER FESTER STOFF, ÄTZEND, N.A.G.	3126		29+ +++
SELBSTERHITZUNGSFÄHIGER ORGANISCHER FESTER STOFF, GIFTIG, N.A.G.	3128		29+ +++
SELBSTERHITZUNGSFÄHIGER ORGANISCHER FLÜSSIGER STOFF, GIFTIG, N.A.G.	3184		29+ +++
SELBSTERHITZUNGSFÄHIGER ORGANISCHER FLÜSSIGER STOFF, ÄTZEND, N.A.G.	3185		29+ +++
SELBSTERHITZUNGSFÄHIGER ORGANISCHER FLÜSSIGER STOFF, N.A.G.	3183		29+ +++
SELBSTERHITZUNGSFÄHIGES METALLPULVER, N.A.G.	3189		81+ +++
SELBSTZERSETZLICHE STOFFE (Verzeichnis)	–	siehe 2.2.41.4	+++ +++
SELBSTZERSETZLICHER STOFF, FEST, MUSTER:	siehe 3224 SELBSTZER-SETZLICHER STOFF TYP C, FEST	Selbstzersetz-licher Stoff gem. 2.2.41.4	+++ +++
SELBSTZERSETZLICHER STOFF, FEST, MUSTER, TEMPERATURKONTROLLIERT:	siehe 3234 SELBSTZER-SETZLICHER STOFF TYP C, FEST, TEMPE-RATURKON-TROLLIERT	Selbstzersetz-licher Stoff gem. 2.2.41.4 RID: verboten	
SELBSTZERSETZLICHER STOFF, FLÜSSIG, MUSTER:	siehe 3223 SELBSTZER-SETZLICHER STOFF TYP C, FLÜSSIG	Selbstzersetz-licher Stoff gem. 2.2.41.4	+++ +++
SELBSTZERSETZLICHER STOFF, FLÜSSIG, MUSTER, TEMPERATURKONTROLLIERT:	siehe 3233 SELBSTZER-SETZLICHER STOFF TYP C, FLÜSSIG, TEM-PERATURKON-TROLLIERT	Selbstzersetz-licher Stoff gem. 2.2.41.4 RID: verboten	

3.2 Tabelle B: Verzeichnis der gefährlichen Güter

Benennung und Beschreibung des Gutes	UN-Nr.	Bemerkung	NHM-Code
SELBSTZERSETZLICHER STOFF TYP B, FEST	3222		+++ +++
SELBSTZERSETZLICHER STOFF TYP B, FEST, TEMPERATURKONTROLLIERT	3232	RID: verboten	
SELBSTZERSETZLICHER STOFF TYP B, FLÜSSIG	3221		+++ +++
SELBSTZERSETZLICHER STOFF TYP B, FLÜSSIG, TEMPERATURKONTROLLIERT	3231	RID: verboten	
SELBSTZERSETZLICHER STOFF TYP C, FEST	3224		+++ +++
SELBSTZERSETZLICHER STOFF TYP C, FEST, TEMPERATURKONTROLLIERT	3234	RID: verboten	
SELBSTZERSETZLICHER STOFF TYP C, FLÜSSIG	3223		+++ +++
SELBSTZERSETZLICHER STOFF TYP C, FLÜSSIG, TEMPERATURKONTROLLIERT	3233	RID: verboten	
SELBSTZERSETZLICHER STOFF TYP D, FEST	3226		+++ +++
SELBSTZERSETZLICHER STOFF TYP D, FEST, TEMPERATURKONTROLLIERT	3236	RID: verboten	
SELBSTZERSETZLICHER STOFF TYP D, FLÜSSIG	3225		+++ +++
SELBSTZERSETZLICHER STOFF TYP D, FLÜSSIG, TEMPERATURKONTROLLIERT	3235	RID: verboten	
SELBSTZERSETZLICHER STOFF TYP E, FEST	3228		+++ +++
SELBSTZERSETZLICHER STOFF TYP E, FEST, TEMPERATURKONTROLLIERT	3238	RID: verboten	
SELBSTZERSETZLICHER STOFF TYP E, FLÜSSIG	3227		+++ +++
SELBSTZERSETZLICHER STOFF TYP E, FLÜSSIG, TEMPERATURKONTROLLIERT	3237	RID: verboten	
SELBSTZERSETZLICHER STOFF TYP F, FEST	3230		+++ +++
SELBSTZERSETZLICHER STOFF TYP F, FEST, TEMPERATURKONTROLLIERT	3240	RID: verboten	
SELBSTZERSETZLICHER STOFF TYP F, FLÜSSIG	3229		+++ +++
SELBSTZERSETZLICHER STOFF TYP F, FLÜSSIG, TEMPERATURKONTROLLIERT	3239	RID: verboten	
SELENATE	2630		284 290
SELENDISULFID	2657		283 090
SELENHEXAFLUORID	2194		281 290
SELENITE	2630		284 290
SELENOXYCHLORID	2879		282 749
Selenoxydichlorid: siehe SELENOXYCHLORID	2879		282 749
SELENSÄURE	1905		281 119
SELENVERBINDUNG, FEST, N.A.G.	3283		+++ +++
SELENVERBINDUNG, FLÜSSIG, N.A.G.	3440		+++ +++
SELENWASSERSTOFF, ADSORBIERT	3526		281 119
SELENWASSERSTOFF, WASSERFREI	2202		281 119
SICHERHEITSEINRICHTUNGEN, elektrische Auslösung	3268		+++ +++
SICHERHEITSEINRICHTUNGEN, PYROTECHNISCH	0503		870 895
SICHERHEITSZÜNDHÖLZER (Heftchen, Briefchen oder Schachteln)	1944		360 500
SICHERHEITSZÜNDSCHNUR	0105		360 300
SIGNALKÖRPER, HAND	0191		360 490
SIGNALKÖRPER, HAND	0373		360 490
SIGNALKÖRPER, RAUCH	0196		360 490
SIGNALKÖRPER, RAUCH	0197		360 490
SIGNALKÖRPER, RAUCH	0313		360 490
SIGNALKÖRPER, RAUCH	0487		360 490
SIGNALKÖRPER, RAUCH	0507		360 490
SIGNALKÖRPER, SEENOT	0194		360 490
SIGNALKÖRPER, SEENOT	0195		360 490

Tabelle B: Verzeichnis der gefährlichen Güter 3.2

Benennung und Beschreibung des Gutes	UN-Nr.	Bemerkung	NHM-Code
SIGNALKÖRPER, SEENOT	0505		360 490
SIGNALKÖRPER, SEENOT	0506		360 490
SILAN	2203		285 000
SILBERARSENIT	1683		284 290
SILBERCYANID	1684		283 719
SILBERNITRAT	1493		284 321
SILBERPIKRAT, ANGEFEUCHTET mit mindestens 30 Masse-% Wasser	1347		284 329
Siliciumchloroform: siehe TRICHLORSILAN	1295		285 100
SILICIUM-PULVER, AMORPH	1346		280 461 / 280 469
SILICIUMTETRACHLORID	1818		281 210
SILICIUMTETRAFLUORID	1859		281 290
SILICIUMTETRAFLUORID, ADSORBIERT	3521		281 290
SILICIUMWASSERSTOFF	2203		285 000
SPRENGKAPSELN, ELEKTRISCH	0030		360 300
SPRENGKAPSELN, ELEKTRISCH	0255		360 300
SPRENGKAPSELN, ELEKTRISCH	0456		360 300
SPRENGKAPSELN, ELEKTRONISCH, programmierbar	0511		360 300
SPRENGKAPSELN, ELEKTRONISCH, programmierbar	0512		360 300
SPRENGKAPSELN, ELEKTRONISCH, programmierbar	0513		360 300
SPRENGKAPSELN, NICHT ELEKTRISCH	0029		360 300
SPRENGKAPSELN, NICHT ELEKTRISCH	0267		360 300
SPRENGKAPSELN, NICHT ELEKTRISCH	0455		360 300
SPRENGKÖRPER	0048		930 690
SPRENGLADUNGEN, GEWERBLICHE, ohne Zündmittel	0442		930 690
SPRENGLADUNGEN, GEWERBLICHE, ohne Zündmittel	0443		930 690
SPRENGLADUNGEN, GEWERBLICHE, ohne Zündmittel	0444		930 690
SPRENGLADUNGEN, GEWERBLICHE, ohne Zündmittel	0445		930 690
SPRENGLADUNGEN, KUNSTSTOFFGEBUNDEN	0457		930 690
SPRENGLADUNGEN, KUNSTSTOFFGEBUNDEN	0458		930 690
SPRENGLADUNGEN, KUNSTSTOFFGEBUNDEN	0459		930 690
SPRENGLADUNGEN, KUNSTSTOFFGEBUNDEN	0460		930 690
SPRENGNIETE	0174		930 690
SPRENGSCHNUR, biegsam	0065		360 300
SPRENGSCHNUR, biegsam	0289		360 300
SPRENGSCHNUR MIT GERINGER WIRKUNG, mit Metallmantel	0104		360 300
SPRENGSCHNUR, mit Metallmantel	0102		360 300
SPRENGSCHNUR, mit Metallmantel	0290		360 300
SPRENGSTOFF, TYP A	0081		360 100
SPRENGSTOFF, TYP B	0082		360 200
SPRENGSTOFF, TYP B	0331		360 200
SPRENGSTOFF, TYP C	0083		360 200
SPRENGSTOFF, TYP D	0084		360 200
SPRENGSTOFF, TYP E	0241		360 200
SPRENGSTOFF, TYP E	0332		360 200
STADTGAS, VERDICHTET	1023		270 500
STEINKOHLENTEERDESTILLATE, ENTZÜNDBAR	1136		270 799
STIBIN	2676		285 000
STICKSTOFF, TIEFGEKÜHLT, FLÜSSIG	1977		280 430
STICKSTOFF, VERDICHTET	1066		280 430
STICKSTOFFDIOXID	1067		281 129

3.2 Tabelle B: Verzeichnis der gefährlichen Güter

Benennung und Beschreibung des Gutes		UN-Nr.	Bemerkung	NHM-Code
STICKSTOFFMONOXID UND DISTICKSTOFFTETROXID, GEMISCH		1975		281 129
STICKSTOFFMONOXID UND STICKSTOFFDIOXID, GEMISCH		1975		281 129
STICKSTOFFMONOXID, VERDICHTET		1660		281 129
STICKSTOFFOXID, VERDICHTET		1660		281 129
STICKSTOFFTRIFLUORID		2451		281 290
STOFF ZUR HERSTELLUNG VON TRÄNENGASEN, FEST, N.A.G.		3448		+++ +++
STOFF ZUR HERSTELLUNG VON TRÄNENGASEN, FLÜSSIG, N.A.G.		1693		+++ +++
STOFFE, EVI, N.A.G.		0482		360 200
STOPPINEN, NICHT SPRENGKRÄFTIG		0101		360 300
Straßenöl mit einem Flammpunkt von höchstens 60 °C:	siehe TEERE, FLÜSSIG	1999		271 490
Straßenöl mit einem Flammpunkt über 60 °C, bei oder über seinem Flammpunkt:	siehe ERWÄRMTER FLÜSSIGER STOFF, ENTZÜNDBAR, N.A.G.	3256		271 490
Straßenöl bei oder über 100 °C und unter seinem Flammpunkt:	siehe ERWÄRMTER FLÜSSIGER STOFF, N.A.G.	3257		271 490
Stroh		1327	unterliegt nicht den Vorschriften des ADR / RID	121 300
STRONTIUMARSENIT		1691		284 290
STRONTIUMCHLORAT		1506		282 919
STRONTIUMNITRAT		1507		283 429
STRONTIUMPERCHLORAT		1508		282 990
STRONTIUMPEROXID		1509		281 620
STRONTIUMPHOSPHID		2013		284 800
STRYCHNIN		1692		293 999
STRYCHNINSALZE		1692		293 999
STURMZÜNDHÖLZER		2254		360 500
STYPHNINSÄURE, ANGEFEUCHTET mit mindestens 20 Masse-% Wasser oder einer Alkohol/Wasser-Mischung		0394		290 899
STYPHNINSÄURE, trocken oder angefeuchtet mit weniger als 20 Masse-% Wasser oder einer Alkohol/Wasser-Mischung		0219		290 899
STYREN, MONOMER, STABILISIERT		2055		290 250
SUBSTITUIERTES NITROPHENOL-PESTIZID, FEST, GIFTIG		2779		380 893
SUBSTITUIERTES NITROPHENOL-PESTIZID, FLÜSSIG, ENTZÜNDBAR, GIFTIG, Flammpunkt unter 23 °C		2780		380 893
SUBSTITUIERTES NITROPHENOL-PESTIZID, FLÜSSIG, GIFTIG		3014		380 893
SUBSTITUIERTES NITROPHENOL-PESTIZID, FLÜSSIG, GIFTIG, ENTZÜNDBAR, mit einem Flammpunkt von 23 °C oder darüber		3013		380 893
SULFAMINSÄURE		2967		281 119
SULFURYLCHLORID		1834		281 210
SULFURYLFLUORID		2191		281 290

Tabelle B: Verzeichnis der gefährlichen Güter 3.2

T

Benennung und Beschreibung des Gutes		UN-Nr.	Bemerkung	NHM-Code
TEERE, FLÜSSIG, einschließlich Straßenöle und Cutback-Bitumen (Verschnittbitumen), mit einem Flammpunkt von höchstens 60 °C".		1999		270 600
Teere, flüssig, einschließlich Straßenöle und Cutback-Bitumen (Verschnittbitumen), mit einem Flammpunkt über 60 °C, bei oder über seinem Flammpunkt:	siehe ERWÄRMTER FLÜSSIGER STOFF, ENTZÜNDBAR, N.A.G.	3256		270 600
Teere, flüssig, einschließlich Straßenöle und Cutback-Bitumen (Verschnittbitumen), bei oder über 100 °C und unter seinem Flammpunkt:	siehe ERWÄRMTER FLÜSSIGER STOFF, N.A.G.	3257		270 600
TELLURHEXAFLUORID		2195		281 290
TELLURVERBINDUNG, N.A.G.		3284		+++ +++
TERPENKOHLENWASSERSTOFFE, N.A.G.		2319		290 219
TERPENTIN		1299		380 510
TERPENTINÖLERSATZ		1300		272 100
TERPINOLEN		2541		380 5++
TETRABROMETHAN		2504		290 339
TETRABROMKOHLENSTOFF		2516		290 339
TETRACEN, ANGEFEUCHTET mit mindestens 30 Masse-% Wasser oder einer Alkohol/Wasser-Mischung		0114	RID: verboten	
1,1,2,2-TETRACHLORETHAN		1702		290 319
TETRACHLORETHYLEN		1897		290 323
TETRACHLORKOHLENSTOFF		1846		290 314
Tetraethylblei:	siehe ANTIKLOPF-MISCHUNG FÜR MOTOR-KRAFTSTOFF	1649		381 111
TETRAETHYLDITHIOPYROPHOSPHAT		1704		292 090
TETRAETHYLENPENTAMIN		2320		292 129
TETRAETHYLSILICAT		1292		292 024
1,1,1,2-TETRAFLUORETHAN		3159		290 339
TETRAFLUORETHYLEN, STABILISIERT		1081		290 339
TETRAFLUORMETHAN		1982		290 339
1,2,3,6-TETRAHYDROBENZALDEHYD		2498		291 229
TETRAHYDROFURAN		2056		293 211
TETRAHYDROFURFURYLAMIN		2943		293 219
TETRAHYDRONAPHTHYLHYDROPEROXID:	siehe ORGANISCHES PEROXID TYP D, FEST	3106	Organische Peroxide gem. 2.2.52.4	29+ +++
TETRAHYDROPHTHALSÄUREANHYDRIDE mit mehr als 0,05 % Maleinsäureanhydrid		2698		291 739
1,2,3,6-TETRAHYDROPYRIDIN		2410		293 339
TETRAHYDROTHIOPHEN		2412		293 499
Tetramethoxysilan:	siehe METHYL-ORTHOSILICAT	2606		292 090

3.2 Tabelle B: Verzeichnis der gefährlichen Güter

Benennung und Beschreibung des Gutes	UN-Nr.	Bemerkung	NHM-Code
TETRAMETHYLAMMONIUMHYDROXID, FEST	3423		292 390
TETRAMETHYLAMMONIUMHYDROXID, LÖSUNG	1835		292 410
Tetramethylblei:	siehe 1649 ANTIKLOPF-MISCHUNG FÜR MOTOR-KRAFTSTOFF		381 111
1,1,3,3-TETRAMETHYLBUTYLHYDROPEROXID:	siehe 3105 ORGANISCHES PEROXID TYP D, FLÜSSIG	Organische Peroxide gem. 2.2.52.4	29+ +++
1,1,3,3-TETRAMETHYLBUTYLPEROXY-2-ETHYLHEXANOAT:	siehe 3115 ORGANISCHES PEROXID TYP D, FLÜSSIG, TEMPERATURKONTROLLIERT	Organische Peroxide gem. 2.2.52.4 RID: verboten	
1,1,3,3-TETRAMETHYLBUTYLPEROXYNEODECANOAT:	siehe 3115 ORGANISCHES PEROXID TYP D, FLÜSSIG, TEMPERATURKONTROLLIERT	Organische Peroxide gem. 2.2.52.4 RID: verboten	
1,1,3,3-TETRAMETHYLBUTYLPEROXYNEODECANOAT (als stabile Dispersion in Wasser):	siehe 3119 ORGANISCHES PEROXID TYP F, FLÜSSIG, TEMPERATURKONTROLLIERT	Organische Peroxide gem. 2.2.52.4 RID: verboten	
1,1,3,3-TETRAMETHYLBUTYLPEROXYPHENOXYACETAT:	siehe 3115 ORGANISCHES PEROXID TYP D, FLÜSSIG, TEMPERATURKONTROLLIERT	Organische Peroxide gem. 2.2.52.4 RID: verboten	
Tetramethylensulfid:	siehe 2412 TETRAHYDROTHIOPHEN		293 499
TETRAMETHYLSILAN	2749		293 100
TETRAMINOPALLADIUM-(II)-NITRAT:	siehe 3234 SELBSTZERSETZLICHER STOFF TYP C, FEST, TEMPERATURKONTROLLIERT	Selbstzersetzlicher Stoff gem. 2.2.41.4 RID: verboten	
TETRANITROANILIN	0207		360 200
TETRANITROMETHAN	1510		290 420
TETRAPROPYLEN	2850		290 129
TETRAPROPYLORTHOTITANAT	2413		292 090

Tabelle B: Verzeichnis der gefährlichen Güter 3.2

Benennung und Beschreibung des Gutes	UN-Nr.	Bemerkung	NHM-Code
1H-TETRAZOL	0504		360 200
TETRAZOL-1-ESSIGSÄURE	0407		360 200
TETRYL	0208		292 149
Textilabfälle, nass	1857	unterliegt nicht den Vorschriften des ADR / RID	5++ +++
THALLIUMCHLORAT	2573		282 919
THALLIUMNITRAT	2727		283 429
THALLIUMVERBINDUNG, N.A.G.	1707		+++ +++
4-THIAPENTANAL	2785		293 090
THIOCARBAMAT-PESTIZID, FEST, GIFTIG	2771		380 810
THIOCARBAMAT-PESTIZID, FLÜSSIG, ENTZÜNDBAR, GIFTIG, Flammpunkt unter 23 °C	2772		380 810
THIOCARBAMAT-PESTIZID, FLÜSSIG, GIFTIG	3006		380 810
THIOCARBAMAT-PESTIZID, FLÜSSIG, GIFTIG, ENTZÜNDBAR, mit einem Flammpunkt von 23 °C oder darüber	3005		380 810
THIOESSIGSÄURE	2436		293 090
THIOGLYCOL	2966		293 090
THIOGLYCOLSÄURE	1940		293 090
THIOHARNSTOFFDIOXID	3341		293 090
THIOMILCHSÄURE	2936		293 090
THIONYLCHLORID	1836		281 217
THIOPHEN	2414		293 090
Thiophenol:	siehe TRIMETHYL-HEXAMETHY-LENDIAMINE	2327	293 090
THIOPHOSGEN	2474		293 090
THIOPHOSPHORYLCHLORID	1837		281 210
TINKTUREN, MEDIZINISCHE	1293		300 490
Tischtennisbälle:	siehe ZELLULOID in Blöcken, Stangen, Platten, Rohren, usw. (ausgenommen Abfälle)	2000	950 640
TITANDISULFID	3174		283 090
TITANHYDRID	1871		285 000
TITAN-PULVER, ANGEFEUCHTET mit mindestens 25 % Wasser	1352		810 810
TITAN-PULVER, TROCKEN	2546		810 810
TITAN-SCHWAMMGRANULATE	2878		810 810
TITAN-SCHWAMMPULVER	2878		810 810
TITANTETRACHLORID	1838		282 739
TITANTRICHLORID, GEMISCH	2869		282 739
TITANTRICHLORID, PYROPHOR	2441		282 739
TITANTRICHLORIDMISCHUNGEN, PYROPHOR	2441		282 739
TNT, ANGEFEUCHTET mit mindestens 10 Masse-% Wasser	3366		290 420
TNT, ANGEFEUCHTET mit mindestens 30 Masse-% Wasser	1356		290 420
TNT IN MISCHUNG MIT HEXANITROSTILBEN	0388		360 200
TNT IN MISCHUNG MIT TRINITROBENZEN	0388		360 200
TNT IN MISCHUNG MIT TRINITROBENZEN UND HEXANITROSTILBEN	0389		360 200
TNT, trocken oder angefeuchtet mit weniger als 30 Masse-% Wasser	0209		360 200
TOLUEN	1294		290 230 270 720
TOLUENDIISOCYANAT	2078		292 910
TOLUIDINE, FEST	3451		292 143

3.2 Tabelle B: Verzeichnis der gefährlichen Güter

Benennung und Beschreibung des Gutes	UN-Nr.	Bemerkung	NHM-Code
TOLUIDINE, FLÜSSIG	1708		292 143
2,4-TOLUYLENDIAMIN, FEST	1709		292 151
2,4-TOLUYLENDIAMIN, LÖSUNG	3418		292 151
TORPEDOS, MIT FLÜSSIGTREIBSTOFF, mit inertem Kopf	0450		930 690
TORPEDOS, MIT FLÜSSIGTREIBSTOFF, mit oder ohne Sprengladung	0449		930 690
TORPEDOS, mit Sprengladung	0329		930 690
TORPEDOS, mit Sprengladung	0330		930 690
TORPEDOS, mit Sprengladung	0451		930 690
TOXINE, GEWONNEN AUS LEBENDEN ORGANISMEN, FEST, N.A.G.	3462		300 290
TOXINE, GEWONNEN AUS LEBENDEN ORGANISMEN, FLÜSSIG, N.A.G.	3172		300 290
TRÄNENGAS-KERZEN	1700		930 690
TREIBLADUNGEN FÜR GESCHÜTZE	0242		930 690
TREIBLADUNGEN FÜR GESCHÜTZE	0279		930 690
TREIBLADUNGEN FÜR GESCHÜTZE	0414		930 690
TREIBLADUNGSANZÜNDER	0319		360 300
TREIBLADUNGSANZÜNDER	0320		360 300
TREIBLADUNGSANZÜNDER	0376		360 300
TREIBLADUNGSHÜLSEN, LEER, MIT TREIBLADUNGSANZÜNDER	0055		930 690
TREIBLADUNGSHÜLSEN, LEER, MIT TREIBLADUNGSANZÜNDER	0379		930 690
TREIBLADUNGSHÜLSEN, VERBRENNLICH, LEER, OHNE TREIBLADUNGSANZÜNDER	0446		930 690
TREIBLADUNGSHÜLSEN, VERBRENNLICH, LEER, OHNE TREIBLADUNGSANZÜNDER	0447		930 690
TREIBLADUNGSPULVER	0509		360 200
TREIBLADUNGSPULVER	0160		360 100
TREIBLADUNGSPULVER	0161		360 100
TREIBSÄTZE	0271		360 100
TREIBSÄTZE	0272		360 100
TREIBSÄTZE	0415		360 100
TREIBSÄTZE	0491		360 100
TREIBSTOFF, FEST	0498		360 100
TREIBSTOFF, FEST	0499		360 100
TREIBSTOFF, FEST	0501		360 100
TREIBSTOFF, FLÜSSIG	0495		360 200
TREIBSTOFF, FLÜSSIG	0497		360 200
Tremolit:	siehe	2212	252 490
		ASBEST, CHRYSOTIL	
TRIALLYLAMIN	2610		292 119
TRIALLYLBORAT	2609		292 090
Triarylphosphate:	siehe	3082	+++ +++
		UMWELTGE-FÄHRDENDER STOFF, FLÜSSIG, N.A.G.	
TRIAZIN-PESTIZID, FEST, GIFTIG	2763		380 893
TRIAZIN-PESTIZID, FLÜSSIG, ENTZÜNDBAR, GIFTIG, Flammpunkt unter 23 °C	2764		380 893
TRIAZIN-PESTIZID, FLÜSSIG, GIFTIG	2998		380 893
TRIAZIN-PESTIZID, FLÜSSIG, GIFTIG, ENTZÜNDBAR, mit einem Flammpunkt von 23 °C oder darüber	2997		380 893
TRIBUTYLAMIN	2542		292 119
TRIBUTYLPHOSPHAN	3254		294 200

Tabelle B: Verzeichnis der gefährlichen Güter 3.2

Benennung und Beschreibung des Gutes		UN-Nr.	Bemerkung	NHM-Code
Tributylzinnphosphat:	siehe UMWELTGE- FÄHRDENDER STOFF, FEST, N.A.G.	3077		+++ +++
TRICHLORACETYLCHLORID		2442		291 590
TRICHLORBENZENE, FLÜSSIG		2321		290 399
TRICHLORBUTEN		2322		290 319
TRICHLORESSIGSÄURE		1839		291 540
TRICHLORESSIGSÄURE, LÖSUNG		2564		291 540
1,1,1-TRICHLORETHAN		2831		290 319
TRICHLORETHYLEN		1710		290 322
TRICHLORISOCYANURSÄURE, TROCKEN		2468		293 369
Trichlormethylbenzen:	siehe BENZO- TRICHLORID	2226		290 399
TRICHLORSILAN		1295		285 100
TRICRESYLPHOSPHAT mit mehr als 3 % ortho-Isomer		2574		291 900
Tricresylphosphate:	siehe UMWELTGE- FÄHRDENDER STOFF, FLÜS- SIG, N.A.G.	3082		+++ +++
TRIETHYLAMIN		1296		292 119
Triethylbenzen:	siehe UMWELTGE- FÄHRDENDER STOFF, FLÜS- SIG, N.A.G.	3082		+++ +++
TRIETHYLBORAT		1176		292 090
TRIETHYLENTETRAMIN		2259		292 129
TRIETHYLPHOSPHIT		2323		292 024
3,6,9-TRIETHYL-3,6,9-TRIMETHYL-1,4,7-TRIPEROXONAN:	siehe ORGANISCHES PEROXID TYP D, FLÜSSIG	3105	Organische Peroxide gem. 2.2.52.4	29+ +++
TRIFLUORACETYLCHLORID		3057		291 590
TRIFLUORESSIGSÄURE		2699		291 590
1,1,1-TRIFLUORETHAN		2035		290 339
TRIFLUORMETHAN		1984		290 339
TRIFLUORMETHAN, TIEFGEKÜHLT, FLÜSSIG		3136		290 339
2-TRIFLUORMETHYLANILIN		2942		292 142
3-TRIFLUORMETHYLANILIN		2948		292 142
TRIISOBUTYLEN		2324		290 129
TRIISOPROPYLBORAT		2616		292 090
TRIMETHYLACETYLCHLORID		2438		291 590
TRIMETHYLAMIN, WASSERFREI		1083		292 111
TRIMETHYLAMIN, WÄSSERIGE LÖSUNG mit höchstens 50 Masse-% Trimethylamin		1297		292 111
1,3,5-TRIMETHYLBENZEN		2325		290 290
TRIMETHYLBORAT		2416		292 090
TRIMETHYLCHLORSILAN		1298		293 100
TRIMETHYLCYCLOHEXYLAMIN		2326		292 130
TRIMETHYLHEXAMETHYLENDIAMINE		2327		292 129
TRIMETHYLHEXAMETHYLENDIISOCYANAT (und isomere Gemische)		2328		292 910
TRIMETHYLPHOSPHIT		2329		292 023
TRINITROANILIN		0153		360 200

3.2 Tabelle B: Verzeichnis der gefährlichen Güter

Benennung und Beschreibung des Gutes	UN-Nr.	Bemerkung	NHM-Code
TRINITROANISOL	0213		360 200
TRINITROBENZEN, ANGEFEUCHTET mit mindestens 10 Masse-% Wasser	3367		290 420
TRINITROBENZEN, ANGEFEUCHTET mit mindestens 30 Masse-% Wasser	1354		290 420
TRINITROBENZEN, trocken oder angefeuchtet mit weniger als 30 Masse-% Wasser	0214		360 200
TRINITROBENZENSULFONSÄURE	0386		360 200
TRINITROBENZOESÄURE, ANGEFEUCHTET mit mindestens 10 Masse-% Wasser	3368		291 639
TRINITROBENZOESÄURE, ANGEFEUCHTET mit mindestens 30 Masse-% Wasser	1355		291 639
TRINITROBENZOESÄURE, trocken oder angefeuchtet mit weniger als 30 Masse-% Wasser	0215		360 200
TRINITROCHLORBENZEN	0155		360 200
TRINITROCHLORBENZEN, ANGEFEUCHTET mit mindestens 10 Masse-% Wasser	3365		290 490
TRINITROFLUORENON	0387		360 200
TRINITRO-m-CRESOL	0216		290 899
TRINITRONAPHTHALEN	0217		360 200
TRINITROPHENETOL	0218		290 899
TRINITROPHENOL, ANGEFEUCHTET mit mindestens 10 Masse-% Wasser	3364		290 899
TRINITROPHENOL, ANGEFEUCHTET mit mindestens 30 Masse-% Wasser	1344		290 899
TRINITROPHENOL, trocken oder angefeuchtet mit weniger als 30 Masse-% Wasser	0154		290 899
TRINITROPHENYLMETHYLNITRAMIN	0208		290 899
TRINITRORESORCINOL, ANGEFEUCHTET mit mindestens 20 Masse-% Wasser oder einer Alkohol/Wasser-Mischung	0394		290 899
TRINITRORESORCINOL, trocken oder angefeuchtet mit weniger als 20 Masse-% Wasser oder einer Alkohol/Wasser-Mischung	0219		290 899
TRINITROTOLUEN, ANGEFEUCHTET mit mindestens 10 Masse-% Wasser	3366		290 420
TRINITROTOLUEN, ANGEFEUCHTET mit mindestens 30 Masse-% Wasser	1356		290 420
TRINITROTOLUEN IN MISCHUNG MIT HEXANITROSTILBEN	0388		360 200
TRINITROTOLUEN IN MISCHUNG MIT TRINITROBENZEN	0388		360 200
TRINITROTOLUEN IN MISCHUNG MIT TRINITROBENZEN UND HEXANITROSTILBEN	0389		360 200
TRINITROTOLUEN, trocken oder angefeuchtet mit weniger als 30 Masse-% Wasser	0209		360 200
TRIPROPYLAMIN	2260		292 129
TRIPROPYLEN	2057		290 129
TRIS-(1-AZIRIDINYL)-PHOSPHINOXID, LÖSUNG	2501		293 100
TRITONAL	0390		360 200
Trixylenylphosphat:	siehe 3082 UMWELTGEFÄHRDENDER STOFF, FLÜSSIG, N.A.G.		+++ +++
Trockeneis	1845	unterliegt nicht den Vorschriften des ADR / RID	281 121

Tabelle B: Verzeichnis der gefährlichen Güter 3.2

Benennung und Beschreibung des Gutes	UN-Nr.	Bemerkung	NHM-Code
U			
UMWELTGEFÄHRDENDER STOFF, FEST, N.A.G.	3077		+++ +++
UMWELTGEFÄHRDENDER STOFF, FLÜSSIG, N.A.G.	3082		+++ +++
UNDECAN	2330		290 110
UNTER DIE VORSCHRIFTEN FALLENDER MEDIZINISCHER ABFALL, N.A.G.	3291		382 530
URANHEXAFLUORID, RADIOAKTIVE STOFFE, FREIGESTELLTES VERSANDSTÜCK mit weniger als 0,1 kg je Versandstück, nicht spaltbar oder spaltbar, freigestellt	3507		284 4++

3.2 Tabelle B: Verzeichnis der gefährlichen Güter

Benennung und Beschreibung des Gutes		UN-Nr.	Bemerkung	NHM-Code
V				
VALERALDEHYD		2058		291 219
Valeriansäurechlorid:	siehe VALERYLCHLORID	2502		291 590
VALERYLCHLORID		2502		291 590
VANADIUMOXYTRICHLORID		2443		282 749
VANADIUMPENTOXID, nicht geschmolzen		2862		282 530
VANADIUMTETRACHLORID		2444		282 739
VANADIUMTRICHLORID		2475		282 739
VANADIUMVERBINDUNG, N.A.G.		3285		+++ +++
VANADYLSULFAT		2931		283 329
VERBRENNUNGSMASCHINE		3530		840 7++
VERBRENNUNGSMASCHINE MIT ANTRIEB DURCH ENTZÜNDBARE FLÜSSIGKEIT		3528		840 7++
VERBRENNUNGSMASCHINE MIT ANTRIEB DURCH ENTZÜNDBARES GAS		3529		840 7++
VERBRENNUNGSMOTOR		3530		840 7++
VERBRENNUNGSMOTOR MIT ANTRIEB DURCH ENTZÜNDBARE FLÜSSIGKEIT		3528		840 7++
VERBRENNUNGSMOTOR MIT ANTRIEB DURCH ENTZÜNDBARES GAS		3529		840 7++
VERDICHTETES GAS, N.A.G.		1956		+++ +++
VERDICHTETES GAS, ENTZÜNDBAR, N.A.G.		1954		+++ +++
VERDICHTETES GAS, GIFTIG, N.A.G.		1955		+++ +++
VERDICHTETES GAS, GIFTIG, ÄTZEND, N.A.G.		3304		+++ +++
VERDICHTETES GAS, GIFTIG, ENTZÜNDBAR, N.A.G.		1953		+++ +++
VERDICHTETES GAS, GIFTIG, ENTZÜNDBAR, ÄTZEND, N.A.G.		3305		+++ +++
VERDICHTETES GAS, GIFTIG, OXIDIEREND, N.A.G.		3303		+++ +++
VERDICHTETES GAS, GIFTIG, OXIDIEREND, ÄTZEND, N.A.G.		3306		+++ +++
VERDICHTETES GAS, OXIDIEREND, N.A.G.		3156		+++ +++
VERFLÜSSIGTE GASE, nicht entzündbar, überlagert mit Stickstoff, Kohlendioxid oder Luft		1058		+++ +++
VERFLÜSSIGTES GAS, N.A.G.		3163		+++ +++
VERFLÜSSIGTES GAS, ENTZÜNDBAR, N.A.G.		3161		+++ +++
VERFLÜSSIGTES GAS, GIFTIG, N.A.G.		3162		+++ +++
VERFLÜSSIGTES GAS, GIFTIG, ÄTZEND, N.A.G.		3308		+++ +++
VERFLÜSSIGTES GAS, GIFTIG, ENTZÜNDBAR, N.A.G.		3160		+++ +++
VERFLÜSSIGTES GAS, GIFTIG, ENTZÜNDBAR, ÄTZEND, N.A.G.		3309		+++ +++
VERFLÜSSIGTES GAS, GIFTIG, OXIDIEREND, N.A.G.		3307		+++ +++
VERFLÜSSIGTES GAS, GIFTIG, OXIDIEREND, ÄTZEND, N.A.G.		3310		+++ +++
VERFLÜSSIGTES GAS, OXIDIEREND, N.A.G.		3157		+++ +++
Verschnittbitumen mit einem Flammpunkt von höchstens 60 °C:	siehe TEERE, FLÜSSIG	1999		271 500
Verschnittbitumen mit einem Flammpunkt über 60 °C, bei oder über seinem Flammpunkt:	siehe ERWÄRMTER FLÜSSIGER STOFF, ENTZÜNDBAR, N.A.G.	3256		271 500

Tabelle B: Verzeichnis der gefährlichen Güter 3.2

Benennung und Beschreibung des Gutes		UN-Nr.	Bemerkung	NHM-Code
Verschnittbitumen bei oder über 100 °C und unter seinem Flammpunkt:	siehe ERWÄRMTER FLÜSSIGER STOFF, N.A.G.	3257		271 500
VINYLACETAT, STABILISIERT		1301		291 532
Vinylbenzen, monomer, stabilisiert:	siehe STYREN, MONOMER, STABILISIERT	2055		290 250
VINYLBROMID, STABILISIERT		1085		290 339
VINYLBUTYRAT, STABILISIERT		2838		291 560
VINYLCHLORACETAT		2589		291 540
VINYLCHLORID, STABILISIERT		1086		290 321
VINYLETHYLETHER, STABILISIERT		1302		290 919
VINYLFLUORID, STABILISIERT		1860		290 339
VINYLIDENCHLORID, STABILISIERT		1303		290 329
VINYLISOBUTYLETHER, STABILISIERT		1304		290 919
VINYLMETHYLETHER, STABILISIERT		1087		290 919
VINYLPYRIDINE, STABILISIERT		3073		293 339
VINYLTOLUENE, STABILISIERT		2618		290 290
VINYLTRICHLORSILAN		1305		293 100
VORRICHTUNGEN, DURCH WASSER AKTIVIERBAR, mit Zerleger Ausstoß- oder Treibladung		0248		930 690
VORRICHTUNGEN, DURCH WASSER AKTIVIERBAR, mit Zerleger Ausstoß- oder Treibladung		0249		930 690

3.2 Tabelle B: Verzeichnis der gefährlichen Güter

Benennung und Beschreibung des Gutes	UN-Nr.	Bemerkung	NHM-Code
W			
WACHSZÜNDHÖLZER	1945		360 500
WASSERBOMBEN	0056		930 690
WASSERSTOFF IN EINEM METALLHYDRID-SPEICHERSYSTEM	3468		285 000
WASSERSTOFF IN EINEM METALLHYDRIDSPEICHERSYSTEM IN AUSRÜSTUNGEN	3468		285000
WASSERSTOFF IN EINEM METALLHYDRIDSPEICHERSYSTEM, MIT AUSRÜSTUNGEN VERPACKT	3468		285000
WASSERSTOFF, TIEFGEKÜHLT, FLÜSSIG	1966		280 410
WASSERSTOFF UND METHAN, GEMISCH, VERDICHTET	2034		280 410
WASSERSTOFF, VERDICHTET	1049		280 410
WASSERSTOFFPEROXID UND PERESSIGSÄURE, MISCHUNG mit Säure(n), Wasser und höchstens 5 % Peressigsäure, STABILISIERT	3149		284 700
WASSERSTOFFPEROXID, WÄSSERIGE LÖSUNG mit mindestens 20 %, aber höchstens 60 % Wasserstoffperoxid (Stabilisierung nach Bedarf)	2014		284 700
WASSERSTOFFPEROXID, WÄSSERIGE LÖSUNG mit mindestens 8 %, aber weniger als 20 % Wasserstoffperoxid (Stabilisierung nach Bedarf)	2984		284 700 300 490
WASSERSTOFFPEROXID, WÄSSERIGE LÖSUNG, STABILISIERT, mit mehr als 60 %, aber höchstens 70 % Wasserstoffperoxid	2015		284 700
WASSERSTOFFPEROXID, WÄSSERIGE LÖSUNG, STABILISIERT, mit mehr als 70 % Wasserstoffperoxid	2015		284 700
White Spirit:	siehe TERPENTINÖL-ERSATZ	1300		272 100
WOLFRAMHEXAFLUORID	2196		282 619
Wollabfälle, nass	1387	unterliegt nicht den Vorschriften des ADR / RID	5++ +++

Tabelle B: Verzeichnis der gefährlichen Güter 3.2

Benennung und Beschreibung des Gutes	UN-Nr.	Bemerkung	NHM-Code
X			
XANTHATE	3342		293 010
XENON, TIEFGEKÜHLT, FLÜSSIG	2591		280 429
XENON	2036		280 429
XYLENE	1307		290 2++
XYLENMOSCHUS	2956		290 420
XYLENOLE, FEST	2261		290 714
XYLENOLE, FLÜSSIG	3430		290 714
XYLIDINE, FEST	3452		292 149
XYLIDINE, FLÜSSIG	1711		292 149
XYLYLBROMID, FEST	3417		290 399
XYLYLBROMID, FLÜSSIG	1701		290 399

3.2 Tabelle B: Verzeichnis der gefährlichen Güter

Benennung und Beschreibung des Gutes	UN-Nr.	Bemerkung	NHM-Code
Z			
ZELLULOID, ABFALL	2002		391 590
ZELLULOID in Blöcken, Stangen, Platten, Rohren, usw. (ausgenommen Abfälle)	2000		391 290
ZERLEGER, mit Explosivstoff	0043		930 690
ZINKAMMONIUMNITRIT	1512		283 410
ZINKARSENAT	1712		284 290
ZINKARSENAT UND ZINKARSENIT, MISCHUNG	1712		284 290
ZINKARSENIT	1712		284 290
ZINK-ASCHEN	1435		262 019
ZINKBROMAT	2469		282 990
Zinkbromid:	siehe 3077 UMWELTGE- FÄHRDENDER STOFF, FEST, N.A.G.		+++ +++
ZINKCHLORAT	1513		282 919
ZINKCHLORID, LÖSUNG	1840		282 739
ZINKCHLORID, WASSERFREI	2331		282 739
ZINKCYANID	1713		283 719
ZINKDITHIONIT	1931		283 220
ZINKFLUOROSILICAT	2855		282 690
ZINKNITRAT	1514		283 429
ZINKPERMANGANAT	1515		284 169
ZINKPEROXID	1516		281 700
ZINKPHOSPHID	1714		284 800
ZINK-PULVER	1436		790 390
ZINKRESINAT	2714		380 690
ZINK-STAUB	1436		790 390
ZINNPHOSPHIDE	1433		284 800
ZINNTETRACHLORID-PENTAHYDRAT	2440		282 739
ZINNTETRACHLORID, WASSERFREI	1827		282 739
ZIRKONIUM, SUSPENDIERT IN EINEM ENTZÜNDBAREN FLÜSSIGEN STOFF	1308		810 910
ZIRKONIUM, TROCKEN, Bleche, Streifen oder gerollter Draht (dünner als 18 µm)	2009		810 910
ZIRKONIUM, TROCKEN, gerollter Draht, Bleche, Streifen (dünner als 254 µm, aber nicht dünner als 18 µm)	2858		810 910
ZIRKONIUM-ABFALL	1932		810 910
ZIRKONIUMHYDRID	1437		285 000
ZIRKONIUMNITRAT	2728		283 429
ZIRKONIUMPIKRAMAT, ANGEFEUCHTET mit mindestens 20 Masse-% Wasser	1517		292 229
ZIRKONIUMPIKRAMAT, trocken oder angefeuchtet mit weniger als 20 Masse-% Wasser	0236		360 200
ZIRKONIUM-PULVER, ANGEFEUCHTET mit mindestens 25 % Wasser	1358		810 910
ZIRKONIUM-PULVER, TROCKEN	2008		810 910
ZIRKONIUMTETRACHLORID	2503		282 739

Tabelle B: Verzeichnis der gefährlichen Güter 3.2

Benennung und Beschreibung des Gutes		UN-Nr.	Bemerkung	NHM-Code
Zubereitungen, die entzündbare flüssige Stoffe mit einem Flammpunkt von höchstens 60 °C enthalten:	siehe *FESTE STOFFE, DIE ENTZÜNDBARE FLÜSSIGE STOFFE mit einem Flammpunkt von höchstens 60 °C ENTHALTEN, N.A.G.*	3175		+++ +++
ZÜNDEINRICHTUNGEN für Sprengungen, NICHT ELEKTRISCH		0360		360 300
ZÜNDEINRICHTUNGEN für Sprengungen, NICHT ELEKTRISCH		0361		360 300
ZÜNDEINRICHTUNGEN für Sprengungen, NICHT ELEKTRISCH		0500		360 300
ZÜNDER, NICHT SPRENGKRÄFTIG		0316		360 300
ZÜNDER, NICHT SPRENGKRÄFTIG		0317		360 300
ZÜNDER, NICHT SPRENGKRÄFTIG		0368		360 300
ZÜNDER, SPRENGKRÄFTIG		0106		360 300
ZÜNDER, SPRENGKRÄFTIG		0107		360 300
ZÜNDER, SPRENGKRÄFTIG		0257		360 300
ZÜNDER, SPRENGKRÄFTIG		0367		360 300
ZÜNDER, SPRENGKRÄFTIG, mit Sicherungsvorrichtungen		0408		360 300
ZÜNDER, SPRENGKRÄFTIG, mit Sicherungsvorrichtungen		0409		360 300
ZÜNDER, SPRENGKRÄFTIG, mit Sicherungsvorrichtungen		0410		360 300
ZÜNDHÖLZER, ÜBERALL ZÜNDBAR		1331		360 500
ZÜNDVERSTÄRKER, MIT DETONATOR		0225		360 300
ZÜNDVERSTÄRKER, MIT DETONATOR		0268		360 300
ZÜNDVERSTÄRKER, ohne Detonator		0042		360 300
ZÜNDVERSTÄRKER, ohne Detonator		0283		360 300
Zwischenbeschichtung für Fahrzeugkarosserien:	siehe *SCHUTZANSTRICHLÖSUNG*	1139		320 8++

3.2 Tabelle B: Verzeichnis der gefährlichen Güter

Für bestimmte Stoffe oder Gegenstände geltende Sondervorschriften 3.3

ADR	RID

3.3.1 Die in Kapitel 3.2 Tabelle A Spalte 6 bei Stoffen oder Gegenständen angegebenen Nummern entsprechen den nachstehend erläuterten Sondervorschriften, die für diese Stoffe oder Gegenstände gelten. Wenn eine Sondervorschrift eine Vorschrift für die Kennzeichnung des Versandstücks enthält, müssen die Vorschriften des Unterabschnittes 5.2.1.2 a) und b) eingehalten werden. Wenn das erforderliche Kennzeichen ein besonderer Wortlaut ist, der in Anführungszeichen («») angegeben ist, wie «LITHIUMBATTERIEN ZUR ENTSORGUNG», muss das Kennzeichen eine Zeichenhöhe von mindestens 12 mm haben, sofern in der Sondervorschrift oder an anderer Stelle im ADR/RID nichts anderes angegeben ist.

16	Muster von neuen oder bereits bestehenden explosiven Stoffen oder Gegenständen mit Explosivstoff, die unter anderem zu Versuchs-, Zuordnungs-, Forschungs- und Entwicklungszwecken, zu Qualitätskontrollzwecken oder als Handelsmuster befördert werden, dürfen nach den Vorschriften der zuständigen Behörde befördert werden (siehe Absatz 2.2.1.1.3). Die Masse nicht angefeuchteter oder nicht desensibilisierter explosiver Muster ist entsprechend den Vorschriften der zuständigen Behörde auf 10 kg in kleinen Versandstücken begrenzt. Die Masse angefeuchteter oder desensibilisierter Muster ist auf 25 kg begrenzt.
23	Dieser Stoff weist eine Gefahr der Entzündbarkeit auf, die aber nur unter extremen Brandbedingungen in einem abgeschlossenen Raum zutage tritt.
32	In anderer Form unterliegt dieser Stoff nicht den Vorschriften des ADR/RID.
37	Dieser Stoff unterliegt nicht den Vorschriften des ADR/RID, wenn er überzogen ist.
38	Dieser Stoff unterliegt nicht den Vorschriften des ADR/RID, wenn er höchstens 0,1 Masse-% Calciumcarbid enthält.
39	Dieser Stoff unterliegt nicht den Vorschriften des ADR/RID, wenn er weniger als 30 Masse-% oder mindestens 90 Masse-% Silicium enthält.
43	Werden diese Stoffe als Mittel zur Schädlingsbekämpfung (Pestizide) zur Beförderung aufgegeben, müssen sie unter der entsprechenden Pestizid-Eintragung und in Übereinstimmung mit den entsprechenden für Pestizide geltenden Vorschriften befördert werden (siehe Absätze 2.2.61.1.10 und 2.2.61.1.11.2).
45	Antimonsulfide und -oxide mit einem Arsengehalt von höchstens 0,5 %, bezogen auf die Gesamtmasse, unterliegen nicht den Vorschriften des ADR/RID.
47	Ferricyanide und Ferrocyanide unterliegen nicht den Vorschriften des ADR/RID.
48	Enthält dieser Stoff mehr als 20 % Cyanwasserstoff, ist der Stoff nicht zur Beförderung zugelassen.
59	Diese Stoffe unterliegen nicht den Vorschriften des ADR/RID, wenn sie höchstens 50 % Magnesium enthalten.
60	Beträgt die Konzentration mehr als 72 %, ist der Stoff nicht zur Beförderung zugelassen.

3.3 Für bestimmte Stoffe oder Gegenstände geltende Sondervorschriften

ADR	RID

61	Die technische Benennung, durch die die offizielle Benennung für die Beförderung ergänzt wird, ist die allgemein gebräuchliche, von der ISO zugelassene Benennung (siehe ISO-Norm 1750:1981 «Schädlingsbekämpfungsmittel und andere Agrarchemikalien - Gruppennamen» in der jeweils geänderten Fassung), eine andere Benennung gemäß «The WHO Recommended Classification of Pesticides by Hazard and Guidelines to Classification» oder die Benennung des aktiven Bestandteils (siehe auch Absätze 3.1.2.8.1 und 3.1.2.8.1.1).
62	Dieser Stoff unterliegt nicht den Vorschriften des ADR/RID, wenn er höchstens 4 % Natriumhydroxid enthält.
65	Wasserstoffperoxid, wässerige Lösung mit weniger als 8 % Wasserstoffperoxid, unterliegt nicht den Vorschriften des ADR/RID.
66	Quecksilbersulfid (Zinnober) unterliegt nicht den Vorschriften des ADR/RID.
103	Ammoniumnitrit und Gemische von einem anorganischen Nitrit mit einem Ammoniumsalz sind zur Beförderung nicht zugelassen.
105	Nitrocellulose, die der Beschreibung der UN-Nummer 2556 oder 2557 entspricht, darf der Klasse 4.1 zugeordnet werden.
113	Die Beförderung chemisch instabiler Gemische ist nicht zugelassen.
119	Kältemaschinen umfassen Maschinen oder andere Geräte, die speziell dafür ausgelegt sind, Lebensmittel oder andere Produkte in einem Innenabteil auf geringer Temperatur zu halten, sowie Klimaanlagen. Kältemaschinen und Bauteile von Kältemaschinen, die weniger als 12 kg Gas der Klasse 2 Buchstaben A oder O gemäß Absatz 2.2.2.1.3 oder weniger als 12 Liter Ammoniaklösung (UN-Nummer 2672) enthalten, unterliegen nicht den Vorschriften des ADR/RID.
122	Die Nebengefahren und , soweit erforderlich, die Kontroll- und die Notfalltemperatur sowie die UN-Nummer (Gattungseintragung) für jede bereits zugeordnete Zubereitung organischer Peroxide sind in Unterabschnitt 2.2.52.4, in Unterabschnitt 4.1.4.2 Verpackungsanweisung IBC 520 und in Absatz 4.2.5.2.6 Anweisung für ortsbewegliche Tanks T 23 angegeben.
123	(bleibt offen)
127	Ein anderer inerter Stoff oder ein anderes inertes Stoffgemisch darf verwendet werden, vorausgesetzt, dieser inerte Stoff hat gleiche Phlegmatisierungseigenschaften.
131	Der phlegmatisierte Stoff muss deutlich unempfindlicher sein als das trockene PETN.
135	Natriumdihydratsalz von Dichlorisocyanursäure entspricht nicht den Kriterien für eine Aufnahme in die Klasse 5.1 und unterliegt nicht den Vorschriften des ADR/RID, es sei denn, es entspricht den Kriterien für die Aufnahme in eine andere Klasse.
138	p-Brombenzylcyanid unterliegt nicht den Vorschriften des ADR/RID.

Für bestimmte Stoffe oder Gegenstände geltende Sondervorschriften 3.3

ADR	RID

141	Stoffe, die einer ausreichenden Wärmebehandlung unterzogen wurden, so dass sie während der Beförderung keine Gefahr darstellen, unterliegen nicht den Vorschriften des ADR/RID.
142	Sojabohnenmehl, das mit Lösungsmittel extrahiert wurde, höchstens 1,5 % Öl und 11 % Feuchtigkeit und praktisch kein entzündbares Lösungsmittel enthält, unterliegt nicht den Vorschriften des ADR/RID.
144	Wässerige Lösungen mit höchstens 24 Vol.-% Alkohol unterliegen nicht den Vorschriften des ADR/RID.
145	Alkoholische Getränke der Verpackungsgruppe III unterliegen nicht den Vorschriften des ADR/RID, wenn sie in Behältern mit einem Fassungsraum von höchstens 250 Litern befördert werden.
152	Die Zuordnung dieses Stoffes hängt von der Partikelgröße und der Verpackung ab, Grenzwerte wurden bisher nicht experimentell bestimmt. Die entsprechende Zuordnung muss nach den Vorschriften des Abschnittes 2.2.1 erfolgen.
153	Diese Eintragung gilt nur, wenn auf der Grundlage von Prüfungen nachgewiesen wird, dass die Stoffe in Berührung mit Wasser weder brennbar sind noch eine Tendenz zur Selbstentzündung zeigen und das entwickelte Gasgemisch nicht entzündbar ist.
162	(gestrichen)
163	Ein in Kapitel 3.2 Tabelle A namentlich genannter Stoff darf nicht unter dieser Eintragung befördert werden. Stoffe, die unter dieser Eintragung befördert werden, dürfen höchstens 20 % Nitrocellulose enthalten, vorausgesetzt, die Nitrocellulose enthält höchstens 12,6 % Stickstoff (in der Trockenmasse).
168	Asbest, der so in ein natürliches oder künstliches Bindemittel (wie Zement, Kunststoff, Asphalt, Harze oder Mineralien) eingebettet oder daran befestigt ist, dass es während der Beförderung nicht zum Freiwerden gefährlicher Mengen lungengängiger Asbestfasern kommen kann, unterliegt nicht den Vorschriften des ADR/RID. Hergestellte Gegenstände, die Asbest enthalten und dieser Vorschrift nicht entsprechen, unterliegen den Vorschriften des ADR/RID nicht, wenn sie so verpackt sind, dass es während der Beförderung nicht zum Freiwerden gefährlicher Mengen lungengängiger Asbestfasern kommen kann.
169	Phthalsäureanhydrid im festen Zustand und Tetrahydrophthalsäureanhydride mit höchstens 0,05 % Maleinsäureanhydrid unterliegt nicht den Vorschriften des ADR/RID. Phthalsäureanhydrid mit höchstens 0,05 % Maleinsäureanhydrid, das bei einer Temperatur über seinem Flammpunkt geschmolzen ist, ist der UN-Nummer 3256 zuzuordnen.

3.3 Für bestimmte Stoffe oder Gegenstände geltende Sondervorschriften

ADR	RID

172	Wenn ein radioaktiver Stoff eine oder mehrere Nebengefahren hat: a) muss der Stoff gegebenenfalls unter Anwendung der in Teil 2 vorgesehenen und der Art der überwiegenden Nebengefahr entsprechenden Kriterien für die Verpackungsgruppe der Verpackungsgruppe I, II oder III zugeordnet werden; b) müssen die Versandstücke mit den Gefahrzetteln bezettelt werden, die den einzelnen, von den Stoffen ausgehenden Nebengefahren entsprechen; entsprechende Großzettel (Placards) müssen in Übereinstimmung mit den anwendbaren Vorschriften des Abschnitts 5.3.1 an den Güterbeförderungseinheiten angebracht werden; c) muss für Zwecke der Dokumentation und der Kennzeichnung des Versandstücks die offizielle Benennung für die Beförderung mit dem Namen der Bestandteile, die am überwiegendsten für diese Nebengefahr(en) verantwortlich sind, in Klammern ergänzt werden; d) müssen im Beförderungspapier die jeder Nebengefahr entsprechende(n) Nummer(n) der Gefahrzettelmuster nach der Nummer der Klasse „7" in Klammern und, sofern eine Verpackungsgruppe zugeordnet ist, die Verpackungsgruppe gemäß Absatz 5.4.1.1.1 d) angegeben werden; Für das Verpacken siehe auch Absatz 4.1.9.1.5.
177	Bariumsulfat unterliegt nicht den Vorschriften des ADR/RID.
178	Diese Bezeichnung darf nur mit Zustimmung der zuständigen Behörde des Ursprungslandes verwendet werden (siehe Absatz 2.2.1.1.3) und nur dann, wenn keine andere geeignete Bezeichnung in Kapitel 3.2 Tabelle A enthalten ist.
181	Versandstücke mit diesem Stoff sind außerdem mit einem Gefahrzettel nach Muster 1 (siehe Absatz 5.2.2.2.2) zu versehen, es sei denn, die zuständige Behörde des Ursprungslandes hat zugelassen, dass auf diesen Zettel beim geprüften Verpackungstyp verzichtet werden kann, weil Prüfungsergebnisse gezeigt haben, dass der Stoff in einer solchen Verpackung kein explosives Verhalten aufweist (siehe Absatz 5.2.2.1.9).
182	Die Gruppe der Alkalimetalle umfasst die Elemente Lithium, Natrium, Kalium, Rubidium und Caesium.
183	Die Gruppe der Erdalkalimetalle umfasst die Elemente Magnesium, Calcium, Strontium und Barium.
186	(gestrichen)
188	Die zur Beförderung aufgegebenen Zellen und Batterien unterliegen nicht den übrigen Vorschriften des ADR/RID, wenn folgende Vorschriften erfüllt sind: a) Eine Zelle mit Lithiummetall oder Lithiumlegierung enthält höchstens 1 g Lithium und eine Zelle mit Lithiumionen hat eine Nennenergie in Wattstunden von höchstens 20 Wh. **Bem.** Wenn Lithiumbatterien, die dem Absatz 2.2.9.1.7 f) entsprechen, in Übereinstimmung mit dieser Sondervorschrift befördert werden, darf die Gesamtmenge an Lithium aller in der Batterie enthaltenen Lithium-Metall-Zellen nicht größer als 1,5 g und die Gesamtkapazität aller in der Batterie enthaltenen Lithium-Ionen-Zellen nicht größer als 10 Wh sein (siehe Sondervorschrift 387). b) Eine Batterie mit Lithiummetall oder Lithiumlegierung enthält höchstens eine Gesamtmenge von 2 g Lithium und eine Batterie mit Lithiumionen hat eine Nennenergie in Wattstunden von höchstens 100 Wh. Batterien mit Lithium-Ionen, die unter diese Vorschrift fallen, müssen auf dem Außengehäuse mit der Nennenergie in Wattstunden gekennzeichnet sein, ausgenommen vor dem 1. Januar 2009 hergestellte Batterien.

Für bestimmte Stoffe oder Gegenstände geltende Sondervorschriften 3.3

ADR	RID

188
(Forts.)

Bem. Wenn Lithiumbatterien, die dem Absatz 2.2.9.1.7 f) entsprechen, in Übereinstimmung mit dieser Sondervorschrift befördert werden, darf die Gesamtmenge an Lithium aller in der Batterie enthaltenen Lithium-Metall-Zellen nicht größer als 1,5 g und die Gesamtkapazität aller in der Batterie enthaltenen Lithium-Ionen-Zellen nicht größer als 10 Wh sein (siehe Sondervorschrift 387).

c) Jede Zelle oder Batterie entspricht den Vorschriften der Absätze 2.2.9.1.7 a), e), gegebenenfalls f), und g).

d) Die Zellen und Batterien müssen, sofern sie nicht in Ausrüstungen eingebaut sind, in Innenverpackungen verpackt sein, welche die Zelle oder Batterie vollständig einschließen. Die Zellen und Batterien müssen so geschützt sein, dass Kurzschlüsse verhindert werden. Dies schließt den Schutz vor Kontakt mit elektrisch leitfähigen Werkstoffen innerhalb derselben Verpackung ein, der zu einem Kurzschluss führen kann. Die Innenverpackungen müssen in widerstandsfähigen Außenverpackungen verpackt sein, die den Vorschriften der Unterabschnitte 4.1.1.1, 4.1.1.2 und 4.1.1.5 entsprechen.

e) Zellen und Batterien, die in Ausrüstungen eingebaut sind, müssen gegen Beschädigung und Kurzschluss geschützt sein; die Ausrüstungen müssen mit wirksamen Mitteln zur Verhinderung einer unbeabsichtigten Auslösung ausgestattet sein. Diese Vorschrift gilt nicht für Einrichtungen, die während der Beförderung absichtlich aktiv sind (Sender für die Identifizierung mit Hilfe elektromagnetischer Wellen (RFID), Uhren, Sensoren usw.) und die nicht in der Lage sind, eine gefährliche Hitzeentwicklung zu erzeugen. Wenn Batterien in Ausrüstungen eingebaut sind, müssen die Ausrüstungen in widerstandsfähigen Außenverpackungen verpackt sein, die aus einem geeigneten Werkstoff gefertigt sind, der in Bezug auf den Fassungsraum der Verpackung und die beabsichtigte Verwendung der Verpackung ausreichend stark und dimensioniert ist, es sei denn, die Batterie ist durch die Ausrüstung, in der sie enthalten ist, selbst entsprechend geschützt.

f) Jedes Versandstück muss mit dem entsprechenden in Unterabschnitt 5.2.1.9 abgebildeten Kennzeichen für Lithiumbatterien gekennzeichnet sein.

Diese Vorschrift gilt nicht für:

(i) Versandstücke, die nur in Ausrüstungen (einschließlich Platinen) eingebaute Knopfzellen-Batterien enthalten, und

(ii) Versandstücke, die höchstens vier in Ausrüstungen eingebaute Zellen oder zwei in Ausrüstungen eingebaute Batterien enthalten, sofern die Sendung höchstens zwei solcher Versandstücke umfasst.

Wenn Versandstücke in eine Umverpackung eingesetzt werden, muss das Kennzeichen für Lithiumbatterien entweder deutlich sichtbar sein oder auf der Außenseite der Umverpackung wiederholt werden und die Umverpackung muss mit dem Ausdruck «UMVERPACKUNG» gekennzeichnet sein. Die Buchstabenhöhe des Ausdrucks «UMVERPACKUNG» muss mindestens 12 mm sein.

Bem. Versandstücke mit Lithiumbatterien, die in Übereinstimmung mit den Vorschriften des Teils 4 Kapitel 11 Verpackungsanweisung 965 oder 968 Abschnitt IB der Technischen Anweisungen der ICAO verpackt sind und mit dem Kennzeichen gemäß Unterabschnitt 5.2.1.9 (Kennzeichen für Lithiumbatterien) und dem Gefahrzettel nach Muster 9A gemäß Absatz 5.2.2.2.2 versehen sind, gelten als den Vorschriften dieser Sondervorschrift entsprechend.

g) Jedes Versandstück muss, sofern die Zellen oder Batterien nicht in Ausrüstungen eingebaut sind, in der Lage sein, einer Fallprüfung aus 1,2 m Höhe, unabhängig von seiner Ausrichtung, ohne Beschädigung der darin enthaltenen Zellen oder Batterien, ohne Verschiebung des Inhalts, die zu einer Berührung der Batterien (oder der Zellen) führt, und ohne Freisetzen des Inhalts standzuhalten.

3.3 Für bestimmte Stoffe oder Gegenstände geltende Sondervorschriften

ADR	RID

188 (Forts.)	h) Die Bruttomasse der Versandstücke darf 30 kg nicht überschreiten, es sei denn, die Zellen oder Batterien sind in Ausrüstung eingebaut oder mit Ausrüstung verpackt. In den oben aufgeführten Vorschriften und im gesamten ADR/RID versteht man unter «Lithiummenge» die Masse des Lithiums in der Anode einer Zelle mit Lithiummetall oder Lithiumlegierung. «Ausrüstung» im Sinne dieser Sondervorschrift ist ein Gerät, für dessen Betrieb die Lithiumzellen oder -batterien elektrische Energie liefern. Es bestehen verschiedene Eintragungen für Lithium-Metall-Batterien und Lithium-Ionen-Batterien, um für besondere Verkehrsträger die Beförderung dieser Batterien zu erleichtern und die Anwendung unterschiedlicher Notfalleinsatzmaßnahmen zu ermöglichen. Eine aus einer einzelnen Zelle bestehende Batterie gemäß der Definition in Teil III Unterabschnitt 38.3.2.3 des Handbuchs Prüfungen und Kriterien gilt als «Zelle» und muss für Zwecke dieser Sondervorschrift gemäß den Vorschriften für «Zellen» befördert werden.
190	Druckgaspackungen sind mit einem Schutz gegen unbeabsichtigtes Entleeren zu versehen. Druckgaspackungen mit einem Fassungsraum von höchstens 50 ml, die nur nicht giftige Stoffe enthalten, unterliegen nicht den Vorschriften des ADR/RID.
191	Gefäße, klein, mit Gas (Gaspatronen) mit einem Fassungsraum von höchstens 50 ml, die nur nicht giftige Stoffe enthalten, unterliegen nicht den Vorschriften des ADR/RID.
193	Diese Eintragung darf nur für ammoniumnitrathaltige Mehrnährstoffdüngemittel verwendet werden. Diese müssen in Übereinstimmung mit dem im Handbuch Prüfungen und Kriterien Teil III Abschnitt 39 festgelegten Verfahren klassifiziert werden. Düngemittel, die den Kriterien dieser UN-Nummer entsprechen, unterliegen nicht den Vorschriften des ADR/RID.
194	Die Kontroll- und die Notfalltemperatur, soweit erforderlich, und die UN-Nummer (Gattungseintragung) für jeden bereits zugeordneten selbstzersetzlichen Stoff sind in Unterabschnitt 2.2.41.4 angegeben.
196	Zubereitungen, die bei Laborversuchen weder im kavitierten Zustand detonieren noch deflagrieren, die bei Erhitzung unter Einschluss nicht reagieren und die keine Explosionskraft zeigen, dürfen unter dieser Eintragung befördert werden. Die Zubereitung muss auch thermisch stabil sein (d.h. die Temperatur der selbstbeschleunigenden Zersetzung (SADT) für ein Versandstück von 50 kg beträgt mindestens 60 °C). Zubereitungen, die diesen Kriterien nicht entsprechen, sind unter den Vorschriften der Klasse 5.2 zu befördern (siehe Absatz 2.2.52.4).
198	Nitrocellulose, Lösungen, mit höchstens 20 % Nitrocellulose dürfen als Farbe, Druckfarbe bzw. Parfümerieerzeugnis befördert werden (siehe UN-Nummern 1210, 1263, 1266, 3066, 3469 und 3470).
199	Bleiverbindungen, die, wenn sie im Verhältnis von 1:1000 mit 0,07M-Salzsäure gemischt und während einer Stunde bei einer Temperatur von 23 °C ± 2 °C umgerührt werden, eine Löslichkeit von höchstens 5 % aufweisen, (siehe Norm ISO 3711:1990 «Bleichromat-Pigmente und Bleichromat/molybdat-Pigmente – Anforderungen und Prüfung»), gelten als nicht löslich und unterliegen nicht den Vorschriften des ADR/RID, es sei denn, sie entsprechen den Kriterien für die Aufnahme in eine andere Klasse.

Für bestimmte Stoffe oder Gegenstände geltende Sondervorschriften 3.3

ADR	RID

201	Feuerzeuge und Nachfüllpatronen für Feuerzeuge müssen den Vorschriften des Staates entsprechen, in dem sie befüllt wurden. Sie müssen mit einem Schutz gegen unbeabsichtigtes Entleeren ausgerüstet sein. Die flüssige Phase des Gases darf 85 % des Fassungsraums des Gefäßes bei 15 °C nicht überschreiten. Die Gefäße einschließlich der Verschlusseinrichtungen müssen einem Innendruck standhalten können, der dem doppelten Druck des verflüssigten Kohlenwasserstoffgases bei einer Temperatur von 55 °C entspricht. Die Ventilmechanismen und Zündeinrichtungen müssen dicht verschlossen, mit einem Klebeband umschlossen oder durch ein anderes Mittel gesichert oder aber so ausgelegt sein, dass eine Betätigung oder ein Freiwerden des Inhalts während der Beförderung verhindert wird. Feuerzeuge dürfen nicht mehr als 10 g verflüssigtes Kohlenwasserstoffgas enthalten. Nachfüllpatronen für Feuerzeuge dürfen nicht mehr als 65 g verflüssigtes Kohlenwasserstoffgas enthalten. **Bem.** Für Abfall-Feuerzeuge, die getrennt gesammelt werden, siehe Kapitel 3.3 Sondervorschrift 654.
203	Diese Eintragung darf nicht für UN 2315 Polychlorierte Biphenyle, flüssig und UN 3432 Polychlorierte Biphenyle, fest verwendet werden.
204	(gestrichen)
205	Diese Eintragung darf nicht für UN 3155 PENTACHLORPHENOL verwendet werden.
207	Kunststoffpressmischungen können aus Polystyrol, Polymethylmethacrylat oder einem anderen Polymer sein.
208	Die handelsübliche Form von calciumnitrathaltigem Düngemittel, bestehend hauptsächlich aus einem Doppelsalz (Calciumnitrat und Ammoniumnitrat), das höchstens 10 % Ammoniumnitrat und mindestens 12 % Kristallwasser enthält, unterliegt nicht den Vorschriften des ADR/RID.
210	Toxine aus Pflanzen, Tieren oder Bakterien, die ansteckungsgefährliche Stoffe enthalten, oder Toxine, die in ansteckungsgefährlichen Stoffen enthalten sind, sind Stoffe der Klasse 6.2.
215	Diese Eintragung gilt nur für den technisch reinen Stoff oder für Zubereitungen mit diesem Stoff, die eine SADT über 75 °C haben; sie gilt deshalb nicht für Zubereitungen, die selbstzersetzliche Stoffe sind (selbstzersetzliche Stoffe siehe Unterabschnitt 2.2.41.4). Homogene Gemische mit höchstens 35 Masse-% Azodicarbonamid und mindestens 65 % eines inerten Stoffes unterliegen nicht den Vorschriften des ADR/RID, sofern nicht die Kriterien einer anderen Klasse erfüllt werden.
216	Gemische fester Stoffe, die den Vorschriften des ADR/RID nicht unterliegen, mit entzündbaren flüssigen Stoffen dürfen unter dieser Eintragung befördert werden, ohne dass zuvor die Klassifizierungskriterien der Klasse 4.1 angewendet werden, vorausgesetzt, zum Zeitpunkt des Verladens des Stoffes oder des Verschließens der Verpackung oder der Güterbeförderungseinheit ist keine freie Flüssigkeit sichtbar. Dicht verschlossene Päckchen und Gegenstände, die weniger als 10 ml eines in einem festen Stoff absorbierten entzündbaren flüssigen Stoffes der Verpackungsgruppe II oder III enthalten, unterliegen nicht den Vorschriften des ADR/RID, vorausgesetzt, das Päckchen oder der Gegenstand enthält keine freie Flüssigkeit.

3.3 Für bestimmte Stoffe oder Gegenstände geltende Sondervorschriften

ADR	RID

217	Gemische fester Stoffe, die den Vorschriften des ADR/RID nicht unterliegen, mit giftigen flüssigen Stoffen dürfen unter dieser Eintragung befördert werden, ohne dass zuvor die Klassifizierungskriterien der Klasse 6.1 angewendet werden, vorausgesetzt, zum Zeitpunkt des Verladens des Stoffes oder des Verschließens der Verpackung oder der Güterbeförderungseinheit ist keine freie Flüssigkeit sichtbar. Diese Eintragung darf nicht für feste Stoffe verwendet werden, die einen flüssigen Stoff der Verpackungsgruppe I enthalten.
218	Gemische fester Stoffe, die den Vorschriften des ADR/RID nicht unterliegen, mit ätzenden flüssigen Stoffen dürfen unter dieser Eintragung befördert werden, ohne dass zuvor die Klassifizierungskriterien der Klasse 8 angewendet werden, vorausgesetzt, zum Zeitpunkt des Verladens des Stoffes oder des Verschließens der Verpackung oder der Güterbeförderungseinheit ist keine freie Flüssigkeit sichtbar.
219	Genetisch veränderte Mikroorganismen (GMMO) und genetisch veränderte Organismen (GMO), die in Übereinstimmung mit der Verpackungsanweisung P 904 des Unterabschnitts 4.1.4.1 verpackt und gekennzeichnet sind, unterliegen nicht den übrigen Vorschriften des ADR/RID. Wenn GMMO oder GMO den Kriterien für eine Aufnahme in die Klasse 6.1 oder 6.2 (siehe Unterabschnitte 2.2.61.1 und 2.2.62.1) entsprechen, gelten die Vorschriften des ADR/RID für die Beförderung giftiger oder ansteckungsgefährlicher Stoffe.
220	Unmittelbar nach der offiziellen Benennung für die Beförderung ist nur die technische Benennung des entzündbaren flüssigen Bestandteils dieser Lösung oder dieses Gemisches in Klammern anzugeben.
221	Stoffe, die unter diese Eintragung fallen, dürfen nicht der Verpackungsgruppe I angehören.
224	Der Stoff muss unter normalen Beförderungsbedingungen flüssig bleiben, es sei denn, durch Versuche kann nachgewiesen werden, dass die Empfindlichkeit in gefrorenem Zustand nicht größer ist als in flüssigem Zustand. Bei Temperaturen über −15 °C darf er nicht gefrieren.

Für bestimmte Stoffe oder Gegenstände geltende Sondervorschriften 3.3

ADR	RID

225 Feuerlöscher, die unter diese Eintragung fallen, dürfen zur Sicherstellung ihrer Funktion mit Kartuschen ausgerüstet sein (Kartuschen für technische Zwecke des Klassifizierungscodes 1.4C oder 1.4S), ohne dass dadurch die Zuordnung zur Klasse 2 Gruppe A oder O gemäß Absatz 2.2.2.1.3 verändert wird, vorausgesetzt, die Gesamtmenge deflagrierender Explosivstoffe (Treibstoffe) beträgt höchstens 3,2 g je Feuerlöscher.

Feuerlöscher müssen nach den im Herstellungsland angewendeten Vorschriften hergestellt, geprüft, zugelassen und bezettelt sein.

Bem. «Im Herstellungsland angewendete Vorschriften» bedeuten im Herstellungsland oder im Verwendungsland anwendbare Vorschriften.

Feuerlöscher unter dieser Eintragung umfassen:

a) tragbare Feuerlöscher für manuelle Handhabung und manuellen Betrieb;
b) Feuerlöscher für den Einbau in Flugzeugen;
c) auf Rädern montierte Feuerlöscher für manuelle Handhabung;
d) Feuerlöschausrüstungen oder -geräte, die auf Rädern oder auf Plattformen oder Einheiten mit Rädern montiert sind und die ähnlich wie (kleine) Anhänger befördert werden, und
e) Feuerlöscher, die aus einem nicht rollbaren Druckfass und einer Ausrüstung zusammengesetzt sind und deren Handhabung beispielsweise beim Be- oder Entladen mit einer Hubgabel oder einem Kran erfolgt.

Bem. Druckgefäße, die Gase für die Verwendung in oben genannten Feuerlöschern oder in stationären Feuerlöschanlagen enthalten, müssen, wenn sie getrennt befördert werden, den Vorschriften des Kapitels 6.2 und allen für das jeweilige gefährliche Gut anwendbaren Vorschriften entsprechen.

226 Zubereitungen dieses Stoffes, die mindestens 30 % nicht flüchtige, nicht entzündbare Phlegmatisierungsmittel enthalten, unterliegen nicht den Vorschriften des ADR/RID.

227 Der Harnstoffnitratgehalt darf bei Phlegmatisierung mit Wasser und anorganischen inerten Stoffen 75 Masse-% nicht überschreiten, und das Gemisch darf durch den Test der Prüfreihe 1 Typ a) des Handbuchs Prüfungen und Kriterien Teil I nicht zur Explosion gebracht werden können.

228 Gemische, die nicht den Kriterien für entzündbare Gase entsprechen (siehe Absatz 2.2.2.1.5), sind unter der UN-Nummer 3163 zu befördern.

230 Lithiumzellen und -batterien dürfen unter dieser Eintragung befördert werden, wenn sie den Vorschriften des Absatzes 2.2.9.1.7 entsprechen.

235 Diese Eintragung gilt für Gegenstände, die explosive Stoffe der Klasse 1 enthalten und die auch gefährliche Güter anderer Klassen enthalten können. Diese Gegenstände werden zur Erhöhung der Sicherheit in Fahrzeugen, Schiffen oder Flugzeugen, z.B. als Airbag-Gasgeneratoren, Airbag-Module, Gurtstraffer und pyromechanische Einrichtungen verwendet.

236 Polyesterharz-Mehrkomponentensysteme bestehen aus zwei Komponenten: einem Grundprodukt (entweder Klasse 3 oder Klasse 4.1, jeweils Verpackungsgruppe II oder III) und einem Aktivierungsmittel (organisches Peroxid). Das organische Peroxid muss vom Typ D, E oder F sein und darf keine Temperaturkontrolle erfordern. Die Verpackungsgruppe nach den auf das Grundprodukt angewendeten Kriterien der Klasse 3 bzw. 4.1 muss II oder III sein. Die in Kapitel 3.2 Tabelle A Spalte (7a) angegebene Mengenbegrenzung gilt für das Grundprodukt.

3.3 Für bestimmte Stoffe oder Gegenstände geltende Sondervorschriften

ADR	RID

237	Die Membranfilter einschließlich der Papiertrennblätter und der Überzugs- und Verstärkungswerkstoffe, usw., die während der Beförderung vorhanden sind, dürfen nach einer der im Handbuch Prüfungen und Kriterien Teil 1 Prüfreihe 1 a) beschriebenen Prüfungen nicht dazu neigen, eine Explosion zu übertragen. Darüber hinaus kann die zuständige Behörde auf der Grundlage der Ergebnisse von geeigneten Prüfungen der Abbrandgeschwindigkeit unter Berücksichtigung der Standardprüfungen im Handbuch Prüfungen und Kriterien Teil III Unterabschnitt 33.2 festlegen, dass Membranfilter aus Nitrocellulose in der Form, in der sie befördert werden sollen, nicht den für entzündbare feste Stoffe der Klasse 4.1 geltenden Vorschriften unterliegen.
238	a) Batterien gelten als auslaufsicher, wenn sie ohne Flüssigkeitsverlust die unten angegebene Vibrations- und Druckprüfung überstehen. **Vibrationsprüfung:** Die Batterie wird auf der Prüfplatte eines Vibrationsgeräts festgeklemmt und einer einfachen sinusförmigen Bewegung mit einer Amplitude von 0,8 mm (1,6 mm Gesamtausschlag) ausgesetzt. Die Frequenz wird in Stufen von 1 Hz/min zwischen 10 Hz und 55 Hz verändert. Die gesamte Bandbreite der Frequenzen wird in beiden Richtungen in 95 ± 5 Minuten für jede Befestigungslage (Vibrationsrichtung) der Batterie durchlaufen. Die Batterie wird in drei zueinander senkrechten Positionen (einschließlich einer Position, bei der sich die Füll- und Entlüftungsöffnungen, soweit vorhanden, in umgekehrter Lage befinden) in Zeitabschnitten gleicher Dauer geprüft. **Druckprüfung:** Im Anschluss an die Vibrationsprüfung wird die Batterie bei 24 °C ± 4 °C sechs Stunden lang einem Druckunterschied von mindestens 88 kPa ausgesetzt. Die Batterie wird in drei zueinander senkrechten Positionen (einschließlich einer Position, bei der sich die Füll- und Entlüftungsöffnungen, soweit vorhanden, in umgekehrter Lage befinden) jeweils mindestens sechs Stunden lang geprüft. b) Auslaufsichere Batterien unterliegen nicht den Vorschriften des ADR/RID, wenn bei einer Temperatur von 55 °C im Falle eines Gehäusebruchs oder eines Risses im Gehäuse der Elektrolyt nicht austritt, keine freie Flüssigkeit vorhanden ist, die austreten kann, und die Pole der Batterien in versandfertiger Verpackung gegen Kurzschluss geschützt sind.
239	Die Batterien oder Zellen dürfen mit Ausnahme von Natrium, Schwefel oder Natriumverbindungen (z.B. Natriumpolysulfide und Natriumtetrachloraluminat) keine gefährlichen Stoffe enthalten. Die Batterien oder Zellen dürfen bei einer Temperatur, bei der sich das in ihnen enthaltene elementare Natrium verflüssigen kann, nur mit Zustimmung der zuständigen Behörde des Ursprungslandes und unter den von dieser festgelegten Bedingungen zur Beförderung aufgegeben werden. Ist das Ursprungsland | keine Vertragspartei des ADR, | kein RID-Vertragsstaat des COTIF, müssen die Zustimmung und die Beförderungsvorschriften von der zuständigen Behörde der | des ersten von der Sendung berührten Vertragspartei des ADR | RID-Vertragsstaates anerkannt werden. Die Zellen müssen aus dicht verschlossenen Metallgehäusen bestehen, die die gefährlichen Stoffe vollständig umschließen und die so gebaut und verschlossen sind, dass ein Freisetzen dieser Stoffe unter normalen Beförderungsbedingungen verhindert wird. Die Batterien müssen aus Zellen bestehen, die in einem Metallgehäuse gesichert und vollständig eingeschlossen sind, welches so gebaut und verschlossen ist, dass ein Freisetzen der gefährlichen Stoffe unter normalen Beförderungsbedingungen verhindert wird.
240	(gestrichen)

Für bestimmte Stoffe oder Gegenstände geltende Sondervorschriften 3.3

ADR	RID

241	Die Zubereitung muss so hergestellt sein, dass sie homogen bleibt und während der Beförderung keine Phasentrennung erfolgt. Den Vorschriften des ADR/RID unterliegen nicht Zubereitungen mit niedrigem Nitrocellulosegehalt, die keine gefährlichen Eigenschaften aufweisen, wenn sie den Prüfungen für die Bestimmung ihrer Detonations-, Deflagrations- oder Explosionsfähigkeit bei Erwärmung unter Einschluss nach den Prüfungen der Prüfreihen 1 a), 2 b) und 2 c) des Teils I des Handbuchs Prüfungen und Kriterien unterzogen werden, und die sich nicht wie entzündbare feste Stoffe verhalten, wenn sie der Prüfung N.1 des Handbuchs Prüfungen und Kriterien Teil III Unterabschnitt 33.2.4 unterzogen werden (für diese Prüfungen muss der Stoff in Plättchenform – soweit erforderlich – gemahlen und gesiebt werden, um die Korngröße auf weniger als 1,25 mm zu reduzieren).
242	Schwefel unterliegt nicht den Vorschriften des ADR/RID, wenn der Stoff in besonderer Form (z.B. Perlen, Granulat, Pellets, Pastillen oder Flocken) vorliegt.
243	Benzin und Ottokraftstoff für die Verwendung in Ottomotoren (z.B. in Kraftfahrzeugen, ortsfesten Motoren und anderen Motoren) sind ungeachtet der Bandbreite der Flüchtigkeit dieser Eintragung zuzuordnen.
244	Diese Eintragung umfasst z.B. Aluminiumkrätze, Aluminiumschlacke, gebrauchte Kathoden, gebrauchte Behälterauskleidungen und Aluminiumsalzschlacke.
247	Alkoholische Getränke mit mehr als 24 Vol.-%, aber höchstens 70 Vol.-% Alkohol dürfen, soweit sie im Rahmen des Herstellungsverfahrens befördert werden, unter den nachfolgend genannten Bedingungen in Holzfässern mit einem Fassungsraum von mehr als 250 Litern und höchstens 500 Litern, die, soweit anwendbar, den allgemeinen Vorschriften des Abschnitts 4.1.1 entsprechen, befördert werden: a) die Holzfässer müssen vor dem Befüllen auf Dichtheit geprüft werden, b) für die Ausdehnung der Flüssigkeit muss genügend füllungsfreier Raum (mindestens 3 %) vorgesehen werden, c) die Holzfässer müssen mit nach oben gerichteten Spundlöchern befördert werden und d) die Holzfässer müssen in Containern befördert werden, welche die Vorschriften des Internationalen Übereinkommens über sichere Container (CSC) erfüllen. Jedes Holzfass muss auf einem speziellen Schlitten befestigt und mit Hilfe geeigneter Mittel so verkeilt sein, dass jegliches Verschieben während der Beförderung ausgeschlossen wird.
249	Gegen Korrosion stabilisiertes Cereisen mit einem Eisengehalt von mindestens 10 % unterliegt nicht den Vorschriften des ADR/RID.
250	Diese Eintragung darf nur für Proben chemischer Substanzen verwendet werden, die in Zusammenhang mit der Anwendung des Übereinkommens über das Verbot der Entwicklung, Herstellung, Lagerung und des Einsatzes chemischer Waffen und über die Vernichtung solcher Waffen zu Analysezwecken genommen wurden. Die Beförderung von Stoffen, die unter diese Eintragung fallen, muss nach der Verfahrenskette für den Schutz und die Sicherheit, die von der Organisation für das Verbot chemischer Waffen festgelegt wurde, erfolgen. Die chemische Probe darf erst befördert werden, nachdem die zuständige Behörde oder der Generaldirektor der Organisation für das Verbot chemischer Waffen eine Genehmigung erteilt hat und sofern die Probe folgenden Vorschriften entspricht: a) sie muss nach der Verpackungsanweisung 623 der Technischen Anweisungen der ICAO verpackt sein und b) bei der Beförderung muss dem Beförderungspapier eine Kopie des Dokuments über die Genehmigung der Beförderung, in der die Mengenbeschränkungen und die Verpackungsvorschriften angegeben sind, beigefügt sein.

3.3 Für bestimmte Stoffe oder Gegenstände geltende Sondervorschriften

ADR	RID

251 Die Eintragung UN 3316 CHEMIE-TESTSATZ oder UN 3316 ERSTE-HILFE-AUSRÜSTUNG bezieht sich auf Kästen, Kassetten, usw., die kleine Mengen gefährlicher Güter, die z.B. für medizinische Zwecke, Analyse-, Prüf- oder Reparaturzwecke verwendet werden, enthalten.

Diese Testsätze oder Ausrüstungen dürfen nur gefährliche Güter enthalten,
a) die als freigestellte Mengen zugelassen sind, welche die durch den Code in Kapitel 3.2 Tabelle A Spalte 7b angegebene Menge nicht überschreiten, vorausgesetzt, die Nettomenge je Innenverpackung und die Nettomenge je Versandstück entsprechen den Vorschriften der Unterabschnitte 3.5.1.2 und 3.5.1.3, oder
b) die als begrenzte Mengen wie in Kapitel 3.2 Tabelle A Spalte 7a angegeben zugelassen sind, vorausgesetzt, die Nettomenge je Innenverpackung ist nicht größer als 250 ml oder 250 g.

Die Bestandteile dieser Testsätze oder Ausrüstungen dürfen nicht gefährlich miteinander reagieren (siehe Begriffsbestimmung für gefährliche Reaktion in Abschnitt 1.2.1). Die Gesamtmenge gefährlicher Güter je Testsatz oder Ausrüstung darf nicht größer sein als 1 Liter oder 1 kg.

Für Zwecke der Beschreibung der gefährlichen Güter im Beförderungspapier gemäß Absatz 5.4.1.1.1 muss die im Beförderungspapier angegebene Verpackungsgruppe der strengsten Verpackungsgruppe entsprechen, die einem der im Testsatz oder in der Ausrüstung enthaltenen Stoffe zugeordnet ist. Wenn der Testsatz oder die Ausrüstung nur gefährliche Güter enthält, denen keine Verpackungsgruppe zugeordnet ist, muss im Beförderungspapier keine Verpackungsgruppe angegeben werden.

Testsätze oder Ausrüstungen,
die an Bord von Fahrzeugen | die auf Wagen
zu Zwecken der Ersten Hilfe oder der Verwendung an Ort und Stelle befördert werden, unterliegen nicht den Vorschriften des ADR/RID.

Chemie-Testsätze und Erste-Hilfe-Ausrüstungen, die gefährliche Güter in Innenverpackungen in Mengen enthalten, welche die für die jeweiligen Stoffe anwendbaren und in Kapitel 3.2 Tabelle A Spalte 7a festgelegten Mengengrenzen für begrenzte Mengen nicht überschreiten, dürfen nach den Vorschriften des Kapitels 3.4 befördert werden.

252 Wässerige Lösungen von Ammoniumnitrat mit höchstens 0,2 % brennbarer Stoffe und mit einer Konzentration von höchstens 80 % unterliegen nicht den Vorschriften des ADR/RID, wenn das Ammoniumnitrat unter allen Beförderungsbedingungen gelöst bleibt.

266 Dieser Stoff darf, wenn er weniger Alkohol, Wasser oder Phlegmatisierungsmittel als angegeben enthält, nicht befördert werden, es sei denn, die zuständige Behörde hat eine besondere Genehmigung erteilt (siehe Unterabschnitt 2.2.1.1).

267 Sprengstoffe, Typ C, die Chlorate enthalten, müssen von explosiven Stoffen, die Ammoniumnitrat oder andere Ammoniumsalze enthalten, getrennt werden.

270 Wässerige Lösungen anorganischer fester Nitrate der Klasse 5.1 entsprechen nicht den Kriterien der Klasse 5.1, wenn die Konzentration der Stoffe in der Lösung bei der geringsten während der Beförderung erreichbaren Temperatur 80 % der Sättigungsgrenze nicht übersteigt.

Für bestimmte Stoffe oder Gegenstände geltende Sondervorschriften 3.3

ADR	RID

271	Als Phlegmatisierungsmittel dürfen Lactose, Glucose oder ähnliche Mittel verwendet werden, vorausgesetzt, der Stoff enthält mindestens 90 Masse-% Phlegmatisierungsmittel. Die zuständige Behörde kann auf der Grundlage von Prüfungen der Prüfreihe 6 c), des Handbuchs Prüfungen und Kriterien Teil 1 Abschnitt 16, die an mindestens drei versandfertig vorbereiteten Verpackungen durchgeführt wurden, die Zuordnung dieser Gemische unter der Klasse 4.1 zulassen. Gemische mit mindestens 98 Masse-% Phlegmatisierungsmittel unterliegen nicht den Vorschriften des ADR/RID. Versandstücke, die Gemische mit mindestens 90 Masse-% Phlegmatisierungsmittel enthalten, müssen nicht mit einem Gefahrzettel nach Muster 6.1 versehen sein.
272	Dieser Stoff darf unter den Vorschriften der Klasse 4.1 nur mit besonderer Genehmigung der zuständigen Behörde befördert werden (siehe UN-Nummer 0143 bzw. 0150).
273	Maneb und Manebzubereitungen, die gegen Selbsterhitzung stabilisiert sind, müssen nicht der Klasse 4.2 zugeordnet werden, wenn durch Prüfungen nachgewiesen werden kann, dass sich ein kubisches Volumen von 1 m³ des Stoffes nicht selbst entzündet und die Temperatur in der Mitte der Probe 200 °C nicht übersteigt, wenn die Probe während 24 Stunden auf einer Temperatur von mindestens 75 °C ± 2 °C gehalten wird.
274	Es gelten die Vorschriften des Unterabschnitts 3.1.2.8.
278	Dieser Stoff darf nur mit Zustimmung der zuständigen Behörde auf der Grundlage der Ergebnisse der Prüfungen der Prüfreihe 2 und einer Prüfung der Prüfreihe 6 c) des Handbuchs Prüfungen und Kriterien Teil I an versandfertigen Versandstücken klassifiziert und befördert werden (siehe Unterabschnitt 2.2.1.1). Die zuständige Behörde muss die Verpackungsgruppe auf der Grundlage der Kriterien des Abschnitts 2.2.3 und des für die Prüfreihe 6 c) verwendeten Verpackungstyps festlegen.
279	Anstelle der strikten Anwendung der Klassifizierungskriterien des ADR/RID wurde dieser Stoff auf Grund von Erfahrungen in Bezug auf den Menschen klassifiziert oder einer Verpackungsgruppe zugeordnet.
280	Diese Eintragung gilt für Sicherheitseinrichtungen für Fahrzeuge, Schiffe oder Flugzeuge, z.B. Airbag-Gasgeneratoren, Airbag-Module, Gurtstraffer und pyromechanische Einrichtungen, die gefährliche Güter der Klasse 1 oder anderer Klassen enthalten, sofern diese als Bauteile befördert werden und sofern diese Gegenstände im versandfertigen Zustand in Übereinstimmung mit der Prüfreihe 6 c) des Handbuchs Prüfungen und Kriterien Teil I geprüft worden sind, ohne dass eine Explosion der Einrichtung, eine Zertrümmerung des Einrichtungsgehäuses oder des Druckgefäßes und weder eine Splittergefahr noch eine thermische Reaktion festgestellt wurde, die Maßnahmen zur Feuerbekämpfung oder andere Notfallmaßnahmen in unmittelbarer Umgebung wesentlich behindern könnten. Diese Eintragung gilt nicht für die in der Sondervorschrift 296 beschriebenen Rettungsmittel (UN-Nummern 2990 und 3072).
282	(gestrichen)

3.3 Für bestimmte Stoffe oder Gegenstände geltende Sondervorschriften

ADR	RID

283	Gegenstände, die ein Gas enthalten und als Stoßdämpfer dienen, einschließlich Stoßenergie absorbierende Einrichtungen oder Druckluftfedern unterliegen nicht den Vorschriften des ADR/RID, vorausgesetzt: a) jeder Gegenstand hat einen Gasbehälter mit einem Fassungsraum von höchstens 1,6 Liter und einen Ladedruck von höchstens 280 bar, wobei das Produkt aus Fassungsraum (Liter) und Ladedruck (bar) 80 nicht überschreitet (d.h. 0,5 Liter Fassungsraum und 160 bar Ladedruck, 1 Liter Fassungsraum und 80 bar Ladedruck, 1,6 Liter Fassungsraum und 50 bar Ladedruck, 0,28 Liter Fassungsraum und 280 bar Ladedruck); b) jeder Gegenstand hat einen Berstdruck, der bei Produkten mit einem Fassungsraum des Gasbehälters von höchstens 0,5 Liter mindestens dem vierfachen Ladedruck und bei Produkten mit einem Fassungsraum des Gasbehälters von mehr als 0,5 Liter mindestens dem fünffachen Ladedruck bei 20 °C entspricht; c) jeder Gegenstand ist aus einem Werkstoff hergestellt, der bei Bruch nicht splittert; d) jeder Gegenstand ist nach einer für die zuständige Behörde annehmbaren Qualitätssicherungsnorm gefertigt und e) die Bauart wurde einem Brandtest unterzogen, bei dem nachgewiesen wurde, dass der Innendruck des Gegenstandes mittels einer Schmelzsicherung oder einer anderen Druckentlastungseinrichtung abgebaut wird, so dass der Gegenstand nicht splittern oder hochschießen kann. Wegen Ausrüstungsteilen zum Betrieb von Fahrzeugen siehe auch Unterabschnitt 1.1.3.2 d).
284	Ein Sauerstoffgenerator, chemisch, der oxidierende Stoffe enthält, muss folgenden Bedingungen entsprechen: a) der Generator darf, wenn er eine Vorrichtung zur Auslösung von Explosivstoffen enthält, unter dieser Eintragung nur befördert werden, wenn er gemäß Bem. zu Absatz 2.2.1.1.1 b) von der Klasse 1 ausgeschlossen ist; b) der Generator muss ohne seine Verpackung einer Fallprüfung aus 1,8 m Höhe auf eine starre, nicht federnde, ebene und horizontale Oberfläche in der Stellung, in der die Wahrscheinlichkeit eines Schadens am größten ist, ohne Austreten von Füllgut und ohne Auslösen standhalten; c) wenn ein Generator mit einer Auslösevorrichtung ausgerüstet ist, muss er mindestens zwei wirksame Sicherungsvorrichtungen gegen unbeabsichtigtes Auslösen haben.
286	Membranfilter aus Nitrocellulose, die unter diese Eintragung fallen und jeweils eine Masse von höchstens 0,5 g haben, unterliegen den Vorschriften des ADR/RID nicht, wenn sie einzeln in einem Gegenstand oder in einem dicht verschlossenen Päckchen enthalten sind.
288	Diese Stoffe dürfen nur mit Zustimmung der zuständigen Behörde auf der Grundlage der Ergebnisse von Prüfungen der Prüfreihe 2 und einer Prüfung der Prüfreihe 6 c) des Handbuchs Prüfungen und Kriterien Teil I an versandfertigen Versandstücken klassifiziert und befördert werden (siehe Unterabschnitt 2.2.1.1).
289	Sicherheitseinrichtungen, elektrische Auslösung, und Sicherheitseinrichtungen, pyrotechnisch, die in Wagen, Fahrzeugen, Schiffen oder Flugzeugen oder einbaufertigen Teilen, wie Lenksäulen, Türfüllungen, Sitze usw. montiert sind, unterliegen nicht den Vorschriften des ADR/RID.

Für bestimmte Stoffe oder Gegenstände geltende Sondervorschriften 3.3

ADR	RID

290	Wenn dieser radioaktive Stoff den Begriffsbestimmungen und Kriterien anderer in Teil 2 aufgeführter Klassen entspricht, ist er wie folgt zu klassifizieren: a) Wenn der Stoff den in Kapitel 3.5 aufgeführten Kriterien für gefährliche Güter in freigestellten Mengen entspricht, müssen die Verpackungen dem Abschnitt 3.5.2 entsprechen und die Prüfvorschriften des Abschnitts 3.5.3 erfüllen. Alle übrigen für freigestellte Versandstücke radioaktiver Stoffe in Unterabschnitt 1.7.1.5 aufgeführten anwendbaren Vorschriften gelten ohne Verweis auf die andere Klasse. b) Wenn die Menge die in Unterabschnitt 3.5.1.2 festgelegten Grenzwerte überschreitet, muss der Stoff nach der überwiegenden Nebengefahr klassifiziert werden. Das Beförderungspapier muss den Stoff mit der UN-Nummer und der offiziellen Benennung für die Beförderung beschreiben, die für die andere Klasse gelten, und durch die gemäß Kapitel 3.2 Tabelle A Spalte 2 für das freigestellte Versandstück radioaktiver Stoffe geltende Benennung ergänzt werden. Der Stoff muss nach den für diese UN-Nummer anwendbaren Vorschriften befördert werden. Nachfolgend ist ein Beispiel für die Angaben im Beförderungspapier dargestellt: «UN 1993 ENTZÜNDBARER FLÜSSIGER STOFF, N.A.G. (Gemisch aus Ethanol und Toluen), radioaktive Stoffe, freigestelltes Versandstück – begrenzte Stoffmenge, 3, VG II». Darüber hinaus gelten die Vorschriften des Absatzes 2.2.7.2.4.1. c) Die Vorschriften des Kapitels 3.4 für die Beförderung in begrenzten Mengen verpackten gefährlichen Gütern gelten nicht für gemäß Absatz b) klassifizierte Stoffe. d) Wenn der Stoff einer Sondervorschrift entspricht, welche diesen Stoff von allen Vorschriften für gefährliche Güter der übrigen Klassen freistellt, muss er in Übereinstimmung mit der anwendbaren UN-Nummer der Klasse 7 zugeordnet werden und es gelten alle in Unterabschnitt 1.7.1.5 festgelegten Vorschriften.
291	Verflüssigte entzündbare Gase müssen in Bauteilen von Kältemaschinen enthalten sein. Diese Bauteile müssen mindestens für den dreifachen Betriebsdruck der Kältemaschine ausgelegt und geprüft sein. Die Kältemaschinen müssen so ausgelegt und gebaut sein, dass unter normalen Beförderungsbedingungen das verflüssigte Gas zurückgehalten und das Risiko des Berstens oder der Rissbildung der unter Druck stehenden Bauteile ausgeschlossen wird. Kältemaschinen und Bauteile von Kältemaschinen, die weniger als 12 kg Gas enthalten, unterliegen nicht den Vorschriften des ADR/RID.
292	(gestrichen)
293	Für Zündhölzer gelten folgende Begriffsbestimmungen: a) Sturmzündhölzer sind Zündhölzer, deren Köpfe mit einer reibungsempfindlichen Zündzusammensetzung und einer pyrotechnischen Zusammensetzung vorbereitet sind, die mit kleiner oder ohne Flamme, jedoch mit starker Hitze brennen; b) Sicherheitszündhölzer sind Zündhölzer, die mit dem Heftchen, dem Briefchen oder der Schachtel kombiniert oder verbunden sind und nur auf einer vorbereiteten Oberfläche durch Reibung entzündet werden können; c) Zündhölzer, überall zündbar, sind Zündhölzer, die auf einer festen Oberfläche durch Reibung entzündet werden können; d) Wachszündhölzer sind Zündhölzer, die sowohl auf einer vorbereiteten als auch auf einer festen Oberfläche durch Reibung entzündet werden können.
295	Es ist nicht erforderlich, jede Batterie mit einem Kennzeichen und einem Gefahrzettel zu versehen, wenn auf der palettierten Ladung ein entsprechendes Kennzeichen und ein entsprechender Gefahrzettel angebracht sind.

3.3 Für bestimmte Stoffe oder Gegenstände geltende Sondervorschriften

ADR	RID

296	Diese Eintragungen gelten für Rettungsmittel, wie Rettungsinseln oder -flöße, Auftriebshilfen und selbstaufblasende Rutschen. Die UN-Nummer 2990 gilt für selbstaufblasende Rettungsmittel, die UN-Nummer 3072 für nicht selbstaufblasende Rettungsmittel. Rettungsmittel dürfen enthalten: a) Signalkörper (Klasse 1), die Rauch- und Leuchtkugeln enthalten dürfen und die in Verpackungen eingesetzt sind, die sie vor einer unbeabsichtigten Auslösung schützen; b) nur die UN-Nummer 2990 darf Patronen – Antriebseinrichtungen der Unterklasse 1.4 Verträglichkeitsgruppe S – für den Selbstaufblas-Mechanismus enthalten, vorausgesetzt die Explosivstoffmenge je Rettungsmittel ist nicht größer als 3,2 g; c) verdichtete oder verflüssigte Gase der Klasse 2 Gruppe A oder O gemäß Absatz 2.2.2.1.3; d) Batterien (Akkumulatoren) (Klasse 8) und Lithiumbatterien (Klasse 9); e) Erste-Hilfe-Ausrüstungen oder Reparaturausrüstungen, die geringe Mengen gefährlicher Güter enthalten (z.B. Stoffe der Klasse 3, 4.1, 5.2, 8 oder 9), oder f) Zündhölzer, überall zündbar, die in Verpackungen eingesetzt sind, die sie vor einer unbeabsichtigten Auslösung schützen. Rettungsmittel, die in widerstandsfähigen starren Außenverpackungen mit einer höchsten Gesamtbruttomasse von 40 kg verpackt sind und keine anderen gefährlichen Güter als verdichtete oder verflüssigte Gase der Klasse 2 Gruppe A oder O in Gefäßen mit einem Fassungsraum von höchstens 120 ml enthalten, die ausschließlich zum Zweck der Aktivierung des Rettungsmittels eingebaut sind, unterliegen nicht den Vorschriften des ADR/RID.
298	(gestrichen)
300	Fischmehl, Fischabfälle und Krillmehl dürfen nicht verladen werden, wenn die Temperatur zum Zeitpunkt des Verladens mehr als 35 °C oder 5 °C mehr als die Umgebungstemperatur beträgt, je nachdem, welcher der beiden Werte höher ist.
301	Diese Eintragung gilt nur für Gegenstände, wie Maschinen, Geräte oder Einrichtungen, die gefährliche Güter als Rückstände oder als Bestandteil der Gegenstände enthalten. Sie darf nicht für Gegenstände verwendet werden, für die in Kapitel 3.2 Tabelle A bereits eine offizielle Benennung für die Beförderung besteht. Gegenstände, die unter dieser Eintragung befördert werden, dürfen nur gefährliche Güter enthalten, die für eine Beförderung in Übereinstimmung mit den Vorschriften des Kapitels 3.4 (begrenzte Mengen) zugelassen sind. Die Menge gefährlicher Güter im Gegenstand darf die in Kapitel 3.2 Tabelle A Spalte 7a für jedes einzelne enthaltene gefährliche Gut angegebene Menge nicht überschreiten. Wenn der Gegenstand mehrere gefährliche Güter enthält, muss jedes gefährliche Gut getrennt eingeschlossen sein, um zu verhindern, dass diese während der Beförderung gefährlich miteinander reagieren (siehe Unterabschnitt 4.1.1.6). Wenn sichergestellt werden muss, dass flüssige gefährliche Güter in ihrer vorgesehenen Ausrichtung verbleiben, müssen Ausrichtungspfeile gemäß den Vorschriften des Unterabschnitts 5.2.1.10 mindestens auf zwei gegenüberliegenden senkrechten Seiten angebracht sein, wobei die Pfeile in die richtige Richtung zeigen.
302	Begaste Güterbeförderungseinheiten (CTU), die keine anderen gefährlichen Güter enthalten, unterliegen nur den Vorschriften des Abschnitts 5.5.2.

Für bestimmte Stoffe oder Gegenstände geltende Sondervorschriften 3.3

ADR	RID

303	Die Gefäße müssen dem Klassifizierungscode des darin enthaltenen Gases oder Gasgemisches zugeordnet werden, der nach den Vorschriften des Abschnitts 2.2.2 zu bestimmen ist.
304	Diese Eintragung darf nur für die Beförderung nicht aktivierter Batterien verwendet werden, die Kaliumhydroxid, trocken, enthalten und die dazu bestimmt sind, vor der Verwendung durch die Hinzufügung einer geeigneten Menge von Wasser in die einzelnen Zellen aktiviert zu werden.
305	Diese Stoffe unterliegen in Konzentrationen von höchstens 50 mg/kg nicht den Vorschriften des ADR/RID.
306	Diese Eintragung darf nur für Stoffe verwendet werden, die bei den Prüfungen gemäß Prüfreihen 2 (siehe Handbuch Prüfungen und Kriterien Teil I) zu unempfindlich für eine Zuordnung zur Klasse 1 sind.

307	Diese Eintragung darf nur für ammoniumnitrathaltige Düngemittel verwendet werden. Diese müssen in Übereinstimmung mit dem im Handbuch Prüfungen und Kriterien Teil III Abschnitt 39 festgelegten Verfahren vorbehaltlich der Einschränkungen in Absatz 2.2.51.2.2 dreizehnter und vierzehnter Spiegelstrich klassifiziert werden. Der im genannten Abschnitt 39 verwendete Begriff «zuständige Behörde» bedeutet die zuständige Behörde des Ursprungslandes. Ist das Ursprungsland	
	keine Vertragspartei des ADR,	kein RID-Vertragsstaat,
	so müssen die Klassifizierung und die Beförderungsbedingungen von der zuständigen Behörde	
	der	des
	ersten von der Sendung berührten	
	Vertragspartei des ADR	RID-Vertragsstaates
	anerkannt werden.	

309	Diese Eintragung gilt für nicht sensibilisierte Emulsionen, Suspensionen und Gele, die sich hauptsächlich aus einem Gemisch von Ammoniumnitrat und einem Brennstoff zusammensetzen und die für die Herstellung eines Sprengstoffs Typ E nach einer zwingenden Vorbehandlung vor der Verwendung bestimmt sind.
	Das Gemisch für Emulsionen hat typischerweise folgende Zusammensetzung: 60 bis 85 % Ammoniumnitrat, 5 bis 30 % Wasser, 2 bis 8 % Brennstoff, 0,5 bis 4 % Emulgator, 0 bis 10 % lösliche Flammenunterdrücker sowie Spurenzusätze. Ammoniumnitrat darf teilweise durch andere anorganische Nitratsalze ersetzt werden.
	Das Gemisch für Suspensionen und Gele hat typischerweise folgende Zusammensetzung: 60 bis 85 % Ammoniumnitrat, 0 bis 5 % Natrium- oder Kaliumperchlorat, 0 bis 17 % Hexaminnitrat oder Monomethylaminnitrat, 5 bis 30 % Wasser, 2 bis 15 % Brennstoff, 0,5 bis 4 % Verdickungsmittel, 0 bis 10 % lösliche Flammenunterdrücker sowie Spurenzusätze. Ammoniumnitrat darf teilweise durch andere anorganische Nitratsalze ersetzt werden.
	Diese Stoffe müssen die Kriterien für die Klassifizierung als Ammoniumnitrat-Emulsion, Ammoniumnitrat-Suspension oder Ammoniumnitrat-Gel, Zwischenprodukt für die Herstellung von Sprengstoffen (ANE) der Prüfreihe 8 des Handbuchs Prüfungen und Kriterien Teil I Abschnitt 18 erfüllen und von der zuständigen Behörde zugelassen sein.

3.3 Für bestimmte Stoffe oder Gegenstände geltende Sondervorschriften

ADR	RID

310	Die Prüfvorschriften des Handbuchs Prüfungen und Kriterien Teil III Unterabschnitt 38.3 gelten nicht für Produktionsserien von höchstens 100 Zellen oder Batterien oder für Vorproduktionsprototypen von Zellen oder Batterien, sofern diese Prototypen für die Prüfung befördert werden und gemäß Verpackungsanweisung P 910 des Unterabschnitts 4.1.4.1 bzw. Verpackungsanweisung LP 905 des Unterabschnitts 4.1.4.3 verpackt sind. Im Beförderungspapier muss folgende Angabe enthalten sein: «BEFÖRDERUNG NACH SONDERVORSCHRIFT 310». Beschädigte oder defekte Zellen und Batterien oder Ausrüstungen mit solchen Zellen und Batterien müssen in Übereinstimmung mit der Sondervorschrift 376 befördert werden. Zellen, Batterien oder Ausrüstungen mit Zellen und Batterien, die zur Entsorgung oder zum Recycling befördert werden, dürfen gemäß Sondervorschrift 377 und Verpackungsanweisung P 909 des Unterabschnitts 4.1.4.1 verpackt sein.
311	Die Stoffe dürfen nur mit Genehmigung der zuständigen Behörde auf der Grundlage der Ergebnisse der entsprechenden Prüfungen gemäß Handbuch Prüfungen und Kriterien Teil I unter dieser Eintragung befördert werden. Die Verpackung muss sicherstellen, dass der Prozentsatz des Lösungsmittels zu keinem Zeitpunkt während der Beförderung unter den in der Genehmigung der zuständigen Behörde festgelegten Wert fällt.
312	(gestrichen)
313	(gestrichen)
314	a) Diese Stoffe neigen bei erhöhten Temperaturen zur exothermen Zersetzung. Die Zersetzung kann durch Wärme oder durch Unreinheiten (d.h. pulverförmige Metalle (Eisen, Mangan, Kobalt, Magnesium) und ihre Verbindungen) ausgelöst werden. b) Während der Beförderung dürfen diese Stoffe keiner direkten Sonneneinstrahlung und keinen Wärmequellen ausgesetzt sein und müssen an ausreichend belüfteten Stellen abgestellt sein.
315	Diese Eintragung darf nicht für Stoffe der Klasse 6.1 verwendet werden, welche den in Absatz 2.2.61.1.8 beschriebenen Kriterien für die Giftigkeit beim Einatmen für die Verpackungsgruppe I entsprechen.
316	Diese Eintragung gilt nur für Calciumhypochlorit, trocken, das in Form nicht krümelnder Tabletten befördert wird.
317	«Spaltbar, freigestellt» gilt nur für solche spaltbaren Stoffe und Versandstücke, die spaltbare Stoffe enthalten, die gemäß Absatz 2.2.7.2.3.5 ausgenommen sind.
318	Für Zwecke der Dokumentation ist die offizielle Benennung für die Beförderung durch die technische Benennung zu ergänzen (siehe Unterabschnitt 3.1.2.8). Wenn die zu befördernden ansteckungsgefährlichen Stoffe nicht bekannt sind, jedoch der Verdacht besteht, dass sie den Kriterien für eine Aufnahme in Kategorie A und für eine Zuordnung zur UN-Nummer 2814 oder 2900 entsprechen, muss im Beförderungspapier der Wortlaut «Verdacht auf ansteckungsgefährlichen Stoff der Kategorie A» nach der offiziellen Benennung für die Beförderung in Klammern angegeben werden.

Für bestimmte Stoffe oder Gegenstände geltende Sondervorschriften 3.3

ADR	RID

319	Stoffe bzw. Versandstücke, die in Übereinstimmung mit der Verpackungsanweisung P 650 verpackt bzw. gekennzeichnet sind, unterliegen keinen weiteren Vorschriften des ADR/RID.
320	(gestrichen)
321	Bei diesen Speichersystemen ist immer davon auszugehen, dass sie Wasserstoff enthalten.
322	Diese Güter sind, wenn sie in Form nicht krümelnder Tabletten befördert werden, der Verpackungsgruppe III zugeordnet.
323	(bleibt offen)
324	Dieser Stoff muss in Konzentrationen von höchstens 99 % stabilisiert werden.
325	Im Falle von Uranhexafluorid, nicht spaltbar oder spaltbar, freigestellt, ist der Stoff der UN-Nummer 2978 zuzuordnen.
326	Im Falle von Uranhexafluorid, spaltbar, ist der Stoff der UN-Nummer 2977 zuzuordnen.
327	Abfall-Druckgaspackungen und Abfall-Gaspatronen, die gemäß Absatz 5.4.1.1.3 versandt werden, dürfen für Wiederaufarbeitungs- oder Entsorgungszwecke unter der UN-Nummer 1950 bzw. 2037 befördert werden. Sie müssen nicht gegen Bewegung und unbeabsichtigtes Entleeren geschützt sein, vorausgesetzt, es werden Maßnahmen getroffen, um einen gefährlichen Druckaufbau und die Bildung einer gefährlichen Atmosphäre zu verhindern. Abfall-Druckgaspackungen mit Ausnahme von undichten oder stark verformten müssen gemäß Verpackungsanweisung P 207 und Sondervorschrift für die Verpackung PP 87 oder Verpackungsanweisung LP 200 und Sondervorschrift für die Verpackung L 2 verpackt sein. Abfall-Gaspatronen mit Ausnahme von undichten oder stark verformten müssen gemäß Verpackungsanweisung P 003 und den Sondervorschriften für die Verpackung PP 17 und PP 96 oder Verpackungsanweisung LP 200 und Sondervorschrift für die Verpackung L 2 verpackt sein. Undichte oder stark verformte Abfall-Druckgaspackungen und Abfall-Gaspatronen müssen in Bergungsdruckgefäßen oder Bergungsverpackungen befördert werden, vorausgesetzt, es werden geeignete Maßnahmen ergriffen, um einen gefährlichen Druckaufbau zu verhindern. **Bem.** Im Seeverkehr dürfen Abfall-Druckgaspackungen und Abfall-Gaspatronen nicht in geschlossenen Containern befördert werden. Abfall-Gaspatronen, die mit nicht entzündbaren, nicht giftigen Gasen der Klasse 2 Gruppe A oder O befüllt waren und durchstochen wurden, unterliegen nicht dem ADR/RID.

3.3 Für bestimmte Stoffe oder Gegenstände geltende Sondervorschriften

ADR	RID

328	Diese Eintragung gilt für Brennstoffzellen-Kartuschen, einschließlich Brennstoffzellen in Ausrüstungen oder mit Ausrüstungen verpackt. Brennstoffzellen-Kartuschen, die in ein Brennstoffzellen-System eingebaut oder Bestandteil eines solchen Systems sind, gelten als Brennstoffzellen in Ausrüstungen. Eine Brennstoffzellen-Kartusche ist ein Gegenstand, in dem Brennstoff gespeichert wird, der über ein oder mehrere Ventile in die Brennstoffzelle abgegeben wird, welche die Abgabe von Brennstoff in die Brennstoffzelle steuern. Brennstoffzellen-Kartuschen, einschließlich solche, die in Ausrüstungen enthalten sind, müssen so ausgelegt und gebaut sein, dass unter normalen Beförderungsbedingungen ein Freiwerden des Brennstoffs verhindert wird. Bauarten von Brennstoffzellen-Kartuschen, bei denen flüssige Stoffe als Brennstoffe verwendet werden, müssen einer Innendruckprüfung bei einem Druck von 100 kPa (Überdruck) unterzogen werden, ohne dass es zu einer Undichtheit kommt. Mit Ausnahme von Brennstoffzellen-Kartuschen, die Wasserstoff in einem Metallhydrid enthalten und die der Sondervorschrift 339 entsprechen, muss für jede Bauart von Brennstoffzellen-Kartuschen nachgewiesen werden, dass sie einer Fallprüfung aus 1,2 Metern Höhe auf eine unnachgiebige Oberfläche in der Ausrichtung, die mit größter Wahrscheinlichkeit zu einem Versagen des Umschließungssystems führt, standhalten, ohne dass es zu einem Freiwerden des Inhalts kommt. Wenn Lithium-Metall- oder Lithium-Ionen-Batterien im Brennstoffzellen-System enthalten sind, muss die Sendung unter dieser Eintragung und unter der jeweils geeigneten Eintragung UN 3091 LITHIUM-METALL-BATTERIEN IN AUSRÜSTUNGEN oder UN 3481 LITHIUM-IONEN-BATTERIEN IN AUSRÜSTUNGEN versandt werden.
329	(bleibt offen)
330	(gestrichen)
331	(bleibt offen)
332	Magnesiumnitrat-Hexahydrat unterliegt nicht den Vorschriften des ADR/RID.
333	Gemische von Ethanol und Benzin oder Ottokraftstoff für die Verwendung in Ottomotoren (z.B. in Kraftfahrzeugen, ortsfesten Motoren und anderen Motoren) sind ungeachtet der Bandbreite der Flüchtigkeit dieser Eintragung zuzuordnen.
334	Eine Brennstoffzellen-Kartusche darf einen Aktivator enthalten, vorausgesetzt, dieser ist mit zwei voneinander unabhängigen Vorrichtungen ausgerüstet, die während der Beförderung eine unbeabsichtigte Mischung mit dem Brennstoff verhindern.
335	Gemische fester Stoffe, die nicht den Vorschriften des ADR/RID unterliegen, und umweltgefährdender flüssiger oder fester Stoffe sind der UN-Nummer 3077 zuzuordnen und dürfen unter dieser Eintragung befördert werden, vorausgesetzt, zum Zeitpunkt des Verladens des Stoffes oder des Verschließens der Verpackung oder der Güterbeförderungseinheit ist keine freie Flüssigkeit sichtbar. Jede Güterbeförderungseinheit muss bei der Verwendung für die Beförderung in loser Schüttung flüssigkeitsdicht sein. Wenn zum Zeitpunkt des Verladens des Gemisches oder des Verschließens der Verpackung oder der Güterbeförderungseinheit freie Flüssigkeit sichtbar ist, ist das Gemisch der UN-Nummer 3082 zuzuordnen. Dicht verschlossene Päckchen und Gegenstände, die weniger als 10 ml eines in einem festen Stoff absorbierten umweltgefährdenden flüssigen Stoffes enthalten, wobei das Päckchen oder der Gegenstand jedoch keine freie Flüssigkeit enthalten darf, oder die weniger als 10 g eines umweltgefährdenden festen Stoffes enthalten, unterliegen nicht den Vorschriften des ADR/RID.

Für bestimmte Stoffe oder Gegenstände geltende Sondervorschriften 3.3

ADR	RID

336 Ein einzelnes Versandstück mit nicht brennbaren festen LSA-II- oder LSA-III-Stoffen darf bei Beförderung als Luftfracht höchstens eine Aktivität von 3000 A_2 aufweisen.

337 Typ B(U)- und Typ B(M)-Versandstücke dürfen bei Beförderung als Luftfracht höchstens folgende Aktivitäten aufweisen:

a) bei gering dispergierbaren radioaktiven Stoffen: wie für das Versandstückmuster zugelassen und im Zulassungszeugnis festgelegt;

b) bei radioaktiven Stoffen in besonderer Form: 3000 A_1 oder 100000 A_2, je nachdem, welcher Wert niedriger ist, oder

c) bei allen anderen radioaktiven Stoffen: 3000 A_2.

338 Jede Brennstoffzellen-Kartusche, die unter dieser Eintragung befördert wird und für die Aufnahme eines verflüssigten entzündbaren Gases ausgelegt ist, muss folgenden Vorschriften entsprechen:

a) sie muss in der Lage sein, einem Druck standzuhalten, der mindestens dem Zweifachen des Gleichgewichtsdrucks des Inhalts bei 55 °C entspricht, ohne dass es zu einer Undichtheit oder einem Zerbersten kommt;

b) sie darf höchstens 200 ml verflüssigtes entzündbares Gas enthalten, dessen Dampfdruck bei 55 °C 1000 kPa nicht übersteigen darf, und

c) sie muss die in Unterabschnitt 6.2.6.3.1 beschriebene Prüfung in einem Heißwasserbad bestehen.

339 Brennstoffzellen-Kartuschen, die Wasserstoff in einem Metallhydrid enthalten und unter dieser Eintragung befördert werden, müssen einen mit Wasser ausgeliterten Fassungsraum von höchstens 120 ml haben.

Der Druck in der Brennstoffzellen-Kartusche darf bei 55 °C 5 MPa nicht überschreiten. Das Baumuster muss einem Druck standhalten, der dem zweifachen Auslegungsdruck der Kartusche bei 55 °C oder dem um 200 kPa erhöhten Auslegungsdruck der Kartusche bei 55 °C entspricht, je nachdem, welcher der beiden Werte höher ist, ohne dass es zu einer Undichtheit oder einem Zerbersten kommt. Der Druck, bei dem diese Prüfung durchgeführt wird, ist in der Freifallprüfung und der Prüfung der zyklischen Wasserstoffbefüllung und -entleerung als «Mindestberstdruck des Gehäuses» bezeichnet.

Brennstoffzellen-Kartuschen müssen nach den vom Hersteller vorgegebenen Verfahren befüllt werden. Der Hersteller muss für jede Brennstoffzellen-Kartusche folgende Informationen zur Verfügung stellen:

a) vor der ersten Befüllung und vor der Wiederbefüllung der Brennstoffzellen-Kartusche durchzuführende Prüfverfahren;

b) zu beachtende Sicherheitsvorkehrungen und potenzielle Gefahren;

c) Methode für die Bestimmung, wann der nominale Fassungsraum erreicht ist;

d) minimaler und maximaler Druckbereich;

e) minimaler und maximaler Temperaturbereich und

f) sonstige Vorschriften, die bei der ersten Befüllung und der Wiederbefüllung einzuhalten sind, einschließlich der Art der für die erste Befüllung und die Wiederbefüllung zu verwendenden Ausrüstung.

Die Brennstoffzellen-Kartuschen müssen so ausgelegt und gebaut sein, dass unter normalen Beförderungsbedingungen ein Austreten von Brennstoff verhindert wird. Jedes Kartuschen-Baumuster, einschließlich Kartuschen, die Bestandteil einer Brennstoffzelle sind, muss folgenden Prüfungen erfolgreich unterzogen werden:

3.3 Für bestimmte Stoffe oder Gegenstände geltende Sondervorschriften

ADR	RID

339 (Forts.) **Freifallprüfung**

Eine Freifallprüfung aus 1,8 Metern Höhe auf eine unnachgiebige Oberfläche in vier verschiedenen Ausrichtungen:

a) vertikal auf das Ende, welches das Absperrventil enthält;
b) vertikal auf das Ende, welches dem Absperrventil gegenüber liegt;
c) horizontal auf eine nach oben zeigende Stahlspitze mit einem Durchmesser von 38 mm und
d) in einem 45°-Winkel auf das Ende, welches das Absperrventil enthält.

Beim Aufbringen einer Seifenlösung oder anderer gleichwertiger Mittel auf allen möglichen Undichtheitspunkten darf keine Undichtheit festgestellt werden, wenn die Kartusche bis zu ihrem nominalen Fülldruck aufgeladen wird. Die Brennstoffzellen-Kartusche muss anschließend bis zur Zerstörung hydrostatisch unter Druck gesetzt werden. Der aufgezeichnete Berstdruck muss 85 % des Mindestberstdrucks des Gehäuses überschreiten.

Brandprüfung

Eine Brennstoffzellen-Kartusche, die bis zum nominalen Fassungsraum mit Wasserstoff gefüllt ist, muss einer Brandprüfung unter Flammeneinschluss unterzogen werden. Es wird davon ausgegangen, dass das Kartuschen-Baumuster, das eine eingebaute Lüftungseinrichtung enthalten darf, die Brandprüfung bestanden hat, wenn:

a) der innere Druck ohne Zerbersten der Kartusche auf 0 bar Überdruck entlastet wird oder
b) die Kartusche dem Brand ohne Zerbersten mindestens 20 Minuten standhält.

Prüfung der zyklischen Wasserstoffbefüllung und -entleerung

Durch diese Prüfung soll sichergestellt werden, dass die Auslegungsbeanspruchungsgrenzwerte einer Brennstoffzellen-Kartusche während der Verwendung nicht überschritten werden.

Die Brennstoffzellen-Kartusche muss zyklisch von höchstens 5 % des nominalen Wasserstofffassungsraums auf mindestens 95 % des nominalen Wasserstofffassungsraums aufgefüllt und auf höchstens 5 % des nominalen Wasserstofffassungsraums entleert werden. Bei der Befüllung muss der nominale Fülldruck verwendet werden, und die Temperaturen müssen innerhalb des Betriebstemperaturbereichs liegen. Die zyklische Befüllung und Entleerung muss mindestens 100 Mal durchgeführt werden.

Nach der zyklischen Prüfung muss die Brennstoffzellen-Kartusche aufgefüllt und das durch die Kartusche verdrängte Wasservolumen gemessen werden. Es wird davon ausgegangen, dass das Kartuschen-Baumuster die Prüfung der zyklischen Wasserstoffbefüllung und -entleerung bestanden hat, wenn das Wasservolumen, das durch die der zyklischen Befüllung und Entleerung unterzogenen Kartusche verdrängt wird, nicht das Wasservolumen überschreitet, das von einer nicht der zyklischen Befüllung und Entleerung unterzogenen Kartusche, die zu 95 % ihres nominalen Fassungsraums aufgefüllt und zu 75 % des Mindestberstdrucks des Gehäuses unter Druck gesetzt ist, verdrängt wird.

Für bestimmte Stoffe oder Gegenstände geltende Sondervorschriften 3.3

ADR	RID

339 (Forts.) Produktionsdichtheitsprüfung

Jede Brennstoffzellen-Kartusche muss, während sie mit ihrem nominalen Fülldruck unter Druck gesetzt ist, bei 15 °C ± 5 °C auf Undichtheiten geprüft werden. Beim Aufbringen einer Seifenlösung oder anderer gleichwertiger Mittel auf allen möglichen Undichtheitspunkten darf keine Undichtheit festgestellt werden.

Jede Brennstoffzellen-Kartusche muss dauerhaft mit folgenden Informationen gekennzeichnet sein:

a) dem nominalen Fülldruck in MPa;

b) der vom Hersteller vergebenen Seriennummer der Brennstoffzellen-Kartusche oder einer einmal vergebenen Identifizierungsnummer und

c) dem auf der höchsten Lebensdauer basierenden Ablaufdatum (Angabe des Jahres in vier Ziffern, des Monats in zwei Ziffern).

340 Chemie-Testsätze, Erste-Hilfe-Ausrüstungen und Polyesterharz-Mehrkomponentensysteme, die gefährliche Stoffe in Innenverpackungen in Mengen enthalten, welche die für einzelne Stoffe anwendbaren, in Kapitel 3.2 Tabelle A Spalte 7b festgelegten Mengengrenzwerte für freigestellte Mengen nicht überschreiten, dürfen in Übereinstimmung mit Kapitel 3.5 befördert werden. Obwohl Stoffe der Klasse 5.2 in Kapitel 3.2 Tabelle A Spalte 7b nicht als freigestellte Mengen zugelassen sind, sind sie in solchen Testsätzen, Ausrüstungen oder Systemen zugelassen und dem Code E 2 zugeordnet (siehe Unterabschnitt 3.5.1.2).

341 (bleibt offen)

342 Innengefäße aus Glas (wie Ampullen oder Kapseln), die nur für die Verwendung in Sterilisationsgeräten vorgesehen sind, dürfen, wenn sie weniger als 30 ml Ethylenoxid je Innenverpackung und höchstens 300 ml je Außenverpackung enthalten, unabhängig von der Angabe «E 0» in Kapitel 3.2 Tabelle A Spalte 7b nach den Vorschriften des Kapitels 3.5 befördert werden, vorausgesetzt:

a) nach dem Befüllen wurde für jedes Innengefäß aus Glas die Dichtheit festgestellt, indem das Innengefäß aus Glas in ein Heißwasserbad mit einer Temperatur und für eine Dauer eingesetzt wird, die ausreichend sind, um sicherzustellen, dass ein Innendruck erreicht wird, der dem Dampfdruck von Ethylenoxid bei 55 °C entspricht. Innengefäße aus Glas, die bei dieser Prüfung Anzeichen für eine Undichtheit, eine Verformung oder einen anderen Mangel liefern, dürfen nicht nach dieser Sondervorschrift befördert werden;

b) zusätzlich zu der in Abschnitt 3.5.2 vorgeschriebenen Verpackung wird jedes Innengefäß aus Glas in einen dichten Kunststoffsack eingesetzt, der mit Ethylenoxid verträglich und in der Lage ist, den Inhalt im Fall eines Bruchs oder einer Undichtheit des Innengefäßes aus Glas aufzunehmen, und

c) jedes Innengefäß aus Glas ist durch Mittel (z.B. Schutzhülsen oder Polsterung) geschützt, die ein Durchstoßen des Kunststoffsacks im Fall einer Beschädigung der Verpackung (z.B. durch Zerdrücken) verhindern.

343 Diese Eintragung gilt für RohERDöl, das Schwefelwasserstoff in Konzentrationen enthält, die ausreichen, so dass die vom Rohöl entwickelten Dämpfe eine Gefahr beim Einatmen darstellen können. Die zugeordnete Verpackungsgruppe muss anhand der Gefahr der Entzündbarkeit und der Gefahr beim Einatmen nach dem Gefahrengrad bestimmt werden.

344 Die Vorschriften des Abschnitts 6.2.6 müssen eingehalten werden.

3.3 Für bestimmte Stoffe oder Gegenstände geltende Sondervorschriften

ADR	RID

345	Dieses Gas, das in offenen Kryo-Behältern mit einem höchsten Fassungsraum von einem Liter und Doppelwänden aus Glas enthalten ist, bei denen der Zwischenraum zwischen der Innen- und Außenwand luftleer (vakuumisoliert) ist, unterliegt nicht den Vorschriften des ADR/RID, vorausgesetzt, jeder Behälter wird in einer Außenverpackung mit ausreichendem Polstermaterial oder saugfähigem Material befördert, um ihn vor Beschädigungen durch Stoß zu schützen.
346	Offene Kryo-Behälter, die den Vorschriften der Verpackungsanweisung P 203 des Unterabschnitts 4.1.4.1 entsprechen und keine gefährlichen Güter mit Ausnahme von UN 1977 Stickstoff, tiefgekühlt, flüssig, der vollständig von einem porösen Material aufgesaugt ist, enthalten, unterliegen keinen weiteren Vorschriften des ADR/RID.
347	Diese Eintragung darf nur verwendet werden, wenn die Ergebnisse der Prüfreihe 6 d) des Handbuchs Prüfungen und Kriterien Teil I gezeigt haben, dass alle aus der Funktion herrührenden Gefahren auf das Innere des Versandstücks beschränkt bleiben.
348	Batterien, die nach dem 31. Dezember 2011 hergestellt werden, müssen auf dem Außengehäuse mit der Nennenergie in Wattstunden gekennzeichnet sein.
349	Gemische eines Hypochlorits mit einem Ammoniumsalz sind zur Beförderung nicht zugelassen. UN 1791 Hypochloritlösung ist ein Stoff der Klasse 8.
350	Ammoniumbromat und seine wässerigen Lösungen sowie Gemische eines Bromats mit einem Ammoniumsalz sind zur Beförderung nicht zugelassen.
351	Ammoniumchlorat und seine wässerigen Lösungen sowie Gemische eines Chlorats mit einem Ammoniumsalz sind zur Beförderung nicht zugelassen.
352	Ammoniumchlorit und seine wässerigen Lösungen sowie Gemische eines Chlorits mit einem Ammoniumsalz sind zur Beförderung nicht zugelassen.
353	Ammoniumpermanganat und seine wässerigen Lösungen sowie Gemische eines Permanganats mit einem Ammoniumsalz sind zur Beförderung nicht zugelassen.
354	Dieser Stoff ist beim Einatmen giftig.
355	Sauerstoffflaschen für Notfallzwecke, die unter dieser Eintragung befördert werden, dürfen eingebaute Auslösekartuschen (Kartusche mit Antriebseinrichtung der Unterklasse 1.4 Verträglichkeitsgruppe C oder S) enthalten, ohne dass dadurch die Zuordnung zur Klasse 2 verändert wird, vorausgesetzt, die Gesamtmenge der deflagrierenden (antreibenden) explosiven Stoffe je Sauerstoffflasche überschreitet nicht 3,2 g. Die versandfertigen Flaschen mit den eingebauten Auslösekartuschen müssen über eine wirksame Vorrichtung zum Schutz vor unbeabsichtigtem Auslösen verfügen.

Für bestimmte Stoffe oder Gegenstände geltende Sondervorschriften 3.3

ADR	RID
356	Metallhydrid-Speichersystem(e), die für einen Einbau in Fahrzeugen, Wagen, Schiffen, Maschinen, Motoren oder Flugzeugen vorgesehen sind, müssen vor der Annahme zur Beförderung von der zuständigen Behörde des Herstellungslandes [1] zugelassen werden. Das Beförderungspapier muss die Angabe enthalten, dass das Versandstück von der zuständigen Behörde des Herstellungslandes [1] zugelassen wurde, oder jede Sendung muss durch eine Kopie der Zulassung der zuständigen Behörde des Herstellungslandes [1] begleitet werden.

[1] Ist das Herstellungsland
    keine Vertragspartei des ADR, | kein RID-Vertragsstaat,
    muss die Zulassung von der zuständigen Behörde
    einer Vertragspartei des ADR | eines RID-Vertragsstaates
    anerkannt werden.

357 Rohöl, das Schwefelwasserstoff in ausreichender Konzentration enthält, so dass die vom Rohöl entwickelten Dämpfe eine Gefahr beim Einatmen darstellen können, muss unter der Eintragung UN 3494 SCHWEFELREICHES ROHÖL, ENTZÜNDBAR, GIFTIG versandt werden.

358 Nitroglycerin, Lösung in Alkohol mit mehr als 1 %, aber höchstens 5 % Nitroglycerin darf der Klasse 3 und der UN-Nummer 3064 zugeordnet werden, vorausgesetzt, alle Vorschriften der Verpackungsanweisung P 300 des Unterabschnitts 4.1.4.1 werden erfüllt.

359 Nitroglycerin, Lösung in Alkohol mit mehr als 1 %, aber höchstens 5 % Nitroglycerin muss der Klasse 1 und der UN-Nummer 0144 zugeordnet werden, wenn nicht alle Vorschriften der Verpackungsanweisung P 300 des Unterabschnitts 4.1.4.1 erfüllt werden.

360 Fahrzeuge, die nur durch Lithium-Metall- oder Lithium-Ionen-Batterien angetrieben werden, müssen der Eintragung UN 3171 Batteriebetriebenes Fahrzeug zugeordnet werden. Lithiumbatterien, die in einer Güterbeförderungseinheit eingebaut sind und die nur dafür ausgelegt sind, Energie außerhalb der Güterbeförderungseinheit bereitzustellen, müssen der Eintragung UN 3536 LITHIUMBATTERIEN, IN GÜTERBEFÖRDERUNGSEINHEITEN EINGEBAUT, Lithium-Ionen-Batterien oder Lithium-Metall-Batterien zugeordnet werden.

361 Diese Eintragung gilt für Doppelschicht-Kondensatoren mit einer Energiespeicherkapazität von mehr als 0,3 Wh. Kondensatoren mit einer Energiespeicherkapazität von höchstens 0,3 Wh unterliegen nicht den Vorschriften des ADR/RID. Unter Energiespeicherkapazität versteht man die aus der Nennspannung und Nennkapazität errechnete Energie, die von dem Kondensator gespeichert wird. Alle Kondensatoren, für die diese Eintragung anwendbar ist, einschließlich Kondensatoren, die einen Elektrolyt enthalten, welcher nicht den Klassifizierungskriterien einer Gefahrgutklasse entspricht, müssen den folgenden Vorschriften entsprechen:

a) Kondensatoren, die nicht in Ausrüstungen eingebaut sind, müssen in ungeladenem Zustand befördert werden. Kondensatoren, die in Ausrüstungen eingebaut sind, müssen entweder in ungeladenem Zustand befördert werden oder gegen Kurzschluss geschützt sein;

b) Jeder Kondensator muss gegen die potenzielle Gefahr eines Kurzschlusses während der Beförderung wie folgt geschützt sein:

(i) wenn die Energiespeicherkapazität eines Kondensators höchstens 10 Wh beträgt oder wenn die Energiespeicherkapazität jedes Kondensators in einem Modul höchstens 10 Wh beträgt, muss der Kondensator oder das Modul gegen Kurzschluss geschützt sein oder mit einem Metallbügel ausgestattet sein, der die Pole miteinander verbindet; und

3.3 Für bestimmte Stoffe oder Gegenstände geltende Sondervorschriften

ADR	RID

361 (Forts.)

(ii) wenn die Energiespeicherkapazität eines Kondensators oder eines Kondensators in einem Modul mehr als 10 Wh beträgt, muss der Kondensator oder das Modul mit einem Metallbügel ausgestattet sein, der die Pole miteinander verbindet;

c) Kondensatoren, die gefährliche Güter enthalten, müssen so ausgelegt sein, dass sie einem Druckunterschied von 95 kPa standhalten;

d) Kondensatoren müssen so ausgelegt und gebaut sein, dass sie den Druck, der sich bei der Verwendung aufbauen kann, über ein Ventil oder über eine Sollbruchstelle im Kondensatorgehäuse sicher abbauen. Die bei der Entlüftung eventuell freiwerdende Flüssigkeit muss durch die Verpackung oder die Ausrüstung, in die der Kondensator eingebaut ist, zurückgehalten werden; und

▶ 1.6.1.33 für UN 3499

e) Kondensatoren müssen mit der Energiespeicherkapazität in Wh gekennzeichnet sein.

Kondensatoren, die einen Elektrolyt enthalten, der den Klassifizierungskriterien keiner Gefahrgutklasse entspricht, einschließlich Kondensatoren in Ausrüstungen, unterliegen nicht den übrigen Vorschriften des ADR/RID.

Kondensatoren, die einen den Klassifizierungskriterien einer Gefahrgutklasse entsprechenden Elektrolyt enthalten und eine Energiespeicherkapazität von höchstens 10 Wh haben, unterliegen nicht den übrigen Vorschriften des ADR/RID, wenn sie in der Lage sind, in unverpacktem Zustand einer Fallprüfung aus 1,2 Metern Höhe auf eine unnachgiebige Oberfläche ohne Verlust von Inhalt standzuhalten.

Kondensatoren, die einen den Klassifizierungskriterien einer Gefahrgutklasse entsprechenden Elektrolyt enthalten, nicht in Ausrüstungen eingebaut sind und eine Energiespeicherkapazität von mehr als 10 Wh haben, unterliegen den Vorschriften des ADR/RID.

Kondensatoren, die in Ausrüstungen eingebaut sind und einen den Klassifizierungskriterien einer Gefahrgutklasse entsprechenden Elektrolyt enthalten, unterliegen nicht den übrigen Vorschriften des ADR/RID, vorausgesetzt, die Ausrüstung ist in einer widerstandsfähigen Außenverpackung verpackt, die aus einem geeigneten Werkstoff hergestellt ist und hinsichtlich ihrer beabsichtigten Verwendung eine geeignete Festigkeit und Auslegung aufweist; die Außenverpackung muss außerdem so gebaut sein, dass ein unbeabsichtigter Betrieb der Kondensatoren während der Beförderung verhindert wird. Große widerstandsfähige Ausrüstungen mit Kondensatoren dürfen unverpackt oder auf Paletten zur Beförderung aufgegeben werden, wenn die Kondensatoren durch die Ausrüstung, in der sie enthalten sind, in gleichwertiger Weise geschützt werden.

Bem. Kondensatoren, die auf Grund ihrer Auslegung eine Endspannung aufrecht erhalten (z.B. asymmetrische Kondensatoren) fallen nicht unter diese Eintragung.

362 (bleibt offen)

Für bestimmte Stoffe oder Gegenstände geltende Sondervorschriften 3.3

ADR	RID

363 ▶ 1.6.1.27

Diese Eintragung darf nur verwendet werden, wenn die Bedingungen dieser Sondervorschrift erfüllt werden. Die übrigen Vorschriften des ADR/RID gelten nicht.

a) Diese Eintragung gilt für Motoren oder Maschinen, die durch als gefährliche Güter klassifizierte Brennstoffe[2)] über Verbrennungssysteme oder Brennstoffzellen angetrieben werden (z.B. Verbrennungsmotoren, Generatoren, Kompressoren, Turbinen, Heizvorrichtungen usw.), ausgenommen Ausrüstungen von Fahrzeugen, die gemäß Sondervorschrift 666 der UN-Nummer 3166 zugeordnet sind.

Bem. Diese Eintragung gilt nicht für Einrichtungen gemäß Unterabschnitte 1.1.3.2 a), d) und e), 1.1.3.3 und 1.1.3.7.

b) Motoren oder Maschinen, die frei von flüssigen oder gasförmigen Brennstoffen sind und keine anderen gefährlichen Güter enthalten, unterliegen nicht dem ADR/RID.

Bem.
1. Ein Motor oder eine Maschine gilt als frei von flüssigen Brennstoffen, wenn der Flüssigbrennstoffbehälter entleert wurde und der Motor oder die Maschine wegen Brennstoffmangels nicht betrieben werden kann. Motoren- oder Maschinenbauteile wie Brennstoffleitungen, -filter und -einspritzdüsen müssen nicht gereinigt, entleert oder entgast werden, damit sie als frei von flüssigen Brennstoffen gelten. Darüber hinaus muss der Flüssigbrennstoffbehälter nicht gereinigt oder entgast werden.

2. Ein Motor oder eine Maschine gilt als frei von gasförmigen Brennstoffen, wenn die Behälter für gasförmige Brennstoffe frei von Flüssigkeiten (bei verflüssigten Gasen) sind, der Druck in den Behältern nicht größer als 2 bar ist und der Brennstoffabsperrhahn oder das Brennstoffabsperrventil geschlossen und gesichert ist.

c) Motoren und Maschinen, die Brennstoffe enthalten, die den Klassifizierungskriterien der Klasse 3 entsprechen, müssen je nach Fall der Eintragung UN 3528 VERBRENNUNGSMOTOR MIT ANTRIEB DURCH ENTZÜNDBARE FLÜSSIGKEIT oder UN 3528 BRENNSTOFFZELLEN-MOTOR MIT ANTRIEB DURCH ENTZÜNDBARE FLÜSSIGKEIT oder UN 3528 VERBRENNUNGSMASCHINE MIT ANTRIEB DURCH ENTZÜNDBARE FLÜSSIGKEIT oder UN 3528 MASCHINE MIT BRENNSTOFFZELLEN-MOTOR MIT ANTRIEB DURCH ENTZÜNDBARE FLÜSSIGKEIT zugeordnet werden.

d) Motoren und Maschinen, die Brennstoffe enthalten, die den Klassifizierungskriterien für entzündbare Gase der Klasse 2 entsprechen, müssen je nach Fall der Eintragung UN 3529 VERBRENNUNGSMOTOR MIT ANTRIEB DURCH ENTZÜNDBARES GAS oder UN 3529 BRENNSTOFFZELLEN-MOTOR MIT ANTRIEB DURCH ENTZÜNDBARES GAS oder UN 3529 VERBRENNUNGSMASCHINE MIT ANTRIEB DURCH ENTZÜNDBARES GAS oder UN 3529 MASCHINE MIT BRENNSTOFFZELLEN-MOTOR MIT ANTRIEB DURCH ENTZÜNDBARES GAS zugeordnet werden.

Motoren und Maschinen, die sowohl durch ein entzündbares Gas als auch durch eine entzündbare Flüssigkeit angetrieben werden, müssen der entsprechenden Eintragung der UN-Nummer 3529 zugeordnet werden.

e) Motoren und Maschinen, die flüssige Brennstoffe enthalten, die den Klassifizierungskriterien des Absatzes 2.2.9.1.10 für umweltgefährdende Stoffe und nicht den Klassifizierungskriterien einer anderen Klasse entsprechen, müssen der Eintragung UN 3530 VERBRENNUNGSMOTOR bzw. UN 3530 VERBRENNUNGSMASCHINE zugeordnet werden.

f) Sofern im ADR/RID nichts anderes vorgeschrieben ist, dürfen Motoren oder Maschinen neben Brennstoffen auch andere gefährliche Güter enthalten (z.B. Batterien, Feuerlöscher, Druckgasspeicher oder Sicherheitseinrichtungen), die für ihre Funktion oder ihren sicheren Betrieb erforderlich sind, ohne dass sie in Bezug auf diese anderen gefährlichen Güter zusätzlichen Vorschriften unterliegen. Sofern in der Sondervorschrift 667 nichts anderes vorgesehen ist, müssen Lithiumbatterien jedoch den Vorschriften des Absatzes 2.2.9.1.7 entsprechen.

3.3 Für bestimmte Stoffe oder Gegenstände geltende Sondervorschriften

ADR	RID

363
(Forts.)

g) Der Motor oder die Maschine, einschließlich das Umschließungsmittel, das die gefährliche Güter enthält, entspricht den Bauvorschriften der zuständigen Behörde des Herstellungslandes[3].

h) Alle Ventile oder Öffnungen (z.B. Lüftungseinrichtungen) sind während der Beförderung geschlossen.

i) Die Motoren oder Maschinen sind so ausgerichtet, dass ein unbeabsichtigtes Freiwerden gefährlicher Güter verhindert wird, und sie sind durch Mittel gesichert, mit denen die Motoren oder Maschinen so fixiert werden können, dass Bewegungen während der Beförderung, die zu einer Veränderung der Ausrichtung oder zu einer Beschädigung führen können, verhindert werden.

j) Für die UN-Nummern 3528 und 3530:

Wenn der Motor oder die Maschine mehr als 60 Liter flüssigen Brennstoff bei einem Fassungsraum von mehr als 450 Litern, aber höchstens 3000 Litern enthält, ist der Motor oder die Maschine gemäß Abschnitt 5.2.2 an zwei gegenüberliegenden Seiten bezettelt.

Wenn der Motor oder die Maschine mehr als 60 Liter flüssigen Brennstoff bei einem Fassungsraum von mehr als 3000 Litern enthält, ist der Motor oder die Maschine an zwei gegenüberliegenden Seiten mit Großzetteln (Placards) versehen. Die Großzettel (Placards) entsprechen den in Kapitel 3.2 Tabelle A Spalte 5 vorgeschriebenen Gefahrzetteln und den in Unterabschnitt 5.3.1.7 aufgeführten Beschreibungen. Die Großzettel (Placards) sind auf einem farblich kontrastierenden Hintergrund angebracht oder weisen entweder eine gestrichelte oder eine durchgehende äußere Begrenzungslinie auf.

k) Für die UN-Nummer 3529:

Wenn der Brennstoffbehälter des Motors oder der Maschine einen mit Wasser ausgeliterten Fassungsraum von mehr als 450 Litern, aber höchstens 1000 Litern hat, ist der Motor oder die Maschine gemäß Abschnitt 5.2.2 an zwei gegenüberliegenden Seiten bezettelt.

Wenn der Brennstoffbehälter des Motors oder der Maschine einen mit Wasser ausgeliterten Fassungsraum von mehr als 1000 Litern hat, ist der Motor oder die Maschine an zwei gegenüberliegenden Seiten mit Großzetteln (Placards) versehen. Die Großzettel (Placards) entsprechen den in Kapitel 3.2 Tabelle A Spalte 5 vorgeschriebenen Gefahrzetteln und den in Unterabschnitt 5.3.1.7 aufgeführten Beschreibungen. Die Großzettel (Placards) sind auf einem farblich kontrastierenden Hintergrund angebracht oder weisen entweder eine gestrichelte oder eine durchgehende äußere Begrenzungslinie auf.

ADR	RID
l) Wenn der Motor oder die Maschine im Falle der UN-Nummern 3528 und 3530 mehr als 1000 Liter flüssige Brennstoffe enthält oder wenn der Brennstoffbehälter im Falle der UN-Nummer 3529 einen mit Wasser ausgeliterten Fassungsraum von mehr als 1000 Litern hat, – ist ein Beförderungspapier gemäß Abschnitt 5.4.1 erforderlich. In diesem Beförderungspapier ist zusätzlich zu vermerken: «BEFÖRDERUNG NACH SONDERVORSCHRIFT 363»;	l) Ein Beförderungspapier gemäß Abschnitt 5.4.1 ist nur dann erforderlich, wenn der Motor oder die Maschine im Falle der UN-Nummern 3528 und 3530 mehr als 1000 Liter flüssige Brennstoffe enthält oder wenn der Brennstoffbehälter im Falle der UN-Nummer 3529 einen mit Wasser ausgeliterten Fassungsraum von mehr als 1000 Litern hat. In diesem Beförderungspapier ist zusätzlich zu vermerken: «BEFÖRDERUNG NACH SONDERVORSCHRIFT 363».

Für bestimmte Stoffe oder Gegenstände geltende Sondervorschriften 3.3

ADR	RID
363 (Forts.) – müssen bei Beförderungen, bei denen Tunnel mit Beschränkungen durchfahren werden, an der Beförderungseinheit orangefarbene Tafeln gemäß Abschnitt 5.3.2 angebracht sein und es gelten die Tunnelbeschränkungen gemäß Abschnitt 8.6.4.	

m) Die in der Verpackungsanweisung P 005 des Unterabschnitts 4.1.4.1 festgelegten Vorschriften müssen erfüllt werden.

[2] Der Begriff «Brennstoff» schließt auch Kraftstoffe ein.

[3] Zum Beispiel Übereinstimmung mit den entsprechenden Vorschriften der Richtlinie 2006/42/EG des Europäischen Parlaments und des Rates vom 17. Mai 2006 über Maschinen und zur Änderung der Richtlinie 95/16/EG (Amtsblatt der Europäischen Union L 157 vom 9. Juni 2006, Seiten 24 bis 86).

364 Dieser Gegenstand darf unter den Vorschriften des Kapitels 3.4 nur dann befördert werden, wenn das versandfertige Versandstück in der Lage ist, die Prüfreihe 6 d) des Handbuchs Prüfungen und Kriterien Teil I nach den Bestimmungen der zuständigen Behörde erfolgreich zu bestehen.

365 Für hergestellte Instrumente und Gegenstände, die Quecksilber enthalten, siehe UN-Nummer 3506.

366 Hergestellte Instrumente und Gegenstände, die höchstens 1 kg Quecksilber enthalten, unterliegen nicht den Vorschriften des ADR/RID.

367 Für Zwecke der Dokumentation gilt Folgendes:

Die offizielle Benennung für die Beförderung «Farbzubehörstoffe» darf für Sendungen von Versandstücken verwendet werden, die «Farbe» und «Farbzubehörstoffe» in ein und demselben Versandstück enthalten.

Die offizielle Benennung für die Beförderung «Farbzubehörstoffe, ätzend, entzündbar» darf für Sendungen von Versandstücken verwendet werden, die «Farbe, ätzend, entzündbar» und «Farbzubehörstoffe, ätzend, entzündbar» in ein und demselben Versandstück enthalten.

Die offizielle Benennung für die Beförderung «Farbzubehörstoffe, entzündbar, ätzend» darf für Sendungen von Versandstücken verwendet werden, die «Farbe, entzündbar, ätzend» und «Farbzubehörstoffe, entzündbar, ätzend» in ein und demselben Versandstück enthalten.

Die offizielle Benennung für die Beförderung «Druckfarbzubehörstoffe» darf für Sendungen von Versandstücken verwendet werden, die «Druckfarbe» und «Druckfarbzubehörstoffe» in ein und demselben Versandstück enthalten.

368 Im Fall von nicht spaltbarem oder spaltbarem freigestelltem Uranhexafluorid muss der Stoff der UN-Nummer 3507 oder 2978 zugeordnet werden.

3.3 Für bestimmte Stoffe oder Gegenstände geltende Sondervorschriften

ADR	RID

369 Gemäß Absatz 2.1.3.5.3 a) ist dieser radioaktive Stoff in einem freigestellten Versandstück, der giftige und ätzende Eigenschaften besitzt, der Klasse 6.1 mit den Nebengefahren der Radioaktivität und der Ätzwirkung zugeordnet.

Uranhexafluorid darf dieser Eintragung nur zugeordnet werden, wenn die Vorschriften der Absätze 2.2.7.2.4.1.2, 2.2.7.2.4.1.5, 2.2.7.2.4.5.2 und für spaltbare freigestellte Stoffe des Absatzes 2.2.7.2.3.5 erfüllt sind.

Zusätzlich zu den für die Beförderung von Stoffen der Klasse 6.1 mit der Nebengefahr der Ätzwirkung anwendbaren Vorschriften gelten die Vorschriften des Unterabschnitts 5.1.3.2, der Absätze 5.1.5.2.2 und 5.1.5.4.1 b) sowie der Absätze (3.1), (5.1) bis (5.4) und (6) der Sondervorschrift

CV 33	CW 33

des Abschnitts 7.5.11.

Das Anbringen eines Gefahrzettels nach Muster 7 ist nicht erforderlich.

370 Diese Eintragung gilt nur für Ammoniumnitrat, das eines der folgenden Kriterien erfüllt:

a) Ammoniumnitrat mit mehr als 0,2 % brennbaren Stoffen, einschließlich jedes als Kohlenstoff berechneten organischen Stoffes, unter Ausschluss jedes anderen zugesetzten Stoffes oder

b) Ammoniumnitrat mit mehr als 0,2 % brennbaren Stoffen, einschließlich jedes als Kohlenstoff berechneten organischen Stoffes, unter Ausschluss jedes anderen zugesetzten Stoffes, das bei den Prüfungen gemäß Prüfreihen 2 (siehe Handbuch Prüfungen und Kriterien Teil I) zu einem positiven Ergebnis geführt hat. Siehe auch UN-Nummer 1942.

Diese Eintragung darf nicht für Ammoniumnitrat verwendet werden, für das in Kapitel 3.2 Tabelle A bereits eine offizielle Benennung für die Beförderung vorhanden ist, einschließlich Ammoniumnitrat in einem Gemisch mit Heizöl (ANFO) oder einer der handelsüblichen Sorten von Ammoniumnitrat.

Für bestimmte Stoffe oder Gegenstände geltende Sondervorschriften 3.3

ADR	RID

371 (1) Diese Eintragung gilt auch für Gegenstände, die ein kleines Druckgefäß mit einer Auslöseeinrichtung enthalten. Diese Gegenstände müssen folgenden Vorschriften entsprechen:

a) Der mit Wasser ausgelitete Fassungsraum des Druckgefäßes darf 0,5 Liter und der Betriebsdruck bei 15 °C 25 bar nicht übersteigen.

b) Der Mindestberstdruck des Druckgefäßes muss mindestens dem vierfachen Gasdruck bei 15 °C entsprechen.

c) Jeder Gegenstand muss so hergestellt sein, dass unter normalen Handhabungs-, Verpackungs-, Beförderungs- und Verwendungsbedingungen ein unbeabsichtigtes Abfeuern oder Auslösen vermieden wird. Dies kann durch eine zusätzliche mit dem Auslöser verbundene Verschlusseinrichtung erfüllt werden.

d) Jeder Gegenstand muss so hergestellt sein, dass ein gefährliches Wegschleudern des Druckgefäßes oder von Teilen des Druckgefäßes verhindert wird.

e) Jedes Druckgefäß muss aus einem Werkstoff hergestellt sein, der bei Bruch nicht splittert.

f) Die Bauart des Gegenstands muss einer Brandprüfung unterzogen werden. Für diese Prüfung müssen die Vorschriften des Unterabschnitts 16.6.1.2 mit Ausnahme des Absatzes g) und die Vorschriften der Absätze 16.6.1.3.1 bis 16.6.1.3.6, 16.6.1.3.7 b) und 16.6.1.3.8 des Handbuchs Prüfungen und Kriterien angewendet werden. Es muss nachgewiesen werden, dass der Druck im Gegenstand mittels einer Schmelzsicherung oder einer anderen Druckentlastungseinrichtung abgebaut wird, so dass das Druckgefäß nicht splittern kann und der Gegenstand oder Splitter des Gegenstandes nicht mehr als 10 Meter hochschießen können.

g) Die Bauart des Gegenstandes muss der folgenden Prüfung unterzogen werden. Für die Auslösung eines Gegenstands in der Mitte der Verpackung muss ein Aktivierungsmechanismus verwendet werden. Außerhalb des Versandstücks darf es zu keinen gefährlichen Auswirkungen kommen, wie Bersten des Versandstücks oder Austreten von Metallteilen oder des Gefäßes selbst aus der Verpackung.

(2) Der Hersteller muss eine technische Dokumentation über die Bauart, die Herstellung sowie die Prüfungen und deren Ergebnisse anfertigen. Der Hersteller muss Verfahren anwenden, um sicherzustellen, dass in Serie hergestellte Gegenstände von guter Qualität sind, der Bauart entsprechen und in der Lage sind, die Vorschriften des Absatzes (1) zu erfüllen. Der Hersteller muss diese Informationen der zuständigen Behörde auf Verlangen zur Verfügung stellen.

3.3 Für bestimmte Stoffe oder Gegenstände geltende Sondervorschriften

ADR	RID

372 Diese Eintragung gilt für asymmetrische Kondensatoren mit einer Energiespeicherkapazität von mehr als 0,3 Wh. Kondensatoren mit einer Energiespeicherkapazität von höchstens 0,3 Wh unterliegen nicht den Vorschriften des ADR/RID.

Unter Energiespeicherkapazität versteht man die in einem Kondensator gespeicherte Energie, die anhand folgender Formel berechnet wird:

$$Wh = \frac{1}{2} C_N \left(U_R^2 - U_L^2 \right) \times \frac{1}{3600}$$

unter Verwendung der Nennkapazität (C_N), der Nennspannung (U_R) und der Nennspannungsuntergrenze (U_L).

Alle asymmetrischen Kondensatoren, für die diese Eintragung anwendbar ist, müssen den folgenden Vorschriften entsprechen:

a) Kondensatoren oder Module müssen gegen Kurzschluss geschützt sein;

b) Kondensatoren müssen so ausgelegt und gebaut sein, dass sie den Druck, der sich bei der Verwendung aufbauen kann, über ein Ventil oder über eine Sollbruchstelle im Kondensatorgehäuse sicher abbauen. Die bei der Entlüftung eventuell freiwerdende Flüssigkeit muss durch die Verpackung oder die Ausrüstung, in die der Kondensator eingebaut ist, zurückgehalten werden;

▶ 1.6.1.34 für UN 3508

c) Kondensatoren müssen mit der Energiespeicherkapazität in Wh gekennzeichnet sein und

d) Kondensatoren, die einen den Klassifizierungskriterien einer Gefahrgutklasse entsprechenden Elektrolyt enthalten, müssen so ausgelegt sein, dass sie einem Druckunterschied von 95 kPa standhalten.

Kondensatoren, die einen Elektrolyt enthalten, der nicht den Klassifizierungskriterien einer Gefahrgutklasse entspricht, einschließlich in einem Modul konfigurierte oder in Ausrüstungen eingebaute Kondensatoren, unterliegen nicht den übrigen Vorschriften des ADR/RID.

Kondensatoren, die einen den Klassifizierungskriterien einer Gefahrgutklasse entsprechenden Elektrolyt enthalten und eine Energiespeicherkapazität von höchstens 20 Wh haben, einschließlich in einem Modul konfigurierte Kondensatoren, unterliegen nicht den übrigen Vorschriften des ADR/RID, wenn die Kondensatoren in der Lage sind, in unverpacktem Zustand einer Fallprüfung aus 1,2 Metern Höhe auf eine unnachgiebige Oberfläche ohne Verlust von Inhalt standzuhalten.

Kondensatoren, die einen den Klassifizierungskriterien einer Gefahrgutklasse entsprechenden Elektrolyt enthalten, nicht in Ausrüstungen eingebaut sind und eine Energiespeicherkapazität von mehr als 20 Wh haben, unterliegen den Vorschriften des ADR/RID.

Kondensatoren, die in Ausrüstungen eingebaut sind und einen den Klassifizierungskriterien einer Gefahrgutklasse entsprechenden Elektrolyt enthalten, unterliegen nicht den übrigen Vorschriften des ADR/RID, vorausgesetzt, die Ausrüstung ist in einer widerstandsfähigen Außenverpackung verpackt, die aus einem geeigneten Werkstoff hergestellt ist und hinsichtlich ihrer beabsichtigten Verwendung eine geeignete Festigkeit und Auslegung aufweist; die Außenverpackung muss außerdem so gebaut sein, dass ein unbeabsichtigter Betrieb der Kondensatoren während der Beförderung verhindert wird. Große widerstandsfähige Ausrüstungen mit Kondensatoren dürfen unverpackt oder auf Paletten zur Beförderung aufgegeben werden, wenn die Kondensatoren durch die Ausrüstung, in der sie enthalten sind, in gleichwertiger Weise geschützt werden.

Bem. Ungeachtet der Bestimmungen dieser Sondervorschrift müssen asymmetrische Nickel-Kohlenstoff-Kondensatoren, die alkalische Elektrolyte der Klasse 8 enthalten, unter UN 2795 BATTERIEN (AKKUMULATOREN), NASS, GEFÜLLT MIT ALKALIEN, elektrische Sammler, befördert werden.

Für bestimmte Stoffe oder Gegenstände geltende Sondervorschriften   3.3

ADR	RID

373	Neutronenstrahlendetektoren, die druckloses Bortrifluorid-Gas enthalten, dürfen unter dieser Eintragung befördert werden, vorausgesetzt, die folgenden Vorschriften werden erfüllt:

a) Jeder Strahlungsdetektor muss folgende Vorschriften erfüllen:

   (i) der Absolutdruck bei 20 °C in jedem Detektor darf nicht größer sein als 105 kPa;

   (ii) die Gasmenge je Detektor darf nicht größer sein als 13 g;

   (iii) jeder Detektor muss unter einem registrierten Qualitätssicherungsprogramm hergestellt werden;

   Bem. Die Norm ISO 9001 darf für diesen Zweck verwendet werden.

   (iv) jeder Neutronenstrahlendetektor muss aus einer geschweißten Metallkonstruktion mit hartgelötetem Metall an keramischen Durchführungsbauteilen bestehen. Diese Detektoren müssen einen durch eine Baumusterqualifizierungsprüfung nachgewiesenen Mindestberstdruck von 1800 kPa haben und

   (v) jeder Detektor muss vor dem Befüllen auf einen Dichtheitsstandard von 1×10^{-10} cm^3/s geprüft werden.

b) Strahlungsdetektoren, die in Einzelteilen befördert werden, müssen wie folgt befördert werden:

   (i) die Detektoren müssen in einer dicht verschlossenen Zwischenauskleidung aus Kunststoff mit absorbierendem oder adsorbierendem Material verpackt sein, das ausreichend ist, um den gesamten Gasinhalt zu absorbieren oder adsorbieren;

   (ii) sie müssen in widerstandsfähigen Außenverpackungen verpackt sein. Das fertige Versandstück muss in der Lage sein, einer Fallprüfung aus 1,8 m Höhe ohne Verlust von Gasinhalt aus den Detektoren standzuhalten;

   (iii) die Gesamtmenge an Gas aller Detektoren je Außenverpackung darf nicht größer sein als 52 g.

c) Fertiggestellte Neutronenstrahlendetektionssysteme, die den Vorschriften des Absatzes a) entsprechende Detektoren enthalten, müssen wie folgt befördert werden:

   (i) die Detektoren müssen in einem widerstandsfähigen dicht verschlossenen Außengehäuse enthalten sein;

   (ii) das Gehäuse muss absorbierendes oder adsorbierendes Material enthalten, das ausreichend ist, um den gesamten Gasinhalt zu absorbieren oder adsorbieren;

   (iii) die fertig gestellten Systeme müssen in widerstandsfähigen Außenverpackungen verpackt sein, die in der Lage sind, einer Fallprüfung aus 1,8 m Höhe ohne Verlust von Inhalt standzuhalten, es sei denn, das Außengehäuse des Systems bietet einen gleichwertigen Schutz.

Die Verpackungsanweisung P 200 des Unterabschnitts 4.1.4.1 ist nicht anwendbar.

Das Beförderungspapier muss folgende Angabe enthalten:

«BEFÖRDERUNG GEMÄSS SONDERVORSCHRIFT 373».

Neutronenstrahlendetektoren, die höchstens 1 g Bortrifluorid enthalten, einschließlich solche mit gelöteter Glasverbindung, unterliegen nicht dem ADR/RID, vorausgesetzt, sie entsprechen den Vorschriften des Absatzes a) und sind in Übereinstimmung mit Absatz b) verpackt. Strahlendetektionssysteme, die solche Detektoren enthalten, unterliegen nicht dem ADR/RID, vorausgesetzt, sie sind in Übereinstimmung mit Absatz c) verpackt.

374	(bleibt offen)

3.3 Für bestimmte Stoffe oder Gegenstände geltende Sondervorschriften

ADR	RID

375 Diese Stoffe unterliegen, wenn sie in Einzelverpackungen oder zusammengesetzten Verpackungen mit einer Nettomenge von höchstens 5 l flüssiger Stoffe oder einer Nettomasse von höchstens 5 kg fester Stoffe je Einzel- oder Innenverpackung befördert werden, nicht den übrigen Vorschriften des ADR/RID, vorausgesetzt, die Verpackungen entsprechen den allgemeinen Vorschriften der Unterabschnitte 4.1.1.1, 4.1.1.2 und 4.1.1.4 bis 4.1.1.8.

376 Lithium-Ionen-Zellen oder -Batterien und Lithium-Metall-Zellen oder -Batterien, bei denen festgestellt wurde, dass sie so beschädigt oder defekt sind, dass sie nicht mehr dem nach den anwendbaren Vorschriften des Handbuchs Prüfungen und Kriterien geprüften Typ entsprechen, müssen den Vorschriften dieser Sondervorschrift entsprechen.

Für Zwecke dieser Sondervorschrift können dazu unter anderem gehören:
– Zellen oder Batterien, die aus Sicherheitsgründen als defekt identifiziert worden sind;
– ausgelaufene oder entgaste Zellen oder Batterien;
– Zellen oder Batterien, die vor der Beförderung nicht diagnostiziert werden können, oder
– Zellen oder Batterien, die eine äußerliche oder mechanische Beschädigung erlitten haben.

Bem. Bei der Beurteilung, ob eine Zelle oder Batterie beschädigt oder defekt ist, muss eine Einschätzung oder Bewertung auf der Grundlage von Sicherheitskriterien des Zellen-, Batterie- oder Produktherstellers oder eines technischen Sachverständigen mit Kenntnis der Sicherheitsmerkmale der Zelle oder der Batterie durchgeführt werden. Eine Einschätzung oder Bewertung kann unter anderem die folgenden Kriterien umfassen:

a) akute Gefahr, wie Gas, Brand oder Austreten von Elektrolyt;
b) Nutzung oder Fehlnutzung der Zelle oder der Batterie;
c) Anzeichen von physischen Schäden, wie Verformung des Zellen- oder Batteriegehäuses oder Farben am Gehäuse;
d) äußerer und innerer Schutz gegen Kurzschluss, wie Spannungs- oder Isolationsmaßnahmen;
e) Zustand der Sicherheitsmerkmale der Zelle oder der Batterie oder
f) Beschädigung der inneren Sicherheitskomponenten, wie das Batteriemanagementsystem.

Sofern in dieser Sondervorschrift nichts anderes festgelegt ist, müssen Zellen und Batterien nach den für die UN-Nummern 3090, 3091, 3480 und 3481 geltenden Vorschriften mit Ausnahme der Sondervorschrift 230 befördert werden.

Zellen und Batterien müssen in Übereinstimmung mit der Verpackungsanweisung P 908 des Unterabschnitts 4.1.4.1 bzw. LP 904 des Unterabschnitts 4.1.4.3 verpackt sein.

Zellen und Batterien, bei denen festgestellt wurde, dass sie beschädigt oder defekt sind und unter normalen Beförderungsbedingungen zu einer schnellen Zerlegung, gefährlichen Reaktion, Flammenbildung, gefährlichen Wärmeentwicklung oder einem gefährlichen Ausstoß giftiger, ätzender oder entzündbarer Gase oder Dämpfe neigen, müssen in Übereinstimmung mit der Verpackungsanweisung P 911 des Unterabschnitts 4.1.4.1 bzw. LP 906 des Unterabschnitts 4.1.4.3 befördert werden. Alternative Verpackungs- und/oder Beförderungsbedingungen dürfen von der zuständigen Behörde

einer Vertragspartei des ADR	eines RID-Vertragsstaates

zugelassen werden, wobei diese zuständige Behörde auch eine von der zuständigen Behörde eines Landes, das

keine Vertragspartei des ADR	kein RID-Vertragsstaat

Für bestimmte Stoffe oder Gegenstände geltende Sondervorschriften 3.3

ADR	RID

376 (Forts.) ist, erteilte Genehmigung anerkennen kann, vorausgesetzt, diese wurde in Übereinstimmung mit den gemäß dem RID, dem ADR, dem ADN, dem IMDG-Code oder den Technischen Anweisungen der ICAO anwendbaren Verfahren erteilt. In beiden Fällen sind die Zellen und Batterien der Beförderungskategorie 0 zugeordnet.

Versandstücke müssen mit der Aufschrift «BESCHÄDIGTE/DEFEKTE LITHIUM-IONEN-BATTERIEN» bzw. «BESCHÄDIGTE/DEFEKTE LITHIUM-METALL-BATTERIEN» gekennzeichnet sein.

Im Beförderungspapier muss folgende Angabe enthalten sein:

«BEFÖRDERUNG NACH SONDERVORSCHRIFT 376».

Sofern zutreffend, muss eine Kopie der Zulassung der zuständigen Behörde die Beförderung begleiten.

377 Lithium-Ionen- und Lithium-Metall-Zellen und -Batterien und Ausrüstungen mit solchen Zellen und Batterien, die zur Entsorgung oder zum Recycling befördert werden und die mit oder ohne andere Batterien verpackt sind, die keine Lithiumbatterien sind, dürfen gemäß Verpackungsanweisung P 909 des Unterabschnitts 4.1.4.1 verpackt sein.

Diese Zellen und Batterien unterliegen nicht den Vorschriften des Absatzes 2.2.9.1.7 a) bis g).

Die Versandstücke müssen mit der Aufschrift «LITHIUMBATTERIEN ZUR ENTSORGUNG» oder «LITHIUMBATTERIEN ZUM RECYCLING» gekennzeichnet sein.

Batterien, bei denen eine Beschädigung oder ein Defekt festgestellt wurde, müssen in Übereinstimmung mit Sondervorschrift 376 befördert werden.

378 Strahlungsdetektoren, die dieses Gas in nicht nachfüllbaren Druckgefäßen enthalten, welche die Vorschriften des Kapitels 6.2 und des Unterabschnitts 4.1.4.1 Verpackungsanweisung P 200 nicht erfüllen, dürfen unter dieser Eintragung befördert werden, vorausgesetzt:

a) der Betriebsdruck in jedem Gefäß überschreitet nicht 50 bar;

b) der Fassungsraum des Gefäßes überschreitet nicht 12 Liter;

c) jedes Gefäß hat, sofern eine Entlastungseinrichtung angebracht ist, einen Mindestberstdruck von mindestens dem Dreifachen des Betriebsdrucks oder, sofern keine Entlastungseinrichtung angebracht ist, einen Mindestberstdruck von mindestens dem Vierfachen des Betriebsdrucks;

d) jedes Gefäß ist aus einem Werkstoff hergestellt, der bei Bruch nicht splittert;

e) jeder Detektor ist gemäß einem registrierten Qualitätssicherungsprogramm hergestellt;

Bem. Die Norm ISO 9001 darf für diesen Zweck verwendet werden.

f) die Detektoren werden in widerstandsfähigen Außenverpackungen befördert. Das fertige Versandstück muss in der Lage sein, einer Fallprüfung aus 1,2 m Höhe ohne Bruch des Detektors oder der Außenverpackung standzuhalten. Geräte, die einen Detektor enthalten, müssen in einer widerstandsfähigen Außenverpackung verpackt sein, es sei denn, der Detektor wird durch das Gerät, in dem er enthalten ist, in gleichwertiger Weise geschützt, und

g) das Beförderungspapier enthält folgende Angabe:

«BEFÖRDERUNG GEMÄSS SONDERVORSCHRIFT 378».

Strahlungsdetektoren, einschließlich Detektoren in Strahlungsdetektionssystemen, unterliegen nicht den übrigen Vorschriften des ADR/RID, wenn sie den Vorschriften der Absätze a) bis f) entsprechen und der Fassungsraum der Detektorgefäße 50 ml nicht überschreitet.

3.3 Für bestimmte Stoffe oder Gegenstände geltende Sondervorschriften

ADR	RID

379 Ammoniak, wasserfrei, das an einem festen Stoff adsorbiert oder von einem festen Stoff absorbiert ist, der in Ammoniak-Dosiersystemen oder in Gefäßen, die als Bestandteile solcher Systeme vorgesehen sind, enthalten ist, unterliegt nicht den übrigen Vorschriften des ADR/RID, wenn folgende Vorschriften beachtet werden:

a) Die Adsorption oder Absorption führt zu folgenden Eigenschaften:
   (i) bei einer Temperatur von 20 °C ist der Druck im Gefäß kleiner als 0,6 bar;
   (ii) bei einer Temperatur von 35 °C ist der Druck im Gefäß kleiner als 1 bar;
   (iii) bei einer Temperatur von 85 °C ist der Druck im Gefäß kleiner als 12 bar;

b) der adsorbierende oder absorbierende Stoff hat keine gefährlichen Eigenschaften der Klassen 1 bis 8;

c) der höchstzulässige Inhalt eines Gefäßes beträgt 10 kg Ammoniak und

d) die Gefäße, die adsorbiertes oder absorbiertes Ammoniak enthalten, müssen folgenden Vorschriften entsprechen:
   (i) die Gefäße müssen aus einem Werkstoff hergestellt sein, der gemäß Norm ISO 11114-1:2012 + A1:2017 mit Ammoniak verträglich ist;
   (ii) die Gefäße und ihre Verschlussmittel müssen luftdicht verschlossen und in der Lage sein, das gebildete Ammoniak zurückzuhalten;
   (iii) jedes Gefäß muss in der Lage sein, dem bei 85 °C gebildeten Druck mit einer volumetrischen Ausdehnung von höchstens 0,1 % standzuhalten;
   (iv) jedes Gefäß muss mit einer Einrichtung versehen sein, die ohne Gewaltbruch, Explosion oder Splittern eine Gasfreisetzung ermöglicht, sobald der Druck 15 bar überschreitet, und
   (v) jedes Gefäß muss bei deaktivierter Druckentlastungseinrichtung einem Druck von 20 bar ohne Undichtheit standhalten.

Bei der Beförderung in einem Ammoniak-Dosiersystem müssen die Gefäße so mit der Dosiereinrichtung verbunden sein, dass diese Einheit dieselbe Festigkeit wie ein einzelnes Gefäß gewährleistet.

Die in dieser Sondervorschrift genannten mechanischen Festigkeitseigenschaften müssen unter Verwendung eines Prototyps eines bis zu seinem nominalen Fassungsraum gefüllten Gefäßes oder Dosiersystems geprüft werden, indem die Temperatur erhöht wird, bis die festgelegten Drücke erreicht sind.

Die Prüfergebnisse müssen dokumentiert werden, nachverfolgbar sein und den zutreffenden Behörden auf Anfrage mitgeteilt werden.

380 (bleibt offen)

381 (bleibt offen)

382 Polymer-Kügelchen können aus Polystyrol, Poly(methylmethacrylat) oder anderen polymeren Werkstoffen hergestellt sein. Wenn nachgewiesen werden kann, dass gemäß der Prüfung U1 (Prüfmethode für Stoffe, die entzündbare Dämpfe entwickeln können) des Handbuchs Prüfungen und Kriterien Teil III Unterabschnitt 38.4.4 keine entzündbaren Dämpfe entwickelt werden, die zu einer entzündbaren Atmosphäre führen, müssen schäumbare Polymer-Kügelchen nicht dieser UN-Nummer zugeordnet werden. Diese Prüfung sollte nur vorgenommen werden, wenn eine Ausstufung in Betracht gezogen wird.

383 Aus Zelluloid hergestellte Tischtennisbälle unterliegen nicht den Vorschriften des ADR/RID, wenn die Nettomasse jedes einzelnen Tischtennisballs höchstens 3,0 g und die Gesamtnettomasse der Tischtennisbälle je Versandstück höchstens 500 g beträgt.

Für bestimmte Stoffe oder Gegenstände geltende Sondervorschriften 3.3

ADR	RID
384 (bleibt offen)	
385 (gestrichen)	
386 Wenn Stoffe durch Temperaturkontrolle stabilisiert werden, gelten die Vorschriften des Absatzes 2.2.41.1.21, des Abschnitts 7.1.7, der Sondervorschrift V 8 des Kapitels 7.2, der Sondervorschrift S4 des Kapitels 8.5 und die Vorschriften des Kapitels 9.6.	Stoffe, die durch Temperaturkontrolle stabilisiert werden, sind zur Beförderung im Eisenbahnverkehr nicht zugelassen (siehe Absatz 2.2.41.2.3).
Wenn eine chemische Stabilisierung angewendet wird, muss die Person, welche die Verpackung, das Großpackmittel (IBC) oder den Tank zur Beförderung übergibt, sicherstellen, dass das Ausmaß der Stabilisierung ausreichend ist, um eine gefährliche Polymerisation des Stoffes in der Verpackung, dem Großpackmittel (IBC) oder dem Tank bei einer mittleren Ladungstemperatur von 50 °C oder bei ortsbeweglichen Tanks von 45 °C zu verhindern. Wenn eine chemische Stabilisierung bei geringeren Temperaturen während der vorhergesehenen Beförderungsdauer unwirksam wird, ist eine	
Temperaturkontrolle erforderlich.	Beförderung im Eisenbahnverkehr nicht zugelassen.
Zu den Faktoren, die bei dieser Bestimmung zu berücksichtigen sind, zählen unter anderem der Fassungsraum und die Geometrie der Verpackung, des Großpackmittels (IBC) oder des Tanks, die Wirkung einer gegebenenfalls vorhandenen Isolierung, die Temperatur des Stoffes bei der Übergabe zur Beförderung, die Dauer der Beförderung und die während der Beförderung üblicherweise auftretenden Temperaturbedingungen (auch unter Berücksichtigung der Jahreszeit), die Wirksamkeit und die übrigen Eigenschaften des verwendeten Stabilisators, die vorgeschriebenen anwendbaren betrieblichen Kontrollen (z. B. Vorschriften in Bezug auf den Schutz vor Wärmequellen, einschließlich anderer Ladungen, die über der Umgebungstemperatur befördert werden) sowie alle übrigen relevanten Faktoren.	
387 Lithiumbatterien gemäß Absatz 2.2.9.1.7 f), die sowohl Lithium-Metall-Primärzellen als auch wiederaufladbare Lithium-Ionen-Zellen enthalten, müssen der UN-Nummer 3090 bzw. 3091 zugeordnet werden. Wenn solche Batterien in Übereinstimmung mit der Sondervorschrift 188 befördert werden, darf die Gesamtmenge an Lithium aller in der Batterie enthaltenen Lithium-Metall-Zellen nicht größer sein als 1,5 g und die Gesamtkapazität aller in der Batterie enthaltenen Lithium-Ionen-Zellen darf nicht größer sein als 10 Wh.	
388 ▶ *1.6.1.43* + *SV 666*	Die Eintragungen der UN-Nummer 3166 gelten für Fahrzeuge, die durch Verbrennungsmotoren oder Brennstoffzellen mit entzündbarer Flüssigkeit oder entzündbarem Gas angetrieben werden.
	Fahrzeuge, die durch einen Brennstoffzellen-Motor angetrieben werden, müssen der Eintragung UN 3166 BRENNSTOFFZELLEN-FAHRZEUG MIT ANTRIEB DURCH ENTZÜNDBARES GAS bzw. UN 3166 BRENNSTOFFZELLEN-FAHRZEUG MIT ANTRIEB DURCH ENTZÜNDBARE FLÜSSIGKEIT zugeordnet werden. Diese Eintragungen schließen elektrische Hybridfahrzeuge ein, die sowohl durch eine Brennstoffzelle als auch durch einen Verbrennungsmotor mit Nassbatterien, Natriumbatterien, Lithium-Metall-Batterien oder Lithium-Ionen-Batterien angetrieben und mit diesen Batterien im eingebauten Zustand befördert werden.

3.3 Für bestimmte Stoffe oder Gegenstände geltende Sondervorschriften

ADR	RID

388 (Forts.)	Andere Fahrzeuge, die einen Verbrennungsmotor enthalten, müssen der Eintragung UN 3166 FAHRZEUG MIT ANTRIEB DURCH ENTZÜNDBARES GAS bzw. UN 3166 FAHRZEUG MIT ANTRIEB DURCH ENTZÜNDBARE FLÜSSIGKEIT zugeordnet werden. Diese Eintragungen schließen elektrische Hybridfahrzeuge ein, die sowohl durch einen Verbrennungsmotor als auch durch Nassbatterien, Natriumbatterien, Lithium-Metall-Batterien oder Lithium-Ionen-Batterien angetrieben und mit diesen Batterien im eingebauten Zustand befördert werden.
	Ein Fahrzeug, das durch einen Verbrennungsmotor mit Antrieb durch entzündbare Flüssigkeit und entzündbares Gas angetrieben wird, muss der Eintragung UN 3166 FAHRZEUG MIT ANTRIEB DURCH ENTZÜNDBARES GAS zugeordnet werden.
	Die Eintragung der UN-Nummer 3171 gilt nur für Fahrzeuge, die durch Nassbatterien, Natriumbatterien, Lithium-Metall-Batterien oder Lithium-Ionen-Batterien, und für Geräte, die durch Nassbatterien oder Natriumbatterien angetrieben und mit diesen Batterien im eingebauten Zustand befördert werden.
	«Fahrzeuge» im Sinne dieser Sondervorschrift sind selbstfahrende Geräte, die für die Beförderung einer oder mehrerer Personen oder von Gütern ausgelegt sind. Beispiele solcher Fahrzeuge sind Personenkraftwagen, Motorräder, Motorroller, Drei- oder Vierradfahrzeuge oder -motorräder, Lastkraftwagen, Lokomotiven, Fahrräder (mit Motor) oder andere Fahrzeuge dieser Art (z. B. selbstausbalancierende Fahrzeuge oder Fahrzeuge, die nicht mit mindestens einer Sitzgelegenheit ausgerüstet sind), Rollstühle, Aufsitzrasenmäher, selbstfahrende Landwirtschaftsgeräte und Baumaschinen, Boote und Flugzeuge. Dies schließt Fahrzeuge ein, die in einer Verpackung befördert werden. In diesem Fall dürfen einige Teile des Fahrzeugs vom Rahmen abgebaut werden, damit sie in die Verpackung passen.
	Beispiele für Geräte sind Rasenmäher, Reinigungsmaschinen, Modellboote oder Modellflugzeuge. Geräte, die durch Lithium-Metall-Batterien oder Lithium-Ionen-Batterien angetrieben werden, müssen der Eintragung UN 3091 LITHIUM-METALL-BATTERIEN IN AUSRÜSTUNGEN, UN 3091 LITHIUM-METALL-BATTERIEN, MIT AUSRÜSTUNGEN VERPACKT, UN 3481 LITHIUM-IONEN-BATTERIEN IN AUSRÜSTUNGEN bzw. UN 3481 LITHIUM-IONEN-BATTERIEN, MIT AUSRÜSTUNGEN VERPACKT zugeordnet werden. Lithium-Ionen-Batterien oder Lithium-Metall-Batterien, die in einer Güterbeförderungseinheit eingebaut sind und die nur dafür ausgelegt sind, Energie außerhalb der Güterbeförderungseinheit bereitzustellen, müssen der Eintragung UN 3536 LITHIUMBATTERIEN, IN GÜTERBEFÖRDERUNGSEINHEITEN EINGEBAUT, Lithium-Ionen-Batterien oder Lithium-Metall-Batterien zugeordnet werden.
	Gefährliche Güter, wie Batterien, Airbags, Feuerlöscher, Druckgasspeicher, Sicherheitseinrichtungen und andere integrale Bauteile des Fahrzeugs, die für den Betrieb des Fahrzeugs oder für die Sicherheit seines Bedienpersonals oder der Fahrgäste erforderlich sind, müssen sicher im Fahrzeug eingebaut sein und unterliegen nicht den übrigen Vorschriften des ADR/RID. Sofern in der Sondervorschrift 667 nichts anderes vorgesehen ist, müssen Lithiumbatterien jedoch den Vorschriften des Absatzes 2.2.9.1.7 entsprechen.
	Wenn eine in einem Fahrzeug oder einem Gerät eingebaute Lithiumbatterie beschädigt oder defekt ist, muss das Fahrzeug oder Gerät in Übereinstimmung mit den in der Sondervorschrift 667 c) festgelegten Bedingungen befördert werden.
389	Diese Eintragung gilt nur für Güterbeförderungseinheiten, in denen Lithium-Ionen-Batterien oder Lithium-Metall-Batterien eingebaut sind und die nur dafür ausgelegt sind, Energie außerhalb der Einheit bereitzustellen. Die Lithiumbatterien müssen den Vorschriften des Absatzes 2.2.9.1.7 a) bis g) entsprechen und die Systeme enthalten, die für die Verhinderung einer Überladung oder Tiefentladung der Batterien erforderlich sind.

Für bestimmte Stoffe oder Gegenstände geltende Sondervorschriften 3.3

ADR	RID

389 (Forts.)	Die Batterien müssen sicher am Innenaufbau der Güterbeförderungseinheit befestigt sein (z.B. in Gestellen oder Schränken), so dass bei Stößen, Belastungen und Vibrationen, die normalerweise während der Beförderung auftreten, Kurzschlüsse, eine unbeabsichtigte Bedienung und nennenswerte Bewegungen in der Güterbeförderungseinheit verhindert werden. Gefährliche Güter, die für den sicheren und ordnungsgemäßen Betrieb der Güterbeförderungseinheit erforderlich sind (z.B. Feuerlöschsysteme und Klimaanlagen), müssen in der Güterbeförderungseinheit ordnungsgemäß befestigt oder eingebaut sein und unterliegen nicht den übrigen Vorschriften des ADR/RID. Gefährliche Güter, die für den sicheren und ordnungsgemäßen Betrieb der Güterbeförderungseinheit nicht erforderlich sind, dürfen nicht in der Güterbeförderungseinheit befördert werden. Die Batterien in der Güterbeförderungseinheit unterliegen nicht den Vorschriften für die Kennzeichnung oder Bezettelung. Die Güterbeförderungseinheit muss auf zwei gegenüberliegenden Seiten mit orangefarbenen Tafeln in Übereinstimmung mit Unterabschnitt 5.3.2.2 und mit Großzetteln (Placards) in Übereinstimmung mit Unterabschnitt 5.3.1.1 versehen sein.
390	Wenn ein Versandstück eine Kombination aus Lithiumbatterien in Ausrüstungen und Lithiumbatterien, die mit Ausrüstungen verpackt sind, enthält, gelten folgende Vorschriften für Zwecke der Kennzeichnung des Versandstücks und der Dokumentation: a) Das Versandstück muss mit «UN 3091» bzw. «UN 3481» gekennzeichnet sein. Wenn ein Versandstück sowohl Lithium-Ionen-Batterien als auch Lithium-Metall-Batterien enthält, die mit Ausrüstungen verpackt und in Ausrüstungen enthalten sind, muss das Versandstück so gekennzeichnet sein, wie es für beide Batterietypen vorgeschrieben ist. Knopfzellen-Batterien, die in Ausrüstungen (einschließlich Platinen) eingebaut sind, müssen jedoch nicht berücksichtigt werden. b) Im Beförderungspapier muss «UN 3091 LITHIUM-METALL-BATTERIEN, MIT AUSRÜSTUNGEN VERPACKT» bzw. «UN 3481 LITHIUM-IONEN-BATTERIEN, MIT AUSRÜSTUNGEN VERPACKT» angegeben werden. Wenn das Versandstück sowohl Lithium-Metall-Batterien als auch Lithium-Ionen-Batterien enthält, die mit Ausrüstungen verpackt und in Ausrüstungen enthalten sind, muss im Beförderungspapier sowohl «UN 3091 LITHIUM-METALL-BATTERIEN, MIT AUSRÜSTUNGEN VERPACKT» als auch «UN 3481 LITHIUM-IONEN-BATTERIEN, MIT AUSRÜSTUNGEN VERPACKT» angegeben werden.
391	(bleibt offen)

3.3 Für bestimmte Stoffe oder Gegenstände geltende Sondervorschriften

ADR	RID

392	Bei der Beförderung von Gasspeichersystemen, die für den Einbau in Kraftfahrzeugen ausgelegt und zugelassen sind und dieses Gas enthalten, zur Entsorgung, zum Recycling, zur Reparatur, zur Prüfung, zur Wartung oder vom Herstellungsort zum Fahrzeugmontagewerk müssen die Vorschriften des Unterabschnitts 4.1.4.1 und des Kapitels 6.2 nicht angewendet werden, vorausgesetzt, die folgenden Vorschriften werden erfüllt:
	a) Die Gasspeichersysteme entsprechen den jeweils zutreffenden Normen bzw. Vorschriften für Kraftstoffbehälter von Fahrzeugen. Beispiele anwendbarer Normen und Vorschriften sind:

Flüssiggas-Behälter

UN-Regelung Nr. 67 Revision 2	Einheitliche Bedingungen über die: I. Genehmigung der speziellen Ausrüstung von Fahrzeugen der Klassen M und N, in deren Antriebssystem verflüssigte Gase verwendet werden; II. Genehmigung von Fahrzeugen der Klassen M und N, die mit der speziellen Ausrüstung für die Verwendung von verflüssigten Gasen in ihrem Antriebssystem ausgestattet sind, in Bezug auf den Einbau dieser Ausrüstung
UN-Regelung Nr. 115	Einheitliche Bedingungen für die Genehmigung der I. speziellen Nachrüstsysteme für Flüssiggas (LPG) zum Einbau in Kraftfahrzeuge zur Verwendung von Flüssiggas in ihrem Antriebssystem; II. speziellen Nachrüstsysteme für komprimiertes Erdgas (CNG) zum Einbau in Kraftfahrzeuge zur Verwendung von komprimiertem Erdgas in ihrem Antriebssystem

Für bestimmte Stoffe oder Gegenstände geltende Sondervorschriften 3.3

ADR		RID
392 (Forts.)	Behälter für verdichtetes Erdgas (CNG) und verflüssigtes Erdgas (LNG)	
	UN-Regelung Nr. 110	Einheitliche Bedingungen für die Genehmigung: I. der speziellen Bauteile von Kraftfahrzeugen, in deren Antriebssystem komprimiertes Erdgas (CNG) und/oder Flüssigerdgas (LNG) verwendet wird, II. von Fahrzeugen hinsichtlich des Einbaus spezieller Bauteile eines genehmigten Typs für die Verwendung von komprimiertem Erdgas (CNG) und/oder Flüssigerdgas (LNG) in ihrem Antriebssystem
	UN-Regelung Nr. 115	Einheitliche Bedingungen für die Genehmigung der I. speziellen Nachrüstsysteme für Flüssiggas (LPG) zum Einbau in Kraftfahrzeuge zur Verwendung von Flüssiggas in ihrem Antriebssystem; II. speziellen Nachrüstsysteme für komprimiertes Erdgas (CNG) zum Einbau in Kraftfahrzeuge zur Verwendung von komprimiertem Erdgas in ihrem Antriebssystem
	ISO 11439:2013	Gasflaschen – Hochdruck-Flaschen für die fahrzeuginterne Speicherung von Erdgas als Treibstoff für Kraftfahrzeuge
	ISO 15500-Reihe	Road vehicles – Compressed natural gas (CNG) fuel system components – gegebenenfalls mehrere Teile
	ANSI NGV 2	Compressed natural gas vehicle fuel containers
	CSA B51 Part 2:2014	Boiler, pressure vessel, and pressure piping code – Part 2 Requirements for high-pressure cylinders for on-board storage of fuels for automotive vehicles (Norm für Kessel, Druckbehälter und Druckrohrleitungen – Teil 2: Vorschriften für Hochdruckflaschen zur fahrzeuginternen Speicherung von Kraftstoffen für Kraftfahrzeuge)

3.3 Für bestimmte Stoffe oder Gegenstände geltende Sondervorschriften

ADR	RID
392 (Forts.)	**Wasserstoff-Druckbehälter**

Global Technical Regulation (GTR) No. 13	Global technical regulation on hydrogen and fuel cell vehicles (Globale technische Regelung über mit Wasserstoff und mit Brennstoffzellen angetriebene Kraftfahrzeuge) (ECE/TRANS/180/Add.13)
ISO/TS 15869:2009	Gasförmiger Wasserstoff und Wasserstoffgemische – Kraftstofftanks für Landfahrzeuge
Verordnung (EG) Nr. 79/2009	Verordnung (EG) Nr. 79/2009 des Europäischen Parlaments und des Rates vom 14. Januar 2009 über die Typgenehmigung von wasserstoffbetriebenen Kraftfahrzeugen und zur Änderung der Richtlinie 2007/46/EG
Verordnung (EU) Nr. 406/2010	Verordnung (EU) Nr. 406/2010 der Kommission vom 26. April 2010 zur Durchführung der Verordnung (EG) Nr. 79/2009 des Europäischen Parlaments und des Rates über die Typgenehmigung von wasserstoffbetriebenen Kraftfahrzeugen
UN-Regelung Nr. 134	Einheitliche Bedingungen für die Genehmigung der Kraftfahrzeuge und ihrer Bauteile hinsichtlich der Sicherheitsvorschriften für Fahrzeuge, die mit Wasserstoff betrieben werden
CSA B51 Part 2:2014	Boiler, pressure vessel, and pressure piping code – Part 2: Requirements for high-pressure cylinders for on-board storage of fuels for automotive vehicles (Norm für Kessel, Druckbehälter und Druckrohrleitungen – Teil 2: Vorschriften für Hochdruckflaschen zur fahrzeuginternen Speicherung von Kraftstoffen für Kraftfahrzeuge)

Gasbehälter, die in Übereinstimmung mit früheren Ausgaben entsprechender Normen oder Vorschriften für Gasbehälter von Kraftfahrzeugen ausgelegt und gebaut wurden, die zum Zeitpunkt der Zulassung der Fahrzeuge, für welche die Gasbehälter ausgelegt und gebaut wurden, anwendbar waren, dürfen weiterhin befördert werden.

b) Die Gasspeichersysteme sind dicht und weisen keine Zeichen äußerer Beschädigung auf, welche ihre Sicherheit beeinträchtigen könnte.

Bem. 1. Kriterien können der Norm ISO 11623:2015 Gasflaschen – Verbundbauweise (Composite-Bauweise) – Wiederkehrende Inspektion und Prüfung (oder ISO 19078:2013 Gasflaschen – Prüfung der Flascheninstallation und Wiederholungsprüfung von Gashochdruck-Flaschen zum Mitführen für den Brennstoff bei erdgasbetriebenen Fahrzeugen) entnommen werden.

2. Wenn die Gasspeichersysteme nicht dicht oder überfüllt sind oder Beschädigungen aufweisen, die ihre Sicherheit beeinträchtigen könnten (z.B. im Falle eines sicherheitstechnischen Rückrufs), dürfen sie nur in Bergungsdruckgefäßen gemäß ADR/RID befördert werden.

Für bestimmte Stoffe oder Gegenstände geltende Sondervorschriften 3.3

ADR	RID

392 (Forts.)	c) Wenn das Gasspeichersystem mit mindestens zwei hintereinander eingebauten Ventilen ausgerüstet ist, sind die beiden Ventile so verschlossen, dass sie unter normalen Beförderungsbedingungen gasdicht sind. Wenn nur ein Ventil vorhanden oder funktionsfähig ist, sind alle Öffnungen mit Ausnahme der Öffnung der Druckentlastungseinrichtung so verschlossen, dass sie unter normalen Beförderungsbedingungen gasdicht sind.
	d) Die Gasspeichersysteme werden so befördert, dass eine Behinderung der Druckentlastungseinrichtung oder eine Beschädigung der Ventile und aller übrigen unter Druck stehenden Teile der Gasspeichersysteme und ein unbeabsichtigtes Freiwerden des Gases unter normalen Beförderungsbedingungen verhindert werden. Die Gasspeichersysteme sind gegen Verrutschen, Rollen oder vertikale Bewegung gesichert.
	e) Die Ventile sind in Übereinstimmung mit einer der in Unterabschnitt 4.1.6.8 a) bis e) beschriebenen Methoden geschützt.
	f) Die Gasspeichersysteme, ausgenommen solche, die zur Entsorgung, zum Recycling, zur Reparatur, zur Prüfung oder zur Wartung ausgebaut wurden, sind nicht zu mehr als 20 % ihres nominalen Füllungsgrades bzw. ihres nominalen Betriebsdrucks befüllt.
	g) Sofern die Gasspeichersysteme in einer Handhabungseinrichtung versandt werden, dürfen die Kennzeichen und Gefahrzettel ungeachtet der Vorschriften des Kapitels 5.2 auf der Handhabungseinrichtung angebracht werden.
	h) Ungeachtet der Vorschriften des Absatzes 5.4.1.1.1 f) darf die Angabe der Gesamtmenge der gefährlichen Güter durch folgende Angaben ersetzt werden:
	  (i) die Anzahl der Gasspeichersysteme und
	  (ii) bei verflüssigten Gasen die gesamte Nettomasse (kg) des Gases jedes Gasspeichersystems und bei verdichteten Gasen der gesamte mit Wasser ausgeliterte Fassungsraum (l) jedes Gasspeichersystems, dem der nominale Betriebsdruck nachgestellt ist.
	Beispiele für die Angaben im Beförderungspapier:
	Beispiel 1: «UN 1971 ERDGAS, VERDICHTET, 2.1, 1 GASSPEICHERSYSTEM MIT INSGESAMT 50 L, 200 BAR».
	Beispiel 2: «UN 1965 KOHLENWASSERSTOFFGAS, GEMISCH, VERFLÜSSIGT, N.A.G., 2.1, 3 GASSPEICHERSYSTEME MIT EINER NETTOMASSE DES GASES VON JEWEILS 15 KG».

393	Die Nitrocellulose muss den Kriterien des Bergmann-Junk-Tests oder des Methylviolettpapier-Tests im Handbuch Prüfungen und Kriterien Anhang 10 entsprechen. Die Prüfungen des Typs 3 c) müssen nicht durchgeführt werden.
394	Die Nitrocellulose muss den Kriterien des Bergmann-Junk-Tests oder des Methylviolettpapier-Tests im Handbuch Prüfungen und Kriterien Anhang 10 entsprechen.
395	Diese Eintragung darf nur für feste medizinische Abfälle der Kategorie A verwendet werden, die zur Entsorgung befördert werden.
396 – 499	(bleibt offen)
500	(gestrichen)
501	Naphthalen, geschmolzen, siehe UN-Nummer 2304.

3.3 Für bestimmte Stoffe oder Gegenstände geltende Sondervorschriften

ADR	RID

502	UN 2006 Kunststoff auf Nitrocellulosebasis, selbsterhitzungsfähig, n.a.g., und UN 2002 Zelluloid, Abfall, sind Stoffe der Klasse 4.2.
503	Phosphor, weiß, geschmolzen, siehe UN-Nummer 2447.
504	UN 1847 Kaliumsulfid, hydratisiert mit mindestens 30 % Kristallwasser, UN 1849 Natriumsulfid, hydratisiert mit mindestens 30 % Kristallwasser und UN 2949 Natriumhydrogensulfid, hydratisiert mit mindestens 25 % Kristallwasser sind Stoffe der Klasse 8.
505	UN 2004 Magnesiumdiamid ist ein Stoff der Klasse 4.2.
506	Erdalkalimetalle und Erdalkalimetalllegierungen in pyrophorer Form sind Stoffe der Klasse 4.2. UN 1869 Magnesium oder UN 1869 Magnesiumlegierungen mit mehr als 50 % Magnesium als Pellets, Späne oder Bänder sind Stoffe der Klasse 4.1.
507	UN 3048 Aluminiumphosphid-Pestizide mit Zusätzen zur Verzögerung der Entwicklung von giftigen entzündbaren Gasen sind Stoffe der Klasse 6.1.
508	UN 1871 Titanhydrid und UN 1437 Zirkoniumhydrid sind Stoffe der Klasse 4.1. UN 2870 Aluminiumborhydrid ist ein Stoff der Klasse 4.2.
509	UN 1908 Chloritlösung ist ein Stoff der Klasse 8.
510	UN 1755 Chromsäure, Lösung, ist ein Stoff der Klasse 8.
511	UN 1625 Quecksilber(II)nitrat, UN 1627 Quecksilber(I)nitrat und UN 2727 Thalliumnitrat sind Stoffe der Klasse 6.1. Thoriumnitrat, fest, Uranylnitrathexahydrat-Lösung und Uranylnitrat, fest, sind Stoffe der Klasse 7.
512	UN 1730 Antimonpentachlorid, flüssig, UN 1731 Antimonpentachlorid, Lösung, UN 1732 Antimonpentafluorid und UN 1733 Antimontrichlorid sind Stoffe der Klasse 8.
513	UN 0224 Bariumazid, trocken oder angefeuchtet mit weniger als 50 Masse-% Wasser ist ein Stoff der Klasse 1. / nicht zur Beförderung im Eisenbahnverkehr zugelassen. UN 1571 Bariumazid, angefeuchtet mit mindestens 50 Masse-% Wasser ist ein Stoff der Klasse 4.1. UN 1854 Bariumlegierungen, pyrophor sind Stoffe der Klasse 4.2. UN 1445 Bariumchlorat, fest UN 1446 Bariumnitrat,

Für bestimmte Stoffe oder Gegenstände geltende Sondervorschriften 3.3

ADR	RID

513 (Forts.)
UN 1447 Bariumperchlorat, fest
UN 1448 Bariumpermanganat,
UN 1449 Bariumperoxid,
UN 2719 Bariumbromat,
UN 2741 Bariumhypochlorit mit mehr als 22 % aktivem Chlor,
UN 3405 Bariumchlorat, Lösung und
UN 3406 Bariumperchlorat, Lösung
sind Stoffe der Klasse 5.1.
UN 1565 Bariumcyanid und
UN 1884 Bariumoxid
sind Stoffe der Klasse 6.1.

514 UN 2464 Berylliumnitrat ist ein Stoff der Klasse 5.1.

515
UN 1581 Chlorpikrin und Methylbromid, Gemisch, und
UN 1582 Chlorpikrin und Methylchlorid, Gemisch,
sind Stoffe der Klasse 2.

516 UN 1912 Methylchlorid und Dichlormethan, Gemisch, ist ein Stoff der Klasse 2.

517
UN 1690 Natriumfluorid, fest
UN 1812 Kaliumfluorid, fest
UN 2505 Ammoniumfluorid,
UN 2674 Natriumfluorosilicat,
UN 2856 Fluorosilicate, n.a.g.
UN 3415 Natriumfluorid, Lösung und
UN 3422 Kaliumfluorid, Lösung
sind Stoffe der Klasse 6.1.

518 UN 1463 Chromtrioxid, wasserfrei (Chromsäure, fest) ist ein Stoff der Klasse 5.1.

519 UN 1048 Bromwasserstoff, wasserfrei, ist ein Stoff der Klasse 2.

520 UN 1050 Chlorwasserstoff, wasserfrei, ist ein Stoff der Klasse 2.

521 Feste Chlorite und Hypochlorite sind Stoffe der Klasse 5.1.

522 UN 1873 Perchlorsäure, wässerige Lösung mit mehr als 50 Masse-% aber höchstens 72 Masse-% reiner Säure, ist ein Stoff der Klasse 5.1. Perchlorsäure, wässerige Lösungen mit mehr als 72 Masse-% reiner Säure, oder Gemische von Perchlorsäure mit anderen flüssigen Stoffen als Wasser sind zur Beförderung nicht zugelassen.

523 UN 1382 Wasserfreies Kaliumsulfid und UN 1385 Wasserfreies Natriumsulfid sowie deren Hydrate mit weniger als 30 % Kristallwasser sowie UN 2318 Natriumhydrogensulfid mit weniger als 25 % Kristallwasser sind Stoffe der Klasse 4.2.

524 UN 2858 Fertigwaren aus Zirkonium mit einer Dicke von mindestens 18 μm sind Stoffe der Klasse 4.1.

525 Lösungen anorganischer Cyanide mit einem Gesamtgehalt an Cyanidionen von mehr als 30 % sind der Verpackungsgruppe I, mit einem Gesamtgehalt an Cyanidionen von mehr als 3 % bis 30 % der Verpackungsgruppe II und mit einem Gesamtgehalt an Cyanidionen von mehr als 0,3 % bis 3 % der Verpackungsgruppe III zuzuordnen.

3.3 Für bestimmte Stoffe oder Gegenstände geltende Sondervorschriften

ADR	RID

526 UN 2000 Zelluloid ist der Klasse 4.1 zugeordnet.

527 (bleibt offen)

528 UN 1353 Fasern und Gewebe, imprägniert mit schwach nitrierter Cellulose, nicht selbsterhitzungsfähig sind Stoffe der Klasse 4.1.

529 UN 0135 Quecksilberfulminat, angefeuchtet mit mindestens 20 Masse-% Wasser oder einer Alkohol/Wasser-Mischung

ist ein Stoff der Klasse 1.	ist zur Beförderung im Eisenbahnverkehr nicht zugelassen.

Quecksilber(I)chlorid (Calomel) ist ein Stoff der Klasse 6.1 (UN-Nummer 2025).

530 UN 3293 Hydrazin, wässerige Lösung mit höchstens 37 Masse-% Hydrazin, ist ein Stoff der Klasse 6.1.

531 Gemische mit einem Flammpunkt unter 23 °C mit mehr als 55 % Nitrocellulose mit beliebigem Stickstoffgehalt oder mit höchstens 55 % Nitrocellulose mit einem Stickstoffgehalt von mehr als 12,6 % in der Trockenmasse sind Stoffe der Klasse 1 (siehe UN-Nummer 0340 oder 0342) oder der Klasse 4.1 (UN-Nummer 2555, 2556 oder 2557).

532 UN 2672 Ammoniaklösung mit mindestens 10 % und höchstens 35 % Ammoniak ist ein Stoff der Klasse 8.

533 UN 1198 Formaldehydlösung, entzündbar, ist ein Stoff der Klasse 3. Formaldehydlösungen, nicht entzündbar, mit weniger als 25 % Formaldehyd unterliegen nicht den Vorschriften des ADR/RID.

534 Obwohl Benzin unter gewissen klimatischen Bedingungen bei 50 °C einen Dampfdruck von mehr als 110 kPa (1,10 bar) bis höchstens 150 kPa (1,50 bar) haben kann, muss es einem Stoff gleichgestellt bleiben, der bei 50 °C einen Dampfdruck von höchstens 110 kPa (1,1 bar) hat.

535 UN 1469 Bleinitrat, UN 1470 Bleiperchlorat, fest und UN 3408 Bleiperchlorat, Lösung sind Stoffe der Klasse 5.1.

536 Naphthalen, fest, siehe UN-Nummer 1334.

537 UN 2869 Titantrichlorid, Gemisch, nicht pyrophor, ist ein Stoff der Klasse 8.

538 Schwefel (in festem Zustand) siehe UN-Nummer 1350.

539 Lösungen von Isocyanaten mit einem Flammpunkt von 23 °C oder darüber sind Stoffe der Klasse 6.1.

540 UN 1326 Hafnium-Pulver, angefeuchtet, UN 1352 Titan-Pulver, angefeuchtet, oder UN 1358 Zirkonium-Pulver, angefeuchtet mit mindestens 25 % Wasser, sind Stoffe der Klasse 4.1.

541 Nitrocellulosemischungen, deren Wasser-, Alkohol- oder Plastifizierungsmittelgehalte niedriger sind als in den Grenzwerten angegeben, sind Stoffe der Klasse 1.

Für bestimmte Stoffe oder Gegenstände geltende Sondervorschriften 3.3

ADR	RID

542	Talkum mit Tremolit und/oder Aktinolith ist ein Stoff dieser Eintragung.
543	UN 1005 Ammoniak, wasserfrei, UN 3318 Ammoniaklösung in Wasser, mit mehr als 50 % Ammoniak, und UN 2073 Ammoniaklösung in Wasser, mit mehr als 35 %, aber höchstens 50 % Ammoniak, sind Stoffe der Klasse 2. Ammoniaklösungen mit höchstens 10 % Ammoniak unterliegen nicht den Vorschriften des ADR/RID.
544	UN 1032 Dimethylamin, wasserfrei, UN 1036 Ethylamin, UN 1061 Methylamin, wasserfrei, und UN 1083 Trimethylamin, wasserfrei, sind Stoffe der Klasse 2.
545	UN 0401 Dipikrylsulfid, angefeuchtet mit weniger als 10 Masse-% Wasser, ist ein Stoff der Klasse 1.
546	UN 2009 Zirkonium, trocken, gerollter Draht, fertige Bleche oder Streifen, dünner als 18 µm, ist ein Stoff der Klasse 4.2. Zirkonium, trocken, gerollter Draht, fertige Bleche oder Streifen von mindestens 254 µm, unterliegt nicht den Vorschriften des ADR/RID.
547	UN 2210 Maneb oder UN 2210 Manebzubereitungen in selbsterhitzungsfähiger Form sind Stoffe der Klasse 4.2.
548	Chlorsilane, die in Berührung mit Wasser entzündbare Gase entwickeln, sind Stoffe der Klasse 4.3.
549	Chlorsilane mit einem Flammpunkt unter 23 °C, die in Berührung mit Wasser keine entzündbaren Gase entwickeln, sind Stoffe der Klasse 3. Chlorsilane mit einem Flammpunkt von 23 °C und darüber, die in Berührung mit Wasser keine entzündbaren Gase entwickeln, sind Stoffe der Klasse 8.
550	UN 1333 Cer in Platten, Barren oder Stangen ist ein Stoff der Klasse 4.1.
551	Lösungen von diesen Isocyanaten mit einem Flammpunkt unter 23 °C sind Stoffe der Klasse 3.
552	Metalle und Metalllegierungen in Pulver- oder anderer entzündbarer Form, die selbstentzündlich sind, sind Stoffe der Klasse 4.2. Metalle und Metalllegierungen in Pulver- oder anderer entzündbarer Form, die in Berührung mit Wasser entzündliche Gase entwickeln, sind Stoffe der Klasse 4.3.
553	Diese Mischung von Wasserstoffperoxid und Peressigsäure, Mischung, stabilisiert, darf unter Laborversuchsbedingungen (siehe Handbuch Prüfungen und Kriterien Teil II Abschnitt 20) weder unter Einschluss detonieren noch deflagrieren und soll auch im verdämmten Zustand weder beim Erhitzen noch infolge Sprengwirkung irgendwelche Explosionskräfte zeigen. Dieses Präparat (Zubereitung) muss thermisch stabil sein (Selbstzersetzungstemperatur 60 °C oder höher für ein Versandstück von 50 kg) und zur Desensibilisierung einen flüssigen Stoff enthalten, der mit Peressigsäure verträglich ist. Präparate (Zubereitungen), die diesen Kriterien nicht entsprechen, gelten als Stoffe der Klasse 5.2 (siehe Handbuch Prüfungen und Kriterien Teil II Abs. 20.4.3 g)).

3.3 Für bestimmte Stoffe oder Gegenstände geltende Sondervorschriften

ADR	RID

554 Metallhydride, die in Berührung mit Wasser entzündbare Gase entwickeln, sind Stoffe der Klasse 4.3. UN 2870 Aluminiumborhydrid oder UN 2870 Aluminiumborhydrid in Geräten ist ein Stoff der Klasse 4.2.

555 Staub und Pulver von Metallen, nicht giftig, in nicht selbstentzündlicher Form, die jedoch in Berührung mit Wasser entzündbare Gase entwickeln, sind Stoffe der Klasse 4.3.

556 (gestrichen)

557 Staub und Pulver von Metallen in pyrophorem Zustand sind Stoffe der Klasse 4.2.

558 Metalle und Metalllegierungen in pyrophorem Zustand sind Stoffe der Klasse 4.2. Metalle und Metalllegierungen, die in Berührung mit Wasser keine entzündbaren Gase entwickeln, nicht pyrophor oder selbsterhitzungsfähig, aber leicht entzündbar sind, sind Stoffe der Klasse 4.1.

559 (gestrichen)

560 Ein erwärmter flüssiger Stoff, n.a.g., bei oder über 100 °C (einschließlich geschmolzener Metalle und geschmolzener Salze) und im Falle eines Stoffes, der einen Flammpunkt hat, bei einer Temperatur unter seinem Flammpunkt ist ein Stoff der Klasse 9 (UN-Nummer 3257).

561 Chlorformiate mit überwiegend ätzenden Eigenschaften sind Stoffe der Klasse 8.

562 Die selbstentzündlichen metallorganischen Verbindungen sind Stoffe der Klasse 4.2. Metallorganische Verbindungen, die in Berührung mit Wasser entzündbare Gase entwickeln, sind Stoffe der Klasse 4.3.

563 UN 1905 Selensäure ist ein Stoff der Klasse 8.

564 UN 2443 Vanadiumoxytrichlorid, UN 2444 Vanadiumtetrachlorid und UN 2475 Vanadiumtrichlorid sind Stoffe der Klasse 8.

565 Dieser Eintragung sind unspezifische Abfälle zuzuordnen, die aus ärztlicher / tierärztlicher Behandlung von Menschen / Tieren oder aus biologischer Forschung stammen und bei denen die Wahrscheinlichkeit gering ist, dass sie Stoffe der Klasse 6.2 enthalten. Dekontaminierte klinische oder aus biologischer Forschung stammende Abfälle, die ansteckungsgefährliche Stoffe enthalten haben, unterliegen nicht den Vorschriften der Klasse 6.2.

566 UN 2030 Hydrazin, wässerige Lösung mit mehr als 37 Masse-% Hydrazin ist ein Stoff der Klasse 8.

567 (gestrichen)

568 Bariumazid mit einem Wassergehalt unter dem vorgeschriebenen Grenzwert ist der Klasse 1 UN-Nummer 0224 zugeordnet | und zur Beförderung im Eisenbahnverkehr nicht zugelassen.

Für bestimmte Stoffe oder Gegenstände geltende Sondervorschriften 3.3

ADR	RID

569 – 579	(bleibt offen)

580	(gestrichen)

581	Diese Eintragung umfasst Gemische von Propadien mit 1 % bis 4 % Methylacetylen sowie folgende Gemische:

Gemisch	Inhalt in Vol.-%			zulässige technische Benennung für Zwecke des Unterabschnitts 5.4.1.1
	Methylacetylen und Propadien, höchstens	Propan und Propylen, höchstens	gesättigte Kohlenwasserstoffe C_4, mindestens	
P 1	63	24	14	«Gemisch P 1»
P 2	48	50	5	«Gemisch P 2»

582	Diese Eintragung umfasst unter anderem Gemische von Gasen, die mit dem Buchstaben «R ...» bezeichnet sind und folgende Eigenschaften aufweisen:

Gemisch	höchster Dampfdruck bei 70 °C (MPa)	minimale Dichte bei 50 °C (kg/l)	zulässige technische Benennung für Zwecke des Unterabschnitts 5.4.1.1
F 1	1,3	1,30	«Gemisch F 1»
F 2	1,9	1,21	«Gemisch F 2»
F 3	3,0	1,09	«Gemisch F 3»

Bem. 1. Trichlorfluormethan (Kältemittel R 11), 1,1,2-Trichlor-1,2,2-trifluorethan (Kältemittel R 113), 1,1,1-Trichlor-2,2,2-trifluorethan (Kältemittel R 113a), 1-Chlor-1,2,2-trifluorethan (Kältemittel R 133) und 1-Chlor-1,1,2-trifluorethan (Kältemittel R 133b) sind keine Stoffe der Klasse 2. Sie können jedoch Bestandteil der Gemische F 1 bis F 3 sein.

2. Die Referenzdichten entsprechen denen von Dichlorfluormethan (1,30 kg/l), Dichlordifluormethan (1,21 kg/l) und Chlordifluormethan (1,09 kg/l).

3.3 Für bestimmte Stoffe oder Gegenstände geltende Sondervorschriften

ADR	RID

583	Diese Eintragung umfasst unter anderem Gemische von Gasen, die folgende Eigenschaften aufweisen:

Gemisch	höchster Dampfdruck bei 70 °C (MPa)	minimale Dichte bei 50 °C (kg/l)	zulässige technische Benennung[a] für Zwecke des Unterabschnitts 5.4.1.1
A	1,1	0,525	«Gemisch A» oder «Butan»
A 01	1,6	0,516	«Gemisch A 01» oder «Butan»
A 02	1,6	0,505	«Gemisch A 02» oder «Butan»
A 0	1,6	0,495	«Gemisch A 0» oder «Butan»
A 1	2,1	0,485	«Gemisch A 1»
B 1	2,6	0,474	«Gemisch B 1»
B 2	2,6	0,463	«Gemisch B 2»
B	2,6	0,450	«Gemisch B»
C	3,1	0,440	«Gemisch C» oder «Propan»

[a] Bei Beförderungen in Tanks dürfen die Handelsnamen «Butan» und «Propan» nur als Zusatz verwendet werden.

584	Dieses Gas unterliegt nicht den Vorschriften des ADR/RID, wenn: – es im gasförmigem Zustand höchstens 0,5 % Luft enthält; – es in metallenen Kapseln (Sodors, Sparklets) enthalten ist, die frei von Fehlern sind, die ihre Festigkeit verringern könnten; – die Dichtheit des Verschlusses der Kapsel sichergestellt ist; – eine Kapsel höchstens 25 g dieses Gases enthält und – eine Kapsel höchstens 0,75 g dieses Gases je cm^3 Fassungsraum enthält.
585	(gestrichen)
586	Hafnium-, Titan- und Zirkonium-Pulver müssen einen sichtbaren Wasserüberschuss enthalten. Hafnium-, Titan- und Zirkonium-Pulver, angefeuchtet, mechanisch hergestellt mit einer Teilchengröße von mindestens 53 µm, chemisch hergestellt mit einer Teilchengröße von mindestens 840 µm, unterliegen nicht den Vorschriften des ADR/RID.
587	Bariumstearat und Bariumtitanat unterliegen nicht den Vorschriften des ADR/RID.
588	Aluminiumbromid und Aluminiumchlorid in fester hydratisierter Form unterliegen nicht den Vorschriften des ADR/RID.
589	(gestrichen)
590	Eisen(III)chlorid-Hexahydrat unterliegt nicht den Vorschriften des ADR/RID.
591	Bleisulfat mit höchstens 3 % freier Säure unterliegt nicht den Vorschriften des ADR/RID.

Für bestimmte Stoffe oder Gegenstände geltende Sondervorschriften 3.3

ADR	RID

592 Ungereinigte leere Verpackungen, einschließlich leere Großpackmittel (IBC) und leere Großverpackungen, leere

Tankfahrzeuge, leere Aufsetztanks,	Kesselwagen, leere abnehmbare Tanks,

leere ortsbewegliche Tanks, leere Tankcontainer und leere Kleincontainer, die diesen Stoff enthalten haben, unterliegen nicht den Vorschriften des ADR/RID.

593 Dieses Gas, das für die Kühlung von z.B. medizinischen oder biologischen Proben verwendet wird, unterliegt mit Ausnahme des Abschnitts 5.5.3 nicht den Vorschriften des ADR/RID, wenn es in doppelwandigen Gefäßen, die den Vorschriften des Unterabschnitts 4.1.4.1 Verpackungsanweisung P 203 Vorschriften für offene Kryo-Behälter Absatz (6) entsprechen, enthalten ist.

594 Folgende nach den im Herstellungsland angewendeten Vorschriften hergestellte und befüllte Gegenstände unterliegen nicht den Vorschriften des ADR/RID:

a) UN 1044 Feuerlöscher, die mit einem Schutz gegen unbeabsichtigte Betätigung versehen sind, wenn:
 – sie in einer widerstandsfähigen Außenverpackung verpackt sind oder
 – es sich um große Feuerlöscher handelt, die der Sondervorschrift für die Verpackung PP 91 der Verpackungsanweisung P 003 des Unterabschnitts 4.1.4.1 entsprechen;

b) UN 3164 Gegenstände unter pneumatischem oder hydraulischem Druck, die gegenüber der Beanspruchung durch den Innendruck des Gases aus Gründen der Kraftübertragung, ihrer Formsteifigkeit oder der Fertigungsnormen überdimensioniert sind, wenn sie in einer widerstandsfähigen Außenverpackung verpackt sind.

Bem. «Im Herstellungsland angewendete Vorschriften» bedeuten im Herstellungsland oder im Verwendungsland anwendbare Vorschriften.

596 Cadmiumpigmente, wie Cadmiumsulfide, Cadmiumsulfoselenide und Cadmiumsalze höherer Fettsäuren (z.B. Cadmiumstearat) unterliegen nicht den Vorschriften des ADR/RID.

597 Essigsäure, Lösungen mit höchstens 10 Masse-% reiner Säure, unterliegen nicht den Vorschriften des ADR/RID.

598 Folgende Batterien unterliegen nicht den Vorschriften des ADR/RID:

a) Neue Batterien, wenn:
 – sie gegen Rutschen, Umfallen und Beschädigung gesichert sind;
 – sie mit Trageeinrichtungen versehen sind, es sei denn, sie sind z.B. auf Paletten gestapelt;
 – sie außen keine gefährlichen Spuren von Laugen oder Säuren aufweisen;
 – sie gegen Kurzschluss gesichert sind.

b) Gebrauchte Batterien, wenn:
 – ihre Gehäuse keine Beschädigung aufweisen;
 – sie gegen Auslaufen, Rutschen, Umfallen und Beschädigung gesichert sind, z.B. auf Paletten gestapelt;
 – sie außen keine gefährlichen Spuren von Laugen oder Säuren aufweisen;
 – sie gegen Kurzschluss gesichert sind.

«Gebrauchte Batterien» sind solche, die nach normalem Gebrauch zu Zwecken des Recyclings befördert werden.

599 (gestrichen)

3.3 Für bestimmte Stoffe oder Gegenstände geltende Sondervorschriften

ADR	RID

600 Vanadiumpentoxid, geschmolzen und erstarrt, unterliegt nicht den Vorschriften des ADR/RID.

601 Gebrauchsfertige pharmazeutische Produkte (Medikamente), die für den Einzelhandel oder den Vertrieb für den persönlichen oder häuslichen Gebrauch hergestellt und abgepackt sind, unterliegen nicht den Vorschriften des ADR/RID.

602 Phosphorsulfide, die nicht frei von weißem und gelbem Phosphor sind, sind zur Beförderung nicht zugelassen.

603 Cyanwasserstoff, wasserfrei, der der Beschreibung für die UN-Nummer 1051 oder 1614 nicht entspricht, ist zur Beförderung nicht zugelassen. Cyanwasserstoff (Blausäure) mit weniger als 3 % Wasser ist stabil, wenn der pH-Wert 2,5 ± 0,5 beträgt und die Flüssigkeit klar und farblos ist.

604 (gestrichen)

605 (gestrichen)

606 (gestrichen)

607 Gemische von Kaliumnitrat und Natriumnitrit mit einem Ammoniumsalz sind zur Beförderung nicht zugelassen.

608 (gestrichen)

609 Tetranitromethan, nicht frei von brennbaren Verunreinigungen, ist zur Beförderung nicht zugelassen.

610 Dieser Stoff ist, wenn er mehr als 45 % Cyanwasserstoff enthält, nicht zur Beförderung zugelassen.

611 Ammoniumnitrat mit mehr als 0,2 % brennbaren Stoffen (einschließlich organischer Stoffe als Kohlenstoff-Äquivalent) ist zur Beförderung nicht zugelassen, ausgenommen als Bestandteil eines Stoffes oder Gegenstandes der Klasse 1.

612 (bleibt offen)

613 Lösung von Chlorsäure mit mehr als 10 % Chlorsäure oder Gemische von Chlorsäure mit irgendeinem flüssigen Stoff außer Wasser sind zur Beförderung nicht zugelassen.

614 2,3,7,8-Tetrachlordibenzo-1,4-dioxin (TCDD) ist in Konzentrationen, die nach den Kriterien des Unterabschnitts 2.2.61.1 als sehr giftig gelten, zur Beförderung nicht zugelassen.

615 (bleibt offen)

616 Stoffe mit einem Gehalt an flüssigen Salpetersäureestern von mehr als 40 % müssen die im Abschnitt 2.3.1 genannte Prüfung auf Ausschwitzen bestehen.

617 Zusätzlich zum Sprengstofftyp ist auf dem Versandstück der Handelsname des Sprengstoffes anzugeben.

Für bestimmte Stoffe oder Gegenstände geltende Sondervorschriften 3.3

ADR	RID
618 In Gefäßen mit Buta-1,2-dien darf die Sauerstoffkonzentration in der Gasphase höchstens 50 ml/m³ betragen.	
619 – 622 (bleibt offen)	
623 UN 1829 Schwefeltrioxid muss durch Zusatz eines Inhibitors stabilisiert werden. Schwefeltrioxid, mindestens 99,95 % rein,	
darf auch ohne Inhibitor in Tanks befördert werden, vorausgesetzt, seine Temperatur wird auf 32,5 °C oder darüber gehalten. Bei Beförderung dieses Stoffes ohne Inhibitor in Tanks bei einer Mindesttemperatur des Stoffes von 32,5 °C ist im Beförderungspapier anzugeben: «BEFÖRDERUNG BEI EINER MINDESTTEMPERATUR DES STOFFES VON 32,5 °C».	nicht stabilisiert (ohne Inhibitor) ist zur Beförderung im Eisenbahnverkehr nicht zugelassen. Schwefeltrioxid, mindestens 99,95 % rein, darf im Straßenverkehr auch ohne Inhibitor in Tanks befördert werden, vorausgesetzt, seine Temperatur wird auf 32,5 °C oder darüber gehalten.
624 (bleibt offen)	
625 Versandstücke mit diesen Gegenständen sind deutlich mit dem Kennzeichen «UN 1950 AEROSOLE» zu versehen.	
626 – 631 (bleibt offen)	
632 Dieser Stoff gilt als selbstentzündlich (pyrophor).	
633 Versandstücke und Kleincontainer mit diesem Stoff sind mit folgendem Kennzeichen zu versehen: «VON ZÜNDQUELLEN FERNHALTEN». Dieses Kennzeichen muss in einer amtlichen Sprache des Versandlandes abgefasst sein und, wenn diese Sprache nicht Deutsch, Englisch,	
oder Französisch ist, außerdem in Deutsch, Englisch oder Französisch,	Französisch oder Italienisch ist, außerdem in Deutsch, Englisch, Französisch oder Italienisch,
sofern nicht Vereinbarungen zwischen den von der Beförderung berührten Staaten etwas anderes vorsehen.	
634 (gestrichen)	
635 Versandstücke mit diesen Gegenständen müssen nur dann mit einem Gefahrzettel nach Muster 9 versehen werden, wenn der Gegenstand völlig in der Verpackung, in einem Verschlag oder anderen Mitteln eingeschlossen ist, die eine schnelle Identifizierung des Gegenstandes behindern.	

3.3 Für bestimmte Stoffe oder Gegenstände geltende Sondervorschriften

ADR	RID

636
▶ 1.6.1.29

Bis zur Zwischenverarbeitungsstelle unterliegen Lithiumzellen und -batterien mit einer Bruttomasse von jeweils höchstens 500 g, Lithium-Ionen-Zellen mit einer Nennenergie in Wattstunden von höchstens 20 Wh, Lithium-Ionen-Batterien mit einer Nennenergie in Wattstunden von höchstens 100 Wh, Lithium-Metall-Zellen mit einer Menge von höchstens 1 g Lithium und Lithium-Metall-Batterien mit einer Gesamtmenge von höchstens 2 g Lithium, die nicht in Geräten enthalten sind und die zur Sortierung, zur Entsorgung oder zum Recycling gesammelt und zur Beförderung aufgegeben werden, auch zusammen mit anderen Zellen oder Batterien, die keine Lithiumzellen oder -batterien sind, nicht den übrigen Vorschriften des ADR/RID, einschließlich der Sondervorschrift 376 und des Absatzes 2.2.9.1.7, wenn folgende Bedingungen erfüllt werden:

a) Die Zellen und Batterien sind nach den Vorschriften der Verpackungsanweisung P 909 des Unterabschnitts 4.1.4.1 mit Ausnahme der zusätzlichen Vorschriften 1 und 2 verpackt.

b) Es besteht ein Qualitätssicherungssystem, um sicherzustellen, dass die Gesamtmenge an Lithiumzellen und -batterien je

| Beförderungseinheit | Wagen oder Großcontainer |

333 kg nicht überschreitet.

Bem. Die Gesamtmenge an Lithiumzellen und -batterien im Gemisch darf anhand einer im Qualitätssicherungssystem enthaltenen statistischen Methode abgeschätzt werden. Eine Kopie der Qualitätssicherungsaufzeichnungen muss der zuständigen Behörde auf Anforderung zur Verfügung gestellt werden.

c) Die Versandstücke sind mit folgendem Kennzeichen versehen: «LITHIUMBATTERIEN ZUR ENTSORGUNG» bzw. «LITHIUMBATTERIEN ZUM RECYCLING».

637
Genetisch veränderte Mikroorganismen und genetisch veränderte Organismen sind solche, die für Menschen und Tiere nicht gefährlich sind, die aber Tiere, Pflanzen, mikrobiologische Stoffe und Ökosysteme in einer Weise verändern können, die in der Natur nicht vorkommen kann.

Genetisch veränderte Mikroorganismen und genetisch veränderte Organismen unterliegen nicht den Vorschriften des ADR/RID, wenn sie von den zuständigen Behörden der Ursprungs-, Transit- und Bestimmungsländer zur Verwendung zugelassen wurden.[4]

Lebende Wirbeltiere oder wirbellose Tiere dürfen nicht dazu benutzt werden, dieser UN-Nummer zugeordnete Stoffe zu befördern, es sei denn, dieser Stoff kann nicht auf eine andere Weise befördert werden.

Bei der Beförderung von leicht verderblichen Stoffen dieser UN-Nummer sind geeignete Hinweise erforderlich, z.B.: «KÜHLEN AUF + 2 °C / + 4 °C» oder «BEFÖRDERUNG IN GEFRORENEM ZUSTAND» oder «NICHT GEFRIEREN».

[4] Siehe insbesondere Teil C der Richtlinie 2001/18/EG des Europäischen Parlaments und des Rates über die absichtliche Freisetzung genetisch veränderter Organismen in die Umwelt und zur Aufhebung der Richtlinie 90/220/EWG des Rates (Amtsblatt der Europäischen Gemeinschaften Nr. L 106 vom 17. April 2001, Seiten 8 bis 14), in dem die Genehmigungsverfahren für die Europäischen Gemeinschaften festgelegt sind.

638 Dieser Stoff ist ein mit selbstzersetzlichen Stoffen verwandter Stoff (siehe Absatz 2.2.41.1.19).

639 Siehe Unterabschnitt 2.2.2.3 Klassifizierungscode 2 F UN-Nummer 1965 Bem. 2.

Für bestimmte Stoffe oder Gegenstände geltende Sondervorschriften 3.3

ADR	RID

| 640 | Die in Kapitel 3.2 Tabelle A Spalte 2 aufgeführten physikalischen und technischen Eigenschaften führen bei der Beförderung des Stoffes in ADR/RID-Tanks zu unterschiedlichen Tankcodierungen für ein und dieselbe Verpackungsgruppe.
Zur Identifizierung dieser physikalischen und technischen Eigenschaften des in einem Tank beförderten Produkts ist nur bei der Beförderung in ADR/RID-Tanks zu den im Beförderungspapier vorgeschriebenen Informationen folgende Angabe hinzuzufügen:
«Sondervorschrift 640X», wobei X der entsprechende Großbuchstabe ist, der in Kapitel 3.2 Tabelle A Spalte 6 nach dem Verweis auf Sondervorschrift 640 erscheint.
Auf diese Angabe kann bei Beförderung in einem Tanktyp, der für eine bestimmte Verpackungsgruppe einer bestimmten UN-Nummer mindestens den höchsten Anforderungen genügt, verzichtet werden. |

Anmerkung des Verlages:
Im Kapitel 3.2 Tabelle A Spalte 6 erscheint die Sondervorschrift „640C" bis „640O". Dabei haben die Buchstaben „C" bis „O" folgende Bedeutung:

640A u. 640B: (Unterscheidung ist 2007 entfallen)
640C: Für Stoffe der Verpackungsgruppe II mit einem Dampfdruck bei 50 °C größer als 110 kPa;
640D: Für Stoffe der Verpackungsgruppe II mit einem Dampfdruck bei 50 °C von höchstens 110 kPa;
640F: Für Stoffe der Verpackungsgruppe III, viskos, mit einem Flammpunkt unter 23 °C, mit einem Siedepunkt von höchstens 35 °C;
640G: Für Stoffe der Verpackungsgruppe III, viskos, mit einem Flammpunkt unter 23 °C, mit einem Dampfdruck bei 50 °C größer als 110 kPa, mit einem Siedepunkt über 35 °C;
640H: Für Stoffe der Verpackungsgruppe III, viskos, mit einem Flammpunkt unter 23 °C, mit einem Dampfdruck bei 50 °C von höchstens 110 kPa;
640I: Für UN-Nummer 1790 mit mehr als 85 % Fluorwasserstoffsäure;
640J: Für UN-Nummer 1790 mit mehr als 60 %, aber höchstens 85 % Fluorwasserstoffsäure;
640K: Für UN-Nummer 1202 (Flammpunkt höchstens 60 °C);
640L: Für UN-Nummer 1202 (der Norm EN 590:2004 entsprechend bzw. mit einem Flammpunkt gemäß EN 590:2004);
640M: Für UN-Nummer 1202 (Flammpunkt über 60 °C bis einschließlich 100 °C);
640N: Für UN-Nummer 2015 (mit mehr als 70 % Wasserstoffperoxid);
640O: Für UN-Nummer 2015 (mit mehr als 60 %, aber höchstens 70 % Wasserstoffperoxid).

Es ist jetzt nicht mehr erforderlich, bei den UN-Nummern, bei denen die Sondervorschrift „640" erscheint, die in Spalte 2 angegebenen physikalischen und technischen Eigenschaften, die zu einer unterschiedlichen Festlegung der Beförderungsbedingungen innerhalb der gleichen Verpackungsgruppe führen, im Beförderungspapier anzugeben. Vielmehr genügt bei diesen UN-Nummern die Angabe „640C", „640D" etc.

Diese Angabe darf jedoch nicht zwischen den Angaben nach Absatz 5.4.1.1.1 Buchstabe a) bis d) erscheinen, da die Reihenfolge der Angaben nach a), b), c), d) fest vorgeschrieben ist.

| 642 | Sofern dies nicht im Rahmen des Unterabschnitts 1.1.4.2 zugelassen ist, darf diese Eintragung der UN-Modellvorschriften nicht für die Beförderung von Düngemittellösung mit freiem Ammoniak verwendet werden. |

| 643 | Gussasphalt unterliegt nicht den für die Klasse 9 geltenden Vorschriften. |

| 644 | Für die Beförderung dieses Stoffes müssen folgende Bedingungen erfüllt sein:
1. der in einer zehnprozentigen wässerigen Lösung des zu befördernden Stoffes gemessene pH-Wert liegt zwischen 5 und 7;
2. die Lösung enthält keine brennbaren Stoffe in Mengen von mehr als 0,2 % oder Chlorverbindungen in Mengen, bei denen der Chlorgehalt 0,02 % übersteigt. |

3.3 Für bestimmte Stoffe oder Gegenstände geltende Sondervorschriften

ADR	RID

645 Der in Kapitel 3.2 Tabelle A Spalte 3b angegebene Klassifizierungscode darf nur verwendet werden, wenn die zuständige Behörde

einer Vertragspartei des ADR	eines RID-Vertragsstaates

vor der Beförderung ihre Zustimmung erteilt hat. Die Zustimmung muss schriftlich in Form einer Klassifizierungsbestätigung (siehe Absatz 5.4.1.2.1 g)) erfolgen und mit einer unverwechselbaren Referenz versehen sein. Wenn die Zuordnung zu einer Unterklasse nach dem Verfahren des Absatzes 2.2.1.1.7.2 vorgenommen wird, kann die zuständige Behörde vorschreiben, dass die vorgegebene Klassifizierung auf der Grundlage der von der Prüfreihe 6 des Handbuchs Prüfungen und Kriterien Teil I Abschnitt 16 erzielten Prüfdaten überprüft wird.

646 Wasserdampfaktivierte Kohle unterliegt nicht den Vorschriften des ADR/RID.

647 Die Beförderung von Gärungsessig und Essigsäure in Lebensmittelqualität mit höchstens 25 Masse-% reiner Säure unterliegt nur den folgenden Vorschriften:
a) Verpackungen, einschließlich Großpackmittel (IBC) und Großverpackungen, sowie Tanks müssen aus rostfreiem Stahl oder Kunststoff hergestellt sein, der gegenüber Gärungsessig und Essigsäure in Lebensmittelqualität dauerhaft korrosionsfest ist.
b) Verpackungen, einschließlich Großpackmittel (IBC) und Großverpackungen, sowie Tanks müssen mindestens einmal jährlich einer Sichtprüfung durch den Eigentümer unterzogen werden. Die Ergebnisse dieser Prüfungen sind aufzuzeichnen und für mindestens ein Jahr aufzubewahren. Beschädigte Verpackungen, einschließlich Großpackmittel (IBC) und Großverpackungen, sowie Tanks dürfen nicht befüllt werden.
c) Verpackungen, einschließlich Großpackmittel (IBC) und Großverpackungen, sowie Tanks müssen so befüllt werden, dass das Füllgut nicht verschüttet wird oder an der Außenseite anhaftet.
d) Dichtungen und Verschlüsse müssen gegenüber Gärungsessig und Essigsäure in Lebensmittelqualität widerstandsfähig sein. Verpackungen, einschließlich Großpackmittel (IBC) und Großverpackungen, sowie Tanks müssen durch den Verpacker und/oder den Befüller so dicht verschlossen werden, dass unter normalen Beförderungsbedingungen kein Füllgut austritt.
e) Zusammengesetzte Verpackungen mit einer Innenverpackung aus Glas oder Kunststoff (siehe Unterabschnitt 4.1.4.1 Verpackungsanweisung P 001), die die allgemeinen Verpackungsvorschriften der Unterabschnitte 4.1.1.1, 4.1.1.2, 4.1.1.4, 4.1.1.5, 4.1.1.6, 4.1.1.7 und 4.1.1.8 erfüllen, dürfen verwendet werden.
Die übrigen Vorschriften des ADR/RID gelten nicht.

648 Mit diesem Mittel zur Schädlingsbekämpfung (Pestizid) imprägnierte Gegenstände, wie Pappteller, Papierstreifen, Wattekugeln, Kunststoffplatten, in luftdicht verschlossenen Umhüllungen unterliegen nicht den Vorschriften des ADR/RID.

649 (gestrichen)

650 Abfälle, die aus Verpackungsresten, verfestigten und flüssigen Farbresten bestehen, dürfen unter den Vorschriften der Verpackungsgruppe II befördert werden. Zusätzlich zu den Vorschriften für die UN-Nummer 1263 Verpackungsgruppe II dürfen Abfälle auch wie folgt verpackt und befördert werden:
a) Die Abfälle dürfen nach Unterabschnitt 4.1.4.1 Verpackungsanweisung P 002 oder Unterabschnitt 4.1.4.2 Verpackungsanweisung IBC 06 verpackt sein.
b) Die Abfälle dürfen in flexiblen Großpackmitteln (IBC) der Arten 13H3, 13H4 und 13H5 in vollwandigen Umverpackungen verpackt sein.

Für bestimmte Stoffe oder Gegenstände geltende Sondervorschriften 3.3

ADR	RID
650 (Forts.) c) Die Prüfung der unter a) und b) angegebenen Verpackungen und Großpackmittel (IBC) darf nach den Vorschriften des Kapitels 6.1 bzw. 6.5 für feste Stoffe mit den Prüfanforderungen für die Verpackungsgruppe II durchgeführt werden. Die Prüfungen sind an Verpackungen und Großpackmitteln (IBC) durchzuführen, die mit einer repräsentativen Probe der Abfälle versandfertig befüllt sind. d) Die Beförderung in loser Schüttung in vollwandigen bedeckten Fahrzeugen, vollwandigen geschlossenen Containern oder vollwandigen bedeckten Großcontainern ist zugelassen. Der Aufbau der Fahrzeuge oder Container muss dicht sein oder beispielsweise mit Hilfe einer geeigneten und ausreichend festen Innenbeschichtung abgedichtet werden.	Wagen mit Decken, vollwandigen Wagen mit öffnungsfähigem Dach, Wagen
e) Wenn die Abfälle nach den Vorschriften dieser Sondervorschrift befördert werden, muss dies gemäß Absatz 5.4.1.1.3 wie folgt im Beförderungspapier angegeben werden: «UN 1263 ABFALL FARBE, 3, II, (D/E)» oder «UN 1263 ABFALL FARBE, 3, VG II».	«UN 1263 ABFALL FARBE, 3, II» oder «UN 1263 ABFALL FARBE, 3, VG II».
651 Die Sondervorschrift V 2 (1) ist nicht anwendbar, wenn die Nettoexplosivstoffmasse je Beförderungseinheit nicht höher ist als 4000 kg, vorausgesetzt die Nettoexplosivstoffmasse je Fahrzeug ist nicht höher als 3000 kg.	(bleibt offen)
652 Gefäße aus austenitischem rostfreien Stahl, Gefäße aus ferritischem und austenitischem Stahl (Duplexstahl) und geschweißte Titan-Gefäße, die nicht den Vorschriften des Kapitels 6.2 entsprechen, jedoch für die Verwendung als Treibstoffgefäße für Heißluftballons oder Heißluft-Luftschiffe nach nationalen Vorschriften für die Luftfahrt gebaut und zugelassen und vor dem 1. Juli 2004 in Betrieb gesetzt wurden (Datum der erstmaligen Prüfung), dürfen auf der Straße befördert werden, vorausgesetzt, sie entsprechen den folgenden Vorschriften: a) die allgemeinen Vorschriften des Abschnitts 6.2.1 müssen erfüllt werden; b) die Auslegung und der Bau der Gefäße müssen von einer nationalen Luftfahrtbehörde für die Verwendung in der Luftfahrt zugelassen worden sein; c) in Abweichung zu Absatz 6.2.3.1.2 muss der Berechnungsdruck von einer verringerten höchsten Umgebungstemperatur von +40 °C abgeleitet werden; in diesem Fall:	(bleibt offen)

3.3 Für bestimmte Stoffe oder Gegenstände geltende Sondervorschriften

ADR	RID
652 (Forts.) (i) dürfen die Flaschen in Abweichung zu Unterabschnitt 6.2.5.1 aus gewalztem und geglühtem kommerziell reinem Titan mit den Mindestanforderungen $R_m > 450$ MPa, $\varepsilon_A > 20\ \%$ (ε_A = Dehnung nach Bruch) hergestellt werden; (ii) dürfen Gefäße aus austenitischem rostfreien Stahl und Gefäße aus ferritischem und austenitischem Stahl (Duplexstahl) mit einem Spannungswert bis höchstens 85 % der garantierten Mindeststreckgrenze (Re) bei einem von einer verringerten höchsten Umgebungstemperatur von +40 °C abgeleiteten Berechnungsdruck verwendet werden; (iii) müssen die Gefäße mit einer Druckentlastungseinrichtung ausgerüstet sein, die einen nominalen Ansprechdruck von 26 bar hat; der Prüfdruck dieser Gefäße darf nicht geringer sein als 30 bar; d) wenn die Abweichungen des Absatzes c) nicht angewendet werden, müssen die Gefäße für eine Bezugstemperatur von 65 °C ausgelegt und mit Druckentlastungseinrichtungen mit einem von der zuständigen Behörde des Verwendungslandes festgelegten nominalen Ansprechdruck ausgerüstet sein; e) der Hauptkörper der Gefäße muss mit einer äußeren wasserbeständigen Schutzschicht von mindestens 25 mm Dicke abgedeckt sein, die aus Hartschaum oder einem ähnlichen Werkstoff besteht; f) die Flasche muss während der Beförderung in einem Verschlag oder einer zusätzlichen Sicherheitseinrichtung gut gesichert sein; g) die Gefäße müssen mit einem deutlichen und sichtbaren Zettel gekennzeichnet sein, auf dem angegeben ist, dass die Gefäße nur für die Verwendung in Heißluftballons und Heißluft-Luftschiffen zugelassen sind; h) die Betriebsdauer (ab dem Datum der erstmaligen Prüfung) darf 25 Jahre nicht überschreiten.	(bleibt offen)

Für bestimmte Stoffe oder Gegenstände geltende Sondervorschriften 3.3

ADR	RID

653 Die Beförderung dieses Gases unterliegt in Flaschen, deren Produkt aus Prüfdruck und Fassungsraum höchstens 15,2 MPa·Liter (152 bar·Liter) beträgt, nicht den übrigen Vorschriften des ADR/RID, vorausgesetzt,
- die für Flaschen geltenden Vorschriften für den Bau, die Prüfung und die Befüllung sind eingehalten;
- die Flaschen sind in Außenverpackungen verpackt, die mindestens den Vorschriften des Teils 4 für zusammengesetzte Verpackungen entsprechen. Die „Allgemeinen Verpackungsvorschriften" in den Unterabschnitten 4.1.1.1, 4.1.1.2 und 4.1.1.5 bis 4.1.1.7 sind zu beachten;
- die Flaschen sind nicht mit anderen gefährlichen Gütern zusammen verpackt;
- die Bruttomasse eines Versandstücks ist nicht größer als 30 kg und
- jedes Versandstück ist deutlich und dauerhaft mit der Aufschrift «UN 1006» für Argon, verdichtet, «UN 1013» für Kohlendioxid, «UN 1046» für Helium, verdichtet, oder «UN 1066» für Stickstoff, verdichtet, gekennzeichnet; dieses Kennzeichen ist von einer Linie eingefasst, die ein auf die Spitze gestelltes Quadrat mit einer Seitenlänge von mindestens 100 mm x 100 mm bildet.

654 Abfall-Feuerzeuge, die getrennt gesammelt und gemäß Absatz 5.4.1.1.3 versandt werden, dürfen für Entsorgungszwecke unter dieser Eintragung befördert werden. Sie müssen nicht gegen unbeabsichtigtes Entleeren geschützt sein, vorausgesetzt, es werden Maßnahmen getroffen, um einen gefährlichen Druckaufbau und die Bildung einer gefährlichen Atmosphäre zu verhindern.

Abfall-Feuerzeuge mit Ausnahme von undichten oder stark verformten müssen gemäß Verpackungsanweisung P 003 verpackt sein. Darüber hinaus gelten folgende Vorschriften:
- es dürfen nur starre Verpackungen mit einem höchsten Fassungsraum von 60 Litern verwendet werden;
- die Verpackungen müssen mit Wasser oder einem anderen geeigneten Schutzwerkstoff befüllt werden, um eine Zündung zu verhindern;
- unter normalen Beförderungsbedingungen müssen alle Zündeinrichtungen der Feuerzeuge vollständig durch den Schutzwerkstoff bedeckt sein;
- die Verpackung muss ausreichend belüftet sein, um die Bildung einer entzündbaren Atmosphäre und einen Druckaufbau zu verhindern;
- die Versandstücke dürfen nur in belüfteten oder offenen Fahrzeugen | Wagen oder Containern befördert werden.

Undichte oder stark verformte Feuerzeuge müssen in Bergungsverpackungen befördert werden, vorausgesetzt, es werden geeignete Maßnahmen ergriffen, um einen gefährlichen Druckaufbau zu verhindern.

Bem. Die Sondervorschrift 201 und die Sondervorschriften für die Verpackung PP 84 und RR 5 der Verpackungsanweisung P 002 des Unterabschnitts 4.1.4.1 gelten nicht für Abfall-Feuerzeuge.

3.3 Für bestimmte Stoffe oder Gegenstände geltende Sondervorschriften

ADR	RID

655	Flaschen und ihre Verschlüsse, die nach der Richtlinie 97/23/EG [5] oder der Richtlinie 2014/68/EU [6] ausgelegt, gebaut, zugelassen und gekennzeichnet wurden und für Atemgeräte verwendet werden, dürfen, ohne dem Kapitel 6.2 zu entsprechen, befördert werden, vorausgesetzt, sie werden den Prüfungen des Absatzes 6.2.1.6.1 unterzogen und die in Unterabschnitt 4.1.4.1 Verpackungsanweisung P 200 festgelegte Frist zwischen den Prüfungen wird nicht überschritten. Der für die Wasserdruckprüfung anzuwendende Druck ist der auf der Flasche gemäß Richtlinie 97/23/EG oder der Richtlinie 2014/68/EU angegebene Druck.

[5] Richtlinie 97/23/EG des Europäischen Parlaments und des Rates vom 29. Mai 1997 zur Angleichung der Rechtsvorschriften der Mitgliedstaaten über Druckgeräte (Amtsblatt der Europäischen Gemeinschaften Nr. L 181 vom 9. Juli 1997, Seiten 1 bis 55).

[6] Richtlinie 2014/68/EU des Europäischen Parlaments und des Rates vom 15. Mai 2014 zur Harmonisierung der Rechtsvorschriften der Mitgliedstaaten über die Bereitstellung von Druckgeräten auf dem Markt (Amtsblatt der Europäischen Union Nr. L 189 vom 27. Juni 2014, Seiten 164 bis 259).

656	(gestrichen)

657	Diese Eintragung darf nur für den technisch reinen Stoff verwendet werden; für Gemische von Flüssiggas-Bestandteilen siehe UN 1965 oder UN 1075 in Verbindung mit Bem. 2 in Unterabschnitt 2.2.2.3.

658	Die Beförderung von UN 1057 FEUERZEUGE, die der Norm EN ISO 9994:2019 «Feuerzeuge – Festlegungen für die Sicherheit» entsprechen, und UN 1057 NACHFÜLLPATRONEN FÜR FEUERZEUGE unterliegt nur den Bedingungen der Abschnitte 3.4.1 a) bis h), 3.4.2 (mit Ausnahme der gesamten Bruttomasse von 30 kg), 3.4.3 (mit Ausnahme der gesamten Bruttomasse von 20 kg), 3.4.11 und 3.4.12 erster Satz, wenn die folgenden Voraussetzungen erfüllt sind:

a) die gesamte Bruttomasse jedes Versandstücks ist nicht größer als 10 kg,

b) die Bruttomasse solcher Versandstücke, die in einem

Fahrzeug	Wagen

oder Großcontainer befördert werden, beträgt höchstens 100 kg und

c) jede Außenverpackung ist deutlich und dauerhaft mit der Aufschrift «UN 1057 FEUERZEUGE» bzw. «UN 1057 NACHFÜLLPATRONEN FÜR FEUERZEUGE» gekennzeichnet.

659	Stoffe, denen in Kapitel 3.2 Tabelle A Spalte (9a) die Sondervorschrift für die Verpackung PP 86 oder in Spalte (11) die Sondervorschrift für die Beförderung in ortsbeweglichen Tanks TP 7 zugeordnet ist und bei denen deshalb die im Dampfraum vorhandene Luft zu entfernen ist, dürfen nicht unter dieser UN-Nummer, sondern müssen unter ihren jeweiligen in Kapitel 3.2 Tabelle A aufgeführten UN-Nummern befördert werden.

Bem. Siehe auch Absatz 2.2.2.1.7.

660	(gestrichen)

Für bestimmte Stoffe oder Gegenstände geltende Sondervorschriften 3.3

ADR	RID

661 (gestrichen)

662 Flaschen, die den Vorschriften des Kapitels 6.2 nicht entsprechen und die ausschließlich an Bord von Schiffen oder Flugzeugen verwendet werden, dürfen für Zwecke der Befüllung oder Prüfung und der nachfolgenden Rücksendung befördert werden, vorausgesetzt, die Flaschen wurden in Übereinstimmung mit einer von der zuständigen Behörde des Zulassungslandes anerkannten Norm ausgelegt und gebaut und alle übrigen zutreffenden Vorschriften des ADR/RID werden erfüllt, einschließlich:

a) die Flaschen müssen mit einem Ventilschutz gemäß Unterabschnitt 4.1.6.8 befördert werden;

b) die Flaschen müssen in Übereinstimmung mit den Abschnitten 5.2.1 und 5.2.2 gekennzeichnet und bezettelt sein und

c) alle zutreffenden Vorschriften für die Befüllung der Verpackungsanweisung P 200 des Unterabschnitts 4.1.4.1 müssen erfüllt sein.

Beförderungspapier muss folgenden Vermerk enthalten:

«BEFÖRDERUNG NACH SONDERVORSCHRIFT 662».

663 Diese Eintragung darf nur für Verpackungen, Großverpackungen oder Großpackmittel (IBC) oder Teile davon verwendet werden, die gefährliche Güter enthalten haben und die zur Entsorgung, zum Recycling oder zur Wiederverwendung ihrer Werkstoffe, nicht aber zur Rekonditionierung, Reparatur, regelmäßigen Wartung, Wiederaufarbeitung oder Wiederverwendung befördert werden und die so weit entleert wurden, dass bei der Übergabe zur Beförderung nur an den Verpackungsteilen anhaftende Rückstände gefährlicher Güter vorhanden sind.

<u>Anwendungsbereich:</u>

Bei den in den leeren, ungereinigten Altverpackungen enthaltenen Rückständen darf es sich nur um gefährliche Güter der Klasse 3, 4.1, 5.1, 6.1, 8 oder 9 handeln. Darüber hinaus darf es sich dabei nicht um Rückstände der folgenden Stoffe handeln:

– Stoffe, die der Verpackungsgruppe I zugeordnet sind oder denen in Kapitel 3.2 Tabelle A Spalte 7a «0» zugeordnet ist, oder

– Stoffe, die als desensibilisierte explosive Stoffe der Klasse 3 oder 4.1 klassifiziert sind, oder

– Stoffe, die als selbstzersetzliche Stoffe der Klasse 4.1 klassifiziert sind, oder

– radioaktive Stoffe oder

– Asbest (UN 2212 und UN 2590), polychlorierte Biphenyle (UN 2315 und UN 3432) und polyhalogenierte Biphenyle, halogenierte Monomethyldiphenylmethane oder polyhalogenierte Terphenyle (UN 3151 und UN 3152).

<u>Allgemeine Vorschriften:</u>

Leere ungereinigte Altverpackungen mit Rückständen, die eine Haupt- oder Nebengefahr der Klasse 5.1 aufweisen, dürfen nicht mit anderen leeren, ungereinigten Altverpackungen zusammengepackt oder mit anderen leeren, ungereinigten Altverpackungen zusammen in denselben Container,

| dasselbe Fahrzeug | denselben Wagen |

oder denselben Schüttgut-Container verladen werden.

Am Verladeort müssen dokumentierte Sortierverfahren angewendet werden, um die Einhaltung der für diese Eintragung geltenden Vorschriften sicherzustellen.

Bem. Die übrigen Vorschriften des ADR/RID finden Anwendung.

3.3 Für bestimmte Stoffe oder Gegenstände geltende Sondervorschriften

ADR	RID

664 ▶ *1.6.3.44* Werden Stoffe unter dieser Eintragung in festverbundenen Tanks (Tankfahrzeugen) oder Aufsetztanks befördert, so dürfen diese Tanks mit Additivierungseinrichtungen ausgerüstet sein.
 	
Additivierungseinrichtungen:
– sind Teil der Bedienungsausrüstung zur Beimischung von Additiven der UN-Nummer 1202, 1993 Verpackungsgruppe III oder 3082 oder von nicht gefährlichen Stoffen während des Entleerens des Tanks;
– bestehen aus Elementen, wie Verbindungsrohren und -schläuchen, Verschlusseinrichtungen, Pumpen und Dosierungseinrichtungen, die mit der Entleerungseinrichtung der Bedienungsausrüstung des Tanks dauerhaft verbunden sind;
– umfassen Umschließungsmittel, die integraler Bestandteil des Tankkörpers oder dauerhaft außen am Tank oder am Tankfahrzeug befestigt sind.
 	
Alternativ dürfen Additivierungseinrichtungen Anschlusseinrichtungen für die Verbindung mit Verpackungen haben. In diesem Fall wird die Verpackung selbst nicht als Teil der Additivierungseinrichtung angesehen.
 	
Abhängig von der Konfiguration gelten folgende Vorschriften:
a) Bau der Umschließungsmittel
  (i) Als integraler Bestandteil des Tankkörpers (z.B. Tankabteil) müssen sie die zutreffenden Vorschriften des Kapitels 6.8 erfüllen.
  (ii) Bei einer dauerhaften Befestigung außen am Tank oder am Tankfahrzeug unterliegen sie nicht den Bauvorschriften des ADR, sofern die folgenden Vorschriften erfüllt sind:
  Sie bestehen aus einem metallenen Werkstoff und erfüllen die nachstehenden Mindestvorschriften für die Wanddicke:
	(bleibt offen)

Für bestimmte Stoffe oder Gegenstände geltende Sondervorschriften 3.3

ADR	RID
664 (Forts.)	

Werkstoff	Mindestwanddicke[a]
rostfreie austenitische Stähle	2,5 mm
andere Stähle	3 mm
Aluminiumlegierungen	4 mm
Aluminium, 99,80 % rein	6 mm

[a] Wenn die Umschließungsmittel aus einer Doppelwand bestehen, muss die Summe der Wanddicken der metallenen Außenwand und der metallenen Innenwand der vorgeschriebenen Wanddicke entsprechen.

Schweißarbeiten müssen gemäß dem ersten Unterabsatz des Absatzes 6.8.2.1.23 ausgeführt sein, mit der Ausnahme, dass für die Bestätigung der Qualität der Schweißnähte andere geeignete Methoden angewendet werden dürfen.

(iii) Bei den Verpackungen, die mit der Additivierungseinrichtung verbunden werden können, muss es sich um Metallverpackungen handeln, die den für das betreffende Additiv anwendbaren Bauvorschriften des Kapitels 6.1 entsprechen.

b) Tankzulassung

Für Tanks, die mit Additivierungseinrichtungen ausgerüstet sind oder ausgerüstet werden sollen und bei denen die Additivierungseinrichtung nicht in der ursprünglichen Baumusterzulassung des Tanks enthalten ist, gelten die Vorschriften des Absatzes 6.8.2.3.4.

c) Verwendung von Umschließungsmitteln und Additivierungseinrichtungen

(i) Im Falle von Absatz a) (i) bestehen keine weiteren Vorschriften.

(ii) Im Falle von Absatz a) (ii) darf der Gesamtfassungsraum der Umschließungsmittel 400 Liter je Fahrzeug nicht überschreiten.

(iii) Im Falle von Absatz a) (iii) gelten der Unterabschnitt 7.5.7.5 und der Abschnitt 8.3.3 nicht. Die Verpackungen dürfen nur während des Entleerens des Tanks mit der Additivierungseinrichtung verbunden sein. Während der Beförderung müssen die Verschlüsse und Anschlusseinrichtungen dicht verschlossen sein.

3.3 Für bestimmte Stoffe oder Gegenstände geltende Sondervorschriften

ADR	RID
664 (Forts.) d) Prüfung von Additivierungseinrichtungen Für die Additivierungseinrichtung gelten die Vorschriften des Unterabschnitts 6.8.2.4. Im Falle von Absatz a) (ii) müssen die Umschließungsmittel der Additivierungseinrichtung zum Zeitpunkt der erstmaligen Prüfung, der Zwischenprüfung oder der wiederkehrenden Prüfung des Tanks jedoch nur einer äußeren Besichtigung und einer Dichtheitsprüfung unterzogen werden. Die Dichtheitsprüfung muss mit einem Prüfdruck von mindestens 0,2 bar durchgeführt werden. **Bem.** Für die in Absatz a) (iii) beschriebenen Verpackungen gelten die entsprechenden Vorschriften des ADR. e) Beförderungspapier Für das betreffende Additiv müssen nur die gemäß Absatz 5.4.1.1.1 a) bis d) erforderlichen Angaben im Beförderungspapier hinzugefügt werden. In diesem Fall muss im Beförderungspapier die Angabe «ADDITIVIERUNGSEINRICHTUNG» hinzugefügt werden. f) Schulung der Fahrzeugführer Fahrzeugführer, die eine Schulung gemäß Abschnitt 8.2.1 für die Beförderung dieses Stoffes in Tanks erhalten haben, benötigen keine zusätzliche Schulung für die Beförderung der Additive. g) Anbringen von Großzetteln (Placards) oder Kennzeichnung Das Anbringen von Großzetteln (Placards) an oder die Kennzeichnung von festverbundenen Tanks (Tankfahrzeugen) oder Aufsetztanks für die Beförderung von Stoffen unter dieser Eintragung gemäß Kapitel 5.3 wird durch das Vorhandensein einer Additivierungseinrichtung oder der darin enthaltenen Additiven nicht beeinflusst.	

Für bestimmte Stoffe oder Gegenstände geltende Sondervorschriften 3.3

	ADR	RID
665	Unvermahlene Steinkohle, Koks und Anthrazitkohle, die den Klassifizierungskriterien der Klasse 4.2 Verpackungsgruppe III entsprechen, unterliegen nicht den Vorschriften des ADR.	Steinkohle, Koks und Anthrazitkohle, die den Klassifizierungskriterien der Klasse 4.2 Verpackungsgruppe III entsprechen, dürfen in loser Schüttung auch in offenen Wagen oder Containern befördert werden, vorausgesetzt, a) die Kohle wird aus der frischen Förderung (ohne Temperaturmessung) direkt in den Wagen oder Container gefördert oder b) die Temperatur der Ladung ist während oder unmittelbar nach der Befüllung des Wagens oder Containers nicht größer als 60 °C. Der Befüller muss mittels geeigneter Messmethoden sicherstellen und dokumentieren, dass die maximal zulässige Temperatur der Ladung während oder unmittelbar nach dem Befüllen der Wagen oder Container nicht überschritten wird. Der Absender muss sicherstellen, dass im Begleitdokument der Sendung (wie ein Konnossement, Ladungsmanifest oder CIM/CMR-Frachtbrief) folgende Angabe enthalten ist: «BEFÖRDERUNG GEMÄSS SONDERVORSCHRIFT 665 DES RID». Die übrigen Vorschriften des RID gelten nicht.
666	Als Ladung beförderte Fahrzeuge oder batteriebetriebene Geräte, auf die in der Sondervorschrift 388 Bezug genommen wird, sowie die in ihnen enthaltenen gefährlichen Güter, die für ihren Betrieb oder den Betrieb ihrer Einrichtungen dienen, unterliegen nicht den übrigen Vorschriften des ADR/RID, wenn folgende Vorschriften erfüllt sind: a) Bei flüssigen Brennstoffen[7)] müssen die Ventile zwischen dem Motor oder der Einrichtung und dem Brennstoffbehälter während der Beförderung geschlossen sein, es sei denn, es ist von Bedeutung, dass die Einrichtung in Betrieb bleibt. Soweit erforderlich müssen die Fahrzeuge aufrecht und gegen Umfallen gesichert verladen werden. b) Bei gasförmigen Brennstoffen muss das Ventil zwischen dem Gastank und dem Motor geschlossen und der elektrische Kontakt unterbrochen sein, es sei denn, es ist von Bedeutung, dass die Einrichtung in Betrieb bleibt. c) Metallhydrid-Speichersysteme müssen von der zuständigen Behörde des Herstellungslandes zugelassen sein. Ist das Herstellungsland keine ADR-Vertragspartei | kein RID-Vertragsstaat , muss die Zulassung von der zuständigen Behörde einer Vertragspartei des ADR | eines RID-Vertragsstaates anerkannt werden.	

3.3 Für bestimmte Stoffe oder Gegenstände geltende Sondervorschriften

ADR	RID

666 (Forts.)
d) Die Vorschriften der Absätze a) und b) gelten nicht für Fahrzeuge, die frei von flüssigen oder gasförmigen Brennstoffen sind.

Bem. 1. Ein Fahrzeug gilt als frei von flüssigen Brennstoffen, wenn der Flüssigbrennstoffbehälter entleert wurde und das Fahrzeug wegen Brennstoffmangels nicht betrieben werden kann. Fahrzeugbauteile wie Brennstoffleitungen, -filter und -einspritzdüsen müssen nicht gereinigt, entleert oder gespült werden, damit sie als frei von flüssigen Brennstoffen gelten. Darüber hinaus muss der Flüssigbrennstoffbehälter nicht gereinigt oder gespült werden.

2. Ein Fahrzeug gilt als frei von gasförmigen Brennstoffen, wenn die Behälter für gasförmige Brennstoffe frei von Flüssigkeiten (bei verflüssigten Gasen) sind, der Druck in den Behältern nicht größer als 2 bar ist und der Brennstoffabsperrhahn oder das Brennstoffabsperrventil geschlossen und gesichert ist.

7) Der Begriff «Brennstoff» schließt auch Kraftstoffe ein.

667
a) Die Vorschriften des Absatzes 2.2.9.1.7 a) gelten nicht für Produktionsserien von höchstens 100 Zellen oder Batterien oder für Vorproduktionsprototypen von Zellen oder Batterien, die in Fahrzeugen, Motoren oder Maschinen eingebaut sind.

b) Die Vorschriften des Absatzes 2.2.9.1.7 gelten nicht für Lithiumzellen oder -batterien, die in beschädigten oder defekten Fahrzeugen, Motoren oder Maschinen eingebaut sind. In diesen Fällen müssen folgende Bedingungen erfüllt werden:

(i) Wenn die Beschädigung oder der Defekt keinen maßgeblichen Einfluss auf die Sicherheit der Zelle oder Batterie hat, dürfen beschädigte oder defekte Fahrzeuge, Motoren oder Maschinen unter den in der Sondervorschrift 363 bzw. 666 festgelegten Bedingungen befördert werden.

(ii) Wenn die Beschädigung oder der Defekt einen maßgeblichen Einfluss auf die Sicherheit der Zelle oder Batterie hat, muss die Lithiumzelle oder -batterie entnommen und in Übereinstimmung mit der Sondervorschrift 376 befördert werden.

Wenn jedoch ein sicheres Entnehmen der Zelle oder Batterie nicht möglich ist oder wenn der Zustand der Zelle oder Batterie nicht überprüft werden kann, darf das Fahrzeug, der Motor oder die Maschine wie in Absatz (i) festgelegt abgeschleppt oder befördert werden.

c) Die in Absatz b) beschriebenen Verfahren gelten auch für in Fahrzeugen, Motoren oder Maschinen enthaltene beschädigte Lithiumzellen oder -batterien.

668
Erwärmte Stoffe für Zwecke der Anbringung von Straßenmarkierungen unterliegen nicht den übrigen Vorschriften des ADR/RID, vorausgesetzt, folgende Bedingungen werden erfüllt:

a) sie entsprechen nicht den Kriterien einer anderen Klasse als der Klasse 9;
b) die Temperatur an der äußeren Oberfläche des Kessels ist nicht größer als 70 °C;
c) der Kessel ist so verschlossen, dass ein Austreten von Füllgut während der Beförderung verhindert wird;
d) der höchste Fassungsraum des Kessels ist auf 3000 Liter begrenzt.

Für bestimmte Stoffe oder Gegenstände geltende Sondervorschriften 3.3

ADR	RID

669
▶ *1.6.1.43*
+ *SV 666*

Ein Anhänger, der mit einer Einrichtung ausgerüstet ist, die mit einem flüssigen oder gasförmigen Brennstoff oder einer Einrichtung zur Speicherung und Erzeugung elektrischer Energie angetrieben wird und die für die Verwendung während einer Beförderung vorgesehen ist, die von diesem Anhänger

als Teil einer Beförderungseinheit	

durchgeführt wird, muss der UN-Nummer 3166 oder 3171 zugeordnet werden und unterliegt den für diese UN-Nummern geltenden Vorschriften, wenn er auf einem

Fahrzeug	Wagen

als Ladung befördert wird, vorausgesetzt, der Fassungsraum der Behälter, die flüssigen Brennstoff enthalten, ist nicht größer als 500 Liter.

670
a) Lithiumzellen und -batterien, die in Geräten von privaten Haushalten enthalten sind und die zur Beseitigung von Schadstoffen, zur Demontage, zum Recycling oder zur Entsorgung gesammelt und zur Beförderung aufgegeben werden, unterliegen nicht den übrigen Vorschriften des ADR/RID, einschließlich der Sondervorschrift 376 und des Absatzes 2.2.9.1.7, wenn

(i) sie nicht die Hauptenergiequelle für den Betrieb des Geräts darstellen, in dem sie enthalten sind,

(ii) das Gerät, in dem sie enthalten sind, keine anderen Lithiumzellen oder -batterien enthält, die als Hauptenergiequelle verwendet werden, und

(iii) sie durch das Gerät geschützt werden, in dem sie enthalten sind.

Beispiele von Zellen und Batterien, die unter diesen Absatz fallen, sind Knopfzellen, die für die Datensicherheit in Haushaltsgeräten (z.B. Kühlschränke, Waschmaschinen, Geschirrspüler) oder in anderen elektrischen oder elektronischen Geräten verwendet werden.

b) Bis zur Zwischenverarbeitungsstelle unterliegen Lithiumzellen und -batterien, die in Geräten von privaten Haushalten enthalten sind, die die Vorschriften des Absatzes a) nicht erfüllen und die zur Beseitigung von Schadstoffen, zur Demontage, zum Recycling oder zur Entsorgung gesammelt und zur Beförderung aufgegeben werden, nicht den übrigen Vorschriften des ADR/RID, einschließlich der Sondervorschrift 376 und des Absatzes 2.2.9.1.7, wenn folgende Bedingungen erfüllt werden:

(i) Die Geräte sind in Übereinstimmung mit der Verpackungsanweisung P 909 des Unterabschnitts 4.1.4.1 mit Ausnahme der zusätzlichen Vorschriften 1 und 2 verpackt oder sie sind in widerstandsfähigen Außenverpackungen, z.B. besonders ausgelegte Sammelbehälter, verpackt, welche die folgenden Vorschriften erfüllen:

– Die Verpackungen müssen aus einem geeigneten Werkstoff hergestellt sein und in Bezug auf den Fassungsraum der Verpackung und die beabsichtigte Verwendung der Verpackung ausreichend stark und dimensioniert sein. Die Verpackungen müssen die Vorschriften des Unterabschnitts 4.1.1.3 nicht erfüllen.

– Es müssen geeignete Maßnahmen ergriffen werden, um Beschädigungen der Geräte beim Befüllen oder Handhaben der Verpackung, z. B. durch die Verwendung von Gummimatten, zu minimieren.

– Die Verpackungen müssen so hergestellt und verschlossen sein, dass ein Verlust von Ladegut während der Beförderung verhindert wird, z. B. durch Deckel, widerstandsfähige Innenauskleidungen, Abdeckungen für die Beförderung. Öffnungen, die für das Befüllen ausgelegt sind, sind zulässig, sofern sie so gebaut sind, dass ein Verlust von Ladegut verhindert wird.

3.3 Für bestimmte Stoffe oder Gegenstände geltende Sondervorschriften

ADR	RID

670 (Forts.)

(ii) Es besteht ein Qualitätssicherungssystem, um sicherzustellen, dass die Gesamtmenge an Lithiumzellen und -batterien je

Beförderungseinheit	Wagen oder Großcontainer

333 kg nicht überschreitet.

> **Bem.** Die Gesamtmenge an Lithiumzellen und -batterien in Geräten von privaten Haushalten darf anhand einer im Qualitätssicherungssystem enthaltenen statistischen Methode abgeschätzt werden. Eine Kopie der Qualitätssicherungsaufzeichnungen muss der zuständigen Behörde auf Anforderung zur Verfügung gestellt werden.

(iii) Die Versandstücke sind wie folgt gekennzeichnet:

«LITHIUMBATTERIEN ZUR ENTSORGUNG» bzw. «LITHIUMBATTERIEN ZUM RECYCLING». Wenn Geräte, die Lithiumzellen oder -batterien enthalten, in Übereinstimmung mit der Verpackungsanweisung P 909 (3) des Unterabschnitts 4.1.4.1 unverpackt oder auf Paletten befördert werden, darf dieses Kennzeichen alternativ auf der äußeren Oberfläche von

Fahrzeugen oder Containern	Wagen oder Großcontainern

angebracht werden.

Bem. «Geräte von privaten Haushalten» sind Geräte, die aus privaten Haushalten stammen, und Geräte, die aus kommerziellen, industriellen, institutionellen und anderen Quellen stammen und die aufgrund ihrer Beschaffenheit und Menge den Geräten von privaten Haushalten ähnlich sind. Geräte, bei denen die Wahrscheinlichkeit besteht, dass sie sowohl von privaten Haushalten als auch von anderen Anwendern verwendet werden, gelten in jedem Fall als Geräte von privaten Haushalten.

671 Für Zwecke der

Freistellung in Zusammenhang mit Mengen, die je Beförderungseinheit befördert werden	höchstzulässigen Gesamtmenge je Wagen oder Großcontainer

(siehe Unterabschnitt 1.1.3.6), ist die Beförderungskategorie in Zusammenhang mit der Verpackungsgruppe zu bestimmen (siehe Sondervorschrift 251 dritter Unterabsatz):

– Beförderungskategorie 3 für Testsätze oder Ausrüstungen, die der Verpackungsgruppe III zugeordnet sind;
– Beförderungskategorie 2 für Testsätze oder Ausrüstungen, die der Verpackungsgruppe II zugeordnet sind;
– Beförderungskategorie 1 für Testsätze oder Ausrüstungen, die der Verpackungsgruppe I zugeordnet sind.

Testsätze oder Ausrüstungen, die nur gefährliche Güter enthalten, denen keine Verpackungsgruppe zugeordnet ist, müssen für Zwecke der Ausstellung der Beförderungspapiere und der Freistellung in Zusammenhang mit Mengen, die je

Beförderungseinheit	Wagen oder Großcontainer

befördert werden (siehe Unterabschnitt 1.1.3.6), der Beförderungskategorie 2 zugeordnet werden.

Für bestimmte Stoffe oder Gegenstände geltende Sondervorschriften 3.3

ADR	RID
672 Gegenstände, wie Maschinen, Geräte oder Einrichtungen, die unter dieser Eintragung und in Übereinstimmung mit der Sondervorschrift 301 befördert werden, unterliegen nicht den übrigen Vorschriften des ADR/RID, vorausgesetzt: – sie sind entweder in einer widerstandsfähigen Außenverpackung verpackt, die aus einem geeigneten Werkstoff hergestellt ist und hinsichtlich ihres Fassungsraums und ihrer beabsichtigten Verwendung eine ausreichende Festigkeit und Auslegung aufweist und die den anwendbaren Vorschriften des Unterabschnitts 4.1.1.1 entspricht, oder – sie werden ohne Außenverpackung befördert, wenn der Gegenstand so gebaut und ausgelegt ist, dass die Gefäße, welche die gefährlichen Güter enthalten, ausreichend geschützt sind.	
673 (bleibt offen)	Für die Beförderung dieses Gegenstandes müssen die Vorschriften der Kapitel 1.10 und 5.3, des Abschnitts 5.4.3 und des Kapitels 7.2 nicht angewendet werden.
674 Diese Sondervorschrift gilt für die wiederkehrende Prüfung von umformten Flaschen gemäß der Begriffsbestimmung in Abschnitt 1.2.1. Umformte Flaschen, die dem Absatz 6.2.3.5.3.1 unterliegen, müssen einer wiederkehrenden Prüfung in Übereinstimmung mit Absatz 6.2.1.6.1 unterzogen werden, die durch die folgende alternative Methode angepasst wird: – Die in Absatz 6.2.1.6.1 d) vorgeschriebene Prüfung muss durch alternative zerstörende Prüfungen ersetzt werden. – Es müssen besondere, zusätzliche zerstörende Prüfungen durchgeführt werden, die sich auf die Eigenschaften der umformten Flaschen beziehen. Die Verfahren und Anforderungen dieser alternativen Methode sind nachstehend beschrieben. Alternative Methode: a) Allgemeines Die folgenden Vorschriften gelten für umformte Flaschen, die in Serie und auf der Grundlage von geschweißten Stahlflaschen gemäß der Norm EN 1442:2017, EN 14140:2014 + AC:2015 oder der Anlage I, Teile 1 bis 3 der Richtlinie des Rates 84/527/EWG hergestellt sind. Die Auslegung der Umformung muss das Vordringen von Wasser zur inneren Stahlflasche verhindern. Die Umwandlung der Flasche aus Stahl in eine umformte Flasche muss den entsprechenden Vorschriften der Normen EN 1442:2017 und EN 14140:2014 + AC:2015 genügen. Umformte Flaschen müssen mit selbstschließenden Ventilen ausgerüstet sein. b) Grundgesamtheit Eine Grundgesamtheit umformter Flaschen ist definiert als die Produktion von Flaschen eines einzelnen Herstellers von Umformungen unter Verwendung von durch einen einzelnen Hersteller hergestellten neuen Innenflaschen innerhalb eines Kalenderjahres, die auf Flaschen derselben Bauart, derselben Werkstoffe und derselben Herstellungsverfahren basieren. c) Untergruppen einer Grundgesamtheit Innerhalb der oben definierten Grundgesamtheit müssen umformte Flaschen, die verschiedenen Eigentümern gehören, in spezifische Untergruppen, und zwar eine je Eigentümer, aufgeteilt werden. Wenn die gesamte Grundgesamtheit einem einzigen Eigentümer gehört, entspricht die Untergruppe der Grundgesamtheit.	

3.3 Für bestimmte Stoffe oder Gegenstände geltende Sondervorschriften

ADR	RID

674
(Forts.)

d) Rückverfolgbarkeit

Die Kennzeichen der Innenflaschen aus Stahl in Übereinstimmung mit Unterabschnitt 6.2.3.9 müssen auf der Umformung wiederholt werden. Darüber hinaus muss jede umformte Flasche mit einer individuellen widerstandsfähigen elektronischen Erkennungseinrichtung ausgestattet sein. Die genauen Eigenschaften der umformten Flaschen müssen vom Eigentümer in einer zentralen Datenbank aufgezeichnet werden. Die Datenbank muss für Folgendes verwendet werden:

– die Identifizierung der spezifischen Untergruppe;
– die Zurverfügungstellung der spezifischen technischen Eigenschaften der Flaschen, zumindest bestehend aus Seriennummer, Produktionslos der Stahlflasche, Produktionslos der Umformung, Zeitpunkt der Umformung, für die Prüfstellen, Befüllzentren und zuständigen Behörden;
– die Identifizierung der Flasche, indem eine Verbindung zwischen der elektronischen Einrichtung und der Datenbank anhand der Seriennummer hergestellt wird;
– die Prüfung der Vorgeschichte der einzelnen Flasche und die Festlegung von Maßnahmen (z. B. Befüllung, Stichprobenentnahme, Wiederholungsprüfung, Zurückziehung);
– die Aufzeichnung der durchgeführten Maßnahmen, einschließlich des Datums und der Adresse des Ortes der Durchführung.

Die aufgezeichneten Daten müssen durch den Eigentümer der umformten Flaschen während der gesamten Lebensdauer der Untergruppe zur Verfügung gehalten werden.

e) Stichprobenentnahme für die statistische Auswertung

Die Stichprobenentnahme muss nach Zufallsprinzip aus einer in Absatz c) definierten Untergruppe erfolgen. Die Größe jeder Stichprobe je Untergruppe muss der Tabelle in Absatz g) entsprechen.

f) Prüfverfahren für die zerstörende Prüfung

Die in Absatz 6.2.1.6.1 vorgeschriebenen Prüfungen müssen durchgeführt werden, mit Ausnahme der Prüfung des Absatzes d), die durch das folgende Prüfverfahren ersetzt wird:

– Berstprüfung (in Übereinstimmung mit der Norm EN 1442:2017 oder EN 14140:2014 + AC:2015).

Darüber hinaus müssen die folgenden Prüfungen durchgeführt werden:

– Haftfestigkeitsprüfung (in Übereinstimmung mit der Norm EN 1442:2017 oder EN 14140:2014 + AC:2015),
– Abschäl- und Korrosionsprüfungen (in Übereinstimmung mit der Norm EN ISO 4628-3:2016).

Die Haftfestigkeitsprüfung, die Abschäl- und Korrosionsprüfungen und die Berstprüfung müssen an jeder zugehörigen Stichprobe gemäß der Tabelle in Absatz g) erstmalig nach 3 Jahren Betrieb und danach alle 5 Jahre durchgeführt werden.

Für bestimmte Stoffe oder Gegenstände geltende Sondervorschriften 3.3

ADR	RID

674 (Forts.)

g) Statistische Auswertung der Prüfergebnisse – Methode und Mindestanforderungen
Das Verfahren für die statistische Auswertung in Übereinstimmung mit den zugehörigen Zurückweisungskriterien ist im Folgenden beschrieben.

Prüfintervall (Jahre)	Art der Prüfung	Norm	Zurückweisungskriterien	Bildung einer Stichprobe aus einer Untergruppe
nach 3 Jahren Betrieb (siehe Absatz f))	Berstprüfung	EN 1442:2017	Berstdruckpunkt der repräsentativen Stichprobe muss über dem unteren Grenzwert des Toleranzintervalls im Stichproben-Arbeitsdiagramm liegen $\Omega_m \geq 1 + \Omega_s \times k3(n;p;1-\alpha)$ [a] kein einzelnes Prüfergebnis darf geringer sein als der Prüfdruck	$3\sqrt[3]{Q}$ oder Q/200, je nachdem, welcher der beiden Werte geringer ist, und mindestens 20 pro Untergruppe (Q)
	Abschälung und Korrosion	EN ISO 4628-3:2016	höchster Korrosionsgrad: Ri2	Q/1000
	Haftfestigkeit des Polyurethans	ISO 2859-1:1999 + A1:2011 EN 1442:2017 EN 14140:2014 + AC:2015	Haftfestigkeitswert > 0,5 N/mm²	siehe ISO 2859-1:1999 + A1:2011, angewendet auf Q/1000
danach alle 5 Jahre (siehe Absatz f))	Berstprüfung	EN 1442:2017	Berstdruckpunkt der repräsentativen Stichprobe muss über dem unteren Grenzwert des Toleranzintervalls im Stichproben-Arbeitsdiagramm liegen $\Omega_m \geq 1 + \Omega_s \times k3(n;p;1-\alpha)$ [a] kein einzelnes Prüfergebnis darf geringer sein als der Prüfdruck	$6\sqrt[4]{Q}$ oder Q/100, je nachdem, welcher der beiden Werte geringer ist, und mindestens 40 pro Untergruppe (Q)
	Abschälung und Korrosion	EN ISO 4628-3:2016	höchster Korrosionsgrad: Ri2	Q/1000
	Haftfestigkeit des Polyurethans	ISO 2859-1:1999 + A1:2011 EN 1442:2017 EN 14140:2014 + AC:2015	Haftfestigkeitswert > 0,5 N/mm²	siehe ISO 2859-1:1999 + A1:2011, angewendet auf Q/1000

[a] Der Berstdruckpunkt (BPP) der repräsentativen Stichprobe wird für die Auswertung der Prüfergebnisse mit Hilfe eines Stichproben-Arbeitsdiagramms verwendet.

Schritt 1: Bestimmung des Berstdruckpunkts (BPP) einer repräsentativen Stichprobe
Jede Stichprobe wird durch einen Punkt repräsentiert, dessen Koordinaten der Mittelwert der Ergebnisse der Berstprüfung und die Standardabweichung der Ergebnisse der Berstprüfung sind, jeweils bezogen auf den entsprechenden Prüfdruck:

$$\text{BPP:} \left(\Omega_s = \frac{s}{PH}; \Omega_m = \frac{x}{PH} \right)$$

wobei:
x = Mittelwert der Stichprobe;
s = Standardabweichung der Stichprobe;
PH = Prüfdruck

Schritt 2: Grafische Darstellung in einem Stichproben-Arbeitsdiagramm
Jeder Berstdruckpunkt wird auf ein Stichproben-Arbeitsdiagramm mit folgenden Achsen eingezeichnet:
– Abszisse: Standardabweichung bezogen auf den Prüfdruck (Ω_s)
– Ordinate: Mittelwert bezogen auf den Prüfdruck (Ω_m)

Schritt 3: Bestimmung des entsprechenden unteren Grenzwerts des Toleranzintervalls im Stichproben-Arbeitsdiagramm

3.3 Für bestimmte Stoffe oder Gegenstände geltende Sondervorschriften

ADR	RID

674 (Forts.)

Die Ergebnisse der Berstprüfung müssen zunächst gemäß dem Joint Test (gemeinsamer Test) (multidirektionaler Test) unter Anwendung eines Signifikanzniveaus von $\alpha = 0{,}05$ (siehe Absatz 7 der Norm ISO 5479:1997) geprüft werden, um festzustellen, ob die Ergebnisverteilung für jede Stichprobe normal oder nicht normal ist.

– Für eine normale Verteilung ist die Bestimmung des entsprechenden unteren Toleranzgrenzwerts in Schritt 3.1 dargestellt.
– Für eine nicht normale Verteilung ist die Bestimmung des entsprechenden unteren Toleranzgrenzwerts in Schritt 3.2 dargestellt.

Schritt 3.1: Unterer Grenzwert des Toleranzintervalls für Ergebnisse mit normaler Verteilung

In Übereinstimmung mit der Norm ISO 16269-6:2014 und unter Berücksichtigung, dass die Varianz unbekannt ist, muss das einseitige statistische Toleranzintervall für ein Konfidenzniveau von 95 % und einen Anteil der Gesamtheit von 99,9999 % betrachtet werden.

Nach Auftragen im Stichproben-Arbeitsdiagramm wird der untere Grenzwert des Toleranzintervalls durch eine Linie der konstanten Überlebensrate repräsentiert, die durch folgende Formel definiert ist:

$\Omega_m = 1 + \Omega_s \times k3(n;p;1-\alpha)$

wobei:
k3 = Faktorfunktion von n, p und $1-\alpha$;
p = Anteil der für das Toleranzintervall gewählten Gesamtheit (99,9999 %);
$1-\alpha$ = Konfidenzniveau (95 %);
n = Stichprobengröße.

Der für normale Verteilungen zugeordnete Wert für k3 muss der Tabelle am Ende von Schritt 3 entnommen werden.

Schritt 3.2: Unterer Grenzwert des Toleranzintervalls für Ergebnisse mit nicht normaler Verteilung

Das einseitige statistische Toleranzintervall muss für ein Konfidenzniveau von 95 % und einen Anteil der Gesamtheit von 99,9999 % betrachtet werden.

Der untere Toleranzgrenzwert wird durch eine Linie der konstanten Überlebensrate repräsentiert, die durch die im vorhergehenden Schritt 3.1 dargestellte Formel bestimmt ist, wobei der Faktor k3 auf den Eigenschaften einer Weibull-Verteilung basiert und danach berechnet wird.

Der für Weibull-Verteilungen zugeordnete Wert für k3 muss der nachstehenden Tabelle am Ende von Schritt 3 entnommen werden.

Für bestimmte Stoffe oder Gegenstände geltende Sondervorschriften 3.3

ADR	RID

674 (Forts.)

Tabelle für k3
p = 99,9999 % und (1-α) = 0,95

Stichprobengröße n	normale Verteilung k3	Weibull-Verteilung k3
20	6,901	16,021
22	6,765	15,722
24	6,651	15,472
26	6,553	15,258
28	6,468	15,072
30	6,393	14,909
35	6,241	14,578
40	6,123	14,321
45	6,028	14,116
50	5,949	13,947
60	5,827	13,683
70	5,735	13,485
80	5,662	13,329
90	5,603	13,203
100	5,554	13,098
150	5,393	12,754
200	5,300	12,557
250	5,238	12,426
300	5,193	12,330
400	5,131	12,199
500	5,089	12,111
1000	4,988	11,897
∞	4,753	11,408

Bem. Wenn die Stichprobengröße zwischen zwei Werten liegt, muss die am nächsten liegende kleinere Stichprobengröße gewählt werden.

h) Maßnahmen, wenn die Akzeptanzkriterien nicht erfüllt werden

Wenn ein Ergebnis der Berstprüfung, der Abschäl- und Korrosionsprüfung oder der Haftfestigkeitsprüfung die Kriterien, die in der Tabelle in Absatz g) angegeben sind, nicht erfüllt, muss die betroffene Untergruppe umformter Flaschen vom Eigentümer für weitere Untersuchungen ausgesondert werden und darf nicht befüllt oder für die Beförderung und Verwendung freigegeben werden.

In Absprache mit der zuständigen Behörde oder der Xa-Stelle, welche die Baumusterzulassung erteilt hat, müssen zusätzliche Prüfungen durchgeführt werden, um die Grundursache des Versagens zu ermitteln.

Wenn nicht nachgewiesen werden kann, dass die Grundursache auf die betroffene Untergruppe des Eigentümers begrenzt ist, muss die zuständige Behörde oder die Xa-Stelle Maßnahmen in Bezug auf die gesamte Grundgesamtheit und eventuell andere Herstellungsjahre ergreifen.

Wenn nachgewiesen werden kann, dass die Grundursache auf einen Teil der betroffenen Untergruppe begrenzt ist, dürfen die nicht betroffenen Teile von der zuständigen Behörde für die Wiederinbetriebnahme zugelassen werden. Es muss nachgewiesen werden, dass keine einzelne umformte Flasche, die wieder in Betrieb genommen wird, betroffen ist.

3.3 Für bestimmte Stoffe oder Gegenstände geltende Sondervorschriften

ADR	RID
674 (Forts.)	i) Anforderungen an Befüllzentren Der Eigentümer muss der zuständigen Behörde Nachweise zur Verfügung stellen, dass die Befüllzentren – den Vorschriften des Unterabschnitts 4.1.4.1 Verpackungsanweisung P 200 (7) entsprechen und die Anforderungen der in der Tabelle in Unterabschnitt 4.1.4.1 Verpackungsanweisung P 200 (11) in Bezug genommenen Norm für Prüfungen vor dem Befüllen erfüllt und richtig angewendet werden; – über die angemessenen Mittel zur Erkennung umformter Flaschen durch die elektronische Erkennungseinrichtung verfügen; – Zugang zu der in Absatz d) festgelegten Datenbank haben; – die Fähigkeit besitzen, die Datenbank zu aktualisieren; – ein Qualitätssystem gemäß der Normenreihe ISO 9000 oder gleichwertiger Normen anwenden, das von einer von der zuständigen Behörde anerkannten akkreditierten unabhängigen Stelle zertifiziert ist.
675	Für Versandstücke, die diese gefährlichen Güter enthalten, gilt ein Zusammenladeverbot mit Stoffen und Gegenständen der Klasse 1, ausgenommen 1.4 S.

In begrenzten Mengen verpackte gefährliche Güter 3.4

ADR	RID

3.4.1
▶ 1.1.3.4

Dieses Kapitel enthält die Vorschriften, die für die Beförderung von in begrenzten Mengen verpackten gefährlichen Gütern bestimmter Klassen anzuwenden sind. Die für die Innenverpackung oder den Gegenstand anwendbare Mengengrenze ist für jeden Stoff in der Spalte 7a der Tabelle A in Kapitel 3.2 festgelegt. Darüber hinaus ist in dieser Spalte bei jeder Eintragung, die nicht für die Beförderung nach diesem Kapitel zugelassen ist, die Menge «0» angegeben.

In derartigen begrenzten Mengen verpackte gefährliche Güter, die den Vorschriften dieses Kapitels entsprechen, unterliegen keinen anderen Vorschriften des ADR/RID mit Ausnahme der entsprechenden Vorschriften von:

a) Teil 1 Kapitel 1.1, 1.2, 1.3, 1.4, 1.5, 1.6, 1.8 und 1.9,

b) Teil 2,

c) Teil 3 Kapitel 3.1, 3.2 und 3.3 (mit Ausnahme der Sondervorschriften 61, 178, 181, 220, 274, 625, 633 und 650 e)),

d) Teil 4 Unterabschnitte 4.1.1.1, 4.1.1.2 und 4.1.1.4 bis 4.1.1.8,

e) Teil 5 Unterabschnitte 5.1.2.1 a) (i) und b), 5.1.2.2, 5.1.2.3 und 5.2.1.10 sowie Abschnitt 5.4.2,

f) Teil 6 Bauvorschriften des Abschnitts 6.1.4 sowie Unterabschnitte 6.2.5.1 und 6.2.6.1 bis 6.2.6.3,

g) Teil 7 Kapitel 7.1 sowie Abschnitte 7.2.1, 7.2.2, 7.5.1 (mit Ausnahme von Unterabschnitt 7.5.1.4), Unterabschnitt 7.5.2.4, Abschnitte 7.5.7, 7.5.8 und 7.5.9,

h) Unterabschnitt 8.6.3.3 und Abschnitt 8.6.4.

3.4.2
Gefährliche Güter dürfen nur in Innenverpackungen verpackt sein, die in geeignete Außenverpackungen eingesetzt sind. Zwischenverpackungen dürfen verwendet werden. Darüber hinaus müssen für Gegenstände der Unterklasse 1.4 Verträglichkeitsgruppe S die Vorschriften des Abschnitts 4.1.5 vollständig erfüllt werden. Für die Beförderung von Gegenständen, wie Druckgaspackungen oder «Gefäße, klein, mit Gas», ist die Verwendung von Innenverpackungen nicht erforderlich. Die Gesamtbruttomasse des Versandstücks darf 30 kg nicht überschreiten.

3.4.3
Mit Ausnahme von Gegenständen der Unterklasse 1.4 Verträglichkeitsgruppe S sind Trays in Dehn- oder Schrumpffolie, die den Vorschriften der Unterabschnitte 4.1.1.1, 4.1.1.2 und 4.1.1.4 bis 4.1.1.8 entsprechen, als Außenverpackungen für Gegenstände oder Innenverpackungen mit gefährlichen Gütern, die nach den Vorschriften dieses Kapitels befördert werden, zulässig. Innenverpackungen, die bruchanfällig sind oder leicht durchstoßen werden können, wie Gefäße aus Glas, Porzellan, Steinzeug oder gewissen Kunststoffen, müssen in geeignete Zwischenverpackungen eingesetzt werden, die den Vorschriften der Unterabschnitte 4.1.1.1, 4.1.1.2 und 4.1.1.4 bis 4.1.1.8 entsprechen und so ausgelegt sein müssen, dass sie den Bauvorschriften des Abschnitts 6.1.4 entsprechen. Die gesamte Bruttomasse des Versandstücks darf 20 kg nicht überschreiten.

3.4.4
Flüssige Stoffe der Klasse 8 Verpackungsgruppe II in Innenverpackungen aus Glas, Porzellan oder Steinzeug müssen in einer verträglichen und starren Zwischenverpackung eingeschlossen sein.

3.4.5 (bleibt offen)

3.4.6 (bleibt offen)

3.4 In begrenzten Mengen verpackte gefährliche Güter

ADR | RID

3.4.7 **Kennzeichnung von Versandstücken, die begrenzte Mengen enthalten**

3.4.7.1 Ausgenommen für die Luftbeförderung müssen Versandstücke mit gefährlichen Gütern in begrenzten Mengen mit dem in Abbildung 3.4.7.1 dargestellten Kennzeichen versehen sein.

Abbildung 3.4.7.1

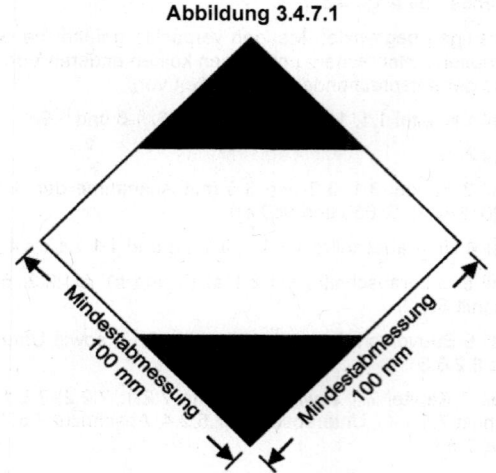

Kennzeichen für Versandstücke,
die begrenzte Mengen enthalten

Das Kennzeichen muss leicht erkennbar und lesbar sein und der Witterung ohne nennenswerte Beeinträchtigung seiner Wirkung standhalten können.

Das Kennzeichen muss die Form eines auf die Spitze gestellten Quadrats (Raute) haben. Die oberen und unteren Teilbereiche und die Randlinie müssen schwarz sein. Der mittlere Bereich muss weiß oder ein ausreichend kontrastierender Hintergrund sein. Die Mindestabmessungen müssen 100 mm x 100 mm und die Mindestbreite der Begrenzungslinie der Raute 2 mm betragen. Wenn Abmessungen nicht näher spezifiziert sind, müssen die Proportionen aller Merkmale den abgebildeten in etwa entsprechen.

3.4.7.2 Wenn es die Größe des Versandstücks erfordert, dürfen die in der Abbildung 3.4.7.1 angegebenen äußeren Mindestabmessungen auf nicht weniger als 50 mm x 50 mm reduziert werden, sofern das Kennzeichen deutlich sichtbar bleibt. Die Mindestbreite der Begrenzungslinie der Raute darf auf ein Minimum von 1 mm reduziert werden.

In begrenzten Mengen verpackte gefährliche Güter 3.4

ADR	RID

3.4.8 Kennzeichnung von Versandstücken, die begrenzte Mengen enthalten, gemäß Teil 3 Kapitel 4 der Technischen Anweisungen der ICAO

3.4.8.1 Versandstücke mit gefährlichen Gütern, die in Übereinstimmung mit den Vorschriften des Teils 3 Kapitel 4 der Technischen Anweisungen der ICAO verpackt sind, dürfen zur Bestätigung der Übereinstimmung mit diesen Vorschriften mit dem in Abbildung 3.4.8.1 dargestellten Kennzeichen versehen sein.

Abbildung 3.4.8.1

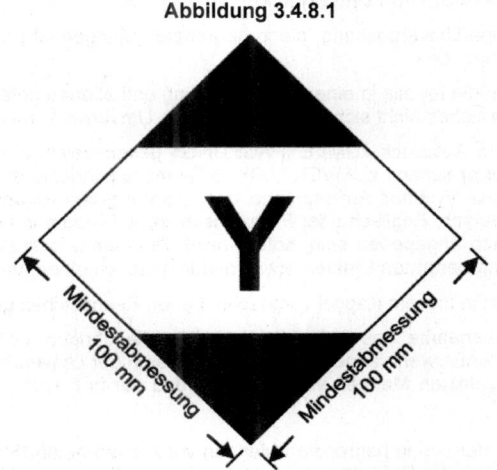

Kennzeichen für Versandstücke, die begrenzte Mengen enthalten, gemäß Teil 3 Kapitel 4 der Technischen Anweisungen der ICAO

Das Kennzeichen muss leicht erkennbar und lesbar sein und der Witterung ohne nennenswerte Beeinträchtigung seiner Wirkung standhalten können.

Das Kennzeichen muss die Form eines auf die Spitze gestellten Quadrats (Raute) haben. Die oberen und unteren Teilbereiche und die Randlinie müssen schwarz sein. Der mittlere Bereich muss weiß oder ein ausreichend kontrastierender Hintergrund sein. Die Mindestabmessungen müssen 100 mm x 100 mm und die Mindestbreite der Begrenzungslinie der Raute 2 mm betragen. Das Symbol «Y» muss in der Mitte des Kennzeichens angebracht und deutlich erkennbar sein. Wenn Abmessungen nicht näher spezifiziert sind, müssen die Proportionen aller Merkmale den abgebildeten in etwa entsprechen.

3.4.8.2 Wenn es die Größe des Versandstücks erfordert, dürfen die in der Abbildung 3.4.8.1 angegebenen äußeren Mindestabmessungen auf nicht weniger als 50 mm x 50 mm reduziert werden, sofern das Kennzeichen deutlich sichtbar bleibt. Die Mindestbreite der Begrenzungslinie der Raute darf auf ein Minimum von 1 mm reduziert werden. Die Proportionen des Symbols «Y» müssen der Darstellung in Abbildung 3.4.8.1 in etwa entsprechen.

3.4.9 Versandstücke mit gefährlichen Gütern, die mit dem in Abschnitt 3.4.8 abgebildeten Kennzeichen mit oder ohne die zusätzlichen Gefahrzettel und Kennzeichen für den Luftverkehr versehen sind, gelten als den jeweils zutreffenden Vorschriften des Abschnitts 3.4.1 und den Vorschriften der Abschnitte 3.4.2 bis 3.4.4 entsprechend und müssen nicht mit dem in Abschnitt 3.4.7 abgebildeten Kennzeichen versehen sein.

3.4 In begrenzten Mengen verpackte gefährliche Güter

ADR	RID

3.4.10 Versandstücke mit gefährlichen Gütern in begrenzten Mengen, die mit dem in Abschnitt 3.4.7 abgebildeten Kennzeichen versehen sind und die den Vorschriften der Technischen Anweisungen der ICAO, einschließlich aller in den Teilen 5 und 6 festgelegten notwendigen Kennzeichen und Gefahrzettel, entsprechen, gelten als den jeweils zutreffenden Vorschriften des Abschnitts 3.4.1 und den Vorschriften der Abschnitte 3.4.2 bis 3.4.4 entsprechend.

3.4.11 **Verwendung von Umverpackungen**

Für eine Umverpackung, die in begrenzten Mengen verpackte gefährliche Güter enthält, gilt Folgendes:

Sofern die für alle in einer Umverpackung enthaltenen gefährlichen Güter repräsentativen Kennzeichen nicht sichtbar sind, muss die Umverpackung mit

– dem Ausdruck «UMVERPACKUNG» gekennzeichnet sein; die Buchstabenhöhe des Kennzeichens «UMVERPACKUNG» muss mindestens 12 mm sein. Das Kennzeichen muss in einer Amtssprache des Ursprungslandes und, wenn diese Sprache nicht Deutsch, Englisch oder Französisch ist, außerdem in Deutsch, Englisch oder Französisch angegeben sein, sofern nicht Vereinbarungen zwischen den von der Beförderung berührten Staaten etwas anderes vorschreiben; und

– den in diesem Kapitel vorgeschriebenen Kennzeichen gekennzeichnet sein.

Mit Ausnahme des Luftverkehrs gelten die übrigen Vorschriften des Unterabschnitts 5.1.2.1 nur, wenn andere gefährliche Güter in der Umverpackung enthalten sind, die nicht in begrenzten Mengen verpackt sind, und nur in Bezug auf diese anderen gefährlichen Güter.

3.4.12 Absender von in begrenzten Mengen verpackten gefährlichen Gütern müssen den Beförderer vor der Beförderung in nachweisbarer Form über die Bruttomasse der so zu versendenden Güter informieren.

	Verlader von in begrenzten Mengen verpackten gefährlichen Gütern müssen die in den Abschnitten 3.4.13 bis 3.4.15 festgelegten Kennzeichnungsvorschriften beachten.

3.4.13

a) Beförderungseinheiten mit einer höchstzulässigen Gesamtmasse über 12 Tonnen,	Wagen,

mit denen in begrenzten Mengen verpackte gefährliche Güter befördert werden, müssen gemäß Abschnitt 3.4.15

vorn und hinten gekennzeichnet sein, sofern die Beförderungseinheit nicht andere gefährliche Güter enthält, für die eine Kennzeichnung mit orangefarbenen Tafeln gemäß Abschnitt 5.3.2 vorgeschrieben ist. In letzterem Fall darf die Beförderungseinheit nur mit den vorgeschriebenen orangefarbenen Tafeln oder gleichzeitig mit orangefarbenen Tafeln gemäß Abschnitt 5.3.2 und mit den Kennzeichen gemäß Abschnitt 3.4.15 versehen sein.	auf beiden Längsseiten gekennzeichnet sein, sofern der Wagen nicht andere gefährliche Güter enthält, für die das Anbringen von Großzetteln (Placards) gemäß Abschnitt 5.3.1 vorgeschrieben ist. In letzterem Fall darf der Wagen nur mit den vorgeschriebenen Großzetteln (Placards) oder gleichzeitig mit Großzetteln (Placards) gemäß Abschnitt 5.3.1 und mit den Kennzeichen gemäß Abschnitt 3.4.15 versehen sein.

In begrenzten Mengen verpackte gefährliche Güter 3.4

ADR	RID
b) Container mit denen in begrenzten Mengen verpackte gefährliche Güter befördert werden und die auf Beförderungseinheiten mit einer höchstzulässigen Gesamtmasse über 12 Tonnen verladen sind, müssen gemäß Abschnitt 3.4.15 auf allen vier Seiten gekennzeichnet sein, sofern der Container nicht andere gefährliche Güter enthält, für die das Anbringen von Großzetteln (Placards) gemäß Abschnitt 5.3.1 vorgeschrieben ist. In letzterem Fall darf der Container nur mit den vorgeschriebenen Großzetteln (Placards) oder gleichzeitig mit Großzetteln (Placards) gemäß Abschnitt 5.3.1 und mit den Kennzeichen gemäß Abschnitt 3.4.15 versehen sein.	Großcontainer, Großcontainer Großcontainer
Die tragende Beförderungseinheit muss nicht gekennzeichnet werden, es sei denn, die an den Containern angebrachten Kennzeichen sind außerhalb dieser tragenden Beförderungseinheit nicht sichtbar. Im letztgenannten Fall müssen die gleichen Kennzeichen an der Beförderungseinheit vorn und hinten angebracht werden.	Wenn die an Großcontainern angebrachten Kennzeichen außerhalb des Tragwagens nicht sichtbar sind, müssen die gleichen Kennzeichen auch an beiden Längsseiten des Wagens angebracht werden.

3.4.14　Auf die in Abschnitt 3.4.13 festgelegten Kennzeichen kann verzichtet werden, wenn die Bruttogesamtmasse der beförderten Versandstücke, die in begrenzten Mengen verpackte gefährliche Güter enthalten, 8 Tonnen je Beförderungseinheit　｜　Wagen oder Großcontainer nicht überschreitet.

3.4.15　Die in Abschnitt 3.4.13 vorgeschriebenen Kennzeichen entsprechen den in Abschnitt 3.4.7 vorgeschriebenen Kennzeichen mit der Ausnahme, dass die Mindestabmessungen 250 mm x 250 mm betragen müssen. Diese Kennzeichen müssen entfernt oder abgedeckt sein, wenn keine gefährlichen Güter in begrenzten Mengen befördert werden.

3.4	In begrenzten Mengen verpackte gefährliche Güter	
ADR		RID

In freigestellten Mengen verpackte gefährliche Güter 3.5

ADR	RID

3.5.1 **Freigestellte Mengen**
▶ 1.1.3.4.3

3.5.1.1 Freigestellte Mengen gefährlicher Güter bestimmter Klassen – ausgenommen Gegenstände –, die den Vorschriften dieses Kapitels entsprechen, unterliegen keinen anderen Vorschriften des ADR/RID mit Ausnahme:

a) der Vorschriften für die Unterweisung des Kapitels 1.3;

b) der Klassifizierungsverfahren und der Kriterien für die Verpackungsgruppen in Teil 2;

c) der Verpackungsvorschriften der Unterabschnitte 4.1.1.1, 4.1.1.2, 4.1.1.4 und 4.1.1.6.

Bem. Für radioaktive Stoffe finden die Vorschriften für radioaktive Stoffe in freigestellten Versandstücken in Unterabschnitt 1.7.1.5 Anwendung.

3.5.1.2 Gefährliche Güter, die in Übereinstimmung mit den Vorschriften dieses Kapitels in freigestellten Mengen befördert werden dürfen, sind in Kapitel 3.2 Tabelle A Spalte 7b durch einen alphanumerischen Code wie folgt dargestellt:

Code	höchste Nettomenge je Innenverpackung (für feste Stoffe in Gramm und für flüssige Stoffe und Gase in ml)	höchste Nettomenge je Außenverpackung (für feste Stoffe in Gramm und für flüssige Stoffe und Gase in ml oder bei Zusammenpackung die Summe aus Gramm und ml)
E 0	in freigestellten Mengen nicht zugelassen	
E 1	30	1000
E 2	30	500
E 3	30	300
E 4	1	500
E 5	1	300

Bei Gasen bezieht sich das für Innenverpackungen angegebene Volumen auf den mit Wasser ausgeliterten Fassungsraum des Innengefäßes und das für Außenverpackungen angegebene Volumen auf den mit Wasser ausgeliterten Gesamtfassungsraum aller Innenverpackungen innerhalb einer einzigen Außenverpackung.

3.5.1.3 Wenn gefährliche Güter in freigestellten Mengen, denen unterschiedliche Codes zugeordnet sind, zusammengepackt werden, muss die Gesamtmenge je Außenverpackung auf den Wert begrenzt werden, der dem restriktivsten Code entspricht.

3.5.1.4 Freigestellte Mengen gefährlicher Güter, die den Codes E 1, E 2, E 4 und E 5 zugeordnet sind, mit einer höchsten Nettomenge gefährlicher Güter, die für flüssige Stoffe und Gase auf 1 ml und für feste Stoffe auf 1 g je Innenverpackung begrenzt ist, und einer höchsten Nettomenge gefährlicher Güter je Außenverpackung, die bei festen Stoffen 100 g und bei flüssigen Stoffen und Gasen 100 ml nicht überschreitet, unterliegen nur:

a) den Vorschriften des Abschnitts 3.5.2, mit der Ausnahme, dass eine Zwischenverpackung nicht erforderlich ist, wenn die Innenverpackungen mit Polstermaterial sicher in einer Außenverpackung verpackt sind, so dass sie unter normalen Beförderungsbedingungen nicht zu Bruch gehen oder durchstoßen werden können oder ihr Inhalt austreten kann, und wenn bei flüssigen Stoffen die Außenverpackung genügend saugfähiges Material enthält, um den gesamten Inhalt der Innenverpackungen aufzunehmen, und

b) den Vorschriften des Abschnitts 3.5.3.

3.5 In freigestellten Mengen verpackte gefährliche Güter

ADR	RID

3.5.2 Verpackungen

Verpackungen, die für die Beförderung gefährlicher Güter in freigestellten Mengen verwendet werden, müssen nachfolgende Vorschriften erfüllen:

a) Sie müssen eine Innenverpackung enthalten, die aus Kunststoff (mit einer Dicke von mindestens 0,2 mm bei der Verwendung für flüssige Stoffe) oder aus Glas, Porzellan, Steinzeug, Ton oder Metall (siehe auch Unterabschnitt 4.1.1.2) hergestellt sein muss und deren Verschluss mit Draht, Klebeband oder anderen wirksamen Mitteln sicher fixiert sein muss; Gefäße, die einen Hals mit gegossenem Schraubgewinde haben, müssen eine flüssigkeitsdichte Schraubkappe haben. Der Verschluss muss gegenüber dem Inhalt beständig sein.

b) Jede Innenverpackung muss unter Verwendung von Polstermaterial sicher in eine Zwischenverpackung verpackt sein, so dass es unter normalen Beförderungsbedingungen nicht zu einem Zubruchgehen, Durchstoßen oder Freiwerden von Inhalt kommen kann. Bei flüssigen Stoffen muss die Zwischenverpackung oder Außenverpackung genügend saugfähiges Material enthalten, um den gesamten Inhalt der Innenverpackung aufzunehmen. Beim Einsetzen in eine Zwischenverpackung darf das saugfähige Material gleichzeitig als Polstermaterial verwendet werden. Die gefährlichen Güter dürfen weder mit dem Polstermaterial, dem saugfähigen Material und dem Verpackungsmaterial gefährlich reagieren noch die Unversehrtheit oder Funktion der Werkstoffe beeinträchtigen. Das Versandstück muss im Falle eines Bruches oder einer Undichtheit unabhängig von der Versandstückausrichtung den Inhalt vollständig zurückhalten.

c) Die Zwischenverpackung muss sicher in eine widerstandsfähige, starre Außenverpackung (aus Holz, aus Pappe oder aus einem anderen ebenso widerstandsfähigen Werkstoff) verpackt sein.

d) Jedes Versandstück-Baumuster muss den Vorschriften des Abschnitts 3.5.3 entsprechen.

e) Jedes Versandstück muss eine Größe haben, die ausreichend Platz für die Anbringung aller notwendigen Kennzeichen bietet.

f) Umverpackungen dürfen verwendet werden und dürfen auch Versandstücke mit gefährlichen Gütern oder Gütern, die den Vorschriften des ADR/RID nicht unterliegen, enthalten.

3.5.3 Prüfungen für Versandstücke

3.5.3.1 Für das vollständige versandfertige Versandstück mit Innenverpackungen, die bei festen Stoffen mindestens zu 95 % ihres Fassungsraumes und bei flüssigen Stoffen mindestens zu 98 % ihres Fassungsraumes gefüllt sind, muss der Nachweis erbracht werden, dass es in der Lage ist, ohne Zubruchgehen oder Undichtheit einer Innenverpackung und ohne nennenswerte Verringerung der Wirksamkeit folgenden entsprechend dokumentierten Prüfungen standzuhalten:

a) Freifallversuche auf eine starre, nicht federnde, ebene und horizontale Oberfläche aus einer Höhe von 1,8 m:
  (i) Wenn das Prüfmuster die Form einer Kiste hat, muss es in jeder der folgenden Ausrichtungen fallen gelassen werden:
   – flach auf den Boden;
   – flach auf das Oberteil;
   – flach auf die längste Seite;
   – flach auf die kürzeste Seite;
   – auf eine Ecke.
  (ii) Wenn das Prüfmuster die Form eines Fasses hat, muss es in jeder der folgenden Ausrichtungen fallen gelassen werden:
   – diagonal auf die obere Verbindung zwischen Boden und Mantel, wobei der Schwerpunkt direkt über der Aufprallstelle liegt;
   – diagonal auf die untere Verbindung zwischen Boden und Mantel;
   – flach auf die Seite.

In freigestellten Mengen verpackte gefährliche Güter		3.5
ADR	RID	

Bem. Jeder der oben aufgeführten Freifallversuche darf mit verschiedenen, jedoch identischen Versandstücken durchgeführt werden.

b) Eine auf die Fläche der oberen Seite wirkende Kraft für eine Dauer von 24 Stunden, die dem Gesamtgewicht bis zu einer Höhe von 3 m gestapelter identischer Versandstücke (einschließlich Prüfmuster) entspricht.

3.5.3.2 Für Zwecke der Prüfung dürfen die in der Verpackung zu befördernden Stoffe durch andere Stoffe ersetzt werden, sofern dadurch die Prüfergebnisse nicht verfälscht werden. Werden feste Stoffe durch andere Stoffe ersetzt, müssen diese die gleichen physikalischen Eigenschaften (Masse, Korngröße usw.) haben wie der zu befördernde Stoff. Wird bei den Freifallversuchen für flüssige Stoffe ein anderer Stoff verwendet, so muss dieser eine vergleichbare relative Dichte (volumenbezogene Masse) und Viskosität haben wie der zu befördernde Stoff.

3.5.4 **Kennzeichnung der Versandstücke**

3.5.4.1 In Übereinstimmung mit diesem Kapitel vorbereitete Versandstücke, die gefährliche Güter in freigestellten Mengen enthalten, müssen dauerhaft und lesbar mit dem in Unterabschnitt 3.5.4.2 dargestellten Kennzeichen gekennzeichnet sein. Die erste oder einzige in Kapitel 3.2 Tabelle A Spalte 5 angegebene Nummer des Gefahrzettels jedes im Versandstück enthaltenen gefährlichen Guts muss auf dem Kennzeichen angegeben werden. Sofern der Name des Absenders oder des Empfängers nicht an einer anderen Stelle des Versandstücks angegeben ist, muss das Kennzeichen diese Information enthalten.

3.5.4.2 **Kennzeichen für freigestellte Mengen**

Abbildung 3.5.4.2

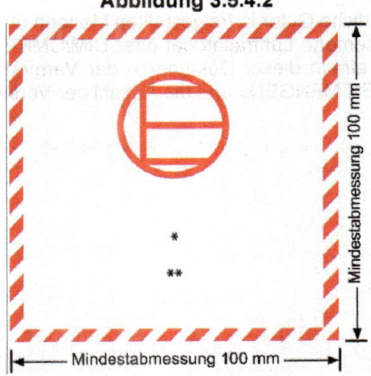

Kennzeichen für freigestellte Mengen

* An dieser Stelle ist die Nummer des ersten oder einzigen in Kapitel 3.2 Tabelle A Spalte 5 angegebenen Gefahrzettels anzugeben.

** Sofern nicht bereits an anderer Stelle auf dem Versandstück angegeben, ist an dieser Stelle der Name des Absenders oder des Empfängers anzugeben.

Das Kennzeichen muss die Form eines Quadrates haben. Die Schraffierung und das Symbol müssen in derselben Farbe, schwarz oder rot, sein und auf einem weißen oder ausreichend kontrastierenden Grund erscheinen. Die Mindestabmessungen müssen 100 mm x 100 mm betragen. Wenn Abmessungen nicht näher spezifiziert sind, müssen die Proportionen aller Merkmale den abgebildeten in etwa entsprechen.

3.5 In freigestellten Mengen verpackte gefährliche Güter

ADR	RID

3.5.4.3 **Verwendung von Umverpackungen**

Für eine Umverpackung, die in freigestellten Mengen verpackte gefährlicher Güter enthält, gilt Folgendes:

Sofern die für alle in einer Umverpackung enthaltenen gefährlichen Güter repräsentativen Kennzeichen nicht sichtbar sind, muss die Umverpackung mit

– dem Ausdruck «UMVERPACKUNG» gekennzeichnet sein; die Buchstabenhöhe des Kennzeichens «UMVERPACKUNG» muss mindestens 12 mm sein. Das Kennzeichen muss in einer Amtssprache des Ursprungslandes und, wenn diese Sprache nicht Deutsch, Englisch oder Französisch ist, außerdem in Deutsch, Englisch oder Französisch angegeben sein, sofern nicht Vereinbarungen zwischen den von der Beförderung berührten Staaten etwas anderes vorschreiben; und

– den in diesem Kapitel vorgeschriebenen Kennzeichen gekennzeichnet sein.

Die übrigen Vorschriften des Unterabschnitts 5.1.2.1 gelten nur, wenn andere gefährliche Güter in der Umverpackung enthalten sind, die nicht in freigestellten Mengen verpackt sind, und nur in Bezug auf diese anderen gefährlichen Güter.

3.5.5 **Höchste Anzahl Versandstücke in einem Fahrzeug | Wagen oder Container**

Die Anzahl der Versandstücke in einem Fahrzeug | Wagen oder Container darf 1000 nicht überschreiten.

3.5.6 **Dokumentation**

Wenn gefährliche Güter in freigestellten Mengen durch ein oder mehrere Dokumente (wie ein Konnossement, Luftfrachtbrief oder CIM/CMR-Frachtbrief) begleitet werden, muss in mindestens einem dieser Dokumente der Vermerk «GEFÄHRLICHE GÜTER IN FREIGESTELLTEN MENGEN» und die Anzahl der Versandstücke angegeben sein.

Vorschriften für die Verwendung von Verpackungen und Tanks 4

ADR	RID

4.1	**Verwendung von Verpackungen, einschließlich Großpackmittel (IBC) und Großverpackungen**
4.1.1	Allgemeine Vorschriften für das Verpacken gefährlicher Güter in Verpackungen, einschließlich Großpackmittel (IBC) und Großverpackungen
4.1.1.3	Bauart
4.1.1.18	Explosive Stoffe und Gegenstände mit Explosivstoff, selbstzersetzliche Stoffe und organische Peroxide
4.1.1.19	Verwendung von Bergungsverpackungen und Bergungsgroßverpackungen
4.1.1.20	Verwendung von Bergungsdruckgefäßen
4.1.1.21	Nachweis der chemischen Verträglichkeit von Verpackungen, einschließlich Großpackmitteln (IBC), aus Kunststoff durch Assimilierung von Füllgütern zu Standardflüssigkeiten
4.1.1.21.1	Geltungsbereich
4.1.1.21.2	Vorbedingungen
4.1.1.21.3	Assimilierungsverfahren
4.1.1.21.4	Wässerige Lösungen
4.1.1.21.5	Regel für Sammeleintragungen
4.1.1.21.6	Assimilierungsliste
4.1.2	Zusätzliche allgemeine Vorschriften für die Verwendung von Großpackmitteln (IBC)
4.1.3	Allgemeine Vorschriften für Verpackungsanweisungen
4.1.3.6	Druckgefäße für flüssige und feste Stoffe
4.1.3.8	Unverpackte Gegenstände mit Ausnahme von Gegenständen der Klasse 1
4.1.4	Verzeichnis der Verpackungsanweisungen
4.1.4.1	Anweisungen für die Verwendung von Verpackungen [ausgenommen Großpackmittel (IBC) und Großverpackungen]
4.1.4.2	Anweisungen für die Verwendung von Großpackmitteln (IBC)
4.1.4.3	Anweisungen für die Verwendung von Großverpackungen
4.1.5	Besondere Vorschriften für das Verpacken von Gütern der Klasse 1
4.1.6	Besondere Vorschriften für das Verpacken von Gütern der Klasse 2 und von Gütern anderer Klassen, die der Verpackungsanweisung P 200 zugeordnet sind
4.1.7	Besondere Vorschriften für das Verpacken organischer Peroxide der Klasse 5.2 und selbstzersetzlicher Stoffe der Klasse 4.1
4.1.7.1	Verwendung von Verpackungen (ausgenommen Großpackmittel (IBC))
4.1.7.2	Verwendung von Großpackmitteln (IBC)
4.1.8	Besondere Vorschriften für das Verpacken ansteckungsgefährlicher Stoffe der Klasse 6.2
4.1.9	Besondere Vorschriften für das Verpacken von radioaktiven Stoffen
4.1.9.1	Allgemeines
4.1.9.2	Vorschriften und Kontrollmaßnahmen für die Beförderung radioaktiver Stoffe mit geringer spezifischer Aktivität (LSA-Stoffe) und oberflächenkontaminierter Gegenstände (SCO-Gegenstände)
4.1.9.3	Versandstücke, die spaltbare Stoffe enthalten
4.1.10	Sondervorschriften für die Zusammenpackung

4	Vorschriften für die Verwendung von Verpackungen und Tanks	
	ADR	**RID**

4.2	Verwendung von ortsbeweglichen Tanks und von UN-Gascontainern mit mehreren Elementen (MEGC)
4.2.1	Allgemeine Vorschriften für die Verwendung ortsbeweglicher Tanks zur Beförderung von Stoffen der Klassen 1 und 3 bis 9
4.2.1.9	Füllungsgrad
4.2.1.10	Zusätzliche Vorschriften für die Beförderung von Stoffen der Klasse 3 in ortsbeweglichen Tanks
4.2.1.11	Zusätzliche Vorschriften für die Beförderung von Stoffen der Klassen 4.1 (ausgenommen selbstzersetzliche Stoffe), 4.2 und 4.3 in ortsbeweglichen Tanks
4.2.1.12	Zusätzliche Vorschriften für die Beförderung von Stoffen der Klasse 5.1 in ortsbeweglichen Tanks
4.2.1.13	Zusätzliche Vorschriften für die Beförderung von Stoffen der Klasse 5.2 und selbstzersetzlichen Stoffen der Klasse 4.1 in ortsbeweglichen Tanks
4.2.1.14	Zusätzliche Vorschriften für die Beförderung von Stoffen der Klasse 6.1 in ortsbeweglichen Tanks
4.2.1.15	Zusätzliche Vorschriften für die Beförderung von Stoffen der Klasse 6.2 in ortsbeweglichen Tanks
4.2.1.16	Zusätzliche Vorschriften für die Beförderung von Stoffen der Klasse 7 in ortsbeweglichen Tanks
4.2.1.17	Zusätzliche Vorschriften für die Beförderung von Stoffen der Klasse 8 in ortsbeweglichen Tanks
4.2.1.18	Zusätzliche Vorschriften für die Beförderung von Stoffen der Klasse 9 in ortsbeweglichen Tanks
4.2.1.19	Zusätzliche Vorschriften für die Beförderung von festen Stoffen, die über ihrem Schmelzpunkt befördert werden
4.2.2	Allgemeine Vorschriften für die Verwendung ortsbeweglicher Tanks zur Beförderung nicht tiefgekühlt verflüssigter Gase und Chemikalien unter Druck
4.2.2.7	Befüllen
4.2.3	Allgemeine Vorschriften für die Verwendung ortsbeweglicher Tanks zur Beförderung tiefgekühlt verflüssigter Gase
4.2.3.6	Befüllen
4.2.3.7	Tatsächliche Haltezeit
4.2.4	Allgemeine Vorschriften für die Verwendung von UN-Gascontainern mit mehreren Elementen (MEGC)
4.2.4.5	Befüllen
4.2.5	Anweisungen und Sondervorschriften für ortsbewegliche Tanks
4.2.5.1	Allgemeines
4.2.5.2	Anweisungen für ortsbewegliche Tanks
4.2.5.2.6	Anweisungen für ortsbewegliche Tanks
4.2.5.3	Sondervorschriften für ortsbewegliche Tanks

Vorschriften für die Verwendung von Verpackungen und Tanks 4

	ADR	RID
4.3	Verwendung von festverbundenen Tanks (Tankfahrzeugen), Aufsetztanks, Tankcontainern und Tankwechselaufbauten (Tankwechselbehältern), deren Tankkörper aus metallenen Werkstoffen hergestellt sind, sowie von Batterie-Fahrzeugen und Gascontainern mit mehreren Elementen (MEGC)	Verwendung von Kesselwagen, abnehmbaren Tanks, Tankcontainern und Tankwechselaufbauten (Tankwechselbehältern), deren Tankkörper aus metallenen Werkstoffen hergestellt sind, sowie von Batteriewagen und Gascontainern mit mehreren Elementen (MEGC)
4.3.1	Anwendungsbereich	
4.3.2	Vorschriften für alle Klassen	
4.3.2.1	Verwendung	
4.3.2.2	Füllungsgrad	
4.3.2.3	Betrieb	
4.3.2.4	Ungereinigte leere Tanks, Batterie-Fahrzeuge und MEGC	Ungereinigte leere Tanks, Batteriewagen und MEGC
4.3.3	Sondervorschriften für die Klasse 2	
4.3.3.1	Tankcodierung und -hierarchie	
4.3.3.1.1	Tankcodierung und Codierung für Batterie-Fahrzeuge und MEGC	Tankcodierung und Codierung für Batteriewagen und MEGC
4.3.3.1.2	Tankhierarchie	
4.3.3.2	Füllbedingungen und Prüfdrücke	
4.3.3.2.5	Verzeichnis der Gase und Gasgemische, die in festverbundenen Tanks (Tankfahrzeugen), Batterie-Fahrzeugen, Aufsetztanks, Tankcontainern oder MEGC befördert werden dürfen, unter Angabe des minimalen Prüfdrucks des Tanks sowie gegebenenfalls des Füllungsgrads	Verzeichnis der Gase und Gasgemische, die in Kesselwagen, Batteriewagen, abnehmbaren Tanks, Tankcontainern oder MEGC befördert werden dürfen, unter Angabe des minimalen Prüfdrucks des Tanks sowie gegebenenfalls des Füllungsgrads
4.3.3.3	Betrieb	
4.3.3.4	(bleibt offen)	Kontrollvorschriften für das Befüllen von Flüssiggaskesselwagen
4.3.3.4.1		Kontrollmaßnahmen vor dem Befüllen
4.3.3.4.2		Befüllvorgang
4.3.3.4.3		Kontrollmaßnahmen nach dem Befüllen
4.3.4	Sondervorschriften für die Klassen 1 und 3 bis 9	3 bis 9
4.3.4.1	Tankcodierung, rationalisierter Ansatz und Tankhierarchie	
4.3.4.1.1	Tankcodierung	
4.3.4.1.2	Rationalisierter Ansatz für die Zuordnung von Tankcodierungen zu Stoffgruppen und Tankhierarchie	
4.3.4.2	Allgemeine Vorschriften	
4.3.5	Sondervorschriften	

4	Vorschriften für die Verwendung von Verpackungen und Tanks	
	ADR	**RID**
4.4	**Verwendung von festverbundenen Tanks (Tankfahrzeugen), Aufsetztanks, Tankcontainern und Tankwechselaufbauten (Tankwechselbehältern) aus faserverstärkten Kunststoffen (FVK)**	**Verwendung von Tankcontainern, einschließlich Tankwechselaufbauten (Tankwechselbehältern), deren Tankkörper aus faserverstärkten Kunststoffen (FVK) hergestellt sind**
4.4.1	Allgemeines	
4.4.2	Betrieb	
4.5	**Verwendung und Betrieb von Saug-Druck-Tanks für Abfälle**	
4.5.1	Verwendung	
4.5.2	Betrieb	
4.6	(bleibt offen)	
4.7	**Verwendung von mobilen Einheiten zur Herstellung von explosiven Stoffen oder Gegenständen mit Explosivstoff (MEMU)**	(bleibt offen)
4.7.1	Verwendung	
4.7.2	Betrieb	

Verwendung von Verpackungen, einschließlich Großpackmittel (IBC) und Großverpackungen 4.1

ADR	RID

Bem. Verpackungen, einschließlich Großpackmittel (IBC) und Großverpackungen, die nach Abschnitt 6.1.3, Unterabschnitt 6.2.2.7, 6.2.2.8, 6.2.2.9, 6.2.2.10, Abschnitt 6.3.4, 6.5.2 oder 6.6.3 gekennzeichnet sind, aber in einem Staat zugelassen wurden, der

keine Vertragspartei des ADR	kein RID-Vertragsstaat

ist, dürfen dennoch für Beförderungen gemäß ADR/RID verwendet werden.

4.1.1 Allgemeine Vorschriften für das Verpacken gefährlicher Güter in Verpackungen, einschließlich Großpackmittel (IBC) und Großverpackungen

Bem. Für das Verpacken von Gütern der Klassen 2, 6.2 und 7 gelten die allgemeinen Vorschriften dieses Abschnitts nur, wenn dies in Unterabschnitt 4.1.8.2 (Klasse 6.2, UN-Nummern 2814 und 2900), Absatz 4.1.9.1.5 (Klasse 7) und in den anwendbaren Verpackungsanweisungen des Abschnitts 4.1.4 (P 201, P 207 und LP 200 für die Klasse 2 und P 620, P 621, P 622, IBC 620, LP 621 und LP 622 für die Klasse 6.2) angegeben ist.

4.1.1.1 Gefährliche Güter müssen in Verpackungen, einschließlich Großpackmittel (IBC) und Großverpackungen, guter Qualität verpackt sein. Diese müssen ausreichend widerstandsfähig sein, dass sie den Stößen und Belastungen, die unter normalen Beförderungsbedingungen auftreten können, standhalten, einschließlich des Umschlags zwischen Güterbeförderungseinheiten und zwischen Güterbeförderungseinheiten und Lagerhäusern sowie jeder Entnahme von einer Palette oder aus einer Umverpackung zur nachfolgenden manuellen oder mechanischen Handhabung. Die Verpackungen, einschließlich Großpackmittel (IBC) und Großverpackungen, müssen so hergestellt und so verschlossen sein, dass unter normalen Beförderungsbedingungen das Austreten des Inhalts aus der versandfertigen Verpackung, insbesondere infolge von Vibration, Temperaturwechsel, Feuchtigkeits- oder Druckänderung (z.B. hervorgerufen durch Höhenunterschiede) vermieden wird. Verpackungen, einschließlich Großpackmittel (IBC) und Großverpackungen müssen gemäß den vom Hersteller gelieferten Informationen verschlossen sein. Während der Beförderung dürfen an der Außenseite von Verpackungen, Großpackmitteln (IBC) und Großverpackungen keine gefährlichen Rückstände anhaften. Diese Vorschriften gelten, wenn zutreffend, für neue, wiederverwendete, rekonditionierte und wiederaufgearbeitete Verpackungen und für neue, wiederverwendete, reparierte oder wiederaufgearbeitete Großpackmittel (IBC) sowie für neue, wiederverwendete oder wiederaufgearbeitete Großverpackungen.

4.1.1.2 Die Teile der Verpackungen, einschließlich Großpackmittel (IBC) und Großverpackungen, die unmittelbar mit gefährlichen Gütern in Berührung kommen:

a) dürfen durch diese gefährlichen Güter nicht angegriffen oder erheblich geschwächt werden,

b) dürfen keinen gefährlichen Effekt auslösen, z.B. eine katalytische Reaktion oder eine Reaktion mit den gefährlichen Gütern, und

c) dürfen keine Permeation der gefährlichen Güter ermöglichen, die unter normalen Beförderungsbedingungen eine Gefahr darstellen könnte.

Sofern erforderlich müssen sie mit einer geeigneten Innenauskleidung oder -behandlung versehen sein.

Bem. Für die chemische Verträglichkeit von Kunststoffverpackungen, einschließlich Großpackmitteln (IBC), aus Polyethylen siehe Unterabschnitt 4.1.1.21.

4.1.1.3 Bauart

4.1.1.3.1 Sofern im ADR/RID nichts anderes vorgeschrieben ist, muss jede Verpackung, einschließlich Großpackmittel (IBC) und Großverpackungen, ausgenommen Innenverpackungen, einer Bauart entsprechen, die, je nach Fall, in Übereinstimmung mit den Vorschriften des Abschnitts 6.1.5, 6.3.5, 6.5.6 bzw. 6.6.5 erfolgreich geprüft wurden.

4.1	Verwendung von Verpackungen, einschließlich Großpackmittel (IBC) und Großverpackungen
ADR	**RID**

4.1.1.3.2 Verpackungen, einschließlich Großpackmittel (IBC) und Großverpackungen, können einer oder mehreren erfolgreich geprüften Bauarten entsprechen und dürfen mit mehreren Kennzeichen versehen sein.

4.1.1.4 Werden Verpackungen, einschließlich Großpackmittel (IBC) und Großverpackungen, mit flüssigen Stoffen befüllt, so muss ein füllungsfreier Raum bleiben, um sicherzustellen, dass die Ausdehnung des flüssigen Stoffes infolge der Temperaturen, die bei der Beförderung auftreten können, weder das Austreten des flüssigen Stoffes noch eine dauerhafte Verformung der Verpackung bewirkt. Sofern nicht besondere Vorschriften bestehen, dürfen Verpackungen bei einer Temperatur von 55 °C nicht vollständig mit flüssigen Stoffen ausgefüllt sein. In einem Großpackmittel (IBC) muss jedoch ausreichend füllungsfreier Raum vorhanden sein, um sicherzustellen, dass es bei einer mittleren Temperatur des Inhalts von 50 °C nicht mehr als 98 % seines Fassungsraums für Wasser gefüllt ist. Sofern nichts anderes vorgesehen ist, darf der Füllungsgrad, bezogen auf eine Abfülltemperatur von 15 °C, höchstens betragen:

entweder

a)	Siedepunkt (Siedebeginn) des Stoffes in °C	< 60	≥ 60 < 100	≥ 100 < 200	≥ 200 < 300	≥ 300
	Füllungsgrad in % des Fassungsraums der Verpackung	90	92	94	96	98

oder

b) Füllungsgrad = $\dfrac{98}{1+\alpha(50 - t_F)}$ % des Fassungsraums der Verpackung.

In dieser Formel bedeutet α den mittleren kubischen Ausdehnungskoeffizienten des flüssigen Stoffes zwischen 15 °C und 50 °C, d.h. für eine maximale Temperaturerhöhung von 35 °C.

α wird nach der Formel berechnet: $\alpha = \dfrac{d_{15} - d_{50}}{35 \times d_{50}}$.

Dabei bedeuten:

d_{15} und d_{50} die relativen Dichten [1] des flüssigen Stoffes bei 15 °C bzw. 50 °C und t_F die mittlere Temperatur des flüssigen Stoffes zum Zeitpunkt der Befüllung.

4.1.1.5 Innenverpackungen müssen in einer Außenverpackung so verpackt sein, dass sie unter normalen Beförderungsbedingungen nicht zerbrechen oder durchstoßen werden können oder ihr Inhalt nicht in die Außenverpackung austreten kann. Innenverpackungen, die flüssige Stoffe enthalten, müssen so verpackt werden, dass ihre Verschlüsse nach oben gerichtet sind, und in Übereinstimmung mit dem im Unterabschnitt 5.2.1.10 beschriebenen Ausrichtungszeichen in Außenverpackungen eingesetzt werden. Zerbrechliche Innenverpackungen oder solche, die leicht durchstoßen werden können, wie Gefäße aus Glas, Porzellan oder Steinzeug, gewissen Kunststoffen usw. müssen mit geeignetem Polstermaterial in die Außenverpackung eingebettet werden. Beim Austreten des Inhalts dürfen die schützenden Eigenschaften des Polstermaterials und der Außenverpackung nicht wesentlich beeinträchtigt werden.

4.1.1.5.1 Wenn die Außenverpackung einer zusammengesetzten Verpackung oder einer Großverpackung erfolgreich mit verschiedenen Typen von Innenverpackungen geprüft worden ist, dürfen auch verschiedene der letztgenannten in dieser Außenverpackung oder Großverpackung zusammengefasst werden. Außerdem sind, ohne dass das Versandstück anderen Prüfungen unterzogen werden muss, folgende Veränderungen bei den Innenverpackungen zugelassen, soweit ein gleichwertiges Leistungsniveau beibehalten wird:

---

[1] Statt Dichte wird in diesem Kapitel relative Dichte (d) verwendet.

Verwendung von Verpackungen, einschließlich Großpackmittel (IBC) und Großverpackungen 4.1

ADR	RID
a) Innenverpackungen mit gleichen oder kleineren Abmessungen dürfen verwendet werden, vorausgesetzt:	
(i) die Innenverpackungen entsprechen der Gestaltung der geprüften Innenverpackungen (zum Beispiel: Form – rund, rechteckig, usw.);	
(ii) der für die Innenverpackungen verwendete Werkstoff (Glas, Kunststoff, Metall, usw.) weist gegenüber Stoß- oder Stapelkräften eine gleiche oder größere Festigkeit auf als die ursprünglich geprüfte Innenverpackung;	
(iii) die Innenverpackungen haben gleiche oder kleinere Öffnungen und der Verschluss ist ähnlich gestaltet (z.B. Schraubkappe, eingepasster Verschluss, usw.);	
(iv) zusätzliches Polstermaterial wird in ausreichender Menge verwendet, um die leeren Zwischenräume aufzufüllen und um jede nennenswerte Bewegung der Innenverpackungen zu verhindern, und	
(v) die Innenverpackungen haben in der Außenverpackung die gleiche Ausrichtung wie im geprüften Versandstück.	
b) Eine geringere Anzahl geprüfter Innenverpackungen oder anderer in Absatz a) beschriebenen Arten von Innenverpackungen darf verwendet werden, vorausgesetzt, eine ausreichende Polsterung zur Auffüllung des Zwischenraums (der Zwischenräume) und zur Verhinderung jeder nennenswerten Bewegung der Innenverpackungen wird vorgenommen.	
4.1.1.5.2 Die Verwendung zusätzlicher Verpackungen innerhalb einer Außenverpackung (z.B. eine Zwischenverpackung oder ein Gefäß innerhalb einer vorgeschriebenen Innenverpackung) ergänzend zu den durch die Verpackungsanweisungen geforderten Verpackungen ist zugelassen, vorausgesetzt, alle entsprechenden Vorschriften, einschließlich der Vorschriften des Unterabschnitts 4.1.1.3, werden erfüllt und es wird, sofern zutreffend, geeignetes Polstermaterial verwendet, um Bewegungen innerhalb der Verpackung zu verhindern.	
4.1.1.6 Gefährliche Güter dürfen nicht mit gefährlichen oder anderen Gütern zusammen in dieselbe Außenverpackung oder in Großverpackungen verpackt werden, wenn sie miteinander gefährlich reagieren	
und dabei folgendes verursachen:	(siehe Begriffsbestimmung für «gefährliche Reaktion» in Abschnitt 1.2.1).
a) eine Verbrennung oder Entwicklung beträchtlicher Wärme;	
b) eine Entwicklung entzündbarer, erstickend wirkender, oxidierender oder giftiger Gase;	
c) die Bildung ätzender Stoffe oder	
d) die Bildung instabiler Stoffe.	
Bem. Für die Sondervorschriften für die Zusammenpackung siehe Abschnitt 4.1.10.	
4.1.1.7 Die Verschlüsse von Verpackungen mit angefeuchteten oder verdünnten Stoffen müssen so beschaffen sein, dass der prozentuale Anteil des flüssigen Stoffes (Wasser, Lösungs- oder Phlegmatisierungsmittel) während der Beförderung nicht unter die vorgeschriebenen Grenzwerte absinkt.	
4.1.1.7.1 Sind an einem Großpackmittel (IBC) zwei oder mehrere Verschlusssysteme hintereinander angebracht, ist das dem beförderten Stoff am nächsten angeordnete zuerst zu schließen.	

4.1	Verwendung von Verpackungen, einschließlich Großpackmittel (IBC) und Großverpackungen	
	ADR	**RID**

4.1.1.8 Wenn in einem Versandstück das Füllgut Gas ausscheidet (durch Temperaturanstieg oder aus anderen Gründen) und dadurch ein Überdruck entstehen kann, darf die Verpackung oder das Großpackmittel (IBC) mit einer Lüftungseinrichtung versehen sein, vorausgesetzt, das austretende Gas verursacht z.B. auf Grund seiner Giftigkeit, seiner Entzündbarkeit oder der freigesetzten Menge keine Gefahr.

Eine Lüftungseinrichtung muss eingebaut werden, wenn sich auf Grund der normalen Zersetzung von Stoffen ein gefährlicher Überdruck bilden kann. Die Lüftungseinrichtung muss so ausgelegt sein, dass das Austreten von flüssigen Stoffen sowie das Eindringen von Fremdstoffen in der für die Beförderung vorgesehenen Lage der Verpackung oder des Großpackmittels (IBC) unter normalen Beförderungsbedingungen vermieden wird.

Bem. Be- und Entlüftung des Versandstücks ist im Luftverkehr nicht zugelassen.

4.1.1.8.1 Flüssige Stoffe dürfen nur in Innenverpackungen gefüllt werden, die eine ausreichende Widerstandsfähigkeit gegenüber dem Innendruck haben, der unter normalen Beförderungsbedingungen entstehen kann.

4.1.1.9 Neue, wiederaufgearbeitete oder wiederverwendete Verpackungen, einschließlich Großpackmittel (IBC) und Großverpackungen, oder rekonditionierte Verpackungen, reparierte oder regelmäßig gewartete Großpackmittel (IBC) müssen, je nach Fall, den in Abschnitt 6.1.5, 6.3.5, 6.5.6 oder 6.6.5 vorgeschriebenen Prüfungen standhalten können. Vor der Befüllung und der Übergabe zur Beförderung muss jede Verpackung, einschließlich Großpackmittel (IBC) und Großverpackungen, überprüft werden, um sicherzustellen, dass sie frei von Korrosion, Verunreinigung oder anderen Schäden ist, und jedes Großpackmittel (IBC) muss bezüglich der ordnungsgemäßen Funktion der Bedienungsausrüstung überprüft werden. Jede Verpackung, die Anzeichen verminderter Widerstandsfähigkeit gegenüber der zugelassenen Bauart aufweist, darf nicht mehr verwendet oder sie muss so rekonditioniert werden, dass sie den Bauartprüfungen standhalten kann. Jedes Großpackmittel (IBC), das Anzeichen verminderter Widerstandsfähigkeit gegenüber der geprüften Bauart aufweist, darf nicht mehr verwendet oder es muss so repariert oder regelmäßig gewartet werden, dass es den Bauartprüfungen standhalten kann.

4.1.1.10 Flüssige Stoffe dürfen nur in Verpackungen, einschließlich Großpackmittel (IBC), gefüllt werden, die eine ausreichende Widerstandsfähigkeit gegenüber dem Innendruck haben, der unter normalen Beförderungsbedingungen entstehen kann. Verpackungen und Großpackmittel (IBC), auf denen der Prüfdruck der Flüssigkeitsdruckprüfung nach Unterabschnitt 6.1.3.1 d) bzw. Absatz 6.5.2.2.1 im Kennzeichen angegeben ist, dürfen nur mit einem flüssigen Stoff befüllt werden, dessen Dampfdruck

a) so groß ist, dass der Gesamtüberdruck in der Verpackung oder im Großpackmittel (IBC) (d.h. Dampfdruck des Füllgutes plus Partialdruck von Luft oder sonstigen inerten Gasen, vermindert um 100 kPa) bei 55 °C, gemessen unter Zugrundelegung eines maximalen Füllungsgrades gemäß Unterabschnitt 4.1.1.4 und einer Fülltemperatur von 15 °C, $^2/_3$ des im Kennzeichen angegebenen Prüfdruckes nicht überschreitet, oder

b) bei 50 °C geringer ist als $^4/_7$ der Summe aus dem im Kennzeichen angegebenen Prüfdruck plus 100 kPa oder

c) bei 55 °C geringer ist als $^2/_3$ der Summe aus dem im Kennzeichen angegebenen Prüfdruck plus 100 kPa.

Großpackmittel (IBC), die für die Beförderung flüssiger Stoffe bestimmt sind, dürfen nicht für die Beförderung flüssiger Stoffe verwendet werden, die einen Dampfdruck von mehr als 110 kPa (1,1 bar) bei 50 °C oder 130 kPa (1,3 bar) bei 55 °C haben.

Verwendung von Verpackungen, einschließlich Großpackmittel (IBC) und Großverpackungen 4.1

ADR	RID

Beispiele für auf den Verpackungen, einschließlich Großpackmitteln (IBC), anzugebende Prüfdrücke, die nach Unterabschnitt 4.1.1.10 c) berechnet wurden

UN-Nr.	Benennung	Klasse	Verpackungsgruppe	V_{p55} (kPa)	$(V_{p55} \times 1{,}5)$ (kPa)	$(V_{p55} \times 1{,}5)$ minus 100 (kPa)	vorgeschriebener Mindestprüfdruck (Überdruck) nach Abs. 6.1.5.5.4 c) (kPa)	Mindestprüfdruck (Überdruck), der auf der Verpackung anzugeben ist (kPa)
2056	Tetrahydrofuran	3	II	70	105	5	100	100
2247	n-Decan	3	III	1,4	2,1	–97,9	100	100
1593	Dichlormethan	6.1	III	164	246	146	146	150
1155	Ethylether	3	I	199	299	199	199	250

Bem. 1. Für reine flüssige Stoffe kann der Dampfdruck bei 55 °C (V_{p55}) oft aus Tabellen entnommen werden, die in der wissenschaftlichen Literatur veröffentlicht sind.

2. Die in der Tabelle angegebenen Mindestprüfdrücke beziehen sich nur auf die Anwendung der Angaben unter Unterabschnitt 4.1.1.10 c), das bedeutet, dass der angegebene Prüfdruck größer sein muss als der 1,5fache Dampfdruck bei 55 °C minus 100 kPa. Wenn beispielsweise der Prüfdruck für n-Decan gemäß Absatz 6.1.5.5.4 a) bestimmt wird, kann der anzugebende Mindestprüfdruck geringer sein.

3. Für Ethylether beträgt der nach Absatz 6.1.5.5.5 vorgeschriebene Mindestprüfdruck 250 kPa.

4.1.1.11 Leere Verpackungen, einschließlich leere Großpackmittel (IBC) und leere Großverpackungen, die ein gefährliches Gut enthalten haben, unterliegen denselben Vorschriften wie gefüllte Verpackungen, es sei denn, es wurden entsprechende Maßnahmen getroffen, um jede Gefahr auszuschließen.

Bem. Wenn solche Verpackungen zur Entsorgung, zum Recycling oder zur Wiederverwendung ihrer Werkstoffe befördert werden, dürfen sie auch unter der UN-Nummer 3509 befördert werden, vorausgesetzt, die Bedingungen der Sondervorschrift 663 des Kapitels 3.3 werden erfüllt.

4.1.1.12 Jede Verpackung gemäß Kapitel 6.1, die für flüssige Stoffe vorgesehen ist, muss erfolgreich einer geeigneten Dichtheitsprüfung unterzogen werden. Diese Prüfung ist Teil des in Unterabschnitt 6.1.1.4 festgelegten Qualitätssicherungsprogramms, das zeigt, dass die Verpackung in der Lage ist, die entsprechenden in Absatz 6.1.5.4.3 angegebenen Prüfanforderungen zu erfüllen:

a) vor der erstmaligen Verwendung zur Beförderung;

b) nach Wiederaufarbeitung oder Rekonditionierung jeder Verpackung vor Wiederverwendung zur Beförderung.

Für diese Prüfung ist es nicht erforderlich, die Verpackung mit ihren Verschlüssen zu versehen. Das Innengefäß einer Kombinationsverpackung darf ohne Außenverpackung geprüft werden, vorausgesetzt, die Prüfergebnisse werden nicht beeinträchtigt.

Diese Prüfung ist nicht erforderlich für

– Innenverpackungen von zusammengesetzten Verpackungen oder Großverpackungen,

– Innengefäße von Kombinationsverpackungen (Glas, Porzellan oder Steinzeug), die gemäß Unterabschnitt 6.1.3.1 a) (ii) mit dem Symbol «RID/ADR» gekennzeichnet sind,

– Feinstblechverpackungen, die gemäß Unterabschnitt 6.1.3.1 a) (ii) mit dem Symbol «RID/ADR» gekennzeichnet sind.

4.1.1.13 Verpackungen, einschließlich Großpackmittel (IBC), für feste Stoffe, die sich bei den während der Beförderung auftretenden Temperaturen verflüssigen können, müssen diesen Stoff auch im flüssigen Zustand zurückhalten.

4.1 Verwendung von Verpackungen, einschließlich Großpackmittel (IBC) und Großverpackungen

ADR	RID

4.1.1.14 Verpackungen, einschließlich Großpackmittel (IBC), für pulverförmige oder körnige Stoffe müssen staubdicht oder mit einem Innensack versehen sein.

4.1.1.15 Sofern von der zuständigen Behörde nicht etwas anderes festgelegt wurde, beträgt die zulässige Verwendungsdauer für Fässer und Kanister aus Kunststoff, starre Kunststoff-IBC und Kombinations-IBC mit Kunststoff-Innenbehälter zur Beförderung gefährlicher Güter, vom Datum ihrer Herstellung an gerechnet, fünf Jahre, es sei denn, wegen der Art des zu befördernden Stoffes ist eine kürzere Verwendungsdauer vorgeschrieben.

4.1.1.16 Wenn Eis als Kühlmittel verwendet wird, darf dieses nicht die Funktionsfähigkeit der Verpackung beeinträchtigen.

4.1.1.17 (gestrichen)

4.1.1.18 Explosive Stoffe und Gegenstände mit Explosivstoff, selbstzersetzliche Stoffe und organische Peroxide

Sofern im ADR/RID nichts anderes vorgeschrieben ist, müssen die für Güter der Klasse 1, für selbstzersetzliche Stoffe der Klasse 4.1 oder für organische Peroxide der Klasse 5.2 verwendeten Verpackungen, einschließlich Großpackmittel (IBC) und Großverpackungen, den Vorschriften für die mittlere Gefahrengruppe (Verpackungsgruppe II) entsprechen.

4.1.1.19 Verwendung von Bergungsverpackungen und Bergungsgroßverpackungen

4.1.1.19.1 Beschädigte, defekte, undichte oder nicht den Vorschriften entsprechende Versandstücke oder gefährliche Güter, die verschüttet wurden oder ausgetreten sind, dürfen in Bergungsverpackungen nach Absatz 6.1.5.1.11 und Bergungsgroßverpackungen nach Absatz 6.6.5.1.9 befördert werden. Die Verwendung einer Verpackung, eines Großpackmittels (IBC) des Typs 11A oder einer Großverpackung mit größeren Abmessungen eines geeigneten Typs und geeigneter Prüfanforderungen wird dadurch nicht ausgeschlossen, vorausgesetzt, die Vorschriften der Absätze 4.1.1.19.2 und 4.1.1.19.3 werden erfüllt.

4.1.1.19.2 Geeignete Maßnahmen müssen ergriffen werden, um übermäßige Bewegungen der beschädigten oder undichten Versandstücke innerhalb der Bergungsverpackung oder Bergungsgroßverpackung zu verhindern. Sofern die Bergungsverpackung oder Bergungsgroßverpackung flüssige Stoffe enthält, muss eine ausreichende Menge inerten saugfähigen Materials beigefügt werden, um das Auftreten freier Flüssigkeit auszuschließen.

4.1.1.19.3 Es sind geeignete Maßnahmen zu ergreifen, um einen gefährlichen Druckaufbau zu verhindern.

4.1.1.20 Verwendung von Bergungsdruckgefäßen

4.1.1.20.1 Für beschädigte, defekte, undichte oder nicht den Vorschriften entsprechende Druckgefäße dürfen Bergungsdruckgefäße gemäß Abschnitt 6.2.3.11 verwendet werden.

Bem. Ein Bergungsdruckgefäß darf als Umverpackung gemäß Abschnitt 5.1.2 verwendet werden. Bei der Verwendung als Umverpackung müssen die Kennzeichen nicht dem Unterabschnitt 5.2.1.3, sondern dem Unterabschnitt 5.2.1.1 entsprechen.

Verwendung von Verpackungen, einschließlich Großpackmittel (IBC) und Großverpackungen 4.1

ADR	RID

4.1.1.20.2 Druckgefäße müssen in Bergungsdruckgefäße geeigneter Größe eingesetzt werden. Die höchstzulässige Größe des eingesetzten Druckgefäßes ist auf einen mit Wasser ausgeliterten Fassungsraum von 1000 Litern begrenzt. Mehrere Druckgefäße dürfen nur dann in ein und dasselbe Bergungsdruckgefäß eingesetzt werden, wenn deren Füllgüter bekannt sind und diese nicht gefährlich miteinander reagieren (siehe Unterabschnitt 4.1.1.6). In diesem Fall darf die Gesamtsumme der mit Wasser ausgeliterten Fassungsräume der eingesetzten Druckgefäße 1000 Liter nicht überschreiten. Es müssen geeignete Maßnahmen ergriffen werden, um Bewegungen der Druckgefäße im Bergungsdruckgefäß zu verhindern, z.B. durch Unterteilen, Sichern oder Polstern.

4.1.1.20.3 Ein Druckgefäß darf nur dann in ein Bergungsdruckgefäß eingesetzt werden, wenn:

a) das Bergungsdruckgefäß den Vorschriften des Unterabschnitts 6.2.3.11 entspricht und eine Kopie der Zulassungsbescheinigung vorliegt;

b) die Teile des Bergungsdruckgefäßes, die in direktem Kontakt mit den gefährlichen Gütern stehen oder stehen können, nicht durch diese angegriffen oder geschwächt werden und keine gefährliche Wirkungen verursachen, z.B. Katalyse einer Reaktion oder Reaktion mit den gefährlichen Gütern, und

c) der Druck und das Volumen des Füllguts des (der) enthaltenen Druckgefäßes (Druckgefäße) so begrenzt ist, dass bei einer vollständigen Entleerung in das Bergungsdruckgefäß der Druck im Bergungsdruckgefäß bei 65 °C nicht höher ist als der Prüfdruck des Bergungsdruckgefäßes (für Gase siehe Unterabschnitt 4.1.4.1 Verpackungsanweisung P 200 (3)). Dabei muss die Verringerung des mit Wasser ausgeliterten nutzbaren Fassungsraums, z.B. durch eventuell enthaltene Ausrüstungen und Polsterungen, berücksichtigt werden.

4.1.1.20.4 Die in Kapitel 5.2 für Versandstücke vorgeschriebene offizielle Benennung für die Beförderung, UN-Nummer mit vorangestellten Buchstaben «UN» und Gefahrzettel der gefährlichen Güter im (in den) enthaltenen Druckgefäß(en) müssen bei der Beförderung auf dem Bergungsdruckgefäß angegeben sein.

4.1.1.20.5 Bergungsdruckgefäße müssen nach jeder Verwendung gereinigt, entgast und innen und außen einer Sichtprüfung unterzogen werden. Sie müssen spätestens alle fünf Jahre gemäß Unterabschnitt 6.2.3.5 einer wiederkehrenden Prüfung unterzogen werden.

4.1.1.21 **Nachweis der chemischen Verträglichkeit von Verpackungen, einschließlich Großpackmitteln (IBC), aus Kunststoff durch Assimilierung von Füllgütern zu Standardflüssigkeiten**
▶ 1.6.1.7

4.1.1.21.1 Geltungsbereich

Für Verpackungen aus Polyethylen nach Absatz 6.1.5.2.6 und für Großpackmittel (IBC) aus Polyethylen nach Absatz 6.5.6.3.5 kann die chemische Verträglichkeit mit Füllgütern durch Assimilierung zu Standardflüssigkeiten dadurch nachgewiesen werden, dass die in den Absätzen 4.1.1.21.3 bis 4.1.1.21.5 festgelegten Verfahren befolgt und die Liste in Tabelle 4.1.1.21.6 angewendet wird, vorausgesetzt, die Bauart hat den Zulassungsprüfungen mit diesen Standardflüssigkeiten gemäß Abschnitt 6.1.5 oder 6.5.6 unter Einbeziehung von Abschnitt 6.1.6 genügt und die Vorbedingungen in Absatz 4.1.1.21.2 erfüllt. Wenn eine Assimilierung gemäß diesem Unterabschnitt nicht möglich ist, muss die chemische Verträglichkeit durch Bauartprüfungen gemäß Absatz 6.1.5.2.5 oder durch Laborprüfungen gemäß Absatz 6.1.5.2.7 für Verpackungen bzw. gemäß Absatz 6.5.6.3.3 oder 6.5.6.3.6 für Großpackmittel (IBC) geprüft werden.

Bem. Unabhängig von den Vorschriften dieses Unterabschnitts unterliegt die Verwendung von Verpackungen, einschließlich Großpackmitteln (IBC), für ein spezifisches Füllgut den Beschränkungen des Kapitels 3.2 Tabelle A und den Verpackungsanweisungen des Kapitels 4.1.

4.1 Verwendung von Verpackungen, einschließlich Großpackmittel (IBC) und Großverpackungen

ADR	RID

4.1.1.21.2 Vorbedingungen

Die relativen Dichten der Füllgüter dürfen diejenige, die bei der Ermittlung der Fallhöhe nach Absatz 6.1.5.3.5 oder 6.5.6.9.4 für die erfolgreich durchgeführte Fallprüfung und der Masse nach Unterabschnitt 6.1.5.6 oder, soweit notwendig, nach Unterabschnitt 6.5.6.6 für die erfolgreich durchgeführte Stapeldruckprüfung mit der (den) assimilierten Standardflüssigkeit(en) verwendet wurde, nicht überschreiten. Die Dampfdrücke der Füllgüter bei 50 °C oder 55 °C dürfen denjenigen, der bei der Ermittlung des Druckes nach Absatz 6.1.5.5.4 oder 6.5.6.8.4.2 für die erfolgreich durchgeführte Innendruckprüfung mit der (den) assimilierten Standardflüssigkeit(en) verwendet wurde, nicht überschreiten. In dem Falle, dass Füllgüter einer Kombination von Standardflüssigkeiten assimiliert sind, dürfen die entsprechenden Werte der Füllgüter die Mindestwerte der assimilierten Standardflüssigkeiten, die sich aus den angewandten Fallhöhen, Stapelmassen und inneren Prüfdrücken ableiten, nicht überschreiten.

Beispiel: UN 1736 Benzoylchlorid ist der Kombination von Standardflüssigkeiten «Kohlenwasserstoffgemisch und Netzmittellösung» assimiliert. Benzoylchlorid hat einen Dampfdruck bei 50 °C von 0,34 kPa und eine relative Dichte von ca. 1,2. Häufig wird die Bauartprüfung von Fässern oder Kanistern aus Kunststoff mit dem geringsten geforderten Prüfniveau durchgeführt. Das bedeutet in solchen Fällen praktisch, dass die Stapeldruckprüfungen der betreffenden Verpackungsarten mit jeweiligen Lasten durchgeführt wurden, die der relativen Dichte von 1,0 für das Kohlenwasserstoffgemisch und der relativen Dichte von 1,2 für die Netzmittellösung entsprechen (siehe Definition von Standardflüssigkeiten in Abschnitt 6.1.6). Folglich gilt in einem solchem Fall die chemische Verträglichkeit für Benzoylchlorid für eine in solcher Weise geprüfte Bauart als nicht geprüft, weil das Prüfniveau der betreffenden Bauart für die Standardflüssigkeit Kohlenwasserstoffgemisch für die Assimilierung von Benzoylchlorid nicht ausreichend hoch ist. (Weil in den meisten Fällen der angewandte Prüfdruck der hydraulischen Innendruckprüfung mindestens 100 kPa beträgt, ist der Dampfdruck von Benzoylchlorid durch ein solches Prüfniveau gemäß Unterabschnitt 4.1.1.10 in ausreichender Weise abgedeckt).

Alle Bestandteile eines Füllgutes, das eine Lösung, Mischung oder Zubereitung sein kann, wie Netzmittel in Reinigungs- oder Desinfektionsmitteln, unabhängig davon, ob sie gefährliche oder ungefährliche Inhaltsstoffe sind, müssen in das Assimilierungsverfahren einbezogen werden.

4.1.1.21.3 Assimilierungsverfahren

Bei der Zuordnung von Füllgütern zu den in der Assimilierungsliste in Tabelle 4.1.1.21.6 aufgeführten Stoffen oder Stoffgruppen müssen die folgenden Schritte eingehalten werden (siehe auch Ablaufschema in Abbildung 4.1.1.21.1):

a) Klassifiziere das Füllgut nach Verfahren und Kriterien von Teil 2 (Bestimmung der UN-Nummer und der Verpackungsgruppe).

b) Suche, sofern sie dort enthalten ist, die UN-Nummer in Spalte 1 der Tabelle 4.1.1.21.6 auf.

c) Wenn mehr als eine Eintragung für diese UN-Nummer existiert, wähle die Zeile aus, die mit den Angaben der Verpackungsgruppe, der Konzentration, des Flammpunktes, des Vorhandenseins nicht gefährlicher Bestandteile, usw. anhand von den in den Spalten 2a, 2b und 4 gegebenen Informationen zu dieser UN-Nummer übereinstimmt.

Wenn dies nicht möglich ist, muss die chemische Verträglichkeit gemäß Absatz 6.1.5.2.5 oder 6.1.5.2.7 für Verpackungen bzw. gemäß Absatz 6.5.6.3.3 oder 6.5.6.3.6 für Großpackmittel (IBC) geprüft werden (für wässerige Lösungen siehe jedoch Absatz 4.1.1.21.4).

d) Wenn die nach Buchstabe a) bestimmte UN-Nummer und Verpackungsgruppe des Füllgutes nicht in der Assimilierungsliste enthalten ist, muss die chemische Verträglichkeit bei Verpackungen nach Absatz 6.1.5.2.5 oder 6.1.5.2.7 und bei Großpackmitteln IBC nach Absatz 6.5.6.3.3 oder 6.5.6.3.6 nachgewiesen werden.

e) Wenn Spalte 5 der ausgewählten Zeile den Wortlaut «Regel für Sammeleintragungen» enthält, ist weiter nach dieser in Absatz 4.1.1.21.5 beschriebenen Regel zu verfahren.

Verwendung von Verpackungen, einschließlich Großpackmittel (IBC) und Großverpackungen 4.1

ADR	RID

f) Die chemische Verträglichkeit des Füllgutes gilt als nachgewiesen, wenn die in den Absätzen 4.1.1.21.1 und 4.1.1.21.2 genannten Vorschriften berücksichtigt wurden, dem namentlich genannten Stoff in Spalte 5 eine Standardflüssigkeit oder eine Kombination von Standardflüssigkeiten assimiliert ist und die Bauart für diese Standardflüssigkeit(en) zugelassen ist.

Abbildung 4.1.1.21.1: Ablaufschema für die Assimilierung von Füllgütern zu Standardflüssigkeiten

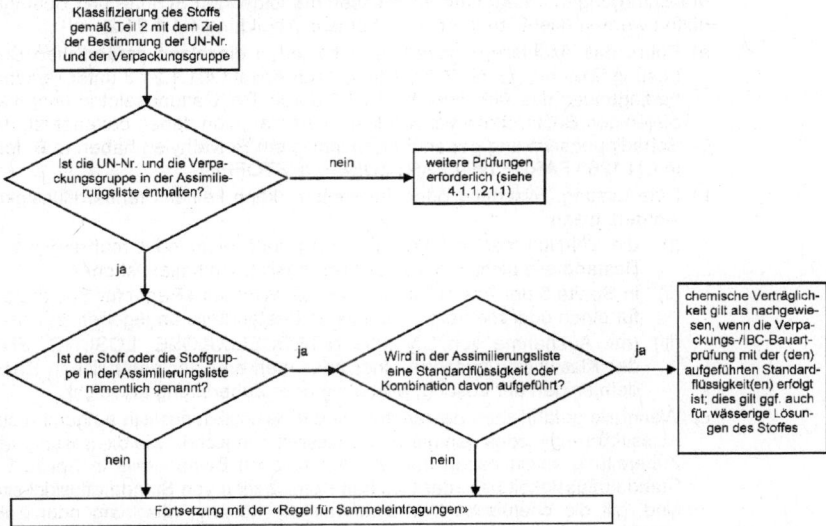

4.1.1.21.4 Wässerige Lösungen

Wässerige Lösungen von Stoffen oder Stoffgruppen, die nach Absatz 4.1.1.21.3 einer oder mehreren Standardflüssigkeiten assimiliert sind, können ebenfalls dieser (diesen) Standardflüssigkeit(en) assimiliert werden, wenn folgende Bedingungen eingehalten sind:

a) die wässerige Lösung kann gemäß den Kriterien des Unterabschnitts 2.1.3.3 der gleichen UN-Nummer zugeordnet werden wie der in der Assimilierungsliste aufgeführte Stoff und

b) die wässerige Lösung ist nicht gesondert an anderer Stelle in der Assimilierungsliste in Absatz 4.1.1.21.6 aufgeführt und

c) es findet keine chemische Reaktion zwischen dem gefährlichen Stoff und dem Lösungsmittel Wasser statt.

Beispiel: Wässerige Lösungen von UN 1120 tert-Butanol:

- *Reines tert-Butanol selbst ist der Standardflüssigkeit «Essigsäure» in der Assimilierungsliste zugeordnet.*
- *Wässerige Lösungen von tert-Butanol können gemäß Unterabschnitt 2.1.3.3 unter der Eintragung UN 1120 BUTANOLE klassifiziert werden, weil die Eigenschaften der wässerigen Lösungen von tert-Butanol sich von denen des gefährlichen Stoffes bezüglich der Klasse, des physikalischen Zustands oder der Verpackungsgruppe(n) nicht unterscheiden. Darüber hinaus geht aus Angaben unter der Eintragung UN 1120 BUTANOLE nicht besonders hervor, dass sie nur für den reinen oder technisch reinen Stoff gilt; außerdem sind wässerige Lösungen dieses Stoffes in Kapitel 3.2 Tabelle A nicht besonders aufgeführt.*

4.1 Verwendung von Verpackungen, einschließlich Großpackmittel (IBC) und Großverpackungen

ADR	RID

– UN 1120 BUTANOLE reagieren unter normalen Beförderungsbedingungen nicht mit Wasser.

Folglich kann eine wässerige Lösung von UN 1120 tert-Butanol der Standardflüssigkeit «Essigsäure» assimiliert werden.

4.1.1.21.5 Regel für Sammeleintragungen

Bei der Assimilierung von Füllgütern, bei denen in Spalte 5 der Wortlaut «Regel für Sammeleintragungen» aufgeführt ist, müssen die folgenden Schritte und Bedingungen eingehalten werden (siehe auch Ablaufschema in Abbildung 4.1.1.21.2):

a) Führe das Assimilierungsverfahren für jeden einzelnen gefährlichen Bestandteil der Lösung, Mischung oder Zubereitung nach Absatz 4.1.1.21.3 unter Beachtung der Vorbedingungen des Absatzes 4.1.1.21.2 durch. Bei Gattungseintragungen können dabei diejenigen Bestandteile vernachlässigt werden, von denen bekannt ist, dass sie keine Schädigungswirkung gegenüber hochdichtem Polyethylen haben (z.B. feste Pigmente in UN 1263 FARBE oder FARBZUBEHÖRSTOFFE).

b) Eine Lösung, Mischung oder Zubereitung kann keiner Standardflüssigkeit assimiliert werden, wenn
   (i) die UN-Nummer und Verpackungsgruppe einer oder mehrerer der gefährlichen Bestandteile nicht in der Assimilierungsliste enthalten ist oder
   (ii) in Spalte 5 der Assimilierungsliste der Wortlaut «Regel für Sammeleintragungen» für einen oder mehrere gefährlichen Bestandteile angegeben ist oder
   (iii) (mit Ausnahme von UN 2059 NITROCELLULOSE, LÖSUNG, ENTZÜNDBAR) der Klassifizierungscode einer oder mehrerer der gefährlichen Bestandteile von demjenigen der Lösung, Mischung oder Zubereitung abweicht.

c) Wenn alle gefährlichen Bestandteile in der Assimilierungsliste aufgeführt sind und deren Klassifizierungscodes den gleichen Klassifizierungscode wie die Lösung, Mischung oder Zubereitung selbst haben und alle gefährlichen Bestandteile in Spalte 5 der gleichen Standardflüssigkeit bzw. der gleichen Kombination von Standardflüssigkeiten assimiliert sind, gilt die chemische Verträglichkeit der Lösung, Mischung oder Zubereitung als geprüft, wenn die Absätze 4.1.1.21.1 und 4.1.1.21.2 berücksichtigt wurden.

d) Wenn alle gefährlichen Bestandteile in der Assimilierungsliste aufgeführt sind und deren Klassifizierungscodes den gleichen Klassifizierungscode wie die Lösung, Mischung oder Zubereitung selbst haben, aber verschiedene Standardflüssigkeiten in Spalte 5 aufgeführt sind, gilt die chemische Verträglichkeit der Lösung, Mischung oder Zubereitung nur für die nachfolgend aufgeführten Kombinationen von Standardflüssigkeiten als nachgewiesen, wenn die Absätze 4.1.1.21.1 und 4.1.1.21.2 berücksichtigt wurden:
   (i) Wasser/Salpetersäure (55 %), mit Ausnahme von anorganischen Säuren mit dem Klassifizierungscode C1, die der Standardflüssigkeit «Wasser» zugeordnet sind,
   (ii) Wasser/Netzmittellösung,
   (iii) Wasser/Essigsäure,
   (iv) Wasser/Kohlenwasserstoffgemisch,
   (v) Wasser/n-Butylacetat – mit n-Butylacetat gesättigte Netzmittellösung.

e) Im Rahmen dieser Regel gilt die chemische Verträglichkeit für andere Kombinationen von Standardflüssigkeiten als die in Buchstabe d) genannten sowie für die in Buchstabe b) genannten Fälle als nicht nachgewiesen. Die chemische Verträglichkeit ist dann auf anderem Wege zu prüfen (siehe Absatz 4.1.1.21.3 d)).

Beispiel 1: Mischung aus UN 1940 THIOGLYCOLSÄURE (50 %) und UN 2531 METHACRYLSÄURE, STABILISIERT (50 %); Klassifizierung der Mischung: UN 3265 ÄTZENDER SAURER ORGANISCHER FLÜSSIGER STOFF, N.A.G.

– Sowohl die UN-Nummern der Bestandteile als auch die UN-Nummer der Mischung sind in der Assimilierungsliste aufgeführt.

Verwendung von Verpackungen, einschließlich Großpackmittel (IBC) und Großverpackungen 4.1

ADR	RID

- Sowohl die Bestandteile als auch die Mischung haben den gleichen Klassifizierungscode: C3.
- UN 1940 THIOGLYCOLSÄURE ist der Standardflüssigkeit «Essigsäure» und UN 2531 METHACRYLSÄURE, STABILISIERT ist der Standardflüssigkeit «n-Butylacetat – mit n-Butylacetat gesättigte Netzmittellösung» assimiliert. Nach Buchstabe d) ist dies keine erlaubte Kombination von Standardflüssigkeiten. Die chemische Verträglichkeit der Mischung muss deshalb auf anderem Wege geprüft werden.

Beispiel 2: Mischung aus UN 1793 ISOPROPYLPHOSPHAT (50 %) und UN 1803 PHENOLSULFONSÄURE, FLÜSSIG (50 %); Klassifizierung der Mischung als UN 3265 ÄTZENDER SAURER ORGANISCHER FLÜSSIGER STOFF, N.A.G.

- Sowohl die UN-Nummern der Bestandteile als auch die UN-Nummer der Mischung sind in der Assimilierungsliste aufgeführt.
- Sowohl die Bestandteile als auch die Mischung haben den gleichen Klassifizierungscode: C3.
- UN 1793 ISOPROPYLPHOSPHAT ist der Standardflüssigkeit «Netzmittellösung» und UN 1803 PHENOLSULFONSÄURE, FLÜSSIG der Standardflüssigkeit «Wasser» assimiliert. Nach Buchstabe d) ist dies eine der erlaubten Kombinationen von Standardflüssigkeiten. Folglich gilt die chemische Verträglichkeit für diese Mischung als geprüft, wenn die Verpackungsbauart für die Standardflüssigkeiten «Netzmittellösung» und «Wasser» zugelassen ist.

Abbildung 4.1.1.21.2: Ablaufschema für die «Regel für Sammeleintragungen»

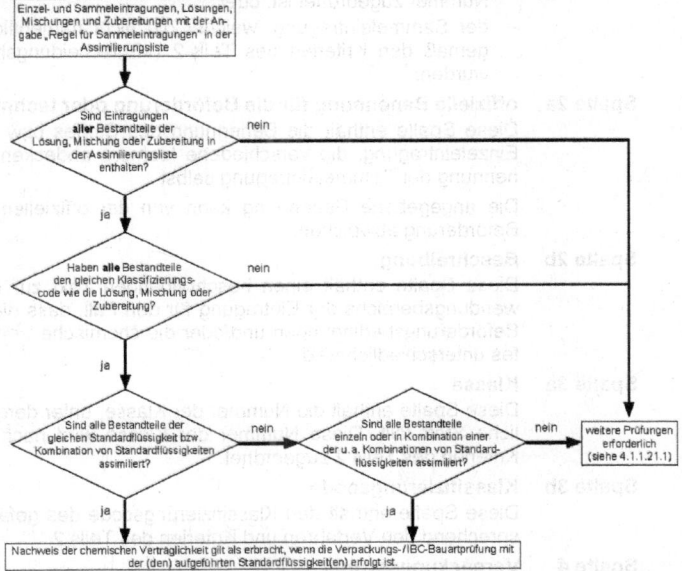

Zulässige Kombinationen von Standardflüssigkeiten:
- Wasser/Salpetersäure 55 %, mit Ausnahme von anorganischen Säuren mit dem Klassifizierungscode C1, die der Standardflüssigkeit «Wasser» zugeordnet sind
- Wasser/Netzmittellösung
- Wasser/Essigsäure
- Wasser/Kohlenwasserstoffgemisch
- Wasser/n-Butylacetat – mit n-Butylacetat gesättigte Netzmittellösung

4.1 Verwendung von Verpackungen, einschließlich Großpackmittel (IBC) und Großverpackungen

ADR	RID

4.1.1.21.6 **Assimilierungsliste**

In der folgenden Tabelle (Assimilierungsliste) sind die gefährlichen Stoffe in UN-numerischer

Ordnung | Reihenfolge

aufgeführt. In der Regel behandelt jede Zeile einen Stoff bzw. eine Einzel- oder Sammeleintragung, der/die einer bestimmten UN-Nummer zugeordnet ist. Jedoch können mehrere aufeinander folgende Zeilen für dieselbe UN-Nummer verwendet werden, wenn Stoffe, die zur selben UN-Nummer gehören, unterschiedliche Stoffnamen (z.B. einzelne Isomere einer Stoffgruppe), unterschiedliche chemische Eigenschaften, physikalische Eigenschaften und/oder Beförderungsvorschriften haben. In diesen Fällen ist die Einzeleintragung oder Sammeleintragung innerhalb der jeweiligen Verpackungsgruppe als letzte dieser Folge von Zeilen aufgeführt.

Die Spalten 1 bis 4 der Tabelle 4.1.1.21.6, die ähnlich wie die Tabelle A des Kapitels 3.2 aufgebaut ist, werden zur Identifizierung des Stoffes für die Zwecke dieses Unterabschnitts genutzt. Die letzte Spalte bezeichnet die Standardflüssigkeit(en), zu der (denen) der Stoff assimiliert werden kann.

Erläuterungen zu den einzelnen Spalten:

Spalte 1   **UN-Nr.**
Diese Spalte enthält die UN-Nummer
– des gefährlichen Stoffs, wenn dem Stoff eine eigene spezifische UN-Nummer zugeordnet ist, oder
– der Sammeleintragung, welcher die nicht namentlich genannten Stoffe gemäß den Kriterien des Teils 2 («Entscheidungsbäume») zugeordnet wurden.

Spalte 2a   **offizielle Benennung für die Beförderung oder technische Benennung**
Diese Spalte enthält die Benennung des Stoffes bzw. die Benennung der Einzeleintragung, die verschiedene Isomere abdecken kann, oder die Benennung der Sammeleintragung selbst.

Die angegebene Benennung kann von der offiziellen Benennung für die Beförderung abweichen.

Spalte 2b   **Beschreibung**
Diese Spalte enthält einen beschreibenden Text zur Erläuterung des Anwendungsbereichs der Eintragung für den Fall, dass die Klassifizierung, die Beförderungsbedingungen und/oder die chemische Verträglichkeit des Stoffes unterschiedlich sind.

Spalte 3a   **Klasse**
Diese Spalte enthält die Nummer der Klasse, unter deren Begriff der gefährliche Stoff fällt. Diese Nummer der Klasse wird nach den Verfahren und Kriterien des Teils 2 zugeordnet.

Spalte 3b   **Klassifizierungscode**
Diese Spalte enthält den Klassifizierungscode des gefährlichen Stoffes entsprechend den Verfahren und Kriterien des Teils 2.

Spalte 4   **Verpackungsgruppe**
Diese Spalte enthält die Nummer der Verpackungsgruppe(n) (I, II oder III), die dem gefährlichen Stoff auf der Grundlage der Verfahren und Kriterien des Teils 2 zugeordnet ist (sind). Bestimmte Stoffe sind keiner Verpackungsgruppe zugeordnet.

Spalte 5   **Standardflüssigkeit**
Diese Spalte enthält entweder eine Standardflüssigkeit oder eine Kombination von Standardflüssigkeiten, die dem Stoff assimiliert werden kann, oder verweist auf die «Regel für Sammeleintragungen» nach Absatz 4.1.1.21.5.

Verwendung von Verpackungen, einschließlich Großpackmittel (IBC) und Großverpackungen

4.1

ADR	RID

Tabelle 4.1.1.21.6: Assimilierungsliste

UN-Nr.	offizielle Benennung für die Beförderung oder technische Benennung	Beschreibung	Klasse	Klassifizierungscode	Verpackungsgruppe	Standardflüssigkeit
	3.1.2	3.1.2	2.2	2.2	2.1.1.3	
(1)	(2a)	(2b)	(3a)	(3b)	(4)	(5)
1090	Aceton		3	F1	II	Kohlenwasserstoffgemisch Bem. nur dann anwendbar, wenn nachgewiesen ist, dass die Permeation des Stoffes aus dem vorgesehenen Versandstück ein annehmbares Niveau hat
1093	Acrylnitril, stabilisiert		3	FT1	I	n-Butylacetat / mit n-Butylacetat gesättigte Netzmittellösung
1104	Amylacetate	reine Isomere und Isomerengemisch	3	F1	III	n-Butylacetat / mit n-Butylacetat gesättigte Netzmittellösung
1105	Pentanole	reine Isomere und Isomerengemisch	3	F1	II/III	n-Butylacetat / mit n-Butylacetat gesättigte Netzmittellösung
1106	Amylamine	reine Isomere und Isomerengemisch	3	FC	II/III	Kohlenwasserstoffgemisch und Netzmittellösung
1109	Amylformiate	reine Isomere und Isomerengemisch	3	F1	III	n-Butylacetat / mit n-Butylacetat gesättigte Netzmittellösung
1120	Butanole	reine Isomere und Isomerengemisch	3	F1	II/III	Essigsäure
1123	Butylacetate	reine Isomere und Isomerengemisch	3	F1	II/III	n-Butylacetat / mit n-Butylacetat gesättigte Netzmittellösung
1125	n-Butylamin		3	FC	II	Kohlenwasserstoffgemisch und Netzmittellösung
1128	n-Butylformiat		3	F1	II	n-Butylacetat / mit n-Butylacetat gesättigte Netzmittellösung
1129	Butyraldehyd		3	F1	II	Kohlenwasserstoffgemisch
1133	Klebstoffe	mit entzündbarem flüssigem Stoff	3	F1	I/II/III	Regel für Sammeleintragungen
1139	Schutzanstrichlösung	(einschließlich zu Industrie- oder anderen Zwecken verwendete Oberflächenbehandlungen oder Beschichtungen, wie Zwischenbeschichtung für Fahrzeugkarosserien, Auskleidung für Fässer)	3	F1	I/II/III	Regel für Sammeleintragungen
1145	Cyclohexan		3	F1	II	Kohlenwasserstoffgemisch
1146	Cyclopentan		3	F1	II	Kohlenwasserstoffgemisch
1153	Ethylenglycoldiethylether		3	F1	III	n-Butylacetat / mit n-Butylacetat gesättigte Netzmittellösung und Kohlenwasserstoffgemisch
1154	Diethylamin		3	FC	II	Kohlenwasserstoffgemisch und Netzmittellösung
1158	Diisopropylamin		3	FC	II	Kohlenwasserstoffgemisch und Netzmittellösung
1160	Dimethylamin, wässerige Lösung		3	FC	II	Kohlenwasserstoffgemisch und Netzmittellösung
1165	Dioxan		3	F1	II	Kohlenwasserstoffgemisch

4.1 Verwendung von Verpackungen, einschließlich Großpackmittel (IBC) und Großverpackungen

ADR			RID			
UN-Nr.	offizielle Benennung für die Beförderung oder technische Benennung	Beschreibung	Klasse	Klassifizierungscode	Verpackungsgruppe	Standardflüssigkeit
	3.1.2	3.1.2	2.2	2.2	2.1.1.3	
(1)	(2a)	(2b)	(3a)	(3b)	(4)	(5)
1169	Extrakte, aromatisch, flüssig		3	F1	II/III	Regel für Sammeleintragungen
1170	Ethanol (Ethylalkohol) oder Ethanol, Lösung (Ethylalkohol, Lösung)	wässerige Lösung	3	F1	II/III	Essigsäure
1171	Ethylenglycol-monoethylether		3	F1	III	n-Butylacetat / mit n-Butylacetat gesättigte Netzmittellösung und Kohlenwasserstoffgemisch
1172	Ethylenglycol-monoethyletheracetat		3	F1	III	n-Butylacetat / mit n-Butylacetat gesättigte Netzmittellösung und Kohlenwasserstoffgemisch
1173	Ethylacetat		3	F1	II	n-Butylacetat / mit n-Butylacetat gesättigte Netzmittellösung
1177	2-Ethylbutylacetat		3	F1	III	n-Butylacetat / mit n-Butylacetat gesättigte Netzmittellösung
1178	2-Ethylbutyraldehyd		3	F1	II	Kohlenwasserstoffgemisch
1180	Ethylbutyrat		3	F1	III	n-Butylacetat / mit n-Butylacetat gesättigte Netzmittellösung
1188	Ethylenglycol-monomethylether		3	F1	III	n-Butylacetat / mit n-Butylacetat gesättigte Netzmittellösung und Kohlenwasserstoffgemisch
1189	Ethylenglycol-monomethyletheracetat		3	F1	III	n-Butylacetat / mit n-Butylacetat gesättigte Netzmittellösung und Kohlenwasserstoffgemisch
1190	Ethylformiat		3	F1	II	n-Butylacetat / mit n-Butylacetat gesättigte Netzmittellösung
1191	Octylaldehyde	reine Isomere und Isomerengemisch	3	F1	III	Kohlenwasserstoffgemisch
1192	Ethyllactat		3	F1	III	n-Butylacetat / mit n-Butylacetat gesättigte Netzmittellösung
1195	Ethylpropionat		3	F1	II	n-Butylacetat / mit n-Butylacetat gesättigte Netzmittellösung
1197	Extrakte, Geschmackstoffe, flüssig		3	F1	II/III	Regel für Sammeleintragungen
1198	Formaldehydlösung, entzündbar	wässerige Lösung, Flammpunkt von 23 °C bis 60 °C	3	FC	III	Essigsäure
1202	Dieselkraftstoff	der Norm EN 590:2013 + A1:2017 entsprechend oder mit einem Flammpunkt von höchstens 100 °C	3	F1	III	Kohlenwasserstoffgemisch
1202	Gasöl	Flammpunkt von höchstens 100 °C	3	F1	III	Kohlenwasserstoffgemisch
1202	Heizöl, leicht	extra leicht	3	F1	III	Kohlenwasserstoffgemisch
1202	Heizöl, leicht	der Norm EN 590:2013 + A1:2017 entsprechend oder mit einem Flammpunkt von höchstens 100 °C	3	F1	III	Kohlenwasserstoffgemisch
1203	Benzin oder Ottokraftstoff		3	F1	II	Kohlenwasserstoffgemisch
1206	Heptane	reine Isomere und Isomerengemisch	3	F1	II	Kohlenwasserstoffgemisch

Verwendung von Verpackungen, einschließlich Großpackmittel (IBC) und Großverpackungen 4.1

ADR						RID

UN-Nr.	offizielle Benennung für die Beförderung oder technische Benennung	Beschreibung	Klasse	Klassifizierungscode	Verpackungsgruppe	Standardflüssigkeit
3.1.2	3.1.2	3.1.2	2.2	2.2	2.1.1.3	
(1)	(2a)	(2b)	(3a)	(3b)	(4)	(5)
1207	Hexaldehyd	n-Hexaldehyd	3	F1	III	Kohlenwasserstoffgemisch
1208	Hexane	reine Isomere und Isomerengemisch	3	F1	II	Kohlenwasserstoffgemisch
1210	Druckfarbe oder Druckfarbzubehörstoffe	entzündbar, einschließlich Druckfarbverdünnung und -lösemittel	3	F1	I/II/III	Regel für Sammeleintragungen
1212	Isobutanol (Isobutylalkohol)		3	F1	III	Essigsäure
1213	Isobutylacetat		3	F1	II	n-Butylacetat / mit n-Butylacetat gesättigte Netzmittellösung
1214	Isobutylamin		3	FC	II	Kohlenwasserstoffgemisch und Netzmittellösung
1216	Isooctene	reine Isomere und Isomerengemisch	3	F1	II	Kohlenwasserstoffgemisch
1219	Isopropanol (Isopropylalkohol)		3	F1	II	Essigsäure
1220	Isopropylacetat		3	F1	II	n-Butylacetat / mit n-Butylacetat gesättigte Netzmittellösung
1221	Isopropylamin		3	FC	I	Kohlenwasserstoffgemisch und Netzmittellösung
1223	Kerosin		3	F1	III	Kohlenwasserstoffgemisch
1224	3,3-Dimethyl-2-butanon		3	F1	II	Kohlenwasserstoffgemisch
1224	Ketone, flüssig, n.a.g.		3	F1	II/III	Regel für Sammeleintragungen
1230	Methanol		3	FT1	II	Essigsäure
1231	Methylacetat		3	F1	II	n-Butylacetat / mit n-Butylacetat gesättigte Netzmittellösung
1233	Methylamylacetat		3	F1	III	n-Butylacetat / mit n-Butylacetat gesättigte Netzmittellösung
1235	Methylamin, wässerige Lösung		3	FC	II	Kohlenwasserstoffgemisch und Netzmittellösung
1237	Methylbutyrat		3	F1	II	n-Butylacetat / mit n-Butylacetat gesättigte Netzmittellösung
1247	Methylmethacrylat, monomer, stabilisiert		3	F1	II	n-Butylacetat / mit n-Butylacetat gesättigte Netzmittellösung
1248	Methylpropionat		3	F1	II	n-Butylacetat / mit n-Butylacetat gesättigte Netzmittellösung
1262	Octane	reine Isomere und Isomerengemisch	3	F1	II	Kohlenwasserstoffgemisch
1263	Farbe oder Farbzubehörstoffe	einschließlich Farbe, Lack, Emaille, Beize, Schellack, Firnis, Politur, flüssiger Füllstoff und flüssige Lackgrundlage oder einschließlich Farbverdünnung und -lösemittel	3	F1	I/II/III	Regel für Sammeleintragungen
1265	Pentane	n-Pentan	3	F1	II	Kohlenwasserstoffgemisch
1266	Parfümerieerzeugnisse	mit entzündbaren Lösungsmitteln	3	F1	II/III	Regel für Sammeleintragungen
1268	Steinkohlenteernaphtha	Dampfdruck bei 50 °C höchstens 110 kPa	3	F1	II	Kohlenwasserstoffgemisch
1268	Erdöldestillate, n.a.g. oder Erdölprodukte, n.a.g.		3	F1	I/II/III	Regel für Sammeleintragungen

4.1 Verwendung von Verpackungen, einschließlich Großpackmittel (IBC) und Großverpackungen

ADR					RID	
UN-Nr.	offizielle Benennung für die Beförderung oder technische Benennung	Beschreibung	Klasse	Klassifizierungscode	Verpackungsgruppe	Standardflüssigkeit
	3.1.2	3.1.2	2.2	2.2	2.1.1.3	
(1)	(2a)	(2b)	(3a)	(3b)	(4)	(5)
1274	n-Propanol (n-Propylalkohol)		3	F1	II/III	Essigsäure
1275	Propionaldehyd		3	F1	II	Kohlenwasserstoffgemisch
1276	n-Propylacetat		3	F1	II	n-Butylacetat / mit n-Butylacetat gesättigte Netzmittellösung
1277	Propylamin	n-Propylamin	3	FC	II	Kohlenwasserstoffgemisch und Netzmittellösung
1281	Propylformiate	reine Isomere und Isomerengemisch	3	F1	II	n-Butylacetat / mit n-Butylacetat gesättigte Netzmittellösung
1282	Pyridin		3	F1	II	Kohlenwasserstoffgemisch
1286	Harzöl		3	F1	II/III	Regel für Sammeleintragungen
1287	Gummilösung		3	F1	II/III	Regel für Sammeleintragungen
1296	Triethylamin		3	FC	II	Kohlenwasserstoffgemisch und Netzmittellösung
1297	Trimethylamin, wässerige Lösung	mit höchstens 50 Masse-% Trimethylamin	3	FC	I/II/III	Kohlenwasserstoffgemisch und Netzmittellösung
1301	Vinylacetat, stabilisiert		3	F1	II	n-Butylacetat / mit n-Butylacetat gesättigte Netzmittellösung
1306	Holzschutzmittel, flüssig		3	F1	II/III	Regel für Sammeleintragungen
1547	Anilin		6.1	T1	II	Essigsäure
1590	Dichloraniline, flüssig	reine Isomere und Isomerengemisch	6.1	T1	II	Essigsäure
1602	Farbstoff, flüssig, giftig, n.a.g. oder Farbstoffzwischenprodukt, flüssig, giftig, n.a.g.		6.1	T1	I/II/III	Regel für Sammeleintragungen
1604	Ethylendiamin		8	CF1	II	Kohlenwasserstoffgemisch und Netzmittellösung
1715	Essigsäureanhydrid		8	CF1	II	Essigsäure
1717	Acetylchlorid		3	FC	II	n-Butylacetat / mit n-Butylacetat gesättigte Netzmittellösung
1718	Butylphosphat		8	C3	III	Netzmittellösung
1719	Hydrogensulfid	wässerige Lösung	8	C5	III	Essigsäure
1719	Ätzender alkalischer flüssiger Stoff, n.a.g.	anorganisch	8	C5	II/III	Regel für Sammeleintragungen
1730	Antimonpentachlorid, flüssig	rein	8	C1	II	Wasser
1736	Benzoylchlorid		8	C3	II	Kohlenwasserstoffgemisch und Netzmittellösung
1750	Chloressigsäure, Lösung	wässerige Lösung	6.1	TC1	II	Essigsäure
1750	Chloressigsäure, Lösung	Mischungen von Mono- und Dichloressigsäure	6.1	TC1	II	Essigsäure
1752	Chloracetylchlorid		6.1	TC1	I	n-Butylacetat / mit n-Butylacetat gesättigte Netzmittellösung
1755	Chromsäure, Lösung	wässerige Lösung mit höchstens 30 % Chromsäure	8	C1	II/III	Salpetersäure

Verwendung von Verpackungen, einschließlich Großpackmittel (IBC) und Großverpackungen 4.1

ADR | RID

UN-Nr.	offizielle Benennung für die Beförderung oder technische Benennung	Beschreibung	Klasse	Klassifizierungscode	Verpackungsgruppe	Standardflüssigkeit
	3.1.2	3.1.2	2.2	2.2	2.1.1.3	
(1)	(2a)	(2b)	(3a)	(3b)	(4)	(5)
1760	Cyanamid	wässerige Lösung mit höchstens 50 % Cyanamid	8	C9	II	Wasser
1760	O,O-Diethyl-dithiophosphorsäure		8	C9	II	n-Butylacetat / mit n-Butylacetat gesättigte Netzmittellösung
1760	O,O-Diisopropyl-dithiophosphorsäure		8	C9	II	n-Butylacetat / mit n-Butylacetat gesättigte Netzmittellösung
1760	O,O-Di-n-propyl-dithiophosphorsäure		8	C9	II	n-Butylacetat / mit n-Butylacetat gesättigte Netzmittellösung
1760	Ätzender flüssiger Stoff, n.a.g.	Flammpunkt über 60 °C	8	C9	I/II/III	Regel für Sammeleintragungen
1761	Kupferethylendiamin, Lösung	wässerige Lösung	8	CT1	II/III	Kohlenwasserstoffgemisch und Netzmittellösung
1764	Dichloressigsäure		8	C3	II	Essigsäure
1775	Fluorborsäure	wässerige Lösung mit höchstens 50 % Fluorborsäure	8	C1	II	Wasser
1778	Fluorkieselsäure		8	C1	II	Wasser
1779	Ameisensäure	mit mehr als 85 Masse-% Säure	8	C3	II	Essigsäure
1783	Hexamethylendiamin, Lösung	wässerige Lösung	8	C7	II/III	Kohlenwasserstoffgemisch und Netzmittellösung
1787	Iodwasserstoffsäure	wässerige Lösung	8	C1	II/III	Wasser
1788	Bromwasserstoffsäure	wässerige Lösung	8	C1	II/III	Wasser
1789	Chlorwasserstoffsäure	höchstens 38 %-ige wässerige Lösung	8	C1	II/III	Wasser
1790	Fluorwasserstoffsäure	mit höchstens 60 % Fluorwasserstoff	8	CT1	II	Wasser Verwendungsdauer: höchstens 2 Jahre
1791	Hypochloritlösung	wässerige Lösung, handelsüblich mit Netzmitteln	8	C9	II/III	Salpetersäure und Netzmittellösung *)
1791	Hypochloritlösung	wässerige Lösung	8	C9	II/III	Salpetersäure *)
1793	Isopropylphosphat		8	C3	III	Netzmittellösung
1802	Perchlorsäure	wässerige Lösung mit höchstens 50 Masse-% Säure	8	CO1	II	Wasser
1803	Phenolsulphonsäure, flüssig	Isomerengemisch	8	C3	II	Wasser
1805	Phosphorsäure, Lösung		8	C1	II	Wasser
1814	Kaliumhydroxidlösung	wässerige Lösung	8	C5	II/III	Wasser
1824	Natriumhydroxidlösung	wässerige Lösung	8	C5	II/III	Wasser
1830	Schwefelsäure	mit mehr als 51 % Säure	8	C1	II	Wasser
1832	Schwefelsäure, gebraucht	chemisch stabil	8	C1	II	Wasser
1833	Schweflige Säure		8	C1	II	Wasser
1835	Tetramethylammoniumhydroxid, Lösung	wässerige Lösung, Flammpunkt über 60 °C	8	C7	II	Wasser
1840	Zinkchlorid, Lösung	wässerige Lösung	8	C1	III	Wasser
1848	Propionsäure	mit mindestens 10 % und weniger als 90 Masse-% Säure	8	C3	III	n-Butylacetat / mit n-Butylacetat gesättigte Netzmittellösung

*) Für UN 1791: Prüfung nur mit Lüftungseinrichtung. Bei der Prüfung mit der Standardflüssigkeit Salpetersäure müssen eine säurebeständige Lüftungseinrichtung und eine säurebeständige Dichtung eingesetzt werden. Wenn mit Hypochloritlösungen selbst geprüft wird, sind auch Lüftungseinrichtungen und Dichtungen der gleichen Bauart zulässig, die gegen Hypochlorit beständig sind (z.B. Silikonkautschuk), nicht aber gegen Salpetersäure.

4.1 Verwendung von Verpackungen, einschließlich Großpackmittel (IBC) und Großverpackungen

ADR						RID
UN-Nr.	offizielle Benennung für die Beförderung oder technische Benennung	Beschreibung	Klasse	Klassifizierungscode	Verpackungsgruppe	Standardflüssigkeit
	3.1.2	3.1.2	2.2	2.2	2.1.1.3	
(1)	(2a)	(2b)	(3a)	(3b)	(4)	(5)
1862	Ethylcrotonat		3	F1	II	n-Butylacetat / mit n-Butylacetat gesättigte Netzmittellösung
1863	Düsenkraftstoff		3	F1	I/II/III	Kohlenwasserstoffgemisch
1866	Harzlösung	entzündbar	3	F1	I/II/III	Regel für Sammeleintragungen
1902	Diisooctylphosphat		8	C3	III	Netzmittellösung
1906	Abfallschwefelsäure		8	C1	II	Salpetersäure
1908	Chloritlösung	wässerige Lösung	8	C9	II/III	Essigsäure
1914	Butylpropionate		3	F1	III	n-Butylacetat / mit n-Butylacetat gesättigte Netzmittellösung
1915	Cyclohexanon		3	F1	III	Kohlenwasserstoffgemisch
1917	Ethylacrylat, stabilisiert		3	F1	II	n-Butylacetat / mit n-Butylacetat gesättigte Netzmittellösung
1919	Methylacrylat, stabilisiert		3	F1	II	n-Butylacetat / mit n-Butylacetat gesättigte Netzmittellösung
1920	Nonane	reine Isomere und Isomerengemisch, Flammpunkt von 23 °C bis 60 °C	3	F1	III	Kohlenwasserstoffgemisch
1935	Cyanid, Lösung, n.a.g.	anorganisch	6.1	T4	I/II/III	Wasser
1940	Thioglycolsäure		8	C3	II	Essigsäure
1986	Alkohole, entzündbar, giftig, n.a.g.		3	FT1	I/II/III	Regel für Sammeleintragungen
1987	Cyclohexanol	technisch rein	3	F1	III	Essigsäure
1987	Alkohole, n.a.g.		3	F1	II/III	Regel für Sammeleintragungen
1988	Aldehyde, entzündbar, giftig, n.a.g.		3	FT1	I/II/III	Regel für Sammeleintragungen
1989	Aldehyde, n.a.g.		3	F1	I/II/III	Regel für Sammeleintragungen
1992	2,6-cis-Dimethylmorpholin		3	FT1	III	Kohlenwasserstoffgemisch
1992	Entzündbarer flüssiger Stoff, giftig, n.a.g.		3	FT1	I/II/III	Regel für Sammeleintragungen
1993	Propionsäurevinylester		3	F1	II	n-Butylacetat / mit n-Butylacetat gesättigte Netzmittellösung
1993	(1-Methoxy-2-propyl)-acetat		3	F1	III	n-Butylacetat / mit n-Butylacetat gesättigte Netzmittellösung
1993	Entzündbarer flüssiger Stoff, n.a.g.		3	F1	I/II/III	Regel für Sammeleintragungen
2014	Wasserstoffperoxid, wässerige Lösung	mit mindestens 20 %, aber höchstens 60 % Wasserstoffperoxid, Stabilisierung nach Bedarf	5.1	OC1	II	Salpetersäure
2022	Cresylsäure	flüssiges Gemisch aus Cresolen, Xylenolen und Methylphenolen	6.1	TC1	II	Essigsäure
2030	Hydrazin, wässerige Lösung	mit mindestens 37 Masse-%, aber höchstens 64 Masse-% Hydrazin	8	CT1	II	Wasser
2030	Hydrazinhydrat	wässerige Lösung mit 64 Masse-% Hydrazin	8	CT1	II	Wasser
2031	Salpetersäure	andere als rotrauchende mit höchstens 55 % Säure	8	CO1	II	Salpetersäure

Verwendung von Verpackungen, einschließlich Großpackmittel (IBC) und Großverpackungen 4.1

ADR			RID			
UN-Nr.	offizielle Benennung für die Beförderung oder technische Benennung	Beschreibung	Klasse	Klassi-fizie-rungs-code	Verpa-ckungs-gruppe	Standardflüssigkeit
	3.1.2	3.1.2	2.2	2.2	2.1.1.3	
(1)	(2a)	(2b)	(3a)	(3b)	(4)	(5)
2045	Isobutyraldehyd (Isobutylaldehyd)		3	F1	II	Kohlenwasserstoffgemisch
2050	Diisobutylen, isomere Verbindungen		3	F1	II	Kohlenwasserstoffgemisch
2053	Methylisobutylcarbinol		3	F1	III	Essigsäure
2054	Morpholin		8	CF1	I	Kohlenwasserstoffgemisch
2057	Tripropylen		3	F1	II/III	Kohlenwasserstoffgemisch
2058	Valeraldehyd	reine Isomere und Isomerengemisch	3	F1	II	Kohlenwasserstoffgemisch
2059	Nitrocellulose, Lösung, entzündbar		3	D	I/II/III	Regel für Sammel-eintragungen: Abweichend vom normalen Verfahren darf diese Regel auf alle Lösungsmittel des Klassifizierungscodes F1 angewandt werden
2075	Chloral, wasserfrei, stabilisiert		6.1	T1	II	Netzmittellösung
2076	Cresole, flüssig	reine Isomere und Isomerengemisch	6.1	TC1	II	Essigsäure
2078	Toluendiisocyanat	flüssig	6.1	T1	II	n-Butylacetat / mit n-Butylace-tat gesättigte Netzmittellösung
2079	Diethylentriamin		8	C7	II	Kohlenwasserstoffgemisch
2209	Formaldehydlösung	wässerige Lösung mit 37 % Fomaldehyd, Methanolgehalt 8 bis 10 %	8	C9	III	Essigsäure
2209	Formaldehydlösung	wässerige Lösung mit min-destens 25 % Formaldehyd	8	C9	III	Wasser
2218	Acrylsäure, stabilisiert		8	CF1	II	n-Butylacetat / mit n-Butylace-tat gesättigte Netzmittellösung
2227	n-Butylmethacrylat, stabilisiert		3	F1	III	n-Butylacetat / mit n-Butylace-tat gesättigte Netzmittellösung
2235	Chlorbenzylchloride, flüssig	para-Chlorbenzylchlorid	6.1	T2	III	Kohlenwasserstoffgemisch
2241	Cycloheptan		3	F1	II	Kohlenwasserstoffgemisch
2242	Cyclohepten		3	F1	II	Kohlenwasserstoffgemisch
2243	Cyclohexylacetat		3	F1	III	n-Butylacetat / mit n-Butylace-tat gesättigte Netzmittellösung
2244	Cyclopentanol		3	F1	III	Essigsäure
2245	Cyclopentanon		3	F1	III	Kohlenwasserstoffgemisch
2247	n-Decan		3	F1	III	Kohlenwasserstoffgemisch
2248	Di-n-butylamin		8	CF1	II	Kohlenwasserstoffgemisch
2258	1,2-Propylendiamin		8	CF1	II	Kohlenwasserstoffgemisch und Netzmittellösung
2259	Triethylentetramin		8	C7	II	Wasser
2260	Tripropylamin		3	FC	III	Kohlenwasserstoffgemisch und Netzmittellösung
2263	Dimethylcyclohexane	reine Isomere und Isomerengemisch	3	F1	II	Kohlenwasserstoffgemisch
2264	N,N-Dimethylcyclohexylamin		8	CF1	II	Kohlenwasserstoffgemisch und Netzmittellösung

4.1 Verwendung von Verpackungen, einschließlich Großpackmittel (IBC) und Großverpackungen

ADR | **RID**

UN-Nr.	offizielle Benennung für die Beförderung oder technische Benennung	Beschreibung	Klasse	Klassifizierungscode	Verpackungsgruppe	Standardflüssigkeit
		3.1.2	2.2	2.2	2.1.1.3	
(1)	(2a)	(2b)	(3a)	(3b)	(4)	(5)
2265	N,N-Dimethylformamid		3	F1	III	n-Butylacetat / mit n-Butylacetat gesättigte Netzmittellösung
2266	Dimethyl-N-propylamin		3	FC	II	Kohlenwasserstoffgemisch und Netzmittellösung
2269	3,3'-Iminobispropylamin		8	C7	III	Kohlenwasserstoffgemisch und Netzmittellösung
2270	Ethylamin, wässerige Lösung	mit mindestens 50 Masse-% und höchstens 70 Masse-% Ethylamin, Flammpunkt unter 23 °C, ätzend oder schwach ätzend	3	FC	II	Kohlenwasserstoffgemisch und Netzmittellösung
2275	2-Ethylbutanol		3	F1	III	n-Butylacetat / mit n-Butylacetat gesättigte Netzmittellösung
2276	2-Ethylhexylamin		3	FC	III	Kohlenwasserstoffgemisch und Netzmittellösung
2277	Ethylmethacrylat, stabilisiert		3	F1	II	n-Butylacetat / mit n-Butylacetat gesättigte Netzmittellösung
2278	n-Hepten		3	F1	II	Kohlenwasserstoffgemisch
2282	Hexanole	reine Isomere und Isomerengemisch	3	F1	III	n-Butylacetat / mit n-Butylacetat gesättigte Netzmittellösung
2283	Isobutylmethacrylat, stabilisiert		3	F1	III	n-Butylacetat / mit n-Butylacetat gesättigte Netzmittellösung
2286	Pentamethylheptan		3	F1	III	Kohlenwasserstoffgemisch
2287	Isoheptene		3	F1	II	Kohlenwasserstoffgemisch
2288	Isohexene		3	F1	II	Kohlenwasserstoffgemisch
2289	Isophorondiamin		8	C7	III	Kohlenwasserstoffgemisch und Netzmittellösung
2293	4-Methoxy-4-methylpentan-2-on		3	F1	III	Kohlenwasserstoffgemisch
2296	Methylcyclohexan		3	F1	II	Kohlenwasserstoffgemisch
2297	Methylcyclohexanon	reine Isomere und Isomerengemisch	3	F1	III	Kohlenwasserstoffgemisch
2298	Methylcyclopentan		3	F1	II	Kohlenwasserstoffgemisch
2302	5-Methylhexan-2-on		3	F1	III	Kohlenwasserstoffgemisch
2308	Nitrosylschwefelsäure, flüssig		8	C1	II	Wasser
2309	Octadiene		3	F1	II	Kohlenwasserstoffgemisch
2313	Picoline	reine Isomere und Isomerengemisch	3	F1	III	Kohlenwasserstoffgemisch
2317	Natriumkupfer(I)cyanid, Lösung	wässerige Lösung	6.1	T4	I	Wasser
2320	Tetraethylenpentamin		8	C7	III	Kohlenwasserstoffgemisch und Netzmittellösung
2324	Triisobutylen	Gemisch von C12-Monoolefinen, Flammpunkt von 23 °C bis 60 °C	3	F1	III	Kohlenwasserstoffgemisch
2326	Trimethylcyclohexylamin		8	C7	III	Kohlenwasserstoffgemisch und Netzmittellösung

Verwendung von Verpackungen, einschließlich Großpackmittel (IBC) und Großverpackungen 4.1

ADR						RID
UN-Nr.	offizielle Benennung für die Beförderung oder technische Benennung	Beschreibung	Klasse	Klassifizierungscode	Verpackungsgruppe	Standardflüssigkeit
	3.1.2	3.1.2	2.2	2.2	2.1.1.3	
(1)	(2a)	(2b)	(3a)	(3b)	(4)	(5)
2327	Trimethylhexamethylendiamine	reine Isomere und Isomerengemisch	8	C7	III	Kohlenwasserstoffgemisch und Netzmittellösung
2330	Undecan		3	F1	III	Kohlenwasserstoffgemisch
2336	Allylformiat		3	FT1	I	n-Butylacetat / mit n-Butylacetat gesättigte Netzmittellösung
2348	Butylacrylate, stabilisiert	reine Isomere und Isomerengemisch	3	F1	III	n-Butylacetat / mit n-Butylacetat gesättigte Netzmittellösung
2357	Cyclohexylamin	Flammpunkt von 23 °C bis 60 °C	8	CF1	II	Kohlenwasserstoffgemisch und Netzmittellösung
2361	Diisobutylamin		3	FC	III	Kohlenwasserstoffgemisch und Netzmittellösung
2366	Diethylcarbonat		3	F1	III	n-Butylacetat / mit n-Butylacetat gesättigte Netzmittellösung
2367	alpha-Methylvaleraldehyd		3	F1	II	Kohlenwasserstoffgemisch
2370	Hex-1-en		3	F1	II	Kohlenwasserstoffgemisch
2372	1,2-Di-(dimethylamino)-ethan		3	F1	II	Kohlenwasserstoffgemisch und Netzmittellösung
2379	1,3-Dimethylbutylamin		3	FC	II	Kohlenwasserstoffgemisch und Netzmittellösung
2383	Dipropylamin		3	FC	II	Kohlenwasserstoffgemisch und Netzmittellösung
2385	Ethylisobutyrat		3	F1	II	n-Butylacetat / mit n-Butylacetat gesättigte Netzmittellösung
2393	Isobutylformiat		3	F1	II	n-Butylacetat / mit n-Butylacetat gesättigte Netzmittellösung
2394	Isobutylpropionat	Flammpunkt von 23 ° bis 60 °C	3	F1	III	n-Butylacetat / mit n-Butylacetat gesättigte Netzmittellösung
2396	Methacrylaldehyd, stabilisiert		3	FT1	II	Kohlenwasserstoffgemisch
2400	Methylisovalerat		3	F1	II	n-Butylacetat / mit n-Butylacetat gesättigte Netzmittellösung
2401	Piperidin		8	CF1	I	Kohlenwasserstoffgemisch und Netzmittellösung
2403	Isopropenylacetat		3	F1	II	n-Butylacetat / mit n-Butylacetat gesättigte Netzmittellösung
2405	Isopropylbutyrat		3	F1	III	n-Butylacetat / mit n-Butylacetat gesättigte Netzmittellösung
2406	Isopropylisobutyrat		3	F1	II	n-Butylacetat / mit n-Butylacetat gesättigte Netzmittellösung
2409	Isopropylpropionat		3	F1	II	n-Butylacetat / mit n-Butylacetat gesättigte Netzmittellösung
2410	1,2,3,6-Tetrahydropyridin		3	F1	II	Kohlenwasserstoffgemisch
2427	Kaliumchlorat, wässerige Lösung		5.1	O1	II/III	Wasser
2428	Natriumchlorat, wässerige Lösung		5.1	O1	II/III	Wasser

4.1 Verwendung von Verpackungen, einschließlich Großpackmittel (IBC) und Großverpackungen

ADR RID

UN-Nr.	offizielle Benennung für die Beförderung oder technische Benennung	Beschreibung	Klasse	Klassifizierungscode	Verpackungsgruppe	Standardflüssigkeit
	3.1.2	3.1.2	2.2	2.2	2.1.1.3	
(1)	(2a)	(2b)	(3a)	(3b)	(4)	(5)
2429	Calciumchlorat, wässerige Lösung		5.1	O1	II/III	Wasser
2436	Thioessigsäure		3	F1	II	Essigsäure
2457	2,3-Dimethylbutan		3	F1	II	Kohlenwasserstoffgemisch
2491	Ethanolamin		8	C7	III	Netzmittellösung
2491	Ethanolamin, Lösung	wässerige Lösung	8	C7	III	Netzmittellösung
2496	Propionsäureanhydrid		8	C3	III	n-Butylacetat / mit n-Butylacetat gesättigte Netzmittellösung
2524	Ethylorthoformiat		3	F1	III	n-Butylacetat / mit n-Butylacetat gesättigte Netzmittellösung
2526	Furfurylamin		3	FC	III	Kohlenwasserstoffgemisch und Netzmittellösung
2527	Isobutylacrylat, stabilisiert		3	F1	III	n-Butylacetat / mit n-Butylacetat gesättigte Netzmittellösung
2528	Isobutylisobutyrat		3	F1	III	n-Butylacetat / mit n-Butylacetat gesättigte Netzmittellösung
2529	Isobuttersäure		3	FC	III	n-Butylacetat / mit n-Butylacetat gesättigte Netzmittellösung
2531	Methacrylsäure, stabilisiert		8	C3	II	n-Butylacetat / mit n-Butylacetat gesättigte Netzmittellösung
2542	Tributylamin		6.1	T1	II	Kohlenwasserstoffgemisch
2560	2-Methylpentan-2-ol		3	F1	III	n-Butylacetat / mit n-Butylacetat gesättigte Netzmittellösung
2564	Trichloressigsäure, Lösung	wässerige Lösung	8	C3	II/III	Essigsäure
2565	Dicyclohexylamin		8	C7	III	Kohlenwasserstoffgemisch und Netzmittellösung
2571	Ethylschwefelsäure		8	C3	II	n-Butylacetat / mit n-Butylacetat gesättigte Netzmittellösung
2571	Alkylschwefelsäuren		8	C3	II	Regel für Sammeleintragungen
2580	Aluminiumbromid, Lösung	wässerige Lösung	8	C1	III	Wasser
2581	Aluminiumchlorid, Lösung	wässerige Lösung	8	C1	III	Wasser
2582	Eisen(III)chlorid, Lösung	wässerige Lösung	8	C1	III	Wasser
2584	Methansulfonsäure	mit mehr als 5 % freier Schwefelsäure	8	C1	II	Wasser
2584	Alkylsulfonsäuren, flüssig	mit mehr als 5 % freier Schwefelsäure	8	C1	II	n-Butylacetat / mit n-Butylacetat gesättigte Netzmittellösung
2584	Benzensulfonsäure	mit mehr als 5 % freier Schwefelsäure	8	C1	II	Wasser
2584	Toluensulfonsäuren	mit mehr als 5 % freier Schwefelsäure	8	C1	II	Wasser
2584	Arylsulfonsäuren, flüssig	mit mehr als 5 % freier Schwefelsäure	8	C1	II	n-Butylacetat / mit n-Butylacetat gesättigte Netzmittellösung
2586	Methansulfonsäure	mit höchstens 5 % freier Schwefelsäure	8	C3	III	Wasser
2586	Alkylsulfonsäuren, flüssig	mit höchstens 5 % freier Schwefelsäure	8	C3	III	n-Butylacetat / mit n-Butylacetat gesättigte Netzmittellösung
2586	Benzensulfonsäure	mit höchstens 5 % freier Schwefelsäure	8	C3	III	Wasser

Verwendung von Verpackungen, einschließlich Großpackmittel (IBC) und Großverpackungen 4.1

ADR					RID	
UN-Nr.	offizielle Benennung für die Beförderung oder technische Benennung	Beschreibung	Klasse	Klassifizierungscode	Verpackungsgruppe	Standardflüssigkeit
	3.1.2	3.1.2	2.2	2.2	2.1.1.3	
(1)	(2a)	(2b)	(3a)	(3b)	(4)	(5)
2586	Toluensulfonsäuren	mit höchstens 5 % freier Schwefelsäure	8	C3	III	Wasser
2586	Arylsulfonsäuren, flüssig	mit höchstens 5 % freier Schwefelsäure	8	C3	III	n-Butylacetat / mit n-Butylacetat gesättigte Netzmittellösung
2610	Triallylamin		3	FC	III	Kohlenwasserstoffgemisch und Netzmittellösung
2614	Methylallylalkohol		3	F1	III	Essigsäure
2617	Methylcyclohexanole	reine Isomere und Isomerengemisch, Flammpunkt von 23 °C bis 60 °C	3	F1	III	Essigsäure
2619	Benzyldimethylamin		8	CF1	II	Kohlenwasserstoffgemisch und Netzmittellösung
2620	Amylbutyrate	reine Isomere und Isomerengemisch, Flammpunkt von 23 °C bis 60 °C	3	F1	III	n-Butylacetat / mit n-Butylacetat gesättigte Netzmittellösung
2622	Glycidaldehyd	Flammpunkt unter 23 °C	3	FT1	II	Kohlenwasserstoffgemisch
2626	Chlorsäure, wässerige Lösung	mit höchstens 10 % Säure	5.1	O1	II	Salpetersäure
2656	Chinolin	Flammpunkt über 60 °C	6.1	T1	III	Wasser
2672	Ammoniaklösung	in Wasser, relative Dichte zwischen 0,880 und 0,957 bei 15 °C, mit mehr als 10 %, aber höchstens 35 % Ammoniak	8	C5	III	Wasser
2683	Ammoniumsulfid, Lösung	wässerige Lösung, Flammpunkt von 23 °C bis 60 °C	8	CFT	II	Essigsäure
2684	3-Diethylamino-propylamin		3	FC	III	Kohlenwasserstoffgemisch und Netzmittellösung
2685	N,N-Diethylethylendiamin		8	CF1	II	Kohlenwasserstoffgemisch und Netzmittellösung
2693	Hydrogensulfite, wässerige Lösung, n.a.g.	anorganisch	8	C1	III	Wasser
2707	Dimethyldioxane	reine Isomere und Isomerengemische	3	F1	II/III	Kohlenwasserstoffgemisch
2733	Amine, entzündbar, ätzend, n.a.g. oder Polyamine, entzündbar, ätzend, n.a.g.		3	FC	I/II/III	Kohlenwasserstoffgemisch und Netzmittellösung
2734	Di-sec-butylamin		8	CF1	II	Kohlenwasserstoffgemisch
2734	Amine, flüssig, ätzend, entzündbar, n.a.g. oder Polyamine, flüssig, ätzend, entzündbar, n.a.g.		8	CF1	I/II	Kohlenwasserstoffgemisch und Netzmittellösung
2735	Amine, flüssig, ätzend, n.a.g. oder Polyamine, flüssig, ätzend, n.a.g.		8	C7	I/II/III	Kohlenwasserstoffgemisch und Netzmittellösung
2739	Buttersäureanhydrid		8	C3	III	n-Butylacetat / mit n-Butylacetat gesättigte Netzmittellösung
2789	Eisessig oder Essigsäure, Lösung	wässerige Lösung mit mehr als 80 Masse-% Säure	8	CF1	II	Essigsäure

4.1 Verwendung von Verpackungen, einschließlich Großpackmittel (IBC) und Großverpackungen

ADR						RID
UN-Nr.	offizielle Benennung für die Beförderung oder technische Benennung	Beschreibung	Klasse	Klassifizierungscode	Verpackungsgruppe	Standardflüssigkeit
	3.1.2	3.1.2	2.2	2.2	2.1.1.3	
(1)	(2a)	(2b)	(3a)	(3b)	(4)	(5)
2790	Essigsäure, Lösung	wässerige Lösung mit mehr als 10 Masse-% und höchstens 80 Masse-% Säure	8	C3	II/III	Essigsäure
2796	Schwefelsäure	mit höchstens 51 % Säure	8	C1	II	Wasser
2797	Batterieflüssigkeit, alkalisch	Kalium/Natriumhydroxid, wässerige Lösung	8	C5	II	Wasser
2810	2-Chlor-6-fluor-benzylchlorid	stabilisiert	6.1	T1	III	Kohlenwasserstoffgemisch
2810	2-Phenylethanol		6.1	T1	III	Essigsäure
2810	Ethylenglycol-monohexylether		6.1	T1	III	Essigsäure
2810	Giftiger organischer flüssiger Stoff, n.a.g.		6.1	T1	I/II/III	Regel für Sammeleintragungen
2815	N-Aminoethylpiperazin		8	CT1	III	Kohlenwasserstoffgemisch und Netzmittellösung
2818	Ammoniumpolysulphid, Lösung	wässerige Lösung	8	CT1	II/III	Essigsäure
2819	Amylphosphat		8	C3	III	Netzmittellösung
2820	Buttersäure	n-Buttersäure	8	C3	III	n-Butylacetat / mit n-Butylacetat gesättigte Netzmittellösung
2821	Phenol, Lösung	wässerige Lösung, giftig, nicht alkalisch	6.1	T1	II/III	Essigsäure
2829	Capronsäure	n-Capronsäure	8	C3	III	n-Butylacetat / mit n-Butylacetat gesättigte Netzmittellösung
2837	Hydrogensulfate, wässerige Lösung		8	C1	II/III	Wasser
2838	Vinylbutyrat, stabilisiert		3	F1	II	n-Butylacetat / mit n-Butylacetat gesättigte Netzmittellösung
2841	Di-n-amylamin		3	FT1	III	Kohlenwasserstoffgemisch und Netzmittellösung
2850	Tetrapropylen (Propylentetramer)	C12-Monoolefingemisch, Flammpunkt von 23 °C bis 60 °C	3	F1	III	Kohlenwasserstoffgemisch
2873	Dibutylaminoethanol	N,N-Di-n-butylaminoethanol	6.1	T1	III	Essigsäure
2874	Furfurylalkohol		6.1	T1	III	Essigsäure
2920	O,O-Diethyl-dithiophosphorsäure	Flammpunkt von 23 °C bis 60 °C	8	CF1	II	n-Butylacetat / mit n-Butylacetat gesättigte Netzmittellösung
2920	O,O-Dimethyl-dithiophosphorsäure	Flammpunkt von 23 °C bis 60 °C	8	CF1	II	Netzmittellösung
2920	Bromwasserstoff	33%-ige Lösung in Eisessig	8	CF1	II	Netzmittellösung
2920	Tetramethyl-ammoniumhydroxid	wässerige Lösung, Flammpunkt von 23 °C bis 60 °C	8	CF1	II	Wasser
2920	Ätzender flüssiger Stoff, entzündbar, n.a.g.		8	CF1	I/II	Regel für Sammeleintragungen
2922	Ammoniumsulphid	wässerige Lösung, Flammpunkt größer als 60 °C	8	CT1	II	Wasser
2922	Cresole	wässerige alkalische Lösung, Mischung von Natrium- und Kaliumcresolat	8	CT1	II	Essigsäure
2922	Phenol	wässerige alkalische Lösung, Mischung von Natrium- und Kaliumphenolat	8	CT1	II	Essigsäure

Verwendung von Verpackungen, einschließlich Großpackmittel (IBC) und Großverpackungen 4.1

	ADR			RID		
UN-Nr.	offizielle Benennung für die Beförderung oder technische Benennung	Beschreibung	Klasse	Klassifizierungscode	Verpackungsgruppe	Standardflüssigkeit
	3.1.2	3.1.2	2.2	2.2	2.1.1.3	
(1)	(2a)	(2b)	(3a)	(3b)	(4)	(5)
2922	Natriumhydrogendifluorid	wässerige Lösung	8	CT1	III	Wasser
2922	Ätzender flüssiger Stoff, giftig, n.a.g.		8	CT1	I/II/III	Regel für Sammeleintragungen
2924	Entzündbarer flüssiger Stoff, ätzend, n.a.g.	schwach ätzend	3	FC	I/II/III	Regel für Sammeleintragungen
2927	Giftiger organischer flüssiger Stoff, ätzend, n.a.g.		6.1	TC1	I/II	Regel für Sammeleintragungen
2933	Methyl-2-chlorpropionat		3	F1	III	n-Butylacetat / mit n-Butylacetat gesättigte Netzmittellösung
2934	Isopropyl-2-chlorpropionat		3	F1	III	n-Butylacetat / mit n-Butylacetat gesättigte Netzmittellösung
2935	Ethyl-2-chlorpropionat		3	F1	III	n-Butylacetat / mit n-Butylacetat gesättigte Netzmittellösung
2936	Thiomilchsäure		6.1	T1	II	Essigsäure
2941	Fluoraniline	reine Isomere und Isomerengemisch	6.1	T1	III	Essigsäure
2943	Tetrahydrofurfurylamin		3	F1	III	Kohlenwasserstoffgemisch
2945	N-Methylbutylamin		3	FC	II	Kohlenwasserstoffgemisch und Netzmittellösung
2946	2-Amino-5-diethylaminopentan		6.1	T1	III	Kohlenwasserstoffgemisch und Netzmittellösung
2947	Isopropylchloroacetat		3	F1	III	n-Butylacetat / mit n-Butylacetat gesättigte Netzmittellösung
2984	Wasserstoffperoxid, wässerige Lösung	mit mindestens 8 %, aber weniger als 20 % Wasserstoffperoxid, Stabilisierung nach Bedarf	5.1	O1	III	Salpetersäure
3056	n-Heptaldehyd		3	F1	III	Kohlenwasserstoffgemisch
3065	Alkoholische Getränke	mit mehr als 24 Vol.-% Alkohol	3	F1	II/III	Essigsäure
3066	Farbe oder Farbzubehörstoffe	einschließlich Farbe, Lack, Emaille, Beize, Schellack, Firnis, Politur, flüssiger Füllstoff und flüssige Lackgrundlage oder einschließlich Farbverdünnung und -lösemittel	8	C9	II/III	Regel für Sammeleintragungen
3079	Methacrylnitril, stabilisiert		6.1	TF1	I	n-Butylacetat / mit n-Butylacetat gesättigte Netzmittellösung
3082	sec-Alkohol (C_6-C_{17})-poly-(3-6)ethoxylat		9	M6	III	n-Butylacetat / mit n-Butylacetat gesättigte Netzmittellösung und Kohlenwasserstoffgemisch
3082	Alkohol(C_{12}-C_{15})-poly(1-6)ethoxylat		9	M6	III	n-Butylacetat / mit n-Butylacetat gesättigte Netzmittellösung und Kohlenwasserstoffgemisch
3082	Alkohol(C_{13}-C_{15})-poly(1-6)ethoxylat		9	M6	III	n-Butylacetat / mit n-Butylacetat gesättigte Netzmittellösung und Kohlenwasserstoffgemisch
3082	Cresyldiphenylphosphat		9	M6	III	Netzmittellösung

4.1 Verwendung von Verpackungen, einschließlich Großpackmittel (IBC) und Großverpackungen

ADR **RID**

UN-Nr.	offizielle Benennung für die Beförderung oder technische Benennung	Beschreibung	Klasse	Klassifizierungs-code	Verpackungsgruppe	Standardflüssigkeit
	3.1.2	3.1.2	2.2	2.2	2.1.1.3	
(1)	(2a)	(2b)	(3a)	(3b)	(4)	(5)
3082	Decylacrylat		9	M6	III	n-Butylacetat / mit n-Butylacetat gesättigte Netzmittellösung und Kohlenwasserstoffgemisch
3082	Di-n-butylphthalat		9	M6	III	n-Butylacetat / mit n-Butylacetat gesättigte Netzmittellösung und Kohlenwasserstoffgemisch
3082	Diisobutylphthalat		9	M6	III	n-Butylacetat / mit n-Butylacetat gesättigte Netzmittellösung und Kohlenwasserstoffgemisch
3082	Flugturbinenkraftstoff JP-5	Flammpunkt über 60 °C	9	M6	III	Kohlenwasserstoffgemisch
3082	Flugturbinenkraftstoff JP-7	Flammpunkt über 60 °C	9	M6	III	Kohlenwasserstoffgemisch
3082	Isodecyldiphenylphosphat		9	M6	III	Netzmittellösung
3082	Kohlenwasserstoffe	flüssig, Flammpunkt über 60 °C, umweltgefährdend	9	M6	III	Regel für Sammeleintragungen
3082	Kreosot aus Holzteer	Flammpunkt über 60 °C	9	M6	III	Kohlenwasserstoffgemisch
3082	Kreosot aus Steinkohlenteer	Flammpunkt über 60 °C	9	M6	III	Kohlenwasserstoffgemisch
3082	Methylnaphthaline	Isomerengemisch, flüssig	9	M6	III	Kohlenwasserstoffgemisch
3082	Steinkohlenteer	Flammpunkt über 60 °C	9	M6	III	Kohlenwasserstoffgemisch
3082	Steinkohlenteernaphtha	Flammpunkt über 60 °C	9	M6	III	Kohlenwasserstoffgemisch
3082	Triarylphosphate	n.a.g.	9	M6	III	Netzmittellösung
3082	Tricresylphosphat	mit höchstens 3 % ortho-Isomer	9	M6	III	Netzmittellösung
3082	Trixylenylphosphat		9	M6	III	Netzmittellösung
3082	Zinkalkyldithiophosphat	C3-C14	9	M6	III	Netzmittellösung
3082	Zinkaryldithiophosphat	C7-C16	9	M6	III	Netzmittellösung
3082	Umweltgefährdender Stoff, flüssig, n.a.g.		9	M6	III	Regel für Sammeleintragungen
3099	Entzündend (oxidierend) wirkender flüssiger Stoff, giftig, n.a.g.		5.1	OT1	I/II/III	Regel für Sammeleintragungen
3101 3103 3105 3107 3109 3111 3113 3115 3117 3119	Organisches Peroxid Typ B, C, D, E oder F, flüssig oder Organisches Peroxid Typ B, C, D, E oder F, flüssig, temperaturkontrolliert	flüssig	5.2	P1		n-Butylacetat / mit n-Butylacetat gesättigte Netzmittellösung und Kohlenwasserstoffgemisch und Salpetersäure **

**) Für die UN-Nummern 3101, 3103, 3105, 3107, 3109, 3111, 3113, 3115, 3117, 3119 (tert-Butylhydroperoxid mit mehr als 40 % Peroxidgehalt sowie Peroxyessigsäuren sind ausgenommen):
Alle organischen Peroxide in technisch reiner Form und in Lösung mit Lösemitteln, die hinsichtlich ihrer Verträglichkeit durch die Standardflüssigkeit «Kohlenwasserstoffgemisch» in diesem Verzeichnis abgedeckt sind. Die Verträglichkeit der Lüftungseinrichtungen und Dichtungen gegenüber organischen Peroxiden kann auch unabhängig von der Bauartprüfung durch Laborversuche mit Salpetersäure nachgewiesen werden.
Die organischen Peroxide der UN-Nummern 3111, 3113, 3115, 3117 und 3119 sind nicht zur Beförderung im Eisenbahnverkehr zugelassen.

Verwendung von Verpackungen, einschließlich Großpackmittel (IBC) und Großverpackungen 4.1

ADR / RID

UN-Nr.	offizielle Benennung für die Beförderung oder technische Benennung	Beschreibung	Klasse	Klassifizierungscode	Verpackungsgruppe	Standardflüssigkeit
	3.1.2	3.1.2	2.2	2.2	2.1.1.3	
(1)	(2a)	(2b)	(3a)	(3b)	(4)	(5)
3145	Butylphenole	flüssig, n.a.g.	8	C3	I/II/III	Essigsäure
3145	Alkylphenole, flüssig, n.a.g.	einschließlich C2-C12-Homologe	8	C3	I/II/III	n-Butylacetat / mit n-Butylacetat gesättigte Netzmittellösung
3149	Wasserstoffperoxid und Peressigsäure, Mischung, stabilisiert	mit UN 2790 Essigsäure, UN 2796 Schwefelsäure und/oder UN 1805 Phosphorsäure, Wasser und höchstens 5 % Peressigsäure	5.1	OC1	II	Netzmittellösung und Salpetersäure
3210	Chlorate, anorganische, wässerige Lösung, n.a.g.		5.1	O1	II/III	Wasser
3211	Perchlorate, anorganische, wässerige Lösung, n.a.g.		5.1	O1	II/III	Wasser
3213	Bromate, anorganische, wässerige Lösung, n.a.g.		5.1	O1	II/III	Wasser
3214	Permanganate, anorganische, wässerige Lösung, n.a.g.		5.1	O1	II	Wasser
3216	Persulfate, anorganische, wässerige Lösung, n.a.g.		5.1	O1	III	Netzmittellösung
3218	Nitrate, anorganische, wässerige Lösung, n.a.g.		5.1	O1	II/III	Wasser
3219	Nitrite, anorganische, wässerige Lösung, n.a.g.		5.1	O1	II/III	Wasser
3264	Kupfer(II)-chlorid	wässerige Lösung, schwach ätzend	8	C1	III	Wasser
3264	Hydroxylaminsulfat	25 % wässerige Lösung	8	C1	III	Wasser
3264	Phosphorige Säure	wässerige Lösung	8	C1	III	Wasser
3264	Ätzender saurer anorganischer flüssiger Stoff, n.a.g.	Flammpunkt über 60 °C	8	C1	I/II/III	Regel für Sammeleintragungen; nicht anwendbar auf Gemische, die Komponenten mit folgenden UN-Nummern enthalten: 1830, 1832, 1906 und 2308 !
3265	Methoxyessigsäure		8	C3	I	n-Butylacetat / mit n-Butylacetat gesättigte Netzmittellösung
3265	Allylbernsteinsäureanhydrid		8	C3	II	n-Butylacetat / mit n-Butylacetat gesättigte Netzmittellösung
3265	Dithioglycolsäure		8	C3	II	n-Butylacetat / mit n-Butylacetat gesättigte Netzmittellösung
3265	Butylphosphat	Gemisch aus Mono- und Dibutylphosphat	8	C3	III	Netzmittellösung
3265	Caprylsäure		8	C3	III	n-Butylacetat / mit n-Butylacetat gesättigte Netzmittellösung
3265	Isovaleriansäure		8	C3	III	n-Butylacetat / mit n-Butylacetat gesättigte Netzmittellösung
3265	Pelargonsäure		8	C3	III	n-Butylacetat / mit n-Butylacetat gesättigte Netzmittellösung
3265	Brenztraubensäure		8	C3	III	n-Butylacetat / mit n-Butylacetat gesättigte Netzmittellösung
3265	Valeriansäure		8	C3	III	Essigsäure

4.1 Verwendung von Verpackungen, einschließlich Großpackmittel (IBC) und Großverpackungen

ADR | **RID**

UN-Nr.	offizielle Benennung für die Beförderung oder technische Benennung	Beschreibung	Klasse	Klassifizierungscode	Verpackungsgruppe	Standardflüssigkeit
	3.1.2	3.1.2	2.2	2.2	2.1.1.3	
(1)	(2a)	(2b)	(3a)	(3b)	(4)	(5)
3265	Ätzender saurer organischer flüssiger Stoff, n.a.g.	Flammpunkt über 60 °C	8	C3	I/II/III	Regel für Sammeleintragungen
3266	Natriumhydrosulfid	wässerige Lösung	8	C5	II	Essigsäure
3266	Natriumsulfid	wässerige Lösung, schwach ätzend	8	C5	III	Essigsäure
3266	Ätzender basischer anorganischer flüssiger Stoff, n.a.g.	Flammpunkt 60 °C	8	C5	I/II/III	Regel für Sammeleintragungen
3267	2,2'-(Butylimino)-bisethanol		8	C7	II	Kohlenwasserstoffgemisch und Netzmittellösung
3267	Ätzender basischer organischer flüssiger Stoff, n.a.g.	Flammpunkt über 60 °C	8	C7	I/II/III	Regel für Sammeleintragungen
3271	Ethylenglycolmonobutylether	Flammpunkt 60 °C	3	F1	III	Essigsäure
3271	Ether, n.a.g.		3	F1	II/III	Regel für Sammeleintragungen
3272	Acrylsäuretert-butylester		3	F1	II	n-Butylacetat / mit n-Butylacetat gesättigte Netzmittellösung
3272	Isobutylpropionat	Flammpunkt unter 23 °C	3	F1	II	n-Butylacetat / mit n-Butylacetat gesättigte Netzmittellösung
3272	Methylvalerat		3	F1	II	n-Butylacetat / mit n-Butylacetat gesättigte Netzmittellösung
3272	Trimethylorthoformiat		3	F1	II	n-Butylacetat / mit n-Butylacetat gesättigte Netzmittellösung
3272	Ethylvalerat		3	F1	III	n-Butylacetat / mit n-Butylacetat gesättigte Netzmittellösung
3272	Isobutylisovalerat		3	F1	III	n-Butylacetat / mit n-Butylacetat gesättigte Netzmittellösung
3272	n-Amylpropionat		3	F1	III	n-Butylacetat / mit n-Butylacetat gesättigte Netzmittellösung
3272	n-Butylbutyrat		3	F1	III	n-Butylacetat / mit n-Butylacetat gesättigte Netzmittellösung
3272	Methyllactat		3	F1	III	n-Butylacetat / mit n-Butylacetat gesättigte Netzmittellösung
3272	Ester, n.a.g.		3	F1	II/III	Regel für Sammeleintragungen
3287	Natriumnitrit	40%-ige wässerige Lösung	6.1	T4	III	Wasser
3287	Giftiger anorganischer flüssiger Stoff, n.a.g.		6.1	T4	I/II/III	Regel für Sammeleintragungen
3291	Klinischer Abfall, unspezifiziert, n.a.g.	flüssig	6.2	I3		Wasser
3293	Hydrazin, wässerige Lösung	mit höchstens 37 Masse-% Hydrazin	6.1	T4	III	Wasser
3295	Heptene	n.a.g.	3	F1	II	Kohlenwasserstoffgemisch
3295	Nonane	Flammpunkt unter 23 °C	3	F1	II	Kohlenwasserstoffgemisch
3295	Decane	n.a.g.	3	F1	III	Kohlenwasserstoffgemisch
3295	1,2,3-Trimethylbenzen		3	F1	III	Kohlenwasserstoffgemisch
3295	Kohlenwasserstoffe, flüssig, n.a.g.		3	F1	I/II/III	Regel für Sammeleintragungen
3405	Bariumchlorat, Lösung	wässerige Lösung	5.1	OT1	II/III	Wasser

Verwendung von Verpackungen, einschließlich Großpackmittel (IBC) und Großverpackungen 4.1

	ADR		RID			
UN-Nr.	offizielle Benennung für die Beförderung oder technische Benennung	Beschreibung	Klasse	Klassi-fizie-rungs-code	Verpa-ckungs-gruppe	Standardflüssigkeit
	3.1.2	3.1.2	2.2	2.2	2.1.1.3	
(1)	(2a)	(2b)	(3a)	(3b)	(4)	(5)
3406	Bariumperchlorat, Lösung	wässerige Lösung	5.1	OT1	II/III	Wasser
3408	Bleiperchlorat, Lösung	wässerige Lösung	5.1	OT1	II/III	Wasser
3413	Kaliumcyanid, Lösung	wässerige Lösung	6.1	T4	I/II/III	Wasser
3414	Natriumcyanid, Lösung	wässerige Lösung	6.1	T4	I/II/III	Wasser
3415	Natriumfluorid, Lösung	wässerige Lösung	6.1	T4	III	Wasser
3422	Kaliumfluorid, Lösung	wässerige Lösung	6.1	T4	III	Wasser

4

4.1	Verwendung von Verpackungen, einschließlich Großpackmittel (IBC) und Großverpackungen	
	ADR	**RID**

4.1.2 Zusätzliche allgemeine Vorschriften für die Verwendung von Großpackmitteln (IBC)

4.1.2.1 Wenn Großpackmittel (IBC) für die Beförderung flüssiger Stoffe mit einem Flammpunkt von höchstens 60 °C (geschlossener Tiegel) oder von zu Staubexplosion neigenden Pulvern verwendet werden, sind Maßnahmen zu treffen, um eine gefährliche elektrostatische Entladung zu verhindern.

4.1.2.2 Alle metallenen IBC, alle starren Kunststoff-IBC und alle Kombinations-IBC müssen gemäß Unterabschnitt 6.5.4.4 oder 6.5.4.5 einer entsprechenden Inspektion und Prüfung unterzogen werden:

– vor Inbetriebnahme;

– anschließend, je nach Fall, in Abständen von höchstens zweieinhalb oder fünf Jahren;

– nach Reparatur oder Wiederaufarbeitung vor Wiederverwendung zur Beförderung.

Ein Großpackmittel (IBC) darf nach Ablauf der Frist für die wiederkehrende Inspektion oder Prüfung nicht befüllt oder zur Beförderung aufgegeben werden. Jedoch darf ein Großpackmittel (IBC), das vor dem Ablauf der Frist für die wiederkehrende Prüfung oder Inspektion befüllt wurde, innerhalb eines Zeitraums von höchstens drei Monaten nach Ablauf der Frist für die wiederkehrende Inspektion oder Prüfung befördert werden. Darüber hinaus darf ein Großpackmittel (IBC) nach Ablauf der Frist für die wiederkehrende Prüfung oder Inspektion befördert werden:

a) nach der Entleerung, jedoch vor der Reinigung zur Durchführung der nächsten vorgeschriebenen Prüfung oder Inspektion vor der Wiederbefüllung und,

b) wenn von der zuständigen Behörde nichts anderes festgelegt ist, für einen Zeitraum von höchstens sechs Monaten nach Ablauf der Frist für die wiederkehrende Prüfung oder Inspektion, um die Rücksendung der gefährlichen Güter oder Rückstände zum Zwecke der ordnungsgemäßen Entsorgung oder Wiederverwertung zu ermöglichen.

Bem. Wegen der Angabe im Beförderungspapier siehe Absatz 5.4.1.1.11.

4.1.2.3 Großpackmittel (IBC) des Typs 31HZ2 müssen mindestens zu 80 % des Fassungsraums der äußeren Umhüllung befüllt sein.

4.1.2.4 Mit Ausnahme der Fälle, in denen die regelmäßige Wartung eines metallenen IBC, eines starren Kunststoff-IBC, eines Kombinations-IBC, oder eines flexiblen IBC durch den Eigentümer des IBC durchgeführt wird, dessen Sitzstaat und Name oder zugelassenes Zeichen dauerhaft auf dem IBC angebracht sind, muss die Stelle, welche die regelmäßige Wartung eines IBC durchführt, auf dem IBC in der Nähe des UN-Bauartkennzeichens des Herstellers folgende dauerhaften Kennzeichen anbringen:

a) der Staat, in dem die regelmäßige Wartung durchgeführt wurde, und

b) der Name oder das zugelassene Zeichen der Stelle, die die regelmäßige Wartung durchgeführt hat.

4.1.3 Allgemeine Vorschriften für Verpackungsanweisungen

4.1.3.1 Die für die gefährlichen Güter der Klassen 1 bis 9 geltenden Verpackungsanweisungen sind in Abschnitt 4.1.4 aufgeführt. Sie werden je nach Art der Verpackung, für die sie gelten, in drei Unterabschnitte unterteilt:

  Unterabschnitt 4.1.4.1   für Verpackungen, ausgenommen Großpackmittel (IBC) und Großverpackungen; diese Verpackungsanweisungen sind durch einen mit dem Buchstaben «P» oder, wenn es sich um eine RID- und ADR-spezifische Verpackung handelt, durch einen mit dem Buchstaben «R» beginnenden alphanumerischen Code bezeichnet;

Verwendung von Verpackungen, einschließlich Großpackmittel (IBC) und Großverpackungen 4.1

ADR	RID

Unterabschnitt 4.1.4.2 für Großpackmittel (IBC); diese Verpackungsanweisungen sind durch einen mit den Buchstaben «IBC» beginnenden alphanumerischen Code bezeichnet;

Unterabschnitt 4.1.4.3 für Großverpackungen; diese Verpackungsanweisungen sind durch einen mit den Buchstaben «LP» beginnenden alphanumerischen Code bezeichnet.

Im Allgemeinen wird in den Verpackungsanweisungen festgelegt, dass die allgemeinen Vorschriften der Abschnitte 4.1.1, 4.1.2 und/oder 4.1.3, wenn zutreffend, anzuwenden sind. Die Verpackungsanweisungen können, sofern zutreffend, auch eine Übereinstimmung mit den besonderen Vorschriften des Abschnitts 4.1.5, 4.1.6, 4.1.7, 4.1.8 oder 4.1.9 erfordern. In den Verpackungsanweisungen für bestimmte Stoffe oder Gegenstände können auch Sondervorschriften für die Verpackung festgelegt sein. Diese werden ebenfalls durch einen mit den folgenden Buchstaben beginnenden alphanumerischen Code bezeichnet:

«PP» für Verpackungen, ausgenommen Großpackmittel (IBC) und Großverpackungen, oder «RR», wenn es sich um RID- und ADR-spezifische Sondervorschriften handelt,

«B» für Großpackmittel (IBC) oder «BB», wenn es sich um RID- und ADR-spezifische Sondervorschriften handelt, und

«L» für Großverpackungen oder «LL», wenn es sich um RID- und ADR-spezifische Sondervorschriften handelt.

Sofern nichts anderes festgelegt ist, muss jede Verpackung den anwendbaren Vorschriften des Teils 6 entsprechen. Im Allgemeinen sagen die Verpackungsanweisungen nichts über die Verträglichkeit aus, weswegen der Verwender keine Verpackungen auswählen darf, ohne zu überprüfen, ob der Stoff mit dem gewählten Verpackungswerkstoff verträglich ist (z.B. sind Glasgefäße für die meisten Fluoride ungeeignet). Wenn in den Verpackungsanweisungen Gefäße aus Glas zugelassen sind, sind Verpackungen aus Porzellan, Ton und Steinzeug ebenfalls zugelassen.

4.1.3.2 Die Spalte 8 der Tabelle A in Kapitel 3.2 enthält für jeden Gegenstand oder Stoff die anzuwendende(n) Verpackungsanweisung(en). Die Spalte 9a enthält die für die einzelnen Stoffe oder Gegenstände anwendbaren Sondervorschriften für die Verpackung, die Spalte 9b enthält die Sondervorschriften für die Zusammenpackung (siehe Abschnitt 4.1.10).

4.1.3.3 In jeder Verpackungsanweisung sind, sofern zutreffend, die zulässigen Einzelverpackungen und zusammengesetzten Verpackungen aufgeführt. Für zusammengesetzte Verpackungen werden die zulässigen Außenverpackungen, Innenverpackungen und, sofern zutreffend, die zugelassene Höchstmenge für jede Innen- oder Außenverpackung aufgeführt. Die höchste Nettomasse und der höchste Fassungsraum sind in Abschnitt 1.2.1 definiert.

4.1.3.4 Die folgenden Verpackungen dürfen nicht verwendet werden, wenn sich die zu befördernden Stoffe während der Beförderung verflüssigen können:

Verpackungen

Fässer:	1D und 1G
Kisten:	4A, 4B, 4N, 4C1, 4C2, 4D, 4F, 4G, 4H1 und 4H2
Säcke:	5L1, 5L2, 5L3, 5H1, 5H2, 5H3, 5H4, 5M1 und 5M2
Kombinationsverpackungen:	6HC, 6HD2, 6HG1, 6HG2, 6HD1, 6PC, 6PD1, 6PD2, 6PG1, 6PG2 und 6PH1

4.1 Verwendung von Verpackungen, einschließlich Großpackmittel (IBC) und Großverpackungen

ADR	RID
Großverpackungen aus flexiblem Kunststoff:	51H (Außenverpackung)
Großpackmittel (IBC) für Stoffe der Verpackungsgruppe I:	alle Typen von Großpackmitteln (IBC)
für Stoffe der Verpackungsgruppen II und III:	
IBC aus Holz	11C, 11D und 11F
IBC aus Pappe	11G
flexible IBC	13H1, 13H2, 13H3, 13H4, 13H5, 13L1, 13L2, 13L3, 13L4, 13M1 und 13M2
Kombinations-Großpackmittel (IBC)	11HZ2 und 21HZ2

Für Zwecke dieses Unterabschnitts gelten Stoffe und Stoffgemische, die einen Schmelzpunkt von höchstens 45 °C haben, als feste Stoffe, die sich während der Beförderung verflüssigen können.

4.1.3.5 Wenn die Verpackungsanweisungen in diesem Kapitel die Verwendung einer besonderen Art einer Verpackung erlauben (z.B. 4G bzw. 1A2), dürfen Verpackungen mit den gleichen Verpackungscodierungen, ergänzt durch die Buchstaben «V», «U» oder «W» gemäß den Vorschriften des Teils 6 (z.B. 4GV, 4GU oder 4GW bzw. 1A2V, 1A2U oder 1A2W) ebenfalls verwendet werden, wenn sie denselben Bedingungen und Einschränkungen genügen, die für die Verwendung dieses Verpackungstyps gemäß den geltenden Verpackungsanweisungen anwendbar sind. Beispielsweise darf eine mit der Verpackungscodierung «4GV» gekennzeichnete zusammengesetzte Verpackung als eine mit «4G» gekennzeichnete zusammengesetzte Verpackung verwendet werden, wenn die Vorschriften der geltenden Verpackungsanweisung hinsichtlich der Art der Innenverpackungen und der Mengenbegrenzungen eingehalten werden.

4.1.3.6 **Druckgefäße für flüssige und feste Stoffe**
▶ *1.6.2.6*

4.1.3.6.1 Sofern im ADR/RID nicht anderes angegeben ist, sind Druckgefäße, die

    a) den anwendbaren Vorschriften des Kapitels 6.2 entsprechen oder

    b) den im Land der Herstellung der Druckgefäße angewendeten nationalen oder internationalen Normen für die Auslegung, den Bau, die Prüfung, die Herstellung und die Inspektion entsprechen, vorausgesetzt, die Vorschriften des Unterabschnitts 4.1.3.6 werden eingehalten und metallene Flaschen, Großflaschen, Druckfässer, Flaschenbündel und Bergungsdruckgefäße sind so gebaut, dass das Berstverhältnis (Berstdruck dividiert durch Prüfdruck) mindestens beträgt:
      (i) 1,50 bei nachfüllbaren Druckgefäßen;
      (ii) 2,00 bei nicht nachfüllbaren Druckgefäßen;

für die Beförderung aller flüssigen oder festen Stoffe mit Ausnahme von explosiven Stoffen, thermisch instabilen Stoffen, organischen Peroxiden, selbstzersetzlichen Stoffen, Stoffen, bei denen sich durch die Entwicklung einer chemischen Reaktion ein bedeutender Druck entwickeln kann, und radioaktiven Stoffen (sofern nicht gemäß Abschnitt 4.1.9 erlaubt) zugelassen.

Dieser Unterabschnitt ist für die in Unterabschnitt 4.1.4.1 Verpackungsanweisung P 200 Tabelle 3 aufgeführten Stoffe nicht anwendbar.

4.1.3.6.2 Jede Bauart von Druckgefäßen muss von der zuständigen Behörde des Herstellungslandes oder nach den Vorschriften des Kapitels 6.2 zugelassen sein.

4.1.3.6.3 Sofern nichts anderes angegeben ist, müssen Druckgefäße mit einem Mindestprüfdruck von 0,6 MPa verwendet werden.

Verwendung von Verpackungen, einschließlich Großpackmittel (IBC) und Großverpackungen 4.1

ADR	RID

4.1.3.6.4 Sofern nichts anderes angegeben ist, dürfen Druckgefäße mit einer Notfall-Druckentlastungseinrichtung versehen sein, die so ausgelegt ist, dass bei einem Überfüllen oder einem Brand ein Zerbersten verhindert wird.

Die Verschlussventile von Druckgefäßen müssen so ausgelegt und gebaut sein, dass sie von sich aus in der Lage sind, Beschädigungen ohne Freiwerden von Füllgut standzuhalten, oder sie müssen durch eine der in Absatz 4.1.6.8 a) bis e) angegebenen Methoden gegen Beschädigungen, die zu einem unbeabsichtigten Freiwerden von Füllgut des Druckgefäßes führen können, geschützt sein.

4.1.3.6.5 Der Füllungsgrad darf 95 % des Fassungsraumes des Druckgefäßes bei 50 °C nicht überschreiten. Es muss genügend füllungsfreier Raum verbleiben, um sicherzustellen, dass das Druckgefäß bei einer Temperatur von 55 °C nicht vollständig mit Flüssigkeit gefüllt ist.

4.1.3.6.6 Sofern nichts anderes angegeben ist, müssen Druckgefäße alle fünf Jahre einer wiederkehrenden Inspektion und Prüfung unterzogen werden. Die wiederkehrende Inspektion muss eine äußere Untersuchung, eine innere Untersuchung oder eine von der zuständigen Behörde zugelassene alternative Methode, eine Druckprüfung oder mit Genehmigung der zuständigen Behörde eine ebenso wirksame zerstörungsfreie Prüfung, einschließlich einer Inspektion aller Zubehörteile (z.B. Dichtheit der Verschlussventile, Notfall-Druckentlastungsventile oder Schmelzsicherungen) umfassen. Druckgefäße dürfen nach Ablauf der Frist für die wiederkehrende Inspektion und Prüfung nicht befüllt werden, dürfen jedoch nach Ablauf der Frist befördert werden. Reparaturen von Druckgefäßen müssen den Vorschriften des Unterabschnitts 4.1.6.11 entsprechen.

4.1.3.6.7 Vor dem Befüllen muss der Verpacker eine Kontrolle des Druckgefäßes durchführen und sicherstellen, dass das Druckgefäß für den zu befördernden Stoff zugelassen ist und die Vorschriften des ADR/RID erfüllt sind. Nach dem Befüllen müssen die Verschlussventile geschlossen werden und während der Beförderung verschlossen bleiben. Der Absender muss überprüfen, dass die Verschlüsse und die Ausrüstung nicht undicht sind.

4.1.3.6.8 Nachfüllbare Druckgefäße dürfen nicht mit einem Stoff befüllt werden, der von dem zuvor enthaltenen Stoff abweicht, es sei denn, die notwendigen Maßnahmen für einen Wechsel der Verwendung wurden durchgeführt.

4.1.3.6.9 Die Kennzeichnung von Druckgefäßen für flüssige und feste Stoffe gemäß Unterabschnitt 4.1.3.6 (die nicht den Vorschriften des Kapitels 6.2 entsprechen) muss in Übereinstimmung mit den Vorschriften der zuständigen Behörde des Herstellungslandes erfolgen.

4.1.3.7 Verpackungen oder Großpackmittel (IBC), die nicht ausdrücklich durch die anwendbare Verpackungsanweisung zugelassen sind, dürfen nicht zur Beförderung eines Stoffes oder Gegenstandes verwendet werden, es sei denn zwischen

Vertragsparteien des ADR	RID-Vertragsstaaten

wurde eine zeitweilige Abweichung von diesen Vorschriften gemäß Abschnitt 1.5.1 vereinbart.

4.1.3.8 Unverpackte Gegenstände mit Ausnahme von Gegenständen der Klasse 1

4.1.3.8.1 Wenn große und robuste Gegenstände nicht nach den Vorschriften des Kapitels 6.1 oder 6.6 verpackt werden können und diese leer, ungereinigt und unverpackt befördert werden müssen, kann die zuständige Behörde des Ursprungslandes [2] eine solche Beförderung zulassen. Dabei muss die zuständige Behörde berücksichtigen, dass:

---

[2] Ist das Ursprungsland keine Vertragspartei des ADR, die zuständige Behörde der ersten von der Sendung berührten Vertragspartei des ADR.

[2] Ist das Ursprungsland kein RID-Vertragsstaat, die zuständige Behörde des ersten von der Sendung berührten RID-Vertragsstaates.

4.1	Verwendung von Verpackungen, einschließlich Großpackmittel (IBC) und Großverpackungen	
	ADR	**RID**

a) große und robuste Gegenstände genügend widerstandsfähig sein müssen, um den Stößen und Belastungen, die unter normalen Beförderungsbedingungen auftreten können, standzuhalten, einschließlich des Umschlags zwischen Güterbeförderungseinheiten und zwischen Güterbeförderungseinheiten und Lagerhäusern sowie jeder Entnahme von einer Palette zur nachfolgenden manuellen oder mechanischen Handhabung;

b) alle Verschlüsse und Öffnungen so dicht verschlossen sein müssen, um unter normalen Beförderungsbedingungen ein Austreten des Inhalts infolge von Vibration, Temperaturwechsel, Feuchtigkeits- und Druckänderung (z.B. hervorgerufen durch Höhenunterschiede) zu vermeiden. An der Außenseite der großen und robusten Gegenstände dürfen keine gefährlichen Rückstände anhaften;

c) Teile der großen und robusten Gegenstände, die unmittelbar mit den gefährlichen Gütern in Berührung kommen:

(i) durch diese gefährlichen Güter nicht angegriffen oder erheblich geschwächt werden dürfen und

(ii) keinen gefährlichen Effekt auslösen dürfen, z.B. eine katalytische Reaktion oder eine Reaktion mit den gefährlichen Gütern;

d) große und robuste Gegenstände, die flüssige Stoffe enthalten, so verstaut und gesichert werden müssen, dass ein Austreten des Inhalts oder eine dauerhafte Verformung des Gegenstandes während der Beförderung verhindert wird;

e) sie so auf Schlitten, in Verschlägen, in anderen Handhabungsvorrichtungen oder auf der Güterbeförderungseinheit befestigt sind, dass sie sich unter normalen Beförderungsbedingungen nicht lösen können.

4.1.3.8.2 Unverpackte Gegenstände, die von der zuständigen Behörde nach den Vorschriften des Absatzes 4.1.3.8.1 zugelassen sind, unterliegen den Vorschriften für den Versand des Teils 5. Der Absender solcher Gegenstände muss darüber hinaus sicherstellen, dass eine Kopie einer solchen Genehmigung dem Beförderungspapier beigefügt wird.

Bem. Ein großer und robuster Gegenstand kann ein flexibler Treibstofftank, eine militärische Ausrüstung, eine Maschine oder eine Ausrüstung sein, der/die gefährliche Güter über den Grenzwerten des Abschnittes 3.4.1 enthält.

4.1.4 Verzeichnis der Verpackungsanweisungen

Bem. Obwohl in den folgenden Verpackungsanweisungen die gleiche Nummerierung wie im IMDG-Code und in den UN-Modellvorschriften verwendet wird, ist auf einige abweichende Besonderheiten zu achten.

Verwendung von Verpackungen, einschließlich Großpackmittel (IBC) und Großverpackungen 4.1

ADR	RID

4.1.4.1 Anweisungen für die Verwendung von Verpackungen (ausgenommen Großpackmittel (IBC) und Großverpackungen)

P 001

VERPACKUNGSANWEISUNG (FLÜSSIGE STOFFE)

Folgende Verpackungen sind zugelassen, wenn die allgemeinen Vorschriften der Abschnitte 4.1.1 und 4.1.3 erfüllt sind:

zusammengesetzte Verpackungen			höchste(r) Fassungsraum/Nettomasse (siehe Unterabschnitt 4.1.3.3)		
Innenverpackungen		Außenverpackungen	Verpackungsgruppe I	Verpackungsgruppe II	Verpackungsgruppe III
aus Glas	10 l	**Fässer**			
aus Kunststoff	30 l	aus Stahl (1A1, 1A2)	250 kg	400 kg	400 kg
aus Metall	40 l	aus Aluminium (1B1, 1B2)	250 kg	400 kg	400 kg
		aus einem anderen Metall (1N1, 1N2)	250 kg	400 kg	400 kg
		aus Kunststoff (1H1, 1H2)	250 kg	400 kg	400 kg
		aus Sperrholz (1D)	150 kg	400 kg	400 kg
		aus Pappe (1G)	75 kg	400 kg	400 kg
		Kisten			
		aus Stahl (4A)	250 kg	400 kg	400 kg
		aus Aluminium (4B)	250 kg	400 kg	400 kg
		aus einem anderen Metall (4N)	250 kg	400 kg	400 kg
		aus Naturholz (4C1, 4C2)	150 kg	400 kg	400 kg
		aus Sperrholz (4D)	150 kg	400 kg	400 kg
		aus Holzfaserwerkstoff (4F)	75 kg	400 kg	400 kg
		aus Pappe (4G)	75 kg	400 kg	400 kg
		aus Schaumstoff (4H1)	60 kg	60 kg	60 kg
		aus starrem Kunststoff (4H2)	150 kg	400 kg	400 kg
		Kanister			
		aus Stahl (3A1, 3A2)	120 kg	120 kg	120 kg
		aus Aluminium (3B1, 3B2)	120 kg	120 kg	120 kg
		aus Kunststoff (3H1, 3H2)	120 kg	120 kg	120 kg

Einzelverpackungen	I	II	III
Fässer			
aus Stahl, mit nicht abnehmbarem Deckel (1A1)	250 l	450 l	450 l
aus Stahl, mit abnehmbarem Deckel (1A2)	250 l a)	450 l	450 l
aus Aluminium, mit nicht abnehmbarem Deckel (1B1)	250 l	450 l	450 l
aus Aluminium, mit abnehmbarem Deckel (1B2)	250 l a)	450 l	450 l
aus einem anderen Metall als Stahl oder Aluminium, mit nicht abnehmbarem Deckel (1N1)	250 l	450 l	450 l
aus einem anderen Metall als Stahl oder Aluminium, mit abnehmbarem Deckel (1N2)	250 l a)	450 l	450 l
aus Kunststoff, mit nicht abnehmbarem Deckel (1H1)	250 l	450 l	450 l
aus Kunststoff, mit abnehmbarem Deckel (1H2)	250 l a)	450 l	450 l
Kanister			
aus Stahl, mit nicht abnehmbarem Deckel (3A1)	60 l	60 l	60 l
aus Stahl, mit abnehmbarem Deckel (3A2)	60 l a)	60 l	60 l
aus Aluminium, mit nicht abnehmbarem Deckel (3B1)	60 l	60 l	60 l
aus Aluminium, mit abnehmbarem Deckel (3B2)	60 l a)	60 l	60 l
aus Kunststoff, mit nicht abnehmbarem Deckel (3H1)	60 l	60 l	60 l
aus Kunststoff, mit abnehmbarem Deckel (3H2)	60 l a)	60 l	60 l

a) Es sind nur Stoffe mit einer Viskosität von mehr als 2680 mm^2/s zugelassen.

Kombinationsverpackungen	I	II	III
Kunststoffgefäß in einem Fass aus Stahl, Aluminium oder Kunststoff (6HA1, 6HB1, 6HH1)	250 l	250 l	250 l
Kunststoffgefäß in einem Fass aus Pappe oder Sperrholz (6HG1, 6HD1)	120 l	250 l	250 l

4.1	Verwendung von Verpackungen, einschließlich Großpackmittel (IBC) und Großverpackungen		
	ADR		**RID**

Kunststoffgefäß in einem Verschlag oder einer Kiste aus Stahl oder Aluminium oder Kunststoffgefäß in einer Kiste aus Naturholz, Sperrholz, Pappe oder starrem Kunststoff (6HA2, 6HB2, 6HC, 6HD2, 6HG2 oder 6HH2)	60 l	60 l	60 l
Glasgefäß in einem Fass aus Stahl, Aluminium, Pappe, Sperrholz, Schaumstoff oder starrem Kunststoff (6PA1, 6PB1, 6PG1, 6PD1, 6PH1 oder 6PH2) oder in einem Verschlag oder einer Kiste aus Stahl oder Aluminium, in einer Kiste aus Naturholz oder Pappe oder in einem Weidenkorb (6PA2, 6PB2, 6PC, 6PG2 oder 6PD2)	60 l	60 l	60 l
Druckgefäße, vorausgesetzt, die allgemeinen Vorschriften des Unterabschnitts 4.1.3.6 werden erfüllt.			
Zusätzliche Vorschrift			
Für Stoffe der Klasse 3 Verpackungsgruppe III, die geringe Mengen an Kohlendioxid und Stickstoff freisetzen, müssen die Verpackungen mit einer Lüftungseinrichtung versehen sein.			

Sondervorschriften für die Verpackung

PP 1	Die UN-Nummern 1133, 1210, 1263 und 1866 sowie Klebstoffe, Druckfarben, Druckfarbzubehörstoffe, Farben, Farbzubehörstoffe und Harzlösungen, die der UN-Nummer 3082 zugeordnet sind, dürfen als Stoffe der Verpackungsgruppen II und III in Mengen von höchstens 5 Litern je Verpackung in Verpackungen aus Metall oder Kunststoff, die nicht die Prüfungen nach Kapitel 6.1 bestehen müssen, verpackt werden, wenn sie wie folgt befördert werden: a) als Palettenladung, in Gitterboxpaletten oder Ladungseinheiten, z.B. einzelne Verpackungen, die auf eine Palette gestellt oder gestapelt sind und die mit Gurten, Dehn- oder Schrumpffolie oder einer anderen geeigneten Methode auf der Palette befestigt sind, oder b) als Innenverpackungen von zusammengesetzten Verpackungen mit einer höchsten Nettomasse von 40 kg.
PP 2	Für die UN-Nummer 3065 dürfen Holzfässer mit einem höchsten Fassungsraum von 250 Litern, die nicht den Vorschriften des Kapitels 6.1 entsprechen, verwendet werden.
PP 4	Für die UN-Nummer 1774 müssen die Verpackungen den Prüfanforderungen der Verpackungsgruppe II entsprechen.
PP 5	Für die UN-Nummer 1204 müssen die Verpackungen so gebaut sein, dass eine Explosion durch den Anstieg des Innendrucks nicht möglich ist. Flaschen, Großflaschen und Druckfässer dürfen für diese Stoffe nicht verwendet werden.
PP 6	(gestrichen)
PP 10	Für die UN-Nummer 1791 Verpackungsgruppe II muss die Verpackung mit einer Lüftungseinrichtung versehen sein.
PP 31	Für die UN-Nummer 1131 müssen die Verpackungen luftdicht verschlossen sein.
PP 33	Für die UN-Nummer 1308 Verpackungsgruppen I und II sind nur zusammengesetzte Verpackungen mit einer höchsten Bruttomasse von 75 kg zugelassen.
PP 81	Für die UN-Nummer 1790 mit mehr als 60 %, aber höchstens 85 % Fluorwasserstoff und die UN-Nummer 2031 mit mehr als 55 % Salpetersäure beträgt die zulässige Verwendungsdauer der als Einzelverpackungen verwendeten Fässer und Kanister aus Kunststoff zwei Jahre ab dem Datum der Herstellung.
PP 93	Für die UN-Nummer 3532 und 3534 müssen die Verpackungen so ausgelegt und gebaut sein, dass sie das Freisetzen von Gas oder Dampf ermöglichen, um einen Druckaufbau zu verhindern, der bei einem Verlust der Stabilisierung zu einem Zubruchgehen der Verpackung führen könnte.

RID- und ADR-spezifische Sondervorschriften für die Verpackung

RR 2	Für die UN-Nummer 1261 sind Verpackungen mit abnehmbarem Deckel nicht zugelassen.

Verwendung von Verpackungen, einschließlich Großpackmittel (IBC) und Großverpackungen 4.1

ADR	RID

P 002

VERPACKUNGSANWEISUNG (FESTE STOFFE)

Folgende Verpackungen sind zugelassen, wenn die allgemeinen Vorschriften der Abschnitte 4.1.1 und 4.1.3 erfüllt sind:

zusammengesetzte Verpackungen		höchste Nettomasse (siehe Unterabschnitt 4.1.3.3)		
Innenverpackungen	Außenverpackungen	Verpackungs-gruppe I	Verpackungs-gruppe II	Verpackungs-gruppe III
aus Glas 10 kg	**Fässer**			
aus Kunststoff a) 50 kg	aus Stahl (1A1, 1A2)	400 kg	400 kg	400 kg
aus Metall 50 kg	aus Aluminium (1B1, 1B2)	400 kg	400 kg	400 kg
aus Papier a),b),c) 50 kg	aus einem anderen Metall (1N1, 1N2)	400 kg	400 kg	400 kg
aus Pappe a),b),c) 50 kg	aus Kunststoff (1H1, 1H2)	400 kg	400 kg	400 kg
	aus Sperrholz (1D)	400 kg	400 kg	400 kg
	aus Pappe (1G)	400 kg	400 kg	400 kg
	Kisten			
	aus Stahl (4A)	400 kg	400 kg	400 kg
	aus Aluminium (4B)	400 kg	400 kg	400 kg
	aus einem anderen Metall (4N)	400 kg	400 kg	400 kg
	aus Naturholz (4C1)	250 kg	400 kg	400 kg
	aus Naturholz, mit staubdichten Wänden (4C2)	250 kg	400 kg	400 kg
	aus Sperrholz (4D)	250 kg	400 kg	400 kg
	aus Holzfaserwerkstoff (4F)	125 kg	400 kg	400 kg
	aus Pappe (4G)	125 kg	400 kg	400 kg
	aus Schaumstoff (4H1)	60 kg	60 kg	60 kg
	aus starrem Kunststoff (4H2)	250 kg	400 kg	400 kg
	Kanister			
	aus Stahl (3A1, 3A2)	120 kg	120 kg	120 kg
	aus Aluminium (3B1, 3B2)	120 kg	120 kg	120 kg
	aus Kunststoff (3H1, 3H2)	120 kg	120 kg	120 kg

a) Diese Innenverpackungen müssen staubdicht sein.

b) Diese Innenverpackungen dürfen nicht verwendet werden, wenn sich die zu befördernden Stoffe während der Beförderung verflüssigen können (siehe Unterabschnitt 4.1.3.4).

c) Diese Innenverpackungen dürfen für Stoffe der Verpackungsgruppe I nicht verwendet werden.

Einzelverpackungen				
Fässer				
aus Stahl (1A1 oder 1A2) d)		400 kg	400 kg	400 kg
aus Aluminium (1B1 oder 1B2) d)		400 kg	400 kg	400 kg
aus einem anderen Metall als Stahl oder Aluminium, (1N1 oder 1N2) d)		400 kg	400 kg	400 kg
aus Kunststoff (1H1 oder 1H2) d)		400 kg	400 kg	400 kg
aus Pappe (1G) e)		400 kg	400 kg	400 kg
aus Sperrholz (1D) e)		400 kg	400 kg	400 kg
Kanister				
aus Stahl (3A1 oder 3A2) d)		120 kg	120 kg	120 kg
aus Aluminium (3B1 oder 3B2) d)		120 kg	120 kg	120 kg
aus Kunststoff (3H1 oder 3H2) d)		120 kg	120 kg	120 kg
Kisten				
aus Stahl (4A) e)		nicht zulässig	400 kg	400 kg
aus Aluminium (4B) e)		nicht zulässig	400 kg	400 kg
aus einem anderen Metall (4N) e)		nicht zulässig	400 kg	400 kg
aus Naturholz (4C1) e)		nicht zulässig	400 kg	400 kg
aus Sperrholz (4D) e)		nicht zulässig	400 kg	400 kg
aus Holzfaserwerkstoff (4F) e)		nicht zulässig	400 kg	400 kg
aus Naturholz, mit staubdichten Wänden (4C2) e)		nicht zulässig	400 kg	400 kg
aus Pappe (4G) e)		nicht zulässig	400 kg	400 kg
aus starrem Kunststoff (4H2) e)		nicht zulässig	400 kg	400 kg
Säcke				
Säcke (5H3, 5H4, 5L3, 5M2) e)		nicht zulässig	50 kg	50 kg

d) Diese Verpackungen dürfen nicht für Stoffe der Verpackungsgruppe I verwendet werden, die sich während der Beförderung verflüssigen können (siehe Unterabschnitt 4.1.3.4).

e) Diese Verpackungen dürfen nicht für Stoffe verwendet werden, wenn sich die zu befördernden Stoffe während der Beförderung verflüssigen können (siehe Unterabschnitt 4.1.3.4).

4.1 Verwendung von Verpackungen, einschließlich Großpackmittel (IBC) und Großverpackungen

	ADR	RID	
Kombinationsverpackungen			
Kunststoffgefäß in einem Fass aus Stahl, Aluminium, Sperrholz, Pappe oder Kunststoff (6HA1, 6HB1, 6HG1 e), 6HD1 e) oder 6HH1)	400 kg	400 kg	400 kg
Kunststoffgefäß in einem Verschlag oder einer Kiste aus Stahl oder Aluminium oder in einer Kiste aus Naturholz, Sperrholz, Pappe oder starrem Kunststoff (6HA2, 6HB2, 6HC, 6HD2 e), 6HG2 e) oder 6HH2)	75 kg	75 kg	75 kg
Glasgefäß in einem Fass aus Stahl, Aluminium, Sperrholz oder Pappe (6PA1, 6PB1, 6PD1 e) oder 6PG1 e)) oder in einem Verschlag oder einer Kiste aus Stahl oder Aluminium, in einer Kiste aus Naturholz oder Pappe oder in einem Weidenkorb (6PA2, 6PB2, 6PC, 6PG2 e) oder 6PD2 e)) oder in einer Verpackung aus Schaumstoff oder starrem Kunststoff (6PH1 oder 6PH2 e))	75 kg	75 kg	75 kg

e) Diese Verpackungen dürfen nicht für Stoffe verwendet werden, wenn sich die zu befördernden Stoffe während der Beförderung verflüssigen können (siehe Unterabschnitt 4.1.3.4).

Druckgefäße, vorausgesetzt, die allgemeinen Vorschriften des Unterabschnitts 4.1.3.6 werden erfüllt.

Sondervorschriften für die Verpackung

PP 6	(gestrichen)
PP 7	UN 2000 Celluloid darf auch unverpackt mit Kunststofffolie umhüllt und mit geeigneten Mitteln, wie Stahlbändern, gesichert auf Paletten als *ADR:* geschlossene Ladung in gedeckten Fahrzeugen *RID:* geschlossene Ladung in gedeckten Wagen oder in geschlossenen Containern befördert werden. Die Bruttomasse einer Palette darf 1000 kg nicht übersteigen.
PP 8	Für die UN-Nummer 2002 müssen die Verpackungen so gebaut sein, dass eine Explosion durch den Anstieg des Innendrucks nicht möglich ist. Flaschen, Großflaschen und Druckfässer dürfen für diese Stoffe nicht verwendet werden.
PP 9	Für die UN-Nummern 3175, 3243 und 3244 müssen die Verpackungen einer Bauart entsprechen, welche die Dichtheitsprüfung für die Verpackungsgruppe II bestanden hat. Für die UN-Nummer 3175 ist die Dichtheitsprüfung nicht erforderlich, wenn die flüssigen Stoffe vollständig in einem festen Stoff aufgesaugt und in dicht verschlossenen Säcken enthalten sind.
PP 11	Für die UN-Nummern 1309 Verpackungsgruppe III und 1362 sind Säcke 5H1, 5L1 und 5M1 zugelassen, wenn diese in Kunststoffsäcken und mit einer Schrumpf- oder Dehnfolie auf Paletten umverpackt sind.
PP 12	Für die UN-Nummern 1361, 2213 und 3077 sind Säcke 5H1, 5L1 und 5M1 zugelassen, wenn diese in gedeckten *ADR:* Fahrzeugen *RID:* Wagen oder geschlossenen Containern befördert werden.
PP 13	Für Gegenstände der UN-Nummer 2870 sind nur zusammengesetzte Verpackungen zugelassen, welche die Prüfanforderungen für die Verpackungsgruppe I erfüllen.
PP 14	Für die UN-Nummern 2211, 2698 und 3314 müssen die Verpackungen nicht die Prüfungen nach Kapitel 6.1 bestehen.
PP 15	Für die UN-Nummern 1324 und 2623 müssen die Verpackungen die Prüfanforderungen für die Verpackungsgruppe III erfüllen.
PP 20	Für die UN-Nummer 2217 darf jedes staubdichte und reißfeste Gefäß verwendet werden.
PP 30	Für die UN-Nummer 2471 sind Innenverpackungen aus Papier oder Pappe nicht zugelassen.
PP 34	Für UN 2969 Rizinussaat (ganze Bohnen) sind Säcke 5H1, 5L1 und 5M1 zugelassen.
PP 37	Für die UN-Nummern 2590 und 2212 sind Säcke 5M1 zugelassen. Alle Arten von Säcken müssen in gedeckten *ADR:* Fahrzeugen *RID:* Wagen oder geschlossenen Containern befördert oder in geschlossene starre Umverpackungen eingesetzt werden.
PP 38	Für die UN-Nummer 1309 Verpackungsgruppe II sind Säcke nur in gedeckten *ADR:* Fahrzeugen *RID:* Wagen oder geschlossenen Containern zugelassen.
PP 84	Für die UN-Nummer 1057 sind starre Außenverpackungen zu verwenden, die den Prüfanforderungen für die Verpackungsgruppe II entsprechen. Die Verpackungen sind so auszulegen, herzustellen und einzurichten, dass eine Bewegung, eine unbeabsichtigte Zündung der Einrichtungen oder ein unbeabsichtigtes Freiwerden entzündbarer Gase oder entzündbarer flüssiger Stoffe verhindert wird. *Bem.* Für Abfall-Feuerzeuge, die getrennt gesammelt werden, siehe Kapitel 3.3 Sondervorschrift 654.
PP 92	Für die UN-Nummer 3531 und 3533 müssen die Verpackungen so ausgelegt und gebaut sein, dass sie das Freisetzen von Gas oder Dampf ermöglichen, um einen Druckaufbau zu verhindern, der bei einem Verlust der Stabilisierung zu einem Zubruchgehen der Verpackung führen könnte.

RID- und ADR-spezifische Sondervorschrift für die Verpackung

RR 5	Ungeachtet der Sondervorschrift für die Verpackung PP 84 müssen nur die allgemeinen Vorschriften der Unterabschnitte 4.1.1.1, 4.1.1.2 und 4.1.1.5 bis 4.1.1.7 erfüllt werden, wenn die Bruttomasse des Versandstücks höchstens 10 kg beträgt. *Bem.* Für Abfall-Feuerzeuge, die getrennt gesammelt werden, siehe Kapitel 3.3 Sondervorschrift 654.

Verwendung von Verpackungen, einschließlich Großpackmittel (IBC) und Großverpackungen 4.1

ADR RID

P 003	
	VERPACKUNGSANWEISUNG
	Die gefährlichen Güter müssen in geeignete Außenverpackungen eingesetzt sein. Die Verpackungen müssen die Vorschriften der Unterabschnitte 4.1.1.1, 4.1.1.2, 4.1.1.4 und 4.1.1.8 und des Abschnitts 4.1.3 erfüllen und müssen so ausgelegt sein, dass sie den Bauvorschriften des Abschnitts 6.1.4 entsprechen. Es müssen Außenverpackungen verwendet werden, die aus geeignetem Werkstoff hergestellt sind und hinsichtlich ihres Fassungsraums und der vorgesehenen Verwendung eine ausreichende Festigkeit aufweisen und entsprechend ausgelegt sind. Bei der Anwendung dieser Verpackungsanweisung für die Beförderung von Gegenständen oder Innenverpackungen von zusammengesetzten Verpackungen muss die Verpackung so ausgelegt und gebaut sein, dass eine unbeabsichtigte Entladung der Gegenstände unter normalen Beförderungsbedingungen verhindert wird.
	Sondervorschriften für die Verpackung
PP 16	UN 2800 Batterien (Akkumulatoren) müssen gegen Kurzschluss geschützt und in widerstandsfähigen Außenverpackungen sicher verpackt sein. **Bem.** 1. Auslaufsichere Batterien (Akkumulatoren), die für die Funktion eines mechanischen oder elektronischen Geräts notwendig und dessen Bestandteil sind, müssen sicher in der Batteriehalterung des Gerätes befestigt und gegen Beschädigung und Kurzschluss geschützt sein. 2. Für gebrauchte Batterien (Akkumulatoren) (UN-Nummer 2800) siehe P 801.
PP 17	Für die UN-Nummer 2037 dürfen Versandstücke bei Verpackungen aus Pappe die Nettomasse von 55 kg und bei anderen Verpackungen die Nettomasse von 125 kg nicht überschreiten.
PP 19	Für die UN-Nummern 1364 und 1365 ist die Beförderung in Ballen zugelassen.
PP 20	Für die UN-Nummern 1363, 1386, 1408 und 2793 darf jedes staubdichte und reißfeste Gefäß verwendet werden.
PP 32	Die UN-Nummern 2857 und 3358 sowie widerstandsfähige Gegenstände, die unter der UN-Nummer 3164 versandt werden, dürfen unverpackt, in Verschlägen oder geeigneten Umverpackungen befördert werden.
PP 87	(gestrichen)
PP 88	(gestrichen)
PP 90	Für die UN-Nummer 3506 müssen dichte Innenauskleidungen oder Säcke aus einem widerstandsfähigen, flüssigkeitsdichten, durchstoßfesten und für Quecksilber undurchlässigen Werkstoff verwendet werden, die unabhängig von der Lage oder Ausrichtung des Versandstücks ein Freiwerden des Stoffes aus dem Versandstück verhindern.
PP 91	Für die UN-Nummer 1044 dürfen große Feuerlöscher auch unverpackt befördert werden, vorausgesetzt, die Vorschriften des Absatzes 4.1.3.8.1 a) bis e) werden erfüllt, die Ventile sind durch eine der Methoden gemäß Unterabschnitt 4.1.6.8 a) bis d) geschützt und andere auf dem Feuerlöscher angebrachte Ausrüstungen sind geschützt, um eine unbeabsichtigte Auslösung zu verhindern. «Große Feuerlöscher» im Sinne dieser Sondervorschrift sind die in den Absätzen c) bis e) der Sondervorschrift 225 des Kapitels 3.3 beschriebenen Feuerlöscher.
PP 96	Bei Abfall-Gaspatronen der UN-Nummer 2037, die gemäß Kapitel 3.3 Sondervorschrift 327 befördert werden, müssen die Verpackungen ausreichend belüftet sein, um die Bildung gefährlicher Atmosphären und einen Druckaufbau zu verhindern.
	RID- und ADR-spezifische Sondervorschriften für die Verpackung
RR 6	Gegenstände aus Metall der UN-Nummer 2037 dürfen bei der Beförderung als geschlossene Ladung auch wie folgt verpackt werden: Die Gegenstände müssen auf Trays zu Einheiten zusammengestellt werden und mit einer geeigneten Kunststoffhülle in der richtigen Lage gehalten werden; diese Einheiten müssen auf Paletten in geeigneter Weise gestapelt und gesichert sein.
RR 9	Für UN 3509 müssen die Verpackungen nicht den Vorschriften des Unterabschnitts 4.1.1.3 entsprechen. Es müssen Verpackungen verwendet werden, die den Vorschriften des Abschnitts 6.1.4 entsprechen und die flüssigkeitsdicht oder mit einer flüssigkeitsdichten, durchstoßfesten und dicht verschlossenen Auskleidung oder einem flüssigkeitsdichten, durchstoßfesten und dicht verschlossenen Sack ausgerüstet sind. Wenn die einzigen enthaltenen Rückstände feste Stoffe sind, die sich bei den während der Beförderung voraussichtlich auftretenden Temperaturen nicht verflüssigen können, dürfen flexible Verpackungen verwendet werden. Wenn flüssige Rückstände vorhanden sind, müssen starre Verpackungen, die über Rückhaltemittel (z.B. saugfähiges Material) verfügen, verwendet werden. Vor der Befüllung und der Übergabe zur Beförderung muss jede Verpackung überprüft werden, um sicherzustellen, dass sie frei von Korrosion, Verunreinigung oder anderen Schäden ist. Verpackungen mit Anzeichen verminderter Widerstandsfähigkeit dürfen nicht mehr verwendet werden (kleinere Beulen und Risse gelten dabei nicht als Verringerung der Widerstandsfähigkeit der Verpackung). Verpackungen für die Beförderung von leeren, ungereinigten Altverpackungen mit Rückständen der Klasse 5.1 müssen so gebaut oder angepasst sein, dass die Güter nicht mit Holz oder anderen brennbaren Werkstoffen in Berührung kommen können.

4.1	Verwendung von Verpackungen, einschließlich Großpackmittel (IBC) und Großverpackungen
ADR	**RID**

P 004

VERPACKUNGSANWEISUNG

Diese Anweisung gilt für die UN-Nummern 3473, 3476, 3477, 3478 und 3479.

Folgende Verpackungen sind zugelassen:

(1) Für Brennstoffzellen-Kartuschen, wenn die allgemeinen Vorschriften der Unterabschnitte 4.1.1.1, 4.1.1.2, 4.1.1.3 und 4.1.1.6 sowie des Abschnitts 4.1.3 erfüllt sind:
Fässer (1A2, 1B2, 1N2, 1H2, 1D, 1G);
Kisten (4A, 4B, 4N, 4C1, 4C2, 4D, 4F, 4G, 4H1, 4H2);
Kanister (3A2, 3B2, 3H2).
Die Verpackungen müssen den Prüfanforderungen für die Verpackungsgruppe II entsprechen.

(2) Für Brennstoffzellen-Kartuschen mit Ausrüstungen verpackt: widerstandsfähige Außenverpackungen, die die allgemeinen Vorschriften der Unterabschnitte 4.1.1.1, 4.1.1.2 und 4.1.1.6 sowie des Abschnitts 4.1.3 erfüllen.
Wenn Brennstoffzellen-Kartuschen mit Ausrüstungen verpackt werden, müssen sie in Innenverpackungen verpackt werden oder so mit Polstermaterial oder einer Trennwand (Trennwänden) in die Außenverpackung eingesetzt werden, dass die Brennstoffzellen-Kartuschen gegen Beschädigungen geschützt sind, die durch eine Bewegung des Inhalts in der Außenverpackung oder das Einsetzen des Inhalts in die Außenverpackung verursacht werden können.
Die Ausrüstungen müssen gegen Bewegungen in der Außenverpackung gesichert werden.
«Ausrüstung» im Sinne dieser Verpackungsanweisung ist ein Gerät, für dessen Betrieb die mit ihm verpackten Brennstoffzellen-Kartuschen erforderlich sind.

(3) Für Brennstoffzellen-Kartuschen in Ausrüstungen: widerstandsfähige Außenverpackungen, die die allgemeinen Vorschriften der Unterabschnitte 4.1.1.1, 4.1.1.2 und 4.1.1.6 sowie des Abschnitts 4.1.3 erfüllen.
Große robuste Ausrüstungen (siehe Unterabschnitt 4.1.3.8), die Brennstoffzellen-Kartuschen enthalten, dürfen unverpackt befördert werden. Bei Brennstoffzellen-Kartuschen in Ausrüstungen muss das gesamte System gegen Kurzschluss und gegen unbeabsichtigte Inbetriebsetzung geschützt sein.

P 005

VERPACKUNGSANWEISUNG

Diese Anweisung gilt für die UN-Nummern 3528, 3529 und 3530.

Wenn der Motor oder die Maschine so gebaut und ausgelegt ist, dass das Umschließungsmittel, das die gefährlichen Güter enthält, einen angemessenen Schutz bietet, ist eine Außenverpackung nicht erforderlich.

In den übrigen Fällen müssen gefährliche Güter in Motoren oder Maschinen in Außenverpackungen verpackt sein, die aus einem geeigneten Werkstoff hergestellt sind und hinsichtlich ihres Fassungsraums und ihrer vorgesehenen Verwendung eine ausreichende Festigkeit aufweisen und entsprechend ausgelegt sind und welche die anwendbaren Vorschriften des Unterabschnitts 4.1.1.1 erfüllen, oder die Motoren oder Maschinen müssen so befestigt sein, dass sie sich unter normalen Beförderungsbedingungen nicht lösen können, z.B. auf Schlitten, in Verschlägen oder in anderen Handhabungsvorrichtungen.

Darüber hinaus müssen die Umschließungsmittel so im Motor oder in der Maschine enthalten sein, dass unter normalen Beförderungsbedingungen eine Beschädigung des Umschließungsmittels, das die gefährlichen Güter enthält, verhindert wird und dass bei einer Beschädigung des Umschließungsmittels, das flüssige gefährliche Güter enthält, ein Austreten der gefährlichen Güter aus dem Motor oder der Maschine unmöglich ist (für das Erfüllen dieser Vorschrift darf eine dichte Auskleidung verwendet werden).

Umschließungsmittel, die gefährliche Güter enthalten, müssen so eingebaut, gesichert oder gepolstert sein, dass ein Zubruchgehen oder eine Undichtheit verhindert und ihre Bewegung innerhalb des Motors oder der Maschine unter normalen Beförderungsbedingungen eingeschränkt wird. Das Polstermaterial darf mit dem Inhalt der Umschließungsmittel nicht gefährlich reagieren. Ein eventuelles Austreten des Inhalts darf die Schutzeigenschaften des Polstermaterials nicht wesentlich beeinträchtigen.

Zusätzliche Vorschrift

Andere gefährliche Güter (z.B. Batterien, Feuerlöscher, Druckgasspeicher oder Sicherheitseinrichtungen), die für die Funktion oder den sicheren Betrieb des Motors oder der Maschine erforderlich sind, müssen sicher in den Motor oder die Maschine eingebaut sein.

Verwendung von Verpackungen, einschließlich Großpackmittel (IBC) und Großverpackungen 4.1

ADR	RID

P 006 VERPACKUNGSANWEISUNG

Diese Anweisung gilt für die UN-Nummern 3537 bis 3548.

(1) Folgende Verpackungen sind zugelassen, wenn die allgemeinen Vorschriften der Abschnitte 4.1.1 und 4.1.3 erfüllt sind:
Fässer (1A2, 1B2, 1N2, 1H2, 1D, 1G),
Kisten (4A, 4B, 4N, 4C1, 4C2, 4D, 4F, 4G, 4H1, 4H2),
Kanister (3A2, 3B2, 3H2).
Die Verpackungen müssen den Prüfanforderungen für die Verpackungsgruppe II entsprechen.

(2) Darüber hinaus sind für robuste Gegenstände folgende Verpackungen zugelassen:
Widerstandsfähige Außenverpackungen, die aus einem geeigneten Werkstoff hergestellt sind und hinsichtlich ihres Fassungsraums und ihrer beabsichtigten Verwendung eine geeignete Festigkeit und Auslegung aufweisen. Die Verpackungen müssen den Vorschriften der Unterabschnitte 4.1.1.1, 4.1.1.2 und 4.1.1.8 sowie des Abschnitts 4.1.3 entsprechen, um ein Schutzniveau zu erzielen, das zumindest dem des Kapitels 6.1 entspricht. Gegenstände dürfen unverpackt oder auf Paletten befördert werden, sofern die gefährlichen Güter durch den Gegenstand, in dem sie enthalten sind, gleichwertig geschützt werden.

(3) Darüber hinaus müssen folgende Vorschriften erfüllt sein:
   a) In Gegenständen enthaltene Gefäße, die flüssige oder feste Stoffe enthalten, müssen aus geeigneten Werkstoffen hergestellt und im Gegenstand so gesichert sein, dass sie unter normalen Beförderungsbedingungen nicht zerbrechen oder durchstoßen werden können oder ihr Inhalt nicht in den Gegenstand oder die Außenverpackung austreten kann.
   b) Gefäße, die flüssige Stoffe enthalten und mit Verschlüssen ausgerüstet sind, müssen so verpackt werden, dass die Verschlüsse richtig ausgerichtet sind. Die Gefäße müssen darüber hinaus den Vorschriften für die Innendruckprüfung des Unterabschnitts 6.1.5.5 entsprechen.
   c) Gefäße, die zerbrechlich sind oder leicht durchstoßen werden können, wie Gefäße aus Glas, Porzellan oder Steinzeug oder aus gewissen Kunststoffen, müssen in geeigneter Weise gesichert werden. Beim Austreten des Inhalts dürfen die schützenden Eigenschaften des Gegenstandes oder der Außenverpackung nicht wesentlich beeinträchtigt werden.
   d) In Gegenständen enthaltene Gefäße, die Gase enthalten, müssen den Vorschriften des Abschnitts 4.1.6 bzw. des Kapitels 6.2 entsprechen oder in der Lage sein, ein gleichwertiges Schutzniveau wie die Verpackungsanweisung P 200 oder P 208 zu erzielen.
   e) Wenn innerhalb des Gegenstands kein Gefäß vorhanden ist, muss der Gegenstand die gefährlichen Stoffe vollständig umschließen und ihre Freisetzung unter normalen Beförderungsbedingungen verhindern.

(4) Die Gegenstände müssen so verpackt sein, dass Bewegungen und eine unbeabsichtigte Inbetriebsetzung unter normalen Beförderungsbedingungen verhindert werden.

P 010 VERPACKUNGSANWEISUNG

Folgende Verpackungen sind zugelassen, wenn die allgemeinen Vorschriften der Abschnitte 4.1.1 und 4.1.3 erfüllt sind:

zusammengesetzte Verpackungen		höchste Nettomasse (siehe Unterabschnitt 4.1.3.3)
Innenverpackungen	Außenverpackungen	
aus Glas 1 l	Fässer	
aus Stahl 40 l	aus Stahl (1A1, 1A2)	400 kg
	aus Kunststoff (1H1, 1H2)	400 kg
	aus Sperrholz (1D)	400 kg
	aus Pappe (1G)	400 kg
	Kisten	
	aus Stahl (4A)	400 kg
	aus Naturholz (4C1, 4C2)	400 kg
	aus Sperrholz (4D)	400 kg
	aus Holzfaserwerkstoff (4F)	400 kg
	aus Pappe (4G)	400 kg
	aus Schaumstoff (4H1)	60 kg
	aus starrem Kunststoff (4H2)	400 kg
Einzelverpackungen		höchster Fassungsraum (siehe Unterabschnitt 4.1.3.3)
Fässer		
aus Stahl, mit nicht abnehmbarem Deckel (1A1)		450 l
Kanister		
aus Stahl, mit nicht abnehmbarem Deckel (3A1)		60 l
Kombinationsverpackungen		
Kunststoffgefäß in einem Fass aus Stahl (6HA1)		250 l
Druckgefäße aus Stahl, vorausgesetzt, die allgemeinen Vorschriften des Unterabschnitts 4.1.3.6 werden erfüllt.		

4.1 Verwendung von Verpackungen, einschließlich Großpackmittel (IBC) und Großverpackungen

ADR	RID

P 099
VERPACKUNGSANWEISUNG

Es dürfen nur von der zuständigen Behörde für diese Güter zugelassene Verpackungen verwendet werden. Jeder Sendung muss eine Kopie der Zulassung der zuständigen Behörde beigefügt werden, oder das Beförderungspapier muss eine Angabe enthalten, dass die Verpackung durch die zuständige Behörde zugelassen ist.

P 101   ADR
VERPACKUNGSANWEISUNG

Es dürfen nur von der zuständigen Behörde des Ursprungslandes zugelassene Verpackungen verwendet werden. Ist das Ursprungsland keine Vertragspartei des ADR, ist die Verpackung von der zuständigen Behörde der ersten von der Sendung berührten Vertragspartei des ADR zuzulassen. Das für Kraftfahrzeuge im internationalen Verkehr verwendete Unterscheidungszeichen [a] des Staates, in dessen Auftrag die zuständige Behörde handelt, muss wie folgt im Beförderungspapier angegeben werden: «VERPACKUNG VON DER ZUSTÄNDIGEN BEHÖRDE ZUGELASSEN» (siehe Absatz 5.4.1.2.1 e)).

a) Das für Kraftfahrzeuge und Anhänger im internationalen Straßenverkehr verwendete Unterscheidungszeichen des Zulassungsstaates, z.B. gemäß dem Genfer Übereinkommen über den Straßenverkehr von 1949 oder dem Wiener Übereinkommen über den Straßenverkehr von 1968.

P 101   RID
VERPACKUNGSANWEISUNG

Es dürfen nur von der zuständigen Behörde des Ursprungslandes zugelassene Verpackungen verwendet werden. Ist das Ursprungsland kein RID-Vertragsstaat, ist die Verpackung von der zuständigen Behörde des ersten von der Sendung berührten RID-Vertragsstaates zuzulassen.

Bem. Wegen der Angabe im Beförderungspapier siehe Absatz 5.4.1.2.1 e).

P 110a   nur ADR
VERPACKUNGSANWEISUNG

(bleibt offen)

Bem. Diese in den UN-Modellvorschriften vorgesehene Verpackungsanweisung ist für Beförderungen gemäß ADR nicht zugelassen.

P 110b   nur ADR
VERPACKUNGSANWEISUNG

Folgende Verpackungen sind zugelassen, wenn die allgemeinen Vorschriften der Abschnitte 4.1.1 und 4.1.3 und die besonderen Verpackungsvorschriften des Abschnittes 4.1.5 erfüllt sind:

Innenverpackungen	Zwischenverpackungen	Außenverpackungen
Behälter	**Unterteilungen**	**Kisten**
aus Metall	aus Metall	aus Naturholz,
aus Holz	aus Holz	mit staubdichten Wänden (4C2)
aus leitfähigem Gummi	aus Kunststoff	aus Sperrholz (4D)
aus leitfähigem Kunststoff	aus Pappe	aus Holzfaserwerkstoff (4F)
Säcke		
aus leitfähigem Gummi		
aus leitfähigem Kunststoff		

Sondervorschrift für die Verpackung

PP 42   Für die UN-Nummern 0074, 0113, 0114, 0129, 0130, 0135 und 0224 müssen folgende Bedingungen erfüllt sein:
  a) In einer Innenverpackung dürfen nicht mehr als 50 g an explosivem Stoff (Menge als Trockensubstanz) enthalten sein;
  b) in einem Abteil zwischen unterteilenden Trennwänden darf nicht mehr als eine Innenverpackung sein, die fest eingesetzt sein muss;
  c) die Anzahl der Abteile muss auf 25 je Außenverpackung begrenzt sein.

Verwendung von Verpackungen, einschließlich Großpackmittel (IBC) und Großverpackungen 4.1

ADR | RID

P 111
VERPACKUNGSANWEISUNG

Folgende Verpackungen sind zugelassen, wenn die allgemeinen Vorschriften der Abschnitte 4.1.1 und 4.1.3 und die besonderen Vorschriften des Abschnittes 4.1.5 erfüllt sind:

Innenverpackungen	Zwischenverpackungen	Außenverpackungen
Säcke aus wasserbeständigem Papier aus Kunststoff aus Textilgewebe, gummiert **Behälter** aus Holz **Einwickler** aus Kunststoff aus Textilgewebe, gummiert	nicht erforderlich	**Kisten** aus Stahl (4A) aus Aluminium (4B) aus einem anderen Metall (4N) aus Naturholz, einfach (4C1) aus Naturholz, mit staubdichten Wänden (4C2) aus Sperrholz (4D) aus Holzfaserwerkstoff (4F) aus Pappe (4G) aus Schaumstoff (4H1) aus starrem Kunststoff (4H2) **Fässer** aus Stahl (1A1, 1A2) aus Aluminium (1B1, 1B2) aus einem anderen Metall (1N1, 1N2) aus Sperrholz (1D) aus Pappe (1G) aus Kunststoff (1H1, 1H2)

Sondervorschrift für die Verpackung

PP 43	Für die UN-Nummer 0159 sind keine Innenverpackungen erforderlich, wenn Fässer aus Metall (1A1, 1A2, 1B1, 1B2, 1N1 oder 1N2) oder aus Kunststoff (1H1 oder 1H2) als Außenverpackungen verwendet werden.

P 112a
VERPACKUNGSANWEISUNG (angefeuchteter fester Stoff 1.1D)

Folgende Verpackungen sind zugelassen, wenn die allgemeinen Vorschriften der Abschnitte 4.1.1 und 4.1.3 und die besonderen Vorschriften des Abschnittes 4.1.5 erfüllt sind:

Innenverpackungen	Zwischenverpackungen	Außenverpackungen

Säcke
 aus Papier, mehrlagig,
   wasserbeständig
 aus Kunststoff
 aus Textilgewebe
 aus Textilgewebe, gummiert
 aus Kunststoffgewebe
 	
 Behälter
 aus Metall
 aus Kunststoff
 aus Holz
	Säcke
	 aus Kunststoff
	 aus Textilgewebe, mit Auskleidung
	   oder Beschichtung aus Kunststoff
	
	 Behälter
	 aus Metall
	 aus Kunststoff
	 aus Holz
		Kisten
		 aus Stahl (4A)
		 aus Aluminium (4B)
		 aus einem anderen Metall (4N)
		 aus Naturholz, einfach (4C1)
		 aus Naturholz,
		   mit staubdichten Wänden (4C2)
		 aus Sperrholz (4D)
		 aus Holzfaserwerkstoff (4F)
		 aus Pappe (4G)
		 aus Schaumstoff (4H1)
		 aus starrem Kunststoff (4H2)
		
		 Fässer
		 aus Stahl (1A1, 1A2)
		 aus Aluminium (1B1, 1B2)
		 aus einem anderen Metall (1N1, 1N2)
		 aus Sperrholz (1D)
		 aus Pappe (1G)
		 aus Kunststoff (1H1, 1H2)

Zusätzliche Vorschrift
Bei der Verwendung von dichten Fässern mit abnehmbarem Deckel als Außenverpackungen sind keine Zwischenverpackungen erforderlich.

Sondervorschriften für die Verpackung

PP 26	Für die UN-Nummern 0004, 0076, 0078, 0154, 0219 und 0394 müssen die Verpackungen bleifrei sein.
PP 45	Für die UN-Nummern 0072 und 0226 sind keine Zwischenverpackungen erforderlich.

4.1 Verwendung von Verpackungen, einschließlich Großpackmittel (IBC) und Großverpackungen

ADR	RID

P 112b

VERPACKUNGSANWEISUNG
(trockener, nicht pulverförmiger fester Stoff 1.1D)

Folgende Verpackungen sind zugelassen, wenn die allgemeinen Vorschriften der Abschnitte 4.1.1 und 4.1.3 und die besonderen Vorschriften des Abschnittes 4.1.5 erfüllt sind:

Innenverpackungen	Zwischenverpackungen	Außenverpackungen
Säcke aus Kraftpapier aus Papier, mehrlagig, wasserbeständig aus Kunststoff aus Textilgewebe aus Textilgewebe, gummiert aus Kunststoffgewebe	**Säcke** (nur für UN-Nummer 0150) aus Kunststoff aus Textilgewebe, mit Auskleidung oder Beschichtung aus Kunststoff	**Säcke** aus Kunststoffgewebe, staubdicht (5H2) aus Kunststoffgewebe, wasserbeständig (5H3) aus Kunststofffolie (5H4) aus Textilgewebe, staubdicht (5L2) aus Textilgewebe, wasserbeständig (5L3) aus Papier, mehrlagig, wasserbeständig (5M2) **Kisten** aus Stahl (4A) aus Aluminium (4B) aus einem anderen Metall (4N) aus Naturholz, einfach (4C1) aus Naturholz, mit staubdichten Wänden (4C2) aus Sperrholz (4D) aus Holzfaserwerkstoff (4F) aus Pappe (4G) aus Schaumstoff (4H1) aus starrem Kunststoff (4H2) **Fässer** aus Stahl (1A1, 1A2) aus Aluminium (1B1, 1B2) aus einem anderen Metall (1N1, 1N2) aus Sperrholz (1D) aus Pappe (1G) aus Kunststoff (1H1, 1H2)

Sondervorschriften für die Verpackung

PP 26	Für die UN-Nummern 0004, 0076, 0078, 0154, 0216, 0219 und 0386 müssen die Verpackungen bleifrei sein.
PP 46	Für die UN-Nummer 0209 für geschupptes oder geprilltes TNT in trockenem Zustand und einer höchsten Nettomasse von 30 kg werden staubdichte Säcke (5H2) empfohlen.
PP 47	Für die UN-Nummer 0222 sind keine Innenverpackungen erforderlich, wenn die Außenverpackung ein Sack ist.

Verwendung von Verpackungen, einschließlich Großpackmittel (IBC) und Großverpackungen 4.1

ADR	RID

P 112c

VERPACKUNGSANWEISUNG
(trockener pulverförmiger fester Stoff 1.1D)

Folgende Verpackungen sind zugelassen, wenn die allgemeinen Vorschriften der Abschnitte 4.1.1 und 4.1.3 und die besonderen Vorschriften des Abschnittes 4.1.5 erfüllt sind:

Innenverpackungen	Zwischenverpackungen	Außenverpackungen
Säcke	**Säcke**	**Kisten**
aus Papier, mehrlagig, wasserbeständig	aus Papier, mehrlagig, wasserbeständig mit Innenbeschichtung	aus Stahl (4A)
aus Kunststoff	aus Kunststoff	aus Aluminium (4B)
aus Kunststoffgewebe		aus einem anderen Metall (4N)
	Behälter	aus Naturholz, einfach (4C1)
Behälter	aus Metall	aus Naturholz, mit staubdichten Wänden (4C2)
aus Pappe	aus Kunststoff	aus Sperrholz (4D)
aus Metall	aus Holz	aus Holzfaserwerkstoff (4F)
aus Kunststoff		aus Pappe (4G)
aus Holz		aus starrem Kunststoff (4H2)
		Fässer
		aus Stahl (1A1, 1A2)
		aus Aluminium (1B1, 1B2)
		aus einem anderen Metall (1N1, 1N2)
		aus Sperrholz (1D)
		aus Pappe (1G)
		aus Kunststoff (1H1, 1H2)

Zusätzliche Vorschriften
1. Bei der Verwendung von Fässern als Außenverpackungen sind keine Innenverpackungen erforderlich.
2. Die Verpackungen müssen staubdicht sein.

Sondervorschriften für die Verpackung

PP 26	Für die UN-Nummern 0004, 0076, 0078, 0154, 0216, 0219 und 0386 müssen die Verpackungen bleifrei sein.
PP 46	Für die UN-Nummer 0209 für geschupptes oder geprilltes TNT in trockenem Zustand und einer höchsten Nettomasse von 30 kg werden staubdichte Säcke (5H2) empfohlen.
PP 48	Für UN-Nummer 0504 dürfen keine Verpackungen aus Metall verwendet werden. Verpackungen aus anderen Werkstoffen mit einer geringen Menge Metall, z.B. Metallverschlüsse oder andere Zubehörteile aus Metall, wie die in Abschnitt 6.1.4 genannten, gelten nicht als Verpackungen aus Metall.

4.1 Verwendung von Verpackungen, einschließlich Großpackmittel (IBC) und Großverpackungen

ADR	RID

P 113 VERPACKUNGSANWEISUNG

Folgende Verpackungen sind zugelassen, wenn die allgemeinen Vorschriften der Abschnitte 4.1.1 und 4.1.3 und die besonderen Vorschriften des Abschnittes 4.1.5 erfüllt sind:

Innenverpackungen	Zwischenverpackungen	Außenverpackungen
Säcke aus Papier aus Kunststoff aus Textilgewebe, gummiert **Behälter** aus Pappe aus Metall aus Kunststoff aus Holz	nicht erforderlich	**Kisten** aus Stahl (4A) aus Aluminium (4B) aus einem anderen Metall (4N) aus Naturholz, einfach (4C1) aus Naturholz, mit staubdichten Wänden (4C2) aus Sperrholz (4D) aus Holzfaserwerkstoff (4F) aus Pappe (4G) aus starrem Kunststoff (4H2) **Fässer** aus Stahl (1A1, 1A2) aus Aluminium (1B1, 1B2) aus einem anderen Metall (1N1, 1N2) aus Sperrholz (1D) aus Pappe (1G) aus Kunststoff (1H1, 1H2)

Zusätzliche Vorschrift
Die Verpackungen müssen staubdicht sein.

Sondervorschriften für die Verpackung

PP 49	Für die UN-Nummern 0094 und 0305 dürfen in einer Innenverpackung nicht mehr als 50 g des Stoffes enthalten sein.
PP 50	Für die UN-Nummer 0027 sind keine Innenverpackungen erforderlich, wenn Fässer als Außenverpackungen verwendet werden.
PP 51	Für die UN-Nummer 0028 dürfen Einwickler aus Kraftpapier oder Wachspapier als Innenverpackung verwendet werden.

Verwendung von Verpackungen, einschließlich Großpackmittel (IBC) und Großverpackungen 4.1

ADR RID

P 114a

VERPACKUNGSANWEISUNG
(angefeuchteter fester Stoff)

Folgende Verpackungen sind zugelassen, wenn die allgemeinen Vorschriften der Abschnitte 4.1.1 und 4.1.3 und die besonderen Vorschriften des Abschnittes 4.1.5 erfüllt sind:

Innenverpackungen	Zwischenverpackungen	Außenverpackungen
Säcke	**Säcke**	**Kisten**
aus Kunststoff	aus Kunststoff	aus Stahl (4A)
aus Textilgewebe	aus Textilgewebe mit Auskleidung oder Beschichtung aus Kunststoff	aus einem anderen Metall als Stahl oder Aluminium (4N)
aus Kunststoffgewebe		aus Naturholz, einfach (4C1)
		aus Naturholz, mit staubdichten Wänden (4C2)
Behälter	**Behälter**	aus Sperrholz (4D)
aus Metall	aus Metall	aus Holzfaserwerkstoff (4F)
aus Kunststoff	aus Kunststoff	aus Pappe (4G)
aus Holz		aus starrem Kunststoff (4H2)
	Unterteilungen	
	aus Holz	**Fässer**
		aus Stahl (1A1, 1A2)
		aus Aluminium (1B1, 1B2)
		aus einem anderen Metall (1N1, 1N2)
		aus Pappe (1G)
		aus Kunststoff (1H1, 1H2)

Zusätzliche Vorschrift
Bei der Verwendung von dichten Fässern mit abnehmbarem Deckel als Außenverpackungen sind keine Zwischenverpackungen erforderlich.

Sondervorschriften für die Verpackung

PP 26	Für die UN-Nummern 0077, 0132, 0234, 0235 und 0236 müssen die Verpackungen bleifrei sein.
PP 43	Für die UN-Nummer 0342 sind keine Innenverpackungen erforderlich, wenn Fässer aus Metall (1A1, 1A2, 1B1, 1B2, 1N1 oder 1N2) oder aus Kunststoff (1H1 oder 1H2) als Außenverpackungen verwendet werden.

4.1 Verwendung von Verpackungen, einschließlich Großpackmittel (IBC) und Großverpackungen

ADR	RID

P 114b

VERPACKUNGSANWEISUNG
(trockener fester Stoff)

Folgende Verpackungen sind zugelassen, wenn die allgemeinen Vorschriften der Abschnitte 4.1.1 und 4.1.3 und die besonderen Vorschriften des Abschnittes 4.1.5 erfüllt sind:

Innenverpackungen	Zwischenverpackungen	Außenverpackungen
Säcke	nicht erforderlich	**Kisten**
aus Kraftpapier		aus Naturholz, einfach (4C1)
aus Kunststoff		aus Naturholz, mit staubdichten Wänden (4C2)
aus Textilgewebe, staubdicht		aus Sperrholz (4D)
aus Kunststoffgewebe, staubdicht		aus Holzfaserwerkstoff (4F)
Behälter		aus Pappe (4G)
aus Pappe		
aus Metall		**Fässer**
aus Papier		aus Stahl (1A1, 1A2)
aus Kunststoff		aus Aluminium (1B1, 1B2)
aus Kunststoffgewebe, staubdicht		aus einem anderen Metall (1N1, 1N2)
aus Holz		aus Sperrholz (1D)
		aus Pappe (1G)
		aus Kunststoff (1H1, 1H2)

	Sondervorschriften für die Verpackung
PP 26	Für die UN-Nummern 0077, 0132, 0234, 0235 und 0236 müssen die Verpackungen bleifrei sein.
PP 48	Für die UN-Nummern 0508 und 0509 dürfen keine Metallverpackungen verwendet werden. Verpackungen aus anderen Werkstoffen mit einer geringen Menge Metall, z.B. Metallverschlüsse oder andere Zubehörteile aus Metall, wie die in Abschnitt 6.1.4 genannten, gelten nicht als Verpackungen aus Metall.
PP 50	Für die UN-Nummern 0160, 0161 und 0508 sind keine Innenverpackungen erforderlich, wenn als Außenverpackungen Fässer verwendet werden.
PP 52	Werden für die UN-Nummern 0160 und 0161 Fässer aus Metall (1A1, 1A2, 1B1, 1B2, 1N1 oder 1N2) als Außenverpackung verwendet, so müssen diese so hergestellt sein, dass ein Explosionsrisiko infolge eines Anstiegs des Innendrucks auf Grund innerer oder äußerer Ursachen verhindert wird.

Verwendung von Verpackungen, einschließlich Großpackmittel (IBC) und Großverpackungen 4.1

ADR	RID

P 115

VERPACKUNGSANWEISUNG

Folgende Verpackungen sind zugelassen, wenn die allgemeinen Vorschriften der Abschnitte 4.1.1 und 4.1.3 und die besonderen Vorschriften des Abschnittes 4.1.5 erfüllt sind:

Innenverpackungen	Zwischenverpackungen	Außenverpackungen
Behälter aus Kunststoff aus Holz	**Säcke** aus Kunststoff in Behältern aus Metall **Fässer** aus Metall **Behälter** aus Holz	**Kisten** aus Naturholz, einfach (4C1) aus Naturholz, mit staubdichten Wänden (4C2) aus Sperrholz (4D) aus Holzfaserwerkstoff (4F) **Fässer** aus Stahl (1A1, 1A2) aus Aluminium (1B1, 1B2) aus einem anderen Metall (1N1, 1N2) aus Sperrholz (1D) aus Pappe (1G) aus Kunststoff (1H1, 1H2)

Sondervorschriften für die Verpackung

PP 45	Für die UN-Nummer 0144 sind keine Zwischenverpackungen erforderlich.
PP 53	Bei der Verwendung von Kisten als Außenverpackungen für die UN-Nummern 0075, 0143, 0495 und 0497 müssen die Innenverpackungen mit Kapseln und Schraubkappen verschlossen sein und ihr Fassungsraum darf nicht größer als 5 Liter sein. Die Innenverpackungen müssen mit saugfähigem und nicht brennbarem Polstermaterial umgeben sein. Die Menge des saugfähigen Polstermaterials muss ausreichend sein, um die enthaltenen flüssigen Stoffe vollständig aufzusaugen. Die Metallbehälter müssen mit einem Polstermaterial gegeneinander fixiert sein. Werden Kisten als Außenverpackung verwendet, so ist die Nettomasse des Treibstoffs auf 30 kg je Versandstück begrenzt.
PP 54	Bei der Verwendung von Fässern als Außenverpackungen und Fässern als Zwischenverpackungen für die UN-Nummern 0075, 0143, 0495 und 0497 müssen die Zwischenverpackungen mit einem nicht brennbarem saugfähigem Polstermaterial in einer Menge umgeben sein, die ausreichend ist, um die enthaltenen flüssigen Stoffe aufzusaugen. An Stelle der Innen- und Zwischenverpackungen darf eine aus einem Kunststoffgefäß in einem Fass aus Metall bestehende Kombinationsverpackung verwendet werden. Das Nettovolumen des Treibstoffs darf nicht mehr als 120 Liter je Versandstück betragen.
PP 55	Für die UN-Nummer 0144 muss saugfähiges Polstermaterial beigefügt werden.
PP 56	Für die UN-Nummer 0144 dürfen Metallbehälter als Innenverpackungen verwendet werden.
PP 57	Für die UN-Nummern 0075, 0143, 0495, und 0497 müssen bei der Verwendung von Kisten als Außenverpackungen Säcke als Zwischenverpackungen verwendet werden.
PP 58	Für die UN-Nummern 0075, 0143, 0495, und 0497 müssen bei der Verwendung von Fässern als Außenverpackungen Fässer als Zwischenverpackungen verwendet werden.
PP 59	Für die UN-Nummer 0144 dürfen Kisten aus Pappe (4G) als Außenverpackungen verwendet werden.
PP 60	Für die UN-Nummer 0144 dürfen Fässer aus Aluminium (1B1 und 1B2) und aus einem anderen Metall als Stahl oder Aluminium (1N1 und 1N2) nicht verwendet werden.

4.1 Verwendung von Verpackungen, einschließlich Großpackmittel (IBC) und Großverpackungen

ADR	RID

P 116

VERPACKUNGSANWEISUNG

Folgende Verpackungen sind zugelassen, wenn die allgemeinen Vorschriften der Abschnitte 4.1.1 und 4.1.3 und die besonderen Vorschriften des Abschnittes 4.1.5 erfüllt sind:

Innenverpackungen	Zwischenverpackungen	Außenverpackungen
Säcke aus Papier, wasser- und ölbeständig aus Kunststoff aus Textilgewebe, mit Auskleidung oder Beschichtung aus Kunststoff aus Kunststoffgewebe, staubdicht **Behälter** aus Pappe, wasserbeständig aus Metall aus Kunststoff aus Holz, staubdicht **Einwickler** aus Papier, wasserbeständig aus Wachspapier aus Kunststoff	nicht erforderlich	**Säcke** aus Kunststoffgewebe (5H1, 5H2, 5H3) aus Papier, mehrlagig, wasserbeständig (5M2) aus Kunststofffolie (5H4) aus Textilgewebe, staubdicht (5L2) aus Textilgewebe, wasserbeständig (5L3) **Kisten** aus Stahl (4A) aus Aluminium (4B) aus einem anderen Metall (4N) aus Naturholz, einfach (4C1) aus Naturholz, mit staubdichten Wänden (4C2) aus Sperrholz (4D) aus Holzfaserwerkstoff (4F) aus Pappe (4G) aus starrem Kunststoff (4H2) **Fässer** aus Stahl (1A1, 1A2) aus Aluminium (1B1, 1B2) aus einem anderen Metall (1N1, 1N2) aus Sperrholz (1D) aus Pappe (1G) aus Kunststoff (1H1, 1H2) **Kanister** aus Stahl (3A1, 3A2) aus Kunststoff (3H1, 3H2)

Sondervorschriften für die Verpackung

PP 61	Für die UN-Nummern 0082, 0241, 0331 und 0332 sind keine Innenverpackungen erforderlich, wenn als Außenverpackungen dichte Fässer mit abnehmbarem Deckel verwendet werden.
PP 62	Für die UN-Nummern 0082, 0241, 0331 und 0332 sind keine Innenverpackungen erforderlich, sofern der explosive Stoff in einem flüssigkeitsundurchlässigen Werkstoff enthalten ist.
PP 63	Für die UN-Nummer 0081 sind keine Innenverpackungen erforderlich, sofern dieser Stoff in starrem Kunststoff enthalten ist, der für Salpetersäureester undurchlässig ist.
PP 64	Für die UN-Nummer 0331 sind keine Innenverpackungen erforderlich, wenn als Außenverpackungen Säcke (5H2, 5H3 oder 5H4) verwendet werden.
PP 65	(gestrichen)
PP 66	Für die UN-Nummer 0081 dürfen als Außenverpackungen keine Säcke verwendet werden.

Verwendung von Verpackungen, einschließlich Großpackmittel (IBC) und Großverpackungen 4.1

ADR	RID

P 130

VERPACKUNGSANWEISUNG

Folgende Verpackungen sind zugelassen, wenn die allgemeinen Vorschriften der Abschnitte 4.1.1 und 4.1.3 und die besonderen Vorschriften des Abschnittes 4.1.5 erfüllt sind:

Innenverpackungen	Zwischenverpackungen	Außenverpackungen
nicht erforderlich	nicht erforderlich	**Kisten**
		aus Stahl (4A)
		aus Aluminium (4B)
		aus einem anderen Metall (4N)
		aus Naturholz, einfach (4C1)
		aus Naturholz, mit staubdichten Wänden (4C2)
		aus Sperrholz (4D)
		aus Holzfaserwerkstoff (4F)
		aus Pappe (4G)
		aus Schaumstoff (4H1)
		aus starrem Kunststoff (4H2)
		Fässer
		aus Stahl (1A1, 1A2)
		aus Aluminium (1B1, 1B2)
		aus einem anderen Metall (1N1, 1N2)
		aus Sperrholz (1D)
		aus Pappe (1G)
		aus Kunststoff (1H1, 1H2)

Sondervorschrift für die Verpackung

PP 67 Folgende Vorschriften gelten für die UN-Nummern 0006, 0009, 0010, 0015, 0016, 0018, 0019, 0034, 0035, 0038, 0039, 0048, 0056, 0137, 0138, 0168, 0169, 0171, 0181, 0182, 0183, 0186, 0221, 0243, 0244, 0245, 0246, 0254, 0280, 0281, 0286, 0287, 0297, 0299, 0300, 0301, 0303, 0321, 0328, 0329, 0344, 0345, 0346, 0347, 0362, 0363, 0370, 0412, 0424, 0425, 0434, 0435, 0436, 0437, 0438, 0451, 0488, 0502 und 0510:
Große und robuste Gegenstände mit Explosivstoff, die normalerweise für militärische Verwendung vorgesehen sind und die keine Zündmittel enthalten oder deren Zündmittel mit mindestens zwei wirksamen Sicherungsvorrichtungen ausgerüstet sind, dürfen ohne Verpackung befördert werden. Enthalten diese Gegenstände Treibladungen oder sind die Gegenstände selbstantreibend, müssen ihre Zündungssysteme gegenüber Belastungen geschützt sein, die unter normalen Beförderungsbedingungen auftreten können. Ist das Ergebnis der an einem unverpackten Gegenstand durchgeführten Prüfungen der Prüfreihe 4 negativ, kann eine Beförderung des Gegenstands ohne Verpackung vorgesehen werden. Solche unverpackten Gegenstände dürfen auf Schlitten befestigt oder in Verschlägen oder anderen geeigneten Handhabungseinrichtungen eingesetzt sein.

4.1 Verwendung von Verpackungen, einschließlich Großpackmittel (IBC) und Großverpackungen

ADR	RID

P 131

VERPACKUNGSANWEISUNG

Folgende Verpackungen sind zugelassen, wenn die allgemeinen Vorschriften der Abschnitte 4.1.1 und 4.1.3 und die besonderen Vorschriften des Abschnittes 4.1.5 erfüllt sind:

Innenverpackungen	Zwischenverpackungen	Außenverpackungen

Säcke
  aus Papier
  aus Kunststoff
 	
Behälter
  aus Pappe
  aus Metall
  aus Kunststoff
  aus Holz
 	
Spulen
	nicht erforderlich	**Kisten**
		  aus Stahl (4A)
		  aus Aluminium (4B)
		  aus einem anderen Metall (4N)
		  aus Naturholz, einfach (4C1)
		  aus Naturholz,
		    mit staubdichten Wänden (4C2)
		  aus Sperrholz (4D)
		  aus Holzfaserwerkstoff (4F)
		  aus Pappe (4G)
		  aus starrem Kunststoff (4H2)
		
		Fässer
		  aus Stahl (1A1, 1A2)
		  aus Aluminium (1B1, 1B2)
		  aus einem anderen Metall (1N1, 1N2)
		  aus Sperrholz (1D)
		  aus Pappe (1G)
		  aus Kunststoff (1H1, 1H2)

Sondervorschrift für die Verpackung

PP 68 Für die UN-Nummern 0029, 0267 und 0455 dürfen Säcke und Spulen nicht als Innenverpackungen verwendet werden.

P 132a

VERPACKUNGSANWEISUNG

(Gegenstände, die aus einer geschlossenen Umhüllung aus Metall, Kunststoff oder Pappe bestehen und einen detonierenden Explosivstoff enthalten oder die aus einem kunststoffgebundenen detonierenden Explosivstoff bestehen)

Folgende Verpackungen sind zugelassen, wenn die allgemeinen Vorschriften der Abschnitte 4.1.1 und 4.1.3 und die besonderen Vorschriften des Abschnittes 4.1.5 erfüllt sind:

Innenverpackungen	Zwischenverpackungen	Außenverpackungen

nicht erforderlich	nicht erforderlich	**Kisten**
		  aus Stahl (4A)
		  aus Aluminium (4B)
		  aus einem anderen Metall (4N)
		  aus Naturholz, einfach (4C1)
		  aus Naturholz,
		    mit staubdichten Wänden (4C2)
		  aus Sperrholz (4D)
		  aus Holzfaserwerkstoff (4F)
		  aus Pappe (4G)
		  aus starrem Kunststoff (4H2)

Verwendung von Verpackungen, einschließlich Großpackmittel (IBC) und Großverpackungen 4.1

ADR	RID

P 132b

VERPACKUNGSANWEISUNG
(Gegenstände ohne geschlossene Umhüllung)

Folgende Verpackungen sind zugelassen, wenn die allgemeinen Vorschriften der Abschnitte 4.1.1 und 4.1.3 und die besonderen Vorschriften des Abschnittes 4.1.5 erfüllt sind:

Innenverpackungen	Zwischenverpackungen	Außenverpackungen
Behälter	nicht erforderlich	**Kisten**
aus Pappe		aus Stahl (4A)
aus Metall		aus Aluminium (4B)
aus Kunststoff		aus einem anderen Metall (4N)
aus Holz		aus Naturholz, einfach (4C1)
		aus Naturholz, mit staubdichten Wänden (4C2)
Einwickler		aus Sperrholz (4D)
aus Papier		aus Holzfaserwerkstoff (4F)
aus Kunststoff		aus Pappe (4G)
		aus starrem Kunststoff (4H2)

P 133

VERPACKUNGSANWEISUNG

Folgende Verpackungen sind zugelassen, wenn die allgemeinen Vorschriften der Abschnitte 4.1.1 und 4.1.3 und die besonderen Vorschriften des Abschnittes 4.1.5 erfüllt sind:

Innenverpackungen	Zwischenverpackungen	Außenverpackungen
Behälter	**Behälter**	**Kisten**
aus Pappe	aus Pappe	aus Stahl (4A)
aus Metall	aus Metall	aus Aluminium (4B)
aus Kunststoff	aus Kunststoff	aus einem anderen Metall (4N)
aus Holz	aus Holz	aus Naturholz, einfach (4C1)
		aus Naturholz, mit staubdichten Wänden (4C2)
Horden mit unterteilenden Trennwänden		aus Sperrholz (4D)
aus Pappe		aus Holzfaserwerkstoff (4F)
aus Kunststoff		aus Pappe (4G)
aus Holz		aus starrem Kunststoff (4H2)

Zusätzliche Vorschrift
Behälter sind als Zwischenverpackungen nur erforderlich, sofern die Innenverpackungen Horden sind.

Sondervorschrift für die Verpackung

PP 69	Für die UN-Nummern 0043, 0212, 0225, 0268 und 0306 dürfen Horden nicht als Innenverpackungen verwendet werden.

4.1 Verwendung von Verpackungen, einschließlich Großpackmittel (IBC) und Großverpackungen

ADR	RID

P 134

VERPACKUNGSANWEISUNG

Folgende Verpackungen sind zugelassen, wenn die allgemeinen Vorschriften der Abschnitte 4.1.1 und 4.1.3 und die besonderen Vorschriften des Abschnittes 4.1.5 erfüllt sind:

Innenverpackungen	Zwischenverpackungen	Außenverpackungen
Säcke wasserbeständig **Behälter** aus Pappe aus Metall aus Kunststoff aus Holz **Einwickler** aus Wellpappe **Hülsen** aus Pappe	nicht erforderlich	**Kisten** aus Stahl (4A) aus Aluminium (4B) aus einem anderen Metall (4N) aus Naturholz, einfach (4C1) aus Naturholz, mit staubdichten Wänden (4C2) aus Sperrholz (4D) aus Holzfaserwerkstoff (4F) aus Pappe (4G) aus Schaumstoff (4H1) aus starrem Kunststoff (4H2) **Fässer** aus Stahl (1A1, 1A2) aus Aluminium (1B1, 1B2) aus einem anderen Metall (1N1, 1N2) aus Sperrholz (1D) aus Pappe (1G) aus Kunststoff (1H1, 1H2)

P 135

VERPACKUNGSANWEISUNG

Folgende Verpackungen sind zugelassen, wenn die allgemeinen Vorschriften der Abschnitte 4.1.1 und 4.1.3 und die besonderen Vorschriften des Abschnittes 4.1.5 erfüllt sind:

Innenverpackungen	Zwischenverpackungen	Außenverpackungen
Säcke aus Papier aus Kunststoff **Behälter** aus Pappe aus Metall aus Kunststoff aus Holz **Einwickler** aus Papier aus Kunststoff	nicht erforderlich	**Kisten** aus Stahl (4A) aus Aluminium (4B) aus einem anderen Metall (4N) aus Naturholz, einfach (4C1) aus Naturholz, mit staubdichten Wänden (4C2) aus Sperrholz (4D) aus Holzfaserwerkstoff (4F) aus Pappe (4G) aus Schaumstoff (4H1) aus starrem Kunststoff (4H2) **Fässer** aus Stahl (1A1, 1A2) aus Aluminium (1B1, 1B2) aus Sperrholz (1D) aus einem anderen Metall (1N1, 1N2) aus Pappe (1G) aus Kunststoff (1H1, 1H2)

Verwendung von Verpackungen, einschließlich Großpackmittel (IBC) und Großverpackungen 4.1

ADR	RID

P 136

VERPACKUNGSANWEISUNG

Folgende Verpackungen sind zugelassen, wenn die allgemeinen Vorschriften der Abschnitte 4.1.1 und 4.1.3 und die besonderen Vorschriften des Abschnittes 4.1.5 erfüllt sind:

Innenverpackungen	Zwischenverpackungen	Außenverpackungen
Säcke aus Kunststoff aus Textilgewebe **Kisten** aus Pappe aus Kunststoff aus Holz **unterteilende Trennwände in der Außenverpackung**	nicht erforderlich	**Kisten** aus Stahl (4A) aus Aluminium (4B) aus einem anderen Metall (4N) aus Naturholz, einfach (4C1) aus Naturholz, mit staubdichten Wänden (4C2) aus Sperrholz (4D) aus Holzfaserwerkstoff (4F) aus Pappe (4G) aus starrem Kunststoff (4H2) **Fässer** aus Stahl (1A1, 1A2) aus Aluminium (1B1, 1B2) aus einem anderen Metall (1N1, 1N2) aus Sperrholz (1D) aus Pappe (1G) aus Kunststoff (1H1, 1H2)

P 137

VERPACKUNGSANWEISUNG

Folgende Verpackungen sind zugelassen, wenn die allgemeinen Vorschriften der Abschnitte 4.1.1 und 4.1.3 und die besonderen Vorschriften des Abschnittes 4.1.5 erfüllt sind:

Innenverpackungen	Zwischenverpackungen	Außenverpackungen
Säcke aus Kunststoff **Kisten** aus Pappe aus Holz **Hülsen** aus Pappe aus Metall aus Kunststoff **unterteilende Trennwände in der Außenverpackung**	nicht erforderlich	**Kisten** aus Stahl (4A) aus Aluminium (4B) aus einem anderen Metall (4N) aus Naturholz, einfach (4C1) aus Naturholz, mit staubdichten Wänden (4C2) aus Sperrholz (4D) aus Holzfaserwerkstoff (4F) aus Pappe (4G) aus starrem Kunststoff (4H2) **Fässer** aus Stahl (1A1, 1A2) aus Aluminium (1B1, 1B2) aus einem anderen Metall (1N1, 1N2) aus Sperrholz (1D) aus Pappe (1G) aus Kunststoff (1H1, 1H2)

Sondervorschrift für die Verpackung

PP 70 Werden für die UN-Nummern 0059, 0439, 0440 und 0441 die Hohlladungen einzeln verpackt, müssen die konischen Höhlungen nach unten gerichtet und das Versandstück gemäß Absatz 5.2.1.10.1 gekennzeichnet sein. Werden die Hohlladungen paarweise verpackt, müssen die konischen Höhlungen der Hohlladungen einander zugewandt sein, um den Hohlladungseffekt im Falle einer ungewollten Auslösung möglichst gering zu halten.

4.1 Verwendung von Verpackungen, einschließlich Großpackmittel (IBC) und Großverpackungen

ADR	RID

P 138 — VERPACKUNGSANWEISUNG

Folgende Verpackungen sind zugelassen, wenn die allgemeinen Vorschriften der Abschnitte 4.1.1 und 4.1.3 und die besonderen Vorschriften des Abschnittes 4.1.5 erfüllt sind:

Innenverpackungen	Zwischenverpackungen	Außenverpackungen

Säcke
  aus Kunststoff
	nicht erforderlich	Kisten
		  aus Stahl (4A)
		  aus Aluminium (4B)
		  aus einem anderen Metall (4N)
		  aus Naturholz, einfach (4C1)
		  aus Naturholz, mit staubdichten Wänden (4C2)
		  aus Sperrholz (4D)
		  aus Holzfaserwerkstoff (4F)
		  aus Pappe (4G)
		  aus starrem Kunststoff (4H2)
		
		Fässer
		  aus Stahl (1A1, 1A2)
		  aus Aluminium (1B1, 1B2)
		  aus einem anderen Metall (1N1, 1N2)
		  aus Sperrholz (1D)
		  aus Pappe (1G)
		  aus Kunststoff (1H1, 1H2)

Zusätzliche Vorschrift
Wenn die Enden der Gegenstände dicht verschlossen sind, sind keine Innenverpackungen erforderlich.

P 139 — VERPACKUNGSANWEISUNG

Folgende Verpackungen sind zugelassen, wenn die allgemeinen Vorschriften der Abschnitte 4.1.1 und 4.1.3 und die besonderen Vorschriften des Abschnittes 4.1.5 erfüllt sind:

Innenverpackungen	Zwischenverpackungen	Außenverpackungen

Säcke
  aus Kunststoff
 	
Behälter
  aus Pappe
  aus Metall
  aus Kunststoff
  aus Holz
 	
Spulen
 	
Einwickler
  aus Kraftpapier
  aus Kunststoff
	nicht erforderlich	Kisten
		  aus Stahl (4A)
		  aus Aluminium (4B)
		  aus einem anderen Metall (4N)
		  aus Naturholz, einfach (4C1)
		  aus Naturholz, mit staubdichten Wänden (4C2)
		  aus Sperrholz (4D)
		  aus Holzfaserwerkstoff (4F)
		  aus Pappe (4G)
		  aus starrem Kunststoff (4H2)
		
		Fässer
		  aus Stahl (1A1, 1A2)
		  aus Aluminium (1B1, 1B2)
		  aus einem anderen Metall (1N1, 1N2)
		  aus Sperrholz (1D)
		  aus Pappe (1G)
		  aus Kunststoff (1H1, 1H2)

Sondervorschriften für die Verpackung

PP 71 Für die UN-Nummern 0065, 0102, 0104, 0289 und 0290 müssen die Enden der Sprengschnur dicht verschlossen sein, z.B. mit Hilfe einer Verschlusseinrichtung, die so fest verschlossen ist, dass kein explosiver Stoff entweichen kann. Die Enden der Sprengschnur, biegsam müssen befestigt sein.

PP 72 Für die UN-Nummern 0065 und 0289 sind keine Innenverpackungen erforderlich, sofern die Gegenstände in Rollen vorliegen.

Verwendung von Verpackungen, einschließlich Großpackmittel (IBC) und Großverpackungen 4.1

ADR	RID

P 140	VERPACKUNGSANWEISUNG	
Folgende Verpackungen sind zugelassen, wenn die allgemeinen Vorschriften der Abschnitte 4.1.1 und 4.1.3 und die besonderen Vorschriften des Abschnittes 4.1.5 erfüllt sind:		
Innenverpackungen	Zwischenverpackungen	Außenverpackungen

Säcke
  aus Kunststoff
 	
Behälter
  aus Holz
 	
Spulen
 	
Einwickler
  aus Kraftpapier
  aus Kunststoff
	nicht erforderlich	**Kisten**
		  aus Stahl (4A)
		  aus Aluminium (4B)
		  aus einem anderen Metall (4N)
		  aus Naturholz, einfach (4C1)
		  aus Naturholz,
		    mit staubdichten Wänden (4C2)
		  aus Sperrholz (4D)
		  aus Holzfaserwerkstoff (4F)
		  aus Pappe (4G)
		  aus starrem Kunststoff (4H2)
		
		Fässer
		  aus Stahl (1A1, 1A2)
		  aus Aluminium (1B1, 1B2)
		  aus einem anderen Metall (1N1, 1N2)
		  aus Sperrholz (1D)
		  aus Pappe (1G)
		  aus Kunststoff (1H1, 1H2)

Sondervorschriften für die Verpackung		
PP 73	Wenn die Enden für die UN-Nummer 0105 dicht verschlossen sind, sind keine Innenverpackungen erforderlich.	
PP 74	Die Verpackung für die UN-Nummer 0101 muss staubdicht sein, es sei denn, die Stoppine befindet sich in einer Hülse aus Papier und die beiden Enden der Hülse sind mit abnehmbaren Kappen abgedeckt.	
PP 75	Für die UN-Nummer 0101 dürfen keine Kisten oder Fässer aus Stahl, Aluminium oder einem anderen Metall verwendet werden.	

4.1 Verwendung von Verpackungen, einschließlich Großpackmittel (IBC) und Großverpackungen

ADR	RID

P 141

VERPACKUNGSANWEISUNG

Folgende Verpackungen sind zugelassen, wenn die allgemeinen Vorschriften der Abschnitte 4.1.1 und 4.1.3 und die besonderen Vorschriften des Abschnittes 4.1.5 erfüllt sind:

Innenverpackungen	Zwischenverpackungen	Außenverpackungen
Behälter aus Pappe aus Metall aus Kunststoff aus Holz **Horden mit unterteilenden Trennwänden** aus Kunststoff aus Holz **unterteilende Trennwände in der Außenverpackung**	nicht erforderlich	**Kisten** aus Stahl (4A) aus Aluminium (4B) aus einem anderen Metall (4N) aus Naturholz, einfach (4C1) aus Naturholz, mit staubdichten Wänden (4C2) aus Sperrholz (4D) aus Holzfaserwerkstoff (4F) aus Pappe (4G) aus starrem Kunststoff (4H2) **Fässer** aus Stahl (1A1, 1A2) aus Aluminium (1B1, 1B2) aus einem anderen Metall (1N1, 1N2) aus Sperrholz (1D) aus Pappe (1G) aus Kunststoff (1H1, 1H2)

P 142

VERPACKUNGSANWEISUNG

Folgende Verpackungen sind zugelassen, wenn die allgemeinen Vorschriften der Abschnitte 4.1.1 und 4.1.3 und die besonderen Vorschriften des Abschnittes 4.1.5 erfüllt sind:

Innenverpackungen	Zwischenverpackungen	Außenverpackungen
Säcke aus Papier aus Kunststoff **Behälter** aus Pappe aus Metall aus Kunststoff aus Holz **Einwickler** aus Papier **Horden mit unterteilenden Trennwänden** aus Kunststoff	nicht erforderlich	**Kisten** aus Stahl (4A) aus Aluminium (4B) aus einem anderen Metall (4N) aus Naturholz, einfach (4C1) aus Naturholz, mit staubdichten Wänden (4C2) aus Sperrholz (4D) aus Holzfaserwerkstoff (4F) aus Pappe (4G) aus starrem Kunststoff (4H2) **Fässer** aus Stahl (1A1, 1A2) aus Aluminium (1B1, 1B2) aus einem anderen Metall (1N1, 1N2) aus Sperrholz (1D) aus Pappe (1G) aus Kunststoff (1H1, 1H2)

Verwendung von Verpackungen, einschließlich Großpackmittel (IBC) und Großverpackungen 4.1

ADR RID

P 143 VERPACKUNGSANWEISUNG

Folgende Verpackungen sind zugelassen, wenn die allgemeinen Vorschriften der Abschnitte 4.1.1 und 4.1.3 und die besonderen Vorschriften des Abschnittes 4.1.5 erfüllt sind:

Innenverpackungen	Zwischenverpackungen	Außenverpackungen
Säcke	nicht erforderlich	**Kisten**
aus Kraftpapier		aus Stahl (4A)
aus Kunststoff		aus Aluminium (4B)
aus Textilgewebe		aus einem anderen Metall (4N)
aus Textilgewebe, gummiert		aus Naturholz, einfach (4C1)
		aus Naturholz, mit staubdichten Wänden (4C2)
Behälter		aus Sperrholz (4D)
aus Pappe		aus Holzfaserwerkstoff (4F)
aus Metall		aus Pappe (4G)
aus Kunststoff		aus starrem Kunststoff (4H2)
aus Holz		
Horden mit unterteilenden Trennwänden		**Fässer**
		aus Stahl (1A1, 1A2)
aus Kunststoff		aus Aluminium (1B1, 1B2)
aus Holz		aus einem anderen Metall (1N1, 1N2)
		aus Sperrholz (1D)
		aus Pappe (1G)
		aus Kunststoff (1H1, 1H2)

Zusätzliche Vorschrift
Anstelle der oben genannten Innen- und Außenverpackungen dürfen Kombinationsverpackungen (6HH2) (Kunststoffgefäß in einer Kiste aus starrem Kunststoff) verwendet werden.

Sondervorschrift für die Verpackung

PP 76   Werden für die UN-Nummern 0271, 0272, 0415 und 0491 Verpackungen aus Metall verwendet, so müssen diese so hergestellt sein, dass ein Explosionsrisiko infolge eines Anstiegs des Innendrucks auf Grund innerer oder äußerer Ursachen verhindert wird.

4.1 Verwendung von Verpackungen, einschließlich Großpackmittel (IBC) und Großverpackungen

ADR | **RID**

P 144

VERPACKUNGSANWEISUNG

Folgende Verpackungen sind zugelassen, wenn die allgemeinen Vorschriften der Abschnitte 4.1.1 und 4.1.3 und die besonderen Vorschriften des Abschnittes 4.1.5 erfüllt sind:

Innenverpackungen	Zwischenverpackungen	Außenverpackungen
Behälter 　aus Pappe 　aus Metall 　aus Kunststoff 　aus Holz unterteilende Trennwände in der Außenverpackung	nicht erforderlich	**Kisten** 　aus Stahl (4A) 　aus Aluminium (4B) 　aus einem anderen Metall (4N) 　aus Naturholz, einfach (4C1) 　　mit Auskleidung aus Metall 　aus Sperrholz (4D) 　　mit Auskleidung aus Metall 　aus Holzfaserwerkstoff (4F) 　　mit Auskleidung aus Metall 　aus Schaumstoff (4H1) 　aus starrem Kunststoff (4H2) **Fässer** 　aus Stahl (1A1, 1A2) 　aus Aluminium (1B1, 1B2) 　aus einem anderen Metall (1N1, 1N2) 　aus Kunststoff (1H1, 1H2)

Sondervorschrift für die Verpackung

PP 77 Für die UN-Nummern 0248 und 0249 müssen die Verpackungen gegen das Eindringen von Wasser geschützt sein. Werden die Vorrichtungen, durch Wasser aktivierbar, ohne Verpackung befördert, müssen sie mindestens zwei voneinander unabhängige Sicherungsvorrichtungen enthalten, um das Eindringen von Wasser zu verhindern.

Verwendung von Verpackungen, einschließlich Großpackmittel (IBC) und Großverpackungen 4.1

ADR | RID

P 200 — VERPACKUNGSANWEISUNG

Verpackungsart

Flaschen, Großflaschen, Druckfässer und Flaschenbündel

Flaschen, Großflaschen, Druckfässer und Flaschenbündel sind zugelassen, vorausgesetzt, die besonderen Vorschriften des Abschnitts 4.1.6, die nachstehend unter den Absätzen (1) bis (9) aufgeführten Vorschriften und, sofern darauf in der Spalte «Sondervorschrift für die Verpackung» der Tabelle 1, 2 oder 3 verwiesen wird, die jeweiligen Sondervorschriften für die Verpackung des nachstehenden Absatzes (10) werden beachtet.

Allgemeines

(1) Die Druckgefäße müssen so verschlossen und dicht sein, dass ein Entweichen von Gasen ausgeschlossen ist.

(2) Druckgefäße, die giftige Stoffe mit einem LC_{50}-Wert von höchstens 200 ml/m³ (ppm) gemäß Tabelle enthalten, dürfen mit keiner Druckentlastungseinrichtung ausgerüstet sein. UN-Druckgefäße zur Beförderung von UN 1013 Kohlendioxid und UN 1070 Distickstoffmonoxid müssen mit Druckentlastungseinrichtungen ausgerüstet sein.

(3) Die folgenden drei Tabellen umfassen verdichtete Gase (Tabelle 1), verflüssigte und gelöste Gase (Tabelle 2) und Stoffe, die nicht unter die Klasse 2 fallen (Tabelle 3). Sie enthalten Angaben über:

    a) die UN-Nummer, die Benennung und Beschreibung sowie den Klassifizierungscode des Stoffes;

    b) den LC_{50}-Wert für giftige Stoffe;

    c) die durch den Buchstaben «X» bezeichneten Arten von Druckgefäßen, die für den Stoff zugelassen sind;

    d) die höchstzulässige Prüffrist für die wiederkehrende Prüfung der Druckgefäße;

    Bem. Bei Druckgefäßen, für die Verbundwerkstoffe verwendet wurden, beträgt die höchstzulässige Prüffrist 5 Jahre. Die Prüffrist darf auf die in den Tabellen 1 und 2 festgelegte Prüffrist (d.h. auf bis zu 10 Jahre) ausgedehnt werden, wenn dies von der zuständigen Behörde oder der von dieser Behörde bestimmten Stelle, welche die Baumusterzulassung ausgestellt hat, zugelassen ist.

    e) den Mindestprüfdruck der Druckgefäße;

    f) den höchstzulässigen Betriebsdruck der Druckgefäße für verdichtete Gase (wenn kein Wert angegeben ist, darf der Betriebsdruck nicht größer sein als zwei Drittel des Prüfdrucks) oder den (die) höchstzulässigen Füllungsgrad(e) abhängig von dem (den) Prüfdruck (Prüfdrücken) für verflüssigte und gelöste Gase;

    g) die Sondervorschriften für die Verpackung, die für den Stoff gelten.

Prüfdruck, Füllungsgrad und Vorschriften für das Befüllen

(4) Der Mindestprüfdruck beträgt 1 MPa (10 bar).

(5) Druckgefäße dürfen in keinem Fall über den in den nachfolgenden Vorschriften zugelassenen Grenzwert befüllt werden:

    a) Für verdichtete Gase darf der Betriebsdruck nicht größer sein als zwei Drittel des Prüfdrucks der Druckgefäße. Die Sondervorschrift für die Verpackung «o» in Absatz (10) legt Einschränkungen bezüglich dieser Obergrenze des Betriebsdrucks fest. Der Innendruck bei 65 °C darf in keinem Fall den Prüfdruck überschreiten.

    b) Für unter hohem Druck verflüssigte Gase ist der Füllungsgrad so zu wählen, dass der bei 65 °C entwickelte Druck den Prüfdruck der Druckgefäße nicht überschreitet.

    Mit Ausnahme der Fälle, in denen die Sondervorschrift für die Verpackung «o» des Absatzes (10) gilt, ist die Verwendung anderer als der in der Tabelle angegebenen Prüfdrücke und Füllungsgrade zugelassen, vorausgesetzt,
    (i) das Kriterium der Sondervorschrift für die Verpackung «r» in Absatz (10) ist, sofern anwendbar, erfüllt oder
    (ii) das oben genannte Kriterium ist in allen anderen Fällen erfüllt.

    Für unter hohem Druck verflüssigte Gase oder Gasgemische, für die entsprechende Daten nicht verfügbar sind, ist der höchstzulässige Füllungsgrad (FR) wie folgt zu bestimmen:

$$FR = 8{,}5 \times 10^{-4} \times d_g \times P_h,$$

    wobei
    FR = höchstzulässiger Füllungsgrad
    d_g = Gasdichte (bei 15 °C, 1 bar) (in kg/m³)
    P_h = Mindestprüfdruck (in bar).

    Ist die Dichte des Gases nicht bekannt, ist der höchstzulässige Füllungsgrad wie folgt zu bestimmen:

$$FR = \frac{P_h \times MM \times 10^{-3}}{R \times 338},$$

    wobei
    FR = höchstzulässiger Füllungsgrad
    P_h = Mindestprüfdruck (in bar)

4.1 Verwendung von Verpackungen, einschließlich Großpackmittel (IBC) und Großverpackungen

ADR | RID

MM = Molekularmasse (in g/Mol)
R = $8,31451 \times 10^{-2}$ bar·l·Mol^{-1}·K^{-1} (Gaskonstante).

Für Gasgemische ist die durchschnittliche Molekularmasse unter Berücksichtigung der Volumenkonzentrationen der einzelnen Komponenten zu verwenden.

c) Für unter niedrigem Druck verflüssigte Gase ist die höchstzulässige Masse der Füllung je Liter Fassungsraum gleich der 0,95fachen Dichte der flüssigen Phase bei 50 °C; außerdem darf die flüssige Phase bei Temperaturen bis zu 60 °C das Druckgefäß nicht ausfüllen. Der Prüfdruck des Druckgefäßes muss mindestens gleich dem Dampfdruck (absolut) des flüssigen Stoffes bei 65 °C minus 100 kPa (1 bar) sein.

Für unter niedrigem Druck verflüssigte Gase oder Gasgemische, für die entsprechende Daten nicht verfügbar sind, ist der höchstzulässige Füllungsgrad wie folgt zu bestimmen:

$$FR = (0,0032 \times BP - 0,24) \times d_l$$

wobei

FR = höchstzulässiger Füllungsgrad
BP = Siedepunkt (in Kelvin)Gasdichte (bei 15 °C, 1 bar) (in kg/m^3)
d_l = Dichte des flüssigen Stoffes beim Siedepunkt (in kg/l).

d) Für UN 1001 Acetylen, gelöst und UN 3374 Acetylen, lösungsmittelfrei siehe Absatz (10) Sondervorschrift für die Verpackung p.

e) Bei verflüssigten Gasen, die mit verdichteten Gasen überlagert sind, müssen bei der Berechnung des Innendrucks des Druckgefäßes beide Bestandteile – das verflüssigte Gas und das verdichtete Gas – berücksichtigt werden. Die höchstzulässige Masse des Inhalts je Liter Fassungsraum darf nicht größer als die 0,95fache Dichte der flüssigen Phase bei 50 °C sein; außerdem darf die flüssige Phase bei Temperaturen bis zu 60 °C das Druckgefäß nicht vollständig ausfüllen.

Im gefüllten Zustand darf der Innendruck bei 65 °C den Prüfdruck des Druckgefäßes nicht überschreiten. Es müssen die Dampfdrücke und die volumetrischen Ausdehnungen aller Stoffe im Druckgefäß berücksichtigt werden. Wenn keine Versuchsdaten verfügbar sind, müssen folgende Schritte durchgeführt werden:

(i) Berechnung des Dampfdrucks des verflüssigten Gases und des partiellen Drucks des verdichteten Gases bei 15 °C (Fülltemperatur);
(ii) Berechnung der volumetrischen Ausdehnung der flüssigen Phase, die aus einer Erwärmung von 15 °C auf 65 °C resultiert, und Berechnung des für die gasförmige Phase verbleibenden Volumens;
(iii) Berechnung des partiellen Drucks des verdichteten Gases bei 65 °C unter Berücksichtigung der volumetrischen Ausdehnung der flüssigen Phase.

Bem. Der Kompressibilitätsfaktor des verdichteten Gases bei 15 °C und 65 °C muss berücksichtigt werden.

(iv) Berechnung des Dampfdrucks des verflüssigten Gases bei 65 °C;
(v) der Gesamtdruck ist die Summe aus Dampfdruck des verflüssigten Gases und partiellem Druck des verdichteten Gases bei 65 °C;
(vi) Berücksichtigung der Löslichkeit des verdichteten Gases bei 65 °C in der flüssigen Phase.

Der Prüfdruck des Druckgefäßes darf nicht kleiner sein als der berechnete Gesamtdruck minus 100 kPa (1 bar).

Wenn für die Berechnung die Löslichkeit des verdichteten Gases in der flüssigen Phase nicht bekannt ist, darf der Prüfdruck ohne Berücksichtigung der Gaslöslichkeit (Unterabsatz (vi)) berechnet werden.

(6) Sofern die in den Absätzen (4) und (5) aufgeführten allgemeinen Vorschriften erfüllt sind, dürfen abweichende Prüfdrücke und Füllungsgrade verwendet werden.

(7) a) Das Befüllen der Druckgefäße darf nur durch besonders ausgerüstete Stellen, die über geeignete Verfahren verfügen, und durch qualifiziertes Personal vorgenommen werden.

Die Verfahren müssen folgende Kontrollen beinhalten:
– Übereinstimmung der Gefäße und der Zubehörteile mit dem ADR/RID,
– Verträglichkeit der Gefäße und der Zubehörteile mit dem zu befördernden Produkt,
– Nichtvorhandensein von Schäden, welche die Sicherheit beeinträchtigen können,
– Einhaltung des Füllungsgrades oder des Fülldrucks, abhängig davon, welcher von beiden anwendbar ist,
– Kennzeichen und Erkennungszeichen.

b) Für die Befüllung von Flaschen vorgesehenes Flüssiggas muss qualitativ hochwertig sein; diese Vorschrift gilt als erfüllt, wenn das einzufüllende Flüssiggas den in der Norm ISO 9162:1989 festgelegten Begrenzungen der Korrosivität entspricht.

Verwendung von Verpackungen, einschließlich Großpackmittel (IBC) und Großverpackungen 4.1

ADR	RID

Wiederkehrende Prüfungen

▶ 1.6.2.1

(8) Nachfüllbare Druckgefäße sind nach den Vorschriften des Unterabschnitts 6.2.1.6 bzw. 6.2.3.5 wiederkehrenden Prüfungen zu unterziehen.

(9) Sofern in den nachstehenden Tabellen nicht besondere stoffbezogene Vorschriften enthalten sind, müssen die wiederkehrenden Prüfungen vorgenommen werden:

    a) alle 5 Jahre an Druckgefäßen zur Beförderung von Gasen der Klassifizierungscodes 1T, 1TF, 1TO, 1TC, 1TFC, 1TOC, 2T, 2TO, 2TF, 2TC, 2TFC, 2TOC, 4A, 4F und 4TC;

    b) alle 5 Jahre an Druckgefäßen zur Beförderung von Stoffen anderer Klassen;

    c) alle 10 Jahre an Druckgefäßen zur Beförderung von Gasen der Klassifizierungscodes 1A, 1O, 1F, 2A, 2O und 2F.

Bei Druckgefäßen, für die Verbundwerkstoffe verwendet wurden, beträgt die höchstzulässige Prüffrist 5 Jahre. Die Prüffrist darf auf die in den Tabellen 1 und 2 festgelegte Prüffrist (d.h. auf bis zu 10 Jahre) ausgedehnt werden, wenn dies von der zuständigen Behörde oder der von dieser Behörde bestimmten Stelle, welche die Baumusterzulassung ausgestellt hat, zugelassen ist.

Sondervorschriften für die Verpackung

(10) Werkstoffverträglichkeit

    a: Druckgefäße aus Aluminiumlegierungen dürfen nicht verwendet werden.

    b: Ventile aus Kupfer dürfen nicht verwendet werden.

    c: Metallteile, die mit dem Inhalt in Berührung kommen, dürfen höchstens 65 % Kupfer enthalten.

    d: Werden Druckgefäße aus Stahl verwendet, sind nur solche zugelassen, welche gemäß Absatz 6.2.2.7.4 p) mit dem Kennzeichen «H» versehen sind.

Vorschriften für giftige Stoffe mit einem LC_{50}-Wert von höchstens 200 ml/m³ (ppm)

    k: Die Ventilöffnungen müssen mit druckfesten gasdichten Stopfen oder Kappen mit einem zu den Ventilöffnungen passenden Gewinde versehen sein, die aus einem Werkstoff hergestellt sein müssen, der vom Inhalt des Druckgefäßes nicht angegriffen wird.

Jede Flasche eines Bündels muss mit einem eigenen Ventil ausgerüstet sein, das während der Beförderung geschlossen sein muss. Nach dem Befüllen muss die Sammelleitung entleert, gereinigt und verschlossen werden.

Flaschenbündel, die UN 1045 Fluor, verdichtet, enthalten, dürfen mit Trennventilen an Gruppen von Flaschen mit einem (mit Wasser) ausgeliterten Gesamtfassungsraum von höchstens 150 Litern anstatt mit Trennventilen an jeder Flasche ausgerüstet sein.

Flaschen und die einzelnen Flaschen eines Flaschenbündels müssen einen Prüfdruck von mindestens 200 bar und eine Mindestwanddicke von 3,5 mm für Aluminiumlegierung oder 2 mm für Stahl haben. Einzelne Flaschen, die dieser Vorschrift nicht entsprechen, müssen in einer starren Außenverpackung befördert werden, welche die Flasche und ihre Armaturen ausreichend schützt und den Prüfanforderungen der Verpackungsgruppe I entspricht. Druckfässer müssen eine von der zuständigen Behörde festgelegte Mindestwanddicke haben.

Druckgefäße dürfen nicht mit einer Druckentlastungseinrichtung ausgerüstet sein.

Der Fassungsraum von Flaschen und einzelnen Flaschen eines Bündels ist auf höchstens 85 Liter zu begrenzen.

Jedes Ventil muss dem Prüfdruck des Druckgefäßes standhalten können und muss entweder durch ein kegeliges Gewinde oder durch andere Mittel, die den Anforderungen der Norm ISO 10692-2:2001 entsprechen, direkt mit dem Druckgefäß verbunden sein.

Jedes Ventil muss entweder ein Membranventil mit einer unperforierten Membran oder ein Typ sein, bei dem Undichtheiten durch die oder an der Dichtung vorbei verhindert werden.

Die Beförderung in Kapseln ist nicht zugelassen.

Jedes Druckgefäß muss nach dem Befüllen auf Dichtheit geprüft werden.

Gasspezifische Vorschriften

    l: UN 1040 Ethylenoxid darf auch in luftdicht verschlossenen Innenverpackungen aus Glas oder Metall verpackt sein, die mit geeignetem Polstermaterial in Kisten aus Pappe, Holz oder Metall, die den Anforderungen für die Verpackungsgruppe I genügen, eingesetzt sind. Die höchstzulässige Menge in Innenverpackungen aus Glas beträgt 30 g, die höchstzulässige Menge in Innenverpackungen aus Metall 200 g. Nach dem Befüllen muss jede Innenverpackung durch Einsetzen in ein Heißwasserbad auf Dichtheit geprüft werden, wobei Temperatur und Dauer ausreichend sein müssen, um sicherzustellen, dass ein Innendruck in der Höhe des Dampfdrucks von Ethylenoxid bei 55 °C erreicht wird. Die höchste Nettomenge in einer Außenverpackung darf 2,5 kg nicht überschreiten.

    m: Die Druckgefäße müssen bis zu einem Betriebsdruck befüllt werden, der 5 bar nicht überschreitet.

4.1 Verwendung von Verpackungen, einschließlich Großpackmittel (IBC) und Großverpackungen

ADR	RID

n: Flaschen und einzelne Flaschen eines Flaschenbündels dürfen höchstens 5 kg des Gases enthalten. Wenn Flaschenbündel mit UN 1045 Fluor, verdichtet, gemäß Sondervorschrift für die Verpackung «k» in Gruppen von Flaschen unterteilt sind, darf jede Gruppe höchstens 5 kg des Gases enthalten.

o: Der in den Tabellen angegebene Betriebsdruck oder Füllungsgrad darf in keinem Fall überschritten werden.

p: Für UN 1001 Acetylen, gelöst, und UN 3374 Acetylen, lösungsmittelfrei: Die Flaschen müssen mit einem homogenen monolithischen porösen Material gefüllt sein; der Betriebsdruck und die Menge Acetylen dürfen die in der Zulassung oder in der Norm ISO 3807-1:2000, ISO 3807-2:2000 bzw. ISO 3807:2013 beschriebenen Werte nicht überschreiten.

Für UN 1001 Acetylen, gelöst: Die Flaschen müssen eine in der Zulassung festgelegte Menge Aceton oder eines geeigneten Lösungsmittels enthalten (siehe Norm ISO 3807-1:2000, ISO 3807-2:2000 bzw. ISO 3807:2013); Flaschen, die mit Druckentlastungseinrichtungen ausgerüstet sind oder die durch ein Sammelrohr miteinander verbunden sind, müssen in vertikaler Lage befördert werden.

Alternativ für UN 1001 Acetylen, gelöst: Flaschen, die keine UN-Druckgefäße sind, dürfen mit einem nicht monolithischen porösen Material gefüllt sein; der Betriebsdruck, die Menge Acetylen und die Menge des Lösungsmittels dürfen die in der Zulassung beschriebenen Werte nicht überschreiten. Die höchstzulässige Frist zwischen den wiederkehrenden Prüfungen der Flaschen darf fünf Jahre nicht überschreiten.

Ein Prüfdruck von 52 bar ist nur bei den Flaschen anzuwenden, die mit einem Schmelzstopfen ausgerüstet sind.

q: Die Ventilöffnungen von Druckgefäßen für pyrophore Gase oder entzündbare Gemische von Gasen, die mehr als 1 % pyrophore Verbindungen enthalten, müssen mit gasdichten Stopfen oder Kappen ausgestattet sein, die aus einem Werkstoff hergestellt sein müssen, der vom Inhalt des Druckgefäßes nicht angegriffen wird. Wenn diese Druckgefäße in einem Bündel mit einer Sammelleitung verbunden sind, muss jedes Druckgefäß mit einem eigenen Ventil, das während der Beförderung geschlossen sein muss, und die Öffnung des Sammelleitungsventils mit einem druckfesten gasdichten Stopfen oder einer gasdichten Kappe ausgestattet sein. Gasdichte Stopfen oder Kappen müssen mit zu den Ventilöffnungen passenden Gewinden versehen sein. Die Beförderung in Kapseln ist nicht zugelassen.

r: Der Füllungsgrad dieses Gases ist so zu begrenzen, dass der Druck im Falle des vollständigen Zerfalls zwei Drittel des Prüfdrucks des Druckgefäßes nicht übersteigt.

ra: Dieses Gas darf unter den folgenden Bedingungen auch in Kapseln verpackt werden:

  a) Die Masse des Gases darf 150 g je Kapsel nicht überschreiten.

  b) Die Kapseln müssen frei von Fehlern sein, die ihre Festigkeit verringern könnten.

  c) Die Dichtheit des Verschlusses muss durch eine zusätzliche Vorrichtung (Deckel, Kappe, Versiegelung, Umwicklung, usw.) sichergestellt werden, die geeignet ist, Undichtheiten des Verschlusssystems während der Beförderung zu verhindern.

  d) Die Kapseln müssen in eine Außenverpackung von ausreichender Festigkeit eingesetzt werden. Ein Versandstück darf nicht schwerer sein als 75 kg.

s: Druckgefäße aus Aluminiumlegierungen:

  – dürfen nur mit Ventilen aus Messing oder aus rostfreiem Stahl ausgerüstet sein und

  – müssen von Verunreinigungen durch Kohlenwasserstoffe befreit sein und dürfen nicht mit Öl verunreinigt sein. UN-Druckgefäße müssen gemäß Norm ISO 11621:1997 gereinigt sein.

ta: Für die Befüllung geschweißter Flaschen aus Stahl zur Beförderung von Stoffen der UN-Nummer 1965 dürfen andere Kriterien verwendet werden:	(bleibt offen)
a) mit Zustimmung der zuständigen Behörde(n) des Staates (der Staaten), in dem (denen) die Beförderung durchgeführt wird, und	
b) in Übereinstimmung mit den Vorschriften eines von der zuständigen Behörde anerkannten technischen Regelwerks oder einer von der zuständigen Behörde anerkannten Norm.	
Wenn die Kriterien für das Befüllen von denen in P 200 (5) abweichen, muss das Beförderungspapier die Angabe «Beförderung in Übereinstimmung mit Verpackungsanweisung P 200 Sondervorschrift für die Verpackung ta» und die Angabe der für die Berechnung des Füllungsfaktors verwendeten Bezugstemperatur enthalten.	

Verwendung von Verpackungen, einschließlich Großpackmittel (IBC) und Großverpackungen 4.1

ADR	RID

Wiederkehrende Prüfung

u: Die Frist zwischen den wiederkehrenden Prüfungen darf für Druckgefäße aus Aluminiumlegierungen auf 10 Jahre verlängert werden. Diese Abweichung darf für UN-Druckgefäße nur dann angewendet werden, wenn die Legierung des Druckgefäßes einer Prüfung auf Spannungsrisskorrosion gemäß Norm ISO 7866:2012 + Cor 1:2014 unterzogen worden ist.

ua: Die Frist zwischen den wiederkehrenden Prüfungen darf für Flaschen aus Aluminiumlegierungen und für Bündel solcher Flaschen auf 15 Jahre ausgedehnt werden, wenn die Vorschriften des Absatzes (13) dieser Verpackungsanweisung angewendet werden. Dies gilt nicht für Flaschen aus Aluminiumlegierung AA 6351. Diese Sondervorschrift «ua» darf für Gemische angewendet werden, vorausgesetzt, allen einzelnen Gase des Gemisches ist in Tabelle 1 oder Tabelle 2 «ua» zugeordnet.

▶ 1.6.2.9
▶ 1.6.2.10

v: (1) Die Frist zwischen den wiederkehrenden Prüfungen für Flaschen aus Stahl, ausgenommen nachfüllbare geschweißte Flaschen aus Stahl für die UN-Nummer 1011, 1075, 1965, 1969 oder 1978, darf auf 15 Jahre ausgedehnt werden:

   a) mit Zustimmung der zuständigen Behörde(n) des Staates (der Staaten), in dem (denen) die wiederkehrende Prüfung und die Beförderung durchgeführt werden, und

   b) in Übereinstimmung mit den Vorschriften eines technischen Regelwerks oder einer Norm, das/die von der zuständigen Behörde anerkannt ist.

(2) Für nachfüllbare geschweißte Flaschen aus Stahl für die UN-Nummer 1011, 1075, 1965, 1969 oder 1978 darf diese Frist auf 15 Jahre ausgedehnt werden, wenn die Vorschriften des Absatzes (12) dieser Verpackungsanweisung angewendet werden.

va: Für nahtlose Flaschen aus Stahl, die mit nach der Norm EN ISO 15996:2005 + A1:2007 oder EN ISO 15996:2017 ausgelegten und geprüften Restdruckventilen (siehe nachstehende Bem.) ausgerüstet sind, und für Bündel von nahtlosen Flaschen aus Stahl, die mit einem oder mehreren nach der Norm EN ISO 15996:2005 + A1:2007 oder EN ISO 15996:2017 geprüften Hauptventilen mit einer Restdruckeinrichtung ausgerüstet sind, darf die Frist zwischen den wiederkehrenden Prüfungen auf 15 Jahre ausgedehnt werden, wenn die Vorschriften des Absatzes (13) dieser Verpackungsanweisung angewendet werden. Diese Sondervorschrift «va» darf für Gemische angewendet werden, vorausgesetzt, allen einzelnen Gasen des Gemisches ist in Tabelle 1 oder Tabelle 2 «va» zugeordnet.

Bem. Ein Restdruckventil ist ein Verschluss, der eine Restdruckeinrichtung umfasst, die durch die Aufrechterhaltung einer positiven Differenz zwischen dem Druck innerhalb der Flasche und der Ventilöffnung das Eindringen von verunreinigenden Stoffen verhindert. Um einen Rückfluss von Flüssigkeiten aus einer Quelle mit höherem Druck in die Flasche zu verhindern, muss eine Ventilrückschlagfunktion entweder in die Restdruckeinrichtung eingebaut sein oder als getrennte zusätzliche Einrichtung im Flaschenventil, z.B. ein Regulator, vorhanden sein.

Vorschriften für n.a.g.-Eintragungen und Gemische

z: Die Werkstoffe der Druckgefäße und ihrer Ausrüstungsteile müssen mit dem Inhalt verträglich sein und dürfen mit ihm keine schädlichen oder gefährlichen Verbindungen bilden.

Der Prüfdruck und der Füllungsgrad sind nach den zutreffenden Vorschriften des Absatzes (5) zu berechnen.

Giftige Stoffe mit einem LC_{50}-Wert von höchstens 200 ml/m³ dürfen nicht in Großflaschen, Druckfässern oder MEGC befördert werden und müssen der Sondervorschrift für die Verpackung k entsprechen. UN 1975 Stickstoffmonoxid und Distickstofftetroxid, Gemisch, darf jedoch in Druckfässern befördert werden.

Druckgefäße, die pyrophore Gase oder entzündbare Gemische von Gasen mit mehr als 1 % pyrophore Verbindungen enthalten, müssen der Sondervorschrift für die Verpackung q entsprechen.

Notwendige Maßnahmen zur Verhinderung gefährlicher Reaktionen (d.h. Polymerisation oder Zerfall) während der Beförderung sind zu treffen. Soweit erforderlich ist eine Stabilisierung durchzuführen oder ein Inhibitor hinzuzufügen.

Gemische mit UN 1911 Diboran sind bis zu einem Druck zu befüllen, bei dem im Falle des vollständigen Zerfalls des Diborans zwei Drittel des Prüfdrucks des Druckgefäßes nicht überschritten werden.

Gemische mit UN 2192 Germaniumwasserstoff (German), ausgenommen Gemische mit bis zu 35 % Germaniumwasserstoff (German) in Wasserstoff oder Stickstoff oder bis zu 28 % Germaniumwasserstoff (German) in Helium oder Argon, sind bis zu einem Druck zu befüllen, bei dem im Falle des vollständigen Zerfalls des Germaniumwasserstoffs (German) zwei Drittel des Prüfdrucks des Druckgefäßes nicht überschritten werden.

4.1 Verwendung von Verpackungen, einschließlich Großpackmittel (IBC) und Großverpackungen

ADR	RID

Vorschriften für Stoffe, die nicht unter die Klasse 2 fallen

ab: Die Druckgefäße müssen folgende Bedingungen erfüllen:
- (i) Die Druckprüfung ist mit einer inneren Untersuchung der Druckgefäße sowie einer Überprüfung der Armaturen zu verbinden.
- (ii) Darüber hinaus sind sie alle zwei Jahre mit geeigneten Messgeräten (z.B. Ultraschall) hinsichtlich Abzehrungen und des Zustandes der Armaturen zu untersuchen.
- (iii) Ihre Wanddicke darf nicht geringer sein als 3 mm.

ac: Die Prüfungen und Untersuchungen sind unter der Kontrolle eines von der zuständigen Behörde anerkannten Sachverständigen vorzunehmen.

ad: Die Druckgefäße müssen folgende Bedingungen erfüllen:
- (i) Sie müssen nach einem Berechnungsdruck von mindestens 2,1 MPa (21 bar) (Überdruck) bemessen sein.
- (ii) Zusätzlich zu den Angaben für nachfüllbare Gefäße müssen folgende Angaben gut lesbar und dauerhaft angebracht sein:
  - die UN-Nummer und die gemäß Abschnitt 3.1.2 bestimmte offizielle Benennung für die Beförderung des Stoffes,
  - die höchstzulässige Masse der Füllung und die Eigenmasse des Gefäßes einschließlich Ausrüstungsteile, die zum Zeitpunkt des Befüllens angebracht sind, oder die Bruttomasse.

(11) Die Vorschriften dieser Verpackungsanweisung gelten bei Anwendung der nachstehenden Normen als erfüllt:

anwendbar für Vorschrift	Referenz	Titel des Dokuments
(7)	EN 13365:2002 + A1:2005	Ortsbewegliche Gasflaschen – Flaschenbündel für permanente und verflüssigte Gase (außer Acetylen) – Prüfung zum Zeitpunkt des Füllens
(7)	EN ISO 24431:2016	Gasflaschen – Nahtlose, geschweißte und Composite-Flaschen für verdichtete und verflüssigte Gase (ausgenommen Acetylen) – Inspektion zum Zeitpunkt des Füllens
(7) a)	ISO 11755:2005	Gasflaschen – Flaschenbündel für verdichtete und verflüssigte Gase (ausgenommen Acetylen) – Prüfung zum Zeitpunkt des Füllens
(7) a) und (10) p	EN ISO 11372:2011	Gasflaschen – Acetylenflaschen – Füllbedingungen und Inspektion beim Füllen
(7) a) und (10) p	EN ISO 13088:2011	Gasflaschen – Acetylenflaschenbündel – Füllbedingungen und Inspektion beim Füllen
(7) *ADR:* und (10) ta b)	EN 1439:2017	Flüssiggas-Geräte und Ausrüstungsteile – Kontrollverfahren für ortsbewegliche, wiederbefüllbare Flaschen für Flüssiggas (LPG) vor, während und nach dem Füllen
(7) *ADR:* und (10) ta b)	EN 13952:2017	Flüssiggas-Geräte und Ausrüstungsteile – Füllverfahren für Flaschen für Flüssiggas (LPG)
(7) *ADR:* und (10) ta b)	EN 14794:2005	Flüssiggas-Geräte und Ausrüstungsteile – Ortsbewegliche, wiederbefüllbare Flaschen aus Aluminium für Flüssiggas (LPG) – Kontrollverfahren vor, während und nach dem Füllen

Verwendung von Verpackungen, einschließlich Großpackmittel (IBC) und Großverpackungen 4.1

ADR	RID

(12) Für die wiederkehrende Prüfung von nachfüllbaren geschweißten Flaschen aus Stahl darf in Übereinstimmung mit der Sondervorschrift für die Verpackung v (2) des Absatzes (10) eine Frist von 15 Jahren gewährt werden, wenn folgende Vorschriften eingehalten werden.

1. Allgemeine Vorschriften

1.1 Für die Anwendung dieses Absatzes darf die zuständige Behörde ihre Aufgaben und Pflichten nicht an Xb-Stellen (Prüfstellen des Typs B) oder IS-Stellen (betriebseigene Prüfdienste) delegieren (wegen der Begriffsbestimmung von Xb- und IS-Stellen siehe Absatz 6.2.3.6.1).

1.2 Der Eigentümer der Flaschen muss bei der zuständigen Behörde die Gewährung der Prüffrist von 15 Jahren beantragen und nachweisen, dass die Vorschriften der Unterabsätze 2, 3 und 4 eingehalten werden.

1.3 Seit dem 1. Januar 1999 hergestellte Flaschen müssen in Übereinstimmung mit den folgenden Normen in der jeweils geltenden, gemäß der Tabelle in Abschnitt 6.2.4 des ADR/RID anwendbaren Fassung hergestellt sein:
– Norm EN 1442 oder
– Norm EN 13322-1 oder
– Anlage I Teile 1 bis 3 der Richtlinie des Rates 84/527/EWG [a]

Andere Flaschen, die vor dem 1. Januar 2009 nach den Vorschriften des ADR/RID in Übereinstimmung mit einem von der zuständigen Behörde anerkannten technischen Regelwerk hergestellt wurden, dürfen für eine Prüffrist von 15 Jahren zugelassen werden, wenn sie ein Sicherheitsniveau aufweisen, das dem der zum Zeitpunkt der Beantragung anwendbaren Vorschriften des ADR/RID gleichwertig ist.

---
[a] Richtlinie des Rates zur Angleichung der Rechtsvorschriften der Mitgliedstaaten über geschweißte Gasflaschen aus unlegiertem Stahl, veröffentlicht im Amtsblatt der Europäischen Gemeinschaften Nr. L 300 vom 19. November 1984.

1.4 Der Eigentümer muss der zuständigen Behörde Belege zum Nachweis vorlegen, dass die Flaschen den Vorschriften des Unterabsatzes 1.3 entsprechen. Die zuständige Behörde muss prüfen, ob diese Vorschriften eingehalten werden.

1.5 Die zuständige Behörde muss prüfen, ob die Vorschriften der Unterabsätze 2 und 3 erfüllt und richtig angewendet werden. Wenn alle Vorschriften erfüllt sind, muss sie die Prüffrist von 15 Jahren für die Flaschen genehmigen. In dieser Genehmigung muss das Baumuster der Flasche (gemäß der genauen Beschreibung in der Baumusterzulassung) oder eine erfasste Gruppe von Flaschen (siehe Bem.) eindeutig bestimmt sein. Die Genehmigung muss dem Eigentümer zugestellt werden; die zuständige Behörde muss eine Kopie aufbewahren. Der Eigentümer muss die Dokumente aufbewahren, solange die Flaschen für eine Prüffrist von 15 Jahren zugelassen sind.

Bem. Eine Gruppe von Flaschen wird durch die Herstellungsdaten identischer Flaschen in einem Zeitraum bestimmt, in dem sich die anwendbaren Vorschriften des ADR/RID und die von der zuständigen Behörde anerkannten Regelwerks in ihrem technischen Inhalt nicht geändert haben. Beispiel: Flaschen identischer Auslegung und identischen Volumens, die nach den zwischen dem 1. Januar 1985 und dem 31. Dezember 1988 anwendbaren Vorschriften des ADR/RID in Kombination mit dem in demselben Zeitraum anwendbaren, von der zuständigen Behörde anerkannten Regelwerk gebaut wurden, bilden im Sinne der Vorschriften dieses Absatzes eine Gruppe.

1.6 Die zuständige Behörde muss den Eigentümer der Flaschen hinsichtlich der Einhaltung der Vorschriften des ADR/RID und der erteilten Genehmigung in angemessener Weise beaufsichtigen, mindestens jedoch alle drei Jahre oder wenn in den Verfahren Änderungen eingeführt werden.

2. Betriebliche Vorschriften

2.1 Flaschen, für die eine Frist von 15 Jahren für die wiederkehrende Prüfung gewährt wurde, dürfen nur in Befüllzentren befüllt werden, die ein dokumentiertes Qualitätssystem anwenden, um zu gewährleisten, dass alle Vorschriften des Absatzes (7) dieser Verpackungsanweisung und die Vorschriften und Pflichten der Normen EN 1439:2017 und EN 13952:2017 erfüllt und richtig angewendet werden.

2.2 Die zuständige Behörde muss nachprüfen, dass diese Vorschriften erfüllt werden, und in angemessener Weise überprüfen, mindestens jedoch alle drei Jahre oder wenn in den Verfahren Änderungen eingeführt werden.

2.3 Der Eigentümer muss der zuständigen Behörde Belege zum Nachweis vorlegen, dass das Befüllzentrum die Vorschriften des Unterabsatzes 2.1 einhält.

2.4 Wenn ein Befüllzentrum in

| einer anderen Vertragspartei des ADR | einem anderen RID-Vertragsstaat |

angesiedelt ist, muss der Eigentümer zusätzliche Belege zum Nachweis vorlegen, dass das Befüllzentrum von der zuständigen Behörde

| dieser Vertragspartei des ADR | dieses RID-Vertragsstaates |

entsprechend beaufsichtigt wird.

2.5 Um innere Korrosion zu vermeiden, dürfen nur Gase hoher Qualität mit sehr geringer potenzieller Kontamination in diese Flaschen eingefüllt werden. Diese Vorschrift gilt als erfüllt, wenn die Gase den in der Norm ISO 9162:1989 festgelegten Begrenzungen der Korrosivität entsprechen.

4.1 Verwendung von Verpackungen, einschließlich Großpackmittel (IBC) und Großverpackungen

ADR	RID

3. Vorschriften für die Qualifizierung und die wiederkehrende Prüfung

3.1 Flaschen eines bereits verwendeten Baumusters oder einer bereits verwendeten Gruppe, für die eine Prüffrist von 15 Jahren gewährt und auf die die Prüffrist von 15 Jahren angewendet wurde, müssen einer wiederkehrenden Prüfung gemäß Unterabschnitt 6.2.3.5 unterzogen werden.

Bem. Für die Definition einer Gruppe von Flaschen siehe Bem. zu Unterabsatz 1.5.

3.2 Wenn eine Flasche mit einer Prüffrist von 15 Jahren bei einer wiederkehrenden Prüfung die Flüssigkeitsdruckprüfung nicht besteht, z.B. wegen Berstens oder Undichtheit, muss der Eigentümer die Ursache des Versagens und die Auswirkungen auf andere Flaschen (z.B. desselben Baumusters oder derselben Gruppe) untersuchen und einen Bericht darüber anfertigen. Sofern andere Flaschen betroffen sind, muss der Eigentümer die zuständige Behörde informieren. Die zuständige Behörde muss dann über geeignete Maßnahmen entscheiden und die zuständigen Behörden der übrigen

Vertragsparteien des ADR	RID-Vertragsstaaten

entsprechend informieren.

3.3 Wenn eine in der angewendeten Norm (siehe Unterabsatz 1.3) definierte interne Korrosion festgestellt wurde, muss die Flasche aus der Verwendung zurückgezogen werden und darf nicht mehr für die Befüllung und die Beförderung freigegeben werden.

3.4 Flaschen, für die eine Prüffrist von 15 Jahren gewährt wurde, dürfen nur mit Ventilen ausgerüstet sein, die nach der Norm EN 13152:2001 + A1:2003, EN 13153:2001 + A1:2003, EN ISO 14245:2010, EN ISO 14245:2019, EN ISO 15995:2010 oder EN ISO 15995:2019 für die Mindestverwendungsdauer von 15 Jahren ausgelegt und hergestellt wurden. Nach einer wiederkehrenden Prüfung muss die Flasche mit einem neuen Ventil ausgerüstet werden, ausgenommen davon sind nach der Norm EN 14912:2005 wiederaufgearbeitete und geprüfte manuell betätigte Ventile, die wiederangebracht werden dürfen, wenn sie für einen weiteren Verwendungszeitraum von 15 Jahren geeignet sind. Die Wiederaufarbeitung oder Prüfung darf nur vom Hersteller der Ventile oder nach dessen technischen Anweisungen von einem für diese Arbeit qualifizierten Unternehmen durchgeführt werden, das mit einem dokumentierten Qualitätssystem arbeitet.

4. Kennzeichnung

Flaschen, für die nach diesem Absatz eine Frist von 15 Jahren für die wiederkehrende Prüfung gewährt wurde, müssen zusätzlich deutlich und lesbar mit der Angabe «P15Y» gekennzeichnet sein. Dieses Kennzeichen muss von der Flasche entfernt werden, wenn sie nicht mehr für eine Prüffrist von 15 Jahren zugelassen ist.

Bem. Dieses Kennzeichen darf nicht für Flaschen verwendet werden, die unter die Übergangsvorschrift des Unterabschnitts 1.6.2.9, 1.6.2.10 oder unter die Vorschriften der Sondervorschrift für die Verpackung v (1) in Absatz (10) dieser Verpackungsanweisung fallen.

(13) Für die wiederkehrende Prüfung von Flaschen aus nahtlosem Stahl und aus Aluminiumlegierungen sowie von Bündeln solcher Flaschen darf in Übereinstimmung mit der Sondervorschrift für die Verpackung ua oder va des Absatzes (10) eine Frist von 15 Jahren gewährt werden, wenn folgende Vorschriften angewendet werden:

1. Allgemeine Vorschriften

1.1 Für die Anwendung dieses Absatzes darf die zuständige Behörde ihre Aufgaben und Pflichten nicht an Xb-Stellen (Prüfstellen des Typs B) oder IS-Stellen (betriebseigene Prüfdienste) delegieren (wegen der Begriffsbestimmung von Xb- und IS-Stellen siehe Absatz 6.2.3.6.1).

1.2 Der Eigentümer der Flaschen oder Flaschenbündel muss bei der zuständigen Behörde die Gewährung einer Frist von 15 Jahren zwischen den wiederkehrenden Prüfungen beantragen und nachweisen, dass die Vorschriften der Unterabsätze 2, 3 und 4 eingehalten werden.

1.3 Seit dem 1. Januar 1999 hergestellte Flaschen müssen in Übereinstimmung mit einer der folgenden zum Zeitpunkt der Herstellung anwendbaren Normen (siehe auch Tabelle in Unterabschnitt 6.2.4.1) hergestellt sein:

– Norm EN 1964-1 oder EN 1964-2 oder

– Norm EN 1975 oder

– Norm EN ISO 9809-1 oder Norm EN ISO 9809-2 oder

– Norm EN ISO 7866 oder

– Anlage I Teile 1 bis 3 der Richtlinien des Rates 84/525/EWG [b)] und 84/526/EWG [c)].

Andere Flaschen, die vor dem 1. Januar 2009 nach den Vorschriften des ADR/RID in Übereinstimmung mit einem von der nationalen zuständigen Behörde anerkannten technischen Regelwerk hergestellt wurden, dürfen für eine Frist von 15 Jahren zwischen den wiederkehrenden Prüfungen zugelassen werden, wenn sie ein Sicherheitsniveau aufweisen, das der zum Zeitpunkt der Beantragung anwendbaren Vorschriften des ADR/RID gleichwertig ist.

Bem. Diese Vorschrift gilt als erfüllt, wenn die Flasche nach dem in Anhang III der Richtlinie 2010/35/EU vom 16. Juni 2010 oder in Anhang IV Teil II der Richtlinie 1999/36/EG vom 29. April 1999 beschriebenen Verfahren für die Neubewertung der Konformität neu bewertet wurde.

[b)] Richtlinie des Rates zur Angleichung der Rechtsvorschriften der Mitgliedstaaten über nahtlose Gasflaschen aus Stahl, veröffentlicht im Amtsblatt der Europäischen Gemeinschaften Nr. L 300 vom 19. November 1984.

[c)] Richtlinie des Rates zur Angleichung der Rechtsvorschriften der Mitgliedstaaten über nahtlose Gasflaschen aus unlegiertem Aluminium und Aluminiumlegierungen, veröffentlicht im Amtsblatt der Europäischen Gemeinschaften Nr. L 300 vom 19. November 1984.

Verwendung von Verpackungen, einschließlich Großpackmittel (IBC) und Großverpackungen 4.1

ADR	RID

Für Flaschen und Flaschenbündel, die mit dem in Absatz 6.2.2.7.2 a) festgelegten Symbol der Vereinten Nationen für Verpackungen gekennzeichnet sind, darf eine Frist von 15 Jahren zwischen den wiederkehrenden Prüfungen nicht gewährt werden.

1.4 Flaschenbündel müssen so gebaut sein, dass Berührungen der Flaschen entlang der Längsachse der Flaschen nicht zu einer äußeren Korrosion führen. Die Stützen und Spannbänder müssen so ausgestaltet sein, dass das Korrosionsrisiko der Flaschen minimiert wird. In den Stützen verwendete stoßdämpfende Werkstoffe sind nur zugelassen, wenn sie behandelt wurden, um eine Wasseraufnahme auszuschließen. Beispiele für geeignete Werkstoffe sind wasserbeständiger Riemenwerkstoff und Gummi.

1.5 Der Eigentümer muss der zuständigen Behörde Belege zum Nachweis vorlegen, dass die Flaschen den Vorschriften des Unterabsatzes 1.3 entsprechen. Die zuständige Behörde muss prüfen, ob diese Vorschriften eingehalten werden.

1.6 Die zuständige Behörde muss prüfen, ob die Vorschriften der Unterabsätze 2 und 3 erfüllt und richtig angewendet werden. Wenn alle Vorschriften erfüllt sind, muss sie für die Flaschen oder Flaschenbündel eine Frist von 15 Jahren zwischen den wiederkehrenden Prüfungen genehmigen. In dieser Genehmigung muss eine erfasste Gruppe von Flaschen (siehe nachstehende Bem.) eindeutig bestimmt sein. Die Genehmigung muss dem Eigentümer zugestellt werden; die zuständige Behörde muss eine Kopie aufbewahren. Der Eigentümer muss die Dokumente aufbewahren, solange die Flaschen für eine Frist von 15 Jahren zwischen den wiederkehrenden Prüfungen zugelassen sind.

Bem. Eine Gruppe von Flaschen wird durch die Herstellungsdaten identischer Flaschen in einem Zeitraum bestimmt, in dem sich die anwendbaren Vorschriften des ADR/RID und des von der zuständigen Behörde anerkannten Regelwerks in ihrem technischen Inhalt nicht geändert haben. Zum Beispiel bilden Flaschen identischer Auslegung und identischen Volumens, die nach den zwischen dem 1. Januar 1985 und dem 31. Dezember 1988 anwendbaren Vorschriften des ADR/RID in Kombination mit dem in demselben Zeitraum anwendbaren, von der zuständigen Behörde anerkannten Regelwerk gebaut wurden, im Sinne der Vorschriften dieses Absatzes eine Gruppe.

1.7 Der Eigentümer muss die Einhaltung der Vorschriften des ADR/RID bzw. der erteilten Genehmigung sicherstellen und dies der zuständigen Behörde auf Anforderung, mindestens jedoch alle drei Jahre oder wenn in den Verfahren bedeutende Änderungen eingeführt wurden, nachweisen.

2. Betriebliche Vorschriften

2.1 Flaschen oder Flaschenbündel, für die eine Frist von 15 Jahren zwischen den wiederkehrenden Prüfungen gewährt wurde, dürfen nur in Befüllzentren befüllt werden, die ein dokumentiertes und zertifiziertes Qualitätssystem anwenden, um zu gewährleisten, dass alle Vorschriften des Absatzes (7) dieser Vorschriften sowie die Vorschriften und Pflichten der jeweils anwendbaren Norm EN ISO 24431:2016 oder EN 13365:2002 erfüllt und richtig angewendet werden. Das Qualitätssystem gemäß der Normenreihe ISO 9000 oder ein gleichwertiges Qualitätssystem muss von einer von der zuständigen Behörde anerkannten akkreditierten unabhängigen Stelle zertifiziert sein. Dies schließt Prüfverfahren vor und nach dem Befüllen und den Befüllvorgang für Flaschen, Flaschenbündel und Ventile ein.

2.2 Flaschen aus Aluminiumlegierungen und Bündel solcher Flaschen ohne Restdruckventile, für die eine Frist von 15 Jahren zwischen den wiederkehrenden Prüfungen gewährt wurde, müssen vor jedem Befüllen nach einem dokumentierten Verfahren, das mindestens folgende Punkte umfassen muss, geprüft werden:

- Öffnen des Flaschenventils oder des Hauptventils des Flaschenbündels zur Überprüfung des Restdrucks;
- wenn Gas ausströmt, darf die Flasche oder das Flaschenbündel befüllt werden;
- wenn kein Gas ausströmt, muss der innere Zustand der Flasche oder des Flaschenbündels auf Verunreinigungen geprüft werden;
- wenn keine Verunreinigungen festgestellt werden, darf die Flasche oder das Flaschenbündel befüllt werden;
- wenn Verunreinigungen festgestellt werden, müssen Abhilfemaßnahmen getroffen werden.

2.3 Mit Restdruckventilen ausgestattete nahtlose Flaschen aus Stahl und mit einem oder mehreren Hauptventilen mit einer Restdruckeinrichtung ausgerüstete Flaschenbündel aus nahtlosem Stahl, für die eine Frist von 15 Jahren zwischen den wiederkehrenden Prüfungen gewährt wurde, müssen vor jedem Befüllen nach einem dokumentierten Verfahren, das mindestens folgende Punkte umfassen muss, geprüft werden:

- Öffnen des Flaschenventils oder des Hauptventils des Flaschenbündels zur Überprüfung des Restdrucks;
- wenn Gas ausströmt, darf die Flasche oder das Flaschenbündel befüllt werden;
- wenn kein Gas ausströmt, muss die Restdruckeinrichtung geprüft werden;
- wenn die Prüfung ergibt, dass die Restdruckeinrichtung Druck beibehalten hat, darf die Flasche oder das Flaschenbündel befüllt werden;
- wenn die Prüfung ergibt, dass die Restdruckeinrichtung keinen Druck beibehalten hat, muss das Innere der Flasche oder des Flaschenbündels auf Verunreinigung geprüft werden.

4.1 Verwendung von Verpackungen, einschließlich Großpackmittel (IBC) und Großverpackungen

ADR	RID

– wenn keine Verunreinigungen festgestellt werden, darf die Flasche oder das Flaschenbündel nach der Reparatur oder den Austausch der Restdruckeinrichtung befüllt werden,

– wenn Verunreinigungen festgestellt werden, müssen Abhilfemaßnahmen getroffen werden.

2.4 Um innere Korrosion zu vermeiden, dürfen nur Gase hoher Qualität mit sehr geringer potenzieller Verunreinigung in Flaschen oder Flaschenbündel eingefüllt werden. Diese Vorschrift gilt als erfüllt, wenn die Verträglichkeit der Gase und Werkstoffe nach den Normen EN ISO 11114-1:2012 + A1:2017 und EN ISO 11114-2:2013 annehmbar ist und die Gasqualität den Spezifikationen der Norm EN ISO 14175:2008 entspricht oder Gase, die von dieser Norm nicht erfasst werden, einen Mindestreinheitsgrad von 99,5 Vol.-% und einen maximalen Feuchtigkeitsgehalt von 40 ml/m^3 (ppm) aufweisen. Für Distickstoffmonoxid betragen die Werte für den Mindestreinheitsgrad 98 Vol.-% und für den maximalen Feuchtigkeitsgehalt 70 ml/m^3 (ppm).

2.5 Der Eigentümer muss die Einhaltung der Vorschriften der Unterabsätze 2.1 bis 2.4 sicherstellen und der zuständigen Behörde auf Anforderung, mindestens jedoch alle drei Jahre oder wenn in den Verfahren bedeutende Änderungen eingeführt wurden, Belege zum Nachweis der Einhaltung vorlegen.

2.6 Wenn ein Befüllzentrum in

einer anderen Vertragspartei des ADR	einem anderen RID-Vertragsstaat

angesiedelt ist, muss der Eigentümer der zuständigen Behörde auf Anforderung zusätzliche Belege zum Nachweis vorlegen, dass das Befüllzentrum von der zuständigen Behörde

dieser Vertragspartei des ADR	dieses RID-Vertragsstaates

entsprechend beaufsichtigt wird. Siehe auch Unterabsatz 1.2.

3. Vorschriften für die Qualifizierung und die wiederkehrende Prüfung

3.1 Für bereits verwendete Flaschen und Flaschenbündel, welche die Vorschriften des Unterabsatzes 2 ab dem Zeitpunkt der letzten wiederkehrenden Prüfung zur Zufriedenheit der zuständigen Behörde erfüllt haben, darf die Frist zwischen den wiederkehrenden Prüfungen ab dem Zeitpunkt der letzten wiederkehrenden Prüfung auf 15 Jahre ausgedehnt werden. Anderenfalls muss der Wechsel der Prüffrist von 10 auf 15 Jahre zum Zeitpunkt der wiederkehrenden Prüfung erfolgen. Sofern zutreffend, muss im Bericht über die wiederkehrende Prüfung angegeben sein, dass diese Flasche oder dieses Flaschenbündel mit einer Restdruckeinrichtung ausgerüstet sein muss. Von der zuständigen Behörde darf auch anderes Dokumentationsmaterial für den Nachweis zugelassen werden.

3.2 Wenn eine Flasche mit einer Prüffrist von 15 Jahren im Rahmen einer wiederkehrenden Prüfung die Druckprüfung wegen Berstens oder Undichtheit nicht besteht oder bei einer zerstörungsfreien Prüfung einen schwerwiegenden Mangel aufweist, muss der Eigentümer die Ursache des Versagens und die Auswirkungen auf andere Flaschen (z.B. desselben Baumusters oder derselben Gruppe) untersuchen und einen Bericht darüber anfertigen. Sofern andere Flaschen betroffen sind, muss der Eigentümer die zuständige Behörde informieren. Die zuständige Behörde muss dann über geeignete Maßnahmen entscheiden und die zuständigen Behörden der übrigen

Vertragsparteien des ADR	RID-Vertragsstaaten

entsprechend informieren.

3.3 Wenn innere Korrosion und andere Mängel, wie sie in den in Abschnitt 6.2.4 in Bezug genommenen Normen für die wiederkehrende Prüfung definiert sind, festgestellt wurden, muss die Flasche aus der Verwendung zurückgezogen werden und darf nicht mehr für die Befüllung und die Beförderung freigegeben werden.

3.4 Flaschen oder Flaschenbündel, für die eine Frist von 15 Jahren zwischen den wiederkehrenden Prüfungen gewährt wurde, dürfen nur mit Ventilen ausgerüstet sein, die nach der zum Zeitpunkt der Herstellung anwendbaren Norm EN 849 oder EN ISO 10297 (siehe auch Tabelle in Unterabschnitt 6.2.4.1) ausgelegt und geprüft sind. Nach einer wiederkehrenden Prüfung muss ein neues Ventil angebracht werden, mit der Ausnahme, dass nach der Norm EN ISO 22434:2011 wiederaufgearbeitete und geprüfte Ventile wiederangebracht werden dürfen.

4. Kennzeichnung

Flaschen oder Flaschenbündel, für die nach diesem Absatz eine Frist von 15 Jahren zwischen den wiederkehrenden Prüfungen gewährt wurde, müssen mit dem in Unterabschnitt 5.2.1.6 c) vorgeschriebenen Datum (Jahr) der nächsten wiederkehrenden Prüfung und zusätzlich deutlich und lesbar mit der Angabe «P15Y» gekennzeichnet sein. Dieses Kennzeichen muss von der Flasche oder vom Flaschenbündel entfernt werden, wenn sie/es nicht mehr für eine Frist von 15 Jahren zwischen den wiederkehrenden Prüfungen zugelassen ist.

Verwendung von Verpackungen, einschließlich Großpackmittel (IBC) und Großverpackungen 4.1

ADR	RID

Tabelle 1: Verdichtete Gase

UN-Nr.	Benennung und Beschreibung	Klassifizierungscode	LC_{50} ml/m³	Flaschen	Großflaschen	Druckfässer	Flaschenbündel	Prüffrist (Jahre) a)	Prüfdruck (bar) b)	höchstzulässiger Betriebsdruck (bar) b)	Sondervorschriften für die Verpackung
1002	LUFT, VERDICHTET (DRUCKLUFT)	1 A		X	X	X	X	10			ua, va
1006	ARGON, VERDICHTET	1 A		X	X	X	X	10			ua, va
1016	KOHLENMONOXID, VERDICHTET	1 TF	3760	X	X	X	X	5			u
1023	STADTGAS, VERDICHTET	1 TF		X	X	X	X	5			
1045	FLUOR, VERDICHTET	1 TOC	185	X			X	5	200	30	a, k, n, o
1046	HELIUM, VERDICHTET	1 A		X	X	X	X	10			ua, va
1049	WASSERSTOFF, VERDICHTET	1 F		X	X	X	X	10			d, ua, va
1056	KRYPTON, VERDICHTET	1 A		X	X	X	X	10			ua, va
1065	NEON, VERDICHTET	1 A		X	X	X	X	10			ua, va
1066	STICKSTOFF, VERDICHTET	1 A		X	X	X	X	10			ua, va
1071	ÖLGAS, VERDICHTET	1 TF		X	X	X	X	5			
1072	SAUERSTOFF, VERDICHTET	1 O		X	X	X	X	10			s, ua, va
1612	HEXAETHYLTETRAPHOSPHAT UND VERDICHTETES GAS, GEMISCH	1 T		X	X	X	X	5			z
1660	STICKSTOFFMONOXID, VERDICHTET (STICKSTOFFOXID, VERDICHTET)	1 TOC	115	X			X	5	225	33	k, o
1953	VERDICHTETES GAS, GIFTIG, ENTZÜNDBAR, N.A.G.	1 TF	≤5000	X	X	X	X	5			z
1954	VERDICHTETES GAS, ENTZÜNDBAR, N.A.G.	1 F		X	X	X	X	10			z, ua, va
1955	VERDICHTETES GAS, GIFTIG, N.A.G.	1 T	≤5000	X	X	X	X	5			z
1956	VERDICHTETES GAS, N.A.G.	1 A		X	X	X	X	10			z, ua, va
1957	DEUTERIUM, VERDICHTET	1 F		X	X	X	X	10			d, ua, va
1964	KOHLENWASSERSTOFFGAS, GEMISCH, VERDICHTET, N.A.G.	1 F		X	X	X	X	10			z, ua, va
1971 1971	METHAN, VERDICHTET, oder ERDGAS, VERDICHTET, mit hohem Methangehalt	1 F		X	X	X	X	10			ua, va
2034	WASSERSTOFF UND METHAN, GEMISCH, VERDICHTET	1 F		X	X	X	X	10			d, ua, va
2190	SAUERSTOFFDIFLUORID, VERDICHTET	1 TOC	2,6	X			X	5	200	30	a, k, n, o
3156	VERDICHTETES GAS, OXIDIEREND, N.A.G.	1 O		X	X	X	X	10			z, ua, va
3303	VERDICHTETES GAS, GIFTIG, OXIDIEREND, N.A.G.	1 TO	≤5000	X	X	X	X	5			z
3304	VERDICHTETES GAS, GIFTIG, ÄTZEND, N.A.G.	1 TC	≤5000	X	X	X	X	5			z
3305	VERDICHTETES GAS, GIFTIG, ENTZÜNDBAR, ÄTZEND, N.A.G.	1 TFC	≤5000	X	X	X	X	5			z
3306	VERDICHTETES GAS, GIFTIG, OXIDIEREND, ÄTZEND, N.A.G.	1 TOC	≤5000	X	X	X	X	5			z

a) Nicht anwendbar für Gefäße aus Verbundwerkstoffen.
b) Wenn keine Eintragung vorhanden ist, darf der Betriebsdruck nicht größer sein als zwei Drittel des Prüfdrucks.

4.1 Verwendung von Verpackungen, einschließlich Großpackmittel (IBC) und Großverpackungen

ADR	RID

Tabelle 2: Verflüssigte und gelöste Gase

UN-Nr.	Benennung und Beschreibung	Klassi-fizie-rungs-code	LC_{50} ml/m³	Fla-schen	Groß-fla-schen	Druck-fässer	Fla-schen-bündel	Prüf-frist (Jahre) a)	Prüf-druck (bar)	Fül-lungs-grad	Sonder-vorschriften für die Ver-packung
1001	ACETYLEN, GELÖST	4 F		X			X	10	60		c, p
1005	AMMONIAK, WASSERFREI	2 TC	4000	X	X	X	X	5	29	0,54	b, ra
1008	BORTRIFLUORID	2 TC	387	X	X	X	X	5	225 300	0,715 0,86	a
1009	BROMTRIFLUORMETHAN (GAS ALS KÄLTEMITTEL R 13B1)	2 A		X	X	X	X	10	42 120 250	1,13 1,44 1,60	ra ra ra
1010	BUTADIENE, STABILISIERT (Buta-1,2-dien) oder	2 F		X	X	X	X	10	10	0,59	ra
1010	BUTADIENE, STABILISIERT (Buta-1,3-dien) oder	2 F		X	X	X	X	10	10	0,55	ra
1010	BUTADIENE UND KOHLENWASSERSTOFFE, GEMISCH, STABILISIERT	2 F		X	X	X	X	10	10	0,50	ra, v, z
1011	BUTAN	2 F		X	X	X	X	10	10	0,52	ra, v
1012	BUTENE, GEMISCH oder	2 F		X	X	X	X	10	10	0,50	ra, z
1012	BUT-1-EN oder	2 F		X	X	X	X	10	10	0,53	
1012	cis-BUT-2-EN oder	2 F		X	X	X	X	10	10	0,55	
1012	trans-BUT-2-EN	2 F		X	X	X	X	10	10	0,54	
1013	KOHLENDIOXID	2 A		X	X	X	X	10	190 250	0,68 0,76	ra, ua, va ra, ua, va
1017	CHLOR	2 TOC	293	X	X	X	X	5	22	1,25	a, ra
1018	CHLORDIFLUORMETHAN (GAS ALS KÄLTEMITTEL R 22)	2 A		X	X	X	X	10	27	1,03	ra
1020	CHLORPENTAFLUORETHAN (GAS ALS KÄLTEMITTEL R 115)	2 A		X	X	X	X	10	25	1,05	ra
1021	1-CHLOR-1,2,2,2-TETRAFLUOR-ETHAN (GAS ALS KÄLTEMITTEL R 124)	2 A		X	X	X	X	10	11	1,20	
1022	CHLORTRIFLUORMETHAN (GAS ALS KÄLTEMITTEL R 13)	2 A		X	X	X	X	10	100 120 190 250	0,83 0,90 1,04 1,11	ra ra ra ra
1026	DICYAN	2 TF	350	X	X	X	X	5	100	0,70	ra, u
1027	CYCLOPROPAN	2 F		X	X	X	X	10	18	0,55	ra
1028	DICHLORDIFLUORMETHAN (GAS ALS KÄLTEMITTEL R 12)	2 A		X	X	X	X	10	16	1,15	ra
1029	DICHLORMONOFLUORMETHAN (GAS ALS KÄLTEMITTEL R 21)	2 A		X	X	X	X	10	10	1,23	ra
1030	1,1-DIFLUORETHAN (GAS ALS KÄLTEMITTEL R 152a)	2 F		X	X	X	X	10	16	0,79	ra
1032	DIMETHYLAMIN, WASSERFREI	2 F		X	X	X	X	10	10	0,59	b, ra
1033	DIMETHYLETHER	2 F		X	X	X	X	10	18	0,58	ra
1035	ETHAN	2 F		X	X	X	X	10	95 120 300	0,25 0,30 0,40	ra ra ra
1036	ETHYLAMIN	2 F		X	X	X	X	10	10	0,61	b, ra
1037	ETHYLCHLORID	2 F		X	X	X	X	10	10	0,80	a, ra
1039	ETHYLMETHYLETHER	2 F	2900	X	X	X	X	10	10	0,64	ra
1040 1040	ETHYLENOXID oder ETHYLENOXID MIT STICK-STOFF bis zu einem höchstzu-lässigen Gesamtdruck von 1 MPa (10 bar) bei 50 °C	2 TF	2900	X	X	X	X	5	15	0,78	l, ra

Verwendung von Verpackungen, einschließlich Großpackmittel (IBC) und Großverpackungen 4.1

	ADR					RID				
UN-Nr.	Benennung und Beschreibung	Klassi-fizie-rungs-code	LC_{50} ml/m³	Fla-schen	Groß-fla-schen	Druck-fässer	Fla-schen-bündel	Prüf-frist (Jahre) a)	Prüf-druck (bar)	Fül-lungs-grad	Sonder-vorschriften für die Ver-packung
1041	ETHYLENOXID UND KOHLEN-DIOXID, GEMISCH mit mehr als 9 %, aber höchstens 87 % Ethylenoxid	2 F			X	X	X	10	190 250	0,66 0,75	ra ra
1043	DÜNGEMITTEL, LÖSUNG, mit freiem Ammoniak	4 A		X		X	X	5			b, z
				RID: BEFÖRDERUNG VERBOTEN							
1048	BROMWASSERSTOFF, WASSERFREI	2 TC	2860	X	X	X	X	5	60	1,51	a, d, ra
1050	CHLORWASSERSTOFF, WASSERFREI	2 TC	2810	X	X	X	X	5	100 120 150 200	0,30 0,56 0,67 0,74	a, d, ra a, d, ra a, d, ra a, d, ra
1053	SCHWEFELWASSERSTOFF	2 TF	712	X	X	X	X	5	48	0,67	d, ra, u
1055	ISOBUTEN	2 F		X	X	X	X	10	10	0,52	ra
1058	VERFLÜSSIGTE GASE, nicht entzündbar, überlagert mit Stickstoff, Kohlendioxid oder Luft	2 A		X	X	X	X	10			ra, z
1060	METHYLACETYLEN UND PROPADIEN, GEMISCH, STABILISIERT	2 F		X	X	X	X	10			c, ra, z
	Propadien mit 1 % bis 4 % Methylacetylen			X	X	X	X	10	22	0,52	c, ra
	Gemisch P 1			X	X	X	X	10	30	0,49	c, ra
	Gemisch P 2			X	X	X	X	10	24	0,47	c, ra
1061	METHYLAMIN, WASSERFREI	2 F		X	X	X	X	10	13	0,58	b, ra
1062	METHYLBROMID mit höchstens 2 % Chlorpikrin	2 T	850	X	X	X	X	5	10	1,51	a
1063	METHYLCHLORID (GAS ALS KÄLTEMITTEL R 40)	2 F		X	X	X	X	10	17	0,81	a, ra
1064	METHYLMERCAPTAN	2 TF	1350	X	X	X	X	5	10	0,78	d, ra, u
1067	DISTICKSTOFFTETROXID (STICKSTOFFDIOXID)	2 TOC	115	X		X	X	5	10	1,30	k
1069	NITROSYLCHLORID	2 TC	35	X			X	5	13	1,10	k, ra
1070	DISTICKSTOFFMONOXID (Lachgas)	2 O		X	X	X	X	10	180 225 250	0,68 0,74 0,75	ua, va ua, va ua, va
1075	PETROLEUMGASE, VERFLÜSSIGT	2 F		X	X	X	X	10			v, z
1076	PHOSGEN	2 TC	5	X		X	X	5	20	1,23	a, k, ra
1077	PROPEN	2 F		X	X	X	X	10	27	0,43	ra
1078	GAS ALS KÄLTEMITTEL, N.A.G.	2 A		X	X	X	X	10			ra, z
	Gemisch F 1			X	X	X	X	10	12	1,23	
	Gemisch F 2			X	X	X	X	10	18	1,15	
	Gemisch F 3			X	X	X	X	10	29	1,03	
1079	SCHWEFELDIOXID	2 TC	2520	X	X	X	X	5	12	1,23	ra
1080	SCHWEFELHEXAFLUORID	2 A		X	X	X	X	10	70 140 160	1,06 1,34 1,38	ra, ua, va ra, ua, va ra, ua, va
1081	TETRAFLUORETHYLEN, STABILISIERT	2 F		X	X	X	X	10	200		m, o, ra
1082	CHLORTRIFLUORETHYLEN, STABILISIERT (GAS ALS KÄLTEMITTEL R 1113)	2 TF	2000	X	X	X	X	5	19	1,13	ra, u
1083	TRIMETHYLAMIN, WASSERFREI	2 F		X	X	X	X	10	10	0,56	b, ra
1085	VINYLBROMID, STABILISIERT	2 F		X	X	X	X	10	10	1,37	a, ra
1086	VINYLCHLORID, STABILISIERT	2 F		X	X	X	X	10	12	0,81	a, ra

4.1 Verwendung von Verpackungen, einschließlich Großpackmittel (IBC) und Großverpackungen

ADR | **RID**

UN-Nr.	Benennung und Beschreibung	Klassifizierungs-code	LC_{50} ml/m³	Flaschen	Großflaschen	Druckfässer	Flaschenbündel	Prüffrist (Jahre) a)	Prüfdruck (bar)	Füllungsgrad	Sondervorschriften für die Verpackung
1087	VINYLMETHYLETHER, STABILISIERT	2 F		X	X	X	X	10	10	0,67	ra
1581	CHLORPIKRIN UND METHYLBROMID, GEMISCH mit mehr als 2 % Chlorpikrin	2 T	850	X	X	X	X	5	10	1,51	a
1582	CHLORPIKRIN UND METHYLCHLORID, GEMISCH	2 T	d)	X	X	X	X	5	17	0,81	a
1589	CHLORCYAN, STABILISIERT	2 TC	80	X			X	5	20	1,03	k
1741	BORTRICHLORID	2 TC	2541	X	X	X	X	5	10	1,19	a, ra
1749	CHLORTRIFLUORID	2 TOC	299	X	X	X	X	5	30	1,40	a
1858	HEXAFLUORPROPYLEN (GAS ALS KÄLTEMITTEL R 1216)	2 A		X	X	X	X	10	22	1,11	ra
1859	SILICIUMTETRAFLUORID	2 TC	922	X	X	X	X	5	200 300	0,74 1,10	a
1860	VINYLFLUORID, STABILISIERT	2 F		X	X	X	X	10	250	0,64	a, ra
1911	DIBORAN	2 TF	80	X		X		5	250	0,07	d, k, o
1912	METHYLCHLORID UND DICHLORMETHAN, GEMISCH	2 F		X	X	X	X	10	17	0,81	a, ra
1952	ETHYLENOXID UND KOHLENDIOXID, GEMISCH mit höchstens 9 % Ethylenoxid	2 A		X	X	X	X	10	190 250	0,66 0,75	ra ra
1958	1,2-DICHLOR-1,1,2,2-TETRAFLUORETHAN (GAS ALS KÄLTEMITTEL R 114)	2 A		X	X	X	X	10	10	1,30	ra
1959	1,1-DIFLUORETHYLEN (GAS ALS KÄLTEMITTEL R 1132a)	2 F		X	X	X	X	10	250	0,77	ra
1962	ETHYLEN	2 F		X	X	X	X	10	225 300	0,34 0,38	
1965	KOHLENWASSERSTOFFGAS, GEMISCH, VERFLÜSSIGT, N.A.G., wie Gemisch A Gemisch A 01 Gemisch A 02 Gemisch A 0 Gemisch A 1 Gemisch B 1 Gemisch B 2 Gemisch B Gemisch C	2 F		X	X	X	X	10 10 10 10 10 10 10 10 10	b) 10 15 15 15 20 25 25 30	0,50 0,49 0,48 0,47 0,46 0,45 0,44 0,43 0,42	ADR: ra, ta, v, z RID: ra, v, z
1967	INSEKTENBEKÄMPFUNGSMITTEL, GASFÖRMIG, GIFTIG, N.A.G.	2 T		X	X	X	X	5			z
1968	INSEKTENBEKÄMPFUNGSMITTEL, GASFÖRMIG, N.A.G.	2 A		X	X	X	X	10			ra, z
1969	ISOBUTAN	2 F		X	X	X	X	10	10	0,49	ra, v
1973	CHLORDIFLUORMETHAN UND CHLORPENTAFLUORETHAN, GEMISCH mit einem konstanten Siedepunkt, mit ca. 49 % Chlordifluormethan (GAS ALS KÄLTEMITTEL R 502)	2 A		X	X	X	X	10	31	1,01	ra
1974	BROMCHLORDIFLUORMETHAN (GAS ALS KÄLTEMITTEL R 12B1)	2 A		X	X	X	X	10	10	1,61	ra

Verwendung von Verpackungen, einschließlich Großpackmittel (IBC) und Großverpackungen 4.1

ADR										RID

UN-Nr.	Benennung und Beschreibung	Klassifizierungscode	LC_{50} ml/m³	Flaschen	Großflaschen	Druckfässer	Flaschenbündel	Prüffrist (Jahre) a)	Prüfdruck (bar)	Füllungsgrad	Sondervorschriften für die Verpackung
1975	STICKSTOFFMONOXID UND DISTICKSTOFFTETROXID, GEMISCH (STICKSTOFFMONOXID UND STICKSTOFFDIOXID, GEMISCH)	2 TOC	115	X		X	X	5			k, z
1976	OCTAFLUORCYCLOBUTAN (GAS ALS KÄLTEMITTEL RC 318)	2 A		X	X	X	X	10	11	1,32	ra
1978	PROPAN	2 F		X	X	X	X	10	23	0,43	ra, v
1982	TETRAFLUORMETHAN (GAS ALS KÄLTEMITTEL R 14)	2 A		X	X	X	X	10	200 300	0,71 0,90	
1983	1-CHLOR-2,2,2-TRIFLUORETHAN (GAS ALS KÄLTEMITTEL R 133a)	2 A		X	X	X	X	10	10	1,18	ra
1984	TRIFLUORMETHAN (GAS ALS KÄLTEMITTEL R 23)	2 A		X	X	X	X	10	190 250	0,88 0,96	ra ra
2035	1,1,1-TRIFLUORETHAN (GAS ALS KÄLTEMITTEL R 143a)	2 F		X	X	X	X	10	35	0,73	ra
2036	XENON	2 A		X	X	X	X	10	130	1,28	
2044	2,2-DIMETHYLPROPAN	2 F		X	X	X	X	10	10	0,53	ra
2073	AMMONIAKLÖSUNG in Wasser, relative Dichte kleiner als 0,880 bei 15 °C,	4 A									
	mit mehr als 35 %, aber höchstens 40 % Ammoniak			X	X	X	X	5	10	0,80	b
	mit mehr als 40 %, aber höchstens 50 % Ammoniak			X	X	X	X	5	12	0,77	b
2188	ARSENWASSERSTOFF (ARSIN)	2 TF	178	X			X	5	42	1,10	d, k
2189	DICHLORSILAN	2 TFC	314	X			X	5	10 200	0,90 1,08	a
2191	SULFURYLFLUORID	2 T	3020	X	X	X	X	5	50	1,10	u
2192	GERMANIUMWASSERSTOFF (GERMAN) c)	2 TF	620	X	X	X	X	5	250	0,064	d, q, r, ra
2193	HEXAFLUORETHAN (GAS ALS KÄLTEMITTEL R 116)	2 A		X	X	X	X	10	200	1,13	
2194	SELENHEXAFLUORID	2 TC	50	X			X	5	36	1,46	k, ra
2195	TELLURHEXAFLUORID	2 TC	25	X			X	5	20	1,00	k, ra
2196	WOLFRAMHEXAFLUORID	2 TC	160	X			X	5	10	3,08	a, k, ra
2197	IODWASSERSTOFF, WASSERFREI	2 TC	2860	X	X	X	X	5	23	2,25	a, d, ra
2198	PHOSPHORPENTAFLUORID	2 TC	190	X			X	5	200 300	0,90 1,25	k k
2199	PHOSPHORWASSERSTOFF (PHOSPHIN) c)	2 TF	20	X			X	5	225 250	0,30 0,45	d, k, q d, k, q
2200	PROPADIEN, STABILISIERT	2 F		X	X	X	X	10	22	0,50	
2202	SELENWASSERSTOFF, WASSERFREI	2 TF	51	X			X	5	31	1,60	k
2203	SILICIUMWASSERSTOFF (SILAN) c)	2 F		X	X	X	X	10	225 250	0,32 0,36	q q
2204	CARBONYLSULFID	2 TF	1700	X	X	X	X	5	30	0,87	ra, u
2417	CARBONYLFLUORID	2 TC	360	X	X	X	X	5	200 300	0,47 0,70	
2418	SCHWEFELTETRAFLUORID	2 TC	40	X			X	5	30	0,91	a, k, ra
2419	BROMTRIFLUORETHYLEN	2 F		X	X	X	X	10	10	1,19	ra
2420	HEXAFLUORACETON	2 TC	470	X	X	X	X	5	22	1,08	ra
2421	DISTICKSTOFFTRIOXID	2 TOC		BEFÖRDERUNG VERBOTEN							

4.1 Verwendung von Verpackungen, einschließlich Großpackmittel (IBC) und Großverpackungen

ADR | RID

UN-Nr.	Benennung und Beschreibung	Klassi-fizie-rungs-code	LC_{50} ml/m³	Fla-schen	Groß-fla-schen	Druck-fässer	Fla-schen-bündel	Prüf-frist (Jahre) a)	Prüf-druck (bar)	Fül-lungs-grad	Sonder-vorschriften für die Ver-packung
2422	OCTAFLUORBUT-2-EN (GAS ALS KÄLTEMITTEL R 1318)	2 A		X	X	X	X	10	12	1,34	ra
2424	OCTAFLUORPROPAN (GAS ALS KÄLTEMITTEL R 218)	2 A		X	X	X	X	10	25	1,04	ra
2451	STICKSTOFFTRIFLUORID	2 O		X	X	X	X	10	200	0,50	
2452	ETHYLACETYLEN, STABILISIERT	2 F		X	X	X	X	10	10	0,57	c, ra
2453	ETHYLFLUORID (GAS ALS KÄLTEMITTEL R 161)	2 F		X	X	X	X	10	30	0,57	ra
2454	METHYLFLUORID (GAS ALS KÄLTEMITTEL R 41)	2 F		X	X	X	X	10	300	0,63	ra
2455	METHYLNITRIT	2 A		BEFÖRDERUNG VERBOTEN							
2517	1-CHLOR-1,1-DIFLUORETHAN (GAS ALS KÄLTEMITTEL R 142b)	2 F		X	X	X	X	10	10	0,99	ra
2534	METHYLCHLORSILAN	2 TFC	2810	X	X	X	X	5			ra, z
2548	CHLORPENTAFLUORID	2 TOC	122	X			X	5	13	1,49	a, k
2599	CHLORTRIFLUORMETHAN UND TRIFLUORMETHAN, AZEOTRO-PES GEMISCH mit ca. 60 % Chlortrifluormethan (GAS ALS KÄLTEMITTEL R 503)	2 A		X	X	X	X	10	31 42 100	0,12 0,17 0,64	ra ra ra
2601	CYCLOBUTAN	2 F		X	X	X	X	10	10	0,63	ra
2602	DICHLORDIFLUORMETHAN UND 1,1-DIFLUORETHAN, AZEOTROPES GEMISCH mit ca. 74 % Dichlordifluormethan (GAS ALS KÄLTEMITTEL R 500)	2 A		X	X	X	X	10	22	1,01	ra
2676	ANTIMONWASSERSTOFF (STIBIN)	2 TF	178	X			X	5	200	0,49	k, r, ra
2901	BROMCHLORID	2 TOC	290	X	X	X	X	5	10	1,50	a
3057	TRIFLUORACETYLCHLORID	2 TC	10	X		X	X	5	17	1,17	k, ra
3070	ETHYLENOXID UND DICHLOR-DIFLUORMETHAN, GEMISCH mit höchstens 12,5 % Ethylenoxid	2 A		X	X	X	X	10	18	1,09	ra
3083	PERCHLORYLFLUORID	2 TO	770	X	X	X	X	5	33	1,21	u
3153	PERFLUOR(METHYL-VINYL-ETHER)	2 F		X	X	X	X	10	20	0,75	ra
3154	PERFLUOR(ETHYL-VINYL-ETHER)	2 F		X	X	X	X	10	10	0,98	ra
3157	VERFLÜSSIGTES GAS, OXIDIEREND, N.A.G.	2 O		X	X	X	X	10			z
3159	1,1,1,2-TETRAFLUORETHAN (GAS ALS KÄLTEMITTEL R 134a)	2 A		X	X	X	X	10	18	1,05	ra
3160	VERFLÜSSIGTES GAS, GIFTIG, ENTZÜNDBAR, N.A.G.	2 TF	≤5000	X	X	X	X	5			ra, z
3161	VERFLÜSSIGTES GAS, ENTZÜNDBAR, N.A.G.	2 F		X	X	X	X	10			ra, z
3162	VERFLÜSSIGTES GAS, GIFTIG, N.A.G.	2 T	≤5000	X	X	X	X	5			z
3163	VERFLÜSSIGTES GAS, N.A.G.	2 A		X	X	X	X	10			ra, z
3220	PENTAFLUORETHAN (GAS ALS KÄLTEMITTEL R 125)	2 A		X	X	X	X	10	49 35	0,95 0,87	ra ra
3252	DIFLUORMETHAN (GAS ALS KÄLTEMITTEL R 32)	2 F		X	X	X	X	10	48	0,78	ra

Verwendung von Verpackungen, einschließlich Großpackmittel (IBC) und Großverpackungen 4.1

ADR | RID

UN-Nr.	Benennung und Beschreibung	Klassi-fizie-rungs-code	LC_{50} ml/m³	Fla-schen	Groß-fla-schen	Druck-fässer	Fla-schen-bündel	Prüf-frist (Jahre) a)	Prüf-druck (bar)	Fül-lungs-grad	Sonder-vorschriften für die Ver-packung
3296	HEPTAFLUORPROPAN (GAS ALS KÄLTEMITTEL R 227)	2 A		X	X	X	X	10	13	1,21	ra
3297	ETHYLENOXID UND CHLORTE-TRAFLUORETHAN, GEMISCH mit höchstens 8,8 % Ethylenoxid	2 A		X	X	X	X	10	10	1,16	ra
3298	ETHYLENOXID UND PENTA-FLUORETHAN, GEMISCH mit höchstens 7,9 % Ethylenoxid	2 A		X	X	X	X	10	26	1,02	ra
3299	ETHYLENOXID UND TETRA-FLUORETHAN, GEMISCH mit höchstens 5,6 % Ethylenoxid	2 A		X	X	X	X	10	17	1,03	ra
3300	ETHYLENOXID UND KOHLEN-DIOXID, GEMISCH mit mehr als 87 % Ethylenoxid	2 TF	> 2900	X	X	X	X	5	28	0,73	ra
3307	VERFLÜSSIGTES GAS, GIFTIG, OXIDIEREND, N.A.G.	2 TO	≤ 5000	X	X	X	X	5			z
3308	VERFLÜSSIGTES GAS, GIFTIG, ÄTZEND, N.A.G.	2 TC	≤ 5000	X	X	X	X	5			ra, z
3309	VERFLÜSSIGTES GAS, GIFTIG, ENTZÜNDBAR, ÄTZEND, N.A.G.	2 TFC	≤ 5000	X	X	X	X	5			ra, z
3310	VERFLÜSSIGTES GAS, GIFTIG, OXIDIEREND, ÄTZEND, N.A.G.	2 TOC	≤ 5000	X	X	X	X	5			z
3318	AMMONIAKLÖSUNG, in Wasser, relative Dichte kleiner als 0,880 bei 15 °C, mit mehr als 50 % Ammoniak	4 TC		X	X	X	X	5			b
3337	GAS ALS KÄLTEMITTEL R 404A (Pentafluorethan, 1,1,1-Trifluor-ethan und 1,1,1,2-Tetrafluor-ethan, zeotropes Gemisch mit ca. 44 % Pentafluorethan und 52 % 1,1,1-Trifluorethan)	2 A		X	X	X	X	10	36	0,82	ra
3338	GAS ALS KÄLTEMITTEL R 407A (Difluormethan, Pentafluorethan und 1,1,1,2-Tetrafluorethan, zeotropes Gemisch mit ca. 20 % Difluormethan und 40 % Penta-fluorethan)	2 A		X	X	X	X	10	32	0,94	ra
3339	GAS ALS KÄLTEMITTEL R 407B (Difluormethan, Pentafluorethan und 1,1,1,2-Tetrafluorethan, zeotropes Gemisch mit ca. 10 % Difluormethan und 70 % Penta-fluorethan)	2 A		X	X	X	X	10	33	0,93	ra
3340	GAS ALS KÄLTEMITTEL R 407C (Difluormethan, Pentafluorethan und 1,1,1,2-Tetrafluorethan, zeotropes Gemisch mit ca. 23 % Difluormethan und 25 % Penta-fluorethan)	2 A		X	X	X	X	10	30	0,95	ra
3354	INSEKTENBEKÄMPFUNGS-MITTEL, GASFÖRMIG, ENTZÜNDBAR, N.A.G.	2 F		X	X	X	X	10			ra, z
3355	INSEKTENBEKÄMPFUNGS-MITTEL, GASFÖRMIG, GIFTIG, ENTZÜNDBAR, N.A.G.	2 TF		X	X	X	X	5			ra, z
3374	ACETYLEN, LÖSUNGSMITTEL-FREI	2 F		X			X	5	60		c, p

4.1 Verwendung von Verpackungen, einschließlich Großpackmittel (IBC) und Großverpackungen

ADR	RID

a) Nicht anwendbar für Gefäße aus Verbundwerkstoffen.
b) Für Gasgemische der UN-Nummer 1965 beträgt die höchstzulässige Masse der Füllung je Liter Fassungsraum:

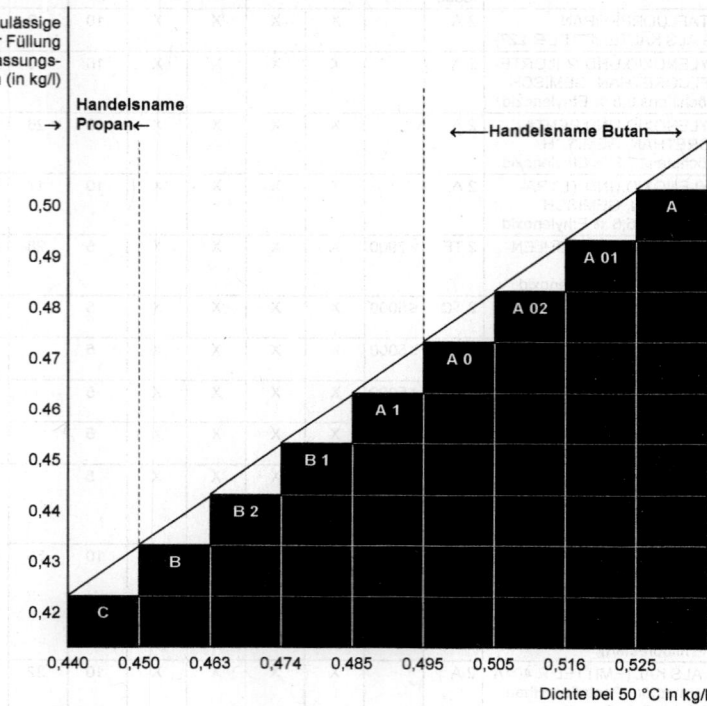

c) Gilt als selbstentzündlich (pyrophor).
d) Gilt als giftig. Der LC_{50}-Wert ist noch zu bestimmen.

Tabelle 3: Stoffe, die nicht unter die Klasse 2 fallen

UN-Nr.	Benennung und Beschreibung	Klasse	Klassifizierungscode	LC_{50} ml/m^3	Flaschen	Großflaschen	Druckfässer	Flaschenbündel	Prüffrist (Jahre) a)	Prüfdruck (bar)	Füllungsgrad	Sondervorschriften für die Verpackung
1051	CYANWASSERSTOFF, STABILISIERT, mit weniger als 3 % Wasser	6.1	TF1	40	X			X	5	100	0,55	k
1052	FLUORWASSERSTOFF, WASSERFREI	8	CT1	966	X		X	X	5	10	0,84	a, ab, ac
1745	BROMPENTAFLUORID	5.1	OTC	25	X		X	X	5	10	b)	k, ab, ad
1746	BROMTRIFLUORID	5.1	OTC	50	X		X	X	5	10	b)	k, ab, ad
2495	IODPENTAFLUORID	5.1	OTC	120	X		X	X	5	10	b)	k, ab, ad

a) Nicht anwendbar für Druckgefäße aus Verbundwerkstoffen.
b) Ein füllungsfreier Raum von mindestens 8 Volumen-% ist vorgeschrieben.

Verwendung von Verpackungen, einschließlich Großpackmittel (IBC) und Großverpackungen

4.1

ADR	RID

P 201
VERPACKUNGSANWEISUNG

Diese Verpackungsanweisung gilt für die UN-Nummern 3167, 3168 und 3169.

Folgende Verpackungen sind zugelassen:
(1) Flaschen und Gasgefäße, die hinsichtlich Bau, Prüfung und Füllung den von der zuständigen Behörde festgelegten Vorschriften entsprechen.
(2) Folgende zusammengesetzte Verpackungen, wenn die allgemeinen Vorschriften der Abschnitte 4.1.1 und 4.1.3 erfüllt sind:

Außenverpackungen:
 Fässer (1A1, 1A2, 1B1, 1B2, 1N1, 1N2, 1H1, 1H2, 1D, 1G);
 Kisten (4A, 4B, 4N, 4C1, 4C2, 4D, 4F, 4G, 4H1, 4H2);
 Kanister (3A1, 3A2, 3B1, 3B2, 3H1, 3H2).

Innenverpackungen:
 a) für nicht giftige Gase dicht verschlossene Innenverpackungen aus Glas oder Metall mit einem höchstzulässigen Fassungsraum von 5 Litern je Versandstück;
 b) für giftige Gase dicht verschlossene Innenverpackungen aus Glas oder Metall mit einem höchstzulässigen Fassungsraum von einem Liter je Versandstück.

Die Verpackungen müssen den Prüfanforderungen für die Verpackungsgruppe III entsprechen.

P 202
VERPACKUNGSANWEISUNG
(bleibt offen)

P 203
VERPACKUNGSANWEISUNG

Diese Anweisung gilt für tiefgekühlt verflüssigte Gase der Klasse 2.

Vorschriften für verschlossene Kryo-Behälter

(1) Die besonderen Vorschriften des Abschnitts 4.1.6 müssen eingehalten werden.
(2) Die Vorschriften des Kapitels 6.2 müssen eingehalten werden.
(3) Die verschlossenen Kryo-Behälter müssen so isoliert sein, dass kein Reifbeschlag auftreten kann.
(4) Prüfdruck

Tiefgekühlte flüssige Stoffe sind in verschlossene Kryo-Behälter mit den folgenden Mindestprüfdrücken einzufüllen:

 a) Für verschlossene Kryo-Behälter mit Vakuumisolierung darf der Prüfdruck nicht geringer sein als das 1,3fache der Summe aus höchstem inneren Druck des gefüllten Behälters, einschließlich des inneren Drucks während des Füllens und Entleerens, plus 100 kPa (1 bar);
 b) für andere verschlossene Kryo-Behälter darf der Prüfdruck nicht geringer sein als das 1,3fache des höchsten inneren Drucks des gefüllten Behälters, wobei der während des Füllens und Entleerens entwickelte Druck zu berücksichtigen ist.

(5) Füllungsgrad

Für tiefgekühlt verflüssigte nicht entzündbare und nicht giftige Gase (Klassifizierungscodes 3 A und 3 O) darf das Volumen der flüssigen Phase bei der Fülltemperatur und einem Druck von 100 kPa (1 bar) 98 % des (mit Wasser) ausgeliterten Fassungsraums des Druckgefäßes nicht überschreiten.

Für tiefgekühlt verflüssigte entzündbare Gase (Klassifizierungscode 3 F) muss bei Erwärmung des Inhalts auf diejenige Temperatur, bei der der Dampfdruck dem Öffnungsdruck der Druckentlastungsventile entspricht, der Füllungsgrad unter einem Wert bleiben, bei dem das Volumen der flüssigen Phase 98 % des (mit Wasser) ausgeliterten Fassungsraums bei dieser Temperatur erreicht.

(6) Druckentlastungseinrichtungen

Verschlossene Kryo-Behälter müssen mit mindestens einer Druckentlastungseinrichtung ausgerüstet sein.

1045

4.1	Verwendung von Verpackungen, einschließlich Großpackmittel (IBC) und Großverpackungen
ADR	**RID**

(7) Verträglichkeit

Die zur Gewährleistung der Dichtheit von Verbindungsstellen oder zur Wartung der Verschlusseinrichtungen verwendeten Werkstoffe müssen mit dem Inhalt verträglich sein. Bei Behältern für die Beförderung von oxidierenden Gasen (Klassifizierungscode 3 O) dürfen diese Werkstoffe mit den Gasen nicht gefährlich reagieren.

(8) Wiederkehrende Prüfung

▶ *1.6.2.1*

    a) Die wiederkehrende Prüfung der Druckentlastungseinrichtungen gemäß Absatz 6.2.1.6.3 muss spätestens alle fünf Jahre durchgeführt werden.

    b) Die Frist zwischen den wiederkehrenden Prüfungen von verschlossenen Kryo-Behältern, die keine UN-Kryo-Behälter sind, nach den Vorschriften des Absatzes 6.2.3.5.2 darf 10 Jahre nicht überschreiten.

Vorschriften für offene Kryo-Behälter

Nur die folgenden nicht oxidierenden tiefgekühlt verflüssigten Gase des Klassifizierungscodes 3 A dürfen in offenen Kryo-Behältern befördert werden: UN-Nummern 1913, 1951, 1963, 1970, 1977, 2591, 3136 und 3158.

Offene Kryo-Behälter müssen so gebaut sein, dass sie den folgenden Vorschriften entsprechen:

(1) Die Behälter sind so auszulegen, herzustellen, zu prüfen und auszurüsten, dass sie allen Bedingungen, einschließlich Ermüdung, standhalten, denen sie während ihres normalen Gebrauchs und unter normalen Beförderungsbedingungen ausgesetzt sind.

(2) Der Fassungsraum darf nicht größer als 450 Liter sein.

(3) Der Behälter muss eine Doppelwandkonstruktion haben, bei welcher der Raum zwischen der Innen- und Außenwand luftleer ist (Vakuumisolierung). Die Isolierung muss die Bildung von Raureif auf der Außenseite des Behälters verhindern.

(4) Die Bauwerkstoffe müssen bei der Betriebstemperatur geeignete mechanische Eigenschaften haben.

(5) Werkstoffe in direktem Kontakt mit den gefährlichen Gütern dürfen durch die zur Beförderung vorgesehenen gefährlichen Güter nicht angegriffen oder geschwächt werden und dürfen keine gefährliche Wirkungen verursachen, z.B. Katalyse einer Reaktion oder Reaktion mit den gefährlichen Gütern.

(6) Behälter mit einer Doppelwandkonstruktion aus Glas müssen mit einer Außenverpackung mit geeignetem Polstermaterial oder saugfähigem Material versehen sein, das den Drücken und Stößen standhält, die unter normalen Beförderungsbedingungen auftreten können.

(7) Der Behälter muss so ausgelegt sein, dass er während der Beförderung in aufrechter Position verbleibt, z.B. durch einen Boden, dessen kleinere horizontale Abmessung größer als die Höhe des Schwerpunktes des vollständig befüllten Behälters ist, oder durch Anbringung in einem Tragrahmen.

(8) Die Öffnungen der Behälter müssen mit gasdurchlässigen Einrichtungen versehen sein, die das Herausspritzen von Flüssigkeit verhindern und so angeordnet sind, dass sie während der Beförderung an Ort und Stelle verbleiben.

(9) Offene Kryo-Behälter müssen mit folgenden Kennzeichen versehen sein, die dauerhaft angebracht sind, z.B. gestempelt, graviert oder geätzt:

– Name und Adresse des Herstellers;

– Modellnummer oder -bezeichnung;

– Serien- oder Losnummer;

– UN-Nummer und offizielle Benennung der Gase für die Beförderung, für die der Behälter vorgesehen ist;

– Fassungsraum des Behälters in Litern.

P 204	
	VERPACKUNGSANWEISUNG
	(gestrichen)

Verwendung von Verpackungen, einschließlich Großpackmittel (IBC) und Großverpackungen 4.1

ADR	RID

P 205	VERPACKUNGSANWEISUNG

Diese Anweisung gilt für die UN-Nummer 3468.

(1) Für Metallhydrid-Speichersysteme sind die besonderen Verpackungsvorschriften des Abschnitts 4.1.6 einzuhalten.

(2) Durch diese Verpackungsanweisung sind nur Druckgefäße abgedeckt, deren mit Wasser ausgeliterter Fassungsraum 150 Liter und deren höchster entwickelter Druck 25 MPa nicht übersteigt.

(3) Metallhydrid-Speichersysteme, die den anwendbaren Vorschriften für den Bau und die Prüfung von Gas-Druckgefäßen des Kapitels 6.2 entsprechen, sind nur für die Beförderung von Wasserstoff zugelassen.

(4) Sofern Druckgefäße aus Stahl oder Druckgefäße aus Verbundwerkstoff mit Stahlauskleidung verwendet werden, dürfen nur solche eingesetzt werden, die gemäß Absatz 6.2.2.9.2 j) mit dem Kennzeichen «H» versehen sind.

(5) Metallhydrid-Speichersysteme müssen den Betriebsbedingungen, den Auslegungskriterien, dem nominalen Fassungsraum, den Bauartprüfungen, den Losprüfungen, den Routineprüfungen, dem Prüfdruck, dem nominalen Füllungsdruck und den Vorschriften für Druckentlastungseinrichtungen für ortsbewegliche Metallhydrid-Speichersysteme entsprechen, wie sie in der Norm ISO 16111:2008 (Ortsveränderliche Gasspeichersysteme – In reversiblem Metallhydrid absorbierter Wasserstoff) festgelegt sind, und ihre Konformität und Zulassung muss in Übereinstimmung mit Unterabschnitt 6.2.2.5 bewertet werden.

(6) Metallhydrid-Speichersysteme müssen mit Wasserstoff bei einem Druck befüllt werden, der den gemäß Norm ISO 16111:2008 festgelegten und in dem dauerhaften Kennzeichen auf dem System angegebenen nominalen Füllungsdruck nicht überschreitet.

(7) Die Vorschriften für die wiederkehrende Prüfung von Metallhydrid-Speichersystemen müssen der Norm ISO 16111:2008 entsprechen und in Übereinstimmung mit dem Unterabschnitt 6.2.2.6 durchgeführt werden; die Frist zwischen den wiederkehrenden Prüfungen darf fünf Jahre nicht überschreiten.

4.1 Verwendung von Verpackungen, einschließlich Großpackmittel (IBC) und Großverpackungen

ADR	RID

P 206	
	VERPACKUNGSANWEISUNG
	Diese Anweisung gilt für die UN-Nummern 3500, 3501, 3502, 3503, 3504 und 3505.
	Soweit im ADR/RID nichts anderes angegeben ist, sind Flaschen und Druckfässer, die den anwendbaren Vorschriften des Kapitels 6.2 entsprechen, zugelassen.
(1)	Die besonderen Vorschriften für das Verpacken in Abschnitt 4.1.6 sind einzuhalten.
(2)	Die höchstzulässige Frist zwischen den wiederkehrenden Prüfungen beträgt 5 Jahre.
(3)	Flaschen und Druckfässer müssen so gefüllt werden, dass bei 50 °C die nicht gasförmige Phase nicht mehr als 95 % ihres mit Wasser ausgeliterten Fassungsraumes einnimmt und sie bei 60 °C nicht vollständig gefüllt sind. In gefülltem Zustand darf der Innendruck bei 65 °C den Prüfdruck der Flaschen oder Druckfässer nicht übersteigen. Die Dampfdrücke und Volumenausdehnungen aller Stoffe in den Flaschen oder Druckfässern müssen berücksichtigt werden.
	Bei flüssigen Stoffen, die mit verdichteten Gasen überlagert sind, müssen bei der Berechnung des Innendrucks des Druckgefäßes beide Bestandteile – der flüssige Stoff und das verdichtete Gas – berücksichtigt werden. Wenn keine Versuchsdaten verfügbar sind, müssen folgende Schritte durchgeführt werden:
	a) Berechnung des Dampfdrucks des flüssigen Stoffes und des partiellen Drucks des verdichteten Gases bei 15 °C (Fülltemperatur);
	b) Berechnung der volumetrischen Ausdehnung der flüssigen Phase, die aus einer Erwärmung von 15 °C auf 65 °C resultiert, und Berechnung des für die gasförmige Phase verbleibenden Volumens;
	c) Berechnung des partiellen Drucks des verdichteten Gases bei 65 °C unter Berücksichtigung der volumetrischen Ausdehnung der flüssigen Phase;
	Bem. Der Kompressibilitätsfaktor des verdichteten Gases bei 15 °C und 65 °C muss berücksichtigt werden.
	d) Berechnung des Dampfdrucks des flüssigen Stoffes bei 65 °C;
	e) der Gesamtdruck ist die Summe aus Dampfdruck des flüssigen Stoffes und partiellem Druck des verdichteten Gases bei 65 °C;
	f) Berücksichtigung der Löslichkeit des verdichteten Gases bei 65 °C in der flüssigen Phase.
	Der Prüfdruck der Flasche oder des Druckfasses darf nicht kleiner sein als der berechnete Gesamtdruck minus 100 kPa (1 bar).
	Wenn für die Berechnung die Löslichkeit des verdichteten Gases in der flüssigen Phase nicht bekannt ist, darf der Prüfdruck ohne Berücksichtigung der Gaslöslichkeit (Absatz f) berechnet werden.
(4)	Der Mindestprüfdruck muss dem in der Verpackungsanweisung P 200 für das Treibmittel angegebenen Prüfdruck entsprechen, darf jedoch nicht geringer als 20 bar sein.
Zusätzliche Vorschrift	
	Flaschen und Druckfässer dürfen nicht zur Beförderung aufgegeben werden, wenn sie mit einer Sprühausrüstung, wie einem Schlauch und einem Handrohr, verbunden sind.
Sondervorschriften für die Verpackung	
PP 89	Für die UN-Nummern 3501, 3502, 3503, 3504 und 3505 verwendete nicht nachfüllbare Flaschen dürfen ungeachtet des Unterabschnitts 4.1.6.9 b) einen mit Wasser ausgeliterten Fassungsraum von höchstens 1000 Litern dividiert durch den in bar ausgedrückten Prüfdruck haben, vorausgesetzt, die Fassungsraum- und Druckbeschränkungen der Baunorm entsprechen der Norm ISO 11118:1999, die den höchsten Fassungsraum auf 50 Liter beschränkt.
PP 97	Für die der UN-Nummer 3500 zugeordneten Feuerlöschmittel beträgt die höchstzulässige Frist für die wiederkehrende Prüfung 10 Jahre. Sie dürfen in Großflaschen mit einem mit Wasser ausgeliterten Fassungsraum von höchstens 450 l gemäß den anwendbaren Vorschriften des Kapitels 6.2 befördert werden.

Verwendung von Verpackungen, einschließlich Großpackmittel (IBC) und Großverpackungen 4.1

ADR	RID

P 207

VERPACKUNGSANWEISUNG

Diese Anweisung gilt für die UN-Nummer 1950.

Folgende Verpackungen sind zugelassen, wenn die allgemeinen Vorschriften der Abschnitte 4.1.1 und 4.1.3 erfüllt sind:

a) Fässer (1A1, 1A2, 1B1, 1B2, 1N1, 1N2, 1H1, 1H2, 1D, 1G);
Kisten (4A, 4B, 4N, 4C1, 4C2, 4D, 4F, 4G, 4H1, 4H2).
Die Verpackungen müssen den Prüfanforderungen für die Verpackungsgruppe II entsprechen.

b) Starre Außenverpackungen mit folgender höchstzulässiger Nettomasse:
aus Pappe 55 kg
aus einem anderen Werkstoff als Pappe 125 kg
Die Vorschriften des Unterabschnitts 4.1.1.3 müssen nicht erfüllt werden.

Die Verpackungen müssen so ausgelegt und gebaut sein, dass übermäßige Bewegungen der Druckgaspackungen und eine unbeabsichtigte Entleerung unter normalen Beförderungsbedingungen verhindert werden.

Sondervorschrift für die Verpackung

PP 87 Bei UN 1950 Abfall-Druckgaspackungen, die gemäß Sondervorschrift 327 befördert werden, müssen die Verpackungen mit einem Mittel versehen sein, das jegliche freie Flüssigkeit, die während der Beförderung frei werden kann, zurückhält, z.B. saugfähiges Material. Die Verpackungen müssen ausreichend belüftet sein, um die Bildung gefährlicher Atmosphären und einen Druckaufbau zu verhindern.

RID- und ADR-spezifische Sondervorschrift für die Verpackung

RR 6 Gegenstände aus Metall der UN-Nummer 1950 dürfen bei der Beförderung als geschlossene Ladung auch wie folgt verpackt werden:
Die Gegenstände müssen auf Trays zu Einheiten zusammengestellt werden und mit einer geeigneten Kunststoffhülle in der richtigen Lage gehalten werden; diese Einheiten müssen auf Paletten in geeigneter Weise gestapelt und gesichert sein.

P 208

VERPACKUNGSANWEISUNG

Diese Anweisung gilt für adsorbierte Gase der Klasse 2.

(1) Folgende Verpackungen sind zugelassen, wenn die allgemeinen Vorschriften des Unterabschnitts 4.1.6.1 erfüllt sind:
Flaschen gemäß Kapitel 6.2 und gemäß der Norm ISO 11513:2011 oder ISO 9809-1:2010.
▶ 1.6.2.14

(2) Der Druck jeder befüllten Flasche muss bei 20 °C geringer als 101,3 kPa und darf bei 50 °C geringer als 300 kPa sein.

(3) Der Mindestprüfdruck der Flasche muss 21 bar betragen.

(4) Der Mindestberstdruck der Flasche muss 94,5 bar betragen.

(5) Der Innendruck der gefüllten Flasche bei 65 °C darf nicht größer als der Prüfdruck der Flasche sein.

(6) Das adsorbierende Material muss mit der Flasche verträglich sein und darf mit dem zu adsorbierenden Gas keine schädlichen oder gefährlichen Verbindungen bilden. Das Gas darf in Kombination mit dem adsorbierenden Material die Flasche nicht angreifen oder schwächen oder eine gefährliche Reaktion (z. B. eine katalytische Reaktion) verursachen.

(7) Die Qualität des adsorbierenden Materials muss bei jeder Befüllung überprüft werden, um sicherzustellen, dass die Vorschriften dieser Verpackungsanweisung bezüglich des Drucks und der chemischen Stabilität bei der Aufgabe eines Versandstücks mit einem adsorbierten Gas zur Beförderung erfüllt werden.

(8) Das adsorbierende Material darf nicht unter die Kriterien einer Klasse des ADR/RID fallen.

4.1 Verwendung von Verpackungen, einschließlich Großpackmittel (IBC) und Großverpackungen

ADR	RID

(9) Für Flaschen und Verschlüsse, die giftige Gase mit einem LC_{50}-Wert von höchstens 200 ml/m³ (ppm) (siehe Tabelle 1) enthalten, gelten folgende Vorschriften:

    a) Ventilöffnungen müssen mit druckfesten gasdichten Stopfen oder Kappen mit zu den Ventilöffnungen passenden Gewinden versehen sein.

    b) Jedes Ventil muss entweder ein Membranventil mit einer unperforierten Membran oder ein Typ sein, bei dem Undichtheiten durch die oder an der Dichtung vorbei verhindert werden.

    c) Jede Flasche und jeder Verschluss müssen nach dem Befüllen auf Dichtheit geprüft werden.

    d) Jedes Ventil muss dem Prüfdruck der Flasche standhalten können und entweder durch ein kegeliges Gewinde oder durch andere Mittel, die den Anforderungen der Norm ISO 10692-2:2001 entsprechen, direkt mit der Flasche verbunden sein.

    e) Flaschen und Ventile dürfen nicht mit einer Druckentlastungseinrichtung ausgerüstet sein.

(10) Ventilöffnungen von Flaschen, die pyrophore Gase enthalten, müssen mit gasdichten Stopfen oder Kappen mit zu den Ventilöffnungen passenden Gewinden versehen sein.

(11) Das Befüllverfahren muss der Anlage A der Norm ISO 11513:2011 entsprechen.

(12) Die Frist zwischen den wiederkehrenden Prüfungen darf höchstens 5 Jahre betragen.

(13) Stoffspezifische Sondervorschriften für die Verpackung (siehe Tabelle 1):

    Werkstoffverträglichkeit

    a: Flaschen aus Aluminiumlegierungen dürfen nicht verwendet werden.

    d: Werden Flaschen aus Stahl verwendet, sind nur solche zugelassen, welche gemäß Absatz 6.2.2.7.4 p) mit dem Kennzeichen «H» versehen sind.

    Gasspezifische Vorschriften

    r: Der Füllungsgrad dieses Gases ist so zu begrenzen, dass der Druck im Falle des vollständigen Zerfalls zwei Drittel des Prüfdrucks der Flasche nicht übersteigt.

    Werkstoffverträglichkeit für n.a.g.-Eintragungen von adsorbierten Gasen

    z: Die Werkstoffe der Flaschen und ihrer Ausrüstungsteile müssen mit dem Inhalt verträglich sein und dürfen mit ihm keine schädlichen oder gefährlichen Verbindungen bilden.

Tabelle 1: Adsorbierte Gase

UN-Nr.	Benennung und Beschreibung	Klassifizierungscode	LC_{50} ml/m³	Sondervorschriften für die Verpackung
3510	ADSORBIERTES GAS, ENTZÜNDBAR, N.A.G.	9F		z
3511	ADSORBIERTES GAS, N.A.G.	9A		z
3512	ADSORBIERTES GAS, GIFTIG, N.A.G.	9T	≤ 5000	z
3513	ADSORBIERTES GAS, OXIDIEREND, N.A.G.	9O		z
3514	ADSORBIERTES GAS, GIFTIG, ENTZÜNDBAR, N.A.G.	9TF	≤ 5000	z
3515	ADSORBIERTES GAS, GIFTIG, OXIDIEREND, N.A.G.	9TO	≤ 5000	z
3516	ADSORBIERTES GAS, GIFTIG, ÄTZEND, N.A.G.	9TC	≤ 5000	z
3517	ADSORBIERTES GAS, GIFTIG, ENTZÜNDBAR, ÄTZEND, N.A.G.	9TFC	≤ 5000	z
3518	ADSORBIERTES GAS, GIFTIG, OXIDIEREND, ÄTZEND, N.A.G.	9TOC	≤ 5000	z
3519	BORTRIFLUORID, ADSORBIERT	9TC	387	a
3520	CHLOR, ADSORBIERT	9TOC	293	a
3521	SILICIUMTETRAFLUORID, ADSORBIERT	9TC	450	a
3522	ARSENWASSERSTOFF (ARSIN), ADSORBIERT	9TF	20	d
3523	GERMANIUMWASSERSTOFF (GERMAN), ADSORBIERT	9TF	620	d, r
3524	PHOSPHORPENTAFLUORID, ADSORBIERT	9TC	190	
3525	PHOSPHORWASSERSTOFF (PHOSPHIN), ADSORBIERT	9TF	20	d
3526	SELENWASSERSTOFF, ADSORBIERT	9TF	2	

Verwendung von Verpackungen, einschließlich Großpackmittel (IBC) und Großverpackungen

4.1

ADR	RID

P 209	
	VERPACKUNGSANWEISUNG

Diese Verpackungsanweisung gilt für UN 3150 Geräte, klein, mit Kohlenwasserstoffgas, mit Entnahmeeinrichtung oder UN 3150 Kohlenwasserstoffgas-Nachfüllpatronen für kleine Geräte, mit Entnahmeeinrichtung.

(1) Die besonderen Vorschriften des Abschnitts 4.1.6 sind, soweit anwendbar, einzuhalten.

(2) Die Gegenstände müssen den Vorschriften des Landes entsprechen, in dem sie befüllt wurden.

(3) Die Geräte und Nachfüllpatronen müssen in Außenverpackungen nach Abschnitt 6.1.4 verpackt sein, die nach Kapitel 6.1 für Verpackungsgruppe II geprüft und zugelassen sind.

P 300	
	VERPACKUNGSANWEISUNG

Diese Anweisung gilt für die UN-Nummer 3064.

Folgende Verpackungen sind zugelassen, wenn die allgemeinen Vorschriften der Abschnitte 4.1.1 und 4.1.3 erfüllt sind:

Zusammengesetzte Verpackungen, bestehend aus Dosen aus Metall mit einem Fassungsraum von höchstens 1 Liter als Innenverpackungen und Kisten aus Holz (4C1, 4C2, 4D oder 4F) als Außenverpackung, die nicht mehr als 5 Liter Lösung enthält.

Zusätzliche Vorschriften

1. Die Dosen aus Metall müssen vollständig von saugfähigem Polstermaterial umgeben sein.
2. Die Kisten aus Holz müssen vollständig mit einem geeigneten wasser- und nitroglycerinundurchlässigen Material ausgekleidet sein.

P 301	
	VERPACKUNGSANWEISUNG

Diese Anweisung gilt für die UN-Nummer 3165.

Folgende Verpackungen sind zugelassen, wenn die allgemeinen Vorschriften der Abschnitte 4.1.1 und 4.1.3 erfüllt sind:

(1) Ein Aluminiumdruckgefäß, das aus einem Zylinder mit angeschweißten Böden besteht.

Das Hauptbehältnis für den Kraftstoff innerhalb dieses Gefäßes muss aus einer geschweißten Aluminiumblase mit einem höchsten Innenvolumen von 46 Litern bestehen.

Das Außengefäß muss einen Mindestberechnungsdruck (Überdruck) von 1275 kPa und einen Mindestberstdruck von 2755 kPa haben.

Jedes Gefäß muss während der Herstellung und vor dem Versand auf Dichtheit geprüft werden; es darf nicht undicht sein.

Die vollständige innere Einheit muss sicher mit einem nicht brennbaren Polstermaterial, wie Vermiculit, in einer widerstandsfähigen, dicht verschlossenen Außenverpackung aus Metall verpackt sein, die alle Armaturen wirksam schützt.

Die maximale Kraftstoffmenge je Hauptbehältnis und Versandstück beträgt 42 Liter.

(2) Aluminiumdruckgefäß

Das Hauptbehältnis für den Kraftstoff innerhalb dieses Gefäßes muss aus einem dampfdicht verschweißten Kraftstoffabteil mit einer Blase aus Elastomer mit einem höchsten Innenvolumen von 46 Liter bestehen.

Das Druckgefäß muss einen Mindestberechnungsdruck (Überdruck) von 2860 kPa und einen Mindestberstdruck von 5170 kPa haben.

Jedes Gefäß muss während der Herstellung und vor dem Versand auf Dichtheit geprüft werden und sicher mit einem nicht brennbaren Polstermaterial, wie Vermiculit, in einer widerstandsfähigen, dicht verschlossenen Außenverpackung aus Metall verpackt sein, die alle Armaturen wirksam schützt.

Die maximale Kraftstoffmenge je Hauptbehältnis und je Versandstück beträgt 42 Liter.

4.1	Verwendung von Verpackungen, einschließlich Großpackmittel (IBC) und Großverpackungen
ADR	**RID**

P 302

VERPACKUNGSANWEISUNG

Diese Anweisung gilt für die UN-Nummer 3269.

Folgende zusammengesetzte Verpackungen sind zugelassen, wenn die allgemeinen Vorschriften der Abschnitte 4.1.1 und 4.1.3 erfüllt sind:

Außenverpackungen:
  Fässer (1A1, 1A2, 1B1, 1B2, 1N1, 1N2, 1H1, 1H2, 1D, 1G),
  Kisten (4A, 4B, 4N, 4C1, 4C2, 4D, 4F, 4G, 4H1, 4H2),
  Kanister (3A1, 3A2, 3B1, 3B2, 3H1, 3H2).

Innenverpackungen:
  Das Aktivierungsmittel (organisches Peroxid) muss auf eine Menge von 125 ml für flüssige Stoffe und 500 g für feste Stoffe je Innenverpackung beschränkt sein.
  Das Grundprodukt und das Aktivierungsmittel müssen in getrennten Innenverpackungen verpackt sein.

Die Komponenten dürfen in dieselbe Außenverpackung eingesetzt sein, vorausgesetzt, sie reagieren im Falle des Freiwerdens nicht gefährlich miteinander.

Die Verpackungen müssen den Prüfanforderungen für die Verpackungsgruppe II oder III in Übereinstimmung mit den auf das Grundprodukt angewendeten Kriterien der Klasse 3 entsprechen.

P 400

VERPACKUNGSANWEISUNG

Folgende Verpackungen sind zugelassen, wenn die allgemeinen Vorschriften der Abschnitte 4.1.1 und 4.1.3 erfüllt sind:

(1) Druckgefäße, vorausgesetzt, die allgemeinen Vorschriften des Unterabschnitts 4.1.3.6 werden erfüllt. Diese müssen aus Stahl sein und einer erstmaligen und alle 10 Jahre einer wiederkehrenden Prüfung mit einem Druck von mindestens 1 MPa (10 bar) (Überdruck) unterzogen werden. Während der Beförderung muss sich der flüssige Stoff unter einer Schicht inerten Gases mit einem Überdruck von mindestens 20 kPa (0,2 bar) befinden.

(2) Kisten (4A, 4B, 4N, 4C1, 4C2, 4D, 4F oder 4G), Fässer (1A1, 1A2, 1B1, 1B2, 1N1, 1N2, 1D oder 1G) oder Kanister (3A1, 3A2, 3B1 oder 3B2), die luftdicht verschlossene Dosen aus Metall mit Innenverpackungen aus Glas oder Metall enthalten, die einen Fassungsraum von jeweils höchstens 1 Liter und einen Verschluss mit Dichtung haben. Die Innenverpackungen müssen Schraubverschlüsse haben oder Verschlüsse, die durch eine Vorrichtung physisch fixiert sein müssen, die in der Lage ist, ein Lösen oder Lockern des Verschlusses durch Schlag oder Vibration während der Beförderung zu verhindern. Die Innenverpackungen müssen von allen Seiten mit einem trockenen, saugfähigen, nicht brennbaren Material in einer für die Aufnahme ihres Fassungsraums ausreichenden Menge gepolstert sein. Die Innenverpackungen dürfen höchstens zu 90 % ihres Fassungsraums befüllt sein. Die Außenverpackungen dürfen eine höchste Nettomasse von 125 kg enthalten.

(3) Fässer aus Stahl, Aluminium oder einem anderen Metall (1A1, 1A2, 1B1, 1B2, 1N1 oder 1N2), Kanister (3A1, 3A2, 3B1 oder 3B2) oder Kisten (4A, 4B oder 4N) mit einer höchsten Nettomasse von je 150 kg, die luftdicht verschlossene Dosen aus Metall enthalten, die einen Fassungsraum von jeweils höchstens 4 Liter und einen Verschluss mit Dichtung haben. Die Innenverpackungen müssen Schraubverschlüsse haben oder Verschlüsse, die durch eine Vorrichtung physisch fixiert sein müssen, die in der Lage ist, ein Lösen oder Lockern des Verschlusses durch Schlag oder Vibration während der Beförderung zu verhindern. Die Innenverpackungen müssen von allen Seiten mit einem trockenen, saugfähigen, nicht brennbaren Material in einer für die Aufnahme des gesamten Inhalts ausreichenden Menge gepolstert sein. Die einzelnen Lagen der Innenverpackungen müssen zusätzlich zum Polstermaterial durch Unterteilungen voneinander getrennt sein. Die Innenverpackungen dürfen höchstens zu 90 % ihres Fassungsraums befüllt sein.

Sondervorschrift für die Verpackung

PP 86	Für die UN-Nummern 3392 und 3394 ist die in der Dampfphase vorhandene Luft durch Stickstoff oder andere Mittel zu beseitigen.

Verwendung von Verpackungen, einschließlich Großpackmittel (IBC) und Großverpackungen 4.1

ADR	RID

P 401
VERPACKUNGSANWEISUNG

Folgende Verpackungen sind zugelassen, wenn die allgemeinen Vorschriften der Abschnitte 4.1.1 und 4.1.3 erfüllt sind:

(1) Druckgefäße, vorausgesetzt, die allgemeinen Vorschriften des Unterabschnitts 4.1.3.6 werden erfüllt. Diese müssen aus Stahl sein und einer erstmaligen und alle 10 Jahre einer wiederkehrenden Prüfung mit einem Druck von mindestens 0,6 MPa (6 bar) (Überdruck) unterzogen werden. Während der Beförderung muss sich der flüssige Stoff unter einer Schicht inerten Gases mit einem Überdruck von mindestens 20 kPa (0,2 bar) befinden.

(2) Zusammengesetzte Verpackungen:

Außenverpackungen:
Fässer (1A1, 1A2, 1B1, 1B2, 1N1, 1N2, 1H1, 1H2, 1D, 1G),
Kisten (4A, 4B, 4N, 4C1, 4C2, 4D, 4F, 4G, 4H1, 4H2),
Kanister (3A1, 3A2, 3B1, 3B2, 3H1, 3H2).

Innenverpackungen:
aus Glas, Metall oder Kunststoff, die Schraubverschlüsse und einen höchsten Fassungsraum von einem Liter haben.
Jede Innenverpackung muss von inertem, saugfähigem Polstermaterial in einer für die Aufnahme des gesamten Inhalts ausreichenden Menge umgeben sein.

Die höchste Nettomasse je Außenverpackung darf 30 kg nicht überschreiten.

RID- und ADR-spezifische Sondervorschrift für die Verpackung

RR 7	Für die UN-Nummern 1183, 1242, 1295 und 2988 müssen die Druckgefäße jedoch alle fünf Jahre geprüft werden.

P 402
VERPACKUNGSANWEISUNG

Folgende Verpackungen sind zugelassen, wenn die allgemeinen Vorschriften der Abschnitte 4.1.1 und 4.1.3 erfüllt sind:

(1) Druckgefäße, vorausgesetzt, die allgemeinen Vorschriften des Unterabschnitts 4.1.3.6 werden erfüllt. Diese müssen aus Stahl sein und einer erstmaligen und alle 10 Jahre einer wiederkehrenden Prüfung mit einem Druck von mindestens 0,6 MPa (6 bar) (Überdruck) unterzogen werden. Während der Beförderung muss sich der flüssige Stoff unter einer Schicht inerten Gases mit einem Überdruck von mindestens 20 kPa (0,2 bar) befinden.

(2) Zusammengesetzte Verpackungen:

Außenverpackungen:
Fässer (1A1, 1A2, 1B1, 1B2, 1N1, 1N2, 1H1, 1H2, 1D, 1G),
Kisten (4A, 4B, 4N, 4C1, 4C2, 4D, 4F, 4G, 4H1, 4H2),
Kanister (3A1, 3A2, 3B1, 3B2, 3H1, 3H2).

Innenverpackungen mit folgenden höchsten Nettomassen:
- aus Glas: 10 kg
- aus Metall oder Kunststoff: 15 kg.

Jede Innenverpackung muss mit Schraubverschlüssen versehen sein.
Jede Innenverpackung muss von inertem, saugfähigem Polstermaterial in einer für die Aufnahme des gesamten Inhalts ausreichenden Menge umgeben sein.

Die höchste Nettomasse je Außenverpackung darf 125 kg nicht überschreiten.

(3) Fässer aus Stahl (1A1) mit einem höchsten Fassungsraum von 250 Liter.

(4) Kombinationsverpackungen, bestehend aus einem Kunststoffgefäß in einem Fass aus Stahl oder Aluminium (6HA1 oder 6HB1), mit einem höchsten Fassungsraum von 250 Liter.

RID- und ADR-spezifische Sondervorschrift für die Verpackung

RR 4	Für die UN-Nummer 3130 müssen die Öffnungen der Gefäße durch zwei hintereinanderliegende Einrichtungen, von denen eine verschraubt oder in gleichwertiger Weise befestigt sein muss, fest verschlossen sein.
RR 7	Für die UN-Nummer 3129 müssen die Druckgefäße jedoch alle fünf Jahre geprüft werden.
RR 8	Für die UN-Nummern 1389, 1391, 1411, 1421, 1928, 3129, 3130, 3148 und 3482 müssen die Druckgefäße jedoch mit einem Mindestprüfdruck von 1 MPa (10 bar) erstmalig und wiederkehrend geprüft werden.

4.1 Verwendung von Verpackungen, einschließlich Großpackmittel (IBC) und Großverpackungen

ADR	RID

P 403 VERPACKUNGSANWEISUNG

Folgende Verpackungen sind zugelassen, wenn die allgemeinen Vorschriften der Abschnitte 4.1.1 und 4.1.3 erfüllt sind:

zusammengesetzte Verpackungen		höchste Nettomasse
Innenverpackungen	**Außenverpackungen**	
aus Glas 2 kg	**Fässer**	
aus Kunststoff 15 kg	aus Stahl (1A1, 1A2)	400 kg
aus Metall 20 kg	aus Aluminium (1B1, 1B2)	400 kg
	aus einem anderen Metall (1N1, 1N2)	400 kg
Innenverpackungen müssen luftdicht verschlossen sein (z.B. durch ein Klebeband oder durch Schraubverschlüsse).	aus Kunststoff (1H1, 1H2)	400 kg
	aus Sperrholz (1D)	400 kg
	aus Pappe (1G)	400 kg
	Kisten	
	aus Stahl (4A)	400 kg
	aus Aluminium (4B)	400 kg
	aus einem anderen Metall (4N)	400 kg
	aus Naturholz (4C1)	250 kg
	aus Naturholz, mit staubdichten Wänden (4C2)	250 kg
	aus Sperrholz (4D)	250 kg
	aus Holzfaserwerkstoff (4F)	125 kg
	aus Pappe (4G)	125 kg
	aus Schaumstoff (4H1)	60 kg
	aus starrem Kunststoff (4H2)	250 kg
	Kanister	
	aus Stahl (3A1, 3A2)	120 kg
	aus Aluminium (3B1, 3B2)	120 kg
	aus Kunststoff (3H1, 3H2)	120 kg

Einzelverpackungen	höchste Nettomasse
Fässer	
aus Stahl (1A1, 1A2)	250 kg
aus Aluminium (1B1, 1B2)	250 kg
aus einem anderen Metall als Stahl oder Aluminium (1N1, 1N2)	250 kg
aus Kunststoff (1H1, 1H2)	250 kg
Kanister	
aus Stahl (3A1, 3A2)	120 kg
aus Aluminium (3B1, 3B2)	120 kg
aus Kunststoff (3H1, 3H2)	120 kg
Kombinationsverpackungen	
Kunststoffgefäß in einem Fass aus Stahl oder Aluminium (6HA1 oder 6HB1)	250 kg
Kunststoffgefäß in einem Fass aus Pappe, Kunststoff oder Sperrholz (6HG1, 6HH1 oder 6HD1)	75 kg
Kunststoffgefäß in einem Verschlag oder einer Kiste aus Stahl oder Aluminium oder in einer Kiste aus Naturholz, Sperrholz, Pappe oder starrem Kunststoff (6HA2, 6HB2, 6HC, 6HD2, 6HG2 oder 6HH2)	75 kg

Druckgefäße, vorausgesetzt, die allgemeinen Vorschriften des Unterabschnitts 4.1.3.6 werden erfüllt.

Zusätzliche Vorschrift
Die Verpackungen müssen luftdicht verschlossen sein.

Sondervorschrift für die Verpackung
PP 83   (gestrichen)

Verwendung von Verpackungen, einschließlich Großpackmittel (IBC) und Großverpackungen 4.1

ADR	RID

P 404

VERPACKUNGSANWEISUNG

Diese Anweisung gilt für pyrophore feste Stoffe (UN-Nummern 1383, 1854, 1855, 2008, 2441, 2545, 2546, 2846, 2881, 3200, 3391 und 3393).

Folgende Verpackungen sind zugelassen, wenn die allgemeinen Vorschriften der Abschnitte 4.1.1 und 4.1.3 erfüllt sind:

(1) zusammengesetzte Verpackungen
    Außenverpackungen: (1A1, 1A2, 1B1, 1B2, 1N1, 1N2, 1H1, 1H2, 1D, 1G, 4A, 4B, 4N, 4C1, 4C2, 4D, 4F, 4G oder 4H2)
    Innenverpackungen: Gefäße aus Metall mit einer Nettomasse von jeweils höchstens 15 kg. Die Innenverpackungen müssen luftdicht verschlossen sein ;
    Gefäße aus Glas mit einer Nettomasse von jeweils höchstens 1 kg, die Verschlüsse mit Dichtungen haben, von allen Seiten gepolstert sind und in luftdicht verschlossenen Dosen aus Metall enthalten sind.

Die Innenverpackungen müssen Schraubverschlüsse haben oder Verschlüsse, die durch eine Vorrichtung physisch fixiert sein müssen, die in der Lage ist, ein Lösen oder Lockern des Verschlusses durch Schlag oder Vibration während der Beförderung zu verhindern.

Außenverpackungen dürfen eine höchste Nettomasse von 125 kg haben.

(2) Verpackungen aus Metall: (1A1, 1A2, 1B1, 1B2, 1N1, 1N2, 3A1, 3A2, 3B1 und 3B2)
    höchste Bruttomasse: 150 kg

(3) Kombinationsverpackungen: Kunststoffgefäß in einem Fass aus Stahl oder Aluminium (6HA1 oder 6HB1)
    höchste Bruttomasse: 150 kg

Druckgefäße, vorausgesetzt, die allgemeinen Vorschriften des Unterabschnitts 4.1.3.6 werden erfüllt.

Sondervorschrift für die Verpackung

PP 86 Für die UN-Nummern 3391 und 3393 ist die in der Dampfphase vorhandene Luft durch Stickstoff oder andere Mittel zu beseitigen.

P 405

VERPACKUNGSANWEISUNG

Diese Anweisung gilt für die UN-Nummer 1381.

Folgende Verpackungen sind zugelassen, wenn die allgemeinen Vorschriften der Abschnitte 4.1.1 und 4.1.3 erfüllt sind:

(1) Für UN 1381 Phosphor, unter Wasser:
    a) zusammengesetzte Verpackungen
        Außenverpackungen: (4A, 4B, 4N, 4C1, 4C2, 4D oder 4F)
        höchste Nettomasse: 75 kg
        Innenverpackungen:
            (i) luftdicht verschlossene Dosen aus Metall mit einer höchsten Nettomasse von 15 kg oder
            (ii) Innenverpackungen aus Glas, die von allen Seiten mit einem trockenen, saugfähigen, nicht brennbaren Material in einer für die Aufnahme des gesamten Inhalts ausreichenden Menge gepolstert sind, mit einer höchsten Nettomasse von 2 kg

    oder

    b) Fässer (1A1, 1A2, 1B1, 1B2, 1N1 oder 1N2) mit einer höchsten Nettomasse von 400 kg
        Kanister (3A1 oder 3B1) mit einer höchsten Nettomasse von 120 kg.

Diese Verpackungen müssen in der Lage sein, die in Unterabschnitt 6.1.5.4 beschriebene Dichtheitsprüfung mit den Prüfanforderungen für die Verpackungsgruppe II zu bestehen.

(2) Für UN 1381 Phosphor, trocken:
    a) in geschmolzener Form: Fässer (1A2, 1B2 oder 1N2) mit einer höchsten Nettomasse von 400 kg oder
    b) in Geschossen oder in Gegenständen mit fester Umschließung bei Beförderung ohne Bestandteile der Klasse 1: von der zuständigen Behörde festgelegte Verpackungen.

4.1 Verwendung von Verpackungen, einschließlich Großpackmittel (IBC) und Großverpackungen

ADR	RID

P 406

VERPACKUNGSANWEISUNG

Folgende Verpackungen sind zugelassen, wenn die allgemeinen Vorschriften der Abschnitte 4.1.1 und 4.1.3 erfüllt sind:

(1) Zusammengesetzte Verpackungen
   Außenverpackungen: (4C1, 4C2, 4D, 4F, 4G, 4H1, 4H2, 1G, 1D, 1H1, 1H2, 3H1 oder 3H2)
   Innenverpackungen: wasserbeständige Verpackungen.

(2) Fässer aus Kunststoff, Sperrholz oder Pappe: (1H2, 1D oder 1G) oder Kisten (4A, 4B, 4N, 4C1, 4C2, 4D, 4F, 4G und 4H2) mit wasserbeständigem Innensack, Auskleidung aus Kunststofffolie oder wasserbeständiger Beschichtung.

(3) Fässer aus Metall (1A1, 1A2, 1B1, 1B2, 1N1 oder 1N2), Fässer aus Kunststoff (1H1 oder 1H2), Kanister aus Metall (3A1, 3A2, 3B1 oder 3B2), Kanister aus Kunststoff (3H1 oder 3H2), Kunststoffgefäß in einem Fass aus Stahl oder Aluminium (6HA1 oder 6HB1), Kunststoffgefäß in einem Fass aus Pappe, Kunststoff oder Sperrholz (6HG1, 6HH1 oder 6HD1), Kunststoffgefäß in einem Verschlag oder einer Kiste aus Stahl oder Aluminium oder einer Kiste aus Naturholz, Sperrholz, Pappe oder starrem Kunststoff (6HA2, 6HB2, 6HC, 6HD2, 6HG2 oder 6HH2).

Zusätzliche Vorschriften

1. Die Verpackungen müssen so ausgelegt und hergestellt sein, dass ein Austreten von Wasser, Alkohol oder Phlegmatisierungsmittel verhindert wird.
2. Die Verpackungen müssen so hergestellt und verschlossen sein, dass ein Explosionsüberdruck oder ein Druckaufbau von mehr als 300 kPa (3 bar) verhindert wird.

Sondervorschriften für die Verpackung

PP 24	Für die UN-Nummer 2852, 3364, 3365, 3366, 3367, 3368 und 3369 darf die Stoffmenge 500 g je Versandstück nicht überschreiten.
PP 25	Für die UN-Nummer 1347 darf die Stoffmenge 15 kg je Versandstück nicht überschreiten.
PP 26	Für die UN-Nummern 1310, 1320, 1321, 1322, 1344, 1347, 1348, 1349, 1517, 2907, 3317 und 3376 müssen die Verpackungen bleifrei sein.
PP 48	Für die UN-Nummer 3474 dürfen keine Metallverpackungen verwendet werden. Verpackungen aus anderen Werkstoffen mit einer geringen Menge Metall, z.B. Metallverschlüsse oder andere Zubehörteile aus Metall, wie die in Abschnitt 6.1.4 genannten, gelten nicht als Verpackungen aus Metall.
PP 78	Für die UN-Nummer 3370 darf die Stoffmenge 11,5 kg je Versandstück nicht überschreiten.
PP 80	Für die UN-Nummer 2907 müssen die Verpackungen den Prüfanforderungen für die Verpackungsgruppe II entsprechen. Verpackungen, die den Prüfkriterien für die Verpackungsgruppe I entsprechen, dürfen nicht verwendet werden.

P 407

VERPACKUNGSANWEISUNG

Diese Anweisung gilt für die UN-Nummern 1331, 1944, 1945 und 2254.

Folgende Verpackungen sind zugelassen, wenn die allgemeinen Vorschriften der Abschnitte 4.1.1 und 4.1.3 erfüllt sind:

Außenverpackungen:
   Fässer (1A1, 1A2, 1B1, 1B2, 1N1, 1N2, 1H1, 1H2, 1D, 1G),
   Kisten (4A, 4B, 4N, 4C1, 4C2, 4D, 4F, 4G, 4H1, 4H2),
   Kanister (3A1, 3A2, 3B1, 3B2, 3H1, 3H2).

Innenverpackungen:
   Die Zündhölzer müssen in sicher verschlossenen Innenverpackungen dicht gepackt sein, um eine unbeabsichtigte Zündung unter normalen Beförderungsbedingungen zu verhindern.

Die höchste Bruttomasse des Versandstücks darf 45 kg nicht überschreiten, ausgenommen Kisten aus Pappe, deren höchste Bruttomasse 30 kg nicht überschreiten darf.

Die Verpackungen müssen den Prüfanforderungen für die Verpackungsgruppe III entsprechen.

Sondervorschrift für die Verpackung

PP 27	UN 1331 Zündhölzer, überall zündbar, dürfen nicht mit anderen gefährlichen Gütern zusammen in dieselbe Außenverpackung verpackt werden, ausgenommen Sicherheitszündhölzer oder Wachszündhölzer, die in getrennten Innenverpackungen verpackt sein müssen. Innenverpackungen dürfen höchstens 700 Zündhölzer, überall zündbar, enthalten.

Verwendung von Verpackungen, einschließlich Großpackmittel (IBC) und Großverpackungen 4.1

ADR	RID

P 408

VERPACKUNGSANWEISUNG

Diese Anweisung gilt für die UN-Nummer 3292.

Folgende Verpackungen sind zugelassen, wenn die allgemeinen Vorschriften der Abschnitte 4.1.1 und 4.1.3 erfüllt sind:

(1) Für Zellen:
  Fässer (1A2, 1B2, 1N2, 1H2, 1D, 1G),
  Kisten (4A, 4B, 4N, 4C1, 4C2, 4D, 4F, 4G, 4H1, 4H2),
  Kanister (3A2, 3B2, 3H2).
  Es muss ausreichend Polstermaterial vorhanden sein, um eine Berührung der Zellen untereinander und der Zellen mit der Innenfläche der Außenverpackung sowie gefährliche Bewegungen der Zellen in der Außenverpackung während der Beförderung zu verhindern.
  Die Verpackungen müssen den Prüfanforderungen für die Verpackungsgruppe II entsprechen.

(2) Batterien dürfen unverpackt oder in Schutzumschließungen (z.B. vollständig umschlossen oder Lattenverschläge aus Holz) befördert werden. Die Pole dürfen nicht mit dem Gewicht anderer Batterien oder des mit den Batterien zusammengepackten Materials belastet werden.
  Die Verpackungen müssen den Vorschriften des Unterabschnitts 4.1.1.3 nicht entsprechen.

Zusätzliche Vorschrift

Die Zellen und Batterien müssen gegen Kurzschluss geschützt und auf solche Art und Weise isoliert sein, dass Kurzschlüsse verhindert werden.

P 409

VERPACKUNGSANWEISUNG

Diese Anweisung gilt für die UN-Nummern 2956, 3242 und 3251.

Folgende Verpackungen sind zugelassen, wenn die allgemeinen Vorschriften der Abschnitte 4.1.1 und 4.1.3 erfüllt sind:

(1) Fass aus Pappe (1G), das mit einer Auskleidung oder Beschichtung versehen sein darf; höchste Nettomasse: 50 kg.
(2) Zusammengesetzte Verpackungen: einzelner Innensack aus Kunststoff in einer Kiste aus Pappe (4G); höchste Nettomasse: 50 kg.
(3) Zusammengesetzte Verpackungen: Innenverpackungen aus Kunststoff mit einer Nettomasse von jeweils höchstens 5 kg in einer Kiste aus Pappe (4G) oder einem Fass aus Pappe (1G); höchste Nettomasse: 25 kg.

P 410

VERPACKUNGSANWEISUNG

Folgende Verpackungen sind zugelassen, wenn die allgemeinen Vorschriften der Abschnitte 4.1.1 und 4.1.3 erfüllt sind:

zusammengesetzte Verpackungen		höchste Nettomasse	
Innenverpackungen	Außenverpackungen	Verpackungs-gruppe II	Verpackungs-gruppe III
Glas 10 kg	**Fässer**		
Kunststoff [a] 30 kg	aus Stahl (1A1, 1A2)	400 kg	400 kg
Metall 40 kg	aus Aluminium (1B1, 1B2)	400 kg	400 kg
Papier [a,b] 10 kg	aus einem anderen Metall (1N1, 1N2)	400 kg	400 kg
Pappe [a,b] 10 kg	aus Kunststoff (1H1, 1H2)	400 kg	400 kg
	aus Sperrholz (1D)	400 kg	400 kg
a) Diese Verpackungen müssen staubdicht sein.	aus Pappe (1G) [a]	400 kg	400 kg
b) Diese Innenverpackungen dürfen nicht verwendet werden, wenn sich die beförderten Stoffe während der Beförderung verflüssigen können.	**Kisten**		
	aus Stahl (4A)	400 kg	400 kg
	aus Aluminium (4B)	400 kg	400 kg
	aus einem anderen Metall (4N)	400 kg	400 kg
	aus Naturholz (4C1)	400 kg	400 kg
	aus Naturholz, mit staubdichten Wänden (4C2)	400 kg	400 kg
	aus Sperrholz (4D)	400 kg	400 kg
	aus Holzfaserwerkstoff (4F)	400 kg	400 kg
	aus Pappe (4G) [a]	400 kg	400 kg
	aus Schaumstoff (4H1)	60 kg	60 kg
	aus starrem Kunststoff (4H2)	400 kg	400 kg

4.1 Verwendung von Verpackungen, einschließlich Großpackmittel (IBC) und Großverpackungen

		ADR	RID
	Kanister		
	aus Stahl (3A1, 3A2)	120 kg	120 kg
	aus Aluminium (3B1, 3B2)	120 kg	120 kg
	aus Kunststoff (3H1, 3H2)	120 kg	120 kg
Einzelverpackungen			
Fässer			
aus Stahl (1A1 oder 1A2)		400 kg	400 kg
aus Aluminium (1B1 oder 1B2)		400 kg	400 kg
aus einem anderen Metall als Stahl oder Aluminium (1N1 oder 1N2)		400 kg	400 kg
aus Kunststoff (1H1 oder 1H2)		400 kg	400 kg
Kanister			
aus Stahl (3A1 oder 3A2)		120 kg	120 kg
aus Aluminium (3B1 oder 3B2)		120 kg	120 kg
aus Kunststoff (3H1 oder 3H2)		120 kg	120 kg
Kisten			
aus Stahl (4A) c)		400 kg	400 kg
aus Aluminium (4B) c)		400 kg	400 kg
aus einem anderen Metall (4N) c)		400 kg	400 kg
aus Naturholz (4C1) c)		400 kg	400 kg
aus Sperrholz (4D) c)		400 kg	400 kg
aus Holzfaserwerkstoff (4F) c)		400 kg	400 kg
aus Naturholz, mit staubdichten Wänden (4C2) c)		400 kg	400 kg
aus Pappe (4G) c)		400 kg	400 kg
aus starrem Kunststoff (4H2) c)		400 kg	400 kg
Säcke			
Säcke (5H3, 5H4, 5L3, 5M2) c),d)		50 kg	50 kg

c) Diese Verpackungen dürfen nicht verwendet werden, wenn sich die beförderten Stoffe während der Beförderung verflüssigen können.

d) Für Stoffe der Verpackungsgruppe II dürfen diese Verpackungen nur verwendet werden, wenn ihre Beförderung in einem gedeckten Fahrzeug | Wagen oder einem geschlossenen Container erfolgt.

	ADR	RID
Kombinationsverpackungen		
Kunststoffgefäß in einem Fass aus Stahl, Aluminium, Sperrholz, Pappe oder Kunststoff (6HA1, 6HB1, 6HG1, 6HD1 oder 6HH1)	400 kg	400 kg
Kunststoffgefäß in einem Verschlag oder einer Kiste aus Stahl oder Aluminium, in einer Kiste aus Naturholz, Sperrholz, Pappe oder starrem Kunststoff (6HA2, 6HB2, 6HC, 6HD2, 6HG2 oder 6HH2)	75 kg	75 kg
Glasgefäß in einem Fass aus Stahl, Aluminium, Sperrholz oder Pappe (6PA1, 6PB1, 6PD1 oder 6PG1) oder in einem Verschlag oder einer Kiste aus Stahl oder Aluminium, in einer Kiste aus Naturholz oder Pappe oder in einem Weidenkorb (6PA2, 6PB2, 6PC, 6PG2 oder 6PD2) oder in einer Verpackung aus Schaumstoff oder starrem Kunststoff (6PH1 oder 6PH2)	75 kg	75 kg
Druckgefäße, vorausgesetzt, die allgemeinen Vorschriften des Unterabschnitts 4.1.3.6 werden erfüllt.		
Sondervorschriften für die Verpackung		
PP 39	Für die UN-Nummer 1378 ist bei der Verwendung von Verpackungen aus Metall eine Lüftungseinrichtung erforderlich.	
PP 40	Für die UN-Nummern 1326, 1352, 1358, 1395, 1396, 1436, 1437, 1871, 2805 und 3182 Verpackungsgruppe II sind Säcke nicht zugelassen.	
PP 83	(gestrichen)	

Verwendung von Verpackungen, einschließlich Großpackmittel (IBC) und Großverpackungen 4.1

ADR	RID

P 411

VERPACKUNGSANWEISUNG

Diese Anweisung gilt für die UN-Nummer 3270.
Folgende Verpackungen sind zugelassen, wenn die allgemeinen Vorschriften der Abschnitte 4.1.1 und 4.1.3 erfüllt sind:
  Fässer (1A2, 1B2, 1N2, 1H2, 1D, 1G),
  Kisten (4A, 4B, 4N, 4C1, 4C2, 4D, 4F, 4G, 4H1, 4H2),
  Kanister (3A2, 3B2, 3H2),
vorausgesetzt, eine Explosion infolge des Anstiegs des Innendrucks ist nicht möglich.
Die höchste Nettomasse darf 30 kg nicht übersteigen.

P 412

VERPACKUNGSANWEISUNG

Diese Anweisung gilt für die UN-Nummer 3527.
Folgende zusammengesetzte Verpackungen sind zugelassen, wenn die allgemeinen Vorschriften der Abschnitte 4.1.1 und 4.1.3 erfüllt sind:
(1) Außenverpackungen:
  Fässer (1A1, 1A2, 1B1, 1B2, 1N1, 1N2, 1H1, 1H2, 1D, 1G),
  Kisten (4A, 4B, 4N, 4C1, 4C2, 4D, 4F, 4G, 4H1, 4H2),
  Kanister (3A1, 3A2, 3B1, 3B2, 3H1, 3H2).
(2) Innenverpackungen:
  a) Das Aktivierungsmittel (organisches Peroxid) muss auf eine Menge von 125 ml für flüssige Stoffe und 500 g für feste Stoffe je Innenverpackung beschränkt sein.
  b) Das Grundprodukt und das Aktivierungsmittel müssen in getrennten Innenverpackungen verpackt sein.
Die Komponenten dürfen in dieselbe Außenverpackung eingesetzt sein, vorausgesetzt, sie reagieren im Falle des Freiwerdens nicht gefährlich miteinander.
Die Verpackungen müssen den Prüfanforderungen für die Verpackungsgruppe II oder III in Übereinstimmung mit den auf das Grundprodukt angewendeten Kriterien der Klasse 4.1 entsprechen.

P 500

VERPACKUNGSANWEISUNG

Diese Anweisung gilt für die UN-Nummer 3356.
Folgende Verpackungen sind zugelassen, wenn die allgemeinen Vorschriften der Abschnitte 4.1.1 und 4.1.3 erfüllt sind:
  Fässer (1A2, 1B2, 1N2, 1H2, 1D, 1G),
  Kisten (4A, 4B, 4N, 4C1, 4C2, 4D, 4F, 4G, 4H1, 4H2),
  Kanister (3A2, 3B2, 3H2).
Die Verpackungen müssen den Prüfanforderungen für die Verpackungsgruppe II entsprechen.
Der (die) Generator(en) muss (müssen) in einem Versandstück befördert werden, das für den Fall, dass im Versandstück ein Generator ausgelöst wird, folgende Anforderungen erfüllt:
  a) andere Generatoren im Versandstück werden nicht ausgelöst;
  b) der Verpackungswerkstoff entzündet sich nicht und
  c) die Temperatur an der äußeren Oberfläche des Versandstücks übersteigt nicht 100 °C.

4.1 Verwendung von Verpackungen, einschließlich Großpackmittel (IBC) und Großverpackungen

ADR	RID

P 501 — VERPACKUNGSANWEISUNG

Diese Anweisung gilt für die UN-Nummer 2015.

Folgende Verpackungen sind zugelassen, wenn die allgemeinen Vorschriften der Abschnitte 4.1.1 und 4.1.3 erfüllt sind:

zusammengesetzte Verpackungen	Innenverpackung höchster Fassungsraum	Außenverpackung höchste Nettomasse
(1) Kisten (4A, 4B, 4N, 4C1, 4C2, 4D, 4H2) oder Fässer (1A1, 1A2, 1B1, 1B2, 1N1, 1N2, 1H1, 1H2, 1D) oder Kanister (3A1, 3A2, 3B1, 3B2, 3H1, 3H2) mit Innenverpackungen aus Glas, Kunststoff oder Metall	5 l	125 kg
(2) Kiste aus Pappe (4G) oder Fass aus Pappe (1G) mit Innenverpackungen aus Kunststoff oder Metall, jede in einem Sack aus Kunststoff	2 l	50 kg

Einzelverpackungen	höchster Fassungsraum
Fässer	
aus Stahl (1A1)	250 l
aus Aluminium (1B1)	250 l
aus einem anderen Metall als Stahl oder Aluminium (1N1)	250 l
aus Kunststoff (1H1)	250 l
Kanister	
aus Stahl (3A1)	60 l
aus Aluminium (3B1)	60 l
aus Kunststoff (3H1)	60 l
Kombinationsverpackungen	
Kunststoffgefäß in einem Fass aus Stahl oder Aluminium (6HA1, 6HB1)	250 l
Kunststoffgefäß in einem Fass aus Pappe, Kunststoff oder Sperrholz (6HG1, 6HH1, 6HD1)	250 l
Kunststoffgefäß in einem Verschlag oder einer Kiste aus Stahl oder Aluminium oder in einer Kiste aus Naturholz, Sperrholz, Pappe oder starrem Kunststoff (6HA2, 6HB2, 6HC, 6HD2, 6HG2 oder 6HH2)	60 l
Glasgefäß in einem Fass aus Stahl, Aluminium, Pappe oder Sperrholz (6PA1, 6PB1, 6PG1 oder 6PD1) oder in einer Kiste aus Stahl, Aluminium, Naturholz oder Pappe oder in einem Weidenkorb (6PA2, 6PB2, 6PC, 6PG2 oder 6PD2) oder in einer Außenverpackung aus Schaumstoff oder starrem Kunststoff (6PH1 oder 6PH2)	60 l

Zusätzliche Vorschriften

1. Der höchste Füllungsgrad der Verpackungen beträgt 90 %.
2. Die Verpackungen müssen mit einer Lüftungseinrichtung versehen sein.

Verwendung von Verpackungen, einschließlich Großpackmittel (IBC) und Großverpackungen 4.1

ADR	RID

P 502

VERPACKUNGSANWEISUNG

Folgende Verpackungen sind zugelassen, wenn die allgemeinen Vorschriften der Abschnitte 4.1.1 und 4.1.3 erfüllt sind:

zusammengesetzte Verpackungen			höchste Nettomasse
Innenverpackungen		**Außenverpackungen**	
aus Glas	5 l	**Fässer**	
aus Metall	5 l	aus Stahl (1A1, 1A2)	125 kg
aus Kunststoff	5 l	aus Aluminium (1B1, 1B2)	125 kg
		aus einem anderen Metall (1N1, 1N2)	125 kg
		aus Sperrholz (1D)	125 kg
		aus Pappe (1G)	125 kg
		aus Kunststoff (1H1, 1H2)	125 kg
		Kisten	
		aus Stahl (4A)	125 kg
		aus Aluminium (4B)	125 kg
		aus einem anderen Metall (4N)	125 kg
		aus Naturholz (4C1)	125 kg
		aus Naturholz, mit staubdichten Wänden (4C2)	125 kg
		aus Sperrholz (4D)	125 kg
		aus Holzfaserwerkstoff (4F)	125 kg
		aus Pappe (4G)	125 kg
		aus Schaumstoff (4H1)	60 kg
		aus starrem Kunststoff (4H2)	125 kg
Einzelverpackungen			**höchster Fassungsraum**
Fässer			
aus Stahl (1A1)			250 l
aus Aluminium (1B1)			250 l
aus Kunststoff (1H1)			250 l
Kanister			
aus Stahl (3A1)			60 l
aus Aluminium (3B1)			60 l
aus Kunststoff (3H1)			60 l
Kombinationsverpackungen			
Kunststoffgefäß in einem Fass aus Stahl oder Aluminium (6HA1 oder 6HB1)			250 l
Kunststoffgefäß in einem Fass aus Pappe, Kunststoff oder Sperrholz (6HG1, 6HH1 oder 6HD1)			250 l
Kunststoffgefäß in einem Verschlag oder einer Kiste aus Stahl oder Aluminium oder Kunststoffgefäß in einer Kiste aus Naturholz, Sperrholz, Pappe oder starrem Kunststoff (6HA2, 6HB2, 6HC, 6HD2, 6HG2 oder 6HH2)			60 l
Glasgefäß in einem Fass aus Stahl, Aluminium, Pappe oder Sperrholz (6PA1, 6PB1, 6PG1 oder 6PD1) oder in einer Kiste aus Stahl, Aluminium, Naturholz oder Pappe oder in einem Weidenkorb (6PA2, 6PB2, 6PC, 6PG2 oder 6PD2) oder in einer Außenverpackung aus Schaumstoff oder starrem Kunststoff (6PH1 oder 6PH2)			60 l

Sondervorschrift für die Verpackung

PP 28 Für die UN-Nummer 1873 müssen Verpackungsteile, die in direktem Kontakt mit der Perchlorsäure stehen, aus Glas oder Kunststoff hergestellt sein.

1061

4.1 Verwendung von Verpackungen, einschließlich Großpackmittel (IBC) und Großverpackungen

ADR	RID

P 503

VERPACKUNGSANWEISUNG

Folgende Verpackungen sind zugelassen, wenn die allgemeinen Vorschriften der Abschnitte 4.1.1 und 4.1.3 erfüllt sind:

zusammengesetzte Verpackungen			höchste Nettomasse
Innenverpackungen		**Außenverpackungen**	
aus Glas	5 kg	**Fässer**	
aus Metall	5 kg	aus Stahl (1A1, 1A2)	125 kg
aus Kunststoff	5 kg	aus Aluminium (1B1, 1B2)	125 kg
		aus einem anderen Metall (1N1, 1N2)	125 kg
		aus Sperrholz (1D)	125 kg
		aus Pappe (1G)	125 kg
		aus Kunststoff (1H1, 1H2)	125 kg
		Kisten	
		aus Stahl (4A)	125 kg
		aus Aluminium (4B)	125 kg
		aus einem anderen Metall (4N)	125 kg
		aus Naturholz (4C1)	125 kg
		aus Naturholz, mit staubdichten Wänden (4C2)	125 kg
		aus Sperrholz (4D)	125 kg
		aus Holzfaserwerkstoff (4F)	125 kg
		aus Pappe (4G)	40 kg
		aus Schaumstoff (4H1)	60 kg
		aus starrem Kunststoff (4H2)	125 kg

Einzelverpackungen

Fässer aus Metall (1A1, 1A2, 1B1, 1B2, 1N1 oder 1N2) mit einer höchsten Nettomasse von 250 kg.
Fässer aus Pappe (1G) oder Sperrholz (1D) mit Innenauskleidung und einer höchsten Nettomasse von 200 kg.

P 504

VERPACKUNGSANWEISUNG

Folgende Verpackungen sind zugelassen, wenn die allgemeinen Vorschriften der Abschnitte 4.1.1 und 4.1.3 erfüllt sind:

zusammengesetzte Verpackungen	höchste Nettomasse
(1) Gefäße aus Glas mit einem höchsten Fassungsraum von 5 Litern in einer Außenverpackung 1A1, 1A2, 1B1, 1B2, 1N1, 1N2, 1H1, 1H2, 1D, 1G, 4A, 4B, 4N, 4C1, 4C2, 4D, 4F, 4G oder 4H2.	75 kg
(2) Gefäße aus Kunststoff mit einem höchsten Fassungsraum von 30 Litern in einer Außenverpackung 1A1, 1A2, 1B1, 1B2, 1N1, 1N2, 1H1, 1H2, 1D, 1G, 4A, 4B, 4N, 4C1, 4C2, 4D, 4F, 4G oder 4H2.	75 kg
(3) Gefäße aus Metall mit einem höchsten Fassungsraum von 40 Litern in einer Außenverpackung 1G, 4F oder 4G.	125 kg
(4) Gefäße aus Metall mit einem höchsten Fassungsraum von 40 Litern in einer Außenverpackung 1A1, 1A2, 1B1, 1B2, 1N1, 1N2, 1H1, 1H2, 1D, 4A, 4B, 4N, 4C1, 4C2, 4D oder 4H2.	225 kg

Einzelverpackungen	höchster Fassungsraum
Fässer	
aus Stahl, mit nicht abnehmbarem Deckel (1A1)	250 l
aus Stahl, mit abnehmbarem Deckel (1A2)	250 l
aus Aluminium, mit nicht abnehmbarem Deckel (1B1)	250 l
aus Aluminium, mit abnehmbarem Deckel (1B2)	250 l
aus einem anderen Metall als Stahl oder Aluminium, mit nicht abnehmbarem Deckel (1N1)	250 l
aus einem anderen Metall als Stahl oder Aluminium, mit abnehmbarem Deckel (1N2)	250 l
aus Kunststoff, mit nicht abnehmbarem Deckel (1H1)	250 l
aus Kunststoff, mit abnehmbarem Deckel (1H2)	250 l

Verwendung von Verpackungen, einschließlich Großpackmittel (IBC) und Großverpackungen   4.1

ADR	RID

Kanister	
aus Stahl, mit nicht abnehmbarem Deckel (3A1)	60 l
aus Stahl, mit abnehmbarem Deckel (3A2)	60 l
aus Aluminium, mit nicht abnehmbarem Deckel (3B1)	60 l
aus Aluminium, mit abnehmbarem Deckel (3B2)	60 l
aus Kunststoff, mit nicht abnehmbarem Deckel (3H1)	60 l
aus Kunststoff, mit abnehmbarem Deckel (3H2)	60 l
Kombinationsverpackungen	
Kunststoffgefäß in einem Fass aus Stahl oder Aluminium (6HA1 oder 6HB1)	250 l
Kunststoffgefäß in einem Fass aus Pappe, Kunststoff oder Sperrholz (6HG1, 6HH1 oder 6HD1)	120 l
Kunststoffgefäß in einem Verschlag oder einer Kiste aus Stahl oder Aluminium oder in einer Kiste aus Naturholz, Sperrholz, Pappe oder starrem Kunststoff (6HA2, 6HB2, 6HC, 6HD2, 6HG2 oder 6HH2)	60 l
Glasgefäß in einem Fass aus Stahl, Aluminium, Pappe oder Sperrholz (6PA1, 6PB1, 6PG1 oder 6PD1) oder in einer Kiste aus Stahl, Aluminium, Naturholz oder Pappe oder in einem Weidenkorb (6PA2, 6PB2, 6PC, 6PG2 oder 6PD2) oder in einer Außenverpackung aus Schaumstoff oder starrem Kunststoff (6PH1 oder 6PH2)	60 l
Sondervorschrift für die Verpackung	
PP 10 Für die UN-Nummern 2014, 2984 und 3149 müssen die Verpackungen mit einer Lüftungseinrichtung versehen sein.	

P 505

VERPACKUNGSANWEISUNG

Diese Anweisung gilt für die UN-Nummer 3375.

Folgende Verpackungen sind zugelassen, wenn die allgemeinen Vorschriften der Abschnitte 4.1.1 und 4.1.3 erfüllt sind:

zusammengesetzte Verpackungen	Innenverpackung höchster Fassungsraum	Außenverpackung höchste Nettomasse
Kisten (4B, 4C1, 4C2, 4D, 4G, 4H2) oder Fässer (1B2, 1G, 1N2, 1H2, 1D) oder Kanister (3B2, 3H2) mit Innenverpackungen aus Glas, Kunststoff oder Metall	5 l	125 kg
Einzelverpackungen		höchster Fassungsraum
Fässer		
aus Aluminium (1B1, 1B2)		250 l
aus Kunststoff (1H1, 1H2)		250 l
Kanister		
aus Aluminium (3B1, 3B2)		60 l
aus Kunststoff (3H1, 3H2)		60 l
Kombinationsverpackungen		
Kunststoffgefäß in einem Fass aus Aluminium (6HB1)		250 l
Kunststoffgefäß in einem Fass aus Pappe, Kunststoff oder Sperrholz (6HG1, 6HH1, 6HD1)		250 l
Kunststoffgefäß in einem Verschlag oder einer Kiste aus Aluminium oder in einer Kiste aus Naturholz, Sperrholz, Pappe oder starrem Kunststoff (6HB2, 6HC, 6HD2, 6HG2 oder 6HH2)		60 l
Glasgefäß in einem Fass aus Aluminium, Pappe, Sperrholz (6PB1, 6PG1, 6PD1) oder in einem Gefäß aus Schaumstoff oder starrem Kunststoff (6PH1 oder 6PH2) oder in einem Verschlag oder einer Kiste aus Aluminium, in einer Kiste aus Naturholz oder Pappe oder in einem Weidenkorb (6PB2, 6PC, 6PG2 oder 6PD2)		60 l

4.1 Verwendung von Verpackungen, einschließlich Großpackmittel (IBC) und Großverpackungen

ADR	RID

P 520

VERPACKUNGSANWEISUNG

Diese Anweisung gilt für organische Peroxide der Klasse 5.2 und selbstzersetzliche Stoffe der Klasse 4.1.

Folgende Verpackungen sind zugelassen, wenn die allgemeinen Vorschriften der Abschnitte 4.1.1 und 4.1.3 und die besonderen Vorschriften des Unterabschnitts 4.1.7.1 erfüllt sind:

Die Verpackungsmethoden sind mit OP1 bis OP8 bezeichnet. Die für die einzelnen, derzeit zugeordneten organischen Peroxide und selbstzersetzlichen Stoffe zutreffenden Verpackungsmethoden sind in den Unterabschnitten 2.2.41.4 und 2.2.52.4 aufgeführt. Die für jede Verpackungsmethode angegebenen Mengen sind die höchstzulässigen Mengen je Versandstück.

Die folgenden Verpackungen sind zugelassen:

(1) Zusammengesetzte Verpackungen mit Kisten (4A, 4B, 4N, 4C1, 4C2, 4D, 4F, 4G, 4H1 und 4H2), Fässern (1A1, 1A2, 1B1, 1B2, 1G, 1H1, 1H2 und 1D) oder Kanistern (3A1, 3A2, 3B1, 3B2, 3H1 und 3H2) als Außenverpackungen;

(2) Fässer (1A1, 1A2, 1B1, 1B2, 1G, 1H1, 1H2, 1D) oder Kanister (3A1, 3A2, 3B1, 3B2, 3H1 und 3H2) als Einzelverpackungen;

(3) Kombinationsverpackungen mit Innengefäßen aus Kunststoff (6HA1, 6HA2, 6HB1, 6HB2, 6HC, 6HD1, 6HD2, 6HG1, 6HG2, 6HH1 und 6HH2).

höchstzulässige Menge je Verpackung / Versandstück [a] für die Verpackungsmethoden OP1 bis OP8

höchstzulässige Menge	Verpackungsmethode							
	OP1	OP2 [a]	OP3	OP4 [a]	OP5	OP6	OP7	OP8
höchstzulässige Masse (kg) für feste Stoffe und für zusammengesetzte Verpackungen (flüssige und feste Stoffe)	0,5	0,5 / 10	5	5 / 25	25	50	50	400 [b]
höchstzulässiger Inhalt in Litern für flüssige Stoffe [c]	0,5	–	5	–	30	60	60	225 [d]

a) Wenn zwei Werte angegeben sind, gilt der erste für die höchstzulässige Nettomasse je Innenverpackung und der zweite für die höchstzulässige Nettomasse des vollständigen Versandstücks.

b) 60 kg für Kanister / 200 kg für feste Stoffe 400 kg in zusammengesetzten Verpackungen mit Kisten als Außenverpackungen (4C1, 4C2, 4D, 4F, 4G, 4H1 und 4H2) und mit Innenverpackungen aus Kunststoff oder Pappe mit einer höchsten Nettomasse von 25 kg.

c) Viskose Stoffe werden wie feste Stoffe behandelt, wenn die in der Begriffsbestimmung für «flüssige Stoffe» in Abschnitt 1.2.1 vorgeschriebenen Kriterien nicht erfüllt werden.

d) 60 Liter für Kanister.

Zusätzliche Vorschriften

1. Verpackungen aus Metall einschließlich Innenverpackungen von zusammengesetzten Verpackungen und Außenverpackungen von zusammengesetzten Verpackungen oder Kombinationsverpackungen dürfen nur für die Verpackungsmethoden OP7 und OP8 verwendet werden.

2. In zusammengesetzten Verpackungen dürfen Gefäße aus Glas nur als Innenverpackungen verwendet werden, wobei die höchstzulässige Menge je Gefäß 0,5 kg für feste Stoffe und 0,5 Liter für flüssige Stoffe beträgt.

3. In zusammengesetzten Verpackungen darf das Polstermaterial nicht leicht entzündbar sein.

4. Die Verpackung für ein organisches Peroxid oder einen selbstzersetzlichen Stoff, für die ein Nebengefahrzettel «EXPLOSIV» (Muster 1, siehe Absatz 5.2.2.2.2) erforderlich ist, muss auch den Vorschriften der Unterabschnitte 4.1.5.10 und 4.1.5.11 entsprechen.

Sondervorschriften für die Verpackung

PP 21 Für bestimmte selbstzersetzliche Stoffe des Typs B oder C (UN-Nummern 3221, 3222, 3223 und 3224 *nur ADR:* , 3231, 3232, 3233 und 3234) kann eine kleinere Verpackung als in der Verpackungsmethode OP5 oder OP6 zugelassen verwendet werden (siehe Abschnitt 4.1.7 und Unterabschnitt 2.2.41.4).

PP 22 UN 3241 2-Brom-2-nitropropan-1,3-diol muss in Übereinstimmung mit der Verpackungsmethode OP6 verpackt werden.

Fortsetzung siehe nächste Seite !

Verwendung von Verpackungen, einschließlich Großpackmittel (IBC) und Großverpackungen 4.1

ADR	RID

PP 94	Sehr geringe Mengen der energetischen Proben des Unterabschnitts 2.1.4.3 dürfen unter der UN-Nummer 3223 bzw. 3224 befördert werden, vorausgesetzt: 1. es werden nur zusammengesetzte Verpackungen mit Kisten (4A, 4B, 4N, 4C1, 4C2, 4D, 4F, 4G, 4H1 und 4H2) als Außenverpackungen verwendet; 2. die Proben werden in Mikrotiterplatten oder Multititerplatten aus Kunststoff, Glas, Porzellan oder Steinzeug als Innenverpackungen befördert; 3. die Höchstmenge je einzelnem inneren Hohlraum ist für feste Stoffe nicht größer als 0,01 g und für flüssige Stoffe nicht größer als 0,01 ml; 4. die höchste Nettomenge je Außenverpackung beträgt für feste Stoffe 20 g und für flüssige Stoffe 20 ml oder die Summe von Gramm und Millilitern ist im Falle einer Zusammenpackung nicht größer als 20 und 5. die Vorschriften des Abschnitts 5.5.3 werden bei der optionalen Verwendung von Trockeneis oder flüssigem Stickstoff als Kühlmittel für Qualitätssicherungsmaßnahmen erfüllt. Es müssen innenliegende Stützmittel vorhanden sein, um die Innenverpackungen in ihrer ursprünglichen Lage zu sichern. Die Innen- und Außenverpackungen müssen bei der Temperatur des verwendeten Kühlmittels sowie bei den Temperaturen und Drücken, die bei einem Ausfall der Kühlung auftreten können, unversehrt bleiben.
PP 95	Geringe Mengen der energetischen Proben des Unterabschnitts 2.1.4.3 dürfen unter der UN-Nummer 3223 bzw. 3224 befördert werden, vorausgesetzt: 1. die Außenverpackung besteht ausschließlich aus einer Verpackung aus Wellpappe des Typs 4G von mindestens 60 cm Länge, 40,5 cm Breite und 30 cm Höhe und einer Mindestwanddicke von 1,3 cm; 2. der einzelne Stoff ist in einer Innenverpackung aus Glas oder Kunststoff mit einem höchsten Fassungsraum von 30 ml enthalten, die in ein Fixierungsmittel aus expandierbarem Polyethylen-Schaumstoff mit einer Dicke von mindestens 130 mm und einer Dichte von 18 ± 1 g/l eingesetzt ist; 3. die Innenverpackungen sind innerhalb des Schaumstoffträgers durch einen Mindestabstand von 40 mm voneinander und von der Wand der Außenverpackung durch einen Mindestabstand von 70 mm getrennt. Das Versandstück darf bis zu zwei Lagen dieser Fixierungsmittel aus Schaumstoff mit jeweils bis zu 28 Innenverpackungen enthalten; 4. der höchste Inhalt jeder Innenverpackung beträgt nicht mehr als 1 g für feste Stoffe oder 1 ml für flüssige Stoffe; 5. die höchste Nettomenge je Außenverpackung beträgt für feste Stoffe 56 g oder für flüssige Stoffe 56 ml oder die Summe von Gramm und Millilitern ist im Falle einer Zusammenpackung nicht größer als 56 und 6. die Vorschriften des Abschnitts 5.5.3 werden bei der optionalen Verwendung von Trockeneis oder flüssigem Stickstoff als Kühlmittel für Qualitätssicherungsmaßnahmen erfüllt. Es müssen innenliegende Stützmittel vorhanden sein, um die Innenverpackungen in ihrer ursprünglichen Lage zu sichern. Die Innen- und Außenverpackungen müssen bei der Temperatur des verwendeten Kühlmittels sowie bei den Temperaturen und Drücken, die bei einem Ausfall der Kühlung auftreten können, unversehrt bleiben.

P 600	VERPACKUNGSANWEISUNG

Diese Anweisung gilt für die UN-Nummern 1700, 2016 und 2017.

Folgende Verpackungen sind zugelassen, wenn die allgemeinen Vorschriften der Abschnitte 4.1.1 und 4.1.3 erfüllt sind:
Außenverpackungen (1A1, 1A2, 1B1, 1B2, 1N1, 1N2, 1H1, 1H2, 1D, 1G, 4A, 4B, 4N, 4C1, 4C2, 4D, 4F, 4G, 4H2), welche die Prüfanforderungen für die Verpackungsgruppe II erfüllen. Die Gegenstände müssen einzeln verpackt und durch Unterteilungen, Trennwände, Innenverpackungen oder Polstermaterial voneinander getrennt sein, um unter normalen Beförderungsbedingungen eine unbeabsichtigte Auslösung zu verhindern.

Höchste Nettomasse: 75 kg

4.1 Verwendung von Verpackungen, einschließlich Großpackmittel (IBC) und Großverpackungen

ADR	RID

P 601
VERPACKUNGSANWEISUNG

Folgende Verpackungen sind zugelassen, wenn die allgemeinen Vorschriften der Abschnitte 4.1.1 und 4.1.3 erfüllt sind und die Verpackungen luftdicht verschlossen sind:

(1) Zusammengesetzte Verpackungen mit einer höchsten Bruttomasse von 15 kg, bestehend aus:
  - einer oder mehreren Innenverpackungen aus Glas mit einer höchsten Menge von einem Liter je Innenverpackung, die höchstens zu 90 % ihres Fassungsraumes gefüllt sind und deren Verschluss (Verschlüsse) durch eine Vorrichtung physisch fixiert sein muss (müssen), die in der Lage ist, ein Lösen oder Lockern durch Schlag oder Vibration während der Beförderung zu verhindern; die Innenverpackung(en) muss (müssen) einzeln eingesetzt sein in
  - Metallgefäßen zusammen mit Polstermaterial und saugfähigem Material in einer für die Aufnahme des gesamten Inhalts der Innenverpackung(en) aus Glas ausreichenden Menge, die wiederum verpackt sind in
  - Außenverpackungen 1A1, 1A2, 1B1, 1B2, 1N1, 1N2, 1H1, 1H2, 1D, 1G, 4A, 4B, 4N, 4C1, 4C2, 4D, 4F, 4G oder 4H2.

(2) Zusammengesetzte Verpackungen mit Innenverpackungen aus Metall oder Kunststoff, deren Fassungsraum 5 Liter nicht übersteigt und die einzeln mit einem saugfähigem Material in einer für die Aufnahme des gesamten Inhalts ausreichenden Menge und inertem Polstermaterial in Außenverpackungen 1A1, 1A2, 1B1, 1B2, 1N1, 1N2, 1H1, 1H2, 1D, 1G, 4A, 4B, 4N, 4C1, 4C2, 4D, 4F, 4G oder 4H2 mit einer höchsten Bruttomasse von 75 kg verpackt sind. Die Innenverpackungen dürfen höchstens zu 90 % ihres Fassungsraums gefüllt sein. Der Verschluss jeder Innenverpackung muss durch eine Vorrichtung physisch fixiert sein, die in der Lage ist, ein Lösen oder Lockern des Verschlusses durch Schlag oder Vibration während der Beförderung zu verhindern.

(3) Verpackungen, bestehend aus:
  Außenverpackungen:
  Fässer aus Stahl oder Kunststoff (1A1, 1A2, 1H1 oder 1H2), die nach den Prüfvorschriften des Abschnitts 6.1.5 mit einer Masse, die der Masse des zusammengestellten Versandstücks entspricht, entweder als Verpackung für die Aufnahme von Innenverpackungen oder als Einzelverpackung für feste oder flüssige Stoffe geprüft und entsprechend gekennzeichnet wurden;
  Innenverpackungen:
  Fässer und Kombinationsverpackungen (1A1, 1B1, 1N1, 1H1 oder 6HA1), die den Vorschriften des Kapitels 6.1 für Einzelverpackungen entsprechen und folgende Bedingungen erfüllen:
  a) die Innendruckprüfung (hydraulisch) muss bei einem Druck von mindestens 0,3 MPa (3 bar) (Überdruck) durchgeführt werden;
  b) die Dichtheitsprüfungen im Rahmen der Auslegung und der Herstellung müssen bei einem Prüfdruck von 30 kPa (0,3 bar) durchgeführt werden;
  c) sie müssen vom äußeren Fass durch die Verwendung eines inerten stoßdämpfenden Polstermaterials, das die Innenverpackung von allen Seiten umgibt, isoliert sein;
  d) ihr Fassungsraum darf 125 Liter nicht übersteigen;
  e) die Verschlüsse müssen Schraubkappen sein, die
    (i) durch eine Vorrichtung physisch fixiert sind, die in der Lage ist, ein Lösen oder Lockern des Verschlusses durch Schlag oder Vibration während der Beförderung zu verhindern, und
    (ii) mit einer Deckeldichtung ausgerüstet sind;
  f) die Außen- und Innenverpackungen müssen mindestens alle zweieinhalb Jahre einer wiederkehrenden Dichtheitsprüfung gemäß Absatz b) unterzogen werden;
  g) die vollständige Verpackung muss zur Zufriedenheit der zuständigen Behörde mindestens alle 3 Jahre einer Sichtprüfung unterzogen werden;
  h) auf der Außen- und Innenverpackung muss gut lesbar und dauerhaft angebracht sein:
    (i) das Datum (Monat, Jahr) der erstmaligen und der zuletzt durchgeführten wiederkehrenden Prüfung und Sichtprüfung;
    (ii) der Stempel des Sachverständigen, der die Prüfungen und Sichtprüfungen vorgenommen hat.

(4) Druckgefäße, vorausgesetzt, die allgemeinen Vorschriften des Unterabschnitts 4.1.3.6 werden erfüllt. Diese müssen einer erstmaligen und alle 10 Jahre einer wiederkehrenden Prüfung mit einem Druck von mindestens 1 MPa (10 bar) (Überdruck) unterzogen werden. Die Druckgefäße dürfen nicht mit Druckentlastungseinrichtungen ausgerüstet sein. Jedes Druckgefäß, das einen beim Einatmen giftigen flüssigen Stoff mit einem LC_{50}-Wert von höchstens 200 ml/m³ (ppm) enthält, muss mit einer Verschlusskappe oder einem Verschlussventil versehen sein, die/das folgenden Anforderungen entsprechen muss:
  a) Jede Verschlusskappe oder jedes Verschlussventil muss über ein kegeliges Gewinde direkt mit dem Druckgefäß verbunden und in der Lage sein, dem Prüfdruck des Druckgefäßes ohne Beschädigung oder Undichtheit standzuhalten;

Fortsetzung siehe nächste Seite!

Verwendung von Verpackungen, einschließlich Großpackmittel (IBC) und Großverpackungen 4.1

ADR	RID

    b) jedes Verschlussventil muss ein packungsloser Typ mit einer unperforierten Membran sein mit der Ausnahme, dass bei ätzenden Stoffen ein Verschlussventil ein Packungstyp mit einer Anordnung sein darf, die mit Hilfe einer mit einer Dichtung am Ventilrumpf oder am Druckgefäß befestigten Dichtkappe gasdicht gemacht wurde, um ein Austreten von Stoffen durch die Packung oder an der Packung vorbei zu verhindern;

    c) jede Austrittsöffnung von Verschlussventilen muss durch einen Gewindedeckel oder durch eine stabile Gewindekappe und inerten Dichtungswerkstoff abgedichtet werden;

    d) die Konstruktionswerkstoffe des Druckgefäßes, der Verschlussventile, der Verschlusskappen, der Auslaufdeckel, des Dichtungskitts und der Dichtungen müssen untereinander und mit dem Füllgut verträglich sein.

Jedes Druckgefäß, dessen Wanddicke an irgendeiner Stelle geringer als 2,0 mm ist, und jedes Druckgefäß, das nicht mit einem Ventilschutz ausgerüstet ist, muss in einer Außenverpackung befördert werden. Druckgefäße dürfen nicht mit einem Sammelrohr ausgestattet oder miteinander verbunden sein.

Sondervorschrift für die Verpackung

PP 82	(gestrichen)

RID- und ADR-spezifische Sondervorschrift für die Verpackung

RR 3	(gestrichen)
RR 7	Für die UN-Nummer 1251 müssen die Druckgefäße jedoch alle fünf Jahre geprüft werden.
RR 10	UN 1614 muss, wenn der Stoff durch ein inertes poröses Material völlig aufgesaugt ist, in Metallgefäße mit höchstens 7,5 Liter Fassungsraum verpackt werden, die so in Holzkisten einzusetzen sind, dass sie einander nicht berühren können. Die Gefäße müssen durch das poröse Material vollständig ausgefüllt sein, das auch bei längerem Gebrauch, bei Erschütterungen und selbst bei Temperaturen bis zu 50 °C nicht zusammensinken oder gefährliche Hohlräume bilden darf.

P 602	VERPACKUNGSANWEISUNG

Folgende Verpackungen sind zugelassen, wenn die allgemeinen Vorschriften der Abschnitte 4.1.1 und 4.1.3 erfüllt sind und die Verpackungen luftdicht verschlossen sind:

(1) Zusammengesetzte Verpackungen mit einer höchsten Bruttomasse von 15 kg, bestehend aus:
- einer oder mehreren Innenverpackung(en) aus Glas mit einer höchsten Menge von einem Liter je Innenverpackung, die höchstens bis zu 90 % ihres Fassungsraumes gefüllt ist (sind); der Verschluss (die Verschlüsse) jeder Innenverpackung muss (müssen) durch eine Vorrichtung physisch fixiert sein, die in der Lage ist, ein Lösen oder Lockern durch Schlag oder Vibration während der Beförderung zu verhindern; die Innenverpackung(en) muss (müssen) einzeln eingesetzt sein in
- Metallgefäßen zusammen mit Polstermaterial und saugfähigem Material in einer für die Aufnahme des gesamten Inhalts der Innenverpackung(en) aus Glas ausreichenden Menge, die wiederum verpackt sind in
- Außenverpackungen 1A1, 1A2, 1B1, 1B2, 1N1, 1N2, 1H1, 1H2, 1D, 1G, 4A, 4B, 4N, 4C1, 4C2, 4D, 4F, 4G oder 4H2.

(2) Zusammengesetzte Verpackungen mit Innenverpackungen aus Metall oder Kunststoff, die einzeln mit einem saugfähigem Material in einer für die Aufnahme des gesamten Inhalts ausreichenden Menge und inertem Polstermaterial in Außenverpackungen 1A1, 1A2, 1B1, 1B2, 1N1, 1N2, 1H1, 1H2, 1D, 1G, 4A, 4B, 4N, 4C1, 4C2, 4D, 4F, 4G oder 4H2 mit einer höchsten Bruttomasse von 75 kg verpackt sind. Die Innenverpackungen dürfen höchstens zu 90 % ihres Fassungsraums gefüllt sein. Der Verschluss jeder Innenverpackung muss eine Vorrichtung physisch fixiert sein, die in der Lage ist, ein Lösen oder Lockern des Verschlusses durch Schlag oder Vibration während der Beförderung zu verhindern. Der Fassungsraum der Innenverpackungen darf 5 Liter nicht übersteigen.

(3) Fässer und Kombinationsverpackungen (1A1, 1B1, 1N1, 1H1, 6HA1 oder 6HH1), die folgende Bedingungen erfüllen:
    a) die Innendruckprüfung (hydraulisch) muss bei einem Druck von mindestens 0,3 MPa (3 bar) (Überdruck) durchgeführt werden;
    b) die Dichtheitsprüfungen im Rahmen der Auslegung und Herstellung müssen bei einem Prüfdruck von 30 kPa (0,3 bar) durchgeführt werden;
    c) die Verschlüsse müssen Schraubkappen sein, die
        (i) durch eine Vorrichtung physisch fixiert sind, die in der Lage ist, ein Lösen oder Lockern des Verschlusses durch Schlag oder Vibration während der Beförderung zu verhindern, und
        (ii) mit einer Deckeldichtung ausgerüstet sind.

(4) Druckgefäße, vorausgesetzt, die allgemeinen Vorschriften des Unterabschnitts 4.1.3.6 werden erfüllt. Diese müssen einer erstmaligen und alle 10 Jahre einer wiederkehrenden Prüfung mit einem Druck von mindestens 1 MPa (10 bar) (Überdruck) unterzogen werden. Die Druckgefäße dürfen nicht mit Druckentlastungseinrichtungen ausgerüstet sein. Jedes Druckgefäß, das einen beim Einatmen giftigen flüssigen Stoff mit einem LC_{50}-Wert von höchstens 200 ml/m³ (ppm) enthält, muss mit einer Verschlusskappe oder einem Verschlussventil versehen sein, die/das folgenden Anforderungen entsprechen muss:

Fortsetzung siehe nächste Seite !

4.1 Verwendung von Verpackungen, einschließlich Großpackmittel (IBC) und Großverpackungen

ADR	RID

a) Jede Verschlusskappe oder jedes Verschlussventil muss über ein kegeliges Gewinde direkt mit dem Druckgefäß verbunden und in der Lage sein, dem Prüfdruck des Druckgefäßes ohne Beschädigung oder Undichtheit standzuhalten;

b) jedes Verschlussventil muss ein packungsloser Typ mit einer unperforierten Membran sein mit der Ausnahme, dass bei ätzenden Stoffen ein Verschlussventil ein Packungstyp mit einer Anordnung sein darf, die mit Hilfe einer mit einer Dichtung am Ventilrumpf oder am Druckgefäß befestigten Dichtkappe gasdicht gemacht wurde, um ein Austreten von Stoffen durch die Packung oder an der Packung vorbei zu verhindern;

c) jede Austrittsöffnung von Verschlussventilen muss durch einen Gewindedeckel oder durch eine stabile Gewindekappe und inerten Dichtungswerkstoff abgedichtet werden;

d) die Konstruktionswerkstoffe des Druckgefäßes, der Verschlussventile, der Verschlusskappen, der Auslaufdeckel, des Dichtungskitts und der Dichtungen müssen untereinander und mit dem Füllgut verträglich sein.

Jedes Druckgefäß, dessen Wanddicke an irgendeiner Stelle geringer als 2,0 mm ist, und jedes Druckgefäß, das nicht mit einem Ventilschutz ausgerüstet ist, muss in einer Außenverpackung befördert werden. Druckgefäße dürfen nicht mit einem Sammelrohr ausgestattet oder miteinander verbunden sein.

P 603 VERPACKUNGSANWEISUNG

Diese Anweisung gilt für die UN-Nummer 3507.

Folgende Verpackungen sind zugelassen, wenn die allgemeinen Vorschriften der Abschnitte 4.1.1 und 4.1.3 und die besonderen Verpackungsvorschriften der Absätze 4.1.9.1.2, 4.1.9.1.4 und 4.1.9.1.7 erfüllt sind:

Verpackungen, bestehend aus:

a) einem oder mehreren Primärgefäßen aus Metall oder Kunststoff in
b) einer oder mehreren flüssigkeitsdichten starren Sekundärverpackungen in
c) einer starren Außenverpackung:

Fässer (1A2, 1B2, 1N2, 1H2, 1D, 1G),
Kisten (4A, 4B, 4C1, 4C2, 4D, 4F, 4G, 4H1, 4H2),
Kanister (3A2, 3B2, 3H2).

Zusätzliche Vorschriften

1. Die Primärgefäße sind so in die Sekundärverpackungen zu verpacken, dass unter normalen Beförderungsbedingungen ein Zubruchgehen, Durchstoßen oder Austreten von Inhalt in die Sekundärverpackung verhindert wird. Die Sekundärverpackungen müssen mit geeignetem Polstermaterial gesichert werden, um Bewegungen in den Außenverpackungen zu verhindern. Wenn mehrere Primärgefäße in eine einzige Sekundärverpackung eingesetzt werden, müssen diese entweder einzeln eingewickelt oder so voneinander getrennt werden, dass eine gegenseitige Berührung verhindert wird.

2. Der Inhalt muss den Vorschriften des Absatzes 2.2.7.2.4.5.2 entsprechen.

3. Die Vorschriften des Abschnitts 6.4.4 müssen erfüllt sein.

Sondervorschrift für die Verpackung

Bei spaltbaren freigestellten Stoffen müssen die in Absatz 2.2.7.2.3.5 festgelegten Grenzwerte eingehalten werden.

Verwendung von Verpackungen, einschließlich Großpackmittel (IBC) und Großverpackungen 4.1

ADR | RID

P 620

VERPACKUNGSANWEISUNG

Diese Anweisung gilt für die UN-Nummern 2814 und 2900.

Folgende Verpackungen sind zugelassen, wenn die besonderen Vorschriften des Abschnitts 4.1.8 erfüllt sind:

Verpackungen, welche die Vorschriften des Kapitels 6.3 erfüllen und entsprechend zugelassen sind und die bestehen aus:

a) Innenverpackungen, bestehend aus:
   (i) (einem) flüssigkeitsdichten Primärgefäß(en);
   (ii) einer flüssigkeitsdichten Sekundärverpackung;
   (iii) – ausgenommen für ansteckungsgefährliche feste Stoffe – saugfähigem Material in einer für die Aufnahme des gesamten Inhalts ausreichenden Menge zwischen dem (den) Primärgefäß(en) und der Sekundärverpackung; wenn mehrere Primärgefäße in eine einzelne Sekundärverpackung eingesetzt werden, müssen sie entweder einzeln eingewickelt oder voneinander getrennt werden, damit eine gegenseitige Berührung ausgeschlossen ist;

b) einer starren Außenverpackung:
   Fässer (1A1, 1A2, 1B1, 1B2, 1N1, 1N2, 1H1, 1H2, 1D, 1G);
   Kisten (4A, 4B, 4N, 4C1, 4C2, 4D, 4F, 4G, 4H1, 4H2);
   Kanister (3A1, 3A2, 3B1, 3B2, 3H1, 3H2).
   Die kleinste äußere Abmessung muss mindestens 100 mm betragen.

Zusätzliche Vorschriften

1. Innenverpackungen, die ansteckungsgefährliche Stoffe enthalten, dürfen nicht mit Innenverpackungen, die andere Arten von Gütern enthalten, zusammengepackt werden. Vollständige Versandstücke dürfen in einer Umverpackung gemäß den Vorschriften der Abschnitte 1.2.1 und 5.1.2 enthalten sein; eine solche Umverpackung darf Trockeneis enthalten.

2. Abgesehen von Ausnahmesendungen, z.B. beim Versand vollständiger Organe, die eine besondere Verpackung erfordern, gelten folgende zusätzliche Vorschriften:

   a) Stoffe, die bei Umgebungstemperatur oder einer höheren Temperatur versandt werden: Die Primärgefäße müssen aus Glas, Metall oder Kunststoff sein. Wirksame Mittel zur Sicherstellung eines flüssigkeitsdichten Verschlusses sind vorzusehen, z. B. ein Heißsiegelverschluss, ein umsäumter Stopfen oder ein Metallbördelverschluss. Werden Schraubkappen verwendet, müssen diese durch wirksame Mittel, wie z. B. Band, Paraffin-Abdichtband oder zu diesem Zweck hergestellter Sicherungsverschluss, gesichert werden;

   b) Stoffe, die gekühlt oder gefroren versandt werden: Um die Sekundärverpackung(en) oder wahlweise in einer Umverpackung mit einem oder mehreren vollständigen Versandstücken, die gemäß Abschnitt 6.3.3 gekennzeichnet sind, ist Eis, Trockeneis oder ein anderes Kühlmittel anzuordnen. Damit die Sekundärverpackung(en) oder die Versandstücke nach dem Schmelzen des Eises oder dem Verdampfen des Trockeneises sicher in ihrer ursprünglichen Lage verbleibt (verbleiben), sind Innenhalterungen vorzusehen. Bei Verwendung von Eis muss die Außenverpackung oder Umverpackung flüssigkeitsdicht sein. Bei Verwendung von Trockeneis muss das Kohlendioxidgas aus der Außenverpackung oder Umverpackung entweichen können. Das Primärgefäß und die Sekundärverpackung dürfen durch die Temperatur des verwendeten Kühlmittels in ihrer Funktionsfähigkeit nicht beeinträchtigt werden;

   c) Stoffe, die in flüssigem Stickstoff versandt werden: Es sind Primärgefäße aus Kunststoff zu verwenden, der gegenüber sehr niedrigen Temperaturen beständig ist. Die Sekundärverpackung muss ebenfalls gegenüber sehr niedrigen Temperaturen beständig sein und wird in den meisten Fällen an die einzelnen Primärgefäße angepasst sein müssen. Die Vorschriften für die Beförderung von flüssigem Stickstoff sind ebenfalls zu beachten. Das Primärgefäß und die Sekundärverpackung dürfen durch die Temperatur des flüssigen Stickstoffs in ihrer Funktionsfähigkeit nicht beeinträchtigt werden.

   d) lyophilisierte Stoffe dürfen auch in Primärgefäßen befördert werden, die aus zugeschmolzenen Ampullen aus Glas oder mit Gummistopfen verschlossenen Phiolen aus Glas mit Metalldichtungen bestehen.

3. Unabhängig von der vorgesehenen Versandtemperatur muss das Primärgefäß oder die Sekundärverpackung einem Innendruck, der einem Druckunterschied von mindestens 95 kPa entspricht, ohne Undichtheiten standhalten können. Dieses Primärgefäß oder diese Sekundärverpackung muss auch Temperaturen von – 40 °C bis + 55 °C standhalten können.

4. Andere gefährliche Güter dürfen nicht mit ansteckungsgefährlichen Stoffen der Klasse 6.2 in ein und derselben Verpackung zusammengepackt werden, sofern diese nicht für die Aufrechterhaltung der Lebensfähigkeit, für die Stabilisierung, für die Verhinderung des Abbaus oder für die Neutralisierung der Gefahren der ansteckungsgefährlichen Stoffe erforderlich sind. Gefährliche Güter der Klasse 3, 8 oder 9 dürfen in Mengen von höchstens 30 ml in jedes Primärgefäß, das ansteckungsgefährliche Stoffe enthält, verpackt werden. Diese geringen Mengen gefährlicher Güter der Klasse 3, 8 oder 9 unterliegen keinen zusätzlichen Vorschriften des ADR/RID, wenn sie in Übereinstimmung mit dieser Verpackungsanweisung verpackt sind.

5. Alternative Verpackungen für die Beförderung von tierischen Stoffen dürfen nach den Vorschriften des Unterabschnitts 4.1.8.7 von der zuständigen Behörde des Ursprungslandes[a]) zugelassen werden.

   [a]) Ist das Ursprungsland keine Vertragspartei des ADR, die zuständige Behörde der ersten Vertragspartei des ADR, die von der Sendung berührt wird. | kein RID-Vertragsstaat, des ersten RID-Vertragsstaates, der

4.1 Verwendung von Verpackungen, einschließlich Großpackmittel (IBC) und Großverpackungen

ADR	RID

P 621

VERPACKUNGSANWEISUNG

Diese Anweisung gilt für die UN-Nummer 3291.

Folgende Verpackungen sind zugelassen, wenn die allgemeinen Vorschriften der Abschnitte 4.1.1, ausgenommen Absatz 4.1.1.15, und 4.1.3 erfüllt sind:

(1) Unter der Voraussetzung, dass genügend saugfähiges Material vorhanden ist, um die gesamte Menge der vorhandenen flüssigen Stoffe aufzunehmen, und die Verpackung in der Lage ist, flüssige Stoffe zurückzuhalten:
   Fässer (1A2, 1B2, 1N2, 1H2, 1D, 1G),
   Kisten (4A, 4B, 4N, 4C1, 4C2, 4D, 4F, 4G, 4H1, 4H2),
   Kanister (3A2, 3B2, 3H2).
   Die Verpackungen müssen den Prüfanforderungen für die Verpackungsgruppe II für feste Stoffe entsprechen.

(2) Für Versandstücke, die größere Mengen flüssiger Stoffe enthalten:
   Fässer (1A1, 1A2, 1B1, 1B2, 1N1, 1N2, 1H1, 1H2, 1D, 1G),
   Kanister (3A1, 3A2, 3B1, 3B2, 3H1, 3H2),
   Kombinationsverpackungen (6HA1, 6HB1, 6HG1, 6HH1, 6HD1, 6HA2, 6HB2, 6HC, 6HD2, 6HG2, 6HH2, 6PA1, 6PB1, 6PG1, 6PD1, 6PH1, 6PH2, 6PA2, 6PB2, 6PC, 6PG2 oder 6PD2).
   Die Verpackungen müssen den Prüfanforderungen für die Verpackungsgruppe II für flüssige Stoffe entsprechen.

Zusätzliche Vorschrift

Verpackungen, die für scharfe oder spitze Gegenstände, wie Glasscherben oder Nadeln, vorgesehen sind, müssen durchstoßfest und in der Lage sein, flüssige Stoffe unter den Prüfbedingungen des Kapitels 6.1 zurückzuhalten.

P 622

VERPACKUNGSANWEISUNG

Diese Anweisung gilt für Abfälle der UN-Nummer 3549, die zur Entsorgung befördert werden.

Folgende Verpackungen sind zugelassen, wenn die allgemeinen Vorschriften der Abschnitte 4.1.1 und 4.1.3 erfüllt sind:

Innenverpackungen	Zwischenverpackungen	Außenverpackungen
aus Metall	aus Metall	**Kisten**
aus Kunststoff	aus Kunststoff	aus Stahl (4A)
		aus Aluminium (4B)
		aus einem anderen Metall (4N)
		aus Sperrholz (4D)
		aus Pappe (4G)
		aus starrem Kunststoff (4H2)
		Fässer
		aus Stahl (1A2)
		aus Aluminium (1B2)
		aus einem anderen Metall (1N2)
		aus Sperrholz (1D)
		aus Pappe (1G)
		aus Kunststoff (1H2)
		Kanister
		aus Stahl (3A2)
		aus Aluminium (3B2)
		aus Kunststoff (3H2)

Die Außenverpackung muss den Prüfanforderungen für die Verpackungsgruppe I für feste Stoffe entsprechen.

Zusätzliche Vorschriften:

1. Zerbrechliche Gegenstände müssen entweder in einer starren Innenverpackung oder in einer starren Zwischenverpackung verpackt werden.
2. Innenverpackungen, die scharfe oder spitze Gegenstände, wie Glasscherben oder Nadeln, enthalten, müssen starr und durchstoßfest sein.
3. Die Innenverpackung, die Zwischenverpackung und die Außenverpackung müssen in der Lage sein, flüssige Stoffe zurückzuhalten. Außenverpackungen, die bauartbedingt nicht in der Lage sind, flüssige Stoffe zurückzuhalten, müssen mit einer Innenauskleidung versehen sein oder es müssen geeignete Maßnahmen getroffen werden, um flüssige Stoffe zurückzuhalten.

Verwendung von Verpackungen, einschließlich Großpackmittel (IBC) und Großverpackungen 4.1

ADR	RID

4. Die Innenverpackung und/oder die Zwischenverpackung dürfen flexibel sein. Wenn flexible Verpackungen verwendet werden, müssen sie in der Lage sein, der Schlagfestigkeitsprüfung von mindestens 165 g gemäß der Norm ISO 7765-1:1988 «Kunststofffolien und -bahnen – Bestimmung der Schlagfestigkeit nach dem Fallhammerverfahren – Teil 1: Eingrenzungsverfahren» und der Reißfestigkeitsprüfung von mindestens 480 g sowohl in paralleler als auch in senkrechter Ebene zur Länge des Sacks gemäß der Norm ISO 6383-2:1983 «Kunststoffe – Folien und Bahnen – Bestimmung der Reißfestigkeit – Teil 2: Elmendorf-Verfahren» zu bestehen. Die Nettomasse jeder flexiblen Innenverpackung darf höchstens 30 kg betragen.

5. Jede flexible Zwischenverpackung darf nur eine Innenverpackung enthalten.

6. Innenverpackungen, die eine geringe Menge freier Flüssigkeit enthalten, dürfen in Zwischenverpackungen enthalten sein, vorausgesetzt, in der Innenverpackung oder Zwischenverpackung ist genügend saugfähiges oder verfestigendes Material enthalten, um den gesamten vorhandenen flüssigen Inhalt aufzusaugen oder zu verfestigen. Es muss geeignetes saugfähiges Material verwendet werden, das den unter normalen Beförderungsbedingungen auftretenden Temperaturen und Vibrationen standhält.

7. Zwischenverpackungen müssen mit geeignetem Polstermaterial und/oder saugfähigem Material in den Außenverpackungen gesichert sein.

P 650	VERPACKUNGSANWEISUNG

Diese Anweisung gilt für die UN-Nummer 3373.

(1) Die Verpackungen müssen guter Qualität und genügend widerstandsfähig sein, dass sie den Stößen und Belastungen, die unter normalen Beförderungsbedingungen auftreten können, standhalten, einschließlich des Umschlags zwischen Güterbeförderungseinheiten und zwischen Güterbeförderungseinheiten und Lagerhäusern sowie jeder Entnahme von einer Palette oder aus einer Umverpackung zur nachfolgenden manuellen oder mechanischen Handhabung. Die Verpackungen müssen so gebaut und verschlossen sein, dass unter normalen Beförderungsbedingungen ein Austreten des Inhalts infolge von Vibration, Temperaturwechsel, Feuchtigkeits- und Druckänderung verhindert wird.

(2) Die Verpackung muss aus drei Bestandteilen bestehen:
    a) einem Primärgefäß;
    b) einer Sekundärverpackung und
    c) einer Außenverpackung,
wobei entweder die Sekundärverpackung oder die Außenverpackung starr sein muss.

(3) Die Primärgefäße sind so in die Sekundärverpackungen zu verpacken, dass unter normalen Beförderungsbedingungen ein Zubruchgehen, Durchstoßen oder Austreten von Inhalt in die Sekundärverpackung verhindert wird. Die Sekundärverpackungen sind mit geeignetem Polstermaterial in die Außenverpackung einzusetzen. Ein Austreten des Inhalts darf nicht zu einer Beeinträchtigung der Unversehrtheit des Polstermaterials oder der Außenverpackung führen.

(4) Für die Beförderung ist das nachstehend abgebildete Kennzeichen auf der äußeren Oberfläche der Außenverpackung auf einem kontrastierenden Hintergrund anzubringen; sie muss deutlich sichtbar und lesbar sein. Das Kennzeichen muss die Form eines auf die Spitze gestellten Quadrats (Raute) mit einer Mindestabmessung von 50 mm x 50 mm haben; die Linie muss mindestens 2 mm breit sein und die Buchstaben und Ziffern müssen eine Zeichenhöhe von mindestens 6 mm haben. Direkt neben dem rautenförmigen Kennzeichen muss auf der Außenverpackung die offizielle Benennung für die Beförderung «BIOLOGISCHER STOFF, KATEGORIE B» mit einer Buchstabenhöhe von mindestens 6 mm angegeben werden.

(5) Mindestens eine der Oberflächen der Außenverpackung muss eine Mindestabmessung von 100 mm x 100 mm haben.

(6) Das vollständige Versandstück muss in der Lage sein, die Fallprüfung des Unterabschnitts 6.3.5.3 nach den Vorschriften des Unterabschnitts 6.3.5.2 bei einer Fallhöhe von 1,2 m erfolgreich zu bestehen. Nach der jeweiligen Fallversuchsreihe darf aus dem (den) Primärgefäß(en), das (die), sofern vorgeschrieben, durch das saugfähige Material geschützt bleiben muss (müssen), nichts in die Sekundärverpackung gelangen.

(7) Für flüssige Stoffe gilt:
    a) Das (die) Primärgefäß(e) muss (müssen) flüssigkeitsdicht sein.
    b) Die Sekundärverpackung muss flüssigkeitsdicht sein.

1071

4.1 Verwendung von Verpackungen, einschließlich Großpackmittel (IBC) und Großverpackungen

ADR	RID

- c) Wenn mehrere zerbrechliche Primärgefäße in eine einzige Sekundärverpackung eingesetzt werden, müssen diese entweder einzeln eingewickelt oder so voneinander getrennt werden, dass eine gegenseitige Berührung verhindert wird.
- d) Zwischen dem (den) Primärgefäß(en) und der Sekundärverpackung muss saugfähiges Material eingesetzt werden. Das saugfähige Material muss ausreichend sein, um die gesamte im (in den) Primärgefäß(en) enthaltene Menge aufzunehmen, so dass ein Austreten des flüssigen Stoffes nicht zu einer Beeinträchtigung der Unversehrtheit des Polstermaterials oder der Außenverpackung führt.
- e) Das Primärgefäß oder die Sekundärverpackung muss in der Lage sein, einem Innendruck von 95 kPa (0,95 bar) ohne Verlust von Füllgut standzuhalten.

(8) Für feste Stoffe gilt:
- a) Das (die) Primärgefäß(e) muss (müssen) staubdicht sein.
- b) Die Sekundärverpackung muss staubdicht sein.
- c) Wenn mehrere zerbrechliche Primärgefäße in eine einzige Sekundärverpackung eingesetzt werden, müssen diese entweder einzeln eingewickelt oder so voneinander getrennt werden, dass eine gegenseitige Berührung verhindert wird.
- d) Wenn Zweifel darüber bestehen, ob während der Beförderung Restflüssigkeit im Primärgefäß vorhanden sein kann, muss eine für flüssige Stoffe geeignete Verpackung mit saugfähigem Material verwendet werden.

(9) Gekühlte oder gefrorene Proben: Eis, Trockeneis und flüssiger Stickstoff
- a) Wenn Trockeneis oder flüssiger Stickstoff als Kühlmittel verwendet wird, gelten die Vorschriften des Abschnitts 5.5.3. Wenn Eis verwendet wird, muss dieses außerhalb der Sekundärverpackungen, in der Außenverpackung oder in einer Umverpackung eingesetzt werden. Damit die Sekundärverpackungen sicher in ihrer ursprünglichen Lage verbleiben, müssen Innenhalterungen vorgesehen werden. Bei Verwendung von Eis muss die Außenverpackung oder Umverpackung flüssigkeitsdicht sein.
- b) Das Primärgefäß und die Sekundärverpackung dürfen durch die Temperatur des verwendeten Kühlmittels sowie durch die Temperaturen und Drücke, die bei einem Ausfall der Kühlung entstehen können, in ihrer Funktionsfähigkeit nicht beeinträchtigt werden.

(10) Wenn Versandstücke in eine Umverpackung eingesetzt werden, müssen die in dieser Verpackungsanweisung vorgeschriebenen Versandstück-Kennzeichen entweder deutlich sichtbar sein oder auf der Außenseite der Umverpackung wiedergegeben werden.

(11) Ansteckungsgefährliche Stoffe, die der UN-Nummer 3373 zugeordnet sind und die in Übereinstimmung mit dieser Verpackungsanweisung verpackt sind, und Versandstücke, die in Übereinstimmung mit dieser Verpackungsanweisung gekennzeichnet sind, unterliegen keinen weiteren Vorschriften des ADR/RID.

(12) Hersteller und nachfolgende Verteiler von Verpackungen müssen dem Absender oder der Person, welche das Versandstück vorbereitet (z. B. Patient), klare Anweisungen für das Befüllen und Verschließen dieser Versandstücke liefern, um eine richtige Vorbereitung des Versandstücks für die Beförderung zu ermöglichen.

(13) Andere gefährliche Güter dürfen nicht mit ansteckungsgefährlichen Stoffen der Klasse 6.2 in ein und derselben Verpackung zusammengepackt werden, sofern diese nicht für die Aufrechterhaltung der Lebensfähigkeit, für die Stabilisierung, für die Verhinderung des Abbaus oder für die Neutralisierung der Gefahren des ansteckungsgefährlichen Stoffe erforderlich sind. Gefährliche Güter der Klasse 3, 8 oder 9 dürfen in Mengen von höchstens 30 ml in jedes Primärgefäß, das ansteckungsgefährliche Stoffe enthält, verpackt werden. Wenn diese geringen Mengen gefährlicher Güter in Übereinstimmung mit dieser Verpackungsanweisung zusammen mit ansteckungsgefährlichen Stoffen verpackt werden, müssen die übrigen Vorschriften des ADR/RID nicht erfüllt werden.

(14) Wenn Stoffe frei geworden sind und in einer Güterbeförderungseinheit verschüttet wurden, so darf diese erst nach gründlicher Reinigung, gegebenenfalls Desinfektion oder Entgiftung, wieder verwendet werden. Alle anderen in derselben Güterbeförderungseinheit beförderten Güter und Gegenstände sind auf mögliche Verunreinigung zu prüfen.

Zusätzliche Vorschrift

4. Alternative Verpackungen für die Beförderung von tierischen Stoffen dürfen nach den Vorschriften des Unterabschnitts 4.1.8.7 von der zuständigen Behörde des Ursprungslandes[a]) zugelassen werden.

a) Ist das Ursprungsland keine Vertragspartei des ADR, die zuständige Behörde der ersten Vertragspartei des ADR, die von der Sendung berührt wird.	kein RID-Vertragsstaat, des ersten RID-Vertragsstaates, der

Verwendung von Verpackungen, einschließlich Großpackmittel (IBC) und Großverpackungen 4.1

ADR	RID

P 800 VERPACKUNGSANWEISUNG

Diese Anweisung gilt für die UN-Nummern 2803 und 2809.

Folgende Verpackungen sind zugelassen, wenn die allgemeinen Vorschriften der Abschnitte 4.1.1 und 4.1.3 erfüllt sind:

(1) Druckgefäße, vorausgesetzt, die allgemeinen Vorschriften des Unterabschnitts 4.1.3.6 werden erfüllt, oder

(2) Kolben oder Flaschen aus Stahl mit Schraubverschlüssen und einem Fassungsraum von höchstens 3 Litern oder

(3) zusammengesetzte Verpackungen, die folgenden Vorschriften entsprechen:

   a) Die Innenverpackungen müssen aus Glas, Metall oder starrem Kunststoff bestehen und jede dafür geeignet sein, flüssige Stoffe mit einer höchsten Nettomasse von 15 kg aufzunehmen.

   b) Die Innenverpackungen müssen mit ausreichend Polstermaterial verpackt sein, um ein Zubruchgehen zu verhindern.

   c) Entweder die Innenverpackungen oder die Außenverpackungen müssen völlig dichte, durchstoßfeste und für den Inhalt undurchlässige Innenauskleidungen oder Säcke haben, die den Inhalt vollständig umschließen und unabhängig von Lage oder Ausrichtung ein Entweichen aus dem Versandstück verhindern.

   d) Die folgenden Außenverpackungen und höchsten Nettomassen sind zugelassen:

Außenverpackung	höchste Nettomasse
Fässer	
aus Stahl (1A1, 1A2)	400 kg
aus einem anderen Metall als Stahl oder Aluminium (1N1, 1N2)	400 kg
aus Kunststoff (1H1, 1H2)	400 kg
aus Sperrholz (1D)	400 kg
aus Pappe (1G)	400 kg
Kisten	
aus Stahl (4A)	400 kg
aus einem anderen Metall als Stahl oder Aluminium (4N)	400 kg
aus Naturholz (4C1)	250 kg
aus Naturholz, mit staubdichten Wänden (4C2)	250 kg
aus Sperrholz (4D)	250 kg
aus Holzfaserwerkstoff (4F)	125 kg
aus Pappe (4G)	125 kg
aus Schaumstoff (4H1)	60 kg
aus starrem Kunststoff (4H2)	125 kg

Sondervorschrift für die Verpackung

PP 41 Wenn es notwendig ist, UN 2803 Gallium bei niedrigen Temperaturen zu befördern, um es in vollständig festem Zustand zu halten, dürfen für die oben aufgeführten Verpackungen mit einer festen, wasserbeständigen Außenverpackung umverpackt werden, die Trockeneis oder ein anderes Kühlmittel enthält. Wenn ein Kühlmittel verwendet wird, müssen alle oben aufgeführten, für die Verpackung von Gallium verwendeten Werkstoffe chemisch und physikalisch gegen das Kühlmittel widerstandsfähig und bei den niedrigen Temperaturen des verwendeten Kühlmittels schlagfest sein. Wird Trockeneis verwendet, so muss aus der Außenverpackung gasförmiges Kohlendioxid entweichen können.

P 801 VERPACKUNGSANWEISUNG

Diese Anweisung gilt für die UN-Nummern 2794, 2795 und 3028 sowie für gebrauchte Batterien der UN-Nummer 2800.

Folgende Verpackungen sind zugelassen, wenn die Vorschriften der Unterabschnitte 4.1.1.1, 4.1.1.2, 4.1.1.6 und des Abschnitts 4.1.3 erfüllt sind:

(1) Starre Außenverpackungen, Verschläge aus Holz oder Paletten.

   Zusätzlich müssen folgende Vorschriften erfüllt werden:

   a) gestapelte Batterien (Akkumulatoren) müssen durch eine Schicht aus elektrisch nicht leitfähigem Material getrennt sein;

   b) die Pole der Batterien (Akkumulatoren) dürfen nicht dem Gewicht anderer darüber liegender Elemente ausgesetzt sein;

   c) die Batterien (Akkumulatoren) müssen so verpackt oder gesichert sein, dass eine unbeabsichtigte Bewegung verhindert wird;

   d) die Batterien (Akkumulatoren) dürfen unter normalen Beförderungsbedingungen nicht auslaufen oder es müssen geeignete Maßnahmen getroffen werden, um eine Freisetzung des Elektrolyts aus dem Versandstück zu verhindern (z. B. einzelne Verpackung der Batterien (Akkumulatoren) oder andere ebenso wirksame Methoden), und

   e) die Batterien (Akkumulatoren) müssen gegen Kurzschluss geschützt sein.

4.1 Verwendung von Verpackungen, einschließlich Großpackmittel (IBC) und Großverpackungen

ADR	RID

(2) Für die Beförderung gebrauchter Batterien (Akkumulatoren) dürfen auch Behältnisse aus rostfreiem Stahl oder aus Kunststoff verwendet werden.
Außerdem müssen die folgenden Vorschriften erfüllt werden:
- a) die Behältnisse müssen gegenüber dem Elektrolyt, der in den Batterien (Akkumulatoren) enthalten war, beständig sein;
- b) die Behältnisse dürfen nicht über die Höhe ihrer Seitenwände hinaus befüllt werden;
- c) die Außenseite der Behältnisse muss frei von Elektrolytrückständen der Batterien (Akkumulatoren) sein;
- d) unter normalen Beförderungsbedingungen darf aus den Behältnissen kein Elektrolyt austreten;
- e) es müssen Maßnahmen getroffen werden, um sicherzustellen, dass befüllte Behältnisse ihren Inhalt nicht verlieren können;
- f) es müssen Maßnahmen getroffen werden, um Kurzschlüsse zu verhindern (z. B. Entladung der Batterien (Akkumulatoren), einzelner Schutz der Pole der Batterien (Akkumulatoren) usw.), und
- g) die Behältnisse müssen entweder:
  - (i) abgedeckt sein oder
  - (ii) in

gedeckten oder bedeckten Fahrzeugen	gedeckten Wagen oder Wagen mit Decken

oder in geschlossenen oder bedeckten Containern befördert werden.

P 801a
VERPACKUNGSANWEISUNG
(gestrichen)

P 802
VERPACKUNGSANWEISUNG

Folgende Verpackungen sind zugelassen, wenn die allgemeinen Vorschriften der Abschnitte 4.1.1 und 4.1.3 erfüllt sind:
(1) Zusammengesetzte Verpackungen
  Außenverpackungen: 1A1, 1A2, 1B1, 1B2, 1N1, 1N2, 1H1, 1H2, 1D, 1G, 4A, 4B, 4N, 4C1, 4C2, 4D, 4F, 4G oder 4H2;
  höchste Nettomasse: 75 kg;
  Innenverpackungen: aus Glas oder Kunststoff; höchster Fassungsraum: 10 Liter.
(2) Zusammengesetzte Verpackungen
  Außenverpackungen: 1A1, 1A2, 1B1, 1B2, 1N1, 1N2, 1H1, 1H2, 1D, 1G, 4A, 4B, 4N, 4C1, 4C2, 4D, 4F, 4G oder 4H2;
  höchste Nettomasse: 125 kg;
  Innenverpackungen: aus Metall; höchster Fassungsraum: 40 Liter.
(3) Kombinationsverpackungen: Glasgefäß in einem Fass aus Stahl, Aluminium oder Sperrholz (6PA1, 6PB1 oder 6PD1) oder in einer Kiste aus Stahl, Aluminium oder Naturholz oder in einem Weidenkorb (6PA2, 6PB2, 6PC oder 6PD2) oder in einer Außenverpackung aus starrem Kunststoff (6PH2); höchster Fassungsraum: 60 Liter.
(4) Fässer aus Stahl (1A1) mit einem höchsten Fassungsraum von 250 Litern.
(5) Druckgefäße, vorausgesetzt, die allgemeinen Vorschriften des Unterabschnitts 4.1.3.6 werden erfüllt.

P 803
VERPACKUNGSANWEISUNG

Diese Anweisung gilt für die UN-Nummer 2028.
Folgende Verpackungen sind zugelassen, wenn die allgemeinen Vorschriften der Abschnitte 4.1.1 und 4.1.3 erfüllt sind:
(1) Fässer (1A2, 1B2, 1N2, 1H2, 1D, 1G);
(2) Kisten (4A, 4B, 4N, 4C1, 4C2, 4D, 4F, 4G, 4H2).
Höchste Nettomasse: 75 kg.
Die Gegenstände müssen einzeln verpackt und voneinander durch Unterteilungen, Trennwände, Innenverpackungen oder Polstermaterial getrennt sein, um eine unbeabsichtigte Entladung unter normalen Beförderungsbedingungen zu verhindern.

Verwendung von Verpackungen, einschließlich Großpackmittel (IBC) und Großverpackungen 4.1

ADR	RID

P 804

VERPACKUNGSANWEISUNG

Diese Anweisung gilt für die UN-Nummer 1744.

Folgende Verpackungen sind zugelassen, wenn die allgemeinen Vorschriften der Abschnitte 4.1.1 und 4.1.3 erfüllt und die Verpackungen luftdicht verschlossen sind:

(1) Zusammengesetzte Verpackungen mit einer höchsten Bruttomasse von 25 kg, bestehend aus
  – einer oder mehreren Innenverpackungen aus Glas mit einem höchsten Fassungsraum von 1,3 Litern je Innenverpackung, die höchstens zu 90 % ihres Fassungsraumes gefüllt sind und deren Verschluss (Verschlüsse) durch eine Vorrichtung physisch fixiert sein muss (müssen), die in der Lage ist, ein Lösen oder Lockern durch Schlag oder Vibration während der Beförderung zu verhindern; die Innenverpackung(en) muss (müssen) einzeln eingesetzt sein in
  – Gefäßen aus Metall oder starrem Kunststoff zusammen mit Polstermaterial und saugfähigem Material in einer für die Aufnahme des gesamten Inhalts der Innenverpackung(en) aus Glas ausreichenden Menge, die wiederum verpackt sind in
  – Außenverpackungen 1A1, 1A2, 1B1, 1B2, 1N1, 1N2, 1H1, 1H2, 1D, 1G, 4A, 4B, 4N, 4C1, 4C2, 4D, 4F, 4G oder 4H2.

(2) Zusammengesetzte Verpackungen, bestehend aus Innenverpackungen aus Metall oder Polyvinyldifluorid (PVDF), deren Fassungsraum 5 Liter nicht übersteigt und die einzeln mit einem saugfähigen Material in einer für die Aufnahme des gesamten Inhalts ausreichenden Menge und inertem Polstermaterial in Außenverpackungen 1A1, 1A2, 1B1, 1B2, 1N1, 1N2, 1H1, 1H2, 1D, 1G, 4A, 4B, 4N, 4C1, 4C2, 4D, 4F, 4G oder 4H2 mit einer höchsten Bruttomasse von 75 kg verpackt sind. Die Innenverpackungen dürfen höchstens zu 90 % ihres Fassungsraums gefüllt sein. Der Verschluss jeder Innenverpackung muss durch eine Vorrichtung physisch fixiert sein, die in der Lage ist, ein Lösen oder Lockern des Verschlusses durch Schlag oder Vibration während der Beförderung zu verhindern.

(3) Verpackungen, bestehend aus:
Außenverpackungen:
Fässer aus Stahl oder Kunststoff (1A1, 1A2, 1H1 oder 1H2), die nach den Prüfvorschriften des Abschnitts 6.1.5 mit einer Masse, die der Masse des zusammengestellten Versandstücks entspricht, entweder als Verpackung für die Aufnahme von Innenverpackungen oder als Einzelverpackung für die Aufnahme flüssiger oder fester Stoffe geprüft und entsprechend gekennzeichnet sind.

Innenverpackungen:
Fässer und Kombinationsverpackungen (1A1, 1B1, 1N1, 1H1 oder 6HA1), die den Vorschriften des Kapitels 6.1 für Einzelverpackungen entsprechen und folgende Bedingungen erfüllen:
a) die Innendruckprüfung (hydraulisch) muss bei einem Druck von mindestens 300 kPa (3 bar) (Überdruck) durchgeführt werden;
b) die Dichtheitsprüfungen im Rahmen der Auslegung und der Herstellung müssen bei einem Prüfdruck von 30 kPa (0,3 bar) durchgeführt werden;
c) sie müssen vom äußeren Fass durch die Verwendung eines inerten stoßdämpfenden Polstermaterials, das die Innenverpackung von allen Seiten umgibt, isoliert sein;
d) ihr Fassungsraum darf 125 Liter nicht übersteigen;
e) die Verschlüsse müssen Schraubkappen sein, die:
  (i) durch eine Vorrichtung physisch fixiert sind, die in der Lage ist, ein Lösen oder Lockern des Verschlusses durch Schlag oder Vibration während der Beförderung zu verhindern, und
  (ii) mit einer Deckeldichtung ausgerüstet sind;
f) die Außen- und Innenverpackungen müssen mindestens alle zweieinhalb Jahre einer wiederkehrenden inneren Inspektion und Dichtheitsprüfung gemäß Absatz b) unterzogen werden, und
g) auf den Außen- und Innenverpackungen muss gut lesbar und dauerhaft angebracht sein:
  (i) das Datum (Monat, Jahr) der erstmaligen und der zuletzt durchgeführten wiederkehrenden Prüfung und Inspektion der Innenverpackung;
  (ii) der Name oder das zugelassene Symbol des Sachverständigen, der die Prüfungen und Inspektionen vorgenommen hat.

(4) Druckgefäße, vorausgesetzt, die allgemeinen Vorschriften des Unterabschnitts 4.1.3.6 werden erfüllt.
  a) Sie müssen einer erstmaligen und alle 10 Jahre einer wiederkehrenden Prüfung mit einem Druck von mindestens 1 MPa (10 bar) (Überdruck) unterzogen werden.
  b) Sie müssen mindestens alle zweieinhalb Jahre einer wiederkehrenden inneren Inspektion und Dichtheitsprüfung unterzogen werden.
  c) Sie dürfen nicht mit Druckentlastungseinrichtungen ausgerüstet sein.
  d) Jedes Druckgefäß muss mit einer Verschlusskappe oder einem oder mehreren Verschlussventilen verschlossen sein, die mit einer zweiten Verschlusseinrichtung ausgerüstet sind.
  e) Die Konstruktionswerkstoffe des Druckgefäßes, der Verschlussventile, der Verschlusskappen, des Auslaufdeckels, des Dichtungskitts und der Dichtungen müssen untereinander und mit dem Füllgut verträglich sein.

4.1 Verwendung von Verpackungen, einschließlich Großpackmittel (IBC) und Großverpackungen

ADR	RID

P 805
(geändert in P 603)

P 900
VERPACKUNGSANWEISUNG
(bleibt offen)

P 901
VERPACKUNGSANWEISUNG

Diese Anweisung gilt für die UN-Nummer 3316.

Folgende zusammengesetzte Verpackungen sind zugelassen, wenn die allgemeinen Vorschriften der Abschnitte 4.1.1 und 4.1.3 erfüllt sind:
- Fässer (1A1, 1A2, 1B1, 1B2, 1N1, 1N2, 1H1, 1H2, 1D, 1G);
- Kisten (4A, 4B, 4N, 4C1, 4C2, 4D, 4F, 4G, 4H1, 4H2);
- Kanister (3A1, 3A2, 3B1, 3B2, 3H1, 3H2).

Die Verpackungen müssen den Prüfanforderungen für diejenige Verpackungsgruppe entsprechen, die dem gesamten Testsatz oder der gesamten Ausrüstung zugeordnet ist (siehe Abschnitt 3.3.1 Sondervorschrift 251). Wenn der Testsatz oder die Ausrüstung nur gefährliche Güter enthält, denen keine Verpackungsgruppe zugeordnet ist, müssen die Verpackungen den Prüfanforderungen für die Verpackungsgruppe II entsprechen.

Höchstmenge gefährlicher Güter je Außenverpackung: 10 kg, wobei die Masse für gegebenenfalls vorhandenes Kohlendioxid, fest (Trockeneis), das als Kühlmittel verwendet wird, unberücksichtigt bleibt.

Zusätzliche Vorschrift

Die gefährlichen Güter in den Testsätzen oder Ausrüstungen müssen in Innenverpackungen verpackt und vor den anderen Stoffen, die in den Testsätzen oder Ausrüstungen enthalten sind, geschützt sein.

P 902
VERPACKUNGSANWEISUNG

Diese Anweisung gilt für die UN-Nummer 3268.

Verpackte Gegenstände:

Folgende Verpackungen sind zugelassen, wenn die allgemeinen Vorschriften der Abschnitte 4.1.1 und 4.1.3 erfüllt sind:
- Fässer (1A2, 1B2, 1N2, 1H2, 1D, 1G);
- Kisten (4A, 4B, 4N, 4C1, 4C2, 4D, 4F, 4G, 4H1, 4H2);
- Kanister (3A2, 3B2, 3H2).

Die Verpackungen müssen den Prüfanforderungen für die Verpackungsgruppe III entsprechen.

Die Verpackungen müssen so ausgelegt und gebaut sein, dass Bewegungen der Gegenstände und eine unbeabsichtigte Auslösung unter normalen Beförderungsbedingungen verhindert werden.

Unverpackte Gegenstände:

Die Gegenstände dürfen zum, vom oder zwischen dem Herstellungsort und einer Montagefabrik, einschließlich Orten der Zwischenbehandlung, auch unverpackt in besonders ausgerüsteten Handhabungseinrichtungen oder Güterbeförderungseinheiten befördert werden.

Zusätzliche Vorschrift

Druckgefäße müssen den Vorschriften der zuständigen Behörde für den (die) im Druckgefäß enthaltenen Stoff(e) entsprechen.

Verwendung von Verpackungen, einschließlich Großpackmittel (IBC) und Großverpackungen 4.1

ADR RID

P 903
VERPACKUNGSANWEISUNG

Diese Anweisung gilt für die UN-Nummern 3090, 3091, 3480 und 3481.

«Ausrüstung» im Sinne dieser Verpackungsanweisung ist ein Gerät, für dessen Betrieb die Lithiumzellen oder -batterien elektrische Energie liefern.

Folgende Verpackungen sind zugelassen, wenn die allgemeinen Vorschriften der Abschnitte 4.1.1 und 4.1.3 erfüllt sind:

(1) Für Zellen und Batterien:
Fässer (1A2, 1B2, 1N2, 1H2, 1D, 1G),
Kisten (4A, 4B, 4N, 4C1, 4C2, 4D, 4F, 4G, 4H1, 4H2),
Kanister (3A2, 3B2, 3H2).
Die Zellen oder Batterien müssen so in Verpackungen verpackt werden, dass die Zellen oder Batterien vor Beschädigungen geschützt sind, die durch Bewegungen der Zellen oder Batterien in der Verpackung oder durch das Einsetzen der Zellen oder Batterien in die Verpackung verursacht werden können.
Die Verpackungen müssen den Prüfanforderungen für die Verpackungsgruppe II entsprechen.

(2) Zusätzlich für Zellen oder Batterien mit einer Bruttomasse von mindestens 12 kg mit einem widerstandsfähigen, stoßfesten Gehäuse sowie für Zusammenstellungen solcher Zellen oder Batterien:
 a) widerstandsfähige Außenverpackungen,
 b) Schutzumschließungen (z. B. vollständig geschlossene Verschläge oder Lattenverschläge aus Holz) oder
 c) Paletten oder andere Handhabungseinrichtungen.
Die Zellen oder Batterien müssen gegen unbeabsichtigte Bewegung gesichert sein, und die Pole dürfen nicht mit dem Gewicht anderer darüber liegender Elemente belastet werden.
Die Verpackungen müssen den Vorschriften des Unterabschnitts 4.1.1.3 nicht entsprechen.

(3) Für Zellen oder Batterien, mit Ausrüstungen verpackt:
Verpackungen, die den Vorschriften des Absatzes (1) dieser Verpackungsanweisung entsprechen und anschließend mit der Ausrüstung in eine Außenverpackung eingesetzt werden, oder
Verpackungen, welche die Zellen oder Batterien vollständig umschließen und anschließend mit der Ausrüstung in eine Verpackung eingesetzt werden, die den Vorschriften des Absatzes (1) dieser Verpackungsanweisung entspricht.
Die Ausrüstung muss gegen Bewegungen in der Außenverpackung gesichert werden.

(4) Für Zellen oder Batterien in Ausrüstungen:
Widerstandsfähige Außenverpackungen, die aus einem geeigneten Werkstoff hergestellt sind und hinsichtlich ihres Fassungsraums und ihrer beabsichtigten Verwendung eine geeignete Festigkeit und Auslegung aufweisen. Sie müssen so gebaut sein, dass eine unbeabsichtigte Inbetriebsetzung während der Beförderung verhindert wird. Die Verpackungen müssen den Vorschriften des Unterabschnitts 4.1.1.3 nicht entsprechen.
Große Ausrüstungen dürfen unverpackt oder auf Paletten zur Beförderung aufgegeben werden, sofern die Zellen oder Batterien durch die Ausrüstung, in der sie enthalten sind, gleichwertig geschützt werden.
Einrichtungen, die absichtlich aktiv sind, wie Sender für die Identifizierung mit Hilfe elektromagnetischer Wellen (RFID), Uhren und Temperaturmesswerterfasser, und die nicht in der Lage sind, eine gefährliche Hitzeentwicklung zu erzeugen, dürfen in widerstandsfähigen Außenverpackungen befördert werden.
Bem. Bei Beförderungen in einer Transportkette, die eine Luftbeförderung einschließt, müssen diese Einrichtungen im aktiven Zustand den festgelegten Normen für elektromagnetische Strahlung entsprechen, um sicherzustellen, dass der Betrieb der Einrichtungen nicht zu einer Beeinträchtigung der Flugzeugsysteme führt.

(5) Für Verpackungen, die sowohl Zellen oder Batterien, die mit Ausrüstungen verpackt sind, als auch Zellen oder Batterien in Ausrüstungen enthalten:
 a) für Zellen und Batterien Verpackungen, welche die Zellen oder Batterien vollständig umschließen und anschließend mit der Ausrüstung in eine Verpackung eingesetzt werden, die den Vorschriften des Absatzes (1) dieser Verpackungsanweisung entspricht, oder
 b) Verpackungen, die den Vorschriften des Absatzes (1) dieser Verpackungsanweisung entsprechen und anschließend mit der Ausrüstung in eine widerstandsfähige Außenverpackung eingesetzt werden, die aus einem geeigneten Werkstoff hergestellt ist und hinsichtlich ihres Fassungsraums und ihrer beabsichtigten Verwendung eine geeignete Festigkeit und Auslegung aufweist. Die Außenverpackung muss so gebaut sein, dass eine unbeabsichtigte Inbetriebsetzung während der Beförderung verhindert wird; sie muss den Vorschriften des Unterabschnitts 4.1.1.3 nicht entsprechen.
Die Ausrüstung muss gegen Bewegungen in der Außenverpackung gesichert werden.
Einrichtungen, die absichtlich aktiv sind, wie Sender für die Identifizierung mit Hilfe elektromagnetischer Wellen (RFID), Uhren und Temperaturmesswerterfasser, und die nicht in der Lage sind, eine gefährliche Hitzeentwicklung zu erzeugen, dürfen in widerstandsfähigen Außenverpackungen befördert werden.
Bem. Bei Beförderungen in einer Transportkette, die eine Luftbeförderung einschließt, müssen diese Einrichtungen im aktiven Zustand den festgelegten Normen für elektromagnetische Strahlung entsprechen, um sicherzustellen, dass der Betrieb der Einrichtungen nicht zu einer Beeinträchtigung der Flugzeugsysteme führt.

Zusätzliche Vorschrift
Die Zellen oder Batterien müssen gegen Kurzschluss geschützt sein.

4.1 Verwendung von Verpackungen, einschließlich Großpackmittel (IBC) und Großverpackungen

ADR	RID

P 903a
VERPACKUNGSANWEISUNG

(gestrichen)

P 903b
VERPACKUNGSANWEISUNG

(gestrichen)

P 904
VERPACKUNGSANWEISUNG

Diese Anweisung gilt für die UN-Nummer 3245.

Folgende Verpackungen sind zugelassen:

(1) Verpackungen, die den Vorschriften der Unterabschnitte 4.1.1.1, 4.1.1.2, 4.1.1.4 und 4.1.1.8 und des Abschnitts 4.1.3 entsprechen und so ausgelegt sind, dass sie den Bauvorschriften des Abschnitts 6.1.4 entsprechen. Es müssen Außenverpackungen verwendet werden, die aus geeignetem Werkstoff hergestellt sind und hinsichtlich ihres Fassungsraums und der vorgesehenen Verwendung eine ausreichende Festigkeit aufweisen und entsprechend ausgelegt sind. Wenn diese Verpackungsanweisung für die Beförderung von Innenverpackungen von zusammengesetzten Verpackungen verwendet wird, muss die Verpackung so ausgelegt und gebaut sein, dass unter normalen Beförderungsbedingungen eine unbeabsichtigte Entleerung verhindert wird.

(2) Verpackungen, die nicht unbedingt den Prüfvorschriften für Verpackungen des Teils 6 entsprechen müssen, aber folgenden Vorschriften entsprechen:

    a) Eine Innenverpackung, bestehend aus:

        (i) (einem) Primärgefäß(en) und einer Sekundärverpackung, wobei das (die) Primärgefäß(e) oder die Sekundärverpackung für flüssige Stoffe flüssigkeitsdicht oder für feste Stoffe staubdicht sein muss (müssen);

        (ii) bei flüssigen Stoffen saugfähigem Material, das zwischen dem (den) Primärgefäß(en) und der Sekundärverpackung eingesetzt ist. Das saugfähige Material muss ausreichend sein um die gesamte im (in den) Primärgefäß(en) enthaltene Menge aufzunehmen, so dass ein Austreten des flüssigen Stoffes nicht zu einer Beeinträchtigung der Unversehrtheit des Polstermaterials oder der Außenverpackung führt;

        (iii) wenn mehrere zerbrechliche Primärgefäße in eine einzige Sekundärverpackung eingesetzt werden, müssen diese entweder einzeln eingewickelt oder so voneinander getrennt werden, dass eine gegenseitige Berührung verhindert wird.

    b) Eine Außenverpackung muss in Bezug auf ihren Fassungsraum, ihre Masse und ihren vorgesehenen Verwendungszweck ausreichend widerstandsfähig sein, und ihre kleinste Außenabmessung muss mindestens 100 mm betragen.

Für die Beförderung ist das nachstehend abgebildete Kennzeichen auf der äußeren Oberfläche der Außenverpackung auf einem kontrastierenden Hintergrund anzubringen; es muss deutlich sichtbar und lesbar sein. Das Kennzeichen muss die Form eines auf die Spitze gestellten Quadrats (Raute) mit einer Mindestabmessung von 50 mm × 50 mm haben; die Linie muss mindestens 2 mm breit sein und die Buchstaben und Ziffern müssen eine Zeichenhöhe von mindestens 6 mm haben.

Zusätzliche Vorschrift

Eis, Trockeneis und flüssiger Stickstoff

Wenn Trockeneis oder flüssiger Stickstoff als Kühlmittel verwendet wird, gelten die Vorschriften des Abschnitts 5.5.3. Wenn Eis verwendet wird, muss dieses außerhalb der Sekundärverpackungen, in der Außenverpackung oder in einer Umverpackung eingesetzt werden. Damit die Sekundärverpackungen sicher in ihrer ursprünglichen Lage verbleiben, müssen Innenhalterungen vorgesehen werden. Bei Verwendung von Eis muss die Außenverpackung oder Umverpackung flüssigkeitsdicht sein.

Verwendung von Verpackungen, einschließlich Großpackmittel (IBC) und Großverpackungen 4.1

ADR	RID

P 905
VERPACKUNGSANWEISUNG

Diese Anweisung gilt für die UN-Nummern 2990 und 3072.

Jede geeignete Verpackung ist zugelassen, wenn die allgemeinen Vorschriften der Abschnitte 4.1.1 und 4.1.3 erfüllt sind, mit der Ausnahme, dass die Verpackungen nicht den Vorschriften des Teils 6 entsprechen müssen.

Wenn die Lebensrettungseinrichtungen für den Einbau in starre, wetterfeste Gehäuse (wie Rettungsboote) hergestellt oder in diesen enthalten sind, dürfen sie unverpackt befördert werden.

Zusätzliche Vorschriften

1. Alle gefährlichen Stoffe und Gegenstände, die als Ausrüstung in den Geräten vorhanden sind, müssen gegen unbeabsichtigte Bewegung geschützt werden; darüber hinaus müssen:
   a) Signalkörper der Klasse 1 in Innenverpackungen aus Kunststoff oder Pappe verpackt sein;
   b) nicht entzündbare und nicht giftige Gase in von der zuständigen Behörde vorgeschriebenen Flaschen enthalten sein, die mit dem Gerät verbunden sein dürfen;
   c) Batterien (Akkumulatoren) (Klasse 8) und Lithiumbatterien (Klasse 9) abgeklemmt oder elektrisch isoliert und gegen Flüssigkeitsverlust gesichert sein und
   d) kleine Mengen anderer gefährlicher Güter (z.B. Klassen 3, 4.1 und 5.2) in widerstandsfähigen Innenverpackungen verpackt sein.
2. Die Vorbereitung für die Beförderung und für die Verpackung muss Vorkehrungen zur Verhinderung von unbeabsichtigten Funktionsauslösungen der Geräte beinhalten.

P 906
VERPACKUNGSANWEISUNG

Diese Anweisung gilt für die UN-Nummern 2315, 3151, 3152. und 3432.

Folgende Verpackungen sind zugelassen, wenn die allgemeinen Vorschriften der Abschnitte 4.1.1 und 4.1.3 erfüllt sind:

(1) Für feste und flüssige Stoffe, die PCB, polyhalogenierte Biphenyle, polyhalogenierte Terphenyle oder halogenierte Monomethyldiphenylmethane enthalten oder damit kontaminiert sind:
Verpackungen gemäß Verpackungsanweisung P 001 bzw. P 002.

(2) Für Transformatoren, Kondensatoren und andere Gegenstände:
   a) Verpackungen gemäß Verpackungsanweisung P 001 oder P 002. Die Gegenstände müssen mit geeignetem Polstermaterial gesichert werden, um unter normalen Beförderungsbedingungen unbeabsichtigte Bewegungen zu verhindern; oder
   b) dichte Verpackungen, die in der Lage sind, neben den Gegenständen mindestens das 1,25fache Volumen der darin enthaltenen flüssigen PCB, polyhalogenierten Biphenyle, polyhalogenierten Terphenyle oder halogenierten Monomethyldiphenylmethane aufzunehmen. In den Verpackungen muss ausreichend saugfähiges Material vorhanden sein, um das 1,1fache Volumen der in den Gegenständen enthaltenen Flüssigkeit aufnehmen zu können. Im Allgemeinen müssen Transformatoren und Kondensatoren in dichten Verpackungen aus Metall befördert werden, die in der Lage sind, zusätzlich zu den Transformatoren und Kondensatoren mindestens das 1,25fache Volumen der darin enthaltenen Flüssigkeit aufzunehmen.

Ungeachtet der oben aufgeführten Vorschriften dürfen feste und flüssige Stoffe, die nicht gemäß Verpackungsanweisung P 001 oder P 002 verpackt sind, sowie unverpackte Transformatoren und Kondensatoren in Beförderungsmitteln befördert werden, die mit einer dichten Wanne aus Metall mit einer Mindesthöhe von 800 mm ausgerüstet sind, welche saugfähiges inertes Material in einer mindestens für die Aufnahme des 1,1fachen Volumens jeglicher freien Flüssigkeit ausreichenden Menge enthält.

Zusätzliche Vorschrift

Für die Abdichtung der Transformatoren und Kondensatoren müssen geeignete Maßnahmen getroffen werden, um Undichtheiten unter normalen Beförderungsbedingungen zu verhindern.

4.1 Verwendung von Verpackungen, einschließlich Großpackmittel (IBC) und Großverpackungen

ADR	RID

P 907
VERPACKUNGSANWEISUNG

Diese Anweisung gilt für Gegenstände, wie Maschinen, Geräte oder Einrichtungen, der UN-Nummer 3363.

Wenn der Gegenstand so gebaut oder ausgelegt ist, dass die Gefäße, welche die gefährlichen Güter enthalten, ausreichend geschützt sind, ist keine Außenverpackung erforderlich. Gefährliche Güter in einem Gegenstand müssen ansonsten in Außenverpackungen verpackt sein, die aus einem geeigneten Werkstoff hergestellt sind und hinsichtlich ihres Fassungsraums und ihrer beabsichtigten Verwendung eine ausreichende Festigkeit und Auslegung aufweisen und die den anwendbaren Vorschriften des Unterabschnitts 4.1.1.1 entsprechen.

Gefäße, die gefährliche Güter enthalten, müssen den allgemeinen Vorschriften des Abschnitts 4.1.1 entsprechen, mit der Ausnahme, dass die Unterabschnitte 4.1.1.3, 4.1.1.4, 4.1.1.12 und 4.1.1.14 nicht gelten. Für nicht entzündbare, nicht giftige Gase müssen die innere Flasche oder das innere Gefäß sowie ihr/sein Inhalt und ihr/sein Füllungsgrad zur Zufriedenheit der zuständigen Behörde des Landes sein, in dem die Flasche oder das Gefäß befüllt wird.

Darüber hinaus müssen die Gefäße im Gegenstand so enthalten sein, dass unter normalen Beförderungsbedingungen eine Beschädigung der Gefäße, welche die gefährlichen Güter enthalten, unwahrscheinlich ist; im Falle einer Beschädigung der Gefäße, welche feste oder flüssige gefährliche Güter enthalten, darf kein Austreten der gefährlichen Güter aus dem Gegenstand möglich sein (zur Erfüllung dieser Vorschrift darf eine dichte Auskleidung verwendet werden). Die Gefäße, die gefährliche Güter enthalten, müssen so eingebaut, gesichert oder gepolstert sein, dass ihr Zubruchgehen oder ein Freiwerden ihres Inhalts verhindert wird und ihre Bewegung innerhalb des Gegenstands unter normalen Beförderungsbedingungen eingeschränkt wird. Das Polstermaterial darf mit dem Inhalt der Gefäße nicht gefährlich reagieren. Ein Freiwerden des Inhalts darf die Schutzeigenschaften des Polstermaterials nicht beeinträchtigen.

P 908
VERPACKUNGSANWEISUNG

Diese Anweisung gilt für beschädigte oder defekte Lithium-Ionen-Zellen und -Batterien sowie beschädigte oder defekte Lithium-Metall-Zellen und -Batterien der UN-Nummern 3090, 3091, 3480 und 3481, auch wenn sie in Ausrüstungen enthalten sind.

Folgende Verpackungen sind zugelassen, wenn die allgemeinen Vorschriften der Abschnitte 4.1.1 und 4.1.3 erfüllt sind:
Für Zellen und Batterien und Ausrüstungen, die Zellen und Batterien enthalten:

    Fässer (1A2, 1B2, 1N2, 1H2, 1D, 1G),

    Kisten (4A, 4B, 4N, 4C1, 4C2, 4D, 4F, 4G, 4H1, 4H2),

    Kanister (3A2, 3B2, 3H2).

Die Verpackungen müssen den Prüfanforderungen für die Verpackungsgruppe II entsprechen.

1. Jede beschädigte oder defekte Zelle oder Batterie oder jede Ausrüstung, die solche Zellen oder Batterien enthält, muss einzeln in einer Innenverpackung verpackt und in eine Außenverpackung eingesetzt sein. Die Innen- oder Außenverpackung muss dicht sein, um ein mögliches Austreten des Elektrolyts zu verhindern.

2. Jede Innenverpackung muss zum Schutz vor gefährlicher Wärmeentwicklung mit einer ausreichenden Menge eines nicht brennbaren und nicht elektrisch leitfähigen Wärmedämmstoffs umschlossen sein.

3. Dicht verschlossene Verpackungen müssen gegebenenfalls mit einer Entlüftungseinrichtung ausgestattet sein.

4. Es müssen geeignete Maßnahmen ergriffen werden, um die Auswirkungen von Vibrationen und Stößen gering zu halten und Bewegungen der Zellen oder Batterien im Versandstück, die zu weiteren Schäden und gefährlichen Bedingungen während der Beförderung führen können, zu verhindern. Für die Erfüllung dieser Vorschrift darf auch nicht brennbares und nicht elektrisch leitfähiges Polstermaterial verwendet werden.

5. Die Nichtbrennbarkeit muss in Übereinstimmung mit einer Norm festgestellt werden, die in dem Land, in dem die Verpackung ausgelegt oder hergestellt wird, anerkannt ist.

Im Fall von auslaufenden Zellen oder Batterien muss der Innen- oder Außenverpackung ausreichend inertes saugfähiges Material beigegeben werden, um freiwerdenden Elektrolyt aufzusaugen.

Wenn die Nettomasse einer Zellen oder Batterie 30 kg überschreitet, darf die Außenverpackung nur eine einzelne Zelle oder Batterie enthalten.

Zusätzliche Vorschrift

Die Zellen oder Batterien müssen gegen Kurzschluss geschützt sein.

Verwendung von Verpackungen, einschließlich Großpackmittel (IBC) und Großverpackungen 4.1

ADR	RID

P 909
VERPACKUNGSANWEISUNG

Diese Anweisung gilt für die UN-Nummern 3090, 3091, 3480 und 3481, die zur Entsorgung oder zum Recycling befördert werden und die mit oder ohne andere Batterien verpackt sind, die keine Lithiumbatterien sind.

(1) Zellen und Batterien müssen wie folgt verpackt sein:

   a) Folgende Verpackungen sind zugelassen, wenn die allgemeinen Vorschriften der Abschnitte 4.1.1 und 4.1.3 erfüllt sind:

      Fässer (1A2, 1B2, 1N2, 1H2, 1D, 1G);

      Kisten (4A, 4B, 4N, 4C1, 4C2, 4D, 4F, 4G, 4H2);

      Kanister (3A2, 3B2, 3H2).

   b) Die Verpackungen müssen den Prüfanforderungen für die Verpackungsgruppe II entsprechen.

   c) Metallverpackungen müssen mit einem nicht elektrisch leitfähigen Werkstoff (z.B. Kunststoff) von einer für die vorgesehene Verwendung angemessenen Widerstandsfähigkeit ausgestattet sein.

(2) Lithium-Ionen-Zellen mit einer Nennenergie in Wattstunden von höchstens 20 Wh, Lithium-Ionen-Batterien mit einer Nennenergie in Wattstunden von höchstens 100 Wh, Lithium-Metall-Zellen mit einer Menge von höchstens 1 g Lithium und Lithium-Metall-Batterien mit einer Gesamtmenge von höchstens 2 g Lithium dürfen jedoch wie folgt verpackt werden:

   a) In einer widerstandsfähigen Außenverpackung mit einer Bruttomasse von höchstens 30 kg, welche die allgemeinen Vorschriften der Abschnitte 4.1.1, ausgenommen Unterabschnitt 4.1.1.3, und 4.1.3 erfüllt.

   b) Metallverpackungen müssen mit einem nicht elektrisch leitfähigen Werkstoff (z.B. Kunststoff) von einer für die vorgesehene Verwendung angemessenen Widerstandsfähigkeit ausgestattet sein.

(3) Für Zellen und Batterien in Ausrüstungen dürfen widerstandsfähige Außenverpackungen verwendet werden, die aus einem geeigneten Werkstoff hergestellt sind und hinsichtlich ihres Fassungsraums und ihrer beabsichtigten Verwendung eine geeignete Festigkeit und Auslegung aufweisen. Die Verpackungen müssen den Vorschriften des Unterabschnitts 4.1.1.3 nicht entsprechen. Ausrüstungen dürfen auch unverpackt oder auf Paletten zur Beförderung aufgegeben werden, sofern die Zellen oder Batterien durch die Ausrüstung, in der sie enthalten sind, gleichwertig geschützt werden.

(4) Zusätzlich dürfen für Zellen oder Batterien mit einer Bruttomasse von mindestens 12 kg mit einem widerstandsfähigen, stoßfesten Gehäuse widerstandsfähige Außenverpackungen verwendet werden, die aus einem geeigneten Werkstoff hergestellt sind und hinsichtlich ihres Fassungsraums und ihrer beabsichtigten Verwendung eine geeignete Festigkeit und Auslegung aufweisen. Die Verpackungen müssen den Vorschriften des Unterabschnitts 4.1.1.3 nicht entsprechen.

Zusätzliche Vorschriften

1. Die Zellen und Batterien müssen so ausgelegt oder verpackt sein, dass Kurzschlüsse und eine gefährliche Wärmeentwicklung verhindert werden.

2. Der Schutz gegen Kurzschlüsse und gefährliche Wärmeentwicklung umfasst unter anderem:

   – einzelner Schutz der Batteriepole;

   – Innenverpackungen, um einen Kontakt zwischen Zellen und Batterien zu verhindern;

   – Batterien mit eingelassenen Polen, die für einen Schutz vor Kurzschluss ausgelegt sind, oder

   – Verwendung eines nicht elektrisch leitfähigen und nicht brennbaren Polstermaterials, um den Leerraum zwischen den Zellen oder Batterien in der Verpackung aufzufüllen.

3. Zellen und Batterien müssen innerhalb der Außenverpackung gesichert werden, um übermäßige Bewegungen während der Beförderung zu verhindern (z.B. durch die Verwendung eines nicht brennbaren und nicht elektrisch leitfähigen Polstermaterials oder eines dicht verschlossenen Kunststoffsacks).

P 910
VERPACKUNGSANWEISUNG

Diese Anweisung gilt für Produktionsserien von höchstens 100 Zellen oder Batterien der UN-Nummern 3090, 3091, 3480 und 3481 und für Vorproduktionsprototypen von Zellen oder Batterien dieser UN-Nummern, sofern diese Prototypen für die Prüfung befördert werden.

Fortsetzung siehe nächste Seite !

4.1 Verwendung von Verpackungen, einschließlich Großpackmittel (IBC) und Großverpackungen

ADR	RID

Folgende Verpackungen sind zugelassen, wenn die allgemeinen Vorschriften der Abschnitte 4.1.1 und 4.1.3 erfüllt sind:

(1) Für Zellen und Batterien, einschließlich solcher, die mit Ausrüstungen verpackt sind:

    Fässer (1A2, 1B2, 1N2, 1H2, 1D, 1G),
    Kisten (4A, 4B, 4N, 4C1, 4C2, 4D, 4F, 4G, 4H1, 4H2),
    Kanister (3A2, 3B2, 3H2).

Die Verpackungen müssen den Prüfanforderungen für die Verpackungsgruppe II und folgenden Vorschriften entsprechen:

a) Batterien und Zellen, einschließlich unterschiedlicher Ausrüstungen, unterschiedlicher Größen, Formen oder Massen müssen in einer Außenverpackung einer der oben aufgeführten geprüften Bauarten verpackt sein, vorausgesetzt, die Gesamtbruttomasse des Versandstücks ist nicht größer als die Bruttomasse, für welche die Bauart geprüft worden ist.

b) Jede Zelle oder Batterie muss einzeln in einer Innenverpackung verpackt und in eine Außenverpackung eingesetzt sein.

c) Jede Innenverpackung muss zum Schutz vor gefährlicher Wärmeentwicklung vollständig durch ausreichend nicht brennbares und nicht elektrisch leitfähiges Wärmedämmmaterial umgeben sein.

d) Es müssen geeignete Maßnahmen ergriffen werden, um die Auswirkungen von Vibrationen und Stößen zu minimieren und Bewegungen der Zellen oder Batterien innerhalb des Versandstücks zu verhindern, die zu Schäden und gefährlichen Bedingungen während der Beförderung führen können. Für die Einhaltung dieser Vorschrift darf Polstermaterial verwendet werden, das nicht brennbar und nicht elektrisch leitfähig ist.

e) Die Nichtbrennbarkeit muss gemäß einer Norm ermittelt werden, die in dem Land, in dem die Verpackung ausgelegt oder hergestellt wurde, anerkannt ist.

f) Wenn die Nettomasse einer Zelle oder Batterie 30 kg überschreitet, darf die Außenverpackung nur eine einzelne Zelle oder Batterie enthalten.

(2) Für Zellen und Batterien in Ausrüstungen:

    Fässer (1A2, 1B2, 1N2, 1H2, 1D, 1G),
    Kisten (4A, 4B, 4N, 4C1, 4C2, 4D, 4F, 4G, 4H1, 4H2),
    Kanister (3A2, 3B2, 3H2).

Die Verpackungen müssen den Prüfanforderungen für die Verpackungsgruppe II und folgenden Vorschriften entsprechen:

a) Ausrüstungen unterschiedlicher Größen, Formen oder Massen müssen in einer Außenverpackung einer der oben aufgeführten geprüften Bauarten verpackt sein, vorausgesetzt, die Gesamtbruttomasse des Versandstücks ist nicht größer als die Bruttomasse, für welche die Bauart geprüft worden ist;

b) die Ausrüstung muss so gebaut oder verpackt sein, dass ein unbeabsichtigter Betrieb während der Beförderung verhindert wird;

c) es müssen geeignete Maßnahmen ergriffen werden, um die Auswirkungen von Vibrationen und Stößen zu minimieren und Bewegungen der Ausrüstungen innerhalb des Versandstücks zu verhindern, die zu Schäden und gefährlichen Bedingungen während der Beförderung führen können. Wenn für die Einhaltung dieser Vorschrift Polstermaterial verwendet wird, muss dieses nicht brennbar und nicht elektrisch leitfähig sein, und

d) die Nichtbrennbarkeit muss gemäß einer Norm ermittelt werden, die in dem Land, in dem die Verpackung ausgelegt oder hergestellt wurde, anerkannt ist.

(3) Die Ausrüstungen und Batterien dürfen unter den von der zuständigen Behörde

einer Vertragspartei des ADR	eines RID-Vertragsstaates

genehmigten Bedingungen unverpackt befördert werden, wobei diese zuständige Behörde auch eine von der zuständigen Behörde eines Landes, das

keine Vertragspartei des ADR	kein RID-Vertragsstaat

ist, erteilte Genehmigung anerkennen kann, vorausgesetzt, diese wurde in Übereinstimmung mit den gemäß dem RID, dem ADR, dem ADN, dem IMDG-Code oder den technischen Anweisungen der ICAO anwendbaren Verfahren erteilt. Zusätzliche Bedingungen, die im Zulassungsverfahren berücksichtigt werden können, sind unter anderem:

a) die Ausrüstung oder die Batterie muss ausreichend widerstandsfähig sein, um Stößen und Belastungen standzuhalten, die normalerweise während der Beförderung, einschließlich des Umschlags zwischen Güterbeförderungseinheiten und zwischen Güterbeförderungseinheiten und Lagerhallen sowie jedes Entfernens von einer Palette zur nachfolgenden manuellen oder mechanischen Handhabung, auftreten; und

b) die Ausrüstung oder die Batterie muss so auf Schlitten oder in Verschlägen oder anderen Handhabungseinrichtungen befestigt werden, dass sie sich unter normalen Beförderungsbedingungen nicht lösen kann.

Zusätzliche Vorschriften

Die Zellen und Batterien müssen gegen Kurzschluss geschützt sein.

Der Schutz gegen Kurzschluss umfasst unter anderem:

– den Schutz der einzelnen Batteriepole;

– Innenverpackungen, um einen Kontakt zwischen Zellen und Batterien zu verhindern;

– Batterien mit eingelassenen Polen, die für den Schutz gegen Kurzschluss ausgelegt sind, oder

– die Verwendung nicht elektrisch leitfähigen und nicht brennbaren Polstermaterials, um den Leerraum zwischen den Zellen oder Batterien in der Verpackung aufzufüllen.

Verwendung von Verpackungen, einschließlich Großpackmittel (IBC) und Großverpackungen 4.1

ADR	RID

P 911

VERPACKUNGSANWEISUNG

Diese Anweisung gilt für beschädigte oder defekte Zellen und Batterien der UN-Nummern 3090, 3091, 3480 und 3481, die unter normalen Beförderungsbedingungen zu einer schnellen Zerlegung, gefährlichen Reaktion, Flammenbildung, gefährlichen Wärmeentwicklung oder einem gefährlichen Ausstoß giftiger, ätzender oder entzündbarer Gase oder Dämpfe neigen.

Folgende Verpackungen sind zugelassen, wenn die allgemeinen Vorschriften der Abschnitte 4.1.1 und 4.1.3 erfüllt sind:

Für Zellen und Batterien und Ausrüstungen, die Zellen und Batterien enthalten:

  Fässer (1A2, 1B2, 1N2, 1H2, 1D, 1G);
  Kisten (4A, 4B, 4N, 4C1, 4C2, 4D, 4F, 4G, 4H1, 4H2);
  Kanister (3A2, 3B2, 3H2).

Die Verpackungen müssen den Prüfanforderungen für die Verpackungsgruppe I entsprechen.

(1) Die Verpackung muss bei einer schnellen Zerlegung, einer gefährlichen Reaktion, einer Flammenbildung, einer gefährlichen Wärmeentwicklung oder einem gefährlichen Ausstoß giftiger, ätzender oder entzündbarer Gase oder Dämpfe der Zellen oder Batterien in der Lage sein, die folgenden zusätzlichen Prüfanforderungen zu erfüllen:

  a) die Temperatur der äußeren Oberfläche des vollständigen Versandstücks darf nicht höher sein als 100 °C. Eine kurzzeitige Temperaturspitze von bis zu 200 °C ist zulässig;
  b) außerhalb des Versandstücks darf sich keine Flamme bilden;
  c) aus dem Versandstück dürfen keine Splitter austreten;
  d) die bauliche Unversehrtheit des Versandstücks muss aufrechterhalten werden und
  e) die Verpackungen müssen gegebenenfalls über ein Gasmanagementsystem (z. B. Filtersystem, Luftzirkulation, Gasbehälter, gasdichte Verpackung) verfügen.

(2) Die zusätzlichen Prüfanforderungen an die Verpackung müssen durch eine von der zuständigen Behörde

einer Vertragspartei des ADR	eines RID-Vertragsstaates

festgelegte Prüfung überprüft werden, wobei diese zuständige Behörde auch eine von der zuständigen Behörde eines Landes, das

keine Vertragspartei des ADR	kein RID-Vertragsstaat

ist, festgelegte Prüfung anerkennen kann, vorausgesetzt, diese wurde in Übereinstimmung mit den gemäß dem RID, dem ADR, dem ADN, dem IMDG-Code oder den Technischen Anweisungen für die ICAO anwendbaren Verfahren festgelegt [a)].

Auf Anfrage muss ein Überprüfungsbericht zur Verfügung gestellt werden. In dem Überprüfungsbericht müssen mindestens der Name, die Nummer, die Masse, der Typ und der Energiegehalt der Zellen oder Batterien sowie die Identifikation der Verpackung und die Prüfdaten gemäß der von der zuständigen Behörde festgelegten Überprüfungsmethode aufgeführt sein.

(3) Bei Verwendung von Trockeneis oder flüssigem Stickstoff als Kühlmittel gelten die Vorschriften des Abschnitts 5.5.3. Die Innen- und Außenverpackungen müssen bei der Temperatur des verwendeten Kühlmittels sowie bei den Temperaturen und Drücken, die bei einem Ausfall der Kühlung auftreten können, unversehrt bleiben.

Zusätzliche Vorschrift

Die Zellen oder Batterien müssen gegen Kurzschluss geschützt sein.

[a)] Folgende Kriterien können, sofern zutreffend, für die Bewertung der Verpackung herangezogen werden:

  a) Die Bewertung muss unter einem Qualitätssicherungssystem (wie z.B. in Absatz 2.2.9.1.7 e) beschriebenen) vorgenommen werden, das die Nachvollziehbarkeit der Prüfergebnisse, der Bezugsdaten und der verwendeten Charakterisierungsmodelle ermöglicht.
  b) Die voraussichtlichen Gefahren im Falle einer thermischen Instabilität des Zellen- oder Batterietyps in dem Zustand, in dem er befördert wird (z.B. Verwendung einer Innenverpackung, Ladezustand, Verwendung von ausreichend nicht brennbarem, nicht elektrisch leitfähigem und absorbierendem Polstermaterial), müssen klar bestimmt und quantifiziert werden; die Referenzliste möglicher Gefahren für Lithiumzellen oder -batterien (schnelle Zerlegung, gefährliche Reaktion, Flammenbildung, gefährliche Wärmeentwicklung oder gefährlicher Ausstoß giftiger, ätzender oder entzündbarer Gase oder Dämpfe) kann für diesen Zweck verwendet werden. Die Quantifizierung dieser Gefahren muss auf der Grundlage verfügbarer wissenschaftlicher Literatur erfolgen.
  c) Die Eindämmungswirkungen der Verpackung müssen auf der Grundlage der Art des vorhandenen Schutzes und der Eigenschaften der Bauwerkstoffe bestimmt und charakterisiert werden. Für die Untermauerung der Bewertung muss eine Aufstellung technischer Eigenschaften und Zeichnungen (Dichte (kg·m^{-3}), spezifische Wärmekapazität (J·kg^{-1}·K^{-1}), Heizwert (kJ·kg^{-1}), Wärmeleitfähigkeit (W·m^{-1}·K^{-1}), Schmelztemperatur und Entzündungstemperatur (K), Wärmedurchgangskoeffizient der Außenverpackung (W·m^{-2}·K^{-1}) ...) verwendet werden.
  d) Die Prüfung und alle unterstützenden Berechnungen müssen die Folgen einer thermischen Instabilität der Zelle oder Batterie innerhalb der Verpackung unter normalen Beförderungsbedingungen bewerten.
  e) Wenn der Ladezustand der Zelle oder Batterie unbekannt ist, muss die Bewertung mit dem höchstmöglichen Ladezustand, der den Verwendungsbedingungen der Zelle oder Batterie entspricht, erfolgen.

Fortsetzung siehe nächste Seite !

4.1 Verwendung von Verpackungen, einschließlich Großpackmittel (IBC) und Großverpackungen

ADR	RID

f) Die Umgebungsbedingungen, in denen die Verpackung verwendet und befördert werden darf, müssen gemäß dem Gasmanagementsystem der Verpackung beschrieben werden (einschließlich möglicher Folgen von Gas- oder Rauchemissionen für die Umgebung, wie Entlüftung oder andere Methoden).

g) Die Prüfungen oder Modellberechnungen müssen für die Auslösung und die Ausbreitung der thermischen Instabilität innerhalb der Zelle oder Batterie den schlimmsten Fall berücksichtigen; dieses Szenario schließt das denkbar schlimmste Versagen unter normalen Beförderungsbedingungen, die größte Wärme und die größten Flammenemissionen bei einer möglichen Ausbreitung der Reaktion ein.

h) Diese Szenarien müssen über einen ausreichend langen Zeitraum bewertet werden, um das Eintreten aller möglichen Auswirkungen zu ermöglichen (z. B. 24 Stunden).

R 001

VERPACKUNGSANWEISUNG

Folgende Verpackungen sind zugelassen, wenn die allgemeinen Vorschriften der Abschnitte 4.1.1 und 4.1.3 erfüllt sind:

Feinstblechverpackungen	höchster Fassungsraum / höchste Nettomasse		
	Verpackungsgruppe I	Verpackungsgruppe II	Verpackungsgruppe III
aus Stahl, mit nicht abnehmbarem Deckel (0A1)	nicht zulässig	40 l / 50 kg	40 l / 50 kg
aus Stahl, mit abnehmbarem Deckel (0A2) a)	nicht zulässig	40 l / 50 kg	40 l / 50 kg

a) nicht zugelassen für UN 1261 Nitromethan

Bem. 1. Diese Anweisung gilt für feste und flüssige Stoffe, vorausgesetzt die Bauart ist entsprechend geprüft und gekennzeichnet.
2. Im Falle der Stoffe der Klasse 3 Verpackungsgruppe II dürfen diese Verpackungen nur für solche Stoffe verwendet werden, die keine Nebengefahr und einen Dampfdruck von höchstens 110 kPa bei 50 °C haben, sowie für schwach giftige Pestizide der Klasse 3 Verpackungsgruppe II.

Verwendung von Verpackungen, einschließlich Großpackmittel (IBC) und Großverpackungen 4.1

ADR	RID

4.1.4.2 Anweisungen für die Verwendung von Großpackmitteln (IBC)

IBC 01

VERPACKUNGSANWEISUNG

Folgende Großpackmittel (IBC) sind zugelassen, wenn die allgemeinen Vorschriften der Abschnitte 4.1.1, 4.1.2 und 4.1.3 erfüllt sind:
metallene IBC (31A, 31B und 31N).

RID- und ADR-spezifische Sondervorschrift für die Verpackung

BB 1	Für die UN-Nummer 3130 müssen die Öffnungen der Gefäße mit zwei hintereinanderliegenden Einrichtungen fest verschlossen sein, von denen eine verschraubt oder in gleicher Weise gesichert sein muss.

IBC 02

VERPACKUNGSANWEISUNG

Folgende Großpackmittel (IBC) sind zugelassen, wenn die allgemeinen Vorschriften der Abschnitte 4.1.1, 4.1.2 und 4.1.3 erfüllt sind:
(1) metallene IBC (31A, 31B und 31N);
(2) starre Kunststoff-IBC (31H1 und 31H2);
(3) Kombinations-IBC (31HZ1).

Sondervorschriften für die Verpackung

B 5	Für die UN-Nummern 1791, 2014, 2984 und 3149 müssen die Großpackmittel (IBC) mit einer Einrichtung zur Entlüftung während der Beförderung versehen sein. Der Einlass der Druckentlastungseinrichtung muss sich bei höchster Befüllung während der Beförderung in der Dampfphase des Großpackmittels (IBC) befinden.
B 7	Für die UN-Nummern 1222 und 1865 sind wegen des Explosionspotentials dieser Stoffe bei Beförderung in großen Mengen Großpackmittel (IBC) mit einem Fassungsraum von mehr als 450 Liter nicht zugelassen.
B 8	Dieser Stoff darf in reiner Form nicht in Großpackmitteln (IBC) befördert werden, da bekannt ist, dass er einen Dampfdruck von mehr als 110 kPa bei 50 °C oder von mehr als 130 kPa bei 55 °C besitzt.
B 15	Für die UN-Nummer 2031 mit mehr als 55 % Salpetersäure beträgt die zulässige Verwendungsdauer von starren Kunststoff-IBC und Kombinations-IBC mit starrem Kunststoff-Innenbehälter zwei Jahre ab dem Datum der Herstellung.
B 16	Für die UN-Nummer 3375 sind Großpackmittel (IBC) der Typen 31A und 31N nur mit Zustimmung der zuständigen Behörde zugelassen.

RID- und ADR-spezifische Sondervorschriften für die Verpackung

BB 2	Für die UN-Nummer 1203 dürfen ungeachtet der Sondervorschrift 534 (siehe Abschnitt 3.3.1) Großpackmittel (IBC) nur verwendet werden, wenn der tatsächliche Dampfdruck bei 50 °C höchstens 110 kPa oder bei 55 °C höchstens 130 kPa beträgt.
BB 4	Für die UN-Nummern 1133, 1139, 1169, 1197, 1210, 1263, 1266, 1286, 1287, 1306, 1866, 1993 und 1999, die gemäß Absatz 2.2.3.1.4 der Verpackungsgruppe III zugeordnet sind, sind Großpackmittel (IBC) mit einem Fassungsraum von mehr als 450 Litern nicht zugelassen.

IBC 03

VERPACKUNGSANWEISUNG

Folgende Großpackmittel (IBC) sind zugelassen, wenn die allgemeinen Vorschriften der Abschnitte 4.1.1, 4.1.2 und 4.1.3 erfüllt sind:
(1) metallene IBC (31A, 31B und 31N);
(2) starre Kunststoff-IBC (31H1 und 31H2);
(3) Kombinations-IBC (31HZ1, 31HA2, 31HB2, 31HN2, 31HD2 und 31HH2).

Sondervorschrift für die Verpackung

B 8	Dieser Stoff darf in reiner Form nicht in Großpackmitteln (IBC) befördert werden, da bekannt ist, dass er einen Dampfdruck von mehr als 110 kPa bei 50 °C oder von mehr als 130 kPa bei 55 °C besitzt.
B 19	Für die UN-Nummern 3532 und 3534 müssen die Großpackmittel (IBC) so ausgelegt und gebaut sein, dass sie das Freisetzen von Gas oder Dampf ermöglichen, um einen Druckaufbau zu verhindern, der bei einem Verlust der Stabilisierung zu einem Zubruchgehen des Großpackmittels (IBC) führen könnte.

IBC 04

VERPACKUNGSANWEISUNG

Folgende Großpackmittel (IBC) sind zugelassen, wenn die allgemeinen Vorschriften der Abschnitte 4.1.1, 4.1.2 und 4.1.3 erfüllt sind:
metallene IBC (11A, 11B, 11N, 21A, 21B, 21N, 31A, 31B und 31N).

4.1 Verwendung von Verpackungen, einschließlich Großpackmittel (IBC) und Großverpackungen

ADR	RID

IBC 05

VERPACKUNGSANWEISUNG

Folgende Großpackmittel (IBC) sind zugelassen, wenn die allgemeinen Vorschriften der Abschnitte 4.1.1, 4.1.2 und 4.1.3 erfüllt sind:

(1) metallene IBC (11A, 11B, 11N, 21A, 21B, 21N, 31A, 31B und 31N);
(2) starre Kunststoff-IBC (11H1, 11H2, 21H1, 21H2, 31H1 und 31H2);
(3) Kombinations-IBC (11HZ1, 21HZ1 und 31HZ1).

IBC 06

VERPACKUNGSANWEISUNG

Folgende Großpackmittel (IBC) sind zugelassen, wenn die allgemeinen Vorschriften der Abschnitte 4.1.1, 4.1.2 und 4.1.3 erfüllt sind:

(1) metallene IBC (11A, 11B, 11N, 21A, 21B, 21N, 31A, 31B und 31N);
(2) starre Kunststoff-IBC (11H1, 11H2, 21H1, 21H2, 31H1 und 31H2);
(3) Kombinations-IBC (11HZ1, 11HZ2, 21HZ1, 21HZ2 und 31HZ1).

Zusätzliche Vorschrift

Wenn sich der feste Stoff während der Beförderung verflüssigen kann, siehe Unterabschnitt 4.1.3.4.

Sondervorschrift für die Verpackung

B 12	Für die UN-Nummer 2907 müssen die IBC den Prüfanforderungen für die Verpackungsgruppe II entsprechen. IBC, die den Prüfkriterien für die Verpackungsgruppe I entsprechen, dürfen nicht verwendet werden.

IBC 07

VERPACKUNGSANWEISUNG

Folgende Großpackmittel (IBC) sind zugelassen, wenn die allgemeinen Vorschriften der Abschnitte 4.1.1, 4.1.2 und 4.1.3 erfüllt sind:

(1) metallene IBC (11A, 11B, 11N, 21A, 21B, 21N, 31A, 31B und 31N);
(2) starre Kunststoff-IBC (11H1, 11H2, 21H1, 21H2, 31H1 und 31H2);
(3) Kombinations-IBC (11HZ1, 11HZ2, 21HZ1, 21HZ2 und 31HZ1);
(4) IBC aus Holz (11C, 11D und 11F).

Zusätzliche Vorschriften

1. Wenn sich der feste Stoff während der Beförderung verflüssigen kann, siehe Unterabschnitt 4.1.3.4.
2. Die Auskleidungen der IBC aus Holz müssen staubdicht sein.

Sondervorschrift für die Verpackung

B 18	Für die UN-Nummern 3531 und 3533 müssen die Großpackmittel (IBC) so ausgelegt und gebaut sein, dass sie das Freisetzen von Gas oder Dampf ermöglichen, um einen Druckaufbau zu verhindern, der bei einem Verlust der Stabilisierung zu einem Zubruchgehen des Großpackmittels (IBC) führen könnte.

IBC 08

VERPACKUNGSANWEISUNG

Folgende Großpackmittel (IBC) sind zugelassen, wenn die allgemeinen Vorschriften der Abschnitte 4.1.1, 4.1.2 und 4.1.3 erfüllt sind:

(1) metallene IBC (11A, 11B, 11N, 21A, 21B, 21N, 31A, 31B und 31N);
(2) starre Kunststoff-IBC (11H1, 11H2, 21H1, 21H2, 31H1 und 31H2);
(3) Kombinations-IBC (11HZ1, 11HZ2, 21HZ1, 21HZ2 und 31HZ1);
(4) IBC aus Pappe (11G);
(5) IBC aus Holz (11C, 11D und 11F);
(6) flexible IBC (13H1, 13H2, 13H3, 13H4, 13H5, 13L1, 13L2, 13L3, 13L4, 13M1 und 13M2).

Zusätzliche Vorschrift

Wenn sich der feste Stoff während der Beförderung verflüssigen kann, siehe Unterabschnitt 4.1.3.4.

Sondervorschriften für die Verpackung

B 3	Flexible IBC müssen staubdicht und wasserbeständig oder mit einer staubdichten und wasserbeständigen Auskleidung versehen sein.
B 4	Flexible IBC, IBC aus Pappe und IBC aus Holz müssen staubdicht und wasserbeständig sein oder mit einer staubdichten und wasserbeständigen Auskleidung versehen sein.
B 6	Für die UN-Nummern 1363, 1364, 1365, 1386, 1408, 1841, 2211, 2217, 2793 und 3314 ist es nicht erforderlich, dass die IBC die Prüfvorschriften des Kapitels 6.5 erfüllen.

Fortsetzung siehe nächste Seite !

Verwendung von Verpackungen, einschließlich Großpackmittel (IBC) und Großverpackungen 4.1

ADR	RID

B 13	Bem. Für die UN-Nummern 1748, 2208, 2880, 3485, 3486 und 3487 ist gemäß IMDG-Code eine Seebeförderung in Großpackmitteln (IBC) nicht zugelassen.
RID- und ADR-spezifische Sondervorschrift für die Verpackung	
BB 3	Für UN 3509 müssen die IBC nicht den Vorschriften des Unterabschnitts 4.1.1.3 entsprechen. Es müssen IBC verwendet werden, die den Vorschriften des Abschnitts 6.5.5 entsprechen und die flüssigkeitsdicht oder mit einer flüssigkeitsdichten, durchstoßfesten und dicht verschlossenen Auskleidung oder einem flüssigkeitsdichten, durchstoßfesten und dicht verschlossenen Sack ausgerüstet sind. Wenn die einzigen enthaltenen Rückstände feste Stoffe sind, die sich bei den während der Beförderung voraussichtlich auftretenden Temperaturen nicht verflüssigen können, dürfen flexible IBC verwendet werden. Wenn flüssige Rückstände vorhanden sind, müssen starre IBC, die über Rückhaltemittel (z.B. saugfähiges Material) verfügen, verwendet werden. Vor der Befüllung und der Übergabe zur Beförderung muss jeder IBC überprüft werden, um sicherzustellen, dass er frei von Korrosion, Verunreinigung oder anderen Schäden ist. IBC mit Anzeichen verminderter Widerstandsfähigkeit dürfen nicht mehr verwendet werden (kleinere Beulen und Risse gelten dabei nicht als Verringerung der Widerstandsfähigkeit des IBC). IBC für die Beförderung von leeren, ungereinigten Altverpackungen mit Rückständen der Klasse 5.1 müssen so gebaut und angepasst sein, dass die Güter nicht mit Holz oder anderen brennbaren Werkstoffen in Berührung kommen können.

IBC 99	
	VERPACKUNGSANWEISUNG
Es dürfen nur von der zuständigen Behörde für diese Güter zugelassene Großpackmittel (IBC) verwendet werden. Jeder Sendung muss eine Kopie der Zulassung der zuständigen Behörde beigefügt werden, oder das Beförderungspapier muss eine Angabe enthalten, dass die Verpackung durch die zuständige Behörde zugelassen ist.	

IBC 100	
	VERPACKUNGSANWEISUNG
Diese Anweisung gilt für die UN-Nummern 0082, 0222, 0241, 0331 und 0332.	
Folgende Großpackmittel (IBC) sind zugelassen, wenn die allgemeinen Vorschriften der Abschnitte 4.1.1, 4.1.2 und 4.1.3 sowie die Sondervorschriften des Abschnitts 4.1.5 erfüllt sind:	
(1)	metallene IBC (11A, 11B, 11N, 21A, 21B, 21N, 31A, 31B und 31N);
(2)	flexible IBC (13H2, 13H3, 13H4, 13L2, 13L3, 13L4 und 13M2);
(3)	starre Kunststoff-IBC (11H1, 11H2, 21H1, 21H2, 31H1 und 31H2);
(4)	Kombinations-IBC (11HZ1, 11HZ2, 21HZ1, 21HZ2, 31HZ1 und 31HZ2).
Zusätzliche Vorschriften	
1.	IBC dürfen nur für frei fließende Stoffe verwendet werden.
2.	Flexible IBC dürfen nur für feste Stoffe verwendet werden.
Sondervorschriften für die Verpackung	
B 3	Für die UN-Nummer 0222 müssen flexible IBC staubdicht und wasserbeständig oder mit einer staubdichten und wasserbeständigen Auskleidung versehen sein.
B 9	Für die UN-Nummer 0082 darf diese Verpackungsanweisung nur verwendet werden, wenn die Stoffe aus Gemischen von Ammoniumnitrat oder anderen anorganischen Nitraten mit anderen brennbaren Stoffen, die keine explosiven Bestandteile sind, bestehen. Solche explosiven Stoffe dürfen kein Nitroglycerin, keine ähnlichen flüssigen organischen Nitrate und keine Chlorate enthalten. Metallene IBC sind nicht zugelassen.
B 10	Für die UN-Nummer 0241 darf diese Verpackungsanweisung nur für Stoffe verwendet werden, die Wasser als wesentlichen Bestandteil und große Anteile von Ammoniumnitrat oder anderen oxidierenden Stoffen enthalten, von denen sich einige oder alle in Lösung befinden. Die anderen Bestandteile dürfen Kohlenwasserstoffe oder Aluminium-Pulver, jedoch keine Nitroverbindungen wie Trinitrotoluen (TNT) beinhalten. Metallene IBC sind nicht zugelassen.
B 17	Für die UN-Nummer 0222 sind metallene IBC nicht zugelassen.

4.1 Verwendung von Verpackungen, einschließlich Großpackmittel (IBC) und Großverpackungen

ADR	RID

IBC 520

VERPACKUNGSANWEISUNG

Diese Anweisung gilt für organische Peroxide und selbstzersetzliche Stoffe des Typs F.

Folgende Großpackmittel (IBC) sind für die aufgeführten Zusammensetzungen zugelassen, wenn die allgemeinen Vorschriften der Abschnitte 4.1.1, 4.1.2 und 4.1.3 sowie die besonderen Vorschriften des Unterabschnitts 4.1.7.2 erfüllt sind. Die nachstehend aufgeführten Zubereitungen dürfen

, gegebenenfalls mit denselben Kontroll- und Notfalltemperaturen,

auch gemäß Unterabschnitt 4.1.4.1 Verpackungsanweisung P 520 Verpackungsmethode OP8 verpackt befördert werden.

Für nicht aufgeführte Zusammensetzungen dürfen nur von der zuständigen Behörde genehmigte Großpackmittel (IBC) verwendet werden (siehe Absatz 4.1.7.2.2).

UN-Nr.	Organisches Peroxid	IBC-Typ (ADR + RID)	Höchstmenge (Liter/kg) (ADR + RID)	Kontrolltemperatur (nur ADR)	Notfalltemperatur (nur ADR)
3109 (ADR + RID)	ORGANISCHES PEROXID TYP F, FLÜSSIG				
	tert-BUTYLCUMYLPEROXID	31HA1	1000		
	tert-BUTYLHYDROPEROXID, höchstens 72 %, mit Wasser	31A / 31HA1	1250 / 1000		
	tert-BUTYLPEROXYACETAT, höchstens 32 %, in Verdünnungsmittel Typ A	31A / 31HA1	1250 / 1000		
	tert-BUTYLPEROXYBENZOAT, höchstens 32 %, in Verdünnungsmittel Typ A	31A	1250		
	tert-BUTYLPEROXY-3,5,5-TRIMETHYLHEXANOAT, höchstens 37 %, in Verdünnungsmittel Typ A	31A / 31HA1	1250 / 1000		
	CUMYLHYDROPEROXID, höchstens 90 %, in Verdünnungsmittel Typ A	31HA1	1250		
	DIBENZOYLPEROXID, höchstens 42 %, stabile Dispersion in Wasser	31H1	1000		
	DI-tert-BUTYLPEROXID, höchstens 52 %, in Verdünnungsmittel Typ A	31A / 31HA1	1250 / 1000		
	1,1-DI-(tert-BUTYLPEROXY)-CYCLOHEXAN, höchstens 37 %, in Verdünnungsmittel Typ A	31A	1250		
	1,1-DI-(tert-BUTYLPEROXY)-CYCLOHEXAN, höchstens 42 %, in Verdünnungsmittel Typ A	31H1	1000		
	DILAUROYLPEROXID, höchstens 42 %, stabile Dispersion in Wasser	31HA1	1000		
	2,5-DIMETHYL-2,5-DI-(tert-BUTYLPEROXY)-HEXAN, höchstens 52 %, in Verdünnungsmittel Typ A	31HA1	1000		
	ISOPROPYLCUMYLHYDROPEROXID, höchstens 72 %, in Verdünnungsmittel Typ A	31HA1	1250		
	p-MENTHYLHYDROPEROXID, höchstens 72 %, in Verdünnungsmittel Typ A	31HA1	1250		
	PEROXYESSIGSÄURE, STABILISIERT, höchstens 17 %	31H1 / 31H2 / 31HA1 / 31A	1500 / 1500 / 1500 / 1500		
	3,6,9-TRIETHYL-3,6,9-TRIMETHYL-1,4,7-TRIPEROXONAN, höchstens 27 %, in Verdünnungsmittel Typ A	31HA1	1000		
3110 (ADR + RID)	ORGANISCHES PEROXID, TYP F, FEST				
	DICUMYLPEROXID	31A / 31H1 / 31HA1	2000 / 2000 / 2000		

Fortsetzung siehe nächste Seite !

Verwendung von Verpackungen, einschließlich Großpackmittel (IBC) und Großverpackungen 4.1

ADR	RID

Forts.					
3119 (nur ADR)	ORGANISCHES PEROXID TYP F, FLÜSSIG, TEMPERATURKONTROLLIERT				
	tert-AMYLPEROXY-2-ETHYLHEXANOAT, höchstens 62 % in Verdünnungsmittel Typ A	31HA1	1000	+ 15 °C	+ 20 °C
	tert-AMYLPEROXYPIVALAT, höchstens 32 %, in Verdünnungsmittel Typ A	31A	1250	+ 10 °C	+ 15 °C
	tert-AMYLPEROXYPIVALAT, höchstens 42 %, stabile Dispersion in Wasser	31HA1	1000	0 °C	+ 10 °C
	tert-BUTYLPEROXY-2-ETHYLHEXANOAT, höchstens 32 %, in Verdünnungsmittel Typ B	31HA1 31A	1000 1250	+ 30 °C + 30 °C	+ 35 °C + 35 °C
	tert-BUTYLPEROXYNEODECANOAT, höchstens 32 %, in Verdünnungsmittel Typ A	31A	1250	0 °C	+ 10 °C
	tert-BUTYLPEROXYNEODECANOAT, höchstens 42 %, stabile Dispersion in Wasser	31A	1250	– 5 °C	+ 5 °C
	tert-BUTYLPEROXYNEO-DECANOAT, höchstens 52 %, als stabile Dispersion in Wasser	31A	1250	– 5 °C	+ 5 °C
	tert-BUTYLPEROXYPIVALAT, höchstens 27 %, in Verdünnungsmittel Typ B	31HA1 31A	1000 1250	+ 10 °C + 10 °C	+ 15 °C + 15 °C
	tert-BUTYLPEROXYPIVALAT, höchstens 42 %, in Verdünnungsmittel Typ A	31HA1 31A	1000 1250	+ 10 °C + 10 °C	+ 15 °C + 15 °C
	CUMYLPEROXYNEODECANOAT, höchstens 52 %, stabile Dispersion in Wasser	31A	1250	– 15 °C	– 5 °C
	DI-(4-tert-BUTYLCYCLOHEXYL)-PEROXYDICARBONAT, höchstens 42 %, stabile Dispersion in Wasser	31HA1	1000	+ 30 °C	+ 35 °C
	DICETYLPEROXYDICARBONAT, höchstens 42 %, stabile Dispersion in Wasser	31HA1	1000	+ 30 °C	+ 35 °C
	DICYCLOHEXYLPEROXYDICARBONAT, mit höchstens 42 % als stabile Dispersion in Wasser	31A	1250	+ 10 °C	+ 15 °C
	DI-(2-ETHYLHEXYL)-PEROXYDICARBONAT, höchstens 62 %, stabile Dispersion in Wasser	31A 31HA1	1250 1000	– 20 °C – 20 °C	– 10 °C – 10 °C
	DIISOBUTYRYLPEROXID, höchstens 28 %, stabile Dispersion in Wasser	31HA1 31A	1000 1250	– 20 °C – 20 °C	– 10 °C – 10 °C
	DIISOBUTYRYLPEROXID, höchstens 42 %, stabile Dispersion in Wasser	31HA1 31A	1000 1250	– 25 °C – 25 °C	– 15 °C – 15 °C
	DIMYRISTYLPEROXYDICARBONAT, höchstens 42 %, stabile Dispersion in Wasser	31HA1	1000	+ 15 °C	+ 20 °C
	DI-(2-NEODECANOYLPEROXY-ISOPROPYL)-BENZEN, höchstens 42 %, als stabile Dispersion in Wasser	31A	1250	– 15 °C	– 5 °C
	DI-(3,5,5-TRIMETHYLHEXANOYL)-PEROXID, höchstens 52 %, in Verdünnungsmittel Typ A	31HA1 31A	1000 1250	+ 10 °C + 10 °C	+ 15 °C + 15 °C
	DI-(3,5,5-TRIMETHYLHEXANOYL)-PEROXID, höchstens 52 %, stabile Dispersion in Wasser	31A	1250	+ 10 °C	+ 15 °C
	3-HYDROXY-1,1-DIMETHYLBUTYLPEROXYNEODECANOAT, höchstens 52 %, als stabile Dispersion in Wasser	31A	1250	– 15 °C	– 5 °C
	1,1,3,3-TETRAMETHYLBUTYLPEROXY-2-ETHYLHEXANOAT, höchstens 67 %, in Verdünnungsmittel Typ A	31HA1	1000	+ 15 °C	+ 20 °C
	1,1,3,3-TETRAMETHYLBUTYLPEROXYNEODECANOAT, höchstens 52 %, stabile Dispersion in Wasser	31HA1 31A	1000 1250	– 5 °C – 5 °C	+ 5 °C + 5 °C
3120 (nur ADR)	ORGANISCHES PEROXID, TYP F, FEST, TEMPERATURKONTROLLIERT keine Zubereitungen zugeordnet				

Zusätzliche Vorschriften

1. (ADR + RID) Die Großpackmittel (IBC) müssen mit einer Einrichtung zur Entlüftung während der Beförderung versehen sein. Der Einlass der Druckentlastungseinrichtung muss sich bei höchster Befüllung während der Beförderung in der Dampfphase des Großpackmittels (IBC) befinden.

2. (ADR + RID) Um ein explosionsartiges Zerbersten von metallenen IBC oder Kombinations-IBC mit vollwandigem Metallgehäuse zu vermeiden, müssen die Notfall-Druckentlastungseinrichtungen so ausgelegt sein, dass alle Zersetzungsprodukte und Dämpfe abgeführt werden, die bei selbstbeschleunigender Zersetzung oder bei Feuereinwirkung während eines Zeitraums von mindestens einer Stunde, berechnet nach der in Absatz 4.2.1.13.8

(nur RID) oder in Abschnitt 6.8.4 Sondervorschrift TE 12 angegebenen Formel, entwickelt werden.

(nur ADR) angegebenen Formel, entwickelt werden. Die in dieser Verpackungsanweisung angegebenen Kontroll- und Notfalltemperaturen beziehen sich auf ein nicht wärmeisoliertes Großpackmittel (IBC). Beim Versand eines organischen Peroxids in einem Großpackmittel (IBC) gemäß dieser Verpackungsanweisung hat der Absender die Pflicht, sicherzustellen, dass

    a) die am Großpackmittel (IBC) angebrachten Druck- und Notfall-Druckentlastungseinrichtungen unter entsprechender Berücksichtigung der selbstbeschleunigenden Zersetzung des organischen Peroxids und einer Feuereinwirkung ausgelegt sind und,

    b) sofern zutreffend, die angegebenen Kontroll- und Notfalltemperaturen unter Berücksichtigung der Auslegung (z.B. Wärmeisolierung) des zu verwendenden Großpackmittels (IBC) geeignet sind.

4.1 Verwendung von Verpackungen, einschließlich Großpackmittel (IBC) und Großverpackungen

ADR	RID

IBC 620	VERPACKUNGSANWEISUNG
	Diese Anweisung gilt für die UN-Nummer 3291.
	Folgende Großpackmittel (IBC) sind zugelassen, wenn die allgemeinen Vorschriften der Abschnitte 4.1.1, ausgenommen Absatz 4.1.1.15, 4.1.2 und 4.1.3 sowie die besonderen Vorschriften des Abschnittes 4.1.8 erfüllt sind:
	starre dichte IBC, die den Prüfanforderungen für die Verpackungsgruppe II entsprechen.
	Zusätzliche Vorschriften
	1. Es muss genügend saugfähiges Material vorhanden sein, um die gesamte Menge der im Großpackmittel (IBC) enthaltenen flüssigen Stoffe aufzunehmen.
	2. Die Großpackmittel (IBC) müssen in der Lage sein, flüssige Stoffe zurückzuhalten.
	3. Großpackmittel, die für scharfe oder spitze Gegenstände wie Glasscherben und Nadeln vorgesehen sind, müssen durchstoßfest sein.

Verwendung von Verpackungen, einschließlich Großpackmittel (IBC) und Großverpackungen 4.1

ADR	RID

4.1.4.3 Anweisungen für die Verwendung von Großverpackungen

LP 01

VERPACKUNGSANWEISUNG (FLÜSSIGE STOFFE)

Folgende Großverpackungen sind zugelassen, wenn die allgemeinen Vorschriften der Abschnitte 4.1.1 und 4.1.3 erfüllt sind:

Innenverpackungen		Großverpackungen als Außenverpackungen	Verpackungsgruppe I	Verpackungsgruppe II	Verpackungsgruppe III
aus Glas	10 Liter	aus Stahl (50A)			
aus Kunststoff	30 Liter	aus Aluminium (50B)			
aus Metall	40 Liter	aus einem anderen Metall als Stahl oder Aluminium (50N)	nicht zugelassen	nicht zugelassen	Höchstvolumen: 3 m³
		aus starrem Kunststoff (50H)			
		aus Naturholz (50C)			
		aus Sperrholz (50D)			
		aus Holzfaserwerkstoff (50F)			
		aus starrer Pappe (50G)			

LP 02

VERPACKUNGSANWEISUNG (FESTE STOFFE)

Folgende Großverpackungen sind zugelassen, wenn die allgemeinen Vorschriften der Abschnitte 4.1.1 und 4.1.3 erfüllt sind:

Innenverpackungen		Großverpackungen als Außenverpackungen	Verpackungsgruppe I	Verpackungsgruppe II	Verpackungsgruppe III
aus Glas	10 kg	aus Stahl (50A)			
aus Kunststoff [b]	50 kg	aus Aluminium (50B)			
aus Metall	50 kg	aus einem anderen Metall als Stahl oder Aluminium (50N)	nicht zugelassen	nicht zugelassen	Höchstvolumen: 3 m³
aus Papier [a,b]	50 kg	aus starrem Kunststoff (50H)			
aus Pappe [a,b]	50 kg	aus Naturholz (50C)			
		aus Sperrholz (50D)			
		aus Holzfaserwerkstoff (50F)			
		aus starrer Pappe (50G)			
		aus flexiblem Kunststoff (51H) [c]			

[a] Diese Innenverpackungen dürfen nicht verwendet werden, wenn sich die zu befördernden Stoffe während der Beförderung verflüssigen können.
[b] Diese Innenverpackungen müssen staubdicht sein.
[c] Nur mit flexiblen Innenverpackungen zu verwenden.

Sondervorschriften für die Verpackung

L 2	(gestrichen) ▶ 1.6.1.41 bis 31.12.2022
L 3	Bem. Für die UN-Nummern 2208 und 3486 ist eine Seebeförderung in Großverpackungen nicht zugelassen.

RID- und ADR-spezifische Sondervorschrift für die Verpackung

LL 1	Für UN 3509 müssen die Großverpackungen nicht den Vorschriften des Unterabschnitts 4.1.1.3 entsprechen.
	Es müssen Großverpackungen verwendet werden, die den Vorschriften des Abschnitts 6.6.4 entsprechen und die flüssigkeitsdicht oder mit einer flüssigkeitsdichten, durchstoßfesten und dicht verschlossenen Auskleidung oder einem flüssigkeitsdichten, durchstoßfesten und dicht verschlossenen Sack ausgerüstet sind.
	Wenn die einzigen enthaltenen Rückstände feste Stoffe sind, die sich bei den während der Beförderung voraussichtlich auftretenden Temperaturen nicht verflüssigen können, dürfen flexible Großverpackungen verwendet werden.
	Wenn flüssige Rückstände vorhanden sind, müssen starre Großverpackungen, die über Rückhaltemittel (z.B. saugfähiges Material) verfügen, verwendet werden.
	Vor der Befüllung und der Übergabe zur Beförderung muss jede Großverpackung überprüft werden, um sicherzustellen, dass sie frei von Korrosion, Verunreinigung oder anderen Schäden ist. Großverpackungen mit Anzeichen verminderter Widerstandsfähigkeit dürfen nicht mehr verwendet werden (kleinere Beulen und Risse gelten dabei nicht als Verringerung der Widerstandsfähigkeit der Großverpackung).
	Großverpackungen für die Beförderung von leeren, ungereinigten Altverpackungen mit Rückständen der Klasse 5.1 müssen so gebaut oder angepasst sein, dass die Güter nicht mit Holz oder anderen brennbaren Werkstoffen in Berührung kommen können.

4.1 Verwendung von Verpackungen, einschließlich Großpackmittel (IBC) und Großverpackungen

ADR	RID

LP 03

VERPACKUNGSANWEISUNG

Diese Anweisung gilt für die UN-Nummern 3537 bis 3548.

(1) Folgende Großverpackungen sind zugelassen, wenn die allgemeinen Vorschriften der Abschnitte 4.1.1 und 4.1.3 erfüllt sind:

starre Großverpackungen, die den Prüfanforderungen für die Verpackungsgruppe II entsprechen:
- aus Stahl (50A)
- aus Aluminium (50B)
- aus einem anderen Metall als Stahl oder Aluminium (50N)
- aus starrem Kunststoff (50H)
- aus Naturholz (50C)
- aus Sperrholz (50D)
- aus Holzfaserwerkstoff (50F)
- aus starrer Pappe (50G)

(2) Darüber hinaus müssen folgende Vorschriften erfüllt sein:

a) In Gegenständen enthaltene Gefäße, die flüssige oder feste Stoffe enthalten, müssen aus geeigneten Werkstoffen hergestellt und im Gegenstand so gesichert sein, dass sie unter normalen Beförderungsbedingungen nicht zerbrechen oder durchstoßen werden können oder ihr Inhalt nicht in den Gegenstand oder die Außenverpackung austreten kann.

b) Gefäße, die flüssige Stoffe enthalten und mit Verschlüssen ausgerüstet sind, müssen so verpackt werden, dass die Verschlüsse richtig ausgerichtet sind. Die Gefäße müssen darüber hinaus den Vorschriften für die Innendruckprüfung des Unterabschnitts 6.1.5.5 entsprechen.

c) Gefäße, die zerbrechlich sind oder leicht durchstoßen werden können, wie Gefäße aus Glas, Porzellan oder Steinzeug oder aus gewissen Kunststoffen, müssen in geeigneter Weise gesichert werden. Beim Austreten des Inhalts dürfen die schützenden Eigenschaften des Gegenstandes oder der Außenverpackung nicht wesentlich beeinträchtigt werden.

d) In Gegenständen enthaltene Gefäße, die Gase enthalten, müssen den Vorschriften des Abschnitts 4.1.6 bzw. des Kapitels 6.2 entsprechen oder in der Lage sein, ein gleichwertiges Schutzniveau wie die Verpackungsanweisung P 200 oder P 208 zu erzielen.

e) Wenn innerhalb des Gegenstands kein Gefäß vorhanden ist, muss der Gegenstand die gefährlichen Stoffe vollständig umschließen und ihre Freisetzung unter normalen Beförderungsbedingungen verhindern.

(3) Die Gegenstände müssen so verpackt sein, dass Bewegungen und eine unbeabsichtigte Inbetriebsetzung unter normalen Beförderungsbedingungen verhindert werden.

LP 99

VERPACKUNGSANWEISUNG

Es dürfen nur von der zuständigen Behörde für diese Güter zugelassene Großverpackungen verwendet werden. Jeder Sendung muss eine Kopie der Zulassung der zuständigen Behörde beigefügt werden, oder das Beförderungspapier muss eine Angabe enthalten, dass die Verpackung durch die zuständige Behörde zugelassen ist.

Verwendung von Verpackungen, einschließlich Großpackmittel (IBC) und Großverpackungen 4.1

ADR	RID

LP 101

VERPACKUNGSANWEISUNG

Folgende Großverpackungen sind zugelassen, wenn die allgemeinen Vorschriften der Abschnitte 4.1.1 und 4.1.3 sowie die besonderen Vorschriften des Abschnitts 4.1.5 erfüllt sind:

Innenverpackungen	Zwischenverpackungen	Außengroßverpackungen
nicht erforderlich	nicht erforderlich	aus Stahl (50A)
		aus Aluminium (50B)
		aus einem anderen Metall als Stahl oder Aluminium (50N)
		aus starrem Kunststoff (50H)
		aus Naturholz (50C)
		aus Sperrholz (50D)
		aus Holzfaserwerkstoff (50F)
		aus starrer Pappe (50G)

Sondervorschrift für die Verpackung

L 1   Folgendes gilt für die UN-Nummern 0006, 0009, 0010, 0015, 0016, 0018, 0019, 0034, 0035, 0038, 0039, 0048, 0056, 0137, 0138, 0168, 0169, 0171, 0181, 0182, 0183, 0186, 0221, 0243, 0244, 0245, 0246, 0254, 0280, 0281, 0286, 0287, 0297, 0299, 0300, 0301, 0303, 0321, 0328, 0329, 0344, 0345, 0346, 0347, 0362, 0363, 0370, 0412, 0424, 0425, 0434, 0435, 0436, 0437, 0438, 0451, 0488, 0502 und 0510:
Große und robuste Gegenstände mit Explosivstoff, die normalerweise für militärische Verwendung vorgesehen sind und die keine Zündmittel enthalten oder deren Zündmittel mit mindestens zwei wirksamen Sicherungsvorrichtungen ausgerüstet sind, dürfen ohne Verpackung befördert werden. Enthalten diese Gegenstände Treibladungen oder sind die Gegenstände selbstantreibend, müssen ihre Zündungssysteme gegenüber Belastungen geschützt sein, die unter normalen Beförderungsbedingungen auftreten können. Ist das Ergebnis der an einem unverpackten Gegenstand durchgeführten Prüfungen der Prüfreihe 4 negativ, kann eine Beförderung des Gegenstands ohne Verpackung vorgesehen werden. Solche unverpackten Gegenstände dürfen auf Schlitten befestigt oder in Verschlägen oder anderen geeigneten Handhabungseinrichtungen eingesetzt sein.

LP 102

VERPACKUNGSANWEISUNG

Folgende Großverpackungen sind zugelassen, wenn die allgemeinen Vorschriften der Abschnitte 4.1.1 und 4.1.3 sowie die besonderen Vorschriften des Abschnitts 4.1.5 erfüllt sind:

Innenverpackungen	Zwischenverpackungen	Außengroßverpackungen
Säcke	nicht erforderlich	aus Stahl (50A)
wasserbeständig		aus Aluminium (50B)
		aus einem anderen Metall als Stahl oder Aluminium (50N)
Behälter		aus starrem Kunststoff (50H)
aus Pappe		aus Naturholz (50C)
aus Metall		aus Sperrholz (50D)
aus Kunststoff		aus Holzfaserwerkstoff (50F)
aus Holz		aus starrer Pappe (50G)
Einwickler		
aus Wellpappe		
Hülsen		
aus Pappe		

4.1 Verwendung von Verpackungen, einschließlich Großpackmittel (IBC) und Großverpackungen

ADR	RID

LP 200

VERPACKUNGSANWEISUNG

Diese Anweisung gilt für die UN-Nummern 1950 und 2037.

Folgende Großverpackungen sind für Druckgaspackungen und Gaspatronen zugelassen, wenn die allgemeinen Vorschriften der Abschnitte 4.1.1 und 4.1.3 erfüllt sind:

starre Großverpackungen, die den Prüfanforderungen für die Verpackungsgruppe II entsprechen:
- aus Stahl (50A)
- aus Aluminium (50B)
- aus einem anderen Metall als Stahl oder Aluminium (50N)
- aus starrem Kunststoff (50H)
- aus Naturholz (50C)
- aus Sperrholz (50D)
- aus Holzfaserwerkstoff (50F)
- aus starrer Pappe (50G)

Sondervorschrift für die Verpackung

L 2 Die Großverpackungen müssen so ausgelegt und gebaut sein, dass gefährliche Bewegungen und eine unbeabsichtigte Entleerung unter normalen Beförderungsbedingungen verhindert werden. Großverpackungen für Abfall-Druckgaspackungen, die gemäß Sondervorschrift 327 befördert werden, müssen außerdem mit einem Mittel versehen sein, das jegliche freie Flüssigkeit, die während der Beförderung frei werden kann, zurückhält, z.B. saugfähiges Material. Bei Abfall-Druckgaspackungen und Abfall-Gaspatronen, die gemäß Sondervorschrift 327 befördert werden, müssen die Großverpackungen ausreichend belüftet sein, um die Bildung gefährlicher Atmosphären und einen Druckaufbau zu verhindern.

LP 621

VERPACKUNGSANWEISUNG

Diese Anweisung gilt für die UN-Nummer 3291.

Folgende Großverpackungen sind zugelassen, wenn die allgemeinen Vorschriften der Abschnitte 4.1.1 und 4.1.3 erfüllt sind:

(1) Für klinische Abfälle, die in Innenverpackungen verpackt sind: starre, dichte Großverpackungen, die den Vorschriften des Kapitels 6.6 für feste Stoffe entsprechen und die Prüfanforderungen für die Verpackungsgruppe II erfüllen, vorausgesetzt, es ist genügend saugfähiges Material vorhanden, um die gesamte Menge der in der Großverpackung enthaltenen flüssigen Stoffe aufzunehmen, und die Großverpackung ist in der Lage, flüssige Stoffe zurückzuhalten.

(2) Für Versandstücke, die größere Mengen flüssiger Stoffe enthalten: starre Großverpackungen, die den Vorschriften des Kapitels 6.6 für flüssige Stoffe entsprechen und die Prüfanforderungen für die Verpackungsgruppe II erfüllen.

Zusätzliche Vorschrift

Großverpackungen, die für scharfe oder spitze Gegenstände wie Glasscherben oder Nadeln vorgesehen sind, müssen durchstoßfest und in der Lage sein, flüssige Stoffe unter den Prüfbedingungen des Kapitels 6.6 zurückzuhalten.

LP 622

VERPACKUNGSANWEISUNG

Diese Anweisung gilt für Abfälle der UN-Nummer 3549, die zur Entsorgung befördert werden.

Folgende Großverpackungen sind zugelassen, wenn die allgemeinen Vorschriften der Abschnitte 4.1.1 und 4.1.3 erfüllt sind:

Innenverpackungen	Zwischenverpackungen	Außenverpackungen
aus Metall	aus Metall	aus Stahl (50A)
aus Kunststoff	aus Kunststoff	aus Aluminium (50B)
		aus einem anderen Metall als Stahl oder Aluminium (50N)
		aus Sperrholz (50D)
		aus starrer Pappe (50G)
		aus starrem Kunststoff (50H)

Die Außenverpackung muss den Prüfanforderungen für die Verpackungsgruppe I für feste Stoffe entsprechen.

Zusätzliche Vorschriften:

1. Zerbrechliche Gegenstände müssen entweder in einer starren Innenverpackung oder in einer starren Zwischenverpackung verpackt werden.
2. Innenverpackungen, die scharfe oder spitze Gegenstände, wie Glasscherben oder Nadeln, enthalten, müssen starr und durchstoßfest sein.
3. Die Innenverpackung, die Zwischenverpackung und die Außenverpackung müssen in der Lage sein, flüssige Stoffe zurückzuhalten. Außenverpackungen, die bauartbedingt nicht in der Lage sind, flüssige Stoffe zurückzuhalten, müssen mit einer Innenauskleidung versehen sein oder es müssen geeignete Maßnahmen getroffen werden, um flüssige Stoffe zurückzuhalten.

Verwendung von Verpackungen, einschließlich Großpackmittel (IBC) und Großverpackungen 4.1

ADR	RID

4. Die Innenverpackung und/oder die Zwischenverpackung dürfen flexibel sein. Wenn flexible Verpackungen verwendet werden, müssen sie in der Lage sein, der Schlagfestigkeitsprüfung von mindestens 165 g gemäß der Norm ISO 7765-1:1988 «Kunststofffolien und -bahnen – Bestimmung der Schlagfestigkeit nach dem Fallhammerverfahren – Teil 1: Eingrenzungsverfahren» und der Reißfestigkeitsprüfung von mindestens 480 g sowohl in paralleler als auch in senkrechter Ebene zur Länge des Sacks gemäß der Norm ISO 6383-2:1983 «Kunststoffe – Folien und Bahnen – Bestimmung der Reißfestigkeit – Teil 2: Elmendorf-Verfahren» zu bestehen. Die Nettomasse jeder flexiblen Innenverpackung darf höchstens 30 kg betragen.
5. Jede flexible Zwischenverpackung darf nur eine Innenverpackung enthalten.
6. Innenverpackungen, die eine geringe Menge freier Flüssigkeit enthalten, dürfen in Zwischenverpackungen enthalten sein, vorausgesetzt, in der Innenverpackung oder Zwischenverpackung ist genügend saugfähiges oder verfestigendes Material enthalten, um den gesamten vorhandenen flüssigen Inhalt aufzusaugen oder zu verfestigen. Es muss geeignetes saugfähiges Material verwendet werden, das den unter normalen Beförderungsbedingungen auftretenden Temperaturen und Vibrationen standhält.
7. Zwischenverpackungen müssen mit geeignetem Polstermaterial und/oder saugfähigem Material in den Außenverpackungen gesichert sein.

LP 902

VERPACKUNGSANWEISUNG

Diese Anweisung gilt für die UN-Nummer 3268.

Verpackte Gegenstände:

Folgende Verpackungen sind zugelassen, wenn die allgemeinen Vorschriften der Abschnitte 4.1.1 und 4.1.3 erfüllt sind: starre Großverpackungen, die den Prüfanforderungen für die Verpackungsgruppe III entsprechen:
- aus Stahl (50A)
- aus Aluminium (50B)
- aus einem anderen Metall als Stahl oder Aluminium (50N)
- aus starrem Kunststoff (50H)
- aus Naturholz (50C)
- aus Sperrholz (50D)
- aus Holzfaserwerkstoff (50F)
- aus starrer Pappe (50G)

Die Verpackungen müssen so ausgelegt und gebaut sein, dass Bewegungen der Gegenstände und eine unbeabsichtigte Auslösung unter normalen Beförderungsbedingungen verhindert werden.

Unverpackte Gegenstände:

Die Gegenstände dürfen zum, vom oder zwischen dem Herstellungsort und einer Montagefabrik, einschließlich Orten der Zwischenbehandlung, auch unverpackt in besonders ausgerüsteten Handhabungseinrichtungen oder Güterbeförderungseinheiten befördert werden.

Zusätzliche Vorschrift

Druckgefäße müssen den Vorschriften der zuständigen Behörde für den (die) im Druckgefäß enthaltenen Stoff(e) entsprechen.

4.1 Verwendung von Verpackungen, einschließlich Großpackmittel (IBC) und Großverpackungen

ADR	RID

LP 903

VERPACKUNGSANWEISUNG

Diese Anweisung gilt für die UN-Nummern 3090, 3091, 3480 und 3481.

Folgende Großverpackungen sind für eine einzelne Batterie und für eine einzelne Ausrüstung, die Batterien enthält, zugelassen, wenn die allgemeinen Vorschriften der Abschnitte 4.1.1 und 4.1.3 erfüllt sind:

starre Großverpackungen, die den Prüfanforderungen für die Verpackungsgruppe II entsprechen:

- aus Stahl (50A)
- aus Aluminium (50B)
- aus einem anderen Metall als Stahl oder Aluminium (50N)
- aus starrem Kunststoff (50H)
- aus Naturholz (50C)
- aus Sperrholz (50D)
- aus Holzfaserwerkstoff (50F)
- aus starrer Pappe (50G)

Die Batterie oder Ausrüstung muss so verpackt werden, dass die Batterie oder Ausrüstung vor Beschädigungen geschützt ist, die durch Bewegungen der Batterie oder Ausrüstung in der Großverpackung oder durch das Einsetzen der Batterie oder Ausrüstung in die Großverpackung verursacht werden können.

Zusätzliche Vorschrift

Die Batterie muss gegen Kurzschluss geschützt sein.

LP 904

VERPACKUNGSANWEISUNG

Diese Anweisung gilt für einzelne beschädigte oder defekte Batterien der UN-Nummern 3090, 3091, 3480 und 3481 und für einzelne Ausrüstungen, die beschädigte oder defekte Zellen und Batterien dieser UN-Nummern enthalten.

Folgende Großverpackungen sind für eine einzelne beschädigte oder defekte Batterie und für eine einzelne Ausrüstung, die beschädigte oder defekte Zellen und Batterien enthält, zugelassen, wenn die allgemeinen Vorschriften der Abschnitte 4.1.1 und 4.1.3 erfüllt sind:

Für Batterien und Ausrüstungen, die Zellen und Batterien enthalten:

starre Großverpackungen, die den Prüfanforderungen für die Verpackungsgruppe II entsprechen:

- aus Stahl (50A)
- aus Aluminium (50B)
- aus einem anderen Metall als Stahl oder Aluminium (50N)
- aus starrem Kunststoff (50H)
- aus Sperrholz (50D)

1. Die beschädigte oder defekte Batterie oder die Ausrüstung, die solche Zellen oder Batterien enthält, muss einzeln in einer Innenverpackung verpackt und in eine Außenverpackung eingesetzt sein. Die Innen- oder Außenverpackung muss dicht sein, um ein mögliches Austreten des Elektrolyts zu verhindern.
2. Die Innenverpackung muss zum Schutz vor gefährlicher Wärmeentwicklung mit einem ausreichend nicht brennbaren und nicht elektrisch leitfähigen Wärmedämmstoff umschlossen sein.
3. Dicht verschlossene Verpackungen müssen gegebenenfalls mit einer Entlüftungseinrichtung ausgestattet sein.
4. Es müssen geeignete Maßnahmen ergriffen werden, um die Auswirkungen von Vibrationen und Stößen gering zu halten und Bewegungen der Batterien oder der Ausrüstung im Versandstück, die zu weiteren Schäden und gefährlichen Bedingungen während der Beförderung führen, zu verhindern. Für die Erfüllung dieser Vorschrift darf auch nicht brennbares und nicht elektrisch leitfähiges Polstermaterial verwendet werden.
5. Die Nichtbrennbarkeit muss in Übereinstimmung mit einer Norm festgestellt werden, die in dem Land, in dem die Verpackung ausgelegt oder hergestellt wird, anerkannt ist.

Im Fall von auslaufenden Zellen und Batterien muss der Innen- oder Außenverpackung ausreichend inertes saugfähiges Material beigegeben werden, um freiwerdenden Elektrolyt aufzusaugen.

Zusätzliche Vorschrift

Die Zellen und Batterien müssen gegen Kurzschluss geschützt sein.

Verwendung von Verpackungen, einschließlich Großpackmittel (IBC) und Großverpackungen 4.1

ADR	RID

LP 905

VERPACKUNGSANWEISUNG

Diese Anweisung gilt für Produktionsserien von höchstens 100 Zellen oder Batterien der UN-Nummern 3090, 3091, 3480 und 3481 und für Vorproduktionsprototypen von Zellen oder Batterien dieser UN-Nummern, sofern diese Prototypen für die Prüfung befördert werden.

Folgende Großverpackungen sind für eine einzelne Batterie oder für eine einzelne Ausrüstung, die Zellen oder Batterien enthält, zugelassen, wenn die allgemeinen Vorschriften der Abschnitte 4.1.1 und 4.1.3 erfüllt sind:

(1) Für eine einzelne Batterie:

starre Großverpackungen, die den Prüfanforderungen für die Verpackungsgruppe II entsprechen:

    aus Stahl (50A)
    aus Aluminium (50B)
    aus einem anderen Metall als Stahl oder Aluminium (50N)
    aus starrem Kunststoff (50H)
    aus Naturholz (50C)
    aus Sperrholz (50D)
    aus Holzfaserwerkstoff (50F)
    aus starrer Pappe (50G)

Die Großverpackungen müssen auch den folgenden Vorschriften entsprechen:

a) Eine Batterie unterschiedlicher Größe, Form oder Masse darf in einer Außenverpackung einer der oben aufgeführten geprüften Bauarten verpackt sein, vorausgesetzt, die Gesamtbruttomasse des Versandstücks ist nicht größer als die Bruttomasse, für welche die Bauart geprüft worden ist.

b) Die Batterie muss in einer Innenverpackung verpackt und in eine Außenverpackung eingesetzt sein.

c) Die Innenverpackung muss zum Schutz vor gefährlicher Wärmeentwicklung vollständig durch ausreichend nicht brennbares und nicht elektrisch leitfähiges Wärmedämmmaterial umgeben sein.

d) Es müssen geeignete Maßnahmen ergriffen werden, um die Auswirkungen von Vibrationen und Stößen zu minimieren und Bewegungen der Batterie innerhalb des Versandstücks zu verhindern, die zu Schäden und gefährlichen Bedingungen während der Beförderung führen können. Wenn für die Einhaltung dieser Vorschrift Polstermaterial verwendet wird, darf dieses nicht brennbar und nicht elektrisch leitfähig sein.

e) Die Nichtbrennbarkeit muss gemäß einer Norm ermittelt werden, die in dem Land, in dem die Großverpackung ausgelegt oder hergestellt wurde, anerkannt ist.

(2) Für eine einzelne Ausrüstung, die Zellen oder Batterien enthält:

starre Großverpackungen, die den Prüfanforderungen für die Verpackungsgruppe II entsprechen:

    aus Stahl (50A)
    aus Aluminium (50B)
    aus einem anderen Metall als Stahl oder Aluminium (50N)
    aus starrem Kunststoff (50H)
    aus Naturholz (50C)
    aus Sperrholz (50D)
    aus Holzfaserwerkstoff (50F)
    aus starrer Pappe (50G)

Die Großverpackungen müssen auch den folgenden Vorschriften entsprechen:

a) Eine einzelne Ausrüstung unterschiedlicher Größe, Form oder Masse muss in einer Außenverpackung einer der oben aufgeführten geprüften Bauarten verpackt sein, vorausgesetzt, die Gesamtbruttomasse des Versandstücks ist nicht größer als die Bruttomasse, für welche die Bauart geprüft worden ist.

b) Die Ausrüstung muss so gebaut oder verpackt sein, dass eine unbeabsichtigte Inbetriebsetzung während der Beförderung verhindert wird.

c) Es müssen geeignete Maßnahmen ergriffen werden, um die Auswirkungen von Vibrationen und Stößen zu minimieren und Bewegungen der Ausrüstung innerhalb des Versandstücks zu verhindern, die zu Schäden und gefährlichen Bedingungen während der Beförderung führen können. Wenn für die Einhaltung dieser Vorschrift Polstermaterial verwendet wird, darf dieses nicht brennbar und nicht elektrisch leitfähig sein.

d) Die Nichtbrennbarkeit muss gemäß einer Norm ermittelt werden, die in dem Land, in dem die Großverpackung ausgelegt oder hergestellt wurde, anerkannt ist.

Zusätzliche Vorschrift

Die Zellen und Batterien müssen gegen Kurzschluss geschützt sein.

4.1 Verwendung von Verpackungen, einschließlich Großpackmittel (IBC) und Großverpackungen

ADR	RID

LP 906

VERPACKUNGSANWEISUNG

Diese Anweisung gilt für beschädigte oder defekte Batterien der UN-Nummern 3090, 3091, 3480 und 3481, die unter normalen Beförderungsbedingungen zu einer schnellen Zerlegung, gefährlichen Reaktion, Flammenbildung, gefährlichen Wärmeentwicklung oder einem gefährlichen Ausstoß giftiger, ätzender oder entzündbarer Gase oder Dämpfe neigen.

Folgende Großverpackungen sind zugelassen, wenn die allgemeinen Vorschriften der Abschnitte 4.1.1 und 4.1.3 erfüllt sind:

Für eine einzelne Batterie und eine einzelne Ausrüstung, die Batterien enthält:
starre Großverpackungen, die den Prüfanforderungen für die Verpackungsgruppe I entsprechen:
- aus Stahl (50A)
- aus Aluminium (50B)
- aus einem anderen Metall als Stahl oder Aluminium (50N)
- aus starrem Kunststoff (50H)
- aus Sperrholz (50D)
- aus starrer Pappe (50G)

(1) Die Großverpackung muss bei einer schnellen Zerlegung, einer gefährlichen Reaktion, einer Flammenbildung, einer gefährlichen Wärmeentwicklung oder einem gefährlichen Ausstoß giftiger, ätzender oder entzündbarer Gase oder Dämpfe der Batterie in der Lage sein, die folgenden zusätzlichen Prüfanforderungen zu erfüllen:
   a) die Temperatur der äußeren Oberfläche des vollständigen Versandstücks darf nicht größer sein als 100 °C. Eine kurzzeitige Temperaturspitze von bis zu 200 °C ist zulässig;
   b) außerhalb des Versandstücks darf sich keine Flamme bilden;
   c) aus dem Versandstück dürfen keine Splitter austreten;
   d) die bauliche Unversehrtheit des Versandstücks muss aufrechterhalten werden und
   e) die Großverpackungen müssen gegebenenfalls über ein Gasmanagementsystem (z.B. Filtersystem, Luftzirkulation, Gasbehälter, gasdichte Verpackung) verfügen.

(2) Die zusätzlichen Prüfanforderungen an die Großverpackung müssen durch eine von der zuständigen Behörde

einer Vertragspartei des ADR	eines RID-Vertragsstaates

festgelegte Prüfung überprüft werden, wobei diese zuständige Behörde auch eine von der zuständigen Behörde eines Landes, das

keine Vertragspartei des ADR	kein RID-Vertragsstaat

ist, festgelegte Prüfung anerkennen kann, vorausgesetzt, diese wurde in Übereinstimmung mit den gemäß dem RID, dem ADR, dem ADN, dem IMDG-Code oder den Technischen Anweisungen der ICAO anwendbaren Verfahren festgelegt[a].

Auf Anfrage muss ein Überprüfungsbericht zur Verfügung gestellt werden. In dem Überprüfungsbericht müssen mindestens der Name, die Nummer, die Masse, der Typ und der Energiegehalt der Batterie sowie die Identifikation der Großverpackung und die Prüfdaten gemäß der von der zuständigen Behörde festgelegten Überprüfungsmethode aufgeführt sein.

(3) Bei Verwendung von Trockeneis oder flüssigem Stickstoff als Kühlmittel gelten die Vorschriften des Abschnitts 5.5.3. Die Innen- und Außenverpackungen müssen bei der Temperatur des verwendeten Kühlmittels sowie bei den Temperaturen und Drücken, die bei einem Ausfall der Kühlung auftreten können, unversehrt bleiben.

Zusätzliche Vorschrift

Die Batterien müssen gegen Kurzschluss geschützt sein.

[a] Folgende Kriterien können, sofern zutreffend, für die Bewertung der Großverpackung herangezogen werden:
   a) Die Bewertung muss unter einem Qualitätssicherungssystem (wie z.B. in Absatz 2.2.9.1.7 e) beschrieben) vorgenommen werden, das die Nachvollziehbarkeit der Prüfergebnisse, der Bezugsdaten und der verwendeten Charakterisierungsmodelle ermöglicht.
   b) Die voraussichtlichen Gefahren im Falle einer thermischen Instabilität des Batterietyps in dem Zustand, in dem er befördert wird (z.B. Verwendung einer Innenverpackung, Ladezustand, Verwendung von ausreichend nicht brennbarem, nicht elektrisch leitfähigem und absorbierendem Polstermaterial), müssen klar bestimmt und quantifiziert werden; die Referenzliste möglicher Gefahren für Lithiumbatterien (schnelle Zerlegung, gefährliche Reaktion, Flammenbildung, gefährliche Wärmeentwicklung oder gefährlicher Ausstoß giftiger, ätzender oder entzündbarer Gase oder Dämpfe) kann für diesen Zweck verwendet werden. Die Quantifizierung dieser Gefahren muss auf der Grundlage verfügbarer wissenschaftlicher Literatur erfolgen.
   c) Die Eindämmungswirkungen der Großverpackung müssen auf der Grundlage der Art des vorhandenen Schutzes und der Eigenschaften der Bauwerkstoffe bestimmt und charakterisiert werden. Für die Untermauerung der Bewertung muss eine Aufstellung technischer Eigenschaften und Zeichnungen (Dichte (kg·m^{-3}), spezifische Wärmekapazität (J·kg^{-1}·K^{-1}), Heizwert (kJ·kg^{-1}), Wärmeleitfähigkeit (W·m^{-1}·K^{-1}), Schmelztemperatur und Entzündungstemperatur (K), Wärmedurchgangskoeffizient der Außenverpackung (W·m^{-2}·K^{-1}) …) verwendet werden.
   d) Die Prüfung und alle unterstützenden Berechnungen müssen die Folgen einer thermischen Instabilität der Batterie innerhalb der Großverpackung unter normalen Beförderungsbedingungen bewerten.

Fortsetzung siehe nächste Seite !

Verwendung von Verpackungen, einschließlich Großpackmittel (IBC) und Großverpackungen 4.1

ADR	RID

- e) Wenn der Ladezustand der Batterie unbekannt ist, muss die Bewertung mit dem höchstmöglichen Ladezustand, der den Verwendungsbedingungen der Batterie entspricht, erfolgen.
- f) Die Umgebungsbedingungen, in denen die Großverpackung verwendet und befördert werden darf, müssen gemäß dem Gasmanagementsystem der Großverpackung beschrieben werden (einschließlich möglicher Folgen von Gas- oder Rauchemissionen für die Umgebung, wie Entlüftung oder andere Methoden).
- g) Die Prüfungen oder Modellberechnungen müssen für die Auslösung und die Ausbreitung der thermischen Instabilität innerhalb der Batterie den schlimmsten Fall berücksichtigen; dieses Szenario schließt das denkbar schlimmste Versagen unter normalen Beförderungsbedingungen, die größte Wärme und die größten Flammenemissionen bei einer möglichen Ausbreitung der Reaktion ein.
- h) Diese Szenarien müssen über einen ausreichend langen Zeitraum bewertet werden, um das Eintreten aller möglichen Auswirkungen zu ermöglichen (z. B. ein Zeitraum von 24 Stunden).

4.1.4.4 (gestrichen)
▶ *1.6.2.6*

4.1	Verwendung von Verpackungen, einschließlich Großpackmittel (IBC) und Großverpackungen
ADR	**RID**

4.1.5 **Besondere Vorschriften für das Verpacken von Gütern der Klasse 1**

4.1.5.1 Die allgemeinen Vorschriften des Abschnitts 4.1.1 müssen erfüllt sein.

4.1.5.2 Alle Verpackungen für Güter der Klasse 1 müssen so ausgelegt und ausgeführt sein, dass:

a) die explosiven Stoffe und Gegenstände mit Explosivstoff geschützt werden, ihr Entweichen verhindert wird und unter normalen Beförderungsbedingungen, einschließlich vorhersehbarer Temperatur-, Feuchtigkeits- oder Druckänderungen, keine Erhöhung des Risikos einer unbeabsichtigten Entzündung oder Zündung eintritt;

b) das vollständige Versandstück unter normalen Beförderungsbedingungen sicher gehandhabt werden kann;

c) die Versandstücke jeder Belastung durch vorhersehbare Stapelung, die während der Beförderung erfolgen kann, standhalten, ohne dass die von den explosiven Stoffen oder den Gegenständen mit Explosivstoff ausgehenden Risiken erhöht werden, ohne dass die Tauglichkeit der Verpackungen für die Aufnahme von Gütern beeinträchtigt wird und ohne dass die Versandstücke so verformt werden, dass ihre Festigkeit verringert wird oder dies zu einer Instabilität eines Stapels von Versandstücken führt.

4.1.5.3 Alle explosiven Stoffe und Gegenstände mit Explosivstoff müssen in versandfertigem Zustand nach dem in Abschnitt 2.2.1 beschriebenen Verfahren zugeordnet werden.

4.1.5.4 Die Güter der Klasse 1 müssen in Übereinstimmung mit der entsprechenden in Kapitel 3.2 Tabelle A Spalte 8 angegebenen und in Abschnitt 4.1.4 beschriebenen Verpackungsanweisung verpackt werden.

4.1.5.5 Sofern im ADR/RID nicht etwas anderes festgelegt ist, müssen Verpackungen, einschließlich Großpackmittel (IBC) und Großverpackungen, den Vorschriften des Kapitels 6.1, 6.5 bzw. 6.6 entsprechen und die Prüfvorschriften für die Verpackungsgruppe II erfüllen.

4.1.5.6 Die Verschlusseinrichtung der Verpackungen für flüssige explosive Stoffe muss einen doppelten Schutz gegen Leckagen bieten.

4.1.5.7 Die Verschlusseinrichtung von Fässern aus Metall muss eine geeignete Dichtung enthalten; weist die Verschlusseinrichtung ein Gewinde auf, muss das Eindringen von explosiven Stoffen in das Gewinde verhindert werden.

4.1.5.8 Wasserlösliche explosive Stoffe müssen in wasserbeständigen Verpackungen verpackt sein. Die Verpackungen für desensibilisierte oder phlegmatisierte Stoffe müssen so verschlossen sein, dass Konzentrationsänderungen während der Beförderung verhindert werden.

Verwendung von Verpackungen, einschließlich Großpackmittel (IBC) und Großverpackungen 4.1

ADR	RID
4.1.5.9 Enthält eine Verpackung eine mit Wasser gefüllte doppelte Umhüllung und könnte das Wasser während der Beförderung gefrieren, ist das Wasser mit einer genügenden Menge Frostschutzmittel zu versetzen, um das Gefrieren zu verhindern. Frostschutzmittel, die wegen ihrer Entzündbarkeit eine Brandgefahr darstellen könnten, dürfen nicht verwendet werden.	(offen)

4.1.5.10 Nägel, Klammern und andere Verschlusseinrichtungen aus Metall ohne Schutzüberzug dürfen nicht in das Innere der Außenverpackung eindringen, es sei denn, die explosiven Stoffe und Gegenstände mit Explosivstoff sind durch die Innenverpackung vor einem Kontakt mit dem Metall wirksam geschützt.

4.1.5.11 Die Innenverpackungen, die Abstandshalter und das Polstermaterial sowie die Anordnung der explosiven Stoffe oder der Gegenstände mit Explosivstoff in den Versandstücken müssen so sein, dass sich die explosiven Stoffe unter normalen Beförderungsbedingungen nicht in der Außenverpackung verteilen können. Die metallenen Teile der Gegenstände dürfen mit den Metallverpackungen nicht in Kontakt kommen. Gegenstände mit Explosivstoffen, die nicht in einer äußeren Umhüllung eingeschlossen sind, müssen so voneinander getrennt werden, dass Reibung und Stöße verhindert werden. Zu diesem Zweck dürfen Polstermaterial, Horden, unterteilende Trennwände in der Innen- oder Außenverpackung, Formpressteile oder Behälter verwendet werden.

4.1.5.12 Die Verpackungen müssen so aus Werkstoffen, die mit den im Versandstück enthaltenen explosiven Stoffen oder Gegenständen mit Explosivstoff verträglich und für diese undurchlässig sind, hergestellt sein, dass weder eine Wechselwirkung zwischen den explosiven Stoffen oder den Gegenständen mit Explosivstoff und den Werkstoffen der Verpackung noch ein Austreten aus der Verpackung dazu führt, dass die explosiven Stoffe oder die Gegenstände mit Explosivstoff die Sicherheit der Beförderung beeinträchtigen oder sich die Gefahrenunterklasse oder die Verträglichkeitsgruppe ändert.

4.1.5.13 Das Eindringen von explosiven Stoffen in die Zwischenräume der Verbindungsstellen von gefalzten Metallverpackungen muss verhindert werden.

4.1.5.14 Bei Kunststoffverpackungen darf nicht die Gefahr der Erzeugung oder der Ansammlung solcher Mengen elektrostatischer Ladung gegeben sein, dass eine Entladung die Zündung, die Entzündung oder das Auslösen des verpackten explosiven Stoffes oder des Gegenstandes mit Explosivstoff verursachen könnte.

4.1.5.15 Große und robuste Gegenstände mit Explosivstoff, die normalerweise für eine militärische Verwendung vorgesehen sind und die keine Zündmittel enthalten oder deren Zündmittel mit mindestens zwei wirksamen Sicherungsvorrichtungen ausgerüstet sind, dürfen ohne Verpackung befördert werden. Enthalten diese Gegenstände Treibladungen oder sind die Gegenstände selbstantreibend, müssen ihre Zündungssysteme gegenüber Belastungen geschützt sein, die unter normalen Beförderungsbedingungen auftreten können. Ist das Ergebnis der an einem unverpackten Gegenstand durchgeführten Prüfungen der Prüfreihe 4 negativ, kann eine Beförderung des Gegenstands ohne Verpackung vorgesehen werden. Solche unverpackten Gegenstände dürfen auf Schlitten so befestigt oder in Verschlägen oder anderen geeigneten Handhabungs-, Lagerungs- oder Abschusseinrichtungen so eingesetzt sein, dass sie sich unter normalen Beförderungsbedingungen nicht lockern können.

4.1	Verwendung von Verpackungen, einschließlich Großpackmittel (IBC) und Großverpackungen
ADR	**RID**

Werden solche großen Gegenstände mit Explosivstoff im Rahmen der Prüfung ihrer Betriebssicherheit und Eignung Prüfverfahren unterworfen, die den Anforderungen des ADR/RID entsprechen, und haben diese Gegenstände diese Prüfungen bestanden, darf die zuständige Behörde diese Gegenstände zur Beförderung nach dem ADR/RID zulassen.

4.1.5.16 Explosive Stoffe dürfen nicht in Innen- oder Außenverpackungen verpackt werden, in denen Unterschiede zwischen Innen- und Außendruck auf Grund thermischer oder anderer Wirkungen eine Explosion oder ein Zubruchgehen des Versandstücks zur Folge haben können.

4.1.5.17 Sofern freie explosive Stoffe oder explosive Stoffe eines nicht oder nur teilweise mit einer Umhüllung versehenen Gegenstands mit der inneren Oberfläche der Metallverpackungen (1A1, 1A2, 1B1, 1B2, 1N1, 1N2, 4A, 4B, 4N und Behälter aus Metall) in Kontakt kommen können, muss die Metallverpackung mit einer Innenauskleidung oder -beschichtung ausgestattet sein (siehe Unterabschnitt 4.1.1.2).

4.1.5.18 Die Verpackungsanweisung P 101 darf für jeden explosiven Stoff oder Gegenstand mit Explosivstoff verwendet werden, sofern die Verpackung von einer zuständigen Behörde genehmigt wurde und unabhängig davon, ob die Verpackung der in Kapitel 3.2 Tabelle A Spalte 8 zugeordneten Verpackungsanweisung entspricht oder nicht.

4.1.6 **Besondere Vorschriften für das Verpacken von Gütern der Klasse 2 und von Gütern anderer Klassen, die der Verpackungsanweisung P 200 zugeordnet sind**

4.1.6.1 Dieser Abschnitt enthält allgemeine Vorschriften für die Verwendung von Druckgefäßen und offenen Kryo-Behältern zur Beförderung von Gasen der Klasse 2 und Gütern anderer Klassen, die der Verpackungsanweisung P 200 zugeordnet sind (z. B. UN 1051 Cyanwasserstoff, stabilisiert). Druckgefäße sind so herzustellen und zu verschließen, dass ein Austreten des Inhalts unter normalen Beförderungsbedingungen, einschließlich Vibration, Temperaturwechsel, Feuchtigkeits- oder Druckänderung (z. B. hervorgerufen durch Höhenunterschiede), verhindert wird.

4.1.6.2 Die Teile der Druckgefäße und offenen Kryo-Behälter, die unmittelbar mit gefährlichen Gütern in Berührung kommen, dürfen durch diese gefährlichen Güter nicht angegriffen oder geschwächt werden und dürfen keinen gefährlichen Effekt auslösen (z. B. eine katalytische Reaktion oder eine Reaktion mit den gefährlichen Gütern).

4.1.6.3 Die Druckgefäße, einschließlich ihrer Verschlüsse, und die offenen Kryo-Behälter sind für die Aufnahme eines Gases oder eines Gasgemisches nach den Vorschriften des Unterabschnitts 6.2.1.2 und den Vorschriften der zutreffenden Verpackungsanweisungen in Unterabschnitt 4.1.4.1 auszuwählen. Dieser Unterabschnitt gilt auch für Druckgefäße, die Elemente eines MEGC oder eines
Batterie-Fahrzeugs | Batteriewagens
sind.

4.1.6.4 Ein Wechsel der Verwendung von nachfüllbaren Druckgefäßen muss Entleerungs-, Reinigungs- und Entgasungsmaßnahmen in einem für den sicheren Betrieb notwendigen Maße einschließen (siehe auch Verzeichnis der Normen am Ende dieses Abschnitts). Darüber hinaus darf ein Druckgefäß, das zuvor einen ätzenden Stoff der Klasse 8 oder einen Stoff einer anderen Klasse mit der Nebengefahr ätzend enthalten hat, nicht für die Beförderung eines Stoffes der Klasse 2 zugelassen werden, es sei denn, die in Unterabschnitt 6.2.1.6 bzw. 6.2.3.5 festgelegte Kontrolle und Prüfung wurde durchgeführt.

Verwendung von Verpackungen, einschließlich Großpackmittel (IBC) und Großverpackungen 4.1

ADR	RID

4.1.6.5 Vor dem Befüllen muss der Verpacker eine Kontrolle des Druckgefäßes oder des offenen Kryo-Behälters durchführen und sicherstellen, dass das Druckgefäß oder der offene Kryo-Behälter für den zu befördernden Stoff und bei einer Chemikalie unter Druck für das Treibmittel zugelassen ist und die Vorschriften erfüllt sind. Nach dem Befüllen müssen die Verschlussventile geschlossen werden und während der Beförderung verschlossen bleiben. Der Absender muss überprüfen, dass die Verschlüsse und die Ausrüstung nicht undicht sind.

    Bem. Verschlussventile einzelner Flaschen in Bündeln dürfen während der Beförderung geöffnet werden, es sei denn, der beförderte Stoff unterliegt der Sondervorschrift für die Verpackung «k» oder «q» in Verpackungsanweisung P 200.

4.1.6.6 Die Druckgefäße und offenen Kryo-Behälter müssen entsprechend den in der für den einzufüllenden Stoff zutreffenden Verpackungsanweisung festgelegten Betriebsdrücken, Füllungsgraden und Vorschriften befüllt werden. Reaktionsfähige Gase und Gasgemische müssen mit einem solchen Druck eingefüllt werden, damit bei einer vollständigen Zersetzung des Gases der Betriebsdruck des Druckgefäßes nicht überschritten wird. Flaschenbündel dürfen nicht mit einem Druck befüllt werden, der den niedrigsten Betriebsdruck einer der Flaschen des Bündels überschreitet.

4.1.6.7 Die Druckgefäße, einschließlich ihre Verschlüsse, müssen den in Kapitel 6.2 aufgeführten Vorschriften für die Auslegung, den Bau, die Kontrolle und die Prüfung entsprechen. Sofern Außenverpackungen vorgeschrieben sind, sind die Druckgefäße und die offenen Kryo-Behälter darin sicher und fest zu verpacken. Sofern in den einzelnen Verpackungsanweisungen nichts anderes vorgeschrieben ist, dürfen eine oder mehrere Innenverpackungen in eine Außenverpackung eingesetzt werden.

4.1.6.8 Die Verschlussventile und andere Anbauteile, die während der Beförderung am Verschlussventil verbleiben (z. B. Handhabungseinrichtungen oder Adapter), müssen so ausgelegt und gebaut sein, dass sie von sich aus in der Lage sind, Beschädigungen ohne Freiwerden von Füllgut standzuhalten, oder sie müssen durch eine oder mehrere der folgenden Methoden gegen Beschädigungen, die zu einem unbeabsichtigten Freiwerden von Füllgut des Druckgefäßes führen können, geschützt sein (siehe auch Verzeichnis der Normen am Ende dieses Abschnitts):

    a) die Verschlussventile sind im Innern des Gefäßhalses angebracht und durch einen aufgeschraubten Stopfen oder eine Schutzkappe geschützt;

    b) die Verschlussventile sind durch Schutzkappen geschützt. Die Schutzkappen müssen mit Entlüftungslöchern mit genügendem Querschnitt versehen sein, damit bei einem Undichtwerden der Verschlussventile die Gase entweichen können;

    c) die Verschlussventile sind durch einen Verstärkungsrand oder durch andere Schutzvorrichtungen geschützt;

    d) die Druckgefäße werden in Schutzrahmen befördert (z. B. Flaschen in Bündeln) oder

    e) die Druckgefäße werden in Schutzkisten befördert. Bei UN-Druckgefäßen muss die versandfertige Verpackung in der Lage sein, die in Unterabschnitt 6.1.5.3 festgelegte Fallprüfung für die Prüfanforderungen der Verpackungsgruppe I zu bestehen.

4.1.6.9 Nicht nachfüllbare Druckgefäße:

    a) müssen in einer Außenverpackung, wie eine Kiste oder ein Verschlag, oder in Trays mit Dehn- oder Schrumpffolie befördert werden;

    b) müssen, wenn sie mit einem entzündbaren oder giftigen Gas befüllt sind, einen mit Wasser ausgeliterten Fassungsraum von höchstens 1,25 Liter haben;

    c) dürfen nicht für giftige Gase mit einem LC_{50}-Wert von höchstens 200 ml/m³ verwendet werden und

    d) dürfen nach der Inbetriebnahme nicht repariert werden.

4.1	Verwendung von Verpackungen, einschließlich Großpackmittel (IBC) und Großverpackungen
ADR	**RID**

4.1.6.10　Nachfüllbare Druckgefäße mit Ausnahme von Kryo-Behältern sind wiederkehrenden Prüfungen entsprechend den Vorschriften des Unterabschnitts 6.2.1.6 oder für Druckgefäße, die keine UN-Druckgefäße sind, entsprechend den Vorschriften des Unterabschnitts 6.2.3.5 und der jeweils geltenden Verpackungsanweisung P 200, P 205 oder P 206 zu unterziehen. Die Druckentlastungseinrichtungen von verschlossenen Kryo-Behältern müssen nach den Vorschriften des Absatzes 6.2.1.6.3 und der Verpackungsanweisung P 203 wiederkehrenden Prüfungen unterzogen werden. Druckgefäße dürfen nach Fälligkeit der wiederkehrenden Prüfung nicht befüllt werden, jedoch dürfen sie nach Ablauf der Frist befördert werden, um sie der Prüfung oder der Entsorgung zuzuführen, einschließlich aller Zwischenbeförderungen.

4.1.6.11　Reparaturen müssen in Übereinstimmung mit den Vorschriften für die Herstellung und die Prüfung der anwendbaren Auslegungs- und Baunormen durchgeführt werden und sind nur zugelassen, wenn dies in den entsprechenden, in Kapitel 6.2 aufgeführten Normen für die wiederkehrende Prüfung angegeben ist. Druckgefäße, mit Ausnahme der Umhüllung von verschlossenen Kryo-Behältern dürfen keinen Reparaturen der nachfolgenden Mängel unterzogen werden:

a) Schweißnahtrisse oder andere Schweißnahtmängel;

b) Risse in der Gefäßwand;

c) Undichtheiten oder Mängel des Werkstoffes der Wand, des Oberteils oder des Bodens der Gefäße.

4.1.6.12　Druckgefäße dürfen nicht zur Befüllung übergeben werden:

a) wenn sie so stark beschädigt sind, dass die Unversehrtheit des Druckgefäßes oder seiner Bedienungsausrüstung beeinträchtigt sein könnte;

b) wenn bei der Untersuchung der Betriebszustand des Druckgefäßes und seiner Bedienungsausrüstung nicht für gut befunden wurde und

c) wenn die vorgeschriebenen Kennzeichen für die Zertifizierung, die wiederkehrende Prüfung und die Füllung nicht lesbar sind.

4.1.6.13　Befüllte Druckgefäße dürfen nicht zur Beförderung übergeben werden:

a) wenn sie undicht sind;

b) wenn sie so stark beschädigt sind, dass die Unversehrtheit des Druckgefäßes oder seiner Bedienungsausrüstung beeinträchtigt sein könnte;

c) wenn bei der Untersuchung der Betriebszustand des Druckgefäßes und seiner Bedienungsausrüstung nicht für gut befunden wurde und

d) wenn die vorgeschriebenen Kennzeichen für die Zertifizierung, die wiederkehrende Prüfung und die Füllung nicht lesbar sind.

4.1.6.14　Die Eigentümer müssen der zuständigen Behörde auf deren begründetes Verlangen alle Informationen, die für den Nachweis der Konformität des Druckgefäßes erforderlich sind, in einer Sprache aushändigen, die von der zuständigen Behörde leicht verstanden werden kann. Sie müssen mit dieser Behörde auf deren Verlangen bei allen Maßnahmen zur Abwendung der Nichtkonformität der in ihrem Eigentum stehenden Druckgefäße kooperieren.

4.1.6.15　Für UN-Druckgefäße sind die nachstehend aufgeführten ISO-Normen anzuwenden. Für andere Druckgefäße gelten die Vorschriften des Abschnitts 4.1.6 bei Anwendung der jeweils zutreffenden nachstehenden Normen als erfüllt:

Verwendung von Verpackungen, einschließlich Großpackmittel (IBC) und Großverpackungen 4.1

ADR			RID
anwendbar für Unterabschnitt	Referenz	Titel des Dokuments	
4.1.6.2	EN ISO 11114-1:2012 + A1:2017	Gasflaschen – Verträglichkeit von Werkstoffen für Gasflaschen und Ventile mit den in Berührung kommenden Gasen – Teil 1: Metallische Werkstoffe	
	EN ISO 11114-2:2013	Gasflaschen – Verträglichkeit von Flaschen- und Ventilwerkstoffen mit den in Berührung kommenden Gasen – Teil 2: Nichtmetallische Werkstoffe	
4.1.6.4	ISO 11621:1997 oder EN ISO 11621:2005	Gasflaschen – Verfahren für den Wechsel der Gasart	
4.1.6.8 Ventile mit Eigenschutz	Anlage A zu EN ISO 10297:2006 oder Anlage A zu EN ISO 10297:2014 oder Anlage A zu EN ISO 10297:2014 + A1:2017	Ortsbewegliche Gasflaschen – Flaschenventile – Spezifikation und Typprüfung	
	EN 13152:2001 + A1:2003	Spezifikation und Prüfung für Flüssiggas-(LPG-)Flaschenventile – selbstschließend	
	EN 13153:2001 + A1:2003	Spezifikation und Prüfung für Flüssiggas-(LPG-)Flaschenventile – handbetätigt	
	EN ISO 14245:2010 oder EN ISO 14245:2019	Gasflaschen – Spezifikation und Prüfung von Flaschenventilen für Flüssiggas (LPG) – Selbstschließend	
	EN ISO 15995:2010 oder EN ISO 15995:2019	Gasflaschen – Spezifikation und Prüfung von Flaschenventilen für Flüssiggas (LPG) – Handbetätigt	
	Anlage A zu EN ISO 17879:2017	Gasflaschen – Selbstschließende Flaschenventile – Spezifikation und Baumusterprüfung	
4.1.6.8 b) und c)	entweder ISO 11117:1998 oder EN ISO 11117:2008 + Cor 1:2009 oder EN ISO 11117:2019	Gasflaschen – Ventilschutzkappen und Ventilschutzvorrichtungen – Gestaltung, Konstruktion und Prüfungen	
	EN 962:1996 + A2:2000	Ortsbewegliche Gasflaschen – Ventilschutzkappen und Ventilschutzvorrichtungen für Gasflaschen in industriellem und medizinischem Einsatz – Gestaltung, Konstruktion und Prüfungen	
4.1.6.8 b) und c)	ISO 16111:2008	Ortsbewegliche Gasspeichereinrichtungen – In reversiblen Metallhydriden absorbierter Wasserstoff	

4.1.7 **Besondere Vorschriften für das Verpacken organischer Peroxide der Klasse 5.2 und selbstzersetzlicher Stoffe der Klasse 4.1**

4.1.7.0.1 Bei organischen Peroxiden müssen alle Gefäße «wirksam verschlossen» sein. Wenn in einem Versandstück durch die Entwicklung von Gas ein bedeutender Innendruck entstehen kann, darf eine Lüftungseinrichtung angebracht werden, vorausgesetzt, das ausströmende Gas stellt keine Gefahr dar; andernfalls ist der Füllungsgrad zu begrenzen. Lüftungseinrichtungen müssen so gebaut sein, dass kein flüssiger Stoff entweichen kann, wenn sich das Versandstück in aufrechter Position befindet, und müssen das Eindringen von Verunreinigungen verhindern. Die Außenverpackung muss, soweit vorhanden, so ausgelegt sein, dass sie die Funktion der Lüftungseinrichtung nicht beeinträchtigt.

4.1.7.1 **Verwendung von Verpackungen (ausgenommen Großpackmittel (IBC))**

4.1.7.1.1 Verpackungen für organische Peroxide und selbstzersetzliche Stoffe müssen den Vorschriften des Kapitels 6.1 entsprechen und die Prüfvorschriften für die Verpackungsgruppe II erfüllen.

4.1.7.1.2 Die Verpackungsmethoden für organische Peroxide und selbstzersetzliche Stoffe sind in der Verpackungsanweisung P 520 aufgeführt und werden mit OP1 bis OP8 bezeichnet. Die für jede Verpackungsmethode angegebenen Mengen stellen die für die Versandstücke zugelassenen Höchstmengen dar.

4.1 Verwendung von Verpackungen, einschließlich Großpackmittel (IBC) und Großverpackungen

ADR	RID

4.1.7.1.3 Für alle bereits zugeordneten organischen Peroxide und selbstzersetzlichen Stoffe sind die anzuwendenden Verpackungsmethoden in den Tabellen der Unterabschnitte 2.2.41.4 und 2.2.52.4 aufgeführt.

4.1.7.1.4 Für neue organische Peroxide, neue selbstzersetzliche Stoffe oder neue Zubereitungen von bereits zugeordneten organischen Peroxiden oder von bereits zugeordneten selbstzersetzlichen Stoffen ist die geeignete Verpackungsmethode wie folgt zu bestimmen:

a) ORGANISCHES PEROXID TYP B oder SELBSTZERSETZLICHER STOFF TYP B:
Die Verpackungsmethode OP5 ist anzuwenden, wenn das organische Peroxid (oder der selbstzersetzliche Stoff) die Kriterien des Handbuchs Prüfungen und Kriterien Absatz 20.4.3 b) (bzw. 20.4.2 b)) in einer durch die Verpackungsmethode zugelassenen Verpackung erfüllt. Kann das organische Peroxid (oder der selbstzersetzliche Stoff) diese Kriterien nur in einer kleineren Verpackung als der durch die Verpackungsmethode OP5 zugelassenen erfüllen (d.h. in einer der für OP1 bis OP4 aufgeführten Verpackungen), ist die entsprechende Verpackungsmethode mit der niedrigeren OP-Nummer anzuwenden;

b) ORGANISCHES PEROXID TYP C oder SELBSTZERSETZLICHER STOFF TYP C:
Die Verpackungsmethode OP6 ist anzuwenden, wenn das organische Peroxid (oder der selbstzersetzliche Stoff) die Kriterien des Handbuchs Prüfungen und Kriterien Absatz 20.4.3 c) (bzw. 20.4.2 c)) in einer durch die Verpackungsmethode zugelassenen Verpackung erfüllt. Kann das organische Peroxid (oder der selbstzersetzliche Stoff) diese Kriterien nur in einer kleineren Verpackung als der durch die Verpackungsmethode OP6 zugelassenen erfüllen, ist die entsprechende Verpackungsmethode mit der niedrigeren OP-Nummer anzuwenden;

c) ORGANISCHES PEROXID TYP D oder SELBSTZERSETZLICHER STOFF TYP D:
Für diesen Typ des organischen Peroxids oder des selbstzersetzlichen Stoffs ist die Verpackungsmethode OP7 anzuwenden.

d) ORGANISCHES PEROXID TYP E oder SELBSTZERSETZLICHER STOFF TYP E:
Für diesen Typ des organischen Peroxids oder des selbstzersetzlichen Stoffs ist die Verpackungsmethode OP8 anzuwenden.

e) ORGANISCHES PEROXID TYP F oder SELBSTZERSETZLICHER STOFF TYP F:
Für diesen Typ des organischen Peroxids oder des selbstzersetzlichen Stoffs ist die Verpackungsmethode OP8 anzuwenden.

4.1.7.2 Verwendung von Großpackmitteln (IBC)

4.1.7.2.1 Die bereits zugeordneten organischen Peroxide, die in Verpackungsanweisung IBC 520 aufgeführt sind, dürfen in Großpackmitteln (IBC) gemäß dieser Verpackungsanweisung befördert werden. Großpackmittel (IBC) müssen den Vorschriften des Kapitels 6.5 entsprechen und dessen Prüfvorschriften für die Verpackungsgruppe II erfüllen.

4.1.7.2.2 Die anderen organischen Peroxide und die selbstzersetzlichen Stoffe des Typs F dürfen in Großpackmitteln (IBC) unter den von der zuständigen Behörde des Ursprungslandes festgesetzten Bedingungen befördert werden, wenn die zuständige Behörde auf Grund von Prüfungen bestätigt, dass eine solche Beförderung sicher durchgeführt werden kann. Die Prüfungen müssen Folgendes ermöglichen:

a) den Nachweis, dass das organische Peroxid (oder der selbstzersetzliche Stoff) den Grundsätzen der Klassifizierung im Handbuch Prüfungen und Kriterien Absatz 20.4.3 f) (bzw. 20.4.2 f)), Ausgang Box F in Abbildung 20.1 b) des Handbuchs entspricht;

b) den Nachweis der Verträglichkeit mit allen Werkstoffen, die mit dem Stoff während der Beförderung normalerweise in Berührung kommen;

Verwendung von Verpackungen, einschließlich Großpackmittel (IBC) und Großverpackungen 4.1

ADR	RID
c) soweit erforderlich, die Bestimmung der für die Beförderung des Stoffes im vorgesehenen Großpackmittel (IBC) geltenden, von der SADT abgeleiteten Kontroll- und Notfalltemperaturen;	(bleibt offen)
d) soweit erforderlich, die Auslegung der Druckentlastungs- und der Notfall-Druckentlastungseinrichtungen und	
e) die Festsetzung eventuell erforderlicher Sondervorschriften, die für die sichere Beförderung des Stoffes notwendig sind.	
Ist das Ursprungsland keine Vertragspartei des ADR, so müssen diese Bedingungen von der zuständigen Behörde der ersten von der Sendung berührten Vertragspartei des ADR anerkannt werden.	kein RID-Vertragsstaat, des RID-Vertragsstaates

4.1.7.2.3 Selbstbeschleunigende Zersetzung und Feuereinwirkung sind als Notfälle zu berücksichtigen. Um ein explosionsartiges Zerbersten von metallenen IBC oder Kombinations-IBC mit vollwandigem Metallgehäuse zu vermeiden, müssen die Notfall-Druckentlastungseinrichtungen so ausgelegt sein, dass alle Zersetzungsprodukte und Dämpfe abgeführt werden, die bei selbstbeschleunigender Zersetzung oder bei Feuereinwirkung während eines Zeitraums von mindestens einer Stunde, berechnet nach der in Absatz 4.2.1.13.8 angegebenen Formel, entwickelt werden.

4.1.8 **Besondere Vorschriften für das Verpacken ansteckungsgefährlicher Stoffe der Klasse 6.2**

4.1.8.1 Der Absender von ansteckungsgefährlichen Stoffen muss sicherstellen, dass die Versandstücke so vorbereitet sind, dass sie ihren Bestimmungsort in gutem Zustand erreichen und keine Gefahr für Personen oder Tiere während der Beförderung darstellen.

4.1.8.2 Die Begriffsbestimmungen in Abschnitt 1.2.1 und die allgemeinen Vorschriften der Unterabschnitte 4.1.1.1 bis 4.1.1.17, ausgenommen Unterabschnitte 4.1.1.10 bis 4.1.1.12 und 4.1.1.15, gelten für Versandstücke mit ansteckungsgefährlichen Stoffen. Flüssige Stoffe dürfen jedoch nur in Verpackungen eingefüllt werden, die gegenüber einem Innendruck, der sich unter normalen Beförderungsbedingungen entwickeln kann, ausreichend fest sind.

4.1.8.3 Eine detaillierte Auflistung des Inhalts muss zwischen der zweiten Verpackung und der Außenverpackung enthalten sein. Wenn die zu befördernden ansteckungsgefährlichen Stoffe nicht bekannt sind, jedoch unter dem Verdacht stehen, dass sie den Kriterien für eine Aufnahme in Kategorie A entsprechen, muss im Dokument innerhalb der Außenverpackung der Wortlaut «Verdacht auf ansteckungsgefährlichen Stoff der Kategorie A» nach der offiziellen Benennung für die Beförderung in Klammern angegeben werden.

4.1.8.4 Bevor eine leere Verpackung dem Absender zurückgesandt oder an einen anderen Empfänger versandt wird, muss sie desinfiziert oder sterilisiert werden, um jede Gefahr auszuschließen; Bezettelungen und Kennzeichen, die darauf hinweisen, dass die Verpackung ansteckungsgefährliche Stoffe enthalten hat, müssen entfernt oder unkenntlich gemacht werden.

4.1	Verwendung von Verpackungen, einschließlich Großpackmittel (IBC) und Großverpackungen
ADR	**RID**

4.1.8.5 Sofern eine gleichwertige Leistungsfähigkeit sichergestellt ist, sind folgende Abweichungen für die Primärgefäße, die in eine Sekundärverpackung eingesetzt sind, zulässig, ohne dass das gesamte Versandstück weiteren Prüfungen unterzogen werden muss:

a) Primärgefäße gleicher oder kleinerer Größe als die geprüften Primärgefäße dürfen verwendet werden, vorausgesetzt:

(i) die Primärgefäße sind ähnlich ausgeführt wie die geprüften Primärgefäße (z. B. Form: rund, rechteckig, usw.);

(ii) der Werkstoff des Primärgefäßes (z. B. Glas, Kunststoff, Metall, usw.) weist eine gleiche oder höhere Festigkeit gegenüber Aufprall- und Stapelkräften auf wie das geprüfte Primärgefäß;

(iii) die Primärgefäße haben gleiche oder kleinere Öffnungen und der Verschluss ist ähnlich ausgeführt (z. B. Schraubverschluss, Stopfen, usw.);

(iv) zusätzliches Polstermaterial wird in ausreichender Menge verwendet, um Hohlräume auszufüllen und bedeutsame Bewegungen der Primärgefäße zu verhindern, und

(v) die Primärgefäße sind in der Sekundärverpackung in gleicher Weise ausgerichtet wie im geprüften Versandstück.

b) Eine geringere Anzahl von geprüften Primärgefäßen oder anderen Arten von Primärgefäßen nach Absatz a) darf verwendet werden, vorausgesetzt, es wird genügend Polstermaterial hinzugefügt, um den Hohlraum (die Hohlräume) auszufüllen und bedeutsame Bewegungen der Primärgefäße zu verhindern.

4.1.8.6 Die Unterabschnitte 4.1.8.1 bis 4.1.8.5 gelten nur für ansteckungsgefährliche Stoffe der Kategorie A (UN-Nummern 2814 und 2900). Sie gelten weder für UN 3373 BIOLOGISCHER STOFF, KATEGORIE B (siehe Unterabschnitt 4.1.4.1 Verpackungsanweisung P 650) noch für UN 3291 KLINISCHER ABFALL, UNSPEZIFIZIERT, N.A.G., oder (BIO)MEDIZINISCHER ABFALL, N.A.G., oder UNTER DIE VORSCHRIFTEN FALLENDER MEDIZINISCHER ABFALL, N.A.G.

4.1.8.7 Für die Beförderung tierischer Stoffe dürfen Verpackungen oder Großpackmittel (IBC), die nicht ausdrücklich durch die anwendbaren Verpackungsanweisungen zugelassen sind, nicht zur Beförderung eines Stoffes oder Gegenstandes verwendet werden, es sei denn, die zuständige Behörde des Ursprungslandes[4] hat dies im Einzelnen zugelassen und folgende Voraussetzungen werden erfüllt:

a) die alternative Verpackung erfüllt die allgemeinen Vorschriften dieses Teils;

b) die alternative Verpackung erfüllt die Vorschriften des Teils 6, wenn die in Kapitel 3.2 Tabelle A Spalte 8 angegebene Verpackungsanweisung dies festlegt;

c) die zuständige Behörde des Ursprungslandes[4] stellt fest, dass die alternative Verpackung mindestens das gleiche Sicherheitsniveau gewährleistet wie die Verpackung des Stoffes in Übereinstimmung mit einer Methode, die in der in Kapitel 3.2 Tabelle A Spalte 8 angegebenen besonderen Verpackungsanweisung festgelegt ist, und

d) eine Kopie der Zulassung der zuständigen Behörde ist jeder Sendung beigefügt oder das Beförderungspapier enthält einen Hinweis, dass die alternative Verpackung von der zuständigen Behörde zugelassen wurde.

---

[4] Ist das Ursprungsland keine Vertragspartei des ADR, die zuständige Behörde der ersten Vertragspartei des ADR, die von der Sendung berührt wird.

[4] Ist das Ursprungsland kein RID-Vertragsstaat, die zuständige Behörde des ersten RID-Vertragsstaates, der von der Sendung berührt wird.

Verwendung von Verpackungen, einschließlich Großpackmittel (IBC) und Großverpackungen 4.1

ADR	RID

4.1.9 **Besondere Vorschriften für das Verpacken von radioaktiven Stoffen**

4.1.9.1 **Allgemeines**

4.1.9.1.1 Radioaktive Stoffe, Verpackungen und Versandstücke müssen den Vorschriften des Kapitels 6.4 entsprechen. Die Menge radioaktiver Stoffe in einem Versandstück darf die in den Absätzen 2.2.7.2.2, 2.2.7.2.4.1, 2.2.7.2.4.4, 2.2.7.2.4.5, 2.2.7.2.4.6, in Kapitel 3.3 Sondervorschrift 336 und in Unterabschnitt 4.1.9.3 festgelegten Grenzwerte nicht überschreiten.

Die vom ADR/RID erfassten Typen von Versandstücken für radioaktive Stoffe sind:

a) freigestelltes Versandstück (siehe Unterabschnitt 1.7.1.5);

b) Industrieversandstück des Typs 1 (Typ IP-1-Versandstück);

c) Industrieversandstück des Typs 2 (Typ IP-2-Versandstück);

d) Industrieversandstück des Typs 3 (Typ IP-3-Versandstück);

e) Typ A-Versandstück;

f) Typ B(U)-Versandstück;

g) Typ B(M)-Versandstück;

h) Typ C-Versandstück.

Versandstücke, die spaltbare Stoffe oder Uranhexafluorid enthalten, unterliegen zusätzlichen Vorschriften.

4.1.9.1.2 Die nichtfesthaftende Kontamination an den Außenseiten eines Versandstückes muss so gering wie möglich sein und darf unter Routinebeförderungsbedingungen folgende Grenzwerte nicht überschreiten:

a) 4 Bq/cm^2 für Beta- und Gammastrahler sowie für Alphastrahler geringer Toxizität;

b) 0,4 Bq/cm^2 für alle anderen Alphastrahler.

Diese Grenzwerte sind anwendbar, wenn sie über eine Fläche von 300 cm^2 jedes Teils der Oberfläche gemittelt werden.

4.1.9.1.3 Außer Gegenständen, die für die Verwendung radioaktiver Stoffe notwendig sind, darf ein Versandstück keine anderen Gegenstände enthalten. Die Wechselwirkung zwischen diesen Gegenständen und dem Versandstück darf unter den für das Baumuster anwendbaren Beförderungsbedingungen die Sicherheit des Versandstückes nicht verringern.

4.1.9.1.4 Sofern in Abschnitt 7.5.11 Sondervorschrift
CV 33 | CW 33
nichts anderes vorgeschrieben ist, darf die Höhe der nichtfesthaftenden Kontamination an den Außen- und Innenseiten einer Umverpackung, eines Containers, eines Tanks, eines Großpackmittels (IBC) oder eines
Fahrzeugs | Wagens
die in Absatz 4.1.9.1.2 aufgeführten Grenzwerte nicht überschreiten. Diese Vorschrift gilt nicht für die inneren Oberflächen von Containern, die als Verpackungen verwendet werden, unabhängig davon, ob diese beladen oder leer sind.

4.1.9.1.5 Bei radioaktiven Stoffen mit anderen gefährlichen Eigenschaften müssen diese Eigenschaften bei der Auslegung des Versandstücks berücksichtigt werden. Radioaktive Stoffe mit einer Nebengefahr, die in Versandstücken verpackt sind, für die keine Zulassung der zuständigen Behörde erforderlich ist, müssen in Verpackungen, Großpackmitteln (IBC), Tanks oder Schüttgut-Containern befördert werden, die vollständig dem jeweils zutreffenden Kapitel des Teils 6 sowie den für diese Nebengefahr anwendbaren Vorschriften des Kapitels 4.1, 4.2 oder 4.3 entsprechen.

4.1	Verwendung von Verpackungen, einschließlich Großpackmittel (IBC) und Großverpackungen
ADR	**RID**

4.1.9.1.6 Bevor eine Verpackung erstmalig für die Beförderung radioaktiver Stoffe verwendet wird, ist zu bestätigen, dass sie in Übereinstimmung mit den Bauartspezifikationen hergestellt wurde, um die Einhaltung der zutreffenden Vorschriften des ADR/RID und eines eventuell anwendbaren Zulassungszeugnisses sicherzustellen. Die folgenden Vorschriften sind, sofern anwendbar, ebenfalls zu erfüllen:

a) Überschreitet der Auslegungsdruck der dichten Umschließung 35 kPa (Überdruck), so ist sicherzustellen, dass die dichte Umschließung jeder Verpackung den Vorschriften in Bezug auf die Erhaltung seiner Unversehrtheit unter diesem Druck der zugelassenen Bauart entspricht.

b) Für jede Verpackung, die für die Verwendung als Typ B(U)-, Typ B(M)- oder Typ C-Versandstück vorgesehen ist, und für jede Verpackung, die für die Aufnahme spaltbarer Stoffe vorgesehen ist, ist sicherzustellen, dass die Wirksamkeit der Abschirmung und der dichten Umschließung und, soweit erforderlich, der Wärmeübertragungseigenschaften und die Wirksamkeit des Einschließungssystems innerhalb der Grenzen liegen, die auf die zugelassene Bauart anwendbar oder für diese festgelegt sind.

c) Für jede Verpackung, die für die Aufnahme spaltbarer Stoffe vorgesehen ist, ist sicherzustellen, dass die Wirksamkeit der Kritikalitätssicherheitseinrichtungen innerhalb der Grenzwerte liegt, die für die Bauart anwendbar sind oder festgelegt wurden, und in Fällen, in denen Neutronengifte ausdrücklich einbezogen sind, um den Vorschriften des Unterabschnitts 6.4.11.1 zu genügen, sind zur Bestätigung des Vorhandenseins und der Verteilung dieser Neutronengifte Kontrollen durchzuführen.

4.1.9.1.7 Vor jeder Beförderung eines Versandstücks ist sicherzustellen, dass das Versandstück

a) weder Radionuklide enthält, die von den für das Versandstückmuster festgelegten abweichen,

b) noch Inhalte in einer Form oder in einem physikalischen oder chemischen Zustand enthält, die von den für das Versandstückmuster festgelegten abweichen.

4.1.9.1.8 Vor jeder Beförderung eines Versandstücks ist sicherzustellen, dass alle in den zutreffenden Vorschriften des ADR/RID und in den anwendbaren Zulassungszeugnissen festgelegten Anforderungen erfüllt worden sind. Die folgenden Vorschriften sind, sofern anwendbar, ebenfalls zu erfüllen:

a) Es ist sicherzustellen, dass Lastanschlagvorrichtungen, welche die Vorschriften des Unterabschnitts 6.4.2.2 nicht erfüllen, nach Unterabschnitt 6.4.2.3 entfernt oder auf andere Art für das Anheben des Versandstücks unbrauchbar gemacht worden sind.

b) Jedes Typ B(U)-, Typ B(M)- und Typ C-Versandstück ist so lange zurückzuhalten, bis sich annähernd ein Gleichgewichtszustand für den Nachweis der Übereinstimmung mit den Temperatur- und Druckvorschriften eingestellt hat, sofern nicht eine Freistellung von diesen Vorschriften unilateral zugelassen wurde.

c) Für jedes Typ B(U)-, Typ B(M)- und Typ C-Versandstück ist durch Inspektion und/oder durch geeignete Prüfungen sicherzustellen, dass alle Verschlüsse, Ventile und andere Öffnungen der dichten Umschließung, durch die der radioaktive Inhalt entweichen könnte, in der Weise ordnungsgemäß verschlossen und gegebenenfalls abgedichtet sind, für die der Nachweis der Übereinstimmung mit den Vorschriften der Unterabschnitte 6.4.8.8 und 6.4.10.3 erbracht wurde.

d) Für Versandstücke, die spaltbare Stoffe enthalten, sind die in Unterabschnitt 6.4.11.5 b) aufgeführte Messung und die in Unterabschnitt 6.4.11.8 aufgeführten Prüfungen für den Nachweis des Verschlusses jedes Versandstücks durchzuführen.

Verwendung von Verpackungen, einschließlich Großpackmittel (IBC) und Großverpackungen 4.1

ADR	RID

e) Für Versandstücke, die nach der Lagerung für die Beförderung verwendet werden sollen, muss sichergestellt sein, dass alle Verpackungsbestandteile und der radioaktive Inhalt während der Lagerung in einem solchen Zustand erhalten wurden, dass alle in den zutreffenden Vorschriften des ADR/RID und in den anwendbaren Zulassungszeugnissen festgelegten Anforderungen erfüllt worden sind.

4.1.9.1.9 Der Absender muss auch eine Kopie der Anweisungen zum richtigen Verschließen des Versandstückes und anderer Vorbereitungen für die Beförderung haben, bevor er eine Beförderung nach den Vorschriften dieser Zeugnisse vornimmt.

4.1.9.1.10 Mit Ausnahme von Sendungen unter ausschließlicher Verwendung darf weder die Transportkennzahl für jedes einzelne Versandstück oder jede einzelne Umverpackung 10 noch die Kritikalitätssicherheitskennzahl für jedes einzelne Versandstück oder jede einzelne Umverpackung 50 überschreiten.

4.1.9.1.11 Mit Ausnahme von Versandstücken oder Umverpackungen, die unter ausschließlicher Verwendung gemäß Abschnitt 7.5.11 Sondervorschrift
CV 33 (3.5) a) | CW 33 (3.5) a)
befördert werden, darf die höchste Dosisleistung an keinem Punkt der Außenfläche eines Versandstückes oder einer Umverpackung 2 mSv/h überschreiten.

4.1.9.1.12 Die höchste Dosisleistung darf an keinem Punkt der Außenfläche eines unter ausschließlicher Verwendung beförderten Versandstücks oder einer unter ausschließlicher Verwendung beförderten Umverpackung 10 mSv/h überschreiten.

4.1.9.2 **Vorschriften und Kontrollmaßnahmen für die Beförderung radioaktiver Stoffe mit geringer spezifischer Aktivität (LSA-Stoffe) und oberflächenkontaminierter Gegenstände (SCO-Gegenstände)**

4.1.9.2.1 Die Menge der LSA-Stoffe oder der SCO-Gegenstände in einem Typ IP-1-Versandstück, Typ IP-2-Versandstück, Typ IP-3-Versandstück oder Gegenstand oder gegebenenfalls in einer Gesamtheit von Gegenständen ist so zu beschränken, dass die äußere Dosisleistung in einem Abstand von 3 m von dem nicht abgeschirmten Stoff oder Gegenstand oder der Gesamtheit von Gegenständen 10 mSv/h nicht überschreitet.

4.1.9.2.2 Für LSA-Stoffe und SCO-Gegenstände, die spaltbare Stoffe sind oder solche enthalten, sofern diese nicht gemäß Absatz 2.2.7.2.3.5 freigestellt sind, müssen die anwendbaren Vorschriften des Abschnitts 7.5.11 Sondervorschrift
CV 33 | CW 33
Absätze (4.1) und (4.2) eingehalten werden.

4.1.9.2.3 Für LSA-Stoffe und SCO-Gegenstände, die spaltbare Stoffe sind oder solche enthalten, müssen die anwendbaren Vorschriften des Unterabschnitts 6.4.11.1 eingehalten werden.

4.1.9.2.4 LSA-Stoffe und SCO-Gegenstände in den Gruppen LSA-I, SCO-I und SCO-III dürfen unter folgenden Bedingungen unverpackt befördert werden:

a) alle unverpackten Stoffe, ausgenommen Erze, die ausschließlich in der Natur vorkommende Radionuklide enthalten, müssen so befördert werden, dass bei Routinebeförderungsbedingungen kein Inhalt aus dem
Fahrzeug | Wagen
entweicht und keine Abschirmung verloren geht;

b) jedes Fahrzeug | jeder Wagen
muss unter ausschließlicher Verwendung stehen, es sei denn, es werden mit ihm nur SCO-I-Gegenstände befördert, auf denen die Kontamination auf den zugänglichen und unzugänglichen Oberflächen nicht höher als das 10fache des gemäß der Begriffsbestimmung für Kontamination in Absatz 2.2.7.1.2 anwendbaren Wertes ist;

4.1 Verwendung von Verpackungen, einschließlich Großpackmittel (IBC) und Großverpackungen

ADR	RID

c) ist bei SCO-I-Gegenständen zu vermuten, dass auf den unzugänglichen Oberflächen mehr nichtfesthaftende Kontamination vorhanden ist als in den in Absatz 2.2.7.2.3.2 a) (i) festgelegten Werten, so sind Maßnahmen zu treffen, die sicherstellen, dass radioaktive Stoffe nicht in

das Fahrzeug	den Wagen

entweichen können;

d) unverpackte spaltbare Stoffe müssen den Vorschriften des Absatzes 2.2.7.2.3.5 e) entsprechen und

e) für SCO-III-Gegenstände:

    (i) Die Beförderung muss unter ausschließlicher Verwendung erfolgen.

    (ii) Stapeln ist nicht zugelassen.

    (iii) Alle mit der Beförderung zusammenhängende Tätigkeiten, einschließlich Strahlenschutz, Notfallmaßnahmen und besondere Vorsichtsmaßnahmen oder besondere administrative oder betriebliche Kontrollen, die während der Beförderung durchzuführen sind, müssen in einem Beförderungsplan beschrieben werden. Aus dem Beförderungsplan muss hervorgehen, dass das allgemeine Sicherheitsniveau bei der Beförderung mindestens dem gleichwertig ist, das gegeben wäre, wenn die Vorschriften des Abschnitts 6.4.7.14 (nur für die Prüfung nach Absatz 6.4.15.6, der die Prüfungen nach den Abschnitten 6.4.15.2 und 6.4.15.3 vorausgehen) erfüllt worden wären.

    (iv) Die Vorschriften der Abschnitte 6.4.5.1 und 6.4.5.2 für ein Typ IP-2-Versandstück müssen erfüllt sein, mit der Ausnahme, dass der in Abschnitt 6.4.15.4 größtmögliche Schaden auf der Grundlage von Bestimmungen im Beförderungsplan bestimmt werden darf und dass die Vorschriften des Unterabschnitts 6.4.15.5 nicht anwendbar sind.

    (v) Der Gegenstand und eine eventuelle Abschirmung sind in Übereinstimmung mit Unterabschnitt 6.4.2.1 am Beförderungsmittel gesichert.

    (vi) Die Beförderung unterliegt einer multilateralen Genehmigung.

4.1.9.2.5 LSA-Stoffe und SCO-Gegenstände sind, sofern in Absatz 4.1.9.2.4 nichts anderes bestimmt ist, gemäß nachstehender Tabelle zu verpacken.

Tabelle 4.1.9.2.5:

Vorschriften für Industrieversandstücke, die LSA-Stoffe und SCO-Gegenstände enthalten

Radioaktiver Inhalt	Typ des Industrieversandstücks	
	ausschließliche Verwendung	nicht unter ausschließlicher Verwendung
LSA-I		
fest [a]	Typ IP-1	Typ IP-1
flüssig	Typ IP-1	Typ IP-2
LSA-II		
fest	Typ IP-2	Typ IP-2
flüssig und gasförmig	Typ IP-2	Typ IP-3
LSA-III	Typ IP-2	Typ IP-3
SCO-I [a]	Typ IP-1	Typ IP-1
SCO-II	Typ IP-2	Typ IP-2

[a] Unter den Bedingungen des Absatzes 4.1.9.2.4 dürfen LSA-I-Stoffe und SCO-I-Gegenstände unverpackt befördert werden.

Verwendung von Verpackungen, einschließlich Großpackmittel (IBC) und Großverpackungen 4.1

ADR	RID

4.1.9.3 **Versandstücke, die spaltbare Stoffe enthalten**

Der Inhalt von Versandstücken, die spaltbare Stoffe enthalten, muss entweder dem direkt im ADR/RID oder im Zulassungszeugnis für das Versandstückmuster festgelegten Inhalt entsprechen.

4.1.10 **Sondervorschriften für die Zusammenpackung**

4.1.10.1 Wenn die Zusammenpackung auf Grund der Vorschriften dieses Abschnitts zugelassen ist, dürfen gefährliche Güter mit anderen gefährlichen Gütern oder anderen Gütern in zusammengesetzten Verpackungen nach Unterabschnitt 6.1.4.21 zusammengepackt werden, vorausgesetzt, sie reagieren nicht gefährlich miteinander und die übrigen entsprechenden Vorschriften dieses Kapitels sind erfüllt.

Bem. 1. Siehe auch Unterabschnitte 4.1.1.5 und 4.1.1.6.

2. Für radioaktive Stoffe siehe Abschnitt 4.1.9.

4.1.10.2 Mit Ausnahme der Versandstücke, die nur Güter der Klasse 1 oder nur Stoffe der Klasse 7 enthalten, darf ein Versandstück, das verschiedene zusammengepackte Güter enthält, bei Verwendung von Kisten aus Holz oder Pappe als Außenverpackungen nicht schwerer sein als 100 kg.

4.1.10.3 Sofern eine anwendbare Sondervorschrift des Unterabschnitts 4.1.10.4 nichts anderes vorschreibt, dürfen gefährliche Güter derselben Klasse und desselben Klassifizierungscodes zusammengepackt werden.

4.1 Verwendung von Verpackungen, einschließlich Großpackmittel (IBC) und Großverpackungen

ADR	RID

4.1.10.4 Folgende Sondervorschriften sind, wenn sie in Kapitel 3.2 Tabelle A Spalte 9b bei einer Eintragung angegeben sind, für die Zusammenpackung der dieser Eintragung zugeordneten Güter mit anderen Gütern in einem Versandstück anwendbar:

MP 1
Darf nur mit einem Gut desselben Typs und derselben Verträglichkeitsgruppe zusammengepackt werden.

MP 2
Darf nicht mit anderen Gütern zusammengepackt werden.

MP 3
Nur die Zusammenpackung von UN-Nummer 1873 und UN-Nummer 1802 ist zugelassen.

MP 4
Darf weder mit Gütern der übrigen Klassen noch mit Gütern, die den Vorschriften des ADR/RID nicht unterliegen, zusammengepackt werden. Ist dieses organische Peroxid jedoch ein Härter oder Mehrkomponentensystem für Stoffe der Klasse 3, ist eine Zusammenpackung mit diesen Stoffen der Klasse 3 zugelassen.

MP 5
Die Stoffe der UN-Nummern 2814 und 2900 dürfen in einer zusammengesetzten Verpackung nach Verpackungsanweisung P 620 zusammengepackt werden. Sie dürfen nicht mit anderen Gütern zusammengepackt werden; dies gilt nicht für UN 3373 Biologischer Stoff, Kategorie B, der nach Verpackungsanweisung P 650 verpackt ist, oder für Stoffe, die zur Kühlung beigegeben werden, z. B. Eis, Trockeneis oder tiefgekühlt verflüssigter Stickstoff.

MP 6
Darf nicht mit anderen Gütern zusammengepackt werden. Dies gilt nicht für Stoffe, die zur Kühlung beigegeben werden, z. B. Eis, Trockeneis oder tiefgekühlt verflüssigter Stickstoff.

MP 7
Darf in Mengen von höchstens 5 Liter je Innenverpackung
- mit Gütern, die unter einen anderen Klassifizierungscode derselben Klasse fallen, soweit eine Zusammenpackung auch für diese Güter zugelassen ist, und/oder
- mit Gütern, die den Vorschriften des ADR/RID nicht unterliegen,

in einer zusammengesetzten Verpackung nach Unterabschnitt 6.1.4.21 zusammengepackt werden, wenn sie nicht gefährlich miteinander reagieren.

MP 8
Darf in Mengen von höchstens 3 Liter je Innenverpackung
- mit Gütern, die unter einen anderen Klassifizierungscode derselben Klasse fallen, soweit eine Zusammenpackung auch für diese Güter zugelassen ist, und/oder
- mit Gütern, die den Vorschriften des ADR/RID nicht unterliegen,

in einer zusammengesetzten Verpackung nach Unterabschnitt 6.1.4.21 zusammengepackt werden, wenn sie nicht gefährlich miteinander reagieren.

Verwendung von Verpackungen, einschließlich Großpackmittel (IBC) und Großverpackungen 4.1

ADR	RID

MP 9
Darf mit
- anderen Gütern der Klasse 2,
- Gütern der übrigen Klassen, soweit eine Zusammenpackung auch für Güter dieser Klassen zugelassen ist, und/oder
- Gütern, die den Vorschriften des ADR/RID nicht unterliegen,

in einer für zusammengesetzte Verpackungen des Unterabschnitts 6.1.4.21 vorgesehenen Außenverpackung zusammengepackt werden, wenn sie nicht gefährlich miteinander reagieren.

MP 10
Darf in Mengen von höchstens 5 kg je Innenverpackung
- mit Gütern, die unter einen anderen Klassifizierungscode derselben Klasse fallen, oder mit Gütern der übrigen Klassen, soweit eine Zusammenpackung auch für diese Güter zugelassen ist, und/oder
- mit Gütern, die den Vorschriften des ADR/RID nicht unterliegen,

in einer zusammengesetzten Verpackung nach Unterabschnitt 6.1.4.21 zusammengepackt werden, wenn sie nicht gefährlich miteinander reagieren.

MP 11
Darf in Mengen von höchstens 5 kg je Innenverpackung
- mit Gütern, die unter einen anderen Klassifizierungscode derselben Klasse fallen, oder mit Gütern der übrigen Klassen (mit Ausnahme von Stoffen der Klasse 5.1 Verpackungsgruppe I oder II), soweit eine Zusammenpackung auch für diese Güter zugelassen ist, und/oder
- mit Gütern, die den Vorschriften des ADR/RID nicht unterliegen,

in einer zusammengesetzten Verpackung nach Unterabschnitt 6.1.4.21 zusammengepackt werden, wenn sie nicht gefährlich miteinander reagieren.

MP 12
Darf in Mengen von höchstens 5 kg je Innenverpackung
- mit Gütern, die unter einen anderen Klassifizierungscode derselben Klasse fallen, oder mit Gütern der übrigen Klassen (mit Ausnahme von Stoffen der Klasse 5.1 Verpackungsgruppe I oder II), soweit eine Zusammenpackung auch für diese Güter zugelassen ist, und/oder
- mit Gütern, die den Vorschriften des ADR/RID nicht unterliegen,

in einer zusammengesetzten Verpackung nach Unterabschnitt 6.1.4.21 zusammengepackt werden, wenn sie nicht gefährlich miteinander reagieren.
Ein Versandstück darf nicht schwerer sein als 45 kg; bei Verwendung einer Kiste aus Pappe darf das Versandstück nicht schwerer sein als 27 kg.

MP 13
Darf in Mengen von höchstens 3 kg je Innenverpackung und Versandstück
- mit Gütern, die unter einen anderen Klassifizierungscode derselben Klasse fallen, oder mit Gütern der übrigen Klassen, soweit eine Zusammenpackung auch für diese Güter zugelassen ist, und/oder
- mit Gütern, die den Vorschriften des ADR/RID nicht unterliegen,

in einer zusammengesetzten Verpackung nach Unterabschnitt 6.1.4.21 zusammengepackt werden, wenn sie nicht gefährlich miteinander reagieren.

4.1 Verwendung von Verpackungen, einschließlich Großpackmittel (IBC) und Großverpackungen

ADR	RID

MP 14

Darf in Mengen von höchstens 6 kg je Innenverpackung
- mit Gütern, die unter einen anderen Klassifizierungscode derselben Klasse fallen, oder mit Gütern der übrigen Klassen, soweit eine Zusammenpackung auch für diese Güter zugelassen ist, und/oder
- mit Gütern, die den Vorschriften des ADR/RID nicht unterliegen,

in einer zusammengesetzten Verpackung nach Unterabschnitt 6.1.4.21 zusammengepackt werden, wenn sie nicht gefährlich miteinander reagieren.

MP 15

Darf in Mengen von höchstens 3 Liter je Innenverpackung
- mit Gütern, die unter einen anderen Klassifizierungscode derselben Klasse fallen, oder mit Gütern der übrigen Klassen, soweit eine Zusammenpackung auch für diese Güter zugelassen ist, und/oder
- mit Gütern, die den Vorschriften des ADR/RID nicht unterliegen,

in einer zusammengesetzten Verpackung nach Unterabschnitt 6.1.4.21 zusammengepackt werden, wenn sie nicht gefährlich miteinander reagieren.

MP 16

(bleibt offen)

MP 17

Darf in Mengen von höchstens 0,5 Liter je Innenverpackung und 1 Liter je Versandstück
- mit Gütern der übrigen Klassen mit Ausnahme der Klasse 7, soweit eine Zusammenpackung auch für diese Güter zugelassen ist, und/oder
- mit Gütern, die den Vorschriften des ADR/RID nicht unterliegen,

in einer zusammengesetzten Verpackung nach Unterabschnitt 6.1.4.21 zusammengepackt werden, wenn sie nicht gefährlich miteinander reagieren.

MP 18

Darf in Mengen von höchstens 0,5 kg je Innenverpackung und 1 kg je Versandstück
- mit Gütern der übrigen Klassen mit Ausnahme der Klasse 7, soweit eine Zusammenpackung auch für diese Güter zugelassen ist, und/oder
- mit Gütern, die den Vorschriften des ADR/RID nicht unterliegen,

in einer zusammengesetzten Verpackung nach Unterabschnitt 6.1.4.21 zusammengepackt werden, wenn sie nicht gefährlich miteinander reagieren.

Verwendung von Verpackungen, einschließlich Großpackmittel (IBC) und Großverpackungen 4.1

ADR	RID

MP 19

Darf in Mengen von höchstens 5 Liter je Innenverpackung
- mit Gütern, die unter einen anderen Klassifizierungscode derselben Klasse fallen, oder mit Gütern der übrigen Klassen, soweit eine Zusammenpackung auch für diese Güter zugelassen ist, und/oder
- mit Gütern, die den Vorschriften des ADR/RID nicht unterliegen,

in einer zusammengesetzten Verpackung nach Unterabschnitt 6.1.4.21 zusammengepackt werden, wenn sie nicht gefährlich miteinander reagieren.

MP 20

Darf mit Stoffen, die unter dieselbe UN-Nummer fallen, zusammengepackt werden.

Darf nicht mit Gütern der Klasse 1, die unter verschiedene UN-Nummern fallen, zusammengepackt werden, es sei denn, dies ist durch die Sondervorschrift für die Zusammenpackung MP 24 vorgesehen.

Darf nicht mit Gütern der übrigen Klassen oder mit Gütern, die den Vorschriften des ADR/RID nicht unterliegen, zusammengepackt werden.

MP 21

Darf mit Gegenständen, die unter dieselbe UN-Nummer fallen, zusammengepackt werden.

Darf nicht mit Gütern der Klasse 1, die unter verschiedene UN-Nummern fallen, zusammengepackt werden, ausgenommen

a) mit seinen eigenen Zündmitteln, vorausgesetzt,
   (i) die Zündmittel können unter normalen Beförderungsbedingungen nicht ausgelöst werden, oder
   (ii) diese Zündmittel enthalten zumindest zwei wirksame Sicherungsvorrichtungen, die die Auslösung einer Explosion im Falle eines unbeabsichtigten Auslösens des Zündmittels verhindern, oder
   (iii) bei Zündmitteln, die nicht zwei wirksame Sicherungsvorrichtungen enthalten (d.h. Zündmittel, die der Verträglichkeitsgruppe B zugeordnet sind) – eine unbeabsichtigte Auslösung der Zündmittel zieht nach Auffassung der zuständigen Behörde des Ursprungslandes [5)] unter normalen Beförderungsbedingungen keine Explosion eines Gegenstandes nach sich, und

b) mit Gegenständen der Verträglichkeitsgruppen C, D und E.

Darf nicht mit Gütern der übrigen Klassen oder mit Gütern, die den Vorschriften des ADR/RID nicht unterliegen, zusammengepackt werden.

Beim Zusammenpacken von Gütern nach dieser Vorschrift ist eine mögliche Änderung der Klassifizierung der Versandstücke gemäß Unterabschnitt 2.2.1.1 zu beachten.

Für die Bezeichnung der Güter im Beförderungspapier siehe Absatz 5.4.1.2.1 b).

[5)] *nur* Ist das Ursprungsland keine Vertragspartei des ADR, so muss die Festlegung von der zuständigen *ADR:* Behörde der ersten von der Sendung berührten Vertragspartei des ADR anerkannt werden.

[5)] *nur* Ist das Ursprungsland kein RID-Vertragsstaat, so muss die Festlegung von der zuständigen Behörde *RID:* des ersten von der Sendung berührten RID-Vertragsstaates anerkannt werden.

4.1 Verwendung von Verpackungen, einschließlich Großpackmittel (IBC) und Großverpackungen

ADR	RID

MP 22

Darf mit Gegenständen, die unter dieselbe UN-Nummer fallen, zusammengepackt werden.

Darf nicht mit Gütern der Klasse 1, die unter verschiedene UN-Nummern fallen, zusammengepackt werden, ausgenommen

a) mit seinen eigenen Anzündmitteln, vorausgesetzt, die Anzündmittel können unter normalen Beförderungsbedingungen nicht ausgelöst werden, oder

b) mit Gegenständen der Verträglichkeitsgruppen C, D und E oder

c) dies ist durch die Sondervorschrift für die Zusammenpackung MP 24 vorgesehen.

Darf nicht mit Gütern der übrigen Klassen oder mit Gütern, die den Vorschriften des ADR/RID nicht unterliegen, zusammengepackt werden.

Beim Zusammenpacken von Gütern nach dieser Vorschrift ist eine mögliche Änderung der Klassifizierung der Versandstücke gemäß Unterabschnitt 2.2.1.1 zu beachten.

Für die Bezeichnung der Güter im Beförderungspapier siehe Absatz 5.4.1.2.1 b).

MP 23

Darf mit Gegenständen, die unter dieselbe UN-Nummer fallen, zusammengepackt werden.

Darf nicht mit Gütern der Klasse 1, die unter verschiedene UN-Nummern fallen, zusammengepackt werden, ausgenommen

a) mit seinen eigenen Anzündmitteln, vorausgesetzt, die Anzündmittel können unter normalen Beförderungsbedingungen nicht ausgelöst werden, oder

b) dies ist durch die Sondervorschrift für die Zusammenpackung MP 24 vorgesehen.

Darf nicht mit Gütern der übrigen Klassen oder mit Gütern, die den Vorschriften des ADR/RID nicht unterliegen, zusammengepackt werden.

Beim Zusammenpacken von Gütern nach dieser Vorschrift ist eine mögliche Änderung der Klassifizierung der Versandstücke gemäß Unterabschnitt 2.2.1.1 zu beachten.

Für die Bezeichnung der Güter im Beförderungspapier siehe Absatz 5.4.1.2.1 b).

MP 24

Darf mit Gütern der in der nachstehenden Tabelle aufgeführten UN-Nummern unter folgenden Bedingungen in einem Versandstück zusammengepackt werden:

– wenn in der Tabelle der Buchstabe «A» angegeben ist, dürfen die Güter dieser UN-Nummern ohne besondere Massebegrenzung zusammengepackt werden;

– wenn in der Tabelle der Buchstabe «B» angegeben ist, dürfen die Güter dieser UN-Nummern bis zu einer Gesamtexplosivstoffmasse von 50 kg zusammengepackt werden.

Beim Zusammenpacken von Gütern nach dieser Vorschrift ist eine mögliche Änderung der Klassifizierung der Versandstücke gemäß Unterabschnitt 2.2.1.1 zu beachten.

Für die Bezeichnung der Güter im Beförderungspapier siehe Absatz 5.4.1.2.1 b).

(Tabelle siehe nächste Seite)

Verwendung von Verpackungen, einschließlich Großpackmittel (IBC) und Großverpackungen 4.1

ADR	RID

(Tabelle MP 24)

UN-Nr.	0012	0014	0027	0028	0044	0054	0160	0161	0186	0191	0194	0195	0197	0238	0240	0312	0333	0334	0335	0336	0337	0373	0405	0428	0429	0430	0431	0432	0505	0506	0507	0509
0012	■	A																														
0014	A	■																														
0027			■	B	B		B	B																								B
0028			B	■	B		B	B																								B
0044			B	B	■		B	B																								B
0054						■			B	B	B	B	B	B	B	B						B	B	B	B	B	B	B	B	B	B	
0160			B	B	B		■	B																								B
0161			B	B	B		B	■																								B
0186						B			■	B	B	B	B	B	B	B						B	B	B	B	B	B	B	B	B	B	
0191						B			B	■	B	B	B	B	B	B						B	B	B	B	B	B	B	B	B	B	
0194						B			B	B	■	B	B	B	B	B						B	B	B	B	B	B	B	B	B	B	
0195						B			B	B	B	■	B	B	B	B						B	B	B	B	B	B	B	B	B	B	
0197						B			B	B	B	B	■	B	B	B						B	B	B	B	B	B	B	B	B	B	
0238						B			B	B	B	B	B	■	B	B						B	B	B	B	B	B	B	B	B	B	
0240						B			B	B	B	B	B	B	■	B						B	B	B	B	B	B	B	B	B	B	
0312						B			B	B	B	B	B	B	B	■						B	B	B	B	B	B	B	B	B	B	
0333																	■	A	A	A	A											
0334																	A	■	A	A	A											
0335																	A	A	■	A	A											
0336																	A	A	A	■	A											
0337																	A	A	A	A	■											
0373						B			B	B	B	B	B	B	B	B						■	B	B	B	B	B	B	B	B	B	
0405						B			B	B	B	B	B	B	B	B						B	■	B	B	B	B	B	B	B	B	
0428						B			B	B	B	B	B	B	B	B						B	B	■	B	B	B	B	B	B	B	
0429						B			B	B	B	B	B	B	B	B						B	B	B	■	B	B	B	B	B	B	
0430						B			B	B	B	B	B	B	B	B						B	B	B	B	■	B	B	B	B	B	
0431						B			B	B	B	B	B	B	B	B						B	B	B	B	B	■	B	B	B	B	
0432						B			B	B	B	B	B	B	B	B						B	B	B	B	B	B	■	B	B	B	
0505						B			B	B	B	B	B	B	B	B						B	B	B	B	B	B	B	■	B	B	
0506						B			B	B	B	B	B	B	B	B						B	B	B	B	B	B	B	B	■	B	
0507						B			B	B	B	B	B	B	B	B						B	B	B	B	B	B	B	B	B	■	
0509			B	B	B		B	B																								■

4.1 Verwendung von Verpackungen, einschließlich Großpackmittel (IBC) und Großverpackungen

ADR	RID

Verwendung von ortsbeweglichen Tanks und von UN-Gascontainern mit mehreren Elementen (MEGC) 4.2

ADR	RID
Bem. 1. Für festverbundene Tanks (Tankfahrzeuge), Aufsetztanks,	Kesselwagen, abnehmbare Tanks,

Tankcontainer und Tankwechselaufbauten (Tankwechselbehälter), deren Tankkörper aus metallenen Werkstoffen hergestellt sind, sowie

| Batterie-Fahrzeuge | Batteriewagen |

und Gascontainer mit mehreren Elementen (MEGC) siehe Kapitel 4.3; für Tanks aus faserverstärkten Kunststoffen siehe Kapitel 4.4; für Saug-Druck-Tanks für Abfälle siehe Kapitel 4.5.

2. Ortsbewegliche Tanks und UN-MEGC, die nach den Vorschriften des Kapitels 6.7 gekennzeichnet sind, aber in einem Staat zugelassen wurden, der

| keine Vertragspartei des ADR | kein RID-Vertragsstaat |

ist, dürfen auch für Beförderungen gemäß ADR/RID verwendet werden.

4.2.1 Allgemeine Vorschriften für die Verwendung ortsbeweglicher Tanks zur Beförderung von Stoffen der Klassen 1 und 3 bis 9

4.2.1.1 Dieser Abschnitt beschreibt allgemeine Vorschriften für die Verwendung ortsbeweglicher Tanks zur Beförderung von Stoffen der Klassen 1, 3, 4.1, 4.2, 4.3, 5.1, 5.2, 6.1, 6.2, 7, 8 und 9. Zusätzlich zu diesen allgemeinen Vorschriften müssen ortsbewegliche Tanks die in Abschnitt 6.7.2 beschriebenen Vorschriften für die Auslegung, den Bau, die Prüfung erfüllen. Stoffe müssen in ortsbeweglichen Tanks gemäß den in Kapitel 3.2 Tabelle A Spalte 10 angegebenen und in Absatz 4.2.5.2.6 beschriebenen Anweisungen für ortsbewegliche Tanks (T 1 bis T 23) und gemäß den jedem Stoff in Kapitel 3.2 Tabelle A Spalte 11 zugeordneten und in Unterabschnitt 4.2.5.3 beschriebenen Sondervorschriften für ortsbewegliche Tanks befördert werden.

4.2.1.2 Während der Beförderung müssen die ortsbeweglichen Tanks gegen Beschädigung des Tankkörpers und der Bedienungsausrüstung durch Längs- oder Querstöße oder durch Umkippen ausreichend geschützt sein. Sind der Tankkörper und die Bedienungsausrüstung so gebaut, dass sie den Stößen oder dem Umkippen standhalten, ist ein solcher Schutz nicht erforderlich. Beispiele für einen solchen Schutz sind in Absatz 6.7.2.17.5 beschrieben.

4.2.1.3 Bestimmte Stoffe sind chemisch instabil. Sie sind zur Beförderung nur zugelassen, wenn die notwendigen Maßnahmen zur Verhinderung ihrer gefährlichen Zersetzung, Umwandlung oder Polymerisation während der Beförderung getroffen wurden. Zu diesem Zweck muss insbesondere dafür gesorgt werden, dass die Tankkörper keine Stoffe enthalten, die solche Reaktionen begünstigen können.

4.2.1.4 Die Temperatur der Außenfläche des Tankkörpers, ausgenommen Öffnungen und ihre Verschlüsse, oder der Wärmeisolierung darf während der Beförderung 70 °C nicht übersteigen. Die Tankkörper müssen, soweit erforderlich, wärmeisoliert sein.

4.2.1.5 Ungereinigte leere und nicht entgaste ortsbewegliche Tanks müssen denselben Vorschriften entsprechen wie ortsbewegliche Tanks, die mit dem vorher beförderten Stoff befüllt sind.

4.2.1.6 Stoffe, die gefährlich miteinander reagieren können (siehe Begriffsbestimmung für gefährliche Reaktion in Abschnitt 1.2.1), dürfen nicht in derselben oder in benachbarten Tankkammern befördert werden.

4.2 Verwendung von ortsbeweglichen Tanks und von UN-Gascontainern mit mehreren Elementen (MEGC)

ADR	RID

4.2.1.7 Die Baumusterzulassung, der Prüfbericht und die Bescheinigung mit den Ergebnissen der erstmaligen Prüfung, die von der zuständigen Behörde oder einer von ihr bestimmten Stelle für jeden ortsbeweglichen Tank ausgestellt wird, ist sowohl von dieser Behörde oder Stelle als auch vom Eigentümer aufzubewahren. Die Eigentümer müssen in der Lage sein, diese Dokumente auf Anforderung irgendeiner zuständigen Behörde vorzulegen.

4.2.1.8 Außer wenn die Benennung des (der) beförderten Stoffes (Stoffe) auf dem in Absatz 6.7.2.20.2 beschriebenen Metallschild angegeben ist, muss auf Anforderung einer zuständigen Behörde oder einer von ihr bestimmten Stelle eine Kopie der in Absatz 6.7.2.18.1 genannten Bescheinigung vom Absender, Empfänger oder Vertreter unverzüglich vorgelegt werden.

4.2.1.9 Füllungsgrad

4.2.1.9.1 Vor dem Befüllen muss der

Absender	Befüller

sicherstellen, dass der verwendete ortsbewegliche Tank geeignet ist und nicht mit Stoffen befüllt wird, die bei Berührung mit den Werkstoffen des Tankkörpers, der Dichtungen, der Bedienungsausrüstung und der gegebenenfalls vorhandenen Schutzauskleidungen gefährlich reagieren können, so dass gefährliche Stoffe entstehen oder diese Werkstoffe merklich geschwächt werden. Der Absender muss dazu gegebenenfalls den Hersteller des Stoffes sowie die zuständige Behörde konsultieren, um Auskunft über die Verträglichkeit des Stoffes mit den Werkstoffen des ortsbeweglichen Tanks zu erhalten.

4.2.1.9.1.1 Ortsbewegliche Tanks dürfen nicht über die in den Absätzen 4.2.1.9.2 bis 4.2.1.9.6 genannten Grenzen befüllt werden. Die Anwendbarkeit der Absätze 4.2.1.9.2, 4.2.1.9.3 oder 4.2.1.9.5.1 auf einzelne Stoffe ist in den anwendbaren Anweisungen für ortsbewegliche Tanks oder Sondervorschriften für ortsbewegliche Tanks in Absatz 4.2.5.2.6 oder Unterabschnitt 4.2.5.3 und in Kapitel 3.2 Tabelle A Spalte 10 oder 11 angegeben.

4.2.1.9.2 Für die allgemeine Verwendung wird der höchste Füllungsgrad (in %) durch folgende Formel bestimmt:

$$\text{Füllungsgrad} = \frac{97}{1 + \alpha (t_r - t_f)}$$

4.2.1.9.3 Der höchste Füllungsgrad (in %) für flüssige Stoffe der Klassen 6.1 und 8 Verpackungsgruppen I und II sowie für flüssige Stoffe mit einem absoluten Dampfdruck bei 65 °C von mehr als 175 kPa (1,75 bar) wird durch folgende Formel bestimmt:

$$\text{Füllungsgrad} = \frac{95}{1 + \alpha (t_r - t_f)}$$

4.2.1.9.4 In diesen Formeln ist α der mittlere kubische Ausdehnungskoeffizient des flüssigen Stoffes zwischen der mittleren Temperatur des flüssigen Stoffes beim Befüllen (t_f) und der höchsten mittleren Temperatur des Füllguts während der Beförderung (t_r) (beide in °C). Bei flüssigen Stoffen, die unter Umgebungsbedingungen befördert werden, kann α mit folgender Formel berechnet werden:

$$\alpha = \frac{d_{15} - d_{50}}{35\, d_{50}}$$

wobei d_{15} und d_{50} die Dichten des flüssigen Stoffes bei 15 °C bzw. 50 °C sind.

Verwendung von ortsbeweglichen Tanks und von UN-Gascontainern mit mehreren Elementen (MEGC) 4.2

ADR	RID

4.2.1.9.4.1 Als höchste mittlere Temperatur des Füllguts (t_r) wird 50 °C festgelegt, ausgenommen bei Beförderungen unter gemäßigten oder extremen klimatischen Bedingungen, für die die betreffenden zuständigen Behörden einer niedrigeren Temperatur zustimmen bzw. eine höhere Temperatur vorschreiben können.

4.2.1.9.5 Die Vorschriften der Absätze 4.2.1.9.2 bis 4.2.1.9.4.1 gelten nicht für ortsbewegliche Tanks, deren Inhalt während der Beförderung auf einer Temperatur von über 50 °C (z.B. durch eine Heizeinrichtung) gehalten wird. Bei ortsbeweglichen Tanks, die mit einer Heizeinrichtung ausgerüstet sind, muss ein Temperaturregler verwendet werden, um sicherzustellen, dass während der Beförderung der höchste Füllungsgrad niemals mehr als 95 % beträgt.

4.2.1.9.5.1 Der höchste Füllungsgrad (in %) für feste Stoffe, die über ihrem Schmelzpunkt befördert werden, und für erwärmte flüssige Stoffe wird durch folgende Formel bestimmt:

$$\text{Füllungsgrad} = 95 \frac{d_f}{d_r}$$

wobei d_f und d_r die Dichten des flüssigen Stoffes bei der mittleren Temperatur des flüssigen Stoffes während des Befüllens bzw. der höchsten mittleren Temperatur des Füllguts während der Beförderung sind.

4.2.1.9.6 Ortsbewegliche Tanks dürfen nicht zur Beförderung aufgegeben werden:

a) mit einem Füllungsgrad, der für flüssige Stoffe mit einer Viskosität bei 20 °C von weniger als 2680 mm²/s oder im Fall von erwärmten Stoffen bei der höchsten Temperatur des Stoffes während der Beförderung mehr als 20 %, aber weniger als 80 % beträgt, es sei denn, die Tankkörper der ortsbeweglichen Tanks sind durch Trenn- oder Schwallwände in Abschnitte mit einem Fassungsraum von höchstens 7500 Liter unterteilt;

b) wenn Rückstände der zuletzt beförderten Stoffe an der Außenseite des Tankkörpers oder an der Bedienungsausrüstung haften;

c) wenn sie undicht oder in einem Ausmaß beschädigt sind, dass die Unversehrtheit des ortsbeweglichen Tanks oder seiner Hebe- oder Befestigungseinrichtungen beeinträchtigt sein kann, und

d) wenn die Bedienungsausrüstung nicht geprüft und in gutem betriebsfähigem Zustand befunden worden ist.

4.2.1.9.7 Gabeltaschen von ortsbeweglichen Tanks müssen bei befüllten Tanks geschlossen sein. Diese Vorschrift gilt nicht für ortsbewegliche Tanks, deren Gabeltaschen nach Absatz 6.7.2.17.4 nicht mit Verschlusseinrichtungen versehen sein müssen.

4.2.1.10 Zusätzliche Vorschriften für die Beförderung von Stoffen der Klasse 3 in ortsbeweglichen Tanks

4.2.1.10.1 Alle für die Beförderung entzündbarer flüssiger Stoffe vorgesehenen ortsbeweglichen Tanks müssen verschlossen und gemäß den Unterabschnitten 6.7.2.8 bis 6.7.2.15 mit Entlastungseinrichtungen ausgerüstet sein.

4.2.1.10.1.1 Bei ortsbeweglichen Tanks, die nur für den Landverkehr vorgesehen sind, dürfen offene Lüftungseinrichtungen verwendet werden, sofern dies gemäß Kapitel 4.3 zugelassen ist.

4.2.1.11 Zusätzliche Vorschriften für die Beförderung von Stoffen der Klassen 4.1 (ausgenommen selbstzersetzliche Stoffe), 4.2 und 4.3 in ortsbeweglichen Tanks

(bleibt offen)

Bem. Für selbstzersetzliche Stoffe der Klasse 4.1 siehe Absatz 4.2.1.13.1.

4.2 Verwendung von ortsbeweglichen Tanks und von UN-Gascontainern mit mehreren Elementen (MEGC)

ADR	RID

4.2.1.12 Zusätzliche Vorschriften für die Beförderung von Stoffen der Klasse 5.1 in ortsbeweglichen Tanks

(bleibt offen)

4.2.1.13 Zusätzliche Vorschriften für die Beförderung von Stoffen der Klasse 5.2 und selbstzersetzlichen Stoffen der Klasse 4.1 in ortsbeweglichen Tanks

4.2.1.13.1 Alle Stoffe müssen geprüft sein. Der zuständigen Behörde des Ursprungslandes muss für die Zulassung ein Prüfbericht eingereicht worden sein. An die zuständige Behörde des Bestimmungslandes ist eine Mitteilung über die Zulassung zu senden. Diese Mitteilung muss die anwendbaren Beförderungsbedingungen und den Bericht mit den Prüfergebnissen enthalten. Die durchgeführten Prüfungen müssen Folgendes ermöglichen:

a) den Nachweis der Verträglichkeit aller Werkstoffe, die mit dem Stoff während der Beförderung normalerweise in Berührung kommen;

b) die Lieferung von Daten für die Auslegung der Druckentlastungs- und Notfall-Druckentlastungseinrichtungen unter Berücksichtigung der Auslegungsmerkmale des ortsbeweglichen Tanks.

Alle zusätzlichen Vorschriften, die für die sichere Beförderung des Stoffes notwendig sind, müssen eindeutig im Bericht beschrieben sein.

4.2.1.13.2 Die folgenden Vorschriften gelten für ortsbewegliche Tanks, die für die Beförderung organischer Peroxide oder selbstzersetzlicher Stoffe des Typs F mit einer Temperatur der selbstbeschleunigenden Zersetzung (SADT) von mindestens 55 °C vorgesehen sind. Sofern diese Vorschriften in Widerspruch zu den Vorschriften des Abschnitts 6.7.2 stehen, haben sie Vorrang. Zu berücksichtigende Notfallsituationen sind die selbstbeschleunigende Zersetzung des Stoffes sowie die in Absatz 4.2.1.13.8 beschriebene Feuereinwirkung.

4.2.1.13.3 Zusätzliche Vorschriften für die Beförderung organischer Peroxide oder selbstzersetzlicher Stoffe mit einer SADT unter 55 °C in ortsbeweglichen Tanks sind von der zuständigen Behörde des Ursprungslandes festzulegen. An die zuständige Behörde des Bestimmungslandes ist eine diesbezügliche Mitteilung zu senden.

4.2.1.13.4 Der ortsbewegliche Tank muss für einen Prüfdruck von mindestens 0,4 MPa (4 bar) ausgelegt sein.

4.2.1.13.5 Ortsbewegliche Tanks müssen mit Temperaturfühlern ausgerüstet sein.

4.2.1.13.6 Ortsbewegliche Tanks müssen mit Druckentlastungs- und Notfall-Druckentlastungseinrichtungen ausgerüstet sein. Vakuumventile dürfen ebenfalls verwendet werden. Druckentlastungseinrichtungen müssen bei Drücken ansprechen, die den Eigenschaften des Stoffes und den Konstruktionsmerkmalen des ortsbeweglichen Tanks entsprechend festgesetzt werden. Schmelzsicherungen sind an Tankkörpern nicht zugelassen.

4.2.1.13.7 Die Druckentlastungseinrichtungen müssen aus federbelasteten Ventilen bestehen, die so eingestellt sind, dass ein wesentlicher Druckaufbau im Tank durch Zersetzungsprodukte und Dämpfe, die bei einer Temperatur von 50 °C gebildet werden, verhindert wird. Die Abblasmenge und der Ansprechdruck der Entlastungsventile muss auf Grund der Ergebnisse der in Absatz 4.2.1.13.1 festgelegten Prüfungen bestimmt werden. Der Ansprechdruck darf jedoch auf keinen Fall so eingestellt sein, dass bei einem Umkippen des ortsbeweglichen Tanks Flüssigkeit aus dem (den) Ventil(en) entweicht.

Verwendung von ortsbeweglichen Tanks und von UN-Gascontainern mit mehreren Elementen (MEGC)   4.2

ADR	RID

4.2.1.13.8 Die Notfall-Druckentlastungseinrichtungen dürfen als federbelastete Ventile oder Berstscheiben oder als Kombination aus beiden ausgeführt sein, die so ausgelegt sind, dass sämtliche entstehenden Zersetzungsprodukte und Dämpfe abgeführt werden, die sich bei vollständiger Feuereinwirkung während eines Zeitraums von mindestens einer Stunde unter Bedingungen entwickeln, die durch folgende Formel definiert werden:

$$q = 70961 \cdot F \cdot A^{0,82},$$

wobei:

q = Wärmeaufnahme [W]
A = benetzte Fläche [m^2]
F = Isolierungsfaktor

$F = 1$ für nicht isolierte Tankkörper oder

$$F = \frac{U(923 - T)}{47032} \text{ für isolierte Tankkörper,}$$

wobei:

K = Wärmeleitfähigkeit der Isolierungsschicht [W·m^{-1}·K^{-1}]
L = Dicke der Isolierungsschicht [m]
U = K/L = Wärmedurchgangskoeffizient der Isolierung [W·m^{-2}·K^{-1}]
T = Temperatur des Stoffes unter Entlastungsbedingungen [K].

Der Ansprechdruck der Notfall-Druckentlastungseinrichtung(en) muss höher sein als der in Absatz 4.2.1.13.7 genannte und auf Grund der Prüfergebnisse nach Absatz 4.2.1.13.1 festgelegt sein. Die Notfall-Druckentlastungseinrichtungen müssen so bemessen sein, dass der höchste Druck im Tank zu keinem Zeitpunkt den Prüfdruck des ortsbeweglichen Tanks übersteigt.

Bem. Im Handbuch Prüfungen und Kriterien Anhang 5 ist ein Beispiel für eine Methode zur Dimensionierung der Notfall-Druckentlastungseinrichtungen angegeben.

4.2.1.13.9 Für isolierte ortsbewegliche Tanks ist zur Ermittlung der Abblasmenge und der Einstellung der Notfall-Druckentlastungseinrichtung(en) von einem Isolierungsverlust von 1 % der Oberfläche auszugehen.

4.2.1.13.10 Vakuumventile und federbelastete Ventile sind mit Flammendurchschlagsicherungen auszurüsten. Die Verminderung der Entlastungskapazität durch diese Flammendurchschlagsicherung ist zu berücksichtigen.

4.2.1.13.11 Bedienungsausrüstungen wie Absperreinrichtungen und äußere Rohrleitungen sind so anzuordnen, dass nach dem Befüllen des ortsbeweglichen Tanks kein Stoffrest in ihnen zurückbleibt.

4.2.1.13.12 Ortsbewegliche Tanks dürfen entweder wärmeisoliert oder mit einem Sonnenschutz ausgeführt sein. Wenn die SADT des Stoffes im ortsbeweglichen Tank höchstens 55 °C beträgt oder wenn der ortsbewegliche Tank aus Aluminium hergestellt ist, muss er vollständig isoliert sein. Die Außenfläche muss einen weißen Anstrich haben oder in blankem Metall ausgeführt sein.

4.2.1.13.13 Der Füllungsgrad darf bei 15 °C 90 % nicht übersteigen.

4.2.1.13.14 Das in Absatz 6.7.2.20.2 vorgeschriebene Kennzeichen muss die UN-Nummer und die technische Benennung mit der zugelassenen Konzentration des Stoffes enthalten.

4.2.1.13.15 Die in der Anweisung für ortsbewegliche Tanks T 23 in Absatz 4.2.5.2.6 aufgeführten organischen Peroxide und selbstzersetzlichen Stoffe dürfen in ortsbeweglichen Tanks befördert werden.

4.2 Verwendung von ortsbeweglichen Tanks und von UN-Gascontainern mit mehreren Elementen (MEGC)

ADR	RID

4.2.1.14 **Zusätzliche Vorschriften für die Beförderung von Stoffen der Klasse 6.1 in ortsbeweglichen Tanks**

(bleibt offen)

4.2.1.15 **Zusätzliche Vorschriften für die Beförderung von Stoffen der Klasse 6.2 in ortsbeweglichen Tanks**

(bleibt offen)

4.2.1.16 **Zusätzliche Vorschriften für die Beförderung von Stoffen der Klasse 7 in ortsbeweglichen Tanks**

4.2.1.16.1 Die für die Beförderung radioaktiver Stoffe verwendeten ortsbeweglichen Tanks dürfen nicht für die Beförderung anderer Güter verwendet werden.

4.2.1.16.2 Der Füllungsgrad für ortsbewegliche Tanks darf 90 % bzw. einen anderen, von der zuständigen Behörde zugelassenen Wert nicht übersteigen.

4.2.1.17 **Zusätzliche Vorschriften für die Beförderung von Stoffen der Klasse 8 in ortsbeweglichen Tanks**

4.2.1.17.1 Die Druckentlastungseinrichtungen von ortsbeweglichen Tanks, die für die Beförderung von Stoffen der Klasse 8 verwendet werden, müssen in regelmäßigen Abständen von höchstens einem Jahr überprüft werden.

4.2.1.18 **Zusätzliche Vorschriften für die Beförderung von Stoffen der Klasse 9 in ortsbeweglichen Tanks**

(bleibt offen)

4.2.1.19 **Zusätzliche Vorschriften für die Beförderung von festen Stoffen, die über ihrem Schmelzpunkt befördert werden**

4.2.1.19.1 Feste Stoffe, die über ihrem Schmelzpunkt befördert oder zur Beförderung aufgegeben werden und denen in Kapitel 3.2 Tabelle A Spalte 10 keine Anweisung für ortsbewegliche Tanks zugeordnet ist oder bei denen sich die zugeordnete Anweisung für ortsbewegliche Tanks nicht auf eine Beförderung bei Temperaturen über dem Schmelzpunkt bezieht, dürfen in ortsbeweglichen Tanks befördert werden, vorausgesetzt, die festen Stoffe sind der Klasse 4.1, 4.2, 4.3, 5.1, 6.1, 8 oder 9 zugeordnet, haben mit Ausnahme der Nebengefahr der Klasse 6.1 oder 8 keine weitere Nebengefahr und sind der Verpackungsgruppe II oder III zugeordnet.

4.2.1.19.2 Sofern in Kapitel 3.2 Tabelle A nichts anderes angegeben ist, müssen ortsbewegliche Tanks, die für die Beförderung dieser festen Stoffe über ihrem Schmelzpunkt verwendet werden, für feste Stoffe der Verpackungsgruppe III den Vorschriften der Anweisung für ortsbewegliche Tanks T 4 und für feste Stoffe der Verpackungsgruppe II den Vorschriften der Anweisung für ortsbewegliche Tanks T 7 entsprechen. Nach Absatz 4.2.5.2.5 darf auch ein ortsbeweglicher Tank, der ein gleichwertiges oder höheres Sicherheitsniveau bietet, ausgewählt werden. Der höchste Füllungsgrad (in %) ist nach Absatz 4.2.1.9.5 (Sondervorschrift TP 3) zu bestimmen.

4.2.2 **Allgemeine Vorschriften für die Verwendung ortsbeweglicher Tanks zur Beförderung nicht tiefgekühlt verflüssigter Gase und von Chemikalien unter Druck**

4.2.2.1 Dieser Abschnitt enthält die allgemeinen Vorschriften, die für die Verwendung ortsbeweglicher Tanks zur Beförderung nicht tiefgekühlt verflüssigter Gase und von Chemikalien unter Druck anzuwenden sind.

Verwendung von ortsbeweglichen Tanks und von UN-Gascontainern mit mehreren Elementen (MEGC) — 4.2

ADR	RID

4.2.2.2 Die ortsbeweglichen Tanks müssen den in Abschnitt 6.7.3 angegebenen Vorschriften für die Auslegung, den Bau und die Prüfung entsprechen. Nicht tiefgekühlt verflüssigte Gase und Chemikalien unter Druck müssen in ortsbeweglichen Tanks befördert werden, die der in Absatz 4.2.5.2.6 beschriebenen Anweisung für ortsbewegliche Tanks T 50 und bestimmten nicht tiefgekühlt verflüssigten Gasen in Kapitel 3.2 Tabelle A Spalte 11 zugeordneten und in Unterabschnitt 4.2.5.3 beschriebenen Sondervorschriften für ortsbewegliche Tanks entsprechen.

4.2.2.3 Während der Beförderung müssen die ortsbeweglichen Tanks gegen Beschädigung des Tankkörpers und der Bedienungsausrüstung durch Längs- oder Querstöße oder durch Umkippen ausreichend geschützt sein. Sind der Tankkörper und die Bedienungsausrüstung so gebaut, dass sie den Stößen oder dem Umkippen standhalten, ist ein solcher Schutz nicht erforderlich. Beispiele für einen solchen Schutz sind in Absatz 6.7.3.13.5 beschrieben.

4.2.2.4 Bestimmte nicht tiefgekühlt verflüssigte Gase sind chemisch instabil. Sie sind zur Beförderung nur zugelassen, wenn die notwendigen Maßnahmen zur Verhinderung ihrer gefährlichen Zersetzung, Umwandlung oder Polymerisation während der Beförderung getroffen wurden. Zu diesem Zweck muss insbesondere dafür gesorgt werden, dass die ortsbeweglichen Tanks keine nicht tiefgekühlt verflüssigten Gase enthalten, die solche Reaktionen begünstigen können.

4.2.2.5 Außer wenn die Benennung des (der) beförderten Gases (Gase) auf dem in Absatz 6.7.3.16.2 beschriebenen Metallschild angegeben ist, muss auf Anforderung einer zuständigen Behörde eine Kopie der in Absatz 6.7.3.14.1 genannten Bescheinigung vom Absender, Empfänger oder Vertreter unverzüglich vorgelegt werden.

4.2.2.6 Ungereinigte leere und nicht entgaste ortsbewegliche Tanks müssen denselben Vorschriften entsprechen wie ortsbewegliche Tanks, die mit dem vorher beförderten nicht tiefgekühlt verflüssigten Gas befüllt sind.

4.2.2.7 **Befüllen**

4.2.2.7.1 Vor dem Befüllen ist der ortsbewegliche Tank zu prüfen, um sicherzustellen, dass er für das zu befördernde nicht tiefgekühlt verflüssigte Gas oder das Treibmittel der zu befördernden Chemikalie unter Druck zugelassen ist und nicht mit nicht tiefgekühlt verflüssigten Gasen oder Chemikalien unter Druck befüllt wird, die bei Berührung mit den Werkstoffen des Tankkörpers, der Dichtungen, der Bedienungsausrüstung und der eventuellen Schutzauskleidungen gefährlich reagieren können, so dass gefährliche Stoffe entstehen oder diese Werkstoffe merklich geschwächt werden. Während des Befüllens muss die Temperatur des nicht tiefgekühlt verflüssigten Gases oder des Treibmittels von Chemikalien unter Druck innerhalb der Grenzen des Auslegungstemperaturbereichs liegen.

4.2.2.7.2 Die höchste Masse des nicht tiefgekühlt verflüssigten Gases je Liter Fassungsraum des Tankkörpers (kg/l) darf die Dichte des nicht tiefgekühlt verflüssigten Gases bei 50 °C, multipliziert mit 0,95, nicht übersteigen. Darüber hinaus darf der Tankkörper bei 60 °C nicht vollständig flüssigkeitsgefüllt sein.

4.2.2.7.3 Die ortsbeweglichen Tanks dürfen nicht über ihre höchstzulässige Bruttomasse und über die für jedes zu befördernde Gas festgelegte höchstzulässige Masse der Füllung befüllt werden.

4.2.2.8 Ortsbewegliche Tanks dürfen nicht zur Beförderung aufgegeben werden:
a) mit einem Füllungsgrad, bei dem die Schwallbewegungen des Inhalts unzulässige hydraulische Kräfte hervorrufen können;

4.2	Verwendung von ortsbeweglichen Tanks und von UN-Gascontainern mit mehreren Elementen (MEGC)
ADR	**RID**

b) wenn sie undicht sind;

c) wenn sie in einem Ausmaß beschädigt sind, dass die Unversehrtheit des ortsbeweglichen Tanks oder seiner Hebe- oder Befestigungseinrichtungen beeinträchtigt sein kann, und

d) wenn die Bedienungsausrüstung nicht geprüft und in gutem betriebsfähigem Zustand befunden worden ist.

4.2.2.9 Gabeltaschen von ortsbeweglichen Tanks müssen bei befüllten Tanks geschlossen sein. Diese Vorschrift gilt nicht für ortsbewegliche Tanks, deren Gabeltaschen nach Absatz 6.7.3.13.4 nicht mit Verschlusseinrichtungen versehen sein müssen.

4.2.3 Allgemeine Vorschriften für die Verwendung ortsbeweglicher Tanks zur Beförderung tiefgekühlt verflüssigter Gase

4.2.3.1 Dieser Abschnitt enthält die allgemeinen Vorschriften, die für die Verwendung ortsbeweglicher Tanks zur Beförderung tiefgekühlt verflüssigter Gase anzuwenden sind.

4.2.3.2 Die ortsbeweglichen Tanks müssen den in Abschnitt 6.7.4 angegebenen Vorschriften für die Auslegung, den Bau und die Prüfung entsprechen. Tiefgekühlt verflüssigte Gase müssen in ortsbeweglichen Tanks befördert werden, die der in Absatz 4.2.5.2.6 beschriebenen Anweisung für ortsbewegliche Tanks T 75 und den jedem tiefgekühlt verflüssigten Gas in Kapitel 3.2 Tabelle A Spalte 11 zugeordneten und in Unterabschnitt 4.2.5.3 beschriebenen Sondervorschriften für ortsbewegliche Tanks entsprechen.

4.2.3.3 Während der Beförderung müssen die ortsbeweglichen Tanks gegen Beschädigung des Tankkörpers und der Bedienungsausrüstung durch Längs- oder Querstöße oder durch Umkippen ausreichend geschützt sein. Sind der Tankkörper und die Bedienungsausrüstung so gebaut, dass sie den Stößen oder dem Umkippen standhalten, ist ein solcher Schutz nicht erforderlich. Beispiele für einen solchen Schutz sind in Absatz 6.7.4.12.5 beschrieben.

4.2.3.4 Außer wenn die Benennung des (der) beförderten Gases (Gase) auf dem in Absatz 6.7.4.15.2 beschriebenen Metallschild angegeben ist, muss auf Anforderung einer zuständigen Behörde eine Kopie der in Absatz 6.7.4.13.1 genannten Bescheinigung vom Absender, Empfänger oder Vertreter unverzüglich vorgelegt werden.

4.2.3.5 Ungereinigte leere und nicht entgaste ortsbewegliche Tanks müssen denselben Vorschriften entsprechen wie ortsbewegliche Tanks, die mit dem vorher beförderten Stoff befüllt sind.

4.2.3.6 **Befüllen**

4.2.3.6.1 Vor dem Befüllen ist der ortsbewegliche Tank zu prüfen, um sicherzustellen, dass er für das zu befördernde tiefgekühlt verflüssigte Gas zugelassen ist und nicht mit tiefgekühlt verflüssigten Gasen befüllt wird, die bei Berührung mit den Werkstoffen des Tankkörpers, der Dichtungen, der Bedienungsausrüstung und der eventuellen Schutzauskleidungen gefährlich reagieren können, so dass gefährliche Stoffe entstehen oder diese Werkstoffe merklich geschwächt werden. Während des Befüllens muss die Temperatur des tiefgekühlt verflüssigten Gases innerhalb der Grenzen des Auslegungstemperaturbereichs liegen.

4.2.3.6.2 Bei der Ermittlung des Anfangsfüllungsgrades muss die für die vorgesehene Beförderung notwendige Haltezeit einschließlich aller eventuell auftretender Verzögerungen in Betracht gezogen werden. Abgesehen von den Vorschriften der Absätze 4.2.3.6.3 und 4.2.3.6.4 muss der Anfangsfüllungsgrad des Tankkörpers so gewählt werden, dass bei einem Temperaturanstieg des Inhalts, ausgenommen Helium, bis zu einer Temperatur, bei der der Dampfdruck gleich dem höchstzulässigen Betriebsdruck ist, das vom flüssigen Stoff eingenommene Volumen 98 % nicht überschreitet.

Verwendung von ortsbeweglichen Tanks und von UN-Gascontainern mit mehreren Elementen (MEGC) 4.2

ADR	RID

4.2.3.6.3 Zur Beförderung von Helium vorgesehene Tankkörper dürfen bis zur Einlassöffnung der Druckentlastungseinrichtung, nicht aber darüber hinaus befüllt werden.

4.2.3.6.4 Ein höherer Anfangsfüllungsgrad kann unter dem Vorbehalt der Genehmigung durch die zuständige Behörde zugelassen werden, wenn die vorgesehene Dauer der Beförderung beträchtlich kürzer ist als die Haltezeit.

4.2.3.7 Tatsächliche Haltezeit

4.2.3.7.1 Für jede Beförderung ist die tatsächliche Haltezeit nach einem von der zuständigen Behörde anerkannten Verfahren zu berechnen, und zwar unter Berücksichtigung:

a) der Referenzhaltezeit des zu befördernden tiefgekühlt verflüssigten Gases (siehe Absatz 6.7.4.2.8.1) (wie auf dem in Absatz 6.7.4.15.1 genannten Schild angegeben);

b) der tatsächlichen Fülldichte;

c) des tatsächlichen Fülldrucks;

d) des niedrigsten Ansprechdrucks des (der) Druckbegrenzungseinrichtung(en).

4.2.3.7.2 Die tatsächliche Haltezeit ist entweder auf dem ortsbeweglichen Tank selbst oder auf einem fest am ortsbeweglichen Tank angebrachten Metallschild gemäß Absatz 6.7.4.15.2 anzugeben.

4.2.3.7.3 Das Datum, an dem die tatsächliche Haltezeit endet, muss im Beförderungspapier angegeben werden (siehe Absatz 5.4.1.2.2 d)).

4.2.3.8 Ortsbewegliche Tanks dürfen nicht zur Beförderung aufgegeben werden:

a) mit einem Füllungsgrad, bei dem die Schwallbewegungen des Inhalts unzulässige hydraulische Kräfte hervorrufen können;

b) wenn sie undicht sind;

c) wenn sie in einem Ausmaß beschädigt sind, dass die Unversehrtheit des ortsbeweglichen Tanks oder seiner Hebe- oder Befestigungseinrichtungen beeinträchtigt sein kann;

d) wenn die Bedienungsausrüstung nicht geprüft und in gutem betriebsfähigem Zustand befunden worden ist;

e) wenn die tatsächliche Haltezeit des zu befördernden tiefgekühlt verflüssigten Gases nicht gemäß Unterabschnitt 4.2.3.7 bestimmt und der ortsbewegliche Tank nicht gemäß Absatz 6.7.4.15.2 gekennzeichnet worden ist und

f) wenn die Dauer der Beförderung unter Berücksichtigung aller eventuell auftretenden Verzögerungen die tatsächliche Haltezeit übersteigt.

4.2.3.9 Gabeltaschen von ortsbeweglichen Tanks müssen bei befüllten Tanks geschlossen sein. Diese Vorschrift gilt nicht für ortsbewegliche Tanks, deren Gabeltaschen nach Absatz 6.7.4.12.4 nicht mit Verschlusseinrichtungen versehen sein müssen.

4.2.4 Allgemeine Vorschriften für die Verwendung von UN-Gascontainern mit mehreren Elementen (MEGC)

4.2.4.1 Dieser Abschnitt enthält die allgemeinen Vorschriften, die für die Verwendung von in Abschnitt 6.7.5 aufgeführten Gascontainern mit mehreren Elementen (MEGC) zur Beförderung nicht tiefgekühlter Gase anzuwenden sind.

4.2.4.2 Die MEGC müssen den in Abschnitt 6.7.5 angegebenen Vorschriften für die Auslegung, den Bau und die Prüfung entsprechen. Die Elemente der MEGC müssen nach den Vorschriften des Unterabschnitts 4.1.4.1 Verpackungsanweisungen P 200 und des Unterabschnitts 6.2.1.6 wiederkehrend geprüft werden.

4.2	Verwendung von ortsbeweglichen Tanks und von UN-Gascontainern mit mehreren Elementen (MEGC)
ADR	**RID**

4.2.4.3   Während der Beförderung müssen die MEGC gegen Beschädigung der Elemente und der Bedienungsausrüstung durch Längs- oder Querstöße oder durch Umkippen ausreichend geschützt sein. Sind die Elemente und die Bedienungsausrüstung so gebaut, dass sie den Stößen oder dem Umkippen standhalten, ist ein solcher Schutz nicht erforderlich. Beispiele für einen solchen Schutz sind in Absatz 6.7.5.10.4 beschrieben.

4.2.4.4   Die Vorschriften für die wiederkehrende Prüfung von MEGC sind in Unterabschnitt 6.7.5.12 aufgeführt. Die MEGC oder deren Elemente dürfen nach der Fälligkeit der wiederkehrenden Prüfung nicht beladen oder befüllt werden, sie dürfen jedoch nach Ablauf der Frist für die wiederkehrende Prüfung befördert werden.

4.2.4.5   **Befüllen**

4.2.4.5.1   Vor dem Befüllen ist der MEGC zu prüfen, um sicherzustellen, dass er für das zu befördernde Gas zugelassen ist und die anwendbaren Vorschriften des ADR/RID eingehalten sind.

4.2.4.5.2   Die Elemente der MEGC sind entsprechend den Betriebsdrücken, Füllungsgraden und Befüllungsvorschriften zu befüllen, die in Unterabschnitt 4.1.4.1 Verpackungsanweisung P 200 für das in die einzelnen Elemente zu befüllende Gas festgelegt sind. Ein MEGC oder eine Gruppe von Elementen darf als Einheit in keinem Fall über den niedrigsten Betriebsdruck irgendeines der Elemente hinaus befüllt werden.

4.2.4.5.3   Die MEGC dürfen nicht über ihre höchstzulässige Bruttomasse befüllt werden.

4.2.4.5.4   Die Trennventile müssen nach dem Befüllen geschlossen werden und während der Beförderung verschlossen bleiben. Giftige Gase (Gase der Gruppen T, TF, TC, TO, TFC und TOC) dürfen nur in MEGC befördert werden, bei denen jedes Element mit einem Trennventil ausgerüstet ist.

4.2.4.5.5   Die Öffnung(en) für das Befüllen muss (müssen) durch Kappen oder Stopfen verschlossen werden. Nach dem Befüllen ist die Dichtheit der Verschlüsse und der Ausrüstung durch den Befüller zu überprüfen.

4.2.4.5.6   MEGC dürfen nicht zur Befüllung übergeben werden:
      a) wenn sie in einem Ausmaß beschädigt sind, dass die Unversehrtheit der Druckgefäße oder deren bauliche Ausrüstung oder Bedienungsausrüstung beeinträchtigt sein kann;
      b) wenn bei der Untersuchung der Betriebszustand der Druckgefäße und ihrer baulichen Ausrüstung oder Bedienungsausrüstung nicht für gut befunden wurde; oder
      c) wenn die vorgeschriebenen Kennzeichen für die Zulassung, die wiederkehrende Prüfung und die Füllung nicht lesbar sind.

4.2.4.6   Befüllte MEGC dürfen nicht zur Beförderung aufgegeben werden:
      a) wenn sie undicht sind;
      b) wenn sie in einem Ausmaß beschädigt sind, dass die Unversehrtheit der Druckgefäße oder deren bauliche Ausrüstung oder Bedienungsausrüstung beeinträchtigt sein kann;
      c) wenn bei der Untersuchung der Betriebszustand der Druckgefäße und ihrer baulichen Ausrüstung oder Bedienungsausrüstung nicht für gut befunden wurde; oder
      d) wenn die vorgeschriebenen Kennzeichen für die Zulassung, die wiederkehrende Prüfung und die Füllung nicht lesbar sind.

4.2.4.7   Ungereinigte leere und nicht entgaste MEGC müssen denselben Vorschriften entsprechen wie MEGC, die mit dem vorher beförderten Stoff befüllt sind.

Verwendung von ortsbeweglichen Tanks und von UN-Gascontainern mit mehreren Elementen (MEGC) 4.2

ADR	RID

4.2.5 Anweisungen und Sondervorschriften für ortsbewegliche Tanks

4.2.5.1 Allgemeines

4.2.5.1.1 Dieser Abschnitt enthält die Anweisungen für ortsbewegliche Tanks und die Sondervorschriften, die für die in ortsbeweglichen Tanks zugelassenen Stoffe anwendbar sind. Jede Anweisung für ortbewegliche Tanks ist durch einen alphanumerischen Code (z. B. T 1) gekennzeichnet. In Kapitel 3.2 Tabelle A Spalte 10 ist die für jeden für die Beförderung in ortsbeweglichen Tanks zugelassenen Stoff anwendbare Anweisung für ortsbewegliche Tanks angegeben. Wenn für einen bestimmten Stoff in Spalte 10 keine Anweisung für ortsbewegliche Tanks angegeben ist, ist die Beförderung dieses Stoffes in ortsbeweglichen Tanks nicht zugelassen, es sei denn, eine zuständige Behörde hat eine Zulassung gemäß Unterabschnitt 6.7.1.3 erteilt. In Kapitel 3.2 Tabelle A Spalte 11 sind bestimmten Stoffen Sondervorschriften für ortsbewegliche Tanks zugeordnet. Jede Sondervorschrift für ortsbewegliche Tanks ist durch einen alphanumerischen Code (z. B. TP 1) gekennzeichnet. In Unterabschnitt 4.2.5.3 ist eine Aufzählung der Sondervorschriften für ortsbewegliche Tanks aufgeführt.

Bem. Bei Gasen, die zur Beförderung in MEGC zugelassen sind, ist in Kapitel 3.2 Tabelle A Spalte 10 der Buchstabe «(M)» angegeben.

4.2.5.2 Anweisungen für ortsbewegliche Tanks

4.2.5.2.1 Die Anweisungen für ortsbewegliche Tanks gelten für Stoffe der Klassen 1 bis 9. Die Anweisungen für ortsbewegliche Tanks geben Auskunft über die für bestimmte Stoffe anwendbaren Vorschriften für ortsbeweglichen Tanks. Diese Vorschriften müssen zusätzlich zu den allgemeinen Vorschriften dieses Kapitel und des Kapitels 6.7 erfüllt werden.

4.2.5.2.2 Für Stoffe der Klassen 1 und 3 bis 9 geben die Anweisungen für ortsbewegliche Tanks den anzuwendenden Mindestprüfdruck, die Mindestwanddicke des Tankkörpers (für Bezugsstahl), Vorschriften für die Bodenöffnungen und die Druckentlastungseinrichtung an. In der Anweisung für ortsbewegliche Tanks T 23 sind die selbstzersetzlichen Stoffe der Klasse 4.1 und die organischen Peroxide der Klasse 5.2, die zur Beförderung in ortsbeweglichen Tanks zugelassen sind,
sowie die anzuwendenden Kontroll- und
Notfalltemperaturen
angegeben.

4.2.5.2.3 Nicht tiefgekühlt verflüssigte Gase sind der Anweisung für ortsbewegliche Tanks T 50 zugeordnet, die für jedes zur Beförderung in ortsbeweglichen Tanks zugelassene nicht tiefgekühlt verflüssigte Gas den höchstzulässigen Betriebsdruck sowie die Vorschriften für die Öffnungen unterhalb des Flüssigkeitsspiegels, die Druckentlastungseinrichtungen und die höchste Fülldichte angibt.

4.2.5.2.4 Tiefgekühlt verflüssigte Gase sind der Anweisung für ortsbewegliche Tanks T 75 zugeordnet.

4.2.5.2.5 Bestimmung der entsprechenden Anweisung für ortsbewegliche Tanks

Wird in Kapitel 3.2 Tabelle A Spalte 10 bei einer bestimmten Eintragung eines gefährlichen Gutes eine bestimmte Anweisung für ortsbewegliche Tanks angegeben, dürfen auch andere ortsbewegliche Tanks verwendet werden, die höhere Mindestprüfdrücke, größere Wanddicken des Tankkörpers und strengere Anforderungen für die Bodenöffnungen und Druckentlastungseinrichtungen aufweisen. Die folgenden Richtlinien dienen zur Bestimmung eines geeigneten ortsbeweglichen Tanks, der für die Beförderung eines bestimmten Stoffes verwendet werden darf:

4.2 Verwendung von ortsbeweglichen Tanks und von UN-Gascontainern mit mehreren Elementen (MEGC)

ADR	RID

Anweisung für ortsbewegliche Tanks	weitere zugelassene Anweisungen für ortsbewegliche Tanks
T 1	T 2, T 3, T 4, T 5, T 6, T 7, T 8, T 9, T 10, T 11, T 12, T 13, T 14, T 15, T 16, T 17, T 18, T 19, T 20, T 21, T 22

Anweisung für ortsbewegliche Tanks	weitere zugelassene Anweisungen für ortsbewegliche Tanks
T 2	T 4, T 5, T 7, T 8, T 9, T 10, T 11, T 12, T 13, T 14, T 15, T 16, T 17, T 18, T 19, T 20, T 21, T 22

Anweisung für ortsbewegliche Tanks	weitere zugelassene Anweisungen für ortsbewegliche Tanks
T 3	T 4, T 5, T 6, T 7, T 8, T 9, T 10, T 11, T 12, T 13, T 14, T 15, T 16, T 17, T 18, T 19, T 20, T 21, T 22

Anweisung für ortsbewegliche Tanks	weitere zugelassene Anweisungen für ortsbewegliche Tanks
T 4	T 5, T 7, T 8, T 9, T 10, T 11, T 12, T 13, T 14, T 15, T 16, T 17, T 18, T 19, T 20, T 21, T 22

Anweisung für ortsbewegliche Tanks	weitere zugelassene Anweisungen für ortsbewegliche Tanks
T 5	T 10, T 14, T 19, T 20, T 22

Anweisung für ortsbewegliche Tanks	weitere zugelassene Anweisungen für ortsbewegliche Tanks
T 6	T 7, T 8, T 9, T 10, T 11, T 12, T 13, T 14, T 15, T 16, T 17, T 18, T 19, T 20, T 21, T 22

Anweisung für ortsbewegliche Tanks	weitere zugelassene Anweisungen für ortsbewegliche Tanks
T 7	T 8, T 9, T 10, T 11, T 12, T 13, T 14, T 15, T 16, T 17, T 18, T 19, T 20, T 21, T 22

Anweisung für ortsbewegliche Tanks	weitere zugelassene Anweisungen für ortsbewegliche Tanks
T 8	T 9, T 10, T 13, T 14, T 19, T 20, T 21, T 22

Verwendung von ortsbeweglichen Tanks und von UN-Gascontainern mit mehreren Elementen (MEGC) 4.2

ADR	RID

Anweisung für ortsbewegliche Tanks	weitere zugelassene Anweisungen für ortsbewegliche Tanks
T 9	T 10, T 13, T 14, T 19, T 20, T 21, T 22

Anweisung für ortsbewegliche Tanks	weitere zugelassene Anweisungen für ortsbewegliche Tanks
T 10	T 14, T 19, T 20, T 22

Anweisung für ortsbewegliche Tanks	weitere zugelassene Anweisungen für ortsbewegliche Tanks
T 11	T 12, T 13, T 14, T 15, T 16, T 17, T 18, T 19, T 20, T 21, T 22

Anweisung für ortsbewegliche Tanks	weitere zugelassene Anweisungen für ortsbewegliche Tanks
T 12	T 14, T 16, T 18, T 19, T 20, T 22

Anweisung für ortsbewegliche Tanks	weitere zugelassene Anweisungen für ortsbewegliche Tanks
T 13	T 14, T 19, T 20, T 21, T 22

Anweisung für ortsbewegliche Tanks	weitere zugelassene Anweisungen für ortsbewegliche Tanks
T 14	T 19, T 20, T 22

Anweisung für ortsbewegliche Tanks	weitere zugelassene Anweisungen für ortsbewegliche Tanks
T 15	T 16, T 17, T 18, T 19, T 20, T 21, T 22

Anweisung für ortsbewegliche Tanks	weitere zugelassene Anweisungen für ortsbewegliche Tanks
T 16	T 18, T 19, T 20, T 22

4.2 Verwendung von ortsbeweglichen Tanks und von UN-Gascontainern mit mehreren Elementen (MEGC)

ADR	RID

Anweisung für ortsbewegliche Tanks	weitere zugelassene Anweisungen für ortsbewegliche Tanks
T 17	T 18, T 19, T 20, T 21, T 22

Anweisung für ortsbewegliche Tanks	weitere zugelassene Anweisungen für ortsbewegliche Tanks
T 18	T 19, T 20, T 22

Anweisung für ortsbewegliche Tanks	weitere zugelassene Anweisungen für ortsbewegliche Tanks
T 19	T 20, T 22

Anweisung für ortsbewegliche Tanks	weitere zugelassene Anweisungen für ortsbewegliche Tanks
T 20	T 22

Anweisung für ortsbewegliche Tanks	weitere zugelassene Anweisungen für ortsbewegliche Tanks
T 21	T 22

Anweisung für ortsbewegliche Tanks	weitere zugelassene Anweisungen für ortsbewegliche Tanks
T 22	keine

Anweisung für ortsbewegliche Tanks	weitere zugelassene Anweisungen für ortsbewegliche Tanks
T 23	keine

Verwendung von ortsbeweglichen Tanks und von UN-Gascontainern mit mehreren Elementen (MEGC)   4.2

ADR	RID

4.2.5.2.6   Anweisungen für ortsbewegliche Tanks

Die Anweisungen für ortsbewegliche Tanks legen die Anforderungen an einen ortsbeweglichen Tank fest, der für die Beförderung eines bestimmten Stoffes verwendet wird. Die Anweisungen für ortsbewegliche Tanks T 1 bis T 22 legen die anwendbaren Mindestprüfdrücke, Mindestwanddicken des Tankkörpers (in mm Bezugsstahl) und die Vorschriften für die Druckentlastungseinrichtungen und Bodenöffnungen fest.

T 1 – T 22	Anweisungen für ortsbewegliche Tanks			
Diese Anweisungen für ortsbewegliche Tanks gelten für flüssige und feste Stoffe der Klassen 1 und 3 bis 9. Die allgemeinen Vorschriften des Abschnitts 4.2.1 und die Vorschriften des Abschnitts 6.7.2 sind einzuhalten.				
Anweisung für ortsbewegliche Tanks	Mindestprüfdruck (bar)	Mindestwanddicke des Tankkörpers (in mm Bezugsstahl) (siehe Unterabschnitt 6.7.2.4)	Druckentlastungs-einrichtungen a) (siehe Unterabschnitt 6.7.2.8)	Bodenöffnungen b) (siehe Unterabschnitt 6.7.2.6)
T 1	1,5	siehe 6.7.2.4.2	normal	siehe 6.7.2.6.2
T 2	1,5	siehe 6.7.2.4.2	normal	siehe 6.7.2.6.3
T 3	2,65	siehe 6.7.2.4.2	normal	siehe 6.7.2.6.2
T 4	2,65	siehe 6.7.2.4.2	normal	siehe 6.7.2.6.3
T 5	2,65	siehe 6.7.2.4.2	siehe 6.7.2.8.3	nicht zugelassen
T 6	4	siehe 6.7.2.4.2	normal	siehe 6.7.2.6.2
T 7	4	siehe 6.7.2.4.2	normal	siehe 6.7.2.6.3
T 8	4	siehe 6.7.2.4.2	normal	nicht zugelassen
T 9	4	6 mm	normal	nicht zugelassen
T 10	4	6 mm	siehe 6.7.2.8.3	nicht zugelassen
T 11	6	siehe 6.7.2.4.2	normal	siehe 6.7.2.6.3
T 12	6	siehe 6.7.2.4.2	siehe 6.7.2.8.3	siehe 6.7.2.6.3
T 13	6	6 mm	normal	nicht zugelassen
T 14	6	6 mm	siehe 6.7.2.8.3	nicht zugelassen
T 15	10	siehe 6.7.2.4.2	normal	siehe 6.7.2.6.3
T 16	10	siehe 6.7.2.4.2	siehe 6.7.2.8.3	siehe 6.7.2.6.3
T 17	10	6 mm	normal	siehe 6.7.2.6.3
T 18	10	6 mm	siehe 6.7.2.8.3	siehe 6.7.2.6.3
T 19	10	6 mm	siehe 6.7.2.8.3	nicht zugelassen
T 20	10	8 mm	siehe 6.7.2.8.3	nicht zugelassen
T 21	10	10 mm	normal	nicht zugelassen
T 22	10	10 mm	siehe 6.7.2.8.3	nicht zugelassen

a) Wenn der Ausdruck «normal» angegeben ist, gelten alle Vorschriften des Unterabschnitts 6.7.2.8 mit Ausnahme von Absatz 6.7.2.8.3.

b) Wenn in dieser Spalte «nicht zugelassen» angegeben ist, sind Bodenöffnungen nicht zugelassen, wenn der zu befördernde Stoff flüssig ist (siehe Absatz 6.7.2.6.1). Wenn der zu befördernde Stoff bei allen unter normalen Beförderungsbedingungen auftretenden Temperaturen ein fester Stoff ist, sind Bodenöffnungen, die den Vorschriften des Absatzes 6.7.2.6.2 entsprechen, zugelassen.

4.2 Verwendung von ortsbeweglichen Tanks und von UN-Gascontainern mit mehreren Elementen (MEGC)

ADR	RID

T 23 — Anweisungen für ortsbewegliche Tanks

Diese Anweisung für ortsbewegliche Tanks gilt für selbstzersetzliche Stoffe der Klasse 4.1 und organische Peroxide der Klasse 5.2. Die allgemeinen Vorschriften des Abschnitts 4.2.1 und die Vorschriften des Abschnitts 6.7.2 sind einzuhalten. Die anwendbaren zusätzlichen Vorschriften für selbstzersetzliche Stoffe der Klasse 4.1 und organische Peroxide der Klasse 5.2 in Unterabschnitt 4.2.1.13 sind ebenfalls einzuhalten. Die nachstehend aufgeführten Zubereitungen dürfen , gegebenenfalls mit denselben Kontroll- und Notfalltemperaturen,
auch gemäß Unterabschnitt 4.1.4.1 Verpackungsanweisung P 520 Verpackungsmethode OP8 verpackt befördert werden.

UN-Nr.	Stoff	Mindest-prüfdruck (bar) (ADR + RID)	Mindestwanddicke des Tankkörpers (in mm Bezugsstahl) (ADR + RID)	Bodenöffnungen (ADR + RID)	Druckentlastungseinrichtungen (ADR + RID)	Füllungsgrad (ADR + RID)	Kontrolltemperatur (nur ADR)	Notfalltemperatur (nur ADR)
3109 (ADR + RID)	ORGANISCHES PEROXID, TYP F, FLÜSSIG, tert-Butylhydroperoxid a), höchstens 72 %, mit Wasser; Cumylhydroperoxid, höchstens 90 %, in Verdünnungsmittel Typ A; Di-tert-butylperoxid, höchstens 32 %, in Verdünnungsmittel Typ A; Isopropylcumylhydroperoxid, höchstens 72 %, in Verdünnungsmittel Typ A; p-Menthylhydroperoxid, höchstens 72 %, in Verdünnungsmittel Typ A; Pinanylhydroperoxid, höchstens 56 %, in Verdünnungsmittel Typ A	4	siehe 6.7.2.4.2	siehe 6.7.2.6.3	siehe 6.7.2.8.2, 4.2.1.13.6, 4.2.1.13.7, 4.2.1.13.8	siehe 4.2.1.13.13		
3110 (ADR + RID)	ORGANISCHES PEROXID, TYP F, FEST; Dicumylperoxid b)	4	siehe 6.7.2.4.2	siehe 6.7.2.6.3	siehe 6.7.2.8.2, 4.2.1.13.6, 4.2.1.13.7, 4.2.1.13.8	siehe 4.2.1.13.13		
3119 (nur ADR)	ORGANISCHES PEROXID, TYP F, FLÜSSIG, TEMPERATURKONTROLLIERT	4	siehe 6.7.2.4.2	siehe 6.7.2.6.3	siehe 6.7.2.8.2, 4.2.1.13.6, 4.2.1.13.7, 4.2.1.13.8	siehe 4.2.1.13.13	c)	c)
	tert-Amylperoxyneodecanoat, höchstens 47 % in Verdünnungsmittel Typ A						– 10 °C	– 5 °C
	tert-Butylperoxyacetat, höchstens 32 %, in Verdünnungsmittel Typ B						+ 30 °C	+ 35 °C
	tert-Butylperoxy-2-ethylhexanoat, höchstens 32 %, in Verdünnungsmittel Typ B						+ 15 °C	+ 20 °C
	tert-Butylperoxypivalat, höchstens 27 %, in Verdünnungsmittel Typ B						+ 5 °C	+ 10 °C
	tert-Butylperoxy-3,5,5-trimethylhexanoat, höchstens 32 %, in Verdünnungsmittel Typ B						+ 35 °C	+ 40 °C
	Di-(3,5,5-trimethylhexanoyl)peroxid, höchstens 38 % in Verdünnungsmittel Typ A oder Typ B						0 °C	+ 5 °C
	Peroxyessigsäure, destilliert, Typ F, stabilisiert d)						+ 30 °C	+ 35 °C

4.2 Verwendung von ortsbeweglichen Tanks und von UN-Gascontainern mit mehreren Elementen (MEGC)

ADR   **RID**

T 23 Anweisungen für ortsbewegliche Tanks

(Fortsetzung)

UN-Nr.	Stoff	Mindest-prüf-druck (bar) (ADR + RID)	Mindest-wanddicke des Tank-körpers (in mm Bezugs-stahl) (ADR + RID)	Bodenöff-nungen (ADR + RID)	Druckent-lastungs-einrich-tungen (ADR + RID)	Füllungs-grad (ADR + RID)	Kon-troll-tempe-ratur (nur ADR)	Notfall-tempe-ratur (nur ADR)
3120 (nur ADR)	ORGANISCHES PER-OXID, TYP F, FEST, TEMPERATURKON-TROLLIERT	4	siehe 6.7.2.4.2	siehe 6.7.2.6.3	siehe 6.7.2.8.2, 4.2.1.13.6, 4.2.1.13.7, 4.2.1.13.8	siehe 4.2.1.13.13	c)	c)
3229 (ADR + RID)	SELBSTZERSETZ-LICHER STOFF, TYP F, FLÜSSIG	4	siehe 6.7.2.4.2	siehe 6.7.2.6.3	siehe 6.7.2.8.2, 4.2.1.13.6, 4.2.1.13.7, 4.2.1.13.8	siehe 4.2.1.13.13		
3230 (ADR + RID)	SELBSTZERSETZ-LICHER STOFF, TYP F, FEST	4	siehe 6.7.2.4.2	siehe 6.7.2.6.3	siehe 6.7.2.8.2, 4.2.1.13.6, 4.2.1.13.7, 4.2.1.13.8	siehe 4.2.1.13.13		
3239 (nur ADR)	SELBSTZERSETZ-LICHER STOFF, TYP F, FLÜSSIG, TEMPERA-TURKONTROLLIERT	4	siehe 6.7.2.4.2	siehe 6.7.2.6.3	siehe 6.7.2.8.2, 4.2.1.13.6, 4.2.1.13.7, 4.2.1.13.8	siehe 4.2.1.13.13	c)	c)
3240 (nur ADR)	SELBSTZERSETZ-LICHER STOFF, TYP F, FEST, TEMPERA-TURKONTROLLIERT	4	siehe 6.7.2.4.2	siehe 6.7.2.6.3	siehe 6.7.2.8.2, 4.2.1.13.6, 4.2.1.13.7, 4.2.1.13.8	siehe 4.2.1.13.13	c)	c)

a) Vorausgesetzt, es wurden Maßnahmen ergriffen, um eine gleichwertige Sicherheit wie bei 65 % tert-Butylhydroperoxid und 35 % Wasser zu erreichen.

b) Höchstmenge je ortsbeweglichen Tank: 2000 kg.

c) Wie von der zuständigen Behörde zugelassen.   –

d) Eine Zubereitung, die aus der Destillation von Peroxyessigsäure aus Peroxyessigsäure mit einer Konzentration von höchstens 41 % mit Wasser abgeleitet wird, Gesamtgehalt an Aktivsauerstoff (Peroxyessigsäure + H_2O_2) ≤ 9,5 %, und die die Kriterien des Handbuchs Prüfungen und Kriterien Absatz 20.4.3 f) erfüllt. Großzettel (Placard) für die Nebengefahr «ÄTZEND» (Muster Nr. 8, siehe Absatz 5.2.2.2.2) erforderlich.   –

4.2 Verwendung von ortsbeweglichen Tanks und von UN-Gascontainern mit mehreren Elementen (MEGC)

ADR | **RID**

T 50 — Anweisungen für ortsbewegliche Tanks

Diese Anweisung für ortsbewegliche Tanks gilt für nicht tiefgekühlt verflüssigte Gase und für Chemikalien unter Druck (UN-Nummern 3500, 3501, 3502, 3503, 3504 und 3505). Die allgemeinen Vorschriften des Abschnitt 4.2.2 und die Vorschriften des Abschnitts 6.7.3 sind einzuhalten.

UN-Nr.	nicht tiefgekühlt verflüssigte Gase	höchstzulässiger Betriebsdruck (bar) klein; groß; Sonnenschutz; isoliert [a]	Öffnungen unterhalb des Flüssigkeitsspiegels	Druckentlastungseinrichtungen (siehe 6.7.3.7) [b]	höchster Füllungsgrad
1005	AMMONIAK, WASSERFREI	29,0 / 25,7 / 22,0 / 19,7	zugelassen	siehe 6.7.3.7.3	0,53
1009	BROMTRIFLUORMETHAN (GAS ALS KÄLTEMITTEL R 13B1)	38,0 / 34,0 / 30,0 / 27,5	zugelassen	normal	1,13
1010	BUTADIENE, STABILISIERT	7,5 / 7,0 / 7,0 / 7,0	zugelassen	normal	0,55
1010	BUTADIENE UND KOHLENWASSERSTOFF, GEMISCH, STABILISIERT	siehe Begriffsbestimmung für höchstzulässiger Betriebsdruck in 6.7.3.1	zugelassen	normal	siehe 4.2.2.7
1011	BUTAN	7,0 / 7,0 / 7,0 / 7,0	zugelassen	normal	0,51
1012	BUT-2-EN	8,0 / 7,0 / 7,0 / 7,0	zugelassen	normal	0,53
1017	CHLOR	19,0 / 17,0 / 15,0 / 13,5	nicht zugelassen	siehe 6.7.3.7.3	1,25
1018	CHLORDIFLUORMETHAN (GAS ALS KÄLTEMITTEL R 22)	26,0 / 24,0 / 21,0 / 19,0	zugelassen	normal	1,03
1020	CHLORPENTAFLUORETHAN (GAS ALS KÄLTEMITTEL R 115)	23,0 / 20,0 / 18,0 / 16,0	zugelassen	normal	1,06
1021	1-CHLOR-1,2,2,2-TETRAFLUORETHAN (GAS ALS KÄLTEMITTEL R 124)	10,3 / 9,8 / 7,9 / 7,0	zugelassen	normal	1,20
1027	CYCLOPROPAN	18,0 / 16,0 / 14,5 / 13,0	zugelassen	normal	0,53
1028	DICHLORDIFLUORMETHAN (GAS ALS KÄLTEMITTEL R 12)	16,0 / 15,0 / 13,0 / 11,5	zugelassen	normal	1,15

Verwendung von ortsbeweglichen Tanks und von UN-Gascontainern mit mehreren Elementen (MEGC) 4.2

ADR		RID			

T 50		Anweisungen für ortsbewegliche Tanks			
(Fortsetzung)					
UN-Nr.	nicht tiefgekühlt verflüssigte Gase	höchst-zulässiger Betriebs-druck (bar) klein; groß; Sonnen-schutz; isoliert [a]	Öffnungen unterhalb des Flüssig-keits-spiegels	Druckent-lastungs-einrich-tungen (siehe 6.7.3.7) [b]	höchster Füllungs-grad
1029	DICHLORMONOFLUORMETHAN (GAS ALS KÄLTEMITTEL R 21)	7,0 7,0 7,0 7,0	zugelassen	normal	1,23
1030	1,1-DIFLUORETHAN (GAS ALS KÄLTEMITTEL R 152a)	16,0 14,0 12,4 11,0	zugelassen	normal	0,79
1032	DIMETHYLAMIN, WASSERFREI	7,0 7,0 7,0 7,0	zugelassen	normal	0,59
1033	DIMETHYLETHER	15,5 13,8 12,0 10,6	zugelassen	normal	0,58
1036	ETHYLAMIN	7,0 7,0 7,0 7,0	zugelassen	normal	0,61
1037	ETHYLCHLORID	7,0 7,0 7,0 7,0	zugelassen	normal	0,8
1040	ETHYLENOXID MIT STICKSTOFF bis zu einem Gesamtdruck von 1 MPa (10 bar) bei 50 °C	– – – 10,0	nicht zugelassen	siehe 6.7.3.7.3	0,78
1041	ETHYLENOXID UND KOHLENDIOXID, GEMISCH mit mehr als 9 %, aber höchstens 87 % Ethylenoxid	siehe Begriffs-bestimmung für höchst-zulässiger Betriebsdruck in 6.7.3.1	zugelassen	normal	siehe 4.2.2.7
1055	ISOBUTEN	8,1 7,0 7,0 7,0	zugelassen	normal	0,52
1060	METHYLACETYLEN UND PROPADIEN, GEMISCH, STABILISIERT	28,0 24,5 22,0 20,0	zugelassen	normal	0,43
1061	METHYLAMIN, WASSERFREI	10,8 9,6 7,8 7,0	zugelassen	normal	0,58
1062	METHYLBROMID mit höchstens 2 % Chlorpikrin	7,0 7,0 7,0 7,0	nicht zugelassen	siehe 6.7.3.7.3	1,51
1063	METHYLCHLORID (GAS ALS KÄLTEMITTEL R 40)	14,5 12,7 11,3 10,0	zugelassen	normal	0,81

4.2 Verwendung von ortsbeweglichen Tanks und von UN-Gascontainern mit mehreren Elementen (MEGC)

ADR	RID

T 50 Anweisungen für ortsbewegliche Tanks
(Fortsetzung)

UN-Nr.	nicht tiefgekühlt verflüssigte Gase	höchstzulässiger Betriebsdruck (bar) klein; groß; Sonnenschutz; isoliert a)	Öffnungen unterhalb des Flüssigkeitsspiegels	Druckentlastungseinrichtungen (siehe 6.7.3.7) b)	höchster Füllungsgrad
1064	METHYLMERCAPTAN	7,0 7,0 7,0 7,0	nicht zugelassen	siehe 6.7.3.7.3	0,78
1067	DISTICKSTOFFTETROXID (STICKSTOFFDIOXID)	7,0 7,0 7,0 7,0	nicht zugelassen	siehe 6.7.3.7.3	1,30
1075	PETROLEUMGASE, VERFLÜSSIGT	siehe Begriffsbestimmung für höchstzulässiger Betriebsdruck in 6.7.3.1	zugelassen	normal	siehe 4.2.2.7
1077	PROPEN	28,0 24,5 22,0 20,0	zugelassen	normal	0,43
1078	GAS ALS KÄLTEMITTEL, N.A.G.	siehe Begriffsbestimmung für höchstzulässiger Betriebsdruck in 6.7.3.1	zugelassen	normal	siehe 4.2.2.7
1079	SCHWEFELDIOXID	11,6 10,3 8,5 7,6	nicht zugelassen	siehe 6.7.3.7.3	1,23
1082	CHLORTRIFLUORETHYLEN, STABILISIERT (GAS ALS KÄLTEMITTEL R 1113)	17,0 15,0 13,1 11,6	nicht zugelassen	siehe 6.7.3.7.3	1,13
1083	TRIMETHYLAMIN, WASSERFREI	7,0 7,0 7,0 7,0	zugelassen	normal	0,56
1085	VINYLBROMID, STABILISIERT	7,0 7,0 7,0 7,0	zugelassen	normal	1,37
1086	VINYLCHLORID, STABILISIERT	10,6 9,3 8,0 7,0	zugelassen	normal	0,81
1087	VINYLMETHYLETHER, STABILISIERT	7,0 7,0 7,0 7,0	zugelassen	normal	0,67
1581	CHLORPIKRIN UND METHYLBROMID, GEMISCH mit mehr als 2 % Chlorpikrin	7,0 7,0 7,0 7,0	nicht zugelassen	siehe 6.7.3.7.3	1,51

Verwendung von ortsbeweglichen Tanks und von UN-Gascontainern mit mehreren Elementen (MEGC) 4.2

ADR					RID

T 50		Anweisungen für ortsbewegliche Tanks			
(Fortsetzung)					
UN-Nr.	nicht tiefgekühlt verflüssigte Gase	höchst-zulässiger Betriebs-druck (bar) klein; groß; Sonnen-schutz; isoliert [a]	Öffnungen unterhalb des Flüssig-keits-spiegels	Druckent-lastungs-einrich-tungen (siehe 6.7.3.7) [b]	höchster Füllungs-grad
1582	CHLORPIKRIN UND METHYLCHLORID, GEMISCH	19,2 16,9 15,1 13,1	nicht zugelassen	siehe 6.7.3.7.3	0,81
1858	HEXAFLUORPROPYLEN (GAS ALS KÄLTEMITTEL R 1216)	19,2 16,9 15,1 13,1	zugelassen	normal	1,11
1912	METHYLCHLORID UND DICHLORMETHAN, GEMISCH	15,2 13,0 11,6 10,1	zugelassen	normal	0,81
1958	1,2-DICHLOR-1,1,2,2-TETRAFLUORETHAN (GAS ALS KÄLTEMITTEL R 114)	7,0 7,0 7,0 7,0	zugelassen	normal	1,30
1965	KOHLENWASSERSTOFF-GAS, GEMISCH, VERFLÜSSIGT, N.A.G.	siehe Begriffs-bestimmung für höchst-zulässiger Betriebsdruck in 6.7.3.1	zugelassen	normal	siehe 4.2.2.7
1969	ISOBUTAN	8,5 7,5 7,0 7,0	zugelassen	normal	0,49
1973	CHLORDIFLUORMETHAN UND CHLORPENTAFLUORETHAN, GEMISCH mit einem konstanten Siedepunkt, mit ca. 49 % Chlordifluormethan (GAS ALS KÄLTEMITTEL R 502)	28,3 25,3 22,8 20,3	zugelassen	normal	1,05
1974	BROMCHLORDIFLUORMETHAN (GAS ALS KÄLTEMITTEL R 12B1)	7,4 7,0 7,0 7,0	zugelassen	normal	1,61
1976	OCTAFLUORCYCLOBUTAN (GAS ALS KÄLTEMITTEL RC 318)	8,8 7,8 7,0 7,0	zugelassen	normal	1,34
1978	PROPAN	22,5 20,4 18,0 16,5	zugelassen	normal	0,42
1983	1-CHLOR-2,2,2-TRIFLUORETHAN (GAS ALS KÄLTEMITTEL R 133a)	7,0 7,0 7,0 7,0	zugelassen	normal	1,18
2035	1,1,1-TRIFLUORETHAN (GAS ALS KÄLTEMITTEL R 143a)	31,0 27,5 24,2 21,8	zugelassen	normal	0,76

4.2 Verwendung von ortsbeweglichen Tanks und von UN-Gascontainern mit mehreren Elementen (MEGC)

ADR	RID

T 50	Anweisungen für ortsbewegliche Tanks

(Fortsetzung)

UN-Nr.	nicht tiefgekühlt verflüssigte Gase	höchstzulässiger Betriebsdruck (bar) klein; groß; Sonnenschutz; isoliert [a]	Öffnungen unterhalb des Flüssigkeitsspiegels	Druckentlastungseinrichtungen (siehe 6.7.3.7) [b]	höchster Füllungsgrad
2424	OCTAFLUORPROPAN (GAS ALS KÄLTEMITTEL R 218)	23,1 20,8 18,6 16,6	zugelassen	normal	1,07
2517	1-CHLOR-1,1-DIFLUORETHAN (GAS ALS KÄLTEMITTEL R 142b)	8,9 7,8 7,0 7,0	zugelassen	normal	0,99
2602	DICHLORDIFLUORMETHAN UND 1,1-DIFLUORETHAN, AZEOTROPES GEMISCH mit ca. 74 % Dichlordifluormethan (GAS ALS KÄLTEMITTEL R 500)	20,0 18,0 16,0 14,5	zugelassen	normal	1,01
3057	TRIFLUORACETYLCHLORID	14,6 12,9 11,3 9,9	nicht zugelassen	siehe 6.7.3.7.3	1,17
3070	ETHYLENOXID UND DICHLORDIFLUORMETHAN, GEMISCH mit höchstens 12,5 % Ethylenoxid	14,0 12,0 11,0 9,0	zugelassen	siehe 6.7.3.7.3	1,09
3153	PERFLUOR(METHYL-VINYL-ETHER)	14,3 13,4 11,2 10,2	zugelassen	normal	1,14
3159	1,1,1,2-TETRAFLUORETHAN (GAS ALS KÄLTEMITTEL R 134a)	17,7 15,7 13,8 12,1	zugelassen	normal	1,04
3161	VERFLÜSSIGTES GAS, ENTZÜNDBAR, N.A.G.	siehe Begriffsbestimmung für höchstzulässiger Betriebsdruck in 6.7.3.1	zugelassen	normal	siehe 4.2.2.7
3163	VERFLÜSSIGTES GAS, N.A.G.	siehe Begriffsbestimmung für höchstzulässiger Betriebsdruck in 6.7.3.1	zugelassen	normal	siehe 4.2.2.7
3220	PENTAFLUORETHAN (GAS ALS KÄLTEMITTEL R 125)	34,4 30,8 27,5 24,5	zugelassen	normal	0,87
3252	DIFLUORMETHAN (GAS ALS KÄLTEMITTEL R 32)	43,0 39,0 34,4 30,5	zugelassen	normal	0,78

Verwendung von ortsbeweglichen Tanks und von UN-Gascontainern mit mehreren Elementen (MEGC)

4.2

ADR	RID

T 50	Anweisungen für ortsbewegliche Tanks

(Fortsetzung)

UN-Nr.	nicht tiefgekühlt verflüssigte Gase	höchst-zulässiger Betriebs-druck (bar) klein; groß; Sonnen-schutz; isoliert [a]	Öffnungen unterhalb des Flüssig-keits-spiegels	Druckent-lastungs-einrich-tungen (siehe 6.7.3.7) [b]	höchster Füllungs-grad
3296	HEPTAFLUORPROPAN (GAS ALS KÄLTEMITTEL R 227)	16,0 14,0 12,5 11,0	zugelassen	normal	1,20
3297	ETHYLENOXID UND CHLORTETRAFLUOR-ETHAN, GEMISCH mit höchstens 8,8 % Ethylenoxid	8,1 7,0 7,0 7,0	zugelassen	normal	1,16
3298	ETHYLENOXID UND PENTAFLUORETHAN, GEMISCH mit höchstens 7,9 % Ethylenoxid	25,9 23,4 20,9 18,6	zugelassen	normal	1,02
3299	ETHYLENOXID UND TETRAFLUORETHAN, GEMISCH mit höchstens 5,6 % Ethylenoxid	16,7 14,7 12,9 11,2	zugelassen	normal	1,03
3318	AMMONIAKLÖSUNG in Wasser, relative Dichte kleiner als 0,880 bei 15 °C, mit mehr als 50 % Ammoniak	siehe Begriffs-bestimmung für höchst-zulässiger Betriebsdruck in 6.7.3.1	zugelassen	siehe 6.7.3.7.3	siehe 4.2.2.7
3337	GAS ALS KÄLTEMITTEL R 404A	31,6 28,3 25,3 22,5	zugelassen	normal	0,84
3338	GAS ALS KÄLTEMITTEL R 407A	31,3 28,1 25,1 22,4	zugelassen	normal	0,95
3339	GAS ALS KÄLTEMITTEL R 407B	33,0 29,6 26,5 23,6	zugelassen	normal	0,95
3340	GAS ALS KÄLTEMITTEL R 407C	29,9 26,8 23,9 21,3	zugelassen	normal	0,95
3500	CHEMIKALIE UNTER DRUCK, N.A.G.	siehe Begriffs-bestimmung für höchst-zulässiger Betriebsdruck in 6.7.3.1	zugelassen	siehe 6.7.3.7.3	TP 4 [c]
3501	CHEMIKALIE UNTER DRUCK, ENTZÜNDBAR, N.A.G.	siehe Begriffs-bestimmung für höchst-zulässiger Betriebsdruck in 6.7.3.1	zugelassen	siehe 6.7.3.7.3	TP 4 [c]

4.2 Verwendung von ortsbeweglichen Tanks und von UN-Gascontainern mit mehreren Elementen (MEGC)

ADR	RID

T 50	Anweisungen für ortsbewegliche Tanks				
(Fortsetzung)					
UN-Nr.	nicht tiefgekühlt verflüssigte Gase	höchstzulässiger Betriebsdruck (bar) klein; groß; Sonnenschutz; isoliert [a]	Öffnungen unterhalb des Flüssigkeitsspiegels	Druckentlastungseinrichtungen (siehe 6.7.3.7) [b]	höchster Füllungsgrad
3502	CHEMIKALIE UNTER DRUCK, GIFTIG, N.A.G.	siehe Begriffsbestimmung für höchstzulässiger Betriebsdruck in 6.7.3.1	zugelassen	siehe 6.7.3.7.3	TP 4 [c]
3503	CHEMIKALIE UNTER DRUCK, ÄTZEND, N.A.G.	siehe Begriffsbestimmung für höchstzulässiger Betriebsdruck in 6.7.3.1	zugelassen	siehe 6.7.3.7.3	TP 4 [c]
3504	CHEMIKALIE UNTER DRUCK, ENTZÜNDBAR, GIFTIG, N.A.G.	siehe Begriffsbestimmung für höchstzulässiger Betriebsdruck in 6.7.3.1	zugelassen	siehe 6.7.3.7.3	TP 4 [c]
3505	CHEMIKALIE UNTER DRUCK, ENTZÜNDBAR, ÄTZEND, N.A.G.	siehe Begriffsbestimmung für höchstzulässiger Betriebsdruck in 6.7.3.1	zugelassen	siehe 6.7.3.7.3	TP 4 [c]

a) «Klein» bedeutet Tanks, die einen Tankkörper mit einem Durchmesser von höchstens 1,5 Meter haben; «groß» bedeutet Tanks, die einen Tankkörper mit einem Durchmesser von mehr als 1,5 Meter ohne Isolierung oder Sonnenschutz haben (siehe Absatz 6.7.3.2.12); «Sonnenschutz» bedeutet Tanks, die einen Tankkörper mit einem Durchmesser von mehr als 1,5 Meter und einen Sonnenschutz haben (siehe Absatz 6.7.3.2.12); «isoliert» bedeutet Tanks, die einen Tankkörper mit einem Durchmesser von mehr als 1,5 Meter und einer Isolierung (siehe Absatz 6.7.3.2.12) haben; (siehe Begriffsbestimmung für «Auslegungsreferenztemperatur» in Unterabschnitt 6.7.3.1).

b) Der Ausdruck «normal» in der Spalte «Druckentlastungseinrichtungen» bedeutet, dass eine Berstscheibe gemäß Absatz 6.7.3.7.3 nicht vorgeschrieben ist.

c) Bei den UN-Nummern 3500, 3501, 3502, 3503, 3504 und 3505 ist anstelle des höchsten Füllungsgrads in kg/l der Füllungsgrad in Vol.-% zu beachten.

T 75	Anweisung für ortsbewegliche Tanks
Diese Anweisung für ortsbewegliche Tanks gilt für tiefgekühlt verflüssigte Gase. Die allgemeinen Vorschriften des Abschnitts 4.2.3 und die Vorschriften des Abschnitts 6.7.4 sind einzuhalten.	

Verwendung von ortsbeweglichen Tanks und von UN-Gascontainern mit mehreren Elementen (MEGC) 4.2

ADR	RID

4.2.5.3 **Sondervorschriften für ortsbewegliche Tanks**

Bestimmten Stoffen sind Sondervorschriften für ortsbewegliche Tanks zugeordnet, die zusätzlich zu oder anstelle der Vorschriften anzuwenden sind, die in den Anweisungen für ortsbewegliche Tanks oder in den Vorschriften des Kapitels 6.7 angegeben sind. Sondervorschriften für ortsbewegliche Tanks sind mit einem mit den Buchstaben «TP» (für den englischen Ausdruck «tank provision») beginnenden alphanumerischen Code gekennzeichnet und bestimmten Stoffen in Kapitel 3.2 Tabelle A Spalte 11 zugeordnet. Diese sind nachstehend aufgeführt:

TP 1

Der in Absatz 4.2.1.9.2 vorgeschriebene Füllungsgrad darf nicht überschritten werden

$$\text{Füllungsgrad} = \frac{97}{1+\alpha(t_r - t_f)}$$

TP 2

Der in Absatz 4.2.1.9.3 vorgeschriebene Füllungsgrad darf nicht überschritten werden

$$\text{Füllungsgrad} = \frac{95}{1+\alpha(t_r - t_f)}$$

TP 3

Der höchste Füllungsgrad (in %) für feste Stoffe, die über ihrem Schmelzpunkt befördert werden, oder für erwärmte flüssige Stoffe ist in Übereinstimmung mit Absatz 4.2.1.9.5 zu bestimmen.

TP 4

Der Füllungsgrad darf 90 % oder jeden anderen von der zuständigen Behörde genehmigten Wert nicht überschreiten (siehe Absatz 4.2.1.16.2).

TP 5

Der in Unterabschnitt 4.2.3.6 vorgeschriebene Füllungsgrad ist einzuhalten.

TP 6

Der Tank ist mit Druckentlastungseinrichtungen auszurüsten, die an den Fassungsraum und die Art der beförderten Stoffe angepasst sind, um unter allen Umständen, einschließlich einer vollständigen Feuereinwirkung, das Bersten des Tanks zu verhindern. Die Einrichtungen müssen auch mit dem Stoff verträglich sein.

TP 7

Luft ist mit Stickstoff oder anderen Mitteln aus dem Dampfraum zu entfernen.

TP 8

Der Prüfdruck darf auf 1,5 bar reduziert werden, wenn der Flammpunkt der beförderten Stoffe höher ist als 0 °C.

TP 9

Ein Stoff mit dieser Beschreibung darf in einem ortsbeweglichen Tank nur mit Zulassung der zuständigen Behörde befördert werden.

4.2 Verwendung von ortsbeweglichen Tanks und von UN-Gascontainern mit mehreren Elementen (MEGC)

ADR	RID

TP 10

Eine Bleiauskleidung von mindesten 5 mm Dicke, die jährlich geprüft werden muss, oder ein anderer von der zuständigen Behörde zugelassener geeigneter Auskleidungswerkstoff ist erforderlich. Ein ortsbeweglicher Tank darf nach Ablauf der Frist für die Prüfung der Auskleidung innerhalb von höchstens drei Monaten nach Ablauf dieser Frist nach dem Entleeren, jedoch vor dem Reinigen, zur Beförderung aufgegeben werden, um ihn vor dem Wiederbefüllen der nächsten vorgeschriebenen Prüfung zuzuführen.

TP 11

(bleibt offen)

TP 12

(gestrichen)

TP 13

(bleibt offen)

TP 14

(bleibt offen)

TP 15

(bleibt offen)

TP 16

Der Tank ist mit einer besonderen Einrichtung auszurüsten, um unter normalen Beförderungsbedingungen Unter- und Überdruck zu verhindern. Diese Einrichtung muss von der zuständigen Behörde genehmigt sein. Die Druckentlastungseinrichtung muss den Vorschriften des Absatzes 6.7.2.8.3 entsprechen, um eine Kristallisation des Produkts in der Druckentlastungseinrichtung zu verhindern.

TP 17

Für die Wärmeisolierung des Tanks dürfen nur anorganische nicht brennbare Werkstoffe verwendet werden.

TP 18

Die Temperatur muss zwischen 18 °C und 40 °C gehalten werden. Ortsbewegliche Tanks, die erstarrte Methacrylsäure enthalten, dürfen während der Beförderung nicht wieder aufgeheizt werden.

TP 19

Zum Zeitpunkt des Baus muss die gemäß Unterabschnitt 6.7.3.4 bestimmte Mindestwanddicke des Tankkörpers um 3 mm Korrosionszuschlag erhöht werden. Die Wanddicke des Tankkörpers muss mit Ultraschall in der Halbzeit zwischen den wiederkehrenden Wasserdruckprüfungen überprüft werden und darf in keinem Fall geringer sein als die gemäß Unterabschnitt 6.7.3.4 bestimmte Mindestwanddicke.

TP 20

Dieser Stoff darf nur in wärmeisolierten Tanks unter Stickstoffüberlagerung befördert werden.

Verwendung von ortsbeweglichen Tanks und von UN-Gascontainern mit mehreren Elementen (MEGC) 4.2

ADR	RID

TP 21
Die Wanddicke des Tankkörpers darf nicht geringer sein als 8 mm. Die Tanks müssen mindestens alle 2,5 Jahre einer Wasserdruckprüfung und einer Prüfung des inneren Zustands unterzogen werden.

TP 22
Schmiermittel für Dichtungen und andere Einrichtungen müssen mit Sauerstoff verträglich sein.

TP 23
(gestrichen)

TP 24
Um einen übermäßigen Druckanstieg durch die langsame Zersetzung des beförderten Stoffes zu verhindern, darf der ortsbewegliche Tank mit einer Einrichtung ausgerüstet sein, die unter maximalen Füllbedingungen im Dampfraum des Tankkörpers angeordnet ist. Diese Einrichtung muss auch beim Umkippen des Tanks das Austreten einer unzulässigen Menge flüssigen Stoffes oder das Eindringen von Fremdstoffen in den Tank verhindern. Diese Einrichtung muss von der zuständigen Behörde oder einer von ihr bestimmten Stelle genehmigt sein.

TP 25

Schwefeltrioxid, mindestens 99,95 % rein, darf ohne Inhibitor in Tanks befördert werden, vorausgesetzt, seine Temperatur wird bei 32,5 °C oder darüber gehalten.	(bleibt offen)

TP 26
Bei der Beförderung in beheiztem Zustand muss die Heizeinrichtung außen am Tankkörper angebracht sein. Für die UN-Nummer 3176 gilt diese Vorschrift nur, wenn der Stoff gefährlich mit Wasser reagiert.

TP 27
Ein ortsbeweglicher Tank mit einem Mindestprüfdruck von 4 bar darf verwendet werden, wenn nachgewiesen ist, dass nach der Begriffsbestimmung für Prüfdruck in Unterabschnitt 6.7.2.1 ein Prüfdruck von 4 bar oder weniger zulässig ist.

TP 28
Ein ortsbeweglicher Tank mit einem Mindestprüfdruck von 2,65 bar darf verwendet werden, wenn nachgewiesen ist, dass nach der Begriffsbestimmung für Prüfdruck in Unterabschnitt 6.7.2.1 ein Prüfdruck von 2,65 bar oder weniger zulässig ist.

TP 29
Ein ortsbeweglicher Tank mit einem Mindestprüfdruck von 1,5 bar darf verwendet werden, wenn nachgewiesen ist, dass nach der Begriffsbestimmung für Prüfdruck in Unterabschnitt 6.7.2.1 ein Prüfdruck von 1,5 bar oder weniger zulässig ist.

TP 30
Dieser Stoff muss in wärmeisolierten Tanks befördert werden.

4.2 Verwendung von ortsbeweglichen Tanks und von UN-Gascontainern mit mehreren Elementen (MEGC)

ADR	RID

TP 31

Dieser Stoff darf nur in festem Zustand in Tanks befördert werden.

TP 32

Für die UN-Nummern 0331, 0332 und 3375 dürfen unter folgenden Bedingungen ortsbewegliche Tanks verwendet werden:
a) Um einen unnötigen Einschluss zu vermeiden, muss jeder ortsbewegliche Tank aus Metall mit einer federbelasteten Druckentlastungseinrichtung, einer Berstscheibe oder einer Schmelzsicherung ausgerüstet sein. Der Ansprechdruck bzw. Berstdruck darf für ortsbewegliche Tanks mit einem Mindestprüfdruck über 4 bar nicht größer als 2,65 bar sein.
b) Nur für die UN-Nummer 3375 muss die Eignung für eine Beförderung in Tanks nachgewiesen sein. Eine Methode für die Feststellung der Eignung ist das Prüfverfahren 8 d) der Prüfreihe 8 (siehe Handbuch Prüfungen und Kriterien Teil 1 Unterabschnitt 18.7).
c) Die Stoffe dürfen nicht über einen Zeitraum im ortsbeweglichen Tank verbleiben, bei dem es zur Verkrustung kommen kann. Es sind geeignete Maßnahmen zu ergreifen, um ein Verklumpen oder eine Anhaftung der Stoffe im Tank zu vermeiden (z.B. Reinigung, usw.).

TP 33

Die diesem Stoff zugeordnete Anweisung für ortsbewegliche Tanks gilt für körnige und pulverförmige Stoffe und für feste Stoffe, die bei einer Temperatur über ihrem Schmelzpunkt eingefüllt und entleert, abgekühlt und als feste Masse befördert werden. Für feste Stoffe, die über ihrem Schmelzpunkt befördert werden, siehe Unterabschnitt 4.2.1.19.

TP 34

Ortsbewegliche Tanks müssen nicht der Auflaufprüfung gemäß Absatz 6.7.4.14.1 unterzogen werden, wenn sie auf dem Schild gemäß Absatz 6.7.4.15.1 und außerdem mit einer Schriftgröße von mindestens 10 cm auf beiden Seiten der äußeren Umhüllung gekennzeichnet sind mit:
«NICHT FÜR DEN EISENBAHNTRANSPORT».

TP 35

(gestrichen)

TP 36

In ortsbeweglichen Tanks dürfen Schmelzsicherungen im Dampfraum verwendet werden.

TP 37

(gestrichen)

TP 38

(gestrichen)

Verwendung von ortsbeweglichen Tanks und von UN-Gascontainern mit mehreren Elementen (MEGC) 4.2

ADR	RID

TP 39

(gestrichen)

TP 40

Ortsbewegliche Tanks dürfen nicht mit angeschlossener Sprühausrüstung befördert werden.

TP 41

Mit Zustimmung der zuständigen Behörde kann die alle zweieinhalb Jahre durchzuführende innere Untersuchung entfallen oder durch andere Prüfverfahren ersetzt werden, vorausgesetzt, der ortsbewegliche Tank ist für die ausschließliche Beförderung der metallorganischen Stoffe vorgesehen, denen diese Sondervorschrift zugeordnet ist. Diese Untersuchung ist jedoch erforderlich, wenn die Vorschriften des Absatzes 6.7.2.19.7 erfüllt sind.

4.2 Verwendung von ortsbeweglichen Tanks und von UN-Gascontainern mit mehreren Elementen (MEGC)

ADR	RID

Verwendung von Tanks / Kesselwagen 4.3

ADR: Verwendung von festverbundenen Tanks (Tankfahrzeugen), Aufsetztanks, Tankcontainern und Tankwechselaufbauten (Tankwechselbehältern), deren Tankkörper aus metallenen Werkstoffen hergestellt sind, sowie von Batterie-Fahrzeugen und Gascontainern mit mehreren Elementen (MEGC)	*RID:* Verwendung von Kesselwagen, abnehmbaren Tanks, Tankcontainern und Tankwechselaufbauten (Tankwechselbehältern), deren Tankkörper aus metallenen Werkstoffen hergestellt sind, sowie von Batteriewagen und Gascontainern mit mehreren Elementen (MEGC)

Bem. Für ortsbewegliche Tanks und UN-Gascontainer mit mehreren Elementen (MEGC) siehe Kapitel 4.2; für Tanks aus faserverstärkten Kunststoffen siehe Kapitel 4.4; für Saug-Druck-Tanks für Abfälle siehe Kapitel 4.5.

4.3.1 Anwendungsbereich

4.3.1.1 Vorschriften, die sich über die **gesamte Textbreite** erstrecken, gelten sowohl für
ADR: festverbundene Tanks (Tankfahrzeuge), Aufsetztanks und Batterie-Fahrzeuge
RID: Kesselwagen, abnehmbare Tanks und Batteriewagen
als auch für Tankcontainer, Tankwechselaufbauten (Tankwechselbehälter) und MEGC.
Vorschriften, die in **einer Spalte** erscheinen, gelten nur für

ADR: – festverbundene Tanks (Tankfahrzeuge), Aufsetztanks und
Batterie-Fahrzeuge **(linke Spalte)**.
RID: – Kesselwagen, abnehmbare Tanks und Batteriewagen **(linke Spalte)**.

– Tankcontainer, Tankwechselaufbauten (Tankwechselbehälter) und
MEGC **(rechte Spalte)**.

4.3.1.2 Diese Vorschriften gelten für

ADR: festverbundene Tanks (Tankfahrzeuge), Aufsetztanks und Batterie-Fahrzeuge, *RID:* Kesselwagen, abnehmbaren Tanks und Batteriewagen	Tankcontainer, Tankwechselaufbauten (Tankwechselbehälter) und MEGC

zur Beförderung gasförmiger, flüssiger, pulverförmiger und körniger Stoffe.

4.3.1.3 Im Abschnitt 4.3.2 sind Vorschriften aufgeführt, die sowohl für
ADR: festverbundene Tanks (Tankfahrzeuge), Aufsetztanks,
RID: Kesselwagen, abnehmbare Tanks,
Tankcontainer und Tankwechselaufbauten (Tankwechselbehälter) zur Beförderung von Stoffen aller Klassen als auch für
ADR: Batterie-Fahrzeuge
RID: Batteriewagen
und MEGC zur Beförderung von Gasen der Klasse 2 gelten. Die Abschnitte 4.3.3 und 4.3.4 enthalten die Sondervorschriften, die Ergänzungen zu oder Abweichungen von den Vorschriften des Abschnitts 4.3.2 bilden.

4.3.1.4 Wegen der Vorschriften über den Bau, die Ausrüstung, die Zulassung des Baumusters, die Prüfungen und die Kennzeichnung siehe Kapitel 6.8.

4.3.1.5 Wegen der Übergangsvorschriften für die Anwendung dieses Kapitels siehe Abschnitt 1.6.3. | 1.6.4.

4.3 Verwendung von Tanks / Kesselwagen

4.3.2 Vorschriften für alle Klassen
▶ 1.6.4.18

4.3.2.1 Verwendung

4.3.2.1.1 Die Beförderung von Stoffen des ADR/RID in
ADR: festverbundenen Tanks (Tankfahrzeugen), Aufsetztanks und Batterie-Fahrzeugen
RID: Kesselwagen, abnehmbaren Tanks und Batteriewagen
oder in Tankcontainern, Tankwechselaufbauten (Tankwechselbehälter) und MEGC ist nur zulässig, wenn in Kapitel 3.2 Tabelle A Spalte 12 eine Tankcodierung gemäß Absatz 4.3.3.1.1 oder 4.3.4.1.1 vorgesehen ist.

4.3.2.1.2 Der erforderliche Typ eines Tanks, eines
ADR: Batterie-Fahrzeugs
RID: Batteriewagens
und eines MEGC wird in Kapitel 3.2 Tabelle A Spalte 12 in kodierter Form angegeben. Die dort angegebenen Tankcodierungen sind aus Buchstaben und Zahlen in festgelegter Abfolge zusammengesetzt. Die Erläuterungen für die vier Teile des Codes sind in Absatz 4.3.3.1.1 (wenn der zu befördernde Stoff ein Stoff der Klasse 2 ist) und in Absatz 4.3.4.1.1 (wenn der zu befördernde Stoff ein Stoff der Klassen
ADR: 1 und
3 bis 9 ist) angegeben. [1)]

4.3.2.1.3 Der erforderliche Typ gemäß Absatz 4.3.2.1.2 entspricht den am wenigsten strengen Bauvorschriften, die für den betreffenden Stoff zulässig sind. Sofern die Vorschriften dieses Kapitels und des Kapitels 6.8 nicht anderes vorschreiben, dürfen auch Tanks mit Codierungen verwendet werden, die einen höheren Mindestberechnungsdruck oder strengere Anforderungen für die Öffnungen für das Befüllen oder Entleeren oder die Sicherheitsventile/-einrichtungen vorschreiben (siehe Absatz 4.3.3.1.1 für die Klasse 2 und Absatz 4.3.4.1.1 für die Klassen 3 bis 9).

4.3.2.1.4 Die Tanks, die
ADR: Batterie-Fahrzeuge
RID: Batteriewagen
und die MEGC unterliegen für bestimmte Stoffe zusätzlichen Anforderungen, die in Kapitel 3.2 Tabelle A Spalte 13 als Sondervorschriften angegeben sind.

4.3.2.1.5 Tanks,
ADR: Batterie-Fahrzeuge
RID: Batteriewagen
und MEGC dürfen nur mit denjenigen Stoffen gefüllt werden, für deren Beförderung sie zugelassen sind (siehe Absatz 6.8.2.3.1) und die mit den Werkstoffen der Tankkörper, Dichtungen, Ausrüstungsteile und Schutzauskleidungen, mit denen sie in Berührung kommen, nicht gefährlich reagieren (siehe Begriffsbestimmung für gefährliche Reaktion in Abschnitt 1.2.1), gefährliche Stoffe erzeugen oder diese Werkstoffe merklich schwächen. [2)]

4.3.2.1.6 Nahrungsmittel dürfen in Tanks, die für gefährliche Güter verwendet werden, nur befördert werden, wenn die erforderlichen Maßnahmen zur Verhütung von Gesundheitsschäden getroffen wurden.

[1)] Tanks zur Beförderung von Stoffen der Klasse
ADR: 1,
5.2 oder 7 bilden eine Ausnahme (siehe Absatz 4.3.4.1.3).

[2)] Es kann erforderlich sein, den Hersteller des Stoffes und die zuständige Behörde zu konsultieren, um Auskunft über die Verträglichkeit des Stoffes mit den Werkstoffen des Tanks, Batterie-Fahrzeuges/Batteriewagens oder MEGC zu erhalten.

Verwendung von Tanks / Kesselwagen 4.3

4.3.2.1.7 **ADR:** Die Tankakte muss vom Eigentümer oder Betreiber aufbewahrt werden, der in der Lage sein muss, diese Dokumente auf Anforderung der zuständigen Behörde vorzulegen. Die Tankakte muss während der gesamten Lebensdauer des Tanks geführt und bis 15 Monate nach der Außerbetriebnahme des Tanks aufbewahrt werden.

Bei einem Wechsel des Eigentümers oder Betreibers während der Lebensdauer des Tanks ist die Tankakte unverzüglich an den neuen Eigentümer oder Betreiber zu übergeben.

Kopien der Tankakte oder aller notwendigen Dokumente sind dem Sachverständigen für Tankprüfungen nach Absatz 6.8.2.4.5 oder 6.8.3.4.18 zu den wiederkehrenden oder außerordentlichen Prüfungen zur Verfügung zu stellen.

RID: Die Tankakte muss vom Eigentümer oder Betreiber aufbewahrt werden, der in der Lage sein muss, diese Dokumente auf Anforderung der zuständigen Behörde vorzulegen, und sicherstellen muss, dass vorzulegen. diese der für die Instandhaltung zuständigen Stelle (ECM) zur Verfügung stehen.

Die Tankakte, einschließlich der entsprechenden Informationen in Bezug auf die Tätigkeiten der ECM, | Die Tankakte

muss während der gesamten Lebensdauer des Tanks geführt und bis 15 Monate nach der Außerbetriebnahme des Tanks aufbewahrt werden.

Bei einem Wechsel des Eigentümers oder Betreibers während der Lebensdauer des Tanks ist die Tankakte unverzüglich an den neuen Eigentümer oder Betreiber zu übergeben.

Kopien der Tankakte oder aller notwendigen Dokumente sind dem Sachverständigen für Tankprüfungen nach Absatz 6.8.2.4.5 oder 6.8.3.4.18 zu den wiederkehrenden oder außerordentlichen Prüfungen zur Verfügung zu stellen.

4.3.2.2 **Füllungsgrad**

4.3.2.2.1 Folgende Füllungsgrade von Tanks zur Beförderung flüssiger Stoffe bei Umgebungstemperaturen dürfen nicht überschritten werden:

a) für entzündbare Stoffe, umweltgefährdende Stoffe und entzündbare umweltgefährdende Stoffe ohne zusätzliche Gefahren (z.B. giftig, ätzend) in Tanks mit Über- und Unterdruckbelüftungseinrichtungen oder mit Sicherheitsventilen (auch wenn diesen eine Berstscheibe vorgeschaltet ist):

$$\text{Füllungsgrad} = \frac{100}{1 + \alpha\,(50 - t_F)} \text{ \% des Fassungsraums;}$$

b) für giftige oder ätzende Stoffe (entzündbar, nicht entzündbar, umweltgefährdend oder nicht umweltgefährdend) in Tanks mit Über- und Unterdruckbelüftungseinrichtungen oder mit Sicherheitsventilen (auch wenn diesen eine Berstscheibe vorgeschaltet ist):

$$\text{Füllungsgrad} = \frac{98}{1 + \alpha\,(50 - t_F)} \text{ \% des Fassungsraums;}$$

c) für entzündbare Stoffe, umweltgefährdende Stoffe und schwach giftige oder schwach ätzende Stoffe (entzündbar, nicht entzündbar, umweltgefährdend oder nicht umweltgefährdend) in luftdicht verschlossenen Tanks ohne Sicherheitseinrichtung:

$$\text{Füllungsgrad} = \frac{97}{1 + \alpha\,(50 - t_F)} \text{ \% des Fassungsraums;}$$

d) für sehr giftige, giftige, stark ätzende oder ätzende Stoffe (entzündbar, nicht entzündbar, umweltgefährdend oder nicht umweltgefährdend) in luftdicht verschlossenen Tanks ohne Sicherheitseinrichtung:

$$\text{Füllungsgrad} = \frac{95}{1 + \alpha\,(50 - t_F)} \text{ \% des Fassungsraums;}$$

4.3 Verwendung von Tanks / Kesselwagen

4.3.2.2.2 In diesen Formeln bedeutet α den mittleren kubischen Ausdehnungskoeffizienten der Flüssigkeit zwischen 15 °C und 50 °C, d.h. für eine maximale Temperaturerhöhung von 35 °C.

α wird nach der Formel berechnet: $\alpha = \dfrac{d_{15} - d_{50}}{35 \times d_{50}}$.

Dabei bedeuten d_{15} und d_{50} die Dichte der Flüssigkeit bei 15 °C bzw. 50 °C und t_F die mittlere Temperatur der Flüssigkeit während der Füllung.

4.3.2.2.3 Die Bestimmungen des Absatzes 4.3.2.2.1 a) bis d) gelten nicht für Tanks, deren Inhalt während der Beförderung durch eine Heizeinrichtung auf einer Temperatur von über 50 °C gehalten wird. In diesem Fall muss der Füllungsgrad bei Beförderungsbeginn so bemessen sein und die Temperatur so geregelt werden, dass der Tank während der Beförderung zu höchstens 95 % gefüllt ist und die Fülltemperatur nicht überschritten wird.

4.3.2.2.4
▶ *1.6.3.34*
1.6.4.33

ADR: Tankkörper zur Beförderung von Stoffen in flüssigem Zustand oder von verflüssigten oder tiefgekühlt verflüssigten Gasen, die nicht durch Trenn- oder Schwallwände in Abschnitte von höchstens 7500 l Fassungsraum unterteilt sind, müssen entweder zu mindestens 80 % oder zu höchstens 20 % ihres Fassungsraums gefüllt sein.

Diese Vorschrift gilt nicht für:
– flüssige Stoffe mit einer kinematischen Viskosität bei 20 °C von mindestens 2680 mm²/s;
– geschmolzene Stoffe mit einer kinematischen Viskosität bei Fülltemperatur von mindestens 2680 mm²/s;
– UN 1963 HELIUM, TIEFGEKÜHLT, FLÜSSIG, und UN 1966 WASSERSTOFF, TIEFGEKÜHLT, FLÜSSIG.

RID: (bleibt offen)

Tankkörper zur Beförderung von Stoffen in flüssigem Zustand oder von verflüssigten oder tiefgekühlt verflüssigten Gasen, die nicht durch Trenn- oder Schwallwände in Abschnitte von höchstens 7500 l Fassungsraum unterteilt sind, müssen entweder zu mindestens 80 % oder zu höchstens 20 % ihres Fassungsraums gefüllt sein.

Diese Vorschrift gilt nicht für:
– flüssige Stoffe mit einer kinematischen Viskosität bei 20 °C von mindestens 2680 mm²/s;
– geschmolzene Stoffe mit einer kinematischen Viskosität bei Fülltemperatur von mindestens 2680 mm²/s;
– UN 1963 HELIUM, TIEFGEKÜHLT, FLÜSSIG, und UN 1966 WASSERSTOFF, TIEFGEKÜHLT, FLÜSSIG.

Verwendung von Tanks / Kesselwagen 4.3

4.3.2.3 **Betrieb**

4.3.2.3.1 Die Wanddicke des Tankkörpers muss während der ganzen Benützungsdauer des Tanks größer oder gleich dem Mindestwert sein, der in den Absätzen
ADR: 6.8.2.1.17 bis 6.8.2.1.21 | 6.8.2.1.17 bis 6.8.2.1.20
RID: 6.8.2.1.17 und 6.8.2.1.18
gefordert wird.

4.3.2.3.2 (bleibt offen) | Die Tankcontainer/MEGC müssen während der Beförderung so auf dem
ADR: Trägerfahrzeug
RID: Tragwagen
verladen sein, dass sie durch Einrichtungen des
ADR: Trägerfahrzeugs
RID: Tragwagens
oder des Tankcontainers/MEGC selbst ausreichend gegen seitliche und rückwärtige Stöße sowie gegen Überrollen geschützt sind [3]. Wenn die Tankcontainer/MEGC, einschließlich der Bedienungsausrüstungen, so gebaut sind, dass sie den Stößen und dem Überrollen standhalten können, ist es nicht nötig, sie auf diese Weise zu sichern.

4.3.2.3.3 Während des Befüllens und Entleerens der Tanks,
ADR: Batterie-Fahrzeuge
RID: Batteriewagen
und MEGC sind geeignete Maßnahmen zu treffen, um die Freisetzung gefährlicher Mengen von Gasen und Dämpfen zu verhindern. Die Tanks,
ADR: Batterie-Fahrzeuge
RID: Batteriewagen
und MEGC müssen so verschlossen sein, dass vom Inhalt nichts unkontrolliert nach außen gelangen kann. Die Öffnungen der Tanks mit Untenentleerung müssen mit Schraubkappen, Blindflanschen oder gleich wirksamen Einrichtungen verschlossen sein. Nach dem Befüllen muss der Befüller sicherstellen, dass alle Verschlüsse der Tanks,
ADR: Batterie-Fahrzeuge
RID: Batteriewagen
und MEGC in geschlossener Stellung sind und keine Undichtheit auftritt. Dies gilt auch für die Abschlusseinrichtungen oben am Steigrohr des Tanks.

4.3.2.3.4 Falls mehrere Absperreinrichtungen hintereinander liegen, ist zuerst die dem Füllgut zunächst liegende Einrichtung zu schließen.

4.3.2.3.5 Während der Beförderung dürfen den Tanks außen keine gefährlichen Reste des Füllgutes anhaften.

4.3.2.3.6 Stoffe, die gefährlich miteinander reagieren können, dürfen nicht in unmittelbar nebeneinander liegenden Tankabteilen befördert werden.

---

[3] Beispiele für den Schutz der Tankkörper:
- Der Schutz gegen seitliches Anfahren kann z.B. aus Längsträgern bestehen, die den Tankkörper auf beiden Längsseiten in Höhe der Tankmittellinie schützen.
- Der Schutz gegen Überrollen kann z.B. aus Verstärkungsringen oder aus Rahmenquerträgern bestehen.
- Der Schutz gegen Anfahren von rückwärts kann z.B. aus einer Stoßstange oder aus einem Rahmen bestehen.

4.3 Verwendung von Tanks / Kesselwagen

Stoffe, die gefährlich miteinander reagieren können, dürfen in unmittelbar nebeneinander liegenden Tankabteilen befördert werden, wenn diese Abteile durch eine Trennwand getrennt sind, die eine gleiche oder größere Wanddicke als der Tankkörper selbst hat. Sie dürfen auch befördert werden, wenn die befüllten Abteile durch einen leeren Zwischenraum oder ein leeres Abteil getrennt sind.

4.3.2.3.7 Nach Ablauf der Frist für die in den Absätzen 6.8.2.4.2, 6.8.3.4.6 und 6.8.3.4.12 vorgeschriebene Prüfung dürfen
ADR: festverbundene Tanks (Tankfahrzeuge), Aufsetztanks, Batterie-Fahrzeuge,
RID: Kesselwagen, abnehmbare Tanks, Batteriewagen,
Tankcontainer, Tankwechselaufbauten (Tankwechselbehälter) und MEGC weder befüllt noch zur Beförderung aufgegeben werden.

Jedoch dürfen
ADR: festverbundene Tanks (Tankfahrzeuge), Aufsetztanks, Batterie-Fahrzeuge,
RID: Kesselwagen, abnehmbare Tanks, Batteriewagen,
Tankcontainer, Tankwechselaufbauten (Tankwechselbehälter) und MEGC, die vor Ablauf der Frist für die wiederkehrende Prüfung befüllt wurden, in folgenden Fällen befördert werden:

a) innerhalb eines Zeitraums von höchstens einem Monat nach Ablauf dieser Frist,

b) sofern von der zuständigen Behörde nichts anderes vorgesehen ist, innerhalb eines Zeitraums von höchstens drei Monaten nach Ablauf dieser Frist, um die Rücksendung von gefährlichen Stoffen zur ordnungsgemäßen Entsorgung oder zum ordnungsgemäßen Recycling zu ermöglichen. Im Beförderungspapier muss auf diese Ausnahme hingewiesen werden.

4.3.2.4 *ADR:* Ungereinigte leere Tanks, Batterie-Fahrzeuge und MEGC
RID: Ungereinigte leere Tanks, Batteriewagen und MEGC

Bem. Für ungereinigte leere Tanks,
ADR: Batterie-Fahrzeuge
RID: Batteriewagen
und MEGC können die Sondervorschriften TU 1, TU 2, TU 4, TU 16 und TU 35 des Abschnitts 4.3.5 anwendbar sein.

4.3.2.4.1 Während der Beförderung dürfen den Tanks außen keine gefährlichen Reste des Füllgutes anhaften.

4.3.2.4.2 Ungereinigte leere Tanks,
ADR: Batterie-Fahrzeuge
RID: Batteriewagen
und MEGC müssen während der Beförderung ebenso verschlossen und dicht sein wie in gefülltem Zustand.

4.3.2.4.3 Sind ungereinigte leere Tanks,
ADR: Batterie-Fahrzeuge
RID: Batteriewagen
und MEGC nicht ebenso verschlossen und dicht wie in gefülltem Zustand und können die Vorschriften des ADR/RID nicht eingehalten werden, so müssen sie unter Beachtung einer ausreichenden Sicherheit bei der Beförderung der nächsten geeigneten Stelle, wo eine Reinigung oder Reparatur durchgeführt werden kann, zugeführt werden.
Eine ausreichende Sicherheit bei der Beförderung liegt vor, wenn geeignete Maßnahmen ergriffen wurden, die eine den Vorschriften des ADR/RID entsprechende gleichwertige Sicherheit gewährleisten und ein unkontrolliertes Freiwerden der gefährlichen Güter verhindern.

4.3.2.4.4 Ungereinigte leere
ADR: festverbundene Tanks (Tankfahrzeuge), Aufsetztanks, Batterie-Fahrzeuge,
RID: Kesselwagen, abnehmbare Tanks, Batteriewagen,
Tankcontainer, Tankwechselaufbauten (Tankwechselbehälter) und MEGC dürfen auch nach Ablauf der Fristen für die Prüfungen nach den Absätzen 6.8.2.4.2 und 6.8.2.4.3 befördert werden, um sie der Prüfung zuzuführen.

Verwendung von Tanks / Kesselwagen 4.3

4.3.3 Sondervorschriften für die Klasse 2

4.3.3.1 Tankcodierung und -hierarchie

4.3.3.1.1 ADR: Tankcodierung und Codierung für Batterie-Fahrzeuge und MEGC
RID: Tankcodierung und Codierung für Batteriewagen und MEGC

Die vier Teile der in Kapitel 3.2 Tabelle A Spalte 12 angegebenen Tankcodierung haben folgende Bedeutung:

Teil	Beschreibung	Tankcodierung	
1	Tanktyp / Typ des Batterie-Fahrzeugs/ Batteriewagens oder des MEGC	C =	Tank, Batterie-Fahrzeug/Batteriewagen oder MEGC für verdichtete Gase
		P =	Tank, Batterie-Fahrzeug/Batteriewagen oder MEGC für verflüssigte oder gelöste Gase
		R =	Tank für tiefgekühlt verflüssigte Gase
2	Berechnungsdruck	x =	Zahlenwert des zutreffenden Mindestprüfdrucks in bar gemäß Tabelle in Absatz 4.3.3.2.5 oder
		22 =	Mindestberechnungsdruck in bar
3	Öffnungen (siehe Unterabschnitte 6.8.2.2 und 6.8.3.2)	B =	Tank mit Bodenöffnungen mit 3 Verschlüssen für das Befüllen oder Entleeren oder Batterie-Fahrzeug/Batteriewagen oder MEGC mit Öffnungen unterhalb des Flüssigkeitsspiegels oder für verdichtete Gase
		C =	Tank mit obenliegenden Öffnungen mit 3 Verschlüssen für das Befüllen oder Entleeren, der unterhalb des Flüssigkeitsspiegels nur mit Reinigungsöffnungen versehen ist
		D =	Tank mit obenliegenden Öffnungen mit 3 Verschlüssen für das Befüllen oder Entleeren oder Batterie-Fahrzeug/Batteriewagen oder MEGC ohne Öffnungen unterhalb des Flüssigkeitsspiegels
4	Sicherheitsventil / -einrichtung	N =	Tank, Batterie-Fahrzeug/Batteriewagen oder MEGC mit Sicherheitsventil gemäß Absatz 6.8.3.2.9 oder 6.8.3.2.10, der nicht luftdicht verschlossen ist
		H =	luftdicht verschlossener Tank, Batterie-Fahrzeug/ Batteriewagen oder MEGC (siehe Abschnitt 1.2.1)

Bem. 1. Die in Kapitel 3.2 Tabelle A Spalte 13 bei einigen Gasen angegebene Sondervorschrift TU 17 bedeutet, dass das Gas nur in
ADR: Batterie-Fahrzeugen
RID: Batteriewagen
oder in MEGC befördert werden darf, deren Elemente aus Gefäßen bestehen.

2. Die in Kapitel 3.2 Tabelle A Spalte 13 bei einigen Gasen angegebene Sondervorschrift TU 40 bedeutet, dass das Gas nur in
ADR: Batterie-Fahrzeugen
RID: Batteriewagen
oder in MEGC befördert werden darf, deren Elemente aus nahtlosen Gefäßen bestehen.

3. Der auf dem Tank selbst oder auf einer Tafel angegebene Druck muss mindestens so hoch sein wie der Wert für «x» oder des angegebenen Mindestberechnungsdrucks.

4.3 Verwendung von Tanks / Kesselwagen

4.3.3.1.2 Tankhierarchie

Tankcodierung	weitere Tankcodierung(en), die für die Stoffe unter dieser Tankcodierung zugelassen ist (sind)
C*BN	C#BN, C#CN, C#DN, C#BH, C#CH, C#DH
C*BH	C#BH, C#CH, C#DH
C*CN	C#CN, C#DN, C#CH, C#DH
C*CH	C#CH, C#DH
C*DN	C#DN, C#DH
C*DH	C#DH
P*BN	P#BN, P#CN, P#DN, P#BH, P#CH, P#DH
P*BH	P#BH, P#CH, P#DH
P*CN	P#CN, P#DN, P#CH, P#DH
P*CH	P#CH, P#DH
P*DN	P#DN, P#DH
P*DH	P#DH
R*BN	R#BN, R#CN, R#DN
R*CN	R#CN, R#DN
R*DN	R#DN

Die Ziffer «#» muss größer oder gleich der Ziffer «*» sein.

Bem. Die für einzelne Eintragungen eventuell geltenden Sondervorschriften (siehe Abschnitte 4.3.5 und 6.8.4) sind in dieser hierarchischen Aufstellung nicht berücksichtigt.

4.3.3.2 **Füllbedingungen und Prüfdrücke**

4.3.3.2.1 Für Tanks für verdichtete Gase muss der Prüfdruck mindestens das 1,5fache des in Abschnitt 1.2.1 für Druckgefäße definierten Betriebsdrucks betragen.

4.3.3.2.2 Für Tanks für
- unter hohem Druck verflüssigte Gase und
- gelöste Gase

muss der Prüfdruck so bemessen sein, dass beim Befüllen des Tankkörpers bis zum höchsten Füllungsgrad der Druck des Stoffes bei 55 °C für Tanks mit Wärmeisolierung bzw. bei 65 °C für Tanks ohne Wärmeisolierung den Prüfdruck nicht übersteigt.

4.3.3.2.3 Für Tanks für unter geringem Druck verflüssigte Gase ist der Prüfdruck:
a) wenn der Tank mit einer Wärmeisolierung versehen ist, mindestens gleich dem Dampfdruck des flüssigen Stoffes bei 60 °C, vermindert um 0,1 MPa (1 bar), mindestens aber 1 MPa (10 bar);
b) wenn der Tank nicht mit einer Wärmeisolierung versehen ist, mindestens gleich dem Dampfdruck des flüssigen Stoffes bei 65 °C, vermindert um 0,1 MPa (1 bar), mindestens aber 1 MPa (10 bar).

Die für den Füllungsgrad vorgeschriebene höchstzulässige Masse der Füllung je Liter Fassungsraum wird wie folgt berechnet:

höchstzulässige Masse der Füllung je Liter Fassungsraum = 0,95 x Dichte der flüssigen Phase bei 50 °C (in kg/l).

Außerdem darf die Dampfphase nicht unter 60 °C verschwinden.

Beträgt der Durchmesser des Tankkörpers höchstens 1,5 Meter, so gelten für den Prüfdruck und den höchstzulässigen Füllungsgrad die Werte nach Unterabschnitt 4.1.4.1 Verpackungsanweisung P 200.

Verwendung von Tanks / Kesselwagen 4.3

4.3.3.2.4 Für Tanks für tiefgekühlt verflüssigte Gase muss der Prüfdruck mindestens das 1,3fache des auf dem Tank angegebenen höchstzulässigen Betriebsdrucks, mindestens aber 300 kPa (3 bar) (Überdruck) betragen; für Tanks mit Vakuumisolierung muss der Prüfdruck mindestens das 1,3fache des um 100 kPa (1 bar) erhöhten höchstzulässigen Betriebsdrucks betragen.

4.3.3.2.5 Verzeichnis der Gase und Gasgemische, die in
ADR: festverbundenen Tanks (Tankfahrzeugen), Batterie-Fahrzeugen, Aufsetztanks,
RID: Kesselwagen, Batteriewagen, abnehmbaren Tanks,
Tankcontainern oder MEGC befördert werden dürfen, unter Angabe des minimalen Prüfdrucks des Tanks sowie gegebenenfalls des Füllungsgrads

Bei Gasen und Gasgemischen, die einer n.a.g.-Eintragung zugeordnet sind, sind die Werte für den Prüfdruck und den Füllungsgrad durch den von der zuständigen Behörde anerkannten Sachverständigen festzulegen.

Wenn Tanks für verdichtete oder unter hohem Druck verflüssigte Gase einem niedrigeren Prüfdruck als dem im Verzeichnis angegebenen ausgesetzt werden und die Tanks mit einer Wärmeisolierung versehen sind, darf durch den von der zuständigen Behörde anerkannten Sachverständigen eine niedrigere maximale Masse festgelegt werden, vorausgesetzt, der Druck des Stoffes im Tank bei 55 °C übersteigt nicht den auf dem Tank eingeprägten Prüfdruck.

UN-Nr.	Benennung des Stoffes	Klassifizierungscode	Mindestprüfdruck für Tanks				höchstzulässige Masse der Füllung je Liter Fassungsraum
			mit Wärmeisolierung		ohne Wärmeisolierung		
			MPa	bar	MPa	bar	kg
1001	ACETYLEN, GELÖST	4 F	nur in Batterie-Fahrzeugen/Batteriewagen und MEGC, deren Elemente aus Gefäßen bestehen				
1002	LUFT, VERDICHTET (DRUCKLUFT)	1 A	siehe Absatz 4.3.3.2.1				
1003	LUFT, TIEFGEKÜHLT, FLÜSSIG	3 O	siehe Absatz 4.3.3.2.4				
1005	AMMONIAK, WASSERFREI	2 TC	2,6	26	2,9	29	0,53
1006	ARGON, VERDICHTET	1 A	siehe Absatz 4.3.3.2.1				
1008	BORTRIFLUORID	2 TC	22,5 30	225 300	22,5 30	225 300	0,715 0,86
1009	BROMTRIFLUORMETHAN (GAS ALS KÄLTEMITTEL R 13B1)	2 A	12	120	4,2 12 25	42 120 250	1,50 1,13 1,44 1,60
1010	BUTADIENE, STABILISIERT (Buta-1,2-dien) oder	2 F	1	10	1	10	0,59
1010	BUTADIENE, STABILISIERT (Buta-1,3-dien) oder		1	10	1	10	0,55
1010	BUTADIENE UND KOHLENWASSERSTOFFE, GEMISCH, STABILISIERT		1	10	1	10	0,50
1011	BUTAN	2 F	1	10	1	10	0,51
1012	BUTENE, GEMISCH, oder	2 F	1	10	1	10	0,50
1012	BUT-1-EN oder		1	10	1	10	0,53
1012	cis-BUT-2-EN oder		1	10	1	10	0,55
1012	trans-BUT-2-EN		1	10	1	10	0,54
1013	KOHLENDIOXID	2 A	19 22,5	190 225	19 25	190 250	0,73 0,78 0,66 0,75
1016	KOHLENMONOXID, VERDICHTET	1 TF	siehe Absatz 4.3.3.2.1				
1017	CHLOR	2 TOC	1,7	17	1,9	19	1,25
1018	CHLORDIFLUORMETHAN (GAS ALS KÄLTEMITTEL R 22)	2 A	2,4	24	2,6	26	1,03
1020	CHLORPENTAFLUORETHAN (GAS ALS KÄLTEMITTEL R 115)	2 A	2	20	2,3	23	1,08

4.3 Verwendung von Tanks / Kesselwagen

UN-Nr.	Benennung des Stoffes	Klassifizierungscode	Mindestprüfdruck für Tanks				höchstzulässige Masse der Füllung je Liter Fassungsraum
			mit Wärmeisolierung		ohne Wärmeisolierung		
			MPa	bar	MPa	bar	kg
1021	1-CHLOR-1,2,2,2-TETRAFLUORETHAN (GAS ALS KÄLTEMITTEL R 124)	2 A	1	10	1,1	11	1,20
1022	CHLORTRIFLUORMETHAN (GAS ALS KÄLTEMITTEL R 13)	2 A	12 22,5	120 225	10 12 19 25	100 120 190 250	0,96 1,12 0,83 0,90 1,04 1,10
1023	STADTGAS, VERDICHTET	1 TF	siehe Absatz 4.3.3.2.1				
1026	DICYAN	2 TF	10	100	10	100	0,70
1027	CYCLOPROPAN	2 TF	1,6	16	1,8	18	0,53
1028	DICHLORDIFLUORMETHAN (GAS ALS KÄLTEMITTEL R 12)	2 A	1,5	15	1,6	16	1,15
1029	DICHLORMONOFLUORMETHAN (GAS ALS KÄLTEMITTEL R 21)	2 A	1	10	1	10	1,23
1030	1,1-DIFLUORETHAN (GAS ALS KÄLTEMITTEL R 152a)	2 F	1,4	14	1,6	16	0,79
1032	DIMETHYLAMIN, WASSERFREI	2 F	1	10	1	10	0,59
1033	DIMETHYLETHER	2 F	1,4	14	1,6	16	0,58
1035	ETHAN	2 F	12	120	9,5 12 30	95 120 300	0,32 0,25 0,29 0,39
1036	ETHYLAMIN	2 F	1	10	1	10	0,61
1037	ETHYLCHLORID	2 F	1	10	1	10	0,80
1038	ETHYLEN, TIEFGEKÜHLT, FLÜSSIG	3 F	siehe Absatz 4.3.3.2.4				
1039	ETHYLMETHYLETHER	2 F	1	10	1	10	0,64
1040	ETHYLENOXID MIT STICKSTOFF bis zu einem höchstzulässigen Gesamtdruck von 1 MPa (10 bar) bei 50 °C	2 TF	1,5	15	1,5	15	0,78
1041	ETHYLENOXID UND KOHLENDIOXID, GEMISCH mit mehr als 9 %, aber höchstens 87 % Ethylenoxid	2 F	2,4	24	2,6	26	0,73
1046	HELIUM, VERDICHTET	1 A	siehe Absatz 4.3.3.2.1				
1048	BROMWASSERSTOFF, WASSERFREI	2 TC	5	50	5,5	55	1,54
1049	WASSERSTOFF, VERDICHTET	1 F	siehe Absatz 4.3.3.2.1				
1050	CHLORWASSERSTOFF, WASSERFREI	2 TC	12	120	10 12 15 20	100 120 150 200	0,69 0,30 0,56 0,67 0,74
1053	SCHWEFELWASSERSTOFF	2 TF	4,5	45	5	50	0,67
1055	ISOBUTEN	2 F	1	10	1	10	0,52
1056	KRYPTON, VERDICHTET	1 A	siehe Absatz 4.3.3.2.1				
1058	VERFLÜSSIGTE GASE, nicht entzündbar, überlagert mit Stickstoff, Kohlendioxid oder Luft	2 A	1,5 x Fülldruck siehe Absatz 4.3.3.2.2 oder 4.3.3.2.3				
1060	METHYLACETYLEN UND PROPADIEN, GEMISCH, STABILISIERT	2 F	siehe Absatz 4.3.3.2.2 oder 4.3.3.2.3				
	Gemisch P 1		2,5	25	2,8	28	0,49
	Gemisch P 2		2,2	22	2,3	23	0,47
	Propadien mit 1 % bis 4 % Methylacetylen		2,2	22	2,2	22	0,50
1061	METHYLAMIN, WASSERFREI	2 F	1	10	1,1	11	0,58
1062	METHYLBROMID mit höchstens 2 % Chlorpikrin	2 T	1	10	1	10	1,51
1063	METHYLCHLORID (GAS ALS KÄLTEMITTEL R 40)	2 F	1,3	13	1,5	15	0,81
1064	METHYLMERCAPTAN	2 TF	1	10	1	10	0,78

Verwendung von Tanks / Kesselwagen 4.3

UN-Nr.	Benennung des Stoffes	Klassifizierungscode	Mindestprüfdruck für Tanks				höchstzulässige Masse der Füllung je Liter Fassungsraum
			mit Wärmeisolierung		ohne Wärmeisolierung		
			MPa	bar	MPa	bar	kg
1065	NEON, VERDICHTET	1 A	siehe Absatz 4.3.3.2.1				
1066	STICKSTOFF, VERDICHTET	1 A	siehe Absatz 4.3.3.2.1				
1067	DISTICKSTOFFTETROXID (STICKSTOFFDIOXID)	2 TOC	nur in Batterie-Fahrzeugen/Batteriewagen und MEGC, deren Elemente aus Gefäßen bestehen				
1070	DISTICKSTOFFMONOXID	2 O	22,5	225			0,78
					18	180	0,68
					22,5	225	0,74
					25	250	0,75
1071	ÖLGAS, VERDICHTET	1 TF	siehe Absatz 4.3.3.2.1				
1072	SAUERSTOFF, VERDICHTET	1 O	siehe Absatz 4.3.3.2.1				
1073	SAUERSTOFF, TIEFGEKÜHLT, FLÜSSIG	3 O	siehe Absatz 4.3.3.2.4				
1075	PETROLEUMGASE, VERFLÜSSIGT	2 F	siehe Absatz 4.3.3.2.2 oder 4.3.3.2.3				
1076	PHOSGEN	2 TC	nur in Batterie-Fahrzeugen/Batteriewagen und MEGC, deren Elemente aus Gefäßen bestehen				
1077	PROPEN	2 F	2,5	25	2,7	27	0,43
1078	GAS ALS KÄLTEMITTEL, N.A.G., wie	2 A					
	Gemisch F 1		1	10	1,1	11	1,23
	Gemisch F 2		1,5	15	1,6	16	1,15
	Gemisch F 3		2,4	24	2,7	27	1,03
	andere Gemische		siehe Absatz 4.3.3.2.2 oder 4.3.3.2.3				
1079	SCHWEFELDIOXID	2 TC	1	10	1,2	12	1,23
1080	SCHWEFELHEXAFLUORID	2 A	12	120			1,34
					7	70	1,04
					14	140	1,33
					16	160	1,37
1081	TETRAFLUORETHYLEN, STABILISIERT	2 F	nur in Batterie-Fahrzeugen/Batteriewagen und MEGC, deren Elemente aus nahtlosen Gefäßen bestehen				
1082	CHLORTRIFLUORETHYLEN, STABILISIERT (GAS ALS KÄLTEMITTEL R 1113)	2 TF	1,5	15	1,7	17	1,13
1083	TRIMETHYLAMIN, WASSERFREI	2 F	1	10	1	10	0,56
1085	VINYLBROMID, STABILISIERT	2 F	1	10	1	10	1,37
1086	VINYLCHLORID, STABILISIERT	2 F	1	10	1,1	11	0,81
1087	VINYLMETHYLETHER, STABILISIERT	2 F	1	10	1	10	0,67
1581	CHLORPIKRIN UND METHYLBROMID, GEMISCH mit mehr als 2 % Chlorpikrin	2 T	1	10	1	10	1,51
1582	CHLORPIKRIN UND METHYLCHLORID, GEMISCH	2 T	1,3	13	1,5	15	0,81
1612	HEXAETHYLTETRAPHOSPHAT UND VERDICHTETES GAS, GEMISCH	1 T	siehe Absatz 4.3.3.2.1				
1749	CHLORTRIFLUORID	2 TOC	3	30	3	30	1,40
1858	HEXAFLUORPROPYLEN (GAS ALS KÄLTEMITTEL R 1216)	2 A	1,7	17	1,9	19	1,11
1859	SILICIUMTETRAFLUORID	2 TC	20	200	20	200	0,74
			30	300	30	300	1,10
1860	VINYLFLUORID, STABILISIERT	2 F	12	120			0,58
			22,5	225			0,65
					25	250	0,64
1912	METHYLCHLORID UND DICHLORMETHAN, GEMISCH	2 F	1,3	13	1,5	15	0,81
1913	NEON, TIEFGEKÜHLT, FLÜSSIG	3 A	siehe Absatz 4.3.3.2.4				
1951	ARGON, TIEFGEKÜHLT, FLÜSSIG	3 A	siehe Absatz 4.3.3.2.4				
1952	ETHYLENOXID UND KOHLENDIOXID, GEMISCH mit höchstens 9 % Ethylenoxid	2 A	19	190	19	190	0,66
			25	250	25	250	0,75

4.3 Verwendung von Tanks / Kesselwagen

UN-Nr.	Benennung des Stoffes	Klassifizierungscode	Mindestprüfdruck für Tanks				höchstzulässige Masse der Füllung je Liter Fassungsraum
			mit Wärmeisolierung		ohne Wärmeisolierung		
			MPa	bar	MPa	bar	kg
1953	VERDICHTETES GAS, GIFTIG, ENTZÜNDBAR, N.A.G. a)	1 TF	siehe Absatz 4.3.3.2.1 oder 4.3.3.2.2				
1954	VERDICHTETES GAS, ENTZÜNDBAR, N.A.G.	1 F	siehe Absatz 4.3.3.2.1 oder 4.3.3.2.2				
1955	VERDICHTETES GAS, GIFTIG, N.A.G. a)	1 T	siehe Absatz 4.3.3.2.1 oder 4.3.3.2.2				
1956	VERDICHTETES GAS, N.A.G.	1 A	siehe Absatz 4.3.3.2.1 oder 4.3.3.2.2				
1957	DEUTERIUM, VERDICHTET	1 F	siehe Absatz 4.3.3.2.1				
1958	1,2-DICHLOR-1,1,2,2-TETRAFLUORETHAN (GAS ALS KÄLTEMITTEL R 114)	2 A	1	10	1	10	1,30
1959	1,1-DIFLUORETHYLEN (GAS ALS KÄLTEMITTEL R 1132a)	2 F	12 22,5	120 225	25	250	0,66 0,78 0,77
1961	ETHAN, TIEFGEKÜHLT, FLÜSSIG	3 F	siehe Absatz 4.3.3.2.4				
1962	ETHYLEN	2 F	12 22,5	120 225	22,5 30	225 300	0,25 0,36 0,34 0,37
1963	HELIUM, TIEFGEKÜHLT, FLÜSSIG	3 A	siehe Absatz 4.3.3.2.4				
1964	KOHLENWASSERSTOFFGAS, GEMISCH, VERDICHTET, N.A.G.	1 F	siehe Absatz 4.3.3.2.1 oder 4.3.3.2.2				
1965	KOHLENWASSERSTOFFGAS, GEMISCH, VERFLÜSSIGT, N.A.G., wie	2 F					
	Gemisch A		1	10	1	10	0,50
	Gemisch A 01		1,2	12	1,4	14	0,49
	Gemisch A 02		1,2	12	1,4	14	0,48
	Gemisch A 0		1,2	12	1,4	14	0,47
	Gemisch A 1		1,6	16	1,8	18	0,46
	Gemisch B 1		2	20	2,3	23	0,45
	Gemisch B 2		2	20	2,3	23	0,44
	Gemisch B		2	20	2,3	23	0,43
	Gemisch C		2,5	25	2,7	27	0,42
	andere Gemische		siehe Absatz 4.3.3.2.2 oder 4.3.3.2.3				
1966	WASSERSTOFF, TIEFGEKÜHLT, FLÜSSIG	3 F	siehe Absatz 4.3.3.2.4				
1967	INSEKTENBEKÄMPFUNGSMITTEL, GASFÖRMIG, GIFTIG, N.A.G. a)	2 T	siehe Absatz 4.3.3.2.2 oder 4.3.3.2.3				
1968	INSEKTENBEKÄMPFUNGSMITTEL, GASFÖRMIG, N.A.G.	2 A	siehe Absatz 4.3.3.2.2 oder 4.3.3.2.3				
1969	ISOBUTAN	2 F	1	10	1	10	0,49
1970	KRYPTON, TIEFGEKÜHLT, FLÜSSIG	3 A	siehe Absatz 4.3.3.2.4				
1971 1971	METHAN, VERDICHTET, oder ERDGAS, VERDICHTET, mit hohem Methangehalt	1 F	siehe Absatz 4.3.3.2.1				
1972 1972	METHAN, TIEFGEKÜHLT, FLÜSSIG, oder ERDGAS, TIEFGEKÜHLT, FLÜSSIG, mit hohem Methangehalt	3 F	siehe Absatz 4.3.3.2.4				
1973	CHLORDIFLUORMETHAN UND CHLORPENTAFLUORETHAN, GEMISCH mit einem konstanten Siedepunkt, mit ca. 49 % Chlordifluormethan (GAS ALS KÄLTEMITTEL R 502)	2 A	2,5	25	2,8	28	1,05
1974	BROMCHLORDIFLUORMETHAN (GAS ALS KÄLTEMITTEL R 12B1)	2 A	1	10	1	10	1,61
1976	OCTAFLUORCYCLOBUTAN (GAS ALS KÄLTEMITTEL RC 318)	2 A	1	10	1	10	1,34
1977	STICKSTOFF, TIEFGEKÜHLT, FLÜSSIG	3 A	siehe Absatz 4.3.3.2.4				
1978	PROPAN	2 F	2,1	21	2,3	23	0,42
1982	TETRAFLUORMETHAN (GAS ALS KÄLTEMITTEL R 14)	2 A	20 30	200 300	20 30	200 300	0,62 0,94

Verwendung von Tanks / Kesselwagen 4.3

UN-Nr.	Benennung des Stoffes	Klassi-fizie-rungs-code	Mindestprüfdruck für Tanks mit Wärme-isolierung MPa	mit Wärme-isolierung bar	ohne Wärme-isolierung MPa	ohne Wärme-isolierung bar	höchstzu-lässige Masse der Füllung je Liter Fassungs-raum kg
1983	1-CHLOR-2,2,2-TRIFLUORETHAN (GAS ALS KÄLTEMITTEL R 133a)	2 A	1	10	1	10	1,18
1984	TRIFLUORMETHAN (GAS ALS KÄLTEMITTEL R 23)	2 A	19 25	190 250	19 25	190 250	0,92 0,99 0,87 0,95
2034	WASSERSTOFF UND METHAN, GEMISCH, VERDICHTET	1 F			siehe Absatz 4.3.3.2.1		
2035	1,1,1-TRIFLUORETHAN (GAS ALS KÄLTEMITTEL R 143a)	2 F	2,8	28	3,2	32	0,79
2036	XENON	2 A	12	120	13	130	1,30 1,24
2044	2,2-DIMETHYLPROPAN	2 F	1	10	1	10	0,53
2073	AMMONIAKLÖSUNG in Wasser, relative Dichte kleiner als 0,880 bei 15 °C mit mehr als 35 %, aber höchstens 40 % Ammoniak mit mehr als 40 %, aber höchstens 50 % Ammoniak	4 A	1 1,2	10 12	1 1,2	10 12	0,80 0,77
2187	KOHLENDIOXID, TIEFGEKÜHLT, FLÜSSIG	3 A			siehe Absatz 4.3.3.2.4		
2189	DICHLORSILAN	2 TFC	1	10	1	10	0,90
2191	SULFURYLFLUORID	2 T	5	50	5	50	1,10
2193	HEXAFLUORETHAN (GAS ALS KÄLTEMITTEL R 116)	2 A	16 20	160 200	20	200	1,28 1,34 1,10
2197	IODWASSERSTOFF, WASSERFREI	2 TC	1,9	19	2,1	21	2,25
2200	PROPADIEN, STABILISIERT	2 F	1,8	18	2	20	0,50
2201	DISTICKSTOFFMONOXID, TIEFGEKÜHLT, FLÜSSIG	3 O			siehe Absatz 4.3.3.2.4		
2203	SILICIUMWASSERSTOFF (SILAN) [b]	2 F	22,5 25	225 250	22,5 25	225 250	0,32 0,36
2204	CARBONYLSULFID	2 TF	2,7	27	3	30	0,84
2417	CARBONYLFLUORID	2 TC	20 30	200 300	20 30	200 300	0,47 0,70
2419	BROMTRIFLUORETHYLEN	2 F	1	10	1	10	1,19
2420	HEXAFLUORACETON	2 TC	1,6	16	1,8	18	1,08
2422	OCTAFLUORBUT-2-EN (GAS ALS KÄLTEMITTEL R 1318)	2 A	1	10	1	10	1,34
2424	OCTAFLUORPROPAN (GAS ALS KÄLTEMITTEL R 218)	2 A	2,1	21	2,3	23	1,07
2451	STICKSTOFFTRIFLUORID	2 O	20 30	200 300	20 30	200 300	0,50 0,75
2452	ETHYLACETYLEN, STABILISIERT	2 F	1	10	1	10	0,57
2453	ETHYLFLUORID (GAS ALS KÄLTEMITTEL R 161)	2 F	2,1	21	2,5	25	0,57
2454	METHYLFLUORID (GAS ALS KÄLTEMITTEL R 41)	2 F	30	300	30	300	0,36
2517	1-CHLOR-1,1-DIFLUORETHAN (GAS ALS KÄLTEMITTEL R 142b)	2 F	1	10	1	10	0,99
2591	XENON, TIEFGEKÜHLT, FLÜSSIG	3 A			siehe Absatz 4.3.3.2.4		
2599	CHLORTRIFLUORMETHAN UND TRIFLUORMETHAN, AZEOTROPES GEMISCH mit ca. 60 % Chlortrifluormethan (GAS ALS KÄLTEMITTEL R 503)	2 A	3,1 4,2 10	31 42 100	3,1 4,2 10	31 42 100	0,11 0,21 0,76 0,20 0,66
2601	CYCLOBUTAN	2 F	1	10	1	10	0,63

4.3 Verwendung von Tanks / Kesselwagen

UN-Nr.	Benennung des Stoffes	Klassifizierungscode	Mindestprüfdruck für Tanks				höchstzulässige Masse der Füllung je Liter Fassungsraum
			mit Wärmeisolierung		ohne Wärmeisolierung		
			MPa	bar	MPa	bar	kg
2602	DICHLORDIFLUORMETHAN UND 1,1-DIFLUORETHAN, AZEOTROPES GEMISCH mit ca. 74 % Dichlordifluormethan (GAS ALS KÄLTEMITTEL R 500)	2 A	1,8	18	2	20	1,01
2901	BROMCHLORID	2 TOC	1	10	1	10	1,50
3057	TRIFLUORACETYLCHLORID	2 TC	1,3	13	1,5	15	1,17
3070	ETHYLENOXID UND DICHLORDIFLUORMETHAN, GEMISCH mit höchstens 12,5 % Ethylenoxid	2 A	1,5	15	1,6	16	1,09
3083	PERCHLORYLFLUORID	2 TO	2,7	27	3	30	1,21
3136	TRIFLUORMETHAN, TIEFGEKÜHLT, FLÜSSIG	3 A	siehe Absatz 4.3.3.2.4				
3138	ETHYLEN, ACETYLEN UND PROPYLEN, GEMISCH, TIEFGEKÜHLT, FLÜSSIG, mit mindestens 71,5 % Ethylen, höchstens 22,5 % Acetylen und höchstens 6 % Propylen	3 F	siehe Absatz 4.3.3.2.4				
3153	PERFLUOR(METHYL-VINYL-ETHER)	2 F	1,4	14	1,5	15	1,14
3154	PERFLUOR(ETHYL-VINYL-ETHER)	2 F	1	10	1	10	0,98
3156	VERDICHTETES GAS, OXIDIEREND, N.A.G.	1 O	siehe Absatz 4.3.3.2.1 oder 4.3.3.2.2				
3157	VERFLÜSSIGTES GAS, OXIDIEREND, N.A.G.	2 O	siehe Absatz 4.3.3.2.2 oder 4.3.3.2.3				
3158	GAS, TIEFGEKÜHLT, FLÜSSIG, N.A.G.	3 A	siehe Absatz 4.3.3.2.4				
3159	1,1,1,2-TETRAFLUORETHAN (GAS ALS KÄLTEMITTEL R 134a)	2 A	1,6	16	1,8	18	1,04
3160	VERFLÜSSIGTES GAS, GIFTIG, ENTZÜNDBAR, N.A.G. [a]	2 TF	siehe Absatz 4.3.3.2.2 oder 4.3.3.2.3				
3161	VERFLÜSSIGTES GAS, ENTZÜNDBAR, N.A.G.	2 F	siehe Absatz 4.3.3.2.2 oder 4.3.3.2.3				
3162	VERFLÜSSIGTES GAS, GIFTIG, N.A.G. [a]	2 T	siehe Absatz 4.3.3.2.2 oder 4.3.3.2.3				
3163	VERFLÜSSIGTES GAS, N.A.G.	2 A	siehe Absatz 4.3.3.2.2 oder 4.3.3.2.3				
3220	PENTAFLUORETHAN (GAS ALS KÄLTEMITTEL R 125)	2 A	4,1	41	4,9	49	0,95
3252	DIFLUORMETHAN (GAS ALS KÄLTEMITTEL R 32)	2 F	3,9	39	4,3	43	0,78
3296	HEPTAFLUORPROPAN (GAS ALS KÄLTEMITTEL R 227)	2 A	1,4	14	1,6	16	1,20
3297	ETHYLENOXID UND CHLORTETRAFLUORETHAN, GEMISCH mit höchstens 8,8 % Ethylenoxid	2 A	1	10	1	10	1,16
3298	ETHYLENOXID UND PENTAFLUORETHAN, GEMISCH mit höchstens 7,9 % Ethylenoxid	2 A	2,4	24	2,6	26	1,02
3299	ETHYLENOXID UND TETRAFLUORETHAN, GEMISCH mit höchstens 5,6 % Ethylenoxid	2 A	1,5	15	1,7	17	1,03
3300	ETHYLENOXID UND KOHLENDIOXID, GEMISCH mit mehr als 87 % Ethylenoxid	2 TF	2,8	28	2,8	28	0,73
3303	VERDICHTETES GAS, GIFTIG, OXIDIEREND, N.A.G. [a]	1 TO	siehe Absatz 4.3.3.2.1 oder 4.3.3.2.2				
3304	VERDICHTETES GAS, GIFTIG, ÄTZEND, N.A.G. [a]	1 TC	siehe Absatz 4.3.3.2.1 oder 4.3.3.2.2				
3305	VERDICHTETES GAS, GIFTIG, ENTZÜNDBAR, ÄTZEND, N.A.G. [a]	1 TFC	siehe Absatz 4.3.3.2.1 oder 4.3.3.2.2				
3306	VERDICHTETES GAS, GIFTIG, OXIDIEREND, ÄTZEND, N.A.G. [a]	1 TOC	siehe Absatz 4.3.3.2.1 oder 4.3.3.2.2				
3307	VERFLÜSSIGTES GAS, GIFTIG, OXIDIEREND, N.A.G. [a]	2 TO	siehe Absatz 4.3.3.2.2 oder 4.3.3.2.3				
3308	VERFLÜSSIGTES GAS, GIFTIG, ÄTZEND, N.A.G. [a]	2 TC	siehe Absatz 4.3.3.2.2 oder 4.3.3.2.3				
3309	VERFLÜSSIGTES GAS, GIFTIG, ENTZÜNDBAR, ÄTZEND, N.A.G. [a]	2 TFC	siehe Absatz 4.3.3.2.2 oder 4.3.3.2.3				

Verwendung von Tanks / Kesselwagen 4.3

UN-Nr.	Benennung des Stoffes	Klassifizierungscode	Mindestprüfdruck für Tanks mit Wärmeisolierung MPa	bar	Mindestprüfdruck für Tanks ohne Wärmeisolierung MPa	bar	höchstzulässige Masse der Füllung je Liter Fassungsraum kg
3310	VERFLÜSSIGTES GAS, GIFTIG, OXIDIEREND, ÄTZEND, N.A.G. a)	2 TOC	siehe Absatz 4.3.3.2.2 oder 4.3.3.2.3				
3311	GAS, TIEFGEKÜHLT, FLÜSSIG, OXIDIEREND, N.A.G.	3 O	siehe Absatz 4.3.3.2.4				
3312	GAS, TIEFGEKÜHLT, FLÜSSIG, ENTZÜNDBAR, N.A.G.	3 F	siehe Absatz 4.3.3.2.4				
3318	AMMONIAKLÖSUNG in Wasser, relative Dichte kleiner als 0,880 bei 15 °C mit mehr als 50 % Ammoniak	4 TC	siehe Absatz 4.3.3.2.2				
3337	GAS ALS KÄLTEMITTEL R 404A	2 A	2,9	29	3,2	32	0,84
3338	GAS ALS KÄLTEMITTEL R 407A	2 A	2,8	28	3,2	32	0,95
3339	GAS ALS KÄLTEMITTEL R 407B	2 A	3	30	3,3	33	0,95
3340	GAS ALS KÄLTEMITTEL R 407C	2 A	2,7	27	3	30	0,95
3354	INSEKTENBEKÄMPFUNGSMITTEL, GASFÖRMIG, ENTZÜNDBAR, N.A.G.	2 F	siehe Absätze 4.3.3.2.2 oder 4.3.3.2.3				
3355	INSEKTENBEKÄMPFUNGSMITTEL, GASFÖRMIG, GIFTIG, ENTZÜNDBAR, N.A.G. a)	2 TF	siehe Absätze 4.3.3.2.2 oder 4.3.3.2.3				

a) zugelassen mit einem LC_{50}-Wert von 200 ppm oder darüber
b) gilt als selbstentzündlich (pyrophor).

4.3.3.3 Betrieb

4.3.3.3.1 Wenn die Tanks,
ADR: Batterie-Fahrzeuge
RID: Batteriewagen
oder MEGC für verschiedene Gase zugelassen sind, bedingt die wechselweise Verwendung Entleerungs-, Reinigungs- und Entgasungsmaßnahmen in einem für die Gewährleistung der Sicherheit des Betriebs erforderlichen Umfang.

4.3.3.3.2 Bei der Übergabe zur Beförderung der Tanks,
ADR: Batterie-Fahrzeuge
RID: Batteriewagen
oder MEGC dürfen nur die für das tatsächlich oder – wenn entleert – für das zuletzt eingefüllte Gas geltenden Angaben nach Absatz 6.8.3.5.6 sichtbar sein; alle Angaben für die anderen Gase müssen verdeckt sein.
nur RID: (siehe Norm EN 15877-1:2012 Bahnanwendungen – Kennzeichnung von Schienenfahrzeugen – Teil 1: Güterwagen)

4.3.3.3.3 Die Elemente eines
ADR: Batterie-Fahrzeugs
RID: Batteriewagens
oder eines MEGC dürfen nur ein und dasselbe Gas enthalten.

4.3.3.3.4 Wenn der Außenüberdruck größer als die Festigkeit des Tanks gegenüber Außendruck sein kann (z.B. auf Grund niedriger Umgebungstemperaturen), müssen geeignete Maßnahmen getroffen werden, um Tanks mit unter geringem Druck verflüssigten Gasen gegen das Risiko einer Verformung zu schützen, z.B. durch das Befüllen mit Stickstoff oder einem anderen inerten Gas zur Aufrechterhaltung eines ausreichenden Drucks im Tank.

4.3 Verwendung von Tanks / Kesselwagen

4.3.3.4	*ADR:* (bleibt offen) *RID:* **Kontrollvorschriften für das Befüllen von Flüssiggaskesselwagen**	(bleibt offen)
4.3.3.4.1	*RID:* **Kontrollmaßnahmen vor dem Befüllen** a) Es ist zu prüfen, ob die Angaben für das jeweilige beförderte Gas am Tankschild (siehe Absätze 6.8.2.5.1 und 6.8.3.5.1 bis 6.8.3.5.5) mit den Angaben an der Wagentafel (siehe Absätze 6.8.2.5.2, 6.8.3.5.6 und 6.8.3.5.7) übereinstimmen. Bei Kesselwagen für wechselweise Verwendung ist insbesondere zu prüfen, ob an beiden Längsseiten des Wagens die richtigen Klapptafeln sichtbar und unter Verwendung der Einrichtungen nach Absatz 6.8.3.5.7 gesichert sind. In keinem Fall dürfen die Lastgrenzen an der Wagentafel die höchstzulässige Masse der Füllung am Tankschild übersteigen. b) Das letzte Ladegut ist entweder anhand der Angaben im Beförderungspapier oder durch Analyse zu ermitteln. Nötigenfalls ist der Tank zu reinigen. c) Die Masse der Restladung ist (z.B. durch Wiegen) festzustellen und muss bei der Bestimmung der Füllmenge berücksichtigt werden, damit der Kesselwagen nicht überfüllt oder überladen wird. d) Die Dichtheit des Tankkörpers und der Ausrüstungsteile sowie ihre Funktionstüchtigkeit ist zu überprüfen.	(bleibt offen)
4.3.3.4.2	*RID:* **Befüllvorgang** Für das Befüllen sind die Bestimmungen der Betriebsanleitung des Kesselwagens einzuhalten.	(bleibt offen)

Verwendung von Tanks / Kesselwagen 4.3

4.3.3.4.3 *RID:* **Kontrollmaßnahmen nach dem Befüllen** (bleibt offen)

a) Nach dem Befüllen muss mit geeichten Kontrolleinrichtungen (z.B. durch Wiegen auf einer geeichten Waage) überprüft werden, ob der Wagen überfüllt oder überladen wurde.

Überfüllte oder überladene Kesselwagen sind unverzüglich bis auf die zulässige Füllmenge gefahrlos zu entleeren.

b) Der Partialdruck von inerten Gasen in der Gasphase darf höchstens 0,2 MPa (2 bar) betragen bzw. der Überdruck in der Gasphase darf den Dampfdruck (absolut) des Flüssiggases bei der Temperatur der Flüssigphase um höchstens 0,1 MPa (1 bar) überschreiten [für UN 1040 Ethylenoxid mit Stickstoff gilt jedoch ein höchstzulässiger Gesamtdruck von 1 MPa (10 bar) bei 50 °C].

c) Nach dem Befüllen muss im Falle von Wagen mit Untenentleerung kontrolliert werden, ob die innenliegenden Absperreinrichtungen ausreichend geschlossen sind.

d) Vor dem Anbringen der Blindflanschen oder anderer gleich wirksamer Einrichtungen müssen die Ventile auf Dichtheit kontrolliert werden; etwaige Undichtheiten müssen durch geeignete Maßnahmen behoben werden.

e) Am Auslauf der Ventile sind Blindflansche oder andere gleich wirksame Einrichtungen anzubringen. Diese Verschlüsse müssen mit geeigneten Dichtungen versehen sein. Sie müssen unter Verwendung aller Elemente verschlossen sein, die für ihre Bauart vorgesehen sind.

f) Abschließend ist eine visuelle Endkontrolle des Wagens, der Ausrüstung und der Kennzeichen durchzuführen und es ist zu prüfen, ob kein Füllgut austritt.

4.3 Verwendung von Tanks / Kesselwagen

4.3.3.5 **ADR:** (bleibt offen)

Für jede Beförderung eines Tankcontainers mit tiefgekühlt verflüssigten Gasen muss die tatsächliche Haltezeit bestimmt werden, und zwar unter Berücksichtigung:

a) der Referenzhaltezeit des zu befördernden tiefgekühlt verflüssigten Gases (siehe Absatz 6.8.3.4.10), wie auf dem in Absatz 6.8.3.5.4 genannten Schild angegeben;
b) der tatsächlichen Fülldichte;
c) des tatsächlichen Fülldrucks;
d) des niedrigsten Ansprechdrucks der Druckbegrenzungseinrichtung(en);
e) der Verschlechterung der Isolierung *).

Bem. Die Norm ISO 21014:2006 «Kryo-Behälter – Leistungsmerkmale der Kryo-Isolierung» beschreibt Methoden für die Bestimmung der Leistungsmerkmale der Isolierung von Kryo-Behältern und bietet eine Methode für die Berechnung der Haltezeit.

Das Datum, an dem die tatsächliche Haltezeit endet, muss im Beförderungspapier angegeben werden (siehe Absatz 5.4.1.2.2 d)).

*) Im Dokument des European Industrial Gases Association (Europäischer Industriegase-Verband) (EIGA) «Methods to prevent the premature activation of relief devices on tanks» (Methoden zur Vermeidung eines vorzeitigen Ansprechens der Druckentlastungseinrichtungen von Tanks), das unter www.eiga.eu abgerufen werden kann, werden Leitlinien dafür bereitgestellt.

RID: Für jede Beförderung eines Tanks mit tiefgekühlt verflüssigten Gasen muss die tatsächliche Haltezeit bestimmt werden, und zwar unter Berücksichtigung:

a) der Referenzhaltezeit des zu befördernden tiefgekühlt verflüssigten Gases (siehe Absatz 6.8.3.4.10), wie auf dem in Absatz 6.8.3.5.4 genannten Schild angegeben;
b) der tatsächlichen Fülldichte;
c) des tatsächlichen Fülldrucks;
d) des niedrigsten Ansprechdrucks des (der) Druckbegrenzungseinrichtung(en);
e) der Verschlechterung der Isolierung *).

Bem. Die Norm ISO 21014:2006 Kryo-Behälter – Leistungsmerkmale der Kryo-Isolierung beschreibt Methoden für die Bestimmung der Leistungsmerkmale der Isolierung von Kryo-Behältern und liefert eine Methode für die Berechnung der Haltezeit.

Das Datum, an dem die tatsächliche Haltezeit endet, muss im Beförderungspapier angegeben werden (siehe Absatz 5.4.1.2.2 d)).

Verwendung von Tanks / Kesselwagen 4.3

4.3.3.6 *ADR:* (bleibt offen)

Tankcontainer dürfen nicht zur Beförderung aufgegeben werden:
a) mit einem Füllungsgrad, bei dem die Schwallbewegungen des Inhalts im Tankkörper unzulässige hydraulische Kräfte hervorrufen können;
b) wenn sie undicht sind;
c) wenn sie in einem Ausmaß beschädigt sind, dass die Unversehrtheit des Tankcontainers oder seiner Hebe- oder Befestigungseinrichtungen beeinträchtigt sein kann;
d) wenn die Bedienungsausrüstung nicht geprüft und für in gutem betriebsfähigem Zustand befunden worden ist;
e) wenn die tatsächliche Haltezeit des zu befördernden tiefgekühlt verflüssigten Gases nicht bestimmt worden ist;
f) wenn die Dauer der Beförderung unter Berücksichtigung aller eventuell auftretenden Verzögerungen die tatsächliche Haltezeit übersteigt und
g) wenn der Druck nicht konstant ist und auf ein Niveau abgesenkt wurde, so dass die tatsächliche Haltezeit erreicht werden kann *).

*) Im Dokument des European Industrial Gases Association (Europäischer Industriegase-Verband) (EIGA) «Methods to prevent the premature activation of relief devices on tanks» (Methoden zur Vermeidung eines vorzeitigen Ansprechens der Druckentlastungseinrichtungen von Tanks), das unter www.eiga.eu abgerufen werden kann, werden Leitlinien dafür bereitgestellt.

RID: Tanks dürfen nicht zur Beförderung aufgegeben werden:
a) mit einem Füllungsgrad, bei dem die Schwallbewegungen des Inhalts unzulässige hydraulische Kräfte hervorrufen können;
b) wenn sie undicht sind;
c) wenn sie in einem Ausmaß beschädigt sind, dass die Unversehrtheit des Tanks oder seiner Hebe- oder Befestigungseinrichtungen beeinträchtigt sein kann;
d) wenn die Bedienungsausrüstung nicht geprüft und in gutem betriebsfähigem Zustand befunden worden ist;
e) wenn die tatsächliche Haltezeit des zu befördernden tiefgekühlt verflüssigten Gases nicht bestimmt worden ist;
f) wenn die Dauer der Beförderung unter Berücksichtigung aller eventuell auftretenden Verzögerungen die tatsächliche Haltezeit übersteigt und
g) wenn der Druck nicht konstant ist und auf ein Niveau abgesunken ist, so dass die tatsächliche Haltezeit erreicht werden kann *).

*) Leitlinien werden im Dokument des European Industrial Gases Association (Europäischer Industriegase-Verband) (EIGA) „Methods to prevent the premature activation of relief devices on tanks" (Methoden zur Vermeidung eines vorzeitigen Ansprechens der Druckentlastungseinrichtungen von Tanks) bereitgestellt, das unter www.eiga.eu abgerufen werden kann.

4.3 Verwendung von Tanks / Kesselwagen

4.3.4 Sondervorschriften für die Klassen
ADR: 1 und 3 bis 9
RID: 3 bis 9

4.3.4.1 Tankcodierung, rationalisierter Ansatz und Tankhierarchie

4.3.4.1.1 Tankcodierung

Die vier Teile der in Kapitel 3.2 Tabelle A Spalte 12 angegebenen Tankcodierung haben folgende Bedeutung:

Teil	Beschreibung	Tankcodierung	
1	Tanktyp	L =	Tank für Stoffe in flüssigem Zustand (flüssige Stoffe oder feste Stoffe, die in geschmolzenem Zustand zur Beförderung aufgegeben werden)
		S =	Tank für Stoffe in festem (pulverförmigem oder körnigem) Zustand
2	Berechnungsdruck	G =	Mindestberechnungsdruck gemäß allgemeinen Vorschriften des Absatzes 6.8.2.1.14
		1,5; 2,65; 4; 10; 15 oder 21 =	Mindestberechnungsdruck in bar (siehe Absatz 6.8.2.1.14)
3	Öffnungen (siehe Absatz 6.8.2.2.2)	A =	Tank mit Bodenöffnungen mit 2 Verschlüssen für das Befüllen oder Entleeren
		B =	Tank mit Bodenöffnungen mit 3 Verschlüssen für das Befüllen oder Entleeren
		C =	Tank mit obenliegenden Öffnungen, der unterhalb des Flüssigkeitsspiegels nur mit Reinigungsöffnungen versehen ist
		D =	Tank mit obenliegenden Öffnungen ohne Öffnungen unterhalb des Flüssigkeitsspiegels
4	Sicherheitsventil / -einrichtung	V =	Tank mit Über- und Unterdruckbelüftungseinrichtung gemäß Absatz 6.8.2.2.6 ohne Einrichtung zur Verhinderung einer Flammenausbreitung oder nicht explosionsdruckstoßfester Tank
		F =	Tank mit Über- und Unterdruckbelüftungseinrichtung gemäß Absatz 6.8.2.2.6 mit Einrichtung zur Verhinderung einer Flammenausbreitung oder explosionsdruckstoßfester Tank
		N =	Tank ohne Über- und Unterdruckbelüftungseinrichtung gemäß Absatz 6.8.2.2.6 und nicht luftdicht verschlossen
		H =	luftdicht verschlossener Tank (siehe Begriffsbestimmung in Abschnitt 1.2.1)

Verwendung von Tanks / Kesselwagen 4.3

4.3.4.1.2 Rationalisierter Ansatz für die Zuordnung von Tankcodierungen zu Stoffgruppen und Tankhierarchie

Bem. Einige Stoffe und Stoffgruppen sind in diesem rationalisierten Ansatz nicht enthalten (siehe Absatz 4.3.4.1.3).

Tank-codierung	rationalisierter Ansatz		
	\multicolumn{3}{c}{zugelassene Stoffgruppen}		
	Klasse	Klassifizierungscode	Verpackungsgruppe
\multicolumn{4}{c}{Flüssige Stoffe}			
LGAV	3	F2	III
	9	M9	III

Tank-codierung	rationalisierter Ansatz		
	\multicolumn{3}{c}{zugelassene Stoffgruppen}		
	Klasse	Klassifizierungscode	Verpackungsgruppe
\multicolumn{4}{c}{Flüssige Stoffe}			
LGBV	4.1	F2	II, III
	5.1	O1	III
	9	M6	III
	9	M11	III
\multicolumn{4}{l}{sowie die für die Tankcodierung LGAV zugelassenen Stoffgruppen}			

Tank-codierung	rationalisierter Ansatz		
	\multicolumn{3}{c}{zugelassene Stoffgruppen}		
	Klasse	Klassifizierungscode	Verpackungsgruppe
\multicolumn{4}{c}{Flüssige Stoffe}			
LGBF	3	F1	II, Dampfdruck bei 50 °C ≤ 1,1 bar
	3	F1	III
	3	D	II, Dampfdruck bei 50 °C ≤ 1,1 bar
	3	D	III
\multicolumn{4}{l}{sowie die für die Tankcodierungen LGAV und LGBV zugelassenen Stoffgruppen}			

▶ RID: 1.6.3.17 bis 31.12.2022

Tank-codierung	rationalisierter Ansatz		
	\multicolumn{3}{c}{zugelassene Stoffgruppen}		
	Klasse	Klassifizierungscode	Verpackungsgruppe
\multicolumn{4}{c}{Flüssige Stoffe}			
L1,5BN	3	F1	II, Dampfdruck bei 50 °C > 1,1 bar
	3	F1	III, Flammpunkt < 23 °C, viskos, Dampfdruck bei 50 °C > 1,1 bar, Siedepunkt > 35 °C
	3	D	II, Dampfdruck bei 50 °C > 1,1 bar
\multicolumn{4}{l}{sowie die für die Tankcodierungen LGAV, LGBV und LGBF zugelassenen Stoffgruppen}			

4.3 Verwendung von Tanks / Kesselwagen

Tank-codierung	rationalisierter Ansatz zugelassene Stoffgruppen		
	Klasse	Klassifizierungscode	Verpackungsgruppe
	Flüssige Stoffe		
L4BN	3	F1	I
	3		III, Siedepunkt ≤ 35 °C
	3	FC	III
	3	D	I
	5.1	O1	I, II
	5.1	OT1	I
	8	C1	II, III
	8	C3	II, III
	8	C4	II, III
	8	C5	II, III
	8	C7	II, III
	8	C8	II, III
	8	C9	II, III
	8	C10	II, III
	8	CF1	II
	8	CF2	II
	8	CS1	II
	8	CW1	II
	8	CW2	II
	8	CO1	II
	8	CO2	II
	8	CT1	II, III
	8	CT2	II, III
	8	CFT	II
	9	M11	III
	sowie die für die Tankcodierungen LGAV, LGBV, LGBF und L1,5BN zugelassenen Stoffgruppen		

1172

Verwendung von Tanks / Kesselwagen 4.3

Tank-codierung	rationalisierter Ansatz			
	Klasse	Klassifizierungscode	Verpackungsgruppe
		**Flüssige Stoffe**		
L4BH	3	FT1	II, III
	3	FT2	II
	3	FC	II
	3	FTC	II
	6.1	T1	II, III
	6.1	T2	II, III
	6.1	T3	II, III
	6.1	T4	II, III
	6.1	T5	II, III
	6.1	T6	II, III
	6.1	T7	II, III
	6.1	TF1	II
	6.1	TF2	II, III
	6.1	TF3	II
	6.1	TS	II
	6.1	TW1	II
	6.1	TW2	II
	6.1	TO1	II
	6.1	TO2	II
	6.1	TC1	II
	6.1	TC2	II
	6.1	TC3	II
	6.1	TC4	II
	6.1	TFC	II
	6.2	*nur ADR:* I3	II
	6.2	I4	
	9	M2	II
		sowie die für die Tankcodierungen LGAV, LGBV, LGBF, L1,5BN und L4BN zugelassenen Stoffgruppen		

Tank-codierung	rationalisierter Ansatz			
	Klasse	Klassifizierungscode	Verpackungsgruppe
		**Flüssige Stoffe**		
L4DH	4.2	S1	II, III
	4.2	S3	II, III
	4.2	ST1	II, III
	4.2	ST3	II, III
	4.2	SC1	II, III
	4.2	SC3	II, III
	4.3	W1	II, III
	4.3	WF1	II, III
	4.3	WT1	II, III
	4.3	WC1	II, III
	8	CT1	II, III
		sowie die für die Tankcodierungen LGAV, LGBV, LGBF, L1,5BN, L4BN und L4BH zugelassenen Stoffgruppen		

4.3 Verwendung von Tanks / Kesselwagen

Tank-codierung	rationalisierter Ansatz		
	zugelassene Stoffgruppen		
	Klasse	Klassifizierungscode	Verpackungsgruppe
	Flüssige Stoffe		
L10BH	8	C1	I
	8	C3	I
	8	C4	I
	8	C5	I
	8	C7	I
	8	C8	I
	8	C9	I
	8	C10	I
	8	CF1	I
	8	CF2	I
	8	CS1	I
	8	CW1	I
	8	CW2	I
	8	CO1	I
	8	CO2	I
	8	CT1	I
	8	CT2	I
	8	COT	I
	sowie die für die Tankcodierungen LGAV, LGBV, LGBF, L1,5BN, L4BN und L4BH zugelassenen Stoffgruppen		

Verwendung von Tanks / Kesselwagen 4.3

Tank-codierung	rationalisierter Ansatz		
	\multicolumn{3}{l}{zugelassene Stoffgruppen}		
	Klasse	Klassifizierungscode	Verpackungsgruppe
	\multicolumn{3}{l}{Flüssige Stoffe}		
L10CH	3	FT1	I
	3	FT2	I
	3	FC	I
	3	FTC	I
	6.1 a)	T1	I
	6.1 a)	T2	I
	6.1 a)	T3	I
	6.1 a)	T4	I
	6.1 a)	T5	I
	6.1 a)	T6	I
	6.1 a)	T7	I
	6.1 a)	TF1	I
	6.1 a)	TF2	I
	6.1 a)	TF3	I
	6.1 a)	TS	I
	6.1 a)	TW1	I
	6.1 a)	TO1	I
	6.1 a)	TC1	I
	6.1 a)	TC2	I
	6.1 a)	TC3	I
	6.1 a)	TC4	I
	6.1 a)	TFC	I
	6.1 a)	TFW	I

sowie die für die Tankcodierungen LGAV, LGBV, LGBF, L1,5BN, L4BN, L4BH und L10BH zugelassenen Stoffgruppen

a) Stoffe mit einem LC_{50}-Wert von höchstens 200 ml/m³ und einer gesättigten Dampfkonzentration von mindestens 500 LC_{50} müssen der Tankcodierung L15CH zugeordnet werden.

Tank-codierung	rationalisierter Ansatz		
	\multicolumn{3}{l}{zugelassene Stoffgruppen}		
	Klasse	Klassifizierungscode	Verpackungsgruppe
	\multicolumn{3}{l}{Flüssige Stoffe}		
L10DH	4.3	W1	I
	4.3	WF1	I
	4.3	WT1	I
	4.3	WC1	I
	4.3	WFC	I
	5.1	OTC	I
	8	CT1	I

sowie die für die Tankcodierungen LGAV, LGBV, LGBF, L1,5BN, L4BN, L4BH, L4DH, L10BH und L10CH zugelassenen Stoffgruppen

4.3 Verwendung von Tanks / Kesselwagen

Tank-codierung	rationalisierter Ansatz		
	Klasse	Klassifizierungscode	Verpackungsgruppe
	zugelassene Stoffgruppen		
	Flüssige Stoffe		
L15CH	3	FT1	I
	6.1 [b]	T1	I
	6.1 [b]	T4	I
	6.1 [b]	TF1	I
	6.1 [b]	TW1	I
	6.1 [b]	TO1	I
	6.1 [b]	TC1	I
	6.1 [b]	TC3	I
	6.1 [b]	TFC	I
	6.1 [b]	TFC	I
	6.1 [b]	TFW	I
sowie die für die Tankcodierungen LGAV, LGBV, LGBF, L1,5BN, L4BN, L4BH, L10BH und L10CH zugelassenen Stoffgruppen.			

[b] Stoffe mit einem LC_{50}-Wert von höchstens 200 ml/m³ und einer gesättigten Dampfkonzentration von mindestens 500 LC_{50} müssen dieser Tankcodierung zugeordnet werden.

Tank-codierung	rationalisierter Ansatz		
	Klasse	Klassifizierungscode	Verpackungsgruppe
	zugelassene Stoffgruppen		
	Flüssige Stoffe		
L21DH	4.2	S1	I
	4.2	S3	I
	4.2	SW	I
	4.2	ST3	I
sowie die für die Tankcodierungen LGAV, LGBV, LGBF, L1,5BN, L4BN, L4BH, L4DH, L10BH, L10CH, L10DH und L15CH zugelassenen Stoffgruppen.			

Verwendung von Tanks / Kesselwagen 4.3

Tank-codierung	rationalisierter Ansatz		
	\multicolumn{3}{c}{zugelassene Stoffgruppen}		
	Klasse	Klassifizierungscode	Verpackungsgruppe
	\multicolumn{3}{c}{Feste Stoffe}		
SGAV	4.1	F1	III
	4.1	F3	III
	4.2	S2	II, III
	4.2	S4	III
	5.1	O2	II, III
	8	C2	II, III
	8	C4	III
	8	C6	III
	8	C8	III
	8	C10	II, III
	8	CT2	III
	9	M7	III
	9	M11	II, III

Tank-codierung	rationalisierter Ansatz		
	\multicolumn{3}{c}{zugelassene Stoffgruppen}		
	Klasse	Klassifizierungscode	Verpackungsgruppe
	\multicolumn{3}{c}{Feste Stoffe}		
SGAN	4.1	F1	II
	4.1	F3	II
	4.1	FT1	II, III
	4.1	FT2	II, III
	4.1	FC1	II, III
	4.1	FC2	II, III
	4.2	S2	II
	4.2	S4	II, III
	4.2	ST2	II, III
	4.2	ST4	II, III
	4.2	SC2	II, III
	4.2	SC4	II, III
	4.3	W2	II, III
	4.3	WF2	II
	4.3	WS	II, III
	4.3	WT2	II, III
	4.3	WC2	II, III
	5.1	O2	II, III
	5.1	OT2	II, III
	5.1	OC2	II, III
	8	C2	II
	8	C4	II
	8	C6	II
	8	C8	II
	8	C10	II
	8	CF2	II
	8	CS2	II
	8	CW2	II
	8	CO2	II
	8	CT2	II
	9	M3	III
\multicolumn{4}{l}{sowie die für die Tankcodierung SGAV zugelassenen Stoffgruppen}			

4.3 Verwendung von Tanks / Kesselwagen

Tank-codierung	rationalisierter Ansatz		
	zugelassene Stoffgruppen		
	Klasse	Klassifizierungscode	Verpackungsgruppe
	Feste Stoffe		
SGAH	6.1	T2	II, III
	6.1	T3	II, III
	6.1	T5	II, III
	6.1	T7	II, III
	6.1	T9	II
	6.1	TF3	II
	6.1	TS	II
	6.1	TW2	II
	6.1	TO2	II
	6.1	TC2	II
	6.1	TC4	II
	9	M1	II, III
	sowie die für die Tankcodierungen SGAV und SGAN zugelassenen Stoffgruppen		

Tank-codierung	rationalisierter Ansatz		
	zugelassene Stoffgruppen		
	Klasse	Klassifizierungscode	Verpackungsgruppe
	Feste Stoffe		
S4AH	6.2	I3	II
	9	M2	II
	sowie die für die Tankcodierungen SGAV, SGAN und SGAH zugelassenen Stoffgruppen		

Tank-codierung	rationalisierter Ansatz		
	zugelassene Stoffgruppen		
	Klasse	Klassifizierungscode	Verpackungsgruppe
	Feste Stoffe		
S10AN	8	C2	I
	8	C4	I
	8	C6	I
	8	C8	I
	8	C10	I
	8	CF2	I
	8	CS2	I
	8	CW2	I
	8	CO2	I
	8	CT2	I
	sowie die für die Tankcodierungen SGAV und SGAN zugelassenen Stoffgruppen		

Verwendung von Tanks / Kesselwagen 4.3

Tank-codierung	rationalisierter Ansatz		
	\multicolumn{2}{c}{zugelassene Stoffgruppen}	
	Klasse	Klassifizierungscode	Verpackungsgruppe
	\multicolumn{3}{c}{Feste Stoffe}	
S10AH	6.1	T2	I
	6.1	T3	I
	6.1	T5	I
	6.1	T7	I
	6.1	TS	I
	6.1	TW2	I
	6.1	TO2	I
	6.1	TC2	I
	6.1	TC4	I
	sowie die für die Tankcodierungen SGAV, SGAN, SGAH und S10AN zugelassenen Stoffgruppen		

Tankhierarchie:
Tanks mit anderen als den in dieser Tabelle oder in Kapitel 3.2 Tabelle A genannten Tankcodierungen dürfen ebenfalls verwendet werden, vorausgesetzt, jedes Element (Zahlenwert oder Buchstabe) der Teile 1 bis 4 dieser anderen Tankcodierungen entspricht einem gleichen oder höheren Sicherheitsniveau als das entsprechende Element der in Kapitel 3.2 Tabelle A angegebenen Tankcodierung, und zwar gemäß folgender aufsteigender Reihenfolge:

Teil 1: Tanktyp
S → L
Teil 2: Berechnungsdruck
G → 1,5 → 2,65 → 4 → 10 → 15 → 21 bar
Teil 3: Öffnungen
A → B → C → D
Teil 4: Sicherheitsventil /-einrichtung
V → F → N → H.

Zum Beispiel:
– Ein Tank mit der Tankcodierung L10CN ist für die Beförderung eines Stoffes zugelassen, dem die Tankcodierung L4BN zugeordnet ist.
– Ein Tank mit der Tankcodierung L4BN ist für die Beförderung eines Stoffes zugelassen, dem die Tankcodierung SGAN zugeordnet ist.

Bem. Die für einzelne Eintragungen eventuell geltenden Sondervorschriften (siehe Abschnitte 4.3.5 und 6.8.4) sind in der hierarchischen Aufstellung nicht berücksichtigt.

4.3 Verwendung von Tanks / Kesselwagen

4.3.4.1.3 Folgende Stoffe und Stoffgruppen, bei denen in Kapitel 3.2 Tabelle A Spalte 12 hinter der Tankcodierung ein «(+)» angegeben ist, unterliegen besonderen Vorschriften. In diesem Fall ist die wechselweise Verwendung der Tanks für andere Stoffe und Stoffgruppen nur dann zugelassen, wenn dies in der Bescheinigung über die Baumusterzulassung spezifiziert ist. Unter Beachtung der in Kapitel 3.2 Tabelle A Spalte 13 angegebenen Sondervorschriften dürfen gemäß den Vorschriften am Ende des Absatzes 4.3.4.1.2 höherwertige Tanks verwendet werden.

Die Vorschriften für diese Tanks werden durch folgende Tankcodierungen angegeben, die durch die maßgeblichen, in der Spalte (13) der Tabelle A des Kapitels 3.2 angegebenen Sondervorschriften ergänzt werden.

Klasse	UN-Nummer	Benennung und Beschreibung	Tankcodierung
1 nur ADR:	0331	Sprengstoff, Typ B	S2,65AN
4.1	2448	Schwefel, geschmolzen	LGBV
	3531	Polymerisierender Stoff, fest, stabilisiert, n.a.g.	SGAN
nur ADR:	3533	Polymerisierender Stoff, fest, temperaturkontrolliert, n.a.g.	
	3532	Polymerisierender Stoff, flüssig, stabilisiert, n.a.g.	L4BN
nur ADR:	3534	Polymerisierender Stoff, flüssig, temperaturkontrolliert, n.a.g.	
4.2	1381	Phosphor, weiß oder gelb, trocken, unter Wasser oder in Lösung	L10DH
	2447	Phosphor, weiß, geschmolzen	
4.3	1389	Alkalimetallamalgam, flüssig	L10BN
	1391	Alkalimetalldispersion oder Erdalkalimetalldispersion	
	1392	Erdalkalimetallamalgam, flüssig	
	1415	Lithium	
	1420	Kaliummetalllegierungen, flüssig	
	1421	Alkalimetalllegierung, flüssig, n.a.g.	
	1422	Kalium-Natrium-Legierungen, flüssig	
	1428	Natrium	
	2257	Kalium	
	3401	Alkalimetallamalgam, fest	
	3402	Erdalkalimetallamalgam, fest	
	3403	Kaliummetalllegierungen, fest	
	3404	Kalium-Natrium-Legierungen, fest	
	3482	Alkalimetalldispersion, entzündbar oder Erdalkalimetalldispersion, entzündbar	
	1407	Caesium	L10CH
	1423	Rubidium	
	1402	Calciumcarbid, Verpackungsgruppe I	S2,65AN

Verwendung von Tanks / Kesselwagen 4.3

Klasse	UN-Nummer	Benennung und Beschreibung	Tankcodierung
5.1	1873	Perchlorsäure mit mehr als 50 Masse-%, aber höchstens 72 Masse-% reiner Säure	L4DN
	2015	Wasserstoffperoxid, wässerige Lösung, stabilisiert, mit mehr als 70 % Wasserstoffperoxid	L4DV
	2014	Wasserstoffperoxid, wässerige Lösung mit mindestens 20 %, aber höchstens 60 % Wasserstoffperoxid	L4BV
	2015	Wasserstoffperoxid, wässerige Lösung, stabilisiert, mit mehr als 60 % und höchstens 70 % Wasserstoffperoxid	
	2426	Ammoniumnitrat, flüssig, heiße konzentrierte Lösung mit einer Konzentration von mehr als 80 %, aber höchstens 93 %	
	3149	Wasserstoffperoxid und Peressigsäure, Mischung, stabilisiert	
	3375	Ammoniumnitrat-Emulsion oder Ammoniumnitrat-Suspension oder Ammoniumnitrat-Gel, Zwischenprodukt für die Herstellung von Sprengstoffen, flüssig	LGAV
	3375	Ammoniumnitrat-Emulsion oder Ammoniumnitrat-Suspension oder Ammoniumnitrat-Gel, Zwischenprodukt für die Herstellung von Sprengstoffen, fest	SGAV
5.2	3109	Organisches Peroxid Typ F, flüssig	L4BN
nur ADR:	3119	Organisches Peroxid Typ F, flüssig, temperaturkontrolliert	
	3110	Organisches Peroxid Typ F, fest	S4AN
nur ADR:	3120	Organisches Peroxid Typ F, fest, temperaturkontrolliert	
6.1	1613	Cyanwasserstoff, wässerige Lösung (Cyanwasserstoffsäure, wässerige Lösung)	L15DH
	3294	Cyanwasserstoff, Lösung in Alkohol	
7 a)		alle Stoffe	Spezialtanks
		Mindestanforderungen für flüssige Stoffe	L2,65CN
		Mindestanforderungen für feste Stoffe	S2,65AN
8	1052	Fluorwasserstoff, wasserfrei	L21DH
	1744	Brom oder Brom, Lösung	
	1790	Fluorwasserstoffsäure mit mehr als 85 % Fluorwasserstoff	
	1791	Hypochloritlösung	L4BV
	1908	Chloritlösung	

a) Abweichend von den allgemeinen Vorschriften dieses Absatzes dürfen für radioaktive Stoffe verwendete Tanks auch für die Beförderung anderer Güter verwendet werden, vorausgesetzt, die Vorschriften des Unterabschnitts 5.1.3.2 werden erfüllt.

4.3 Verwendung von Tanks / Kesselwagen

4.3.4.1.4 **ADR:** Tanks, die zur Beförderung von flüssigen Abfällen vorgesehen sind, den Vorschriften des Kapitels 6.10 entsprechen und nach Unterabschnitt 6.10.3.2 mit zwei Verschlüssen ausgerüstet sind, müssen der Tankcodierung L4AH zugeordnet sein. Wenn die betreffenden Tanks für die wechselweise Beförderung von flüssigen und festen Stoffen ausgerüstet sind, müssen sie der kombinierten Tankcodierung L4AH + S4AH zugeordnet sein.

RID: (bleibt offen)	*RID:* Tankcontainer oder Tankwechselaufbauten (Tankwechselbehälter), die zur Beförderung von flüssigen Abfällen vorgesehen sind, den Vorschriften des Kapitels 6.10 entsprechen und nach Unterabschnitt 6.10.3.2 mit zwei Verschlüssen ausgerüstet sind, müssen der Tankcodierung L4AH zugeordnet sein. Wenn die betreffenden Tanks für die wechselweise Beförderung von flüssigen und festen Stoffen ausgerüstet sind, müssen sie der kombinierten Tankcodierung L4AH + S4AH zugeordnet sein.

4.3.4.2 **Allgemeine Vorschriften**

4.3.4.2.1 Im Falle der Beladung von warmen Produkten darf die Temperatur an der Außenseite des Tanks oder der Wärmeisolierung während der Beförderung 70 °C nicht übersteigen.

4.3.4.2.2

ADR: Verbindungsleitungen zwischen untereinander unabhängigen Tanks einer Beförderungseinheit müssen während der Beförderung entleert sein. Die nicht dauernd am Tank befindlichen flexiblen Füll- und Entleerrohre müssen während der Beförderung entleert sein.	(bleibt offen)
RID: Verbindungsleitungen zwischen den Tanks mehrerer unabhängiger, aneinandergekuppelter Kesselwagen (z.B. im Ganzzug) müssen während der Beförderung entleert sein.	(bleibt offen)

4.3.4.2.3

ADR: (bleibt offen)	(bleibt offen)
RID: Wenn Tanks, die für verflüssigte Gase der Klasse 2 zugelassen sind, auch für flüssige Stoffe anderer Klassen zugelassen sind, muss der in Abschnitt 5.3.5 vorgesehene orangefarbene Streifen während der Beförderung dieser flüssigen Stoffe so abgedeckt oder auf eine andere Weise unkenntlich gemacht sein, dass er nicht mehr sichtbar ist. Bei der Beförderung dieser flüssigen Stoffe dürfen auch die Angaben nach Absatz 6.8.3.5.6 b) oder c) auf beiden Seiten des Kesselwagens oder auf den Tafeln nicht mehr sichtbar sein.	(bleibt offen)

Verwendung von Tanks / Kesselwagen 4.3

4.3.5   Sondervorschriften

Folgende Sondervorschriften sind anwendbar, wenn sie in Kapitel 3.2 Tabelle A Spalte 13 bei einer Eintragung angegeben sind:

TU1	Tanks dürfen erst nach vollständigem Erstarren des Stoffes und Überdecken mit einem inerten Gas zur Beförderung aufgegeben werden. Ungereinigte leere Tanks, die diese Stoffe enthalten haben, müssen mit einem inerten Gas gefüllt sein.
TU2	Der Stoff muss mit einem inerten Gas überdeckt sein. Ungereinigte leere Tanks, die diese Stoffe enthalten haben, müssen mit einem inerten Gas gefüllt sein.
TU3	Das Innere der Tankkörper und alle Teile, die mit dem Stoff in Berührung kommen können, müssen sauber gehalten werden. Für Pumpen, Ventile oder andere Einrichtungen dürfen keine Schmiermittel verwendet werden, die mit dem Stoff eine gefährliche Verbindung bilden können.
TU4	Während der Beförderung müssen diese Stoffe durch ein inertes Gas abgedeckt sein, dessen Druck mindestens 50 kPa (0,5 bar) (Überdruck) betragen muss. Ungereinigte leere Tanks, die diese Stoffe enthalten haben, müssen bei der Übergabe zur Beförderung mit einem inerten Gas mit einem Druck von mindestens 50 kPa (0,5 bar) (Überdruck) gefüllt sein.
TU5	(bleibt offen)
TU6	Nicht zur Beförderung in Tanks, Batterie-Fahrzeugen/Batteriewagen und MEGC zugelassen wenn der LC_{50}-Wert unter 200 ppm liegt.
TU7	Die zum Abdichten von Verbindungsstellen oder zur Wartung der Verschlusseinrichtungen von Tanks für tiefgekühlt verflüssigte oxidierende Gase verwendeten Materialien müssen mit dem Inhalt verträglich sein.
TU8	Für die Beförderung darf ein Tank aus Aluminiumlegierungen nur dann verwendet werden, wenn dieser ausschließlich für diesen Stoff verwendet wird und das Acetaldehyd säurefrei ist.
TU9	UN 1203 BENZIN mit einem Dampfdruck bei 50 °C von mehr als 110 kPa (1,1 bar) und höchstens 150 kPa (1,5 bar) darf auch in Tanks befördert werden, die nach Absatz 6.8.2.1.14 a) bemessen sind und deren Ausrüstung Absatz 6.8.2.2.6 entspricht.
TU10	(bleibt offen)
TU11	Beim Befüllen darf die Temperatur dieses Stoffes 60 °C nicht überschreiten. Eine maximale Ladetemperatur von 80 °C ist zugelassen, vorausgesetzt, beim Befüllen werden Glimmnester vermieden und die nachfolgenden Bedingungen werden erfüllt. Nach dem Befüllen sind die Tanks unter Überdruck (z.B. mit Druckluft) zu setzen und auf Dichtheit zu kontrollieren. Es muss sichergestellt werden, dass während der Beförderung kein Unterdruck entsteht. Vor dem Entleeren ist sicherzustellen, dass der Druck in den Tanks immer noch über dem atmosphärischen Druck liegt. Ist dies nicht der Fall, so ist vor dem Entleeren in die Tanks ein Inertgas einzuleiten.
TU12	Bei wechselweiser Verwendung müssen vor und nach der Beförderung dieses Stoffes aus den Tankkörpern und ihren Ausrüstungen sämtliche Rückstände entfernt werden.
TU13	Die Tanks müssen beim Befüllen frei von Verunreinigungen sein. Die Bedienungsausrüstung, wie Ventile und äußere Rohrleitungen, der Tanks muss nach dem Befüllen oder Entleeren des Tanks entleert werden.

4.3 Verwendung von Tanks / Kesselwagen

TU14	Die Schutzkappe der Verschlüsse muss während der Beförderung verriegelt sein.
TU15	Die Tanks dürfen nicht zur Beförderung von Nahrungs-, Genuss- und Futtermitteln verwendet werden.
TU16	Ungereinigte leere Tanks müssen bei der Übergabe zur Beförderung durch eine der folgenden Methoden mit einem Schutzmittel bedeckt sein:

Schutzmittel	Füllungsgrad des Wassers	zusätzliche Bedingungen bei Beförderungen unter niedrigen Umgebungstemperaturen
Stickstoff a)	–	–
Wasser und Stickstoff a)	–	–
Wasser	mindestens 96 % und höchstens 98 %	Das Wasser muss ausreichend Frostschutzmittel enthalten, um das Gefrieren des Wassers zu verhindern. Das Frostschutzmittel darf keine korrodierende Wirkung besitzen und mit dem Stoff nicht reagieren.

a) Der freibleibende Raum des Tanks muss derart mit Stickstoff gefüllt sein, dass auch nach dem Erkalten der Druck zu keinem Zeitpunkt niedriger als der atmosphärische Druck ist. Der Tank muss so verschlossen werden, dass kein Gas entweichen kann.

RID: Im Beförderungspapier ist zusätzlich zu vermerken:
«DER TANK IST GEMÄSS SONDERVORSCHRIFT TU 16 BEFÜLLT MIT _____ *).»

*) Benennung(en) des Schutzmittels/der Schutzmittel. Wenn der Tank mit Wasser befüllt ist, muss dessen Masse in kg angegeben werden; bei Stickstoff muss der Druck in MPa oder bar angegeben werden.

TU17	Darf nur in Batterie-Fahrzeugen/Batteriewagen oder MEGC, deren Elemente aus Gefäßen bestehen, befördert werden.
TU18	Der Füllungsgrad der Tanks muss so bemessen sein, dass bei Erwärmung des Inhalts auf die Temperatur, bei der der Dampfdruck dem Öffnungsdruck der Sicherheitsventile entspricht, das Volumen der Flüssigkeit 95 % des Fassungsraumes des Tanks bei dieser Temperatur nicht überschreitet. Die Vorschrift des Absatzes 4.3.2.3.4 gilt nicht.
TU19	Die Tanks dürfen bei der Füllungstemperatur und beim Fülldruck zu 98 % gefüllt werden. Die Vorschrift des Absatzes 4.3.2.3.4 gilt nicht.
TU20	(bleibt offen)

Verwendung von Tanks / Kesselwagen 4.3

TU21	Der Stoff muss durch eine der folgenden Methoden mit einem Schutzmittel bedeckt sein:			
	Schutzmittel	Wasser-schicht im Tank	Füllungsgrad des Stoffes (einschließlich Wasser, sofern vorhanden) bei einer Temperatur von 60 °C höchstens	zusätzliche Bedingungen bei Beförderungen unter niedrigen Umgebungstemperaturen
	Stickstoff a)	–	96 %	–
	Wasser und Stickstoff a)	–	98 %	Das Wasser muss ausreichend Frostschutzmittel enthalten, um das Gefrieren des Wassers zu verhindern. Das Frostschutzmittel darf keine korrodierende Wirkung besitzen und mit dem Stoff nicht reagieren.
	Wasser	mindestens 12 cm	98 %	
	a) Der freibleibende Raum des Tanks muss derart mit Stickstoff gefüllt sein, dass auch nach dem Erkalten der Druck zu keinem Zeitpunkt niedriger als der atmosphärische Druck ist. Der Tank muss so verschlossen werden, dass kein Gas entweichen kann.			

TU22	Tanks dürfen nur bis zu 90 % ihres Fassungsraumes gefüllt werden; bei flüssigen Stoffen muss jedoch bei einer mittleren Flüssigkeitstemperatur von 50 °C ein füllungsfreier Raum von 5 % bleiben.
TU23	Der Füllungsgrad je Liter Fassungsraum darf höchstens 0,93 kg betragen, wenn nach Masse gefüllt wird. Wenn volumetrisch gefüllt wird, darf der Füllungsgrad höchstens 85 % betragen.
TU24	Der Füllungsgrad je Liter Fassungsraum darf höchstens 0,95 kg betragen, wenn nach Masse gefüllt wird. Wenn volumetrisch gefüllt wird, darf der Füllungsgrad höchstens 85 % betragen.
TU25	Der Füllungsgrad je Liter Fassungsraum darf höchstens 1,14 kg betragen, wenn nach Masse gefüllt wird. Wenn volumetrisch gefüllt wird, darf der Füllungsgrad höchstens 85 % betragen.
TU26	Der Füllungsgrad darf höchstens 85 % betragen.
TU27	Tanks dürfen nur bis zu 98 % ihres Fassungsraumes gefüllt sein.
TU28	Tanks dürfen bei einer Bezugstemperatur von 15 °C nur bis zu 95 % ihres Fassungsraumes gefüllt werden.
TU29	Tanks dürfen nur bis zu 97 % ihres Fassungsraumes gefüllt werden, und die höchste Temperatur nach der Füllung darf 140 °C nicht überschreiten.
TU30	Tanks sind gemäß dem Prüfbericht für die Zulassung des Baumusters des Tanks, jedoch höchstens bis zu 90 % ihres Fassungsraumes zu befüllen.
TU31	Tanks dürfen nur mit 1 kg je Liter Fassungsraum gefüllt werden.

4.3 Verwendung von Tanks / Kesselwagen

TU32	Tanks dürfen nur bis zu 88 % ihres Fassungsraumes gefüllt werden.

TU33	Tanks müssen mindestens zu 88 % und dürfen höchstens bis zu 92 % ihres Fassungsraumes oder mit 2,86 kg je Liter Fassungsraum gefüllt werden.

TU34	Tanks dürfen nur bis zu 0,84 kg je Liter Fassungsraum gefüllt werden.

TU35	Ungereinigte leere *ADR:* festverbundene Tanks (Tankfahrzeuge), Aufsetztanks *RID:* Kesselwagen, abnehmbare Tanks und Tankcontainer, die diese Stoffe enthalten haben, unterliegen nicht den Vorschriften des ADR/RID, wenn geeignete Maßnahmen ergriffen wurden, um mögliche Gefahren auszuschließen.

TU36	Der Füllungsgrad nach Unterabschnitt 4.3.2.2 darf bei einer Bezugstemperatur von 15 °C 93 % des Fassungsraumes nicht übersteigen.

TU37	Die Beförderung in Tanks ist begrenzt auf Stoffe, die Krankheitserreger enthalten, aber eigentlich keine ernsthafte Gefahr darstellen und gegen die, obwohl sie bei Exposition eine ernste Infektion verursachen können, eine wirksame Behandlung und Vorbeugung verfügbar ist, so dass das Risiko einer Infektionsübertragung begrenzt ist (d.h. mäßiges individuelles Risiko und geringes Risiko für die Allgemeinheit).

ADR:

TU38	(bleibt offen)

RID:

TU38	**Verfahren nach Ansprechen von Energieverzehrelementen** Nach plastischer Verformung von Energieverzehrelementen gemäß Abschnitt 6.8.4 Sondervorschrift TE 22 ist der Kesselwagen oder der Batteriewagen nach Untersuchung umgehend einer Werkstatt zuzuführen. Wenn der Kesselwagen oder der Batteriewagen im beladenen Zustand Auflaufstöße aufnehmen kann, wie sie im normalen Eisenbahnbetrieb auftreten, zum Beispiel nach Austausch der vorhandenen Energieverzehr-Puffer durch Normalpuffer oder nach vorübergehender Blockierung der beschädigten Energieverzehrelemente, darf dieser nach Untersuchung zur Entleerung und anschließend in die Werkstatt überführt werden. Der Kesselwagen oder der Batteriewagen ist mit einem Hinweis zu versehen, dass die Energieverzehrelemente außer Funktion sind.

Verwendung von Tanks / Kesselwagen 4.3

TU39 Die Eignung des Stoffes für eine Beförderung in Tanks muss nachgewiesen sein. Die Methode für die Feststellung der Eignung muss von der zuständigen Behörde zugelassen sein. Eine Methode ist das Prüfverfahren 8 d) der Prüfreihe 8 (siehe Handbuch Prüfungen und Kriterien Teil 1 Unterabschnitt 18.7).

Die Stoffe dürfen nicht über einen Zeitraum im Tank verbleiben, bei dem es zur Verkrustung kommen kann. Es sind geeignete Maßnahmen zu ergreifen, um ein Verklumpen oder eine Anhaftung der Stoffe im Tank zu vermeiden (z.B. Reinigung, usw.).

TU40 Darf nur in
ADR: Batterie-Fahrzeugen
RID: Batteriewagen
oder MEGC, deren Elemente aus nahtlosen Gefäßen bestehen, befördert werden.

ADR:

TU41 Die Eignung des Stoffes für eine Beförderung in Tanks muss zur Zufriedenheit der zuständigen Behörde jedes Landes, durch oder in das eine Beförderung erfolgt, nachgewiesen werden.

Die Methode für die Feststellung dieser Eignung muss von der zuständigen Behörde einer Vertragspartei des ADR genehmigt werden, wobei diese zuständige Behörde auch eine von der zuständigen Behörde eines Landes, das keine Vertragspartei des ADR ist, erteilte Genehmigung anerkennen kann, vorausgesetzt, diese wurde in Übereinstimmung mit den gemäß dem ADR, dem ADN, dem RID oder dem IMDG-Code anwendbaren Verfahren erteilt.

Die Stoffe dürfen nicht über einen Zeitraum im Tank verbleiben, bei dem es zur Verkrustung kommen kann. Es sind geeignete Maßnahmen zu ergreifen, um ein Verklumpen oder eine Anhaftung der Stoffe im Tank zu vermeiden (z.B. Reinigung usw.).

RID:

TU41 (bleibt offen)

TU42 Tanks mit einem Tankkörper aus Aluminiumlegierung, einschließlich solcher mit einer Schutzauskleidung, dürfen nur verwendet werden, wenn der pH-Wert des Stoffes nicht geringer als 5,0 und nicht höher als 8,0 ist.

▶ 1.6.3.48 bis 31.12.2026
▶ 1.6.4.50 bis 31.12.2026

TU43 Ein ungereinigter leerer Tank darf nach Ablauf der Frist für die Prüfung der Auskleidung innerhalb von höchstens drei Monaten nach Ablauf dieser Frist zur Beförderung aufgegeben werden, um ihn vor dem Wiederbefüllen der nächsten Prüfung der Auskleidung zuzuführen (siehe Abschnitt 6.8.4 d) Sondervorschrift TT 2).

4.4 Verwendung von festverbundenen Tanks (Tankfahrzeugen), Aufsetztanks, Tankcontainern und Tankwechselaufbauten (Tankwechselbehältern) aus faserverstärkten Kunststoffen (FVK) / Verwendung von Tankcontainern, einschließlich Tankwechselaufbauten (Tankwechselbehältern), deren Tankkörper aus faserverstärkten Kunststoffen (FVK) hergestellt sind

ADR	RID

Bem. Für ortsbewegliche Tanks und UN-Gascontainer mit mehreren Elementen (MEGC) siehe Kapitel 4.2; für

festverbundene Tanks (Tankfahrzeuge), Aufsetztanks, Tankcontainer und Tankwechselaufbauten (Tankwechselbehälter), deren Tankkörper aus metallenen Werkstoffen hergestellt sind, sowie Batterie-Fahrzeuge	Kesselwagen, abnehmbare Tanks, Batteriewagen

und Gascontainer mit mehreren Elementen (MEGC) mit Ausnahme von UN-MEGC siehe Kapitel 4.3,

für Saug-Druck-Tanks für Abfälle siehe Kapitel 4.5.

4.4.1 Allgemeines

Die Beförderung gefährlicher Stoffe in

Tanks aus faserverstärkten Kunststoffen (FVK-Tanks) ist nur zugelassen,	Tankcontainern einschließlich Tankwechselaufbauten (Tankwechselbehälter), deren Tankkörper aus faserverstärkten Kunststoffen (FVK) hergestellt sind, ist nur zugelassen,

wenn die folgenden Vorschriften erfüllt sind:

a) die Stoffe sind den Klassen 3, 5.1, 6.1, 6.2, 8 oder 9 zugeordnet;

b) der maximale Dampfdruck (Absolutdruck) des Stoffes bei 50 °C darf 110 kPa (1,1 bar) nicht überschreiten;

c) die Beförderung des Stoffes in Metalltanks ist gemäß Absatz 4.3.2.1.1 ausdrücklich zugelassen;

d) der Berechnungsdruck für diesen Stoff, der in Teil 2 der in Kapitel 3.2 Tabelle A Spalte 12 angegebenen Tankcodierung festgelegt ist, ist nicht höher als 4 bar (siehe auch Absatz 4.3.4.1.1) und

e) der Tank | der Tankcontainer einschließlich Tankwechselaufbauten (Tankwechselbehälter)

entspricht den für die Beförderung dieses Stoffes geltenden Vorschriften des Kapitels 6.9.

4.4.2 Betrieb

4.4.2.1 Es gelten die Vorschriften der Absätze 4.3.2.1.5 bis 4.3.2.2.4, 4.3.2.3.3 bis 4.3.2.3.6, 4.3.2.4.1 und 4.3.2.4.2 sowie der Unterabschnitte 4.3.4.1 und 4.3.4.2.

4.4.2.2 Die Temperatur des beförderten Stoffes darf zum Zeitpunkt der Befüllung die auf dem Tankschild gemäß Abschnitt 6.9.6 angegebene höchstzulässige Betriebstemperatur nicht überschreiten.

4.4.2.3 Außerdem gelten die in Kapitel 3.2 Tabelle A Spalte 13 angegebenen Sondervorschriften (TU) des Abschnitts 4.3.5, sofern sie auch für die Beförderung in Metalltanks anzuwenden sind.

4.4	Verwendung von festverbundenen Tanks (Tankfahrzeugen), Aufsetztanks, Tankcontainern und Tankwechselaufbauten (Tankwechselbehältern) aus faserverstärkten Kunststoffen (FVK)	Verwendung von Tankcontainern, einschließlich Tankwechselaufbauten (Tankwechselbehältern), deren Tankkörper aus faserverstärkten Kunststoffen (FVK) hergestellt sind
	ADR	RID

Verwendung und Betrieb der Saug-Druck-Tanks für Abfälle 4.5

ADR	RID
Bem. Für ortsbewegliche Tanks und UN-Gascontainer mit mehreren Elementen (MEGC) siehe Kapitel 4.2; für	
festverbundene Tanks (Tankfahrzeuge), Aufsetztanks,	Kesselwagen, abnehmbare Tanks,
Tankcontainer und Tankwechselaufbauten (Tankwechselbehälter), deren Tankkörper aus metallenen Werkstoffen hergestellt sind, sowie	
Batterie-Fahrzeuge	Batteriewagen
und Gascontainer mit mehreren Elementen (MEGC) mit Ausnahme von UN-MEGC siehe Kapitel 4.3; für	
faserverstärkte Kunststofftanks	Tankcontainer aus faserverstärkten Kunststoffen
siehe Kapitel 4.4.	

4.5.1 Verwendung

4.5.1.1 Abfälle, die aus Stoffen der Klasse 3, 4.1, 5.1, 6.1, 6.2, 8 oder 9 bestehen, dürfen in Saug-Druck-Tanks für Abfälle nach Kapitel 6.10 befördert werden, wenn die Vorschriften nach Kapitel 4.3 die Beförderung in festverbundenen Tanks, Aufsetztanks, Tankcontainern oder Tankwechselaufbauten (Tankwechselbehältern) gestatten.

Abfälle, die aus Stoffen bestehen, denen in Kapitel 3.2 Tabelle A Spalte 12 die Tankcodierung L4BH oder eine andere gemäß der Hierarchie in Absatz 4.3.4.1.2 zugelassene Tankcodierung zugeordnet ist, dürfen in Saug-Druck-Tanks für Abfälle befördert werden, die in Teil 3 der

unter Nummer 9.5 der Zulassungsbescheinigung für Fahrzeuge gemäß Unterabschnitt 9.1.3.5 angegebenen	

Tankcodierung den Buchstaben «A» oder «B» aufweisen.

4.5.1.2 Stoffe, die keine Abfälle sind, dürfen unter denselben in Unterabschnitt 4.5.1.1 aufgeführten Bedingungen in Saug-Druck-Tanks für Abfälle befördert werden.

4.5.2 Betrieb

4.5.2.1 Die Vorschriften des Kapitels 4.3 mit Ausnahme der Absätze 4.3.2.2.4 und 4.3.2.3.3 gelten für die Beförderung in Saug-Druck-Tanks für Abfälle und werden durch die Vorschriften der Unterabschnitte 4.5.2.2 bis 4.5.2.6 ergänzt.

4.5.2.2 Die Befüllung von Saug-Druck-Tanks für Abfälle mit flüssigen Stoffen, die wegen ihres Flammpunkts den Kriterien der Klasse 3 entsprechen, muss über im unteren Bereich des Tanks befindliche Fülleinrichtungen erfolgen. Es sind Maßnahmen zu treffen, um die Bildung von Sprühnebel auf ein Minimum zu beschränken.

4.5.2.3 Werden entzündbare flüssige Stoffe mit einem Flammpunkt unter 23 °C unter Druckluft entleert, beträgt der höchstzulässige Druck 100 kPa (1 bar).

4.5.2.4 Die Verwendung von Tanks, die mit einem als Abteilwand dienenden inneren Schubkolben ausgerüstet sind, ist nur zulässig, wenn die auf beiden Seiten der Wand (des Schubkolbens) befindlichen Stoffe nicht gefährlich miteinander reagieren können (siehe Absatz 4.3.2.3.6).

4.5.2.5

(bleibt offen)	Es ist sicherzustellen, dass ein vorhandener Saugausleger unter normalen Beförderungsbedingungen keine Veränderung der Ruhelage erfährt.

4.5 Verwendung und Betrieb der Saug-Druck-Tanks für Abfälle

ADR	RID

4.5.2.6 Wenn für das Befüllen mit oder Entleeren von entzündbaren flüssigen Stoffen eine Druck-Vakuumpumpe verwendet wird, die eine Zündquelle darstellen kann, müssen Vorsichtsmaßnahmen ergriffen werden, um eine Entzündung des Stoffes oder die Ausbreitung der Auswirkungen der Entzündung außerhalb des Tanks zu vermeiden.

	4.6
(bleibt offen)	
ADR	**RID**

4.6 (bleibt offen)

ADR	RID

Verwendung von mobilen Einheiten zur Herstellung von explosiven Stoffen oder Gegenständen mit Explosivstoff (MEMU)	(bleibt offen)	4.7
ADR	RID	

Bem. 1. Für Verpackungen siehe Kapitel 4.1; für ortsbewegliche Tanks siehe Kapitel 4.2; für festverbundene Tanks (Tankfahrzeuge), Aufsetztanks, Tankcontainer und Tankwechselaufbauten (Tankwechselbehälter), deren Tankkörper aus metallenen Werkstoffen hergestellt sind, siehe Kapitel 4.3; für Tanks aus faserverstärkten Kunststoffen siehe Kapitel 4.4; für Saug-Druck-Tanks für Abfälle siehe Kapitel 4.5.

2. Für die Vorschriften für den Bau, die Ausrüstung, die Zulassung der Bauart, die Prüfung und die Kennzeichnung siehe Kapitel 6.7, 6.8, 6.9, 6.11 und 6.12.

4.7.1 Verwendung

4.7.1.1 Stoffe der Klassen 3, 5.1, 6.1 und 8 dürfen in MEMU nach Kapitel 6.12, in ortsbeweglichen Tanks, wenn ihre Beförderung nach Kapitel 4.2 zugelassen ist, in festverbundenen Tanks, Aufsetztanks, Tankcontainern oder Tankwechselaufbauten (Tankwechselbehältern), wenn ihre Beförderung nach Kapitel 4.3 zugelassen ist, in Tanks aus faserverstärkten Kunststoffen (FVK), wenn ihre Beförderung nach Kapitel 4.4 zugelassen ist, oder in Schüttgut-Container befördert werden, wenn ihre Beförderung nach Kapitel 7.3 zugelassen ist.

4.7.1.2 Vorbehaltlich der Genehmigung durch die zuständige Behörde (siehe Absatz 7.5.5.2.3) dürfen explosive Stoffe oder Gegenstände mit Explosivstoff der Klasse 1 in Versandstücken in besonderen Laderäumen nach Abschnitt 6.12.5 befördert werden, wenn ihre Verpackung nach Kapitel 4.1 und ihre Beförderung nach den Kapiteln 7.2 und 7.5 zugelassen ist.

4.7	Verwendung von mobilen Einheiten zur Herstellung von explosiven Stoffen oder Gegenständen mit Explosivstoff (MEMU)	(bleibt offen)
	ADR	**RID**

4.7.2	**Betrieb**	
4.7.2.1	Die folgenden Vorschriften gelten für den Betrieb von Tanks nach Kapitel 6.12:	
	a) Für Tanks mit einem Fassungsraum von mindestens 1000 Litern gelten für die Beförderung in MEMU die Vorschriften des Kapitels 4.2, des Kapitels 4.3, ausgenommen Unterabschnitt 4.3.1.4, Absatz 4.3.2.3.1 und Abschnitte 4.3.3 und 4.3.4, oder des Kapitels 4.4, die durch die nachstehenden Vorschriften der Unterabschnitte 4.7.2.2, 4.7.2.3 und 4.7.2.4 ergänzt werden.	
	b) Für Tanks mit einem Fassungsraum von weniger als 1000 Litern gelten für die Beförderung in MEMU die Vorschriften des Kapitels 4.2, des Kapitels 4.3, ausgenommen Unterabschnitte 4.3.1.4 und 4.3.2.1, Absatz 4.3.2.3.1 und Abschnitte 4.3.3 und 4.3.4, oder des Kapitels 4.4, die durch die nachstehenden Vorschriften der Unterabschnitte 4.7.2.2, 4.7.2.3 und 4.7.2.4 ergänzt werden.	
4.7.2.2	Die Wanddicke des Tankkörpers darf während der gesamten Verwendungsdauer des Tankkörpers den in den entsprechenden Bauvorschriften vorgeschriebenen Mindestwert nicht unterschreiten.	
4.7.2.3	Bewegliche Entleerungsrohre, unabhängig davon, ob sie dauerhaft verbunden sind oder nicht, und Fülltrichter müssen während der Beförderung frei von gemischten oder sensibilisierten explosiven Stoffen sein.	
4.7.2.4	Die Sondervorschriften (TU) des Abschnitts 4.3.5 gelten ebenfalls wie in Kapitel 3.2 Tabelle A Spalte 13 angegeben, sofern sie für die Beförderung in Tanks anwendbar sind.	
4.7.2.5	Die Betreiber müssen sicherstellen, dass die in Abschnitt 9.8.8 vorgeschriebenen Schlösser während der Beförderung verwendet werden.	

Vorschriften für den Versand 5

ADR	RID

5.1 Allgemeine Vorschriften

5.1.1	Anwendungsbereich und allgemeine Vorschriften	
5.1.2	Verwendung von Umverpackungen	
5.1.3	Ungereinigte leere Verpackungen (einschließlich Großpackmittel (IBC) und Großverpackungen), Tanks, MEMU, Fahrzeuge und Container für Güter in loser Schüttung	Ungereinigte leere Verpackungen (einschließlich Großpackmittel (IBC) und Großverpackungen), Tanks, Wagen und Container für Güter in loser Schüttung
5.1.4	Zusammenpackung	
5.1.5	Allgemeine Vorschriften für die Klasse 7	
5.1.5.1	Beförderungsgenehmigung und Benachrichtigung	
5.1.5.1.1	Allgemeines	
5.1.5.1.2	Beförderungsgenehmigung	
5.1.5.1.3	Beförderungsgenehmigung durch Sondervereinbarung	
5.1.5.1.4	Benachrichtigungen	
5.1.5.2	Zulassung / Genehmigung durch die zuständige Behörde	
5.1.5.3	Bestimmung der Transportkennzahl (TI) und der Kritikalitätssicherheitskennzahl (CSI)	
5.1.5.4	Besondere Vorschriften für freigestellte Versandstücke radioaktiver Stoffe der Klasse 7	
5.1.5.5	Zusammenfassung der Vorschriften für Zulassung/Genehmigung und vorherige Benachrichtigung	

5.2 Kennzeichnung und Bezettelung

5.2.1	Kennzeichnung von Versandstücken	
5.2.1.5	Zusätzliche Vorschriften für Güter der Klasse 1	
5.2.1.6	Zusätzliche Vorschriften für Güter der Klasse 2	
5.2.1.7	Besondere Vorschriften für die Kennzeichnung von radioaktiven Stoffen	
5.2.1.8	Besondere Vorschriften für die Kennzeichnung von umweltgefährdenden Stoffen	
5.2.1.9	Kennzeichen für Lithiumbatterien	
5.2.1.10	Ausrichtungspfeile	
5.2.2	Bezettelung von Versandstücken	
5.2.2.1	Bezettelungsvorschriften	
5.2.2.1.8	(bleibt offen)	Besondere Vorschriften für die Bezettelung von Versandstücken mit explosiven Stoffen und Gegenständen mit Explosivstoff bei der Beförderung als militärische Sendungen
5.2.2.1.9	Besondere Vorschriften für die Bezettelung von selbstzersetzlichen Stoffen und organischen Peroxiden	
5.2.2.1.10	Besondere Vorschriften für die Bezettelung von Versandstücken mit ansteckungsgefährlichen Stoffen	
5.2.2.1.11	Besondere Vorschriften für die Bezettelung radioaktiver Stoffe	
5.2.2.1.12	Besondere Vorschriften für die Bezettelung von Gegenständen, die gefährliche Güter enthalten und die unter den UN-Nummern 3537, 3538, 3539, 3540, 3541, 3542, 3543, 3544, 3545, 3546, 3547 und 3548 befördert werden	
5.2.2.2	Vorschriften für Gefahrzettel	
5.2.2.2.2	Gefahrzettelmuster	

5 Vorschriften für den Versand

ADR	RID
5.3 Anbringen von Großzetteln (Placards) an und Kennzeichnung von Containern, Schüttgut-Containern, MEGC, MEMU, Tankcontainern, ortsbeweglichen Tanks und Fahrzeugen	Anbringen von Großzetteln (Placards) sowie Kennzeichnungen
5.3.1 Anbringen von Großzetteln (Placards)	
5.3.1.1 Allgemeine Vorschriften	
5.3.1.2 Anbringen von Großzetteln (Placards) an Containern, Schüttgut-Containern, MEGC, Tankcontainern und ortsbeweglichen Tanks	Anbringen von Großzetteln (Placards) an Großcontainern, Schüttgut-Containern, MEGC, Tankcontainern und ortsbeweglichen Tanks
5.3.1.3 Anbringen von Großzetteln (Placards) an Trägerfahrzeugen, auf denen Container, Schüttgut-Container, MEGC, Tankcontainer oder ortsbewegliche Tanks befördert werden	Anbringen von Großzetteln (Placards) an Tragwagen, auf denen Großcontainer, Schüttgut-Container, MEGC, Tankcontainer oder ortsbewegliche Tanks befördert werden
5.3.1.4 Anbringen von Großzetteln (Placards) an Fahrzeugen für die Beförderung in loser Schüttung, Tankfahrzeugen, Batterie-Fahrzeugen, MEMU und Fahrzeugen mit Aufsetztanks	Anbringen von Großzetteln (Placards) an Wagen für die Beförderung in loser Schüttung, Kesselwagen, Batteriewagen und Wagen mit abnehmbaren Tanks
5.3.1.5 Anbringen von Großzetteln (Placards) an Fahrzeugen, in denen nur Versandstücke befördert werden	Anbringen von Großzetteln (Placards) an Wagen, in denen nur Versandstücke befördert werden
5.3.1.6 Anbringen von Großzetteln (Placards) an leeren Tankfahrzeugen, Fahrzeugen mit Aufsetztanks, Batterie-Fahrzeugen, MEGC, MEMU, Tankcontainern und ortsbeweglichen Tanks sowie an leeren Fahrzeugen und Containern für die Beförderung in loser Schüttung	Anbringen von Großzetteln (Placards) an leeren Kesselwagen, Batteriewagen, MEGC, Tankcontainern und ortsbeweglichen Tanks sowie an leeren Wagen und Großcontainern für die Beförderung in loser Schüttung
5.3.1.7 Beschreibung der Großzettel (Placards)	
5.3.2 Kennzeichnung mit orangefarbenen Tafeln	
5.3.2.1 Allgemeine Vorschriften für die Kennzeichnung mit orangefarbenen Tafeln	
5.3.2.2 Beschreibung der orangefarbenen Tafeln	
5.3.2.2.3 Beispiel einer orangefarbenen Tafel mit Nummer zur Kennzeichnung der Gefahr und UN-Nummer	
5.3.2.3 Bedeutung der Nummern zur Kennzeichnung der Gefahr	
5.3.3 Kennzeichen für erwärmte Stoffe	
5.3.4 (bleibt offen)	Rangierzettel nach Muster 13 und 15
5.3.4.1	Allgemeine Vorschriften
5.3.4.2	Beschreibung der Rangierzettel nach Muster 13 und 15
5.3.5 (bleibt offen)	Orangefarbener Streifen
5.3.6 Kennzeichen für umweltgefährdende Stoffe	

Vorschriften für den Versand

ADR	RID

5.4	**Dokumentation**
5.4.0	Allgemeine Vorschriften
5.4.1	Beförderungspapier für die Beförderung gefährlicher Güter und damit zusammenhängende Informationen
5.4.1.1	Allgemeine Angaben, die im Beförderungspapier enthalten sein müssen
5.4.1.1.3	Sondervorschriften für Abfälle
5.4.1.1.4	(gestrichen)
5.4.1.1.5	Sondervorschriften für Bergungsverpackungen, einschließlich Bergungsgroßverpackungen, und Bergungsdruckgefäße
5.4.1.1.6	Sondervorschriften für ungereinigte leere Umschließungsmittel
5.4.1.1.7	Sondervorschriften für Beförderungen in einer Transportkette, die eine See- oder Luftbeförderung einschließt
5.4.1.1.8	(bleibt offen)

5.4.1.1.9	(bleibt offen)	Sondervorschriften für den Huckepackverkehr

5.4.1.1.11	Sondervorschriften für die Beförderung von Großpackmitteln (IBC), Tanks,

	Batterie-Fahrzeugen,	Batteriewagen,

	ortsbeweglichen Tanks und MEGC nach Ablauf der Frist für die wiederkehrende Prüfung

5.4.1.1.12	(bleibt offen)	Sondervorschriften für Beförderungen gemäß Übergangsvorschriften
5.4.1.1.13	Sondervorschriften für die Beförderung in Tankfahrzeugen mit mehreren Abteilen oder in Beförderungseinheiten mit einem oder mehreren Tanks	(bleibt offen)
5.4.1.1.14	Sondervorschriften für die Beförderung von erwärmten Stoffen	
5.4.1.1.15	Sondervorschriften für die Beförderung von Stoffen, die durch Temperaturkontrolle stabilisiert werden	(bleibt offen)

5.4.1.1.16	Erforderliche Angaben gemäß Kapitel 3.3 Sondervorschrift 640
5.4.1.1.17	Sondervorschriften für die Beförderung fester Stoffe in Schüttgut-Containern gemäß Abschnitt 6.11.4
5.4.1.1.18	Sondervorschriften für die Beförderung umweltgefährdender Stoffe (aquatische Umwelt)
5.4.1.1.19	Sondervorschriften für die Beförderung von Altverpackungen, leer, ungereinigt (UN 3509)
5.4.1.1.20	Sondervorschriften für die Beförderung von gemäß Unterabschnitt 2.1.2.8 klassifizierten Stoffen
5.4.1.1.21	Sondervorschriften für Beförderung von UN 3528, UN 3529 und UN 3530
5.4.1.2	Zusätzliche oder besondere Angaben für bestimmte Klassen
5.4.1.2.1	Sondervorschriften für die Klasse 1
5.4.1.2.2	Zusätzliche Vorschriften für die Klasse 2
5.4.1.2.3	Zusätzliche Vorschriften für selbstzersetzliche Stoffe und polymerisierende Stoffe der Klasse 4.1 und organische Peroxide der Klasse 5.2
5.4.1.2.4	Zusätzliche Vorschriften für die Klasse 6.2
5.4.1.2.5	Zusätzliche Vorschriften für die Klasse 7
5.4.1.3	(bleibt offen)

5.4.1.4	Form und Sprache	Form und zu verwendende Sprache

5.4.1.5	Nicht gefährliche Güter
5.4.2	Container-/Fahrzeugpackzertifikat
5.4.3	Schriftliche Weisungen
5.4.4	Aufbewahrung von Informationen über die Beförderung gefährlicher Güter
5.4.5	Beispiel eines Formulars für die multimodale Beförderung gefährlicher Güter

5 Vorschriften für den Versand

ADR	RID

5.5	**Sondervorschriften**	
5.5.1	(gestrichen)	
5.5.2	Sondervorschriften für begaste Güterbeförderungseinheiten (CTU) (UN-Nummer 3359)	
5.5.2.1	Allgemeine Vorschriften	
5.5.2.2	Unterweisung	
5.5.2.3	Kennzeichnung und Anbringen von Großzetteln (Placards)	
5.5.2.4	Dokumentation	
5.5.3	Sondervorschriften für die Beförderung von Trockeneis (UN 1845) und für Versandstücke, Fahrzeuge / Wagen und Container mit Stoffen, die bei der Verwendung zu Kühl- oder Konditionierungszwecken ein Erstickungsrisiko darstellen können (wie Trockeneis (UN 1845), Stickstoff, tiefgekühlt, flüssig (UN 1977) oder Argon, tiefgekühlt, flüssig (UN 1951) oder Stickstoff)	
5.5.3.1	Anwendungsbereich	
5.5.3.2	Allgemeine Vorschriften	
5.5.3.3	Versandstücke, die Trockeneis (UN 1845) oder ein Kühl- oder Konditionierungsmittel enthalten	
5.5.3.4	Kennzeichnung von Versandstücken, die Trockeneis (UN 1845) oder ein Kühl- oder Konditionierungsmittel enthalten	
5.5.3.5	Fahrzeuge / Wagen und Container, die unverpacktes Trockeneis enthalten	
5.5.3.6	Kennzeichnung der Fahrzeuge / Wagen und Container	
5.5.3.7	Dokumentation	
5.5.4	Gefährliche Güter in Geräten, die während der Beförderung verwendet werden oder für eine Verwendung während der Beförderung bestimmt sind und die an Versandstücken, Umverpackungen, Containern oder Ladeabteilen angebracht sind oder in diese eingesetzt sind	

Allgemeine Vorschriften 5.1

ADR	RID

5.1.1 **Anwendungsbereich und allgemeine Vorschriften**

Dieser Teil enthält Vorschriften für den Versand gefährlicher Güter bezüglich der Kennzeichnung, Bezettelung und Dokumentation und gegebenenfalls der Genehmigung des Versands und der vorherigen Benachrichtigung.

5.1.2 **Verwendung von Umverpackungen**

5.1.2.1 a) Sofern nicht alle für die gefährlichen Güter in der Umverpackung repräsentativen Kennzeichen und Gefahrzettel des Kapitels 5.2 mit Ausnahme der Unterabschnitte 5.2.1.3 bis 5.2.1.6, der Absätze 5.2.1.7.2 bis 5.2.1.7.8 und des Unterabschnitts 5.2.1.10 sichtbar sind, muss die Umverpackung

(i) mit dem Ausdruck «UMVERPACKUNG» gekennzeichnet sein. Die Buchstabenhöhe des Ausdrucks «UMVERPACKUNG» muss mindestens 12 mm sein. Das Kennzeichen muss in einer Amtssprache des Ursprungslandes und, wenn diese Sprache nicht Deutsch, Englisch oder Französisch ist, außerdem in Deutsch, Englisch oder Französisch angegeben sein, sofern nicht Vereinbarungen zwischen den von der Beförderung berührten Staaten etwas anderes vorschreiben; und

(ii) für jedes einzelne in der Umverpackung enthaltene gefährliche Gut mit dem Kennzeichen der UN-Nummer sowie mit den gemäß Kapitel 5.2 mit Ausnahme der Unterabschnitte 5.2.1.3 bis 5.2.1.6, der Absätze 5.2.1.7.2 bis 5.2.1.7.8 und des Unterabschnitts 5.2.1.10 für Versandstücke vorgeschriebenen Gefahrzetteln und übrigen Kennzeichen versehen sein. Jedes anwendbare Kennzeichen oder jeder anwendbare Gefahrzettel muss nur einmal angebracht werden.

Die Bezettelung von Umverpackungen, die radioaktive Stoffe enthalten, muss gemäß Absatz 5.2.2.1.11 erfolgen.

b) Die in Unterabschnitt 5.2.1.10 abgebildeten Ausrichtungspfeile sind auf zwei gegenüberliegenden Seiten von Umverpackungen anzubringen, die Versandstücke enthalten, die gemäß Absatz 5.2.1.10.1 zu kennzeichnen sind, es sei denn, die Kennzeichen bleiben sichtbar.

5.1.2.2 Jedes Versandstück mit gefährlichen Gütern, das in einer Umverpackung enthalten ist, muss allen anwendbaren Vorschriften des ADR/RID entsprechen. Die vorgesehene Funktion der einzelnen Verpackungen darf durch die Umverpackung nicht beeinträchtigt werden.

5.1.2.3 Jedes Versandstück, das mit den in Unterabschnitt 5.2.1.10 beschriebenen Ausrichtungszeichen versehen und in eine Umverpackung oder in eine Großverpackung eingesetzt ist, muss gemäß diesen Kennzeichen ausgerichtet sein.

5.1.2.4 Die Zusammenladeverbote gelten auch für diese Umverpackungen.

5.1.3 **Ungereinigte leere Verpackungen (einschließlich Großpackmittel (IBC) und Großverpackungen), Tanks, MEMU, Fahrzeuge | Wagen und Container für Güter in loser Schüttung**

5.1.3.1

Ungereinigte leere Verpackungen (einschließlich Großpackmittel (IBC) und Großverpackungen), Tanks (einschließlich Tankfahrzeuge, Batterie-Fahrzeuge, Aufsetztanks, ortsbewegliche Tanks, Tankcontainer, MEGC und MEMU) sowie Fahrzeuge	Kesselwagen, Batteriewagen, abnehmbare Tanks, ortsbewegliche Tanks, Tankcontainer und MEGC Wagen

1201

5.1 Allgemeine Vorschriften

ADR	RID

und Container für Güter in loser Schüttung, die gefährliche Güter der einzelnen Klassen mit Ausnahme der Klasse 7 enthalten haben, müssen mit den gleichen Kennzeichen und Gefahrzetteln oder Großzetteln (Placards) versehen sein wie in gefülltem Zustand.

Bem. Wegen der Dokumentation siehe Kapitel 5.4.

5.1.3.2 Container, Tanks, Großpackmittel (IBC) sowie andere Verpackungen und Umverpackungen, die für die Beförderung radioaktiver Stoffe verwendet werden, dürfen nicht für die Lagerung oder die Beförderung anderer Güter verwendet werden, es sei denn, diese wurden unter 0,4 Bq/cm^2 für Beta- und Gammastrahler sowie für Alphastrahler geringer Toxizität und unter 0,04 Bq/cm^2 für alle anderen Alphastrahler dekontaminiert.

5.1.4 Zusammenpackung

Werden zwei oder mehrere gefährliche Güter zusammen in derselben Außenverpackung verpackt, muss das Versandstück mit den für jedes Gut vorgeschriebenen Gefahrzetteln und Kennzeichen versehen sein. Ist ein und derselbe Gefahrzettel für verschiedene Güter vorgeschrieben, muss er nur einmal angebracht werden.

5.1.5 Allgemeine Vorschriften für die Klasse 7

5.1.5.1 Beförderungsgenehmigung und Benachrichtigung

5.1.5.1.1 Allgemeines

Zusätzlich zu der in Kapitel 6.4 beschriebenen Zulassung der Bauart des Versandstücks ist unter bestimmten Umständen auch eine mehrseitige Beförderungsgenehmigung (Absätze 5.1.5.1.2 und 5.1.5.1.3) erforderlich. Unter bestimmten Umständen ist es auch erforderlich, die zuständigen Behörden über eine Beförderung zu benachrichtigen (Absatz 5.1.5.1.4).

5.1.5.1.2 Beförderungsgenehmigung

Eine multilaterale Genehmigung ist erforderlich für:

a) Die Beförderung von Typ B(M)-Versandstücken, die nicht den Vorschriften des Unterabschnitts 6.4.7.5 entsprechen oder die für eine kontrollierte zeitweilige Entlüftung ausgelegt sind;

b) die Beförderung von Typ B(M)-Versandstücken mit radioaktiven Stoffen, deren Aktivität größer ist als 3000 A$_1$ oder gegebenenfalls 3000 A$_2$ oder 1000 TBq, je nachdem, welcher Wert der niedrigere ist;

c) die Beförderung von Versandstücken, die spaltbare Stoffe enthalten, wenn die Summe der Kritikalitätssicherheitskennzahlen der Versandstücke in einem einzigen Fahrzeug | Wagen oder Container 50 übersteigt, und

d) (bleibt offen)

e) die Beförderung von SCO-III-Gegenständen.

Eine zuständige Behörde kann durch eine besondere Bestimmung in ihrer Bauartzulassung (siehe Absatz 5.1.5.2.1) die Beförderung in oder durch ihren Staat ohne Beförderungsgenehmigung genehmigen.

5.1.5.1.3 Beförderungsgenehmigung durch Sondervereinbarung

Von der zuständigen Behörde dürfen Vorschriften genehmigt werden, nach denen eine Sendung, die nicht allen anwendbaren Vorschriften des ADR/RID entspricht, mit einer Sondervereinbarung befördert werden darf (siehe Abschnitt 1.7.4).

5.1.5.1.4 Benachrichtigungen

Eine Benachrichtigung der zuständigen Behörde des Ursprungslandes der Beförderung und der zuständigen Behörden ist in folgenden Fällen vorgeschrieben:

Allgemeine Vorschriften 5.1

ADR	RID

a) Vor der ersten Beförderung eines Versandstückes, das die Genehmigung einer zuständigen Behörde erfordert, muss der Absender sicherstellen, dass Kopien aller zutreffenden Zeugnisse, die für die Bauart des Versandstückes erforderlich sind, der zuständigen Behörde des Ursprungslandes der Beförderung und der zuständigen Behörde eines jeden Staates, durch oder in den die Sendung befördert wird, zugestellt worden sind. Der Absender muss keine Bestätigung der zuständigen Behörde abwarten, und die zuständige Behörde ist nicht verpflichtet, eine Empfangsbestätigung für das Genehmigungszeugnis abzugeben.

b) Bei jeder der folgenden Beförderungen muss der Absender die zuständige Behörde des Ursprungslandes der Beförderung und die zuständige Behörde eines jeden Staates benachrichtigen, durch oder in den die Sendung befördert werden soll. Diese Benachrichtigung muss vor Beginn der Beförderung, möglichst mindestens 7 Tage vorher, im Besitz jeder zuständigen Behörde sein:
   (i) Typ C-Versandstücke mit radioaktiven Stoffen mit einer Aktivität von mehr als 3000 A_1 oder gegebenenfalls 3000 A_2 oder 1000 TBq, je nachdem, welcher Wert der niedrigere ist;
   (ii) Typ B(U)-Versandstücke mit radioaktiven Stoffen mit einer Aktivität von mehr als 3000 A_1 oder gegebenenfalls 3000 A_2 oder 1000 TBq, je nachdem, welcher Wert der niedrigere ist;
   (iii) Typ B(M)-Versandstücke;
   (iv) Beförderung auf Grund einer Sondervereinbarung.

c) Der Absender muss keine getrennte Benachrichtigung versenden, wenn die erforderlichen Informationen im Antrag auf Erteilung einer Beförderungsgenehmigung (siehe Absatz 6.4.23.2) gegeben worden sind.

d) Die Versandbenachrichtigung muss enthalten:
   (i) Ausreichende Angaben, die eine Identifizierung des (der) Versandstücke(s) ermöglichen, einschließlich aller zutreffenden Zeugnisnummern und Kennzeichen;
   (ii) Angaben über das Versanddatum, das voraussichtliche Ankunftsdatum und den vorgesehenen Beförderungsweg;
   (iii) Name(n) des (der) radioaktiven Stoffes (Stoffe) oder Nuklids (Nuklide);
   (iv) Beschreibung der physikalischen und chemischen Form der radioaktiven Stoffe oder die Angabe, dass es sich um radioaktive Stoffe in besonderer Form oder um gering dispergierbare radioaktive Stoffe handelt, und
   (v) die höchste Aktivität des radioaktiven Inhalts während der Beförderung in Becquerel (Bq) mit dem zugehörigen SI-Vorsatzzeichen (siehe Unterabschnitt 1.2.2.1). Bei spaltbaren Stoffen kann anstelle der Aktivität die Masse der spaltbaren Stoffe (oder gegebenenfalls bei Gemischen die Masse jedes spaltbaren Nuklids) in Gramm (g) oder in Vielfachen davon angegeben werden.

5.1.5.2 Zulassung/Genehmigung durch die zuständige Behörde

5.1.5.2.1 Die Zulassung/Genehmigung durch die zuständige Behörde ist erforderlich für:
a) Bauarten von
   (i) radioaktiven Stoffen in besonderer Form;
   (ii) gering dispergierbaren radioaktiven Stoffen;
   (iii) gemäß Absatz 2.2.7.2.3.5 f) freigestellten spaltbaren Stoffen;
   (iv) Versandstücken, die mindestens 0,1 kg Uranhexafluorid enthalten;
   (v) Versandstücken, die spaltbare Stoffe enthalten, sofern nicht durch Absatz 2.2.7.2.3.5, Unterabschnitt 6.4.11.2 oder 6.4.11.3 ausgenommen;
   (vi) Typ B(U)-Versandstücken und Typ B(M)-Versandstücken;
   (vii) Typ C-Versandstücken;
b) Sondervereinbarungen;

5.1 Allgemeine Vorschriften

ADR | **RID**

c) bestimmte Beförderungen (siehe Absatz 5.1.5.1.2);

d) die Bestimmung der in Absatz 2.2.7.2.2.1 genannten grundlegenden Radionuklidwerte für einzelne Radionuklide, die in der Tabelle 2.2.7.2.2.1 nicht aufgeführt sind (siehe Absatz 2.2.7.2.2.2 a));

e) alternative Aktivitätsgrenzwerte für eine freigestellte Sendung von Instrumenten oder Fabrikaten (siehe Absatz 2.2.7.2.2.2 b)).

Durch das Zulassungs-/Genehmigungszeugnis wird bescheinigt, dass die anwendbaren Vorschriften erfüllt sind; bei Zulassungen für die Bauart wird im Zulassungszeugnis der Bauart ein Kennzeichen zugeteilt.

Das Zulassungszeugnis für Versandstückmuster und das Genehmigungszeugnis für die Beförderung dürfen in einem Zeugnis zusammengefasst werden.

Die Zulassungszeugnisse und die Anträge auf Zulassung müssen den Vorschriften des Abschnitts 6.4.23 entsprechen.

5.1.5.2.2 Der Absender muss im Besitz einer Kopie jedes erforderlichen Zeugnisses sein.

5.1.5.2.3 Für Versandstückmuster, für die die Ausstellung eines Zulassungszeugnisses durch die zuständige Behörde nicht erforderlich ist, muss der Absender auf Anfrage für die Überprüfung durch die zuständige Behörde Aufzeichnungen, die die Übereinstimmung des Versandstückmusters mit allen anwendbaren Vorschriften nachweisen, zur Verfügung stellen.

5.1.5.3 Bestimmung der Transportkennzahl (TI) und der Kritikalitätssicherheitskennzahl (CSI)

5.1.5.3.1 Die Transportkennzahl (TI) für ein Versandstück, eine Umverpackung oder einen Container oder für unverpackte LSA-I-Stoffe oder für unverpackte SCO-I- oder SCO-III-Gegenstände ist nach folgendem Verfahren zu ermitteln:

a) Die höchste Dosisleistung in Millisievert pro Stunde (mSv/h) in einem Abstand von 1 m von den Außenflächen des Versandstücks, der Umverpackung, des Containers oder der unverpackten LSA-I-Stoffe oder SCO-I- oder SCO-III-Gegenstände ist zu ermitteln. Der ermittelte Wert ist mit 100 zu multiplizieren.

Bei Uran- und Thoriumerzen und deren Konzentraten dürfen für die höchsten Dosisleistungen an jedem Punkt im Abstand von 1 m von den Außenflächen der Ladung folgende Werte angenommen werden:

0,4 mSv/h für Erze und physikalische Konzentrate von Uran und Thorium;

0,3 mSv/h für chemische Thoriumkonzentrate;

0,02 mSv/h für chemische Urankonzentrate außer Uranhexafluorid.

b) Für Tanks, Container und unverpackte LSA-I-Stoffe und SCO-I- und SCO-III-Gegenstände ist der gemäß a) ermittelte Wert mit dem entsprechenden Faktor aus der Tabelle 5.1.5.3.1 zu multiplizieren.

c) Die gemäß a) und b) ermittelten Werte sind auf die erste Dezimalstelle aufzurunden (z.B. aus 1,13 wird 1,2) mit der Ausnahme, dass ein Wert von 0,05 oder kleiner gleich Null gesetzt werden darf; die daraus resultierende Zahl ist der TI-Wert.

Allgemeine Vorschriften 5.1

ADR	RID

Tabelle 5.1.5.3.1: Multiplikationsfaktoren für Tanks, Container und unverpackte LSA-I-Stoffe und SCO-I- und SCO-III-Gegenstände

Fläche der Ladung[a]	Multiplikationsfaktor
Fläche der Ladung ≤ 1 m^2	1
1 m^2 < Fläche der Ladung ≤ 5 m^2	2
5 m^2 < Fläche der Ladung ≤ 20 m^2	3
20 m^2 < Fläche der Ladung	10

[a] Größte gemessene Querschnittsfläche der Ladung.

5.1.5.3.2 Die Transportkennzahl für jede starre Umverpackung, jeden Container oder

jedes Fahrzeug	jeden Wagen

wird durch die Summe der Transportkennzahlen aller enthaltenen Versandstücke bestimmt. Bei einer Beförderung von einem einzigen Absender darf der Absender die Transportkennzahl durch direkte Messung der Dosisleistung bestimmen.

Die Transportkennzahl einer nicht starren Umverpackung darf nur durch die Summe der Transportkennzahlen aller in der Umverpackung enthaltenen Versandstücke bestimmt werden.

5.1.5.3.3 Für jede Umverpackung oder für jeden Container ist die Kritikalitätssicherheitskennzahl (CSI) als Summe der CSI aller enthaltenen Versandstücke zu ermitteln. Das gleiche Verfahren ist für die Bestimmung der Gesamtsumme der CSI in einer Sendung oder in einem

Fahrzeug	Wagen

anzuwenden.

5.1.5.3.4 Versandstücke, Umverpackungen und Container sind in Übereinstimmung mit den in Tabelle 5.1.5.3.4 festgelegten Bedingungen und mit den nachstehenden Vorschriften einer der Kategorien I-WEISS, II-GELB oder III-GELB zuzuordnen:

a) Bei der Bestimmung der zugehörigen Kategorie für ein Versandstück, eine Umverpackung oder einen Container müssen die Transportkennzahl und die Oberflächendosisleistung berücksichtigt werden. Erfüllt die Transportkennzahl die Bedingung für eine Kategorie, die Oberflächendosisleistung aber die einer anderen Kategorie, so ist das Versandstück, die Umverpackung oder der Container der höheren Kategorie zuzuordnen. Für diesen Zweck ist die Kategorie I-WEISS als die unterste Kategorie anzusehen.

b) Die Transportkennzahl ist entsprechend den in den Absätzen 5.1.5.3.1 und 5.1.5.3.2 festgelegten Verfahren zu bestimmen.

c) Ist die Oberflächendosisleistung höher als 2 mSv/h, muss das Versandstück oder die Umverpackung unter ausschließlicher Verwendung und nach den Vorschriften des Abschnitts 7.5.11 Sondervorschrift

CV 33 (1.3) und (3.5) a)	CW 33 (3.5) a)

befördert werden.

d) Mit Ausnahme von Beförderungen nach den Vorschriften des Absatzes 5.1.5.3.5 ist ein Versandstück, das auf Grund einer Sondervereinbarung befördert wird, der Kategorie III-GELB zuzuordnen.

e) Mit Ausnahme von Beförderungen nach den Vorschriften des Absatzes 5.1.5.3.5 sind Umverpackungen oder Container, die auf Grund einer Sondervereinbarung zu befördernde Versandstücke enthalten, der Kategorie III-GELB zuzuordnen.

5.1 Allgemeine Vorschriften

ADR	RID

Tabelle 5.1.5.3.4: Kategorien der Versandstücke, Umverpackungen und Container

Bedingungen		Kategorie
Transportkennzahl (TI)	höchste Dosisleistung an jedem Punkt einer Außenfläche	
0[a]	nicht größer als 0,005 mSv/h	I-WEISS
größer als 0, aber nicht größer als 1[a]	größer als 0,005 mSv/h, aber nicht größer als 0,5 mSv/h	II-GELB
größer als 1, aber nicht größer als 10	größer als 0,5 mSv/h, aber nicht größer als 2 mSv/h	III-GELB
größer als 10	größer als 2 mSv/h, aber nicht größer als 10 mSv/h	III-GELB[b]

a) Ist die gemessene Transportkennzahl nicht größer als 0,05, darf ihr Wert entsprechend Absatz 5.1.5.3.1 c) gleich Null gesetzt werden.

b) Ist mit Ausnahme von Containern (siehe Abschnitt 7.5.11 Sondervorschrift CV 33 (3.3) | CW 33 (3.3) Tabelle D) außerdem unter ausschließlicher Verwendung zu befördern.

5.1.5.3.5 Bei allen internationalen Beförderungen von Versandstücken, für die eine Zulassung der Bauart oder eine Genehmigung der Beförderung durch die zuständige Behörde erforderlich ist und für die in den verschiedenen von der Beförderung berührten Staaten unterschiedliche Zulassungs- oder Genehmigungstypen gelten, muss die vorgeschriebene Zuordnung zu den Kategorien in Übereinstimmung mit dem Zulassungszeugnis des Ursprungslandes der Bauart erfolgen.

5.1.5.4 Besondere Vorschriften für freigestellte Versandstücke radioaktiver Stoffe der Klasse 7

5.1.5.4.1 Freigestellte Versandstücke radioaktiver Stoffe der Klasse 7 müssen auf der Außenseite der Verpackung deutlich lesbar und dauerhaft gekennzeichnet sein mit:

a) der UN-Nummer, der die Buchstaben «UN» vorangestellt werden;

b) der Angabe des Absenders und/oder des Empfängers und

c) der höchstzulässigen Bruttomasse, sofern diese 50 kg überschreitet.

5.1.5.4.2 Die Dokumentationsvorschriften des Kapitels 5.4 gelten nicht für freigestellte Versandstücke radioaktiver Stoffen der Klasse 7, mit der Ausnahme, dass

a) die UN-Nummer, der die Buchstaben «UN» vorangestellt sind, sowie der Name und die Adresse des Absenders und des Empfängers und, sofern zutreffend, das Identifizierungskennzeichen für jedes Zulassungs-/Genehmigungszeugnis der zuständigen Behörde (siehe Absatz 5.4.1.2.5.1 g)) auf einem Beförderungspapier, wie ein Konnossement, Luftfrachtbrief oder CIM- oder CMR-Frachtbrief, angegeben werden müssen;

b) sofern zutreffend, die Vorschriften des Absatzes 5.4.1.2.5.1 g), 5.4.1.2.5.3 und 5.4.1.2.5.4 anwendbar sind;

c) die Vorschriften der Abschnitte 5.4.2 und 5.4.4 anwendbar sind.

5.1.5.4.3 Die Vorschriften der Absätze 5.2.1.7.8 und 5.2.2.1.11.5 sind, sofern zutreffend, anwendbar.

Allgemeine Vorschriften 5.1

ADR	RID

5.1.5.5 Zusammenfassung der Vorschriften für Zulassung/Genehmigung und vorherige Benachrichtigung

Bem. 1. Vor der ersten Beförderung eines Versandstückes, für das die Versandstückmuster-Zulassung der zuständigen Behörde erforderlich ist, muss der Absender sicherstellen, dass eine Kopie der Versandstückmuster-Zulassung der zuständigen Behörde eines jeden berührten Staates zugestellt worden ist (siehe Absatz 5.1.5.1.4 a)).

2. Die Benachrichtigung ist erforderlich, wenn der Inhalt höher ist als 3×10^3 A_1 oder 3×10^3 A_2 oder 1000 TBq (siehe Absatz 5.1.5.1.4 b)).

3. Eine multilaterale Genehmigung für die Beförderung ist erforderlich, wenn der Inhalt höher ist als 3×10^3 A_1 oder 3×10^3 A_2 oder 1000 TBq oder wenn eine gelegentliche kontrollierte Druckentlastung zugelassen ist (siehe Unterabschnitt 5.1.5.1).

4. Für Zulassung und vorherige Benachrichtigung siehe Vorschriften für das für die Beförderung dieses Stoffes verwendete Versandstück.

Gegenstand	UN-Nr.	Zulassung / Genehmigung der zuständigen Behörde erforderlich		Benachrichtigung der zuständigen Behörden des Ursprungslandes und der berührten Staaten vor jeder Beförderung durch den Absender [a]	Verweis
		Ursprungsland	berührte Staaten [a]		
Berechnung von nicht aufgelisteten A_1- und A_2-Werten	–	Ja	Ja	Nein	2.2.7.2.2.2 a), 5.1.5.2.1 d)
Freigestellte Versandstücke – Versandstückmuster – Beförderung	2908 2909 2910 2911	Nein Nein	Nein Nein	Nein Nein	–
LSA-Stoffe [b] und SCO-Gegenstände [b] / Industrieversandstücke Typ 1, 2 oder 3, nicht spaltbar und spaltbar, freigestellt – Versandstückmuster – Beförderung	2912 2913 3321 3322	Nein Nein	Nein Nein	Nein Nein	–
Typ A-Versandstücke [b], nicht spaltbar und spaltbar, freigestellt – Versandstückmuster – Beförderung	2915 3332	Nein Nein	Nein Nein	Nein Nein	–
Typ B(U)-Versandstücke [b], nicht spaltbar und spaltbar, freigestellt – Versandstückmuster – Beförderung	2916	Ja Nein	Nein Nein	siehe Bem. 1 siehe Bem. 2	5.1.5.1.4 b) 5.1.5.2.1 a) 6.4.22.2
Typ B(M)-Versandstücke [b], nicht spaltbar und spaltbar, freigestellt – Versandstückmuster – Beförderung	2917	Ja siehe Bem. 3	Ja siehe Bem. 3	Nein Ja	5.1.5.1.4 b) 5.1.5.2.1 a) 5.1.5.1.2 6.4.22.3
Typ C-Versandstücke [b], nicht spaltbar und spaltbar, freigestellt – Versandstückmuster – Beförderung	3323	Ja Nein	Nein Nein	siehe Bem. 1 siehe Bem. 2	5.1.5.1.4 b) 5.1.5.2.1 a) 6.4.22.2

(Fortsetzung nächste Seite !)

5.1 Allgemeine Vorschriften

(Fortsetzung)

		ADR	RID		

Versandstücke, die spaltbare Stoffe enthalten
– Versandstückmuster
– Beförderung:
  Summe der Kritikalitätssicherheitskennzahlen nicht größer als 50
  Summe der Kritikalitätssicherheitskennzahlen größer als 50
	2977
	3324
	3325
	3326
	3327
	3328
	3329
	3330
	3331
	3333
		Ja c)
		
		Nein d)
		
		Ja
			Ja c)
			
			Nein d)
			
			Ja
				Nein
				
				siehe Bem. 2
				
				siehe Bem. 2
					5.1.5.2.1 a)
					5.1.5.1.2
					6.4.22.4

Radioaktive Stoffe in besonderer Form – Baumuster – Beförderung	– siehe Bem. 4	Ja siehe Bem. 4	Nein siehe Bem. 4	Nein siehe Bem. 4	1.6.6.4 5.1.5.2.1 a) 6.4.22.5
gering dispergierbare radioaktive Stoffe – Baumuster – Beförderung	– siehe Bem. 4	Ja siehe Bem. 4	Nein siehe Bem. 4	Nein siehe Bem. 4	5.1.5.2.1 a) 6.4.22.5
Versandstücke, die mindestens 0,1 kg Uranhexafluorid enthalten – Baumuster – Beförderung	– siehe Bem. 4	Ja siehe Bem. 4	Nein siehe Bem. 4	Nein siehe Bem. 4	5.1.5.2.1 a) 6.4.22.1
Sondervereinbarung – Beförderung	2919 3331	Ja	Ja	Ja	1.7.4.2 5.1.5.2.1 b) 5.1.5.1.4 b)
zugelassene Versandstückmuster, die Übergangsvorschriften unterliegen	–	siehe Abschnitt 1.6.6	siehe Abschnitt 1.6.6	siehe Bem. 1	1.6.6.2 5.1.5.1.4 b) 5.1.5.2.1 a) 5.1.5.1.2 6.4.22.9
alternative Aktivitätsgrenzwerte für eine freigestellte Sendung von Instrumenten oder Fabrikaten	–	Ja	Ja	Nein	5.1.5.2.1 e) 6.4.22.7
gemäß Absatz 2.2.7.2.3.5 f) freigestellte spaltbare Stoffe	–	Ja	Ja	Nein	5.1.5.2.1a)(iii) 6.4.22.6

a) Staaten, von denen aus, durch die oder in die die Sendung befördert wird.

b) Besteht der radioaktive Inhalt aus spaltbaren Stoffen, die von den Vorschriften für Versandstücke, die spaltbare Stoffe enthalten, nicht freigestellt sind, so gelten die Vorschriften für Versandstücke, die spaltbare Stoffe enthalten (siehe Abschnitt 6.4.11).

c) Für Versandstückmuster für spaltbare Stoffe kann auch eine Genehmigung nach einem der anderen Punkte der Tabelle erforderlich sein.

d) Für die Beförderung kann jedoch eine Genehmigung nach einem der anderen Punkte der Tabelle erforderlich sein.

Kennzeichnung und Bezettelung 5.2

ADR	RID

5.2.1 **Kennzeichnung von Versandstücken**

Bem. 1. Wegen der Kennzeichen hinsichtlich des Baus, der Prüfung und der Zulassung von Verpackungen, Großverpackungen, Druckgefäßen und Großpackmitteln (IBC) siehe Teil 6.

2. In Übereinstimmung mit dem GHS sollte ein nach dem ADR/RID nicht vorgeschriebenes GHS-Piktogramm während der Beförderung nur als vollständiges GHS-Kennzeichnungsetikett und nicht eigenständig erscheinen (siehe Absatz 1.4.10.4.4 des GHS).

5.2.1.1 Sofern im ADR/RID nichts anderes vorgeschrieben ist, ist jedes Versandstück deutlich und dauerhaft mit der UN-Nummer der enthaltenen Güter, der die Buchstaben «UN» vorangestellt werden, zu versehen. Die UN-Nummer und die Buchstaben «UN» müssen eine Zeichenhöhe von mindestens 12 mm haben, ausgenommen an Versandstücken mit einem Fassungsraum von höchstens 30 Litern oder einer Nettomasse von höchstens 30 kg und ausgenommen an Flaschen mit einem mit Wasser ausgeliterten Fassungsraum von höchstens 60 Litern, bei denen die Zeichenhöhe mindestens 6 mm betragen muss, und ausgenommen an Versandstücken mit einem Fassungsraum von höchstens 5 Litern oder einer Nettomasse von höchstens 5 kg, bei denen sie eine angemessene Größe aufweisen müssen. Bei unverpackten Gegenständen ist das Kennzeichen auf dem Gegenstand, seinem Schlitten oder seiner Handhabungs-, Lagerungs- oder Abschusseinrichtung anzubringen.

5.2.1.2 Alle in diesem Kapitel vorgeschriebenen Kennzeichen müssen:

a) gut sichtbar und lesbar sein,

b) der Witterung ohne nennenswerte Beeinträchtigung ihrer Wirkung standhalten.

5.2.1.3 Bergungsverpackungen, einschließlich Bergungsgroßverpackungen, und Bergungsdruckgefäße sind zusätzlich mit dem Kennzeichen «BERGUNG» zu versehen. Die Buchstabenhöhe des Kennzeichens «BERGUNG» muss mindestens 12 mm sein.

5.2.1.4 Großpackmittel (IBC) mit einem Fassungsraum von mehr als 450 Litern und Großverpackungen sind auf zwei gegenüberliegenden Seiten mit Kennzeichen zu versehen.

5.2.1.5 **Zusätzliche Vorschriften für Güter der Klasse 1**

Versandstücke mit Gütern der Klasse 1 müssen zusätzlich mit der gemäß Abschnitt 3.1.2 bestimmten offiziellen Benennung für die Beförderung versehen sein. Dieses Kennzeichen muss gut lesbar und unauslöschbar in einer oder mehreren Sprachen angegeben sein, wobei eine dieser Sprachen Französisch, Deutsch oder Englisch sein muss, sofern nicht Vereinbarungen zwischen den von der Beförderung berührten Staaten etwas anderes vorschreiben.

	Bei militärischen Sendungen im Sinne des Abschnitts 1.5.2, die als geschlossene Ladung befördert werden, dürfen die Versandstücke anstelle der offiziellen Benennung für die Beförderung mit den von der zuständigen militärischen Behörde vorgeschriebenen Bezeichnungen versehen sein.

5.2 Kennzeichnung und Bezettelung

ADR	RID

5.2.1.6   **Zusätzliche Vorschriften für Güter der Klasse 2**

▶ 1.6.2.3

Auf den nachfüllbaren Gefäßen muss gut lesbar und dauerhaft angegeben sein:

a) die UN-Nummer und die gemäß Abschnitt 3.1.2 bestimmte offizielle Benennung für die Beförderung des Gases oder des Gasgemisches;

bei Gasen, die einer n.a.g.-Eintragung zugeordnet sind, muss zusätzlich zur UN-Nummer nur die technische Benennung [1] des Gases angegeben werden;

bei Gemischen von Gasen müssen nicht mehr als zwei Komponenten angegeben werden, die für die Gefahren maßgeblich sind;

b) bei verdichteten Gasen, die nach Masse gefüllt werden, und bei verflüssigten Gasen entweder die höchstzulässige Masse der Füllung und die Eigenmasse des Gefäßes einschließlich Ausrüstungsteile, die zum Zeitpunkt des Befüllens angebracht sind, oder die Bruttomasse;

c) das Datum (Jahr) der nächsten wiederkehrenden Prüfung.

Diese Angaben dürfen entweder eingeprägt oder auf einem am Gefäß befestigten dauerhaften Schild oder Zettel oder durch ein haftendes und deutlich sichtbares Kennzeichen, z. B. durch Lackierung oder ein anderes gleichwertiges Verfahren, angebracht sein.

Bem. 1. Siehe auch Unterabschnitt 6.2.2.7.

2. Für nicht nachfüllbare Gefäße siehe Abschnitt 6.2.2.8.

5.2.1.7   **Besondere Vorschriften für die Kennzeichnung von radioaktiven Stoffen**

5.2.1.7.1   Jedes Versandstück ist auf der Außenseite der Verpackung deutlich lesbar und dauerhaft mit einem Identifizierungskennzeichen des Absenders und/oder des Empfängers zu versehen. Jede Umverpackung ist auf der Außenseite der Umverpackung deutlich lesbar und dauerhaft mit einem Identifizierungskennzeichen des Absenders und/oder des Empfängers zu versehen, es sei denn, diese Kennzeichen aller Versandstücke innerhalb der Umverpackung sind deutlich sichtbar.

5.2.1.7.2   Mit Ausnahme der freigestellten Versandstücke ist jedes Versandstück auf der Außenseite der Verpackung deutlich lesbar und dauerhaft mit der UN-Nummer, der die Buchstaben «UN» vorangestellt werden, und der offiziellen Benennung für die Beförderung zu kennzeichnen. Die Kennzeichnung freigestellter Versandstücke muss dem Absatz 5.1.5.4.1 entsprechen.

5.2.1.7.3   Jedes Versandstück mit einer Bruttomasse von mehr als 50 kg ist auf der Außenseite der Verpackung deutlich lesbar und dauerhaft mit der Angabe der zulässigen Bruttomasse zu kennzeichnen.

5.2.1.7.4   Jedes Versandstück, das

a) einem Typ IP-1-Versandstückmuster, einem Typ IP-2-Versandstückmuster oder einem Typ IP-3-Versandstückmuster entspricht, ist auf der Außenseite der Verpackung deutlich lesbar und dauerhaft mit der Angabe «TYP IP-1», «TYP IP-2» bzw. «TYP IP-3» zu kennzeichnen;

b) einem Typ A-Versandstückmuster entspricht, ist auf der Außenseite der Verpackung deutlich lesbar und dauerhaft mit der Angabe «TYP A» zu kennzeichnen;

---

[1] Anstelle der technischen Benennung ist die Verwendung einer der folgenden Benennungen zugelassen:
- für UN 1078 Gas als Kältemittel, n.a.g.: Gemisch F 1, Gemisch F 2, Gemisch F 3;
- für UN 1060 Methylacetylen und Propadien, Gemisch, stabilisiert: Gemisch P 1, Gemisch P 2;
- für UN 1965 Kohlenwasserstoffgas, Gemisch, verflüssigt, n.a.g.: Gemisch A oder Butan, Gemisch A01 oder Butan, Gemisch A02 oder Butan, Gemisch A0 oder Butan, Gemisch A1, Gemisch B1, Gemisch B2, Gemisch B, Gemisch C oder Propan;
- für UN 1010 Butadiene, stabilisiert: Buta-1,2-dien, stabilisiert, Buta-1,3-dien, stabilisiert.

Kennzeichnung und Bezettelung 5.2

ADR	RID

c) einem Typ IP-2-Versandstückmuster oder einem Typ IP-3-Versandstückmuster oder einem Typ A-Versandstückmuster entspricht, ist auf der Außenseite der Verpackung deutlich lesbar und dauerhaft mit dem Unterscheidungszeichen für Kraftfahrzeuge im internationalen Verkehr [2] des Ursprungslandes der Bauart und entweder dem Namen des Herstellers oder anderen von der zuständigen Behörde des Ursprungslandes der Bauart festgelegten Identifikationen der Verpackung zu kennzeichnen.

5.2.1.7.5 Jedes Versandstück, das einer Bauart entspricht, die nach einem oder mehreren der Absätze und Unterabschnitte 1.6.6.2.1, 5.1.5.2.1, 6.4.22.1 bis 6.4.22.4 und 6.4.23.4 bis 6.4.23.7 zugelassen sind, ist auf der Außenseite des Versandstücks deutlich lesbar und dauerhaft mit folgenden Angaben zu kennzeichnen:

a) das Kennzeichen, das dieser Bauart von der zuständigen Behörde zugeteilt wurde;

b) eine Seriennummer, die eine eindeutige Zuordnung der einzelnen, dieser Bauart entsprechenden Verpackungen erlaubt;

c) «TYP B(U)», «TYP B(M)» oder «TYP C» bei einem Typ B(U)-, Typ B(M)- oder Typ C-Versandstückmuster.

5.2.1.7.6 Jedes Versandstück, das einem Typ B(U)-, Typ B(M)- oder Typ C-Versandstückmuster entspricht, ist auf der Außenseite des äußersten feuer- und wasserbeständigen Behälters mit dem unten abgebildeten Strahlensymbol durch Einstanzen, Prägen oder anderen feuer- und wasserbeständigen Verfahren zu kennzeichnen.

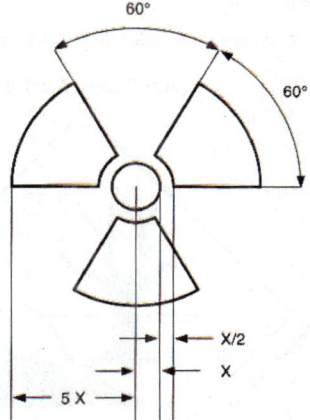

Strahlensymbol.
Für die Proportionen gilt ein innerer Kreis mit dem Radius X.
X muss mindestens 4 mm betragen.

Jedes Kennzeichen auf dem Versandstück, das in Übereinstimmung mit den Vorschriften der Absätze 5.2.1.7.4 a) und b) und 5.2.1.7.5 c) in Bezug auf die Art des Versandstücks angebracht wurde und sich nicht auf die der Sendung zugeordnete UN-Nummer und offizielle Benennung für die Beförderung bezieht, muss entfernt oder abgedeckt werden.

---

[2] Das für Kraftfahrzeuge und Anhänger im internationalen Straßenverkehr verwendete Unterscheidungszeichen des Zulassungsstaates, z.B. gemäß dem Genfer Übereinkommen über den Straßenverkehr von 1949 oder dem Wiener Übereinkommen über den Straßenverkehr von 1968.

5.2	Kennzeichnung und Bezettelung
ADR	RID

5.2.1.7.7 Wenn LSA-I-Stoffe oder SCO-I-Gegenstände in Behältern oder in Verpackungsmaterialien enthalten sind und unter ausschließlicher Verwendung gemäß Absatz 4.1.9.2.4 befördert werden, darf die Außenseite dieser Behälter oder Verpackungsmaterialien mit dem Kennzeichen «RADIOACTIVE LSA-I» bzw. «RADIOACTIVE SCO-I» versehen sein.

5.2.1.7.8 Bei allen internationalen Beförderungen von Versandstücken, für die eine Zulassung der Bauart oder eine Genehmigung der Beförderung durch die zuständige Behörde erforderlich ist und für die in den verschiedenen Staaten unterschiedliche Zulassungs- oder Genehmigungstypen gelten, muss die Kennzeichnung in Übereinstimmung mit dem Zulassungszeugnis des Ursprungslandes der Bauart erfolgen.

5.2.1.8 Besondere Vorschriften für die Kennzeichnung von umweltgefährdenden Stoffen

5.2.1.8.1 Versandstücke mit umweltgefährdenden Stoffen, die den Kriterien des Absatzes 2.2.9.1.10 entsprechen, müssen dauerhaft mit dem in Absatz 5.2.1.8.3 abgebildeten Kennzeichen für umweltgefährdende Stoffe gekennzeichnet sein, ausgenommen Einzelverpackungen und zusammengesetzte Verpackungen, sofern diese Einzelverpackungen oder die Innenverpackungen dieser zusammengesetzten Verpackungen

– für flüssige Stoffe eine Menge von höchstens 5 l haben oder

– für feste Stoffe eine Nettomasse von höchstens 5 kg haben.

5.2.1.8.2 Das Kennzeichen für umweltgefährdende Stoffe ist neben den gemäß Unterabschnitt 5.2.1.1 vorgeschriebenen Kennzeichen anzuordnen. Die Vorschriften der Unterabschnitte 5.2.1.2 und 5.2.1.4 sind zu erfüllen.

5.2.1.8.3 Das Kennzeichen für umweltgefährdende Stoffe muss der Abbildung 5.2.1.8.3 entsprechen.

Abbildung 5.2.1.8.3

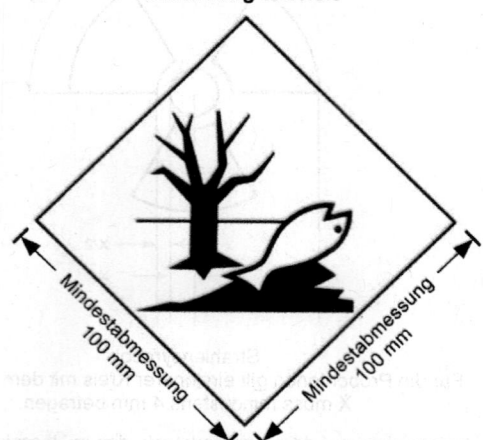

Kennzeichen für umweltgefährdende Stoffe

Das Kennzeichen muss die Form eines auf die Spitze gestellten Quadrats (Raute) haben. Das Symbol (Fisch und Baum) muss schwarz sein und auf einem weißen oder ausreichend kontrastierenden Grund erscheinen. Die Mindestabmessungen müssen 100 mm x 100 mm und die Mindestbreite der Begrenzungslinie der Raute 2 mm betragen. Wenn es die Größe des Versandstücks erfordert, dürfen die Abmessungen/Linienbreite reduziert werden, sofern das Kennzeichen deutlich sichtbar bleibt. Wenn Abmessungen nicht näher spezifiziert sind, müssen die Proportionen aller Merkmale den abgebildeten in etwa entsprechen.

Kennzeichnung und Bezettelung 5.2

ADR	RID

Bem. Die Bezettelungsvorschriften des Abschnitts 5.2.2 gelten zusätzlich zu den möglicherweise anwendbaren Vorschriften für das Anbringen des Kennzeichens für umweltgefährdende Stoffe an Versandstücken.

5.2.1.9 Kennzeichen für Lithiumbatterien

5.2.1.9.1 Versandstücke mit Lithiumzellen oder -batterien, die gemäß Kapitel 3.3 Sondervorschrift 188 vorbereitet sind, müssen mit dem in Abbildung 5.2.1.9.2 abgebildeten Kennzeichen versehen sein.

5.2.1.9.2 Auf dem Kennzeichen muss die UN-Nummer, der die Buchstaben «UN» vorangestellt sind, angegeben werden, d.h. «UN 3090» für Lithium-Metall-Zellen oder -Batterien oder «UN 3480» für Lithium-Ionen-Zellen oder -Batterien. Wenn die Lithiumzellen oder -batterien in Ausrüstungen enthalten oder mit diesen verpackt sind, muss die UN-Nummer, der die Buchstaben «UN» vorangestellt sind, angegeben werden, d.h. «UN 3091» bzw. «UN 3481». Wenn ein Versandstück Lithiumzellen oder -batterien enthält, die unterschiedlichen UN-Nummern zugeordnet sind, müssen alle zutreffenden UN-Nummern auf einem oder mehreren Kennzeichen angegeben werden.

Abbildung 5.2.1.9.2

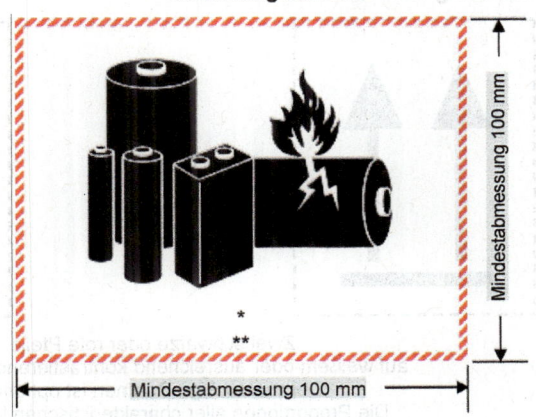

Kennzeichen für Lithiumbatterien

* Platz für die UN-Nummer(n)
** Platz für die Telefonnummer, unter der zusätzliche Informationen zu erhalten sind

Das Kennzeichen muss die Form eines Rechtecks oder Quadrats mit einem schraffierten Rand haben. Die Mindestabmessungen müssen 100 mm in der Breite und 100 mm in der Höhe und die Mindestbreite der Schraffierung 5 mm betragen. Das Symbol (Ansammlung von Batterien, von denen eine beschädigt und entflammt ist, über der UN-Nummer für Lithium-Ionen- oder Lithium-Metall-Batterien oder -Zellen) muss schwarz sein und auf einem weißen oder ausreichend kontrastierenden Hintergrund erscheinen. Die Schraffierung muss rot sein. Wenn es die Größe des Versandstücks erfordert, dürfen die Abmessungen auf bis zu 100 mm in der Breite und 70 mm in der Höhe reduziert werden. Wenn Abmessungen nicht näher spezifiziert sind, müssen die Proportionen aller Merkmale den abgebildeten in etwa entsprechen.

5.2 Kennzeichnung und Bezettelung

ADR	RID

5.2.1.10 Ausrichtungspfeile

5.2.1.10.1 Sofern in Absatz 5.2.1.10.2 nichts anderes vorgeschrieben ist, müssen
- zusammengesetzte Verpackungen mit Innenverpackungen, die flüssige Stoffe enthalten,
- Einzelverpackungen, die mit Lüftungseinrichtungen ausgerüstet sind,
- Kryo-Behälter zur Beförderung tiefgekühlt verflüssigter Gase und
- Maschinen oder Geräte, die flüssige gefährliche Güter enthalten, wenn sichergestellt werden muss, dass die flüssigen gefährlichen Güter in ihrer vorgesehenen Ausrichtung verbleiben (siehe Kapitel 3.3 Sondervorschrift 301),

lesbar mit Pfeilen für die Ausrichtung des Versandstücks gekennzeichnet sein, die der nachstehenden Abbildung ähnlich sind oder die den Spezifikationen der ISO-Norm 780:1997 entsprechen. Die Ausrichtungspfeile müssen auf zwei gegenüberliegenden senkrechten Seiten des Versandstückes angebracht sein, wobei die Pfeile korrekt nach oben zeigen. Sie müssen rechtwinklig und so groß sein, dass sie entsprechend der Größe des Versandstücks deutlich sichtbar sind. Die Abbildung einer rechteckigen Abgrenzung um die Pfeile ist optional.

Abbildung 5.2.1.10.1.1   **Abbildung 5.2.1.10.1.2**

 oder

Zwei schwarze oder rote Pfeile
auf weißem oder ausreichend kontrastierendem Grund.
Der rechteckige Rahmen ist optional.
Die Proportionen aller charakteristischen Merkmale
müssen den abgebildeten in etwa entsprechen.

5.2.1.10.2 Ausrichtungspfeile sind nicht erforderlich an

a) Außenverpackungen, die Druckgefäße mit Ausnahme von Kryo-Behältern enthalten;

b) Außenverpackungen, die gefährliche Güter in Innenverpackungen enthalten, wobei jede einzelne Innenverpackung nicht mehr als 120 ml enthält, mit einer für die Aufnahme des gesamten flüssigen Inhalts ausreichenden Menge saugfähigen Materials zwischen den Innen- und Außenverpackungen;

c) Außenverpackungen, die ansteckungsgefährliche Stoffe der Klasse 6.2 in Primärgefäßen enthalten, wobei jedes einzelne Primärgefäß nicht mehr als 50 ml enthält;

d) Typ IP-2-, Typ IP-3-, Typ A-, Typ B(U)-, Typ B(M)- oder Typ C-Versandstücke, die radioaktive Stoffe der Klasse 7 enthalten;

e) Außenverpackungen, die Gegenstände enthalten, die unabhängig von ihrer Ausrichtung dicht sind (z.B. Alkohol oder Quecksilber in Thermometern, Druckgaspackungen usw.), oder

f) Außenverpackungen, die gefährliche Güter in dicht verschlossenen Innenverpackungen enthalten, wobei jede einzelne Innenverpackung nicht mehr als 500 ml enthält.

Kennzeichnung und Bezettelung 5.2

ADR	RID

5.2.1.10.3 Auf einem Versandstück, das in Übereinstimmung mit diesem Unterabschnitt gekennzeichnet ist, dürfen keine Pfeile für andere Zwecke als der Angabe der richtigen Versandstückausrichtung abgebildet sein.

5.2.2 Bezettelung von Versandstücken

Bem. Für Zwecke der Bezettelung gelten Kleincontainer als Versandstücke.

5.2.2.1 Bezettelungsvorschriften

5.2.2.1.1 Für jeden in Kapitel 3.2 Tabelle A aufgeführten Stoff oder Gegenstand sind die in Spalte 5 angegebenen Gefahrzettel anzubringen, sofern durch eine Sondervorschrift in Spalte 6 nichts anderes vorgesehen ist.

5.2.2.1.2 Statt Gefahrzettel dürfen auch unauslöschbare Gefahrkennzeichen angebracht werden, die den vorgeschriebenen Mustern genau entsprechen.

5.2.2.1.3
bis (bleibt offen)
5.2.2.1.5

5.2.2.1.6 Abgesehen von den Vorschriften des Absatzes 5.2.2.2.1.2 müssen alle Gefahrzettel

a) auf derselben Fläche des Versandstücks angebracht werden, sofern die Abmessungen des Versandstücks dies zulassen; bei Versandstücken mit Gütern der Klasse 1 oder 7 müssen sie in der Nähe des Kennzeichens mit der offiziellen Benennung für die Beförderung angebracht werden;

b) so auf dem Versandstück angebracht werden, dass sie durch ein Teil der Verpackung, ein an der Verpackung angebrachtes Teil, einen anderen Gefahrzettel oder ein Kennzeichen weder abgedeckt noch verdeckt werden;

c) nahe beieinander angebracht werden, wenn mehr als ein Gefahrzettel vorgeschrieben ist.

Wenn die Form eines Versandstücks zu unregelmäßig oder das Versandstück zu klein ist, so dass ein Gefahrzettel nicht auf zufriedenstellende Weise angebracht werden kann, darf dieser durch eine Schnur oder durch ein anderes geeignetes Mittel fest mit dem Versandstück verbunden werden.

5.2.2.1.7 Großpackmittel (IBC) mit einem Fassungsraum von mehr als 450 Litern und Großverpackungen sind auf zwei gegenüberliegenden Seiten mit Gefahrzetteln zu versehen.

5.2.2.1.8 (bleibt offen)

Besondere Vorschriften für die Bezettelung von Versandstücken mit explosiven Stoffen und Gegenständen mit Explosivstoff bei der Beförderung als militärische Sendungen

Bei der Beförderung militärischer Sendungen im Sinne des Abschnitts 1.5.2 als geschlossene Ladung müssen die Versandstücke nicht mit den in Kapitel 3.2 Tabelle A Spalte 5 vorgeschriebenen Gefahrzetteln versehen sein, vorausgesetzt, die in Abschnitt 7.5.2 vorgeschriebenen Zusammenladeverbote werden auf Grund der Angabe im Beförderungspapier nach Absatz 5.4.1.2.1 f) beachtet.

5.2	Kennzeichnung und Bezettelung
ADR	**RID**

5.2.2.1.9 Besondere Vorschriften für die Bezettelung von selbstzersetzlichen Stoffen und organische Peroxide

a) Der Gefahrzettel nach Muster 4.1 zeigt auch an, dass das Produkt entzündbar sein kann, so dass ein Gefahrzettel nach Muster 3 daher nicht erforderlich ist. Für selbstzersetzliche Stoffe des Typs B ist zusätzlich ein Gefahrzettel nach Muster 1 anzubringen, es sei denn, die zuständige Behörde hat zugelassen, dass auf diesen Zettel bei einer bestimmten Verpackung verzichtet werden kann, weil Prüfungsergebnisse gezeigt haben, dass der selbstzersetzliche Stoff in einer solchen Verpackung kein explosives Verhalten aufweist.

b) Der Gefahrzettel nach Muster 5.2 zeigt auch an, dass das Produkt entzündbar sein kann, so dass ein Gefahrzettel nach Muster 3 daher nicht erforderlich ist. Zusätzlich sind folgende Gefahrzettel anzubringen:

(i) bei organischen Peroxiden des Typs B ein Gefahrzettel nach Muster 1, es sei denn, die zuständige Behörde hat zugelassen, dass auf diesen Zettel bei einer bestimmten Verpackung verzichtet werden kann, weil Prüfungsergebnisse gezeigt haben, dass das organische Peroxid in einer solchen Verpackung kein explosives Verhalten aufweist;

(ii) ein Gefahrzettel nach Muster 8, wenn der Stoff den Kriterien der Verpackungsgruppe I oder II der Klasse 8 entspricht.

Für namentlich genannte selbstzersetzliche Stoffe und organische Peroxide sind die anzubringenden Gefahrzettel im Verzeichnis des Unterabschnitts 2.2.41.4 bzw. 2.2.52.4 angegeben.

5.2.2.1.10 Besondere Vorschriften für die Bezettelung von Versandstücken mit ansteckungsgefährlichen Stoffen

Zusätzlich zum Gefahrzettel nach Muster 6.2 müssen Versandstücke mit ansteckungsgefährlichen Stoffen mit allen anderen Gefahrzetteln versehen sein, die durch die Eigenschaften des Inhalts erforderlich sind.

5.2.2.1.11 Besondere Vorschriften für die Bezettelung radioaktiver Stoffe

5.2.2.1.11.1 Abgesehen von den Fällen, in denen gemäß Absatz 5.3.1.1.3 vergrößerte Gefahrzettel verwendet werden, müssen alle Versandstücke, Umverpackungen und Container, die radioaktive Stoffe enthalten, der Kategorie dieser Stoffe entsprechend mit den Gefahrzetteln nach den anwendbaren Mustern 7A, 7B und 7C versehen sein. Die Gefahrzettel sind außen an zwei gegenüberliegenden Seiten des Versandstücks oder der Umverpackung oder an allen vier Seiten eines Containers oder Tanks anzubringen. Alle Versandstücke, Umverpackungen und Container, die spaltbare Stoffe enthalten, ausgenommen spaltbare Stoffe, die nach den Vorschriften des Absatzes 2.2.7.2.3.5 freigestellt sind, müssen zusätzlich mit Gefahrzetteln nach Muster 7E versehen sein; soweit erforderlich, sind diese Gefahrzettel direkt neben den Gefahrzetteln nach dem anwendbaren Muster 7A, 7B oder 7C anzubringen. Die Gefahrzettel dürfen die in Abschnitt 5.2.1 aufgeführten Kennzeichen nicht abdecken. Gefahrzettel, die sich nicht auf den Inhalt beziehen, sind zu entfernen oder abzudecken.

5.2.2.1.11.2 Jeder Gefahrzettel nach dem anwendbaren Muster 7A, 7B oder 7C ist durch folgende Angaben zu ergänzen:

a) Inhalt:

(i) Außer bei LSA-I-Stoffen ist (sind) der (die) Name(n) des (der) Radionuklids (Radionuklide) gemäß Tabelle 2.2.7.2.2.1 mit den dort genannten Symbolen anzugeben. Für Radionuklidgemische sind die Nuklide mit dem restriktivsten Wert anzugeben,

Kennzeichnung und Bezettelung 5.2

ADR	RID

soweit der in der Zeile verfügbare Raum dies zulässt. Die LSA- oder SCO-Gruppe ist hinter dem (den) Namen des (der) Radionuklids (Radionuklide) einzutragen. Dafür sind die Bezeichnungen «LSA-II», «LSA-III», «SCO-I» und «SCO-II» zu verwenden.

(ii) Für LSA-I-Stoffe ist die Bezeichnung «LSA-I» ausreichend; der Name des Radionuklids ist nicht erforderlich.

b) Aktivität:
Die maximale Aktivität des radioaktiven Inhalts während der Beförderung wird in Becquerel (Bq) mit dem entsprechenden SI-Vorsatzzeichen ausgedrückt (siehe Unterabschnitt 1.2.2.1). Bei spaltbaren Stoffen kann die Gesamtmasse der spaltbaren Nuklide in Einheiten von Gramm (g) oder in Vielfachen davon anstelle der Aktivität angegeben werden.

c) Bei Umverpackungen und Containern müssen die Eintragungen für «Inhalt» und «Aktivität» auf dem Gefahrzettel den in a) und b) geforderten Angaben entsprechen, wobei über den gesamten Inhalt der Umverpackung oder des Containers zu summieren ist, ausgenommen hiervon sind Gefahrzettel von Umverpackungen oder Containern, die Zusammenladungen von Versandstücken mit unterschiedlichen Radionukliden enthalten, deren Eintragung «Siehe Beförderungspapiere» lauten darf.

d) Transportkennzahl: Die nach den Absätzen 5.1.5.3.1 und 5.1.5.3.2 bestimmte Zahl (ausgenommen Kategorie I-WEISS).

5.2.2.1.11.3 Jeder Gefahrzettel nach Muster 7E muss mit der Kritikalitätssicherheitskennzahl (CSI) ergänzt werden, wie sie in dem von der zuständigen Behörde erteilten Genehmigungszeugnis angegeben ist, das in den Ländern anwendbar ist, in oder durch die die Sendung befördert wird, oder wie sie in Unterabschnitt 6.4.11.2 oder 6.4.11.3 festgelegt ist.

5.2.2.1.11.4 Bei Umverpackungen und Containern muss auf dem Gefahrzettel nach Muster 7E die Summe der Kritikalitätssicherheitskennzahlen (CSI) aller darin enthaltener Versandstücke angegeben sein.

5.2.2.1.11.5 Bei allen internationalen Beförderungen von Versandstücken, für die eine Zulassung der Bauart oder eine Genehmigung der Beförderung durch die zuständige Behörde erforderlich ist und für die in den verschiedenen von der Beförderung berührten Staaten unterschiedliche Zulassungs- oder Genehmigungstypen gelten, muss die Bezettelung in Übereinstimmung mit dem Zulassungszeugnis des Ursprungslandes der Bauart erfolgen.

5.2.2.1.12 **Besondere Vorschriften für die Bezettelung von Gegenständen, die gefährliche Güter enthalten und die unter den UN-Nummern 3537, 3538, 3539, 3540, 3541, 3542, 3543, 3544, 3545, 3546, 3547 und 3548 befördert werden**

5.2.2.1.12.1 Versandstücke, die Gegenstände enthalten, oder Gegenstände, die unverpackt befördert werden, müssen gemäß Unterabschnitt 5.2.2.1 mit Gefahrzetteln versehen sein, welche die gemäß Abschnitt 2.1.5 festgestellten Gefahren wiedergeben, mit der Ausnahme, dass für Gegenstände, die zusätzlich Lithiumbatterien enthalten, ein Kennzeichen für Lithiumbatterien oder ein Gefahrzettel nach Muster 9A nicht erforderlich ist.

5.2.2.1.12.2 Wenn sichergestellt werden muss, dass Gegenstände, die flüssige gefährliche Güter enthalten, in ihrer vorgesehenen Ausrichtung verbleiben, müssen, sofern möglich, Ausrichtungspfeile gemäß den Vorschriften des Absatzes 5.2.1.10.1 mindestens auf zwei gegenüberliegenden senkrechten Seiten des Versandstücks oder des unverpackten Gegenstands angebracht und sichtbar sein, wobei die Pfeile korrekt nach oben zeigen.

5.2 Kennzeichnung und Bezettelung

ADR	RID

5.2.2.2 **Vorschriften für Gefahrzettel**

5.2.2.2.1 Die Gefahrzettel müssen den nachstehenden Vorschriften und hinsichtlich der Farbe, der Symbole und der allgemeinen Form den Gefahrzettelmustern in Absatz 5.2.2.2.2 entsprechen. Entsprechende Muster, die für andere Verkehrsträger vorgeschrieben sind, mit geringfügigen Abweichungen, welche die offensichtliche Bedeutung des Gefahrzettels nicht beeinträchtigen, sind ebenfalls zugelassen.

Bem. In bestimmten Fällen sind die Gefahrzettel in Absatz 5.2.2.2.2 mit einer gestrichelten äußeren Linie gemäß Absatz 5.2.2.2.1.1 dargestellt. Diese ist nicht erforderlich, wenn der Gefahrzettel auf einem farblich kontrastierenden Hintergrund angebracht ist.

5.2.2.2.1.1 Die Gefahrzettel müssen wie in Abbildung 5.2.2.2.1.1 dargestellt gestaltet sein

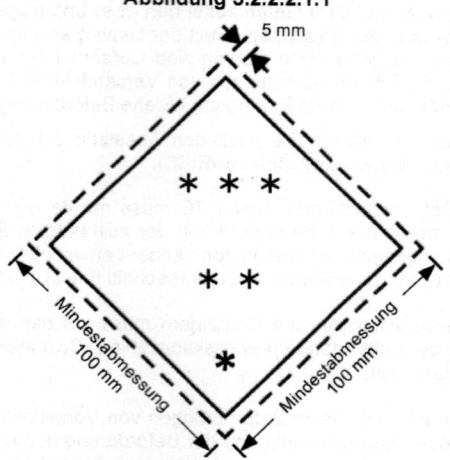

Abbildung 5.2.2.2.1.1

Gefahrzettel für die Klasse/Unterklasse

* In der unteren Ecke muss die Nummer der Klasse, für die Klassen 4.1, 4.2 und 4.3 die Ziffer «4» oder für die Klassen 6.1 und 6.2 die Ziffer «6» angegeben werden.

** In der unteren Hälfte müssen (sofern vorgeschrieben) oder dürfen (sofern nicht verbindlich vorgeschrieben) zusätzlicher Text bzw. zusätzliche Nummern/Buchstaben/Symbole angegeben werden.

*** In der oberen Hälfte muss das Symbol der Klasse für die Unterklassen 1.4, 1.5 und 1.6 die Nummer der Unterklasse oder bei Gefahrzetteln nach Muster 7E der Ausdruck «FISSILE» angegeben sein.

5.2.2.2.1.1.1 Die Gefahrzettel müssen auf einem farblich kontrastierenden Hintergrund angebracht werden oder müssen entweder eine gestrichelte oder eine durchgehende äußere Begrenzungslinie aufweisen.

5.2.2.2.1.1.2 Die Gefahrzettel müssen die Form eines auf die Spitze gestellten Quadrats (Raute) haben. Die Mindestabmessungen müssen 100 mm × 100 mm betragen. Innerhalb des Rands der Raute muss parallel zum Rand eine Linie verlaufen, wobei der Abstand zwischen dieser Linie und dem Rand des Gefahrzettels etwa 5 mm betragen muss. In der

Kennzeichnung und Bezettelung 5.2

ADR	RID

oberen Hälfte muss die Linie innerhalb des Rands dieselbe Farbe wie das Symbol, in der unteren Hälfte dieselbe Farbe wie die Nummer der Klasse oder Unterklasse in der unteren Ecke haben. Wenn Abmessungen nicht näher spezifiziert sind, müssen die Proportionen aller charakteristischen Merkmale den abgebildeten in etwa entsprechen.

5.2.2.2.1.1.3 Wenn es die Größe des Versandstücks erfordert, dürfen die Abmessungen proportional reduziert werden, sofern die Symbole und die übrigen Elemente des Gefahrzettels deutlich sichtbar bleiben. Die Abmessungen der Gefahrzettel für Flaschen müssen den Vorschriften des Absatzes 5.2.2.2.1.2 entsprechen.

5.2.2.2.1.2 Flaschen für Gase der Klasse 2 dürfen, soweit dies wegen ihrer Form, ihrer Ausrichtung und ihres Befestigungssystems für die Beförderung erforderlich ist, mit Gefahrzetteln, die den in diesem Abschnitt beschriebenen Gefahrzetteln gleichartig sind, und gegebenenfalls mit dem Kennzeichen für umweltgefährdende Stoffe versehen sein, deren (dessen) Abmessungen entsprechend der Norm ISO 7225:2005 Gasflaschen – Gefahrgutaufkleber verkleinert sind (ist), um auf dem nicht zylindrischen Teil solcher Flaschen (Flaschenhals) angebracht werden zu können.

Bem. Wenn der Durchmesser der Flasche zu gering ist, um das Anbringen von Gefahrzetteln mit verkleinerten Abmessungen auf dem nicht zylindrischen oberen Teil der Flasche zu ermöglichen, dürfen die Gefahrzettel mit verkleinerten Abmessungen auf dem zylindrischen Teil angebracht werden.

Ungeachtet der Vorschriften des Absatzes 5.2.2.1.6 dürfen sich die Gefahrzettel und das Kennzeichen für umweltgefährdende Stoffe (siehe Absatz 5.2.1.8.3) bis zu dem in der Norm ISO 7225:2005 vorgesehenen Ausmaß überlappen. Jedoch müssen der Gefahrzettel für die Hauptgefahr und die Ziffern aller Gefahrzettel vollständig sichtbar und die Symbole erkennbar bleiben.

Ungereinigte leere Druckgefäße für Gase der Klasse 2 dürfen mit veralteten oder beschädigten Gefahrzetteln für Zwecke der Wiederbefüllung bzw. Prüfung und zur Anbringung eines neuen Gefahrzettels gemäß den geltenden Vorschriften oder der Entsorgung des Druckgefäßes befördert werden.

5.2.2.2.1.3 Mit Ausnahme der Gefahrzettel für die Unterklassen 1.4, 1.5 und 1.6 der Klasse 1 enthält die obere Hälfte der Gefahrzettel das Symbol und die untere Hälfte:

a) für die Klassen 1, 2, 3, 5.1, 5.2, 7, 8 und 9 die Nummer der Klasse;

b) für die Klassen 4.1, 4.2 und 4.3 die Ziffer «4»;

c) für die Klassen 6.1 und 6.2 die Ziffer «6».

Jedoch darf der Gefahrzettel nach Muster 9A in der oberen Hälfte nur die sieben senkrechten Streifen des Symbols und in der unteren Hälfte die Ansammlung von Batterien des Symbols und die Nummer der Klasse enthalten.

Mit Ausnahme des Gefahrzettels nach Muster 9A dürfen die Gefahrzettel in Übereinstimmung mit Absatz 5.2.2.2.1.5 einen Text wie die UN-Nummer oder eine textliche Beschreibung der Gefahr (z.B. «entzündbar») enthalten, vorausgesetzt, der Text verdeckt oder beeinträchtigt nicht die anderen vorgeschriebenen Elemente des Gefahrzettels.

5.2.2.2.1.4 Mit Ausnahme der Unterklassen 1.4, 1.5 und 1.6 ist darüber hinaus bei Gefahrzetteln der Klasse 1 in der unteren Hälfte über der Nummer der Klasse die Nummer der Unterklasse und der Buchstabe der Verträglichkeitsgruppe des Stoffes oder Gegenstandes angegeben. Bei den Gefahrzetteln der Unterklassen 1.4, 1.5 und 1.6 ist in der oberen Hälfte die Nummer der Unterklasse und in der unteren Hälfte die Nummer der Klasse und der Buchstabe der Verträglichkeitsgruppe angegeben.

5.2 Kennzeichnung und Bezettelung

ADR	RID

5.2.2.2.1.5 Auf den Gefahrzetteln mit Ausnahme der Gefahrzettel der Klasse 7 darf ein etwaiger Text im Bereich unter dem Symbol (abgesehen von der Nummer der Klasse) nur freiwillige Angaben über die Art der Gefahr und die bei der Handhabung zu treffenden Vorsichtsmaßnahmen umfassen.

5.2.2.2.1.6 Die Symbole, der Text und die Ziffern müssen gut lesbar und unauslöschbar sein und auf allen Gefahrzetteln in schwarz erscheinen, ausgenommen:

a) der Gefahrzettel der Klasse 8, bei dem ein eventueller Text und die Ziffer der Klasse in weiß anzugeben ist,

b) die Gefahrzettel mit grünem, rotem oder blauem Grund, bei denen das Symbol, der Text und die Ziffer in weiß angegeben werden darf,

c) der Gefahrzettel der Klasse 5.2, bei dem das Symbol weiß dargestellt werden darf, und

d) die auf Flaschen und Gaspatronen für Flüssiggas (LPG) angebrachten Gefahrzettel nach Muster 2.1, bei denen das Symbol, der Text und die Ziffer bei ausreichendem Kontrast in der Farbe des Gefäßes angegeben werden dürfen.

5.2.2.2.1.7 Die Gefahrzettel müssen der Witterung ohne nennenswerte Beeinträchtigung ihrer Wirkung standhalten können.

Kennzeichnung und Bezettelung 5.2

ADR | RID

5.2.2.2.2 Gefahrzettelmuster

Gefahrzettel-muster Nr.	Unterklasse oder Kategorie	Symbol und Farbe des Symbols	Hintergrund	Ziffer in der unteren Ecke (und Farbe der Ziffer)	Gefahrzettelmuster	Bemerkung
		Gefahr der Klasse 1: Explosive Stoffe und Gegenstände mit Explosivstoff				
1	Unterklassen 1.1, 1.2, 1.3	explodierende Bombe: schwarz	orange	1 (schwarz)	(Symbol 1 **)	* Angabe der Unterklasse – keine Angabe, wenn die explosive Eigenschaft die Nebengefahr darstellt ** Angabe der Verträglichkeitsgruppe – keine Angabe, wenn die explosive Eigenschaft die Nebengefahr darstellt
1.4	Unterklasse 1.4	1.4: schwarz Die Ziffern müssen eine Zeichenhöhe von ca. 30 mm und eine Dicke von ca. 5 mm haben (bei einem Gefahrzettel von 100 mm × 100 mm).	orange	1 (schwarz)	1.4 *1	* Angabe der Verträglichkeitsgruppe
1.5	Unterklasse 1.5	1.5: schwarz Die Ziffern müssen eine Zeichenhöhe von ca. 30 mm und eine Dicke von ca. 5 mm haben (bei einem Gefahrzettel von 100 mm × 100 mm).	orange	1 (schwarz)	1.5 *1	* Angabe der Verträglichkeitsgruppe
1.6	Unterklasse 1.6	1.6: schwarz Die Ziffern müssen eine Zeichenhöhe von ca. 30 mm und eine Dicke von ca. 5 mm haben (bei einem Gefahrzettel von 100 mm × 100 mm).	orange	1 (schwarz)	1.6 *1	* Angabe der Verträglichkeitsgruppe

5.2 Kennzeichnung und Bezettelung

ADR | **RID**

Gefahrzettel- muster Nr.	Unterklasse oder Kategorie	Symbol und Farbe des Symbols	Hinter- grund	Ziffer in der unteren Ecke (und Farbe der Ziffer)	Gefahrzettelmuster	Bemerkung
			Gefahr der Klasse 2: Gase			
2.1	Entzündbare Gase	Flamme: schwarz oder weiß (mit Ausnahme der in Absatz 5.2.2.1.6 d) vorgesehenen Fälle)	rot	2 (schwarz oder weiß) (mit Aus- nahme der in Absatz 5.2.2.1.6 d) vorgesehe- nen Fälle)	(Flamme-Symbol, rot, 2)	–
2.2	Nicht entzündbare, nicht giftige Gase	Gasflasche: schwarz oder weiß	grün	2 (schwarz oder weiß)	(Gasflasche-Symbol, grün, 2)	–
2.3	Giftige Gase	Totenkopf mit gekreuzten Gebeinen: schwarz	weiß	2 (schwarz)	(Totenkopf-Symbol, weiß, 2)	–

Kennzeichnung und Bezettelung 5.2

ADR	RID

Gefahrzettel-muster Nr.	Unterklasse oder Kategorie	Symbol und Farbe des Symbols	Hinter-grund	Ziffer in der unteren Ecke (und Farbe der Ziffer)	Gefahrzettelmuster	Bemerkung
3	–	Flamme: schwarz oder weiß	rot	3 (schwarz oder weiß)		–
		Gefahr der Klasse 3: Entzündbare flüssige Stoffe				
4.1	–	Flamme: schwarz	weiß mit sieben senkrechten roten Streifen	4 (schwarz)		–
		Gefahr der Klasse 4.1: Entzündbare feste Stoffe, selbstzersetzliche Stoffe, polymerisierende Stoffe und desensibilisierte explosive feste Stoffe				
4.2	–	Flamme: schwarz	obere Hälfte weiß, untere Hälfte rot	4 (schwarz)		–
		Gefahr der Klasse 4.2: Selbstentzündliche Stoffe				

1223

5.2 Kennzeichnung und Bezettelung

ADR	RID

Gefahrzettel-muster Nr.	Unterklasse oder Kategorie	Symbol und Farbe des Symbols	Hintergrund	Ziffer in der unteren Ecke (und Farbe der Ziffer)	Gefahrzettelmuster	Bemerkung
4.3	–	Gefahr der Klasse 4.3: Stoffe, die in Berührung mit Wasser entzündbare Gase entwickeln					
		Flamme: schwarz oder weiß	blau	4 (schwarz oder weiß)		–
5.1	–	Gefahr der Klasse 5.1: Entzündend (oxidierend) wirkende Stoffe					
		Flamme über einem Kreis: schwarz	gelb	5.1 (schwarz)		–
5.2	–	Gefahr der Klasse 5.2: Organische Peroxide					
		Flamme: schwarz oder weiß	obere Hälfte rot, untere Hälfte gelb	5.2 (schwarz)		–

1224

Kennzeichnung und Bezettelung 5.2

ADR	RID

Gefahrzettel-muster Nr.	Unterklasse oder Kategorie	Symbol und Farbe des Symbols	Hinter-grund	Ziffer in der unteren Ecke (und Farbe der Ziffer)	Gefahrzettelmuster	Bemerkung
Gefahr der Klasse 6.1: Giftige Stoffe						
6.1	–	Totenkopf mit gekreuzten Gebeinen: schwarz	weiß	6 (schwarz)	(Totenkopf-Symbol, 6)	–
Gefahr der Klasse 6.2: Ansteckungsgefährliche Stoffe						
6.2	–	Kreis, der von drei sichelförmigen Zeichen überlagert wird: schwarz	weiß	6 (schwarz)	(Biohazard-Symbol, 6)	In der unteren Hälfte des Gefahrzettels darf in Schwarz angegeben sein: «ANSTECKUNGSGE-FÄHRLICHE STOFFE» und «BEI BESCHÄDI-GUNG ODER FREI-WERDEN UNVERZÜG-LICH GESUNDHEITS-BEHÖRDEN VER-STÄNDIGEN».

5.2 Kennzeichnung und Bezettelung

ADR | **RID**

Gefahrzettel-muster Nr.	Unterklasse oder Kategorie	Symbol und Farbe des Symbols	Hintergrund	Ziffer in der unteren Ecke (und Farbe der Ziffer)	Gefahrzettelmuster	Bemerkung
		Gefahr der Klasse 7: Radioaktive Stoffe				
7A	Kategorie I – WEISS	Strahlensymbol: schwarz	weiß	7 (schwarz)		(vorgeschriebener) Text, schwarz, in der unteren Hälfte des Gefahrzettels: «RADIOACTIVE» «CONTENTS ...»; «ACTIVITY ...»; dem Ausdruck «RADIOACTIVE» folgt ein senkrechter roter Streifen
7B	Kategorie II – GELB	Strahlensymbol: schwarz	obere Hälfte gelb mit weißem Rand, untere Hälfte weiß	7 (schwarz)		(vorgeschriebener) Text, schwarz, in der unteren Hälfte des Gefahrzettels: «RADIOACTIVE» «CONTENTS ...»; «ACTIVITY ...»; in einem schwarz eingerahmten Feld: «TRANSPORT INDEX»; dem Ausdruck «RADIOACTIVE» folgen zwei senkrechte rote Streifen
7C	Kategorie III – GELB	Strahlensymbol: schwarz	obere Hälfte gelb mit weißem Rand, untere Hälfte weiß	7 (schwarz)		(vorgeschriebener) Text, schwarz, in der unteren Hälfte des Gefahrzettels: «RADIOACTIVE» «CONTENTS ...»; «ACTIVITY ...»; in einem schwarz eingerahmten Feld: «TRANSPORT INDEX»; dem Ausdruck «RADIOACTIVE» folgen drei senkrechte rote Streifen
7E	Spaltbare Stoffe	–	weiß	7 (schwarz)		(vorgeschriebener) Text, schwarz, in der oberen Hälfte des Gefahrzettels: «FISSILE»; in einem schwarz eingerahmten Feld in der unteren Hälfte des Gefahrzettels: «CRITICALITY SAFETY INDEX.»

Kennzeichnung und Bezettelung 5.2

ADR	RID

Gefahrzettel-muster Nr.	Unterklasse oder Kategorie	Symbol und Farbe des Symbols	Hintergrund	Ziffer in der unteren Ecke (und Farbe der Ziffer)	Gefahrzettelmuster	Bemerkung
Gefahr der Klasse 8: Ätzende Stoffe						
8	–	Flüssigkeiten, die aus zwei Reagenzgläsern ausgeschüttet werden und eine Hand und ein Metall angreifen: schwarz	obere Hälfte weiß, untere Hälfte schwarz mit weißem Rand	8 (weiß)		–
Gefahr der Klasse 9: Verschiedene gefährliche Stoffe und Gegenstände						
9	–	sieben senkrechte Streifen in der oberen Hälfte: schwarz	weiß	9 unterstrichen (schwarz)		–
9A	–	sieben senkrechte Streifen in der oberen Hälfte: schwarz; Ansammlung von Batterien, von denen eine beschädigt und entflammt ist, in der unteren Hälfte: schwarz	weiß	9 unterstrichen (schwarz)		–

5.2 Kennzeichnung und Bezettelung

ADR	RID

Anbringen von Großzetteln (Placards) an und Kennzeichnung von Containern, Schüttgut-Containern, MEGC, MEMU, Tankcontainern, ortsbeweglichen Tanks und Fahrzeugen	Anbringen von Großzetteln (Placards) sowie Kennzeichnungen	5.3
ADR	RID	

Bem. 1. Wegen des Anbringens von Großzetteln (Placards) und der Kennzeichnung von Containern, Schüttgut-Containern, MEGC, Tankcontainern und ortsbeweglichen Tanks bei einer Beförderung in einer Transportkette, die eine Seebeförderung einschließt, siehe auch Absatz 1.1.4.2.1.
Bei Anwendung der Vorschriften des Absatzes 1.1.4.2.1 c) gelten nur der Unterabschnitt 5.3.1.3 und der Absatz 5.3.2.1.1.

2. In Übereinstimmung mit dem GHS sollte ein nach dem ADR/RID nicht vorgeschriebenes GHS-Piktogramm während der Beförderung nur als vollständiges GHS-Kennzeichnungsetikett und nicht eigenständig erscheinen (siehe Absatz 1.4.10.4.4 des GHS).

5.3.1 Anbringen von Großzetteln (Placards)

5.3.1.1 Allgemeine Vorschriften

5.3.1.1.1 Die Großzettel (Placards) sind auf der äußeren Oberfläche der Großcontainer, Schüttgut-Container, MEGC, MEMU, Tankcontainer, ortsbeweglichen Tanks und Fahrzeuge | Wagen
nach den Vorschriften dieses Abschnitts anzubringen. Die Großzettel (Placards) müssen den in Kapitel 3.2 Tabelle A Spalte 5 und gegebenenfalls 6 für die im Container, | Großcontainer,
Schüttgut-Container, MEGC, MEMU, Tankcontainer, ortsbeweglichen Tank oder Fahrzeug | Wagen
enthaltenen gefährlichen Güter vorgeschriebenen Gefahrzetteln und den in Unterabschnitt 5.3.1.7 aufgeführten Beschreibungen entsprechen. Die Großzettel (Placards) müssen auf einem farblich kontrastierenden Hintergrund angebracht werden oder müssen entweder eine gestrichelte oder eine durchgehende äußere Begrenzungslinie aufweisen. Die Großzettel (Placards) müssen witterungsbeständig sein und eine dauerhafte Kennzeichnung während der gesamten Beförderung gewährleisten.

Bem. Für Rangierzettel nach Muster 13 und 15 siehe jedoch Abschnitt 5.3.4.

5.3	Anbringen von Großzetteln (Placards) an und Kennzeichnung von Containern, Schüttgut-Containern, MEGC, MEMU, Tankcontainern, ortsbeweglichen Tanks und Fahrzeugen	Anbringen von Großzetteln (Placards) sowie Kennzeichnungen
	ADR	**RID**

5.3.1.1.2 Für die Klasse 1 sind die Verträglichkeitsgruppen auf den Großzetteln (Placards) nicht anzugeben, wenn im
Fahrzeug, im Container oder im besonderen Laderaum von MEMU | Wagen oder Großcontainer
Stoffe oder Gegenstände mehrerer Verträglichkeitsgruppen befördert werden.
Fahrzeuge, Container oder besondere Laderäume von MEMU | Wagen oder Großcontainer,
in denen Stoffe oder Gegenstände verschiedener Unterklassen befördert werden, sind nur mit Großzetteln (Placards) des Musters der gefährlichsten Unterklasse zu versehen, und zwar in der Rangfolge:

1.1 (am gefährlichsten), 1.5, 1.2, 1.3, 1.6, 1.4 (am wenigsten gefährlich).

Werden Stoffe des Klassifizierungscodes 1.5 D mit Stoffen oder Gegenständen der Unterklasse 1.2 befördert, so sind am
Fahrzeug oder Container | Wagen oder Großcontainer
Großzettel (Placards) für die Unterklasse 1.1 anzubringen.

Großzettel (Placards) sind nicht erforderlich für die Beförderung von explosiven Stoffen oder Gegenständen mit Explosivstoff der Unterklasse 1.4 Verträglichkeitsgruppe S.

| | Wagen und Großcontainer mit Versandstücken, die als militärische Sendung im Sinne des Abschnitts 1.5.2 befördert werden und die nach Absatz 5.2.2.1.8 nicht mit Gefahrzetteln versehen sind, müssen im Falle der Wagen an beiden Längsseiten und im Falle der Großcontainer an allen vier Seiten mit den in Kapitel 3.2 Tabelle A Spalte 5 angegebenen Großzetteln (Placards) versehen sein. |

5.3.1.1.3 Für die Klasse 7 muss der Großzettel (Placard) für die Hauptgefahr dem in Absatz 5.3.1.7.2 beschriebenen Muster 7D entsprechen. Dieser Großzettel (Placard) ist
weder | nicht
erforderlich für
Fahrzeuge oder Container, in denen freigestellte Versandstücke befördert werden, noch für Kleincontainer. | Wagen oder Großcontainer, werden.

Sofern die Anbringung sowohl von Gefahrzetteln als auch von Großzetteln (Placards) für die Klasse 7 auf
Fahrzeugen, Containern, | Wagen, Großcontainern,
MEGC, Tankcontainern oder ortsbeweglichen Tanks vorgeschrieben ist, darf anstelle des Großzettels (Placards) nach Muster 7D ein dem vorgeschriebenen Gefahrzettel nach Muster 7A, 7B oder 7C entsprechender vergrößerter Gefahrzettel angebracht werden, der beide Zwecke erfüllt. In diesem Fall dürfen die Abmessungen nicht geringer sein als 250 mm x 250 mm.

5.3.1.1.4 Für die Klasse 9 muss der Großzettel (Placard) dem Gefahrzettel nach Muster 9 gemäß Absatz 5.2.2.2.2 entsprechen; der Gefahrzettel nach Muster 9A darf nicht für Zwecke des Anbringens von Großzetteln (Placards) verwendet werden.

Anbringen von Großzetteln (Placards) an und Kennzeichnung von Containern, Schüttgut-Containern, MEGC, MEMU, Tankcontainern, ortsbeweglichen Tanks und Fahrzeugen	Anbringen von Großzetteln (Placards) sowie Kennzeichnungen	5.3
ADR	**RID**	

5.3.1.1.5	Container, MEGC, MEMU, Tankcontainer, ortsbewegliche Tanks oder Fahrzeuge,	Großcontainer, Wagen,

die Güter mehrerer Klassen enthalten, müssen nicht mit einem Großzettel (Placard) für die Nebengefahr versehen sein, wenn die durch diesen Großzettel (Placard) dargestellte Gefahr bereits durch einen Großzettel (Placard) für die Haupt- oder Nebengefahr angegeben wird.

5.3.1.1.6   Großzettel (Placards), die sich nicht auf die beförderten gefährlichen Güter oder deren Reste beziehen, müssen entfernt oder abgedeckt sein.

5.3.1.1.7   Wenn die Großzettel (Placards) auf Klapptafeln angebracht werden, müssen diese so ausgelegt und gesichert sein, dass jegliches Umklappen oder Lösen aus der Halterung während der Beförderung (insbesondere durch Stöße und unabsichtliche Handlungen) ausgeschlossen ist.

5.3.1.2	**Anbringen von Großzetteln (Placards) an Containern, Schüttgut-Containern, MEGC, Tankcontainern und ortsbeweglichen Tanks**	**Großcontainern,**

Bem. Dieser Unterabschnitt gilt nicht für Wechselaufbauten (Wechselbehälter), ausgenommen Tankwechselaufbauten (Tankwechselbehälter) und im kombinierten Verkehr Straße/Schiene beförderte Wechselaufbauten (Wechselbehälter).

Die Großzettel (Placards) sind an beiden Längsseiten und an jedem Ende des Containers,	Großcontainers,

Schüttgut-Containers, MEGC, Tankcontainers oder ortsbeweglichen Tanks und im Falle von flexiblen Schüttgut-Containern an zwei gegenüberliegenden Seiten anzubringen.

Wenn der Tankcontainer oder ortsbewegliche Tank mehrere Tankabteile hat, in denen zwei oder mehrere gefährliche Güter befördert werden, sind die entsprechenden Großzettel (Placards) an beiden Längsseiten in der Höhe des jeweiligen Tankabteils und jeweils ein Muster der an den Längsseiten angebrachten Großzettel (Placards) an beiden Enden anzubringen. Wenn an allen Tankabteilen die gleichen Großzettel (Placards) anzubringen sind, müssen diese Großzettel (Placards) an beiden Längsseiten und an jedem Ende des Tankcontainers oder ortsbeweglichen Tanks nur einmal angebracht werden.

5.3	Anbringen von Großzetteln (Placards) an und Kennzeichnung von Containern, Schüttgut-Containern, MEGC, MEMU, Tankcontainern, ortsbeweglichen Tanks und Fahrzeugen	Anbringen von Großzetteln (Placards) sowie Kennzeichnungen
	ADR	**RID**
5.3.1.3	Anbringen von Großzetteln (Placards) an Trägerfahrzeugen, auf denen Container, Schüttgut-Container, MEGC, Tankcontainer oder ortsbewegliche Tanks befördert werden	Tragwagen, Großcontainer,
	Bem. Dieser Unterabschnitt gilt nicht für das Anbringen von Großzetteln (Placards) auf Trägerfahrzeugen, auf denen Wechselaufbauten (Wechselbehälter) befördert werden, ausgenommen Tankwechselaufbauten (Tankwechselbehälter) und im kombinierten Verkehr Straße/Schiene beförderte Wechselaufbauten (Wechselbehälter); für diese Fahrzeuge siehe Unterabschnitt 5.3.1.5.	Bem. Für das Anbringen von Großzetteln (Placards) an Tragwagen, die im Huckepackverkehr verwendet werden, siehe Unterabschnitt 1.1.4.4.
	Wenn die an Containern, Schüttgut-Containern, MEGC, Tankcontainern oder ortsbeweglichen Tanks angebrachten Großzettel (Placards) außerhalb des Trägerfahrzeugs nicht sichtbar sind, müssen die gleichen Großzettel (Placards) auch auf beiden Längsseiten und hinten am Fahrzeug angebracht werden. In den übrigen Fällen muss am Trägerfahrzeug kein Großzettel (Placard) angebracht werden.	Wenn die an Großcontainern, Schüttgut-Containern, MEGC, Tankcontainern oder ortsbeweglichen Tanks angebrachten Großzettel (Placards) außerhalb des Tragwagens nicht sichtbar sind, müssen die gleichen Großzettel (Placards) auch an beiden Längsseiten des Wagens angebracht werden. In den übrigen Fällen muss am Tragwagen kein Großzettel (Placard) angebracht werden.
5.3.1.4	Anbringen von Großzetteln (Placards) an Fahrzeugen für die Beförderung in loser Schüttung, Tankfahrzeugen, Batterie-Fahrzeugen, MEMU und Fahrzeugen mit Aufsetztanks	Wagen Kesselwagen, Batteriewagen und Wagen mit abnehmbaren Tanks
		Die Großzettel (Placards) sind an beiden Längsseiten anzubringen.
		Wenn der Kesselwagen oder der auf dem Wagen beförderte abnehmbare Tank mehrere Tankabteile hat, in denen zwei oder mehrere gefährliche Güter befördert werden, sind die entsprechenden Großzettel (Placards) an beiden Längsseiten in der Höhe des jeweiligen Tankabteils anzubringen. Wenn an allen Tankabteilen die gleichen Großzettel (Placards) anzubringen sind, müssen diese Großzettel (Placards) an beiden Längsseiten nur einmal angebracht werden.

Anbringen von Großzetteln (Placards) an und Kennzeichnung von Containern, Schüttgut-Containern, MEGC, MEMU, Tankcontainern, ortsbeweglichen Tanks und Fahrzeugen	Anbringen von Großzetteln (Placards) sowie Kennzeichnungen	5.3
ADR	**RID**	

	Wenn mehr als ein Großzettel (Placard) für dasselbe Tankabteil vorgeschrieben ist, müssen die Großzettel (Placards) nahe beieinander angebracht werden.
5.3.1.4.1 Die Großzettel (Placards) sind an beiden Längsseiten und hinten am Fahrzeug anzubringen. Wenn das Tankfahrzeug oder der auf dem Fahrzeug beförderte Aufsetztank mehrere Tankabteile hat, in denen zwei oder mehrere gefährliche Güter befördert werden, sind die entsprechenden Großzettel (Placards) an beiden Längsseiten in der Höhe des jeweiligen Tankabteils und jeweils ein Muster der an den Längsseiten angebrachten Großzettel (Placards) hinten anzubringen. Wenn an allen Tankabteilen die gleichen Großzettel (Placards) anzubringen sind, müssen diese Großzettel (Placards) an beiden Längsseiten und hinten nur einmal angebracht werden. Wenn mehr als ein Großzettel (Placard) für dasselbe Tankabteil vorgeschrieben ist, müssen die Großzettel (Placards) nahe beieinander angebracht werden. **Bem.** Wird während oder am Ende einer ADR-Beförderung ein Tanksattelauflieger von seiner Zugmaschine getrennt, um auf ein Schiff oder Binnenschiff verladen zu werden, müssen die Großzettel (Placards) auch vorn am Tanksattelauflieger angebracht werden.	
5.3.1.4.2 MEMU mit Tanks und Schüttgut-Containern sind gemäß Absatz 5.3.1.4.1 für die darin enthaltenen Stoffe mit Großzetteln (Placards) zu versehen. Bei Tanks mit einem Fassungsraum von weniger als 1000 Litern dürfen Großzettel (Placards) durch Gefahrzettel gemäß Unterabschnitt 5.2.2.2 ersetzt werden.	

5.3	Anbringen von Großzetteln (Placards) an und Kennzeichnung von Containern, Schüttgut-Containern, MEGC, MEMU, Tankcontainern, ortsbeweglichen Tanks und Fahrzeugen	Anbringen von Großzetteln (Placards) sowie Kennzeichnungen
	ADR	**RID**
5.3.1.4.3	Bei MEMU mit Versandstücken, die Stoffe oder Gegenstände der Klasse 1 (ausgenommen Unterklasse 1.4 Verträglichkeitsgruppe S) befördern, müssen die Großzettel (Placards) an beiden Längsseiten und hinten angebracht werden.	
	Besondere Laderäume für explosive Stoffe oder Gegenstände mit Explosivstoff sind nach den Vorschriften des Absatzes 5.3.1.1.2 mit Großzetteln (Placards) zu versehen. Der letzte Satz des Absatzes 5.3.1.1.2 findet keine Anwendung.	
5.3.1.5	**Anbringen von Großzetteln (Placards) an Fahrzeugen, in denen nur Versandstücke befördert werden**	**Wagen,**
		Die Großzettel (Placards) sind an beiden Längsseiten anzubringen.
	Bem. Dieser Unterabschnitt gilt auch für Trägerfahrzeuge, auf denen mit Versandstücken beladene Wechselaufbauten (Wechselbehälter) befördert werden, ausgenommen im kombinierten Verkehr Straße/Schiene beförderte Wechselaufbauten (Wechselbehälter); für den kombinierten Verkehr Straße/Schiene siehe Unterabschnitte 5.3.1.2 und 5.3.1.3.	
5.3.1.5.1	An Fahrzeugen, in denen Versandstücke mit Stoffen oder Gegenständen der Klasse 1 (ausgenommen Unterklasse 1.4 Verträglichkeitsgruppe S) befördert werden, sind an beiden Längsseiten und hinten Großzettel (Placards) anzubringen.	
5.3.1.5.2	An Fahrzeugen, in denen radioaktive Stoffe der Klasse 7 in Verpackungen oder Großpackmitteln (IBC) (ausgenommen freigestellte Versandstücke) befördert werden, sind an beiden Längsseiten und hinten Großzettel (Placards) anzubringen.	

Anbringen von Großzetteln (Placards) an und Kennzeichnung von Containern, Schüttgut-Containern, MEGC, MEMU, Tankcontainern, ortsbeweglichen Tanks und Fahrzeugen	Anbringen von Großzetteln (Placards) sowie Kennzeichnungen	5.3
ADR	**RID**	

5.3.1.6	Anbringen von Großzetteln (Placards) an leeren Tankfahrzeugen, Fahrzeugen mit Aufsetztanks, Batterie-Fahrzeugen, MEGC, MEMU, Tankcontainern und ortsbeweglichen Tanks sowie an leeren Fahrzeugen und Containern für die Beförderung in loser Schüttung	Kesselwagen, Batteriewagen, Wagen und Großcontainern
	Ungereinigte, nicht entgaste leere Tankfahrzeuge, Fahrzeuge mit Aufsetztanks, Batterie-Fahrzeuge, MEGC, MEMU, Tankcontainer und ortsbewegliche Tanks sowie ungereinigte leere Fahrzeuge und Container	oder nicht entgiftete leere Kesselwagen, Wagen mit abnehmbaren Tanks, Batteriewagen, oder nicht entgiftete leere Wagen und Großcontainer
	für die Beförderung in loser Schüttung müssen mit den für die vorherige Ladung vorgeschriebenen Großzetteln (Placards) versehen sein.	

5.3	Anbringen von Großzetteln (Placards) an und Kennzeichnung von Containern, Schüttgut-Containern, MEGC, MEMU, Tankcontainern, ortsbeweglichen Tanks und Fahrzeugen	Anbringen von Großzetteln (Placards) sowie Kennzeichnungen
	ADR	RID

5.3.1.7 Beschreibung der Großzettel (Placards)

5.3.1.7.1 Mit Ausnahme des in Absatz 5.3.1.7.2 beschriebenen Großzettels (Placards) für die Klasse 7 und des in Unterabschnitt 5.3.6.2 beschriebenen Kennzeichens für umweltgefährdende Stoffe muss ein Großzettel (Placard) wie in Abbildung 5.3.1.7.1 dargestellt gestaltet sein.

Abbildung 5.3.1.7.1

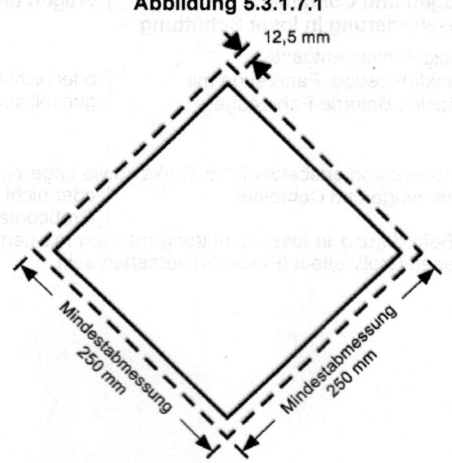

Großzettel (Placard) (ausgenommen für Klasse 7)

Der Großzettel muss die Form eines auf die Spitze gestellten Quadrats (Raute) haben. Die Mindestabmessungen müssen 250 mm x 250 mm (bis zum Rand des Großzettels (Placards)) betragen. Die Linie innerhalb des Rands muss parallel zum Rand des Großzettels (Placards) verlaufen, wobei der Abstand zwischen dieser Linie und dem Rand 12,5 mm betragen muss. Die Farbe des Symbols und der Linie innerhalb des Rands muss derjenigen des Gefahrzettels für die Klasse oder Unterklasse des jeweiligen gefährlichen Guts entsprechen. Die Position und die Größe des Symbols/der Ziffer der Klasse oder Unterklasse muss proportional zu dem Symbol/der Ziffer sein, das/die in Unterabschnitt 5.2.2.2 für die entsprechende Klasse oder Unterklasse des jeweiligen gefährlichen Guts vorgeschrieben ist. Auf dem Großzettel (Placard) muss die Nummer der Klasse oder Unterklasse (und für Güter der Klasse 1 der Buchstabe der Verträglichkeitsgruppe) des jeweiligen gefährlichen Guts in derselben Art angezeigt werden, wie es in Unterabschnitt 5.2.2.2 für den entsprechenden Gefahrzettel vorgeschrieben ist, jedoch mit einer Zeichenhöhe von mindestens 25 mm. Wenn Abmessungen nicht näher spezifiziert sind, müssen die Proportionen aller charakteristischen Merkmale den abgebildeten in etwa entsprechen.

Die in den Absätzen 5.2.2.2.1 Satz 2, 5.2.2.2.1.3 Satz 3 und 5.2.2.2.1.5 geregelten Abweichungen für Gefahrzettel gelten auch für Großzettel (Placards).

	Die Vorschriften des Absatzes 5.2.2.1.2 sind ebenfalls anwendbar.

Anbringen von Großzetteln (Placards) an und Kennzeichnung von Containern, Schüttgut-Containern, MEGC, MEMU, Tankcontainern, ortsbeweglichen Tanks und Fahrzeugen	Anbringen von Großzetteln (Placards) sowie Kennzeichnungen	5.3
ADR	**RID**	

5.3.1.7.2 Der Großzettel (Placard) für die Klasse 7 muss eine Größe von mindestens 250 mm x 250 mm haben und mit einer schwarzen Umrandung versehen sein, die parallel zum Rand in einem Abstand von 5 mm verläuft; ansonsten muss der Großzettel (Placard) der untenstehenden Abbildung (Muster 7D) entsprechen. Die Ziffer «7» muss eine Zeichenhöhe von mindestens 25 mm haben. Die Hintergrundfarbe der oberen Hälfte des Großzettels (Placards) muss gelb, die der unteren Hälfte weiß sein; die Farbe des Strahlensymbols und des Aufdrucks muss schwarz sein. Die Verwendung des Ausdrucks «RADIOACTIVE» in der unteren Hälfte ist freigestellt, um die alternative Verwendung dieses Großzettels (Placards) zur Angabe der entsprechenden UN-Nummer für die Sendung zu ermöglichen.

Großzettel (Placard) für radioaktive Stoffe der Klasse 7

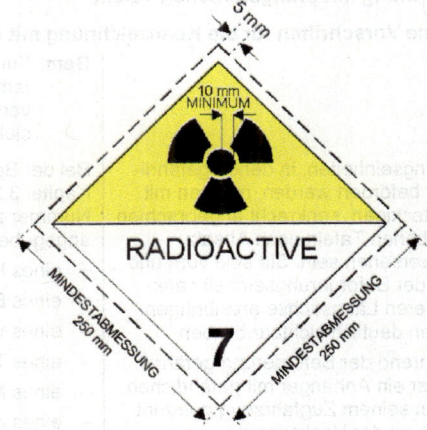

(Muster 7D)
Symbol (Strahlensymbol):
schwarz; Hintergrund: obere Hälfte gelb mit weißem Rand, unter Hälfte weiß;
In der unteren Hälfte muss der Ausdruck «RADIOACTIVE» oder an seiner Stelle die entsprechende UN-Nummer und die Ziffer «7» angegeben sein.

5.3.1.7.3 Für Tanks | Bei Tankcontainern und ortsbeweglichen Tanks
mit einem Fassungsraum von höchstens 3 m³ und Kleincontainer
dürfen die Großzettel (Placards) durch Gefahrzettel nach Unterabschnitt 5.2.2.2 ersetzt werden. Wenn diese Gefahrzettel außerhalb des
Trägerfahrzeugs | Tragwagens
nicht sichtbar sind, müssen Großzettel (Placards) nach Absatz 5.3.1.7.1 auch an beiden Längsseiten
und hinten am Fahrzeug | des Wagens
angebracht werden.

5.3	Anbringen von Großzetteln (Placards) an und Kennzeichnung von Containern, Schüttgut-Containern, MEGC, MEMU, Tankcontainern, ortsbeweglichen Tanks und Fahrzeugen	Anbringen von Großzetteln (Placards) sowie Kennzeichnungen
	ADR	**RID**
5.3.1.7.4	Für die Klassen 1 und 7 dürfen die Abmessungen der Großzettel (Placards) auf eine Seitenlänge von 100 mm reduziert werden, wenn wegen der Größe und des Baus der Fahrzeuge die verfügbare Fläche für das Anbringen der vorgeschriebenen Großzettel (Placards) nicht ausreicht.	Für Wagen darf die Größe der Großzettel (Placards) auf bis zu 150 mm x 150 mm verkleinert werden, sofern die verfügbare Fläche für die Anbringung der vorgeschriebenen Großzettel (Placards) wegen der Größe und der Bauweise des Wagens nicht ausreicht. In diesem Fall sind die übrigen, für die Symbole, Linien, Ziffern und Buchstaben festgelegten Abmessungen nicht anwendbar.
5.3.2	**Kennzeichnung mit orangefarbenen Tafeln**	
5.3.2.1	**Allgemeine Vorschriften für die Kennzeichnung mit orangefarbenen Tafeln**	
		Bem. Für die Kennzeichnung mit orangefarbenen Tafeln von im Huckepackverkehr verwendeten Tragwagen siehe Unterabschnitt 1.1.4.4.
5.3.2.1.1	Beförderungseinheiten, in denen gefährliche Güter befördert werden, müssen mit zwei rechteckigen, senkrecht angebrachten orangefarbenen Tafeln nach Absatz 5.3.2.2.1 versehen sein. Sie sind vorn und hinten an der Beförderungseinheit senkrecht zu deren Längsachse anzubringen. Sie müssen deutlich sichtbar bleiben. Wenn während der Beförderung gefährlicher Güter ein Anhänger mit gefährlichen Gütern von seinem Zugfahrzeug getrennt wird, muss an der Heckseite des Anhängers eine orangefarbene Tafel angebracht bleiben. Wenn Tanks gemäß Absatz 5.3.2.1.3 gekennzeichnet sind, muss diese Tafel dem gefährlichsten im Tank beförderten Stoff entsprechen.	Bei der Beförderung von Gütern, für die in Kapitel 3.2 Tabelle A Spalte 20 eine Nummer zur Kennzeichnung der Gefahr angegeben ist, muss an jeder Längsseite – eines Kesselwagens, – eines Batteriewagens, – eines Wagens mit abnehmbaren Tanks, – eines Tankcontainers, – eines MEGC, – eines ortsbeweglichen Tanks, – eines Wagens für Güter in loser Schüttung, – eines Klein- oder Großcontainers für Güter in loser Schüttung, – eines Wagens oder eines Containers, in dem unter ausschließlicher Verwendung zu befördernde verpackte radioaktive Stoffe mit einer einzigen UN-Nummer und ohne andere gefährliche Güter befördert werden eine rechteckige orangefarbene Tafel gemäß Absatz 5.3.2.2.1 in der Weise angebracht werden, dass sie deutlich sichtbar ist. Diese Tafel muss auch an jeder Längsseite von Güterbeförderungseinheiten angebracht werden, in denen Lithiumbatterien eingebaut sind (UN 3536).

Anbringen von Großzetteln (Placards) an und Kennzeichnung von Containern, Schüttgut-Containern, MEGC, MEMU, Tankcontainern, ortsbeweglichen Tanks und Fahrzeugen	Anbringen von Großzetteln (Placards) sowie Kennzeichnungen	5.3
ADR	**RID**	

	Diese Tafel darf auch an jeder Längsseite von Wagen, die eine geschlossene Ladung Versandstücke mit ein und demselben Gut enthalten, angebracht werden.
5.3.2.1.2 Wenn in Kapitel 3.2 Tabelle A Spalte 20 eine Nummer zur Kennzeichnung der Gefahr angegeben ist, müssen bei Tankfahrzeugen, Batterie-Fahrzeugen oder Beförderungseinheiten mit einem oder mehreren Tanks, in denen gefährliche Güter befördert werden, außerdem an den Seiten jedes Tanks, jedes Tankabteils oder jedes Elements eines Batterie-Fahrzeugs parallel zur Längsachse des Fahrzeugs orangefarbene Tafeln deutlich sichtbar angebracht sein, die mit den nach Absatz 5.3.2.1.1 vorgeschriebenen übereinstimmen. Diese orangefarbenen Tafeln müssen mit der Nummer zur Kennzeichnung der Gefahr und der UN-Nummer versehen sein, die in Kapitel 3.2 Tabelle A Spalte 20 bzw. Spalte 1 für jeden in einem Tank oder einem Tankabteil oder in einem Element eines Batterie-Fahrzeugs beförderten Stoff vorgeschrieben sind. Diese Vorschriften finden für MEMU nur bei Tanks mit einem Fassungsraum von mindestens 1000 Litern und bei Schüttgut-Containern Anwendung.	Auf jeder orangefarbenen Tafel muss die in Kapitel 3.2 Tabelle A Spalte 20 bzw. Spalte 1 für den beförderten Stoff angegebene Nummer zur Kennzeichnung der Gefahr und UN-Nummer gemäß Absatz 5.3.2.2.2 angegeben sein. Werden in einem Kesselwagen, Batteriewagen, Wagen mit abnehmbaren Tanks, Tankcontainer, MEGC oder ortsbeweglichen Tank mehrere verschiedene Stoffe in getrennten Tanks oder Tankabteilen befördert, so muss der Absender die in Absatz 5.3.2.1.1 vorgeschriebene orangefarbene Tafel mit den zugehörigen Nummern an beiden Seiten jedes Tanks oder Tankabteils parallel zur Längsachse des Wagens, Tankcontainers oder ortsbeweglichen Tanks in der Weise anbringen, dass sie deutlich sichtbar sind.
5.3.2.1.3 Bei Tankfahrzeugen oder Beförderungseinheiten mit einem oder mehreren Tanks, in denen Stoffe der UN-Nummer 1202, 1203 oder 1223 oder Flugkraftstoff, das der UN-Nummer 1268 oder 1863 zugeordnet ist, aber keine anderen gefährlichen Stoffe befördert werden, müssen die in Absatz 5.3.2.1.2 vorgeschriebenen orangefarbenen Tafeln nicht angebracht werden, wenn auf den gemäß Absatz 5.3.2.1.1 vorn und hinten angebrachten Tafeln die für den gefährlichsten beförderten Stoff, d.h. für den Stoff mit dem niedrigsten Flammpunkt, vorgeschriebene Nummer zur Kennzeichnung der Gefahr und UN-Nummer angegeben sind.	(bleibt offen)

5.3	Anbringen von Großzetteln (Placards) an und Kennzeichnung von Containern, Schüttgut-Containern, MEGC, MEMU, Tankcontainern, ortsbeweglichen Tanks und Fahrzeugen	Anbringen von Großzetteln (Placards) sowie Kennzeichnungen
	ADR	**RID**
5.3.2.1.4	Wenn in Kapitel 3.2 Tabelle A Spalte 20 eine Nummer zur Kennzeichnung der Gefahr angegeben ist, müssen bei Fahrzeugen, Containern und Schüttgut-Containern, in denen unverpackte feste Stoffe oder Gegenstände oder unter ausschließlicher Verwendung zu befördernde verpackte radioaktive Stoffe mit einer einzigen UN-Nummer und keine anderen gefährlichen Güter befördert werden, außerdem an den Seiten jedes Fahrzeugs, jedes Containers oder jedes Schüttgut-Containers parallel zur Längsachse des Fahrzeugs orangefarbene Tafeln deutlich sichtbar angebracht sein, die mit den nach Absatz 5.3.2.1.1 vorgeschriebenen übereinstimmen. Diese orangefarbenen Tafeln müssen mit der Nummer zur Kennzeichnung der Gefahr und der UN-Nummer versehen sein, die in Kapitel 3.2 Tabelle A Spalte 20 bzw. Spalte 1 für jeden im Fahrzeug, Container oder Schüttgut-Container in loser Schüttung beförderten Stoff oder für den im Fahrzeug, Container oder Schüttgut-Container beförderten verpackten radioaktiven Stoff vorgeschrieben sind, sofern dieser unter ausschließlicher Verwendung zu befördern ist.	(bleibt offen)
5.3.2.1.5	Wenn die an Containern, Schüttgut-Containern, Tankcontainern, MEGC oder ortsbeweglichen Tanks angebrachten, gemäß den Absätzen 5.3.2.1.2 und 5.3.2.1.4 vorgeschriebenen orangefarbenen Tafeln außerhalb des Trägerfahrzeugs nicht deutlich sichtbar sind, müssen die gleichen Tafeln auch an den beiden Längsseiten des Fahrzeugs angebracht werden.	Absatz 5.3.2.1.1 Tragwagens Wagens
	Bem. Dieser Absatz muss nicht für die Kennzeichnung von gedeckten Fahrzeugen und bedeckten Fahrzeugen mit orangefarbenen Tafeln angewendet werden, die Tanks mit einem höchsten Fassungsraum von 3000 Litern befördern.	Wagen und Wagen mit Decken

Anbringen von Großzetteln (Placards) an und Kennzeichnung von Containern, Schüttgut-Containern, MEGC, MEMU, Tankcontainern, ortsbeweglichen Tanks und Fahrzeugen	Anbringen von Großzetteln (Placards) sowie Kennzeichnungen	5.3
ADR	**RID**	

5.3.2.1.6	An Beförderungseinheiten, in denen nur ein gefährlicher Stoff und kein nicht gefährlicher Stoff befördert wird, sind die nach den Absätzen 5.3.2.1.2, 5.3.2.1.4 und 5.3.2.1.5 vorgeschriebenen orangefarbenen Tafeln nicht erforderlich, wenn die vorn und hinten gemäß Absatz 5.3.2.1.1 angebrachten Tafeln mit der nach Kapitel 3.2 Tabelle A Spalte 20 bzw. Spalte 1 für diesen Stoff vorgeschriebenen Nummer zur Kennzeichnung der Gefahr und UN-Nummer versehen sind.	(gestrichen)
5.3.2.1.7	Die Vorschriften der Absätze 5.3.2.1.1 bis 5.3.2.1.5 gelten auch für ungereinigte, nicht entgaste oder nicht entgiftete leere	
	– festverbundene Tanks, – Aufsetztanks, – Batterie-Fahrzeuge, – Tankcontainer, – ortsbewegliche Tanks, – MEGC und – MEMU	– Kesselwagen, – Batteriewagen, – Wagen mit abnehmbaren Tanks,
	sowie für ungereinigte oder nicht entgiftete leere Fahrzeuge und Container für Güter in loser Schüttung.	Wagen, Großcontainer und Kleincontainer
5.3.2.1.8	Orangefarbene Tafeln, die sich nicht auf die beförderten gefährlichen Güter oder deren Reste beziehen, müssen entfernt oder verdeckt sein. Wenn die Tafeln verdeckt sind, muss die Abdeckung vollständig und nach einer 15-minütigen Feuereinwirkung noch wirksam sein.	
5.3.2.2 ▶ 1.6.1.8	**Beschreibung der orangefarbenen Tafeln**	
5.3.2.2.1	Die orangefarbenen Tafeln müssen rückstrahlend sein und	dürfen müssen
	eine Grundlinie von 40 cm, eine Höhe von 30 cm und einen schwarzen Rand von 15 mm Breite haben. Der verwendete Werkstoff muss witterungsbeständig sein und eine dauerhafte Kennzeichnung gewährleisten. Die Tafel darf sich bei einer 15-minütigen Feuereinwirkung nicht von der Befestigung lösen. Sie muss unabhängig von der Ausrichtung des	
	Fahrzeugs befestigt bleiben.	Wagens
	Die orangefarbenen Tafeln dürfen in der Mitte durch eine waagerechte schwarze Linie mit einer Strichbreite von 15 mm unterteilt werden.	

5.3	Anbringen von Großzetteln (Placards) an und Kennzeichnung von Containern, Schüttgut-Containern, MEGC, MEMU, Tankcontainern, ortsbeweglichen Tanks und Fahrzeugen	Anbringen von Großzetteln (Placards) sowie Kennzeichnungen
	ADR	**RID**
	Wenn wegen der Größe und des Baus des Fahrzeugs die verfügbare Fläche für das Anbringen dieser orangefarbenen Tafeln nicht ausreicht, dürfen deren Abmessungen auf mindestens 300 mm für die Grundlinie, 120 mm für die Höhe und 10 mm für den schwarzen Rand verringert werden. In diesem Fall dürfen für die beiden in Absatz 5.3.2.1.1 vorgegebenen orangefarbenen Tafeln unterschiedliche Abmessungen innerhalb der festgelegten Bandbreite verwendet werden.	
	Wenn orangefarbene Tafeln mit verringerten Abmessungen verwendet werden, ist bei verpackten radioaktiven Stoffen, die unter ausschließlicher Verwendung befördert werden, nur die UN-Nummer erforderlich und die Größe der in Absatz 5.3.2.2.2 genannten Ziffern darf auf eine Zeichenhöhe von 65 mm und auf eine Strichbreite von 10 mm verringert werden.	
	Bei Containern, in denen gefährliche feste Stoffe in loser Schüttung befördert werden, und bei Tankcontainern, MEGC und ortsbeweglichen Tanks dürfen die nach den Absätzen 5.3.2.1.2, 5.3.2.1.4 und 5.3.2.1.5 vorgeschriebenen Tafeln	Die orangefarbenen Tafeln dürfen

durch eine Selbstklebefolie, einen Farbanstrich oder jedes andere gleichwertige Verfahren ersetzt werden. Diese alternative Kennzeichnung muss den in diesem Unterabschnitt aufgeführten Anforderungen mit Ausnahme der in den Absätzen 5.3.2.2.1 und 5.3.2.2.2 aufgeführten Vorschriften betreffend der Feuerfestigkeit entsprechen.

Bem. Der Farbton der orangefarbenen Tafeln sollte im normalen Gebrauchszustand in dem Bereich des trichromatischen Normvalenzsystems liegen, der durch die mit Geraden verbundenen Punkte folgender Normfarbwertanteile beschrieben ist:

Trichromatische Farbwertpunkte im Winkelbereich des trichromatischen Normvalenzsystems				
x	0,52	0,52	0,578	0,618
y	0,38	0,40	0,422	0,38

Leuchtdichtefaktor
bei rückstrahlender Farbe: $\beta > 0{,}12$.

Leuchtdichtefaktor
bei nicht rückstrahlender Farbe: $\beta \geq 0{,}22$,
bei rückstrahlender Farbe: $\beta > 0{,}12$.

Mittelpunktvalenz E, Normlichtart C, Messgeometrie 45°/0°.

Rückstrahlwert der rückstrahlenden Farbe unter einem Anleuchtungswinkel von 5 ° und einem Beobachtungswinkel von 0,2 °: mindestens 20 Candela pro Lux und pro m^2.

Anbringen von Großzetteln (Placards) an und Kennzeichnung von Containern, Schüttgut-Containern, MEGC, MEMU, Tankcontainern, ortsbeweglichen Tanks und Fahrzeugen	Anbringen von Großzetteln (Placards) sowie Kennzeichnungen	5.3
ADR	**RID**	

5.3.2.2.2 Die Nummer zur Kennzeichnung der Gefahr und die UN-Nummer bestehen aus schwarzen Ziffern mit einer Zeichenhöhe von 100 mm und einer Strichbreite von 15 mm. Die Nummer zur Kennzeichnung der Gefahr muss im oberen Teil, die UN-Nummer im unteren Teil der Tafel angegeben sein; sie müssen durch eine waagrechte schwarze Linie mit einer Strichbreite von 15 mm in der Mitte der Tafel getrennt sein (siehe Absatz 5.3.2.2.3).

Die Nummer zur Kennzeichnung der Gefahr und die UN-Nummer müssen unauslöschbar und nach einer 15-minütigen Feuereinwirkung noch lesbar sein.

Auswechselbare Ziffern und Buchstaben auf Tafeln, mit denen die Nummer zur Kennzeichnung der Gefahr und die UN-Nummer dargestellt werden, müssen während der Beförderung und unabhängig von der Ausrichtung des
Fahrzeugs | Wagens
an der vorgesehenen Stelle verbleiben.

5.3.2.2.3 Beispiel einer orangefarbenen Tafel mit Nummer zur Kennzeichnung der Gefahr und UN-Nummer

Nummer zur Kennzeichnung der Gefahr (2 oder 3 Ziffern, gegebenenfalls mit vorangestelltem Buchstaben «X»; siehe Unterabschnitt 5.3.2.3)

UN-Nummer (4 Ziffern)

Grund: orange.
Rand, waagerechte Linie und Ziffern: schwarz, Strichbreite 15 mm.

5.3.2.2.4 Alle in diesem Unterabschnitt angegebenen Abmessungen dürfen eine Toleranz von ± 10 % aufweisen.

5.3.2.2.5 Wenn die orangefarbene Tafel | oder die in Absatz 5.3.2.2.1 aufgeführte
| alternative Kennzeichnung
auf Klapptafeln angebracht wird, müssen diese so ausgelegt und gesichert sein, dass jegliches Umklappen oder Lösen aus der Halterung während der Beförderung (insbesondere durch Stöße und unabsichtliche Handlungen) ausgeschlossen ist.

5.3	Anbringen von Großzetteln (Placards) an und Kennzeichnung von Containern, Schüttgut-Containern, MEGC, MEMU, Tankcontainern, ortsbeweglichen Tanks und Fahrzeugen	Anbringen von Großzetteln (Placards) sowie Kennzeichnungen
	ADR	**RID**

5.3.2.3 Bedeutung der Nummern zur Kennzeichnung der Gefahr

5.3.2.3.1 Die Nummer zur Kennzeichnung der Gefahr besteht für Stoffe der Klassen 2 bis 9 aus zwei oder drei Ziffern.

Die Ziffern weisen im Allgemeinen auf folgende Gefahren hin:
2 Entweichen von Gas durch Druck oder durch chemische Reaktion
3 Entzündbarkeit von flüssigen Stoffen (Dämpfen) und Gasen oder selbsterhitzungsfähiger flüssiger Stoff
4 Entzündbarkeit von festen Stoffen oder selbsterhitzungsfähiger fester Stoff
5 Oxidierende (brandfördernde) Wirkung
6 Giftigkeit oder Ansteckungsgefahr
7 Radioaktivität
8 Ätzwirkung
9 Gefahr einer spontanen heftigen Reaktion

Bem. Spontane heftige Reaktion im Sinne der Ziffer 9 umfasst eine sich aus dem Stoff ergebende Möglichkeit der Explosionsgefahr, einer gefährlichen Zerfalls- oder Polymerisationsreaktion unter Entwicklung beträchtlicher Wärme oder die Entwicklung von entzündbaren und/oder giftigen Gasen.

Die Verdoppelung einer Ziffer weist auf die Zunahme der entsprechenden Gefahr hin.

Wenn die Gefahr eines Stoffes ausreichend durch eine einzige Ziffer angegeben werden kann, wird dieser Ziffer eine Null angefügt.

Folgende Ziffernkombinationen haben jedoch eine besondere Bedeutung: 22, 323, 333, 362, 382, 423, 44, 446, 462, 482, 539, 606, 623, 642, 823, 842, 90 und 99 (siehe Absatz 5.3.2.3.2).

Wenn der Nummer zur Kennzeichnung der Gefahr der Buchstabe «X» vorangestellt ist, bedeutet dies, dass der Stoff in gefährlicher Weise mit Wasser reagiert. Bei solchen Stoffen darf Wasser nur im Einverständnis mit Sachverständigen verwendet werden.

Für die Stoffe | und Gegenstände der Klasse 1 wird als Nummer zur Kennzeichnung der Gefahr der Klassifizierungscode gemäß Kapitel 3.2 Tabelle A Spalte 3b verwendet. Der Klassifizierungscode besteht aus:
– der Nummer der Unterklasse nach Absatz 2.2.1.1.5 und
– dem Buchstaben der Verträglichkeitsgruppe nach Absatz 2.2.1.1.6.

Anbringen von Großzetteln (Placards) an und Kennzeichnung von Containern, Schüttgut-Containern, MEGC, MEMU, Tankcontainern, ortsbeweglichen Tanks und Fahrzeugen	Anbringen von Großzetteln (Placards) sowie Kennzeichnungen	5.3
ADR	RID	

5.3.2.3.2 Die in Kapitel 3.2 Tabelle A Spalte 20 aufgeführten Nummern zur Kennzeichnung der Gefahr haben folgende Bedeutung:

20	erstickendes Gas oder Gas, das keine Nebengefahr aufweist
22	tiefgekühlt verflüssigtes Gas, erstickend
223	tiefgekühlt verflüssigtes Gas, entzündbar
225	tiefgekühlt verflüssigtes Gas, oxidierend (brandfördernd)
23	entzündbares Gas
238	entzündbares Gas, ätzend
239	entzündbares Gas, das spontan zu einer heftigen Reaktion führen kann
25	oxidierendes (brandförderndes) Gas
26	giftiges Gas
263	giftiges Gas, entzündbar
265	giftiges Gas, oxidierend (brandfördernd)
268	giftiges Gas, ätzend
28	ätzendes Gas
285	ätzendes Gas, oxidierend (brandfördernd)
30	– entzündbarer flüssiger Stoff (Flammpunkt von 23 °C bis einschließlich 60 °C) oder – entzündbarer flüssiger Stoff oder fester Stoff in geschmolzenem Zustand mit einem Flammpunkt über 60 °C, auf oder über seinen Flammpunkt erwärmt, oder – selbsterhitzungsfähiger flüssiger Stoff
323	entzündbarer flüssiger Stoff, der mit Wasser reagiert und entzündbare Gase bildet
X323	entzündbarer flüssiger Stoff, der mit Wasser gefährlich reagiert [1] und entzündbare Gase bildet
	1) Wasser darf nur im Einverständnis mit Sachverständigen verwendet werden.
33	leicht entzündbarer flüssiger Stoff (Flammpunkt unter 23 °C)
333	pyrophorer flüssiger Stoff
X333	pyrophorer flüssiger Stoff, der mit Wasser gefährlich reagiert [1]
	1) Wasser darf nur im Einverständnis mit Sachverständigen verwendet werden.

5.3	Anbringen von Großzetteln (Placards) an und Kennzeichnung von Containern, Schüttgut-Containern, MEGC, MEMU, Tankcontainern, ortsbeweglichen Tanks und Fahrzeugen	Anbringen von Großzetteln (Placards) sowie Kennzeichnungen
	ADR	**RID**

336	leicht entzündbarer flüssiger Stoff, giftig
338	leicht entzündbarer flüssiger Stoff, ätzend
X338	leicht entzündbarer flüssiger Stoff, ätzend, der mit Wasser gefährlich reagiert [1]
	[1] Wasser darf nur im Einverständnis mit Sachverständigen verwendet werden.
339	leicht entzündbarer flüssiger Stoff, der spontan zu einer heftigen Reaktion führen kann
36	entzündbarer flüssiger Stoff (Flammpunkt von 23 °C bis einschließlich 60 °C), schwach giftig, oder selbsterhitzungsfähiger flüssiger Stoff, giftig
362	entzündbarer flüssiger Stoff, giftig, der mit Wasser reagiert und entzündbare Gase bildet
X362	entzündbarer flüssiger Stoff, giftig, der mit Wasser gefährlich reagiert [1] und entzündbare Gase bildet
	[1] Wasser darf nur im Einverständnis mit Sachverständigen verwendet werden.
368	entzündbarer flüssiger Stoff, giftig, ätzend
38	entzündbarer flüssiger Stoff (Flammpunkt von 23 °C bis einschließlich 60 °C), schwach ätzend, oder selbsterhitzungsfähiger flüssiger Stoff, ätzend
382	entzündbarer flüssiger Stoff, ätzend, der mit Wasser reagiert und entzündbare Gase bildet
X382	entzündbarer flüssiger Stoff, ätzend, der mit Wasser gefährlich reagiert [1] und entzündbare Gase bildet
	[1] Wasser darf nur im Einverständnis mit Sachverständigen verwendet werden.
39	entzündbarer flüssiger Stoff, der spontan zu einer heftigen Reaktion führen kann
40	entzündbarer fester Stoff oder selbsterhitzungsfähiger Stoff oder selbstzersetzlicher Stoff oder polymerisierender Stoff
423	fester Stoff, der mit Wasser reagiert und entzündbare Gase bildet, oder entzündbarer fester Stoff, der mit Wasser reagiert und entzündbare Gase bildet, oder selbsterhitzungsfähiger fester Stoff, der mit Wasser reagiert und entzündbare Gase bildet
X423	fester Stoff, der mit Wasser gefährlich reagiert[1] und entzündbare Gase bildet, oder entzündbarer fester Stoff, der mit Wasser gefährlich reagiert [1] und entzündbare Gase bildet, oder selbsterhitzungsfähiger fester Stoff, der mit Wasser gefährlich reagiert[1] und entzündbare Gase bildet
	[1] Wasser darf nur im Einverständnis mit Sachverständigen verwendet werden.
43	selbstentzündlicher (pyrophorer) fester Stoff

Anbringen von Großzetteln (Placards) an und Kennzeichnung von Containern, Schüttgut-Containern, MEGC, MEMU, Tankcontainern, ortsbeweglichen Tanks und Fahrzeugen	Anbringen von Großzetteln (Placards) sowie Kennzeichnungen	5.3
ADR	**RID**	

X432	selbstentzündlicher (pyrophorer) fester Stoff, der mit Wasser gefährlich reagiert [1] und entzündbare Gase bildet
	[1] Wasser darf nur im Einverständnis mit Sachverständigen verwendet werden.
44	entzündbarer fester Stoff, der sich bei erhöhter Temperatur in geschmolzenem Zustand befindet
446	entzündbarer fester Stoff, giftig, der sich bei erhöhter Temperatur in geschmolzenem Zustand befindet
46	entzündbarer oder selbsterhitzungsfähiger fester Stoff, giftig
462	fester Stoff, giftig, der mit Wasser reagiert und entzündbare Gase bildet
X462	fester Stoff, der mit Wasser gefährlich reagiert [1] und giftige Gase bildet
	[1] Wasser darf nur im Einverständnis mit Sachverständigen verwendet werden.
48	entzündbarer oder selbsterhitzungsfähiger fester Stoff, ätzend
482	fester Stoff, ätzend, der mit Wasser reagiert und entzündbare Gase bildet
X482	fester Stoff, der mit Wasser gefährlich reagiert [1] und ätzende Gase bildet
	[1] Wasser darf nur im Einverständnis mit Sachverständigen verwendet werden.
50	oxidierender (brandfördernder) Stoff
539	entzündbares organisches Peroxid
55	stark oxidierender (brandfördernder) Stoff
556	stark oxidierender (brandfördernder) Stoff, giftig
558	stark oxidierender (brandfördernder) Stoff, ätzend
559	stark oxidierender (brandfördernder) Stoff, der spontan zu einer heftigen Reaktion führen kann
56	oxidierender (brandfördernder) Stoff, giftig
568	oxidierender (brandfördernder) Stoff, giftig, ätzend
58	oxidierender (brandfördernder) Stoff, ätzend
59	oxidierender (brandfördernder) Stoff, der spontan zu einer heftigen Reaktion führen kann
60	giftiger oder schwach giftiger Stoff
606	ansteckungsgefährlicher Stoff
623	giftiger flüssiger Stoff, der mit Wasser reagiert und entzündbare Gase bildet
63	giftiger Stoff, entzündbar (Flammpunkt von 23 °C bis einschließlich 60 °C)

5.3	Anbringen von Großzetteln (Placards) an und Kennzeichnung von Containern, Schüttgut-Containern, MEGC, MEMU, Tankcontainern, ortsbeweglichen Tanks und Fahrzeugen	Anbringen von Großzetteln (Placards) sowie Kennzeichnungen
	ADR	**RID**

	638	giftiger Stoff, entzündbar (Flammpunkt von 23 °C bis einschließlich 60 °C), ätzend
	639	giftiger Stoff, entzündbar (Flammpunkt nicht über 60 °C), der spontan zu einer heftigen Reaktion führen kann
	64	giftiger fester Stoff, entzündbar oder selbsterhitzungsfähig
	642	giftiger fester Stoff, der mit Wasser reagiert und entzündbare Gase bildet
	65	giftiger Stoff, oxidierend (brandfördernd)
	66	sehr giftiger Stoff
	663	sehr giftiger Stoff, entzündbar (Flammpunkt nicht über 60 °C)
	664	sehr giftiger fester Stoff, entzündbar oder selbsterhitzungsfähig
	665	sehr giftiger Stoff, oxidierend (brandfördernd)
	668	sehr giftiger Stoff, ätzend
	X668	sehr giftiger Stoff, ätzend, der mit Wasser gefährlich reagiert [1] 1) Wasser darf nur im Einverständnis mit Sachverständigen verwendet werden.
	669	sehr giftiger Stoff, der spontan zu einer heftigen Reaktion führen kann
	68	giftiger Stoff, ätzend
	687	giftiger Stoff, ätzend, radioaktiv
	69	giftiger oder schwach giftiger Stoff, der spontan zu einer heftigen Reaktion führen kann
	70	radioaktiver Stoff
	768	radioaktiver Stoff, giftig, ätzend
	78	radioaktiver Stoff, ätzend
	80	ätzender oder schwach ätzender Stoff
	X80	ätzender oder schwach ätzender Stoff, der mit Wasser gefährlich reagiert [1] 1) Wasser darf nur im Einverständnis mit Sachverständigen verwendet werden.
	823	ätzender flüssiger Stoff, der mit Wasser reagiert und entzündbare Gase bildet
	83	ätzender oder schwach ätzender Stoff, entzündbar (Flammpunkt von 23 °C bis einschließlich 60 °C)
	X83	ätzender oder schwach ätzender Stoff, entzündbar (Flammpunkt von 23 °C bis einschließlich 60 °C), der mit Wasser gefährlich reagiert [1] 1) Wasser darf nur im Einverständnis mit Sachverständigen verwendet werden.
	836	ätzender oder schwach ätzender Stoff, entzündbar (Flammpunkt von 23 °C bis einschließlich 60 °C) und giftig

Note: Row "687" appears only in the RID column.

5.3 Anbringen von Großzetteln (Placards) an und Kennzeichnung von Containern, Schüttgut-Containern, MEGC, MEMU, Tankcontainern, ortsbeweglichen Tanks und Fahrzeugen / Anbringen von Großzetteln (Placards) sowie Kennzeichnungen

ADR | **RID**

839		ätzender oder schwach ätzender Stoff, entzündbar (Flammpunkt von 23 °C bis einschließlich 60 °C), der spontan zu einer heftigen Reaktion führen kann
X839		ätzender oder schwach ätzender Stoff, entzündbar (Flammpunkt von 23 °C bis einschließlich 60 °C), der spontan zu einer heftigen Reaktion führen kann und der mit Wasser gefährlich reagiert [1]
		[1] Wasser darf nur im Einverständnis mit Sachverständigen verwendet werden.
84		ätzender fester Stoff, entzündbar oder selbsterhitzungsfähig
842		ätzender fester Stoff, der mit Wasser reagiert und entzündbare Gase bildet
85		ätzender oder schwach ätzender Stoff, oxidierend (brandfördernd)
856		ätzender oder schwach ätzender Stoff, oxidierend (brandfördernd) und giftig
86		ätzender oder schwach ätzender Stoff, giftig
	87	ätzender Stoff, radioaktiv
88		stark ätzender Stoff
X88		stark ätzender Stoff, der mit Wasser gefährlich reagiert [1]
		[1] Wasser darf nur im Einverständnis mit Sachverständigen verwendet werden.
883		stark ätzender Stoff, entzündbar (Flammpunkt von 23 °C bis einschließlich 60 °C)
884		stark ätzender fester Stoff, entzündbar oder selbsterhitzungsfähig
885		stark ätzender Stoff, oxidierend (brandfördernd)
886		stark ätzender Stoff, giftig
X886		stark ätzender Stoff, giftig, der mit Wasser gefährlich reagiert [1]
		[1] Wasser darf nur im Einverständnis mit Sachverständigen verwendet werden.
89		ätzender oder schwach ätzender Stoff, der spontan zu einer heftigen Reaktion führen kann
90		umweltgefährdender Stoff verschiedene gefährliche Stoffe
99		verschiedene gefährliche erwärmte Stoffe

5.3	Anbringen von Großzetteln (Placards) an und Kennzeichnung von Containern, Schüttgut-Containern, MEGC, MEMU, Tankcontainern, ortsbeweglichen Tanks und Fahrzeugen	Anbringen von Großzetteln (Placards) sowie Kennzeichnungen
	ADR	**RID**

5.3.3 **Kennzeichen für erwärmte Stoffe**

Tankfahrzeuge, Tankcontainer, ortsbewegliche Tanks, Spezialfahrzeuge oder -container oder besonders ausgerüstete Fahrzeuge oder Container,	Kesselwagen, Spezialwagen oder -großcontainer Wagen oder Großcontainer,

die einen Stoff enthalten, der im flüssigen Zustand bei oder über 100 °C oder im festen Zustand bei oder über 240 °C befördert oder zur Beförderung aufgegeben wird, müssen im Falle der

Fahrzeuge an beiden Längsseiten und hinten	Wagen an beiden Längsseiten

und im Falle der

Container,	Großcontainer,

Tankcontainer und ortsbeweglichen Tanks an allen vier Seiten mit dem in Abbildung 5.3.3 dargestellten Kennzeichen versehen sein.

Abbildung 5.3.3

Kennzeichen für Beförderung bei erhöhter Temperatur

Das Kennzeichen muss die Form eines gleichseitigen Dreiecks haben. Die Farbe des Kennzeichens muss rot sein. Die Mindestabmessung der Seiten muss 250 mm betragen. Bei Tankcontainern und ortsbeweglichen Tanks mit einem Fassungsraum von höchstens 3000 Litern, deren verfügbare Fläche nicht für die Anbringung der vorgeschriebenen Kennzeichen ausreicht, dürfen die Mindestabmessungen der Seiten auf 100 mm verringert werden. Wenn Abmessungen nicht näher spezifiziert sind, müssen die Proportionen aller Merkmale den abgebildeten in etwa entsprechen. Das Kennzeichen muss witterungsbeständig sein und eine dauerhafte Kennzeichnung während der gesamten Beförderung gewährleisten.

Anbringen von Großzetteln (Placards) an und Kennzeichnung von Containern, Schüttgut-Containern, MEGC, MEMU, Tankcontainern, ortsbeweglichen Tanks und Fahrzeugen	Anbringen von Großzetteln (Placards) sowie Kennzeichnungen	5.3
ADR	**RID**	

5.3.4	(bleibt offen)	**Rangierzettel nach Muster 13 und 15**
5.3.4.1		**Allgemeine Vorschriften**
		Die allgemeinen Vorschriften der Absätze 5.3.1.1.1 und 5.3.1.1.6 sowie der Unterabschnitte 5.3.1.3 bis 5.3.1.6 gelten auch für die Rangierzettel nach Muster 13 und 15.
		Anstelle der Rangierzettel dürfen auch unauslöschbare Rangierkennzeichen angebracht werden, die den vorgeschriebenen Mustern genau entsprechen. Diese Zeichen müssen nur das oder die roten Dreieck(e) mit schwarzen Ausrufezeichen darstellen (Grundlinie mindestens 100 mm, Höhe mindestens 70 mm).
5.3.4.2		**Beschreibung der Rangierzettel nach Muster 13 und 15**
		Die Rangierzettel nach Muster 13 und 15 haben die Form eines Rechtecks mindestens im Normalformat A7 (74 mm x 105 mm).

Nr. 13
vorsichtig verschieben

rotes Dreieck mit schwarzem
Ausrufezeichen auf weißem Grund

5.3	Anbringen von Großzetteln (Placards) an und Kennzeichnung von Containern, Schüttgut-Containern, MEGC, MEMU, Tankcontainern, ortsbeweglichen Tanks und Fahrzeugen	Anbringen von Großzetteln (Placards) sowie Kennzeichnungen
	ADR	**RID**

Nr. 15
Abstoß- und Ablaufverbot.
Muss von einem Triebfahrzeug beigestellt werden. Darf nicht auflaufen und muss gegen das Auflaufen anderer Wagen geschützt werden

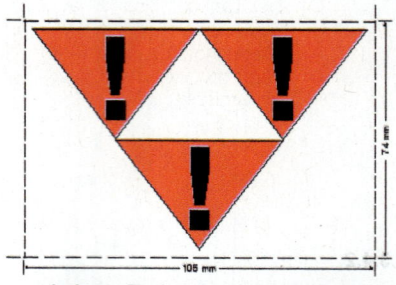

drei rote Dreiecke mit schwarzem Ausrufezeichen

5.3.5	(bleibt offen)	**Orangefarbener Streifen**
		Kesselwagen für verflüssigte, tiefgekühlt verflüssigte oder gelöste Gase sind durch einen durchgehenden, etwa 30 cm breiten nicht rückstrahlenden orangefarbenen Streifen[2], der den Tank in der Höhe der Tankachse umschließt, zu kennzeichnen.
		[2] Siehe Absatz 5.3.2.2.1 Bem.

5.3.6 Kennzeichen für umweltgefährdende Stoffe

5.3.6.1 Wenn nach den Vorschriften des Abschnitts 5.3.1 das Anbringen eines Großzettels (Placards) vorgeschrieben ist, müssen
Container, | Großcontainer,
Schüttgut-Container, MEGC, Tankcontainer, ortsbewegliche Tanks und
Fahrzeuge | Wagen
mit umweltgefährdenden Stoffen, die den Kriterien des Absatzes 2.2.9.1.10 entsprechen, mit dem in Absatz 5.2.1.8.3 abgebildeten Kennzeichen für umweltgefährdende Stoffe gekennzeichnet sein. Dies gilt nicht für die in Absatz 5.2.1.8.1 genannten Ausnahmen.

Anbringen von Großzetteln (Placards) an und Kennzeichnung von Containern, Schüttgut-Containern, MEGC, MEMU, Tankcontainern, ortsbeweglichen Tanks und Fahrzeugen	Anbringen von Großzetteln (Placards) sowie Kennzeichnungen	5.3
ADR	RID	

5.3.6.2   Das Kennzeichen für umweltgefährdende Stoffe für
Container, | Großcontainer,
Schüttgut-Container, MEGC, Tankcontainer, ortsbewegliche Tanks und
Fahrzeuge | Wagen
muss den Vorschriften des Absatzes 5.2.1.8.3 und der Abbildung 5.2.1.8.3 entsprechen, mit der Ausnahme, dass die Mindestabmessungen 250 mm x 250 mm betragen müssen. Bei Tankcontainern und ortsbeweglichen Tanks mit einem Fassungsraum von höchstens 3000 Litern und mit einer für die Anbringung der vorgeschriebenen Kennzeichen nicht ausreichenden verfügbaren Fläche dürfen die Mindestabmessungen auf 100 mm x 100 mm verringert werden. Für das Kennzeichen sind die übrigen Vorschriften des Abschnitts 5.3.1 für Großzettel (Placards) entsprechend anzuwenden.

5.3	Anbringen von Großzetteln (Placards) an und Kennzeichnung von Containern, Schüttgut-Containern, MEGC, MEMU, Tankcontainern, ortsbeweglichen Tanks und Fahrzeugen	Anbringen von Großzetteln (Placards) sowie Kennzeichnungen
	ADR	RID

Dokumentation 5.4

ADR	RID

5.4.0 Allgemeine Vorschriften

5.4.0.1 Sofern nichts anderes festgelegt ist, sind bei jeder durch das ADR/RID geregelten Beförderung von Gütern die in diesem Kapitel jeweils vorgeschriebenen Dokumente mitzuführen.

Bem. Wegen des Verzeichnisses der auf den Beförderungseinheiten mitzuführenden Dokumente siehe 8.1.2.

5.4.0.2 Arbeitsverfahren der elektronischen Datenverarbeitung (EDV) oder des elektronischen Datenaustauschs (EDI) zur Unterstützung oder anstelle der schriftlichen Dokumentation sind zugelassen, sofern die zur Aufzeichnung und Verarbeitung der elektronischen Daten verwendeten Verfahren den juristischen Anforderungen hinsichtlich der Beweiskraft und der Verfügbarkeit während der Beförderung mindestens den Verfahren mit schriftlichen Dokumenten entsprechen.

5.4.0.3 Wenn die Informationen über die Beförderung gefährlicher Güter dem Beförderer durch Arbeitsverfahren mit elektronischer Datenverarbeitung (EDV) oder elektronischem Datenaustausch (EDI) übermittelt werden, muss der Absender in der Lage sein, dem Beförderer die Informationen als Papierdokument zu übergeben, wobei die Informationen in der in diesem Kapitel vorgeschriebenen Reihenfolge erscheinen müssen.

5.4.1 Beförderungspapier für die Beförderung gefährlicher Güter und damit zusammenhängende Informationen

5.4.1.1 Allgemeine Angaben, die im Beförderungspapier enthalten sein müssen

5.4.1.1.1

Das oder die Beförderungspapier(e) für jeden zur Beförderung aufgegebenen Stoff oder Gegenstand muss (müssen) folgende Angaben enthalten:	Das oder die Beförderungspapier(e) muss (müssen) für jeden zur Beförderung aufgegebenen Stoff oder Gegenstand folgende Angaben enthalten:

a) die UN-Nummer, der die Buchstaben «UN» vorangestellt werden;

b) die gemäß Abschnitt 3.1.2 bestimmte offizielle Benennung für die Beförderung, sofern zutreffend (siehe Absatz 3.1.2.8.1) ergänzt durch die technische Benennung in Klammern (siehe Absatz 3.1.2.8.1);

c) – für Stoffe und Gegenstände der Klasse 1: der in Kapitel 3.2 Tabelle A Spalte 3b angegebene Klassifizierungscode.

Wenn in Kapitel 3.2 Tabelle A Spalte 5 andere Nummern der Gefahrzettelmuster als 1, 1.4, 1.5, 1.6 | , der Rangierzettel nach Muster 13 und 15 angegeben sind, müssen diese nach dem Klassifizierungscode in Klammern angegeben werden;

– für radioaktive Stoffe der Klasse 7: die Nummer der Klasse «7»;

Bem. Für radioaktive Stoffe mit einer Nebengefahr siehe auch Kapitel 3.3 Sondervorschrift 172.

– für Lithiumbatterien der UN-Nummern 3090, 3091, 3480 und 3481: die Nummer der Klasse «9»;

– für die übrigen Stoffe und Gegenstände der übrigen Klassen: die in Kapitel 3.2 Tabelle A Spalte 5 angegebenen oder nach einer Sondervorschrift gemäß Spalte 6 anwendbaren Nummern der Gefahrzettelmuster | mit Ausnahme des Rangierzettels nach Muster 13.

Wenn mehrere Nummern der Gefahrzettelmuster angegeben sind, sind die Nummern nach der ersten Nummer in Klammern anzugeben. Bei Stoffen und Gegenständen, für die in Kapitel 3.2 Tabelle A Spalte 5 keine Nummern der Gefahrzettelmuster angegeben sind, ist anstelle dessen die Klasse gemäß Spalte 3a anzugeben;

d) gegebenenfalls die dem Stoff zugeordnete Verpackungsgruppe, der die Buchstaben «VG» (z.B. «VG II») oder die Initialen vorangestellt werden dürfen, die dem Ausdruck

5.4 Dokumentation

ADR	RID

«Verpackungsgruppe» in den gemäß Absatz 5.4.1.4.1 verwendeten Sprachen entsprechen;

Bem. Für radioaktive Stoffe der Klasse 7 mit Nebengefahren siehe Kapitel 3.3 Sondervorschrift 172 d).

e) soweit anwendbar, die Anzahl und Beschreibung der Versandstücke;

| | (siehe auch Artikel 7 § 1 h) und i) CIM); |

UN-Verpackungscodes dürfen nur als Ergänzung zur Beschreibung der Art der Versandstücke angegeben werden (z.B. eine Kiste (4G)).

Bem. Die Angabe der Anzahl, des Typs und des Fassungsraums jeder Innenverpackung innerhalb der Außenverpackung einer zusammengesetzten Verpackung ist nicht erforderlich.

f) die Gesamtmenge jedes gefährlichen Gutes mit unterschiedlicher UN-Nummer, unterschiedlicher offizieller Benennung für die Beförderung oder unterschiedlicher Verpackungsgruppe (als Volumen bzw. als Brutto- oder Nettomasse);

Bem. 1. Bei beabsichtigter Anwendung des Unterabschnitts 1.1.3.6 muss für jede Beförderungskategorie die Gesamtmenge und der berechnete Wert der gefährlichen Güter gemäß den Absätzen 1.1.3.6.3 und 1.1.3.6.4 im Beförderungspapier angegeben werden. | (bleibt offen)

2. Für gefährliche Güter in Geräten oder Ausrüstungen, die in dieser Anlage | im RID

näher bezeichnet sind, ist die anzugebende Menge die Gesamtmenge der darin enthaltenen gefährlichen Güter in Kilogramm bzw. in Litern.

g) den Namen und die Anschrift des Absenders;

| | (siehe auch Artikel 7 § 1 b) CIM), |

h) den Namen und die Anschrift des (der) Empfängers (Empfänger) | ; (siehe auch Artikel 7 § 1 g) CIM);

. Wenn gefährliche Güter für die Lieferung an mehrere Empfänger befördert werden, die am Anfang der Beförderung nicht festgestellt werden können, darf mit Zustimmung der von der Beförderung berührten Staaten stattdessen der Ausdruck «Verkauf bei Lieferung» angegeben werden;

i) eine Erklärung entsprechend den Vorschriften einer Sondervereinbarung;

j) (bleibt offen) | wenn eine Kennzeichnung nach Unterabschnitt 5.3.2.1 vorgeschrieben ist, die Nummer zur Kennzeichnung der Gefahr, die den Buchstaben «UN» und der darauffolgenden UN-Nummer (siehe Absatz a)) voranzustellen ist. Die Nummer zur Kennzeichnung der Gefahr ist auch anzugeben, wenn Wagen, die eine geschlossene Ladung Versandstücke mit ein und demselben Gut enthalten, mit einer Kennzeichnung nach Unterabschnitt 5.3.2.1 versehen sind.

Dokumentation 5.4

ADR	RID
k) bei Beförderungen, bei denen Tunnel mit Beschränkungen für die Durchfahrt von Fahrzeugen mit gefährlichen Gütern durchfahren werden, der Tunnelbeschränkungscode in Großbuchstaben und in Klammern oder der Vermerk «(–)», der in Kapitel 3.2 Tabelle A Spalte 15 angegeben ist.	(bleibt offen)

ADR	RID
Die Stelle und die Reihenfolge der Angaben, die im Beförderungspapier erscheinen müssen, dürfen frei gewählt werden;	
a), b), c), d) und k)	a), b), c) und d)
müssen jedoch in der oben angegebenen Reihenfolge	
(d. h. a), b), c), d), k))	(d. h. a), b), c), d))
ohne eingeschobene weitere Angaben mit Ausnahme der im ADR/RID vorgesehenen angegeben werden.	
Beispiele für zugelassene Beschreibungen gefährlicher Güter sind:	
«UN 1098 ALLYLALKOHOL, 6.1 (3), I, (C/D)» oder «UN 1098 ALLYLALKOHOL, 6.1 (3), VG I, (C/D)».	«UN 1098 ALLYLALKOHOL, 6.1 (3), I» oder «UN 1098 ALLYLALKOHOL, 6.1 (3), VG I».
	Wenn eine Kennzeichnung nach Unterabschnitt 5.3.2.1 vorgeschrieben ist, müssen a), b), c), d) und j) in der Reihenfolge j), a), b), c), d) ohne eingeschobene weitere Angaben mit Ausnahme der im RID vorgesehenen angegeben werden.
	Beispiele für zugelassene Beschreibungen gefährlicher Güter unter Berücksichtigung der Kennzeichnung nach Unterabschnitt 5.3.2.1 sind:
	«663, UN 1098 ALLYLALKOHOL, 6.1 (3), I» oder «663, UN 1098 ALLYLALKOHOL, 6.1 (3), VG I».

5.4.1.1.2 Die für das Beförderungspapier vorgeschriebenen Angaben müssen lesbar sein.

Obwohl in Kapitel 3.1 und in Kapitel 3.2 Tabelle A zur Angabe der Elemente, die Bestandteil der offiziellen Benennung für die Beförderung sein müssen, Großbuchstaben verwendet werden und obwohl in diesem Kapitel zur Angabe der für das Beförderungspapier vorgeschriebenen Informationen
mit Ausnahme der Vorschriften des
Absatzes 5.4.1.1.1 k)
Großbuchstaben und Kleinbuchstaben verwendet werden, darf die Verwendung von Großbuchstaben oder Kleinbuchstaben für die im Beförderungspapier erforderlichen Angaben frei gewählt werden.

5.4.1.1.3 Sondervorschriften für Abfälle

Wenn Abfälle (ausgenommen radioaktive Abfälle), die gefährliche Güter enthalten, befördert werden, ist der offiziellen Benennung für die Beförderung der Ausdruck «ABFALL» voranzustellen, sofern dieser Ausdruck nicht bereits Bestandteil der offiziellen Benennung für die Beförderung ist, z. B.

– «UN 1230 ABFALL METHANOL, 3 (6.1), II, (D/E)» oder	– «UN 1230 ABFALL METHANOL, 3 (6.1), II» oder

5.4 Dokumentation

ADR	RID
– «UN 1230 ABFALL METHANOL, 3 (6.1), VG II, (D/E)» oder	– «UN 1230 ABFALL METHANOL, 3 (6.1), VG II» oder
– «UN 1993 ABFALL ENTZÜNDBARER FLÜSSIGER STOFF, N.A.G. (Toluen und Ethylalkohol), 3, II, (D/E)» oder	– «UN 1993 ABFALL ENTZÜNDBARER FLÜSSIGER STOFF, N.A.G. (Toluen und Ethylalkohol), 3, II» oder
– «UN 1993 ABFALL ENTZÜNDBARER FLÜSSIGER STOFF, N.A.G. (Toluen und Ethylalkohol), 3, VG II, (D/E)».	– «UN 1993 ABFALL ENTZÜNDBARER FLÜSSIGER STOFF, N.A.G. (Toluen und Ethylalkohol), 3, VG II» oder
	wenn eine Kennzeichnung nach Unterabschnitt 5.3.2.1 vorgeschrieben ist:
	– «336, UN 1230 ABFALL METHANOL, 3 (6.1), II» oder
	– «336, UN 1230 ABFALL METHANOL, 3 (6.1), VG II».

Bei Anwendung der Vorschrift für Abfälle des Absatzes 2.1.3.5.5 ist die in Absatz 5.4.1.1.1 a) bis d) und k)
vorgeschriebenen Beschreibung der gefährlichen Güter wie folgt zu ergänzen:

«ABFALL NACH ABSATZ 2.1.3.5.5» (z. B. «UN 3264 ÄTZENDER SAURER ANORGANISCHER FLÜSSIGER STOFF, N.A.G., 8, II, (E), ABFALL NACH ABSATZ 2.1.3.5.5»).	«ABFALL NACH ABSATZ 2.1.3.5.5» (z. B. «UN 3264 ÄTZENDER SAURER ANORGANISCHER FLÜSSIGER STOFF, N.A.G., 8, II, ABFALL NACH ABSATZ 2.1.3.5.5»).

Die gemäß Kapitel 3.3 Sondervorschrift 274 vorgeschriebene technische Benennung muss nicht hinzugefügt werden.

5.4.1.1.4 (gestrichen)

5.4.1.1.5 Sondervorschriften für Bergungsverpackungen, einschließlich Bergungsgroßverpackungen, und Bergungsdruckgefäße

Wenn gefährliche Güter in einer Bergungsverpackung, einschließlich einer Bergungsgroßverpackung, oder in einem Bergungsdruckgefäß befördert werden, ist im Beförderungspapier nach der Beschreibung der Güter der Ausdruck «BERGUNGSVERPACKUNG» oder «BERGUNGSDRUCKGEFÄSS » hinzuzufügen.

5.4.1.1.6 Sondervorschriften für ungereinigte leere Umschließungsmittel

5.4.1.1.6.1 Für ungereinigte leere Umschließungsmittel, die Rückstände gefährlicher Güter anderer Klassen als der Klasse 7 enthalten, muss vor oder nach der gemäß Absatz 5.4.1.1.1
a) bis d) und k) | j) und a) bis d)
festgelegten Beschreibung der gefährlichen Güter der Ausdruck «LEER, UNGEREINIGT» oder «RÜCKSTÄNDE DES ZULETZT ENTHALTENEN STOFFES» angegeben werden. Darüber hinaus findet der Absatz 5.4.1.1.1 f) keine Anwendung.

5.4.1.1.6.2 Die Sondervorschrift des Absatzes 5.4.1.1.6.1 darf durch die Vorschriften des Absatzes 5.4.1.1.6.2.1 bzw. 5.4.1.1.6.2.2 ersetzt werden.

5.4.1.1.6.2.1 Für ungereinigte leere Verpackungen, die Rückstände gefährlicher Güter anderer Klassen als der Klasse 7 enthalten, einschließlich ungereinigte leere Gefäße für Gase mit einem Fassungsraum von höchstens 1000 Litern, werden die Angaben gemäß Absatz 5.4.1.1.1 a), b), c), d),
e) und f) | e), f) und j)
durch den Ausdruck «LEERE VERPACKUNG», «LEERES GEFÄSS», «LEERES GROSSPACKMITTEL (IBC)» bzw. «LEERE GROSSVERPACKUNG», ergänzt durch die Angaben gemäß Absatz 5.4.1.1.1 c) für das letzte Ladegut ersetzt.

Dokumentation 5.4

ADR	RID

Beispiel: «LEERE VERPACKUNG, 6.1 (3)».

Wenn es sich bei dem letzten Ladegut um gefährliche Güter

a) der Klasse 2 handelt, darf in diesem Fall darüber hinaus die in Absatz 5.4.1.1.1 c) vorgeschriebene Information durch die Nummer der Klasse «2» ersetzt werden;

b) der Klasse 3, 4.1, 4.2, 4.3, 5.1, 5.2, 6.1, 8 oder 9 handelt, darf in diesem Fall darüber hinaus die in Absatz 5.4.1.1.1 c) vorgeschriebene Information durch den Ausdruck «MIT RÜCKSTÄNDEN VON [...]», ergänzt durch die den verschiedenen Rückständen entsprechende(n) Klasse(n) und Nebengefahr(en) in der Reihenfolge der Klassen, ersetzt werden.

Beispiel: Ungereinigte leere Verpackungen, die Güter der Klasse 3 enthalten haben und die zusammen mit ungereinigten leeren Verpackungen befördert werden, die Güter der Klasse 8 mit der Nebengefahr der Klasse 6.1 enthalten haben, dürfen im Beförderungspapier bezeichnet werden als:

«LEERE VERPACKUNGEN MIT RÜCKSTÄNDEN VON 3, 6.1, 8».

5.4.1.1.6.2.2 Für ungereinigte leere Umschließungsmittel, ausgenommen Verpackungen, die Rückstände gefährlicher Güter anderer Klassen als der Klasse 7 enthalten, sowie für ungereinigte leere Gefäße für Gase mit einem Fassungsraum von mehr als 1000 Litern wird den Angaben gemäß

ADR	RID
Absatz 5.4.1.1.1 a) bis d) und k) der Ausdruck «LEERES TANKFAHRZEUG», «LEERER AUFSETZTANK», «LEERES BATTERIE-FAHRZEUG», «LEERER ORTSBEWEGLICHER TANK», «LEERER TANKCONTAINER», «LEERER MEGC», «LEERER MEMU», «LEERES FAHRZEUG», «LEERER CONTAINER» bzw. «LEERES GEFÄSS», ergänzt durch den Ausdruck «LETZTES LADEGUT», vorangestellt. Darüber hinaus findet der Absatz 5.4.1.1.1 f) keine Anwendung.	Absatz 5.4.1.1.1 a) bis d) und j) der Ausdruck «LEERER KESSELWAGEN», «LEERES TANKFAHRZEUG», «LEERER ABNEHMBARER TANK», «LEERER AUFSETZTANK», «LEERES BATTERIE-WAGEN », «LEERES BATTERIE-FAHRZEUG», «LEERER ORTSBEWEGLICHER TANK», «LEERER TANKCONTAINER», «LEERER MEGC», «LEERER WAGEN», «LEERES FAHRZEUG», «LEERER CONTAINER» bzw. «LEERES GEFÄSS», ergänzt durch den Ausdruck «LETZTES LADEGUT», vorangestellt. Darüber hinaus findet der Absatz 5.4.1.1.1 f) keine Anwendung.
Beispiele: «LEERES TANKFAHRZEUG, LETZTES LADEGUT: UN 1098 ALLYLALKOHOL, 6.1 (3), I, (C/D)» oder «LEERES TANKFAHRZEUG, LETZTES LADEGUT: UN 1098 ALLYLALKOHOL, 6.1 (3), VG I, (C/D)».	Beispiele: «LEERER KESSELWAGEN, LETZTES LADEGUT: 663, UN 1098 ALLYLALKOHOL, 6.1 (3), I» oder «LEERER KESSELWAGEN, LETZTES LADEGUT: 663, UN 1098 ALLYLALKOHOL, 6.1 (3), VG I».

5.4.1.1.6.2.3 Werden ungereinigte leere Umschließungsmittel, die Rückstände gefährlicher Güter anderer Klassen als der Klasse 7 enthalten, an deren Absender zurückgesandt, so dürfen auch die für die Beförderung dieser Güter im befüllten Zustand erstellten Beförderungspapiere verwendet werden. In diesen Fällen ist die Mengenangabe zu entfernen (durch Löschung Streichung oder auf andere Weise) und durch den Ausdruck «LEERE UNGEREINIGTE RÜCKSENDUNG» zu ersetzen.

(bleibt offen)

5.4 Dokumentation

ADR	RID

5.4.1.1.6.3 a) Werden ungereinigte leere Tanks, | ungereinigte leere Batteriewagen, ungereinigte leere Batterie-Fahrzeuge oder ungereinigte leere MEGC nach den Vorschriften des Absatzes 4.3.2.4.3 der nächsten geeigneten Stelle, wo eine Reinigung oder Reparatur durchgeführt werden kann, zugeführt, ist im Beförderungspapier zusätzlich zu vermerken:

«BEFÖRDERUNG NACH ABSATZ 4.3.2.4.3».

b) Werden

| ungereinigte leere Wagen,

ungereinigte leere Fahrzeuge | Straßenfahrzeuge

oder ungereinigte leere Container nach den Vorschriften des Unterabschnitts 7.5.8.1 der nächsten geeigneten Stelle, wo eine Reinigung oder Reparatur durchgeführt werden kann, zugeführt, ist im Beförderungspapier zusätzlich zu vermerken:

«BEFÖRDERUNG NACH UNTERABSCHNITT 7.5.8.1».

5.4.1.1.6.4 Bei der Beförderung von festverbundenen Tanks (Tankfahrzeugen), Aufsetztanks, Batterie-Fahrzeugen, | Kesselwagen, abnehmbaren Tanks, Batteriewagen,

Tankcontainern und MEGC nach den Vorschriften des Absatzes 4.3.2.4.4 ist im Beförderungspapier zu vermerken:

«BEFÖRDERUNG NACH ABSATZ 4.3.2.4.4».

5.4.1.1.7 **Sondervorschriften für Beförderungen in einer Transportkette, die eine See- oder Luftbeförderung einschließt** [1]

▶ *1.1.4.2*

Bei Beförderungen gemäß Absatz 1.1.4.2.1 ist im Beförderungspapier zu vermerken:

«BEFÖRDERUNG NACH ABSATZ 1.1.4.2.1».

[1] Bei Beförderungen in einer Transportkette, die eine See- oder Luftbeförderung einschließt, dürfen dem Beförderungspapier eine Abschrift der verwendeten Dokumentation (z.B. Formular für die multimodale Beförderung gefährlicher Güter gemäß Abschnitt 5.4.5) für die See- oder Luftbeförderung beigegeben werden. Diese Dokumente müssen dieselbe Größe wie der Beförderungspapier haben. Wird das Formular für die multimodale Beförderung gefährlicher Güter gemäß Abschnitt 5.4.5 dem Beförderungspapier beigegeben, darf im Beförderungspapier auf die Angaben betreffend die gefährlichen Güter, die bereits in diesem Formular erscheinen, verzichtet werden, jedoch muss im entsprechenden Feld des Beförderungspapiers auf dieses Zusatzblatt verwiesen werden.

5.4.1.1.8 (bleibt offen)

5.4.1.1.9 (bleibt offen) | **Sondervorschriften für den Huckepackverkehr**

Bem. Für die Angaben im Beförderungspapier siehe Absatz 1.1.4.4.5.

5.4.1.1.10 (gestrichen)

Dokumentation 5.4

ADR	RID

5.4.1.1.11 Sondervorschriften für die Beförderung von Großpackmitteln (IBC), Tanks, Batterie-Fahrzeugen, | Batteriewagen, ortsbeweglichen Tanks und MEGC nach Ablauf der Frist für die wiederkehrende Prüfung

Für Beförderungen gemäß Unterabschnitt 4.1.2.2 b), Absatz 4.3.2.3.7 b), Absatz 6.7.2.19.6.1 b), Absatz 6.7.3.15.6.1 b) oder Absatz 6.7.4.14.6.1 b) ist im Beförderungspapier zu vermerken:

«BEFÖRDERUNG NACH UNTERABSCHNITT 4.1.2.2 b)»,
«BEFÖRDERUNG NACH ABSATZ 4.3.2.3.7 b)»,
«BEFÖRDERUNG NACH ABSATZ 6.7.2.19.6.1 b)»,
«BEFÖRDERUNG NACH ABSATZ 6.7.3.15.6.1 b)» bzw.
«BEFÖRDERUNG NACH ABSATZ 6.7.4.14.6.1 b)».

5.4.1.1.12 (bleibt offen)

Sondervorschriften für Beförderungen gemäß Übergangsvorschriften

Für Beförderungen gemäß Unterabschnitt 1.6.1.1 ist im Beförderungspapier zu vermerken:

«BEFÖRDERUNG NACH DEM VOR DEM 1. JANUAR 2021 GELTENDEN RID».

5.4.1.1.13 Sondervorschriften für die Beförderung in Tankfahrzeugen mit mehreren Abteilen oder in Beförderungseinheiten mit einem oder mehreren Tanks

Wenn abweichend von Absatz 5.3.2.1.2 die Kennzeichnung eines Tankfahrzeugs mit mehreren Abteilen oder einer Beförderungseinheit mit einem oder mehreren Tanks gemäß Absatz 5.3.2.1.3 erfolgt, müssen die in jedem Tank oder jedem Abteil eines Tanks enthaltenen Stoffe im Beförderungspapier einzeln angegeben werden.

(bleibt offen)

5.4.1.1.14 Sondervorschriften für die Beförderung von erwärmten Stoffen

Wenn die offizielle Benennung für die Beförderung eines Stoffes, der in flüssigem Zustand bei einer Temperatur von mindestens 100 °C oder in festem Zustand bei einer Temperatur von mindestens 240 °C befördert oder zur Beförderung aufgegeben wird, nicht angibt, dass es sich um einen Stoff handelt, der unter erhöhter Temperatur befördert wird (zum Beispiel durch Verwendung des Ausdrucks «GESCHMOLZEN» oder «ERWÄRMT» als Teil der offiziellen Benennung für die Beförderung), ist direkt nach der offiziellen Benennung für die Beförderung der Ausdruck «HEISS» hinzuzufügen.

5.4.1.1.15 Sondervorschriften für die Beförderung von Stoffen, die durch Temperaturkontrolle stabilisiert werden

Wenn der Ausdruck «STABILISIERT» Teil der offiziellen Benennung für die Beförderung ist (siehe auch Unterabschnitt 3.1.2.6) und wenn die Stabilisierung durch eine Temperaturkontrolle erfolgt, sind die Kontrolltemperatur und die Notfalltemperatur (siehe Abschnitt 7.1.7) wie folgt im Beförderungspapier anzugeben:

«KONTROLLTEMPERATUR: .....°C
NOTFALLTEMPERATUR:.....°C».

(bleibt offen)

ADR	RID

5.4.1.1.16 Erforderliche Angaben gemäß Kapitel 3.3 Sondervorschrift 640

Sofern dies durch Kapitel 3.3 Sondervorschrift 640 vorgeschrieben ist, ist im Beförderungspapier „SONDERVORSCHRIFT 640X" zu vermerken, wobei „X" der Großbuchstabe ist, der in Kapitel 3.2 Tabelle A Spalte 6 nach dem Verweis auf Sondervorschrift 640 erscheint.

5.4.1.1.17 Sondervorschriften für die Beförderung fester Stoffe in Schüttgut-Containern gemäß Abschnitt 6.11.4

Wenn feste Stoffe in Schüttgut-Container gemäß Abschnitt 6.11.4 befördert werden, ist im Beförderungspapier anzugeben (siehe Bem. am Anfang des Abschnitts 6.11.4):

«SCHÜTTGUT-CONTAINER BK (x)[2] VON DER ZUSTÄNDIGEN BEHÖRDE VON ... ZUGELASSEN».

5.4.1.1.18 Sondervorschriften für die Beförderung umweltgefährdender Stoffe (aquatische Umwelt)

Wenn ein Stoff der Klassen 1 bis 9 den Klassifizierungskriterien des Absatzes 2.2.9.1.10 entspricht, muss im Beförderungspapier der zusätzliche Ausdruck «UMWELTGEFÄHRDEND» oder «MEERESSCHADSTOFF/UMWELTGEFÄHRDEND» angegeben sein. Diese zusätzliche Vorschrift gilt nicht für die UN-Nummern 3077 und 3082 und für die in Absatz 5.2.1.8.1 aufgeführten Ausnahmen.

Für Beförderungen in einer Transportkette, die eine Seebeförderung einschließt, ist die Angabe «MEERESSCHADSTOFF» (gemäß Absatz 5.4.1.4.3 des IMDG-Codes) zugelassen.

5.4.1.1.19 Sondervorschriften für die Beförderung von Altverpackungen, leer, ungereinigt (UN 3509)

Bei leeren, ungereinigten Altverpackungen muss die in Absatz 5.4.1.1.1 b) festgelegte offizielle Benennung für die Beförderung durch den Ausdruck «(MIT RÜCKSTÄNDEN VON [...])», gefolgt von der (den) den Rückständen entsprechenden Klasse(n) und Nebengefahr(en) in numerischer Reihenfolge, ergänzt werden. Darüber hinaus findet der Absatz 5.4.1.1.1 f) keine Anwendung.

Zum Beispiel sollten leere, ungereinigte Altverpackungen, die Güter der Klasse 4.1 enthalten haben und mit leeren, ungereinigten Altverpackungen, die Güter der Klasse 3 mit der Nebengefahr der Klasse 6.1 enthalten haben, zusammengepackt sind, wie folgt im Beförderungspapier angegeben werden:

«UN 3509 ALTVERPACKUNGEN, LEER, UNGEREINIGT (MIT RÜCKSTÄNDEN VON 3, 4.1, 6.1), 9».

5.4.1.1.20 Sondervorschriften für die Beförderung von gemäß Unterabschnitt 2.1.2.8 klassifizierten Stoffen

Bei Beförderungen gemäß Unterabschnitt 2.1.2.8 ist im Beförderungspapier anzugeben:

«GEMÄSS UNTERABSCHNITT 2.1.2.8 KLASSIFIZIERT».

5.4.1.1.21 Sondervorschriften für Beförderung von UN 3528, UN 3529 und UN 3530

Für die Beförderung von UN 3528, UN 3529 und UN 3530 ist im Beförderungspapier, sofern dieses gemäß Kapitel 3.3 Sondervorschrift 363 erforderlich ist, zusätzlich zu vermerken:

«BEFÖRDERUNG NACH SONDERVORSCHRIFT 363».

---

[2] (x) muss durch «1» bzw. «2» ersetzt werden.

Dokumentation 5.4

ADR	RID

5.4.1.2 Zusätzliche oder besondere Angaben für bestimmte Klassen

5.4.1.2.1 Sondervorschriften für die Klasse 1

a) Zusätzlich zu den Vorschriften des Absatzes 5.4.1.1.1 f) muss im Beförderungspapier angegeben sein:
   - die gesamte Nettomasse in kg des Inhalts an Explosivstoff [3] für jeden Stoff oder Gegenstand mit unterschiedlicher UN-Nummer;
   - die gesamte Nettomasse in kg des Inhalts an Explosivstoff [3] für alle Stoffe und Gegenstände, für die das Beförderungspapier gilt.

b) Als Bezeichnung des Gutes im Beförderungspapier sind beim Zusammenpacken von zwei verschiedenen Gütern die in Kapitel 3.2 Tabelle A Spalte 1 aufgeführten UN-Nummern und die in Spalte 2 in Großbuchstaben gedruckten offiziellen Benennungen für die Beförderung beider Stoffe oder Gegenstände anzugeben. Werden mehr als zwei verschiedene Güter nach Abschnitt 4.1.10 Sondervorschriften MP 1, MP 2 und MP 20 bis MP 24 in einem Versandstück vereinigt, so müssen im Beförderungspapier unter der Bezeichnung des Gutes die UN-Nummern aller im Versandstück enthaltenen Stoffe und Gegenstände in der Form «GÜTER DER UN-NUMMERN ... » angegeben werden.

c) Bei Beförderung von Stoffen und Gegenständen, die einer n.a.g.-Eintragung oder der Eintragung «0190 EXPLOSIVSTOFF, MUSTER» zugeordnet sind oder die nach der Verpackungsanweisung P 101 des Unterabschnitts 4.1.4.1 verpackt sind, ist dem Beförderungspapier eine Kopie der Genehmigung der zuständigen Behörde mit den Beförderungsbedingungen beizufügen. Sie muss in einer amtlichen Sprache des Versandlandes abgefasst sein und, wenn diese Sprache nicht

Deutsch, Englisch oder Französisch ist, außerdem in Deutsch, Englisch oder Französisch, wenn	Deutsch, Englisch, Französisch oder Italienisch ist, außerdem in Deutsch, Englisch, Französisch oder Italienisch, sofern

nicht Vereinbarungen zwischen den von der Beförderung berührten Staaten etwas anderes vorschreiben.

d) Wenn Versandstücke mit Stoffen und Gegenständen der Verträglichkeitsgruppen B und D nach den Vorschriften des Unterabschnitts 7.5.2.2 zusammen in

ein Fahrzeug	einen Wagen

verladen werden, ist dem Beförderungspapier die eine Kopie der Zulassung des Schutzabteils oder des Schutzumschließungssystems durch die zuständige Behörde des Schutzabteils nach Unterabschnitt 7.5.2.2 Fußnote a) beizufügen. Sie muss in einer amtlichen Sprache des Versandlandes abgefasst sein und, wenn diese Sprache nicht Deutsch, Englisch

oder Französisch	, Französisch oder Italienisch
außerdem in Deutsch, Englisch oder Französisch	, Französisch oder Italienisch

, sofern nicht Vereinbarungen zwischen den von der Beförderung berührten Staaten etwas anderes vorschreiben.

e) Wenn explosive Stoffe oder Gegenstände mit Explosivstoff in Verpackungen gemäß Verpackungsanweisung P 101 befördert werden, ist im Beförderungspapier zu vermerken: «VERPACKUNG VON DER ZUSTÄNDIGEN BEHÖRDE VON (Kurzzeichen des Staates (das für Kraftfahrzeuge im internationalen Verkehr verwendete Unterscheidungszeichen [4]), in dessen Auftrag die zuständige Behörde handelt) ZUGELASSEN» (siehe Unterabschnitt 4.1.4.1 Verpackungsanweisung P 101).

---

[3] Für Gegenstände versteht man unter «Inhalt an Explosivstoff» den im Gegenstand enthaltenen explosiven Stoff.

[4] Das für Kraftfahrzeuge und Anhänger im internationalen Straßenverkehr verwendete Unterscheidungszeichen des Zulassungsstaates, z.B. gemäß dem Genfer Übereinkommen über den Straßenverkehr von 1949 oder dem Wiener Übereinkommen über den Straßenverkehr von 1968.

5.4 Dokumentation

ADR	RID
f) (bleibt offen)	Bei militärischen Sendungen im Sinne des Abschnitts 1.5.2 dürfen anstelle der Bezeichnungen nach Kapitel 3.2 Tabelle A die von der zuständigen militärischen Behörde vorgeschriebenen Bezeichnungen verwendet werden.
	Bei der Beförderung militärischer Sendungen, für die abweichende Bedingungen nach Unterabschnitt 5.2.1.5, den Absätzen 5.2.2.1.8 und 5.3.1.1.2 sowie Abschnitt 7.2.4 Sondervorschrift W 2 gelten, ist im Beförderungspapier anzugeben: «MILITÄRISCHE SENDUNG».

g) Bei der Beförderung von Feuerwerkskörpern der UN-Nummern 0333, 0334, 0335, 0336 und 0337 ist im Beförderungspapier zu vermerken:

«KLASSIFIZIERUNG VON FEUERWERKSKÖRPERN DURCH DIE ZUSTÄNDIGE BEHÖRDE VON XX MIT DER REFERENZ FÜR FEUERWERKSKÖRPER XX/YYZZZZ BESTÄTIGT».

Die Klassifizierungsbestätigung muss während der Beförderung nicht mitgeführt werden, ist jedoch vom Absender dem Beförderer oder den zuständigen Behörden bei Kontrollen zugänglich zu machen. Die Klassifizierungsbestätigung oder eine Kopie muss in einer amtlichen Sprache des Versandlandes abgefasst sein und, wenn diese nicht Deutsch, Englisch,

oder Französisch ist außerdem in Deutsch, Englisch oder Französisch.	, Französisch oder Italienisch ist , Französisch oder Italienisch.

Bem. 1. Die handelsübliche oder technische Benennung der Güter darf zusätzlich zur offiziellen Benennung für die Beförderung im Beförderungspapier angegeben werden.

2. Diese Klassifizierungsreferenz(en) muss (müssen) aus der Angabe der Vertragspartei des ADR, in der | des RID-Vertragsstaates, in dem gemäß Sondervorschrift 645 des Abschnitts 3.3.1 dem Klassifizierungscode zugestimmt wurde, angegeben durch das für Kraftfahrzeuge im internationalen Verkehr verwendete Unterscheidungszeichen (XX) [4], der Identifikation der zuständigen Behörde (YY) und einer einmal vergebenen Serienreferenz (ZZZZ) bestehen. Beispiel solcher Klassifizierungsreferenzen:

GB/HSE123456
D/BAM1234.

5.4.1.2.2 Zusätzliche Vorschriften für die Klasse 2

a) Bei der Beförderung von Gemischen (siehe Absatz 2.2.2.1.1) in

Tanks (Aufsetztanks, festverbundene Tanks, ortsbewegliche Tanks, Tankcontainer oder Elemente von Batterie-Fahrzeugen oder MEGC)	Kesselwagen, Batteriewagen, Wagen mit abnehmbaren Tanks, ortsbeweglichen Tanks, Tankcontainern oder MEGC

muss die Zusammensetzung des Gemisches in Vol.-% oder Masse-% angegeben werden. Bestandteile mit weniger als 1 % müssen dabei nicht aufgeführt werden (siehe auch Absatz 3.1.2.8.1.2). Die Zusammensetzung des Gemisches muss nicht angegeben werden, wenn als Ergänzung zur offiziellen Benennung für die Beförderung die durch die Sondervorschrift 581, 582 oder 583 zugelassenen technischen Benennungen verwendet werden.

---

[4] Das für Kraftfahrzeuge und Anhänger im internationalen Straßenverkehr verwendete Unterscheidungszeichen des Zulassungsstaates, z.B. gemäß dem Genfer Übereinkommen über den Straßenverkehr von 1949 oder dem Wiener Übereinkommen über den Straßenverkehr von 1968.

Dokumentation 5.4

ADR	RID

b) Bei Beförderung von Flaschen, Großflaschen, Druckfässern, Kryo-Behältern und Flaschenbündeln unter den Bedingungen des Unterabschnitts 4.1.6.10 ist im Beförderungspapier zu vermerken:

«BEFÖRDERUNG GEMÄSS UNTERABSCHNITT 4.1.6.10».

c) (bleibt offen)	Bei Beförderung von Kesselwagen, die in ungereinigtem Zustand befüllt wurden, ist im Beförderungspapier als Masse des Gutes die Summe aus der eingefüllten Masse und dem Ladungsrest, welche der Gesamtmasse des befüllten Kesselwagens abzüglich der angeschriebenen Eigenmasse entspricht, anzugeben. Zusätzlich darf ein Vermerk «EINGEFÜLLTE MASSE ... KG» angebracht werden.

d) Für Kesselwagen, Tankcontainer oder ortsbewegliche Tanks mit tiefgekühlt verflüssigten Gasen muss der Absender das Datum, an dem die tatsächliche Haltezeit endet, wie folgt im Beförderungspapier eintragen:

«ENDE DER HALTEZEIT: .... (TT/MM/JJJJ)».

5.4.1.2.3 Zusätzliche Vorschriften für selbstzersetzliche Stoffe und polymerisierende Stoffe der Klasse 4.1 und organische Peroxide der Klasse 5.2

5.4.1.2.3.1	Für selbstzersetzliche Stoffe oder polymerisierende Stoffe der Klasse 4.1 und organische Peroxide der Klasse 5.2 mit Temperaturkontrolle während der Beförderung (für selbstzersetzliche Stoffe siehe Absatz 2.2.41.1.17, für polymerisierende Stoffe siehe Absatz 2.2.41.1.21, für organische Peroxide siehe Absatz 2.2.52.1.15) sind die Kontroll- und Notfalltemperaturen wie folgt im Beförderungspapier anzugeben: «KONTROLLTEMPERATUR: ....°C NOTFALLTEMPERATUR: ....°C».	(bleibt offen)

5.4.1.2.3.2 Für bestimmte selbstzersetzliche Stoffe der Klasse 4.1 und für bestimmte organische Peroxide der Klasse 5.2, für welche die zuständige Behörde für eine bestimmte Verpackung den Wegfall des Gefahrzettels nach Muster 1 genehmigt hat (siehe Absatz 5.2.2.1.9), ist im Beförderungspapier zu vermerken:

«GEFAHRZETTEL NACH MUSTER 1 NICHT ERFORDERLICH».

5.4.1.2.3.3 Wenn selbstzersetzliche Stoffe und organische Peroxide unter Bedingungen befördert werden, für die eine Genehmigung erforderlich ist (für selbstzersetzliche Stoffe siehe Absätze 2.2.41.1.13 und 4.1.7.2.2; für organische Peroxide siehe Absätze 2.2.52.1.8 und 4.1.7.2.2 sowie Abschnitt 6.8.4 Sondervorschrift TA 2) ist im Beförderungspapier z. B. zu vermerken:

«BEFÖRDERUNG GEMÄSS ABSATZ 2.2.52.1.8».

Eine Kopie der Genehmigung der zuständigen Behörde mit den Beförderungsbedingungen ist dem Beförderungspapier beizufügen. Sie muss in einer amtlichen Sprache des Versandlandes abgefasst sein und, wenn diese Sprache nicht Deutsch, Englisch oder Französisch	, Französisch oder Italienisch außerdem in Deutsch, Englisch

1265

5.4 Dokumentation

ADR	RID

oder Französisch | , Französisch oder Italienisch

, sofern nicht Vereinbarungen zwischen den von der Beförderung berührten Staaten etwas anderes vorschreiben.

5.4.1.2.3.4 Wenn ein Muster eines selbstzersetzlichen Stoffes (siehe Absatz 2.2.41.1.15) oder eines organischen Peroxids (siehe Absatz 2.2.52.1.9) befördert wird, ist im Beförderungspapier z.B. zu vermerken:

«BEFÖRDERUNG GEMÄSS ABSATZ 2.2.52.1.9».

5.4.1.2.3.5 Bei der Beförderung von selbstzersetzlichen Stoffen des Typs G (siehe Handbuch Prüfungen und Kriterien Teil II Absatz 20.4.2 g)) darf im Beförderungspapier vermerkt werden:

«KEIN SELBSTZERSETZLICHER STOFF DER KLASSE 4.1».

Bei der Beförderung von organischen Peroxiden des Typs G (siehe Handbuch Prüfungen und Kriterien Teil II Absatz 20.4.3 g)) darf im Beförderungspapier vermerkt werden:

«KEIN STOFF DER KLASSE 5.2».

5.4.1.2.4 **Zusätzliche Vorschriften für die Klasse 6.2**

Neben der Angabe des Empfängers (siehe Absatz 5.4.1.1.1 h)) ist der Name und die Telefonnummer einer verantwortlichen Person anzugeben.

5.4.1.2.5 **Zusätzliche Vorschriften für die Klasse 7**

5.4.1.2.5.1 Für jede Sendung mit Stoffen der Klasse 7 müssen im Beförderungspapier, soweit anwendbar, folgende Angaben in der vorgegebenen Reihenfolge direkt nach den Angaben gemäß Absatz 5.4.1.1.1 a) bis c) und k) | Absatz 5.4.1.1.1 a) bis c) vermerkt werden:

a) Name oder Symbol jedes Radionuklids oder bei Gemischen von Radionukliden eine geeignete allgemeine Bezeichnung oder ein Verzeichnis der einschränkendsten Nuklide;

b) eine Beschreibung der physikalischen und chemischen Form des Stoffes oder die Angabe, dass es sich um einen radioaktiven Stoff in besonderer Form oder um einen gering dispergierbaren radioaktiven Stoff handelt. Für die chemische Form ist eine Gattungsbezeichnung ausreichend. Für radioaktive Stoffe der Klasse 7 mit Nebengefahren siehe Absatz c) der Sondervorschrift 172 in Kapitel 3.3;

c) die maximale Aktivität des radioaktiven Inhalts während der Beförderung in Becquerel (Bq) mit dem entsprechenden SI-Vorsatzzeichen (siehe Unterabschnitt 1.2.2.1). Bei spaltbaren Stoffen darf anstelle der Aktivität die Masse der spaltbaren Stoffe (oder gegebenenfalls bei Gemischen der Masse jedes spaltbaren Nuklids) in Gramm (g) oder in Vielfachen davon angegeben werden;

d) die gemäß Absatz 5.1.5.3.4 zugeordnete Kategorie des Versandstücks, der Umverpackung oder des Containers, d. h. I-WEISS, II-GELB, III-GELB;

e) die gemäß den Absätzen 5.1.5.3.1 und 5.1.5.3.2 bestimmte Transportkennzahl (ausgenommen Kategorie I-WEISS);

f) für spaltbare Stoffe,
  (i) die unter einer der Freistellungen der Absätze a) bis f) des Absatzes 2.2.7.2.3.5 befördert werden, der Verweis auf den zutreffenden Absatz;
  (ii) die unter den Absätzen c) bis e) des Absatzes 2.2.7.2.3.5 befördert werden, die Gesamtmasse der spaltbaren Nuklide;
  (iii) die in einem Versandstück enthalten sind, für das einer der Absätze a) bis c) des Unterabschnitts 6.4.11.2 oder der Unterabschnitt 6.4.11.3 angewendet wird, der Verweis auf den zutreffenden Absatz oder Unterabschnitt;
  (iv) soweit anwendbar, die Kritikalitätssicherheitskennzahl;

Dokumentation 5.4

ADR	RID

g) das Kennzeichen jedes Zulassungs-/Genehmigungszeugnisses einer zuständigen Behörde (radioaktive Stoffe in besonderer Form, gering dispergierbare radioaktive Stoffe, gemäß Absatz 2.2.7.2.3.5 f) freigestellte spaltbare Stoffe, Sondervereinbarung, Versandstückmuster oder Beförderung), soweit für die Sendung zutreffend;

h) für Sendungen mit mehr als einem Versandstück muss die in Absatz 5.4.1.1.1 und in den Absätzen a) bis g) vorgeschriebene Information für jedes Versandstück angegeben werden. Für Versandstücke in einer Umverpackung, einem Container oder einem Fahrzeug | Wagen
muss eine detaillierte Aufstellung des Inhalts jedes Versandstücks innerhalb der Umverpackung, des Containers oder des Fahrzeugs | Wagens
und gegebenenfalls jeder Umverpackung, jedes Containers oder jedes Fahrzeugs | Wagens
beigefügt werden. Sind bei einer Zwischenentladung einzelne Versandstücke aus der Umverpackung, dem Container oder dem Fahrzeug | Wagen
zu entnehmen, müssen die zugehörigen Beförderungspapiere zur Verfügung gestellt werden;

i) falls eine Sendung unter ausschließlicher Verwendung zu befördern ist, der Vermerk «BEFÖRDERUNG UNTER AUSSCHLIESSLICHER VERWENDUNG»;

j) bei LSA-II- oder LSA-III-Stoffen und bei SCO-I-, SCO-II- und SCO-III-Gegenständen die Gesamtaktivität der Sendung als Vielfaches des A_2-Wertes. Bei radioaktiven Stoffen, bei denen der A_2-Wert unbegrenzt ist, muss das Vielfache des A_2-Wertes Null sein.

5.4.1.2.5.2 Der Absender hat zusammen mit dem Beförderungspapier auf die Maßnahmen hinzuweisen, die vom Beförderer gegebenenfalls zu ergreifen sind. Diese schriftlichen Hinweise müssen in den Sprachen abgefasst sein, die vom Beförderer und den zuständigen Behörden für notwendig erachtet werden, und müssen mindestens folgende Informationen enthalten:

a) zusätzliche Maßnahmen bei der Verladung, der Verstauung, der Beförderung, der Handhabung und der Entladung des Versandstücks, der Umverpackung oder des Containers, einschließlich besonderer die Wärmeableitung betreffende Ladevorschriften (siehe Abschnitt 7.5.11 Sondervorschrift
CV 33 (3.2)), | CW 33 (3.2)),
oder einen Hinweis, dass solche Maßnahmen nicht erforderlich sind;

b) Einschränkungen hinsichtlich der Versandart oder des Fahrzeugs | Wagens
und notwendige Angaben über den Beförderungsweg;

c) für die Sendung geeignete Notfallvorkehrungen.

5.4.1.2.5.3 Bei allen internationalen Beförderungen von Versandstücken, für die eine Zulassung der Bauart oder eine Genehmigung der Beförderung durch die zuständige Behörde erforderlich ist und für die in den verschiedenen von der Beförderung berührten Staaten unterschiedliche Zulassungs- oder Genehmigungstypen gelten, muss die in Absatz 5.4.1.1.1 vorgeschriebene Angabe der UN-Nummer und der offiziellen Benennung für die Beförderung in Übereinstimmung mit dem Zulassungszeugnis des Ursprungslandes der Bauart erfolgen.

5.4.1.2.5.4 Die erforderlichen Zeugnisse der zuständigen Behörde müssen der Sendung nicht unbedingt beigefügt sein. Der Absender muss diese dem (den) Beförderer(n) vor dem Be- und Entladen zugänglich machen.

5.4.1.3 (bleibt offen)

5.4 Dokumentation

ADR	RID

5.4.1.4 Form und Sprache | **Form und zu verwendende Sprache**

5.4.1.4.1 Ein Papier mit den Angaben gemäß den Unterabschnitten 5.4.1.1 und 5.4.1.2 kann auch ein solches sein, das bereits durch andere geltende Vorschriften für die Beförderung mit einem anderen Verkehrsträger verlangt wird. Bei mehreren Empfängern dürfen die Namen und die Anschriften der Empfänger sowie die Liefermengen, die es ermöglichen, die jeweils beförderte Art und Menge zu ermitteln, auch in anderen zu verwendenden oder durch andere Vorschriften verlangten Papieren enthalten sein, die im Fahrzeug mitzuführen sind.

Die in das Papier einzutragenden Vermerke sind in einer amtlichen Sprache des Versandlandes abzufassen und, wenn diese Sprache nicht Deutsch, Englisch oder Französisch ist, außerdem in Deutsch, Englisch oder Französisch, wenn nicht internationale Tarife für die Beförderung auf der Straße oder Vereinbarungen zwischen den von der Beförderung berührten Staaten etwas anderes vorschreiben.

Das Beförderungspapier ist in einer oder mehreren Sprachen auszufüllen, wobei eine dieser Sprachen Französisch, Deutsch oder Englisch ist, es sei denn, die zwischen den von der Beförderung berührten Staaten geschlossenen Vereinbarungen schreiben etwas anderes vor.

Zusätzlich zu den in den Unterabschnitten 5.4.1.1 und 5.4.1.2 vorgeschriebenen Angaben muss in dem dafür vorgesehenen Feld ein Kreuz angebracht werden, sofern das verwendete Beförderungspapier ein solches enthält, z.B. der Frachtbrief gemäß CIM oder der Wagenbrief gemäß dem Allgemeinen Vertrag für die Verwendung von Güterwagen (AVV) [7].

[7] Veröffentlicht durch das AVV-Büro, Avenue Louise, 500, BE-1050 Bruxelles, www.gcubureau.org.

5.4.1.4.2 Kann eine Sendung wegen der Größe der Ladung nicht vollständig in eine einzige Beförderungseinheit verladen werden, sind mindestens so viele getrennte Papiere oder Kopien des einen Papiers auszufertigen, wie Beförderungseinheiten beladen werden. Ferner sind in allen Fällen getrennte Beförderungspapiere auszufertigen für Sendungen oder Teile einer Sendung, die wegen der Verbote in Abschnitt 7.5.2 nicht zusammen in ein Fahrzeug verladen werden dürfen.

Die Informationen über die von den zu befördernden Gütern ausgehenden Gefahren (nach den Angaben des Unterabschnitts 5.4.1.1) dürfen in ein übliches Beförderungspapier oder Ladungspapier aufgenommen oder mit diesem verbunden werden. Die Darstellung der Informationen im Papier (oder die Reihenfolge der Übertragung entsprechender Daten bei der Verwendung von Arbeitsverfahren der elektronischen Datenübertragung (EDV) oder des elektronischem Datenaustausches (EDI)) muss den Angaben in Absatz 5.4.1.1.1 entsprechen.

Für Sendungen, die wegen der Verbote in Abschnitt 7.5.2 nicht zusammen in einen Wagen oder Container verladen werden dürfen, müssen gesonderte Beförderungspapiere ausgestellt werden.

Zusätzlich zum Beförderungspapier wird bei multimodalen Beförderung die Verwendung von Dokumenten gemäß dem in Abschnitt 5.4.5 dargestellten Beispiel empfohlen [8].

[8] Für die Verwendung dieses Dokuments können die entsprechenden Empfehlungen der Arbeitsgruppe der UNECE über die Erleichterung internationaler Handelsverfahren, insbesondere die Empfehlung Nr. 1 (Formularentwurf der Vereinten Nationen für Handelspapiere) (ECE/TRADE/137, Ausgabe 96.1), die Empfehlung Nr. 11 (Aspekte der Dokumentation bei der internationalen Beförderung gefährlicher Güter) (ECE/TRADE/204, Ausgabe 96.1) und die Empfehlung Nr. 22 (Formularentwurf für standardsierte Versandanweisungen) (ECE/TRADE/168, Ausgabe 96.1) herangezogen werden. Siehe Handelsdatenverzeichnis, Ausgabe III, Empfehlungen für die Erleichterung des Handels (ECE/TRADE/200) (Veröffentlichung der Vereinten Nationen, Verkaufsnummer E/F.96.II.E.13).

Dokumentation 5.4

ADR	RID
Kann ein übliches Beförderungspapier oder Ladungspapier nicht als multimodales Beförderungspapier für gefährliche Güter verwendet werden, wird die Verwendung von Dokumenten gemäß dem in Abschnitt 5.4.5 dargestellten Beispiel empfohlen [5].	
5) Für die Verwendung dieses Dokuments können die entsprechenden Empfehlungen der UNECE United Nations Centre for Trade Facilitation and Electronic Business (Zentrum der Vereinten Nationen für Handelserleichterungen und elektronischem Geschäftsverkehr) (UN/CEFACT) herangezogen werden, insbesondere Empfehlung Nr. 1 (United Nations Layout Key for Trade Documents – Formularentwurf der Vereinten Nationen für Handelsdokumente) (ECE/TRADE/137, Ausgabe 81.3), UN Layout Key for Trade Documents – Guidelines for Applications (Formularentwurf der Vereinten Nationen für Handelsdokumente – Leitfaden für Anwendungsmöglichkeiten) (ECE/TRADE/270, Ausgabe 2002), Empfehlung Nr. 11 (Documentary Aspects of the International Transport of Dangerous Goods – Aspekte der Dokumentation bei der internationalen Beförderung gefährlicher Güter) (ECE/TRADE/204, Ausgabe 96.1 – in Überarbeitung) und die Empfehlung Nr. 22 (Layout Key for Standard Consignment Instructions – Formularentwurf für standardisierte Versandanweisungen) (ECE/TRADE/168, Ausgabe 1989). Siehe auch UN/CEFACT Summary of Trade Facilitation Recommendations (Zusammenfassung der Empfehlungen für Handelserleichterungen) (ECE/TRADE/346, Ausgabe 2006) und United Nations Trade Data Elements Directory (Verzeichnis der Handelsdatenelemente der Vereinten Nationen) (UNTDED) (ECE/TRADE/362, Ausgabe 2005).	

5.4.1.5 **Nicht gefährliche Güter**

Unterliegen in Kapitel 3.2 Tabelle A namentlich genannte Güter nicht den Vorschriften des ADR/RID, da sie gemäß Teil 2 als nicht gefährlich gelten, darf der Absender zu diesem Zweck eine Erklärung in das Beförderungspapier aufnehmen, z. B.:

«KEINE GÜTER DER KLASSE ...».

Bem. Diese Vorschrift darf insbesondere angewendet werden, wenn der Absender der Ansicht ist, dass die Sendung auf Grund der chemischen Beschaffenheit der beförderten Güter (z.B. Lösungen oder Gemische) oder auf Grund der Tatsache, dass diese Güter nach anderen Vorschriften als gefährlich gelten, während der Beförderung Gegenstand einer Überprüfung werden könnte.

5.4 Dokumentation

ADR	RID

5.4.2 Container-/Fahrzeugpackzertifikat

▶ 1.1.4.2.3 Wenn einer Beförderung gefährlicher Güter in Containern eine Seebeförderung folgt, ist dem Beförderungspapier ein Container-/Fahrzeugpackzertifikat nach Abschnitt 5.4.2 des IMDG-Codes [8)9)] beizugeben.

Die Aufgaben des gemäß Abschnitt 5.4.1 vorgeschriebenen Beförderungspapiers und des oben genannten Container-Packzertifikats können durch ein einziges Dokument erfüllt werden; andernfalls müssen diese Dokumente beigefügt werden. Werden die Aufgaben dieser Dokumente durch ein einziges Dokument erfüllt, genügt die Aufnahme einer Erklärung im Beförderungspapier, dass die Beladung des Containers oder Fahrzeugs in Übereinstimmung mit den für die jeweiligen Verkehrsträger anwendbaren Vorschriften durchgeführt wurde, sowie die Angabe der für das Container-/Fahrzeugpackzertifikat verantwortlichen Person.

Bem. Für ortsbewegliche Tanks, Tankcontainer, MEGC, ist das Container-/Fahrzeugpackzertifikat nicht erforderlich.

Wenn einer Beförderung gefährlicher Güter in Fahrzeugen eine Seebeförderung folgt, darf dem Beförderungspapier ein Container-/Fahrzeugpackzertifikat nach Abschnitt 5.4.2 des IMDG-Codes [8)9)] beigegeben werden.

Bem. Für Zwecke dieses Abschnitts schließt der Begriff «Fahrzeuge» Wagen ein.

---

8) Die Internationale Seeschifffahrtsorganisation (IMO), die Internationale Arbeitsorganisation (ILO) und die Wirtschaftskommission der Vereinten Nationen für Europa (UNECE) haben auch Richtlinien für das Verladen von Gütern in Beförderungseinheiten und die entsprechende Ausbildung aufgestellt, die von der IMO veröffentlicht wurden («IMO/ILO/UNECE Code of Practice for Packing of Cargo Transport Units (CTU Code)» (Verfahrensregeln der IMO/ILO/UNECE für das Packen von Güterbeförderungseinheiten)).

9) Abschnitt 5.4.2 des IMDG-Codes (Amendment 39-18) schreibt Folgendes vor:
„5.4.2 Container-/Fahrzeugpackzertifikat
5.4.2.1 Werden gefährliche Güter in einen Container oder ein Fahrzeug gepackt oder verladen, müssen die für das Packen des Containers oder Fahrzeugs verantwortlichen Personen ein «Container-/Fahrzeugpackzertifikat» vorlegen, in dem die Kennzeichnungsnummer(n) des Containers/Fahrzeugs angegeben werden und in dem bescheinigt wird, dass das Packen gemäß den folgenden Bedingungen durchgeführt wurde:
.1 der Container / das Fahrzeug war sauber, trocken und offensichtlich für die Aufnahme der Güter geeignet;
.2 Versandstücke, die nach den anwendbaren Trennungsvorschriften voneinander getrennt werden müssen, wurden nicht zusammen auf oder in den Container / das Fahrzeug gepackt (es sei denn, dies wurde von der zuständigen Behörde gemäß 7.3.4.1 (des IMDG-Codes) zugelassen);
.3 alle Versandstücke wurden äußerlich auf Schäden überprüft, und es wurden nur Versandstücke in einwandfreiem Zustand geladen;
.4 Fässer (Trommeln) wurden aufrecht gestaut, es sei denn, es wurde von der zuständigen Behörde etwas anderes zugelassen, und alle Güter wurden ordnungsgemäß geladen und, soweit erforderlich, mit Sicherungsmaterial angemessen verzurrt, um für den (die) Verkehrsträger der beabsichtigten Beförderung geeignet zu sein;
.5 in loser Schüttung geladene Güter wurden gleichmäßig im Container/Fahrzeug verteilt;
.6 für Sendungen mit Gütern der Klasse 1 außer Unterklasse 1.4 befindet sich der Container / das Fahrzeug in einem für die Verwendung bautechnisch einwandfreien Zustand gemäß 7.1.2 (des IMDG-Codes);
.7 der Container / das Fahrzeug und die Versandstücke sind ordnungsgemäß beschriftet, markiert, gekennzeichnet und plakatiert;
.8 bei Verwendung von Stoffen, die ein Erstickungsrisiko darstellen, zu Kühl- oder Konditionierungszwecken (wie Trockeneis (UN 1845), Stickstoff, tiefgekühlt, flüssig (UN 1977) oder Argon, tiefgekühlt, flüssig (UN 1951)) ist der Container / das Fahrzeug außen gemäß Unterabschnitt 5.5.3.6 (des IMDG-Codes) gekennzeichnet; und
.9 ein in 5.4.1 (des IMDG-Codes) angegebenes Beförderungspapier für gefährliche Güter liegt für jede in den Container / das Fahrzeug verladene Sendung mit gefährlichen Gütern vor.
Bemerkung: Für ortsbewegliche Tanks sind Container-/Fahrzeugpackzertifikate nicht erforderlich.
5.4.2.2 Die für das Beförderungspapier für gefährliche Güter und das Container-/Fahrzeugpackzertifikat erforderlichen Angaben können in einem einzelnen Papier zusammengefasst werden; andernfalls müssen diese Papiere miteinander verbunden werden. Werden die Angaben in einem einzelnen Papier zusammengefasst, muss das Papier eine unterzeichnete Erklärung enthalten, die wie folgt lauten kann: «Es wird erklärt, dass das Packen der gefährlichen Güter in den Container / das Fahrzeug gemäß den anwendbaren Bestimmungen durchgeführt wurde». Diese Erklärung muss mit dem Datum versehen sein, und die Person, die diese Erklärung unterzeichnet, muss auf dem Dokument genannt werden. Faksimile-Unterschriften sind zulässig, sofern anwendbare Gesetze und Vorschriften die Rechtsgültigkeit von Faksimile-Unterschriften anerkennen.
5.4.2.3 Wenn das Container-/Fahrzeugpackzertifikat dem Beförderer durch Arbeitsverfahren der elektronischen Datenverarbeitung (EDV) oder des elektronischen Datenaustausches (EDI) übermittelt werden, darf (dürfen) die Unterschrift(en) elektronisch erfolgen oder durch den (die) Namen der zur Unterzeichnung berechtigten Person (in Großbuchstaben) ersetzt werden.
5.4.2.4 Wenn das Container-/Fahrzeugpackzertifikat dem Beförderer dem Beförderer durch EDV- oder EDI-Arbeitsverfahren übermittelt werden und die gefährlichen Güter anschließend einem Beförderer übergeben werden, der ein Container-/Fahrzeugpackzertifikat in Papierform benötigt, muss der Beförderer sicherstellen, dass auf dem Papierdokument die Angabe «ursprünglich elektronisch erhalten» und der Name des Unterzeichners in Großbuchstaben erscheint.

Dokumentation 5.4

ADR	RID

5.4.3 **Schriftliche Weisungen**

5.4.3.1 Für die Hilfe bei Notfallsituationen, die sich während der Beförderung ereignen können, sind

| in der Kabine der Fahrzeugbesatzung | auf dem Führerstand |

an leicht zugänglicher Stelle schriftliche Weisungen in der in Unterabschnitt 5.4.3.4 festgelegten Form mitzuführen.

5.4.3.2 Diese Weisungen sind vom Beförderer vor Antritt der Fahrt

| der Fahrzeugbesatzung | dem Triebfahrzeugführer (den Triebfahrzeugführern) |

in einer Sprache (in Sprachen) bereitzustellen, die

| jedes Mitglied lesen und verstehen kann. | er (sie) kann (können). |

Der Beförderer hat darauf zu achten, dass

| jedes betreffende Mitglied der Fahrzeugbesatzung | der Triebfahrzeugführer |

die Weisungen versteht und in der Lage ist, diese richtig anzuwenden.

5.4.3.3

| Vor Antritt der Fahrt müssen sich die Mitglieder der Fahrzeugbesatzung selbst über die geladenen gefährlichen Güter informieren und die schriftlichen Weisungen wegen der bei einem Unfall oder Notfall zu ergreifenden Maßnahmen einsehen. | Vor Antritt der Fahrt muss der Triebfahrzeugführer unter Berücksichtigung der ihm vom Beförderer zur Verfügung gestellten Informationen über gefährliche Güter im Zug die schriftlichen Weisungen wegen der bei einem Unfall oder Zwischenfall zu ergreifenden Maßnahmen einsehen. |

5.4.3.4 Die schriftlichen Weisungen

| müssen | sollten |

hinsichtlich
ihrer Form und
ihres Inhalts dem folgenden vierseitigen Muster entsprechen.

5.4 Dokumentation

ADR	RID

Dokumentation — nur ADR — 5.4

SCHRIFTLICHE WEISUNGEN GEMÄSS ADR

Maßnahmen bei einem Unfall oder Notfall

Bei einem Unfall oder Notfall, der sich während der Beförderung ereignen kann, müssen die Mitglieder der Fahrzeugbesatzung folgende Maßnahmen ergreifen, sofern diese sicher und praktisch durchgeführt werden können:

- Bremssystem betätigen, Motor abstellen und Batterie durch Bedienung des gegebenenfalls vorhandenen Hauptschalters trennen;

- Zündquellen vermeiden, insbesondere nicht rauchen oder elektronische Zigaretten oder ähnliche Geräte verwenden und keine elektrische Ausrüstung einschalten;

- die entsprechenden Einsatzkräfte verständigen und dabei so viele Informationen wie möglich über den Unfall oder Zwischenfall und die betroffenen Stoffe liefern;

- Warnweste anlegen und selbststehende Warnzeichen an geeigneter Stelle aufstellen;

- Beförderungspapiere für die Ankunft der Einsatzkräfte bereithalten;

- nicht in ausgelaufene Stoffe treten oder diese berühren und das Einatmen von Dunst, Rauch, Staub und Dämpfen durch Aufhalten auf der dem Wind zugewandten Seite vermeiden;

- sofern dies gefahrlos möglich ist, Feuerlöscher verwenden, um kleine Brände/Entstehungsbrände an Reifen, Bremsen und im Motorraum zu bekämpfen;

- Brände in Ladeabteilen dürfen nicht von Mitgliedern der Fahrzeugbesatzung bekämpft werden;

- sofern dies gefahrlos möglich ist, Bordausrüstung verwenden, um das Eintreten von Stoffen in Gewässer oder in die Kanalisation zu verhindern und um ausgetretene Stoffe einzudämmen;

- sich aus der unmittelbaren Umgebung des Unfalls oder Notfalls entfernen, andere Personen auffordern sich zu entfernen und die Weisungen der Einsatzkräfte befolgen;

- kontaminierte Kleidung und gebrauchte kontaminierte Schutzausrüstung ausziehen und sicher entsorgen.

5.4 nur ADR Dokumentation

Gefahrzettel und Großzettel (Placards) (1)	Gefahreneigenschaften (2)	Zusätzliche Hinweise (3)
Explosive Stoffe und Gegenstände mit Explosivstoff — 1, 1.5, 1.6	Kann eine Reihe von Eigenschaften und Auswirkungen wie Massendetonation, Splitterwirkung, starker Brand/Wärmefluss, Bildung von hellem Licht, Lärm oder Rauch haben. Schlagempfindlich und/oder stoßempfindlich und/oder wärmeempfindlich.	Schutz abseits von Fenstern suchen.
Explosive Stoffe und Gegenstände mit Explosivstoff — 1.4	Leichte Explosions- und Brandgefahr.	Schutz suchen.
Entzündbare Gase — 2.1	Brandgefahr. Explosionsgefahr. Kann unter Druck stehen. Erstickungsgefahr. Kann Verbrennungen und/oder Erfrierungen hervorrufen. Umschließungen können unter Hitzeeinwirkung bersten.	Schutz suchen. Nicht in tief liegenden Bereichen aufhalten.
Nicht entzündbare, nicht giftige Gase — 2.2	Erstickungsgefahr. Kann unter Druck stehen. Kann Erfrierungen hervorrufen. Umschließungen können unter Hitzeeinwirkung bersten.	Schutz suchen. Nicht in tief liegenden Bereichen aufhalten.
Giftige Gase — 2.3	Vergiftungsgefahr. Kann unter Druck stehen. Kann Verbrennungen und/oder Erfrierungen hervorrufen. Umschließungen können unter Hitzeeinwirkung bersten.	Notfallfluchtmaske verwenden. Schutz suchen. Nicht in tief liegenden Bereichen aufhalten.
Entzündbare flüssige Stoffe — 3	Brandgefahr. Explosionsgefahr. Umschließungen können unter Hitzeeinwirkung bersten.	Schutz suchen. Nicht in tief liegenden Bereichen aufhalten.
Entzündbare feste Stoffe, selbstzersetzliche Stoffe, polymerisierende Stoffe und desensibilisierte explosive feste Stoffe — 4.1	Brandgefahr. Entzündbar oder brennbar, kann sich bei Hitze, Funken oder Flammen entzünden. Kann selbstzersetzliche Stoffe enthalten, die unter Einwirkung von Hitze, bei Kontakt mit anderen Stoffen (wie Säuren, Schwermetallverbindungen oder Aminen), bei Reibung oder Stößen zu exothermer Zersetzung neigen. Dies kann zur Bildung gesundheitsgefährdender und entzündbarer Gase oder Dämpfe oder zur Selbstentzündung führen. Umschließungen können unter Hitzeeinwirkung bersten. Explosionsgefahr desensibilisierter explosiver Stoffe bei Verlust des Desensibilisierungsmittels.	
Selbstentzündliche Stoffe — 4.2	Brandgefahr durch Selbstentzündung bei Beschädigung von Versandstücken oder Austritt von Füllgut. Kann heftig mit Wasser reagieren.	
Stoffe, die in Berührung mit Wasser entzündbare Gase entwickeln — 4.3	Bei Kontakt mit Wasser Brand- und Explosionsgefahr.	Ausgetretene Stoffe sollten durch Abdecken trocken gehalten werden.

Dokumentation nur ADR 5.4

Gefahrzettel und Großzettel (Placards)	Gefahreneigenschaften	Zusätzliche Hinweise
(1)	(2)	(3)
Entzündend (oxidierend) wirkende Stoffe 5.1	Gefahr heftiger Reaktion, Entzündung und Explosion bei Berührung mit brennbaren oder entzündbaren Stoffen.	Vermischen mit entzündbaren oder brennbaren Stoffen (z.B. Sägespäne) vermeiden.
Organische Peroxide 5.2	Gefahr exothermer Zersetzung bei erhöhten Temperaturen, bei Kontakt mit anderen Stoffen (wie Säuren, Schwermetallverbindungen oder Aminen), Reibung oder Stößen. Dies kann zur Bildung gesundheitsgefährdender und entzündbarer Gase oder Dämpfe oder zur Selbstentzündung führen.	Vermischen mit entzündbaren oder brennbaren Stoffen (z.B. Sägespäne) vermeiden.
Giftige Stoffe 6.1	Gefahr der Vergiftung beim Einatmen, bei Berührung mit der Haut oder bei Einnahme. Gefahr für Gewässer oder Kanalisation.	Notfallfluchtmaske verwenden.
Ansteckungsgefährliche Stoffe 6.2	Ansteckungsgefahr. Kann bei Menschen oder Tieren schwere Krankheiten hervorrufen. Gefahr für Gewässer oder Kanalisation.	
Radioaktive Stoffe 7A 7B 7C 7D	Gefahr der Aufnahme und der äußeren Bestrahlung.	Expositionszeit beschränken.
Spaltbare Stoffe 7E	Gefahr nuklearer Kettenreaktion.	
Ätzende Stoffe 8	Verätzungsgefahr. Kann untereinander, mit Wasser und mit anderen Stoffen heftig reagieren. Ausgetretener Stoff kann ätzende Dämpfe entwickeln. Gefahr für Gewässer oder Kanalisation.	
Verschiedene gefährliche Stoffe und Gegenstände 9 9A	Verbrennungsgefahr. Brandgefahr. Explosionsgefahr. Gefahr für Gewässer oder Kanalisation.	

Bem. 1. Bei gefährlichen Gütern mit mehrfachen Gefahren und bei Zusammenladungen muss jede anwendbare Eintragung beachtet werden.
2. Die in der Spalte 3 der Tabelle angegebenen zusätzlichen Hinweise können angepasst werden, um die Klassen der zu befördernden gefährlichen Güter und die Beförderungsmittel wiederzugeben.

5.4   nur ADR   Dokumentation

Kennzeichen (1)	Gefahreneigenschaften (2)	Zusätzliche Hinweise (3)
Umweltgefährdende Stoffe	Gefahr für Gewässer oder Kanalisation.	
Erwärmte Stoffe	Gefahr von Verbrennungen durch Hitze.	Berührung heißer Teile der Beförderungseinheit und des ausgetretenen Stoffes vermeiden.

Zusätzliche Hinweise für die Mitglieder der Fahrzeugbesatzung über die Gefahreneigenschaften von gefährlichen Gütern, die durch Kennzeichen angegeben sind, und über die in Abhängigkeit von den vorherrschenden Umständen zu ergreifenden Maßnahmen

Ausrüstung für den persönlichen und allgemeinen Schutz für die Durchführung allgemeiner und gefahrenspezifischer Notfallmaßnahmen, die sich gemäß Abschnitt 8.1.5 des ADR an Bord der Beförderungseinheit befinden muss

Die folgende Ausrüstung muss sich an Bord der Beförderungseinheit befinden:

- ein Unterlegkeil je Fahrzeug, dessen Abmessungen der höchstzulässigen Gesamtmasse des Fahrzeugs und dem Durchmesser der Räder angepasst sein müssen;

- zwei selbststehende Warnzeichen;

- Augenspülflüssigkeit[a] und

für jedes Mitglied der Fahrzeugbesatzung

- eine Warnweste;

- ein tragbares Beleuchtungsgerät;

- ein Paar Schutzhandschuhe und

- eine Augenschutzausrüstung.

Für bestimmte Klassen vorgeschriebene zusätzliche Ausrüstung:

- an Bord von Beförderungseinheiten für die Gefahrzettel-Nummer 2.3 oder 6.1 muss sich für jedes Mitglied der Fahrzeugbesatzung eine Notfallfluchtmaske befinden;

- eine Schaufel[b];

- eine Kanalabdeckung[b];

- ein Auffangbehälter[b].

---

a) Nicht erforderlich für Gefahrzettel der Muster 1, 1.4, 1.5, 1.6, 2.1, 2.2 und 2.3.

b) Nur für feste und flüssige Stoffe mit Gefahrzettel-Nummer 3, 4.1, 4.3, 8 oder 9 vorgeschrieben.

Dokumentation nur RID 5.4

SCHRIFTLICHE WEISUNGEN GEMÄSS RID

Maßnahmen bei einem Unfall oder Zwischenfall, der gefährliche Güter erfasst oder zu erfassen droht

Bei einem Unfall oder Zwischenfall, der sich während der Beförderung ereignen kann, müssen die Triebfahrzeugführer folgende Maßnahmen ergreifen, sofern diese sicher und praktisch durchgeführt werden können [1]:

- Zug/Rangierfahrt unter Berücksichtigung der Art der Gefahr (z.B. Brand, Ladegutverlust), der Örtlichkeiten (z.B. Tunnel, Wohngebiet) und der möglichen Maßnahmen der Rettungskräfte (Zugänglichkeit, Evakuierung), gegebenenfalls in Absprache mit dem Betreiber der Eisenbahninfrastruktur, an einer geeigneten Stelle zum Halten bringen;

- Triebfahrzeug gemäß Bedienungsanweisung außer Betrieb setzen;

- Zündquellen vermeiden, insbesondere nicht rauchen oder elektronische Zigaretten oder ähnliche Geräte verwenden und keine elektrische Ausrüstung einschalten;

- die den Gefahren aller betroffenen Güter in der nachfolgenden Tabelle zugeordneten zusätzlichen Hinweise beachten. Die Gefahren entsprechen den Nummern der Gefahrzettelmuster und den Kennzeichen, die dem Gut während der Beförderung zugeordnet sind;

- den Betreiber der Eisenbahninfrastruktur oder die Einsatzkräfte verständigen und dabei so viele Informationen wie möglich über den Unfall oder Zwischenfall und die betroffenen gefährlichen Güter liefern, dabei sind die Anweisungen des Beförderers zu berücksichtigen;

- Informationen über die beförderten gefährlichen Güter (gegebenenfalls Beförderungspapiere) für die Ankunft der Einsatzkräfte bereithalten oder diese über elektronischen Datenaustausch (EDI) zur Verfügung stellen lassen;

- beim Verlassen des Triebfahrzeugs die vorgeschriebene Warnkleidung anlegen;

- gegebenenfalls weitere Schutzausrüstung verwenden;

- sich aus der unmittelbaren Umgebung des Unfalls oder Zwischenfalls entfernen, andere Personen auffordern sich zu entfernen und die Weisungen der Einsatzleitung (intern und extern) befolgen;

- nicht in ausgelaufene Stoffe treten oder diese berühren und das Einatmen von Dunst, Rauch, Staub und Dämpfen durch Aufenthalt auf der dem Wind zugewandten Seite vermeiden;

- kontaminierte Kleidung ausziehen und einer sicheren Entsorgung zuführen.

1) Vorgaben aufgrund eisenbahnrechtlicher oder -betrieblicher Vorschriften sind zu beachten.

5.4 nur RID — Dokumentation

Gefahrzettel und Großzettel (Placards), Bezeichnung der Gefahren	Gefahreneigenschaften	Zusätzliche Hinweise
(1)	(2)	(3)
Explosive Stoffe und Gegenstände mit Explosivstoff — 1, 1.5, 1.6	Kann eine Reihe von Eigenschaften und Auswirkungen wie Massendetonation, Splitterwirkung, starker Brand/Wärmefluss, Bildung von hellem Licht, Lärm oder Rauch haben. Schlagempfindlich und/oder stoßempfindlich und/oder wärmeempfindlich.	Schutz abseits von Fenstern suchen.
Explosive Stoffe und Gegenstände mit Explosivstoff — 1.4	Leichte Explosions- und Brandgefahr.	Schutz suchen.
Entzündbare Gase — 2.1	Brandgefahr. Explosionsgefahr. Kann unter Druck stehen. Erstickungsgefahr. Kann Verbrennungen und/oder Erfrierungen hervorrufen. Umschließungen können unter Hitzeeinwirkung bersten.	Schutz suchen. Nicht in tief liegenden Bereichen aufhalten.
Nicht entzündbare, nicht giftige Gase — 2.2	Erstickungsgefahr. Kann unter Druck stehen. Kann Erfrierungen hervorrufen. Umschließungen können unter Hitzeeinwirkung bersten.	Schutz suchen. Nicht in tief liegenden Bereichen aufhalten.
Giftige Gase — 2.3	Vergiftungsgefahr. Kann unter Druck stehen. Kann Verbrennungen und/oder Erfrierungen hervorrufen. Umschließungen können unter Hitzeeinwirkung bersten.	Schutz suchen. Nicht in tief liegenden Bereichen aufhalten.
Entzündbare flüssige Stoffe — 3	Brandgefahr. Explosionsgefahr. Umschließungen können unter Hitzeeinwirkung bersten.	Schutz suchen. Nicht in tief liegenden Bereichen aufhalten.
Entzündbare feste Stoffe, selbstzersetzliche Stoffe, polymerisierende Stoffe und desensibilisierte explosive feste Stoffe — 4.1	Brandgefahr. Entzündbar oder brennbar, kann sich bei Hitze, Funken oder Flammen entzünden. Kann selbstzersetzliche Stoffe enthalten, die unter Einwirkung von Hitze, bei Kontakt mit anderen Stoffen (wie Säuren, Schwermetallverbindungen oder Aminen), bei Reibung oder Stößen zu exothermer Zersetzung neigen. Dies kann zur Bildung gesundheitsgefährdender und entzündbarer Gase oder Dämpfe oder zur Selbstentzündung führen. Umschließungen können unter Hitzeeinwirkung bersten. Explosionsgefahr desensibilisierter explosiver Stoffe bei Verlust des Desensibilisierungsmittels.	
Selbstentzündliche Stoffe — 4.2	Brandgefahr durch Selbstentzündung bei Beschädigung von Versandstücken oder Austritt von Füllgut. Kann heftig mit Wasser reagieren.	
Stoffe, die in Berührung mit Wasser entzündbare Gase entwickeln — 4.3	Bei Kontakt mit Wasser Brand- und Explosionsgefahr.	

Dokumentation   nur RID   5.4

Gefahrzettel und Großzettel (Placards), Bezeichnung der Gefahren	Gefahreneigenschaften	Zusätzliche Hinweise
(1)	(2)	(3)
Entzündend (oxidierend) wirkende Stoffe 5.1	Gefahr heftiger Reaktion, Entzündung und Explosion bei Berührung mit brennbaren oder entzündbaren Stoffen.	
Organische Peroxide 5.2	Gefahr exothermer Zersetzung bei erhöhten Temperaturen, bei Kontakt mit anderen Stoffen (wie Säuren, Schwermetallverbindungen oder Aminen), Reibung oder Stößen. Dies kann zur Bildung gesundheitsgefährdender und entzündbarer Gase oder Dämpfe oder zur Selbstentzündung führen.	
Giftige Stoffe 6.1	Gefahr der Vergiftung beim Einatmen, bei Berührung mit der Haut oder bei Einnahme. Gefahr für Gewässer oder Kanalisation.	
Ansteckungsgefährliche Stoffe 6.2	Ansteckungsgefahr. Kann bei Menschen oder Tieren schwere Krankheiten hervorrufen. Gefahr für Gewässer oder Kanalisation.	
Radioaktive Stoffe 7A 7B 7C 7D	Gefahr der Aufnahme und der äußeren Bestrahlung.	Expositionszeit beschränken.
Spaltbare Stoffe 7E	Gefahr nuklearer Kettenreaktion.	
Ätzende Stoffe 8	Verätzungsgefahr. Kann untereinander, mit Wasser und mit anderen Stoffen heftig reagieren. Ausgetretener Stoff kann ätzende Dämpfe entwickeln. Gefahr für Gewässer oder Kanalisation.	
Verschiedene gefährliche Stoffe und Gegenstände 9 9A	Verbrennungsgefahr. Brandgefahr. Explosionsgefahr. Gefahr für Gewässer oder Kanalisation.	

Zusätzliche Hinweise für die Triebfahrzeugführer über die Gefahreneigenschaften von gefährlichen Gütern nach Klassen und über die in Abhängigkeit von den vorherrschenden Umständen zu ergreifenden Maßnahmen

Bem. 1. Bei gefährlichen Gütern mit mehrfachen Gefahren und bei Zusammenladungen muss jede anwendbare Eintragung beachtet werden.
2. Die in der Spalte 3 der Tabelle angegebenen zusätzlichen Hinweise können angepasst werden, um die Klassen der zu befördernden gefährlichen Güter und die Beförderungsmittel wiederzugeben und um sie gegebenenfalls gemäß bestehenden nationalen Vorgaben zu ergänzen.

5.4 nur RID Dokumentation

Zusätzliche Hinweise für die Triebfahrzeugführer über die Gefahreneigenschaften von gefährlichen Gütern, die durch Kennzeichen angegeben sind, und über die in Abhängigkeit von den vorherrschenden Umständen zu ergreifenden Maßnahmen		
Gefahrzettel und Großzettel (Placards), Bezeichnung der Gefahren	Gefahreneigenschaften	Zusätzliche Hinweise
(1)	(2)	(3)
Umweltgefährdende Stoffe	Gefahr für Gewässer oder Kanalisation.	
In erwärmtem Zustand beförderte Stoffe	Gefahr von Verbrennungen durch Hitze.	Berührung heißer Teile des Wagens oder Containers und des ausgetretenen Stoffes vermeiden.

Ausrüstung für den persönlichen Schutz, die sich auf dem Führerstand befinden muss

Die folgende Ausrüstung a) muss sich auf dem Führerstand befinden:

– ein tragbares Beleuchtungsgerät;

für den Triebfahrzeugführer

– entsprechende Warnkleidung.

a) Die vorzuhaltende Ausrüstung ist gegebenenfalls gemäß bestehenden nationalen Vorgaben zu ergänzen.

Dokumentation 5.4

ADR	RID
5.4.3.5 Die Vertragsparteien müssen dem Sekretariat der UNECE die offizielle Übersetzung der schriftlichen Weisungen in ihrer (ihren) Landessprache(n) in Übereinstimmung mit diesem Abschnitt zur Verfügung stellen. Das Sekretariat der UNECE muss die erhaltenen nationalen Fassungen der schriftlichen Weisungen allen Vertragsparteien zugänglich machen.	

5.4.4 Aufbewahrung von Informationen über die Beförderung gefährlicher Güter

5.4.4.1 Der Absender und der Beförderer müssen eine Kopie des Beförderungspapiers für gefährliche Güter und der im ADR/RID festgelegten zusätzlichen Informationen und Dokumentation für einen Mindestzeitraum von drei Monaten aufbewahren.

5.4.4.2 Wenn die Dokumente elektronisch oder in einem EDV-System gespeichert werden, müssen der Absender und der Beförderer in der Lage sein, einen Ausdruck herzustellen.

5.4.5 Beispiel eines Formulars für die multimodale Beförderung gefährlicher Güter

Beispiel eines Formulars, das für die multimodale Beförderung gefährlicher Güter als kombiniertes Dokument für die Erklärung gefährlicher Güter und das Container-Packzertifikat verwendet werden darf.

5.4 Dokumentation

ADR	RID

Dokumentation 5.4

ADR RID

FORMULAR FÜR DIE MULTIMODALE BEFÖRDERUNG GEFÄHRLICHER GÜTER (rechter Rand schwarz schraffiert)

1. Absender	2. Nummer des Beförderungspapiers	
	3. Seite 1 von ... Seiten	4. Referenznummer des Beförderers
		5. Referenznummer des Spediteurs
6. Empfänger	7. Beförderer (vom Beförderer auszufüllen)	
	ERKLÄRUNG DES ABSENDERS Hiermit erkläre ich, dass der Inhalt dieser Sendung vollständig und genau durch die unten angegebene offizielle Benennung für die Beförderung beschrieben und richtig klassifiziert, verpackt, gekennzeichnet, bezettelt und mit Großzetteln (Placards) versehen ist und sich nach den anwendbaren internationalen und nationalen Vorschriften in jeder Hinsicht in einem für die Beförderung geeigneten Zustand befindet.	

8. Diese Sendung entspricht den vorgeschriebenen Grenzwerten für (nicht Zutreffendes streichen)		9. Zusätzliche Informationen für die Handhabung
PASSAGIER- UND FRACHTFLUGZEUG	NUR FRACHTFLUGZEUG	
10. Schiff/Flugnummer und Datum	11. Hafen/Ladestelle	
12. Hafen/Entladestelle	13. Bestimmungsort	

14. Kennzeichen für die Beförderung	* Anzahl und Art der Versandstücke; Beschreibung der Güter	Bruttomasse (kg)	Nettomasse	Rauminhalt (m³)

* FÜR GEFÄHRLICHE GÜTER: Es ist anzugeben: UN-Nummer, offizielle Benennung für die Beförderung, Gefahrenklasse, Verpackungsgruppe (soweit vorhanden) und alle sonstigen Informationsbestandteile, die durch geltende nationale oder internationale Regelwerke vorgeschrieben werden.

15. Kennzeichnungsnummer des Containers/Zulassungsnummer des Fahrzeugs	16. Siegelnummer(n)	17. Abmessungen und Typ des Containers/Fahrzeugs	18. Tara (kg)	19. Bruttogesamtmasse (einschließlich Tara) (kg)

CONTAINER-/FAHRZEUG-PACKZERTIFIKAT Hiermit erkläre ich, dass die oben beschriebenen Güter in den oben angegebenen Container/in das oben angegebene Fahrzeug gemäß den geltenden Vorschriften** verpackt/verladen wurden. FÜR JEDE LADUNG IN CONTAINERN/FAHRZEUGEN VON DER FÜR DAS PACKEN/VERLADEN VERANTWORTLICHEN PERSON ZU VERVOLLSTÄNDIGEN UND ZU UNTERZEICHNEN	21. EMPFANGSBESTÄTIGUNG Die oben bezeichnete Anzahl Versandstücke/Container/Anhänger in scheinbar gutem Zustand erhalten, mit Ausnahme von:	
20. Name der Firma	Name des Frachtführers	22. Name der Firma (DES ABSENDERS, DER DIESES DOKUMENT VORBEREITET)
Name und Funktion des Erklärenden	Zulassungsnummer des Fahrzeugs	Name und Funktion des Erklärenden
Ort und Datum	Unterschrift und Datum	Ort und Datum
Unterschrift des Erklärenden	UNTERSCHRIFT DES FAHRZEUGFÜHRERS	Unterschrift des Erklärenden

** Siehe Abschnitt 5.4.2.

5.4 Dokumentation

ADR	RID

FORMULAR FÜR DIE MULTIMODALE BEFÖRDERUNG GEFÄHRLICHER GÜTER — **Fortsetzungsblatt**
(rechter Rand schwarz schraffiert)

1. Absender	2. Nummer des Beförderungspapiers	
	3. Seite 2 von ... Seiten	4. Referenznummer des Beförderers
		5. Referenznummer des Spediteurs

14. Kennzeichen für die Beförderung	* Anzahl und Art der Versandstücke; Beschreibung der Güter	Bruttomasse (kg)	Nettomasse	Rauminhalt (m³)

* FÜR GEFÄHRLICHE GÜTER: Es ist anzugeben: UN-Nummer, offizielle Benennung für die Beförderung, Gefahrenklasse, Verpackungsgruppe (soweit vorhanden) und alle sonstigen Informationsbestandteile, die durch geltende nationale oder internationale Regelwerke vorgeschrieben werden.

Sondervorschriften 5.5

ADR	RID

5.5.1 (gestrichen)

5.5.2 **Sondervorschriften für begaste Güterbeförderungseinheiten (CTU) (UN-Nummer 3359)**

5.5.2.1 **Allgemeine Vorschriften**

5.5.2.1.1 Begaste Güterbeförderungseinheiten (CTU) (UN-Nummer 3359), die keine anderen gefährlichen Güter enthalten, unterliegen neben den Vorschriften dieses Abschnitts keinen weiteren Vorschriften des ADR/RID.

5.5.2.1.2 Wenn die begaste Güterbeförderungseinheit (CTU) zusätzlich zu dem Begasungsmittel auch mit gefährlichen Gütern beladen wird, gelten neben den Vorschriften dieses Abschnitts alle für diese Güter anwendbaren Vorschriften des ADR/RID (einschließlich Anbringen von Großzetteln (Placards), Bezettelung und Dokumentation).

5.5.2.1.3 Für die Beförderung von Gütern unter Begasung dürfen nur Güterbeförderungseinheiten (CTU) verwendet werden, die so verschlossen werden können, dass das Entweichen von Gas auf ein Minimum reduziert wird.

5.5.2.2 **Unterweisung**

Die mit der Handhabung von begasten Güterbeförderungseinheiten (CTU) befassten Personen müssen entsprechend ihren Pflichten unterwiesen sein.

5.5.2.3 **Kennzeichnung und Anbringen von Großzetteln (Placards)**

5.5.2.3.1 Eine begaste Güterbeförderungseinheit (CTU) muss an jedem Zugang an einer von Personen, welche die Güterbeförderungseinheit (CTU) öffnen oder betreten, leicht einsehbaren Stelle mit einem Warnkennzeichen gemäß Absatz 5.5.2.3.2 versehen sein. Das vorgeschriebene Warnkennzeichen muss so lange auf der Güterbeförderungseinheit (CTU) verbleiben, bis folgende Vorschriften erfüllt sind:

a) die begaste Güterbeförderungseinheit (CTU) wurde belüftet, um schädliche Konzentrationen des Begasungsmittels abzubauen, und

b) die begasten Güter oder Werkstoffe wurden entladen.

5.5 Sondervorschriften

ADR	RID

5.5.2.3.2　Das Warnkennzeichen für Begasung muss der Abbildung 5.5.2.3.2 entsprechen.

Abbildung 5.5.2.3.2

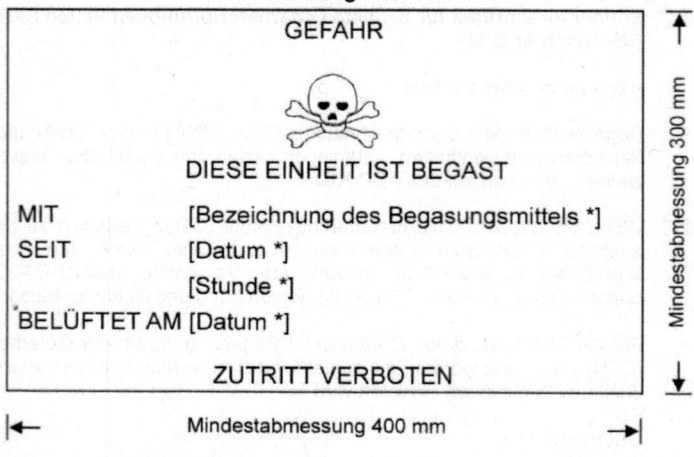

* entsprechende Angabe einfügen

Warnkennzeichen für Begasung

Das Kennzeichen muss rechteckig sein. Die Mindestabmessungen müssen 400 mm in der Breite und 300 mm in der Höhe und die Mindestbreite der Außenlinie 2 mm betragen. Das Kennzeichen muss schwarz auf weißem Grund sein, die Buchstabenhöhe muss mindestens 25 mm betragen. Wenn Abmessungen nicht näher spezifiziert sind, müssen die Proportionen aller Merkmale den abgebildeten in etwa entsprechen.

5.5.2.3.3　Wenn die begaste Güterbeförderungseinheit (CTU) entweder durch Öffnen der Türen oder durch mechanische Belüftung nach der Begasung vollständig belüftet wurde, muss das Datum der Belüftung auf dem Warnkennzeichen für Begasung angegeben werden.

5.5.2.3.4　Wenn die begaste Güterbeförderungseinheit (CTU) belüftet und entladen wurde, muss das Warnkennzeichen für Begasung entfernt werden.

5.5.2.3.5　Großzettel (Placard) nach Muster 9 (siehe Absatz 5.2.2.2.2) dürfen nicht an einer begasten Güterbeförderungseinheit (CTU) angebracht werden, sofern sie nicht für andere in der Güterbeförderungseinheit (CTU) verladenen Stoffe oder Gegenstände der Klasse 9 erforderlich sind.

5.5.2.4　**Dokumentation**

5.5.2.4.1　Dokumente im Zusammenhang mit der Beförderung von Güterbeförderungseinheiten (CTU), die begast und vor der Beförderung nicht vollständig belüftet wurden, müssen folgende Angaben enthalten:

– «UN 3359 BEGASTE GÜTERBEFÖRDERUNGSEINHEIT (CTU), 9» oder «UN 3359 BEGASTE GÜTERBEFÖRDERUNGSEINHEIT (CTU), Klasse 9»;

– das Datum und die Uhrzeit der Begasung und

– Typ und Menge des verwendeten Begasungsmittels.

Diese Angaben sind in einer amtlichen Sprache des Versandlandes abzufassen und, wenn diese Sprache nicht

Sondervorschriften 5.5

ADR	RID
Deutsch, Englisch oder Französisch ist, außerdem in Deutsch, Englisch oder Französisch, sofern	Deutsch, Englisch, Französisch oder Italienisch ist, außerdem in Deutsch, Englisch, Französisch oder Italienisch, sofern

nicht Vereinbarungen zwischen den von der Beförderung berührten Staaten etwas anderes vorschreiben.

5.5.2.4.2 Die Dokumente können formlos sein, vorausgesetzt, sie enthalten die in Absatz 5.5.2.4.1 vorgeschriebenen Angaben. Diese Angaben müssen leicht erkennbar, lesbar und dauerhaft sein.

5.5.2.4.3 Es müssen Anweisungen für die Beseitigung von Rückständen des Begasungsmittels einschließlich Angaben über die (gegebenenfalls) verwendeten Begasungsgeräte bereitgestellt werden.

5.5.2.4.4 Dokumente sind nicht erforderlich, wenn die begaste Güterbeförderungseinheit (CTU) vollständig belüftet und das Datum der Belüftung auf dem Warnkennzeichen angegeben wurde (siehe Absätze 5.5.2.3.3 und 5.5.2.3.4).

5.5.3 **Sondervorschriften für die Beförderung von Trockeneis (UN 1845) und für Versandstücke,**
Fahrzeuge | Wagen
und Container mit Stoffen, die bei der Verwendung zu Kühl- oder Konditionierungszwecken ein Erstickungsrisiko darstellen können (wie Trockeneis (UN 1845), Stickstoff, tiefgekühlt, flüssig (UN 1977) oder Argon, tiefgekühlt, flüssig (UN 1951) oder Stickstoff)

Bem. In Zusammenhang mit diesem Abschnitt kann der Begriff «Konditionierung» in einem breiteren Anwendungsbereich angewendet werden und schließt den Schutz ein.

5.5.3.1 **Anwendungsbereich**

5.5.3.1.1 Dieser Abschnitt ist nicht anwendbar für zu Kühl- oder Konditionierungszwecken einsetzbare Stoffe, wenn sie als Sendung gefährlicher Güter befördert werden, ausgenommen die Beförderung von Trockeneis (UN 1845). Bei der Beförderung als Sendung müssen diese Stoffe unter der entsprechenden Eintragung des Kapitels 3.2 Tabelle A in Übereinstimmung mit den damit verbundenen Beförderungsbedingungen befördert werden.

Für UN 1845 gelten die in diesem Abschnitt mit Ausnahme von Absatz 5.5.3.3.1 festgelegten Beförderungsbedingungen für alle Arten von Beförderungen, unabhängig davon, ob dieser Stoff als Kühl- oder Konditionierungsmittel oder als Sendung befördert wird. Für die Beförderung von UN 1845 finden die übrigen Vorschriften des ADR/RID keine Anwendung.

5.5.3.1.2 Dieser Abschnitt gilt nicht für Gase in Kühlkreisläufen.

5.5.3.1.3 Gefährliche Güter, die während der Beförderung zur Kühlung oder Konditionierung von Tanks oder MEGC verwendet werden, unterliegen nicht den Vorschriften dieses Abschnitts.

5.5.3.1.4 Fahrzeuge | Wagen
und Container, die zu Kühl- oder Konditionierungszwecken verwendete Stoffe enthalten, schließen sowohl
Fahrzeuge | Wagen
und Container, die zu Kühl- oder Konditionierungszwecken verwendete Stoffe innerhalb von Versandstücken enthalten, als auch
Fahrzeuge | Wagen
und Container, die zu Kühl- oder Konditionierungszwecken verwendete unverpackte Stoffe enthalten, ein.

5.5 Sondervorschriften

ADR	RID

5.5.3.1.5 Die Unterabschnitte 5.5.3.6 und 5.5.3.7 finden nur dann Anwendung, wenn ein tatsächliches Erstickungsrisiko im

Fahrzeug	Wagen

oder Container besteht. Den betroffenen Beteiligten obliegt es, dieses Risiko unter Berücksichtigung der von den für die Kühlung oder Konditionierung verwendeten Stoffen ausgehenden Gefahren, der Menge der zu befördernden Stoffe, der Dauer der Beförderung, der zu verwendenden Umschließungsarten und der in der Bem. zu Absatz 5.5.3.3.3 angegebenen Gaskonzentrationswerte zu beurteilen.

5.5.3.2 Allgemeine Vorschriften

5.5.3.2.1
Fahrzeuge	Wagen

und Container, mit denen Trockeneis (UN 1845) befördert wird oder mit Stoffen, die zu Kühl- oder Konditionierungszwecken (ausgenommen zur Begasung) während der Beförderung verwendet werden, unterliegen neben den Vorschriften dieses Abschnitts keinen weiteren Vorschriften des ADR/RID.

5.5.3.2.2 Wenn gefährliche Güter in

Fahrzeuge	Wagen

oder Container, die zu Kühl- oder Konditionierungszwecken verwendete Stoffe enthalten, verladen werden, gelten neben den Vorschriften dieses Abschnitts alle für diese gefährlichen Güter anwendbaren Vorschriften des ADR/RID.

5.5.3.2.3 (bleibt offen)

5.5.3.2.4 Personen, die mit der Handhabung oder Beförderung von

Fahrzeugen	Wagen

und Containern, mit denen Trockeneis (UN 1845) befördert wird oder die zu Kühl- oder Konditionierungszwecken verwendete Stoffe enthalten, betraut sind, müssen entsprechend ihren Pflichten unterwiesen sein.

5.5.3.3 Versandstücke, die Trockeneis (UN 1845) oder ein Kühl- oder Konditionierungsmittel enthalten

5.5.3.3.1 Verpackte gefährliche Güter, für die eine Kühlung oder Konditionierung erforderlich ist und denen die Verpackungsanweisung P 203, P 620, P 650, P 800, P 901 oder P 904 des Unterabschnitts 4.1.4.1 zugeordnet ist, müssen den entsprechenden Vorschriften der jeweiligen Verpackungsanweisung entsprechen.

5.5.3.3.2 Bei verpackten gefährlichen Gütern, für die eine Kühlung oder Konditionierung erforderlich ist und denen eine andere Verpackungsanweisung zugeordnet ist, müssen die Versandstücke in der Lage sein, sehr geringen Temperaturen standzuhalten, und dürfen durch das Kühl- oder Konditionierungsmittel nicht beeinträchtigt oder bedeutsam geschwächt werden. Die Versandstücke müssen so ausgelegt und gebaut sein, dass eine Gasentlastung zur Verhinderung eines Druckaufbaus, der zu einem Bersten der Verpackung führen könnte, ermöglicht wird. Die gefährlichen Güter müssen so verpackt sein, dass nach der Verflüchtigung des Kühl- oder Konditionierungsmittels Bewegungen verhindert werden.

5.5.3.3.3 Versandstücke, die Trockeneis (UN 1845) oder ein Kühl- oder Konditionierungsmittel enthalten, müssen in gut belüfteten

Fahrzeugen	Wagen

und Containern befördert werden. Eine Kennzeichnung gemäß Unterabschnitt 5.5.3.6 ist in diesem Fall nicht erforderlich.

Eine Kennzeichnung gemäß Unterabschnitt 5.5.3.6, nicht aber eine Belüftung ist erforderlich, wenn:

Sondervorschriften 5.5

ADR	RID

  – ein Gasaustausch zwischen dem Ladeabteil und
  dem Fahrerhaus | während der Beförderung zugänglichen Abteilen

verhindert wird oder

  – das Ladeabteil wärmegedämmt oder mit Kältespeicher oder Kältemaschine ausgerüstet ist, wie dies zum Beispiel im Übereinkommen über internationale Beförderungen leicht verderblicher Lebensmittel und über die besonderen Beförderungsmittel, die für diese Beförderungen zu verwenden sind (ATP), geregelt ist, und das Ladeabteil von
  dem Fahrerhaus | während der Beförderung zugänglichen Abteilen

getrennt ist.

  Bem. «Gut belüftet» bedeutet in diesem Zusammenhang, dass eine Atmosphäre vorhanden ist, in der die Kohlendioxid-Konzentration unter 0,5 Vol.-% und die Sauerstoff-Konzentration über 19,5 Vol.-% liegt.

5.5.3.4 **Kennzeichnung von Versandstücken, die Trockeneis (UN 1845) oder ein Kühl- oder Konditionierungsmittel enthalten**

5.5.3.4.1 Versandstücke, die Trockeneis (UN 1845) als Sendung enthalten, müssen mit der Angabe «KOHLENDIOXID, FEST» oder «TROCKENEIS» gekennzeichnet sein; Versandstücke, die gefährliche Güter für die Kühlung oder Konditionierung enthalten, müssen mit der in Kapitel 3.2 Tabelle A Spalte 2 angegebenen Benennung dieser gefährlichen Güter, gefolgt von dem Ausdruck «ALS KÜHLMITTEL» bzw. «ALS KONDITIONIERUNGSMITTEL», gekennzeichnet sein; diese Angaben sind in einer amtlichen Sprache des Ursprungslandes abzufassen und, wenn diese Sprache nicht

Deutsch, Englisch oder Französisch ist, außerdem in Deutsch, Englisch oder Französisch, | Deutsch, Englisch, Französisch oder Italienisch ist, außerdem in Deutsch, Englisch, Französisch oder Italienisch,

sofern nicht Vereinbarungen zwischen den von der Beförderung berührten Staaten etwas anderes vorschreiben.

5.5.3.4.2 Die Kennzeichen müssen dauerhaft und lesbar sein und an einer Stelle und in einer in Bezug auf das Versandstück verhältnismäßigen Größe angebracht sein, dass sie leicht sichtbar sind.

5.5.3.5 **Fahrzeuge** | **Wagen**
und Container, die unverpacktes Trockeneis enthalten

5.5.3.5.1 Wenn Trockeneis in unverpackter Form verwendet wird, darf es nicht in direkten Kontakt mit dem Metallaufbau des
Fahrzeugs | Wagens
oder Containers gelangen, um eine Versprödung des Metalls zu verhindern. Um eine ausreichende Isolierung zwischen dem Trockeneis und dem
Fahrzeug | Wagen
oder Container sicherzustellen, muss ein Abstand von mindestens 30 mm eingehalten werden (z. B. durch Verwendung von Werkstoffen mit geringer Wärmeleitfähigkeit, wie Holzbohlen, Paletten usw.).

5.5.3.5.2 Wenn Trockeneis um Versandstücke angeordnet wird, müssen Maßnahmen ergriffen werden, um sicherzustellen, dass nach der Verflüchtigung des Trockeneises die Versandstücke während der Beförderung in ihrer ursprünglichen Lage verbleiben.

5.5 Sondervorschriften

ADR	RID

5.5.3.6 Kennzeichnung der Fahrzeuge und Container | Wagen

5.5.3.6.1 Nicht gut belüftete Fahrzeuge | Wagen

und Container, die Trockeneis (UN 1845) oder gefährliche Güter zu Kühl- oder Konditionierungszwecken enthalten, müssen an jedem Zugang an einer für Personen, welche das Fahrzeug | den Wagen

oder Container öffnen oder betreten, leicht einsehbaren Stelle mit einem Warnkennzeichen gemäß Absatz 5.5.3.6.2 versehen sein. Dieses Kennzeichen muss so lange auf dem Fahrzeug | Wagen

oder Container verbleiben, bis folgende Vorschriften erfüllt sind:

a) das Fahrzeug | der Wagen

oder der Container wurde gut belüftet, um schädliche Konzentrationen des Trockeneises (UN 1845) oder des Kühl- oder Konditionierungsmittels abzubauen, und

b) das Trockeneis (UN 1845) oder die gekühlten oder konditionierten Güter wurden entladen.

Solange das Fahrzeug | der Wagen

oder Container gekennzeichnet sind, müssen vor dem Betreten die notwendigen Vorsichtsmaßnahmen ergriffen werden. Die Notwendigkeit einer Belüftung über die Ladetüren oder mit anderen Mitteln (z. B. Zwangsbelüftung) muss bewertet und in die Schulung der beteiligten Personen aufgenommen werden.

Sondervorschriften 5.5
ADR | RID

5.5.3.6.2 Das Warnkennzeichen muss der Abbildung 5.5.3.6.2 entsprechen.

Abbildung 5.5.3.6.2

Erstickungswarnkennzeichen für Fahrzeuge | Wagen und Container

*   Die in Kapitel 3.2 Tabelle A Spalte 2 angegebene Benennung oder die Benennung des als Kühl-/Konditionierungsmittel verwendeten erstickenden Gases einfügen. Die Angabe muss in Großbuchstaben mit einer Zeichenhöhe von mindestens 25 mm in einer Zeile erfolgen. Wenn die Länge der offiziellen Benennung für die Beförderung zu groß für den zur Verfügung stehenden Platz ist, darf die Angabe auf die größtmögliche passende Größe reduziert werden. Zum Beispiel: «KOHLENDIOXID, FEST». Zusätzliche Angaben, wie «ALS KÜHLMITTEL» oder «ALS KONDITIONIERUNGSMITTEL», dürfen hinzugefügt werden.

Das Kennzeichen muss rechteckig sein. Die Mindestabmessungen müssen 150 mm in der Breite und 250 mm in der Höhe betragen. Der Ausdruck «WARNUNG» muss in roten oder weißen Buchstaben mit einer Buchstabenhöhe von mindestens 25 mm erscheinen. Wenn Abmessungen nicht näher spezifiziert sind, müssen die Proportionen aller Merkmale den abgebildeten in etwa entsprechen.

Die Worte «WARNUNG» und «ALS KÜHLMITTEL» bzw. «ALS KONDITIONIERUNGSMITTEL» sind in einer amtlichen Sprache des Ursprungslandes abzufassen und, wenn diese Sprache nicht

5.5 Sondervorschriften

ADR	RID
Deutsch, Englisch oder Französisch ist, außerdem in Deutsch, Englisch oder Französisch,	Deutsch, Englisch, Französisch oder Italienisch ist, außerdem in Deutsch, Englisch, Französisch oder Italienisch,

sofern nicht Vereinbarungen zwischen den von der Beförderung berührten Staaten etwas anderes vorschreiben.

5.5.3.7 Dokumentation

5.5.3.7.1 Dokumente (wie ein Konnossement, Ladungsmanifest oder CIM/CMR-Frachtbrief) im Zusammenhang mit der Beförderung von

Fahrzeugen	Wagen

oder Containern, die Trockeneis (UN 1845) oder zu Kühl- oder Konditionierungszwecken verwendete Stoffe enthalten oder enthalten haben und vor der Beförderung nicht vollständig belüftet wurden, müssen folgende Angaben enthalten:

a) die UN-Nummer, der die Buchstaben «UN» vorangestellt sind, und

b) die in Kapitel 3.2 Tabelle A Spalte 2 angegebene Benennung, gegebenenfalls gefolgt von dem Ausdruck «ALS KÜHLMITTEL» oder «ALS KONDITIONIERUNGSMITTEL» in einer amtlichen Sprache des Ursprungslandes und, wenn diese Sprache nicht

Deutsch, Englisch oder Französisch ist, außerdem in Deutsch, Englisch oder Französisch,	Deutsch, Englisch, Französisch oder Italienisch ist, außerdem in Deutsch, Englisch, Französisch oder Italienisch,

sofern nicht Vereinbarungen zwischen den von der Beförderung berührten Staaten etwas anderes vorschreiben.

Beispiel: «UN 1845 KOHLENDIOXID, FEST, ALS KÜHLMITTEL».

5.5.3.7.2 Das Beförderungspapier kann formlos sein, vorausgesetzt, es enthält die in Absatz 5.5.3.7.1 vorgeschriebenen Angaben. Diese Angaben müssen leicht erkennbar, lesbar und dauerhaft sein.

5.5.4 Gefährliche Güter in Geräten, die während der Beförderung verwendet werden oder für eine Verwendung während der Beförderung bestimmt sind und die an Versandstücken, Umverpackungen, Containern oder Ladeabteilen angebracht sind oder in diese eingesetzt sind

5.5.4.1 Gefährliche Güter (z. B. Lithiumbatterien, Brennstoffzellen-Kartuschen), die in Geräten, wie Datensammlern und Ladungsortungseinrichtungen, enthalten sind, die an Versandstücken, Umverpackungen, Containern oder Ladeabteilen angebracht sind oder in diese eingesetzt sind, unterliegen nicht den Vorschriften des ADR/RID mit Ausnahme der Folgenden:

a) das Gerät muss während der Beförderung verwendet oder für eine Verwendung während der Beförderung bestimmt sein;

b) die enthaltenen gefährlichen Güter (z. B. Lithiumbatterien, Brennstoffzellen-Kartuschen) müssen den im ADR/RID festgelegten Bau- und Prüfvorschriften entsprechen und

c) das Gerät muss den Stößen und Beanspruchungen standhalten können, die normalerweise während der Beförderung auftreten.

5.5.4.2 Wenn solche Geräte, die gefährliche Güter enthalten, als Sendung befördert werden, muss die entsprechende Eintragung des Kapitels 3.2 Tabelle A verwendet werden und es gelten alle anwendbaren Bestimmungen des ADR/RID.

Bau- und Prüfvorschriften für Verpackungen, Großpackmittel (IBC), Großverpackungen, Tanks und Schüttgut-Container

ADR	RID
6.1	Bau- und Prüfvorschriften für Verpackungen
6.1.1	Allgemeines
6.1.2	Codierung für die Bezeichnung des Verpackungstyps
6.1.3	Kennzeichnung
6.1.3.15	Bestätigung
6.1.4	Vorschriften für Verpackungen
6.1.4.0	Allgemeine Vorschriften
6.1.4.1	Fässer aus Stahl
6.1.4.2	Fässer aus Aluminium
6.1.4.3	Fässer aus einem anderen Metall als Stahl oder Aluminium
6.1.4.4	Kanister aus Stahl oder aus Aluminium
6.1.4.5	Fässer aus Sperrholz
6.1.4.6	(gestrichen)
6.1.4.7	Fässer aus Pappe
6.1.4.8	Fässer und Kanister aus Kunststoff
6.1.4.9	Kisten aus Naturholz
6.1.4.10	Kisten aus Sperrholz
6.1.4.11	Kisten aus Holzfaserwerkstoffen
6.1.4.12	Kisten aus Pappe
6.1.4.13	Kisten aus Kunststoffen
6.1.4.14	Kisten aus Stahl, Aluminium oder einem anderen Metall
6.1.4.15	Säcke aus Textilgewebe
6.1.4.16	Säcke aus Kunststoffgewebe
6.1.4.17	Säcke aus Kunststofffolie
6.1.4.18	Säcke aus Papier
6.1.4.19	Kombinationsverpackungen (Kunststoff)
6.1.4.20	Kombinationsverpackungen (Glas, Porzellan oder Steinzeug)
6.1.4.21	Zusammengesetzte Verpackungen
6.1.4.22	Feinstblechverpackungen
6.1.5	Prüfvorschriften für Verpackungen
6.1.5.1	Durchführung und Wiederholung der Prüfungen
6.1.5.1.11	Bergungsverpackungen
6.1.5.2	Vorbereitung der Verpackungen für die Prüfungen
6.1.5.3	Fallprüfung
6.1.5.4	Dichtheitsprüfung
6.1.5.5	Innendruckprüfung (hydraulisch)
6.1.5.6	Stapeldruckprüfung
6.1.5.7	Zusatzprüfung auf Permeation für Fässer und Kanister aus Kunststoff nach Unterabschnitt 6.1.4.8 sowie für Kombinationsverpackungen (Kunststoff) – mit Ausnahme von Verpackungen 6HA1 – nach Unterabschnitt 6.1.4.19 zur Beförderung von flüssigen Stoffen mit einem Flammpunkt ≤ 60 °C
6.1.5.8	Prüfbericht

6 Bau- und Prüfvorschriften für Verpackungen, Großpackmittel (IBC), Großverpackungen, Tanks und Schüttgut-Container

ADR	RID
6.1.6 Standardflüssigkeiten für die Prüfung der chemischen Verträglichkeit von Verpackungen, einschließlich Großpackmitteln (IBC), aus Polyethylen nach Absatz 6.1.5.2.6 bzw. 6.5.6.3.5	Anhang: Prüfvorschriften für Kunststoffgefäße

6.2	Bau- und Prüfvorschriften für Druckgefäße, Druckgaspackungen, Gefäße, klein, mit Gas (Gaspatronen) und Brennstoffzellen-Kartuschen mit verflüssigtem entzündbarem Gas
6.2.1	Allgemeine Vorschriften
6.2.1.1	Auslegung und Bau
6.2.1.1.8	Zusätzliche Vorschriften für den Bau von verschlossenen Kryo-Behältern für tiefgekühlt verflüssigte Gase
6.2.1.1.9	Zusätzliche Vorschriften für den Bau von Druckgefäßen für Acetylen
6.2.1.2	Werkstoffe
6.2.1.3	Bedienungsausrüstung
6.2.1.3.6	Zusätzliche Vorschriften für verschlossene Kryo-Behälter
6.2.1.3.6.4	Druckentlastungseinrichtungen
6.2.1.3.6.5	Abblasmenge und Einstellung der Druckentlastungseinrichtungen
6.2.1.4	Zulassung von Druckgefäßen
6.2.1.5	Erstmalige Prüfung
6.2.1.6	Wiederkehrende Prüfung
6.2.1.7	Anforderungen an Hersteller
6.2.1.8	Anforderungen an Prüfstellen
6.2.2	Vorschriften für UN-Druckgefäße
6.2.2.1	Auslegung, Bau und erstmalige Prüfung
6.2.2.2	Werkstoffe
6.2.2.3	Bedienungsausrüstung
6.2.2.4	Wiederkehrende Prüfung
6.2.2.5	System für die Konformitätsbewertung und Zulassung für die Herstellung von Druckgefäßen
6.2.2.5.1	Begriffsbestimmungen
6.2.2.5.2	Allgemeine Vorschriften
6.2.2.5.3	Qualitätssicherungssystem des Herstellers
6.2.2.5.4	Zulassungsverfahren
6.2.2.5.5	Produktionskontrolle und -bescheinigung
6.2.2.5.6	Aufzeichnungen
6.2.2.6	Zulassungssystem für die wiederkehrende Prüfung von Druckgefäßen
6.2.2.6.1	Begriffsbestimmung
6.2.2.6.2	Allgemeine Vorschriften

Bau- und Prüfvorschriften für Verpackungen, Großpackmittel (IBC), Großverpackungen, Tanks und Schüttgut-Container

6

ADR	RID

6.2.2.6.3	Qualitätssicherungssystem und Nachprüfung (Audit) der Stelle für die wiederkehrende Prüfung
6.2.2.6.3.1	Qualitätssicherungssystem
6.2.2.6.3.2	Nachprüfung (Audit)
6.2.2.6.3.3	Aufrechterhaltung des Qualitätssicherungssystems
6.2.2.6.4	Zulassungsverfahren für Stellen für die wiederkehrende Prüfung
6.2.2.6.5	Wiederkehrende Prüfung sowie Bescheinigung
6.2.2.7	Kennzeichnung von nachfüllbaren UN-Druckgefäßen
6.2.2.8	Kennzeichnung von nicht nachfüllbaren UN-Druckgefäßen
6.2.2.9	Kennzeichnung von UN-Metallhydrid-Speichersystemen
6.2.2.10	Kennzeichnung von UN-Flaschenbündeln
6.2.2.11	Gleichwertige Verfahren für die Konformitätsbewertung und die wiederkehrende Prüfung
6.2.3	Vorschriften für Druckgefäße, die keine UN-Druckgefäße sind
6.2.3.1	Auslegung und Bau
6.2.3.2	(bleibt offen)
6.2.3.3	Bedienungsausrüstung
6.2.3.3.2	Öffnungen
6.2.3.3.3	Ausrüstung
6.2.3.4	Erstmalige Prüfung
6.2.3.5	Wiederkehrende Prüfung
6.2.3.5.3	Allgemeine Vorschriften für den Ersatz bestimmter in Absatz 6.2.3.5.1 vorgeschriebener Prüfung(en) der wiederkehrenden Prüfung
6.2.3.6	Zulassung von Druckgefäßen
6.2.3.7	Anforderungen an Hersteller
6.2.3.8	Anforderungen an Prüfstellen
6.2.3.9	Kennzeichnung von nachfüllbaren Druckgefäßen
6.2.3.9.7	Kennzeichnung von Flaschenbündeln
6.2.3.10	Kennzeichnung von nicht nachfüllbaren Druckgefäßen
6.2.3.11	Bergungsdruckgefäße
6.2.4	Vorschriften für in Übereinstimmung mit in Bezug genommenen Normen ausgelegte, gebaute und geprüfte Druckgefäße, die keine UN-Druckgefäße sind
6.2.4.1	Auslegung, Bau und erstmalige Prüfung
6.2.4.2	Wiederkehrende Prüfung
6.2.5	Vorschriften für nicht in Übereinstimmung mit in Bezug genommenen Normen ausgelegte, gebaute und geprüfte Druckgefäße, die keine UN-Druckgefäße sind
6.2.5.1	Werkstoffe
6.2.5.2	Bedienungsausrüstung
6.2.5.3	Flaschen, Großflaschen, Druckfässer und Flaschenbündel aus Metall
6.2.5.4	Zusätzliche Vorschriften für Druckgefäße aus Aluminiumlegierungen für verdichtete, verflüssigte, gelöste Gase und nicht unter Druck stehende Gase, die besonderen Vorschriften unterliegen (Gasproben), sowie für Gegenstände, die Gas unter Druck enthalten, mit Ausnahme von Druckgaspackungen und Gefäßen, klein, mit Gas (Gaspatronen)
6.2.5.5	Druckgefäße aus Verbundwerkstoffen
6.2.5.6	Verschlossene Kryo-Behälter
6.2.6	Allgemeine Vorschriften für Druckgaspackungen, Gefäße, klein, mit Gas (Gaspatronen) und Brennstoffzellen-Kartuschen mit verflüssigtem entzündbarem Gas
6.2.6.1	Auslegung und Bau

6 Bau- und Prüfvorschriften für Verpackungen, Großpackmittel (IBC), Großverpackungen, Tanks und Schüttgut-Container

ADR	RID

6.2.6.2	Flüssigkeitsdruckprüfung
6.2.6.3	Dichtheitsprüfung
6.2.6.3.1	Prüfung in einem Heißwasserbad
6.2.6.3.2	Alternative Methoden
6.2.6.4	Verweis auf Normen
6.3	Bau- und Prüfvorschriften für Verpackungen für ansteckungsgefährliche Stoffe der Kategorie A der Klasse 6.2 (UN-Nummern 2814 und 2900)
6.3.1	Allgemeines
6.3.2	Vorschriften für Verpackungen
6.3.3	Codierung für die Bezeichnung des Verpackungstyps
6.3.4	Kennzeichnung
6.3.5	Prüfvorschriften für Verpackungen
6.4	Vorschriften für den Bau, die Prüfung und die Zulassung von Versandstücken für radioaktive Stoffe sowie für die Zulassung solcher Stoffe
6.4.1	(bleibt offen)
6.4.2	Allgemeine Vorschriften
6.4.3	(bleibt offen)
6.4.4	Vorschriften für freigestellte Versandstücke
6.4.5	Vorschriften für Industrieversandstücke
6.4.5.4	Alternative Vorschriften für Typ IP-2- und Typ IP-3-Versandstücke
6.4.6	Vorschriften für Versandstücke, die Uranhexafluorid enthalten
6.4.7	Vorschriften für Typ A-Versandstücke
6.4.8	Vorschriften für Typ B(U)-Versandstücke
6.4.8.6	Tabelle – Daten für die Sonneneinstrahlung
6.4.9	Vorschriften für Typ B(M)-Versandstücke
6.4.10	Vorschriften für Typ C-Versandstücke
6.4.11	Vorschriften für Versandstücke, die spaltbare Stoffe enthalten
6.4.12	Prüfmethoden und Nachweisverfahren
6.4.13	Prüfung der Unversehrtheit der dichten Umschließung und der Strahlungsabschirmung und Bewertung der Kritikalitätssicherheit
6.4.14	Aufprallfundament für die Fallprüfungen
6.4.15	Prüfungen zum Nachweis der Widerstandsfähigkeit unter normalen Beförderungsbedingungen
6.4.15.4	Tabelle – Freifallhöhe zur Prüfung von Versandstücken unter normalen Beförderungsbedingungen
6.4.16	Zusätzliche Prüfungen für Typ A-Versandstücke für flüssige Stoffe und Gase
6.4.17	Prüfungen zum Nachweis der Widerstandsfähigkeit unter Unfall-Beförderungsbedingungen

Bau- und Prüfvorschriften für Verpackungen, Großpackmittel (IBC), Großverpackungen, Tanks und Schüttgut-Container 6

ADR	RID

6.4.18	Gesteigerte Wassertauchprüfung für Typ B(U)- und Typ B(M)-Versandstücke mit einem Inhalt von mehr als 10^5 A_2 und für Typ C-Versandstücke	
6.4.19	Wassereindringprüfung für Versandstücke, die spaltbare Stoffe enthalten	
6.4.20	Prüfungen für Typ C-Versandstücke	
6.4.21	Prüfungen für Verpackungen, die für mindestens 0,1 kg Uranhexafluorid ausgelegt sind	
6.4.22	Zulassung der Bauart von Versandstücken und Stoffen	
6.4.23	Antrag und Beförderungsgenehmigung für radioaktive Stoffe	
6.5	**Bau- und Prüfvorschriften für Großpackmittel (IBC)**	
6.5.1	Allgemeine Vorschriften	
6.5.1.1	Anwendungsbereich	
6.5.1.2	(bleibt offen)	
6.5.1.3	(bleibt offen)	
6.5.1.4	Codierungssystem für die Kennzeichnung von IBC	
6.5.2	Kennzeichnung	
6.5.2.1	Grundkennzeichnung	
6.5.2.2	Zusätzliche Kennzeichnung	
6.5.2.3	Übereinstimmung mit der Bauart	
6.5.2.4	Kennzeichnung von wiederaufgearbeiteten Kombinations-IBC (31HZ1)	
6.5.3	Bauvorschriften	
6.5.3.1	Allgemeine Vorschriften	
6.5.4	Prüfungen, Bauartgenehmigung und Inspektion	
6.5.5	Besondere Vorschriften für IBC	
6.5.5.1	Besondere Vorschriften für metallene IBC	
6.5.5.2	Besondere Vorschriften für flexible IBC	
6.5.5.3	Besondere Vorschriften für starre Kunststoff-IBC	
6.5.5.4	Besondere Vorschriften für Kombinations-IBC mit Kunststoff-Innenbehälter	
6.5.5.5	Besondere Vorschriften für IBC aus Pappe	
6.5.5.6	Besondere Vorschriften für IBC aus Holz	
6.5.6	Prüfvorschriften für IBC	
6.5.6.1	Durchführung und Häufigkeit der Prüfungen	
6.5.6.2	Bauartprüfungen	
6.5.6.3	Vorbereitung für die Prüfungen	
6.5.6.4	Hebeprüfung von unten	
6.5.6.5	Hebeprüfung von oben	
6.5.6.6	Stapeldruckprüfung	
6.5.6.7	Dichtheitsprüfung	
6.5.6.8	Hydraulische Innendruckprüfung	
6.5.6.9	Fallprüfung	
6.5.6.10	Weiterreißprüfung	

6 Bau- und Prüfvorschriften für Verpackungen, Großpackmittel (IBC), Großverpackungen, Tanks und Schüttgut-Container

ADR	RID

6.5.6.11	Kippfallprüfung
6.5.6.12	Aufrichtprüfung
6.5.6.13	Vibrationsprüfung
6.5.6.14	Prüfbericht

6.6	Bau- und Prüfvorschriften für Großverpackungen
6.6.1	Allgemeines
6.6.2	Codierung für die Bezeichnung des Typs der Großverpackung
6.6.3	Kennzeichnung
6.6.3.2	Beispiele für die Kennzeichnung
6.6.4	Besondere Vorschriften für Großverpackungen
6.6.4.1	Besondere Vorschriften für Großverpackungen aus Metall
6.6.4.2	Besondere Vorschriften für Großverpackungen aus flexiblen Werkstoffen
6.6.4.3	Besondere Vorschriften für Großverpackungen aus starrem Kunststoff
6.6.4.4	Besondere Vorschriften für Großverpackungen aus Pappe
6.6.4.5	Besondere Vorschriften für Großverpackungen aus Holz
6.6.5	Prüfvorschriften für Großverpackungen
6.6.5.1	Durchführung und Häufigkeit der Prüfungen
6.6.5.1.9	Bergungsgroßverpackungen
6.6.5.2	Vorbereitung für die Prüfungen
6.6.5.3	Prüfvorschriften
6.6.5.3.1	Hebeprüfung von unten
6.6.5.3.2	Hebeprüfung von oben
6.6.5.3.3	Stapeldruckprüfung
6.6.5.3.4	Fallprüfung
6.6.5.4	Zulassung und Prüfbericht

6.7	Vorschriften für die Auslegung, den Bau und die Prüfung von ortsbeweglichen Tanks und von UN-Gascontainern mit mehreren Elementen (MEGC)
6.7.1	Anwendungsbereich und allgemeine Vorschriften
6.7.2	Vorschriften für die Auslegung, den Bau und die Prüfung von ortsbeweglichen Tanks zur Beförderung von Stoffen der Klassen 1 und 3 bis 9
6.7.2.1	Begriffsbestimmungen
6.7.2.2	Allgemeine Vorschriften für die Auslegung und den Bau
6.7.2.3	Auslegungskriterien
6.7.2.4	Mindestwanddicke des Tankkörpers
6.7.2.5	Bedienungsausrüstung
6.7.2.6	Bodenöffnungen
6.7.2.7	Sicherheitseinrichtungen
6.7.2.8	Druckentlastungseinrichtungen

Bau- und Prüfvorschriften für Verpackungen, Großpackmittel (IBC), Großverpackungen, Tanks und Schüttgut-Container

ADR	RID

6.7.2.9	Einstellung von Druckentlastungseinrichtungen	
6.7.2.10	Schmelzsicherungen	
6.7.2.11	Berstscheiben	
6.7.2.12	Abblasmenge von Druckentlastungseinrichtungen	
6.7.2.13	Kennzeichnung von Druckentlastungseinrichtungen	
6.7.2.14	Anschlüsse für Druckentlastungseinrichtungen	
6.7.2.15	Anordnung von Druckentlastungseinrichtungen	
6.7.2.16	Füllstandsanzeigevorrichtungen	
6.7.2.17	Traglager, Rahmen, Hebe- und Befestigungseinrichtungen für ortsbewegliche Tanks	
6.7.2.18	Baumusterzulassung	
6.7.2.19	Prüfung	
6.7.2.20	Kennzeichnung	
6.7.3	Vorschriften für die Auslegung, den Bau und die Prüfung von ortsbeweglichen Tanks zur Beförderung von nicht tiefgekühlt verflüssigten Gasen	
6.7.3.1	Begriffsbestimmungen	
6.7.3.2	Allgemeine Vorschriften für die Auslegung und den Bau	
6.7.3.3	Auslegungskriterien	
6.7.3.4	Mindestwanddicke des Tankkörpers	
6.7.3.5	Bedienungsausrüstung	
6.7.3.6	Bodenöffnungen	
6.7.3.7	Druckentlastungseinrichtungen	
6.7.3.8	Abblasmenge von Druckentlastungseinrichtungen	
6.7.3.9	Kennzeichnung von Druckentlastungseinrichtungen	
6.7.3.10	Anschlüsse für Druckentlastungseinrichtungen	
6.7.3.11	Anordnung von Druckentlastungseinrichtungen	
6.7.3.12	Füllstandsanzeigevorrichtungen	
6.7.3.13	Traglager, Rahmen, Hebe- und Befestigungseinrichtungen für ortsbewegliche Tanks	
6.7.3.14	Baumusterzulassung	
6.7.3.15	Prüfung	
6.7.3.16	Kennzeichnung	
6.7.4	Vorschriften für die Auslegung, den Bau und die Prüfung von ortsbeweglichen Tanks zur Beförderung von tiefgekühlt verflüssigten Gasen	
6.7.4.1	Begriffsbestimmungen	
6.7.4.2	Allgemeine Vorschriften für die Auslegung und den Bau	
6.7.4.3	Auslegungskriterien	
6.7.4.4	Mindestwanddicke des Tankkörpers	
6.7.4.5	Bedienungsausrüstung	
6.7.4.6	Druckentlastungseinrichtungen	
6.7.4.7	Abblasmenge und Einstellung von Druckentlastungseinrichtungen	
6.7.4.8	Kennzeichnung von Druckentlastungseinrichtungen	
6.7.4.9	Anschlüsse für Druckentlastungseinrichtungen	

6 Bau- und Prüfvorschriften für Verpackungen, Großpackmittel (IBC), Großverpackungen, Tanks und Schüttgut-Container

ADR	RID
6.7.4.10 Anordnung von Druckentlastungseinrichtungen	
6.7.4.11 Füllstandsanzeigevorrichtungen	
6.7.4.12 Traglager, Rahmen, Hebe- und Befestigungseinrichtungen für ortsbewegliche Tanks	
6.7.4.13 Baumusterzulassung	
6.7.4.14 Prüfung	
6.7.4.15 Kennzeichnung	
6.7.5 Vorschriften für die Auslegung, den Bau und die Prüfung von UN-Gascontainern mit mehreren Elementen (MEGC), die für die Beförderung nicht tiefgekühlter Gase vorgesehen sind	
6.7.5.1 Begriffsbestimmungen	
6.7.5.2 Allgemeine Vorschriften für die Auslegung und den Bau	
6.7.5.3 Bedienungsausrüstung	
6.7.5.4 Druckentlastungseinrichtungen	
6.7.5.5 Abblasmenge von Druckentlastungseinrichtungen	
6.7.5.6 Kennzeichnung von Druckentlastungseinrichtungen	
6.7.5.7 Anschlüsse für Druckentlastungseinrichtungen	
6.7.5.8 Anordnung von Druckentlastungseinrichtungen	
6.7.5.9 Füllstandsanzeigevorrichtungen	
6.7.5.10 Traglager, Rahmen, Hebe- und Befestigungseinrichtungen für MEGC	
6.7.5.11 Baumusterzulassung	
6.7.5.12 Prüfung	
6.7.5.13 Kennzeichnung	
6.8 Vorschriften für den Bau, die Ausrüstung, die Zulassung des Baumusters, die Prüfung und die Kennzeichnung von festverbundenen Tanks (Tankfahrzeugen), Aufsetztanks, Tankcontainern und Tankwechselaufbauten (Tankwechselbehältern), deren Tankkörper aus metallenen Werkstoffen hergestellt sind, sowie von Batterie-Fahrzeugen und Gascontainern mit mehreren Elementen (MEGC)	Vorschriften für den Bau, die Ausrüstung, die Zulassung des Baumusters, die Prüfung und die Kennzeichnung von Kesselwagen, abnehmbaren Tanks, Tankcontainern und Tankwechselaufbauten (Tankwechselbehältern), deren Tankkörper aus metallenen Werkstoffen hergestellt sind, sowie von Batteriewagen und Gascontainern mit mehreren Elementen (MEGC)
6.8.1 Anwendungsbereich	
6.8.2 Vorschriften für alle Klassen	
6.8.2.1 Bau	
6.8.2.2 Ausrüstung	
6.8.2.3 Zulassung des Baumusters	
6.8.2.4 Prüfungen	
6.8.2.5 Kennzeichnung	
6.8.2.6 Vorschriften für Tanks, die nach in Bezug genommenen Normen ausgelegt, gebaut und geprüft sind	
6.8.2.6.1 Auslegung und Bau	
6.8.2.6.2 Prüfung	
6.8.2.7 Vorschriften für Tanks, die nicht nach in Bezug genommenen Normen ausgelegt, gebaut und geprüft sind	

Bau- und Prüfvorschriften für Verpackungen, Großpackmittel (IBC), Großverpackungen, Tanks und Schüttgut-Container 6

	ADR	RID
6.8.3	Sondervorschriften für die Klasse 2	
6.8.3.1	Bau von Tankkörpern	
6.8.3.2	Ausrüstung	
6.8.3.3	Zulassung des Baumusters	
6.8.3.4	Prüfungen	
6.8.3.5	Kennzeichnung	
6.8.3.6	Vorschriften für Batterie-Fahrzeuge und MEGC, die nach in Bezug genommenen Normen ausgelegt, gebaut und geprüft sind	Vorschriften für Batteriewagen und MEGC, die nach in Bezug genommenen Normen ausgelegt, gebaut und geprüft sind
6.8.3.7	Vorschriften für Batterie-Fahrzeuge und MEGC, die nicht nach in Bezug genommenen Normen ausgelegt, gebaut und geprüft sind	Vorschriften für Batteriewagen und MEGC, die nicht nach in Bezug genommenen Normen ausgelegt, gebaut und geprüft sind
6.8.4	Sondervorschriften	
6.8.5	Vorschriften für die Werkstoffe und den Bau von geschweißten festverbundenen Tanks, geschweißten Aufsetztanks und geschweißten Tankkörpern von Tankcontainern, für die ein Prüfdruck von mindestens 1 MPa (10 bar) vorgeschrieben ist, sowie von geschweißten festverbundenen Tanks, geschweißten Aufsetztanks und geschweißten Tankkörpern von Tankcontainern zur Beförderung tiefgekühlt verflüssigter Gase der Klasse 2	Vorschriften für die Werkstoffe und den Bau von Tankkörpern von Kesselwagen und Tankcontainern, für die ein Prüfdruck von mindestens 1 MPa (10 bar) vorgeschrieben ist, sowie von Tankkörpern von Kesselwagen und Tankcontainern zur Beförderung tiefgekühlt verflüssigter Gase der Klasse 2
6.8.5.1	Werkstoffe und Tankkörper	
6.8.5.2	Prüfvorschriften	
6.8.5.2.1	Tankkörper aus Stahl	
6.8.5.2.2	Tankkörper aus Aluminium oder Aluminiumlegierungen	
6.8.5.2.3	Tankkörper aus Kupfer oder Kupferlegierungen	
6.8.5.3	Bestimmung der Kerbschlagzähigkeit	
6.8.5.4	Verweis auf Normen	
6.9	Vorschriften für die Auslegung, den Bau, die Ausrüstung, die Zulassung des Baumusters, die Prüfung und die Kennzeichnung von festverbundenen Tanks (Tankfahrzeugen), Aufsetztanks, Tankcontainern und Tankwechselaufbauten (Tankwechselbehältern) aus faserverstärkten Kunststoffen (FVK)	Vorschriften für die Auslegung, den Bau, die Ausrüstung, die Zulassung des Baumusters, die Prüfung und die Kennzeichnung von Tankcontainern und Tankwechselaufbauten (Tankwechselbehältern) aus faserverstärkten Kunststoffen (FVK)
6.9.1	Allgemeines	
6.9.2	Bau	
6.9.3	Ausrüstungsteile	
6.9.4	Prüfung und Zulassung des Baumusters	
6.9.5	Prüfungen	
6.9.6	Kennzeichnung	

6 Bau- und Prüfvorschriften für Verpackungen, Großpackmittel (IBC), Großverpackungen, Tanks und Schüttgut-Container

ADR	RID

6.10		Vorschriften für den Bau, die Ausrüstung, die Zulassung, die Prüfung und die Kennzeichnung von Saug-Druck-Tanks für Abfälle
6.10.1		Allgemeines
6.10.1.1		Begriffsbestimmungen
6.10.1.2		Anwendungsbereich
6.10.2		Bau
6.10.3		Ausrüstung
6.10.4		Prüfungen
6.11		Vorschriften für die Auslegung, den Bau und die Prüfung von Schüttgut-Containern
6.11.1		(bleibt offen)
6.11.2		Anwendungsbereich und allgemeine Vorschriften
6.11.2.3		Code für die Bezeichnung der Schüttgut-Container-Typen
6.11.3		Vorschriften für die Auslegung, den Bau und die Prüfung von Containern, die dem CSC entsprechen und als Schüttgut-Container des Typs BK1 oder BK2 verwendet werden
6.11.3.1		Vorschriften für die Auslegung und den Bau
6.11.3.2		Bedienungsausrüstung
6.11.3.3		Prüfung
6.11.3.4		Kennzeichnung
6.11.4		Vorschriften für die Auslegung, den Bau und die Zulassung von Schüttgut-Containern der Typen BK1 oder BK2, die keine Container gemäß CSC sind
6.11.5		Vorschriften für die Auslegung, den Bau und die Prüfung von flexiblen Schüttgut-Containern des Typs BK 3
6.11.5.1		Vorschriften für die Auslegung und den Bau
6.11.5.2		Bedienungsausrüstung und Handhabungseinrichtungen
6.11.5.3		Prüfung
6.11.5.3.5		Fallprüfung
6.11.5.3.6		Hebeprüfung von oben
6.11.5.3.7		Kippfallprüfung
6.11.5.3.8		Aufrichtprüfung
6.11.5.3.9		Weiterreißprüfung
6.11.5.3.10		Stapeldruckprüfung
6.11.5.4		Prüfbericht
6.11.5.5		Kennzeichnung

Bau- und Prüfvorschriften für Verpackungen, Großpackmittel (IBC), Großverpackungen, Tanks und Schüttgut-Container

	ADR	RID
6.12	Vorschriften für den Bau, die Ausrüstung, die Zulassung des Baumusters, die Prüfung und die Kennzeichnung von Tanks, Schüttgut-Containern und besonderen Laderäumen für explosive Stoffe oder Gegenstände mit Explosivstoff in mobilen Einheiten zur Herstellung von explosiven Stoffen oder Gegenständen mit Explosivstoff (MEMU)	
6.12.1	Anwendungsbereich	
6.12.2	Allgemeine Vorschriften	
6.12.3	Tanks	
6.12.3.1	Tanks mit einem Fassungsraum von mindestens 1000 Litern	
6.12.3.2	Tanks mit einem Fassungsraum von weniger als 1000 Litern	
6.12.4	Ausrüstung	
6.12.5	Besondere Laderäume für explosive Stoffe oder Gegenstände mit Explosivstoff	

6 Bau- und Prüfvorschriften für Verpackungen, Großpackmittel (IBC), Großverpackungen, Tanks und Schüttgut-Container

ADR	RID
	6.12 Vorschriften für den Bau, die Ausrüstung, die Zulassung des Baumusters, die Prüfung und die Kennzeichnung von Tanks, Schüttgut-Containern und besonderen Laderäumen für explosive Stoffe oder Gegenstände mit Explosivstoff in mobilen Einheiten zur Herstellung von explosiven Stoffen oder Gegenständen mit Explosivstoff (MEMU)
	6.12.1 Anwendungsbereich
	6.12.2 Allgemeine Vorschriften
	6.12.3 Tanks
	6.12.3.1 Tanks mit einem Fassungsraum von mindestens 1000 Litern
	6.12.3.2 Tanks mit einem Fassungsraum von weniger als 1000 Litern
	6.12.4 Ausrüstung
	6.12.5 Besondere Laderäume für explosive Stoffe oder Gegenstände mit Explosivstoff

Bau- und Prüfvorschriften für Verpackungen 6.1

ADR	RID

6.1.1 Allgemeines

6.1.1.1 Die Vorschriften dieses Kapitels gelten nicht für:

a) Versandstücke mit radioaktiven Stoffen der Klasse 7, sofern nichts anderes vorgeschrieben ist (siehe Abschnitt 4.1.9);

b) Versandstücke mit ansteckungsgefährlichen Stoffen der Klasse 6.2, sofern nichts anderes vorgeschrieben ist (siehe Bem. zur Überschrift in Kapitel 6.3 und Unterabschnitt 4.1.4.1 Verpackungsanweisungen P 621 und P 622);

c) Druckgefäße mit Gasen der Klasse 2;

d) Versandstücke, deren Nettomasse 400 kg überschreitet;

e) Verpackungen für flüssige Stoffe, ausgenommen zusammengesetzte Verpackungen, die einen Fassungsraum von mehr als 450 Litern haben.

6.1.1.2 Die Vorschriften in Abschnitt 6.1.4 stützen sich auf die derzeit verwendeten Verpackungen. Um den wissenschaftlichen und technischen Fortschritt zu berücksichtigen, dürfen Verpackungen verwendet werden, deren Spezifikationen von denen in Abschnitt 6.1.4 abweichen, vorausgesetzt, sie sind ebenso wirksam, von der zuständigen Behörde anerkannt und sie bestehen erfolgreich die in Unterabschnitt 6.1.1.3 und Abschnitt 6.1.5 beschriebenen Prüfungen. Andere als die in diesem Kapitel beschriebenen Prüfverfahren sind zulässig, vorausgesetzt, sie sind gleichwertig und von der zuständigen Behörde anerkannt.

6.1.1.3 Jede Verpackung, die für flüssige Stoffe vorgesehen ist, muss erfolgreich einer geeigneten Dichtheitsprüfung unterzogen werden. Diese Prüfung ist Teil des in Unterabschnitt 6.1.1.4 festgelegten Qualitätssicherungsprogramms, mit dem nachgewiesen wird, dass die Verpackung in der Lage ist, die entsprechenden in Absatz 6.1.5.4.3 angegebenen Prüfanforderungen zu erfüllen:

a) vor der erstmaligen Verwendung zur Beförderung;

b) nach Wiederaufarbeitung oder Rekonditionierung vor Wiederverwendung zur Beförderung.

Für diese Prüfung müssen die Verpackungen nicht mit ihren eigenen Verschlüssen ausgerüstet sein.

Das Innengefäß einer Kombinationsverpackung darf ohne Außenverpackung geprüft werden, vorausgesetzt, die Prüfergebnisse werden hierdurch nicht beeinträchtigt.

Diese Prüfung ist nicht erforderlich für

– Innenverpackungen von zusammengesetzten Verpackungen;

– Innengefäße von Kombinationsverpackungen (Glas, Porzellan oder Steinzeug), die gemäß Unterabschnitt 6.1.3.1 a) (ii) mit dem Symbol «RID/ADR» gekennzeichnet sind;

– Feinstblechverpackungen, die gemäß Unterabschnitt 6.1.3.1 a) (ii) mit dem Symbol «RID/ADR» gekennzeichnet sind.

6.1.1.4 Die Verpackungen müssen nach einem von der zuständigen Behörde als zufriedenstellend erachteten Qualitätssicherungsprogramm hergestellt, rekonditioniert und geprüft sein, um sicherzustellen, dass jede Verpackung den Vorschriften dieses Kapitels entspricht.

Bem. Die Norm ISO 16106:2006 «Verpackung – Verpackungen zur Beförderung gefährlicher Güter – Gefahrgutverpackungen, Großpackmittel (IBC) und Großverpackungen – Leitfaden für die Anwendung der ISO 9001» enthält zufrieden stellende Leitlinien für Verfahren, die angewendet werden dürfen.

6.1.1.5 Hersteller und nachfolgende Verteiler von Verpackungen müssen Informationen über die zu befolgenden Verfahren sowie eine Beschreibung der Arten und Abmessungen der

6.1 Bau- und Prüfvorschriften für Verpackungen

ADR	RID

Verschlüsse (einschließlich der erforderlichen Dichtungen) und aller anderen Bestandteile liefern, die notwendig sind, um sicherzustellen, dass die versandfertigen Versandstücke in der Lage sind, die anwendbaren Leistungsprüfungen dieses Kapitels zu erfüllen.

6.1.2 Codierung für die Bezeichnung des Verpackungstyps

6.1.2.1 Der Code besteht aus:
a) einer arabischen Ziffer für die Verpackungsart, z. B. Fass, Kanister usw., gefolgt von
b) einem oder mehreren lateinischen Großbuchstaben für die Art des Werkstoffes, z. B. Stahl, Holz usw., gegebenenfalls gefolgt von
c) einer arabischen Ziffer für die Kategorie der Verpackung innerhalb der Verpackungsart.

6.1.2.2 Für Kombinationsverpackungen sind an der zweiten Stelle des Codes zwei lateinische Großbuchstaben hintereinander zu verwenden. Der erste bezeichnet den Werkstoff des Innengefäßes, der zweite den der Außenverpackung.

6.1.2.3 Für zusammengesetzte Verpackungen ist lediglich die Codenummer für die Außenverpackung zu verwenden.

6.1.2.4 Auf den Verpackungscode können die Buchstaben «T», «V» oder «W» folgen. Der Buchstabe «T» bezeichnet eine Bergungsverpackung nach Absatz 6.1.5.1.11. Der Buchstabe «V» bezeichnet eine Sonderverpackung nach Absatz 6.1.5.1.7. Der Buchstabe «W» bedeutet, dass die Verpackung zwar dem durch den Code bezeichneten Verpackungstyp angehört, jedoch nach einer von Abschnitt 6.1.4 abweichenden Spezifikation hergestellt wurde und nach den Vorschriften des Unterabschnitts 6.1.1.2 als gleichwertig gilt.

6.1.2.5 Die folgenden Ziffern sind für die Verpackungsart zu verwenden:
1 Fass
2 (bleibt offen)
3 Kanister
4 Kiste
5 Sack
6 Kombinationsverpackung
7 (bleibt offen)
0 Feinstblechverpackung.

6.1.2.6 Die folgenden Großbuchstaben sind für die Werkstoffart zu verwenden:
A Stahl (alle Typen und alle Oberflächenbehandlungen)
B Aluminium
C Naturholz
D Sperrholz
F Holzfaserwerkstoff
G Pappe
H Kunststoff
L Textilgewebe
M Papier, mehrlagig
N Metall (außer Stahl oder Aluminium)
P Glas, Porzellan oder Steinzeug.

Bem. Der Ausdruck «Kunststoff» schließt auch andere polymere Werkstoffe wie Gummi ein.

Bau- und Prüfvorschriften für Verpackungen 6.1
ADR | RID

6.1.2.7 In der folgenden Tabelle sind die Codes angegeben, die für die Bezeichnung der Verpackungstypen in Abhängigkeit der Verpackungsart, des für die Herstellung verwendeten Werkstoffes und der Kategorie zu verwenden sind; es wird auch auf Unterabschnitte verwiesen, in denen die entsprechenden Vorschriften nachzulesen sind:

Art	Werkstoff	Kategorie	Code	Unterabschnitt
1. Fässer	A. Stahl	nicht abnehmbarer Deckel	1A1	6.1.4.1
		abnehmbarer Deckel	1A2	
	B. Aluminium	nicht abnehmbarer Deckel	1B1	6.1.4.2
		abnehmbarer Deckel	1B2	
	D. Sperrholz		1D	6.1.4.5
	G. Pappe		1G	6.1.4.7
	H. Kunststoff	nicht abnehmbarer Deckel	1H1	6.1.4.8
		abnehmbarer Deckel	1H2	
	N. Metall, außer Stahl oder Aluminium	nicht abnehmbarer Deckel	1N1	6.1.4.3
		abnehmbarer Deckel	1N2	
2. (bleibt offen)				
3. Kanister	A. Stahl	nicht abnehmbarer Deckel	3A1	6.1.4.4
		abnehmbarer Deckel	3A2	
	B. Aluminium	nicht abnehmbarer Deckel	3B1	6.1.4.4
		abnehmbarer Deckel	3B2	
	H. Kunststoff	nicht abnehmbarer Deckel	3H1	6.1.4.8
		abnehmbarer Deckel	3H2	
4. Kisten	A. Stahl		4A	6.1.4.14
	B. Aluminium		4B	6.1.4.14
	C. Naturholz	einfach	4C1	6.1.4.9
		mit staubdichten Wänden	4C2	
	D. Sperrholz		4D	6.1.4.10
	F. Holzfaserwerkstoff		4F	6.1.4.11
	G. Pappe		4G	6.1.4.12
	H. Kunststoff	Schaumstoffe	4H1	6.1.4.13
		starre Kunststoffe	4H2	
	N. Metall, außer Stahl oder Aluminium		4N	6.1.4.14
5. Säcke	H. Kunststoffgewebe	ohne Innenauskleidung oder Beschichtung	5H1	
		staubdicht	5H2	6.1.4.16
		wasserbeständig	5H3	
	H. Kunststofffolie		5H4	6.1.4.17
	L. Textilgewebe	ohne Innenauskleidung oder Beschichtung	5L1	
		staubdicht	5L2	6.1.4.15
		wasserbeständig	5L3	
	M. Papier	mehrlagig	5M1	6.1.4.18
		mehrlagig, wasserbeständig	5M2	

Fortsetzung nächste Seite !

6.1 Bau- und Prüfvorschriften für Verpackungen

ADR				RID	
Art	Werkstoff	Kategorie		Code	Unterab-schnitt
6. Kombinations-verpackungen	H. Kunststoffgefäß	in einem Fass aus Stahl		6HA1	6.1.4.19
		in einem Verschlag oder einer Kiste aus Stahl		6HA2	6.1.4.19
		in einem Fass aus Aluminium		6HB1	6.1.4.19
		in einem Verschlag oder einer Kiste aus Aluminium		6HB2	6.1.4.19
		in einer Kiste aus Naturholz		6HC	6.1.4.19
		in einem Fass aus Sperrholz		6HD1	6.1.4.19
		in einer Kiste aus Sperrholz		6HD2	6.1.4.19
		in einem Fass aus Pappe		6HG1	6.1.4.19
		in einer Kiste aus Pappe		6HG2	6.1.4.19
		in einem Fass aus Kunststoff		6HH1	6.1.4.19
		in einer Kiste aus starrem Kunststoff		6HH2	6.1.4.19
	P. Gefäß aus Porzellan, Glas oder Steinzeug	in einem Fass aus Stahl		6PA1	6.1.4.20
		in einem Verschlag oder einer Kiste aus Stahl		6PA2	6.1.4.20
		in einem Fass aus Aluminium		6PB1	6.1.4.20
		in einem Verschlag oder einer Kiste aus Aluminium		6PB2	6.1.4.20
		in einer Kiste aus Naturholz		6PC	6.1.4.20
		in einem Fass aus Sperrholz		6PD1	6.1.4.20
		in einem Weidenkorb		6PD2	6.1.4.20
		in einem Fass aus Pappe		6PG1	6.1.4.20
		in einer Kiste aus Pappe		6PG2	6.1.4.20
		in einer Außenverpackung aus Schaumstoff		6PH1	6.1.4.20
		in einer Außenverpackung aus starrem Kunststoff		6PH2	6.1.4.20
7. (bleibt offen)					
0. Feinstblech-verpackungen	A. Stahl	nicht abnehmbarer Deckel		0A1	6.1.4.22
		abnehmbarer Deckel		0A2	

6.1.3 Kennzeichnung

Bem. 1. Die Kennzeichen auf der Verpackung geben an, dass diese einer erfolgreich geprüften Bauart entspricht und die Vorschriften dieses Kapitels erfüllt, soweit diese sich auf die Herstellung und nicht auf die Verwendung der Verpackung beziehen. Folglich sagen die Kennzeichen nicht unbedingt aus, dass die Verpackung für irgendeinen Stoff verwendet werden darf: die Verpackungsart (z.B. Stahlfass), der höchste Fassungsraum und/oder die höchste Masse der Verpackung sowie etwaige Sondervorschriften sind für jeden Stoff in Kapitel 3.2 Tabelle A festgelegt.

2. Die Kennzeichen sind dazu bestimmt, die Aufgaben der Verpackungshersteller, der Rekonditionierer, der Verpackungsverwender, der Beförderer und der Regelungsbehörden zu erleichtern. Bei der Verwendung einer neuen Verpackung sind die Originalkennzeichen ein Hilfsmittel für den oder die Hersteller, um den Typ festzustellen und um anzugeben, welche Prüfvorschriften diese erfüllt.

3. Die Kennzeichen liefern nicht immer vollständige Einzelheiten beispielsweise über das Prüfniveau; es kann daher notwendig sein, diesem Gesichtspunkt auch unter Bezugnahme auf ein Prüfzertifikat, Prüfberichte oder ein Verzeichnis erfolgreich geprüfter Verpackungen Rechnung zu tragen. Zum Beispiel kann eine Verpackung, die mit einem X oder einem Y gekennzeichnet ist, für Stoffe verwendet werden, denen eine Verpackungsgruppe mit einem geringeren Gefahrengrad zugeordnet ist und deren höchstzulässiger Wert für die relative

Bau- und Prüfvorschriften für Verpackungen 6.1
ADR | RID

Dichte [1], der in den Vorschriften für die Prüfungen der Verpackungen in Abschnitt 6.1.5 angegeben ist, unter Berücksichtigung des entsprechenden Faktors 1,5 oder 2,25 bestimmt wird; d.h., Verpackungen der Verpackungsgruppe I, die für Stoffe mit einer relativen Dichte von 1,2 geprüft sind, dürfen als Verpackungen der Verpackungsgruppe II für Stoffe mit einer relativen Dichte von 1,8 oder als Verpackungen der Verpackungsgruppe III für Stoffe mit einer relativen Dichte von 2,7 verwendet werden, natürlich vorausgesetzt, alle Funktionskriterien werden auch durch den Stoff mit der höheren relativen Dichte erfüllt.

6.1.3.1 Jede Verpackung, die für eine Verwendung gemäß ADR/RID vorgesehen ist, muss mit Kennzeichen versehen sein, die dauerhaft und lesbar und an einer Stelle in einem zur Verpackung verhältnismäßigen Format so angebracht sind, dass sie gut sichtbar sind. Bei Versandstücken mit einer Bruttomasse von mehr als 30 kg müssen die Kennzeichen oder ein Doppel davon auf der Oberseite oder auf einer Seite der Verpackung erscheinen. Die Buchstaben, Ziffern und Zeichen müssen eine Zeichenhöhe von mindestens 12 mm haben, ausgenommen an Verpackungen mit einem Fassungsraum von höchstens 30 Litern oder einer Nettomasse von höchstens 30 kg, bei denen die Zeichenhöhe mindestens 6 mm betragen muss, und ausgenommen Verpackungen mit einem Fassungsraum von höchstens 5 Litern oder einer Nettomasse von höchstens 5 kg, bei denen sie eine angemessene Größe aufweisen müssen.

Die Kennzeichen bestehen:

a) (i) aus dem Symbol der Vereinten Nationen für Verpackungen ⓤ.
Dieses Symbol darf nur zum Zweck der Bestätigung verwendet werden, dass eine Verpackung, ein flexibler Schüttgut-Container, ein ortsbeweglicher Tank oder ein MEGC den entsprechenden Vorschriften des Kapitels 6.1, 6.2, 6.3, 6.5, 6.6, 6.7 oder 6.11 entspricht. Dieses Symbol darf nicht für Verpackungen verwendet werden, die den vereinfachten Bedingungen des Unterabschnitts 6.1.1.3, der Absätze 6.1.5.3.1 e), 6.1.5.3.5 c), des Unterabschnitts 6.1.5.4, des Absatzes 6.1.5.5.1 und des Unterabschnitts 6.1.5.6 entsprechen (siehe auch Absatz (ii)). Für Metallverpackungen, auf denen die Kennzeichen durch Prägen angebracht werden, dürfen anstelle des Symbols die Buchstaben «UN» verwendet werden; oder

(ii) aus dem Symbol «RID/ADR» für Kombinationsverpackungen (Glas, Porzellan oder Steinzeug) und Feinstblechverpackungen, die vereinfachten Bedingungen entsprechen (siehe Unterabschnitt 6.1.1.3, Absatz 6.1.5.3.1 e), 6.1.5.3.5 c), Unterabschnitt 6.1.5.4, Absatz 6.1.5.5.1 und Unterabschnitt 6.1.5.6);

Bem. Verpackungen, die mit diesem Symbol gekennzeichnet sind, sind für Eisenbahn- und Straßenbeförderungen sowie Beförderungen auf Binnenwasserstraßen, die den Vorschriften des RID, des ADR bzw. des ADN unterliegen, zugelassen. Sie sind nicht unbedingt für Beförderungen mit anderen Verkehrsträgern oder für Eisenbahn- und Straßenbeförderungen sowie Beförderungen auf Binnenwasserstraßen, die anderen Vorschriften unterliegen, zugelassen.

b) aus dem Code für die Bezeichnung des Verpackungstyps nach Abschnitt 6.1.2;

c) aus einem zweiteiligen Code:
(i) aus einem Buchstaben, welcher die Verpackungsgruppe(n) angibt, für welche die Bauart erfolgreich geprüft worden ist:
X für die Verpackungsgruppen I, II und III;
Y für die Verpackungsgruppen II und III;
Z nur für die Verpackungsgruppe III;

---

[1] Der Ausdruck «relative Dichte» (d) gilt als Synonym für «Dichte» und wird in diesem Text durchgehend verwendet.

6.1 Bau- und Prüfvorschriften für Verpackungen

ADR	RID

(ii) bei Verpackungen ohne Innenverpackungen, die für flüssige Stoffe Verwendung finden, aus der Angabe der auf die erste Dezimalstelle gerundeten relativen Dichte, für die die Bauart geprüft worden ist; diese Angabe kann entfallen, wenn die relative Dichte 1,2 nicht überschreitet. Bei Verpackungen, die für feste Stoffe oder Innenverpackungen Verwendung finden, aus der Angabe der Bruttohöchstmasse in kg;

bei Feinstblechverpackungen, die gemäß Unterabschnitt 6.1.3.1 a) (ii) mit dem Symbol «RID/ADR» gekennzeichnet sind und zur Aufnahme von Stoffen bestimmt sind, deren Viskosität bei 23 °C mehr als 200 mm^2/s beträgt, aus der Angabe der Bruttohöchstmasse in kg;

d) entweder aus dem Buchstaben «S», wenn die Verpackung für feste Stoffe oder für Innenverpackungen Verwendung findet, oder, wenn die Verpackung (ausgenommen zusammengesetzte Verpackungen) für flüssige Stoffe Verwendung findet und mit Erfolg einer Flüssigkeitsdruckprüfung unterzogen worden ist, aus der Angabe des Prüfdrucks in kPa, abgerundet auf die nächsten 10 kPa;

bei Feinstblechverpackungen, die gemäß Unterabschnitt 6.1.3.1 a) (ii) mit dem Symbol «RID/ADR» gekennzeichnet sind und zur Aufnahme von flüssigen Stoffen bestimmt sind, deren Viskosität bei 23 °C mehr als 200 mm^2/s beträgt, aus dem Buchstaben «S»;

e) aus den letzten beiden Ziffern des Jahres der Herstellung. Bei Verpackungen der Verpackungsarten 1H und 3H zusätzlich aus dem Monat der Herstellung der Verpackung; dieser Teil der Kennzeichnung darf auch an anderer Stelle als die übrigen Angaben angebracht sein. Eine geeignete Weise ist:

* Die letzten beiden Ziffern des Jahres der Herstellung dürfen an dieser Stelle angegeben werden. Ist dies der Fall, kann, wenn die Uhr neben dem UN-Bauartkennzeichen angebracht ist, auf die Angabe des Jahres im Kennzeichen verzichtet werden. Wenn jedoch die Uhr nicht neben dem UN-Bauartkennzeichen angebracht ist, müssen die beiden Ziffern des Jahres im Kennzeichen und in der Uhr identisch sein.

Bem. Andere Methoden zur Angabe der erforderlichen Mindestinformationen in dauerhafter, sichtbarer und lesbarer Form sind ebenfalls zulässig.

f) aus dem Zeichen des Staates, in dem die Erteilung des Kennzeichens zugelassen wurde, angegeben durch das für Kraftfahrzeuge im internationalen Verkehr verwendete Unterscheidungszeichen [2];

g) aus dem Namen des Herstellers oder einer sonstigen von der zuständigen Behörde festgelegten Identifizierung der Verpackung.

6.1.3.2 Zusätzlich zu den in Unterabschnitt 6.1.3.1 vorgeschriebenen dauerhaften Kennzeichen müssen neue Metallfässer mit einem Fassungsraum von mehr als 100 Litern die in Unterabschnitt 6.1.3.1 a) bis e) angegebenen Kennzeichen, zusammen mit der Angabe der Nennmaterialstärke zumindest des für den Mantel verwendeten Metalls (in mm, ± 0,1 mm) in bleibender Form (z. B. durch Prägen) auf dem Unterboden aufweisen. Wenn die Nennmaterialstärke von mindestens einem der beiden Böden eines Metallfasses geringer ist als die des Mantels, so ist die Nennmaterialstärke des Oberbodens, des Mantels und des Unterbodens in bleibender Form (z.B. durch Prägen) auf dem Unterboden anzugeben. Beispiel: «1,0 - 1,2 - 1,0» oder «0,9 - 1,0 - 1,0». Die Nennmaterialstärken des Metalls sind nach der entsprechenden ISO-Norm zu bestimmen, z.B. ISO 3574:1999 für Stahl. Die in Unterabschnitt 6.1.3.1 f) und g) angegebenen Kennzeichen dürfen, soweit in Unterabschnitt 6.1.3.5 nichts anderes angegeben ist, nicht in bleibender Form angebracht sein.

[2] Das für Kraftfahrzeuge und Anhänger im internationalen Straßenverkehr verwendete Unterscheidungszeichen des Zulassungsstaates, z.B. gemäß dem Genfer Übereinkommen über den Straßenverkehr von 1949 oder dem Wiener Übereinkommen über den Straßenverkehr von 1968.

Bau- und Prüfvorschriften für Verpackungen 6.1

ADR	RID

6.1.3.3 Jede Verpackung mit Ausnahme der in Unterabschnitt 6.1.3.2 genannten, die einem Rekonditionierungsverfahren unterzogen werden kann, muss mit den in Unterabschnitt 6.1.3.1 a) bis e) angegebenen Kennzeichen in bleibender Form versehen sein. Kennzeichen sind bleibend, wenn sie dem Rekonditionierungsverfahren standhalten können (z. B. durch Prägen angebrachte Kennzeichen). Diese bleibenden Kennzeichen dürfen bei Verpackungen, mit Ausnahme von Metallfässern mit einem Fassungsraum von mehr als 100 Liter, anstelle der in Unterabschnitt 6.1.3.1 beschriebenen dauerhaften Kennzeichen verwendet werden.

6.1.3.4 Bei wiederaufgearbeiteten Metallfässern müssen die vorgeschriebenen Kennzeichen nicht unbedingt bleibend sein, wenn weder eine Änderung des Verpackungstyps noch ein Austausch oder eine Entfernung fest eingebauter Konstruktionsbestandteile vorgenommen wurde. Andere wiederaufgearbeitete Metallfässer müssen auf dem Oberboden oder dem Mantel mit den in Unterabschnitt 6.1.3.1 a) bis e) aufgeführten Kennzeichen in bleibender Form (z. B. durch Prägen) versehen sein.

6.1.3.5 Metallfässer aus Werkstoffen (wie rostfreier Stahl), die für eine mehrmalige Wiederverwendung ausgelegt sind, dürfen mit den in Unterabschnitt 6.1.3.1 f) und g) angegebenen Kennzeichen in bleibender Form (z. B. durch Prägen) versehen sein.

6.1.3.6 Die Kennzeichen gemäß Unterabschnitt 6.1.3.1 gelten nur für eine Bauart oder für eine Bauartreihe. Verschiedene Oberflächenbehandlungen sind in der gleichen Bauart eingeschlossen.

Bei einer «Bauartreihe» handelt es sich um Verpackungen gleicher Ausführung, gleicher Wanddicke, gleichen Werkstoffs und gleichen Querschnitts, die sich nur durch geringere Bauhöhe von der zugelassenen Bauart unterscheiden.

Die Verschlüsse der Gefäße müssen als solche, die im Prüfbericht aufgeführt sind, identifizierbar sein.

6.1.3.7 Die Kennzeichen müssen in der Reihenfolge der Absätze in Unterabschnitt 6.1.3.1 angebracht werden; jedes der in diesen Absätzen und gegebenenfalls in Unterabschnitt 6.1.3.8 Absätze h) bis j) vorgeschriebenen Kennzeichen muss zur leichteren Identifizierung deutlich getrennt werden, z.B. durch einen Schrägstrich oder eine Leerstelle. Beispiele siehe Unterabschnitt 6.1.3.11.

Alle zusätzlichen, von einer zuständigen Behörde zugelassenen Kennzeichen dürfen die korrekte Identifizierung der in Unterabschnitt 6.1.3.1 vorgeschriebenen Kennzeichen nicht beeinträchtigen.

6.1.3.8 Der Rekonditionierer von Verpackungen muss nach der Rekonditionierung auf den Verpackungen folgende dauerhafte Kennzeichen in nachstehender Reihenfolge anbringen:

h) das Zeichen des Staates, in dem die Rekonditionierung vorgenommen worden ist, angegeben durch das für Kraftfahrzeuge im internationalen Verkehr verwendete Unterscheidungszeichen [2];

i) der Name des Rekonditionierers oder eine sonstige, von der zuständigen Behörde festgelegte Identifizierung der Verpackung;

j) das Jahr der Rekonditionierung, den Buchstaben «R» und für jede Verpackung, die der Dichtheitsprüfung nach Unterabschnitt 6.1.1.3 mit Erfolg unterzogen worden ist, den zusätzlichen Buchstaben «L».

6.1.3.9 Wenn nach einer Rekonditionierung die in Unterabschnitt 6.1.3.1 a) bis d) vorgeschriebenen Kennzeichen weder auf dem Oberboden noch auf dem Mantel des Metallfasses sichtbar sind, muss der Rekonditionierer auch diese in dauerhafter Form anbringen, gefolgt von den in Unterabschnitt 6.1.3.8 h), i) und j) vorgeschriebenen Kennzeichen. Diese Kennzeichen dürfen keine größere Leistungsfähigkeit angeben als die, für die die ursprüngliche Bauart geprüft und gekennzeichnet wurde.

---

[2] Das für Kraftfahrzeuge und Anhänger im internationalen Straßenverkehr verwendete Unterscheidungszeichen des Zulassungsstaates, z.B. gemäß dem Genfer Übereinkommen über den Straßenverkehr von 1949 oder dem Wiener Übereinkommen über den Straßenverkehr von 1968.

6.1 Bau- und Prüfvorschriften für Verpackungen

ADR	RID

6.1.3.10 Aus Recycling-Kunststoffen gemäß Begriffsbestimmung in Abschnitt 1.2.1 hergestellte Verpackungen müssen mit «REC» gekennzeichnet sein. Dieses Kennzeichen muss neben den in Unterabschnitt 6.1.3.1 vorgeschriebenen Kennzeichen angebracht sein.

6.1.3.11 Beispiele für die Kennzeichnung von NEUEN Verpackungen:

ⓤ 4G/Y145/S/02 NL/VL823	nach 6.1.3.1 a) (i), b), c), d) und e) nach 6.1.3.1 f) und g)	für eine neue Kiste aus Pappe
ⓤ 1A1/Y1.4/150/98 NL/VL824	nach 6.1.3.1 a) (i), b), c), d) und e) nach 6.1.3.1 f) und g)	für ein neues Stahlfass für die Beförderung von flüssigen Stoffen
ⓤ 1A2/Y150/S/01 NL/VL825	nach 6.1.3.1 a) (i), b), c), d) und e) nach 6.1.3.1 f) und g)	für ein neues Stahlfass für die Beförderung von festen Stoffen oder Innenverpackungen
ⓤ 4HW/Y136/S/98 NL/VL826	nach 6.1.3.1 a) (i), b), c), d) und e) nach 6.1.3.1 f) und g)	für eine neue Kiste aus Kunststoff mit entsprechender Spezifikation
ⓤ 1A2/Y/100/01 USA/MM5	nach 6.1.3.1 a) (i), b), c), d) und e) nach 6.1.3.1 f) und g)	für ein wiederaufgearbeitetes Stahlfass für die Beförderung von flüssigen Stoffen
RID/ADR/0A1/Y/100/89 NL/VL123	nach 6.1.3.1 a) (ii), b), c), d) und e) nach 6.1.3.1 f) und g)	für neue Feinstblechverpackungen mit nicht abnehmbarem Deckel
RID/ADR/0A2/Y20/S/04 NL/VL124	nach 6.1.3.1 a) (ii), b), c), d) und e) nach 6.1.3.1 f) und g)	für neue Feinstblechverpackungen mit abnehmbarem Deckel, vorgesehen für feste Stoffe oder für flüssige Stoffe, deren Viskosität bei 23 °C über 200 mm^2/s liegt

6.1.3.12 Beispiele für die Kennzeichnung von REKONDITIONIERTEN Verpackungen:

ⓤ 1A1/Y1.4/150/97 NL/RB/01RL	nach 6.1.3.1 a) (i), b), c), d) und e) nach 6.1.3.8 h), i) und j)	
ⓤ 1A2/Y150/S/99 USA/RB/00R	nach 6.1.3.1 a) (i), b), c), d) und e) nach 6.1.3.8 h), i) und j)	

6.1.3.13 Beispiele für die Kennzeichnung von BERGUNGSVERPACKUNGEN:

ⓤ 1A2T/Y300/S/01 USA/abc	nach 6.1.3.1 a) (i), b), c), d) und e) nach 6.1.3.1 f) und g)	

Bem. Die in den Unterabschnitten 6.1.3.11, 6.1.3.12 und 6.1.3.13 beispielhaft dargestellte Kennzeichnung darf in einer oder in mehreren Zeilen angebracht werden, vorausgesetzt, die richtige Reihenfolge wird beachtet.

6.1.3.14 Wenn eine Verpackung einer oder mehreren geprüften Verpackungsbauarten, einschließlich einer oder mehreren geprüften Bauarten von Großpackmitteln (IBC) oder Großverpackungen, entspricht, darf die Verpackung mit mehreren Kennzeichen zur Angabe der entsprechenden Prüfanforderungen, die erfüllt wurden, versehen sein. Wenn eine Verpackung mit mehreren Kennzeichen versehen ist, müssen die Kennzeichen in unmittelbarer Nähe zueinander erscheinen und jedes Kennzeichen muss vollständig abgebildet sein.

Bau- und Prüfvorschriften für Verpackungen 6.1

ADR	RID

6.1.3.15 **Bestätigung**

Mit dem Anbringen der Kennzeichen nach Unterabschnitt 6.1.3.1 wird bestätigt, dass die serienmäßig gefertigten Verpackungen der zugelassenen Bauart entsprechen und die in der Zulassung genannten Bedingungen erfüllt sind.

6.1.4 **Vorschriften für Verpackungen**

6.1.4.0 **Allgemeine Vorschriften**

Eine Permeation des in der Verpackung enthaltenen Stoffes darf unter normalen Beförderungsbedingungen keine Gefahr darstellen.

6.1.4.1 **Fässer aus Stahl**

1A1 mit nicht abnehmbarem Deckel;
1A2 mit abnehmbarem Deckel.

6.1.4.1.1 Mantel und Böden müssen aus Stahlblech eines geeigneten Typs hergestellt sein und eine für den Fassungsraum und den Verwendungszweck des Fasses ausreichende Dicke aufweisen.

Bem. Für Fässer aus Kohlenstoffstahl sind «geeignete» Stähle in den Normen ISO 3573:1999 («Warmgewalztes Band und Blech aus weichen unlegierten Stählen») und ISO 3574:1999 («Kaltgewalztes Band und Blech aus weichen unlegierten Stählen») ausgewiesen.
Für Fässer aus Kohlenstoffstahl mit einem Fassungsraum unter 100 Liter sind «geeignete» Stähle zusätzlich zu den oben genannten auch in den Normen ISO 11949:1995 («Kaltgewalztes elektrolytisch verzinntes Weißblech»),
ISO 11950:1995 («Kaltgewalzter elektrolytisch spezialverchromter Stahl») und
ISO 11951:1995 («Kaltgewalztes Feinstblech in Rollen zur Herstellung von Weißblech oder von elektrolytisch spezialverchromtem Stahl») ausgewiesen.

6.1.4.1.2 Die Mantelnähte der Fässer, die zur Aufnahme von mehr als 40 Liter flüssiger Stoffe bestimmt sind, müssen geschweißt sein. Die Mantelnähte der Fässer, die für feste Stoffe und zur Aufnahme von höchstens 40 Liter flüssiger Stoffe bestimmt sind, müssen maschinell gefalzt oder geschweißt sein.

6.1.4.1.3 Die Verbindungen zwischen Böden und Mantel müssen maschinell gefalzt oder geschweißt sein. Getrennte Verstärkungsreifen dürfen verwendet werden.

6.1.4.1.4 Der Mantel von Fässern mit einem Fassungsraum von mehr als 60 Litern muss im Allgemeinen mit mindestens zwei Rollsicken oder mindestens zwei aufgepressten Rollreifen versehen sein. Sind aufgepresste Rollreifen vorhanden, so müssen sie dicht am Mantel anliegen und so befestigt werden, dass sie sich nicht verschieben können. Die Rollreifen dürfen nicht durch Punktschweißungen befestigt werden.

6.1.4.1.5 Der Durchmesser von Öffnungen zum Füllen, Entleeren und Entlüften im Mantel oder in den Böden der Fässer mit nicht abnehmbarem Deckel (1A1) darf 7 cm nicht überschreiten. Fässer mit größeren Öffnungen gelten als Fässer mit abnehmbarem Deckel (1A2). Verschlüsse für Mantel- oder Bodenöffnungen von Fässern müssen so ausgelegt und angebracht sein, dass sie unter normalen Beförderungsbedingungen fest verschlossen und dicht bleiben. Flansche dürfen durch maschinelles Falzen angebracht oder angeschweißt sein. Die Verschlüsse müssen mit Dichtungen oder sonstigen Abdichtungsmitteln versehen sein, sofern sie nicht von sich aus dicht sind.

6.1.4.1.6 Die Verschlusseinrichtungen der Fässer mit abnehmbarem Deckel (1A2) müssen so ausgelegt und angebracht sein, dass sie unter normalen Beförderungsbedingungen fest verschlossen und die Fässer dicht bleiben. Abnehmbare Deckel müssen mit Dichtungen oder anderen Abdichtungsmitteln versehen sein.

6.1 Bau- und Prüfvorschriften für Verpackungen

ADR	RID

6.1.4.1.7 Wenn die für Mantel, Böden, Verschlüsse und Ausrüstungsteile verwendeten Werkstoffe nicht mit dem zu befördernden Stoff verträglich sind, müssen innen geeignete Schutzauskleidungen aufgebracht oder geeignete Oberflächenbehandlungen durchgeführt werden. Diese Auskleidungen oder Oberflächenbehandlungen müssen ihre Schutzeigenschaften unter normalen Beförderungsbedingungen beibehalten.

6.1.4.1.8 Höchster Fassungsraum der Fässer: 450 Liter.

6.1.4.1.9 Höchste Nettomasse: 400 kg.

6.1.4.2 **Fässer aus Aluminium**
 1B1 mit nicht abnehmbarem Deckel;
 1B2 mit abnehmbarem Deckel.

6.1.4.2.1 Der Mantel und die Böden müssen aus Aluminium mit einem Reinheitsgrad von mindestens 99 % oder aus einer Aluminiumlegierung hergestellt sein. Der Werkstoff muss geeignet sein und eine für den Fassungsraum und den Verwendungszweck des Fasses ausreichende Dicke aufweisen.

6.1.4.2.2 Alle Nähte müssen geschweißt sein. Die Nähte der Verbindungen zwischen Böden und Mantel müssen, soweit vorhanden, durch die Anbringung gesonderter Verstärkungsreifen verstärkt sein.

6.1.4.2.3 Der Mantel von Fässern mit einem Fassungsraum von mehr als 60 Litern muss im Allgemeinen mit mindestens zwei Rollsicken oder mindestens zwei aufgepressten Rollreifen versehen sein. Sind aufgepresste Rollreifen vorhanden, so müssen sie dicht am Mantel anliegen und so befestigt sein, dass sie sich nicht verschieben können. Die Rollreifen dürfen nicht durch Punktschweißungen befestigt sein.

6.1.4.2.4 Der Durchmesser von Öffnungen zum Füllen, Entleeren und Entlüften im Mantel oder in den Böden der Fässer mit nicht abnehmbarem Deckel (1B1) darf 7 cm nicht überschreiten. Fässer mit größeren Öffnungen gelten als Fässer mit abnehmbarem Deckel (1B2). Verschlüsse für Mantel- oder Bodenöffnungen von Fässern müssen so ausgelegt und angebracht sein, dass sie unter normalen Beförderungsbedingungen fest verschlossen und dicht bleiben. Flansche müssen angeschweißt sein, und die Schweißnaht muss eine dichte Verbindung bilden. Die Verschlüsse müssen mit Dichtungen oder sonstigen Abdichtungsmitteln versehen sein, sofern sie nicht von sich aus dicht sind.

6.1.4.2.5 Die Verschlusseinrichtungen der Fässer mit abnehmbarem Deckel (1B2) müssen so ausgelegt und angebracht sein, dass sie unter normalen Beförderungsbedingungen fest verschlossen und die Fässer dicht bleiben. Abnehmbare Deckel müssen mit Dichtungen oder anderen Abdichtungsmitteln versehen sein.

6.1.4.2.6 Wenn die für Mantel, Böden, Verschlüsse und Ausrüstungsteile verwendeten Werkstoffe nicht mit dem zu befördernden Stoff verträglich sind, müssen innen geeignete Schutzbeschichtungen aufgebracht oder geeignete Oberflächenbehandlungen durchgeführt werden. Diese Beschichtungen oder Oberflächenbehandlungen müssen ihre Schutzeigenschaften unter normalen Beförderungsbedingungen beibehalten.

6.1.4.2.7 Höchster Fassungsraum der Fässer: 450 Liter.

6.1.4.2.8 Höchste Nettomasse: 400 kg.

6.1.4.3 **Fässer aus einem anderen Metall als Stahl oder Aluminium**
 1N1 mit nicht abnehmbarem Deckel;
 1N2 mit abnehmbarem Deckel.

Bau- und Prüfvorschriften für Verpackungen 6.1
ADR | RID

6.1.4.3.1 Der Mantel und die Böden müssen aus einem anderen Metall oder einer anderen Metalllegierung als Stahl oder Aluminium hergestellt sein. Der Werkstoff muss geeignet sein und eine für den Fassungsraum und den Verwendungszweck des Fasses ausreichende Dicke aufweisen.

6.1.4.3.2 Die Nähte der Verbindungen zwischen Böden und Mantel müssen, soweit vorhanden, durch die Anbringung gesonderter Verstärkungsreifen verstärkt sein. Alle Nähte müssen, soweit vorhanden, nach dem neuesten Stand der Technik für das verwendete Metall oder die verwendete Metalllegierung ausgeführt (geschweißt, gelötet, usw.) sein.

6.1.4.3.3 Der Mantel von Fässern mit einem Fassungsraum von mehr als 60 Litern muss im Allgemeinen mit mindestens zwei Rollsicken oder mindestens zwei aufgepressten Rollreifen versehen sein. Sind aufgepresste Rollreifen vorhanden, so müssen sie dicht am Mantel anliegen und so befestigt sein, dass sie sich nicht verschieben können. Die Rollreifen dürfen nicht durch Punktschweißungen befestigt sein.

6.1.4.3.4 Der Durchmesser von Öffnungen zum Füllen, Entleeren und Entlüften im Mantel oder in den Böden der Fässer mit nicht abnehmbarem Deckel (1N1) darf 7 cm nicht überschreiten. Fässer mit größeren Öffnungen gelten als Fässer mit abnehmbarem Deckel (1N2). Verschlüsse für Mantel- oder Bodenöffnungen von Fässern müssen so ausgelegt und angebracht sein, dass sie unter normalen Beförderungsbedingungen fest verschlossen und dicht bleiben. Flansche müssen nach dem neuesten Stand der Technik für das verwendete Metall oder die verwendete Metalllegierung angebracht (geschweißt, gelötet, usw.) sein, um die Dichtheit der Naht sicherzustellen. Die Verschlüsse müssen mit Dichtungen oder sonstigen Abdichtungsmitteln versehen sein, sofern sie nicht von sich aus dicht sind.

6.1.4.3.5 Die Verschlusseinrichtungen der Fässer mit abnehmbarem Deckel (1N2) müssen so ausgelegt und angebracht sein, dass sie unter normalen Beförderungsbedingungen fest verschlossen und die Fässer dicht bleiben. Abnehmbare Deckel müssen mit Dichtungen oder anderen Abdichtungsmitteln versehen sein.

6.1.4.3.6 Wenn die für Mantel, Böden, Verschlüsse und Ausrüstungsteile verwendeten Werkstoffe nicht mit dem zu befördernden Stoff verträglich sind, müssen innen geeignete Schutzbeschichtungen aufgebracht oder geeignete Oberflächenbehandlungen durchgeführt werden. Diese Beschichtungen oder Oberflächenbehandlungen müssen ihre Schutzeigenschaften unter normalen Beförderungsbedingungen beibehalten.

6.1.4.3.7 Höchster Fassungsraum der Fässer: 450 Liter.

6.1.4.3.8 Höchste Nettomasse: 400 kg.

6.1.4.4 **Kanister aus Stahl oder aus Aluminium**
- 3A1 aus Stahl, mit nicht abnehmbarem Deckel;
- 3A2 aus Stahl, mit abnehmbarem Deckel;
- 3B1 aus Aluminium, mit nicht abnehmbarem Deckel;
- 3B2 aus Aluminium, mit abnehmbarem Deckel.

6.1.4.4.1 Das Blech für den Mantel und die Böden muss aus Stahl, aus Aluminium mit einem Reinheitsgrad von mindestens 99 % oder aus einer Legierung auf Aluminiumbasis bestehen. Der Werkstoff muss geeignet sein und eine für den Fassungsraum und den Verwendungszweck des Kanisters ausreichende Dicke aufweisen.

6.1 Bau- und Prüfvorschriften für Verpackungen

ADR	RID

6.1.4.4.2 Die Verbindungen zwischen Böden und Mantel aller Kanister aus Stahl müssen maschinell gefalzt oder geschweißt sein. Die Mantelnähte von Kanistern aus Stahl, die zur Aufnahme von mehr als 40 Litern flüssiger Stoffe bestimmt sind, müssen geschweißt sein. Die Mantelnähte von Kanistern aus Stahl, die zur Aufnahme von höchstens 40 Litern flüssiger Stoffe bestimmt sind, müssen maschinell gefalzt oder geschweißt sein. Bei Kanistern aus Aluminium müssen alle Nähte geschweißt sein. Die Nähte der Verbindungen zwischen Böden und Mantel müssen, soweit vorhanden, durch die Verwendung eines gesonderten Verstärkungsreifens verstärkt sein.

6.1.4.4.3 Der Durchmesser der Öffnungen der Kanister mit nicht abnehmbarem Deckel (3A1 und 3B1) darf nicht größer sein als 7 cm. Kanister mit größeren Öffnungen gelten als Kanister mit abnehmbarem Deckel (3A2 und 3B2). Die Verschlüsse müssen so ausgelegt sein, dass sie unter normalen Beförderungsbedingungen fest verschlossen und dicht bleiben. Die Verschlüsse müssen mit Dichtungen oder sonstigen Abdichtungsmitteln versehen sein, sofern sie nicht von sich aus dicht sind.

6.1.4.4.4 Wenn die für Mantel, Böden, Verschlüsse und Ausrüstungsteile verwendeten Werkstoffe nicht mit dem zu befördernden Stoff verträglich sind, müssen innen geeignete Schutzauskleidungen aufgebracht oder geeignete Oberflächenbehandlungen durchgeführt werden. Diese Auskleidungen oder Oberflächenbehandlungen müssen ihre Schutzeigenschaften unter normalen Beförderungsbedingungen beibehalten.

6.1.4.4.5 Höchster Fassungsraum der Kanister: 60 Liter.

6.1.4.4.6 Höchste Nettomasse: 120 kg.

6.1.4.5 **Fässer aus Sperrholz**
1D

6.1.4.5.1 Das verwendete Holz muss gut abgelagert, handelsüblich trocken und frei von Mängeln sein, welche die Verwendbarkeit des Fasses für den beabsichtigten Verwendungszweck beeinträchtigen können. Falls ein anderer Werkstoff als Sperrholz für die Herstellung der Böden verwendet wird, muss dieser Eigenschaften besitzen, die denen von Sperrholz gleichwertig sind.

6.1.4.5.2 Das für den Mantel verwendete Sperrholz muss mindestens aus zwei Lagen und das für die Böden mindestens aus drei Lagen bestehen; die einzelnen Lagen müssen kreuzweise zur Faserrichtung mit wasserbeständigem Klebstoff miteinander verleimt sein.

6.1.4.5.3 Die Auslegung des Fassmantels und der Böden sowie ihrer Verbindungen muss dem Fassungsraum und dem Verwendungszweck des Fasses angepasst sein.

6.1.4.5.4 Um ein Durchrieseln des Inhalts zu verhindern, sind die Deckel mit Kraftpapier oder einem gleichwertigen Werkstoff auszukleiden, das am Deckel sicher zu befestigen ist und rundum überstehen muss.

6.1.4.5.5 Höchster Fassungsraum der Fässer: 250 Liter.

6.1.4.5.6 Höchste Nettomasse: 400 kg.

6.1.4.6 (gestrichen)

Bau- und Prüfvorschriften für Verpackungen	6.1
ADR	RID

6.1.4.7 **Fässer aus Pappe**
1G

6.1.4.7.1 Der Fassmantel muss aus mehreren Lagen Kraftpapier oder Vollpappe (nicht gewellt), die fest verleimt oder gepresst sind, bestehen und kann eine oder mehrere Schutzlagen aus Bitumen, gewachstem Kraftpapier, Metallfolie, Kunststoff usw. enthalten.

6.1.4.7.2 Die Böden müssen aus Naturholz, Pappe, Metall, Sperrholz, Kunststoff oder einem anderen geeigneten Werkstoff bestehen und können eine oder mehrere Schutzlagen aus Bitumen, gewachstem Kraftpapier, Metallfolie, Kunststoff usw. enthalten.

6.1.4.7.3 Die Auslegung des Fassmantels und der Böden sowie ihrer Verbindungen muss dem Fassungsraum und dem Verwendungszweck des Fasses angepasst sein.

6.1.4.7.4 Die zusammengebaute Verpackung muss ausreichend wasserbeständig sein, dass sich die Schichten unter normalen Beförderungsbedingungen nicht abspalten.

6.1.4.7.5 Höchster Fassungsraum der Fässer: 450 Liter.

6.1.4.7.6 Höchste Nettomasse: 400 kg.

6.1.4.8 **Fässer und Kanister aus Kunststoff**
1H1 Fässer mit nicht abnehmbarem Deckel;
1H2 Fässer mit abnehmbarem Deckel;
3H1 Kanister mit nicht abnehmbarem Deckel;
3H2 Kanister mit abnehmbarem Deckel.

6.1.4.8.1 Die Verpackung muss aus geeignetem Kunststoff hergestellt werden, und ihre Festigkeit muss dem Fassungsraum und dem Verwendungszweck angemessen sein. Ausgenommen für Recyclingkunststoffe gemäß Begriffsbestimmung in Abschnitt 1.2.1 darf kein gebrauchter Werkstoff außer Produktionsrückstände oder Kunststoffgranulat aus demselben Fertigungsverfahren verwendet werden. Die Verpackung muss ausreichend widerstandsfähig sein gegen Alterung und gegen Qualitätsverlust, der entweder durch das Füllgut oder durch ultraviolette Strahlung verursacht wird. Eventuell auftretende Permeationen des Füllgutes oder Recyclingkunststoffe, die für die Herstellung neuer Verpackungen verwendet werden, dürfen unter normalen Beförderungsbedingungen keine Gefahr darstellen.

6.1.4.8.2 Ist ein Schutz gegen ultraviolette Strahlung erforderlich, so muss dieser durch Beimischung von Ruß oder anderen geeigneten Pigmenten oder Inhibitoren erfolgen. Diese Zusätze müssen mit dem Füllgut verträglich sein und ihre Wirkung während der gesamten Verwendungsdauer der Verpackung behalten. Bei Verwendung von Ruß, Pigmenten oder Inhibitoren, die sich von jenen unterscheiden, die für die Herstellung der geprüften Bauart verwendet wurden, kann auf die Wiederholung der Prüfungen verzichtet werden, wenn der Rußgehalt 2 Masse-% oder der Pigmentgehalt 3 Masse-% nicht überschreitet; der Inhibitorengehalt gegen ultraviolette Strahlung ist nicht beschränkt.

6.1.4.8.3 Zusätze für andere Zwecke als zum Schutz gegen ultraviolette Strahlung dürfen dem Kunststoff unter der Voraussetzung beigemischt werden, dass sie die chemischen und physikalischen Eigenschaften des Verpackungswerkstoffs nicht beeinträchtigen. In diesem Fall kann auf die Wiederholung der Prüfungen verzichtet werden.

6.1.4.8.4 Die Wanddicke muss an jeder Stelle der Verpackung dem Fassungsraum und dem Verwendungszweck angepasst sein, wobei die Beanspruchungen der einzelnen Stellen zu berücksichtigen sind.

6.1 Bau- und Prüfvorschriften für Verpackungen

ADR	RID

6.1.4.8.5 Der Durchmesser von Öffnungen zum Füllen, Entleeren und Entlüften im Mantel oder in den Böden der Fässer mit nicht abnehmbarem Deckel (1H1) und Kanistern mit nicht abnehmbarem Deckel (3H1) darf 7 cm nicht überschreiten. Fässer und Kanister mit größeren Öffnungen gelten als Fässer und Kanister mit abnehmbarem Deckel (1H2, und 3H2). Verschlüsse für Mantel- oder Bodenöffnungen von Fässern und Kanistern müssen so ausgelegt und angebracht sein, dass sie unter normalen Beförderungsbedingungen fest verschlossen und dicht bleiben. Die Verschlüsse müssen mit Dichtungen oder sonstigen Abdichtungsmitteln versehen sein, sofern sie nicht von sich aus dicht sind.

6.1.4.8.6 Die Verschlusseinrichtungen der Fässer und Kanister mit abnehmbarem Deckel (1H2 und 3H2) müssen so ausgelegt und angebracht sein, dass sie unter normalen Beförderungsbedingungen fest verschlossen und dicht bleiben. Bei allen abnehmbaren Deckeln müssen Dichtungen verwendet werden, es sei denn, das Fass oder der Kanister sind von sich aus dicht, wenn der abnehmbare Deckel ordnungsgemäß befestigt wird.

6.1.4.8.7 Bei entzündbaren flüssigen Stoffen beträgt die höchstzulässige Permeation 0,008 $\frac{g}{l \cdot h}$ bei 23 °C (siehe Unterabschnitt 6.1.5.7).

6.1.4.8.8 Wenn für die Herstellung neuer Verpackungen Recycling-Kunststoffe verwendet werden, müssen die besonderen Eigenschaften dieser Recycling-Kunststoffe garantiert und regelmäßig als Teil eines von der zuständigen Behörde anerkannten Qualitätssicherungsprogramms dokumentiert werden. Zu diesem Programm muss eine Aufzeichnung über eine zweckmäßige Vorsortierung sowie die Feststellung gehören, dass jede Charge Recycling-Kunststoff die geeigneten Werte für den Schmelzindex, die Dichte und die Zugfestigkeit aufweist, die denen einer aus solchem Recycling-Werkstoff hergestellten Bauart entsprechen. Zu den Qualitätssicherheitsangaben gehören notwendigerweise Angaben über den Verpackungswerkstoff, aus dem die Recycling-Kunststoffe gewonnen wurden, ebenso wie die Kenntnis der früher in diesen Verpackungen enthaltenen Stoffe, sofern diese möglicherweise die Eignung neuer, unter Verwendung dieses Werkstoffs hergestellter Verpackungen beeinträchtigen könnten. Darüber hinaus muss das vom Hersteller der Verpackung angewandte Qualitätssicherungsprogramm nach Unterabschnitt 6.1.1.4 die Durchführung der mechanischen Bauartprüfungen an Verpackungen aus jeder Charge Recycling-Kunststoff nach Abschnitt 6.1.5 umfassen. Bei dieser Prüfung darf die Stapelfestigkeit durch eine geeignete dynamische Druckprüfung anstelle

einer statischen Lastprüfung	der Stapeldruckprüfung gemäß Unterabschnitt 6.1.5.6

nachgewiesen werden.

Bem. Die Norm ISO 16103:2005 «Verpackung – Verpackungen zur Beförderung gefährlicher Güter – Recycling-Kunststoffe» enthält zusätzliche Leitlinien für Verfahren, die bei der Zulassung der Verwendung von Recycling-Kunststoffen einzuhalten sind.

6.1.4.8.9 Höchster Fassungsraum der Fässer und Kanister:

1H1 und 1H2: 450 Liter;

3H1 und 3H2: 60 Liter.

6.1.4.8.10 Höchste Nettomasse:

1H1 und 1H2: 400 kg;

3H1 und 3H2: 120 kg.

6.1.4.9 **Kisten aus Naturholz**

4C1 einfach;

4C2 mit staubdichten Wänden.

Bau- und Prüfvorschriften für Verpackungen 6.1

ADR	RID

6.1.4.9.1 Das verwendete Holz muss gut abgelagert, handelsüblich trocken und frei von Mängeln sein, damit eine wesentliche Verminderung der Festigkeit jedes einzelnen Teils der Kiste verhindert wird. Die Festigkeit des verwendeten Werkstoffes und die Art der Fertigung müssen dem Fassungsraum und dem Verwendungszweck der Kiste angepasst sein. Die Deckel und Böden können aus wasserbeständigen Holzfaserwerkstoffen wie Hartfaserplatten oder Spanplatten oder anderen geeigneten Ausführungen bestehen.

6.1.4.9.2 Die Befestigungselemente müssen gegen Vibrationen, die erfahrungsgemäß unter normalen Beförderungsbedingungen auftreten, beständig sein. Das Anbringen von Nägeln in Faserrichtung des Holzes am Ende von Brettern ist möglichst zu vermeiden. Verbindungen, bei denen die Gefahr einer starken Beanspruchung besteht, müssen unter Verwendung von umgenieteten oder umgebogenen Ringschaftnägeln oder gleichwertigen Befestigungsmitteln hergestellt werden.

6.1.4.9.3 Kisten 4C2: Jedes Teil der Kiste muss aus einem Stück bestehen oder diesem gleichwertig sein. Teile sind als ein Stück gleichwertig anzusehen, wenn eine der folgende Arten von Leimverbindungen angewendet wird: Lindermann-Verbindung (Schwalbenschwanz-Verbindung), Nut- und Federverbindung, überlappende Verbindung oder Stoßverbindung mit mindestens zwei gewellten Metallbefestigungselementen an jeder Verbindung.

6.1.4.9.4 Höchste Nettomasse: 400 kg.

6.1.4.10 **Kisten aus Sperrholz**
4D

6.1.4.10.1 Das verwendete Sperrholz muss mindestens aus drei Lagen bestehen. Es muss aus gut abgelagertem Schälfurnier, Schnittfurnier oder Sägefurnier hergestellt, handelsüblich trocken und frei von Mängeln sein, welche die Festigkeit der Kiste beeinträchtigen können. Die Festigkeit des verwendeten Werkstoffes und die Art der Fertigung müssen dem Fassungsraum und dem Verwendungszweck der Kiste angepasst sein. Die einzelnen Lagen müssen mit einem wasserbeständigen Klebstoff miteinander verleimt sein. Bei der Herstellung der Kisten dürfen auch andere geeignete Werkstoffe zusammen mit Sperrholz verwendet werden. Die Kisten müssen an den Eckleisten oder Stirnflächen fest vernagelt oder festgehalten oder durch andere gleichwertige Befestigungsmittel zusammengefügt sein.

6.1.4.10.2 Höchste Nettomasse: 400 kg.

6.1.4.11 **Kisten aus Holzfaserwerkstoffen**
4F

6.1.4.11.1 Die Kistenwände müssen aus wasserbeständigen Holzfaserwerkstoffen wie Hartfaserplatten oder Spanplatten oder anderen geeigneten Ausführungen bestehen. Die Festigkeit des verwendeten Werkstoffes und die Art der Fertigung müssen dem Fassungsraum und dem Verwendungszweck der Kiste angepasst sein.

6.1.4.11.2 Die anderen Teile der Kisten dürfen aus anderen geeigneten Werkstoffen bestehen.

6.1.4.11.3 Die Kisten müssen mit geeigneten Mitteln fest zusammengefügt sein.

6.1.4.11.4 Höchste Nettomasse: 400 kg.

6.1	Bau- und Prüfvorschriften für Verpackungen
ADR	**RID**

6.1.4.12 **Kisten aus Pappe**
4G

6.1.4.12.1 Es ist Vollpappe oder zweiseitige Wellpappe (ein- oder mehrwellig) von guter und fester Qualität, die dem Fassungsraum und dem Verwendungszweck der Kiste angepasst ist, zu verwenden. Die Wasserbeständigkeit der Außenfläche muss so sein, dass die Erhöhung der Masse während der 30 Minuten dauernden Prüfung auf Wasseraufnahme nach der Cobb-Methode nicht mehr als 155 g/m² ergibt (siehe ISO-Norm 535:1991). Die Pappe muss eine geeignete Biegefestigkeit haben. Die Pappe muss so zugeschnitten, ohne Ritzen gerillt und geschlitzt sein, dass sie beim Zusammenbau nicht bricht, ihre Oberfläche nicht einreißt oder sie nicht zu stark ausbaucht. Die Wellen der Wellpappe müssen fest mit der Außenschicht verklebt sein.

6.1.4.12.2 Die Stirnseiten der Kisten können einen Holzrahmen haben oder vollkommen aus Holz oder aus einem anderen geeigneten Werkstoff bestehen. Zur Verstärkung dürfen Holzleisten oder andere geeignete Werkstoffe verwendet werden.

6.1.4.12.3 Die Verbindungen an den Kisten müssen mit Klebeband geklebt, überlappt und geklebt oder überlappt und mit Metallklammern geheftet sein. Bei überlappten Verbindungen muss die Überlappung entsprechend groß sein.

6.1.4.12.4 Erfolgt der Verschluss durch Verkleben oder mit einem Klebeband, muss der Klebstoff wasserbeständig sein.

6.1.4.12.5 Die Abmessungen der Kisten müssen dem Inhalt angepasst sein.

6.1.4.12.6 Höchste Nettomasse: 400 kg.

6.1.4.13 **Kisten aus Kunststoffen**
4H1   Kisten aus Schaumstoffen;
4H2   Kisten aus starren Kunststoffen.

6.1.4.13.1 Die Kisten müssen aus geeigneten Kunststoffen hergestellt sein und ihre Festigkeit muss dem Fassungsraum und dem Verwendungszweck angepasst sein. Die Kisten müssen ausreichend widerstandsfähig sein gegenüber Alterung und Abbau, der entweder durch das Füllgut oder durch ultraviolette Strahlung verursacht wird.

6.1.4.13.2 Die Schaumstoffkisten müssen aus zwei geformten Schaumstoffteilen bestehen, einem unteren Teil mit Aussparungen zur Aufnahme der Innenverpackungen und einem oberen Teil, der ineinandergreifend den unteren Teil abdeckt. Ober- und Unterteil müssen so ausgelegt sein, dass die Innenverpackungen festsitzen. Die Verschlussklappen der Innenverpackungen dürfen nicht mit der Innenseite des Oberteils der Kiste in Berührung kommen.

6.1.4.13.3 Für den Versand sind die Kisten aus Schaumstoff mit selbstklebendem Band zu verschließen, das genügend reißfest sein muss, um ein Öffnen der Kiste zu verhindern. Das selbstklebende Band muss wetterfest und der Klebstoff muss mit dem Schaumstoff der Kiste verträglich sein. Andere Verschlusseinrichtungen, die mindestens ebenso wirksam sind, dürfen verwendet werden.

6.1.4.13.4 Bei Kisten aus starren Kunststoffen muss der Schutz gegen ultraviolette Strahlung, falls erforderlich, durch Beimischung von Ruß oder anderen geeigneten Pigmenten oder Inhibitoren erfolgen. Diese Zusätze müssen mit dem Füllgut verträglich sein und ihre Wirkung während der gesamten Verwendungsdauer der Kiste behalten. Bei Verwendung von Ruß, Pigmenten oder Inhibitoren, die sich von jenen unterscheiden, die für die Herstellung der geprüften Bauart verwendet wurden, kann auf die Wiederholung der Prüfung verzichtet werden, wenn der Rußanteil 2 Masse-% oder der Pigmentanteil 3 Masse-% nicht überschreitet; der Inhibitorenanteil gegen ultraviolette Strahlung ist nicht beschränkt.

Bau- und Prüfvorschriften für Verpackungen 6.1

ADR	RID

6.1.4.13.5 Zusätze für andere Zwecke als zum Schutz gegen ultraviolette Strahlung dürfen dem Kunststoff unter der Voraussetzung beigemischt werden, dass sie die chemischen und physikalischen Eigenschaften des Werkstoffes der Kiste nicht beeinträchtigen. In diesem Fall kann auf die Wiederholung der Prüfungen verzichtet werden.

6.1.4.13.6 Kisten aus starren Kunststoffen müssen Verschlusseinrichtungen aus einem geeigneten Werkstoff von ausreichender Festigkeit haben, und sie müssen so ausgelegt sein, dass ein unbeabsichtigtes Öffnen verhindert wird.

6.1.4.13.7 Wenn für die Herstellung neuer Verpackungen Recycling-Kunststoffe verwendet werden, müssen die besonderen Eigenschaften dieser Recycling-Kunststoffe garantiert und regelmäßig als Teil eines von der zuständigen Behörde anerkannten Qualitätssicherungsprogramms dokumentiert werden. Zu diesem Programm muss eine Aufzeichnung über eine zweckmäßige Vorsortierung sowie die Feststellung gehören, dass jede Charge Recycling-Kunststoff die geeigneten Werte für den Schmelzindex, die Dichte und die Zugfestigkeit aufweist, die denen einer aus solchem Recycling-Werkstoff hergestellten Bauart entsprechen. Zu den Qualitätssicherheitsangaben gehören notwendigerweise Angaben über den Verpackungswerkstoff, aus dem die Recycling-Kunststoffe gewonnen wurden, ebenso wie die Kenntnis der früher in diesen Verpackungen enthaltenen Stoffe, sofern diese möglicherweise die Eignung neuer, unter Verwendung dieses Werkstoffs hergestellter Verpackungen beeinträchtigen könnten. Darüber hinaus muss das vom Hersteller der Verpackung angewandte Qualitätssicherungsprogramm nach Unterabschnitt 6.1.1.4 die Durchführung der mechanischen Bauartprüfungen an Verpackungen aus jeder Charge Recycling-Kunststoff nach Abschnitt 6.1.5 umfassen. Bei dieser Prüfung darf die Stapelfestigkeit durch eine geeignete dynamische Druckprüfung anstelle einer statischen Lastprüfung | der Stapeldruckprüfung gemäß Unterabschnitt 6.1.5.6

nachgewiesen werden.

6.1.4.13.8 Höchste Nettomasse:
4H1: 60 kg;
4H2: 400 kg.

6.1.4.14 **Kisten aus Stahl, Aluminium oder einem anderen Metall**
4A aus Stahl;
4B aus Aluminium;
4N aus einem anderen Metall als Stahl oder Aluminium.

6.1.4.14.1 Die Festigkeit des Metalls und die Fertigung der Kisten müssen dem Fassungsraum und dem Verwendungszweck der Kisten angepasst sein.

6.1.4.14.2 Die Kisten müssen, soweit erforderlich, mit Pappe oder Filzpolstern ausgelegt oder mit einer Innenauskleidung oder Innenbeschichtung aus geeignetem Werkstoff versehen sein. Wird eine doppelt gefalzte Metallauskleidung verwendet, so muss verhindert werden, dass Stoffe, insbesondere explosive Stoffe, in die Hohlräume der Falze eindringen.

6.1.4.14.3 Verschlüsse jedes geeigneten Typs sind zulässig; sie müssen unter normalen Beförderungsbedingungen fest verschlossen bleiben.

6.1.4.14.4 Höchste Nettomasse: 400 kg.

6.1 Bau- und Prüfvorschriften für Verpackungen

ADR	RID

6.1.4.15 **Säcke aus Textilgewebe**

5L1 ohne Innenauskleidung oder Beschichtung;
5L2 staubdicht;
5L3 wasserbeständig.

6.1.4.15.1 Die verwendeten Textilien müssen von guter Qualität sein. Die Festigkeit des Gewebes und die Fertigung des Sackes müssen dem Fassungsraum und dem Verwendungszweck angepasst sein.

6.1.4.15.2 Säcke, staubdicht (5L2): Die Staubdichtheit des Sackes muss erreicht werden, z. B. durch:

a) Papier, das mit einem wasserbeständigen Klebemittel wie Bitumen an die Innenseite des Sackes geklebt wird;

b) Kunststofffolie, die an die Innenseite des Sackes geklebt wird, oder

c) eine oder mehrere Innenauskleidungen aus Papier oder Kunststoff.

6.1.4.15.3 Säcke, wasserbeständig (5L3): Die Dichtheit des Sackes gegen Eindringen von Feuchtigkeit muss erreicht werden z. B. durch:

a) getrennte Innenauskleidungen aus wasserbeständigem Papier (z.B. gewachstes Kraftpapier, geteertes Papier oder mit Kunststoff beschichtetes Kraftpapier);

b) Kunststofffolie, die an die Innenseite des Sackes geklebt wird, oder

c) eine oder mehrere Innenauskleidungen aus Kunststoff.

6.1.4.15.4 Höchste Nettomasse: 50 kg.

6.1.4.16 **Säcke aus Kunststoffgewebe**

5H1 ohne Innenauskleidung oder Beschichtung;
5H2 staubdicht;
5H3 wasserbeständig.

6.1.4.16.1 Die Säcke müssen aus gedehnten Bändern oder Einzelfasern aus geeignetem Kunststoff hergestellt sein. Die Festigkeit des verwendeten Werkstoffs und die Fertigung des Sacks müssen dem Fassungsraum und dem Verwendungszweck angepasst sein.

6.1.4.16.2 Bei Verwendung von flachen Gewebebahnen müssen die Säcke so hergestellt sein, dass der Verschluss des Bodens und einer Seite entweder durch Nähen oder durch eine andere Methode sichergestellt wird. Ist das Gewebe als Schlauch hergestellt, so ist der Boden des Sackes durch Vernähen, Verweben oder eine andere Verschlussmethode mit gleicher Festigkeit zu verschließen.

6.1.4.16.3 Säcke, staubdicht (5H2): Die Staubdichtheit des Sackes muss erreicht werden, z. B. durch:

a) auf die Innenseite des Sacks geklebtes Papier oder Kunststofffolie oder

b) eine oder mehrere getrennte Innenauskleidungen aus Papier oder Kunststoff.

6.1.4.16.4 Säcke, wasserbeständig (5H3): Die Dichtheit des Sackes gegen Eindringen von Feuchtigkeit muss erreicht werden z. B. durch:

a) getrennte Innenauskleidungen aus wasserbeständigem Papier (z.B. gewachstes Kraftpapier, zweifach geteertes Kraftpapier oder mit Kunststoff beschichtetes Kraftpapier);

b) auf die Innen- oder Außenseite des Sacks geklebte Kunststofffolie oder

c) eine oder mehrere Innenauskleidungen aus Kunststoff.

Bau- und Prüfvorschriften für Verpackungen	6.1
ADR	**RID**

6.1.4.16.5 Höchste Nettomasse: 50 kg.

6.1.4.17 **Säcke aus Kunststofffolie**
5H4

6.1.4.17.1 Die Säcke müssen aus geeignetem Kunststoff hergestellt sein. Die Festigkeit des verwendeten Werkstoffs und die Fertigung des Sackes müssen dem Fassungsraum und dem Verwendungszweck angepasst sein. Die Nähte und Verschlüsse müssen den unter normalen Beförderungsbedingungen auftretenden Druck- und Stoßbeanspruchungen standhalten.

6.1.4.17.2 Höchste Nettomasse: 50 kg.

6.1.4.18 **Säcke aus Papier**
5M1   mehrlagig;
5M2   mehrlagig, wasserbeständig.

6.1.4.18.1 Die Säcke müssen aus geeignetem Kraftpapier oder einem gleichwertigen Papier aus mindestens drei Lagen hergestellt sein, wobei die mittlere Lage aus einem mit den äußeren Papierlagen verbundenem Netzgewebe und Klebstoff bestehen darf. Die Festigkeit des Papiers und die Fertigung der Säcke müssen dem Fassungsraum und dem Verwendungszweck angepasst sein. Die Nähte und Verschlüsse müssen staubdicht sein.

6.1.4.18.2 Säcke aus Papier 5M2: Um den Eintritt von Feuchtigkeit zu verhindern, muss ein Sack aus vier oder mehr Lagen entweder durch die Verwendung einer wasserbeständigen Lage anstelle einer der beiden äußeren Lagen oder durch die Verwendung einer wasserbeständigen Schicht aus geeignetem Schutzmaterial zwischen den beiden äußeren Lagen wasserdicht gemacht werden; ein Sack aus drei Lagen muss durch die Verwendung einer wasserbeständigen Lage anstelle der äußeren Lage wasserdicht gemacht werden. Wenn die Gefahr einer Reaktion des Füllguts mit Feuchtigkeit besteht oder dieses Füllgut in feuchtem Zustand verpackt wird, muss eine wasserdichte Lage oder Schicht, z. B. zweifach geteertes Kraftpapier, kunststoffbeschichtetes Kraftpapier, Kunststofffolie, mit dem die innere Oberfläche des Sacks überzogen ist, oder eine oder mehrere Kunststoffinnenbeschichtungen, auch in direktem Kontakt zum Füllgut, angebracht werden. Die Nähte und Verschlüsse müssen wasserdicht sein.

6.1.4.18.3 Höchste Nettomasse: 50 kg.

6.1.4.19 **Kombinationsverpackungen (Kunststoff)**
6HA1 Kunststoffgefäß in einem Fass aus Stahl;
6HA2 Kunststoffgefäß in einem Verschlag oder einer Kiste aus Stahl;
6HB1 Kunststoffgefäß in einem Fass aus Aluminium;
6HB2 Kunststoffgefäß in einem Verschlag oder einer Kiste aus Aluminium;
6HC   Kunststoffgefäß in einer Kiste aus Naturholz;
6HD1 Kunststoffgefäß in einem Fass aus Sperrholz;
6HD2 Kunststoffgefäß in einer Kiste aus Sperrholz;
6HG1 Kunststoffgefäß in einem Fass aus Pappe;
6HG2 Kunststoffgefäß in einer Kiste aus Pappe;
6HH1 Kunststoffgefäß in einem Fass aus Kunststoff;
6HH2 Kunststoffgefäß in einer Kiste aus starrem Kunststoff.

6.1	Bau- und Prüfvorschriften für Verpackungen
ADR	**RID**

6.1.4.19.1 Innengefäß

6.1.4.19.1.1 Für das Kunststoffinnengefäß gelten die Bestimmungen der Absätze 6.1.4.8.1 und 6.1.4.8.4 bis 6.1.4.8.7.

6.1.4.19.1.2 Das Kunststoffinnengefäß muss ohne Spielraum in die Außenverpackung eingepasst sein, die keine hervorspringenden Teile aufweisen darf, die den Kunststoff abscheuern können.

6.1.4.19.1.3 Höchster Fassungsraum des Innengefäßes:

6HA1, 6HB1, 6HD1, 6HG1, 6HH1:	250 Liter;
6HA2, 6HB2, 6HC, 6HD2, 6HG2, 6HH2:	60 Liter.

6.1.4.19.1.4 Höchste Nettomasse:

6HA1, 6HB1, 6HD1, 6HG1, 6HH1:	400 kg;
6HA2, 6HB2, 6HC, 6HD2, 6HG2, 6HH2:	75 kg.

6.1.4.19.2 Außenverpackung

6.1.4.19.2.1 Kunststoffgefäß in einem Fass aus Stahl (6HA1) oder aus Aluminium (6HB1): Für die Fertigung der Außenverpackung gelten die entsprechenden Bestimmungen des Unterabschnitts 6.1.4.1 oder 6.1.4.2.

6.1.4.19.2.2 Kunststoffgefäß in einem Verschlag oder einer Kiste aus Stahl (6HA2) oder aus Aluminium (6HB2): Für die Fertigung der Außenverpackung gelten die entsprechenden Bestimmungen des Unterabschnitts 6.1.4.14.

6.1.4.19.2.3 Kunststoffgefäß in einer Kiste aus Naturholz (6HC): Für die Fertigung der Außenverpackung gelten die entsprechenden Bestimmungen des Unterabschnitts 6.1.4.9.

6.1.4.19.2.4 Kunststoffgefäß in einem Fass aus Sperrholz (6HD1): Für die Fertigung der Außenverpackung gelten die entsprechenden Bestimmungen des Unterabschnitts 6.1.4.5.

6.1.4.19.2.5 Kunststoffgefäß in einer Kiste aus Sperrholz (6HD2): Für die Fertigung der Außenverpackung gelten die entsprechenden Bestimmungen des Unterabschnitts 6.1.4.10.

6.1.4.19.2.6 Kunststoffgefäß in einem Fass aus Pappe (6HG1): Für die Fertigung der Außenverpackung gelten die entsprechenden Bestimmungen der Absätze 6.1.4.7.1 bis 6.1.4.7.4.

6.1.4.19.2.7 Kunststoffgefäß in einer Kiste aus Pappe (6HG2): Für die Fertigung der Außenverpackung gelten die entsprechenden Bestimmungen des Unterabschnitts 6.1.4.12.

6.1.4.19.2.8 Kunststoffgefäß in einem Fass aus Kunststoff (6HH1): Für die Fertigung der Außenverpackung gelten die entsprechenden Bestimmungen der Absätze 6.1.4.8.1 bis 6.1.4.8.6.

6.1.4.19.2.9 Kunststoffgefäß in einer Kiste aus starrem Kunststoff (einschließlich Wellkunststoff) (6HH2): Für die Fertigung der Außenverpackung gelten die entsprechenden Bestimmungen der Absätze 6.1.4.13.1 und 6.1.4.13.4 bis 6.1.4.13.6.

Bau- und Prüfvorschriften für Verpackungen 6.1

ADR	RID

6.1.4.20 **Kombinationsverpackungen (Glas, Porzellan oder Steinzeug)**

    6PA1 Gefäß in einem Fass aus Stahl;

    6PA2 Gefäß in einem Verschlag oder einer Kiste aus Stahl;

    6PB1 Gefäß in einem Fass aus Aluminium;

    6PB2 Gefäß in einem Verschlag oder einer Kiste aus Aluminium;

    6PC   Gefäß in einer Kiste aus Naturholz;

    6PD1 Gefäß in einem Fass aus Sperrholz;

    6PD2 Gefäß in einem Weidenkorb;

    6PG1 Gefäß in einem Fass aus Pappe;

    6PG2 Gefäß in einer Kiste aus Pappe;

    6PH1 Gefäß in einer Außenverpackung aus Schaumstoff;

    6PH2 Gefäß in einer Außenverpackung aus starrem Kunststoff.

6.1.4.20.1 **Innengefäß**

6.1.4.20.1.1 Die Gefäße müssen in geeigneter Weise geformt (zylindrisch oder birnenförmig) sowie aus einem Material guter Qualität und frei von Mängeln hergestellt sein, die ihre Festigkeit verringern können. Die Wände müssen an allen Stellen ausreichend dick und frei von inneren Spannungen sein.

6.1.4.20.1.2 Als Verschlüsse der Gefäße sind Schraubverschlüsse aus Kunststoff, eingeschliffene Glasstopfen oder Verschlüsse mindestens gleicher Wirksamkeit zu verwenden. Jedes Teil des Verschlusses, das mit dem Füllgut des Gefäßes in Berührung kommen kann, muss diesem gegenüber widerstandsfähig sein. Bei den Verschlüssen ist auf dichten Sitz zu achten; sie sind durch geeignete Maßnahmen so zu sichern, dass jede Lockerung während der Beförderung verhindert wird. Sind Verschlüsse mit Lüftungseinrichtungen erforderlich, so müssen diese dem Unterabschnitt 4.1.1.8 entsprechen.

6.1.4.20.1.3 Das Gefäß muss unter Verwendung von Polstermaterial und/oder absorbierendem Material festsitzend in die Außenverpackung eingebettet sein.

6.1.4.20.1.4 Höchster Fassungsraum der Gefäße: 60 Liter.

6.1.4.20.1.5 Höchste Nettomasse: 75 kg.

6.1.4.20.2 **Außenverpackung**

6.1.4.20.2.1 Gefäß in einem Fass aus Stahl (6PA1): Für die Fertigung der Außenverpackung gelten die entsprechenden Bestimmungen des Unterabschnitts 6.1.4.1. Der bei diesem Verpackungstyp notwendige abnehmbare Deckel kann jedoch die Form einer Haube haben.

6.1.4.20.2.2 Gefäß in einem Verschlag oder einer Kiste aus Stahl (6PA2): Für die Fertigung der Außenverpackung gelten die entsprechenden Bestimmungen des Unterabschnitts 6.1.4.14. Bei zylindrischen Gefäßen muss die Außenverpackung in vertikaler Richtung über das Gefäß und dessen Verschluss hinausragen. Umschließt die verschlagförmige Außenverpackung ein birnenförmiges Gefäß und ist sie an dessen Form angepasst, so ist die Außenverpackung mit einer schützenden Abdeckung (Haube) zu versehen.

6.1.4.20.2.3 Gefäß in einem Fass aus Aluminium (6PB1): Für die Fertigung der Außenverpackung gelten die entsprechenden Bestimmungen des Unterabschnitts 6.1.4.2.

6.1.4.20.2.4 Gefäß in einem Verschlag oder einer Kiste aus Aluminium (6PB2): Für die Fertigung der Außenverpackung gelten die entsprechenden Bestimmungen des Unterabschnitts 6.1.4.14.

6.1 Bau- und Prüfvorschriften für Verpackungen

ADR	RID

6.1.4.20.2.5 Gefäß in einer Kiste aus Naturholz (6PC): Für die Fertigung der Außenverpackung gelten die entsprechenden Bestimmungen des Unterabschnitts 6.1.4.9.

6.1.4.20.2.6 Gefäß in einem Fass aus Sperrholz (6PD1): Für die Fertigung der Außenverpackung gelten die entsprechenden Bestimmungen des Unterabschnitts 6.1.4.5.

6.1.4.20.2.7 Gefäß in einem Weidenkorb (6PD2): Die Weidenkörbe müssen aus einem Material guter Qualität einwandfrei hergestellt sein. Sie sind mit einer schützenden Abdeckung (Haube) zu versehen, damit Beschädigungen des Gefäßes vermieden werden.

6.1.4.20.2.8 Gefäß in einem Fass aus Pappe (6PG1): Für die Fertigung der Außenverpackung gelten die entsprechenden Bestimmungen der Absätze 6.1.4.7.1 bis 6.1.4.7.4.

6.1.4.20.2.9 Gefäß in einer Kiste aus Pappe (6PG2): Für die Fertigung der Außenverpackung gelten die entsprechenden Bestimmungen des Unterabschnitts 6.1.4.12.

6.1.4.20.2.10 Gefäß in einer Außenverpackung aus Schaumstoff (6PH1) oder starrem Kunststoff (6PH2): Für die Werkstoffe dieser beiden Außenverpackungen gelten die entsprechenden Bestimmungen des Unterabschnitts 6.1.4.13. Außenverpackungen aus starrem Kunststoff sind aus Polyethylen hoher Dichte oder einem anderen vergleichbaren Kunststoff herzustellen. Der abnehmbare Deckel dieser Verpackungsart kann jedoch die Form einer Haube haben.

6.1.4.21 **Zusammengesetzte Verpackungen**

Es gelten die entsprechenden, für Außenverpackungen anwendbaren Vorschriften des Abschnitts 6.1.4.

Bem. Wegen der zu verwendenden Außen- und Innenverpackungen siehe die entsprechenden Verpackungsanweisungen in Kapitel 4.1.

6.1.4.22 **Feinstblechverpackungen**

0A1 mit nicht abnehmbarem Deckel;
0A2 mit abnehmbarem Deckel.

6.1.4.22.1 Das Blech für den Mantel und die Böden muss aus geeignetem Stahl bestehen; seine Dicke muss dem Fassungsraum und dem Verwendungszweck der Verpackungen angepasst sein.

6.1.4.22.2 Die Nähte müssen geschweißt, mindestens doppelt gefalzt oder nach einer anderen Methode ausgeführt sein, welche die gleiche Festigkeit und Dichtheit gewährleistet.

6.1.4.22.3 Innenauskleidungen aus Zink, Zinn, Lack usw. müssen widerstandsfähig und überall, auch an den Verschlüssen, mit dem Stahl fest verbunden sein.

6.1.4.22.4 Der Durchmesser von Öffnungen zum Füllen, Entleeren und Entlüften im Mantel oder Deckel der Verpackungen mit nicht abnehmbarem Deckel (0A1) darf 7 cm nicht überschreiten. Verpackungen mit größeren Öffnungen gelten als Verpackungen mit abnehmbarem Deckel (0A2).

6.1.4.22.5 Der Verschluss der Verpackungen mit nicht abnehmbarem Deckel (0A1) muss entweder aus einem Schraubverschluss bestehen oder durch eine verschraubbare Einrichtung oder eine andere mindestens ebenso wirksame Einrichtung gesichert werden können. Die Verschlusseinrichtungen der Verpackungen mit abnehmbarem Deckel (0A2) müssen so ausgelegt und angebracht sein, dass sie gut verschlossen und die Verpackungen unter normalen Beförderungsbedingungen dicht bleiben.

Bau- und Prüfvorschriften für Verpackungen 6.1

ADR	RID

6.1.4.22.6 Höchster Fassungsraum der Verpackungen: 40 Liter.

6.1.4.22.7 Höchste Nettomasse: 50 kg.

6.1.5 **Prüfvorschriften für Verpackungen**

6.1.5.1 **Durchführung und Wiederholung der Prüfungen**

6.1.5.1.1 Die Bauart jeder Verpackung muss den in Abschnitt 6.1.5 vorgesehenen Prüfungen nach den von der zuständigen Behörde, welche die Zuteilung des Kennzeichens bestätigt, festgelegten Verfahren unterzogen und von dieser Behörde zugelassen werden.

6.1.5.1.2 Vor der Verwendung muss jede Bauart einer Verpackung die in diesem Kapitel vorgeschriebenen Prüfungen erfolgreich bestanden haben. Die Bauart der Verpackung wird durch Auslegung, Größe, verwendeten Werkstoff und dessen Dicke, Art der Fertigung und Zusammenbau bestimmt, kann aber auch verschiedene Oberflächenbehandlungen einschließen. Hierzu gehören auch Verpackungen, die sich von der Bauart nur durch ihre geringere Bauhöhe unterscheiden.

6.1.5.1.3 Die Prüfungen müssen mit Mustern aus der Produktion in Abständen durchgeführt werden, die von der zuständigen Behörde festgelegt werden. Werden solche Prüfungen an Verpackungen aus Papier oder Pappe durchgeführt, gilt eine Vorbereitung bei Umgebungsbedingungen als gleichwertig zu den im Absatz 6.1.5.2.3 angegebenen Vorschriften.

6.1.5.1.4 Die Prüfungen müssen auch nach jeder Änderung der Auslegung, des Werkstoffs oder der Art der Fertigung einer Verpackung wiederholt werden.

6.1.5.1.5 Die zuständige Behörde kann die selektive Prüfung von Verpackungen zulassen, die sich nur geringfügig von einer bereits geprüften Bauart unterscheiden: z.B. Verpackungen, die Innenverpackungen kleinerer Größe oder geringerer Nettomasse enthalten, oder auch Verpackungen, wie Fässer, Säcke und Kisten, bei denen ein oder mehrere Außenmaße etwas verringert sind.

6.1.5.1.6 (bleibt offen)

Bem. Für die Vorschriften zur Verwendung verschiedener Innenverpackungen in einer Außenverpackung und der zulässigen Variationen von Innenverpackungen siehe Absatz 4.1.1.5.1. Diese Vorschriften führen bei Anwendung des Absatzes 6.1.5.1.7 nicht zu einer Einschränkung der Verwendung von Innenverpackungen.

6.1.5.1.7 Gegenstände oder Innenverpackungen jeden Typs für feste oder flüssige Stoffe dürfen zusammengefasst und befördert werden, ohne dass sie Prüfungen in einer Außenverpackung unterzogen worden sind, wenn sie folgende Bedingungen erfüllen:

a) Die Außenverpackung muss gemäß Unterabschnitt 6.1.5.3 erfolgreich mit zerbrechlichen Innenverpackungen (z. B. aus Glas), die flüssige Stoffe enthalten, bei einer der Verpackungsgruppe I entsprechenden Fallhöhe geprüft worden sein.

b) Die gesamte Bruttomasse aller Innenverpackungen darf die Hälfte der Bruttomasse der Innenverpackungen, die für die in a) erwähnte Fallprüfung verwendet werden, nicht überschreiten.

6.1 Bau- und Prüfvorschriften für Verpackungen

ADR | **RID**

c) Die Dicke des Polstermaterials zwischen den Innenverpackungen und zwischen den Innenverpackungen und der Außenseite der Verpackung darf nicht auf einen Wert verringert werden, der unterhalb der entsprechenden Dicke in der ursprünglich geprüften Verpackung liegt; wenn bei der ursprünglichen Prüfung eine einzige Innenverpackung verwendet wurde, darf die Dicke der Polsterung zwischen den Innenverpackungen nicht geringer sein als die Dicke der Polsterung zwischen der Außenseite der Verpackung und der Innenverpackung bei der ursprünglichen Prüfung. Bei Verwendung von weniger oder kleineren Innenverpackungen (verglichen mit den bei der Fallprüfung verwendeten Innenverpackungen) muss genügend Polstermaterial hinzugefügt werden, um die Zwischenräume aufzufüllen.

d) Die Außenverpackung muss die in Unterabschnitt 6.1.5.6 beschriebene Stapeldruckprüfung in ungefülltem Zustand bestanden haben. Die Gesamtmasse gleicher Versandstücke ergibt sich aus der Gesamtmasse der Innenverpackungen, die für die in a) erwähnte Fallprüfung verwendet werden.

e) Innenverpackungen, die flüssige Stoffe enthalten, müssen vollständig mit einer für die Aufnahme der gesamten in den Innenverpackungen enthaltenen Flüssigkeit ausreichenden Menge eines saugfähigen Materials umschlossen sein.

f) Wenn die Außenverpackung zur Aufnahme von Innenverpackungen für flüssige Stoffe vorgesehen und nicht flüssigkeitsdicht ist, oder wenn die Außenverpackung zur Aufnahme von Innenverpackungen für feste Stoffe vorgesehen und nicht staubdicht ist, ist es erforderlich, ein Mittel in Form einer dichten Innenauskleidung, eines Kunststoffsacks oder eines anderen ebenso wirksamen Mittels zu verwenden, um den flüssigen oder festen Inhalt im Fall des Freiwerdens zurückzuhalten. Bei Verpackungen, die flüssige Stoffe enthalten, muss sich das in e) vorgeschriebene saugfähige Material innerhalb des für das Zurückhalten des Inhalts verwendeten Mittels befinden.

g) Die Verpackungen müssen mit Kennzeichen entsprechend den Vorschriften in Abschnitt 6.1.3 versehen sein, aus denen ersichtlich ist, dass die Verpackungen den Funktionsprüfungen der Verpackungsgruppe I für zusammengesetzte Verpackungen unterzogen wurden. Die in Kilogramm angegebene maximale Bruttomasse muss der Summe aus Masse der Außenverpackung und halber Masse der in der Fallprüfung gemäß a) verwendeten Innenverpackung(en) entsprechen. Das Kennzeichen der Verpackung muss auch den Buchstaben «V» gemäß Unterabschnitt 6.1.2.4 enthalten.

6.1.5.1.8 Die zuständige Behörde kann jederzeit verlangen, dass durch Prüfungen nach diesem Abschnitt nachgewiesen wird, dass die Verpackungen aus der Serienherstellung die Vorschriften der Bauartprüfung erfüllen. Für Kontrollzwecke müssen die Berichte dieser Prüfungen aufbewahrt werden.

6.1.5.1.9 Wenn aus Sicherheitsgründen eine Innenbehandlung oder Innenbeschichtung erforderlich ist, muss sie ihre schützenden Eigenschaften auch nach den Prüfungen beibehalten.

6.1.5.1.10 Unter der Voraussetzung, dass die Gültigkeit der Prüfergebnisse nicht beeinträchtigt wird, und mit Zustimmung der zuständigen Behörde dürfen mehrere Prüfungen mit einem einzigen Muster durchgeführt werden.

6.1.5.1.11 Bergungsverpackungen

Bergungsverpackungen (siehe Abschnitt 1.2.1) müssen nach den Vorschriften geprüft und gekennzeichnet werden, die für Verpackungen der Verpackungsgruppe II zur Beförderung von festen Stoffen oder Innenverpackungen gelten, mit folgenden Abweichungen:

a) Die für die Durchführung der Prüfungen verwendete Prüfsubstanz ist Wasser; die Verpackungen müssen zu mindestens 98 % ihres höchsten Fassungsraums gefüllt sein. Um die erforderliche Gesamtmasse des Versandstücks zu erreichen, dürfen beispielsweise Säcke mit Bleischrot beigefügt werden, sofern diese so eingesetzt sind, dass die Prüfergebnisse nicht beeinträchtigt werden. Alternativ darf bei der Durchführung der Fallprüfung die Fallhöhe in Übereinstimmung mit Absatz 6.1.5.3.5 b) variiert werden.

Bau- und Prüfvorschriften für Verpackungen 6.1
ADR | RID

b) Die Verpackungen müssen außerdem erfolgreich der Dichtheitsprüfung bei 30 kPa unterzogen worden sein; die Ergebnisse dieser Prüfung sind im Prüfbericht nach Unterabschnitt 6.1.5.8 zu vermerken.

c) Die Verpackungen sind, wie in Unterabschnitt 6.1.2.4 angegeben, mit dem Buchstaben «T» zu kennzeichnen.

6.1.5.2 Vorbereitung der Verpackungen für die Prüfungen

6.1.5.2.1 Die Prüfungen sind an versandfertigen Verpackungen, bei zusammengesetzten Verpackungen einschließlich der verwendeten Innenverpackungen, durchzuführen. Die Innenverpackungen oder -gefäße oder Einzelverpackungen oder -gefäße mit Ausnahme von Säcken müssen bei flüssigen Stoffen zu mindestens 98 % ihres höchsten Fassungsraums, bei festen Stoffen zu mindestens 95 % ihres höchsten Fassungsraums gefüllt sein. Säcke müssen bis zur höchsten Masse, bei der sie verwendet werden dürfen, gefüllt sein. Bei zusammengesetzten Verpackungen, deren Innenverpackung für die Beförderung von flüssigen oder festen Stoffen vorgesehen ist, sind getrennte Prüfungen für den flüssigen und für den festen Inhalt erforderlich. Die in den Verpackungen zu befördernden Stoffe oder Gegenstände dürfen durch andere Stoffe oder Gegenstände ersetzt werden, sofern dadurch die Prüfergebnisse nicht verfälscht werden. Werden feste Stoffe durch andere Stoffe ersetzt, müssen diese die gleichen physikalischen Eigenschaften (Masse, Korngröße usw.) haben wie der zu befördernde Stoff. Es ist zulässig, Zusätze wie Säcke mit Bleischrot zu verwenden, um die erforderliche Gesamtmasse des Versandstückes zu erreichen, sofern diese so eingebracht werden, dass sie die Prüfungsergebnisse nicht beeinträchtigen.

6.1.5.2.2 Wird bei der Fallprüfung für flüssige Stoffe ein anderer Stoff verwendet, so muss dieser eine vergleichbare relative Dichte und Viskosität haben wie der zu befördernde Stoff. Unter den Bedingungen des Absatzes 6.1.5.3.5 darf auch Wasser für die Fallprüfung verwendet werden.

6.1.5.2.3 Verpackungen aus Papier oder Pappe müssen mindestens 24 Stunden in einem Klima konditioniert werden, dessen Temperatur und relative Luftfeuchtigkeit gesteuert sind. Es gibt drei Möglichkeiten, von denen eine gewählt werden muss. Das bevorzugte Klima ist 23 °C ± 2 °C und 50 % ± 2 % relative Luftfeuchtigkeit. Die beiden anderen Möglichkeiten sind 20 °C ± 2 °C und 65 % ± 2 % relative Luftfeuchtigkeit oder 27 °C ± 2 °C und 65 % ± 2 % relative Luftfeuchtigkeit.

Bem. Die Mittelwerte müssen innerhalb dieser Grenzwerte liegen. Kurzfristige Schwankungen und Messgrenzen können zu Messwertabweichungen von ± 5 % für die relative Luftfeuchtigkeit führen, ohne dass dies die Reproduzierbarkeit der Prüfungen bedeutsam beeinträchtigt.

6.1.5.2.4 (bleibt offen)

6.1.5.2.5 Fässer und Kanister aus Kunststoff nach Unterabschnitt 6.1.4.8 und, soweit notwendig, Kombinationsverpackungen (Kunststoff) nach Unterabschnitt 6.1.4.19 müssen zum Nachweis der ausreichenden chemischen Verträglichkeit gegenüber flüssigen Stoffen während sechs Monaten einer Lagerung bei Raumtemperatur unterzogen werden; während dieser Zeit müssen die Prüfmuster mit den Gütern gefüllt bleiben, für deren Beförderung sie vorgesehen sind.

Während der ersten und der letzten 24 Stunden der Lagerung sind die Prüfmuster mit dem Verschluss nach unten aufzustellen. Dies wird jedoch bei Verpackungen mit Lüftungseinrichtungen jeweils nur für eine Dauer von 5 Minuten durchgeführt. Nach dieser Lagerung müssen die Prüfmuster den in den Unterabschnitten 6.1.5.3 bis 6.1.5.6 vorgesehenen Prüfungen unterzogen werden.

6.1 Bau- und Prüfvorschriften für Verpackungen

ADR	RID

Bei Innengefäßen von Kombinationsverpackungen (Kunststoff) ist der Nachweis der ausreichenden chemischen Verträglichkeit nicht erforderlich, wenn bekannt ist, dass sich die Festigkeitseigenschaften des Kunststoffs unter Füllguteinwirkung nicht wesentlich verändern.

Als wesentliche Veränderung der Festigkeitseigenschaften sind anzusehen:

a) eine deutliche Versprödung oder

b) eine erhebliche Minderung der Streckspannung, es sei denn, sie ist mit einer mindestens proportionalen Erhöhung der Streckdehnung verbunden.

Falls das Verhalten des Kunststoffes durch andere Verfahren nachgewiesen wurde, kann auf die vorgenannte Verträglichkeitsprüfung verzichtet werden. Solche Verfahren müssen der vorgenannten Verträglichkeitsprüfung mindestens gleichwertig und von der zuständigen Behörde anerkannt sein.

Bem. Für Fässer und Kanister aus Kunststoff und Kombinationsverpackungen (Kunststoff) aus Polyethylen siehe auch Absatz 6.1.5.2.6.

6.1.5.2.6
▶ *1.6.1.7*
Für Fässer und Kanister nach Unterabschnitt 6.1.4.8 und, soweit notwendig, für Kombinationsverpackungen nach Unterabschnitt 6.1.4.19, jeweils aus Polyethylen, kann die chemische Verträglichkeit mit Füllgütern, die nach Unterabschnitt 4.1.1.21 assimiliert werden, mit Standardflüssigkeiten (siehe Abschnitt 6.1.6) wie folgt nachgewiesen werden.

Die Standardflüssigkeiten sind stellvertretend für die Schädigungsmechanismen an Polyethylen, das sind Weichmachung durch Anquellung, Spannungsrissauslösung, molekularabbauende Reaktionen und Kombinationen davon. Die ausreichende chemische Verträglichkeit der Verpackungen kann durch eine dreiwöchige Lagerung der vorgeschriebenen Prüfmuster bei 40 °C mit der (den) betreffenden Standardflüssigkeit(en) nachgewiesen werden; wenn die Standardflüssigkeit Wasser ist, ist eine Lagerung nach diesem Verfahren nicht erforderlich. Bei den Standardflüssigkeiten «Netzmittellösung» und «Essigsäure» ist für Prüfmuster, die für die Stapeldruckprüfung verwendet werden, keine Lagerung erforderlich.

Während der ersten und der letzten 24 Stunden der Lagerung sind die Prüfmuster mit dem Verschluss nach unten aufzustellen. Dies wird jedoch bei Verpackungen mit Lüftungseinrichtungen jeweils nur für eine Dauer von 5 Minuten durchgeführt. Nach dieser Lagerung müssen die Prüfmuster den in den Unterabschnitten 6.1.5.3 bis 6.1.5.6 vorgesehenen Prüfungen unterzogen werden.

Für tert-Butylhydroperoxid mit mehr als 40 % Peroxidgehalt sowie für Peroxyessigsäuren der Klasse 5.2 darf die Verträglichkeitsprüfung nicht mit Standardflüssigkeiten durchgeführt werden. Für diese Stoffe muss die ausreichende chemische Verträglichkeit der Prüfmuster während einer sechsmonatigen Lagerung bei Raumtemperatur mit den Stoffen nachgewiesen werden, für deren Beförderung sie vorgesehen sind.

Die Ergebnisse des Verfahrens nach diesem Absatz mit Verpackungen aus Polyethylen können für eine gleiche Bauart, deren innere Oberfläche fluoriert ist, zugelassen werden.

Bau- und Prüfvorschriften für Verpackungen 6.1

ADR	RID

6.1.5.2.7 Andere als die in Unterabschnitt 4.1.1.21 assimilierbaren Füllgüter dürfen auch für Verpackungen aus Polyethylen nach Absatz 6.1.5.2.6, welche die Prüfung nach Absatz 6.1.5.2.6 bestanden haben, zugelassen werden. Diese Zulassung erfolgt auf der Basis von

Laborversuchen [3],	Laborversuchen [3],

bei denen zu prüfen ist, ob die Wirkung dieser Füllgüter auf Probekörper geringer ist als die Wirkung der Standardflüssigkeit(en), wobei die relevanten Schädigungsmechanismen berücksichtigt werden müssen. Dabei gelten für die relativen Dichten und Dampfdrücke die gleichen Vorbedingungen wie in Absatz 4.1.1.21.2 festgehalten.

> [3] Labormethoden für die Prüfung der chemischen Verträglichkeit von Polyethylen gemäß Definition in Absatz 6.1.5.2.6 gegenüber Füllgütern (Stoffen, Mischungen und Zubereitungen) im Vergleich zu den Standardflüssigkeiten nach Abschnitt 6.1.6 siehe Richtlinien im nichtrechtsverbindlichen Teil des vom Sekretariat der OTIF veröffentlichten Textes des RID.
>
> *Anmerkung des Verlages:*
> *(Siehe auch Anhang zu diesem Kapitel).*

6.1.5.2.8 Soweit sich die Festigkeitseigenschaften der Innenverpackungen aus Kunststoff von zusammengesetzten Verpackungen unter Füllguteinwirkung nicht wesentlich verändern, ist der Nachweis der ausreichenden chemischen Verträglichkeit nicht erforderlich. Als wesentliche Veränderung der Festigkeitseigenschaften sind anzusehen:

a) eine deutliche Versprödung;

b) eine erhebliche Minderung der Streckspannung, es sei denn, sie ist mit einer mindestens proportionalen Erhöhung der Streckdehnung verbunden.

6.1.5.3 **Fallprüfung** [4]

6.1.5.3.1 Anzahl der Prüfmuster (je Bauart und Hersteller) und Fallausrichtung:

Bei anderen Versuchen als dem flachen Fall muss sich der Schwerpunkt senkrecht über der Aufprallstelle befinden.

Ist bei einem aufgeführten Fallversuch mehr als eine Ausrichtung möglich, so ist die Ausrichtung zu wählen, bei der die Gefahr des Zubruchgehens der Verpackung am größten ist.

---

[4] Siehe ISO-Norm 2248.

6.1 Bau- und Prüfvorschriften für Verpackungen

ADR		RID
Verpackung	**Anzahl der Prüfmuster**	**Fallausrichtung**
a) Fässer aus Stahl Fässer aus Aluminium Fässer aus einem anderen Metall als Stahl oder Aluminium Kanister aus Stahl Kanister aus Aluminium Fässer aus Sperrholz Fässer aus Pappe Fässer und Kanister aus Kunststoff fassförmige Kombinationsverpackungen Feinstblechverpackungen	sechs (drei je Fallversuch)	**Erster Fallversuch** (an drei Prüfmustern): Die Verpackung muss diagonal zur Aufprallplatte auf die Verbindung zwischen Boden und Mantel oder, wenn keine vorhanden ist, auf eine Rundnaht oder Kante fallen. **Zweiter Fallversuch** (an den drei anderen Prüfmustern): Die Verpackung muss auf die schwächste Stelle auftreffen, die beim ersten Fall nicht geprüft wurde, z.B. einen Verschluss oder bei bestimmten zylindrischen Fässern, die geschweißte Längsnaht des Fassmantels.
b) Kisten aus Naturholz Kisten aus Sperrholz Kisten aus Holzfaserwerkstoffen Kisten aus Pappe Kisten aus Kunststoff Kisten aus Stahl oder Aluminium kistenförmige Kombinationsverpackungen	fünf (eines je Fallversuch)	**Erster Fallversuch:** flach auf den Boden. **Zweiter Fallversuch:** flach auf das Oberteil. **Dritter Fallversuch:** flach auf die längste Seite. **Vierter Fallversuch:** flach auf die kürzeste Seite. **Fünfter Fallversuch:** auf eine Ecke.
c) Säcke – einlagig mit Seitennaht	drei (drei Fallversuche je Sack)	**Erster Fallversuch:** flach auf eine Breitseite des Sackes. **Zweiter Fallversuch:** flach auf eine Schmalseite des Sackes. **Dritter Fallversuch:** auf den Sackboden.
d) Säcke – einlagig ohne Seitennaht oder mehrlagig	drei (zwei Fallversuche je Sack)	**Erster Fallversuch:** flach auf eine Breitseite des Sackes. **Zweiter Fallversuch:** auf den Sackboden.
e) fass- oder kistenförmige Kombinationsverpackungen (Glas, Porzellan oder Steinzeug), die gemäß Unterabschnitt 6.1.3.1 a) (ii) mit dem Symbol «RID/ADR» gekennzeichnet sind	drei (eines je Fallversuch)	Diagonal zur Aufprallplatte auf die Verbindung zwischen Boden und Mantel oder, wenn keine vorhanden ist, auf eine Rundnaht oder die Bodenkante.

Bau- und Prüfvorschriften für Verpackungen 6.1

ADR	RID

6.1.5.3.2 Besondere Vorbereitung der Prüfmuster für die Fallprüfung:
Bei den nachstehend aufgeführten Verpackungen ist das Muster und dessen Inhalt auf eine Temperatur von −18 °C oder darunter zu konditionieren:
- a) Fässer aus Kunststoff (siehe Unterabschnitt 6.1.4.8);
- b) Kanister aus Kunststoff (siehe Unterabschnitt 6.1.4.8);
- c) Kisten aus Kunststoff, ausgenommen Kisten aus Schaumstoffen (siehe Unterabschnitt 6.1.4.13);
- d) Kombinationsverpackungen (Kunststoff) (siehe Unterabschnitt 6.1.4.19) und
- e) zusammengesetzte Verpackungen mit Innenverpackung aus Kunststoff, ausgenommen Säcke und Beutel aus Kunststoff für feste Stoffe oder Gegenstände.

Werden die Prüfmuster auf diese Weise konditioniert, ist die Konditionierung nach Absatz 6.1.5.2.3 nicht erforderlich. Die Prüfflüssigkeiten müssen, wenn notwendig, durch Zusatz von Frostschutzmitteln, in flüssigem Zustand gehalten werden.

6.1.5.3.3 Verpackungen mit abnehmbarem Deckel für flüssige Stoffe dürfen erst 24 Stunden nach dem Befüllen und Verschließen der Fallprüfung unterzogen werden, um einem möglichen Nachlassen der Dichtungsspannung Rechnung zu tragen.

6.1.5.3.4 Aufprallplatte:
Die Aufprallplatte muss eine nicht federnde und horizontale Oberfläche besitzen und
- fest eingebaut und ausreichend massiv sein, dass sie sich nicht verschieben kann,
- eben sein, wobei die Oberfläche frei von lokalen Mängeln sein muss, welche die Prüfergebnisse beeinflussen können,
- ausreichend starr sein, dass sie unter den Prüfbedingungen nicht verformbar ist und durch die Prüfungen nicht leicht beschädigt werden kann, und
- ausreichend groß sein, um sicherzustellen, dass das zu prüfende Versandstück vollständig auf die Oberfläche fällt.

6.1.5.3.5 Fallhöhe:
Für feste Stoffe und flüssige Stoffe, wenn die Prüfung mit dem zu befördernden festen oder flüssigen Stoff oder mit einem anderen Stoff, der im Wesentlichen dieselben physikalischen Eigenschaften hat, durchgeführt wird:

Verpackungsgruppe I	Verpackungsgruppe II	Verpackungsgruppe III
1,8 m	1,2 m	0,8 m

Für flüssige Stoffe in Einzelverpackungen und für Innenverpackungen von zusammengesetzten Verpackungen, wenn die Prüfung mit Wasser durchgeführt wird:
Bem. Der Begriff Wasser umfasst Wasser/Frostschutzmittel-Lösungen mit einer relativen Dichte von mindestens 0,95 für die Prüfung bei −18 °C.

a) wenn der zu befördernde Stoff eine relative Dichte von höchstens 1,2 hat:

Verpackungsgruppe I	Verpackungsgruppe II	Verpackungsgruppe III
1,8 m	1,2 m	0,8 m

b) wenn der zu befördernde Stoff eine relative Dichte von mehr als 1,2 hat, ist die Fallhöhe auf Grund der relativen Dichte (d) des zu befördernden Stoffes, aufgerundet auf die erste Dezimalstelle, wie folgt zu berechnen:

Verpackungsgruppe I	Verpackungsgruppe II	Verpackungsgruppe III
d × 1,5 (m)	d × 1,0 (m)	d × 0,67 (m)

6.1 Bau- und Prüfvorschriften für Verpackungen

ADR	RID

c) für Feinstblechverpackungen zur Beförderung von Stoffen mit einer Viskosität bei 23 °C von mehr als 200 mm²/s, die gemäß Unterabschnitt 6.1.3.1 a) (ii) mit dem Symbol «RID/ADR» gekennzeichnet sind (dies entspricht einer Auslaufzeit von 30 Sekunden aus einem Normbecher mit einer Auslaufdüse von 6 mm Bohrung nach ISO-Norm 2431:1993),

(i) für zu befördernde Stoffe, deren relative Dichte 1,2 nicht überschreitet:

Verpackungsgruppe II	Verpackungsgruppe III
0,6 m	0,4 m

(ii) für zu befördernde Stoffe, deren relative Dichte 1,2 überschreitet, ist die Fallhöhe auf Grund der relativen Dichte (d) des zu befördernden Stoffes, aufgerundet auf die erste Dezimalstelle, wie folgt zu berechnen:

Verpackungsgruppe II	Verpackungsgruppe III
d x 0,5 (m)	d x 0,33 (m)

6.1.5.3.6 Kriterien für das Bestehen der Prüfung:

6.1.5.3.6.1 Jede Verpackung mit flüssigem Inhalt muss dicht sein, nachdem der Ausgleich zwischen dem inneren und dem äußeren Druck hergestellt worden ist; für Innenverpackungen von zusammengesetzten Verpackungen oder Kombinationsverpackungen (Glas, Porzellan, Steinzeug), die gemäß Unterabschnitt 6.1.3.1 a) (ii) mit dem Symbol «RID/ADR» gekennzeichnet sind, ist dieser Druckausgleich jedoch nicht notwendig.

6.1.5.3.6.2 Wenn eine Verpackung für feste Stoffe einer Fallprüfung unterzogen wurde und dabei mit dem Oberteil auf die Aufprallplatte aufgetroffen ist, hat das Prüfmuster die Prüfung bestanden, wenn der Inhalt durch eine Innenverpackung oder ein Innengefäß (z. B. Kunststoffsack) vollständig zurückgehalten wird, auch wenn der Verschluss unter Aufrechterhaltung seiner Rückhaltefunktion nicht mehr staubdicht ist.

6.1.5.3.6.3 Die Verpackung oder die Außenverpackung von Kombinationsverpackungen oder zusammengesetzten Verpackungen darf keine Beschädigungen aufweisen, welche die Sicherheit während der Beförderung beeinträchtigen. Innengefäße, Innenverpackungen oder Gegenstände müssen vollständig in der Außenverpackung verbleiben und aus dem (den) Innengefäß(en) oder der (den) Innenverpackung(en) darf kein Füllgut austreten.

6.1.5.3.6.4 Weder die äußere Lage eines Sackes noch eine Außenverpackung darf eine Beschädigung aufweisen, welche die Sicherheit der Beförderung beeinträchtigen kann.

6.1.5.3.6.5 Ein geringfügiges Austreten des Füllgutes aus dem Verschluss (den Verschlüssen) beim Aufprall gilt nicht als Versagen der Verpackung, vorausgesetzt, es tritt kein weiteres Füllgut aus.

6.1.5.3.6.6 Bei Verpackungen für Güter der Klasse 1 ist kein Riss erlaubt, der das Austreten von losen explosiven Stoffen oder Gegenständen mit Explosivstoff aus der Außenverpackung ermöglichen könnte.

6.1.5.4 Dichtheitsprüfung

Die Dichtheitsprüfung ist bei allen Verpackungsbauarten durchzuführen, die zur Aufnahme von flüssigen Stoffen bestimmt sind; sie ist jedoch nicht erforderlich für

– Innenverpackungen von zusammengesetzten Verpackungen;
– Innengefäße von Kombinationsverpackungen (Glas, Porzellan oder Steinzeug), die gemäß Unterabschnitt 6.1.3.1 a) (ii) mit dem Symbol «RID/ADR» gekennzeichnet sind;
– Feinstblechverpackungen, die gemäß Unterabschnitt 6.1.3.1 a) (ii) mit dem Symbol «RID/ADR» gekennzeichnet sind und die zur Aufnahme von Stoffen bestimmt sind, deren Viskosität bei 23 °C mehr als 200 mm²/s beträgt.

Bau- und Prüfvorschriften für Verpackungen 6.1

ADR	RID

6.1.5.4.1 Zahl der Prüfmuster: Drei Prüfmuster je Bauart und Hersteller.

6.1.5.4.2 Besondere Vorbereitung der Prüfmuster für die Prüfung:

Verschlüsse mit einer Lüftungseinrichtung sind entweder durch ähnliche Verschlüsse ohne Lüftungseinrichtung zu ersetzen oder die Lüftungseinrichtungen sind dicht zu verschließen.

6.1.5.4.3 Prüfverfahren und anzuwendender Prüfdruck:

Die Verpackungen einschließlich ihrer Verschlüsse müssen, während sie einem inneren Luftdruck ausgesetzt sind, fünf Minuten lang unter Wasser getaucht werden; die Tauchmethode darf die Prüfergebnisse nicht beeinflussen.

Folgender Luftdruck (Überdruck) ist anzuwenden:

Verpackungsgruppe I	Verpackungsgruppe II	Verpackungsgruppe III
mindestens 30 kPa (0,3 bar)	mindestens 20 kPa (0,2 bar)	mindestens 20 kPa (0,2 bar)

Andere Verfahren dürfen angewendet werden, wenn sie mindestens gleich wirksam sind.

6.1.5.4.4 Kriterium für das Bestehen der Prüfung:

Es darf keine Undichtheit festgestellt werden.

6.1.5.5 Innendruckprüfung (hydraulisch)

6.1.5.5.1 Zu prüfende Verpackungen:

Die hydraulische Innendruckprüfung ist bei allen Verpackungsbauarten aus Metall, Kunststoff und bei allen Kombinationsverpackungen, die zur Aufnahme von flüssigen Stoffen bestimmt sind, durchzuführen. Diese Prüfung ist nicht erforderlich für

- Innenverpackungen von zusammengesetzten Verpackungen;
- Innengefäße von Kombinationsverpackungen (Glas, Porzellan oder Steinzeug), die gemäß Unterabschnitt 6.1.3.1 a) (ii) mit dem Symbol «RID/ADR» gekennzeichnet sind;
- Feinstblechverpackungen, die gemäß Unterabschnitt 6.1.3.1 a) (ii) mit dem Symbol «RID/ADR» gekennzeichnet sind und zur Aufnahme von Stoffen bestimmt sind, deren Viskosität bei 23 °C mehr als 200 mm^2/s beträgt.

6.1.5.5.2 Zahl der Prüfmuster: Drei Prüfmuster je Bauart und Hersteller.

6.1.5.5.3 Besondere Vorbereitung der Verpackungen für die Prüfung:

Verschlüsse mit Lüftungseinrichtung sind durch Verschlüsse ohne Lüftungseinrichtung zu ersetzen oder die Lüftungseinrichtung ist dicht zu verschließen.

6.1.5.5.4 Prüfverfahren und anzuwendender Prüfdruck:

Verpackungen aus Metall und Kombinationsverpackungen (Glas, Porzellan oder Steinzeug) einschließlich ihrer Verschlüsse sind dem Prüfdruck für die Dauer von 5 Minuten auszusetzen. Verpackungen aus Kunststoff und Kombinationsverpackungen (Kunststoff) einschließlich ihrer Verschlüsse sind dem Prüfdruck für die Dauer von 30 Minuten auszusetzen. Dieser Druck ist derjenige, der gemäß Unterabschnitt 6.1.3.1 d) im Kennzeichen anzugeben ist. Die Art des Abstützens der Verpackung darf die Prüfungsergebnisse nicht verfälschen. Der Druck muss kontinuierlich und gleichmäßig aufgebracht werden; er muss während der gesamten Prüfdauer konstant gehalten werden. Der anzuwendende hydraulische Überdruck, der nach einer der folgenden Methoden bestimmt wird, darf nicht weniger betragen als:

a) der gemessene Gesamtüberdruck in der Verpackung (d. h. Dampfdruck des flüssigen Stoffes und Partialdruck von Luft oder sonstigen inerten Gasen, vermindert um 100 kPa) bei 55 °C, multipliziert mit einem Sicherheitsfaktor von 1,5; der Bestimmung

6.1 Bau- und Prüfvorschriften für Verpackungen

ADR	RID

dieses Gesamtüberdrucks ist ein maximaler Füllungsgrad nach Unterabschnitt 4.1.1.4 und eine Fülltemperatur von 15 °C zugrunde zu legen, oder

b) das um 100 kPa verminderte 1,75fache des Dampfdruckes des zu befördernden flüssigen Stoffes bei 50 °C, mindestens jedoch mit einem Prüfdruck von 100 kPa, oder

c) das um 100 kPa verminderte 1,5fache des Dampfdruckes des zu befördernden flüssigen Stoffes bei 55 °C, mindestens jedoch mit einem Prüfdruck von 100 kPa.

6.1.5.5.5 Zusätzlich müssen Verpackungen, die zur Aufnahme von flüssigen Stoffen der Verpackungsgruppe I bestimmt sind, für die Dauer von 5 oder 30 Minuten mit einem Mindestprüfdruck von 250 kPa (Überdruck) geprüft werden; die Dauer ist abhängig von dem Werkstoff, aus dem die Verpackung hergestellt ist.

6.1.5.5.6 Kriterium für das Bestehen der Prüfung:

Keine Verpackung darf undicht werden.

6.1.5.6 Stapeldruckprüfung

Die Stapeldruckprüfung ist bei allen Verpackungsarten mit Ausnahme der Säcke und nichtstapelbaren Kombinationsverpackungen (Glas, Porzellan oder Steinzeug), die gemäß Unterabschnitt 6.1.3.1 a) (ii) mit dem Symbol «RID/ADR» gekennzeichnet sind, durchzuführen.

6.1.5.6.1 Zahl der Prüfmuster: Drei Prüfmuster je Bauart und Hersteller.

6.1.5.6.2 Prüfverfahren:

Das Prüfmuster muss einer Kraft ausgesetzt werden, die auf die Fläche der oberen Seite des Prüfmusters wirkt und die der Gesamtmasse gleicher Versandstücke entspricht, die während der Beförderung darauf gestapelt werden könnten; enthält das Prüfmuster einen flüssigen Stoff, dessen relative Dichte sich von der Dichte des zu befördernden flüssigen Stoffes unterscheidet, so ist die Kraft in Abhängigkeit des letztgenannten flüssigen Stoffes zu berechnen. Die Höhe des Stapels einschließlich des Prüfmusters muss mindestens 3 Meter betragen. Die Prüfdauer beträgt 24 Stunden, ausgenommen sind Fässer und Kanister aus Kunststoff und Kombinationsverpackungen 6HH1 und 6HH2 für flüssige Stoffe, die der Stapeldruckprüfung für eine Dauer von 28 Tagen bei einer Temperatur von mindestens 40 °C ausgesetzt werden müssen.

Bei der Prüfung nach Absatz 6.1.5.2.5 empfiehlt es sich, das Originalfüllgut zu verwenden. Bei der Prüfung nach Absatz 6.1.5.2.6 ist die Stapeldruckprüfung mit einer Standardflüssigkeit durchzuführen.

6.1.5.6.3 Kriterien für das Bestehen der Prüfung:

Kein Prüfmuster darf undicht werden. Bei Kombinations- und zusammengesetzten Verpackungen darf aus den Innengefäßen oder -verpackungen kein Füllgut austreten. Kein Prüfmuster darf Beschädigungen aufweisen, welche die Sicherheit der Beförderung beeinträchtigen können, oder Verformungen zeigen, die seine Festigkeit mindern oder Instabilität in Stapeln von Versandstücken verursachen können. Kunststoffverpackungen müssen vor der Beurteilung des Ergebnisses auf Raumtemperatur abgekühlt werden.

6.1.5.7 Zusatzprüfung auf Permeation für Fässer und Kanister aus Kunststoff nach Unterabschnitt 6.1.4.8 sowie für Kombinationsverpackungen (Kunststoff) – mit Ausnahme von Verpackungen 6HA1 – nach Unterabschnitt 6.1.4.19 zur Beförderung von flüssigen Stoffen mit einem Flammpunkt ≤ 60 °C

Bei Verpackungen aus Polyethylen ist diese Prüfung nur dann durchzuführen, wenn sie für Benzen, Toluen, Xylen sowie Mischungen und Zubereitungen mit diesen Stoffen zugelassen werden sollen.

6.1.5.7.1 Zahl der Prüfmuster: Drei Verpackungen je Bauart und Hersteller.

Bau- und Prüfvorschriften für Verpackungen 6.1
ADR | RID

6.1.5.7.2 Besondere Vorbereitung der Prüfmuster für die Prüfung:

Die Prüfmuster sind entweder nach Absatz 6.1.5.2.5 mit dem Originalfüllgut oder bei Verpackungen aus Polyethylen nach Absatz 6.1.5.2.6 mit der Standardflüssigkeit «Kohlenwasserstoffgemisch (White Spirit)» vorzulagern.

6.1.5.7.3 Prüfverfahren:

Die mit dem Stoff, für den die Verpackungen zugelassen werden sollen, gefüllten Prüfmuster werden vor und nach einer 28tägigen weiteren Lagerung bei 23 °C und 50 % relativer Luftfeuchtigkeit gewogen. Bei Verpackungen aus Polyethylen darf die Prüfung anstelle von Benzen, Toluen oder Xylen mit der Standardflüssigkeit «Kohlenwasserstoffgemisch (White Spirit)» durchgeführt werden.

6.1.5.7.4 Kriterium für das Bestehen der Prüfung:

Die Permeation darf 0,008 $\frac{g}{l \cdot h}$ nicht überschreiten.

6.1.5.8 Prüfbericht

6.1.5.8.1 Über die Prüfung ist ein Prüfbericht zu erstellen, der mindestens folgende Angaben enthält und der den Benutzern der Verpackung zur Verfügung stehen muss:

1. Name und Adresse der Prüfeinrichtung;
2. Name und Adresse des Antragstellers (soweit erforderlich);
3. eine nur einmal vergebene Prüfbericht-Kennnummer;
4. Datum des Prüfberichts;
5. Hersteller der Verpackung;
6. Beschreibung der Verpackungsbauart (z. B. Abmessungen, Werkstoffe, Verschlüsse, Wanddicke, usw.) einschließlich des Herstellungsverfahrens (z. B. Blasformverfahren), gegebenenfalls mit Zeichnung(en) und/oder Foto(s);
7. höchster Fassungsraum;
8. charakteristische Merkmale des Prüfinhalts, z. B. Viskosität und relative Dichte bei flüssigen Stoffen und Teilchengröße bei festen Stoffen. Für Verpackungen aus Kunststoff, die der Innendruckprüfung des Unterabschnitts 6.1.5.5 unterliegen, die Temperatur des verwendeten Wassers;
9. Beschreibung der Prüfung und Prüfergebnisse;
10. der Prüfbericht muss mit Namen und Funktionsbezeichnung des Unterzeichners unterschrieben sein.

6.1.5.8.2 Der Prüfbericht muss Erklärungen enthalten, dass die versandfertige Verpackung in Übereinstimmung mit den anwendbaren Vorschriften dieses Abschnitts geprüft worden ist und dass dieser Prüfbericht bei Anwendung anderer Verpackungsmethoden oder bei Verwendung anderer Verpackungsbestandteile ungültig werden kann. Eine Ausfertigung des Prüfberichts ist der zuständigen Behörde zur Verfügung zu stellen.

6.1.6 Standardflüssigkeiten für die Prüfung der chemischen Verträglichkeit von Verpackungen, einschließlich Großpackmitteln (IBC), aus Polyethylen nach Absatz 6.1.5.2.6 bzw. 6.5.6.3.5

6.1.6.1 Folgende Standardflüssigkeiten werden für diesen Kunststoff verwendet:

▶ 1.6.1.11   a) **Netzmittellösung** für auf Polyethylen stark spannungsrissauslösend wirkende Stoffe, insbesondere für alle netzmittelhaltigen Lösungen und Zubereitungen.

Verwendet wird
entweder eine 1 %ige wässerige Lösung eines Alkylbenzensulfonats
oder eine 5 %ige wässerige Lösung eines Nonylphenolethoxylats, die vor der erstmaligen Verwendung für die Prüfungen mindestens 14 Tage bei 40 °C vorgelagert wurde.
Die Oberflächenspannung dieser Lösung muss bei 23 °C 31 bis 35 mN/m betragen.
Für die Durchführung der Stapeldruckprüfung wird eine relative Dichte von mindestens 1,2 zugrunde gelegt.

6.1 Bau- und Prüfvorschriften für Verpackungen
ADR | RID

Ist die ausreichende chemische Verträglichkeit mit Netzmittellösung nachgewiesen, so ist keine Verträglichkeitsprüfung mit Essigsäure erforderlich.

Für Füllgüter, die auf Polyethylen stärker spannungsrissauslösend als Netzmittellösung wirken, darf die ausreichende chemische Verträglichkeit nach einer dreiwöchigen Vorlagerung bei 40 °C nach Absatz 6.1.5.2.6, aber mit Originalfüllgut nachgewiesen werden.

b) **Essigsäure** für auf Polyethylen spannungsrissauslösend wirkende Stoffe und Zubereitungen, insbesondere für Monocarbonsäuren und einwertige Alkohole.

Verwendet wird Essigsäure in Konzentrationen von 98 % bis 100 %.

Relative Dichte = 1,05.

Für die Durchführung der Stapeldruckprüfung wird eine relative Dichte von mindestens 1,1 zugrunde gelegt.

Für Füllgüter, die Polyethylen mehr als Essigsäure und bis höchstens 4 % Masseaufnahme anquellen, darf die ausreichende chemische Verträglichkeit nach einer dreiwöchigen Vorlagerung bei 40 °C nach Absatz 6.1.5.2.6, aber mit Originalfüllgut nachgewiesen werden.

c) **n-Butylacetat / mit n-Butylacetat gesättigte Netzmittellösung** für Stoffe und Zubereitungen, welche Polyethylen bis zu etwa 4 % Masseaufnahme anquellen und gleichzeitig spannungsrissauslösende Wirkung zeigen, insbesondere für Pflanzenschutzmittel, Flüssigfarben und gewisse Ester.

Verwendet wird n-Butylacetat in einer Konzentration von 98 % bis 100 % für die Vorlagerung nach Absatz 6.1.5.2.6.

Verwendet wird für die Stapeldruckprüfung nach Unterabschnitt 6.1.5.6 eine Prüfflüssigkeit aus mit 2 % n-Butylacetat versetzter 1 bis 10 %iger wässeriger Netzmittellösung nach vorstehendem Buchstaben a).

Für die Durchführung der Stapeldruckprüfung wird eine relative Dichte von mindestens 1,0 zugrunde gelegt.

Für Füllgüter, die Polyethylen mehr als n-Butylacetat und bis höchstens 7,5 % Masseaufnahme anquellen, darf die ausreichende chemische Verträglichkeit nach einer dreiwöchigen Vorlagerung bei 40 °C nach Absatz 6.1.5.2.6, aber mit Originalfüllgut, nachgewiesen werden.

d) **Kohlenwasserstoffgemisch (White Spirit)** für auf Polyethylen quellend wirkende Stoffe und Zubereitungen, insbesondere für Kohlenwasserstoffe, gewisse Ester und Ketone.

Verwendet wird ein Kohlenwasserstoffgemisch mit einem Siedebereich von 160 °C bis 220 °C, einer relativen Dichte von 0,78 bis 0,80, einem Flammpunkt von mehr als 50 °C und einem Aromatengehalt von 16 % bis 21 %.

Für die Durchführung der Stapeldruckprüfung wird eine relative Dichte von mindestens 1,0 zugrunde gelegt.

Für Füllgüter, die Polyethylen um mehr als 7,5 % Masseaufnahme anquellen, darf die ausreichende chemische Verträglichkeit nach einer dreiwöchigen Vorlagerung bei 40 °C nach Absatz 6.1.5.2.6, aber mit Originalfüllgut, nachgewiesen werden.

e) **Salpetersäure** für alle Stoffe und Zubereitungen, die auf Polyethylen gleich oder geringer oxidierend einwirken oder die molare Masse abbauen als eine 55 %ige Salpetersäure.

Verwendet wird Salpetersäure in einer Konzentration von mindestens 55 %.

Für die Durchführung der Stapeldruckprüfung wird eine relative Dichte von mindestens 1,4 zugrunde gelegt.

Für Füllgüter, die stärker als 55 %ige Salpetersäure oxidieren oder die molare Masse abbauen, muss nach Absatz 6.1.5.2.5 verfahren werden.

Außerdem ist in diesen Fällen die Verwendungsdauer unter Beachtung des Schädigungsgrades festzulegen (z. B. zwei Jahre bei Salpetersäure mit mindestens 55 %).

Bau- und Prüfvorschriften für Verpackungen	6.1
ADR	**RID**

f) **Wasser** für Stoffe, die Polyethylen nicht wie in den unter a) bis e) genannten Fällen angreifen, insbesondere für anorganische Säuren und Laugen, wässerige Salzlösungen, mehrwertige Alkohole, organische Stoffe in wässeriger Lösung.

Für die Durchführung der Stapeldruckprüfung wird eine relative Dichte von mindestens 1,2 zugrunde gelegt.

Eine Bauartprüfung mit Wasser ist nicht erforderlich, wenn die entsprechende chemische Verträglichkeit mit Netzmittellösung oder Salpetersäure nachgewiesen wurde.

6.1 Bau- und Prüfvorschriften für Verpackungen

ADR	RID

Bau- und Prüfvorschriften für Verpackungen 6.1
RID

Anhang

Prüfvorschriften für Kunststoffgefäße

Richtlinie zu Absatz 6.1.5.2.7 bzw. 6.5.4.3.6

Labormethoden an Probekörpern aus dem Gefäßwerkstoff zum Nachweis der chemischen Verträglichkeit von Polyethylen gemäß Definition in Absatz 6.1.5.2.6 bzw. 6.5.4.3.5 gegenüber Füllgütern (Stoffen, Mischungen und Zubereitungen) im Vergleich zu den Standardflüssigkeiten gemäß Abschnitt 6.1.6.

Mit der Durchführung der nachfolgend beschriebenen Labormethoden A bis C werden die möglichen Mechanismen der Schädigung durch das zuzulassende Füllgut auf den Gefäßwerkstoff im Vergleich zu den jeweiligen Standardflüssigkeiten bestimmt.

Die Wahl der Untersuchungsmethoden ergibt sich aus den zu erwartenden Schädigungsmechanismen.

Soweit nicht auf Grund der Rezeptur vorhersehbar, werden

– Weichmachung durch Anquellen (Labormethode A)
– Spannungsrissauslösung (Labormethode B)
– oxidative und molekular-abbauende Reaktion (Labormethode C)

auf den Gefäßwerkstoff durch die Labormethoden erfasst und jeweils in Vergleich gesetzt zu den zugehörigen Standardflüssigkeiten gleicher Wirkungsrichtung.

Dabei sind Probekörper gleicher Dicke im Rahmen der angegebenen Toleranzen zu verwenden.

Labormethode A

Die Masseaufnahme durch Anquellung wird an flächigen Probekörpern aus dem Gefäßwerkstoff durch Lagerung bei 40 °C im zuzulassenden Füllgut sowie in der zu vergleichenden Standardflüssigkeit bestimmt.

Die Masseänderung durch Anquellung wird durch Wägung der Probekörper vor der Lagerung und an Probekörpern mit Probendicken bis zu 2 mm nach 4 Wochen Einwirkungszeit, sonst bis zur Massekonstanz ermittelt.

Es ist jeweils der Mittelwert aus 3 Probekörpern zu bestimmen. Die Probekörper dürfen nur einmal verwendet werden.

Labormethode B (Stifteindrückverfahren)

1. **Kurzbeschreibung**

    Mit dem Stifteindrückverfahren wird das Verhalten eines Gefäßwerkstoffes aus Polyethylen hoher Dichte gegenüber einem Füllgut und der jeweiligen Standardflüssigkeit geprüft, soweit Spannungsrissbildung ohne oder mit einer gleichzeitigen Anquellung bis zu 4 % beteiligt sein können.

    Die Probekörper werden hierzu mit einer Bohrung und einer Kerbe versehen und zunächst im zu untersuchenden Füllgut sowie in der jeweiligen Standardflüssigkeit vorgelagert. Nach der Vorlagerung wird in die Bohrung ein Stift definierten Übermaßes gedrückt.

    Diese so vorbereiteten Proben werden dann im zu untersuchenden Füllgut und in der jeweiligen Standardflüssigkeit gelagert und nach unterschiedlich langen Lagerzeiten entnommen und auf Restzugfestigkeit (Verfahren 3.1) oder auf Standzeit bis zum Durchreißen der Probekörper (Verfahren 3.2) untersucht.

6.1 RID — Bau- und Prüfvorschriften für Verpackungen

Durch Vergleichsmessung mit den Standardflüssigkeiten «Netzmittellösung», «Essigsäure», «n-Butylacetat/mit n-Butylacetat gesättigte Netzmittellösung» oder «Wasser» als Prüfmedium wird ermittelt, ob der Schädigungsgrad des zu untersuchenden Füllgutes dazu gleich, stärker oder schwächer ist.

2. Probekörper

2.1 Form und Abmessung

Form und empfohlene Abmessung des Probekörpers sind Abbildung 1 zu entnehmen. Die Abweichung der Probendicke soll ± 15 % des Mittelwertes innerhalb einer Messreihe nicht überschreiten.

Zu einer Messreihe gehört das zu untersuchende Füllgut und die jeweilige Standardflüssigkeit.

Abbildung 1

Probekörper ohne Stift

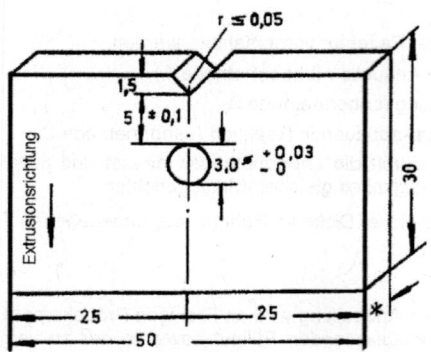

* Mindestwanddicke: 2mm

2.2 Herstellung

Die Probekörper einer Messreihe können sowohl aus Gefäßen desselben Baumusters als auch aus dem gleichen Stück eines extrudierten Halbzeugs entnommen werden.

Bei spanender Herstellung der Probekörper reicht bezüglich Schnittflächenqualität ein Sägeschnitt. Bei der Bearbeitung entstehende Grate sollten lediglich von der später zu kerbenden Schnittfläche entfernt werden. Die Probekörper sind parallel zur Extrusionsrichtung zu kerben.

In jeden Probekörper wird nach Abbildung 1 ein Loch von 3 mm $^{+0,03}_{-0}$ Durchmesser gebohrt.

Danach wird der Probekörper nach Abbildung 1 mit einer spitzen Kerbe mit einem Kerbradius von ≤ 0,05 mm versehen.

Der Abstand zwischen Kerbgrund und Lochrand beträgt 5 mm ± 0,1 mm.

2.3 Anzahl der Probekörper

Für die Ermittlung der Restzugfestigkeiten nach Absatz 3.2 werden je Lagerzeit 10 Probekörper verwendet. Im Regelfall werden mindestens 5 Lagerzeiten angesetzt.

Für die Ermittlung der Standzeit bis zum Durchreißen der Probekörper nach Absatz 3.3 werden insgesamt 15 Stück benötigt.

2.4 Stifte

Für die Abmessungen der 4 mm dicken Stifte siehe Abbildung 2.

Bau- und Prüfvorschriften für Verpackungen   6.1
RID

Abbildung 2

a: Stift für die Bestimmung der Restzugfestigkeiten

b: Stift für die Bestimmung der Standzeit bis zum Durchreißen der Probekörper

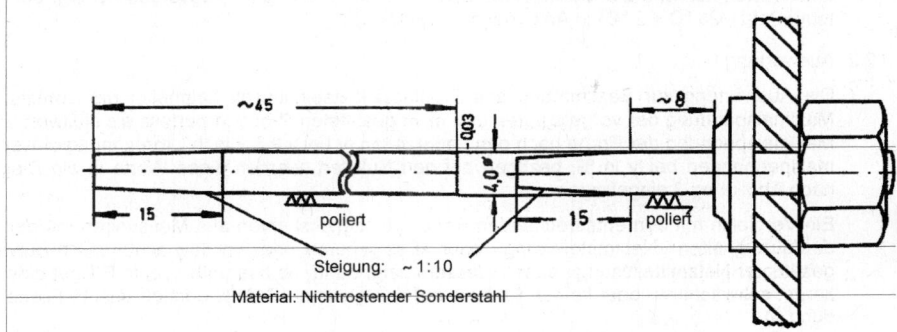

Als Stiftmaterial ist vorzugsweise nichtrostender Stahl (z.B. X 12 Cr Si 17) zu verwenden. Für Stoffe, die diesen Stahl angreifen, sind Glasstifte zu verwenden.

3. Prüfverfahren und Auswertung

3.1 Probenvorlagerung

Die Probekörper werden vor dem Aufstiften 21 Tage bei 40 °C ± 1 °C in den zu untersuchenden Flüssigkeiten und Standardflüssigkeiten vorgelagert. Für die Standardflüssigkeit c) gemäß Abschnitt 6.1.6 erfolgt die Vorlagerung in n-Butylacetat.

3.2 Verfahren zur Bestimmung der Restzugfestigkeitskurve

3.2.1 Durchführung

Der Stift nach Abbildung 2a wird über den konischen Teil mit seinem zylindrischen Teil verkantungsfrei in die Bohrung der Probekörper eingedrückt.

Die so vorbereiteten Proben werden dann in mit der jeweiligen Prüfflüssigkeit gefüllte und auf 40 °C temperierte Lagergefäße untergetaucht und im Wärmeschrank bei 40 °C ± 1 °C gelagert. Bei Standardflüssigkeit c) erfolgt diese Prüfung in mit 2 % n-Butylacetat versetzter Netzmittellösung.

Der Zeitraum zwischen Aufstiften der Probekörper und Fortsetzung der Einlagerung in der Prüfflüssigkeit muss für eine Messreihe einheitlich gewählt und konstant gehalten werden.

Die Lagerzeiten zur Bestimmung der zeit- und prüfflüssigkeitsabhängigen Spannungsrissbildung sind dabei so zu wählen, dass sich eine eindeutige Differenzierung zwischen den Restzugfestigkeitskurven der geprüften Standardflüssigkeiten und den zuzuordnenden Füllgütern mit ausreichender Sicherheit darstellen lässt.

Nach Entnahme aus dem Lagergefäß werden die Probekörper unmittelbar danach vom Stift abgestreift und von Prüfflüssigkeitsresten gesäubert.

Nach Abkühlen auf Raumtemperatur werden die Probekörper parallel zur gekerbten Seite durch die Mitte der Bohrung mit Hilfe eines Sägeschnittes geteilt. Für die weitere Prüfung werden nur noch diese gekerbten Probekörperteile verwendet.

6.1 RID Bau- und Prüfvorschriften für Verpackungen

Diese gekerbten Probekörperteile werden dann, nicht später als 8 Stunden nach Entnahme aus der Prüfflüssigkeit, in einer Zugprüfmaschine einer einachsigen Zugbeanspruchung bei einer Prüfgeschwindigkeit (Geschwindigkeit der bewegten Klemme) von 20 mm/min bis zum Bruch unterworfen. Es wird die Maximalkraft bestimmt. Die Prüfung im Zugversuch erfolgt bei Raumtemperatur (23 °C ± 2 °C) in Anlehnung an ISO/R 527.

3.2.2 Auswertung

Die Auswertung zur Bestimmung des Prüfflüssigkeitseinflusses beinhaltet die Ermittlung der Maximalspannung der vorgelagerten und nicht gestifteten Probekörperteile als Nullwert und der Maximalspannung der Probe nach den Lagerzeiten t_y bei $y \geq 5$. Nach Umrechnung dieser Maximalspannungen bei t_y in %, bezogen auf den Nullwert, werden diese Werte in ein Diagramm nach Abbildung 3 eingetragen.

Ein Vergleich mit den entsprechenden Restzugfestigkeitskurven aus Messungen mit den Standardflüssigkeiten «Netzmittellösung» oder «Essigsäure» oder «n-Butylacetat/mit n-Butylacetat gesättigter Netzmittellösung» oder «Wasser» zeigt dann, ob das untersuchte Füllgut einen stärkeren, schwächeren oder keinen Einfluss auf den gleichen Gefäßwerkstoff ausübt (siehe Abbildung 3).

Abbildung 3

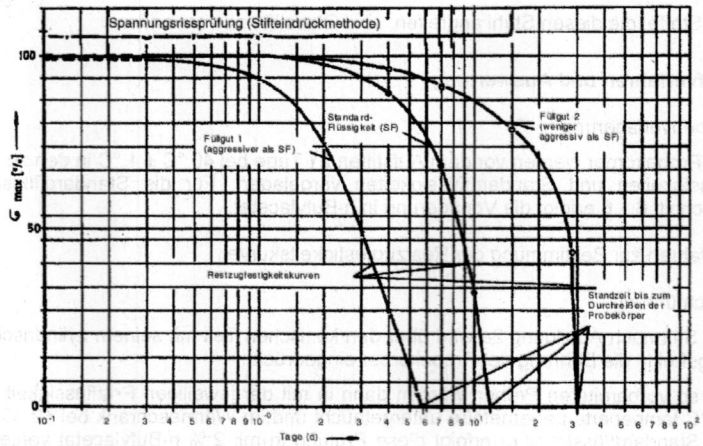

3.3 Verfahren zur Bestimmung der Standzeit bis zum Durchreißen der Probekörper

3.3.1 Durchführung

15 Probekörper werden jeweils einzeln verkantungsfrei bis zum Anschlag auf 15 Stifte nach Abbildung 2b aufgestiftet und in ein mit der jeweiligen Prüfflüssigkeit gefülltes und auf 40 °C temperiertes Glasrohr eingebracht.

Die Prüftemperatur wird auf ± 1 °C konstant gehalten. Durch visuelle Beobachtung wird das Durchreißen der Probekörper auf jedem Stift ermittelt. Der Riss breitet sich erfahrungsgemäß immer vom Kerbgrund zur Stiftoberfläche aus.

3.3.2 Auswertung

Maßgeblich für die Auswertung ist die bis zum Durchreißen von 8 Proben verflossene Standzeit T_{SF} mit der Standardflüssigkeit. Die restlichen Rissbildungen müssen nicht abgewartet werden.

Die Bewertung erfolgt durch den Vergleich zu der mit dem Füllgut gerissenen Anzahl Proben. Innerhalb der Standzeit T_{SF} dürfen es höchstens 8 Proben sein.

Bau- und Prüfvorschriften für Verpackungen 6.1
RID

3.4 Erläuterungen

Die Prüfparameter «Lagertemperatur» sowie «Abstand zwischen Kerbgrund und Lochrand» wurden bei diesem Prüfverfahren so ausgewählt, dass bei entsprechenden Untersuchungen mit den Standardflüssigkeiten «Netzmittellösung», «Essigsäure» und «n-Butylacetat/mit n-Butylacetat gesättigte Netzmittellösung» aussagefähige Ergebnisse im Sinne dieser Prüfvorschrift innerhalb einer Gesamtprüfzeit von ca. 28 Tagen erhalten werden. Hierbei lag ein Polyethylen mit einer Dichte von ~ 0,952 g/cm^3 und einem Schmelzindex (Melt Flow Rate [MFR] 190 °C/21,6 kg Last) von ~ 2,0 g/10 min zu Grunde.

Da die Aussage aus dieser Prüfvorschrift immer eine Relativaussage sein soll, ist es auch möglich, zum Zweck einer Prüfzeitverkürzung die oben genannten Prüfparameter in Grenzen zu verändern. Dies ist im Prüfprotokoll besonders anzugeben.

4. **Kriterien für ein befriedigendes Prüfergebnis**

4.1 Das Prüfergebnis nach Labormethode A darf 1 % Masseaufnahme durch Anquellung nicht überschreiten, falls die Standardflüssigkeit a), «Netzmittellösung», und die Standardflüssigkeit b), «Essigsäure», zum Vergleich herangezogen werden sollen.

Das Prüfergebnis nach Labormethode A mit dem untersuchten Füllgut darf die Masseaufnahme durch Anquellung mit n-Butylacetat (etwa 4 %) nicht überschreiten, falls die Standardflüssigkeit c), «n-Butylacetat/mit n-Butylacetat gesättigte Netzmittellösung», zum Vergleich herangezogen werden soll.

4.2 Das Prüfergebnis nach Labormethode B muss für den zuzulassenden Stoff eine gleiche oder längere Standzeit erbringen als für die für den Vergleich herangezogenen Standardflüssigkeiten.

Labormethode C

Für die Ermittlung einer möglichen oxidativen oder molekular abbauenden Schädigung des Gefäßwerkstoffes aus Polyethylen hoher Dichte nach Absatz 6.1.5.2.6 bzw. 6.5.4.3.5 durch das Füllgut wird der Schmelzindex (Melt Flow Rate [MFR] 190 °C/21,6 kg Last [Load] nach ISO 1133 - Condition 7) von Probekörpern mit einem Dickenbereich entsprechend dem Baumuster vor und nach Einlagerung dieser Proben im zu beurteilenden Füllgut bestimmt.

Durch Einlagerung geometrisch gleicher Proben in die Standardflüssigkeit «Salpetersäure 55 %» nach Abschnitt 6.1.6 e) und Schmelzindexbestimmungen wird festgestellt, ob der Schädigungsgrad des zuzulassenden Füllgutes auf den Gefäßwerkstoff schwächer, gleich oder stärker ist.

Die Einlagerung von Proben erfolgt bei 40 °C bis zur Möglichkeit einer endgültigen Beurteilung, maximal bis zu 42 Tagen.

Soweit das zur Zulassung vorgesehene Füllgut nach Labormethode A gleichzeitig eine Anquellung durch Masseaufnahme von ≥ 1 % bewirkt, ist, um das Messergebnis nicht zu verfälschen, vor der Schmelzindexmessung eine «Rücktrocknung» der Probe mit gleichzeitiger Massekontrolle vorzunehmen, z.B. Lagerung im Vakuumtrockenschrank bei 50 °C bis zur Massekonstanz, in der Regel nicht über 7 Tage.

Kriterium für ein befriedigendes Prüfergebnis:

Die durch das zuzulassende Füllgut bewirkte Schmelzindexerhöhung des Gefäßwerkstoffes nach dieser Bestimmungsmethode darf die durch die Standardflüssigkeit «Salpetersäure 55 %» bewirkte Änderung unter Einschluss einer prüfmethodisch bedingten Toleranzgrenze von 15 % nicht überschreiten.

6.1 Bau- und Prüfvorschriften für Verpackungen
RID

6.2 Bau- und Prüfvorschriften für Druckgefäße, Druckgaspackungen, Gefäße, klein, mit Gas (Gaspatronen) und Brennstoffzellen-Kartuschen mit verflüssigtem entzündbarem Gas

ADR	RID

Bem. Druckgaspackungen, Gefäße, klein, mit Gas (Gaspatronen) und Brennstoffzellen-Kartuschen mit verflüssigtem entzündbarem Gas unterliegen nicht den Vorschriften der Abschnitte 6.2.1 bis 6.2.5.

6.2.1 Allgemeine Vorschriften

6.2.1.1 Auslegung und Bau

6.2.1.1.1 Die Druckgefäße und deren Verschlüsse müssen so ausgelegt, hergestellt, geprüft und ausgerüstet sein, dass sie allen Beanspruchungen, einschließlich Ermüdung, denen sie unter normalen Beförderungsbedingungen und bei normalem Gebrauch ausgesetzt sind, standhalten.

6.2.1.1.2 (bleibt offen)

6.2.1.1.3 Die Mindestwanddicke darf in keinem Fall geringer sein als die in den technischen Normen für die Auslegung und den Bau festgelegte Wanddicke.

6.2.1.1.4 Für geschweißte Druckgefäße dürfen nur Metalle schweißbarer Qualität verwendet werden.

6.2.1.1.5 Der Prüfdruck von Flaschen, Großflaschen, Druckfässern und Flaschenbündeln muss der Verpackungsanweisung P 200 des Unterabschnitts 4.1.4.1 oder bei einer Chemikalie unter Druck der Verpackungsanweisung P 206 des Unterabschnitts 4.1.4.1 entsprechen. Der Prüfdruck für verschlossene Kryo-Behälter muss der Verpackungsanweisung P 203 des Unterabschnitts 4.1.4.1 entsprechen. Der Prüfdruck eines Metallhydrid-Speichersystems muss mit der Verpackungsanweisung P 205 des Unterabschnitts 4.1.4.1 übereinstimmen. Der Prüfdruck einer Flasche für ein adsorbiertes Gas muss mit der Verpackungsanweisung P 208 des Unterabschnitts 4.1.4.1 übereinstimmen.

6.2.1.1.6 Druckgefäße, die in Bündeln zusammengefasst sind, müssen durch eine Tragkonstruktion verstärkt sein und als Einheit zusammengehalten werden. Die Druckgefäße müssen so gesichert sein, dass Bewegungen in Bezug auf die bauliche Gesamtanordnung und Bewegungen, die zu einer Konzentration schädlicher lokaler Spannungen führen, verhindert werden. Anordnungen von Rohrleitungen (z. B. Rohrleitungen, Ventile und Druckanzeiger) sind so auszulegen und zu bauen, dass sie vor Beschädigungen durch Stöße und vor Beanspruchungen, die unter normalen Beförderungsbedingungen auftreten, geschützt sind. Die Rohrleitungen müssen mindestens denselben Prüfdruck haben wie die Flaschen. Für verflüssigte giftige Gase muss jedes Druckgefäß ein Trennventil haben, um sicherzustellen, dass jedes Druckgefäß getrennt befüllt werden kann und während der Beförderung kein gegenseitiger Austausch des Inhalts der Druckgefäße auftreten kann.

Bem. Verflüssigte giftige Gase haben den Klassifizierungscode 2T, 2TF, 2TC, 2TO, 2TFC oder 2TOC.

6.2.1.1.7 Berührungen zwischen verschiedenen Metallen, die zu Beschädigungen durch galvanische Reaktion führen können, müssen vermieden werden.

6.2.1.1.8 Zusätzliche Vorschriften für den Bau von verschlossenen Kryo-Behältern für tiefgekühlt verflüssigte Gase

6.2.1.1.8.1 Für jedes Druckgefäß müssen die mechanischen Eigenschaften des verwendeten Metalls, einschließlich Kerbschlagzähigkeit und Biegekoeffizient, nachgewiesen werden.

Bem. Bezüglich der Kerbschlagzähigkeit enthält der Unterabschnitt 6.8.5.3 Einzelheiten für Prüfanforderungen, die verwendet werden dürfen.

6.2 Bau- und Prüfvorschriften für Druckgefäße, Druckgaspackungen, Gefäße, klein, mit Gas (Gaspatronen) und Brennstoffzellen-Kartuschen mit verflüssigtem entzündbarem Gas

ADR	RID

6.2.1.1.8.2 Die Druckgefäße müssen wärmeisoliert sein. Die Wärmeisolierung ist durch eine Ummantelung vor Stößen zu schützen. Ist der Raum zwischen Druckgefäß und Ummantelung luftentleert (Vakuumisolierung), muss die Ummantelung so ausgelegt sein, dass sie einem äußeren Druck von mindestens 100 kPa (1 bar), in Übereinstimmung mit einem anerkannten technischen Regelwerk oder einem rechnerischen kritischen Verformungsdruck von mindestens 200 kPa (2 bar) Überdruck berechnet, ohne bleibende Verformung standhält. Wenn die Ummantelung gasdicht verschlossen ist (z. B. bei Vakuumisolierung), muss durch eine Einrichtung verhindert werden, dass bei ungenügender Gasdichtheit des Druckgefäßes oder dessen Ausrüstungsteilen in der Isolierschicht ein gefährlicher Druck entsteht. Die Einrichtung muss das Eindringen von Feuchtigkeit in die Isolierung verhindern.

6.2.1.1.8.3 Verschlossene Kryo-Behälter, die für die Beförderung tiefgekühlt verflüssigter Gase mit einem Siedepunkt unter -182 °C bei Atmosphärendruck ausgelegt sind, dürfen keine Werkstoffe enthalten, die mit Sauerstoff oder mit Sauerstoff angereicherter Atmosphäre in gefährlicher Weise reagieren können, wenn sich diese Werkstoffe in Teilen der Wärmeisolierung befinden, wo ein Risiko der Berührung mit Sauerstoff oder mit Sauerstoff angereicherter Flüssigkeit besteht.

6.2.1.1.8.4 Verschlossene Kryo-Behälter müssen mit geeigneten Hebe- und Sicherungseinrichtungen ausgelegt und gebaut sein.

6.2.1.1.9 **Zusätzliche Vorschriften für den Bau von Druckgefäßen für Acetylen**

Die Druckgefäße für UN 1001 Acetylen, gelöst, und UN 3374 Acetylen, lösungsmittelfrei, müssen mit einem gleichmäßig verteilten porösen Material eines Typs gefüllt sein, der den Vorschriften und den Prüfungen entspricht, die durch eine von der zuständigen Behörde anerkannte Norm oder ein von der zuständigen Behörde anerkanntes Regelwerk festgelegt sind, wobei dieses poröse Material

a) mit dem Druckgefäß verträglich ist und weder mit dem Acetylen noch im Falle der UN-Nummer 1001 mit dem Lösungsmittel schädliche oder gefährliche Verbindungen eingeht und

b) geeignet sein muss, die Ausbreitung einer Zersetzung des Acetylens im porösen Material zu verhindern.

Im Falle der UN-Nummer 1001 muss das Lösungsmittel mit dem Druckgefäß verträglich sein.

6.2.1.2 **Werkstoffe**

6.2.1.2.1 Werkstoffe für den Bau von Druckgefäßen und ihren Verschlüssen, die direkt mit den gefährlichen Gütern in Berührung kommen, dürfen durch das zur Beförderung vorgesehene gefährliche Gut nicht angegriffen oder geschwächt werden und dürfen keine gefährliche Reaktion, wie z. B. Katalyse einer Reaktion oder Reaktion mit gefährlichen Gütern, verursachen.

6.2.1.2.2 Druckgefäße und ihre Verschlüsse müssen aus Werkstoffen hergestellt sein, die in den technischen Normen für die Auslegung und den Bau und in der für die zur Beförderung in dem Druckgefäß vorgesehenen Stoffen anwendbaren Verpackungsanweisung festgelegt sind. Die Werkstoffe müssen, wie in den technischen Normen für die Auslegung und den Bau angegeben, unempfindlich gegen Sprödbruch und Spannungsrisskorrosion sein.

Bau- und Prüfvorschriften für Druckgefäße, Druckgaspackungen, Gefäße, klein, mit Gas (Gaspatronen) und Brennstoffzellen-Kartuschen mit verflüssigtem entzündbarem Gas   6.2

ADR	RID

6.2.1.3   **Bedienungsausrüstung**

6.2.1.3.1   Ventile, Rohrleitungen und andere unter Druck stehende Ausrüstungsteile mit Ausnahme von Druckentlastungseinrichtungen müssen so ausgelegt und gebaut sein, dass der Berstdruck mindestens dem 1,5fachen Prüfdruck des Druckgefäßes entspricht.

6.2.1.3.2   Die Bedienungsausrüstung muss so angeordnet oder ausgelegt sein, dass Schäden, die unter normalen Handhabungs- und Beförderungsbedingungen zu einem Freisetzen des Druckgefäßinhalts führen könnten, verhindert werden. Die zu den Absperrventilen führende Sammelrohrleitung muss ausreichend flexibel sein, um die Ventile und die Rohrleitung gegen Abscheren und gegen Freisetzen des Druckgefäßinhalts zu schützen. Die Befüllungs- und Entleerungsventile sowie alle Schutzkappen müssen gegen unbeabsichtigtes Öffnen gesichert werden können. Die Ventile müssen nach den Vorschriften des Unterabschnitts 4.1.6.8 geschützt sein.

6.2.1.3.3   Druckgefäße, die nicht manuell bewegt oder gerollt werden können, müssen mit Einrichtungen versehen sein (Gleiteinrichtungen, Ösen, Haken), die eine sichere Handhabung mit mechanischen Fördermitteln gewährleisten und die so angebracht sind, dass sie weder eine Schwächung noch eine unzulässige Beanspruchung der Druckgefäße zur Folge haben.

6.2.1.3.4   Einzelne Druckgefäße müssen gemäß Unterabschnitt 4.1.4.1 Verpackungsanweisung P 200 (2) oder P 205 oder gemäß den Absätzen 6.2.1.3.6.4 und 6.2.1.3.6.5 mit Druckentlastungseinrichtungen ausgerüstet sein. Die Druckentlastungseinrichtungen müssen so ausgelegt sein, dass keine Fremdstoffe eindringen und keine Gase austreten können und sich kein gefährlicher Überdruck bilden kann. Im eingebauten Zustand müssen die Druckentlastungseinrichtungen an horizontalen Druckgefäßen, die mit einem Sammelrohr miteinander verbunden sind und die mit einem entzündbaren Gas gefüllt sind, so angeordnet sein, dass sie frei in die Luft abblasen können und unter normalen Beförderungsbedingungen eine Einwirkung des ausströmenden Gases auf das Druckgefäß selbst verhindert wird.

6.2.1.3.5   Druckgefäße, die volumetrisch gefüllt werden, müssen mit einer Füllstandsanzeige versehen sein.

6.2.1.3.6   **Zusätzliche Vorschriften für verschlossene Kryo-Behälter**

6.2.1.3.6.1   Jede Füll- und Entleerungsöffnung von verschlossenen Kryo-Behältern für die Beförderung tiefgekühlt verflüssigter entzündbarer Gase muss mit mindestens zwei hintereinanderliegenden und voneinander unabhängigen Verschlüssen ausgerüstet sein, wobei der erste eine Absperreinrichtung und der zweite eine Kappe oder eine gleichwertige Einrichtung sein muss.

6.2.1.3.6.2   Bei Rohrleitungsabschnitten, die beidseitig geschlossen werden können und in denen Flüssigkeit eingeschlossen sein kann, muss ein System zur selbsttätigen Druckentlastung vorgesehen sein, um einen übermäßigen Druckaufbau innerhalb der Rohrleitung zu verhindern.

6.2.1.3.6.3   Jeder Anschluss eines verschlossenen Kryo-Behälters muss eindeutig mit seiner Funktion (z. B. Dampfphase oder flüssige Phase) gekennzeichnet sein.

6.2 Bau- und Prüfvorschriften für Druckgefäße, Druckgaspackungen, Gefäße, klein, mit Gas (Gaspatronen) und Brennstoffzellen-Kartuschen mit verflüssigtem entzündbarem Gas

ADR	RID

6.2.1.3.6.4 Druckentlastungseinrichtungen

6.2.1.3.6.4.1 Verschlossene Kryo-Behälter müssen mit mindestens einer Druckentlastungseinrichtung ausgerüstet sein. Bei der Druckentlastungseinrichtung muss es sich um eine Bauart handeln, die dynamischen Kräften, einschließlich Flüssigkeitsschwall, standhält.

6.2.1.3.6.4.2 Verschlossene Kryo-Behälter dürfen parallel zu der (den) federbelasteten Einrichtung(en) zusätzlich mit einer Berstscheibe versehen sein, um den Vorschriften des Absatzes 6.2.1.3.6.5 zu entsprechen.

6.2.1.3.6.4.3 Die Anschlüsse für Druckentlastungseinrichtungen müssen ausreichend dimensioniert sein, damit die erforderliche Abblasmenge ungehindert zur Druckentlastungseinrichtung gelangen kann.

6.2.1.3.6.4.4 Alle Einlassöffnungen der Druckentlastungseinrichtungen müssen sich bei maximalen Füllungsbedingungen in der Dampfphase des verschlossenen Kryo-Behälters befinden; die Einrichtungen sind so anzuordnen, dass der Dampf ungehindert entweichen kann.

6.2.1.3.6.5 Abblasmenge und Einstellung der Druckentlastungseinrichtungen

Bem. In Zusammenhang mit Druckentlastungseinrichtungen von verschlossenen Kryo-Behältern bedeutet höchstzulässiger Betriebsdruck der höchstzulässige effektive Überdruck im Scheitel des befüllten verschlossenen Kryo-Behälters im Betriebszustand, einschließlich der höchste effektive Druck während des Füllens und Entleerens.

6.2.1.3.6.5.1 Die Druckentlastungseinrichtungen müssen sich selbsttätig bei einem Druck öffnen, der nicht geringer sein darf als der höchstzulässige Betriebsdruck, und bei einem Druck von 110 % des höchstzulässigen Betriebsdrucks vollständig geöffnet sein. Sie müssen sich nach der Entlastung bei einem Druck wieder schließen, der höchstens 10 % unter dem Ansprechdruck liegt, und bei allen niedrigeren Drücken geschlossen bleiben.

6.2.1.3.6.5.2 Berstscheiben müssen so eingestellt sein, dass sie bei einem Nenndruck bersten, der entweder niedriger als der Prüfdruck oder niedriger als 150 % des höchstzulässigen Betriebsdrucks ist.

6.2.1.3.6.5.3 Bei Verlust des Vakuums in einem vakuumisolierten verschlossenen Kryo-Behälter muss die Gesamtabblasmenge aller eingebauten Druckentlastungseinrichtungen ausreichend sein, damit der Druck (einschließlich Druckanstieg) im verschlossenen Kryo-Behälter 120 % des höchstzulässigen Betriebsdrucks nicht übersteigt.

6.2.1.3.6.5.4 Die erforderliche Abblasmenge der Druckentlastungseinrichtungen ist nach einem von der zuständigen Behörde anerkannten bewährten technischen Regelwerk zu berechnen[1].

---

[1] Siehe zum Beispiel CGA-Veröffentlichungen S-1.2-2003 «Pressure Relief Device Standards – Part 2 – Cargo and Portable Tanks for Compressed Gases» (Normen für Druckentlastungseinrichtungen – Teil 2 – Frachttanks und ortsbewegliche Tanks für verdichtete Gase) und S-1.1-2003 «Pressure Relief Device Standards – Part 1 – Cylinders for Compressed Gases» (Normen für Druckentlastungseinrichtungen – Teil 1 – Flaschen für verdichtete Gase).

Bau- und Prüfvorschriften für Druckgefäße, Druckgaspackungen, Gefäße, klein, mit Gas (Gaspatronen) und Brennstoffzellen-Kartuschen mit verflüssigtem entzündbarem Gas 6.2

ADR	RID

6.2.1.4 Zulassung von Druckgefäßen

6.2.1.4.1 Die Übereinstimmung der Druckgefäße ist zum Zeitpunkt der Herstellung nach den Vorschriften der zuständigen Behörde festzustellen. Druckgefäße müssen von einer Prüfstelle kontrolliert, geprüft und zugelassen werden. Die technische Dokumentation muss vollständige Spezifikationen für die Auslegung und den Bau und eine vollständige Dokumentation der Herstellung und Prüfung umfassen.

6.2.1.4.2 Das Qualitätssicherungsprogramm muss den Vorschriften der zuständigen Behörde entsprechen.

6.2.1.5 Erstmalige Prüfung

6.2.1.5.1 Neue Druckgefäße mit Ausnahme von verschlossenen Kryo-Behältern und Metallhydrid-Speichersystemen sind während und nach der Herstellung Prüfungen gemäß den anwendbaren Auslegungsnormen zu unterziehen, die Folgendes umfassen:

An einer ausreichenden Anzahl von Druckgefäßen:

a) Prüfung der mechanischen Eigenschaften des Werkstoffs;
b) Überprüfung der Mindestwanddicke;
c) Überprüfung der Gleichmäßigkeit des Werkstoffes innerhalb jeder Fertigungsreihe;
d) Kontrolle der äußeren und inneren Beschaffenheit der Druckgefäße;
e) Kontrolle des Halsgewindes;
f) Überprüfung auf Übereinstimmung mit der Auslegungsnorm.

An allen Druckgefäßen:

g) eine Flüssigkeitsdruckprüfung. Die Druckgefäße müssen die in der technischen Norm oder dem technischen Regelwerk für die Auslegung und den Bau festgelegten Akzeptanzkriterien erfüllen;

   Bem. Mit Zustimmung der zuständigen Behörde darf die Flüssigkeitsdruckprüfung durch eine Prüfung mit einem Gas ersetzt werden, sofern dieses Vorgehen nicht gefährlich ist.

h) Kontrolle und Bewertung von Herstellungsfehlern und entweder Reparatur oder Unbrauchbarmachen des Druckgefäßes. Bei geschweißten Druckgefäßen ist der Qualität der Schweißnähte besondere Beachtung zu schenken;

i) eine Kontrolle der Kennzeichen auf den Druckgefäßen;

j) an Druckgefäßen für UN 1001 Acetylen, gelöst, und UN 3374 Acetylen, lösungsmittelfrei, außerdem eine Kontrolle der richtigen Anbringung und der Beschaffenheit des porösen Materials sowie gegebenenfalls der Menge des Lösungsmittels.

6.2.1.5.2 An einer angemessenen Probe von verschlossenen Kryo-Behältern sind die in Absatz 6.2.1.5.1 a), b), d) und f) festgelegten Prüfungen durchzuführen. Darüber hinaus sind an einer Probe verschlossener Kryo-Behälter die Schweißnähte durch Röntgen-, Ultraschall- oder andere geeignete zerstörungsfreie Prüfmethoden gemäß der anwendbaren Norm für die Auslegung und den Bau zu kontrollieren. Diese Kontrolle der Schweißnähte findet keine Anwendung auf die Ummantelung.

Darüber hinaus sind alle verschlossenen Kryo-Behälter den in Absatz 6.2.1.5.1 g), h) und i) festgelegten erstmaligen Prüfungen sowie nach dem Zusammenbau einer Dichtheitsprüfung und einer Prüfung der genügenden Funktion der Bedienungsausrüstung zu unterziehen.

6.2 Bau- und Prüfvorschriften für Druckgefäße, Druckgaspackungen, Gefäße, klein, mit Gas (Gaspatronen) und Brennstoffzellen-Kartuschen mit verflüssigtem entzündbarem Gas

ADR	RID

6.2.1.5.3 Bei Metallhydrid-Speichersystemen muss überprüft werden, ob die in Absatz 6.2.1.5.1 a), b), c), d), e) (sofern anwendbar), f), g), h) und i) festgelegten Prüfungen an einem angemessenen Prüfmuster der im Metallhydrid-Speichersystem verwendeten Gefäße durchgeführt wurden. Darüber hinaus müssen an einem angemessenen Prüfmuster von Metallhydrid-Speichersystemen die in Absatz 6.2.1.5.1 c) und f) und, sofern anwendbar, in Absatz 6.2.1.5.1 e) vorgeschriebenen Prüfungen und die Prüfung der äußeren Beschaffenheit des Metallhydrid-Speichersystems durchgeführt werden.

Außerdem müssen alle Metallhydrid-Speichersysteme den in Absatz 6.2.1.5.1 h) und i) festgelegten erstmaligen Prüfungen sowie einer Dichtheitsprüfung und einer Prüfung der zufriedenstellenden Funktion ihrer Bedienungseinrichtung unterzogen werden.

6.2.1.6 Wiederkehrende Prüfung

6.2.1.6.1 Nachfüllbare Druckgefäße mit Ausnahme von Kryo-Behältern sind durch eine von der zuständigen Behörde anerkannten Stelle nach folgenden Vorschriften wiederkehrenden Prüfungen zu unterziehen:

a) Prüfung der äußeren Beschaffenheit des Druckgefäßes und Überprüfung der Ausrüstung und der äußeren Kennzeichen;

b) Prüfung der inneren Beschaffenheit des Druckgefäßes (z.B. innere Prüfung, Überprüfung der Mindestwanddicke);

c) Prüfung der Gewinde, sofern Anzeichen von Korrosion vorliegen oder sofern die Ausrüstungsteile entfernt werden;

d) Flüssigkeitsdruckprüfung und gegebenenfalls Prüfung der Werkstoffbeschaffenheit durch geeignete Prüfverfahren;

e) Prüfung der Bedienungsausrüstung, anderer Zubehörteile und Druckentlastungseinrichtungen bei der Wiederinbetriebnahme.

Bem. 1. Mit Zustimmung der zuständigen Behörde darf die Flüssigkeitsdruckprüfung durch eine Prüfung mit einem Gas ersetzt werden, sofern dieses Vorgehen nicht gefährlich ist.

2. Bei nahtlosen Flaschen und Großflaschen aus Stahl dürfen die Prüfung des Absatzes 6.2.1.6.1 b) und die Flüssigkeitsdruckprüfung des Absatzes 6.2.1.6.1 d) durch ein Verfahren entsprechend der Norm ISO 16148:2016 «Gasflaschen – Wiederbefüllbare nahtlose Gasflaschen und Großflaschen aus Stahl – Schallemissionsprüfung und nachfolgende Ultraschallprüfung für die wiederkehrende Inspektion und Prüfung» ersetzt werden.

3. Die Prüfung des Absatzes 6.2.1.6.1 b) und die Flüssigkeitsdruckprüfung des Absatzes 6.2.1.6.1 d) dürfen durch eine Ultraschalluntersuchung ersetzt werden, die für nahtlose Flaschen aus Aluminiumlegierung in Übereinstimmung mit der Norm ISO 10461:2005 + A1:2006 und für nahtlose Flaschen aus Stahl in Übereinstimmung mit der Norm ISO 6406:2005 durchgeführt wird.

4. Hinsichtlich der Häufigkeit der wiederkehrenden Prüfungen siehe Unterabschnitt 4.1.4.1 Verpackungsanweisung P 200 oder bei einer Chemikalie unter Druck Verpackungsanweisung P 206.

6.2.1.6.2 Bei Druckgefäßen, die für die Beförderung von UN 1001 Acetylen, gelöst, und UN 3374 Acetylen, lösungsmittelfrei, vorgesehen sind, sind nur die in Absatz 6.2.1.6.1 a), c) und e) festgelegten Untersuchungen vorzunehmen. Darüber hinaus ist der Zustand des porösen Materials (z. B. Risse, oberer Freiraum, Lockerung, Zusammensinken) zu untersuchen.

6.2.1.6.3 Druckentlastungseinrichtungen von verschlossenen Kryo-Behältern müssen wiederkehrenden Prüfungen unterzogen werden.

Bau- und Prüfvorschriften für Druckgefäße, Druckgaspackungen, Gefäße, klein, mit Gas (Gaspatronen) und Brennstoffzellen-Kartuschen mit verflüssigtem entzündbarem Gas 6.2

ADR	RID

6.2.1.7 Anforderungen an Hersteller

6.2.1.7.1 Der Hersteller muss technisch in der Lage sein und über sämtliche geeignete Mittel verfügen, die zu einer zufrieden stellenden Herstellung von Druckgefäßen erforderlich sind; hierzu benötigt er insbesondere entsprechend qualifiziertes Personal

a) zur Überwachung des gesamten Herstellungsprozesses,

b) zur Ausführung von Werkstoffverbindungen und

c) zur Durchführung der entsprechenden Prüfungen.

6.2.1.7.2 Die Bewertung der Eignung des Herstellers ist in allen Fällen von einer von der zuständigen Behörde des Zulassungsstaates anerkannten Prüfstelle durchzuführen.

6.2.1.8 Anforderungen an Prüfstellen

6.2.1.8.1 Prüfstellen müssen ausreichend Unabhängigkeit von Herstellerbetrieben und fachliche Kompetenz für die vorgeschriebene Durchführung der Prüfungen und Zulassungen aufweisen.

6.2.2 Vorschriften für UN-Druckgefäße

Zusätzlich zu den allgemeinen Vorschriften des Abschnitts 6.2.1 müssen UN-Druckgefäße den Vorschriften dieses Abschnitts, soweit anwendbar, einschließlich der Normen entsprechen. Die Herstellung von neuen Druckgefäßen oder Bedienungsausrüstungen entsprechend einer in den Unterabschnitten 6.2.2.1 und 6.2.2.3 aufgeführten Norm ist nach dem in der rechten Spalte der Tabellen angegebenen Datum nicht mehr zugelassen.

Bem. 1. UN-Druckgefäße und Bedienungsausrüstungen, die nach Normen gebaut wurden, die zum Zeitpunkt der Herstellung anwendbar waren, dürfen unter Vorbehalt der Vorschriften für die wiederkehrende Prüfung des ADR/RID weiterverwendet werden.

2. Wenn EN ISO-Fassungen der nachfolgenden ISO-Normen zur Verfügung stehen, dürfen diese verwendet werden, um die Vorschriften der Unterabschnitte 6.2.2.1, 6.2.2.2, 6.2.2.3 und 6.2.2.4 zu erfüllen.

6.2.2.1 Auslegung, Bau und erstmalige Prüfung

6.2.2.1.1 Für die Auslegung, den Bau und die erstmalige Prüfung von UN-Flaschen gelten folgenden Normen, mit der Ausnahme, dass die Prüfvorschriften in Zusammenhang mit dem System für die Konformitätsbewertung und Zulassung dem Unterabschnitt 6.2.2.5 entsprechen müssen:

Referenz	Titel	für die Herstellung anwendbar
ISO 9809-1:1999	Gasflaschen – Wiederbefüllbare nahtlose Flaschen aus Stahl – Gestaltung, Konstruktion und Prüfung – Teil 1: Flaschen aus vergütetem Stahl mit einer Zugfestigkeit von weniger als 1100 MPa **Bem.** Die Bemerkung bezüglich des Faktors F in Abschnitt 7.3 dieser Norm gilt nicht für UN-Flaschen.	bis zum 31. Dezember 2018
ISO 9809-1:2010	Gasflaschen – Wiederbefüllbare, nahtlose Gasflaschen aus Stahl – Gestaltung, Konstruktion und Prüfung – Teil 1: Flaschen aus vergütetem Stahl mit einer Zugfestigkeit kleiner als 1100 MPa	bis auf Weiteres

6.2 Bau- und Prüfvorschriften für Druckgefäße, Druckgaspackungen, Gefäße, klein, mit Gas (Gaspatronen) und Brennstoffzellen-Kartuschen mit verflüssigtem entzündbarem Gas

ADR	RID	
Referenz	Titel	für die Herstellung anwendbar
ISO 9809-2:2000	Gasflaschen – Wiederbefüllbare nahtlose Flaschen aus Stahl – Gestaltung, Konstruktion und Prüfung – Teil 2: Normalgeglühte und angelassene Flaschen mit einer Zugfestigkeit größer oder gleich 1100 MPa	bis zum 31. Dezember 2018
ISO 9809-2:2010	Gasflaschen – Wiederbefüllbare, nahtlose Gasflaschen aus Stahl – Gestaltung, Konstruktion und Prüfung – Teil 2: Flaschen aus vergütetem Stahl mit einer Zugfestigkeit größer oder gleich 1100 MPa	bis auf Weiteres
ISO 9809-3:2000	Gasflaschen – Wiederbefüllbare nahtlose Flaschen aus Stahl – Gestaltung, Konstruktion und Prüfung – Teil 3: Normalisierte Flaschen aus Stahl	bis zum 31. Dezember 2018
ISO 9809-3:2010	Gasflaschen – Wiederbefüllbare, nahtlose Gasflaschen aus Stahl – Gestaltung, Konstruktion und Prüfung – Teil 3: Flaschen aus normalisiertem Stahl	bis auf Weiteres
ISO 9809-4:2014	Gasflaschen – Wiederbefüllbare, nahtlose Gasflaschen aus Stahl – Gestaltung, Konstruktion und Prüfung – Teil 4: Flaschen aus Edelstahl mit einer Zugfestigkeit von weniger als 1 100 MPa	bis auf Weiteres
ISO 7866:1999	Gasflaschen – Wiederbefüllbare nahtlose Flaschen aus Aluminiumlegierung – Gestaltung, Konstruktion und Prüfung **Bem.** Die Bemerkung bezüglich des Faktors F in Abschnitt 7.2 dieser Norm gilt nicht für UN-Flaschen. Die Aluminiumlegierung 6351A–T6 oder gleichwertige Legierungen sind nicht zugelassen.	bis zum 31. Dezember 2020
ISO 7866:2012 + Cor 1:2014	Gasflaschen – Wiederbefüllbare nahtlose Gasflaschen aus Aluminiumlegierungen – Auslegung, Bau und Prüfung **Bem.** Die Aluminiumlegierung 6351A oder gleichwertige Legierungen dürfen nicht verwendet werden.	bis auf Weiteres
ISO 4706:2008	Nachfüllbare, geschweißte Stahlgasflaschen – Prüfdruck bis 60 bar	bis auf Weiteres
ISO 18172-1:2007	Gasflaschen – Wiederbefüllbare, geschweißte Flaschen aus nichtrostendem Stahl – Teil 1: bis zu einem Prüfdruck von 60 bar	bis auf Weiteres
ISO 20703:2006	Gasflaschen – Wiederbefüllbare geschweißte Gasflaschen aus Aluminium und Aluminiumlegierungen – Gestaltung, Konstruktion und Prüfung	bis auf Weiteres
ISO 11118:1999	Gasflaschen – Metallene Einwegflaschen – Festlegungen und Prüfverfahren	bis zum 31. Dezember 2020

6.2 Bau- und Prüfvorschriften für Druckgefäße, Druckgaspackungen, Gefäße, klein, mit Gas (Gaspatronen) und Brennstoffzellen-Kartuschen mit verflüssigtem entzündbarem Gas

ADR		RID	
Referenz	Titel		für die Herstellung anwendbar
ISO 11118:2015	Gasflaschen – Metallene Einwegflaschen – Festlegungen und Prüfverfahren		bis auf Weiteres
ISO 11119-1:2002	Gasflaschen aus Verbundwerkstoffen – Festlegungen und Prüfverfahren – Teil 1: Umfangsgewickelte Gasflaschen aus Verbundwerkstoffen		bis zum 31. Dezember 2020
ISO 11119-1:2012	Gasflaschen – Wiederbefüllbare Flaschen und Großflaschen aus Verbundwerkstoffen – Auslegung, Bau und Prüfungen – Teil 1: Umfangsumwickelte faserverstärkte Flaschen und Großflaschen aus Verbundwerkstoffen bis 450 l		bis auf Weiteres
ISO 11119-2:2002	Gasflaschen aus Verbundwerkstoffen – Festlegungen und Prüfverfahren – Teil 2: Vollumwickelte, faserverstärkte Gasflaschen aus Verbundwerkstoffen mit lasttragenden metallischen Linern		bis zum 31. Dezember 2020
ISO 11119-2:2012 + Amd 1:2014	Gasflaschen – Wiederbefüllbare Gasflaschen und Großflaschen aus Verbundwerkstoffen – Auslegung, Bau und Prüfung – Teil 2: Vollumwickelte, faserverstärkte Gasflaschen und Großflaschen bis 450 l aus Verbundwerkstoffen mit lasttragenden metallischen Linern		bis auf Weiteres
ISO 11119-3:2002	Gasflaschen aus Verbundwerkstoffen – Festlegungen und Prüfverfahren – Teil 3: Volumenumwickelte, faserverstärkte Gasflaschen aus Verbundwerkstoffen mit nicht metallischen Linern und nicht lasttragenden Linern **Bem.** Diese Norm darf nicht für Flaschen ohne Liner verwendet werden, die aus zwei miteinander verbundenen Teilen hergestellt werden.		bis zum 31. Dezember 2020
ISO 11119-3:2013	Gasflaschen – Wiederbefüllbare Gasflaschen und Großflaschen aus Verbundwerkstoffen – Auslegung, Bau und Prüfung – Teil 3: Vollumwickelte, faserverstärkte Gasflaschen und Großflaschen bis 450 l aus Verbundwerkstoffen mit nicht lasttragenden metallischen oder nicht metallischen Linern **Bem.** Diese Norm darf nicht für Flaschen ohne Liner verwendet werden, die aus zwei miteinander verbundenen Teilen hergestellt werden.		bis auf Weiteres
ISO 11119-4:2016	Gasflaschen – Wiederbefüllbare Gasflaschen aus Verbundwerkstoffen – Auslegung, Konstruktion und Prüfverfahren – Teil 4: Vollumwickelte faserverstärkte Gasflaschen aus Verbundwerkstoffen mit einem Fassungsraum bis zu 150 l mit lasttragenden geschweißten metallischen Linern		bis auf Weiteres

6.2 Bau- und Prüfvorschriften für Druckgefäße, Druckgaspackungen, Gefäße, klein, mit Gas (Gaspatronen) und Brennstoffzellen-Kartuschen mit verflüssigtem entzündbarem Gas

ADR	RID

Bem. 1. In den Normen, auf die oben verwiesen wird, müssen Flaschen aus Verbundwerkstoffen für eine Auslegungslebensdauer von mindestens 15 Jahren ausgelegt sein.

2. Flaschen aus Verbundwerkstoffen mit einer Auslegungslebensdauer von mehr als 15 Jahren dürfen 15 Jahre nach dem Datum der Herstellung nicht mehr befüllt werden, es sei denn, das Baumuster wurde erfolgreich einem Betriebsdauer-Prüfprogramm unterzogen. Das Programm muss Teil der ursprünglichen Baumusterzulassung sein und muss Prüfungen festlegen, mit denen nachgewiesen wird, dass die entsprechend hergestellten Flaschen bis zum Ende ihrer Auslegungslebensdauer sicher bleiben. Das Betriebsdauer-Prüfprogramm und die Ergebnisse müssen von der zuständigen Behörde des Zulassungslandes, die für die ursprüngliche Zulassung des Baumusters der Flasche verantwortlich war, zugelassen sein. Die Betriebsdauer einer Flasche aus Verbundwerkstoffen darf nicht über ihre ursprüngliche Auslegungslebensdauer hinaus verlängert werden.

6.2.2.1.2 Für die Auslegung, den Bau und die erstmalige Prüfung von UN-Großflaschen gilt folgende Norm, mit der Ausnahme, dass die Prüfvorschriften in Zusammenhang mit dem System für die Konformitätsbewertung und Zulassung dem Unterabschnitt 6.2.2.5 entsprechen müssen:

Referenz	Titel	für die Herstellung anwendbar
ISO 11120:1999	Ortsbewegliche Gasflaschen – Nahtlose wiederbefüllbare Großflaschen aus Stahl für den Transport verdichteter Gase mit einem Fassungsraum zwischen 150 l und 3000 l – Gestaltung, Konstruktion und Prüfung Bem. Die Bemerkung bezüglich des Faktors F in Abschnitt 7.1 dieser Norm gilt nicht für UN-Großflaschen.	bis zum 31. Dezember 2022
ISO 11120:2015	Gasflaschen – Wiederbefüllbare nahtlose Großflaschen aus Stahl mit einem Fassungsraum zwischen 150 Liter und 3000 Liter – Auslegung, Bau und Prüfung	bis auf Weiteres
ISO 11119-1:2012	Gasflaschen – Wiederbefüllbare Flaschen und Großflaschen aus Verbundwerkstoffen – Auslegung, Bau und Prüfungen – Teil 1: Umfangsumwickelte faserverstärkte Flaschen und Großflaschen aus Verbundwerkstoffen bis 450 l	bis auf Weiteres
ISO 11119-2:2012 + Amd 1:2014	Gasflaschen – Wiederbefüllbare Gasflaschen und Großflaschen aus Verbundwerkstoffen – Auslegung, Bau und Prüfung – Teil 2: Vollumwickelte, faserverstärkte Gasflaschen und Großflaschen bis 450 l aus Verbundwerkstoffen mit lasttragenden metallischen Linern	bis auf Weiteres
ISO 11119-3:2013	Gasflaschen – Wiederbefüllbare Gasflaschen und Großflaschen aus Verbundwerkstoffen – Auslegung, Bau und Prüfung – Teil 3: Vollumwickelte, faserverstärkte Gasflaschen und Großflaschen bis 450 l aus Verbundwerkstoffen mit nicht lasttragenden metallischen oder nicht metallischen Linern Bem. Diese Norm darf nicht für Großflaschen ohne Liner verwendet werden, die aus zwei miteinander verbundenen Teilen hergestellt werden.	bis auf Weiteres

Bau- und Prüfvorschriften für Druckgefäße, Druckgaspackungen, Gefäße, klein, mit Gas (Gaspatronen) und Brennstoffzellen-Kartuschen mit verflüssigtem entzündbarem Gas 6.2

ADR		RID	

Referenz	Titel	für die Herstellung anwendbar
ISO 11515:2013	Gasflaschen – Wiederbefüllbare verstärkte Flaschen mit einer Kapazität zwischen 450 l und 3000 l – Gestaltung, Konstruktion und Prüfung	bis auf Weiteres

Bem. 1. In den oben in Bezug genommenen Normen müssen die Großflaschen aus Verbundwerkstoffen für eine Auslegungslebensdauer von mindestens 15 Jahren ausgelegt sein.

2. Großflaschen aus Verbundwerkstoffen mit einer Auslegungslebensdauer von mehr als 15 Jahren dürfen 15 Jahre nach dem Datum der Herstellung nicht mehr befüllt werden, es sei denn, das Baumuster wurde erfolgreich einem Betriebsdauer-Prüfprogramm unterzogen. Das Programm muss Teil der ursprünglichen Baumusterzulassung sein und muss Prüfungen festlegen, mit denen nachgewiesen wird, dass die entsprechend hergestellten Großflaschen bis zum Ende ihrer Auslegungslebensdauer sicher bleiben. Das Betriebsdauer-Prüfprogramm und die Ergebnisse müssen von der zuständigen Behörde des Zulassungslandes, die für die ursprüngliche Zulassung des Baumusters der Großflasche verantwortlich war, zugelassen sein. Die Betriebsdauer einer Großflasche aus Verbundwerkstoffen darf nicht über ihre ursprüngliche Auslegungslebensdauer hinaus verlängert werden.

6.2.2.1.3 Für die Auslegung, den Bau und die erstmalige Prüfung von UN-Acetylen-Flaschen gelten folgende Normen, mit der Ausnahme, dass die Prüfvorschriften in Zusammenhang mit dem System für die Konformitätsbewertung und Zulassung dem Unterabschnitt 6.2.2.5 entsprechen müssen:

Für die Flaschenwand:

Referenz	Titel	für die Herstellung anwendbar
ISO 9809-1:1999	Gasflaschen – Wiederbefüllbare nahtlose Flaschen aus Stahl – Gestaltung, Konstruktion und Prüfung – Teil 1: Flaschen aus vergütetem Stahl mit einer Zugfestigkeit von weniger als 1100 MPa **Bem.** Die Bemerkung bezüglich des Faktors F in Abschnitt 7.3 dieser Norm gilt nicht für UN-Flaschen.	bis zum 31. Dezember 2018
ISO 9809-1:2010	Gasflaschen – Wiederbefüllbare, nahtlose Gasflaschen aus Stahl – Gestaltung, Konstruktion und Prüfung – Teil 1: Flaschen aus vergütetem Stahl mit einer Zugfestigkeit kleiner als 1100 MPa	bis auf Weiteres
ISO 9809-3:2000	Gasflaschen – Wiederbefüllbare nahtlose Flaschen aus Stahl – Gestaltung, Konstruktion und Prüfung – Teil 3: Normalisierte Flaschen aus Stahl	bis zum 31. Dezember 2018
ISO 9809-3:2010	Gasflaschen – Wiederbefüllbare nahtlose Flaschen aus Stahl – Gestaltung, Konstruktion und Prüfung – Teil 3: Flaschen aus normalisiertem Stahl	bis auf Weiteres
ISO 4706:2008	Nachfüllbare, geschweißte Stahlgasflaschen – Teil 1: Prüfdruck bis 60 bar	bis auf Weiteres

6.2 Bau- und Prüfvorschriften für Druckgefäße, Druckgaspackungen, Gefäße, klein, mit Gas (Gaspatronen) und Brennstoffzellen-Kartuschen mit verflüssigtem entzündbarem Gas

ADR	RID

Referenz	Titel	für die Herstellung anwendbar
ISO 7866:2012 + Cor 1:2014	Gasflaschen – Wiederbefüllbare nahtlose Gasflaschen aus Aluminiumlegierungen – Auslegung, Bau und Prüfung **Bem.** Die Aluminiumlegierung 6351A oder gleichwertige Legierungen dürfen nicht verwendet werden.	bis auf Weiteres

Für die Acetylen-Flasche einschließlich des porösen Materials:

Referenz	Titel	für die Herstellung anwendbar
ISO 3807-1:2000	Acetylen-Flaschen – Grundanforderungen – Teil 1: Flaschen ohne Schmelzsicherungen	bis zum 31. Dezember 2020
ISO 3807-2:2000	Acetylen-Flaschen – Grundanforderungen – Teil 2: Flaschen mit Schmelzsicherungen	bis zum 31. Dezember 2020
ISO 3807:2013	Gasflaschen – Acetylenflaschen – Grundlegende Anforderungen und Baumusterprüfung	bis auf Weiteres

6.2.2.1.4 Für die Auslegung, den Bau und die erstmalige Prüfung von UN-Kryo-Behältern gilt folgende Norm, mit der Ausnahme, dass die Prüfvorschriften in Zusammenhang mit dem System für die Konformitätsbewertung und Zulassung dem Unterabschnitt 6.2.2.5 entsprechen müssen:

Referenz	Titel	für die Herstellung anwendbar
ISO 21029-1:2004	Kryo-Behälter – Ortsbewegliche vakuumisolierte Behälter mit einem Fassungsraum bis zu 1000 Liter – Teil 1: Gestaltung, Herstellung und Prüfung	bis auf Weiteres

6.2.2.1.5 Für die Auslegung, den Bau und die erstmalige Prüfung von UN-Metallhydrid-Speichersystemen gilt folgende Norm, mit der Ausnahme, dass die Prüfvorschriften in Zusammenhang mit dem System für die Konformitätsbewertung und Zulassung dem Unterabschnitt 6.2.2.5 entsprechen müssen:

Referenz	Titel	für die Herstellung anwendbar
ISO 16111:2008	Ortsbewegliche Gasspeichereinrichtungen – In reversiblen Metallhydriden absorbierter Wasserstoff	bis auf Weiteres

Bau- und Prüfvorschriften für Druckgefäße, Druckgaspackungen, Gefäße, klein, mit Gas (Gaspatronen) und Brennstoffzellen-Kartuschen mit verflüssigtem entzündbarem Gas 6.2

ADR	RID

6.2.2.1.6 Für die Auslegung, den Bau und die erstmalige Prüfung von UN-Flaschenbündeln gilt folgende Norm. Jede Flasche eines UN-Flaschenbündels muss eine UN-Flasche sein, die den Vorschriften des Abschnitts 6.2.2 entspricht. Die Prüfvorschriften in Zusammenhang mit dem System für die Konformitätsbewertung und Zulassung von UN-Flaschenbündeln müssen dem Unterabschnitt 6.2.2.5 entsprechen.

Referenz	Titel	für die Herstellung anwendbar
ISO 10961:2010	Gasflaschen – Flaschenbündel – Auslegung, Herstellung, Prüfung und Inspektion	bis auf Weiteres

Bem. Das Auswechseln einer oder mehrerer Flaschen desselben Typs, einschließlich desselben Prüfdrucks, in einem bestehenden UN-Flaschenbündel erfordert keine erneute Zertifizierung des bestehenden Bündels.

6.2.2.1.7 Für die Auslegung, den Bau und die erstmalige Prüfung von UN-Flaschen für adsorbierte Gase gelten folgende Normen mit der Ausnahme, dass die Prüfvorschriften in Zusammenhang mit dem System für die Konformitätsbewertung und Zulassung dem Unterabschnitt 6.2.2.5 entsprechen müssen.

Referenz	Titel	für die Herstellung anwendbar
ISO 11513:2011	Gasflaschen – Wiederbefüllbare geschweißte Stahlflaschen, die Adsorptionsmaterial zur Gasverpackung unterhalb des atmosphärischen Drucks beinhalten – Auslegung, Bau und Prüfung	bis auf Weiteres
ISO 9809-1:2010	Gasflaschen – Wiederbefüllbare nahtlose Gasflaschen aus Stahl – Gestaltung, Konstruktion und Prüfung – Teil 1: Flaschen aus vergütetem Stahl mit einer Zugfestigkeit kleiner als 1100 MPa	bis auf Weiteres

6.2.2.1.8 Für die Auslegung, den Bau und die erstmalige Prüfung von UN-Druckfässern gelten die folgenden Normen mit der Ausnahme, dass die Prüfvorschriften in Zusammenhang mit dem System für die Konformitätsbewertung und der Zulassung dem Unterabschnitt 6.2.2.5 entsprechen müssen.

Referenz	Titel	für die Herstellung anwendbar
ISO 21172-1:2015	Gasflaschen – Geschweißte Druckfässer aus Stahl mit einem Fassungsraum von bis zu 3000 l zur Beförderung von Gasen – Teil 1: Fassungsraum bis 1000 l **Bem.** Ungeachtet des Abschnitts 6.3.3.4 dieser Norm dürfen geschweißte Gas-Druckfässer aus Stahl mit nach innen gewölbten Böden für die Beförderung ätzender Stoffe verwendet werden, vorausgesetzt, alle Vorschriften des ADR/RID werden erfüllt.	bis auf Weiteres
ISO 4706:2008	Gasflaschen – Nachfüllbare, geschweißte Stahlgasflaschen – Prüfdruck bis 60 bar	bis auf Weiteres
ISO 18172-1:2007	Gasflaschen – Wiederbefüllbare, geschweißte Flaschen aus nichtrostendem Stahl – Teil 1: bis zu einem Prüfdruck von 60 bar	bis auf Weiteres

6.2 Bau- und Prüfvorschriften für Druckgefäße, Druckgaspackungen, Gefäße, klein, mit Gas (Gaspatronen) und Brennstoffzellen-Kartuschen mit verflüssigtem entzündbarem Gas

ADR	RID

6.2.2.2 Werkstoffe

Zusätzlich zu den in den Normen für die Auslegung und den Bau von Druckgefäßen enthaltenen Werkstoffvorschriften und den in der anwendbaren Verpackungsanweisung für das (die) zu befördernde(n) Gas(e) (z.B. Unterabschnitt 4.1.4.1 Verpackungsanweisung P 200 oder P 205) festgelegten Einschränkungen gelten folgende Normen für die Werkstoffverträglichkeit:

Referenz	Titel
ISO 11114-1:2012 + A1:2017	Gasflaschen – Verträglichkeit von Werkstoffen für Gasflaschen und Ventile mit den in Berührung kommenden Gasen – Teil 1: Metallene Werkstoffe
ISO 11114-2:2013	Gasflaschen – Verträglichkeit von Flaschen- und Ventilwerkstoffen mit den in Berührung kommenden Gasen – Teil 2: Nichtmetallische Werkstoffe

6.2.2.3 Bedienungsausrüstung

Für die Verschlüsse und ihren Schutz gelten folgende Normen:

Referenz	Titel	für die Herstellung anwendbar
ISO 11117:1998	Gasflaschen – Ventilschutzkappen und Ventilschutzvorrichtungen für Gasflaschen in industriellem und medizinischem Einsatz – Gestaltung, Konstruktion und Prüfungen	bis zum 31. Dezember 2014
ISO 11117:2008 + Cor 1:2009	Gasflaschen – Ventilschutzkappen und Ventilschutzkörbe – Auslegung, Bau und Prüfungen	bis auf Weiteres
ISO 10297:1999	Ortsbewegliche Gasflaschen – Ventile für wiederbefüllbare Gasflaschen – Spezifikation und Typprüfung	bis zum 31. Dezember 2008
ISO 10297:2006	Ortsbewegliche Gasflaschen – Flaschenventile – Spezifikation und Typprüfung	bis zum 31. Dezember 2020
ISO 10297:2014	Gasflaschen – Flaschenventile – Spezifikation und Baumusterprüfungen	bis zum 31. Dezember 2022
ISO 10297:2014 + A1:2017	Gasflaschen – Flaschenventile – Spezifikation und Baumusterprüfungen	bis auf Weiteres
ISO 13340:2001	Ortsbewegliche Gasflaschen – Flaschenventile für Einwegflaschen – Spezifikation und Typprüfung	bis zum 31. Dezember 2020
ISO 14246:2014	Gasflaschen – Flaschenventile – Herstellungsprüfungen und -überprüfungen	bis zum 31. Dezember 2024
ISO 14246:2014 + A1:2017	Gasflaschen – Flaschenventile – Herstellungsprüfungen und -überprüfungen	bis auf Weiteres
ISO 17871:2015	Gasflaschen – Schnellöffnungs-Flaschenventile – Spezifikation und Baumusterprüfung	bis auf Weiteres
ISO 17879:2017	Gasflaschen – Selbstschließende Flaschenventile – Spezifikation und Baumusterprüfung **Bem.** Diese Norm darf nicht für selbstschließende Ventile in Acetylen-Flaschen angewendet werden.	bis auf Weiteres

Bau- und Prüfvorschriften für Druckgefäße, Druckgaspackungen, Gefäße, klein, mit Gas (Gaspatronen) und Brennstoffzellen-Kartuschen mit verflüssigtem entzündbarem Gas 6.2

ADR	RID

Für UN-Metallhydrid-Speichersysteme gelten die in der folgenden Norm festgelegten Vorschriften für die Verschlüsse und deren Schutz:

Referenz	Titel	für die Herstellung anwendbar
ISO 16111:2008	Ortsbewegliche Gasspeichereinrichtungen – In reversiblen Metallhydriden absorbierter Wasserstoff	bis auf Weiteres

6.2.2.4 Wiederkehrende Prüfung

Für die wiederkehrende Prüfung von UN-Flaschen und ihren Verschlüssen gelten folgende Normen:

Referenz	Titel	anwendbar
ISO 6406:2005	Nahtlose Gasflaschen aus Stahl – Wiederkehrende Prüfung	bis auf Weiteres
ISO 10460:2005	Gasflaschen – Geschweißte Gasflaschen aus Kohlenstoffstahl – Wiederkehrende Prüfung **Bem.** Die in Absatz 12.1 dieser Norm beschriebene Reparatur von Schweißnähten ist nicht zugelassen. Die in Absatz 12.2 beschriebenen Reparaturen erfordern die Genehmigung durch die zuständige Behörde, welche die Stelle für die wiederkehrende Prüfung in Übereinstimmung mit Unterabschnitt 6.2.2.6 zugelassen hat.	bis auf Weiteres
ISO 10461:2005 + A1:2006	Nahtlose Gasflaschen aus Aluminiumlegierung – Wiederkehrende Prüfung	bis auf Weiteres
ISO 10462:2013	Gasflaschen – Acetylenflaschen – Wiederkehrende Inspektion und Wartung	bis auf Weiteres
ISO 11513:2011	Gasflaschen – Wiederbefüllbare geschweißte Stahlflaschen, die Adsorptionsmaterial zur Gasverpackung unterhalb des atmosphärischen Drucks beinhalten – Auslegung, Bau und Prüfung	bis auf Weiteres
ISO 11623:2002	Ortsbewegliche Gasflaschen – Wiederkehrende Prüfung von Gasflaschen aus Verbundwerkstoffen	bis zum 31. Dezember 2020
ISO 11623:2015	Gasflaschen – Verbundbauweise (Composite-Bauweise) – Wiederkehrende Inspektion und Prüfung	bis auf Weiteres
ISO 22434:2006	Ortsbewegliche Gasflaschen – Prüfung und Wartung von Flaschenventilen **Bem.** Diese Vorschriften dürfen auch zu einem anderen Zeitpunkt als dem der wiederkehrenden Prüfung von UN-Flaschen erfüllt werden.	bis auf Weiteres
ISO 20475:2018	Gasflaschen – Flaschenbündel – Wiederkehrende Inspektion und Prüfung	bis auf Weiteres

6.2 Bau- und Prüfvorschriften für Druckgefäße, Druckgaspackungen, Gefäße, klein, mit Gas (Gaspatronen) und Brennstoffzellen-Kartuschen mit verflüssigtem entzündbarem Gas

ADR	RID

Für die wiederkehrende Prüfung von UN-Metallhydrid-Speichersystemen gilt folgende Norm:

Referenz	Titel	anwendbar
ISO 16111:2008	Ortsbewegliche Gasspeichereinrichtungen – In reversiblen Metallhydriden absorbierter Wasserstoff	bis auf Weiteres

6.2.2.5 System für die Konformitätsbewertung und Zulassung für die Herstellung von Druckgefäßen

6.2.2.5.1 Begriffsbestimmungen

In diesem Unterabschnitt bedeutet:

Baumuster: Ein durch eine besondere Druckgefäßnorm festgelegtes Druckgefäßbaumuster.

System für die Konformitätsbewertung: Ein System für die Zulassung eines Herstellers durch die zuständige Behörde, welches die Zulassung des Druckgefäßbaumusters, die Zulassung des Qualitätssicherungssystems des Herstellers und die Zulassung der Prüfstellen umfasst.

Überprüfen: Durch Untersuchung oder Vorlage objektiver Nachweise bestätigen, dass die festgelegten Anforderungen erfüllt worden sind.

6.2.2.5.2 Allgemeine Vorschriften

Zuständige Behörde

6.2.2.5.2.1 Die zuständige Behörde, die das Druckgefäß zulässt, muss das System für die Konformitätsbewertung zulassen, um sicherzustellen, dass die Druckgefäße den Vorschriften des ADR/RID entsprechen. In den Fällen, in denen die zuständige Behörde, die ein Druckgefäß zulässt, nicht die zuständige Behörde des Herstellungslandes ist, müssen die Kennzeichen des Zulassungslandes und des Herstellungslandes in den Kennzeichen des Druckgefäßes angegeben sein (siehe Unterabschnitte 6.2.2.7 und 6.2.2.8).

Die zuständige Behörde des Zulassungslandes muss der entsprechenden Behörde des Verwendungslandes auf Anforderung Nachweise für die Erfüllung dieses Systems für die Konformitätsbewertung vorlegen.

6.2.2.5.2.2 Die zuständige Behörde darf ihre Aufgaben in diesem System für die Konformitätsbewertung ganz oder teilweise delegieren.

6.2.2.5.2.3 Die zuständige Behörde muss sicherstellen, dass eine aktuelle Liste über die zugelassenen Prüfstellen und deren Kennzeichen sowie über die zugelassenen Hersteller und deren Kennzeichen zur Verfügung steht.

Prüfstelle

6.2.2.5.2.4 Die Prüfstelle muss von der zuständigen Behörde für die Prüfung von Druckgefäßen zugelassen sein und:

a) über ein in einer Organisationsstruktur eingebundenes, geeignetes, geschultes, sachkundiges und erfahrenes Personal verfügen, das seine technischen Aufgaben in zufrieden stellender Weise ausüben kann;

b) Zugang zu geeigneten und hinreichenden Einrichtungen und Ausrüstungen haben;

Bau- und Prüfvorschriften für Druckgefäße, Druckgaspackungen, Gefäße, klein, mit Gas (Gaspatronen) und Brennstoffzellen-Kartuschen mit verflüssigtem entzündbarem Gas   6.2

ADR	RID

c) in unabhängiger Art und Weise arbeiten und frei von Einflüssen sein, die sie daran hindern könnten;

d) geschäftliche Verschwiegenheit über die unternehmerischen und eigentumsrechtlich geschützten Tätigkeiten des Herstellers und anderer Stellen bewahren;

e) eine klare Trennung zwischen den eigentlichen Aufgaben als Prüfstelle und den damit nicht zusammenhängenden Aufgaben einhalten;

f) ein dokumentiertes Qualitätssicherungssystem betreiben;

g) sicherstellen, dass die in der entsprechenden Druckgefäßnorm und im ADR/RID festgelegten Prüfungen durchgeführt werden, und

h) ein wirksames und geeignetes Berichts- und Aufzeichnungssystem in Übereinstimmung mit Absatz 6.2.2.5.6 unterhalten.

6.2.2.5.2.5   Um die Übereinstimmung mit der entsprechenden Druckgefäßnorm zu überprüfen, muss die Prüfstelle Baumusterzulassungen, Prüfungen der Druckgefäßproduktion durchführen und Bescheinigungen ausstellen (siehe Absätze 6.2.2.5.4 und 6.2.2.5.5).

Hersteller

6.2.2.5.2.6   Der Hersteller muss

a) ein dokumentiertes Qualitätssicherungssystem gemäß Absatz 6.2.2.5.3 betreiben;

b) Baumusterzulassungen gemäß Absatz 6.2.2.5.4 beantragen;

c) eine Prüfstelle aus dem von der zuständigen Behörde des Zulassungsstaates aufgestellten Verzeichnis der zugelassenen Prüfstellen auswählen und

d) Aufzeichnungen gemäß Absatz 6.2.2.5.6 aufbewahren.

Prüflabor

6.2.2.5.2.7   Das Prüflabor muss

a) über genügend, in einer Organisationsstruktur eingebundenes Personal mit ausreichender Kompetenz und Erfahrung verfügen und

b) über geeignete und hinreichende Einrichtungen und Ausrüstungen verfügen, um die in der Herstellungsnorm vorgeschriebenen Prüfungen zur Zufriedenheit der Prüfstelle durchzuführen.

6.2.2.5.3   **Qualitätssicherungssystem des Herstellers**

6.2.2.5.3.1   Das Qualitätssicherungssystem muss alle Elemente, Anforderungen und Vorschriften umfassen, die vom Hersteller angewendet werden. Es muss auf eine systematische und ordentliche Weise in Form schriftlich niedergelegter Grundsätze, Verfahren und Anweisungen dokumentiert werden.

Der Inhalt muss insbesondere geeignete Beschreibungen umfassen über:

a) die Organisationsstruktur und Verantwortlichkeiten des Personals hinsichtlich der Auslegung und der Produktqualität;

b) die bei der Auslegung der Druckgefäße verwendeten Techniken, Prozesse und Verfahren für die Auslegungskontrolle und -überprüfung;

c) die entsprechenden Anweisungen, die für die Herstellung der Druckgefäße, die Qualitätskontrolle, die Qualitätssicherung und die Arbeitsabläufe verwendet werden;

6.2 Bau- und Prüfvorschriften für Druckgefäße, Druckgaspackungen, Gefäße, klein, mit Gas (Gaspatronen) und Brennstoffzellen-Kartuschen mit verflüssigtem entzündbarem Gas

ADR	RID

d) Qualitätsaufzeichnungen, wie Prüfberichte, Prüf- und Kalibrierungsdaten;

e) Überprüfungen durch die Geschäftsleitung in Folge der Nachprüfungen (Audits) gemäß Absatz 6.2.2.5.3.2, um die erfolgreiche Wirkungsweise des Qualitätssicherungssystems sicherzustellen;

f) das Verfahren, das beschreibt, wie Kundenanforderungen erfüllt werden;

g) das Verfahren für die Kontrolle der Dokumente und deren Überarbeitung;

h) die Mittel für die Kontrolle nicht konformer Druckgefäße, von Zukaufteilen, Zwischenprodukten und Fertigteilen und

i) Schulungsprogramme und Qualifizierungsverfahren für das betroffene Personal.

6.2.2.5.3.2 Nachprüfung (Audit) des Qualitätssicherungssystems

Das Qualitätssicherungssystem ist erstmalig zu bewerten, um festzustellen, ob es die Anforderungen des Absatzes 6.2.2.5.3.1 zur Zufriedenheit der zuständigen Behörde erfüllt.

Der Hersteller ist über die Ergebnisse der Nachprüfung in Kenntnis zu setzen. Die Mitteilung muss die Schlussfolgerungen der Nachprüfung und eventuell erforderliche Korrekturmaßnahmen umfassen.

Wiederkehrende Nachprüfungen sind zur Zufriedenheit der zuständigen Behörde durchzuführen, um sicherzustellen, dass der Hersteller das Qualitätssicherungssystem aufrecht erhält und anwendet. Berichte über die wiederkehrenden Nachprüfungen sind dem Hersteller zur Verfügung zu stellen.

6.2.2.5.3.3 Aufrechterhaltung des Qualitätssicherungssystems

Der Hersteller muss das Qualitätssicherungssystem in der zugelassenen Form so aufrecht erhalten, dass es geeignet und effizient bleibt.

Der Hersteller hat die zuständige Behörde, die das Qualitätssicherungssystem zugelassen hat, über beabsichtigte Änderungen in Kenntnis zu setzen. Die vorgeschlagenen Änderungen sind zu bewerten, um festzustellen, ob das geänderte Qualitätssicherungssystem die Anforderungen des Absatzes 6.2.2.5.3.1 weiterhin erfüllt.

6.2.2.5.4 Zulassungsverfahren

Erstmalige Baumusterzulassung

6.2.2.5.4.1 Die erstmalige Baumusterzulassung muss aus einer Zulassung des Qualitätssicherungssystems des Herstellers und einer Zulassung der Auslegung des herzustellenden Druckgefäßes bestehen. Ein Antrag für eine erstmalige Baumusterzulassung muss den Anforderungen der Absätze 6.2.2.5.4.2 bis 6.2.2.5.4.6 und 6.2.2.5.4.9 entsprechen.

6.2.2.5.4.2 Ein Hersteller, der beabsichtigt, Druckgefäße in Übereinstimmung mit einer Druckgefäßnorm und in Übereinstimmung mit dem ADR/RID herzustellen, muss eine Baumusterzulassungsbescheinigung beantragen, erlangen und aufbewahren, die von der zuständigen Behörde des Zulassungsstaates für mindestens ein Druckgefäßbaumuster nach dem in Absatz 6.2.2.5.4.9 angegebenen Verfahren ausgestellt wird. Diese Bescheinigung muss der zuständigen Behörde des Verwendungslandes auf Anfrage vorgelegt werden.

Bau- und Prüfvorschriften für Druckgefäße, Druckgaspackungen, Gefäße, klein, mit Gas (Gaspatronen) und Brennstoffzellen-Kartuschen mit verflüssigtem entzündbarem Gas   6.2

ADR	RID

6.2.2.5.4.3 Für jede Produktionsstätte ist ein Antrag zu stellen, der Folgendes umfassen muss:

- a) den Namen und die offizielle Adresse des Herstellers und, falls der Antrag durch einen bevollmächtigten Vertreter vorgelegt wird, dessen Name und Adresse;
- b) die Adresse der Produktionsstätte (sofern von der oben genannten abweichend);
- c) den Namen und den Titel der für das Qualitätssicherungssystem verantwortlichen Person(en);
- d) die Bezeichnung des Druckgefäßes und der entsprechenden Druckgefäßnorm;
- e) Einzelheiten einer eventuellen Ablehnung der Zulassung eines ähnlichen Antrags durch eine andere zuständige Behörde;
- f) den Namen der Prüfstelle für die Baumusterzulassung;
- g) Dokumentation über die Produktionsstätte, wie unter Absatz 6.2.2.5.3.1 beschrieben, und
- h) die für die Baumusterzulassung erforderliche technische Dokumentation, durch die die Überprüfung der Konformität der Druckgefäße mit den Vorschriften der entsprechenden Auslegungsnorm für Druckgefäße ermöglicht wird. Die technische Dokumentation muss die Auslegung und das Herstellungsverfahren abdecken und, sofern dies für die Bewertung erforderlich ist, mindestens Folgendes umfassen:
  - (i) Norm für die Auslegung des Druckgefäßes sowie Zeichnungen über die Auslegung und die Herstellung, aus denen, soweit vorhanden, Einzelteile und Baueinheiten hervorgehen;
  - (ii) für das Verständnis der Zeichnungen und der für das Druckgefäß vorgesehenen Verwendung notwendige Beschreibungen und Erläuterungen;
  - (iii) ein Verzeichnis von Normen, die für die vollständige Festlegung des Herstellungsverfahrens notwendig sind;
  - (iv) Auslegungsberechnungen und Werkstoffspezifikationen und
  - (v) Prüfberichte der Baumusterzulassung, in denen die Ergebnisse der gemäß Absatz 6.2.2.5.4.9 durchgeführten Untersuchungen und Prüfungen beschrieben sind.

6.2.2.5.4.4 Es ist eine erste Nachprüfung (Audit) gemäß Absatz 6.2.2.5.3.2 zur Zufriedenheit der zuständigen Behörde durchzuführen.

6.2.2.5.4.5 Wird dem Hersteller die Zulassung versagt, muss die zuständige Behörde schriftliche detaillierte Gründe für eine derartige Ablehnung vorlegen.

6.2.2.5.4.6 Nach der Zulassung sind der zuständigen Behörde Änderungen an Informationen, die bezüglich der erstmaligen Zulassung gemäß Absatz 6.2.2.5.4.3 mitgeteilt wurden, vorzulegen.

Nachfolgende Baumusterzulassungen

6.2.2.5.4.7 Ein Antrag für eine nachfolgende Baumusterzulassung muss den Anforderungen der Absätze 6.2.2.5.4.8 und 6.2.2.5.4.9 entsprechen, vorausgesetzt, der Hersteller ist in Besitz einer erstmaligen Baumusterzulassung. In diesem Fall muss das Qualitätssicherungssystem des Herstellers gemäß Absatz 6.2.2.5.3 während der erstmaligen Baumusterzulassung zugelassen worden und für das neue Baumuster anwendbar sein.

6.2 Bau- und Prüfvorschriften für Druckgefäße, Druckgaspackungen, Gefäße, klein, mit Gas (Gaspatronen) und Brennstoffzellen-Kartuschen mit verflüssigtem entzündbarem Gas

ADR	RID

6.2.2.5.4.8 Der Antrag muss umfassen:

a) den Namen und die Adresse des Herstellers und, falls der Antrag durch einen bevollmächtigten Vertreter vorgelegt wird, dessen Name und Adresse;

b) Einzelheiten einer eventuellen Ablehnung der Zulassung eines ähnlichen Antrags durch eine andere zuständige Behörde;

c) Nachweis, dass die erstmalige Baumusterzulassung erteilt worden ist, und

d) die in Absatz 6.2.2.5.4.3 h) beschriebene technische Dokumentation.

Verfahren für die Baumusterzulassung

6.2.2.5.4.9 Die Prüfstelle muss

a) die technische Dokumentation untersuchen, um zu überprüfen, ob

(i) das Baumuster mit den anwendbaren Vorschriften der Norm übereinstimmt und

(ii) die Prototyp-Charge in Übereinstimmung mit der technischen Dokumentation hergestellt worden ist und für das Baumuster repräsentativ ist;

b) überprüfen, ob die Produktionskontrollen nach den Vorschriften des Absatzes 6.2.2.5.5 durchgeführt worden sind;

c) Druckgefäße aus einer Prototyp-Produktionscharge auswählen und die für die Baumusterzulassung erforderlichen Prüfungen dieser Druckgefäße beaufsichtigen;

d) die in der Druckgefäßnorm festgelegten Untersuchungen und Prüfungen durchführen oder durchgeführt haben, um zu bestimmen, ob

(i) die Norm angewendet und erfüllt worden ist und

(ii) die vom Hersteller angewendeten Verfahren die Anforderungen der Norm erfüllen, und

e) sicherstellen, dass die verschiedenen Baumusteruntersuchungen und -prüfungen korrekt und fachkundig durchgeführt werden.

Nachdem die Prototypprüfung mit zufrieden stellenden Ergebnissen durchgeführt worden ist und alle anwendbaren Anforderungen des Absatzes 6.2.2.5.4 erfüllt worden sind, ist eine Baumusterzulassungsbescheinigung auszustellen, die den Namen und die Adresse des Herstellers, die Ergebnisse und Schlussfolgerungen der Untersuchung und die notwendigen Erkennungsmerkmale des Baumusters umfassen muss.

Wird dem Hersteller eine Baumusterzulassung versagt, muss die zuständige Behörde schriftliche detaillierte Gründe für eine derartige Ablehnung vorlegen.

6.2.2.5.4.10 Änderungen an zugelassenen Baumustern

Der Hersteller muss

a) entweder die ausstellende zuständige Behörde über Änderungen des zugelassenen Baumusters, sofern diese Änderungen nach den Definitionen der Druckgefäßnorm kein neues Baumuster darstellen, in Kenntnis setzen,

b) oder eine nachfolgende Baumusterzulassung anfordern, sofern diese Änderungen gemäß der anwendbaren Druckgefäßnorm ein neues Baumuster darstellen. Diese Ergänzungszulassung ist in Form eines Nachtrags zur ursprünglichen Baumusterzulassungsbescheinigung auszustellen.

6.2.2.5.4.11 Die zuständige Behörde muss den anderen zuständigen Behörden Informationen über die Baumusterzulassung, Änderungen der Zulassung und zurückgezogene Zulassungen auf Anfrage mitteilen.

Bau- und Prüfvorschriften für Druckgefäße, Druckgaspackungen, Gefäße, klein, mit Gas (Gaspatronen) und Brennstoffzellen-Kartuschen mit verflüssigtem entzündbarem Gas   6.2

ADR	RID

6.2.2.5.5   **Produktionskontrolle und -bescheinigung**

Allgemeine Vorschriften

Die Kontrolle und Bescheinigung jedes Druckgefäßes ist von einer Prüfstelle oder deren Vertreter durchzuführen. Die vom Hersteller für die Prüfung während der Produktion ausgewählte Prüfstelle darf von der für die Baumusterzulassungsprüfung herangezogenen Prüfstelle abweichen.

Sofern zur Zufriedenheit der Prüfstelle nachgewiesen werden kann, dass der Hersteller über geschulte und fachkundige, vom Herstellungsprozess unabhängige Kontrolleure verfügt, darf die Kontrolle durch diese Kontrolleure durchgeführt werden. In diesem Fall muss der Hersteller Aufzeichnungen über die Schulung der Kontrolleure aufbewahren.

Die Prüfstelle muss überprüfen, dass die Kontrollen des Herstellers und die an den Druckgefäßen vorgenommenen Prüfungen vollständig der Norm und den Vorschriften des ADR/RID entsprechen. Sollte in Verbindung mit dieser Prüfung eine Nichtübereinstimmung festgestellt werden, kann die Erlaubnis, Kontrollen von Kontrolleuren des Herstellers durchführen zu lassen, zurückgezogen werden.

Der Hersteller muss nach der Zulassung durch die Prüfstelle eine Erklärung über die Konformität mit dem bescheinigten Baumuster abgeben. Die Anbringung der Zertifizierungskennzeichen auf dem Druckgefäß gilt als Erklärung, dass das Druckgefäß den anwendbaren Druckgefäßnormen und den Anforderungen dieses Konformitätsbewertungssystems und des ADR/RID entspricht. Auf jedem zugelassenen Druckgefäß muss die Prüfstelle oder der von der Prüfstelle dazu beauftragte Hersteller die Druckgefäßzulassungskennzeichen und das registrierte Kennzeichen der Prüfstelle anbringen.

Vor dem Befüllen der Druckgefäße ist eine von der Prüfstelle und dem Hersteller unterzeichnete Übereinstimmungsbescheinigung auszustellen.

6.2.2.5.6   **Aufzeichnungen**

Aufzeichnungen über die Baumusterzulassung und die Übereinstimmungsbescheinigung sind vom Hersteller und der Prüfstelle mindestens 20 Jahre aufzubewahren.

6.2.2.6   **Zulassungssystem für die wiederkehrende Prüfung von Druckgefäßen**

6.2.2.6.1   **Begriffsbestimmung**

Für Zwecke dieses Unterabschnitts versteht man unter:

Zulassungssystem: Ein System für die Zulassung einer Stelle, welche die wiederkehrende Prüfung von Druckgefäßen durchführt (nachstehend «Stelle für die wiederkehrende Prüfung» genannt), durch die zuständige Behörde, einschließlich der Zulassung des Qualitätssicherungssystems dieser Stelle.

6.2.2.6.2   **Allgemeine Vorschriften**

Zuständige Behörde

6.2.2.6.2.1   Die zuständige Behörde hat ein Zulassungssystem aufzustellen, um sicherzustellen, dass die wiederkehrende Prüfung von Druckgefäßen den Vorschriften des ADR/RID entspricht. In den Fällen, in denen die zuständige Behörde, welche eine Stelle für die wiederkehrende Prüfung von Druckgefäßen zulässt, nicht die zuständige Behörde des Landes ist, welches die Herstellung des Druckgefäßes zulässt, muss das Kennzeichen des Zulassungsstaates für die wiederkehrende Prüfung in den Druckgefäßkennzeichen (siehe Unterabschnitt 6.2.2.7) angegeben werden.

6.2 Bau- und Prüfvorschriften für Druckgefäße, Druckgaspackungen, Gefäße, klein, mit Gas (Gaspatronen) und Brennstoffzellen-Kartuschen mit verflüssigtem entzündbarem Gas

ADR	RID
Die zuständige Behörde des Zulassungslandes für die wiederkehrende Prüfung muss auf Anfrage den Nachweis für die Übereinstimmung mit diesem Zulassungssystem, einschließlich der Aufzeichnungen der wiederkehrenden Prüfung, der zuständigen Behörde im Verwendungsland zur Verfügung stellen. Die zuständige Behörde des Zulassungslandes kann die Zulassungsbescheinigung gemäß Absatz 6.2.2.6.4.1 auf Nachweis der Nichtübereinstimmung mit dem Zulassungssystem zurückziehen.	

6.2.2.6.2.2 Die zuständige Behörde darf ihre Aufgaben in diesem Zulassungssystem ganz oder teilweise delegieren.

6.2.2.6.2.3 Die zuständige Behörde muss sicherstellen, dass ein aktuelles Verzeichnis der zugelassenen Stellen für die wiederkehrende Prüfung und ihrer Kennzeichen verfügbar ist.

Stellen für die wiederkehrende Prüfung

6.2.2.6.2.4 Die Stelle für die wiederkehrende Prüfung muss von der zuständigen Behörde zugelassen sein und muss:

a) über in einer Organisationsstruktur eingebundenes, geeignetes, geschultes, sachkundiges und erfahrenes Personal verfügen, das seine technischen Aufgaben in zufrieden stellender Weise ausüben kann;

b) Zugang zu geeigneten und hinreichenden Einrichtungen und Ausrüstungen haben;

c) in unabhängiger Art und Weise arbeiten und frei von Einflüssen sein, die sie daran hindern könnten;

d) geschäftliche Verschwiegenheit bewahren;

e) eine klare Trennung zwischen den eigentlichen Aufgaben der Stelle für die wiederkehrende Prüfung und den damit nicht zusammenhängenden Aufgaben einhalten;

f) ein dokumentiertes Qualitätssicherungssystem gemäß Absatz 6.2.2.6.3 betreiben;

g) eine Zulassung gemäß Absatz 6.2.2.6.4 beantragen;

h) sicherstellen, dass die wiederkehrenden Prüfungen in Übereinstimmung mit Absatz 6.2.2.6.5 durchgeführt werden, und

i) ein wirksames und geeignetes Berichts- und Aufzeichnungssystem in Übereinstimmung mit Absatz 6.2.2.6.6 unterhalten.

6.2.2.6.3 **Qualitätssicherungssystem und Nachprüfung (Audit) der Stelle für die wiederkehrende Prüfung**

6.2.2.6.3.1 **Qualitätssicherungssystem**

Das Qualitätssicherungssystem muss alle Elemente, Anforderungen und Vorschriften umfassen, die von der Stelle für die wiederkehrende Prüfung angewendet werden. Es muss auf eine systematische und ordentliche Weise in Form schriftlich niedergelegter Grundsätze, Verfahren und Anweisungen dokumentiert werden.

Das Qualitätssicherungssystem muss umfassen:

a) eine Beschreibung der Organisationsstruktur und der Verantwortlichkeiten;

b) die entsprechenden Anweisungen, die für die Prüfung, die Qualitätskontrolle, die Qualitätssicherung und die Arbeitsabläufe verwendet werden;

c) Qualitätsaufzeichnungen, wie Prüfberichte, Prüf- und Kalibrierungsdaten und Bescheinigungen;

Bau- und Prüfvorschriften für Druckgefäße, Druckgaspackungen, Gefäße, klein, mit Gas (Gaspatronen) und Brennstoffzellen-Kartuschen mit verflüssigtem entzündbarem Gas   6.2

ADR	RID

d) die Überprüfungen durch die Geschäftsleitung in Folge der Nachprüfungen gemäß Absatz 6.2.2.6.3.2, um die erfolgreiche Wirkungsweise des Qualitätssicherungssystems sicherzustellen;

e) ein Verfahren für die Kontrolle der Dokumente und deren Überarbeitung;

f) ein Mittel für die Kontrolle nicht konformer Druckgefäße und

g) Schulungsprogramme und Qualifizierungsverfahren für das betroffene Personal.

6.2.2.6.3.2 Nachprüfung (Audit)

Die Stelle für die wiederkehrende Prüfung und ihr Qualitätssicherungssystem sind zu überprüfen, um festzustellen, ob sie die Anforderungen des ADR/RID zur Zufriedenheit der zuständigen Behörde erfüllt.

Eine Nachprüfung ist als Teil des erstmaligen Zulassungsverfahrens (siehe Absatz 6.2.2.6.4.3) durchzuführen. Eine Nachprüfung kann als Teil des Verfahrens für die Änderung der Zulassung (siehe Absatz 6.2.2.6.4.6) erforderlich sein.

Wiederkehrende Nachprüfungen sind zur Zufriedenheit der zuständigen Behörde durchzuführen, um sicherzustellen, dass die Stelle für die wiederkehrende Prüfung den Vorschriften des ADR/RID weiterhin entspricht.

Die Stelle für die wiederkehrende Prüfung ist über die Ergebnisse der Nachprüfung in Kenntnis zu setzen. Die Mitteilung muss die Schlussfolgerungen der Nachprüfung und eventuell erforderliche Korrekturmaßnahmen umfassen.

6.2.2.6.3.3 Aufrechterhaltung des Qualitätssicherungssystems

Die Stelle für die wiederkehrende Prüfung muss das Qualitätssicherungssystem in der zugelassenen Form so aufrechterhalten, dass es geeignet und effizient bleibt.

Die Stelle für die wiederkehrende Prüfung hat die zuständige Behörde, die das Qualitätssicherungssystem zugelassen hat, über beabsichtigte Änderungen in Übereinstimmung mit dem Verfahren für die Änderung einer Zulassung gemäß Absatz 6.2.2.6.4.6 in Kenntnis zu setzen.

6.2.2.6.4 Zulassungsverfahren für Stellen für die wiederkehrende Prüfung

Erstmalige Zulassung

6.2.2.6.4.1   Eine Stelle, die beabsichtigt, wiederkehrende Prüfungen von Druckgefäßen in Übereinstimmung mit einer Druckgefäßnorm und in Übereinstimmung mit dem ADR/RID durchzuführen, muss eine Zulassungsbescheinigung beantragen, erlangen und aufbewahren, die von der zuständigen Behörde ausgestellt wird.

Diese Bescheinigung muss der zuständigen Behörde eines Verwendungslandes auf Anfrage vorgelegt werden.

6.2.2.6.4.2   Für jede Stelle für die wiederkehrende Prüfung ist ein Antrag zu stellen, der Folgendes umfassen muss:

a) den Namen und die Adresse der Stelle für die wiederkehrende Prüfung und, falls der Antrag durch einen bevollmächtigten Vertreter vorgelegt wird, dessen Name und Adresse;

b) die Adresse jeder Einrichtung, welche wiederkehrende Prüfungen durchführt;

c) den Namen und den Titel der für das Qualitätssicherungssystem verantwortlichen Person(en);

6.2 Bau- und Prüfvorschriften für Druckgefäße, Druckgaspackungen, Gefäße, klein, mit Gas (Gaspatronen) und Brennstoffzellen-Kartuschen mit verflüssigtem entzündbarem Gas

ADR	RID

d) die Bezeichnung der Druckgefäße, der Prüfmethoden für die wiederkehrende Prüfung und der entsprechenden Druckgefäßnormen, die im Qualitätssicherungssystem berücksichtigt werden;

e) Dokumentation über jede Einrichtung, die Ausrüstung und das in Absatz 6.2.2.6.3.1 beschriebene Qualitätssicherungssystem;

f) die Qualifizierungs- und Schulungsaufzeichnungen des Personals für die wiederkehrende Prüfung und

g) Einzelheiten einer eventuellen Ablehnung der Zulassung eines ähnlichen Antrags durch eine andere zuständige Behörde.

6.2.2.6.4.3 Die zuständige Behörde muss:

a) die Dokumentation untersuchen, um zu überprüfen, ob die Verfahren in Übereinstimmung mit den Vorschriften der entsprechenden Druckgefäßnormen und des ADR/RID sind, und

b) eine Nachprüfung in Übereinstimmung mit Absatz 6.2.2.6.3.2 durchführen, um zu überprüfen, ob die Prüfungen nach den Vorschriften der entsprechenden Druckgefäßnormen und des ADR/RID zur Zufriedenheit der zuständigen Behörde durchgeführt werden.

6.2.2.6.4.4 Nach der Durchführung der Nachprüfung mit zufrieden stellenden Ergebnissen und der Erfüllung aller Vorschriften des Absatzes 6.2.2.6.4 ist eine Zulassungsbescheinigung auszustellen. Sie muss den Namen der Stelle für die wiederkehrende Prüfung, das eingetragene Kennzeichen, die Adresse jeder Einrichtung und die notwendigen Daten für den Nachweis ihrer zugelassenen Tätigkeiten (z. B. Bezeichnung der Druckgefäße, Prüfverfahren für die wiederkehrende Prüfung und Druckgefäßnormen) umfassen.

6.2.2.6.4.5 Wird der Stelle für die wiederkehrende Prüfung die Zulassung versagt, muss die zuständige Behörde schriftliche detaillierte Gründe für eine derartige Ablehnung vorlegen.

Änderungen an Zulassungen für Stellen für die wiederkehrende Prüfung

6.2.2.6.4.6 Nach der Zulassung muss die Stelle für die wiederkehrende Prüfung die ausstellende zuständige Behörde über alle Änderungen an den Informationen, die gemäß Absatz 6.2.2.6.4.2 im Rahmen der erstmaligen Zulassung unterbreitet wurden, in Kenntnis setzen.

Diese Änderungen sind zu bewerten, um festzustellen, ob die Vorschriften der entsprechenden Druckgefäßnormen und des ADR/RID erfüllt werden. Eine Nachprüfung gemäß Absatz 6.2.2.6.3.2 kann vorgeschrieben werden. Die zuständige Behörde muss diese Änderungen schriftlich genehmigen oder ablehnen; soweit notwendig ist eine geänderte Zulassungsbescheinigung auszustellen.

6.2.2.6.4.7 Die zuständige Behörde muss den anderen zuständigen Behörden Informationen über die erstmalige Zulassung, Änderungen der Zulassung und zurückgezogene Zulassungen auf Anfrage mitteilen.

6.2.2.6.5 **Wiederkehrende Prüfung sowie Bescheinigung**

Die Anbringung der Kennzeichen für die wiederkehrende Prüfung an einem Druckgefäß gilt als Erklärung, dass das Druckgefäß den anwendbaren Druckgefäßnormen und den Vorschriften des ADR/RID entspricht. Die Stelle für die wiederkehrende Prüfung muss die Kennzeichen für die wiederkehrende Prüfung einschließlich ihres eingetragenen Kennzeichens an jedem zugelassenen Druckgefäß anbringen (siehe Absatz 6.2.2.7.7).

Bau- und Prüfvorschriften für Druckgefäße, Druckgaspackungen, Gefäße, klein, mit Gas (Gaspatronen) und Brennstoffzellen-Kartuschen mit verflüssigtem entzündbarem Gas 6.2

ADR	RID

Bevor das Druckgefäß befüllt wird, muss von der Stelle für die wiederkehrende Prüfung ein Dokument ausgestellt werden, mit dem bestätigt wird, dass das Druckgefäß die wiederkehrende Prüfung erfolgreich bestanden hat.

6.2.2.6.6 Aufzeichnungen

Die Stelle für die wiederkehrende Prüfung muss die Aufzeichnungen über die Prüfungen an Druckgefäßen (unabhängig davon, ob sie erfolgreich oder nicht erfolgreich verlaufen sind) einschließlich des Standortes der Prüfeinrichtung mindestens 15 Jahre aufbewahren.

Der Eigentümer eines Druckgefäßes muss bis zur nächsten wiederkehrenden Prüfung eine identische Aufzeichnung aufbewahren, es sei denn, das Druckgefäß wird dauerhaft außer Dienst gestellt.

6.2.2.7 Kennzeichnung von nachfüllbaren UN-Druckgefäßen

Bem. Die Kennzeichnungsvorschriften für UN-Metallhydrid-Speichersysteme sind in Unterabschnitt 6.2.2.9 und für UN-Flaschenbündel in Unterabschnitt 6.2.2.10 enthalten.

6.2.2.7.1 Nachfüllbare UN-Druckgefäße sind deutlich und lesbar mit Zertifizierungskennzeichen, betrieblichen Kennzeichen und Herstellungskennzeichen zu versehen. Diese Kennzeichen müssen auf dem Druckgefäß dauerhaft angebracht sein (z. B. geprägt, graviert oder geätzt). Die Kennzeichen müssen auf der Schulter, dem oberen Ende oder dem Hals des Druckgefäßes oder auf einem dauerhaft angebrachten Bestandteil des Druckgefäßes (z.B. angeschweißter Kragen oder an der äußeren Ummantelung eines verschlossenen Kryo-Behälters angeschweißte korrosionsbeständige Platte) erscheinen. Mit Ausnahme des UN-Verpackungssymbols beträgt die Mindestgröße der Kennzeichen 5 mm für Druckgefäße mit einem Durchmesser von mindestens 140 mm und 2,5 mm für Druckgefäße mit einem Durchmesser von weniger als 140 mm. Die Mindestgröße des UN-Verpackungssymbols beträgt 10 mm für Druckgefäße mit einem Durchmesser von mindestens 140 mm und 5 mm für Druckgefäße mit einem Durchmesser von weniger als 140 mm.

6.2.2.7.2 Folgende Zertifizierungskennzeichen sind anzubringen:

a) das Symbol der Vereinten Nationen für Verpackungen ⓤ.

Dieses Symbol darf nur zum Zweck der Bestätigung verwendet werden, dass eine Verpackung, ein flexibler Schüttgut-Container, ein ortsbeweglicher Tank oder ein MEGC den entsprechenden Vorschriften des Kapitels 6.1, 6.2, 6.3, 6.5, 6.6, 6.7 oder 6.11 entspricht. Dieses Symbol darf nicht für Druckgefäße verwendet werden, die nur den Vorschriften der Abschnitte 6.2.3 bis 6.2.5 entsprechen (siehe Unterabschnitt 6.2.3.9).

b) die für die Auslegung, die Herstellung und die Prüfung verwendete technische Norm (z.B. ISO 9809-1);

c) der (die) Buchstabe(n) für die Angabe des Zulassungsstaates, angegeben durch das für Kraftfahrzeuge im internationalen Verkehr verwendete Unterscheidungszeichen[2];

Bem. Für Zwecke dieses Kennzeichens ist das Zulassungsland das Land der zuständigen Behörde, welche die erstmalige Prüfung des jeweiligen Druckgefäßes zum Zeitpunkt der Herstellung zugelassen hat.

d) das Unterscheidungszeichen oder der Stempel der Prüfstelle, das/der bei der zuständigen Behörde des Staates, in dem die Kennzeichnung zugelassen wurde, registriert ist;

e) das Datum der erstmaligen Prüfung durch Angabe des Jahres (vier Ziffern), gefolgt von der Angabe des Monats (zwei Ziffern) und getrennt durch einen Schrägstrich (d. h. «/»).

---

[2] Das für Kraftfahrzeuge und Anhänger im internationalen Straßenverkehr verwendete Unterscheidungszeichen des Zulassungsstaates, z.B. gemäß dem Genfer Übereinkommen über den Straßenverkehr von 1949 oder dem Wiener Übereinkommen über den Straßenverkehr von 1968.

6.2 Bau- und Prüfvorschriften für Druckgefäße, Druckgaspackungen, Gefäße, klein, mit Gas (Gaspatronen) und Brennstoffzellen-Kartuschen mit verflüssigtem entzündbarem Gas

ADR	RID

6.2.2.7.3 Folgende betriebliche Kennzeichen sind anzubringen:

f) der Prüfdruck in bar, dem die Buchstaben «PH» vorangestellt und die Buchstaben «BAR» hinzugefügt werden;

g) die Masse des leeren Druckgefäßes einschließlich aller dauerhaft angebrachter Bestandteile (z.B. Halsring, Fußring usw.) in Kilogramm, der die Buchstaben «KG» hinzugefügt werden. Diese Masse darf oder Masse des Ventils, der Ventilkappe oder des Ventilschutzes, einer eventuellen Beschichtung oder des porösen Materials für Acetylen nicht enthalten. Die Masse ist in drei signifikanten Ziffern, aufgerundet auf die letzte Stelle, auszudrücken. Bei Flaschen mit einer Masse von weniger als 1 kg, ist die Masse in zwei signifikanten Ziffern, aufgerundet auf die letzte Stelle, auszudrücken. Bei Druckgefäßen für UN 1001 Acetylen, gelöst, und UN 3374 Acetylen, lösungsmittelfrei, müssen mindestens eine Nachkommastelle und bei Druckgefäßen mit einer Masse von weniger als 1 kg mindestens zwei Nachkommastellen angegeben werden;

h) die garantierte Mindestwanddicke des Druckgefäßes in Millimetern, der die Buchstaben «MM» hinzugefügt werden. Dieses Kennzeichen ist nicht erforderlich für Druckgefäße mit einem Fassungsraum von höchstens 1 Liter, für Flaschen aus Verbundwerkstoffen oder für verschlossene Kryo-Behälter;

i) bei Druckgefäßen für verdichtete Gase, UN 1001 Acetylen, gelöst, und UN 3374 Acetylen, lösungsmittelfrei, der Betriebsdruck in bar, dem die Buchstaben «PW» vorangestellt werden; bei verschlossenen Kryo-Behältern, der höchstzulässige Betriebsdruck, dem die Buchstaben «MAWP» vorangestellt werden;

j) bei Druckgefäßen für verflüssigte und tiefgekühlt verflüssigte Gase der Fassungsraum in Liter, der in drei signifikanten Ziffern, abgerundet auf die letzte Stelle, ausgedrückt ist und dem der Buchstabe «L» hinzugefügt wird. Ist der Wert für den minimalen oder nominalen Fassungsraum eine ganze Zahl, dürfen die Nachkommastellen vernachlässigt werden;

k) bei Druckgefäßen für UN 1001 Acetylen, gelöst, die Gesamtmasse des leeren Druckgefäßes, die während der Befüllung nicht entfernten Ausrüstungs- und Zubehörteile, einer eventuellen Beschichtung, des porösen Materials, des Lösungsmittels und des Sättigungsgases, die in drei signifikanten Ziffern, abgerundet auf die letzte Stelle, ausgedrückt ist und der die Buchstaben «KG» hinzugefügt werden. Es muss mindestens eine Nachkommastelle angegeben werden. Bei Druckgefäßen mit einer Gesamtmasse von weniger als 1 kg muss die Gesamtmasse in zwei signifikanten Ziffern, abgerundet auf die letzte Stelle, angegeben werden;

l) bei Druckgefäßen für UN 3374 Acetylen, lösungsmittelfrei, die Gesamtmasse des leeren Druckgefäßes, der während der Befüllung nicht entfernten Ausrüstungs- und Zubehörteile, einer eventuellen Beschichtung und des porösen Materials, die in drei signifikanten Ziffern, abgerundet auf die letzte Stelle, ausgedrückt ist und der die Buchstaben «KG» hinzugefügt werden. Es muss mindestens eine Nachkommastelle angegeben werden. Bei Druckgefäßen mit einer Gesamtmasse von weniger als 1 kg muss die Gesamtmasse in zwei signifikanten Ziffern, abgerundet auf die letzte Stelle, angegeben werden.

6.2.2.7.4 Folgende Herstellungskennzeichen sind anzubringen:

m) Identifikation des Flaschengewindes (z.B. 25E). Dieses Kennzeichen ist für verschlossene Kryo-Behälter nicht erforderlich;

   Bem. Informationen zu Kennzeichen, die für die Identifikation von Flaschengewinden verwendet werden können, sind in der Norm ISO/TR 11364 «Gasflaschen – Zusammenstellung von nationalen und internationalen Ventil-/Gasflaschen-Halsgewinden und ihre Identifizierung und Kennzeichnungssystem» enthalten.

Bau- und Prüfvorschriften für Druckgefäße, Druckgaspackungen, Gefäße, klein, mit Gas (Gaspatronen) und Brennstoffzellen-Kartuschen mit verflüssigtem entzündbarem Gas 6.2

ADR	RID

n) das von der zuständigen Behörde registrierte Kennzeichen des Herstellers. Ist das Herstellungsland mit dem Zulassungsland nicht identisch, ist (sind) dem Kennzeichen des Herstellers der (die) Buchstabe(n) für die Angabe des Herstellungslandes, angegeben durch das für Kraftfahrzeuge im internationalen Verkehr verwendete Unterscheidungszeichen [2], voranzustellen. Das Kennzeichen des Landes und das Kennzeichen des Herstellers sind durch eine Leerstelle oder einen Schrägstrich zu trennen;

o) die vom Hersteller zugeordnete Seriennummer;

p) bei Druckgefäßen aus Stahl und Druckgefäßen aus Verbundwerkstoff mit Stahlauskleidung, die für die Beförderung von Gasen mit einem Risiko der Wasserstoffversprödung vorgesehen sind, der Buchstabe «H», der die Verträglichkeit des Stahls angibt (siehe Norm ISO 11114-1:2012 + A1:2017);

q) bei Flaschen und Großflaschen aus Verbundwerkstoffen mit einer begrenzten Auslegungslebensdauer die Buchstaben «FINAL», gefolgt von der Auslegungslebensdauer durch Angabe des Jahres (vier Ziffern) und, getrennt durch einen Schrägstrich (d. h. «/»), des Monats (zwei Ziffern);

r) bei Flaschen und Großflaschen aus Verbundwerkstoffen mit einer begrenzten Auslegungslebensdauer von mehr als 15 Jahren und für Flaschen und Großflaschen aus Verbundwerkstoffen mit einer unbegrenzten Auslegungslebensdauer die Buchstaben «SERVICE», gefolgt von dem 15 Jahre nach dem Herstellungsdatum (erstmalige Prüfung) liegenden Datum durch Angabe des Jahres (vier Ziffern) und, getrennt durch einen Schrägstrich (d. h. «/»), des Monats (zwei Ziffern).

Bem. Sobald das ursprüngliche Baumuster die Vorschriften des Betriebsdauer-Prüfprogramms gemäß Absatz 6.2.2.1.1 Bem. 2 oder 6.2.2.1.2 Bem. 2 erfüllt hat, ist dieses Kennzeichen der ursprünglichen Betriebsdauer für die weitere Produktion nicht mehr erforderlich. An Flaschen und Großflaschen eines Baumusters, welches die Vorschriften des Betriebsdauer-Prüfprogramms erfüllt hat, muss das Kennzeichen der ursprünglichen Betriebsdauer unkenntlich gemacht werden.

6.2.2.7.5 Die oben aufgeführten Kennzeichen müssen in drei Gruppen angeordnet werden:

– Die Herstellungskennzeichen müssen die oberste Gruppe bilden und nacheinander in der in Absatz 6.2.2.7.4 angegebenen Reihenfolge erscheinen, ausgenommen davon sind die in Absatz 6.2.2.7.4 q) und r) beschriebenen Kennzeichen, die direkt neben den Kennzeichen für die wiederkehrende Prüfung des Absatzes 6.2.2.7.7 erscheinen müssen.

– Die betrieblichen Kennzeichen des Absatzes 6.2.2.7.3 müssen die mittlere Gruppe bilden, wobei dem Prüfdruck f) unmittelbar der Betriebsdruck i), sofern dieser vorgeschrieben ist, vorangestellt sein muss.

– Die Zertifizierungskennzeichen müssen die unterste Gruppe bilden und in der in Absatz 6.2.2.7.2 angegebenen Reihenfolge erscheinen.

Nachstehend ist ein Beispiel für die Kennzeichnung einer Flasche dargestellt:

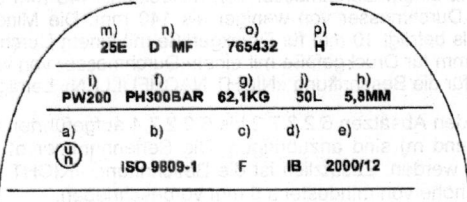

---

[2] Das für Kraftfahrzeuge und Anhänger im internationalen Straßenverkehr verwendete Unterscheidungszeichen des Zulassungsstaates, z. B. gemäß dem Genfer Übereinkommen über den Straßenverkehr von 1949 oder dem Wiener Übereinkommen über den Straßenverkehr von 1968.

6.2 Bau- und Prüfvorschriften für Druckgefäße, Druckgaspackungen, Gefäße, klein, mit Gas (Gaspatronen) und Brennstoffzellen-Kartuschen mit verflüssigtem entzündbarem Gas

ADR	RID

6.2.2.7.6 Andere Kennzeichen in anderen Bereichen als der Seitenwand sind zugelassen, vorausgesetzt, sie sind in Bereichen mit niedrigen Spannungen angebracht und haben keine Größe und Tiefe, die zu schädlichen Spannungskonzentrationen führen. Bei verschlossenen Kryo-Behältern dürfen solche Kennzeichen auf einer getrennten Platte angegeben sein, die an der äußeren Ummantelung angebracht ist. Solche Kennzeichen dürfen zu den vorgeschriebenen Kennzeichen nicht in Widerspruch stehen.

6.2.2.7.7 Zusätzlich zu den vorausgehenden Kennzeichen muss jedes nachfüllbare Druckgefäß, das die Vorschriften für die wiederkehrende Prüfung des Unterabschnitts 6.2.2.4 erfüllt, mit Kennzeichen versehen sein, die folgende Angaben enthalten:

a) den (die) Buchstaben des Unterscheidungszeichens des Staates, der die Stelle, welche die wiederkehrende Prüfung durchführt, zugelassen hat, angegeben durch das für Kraftfahrzeuge im internationalen Verkehr verwendete Unterscheidungszeichen[3]. Dieses Kennzeichen ist nicht erforderlich, wenn die Stelle von der zuständigen Behörde des Staates zugelassen wurde, in dem die Zulassung der Herstellung erfolgt ist;

b) das eingetragene Zeichen der von der zuständigen Behörde für die Durchführung von wiederkehrenden Prüfungen zugelassenen Stelle;

c) das Datum der wiederkehrenden Prüfung durch Angabe des Jahres (zwei Ziffern), gefolgt von der Angabe des Monats (zwei Ziffern) und getrennt durch einen Schrägstrich (d. h. «/»). Für die Angabe des Jahres dürfen auch vier Ziffern verwendet werden.

Die oben angegebenen Kennzeichen müssen nacheinander in der angegebenen Reihenfolge erscheinen.

6.2.2.7.8 Bei Acetylen-Flaschen dürfen mit Zustimmung der zuständigen Behörde das Datum der zuletzt durchgeführten wiederkehrenden Prüfung und der Stempel der Stelle, welche die wiederkehrende Prüfung durchführt, auf einem Ring eingraviert sein, der durch das Ventil an der Flasche befestigt ist. Der Ring muss so gestaltet sein, dass er nur durch Demontage des Ventils von der Flasche entfernt werden kann.

6.2.2.7.9 (gestrichen)

6.2.2.8 Kennzeichnung von nicht nachfüllbaren UN-Druckgefäßen

6.2.2.8.1 Nicht nachfüllbare UN-Druckgefäße sind deutlich und lesbar mit Zertifizierungskennzeichen und spezifischen Kennzeichen für Gase und Druckgefäße zu versehen. Diese Kennzeichen müssen auf dem Druckgefäß dauerhaft angebracht sein (z.B. mit Schablone beschriftet, geprägt, graviert oder geätzt). Die Kennzeichen müssen, wenn sie nicht mittels Schablone

angebracht sind, auf der Schulter, dem oberen Ende oder dem Hals des Druckgefäßes oder auf einem dauerhaft angebrachten Bestandteil des Druckgefäßes (z.B. angeschweißter Kragen) erscheinen. Mit Ausnahme des UN-Verpackungssymbols und der Beschriftung «NICHT NACHFÜLLEN» beträgt die Mindestgröße der Kennzeichen 5 mm für Druckgefäße mit einem Durchmesser von mindestens 140 mm und 2,5 mm für Druckgefäße mit einem Durchmesser von weniger als 140 mm. Die Mindestgröße des UN-Verpackungssymbols beträgt 10 mm für Druckgefäße mit einem Durchmesser von mindestens 140 mm und 5 mm für Druckgefäße mit einem Durchmesser von weniger als 140 mm. Die Mindestgröße für die Beschriftung «NICHT NACHFÜLLEN» beträgt 5 mm.

6.2.2.8.2 Die in den Absätzen 6.2.2.7.2 bis 6.2.2.7.4 aufgeführten Kennzeichen mit Ausnahme von g), h) und m) sind anzubringen. Die Seriennummer o) darf durch die Chargennummer ersetzt werden. Zusätzlich ist die Beschriftung «NICHT NACHFÜLLEN» mit einer Buchstabenhöhe von mindestens 5 mm vorgeschrieben.

---

[3] Das für Kraftfahrzeuge und Anhänger im internationalen Straßenverkehr verwendete Unterscheidungszeichen des Zulassungsstaates, z. B. gemäß dem Genfer Übereinkommen über den Straßenverkehr von 1949 oder dem Wiener Übereinkommen über den Straßenverkehr von 1968.

Bau- und Prüfvorschriften für Druckgefäße, Druckgaspackungen, Gefäße, klein, mit Gas (Gaspatronen) und Brennstoffzellen-Kartuschen mit verflüssigtem entzündbarem Gas 6.2

ADR	RID

6.2.2.8.3 Es gelten die Vorschriften des Absatzes 6.2.2.7.5.

Bem. Wegen der Größe von nicht nachfüllbaren Druckgefäßen dürfen diese Kennzeichen durch einen Zettel ersetzt werden.

6.2.2.8.4 Andere Kennzeichen sind zugelassen, vorausgesetzt, sie sind in Bereichen mit niedrigen Spannungen mit Ausnahme der Seitenwand angebracht und haben keine Größe und Tiefe, die zu schädlichen Spannungskonzentrationen führen. Solche Kennzeichen dürfen zu den vorgeschriebenen Kennzeichen nicht in Widerspruch stehen.

6.2.2.9 Kennzeichnung von UN-Metallhydrid-Speichersystemen

6.2.2.9.1 UN-Metallhydrid-Speichersysteme sind deutlich und lesbar mit den nachstehenden Kennzeichen zu versehen. Diese Kennzeichen müssen auf dem Metallhydrid-Speichersystem dauerhaft angebracht sein (z.B. geprägt, graviert oder geätzt). Die Kennzeichen müssen auf der Schulter, dem oberen Ende oder dem Hals des Metallhydrid-Speichersystems oder auf einem dauerhaft angebrachten Bestandteil des Metallhydrid-Speichersystems erscheinen. Mit Ausnahme des Symbols der Vereinten Nationen für Verpackungen beträgt die Mindestgröße der Kennzeichen 5 mm für Metallhydrid-Speichersysteme, deren geringste Abmessung über alles mindestens 140 mm beträgt, und 2,5 mm für Metallhydrid-Speichersysteme, deren geringste Abmessung über alles weniger als 140 mm beträgt. Die Mindestgröße des Symbols der Vereinten Nationen für Verpackungen beträgt 10 mm für Metallhydrid-Speichersysteme, deren geringste Abmessung über alles mindestens 140 mm beträgt, und 5 mm für Metallhydrid-Speichersysteme, deren geringste Abmessung über alles weniger als 140 mm beträgt.

6.2.2.9.2 Folgende Kennzeichen sind anzubringen:

a) das Symbol der Vereinten Nationen für Verpackungen Ⓤ;
dieses Symbol darf nur zum Zweck der Bestätigung verwendet werden, dass eine Verpackung, ein flexibler Schüttgut-Container, ein ortsbeweglicher Tank oder ein MEGC den entsprechenden Vorschriften des Kapitels 6.1, 6.2, 6.3, 6.5, 6.6, 6.7 oder 6.11 entspricht;

b) «ISO 16111» (die für die Auslegung, die Herstellung und die Prüfung verwendete technische Norm);

c) der (die) Buchstabe(n) für die Angabe des Zulassungslandes, angegeben durch das für Kraftfahrzeuge im internationalen Verkehr verwendete Unterscheidungszeichen [4];

Bem. Für Zwecke dieses Kennzeichens ist das Zulassungsland das Land der zuständigen Behörde, welche die erstmalige Prüfung des jeweiligen Speichersystems zum Zeitpunkt der Herstellung zugelassen hat.

d) das Unterscheidungszeichen oder der Stempel der Prüfstelle, das/der bei der zuständigen Behörde des Landes, in dem die Kennzeichnung zugelassen wurde, registriert ist;

e) das Datum der erstmaligen Prüfung durch Angabe des Jahres (vier Ziffern), gefolgt von der Angabe des Monats (zwei Ziffern) und getrennt durch einen Schrägstrich (d. h. «/»);

f) der Prüfdruck des Gefäßes in bar, dem die Buchstaben «PH» vorangestellt und die Buchstaben «BAR» hinzugefügt werden;

g) der nominale Füllungsdruck des Metallhydrid-Speichersystems in bar, dem die Buchstaben «RCP» vorangestellt und die Buchstaben «BAR» hinzugefügt werden;

---

[4] Das für Kraftfahrzeuge und Anhänger im internationalen Straßenverkehr verwendete Unterscheidungszeichen des Zulassungsstaates, z. B. gemäß dem Genfer Übereinkommen über den Straßenverkehr von 1949 oder dem Wiener Übereinkommen über den Straßenverkehr von 1968.

6.2 Bau- und Prüfvorschriften für Druckgefäße, Druckgaspackungen, Gefäße, klein, mit Gas (Gaspatronen) und Brennstoffzellen-Kartuschen mit verflüssigtem entzündbarem Gas

ADR	RID

h) das von der zuständigen Behörde registrierte Kennzeichen des Herstellers. Ist das Herstellungsland mit dem Zulassungsland nicht identisch, ist (sind) dem Kennzeichen des Herstellers der (die) Buchstabe(n) für die Angabe des Herstellungslandes, angegeben durch das für Kraftfahrzeuge im internationalen Verkehr verwendete Unterscheidungszeichen [4)], voranzustellen. Das Kennzeichen des Landes und das Kennzeichen des Herstellers sind durch eine Leerstelle oder einen Schrägstrich zu trennen;

i) die vom Hersteller zugeordnete Seriennummer;

j) bei Druckgefäßen aus Stahl und Druckgefäßen aus Verbundwerkstoff mit Stahlauskleidung der Buchstabe «H», der die Verträglichkeit des Stahls angibt (siehe Norm ISO 11114-1:2012 + A1:2017), und

k) bei Metallhydrid-Speichersystemen mit einer begrenzten Lebensdauer das Ablaufdatum, angegeben durch die Buchstaben «FINAL», gefolgt durch die Angabe des Jahres (vier Ziffern) und des Monats (zwei Ziffern) und getrennt durch einen Schrägstrich (d. h. «/»).

Die in den Absätzen a) bis e) festgelegen Zertifizierungskennzeichen müssen in der angegebenen Reihenfolge erscheinen. Dem Prüfdruck (Absatz f)) muss der nominale Füllungsdruck (Absatz g)) unmittelbar vorangestellt sein. Die in den Absätzen h) bis k) festgelegten Herstellungskennzeichen müssen in der angegebenen Reihenfolge erscheinen.

6.2.2.9.3 Andere Kennzeichen in anderen Bereichen als der Seitenwand sind zugelassen, vorausgesetzt, sie sind in Bereichen mit niedrigen Spannungen angebracht und ihre Größe und Tiefe führen nicht zu schädlichen Spannungskonzentrationen. Solche Kennzeichen dürfen nicht in Widerspruch zu den vorgeschriebenen Kennzeichen stehen.

6.2.2.9.4 Zusätzlich zu den vorausgehenden Kennzeichen muss jedes Metallhydrid-Speichersystem, das die Vorschriften für die wiederkehrende Prüfung des Unterabschnitts 6.2.2.4 erfüllt, mit Kennzeichen versehen sein, die folgende Angaben enthalten:

a) den (die) Buchstaben des Unterscheidungszeichens des Staates, der die Stelle, welche die wiederkehrende Prüfung durchführt, zugelassen hat, angegeben durch das für Kraftfahrzeuge im internationalen Verkehr verwendete Unterscheidungszeichen [4)]. Dieses Kennzeichen ist nicht erforderlich, wenn diese Stelle von der zuständigen Behörde des Landes zugelassen wurde, in dem die Zulassung der Herstellung erfolgt ist;

b) das eingetragene Zeichen der von der zuständigen Behörde für die Durchführung von wiederkehrenden Prüfungen zugelassenen Stelle;

c) das Datum der wiederkehrenden Prüfung durch Angabe des Jahres (zwei Ziffern), gefolgt von der Angabe des Monats (zwei Ziffern) und getrennt durch einen Schrägstrich (d. h. «/»). Für die Angabe des Jahres dürfen auch vier Ziffern verwendet werden.

Die oben angegebenen Kennzeichen müssen nacheinander in der angegebenen Reihenfolge erscheinen.

[4)] Das für Kraftfahrzeuge und Anhänger im internationalen Straßenverkehr verwendete Unterscheidungszeichen des Zulassungsstaates, z. B. gemäß dem Genfer Übereinkommen über den Straßenverkehr von 1949 oder dem Wiener Übereinkommen über den Straßenverkehr von 1968.

Bau- und Prüfvorschriften für Druckgefäße, Druckgaspackungen, Gefäße, klein, mit Gas (Gaspatronen) und Brennstoffzellen-Kartuschen mit verflüssigtem entzündbarem Gas 6.2

ADR	RID

6.2.2.10 Kennzeichnung von UN-Flaschenbündeln

6.2.2.10.1 Einzelne Flaschen eines Flaschenbündels müssen in Übereinstimmung mit Unterabschnitt 6.2.2.7 gekennzeichnet sein.

6.2.2.10.2 Nachfüllbare UN-Flaschenbündel sind deutlich und lesbar mit Zertifizierungskennzeichen, betrieblichen Kennzeichen und Herstellungskennzeichen zu versehen. Diese Kennzeichen müssen auf einem dauerhaft am Rahmen des Flaschenbündels befestigten Schild dauerhaft angebracht sein (z.B. geprägt, graviert oder geätzt). Mit Ausnahme des UN-Verpackungssymbols beträgt die Mindestgröße der Kennzeichen 5 mm. Die Mindestgröße des UN-Verpackungssymbols beträgt 10 mm.

6.2.2.10.3 Folgende Kennzeichen sind anzubringen:

a) die in Absatz 6.2.2.7.2 a), b), c), d) und e) festgelegten Zertifizierungskennzeichen;

b) die in Absatz 6.2.2.7.3 f), i) und j) festgelegten betrieblichen Kennzeichen und die Gesamtmasse des Rahmens des Flaschenbündels und aller dauerhaft angebrachten Teile (Flaschen, Sammelrohr, Ausrüstungsteile und Ventile). Flaschenbündel zur Beförderung von UN 1001 Acetylen, gelöst, und UN 3374 Acetylen, lösungsmittelfrei, müssen mit der Taramasse gemäß Norm ISO 10961:2010 Bestimmung B.4.2 versehen sein; und

c) die in Absatz 6.2.2.7.4 n), o) und, sofern anwendbar, p) festgelegten Herstellungskennzeichen.

6.2.2.10.4 Die Kennzeichen müssen in drei Gruppen angeordnet werden:

a) die Herstellungskennzeichen müssen die oberste Gruppe bilden und nacheinander in der in Absatz 6.2.2.10.3 c) angegebenen Reihenfolge erscheinen;

b) die betrieblichen Kennzeichen des Absatzes 6.2.2.10.3 b) müssen die mittlere Gruppe bilden, wobei dem betrieblichen Kennzeichen gemäß Absatz 6.2.2.7.3 f) unmittelbar das betriebliche Kennzeichen gemäß Absatz 6.2.2.7.3 i), sofern dieses vorgeschrieben ist, vorangestellt sein muss;

c) die Zertifizierungskennzeichen müssen die unterste Gruppe bilden und in der in Absatz 6.2.2.10.3 a) angegebenen Reihenfolge erscheinen.

6.2.2.11 Gleichwertige Verfahren für die Konformitätsbewertung und die wiederkehrende Prüfung

Die Vorschriften der Unterabschnitte 6.2.2.5 und 6.2.2.6 gelten für UN-Druckgefäße als erfüllt, wenn die folgenden Verfahren angewandt werden:

Verfahren	entsprechende Stelle
Baumusterzulassung (Unterabschnitt 1.8.7.2)	Xa
Überwachung der Herstellung (Unterabschnitt 1.8.7.3)	Xa oder IS
erstmalige Prüfung (Unterabschnitt 1.8.7.4)	Xa oder IS
wiederkehrende Prüfung (Unterabschnitt 1.8.7.5)	Xa oder Xb oder IS

Bei wiederbefüllbaren Druckgefäßen darf die Konformitätsbewertung von Ventilen und anderen abnehmbaren Zubehörteilen, die eine direkte Sicherheitsfunktion haben, getrennt von den Druckgefäßen durchgeführt werden.

Xa bedeutet die zuständige Behörde, deren Beauftragter oder die gemäß EN ISO/IEC 17020:2012 (ausgenommen Absatz 8.1.3) Typ A akkreditierte Prüfstelle nach Unterabschnitt 1.8.6.2, 1.8.6.4, 1.8.6.5 und 1.8.6.8.

6.2 Bau- und Prüfvorschriften für Druckgefäße, Druckgaspackungen, Gefäße, klein, mit Gas (Gaspatronen) und Brennstoffzellen-Kartuschen mit verflüssigtem entzündbarem Gas

ADR	RID

Xb bedeutet die gemäß EN ISO/IEC 17020:2012 (ausgenommen Absatz 8.1.3) Typ B akkreditierte Prüfstelle nach Unterabschnitt 1.8.6.2, 1.8.6.4, 1.8.6.5 und 1.8.6.8.

IS bedeutet ein betriebseigener Prüfdienst des Antragstellers unter der Überwachung einer gemäß EN ISO/IEC 17020:2012 (ausgenommen Absatz 8.1.3) Typ A akkreditierten Prüfstelle nach Unterabschnitt 1.8.6.2, 1.8.6.4, 1.8.6.5 und 1.8.6.8. Der betriebseigene Prüfdienst muss vom Auslegungsverfahren, den Herstellungsarbeiten, der Reparatur und Instandhaltung unabhängig sein.

6.2.3 Vorschriften für Druckgefäße, die keine UN-Druckgefäße sind

6.2.3.1 Auslegung und Bau

6.2.3.1.1 Druckgefäße und ihre Verschlüsse, die nicht nach den Vorschriften des Abschnitts 6.2.2 ausgelegt, gebaut, geprüft und zugelassen sind, müssen nach den allgemeinen Vorschriften des Abschnitts 6.2.1 mit den Ergänzungen oder Änderungen dieses Abschnitts und des Abschnitts 6.2.4 oder 6.2.5 ausgelegt, gebaut, geprüft und zugelassen sein.

6.2.3.1.2 Die Wanddicke ist in allen möglichen Fällen durch Berechnung, verbunden, soweit erforderlich, mit einer experimentellen Spannungsanalyse, zu ermitteln. Andernfalls darf die Wanddicke auch auf experimentellem Wege bestimmt werden.

Bei der Auslegung der Außenwand und der tragenden Teile sind geeignete Berechnungen anzustellen, um die Sicherheit der Druckgefäße zu gewährleisten.

Die für die Druckfestigkeit mindestens erforderliche Wanddicke muss berechnet werden, insbesondere unter Beachtung:

– der Berechnungsdrücke, die nicht niedriger als der Prüfdruck sein dürfen,
– der Berechnungstemperaturen, die eine angemessene Sicherheitsspanne bieten,
– der Höchstspannungen und der Spitzenspannungskonzentrationen, falls erforderlich,
– der mit den Werkstoffeigenschaften zusammenhängenden Faktoren.

6.2.3.1.3 Für geschweißte Druckgefäße dürfen nur Metalle schweißbarer Qualität verwendet werden, für die ein ausreichender Wert der Kerbschlagzähigkeit bei einer Umgebungstemperatur von - 20 °C gewährleistet werden kann.

6.2.3.1.4 Bei verschlossenen Kryo-Behältern muss die gemäß Absatz 6.2.1.1.8.1 nachzuweisende Kerbschlagzähigkeit nach den Verfahren des Unterabschnitts 6.8.5.3 geprüft werden.

6.2.3.1.5 Acetylen-Flaschen dürfen nicht mit Schmelzsicherungen ausgerüstet sein.

6.2.3.2 (bleibt offen)

6.2.3.3 Bedienungsausrüstung

6.2.3.3.1 Die Bedienungsausrüstung muss den Vorschriften des Unterabschnitts 6.2.1.3 entsprechen.

6.2.3.3.2 Öffnungen

Druckfässer dürfen mit Öffnungen für das Befüllen und Entleeren sowie mit weiteren Öffnungen für Füllstandsanzeige, Druckanzeige oder Entlastungseinrichtungen ausgestattet sein. Die Anzahl der Öffnungen ist gering zu halten, um einen sicheren Betrieb zu gewährleisten. Druckfässer dürfen auch mit einer Prüföffnung versehen sein, die mit einem wirksamen Verschluss verschlossen sein muss.

Bau- und Prüfvorschriften für Druckgefäße, Druckgaspackungen, Gefäße, klein, mit Gas (Gaspatronen) und Brennstoffzellen-Kartuschen mit verflüssigtem entzündbarem Gas   6.2

ADR	RID

6.2.3.3.3   **Ausrüstung**

a) Wenn die Flaschen mit einer Einrichtung versehen sind, die ein Rollen der Flaschen verhindert, darf diese nicht mit der Schutzkappe verbunden sein.

b) Rollbare Druckfässer müssen mit Rollreifen oder einem anderen Schutz versehen sein, der Schäden beim Rollen vermeidet (z. B. auf die Außenseite des Druckgefäßes aufgesprühter korrosionsfester Metallbelag).

c) Flaschenbündel müssen mit geeigneten Einrichtungen für eine sichere Handhabung und Beförderung versehen sein.

d) Wenn Füllstandsanzeige, Druckanzeige oder Entlastungseinrichtungen angebracht sind, sind diese in gleicher Weise zu schützen, wie dies für Ventile in Unterabschnitt 4.1.6.8 vorgeschrieben ist.

6.2.3.4   **Erstmalige Prüfung**

6.2.3.4.1   Neue Druckgefäße sind in Übereinstimmung mit den Vorschriften des Unterabschnitts 6.2.1.5 während und nach der Herstellung Prüfungen zu unterziehen.

6.2.3.4.2   **Besondere Vorschriften für Druckgefäße aus Aluminiumlegierungen**

a) Außer der in Absatz 6.2.1.5.1 vorgeschriebenen erstmaligen Prüfung muss noch die Prüfung der Anfälligkeit der Druckgefäßinnenwand auf interkristalline Korrosion vorgenommen werden, sofern eine kupferhaltige Aluminiumlegierung oder eine magnesium- oder manganhaltige Aluminiumlegierung verwendet wird, deren Magnesiumgehalt mehr als 3,5 % oder deren Mangangehalt weniger als 0,5 % beträgt.

b) Die Prüfung der Aluminium/Kupferlegierung ist vom Hersteller anlässlich der Genehmigung einer neuen Legierung durch die zuständige Behörde und danach als Fabrikationsprüfung für jeden neuen Guss durchzuführen.

c) Die Prüfung der Aluminium/Magnesiumlegierung ist vom Hersteller anlässlich der Genehmigung einer neuen Legierung und eines Fabrikationsprozesses durch die zuständige Behörde durchzuführen. Im Falle einer Änderung in der Zusammensetzung der Legierung oder im Fabrikationsprozess ist die Prüfung zu wiederholen.

6.2.3.5   **Wiederkehrende Prüfung**

6.2.3.5.1   Die wiederkehrende Prüfung muss in Übereinstimmung mit den Vorschriften des Unterabschnitts 6.2.1.6 erfolgen.

    Bem. 1. Mit Zustimmung der zuständigen Behörde des Landes, das die Baumusterzulassung ausgestellt hat, darf die Flüssigkeitsdruckprüfung für geschweißte Flaschen aus Stahl für Gase der UN-Nummer 1965 Kohlenwasserstoffgas, Gemisch, verflüssigt, n.a.g., mit einem Fassungsraum von weniger als 6,5 Litern durch eine andere Prüfung ersetzt werden, die ein gleichwertiges Sicherheitsniveau gewährleistet.

         2. Für nahtlose Flaschen und Großflaschen aus Stahl darf die Prüfung des Absatzes 6.2.1.6.1 b) und die Flüssigkeitsdruckprüfung des Absatzes 6.2.1.6.1 d) durch ein Verfahren gemäß Norm EN ISO 16148:2016 «Gasflaschen – Wiederbefüllbare nahtlose Flaschen und Großflaschen aus Stahl – Schallemissionsprüfung und nachfolgende Ultraschallprüfung für die wiederkehrende Inspektion und Prüfung» ersetzt werden.

▶ *1.6.2.16 bis 31.12.2022*

         3. Die Prüfung des Absatzes 6.2.1.6.1 b) und die Flüssigkeitsdruckprüfung des Absatzes 6.2.1.6.1 d) darf durch eine Ultraschallprüfung ersetzt werden, die für nahtlose Flaschen und Großflaschen aus Stahl oder Aluminiumlegierungen in Übereinstimmung mit der Norm EN ISO 18119:2018 durchgeführt wird. Ungeachtet der Bestimmung B.1 dieser Norm müssen alle Flaschen und Großflaschen, deren Wanddicke geringer ist als die minimale Auslegungswanddicke, zurückgewiesen werden.

6.2 Bau- und Prüfvorschriften für Druckgefäße, Druckgaspackungen, Gefäße, klein, mit Gas (Gaspatronen) und Brennstoffzellen-Kartuschen mit verflüssigtem entzündbarem Gas

ADR	RID

6.2.3.5.2 Verschlossene Kryo-Behälter müssen innerhalb der in Unterabschnitt 4.1.4.1 Verpackungsanweisung P 203 (8) b) festgelegten Fristen wie folgt wiederkehrenden Prüfungen unterzogen werden:

a) Prüfung der äußeren Beschaffenheit des Behälters und Überprüfung der Ausrüstung und äußeren Kennzeichen;

b) Dichtheitsprüfung.

6.2.3.5.3 *Allgemeine Vorschriften für den Ersatz bestimmter in Absatz 6.2.3.5.1 vorgeschriebener Prüfung(en) der wiederkehrenden Prüfung*

6.2.3.5.3.1 Dieser Absatz gilt nur für Druckgefäßarten, die in Übereinstimmung mit in Unterabschnitt 6.2.4.1 in Bezug genommenen Normen oder in Übereinstimmung mit einem technischen Regelwerk gemäß Abschnitt 6.2.5 ausgelegt und hergestellt wurden und bei denen die inhärenten Eigenschaften der Auslegung eine Durchführung oder eine Interpretation der Ergebnisse der in Absatz 6.2.1.6.1 b) oder d) vorgeschriebenen Prüfungen der wiederkehrenden Prüfung verhindern.

Für derartige Druckgefäße muss (müssen) diese Prüfung(en) durch eine oder mehrere alternative Methoden in Bezug auf die Eigenschaften der jeweiligen Auslegung, die in Absatz 6.2.3.5.4 festgelegt und in einer Sondervorschrift des Kapitels 3.3 oder in einer in Unterabschnitt 6.2.4.2 in Bezug genommenen Norm genau beschrieben werden, ersetzt werden.

Die alternativen Methoden müssen festlegen, welche Prüfungen gemäß Absatz 6.2.1.6.1 b) und d) ersetzt werden.

Die alternative(n) Methode(n) muss (müssen) zusammen mit den verbleibenden Prüfungen gemäß Absatz 6.2.1.6.1 a) bis e) ein Sicherheitsniveau gewährleisten, das dem Sicherheitsniveau von Druckgefäßen ähnlicher Größe und Verwendung, die in Übereinstimmung mit Absatz 6.2.3.5.1 einer wiederkehrenden Prüfung unterzogen werden, zumindest gleichwertig ist.

Die alternative(n) Methode(n) muss (müssen) darüber hinaus alle folgenden Elemente genau beschreiben:

– eine Beschreibung der entsprechenden Druckgefäßarten;

– das Verfahren für die Prüfung(en);

– die Spezifizierungen der Akzeptanzkriterien;

– eine Beschreibung der im Fall einer Rückweisung von Druckgefäßen zu ergreifenden Maßnahmen.

6.2.3.5.3.2 Zerstörungsfreie Prüfung als alternative Methode

Die in Absatz 6.2.3.5.3.1 bestimmte(n) Prüfung(en) muss (müssen) durch eine (oder mehrere) zerstörungsfreie Prüfmethode(n) ergänzt oder ersetzt werden, die an jedem einzelnen Druckgefäß durchgeführt werden muss (müssen).

6.2.3.5.3.3 Zerstörende Prüfung als alternative Methode

Wenn keine zerstörungsfreie Prüfmethode zu einem gleichwertigen Sicherheitsniveau führt, muss (müssen) die in Absatz 6.2.3.5.3.1 bestimmte(n) Prüfung(en) mit Ausnahme der in Absatz 6.2.1.6.1 b) aufgeführten Prüfung der inneren Beschaffenheit durch eine (oder mehrere) zerstörende Prüfmethode(n) in Verbindung mit einer statistischen Auswertung ergänzt oder ersetzt werden.

Bau- und Prüfvorschriften für Druckgefäße, Druckgaspackungen, 6.2
Gefäße, klein, mit Gas (Gaspatronen) und Brennstoffzellen-
Kartuschen mit verflüssigtem entzündbarem Gas

ADR	RID

Zusätzlich zu den oben beschriebenen Elementen muss die detaillierte Methode für die zerstörende Prüfung folgende Elemente dokumentieren:

– eine Beschreibung der entsprechenden Grundgesamtheit der Druckgefäße;

– ein Verfahren für die Stichprobenentnahme der einzelnen zu prüfenden Druckgefäße;

– ein Verfahren für die statistische Auswertung der Prüfergebnisse, einschließlich der Zurückweisungskriterien;

– eine Spezifizierung der Häufigkeit zerstörender Stichprobenprüfungen;

– eine Beschreibung der zu ergreifenden Maßnahmen, wenn die Akzeptanzkriterien zwar erfüllt werden, aber eine sicherheitsrelevante Verschlechterung der Werkstoffeigenschaften beobachtet wird, die für die Festlegung des Endes der Betriebsdauer verwendet werden müssen;

– eine statistische Bewertung des durch die alternative Methode erzielten Sicherheitsniveaus.

6.2.3.5.4 Umformte Flaschen, die dem Absatz 6.2.3.5.3.1 unterliegen, müssen wiederkehrenden Prüfungen in Übereinstimmung mit Kapitel 3.3 Sondervorschrift 674 unterzogen werden.

6.2.3.6 **Zulassung von Druckgefäßen**

6.2.3.6.1 Die Verfahren für die Konformitätsbewertung und die wiederkehrende Prüfung in Abschnitt 1.8.7 sind durch die entsprechende Stelle gemäß nachstehender Tabelle durchzuführen.

Verfahren	entsprechende Stelle
Baumusterzulassung (Unterabschnitt 1.8.7.2)	Xa
Überwachung der Herstellung (Unterabschnitt 1.8.7.3)	Xa oder IS
erstmalige Prüfung (Unterabschnitt 1.8.7.4)	Xa oder IS
wiederkehrende Prüfung (Unterabschnitt 1.8.7.5)	Xa oder Xb oder IS

Bei wiederbefüllbaren Druckgefäßen darf die Konformitätsbewertung von Ventilen und anderen abnehmbaren Zubehörteilen, die eine direkte Sicherheitsfunktion haben, getrennt von den Druckgefäßen durchgeführt werden. Bei nicht wiederbefüllbaren Druckgefäßen muss die Konformitätsbewertung von Ventilen und anderen abnehmbaren Zubehörteilen, die eine direkte Sicherheitsfunktion haben, gemeinsam mit den Druckgefäßen durchgeführt werden.

Xa bedeutet die zuständige Behörde, deren Beauftragter oder die gemäß EN ISO/IEC 17020:2012 (ausgenommen Absatz 8.1.3) Typ A akkreditierte Prüfstelle nach Unterabschnitt 1.8.6.2, 1.8.6.4, 1.8.6.5 und 1.8.6.8.

Xb bedeutet die gemäß EN ISO/IEC 17020:2012 (ausgenommen Absatz 8.1.3) Typ B akkreditierte Prüfstelle nach Unterabschnitt 1.8.6.2, 1.8.6.4, 1.8.6.5 und 1.8.6.8.

IS bedeutet ein betriebseigener Prüfdienst des Antragstellers unter der Überwachung einer gemäß EN ISO/IEC 17020:2012 (ausgenommen Absatz 8.1.3) Typ A akkreditierten Prüfstelle nach Unterabschnitt 1.8.6.2, 1.8.6.4, 1.8.6.5 und 1.8.6.8. Der betriebseigene Prüfdienst muss vom Auslegungsverfahren, den Herstellungsarbeiten, der Reparatur und Instandhaltung unabhängig sein.

6.2 Bau- und Prüfvorschriften für Druckgefäße, Druckgaspackungen, Gefäße, klein, mit Gas (Gaspatronen) und Brennstoffzellen-Kartuschen mit verflüssigtem entzündbarem Gas

ADR	RID

6.2.3.6.2 Ist das Zulassungsland
kein Vertragspartei des ADR, | kein RID-Vertragsstaat,
muss die in Absatz 6.2.1.7.2 genannte zuständige Behörde die zuständige Behörde
einer Vertragspartei des ADR | eines RID-Vertragsstaates
sein.

6.2.3.7 **Anforderungen an Hersteller**

6.2.3.7.1 Die entsprechenden Vorschriften des Abschnitts 1.8.7 müssen erfüllt werden.

6.2.3.8 **Anforderungen an Prüfstellen**

Die Vorschriften des Abschnitts 1.8.6 müssen erfüllt werden.

6.2.3.9 **Kennzeichnung von nachfüllbaren Druckgefäßen**

6.2.3.9.1 Die Kennzeichnung muss dem Unterabschnitt 6.2.2.7 mit folgenden Abweichungen entsprechen.

6.2.3.9.2 Das in Absatz 6.2.2.7.2 a) festgelegte Verpackungssymbol der Vereinten Nationen darf nicht angebracht werden, und die Vorschriften des Absatzes 6.2.2.7.4 q) und r) dürfen nicht angewendet werden.

6.2.3.9.3 Die Vorschriften des Absatzes 6.2.2.7.3 j) werden wie folgt ersetzt:

j) Der Fassungsraum des Druckgefäßes in Liter, dem der Buchstabe «L» hinzugefügt wird. Bei Druckgefäßen für verflüssigte Gase muss der Fassungsraum in drei signifikanten Ziffern, abgerundet auf die letzte Stelle, ausgedrückt werden. Ist der Wert für den minimalen oder nominalen Fassungsraum eine ganze Zahl, dürfen die Nachkommastellen vernachlässigt werden.

6.2.3.9.4 Die in den Absätzen 6.2.2.7.3 g) und h) und 6.2.2.7.4 m) festgelegten Kennzeichen sind für Druckgefäße mit UN 1965 Kohlenwasserstoffgas, Gemisch, verflüssigt, n.a.g., nicht erforderlich.

6.2.3.9.5 Bei der Kennzeichnung mit dem Datum gemäß Absatz 6.2.2.7.7 c) muss für Gase, bei denen die Frist zwischen den wiederkehrenden Prüfungen 10 Jahre oder mehr beträgt (siehe Unterabschnitt 4.1.4.1 Verpackungsanweisungen P 200 und P 203), der Monat nicht angegeben werden.

6.2.3.9.6 Die Kennzeichen gemäß Absatz 6.2.2.7.7 dürfen auf einem Ring aus einem geeignetem Werkstoff eingraviert sein, der durch den Einbau des Ventils an der Flasche oder am Druckfass befestigt wird und der nur durch Demontage des Ventils von der Flasche oder dem Druckfass entfernt werden kann.

6.2.3.9.7 **Kennzeichnung von Flaschenbündeln**

6.2.3.9.7.1 Die einzelnen Flaschen eines Flaschenbündels müssen in Übereinstimmung mit den Absätzen 6.2.3.9.1 bis 6.2.3.9.6 gekennzeichnet sein.

6.2.3.9.7.2 Die Kennzeichnung von Flaschenbündeln muss mit der Ausnahme, dass das in Absatz
▶ *1.6.2.13* 6.2.2.7.2 a) festgelegte Verpackungssymbol der Vereinten Nationen nicht angebracht werden darf, den Absätzen 6.2.2.10.2 und 6.2.2.10.3 entsprechen.

Bau- und Prüfvorschriften für Druckgefäße, Druckgaspackungen, 6.2
Gefäße, klein, mit Gas (Gaspatronen) und Brennstoffzellen-
Kartuschen mit verflüssigtem entzündbarem Gas

ADR	RID

6.2.3.9.7.3 Zusätzlich zu den vorausgehenden Kennzeichen muss jedes Flaschenbündel, das die
▶ *1.6.2.13* Vorschriften für die wiederkehrende Prüfung des Unterabschnitts 6.2.4.2 erfüllt, mit
1.6.2.15 Kennzeichen versehen sein, die folgende Angaben enthalten:

a) den (die) Buchstaben des Unterscheidungszeichens des Staates, der die Stelle, welche die wiederkehrende Prüfung durchführt, zugelassen hat, angegeben durch das für Kraftfahrzeuge im internationalen Verkehr verwendete Unterscheidungszeichen [5]. Dieses Kennzeichen ist nicht erforderlich, wenn die Stelle von der zuständigen Behörde des Landes zugelassen wurde, in dem die Zulassung der Herstellung erfolgt ist;

b) das eingetragene Zeichen der von der zuständigen Behörde für die Durchführung von wiederkehrenden Prüfungen zugelassenen Stelle;

c) das Datum der wiederkehrenden Prüfung durch Angabe des Jahres (zwei Ziffern), gefolgt von der Angabe des Monats (zwei Ziffern) und getrennt durch einen Schrägstrich (d.h. «/»). Für die Angabe des Jahres dürfen auch vier Ziffern verwendet werden.

Die oben angegebenen Kennzeichen müssen entweder auf dem in Absatz 6.2.2.10.2 festgelegten oder auf einem dauerhaft am Rahmen des Flaschenbündels befestigten getrennten Schild in der angegebenen Reihenfolge erscheinen.

6.2.3.10 Kennzeichnung von nicht nachfüllbaren Druckgefäßen

6.2.3.10.1 Die Kennzeichnung muss mit der Ausnahme, dass das in Absatz 6.2.2.7.2 a) festgelegte Verpackungssymbol der Vereinten Nationen nicht angebracht werden darf, dem Unterabschnitt 6.2.2.8 entsprechen.

6.2.3.11 Bergungsdruckgefäße

6.2.3.11.1 Um eine sichere Handhabung und Entsorgung der in dem Bergungsdruckgefäß beförderten Druckgefäße zu ermöglichen, darf die Auslegung Ausrüstungen umfassen, die sonst nicht für Flaschen oder Druckfässer verwendet werden, wie flache Gefäßböden, Schnellöffnungseinrichtungen und Öffnungen im zylindrischen Teil.

6.2.3.11.2 Anweisungen für die sichere Handhabung und Verwendung des Bergungsdruckgefäßes müssen in der Dokumentation des Antrags an die zuständige Behörde des Zulassungslandes klar angegeben und Bestandteil der Zulassungsbescheinigung sein. In der Zulassungsbescheinigung müssen die zur Beförderung in einem Bergungsdruckgefäß zugelassenen Druckgefäße angegeben sein. Darüber hinaus muss ein Verzeichnis der Werkstoffe aller Teile, die mit den gefährlichen Gütern in Kontakt kommen können, eingeschlossen sein.

6.2.3.11.3 Der Hersteller muss dem Eigentümer eines Bergungsdruckgefäßes eine Kopie der Zulassungsbescheinigung zur Verfügung stellen.

6.2.3.11.4 Die Kennzeichnung von Bergungsdruckgefäßen gemäß Abschnitt 6.2.3 muss von der zuständigen Behörde des Zulassungslandes unter Berücksichtigung der jeweils anwendbaren geeigneten Kennzeichnungsvorschriften des Unterabschnitts 6.2.3.9 festgelegt werden. Die Kennzeichen müssen den mit Wasser ausgeliterten Fassungsraum und den Prüfdruck des Bergungsdruckgefäßes umfassen.

---

[5] Das für Kraftfahrzeuge und Anhänger im internationalen Straßenverkehr verwendete Unterscheidungszeichen des Zulassungsstaates, z.B. gemäß dem Genfer Übereinkommen über den Straßenverkehr von 1949 oder dem Wiener Übereinkommen über den Straßenverkehr von 1968.

6.2 Bau- und Prüfvorschriften für Druckgefäße, Druckgaspackungen, Gefäße, klein, mit Gas (Gaspatronen) und Brennstoffzellen-Kartuschen mit verflüssigtem entzündbarem Gas

ADR	RID

6.2.4 **Vorschriften für in Übereinstimmung mit in Bezug genommenen Normen ausgelegte, gebaute und geprüfte Druckgefäße, die keine UN-Druckgefäße sind**

▶ 1.6.2.5

Bem. Personen oder Organe, die in den Normen als Verantwortliche gemäß ADR/RID ausgewiesen sind, müssen die Vorschriften des ADR/RID einhalten.

6.2.4.1 Auslegung, Bau und erstmalige Prüfung

Baumusterzulassungen müssen in Übereinstimmung mit Abschnitt 1.8.7 ausgestellt werden. Die in der nachstehenden Tabelle in Bezug genommenen Normen müssen wie in der Spalte (4) angegeben für die Ausstellung von Baumusterzulassungen angewendet werden, um die in Spalte (3) der Tabelle genannten Vorschriften des Kapitels 6.2 zu erfüllen. Die Normen müssen in Übereinstimmung mit Abschnitt 1.1.5 angewendet werden. In der Spalte (5) ist der späteste Zeitpunkt angegeben, zu dem bestehende Baumusterzulassungen gemäß Absatz 1.8.7.2.4 zurückgezogen werden müssen; wenn kein Datum angegeben ist, bleibt die Baumusterzulassung bis zu ihrem Ablauf gültig.

Seit dem 1. Januar 2009 ist die Anwendung in Bezug genommener Normen rechtsverbindlich. Ausnahmen sind in Abschnitt 6.2.5 aufgeführt.

Wenn mehrere Normen für die Anwendung derselben Vorschriften in Bezug genommen sind, ist nur eine dieser Normen, jedoch in ihrer Gesamtheit anzuwenden, sofern in der nachstehenden Tabelle nichts anderes angegeben ist.

Der Anwendungsbereich jeder Norm ist in der Anwendungsbestimmung der Norm definiert, sofern in der nachstehenden Tabelle nichts anderes festgelegt ist.

Referenz	Titel des Dokuments	anwendbar für Unterabschnitte/ Absätze	anwendbar für neue oder Verlängerungen von Baumusterzulassungen	letzter Zeitpunkt für den Entzug bestehender Baumusterzulassungen
(1)	(2)	(3)	(4)	(5)
für die Auslegung und den Bau				
Anlage I Teile 1 bis 3 der Richtlinie des Rates 84/525/EWG	Richtlinie des Rates der Europäischen Gemeinschaften vom 17. September 1984 zur Angleichung der Rechtsvorschriften der Mitgliedstaaten (der Europäischen Gemeinschaften) über nahtlose Gasflaschen aus Stahl, veröffentlicht im Amtsblatt der Europäischen Gemeinschaften Nr. L 300 vom 19.11.1984. **Bem.** Ungeachtet der Außerkraftsetzung der im Amtsblatt der Europäischen Gemeinschaften Nr. L 300 vom 19. November 1984 veröffentlichten Richtlinien 84/525/EWG, 84/526/EWG und 84/527/EWG bleiben die Anlagen dieser Richtlinien als Normen für die Auslegung, den Bau und die erstmalige Prüfung von Gasflaschen anwendbar. Diese Anlagen können unter https://eur-lex.europa.eu/oj/direct-access.html eingesehen werden.	6.2.3.1 und 6.2.3.4	bis auf Weiteres	

Bau- und Prüfvorschriften für Druckgefäße, Druckgaspackungen, Gefäße, klein, mit Gas (Gaspatronen) und Brennstoffzellen-Kartuschen mit verflüssigtem entzündbarem Gas 6.2

ADR			RID	
Referenz	Titel des Dokuments	anwendbar für Unterabschnitte/ Absätze	anwendbar für neue oder Verlängerungen von Baumusterzulassungen	letzter Zeitpunkt für den Entzug bestehender Baumusterzulassungen
(1)	(2)	(3)	(4)	(5)
für die Auslegung und den Bau (Forts.)				
Anlage I Teile 1 bis 3 der Richtlinie des Rates 84/526/EWG	Richtlinie des Rates der Europäischen Gemeinschaften vom 17. September 1984 zur Angleichung der Rechtsvorschriften der Mitgliedstaaten (der Europäischen Gemeinschaften) über nahtlose Gasflaschen aus unlegiertem Aluminium und Aluminiumlegierungen, veröffentlicht im Amtsblatt der Europäischen Gemeinschaften Nr. L 300 vom 19.11.1984. Bem. Ungeachtet der Außerkraftsetzung der im Amtsblatt der Europäischen Gemeinschaften Nr. L 300 vom 19. November 1984 veröffentlichten Richtlinien 84/525/EWG, 84/526/EWG und 84/527/EWG bleiben die Anlagen dieser Richtlinien als Normen für die Auslegung, den Bau und die erstmalige Prüfung von Gasflaschen anwendbar. Diese Anlagen können unter https://eur-lex.europa.eu/oj/direct-access.html eingesehen werden.	6.2.3.1 und 6.2.3.4	bis auf Weiteres	
Anlage I Teile 1 bis 3 der Richtlinie des Rates 84/527/EWG	Richtlinie des Rates der Europäischen Gemeinschaften vom 17. September 1984 zur Angleichung der Rechtsvorschriften der Mitgliedstaaten (der Europäischen Gemeinschaften) über geschweißte Gasflaschen aus unlegiertem Stahl, veröffentlicht im Amtsblatt der Europäischen Gemeinschaften Nr. L 300 vom 19.11.1984. Bem. Ungeachtet der Außerkraftsetzung der im Amtsblatt der Europäischen Gemeinschaften Nr. L 300 vom 19. November 1984 veröffentlichten Richtlinien 84/525/EWG, 84/526/EWG und 84/527/EWG bleiben die Anlagen dieser Richtlinien als Normen für die Auslegung, den Bau und die erstmalige Prüfung von Gasflaschen anwendbar. Diese Anlagen können unter https://eur-lex.europa.eu/oj/direct-access.html eingesehen werden.	6.2.3.1 und 6.2.3.4	bis auf Weiteres	
EN 1442:1998 + AC:1999	Ortsbewegliche wiederbefüllbare geschweißte Flaschen aus Stahl für Flüssiggas (LPG) – Gestaltung und Konstruktion	6.2.3.1 und 6.2.3.4	zwischen dem 1. Juli 2001 und dem 30. Juni 2007	31. Dezember 2012
EN 1442:1998 + A2:2005	Ortsbewegliche wiederbefüllbare geschweißte Flaschen aus Stahl für Flüssiggas (LPG) – Gestaltung und Konstruktion	6.2.3.1 und 6.2.3.4	zwischen dem 1. Januar 2007 und dem 31. Dezember 2010	
EN 1442:2006 + A1:2008	Ortsbewegliche wiederbefüllbare geschweißte Flaschen aus Stahl für Flüssiggas (LPG) – Gestaltung und Konstruktion	6.2.3.1 und 6.2.3.4	zwischen dem 1. Januar 2009 und dem 31. Dezember 2020	
EN 1442:2017	Flüssiggas-Geräte und Ausrüstungsteile – Ortsbewegliche, wiederbefüllbare, geschweißte Flaschen aus Stahl für Flüssiggas (LPG) – Auslegung und Bau	6.2.3.1 und 6.2.3.4	bis auf Weiteres	
EN 1800:1998 + AC:1999	Ortsbewegliche Gasflaschen – Acetylen-Flaschen – Grundanforderungen und Definitionen	6.2.1.1.9	zwischen dem 1. Juli 2001 und dem 31. Dezember 2010	

6.2 Bau- und Prüfvorschriften für Druckgefäße, Druckgaspackungen, Gefäße, klein, mit Gas (Gaspatronen) und Brennstoffzellen-Kartuschen mit verflüssigtem entzündbarem Gas

ADR			RID	
Referenz	Titel des Dokuments	anwendbar für Unterabschnitte/ Absätze	anwendbar für neue oder Verlängerungen von Baumusterzulassungen	letzter Zeitpunkt für den Entzug bestehender Baumusterzulassungen
(1)	(2)	(3)	(4)	(5)
für die Auslegung und den Bau (Forts.)				
EN 1800:2006	Ortsbewegliche Gasflaschen – Acetylenflaschen – Grundanforderungen, Definitionen und Typprüfung	6.2.1.1.9	zwischen dem 1. Januar 2009 und dem 31. Dezember 2016	
EN ISO 3807:2013	Gasflaschen – Acetylenflaschen – Grundlegende Anforderungen und Baumusterprüfung Bem. Es dürfen keine Schmelzsicherungen angebracht sein.	6.2.1.1.9	bis auf Weiteres	
EN 1964-1:1999	Ortsbewegliche Gasflaschen – Gestaltung und Konstruktion von nahtlosen wiederbefüllbaren ortsbeweglichen Gasflaschen aus Stahl mit einem Fassungsraum von 0,5 Liter bis einschließlich 150 Liter – Teil 1: Nahtlose Flaschen aus Stahl mit einem Rm-Wert weniger als 1 100 MPa	6.2.3.1 und 6.2.3.4	bis zum 31. Dezember 2014	
EN 1975:1999 (ausgenommen Anlage G)	Ortsbewegliche Gasflaschen – Gestaltung und Konstruktion von wiederbefüllbaren ortsbeweglichen nahtlosen Gasflaschen aus Aluminium und Aluminiumlegierung mit einem Fassungsraum von 0,5 l bis einschließlich 150 l	6.2.3.1 und 6.2.3.4	bis zum 30. Juni 2005	
EN 1975:1999 + A1:2003	Ortsbewegliche Gasflaschen – Gestaltung und Konstruktion von wiederbefüllbaren ortsbeweglichen nahtlosen Gasflaschen aus Aluminium und Aluminiumlegierung mit einem Fassungsraum von 0,5 l bis einschließlich 150 l	6.2.3.1 und 6.2.3.4	zwischen dem 1. Januar 2009 und dem 31. Dezember 2016	
EN ISO 7866:2012 + AC:2014	Gasflaschen – Wiederbefüllbare nahtlose Gasflaschen aus Aluminiumlegierungen – Auslegung, Bau und Prüfung	6.2.3.1 und 6.2.3.4	bis auf Weiteres	
EN ISO 11120:1999	Ortsbewegliche Gasflaschen – Nahtlose wiederbefüllbare Großflaschen aus Stahl für den Transport verdichteter Gase mit einem Fassungsraum zwischen 150 l und 3 000 l – Gestaltung, Konstruktion und Prüfung	6.2.3.1 und 6.2.3.4	zwischen dem 1. Juli 2001 und dem 30. Juni 2015	31. Dezember 2015 für Großflaschen, die gemäß Absatz 6.2.2.7.4 p) mit dem Buchstaben «H» gekennzeichnet sind
EN ISO 11120:1999 + A1:2013	Ortsbewegliche Gasflaschen – Nahtlose wiederbefüllbare Großflaschen aus Stahl für den Transport verdichteter Gase mit einem Fassungsvermögen (Wasser) zwischen 150 l und 3000 l – Gestaltung, Konstruktion und Prüfung	6.2.3.1 und 6.2.3.4	zwischen dem 1. Januar 2015 und dem 31. Dezember 2020	
EN ISO 11120:2015	Gasflaschen – Wiederbefüllbare nahtlose Großflaschen aus Stahl mit einem Fassungsraum zwischen 150 Liter und 3000 Liter – Auslegung, Bau und Prüfung	6.2.3.1 und 6.2.3.4	bis auf Weiteres	
EN 1964-3:2000	Ortsbewegliche Gasflaschen – Gestaltung und Konstruktion von nahtlosen wiederbefüllbaren ortsbeweglichen Gasflaschen aus Stahl mit einem Fassungsvermögen von 0,5 Liter bis einschließlich 150 Liter – Teil 3: Nahtlose Flaschen aus nichtrostendem Stahl mit einem Rm-Wert von weniger als 1100 MPa	6.2.3.1 und 6.2.3.4	bis auf Weiteres	
EN 12862:2000	Ortsbewegliche Gasflaschen – Gestaltung und Konstruktion von wiederbefüllbaren ortsbeweglichen geschweißten Gasflaschen aus Aluminiumlegierung	6.2.3.1 und 6.2.3.4	bis auf Weiteres	

Bau- und Prüfvorschriften für Druckgefäße, Druckgaspackungen, Gefäße, klein, mit Gas (Gaspatronen) und Brennstoffzellen-Kartuschen mit verflüssigtem entzündbarem Gas 6.2

ADR		RID		
Referenz	Titel des Dokuments	anwendbar für Unterabschnitte/ Absätze	anwendbar für neue oder Verlängerungen von Baumusterzulassungen	letzter Zeitpunkt für den Entzug bestehender Baumusterzulassungen
(1)	(2)	(3)	(4)	(5)
für die Auslegung und den Bau (Forts.)				
EN 1251-2:2000	Kryo-Behälter – Ortsbewegliche, vakuumisolierte Behälter mit einem Fassungsraum von nicht mehr als 1 000 Liter – Teil 2: Bemessung, Herstellung und Prüfung Bem. Die Normen EN 1252-1:1998 und EN 1626, auf die in dieser Norm Bezug genommen wird, gelten auch für verschlossene Kryo-Behälter zur Beförderung von UN 1972 (METHAN, TIEFGEKÜHLT, FLÜSSIG oder ERDGAS, TIEFGEKÜHLT, FLÜSSIG).	6.2.3.1 und 6.2.3.4	bis auf Weiteres	
EN 12257:2002	Ortsbewegliche Gasflaschen – Nahtlose umfangsgewickelte Flaschen aus Verbundwerkstoffen	6.2.3.1 und 6.2.3.4	bis auf Weiteres	
EN 12807:2001 (ausgenommen Anlage A)	Ortsbewegliche, wiederbefüllbare, hartgelötete Flaschen aus Stahl für Flüssiggas (LPG) – Konstruktion und Herstellung	6.2.3.1 und 6.2.3.4	zwischen dem 1. Januar 2005 und dem 31. Dezember 2010	31. Dezember 2012
EN 12807:2008	Ortsbewegliche, wiederbefüllbare, hartgelötete Flaschen aus Stahl für Flüssiggas (LPG) – Konstruktion und Herstellung	6.2.3.1 und 6.2.3.4	zwischen dem 1. Januar 2009 und dem 31. Dezember 2022	
EN 12807:2019	Flüssiggas-Geräte und Ausrüstungsteile – Ortsbewegliche, wiederbefüllbare, hartgelötete Flaschen aus Stahl für Flüssiggas (LPG) – Konstruktion und Herstellung	6.2.3.1 und 6.2.3.4	bis auf Weiteres	
EN 1964-2:2001	Ortsbewegliche Gasflaschen – Gestaltung und Konstruktion von nahtlosen wiederbefüllbaren ortsbeweglichen Gasflaschen aus Stahl mit einem Fassungsraum von 0,5 Liter bis einschließlich 150 Liter – Teil 2: Nahtlose Flaschen aus Stahl mit einem Rm-Wert von 1 100 MPa und darüber	6.2.3.1 und 6.2.3.4	bis zum 31. Dezember 2014	
EN ISO 9809-1:2010 ▶ *1.6.2.14*	Gasflaschen – Wiederbefüllbare, nahtlose Gasflaschen aus Stahl – Gestaltung, Konstruktion und Prüfung – Teil 1: Flaschen aus vergütetem Stahl mit einer Zugfestigkeit kleiner als 1100 MPa	6.2.3.1 und 6.2.3.4	zwischen dem 1. Januar 2013 und dem 31. Dezember 2022	
EN ISO 9809-1:2019	Gasflaschen – Auslegung, Herstellung und Prüfung von wiederbefüllbaren nahtlosen Gasflaschen aus Stahl – Teil 1: Flaschen aus vergütetem Stahl mit einer Zugfestigkeit kleiner als 1100 MPa	6.2.3.1 und 6.2.3.4	bis auf Weiteres	
EN ISO 9809-2:2010	Gasflaschen – Wiederbefüllbare, nahtlose Gasflaschen aus Stahl – Gestaltung, Konstruktion und Prüfung – Teil 2: Flaschen aus vergütetem Stahl mit einer Zugfestigkeit größer oder gleich 1100 MPa	6.2.3.1 und 6.2.3.4	zwischen dem 1. Januar 2013 und dem 31. Dezember 2022	
EN ISO 9809-2:2019	Gasflaschen – Auslegung, Herstellung und Prüfung von wiederbefüllbaren nahtlosen Gasflaschen aus Stahl – Teil 2: Flaschen aus vergütetem Stahl mit einer Zugfestigkeit größer als oder gleich 1100 MPa	6.2.3.1 und 6.2.3.4	bis auf Weiteres	
EN ISO 9809-3:2010	Gasflaschen – Wiederbefüllbare, nahtlose Gasflaschen aus Stahl – Gestaltung, Konstruktion und Prüfung – Teil 3: Flaschen aus normalisiertem Stahl	6.2.3.1 und 6.2.3.4	zwischen dem 1. Januar 2013 und dem 31. Dezember 2022	

6.2 Bau- und Prüfvorschriften für Druckgefäße, Druckgaspackungen, Gefäße, klein, mit Gas (Gaspatronen) und Brennstoffzellen-Kartuschen mit verflüssigtem entzündbarem Gas

ADR | RID

Referenz	Titel des Dokuments	anwendbar für Unterabschnitte/ Absätze	anwendbar für neue oder Verlängerungen von Baumusterzulassungen	letzter Zeitpunkt für den Entzug bestehender Baumusterzulassungen
(1)	(2)	(3)	(4)	(5)
für die Auslegung und den Bau (Forts.)				
EN ISO 9809-3:2019	Gasflaschen – Auslegung, Herstellung und Prüfung von wiederbefüllbaren nahtlosen Gasflaschen aus Stahl – Teil 3: Flaschen aus normalisiertem Stahl	6.2.3.1 und 6.2.3.4	bis auf Weiteres	
EN 13293:2002	Ortsbewegliche Gasflaschen – Gestaltung und Konstruktion von wiederbefüllbaren ortsbeweglichen Gasflaschen aus nahtlosem normalgeglühtem Kohlenstoff- Mangan-Stahl mit einem Fassungsraum bis einschließlich 0,5 Liter für verdichtete, verflüssigte und unter Druck gelöste Gase und bis einschließlich 1 Liter für Kohlendioxid	6.2.3.1 und 6.2.3.4	bis auf Weiteres	
EN 13322-1:2003	Ortsbewegliche Gasflaschen – Wiederbefüllbare geschweißte Flaschen aus Stahl; Gestaltung und Konstruktion – Teil 1: Geschweißt, aus Stahl	6.2.3.1 und 6.2.3.4	bis zum 30. Juni 2007	
EN 13322-1:2003 + A1:2006	Ortsbewegliche Gasflaschen – Wiederbefüllbare geschweißte Flaschen aus Stahl; Gestaltung und Konstruktion – Teil 1: Geschweißt, aus Stahl	6.2.3.1 und 6.2.3.4	bis auf Weiteres	
EN 13322-2:2003	Ortsbewegliche Gasflaschen – Wiederbefüllbare geschweißte Flaschen aus nichtrostendem Stahl; Gestaltung und Konstruktion – Teil 2: Geschweißt, aus nichtrostendem Stahl	6.2.3.1 und 6.2.3.4	bis zum 30. Juni 2007	
EN 13322-2:2003 + A1:2006	Ortsbewegliche Gasflaschen – Wiederbefüllbare geschweißte Flaschen aus nichtrostendem Stahl; Gestaltung und Konstruktion – Teil 2: Geschweißt, aus nichtrostendem Stahl	6.2.3.1 und 6.2.3.4	bis auf Weiteres	
EN 12245:2002	Ortsbewegliche Gasflaschen – Vollumwickelte Flaschen aus Verbundwerkstoffen	6.2.3.1 und 6.2.3.4	bis zum 31. Dezember 2014	31. Dezember 2019 für Flaschen und Großflaschen ohne Liner, die aus zwei miteinander verbundenen Teilen hergestellt werden
EN 12245:2009 + A1:2011	Ortsbewegliche Gasflaschen – Vollumwickelte Flaschen aus Verbundwerkstoffen **Bem.** Diese Norm darf nicht für Flaschen und Großflaschen ohne Liner verwendet werden, die aus zwei miteinander verbundenen Teilen hergestellt werden.	6.2.3.1 und 6.2.3.4	bis auf Weiteres	31. Dezember 2019 für Flaschen und Großflaschen ohne Liner, die aus zwei miteinander verbundenen Teilen hergestellt werden
EN 12205:2001	Ortsbewegliche Gasflaschen – Metallische Einwegflaschen	6.2.3.1 und 6.2.3.4	zwischen dem 1. Januar 2005 und dem 31. Dezember 2017	31. Dezember 2018
EN ISO 11118:2015	Gasflaschen – Metallische Einwegflaschen – Festlegungen und Prüfverfahren	6.2.3.1, 6.2.3.3 und 6.2.3.4	bis auf Weiteres	
EN 13110:2002	Ortsveränderliche, wiederbefüllbare geschweißte Flaschen aus Aluminium für Flüssiggas (LPG) – Gestaltung und Konstruktion	6.2.3.1 und 6.2.3.4	bis zum 31. Dezember 2014	

Bau- und Prüfvorschriften für Druckgefäße, Druckgaspackungen, Gefäße, klein, mit Gas (Gaspatronen) und Brennstoffzellen-Kartuschen mit verflüssigtem entzündbarem Gas 6.2

ADR			RID	
Referenz	Titel des Dokuments	anwendbar für Unterabschnitte/ Absätze	anwendbar für neue oder Verlängerungen von Baumusterzulassungen	letzter Zeitpunkt für den Entzug bestehender Baumusterzulassungen
(1)	(2)	(3)	(4)	(5)
für die Auslegung und den Bau (Forts.)				
EN 13110:2012	Flüssiggas-Geräte und Ausrüstungsteile – Ortsveränderliche, wiederbefüllbare geschweißte Flaschen aus Aluminium für Flüssiggas (LPG) – Auslegung und Bau	6.2.3.1 und 6.2.3.4		bis auf Weiteres
EN 14427:2004	Ortsbewegliche wiederbefüllbare vollumwickelte Flaschen aus Verbundwerkstoff für Flüssiggas (LPG) – Gestaltung und Konstruktion Bem. Diese Norm gilt nur für Flaschen, die mit Druckentlastungseinrichtungen ausgerüstet sind.	6.2.3.1 und 6.2.3.4		zwischen dem 1. Januar 2005 und dem 30. Juni 2007
EN 14427:2004 + A1:2005	Ortsbewegliche wiederbefüllbare vollumwickelte Flaschen aus Verbundwerkstoff für Flüssiggas (LPG) – Gestaltung und Konstruktion Bem. 1. Diese Norm gilt nur für Flaschen, die mit Druckentlastungseinrichtungen ausgerüstet sind. 2. In den Absätzen 5.2.9.2.1 und 5.2.9.3.1 sind beide Flaschen der Berstprüfung zu unterziehen, wenn sie Schäden aufweisen, die mindestens so groß sind wie die Ausschlusskriterien.	6.2.3.1 und 6.2.3.4		zwischen dem 1. Januar 2007 und dem 31. Dezember 2016
EN 14427:2014	Flüssiggas-Geräte und Ausrüstungsteile – Ortsbewegliche wiederbefüllbare vollumwickelte Flaschen aus Verbundwerkstoff für Flüssiggas (LPG) – Gestaltung und Konstruktion	6.2.3.1 und 6.2.3.4		bis auf Weiteres
EN 14208:2004	Ortsbewegliche Gasflaschen – Spezifikation für geschweißte Druckfässer mit einem Fassungsraum bis zu 1 000 Liter für den Transport von Gasen – Gestaltung und Konstruktion	6.2.3.1 und 6.2.3.4		bis auf Weiteres
EN 14140:2003	Ortsbewegliche wiederbefüllbare geschweißte Flaschen aus Stahl für Flüssiggas (LPG) – Alternative Gestaltung und Konstruktion	6.2.3.1 und 6.2.3.4		zwischen dem 1. Januar 2005 und dem 31. Dezember 2010
EN 14140:2003 + A1:2006	Flüssiggas-Geräte und Ausrüstungsteile – Ortsbewegliche wiederbefüllbare geschweißte Flaschen aus Stahl für Flüssiggas (LPG) – Alternative Gestaltung und Konstruktion	6.2.3.1 und 6.2.3.4		zwischen dem 1. Januar 2009 und dem 31. Dezember 2018
EN 14140:2014 +AC:2015	Flüssiggas-Geräte und Ausrüstungsteile – Ortsbewegliche wiederbefüllbare geschweißte Flaschen aus Stahl für Flüssiggas (LPG) – Alternative Gestaltung und Konstruktion	6.2.3.1 und 6.2.3.4		bis auf Weiteres
EN 13769:2003	Ortsbewegliche Gasflaschen – Flaschenbündel – Konstruktion, Herstellung, Kennzeichnung und Prüfung	6.2.3.1 und 6.2.3.4		bis zum 30. Juni 2007
EN 13769:2003 + A1:2005	Ortsbewegliche Gasflaschen – Flaschenbündel – Konstruktion, Herstellung, Kennzeichnung und Prüfung	6.2.3.1 und 6.2.3.4		bis zum 31. Dezember 2014
EN ISO 10961:2012	Gasflaschen – Flaschenbündel – Auslegung, Herstellung, Prüfung und Inspektion	6.2.3.1 und 6.2.3.4		zwischen dem 1. Januar 2013 und dem 31. Dezember 2022
EN ISO 10961:2019	Gasflaschen – Flaschenbündel – Auslegung, Herstellung, Prüfung und Inspektion	6.2.3.1 und 6.2.3.4		bis auf Weiteres
EN 14638-1:2006	Ortsbewegliche Gasflaschen – Wiederbefüllbare geschweißte Gefäße mit einem Fassungsraum von nicht mehr als 150 Liter – Teil 1: Flaschen aus geschweißtem, austenitischen, nichtrostendem Stahl, ausgelegt nach experimentellen Verfahren	6.2.3.1 und 6.2.3.4		bis auf Weiteres

6.2 Bau- und Prüfvorschriften für Druckgefäße, Druckgaspackungen, Gefäße, klein, mit Gas (Gaspatronen) und Brennstoffzellen-Kartuschen mit verflüssigtem entzündbarem Gas

ADR			RID	
Referenz	Titel des Dokuments	anwendbar für Unterabschnitte/ Absätze	anwendbar für neue oder Verlängerungen von Baumusterzulassungen	letzter Zeitpunkt für den Entzug bestehender Baumusterzulassungen
(1)	(2)	(3)	(4)	(5)
für die Auslegung und den Bau (Forts.)				
EN 14638-3:2010 + AC:2012	Ortsbewegliche Gasflaschen – Wiederbefüllbare geschweißte Gefäße mit einem Fassungsraum von nicht mehr als 150 Liter – Teil 3: Flaschen aus geschweißtem Kohlenstoffstahl, ausgelegt nach experimentellen Verfahren	6.2.3.1 und 6.2.3.4	bis auf Weiteres	
EN 14893:2006 + AC:2007	Flüssiggas-Geräte und Ausrüstungsteile – Ortsbewegliche, geschweißte Druckfässer aus Stahl für Flüssiggas (LPG) mit einem Fassungsraum zwischen 150 Liter und 1 000 Liter	6.2.3.1 und 6.2.3.4	zwischen dem 1. Januar 2009 und dem 31. Dezember 2016	
EN 14893:2014	Flüssiggas-Geräte und Ausrüstungsteile – Ortsbewegliche, geschweißte Druckfässer aus Stahl für Flüssiggas (LPG) mit einem Fassungsraum zwischen 150 Liter und 1000 Liter	6.2.3.1 und 6.2.3.4	bis auf Weiteres	
für Verschlüsse				
EN 849:1996 (ausgenommen Anlage A)	Ortsbewegliche Gasflaschen – Gasflaschenventile – Spezifikation und Typprüfung	6.2.3.1 und 6.2.3.3	bis zum 30. Juni 2003	31. Dezember 2014
EN 849:1996 + A2:2001	Ortsbewegliche Gasflaschen – Gasflaschenventile – Spezifikation und Typprüfung	6.2.3.1 und 6.2.3.3	bis zum 30. Juni 2007	31. Dezember 2016
EN ISO 10297:2006	Ortsbewegliche Gasflaschen – Gasflaschenventile – Spezifikation und Typprüfung	6.2.3.1 und 6.2.3.3	zwischen dem 1. Januar 2009 und dem 31. Dezember 2018	
EN ISO 10297:2014	Gasflaschen – Flaschenventile – Spezifikation und Typprüfung	6.2.3.1 und 6.2.3.3	zwischen dem 1. Januar 2015 und dem 31. Dezember 2020	
EN ISO 10297:2014 + A1:2017	Gasflaschen – Flaschenventile – Spezifikation und Baumusterprüfungen	6.2.3.1 und 6.2.3.3	bis auf Weiteres	
EN ISO 14245:2010	Gasflaschen – Spezifikation und Prüfung von Flaschenventilen für Flüssiggas (LPG) – Selbstschließend	6.2.3.1 und 6.2.3.3	zwischen dem 1. Januar 2013 und dem 31. Dezember 2022	
EN ISO 14245:2019	Gasflaschen – Spezifikation und Prüfung von Flaschenventilen für Flüssiggas (LPG) – Selbstschließend	6.2.3.1 und 6.2.3.3	bis auf Weiteres	
EN 13152:2001	Spezifikation und Prüfung für Flüssiggas (LPG) – Flaschenventile, selbstschließend	6.2.3.1 und 6.2.3.3	zwischen dem 1. Januar 2005 und dem 31. Dezember 2010	
EN 13152:2001 + A1:2003	Spezifikation und Prüfung für Flüssiggas (LPG) – Flaschenventile, selbstschließend	6.2.3.1 und 6.2.3.3	zwischen dem 1. Januar 2009 und dem 31. Dezember 2014	
EN ISO 15995:2010	Gasflaschen – Spezifikation und Prüfung von Flaschenventilen für Flüssiggas (LPG) – Handbetätigt	6.2.3.1 und 6.2.3.3	zwischen dem 1. Januar 2013 und dem 31. Dezember 2022	

Bau- und Prüfvorschriften für Druckgefäße, Druckgaspackungen, Gefäße, klein, mit Gas (Gaspatronen) und Brennstoffzellen-Kartuschen mit verflüssigtem entzündbarem Gas 6.2

ADR **RID**

Referenz	Titel des Dokuments	anwendbar für Unterabschnitte/ Absätze	anwendbar für neue oder Verlängerungen von Baumusterzulassungen	letzter Zeitpunkt für den Entzug bestehender Baumusterzulassungen
(1)	(2)	(3)	(4)	(5)
für Verschlüsse (Forts.)				
EN ISO 15995:2019	Gasflaschen – Spezifikation und Prüfung von Flaschenventilen für Flüssiggas (LPG) – Handbetätigt	6.2.3.1 und 6.2.3.3	bis auf Weiteres	
EN 13153:2001	Spezifikationen und Prüfung für Flüssiggas (LPG) – Flaschenventile, handbetätigt	6.2.3.1 und 6.2.3.3	zwischen dem 1. Januar 2005 und dem 31. Dezember 2010	
EN 13153:2001 + A1:2003	Spezifikationen und Prüfung für Flüssiggas (LPG) – Flaschenventile, handbetätigt	6.2.3.1 und 6.2.3.3	zwischen dem 1. Januar 2009 und dem 31. Dezember 2014	
EN ISO 13340:2001	Ortsbewegliche Gasflaschen – Flaschenventile für Einwegflaschen – Spezifikation und Typprüfung	6.2.3.1 und 6.2.3.3	zwischen dem 1. Januar 2011 und dem 31. Dezember 2017	31. Dezember 2018
EN 13648-1:2008	Kryo-Behälter – Sicherheitseinrichtungen gegen Drucküberschreitung – Teil 1: Sicherheitsventile für den Kryo-Betrieb	6.2.3.1 und 6.2.3.4	bis auf Weiteres	
EN 1626:2008 (ausgenommen Absperrarmaturen der Kategorie B)	Kryo-Behälter – Absperrarmaturen für tiefkalten Betrieb **Bem.** Diese Norm ist auch für Ventile für die Beförderung von UN 1972 (METHAN, TIEFGEKÜHLT, FLÜSSIG oder ERDGAS, TIEFGEKÜHLT, FLÜSSIG) anwendbar.	6.2.3.1 und 6.2.3.4	bis auf Weiteres	
EN 13175:2014	Flüssiggas-Geräte und Ausrüstungsteile – Spezifikation und Prüfung für Ventile und Fittinge an Druckbehältern für Flüssiggas	6.2.3.1 und 6.2.3.3	zwischen dem 1. Januar 2017 und dem 31. Dezember 2022	
EN 13175:2019 (ausgenommen Absatz 6.1.6)	Flüssiggas-Geräte und Ausrüstungsteile – Spezifikation und Prüfung für Ventile und Fittinge an Druckbehältern für Flüssiggas (LPG)	6.2.3.1 und 6.2.3.3	bis auf Weiteres	
EN ISO 17871:2015	Gasflaschen – Schnellöffnungs-Flaschenventile – Spezifikation und Baumusterprüfung	6.2.3.1, 6.2.3.3 und 6.2.3.4	zwischen dem 1. Januar 2017 und dem 31. Dezember 2021	
EN ISO 17871:2015 + A1:2018	Gasflaschen – Schnellöffnungs-Flaschenventile – Spezifikation und Baumusterprüfung	6.2.3.1, 6.2.3.3 und 6.2.3.4	bis auf Weiteres	
EN 13953:2015	Flüssiggas-Geräte und Ausrüstungsteile – Druckentlastungsventile für ortsbewegliche, wiederbefüllbare Flaschen für Flüssiggas (LPG) **Bem.** Der letzte Satz des Anwendungsbereichs findet keine Anwendung.	6.2.3.1, 6.2.3.3 und 6.2.3.4	bis auf Weiteres	
EN ISO 14246:2014	Gasflaschen – Gasflaschen-Ventile – Herstellungsprüfungen und Überprüfungen	6.2.3.1 und 6.2.3.4	zwischen dem 1. Januar 2015 und dem 31. Dezember 2020	
EN ISO 14246:2014 + A1:2017	Gasflaschen – Flaschenventile – Herstellungsprüfungen und -überprüfungen	6.2.3.1 und 6.2.3.4	bis auf Weiteres	

6.2 Bau- und Prüfvorschriften für Druckgefäße, Druckgaspackungen, Gefäße, klein, mit Gas (Gaspatronen) und Brennstoffzellen-Kartuschen mit verflüssigtem entzündbarem Gas

ADR		RID		
Referenz	Titel des Dokuments	anwendbar für Unterabschnitte/ Absätze	anwendbar für neue oder Verlängerungen von Baumusterzulassungen	letzter Zeitpunkt für den Entzug bestehender Baumusterzulassungen
(1)	(2)	(3)	(4)	(5)
für Verschlüsse (Forts.)				
EN ISO 17879:2017	Gasflaschen – Selbstschließende Flaschenventile – Spezifikation und Baumusterprüfung	6.2.3.1 und 6.2.3.4	bis auf Weiteres	
EN 14129:2014 (ausgenommen Bemerkung in Absatz 3.11)	Flüssiggas-Geräte und Ausrüstungsteile – Sicherheitsventile für Druckbehälter für Flüssiggas (LPG) **Bem.** Diese Norm gilt für Druckfässer.	6.2.3.1, 6.2.3.3 und 6.2.3.4	bis auf Weiteres	

6.2.4.2 Wiederkehrende Prüfung

Die in der nachstehenden Tabelle in Bezug genommenen Normen müssen wie in der Spalte (3) angegeben für die wiederkehrende Prüfung von Druckgefäßen angewendet werden, um die Vorschriften des Unterabschnitts 6.2.3.5 zu erfüllen. Die Normen müssen in Übereinstimmung mit Abschnitt 1.1.5 angewendet werden.

Die Anwendung einer in Bezug genommenen Norm ist rechtsverbindlich.

Wenn ein Druckgefäß in Übereinstimmung mit den Vorschriften des Abschnitts 6.2.5 gebaut wird, muss das gegebenenfalls in der Baumusterzulassung festgelegte Verfahren angewendet werden.

Wenn mehrere Normen für die Anwendung derselben Vorschriften in Bezug genommen sind, ist nur eine dieser Normen, jedoch in ihrer Gesamtheit anzuwenden, sofern in der nachstehenden Tabelle nichts anderes angegeben ist.

Der Anwendungsbereich jeder Norm ist in der Anwendungsbestimmung der Norm definiert, sofern in der nachstehenden Tabelle nichts anderes festgelegt ist.

Referenz	Titel des Dokuments	anwendbar
(1)	(2)	(3)
für die wiederkehrende Prüfung		
EN 1251-3:2000	Kryo-Behälter – Ortsbewegliche, vakuumisolierte Behälter mit einem Fassungsraum von nicht mehr als 1 000 Liter – Teil 3: Betriebsanforderungen	bis auf Weiteres
EN 1968:2002 + A1:2005 (ausgenommen Anlage B)	Ortsbewegliche Gasflaschen – Wiederkehrende Prüfung von nahtlosen Gasflaschen aus Stahl	bis zum 31. Dezember 2022
EN 1802:2002 (ausgenommen Anlage B)	Ortsbewegliche Gasflaschen – Wiederkehrende Prüfung von nahtlosen Gasflaschen aus Aluminiumlegierung	bis zum 31. Dezember 2022
EN ISO 18119:2018	Gasflaschen – Nahtlose Gasflaschen und Großflaschen aus Stahl und Aluminiumlegierungen – Wiederkehrende Inspektion und Prüfung **Bem.** Ungeachtet der Bestimmung B.1 dieser Norm müssen alle Flaschen und Großflaschen, deren Wanddicke geringer ist als die minimale Auslegungswanddicke, zurückgewiesen werden.	ab dem 1. Januar 2023 verpflichtend
EN ISO 10462:2013	Gasflaschen – Acetylenflaschen – Wiederkehrende Inspektion und Wartung	bis zum 31. Dezember 2022
EN ISO 10462:2013 + A1:2019	Gasflaschen – Acetylenflaschen – Wiederkehrende Inspektion und Wartung – Änderung 1	ab dem 1. Januar 2023 verpflichtend
EN 1803:2002 (ausgenommen Anlage B)	Ortsbewegliche Gasflaschen – Wiederkehrende Prüfung von geschweißten Gasflaschen aus Kohlenstoffstahl	bis zum 31. Dezember 2022

Bau- und Prüfvorschriften für Druckgefäße, Druckgaspackungen, Gefäße, klein, mit Gas (Gaspatronen) und Brennstoffzellen-Kartuschen mit verflüssigtem entzündbarem Gas 6.2

ADR		RID	
Referenz	Titel des Dokuments		anwendbar
(1)	(2)		(3)
für die wiederkehrende Prüfung (Forts.)			
EN ISO 10460:2018	Gasflaschen – Geschweißte Gasflaschen aus Aluminiumlegierung, Kohlenstoffstahl und Edelstahl – Wiederkehrende Inspektion und Prüfung		ab dem 1. Januar 2023 verpflichtend
EN ISO 11623:2015	Gasflaschen – Verbundbauweise (Composite-Bauweise) – Wiederkehrende Inspektion und Prüfung		ab dem 1. Januar 2019 verpflichtend
EN ISO 22434:2011	Ortsbewegliche Gasflaschen – Inspektion und Instandhaltung von Gasflaschenventilen		bis auf Weiteres
EN 14876:2007	Ortsbewegliche Gasflaschen – Wiederkehrende Prüfung von geschweißten Fässern aus Stahl		bis auf Weiteres
EN 14912:2015	Flüssiggas-Geräte und Ausrüstungsteile – Inspektion und Wartung von Ventilen für Flaschen für Flüssiggas (LPG) zum Zeitpunkt der wiederkehrenden Inspektion der Flaschen		ab dem 1. Januar 2019 verpflichtend
EN 1440:2016 (ausgenommen Anlage C)	Flüssiggas-Geräte und Ausrüstungsteile – Ortsbewegliche, wiederbefüllbare, geschweißte und hartgelötete Flaschen aus Stahl für Flüssiggas (LPG) – Wiederkehrende Inspektion		bis zum 31. Dezember 2021
EN 1440:2016 + A1:2018 + A2:2020 (ausgenommen Anlage C)	Flüssiggas-Geräte und Ausrüstungsteile – Ortsbewegliche, wiederbefüllbare, geschweißte und hartgelötete Flaschen aus Stahl für Flüssiggas (LPG) – Wiederkehrende Inspektion		ab dem 1. Januar 2022 verpflichtend
EN 16728:2016 (ausgenommen Absatz 3.5, Anlage F und Anlage G)	Flüssiggas-Geräte und Ausrüstungsteile – Ortsbewegliche, wiederbefüllbare Flaschen für Flüssiggas (LPG), ausgenommen geschweißte und hartgelötete Stahlflaschen – Wiederkehrende Inspektion		bis zum 31. Dezember 2021
EN 16728:2016 + A1:2018 + A2:2020	Flüssiggas-Geräte und Ausrüstungsteile – Ortsbewegliche, wiederbefüllbare Flaschen für Flüssiggas (LPG), ausgenommen geschweißte und hartgelötete Stahlflaschen – Wiederkehrende Inspektion		ab dem 1. Januar 2022 verpflichtend
EN 15888:2014	Ortsbewegliche Gasflaschen – Flaschenbündel – Wiederkehrende Inspektion und Prüfung		bis auf Weiteres

6.2.5 **Vorschriften für nicht in Übereinstimmung mit in Bezug genommenen Normen ausgelegte, gebaute und geprüfte Druckgefäße, die keine UN-Druckgefäße sind**

▶ *1.6.2.1*

Um dem wissenschaftlichen und technischen Fortschritt Rechnung zu tragen, oder in Fällen, in denen in Abschnitt 6.2.2 oder 6.2.4 keine Normen in Bezug genommen sind, oder um bestimmten Aspekten Rechnung zu tragen, die in einer in Abschnitt 6.2.2 oder 6.2.4 in Bezug genommenen Norm nicht vorgesehen sind, kann die zuständige Behörde die Anwendung eines technischen Regelwerks anerkennen, das ein gleiches Sicherheitsniveau gewährleistet.

In der Baumusterzulassung muss die ausstellende Stelle das Verfahren für die wiederkehrenden Prüfungen festlegen, wenn die in Abschnitt 6.2.2 oder 6.2.4 in Bezug genommenen Normen nicht anwendbar sind oder nicht angewendet werden dürfen.

Sobald eine in Abschnitt 6.2.2 oder 6.2.4 neu in Bezug genommene Norm angewendet werden kann, muss die zuständige Behörde die Anerkennung des entsprechenden technischen Regelwerks zurückziehen. Eine Übergangsfrist, die spätestens zum Zeitpunkt des Inkrafttretens der nächsten Ausgabe des ADR/RID endet, darf angewendet werden.

Die zuständige Behörde muss dem Sekretariat der

| UNECE | OTIF |

ein Verzeichnis der von ihr anerkannten technischen Regelwerke übermitteln und bei Änderungen aktualisieren. Das Verzeichnis sollte folgende Angaben enthalten: Name und Datum des Regelwerks, Gegenstand des Regelwerks und Angaben darüber, wo dieses bezogen werden kann. Das Sekretariat muss diese Informationen auf seiner Website öffentlich zugänglich machen.

6.2 Bau- und Prüfvorschriften für Druckgefäße, Druckgaspackungen, Gefäße, klein, mit Gas (Gaspatronen) und Brennstoffzellen-Kartuschen mit verflüssigtem entzündbarem Gas

ADR	RID

Eine Norm, die für eine Inbezugnahme in einer zukünftigen Ausgabe des ADR/RID angenommen wurde, darf von der zuständigen Behörde zur Anwendung zugelassen werden, ohne dies dem Sekretariat der

UNECE	OTIF

mitzuteilen.

Die Vorschriften der Abschnitte 6.2.1 und 6.2.3 sowie die folgenden Vorschriften müssen jedoch erfüllt sein.

Bem. In diesem Abschnitt gelten Verweise auf technische Normen in Abschnitt 6.2.1 als Verweise auf technische Regelwerke.

6.2.5.1 Werkstoffe

Die nachfolgenden Vorschriften enthalten Beispiele von Werkstoffen, die verwendet werden dürfen, um den Anforderungen an die Werkstoffe gemäß Unterabschnitt 6.2.1.2 zu genügen:

a) Kohlenstoffstahl für verdichtete, verflüssigte, tiefgekühlt verflüssigte oder gelöste Gase sowie für Stoffe, die nicht unter die Klasse 2 fallen und in Unterabschnitt 4.1.4.1 Verpackungsanweisung P 200 Tabelle 3 aufgeführt sind;

b) legierter Stahl (Spezialstahl), Nickel und Nickellegierungen (z.B. Monel) für verdichtete, verflüssigte, tiefgekühlt verflüssigte oder gelöste Gase sowie für Stoffe, die nicht unter die Klasse 2 fallen und in Unterabschnitt 4.1.4.1 Verpackungsanweisung P 200 Tabelle 3 aufgeführt sind;

c) Kupfer für
  (i) Gase der Klassifizierungscodes 1 A, 1 O, 1 F und 1 TF, wenn der Fülldruck, bezogen auf 15 °C, 2 MPa (20 bar) nicht übersteigt;
  (ii) Gase des Klassifizierungscodes 2 A und außerdem für UN 1033 Dimethylether, UN 1037 Ethylchlorid, UN 1063 Methylchlorid, UN 1079 Schwefeldioxid, UN 1085 Vinylbromid, UN 1086 Vinylchlorid und UN 3300 Ethylenoxid und Kohlendioxid, Gemisch mit mehr als 87 % Ethylenoxid;
  (iii) Gase der Klassifizierungscodes 3 A, 3 O und 3 F;

d) Aluminiumlegierung: siehe Unterabschnitt 4.1.4.1 Verpackungsanweisung P 200 (10) besondere Vorschrift a;

e) Verbundwerkstoff für verdichtete, verflüssigte, tiefgekühlt verflüssigte oder gelöste Gase;

f) Kunststoff für tiefgekühlt verflüssigte Gase und

g) Glas für tiefgekühlt verflüssigte Gase des Klassifizierungscodes 3 A, ausgenommen UN 2187 Kohlendioxid, tiefgekühlt, flüssig, oder Gemische mit Kohlendioxid, tiefgekühlt, flüssig, sowie für Gase des Klassifizierungscodes 3 O.

6.2.5.2 Bedienungsausrüstung

(bleibt offen)

6.2.5.3 Flaschen, Großflaschen, Druckfässer und Flaschenbündel aus Metall

Die Spannung des Metalls an der am stärksten beanspruchten Stelle des Druckgefäßes darf beim Prüfdruck 77 % der garantierten Mindeststreckgrenze (Re) nicht überschreiten.

Unter Streckgrenze ist die Spannung zu verstehen, bei der eine bleibende Dehnung von 2 ‰ (d. h. 0,2 %) oder eine bleibende Dehnung von 1 % bei austenitischen Stählen zwischen den Messmarken des Probestabes erreicht wurde.

Bau- und Prüfvorschriften für Druckgefäße, Druckgaspackungen, Gefäße, klein, mit Gas (Gaspatronen) und Brennstoffzellen-Kartuschen mit verflüssigtem entzündbarem Gas   6.2

ADR	RID

Bem. Für Bleche ist die Zugprobe quer zur Walzrichtung zu entnehmen. Dehnung nach Bruch wird an Probestäben mit kreisrundem Querschnitt bestimmt, wobei die Messlänge «l» zwischen den Messmarken gleich dem 5fachen Stabdurchmesser «d» ist (l = 5d); werden Probestäbe mit eckigem Querschnitt verwendet, so wird die Messlänge «l» nach der Formel

$$l = 5{,}65 \sqrt{F_0}$$

berechnet, wobei F_0 gleich dem ursprünglichen Querschnitt des Probestabes ist.

Die Druckgefäße und ihre Verschlüsse müssen aus geeigneten Werkstoffen hergestellt sein, die bei Temperaturen zwischen -20 °C und +50 °C unempfindlich gegen Sprödbruch und Spannungsrisskorrosion sind.

Die Schweißverbindungen müssen nach den Regeln der Technik ausgeführt sein und volle Sicherheit bieten.

6.2.5.4 Zusätzliche Vorschriften für Druckgefäße aus Aluminiumlegierungen für verdichtete, verflüssigte, gelöste Gase und nicht unter Druck stehende Gase, die besonderen Vorschriften unterliegen (Gasproben), sowie für Gegenstände, die Gas unter Druck enthalten, mit Ausnahme von Druckgaspackungen und Gefäßen, klein, mit Gas (Gaspatronen)

6.2.5.4.1 Die Werkstoffe der Druckgefäße aus Aluminiumlegierungen müssen folgenden Anforderungen genügen:

	A	B	C	D
Zugfestigkeit Rm in MPa (= N/mm²)	49 – 186	196 – 372	196 – 372	343 – 490
Streckgrenze Re in MPa (= N/mm²) (bleibende Dehnung λ = 0,2 %)	10 – 167	59 – 314	137 – 334	206 – 412
bleibende Dehnung nach Bruch (l = 5d) in %	12 – 40	12 – 30	12 – 30	11 – 16
Faltbiegeprobe (Durchmesser des Biegestempels) d = n x e, e = Probedicke	n = 5 (Rm ≤ 98) n = 6 (Rm > 98)	n = 6 (Rm ≤ 325) n = 7 (Rm > 325)	n = 6 (Rm ≤ 325) n = 7 (Rm > 325)	n = 7 (Rm ≤ 392) n = 8 (Rm > 392)
Aluminium Association Seriennummer [a]	1000	5000	6000	2000

[a] Siehe «Aluminium Standards and Data», 5. Ausgabe, Januar 1976, veröffentlicht durch Aluminium Association, 750, 3rd Avenue, New York.

Die tatsächlichen Eigenschaften hängen von der Zusammensetzung der betreffenden Legierung und auch von der endgültigen Verarbeitung des Druckgefäßes ab; die Wanddicke ist unabhängig von der verwendeten Legierung nach einer der folgenden Formeln zu berechnen:

$$e = \frac{P_{MPa} \times D}{\frac{2 \times R_e}{1{,}30} + P_{MPa}} \quad \text{oder} \quad e = \frac{P_{bar} \times D}{\frac{20 \times R_e}{1{,}30} + P_{bar}},$$

wobei

- e = Mindestwanddicke des Druckgefäßes in mm
- P_{MPa} = Prüfdruck in MPa
- P_{bar} = Prüfdruck in bar
- D = nomineller äußerer Durchmesser des Druckgefäßes in mm
- Re = garantierte minimale 0,2 %ige Streckgrenze in MPa (N/mm²)

bedeuten.

6.2 Bau- und Prüfvorschriften für Druckgefäße, Druckgaspackungen, Gefäße, klein, mit Gas (Gaspatronen) und Brennstoffzellen-Kartuschen mit verflüssigtem entzündbarem Gas

ADR	RID

Die in der Formel stehende garantierte minimale Streckgrenze (Re) darf unabhängig von der verwendeten Legierung nicht größer sein als das 0,85fache der garantierten minimalen Zugfestigkeit (Rm).

Bem. 1. Die vorstehenden Eigenschaften stützen sich auf die bisherigen Erfahrungen mit folgenden Druckgefäßwerkstoffen:
Spalte A: Aluminium, unlegiert, 99,5 % rein;
Spalte B: Aluminium- und Magnesiumlegierungen;
Spalte C: Aluminium-, Silicium- und Magnesiumlegierungen;
           z.B. ISO/ R209-Al-Si-Mg (Aluminium Association 6351);
Spalte D: Aluminium-, Kupfer- und Magnesiumlegierungen.

2. Die bleibende Dehnung nach Bruch wird an Probestäben mit kreisrundem Querschnitt bestimmt, wobei die Messlänge «l» zwischen den Messmarken gleich dem 5fachen Stabdurchmesser «d» ist (l = 5d); werden Probestäbe mit rechteckigem Querschnitt verwendet, so wird die Messlänge «l» nach der Formel

$$l = 5{,}65 \sqrt{F_0}$$

berechnet, wobei F_0 gleich dem ursprünglichen Querschnitt des Probestabes ist.

3. a) Die Faltbiegeprobe (siehe Abbildung) ist an Proben, die als Ring mit einer Breite von 3e, jedoch nicht weniger als 25 mm, von dem Zylinder abgeschnitten und in zwei gleiche Teile geteilt werden, durchzuführen. Die Proben dürfen nur an den Rändern bearbeitet werden.

b) Die Faltbiegeprobe ist mit einem Biegestempel mit dem Durchmesser (d) und zwei Rundstützen, die durch eine Entfernung von (d + 3e) voneinander getrennt sind, durchzuführen. Während der Probe sind die Innenflächen nicht weiter voneinander entfernt als der Durchmesser des Biegestempels.

c) Die Probe darf nicht reißen, wenn sie um den Biegestempel gebogen wird, bis die Innenflächen am Biegestempel anliegen.

d) Das Verhältnis (n) zwischen dem Durchmesser des Biegestempels und der Dicke der Probe muss den Werten in der Tabelle entsprechen.

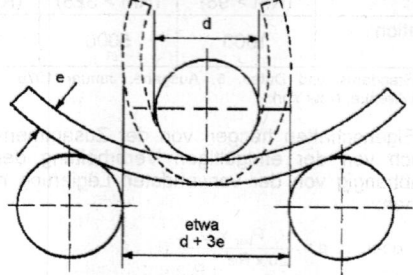

Abbildung der Faltbiegeprobe

6.2.5.4.2   Ein geringerer Mindestwert der Dehnung ist zulässig, vorausgesetzt, durch ein zusätzliches, von der zuständigen Behörde des Herstellungslandes zugelassenes Prüfverfahren wird nachgewiesen, dass die Druckgefäße die gleiche Sicherheit für die Beförderung gewährleisten wie Druckgefäße, die nach den Werten der Tabelle in Absatz 6.2.5.4.1 gefertigt sind (siehe auch Norm EN 1975:1999 + A1:2003).

Bau- und Prüfvorschriften für Druckgefäße, Druckgaspackungen, Gefäße, klein, mit Gas (Gaspatronen) und Brennstoffzellen-Kartuschen mit verflüssigtem entzündbarem Gas 6.2

ADR	RID

6.2.5.4.3 Die Mindestwanddicke der Druckgefäße hat an der schwächsten Stelle zu betragen:
- bei einem Druckgefäßdurchmesser unter 50 mm mindestens 1,5 mm,
- bei einem Druckgefäßdurchmesser von 50 mm bis 150 mm mindestens 2 mm,
- bei einem Druckgefäßdurchmesser von über 150 mm mindestens 3 mm.

6.2.5.4.4 Die Böden sind in Halbkugel-, elliptischer oder Korbbogenform auszuführen; sie müssen die gleiche Sicherheit gewährleisten wie der Druckgefäßkörper.

6.2.5.5 Druckgefäße aus Verbundwerkstoffen

Flaschen, Großflaschen, Druckfässer und Flaschenbündel aus Verbundwerkstoffen müssen so gebaut sein, dass das Berstverhältnis (Berstdruck dividiert durch Prüfdruck) mindestens beträgt:
- 1,67 bei ringverstärkten Druckgefäßen
- 2,00 bei vollständig umwickelten Druckgefäßen.

6.2.5.6 Verschlossene Kryo-Behälter

Für den Bau von verschlossenen Kryo-Behältern für tiefgekühlt verflüssigte Gase gelten folgende Vorschriften:

6.2.5.6.1 Werden nicht metallene Werkstoffe verwendet, so müssen diese bei der niedrigsten Betriebstemperatur des Druckgefäßes und dessen Ausrüstungsteile unempfindlich gegen Sprödbruch sein.

6.2.5.6.2 Die Druckentlastungseinrichtungen müssen so gebaut sein, dass sie auch bei ihrer niedrigsten Betriebstemperatur einwandfrei funktionieren. Die sichere Funktionsweise bei dieser Temperatur ist durch eine Prüfung jeder einzelnen Einrichtung oder durch eine Prüfung eines Einrichtungsmusters derselben Bauart festzustellen und zu prüfen.

6.2.5.6.3 Die Öffnungen und die Druckentlastungseinrichtungen der Druckgefäße müssen so ausgelegt sein, dass sie ein Herausspritzen der Flüssigkeit verhindern.

6.2.6 Allgemeine Vorschriften für Druckgaspackungen, Gefäße, klein, mit Gas (Gaspatronen) und Brennstoffzellen-Kartuschen mit verflüssigtem entzündbarem Gas

6.2.6.1 Auslegung und Bau

6.2.6.1.1 Druckgaspackungen (UN-Nummer 1950), die nur ein Gas oder Gasgemisch enthalten, und Gefäße, klein, mit Gas (Gaspatronen) (UN-Nummer 2037) müssen aus Metall hergestellt sein. Ausgenommen sind Druckgaspackungen (UN-Nummer 1950) und Gefäße, klein, mit Gas (Gaspatronen) (UN-Nummer 2037) bis zu einem Fassungsraum von 100 ml für UN 1011 Butan. Andere Druckgaspackungen (UN-Nummer 1950) müssen aus Metall, aus Kunststoff oder aus Glas hergestellt sein. Metallgefäße mit einem Außendurchmesser von mindestens 40 mm müssen einen konkaven Boden haben.

6.2.6.1.2 Gefäße aus Metall dürfen einen Fassungsraum von höchstens 1000 ml, solche aus Kunststoff oder Glas von höchstens 500 ml haben.

6.2.6.1.3 Jedes Baumuster von Gefäßen (Druckgaspackung oder Gaspatrone) muss vor der Inbetriebnahme einer Flüssigkeitsdruckprüfung nach Unterabschnitt 6.2.6.2 genügen.

6.2 Bau- und Prüfvorschriften für Druckgefäße, Druckgaspackungen, Gefäße, klein, mit Gas (Gaspatronen) und Brennstoffzellen-Kartuschen mit verflüssigtem entzündbarem Gas

ADR	RID

6.2.6.1.4 Die Entnahmeventile und Zerstäubungseinrichtungen der Druckgaspackungen der UN-Nummer 1950 und die Entnahmeventile der Gaspatronen der UN-Nummer 2037 müssen einen dichten Verschluss der Gefäße gewährleisten und sind gegen unbeabsichtigtes Öffnen zu schützen. Die Entnahmeventile und Zerstäubungseinrichtungen, die nur auf Innendruck schließen, sind nicht zugelassen.

6.2.6.1.5 Der innere Druck von Druckgaspackungen darf bei 50 °C weder zwei Drittel des Prüfdrucks noch 1,2 MPa (12 bar) bei verflüssigten entzündbaren Gasen, 1,32 MPa (13,2 bar) bei verflüssigten nicht entzündbaren Gasen und 1,5 MPa (15 bar) bei verdichteten oder gelösten nicht entzündbaren Gasen überschreiten. Sie dürfen bei 50 °C zu höchstens 95 % ihres Fassungsraumes mit flüssiger Phase gefüllt sein. Gefäße, klein, mit Gas (Gaspatronen) müssen den Prüfdruck- und Befüllungsvorschriften der Verpackungsanweisung P 200 des Unterabschnitts 4.1.4.1 entsprechen. Darüber hinaus darf das Produkt aus Prüfdruck und dem mit Wasser ausgeliterten Fassungsraum nicht größer als 30 bar · Liter für verflüssigte Gase bzw. 54 bar · Liter für verdichtete Gase und der Prüfdruck für verflüssigte Gase nicht größer als 250 bar und für verdichtete Gase nicht größer als 450 bar sein.

6.2.6.2 Flüssigkeitsdruckprüfung

6.2.6.2.1 Der anzuwendende innere Druck (Prüfdruck) muss das 1,5fache des Innendrucks bei 50 °C, mindestens aber 1 MPa (10 bar) betragen.

6.2.6.2.2 An mindestens fünf leeren Gefäßen jedes Baumusters sind Flüssigkeitsdruckprüfungen durchzuführen:

a) bis zum festgelegten Prüfdruck, wobei weder Undichtheiten noch sichtbare bleibende Formänderungen auftreten dürfen, und

b) bis zum Undichtwerden oder Bersten, wobei zunächst ein etwaiger konkaver Boden ausbuchten muss und das Gefäß erst beim 1,2fachen Prüfdruck undicht werden oder bersten darf.

6.2.6.3 Dichtheitsprüfung

Jede gefüllte Druckgaspackung, jede Gaspatrone oder jede Brennstoffzellen-Kartusche muss einer Prüfung in einem Heißwasserbad gemäß Absatz 6.2.6.3.1 oder einer zugelassenen Alternative zur Prüfung im Wasserbad gemäß Absatz 6.2.6.3.2 unterzogen werden.

6.2.6.3.1 Prüfung in einem Heißwasserbad

6.2.6.3.1.1 Die Temperatur des Wasserbades und die Dauer der Prüfung sind so zu wählen, dass der Innendruck mindestens den Wert erreicht, der bei 55 °C (50 °C, wenn die flüssige Phase bei 50 °C nicht mehr als 95 % des Fassungsraums der Druckgaspackung, der Gaspatrone oder der Brennstoffzellen-Kartusche einnimmt) erreicht werden würde. Wenn der Inhalt wärmeempfindlich ist oder die Druckgaspackungen, Gaspatronen oder Brennstoffzellen-Kartuschen aus Kunststoff hergestellt sind, der bei dieser Temperatur weich wird, ist die Temperatur des Wasserbades zwischen 20 °C und 30 °C einzustellen, wobei jedoch außerdem eine von 2000 Druckgaspackungen, Gaspatronen oder Brennstoffzellen-Kartuschen bei der höheren Temperatur zu prüfen ist.

6.2.6.3.1.2 An einer Druckgaspackung, Gaspatrone oder Brennstoffzellen-Kartusche dürfen weder Undichtheiten noch bleibende Verformungen auftreten, mit der Ausnahme, dass Druckgaspackungen, Gaspatronen oder Brennstoffzellen-Kartuschen aus Kunststoff sich durch Weichwerden verformen dürfen, sofern sie dicht bleiben.

Bau- und Prüfvorschriften für Druckgefäße, Druckgaspackungen, 6.2
Gefäße, klein, mit Gas (Gaspatronen) und Brennstoffzellen-Kartuschen mit verflüssigtem entzündbarem Gas

ADR	RID

6.2.6.3.2 Alternative Methoden

Mit Zustimmung der zuständigen Behörde dürfen alternative Methoden, die ein gleichwertiges Sicherheitsniveau gewährleisten, angewendet werden, vorausgesetzt, die Vorschriften des Absatzes 6.2.6.3.2.1 und des Absatzes 6.2.6.3.2.2 bzw. 6.2.6.3.2.3 werden erfüllt.

6.2.6.3.2.1 Qualitätssicherungssystem

Die Befüller von Druckgaspackungen, Gaspatronen oder Brennstoffzellen-Kartuschen und die Hersteller von Bauteilen für Druckgaspackungen, Gaspatronen oder Brennstoffzellen-Kartuschen müssen über ein Qualitätssicherungssystem verfügen. Das Qualitätssicherungssystem muss Verfahren zur Anwendung bringen, um sicherzustellen, dass alle Druckgaspackungen, Gaspatronen oder Brennstoffzellen-Kartuschen, die undicht oder verformt sind, aussortiert und nicht zur Beförderung aufgegeben werden.

Das Qualitätssicherungssystem muss Folgendes umfassen:

a) eine Beschreibung der Organisationsstruktur und der Verantwortlichkeiten;

b) die entsprechenden Anweisungen, die für die Prüfung, die Qualitätskontrolle, die Qualitätssicherung und die Arbeitsabläufe verwendet werden;

c) Qualitätsaufzeichnungen, wie Prüfberichte, Prüf- und Kalibrierungsdaten und Nachweise;

d) Überprüfungen durch die Geschäftsleitung, um die erfolgreiche Wirkungsweise des Qualitätssicherungssystems sicherzustellen;

e) ein Verfahren für die Kontrolle der Dokumente und deren Überarbeitung;

f) ein Mittel für die Kontrolle nicht konformer Druckgaspackungen, Gaspatronen oder Brennstoffzellen-Kartuschen;

g) Schulungsprogramme und Qualifizierungsverfahren für das betroffene Personal und

h) Verfahren um sicherzustellen, dass am Endprodukt keine Schäden vorhanden sind.

Es sind eine erstmalige Bewertung und wiederkehrende Bewertungen zur Zufriedenheit der zuständigen Behörde durchzuführen. Diese Bewertungen müssen sicherstellen, dass das zugelassene System geeignet und effizient ist und bleibt. Die zuständige Behörde ist vorab über alle vorgeschlagenen Änderungen am zugelassenen System in Kenntnis zu setzen.

6.2.6.3.2.2 Druckgaspackungen

6.2.6.3.2.2.1 Druck- und Dichtheitsprüfung von Druckgaspackungen vor dem Befüllen

Jede leere Druckgaspackung muss einem Druck ausgesetzt werden, der mindestens so hoch sein muss, wie der bei 55 °C (50 °C, wenn die flüssige Phase bei 50 °C nicht mehr als 95 % des Fassungsraums der Druckgaspackung einnimmt) in einer gefüllten Druckgaspackung erwartete Druck. Dieser muss mindestens zwei Drittel des Auslegungsdrucks der Druckgaspackung betragen. Wenn eine Druckgaspackung beim Prüfdruck Anzeichen einer Undichtheit von mindestens $3,3 \times 10^{-2}$ mbar·l·s^{-1}, von Verformungen oder anderer Mängel liefert, muss sie aussortiert werden.

6.2.6.3.2.2.2 Prüfung der Druckgaspackung nach dem Befüllen

Vor dem Befüllen muss der Befüller sicherstellen, dass die Crimp-Einrichtung richtig eingestellt ist und das festgelegte Treibmittel verwendet wird.

6.2 Bau- und Prüfvorschriften für Druckgefäße, Druckgaspackungen, Gefäße, klein, mit Gas (Gaspatronen) und Brennstoffzellen-Kartuschen mit verflüssigtem entzündbarem Gas

ADR	RID

Jede befüllte Druckgaspackung muss gewogen und auf Dichtheit geprüft werden. Die Einrichtung zur Feststellung von Undichtheiten muss genügend empfindlich sein, um bei 20 °C mindestens eine Undichtheit von $2{,}0 \times 10^{-3}$ mbar·l·s^{-1} festzustellen.

Alle Druckgaspackungen, die Anzeichen einer Undichtheit, einer Verformung oder einer überhöhten Masse aufweisen, müssen aussortiert werden.

6.2.6.3.2.3 Gaspatronen und Brennstoffzellen-Kartuschen

6.2.6.3.2.3.1 Druckprüfung von Gaspatronen und Brennstoffzellen-Kartuschen

Jede Gaspatrone oder jede Brennstoffzellen-Kartusche muss einem Prüfdruck ausgesetzt werden, der mindestens so hoch sein muss, wie der bei 55 °C (50 °C, wenn die flüssige Phase bei 50 °C nicht mehr als 95 % des Fassungsraums des Gefäßes einnimmt) im gefüllten Gefäß erwartete höchste Druck. Dieser Prüfdruck muss dem für die Gaspatrone oder Brennstoffzellen-Kartusche festgelegten Druck entsprechen und muss mindestens zwei Drittel des Auslegungsdrucks der Gaspatrone oder der Brennstoffzellen-Kartusche betragen. Wenn eine Gaspatrone oder Brennstoffzellen-Kartusche beim Prüfdruck Anzeichen einer Undichtheit von mindestens $3{,}3 \times 10^{-2}$ mbar·l·s^{-1}, von Verformungen oder anderer Mängel aufweisen, muss sie aussortiert werden.

6.2.6.3.2.3.2 Dichtheitsprüfung von Gaspatronen und Brennstoffzellen-Kartuschen

Vor dem Befüllen und Abdichten muss der Befüller sicherstellen, dass die (gegebenenfalls vorhandenen) Verschlüsse und die dazugehörige Dichtungseinrichtung entsprechend verschlossen sind und das festgelegte Gas verwendet wird.

Jede befüllte Gaspatrone oder Brennstoffzellen-Kartusche muss auf korrekte Gasmasse und auf Dichtheit geprüft werden. Die Einrichtung zur Feststellung von Undichtheiten muss genügend empfindlich sein, um bei 20 °C mindestens eine Undichtheit von $2{,}0 \times 10^{-3}$ mbar·l·s^{-1} festzustellen.

Alle Gaspatronen oder Brennstoffzellen-Kartuschen, deren Gasmasse nicht mit den ausgewiesenen Massengrenzwerten übereinstimmt oder die Anzeichen einer Undichtheit oder einer Verformung aufweisen, müssen aussortiert werden.

6.2.6.3.3 Mit Zustimmung der zuständigen Behörde unterliegen Druckgaspackungen und Gefäße, klein, nicht den Vorschriften der Unterabschnitte 6.2.6.3.1 und 6.2.6.3.2, wenn sie steril sein müssen, jedoch durch eine Prüfung im Wasserbad nachteilig beeinflusst werden können, vorausgesetzt:

a) sie enthalten ein nicht entzündbares Gas und

   (i) sie enthalten entweder andere Stoffe, die Bestandteile pharmazeutischer Produkte für medizinische, veterinärmedizinische oder ähnliche Zwecke sind, oder

   (ii) sie enthalten andere Stoffe, die im Herstellungsverfahren für pharmazeutische Produkte verwendet werden, oder

   (iii) sie werden in medizinischen, veterinärmedizinischen oder ähnlichen Anwendungen eingesetzt;

b) durch die vom Hersteller verwendeten alternativen Methoden für die Feststellung von Undichtheiten und für die Druckfestigkeit wird ein gleichwertiges Sicherheitsniveau erreicht, wie Heliumnachweis und Prüfung einer statistischen Probe von mindestens 1 von 2 000 jeder Fertigungscharge im Wasserbad, und

Bau- und Prüfvorschriften für Druckgefäße, Druckgaspackungen, Gefäße, klein, mit Gas (Gaspatronen) und Brennstoffzellen-Kartuschen mit verflüssigtem entzündbarem Gas 6.2

ADR	RID

c) sie werden für pharmazeutische Produkte gemäß den Absätzen a) (i) und (iii) unter der Ermächtigung einer staatlichen Gesundheitsverwaltung hergestellt. Sofern dies von der zuständigen Behörde vorgeschrieben wird, müssen die von der Weltgesundheitsorganisation (WHO)[7] aufgestellten Grundsätze der «guten Herstellungspraxis» (GMP) eingehalten werden.

6.2.6.4   Verweis auf Normen

Die grundlegenden Bestimmungen dieses Abschnitts gelten bei Anwendung nachstehender Normen als erfüllt:

– für UN 1950 Druckgaspackungen: Anhang der Richtlinie des Rates 75/324/EWG[8] in der geänderten und zum Zeitpunkt der Herstellung geltenden Fassung.

– für UN 2037 Gefäße, klein, mit Gas (Gaspatronen), die UN 1965 Kohlenwasserstoffgas, Gemisch, verflüssigt, n.a.g., enthalten: EN 417:2012 Metallene Einwegkartuschen für Flüssiggas, mit und ohne Entnahmeventil, zum Betrieb von tragbaren Geräten; Herstellung, Prüfungen und Kennzeichnung

– für UN 2037 Gefäße, klein, mit Gas (Gaspatronen), die nicht giftige, nicht entzündbare verdichtete oder verflüssigte Gase enthalten: EN 16509:2014 Ortsbewegliche Gasflaschen – Nicht wiederbefüllbare kleine ortsbewegliche Flaschen aus Stahl mit einem Fassungsraum bis einschließlich 120 ml für verdichtete oder verflüssigte Gase (Kompaktflaschen) – Auslegung, Bau, Füllung und Prüfung. Zusätzlich zu den in dieser Norm vorgeschriebenen Kennzeichen muss die Gaspatrone mit «UN 2037/EN 16509» gekennzeichnet sein.

---

[7] WHO-Veröffentlichung: «Quality assurance of pharmaceuticals. A compendium of guidelines and related materials. Volume 2: Good manufacturing practices and inspection» (Qualitätssicherung pharmazeutischer Produkte. Eine Übersicht von Richtlinien und ähnlichen Dokumenten. Band 2: Gute Herstellungspraxis und Inspektion).

[8] Richtlinie 75/324/EWG des Rates der Europäischen Gemeinschaften vom 20. Mai 1975 zur Angleichung der Rechtsvorschriften der Mitgliedstaaten (der Europäischen Gemeinschaften) über Aerosolpackungen, veröffentlicht im Amtsblatt der Europäischen Gemeinschaften Nr. L 147 vom 9. Juni 1975.

6.2 Bau- und Prüfvorschriften für Druckgefäße, Druckgaspackungen, Gefäße, klein, mit Gas (Gaspatronen) und Brennstoffzellen-Kartuschen mit verflüssigtem entzündbarem Gas

ADR	RID

6.3 Bau- und Prüfvorschriften für Verpackungen für ansteckungsgefährliche Stoffe der Kategorie A der Klasse 6.2 (UN-Nummern 2814 und 2900)

ADR	RID

Bem. Die Vorschriften dieses Kapitels gelten nicht für Verpackungen, die gemäß Unterabschnitt 4.1.4.1 Verpackungsanweisung P 621 für die Beförderung von Stoffen der Klasse 6.2 verwendet werden.

6.3.1 Allgemeines

6.3.1.1 Die Vorschriften dieses Kapitels gelten für Verpackungen zur Beförderung von ansteckungsgefährlichen Stoffen der Kategorie A (UN-Nummern 2814 und 2900).

6.3.2 Vorschriften für Verpackungen

6.3.2.1 Die Vorschriften in diesem Abschnitt stützen sich auf die derzeit verwendeten Verpackungen, wie sie in Abschnitt 6.1.4 definiert sind. Um den wissenschaftlichen und technischen Fortschritt zu berücksichtigen, dürfen Verpackungen verwendet werden, deren Spezifikationen von denen in diesem Kapitel abweichen, vorausgesetzt, sie sind ebenso wirksam, von der zuständigen Behörde anerkannt und sie bestehen erfolgreich die in Abschnitt 6.3.5 beschriebenen Prüfungen. Andere als die im ADR/RID beschriebenen Prüfverfahren sind zulässig, vorausgesetzt, sie sind gleichwertig und von der zuständigen Behörde anerkannt.

6.3.2.2 Die Verpackungen müssen nach einem von der zuständigen Behörde als zufrieden stellend erachteten Qualitätssicherungsprogramm hergestellt und geprüft sein, um sicherzustellen, dass jede Verpackung den Vorschriften dieses Kapitels entspricht.

Bem. Die Norm ISO 16106:2006 «Verpackung – Verpackungen zur Beförderung gefährlicher Güter – Gefahrgutverpackungen, Großpackmittel (IBC) und Großverpackungen – Leitfaden für die Anwendung der ISO 9001» enthält zufrieden stellende Leitlinien für Verfahren, die angewendet werden dürfen.

6.3.2.3 Hersteller und nachfolgende Verteiler von Verpackungen müssen Informationen über die zu befolgenden Verfahren sowie eine Beschreibung der Arten und Abmessungen der Verschlüsse (einschließlich der erforderlichen Dichtungen) und aller anderen Bestandteile liefern, die notwendig sind, um sicherzustellen, dass die versandfertigen Versandstücke in der Lage sind, die anwendbaren Qualitätsprüfungen dieses Kapitels zu erfüllen.

6.3.3 Codierung für die Bezeichnung des Verpackungstyps

6.3.3.1 Die Codes für die Bezeichnung des Verpackungstyps sind in Unterabschnitt 6.1.2.7 aufgeführt.

6.3.3.2 Auf den Verpackungscode kann der Buchstabe «U» oder «W» folgen. Der Buchstabe «U» bezeichnet eine Sonderverpackung nach Absatz 6.3.5.1.6. Der Buchstabe «W» bedeutet, dass die Verpackung zwar dem durch den Code bezeichneten Verpackungstyp angehört, jedoch nach einer von Abschnitt 6.1.4 abweichenden Spezifikation hergestellt wurde und nach den Vorschriften des Unterabschnitts 6.3.2.1 als gleichwertig gilt.

6.3 Bau- und Prüfvorschriften für Verpackungen für ansteckungsgefährliche Stoffe der Kategorie A der Klasse 6.2 (UN-Nummern 2814 und 2900)

ADR	RID

6.3.4 Kennzeichnung

Bem.
1. Die Kennzeichen auf der Verpackung geben an, dass diese einer erfolgreich geprüften Bauart entspricht und die Vorschriften dieses Kapitels erfüllt, soweit diese sich auf die Herstellung und nicht auf die Verwendung der Verpackung beziehen.

2. Die Kennzeichen sind dazu bestimmt, die Aufgaben der Verpackungshersteller, der Rekonditionierer, der Verpackungsverwender, der Beförderer und der Regelungsbehörden zu erleichtern.

3. Die Kennzeichen liefern nicht immer vollständige Einzelheiten beispielsweise über das Prüfniveau; es kann daher notwendig sein, diesem Gesichtspunkt auch unter Bezugnahme auf ein Prüfzertifikat, Prüfberichte oder ein Verzeichnis erfolgreich geprüfter Verpackungen Rechnung zu tragen.

6.3.4.1 Jede Verpackung, die für eine Verwendung gemäß ADR/RID vorgesehen ist, muss mit Kennzeichen versehen sein, die dauerhaft und lesbar und an einer Stelle in einem zur Verpackung verhältnismäßigen Format so angebracht sind, dass sie gut sichtbar sind. Bei Versandstücken mit einer Bruttomasse von mehr als 30 kg müssen die Kennzeichen oder ein Doppel davon auf der Oberseite oder auf einer Seite der Verpackung erscheinen. Die Buchstaben, Ziffern und Zeichen müssen eine Zeichenhöhe von mindestens 12 mm haben, ausgenommen an Verpackungen mit einem Fassungsraum von höchstens 30 Litern oder einer Nettomasse von höchstens 30 kg, bei denen die Zeichenhöhe mindestens 6 mm betragen muss, und ausgenommen an Verpackungen mit einem Fassungsraum von höchstens 5 Litern oder einer Nettomasse von höchstens 5 kg, bei denen sie eine angemessene Größe aufweisen müssen.

6.3.4.2 Verpackungen, die den Vorschriften dieses Abschnitts und des Abschnitts 6.3.5 entsprechen, müssen mit folgenden Kennzeichen versehen sein:

a) dem Symbol der Vereinten Nationen für Verpackungen ⓊⒽ;
dieses Symbol darf nur zum Zweck der Bestätigung verwendet werden, dass eine Verpackung, ein flexibler Schüttgut-Container, ein ortsbeweglicher Tank oder ein MEGC den entsprechenden Vorschriften des Kapitels 6.1, 6.2, 6.3, 6.5, 6.6, 6.7 oder 6.11 entspricht;

b) dem Code für die Bezeichnung des Verpackungstyps nach Abschnitt 6.1.2;

c) der Angabe «KLASSE 6.2»;

d) den letzten beiden Ziffern des Jahres der Herstellung der Verpackung;

e) dem Zeichen des Staates, in dem die Erteilung des Kennzeichens zugelassen wurde, angegeben durch das für Kraftfahrzeuge im internationalen Verkehr verwendete Unterscheidungszeichen [1];

f) dem Namen des Herstellers oder einer sonstigen von der zuständigen Behörde festgelegten Identifizierung der Verpackung und

g) bei Verpackungen, die den Vorschriften des Absatzes 6.3.5.1.6 entsprechen, dem Buchstaben «U» unmittelbar nach dem in Absatz b) vorgeschriebenen Kennzeichen.

---

[1] Das für Kraftfahrzeuge und Anhänger im internationalen Straßenverkehr verwendete Unterscheidungszeichen des Zulassungsstaates, z.B. gemäß dem Genfer Übereinkommen über den Straßenverkehr von 1949 oder dem Wiener Übereinkommen über den Straßenverkehr von 1968.

Bau- und Prüfvorschriften für Verpackungen für ansteckungsgefährliche Stoffe der Kategorie A der Klasse 6.2 (UN-Nummern 2814 und 2900)   6.3

ADR	RID

6.3.4.3 Die Kennzeichen müssen in der Reihenfolge der Absätze a) bis g) in Unterabschnitt 6.3.4.2 angebracht werden; jedes der in diesen Absätzen vorgeschriebenen Kennzeichen muss zur leichteren Identifizierung deutlich getrennt werden, z. B. durch einen Schrägstrich oder eine Leerstelle. Beispiele siehe Unterabschnitt 6.3.4.4.

Alle zusätzlichen, von einer zuständigen Behörde zugelassenen Kennzeichen dürfen die korrekte Identifizierung der in Unterabschnitt 6.3.4.1 vorgeschriebenen Kennzeichen nicht beeinträchtigen.

6.3.4.4 Beispiel für die Kennzeichnung:

⓵ 4G/KLASSE 6.2/06/   nach 6.3.4.2 a), b), c) und d)
   S/SP-9989-ERIKSSON   nach 6.3.4.2 e) und f)

6.3.5 **Prüfvorschriften für Verpackungen**

6.3.5.1 **Durchführung und Wiederholung der Prüfungen**

6.3.5.1.1 Die Bauart jeder Verpackung muss den in diesem Abschnitt vorgesehenen Prüfungen nach den von der zuständigen Behörde, welche die Zuteilung des Kennzeichens bestätigt hat, festgelegten Verfahren unterzogen und von dieser Behörde zugelassen werden.

6.3.5.1.2 Vor der Verwendung muss jede Bauart einer Verpackung die in diesem Kapitel vorgeschriebenen Prüfungen mit Erfolg bestanden haben. Die Bauart der Verpackung wird durch Auslegung, Größe, verwendeten Werkstoff und dessen Dicke, Art der Fertigung und Zusammenbau bestimmt, kann aber auch verschiedene Oberflächenbehandlungen einschließen. Hierzu gehören auch Verpackungen, die sich von der Bauart nur durch ihre geringere Bauhöhe unterscheiden.

6.3.5.1.3 Die Prüfungen müssen mit Mustern aus der Produktion in Abständen durchgeführt werden, die von der zuständigen Behörde festgelegt werden.

6.3.5.1.4 Die Prüfungen müssen auch nach jeder Änderung der Auslegung, des Werkstoffs oder der Art der Fertigung einer Verpackung wiederholt werden.

6.3.5.1.5 Die zuständige Behörde kann die selektive Prüfung von Verpackungen zulassen, die sich nur geringfügig von einer bereits geprüften Bauart unterscheiden, z. B. Primärgefäße kleinerer Größe oder geringerer Nettomasse sowie Verpackungen, wie Fässer und Kisten, bei denen ein oder mehrere Außenmaße etwas verringert sind.

6.3.5.1.6 Alle Arten von Primärgefäßen dürfen in einer Sekundärverpackung zusammengefasst und unter folgenden Bedingungen ohne Prüfung in der starren Außenverpackung befördert werden:

a) die starre Außenverpackung ist erfolgreich den Prüfungen nach Absatz 6.3.5.2.2 mit zerbrechlichen Primärgefäßen (z. B. aus Glas) unterzogen worden;

b) die gesamte kombinierte Bruttomasse der Primärgefäße darf die Hälfte der Bruttomasse der Primärgefäße, die für die Fallprüfung nach Absatz a) verwendet wurden, nicht überschreiten;

c) die Dicke der Polsterung zwischen den Primärgefäßen und zwischen den Primärgefäßen und der Außenseite der Sekundärverpackung darf nicht geringer sein als die entsprechenden Dicken in der ursprünglich geprüften Verpackung; wenn bei der ursprünglichen Prüfung ein einziges Primärgefäß verwendet wurde, darf die Dicke der

6.3 Bau- und Prüfvorschriften für Verpackungen für ansteckungsgefährliche Stoffe der Kategorie A der Klasse 6.2 (UN-Nummern 2814 und 2900)

ADR	RID

Polsterung zwischen den Primärgefäßen nicht geringer sein als die Dicke der Polsterung zwischen der Außenseite der Sekundärverpackung und dem Primärgefäß bei der ursprünglichen Prüfung. Wenn im Vergleich zu den Bedingungen bei der Fallprüfung entweder weniger oder kleinere Primärgefäße verwendet werden, ist zusätzliches Polstermaterial zu verwenden, um die Hohlräume aufzufüllen;

d) die starre Außenverpackung muss in leerem Zustand erfolgreich die Stapeldruckprüfung nach Unterabschnitt 6.1.5.6 bestanden haben. Die Gesamtmasse der gleichen Versandstücke hängt von der kombinierten Masse der Verpackungen, die für die Fallprüfung nach Absatz a) verwendet wurden, ab;

e) Primärgefäße mit flüssigen Stoffen müssen mit einer ausreichenden Menge saugfähigen Materials umgeben sein, um den gesamten flüssigen Inhalt der Primärgefäße aufzusaugen;

f) wenn die starre Außenverpackung für die Aufnahme von Primärgefäßen für flüssige Stoffe vorgesehen ist und selbst nicht flüssigkeitsdicht ist oder wenn die starre Außenverpackung für die Aufnahme von Primärgefäßen für feste Stoffe vorgesehen ist und selbst nicht staubdicht ist, müssen Maßnahmen in Form einer dichten Innenauskleidung, eines Kunststoffsacks oder eines anderen ebenso wirksamen Mittels zur Umschließung getroffen werden, um bei einer Undichtheit alle flüssigen oder festen Stoffe zurückzuhalten;

g) neben den Kennzeichen gemäß Unterabschnitt 6.3.4.2 a) bis f) sind die Verpackungen mit dem Kennzeichen gemäß Unterabschnitt 6.3.4.2 g) zu versehen.

6.3.5.1.7 Die zuständige Behörde kann jederzeit verlangen, dass durch Prüfungen nach diesem Abschnitt nachgewiesen wird, dass die Verpackungen aus der Serienherstellung die Vorschriften der Bauartprüfung erfüllen.

6.3.5.1.8 Unter der Voraussetzung, dass die Gültigkeit der Prüfergebnisse nicht beeinträchtigt wird, und mit Zustimmung der zuständigen Behörde dürfen mehrere Prüfungen mit einem einzigen Muster durchgeführt werden.

6.3.5.2 **Vorbereitung der Verpackungen für die Prüfungen**

6.3.5.2.1 Die Prüfmuster der Verpackungen sind versandfertig vorzubereiten, mit der Ausnahme, dass ein ansteckungsgefährlicher flüssiger oder fester Stoff durch Wasser oder, wenn eine Temperierung auf –18 °C vorgeschrieben ist, durch Wasser mit Frostschutzmittel zu ersetzen ist. Jedes Primärgefäß muss zu mindestens 98 % ihres Fassungsraumes gefüllt sein.

Bem. Der Begriff Wasser umfasst Wasser/Frostschutzmittel-Lösungen mit einer relativen Dichte von mindestens 0,95 für die Prüfung bei –18 °C.

Bau- und Prüfvorschriften für Verpackungen für ansteckungsgefährliche Stoffe der Kategorie A der Klasse 6.2 (UN-Nummern 2814 und 2900) 6.3

ADR	RID

6.3.5.2.2 Vorgeschriebene Prüfungen und Anzahl der Prüfmuster

Für Verpackungstypen vorgeschriebene Prüfungen

Verpackungstyp a)			vorgeschriebene Prüfungen					
starre Außenverpackung	Primärgefäß		Beregnung mit Wasser 6.3.5.3.5.1	Konditionierung unter Kälte 6.3.5.3.5.2	Fall 6.3.5.3	zusätzlicher Fall 6.3.5.3.3	Durchstoßen 6.3.5.4	Stapel 6.1.5.6
	Kunststoff	anderer Werkstoff	Anzahl der Prüfmuster	Anzahl der Prüfmuster	Anzahl der Prüfmuster	Anzahl der Prüfmuster	Anzahl der Prüfmuster	Anzahl der Prüfmuster
Kiste aus Pappe	X		5	5	10	an einem Prüfmuster vorgeschrieben, wenn die Verpackung für die Aufnahme von Trockeneis vorgesehen ist	2	an drei Prüfmustern bei der Prüfung einer gemäß 6.3.5.1.6 mit «U» gekennzeichneten Verpackung für besondere Vorschriften vorgeschrieben
		X	5	0	5		2	
Fass aus Pappe	X		3	3	6		2	
		X	3	0	3		2	
Kiste aus Kunststoff	X		0	5	5		2	
		X	0	5	5		2	
Fass/ Kanister aus Kunststoff	X		0	3	3		2	
		X	0	3	3		2	
Kiste aus anderem Werkstoff	X		0	5	5		2	
		X	0	0	5		2	
Fass/ Kanister aus anderem Werkstoff	X		0	3	3		2	
		X	0	0	3		2	

a) Der «Verpackungstyp» kategorisiert Verpackungen für Prüfzwecke nach der Art der Verpackung und ihren Werkstoffeigenschaften.

Bem. 1. In den Fällen, in denen das Primärgefäß aus mindestens zwei Werkstoffen besteht, bestimmt der Werkstoff, der am leichtesten zur Beschädigung neigt, die anzuwendende Prüfung.

2. Der Werkstoff der Sekundärverpackungen bleibt bei der Auswahl der Prüfung oder der Konditionierung für die Prüfung unberücksichtigt.

Erläuterung zur Anwendung der Tabelle:
Wenn die zu prüfende Verpackung aus einer äußeren Kiste aus Pappe mit einem Primärgefäß aus Kunststoff besteht, müssen fünf Prüfmuster vor der Fallprüfung der Beregnungsprüfung mit Wasser (siehe Absatz 6.3.5.3.5.1) unterzogen werden und weitere fünf Prüfmuster müssen vor der Fallprüfung auf –18 °C konditioniert werden (siehe Absatz 6.3.5.3.5.2). Wenn die Verpackung für die Aufnahme von Trockeneis vorgesehen ist, muss ein weiteres einzelnes Prüfmuster gemäß Absatz 6.3.5.3.5.3 der Fallprüfung unterzogen werden.

Versandfertige Verpackungen sind den Prüfungen nach den Unterabschnitten 6.3.5.3 und 6.3.5.4 zu unterziehen. Für Außenverpackungen beziehen sich die Eintragungen in der Tabelle auf Pappe oder ähnliche Werkstoffe, deren Leistungsfähigkeit durch Feuchtigkeit schnell beeinträchtigt werden kann, auf Kunststoffe, die bei niedrigen Temperaturen spröde werden können, und auf andere Werkstoffe wie Metalle, deren Leistungsfähigkeit durch Feuchtigkeit oder Temperatur nicht beeinträchtigt wird.

6.3 Bau- und Prüfvorschriften für Verpackungen für ansteckungsgefährliche Stoffe der Kategorie A der Klasse 6.2 (UN-Nummern 2814 und 2900)

ADR	RID

6.3.5.3 Fallprüfung

6.3.5.3.1 Fallhöhe und Aufprallplatte

Die Prüfmuster sind Freifallversuchen auf eine nicht federnde, horizontale, ebene, massive und starre Oberfläche aus einer Höhe von 9 m gemäß Absatz 6.1.5.3.4 zu unterziehen.

6.3.5.3.2 Anzahl der Prüfmuster und Fallausrichtung

6.3.5.3.2.1 Wenn die Prüfmuster die Form einer Kiste haben, sind fünf Muster fallen zu lassen, und zwar jeweils eines in folgender Ausrichtung:

a) flach auf den Boden,

b) flach auf das Oberteil,

c) flach auf die längste Seite,

d) flach auf die kürzeste Seite,

e) auf eine Ecke.

6.3.5.3.2.2 Wenn die Prüfmuster die Form eines Fasses oder eines Kanisters haben, sind drei Muster fallen zu lassen, und zwar jeweils eines in folgender Ausrichtung:

a) diagonal auf die obere Kante, wobei der Schwerpunkt direkt über der Aufprallstelle liegt,

b) diagonal auf die untere Kante,

c) flach auf den Mantel oder die Seite.

6.3.5.3.3 Die Prüfmuster müssen in der vorgeschriebenen Ausrichtung fallen gelassen werden, es ist jedoch zulässig, dass der Aufprall aus aerodynamischen Gründen nicht in dieser Ausrichtung erfolgt.

6.3.5.3.4 Nach der jeweiligen Fallversuchsreihe darf aus dem (den) Primärgefäß(en), das (die) durch das Polstermaterial/saugfähige Material in der Sekundärverpackung geschützt bleiben muss (müssen), nichts nach außen gelangen.

6.3.5.3.5 Besondere Vorbereitung der Prüfmuster für die Fallprüfung

6.3.5.3.5.1 Pappe – Beregnungsprüfung mit Wasser

Außenverpackungen aus Pappe: Das Prüfmuster muss mindestens eine Stunde einer Beregnung mit Wasser unterzogen werden, die eine Regeneinwirkung von ungefähr 5 cm je Stunde simuliert. Es ist danach der unter Absatz 6.3.5.3.1 beschriebenen Prüfung zu unterziehen.

6.3.5.3.5.2 Kunststoff – Konditionierung unter Kälte

Primärgefäße oder Außenverpackungen aus Kunststoff: Die Temperatur des Prüfmusters und seines Inhalts ist mindestens 24 Stunden auf −18 °C oder darunter zu reduzieren; innerhalb von 15 Minuten nach der Entfernung aus dieser Umgebung ist das Prüfmuster der in Absatz 6.3.5.3.1 beschriebenen Prüfung zu unterziehen. Enthält das Prüfmuster Trockeneis, ist die Dauer der Konditionierung auf vier Stunden zu verkürzen.

Bau- und Prüfvorschriften für Verpackungen für ansteckungsgefährliche Stoffe der Kategorie A der Klasse 6.2 (UN-Nummern 2814 und 2900) 6.3

ADR	RID

6.3.5.3.5.3 Versandstücke, die für die Aufnahme von Trockeneis vorgesehen sind – Zusätzliche Fallprüfung

Wenn die Verpackung für die Aufnahme von Trockeneis vorgesehen ist, ist eine zusätzliche Prüfung zu der Prüfung nach Absatz 6.3.5.3.1 und gegebenenfalls zusätzlich zu den Prüfungen nach Absatz 6.3.5.3.5.1 oder 6.3.5.3.5.2 durchzuführen. Ein Prüfmuster ist so zu lagern, dass das Trockeneis vollständig entweicht, und anschließend in einer der in Absatz 6.3.5.3.2.1 bzw. 6.3.5.3.2.2 beschriebenen Ausrichtungen, bei der die Gefahr des Zubruchgehens der Verpackung am größten ist, fallen zu lassen.

6.3.5.4   **Durchstoßprüfung**

6.3.5.4.1   Verpackungen mit einer Bruttomasse von höchstens 7 kg

Die Prüfmuster sind auf eine harte und ebene Oberfläche zu legen. Eine zylindrische Stange aus Stahl mit einer Masse von mindestens 7 kg, einem Durchmesser von 38 mm und einem Aufprallende mit einem Radius von höchstens 6 mm (siehe Abbildung 6.3.5.4.2) ist in freiem senkrechten Fall aus einer Höhe von 1 m, gemessen vom Aufprallende bis zur Aufprallfläche des Prüfmusters, fallen zu lassen. Ein Prüfmuster ist auf seine Grundfläche zu legen, ein zweites rechtwinklig zur Lage des ersten. Die Stahlstange ist jeweils so auszurichten, dass das (die) Primärgefäß(e) getroffen wird (werden). Bei jedem Aufprall ist ein Durchstoßen der Sekundärverpackung zulässig, vorausgesetzt, aus dem (den) Primärgefäß(en) gelangt nichts nach außen.

6.3.5.4.2   Verpackungen mit einer Bruttomasse von mehr als 7 kg

Die Prüfmuster sind auf das Ende einer zylindrischen Stange aus Stahl fallen zu lassen. Die Stange muss senkrecht in einer harten und ebenen Oberfläche eingesetzt sein. Sie muss einen Durchmesser von 38 mm haben und der Radius des oberen Endes darf nicht größer sein als 6 mm (siehe Abbildung 6.3.5.4.2). Die Stange muss aus der Oberfläche mindestens so weit herausragen, wie es dem Abstand zwischen dem Mittelpunkt des Primärgefäßes (der Primärgefäße) und der Außenfläche der Außenverpackung entspricht, mindestens jedoch 200 mm. Ein Prüfmuster ist mit seiner Oberseite nach unten in senkrechtem freiem Fall aus einer Höhe von 1 m, gemessen vom oberen Ende der Stahlstange, fallen zu lassen. Ein zweites Muster ist aus der gleichen Höhe rechtwinklig zur Lage des ersten Musters fallen zu lassen. Die Verpackung ist jeweils so auszurichten, dass die Stahlstange in der Lage wäre, das (die) Primärgefäß(e) zu durchdringen. Bei jedem Aufprall ist ein Eindringen in die Sekundärverpackung zulässig, vorausgesetzt, aus dem (den) Primärgefäß(en) gelangt nichts nach außen.

6.3	Bau- und Prüfvorschriften für Verpackungen für ansteckungsgefährliche Stoffe der Kategorie A der Klasse 6.2 (UN-Nummern 2814 und 2900)
ADR	RID

Abbildung 6.3.5.4.2

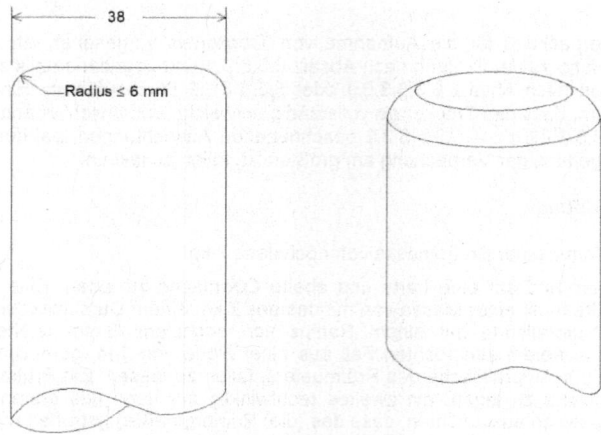

Abmessungen in Millimeter

6.3.5.5 Prüfbericht

6.3.5.5.1 Über die Prüfung ist ein schriftlicher Prüfbericht zu erstellen, der mindestens folgende Angaben enthält und der den Benutzern der Verpackung zur Verfügung stehen muss:

1. Name und Adresse der Prüfeinrichtung;
2. Name und Adresse des Antragstellers (soweit erforderlich);
3. eine nur einmal vergebene Prüfbericht-Kennnummer;
4. Datum der Prüfung und des Prüfberichts;
5. Hersteller der Verpackung;
6. Beschreibung der Verpackungsbauart (z. B. Abmessungen, Werkstoffe, Verschlüsse, Wanddicke, usw.) einschließlich des Herstellungsverfahrens (z. B. Blasformverfahren), gegebenenfalls mit Zeichnung(en) und/oder Foto(s);
7. höchster Fassungsraum;
8. Prüfinhalt;
9. Beschreibung der Prüfung und Prüfergebnisse;
10. der Prüfbericht muss mit Namen und Funktionsbezeichnung des Unterzeichners unterschrieben sein.

6.3.5.5.2 Der Prüfbericht muss Erklärungen enthalten, dass die versandfertige Verpackung in Übereinstimmung mit den anwendbaren Vorschriften dieses Kapitels geprüft worden ist und dass dieser Prüfbericht bei Anwendung anderer Verpackungsmethoden oder bei Verwendung anderer Verpackungsbestandteile ungültig werden kann. Eine Ausfertigung des Prüfberichts ist der zuständigen Behörde zur Verfügung zu stellen.

Vorschriften für den Bau, die Prüfung und die Zulassung von Versandstücken für radioaktive Stoffe sowie für die Zulassung solcher Stoffe   6.4

ADR	RID

6.4.1 (bleibt offen)

6.4.2 **Allgemeine Vorschriften**

6.4.2.1 Ein Versandstück muss im Hinblick auf seine Masse, sein Volumen und seine Form so ausgelegt sein, dass es leicht und sicher befördert werden kann. Außerdem muss das Versandstück so ausgelegt sein, dass es in oder auf dem Fahrzeug | Wagen während der Beförderung wirksam gesichert werden kann.

6.4.2.2 Die Bauart muss so beschaffen sein, dass alle Lastanschlagpunkte am Versandstück bei vorgesehener Benutzung nicht versagen und dass im Falle des Versagens das Versandstück andere Vorschriften dieser Anlage | des RID unbeeinträchtigt erfüllt. Die Bauart muss einen genügenden Sicherheitsbeiwert vorsehen, um ruckweisem Anheben Rechnung zu tragen.

6.4.2.3 Lastanschlagpunkte oder andere Vorrichtungen an der Außenfläche des Versandstücks, die zum Anheben verwendet werden könnten, müssen entweder so ausgelegt sein, dass sie die Masse des Versandstücks gemäß den Vorschriften des Unterabschnitts 6.4.2.2 tragen können, oder abnehmbar sein oder anderweitig während der Beförderung außer Funktion gesetzt werden.

6.4.2.4 Soweit durchführbar, muss die Verpackung so ausgelegt sein, dass die äußere Oberfläche frei von vorstehenden Bauteilen ist und leicht dekontaminiert werden kann.

6.4.2.5 Soweit durchführbar, muss die Außenseite des Versandstücks so beschaffen sein, dass Wasser nicht angesammelt und zurückgehalten werden kann.

6.4.2.6 Alle Teile, die dem Versandstück bei der Beförderung beigefügt werden und nicht Bestandteil des Versandstücks sind, dürfen dessen Sicherheit nicht beeinträchtigen.

6.4.2.7 Das Versandstück muss den Einwirkungen von Beschleunigung, Schwingung oder Schwingungsresonanz, die unter Routinebeförderungsbedingungen auftreten können, ohne Beeinträchtigung der Wirksamkeit der Verschlussvorrichtungen der verschiedenen Behälter oder der Unversehrtheit des Versandstücks als Ganzes standhalten können. Insbesondere müssen Muttern, Schrauben und andere Befestigungsmittel so beschaffen sein, dass sie sich auch nach wiederholtem Gebrauch nicht unbeabsichtigt lösen oder verloren gehen.

6.4.2.8 Bei der Auslegung des Versandstücks müssen Alterungsmechanismen berücksichtigt werden.

6.4.2.9 Die Werkstoffe der Verpackung und deren Bau- und Strukturteile müssen untereinander und mit dem radioaktiven Inhalt physikalisch und chemisch verträglich sein. Dabei ist auch das Verhalten der Werkstoffe bei Bestrahlung zu berücksichtigen.

6.4.2.10 Alle Ventile, durch die der radioaktive Inhalt entweichen könnte, sind gegen unerlaubten Betrieb zu schützen.

6.4.2.11 Die Bauart des Versandstücks muss Umgebungstemperaturen und -drücke, wie sie unter Routinebeförderungsbedingungen wahrscheinlich vorkommen, berücksichtigen.

6.4 Vorschriften für den Bau, die Prüfung und die Zulassung von Versandstücken für radioaktive Stoffe sowie für die Zulassung solcher Stoffe

ADR	RID

6.4.2.12 Ein Versandstück muss so ausgelegt sein, dass es eine ausreichende Abschirmung bietet, um sicherzustellen, dass unter Routine-Beförderungsbedingungen und mit dem größten radioaktiven Inhalt, für den das Versandstück ausgelegt ist, die Dosisleistung an keinem Punkt der äußeren Oberfläche des Versandstücks die Werte überschreitet, die in den jeweils anwendbaren Absätzen 2.2.7.2.4.1.2, 4.1.9.1.11 und 4.1.9.1.12 unter Berücksichtigung der Sondervorschrift

CV 33 (3.3) b) und (3.5)	CW 33 (3.3) b) und (3.5)

des Abschnitts 7.5.11 festgelegt sind.

6.4.2.13 Für radioaktive Stoffe mit anderen gefährlichen Eigenschaften müssen diese bei der Auslegung des Versandstücks berücksichtigt werden; siehe Absätze 2.1.3.5.3 und 4.1.9.1.5.

6.4.2.14 Hersteller und nachfolgende Verteiler von Verpackungen müssen Informationen über die zu befolgenden Verfahren sowie eine Beschreibung der Arten und Abmessungen der Verschlüsse (einschließlich der erforderlichen Dichtungen) und aller anderen Bestandteile liefern, die notwendig sind, um sicherzustellen, dass die versandfertigen Versandstücke in der Lage sind, die anwendbaren Qualitätsprüfungen dieses Kapitels zu erfüllen.

6.4.3 (bleibt offen)

6.4.4 Vorschriften für freigestellte Versandstücke

Ein freigestelltes Versandstück ist so auszulegen, dass die Vorschriften der Unterabschnitte 6.4.2.1 bis 6.4.2.13 und, wenn es spaltbare Stoffe enthält, die durch eine der Vorschriften des Absatzes 2.2.7.2.3.5 a) bis f) zugelassen sind, zusätzlich die Vorschriften des Unterabschnitts 6.4.7.2 erfüllt werden.

6.4.5 Vorschriften für Industrieversandstücke

6.4.5.1 Typ IP-1-, Typ IP-2- und Typ IP-3-Versandstücke sind so auszulegen, dass die Vorschriften des Abschnitts 6.4.2 und des Unterabschnitts 6.4.7.2 erfüllt werden.

6.4.5.2 Ein Typ IP-2-Versandstück muss, wenn es den Prüfungen der Unterabschnitte 6.4.15.4 und 6.4.15.5 unterzogen wird, Folgendes verhindern:

a) den Verlust oder die Verstreuung des radioaktiven Inhalts und

b) einen Anstieg der höchsten Dosisleistung an irgendeiner Stelle der äußeren Oberfläche des Versandstücks von mehr als 20 %.

6.4.5.3 Ein Typ IP-3-Versandstück ist so auszulegen, dass die Vorschriften der Unterabschnitte 6.4.7.2 bis 6.4.7.15 erfüllt werden.

6.4.5.4 Alternative Vorschriften für Typ IP-2- und Typ IP-3-Versandstücke

6.4.5.4.1 Versandstücke dürfen unter folgenden Voraussetzungen als Typ IP-2-Versandstücke verwendet werden:

a) sie erfüllen die Vorschriften des Unterabschnitts 6.4.5.1;

b) sie sind so ausgelegt, dass die für die Verpackungsgruppe I oder II genannten Vorschriften des Kapitels 6.1 erfüllt werden, und

c) sie müssen, wenn sie den für die Verpackungsgruppe I oder II in Kapitel 6.1 geforderten Prüfungen unterzogen werden, Folgendes verhindern:

(i) den Verlust oder die Verstreuung des radioaktiven Inhalts und

(ii) einen Anstieg der höchsten Dosisleistung an irgendeiner Stelle der äußeren Oberfläche des Versandstücks von mehr als 20 %.

Vorschriften für den Bau, die Prüfung und die Zulassung von Versandstücken für radioaktive Stoffe sowie für die Zulassung solcher Stoffe 6.4

ADR	RID

6.4.5.4.2 Ortsbewegliche Tanks dürfen unter folgenden Voraussetzungen ebenfalls als Typ IP-2- oder Typ IP-3-Versandstücke verwendet werden:

a) sie erfüllen die Vorschriften des Unterabschnitts 6.4.5.1;

b) sie sind so ausgelegt, dass die in Kapitel 6.7 genannten Vorschriften erfüllt werden und dass sie einem Prüfdruck von 265 kPa standhalten, und

c) sie sind so ausgelegt, dass jede gegebenenfalls vorhandene zusätzliche Abschirmung den statischen und dynamischen Beanspruchungen bei der Handhabung und Routine-Beförderungsbedingungen standhält und dass ein Anstieg der höchsten Dosisleistung an irgendeiner Stelle der äußeren Oberfläche des ortsbeweglichen Tanks von mehr als 20 % verhindert wird.

6.4.5.4.3 Mit Ausnahme von ortsbeweglichen Tanks dürfen Tanks, wie in Tabelle 4.1.9.2.5 beschrieben, ebenfalls als Typ IP-2- oder Typ IP-3-Versandstücke zur Beförderung von LSA-I- und LSA-II-Stoffen verwendet werden, vorausgesetzt,

a) sie erfüllen die Vorschriften des Unterabschnitts 6.4.5.1;

b) sie sind so ausgelegt, dass die in Kapitel 6.8 genannten Vorschriften erfüllt werden, und

c) sie sind so ausgelegt, dass jede gegebenenfalls vorhandene zusätzliche Abschirmung den statischen und dynamischen Beanspruchungen bei der Handhabung und Routine-Beförderungsbedingungen standhält und dass ein Anstieg der höchsten Dosisleistung an irgendeiner Stelle der äußeren Oberfläche des Tanks von mehr als 20 % verhindert wird.

6.4.5.4.4 Container mit den Eigenschaften einer dauerhaften Umschließung dürfen unter folgenden Voraussetzungen ebenfalls als Typ IP-2- oder Typ IP-3-Versandstücke verwendet werden:

a) der radioaktive Inhalt ist auf feste Stoffe begrenzt;

b) sie erfüllen die Vorschriften des Unterabschnitts 6.4.5.1 und

c) sie sind so ausgelegt, dass mit Ausnahme von Abmessungen und Gesamtgewichten die ISO-Norm 1496-1:1990 «Series 1 Freight Containers – Specifications and Testing – Part 1: General Cargo Containers» («ISO-Container der Baureihe 1 – Spezifikation und Prüfung – Teil 1: Universalfrachtcontainer») und die späteren Änderungen 1:1993, 2:1998, 3:2005, 4:2006 und 5:2006 erfüllt werden. Sie müssen so ausgelegt sein, dass, wenn sie den in diesem Dokument geforderten Prüfungen unterzogen und den Beschleunigungen, wie sie unter Routine-Beförderungsbedingungen auftreten, ausgesetzt werden, Folgendes verhindern:

(i) den Verlust oder die Verstreuung des radioaktiven Inhalts und

(ii) einen Anstieg der höchsten Dosisleistung an irgendeiner Stelle der äußeren Oberfläche des Containers von mehr als 20 %.

6.4.5.4.5 Großpackmittel (IBC) aus Metall dürfen unter folgenden Voraussetzungen ebenfalls als Typ IP-2- oder Typ IP-3-Versandstücke verwendet werden:

a) sie erfüllen die Vorschriften des Unterabschnitts 6.4.5.1 und

b) sie sind so ausgelegt, dass die in Kapitel 6.5 für die Verpackungsgruppe I oder II genannten Vorschriften erfüllt werden und dass sie, wenn sie den in Kapitel 6.5 vorgeschriebenen Prüfungen unterzogen werden, wobei jedoch die Fallprüfung in einer zum größtmöglichen Schaden führenden Ausrichtung durchgeführt wird, Folgendes verhindern:

(i) den Verlust oder die Verstreuung des radioaktiven Inhalts und

6.4 Vorschriften für den Bau, die Prüfung und die Zulassung von Versandstücken für radioaktive Stoffe sowie für die Zulassung solcher Stoffe

ADR	RID

(ii) einen Anstieg der höchsten Dosisleistung an irgendeiner Stelle der äußeren Oberfläche des Großpackmittels (IBC) von mehr als 20 %.

6.4.6 Vorschriften für Versandstücke, die Uranhexafluorid enthalten

6.4.6.1 Versandstücke, die für Uranhexafluorid ausgelegt sind, müssen den an anderer Stelle des ADR/RID angegebenen Vorschriften entsprechen, die sich auf die radioaktiven und spaltbaren Eigenschaften des Stoffes beziehen. Sofern in Unterabschnitt 6.4.6.4 nichts anderes zugelassen ist, muss Uranhexafluorid in Mengen von mindestens 0,1 kg auch in Übereinstimmung mit den Vorschriften der Norm ISO 7195:2005 «Nuclear Energy – Packaging of Uranium Hexafluoride (UF6) for Transport» («Kernenergie – Verpackung von Uranhexafluorid (UF6) für den Transport») und den Vorschriften der Unterabschnitte 6.4.6.2 und 6.4.6.3 verpackt und befördert werden.

6.4.6.2 Jedes Versandstück, das für mindestens 0,1 kg Uranhexafluorid ausgelegt ist, muss so beschaffen sein, dass es:

a) der Festigkeitsprüfung des Unterabschnitts 6.4.21.5 ohne Undichtheiten und ohne unzulässige Beanspruchungen gemäß Norm ISO 7195:2005 standhält, sofern in Unterabschnitt 6.4.6.4 nicht etwas anderes zugelassen ist;

b) der Fallprüfung des Unterabschnitts 6.4.15.4 ohne Verlust oder Verstreuung von Uranhexafluorid standhält und

c) der Erhitzungsprüfung des Unterabschnitts 6.4.17.3 ohne Bruch der dichten Umschließung standhält, sofern in Unterabschnitt 6.4.6.4 nicht etwas anderes zugelassen ist.

6.4.6.3 Versandstücke, die für mindestens 0,1 kg Uranhexafluorid ausgelegt sind, dürfen nicht mit Druckentlastungsvorrichtungen ausgerüstet sein.

6.4.6.4 Vorbehaltlich einer multilateralen Zulassung dürfen Versandstücke, die für mindestens 0,1 kg Uranhexafluorid ausgelegt sind, befördert werden, wenn die Versandstücke:

a) nach anderen internationalen oder nationalen Normen als der Norm ISO 7195:2005 ausgelegt sind, vorausgesetzt, ein gleichwertiges Sicherheitsniveau wird beibehalten, und/oder

b) so ausgelegt sind, dass sie gemäß Unterabschnitt 6.4.21.5 einem Prüfdruck von weniger als 2,76 MPa ohne Undichtheiten und ohne unzulässige Beanspruchungen standhalten, und/oder

c) für mindestens 9000 kg Uranhexafluorid ausgelegt sind und die Versandstücke die Vorschrift des Unterabschnitts 6.4.6.2 c) nicht erfüllen.

Ansonsten müssen die Vorschriften der Unterabschnitte 6.4.6.1 bis 6.4.6.3 erfüllt werden.

6.4.7 Vorschriften für Typ A-Versandstücke

6.4.7.1 Typ A-Versandstücke müssen so ausgelegt sein, dass sie die allgemeinen Vorschriften des Abschnitts 6.4.2 und der Unterabschnitte 6.4.7.2 bis 6.4.7.17 erfüllen.

6.4.7.2 Die kleinste äußere Abmessung des Versandstücks darf nicht kleiner sein als 10 cm.

6.4.7.3 An der Außenseite des Versandstücks muss eine Vorrichtung wie ein Siegel angebracht sein, die nicht leicht zerbrechen kann und im unversehrten Zustand nachweist, dass das Versandstück nicht geöffnet worden ist.

6.4.7.4 Alle Befestigungseinrichtungen am Versandstück müssen so ausgelegt sein, dass die an diesen Einrichtungen wirkenden Kräfte unter normalen Beförderungsbedingungen und Unfall-Beförderungsbedingungen nicht dazu führen, dass das Versandstück den Vorschriften des ADR/RID nicht mehr entspricht.

Vorschriften für den Bau, die Prüfung und die Zulassung von Versandstücken für radioaktive Stoffe sowie für die Zulassung solcher Stoffe

6.4

ADR	RID

6.4.7.5 Die Bauart des Versandstücks muss für die Bauteile der Verpackung Temperaturen von −40 °C bis + 70 °C berücksichtigen. Zu beachten sind die Gefrierpunkte von flüssigen Stoffen und die mögliche Verschlechterung der Eigenschaften von Verpackungswerkstoffen innerhalb des angegebenen Temperaturbereichs.

6.4.7.6 Die Bauart und die Herstellungsverfahren müssen nationalen oder internationalen Normen oder anderen Vorschriften, die für die zuständige Behörde annehmbar sind, entsprechen.

6.4.7.7 Die Bauart muss eine dichte Umschließung aufweisen, die mit einer Verschlusseinrichtung sicher verschlossen wird, die nicht unbeabsichtigt oder durch einen etwaigen, im Innern des Versandstücks entstehenden Druck geöffnet werden kann.

6.4.7.8 Radioaktive Stoffe in besonderer Form dürfen als Bestandteil der dichten Umschließung angesehen werden.

6.4.7.9 Wenn die dichte Umschließung einen eigenständigen Bestandteil des Versandstücks bildet, muss sie mit einer Verschlusseinrichtung sicher verschlossen werden können, die von jedem anderen Teil der Verpackung unabhängig ist.

6.4.7.10 Die Auslegung aller Teile der dichten Umschließung muss, sofern zutreffend, die radiolytische Zersetzung von Flüssigkeiten und anderen empfindlichen Werkstoffen und die Gasbildung durch chemische Reaktion und Radiolyse berücksichtigen.

6.4.7.11 Die dichte Umschließung muss ihren radioaktiven Inhalt bei Senkung des Umgebungsdruckes auf 60 kPa einschließen.

6.4.7.12 Mit Ausnahme von Druckentlastungsventilen müssen alle Ventile mit einer Umschließung versehen sein, die alle aus dem Ventil austretenden Undichtheiten auffängt.

6.4.7.13 Ist ein Bauteil des Versandstücks, das als Teil der dichten Umschließung spezifiziert ist, von einer Strahlungsabschirmung umgeben, muss diese so ausgelegt sein, dass ein unbeabsichtigter Verlust dieses Bauteils aus der Abschirmung verhindert wird. Wenn die Strahlungsabschirmung und ein solches darin enthaltenes Bauteil eine eigenständige Einheit bilden, muss die Strahlungsabschirmung mit einer Verschlusseinrichtung, die von jedem anderen Teil der Verpackung unabhängig ist, sicher verschlossen werden können.

6.4.7.14 Ein Versandstück muss so ausgelegt sein, dass, wenn es den Prüfungen gemäß Abschnitt 6.4.15 unterzogen wird, Folgendes verhindert:
a) der Verlust oder die Verstreuung des radioaktiven Inhalts und
b) einen Anstieg der höchsten Dosisleistung an irgendeiner Stelle der äußeren Oberfläche des Versandstücks von mehr als 20 %.

6.4.7.15 Bei der Auslegung eines Versandstücks für flüssige radioaktive Stoffe müssen Vorkehrungen hinsichtlich des Leerraums getroffen werden, um Temperaturschwankungen des Inhalts, dynamische Effekte und Befüllungsdynamik zu bewältigen.

Typ A-Versandstücke für flüssige Stoffe

6.4.7.16 Ein Typ A-Versandstück, das für flüssige radioaktive Stoffe ausgelegt ist, muss zusätzlich:
a) die in Unterabschnitt 6.4.7.14 a) festgelegten Bedingungen erfüllen, wenn das Versandstück den Prüfungen des Abschnitts 6.4.16 unterzogen wird, und
b) entweder

6.4 Vorschriften für den Bau, die Prüfung und die Zulassung von Versandstücken für radioaktive Stoffe sowie für die Zulassung solcher Stoffe

ADR	RID

(i) genügend saugfähiges Material enthalten, um das Doppelte des Volumens an flüssigem Inhalt aufzunehmen. Dieses saugfähige Material muss so angeordnet sein, dass es bei einer Undichtheit mit dem flüssigen Stoff in Berührung kommt; oder

(ii) mit einer dichten Umschließung, die aus primären inneren und sekundären äußeren Umschließungsbestandteilen besteht, ausgerüstet sein, wobei die sekundären äußeren Umschließungsbestandteile so ausgelegt sein müssen, dass sie auch im Falle der Undichtheit der primären inneren Umschließungsbestandteile den flüssigen Inhalt vollständig umschließen und dessen Rückhaltung gewährleisten.

Typ A-Versandstücke für Gase

6.4.7.17 Ein Typ A-Versandstück, das für Gase ausgelegt ist, muss den Verlust oder die Verstreuung des radioaktiven Inhalts verhindern, wenn das Versandstück den Prüfungen des Abschnitts 6.4.16 unterzogen wird; davon ausgenommen ist ein Typ A-Versandstück, das für gasförmiges Tritium oder Edelgase ausgelegt ist.

6.4.8 Vorschriften für Typ B(U)-Versandstücke

6.4.8.1 Typ B(U)-Versandstücke müssen so ausgelegt sein, dass sie die Vorschriften des Abschnitts 6.4.2 und der Unterabschnitte 6.4.7.2 bis 6.4.7.15 mit Ausnahme des Unterabschnitts 6.4.7.14 a) und zusätzlich die Vorschriften der Unterabschnitte 6.4.8.2 bis 6.4.8.15 erfüllen.

6.4.8.2 Ein Versandstück muss so ausgelegt sein, dass bei Umgebungsbedingungen gemäß den Unterabschnitten 6.4.8.5 und 6.4.8.6 die durch den radioaktiven Inhalt innerhalb des Versandstücks erzeugte Wärme unter normalen Beförderungsbedingungen, wie durch die Prüfungen des Abschnitts 6.4.15 nachgewiesen, sich nicht nachteilig auf die Erfüllung der zutreffenden Anforderungen an die Umschließung und Abschirmung auswirkt, wenn es eine Woche lang unbeaufsichtigt bleibt. Insbesondere sind Auswirkungen der Wärme zu beachten, die eine oder mehrere der nachfolgenden Auswirkungen verursachen können:

a) Veränderung der Anordnung, der geometrischen Form oder des Aggregatzustands des radioaktiven Inhalts oder, wenn der radioaktive Stoff gekapselt oder in einem Behälter eingeschlossen ist (z. B. umhüllte Brennelemente), Verformung oder Schmelzen der Kapselung, des Behälters oder des radioaktiven Stoffs;

b) Verminderung der Wirksamkeit der Verpackung durch unterschiedliche Wärmeausdehnung oder Rissbildung oder Schmelzen des Werkstoffs der Strahlungsabschirmung;

c) Beschleunigung der Korrosion in Verbindung mit Feuchtigkeit.

6.4.8.3 Ein Versandstück muss so ausgelegt sein, dass bei der Umgebungsbedingung gemäß Unterabschnitt 6.4.8.5 und bei nicht vorhandener Sonneneinstrahlung die Temperatur der zugänglichen Oberflächen eines Versandstücks 50 °C nicht übersteigt, es sei denn, das Versandstück wird unter ausschließlicher Verwendung befördert.

6.4.8.4 Die höchste Temperatur jeder während der Beförderung leicht zugänglichen Oberfläche eines Versandstücks unter ausschließlicher Verwendung ohne Sonneneinstrahlung unter den Umgebungsbedingungen gemäß Unterabschnitt 6.4.8.5 darf 85 °C nicht übersteigen. Barrieren oder Schutzwände zum Schutz von Personen dürfen berücksichtigt werden, ohne dass diese Barrieren oder Schutzwände irgendeiner Prüfung unterzogen werden müssen.

6.4.8.5 Die Umgebungstemperatur ist mit 38 °C anzunehmen.

Vorschriften für den Bau, die Prüfung und die Zulassung von Versandstücken für radioaktive Stoffe sowie für die Zulassung solcher Stoffe 6.4

ADR	RID

6.4.8.6 Die Bedingungen für die Sonneneinstrahlung sind entsprechend der Tabelle 6.4.8.6 anzunehmen.

Tabelle 6.4.8.6 – Daten für die Sonneneinstrahlung

Fall	Form und Lage der Oberfläche	Sonneneinstrahlung während 12 Stunden pro Tag (W/m²)
1	ebene Oberfläche während der Beförderung waagerecht – nach unten gerichtet	0
2	ebene Oberfläche während der Beförderung waagerecht – nach oben gerichtet	800
3	Oberflächen während der Beförderung senkrecht	200 a)
4	andere nach unten gerichtete Oberflächen (nicht waagerecht)	200 a)
5	alle anderen Oberflächen	400 a)

a) Alternativ darf eine Sinusfunktion mit einem entsprechend gewählten Absorptionskoeffizienten verwendet werden, wobei die Auswirkungen einer möglichen Reflexion von benachbarten Gegenständen vernachlässigt werden.

6.4.8.7 Ein Versandstück mit einem Wärmeschutz zur Erfüllung der Vorschriften der Erhitzungsprüfung des Unterabschnitts 6.4.17.3 muss so ausgelegt sein, dass dieser Schutz wirksam bleibt, wenn das Versandstück den Prüfungen des Abschnitts 6.4.15 und des Unterabschnitts 6.4.17.2 a) und b) oder, sofern zutreffend, des Unterabschnitts 6.4.17.2 b) und c) unterzogen wird. Jeder derartiger Schutz an der Außenfläche des Versandstücks darf nicht durch Aufschlitzen, Schneiden, Verrutschen, Verschleiß oder grobe Handhabung unwirksam gemacht werden.

6.4.8.8 Ein Versandstück muss so ausgelegt sein, dass es:

a) wenn es den Prüfungen gemäß Abschnitt 6.4.15 unterzogen wird, den Verlust des radioaktiven Inhalts auf höchstens 10^{-6} A_2 pro Stunde beschränkt; und

b) wenn es den Prüfungen gemäß Unterabschnitten 6.4.17.1, 6.4.17.2 b), 6.4.17.3 und 6.4.17.4 und entweder der Prüfung

   (i) des Unterabschnitts 6.4.17.2 c) unterzogen wird, wenn das Versandstück eine Masse von höchstens 500 kg besitzt, die auf die Außenabmessungen bezogene Gesamtdichte höchstens 1000 kg/m³ beträgt und der radioaktive Inhalt, der kein radioaktiver Stoff in besonderer Form ist, 1000 A_2 übersteigt, oder

   (ii) des Unterabschnitts 6.4.17.2 a) für alle anderen Versandstücke unterzogen wird,

   den folgenden Vorschriften genügt:

   – die Wirkung der Abschirmung muss so groß bleiben, dass in 1 m Abstand von der Oberfläche des Versandstücks die Dosisleistung 10 mSv/h nicht überschreitet, wenn das Versandstück den maximalen für das Versandstück ausgelegten radioaktiven Inhalt enthält, und

   – der akkumulierte Verlust an radioaktivem Inhalt für den Zeitraum von einer Woche darf 10 A_2 für Krypton-85 und A_2 für alle anderen Radionuklide nicht übersteigen.

Sind Gemische verschiedener Radionuklide vorhanden, sind die Vorschriften der Absätze 2.2.7.2.2.4 bis 2.2.7.2.2.6 anzuwenden, mit der Ausnahme, dass für Krypton-85 ein effektiver $A_2(i)$-Wert von 10 A_2 verwendet werden darf. Für den vorgenannten Fall a) sind bei der Bewertung die Grenzwerte der äußeren nicht festhaftenden Kontamination des Absatzes 4.1.9.1.2 zu berücksichtigen.

6.4 Vorschriften für den Bau, die Prüfung und die Zulassung von Versandstücken für radioaktive Stoffe sowie für die Zulassung solcher Stoffe

ADR	RID

6.4.8.9 Ein Versandstück für radioaktiven Inhalt mit einer Aktivität von mehr als 10^5 A_2 muss so ausgelegt sein, dass die dichte Umschließung nicht bricht, wenn es der gesteigerten Wassertauchprüfung des Abschnitts 6.4.18 unterzogen wird.

6.4.8.10 Die Einhaltung der zulässigen Grenzwerte für die Aktivitätsfreisetzung darf weder von Filtern noch von einem mechanischen Kühlsystem abhängig sein.

6.4.8.11 Die dichte Umschließung eines Versandstücks darf keine Druckentlastungsvorrichtung enthalten, durch die radioaktive Stoffe unter den Bedingungen der Prüfungen der Abschnitte 6.4.15 und 6.4.17 in die Umwelt entweichen können.

6.4.8.12 Ein Versandstück muss so ausgelegt sein, dass, wenn es unter dem höchsten normalen Betriebsdruck steht und es den Prüfungen der Abschnitte 6.4.15 und 6.4.17 unterzogen wird, die Spannungen in der dichten Umschließung keine Werte erreichen, die das Versandstück so beeinträchtigen, dass es die zutreffenden Vorschriften nicht erfüllt.

6.4.8.13 Der höchste normale Betriebsdruck eines Versandstücks darf einen Überdruck von 700 kPa nicht übersteigen.

6.4.8.14 Ein Versandstück, das gering dispergierbare radioaktive Stoffe enthält, muss so ausgelegt sein, dass alle den gering dispergierbaren radioaktiven Stoffen hinzugefügten Vorrichtungen, die nicht deren Bestandteil sind, und alle inneren Bauteile der Verpackung keine schädlichen Auswirkungen auf das Verhalten der gering dispergierbaren radioaktiven Stoffe haben.

6.4.8.15 Ein Versandstück ist für einen Umgebungstemperaturbereich von –40 °C bis +38 °C auszulegen.

6.4.9 Vorschriften für Typ B(M)-Versandstücke

6.4.9.1 Mit Ausnahme der Versandstücke, die ausschließlich innerhalb eines bestimmten Landes oder ausschließlich zwischen bestimmten Ländern befördert werden sollen und für die mit der Zulassung der zuständigen Behörden dieser Länder andere als die in den Unterabschnitten 6.4.7.5, 6.4.8.4 bis 6.4.8.6 und 6.4.8.9 bis 6.4.8.15 angeführten Bedingungen angenommen werden dürfen, müssen Typ B(M)-Versandstücke die Vorschriften für Typ B(U)-Versandstücke des Unterabschnitts 6.4.8.1 erfüllen. Die Vorschriften für Typ B(U)-Versandstücke der Unterabschnitte 6.4.8.4 und 6.4.8.9 bis 6.4.8.15 müssen soweit wie möglich eingehalten werden.

6.4.9.2 Der periodische Druckausgleich bei Typ B(M)-Versandstücken darf während der Beförderung zugelassen werden, vorausgesetzt, die Überwachungsmaßnahmen für den Druckausgleich sind für die jeweils zuständige Behörde annehmbar.

6.4.10 Vorschriften für Typ C-Versandstücke

6.4.10.1 Typ C-Versandstücke müssen so ausgelegt sein, dass sie die Vorschriften des Abschnitts 6.4.2 sowie der Unterabschnitte 6.4.7.2 bis 6.4.7.15 mit Ausnahme des Unterabschnitts 6.4.7.14 a) und die Vorschriften der Unterabschnitte 6.4.8.2 bis 6.4.8.6, 6.4.8.10 bis 6.4.8.15 und zusätzlich der Unterabschnitte 6.4.10.2 bis 6.4.10.4 erfüllen.

6.4.10.2 Ein Versandstück muss nach dem Eindringen in den Erdboden in einer Umgebung, die im Gleichgewichtszustand durch eine Wärmeleitfähigkeit von 0,33 $W \cdot m^{-1} \cdot K^{-1}$ und eine Temperatur von 38 °C bestimmt ist, die Bewertungskriterien erfüllen, die für die Prüfungen der Unterabschnitte 6.4.8.8 b) und 6.4.8.12 vorgeschrieben sind. Bei der Bewertung

Vorschriften für den Bau, die Prüfung und die Zulassung von Versandstücken für radioaktive Stoffe sowie für die Zulassung solcher Stoffe 6.4

ADR	RID

sind Ausgangsbedingungen anzunehmen, dass jeder Wärmeschutz des Versandstücks wirksam bleibt, das Versandstück den höchsten normalen Betriebsdruck aufweist und die Umgebungstemperatur 38 °C beträgt.

6.4.10.3 Ein Versandstück muss so ausgelegt sein, dass es bei höchstem normalen Betriebsdruck:

a) wenn es den Prüfungen gemäß Abschnitt 6.4.15 unterzogen wird, den Verlust des radioaktiven Inhalts auf höchstens 10^{-6} A_2 pro Stunde beschränkt; und

b) wenn es den Prüfungen in der gemäß Unterabschnitt 6.4.20.1 vorgeschriebenen Folge unterzogen wird,

　(i) die Wirkung der Abschirmung so groß bleibt, dass in 1 m Abstand von der Oberfläche des Versandstücks die Dosisleistung 10 mSv/h nicht überschreitet, wenn das Versandstück den maximalen für das Versandstück ausgelegten radioaktiven Inhalt enthält; und

　(ii) der akkumulierte Verlust an radioaktivem Inhalt für den Zeitraum von einer Woche 10 A_2 für Krypton-85 und A_2 für alle anderen Radionuklide nicht übersteigt.

Sind Gemische verschiedener Radionuklide vorhanden, sind die Vorschriften der Absätze 2.2.7.2.2.4 bis 2.2.7.2.2.6 anzuwenden, mit der Ausnahme, dass für Krypton-85 ein effektiver $A_2(i)$-Wert von 10 A_2 verwendet werden darf. Für den vorgenannten Fall a) sind bei der Bewertung die äußeren Kontaminationsgrenzwerte des Absatzes 4.1.9.1.2 zu berücksichtigen.

6.4.10.4 Ein Versandstück muss so ausgelegt sein, dass die dichte Umschließung nicht bricht, wenn es der gesteigerten Wassertauchprüfung des Abschnitts 6.4.18 unterzogen wird.

6.4.11 **Vorschriften für Versandstücke, die spaltbare Stoffe enthalten**

6.4.11.1 Spaltbare Stoffe sind so zu befördern, dass

a) bei Routine-Beförderungsbedingungen, normalen Beförderungsbedingungen und Unfall-Beförderungsbedingungen Unterkritikalität gewährleistet bleibt; insbesondere sind folgende mögliche Ereignisse zu berücksichtigen:

　(i) Eindringen von Wasser in Versandstücke oder Auslaufen aus diesen;

　(ii) Verlust von Wirksamkeit eingebauter Neutronenabsorber oder -moderatoren;

　(iii) Veränderung der Anordnung des Inhalts entweder im Innern des Versandstücks oder als Ergebnis des Verlustes aus dem Versandstück;

　(iv) Verringerung von Abständen innerhalb oder zwischen Versandstücken;

　(v) Eintauchen der Versandstücke in Wasser oder Bedecken der Versandstücke durch Schnee und

　(vi) Temperaturänderungen und

b) folgende Vorschriften erfüllt werden:

　(i) die Vorschriften des Unterabschnitts 6.4.7.2, ausgenommen für unverpackte Stoffe, wenn dies in Absatz 2.2.7.2.3.5 e) besonders zugelassen ist;

　(ii) die an anderer Stelle im ADR/RID auf Grund der radioaktiven Eigenschaften der Stoffe enthaltenen Vorschriften;

　(iii) die Vorschriften des Unterabschnitts 6.4.7.3, sofern die Stoffe nicht durch Absatz 2.2.7.2.3.5 ausgenommen sind;

　(iv) die Vorschriften der Unterabschnitte 6.4.11.4 bis 6.4.11.14, sofern die Stoffe nicht durch Absatz 2.2.7.2.3.5, Unterabschnitt 6.4.11.2 oder 6.4.11.3 ausgenommen sind.

6.4 Vorschriften für den Bau, die Prüfung und die Zulassung von Versandstücken für radioaktive Stoffe sowie für die Zulassung solcher Stoffe

ADR	RID

6.4.11.2 Versandstücke, die spaltbare Stoffe enthalten, welche die Vorschriften des Absatzes d) und eine der Vorschriften der Absätze a) bis c) erfüllen, sind von den Vorschriften der Unterabschnitte 6.4.11.4 bis 6.4.11.14 ausgenommen.

a) Versandstücke, die spaltbare Stoffe in irgendeiner Form enthalten, vorausgesetzt:

(i) die kleinste äußere Abmessung des Versandstücks ist nicht kleiner als 10 cm;

(ii) die Kritikalitätssicherheitskennzahl (CSI) des Versandstücks wird unter Verwendung der folgenden Formel berechnet:

$$CSI = 50 \times 5 \times \left(\frac{U-235 - \text{Masse im Versandstück (g)}}{Z} + \frac{\text{Masse der anderen spaltbaren Nuklide}^{*)} \text{im Versandstück (g)}}{280} \right)$$

*) Plutonium darf jeden Isotopenaufbau haben, vorausgesetzt, die Menge an Pu-241 im Versandstück ist geringer als die Menge an Pu-240;

wobei die Werte für Z dabei der Tabelle 6.4.11.2 entnommen werden;

(iii) die Kritikalitätssicherheitskennzahl jedes Versandstücks ist nicht größer als 10;

b) Versandstücke, die spaltbare Stoffe in irgendeiner Form enthalten, vorausgesetzt:

(i) die kleinste äußere Abmessung des Versandstücks ist nicht kleiner als 30 cm;

(ii) nach der Durchführung der in den Unterabschnitten 6.4.15.1 bis 6.4.15.6 festgelegten Prüfungen

– hält das Versandstück seinen spaltbaren Inhalt zurück;

– werden die äußeren Mindestgesamtabmessungen des Versandstücks von mindestens 30 cm beibehalten;

– verhindert das Versandstück das Eindringen eines Würfels von 10 cm Kantenlänge;

(iii) die Kritikalitätssicherheitskennzahl (CSI) des Versandstücks wird unter Verwendung der folgenden Formel berechnet:

$$CSI = 50 \times 2 \times \left(\frac{U-235 - \text{Masse im Versandstück (g)}}{Z} + \frac{\text{Masse der anderen spaltbaren Nuklide}^{*)} \text{im Versandstück (g)}}{280} \right)$$

*) Plutonium darf jeden Isotopenaufbau haben, vorausgesetzt, die Menge an Pu-241 im Versandstück ist geringer als die Menge an Pu-240;

wobei die Werte für Z dabei der Tabelle 6.4.11.2 entnommen werden;

(iv) die Kritikalitätssicherheitskennzahl jedes Versandstücks ist nicht größer als 10;

c) Versandstücke, die spaltbare Stoffe in irgendeiner Form enthalten, vorausgesetzt:

(i) die kleinste äußere Abmessung des Versandstücks ist nicht kleiner als 10 cm;

(ii) nach der Durchführung der in den Unterabschnitten 6.4.15.1 bis 6.4.15.6 festgelegten Prüfungen

– hält das Versandstück seinen spaltbaren Inhalt zurück;

– werden die äußeren Mindestgesamtabmessungen des Versandstücks von mindestens 10 cm beibehalten;

Vorschriften für den Bau, die Prüfung und die Zulassung von Versandstücken für radioaktive Stoffe sowie für die Zulassung solcher Stoffe 6.4

ADR	RID

– verhindert das Versandstück das Eindringen eines Würfels von 10 cm Kantenlänge;

(iii) die Kritikalitätssicherheitskennzahl (CSI) des Versandstücks wird unter Verwendung der folgenden Formel berechnet:

$$CSI = 50 \times 2 \times \left(\frac{U-235 - \text{Masse im Versandstück (g)}}{450} + \frac{\text{Masse der anderen spaltbaren Nuklide}^{*)} \text{ im Versandstück (g)}}{280} \right)$$

*) Plutonium darf jeden Isotopenaufbau haben, vorausgesetzt, die Menge an Pu-241 im Versandstück ist geringer als die Menge an Pu-240;

(iv) die Gesamtmasse spaltbarer Nuklide in einem Versandstück ist nicht größer als 15 g;

d) die Gesamtmasse von Beryllium, mit Deuterium angereicherten wasserstoffhaltigen Stoffen, Graphit und anderen allotropischen Formen von Kohlenstoff in einem einzelnen Versandstück darf nicht größer sein als die Masse spaltbarer Nuklide im Versandstück, es sei denn, die Gesamtkonzentration dieser Stoffe ist nicht größer als 1 g in 1000 g des Stoffes. In Kupferlegierungen enthaltenes Beryllium muss bis zu 4 Masse-% der Legierung nicht berücksichtigt werden.

Tabelle 6.4.11.2 – Werte von Z für die Berechnung der Kritikalitätssicherheitskennzahl gemäß Unterabschnitt 6.4.11.2

Anreicherung[a]	Z
bis zu 1,5 % angereichertes Uran	2200
bis zu 5 % angereichertes Uran	850
bis zu 10 % angereichertes Uran	660
bis zu 20 % angereichertes Uran	580
bis zu 100 % angereichertes Uran	450

[a] Wenn ein Versandstück Uran mit variierenden Anreicherungen von U-235 enthält, muss für Z der Wert verwendet werden, welcher der höchsten Anreicherung entspricht.

6.4.11.3 Versandstücke, die höchstens 1000 g Plutonium enthalten, sind von der Anwendung der Unterabschnitte 6.4.11.4 bis 6.4.11.14 ausgenommen, vorausgesetzt:

a) höchstens 20 Masse-% des Plutoniums sind spaltbare Nuklide;

b) die Kritikalitätssicherheitskennzahl des Versandstücks wird unter Verwendung der folgenden Formel berechnet:

$$CSI = 50 \times 2 \times \left(\frac{\text{Masse an Plutonium (g)}}{1000} \right);$$

c) in Fällen, in denen Uran zusammen mit dem Plutonium vorhanden ist, ist die Masse an Uran nicht größer als 1 % der Masse an Plutonium.

6.4.11.4 Wenn die chemische oder physikalische Form, die Isotopenzusammensetzung, die Masse oder die Konzentration, das Moderationsverhältnis oder die Dichte oder die geometrische Anordnung nicht bekannt ist, müssen die Bewertungen der Unterabschnitte 6.4.11.8 bis 6.4.11.13 unter der Annahme durchgeführt werden, dass jeder einzelne unbekannte Parameter den Wert aufweist, der mit den bei diesen Bewertungen bekannten Bedingungen und Parametern in Einklang stehend zur höchsten Neutronenvermehrung führt.

6.4 Vorschriften für den Bau, die Prüfung und die Zulassung von Versandstücken für radioaktive Stoffe sowie für die Zulassung solcher Stoffe

ADR	RID

6.4.11.5 Für bestrahlten Kernbrennstoff müssen die Bewertungen der Unterabschnitte 6.4.11.8 bis 6.4.11.13 auf einer Isotopenzusammensetzung beruhen, die nachweislich entweder

a) zur höchsten Neutronenvermehrung während der Bestrahlungsgeschichte führt oder

b) zu einer konservativen Abschätzung der Neutronenvermehrung für die Bewertungen des Versandstücks führt. Nach der Bestrahlung, jedoch vor der Beförderung müssen Messungen durchgeführt werden, um die Konservativität der Isotopenzusammensetzung zu bestätigen.

6.4.11.6 Das Versandstück muss, nachdem es den Prüfungen des Abschnitts 6.4.15 unterzogen wurde,

a) die Mindestaußenabmessungen des Versandstücks über alles auf mindestens 10 cm erhalten und

b) das Eindringen eines Würfels mit 10 cm Seitenlänge verhindern.

6.4.11.7 Das Versandstück muss für einen Umgebungstemperaturbereich von –40 °C bis +38 °C ausgelegt sein, sofern die zuständige Behörde im Zulassungszeugnis für die Bauart des Versandstücks nichts anderes festlegt.

6.4.11.8 Für ein einzelnes Versandstück muss angenommen werden, dass Wasser in alle Hohlräume des Versandstücks, einschließlich solcher innerhalb der dichten Umschließung, eindringen oder aus diesen ausfließen kann. Wenn jedoch die Bauart Besonderheiten aufweist, die das Eindringen von Wasser in bestimmte Hohlräume oder das Ausfließen aus diesen auch infolge eines Fehlers verhindern, darf bezüglich dieser Hohlräume das Nichtvorhandensein einer Undichtheit unterstellt werden. Die Besonderheiten müssen eine der Folgenden umfassen:

a) mehrfache hochwirksame Wasserbarrieren, von denen mindestens zwei wasserdicht bleiben, wenn das Versandstück den Prüfungen des Unterabschnitts 6.4.11.13 b) unterzogen wurde, eine strenge Qualitätskontrolle bei der Herstellung, Wartung und Instandsetzung von Verpackungen und Prüfungen zum Nachweis des Verschlusses jedes Versandstücks vor jeder Beförderung oder

b) nur bei Versandstücken mit Uranhexafluorid mit einer höchsten Anreicherung von 5 Masse-% Uran-235:

(i) Versandstücke, bei denen im Anschluss an die Prüfungen des Unterabschnitts 6.4.11.13 b) kein physischer Kontakt zwischen dem Ventil oder dem Stopfen und einem sonstigen Bauteil der Verpackung außer seinem ursprünglichen Verbindungspunkt besteht und bei denen zusätzlich im Anschluss an die Prüfung des Unterabschnitts 6.4.17.3 die Ventile und der Stopfen dicht bleiben, und

(ii) eine strenge Qualitätskontrolle bei der Herstellung, Wartung und Instandsetzung von Verpackungen, verbunden mit Prüfungen zum Nachweis des Verschlusses jedes Versandstücks vor jeder Beförderung.

6.4.11.9 Es ist eine unmittelbare Reflexion des Einschließungssystems durch mindestens 20 cm Wasser oder eine größere Reflexion, die zusätzlich durch das die Verpackung umgebende Material erbracht werden kann, anzunehmen. Wenn jedoch nachgewiesen werden kann, dass das Einschließungssystem im Anschluss an die Prüfungen des Unterabschnitts 6.4.11.13 b) innerhalb der Verpackung verbleibt, darf in Unterabschnitt 6.4.11.10 c) eine unmittelbare Reflexion des Versandstücks durch mindestens 20 cm Wasser angenommen werden.

Vorschriften für den Bau, die Prüfung und die Zulassung von Versandstücken für radioaktive Stoffe sowie für die Zulassung solcher Stoffe 6.4

ADR	RID

6.4.11.10 Das Versandstück muss unter den Bedingungen der Unterabschnitte 6.4.11.8 und 6.4.11.9 und unter Versandstückbedingungen, die zur maximalen Neutronenvermehrung führen, in Übereinstimmungen mit folgenden Punkten unterkritisch sein:

    a) den Routine-Beförderungsbedingungen (zwischenfallfrei);

    b) den Prüfungen des Unterabschnitts 6.4.11.12 b);

    c) den Prüfungen des Unterabschnitts 6.4.11.13 b).

6.4.11.11 (bleibt offen)

6.4.11.12 Bei normalen Beförderungsbedingungen ist eine Anzahl «N» so zu bestimmen, dass fünfmal «N» Versandstücke für die Anordnung und Versandstückbedingungen, die zur maximalen Neutronenvermehrung führen, bei Berücksichtigung des Folgenden unterkritisch sind:

    a) es darf sich nichts zwischen den Versandstücken befinden, und die Anordnung von Versandstücken wird allseitig durch mindestens 20 cm Wasser reflektiert, und

    b) der Zustand der Versandstücke entspricht dem eingeschätzten oder nachgewiesenen Zustand, nachdem sie den Prüfungen des Abschnitts 6.4.15 unterzogen wurden.

6.4.11.13 Bei Unfall-Beförderungsbedingungen ist eine Anzahl «N» so zu bestimmen, dass zweimal «N» Versandstücke für die Anordnung und Versandstückbedingungen, die zur maximalen Neutronenvermehrung führen, bei Berücksichtigung des Folgenden unterkritisch sind:

    a) wasserstoffhaltiger Moderator zwischen den Versandstücken und die Anordnung von Versandstücken wird allseitig durch mindestens 20 cm Wasser reflektiert und

    b) die Prüfungen des Abschnitts 6.4.15 und anschließend die einschränkendere der nachstehenden Prüfungen:

        (i) die Prüfungen des Unterabschnitts 6.4.17.2 b) und entweder des Unterabschnitts 6.4.17.2 c) für Versandstücke mit einer Masse von höchstens 500 kg und einer auf die Außenabmessungen bezogenen Gesamtdichte von höchstens 1000 kg/m³ oder des Unterabschnitts 6.4.17.2 a) für alle anderen Versandstücke und anschließend die Prüfung des Unterabschnitts 6.4.17.3 und vervollständigt durch die Prüfungen der Unterabschnitte 6.4.19.1 bis 6.4.19.3 oder

        (ii) die Prüfung des Unterabschnitts 6.4.17.4 und

    c) wenn nach den Prüfungen des Unterabschnitts 6.4.11.13 b) irgendein Teil des spaltbaren Stoffes aus der dichten Umschließung entweicht, muss angenommen werden, dass spaltbare Stoffe aus jedem Versandstück in der Anordnung entweichen, und die gesamten spaltbaren Stoffe müssen in einer Konfiguration und unter Moderationsbedingungen angeordnet werden, die bei einer unmittelbaren Reflexion durch mindestens 20 cm Wasser zur maximalen Neutronenvermehrung führen.

6.4.11.14 Die Kritikalitätssicherheitskennzahl (CSI) für Versandstücke, die spaltbare Stoffe enthalten, ist durch Division der Zahl 50 durch den kleineren der beiden Werte für «N» zu ermitteln, die aus den Unterabschnitten 6.4.11.12 und 6.4.11.13 abgeleitet werden (d.h. CSI = 50/N). Der Wert der Kritikalitätssicherheitskennzahl kann Null sein, vorausgesetzt, eine unbegrenzte Anzahl von Versandstücken ist unterkritisch (d.h. N ist tatsächlich in beiden Fällen unendlich).

6.4 Vorschriften für den Bau, die Prüfung und die Zulassung von Versandstücken für radioaktive Stoffe sowie für die Zulassung solcher Stoffe

ADR	RID

6.4.12 Prüfmethoden und Nachweisverfahren

6.4.12.1 Der Nachweis der Einhaltung der nach den Absatz 2.2.7.2.3.1.3, 2.2.7.2.3.1.4, 2.2.7.2.3.3.1, 2.2.7.2.3.3.2, 2.2.7.2.3.4.1, 2.2.7.2.3.4.2 sowie den Abschnitten 6.4.2 bis 6.4.11 geforderten Leistungsvorgaben muss durch ein oder mehrere der nachstehend genannten Verfahren erbracht werden.

    a) Durchführung von Prüfungen mit Proben, die die radioaktiven Stoffe in besonderer Form oder die gering dispergierbaren radioaktiven Stoffe repräsentieren, oder mit Prototypen oder Serienmuster der Verpackung, wobei der Inhalt der zur Prüfung vorgesehenen Probe oder Verpackung soweit wie möglich die zu erwartende Bandbreite des radioaktiven Inhalts simulieren muss und die zu prüfende Probe oder Verpackung so vorbereitet wird, wie sie zur Beförderung aufgegeben wird.

    b) Bezugnahme auf frühere zufriedenstellende und ausreichend ähnliche Nachweise.

    c) Durchführung der Prüfungen mit Modellen eines geeigneten Maßstabes, die alle für den zu untersuchenden Aspekt wesentlichen Merkmale enthalten, sofern die technische Erfahrung gezeigt hat, dass die Ergebnisse derartiger Prüfungen für die Auslegung geeignet sind. Bei Verwendung von maßstabsgerechten Modellen ist zu berücksichtigen, dass es für bestimmte Prüfparameter, wie z. B. Durchmesser der Durchstoßstange oder Stapeldrucklast, einer Anpassung bedarf.

    d) Berechnung oder begründete Betrachtung, wenn die Berechnungsverfahren und Parameter allgemein als belastbar und konservativ anerkannt sind.

6.4.12.2 Nachdem die Probe, der Prototyp oder das Serienmuster den Prüfungen unterzogen wurde, sind geeignete Bewertungsmethoden anzuwenden, um sicherzustellen, dass die Vorschriften für die Prüfmethoden in Übereinstimmung mit den in Absatz 2.2.7.2.3.1.3, 2.2.7.2.3.1.4, 2.2.7.2.3.3.1, 2.2.7.2.3.3.2, 2.2.7.2.3.4.1, 2.2.7.2.3.4.2 und den Abschnitten 6.4.2 bis 6.4.11 vorgeschriebenen Auslegungs- und Akzeptanzkriterien erfüllt wurden.

6.4.12.3 Vor der Prüfung sind an allen Prüfmustern Mängel oder Schäden festzustellen und zu protokollieren, einschließlich:

    a) Abweichungen von der Bauart;

    b) Fertigungsfehler;

    c) Korrosion oder andere Beeinträchtigungen und

    d) Verformung einzelner Teile.

Die dichte Umschließung des Versandstücks muss eindeutig festgelegt sein. Die äußeren Teile des Prüfmusters müssen eindeutig gekennzeichnet sein, so dass leicht und zweifelsfrei auf jedes Teil des Prüfmusters Bezug genommen werden kann.

6.4.13 Prüfung der Unversehrtheit der dichten Umschließung und der Strahlungsabschirmung und Bewertung der Kritikalitätssicherheit

Nach jeder Prüfung, Gruppe von Prüfungen bzw. Abfolge anwendbarer Prüfungen, die in den Abschnitten 6.4.15 bis 6.4.21 festgelegt sind,

    a) sind Mängel und Schäden festzustellen und zu protokollieren;

    b) ist zu ermitteln, ob die Unversehrtheit der dichten Umschließung und der Abschirmung in dem in den Abschnitten 6.4.2 bis 6.4.11 für Versandstücke unter Prüfbedingungen geforderten Maße erhalten geblieben ist, und

    c) ist bei Versandstücke, die spaltbare Stoffe enthalten, zu ermitteln, ob die für die Bewertung einzelner oder mehrerer Versandstücke gemäß den Unterabschnitten 6.4.11.1 bis 6.4.11.14 getroffenen Annahmen und Bedingungen gültig sind.

Vorschriften für den Bau, die Prüfung und die Zulassung von Versandstücken für radioaktive Stoffe sowie für die Zulassung solcher Stoffe 6.4

ADR	RID

6.4.14 **Aufprallfundament für die Fallprüfungen**

Das Aufprallfundament für die Fallprüfungen des Absatzes 2.2.7.2.3.3.5 a), des Unterabschnitts 6.4.15.4, des Abschnitts 6.4.16 a) und der Unterabschnitte 6.4.17.2 und 6.4.20.2 muss eine ebene, horizontale Oberfläche aufweisen, die so beschaffen sein muss, dass jede Steigerung ihres Widerstands gegen Verschiebung oder Verformung beim Aufprall des Prüfmusters zu keiner signifikant größeren Beschädigung des Prüfmusters führen würde.

6.4.15 **Prüfungen zum Nachweis der Widerstandsfähigkeit unter normalen Beförderungsbedingungen**

6.4.15.1 Bei diesen Prüfungen handelt es sich um die Wassersprühprüfung, die Fallprüfung, die Stapeldruckprüfung und die Durchstoßprüfung. Die Prüfmuster des Versandstücks müssen der Fallprüfung, der Stapeldruckprüfung und der Durchstoßprüfung unterzogen werden, wobei in jedem Fall vorher die Wassersprühprüfung durchgeführt werden muss. Für alle diese Prüfungen darf ein Prüfmuster verwendet werden, sofern die Vorschriften des Unterabschnitts 6.4.15.2 erfüllt sind.

6.4.15.2 Die Zeitspanne zwischen dem Abschluss der Wassersprühprüfung und der anschließenden Prüfung muss so gewählt werden, dass das Wasser in größtmöglichen Umfang eingedrungen ist, ohne dass die Außenseite des Prüfmusters merklich getrocknet ist. Sofern nichts anderes dagegen spricht, beträgt diese Zeitspanne zwei Stunden, wenn das Sprühwasser gleichzeitig aus vier Richtungen einwirkt. Allerdings ist keine Zwischenpause vorzusehen, wenn das Sprühwasser aus jeder der vier Richtungen nacheinander einwirkt.

6.4.15.3 Wassersprühprüfung: Das Prüfmuster ist einer Wassersprühprüfung zu unterziehen, die eine mindestens einstündige Beregnung mit einer Niederschlagsmenge von ungefähr 5 cm pro Stunde simuliert.

6.4.15.4 Fallprüfung: Das Prüfmuster muss so auf das Aufprallfundament fallen, dass es hinsichtlich der zu prüfenden Sicherheitsmerkmale den größtmöglichen Schaden erleidet.

a) Die Fallhöhe, gemessen vom untersten Punkt des Prüfmusters bis zur Oberfläche des Aufprallfundaments, muss in Abhängigkeit von der zutreffenden Masse mindestens dem Abstand in Tabelle 6.4.15.4 entsprechen. Das Aufprallfundament muss dem Abschnitt 6.4.14 entsprechen.

b) Bei rechteckigen Versandstücken aus Pappe oder Holz mit einer Masse von höchstens 50 kg ist ein gesondertes Prüfmuster dem freien Fall auf jede Ecke aus einer Höhe von 0,3 m zu unterziehen.

c) Bei zylindrischen Versandstücken aus Pappe mit einer Masse von höchstens 100 kg ist ein gesondertes Prüfmuster dem freien Fall auf jedes Viertel der beiden Ränder aus einer Höhe von 0,3 m zu unterziehen.

Tabelle 6.4.15.4 – Freifallhöhe zur Prüfung von Versandstücken unter normalen Beförderungsbedingungen

Masse des Versandstücks (kg)		Freifallhöhe (m)
Masse des Versandstücks	< 5000	1,2
5000 ≤ Masse des Versandstücks	< 10000	0,9
10000 ≤ Masse des Versandstücks	< 15000	0,6
15000 ≤ Masse des Versandstücks		0,3

6.4 Vorschriften für den Bau, die Prüfung und die Zulassung von Versandstücken für radioaktive Stoffe sowie für die Zulassung solcher Stoffe

ADR	RID

6.4.15.5 Stapeldruckprüfung: Sofern die Form der Verpackung ein Stapeln nicht wirksam ausschließt, ist das Prüfmuster für einen Zeitraum von 24 Stunden einer Druckbelastung auszusetzen, die dem größeren der nachstehenden Werte entspricht:

a) dem Äquivalent des Fünffachen der Höchstmasse des Versandstücks und

b) dem Äquivalent von 13 kPa, multipliziert mit der senkrecht projizierten Fläche des Versandstücks.

Die Belastung muss gleichmäßig auf zwei gegenüberliegende Seiten des Prüfmusters einwirken, von denen eine die normalerweise als Auflagefläche benutzte Seite des Versandstücks ist.

6.4.15.6 Durchstoßprüfung: Das Prüfmuster wird auf eine starre, flache, horizontale Unterlage gestellt, die sich während der Prüfung nicht merklich verschieben darf.

a) Eine Stange von 3,2 cm Durchmesser mit einem halbkugelförmigen Ende und einer Masse von 6 kg muss mit senkrecht stehender Längsachse so auf die Mitte der schwächsten Stelle des Prüfmusters fallen gelassen werden, dass sie bei genügend weitem Eindringen die dichte Umschließung trifft. Durch die Prüfung darf die Stange nicht merklich verformt werden.

b) Die Fallhöhe, vom unteren Ende der Stange bis zur vorgesehenen Aufschlagstelle auf der Oberfläche des Prüfmusters gemessen, muss 1 m betragen.

6.4.16 **Zusätzliche Prüfungen für Typ A-Versandstücke für flüssige Stoffe und Gase**

Ein Prüfmuster oder gesonderte Prüfmuster sind jeder der folgenden Prüfungen zu unterziehen, es sei denn, eine der Prüfungen ist nachweisbar strenger für das Prüfmuster als die andere; in diesem Fall ist ein Prüfmuster der strengeren Prüfung zu unterziehen.

a) Fallprüfung: Das Prüfmuster muss so auf das Aufprallfundament fallen, dass die dichte Umschließung den größtmöglichen Schaden erleidet. Die Fallhöhe, vom untersten Teil des Prüfmusters bis zur Oberfläche des Aufprallfundaments gemessen, muss 9 m betragen. Das Aufprallfundament muss dem Abschnitt 6.4.14 entsprechen.

b) Durchstoßprüfung: Das Prüfmuster muss der in Unterabschnitt 6.4.15.6 beschriebenen Prüfung unterzogen werden, wobei die in Unterabschnitt 6.4.15.6 b) genannte Fallhöhe von 1 m auf 1,7 m zu erhöhen ist.

6.4.17 **Prüfungen zum Nachweis der Widerstandsfähigkeit unter Unfall-Beförderungsbedingungen**

6.4.17.1 Das Prüfmuster wird den kumulativen Wirkungen der Prüfungen der Unterabschnitte 6.4.17.2 und 6.4.17.3 in der hier angegebenen Reihenfolge ausgesetzt. Im Anschluss an diese Prüfungen muss dieses Prüfmuster oder ein gesondertes Prüfmuster den Einflüssen der Wassertauchprüfung(en) des Unterabschnitts 6.4.17.4 und, sofern zutreffend, des Abschnitts 6.4.18 ausgesetzt werden.

6.4.17.2 Mechanische Prüfung: Die mechanische Prüfung besteht aus drei verschiedenen Fallprüfungen. Jedes Prüfmuster ist den anwendbaren Fallprüfungen des Unterabschnitts 6.4.8.8 oder 6.4.11.13 zu unterziehen. Die Reihenfolge der Fallprüfungen ist so zu wählen, dass bei Abschluss der mechanischen Prüfung das Prüfmuster eine derartige Beschädigung erlitten hat, dass in der darauffolgenden Erhitzungsprüfung die größtmögliche Beschädigung eintritt.

a) Bei der Fallprüfung I muss das Prüfmuster so auf das Aufprallfundament fallen, dass es den größtmöglichen Schaden erleidet, und die Fallhöhe, vom untersten Teil des Prüfmusters bis zur Oberfläche des Aufprallfundaments gemessen, muss 9 m betragen. Das Aufprallfundament muss dem Abschnitt 6.4.14 entsprechen.

Vorschriften für den Bau, die Prüfung und die Zulassung von Versandstücken für radioaktive Stoffe sowie für die Zulassung solcher Stoffe

6.4

ADR	RID

b) Bei der Fallprüfung II muss das Prüfmuster so auf einen auf dem Aufprallfundament fest und senkrecht montierten Dorn fallen, dass es den größtmöglichen Schaden erleidet. Die Fallhöhe, von der vorgesehenen Aufschlagstelle am Prüfmuster bis zur Oberseite des Dorns gemessen, muss 1 m betragen. Der Dorn muss aus einem massiven Baustahlzylinder mit einem Durchmesser von 15,0 cm ± 0,5 cm und einer Länge von 20 cm bestehen, sofern nicht ein längerer Dorn einen größeren Schaden verursachen würde; in diesem Fall ist ein Dorn zu verwenden, der so lang ist, dass er den größtmöglichen Schaden verursacht. Die Stirnfläche des Dorns muss flach und horizontal sein, wobei seine Kante auf einen Radius von höchstens 6 mm abgerundet ist. Das Aufprallfundament, auf dem der Dorn befestigt ist, muss dem Abschnitt 6.4.14 entsprechen.

c) Bei der Fallprüfung III muss das Prüfmuster einer dynamischen Quetschprüfung unterzogen werden; dazu ist das Prüfmuster so auf dem Aufprallfundament zu positionieren, dass es den größtmöglichen Schaden erleidet, wenn eine Masse von 500 kg aus 9 m Höhe auf das Prüfmuster fällt. Die Masse besteht aus einer massiven Baustahlplatte mit einer Grundfläche von 1 m mal 1 m und muss in waagerechter Lage fallen. Die Kanten und Ecken der unteren Fläche der Stahlplatte müssen auf einen Radius von höchstens 6 mm abgerundet sein. Die Fallhöhe ist von der Unterseite der Platte zum obersten Punkt des Prüfmusters zu messen. Das Aufprallfundament, auf dem das Prüfmuster liegt, muss dem Abschnitt 6.4.14 entsprechen.

6.4.17.3 Erhitzungsprüfung: Das Prüfmuster muss sich bei einer Umgebungstemperatur von 38 °C, bei den Sonneneinstrahlungsbedingungen der Tabelle 6.4.8.6 und bei der durch den radioaktiven Inhalt des Versandstücks erzeugten maximalen Wärmeleistung im thermischen Gleichgewicht befinden. Alternativ darf von diesen Parametern vor und während der Prüfung abgewichen werden, sie sind jedoch bei der anschließenden Bewertung der Auswirkungen auf das Versandstück zu berücksichtigen.

Für die Erhitzungsprüfung gilt:

a) Das Prüfmuster ist für die Dauer von 30 Minuten einer thermischen Umgebung auszusetzen, die einen Wärmestrom aufweist, der mindestens einem Feuer aus einem Kohlenwasserstoff-Luft-Gemisch, das bei ausreichend ruhigen Umgebungsbedingungen einen minimalen durchschnittlichen Strahlungskoeffizienten des Feuers von 0,9 und eine durchschnittliche Temperatur von mindestens 800 °C gewährleistet, entspricht und der das Prüfmuster vollständig einschließt; der Oberflächenabsorptionskoeffizient ist mit 0,8 oder dem Wert anzunehmen, den das Versandstück nachweislich aufweist, wenn es dem beschriebenen Feuer ausgesetzt wird.

b) Anschließend ist das Prüfmuster einer Umgebungstemperatur von 38 °C, den Sonneneinstrahlungsbedingungen der Tabelle 6.4.8.6 und dem höchsten Auslegungswert für die durch den radioaktiven Inhalt des Versandstücks erzeugten inneren Wärmeleistung so lange auszusetzen, bis an jeder Stelle des Prüfmusters die Temperaturen sinken und/oder sich dem ursprünglichen Gleichgewichtszustand nähern. Alternativ darf von diesen Parametern nach Beendigung der Erhitzungsphase abgewichen werden, sie sind jedoch bei der anschließenden Bewertung der Auswirkungen auf das Versandstück zu berücksichtigen.

Während und nach der Prüfung darf das Prüfmuster nicht künstlich gekühlt werden und die von selbst fortdauernde Verbrennung von Werkstoffen des Prüfmusters ist zuzulassen.

6.4.17.4 Wassertauchprüfung: Das Prüfmuster muss in einer Lage, die zur größtmöglichen Beschädigung führt, für die Dauer von mindestens acht Stunden mindestens 15 m tief in Wasser eingetaucht werden. Für die Einhaltung dieser Bedingungen ist für Nachweiszwecke ein äußerer Überdruck von mindestens 150 kPa anzunehmen.

6.4 Vorschriften für den Bau, die Prüfung und die Zulassung von Versandstücken für radioaktive Stoffe sowie für die Zulassung solcher Stoffe

ADR	RID

6.4.18 Gesteigerte Wassertauchprüfung für Typ B(U)- und Typ B(M)-Versandstücke mit einem Inhalt von mehr als 10^5 A_2 und für Typ C-Versandstücke

Gesteigerte Wassertauchprüfung: Das Prüfmuster muss für die Dauer von mindestens einer Stunde mindestens 200 m tief in Wasser eingetaucht werden. Für die Einhaltung dieser Bedingungen ist für Nachweiszwecke ein äußerer Überdruck von mindestens 2 MPa anzunehmen.

6.4.19 Wassereindringprüfung für Versandstücke, die spaltbare Stoffe enthalten

6.4.19.1 Versandstücke, bei denen zur Beurteilung gemäß den Unterabschnitten 6.4.11.8 bis 6.4.11.13 ein Eindringen oder Auslaufen von Wasser in einem Umfang angenommen wurde, der zur höchsten Reaktivität führt, sind von der Prüfung ausgenommen.

6.4.19.2 Bevor das Prüfmuster der nachstehenden Wassereindringprüfung unterzogen wird, muss es den Prüfungen des Unterabschnitts 6.4.17.2 b) und, wie in Unterabschnitt 6.4.11.13 gefordert, entweder des Unterabschnitts 6.4.17.2 a) oder c) und der Prüfung des Unterabschnitts 6.4.17.3 unterzogen werden.

6.4.19.3 Das Prüfmuster muss in einer Lage, für die die größte Undichtheit zu erwarten ist, für die Dauer von mindestens acht Stunden mindestens 0,9 m tief in Wasser eingetaucht werden.

6.4.20 Prüfungen für Typ C-Versandstücke

6.4.20.1 Die Prüfmuster sind den Wirkungen jeder der nachstehenden Prüfungen in der angegebenen Reihenfolge auszusetzen:

a) den Prüfungen gemäß den Unterabschnitten 6.4.17.2 a) und c), 6.4.20.2 und 6.4.20.3 und

b) der Prüfung gemäß Unterabschnitt 6.4.20.4.

Für jede Prüffolge a) und b) dürfen gesonderte Prüfmuster verwendet werden.

6.4.20.2 Eindring-/Zerreißprüfung: Das Prüfmuster muss den schädigenden Wirkungen eines senkrechten massiven Baustahlkörpers ausgesetzt werden. Die Lage des Prüfmusters des Versandstücks und die Aufprallstelle auf der Oberfläche des Versandstücks sind so zu wählen, dass nach Abschluss der Prüffolge gemäß Unterabschnitt 6.4.20.1 a) die größtmögliche Beschädigung erzielt wird.

a) Das Prüfmuster, das ein Versandstück mit einer Masse von weniger als 250 kg repräsentiert, ist auf das Aufprallfundament zu stellen und dem Fall eines Körpers mit einer Masse von 250 kg aus einer Höhe vom 3 m über der vorgesehenen Aufprallstelle zu unterziehen. Bei dieser Prüfung ist der Körper eine zylindrische Stange mit einem Durchmesser von 20 cm, dessen auftreffendes Ende ein Kreiskegelstumpf mit folgenden Abmessung ist: 30 cm Höhe und 2,5 cm Durchmesser am Ende, wobei seine Kante auf einen Radius von höchstens 6 mm abgerundet ist. Das Aufprallfundament, auf das das Prüfmuster steht, muss dem Abschnitt 6.4.14 entsprechen;

b) Bei Versandstücken mit einer Masse von mindestens 250 kg ist der Körper mit dem Boden auf das Aufprallfundament zu stellen, und das Prüfmuster muss auf den Körper fallen. Die Fallhöhe, von der Aufprallstelle am Prüfmuster bis zur Oberseite des Körpers gemessen, muss 3 m betragen. Bei dieser Prüfung hat der Körper die gleichen Eigenschaften und Abmessungen wie in a), jedoch müssen die Länge und die Masse des Körpers so sein, dass am Prüfmuster die größtmögliche Beschädigung erzielt wird. Das Aufprallfundament, auf dem der Boden des Körpers steht, muss dem Abschnitt 6.4.14 entsprechen.

Vorschriften für den Bau, die Prüfung und die Zulassung von Versandstücken für radioaktive Stoffe sowie für die Zulassung solcher Stoffe	6.4
ADR	RID

6.4.20.3 Gesteigerte Erhitzungsprüfung: Die Bedingungen dieser Prüfung müssen denen des Unterabschnitts 6.4.17.3 entsprechen, jedoch muss die Dauer, die das Prüfmuster der thermischen Umgebung ausgesetzt ist, 60 Minuten betragen.

6.4.20.4 Aufprallprüfung: Das Prüfmuster muss mit einer Geschwindigkeit von mindestens 90 m/s und in einer Lage, die zur größtmöglichen Beschädigung führt, auf das Aufprallfundament aufschlagen. Das Aufprallfundament muss dem Abschnitt 6.4.14 entsprechen, mit der Ausnahme, dass die Aufpralloberfläche eine beliebige Ausrichtung haben darf, so lange die Oberfläche senkrecht zur Aufprallrichtung des Prüfmusters steht.

6.4.21 Prüfungen für Verpackungen, die für mindestens 0,1 kg Uranhexafluorid ausgelegt sind

6.4.21.1 Jede hergestellte Verpackung und deren betriebliche und bauliche Ausrüstung müssen entweder gemeinsam oder getrennt erstmalig vor Inbetriebnahme und anschließend wiederkehrend geprüft werden. Diese Prüfungen müssen mit Zustimmung der zuständigen Behörde durchgeführt und bescheinigt werden.

6.4.21.2 Die erstmalige Prüfung besteht aus einer Prüfung der Auslegungseigenschaften, einer Festigkeitsprüfung, einer Dichtheitsprüfung, einer Ausliterung und einer Funktionsprüfung der betrieblichen Ausrüstung.

6.4.21.3 Die wiederkehrenden Prüfungen bestehen aus einer Sichtprüfung, einer Festigkeitsprüfung, einer Dichtheitsprüfung und einer Funktionsprüfung der betrieblichen Ausrüstung. Die Frist für die wiederkehrenden Prüfungen beträgt höchstens fünf Jahre. Verpackungen, die innerhalb dieser Fünfjahresfrist nicht geprüft worden sind, müssen vor der Beförderung nach einem von der zuständigen Behörde zugelassenen Programm untersucht werden. Sie dürfen erst nach Abschluss des vollständigen Programms für wiederkehrende Prüfungen wieder befüllt werden.

6.4.21.4 Die Prüfung der Auslegungseigenschaften muss die Einhaltung der Spezifikationen der Bauart und des Fertigungsprogramms nachweisen.

6.4.21.5 Die erstmalige Festigkeitsprüfung von Verpackungen, die für mindestens 0,1 kg Uranhexafluorid ausgelegt sind, ist in Form einer Wasserdruckprüfung mit einem Innendruck von 1,38 MPa (13,8 bar) durchzuführen; wenn jedoch der Prüfdruck kleiner als 2,76 MPa (27,6 bar) ist, bedarf die Bauart einer multilateralen Zulassung. Für die wiederkehrende Prüfung der Verpackungen darf vorbehaltlich der multilateralen Zulassung eine andere gleichwertige zerstörungsfreie Prüfung angewendet werden.

6.4.21.6 Die Dichtheitsprüfung ist nach einem Verfahren durchzuführen, das Undichtheiten in der dichten Umschließung mit einer Empfindlichkeit von 0,1 Pa · l/s (10^{-6} bar · l/s) anzuzeigen in der Lage ist.

6.4.21.7 Die Ausliterung der Verpackungen ist mit einer Genauigkeit von ±0,25 % bei einer Referenztemperatur von 15 °C festzuhalten. Das Volumen ist auf dem in Unterabschnitt 6.4.21.8 beschriebenen Schild anzugeben.

6.4.21.8 An jeder Verpackung muss ein Schild aus nicht korrodierendem Metall dauerhaft und an einer leicht zugänglichen Stelle angebracht sein. Die Art der Anbringung des Schildes darf die Festigkeit der Verpackung nicht beeinträchtigen. Auf dem Schild müssen mindestens die nachstehend aufgeführten Angaben eingestanzt oder nach einem ähnlichen Verfahren angebracht sein:
– Zulassungsnummer;
– Seriennummer des Herstellers;
– höchster Betriebsdruck (Überdruck);

6.4 Vorschriften für den Bau, die Prüfung und die Zulassung von Versandstücken für radioaktive Stoffe sowie für die Zulassung solcher Stoffe

ADR	RID

- Prüfdruck (Überdruck);
- Inhalt: Uranhexafluorid;
- Fassungsraum in Litern;
- höchstzulässige Masse der Füllung mit Uranhexafluorid;
- Eigenmasse;
- Datum (Monat, Jahr) der erstmaligen Prüfung und der zuletzt durchgeführten wiederkehrenden Prüfung;
- Stempel des Sachverständigen, der die Prüfung vorgenommen hat.

6.4.22 Zulassung der Bauart von Versandstücken und Stoffen

6.4.22.1 Für die Zulassung der Bauarten von Versandstücken, die mindestens 0,1 kg Uranhexafluorid enthalten, gilt:

a) für jede Bauart, welche den Vorschriften des Unterabschnitts 6.4.6.4 entspricht, ist eine multilaterale Zulassung erforderlich;

b) für jede Bauart, welche den Vorschriften der Unterabschnitte 6.4.6.1 bis 6.4.6.3 entspricht, ist eine unilaterale Zulassung durch die zuständige Behörde des Ursprungslandes der Bauart erforderlich, es sei denn, an anderer Stelle im ADR/RID wird eine multilaterale Zulassung vorgeschrieben.

6.4.22.2 Für jedes Typ B(U)- und Typ C-Versandstückmuster ist eine unilaterale Zulassung erforderlich, es sei denn,

a) ein Versandstückmuster für spaltbare Stoffe, das auch den Vorschriften der Unterabschnitte 6.4.22.4 und 6.4.23.7 sowie des Absatzes 5.1.5.2.1 unterliegt, erfordert eine multilaterale Zulassung und

b) ein Typ B(U)-Versandstückmuster für gering dispergierbare radioaktive Stoffe erfordert eine multilaterale Zulassung.

6.4.22.3 Für jedes Typ B(M)-Versandstückmuster einschließlich der Versandstückmuster für spaltbare Stoffe, die außerdem den Vorschriften der Unterabschnitte 6.4.22.4 und 6.4.23.7 sowie des Absatzes 5.1.5.2.1 unterliegen, und einschließlich der Versandstückmuster für gering dispergierbare radioaktive Stoffe ist eine multilaterale Zulassung erforderlich.

6.4.22.4 Für jedes Versandstückmuster für spaltbare Stoffe, das nicht nach einem der Absätze oder Unterabschnitte 2.2.7.2.3.5 a) bis f), 6.4.11.2 und 6.4.11.3 ausgenommen ist, ist eine multilaterale Zulassung erforderlich.

6.4.22.5 Die Bauart radioaktiver Stoffe in besonderer Form bedarf einer unilateralen Zulassung. Die Bauart gering dispergierbarer radioaktiver Stoffe bedarf einer multilateralen Zulassung (siehe auch Unterabschnitt 6.4.23.8).

6.4.22.6 Die Bauart eines spaltbaren Stoffes, der gemäß Absatz 2.2.7.2.3.5 f) von der Klassifizierung als «SPALTBAR» ausgenommen ist, bedarf einer multilateralen Zulassung.

6.4.22.7 Alternative Aktivitätsgrenzwerte für eine freigestellte Sendung von Instrumenten oder Fabrikaten gemäß Absatz 2.2.7.2.2.2 b) bedürfen einer multilateralen Zulassung.

6.4.22.8 Jedes Versandstückmuster, für das eine unilaterale Zulassung erforderlich ist und das in einem Staat entworfen wurde, der
Vertragspartei des ADR | RID-Vertragsstaat
ist, muss von der zuständigen Behörde dieses Staates zugelassen werden. Wenn der Staat, in dem das Versandstück entworfen wurde, nicht
Vertragspartei des ADR | RID-Vertragsstaat
ist, ist die Beförderung zulässig, sofern:

Vorschriften für den Bau, die Prüfung und die Zulassung von Versandstücken für radioaktive Stoffe sowie für die Zulassung solcher Stoffe 6.4

ADR	RID
a) dieser Staat ein Zeugnis ausstellt, wonach das Versandstückmuster den technischen Vorschriften des ADR/RID entspricht, und diese Bescheinigung von der zuständigen Behörde eines	
Staates validiert wird, der Vertragspartei des ADR ist;	RID-Vertragsstaates validiert wird;
b) das Versandstückmuster von der zuständigen Behörde eines	
Staates, der Vertragspartei des ADR ist,	RID-Vertragsstaates,
zugelassen wird, wenn kein Zeugnis und keine bestehende Versandstückmusterzulassung eines	
Staates beigebracht wird, der Vertragspartei des ADR ist.	RID-Vertragsstaates beigebracht wird.

6.4.22.9 Wegen Baumustern, die nach Übergangsvorschriften zugelassen wurden, siehe Abschnitt 1.6.6.

6.4.23 Antrag und Beförderungsgenehmigung für radioaktive Stoffe

6.4.23.1 (bleibt offen)

6.4.23.2 Anträge auf Beförderungsgenehmigung

6.4.23.2.1 Ein Antrag auf Beförderungsgenehmigung muss enthalten:

a) den Zeitraum der Beförderung, für den die Genehmigung beantragt wird;

b) den tatsächlichen radioaktiven Inhalt, die vorgesehenen Beförderungsarten, den

| Fahrzeugtyp | Wagentyp |

und den voraussichtlichen oder vorgesehenen Beförderungsweg und

c) ausführliche Angaben darüber, wie die in den gegebenenfalls nach Absatz 5.1.5.2.1 a) (v), (vi) oder (vii) ausgestellten Zulassungszeugnissen für Versandstückmuster genannten Vorsichtsmaßnahmen und administrativen Überwachungen oder Betriebsüberwachungen durchgeführt werden.

6.4.23.2.2 Ein Antrag auf Beförderungsgenehmigung für SCO-III-Gegenstände muss enthalten:

a) eine Erklärung, in welcher Hinsicht und aus welchen Gründen die Sendung als SCO-III-Gegenstand betrachtet wird;

b) eine Begründung, warum ein SCO-III-Gegenstand gewählt wurde, durch den Nachweis, dass

    (i) momentan keine geeignete Verpackung existiert;

    (ii) die Auslegung und/oder der Bau einer Verpackung oder die Zerlegung des Gegenstandes praktisch, technisch oder wirtschaftlich nicht machbar ist;

    (iii) keine andere praktikable Alternative existiert;

c) eine detaillierte Beschreibung des vorgeschlagenen radioaktiven Inhalts in Bezug auf seinen physikalischen und chemischen Zustand und die Art der emittierten Strahlung;

d) eine detaillierte Darstellung der Bauart des SCO-III-Gegenstandes, einschließlich vollständiger technischer Zeichnungen und Werkstoffverzeichnisse und Herstellungsverfahren;

e) alle Informationen, die erforderlich sind, um die zuständige Behörde davon zu überzeugen, dass die Anforderungen des Absatzes 4.1.9.2.4 e) und gegebenenfalls die Anforderungen der Sondervorschrift

| CV 33 (2) | CW 33 (2) |

des Abschnitts 7.5.11 erfüllt sind;

f) einen Beförderungsplan;

g) eine Spezifikation des anzuwendenden Managementsystems gemäß Abschnitt 1.7.3.

6.4 Vorschriften für den Bau, die Prüfung und die Zulassung von Versandstücken für radioaktive Stoffe sowie für die Zulassung solcher Stoffe

ADR	RID

6.4.23.3 Ein Antrag auf Beförderungsgenehmigung auf Grund einer Sondervereinbarung muss alle erforderlichen Angaben enthalten, die die zuständige Behörde davon überzeugen, dass die Gesamtsicherheit bei der Beförderung zumindest der entspricht, die gegeben wäre, wenn alle anwendbaren Vorschriften des ADR/RID erfüllt wären.

Der Antrag muss außerdem enthalten:

a) Angaben darüber, inwieweit und aus welchen Gründen die Beförderung nicht in volle Übereinstimmung mit den anwendbaren Vorschriften des ADR/RID gebracht werden kann, und

b) Angaben über jede besondere Vorsichtsmaßnahme oder besondere administrative Überwachungen oder Betriebsüberwachungen, die während der Beförderung durchzuführen sind, um die Nichterfüllung der anwendbaren Vorschriften des ADR/RID auszugleichen.

6.4.23.4 Ein Antrag auf Zulassung eines Typ B(U)- oder Typ C-Versandstückmusters muss enthalten:

a) eine genaue Beschreibung des vorgesehenen radioaktiven Inhalts mit Angabe seines physikalischen oder chemischen Zustands und der Art der ausgesandten Strahlung;

b) eine genaue Beschreibung der Bauart, einschließlich vollständiger Konstruktionszeichnungen, Werkstoffdatenblätter und Fertigungsverfahren;

c) einen Bericht über die durchgeführten Prüfungen und deren Ergebnisse oder einen auf rechnerischen Methoden basierenden Nachweis oder andere Nachweise, dass die Bauart den anwendbaren Vorschriften entspricht;

d) die vorgesehenen Benutzungs- und Wartungsanweisungen für die Verpackung;

e) wenn das Versandstück für einen höchsten normalen Betriebsdruck von mehr als 100 kPa Überdruck ausgelegt ist, Angaben über die für die Fertigung der dichten Umschließung verwendeten Werkstoffe, die Entnahme von Proben und die durchzuführenden Prüfungen;

f) wenn das Versandstück nach der Lagerung für eine Beförderung verwendet werden soll, eine Begründung der Überlegungen zu den Alterungsmechanismen in der Sicherheitsanalyse und in den vorgeschlagenen Betriebs- und Wartungsanweisungen;

g) wenn der vorgesehene radioaktive Inhalt bestrahlter Kernbrennstoff ist, Angabe und Begründung zu allen in der Sicherheitsanalyse getroffenen Annahmen, die sich auf die Eigenschaften des Brennstoffs beziehen, sowie Beschreibung aller in Unterabschnitt 6.4.11.5 b) vorgeschriebenen beförderungsvorbereitenden Messungen;

h) alle besonderen Verstauungsvorschriften, die zur Gewährleistung einer sicheren Wärmeableitung vom Versandstück unter Berücksichtigung der verschiedenen zur Anwendung kommenden Beförderungsarten sowie der Fahrzeug- | Wagen- und Containertypen notwendig sind;

i) eine höchstens 21 cm x 30 cm große vervielfältigungsfähige Abbildung, die die Beschaffenheit des Versandstücks zeigt;

j) eine Beschreibung des in Abschnitt 1.7.3 vorgeschriebenen anwendbaren Managementsystems und

k) für Versandstücke, die nach der Lagerung für eine Beförderung verwendet werden sollen, ein Lückenanalyseprogramm, das ein systematisches Verfahren zur wiederkehrenden Bewertung von Änderungen der anwendbaren Vorschriften, Änderungen der technischen Kenntnisse und Änderungen des Zustands des Versandstückmusters während der Lagerung beschreibt.

Vorschriften für den Bau, die Prüfung und die Zulassung von Versandstücken für radioaktive Stoffe sowie für die Zulassung solcher Stoffe　　6.4

ADR	RID

6.4.23.5 Ein Antrag auf Zulassung eines Typ B(M)-Versandstückmusters muss zusätzlich zu den in Unterabschnitt 6.4.23.4 für Typ B(U)-Versandstücke geforderten Angaben enthalten:

  a) eine Liste der in den Unterabschnitten 6.4.7.5, 6.4.8.4 bis 6.4.8.6 und 6.4.8.9 bis 6.4.8.15 festgelegten Vorschriften, denen das Versandstück nicht entspricht;

  b) jede vorgesehene zusätzliche Betriebsüberwachung während der Beförderung, die

in dieser Anlage	im RID

  nicht vorgeschrieben sind, aber notwendig sind, um die Sicherheit des Versandstücks zu gewährleisten oder die unter a) angegebenen Mängel auszugleichen;

  c) eine Angabe über Beschränkungen hinsichtlich der Beförderungsart und über besondere Belade-, Beförderungs-, Entlade- oder Handhabungsverfahren und

  d) eine Angabe über den Bereich der Umgebungsbedingungen (Temperatur, Sonneneinstrahlung), die während der Beförderung zu erwarten sind und die bei der Bauart berücksichtigt wurden.

6.4.23.6 Der Antrag auf Zulassung von Bauarten von Versandstücken, die mindestens 0,1 kg Uranhexafluorid enthalten, muss alle Angaben, die die zuständige Behörde davon überzeugen, dass die Bauart den Vorschriften des Unterabschnitts 6.4.6.1 entspricht, und eine Beschreibung des in Abschnitt 1.7.3 vorgeschriebenen anwendbaren Managementsystems enthalten.

6.4.23.7 Ein Antrag auf Zulassung der Versandstücke für spaltbare Stoffe muss alle Angaben, die die zuständige Behörde davon überzeugen, dass die Bauart den Vorschriften des Unterabschnitts 6.4.11.1 entspricht, und eine Beschreibung des in Abschnitt 1.7.3 vorgeschriebenen anwendbaren Managementsystems enthalten.

6.4.23.8 Der Antrag auf Zulassung der Bauart radioaktiver Stoffe in besonderer Form und der Bauart gering dispergierbarer radioaktiver Stoffe muss enthalten:

  a) eine genaue Beschreibung der radioaktiven Stoffe oder, wenn es sich um eine Kapsel handelt, des Inhalts; insbesondere sind Angaben zum physikalischen und chemischen Zustand aufzuführen;

  b) eine genaue Angabe zur Bauart jeder zu verwendenden Kapsel;

  c) einen Bericht über die durchgeführten Prüfungen und deren Ergebnisse oder einen auf Berechnungen basierenden Nachweis, der zeigt, dass die radioaktiven Stoffe den Anforderungen genügen, oder andere Nachweise, dass die radioaktiven Stoffe in besonderer Form oder die gering dispergierbaren radioaktiven Stoffe den anwendbaren Vorschriften des ADR/RID entsprechen;

  d) eine Beschreibung des in Abschnitt 1.7.3 vorgeschriebenen anwendbaren Managementsystems;

  e) alle im Zusammenhang mit der Sendung von radioaktiven Stoffen in besonderer Form oder von gering dispergierbaren radioaktiven Stoffen vorgesehenen beförderungsvorbereitenden Maßnahmen.

6.4.23.9 Der Antrag auf Zulassung der Bauart spaltbarer Stoffe, die gemäß Absatz 2.2.7.2.3.5 f) von der Klassifizierung als «SPALTBAR» nach der Tabelle 2.2.7.2.1.1 ausgenommen sind, muss enthalten:

  a) eine genaue Beschreibung der Stoffe; insbesondere sind Angaben zum physikalischen und chemischen Zustand aufzuführen;

  b) einen Bericht über die durchgeführten Prüfungen und deren Ergebnisse oder einen auf rechnerischen Methoden basierenden Nachweis, der zeigt, dass die Stoffe den in Absatz 2.2.7.2.3.6 festgelegten Anforderungen genügen;

6.4 Vorschriften für den Bau, die Prüfung und die Zulassung von Versandstücken für radioaktive Stoffe sowie für die Zulassung solcher Stoffe

ADR	RID

c) eine Beschreibung des in Abschnitt 1.7.3 vorgeschriebenen anwendbaren Managementsystems;

d) Angaben zu den vor der Beförderung zu ergreifenden besonderen Maßnahmen.

6.4.23.10 Der Antrag auf Zulassung alternativer Aktivitätsgrenzwerte für eine freigestellte Sendung von Instrumenten oder Fabrikaten muss enthalten:

a) eine Bezeichnung und genaue Beschreibung des Instruments oder Fabrikats, dessen vorgesehene Verwendungen und das oder die enthaltenen Radionuklide;

b) die höchste Aktivität des oder der Radionuklide im Instrument oder Fabrikat;

c) die vom Instrument oder Fabrikat ausgehenden höchsten äußeren Dosisleistungen;

d) die chemischen und physikalischen Formen des oder der im Instrument oder Fabrikat enthaltenen Radionuklide;

e) Einzelheiten über den Bau und die Bauart des Instruments oder Fabrikats, insbesondere in Bezug auf die Umschließung und Abschirmung des Radionuklids unter Routine-Beförderungsbedingungen, normalen Beförderungsbedingungen und Unfall-Beförderungsbedingungen;

f) das anwendbare Managementsystem, einschließlich der für Strahlenquellen, Bauteile und Endprodukte anzuwendenden Qualitätsprüfungs- und Nachweisverfahren, um zu gewährleisten, dass die höchste festgelegte Aktivität der radioaktiven Stoffe oder die für das Instrument oder Fabrikat festgelegten höchsten Dosisleistungen nicht überschritten werden und dass die Instrumente oder Fabrikate gemäß den Bauartspezifikationen gebaut sind;

g) die höchste Anzahl von Instrumenten oder Fabrikaten, die voraussichtlich je Sendung und jährlich zu befördern sind;

h) Dosiseinschätzungen in Übereinstimmung mit den Grundsätzen und der Methodik, die in den «Radiation Protection and Safety of Radiation Sources: International Basic Safety Standards» (Strahlenschutz und Sicherheit von Strahlungsquellen: Internationale grundlegende Sicherheitsnormen), IAEA Safety Standards Series No. GSR Teil 3, IAEO, Wien (2014) enthalten sind, einschließlich der Individualdosen für Transportarbeiter und die Öffentlichkeit und, sofern zutreffend, der Kollektivdosen, die bei Routine-Beförderungsbedingungen, normalen Beförderungsbedingungen und Unfall-Beförderungsbedingungen auftreten, auf der Grundlage von repräsentativen Beförderungsszenarien, denen die Sendungen ausgesetzt sind.

6.4.23.11 Jedem von einer zuständigen Behörde ausgestellten Zulassungs-/Genehmigungszeugnis ist ein Identifizierungskennzeichen zuzuordnen. Das Identifizierungskennzeichen muss folgende allgemeine Form haben:

VRI / Nummer / Typenschlüssel

a) Sofern in Unterabschnitt 6.4.23.12 b) nichts anderes vorgesehen ist, entspricht der VRI dem für Kraftfahrzeuge im internationalen Verkehr verwendeten Unterscheidungszeichen [1] desjenigen Staates, der das Zeugnis ausstellt.

b) Die Nummer ist von der zuständigen Behörde zuzuteilen, ist nur einmal zu vergeben und darf sich nur auf die bestimmte Bauart, die bestimmte Beförderung oder den alternativen Aktivitätsgrenzwert bei freigestellten Sendungen beziehen. Das Identifizierungskennzeichen für die Beförderungsgenehmigung muss sich eindeutig auf das Identifizierungskennzeichen der Bauartzulassung beziehen.

---

[1] Das für Kraftfahrzeuge und Anhänger im internationalen Straßenverkehr verwendete Unterscheidungszeichen des Zulassungsstaates, z.B. gemäß dem Genfer Übereinkommen über den Straßenverkehr von 1949 oder dem Wiener Übereinkommen über den Straßenverkehr von 1968.

Vorschriften für den Bau, die Prüfung und die Zulassung von Versandstücken für radioaktive Stoffe sowie für die Zulassung solcher Stoffe

6.4

ADR	RID

c) Die folgenden Typenschlüssel sind in nachstehender Reihenfolge zu verwenden, um die Arten der ausgestellten Zulassungs- / Genehmigungszeugnissen zu kennzeichnen:

- AF   Typ A-Versandstückmuster für spaltbare Stoffe
- B(U)   Typ B(U)-Versandstückmuster (B(U)F, wenn für spaltbare Stoffe)
- B(M)   Typ B(M)-Versandstückmuster (B(M)F, wenn für spaltbare Stoffe)
- C   Typ C-Versandstückmuster (CF, wenn für spaltbare Stoffe)
- IF   Industrieversandstückmuster für spaltbare Stoffe
- S   radioaktive Stoffe in besonderer Form
- LD   gering dispergierbare radioaktive Stoffe
- FE   spaltbare Stoffe, die den Vorschriften des Absatz 2.2.7.2.3.6 entsprechen
- T   Beförderung
- X   Sondervereinbarung
- AL   alternative Aktivitätsgrenzwerte für eine freigestellte Sendung von Instrumenten oder Fabrikaten

Im Falle von Versandstückmustern für nicht spaltbares oder spaltbares freigestelltes Uranhexafluorid, für die keiner der oben angegebenen Schlüssel zutrifft, sind folgende Typenschlüssel zu verwenden:

- H(U)   unilaterale Zulassung
- H(M)   multilaterale Zulassung.

6.4.23.12 Diese Identifizierungskennzeichen sind wie folgt zu verwenden:

a) Jedes Zeugnis und jedes Versandstück muss mit dem zutreffenden Identifizierungskennzeichen versehen sein, das die in Unterabschnitt 6.4.23.11 a), b) und c) vorgeschriebenen Symbole enthält, mit der Ausnahme, dass bei Versandstücken nach dem zweiten Schrägstrich nur der anwendbare Bauart-Typenschlüssel erscheint, d. h. dass «T» oder «X» nicht im Identifizierungskennzeichen auf dem Versandstück erscheinen darf. Wenn Bauartzulassung und Beförderungsgenehmigung zusammengefasst sind, müssen die anwendbaren Typenschlüssel nicht wiederholt werden.

Zum Beispiel:

A/132/B(M)F: für spaltbare Stoffe zugelassenes Typ B(M)-Versandstückmuster, für das eine multilaterale Zulassung erforderlich ist und dem die zuständige Behörde Österreichs die Versandstückmusternummer 132 zugeteilt hat (sowohl am Versandstück anzubringen als auch im Zulassungszeugnis für das Versandstückmuster einzutragen);

A/132/B(M)FT: Beförderungsgenehmigung, die für ein Versandstück mit dem oben beschriebenen Identifizierungskennzeichen ausgestellt wurde (nur im Zeugnis einzutragen);

A/137/X: Genehmigung für eine Sondervereinbarung, die von der zuständigen Behörde Österreichs ausgestellt und der die Nummer 137 zugeteilt wurde (nur im Zeugnis einzutragen);

A/139/IF: Industrieversandstückmuster für spaltbare Stoffe, das von der zuständigen Behörde Österreichs zugelassen und dem die Versandstückmusternummer 139 zugeteilt wurde (sowohl am Versandstück anzubringen als auch im Zulassungszeugnis für das Versandstückmuster einzutragen);

6.4 Vorschriften für den Bau, die Prüfung und die Zulassung von Versandstücken für radioaktive Stoffe sowie für die Zulassung solcher Stoffe

ADR	RID

A/145/H(U): Versandstückmuster für spaltbares freigestelltes Uranhexafluorid, das von der zuständigen Behörde Österreichs zugelassen und dem die Versandstückmusternummer 145 zugeteilt wurde (sowohl am Versandstück anzubringen als auch im Zulassungszeugnis für das Versandstückmuster einzutragen).

b) Wenn eine multilaterale Zulassung/Genehmigung durch eine Anerkennung nach Unterabschnitt 6.4.23.20 erfolgt, ist nur das Identifizierungskennzeichen zu verwenden, das vom Ursprungsland der Bauart oder der Beförderung zugeteilt wurde. Wenn eine multilaterale Zulassung/Genehmigung durch Ausstellung von Zeugnissen durch nachfolgende Staaten erfolgt, muss jedes Zeugnis das entsprechende Identifizierungskennzeichen aufweisen, und das Versandstück, dessen Bauart auf diese Weise zugelassen wurde, muss mit allen zutreffenden Identifizierungskennzeichen versehen sein.

Zum Beispiel wäre

A/132/B(M)F

CH/28/B(M)F

das Identifizierungskennzeichen eines Versandstückes, das ursprünglich von Österreich und anschließend durch ein gesondertes Zeugnis von der Schweiz zugelassen wurde. Zusätzliche Identifizierungskennzeichen würden in gleicher Weise auf dem Versandstück angeordnet werden.

c) Die Neufassung eines Zeugnisses muss durch einen Klammerausdruck hinter dem Identifizierungskennzeichen im Zeugnis angegeben werden. Zum Beispiel würde A/132/B(M)F (Rev.2) die zweite Neufassung des österreichischen Zulassungszeugnisses für ein Versandstückmuster oder A/132/B(M)F (Rev.0) die Erstausstellung des österreichischen Zulassungszeugnisses für ein Versandstückmuster bezeichnen. Bei Erstausstellungen ist der Klammerausdruck freigestellt; anstelle von «Rev.0» dürfen auch andere Ausdrücke wie «Erstausstellung» verwendet werden. Die Nummern der Neufassung eines Zeugnisses dürfen nur von dem Staat vergeben werden, der die Erstausstellung des Zulassungs-/Genehmigungszeugnisses vorgenommen hat.

d) Zusätzliche Symbole (die auf Grund nationaler Vorschriften erforderlich sein können), dürfen am Ende des Identifizierungskennzeichens in Klammern hinzugefügt werden, z. B. A/132/B(M)F (SP503).

e) Es ist nicht notwendig, das Identifizierungskennzeichen auf der Verpackung bei jeder Neufassung des Zeugnisses der Bauart zu ändern. Eine derartige Änderung des Identifizierungskennzeichens ist nur in solchen Fällen erforderlich, in denen die Neufassung des Zeugnisses des Versandstückmusters mit einer Änderung des Buchstabencodes für das Versandstückmuster nach dem zweiten Schrägstrich verbunden ist.

6.4.23.13 Jedes von einer zuständigen Behörde für radioaktive Stoffe in besonderer Form oder gering dispergierbare radioaktive Stoffe ausgestellte Zulassungszeugnis muss folgende Angaben enthalten:

a) Art des Zeugnisses;

b) Identifizierungskennzeichen der zuständigen Behörde;

c) Datum der Ausstellung und des Ablaufs der Gültigkeit;

d) Aufstellung der anwendbaren nationalen und internationalen Vorschriften, einschließlich der Ausgabe der IAEO-Regelungen für die sichere Beförderung radioaktiver Stoffe, nach denen die radioaktiven Stoffe in besonderer Form oder die gering dispergierbaren radioaktiven Stoffe zugelassen sind;

Vorschriften für den Bau, die Prüfung und die Zulassung von Versandstücken für radioaktive Stoffe sowie für die Zulassung solcher Stoffe 6.4

ADR	RID

e) Herstellerbezeichnung der radioaktiven Stoffe in besonderer Form oder der gering dispergierbaren radioaktiven Stoffe;

f) Beschreibung der radioaktiven Stoffe in besonderer Form oder der gering dispergierbaren radioaktiven Stoffe;

g) Angaben zur Bauart der radioaktiven Stoffe in besonderer Form oder der gering dispergierbaren radioaktiven Stoffe, die Verweise auf Zeichnungen umfassen dürfen;

h) Beschreibung des radioaktiven Inhalts einschließlich Angabe der entsprechenden Aktivitäten und gegebenenfalls der physikalischen und chemischen Form;

i) Beschreibung des in Abschnitt 1.7.3 vorgeschriebenen anwendbaren Managementsystems;

j) Hinweis auf vom Antragsteller zu liefernde Informationen über vor der Beförderung zu treffende besondere Maßnahmen;

k) Angabe zur Identität des Antragstellers, sofern dies von der zuständigen Behörde für erforderlich erachtet wird;

l) Unterschrift und Identität des Beamten, der das Zeugnis ausstellt.

6.4.23.14 Jedes von einer zuständigen Behörde für einen Stoff, der von der Klassifizierung als «SPALTBAR» ausgenommen ist, ausgestellte Zulassungszeugnis muss folgende Angaben enthalten:

a) Art des Zeugnisses;

b) Identifizierungskennzeichen der zuständigen Behörde;

c) Datum der Ausstellung und des Ablaufs der Gültigkeit;

d) Aufstellung der anwendbaren nationalen und internationalen Vorschriften, einschließlich der Ausgabe der IAEO-Regelungen für die sichere Beförderung radioaktiver Stoffe, nach denen die Freistellung zugelassen ist;

e) Beschreibung des freigestellten Stoffes;

f) einschränkende Spezifikationen des freigestellten Stoffes;

g) Beschreibung des in Abschnitt 1.7.3 vorgeschriebenen anwendbaren Managementsystems;

h) Verweis auf Angaben des Antragstellers in Zusammenhang mit besonderen Maßnahmen, die vor der Beförderung zu treffen sind;

i) Angabe zur Identität des Antragstellers, sofern dies von der zuständigen Behörde für erforderlich erachtet wird;

j) Unterschrift und Identität des Beamten, der das Zeugnis ausstellt;

k) Verweis auf Unterlagen, die den Nachweis für die Übereinstimmung mit Absatz 2.2.7.2.3.6 liefern.

6.4.23.15 Jedes von einer zuständigen Behörde für eine Sondervereinbarung ausgestellte Zulassungszeugnis muss folgende Angaben enthalten:

a) Art des Zeugnisses;

b) Identifizierungskennzeichen der zuständigen Behörde;

c) Datum der Ausstellung und des Ablaufs der Gültigkeit;

d) Beförderungsart(en);

6.4 Vorschriften für den Bau, die Prüfung und die Zulassung von Versandstücken für radioaktive Stoffe sowie für die Zulassung solcher Stoffe

ADR	RID

e) alle Einschränkungen hinsichtlich der Beförderungsart, der Art des Fahrzeugs | Wagens oder des Containers und alle notwendigen Angaben über den Beförderungsweg;

f) Aufstellung der anwendbaren nationalen und internationalen Vorschriften, einschließlich der Ausgabe der IAEO-Regelungen für die sichere Beförderung radioaktiver Stoffe, nach denen die Sondervereinbarung genehmigt ist;

g) folgende Erklärung:
«Dieses Zeugnis befreit den Absender nicht von der Verpflichtung, etwaige Vorschriften der Regierung eines Staates, in oder durch den das Versandstück befördert wird, einzuhalten.»;

h) Verweise auf Zeugnisse für einen alternativen radioaktiven Inhalt, auf eine andere Anerkennung einer zuständigen Behörde oder auf zusätzliche technische Daten oder Angaben, sofern diese von der zuständigen Behörde für erforderlich erachtet werden;

i) Beschreibung der Verpackung durch Verweis auf Zeichnungen oder Angaben zur Bauart. Sofern dies von der zuständigen Behörde für notwendig erachtet wird, muss auch eine höchstens 21 cm x 30 cm große vervielfältigungsfähige Abbildung beigefügt werden, die die Beschaffenheit des Versandstücks zeigt, verbunden mit einer kurzen Beschreibung der Verpackung einschließlich Herstellungswerkstoffe, Bruttomasse, Hauptaußenabmessungen und Aussehen;

j) Beschreibung des zulässigen radioaktiven Inhalts, einschließlich aller Einschränkungen bezüglich des radioaktiven Inhalts, die möglicherweise aus der Art der Verpackung nicht deutlich hervorgehen. Dies umfasst die physikalischen und chemischen Formen, die entsprechenden Aktivitäten (sofern zutreffend, einschließlich der Aktivitäten der verschiedenen Isotope), die Masse in Gramm (für spaltbare Stoffe oder gegebenenfalls für jedes spaltbare Nuklid) und, sofern zutreffend, die Feststellung, ob es sich um radioaktive Stoffe in besonderer Form, um gering dispergierbare radioaktive Stoffe oder um spaltbare Stoffe, die gemäß Absatz 2.2.7.2.3.5 f) ausgenommen sind, handelt;

k) zusätzlich bei Versandstücken, die spaltbare Stoffe enthalten:
  (i) genaue Beschreibung des zulässigen radioaktiven Inhalts;
  (ii) Wert für die Kritikalitätssicherheitskennzahl;
  (iii) Verweis auf die Dokumentation, welche die Kritikalitätssicherheit des Versandstücks nachweist;
  (iv) alle besonderen Merkmale, auf Grund derer bei der Kritikalitätsbewertung das Nichtvorhandensein von Wasser in bestimmten Hohlräumen angenommen wurde;
  (v) jede Erlaubnis (auf der Grundlage des Unterabschnitts 6.4.11.5 b)) für eine Änderung der bei der Kritikalitätsbewertung angenommenen Neutronenvermehrung als Ergebnis der tatsächlichen Bestrahlungspraxis und
  (vi) Bereich der Umgebungstemperatur, für den die Sondervereinbarung genehmigt wurde;

l) genaue Aufzählung aller zusätzlichen Betriebsüberwachungen, die bei der Vorbereitung, der Verladung, der Beförderung, der Entladung und der Handhabung der Sendung erforderlich sind, einschließlich besonderer Stauvorschriften für die sichere Wärmeableitung;

m) Gründe für die Beförderung auf Grund einer Sondervereinbarung, sofern dies von der zuständigen Behörde für erforderlich erachtet wird;

Vorschriften für den Bau, die Prüfung und die Zulassung von Versandstücken für radioaktive Stoffe sowie für die Zulassung solcher Stoffe 6.4

ADR	RID

n) Beschreibung der Ausgleichsmaßnahmen, die getroffen werden müssen, weil die Beförderung auf Grund einer Sondervereinbarung erfolgt;

o) Verweis auf Angaben des Antragstellers in Zusammenhang mit der Verwendung der Verpackung oder mit besonderen Maßnahmen, die vor der Beförderung zu treffen sind;

p) Erklärung über die Umgebungsbedingungen, die für Zwecke der Bauart angenommen werden, sofern diese nicht den Unterabschnitten 6.4.8.5, 6.4.8.6 und 6.4.8.15, soweit anwendbar, entsprechen;

q) alle Notfallmaßnahmen, sofern diese von der zuständigen Behörde für erforderlich erachtet werden;

r) Beschreibung des in Abschnitt 1.7.3 vorgeschriebenen anwendbaren Managementsystems;

s) Angabe zur Identität des Antragstellers und des Beförderers, sofern dies von der zuständigen Behörde für erforderlich erachtet wird;

t) Unterschrift und Identität des Beamten, der das Zeugnis ausstellt.

6.4.23.16 Jedes von einer zuständigen Behörde für eine Beförderung ausgestellte Genehmigungszeugnis muss folgende Angaben enthalten:

a) Art des Zeugnisses;

b) Identifizierungskennzeichen der zuständigen Behörde;

c) Datum der Ausstellung und des Ablaufs der Gültigkeit;

d) Aufstellung der anwendbaren nationalen und internationalen Vorschriften, einschließlich der Ausgabe der IAEO-Regelungen für die sichere Beförderung radioaktiver Stoffe, nach denen die Beförderung genehmigt ist;

e) alle Einschränkungen hinsichtlich der Beförderungsart, der Art des Fahrzeugs | Wagens oder des Containers und notwendige Angaben über den Beförderungsweg;

f) folgende Erklärung:
«Dieses Zeugnis befreit den Absender nicht von der Verpflichtung, etwaige Vorschriften der Regierung eines Staates, in oder durch den das Versandstück befördert wird, einzuhalten.»;

g) genaue Aufzählung aller zusätzlichen Betriebsüberwachungen, die bei der Vorbereitung, der Verladung, der Beförderung, der Entladung und der Handhabung der Sendung erforderlich sind, einschließlich besonderer Stauvorschriften für die sichere Wärmeableitung oder der Erhaltung der Kritikalitätssicherheit;

h) Hinweis auf vom Antragsteller zu liefernde Informationen über vor der Beförderung zu treffende besondere Maßnahmen;

i) Verweis auf das (die) anwendbare(n) Zulassungszeugnis(se) der Bauart;

j) Beschreibung des tatsächlichen radioaktiven Inhalts, einschließlich aller Einschränkungen bezüglich des radioaktiven Inhalts, die möglicherweise aus der Art der Verpackung nicht deutlich hervorgehen. Dies umfasst die physikalischen und chemischen Formen, die entsprechenden Gesamtaktivitäten (sofern zutreffend, einschließlich der Aktivitäten der verschiedenen Isotope), die Masse in Gramm (für spaltbare Stoffe oder gegebenenfalls für jedes spaltbare Nuklid) und, sofern zutreffend, die Feststellung, ob es sich um radioaktive Stoffe in besonderer Form, um gering dispergierbare radioaktive Stoffe oder um spaltbare Stoffe, die gemäß Absatz 2.2.7.2.3.5 f) ausgenommen sind, handelt;

k) alle Notfallmaßnahmen, sofern diese von der zuständigen Behörde für erforderlich erachtet werden;

6.4 Vorschriften für den Bau, die Prüfung und die Zulassung von Versandstücken für radioaktive Stoffe sowie für die Zulassung solcher Stoffe

ADR	RID

l) Beschreibung des in Abschnitt 1.7.3 vorgeschriebenen anwendbaren Managementsystems;

m) Angabe zur Identität des Antragstellers, sofern dies von der zuständigen Behörde für erforderlich erachtet wird;

n) Unterschrift und Identität des Beamten, der das Zeugnis ausstellt.

6.4.23.17 Jedes von einer zuständigen Behörde für das Versandstückmuster ausgestellte Zulassungszeugnis muss folgende Angaben enthalten:

a) Art des Zeugnisses;

b) Identifizierungskennzeichen der zuständigen Behörde;

c) Datum der Ausstellung und des Ablaufs der Gültigkeit;

d) alle Einschränkungen hinsichtlich der Beförderungsart, sofern zutreffend;

e) Aufstellung der anwendbaren nationalen und internationalen Vorschriften, einschließlich der Ausgabe der IAEO-Regelungen für die sichere Beförderung radioaktiver Stoffe, nach denen die Bauart zugelassen ist;

f) folgende Erklärung:
«Dieses Zeugnis befreit den Absender nicht von der Verpflichtung, etwaige Vorschriften der Regierung eines Staates, in oder durch den das Versandstück befördert wird, einzuhalten.»;

g) Verweise auf Zeugnisse für einen alternativen radioaktiven Inhalt, auf eine andere Anerkennung einer zuständigen Behörde oder auf zusätzliche technische Daten oder Angaben, sofern diese von der zuständigen Behörde für erforderlich erachtet werden;

h) Erklärung über die Erlaubnis der Beförderung, sofern nach Absatz 5.1.5.1.2 eine Beförderungsgenehmigung erforderlich ist und sofern eine solche Erklärung geeignet erscheint;

i) Herstellerbezeichnung der Verpackung;

j) Beschreibung der Verpackung durch Verweis auf Zeichnungen oder Angaben zur Bauart. Sofern dies von der zuständigen Behörde für notwendig erachtet wird, muss auch eine höchstens 21 cm x 30 cm große vervielfältigungsfähige Abbildung beigefügt werden, die die Beschaffenheit des Versandstücks zeigt, verbunden mit einer kurzen Beschreibung der Verpackung einschließlich Herstellungswerkstoffe, Bruttomasse, Hauptaußenabmessungen und Aussehen;

k) Angaben zur Bauart durch Verweis auf Zeichnungen;

l) Beschreibung des zulässigen radioaktiven Inhalts, einschließlich aller Einschränkungen bezüglich des radioaktiven Inhalts, die möglicherweise aus der Art der Verpackung nicht deutlich hervorgehen. Dies umfasst die physikalischen und chemischen Formen, die entsprechenden Aktivitäten (sofern zutreffend, einschließlich der Aktivitäten der verschiedenen Isotope), die Masse in Gramm (für spaltbare Stoffe die Gesamtmasse spaltbarer Nuklide oder gegebenenfalls für jedes spaltbare Nuklid die Masse) und, sofern zutreffend, die Feststellung, ob es sich um radioaktive Stoffe in besonderer Form, um gering dispergierbare radioaktive Stoffe oder um spaltbare Stoffe, die gemäß Absatz 2.2.7.2.3.5 f) ausgenommen sind, handelt;

m) Beschreibung der dichten Umschließung;

6.4 Vorschriften für den Bau, die Prüfung und die Zulassung von Versandstücken für radioaktive Stoffe sowie für die Zulassung solcher Stoffe

ADR	RID

n) bei Versandstückmustern, die spaltbare Stoffe enthalten und für die gemäß Unterabschnitt 6.4.22.4 eine multilaterale Zulassung des Versandstückmusters erforderlich ist:
    (i) genaue Beschreibung des zulässigen radioaktiven Inhalts;
    (ii) Beschreibung des Einschließungssystems;
    (iii) Wert für die Kritikalitätssicherheitskennzahl;
    (iv) Verweis auf die Dokumentation, welche die Kritikalitätssicherheit des Versandstücks nachweist;
    (v) alle besonderen Merkmale, auf Grund derer bei der Kritikalitätsbewertung das Nichtvorhandensein von Wasser in bestimmten Hohlräumen angenommen wurde;
    (vi) jede Erlaubnis (auf der Grundlage des Unterabschnitts 6.4.11.5 b)) für eine Änderung der bei der Kritikalitätsbewertung angenommenen Neutronenvermehrung als Ergebnis der tatsächlichen Bestrahlungspraxis und
    (vii) Bereich der Umgebungstemperatur, für den das Versandstückmuster genehmigt wurde;

o) bei Typ B(M)-Versandstücken eine Aufstellung der Vorschriften der Unterabschnitte 6.4.7.5, 6.4.8.4, 6.4.8.5, 6.4.8.6 und 6.4.8.9 bis 6.4.8.15, denen das Versandstück nicht entspricht, und alle ergänzenden Informationen, die für andere zuständigen Behörden nützlich sein können;

p) bei Versandstückmustern, die den Übergangsvorschriften des Absatzes 1.6.6.2.1 unterliegen, eine Erklärung, in der diejenigen der ab 1. Januar 2021 geltenden Vorschriften des ADR/RID angegeben sind, denen das Versandstück nicht entspricht;

q) bei Versandstücken, die mehr als 0,1 kg Uranhexafluorid enthalten, gegebenenfalls eine Angabe der geltenden Vorschriften des Unterabschnitts 6.4.6.4 und aller darüber hinausgehender Informationen, die für andere zuständige Behörden nützlich sein können;

r) genaue Aufzählung aller zusätzlichen Betriebsüberwachungen, die bei der Vorbereitung, der Verladung, der Beförderung, der Entladung und der Handhabung der Sendung erforderlich sind, einschließlich besonderer Stauvorschriften für die sichere Wärmeableitung;

s) Verweis auf Angaben des Antragstellers in Zusammenhang mit der Verwendung der Verpackung oder mit besonderen Maßnahmen, die vor der Beförderung zu treffen sind;

t) Erklärung über die Umgebungsbedingungen, die für Zwecke der Bauart angenommen werden, sofern diese nicht den Unterabschnitten 6.4.8.5, 6.4.8.6 und 6.4.8.15, soweit anwendbar, entsprechen;

u) Beschreibung des in Abschnitt 1.7.3 vorgeschriebenen anwendbaren Managementsystems;

v) alle Notfallmaßnahmen, sofern diese von der zuständigen Behörde für erforderlich erachtet werden;

w) Angabe zur Identität des Antragstellers, sofern dies von der zuständigen Behörde für erforderlich erachtet wird;

x) Unterschrift und Identität des Beamten, der das Zeugnis ausstellt.

6.4 Vorschriften für den Bau, die Prüfung und die Zulassung von Versandstücken für radioaktive Stoffe sowie für die Zulassung solcher Stoffe

ADR	RID

6.4.23.18 Jedes von einer zuständigen Behörde für alternative Aktivitätsgrenzwerte für eine freigestellte Sendung von Instrumenten oder Fabrikaten gemäß Absatz 5.1.5.2.1 d) ausgestellte Zulassungszeugnis muss folgende Angaben enthalten:

a) Art des Zeugnisses;

b) Identifizierungskennzeichen der zuständigen Behörde;

c) Datum der Ausstellung und des Ablaufs der Gültigkeit;

d) Aufstellung der anwendbaren nationalen und internationalen Vorschriften, einschließlich der Ausgabe der IAEO-Regelungen für die sichere Beförderung radioaktiver Stoffe, nach denen die Freistellung zugelassen ist;

e) Bezeichnung des Instruments oder Fabrikats;

f) Beschreibung des Instruments oder Fabrikats;

g) Spezifikationen der Bauart des Instruments oder Fabrikats;

h) Spezifikation des oder der Radionuklide, der (die) zugelassene(n) alternative(n) Aktivitätsgrenzwert(e) für die freigestellte Sendung(en) des oder der Instrumente oder Fabrikate;

i) Verweis auf Unterlagen, die den Nachweis für die Übereinstimmung mit Absatz 2.2.7.2.2.2 b) liefern;

j) Angabe zur Identität des Antragstellers, sofern dies von der zuständigen Behörde für erforderlich erachtet wird;

k) Unterschrift und Identität des Beamten, der das Zeugnis ausstellt.

6.4.23.19 Der zuständigen Behörde muss die Seriennummer jeder Verpackung, die nach einer von ihr nach den Absätzen 1.6.6.2.1 und 1.6.6.2.2 und den Unterabschnitten 6.4.22.2, 6.4.22.3 und 6.4.22.4 zugelassenen Bauart hergestellt wurde, mitgeteilt werden.

6.4.23.20 Eine multilaterale Zulassung/Genehmigung darf durch Anerkennung des von der zuständigen Behörde des Ursprungslandes der Bauart oder der Beförderung ausgestellten Originalzeugnisses erfolgen. Eine solche Anerkennung kann durch die zuständige Behörde des Staates, durch oder in den die Beförderung erfolgt, in Form einer Bestätigung auf dem Originalzeugnis oder der Ausstellung einer gesonderten Bestätigung, Anlage, Ergänzung, usw. erfolgen.

Bau- und Prüfvorschriften für Großpackmittel (IBC) 6.5

ADR	RID

6.5.1 Allgemeine Vorschriften

6.5.1.1 Anwendungsbereich

6.5.1.1.1 Die Vorschriften dieses Kapitels gelten für Großpackmittel (IBC), deren Verwendung zur Beförderung bestimmter gefährlicher Stoffe nach den in Kapitel 3.2 Tabelle A Spalte 8 angegebenen Verpackungsanweisungen ausdrücklich zugelassen ist. Ortsbewegliche Tanks oder Tankcontainer, die den Vorschriften des Kapitels 6.7 oder 6.8 entsprechen, gelten nicht als Großpackmittel (IBC). Großpackmittel (IBC), die den Vorschriften dieses Kapitels entsprechen, gelten nicht als Container im Sinne des ADR/RID. Im folgenden Text wird für die Benennung der Großpackmittel ausschließlich die Abkürzung IBC (Intermediate Bulk Container) verwendet.

6.5.1.1.2 Die zuständige Behörde darf ausnahmsweise die Zulassung von IBC und ihren Bedienungsausrüstungen in Betracht ziehen, die den hier aufgestellten Vorschriften zwar nicht genau entsprechen, aber annehmbare Varianten darstellen. Um dem Fortschritt von Wissenschaft und Technik Rechnung zu tragen darf die zuständige Behörde außerdem die Verwendung anderer Lösungen in Betracht ziehen, die hinsichtlich der Verträglichkeit mit den Eigenschaften der beförderten Stoffe mindestens eine gleichwertige Sicherheit und eine gleiche Widerstandsfähigkeit gegen Stoß, Belastung und Feuer bieten.

6.5.1.1.3 Der Bau, die Ausrüstungen, die Prüfungen, die Kennzeichnung und der Betrieb der IBC unterliegen der Genehmigung durch die zuständige Behörde des Landes, in dem die IBC zugelassen werden.

Bem. Stellen, die nach der Inbetriebnahme des IBC Prüfungen in anderen Ländern durchführen, müssen nicht von der zuständigen Behörde des Landes genehmigt sein, in dem der IBC zugelassen wurde, die Prüfungen müssen jedoch nach den in der Zulassung des IBC festgelegten Regeln durchgeführt werden.

6.5.1.1.4 Hersteller und nachfolgende Verteiler von IBC müssen Informationen über die zu befolgenden Verfahren sowie eine Beschreibung der Arten und Abmessungen der Verschlüsse (einschließlich der erforderlichen Dichtungen) und aller anderen Bestandteile liefern, die notwendig sind, um sicherzustellen, dass die versandfertigen IBC in der Lage sind, die anwendbaren Qualitätsprüfungen dieses Kapitels zu erfüllen.

6.5.1.2 (bleibt offen)

6.5.1.3 (bleibt offen)

6.5.1.4 Codierungssystem für die Kennzeichnung von IBC

6.5.1.4.1 Der Code besteht aus zwei arabischen Ziffern, wie unter a) beschrieben, gefolgt von einem oder mehreren Großbuchstaben, die den Werkstoffen gemäß b) entsprechen, und, sofern dies in einem besonderen Abschnitt vorgesehen ist, gefolgt von einer arabischen Ziffer, die die IBC-Variante bezeichnet.

a)	Art	für feste Stoffe bei Füllung oder Entleerung		für flüssige Stoffe
		durch Schwerkraft	unter Druck von mehr als 10 kPa (0,1 bar)	
	starr	11	21	31
	flexibel	13	–	–

6.5 Bau- und Prüfvorschriften für Großpackmittel (IBC)

ADR	RID

b) Werkstoffe

- A. Stahl (alle Arten und Oberflächenbehandlungen)
- B. Aluminium
- C. Naturholz
- D. Sperrholz
- F. Holzfaserwerkstoff
- G. Pappe
- H. Kunststoff
- L. Textilgewebe
- M. Papier, mehrlagig
- N. Metall (außer Stahl und Aluminium)

6.5.1.4.2 Für Kombinations-IBC sind an der zweiten Stelle des Codes zwei Großbuchstaben (lateinische Buchstaben) zu verwenden, wobei der erste Buchstabe den Werkstoff des Innenbehälters des IBC und der zweite den der Außenverpackung des IBC bezeichnet.

6.5.1.4.3 Die nachstehenden Codes sind den folgenden IBC-Arten zugeordnet:

Werkstoff	Variante	Code	Unterabschnitt
metallen			6.5.5.1
A. Stahl	für feste Stoffe bei Befüllung oder Entleerung durch Schwerkraft	11A	
	für feste Stoffe bei Befüllung oder Entleerung unter Druck	21A	
	für flüssige Stoffe	31A	
B. Aluminium	für feste Stoffe bei Befüllung oder Entleerung durch Schwerkraft	11B	
	für feste Stoffe bei Befüllung oder Entleerung unter Druck	21B	
	für flüssige Stoffe	31B	
N. anderes Metall als Stahl oder Aluminium	für feste Stoffe bei Befüllung oder Entleerung durch Schwerkraft	11N	
	für feste Stoffe bei Befüllung oder Entleerung unter Druck	21N	
	für flüssige Stoffe	31N	
flexibel			6.5.5.2
H. Kunststoff	Kunststoffgewebe ohne Beschichtung oder Innenauskleidung	13H1	
	Kunststoffgewebe, beschichtet	13H2	
	Kunststoffgewebe mit Innenauskleidung	13H3	
	Kunststoffgewebe, beschichtet und mit Innenauskleidung	13H4	
	Kunststofffolie	13H5	
L. Textilgewebe	ohne Beschichtung oder Innenauskleidung	13L1	
	beschichtet	13L2	
	mit Innenauskleidung	13L3	
	beschichtet und mit Innenauskleidung	13L4	
M. Papier	mehrlagig	13M1	
	mehrlagig, wasserbeständig	13M2	
H. starrer Kunststoff	für feste Stoffe bei Befüllung oder Entleerung durch Schwerkraft, mit baulicher Ausrüstung	11H1	6.5.5.3
	für feste Stoffe bei Befüllung oder Entleerung durch Schwerkraft, freitragend	11H2	
	für feste Stoffe bei Befüllung oder Entleerung unter Druck, mit baulicher Ausrüstung	21H1	
	für feste Stoffe bei Befüllung oder Entleerung unter Druck, freitragend	21H2	
	für flüssige Stoffe, mit baulicher Ausrüstung	31H1	
	für flüssige Stoffe, freitragend	31H2	

Bau- und Prüfvorschriften für Großpackmittel (IBC) 6.5

ADR | RID

(Forts.)

Werkstoff	Variante	Code	Unterabschnitt
HZ. Kombination mit einem Kunststoff-Innenbehälter a)	für feste Stoffe bei Befüllung oder Entleerung durch Schwerkraft, mit starrem Kunststoff-Innenbehälter	11HZ1	6.5.5.4
	für feste Stoffe bei Befüllung oder Entleerung durch Schwerkraft, mit flexiblem Kunststoff-Innenbehälter	11HZ2	
	für feste Stoffe bei Befüllung oder Entleerung unter Druck, mit starrem Kunststoff-Innenbehälter	21HZ1	
	für feste Stoffe bei Befüllung oder Entleerung unter Druck, mit flexiblem Kunststoff-Innenbehälter	21HZ2	
	für flüssige Stoffe, mit starrem Kunststoff-Innenbehälter	31HZ1	
	für flüssige Stoffe, mit flexiblem Kunststoff-Innenbehälter	31HZ2	
G. Pappe	für feste Stoffe bei Befüllung oder Entleerung durch Schwerkraft	11G	6.5.5.5
Holz			6.5.5.6
C. Naturholz	für feste Stoffe bei Befüllung oder Entleerung durch Schwerkraft, mit Innenauskleidung	11C	
D. Sperrholz	für feste Stoffe bei Befüllung oder Entleerung durch Schwerkraft, mit Innenauskleidung	11D	
F. Holzfaserwerkstoff	für feste Stoffe bei Befüllung oder Entleerung durch Schwerkraft, mit Innenauskleidung	11F	

a) Dieser Code muss durch Ersetzen des Buchstabens Z durch einen Großbuchstaben gemäß Absatz 6.5.1.4.1 b) ergänzt werden, der den für die äußere Umhüllung verwendeten Werkstoff angibt.

6.5.1.4.4 Der IBC-Code kann durch den Buchstaben «W» ergänzt werden. Der Buchstabe «W» bedeutet, dass der IBC zwar dem durch den Code bezeichneten IBC-Typ angehört, jedoch nach einer von Abschnitt 6.5.5 abweichenden Spezifikation hergestellt wurde und nach den Vorschriften des Absatzes 6.5.1.1.2 als gleichwertig gilt.

6.5.2 **Kennzeichnung**

6.5.2.1 **Grundkennzeichnung**

6.5.2.1.1 Jeder IBC, der für die Verwendung gemäß ADR/RID gebaut und bestimmt ist, muss mit
▶ 1.6.1.6 dauerhaften, lesbaren und an einer gut sichtbaren Stelle angebrachten Kennzeichen versehen sein. Die Buchstaben, Ziffern und Symbole müssen eine Zeichenhöhe von mindestens 12 mm aufweisen und folgende Angaben umfassen:

a) das Symbol der Vereinten Nationen für Verpackungen: ⓤ ;
dieses Symbol darf nur zum Zweck der Bestätigung verwendet werden, dass eine Verpackung, ein flexibler Schüttgut-Container, ein ortsbeweglicher Tank oder ein MEGC den entsprechenden Vorschriften des Kapitels 6.1, 6.2, 6.3, 6.5, 6.6, 6.7 oder 6.11 entspricht. Für metallene IBC, auf denen die Kennzeichen durch Stempeln oder Prägen angebracht werden, dürfen anstelle des Symbols die Buchstaben «UN» verwendet werden;

b) der Code, der die Art des IBC gemäß Unterabschnitt 6.5.1.4 angibt;

c) einen Großbuchstaben, der die Verpackungsgruppe(n) angibt, für die die Bauart zugelassen worden ist:
  (i)   X für die Verpackungsgruppen I, II und III (nur IBC für feste Stoffe),
  (ii) Y für die Verpackungsgruppen II und III,
  (iii) Z nur für die Verpackungsgruppe III;

d) Monat und Jahr (die letzten zwei Ziffern) der Herstellung;

e) das Zeichen des Staates, in dem die Zuordnung des Kennzeichens zugelassen wurde, angegeben durch das für Kraftfahrzeuge im internationalen Verkehr verwendete Unterscheidungszeichen [1];

---

[1] Das für Kraftfahrzeuge und Anhänger im internationalen Straßenverkehr verwendete Unterscheidungszeichen des Zulassungsstaates, z.B. gemäß dem Genfer Übereinkommen über den Straßenverkehr von 1949 oder dem Wiener Übereinkommen über den Straßenverkehr von 1968.

6.5 Bau- und Prüfvorschriften für Großpackmittel (IBC)

ADR	RID

f) Name oder Zeichen des Herstellers und jede andere von der zuständigen Behörde festgelegte Identifizierung des IBC;

g) Prüflast der Stapeldruckprüfung in kg. Bei IBC, die nicht für die Stapelung ausgelegt sind, ist «0» anzugeben;

h) höchstzulässige Bruttomasse in kg.

Die Grundkennzeichen müssen in der Reihenfolge der vorstehenden Unterabsätze angebracht werden. Die nach Unterabschnitt 6.5.2.2 vorgeschriebenen Kennzeichen sowie jedes weitere von der zuständigen Behörde genehmigte Kennzeichen dürfen die korrekte Identifizierung der Grundkennzeichen nicht beeinträchtigen.

Jedes der gemäß den Absätzen a) bis h) und gemäß Unterabschnitt 6.5.2.2 angebrachten Kennzeichen muss zur leichteren Identifizierung deutlich getrennt werden, z.B. durch einen Schrägstrich oder eine Leerstelle.

6.5.2.1.2 Beispiele für die Kennzeichnung von verschiedenen IBC-Arten nach Absatz 6.5.2.1.1 a) bis h):

(u/n) 11A/Y/0299
NL/Mulder 007/5500/1500
IBC aus Stahl für die Beförderung von festen Stoffen, die durch Schwerkraft entleert werden / für die Verpackungsgruppen II und III / hergestellt im Februar 1999 / zugelassen durch die Niederlande / hergestellt durch die Firma Mulder entsprechend einer Bauart, für welche die zuständige Behörde die Seriennummer 007 zugeteilt hat / verwendete Last bei der Stapeldruckprüfung in kg / höchstzulässige Bruttomasse in kg.

(u/n) 13H3/Z/0301
F/Meunier 1713/0/1500
Flexibler IBC für die Beförderung von festen Stoffen, die z.B. durch Schwerkraft entleert werden, hergestellt aus Kunststoffgewebe mit Innenauskleidung, nicht für die Stapelung ausgelegt.

(u/n) 31H1/Y/0499
GB/9099/10800/1200
IBC aus starrem Kunststoff für die Beförderung von flüssigen Stoffen, hergestellt aus Kunststoff mit einer baulichen Ausrüstung, die der Stapellast standhält.

(u/n) 31HA1/Y/0501
D/Müller/1683/10800/1200
Kombinations-IBC für die Beförderung von flüssigen Stoffen mit starrem Kunststoff-Innenbehälter und äußerer Umhüllung aus Stahl.

(u/n) 11C/X/0102
S/Aurigny/9876/3000/910
IBC aus Naturholz für die Beförderung von festen Stoffen, mit einer Innenauskleidung / zugelassen für feste Stoffe der Verpackungsgruppen I, II und III.

6.5.2.1.3 Wenn ein IBC einer oder mehreren geprüften IBC-Bauarten, einschließlich einer oder mehreren geprüften Verpackungs- oder Großverpackungsbauarten, entspricht, darf der IBC mit mehreren Kennzeichen zur Angabe der entsprechenden Prüfanforderungen, die erfüllt wurden, versehen sein. Wenn ein IBC mit mehreren Kennzeichen versehen ist, müssen die Kennzeichen in unmittelbarer Nähe zueinander erscheinen und jedes Kennzeichen muss vollständig abgebildet sein.

Bau- und Prüfvorschriften für Großpackmittel (IBC) 6.5

ADR	RID

6.5.2.2 Zusätzliche Kennzeichnung

6.5.2.2.1 Jeder IBC muss neben den in Unterabschnitt 6.5.2.1 vorgeschriebenen Kennzeichen mit den folgenden Angaben versehen sein, die auf einem Schild aus korrosionsbeständigem Werkstoff, das dauerhaft an einem für die Inspektion leicht zugänglichen Ort befestigt ist, angebracht sein dürfen:

zusätzliche Kennzeichen	IBC-Typ				
	Metall	starrer Kunststoff	Kombination	Pappe	Holz
Fassungsraum in Liter bei 20 °C a)	X	X	X		
Eigenmasse in kg a)	X	X	X	X	X
Prüfdruck (Überdruck) in kPa oder in bar a), falls zutreffend		X	X		
höchstzulässiger Füllungs-/Entleerungsdruck in kPa oder in bar a), falls zutreffend	X	X	X		
verwendeter Werkstoff für den Packmittelkörper und Mindestdicke in mm	X				
Datum der letzten Dichtheitsprüfung (Monat und Jahr), falls zutreffend	X	X	X		
Datum der letzten Inspektion (Monat und Jahr)	X	X	X		
Seriennummer des Herstellers	X				

a) Die verwendeten Maßeinheiten sind anzugeben.

6.5.2.2.2
▶ 1.6.1.15
Die höchstzulässige anwendbare Stapellast muss auf einem der Abbildung 6.5.2.2.2.1 oder 6.5.2.2.2.2 entsprechenden Piktogramm angegeben werden. Das Piktogramm muss dauerhaft und deutlich sichtbar sein.

Abbildung 6.5.2.2.2.1

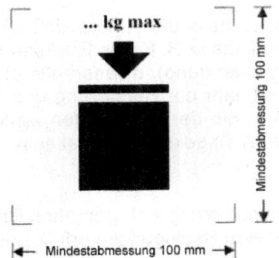

IBC, der gestapelt werden kann

Abbildung 6.5.2.2.2.2

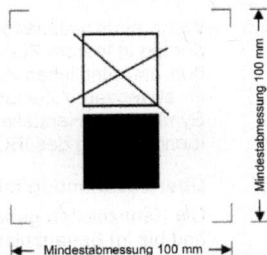

IBC, der NICHT gestapelt werden kann

Die Mindestabmessungen müssen 100 mm x 100 mm sein. Die Buchstaben und Ziffern für die Angabe der Masse müssen eine Zeichenhöhe von mindestens 12 mm haben. Der durch die Abmessungspfeile angegebene Druckbereich muss quadratisch sein. Wenn Abmessungen nicht näher spezifiziert sind, müssen die Proportionen aller Merkmale den abgebildeten in etwa entsprechen. Die über dem Piktogramm angegebene Masse darf nicht größer sein als die bei der Bauartprüfung aufgebrachte Last (siehe Absatz 6.5.6.6.4) dividiert durch 1,8.

6.5.2.2.3 Neben den in Unterabschnitt 6.5.2.1 vorgeschriebenen Kennzeichen dürfen flexible IBC mit einem Piktogramm versehen sein, auf dem die empfohlenen Hebemethoden angegeben sind.

6.5 Bau- und Prüfvorschriften für Großpackmittel (IBC)

ADR	RID

6.5.2.2.4 Innenbehälter einer Kombinations-IBC-Bauart müssen mit Kennzeichen versehen sein, die in Absatz 6.5.2.1.1 b), c), d), e) und f) angegeben sind, wobei das Datum gemäß Absatz d), das Datum der Herstellung des Kunststoff-Innenbehälters ist. Das Verpackungssymbol der Vereinten Nationen darf nicht angebracht werden. Die Kennzeichen müssen in der in Absatz 6.5.2.1.1 angegebenen Reihenfolge angebracht werden. Sie müssen dauerhaft, lesbar und an einer Stelle angebracht sein, die nach dem Einbau des Innenbehälters in die äußere Umhüllung für die Prüfung zugänglich ist. Wenn die Kennzeichen auf dem Innenbehälter wegen der Auslegung der äußeren Umhüllung für die Prüfung nicht leicht zugänglich sind, muss ein Duplikat der auf dem Innenbehälter vorgeschriebenen Kennzeichen auf der äußeren Umhüllung angebracht werden, dem der Wortlaut «Innenbehälter» vorangestellt ist. Dieses Duplikat muss dauerhaft, lesbar und an einer Stelle angebracht sein, die für die Prüfung leicht zugänglich ist.

Alternativ darf das Datum der Herstellung des Kunststoff-Innenbehälters auf dem Innenbehälter neben den übrigen Kennzeichen angebracht werden. In diesem Fall darf auf die Angabe des Datums in den übrigen Kennzeichen verzichtet werden. Beispiel für eine geeignete Kennzeichnungsmethode:

Bem. 1. Andere Methoden zur Angabe der erforderlichen Mindestinformationen in dauerhafter, sichtbarer und lesbarer Form sind ebenfalls zulässig.

2. Das Datum der Herstellung des Innenbehälters darf von dem auf dem Kombinations-IBC angebrachten Datum der Herstellung (siehe Unterabschnitt 6.5.2.1), der Reparatur (siehe Absatz 6.5.4.5.3) oder Wiederaufarbeitung (siehe Unterabschnitt 6.5.2.4) abweichen.

6.5.2.2.5 Wenn ein Kombinations-IBC so ausgelegt ist, dass die äußere Umhüllung für die Beförderung in leerem Zustand abgebaut werden kann (z.B. für die Rücksendung eines IBC an den ursprünglichen Absender zur Wiederverwendung), müssen alle abnehmbaren Teile im abgebauten Zustand mit dem Monat und Jahr der Herstellung und dem Namen oder Symbol des Herstellers oder jeder anderen von der zuständigen Behörde festgelegten Identifizierung des IBC (siehe Absatz 6.5.2.1.1 f)) gekennzeichnet sein.

6.5.2.3 Übereinstimmung mit der Bauart

Die Kennzeichen geben an, dass die IBC einer erfolgreich geprüften Bauart entsprechen und die im Bauartzulassungszeugnis genannten Bedingungen erfüllt sind.

6.5.2.4 Kennzeichnung von wiederaufgearbeiteten Kombinations-IBC (31HZ1)

Die in Absatz 6.5.2.1.1 und in Unterabschnitt 6.5.2.2 festgelegten Kennzeichen müssen vom ursprünglichen IBC entfernt oder dauerhaft unlesbar gemacht werden; neue Kennzeichen müssen an einem in Übereinstimmung mit den Vorschriften des ADR/RID wiederaufgearbeiteten IBC angebracht werden.

6.5.3 Bauvorschriften

6.5.3.1 Allgemeine Vorschriften

6.5.3.1.1 IBC müssen gegen umgebungsbedingte Schädigungen beständig oder angemessen geschützt sein.

6.5.3.1.2 IBC müssen so gebaut und verschlossen sein, dass vom Inhalt unter normalen Beförderungsbedingungen, insbesondere durch die Einwirkung von Vibrationen oder Temperaturveränderungen, Feuchtigkeit oder Druck, nichts nach außen gelangen kann.

Bau- und Prüfvorschriften für Großpackmittel (IBC) 6.5

ADR	RID

6.5.3.1.3 IBC und ihre Verschlüsse müssen aus Werkstoffen hergestellt sein, die mit dem Füllgut verträglich sind, oder innen so geschützt sein, dass diese Werkstoffe

    a) nicht durch das Füllgut in einer Weise angegriffen werden, dass die Verwendung des IBC zu einer Gefahr wird;

    b) keine Reaktion oder Zersetzung des Füllgutes verursachen oder sich durch Einwirkung des Füllgutes auf diese Werkstoffe gesundheitsschädliche oder gefährliche Verbindungen bilden.

6.5.3.1.4 Werden Dichtungen verwendet, müssen sie aus einem Werkstoff hergestellt sein, der nicht vom Füllgut des IBC angegriffen wird.

6.5.3.1.5 Die gesamte Bedienungsausrüstung muss so angebracht oder geschützt sein, dass die Gefahr des Austretens des Füllgutes bei Beschädigungen während der Handhabung oder der Beförderung auf ein Mindestmaß beschränkt wird.

6.5.3.1.6 IBC, ihre Zusatzeinrichtungen sowie ihre Bedienungsausrüstung und bauliche Ausrüstung müssen so ausgelegt sein, dass sie ohne Verlust von Füllgut dem Innendruck des Füllgutes und den Beanspruchungen bei normalen Handhabungs- und Beförderungsbedingungen standhalten. IBC, die zur Stapelung bestimmt sind, müssen hierfür ausgelegt sein. Alle Hebe- und Befestigungseinrichtungen der IBC müssen eine ausreichende Festigkeit aufweisen, um den normalen Handhabungs- und Beförderungsbedingungen ohne wesentliche Verformung oder Beschädigung zu widerstehen, und so angebracht sein, dass keine übermäßigen Beanspruchungen irgendeines Teils des IBC entstehen.

6.5.3.1.7 Besteht ein IBC aus einem Packmittelkörper innerhalb eines Rahmens, muss er so ausgelegt sein, dass:

    a) der Packmittelkörper nicht gegen den Rahmen scheuert oder reibt und dadurch beschädigt wird,

    b) der Packmittelkörper stets innerhalb des Rahmens bleibt,

    c) die Ausrüstungsteile so befestigt sind, dass sie nicht beschädigt werden können, wenn die Verbindungen zwischen Packmittelkörper und Rahmen eine relative Ausdehnung oder Bewegung zulassen.

6.5.3.1.8 Wenn der IBC mit einem Bodenauslaufventil ausgerüstet ist, muss dieses in geschlossener Stellung gesichert werden können und das gesamte Entleerungssystem wirksam vor Beschädigung geschützt sein. Ventile mit Hebelverschlüssen müssen gegen unbeabsichtigtes Öffnen gesichert werden können, und der geöffnete oder geschlossene Zustand muss leicht erkennbar sein. Bei IBC für flüssige Stoffe muss die Auslauföffnung mit einer zusätzlichen Verschlusseinrichtung, z.B. einem Blindflansch oder einer gleichwertigen Einrichtung, versehen sein.

6.5.4 **Prüfungen, Bauartgenehmigung und Inspektion**

6.5.4.1 *Qualitätssicherung:* Um sicherzustellen, dass jeder hergestellte, wiederaufgearbeitete oder reparierte IBC die Vorschriften dieses Kapitels erfüllt, müssen die IBC nach einem Qualitätssicherungsprogramm hergestellt, wiederaufgearbeitet oder repariert und geprüft werden, das den Anforderungen der zuständigen Behörde genügt.

    Bem. Die Norm ISO 16106:2006 «Verpackung – Verpackungen zur Beförderung gefährlicher Güter – Gefahrgutverpackungen, Großpackmittel (IBC) und Großverpackungen – Leitfaden für die Anwendung der ISO 9001» enthält zufrieden stellende Leitlinien für Verfahren, die angewendet werden dürfen.

6.5.4.2 *Prüfungen:* Die IBC müssen den Bauartprüfungen und gegebenenfalls den erstmaligen und wiederkehrenden Inspektionen und Prüfungen nach Unterabschnitt 6.5.4.4 unterzogen werden.

6.5 Bau- und Prüfvorschriften für Großpackmittel (IBC)

ADR	RID

6.5.4.3 *Bauartgenehmigung:* Für jede IBC-Bauart ist ein Bauartgenehmigungszeugnis und ein Kennzeichen (nach den Vorschriften des Abschnitts 6.5.2) zu erteilen, wodurch bestätigt wird, dass die Bauart einschließlich ihrer Ausrüstung den Prüfvorschriften entspricht.

6.5.4.4 **Inspektion und Prüfung:**

Bem. Für Prüfungen und Inspektionen von reparierten IBC siehe auch Unterabschnitt 6.5.4.5.

6.5.4.4.1 Alle metallenen IBC, alle starren Kunststoff-IBC und alle Kombinations-IBC müssen einer die zuständige Behörde zufriedenstellenden Inspektion unterzogen werden:

a) vor Inbetriebnahme (einschließlich nach der Wiederaufarbeitung) und danach in Abständen von nicht mehr als fünf Jahren im Hinblick auf:

 (i) die Übereinstimmung mit dem Bauartmuster, einschließlich der Kennzeichen;
 (ii) den inneren und äußeren Zustand;
 (iii) die einwandfreie Funktion der Bedienungsausrüstung.

Eine gegebenenfalls vorhandene Wärmeisolierung muss nur soweit entfernt werden, wie dies für eine einwandfreie Untersuchung des IBC-Packmittelkörpers erforderlich ist.

b) in Zeitabständen von höchstens zweieinhalb Jahren im Hinblick auf:

 (i) den äußeren Zustand;
 (ii) die einwandfreie Funktion der Bedienungsausrüstung.

Eine gegebenenfalls vorhandene Wärmeisolierung müssen nur soweit entfernt werden, wie dies für eine einwandfreie Untersuchung des IBC-Packmittelkörpers erforderlich ist.

Jeder IBC muss in jeder Hinsicht seiner Bauart entsprechen.

6.5.4.4.2 Alle metallenen IBC, alle starren Kunststoff-IBC und alle Kombinations-IBC für feste Stoffe, die unter Druck eingefüllt oder entleert werden, oder für flüssige Stoffe müssen einer geeigneten Dichtheitsprüfung unterzogen werden. Diese Prüfung ist Teil des in Unterabschnitt 6.5.4.1 festgelegten Qualitätssicherungsprogramms, mit dem nachgewiesen wird, dass der IBC in der Lage ist, die entsprechenden in Absatz 6.5.6.7.3 angegebenen Prüfanforderungen zu erfüllen:

a) vor ihrer ersten Verwendung für die Beförderung;
b) in Abständen von höchstens zweieinhalb Jahren.

Für diese Prüfung muss der IBC mit dem ersten Bodenverschluss ausgerüstet sein. Das Innengefäß eines Kombinations-IBC darf ohne die äußere Umhüllung geprüft werden, vorausgesetzt, die Prüfergebnisse werden nicht beeinträchtigt.

6.5.4.4.3 Ein Bericht über jede Inspektion und Prüfung ist mindestens bis zur nächsten Inspektion oder Prüfung vom Eigentümer des IBC aufzubewahren. Der Bericht muss die Ergebnisse der Inspektion und Prüfung enthalten und die Stelle angeben, welche die Inspektion und Prüfung durchgeführt hat (siehe auch die Kennzeichnungsvorschriften in Absatz 6.5.2.2.1).

6.5.4.4.4 Die zuständige Behörde kann jederzeit durch Prüfungen nach diesem Kapitel den Nachweis verlangen, dass die IBC den Vorschriften der Bauartprüfung genügen.

6.5.4.5 **Reparierte IBC**

6.5.4.5.1 Ist ein IBC durch einen Stoß (z.B. bei einem Unfall) oder durch andere Ursachen beschädigt worden, muss er repariert oder anderweitig instandgesetzt werden (siehe Begriffsbestimmung für «regelmäßige Wartung eines IBC» in Abschnitt 1.2.1), um der Bauart zu entsprechen. Beschädigte Packmittelkörper eines starren Kunststoff-IBC und beschädigte Innengefäße eines Kombinations-IBC müssen ersetzt werden.

Bau- und Prüfvorschriften für Großpackmittel (IBC) 6.5

ADR	RID

6.5.4.5.2 Zusätzlich zu den sonstigen Prüfungen und Inspektionen des ADR/RID muss ein IBC, wenn er repariert worden ist, den vollständigen, in Unterabschnitt 6.5.4.4 vorgesehenen Prüfungen und Inspektionen unterzogen werden; die vorgeschriebenen Prüfberichte sind zu erstellen.

6.5.4.5.3 Die Stelle, welche die Prüfungen und Inspektionen nach der Reparatur durchführt, muss den IBC in der Nähe der UN-Bauartkennzeichen des Herstellers mit folgenden dauerhaften Angaben kennzeichnen:

a) Staat, in dem die Prüfungen und Inspektionen durchgeführt wurden;

b) Name oder zugelassenes Zeichen der Stelle, welche die Prüfungen und Inspektionen durchgeführt hat, und

c) Datum (Monat, Jahr) der Prüfungen und Inspektionen.

6.5.4.5.4 Für gemäß Absatz 6.5.4.5.2 durchgeführte Prüfungen und Inspektionen kann angenommen werden, dass sie den Vorschriften der alle zweieinhalb und alle fünf Jahre durchzuführenden wiederkehrenden Prüfungen und Inspektionen entsprechen.

6.5.5 **Besondere Vorschriften für IBC**

6.5.5.1 **Besondere Vorschriften für metallene IBC**

6.5.5.1.1 Diese Vorschriften gelten für metallene IBC zur Beförderung von festen oder flüssigen Stoffen. Es gibt drei Arten von metallenen IBC:

a) IBC für feste Stoffe, die durch Schwerkraft gefüllt oder entleert werden (11A, 11B, 11N);

b) IBC für feste Stoffe, die durch einen Überdruck von mehr als 10 kPa (0,1 bar) gefüllt oder entleert werden (21A, 21B, 21N), und

c) IBC für flüssige Stoffe (31A, 31B, 31N).

6.5.5.1.2 Die Packmittelkörper müssen aus geeignetem verformbarem Metall hergestellt sein, dessen Schweißbarkeit einwandfrei feststeht. Die Schweißverbindungen müssen fachmännisch ausgeführt sein und vollständige Sicherheit bieten. Die Leistungsfähigkeit des Werkstoffs bei niedrigen Temperaturen muss gegebenenfalls berücksichtigt werden.

6.5.5.1.3 Es ist darauf zu achten, dass Schäden durch galvanische Wirkungen auf Grund sich berührender unterschiedlicher Metalle vermieden werden.

6.5.5.1.4 IBC aus Aluminium zur Beförderung von entzündbaren flüssigen Stoffen dürfen keine beweglichen Teile, wie Deckel, Verschlüsse, usw., aus ungeschütztem, rostanfälligem Stahl haben, die eine gefährliche Reaktion bei Kontakt durch Reibung oder Stoß mit dem Aluminium auslösen könnten.

6.5.5.1.5 Metallene IBC müssen aus einem Metall hergestellt sein, das folgenden Anforderungen genügt:

a) bei Stahl darf die Bruchdehnung in Prozent nicht weniger als $\frac{10000}{Rm}$ mit einem absoluten Minimum von 20 % betragen, wobei
Rm = garantierte Mindestzugfestigkeit des verwendeten Stahls in N/mm²;

b) bei Aluminium und seinen Legierungen darf die Bruchdehnung in Prozent nicht weniger als $\frac{10000}{6 Rm}$ mit einem absoluten Minimum von 8 % betragen.

Prüfmuster, die zur Bestimmung der Bruchdehnung verwendet werden, müssen quer zur Walzrichtung entnommen und so befestigt werden, dass

$L_0 = 5d$ oder $L_0 = 5{,}65 \sqrt{A}$,

6.5 Bau- und Prüfvorschriften für Großpackmittel (IBC)

ADR	RID

wobei: L_0 = Messlänge des Prüfmusters vor der Prüfung
d = Durchmesser
A = Querschnittsfläche des Prüfmusters.

6.5.5.1.6 Mindestwanddicke

Metallene IBC mit einem Fassungsraum von mehr als 1500 Litern müssen den folgenden Anforderungen an die Mindestwanddicke genügen:

a) bei einem Bezugsstahl mit einem Produkt von $R_m \times A_0 = 10000$, darf die Wanddicke nicht weniger betragen als:

Wanddicke (T) in mm			
Arten: 11A, 11B, 11N		Arten: 21A, 21B, 21N, 31A, 31B, 31N	
ungeschützt	geschützt	ungeschützt	geschützt
T = C/2000 + 1,5	T = C/2000 + 1,0	T = C/1000 + 1,0	T = C/2000 + 1,5

wobei: A_0 = Mindestdehnung (in Prozent) des verwendeten Bezugsstahls bei Bruch unter Zugbeanspruchung (siehe Absatz 6.5.5.1.5);

b) bei anderen Metallen als dem unter a) genannten Bezugsstahl wird die Mindestwanddicke mit folgender Formel errechnet:

$$e_1 = \frac{21{,}4 \times e_0}{\sqrt[3]{R_{m_1} \times A_1}}$$

wobei: e_1 = erforderliche gleichwertige Wanddicke des verwendeten Metalls (in mm)
e_0 = erforderliche Mindestwanddicke für den Bezugsstahl (in mm)
R_{m_1} = garantierte Mindestzugfestigkeit des verwendeten Metalls (in N/mm^2) (siehe c))
A_1 = Mindestdehnung (in Prozent) des verwendeten Metalls bei Bruch unter Zugbeanspruchung (siehe Absatz 6.5.5.1.5).

Die Wanddicke darf jedoch in keinem Fall weniger als 1,5 mm betragen.

c) Für Zwecke der Berechnung nach b) ist die garantierte Mindestzugfestigkeit des verwendeten Metalls (R_{m_1}) der durch die nationalen oder internationalen Werkstoffnormen festgelegte Mindestwert. Für austenitischen Stahl darf der für R_m nach den Werkstoffnormen definierte Mindestwert für R_m jedoch um bis zu 15 % erhöht werden, wenn im Prüfzeugnis des Werkstoffs ein höherer Wert bescheinigt wird. Bestehen für den fraglichen Werkstoff keine Normen, entspricht der Wert R_m dem im Prüfzeugnis des Werkstoffs bescheinigten Wert.

6.5.5.1.7 Vorschriften für die Druckentlastung: IBC für flüssige Stoffe müssen eine ausreichende Menge Dampf abgeben können, um zu vermeiden, dass es unter Feuereinwirkung zum Bersten des Packmittelkörpers kommt. Dies kann durch herkömmliche Druckentlastungseinrichtungen oder andere konstruktive Mittel erreicht werden. Der Ansprechdruck dieser Einrichtungen darf nicht mehr als 65 kPa (0,65 bar) und nicht weniger als der ermittelte Gesamtüberdruck im IBC (d.h. Dampfdruck des Füllgutes plus Partialdruck von Luft oder anderen inerten Gasen, vermindert um 100 kPa (1 bar)) bei 55 °C betragen, ermittelt auf der Grundlage eines maximalen Füllungsgrades nach Unterabschnitt 4.1.1.4. Die erforderlichen Druckentlastungseinrichtungen müssen im Gasbereich angebracht sein.

6.5.5.2 **Besondere Vorschriften für flexible IBC**

6.5.5.2.1 Diese Vorschriften gelten für flexible IBC der folgenden Arten:

13H1 Kunststoffgewebe ohne Beschichtung oder Innenauskleidung
13H2 Kunststoffgewebe, beschichtet
13H3 Kunststoffgewebe mit Innenauskleidung
13H4 Kunststoffgewebe, beschichtet und mit Innenauskleidung
13H5 Kunststofffolie

Bau- und Prüfvorschriften für Großpackmittel (IBC) 6.5

ADR	RID

      13L1 Textilgewebe ohne Beschichtung oder Innenauskleidung
      13L2 Textilgewebe, beschichtet
      13L3 Textilgewebe mit Innenauskleidung
      13L4 Textilgewebe, beschichtet und mit Innenauskleidung
      13M1 Papier, mehrlagig
      13M2 Papier, mehrlagig, wasserbeständig.

Flexible IBC sind ausschließlich für die Beförderung fester Stoffe bestimmt.

6.5.5.2.2 Die Packmittelkörper müssen aus geeigneten Werkstoffen hergestellt sein. Die Festigkeit des Werkstoffes und die Ausführung des flexiblen IBC müssen seinem Fassungsraum und der vorgesehenen Verwendung angepasst sein.

6.5.5.2.3 Alle für die Herstellung der flexiblen IBC der Arten 13M1 und 13M2 verwendeten Werkstoffe müssen nach mindestens 24-stündigem vollständigem Eintauchen in Wasser noch mindestens 85 % der Reißfestigkeit aufweisen, die ursprünglich nach Konditionierung des Werkstoffes bis zum Gleichgewicht bei einer relativen Feuchtigkeit von höchstens 67 % gemessen wurde.

6.5.5.2.4 Verbindungen müssen durch Nähen, Heißsiegeln, Kleben oder andere gleichwertige Verfahren hergestellt sein. Alle genähten Verbindungen müssen gesichert sein.

6.5.5.2.5 Flexible IBC müssen eine angemessene Widerstandsfähigkeit gegenüber Alterung und Festigkeitsabbau durch ultraviolette Strahlung, klimatische Bedingungen oder das Füllgut aufweisen, um für die vorgesehene Verwendung geeignet zu sein.

6.5.5.2.6 Bei flexiblen Kunststoff-IBC, bei denen ein Schutz vor ultravioletter Strahlung erforderlich ist, muss dies durch Zugabe von Ruß oder anderen geeigneten Pigmenten oder Inhibitoren erfolgen. Diese Zusätze müssen mit dem Füllgut verträglich sein und während der gesamten Verwendungsdauer des Packmittelkörpers ihre Wirkung behalten. Bei Verwendung von Ruß, Pigmenten oder Inhibitoren, die sich von den für die Herstellung der geprüften Bauart verwendeten unterscheiden, kann auf eine Wiederholung der Prüfungen verzichtet werden, wenn der veränderte Gehalt an Ruß, Pigmenten oder Inhibitoren die physikalischen Eigenschaften des Werkstoffes nicht beeinträchtigt.

6.5.5.2.7 Dem Werkstoff des Packmittelkörpers dürfen Zusätze beigemischt werden, um die Beständigkeit gegenüber Alterung zu verbessern, oder für andere Zwecke, vorausgesetzt, sie beeinträchtigen nicht die physikalischen oder chemischen Eigenschaften des Werkstoffes.

6.5.5.2.8 Für die Herstellung von IBC-Packmittelkörpern darf kein Werkstoff aus bereits benutzten Behältern verwendet werden. Produktionsrückstände oder Abfälle aus demselben Herstellungsverfahren dürfen jedoch verwendet werden. Teile, wie Zubehörteile und Palettensockel, dürfen jedoch wiederverwendet werden, sofern sie bei ihrem vorhergehenden Einsatz in keiner Weise beschädigt wurden.

6.5.5.2.9 Ist der Behälter gefüllt, darf das Verhältnis von Höhe zu Breite nicht mehr als 2:1 betragen.

6.5.5.2.10 Die Innenauskleidung muss aus einem geeigneten Werkstoff bestehen. Die Festigkeit des verwendeten Werkstoffs und die Ausführung der Innenauskleidung müssen dem Fassungsraum des IBC und seiner vorgesehenen Verwendung angepasst sein. Die Verbindungen und Verschlüsse müssen staubdicht und in der Lage sein, den Drücken und Stößen, die unter normalen Handhabungs- und Beförderungsbedingungen auftreten können, standzuhalten.

6.5.5.3   **Besondere Vorschriften für starre Kunststoff-IBC**

6.5.5.3.1 Diese Vorschriften gelten für starre Kunststoff-IBC zur Beförderung von festen oder flüssigen Stoffen. Es gibt folgende Arten von starren Kunststoff-IBC:

6.5 Bau- und Prüfvorschriften für Großpackmittel (IBC)

ADR	RID

11H1 für feste Stoffe, die durch Schwerkraft gefüllt oder entleert werden, versehen mit einer baulichen Ausrüstung, die so ausgelegt ist, dass sie der bei Stapelung der IBC auftretenden Gesamtbelastung standhält;

11H2 für feste Stoffe, die durch Schwerkraft gefüllt oder entleert werden, freitragend;

21H1 für feste Stoffe, die unter Druck gefüllt oder entleert werden, versehen mit einer baulichen Ausrüstung, die so ausgelegt ist, dass sie der bei Stapelung der IBC auftretenden Gesamtbelastung standhält;

21H2 für feste Stoffe, die unter Druck gefüllt oder entleert werden, freitragend;

31H1 für flüssige Stoffe, versehen mit einer baulichen Ausrüstung, die so ausgelegt ist, dass sie der bei Stapelung der IBC auftretenden Gesamtbelastung standhält;

31H2 für flüssige Stoffe, freitragend.

6.5.5.3.2 Der Packmittelkörper muss aus geeignetem Kunststoff bekannter Spezifikation hergestellt sein, und seine Festigkeit muss seinem Fassungsraum und seiner vorgesehenen Verwendung angepasst sein. Der Werkstoff muss in geeigneter Weise widerstandsfähig sein gegen Alterung und Festigkeitsabbau, der durch das Füllgut oder gegebenenfalls durch ultraviolette Strahlung verursacht wird. Die Leistungsfähigkeit bei niedrigen Temperaturen muss gegebenenfalls berücksichtigt werden. Eine Permeation von Füllgut darf unter normalen Beförderungsbedingungen keine Gefahr darstellen.

6.5.5.3.3 Ist ein Schutz gegen ultraviolette Strahlen erforderlich, so muss dieser durch Zugabe von Ruß oder anderen geeigneten Pigmenten oder Inhibitoren erfolgen. Diese Zusätze müssen mit dem Inhalt verträglich sein und während der gesamten Verwendungsdauer des Packmittelkörpers ihre Wirkung behalten. Bei Verwendung von Ruß, Pigmenten oder Inhibitoren, die sich von den für die Herstellung der geprüften Bauart verwendeten unterscheiden, kann auf die Wiederholung der Prüfungen verzichtet werden, wenn der veränderte Gehalt an Ruß, Pigmenten oder Inhibitoren die physikalische Eigenschaften des Werkstoffes nicht beeinträchtigt.

6.5.5.3.4 Dem Werkstoff des Packmittelkörpers dürfen Zusätze beigemischt werden, um die Beständigkeit gegenüber Alterung zu verbessern, oder für andere Zwecke, vorausgesetzt, sie beeinträchtigen nicht die physikalischen oder chemischen Eigenschaften des Werkstoffes.

6.5.5.3.5 Für die Herstellung starrer Kunststoff-IBC darf außer aufbereiteten Abfällen, Rückständen oder Werkstoffen aus demselben Herstellungsverfahren kein anderer gebrauchter Werkstoff verwendet werden.

6.5.5.4 **Besondere Vorschriften für Kombinations-IBC mit Kunststoff-Innenbehälter**

6.5.5.4.1 Diese Vorschriften gelten für Kombinations-IBC zur Beförderung von festen oder flüssigen Stoffen folgender Arten:

11HZ1 Kombinations-IBC mit starrem Kunststoff-Innenbehälter für feste Stoffe, die durch Schwerkraft gefüllt oder entleert werden;

11HZ2 Kombinations-IBC mit flexiblem Kunststoff-Innenbehälter für feste Stoffe, die durch Schwerkraft gefüllt oder entleert werden;

21HZ1 Kombinations-IBC mit starrem Kunststoff-Innenbehälter für feste Stoffe, die unter Druck gefüllt oder entleert werden;

21HZ2 Kombinations-IBC mit flexiblem Kunststoff-Innenbehälter für feste Stoffe, die unter Druck gefüllt oder entleert werden;

31HZ1 Kombinations-IBC mit starrem Kunststoff-Innenbehälter für flüssige Stoffe;

31HZ2 Kombinations-IBC mit flexiblem Kunststoff-Innenbehälter für flüssige Stoffe.

Dieser Code muss durch Ersetzen des Buchstabens Z durch einen Großbuchstaben gemäß Absatz 6.5.1.4.1 b) ergänzt werden, der den für die äußere Umhüllung verwendeten Werkstoff angibt.

Bau- und Prüfvorschriften für Großpackmittel (IBC) 6.5

ADR	RID

6.5.5.4.2 Der Innenbehälter ist ohne seine äußere Umhüllung nicht dafür vorgesehen, eine Umschließungsfunktion auszuüben. Ein «starrer» Innenbehälter ist ein Behälter, der seine Form in leerem Zustand im Großen und Ganzen beibehält, ohne dass die Verschlüsse eingesetzt sind und ohne dass er durch die äußere Umhüllung gestützt wird. Innenbehälter, die nicht «starr» sind, gelten als «flexibel».

6.5.5.4.3 Die äußere Umhüllung besteht in der Regel aus einem starren Werkstoff, der so geformt ist, dass er den Innenbehälter vor physischen Beschädigungen bei der Handhabung und der Beförderung schützt, ist aber nicht dafür ausgelegt, eine Umschließungsfunktion auszuüben. Sie umfasst gegebenenfalls die Grundpalette.

6.5.5.4.4 Ein Kombinations-IBC, dessen äußere Umhüllung den Innenbehälter vollständig umschließt, ist so auszulegen, dass die Unversehrtheit des Innenbehälters nach der Dichtheitsprüfung und der hydraulischen Innendruckprüfung leicht beurteilt werden kann.

6.5.5.4.5 Der Fassungsraum von IBC der Art 31HZ2 muss auf 1250 Liter begrenzt sein.

6.5.5.4.6 Der Innenbehälter muss aus geeignetem Kunststoff bekannter Spezifikation hergestellt sein, und seine Festigkeit muss seinem Fassungsraum und seiner vorgesehenen Verwendung angepasst sein. Der Werkstoff muss in geeigneter Weise widerstandsfähig sein gegen Alterung und Festigkeitsabbau, der durch das Füllgut oder gegebenenfalls durch ultraviolette Strahlung verursacht wird. Die Leistungsfähigkeit bei niedrigen Temperaturen muss gegebenenfalls berücksichtigt werden. Eine Permeation von Füllgut darf unter normalen Beförderungsbedingungen keine Gefahr darstellen.

6.5.5.4.7 Ist ein Schutz gegen ultraviolette Strahlen erforderlich, so muss dieser durch Zugabe von Ruß oder anderen geeigneten Pigmenten oder Inhibitoren erfolgen. Diese Zusätze müssen mit dem Inhalt verträglich sein und während der gesamten Verwendungsdauer des Innenbehälters ihre Wirkung behalten. Bei Verwendung von Ruß, Pigmenten oder Inhibitoren, die sich von den für die Herstellung der geprüften Bauart verwendeten unterscheiden, kann auf die Wiederholung der Prüfungen verzichtet werden, wenn der veränderte Gehalt an Ruß, Pigmenten oder Inhibitoren die physikalischen Eigenschaften des Werkstoffes nicht beeinträchtigt.

6.5.5.4.8 Dem Werkstoff des Innenbehälters dürfen Zusätze beigemischt werden, um die Beständigkeit gegenüber Alterung zu verbessern, oder für andere Zwecke, vorausgesetzt, sie beeinträchtigen nicht die physikalischen oder chemischen Eigenschaften des Werkstoffes.

6.5.5.4.9 Für die Herstellung von Innenbehältern darf außer aufbereiteten Abfällen, Rückständen oder Werkstoffen aus demselben Herstellungsverfahren kein anderer gebrauchter Werkstoff verwendet werden.

6.5.5.4.10 Die Innenbehälter von IBC der Art 31HZ2 müssen aus mindestens drei Lagen Folie bestehen.

6.5.5.4.11 Die Festigkeit des Werkstoffes und die Konstruktion der äußeren Umhüllung müssen dem Fassungsraum des Kombinations-IBC und der vorgesehenen Verwendung angepasst sein.

6.5.5.4.12 Die äußere Umhüllung darf keine vorstehenden Teile haben, die den Innenbehälter beschädigen können.

6.5.5.4.13 Äußere Umhüllungen aus Metall sind aus einem geeigneten Metall ausreichender Dicke herzustellen.

6.5 Bau- und Prüfvorschriften für Großpackmittel (IBC)

ADR	RID

6.5.5.4.14 Äußere Umhüllungen aus Naturholz müssen aus gut abgelagertem, handelsüblich trockenem und aus fehlerfreiem Holz sein, um eine wesentliche Verminderung der Festigkeit jedes einzelnen Teils der Umhüllung zu verhindern. Ober- und Unterteile dürfen aus wasserbeständigen Holzfaserwerkstoffen, wie Hartfaserplatten, Spanplatten oder anderen geeigneten Arten, bestehen.

6.5.5.4.15 Äußere Umhüllungen aus Sperrholz müssen aus gut abgelagertem Schälfurnier, Schnittfurnier oder aus Sägefurnier hergestellt, handelsüblich trocken und frei von Mängeln sein, um eine wesentliche Verminderung der Festigkeit der Umhüllung zu verhindern. Die einzelnen Lagen müssen mit einem wasserbeständigen Klebstoff miteinander verleimt sein. Für die Herstellung der Umhüllung dürfen auch andere geeignete Werkstoffe zusammen mit Sperrholz verwendet werden. Die Platten der Umhüllungen müssen an den Eckleisten oder Stirnseiten fest vernagelt oder geklammert oder durch andere ebenfalls geeignete Mittel zusammengefügt sein.

6.5.5.4.16 Die Wände der äußeren Umhüllungen aus Holzfaserwerkstoffen müssen aus wasserbeständigen Holzfaserwerkstoffen, wie Hartfaserplatten, Spanplatten oder anderen geeigneten Werkstoffen, bestehen. Andere Teile der Umhüllungen dürfen aus anderen geeigneten Werkstoffen hergestellt sein.

6.5.5.4.17 Für äußere Umhüllungen aus Pappe muss feste Vollpappe oder feste zweiseitige Wellpappe (ein- oder mehrwellig) von guter Qualität verwendet werden, die dem Fassungsraum der Umhüllung und der vorgesehenen Verwendung angepasst ist. Die Wasserbeständigkeit der Außenfläche muss so sein, dass die Erhöhung der Masse während der 30 Minuten dauernden Prüfung auf Wasseraufnahme nach der Cobb-Methode nicht mehr als 155 g/m^2 ergibt (siehe ISO-Norm 535:1991). Die Pappe muss eine geeignete Biegefestigkeit haben. Die Pappe muss so zugeschnitten, ohne Ritzen gerillt und geschlitzt sein, dass sie beim Zusammenbau nicht knickt, ihre Oberfläche nicht einreißt oder sie nicht zu stark ausbaucht. Die Wellen der Wellpappe müssen fest mit den Außenschichten verklebt sein.

6.5.5.4.18 Die Enden der äußeren Umhüllungen aus Pappe dürfen einen Holzrahmen haben oder vollkommen aus Holz bestehen. Zur Verstärkung dürfen Holzleisten verwendet werden.

6.5.5.4.19 Die Verbindungen der äußeren Umhüllungen aus Pappe müssen mit Klebestreifen geklebt, überlappt und geklebt oder überlappt und mit Metallklammern geheftet sein. Bei überlappten Verbindungen muss die Überlappung entsprechend groß sein. Wenn der Verschluss durch Verleimung oder mit einem Klebestreifen erfolgt, muss der Klebstoff wasserbeständig sein.

6.5.5.4.20 Besteht die äußere Umhüllung aus Kunststoff, so gelten die entsprechenden Vorschriften der Absätze 6.5.5.4.6 bis 6.5.5.4.9, wobei in diesem Fall die für die Innenbehälter anzuwendenden Vorschriften für die äußere Umhüllung der Kombinations-IBC gelten.

6.5.5.4.21 Die äußere Umhüllung eines IBC der Art 31HZ2 muss alle Seiten des Innenbehälters umschließen.

6.5.5.4.22 Ein Palettensockel, der einen festen Bestandteil des IBC bildet, oder eine abnehmbare Palette muss für die mechanische Handhabung des mit der höchstzulässigen Bruttomasse befüllten IBC geeignet sein.

6.5.5.4.23 Die abnehmbare Palette oder der Palettensockel muss so ausgelegt sein, dass Verformungen am Boden des IBC, die bei der Handhabung Schäden verursachen können, vermieden werden.

Bau- und Prüfvorschriften für Großpackmittel (IBC) 6.5

ADR	RID

6.5.5.4.24 Bei einer abnehmbaren Palette muss die äußere Umhüllung fest mit der Palette verbunden sein, um die Stabilität bei Handhabung und Beförderung sicherzustellen. Darüber hinaus muss die Oberfläche der abnehmbaren Palette frei von Unebenheiten sein, die den IBC beschädigen können.

6.5.5.4.25 Um die Stapelfähigkeit zu erhöhen, dürfen Verstärkungseinrichtungen, wie Holzstützen, verwendet werden, die sich jedoch außerhalb des Innenbehälters befinden müssen.

6.5.5.4.26 Sind IBC zum Stapeln vorgesehen, muss die tragende Fläche so beschaffen sein, dass die Last sicher verteilt wird. Solche IBC müssen so ausgelegt sein, dass die Last nicht vom Innenbehälter getragen wird.

6.5.5.5 Besondere Vorschriften für IBC aus Pappe

6.5.5.5.1 Diese Vorschriften gelten für IBC aus Pappe zur Beförderung von festen Stoffen, die durch Schwerkraft gefüllt oder entleert werden. Die Art der IBC aus Pappe ist 11G.

6.5.5.5.2 IBC aus Pappe dürfen nicht mit Einrichtungen zum Heben von oben versehen sein.

6.5.5.5.3 Der Packmittelkörper muss aus fester Vollpappe oder fester zweiseitiger Wellpappe (ein- oder mehrwellig) von guter Qualität hergestellt sein, die dem Fassungsraum des IBC und der vorgesehenen Verwendung angepasst sind. Die Wasserbeständigkeit der Außenfläche muss so sein, dass die Erhöhung der Masse während der 30 Minuten dauernden Prüfung auf Wasseraufnahme nach der Cobb-Methode nicht mehr als 155 g/m^2 ergibt (siehe ISO-Norm 535:1991). Die Pappe muss eine geeignete Biegefestigkeit haben. Die Pappe muss so zugeschnitten, ohne Ritzen gerillt und geschlitzt sein, dass sie beim Zusammenbau nicht knickt, ihre Oberfläche nicht einreißt oder sie nicht zu stark ausbaucht. Die Wellen der Wellpappe müssen fest mit den Außenschichten verklebt sein.

6.5.5.5.4 Die Wände, einschließlich Deckel und Boden, müssen eine Durchstoßfestigkeit von mindestens 15 J, gemessen nach der ISO-Norm 3036:1975, aufweisen.

6.5.5.5.5 Die Verbindungen des IBC-Packmittelkörpers müssen eine ausreichende Überlappung aufweisen und durch Klebeband, Verkleben, Heften mittels Metallklammern oder andere mindestens gleichwertige Befestigungssysteme hergestellt sein. Erfolgt die Verbindung durch Verkleben oder durch Verwendung von Klebeband, ist ein wasserbeständiger Klebstoff zu verwenden. Metallklammern müssen durch alle zu befestigenden Teile durchgeführt und so geformt oder geschützt sein, dass die Innenauskleidung weder abgerieben noch durchstoßen werden kann.

6.5.5.5.6 Die Innenauskleidung muss aus einem geeigneten Werkstoff hergestellt sein. Die Festigkeit des verwendeten Werkstoffes und die Ausführung der Auskleidung müssen dem Fassungsraum des IBC und der vorgesehenen Verwendung angepasst sein. Die Verbindungen und Verschlüsse müssen staubdicht sein und den unter normalen Handhabungs- und Beförderungsbedingungen auftretenden Druck- und Stoßbeanspruchungen widerstehen können.

6.5.5.5.7 Ein Palettensockel, der einen festen Bestandteil des IBC bildet, oder eine abnehmbare Palette muss für die mechanische Handhabung des mit der höchstzulässigen Bruttomasse befüllten IBC geeignet sein.

6.5.5.5.8 Die abnehmbare Palette oder der Palettensockel muss so ausgelegt sein, dass Verformungen am Boden des IBC, die bei der Handhabung Schäden verursachen können, vermieden werden.

6.5	Bau- und Prüfvorschriften für Großpackmittel (IBC)
ADR	RID

6.5.5.5.9 Bei einer abnehmbaren Palette muss der Packmittelkörper fest mit der Palette verbunden sein, um die Stabilität bei Handhabung und Beförderung sicherzustellen. Darüber hinaus muss die Oberfläche der abnehmbaren Palette frei von Unebenheiten sein, die den IBC beschädigen können.

6.5.5.5.10 Um die Stapelfähigkeit zu erhöhen, dürfen Verstärkungseinrichtungen, wie Holzstützen, verwendet werden, die sich jedoch außerhalb der Innenauskleidung befinden müssen.

6.5.5.5.11 Sind IBC zum Stapeln vorgesehen, muss die tragende Fläche so beschaffen sein, dass die Last sicher verteilt wird.

6.5.5.6 Besondere Vorschriften für IBC aus Holz

6.5.5.6.1 Diese Vorschriften gelten für IBC aus Holz zur Beförderung von festen Stoffen, die durch Schwerkraft gefüllt oder entleert werden. Es gibt folgende Arten von IBC aus Holz:

11C Naturholz mit Innenauskleidung
11D Sperrholz mit Innenauskleidung
11F Holzfaserwerkstoff mit Innenauskleidung.

6.5.5.6.2 IBC aus Holz dürfen nicht mit Einrichtungen zum Heben von oben versehen sein.

6.5.5.6.3 Die Festigkeit der verwendeten Werkstoffe und die Art der Fertigung des Packmittelkörpers müssen dem Fassungsraum und der vorgesehenen Verwendung der IBC angepasst sein.

6.5.5.6.4 Bestehen die Packmittelkörper aus Naturholz, so muss dieses gut abgelagert, handelsüblich trocken und frei von Mängeln sein, um eine wesentliche Verminderung der Festigkeit jedes einzelnen Teils des IBC zu verhindern. Jedes Teil des IBC muss aus einem Stück bestehen oder diesem gleichwertig sein. Teile sind als einem Stück gleichwertig anzusehen, wenn eine geeignete Klebeverbindung, wie z.B. Lindermann-Verbindung (Schwalbenschwanz-Verbindung), Nut- und Federverbindung, überlappende Verbindung, eine Stoßverbindung mit mindestens zwei gewellten Metallbefestigungselementen an jeder Verbindung oder andere gleich wirksame Verfahren angewendet werden.

6.5.5.6.5 Bestehen die Packmittelkörper aus Sperrholz, so muss dieses mindestens aus drei Lagen bestehen und aus gut abgelagertem Schälfurnier, Schnittfurnier oder Sägefurnier hergestellt, handelsüblich trocken und frei von Mängeln sein, die die Festigkeit des Packmittelkörpers erheblich beeinträchtigen können. Die einzelnen Lagen müssen mit einem wasserbeständigen Klebstoff miteinander verleimt sein. Für die Herstellung der Packmittelkörper dürfen auch andere geeignete Werkstoffe zusammen mit Sperrholz verwendet werden.

6.5.5.6.6 Bestehen Packmittelkörper aus Holzfaserwerkstoff, so muss dieser wasserbeständig sein, wie Hartfaserplatten, Spanplatten oder andere geeignete Werkstoffe.

6.5.5.6.7 Die Platten der IBC müssen an den Eckleisten oder Stirnseiten fest vernagelt oder geklammert oder durch andere ebenfalls geeignete Mittel zusammengefügt sein.

6.5.5.6.8 Die Innenauskleidung muss aus einem geeigneten Werkstoff hergestellt sein. Die Festigkeit des verwendeten Werkstoffes und die Ausführung der Auskleidung müssen dem Fassungsraum des IBC und der vorgesehenen Verwendung angepasst sein. Die Verbindungen und Verschlüsse müssen staubdicht sein und den unter normalen Handhabungs- und Beförderungsbedingungen auftretenden Druck- und Stoßbeanspruchungen widerstehen können.

Bau- und Prüfvorschriften für Großpackmittel (IBC) 6.5

ADR	RID

6.5.5.6.9 Ein Palettensockel, der einen festen Bestandteil des IBC bildet, oder eine abnehmbare Palette muss für die mechanische Handhabung des IBC nach Befüllung mit der höchstzulässigen Masse geeignet sein.

6.5.5.6.10 Die abnehmbare Palette oder der Palettensockel muss so ausgelegt sein, dass Verformungen am Boden des IBC, die bei der Handhabung Schäden verursachen können, vermieden werden.

6.5.5.6.11 Bei einer abnehmbaren Palette muss der Packmittelkörper fest mit der Palette verbunden sein, um die Stabilität bei Handhabung und Beförderung sicherzustellen. Darüber hinaus muss die Oberfläche der abnehmbaren Palette frei von Unebenheiten sein, die den IBC beschädigen können.

6.5.5.6.12 Um die Stapelfähigkeit zu erhöhen, dürfen Verstärkungseinrichtungen, wie Holzstützen, verwendet werden, die sich jedoch außerhalb der Innenauskleidung befinden müssen.

6.5.5.6.13 Sind IBC zum Stapeln vorgesehen, muss die tragende Fläche so beschaffen sein, dass die Last sicher verteilt wird.

6.5.6 Prüfvorschriften für IBC

6.5.6.1 Durchführung und Häufigkeit der Prüfungen

6.5.6.1.1 Vor der Verwendung muss jede Bauart eines IBC die in diesem Kapitel vorgeschriebenen Prüfungen erfolgreich bestanden haben und von der zuständigen Behörde, welche die Zuteilung der Kennzeichnung bestätigt hat, zugelassen worden sein. Die Bauart eines IBC wird bestimmt durch die Ausführung, die Größe, den verwendeten Werkstoff und seine Dicke, die Herstellungsart und die Füll- und Entleerungseinrichtungen; sie kann aber auch verschiedene Oberflächenbehandlungen einschließen. Ebenfalls eingeschlossen sind IBC, die sich von der Bauart lediglich durch geringere äußere Abmessungen unterscheiden.

6.5.6.1.2 Die Prüfungen müssen an versandfertigen IBC durchgeführt werden. Die IBC müssen entsprechend den Angaben in den jeweiligen Abschnitten befüllt werden. Die in den IBC zu befördernden Stoffe können durch andere Stoffe ersetzt werden, sofern dadurch die Prüfergebnisse nicht verfälscht werden. Werden feste Stoffe durch andere Stoffe ersetzt, müssen diese die gleichen physikalischen Eigenschaften (Masse, Korngröße, usw.) haben wie der zu befördernde Stoff. Es ist zulässig, Zusätze, wie Säcke mit Bleischrot, zu verwenden, um die erforderliche Gesamtmasse der Versandstücke zu erhalten, sofern diese so angeordnet werden, dass sie das Prüfergebnis nicht verfälschen.

6.5.6.2 Bauartprüfungen

6.5.6.2.1 Für jede Bauart, Größe, Wanddicke und Fertigungsart ist ein einziger IBC den Prüfungen gemäß den Unterabschnitten 6.5.6.4 bis 6.5.6.13 in der in Absatz 6.5.6.3.7 aufgeführten Reihenfolge zu unterziehen. Diese Bauartprüfungen müssen in Übereinstimmung mit den von der zuständigen Behörde festgelegten Verfahren durchgeführt werden.

6.5.6.2.2 Um die ausreichende chemische Verträglichkeit mit den enthaltenen Gütern oder den Standardflüssigkeiten nach Absatz 6.5.6.3.3 oder 6.5.6.3.5 für starre Kunststoff-IBC der Art 31H2 und für Kombinations-IBC der Arten 31HH1 und 31HH2 nachzuweisen, darf ein zweiter IBC verwendet werden, sofern diese IBC für Stapelung ausgelegt sind. In diesem Fall müssen beide IBC der Vorlagerung unterzogen werden.

6.5.6.2.3 Die zuständige Behörde kann das selektive Prüfen von IBC, die sich nur geringfügig von der geprüften Art unterscheiden, zulassen, z.B. bei geringen Verkleinerungen der äußeren Abmessungen.

6.5 Bau- und Prüfvorschriften für Großpackmittel (IBC)

ADR	RID

6.5.6.2.4 Werden für die Prüfungen abnehmbare Paletten verwendet, muss der nach Unterabschnitt 6.5.6.14 erstellte Prüfbericht eine technische Beschreibung der verwendeten Paletten enthalten.

6.5.6.3 Vorbereitung für die Prüfungen

6.5.6.3.1 IBC aus Papier, IBC aus Pappe und Kombinations-IBC mit äußerer Umhüllung aus Pappe müssen mindestens 24 Stunden in einem Klima konditioniert werden, dessen Temperatur und relative Luftfeuchtigkeit gesteuert sind. Es gibt drei Möglichkeiten, von denen eine auszuwählen ist. Das bevorzugte Klima ist 23 °C ± 2 °C und 50 % ± 2 % relative Luftfeuchtigkeit. Die beiden anderen Möglichkeiten sind 20 °C ± 2 °C und 65 % ± 2 % relative Luftfeuchtigkeit oder 27 °C ± 2 °C und 65 % ± 2 % relative Luftfeuchtigkeit.

Bem. Die Durchschnittswerte müssen innerhalb dieser Grenzwerte liegen. Kurzfristige Schwankungen und Messgrenzen können zu Messwertabweichungen von ± 5 % für die relative Luftfeuchtigkeit führen, ohne dass dies die Reproduzierbarkeit der Prüfungen bedeutsam beeinträchtigt.

6.5.6.3.2 Zusätzliche Maßnahmen müssen ergriffen werden, um sicherzustellen, dass der für die Herstellung von starren Kunststoff-IBC (Arten 31H1 und 31H2) sowie von Kombinations-IBC (Arten 31HZ1 und 31HZ2) verwendete Kunststoff den Vorschriften der Absätze 6.5.5.3.2 bis 6.5.5.3.4 bzw. 6.5.5.4.6 bis 6.5.5.4.9 entspricht.

6.5.6.3.3 Zum Nachweis der ausreichenden chemischen Verträglichkeit gegenüber dem Füllgut sind die IBC-Muster einer sechsmonatigen Vorlagerung zu unterziehen, bei der die Muster mit den vorgesehenen Füllgütern oder mit Stoffen, von denen bekannt ist, dass sie mindestens gleichartige spannungsrissauslösende, anquellende oder molekularabbauende Einflüsse auf die jeweiligen Kunststoffe haben, befüllt sind, und nach der die Muster den in der Tabelle des Absatzes 6.5.6.3.7 aufgeführten Prüfungen unterzogen werden.

6.5.6.3.4 Wurde das zufriedenstellende Verhalten der Kunststoffe nach einem anderen Verfahren nachgewiesen, ist die vorgenannte Verträglichkeitsprüfung nicht erforderlich. Solche Verfahren müssen der vorgenannten Verträglichkeitsprüfung mindestens gleichwertig und von der zuständigen Behörde anerkannt sein.

6.5.6.3.5 Für starre Kunststoff-IBC aus Polyethylen (Arten 31H1 und 31H2) nach Unterabschnitt 6.5.5.3 und für Kombinations-IBC mit Kunststoff-Innenbehälter aus Polyethylen (Arten 31HZ1 und 31HZ2) nach Unterabschnitt 6.5.5.4 kann die chemische Verträglichkeit mit flüssigen Füllgütern, die nach Unterabschnitt 4.1.1.21 assimiliert werden, mit Standardflüssigkeiten (siehe Abschnitt 6.1.6) wie folgt nachgewiesen werden.

Die Standardflüssigkeiten sind stellvertretend für die Schädigungsmechanismen an Polyethylen, das sind Weichmachung durch Anquellung, Spannungsrissauslösung, molekularabbauende Reaktionen und Kombinationen davon.

Die ausreichende Verträglichkeit der IBC kann durch eine dreiwöchige Lagerung der vorgeschriebenen Bauarten bei 40 °C mit der (den) betreffenden Standardflüssigkeit(en) nachgewiesen werden; wenn die Standardflüssigkeit Wasser ist, ist eine Lagerung nach diesem Verfahren nicht erforderlich. Bei den Standardflüssigkeiten «Netzmittellösung» und «Essigsäure» ist für Prüfmuster, die für die Stapeldruckprüfung verwendet werden, keine Lagerung erforderlich. Nach dieser Lagerung müssen die Prüfmuster den in den Unterabschnitten 6.5.6.4 bis 6.5.6.9 vorgesehenen Prüfungen unterzogen werden.

Für tert-Butylhydroperoxid mit mehr als 40 % Peroxidgehalt sowie für Peroxyessigsäuren der Klasse 5.2 darf die Verträglichkeitsprüfung nicht mit Standardflüssigkeiten durchgeführt werden. Für diese Stoffe muss die ausreichende chemische Verträglichkeit der Prüfmuster während einer sechsmonatigen Lagerung bei Raumtemperatur mit den Stoffen geprüft werden, für deren Beförderung sie vorgesehen sind.

Bau- und Prüfvorschriften für Großpackmittel (IBC)   6.5

ADR	RID

Die Ergebnisse des Verfahrens nach diesem Absatz mit IBC aus Polyethylen können für eine gleiche Bauart, deren innere Oberfläche fluoriert ist, zugelassen werden.

6.5.6.3.6 Für IBC-Bauarten aus Polyethylen nach Absatz 6.5.6.3.5, welche die Prüfung nach Absatz 6.5.6.3.5 bestanden haben, darf die chemische Verträglichkeit mit Füllgütern auch auf der Basis von Laborversuchen [2] erfolgen, bei denen nachzuweisen ist, dass die Wirkung dieser Füllgüter auf Probekörper geringer ist als die Wirkung der Standardflüssigkeit(en), wobei die relevanten Schädigungsmechanismen berücksichtigt werden müssen. Dabei gelten für die relativen Dichten und Dampfdrücke die gleichen Vorbedingungen wie in Absatz 4.1.1.21.2 festgehalten.

[2] Labormethoden für die Prüfung der chemischen Verträglichkeit von Polyethylen gemäß Definition in Absatz 6.5.6.3.5 gegenüber Füllgütern (Stoffen, Mischungen und Zubereitungen) im Vergleich zu den Standardflüssigkeiten nach Abschnitt 6.1.6 siehe Richtlinien im nichtrechtsverbindlichen Teil des vom Sekretariat der OTIF veröffentlichten Textes des RID.

Anmerkung des Verlages:
(Siehe auch Anhang zum Kapitel 6.1.)

6.5.6.3.7 Reihenfolge der Durchführung der Bauartprüfungen

IBC-Art	Vibration [f]	Heben von unten	Heben von oben [a]	Stapeldruck [b]	Dichtheit	Innendruck, hydraulisch	Fall	Weiterreißen	Kippfall	Aufrichten [c]
Metall: 11A, 11B, 11N	–	1. [a]	2.	3.	–	–	4. [e]	–	–	–
21A, 21B, 21N	–	1. [a]	2.	3.	4.	5.	6. [e]	–	–	–
31A, 31B, 31N	1.	2. [a]	3.	4.	5.	6.	7. [e]	–	–	–
flexibel [d]	–	–	X [c]	X	–	–	X	X	X	X
starrer Kunststoff: 11H1, 11H2	–	1. [a]	2.	3.	–	–	4.	–	–	–
21H1, 21H2	–	1. [a]	2.	3.	4.	5.	6.	–	–	–
31H1, 31H2	1.	2. [a]	3.	4. [g]	5.	6.	7.	–	–	–

(Fortsetzung nächste Seite)

6.5 Bau- und Prüfvorschriften für Großpackmittel (IBC)

ADR | **RID**

IBC-Art	Vibration f)	Heben von unten	Heben von oben a)	Stapeldruck b)	Dichtheit	Innendruck, hydraulisch	Fall	Weiterreißen	Kippfall	Aufrichten c)
Kombination: 11HZ1, 11HZ2	–	1. a)	2.	3.	–	–	4. e)	–	–	–
21HZ1, 21HZ2	–	1. a)	2.	3.	4.	5.	6. e)	–	–	–
31HZ1, 31HZ2	1.	2. a)	3.	4. g)	5.	6.	7. e)	–	–	–
Pappe	–	1.	–	2.	–	–	3.	–	–	–
Holz	–	1.	–	2.	–	–	3.	–	–	–

a) Sofern die IBC für diese Art von Handhabung ausgelegt sind.
b) Sofern die IBC für die Stapelung ausgelegt sind.
c) Sofern die IBC für das Heben von oben oder von der Seite ausgelegt sind.
d) Die durchzuführenden Prüfungen sind durch x gekennzeichnet; ein IBC, der einer Prüfung unterzogen wurde, darf für andere Prüfungen in beliebiger Reihenfolge verwendet werden.
e) Ein anderer IBC gleicher Bauart darf für die Fallprüfung verwendet werden.
f) Ein anderer IBC gleicher Bauart darf für die Vibrationsprüfung verwendet werden.
g) Der zweite IBC nach Absatz 6.5.6.2.2 darf außerhalb der Reihenfolge unmittelbar nach der Vorlagerung verwendet werden.

6.5.6.4 Hebeprüfung von unten

6.5.6.4.1 Anwendungsbereich

Für alle IBC aus Pappe und aus Holz sowie für alle IBC-Arten, die mit einer Vorrichtung zum Heben von unten versehen sind, als Bauartprüfung.

6.5.6.4.2 Vorbereitung des IBC für die Prüfung

Der IBC ist zu befüllen. Eine Last ist anzubringen und gleichmäßig zu verteilen. Die Masse des befüllten IBC und der angebrachten Last muss dem 1,25fachen der höchstzulässigen Bruttomasse entsprechen.

6.5.6.4.3 Prüfverfahren

Der IBC muss zweimal von einem Gabelstapler hochgehoben und heruntergelassen werden, wobei die Gabel zentral anzusetzen ist und einen Abstand von ¾ der Einführungsseitenabmessung haben muss (es sei denn, die Einführungspunkte sind vorgegeben). Die Gabel muss bis zu ¾ in der Einführungsrichtung eingeführt werden. Die Prüfung muss in jeder möglichen Einführungsrichtung wiederholt werden.

6.5.6.4.4 Kriterien für das Bestehen der Prüfung

Keine dauerhafte Verformung des IBC einschließlich eines gegebenenfalls vorhandenen Palettensockels, die die Sicherheit der Beförderung beeinträchtigt, und kein Verlust von Füllgut.

6.5.6.5 Hebeprüfung von oben

6.5.6.5.1 Anwendungsbereich

Für alle IBC-Arten, die für das Heben von oben oder bei flexiblen IBC für das Heben von oben oder von der Seite ausgelegt sind, als Bauartprüfung.

Bau- und Prüfvorschriften für Großpackmittel (IBC) 6.5

ADR	RID

6.5.6.5.2 Vorbereitung des IBC für die Prüfung

Metallene IBC, starre Kunststoff-IBC und Kombinations-IBC sind zu befüllen. Eine Last ist anzubringen und gleichmäßig zu verteilen. Die Masse des befüllten IBC und der angebrachten Last muss dem zweifachen der höchstzulässigen Bruttomasse entsprechen. Flexible IBC sind mit einem repräsentativen Stoff zu befüllen und anschließend bis zum Sechsfachen ihrer höchstzulässigen Bruttomasse zu beladen, wobei die Last gleichmäßig zu verteilen ist.

6.5.6.5.3 Prüfverfahren

Metallene und flexible IBC müssen in der Weise hochgehoben werden, für die sie ausgelegt sind, bis sie sich frei über dem Boden befinden, und für die Dauer von fünf Minuten in dieser Stellung gehalten werden.

Starre Kunststoff-IBC und Kombinations-IBC sind

a) für eine Dauer von fünf Minuten an jedem Paar sich diagonal gegenüberliegender Hebeeinrichtungen so anzuheben, dass die Hebekräfte senkrecht wirken, und

b) für eine Dauer von fünf Minuten an jedem Paar sich diagonal gegenüberliegender Hebeeinrichtungen so anzuheben, dass die Hebekräfte zur Mitte des IBC in einem Winkel von 45° zur Senkrechten wirken.

6.5.6.5.4 Für flexible IBC dürfen auch andere mindestens gleichwertige Verfahren für die Hebeprüfung von oben und die Vorbereitung für die Prüfung angewendet werden.

6.5.6.5.5 Kriterien für das Bestehen der Prüfung

a) Metallene IBC, starre Kunststoff-IBC und Kombinations-IBC: der IBC bleibt unter normalen Beförderungsbedingungen sicher, es tritt keine feststellbare dauerhafte Verformung des IBC einschließlich eines gegebenenfalls vorhandenen Palettensockels und kein Verlust von Füllgut auf.

b) Flexible IBC: keine Beschädigung des IBC oder seiner Hebeeinrichtungen, durch die der IBC für die Beförderung oder Handhabung ungeeignet wird, und kein Verlust von Füllgut.

6.5.6.6 Stapeldruckprüfung

6.5.6.6.1 Anwendungsbereich

Für alle IBC-Arten, die für das Stapeln ausgelegt sind, als Bauartprüfung.

6.5.6.6.2 Vorbereitung des IBC für die Prüfung

Der IBC ist bis zu seiner höchstzulässigen Bruttomasse zu befüllen. Wenn die Dichte des für die Prüfung verwendeten Produktes dies nicht zulässt, ist eine zusätzliche Last anzubringen, damit der IBC bei seiner höchstzulässigen Bruttomasse geprüft werden kann, wobei die Last gleichmäßig zu verteilen ist.

6.5.6.6.3 Prüfverfahren

a) Der IBC muss mit seinem Boden auf einen horizontalen harten Untergrund gestellt und einer gleichmäßig verteilten überlagerten Prüflast ausgesetzt werden (siehe Absatz 6.5.6.6.4). Für starre Kunststoff-IBC der Art 31H2 und für Kombinations-IBC der Arten 31HH1 und 31HH2 muss eine Stapeldruckprüfung mit dem Originalfüllgut oder einer Standardflüssigkeit (siehe Abschnitt 6.1.6) nach Absatz 6.5.6.3.3 oder 6.5.6.3.5 durchgeführt werden, wobei der zweite IBC nach Absatz 6.5.6.2.2 nach der Vorlagerung verwendet wird. Die IBC sind der Prüflast mindestens auszusetzen:

  (i) fünf Minuten bei metallenen IBC;

6.5 Bau- und Prüfvorschriften für Großpackmittel (IBC)

ADR	RID

    (ii) 28 Tage bei 40 °C bei starren Kunststoff-IBC der Arten 11H2, 21H2 und 31H2, bei Kombinations-IBC mit äußerer Kunststoff-Umhüllung, die der Stapellast standhalten (d.h. der Arten 11HH1, 11HH2, 21HH1, 21HH2, 31HH1 und 31HH2;

    (iii) 24 Stunden bei allen anderen IBC-Arten.

b) Die Prüflast muss nach einer der folgenden Methoden aufgebracht werden:

    (i) ein oder mehrere IBC der gleichen Bauart, die bis zur höchstzulässigen Bruttomasse befüllt sind, werden auf den zu prüfenden IBC gestapelt;

    (ii) geeignete Gewichte werden auf eine flache Platte oder auf eine Nachbildung des Bodens des IBC gestellt, die auf den zu prüfenden IBC aufgelegt wird.

6.5.6.6.4 Berechnung der überlagerten Prüflast

Die Last, die auf den IBC gestellt wird, muss das 1,8fache der addierten höchstzulässigen Bruttomasse so vieler gleichartiger IBC betragen, wie während der Beförderung auf den IBC gestapelt werden dürfen.

6.5.6.6.5 Kriterien für das Bestehen der Prüfung

a) Alle IBC-Arten, ausgenommen flexible IBC: keine dauerhafte Verformung des IBC einschließlich eines gegebenenfalls vorhandenen Palettensockels, die die Sicherheit der Beförderung beeinträchtigt, und kein Verlust von Füllgut;

b) flexible IBC: keine Beschädigung des Packmittelkörpers, die die Sicherheit der Beförderung beeinträchtigt, und kein Verlust von Füllgut.

6.5.6.7 **Dichtheitsprüfung**

6.5.6.7.1 Anwendungsbereich

Für alle IBC-Arten zur Beförderung von flüssigen Stoffen oder von festen Stoffen, die unter Druck gefüllt oder entleert werden, als Bauartprüfung und wiederkehrende Prüfung.

6.5.6.7.2 Vorbereitung des IBC für die Prüfung

Die Prüfung muss vor dem Anbringen der gegebenenfalls vorhandenen Wärmeisolierung durchgeführt werden. Belüftete Verschlüsse sind entweder durch gleichartige, nicht belüftete Verschlüsse zu ersetzen, oder die Entlüftungsöffnung ist luftdicht zu verschließen.

6.5.6.7.3 Prüfverfahren und Prüfdruck

Die Prüfung muss mindestens 10 Minuten mit Luft mit einem Überdruck von mindestens 20 kPa (0,2 bar) durchgeführt werden. Die Luftdichtheit des IBC muss durch eine geeignete Methode bestimmt werden, wie z.B. Luftdruckdifferentialprüfung oder Eintauchen des IBC in Wasser oder bei metallenen IBC Überstreichen der Nähte und Verbindungen mit einer Seifenlösung. Im Fall des Eintauchens muss ein Korrekturfaktor für den hydrostatischen Druck angewendet werden.

6.5.6.7.4 Kriterium für das Bestehen der Prüfung

Keine Undichtheit.

6.5.6.8 **Hydraulische Innendruckprüfung**

6.5.6.8.1 Anwendungsbereich

Für IBC-Arten zur Beförderung von flüssigen Stoffen und von festen Stoffen, die unter Druck gefüllt oder entleert werden, als Bauartprüfung.

Bau- und Prüfvorschriften für Großpackmittel (IBC) 6.5

ADR	RID

6.5.6.8.2 Vorbereitung des IBC für die Prüfung

Die Prüfung muss vor dem Anbringen einer gegebenenfalls vorhandenen Wärmeisolierung durchgeführt werden.

Druckentlastungseinrichtungen müssen außer Betrieb gesetzt oder entfernt und die entstehenden Öffnungen verschlossen werden.

6.5.6.8.3 Prüfverfahren

Die Prüfung muss mindestens 10 Minuten mit einem hydraulischen Druck durchgeführt werden, der nicht geringer sein darf als der in Absatz 6.5.6.8.4 angegebene Druck. Der IBC darf während der Prüfung nicht mechanisch abgestützt werden.

6.5.6.8.4 Prüfdruck

6.5.6.8.4.1 Metallene IBC:

    a) für IBC der Arten 21A, 21B und 21N zur Beförderung von festen Stoffen der Verpackungsgruppe I: Prüfdruck (Überdruck) von 250 kPa (2,5 bar);

    b) für IBC der Arten 21A, 21B, 21N, 31A, 31B und 31N zur Beförderung von Stoffen der Verpackungsgruppe II oder III: Prüfdruck (Überdruck) von 200 kPa (2 bar);

    c) außerdem für IBC der Arten 31A, 31B und 31N: Prüfdruck (Überdruck) von 65 kPa (0,65 bar). Diese Prüfung muss vor der Prüfung mit 200 kPa (2 bar) durchgeführt werden.

6.5.6.8.4.2 Starre Kunststoff-IBC und Kombinations-IBC:

    a) für IBC der Arten 21H1, 21H2, 21HZ1 und 21HZ2: Prüfdruck (Überdruck) von 75 kPa (0,75 bar);

    b) für IBC der Arten 31H1, 31H2, 31HZ1 und 31HZ2 der jeweils höhere der beiden Werte, von denen der erste durch eine der folgenden Methoden bestimmt wird:

        (i) der im IBC gemessene Gesamtüberdruck (d.h. Dampfdruck des zu befördernden Stoffes und Partialdruck der Luft oder anderer inerter Gase minus 100 kPa) bei 55 °C, multipliziert mit einem Sicherheitsfaktor von 1,5; dieser Gesamtüberdruck wird auf der Grundlage eines maximalen Füllungsgrades gemäß Unterabschnitt 4.1.1.4 und einer Fülltemperatur von 15 °C ermittelt;

        (ii) der 1,75fache Wert des Dampfdruckes des zu befördernden Stoffes bei 50 °C minus 100 kPa, mindestens aber 100 kPa;

        (iii) der 1,5fache Wert des Dampfdruckes des zu befördernden Stoffes bei 55 °C minus 100 kPa, mindestens aber 100 kPa;

    und der zweite durch folgende Methode bestimmt wird:

        (iv) der doppelte statische Druck des zu befördernden Stoffes, mindestens aber der doppelte Wert des statischen Wasserdruckes.

6.5.6.8.5 Kriterien für das Bestehen der Prüfung

    a) Für IBC der Arten 21A, 21B, 21N, 31A, 31B und 31N, die dem in Absatz 6.5.6.8.4.1 a) oder b) angegebenen Prüfdruck unterzogen werden: Es darf keine Undichtheit auftreten;

    b) für IBC der Arten 31A, 31B und 31N, die dem in Absatz 6.5.6.8.4.1 c) angegebenen Prüfdruck unterzogen werden: Es darf weder eine dauerhafte Verformung, durch die der IBC für die Beförderung ungeeignet wird, noch eine Undichtheit auftreten;

    c) starre Kunststoff-IBC und Kombinations-IBC: Es darf weder eine dauerhafte Verformung, durch die der IBC für die Beförderung ungeeignet wird, noch eine Undichtheit auftreten.

6.5 Bau- und Prüfvorschriften für Großpackmittel (IBC)

ADR	RID

6.5.6.9 Fallprüfung

6.5.6.9.1 Anwendungsbereich

Für alle IBC-Arten als Bauartprüfung.

6.5.6.9.2 Vorbereitung des IBC für die Prüfung

a) metallene IBC: Der IBC muss für feste Stoffe bis mindestens 95 % und für flüssige Stoffe bis mindestens 98 % seines höchsten Fassungsraums gefüllt werden. Druckentlastungseinrichtungen müssen außer Betrieb gesetzt oder entfernt und die entstehenden Öffnungen verschlossen werden;

b) flexible IBC: Der IBC muss bis zu seiner höchstzulässigen Bruttomasse gefüllt werden, wobei der Inhalt gleichmäßig zu verteilen ist;

c) starre Kunststoff-IBC und Kombinations-IBC: Der IBC muss für feste Stoffe bis mindestens 95 % und für flüssige Stoffe bis mindestens 98 % seines höchsten Fassungsraums gefüllt werden. Druckentlastungseinrichtungen dürfen außer Betrieb gesetzt oder entfernt und die entstehenden Öffnungen verschlossen werden. Die Prüfung der IBC ist vorzunehmen, nachdem die Temperatur des Prüfmusters und seines Inhaltes auf –18 °C oder darunter abgesenkt wurde. Sofern die Prüfmuster der Kombinations-IBC nach diesem Verfahren vorbereitet werden, kann auf die in Absatz 6.5.6.3.1 vorgeschriebene Konditionierung verzichtet werden. Die für die Prüfung verwendeten flüssigen Stoffe sind, gegebenenfalls durch Zugabe von Frostschutzmitteln, in flüssigem Zustand zu halten. Auf die Konditionierung kann verzichtet werden, falls die Werkstoffe eine ausreichende Verformbarkeit und Zugfestigkeit bei niedrigen Temperaturen aufweisen;

d) IBC aus Pappe oder aus Holz: Der IBC muss bis mindestens 95 % seines höchsten Fassungsraums gefüllt werden.

6.5.6.9.3 Prüfverfahren

Der IBC muss mit seinem Boden so auf eine nicht federnde, horizontale, ebene, massive und starre Oberfläche nach den Vorschriften des Absatzes 6.1.5.3.4 fallen gelassen werden, dass der IBC auf die schwächste Stelle seines Bodens aufschlägt.

Ein IBC mit einem Fassungsraum von höchstens 0,45 m^3 muss auch fallen gelassen werden:

a) metallene IBC: auf die schwächste Stelle, abgesehen von der Stelle des Bodens, die beim ersten Fallversuch geprüft wurde;

b) flexible IBC: auf die schwächste Seite;

c) starre Kunststoff-IBC, Kombinations-IBC sowie IBC aus Pappe und aus Holz: flach auf eine Seite, flach auf das Oberteil und auf eine Ecke.

Für jeden Fallversuch darf derselbe IBC oder ein anderer IBC derselben Auslegung verwendet werden.

6.5.6.9.4 Fallhöhe

Für feste Stoffe und flüssige Stoffe, wenn die Prüfung mit dem zu befördernden festen oder flüssigen Stoff oder mit einem anderen Stoff, der im Wesentlichen dieselben physikalischen Eigenschaften hat, durchgeführt wird:

Verpackungsgruppe I	Verpackungsgruppe II	Verpackungsgruppe III
1,8 m	1,2 m	0,8 m

Für flüssige Stoffe, wenn die Prüfung mit Wasser durchgeführt wird:

a) wenn der zu befördernde Stoff eine relative Dichte von höchstens 1,2 hat:

Verpackungsgruppe II	Verpackungsgruppe III
1,2 m	0,8 m

Bau- und Prüfvorschriften für Großpackmittel (IBC) 6.5
ADR | RID

b) wenn der zu befördernde Stoff eine relative Dichte von mehr als 1,2 hat, ist die Fallhöhe auf Grund der relativen Dichte (d) des zu befördernden Stoffes, aufgerundet auf die erste Dezimalstelle, wie folgt zu berechnen:

Verpackungsgruppe II	Verpackungsgruppe III
d x 1,0 m	d x 0,67 m

6.5.6.9.5 Kriterien für das Bestehen der Prüfung(en)

a) metallene IBC: kein Verlust von Füllgut;

b) flexible IBC: kein Verlust von Füllgut. Ein geringfügiges Austreten aus Verschlüssen oder Nahtstellen beim Aufprall gilt nicht als Versagen des IBC, vorausgesetzt, es kommt nicht zu weiterer Undichtheit, nachdem der IBC vom Boden abgehoben worden ist;

c) starre Kunststoff-IBC, Kombinations-IBC sowie IBC aus Pappe und aus Holz: kein Verlust von Füllgut. Ein geringfügiges Austreten aus Verschlüssen beim Aufprall gilt nicht als Versagen des IBC, vorausgesetzt, es kommt nicht zu weiterer Undichtheit;

▶ 1.6.1.14

d) alle IBC: keine Beschädigung, durch die der IBC für eine Beförderung zur Bergung oder Entsorgung unsicher wird und kein Verlust von Füllgut. Darüber hinaus muss der IBC in der Lage sein, durch geeignete Mittel für eine Dauer von fünf Minuten angehoben zu werden, so dass er sich frei über dem Boden befindet.

Bem. Die Kriterien des Absatzes d) gelten für IBC-Bauarten, die ab dem 1. Januar 2011 hergestellt werden.

6.5.6.10 Weiterreißprüfung

6.5.6.10.1 Anwendungsbereich

Für alle Arten flexibler IBC als Bauartprüfung.

6.5.6.10.2 Vorbereitung des IBC für die Prüfung

Der IBC muss bis mindestens 95 % seines Fassungsraums und bis zu seiner höchstzulässigen Bruttomasse gefüllt werden, wobei der Inhalt gleichmäßig zu verteilen ist.

6.5.6.10.3 Prüfverfahren

Wenn sich der IBC auf dem Boden befindet, wird mit einem Messer die Breitseite in einer Länge von 100 mm in einem Winkel von 45° zur Hauptachse des IBC in halber Höhe zwischen dem Boden des IBC und dem oberen Füllgutspiegel vollständig durchschnitten. Der IBC ist dann einer gleichmäßig verteilten überlagerten Last auszusetzen, die dem zweifachen der höchstzulässigen Bruttomasse entspricht. Die Last muss mindestens fünf Minuten wirken. IBC, die für Heben von oben oder von der Seite ausgelegt sind, müssen nach Entfernen der überlagerten Last hochgehoben werden, bis sie sich frei über dem Boden befinden, und fünf Minuten in dieser Stellung gehalten werden.

6.5.6.10.4 Kriterium für das Bestehen der Prüfung

Der Schnitt darf sich nicht um mehr als 25 % seiner ursprünglichen Länge vergrößern.

6.5.6.11 Kippfallprüfung

6.5.6.11.1 Anwendungsbereich

Für alle Arten flexibler IBC als Bauartprüfung.

6.5.6.11.2 Vorbereitung des IBC für die Prüfung

Der IBC muss bis mindestens 95 % seines Fassungsraums und bis zu seiner höchstzulässigen Bruttomasse gefüllt werden, wobei der Inhalt gleichmäßig zu verteilen ist.

6.5	Bau- und Prüfvorschriften für Großpackmittel (IBC)	
	ADR	**RID**

6.5.6.11.3 Prüfverfahren

Der IBC muss so gekippt werden, dass eine beliebige Stelle seines Oberteils auf eine starre, nicht federnde, glatte, flache und horizontale Fläche fällt.

6.5.6.11.4 Kippfallhöhe

Verpackungsgruppe I	Verpackungsgruppe II	Verpackungsgruppe III
1,8 m	1,2 m	0,8 m

6.5.6.11.5 Kriterien für das Bestehen der Prüfung

Kein Austreten von Füllgut. Ein geringfügiges Austreten aus Verschlüssen oder Nahtstellen beim Aufprall gilt nicht als Versagen des IBC, vorausgesetzt, es kommt nicht zu weiterer Undichtheit.

6.5.6.12 **Aufrichtprüfung**

6.5.6.12.1 Anwendungsbereich

Für alle flexiblen IBC, die für Heben von oben oder von der Seite ausgelegt sind, als Bauartprüfung.

6.5.6.12.2 Vorbereitung des IBC für die Prüfung

Der IBC muss bis mindestens 95 % seines Fassungsraums und bis zu seiner höchstzulässigen Bruttomasse gefüllt werden, wobei der Inhalt gleichmäßig zu verteilen ist.

6.5.6.12.3 Prüfverfahren

Der auf der Seite liegende IBC muss an einer Hebeeinrichtung oder zwei Hebeeinrichtungen, wenn vier vorhanden sind, mit einer Geschwindigkeit von mindestens 0,1 m/s angehoben werden, bis er aufrecht frei über dem Boden hängt.

6.5.6.12.4 Kriterium für das Bestehen der Prüfung

Keine Beschädigung des IBC oder seiner Hebeeinrichtungen, durch die der IBC für die Beförderung oder Handhabung ungeeignet wird.

6.5.6.13 **Vibrationsprüfung**
▶ *1.6.1.14*

6.5.6.13.1 Anwendungsbereich

Für alle IBC, die für flüssige Stoffe verwendet werden, als Bauartprüfung.

Bem. Diese Prüfung gilt für alle IBC-Bauarten, die nach dem 31. Dezember 2010 hergestellt werden (siehe auch Unterabschnitt 1.6.1.14).

6.5.6.13.2 Vorbereitung des IBC für die Prüfung

Ein IBC-Prüfmuster muss nach dem Zufallsprinzip ausgewählt werden und für die Beförderung ausgerüstet und verschlossen werden. Der IBC muss bis mindestens 98 % seines höchsten Fassungsraums mit Wasser gefüllt werden.

6.5.6.13.3 Prüfverfahren und -dauer

6.5.6.13.3.1 Der IBC muss in der Mitte der Auflagefläche der Prüfmaschine mit einer vertikalen Sinusschwingung, doppelte Amplitude (Spitze-Spitze-Auslenkung) von 25 mm ± 5 % aufgesetzt werden. Sofern notwendig müssen an der Auflagefläche Rückhalteeinrichtungen befestigt werden, die eine horizontale Bewegung des Prüfmusters von der Auflagefläche ohne Beschränkung der senkrechten Bewegung verhindern.

Bau- und Prüfvorschriften für Großpackmittel (IBC) 6.5

ADR	RID

6.5.6.13.3.2 Die Prüfung ist für die Dauer von einer Stunde bei einer Frequenz durchzuführen, die dazu führt, dass ein Teil des IBC-Bodens vorübergehend für einen Teil jeder Periode so stark von der Vibrationsauflagefläche angehoben wird, dass ein Distanzplättchen aus Metall zeitweise an mindestens einem Punkt vollständig zwischen dem IBC-Boden und der Prüfauflagefläche eingeschoben werden kann. Nach der ersten Einstellung kann es notwendig werden, die Frequenz anzupassen, um Resonanzschwingungen der Verpackung zu verhindern. Dennoch muss die Prüffrequenz das in diesem Absatz beschriebenen Einbringen des Distanzplättchens aus Metall unter dem IBC weiterhin zulassen. Die ständige Möglichkeit des Einschiebens des Distanzplättchens aus Metall ist für das Bestehen der Prüfung unbedingt erforderlich. Das für diese Prüfung verwendete Distanzplättchen aus Metall muss eine Dicke von mindestens 1,6 mm, eine Breite von mindestens 50 mm und eine ausreichende Länge haben, damit es für die Durchführung der Prüfung mindestens 100 mm zwischen dem IBC und der Auflagefläche eingeschoben werden kann.

6.5.6.13.4 Kriterien für das Bestehen der Prüfung

Es darf keine Undichtheit und kein Bruch festgestellt werden. Darüber hinaus darf kein Zubruchgehen oder Versagen der baulichen Ausrüstungsteile wie Brechen von Schweißverbindungen oder Versagen von Befestigungen festgestellt werden.

6.5.6.14 **Prüfbericht**

6.5.6.14.1 Über die Prüfung ist ein Prüfbericht zu erstellen, der mindestens folgende Angaben enthält und der den Benutzern des IBC zur Verfügung gestellt werden muss:

1. Name und Anschrift der Prüfeinrichtung;
2. Name und Anschrift des Antragstellers (soweit erforderlich);
3. eine nur einmal vergebene Prüfbericht-Kennnummer;
4. Datum des Prüfberichts;
5. Hersteller des IBC;
6. Beschreibung der IBC-Bauart (z. B. Abmessungen, Werkstoffe, Verschlüsse, Wanddicke, usw.), einschließlich des Herstellungsverfahrens (z. B. Blasformverfahren), gegebenenfalls mit Zeichnung(en) und Foto(s);
7. höchster Fassungsraum;
8. charakteristische Merkmale des Prüfinhalts, z. B. Viskosität und relative Dichte bei flüssigen Stoffen und Teilchengröße bei festen Stoffen. Für starre Kunststoff-IBC und Kombinations-IBC, die der Innendruckprüfung des Unterabschnitts 6.5.6.8 unterliegen, die Temperatur des verwendeten Wassers;
9. Beschreibung und Ergebnis der Prüfungen;
10. der Prüfbericht muss mit Namen und Funktionsbezeichnung des Unterzeichners unterschrieben sein.

6.5.6.14.2 Der Prüfbericht muss Erklärungen enthalten, dass der versandfertige IBC in Übereinstimmung mit den entsprechenden Vorschriften dieses Kapitels geprüft worden ist und dass dieser Prüfbericht bei Anwendung anderer Verpackungsmethoden oder bei Verwendung anderer Verpackungsbestandteile ungültig werden kann. Eine Ausfertigung des Prüfberichts ist der zuständigen Behörde zur Verfügung zu stellen.

6.5 Bau- und Prüfvorschriften für Großpackmittel (IBC)

ADR	RID

Bau- und Prüfvorschriften für Großverpackungen 6.6

ADR	RID

6.6.1 Allgemeines

6.6.1.1 Die Vorschriften dieses Kapitels gelten nicht für:
- Verpackungen für Klasse 2, ausgenommen Großverpackungen für Gegenstände der Klasse 2, einschließlich Druckgaspackungen;
- Verpackungen für Klasse 6.2, ausgenommen Großverpackungen für UN 3291 Klinische Abfälle;
- Versandstücke der Klasse 7, die radioaktive Stoffe enthalten.

6.6.1.2 Die Großverpackungen müssen nach einem von der zuständigen Behörde als zufriedenstellend erachteten Qualitätssicherungsprogramm hergestellt, geprüft und wiederaufgearbeitet sein, um sicherzustellen, dass jede hergestellte oder wiederaufgearbeitete Großverpackung den Vorschriften dieses Kapitels entspricht.

Bem. Die Norm ISO 16106:2006 «Verpackung – Verpackungen zur Beförderung gefährlicher Güter – Gefahrgutverpackungen, Großpackmittel (IBC) und Großverpackungen – Leitfaden für die Anwendung der ISO 9001» enthält zufrieden stellende Leitlinien für Verfahren, die angewendet werden dürfen.

6.6.1.3 Die besonderen Vorschriften für Großverpackungen in Abschnitt 6.6.4 stützen sich auf die derzeit verwendeten Großverpackungen. Um den wissenschaftlichen und technischen Fortschritt zu berücksichtigen, dürfen Großverpackungen verwendet werden, deren Spezifikationen von denen in Abschnitt 6.6.4 abweichen, vorausgesetzt, sie sind ebenso wirksam, von der zuständigen Behörde anerkannt und sie bestehen erfolgreich die in Abschnitt 6.6.5 beschriebenen Prüfungen. Andere als die im ADR/RID beschriebenen Prüfungen sind zulässig, vorausgesetzt, sie sind gleichwertig und von der zuständigen Behörde anerkannt.

6.6.1.4 Hersteller und nachfolgende Verteiler von Verpackungen müssen Informationen über die zu befolgenden Verfahren sowie eine Beschreibung der Arten und Abmessungen der Verschlüsse (einschließlich der erforderlichen Dichtungen) und aller anderen Bestandteile liefern, die notwendig sind, um sicherzustellen, dass die versandfertigen Versandstücke in der Lage sind, die anwendbaren Qualitätsprüfungen dieses Kapitels zu erfüllen.

6.6.2 Codierung für die Bezeichnung des Typs der Großverpackung

6.6.2.1 Der für Großverpackungen verwendete Code besteht aus:

a) zwei arabischen Ziffern, und zwar:

50 für starre Großverpackungen,

51 für flexible Großverpackungen und

b) einem lateinischen Großbuchstaben für die Art des Werkstoffes: Holz, Stahl, usw., gemäß dem Verzeichnis in Unterabschnitt 6.1.2.6.

6.6.2.2 Der Code der Großverpackung kann durch den Buchstaben «T» oder «W» ergänzt werden. Der Buchstabe «T» bezeichnet eine Bergungsgroßverpackung nach den Vorschriften des Absatzes 6.6.5.1.9. Der Buchstabe «W» bedeutet, dass die Großverpackung zwar dem durch den Code bezeichneten Typ angehört, jedoch nach einer von Abschnitt 6.6.4 abweichenden Spezifikation hergestellt wurde und nach den Vorschriften des Unterabschnitts 6.6.1.3 als gleichwertig gilt.

6.6 Bau- und Prüfvorschriften für Großverpackungen

ADR	RID

6.6.3 **Kennzeichnung**

6.6.3.1 *Grundkennzeichnung:* Jede Großverpackung, die für eine Verwendung gemäß den Vorschriften des ADR/RID gebaut und bestimmt ist, mit dauerhaften, lesbaren und an einer gut sichtbaren Stelle angebrachten Kennzeichen versehen sein. Die Buchstaben, Ziffern und Symbole müssen eine Zeichenhöhe von mindestens 12 mm aufweisen und folgende Angaben umfassen:

▶ *1.6.1.26*

    a) das Symbol der Vereinten Nationen für Verpackungen: $\overset{u}{\underset{n}{\bigcirc}}$;
dieses Symbol darf nur zum Zweck der Bestätigung verwendet werden, dass eine Verpackung, ein flexibler Schüttgut-Container, ein ortsbeweglicher Tank oder ein MEGC den entsprechenden Vorschriften des Kapitels 6.1, 6.2, 6.3, 6.5, 6.6, 6.7 oder 6.11 entspricht. Für Großverpackungen aus Metall, auf denen die Kennzeichen durch Stempeln oder Prägen angebracht werden, dürfen anstelle des Symbols die Buchstaben «UN» verwendet werden;

    b) die Zahl «50» für eine starre Großverpackung oder «51» für eine flexible Großverpackung, gefolgt vom Buchstaben für den Werkstoff gemäß dem Verzeichnis des Absatzes 6.5.1.4.1 b);

    c) einen Großbuchstaben, der die Verpackungsgruppe(n) angibt, für die die Bauart zugelassen worden ist:
        X für die Verpackungsgruppen I, II und III;
        Y für die Verpackungsgruppen II und III;
        Z nur für die Verpackungsgruppe III;

    d) der Monat und das Jahr (die beiden letzten Ziffern) der Herstellung;

    e) das Zeichen des Staates, in dem die Zuordnung des Kennzeichens zugelassen wurde, angegeben durch das für Kraftfahrzeuge im internationalen Verkehr verwendete Unterscheidungszeichen [1)];

    f) der Name oder das Zeichen des Herstellers oder jede andere von der zuständigen Behörde festgelegte Identifizierung der Großverpackung;

    g) die Prüflast der Stapeldruckprüfung in kg. Bei Großverpackungen, die nicht für die Stapelung ausgelegt sind, ist «0» anzugeben;

    h) höchstzulässige Bruttomasse in kg.

Die Grundkennzeichen müssen in der Reihenfolge der vorstehenden Unterabsätze angebracht werden.

Jedes der gemäß den Absätzen a) bis h) angebrachten Kennzeichen muss zur leichteren Identifizierung deutlich getrennt werden, z. B. durch einen Schrägstrich oder eine Leerstelle.

[1)] Das für Kraftfahrzeuge und Anhänger im internationalen Straßenverkehr verwendete Unterscheidungszeichen des Zulassungsstaates, z. B. gemäß dem Genfer Übereinkommen über den Straßenverkehr von 1949 oder dem Wiener Übereinkommen über den Straßenverkehr von 1968.

Bau- und Prüfvorschriften für Großverpackungen 6.6

ADR	RID

6.6.3.2 **Beispiele für die Kennzeichnung**

    ⓊN 50A/X/0501/N/PQRS 2500/1000   Großverpackung aus Stahl, die gestapelt werden darf;
Stapellast: 2500 kg;
höchstzulässige Bruttomasse: 1000 kg

    ⓊN 50AT/Y/05/01/B/PQRS 2500/1000   Bergungsgroßverpackung aus Stahl, die gestapelt werden darf;
Stapellast: 2500 kg;
höchstzulässige Bruttomasse: 1000 kg

    ⓊN 50H/Y/0402/D/ABCD 987 0/800   Großverpackung aus Kunststoff, die nicht gestapelt werden darf;
höchstzulässige Bruttomasse: 800 kg

    ⓊN 51H/Z/0601/S/1999 0/500   flexible Großverpackung, die nicht gestapelt werden darf;
höchstzulässige Bruttomasse: 500 kg

6.6.3.3
▶ 1.6.1.26
Die höchstzulässige anwendbare Stapellast muss auf einem der Abbildung 6.6.3.3.1 oder 6.6.3.3.2 entsprechenden Piktogramm angegeben werden. Das Piktogramm muss dauerhaft und deutlich sichtbar sein.

Abbildung 6.6.3.3.1   **Abbildung 6.6.3.3.2**

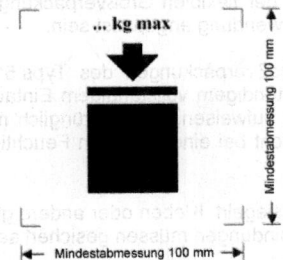 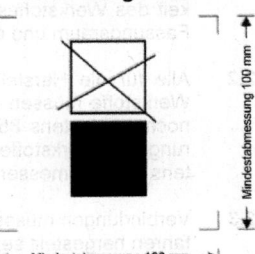

Großverpackung,   Großverpackung,
die gestapelt werden kann   die NICHT gestapelt werden kann

Die Mindestabmessungen müssen 100 mm x 100 mm sein. Die Buchstaben und Ziffern für die Angabe der Masse müssen eine Zeichenhöhe von mindestens 12 mm haben. Der durch die Abmessungspfeile angegebene Druckbereich muss quadratisch sein. Wenn Abmessungen nicht näher spezifiziert sind, müssen die Proportionen aller Merkmale den abgebildeten in etwa entsprechen. Die über dem Piktogramm angegebene Masse darf nicht größer sein als die bei der Bauartprüfung aufgebrachte Last (siehe Absatz 6.6.5.3.3.4) dividiert durch 1,8.

6.6.3.4 Wenn eine Großverpackung einer oder mehreren geprüften Großverpackungsbauarten, einschließlich einer oder mehreren geprüften Bauarten von Verpackungen oder Großpackmitteln (IBC), entspricht, darf die Großverpackung mit mehreren Kennzeichen zur Angabe der entsprechenden Prüfanforderungen, die erfüllt wurden, versehen sein. Wenn eine Großverpackung mit mehreren Kennzeichen versehen ist, müssen die Kennzeichen in unmittelbarer Nähe zueinander erscheinen und jedes Kennzeichen muss vollständig abgebildet sein.

6.6 Bau- und Prüfvorschriften für Großverpackungen

ADR	RID

6.6.4 Besondere Vorschriften für Großverpackungen

6.6.4.1 Besondere Vorschriften für Großverpackungen aus Metall
- 50A aus Stahl
- 50B aus Aluminium
- 50N aus Metall (ausgenommen Stahl oder Aluminium)

6.6.4.1.1 Die Großverpackungen müssen aus geeignetem verformbarem Metall hergestellt sein, dessen Schweißbarkeit einwandfrei feststeht. Die Schweißverbindungen müssen fachmännisch ausgeführt sein und vollständige Sicherheit bieten. Die Leistungsfähigkeit des Werkstoffs bei niedrigen Temperaturen muss gegebenenfalls berücksichtigt werden.

6.6.4.1.2 Es ist darauf zu achten, dass Schäden durch galvanische Wirkungen auf Grund sich berührender unterschiedlicher Metalle vermieden werden.

6.6.4.2 Besondere Vorschriften für Großverpackungen aus flexiblen Werkstoffen
- 51H aus flexiblem Kunststoff
- 51M aus Papier

6.6.4.2.1 Die Großverpackungen müssen aus geeigneten Werkstoffen hergestellt sein. Die Festigkeit des Werkstoffes und die Ausführung der flexiblen Großverpackungen müssen dem Fassungsraum und der vorgesehenen Verwendung angepasst sein.

6.6.4.2.2 Alle für die Herstellung der flexiblen Großverpackungen des Typs 51M verwendeten Werkstoffe müssen nach mindestens 24stündigem vollständigem Eintauchen in Wasser noch mindestens 85 % der Reißfestigkeit aufweisen, die ursprünglich nach Konditionierung des Werkstoffes bis zum Gleichgewicht bei einer relativen Feuchtigkeit von höchstens 67 % gemessen wurde.

6.6.4.2.3 Verbindungen müssen durch Nähen, Heißsiegeln, Kleben oder andere gleichwertige Verfahren hergestellt sein. Alle genähten Verbindungen müssen gesichert sein.

6.6.4.2.4 Flexible Großverpackungen müssen eine angemessene Widerstandsfähigkeit gegenüber Alterung und Festigkeitsabbau durch ultraviolette Strahlung, klimatische Bedingungen oder das Füllgut aufweisen, um für die vorgesehene Verwendung geeignet zu sein.

6.6.4.2.5 Bei flexiblen Großverpackungen aus Kunststoff, bei denen ein Schutz vor ultravioletter Strahlung erforderlich ist, muss dies durch Zugabe von Ruß oder anderen geeigneten Pigmenten oder Inhibitoren erfolgen. Diese Zusätze müssen mit dem Füllgut verträglich sein und während der gesamten Verwendungsdauer der Großverpackung ihre Wirkung behalten. Bei Verwendung von Ruß, Pigmenten oder Inhibitoren, die sich von den für die Herstellung des geprüften Baumusters verwendeten unterscheiden, kann auf eine Wiederholung der Prüfungen verzichtet werden, wenn der veränderte Gehalt an Ruß, Pigmenten oder Inhibitoren die physikalischen Eigenschaften des Werkstoffes nicht beeinträchtigt.

6.6.4.2.6 Dem Werkstoff der Großverpackung dürfen Zusätze beigemischt werden, um die Beständigkeit gegenüber Alterung zu verbessern, oder für andere Zwecke, vorausgesetzt, sie beeinträchtigen nicht die physikalischen oder chemischen Eigenschaften.

6.6.4.2.7 Ist die Großverpackung gefüllt, darf das Verhältnis von Höhe zu Breite nicht mehr als 2:1 betragen.

Bau- und Prüfvorschriften für Großverpackungen 6.6

ADR	RID

6.6.4.3 Besondere Vorschriften für Großverpackungen aus starrem Kunststoff

50H aus starrem Kunststoff

6.6.4.3.1 Die Großverpackung muss aus geeignetem Kunststoff bekannter Spezifikation hergestellt sein, und seine Festigkeit muss seinem Fassungsraum und seiner vorgesehenen Verwendung angepasst sein. Der Werkstoff muss in geeigneter Weise widerstandsfähig sein gegen Alterung und Festigkeitsabbau, der durch das Füllgut oder gegebenenfalls durch ultraviolette Strahlung verursacht wird. Die Leistungsfähigkeit bei niedrigen Temperaturen muss gegebenenfalls berücksichtigt werden. Eine Permeation von Füllgut darf unter normalen Beförderungsbedingungen keine Gefahr darstellen.

6.6.4.3.2 Ist ein Schutz gegen ultraviolette Strahlen erforderlich, so muss dieser durch Zugabe von Ruß oder anderen geeigneten Pigmenten oder Inhibitoren erfolgen. Diese Zusätze müssen mit dem Inhalt verträglich sein und während der gesamten Verwendungsdauer der Außenverpackung ihre Wirkung behalten. Bei Verwendung von Ruß, Pigmenten oder Inhibitoren, die sich von den für die Herstellung des geprüften Baumusters verwendeten unterscheiden, kann auf die Wiederholung der Prüfungen verzichtet werden, wenn der veränderte Gehalt an Ruß, Pigmenten oder Inhibitoren die physikalischen Eigenschaften des Werkstoffes nicht beeinträchtigt.

6.6.4.3.3 Dem Werkstoff der Großverpackung dürfen Zusätze beigemischt werden, um die Beständigkeit gegenüber Alterung zu verbessern, oder für andere Zwecke, vorausgesetzt, sie beeinträchtigen nicht die physikalischen oder chemischen Eigenschaften des Werkstoffes.

6.6.4.4 Besondere Vorschriften für Großverpackungen aus Pappe

50G aus starrer Pappe

6.6.4.4.1 Die Großverpackung muss aus fester Vollpappe oder fester zweiseitiger Wellpappe (ein- oder mehrwellig) von guter Qualität hergestellt sein, die dem Fassungsraum und der vorgesehenen Verwendung angepasst sind. Die Wasserbeständigkeit der Außenfläche muss so sein, dass die Erhöhung der Masse während der 30 Minuten dauernden Prüfung auf Wasseraufnahme nach der Cobb-Methode nicht mehr als 155 g/m^2 ergibt (siehe Norm ISO 535:1991). Die Pappe muss eine geeignete Biegefestigkeit haben. Die Pappe muss so zugeschnitten, ohne Ritzen gerillt und geschlitzt sein, dass sie beim Zusammenbau nicht knickt, ihre Oberfläche nicht einreißt oder sie nicht zu stark ausbaucht. Die Wellen der Wellpappe müssen fest mit den Außenschichten verklebt sein.

6.6.4.4.2 Die Wände, einschließlich Deckel und Boden, müssen eine Durchstoßfestigkeit von mindestens 15 J, gemessen nach der Norm ISO 3036:1975, aufweisen.

6.6.4.4.3 Die Verbindungen der Außenverpackung von Großverpackungen müssen eine ausreichende Überlappung aufweisen und durch Klebeband, Verkleben, Heften mittels Metallklammern oder andere mindestens gleichwertige Befestigungssysteme hergestellt sein. Erfolgt die Verbindung durch Verkleben oder durch Verwendung von Klebeband, ist ein wasserbeständiger Klebstoff zu verwenden. Metallklammern müssen durch alle zu befestigenden Teile durchgeführt und so geformt oder geschützt sein, dass die Innenauskleidung weder abgerieben noch durchstoßen werden kann.

6.6.4.4.4 Ein Palettensockel, der einen festen Bestandteil der Großverpackung bildet, oder eine abnehmbare Palette muss für die mechanische Handhabung der mit der höchstzulässigen Bruttomasse befüllten Großverpackung geeignet sein.

6.6.4.4.5 Die abnehmbare Palette oder der Palettensockel muss so ausgelegt sein, dass Verformungen am Boden der Großverpackung, die bei der Handhabung Schäden verursachen können, vermieden werden.

6.6 Bau- und Prüfvorschriften für Großverpackungen

ADR	RID

6.6.4.4.6 Bei einer abnehmbaren Palette muss der Packmittelkörper fest mit der Palette verbunden sein, um die Stabilität bei Handhabung und Beförderung sicherzustellen. Darüber hinaus muss die Oberfläche der abnehmbaren Palette frei von Unebenheiten sein, die die Großverpackung beschädigen können.

6.6.4.4.7 Um die Stapelfähigkeit zu erhöhen, dürfen Verstärkungseinrichtungen, wie Holzstützen, verwendet werden, die sich jedoch außerhalb der Innenauskleidung befinden müssen.

6.6.4.4.8 Sind die Großverpackungen zum Stapeln vorgesehen, muss die tragende Fläche so beschaffen sein, dass die Last sicher verteilt wird.

6.6.4.5 **Besondere Vorschriften für Großverpackungen aus Holz**

- 50C aus Naturholz
- 50D aus Sperrholz
- 50F aus Holzfaserwerkstoff

6.6.4.5.1 Die Festigkeit der verwendeten Werkstoffe und die Art der Fertigung müssen dem Fassungsraum und der vorgesehenen Verwendung der Großverpackung angepasst sein.

6.6.4.5.2 Besteht die Großverpackung aus Naturholz, so muss dieses gut abgelagert, handelsüblich trocken und frei von Mängeln sein, um eine wesentliche Verminderung der Festigkeit jedes einzelnen Teils der Großverpackung zu verhindern. Jedes Teil der Großverpackung muss aus einem Stück bestehen oder diesem gleichwertig sein. Teile sind als einem Stück gleichwertig anzusehen, wenn eine geeignete Klebeverbindung, wie z.B. Lindermann-Verbindung (Schwalbenschwanz-Verbindung), Nut- und Federverbindung, überlappende Verbindung, eine Stoßverbindung mit mindestens zwei gewellten Metallbefestigungselementen an jeder Verbindung oder andere gleich wirksame Verfahren angewendet werden.

6.6.4.5.3 Besteht die Großverpackung aus Sperrholz, so muss dieses mindestens aus drei Lagen bestehen und aus gut abgelagertem Schälfurnier, Schnittfurnier oder Sägefurnier hergestellt, handelsüblich trocken und frei von Mängeln sein, die die Festigkeit der Großverpackung erheblich beeinträchtigen können. Die einzelnen Lagen müssen mit einem wasserbeständigen Klebstoff miteinander verleimt sein. Für die Herstellung der Großverpackungen dürfen auch andere geeignete Werkstoffe zusammen mit Sperrholz verwendet werden.

6.6.4.5.4 Besteht die Großverpackung aus Holzfaserwerkstoff so muss dieser wasserbeständig sein, wie Spanplatten, Holzfaserplatten oder andere geeignete Werkstoffe.

6.6.4.5.5 Die Platten der Großverpackungen müssen an den Eckleisten oder Stirnseiten fest vernagelt oder geklammert oder durch andere ebenfalls geeignete Mittel zusammengefügt sein.

6.6.4.5.6 Ein Palettensockel, der einen festen Bestandteil einer Großverpackung bildet, oder eine abnehmbare Palette muss für die mechanische Handhabung der Großverpackung nach Befüllung mit der höchstzulässigen Masse geeignet sein.

6.6.4.5.7 Die abnehmbare Palette oder der Palettensockel muss so ausgelegt sein, dass Verformungen am Boden der Großverpackung, die bei der Handhabung Schäden verursachen können, vermieden werden.

6.6.4.5.8 Bei einer abnehmbaren Palette muss der Packmittelkörper fest mit der Palette verbunden sein, um die Stabilität bei Handhabung und Beförderung sicherzustellen. Darüber hinaus muss die Oberfläche der abnehmbaren Palette frei von Unebenheiten sein, die die Großverpackung beschädigen können.

6.6.4.5.9 Um die Stapelfähigkeit zu erhöhen, dürfen Verstärkungseinrichtungen, wie Holzstützen, verwendet werden, die sich jedoch außerhalb der Innenauskleidung befinden müssen.

Bau- und Prüfvorschriften für Großverpackungen 6.6

ADR	RID

6.6.4.5.10 Sind die Großverpackungen zum Stapeln vorgesehen, muss die tragende Fläche so beschaffen sein, dass die Last sicher verteilt wird.

6.6.5 Prüfvorschriften für Großverpackungen

6.6.5.1 Durchführung und Häufigkeit der Prüfungen

6.6.5.1.1 Die Bauart jeder Großverpackung muss den in Unterabschnitt 6.6.5.3 vorgesehenen Prüfungen nach den von der zuständigen Behörde, welche die Zuteilung des Kennzeichens bestätigt hat, festgelegten Verfahren unterzogen und von dieser Behörde zugelassen werden.

6.6.5.1.2 Vor der Verwendung muss jede Bauart einer Großverpackung die in diesem Kapitel vorgeschriebenen Prüfungen erfolgreich bestanden haben. Die Bauart der Großverpackung wird durch Auslegung, Größe, verwendeten Werkstoff und dessen Dicke, Art der Fertigung und Zusammenbau bestimmt, kann aber auch verschiedene Oberflächenbehandlungen einschließen. Hierzu gehören auch Großverpackungen, die sich von der Bauart nur durch ihre geringere Bauhöhe unterscheiden.

6.6.5.1.3 Die Prüfungen müssen mit Mustern aus der Produktion in Abständen durchgeführt werden, die von der zuständigen Behörde festgelegt werden. Werden solche Prüfungen an Großverpackungen aus Pappe durchgeführt, gilt eine Vorbereitung bei Umgebungsbedingungen als gleichwertig zu den im Absatz 6.6.5.2.4 angegebenen Vorschriften.

6.6.5.1.4 Die Prüfungen müssen auch nach jeder Änderung der Auslegung, des Werkstoffs oder der Art der Fertigung einer Großverpackung wiederholt werden.

6.6.5.1.5 Die zuständige Behörde kann die selektive Prüfung von Großverpackungen zulassen, die sich nur geringfügig von einer bereits geprüften Bauart unterscheiden: z.B. Großverpackungen, die Innenverpackungen kleinerer Größe oder geringerer Nettomasse enthalten, oder auch Großverpackungen, bei denen ein oder mehrere Außenmaße etwas verringert sind.

6.6.5.1.6 (bleibt offen)

Bem. Für die Vorschriften zur Anordnung verschiedener Innenverpackungen in einer Großverpackung und die zulässigen Variationen von Innenverpackungen siehe Absatz 4.1.1.5.1.

6.6.5.1.7 Die zuständige Behörde kann jederzeit verlangen, dass durch Prüfungen nach diesem Abschnitt nachgewiesen wird, dass die Großverpackungen aus der Serienherstellung die Vorschriften der Bauartprüfung erfüllen.

6.6.5.1.8 Unter der Voraussetzung, dass die Gültigkeit der Prüfergebnisse nicht beeinträchtigt wird, und mit Zustimmung der zuständigen Behörde dürfen mehrere Prüfungen mit einem einzigen Muster durchgeführt werden.

6.6.5.1.9 Bergungsgroßverpackungen

Bergungsgroßverpackungen müssen nach den Vorschriften geprüft und gekennzeichnet werden, die für Großverpackungen der Verpackungsgruppe II zur Beförderung von festen Stoffen oder Innenverpackungen gelten, mit folgenden Abweichungen:

a) Die für die Durchführung der Prüfungen verwendete Prüfsubstanz ist Wasser; die Bergungsgroßverpackungen müssen zu mindestens 98 % ihres höchsten Fassungsraums gefüllt sein. Um die erforderliche Gesamtmasse des Versandstücks zu erreichen, dürfen beispielsweise Säcke mit Bleischrot beigefügt werden, sofern diese so eingesetzt sind, dass die Prüfergebnisse nicht beeinträchtigt werden. Alternativ darf bei der Durchführung der Fallprüfung die Fallhöhe in Übereinstimmung mit Absatz 6.6.5.3.4.4.2 b) variiert werden.

6.6 Bau- und Prüfvorschriften für Großverpackungen

ADR	RID

b) Die Bergungsgroßverpackungen müssen außerdem erfolgreich der Dichtheitsprüfung bei 30 kPa unterzogen worden sein; die Ergebnisse dieser Prüfung sind im Prüfbericht nach Unterabschnitt 6.6.5.4 zu vermerken.

c) Die Bergungsgroßverpackungen sind, wie in Unterabschnitt 6.6.2.2 angegeben, mit dem Buchstaben «T» zu kennzeichnen.

6.6.5.2 Vorbereitung für die Prüfungen

6.6.5.2.1 Die Prüfungen sind an versandfertigen Großverpackungen, einschließlich der Innenverpackungen oder der beförderten Gegenstände, durchzuführen. Die Innenverpackungen müssen bei flüssigen Stoffen zu mindestens 98 % ihres höchsten Fassungsraums, bei festen Stoffen zu mindestens 95 % ihres höchsten Fassungsraums gefüllt sein. Bei Großverpackungen, deren Innenverpackung für die Beförderung von flüssigen oder festen Stoffen vorgesehen ist, sind getrennte Prüfungen für den flüssigen und für den festen Inhalt erforderlich. Die in den Innenverpackungen enthaltenen Stoffe oder die in den Großverpackungen enthaltenen zu befördernden Gegenstände dürfen durch andere Stoffe oder Gegenstände ersetzt werden, sofern dadurch die Prüfergebnisse nicht verfälscht werden. Werden andere Innenverpackungen oder Gegenstände verwendet, müssen diese die gleichen physikalischen Eigenschaften (Masse, Korngröße usw.) haben wie die zu befördernden Innenverpackungen oder Gegenstände. Es ist zulässig, Zusätze wie Säcke mit Bleischrot zu verwenden, um die erforderliche Gesamtmasse des Versandstückes zu erreichen, sofern diese so eingebracht werden, dass sie die Prüfungsergebnisse nicht beeinträchtigen.

6.6.5.2.2 Wird bei der Fallprüfung für flüssige Stoffe ein anderer Stoff verwendet, so muss dieser eine vergleichbare relative Dichte und Viskosität haben wie der zu befördernde Stoff. Unter den Bedingungen des Absatzes 6.6.5.3.4.4 darf auch Wasser für die Fallprüfung für flüssige Stoffe verwendet werden.

6.6.5.2.3 Großverpackungen aus Kunststoff und Großverpackungen, die Innenverpackungen aus Kunststoff enthalten – ausgenommen Säcke, die für die Aufnahme von festen Stoffen oder Gegenständen vorgesehen sind –, sind der Fallprüfung zu unterziehen, nachdem die Temperatur des Prüfmusters und seines Inhalts auf –18 °C oder darunter abgesenkt wurde. Auf die Konditionierung kann verzichtet werden, falls die Werkstoffe der Verpackung eine ausreichende Verformbarkeit und Zugfestigkeit bei niedrigen Temperaturen aufweisen. Werden die Prüfmuster auf diese Weise konditioniert, ist die Konditionierung nach Absatz 6.6.5.2.4 nicht erforderlich. Die für die Prüfung verwendeten flüssigen Stoffe sind, gegebenenfalls durch Zugabe von Frostschutzmitteln, in flüssigem Zustand zu halten.

6.6.5.2.4 Großverpackungen aus Pappe müssen mindestens 24 Stunden in einem Klima konditioniert werden, dessen Temperatur und relative Luftfeuchtigkeit gesteuert sind. Es gibt drei Möglichkeiten, von denen eine gewählt werden muss.

Das bevorzugte Klima ist 23 °C ± 2 °C und 50 % ± 2 % relative Luftfeuchtigkeit. Die beiden anderen Möglichkeiten sind 20 °C ± 2 °C und 65 % ± 2 % relative Luftfeuchtigkeit oder 27 °C ± 2 °C und 65 % ± 2 % relative Luftfeuchtigkeit.

Bem. Die Mittelwerte müssen innerhalb dieser Grenzwerte liegen. Schwankungen kurzer Dauer und Messgrenzen können Abweichungen von den individuellen Messungen bis zu ± 5 % für die relative Luftfeuchtigkeit zur Folge haben, ohne dass dies eine bedeutende Auswirkung auf die Reproduzierbarkeit der Prüfergebnisse hat.

Bau- und Prüfvorschriften für Großverpackungen 6.6

ADR	RID

6.6.5.3 Prüfvorschriften

6.6.5.3.1 Hebeprüfung von unten

6.6.5.3.1.1 Anwendungsbereich

Für alle Arten von Großverpackungen, die mit einer Vorrichtung zum Heben von unten versehen sind, als Bauartprüfung.

6.6.5.3.1.2 Vorbereitung der Großverpackung für die Prüfung

Die Großverpackung ist bis zum 1,25fachen seiner höchstzulässigen Bruttomasse zu befüllen, wobei die Last gleichmäßig zu verteilen ist.

6.6.5.3.1.3 Prüfverfahren

Die Großverpackung muss zweimal von einem Gabelstapler hochgehoben und heruntergelassen werden, wobei die Gabel zentral anzusetzen ist und einen Abstand von ¾ der Einführungsseitenabmessung haben muss (es sei denn, die Einführungspunkte sind vorgegeben). Die Gabel muss bis zu ¾ in der Einführungsrichtung eingeführt werden. Die Prüfung muss in jeder möglichen Einführungsrichtung wiederholt werden.

6.6.5.3.1.4 Kriterien für das Bestehen der Prüfung

Keine dauerhafte Verformung der Großverpackung, die die Sicherheit der Beförderung beeinträchtigt, und kein Verlust von Füllgut.

6.6.5.3.2 Hebeprüfung von oben

6.6.5.3.2.1 Anwendungsbereich

Für alle Arten von Großverpackungen, die für das Heben von oben ausgelegt sind, als Bauartprüfung.

6.6.5.3.2.2 Vorbereitung der Großverpackung für die Prüfung

Die Großverpackung muss mit dem zweifachen ihrer höchstzulässigen Bruttomasse befüllt werden. Eine flexible Großverpackung muss mit dem sechsfachen ihrer höchstzulässigen Bruttomasse befüllt werden, wobei die Last gleichmäßig zu verteilen ist.

6.6.5.3.2.3 Prüfverfahren

Die Großverpackung muss in der Weise hochgehoben werden, für die sie ausgelegt ist, bis sie sich frei über dem Boden befindet, und für eine Dauer von fünf Minuten in dieser Stellung gehalten werden.

6.6.5.3.2.4 Kriterien für das Bestehen der Prüfung

a) Großverpackungen aus Metall, Großverpackungen aus starrem Kunststoff: keine dauerhafte Verformung der Großverpackung einschließlich eines gegebenenfalls vorhandenen Palettensockels, die die Sicherheit der Beförderung beeinträchtigt, und kein Verlust von Füllgut.

b) Flexible Großverpackungen: keine Beschädigung der Großverpackung oder ihrer Hebeeinrichtungen, durch die die Großverpackung für die Beförderung oder Handhabung ungeeignet wird, und kein Verlust von Füllgut.

6.6.5.3.3 Stapeldruckprüfung

6.6.5.3.3.1 Anwendungsbereich

Für alle Arten von Großverpackungen, die für das Stapeln ausgelegt sind, als Bauartprüfung.

6.6 Bau- und Prüfvorschriften für Großverpackungen

ADR	RID

6.6.5.3.3.2 Vorbereitung der Großverpackung für die Prüfung

Die Großverpackung ist bis zu ihrer höchstzulässigen Bruttomasse zu befüllen.

6.6.5.3.3.3 Prüfverfahren

Die Großverpackung muss mit ihrem Boden auf einen horizontalen harten Untergrund gestellt und einer gleichmäßig verteilten überlagerten Prüflast (siehe Absatz 6.6.5.3.3.4) für eine Dauer von mindestens fünf Minuten ausgesetzt werden; Großverpackungen aus Holz, Pappe oder Kunststoff müssen dieser Last mindestens 24 Stunden ausgesetzt werden.

6.6.5.3.3.4 Berechnung der überlagerten Prüflast

Die Last, die auf die Großverpackung gestellt wird, muss mindestens das 1,8fache der addierten höchstzulässigen Bruttomasse so vieler gleichartiger Großverpackungen betragen, wie während der Beförderung auf die Großverpackung gestapelt werden dürfen.

6.6.5.3.3.5 Kriterien für das Bestehen der Prüfung

a) Alle Arten von Großverpackungen, ausgenommen flexible Großverpackungen: keine dauerhafte Verformung der Großverpackung einschließlich eines gegebenenfalls vorhandenen Palettensockels, die die Sicherheit der Beförderung beeinträchtigt, und kein Verlust von Füllgut;

b) flexible Großverpackungen: keine Beschädigung des Packmittelkörpers, die die Sicherheit der Beförderung beeinträchtigt, und kein Verlust von Füllgut.

6.6.5.3.4 Fallprüfung

6.6.5.3.4.1 Anwendungsbereich

Für alle Arten von Großverpackungen als Bauartprüfung.

6.6.5.3.4.2 Vorbereitung der Großverpackung für die Prüfung

Die Großverpackung muss nach den Vorschriften des Absatzes 6.6.5.2.1 befüllt werden.

6.6.5.3.4.3 Prüfverfahren

Die Großverpackung muss so auf eine nicht federnde, horizontale, ebene, massive und starre Oberfläche nach den Vorschriften des Absatzes 6.1.5.3.4 fallen gelassen werden, dass die Großverpackung auf die schwächste Stelle ihrer Grundfläche aufschlägt.

6.6.5.3.4.4 Fallhöhe

Bem. Großverpackungen für Stoffe und Gegenstände der Klasse 1 müssen nach den Prüfanforderungen für die Verpackungsgruppe II geprüft werden.

6.6.5.3.4.4.1 Für Innenverpackungen, die feste oder flüssige Stoffe oder Gegenstände enthalten, wenn die Prüfung mit dem zu befördernden festen oder flüssigen Stoff oder Gegenstand oder mit einem anderen Stoff durchgeführt wird, der im Wesentlichen dieselben Eigenschaften hat:

Verpackungsgruppe I	Verpackungsgruppe II	Verpackungsgruppe III
1,8 m	1,2 m	0,8 m

6.6.5.3.4.4.2 Für Innenverpackungen, die flüssige Stoffe enthalten, wenn die Prüfung mit Wasser durchgeführt wird:

a) wenn der zu befördernde Stoff eine relative Dichte von höchstens 1,2 hat:

Verpackungsgruppe I	Verpackungsgruppe II	Verpackungsgruppe III
1,8 m	1,2 m	0,8 m

Bau- und Prüfvorschriften für Großverpackungen 6.6
ADR | RID

b) wenn der zu befördernde Stoff eine relative Dichte von mehr als 1,2 hat, ist die Fallhöhe auf Grund der relativen Dichte (d) des zu befördernden Stoffes, aufgerundet auf die erste Dezimalstelle, wie folgt zu berechnen:

Verpackungsgruppe I	Verpackungsgruppe II	Verpackungsgruppe III
d x 1,5 (m)	d x 1,0 (m)	d x 0,67 (m)

6.6.5.3.4.5 Kriterien für das Bestehen der Prüfung

6.6.5.3.4.5.1 Die Großverpackung darf keine Beschädigungen aufweisen, welche die Sicherheit der Beförderung beeinträchtigen können. Aus der (den) Innenverpackung(en) oder Gegenstand (Gegenständen) darf kein Füllgut austreten.

6.6.5.3.4.5.2 Bei Großverpackungen für Gegenstände der Klasse 1 ist kein Riss erlaubt, der das Austreten von losen explosiven Stoffen oder Gegenständen mit Explosivstoff aus der Großverpackung ermöglichen könnte.

6.6.5.3.4.5.3 Wenn eine Großverpackung einer Fallprüfung unterzogen wurde, hat das Prüfmuster die Prüfung bestanden, wenn der Inhalt vollständig zurückgehalten wird, auch wenn der Verschluss nicht mehr staubdicht ist.

6.6.5.4 **Zulassung und Prüfbericht**

6.6.5.4.1 Für jede Bauart einer Großverpackung ist eine Bescheinigung auszustellen und ein Kennzeichen (gemäß Abschnitt 6.6.3) zuzuordnen, die angeben, dass die Bauart einschließlich ihrer Ausrüstung den Prüfvorschriften entsprechen.

6.6.5.4.2 Über die Prüfung ist ein Prüfbericht zu erstellen, der mindestens folgende Angaben enthält und der den Benutzern der Großverpackung zur Verfügung gestellt werden muss:

1. Name und Anschrift der Prüfeinrichtung;
2. Name und Anschrift des Antragstellers (soweit erforderlich);
3. eine nur einmal vergebene Prüfbericht-Kennnummer;
4. Datum des Prüfberichts;
5. Hersteller der Großverpackung;
6. Beschreibung der Bauart der Großverpackung (z.B. Abmessungen, Werkstoffe, Verschlüsse, Wanddicke, usw.) und/oder Foto(s);
7. höchster Fassungsraum / höchstzulässige Bruttomasse;
8. charakteristische Merkmale des Prüfinhalts, z.B. Arten und Beschreibungen der verwendeten Innenverpackungen oder Gegenstände;
9. Beschreibung und Ergebnis der Prüfungen;
10. der Prüfbericht muss mit Namen und Funktionsbezeichnung des Unterzeichners unterschrieben sein.

6.6.5.4.3 Der Prüfbericht muss Erklärungen enthalten, dass die versandfertige Großverpackung in Übereinstimmung mit den entsprechenden Vorschriften dieses Kapitels geprüft worden ist und dass dieser Prüfbericht bei Anwendung anderer Verpackungsmethoden oder bei Verwendung anderer Verpackungsbestandteile ungültig werden kann. Eine Ausfertigung des Prüfberichts ist der zuständigen Behörde zur Verfügung zu stellen.

6.6	Bau- und Prüfvorschriften für Großverpackungen	
	ADR	RID

Vorschriften für die Auslegung, den Bau und die Prüfung von ortsbeweglichen Tanks und von UN-Gascontainern mit mehreren Elementen (MEGC) 6.7

ADR	RID
Bem. Für festverbundene Tanks (Tankfahrzeuge), Aufsetztanks,	Kesselwagen, abnehmbare Tanks,
Tankcontainer und Tankwechselaufbauten (Tankwechselbehälter), deren Tankkörper aus metallenen Werkstoffen hergestellt sind, sowie für	
Batterie-Fahrzeuge	Batteriewagen
und Gascontäiner mit mehreren Elementen (MEGC) mit Ausnahme von UN-MEGC siehe Kapitel 6.8; für	
Tanks aus faserverstärkten Kunststoffen	Tankcontainer aus faserverstärkten Kunststoffen
siehe Kapitel 6.9; für Saug-Druck-Tanks für Abfälle siehe Kapitel 6.10.	

6.7.1 Anwendungsbereich und allgemeine Vorschriften

6.7.1.1 Die Vorschriften dieses Kapitels gelten für ortsbewegliche Tanks zur Beförderung gefährlicher Güter sowie für MEGC zur Beförderung nicht tiefgekühlter Gase der Klasse 2 mit allen Verkehrsträgern. Sofern nichts anderes angegeben ist, muss jeder ortsbewegliche Tank oder MEGC, der der Begriffsbestimmung für «Container» im Wortlaut dieses Übereinkommens entspricht, neben den Vorschriften dieses Kapitels die anwendbaren Vorschriften des Internationalen Übereinkommens über sichere Container (CSC) von 1972 in der jeweils geänderten Fassung erfüllen. Für ortsbewegliche Offshore-Tanks oder -MEGC, die auf hoher See verwendet werden, können zusätzliche Vorschriften anwendbar sein.

6.7.1.2 Um dem Fortschritt von Wissenschaft und Technik Rechnung zu tragen, dürfen die technischen Vorschriften dieses Kapitels durch andere Vorschriften («alternative Vereinbarungen») ersetzt werden, die hinsichtlich der Verträglichkeit der beförderten Stoffe und der Fähigkeit des ortsbeweglichen Tanks oder MEGC, Belastungen durch Stoß, Belastung und Feuer standzuhalten, ein im Vergleich zu den Vorschriften dieses Kapitels mindestens gleichwertiges Sicherheitsniveau bieten. Für internationale Beförderungen müssen die ortsbeweglichen Tanks oder MEGC, die nach diesen alternativen Vereinbarungen gebaut sind, von den zuständigen Behörden genehmigt sein.

6.7.1.3 Die zuständige Behörde des Ursprungslandes kann für die Beförderung eines Stoffes, dem in Kapitel 3.2 Tabelle A Spalte 10 keine Anweisung für ortsbeweglichen Tanks (T 1 bis T 23, T 50 oder T 75) zugeordnet ist, eine vorläufige Genehmigung ausstellen. Diese Genehmigung muss in den Versandpapieren angegeben sein und muss mindestens die normalerweise in den Anweisungen für ortsbewegliche Tanks angegebenen Informationen und die Bedingungen, unter denen der Stoff zu befördern ist, umfassen.

6.7.2 Vorschriften für die Auslegung, den Bau und die Prüfung von ortsbeweglichen Tanks zur Beförderung von Stoffen der Klassen 1 und 3 bis 9

6.7.2.1 Begriffsbestimmungen

Für Zwecke dieses Abschnitts gelten folgende Begriffsbestimmungen:

Alternative Vereinbarung: Eine Zulassung, die von der *zuständigen Behörde* für einen *ortsbeweglichen Tank* oder einen *MEGC* ausgestellt wird, der nach technischen Vorschriften oder Prüfmethoden ausgelegt, gebaut und geprüft ist, die von den in diesem Kapitel festgelegten abweichen.

6.7 Vorschriften für die Auslegung, den Bau und die Prüfung von ortsbeweglichen Tanks und von UN-Gascontainern mit mehreren Elementen (MEGC)

ADR	RID

Auslegungstemperaturbereich: Der Auslegungstemperaturbereich des Tankkörpers muss für Stoffe, die bei Umgebungsbedingungen befördert werden, zwischen –40 °C und 50 °C liegen. Für andere Stoffe, die unter erhöhten Temperaturbedingungen gehandhabt werden, darf die Auslegungstemperatur nicht geringer sein als die Höchsttemperatur des Stoffes bei der Befüllung, Entleerung oder Beförderung. Für ortsbewegliche Tanks, die strengeren klimatischen Bedingungen ausgesetzt sind, müssen entsprechend strengere Auslegungstemperaturen in Betracht gezogen werden.

Bauliche Ausrüstung: Die außen am Tankkörper angebrachten Versteifungselemente, Elemente für die Befestigung, den Schutz und die Stabilisierung.

Baustahl: Stahl mit einer garantierten Mindestzugfestigkeit zwischen 360 N/mm² und 440 N/mm² und einer garantierten Mindestbruchdehnung gemäß Absatz 6.7.2.3.3.3.

Bedienungsausrüstung: Die Messinstrumente sowie die Füll-, Entleerungs-, Lüftungs-, Sicherheits-, Heizungs-, Kühl- und Isolierungseinrichtungen.

Berechnungsdruck: Der für Berechnungen nach einem anerkannten Regelwerk für Druckbehälter zu verwendende Druck. Der Berechnungsdruck darf nicht niedriger sein als der höchste der folgenden Drücke:

a) der höchstzulässige effektive Überdruck im Tankkörper während des Füllens oder Entleerens;

b) die Summe aus:
  (i) dem absoluten Dampfdruck (in bar) des Stoffes bei 65 °C, vermindert um 1 bar;
  (ii) dem Partialdruck (in bar) von Luft oder anderen Gasen im füllungsfreien Raum, der durch eine Höchsttemperatur im füllungsfreien Raum von 65 °C und einer Flüssigkeitsausdehnung infolge einer Erhöhung der mittleren Temperatur des Füllguts von $t_r - t_f$ (t_f = Fülltemperatur, normalerweise 15 °C; t_r = höchste mittlere Temperatur des Füllguts, 50 °C) bestimmt wird, und
  (iii) einem Flüssigkeitsdruck, der auf der Grundlage der im Absatz 6.7.2.2.12 genannten statischen Kräfte bestimmt wird, jedoch mindestens 0,35 bar beträgt, oder

c) zwei Drittel des in der anwendbaren Anweisung für ortsbewegliche Tanks in Absatz 4.2.5.2.6 festgelegten Mindestprüfdrucks.

Bezugsstahl: Stahl mit einer Zugfestigkeit von 370 N/mm² und einer Bruchdehnung von 27 %.

Dichtheitsprüfung: Eine Prüfung, bei der der Tankkörper und seine Bedienungsausrüstung unter Verwendung eines Gases mit einem effektiven Innendruck von mindestens 25 % des höchstzulässigen Betriebsdrucks belastet wird.

Feinkornstahl: Ein Stahl, der nach Bestimmung gemäß ASTM E 112-96 oder nach der Definition in der Norm EN 10028-3 Teil 3 eine ferritische Korngröße von höchstens 6 hat.

Höchstzulässige Bruttomasse: Die Summe aus Leermasse des ortsbeweglichen Tanks und der höchsten für die Beförderung zugelassenen Ladung.

Höchstzulässiger Betriebsdruck: Ein Druck, der nicht geringer sein darf als der höchste der folgenden Drücke, die im Scheitel des Tankkörpers im Betriebszustand gemessen werden:

a) der höchstzulässige effektive Überdruck im Tankkörper während des Füllens oder Entleerens, oder

b) der höchste effektive Überdruck, für den der Tankkörper ausgelegt ist, und der nicht geringer sein darf als die Summe aus:
  (i) dem absoluten Dampfdruck (in bar) des Stoffes bei 65 °C, vermindert um 1 bar, und

Vorschriften für die Auslegung, den Bau und die Prüfung von ortsbeweglichen Tanks und von UN-Gascontainern mit mehreren Elementen (MEGC) 6.7

ADR	RID

(ii) dem Partialdruck (in bar) von Luft oder anderen Gasen im füllungsfreien Raum, der durch eine Höchsttemperatur im füllungsfreien Raum von 65 °C und einer Flüssigkeitsausdehnung infolge einer Erhöhung der mittleren Temperatur des Füllguts von $t_r - t_f$ (t_f = Fülltemperatur, normalerweise 15 °C; t_r = höchste mittlere Temperatur des Füllguts, 50 °C) bestimmt wird.

Ortsbeweglicher Offshore-Tank: Ein ortsbeweglicher Tank, der besonders für die wiederholte Verwendung für die Beförderung von und zwischen Offshore-Einrichtungen ausgelegt ist. Ein ortsbeweglicher Offshore-Tank wird nach den Richtlinien für die Zulassung von auf hoher See eingesetzten Offshore-Containern, die von der Internationalen Seeschifffahrts-Organisation (IMO) im Dokument MSC/Circ.860 festgelegt wurden, ausgelegt und gebaut.

Ortsbeweglicher Tank: Ein multimodaler Tank für die Beförderung von Stoffen der Klassen 1 und 3 bis 9. Der ortsbewegliche Tank umfasst einen Tankkörper, der mit der für die Beförderung der gefährlichen Stoffe notwendigen Bedienungsausrüstung und baulichen Ausrüstung ausgestattet ist. Der ortsbewegliche Tank muss befüllt und entleert werden können, ohne dass dazu die bauliche Ausrüstung entfernt werden muss. Er muss außen am Tankköper angebrachte Elemente zur Stabilisierung besitzen und muss in vollem Zustand angehoben werden können. Er muss hauptsächlich dafür ausgelegt sein, um auf einen Wagen, ein
Fahrzeug, | Straßenfahrzeug,
ein See- oder Binnenschiff verladen werden zu können, und mit Kufen, Tragelementen oder Zubehörteilen ausgerüstet sein, um die mechanische Handhabung zu erleichtern. Straßentankfahrzeuge, Kesselwagen, nicht metallene Tanks und Großpackmittel (IBC) gelten nicht als ortsbewegliche Tanks.

Prüfdruck: Der höchste Überdruck im Scheitel des Tankkörpers während der Wasserdruckprüfung, der mindestens das 1,5fache des Berechnungsdruckes betragen muss. Der Mindestprüfdruck für ortsbewegliche Tanks ist für den jeweiligen zu befördernden Stoff in der anwendbaren Anweisung für ortsbewegliche Tanks in Absatz 4.2.5.2.6 angegeben.

Schmelzsicherung: Eine nicht wieder verschließbare Druckentlastungseinrichtung, die durch Wärme aktiviert wird.

Tankkörper: Der Teil des ortsbeweglichen Tanks, der den zu befördernden Stoff enthält (eigentlicher Tank), einschließlich der Öffnungen und ihrer Verschlüsse, jedoch mit Ausnahme der Bedienungsausrüstung und der äußeren baulichen Ausrüstung.

6.7.2.2 Allgemeine Vorschriften für die Auslegung und den Bau

6.7.2.2.1 Die Tankkörper sind in Übereinstimmung mit den Vorschriften eines von der zuständigen Behörde anerkannten Regelwerks für Druckbehälter auszulegen und zu bauen. Sie sind aus metallenen verformungsfähigen Werkstoffen herzustellen. Die Werkstoffe müssen grundsätzlich den nationalen oder internationalen Werkstoffnormen entsprechen. Für geschweißte Tankkörper darf nur ein Werkstoff verwendet werden, dessen Schweißbarkeit vollständig nachgewiesen worden ist. Die Schweißnähte müssen fachgerecht ausgeführt sein und volle Sicherheit bieten. Wenn es durch den Herstellungsprozess oder die verwendeten Werkstoffe erforderlich ist, müssen die Tankkörper einer Wärmebehandlung unterzogen werden, um zu gewährleisten, dass die Schweißnähte und die Wärmeeinflusszone eine ausreichende Zähigkeit aufweisen. Bei der Auswahl des Werkstoffes muss der Auslegungstemperaturbereich bezüglich des Risikos von Sprödbruch, Spannungsrisskorrosion und Schlagfestigkeit des Werkstoffes berücksichtigt werden. Bei Verwendung von Feinkornstahl darf nach den Werkstoffspezifikationen der garantierte Wert der Streckgrenze nicht größer als 460 N/mm^2 und der garantierte Wert für die obere Grenze der Zugfestigkeit nicht größer als 725 N/mm^2 sein. Aluminium darf

6.7 Vorschriften für die Auslegung, den Bau und die Prüfung von ortsbeweglichen Tanks und von UN-Gascontainern mit mehreren Elementen (MEGC)

ADR	RID

als Werkstoff für den Bau nur verwendet werden, wenn dies in einer einem bestimmten Stoff in Kapitel 3.2 Tabelle A Spalte 11 zugeordneten Sondervorschrift für ortsbewegliche Tanks angegeben oder von der zuständigen Behörde genehmigt ist. Wenn Aluminium zugelassen ist, muss es mit einer Isolierung versehen sein, um eine bedeutende Verringerung der physikalischen Eigenschaften bei einer Wärmebelastung von 110 kW/m² über einen Zeitraum von mindestens 30 Minuten zu verhindern. Die Isolierung muss bei jeder Temperatur unterhalb von 649 °C wirksam bleiben und mit einem Werkstoff mit einem Schmelzpunkt von mindestens 700 °C ummantelt sein. Die Werkstoffe des ortsbeweglichen Tanks müssen für die äußeren Umgebungsbedingungen, die während der Beförderung auftreten können, geeignet sein.

6.7.2.2.2 Die Tankkörper, Ausrüstungsteile und Rohrleitungen ortsbeweglicher Tanks müssen aus Werkstoffen hergestellt sein, die

a) in hohem Maße widerstandsfähig gegenüber dem (den) zu befördernden Stoff(en) sind oder

b) durch chemische Reaktion wirksam passiviert oder neutralisiert worden sind oder

c) mit einem korrosionsbeständigem Material ausgekleidet sind, das direkt auf den Tankkörper aufgeklebt oder durch eine gleichwertige Methode befestigt ist.

6.7.2.2.3 Die Dichtungen müssen aus Werkstoffen hergestellt sein, die von dem (den) zu befördernden Stoff(en) nicht angegriffen werden können.

6.7.2.2.4 Sind Tankkörper mit einer inneren Auskleidung versehen, darf diese im Wesentlichen nicht durch den (die) zu befördernden Stoff(e) angegriffen werden und muss homogen, nicht porös, frei von Perforationen, ausreichend elastisch und mit den Wärmeausdehnungseigenschaften des Tankkörpers verträglich sein. Die Auskleidung des Tankkörpers, der Ausrüstungsteile und der Rohrleitungen muss durchgehend sein und sich um die Stirnfläche der Flansche erstrecken. Sind äußere Ausrüstungsteile am Tank angeschweißt, muss sich die Auskleidung durchgehend über das Ausrüstungsteil und um die Stirnfläche des äußeren Flansches erstrecken.

6.7.2.2.5 Die Verbindungsstellen und Nähte der Auskleidung sind durch Zusammenschmelzen des Werkstoffes oder andere ebenso wirksame Mittel herzustellen.

6.7.2.2.6 Der Kontakt zwischen verschiedenen Metallen, der zu Schäden durch Kontaktkorrosion führen könnte, ist zu vermeiden.

6.7.2.2.7 Die Werkstoffe des ortsbeweglichen Tanks, einschließlich aller Einrichtungen, Dichtungen, Auskleidungen und Zubehörteile dürfen den (die) Stoff(e), für dessen (deren) Beförderung der ortsbewegliche Tank vorgesehen ist, nicht beeinträchtigen.

6.7.2.2.8 Ortsbewegliche Tanks sind mit einem Traglager, das eine sichere Auflage während der Beförderung gewährleistet, und mit geeigneten Hebe- und Befestigungseinrichtungen auszulegen und zu bauen.

6.7.2.2.9 Ortsbewegliche Tanks sind so auszulegen, dass sie ohne Verlust ihres Inhalts in der Lage sind, mindestens dem auf ihren Inhalt zurückzuführenden Innendruck sowie den unter normalen Handhabungs- und Beförderungsbedingungen entstehenden statischen, dynamischen und thermischen Belastungen standzuhalten. Aus der Auslegung muss zu erkennen sein, dass die Einflüsse der durch die wiederholte Einwirkung dieser Belastungen während der vorgesehenen Lebensdauer der ortsbeweglichen Tanks verursachte Ermüdung berücksichtigt worden ist.

Vorschriften für die Auslegung, den Bau und die Prüfung von ortsbeweglichen Tanks und von UN-Gascontainern mit mehreren Elementen (MEGC)   6.7

ADR	RID

6.7.2.2.9.1   Bei ortsbeweglichen Tanks, die für eine Offshore-Verwendung vorgesehen sind, müssen die dynamischen Belastungen bei der Handhabung auf hoher See berücksichtigt werden.

6.7.2.2.10   Ein Tankkörper, der mit einem Vakuumventil auszurüsten ist, muss so ausgelegt sein, dass er einem äußeren Überdruck von mindestens 0,21 bar über dem Innendruck ohne bleibende Verformung standhält. Das Vakuumventil muss so eingestellt sein, dass es sich bei einem Unterdruck von höchstens – 0,21 bar öffnet, es sei denn, der Tankkörper ist für einen höheren äußeren Überdruck ausgelegt; in diesem Fall darf der Ansprechdruck des Vakuumventils nicht größer sein als der Unterdruck, für den der Tank ausgelegt ist. Tankkörper, die nur für die Beförderung fester (pulverförmiger oder körniger) Stoffe der Verpackungsgruppe II oder III, die sich während der Beförderung nicht verflüssigen, verwendet werden, dürfen mit Genehmigung der zuständigen Behörde für einen niedrigeren äußeren Überdruck ausgelegt sein. In diesem Fall muss das Vakuumventil so eingestellt sein, dass es bei diesem niedrigeren Druck anspricht. Ein Tankkörper, der nicht mit einem Vakuumventil auszurüsten ist, muss so ausgelegt sein, dass er einem äußeren Überdruck von mindestens 0,4 bar über dem Innendruck ohne bleibende Verformung standhält.

6.7.2.2.11   Vakuumventile, die für ortsbewegliche Tanks zur Beförderung von Stoffen vorgesehen sind, die wegen ihres Flammpunkts den Kriterien der Klasse 3 entsprechen, einschließlich erwärmte Stoffe, die bei oder über ihrem Flammpunkt befördert werden, müssen einen direkten Flammendurchschlag in den Tankkörper verhindern, oder der Tankkörper des ortsbeweglichen Tanks muss in der Lage sein, einer Explosion standzuhalten, die durch einen direkten Flammendurchschlag in den Tankkörper entsteht, ohne dabei undicht zu werden.

6.7.2.2.12   Ortsbewegliche Tanks und ihre Befestigungseinrichtungen müssen bei der höchstzulässigen Beladung in der Lage sein, folgende getrennt einwirkende statische Kräfte aufzunehmen:

     a) in Fahrtrichtung: das Zweifache der höchstzulässigen Bruttomasse multipliziert mit der Erdbeschleunigung (g)[1];

     b) horizontal, im rechten Winkel zur Fahrtrichtung: die höchstzulässige Bruttomasse (das Zweifache der höchstzulässigen Bruttomasse, wenn die Fahrtrichtung nicht eindeutig bestimmt ist), multipliziert mit der Erdbeschleunigung (g)[1];

     c) vertikal aufwärts: die höchstzulässige Bruttomasse multipliziert mit der Erdbeschleunigung (g)[1]; und

     d) vertikal abwärts: das Zweifache der höchstzulässigen Bruttomasse (Gesamtbeladung einschließlich Wirkung der Schwerkraft) multipliziert mit der Erdbeschleunigung (g)[1].

6.7.2.2.13   Unter Wirkung jeder der unter Absatz 6.7.2.2.12 genannten Kräfte sind folgende Sicherheitskoeffizienten zu beachten:

     a) bei metallenen Werkstoffen mit ausgeprägter Streckgrenze ein Sicherheitskoeffizient von 1,5, bezogen auf die garantierte Streckgrenze; oder

     b) bei metallenen Werkstoffen ohne ausgeprägte Streckgrenze ein Sicherheitskoeffizient von 1,5, bezogen auf die garantierte 0,2 %-Dehngrenze und bei austenitischen Stählen auf die 1 %-Dehngrenze.

6.7.2.2.14   Als Werte für die Streckgrenze oder die Dehngrenze gelten die in nationalen oder internationalen Werkstoffnormen festgelegten Werte. Bei austenitischen Stählen dürfen die in den Werkstoffnormen festgelegten Mindestwerte für die Streckgrenze oder die Dehngrenze um bis zu 15 % erhöht werden, sofern diese höheren Werte im Werkstoff-

---

[1] Für Berechnungszwecke gilt: $g = 9{,}81\ m/s^2$.

6.7	Vorschriften für die Auslegung, den Bau und die Prüfung von ortsbeweglichen Tanks und von UN-Gascontainern mit mehreren Elementen (MEGC)
ADR	**RID**

abnahmezeugnis bescheinigt sind. Wenn für das betreffende Metall keine Werkstoffnorm existiert, ist der für die Streckgrenze oder die Dehngrenze verwendete Wert von der zuständigen Behörde zu genehmigen.

6.7.2.2.15 Ortsbewegliche Tanks, die für die Beförderung von Stoffen vorgesehen sind, die wegen ihres Flammpunkts den Kriterien der Klasse 3 entsprechen, einschließlich erwärmte Stoffe, die bei oder über ihrem Flammpunkt befördert werden, müssen elektrisch geerdet werden können. Es sind Maßnahmen zu ergreifen, um gefährliche elektrostatische Entladungen zu verhindern.

6.7.2.2.16 Sofern dies für bestimmte Stoffe in der in Kapitel 3.2 Tabelle A Spalte 10 angegebenen und in Absatz 4.2.5.2.6 beschriebenen Anweisung für ortsbewegliche Tanks oder in einer in Kapitel 3.2 Tabelle A Spalte 11 angegebenen und in Unterabschnitt 4.2.5.3 beschriebenen Sondervorschrift für ortsbewegliche Tanks vorgeschrieben ist, sind ortsbewegliche Tanks mit einem zusätzlichen Schutz zu versehen, der entweder aus einer höheren Wanddicke des Tankkörpers oder einem höheren Prüfdruck bestehen kann, wobei die größere Wanddicke oder der höhere Prüfdruck unter dem Gesichtspunkt der mit der Beförderung des jeweiligen Stoffes verbundenen Risiken zu bestimmen ist.

6.7.2.2.17 Wärmeisolierungen in direktem Kontakt mit einem Tankkörper, der für die Beförderung von erwärmten Stoffen vorgesehen ist, müssen eine Entzündungstemperatur aufweisen, die mindestens 50 °C über der höchsten Auslegungstemperatur des Tanks liegt.

6.7.2.3 Auslegungskriterien

6.7.2.3.1 Die Tankkörper sind so auszulegen, dass die Spannungen mathematisch oder experimentell mit Hilfe von Dehnungsmessungen oder anderer von der zuständigen Behörde zugelassenen Methoden analysiert werden können.

6.7.2.3.2 Die Tankkörper sind so auszulegen und zu bauen, dass sie einem Prüfdruck bei der Wasserdruckprüfung von mindestens dem 1,5fachen des Berechnungsdrucks standhalten. Für bestimmte Stoffe sind besondere Vorschriften in der in Kapitel 3.2 Tabelle A Spalte 10 angegebenen und in Absatz 4.2.5.2.6 beschriebenen Anweisung für ortsbewegliche Tanks oder in einer in Kapitel 3.2 Tabelle A Spalte 11 angegebenen und in Unterabschnitt 4.2.5.3 beschriebenen Sondervorschrift für ortsbewegliche Tanks vorgesehen. Es wird auf die Vorschriften für die Mindestwanddicke der Tankkörper der Absätze 6.7.2.4.1 bis 6.7.2.4.10 hingewiesen.

6.7.2.3.3 Bei Metallen, die eine ausgeprägte Streckgrenze aufweisen oder die sich durch eine garantierte Dehngrenze auszeichnen (im Allgemeinen 0,2 %-Dehngrenze oder bei austenitischen Stählen 1 %-Dehngrenze), darf die primäre Membranspannung σ des Tankkörpers beim Prüfdruck nicht größer sein als der kleinere der Werte 0,75 Re oder 0,5 Rm, wobei

Re = Streckgrenze in N/mm^2 oder 0,2 %-Dehngrenze oder bei austenitischen Stählen 1 %-Dehngrenze

Rm = Mindestzugfestigkeit in N/mm^2.

6.7.2.3.3.1 Die für Re und Rm zu verwendenden Werte sind die in nationalen oder internationalen Werkstoffnormen festgelegten Mindestwerte. Bei austenitischen Stählen dürfen die in den Werkstoffnormen festgelegten Mindestwerte für Re und Rm um bis zu 15 % erhöht werden, sofern diese höheren Werte im Werkstoffabnahmezeugnis bescheinigt sind. Wenn für das betreffende Metall keine Werkstoffnorm existiert, sind die für Re und Rm verwendeten Werte von der zuständigen Behörde oder einer von ihr bestimmten Stelle zu genehmigen.

Vorschriften für die Auslegung, den Bau und die Prüfung von ortsbeweglichen Tanks und von UN-Gascontainern mit mehreren Elementen (MEGC)   6.7

ADR	RID

6.7.2.3.3.2   Stähle, die ein Verhältnis Re/Rm von mehr als 0,85 aufweisen, dürfen nicht für den Bau von geschweißten Tankkörpern verwendet werden. Die zur Berechnung dieses Verhältnisses für Re und Rm zu verwendenden Werte sind die im Werkstoffabnahmezeugnis festgelegten Werte.

6.7.2.3.3.3   Stähle, die für den Bau von Tankkörpern verwendet werden, müssen eine Bruchdehnung in % von mindestens 10000/Rm mit einem absoluten Minimum von 16 % für Feinkornstahl und 20 % für andere Stähle aufweisen. Aluminium und Aluminiumlegierungen, die für den Bau von Tankkörpern verwendet werden, müssen eine Bruchdehnung in % von mindestens 10000/6Rm mit einem absoluten Minimum von 12 % aufweisen.

6.7.2.3.3.4   Bei der Bestimmung tatsächlicher Werkstoffwerte ist zu beachten, dass bei Walzblech die Achse des Probestücks für die Zugspannungsprobe im rechten Winkel (quer) zur Walzrichtung liegen muss. Die bleibende Bruchdehnung ist an Probestücken mit rechteckigem Querschnitt gemäß Norm ISO 6892:1998 unter Verwendung einer Messlänge von 50 mm zu messen.

6.7.2.4   **Mindestwanddicke des Tankkörpers**

6.7.2.4.1   Die Mindestwanddicke des Tankkörpers muss dem größten der nachfolgenden Werte entsprechen:

     a) die nach den Vorschriften der Absätze 6.7.2.4.2 bis 6.7.2.4.10 bestimmte Mindestwanddicke;

     b) die nach dem anerkannten Regelwerk für Druckbehälter unter Berücksichtigung der Vorschriften des Unterabschnitts 6.7.2.3 bestimmte Mindestwanddicke und

     c) die in der in Kapitel 3.2 Tabelle A Spalte 10 angegebenen und in Absatz 4.2.5.2.6 beschriebenen Anweisung für ortsbewegliche Tanks oder durch eine in Kapitel 3.2 Tabelle A Spalte 11 angegebene und in Unterabschnitt 4.2.5.3 beschriebene Sondervorschrift für ortsbewegliche Tanks festgelegte Mindestwanddicke.

6.7.2.4.2   Der Mantel, die Böden und die Mannlochdeckel der Tankkörper mit einem Durchmesser von höchstens 1,80 m müssen, wenn sie aus Bezugsstahl sind, mindestens eine Wanddicke von 5 mm oder, wenn sie aus einem anderen Metall sind, eine gleichwertige Dicke haben. Tankkörper mit einem Durchmesser von mehr als 1,80 m müssen, wenn sie aus Bezugsstahl sind, eine Wanddicke von mindestens 6 mm oder, wenn sie aus einem anderen Metall sind, eine gleichwertige Dicke haben, jedoch darf bei Tankkörpern für pulverförmige oder körnige feste Stoffe der Verpackungsgruppe II oder III die erforderliche Mindestwanddicke, wenn sie aus Bezugsstahl sind, auf mindestens 5 mm oder, wenn sie aus einem anderen Metall sind, auf eine gleichwertige Dicke reduziert werden.

6.7.2.4.3   Wenn der Tankkörper einen zusätzlichen Schutz gegen Beschädigungen hat, dürfen die ortsbeweglichen Tanks mit einem Prüfdruck unter 2,65 bar mit Zustimmung der zuständigen Behörde eine im Verhältnis zum gewährleisteten Schutz reduzierte Mindestwanddicke haben. Tankkörper mit einem Durchmesser von höchstens 1,80 m müssen jedoch, wenn sie aus Bezugsstahl sind, mindestens eine Wanddicke von 3 mm oder, wenn sie aus einem anderen Metall sind, eine gleichwertige Dicke haben. Tankkörper mit einem Durchmesser von mehr als 1,80 m müssen, wenn sie aus Bezugsstahl sind, eine Wanddicke von mindestens 4 mm oder, wenn sie aus einem anderen Metall sind, eine gleichwertige Dicke haben.

6.7.2.4.4   Die Wanddicke des Mantels, der Böden und der Mannlochdeckel der Tankkörper darf unabhängig vom Werkstoff für den Bau nicht geringer als 3 mm sein.

6.7 Vorschriften für die Auslegung, den Bau und die Prüfung von ortsbeweglichen Tanks und von UN-Gascontainern mit mehreren Elementen (MEGC)

ADR	RID

6.7.2.4.5 Der im Absatz 6.7.2.4.3 genannte zusätzliche Schutz kann durch einen vollständigen äußeren baulichen Schutz sichergestellt werden wie eine geeignete «Sandwich»-Konstruktion, bei der der äußere Mantel am Tankkörper befestigt ist, durch eine Doppelwandkonstruktion oder durch eine Konstruktion, bei der der Tankkörper von einem vollständigen Rahmenwerk mit Längs- und Querträgern umschlossen ist.

6.7.2.4.6 Die gleichwertige Wanddicke eines Metalls mit Ausnahme der in Absatz 6.7.2.4.2 vorgeschriebenen Dicke für Bezugsstahl ist mit Hilfe folgender Formel zu bestimmen:

$$e_1 = \frac{21{,}4\, e_0}{\sqrt[3]{Rm_1\, A_1}},$$

wobei

- e_1 = erforderliche gleichwertige Wanddicke (in mm) des verwendeten Metalls;
- e_0 = Mindestwanddicke (in mm) für Bezugsstahl, die in der in Kapitel 3.2 Tabelle A Spalte 10 angegebenen und in Absatz 4.2.5.2.6 beschriebenen Anweisung für ortsbewegliche Tanks oder in einer in Kapitel 3.2 Tabelle A Spalte 11 angegebenen und in Unterabschnitt 4.2.5.3 beschriebenen Sondervorschrift für ortsbewegliche Tanks festgelegt ist;
- Rm_1 = die garantierte Mindestzugfestigkeit (in N/mm^2) des verwendeten Metalls (siehe Absatz 6.7.2.3.3);
- A_1 = die garantierte Mindestbruchdehnung (in %) des verwendeten Metalls gemäß den nationalen oder internationalen Normen.

6.7.2.4.7 Wird in der anwendbaren Anweisung für ortsbewegliche Tanks in Absatz 4.2.5.2.6 eine Mindestwanddicke von 8 mm oder 10 mm festgelegt, ist zu beachten, dass diese Dicken auf der Grundlage der Eigenschaften des Bezugsstahls und eines Tankkörperdurchmesser von 1,80 m berechnet sind. Wenn ein anderes Metall als Baustahl (siehe Unterabschnitt 6.7.2.1) verwendet wird oder wenn der Tankkörper einen Durchmesser von mehr als 1,80 m hat, ist die Wanddicke mit Hilfe folgender Formel zu bestimmen:

$$e_1 = \frac{21{,}4\, e_0\, d_1}{1{,}8\, \sqrt[3]{Rm_1\, A_1}},$$

wobei

- e_1 = erforderliche gleichwertige Wanddicke (in mm) des verwendeten Metalls;
- e_0 = Mindestwanddicke (in mm) für Bezugsstahl, die in der in Kapitel 3.2 Tabelle A Spalte 10 angegebenen und in Absatz 4.2.5.2.6 beschriebenen Anweisung für ortsbewegliche Tanks oder in einer in Kapitel 3.2 Tabelle A Spalte 11 angegebenen und in Unterabschnitt 4.2.5.3 beschriebenen Sondervorschrift für ortsbewegliche Tanks festgelegt ist;
- d_1 = Durchmesser des Tankkörpers (in m), mindestens jedoch 1,80 m;
- Rm_1 = die garantierte Mindestzugfestigkeit (in N/mm^2) des verwendeten Metalls (siehe Absatz 6.7.2.3.3);
- A_1 = die garantierte Mindestbruchdehnung (in %) des verwendeten Metalls gemäß den nationalen oder internationalen Normen.

6.7.2.4.8 Die Wanddicke des Tankkörpers darf in keinem Fall geringer sein als die in den Absätzen 6.7.2.4.2, 6.7.2.4.3 und 6.7.2.4.4 beschriebenen Werte. Alle Teile des Tankkörpers müssen die in den Absätzen 6.7.2.4.2 bis 6.7.2.4.4 festgelegte Mindestwanddicke haben. In dieser Dicke darf ein eventueller Korrosionszuschlag nicht berücksichtigt sein.

6.7.2.4.9 Bei Verwendung von Baustahl (siehe Unterabschnitt 6.7.2.1) ist eine Berechnung nach der Formel in Absatz 6.7.2.4.6 nicht erforderlich.

Vorschriften für die Auslegung, den Bau und die Prüfung von ortsbeweglichen Tanks und von UN-Gascontainern mit mehreren Elementen (MEGC) 6.7

ADR	RID

6.7.2.4.10 Bei der Verbindung der Tankböden mit dem Tankmantel darf es keine sprunghafte Veränderung in der Blechdicke geben.

6.7.2.5 **Bedienungsausrüstung**

6.7.2.5.1 Die Bedienungsausrüstung ist so anzubringen, dass sie während der Handhabung und Beförderung gegen das Risiko des Abreißens oder der Beschädigung geschützt ist. Wenn die Verbindung zwischen dem Rahmen und dem Tankkörper eine relative Bewegung zwischen den Baugruppen zulässt, muss die Ausrüstung so befestigt sein, dass durch eine solche Bewegung kein Risiko der Beschädigung von Teilen besteht. Die äußeren Entleerungseinrichtungen (Rohranschlüsse, Verschlusseinrichtungen), die innere Absperreinrichtung und ihr Sitz müssen gegen die Gefahr des Abreißens durch äußere Beanspruchungen geschützt sein (beispielsweise durch die Verwendung von Sollbruchstellen). Die Füll- und Entleerungseinrichtungen (einschließlich Flansche oder Schraubverschlüsse) und alle Schutzkappen müssen gegen unbeabsichtigtes Öffnen gesichert werden können.

6.7.2.5.2 Alle Öffnungen im Tankkörper, die zum Füllen oder Entleeren des ortsbeweglichen Tanks vorgesehen sind, müssen mit einer handbetätigten Absperreinrichtung ausgerüstet sein, die sich so nahe wie möglich am Tankkörper befindet. Die übrigen Öffnungen mit Ausnahme von Öffnungen, die mit Lüftungs- oder Druckentlastungseinrichtungen verbunden sind, müssen entweder mit einer Absperreinrichtung oder einer anderen geeigneten Verschlusseinrichtung ausgerüstet sein, die sich so nahe wie möglich am Tankkörper befindet.

6.7.2.5.3 Alle ortsbeweglichen Tanks sind mit einem Mannloch oder anderen Untersuchungsöffnungen ausreichender Größe auszurüsten, um eine innere Untersuchung und einen ausreichenden Zugang für Wartungs- und Reparaturarbeiten im Inneren zu ermöglichen. Bei ortsbeweglichen Mehrkammertanks ist jede Kammer mit einem Mannloch oder anderen Untersuchungsöffnungen auszurüsten.

6.7.2.5.4 Die äußeren Bauteile sind soweit wie möglich zu Gruppen zusammenzufassen. Bei isolierten ortsbeweglichen Tanks sind die oberen Bauteile mit einer Überlaufeinrichtung zu umfassen, die mit geeigneten Abläufen ausgestattet ist.

6.7.2.5.5 Jede Verbindung eines ortsbeweglichen Tanks muss eindeutig mit ihrer Funktion gekennzeichnet sein.

6.7.2.5.6 Jede Absperreinrichtung oder sonstige Verschlusseinrichtung ist nach einem Nenndruck auszulegen und zu bauen, der mindestens dem höchstzulässigen Betriebsdruck des Tankkörpers entspricht, wobei die bei der Beförderung voraussichtlich auftretenden Temperaturen zu berücksichtigen sind. Alle Absperreinrichtungen mit einer Gewindespindel müssen sich durch Drehen des Handrades im Uhrzeigersinn schließen. Bei den übrigen Absperreinrichtungen muss die Stellung (offen und geschlossen) und die Drehrichtung für das Schließen eindeutig angezeigt werden. Alle Absperreinrichtungen sind so auszulegen, dass ein unbeabsichtigtes Öffnen verhindert wird.

6.7.2.5.7 Kein bewegliches Teil, wie Deckel, Verschlussteile, usw., das durch Reibung oder Stoß in Kontakt mit ortsbeweglichen Tanks aus Aluminium kommen kann, die für die Beförderung von Stoffen vorgesehen sind, die wegen ihres Flammpunkts den Kriterien der Klasse 3 entsprechen, einschließlich erwärmte Stoffe, die bei oder über ihrem Flammpunkt befördert werden, darf aus ungeschütztem korrosionsempfindlichen Stahl hergestellt sein.

6.7 Vorschriften für die Auslegung, den Bau und die Prüfung von ortsbeweglichen Tanks und von UN-Gascontainern mit mehreren Elementen (MEGC)

ADR	RID

6.7.2.5.8 Die Rohrleitungen sind so auszulegen, zu bauen und zu montieren, dass das Risiko der Beschädigung infolge thermischer Ausdehnung und Schrumpfung, mechanischer Erschütterung und Vibration vermieden wird. Alle Rohrleitungen müssen aus einem geeigneten metallenen Werkstoff sein. Soweit möglich müssen die Rohrleitungsverbindungen geschweißt sein.

6.7.2.5.9 Verbindungen von Kupferrohrleitungen müssen hartgelötet oder durch eine metallene Verbindung gleicher Festigkeit hergestellt sein. Der Schmelzpunkt des Hartlots darf nicht niedriger als 525 °C sein. Die Verbindungen dürfen die Festigkeit der Rohrleitungen nicht vermindern, wie dies bei Schraubverbindungen der Fall sein kann.

6.7.2.5.10 Der Berstdruck aller Rohrleitungen und Rohrleitungsbauteile darf nicht niedriger sein als der höhere der beiden folgenden Werte: das Vierfache des höchstzulässigen Betriebsdrucks des Tankkörpers oder das Vierfache des Drucks, zu dem es beim Betrieb durch Einwirkung einer Pumpe oder einer anderen Einrichtung (ausgenommen Druckentlastungseinrichtungen) kommen kann.

6.7.2.5.11 Für den Bau von Verschlusseinrichtungen, Ventilen und Zubehörteilen sind verformungsfähige Metalle zu verwenden.

6.7.2.5.12 Das Heizsystem muss so ausgelegt sein oder kontrolliert werden, dass ein Stoff nicht eine Temperatur erreichen kann, bei der der Druck im Tank den höchstzulässigen Betriebsdruck überschreitet oder andere Gefahren verursacht (z.B. gefährliche thermische Zersetzung).

6.7.2.5.13 Das Heizsystem muss so ausgelegt sein oder kontrolliert werden, dass der Strom für interne Heizelemente nicht verfügbar ist, bevor die Heizelemente vollständig untergetaucht sind. Die Temperatur an der Oberfläche der Heizelemente bei interner Heizausrüstung oder die Temperatur am Tankkörper bei externer Heizausrüstung darf unter keinen Umständen 80 % der Selbstentzündungstemperatur (in °C) des beförderten Stoffes überschreiten.

6.7.2.5.14 Wenn ein elektrisches Heizsystem im Inneren des Tanks eingebaut ist, muss es mit einem Fehlerstromschutzschalter mit einem Auslösestrom von weniger als 100 mA ausgerüstet sein.

6.7.2.5.15 Elektrische Schaltkästen, die an einem Tank angebracht sind, dürfen nicht direkt mit dem Inneren des Tanks verbunden sein und müssen einen Schutz gewährleisten, der mindestens dem Typ IP 56 gemäß IEC 144 oder IEC 529 entspricht.

6.7.2.6 **Bodenöffnungen**

6.7.2.6.1 Bestimmte Stoffe dürfen nicht in ortsbeweglichen Tanks mit Bodenöffnungen befördert werden. Ist die in Kapitel 3.2 Tabelle A Spalte 10 angegebene und in Absatz 4.2.5.2.6 beschriebene Anweisung für ortsbewegliche Tanks die Verwendung von Bodenöffnungen verbietet, dürfen sich, wenn der Tank bis zur höchstzulässigen Füllgrenze befüllt ist, unterhalb des Flüssigkeitsspiegels keine Öffnungen befinden. Wird eine vorhandene Öffnung geschlossen, muss dies durch das innere und äußere Anschweißen einer Platte an den Tankkörper geschehen.

6.7.2.6.2 Bodenentleerungsöffnungen für ortsbewegliche Tanks, in denen bestimmte feste, kristallisierbare oder sehr dickflüssige Stoffe befördert werden, müssen mit mindestens zwei hintereinander liegenden und voneinander unabhängigen Verschlüssen ausgerüstet sein. Die Auslegung der Ausrüstung muss den Anforderungen der zuständigen Behörde oder einer von ihr bestimmten Stelle genügen und Folgendes umfassen:

Vorschriften für die Auslegung, den Bau und die Prüfung von ortsbeweglichen Tanks und von UN-Gascontainern mit mehreren Elementen (MEGC) 6.7

ADR	RID

a) eine äußere Absperreinrichtung, die so nahe wie möglich am Tankkörper angebracht ist, und so ausgelegt ist, dass ein unbeabsichtigtes Öffnen durch Stoß oder andere unachtsame Handlungen verhindert wird, und

b) eine flüssigkeitsdichte Verschlusseinrichtung am Ende des Auslaufstutzens, die ein Blindflansch oder eine Schraubkappe sein kann.

6.7.2.6.3 Jede Bodenentleerungsöffnung mit Ausnahme der in Absatz 6.7.2.6.2 vorgesehenen muss mit drei hintereinander liegenden und voneinander unabhängigen Verschlüssen ausgerüstet sein. Die Auslegung der Ausrüstung muss den Anforderungen der zuständigen Behörde oder einer von ihr bestimmten Stelle genügen und Folgendes umfassen:

a) eine selbstschließende innere Absperreinrichtung, d.h. eine innerhalb des Tankkörpers oder innerhalb eines angeschweißten Flansches oder seines Gegenflansches in der Weise angebrachte Absperreinrichtung, dass:

(i) die Kontrolleinrichtungen für die Betätigung der Absperreinrichtung so ausgelegt sind, dass ein unbeabsichtigtes Öffnen durch einen Stoß oder eine Unachtsamkeit verhindert wird;

(ii) die Absperreinrichtung von oben oder von unten betätigt werden kann;

(iii) die Stellung der Absperreinrichtung (offen oder geschlossen), wenn möglich, vom Boden aus überprüft werden kann;

(iv) die Absperreinrichtung, ausgenommen bei ortsbeweglichen Tanks mit einem Fassungsraum von höchstens 1000 Litern, von einer zugänglichen, von der Absperreinrichtung entfernt liegenden Stelle am ortsbeweglichen Tank aus geschlossen werden kann und

(v) die Absperreinrichtung bei einer Beschädigung der äußeren Kontrolleinrichtung für die Betätigung der Absperreinrichtung wirksam bleibt;

b) eine äußere Absperreinrichtung, die so nahe wie möglich am Tankkörper angebracht ist und

c) eine flüssigkeitsdichte Verschlusseinrichtung am Ende des Auslaufstutzens, die ein Blindflansch oder eine Schraubkappe sein kann.

6.7.2.6.4 Bei einem ausgekleideten Tankkörper darf die in Absatz 6.7.2.6.3 a) geforderte innere Absperreinrichtung durch eine zusätzliche äußere Absperreinrichtung ersetzt werden. Der Hersteller muss die Anforderungen der zuständigen Behörde oder einer von ihr bestimmten Stelle erfüllen.

6.7.2.7 **Sicherheitseinrichtungen**

6.7.2.7.1 Alle ortsbeweglichen Tanks sind mit mindestens einer Druckentlastungseinrichtung auszurüsten. Alle Druckentlastungseinrichtungen müssen so ausgelegt, gebaut und gekennzeichnet sein, dass sie den Anforderungen der zuständigen Behörde oder einer von ihr bestimmten Stelle genügen.

6.7.2.8 **Druckentlastungseinrichtungen**

6.7.2.8.1 Jeder ortsbewegliche Tank mit einem Fassungsraum von mindestens 1900 Litern und jede unabhängige Kammer eines ortsbeweglichen Tanks mit einem vergleichbaren Fassungsraum muss mit mindestens einer federbelasteten Druckentlastungseinrichtung ausgerüstet sein und darf parallel zu der (den) federbelasteten Einrichtung(en) zusätzlich mit einer Berstscheibe oder einer Schmelzsicherung versehen sein, es sei denn, in der Anweisung für ortsbewegliche Tanks des Absatzes 4.2.5.2.6 wird dies durch einen Verweis auf Absatz 6.7.2.8.3 verboten. Die Druckentlastungseinrichtungen müssen ausreichend dimensioniert sein, um das Bersten des Tankkörpers durch ein beim Füllen, Entleeren oder Erwärmen des Inhalts entstehenden Über- oder Unterdruck zu verhindern.

6.7 Vorschriften für die Auslegung, den Bau und die Prüfung von ortsbeweglichen Tanks und von UN-Gascontainern mit mehreren Elementen (MEGC)

ADR	RID

6.7.2.8.2 Die Druckentlastungseinrichtungen müssen so ausgelegt sein, dass keine Fremdstoffe eindringen und keine flüssigen Stoffe austreten können und sich kein gefährlicher Überdruck bilden kann.

6.7.2.8.3 Sofern dies für bestimmte Stoffe in der in Kapitel 3.2 Tabelle A Spalte 10 angegebenen und in Absatz 4.2.5.2.6 beschriebenen Anweisung für ortsbewegliche Tanks vorgeschrieben ist, müssen die ortsbeweglichen Tanks mit einer von der zuständigen Behörde genehmigten Druckentlastungseinrichtung ausgerüstet sein. Die Entlastungseinrichtung muss aus einer Berstscheibe bestehen, die einer federbelasteten Druckentlastungseinrichtung vorgeschaltet ist, es sei denn, der ortsbewegliche Tank ist für die Beförderung eines einzigen Stoffes vorgesehen und mit einer genehmigten Druckentlastungseinrichtung aus einem Werkstoff ausgerüstet, der mit dem beförderten Stoff verträglich ist. Wird eine Berstscheibe mit der erforderlichen Druckentlastungseinrichtung in Reihe geschaltet, ist zwischen der Berstscheibe und der Druckentlastungseinrichtung ein Druckmessgerät oder eine andere geeignete Anzeigeeinrichtung für die Feststellung von Brüchen, Perforationen oder Undichtheiten der Scheibe, durch die das Druckentlastungssystem funktionsunfähig werden kann, anzubringen. Die Berstscheibe muss bei einem Nenndruck, der 10 % über dem Ansprechdruck der Druckentlastungseinrichtung liegt, bersten.

6.7.2.8.4 Ortsbewegliche Tanks mit einem Fassungsraum von weniger als 1900 Litern müssen mit einer Druckentlastungseinrichtung ausgerüstet sein, die eine Berstscheibe sein kann, sofern diese den Vorschriften des Absatzes 6.7.2.11.1 entspricht. Wenn keine federbelastete Druckentlastungseinrichtung verwendet wird, muss die Berstscheibe bei einem nominalen Druck, der gleich dem Prüfdruck ist, bersten. Darüber hinaus dürfen auch Schmelzsicherungen gemäß Absatz 6.7.2.10.1 verwendet werden.

6.7.2.8.5 Ist der Tankkörper für Druckentleerung ausgerüstet, muss die Zuleitung mit einer geeigneten Druckentlastungseinrichtung versehen sein, die bei einem Druck anspricht, der nicht höher als der höchstzulässige Betriebsdruck des Tankkörpers ist, und eine Absperreinrichtung muss so nah wie möglich am Tankkörper angebracht sein.

6.7.2.9 **Einstellung von Druckentlastungseinrichtungen**

6.7.2.9.1 Es ist zu beachten, dass die Druckentlastungseinrichtungen nur im Falle einer übermäßigen Zunahme der Temperatur ansprechen, da der Tankkörper unter normalen Beförderungsbedingungen keine übermäßigen Druckschwankungen erfahren darf (siehe Absatz 6.7.2.12.2).

6.7.2.9.2 Die erforderliche Druckentlastungseinrichtung ist bei Tankkörpern mit einem Prüfdruck von höchstens 4,5 bar auf einen nominalen Ansprechdruck von fünf Sechsteln des Prüfdrucks und bei Tankkörpern mit einem Prüfdruck von mehr als 4,5 bar auf einen nominalen Ansprechdruck von 110 % von zwei Dritteln des Prüfdrucks einzustellen. Die Einrichtung muss sich nach der Entlastung bei einem Druck schließen, der höchstens 10 % unter dem Ansprechdruck liegt. Die Einrichtung muss bei allen niedrigeren Drücken geschlossen bleiben. Die Verwendung von Vakuumventilen oder einer Kombination von Überdruck- und Vakuumventil wird durch diese Vorschrift nicht ausgeschlossen.

Vorschriften für die Auslegung, den Bau und die Prüfung von ortsbeweglichen Tanks und von UN-Gascontainern mit mehreren Elementen (MEGC) 6.7

ADR	RID

6.7.2.10 **Schmelzsicherungen**

6.7.2.10.1 Schmelzsicherungen müssen bei einer Temperatur zwischen 100 °C und 149 °C reagieren, vorausgesetzt, bei der Schmelztemperatur ist der Druck im Tankkörper nicht höher als der Prüfdruck. Diese Schmelzsicherungen sind im Scheitel des Tankkörpers anzubringen, wobei sich ihre Einlässe in der Dampfphase befinden müssen; sie dürfen, wenn sie für Zwecke der Beförderungssicherheit verwendet werden, nicht gegen äußere Wärme abgeschirmt sein. Schmelzsicherungen dürfen nicht in ortsbeweglichen Tanks mit einem Prüfdruck über 2,65 bar verwendet werden, sofern dies nicht in Kapitel 3.2 Tabelle A Spalte 11 durch die Sondervorschrift TP 36 festgelegt ist. Schmelzsicherungen, die in ortsbeweglichen Tanks für die Beförderung von erwärmten Stoffen verwendet werden, sind so auszulegen, dass sie bei einer Temperatur reagieren, die höher ist als die während der Beförderung auftretende Höchsttemperatur, und sie müssen den Anforderungen der zuständigen Behörde oder einer von ihr bestimmten Stelle genügen.

6.7.2.11 **Berstscheiben**

6.7.2.11.1 Sofern in Absatz 6.7.2.8.3 nichts anderes vorgeschrieben ist, müssen die Berstscheiben so eingestellt sein, dass sie im Auslegungstemperaturbereich bei einem Nenndruck bersten, der gleich dem Prüfdruck ist. Bei der Verwendung von Berstscheiben sind insbesondere die Vorschriften der Absätze 6.7.2.5.1 und 6.7.2.8.3 zu beachten.

6.7.2.11.2 Die Berstscheiben müssen für die im ortsbeweglichen Tank auftretenden Unterdrücke geeignet sein.

6.7.2.12 **Abblasmenge von Druckentlastungseinrichtungen**

6.7.2.12.1 Die in Absatz 6.7.2.8.1 vorgeschriebene federbelastete Druckentlastungseinrichtung muss einen Strömungsquerschnitt haben, der mindestens einer Öffnung mit einem Durchmesser von 31,75 mm entspricht. Werden Vakuumventile verwendet, müssen diese einen Strömungsquerschnitt von mindestens 284 mm² haben.

6.7.2.12.2 Die Gesamtabblasmenge des Druckentlastungssystems (unter Berücksichtigung des Strömungsabfalls, wenn der ortsbewegliche Tank mit Berstscheiben ausgerüstet ist, die den federbelasteten Druckentlastungseinrichtungen vorgeschaltet sind, oder wenn die federbelasteten Druckentlastungseinrichtungen mit einer Flammendurchschlagsicherung ausgerüstet sind) bei vollständiger Feuereinwirkung auf den ortsbeweglichen Tank muss ausreichen, um den Druck im Tankkörper auf einen Wert von höchstens 20 % über dem Ansprechdruck der Druckentlastungseinrichtung zu begrenzen. Um die vorgeschriebene Abblasmenge zu erreichen, dürfen Notfall-Druckentlastungseinrichtungen verwendet werden. Diese Einrichtungen können Schmelzsicherungen, federbelastete Einrichtungen oder Berstscheiben oder eine Kombination aus einer federbelasteten Einrichtung und einer Berstscheibe sein. Die erforderliche Gesamtabblasmenge der Entlastungseinrichtungen kann mit Hilfe der Formel in Absatz 6.7.2.12.2.1 oder der Tabelle in Absatz 6.7.2.12.2.3 bestimmt werden.

6.7.2.12.2.1 Für die Bestimmung der erforderlichen Gesamtabblasmenge der Entlastungseinrichtungen, die als die Summe der einzelnen Abblasmengen aller dazu beitragenden Einrichtungen angesehen wird, ist die folgende Formel zu verwenden:

$$Q = 12{,}4 \frac{FA^{0{,}82}}{LC} \sqrt{\frac{ZT}{M}} ,$$

wobei:

Q = die mindestens erforderliche Abblasmenge in Kubikmetern Luft pro Sekunde (m³/s) unter den Normalbedingungen von 1 bar und 0 °C (273 K);

6.7 Vorschriften für die Auslegung, den Bau und die Prüfung von ortsbeweglichen Tanks und von UN-Gascontainern mit mehreren Elementen (MEGC)

ADR	RID

F = ein Koeffizient mit dem folgenden Wert:

für nicht isolierte Tankkörper F = 1;

für isolierte Tankkörper F = U (649 - t)/13,6, aber auf keinen Fall geringer als 0,25, wobei:

U = Wärmedurchgangskoeffizient der Isolierung bei 38 °C in $kW \cdot m^{-2} \cdot K^{-1}$

t = tatsächliche Temperatur des Stoffes beim Befüllen (in °C);

ist diese Temperatur nicht bekannt, t = 15 °C.

Der oben für isolierte Tankkörper angegebene Wert F darf verwendet werden, vorausgesetzt, die Isolierung entspricht den Vorschriften des Absatzes 6.7.2.12.2.4;

A = gesamte Außenoberfläche des Tankkörpers in m^2;

Z = der Gaskompressibilitätsfaktor unter Akkumulationsbedingungen (Abblasbedingungen) (ist dieser Faktor nicht bekannt, Z = 1,0);

T = absolute Temperatur in Kelvin (°C + 273) oberhalb der Druckentlastungseinrichtungen unter Akkumulationsbedingungen (Abblasbedingungen);

L = die latente Verdampfungswärme des flüssigen Stoffes in kJ/kg unter Akkumulationsbedingungen (Abblasbedingungen);

M = Molekülmasse des entlasteten Gases;

C = eine Konstante, die aus einer der folgenden Formeln abgeleitet und vom Verhältnis k der spezifischen Wärmen abhängig ist:

$$k = \frac{c_p}{c_v}$$

wobei:

c_p die spezifische Wärme bei konstantem Druck und

c_v die spezifische Wärme bei konstantem Volumen ist;

wenn k > 1:

$$C = \sqrt{k\left(\frac{2}{k+1}\right)^{\frac{k+1}{k-1}}};$$

wenn k = 1 oder wenn k unbekannt ist:

$$C = \frac{1}{\sqrt{e}} = 0{,}607$$

wobei e die mathematische Konstante 2,7183 ist.

C kann auch der folgenden Tabelle entnommen werden:

k	C	k	C	k	C
1,00	0,607	1,26	0,660	1,52	0,704
1,02	0,611	1,28	0,664	1,54	0,707
1,04	0,615	1,30	0,667	1,56	0,710
1,06	0,620	1,32	0,671	1,58	0,713
1,08	0,624	1,34	0,674	1,60	0,716
1,10	0,628	1,36	0,678	1,62	0,719
1,12	0,633	1,38	0,681	1,64	0,722
1,14	0,637	1,40	0,685	1,66	0,725
1,16	0,641	1,42	0,688	1,68	0,728
1,18	0,645	1,44	0,691	1,70	0,731
1,20	0,649	1,46	0,695	2,00	0,770
1,22	0,652	1,48	0,698	2,20	0,793
1,24	0,656	1,50	0,701		

Vorschriften für die Auslegung, den Bau und die Prüfung von ortsbeweglichen Tanks und von UN-Gascontainern mit mehreren Elementen (MEGC)   6.7

ADR	RID

6.7.2.12.2.2 An Stelle der oben genannten Formel darf für die Dimensionierung der Druckentlastungseinrichtungen von Tankkörpern, die zur Beförderung von flüssigen Stoffen vorgesehen sind, die Tabelle des Absatzes 6.7.2.12.2.3 angewendet werden. Diese Tabelle geht von einem Isolierungsfaktor von F = 1 aus und ist für isolierte Tankkörper entsprechend anzupassen. Die Werte der übrigen für die Berechnung dieser Tabelle verwendeten Parameter sind:

M = 86,7   T = 394 K
L = 334,94 kJ/kg   C = 0,607
Z = 1

6.7.2.12.2.3 Mindestabblasmenge Q in Kubikmetern Luft pro Sekunde bei 1 bar und 0 °C (273 K)

A exponierte Fläche (Quadratmeter)	Q (Kubikmeter Luft pro Sekunde)	A exponierte Fläche (Quadratmeter)	Q (Kubikmeter Luft pro Sekunde)
2	0,230	37,5	2,539
3	0,320	40	2,677
4	0,405	42,5	2,814
5	0,487	45	2,949
6	0,565	47,5	3,082
7	0,641	50	3,215
8	0,715	52,5	3,346
9	0,788	55	3,476
10	0,859	57,5	3,605
12	0,998	60	3,733
14	1,132	62,5	3,860
16	1,263	65	3,987
18	1,391	67,5	4,112
20	1,517	70	4,236
22,5	1,670	75	4,483
25	1,821	80	4,726
27,5	1,969	85	4,967
30	2,115	90	5,206
32,5	2,258	95	5,442
35	2,400	100	5,676

6.7.2.12.2.4 Isolierungssysteme, die zur Reduzierung der Abblasmenge verwendet werden, müssen von der zuständigen Behörde oder einer von ihr bestimmten Stelle genehmigt werden. In jedem Fall müssen die für diesen Zweck genehmigten Isolierungssysteme

     a) bei allen Temperaturen bis 649 °C wirksam bleiben und

     b) mit einem Werkstoff mit einem Schmelzpunkt von mindestens 700 °C ummantelt sein.

6.7.2.13   Kennzeichnung von Druckentlastungseinrichtungen

6.7.2.13.1   Jede Druckentlastungseinrichtung muss mit folgenden Angaben deutlich und dauerhaft gekennzeichnet sein:

     a) der Ansprechdruck (in bar oder kPa) oder die Ansprechtemperatur (in °C);

     b) die zulässige Toleranz für den Entlastungsdruck von federbelasteten Einrichtungen;

     c) die Referenztemperatur, die dem nominalen Berstdruck von Berstscheiben zugeordnet ist;

6.7 Vorschriften für die Auslegung, den Bau und die Prüfung von ortsbeweglichen Tanks und von UN-Gascontainern mit mehreren Elementen (MEGC)

ADR	RID

d) die zulässige Temperaturtoleranz für Schmelzsicherungen;

e) die nominale Abblasmenge der federbelasteten Druckentlastungseinrichtungen, Berstscheiben oder Schmelzsicherungen in Kubikmetern Luft pro Sekunde (m^3/s) unter Normalbedingungen und

▶ 1.6.4.43

f) die Strömungsquerschnitte der federbelasteten Druckentlastungseinrichtungen, Berstscheiben und Schmelzsicherungen in mm^2;

wenn möglich, ist auch folgende Information anzugeben:

g) der Name des Herstellers und die entsprechende Registriernummer der Druckentlastungseinrichtung.

6.7.2.13.2 Die auf den federbelasteten Druckentlastungseinrichtungen angegebene nominale Abblasmenge ist nach den Normen ISO 4126-1:2004 und ISO 4126-7:2004 zu bestimmen.

6.7.2.14 Anschlüsse für Druckentlastungseinrichtungen

6.7.2.14.1 Die Anschlüsse für Druckentlastungseinrichtungen müssen ausreichend dimensioniert sein, damit die erforderliche Abblasmenge ungehindert zur Sicherheitseinrichtung gelangen kann. Zwischen dem Tankkörper und den Druckentlastungseinrichtungen dürfen keine Absperreinrichtungen angebracht sein, es sei denn, es sind doppelte Einrichtungen für die Wartung oder für andere Zwecke vorhanden, und die Absperreinrichtungen für die jeweils verwendeten Druckentlastungseinrichtungen sind in geöffneter Stellung verriegelt oder die Absperreinrichtungen sind so miteinander gekoppelt, dass mindestens eine der doppelt vorhandenen Einrichtungen immer in Betrieb ist. In einer Öffnung, die zu einer Lüftungs- oder Druckentlastungseinrichtung führt, dürfen keine Hindernisse vorhanden sein, welche die Strömung vom Tankkörper zu diesen Einrichtungen begrenzen oder unterbrechen könnten. Lüftungseinrichtungen oder Auslassstutzen der Druckentlastungseinrichtungen müssen, sofern sie verwendet werden, die Dämpfe oder Flüssigkeiten so in die Atmosphäre ableiten, dass nur ein minimaler Gegendruck auf die Druckentlastungseinrichtungen wirkt.

6.7.2.15 Anordnung von Druckentlastungseinrichtungen

6.7.2.15.1 Jede Einlassöffnung der Druckentlastungseinrichtungen muss im Scheitel des Tankkörpers so nahe wie möglich am Schnittpunkt von Längs- und Querachse des Tankkörpers angeordnet sein. Alle Einlassöffnungen der Druckentlastungseinrichtungen müssen sich bei maximalen Füllungsbedingungen in der Dampfphase des Tankkörpers befinden; die Einrichtungen sind so anzuordnen, dass der Dampf ungehindert entweichen kann. Bei entzündbaren Stoffen muss der entweichende Dampf so vom Tankkörper abgeleitet werden, dass er nicht auf den Tankkörper einwirken kann. Schutzeinrichtungen, die die Strömung des Dampfes umleiten, sind zugelassen, vorausgesetzt, die geforderte Abblasmenge wird dadurch nicht vermindert.

6.7.2.15.2 Es sind Maßnahmen zu treffen, um den Zugang unbefugter Personen zu den Druckentlastungseinrichtungen zu verhindern und die Druckentlastungseinrichtungen bei einem Umkippen des ortsbeweglichen Tanks vor Beschädigung zu schützen.

6.7.2.16 Füllstandsanzeigevorrichtungen

6.7.2.16.1 Füllstandsanzeiger aus Glas und aus anderen zerbrechlichen Werkstoffen, die direkt mit dem Inhalt des Tankkörpers in Verbindung stehen, dürfen nicht verwendet werden.

Vorschriften für die Auslegung, den Bau und die Prüfung von ortsbeweglichen Tanks und von UN-Gascontainern mit mehreren Elementen (MEGC)	6.7
ADR	RID

6.7.2.17 Traglager, Rahmen, Hebe- und Befestigungseinrichtungen für ortsbewegliche Tanks

6.7.2.17.1 Ortsbewegliche Tanks sind mit einem Traglager auszulegen und zu bauen, das eine sichere Auflage während der Beförderung gewährleistet. Die in Absatz 6.7.2.2.12 angegebenen Kräfte und der in Absatz 6.7.2.2.13 angegebene Sicherheitsfaktor müssen dabei berücksichtigt werden. Kufen, Rahmen, Schlitten oder andere ähnliche Konstruktionen sind zugelassen.

6.7.2.17.2 Die von den Anbauten an ortsbeweglichen Tanks (z.B. Schlitten, Rahmen, usw.) sowie von den Hebe- und Befestigungseinrichtungen verursachten kombinierten Spannungen dürfen in keinem Bereich des Tankkörpers zu übermäßigen Spannungen führen. Alle ortsbeweglichen Tanks sind mit dauerhaften Hebe- und Befestigungseinrichtungen auszurüsten. Diese sind vorzugsweise an den Traglagern des ortsbeweglichen Tanks zu montieren, dürfen aber auch an Verstärkungsplatten montiert sein, die an den Auflagepunkten des Tankkörpers befestigt sind.

6.7.2.17.3 Bei der Auslegung von Traglagern und Rahmen müssen die Auswirkungen von Umweltkorrosion berücksichtigt werden.

6.7.2.17.4 Gabeltaschen müssen verschließbar sein. Die Einrichtungen zum Verschließen der Gabeltaschen müssen ein dauerhafter Bestandteil des Rahmens oder dauerhaft am Rahmen befestigt sein. Ortsbewegliche Einkammertanks mit einer Länge von weniger als 3,65 m müssen nicht mit verschließbaren Gabeltaschen ausgerüstet sein, vorausgesetzt:

a) der Tankkörper einschließlich aller Zubehörteile ist gut gegen Stöße der Gabeln des Gabelstaplers geschützt und

b) der Abstand von Mitte zu Mitte der Gabeltaschen ist mindestens halb so groß wie die größte Länge des ortsbeweglichen Tanks.

6.7.2.17.5 Wenn ortsbewegliche Tanks während der Beförderung nicht nach Unterabschnitt 4.2.1.2 geschützt sind, müssen die Tankkörper und die Bedienungsausrüstung gegen Beschädigung durch Längs- oder Querstöße oder Umkippen geschützt sein. Äußere Ausrüstungsteile müssen so geschützt sein, dass ein Austreten des Tankkörperinhalts durch Stöße oder Umkippen des ortsbeweglichen Tanks auf seine Ausrüstungsteile ausgeschlossen ist. Beispiele für Schutzmaßnahmen:

a) Schutz gegen seitliche Stöße, der aus Längsträgern bestehen kann, die den Tankkörper auf beiden Seiten in Höhe der Mittellinie schützen;

b) Schutz des ortsbeweglichen Tanks vor dem Umkippen, der aus Verstärkungsringen oder quer am Rahmen befestigten Stäben bestehen kann;

c) Schutz gegen Stöße von hinten, der aus einer Stoßstange oder einem Rahmen bestehen kann;

d) Schutz des Tankkörpers gegen Beschädigungen durch Stöße oder Umkippen durch Verwendung eines ISO-Rahmens nach ISO 1496-3:1995.

6.7.2.18 Baumusterzulassung

▶ 1.6.4.30

6.7.2.18.1 Für jedes neue Baumuster eines ortsbeweglichen Tanks ist durch die zuständige Behörde oder eine von ihr bestimmte Stelle eine Baumusterzulassungsbescheinigung auszustellen. Diese Bescheinigung muss bestätigen, dass ein ortsbeweglicher Tank von der Behörde begutachtet worden ist, für die beabsichtigte Verwendung geeignet ist und den Vorschriften dieses Kapitels und gegebenenfalls den stoffbezogenen Vorschriften des Kapitels 4.2 und des Kapitels 3.2 Tabelle A entspricht. Werden die ortsbeweglichen Tanks ohne Änderung in der Bauart in Serie gefertigt, gilt die Bescheinigung für die gesamte Serie. In dieser Bescheinigung ist der Baumusterprüfbericht, die zur Beförderung

6.7 Vorschriften für die Auslegung, den Bau und die Prüfung von ortsbeweglichen Tanks und von UN-Gascontainern mit mehreren Elementen (MEGC)

ADR	RID

zugelassenen Stoffe oder Gruppen von Stoffen, die Werkstoffe des Tankkörpers und (gegebenenfalls) der Auskleidung sowie eine Zulassungsnummer anzugeben. Die Zulassungsnummer muss aus dem Unterscheidungszeichen oder -symbol des Staates, in dem die Zulassung erfolgte, angegeben durch das für Kraftfahrzeuge im internationalen Verkehr verwendete Unterscheidungszeichen[2], und einer Registriernummer bestehen. In der Bescheinigung sind eventuelle alternative Vereinbarungen gemäß Unterabschnitt 6.7.1.2 anzugeben. Eine Baumusterzulassung darf auch für die Zulassung kleinerer ortsbeweglicher Tanks herangezogen werden, die aus Werkstoffen gleicher Art und Dicke, nach derselben Fertigungstechnik, mit identischen Traglager sowie gleichwertigen Verschlüssen und sonstigen Zubehörteilen hergestellt werden.

6.7.2.18.2 Der Baumusterprüfbericht für die Baumusterzulassung muss mindestens folgende Angaben enthalten:

a) die Ergebnisse der in ISO 1496-3:1995 beschriebenen anwendbaren Prüfung des Rahmens;

b) die Ergebnisse der erstmaligen Prüfung nach Absatz 6.7.2.19.3 und

c) soweit anwendbar, die Ergebnisse der Auflaufprüfung nach Absatz 6.7.2.19.1.

6.7.2.19 Prüfung

6.7.2.19.1 Ortsbewegliche Tanks, die der Begriffsbestimmung für Container des Internationalen Übereinkommens über sichere Container (CSC) von 1972 in der jeweils geänderten Fassung entsprechen, dürfen nicht verwendet werden, es sei denn, sie werden erfolgreich qualifiziert, nachdem ein repräsentatives Baumuster jeder Bauart der im Handbuch Prüfungen und Kriterien Teil IV Abschnitt 41 beschriebenen dynamischen Auflaufprüfung unterzogen wurde.

6.7.2.19.2 Der Tankkörper und die Ausrüstungsteile jedes ortsbeweglichen Tanks müssen vor der erstmaligen Inbetriebnahme (erstmalige Prüfung) und danach regelmäßig spätestens alle fünf Jahre (wiederkehrende 5-Jahres-Prüfung) mit einer wiederkehrenden Zwischenprüfung (wiederkehrende 2,5-Jahres-Prüfung) in der Halbzeit zwischen zwei wiederkehrenden 5-Jahres-Prüfungen geprüft werden. Die 2,5-Jahres-Prüfung darf innerhalb von 3 Monaten vor oder nach dem angegebenen Datum durchgeführt werden. Unabhängig von der zuletzt durchgeführten wiederkehrenden Prüfung ist, wenn es sich gemäß Absatz 6.7.2.19.7 als erforderlich erweist, eine außerordentliche Prüfung durchzuführen.

6.7.2.19.3 Die erstmalige Prüfung eines ortsbeweglichen Tanks muss eine Überprüfung der Auslegungsmerkmale, eine innere und äußere Untersuchung des ortsbeweglichen Tanks und seiner Ausrüstungsteile unter Berücksichtigung der zu befördernden Stoffe sowie eine Druckprüfung umfassen. Vor der Inbetriebnahme des ortsbeweglichen Tanks ist eine Dichtheitsprüfung und eine Funktionsprüfung der gesamten Bedienungsausrüstung durchzuführen. Wenn der Tankkörper und seine Ausrüstungsteile getrennt einer Druckprüfung unterzogen worden sind, müssen sie nach dem Zusammenbau gemeinsam einer Dichtheitsprüfung unterzogen werden.

---

[2] Das für Kraftfahrzeuge und Anhänger im internationalen Straßenverkehr verwendete Unterscheidungszeichen des Zulassungsstaates, z.B. gemäß dem Genfer Übereinkommen über den Straßenverkehr von 1949 oder dem Wiener Übereinkommen über den Straßenverkehr von 1968.

Vorschriften für die Auslegung, den Bau und die Prüfung von ortsbeweglichen Tanks und von UN-Gascontainern mit mehreren Elementen (MEGC)   6.7

ADR	RID

6.7.2.19.4 Die wiederkehrende 5-Jahres-Prüfung muss eine innere und äußere Untersuchung sowie in der Regel eine Wasserdruckprüfung umfassen. Bei Tanks, die nur für die Beförderung von festen Stoffen, ausgenommen giftige oder ätzende Stoffe, die sich während der Beförderung nicht verflüssigen, verwendet werden, darf die Wasserdruckprüfung mit Zustimmung der zuständigen Behörde durch eine geeignete Druckprüfung mit dem 1,5fachen des höchstzulässigen Betriebsdrucks ersetzt werden. Schutzummantelungen, Wärmeisolierungen und dergleichen sind nur soweit zu entfernen, wie es für eine sichere Beurteilung des Zustands des ortsbeweglichen Tanks erforderlich ist. Wenn der Tankkörper und seine Ausrüstungsteile getrennt einer Druckprüfung unterzogen worden sind, müssen sie nach dem Zusammenbau gemeinsam einer Dichtheitsprüfung unterzogen werden.

6.7.2.19.5 Die wiederkehrende 2,5-Jahres-Zwischenprüfung muss mindestens eine innere und
▶ 1.6.4.37 äußere Untersuchung des ortsbeweglichen Tanks und seiner Ausrüstungsteile unter Berücksichtigung der zu befördernden Stoffe, eine Dichtheitsprüfung und eine Funktionsprüfung der gesamten Bedienungsausrüstung umfassen. Schutzummantelungen, Wärmeisolierungen und dergleichen sind nur soweit zu entfernen, wie es für eine sichere Beurteilung des Zustands des ortsbeweglichen Tanks erforderlich ist. Bei ortsbeweglichen Tanks, die für die Beförderung eines einzigen Stoffes vorgesehen sind, kann auf die alle zweieinhalb Jahre vorzunehmende innere Untersuchung verzichtet oder durch andere, von der zuständigen Behörde oder der von ihr bestimmten Stelle festgelegte Prüfverfahren ersetzt werden.

6.7.2.19.6 *Prüfung und Befüllung von ortsbeweglichen Tanks nach Ablauf der Frist für die wiederkehrende Prüfung*

6.7.2.19.6.1 Nach Ablauf der Frist für die in Absatz 6.7.2.19.2 vorgeschriebene wiederkehrende 5-Jahres- oder 2,5-Jahres-Prüfung dürfen die ortsbeweglichen Tanks weder befüllt noch zur Beförderung aufgegeben werden. Jedoch dürfen ortsbewegliche Tanks, die vor Ablauf der Frist für die wiederkehrende Prüfung befüllt wurden, innerhalb eines Zeitraums von höchstens drei Monaten nach Ablauf dieser Frist befördert werden. Außerdem dürfen sie nach Ablauf dieser Frist befördert werden:

    a) nach dem Entleeren, jedoch vor dem Reinigen, um sie vor dem Wiederbefüllen der nächsten vorgeschriebenen Prüfung zuzuführen, und

    b) sofern von der zuständigen Behörde nichts anderes vorgesehen ist, innerhalb eines Zeitraums von höchstens sechs Monaten nach Ablauf dieser Frist, um die Rücksendung von gefährlichen Stoffen zur ordnungsgemäßen Entsorgung oder zum ordnungsgemäßen Recycling zu ermöglichen. Im Beförderungspapier muss auf diese Ausnahme hingewiesen werden.

6.7.2.19.6.2 Sofern in Absatz 6.7.2.19.6.1 nichts anderes vorgesehen ist, dürfen ortsbewegliche Tanks, die den Zeitrahmen für ihre geplante wiederkehrende 5-Jahres- oder 2,5-Jahres-Prüfung überschritten haben, nur dann befüllt und zur Beförderung aufgegeben werden, wenn eine neue wiederkehrende 5-Jahres-Prüfung gemäß Absatz 6.7.2.19.4 durchgeführt wird.

6.7.2.19.7 Eine außerordentliche Prüfung ist erforderlich, wenn der ortsbewegliche Tank Anzeichen von Beschädigung, Korrosion, Undichtheit oder anderer auf einen Mangel hinweisende Zustände aufweist, der die Unversehrtheit des ortsbeweglichen Tanks beeinträchtigen könnte. Der Umfang der außerordentlichen Prüfung hängt vom Ausmaß der Beschädigung oder der Verschlechterung des Zustands des ortsbeweglichen Tanks ab. Sie muss mindestens die 2,5-Jahres-Prüfung gemäß Absatz 6.7.2.19.5 umfassen.

6.7 Vorschriften für die Auslegung, den Bau und die Prüfung von ortsbeweglichen Tanks und von UN-Gascontainern mit mehreren Elementen (MEGC)

ADR	RID

6.7.2.19.8 Durch die inneren und äußeren Untersuchungen muss sichergestellt werden, dass:

a) der Tankkörper auf Lochfraß, Korrosion, Abrieb, Beulen, Verformungen, Fehler in Schweißnähten oder andere Zustände einschließlich Undichtheiten geprüft ist, durch die der ortsbewegliche Tank bei der Beförderung unsicher werden könnte. Wenn bei dieser Untersuchung Anzeichen einer Verringerung der Wanddicke festgestellt werden, muss die Wanddicke durch geeignete Messungen überprüft werden;

b) die Rohrleitungen, die Ventile, das Heizungs-/Kühlsystem und die Dichtungen auf Korrosion, Defekte oder andere Zustände einschließlich Undichtheiten geprüft sind, durch die der ortsbewegliche Tank beim Befüllen, Entleeren oder der Beförderung unsicher werden könnte;

c) die Einrichtungen, mit denen die Mannlochdeckel festgezogen werden, ordnungsgemäß funktionieren, und diese Deckel oder ihre Dichtungen keine Undichtheiten aufweisen;

d) fehlende oder lose Bolzen oder Muttern bei geflanschten Verbindungen oder Blindflanschen ersetzt oder festgezogen sind;

e) alle Sicherheitseinrichtungen und -ventile frei von Korrosion, Verformung, Beschädigung oder Defekten sind, die ihre normale Funktion behindern könnten. Fernbediente und selbstschließende Verschlusseinrichtungen sind zu betätigen, um ihre ordnungsgemäße Funktion nachzuweisen;

f) Auskleidungen, sofern vorhanden, nach den vom Hersteller der Auskleidung angegebenen Kriterien geprüft sind;

g) auf dem ortsbeweglichen Tank vorgeschriebene Kennzeichen lesbar sind und den anwendbaren Vorschriften entsprechen und

h) der Rahmen, das Traglager und die Hebeeinrichtungen des ortsbeweglichen Tanks sich in einem zufriedenstellenden Zustand befinden.

6.7.2.19.9 Die in den Absätzen 6.7.2.19.1, 6.7.2.19.3, 6.7.2.19.4, 6.7.2.19.5 und 6.7.2.19.7 angegebenen Prüfungen sind von einem von der zuständigen Behörde oder einer von ihr bestimmten Stelle zugelassenen Sachverständigen durchzuführen oder zu beglaubigen. Wenn die Druckprüfung Bestandteil der Prüfung ist, ist diese mit dem auf dem Tankschild des ortsbeweglichen Tanks angegebenen Prüfdruck durchzuführen. Der unter Druck stehende ortsbewegliche Tank ist auf Undichtheiten des Tankkörpers, der Rohrleitungen oder der Ausrüstung zu untersuchen.

6.7.2.19.10 In allen Fällen, in denen Schneid-, Brenn- oder Schweißarbeiten am Tankkörper durchgeführt werden, sind diese Arbeiten von der zuständigen Behörde oder einer von ihr bestimmten Stelle unter Berücksichtigung des für den Bau des Tankkörpers verwendeten Regelwerks für Druckbehälter zu genehmigen. Nach Abschluss der Arbeiten ist eine Druckprüfung mit dem ursprünglichen Prüfdruck durchzuführen.

6.7.2.19.11 Wird eine die Sicherheit gefährdende Fehlerhaftigkeit festgestellt, darf der ortsbewegliche Tank vor der Ausbesserung und dem erfolgreichen Bestehen einer erneuten Prüfung nicht wieder in Betrieb genommen werden.

6.7.2.20 Kennzeichnung

6.7.2.20.1 Jeder ortsbewegliche Tank muss mit einem korrosionsbeständigen Metallschild ausgerüstet sein, das dauerhaft an einer auffallenden und für die Prüfung leicht zugänglichen Stelle angebracht ist. Wenn das Schild aus Gründen der Anordnung von Einrichtungen am ortsbeweglichen Tank nicht dauerhaft am Tankkörper angebracht werden kann, muss der Tankkörper mindestens mit den im Regelwerk für Druckbehälter vorgeschriebenen Informationen gekennzeichnet sein. Auf dem Schild müssen mindestens die folgenden Angaben eingeprägt oder durch ein ähnliches Verfahren angebracht sein:

▶ 1.6.4.37

a) Eigentümerinformationen

(i) Registriernummer des Eigentümers;

Vorschriften für die Auslegung, den Bau und die Prüfung von ortsbeweglichen Tanks und von UN-Gascontainern mit mehreren Elementen (MEGC) — 6.7

ADR	RID

b) Herstellungsinformationen

   (i) Herstellungsland;

   (ii) Herstellungsjahr;

   (iii) Name oder Zeichen des Herstellers;

   (iv) Seriennummer des Herstellers;

c) Zulassungsinformationen

   (i) das Symbol der Vereinten Nationen für Verpackungen ⓤ;
   dieses Symbol darf nur zum Zweck der Bestätigung verwendet werden, dass eine Verpackung, ein flexibler Schüttgut-Container, ein ortsbeweglicher Tank oder ein MEGC den entsprechenden Vorschriften des Kapitels 6.1, 6.2, 6.3, 6.5, 6.6, 6.7 oder 6.11 entspricht;

   (ii) Zulassungsland;

   (iii) für die Baumusterzulassung zugelassene Stelle;

   (iv) Baumusterzulassungsnummer;

   (v) die Buchstaben «AA», wenn das Baumuster nach alternativen Vereinbarungen zugelassen wurde (siehe Unterabschnitt 6.7.1.2);

   (vi) Regelwerk für Druckbehälter, nach dem der Tankkörper ausgelegt wurde;

d) Drücke

   (i) höchstzulässiger Betriebsdruck (in bar oder kPa (Überdruck))[3];

   (ii) Prüfdruck (in bar oder kPa (Überdruck))[3];

   (iii) Datum der erstmaligen Druckprüfung (Monat und Jahr);

   (iv) Identifizierungskennzeichen des Sachverständigen der erstmaligen Druckprüfung;

   (v) äußerer Auslegungsdruck[4] (in bar oder kPa (Überdruck))[3];

   (vi) höchstzulässiger Betriebsdruck für das Heizungs-/Kühlsystem (in bar oder kPa (Überdruck))[3] (sofern vorhanden);

e) Temperaturen

   (i) Auslegungstemperaturbereich (in °C)[3];

f) Werkstoffe

   (i) Werkstoff(e) des Tankkörpers und Verweis(e) auf Werkstoffnorm(en);

   (ii) gleichwertige Wanddicke für Bezugsstahl (in mm)[3];

   (iii) Werkstoff der Auskleidung (sofern vorhanden);

g) Fassungsraum

   (i) mit Wasser ausgeliterter Fassungsraum des Tanks bei 20 °C (in Litern)[3].
   Auf diese Angabe muss das Symbol «S» folgen, wenn der Tankkörper durch Schwallwände in Abschnitte von höchstens 7 500 Liter Fassungsraum unterteilt ist;

   (ii) mit Wasser ausgeliterter Fassungsraum der einzelnen Kammern bei 20 °C (in Litern)[3] (sofern vorhanden, bei Mehrkammertanks).
   Auf diese Angabe muss das Symbol «S» folgen, wenn die Kammer durch Schwallwände in Abschnitte von höchstens 7 500 Liter Fassungsraum unterteilt ist;

---

[3] Die verwendete Einheit ist anzugeben.
[4] Siehe Absatz 6.7.2.2.10.

6.7 Vorschriften für die Auslegung, den Bau und die Prüfung von ortsbeweglichen Tanks und von UN-Gascontainern mit mehreren Elementen (MEGC)

ADR	RID
h) wiederkehrende Prüfungen (i) Art der zuletzt durchgeführten wiederkehrenden Prüfung (2,5-Jahres-, 5-Jahres-Prüfung oder außerordentliche Prüfung); (ii) Datum der zuletzt durchgeführten wiederkehrenden Prüfung (Monat und Jahr); (iii) Prüfdruck (in bar oder kPa (Überdruck))[3] der zuletzt durchgeführten wiederkehrenden Prüfung (sofern anwendbar); (iv) Identifizierungskennzeichen der zugelassenen Stelle, welche die letzte Prüfung durchgeführt oder beglaubigt hat.	

---

[3] Die verwendete Einheit ist anzugeben.

Vorschriften für die Auslegung, den Bau und die Prüfung von ortsbeweglichen Tanks und von UN-Gascontainern mit mehreren Elementen (MEGC) 6.7

ADR	RID

Abbildung 6.7.2.20.1: Beispiel eines Kennzeichenschilds

Registriernummer des Eigentümers			
HERSTELLUNGSINFORMATIONEN			
Herstellungsland			
Herstellungsjahr			
Hersteller			
Seriennummer des Herstellers			
ZULASSUNGSINFORMATIONEN			
ⓤⓝ	Zulassungsland		
	für die Baumusterzulassung zugelassene Stelle		
	Baumusterzulassungsnummer		«AA» *(sofern anwendbar)*
Regelwerk für die Auslegung des Tankkörpers (Druckbehälter-Regelwerk)			
DRÜCKE			
höchstzulässiger Betriebsdruck			bar *oder* kPa
Prüfdruck			bar *oder* kPa
Datum der erstmaligen Druckprüfung:	(MM/JJJJ)	Stempel des Sachverständigen:	
äußerer Auslegungsdruck			bar *oder* kPa
höchstzulässiger Betriebsdruck für das Heizungs-/Kühlsystem *(sofern vorhanden)*			bar *oder* kPa
TEMPERATUREN			
Auslegungstemperaturbereich		°C bis	°C
WERKSTOFFE			
Werkstoff(e) des Tankkörpers und Verweis(e) auf Werkstoffnorm(en)			
gleichwertige Wanddicke für Bezugsstahl			mm
Werkstoff der Auskleidung *(sofern vorhanden)*			
FASSUNGSRAUM			
mit Wasser ausgeliterter Fassungsraum des Tanks bei 20 °C		Liter	«S» *(sofern anwendbar)*
mit Wasser ausgeliterter Fassungsraum der Kammer ___ bei 20 °C *(sofern vorhanden, bei Mehrkammertanks)*		Liter	«S» *(sofern anwendbar)*
WIEDERKEHRENDE PRÜFUNGEN			

Art der Prüfung	Prüfdatum	Stempel des Sachverständigen und Prüfdruck[a]	Art der Prüfung	Prüfdatum	Stempel des Sachverständigen und Prüfdruck[a]
	(MM/JJJJ)	bar oder kPa		(MM/JJJJ)	bar oder kPa

[a] Prüfdruck (sofern anwendbar).

6.7	Vorschriften für die Auslegung, den Bau und die Prüfung von ortsbeweglichen Tanks und von UN-Gascontainern mit mehreren Elementen (MEGC)
ADR	**RID**

6.7.2.20.2 Folgende Angaben müssen auf dem ortsbeweglichen Tank selbst oder auf einem am ortsbeweglichen Tank fest angebrachten Metallschild dauerhaft angegeben sein:

Name des Betreibers

höchstzulässige Bruttomasse _____ kg

Leermasse (Tara) _____ kg

Anweisung für ortsbewegliche Tanks gemäß Absatz 4.2.5.2.6

Bem. Wegen der Identifizierung der beförderten Stoffe siehe auch Teil 5.

6.7.2.20.3 Wenn ein ortsbeweglicher Tank für die Verwendung auf hoher See ausgelegt und zugelassen ist, muss das Identifizierungsschild mit «OFFSHORE PORTABLE TANK» gekennzeichnet sein.

6.7.3 Vorschriften für die Auslegung, den Bau und die Prüfung von ortsbeweglichen Tanks zur Beförderung von nicht tiefgekühlt verflüssigten Gasen

Bem. Diese Vorschriften gelten auch für ortsbewegliche Tanks zur Beförderung von Chemikalien unter Druck (UN-Nummern 3500, 3501, 3502, 3503, 3504 und 3505).

6.7.3.1 Begriffsbestimmungen

Für Zwecke dieses Abschnitts gelten folgende Begriffsbestimmungen:

Alternative Vereinbarung: Eine Zulassung, die von der *zuständigen Behörde* für einen *ortsbeweglichen Tank* oder einen *MEGC* ausgestellt wird, der nach technischen Vorschriften oder Prüfmethoden ausgelegt, gebaut und geprüft ist, die von den in diesem Kapitel festgelegten abweichen.

Auslegungsreferenztemperatur: Die Temperatur, bei der der Dampfdruck des Inhalts zur Berechnung des höchstzulässigen Betriebsdrucks bestimmt wird. Um sicherzustellen, dass das Gas ständig verflüssigt bleibt, muss die Auslegungsreferenztemperatur niedriger sein als die kritische Temperatur des zu befördernden nicht tiefgekühlt verflüssigten Gases oder der verflüssigten Treibgase der zu befördernden Chemikalien unter Druck. Dieser Wert beträgt für die einzelnen Typen ortsbeweglicher Tanks:

a) Tankkörper mit einem Durchmesser von höchstens 1,5 Metern: 65 °C;

b) Tankkörper mit einem Durchmesser von mehr als 1,5 Metern:
   (i) ohne Isolierung oder Sonnenschutz: 60 °C;
   (ii) mit Sonnenschutz (siehe Absatz 6.7.3.2.12): 55 °C; und
   (iii) mit Isolierung (siehe Absatz 6.7.3.2.12): 50 °C.

Auslegungstemperaturbereich: Der Auslegungstemperaturbereich des Tankkörpers muss für nicht tiefgekühlt verflüssigten Gase, die bei Umgebungsbedingungen befördert werden, zwischen −40 °C und 50 °C liegen. Für ortsbewegliche Tanks, die strengeren klimatischen Bedingungen ausgesetzt sind, müssen entsprechend strengere Auslegungstemperaturen in Betracht gezogen werden.

Bauliche Ausrüstung: Die außen am Tankkörper angebrachten Versteifungselemente, Elemente für die Befestigung, den Schutz und die Stabilisierung.

Baustahl: Stahl mit einer garantierten Mindestzugfestigkeit zwischen 360 N/mm² und 440 N/mm² und einer garantierten Mindestbruchdehnung gemäß Absatz 6.7.3.3.3.3.

Bedienungsausrüstung: Die Messinstrumente sowie die Füll-, Entleerungs-, Lüftungs-, Sicherheits- und Isolierungseinrichtungen.

Berechnungsdruck: Der für Berechnungen nach einem anerkannten Regelwerk für Druckbehälter zu verwendende Druck. Der Berechnungsdruck darf nicht niedriger sein als der höchste der folgenden Drücke:

Vorschriften für die Auslegung, den Bau und die Prüfung von ortsbeweglichen Tanks und von UN-Gascontainern mit mehreren Elementen (MEGC) 6.7

ADR	RID

a) der höchstzulässige effektive Überdruck im Tankkörper während des Füllens oder Entleerens;
b) die Summe aus:
  (i) dem höchstzulässigen effektiven Überdruck, für den der Tankkörper gemäß Absatz b) der Begriffsbestimmung für höchstzulässiger Betriebsdruck (siehe unten) ausgelegt ist;
  (ii) einem Flüssigkeitsdruck, der auf der Grundlage der im Absatz 6.7.3.2.9 genannten statischen Kräfte bestimmt wird, jedoch mindestens 0,35 bar beträgt.

Bezugsstahl: Stahl mit einer Zugfestigkeit von 370 N/mm² und einer Bruchdehnung von 27 %.

Dichtheitsprüfung: Eine Prüfung, bei der der Tankkörper und seine Bedienungsausrüstung unter Verwendung eines Gases mit einem effektiven Innendruck von mindestens 25 % des höchstzulässigen Betriebsdrucks belastet wird.

Fülldichte: Die durchschnittliche Masse des nicht tiefgekühlt verflüssigten Gases je Liter Fassungsraum des Tankkörpers (kg/l). Die Fülldichte ist in der Anweisung für ortsbewegliche Tanks T 50 in Absatz 4.2.5.2.6 angegeben.

Höchstzulässige Bruttomasse: Die Summe aus Leermasse des ortsbeweglichen Tanks und der höchsten für die Beförderung zugelassenen Ladung.

Höchstzulässiger Betriebsdruck: Ein Druck, der nicht geringer sein darf als der höchste der folgenden Drücke, die im Scheitel des Tankkörpers im Betriebszustand gemessen werden, und der mindestens 7 bar betragen muss:

a) der höchstzulässige effektive Überdruck im Tankkörper während des Füllens oder Entleerens oder
b) der höchste effektive Überdruck, für den der Tankkörper ausgelegt ist und der
  (i) für ein in der Anweisung für ortsbewegliche Tanks T 50 in Absatz 4.2.5.2.6 aufgeführtes nicht tiefgekühlt verflüssigtes Gas der für dieses Gas in der Anweisung für ortsbewegliche Tanks T 50 vorgeschriebene höchstzulässige Betriebsdruck (in bar) ist;
  (ii) für die übrigen nicht tiefgekühlt verflüssigten Gase nicht geringer sein darf als die Summe aus:
    – dem absoluten Dampfdruck (in bar) des nicht tiefgekühlt verflüssigten Gases bei der Auslegungsreferenztemperatur, vermindert um 1 bar; und
    – dem Partialdruck (in bar) von Luft oder anderen Gasen im füllungsfreien Raum, der durch die Auslegungsreferenztemperatur und einer Ausdehnung der flüssigen Phase infolge einer Erhöhung der mittleren Temperatur des Füllguts von $t_r - t_f$ (t_f = Fülltemperatur, normalerweise 15 °C; t_r = höchste mittlere Temperatur des Füllguts, 50 °C) bestimmt wird;
  (iii) für Chemikalien unter Druck der höchstzulässige Betriebsdruck (in bar) ist, der in der Anweisung für ortsbewegliche Tanks T 50 in Absatz 4.2.5.2.6 für die verflüssigten Gase angegeben ist, die Teil des Treibmittels sind.

Ortsbeweglicher Tank: Ein multimodaler Tank mit einem Fassungsraum von mehr als 450 Litern für die Beförderung von nicht tiefgekühlt verflüssigten Gasen der Klasse 2. Der ortsbewegliche Tank umfasst einen Tankkörper, der mit der für die Beförderung von Gasen notwendigen Bedienungsausrüstung und baulichen Ausrüstung ausgestattet ist. Der ortsbewegliche Tank muss befüllt und entleert werden können, ohne dass dazu die bauliche Ausrüstung entfernt werden muss. Er muss außen am Tankkörper angebrachte Elemente zur Stabilisierung besitzen und muss in vollem Zustand angehoben werden können. Er muss hauptsächlich dafür ausgelegt sein, um auf einen Wagen, ein Fahrzeug, | Straßenfahrzeug,

6.7 Vorschriften für die Auslegung, den Bau und die Prüfung von ortsbeweglichen Tanks und von UN-Gascontainern mit mehreren Elementen (MEGC)

ADR	RID

ein See- oder Binnenschiff verladen werden zu können, und mit Kufen, Tragelementen oder Zubehörteilen ausgerüstet sein, um die mechanische Handhabung zu erleichtern. Straßentankfahrzeuge, Kesselwagen, nicht metallene Tanks, Großpackmittel (IBC), Gasflaschen und Großgefäße gelten nicht als ortsbewegliche Tanks.

Prüfdruck: Der höchste Überdruck im Scheitel des Tankkörpers während der Druckprüfung.

Tankkörper: Der Teil des ortsbeweglichen Tanks, der das zu befördernde nicht tiefgekühlt verflüssigte Gas enthält (eigentlicher Tank), einschließlich der Öffnungen und ihrer Verschlüsse, jedoch mit Ausnahme der Bedienungsausrüstung und der äußeren baulichen Ausrüstung.

6.7.3.2 Allgemeine Vorschriften für die Auslegung und den Bau

6.7.3.2.1 Die Tankkörper sind in Übereinstimmung mit den Vorschriften eines von der zuständigen Behörde anerkannten Regelwerks für Druckbehälter auszulegen und zu bauen. Sie sind aus verformungsfähigem Stahl herzustellen. Die Werkstoffe müssen grundsätzlich den nationalen oder internationalen Werkstoffnormen entsprechen. Für geschweißte Tankkörper darf nur ein Werkstoff verwendet werden, dessen Schweißbarkeit vollständig nachgewiesen worden ist. Die Schweißnähte müssen fachgerecht ausgeführt sein und volle Sicherheit bieten. Wenn es durch den Herstellungsprozess oder die verwendeten Werkstoffe erforderlich ist, müssen die Tankkörper einer Wärmebehandlung unterzogen werden, um zu gewährleisten, dass die Schweißnähte und die Wärmeeinflusszone eine ausreichende Zähigkeit aufweisen. Bei der Auswahl des Werkstoffes muss der Auslegungstemperaturbereich bezüglich des Risikos von Sprödbruch, Spannungsrisskorrosion und Schlagfestigkeit des Werkstoffes berücksichtigt werden. Bei Verwendung von Feinkornstahl darf nach den Werkstoffspezifikationen der garantierte Wert der Streckgrenze nicht größer als 460 N/mm^2 und der garantierte Wert für die obere Grenze der Zugfestigkeit nicht größer als 725 N/mm^2 sein. Die Werkstoffe des ortsbeweglichen Tanks müssen für die äußeren Umgebungsbedingungen, die während der Beförderung auftreten können, geeignet sein.

6.7.3.2.2 Die Tankkörper, Ausrüstungsteile und Rohrleitungen ortsbeweglicher Tanks müssen aus Werkstoffen hergestellt sein, die

a) in hohem Maße widerstandsfähig gegenüber dem (den) zu befördernden nicht tiefgekühlt verflüssigten Gas(en) sind oder

b) durch chemische Reaktion wirksam passiviert oder neutralisiert worden sind.

6.7.3.2.3 Die Dichtungen müssen aus Werkstoffen hergestellt sein, die von dem (den) zu befördernden nicht tiefgekühlt verflüssigten Gas(en) verträglich sind.

6.7.3.2.4 Der Kontakt zwischen verschiedenen Metallen, der zu Schäden durch Kontaktkorrosion führen könnte, ist zu vermeiden.

6.7.3.2.5 Die Werkstoffe des ortsbeweglichen Tanks, einschließlich aller Einrichtungen, Dichtungen und Zubehörteile dürfen das (die) nicht tiefgekühlt verflüssigte(n) Gas(e), für dessen (deren) Beförderung der ortsbewegliche Tank vorgesehen ist, nicht beeinträchtigen.

6.7.3.2.6 Ortsbewegliche Tanks sind mit einem Traglager, das eine sichere Auflage während der Beförderung gewährleistet, und mit geeigneten Hebe- und Befestigungseinrichtungen auszulegen und zu bauen.

Vorschriften für die Auslegung, den Bau und die Prüfung von ortsbeweglichen Tanks und von UN-Gascontainern mit mehreren Elementen (MEGC)	6.7
ADR	RID

6.7.3.2.7 Ortsbewegliche Tanks sind so auszulegen, dass sie ohne Verlust ihres Inhalts in der Lage sind, mindestens dem auf ihren Inhalt zurückzuführenden Innendruck sowie den unter normalen Handhabungs- und Beförderungsbedingungen entstehenden statischen, dynamischen und thermischen Belastungen standzuhalten. Aus der Auslegung muss zu erkennen sein, dass die Einflüsse der durch die wiederholte Einwirkung dieser Belastungen während der vorgesehenen Lebensdauer der ortsbeweglichen Tanks verursachte Ermüdung berücksichtigt worden ist.

6.7.3.2.8 Die Tankkörper müssen so ausgelegt sein, dass sie einem äußeren Druck (Überdruck) von mindestens 0,4 bar über dem Innendruck ohne bleibende Verformung standhalten. Wenn der Tankkörper vor dem Befüllen oder während des Entleerens einem bedeutenden Vakuum ausgesetzt ist, muss er so ausgelegt sein, dass er einem äußeren Druck von mindestens 0,9 bar (Überdruck) über dem Innendruck standhält; der Tankkörper muss bei diesem Druck geprüft werden.

6.7.3.2.9 Ortsbewegliche Tanks und ihre Befestigungseinrichtungen müssen bei der höchstzulässigen Beladung in der Lage sein, folgende getrennt einwirkende statische Kräfte aufzunehmen:

a) in Fahrtrichtung: das Zweifache der höchstzulässigen Bruttomasse multipliziert mit der Erdbeschleunigung (g) [5];

b) horizontal, im rechten Winkel zur Fahrtrichtung: die höchstzulässige Bruttomasse (das Zweifache der höchstzulässigen Bruttomasse, wenn die Fahrtrichtung nicht eindeutig bestimmt ist), multipliziert mit der Erdbeschleunigung (g) [5];

c) vertikal aufwärts: die höchstzulässige Bruttomasse multipliziert mit der Erdbeschleunigung (g) [5]; und

d) vertikal abwärts: das Zweifache der höchstzulässigen Bruttomasse (Gesamtbeladung einschließlich Wirkung der Schwerkraft) multipliziert mit der Erdbeschleunigung (g) [5].

6.7.3.2.10 Unter Wirkung jeder der unter Absatz 6.7.3.2.9 genannten Kräfte sind folgende Sicherheitskoeffizienten zu beachten:

a) bei Stählen mit ausgeprägter Streckgrenze ein Sicherheitskoeffizient von 1,5, bezogen auf die garantierte Streckgrenze, oder

b) bei Stählen ohne ausgeprägte Streckgrenze ein Sicherheitskoeffizient von 1,5, bezogen auf die garantierte 0,2-%-Dehngrenze und bei austenitischen Stählen auf die 1-%-Dehngrenze.

6.7.3.2.11 Als Werte für die Streckgrenze oder die Dehngrenze gelten die in nationalen oder internationalen Werkstoffnormen festgelegten Werte. Bei austenitischen Stählen dürfen die in den Werkstoffnormen festgelegten Mindestwerte für die Streckgrenze oder die Dehngrenze um bis zu 15 % erhöht werden, sofern diese höheren Werte im Werkstoffabnahmezeugnis bescheinigt sind. Wenn für den betreffenden Stahl keine Werkstoffnorm existiert, ist der für die Streckgrenze oder die Dehngrenze verwendete Wert von der zuständigen Behörde zu genehmigen.

6.7.3.2.12 Wenn die Tankkörper für die Beförderung von nicht tiefgekühlt verflüssigten Gasen mit einer Wärmeisolierung ausgerüstet sind, muss diese folgenden Vorschriften entsprechen:

a) sie muss aus einem Schutzdach bestehen, das mindestens das obere Drittel, aber höchstens die obere Hälfte der Tankkörperoberfläche bedeckt und von dieser durch eine Luftschicht von etwa 40 mm Dicke getrennt ist;

---

[5] Für Berechnungszwecke gilt: $g = 9{,}81 \, m/s^2$.

6.7 Vorschriften für die Auslegung, den Bau und die Prüfung von ortsbeweglichen Tanks und von UN-Gascontainern mit mehreren Elementen (MEGC)

ADR	RID

b) sie muss aus einer vollständigen Umhüllung von genügender Dicke aus isolierenden Stoffen bestehen, die so geschützt sind, dass eine Aufnahme von Feuchtigkeit und eine Beschädigung unter normalen Beförderungsbedingungen verhindert wird und dass ein Wärmedurchgangskoeffizient von höchstens 0,67 (W·m^{-2}·K^{-1}) erzielt wird;

c) wenn die Schutzummantelung gasdicht verschlossen ist, ist eine Einrichtung vorzusehen, um einen gefährlichen Druck, der sich in der Isolierschicht bei ungenügender Gasdichtheit des Tankkörpers oder seiner Ausrüstungsteile entwickelt, zu verhindern, und

d) die Wärmeisolierung darf den Zugang zu den Zubehörteilen und Entleerungseinrichtungen nicht behindern.

6.7.3.2.13 Ortsbewegliche Tanks, die für die Beförderung nicht tiefgekühlt verflüssigter entzündbarer Gase vorgesehen sind, müssen elektrisch geerdet werden können.

6.7.3.3 Auslegungskriterien

6.7.3.3.1 Die Tankkörper müssen einen kreisförmigen Querschnitt haben.

6.7.3.3.2 Die Tankkörper sind so auszulegen und zu bauen, dass sie einem Prüfdruck von mindestens dem 1,3fachen des Berechnungsdrucks standhalten. Bei der Auslegung des Tankkörpers müssen die in der Anweisung für ortsbewegliche Tanks T 50 in Absatz 4.2.5.2.6 für jedes zur Beförderung vorgesehene nicht tiefgekühlt verflüssigte Gas angegebenen Mindestwerte für den höchstzulässigen Betriebsdruck berücksichtigt werden. Es wird auf die Vorschriften für die Mindestwanddicke der Tankkörper des Unterabschnitts 6.7.3.4 hingewiesen.

6.7.3.3.3 Bei Stählen, die eine ausgeprägte Streckgrenze aufweisen oder die sich durch eine garantierte Dehngrenze auszeichnen (im Allgemeinen 0,2-%-Dehngrenze oder bei austenitischen Stählen 1-%-Dehngrenze), darf die primäre Membranspannung σ des Tankkörpers beim Prüfdruck nicht größer sein als der kleinere der Werte 0,75 Re oder 0,5 Rm, wobei

Re = Streckgrenze in N/mm² oder 0,2-%-Dehngrenze oder bei austenitischen Stählen 1-%-Dehngrenze

Rm = Mindestzugfestigkeit in N/mm².

6.7.3.3.3.1 Die für Re und Rm zu verwendenden Werte sind die in nationalen oder internationalen Werkstoffnormen festgelegten Mindestwerte. Bei austenitischen Stählen dürfen die in den Werkstoffnormen festgelegten Mindestwerte für Re und Rm um bis zu 15 % erhöht werden, sofern diese höheren Werte im Werkstoffabnahmezeugnis bescheinigt sind. Wenn für den betreffenden Stahl keine Werkstoffnorm existiert, sind die für Re und Rm verwendeten Werte von der zuständigen Behörde oder einer von ihr bestimmten Stelle zu genehmigen.

6.7.3.3.3.2 Stähle, die ein Verhältnis Re/Rm von mehr als 0,85 aufweisen, dürfen nicht für den Bau von geschweißten Tankkörpern verwendet werden. Die zur Berechnung dieses Verhältnisses für Re und Rm zu verwendenden Werte sind die im Werkstoffabnahmezeugnis festgelegten Werte.

6.7.3.3.3.3 Stähle, die für den Bau von Tankkörpern verwendet werden, müssen eine Bruchdehnung in % von mindestens 10000/Rm mit einem absoluten Minimum von 16 % für Feinkornstahl und 20 % für andere Stähle aufweisen.

Vorschriften für die Auslegung, den Bau und die Prüfung von ortsbeweglichen Tanks und von UN-Gascontainern mit mehreren Elementen (MEGC)   6.7

ADR	RID

6.7.3.3.3.4 Bei der Bestimmung tatsächlicher Werkstoffwerte ist zu beachten, dass bei Walzblech die Achse des Probestücks für die Zugspannungsprobe im rechten Winkel (quer) zur Walzrichtung liegen muss. Die bleibende Bruchdehnung ist an Probestücken mit rechteckigem Querschnitt gemäß Norm ISO 6892:1998 unter Verwendung einer Messlänge von 50 mm zu messen.

6.7.3.4 **Mindestwanddicke des Tankkörpers**

6.7.3.4.1 Die Mindestwanddicke des Tankkörpers muss dem größten der nachfolgenden Werte entsprechen:

    a) die nach den Vorschriften des Unterabschnitts 6.7.3.4 bestimmte Mindestwanddicke und

    b) die nach dem anerkannten Regelwerk für Druckbehälter unter Berücksichtigung der Vorschriften des Unterabschnitts 6.7.3.3 bestimmte Mindestwanddicke.

Darüber hinaus müssen die in Kapitel 3.2 Tabelle A Spalte 11 angegebenen und in Unterabschnitt 4.2.5.3 beschriebenen anwendbaren Sondervorschriften für ortsbewegliche Tanks berücksichtigt werden.

6.7.3.4.2 Der Mantel, die Böden und die Mannlochdeckel der Tankkörper mit einem Durchmesser von höchstens 1,80 m müssen, wenn sie aus Bezugsstahl sind, mindestens eine Wanddicke von 5 mm oder, wenn sie aus einem anderen Stahl sind, eine gleichwertige Dicke haben. Tankkörper mit einem Durchmesser von mehr als 1,80 m müssen, wenn sie aus Bezugsstahl sind, eine Wanddicke von mindestens 6 mm oder, wenn sie aus einem anderen Stahl sind, eine gleichwertige Dicke haben.

6.7.3.4.3 Die Wanddicke des Mantels, der Böden und der Mannlochdeckel der Tankkörper darf unabhängig vom Werkstoff für den Bau nicht geringer als 4 mm sein.

6.7.3.4.4 Die gleichwertige Wanddicke eines Stahls mit Ausnahme der in Absatz 6.7.3.4.2 vorgeschriebenen Dicke für Bezugsstahl ist mit Hilfe folgender Formel zu bestimmen:

$$e_1 = \frac{21{,}4 \, e_0}{\sqrt[3]{R_{m1} \, A_1}}$$

wobei

e_1 = erforderliche gleichwertige Wanddicke (in mm) des verwendeten Stahls;

e_0 = die in Absatz 6.7.3.4.2 festgelegte Mindestwanddicke (in mm) für Bezugsstahl;

R_{m1} = die garantierte Mindestzugfestigkeit (in N/mm²) des verwendeten Stahls (siehe Absatz 6.7.3.3.3);

A_1 = die garantierte Mindestbruchdehnung (in %) des verwendeten Stahls gemäß den nationalen oder internationalen Normen.

6.7.3.4.5 Die Wanddicke des Tankkörpers darf in keinem Fall geringer sein als die in den Absätzen 6.7.3.4.1 bis 6.7.3.4.3 beschriebenen Werte. Alle Teile des Tankkörpers müssen die in den Absätzen 6.7.3.4.1 bis 6.7.3.4.3 festgelegte Mindestwanddicke haben. In dieser Dicke darf ein eventueller Korrosionszuschlag nicht berücksichtigt sein.

6.7.3.4.6 Bei Verwendung von Baustahl (siehe Unterabschnitt 6.7.3.1) ist eine Berechnung nach der Formel in Absatz 6.7.3.4.4 nicht erforderlich.

6.7.3.4.7 Bei der Verbindung der Tankböden mit dem Tankmantel darf es keine sprunghafte Veränderung in der Blechdicke geben.

6.7	Vorschriften für die Auslegung, den Bau und die Prüfung von ortsbeweglichen Tanks und von UN-Gascontainern mit mehreren Elementen (MEGC)
ADR	**RID**

6.7.3.5 Bedienungsausrüstung

6.7.3.5.1 Die Bedienungsausrüstung ist so anzubringen, dass sie während der Handhabung und Beförderung gegen das Risiko des Abreißens oder der Beschädigung geschützt ist. Wenn die Verbindung zwischen dem Rahmen und dem Tankkörper eine relative Bewegung zwischen den Baugruppen zulässt, muss die Ausrüstung so befestigt sein, dass durch eine solche Bewegung kein Risiko der Beschädigung von Teilen besteht. Die äußeren Entleerungseinrichtungen (Rohranschlüsse, Verschlusseinrichtungen), die innere Absperreinrichtung und ihr Sitz müssen gegen die Gefahr des Abreißens durch äußere Beanspruchungen geschützt sein (beispielsweise durch die Verwendung von Sollbruchstellen). Die Füll- und Entleerungseinrichtungen (einschließlich Flansche oder Schraubverschlüsse) und alle Schutzkappen müssen gegen unbeabsichtigtes Öffnen gesichert werden können.

6.7.3.5.2 Mit Ausnahme von Öffnungen für die Druckentlastungseinrichtungen, Untersuchungsöffnungen und verschlossenen Entlüftungsbohrungen müssen alle Öffnungen mit einem Durchmesser von mehr als 1,5 mm in Tankkörpern von ortsbeweglichen Tanks mit mindestens drei hintereinander liegenden, voneinander unabhängigen Verschlüssen ausgerüstet sein, wobei der erste eine innere Absperreinrichtung, ein Durchflussbegrenzungsventil oder eine gleichwertige Einrichtung, der zweite eine äußere Absperreinrichtung und der dritte ein Blindflansch oder eine gleichwertige Einrichtung ist.

6.7.3.5.2.1 Wenn ein ortsbeweglicher Tank mit einem Durchflussbegrenzungsventil ausgerüstet ist, muss dieses so installiert sein, dass sich sein Sitz innerhalb des Tankkörpers oder innerhalb eines geschweißten Flansches befindet; wenn das Durchflussbegrenzungsventil außerhalb des Tankkörpers angebracht ist, müssen die Halterungen so ausgelegt sein, dass sie bei Stößen wirksam bleiben. Die Durchflussbegrenzungsventile sind so auszuwählen und anzubringen, dass sie sich bei Erreichen der vom Hersteller festgelegten Durchflussmenge selbsttätig schließen. Die Verbindungen oder Zubehörteile, die zu einem solchen Durchflussbegrenzungsventil führen oder von diesem wegführen, müssen einen höheren Durchsatz haben als die Durchflussmenge des Durchflussbegrenzungsventils.

6.7.3.5.3 Bei den Öffnungen für das Füllen und Entleeren muss der erste Verschluss eine innere Absperreinrichtung und der zweite eine Absperreinrichtung sein, die an einer zugänglichen Stelle jedes Auslauf- oder Füllstutzens angebracht ist.

6.7.3.5.4 Bei den Bodenöffnungen für das Befüllen und Entleeren von ortsbeweglichen Tanks für die Beförderung von nicht tiefgekühlt verflüssigten entzündbaren und/oder giftigen Gasen oder von Chemikalien unter Druck muss die innere Absperreinrichtung eine schnellschließende Sicherheitseinrichtung sein, die sich bei einem unbeabsichtigtem Verschieben des ortsbeweglichen Tanks während des Füllens oder Entleerens oder bei Feuereinwirkung selbsttätig schließt. Ausgenommen bei ortsbeweglichen Tanks mit einem Fassungsraum von höchstens 1000 Litern muss das Schließen dieser Einrichtung durch Fernbedienung ausgelöst werden können.

6.7.3.5.5 Zusätzlich zu den Öffnungen für das Befüllen, das Entleeren und den Gasdruckausgleich dürfen die Tankkörper mit Öffnungen für das Anbringen von Flüssigkeitsstandanzeigern, Thermometern und Manometern versehen sein. Die Anschlüsse dieser Instrumente müssen aus geeigneten geschweißten Stutzen oder Taschen bestehen und dürfen keine durch den Tankkörper gehende Schraubanschlüsse sein.

6.7.3.5.6 Alle ortsbeweglichen Tanks sind mit Mannlöchern oder anderen Untersuchungsöffnungen ausreichender Größe auszurüsten, um eine innere Untersuchung und einen ausreichenden Zugang für Wartungs- und Reparaturarbeiten im Inneren zu ermöglichen.

Vorschriften für die Auslegung, den Bau und die Prüfung von ortsbeweglichen Tanks und von UN-Gascontainern mit mehreren Elementen (MEGC)   6.7

ADR	RID

6.7.3.5.7   Die äußeren Bauteile sind soweit wie möglich zu Gruppen zusammenzufassen.

6.7.3.5.8   Jede Verbindung eines ortsbeweglichen Tanks muss eindeutig mit ihrer Funktion gekennzeichnet sein.

6.7.3.5.9   Jede Absperreinrichtung oder sonstige Verschlusseinrichtung ist nach einem Nenndruck auszulegen und zu bauen, der mindestens dem höchstzulässigen Betriebsdruck des Tankkörpers entspricht, wobei die bei der Beförderung voraussichtlich auftretenden Temperaturen zu berücksichtigen sind. Alle Absperreinrichtungen mit einer Gewindespindel müssen sich durch Drehen des Handrades im Uhrzeigersinn schließen. Bei den übrigen Absperreinrichtungen muss die Stellung (offen und geschlossen) und die Drehrichtung für das Schließen eindeutig angezeigt werden. Alle Absperreinrichtungen sind so auszulegen, dass ein unbeabsichtigtes Öffnen verhindert wird.

6.7.3.5.10   Die Rohrleitungen sind so auszulegen, zu bauen und zu montieren, dass das Risiko der Beschädigung infolge thermischer Ausdehnung und Schrumpfung, mechanischer Erschütterung und Vibration vermieden wird. Alle Rohrleitungen müssen aus einem geeigneten metallenen Werkstoff sein. Soweit möglich müssen die Rohrleitungsverbindungen geschweißt sein.

6.7.3.5.11   Verbindungen von Kupferrohrleitungen müssen hartgelötet oder durch eine metallene Verbindung gleicher Festigkeit hergestellt sein. Der Schmelzpunkt des Hartlots darf nicht niedriger als 525 °C sein. Die Verbindungen dürfen die Festigkeit der Rohrleitungen nicht vermindern, wie dies bei Schraubverbindungen der Fall sein kann.

6.7.3.5.12   Der Berstdruck aller Rohrleitungen und Rohrleitungsbauteile darf nicht niedriger sein als der höhere der beiden folgenden Werte: das Vierfache des höchstzulässigen Betriebsdrucks des Tankkörpers oder das Vierfache des Drucks, zu dem es beim Betrieb durch Einwirkung einer Pumpe oder einer anderen Einrichtung (ausgenommen Druckentlastungseinrichtungen) kommen kann.

6.7.3.5.13   Für den Bau von Verschlusseinrichtungen, Ventilen und Zubehörteilen sind verformungsfähige Metalle zu verwenden.

6.7.3.6   **Bodenöffnungen**

6.7.3.6.1   Bestimmte nicht tiefgekühlt verflüssigte Gase dürfen nicht in ortsbeweglichen Tanks mit Bodenöffnungen befördert werden, wenn in der Anweisung für ortsbewegliche Tanks T 50 in Absatz 4.2.5.2.6 angegeben ist, dass Bodenöffnungen nicht zugelassen sind. Unterhalb des Flüssigkeitsspiegels des Tankkörpers dürfen sich keine Öffnungen befinden, wenn der Tankkörper bis zur höchstzulässigen Füllgrenze befüllt ist.

6.7.3.7   **Druckentlastungseinrichtungen**

6.7.3.7.1   Ortsbewegliche Tanks für nicht tiefgekühlt verflüssigte Gase müssen mit einer oder mehreren federbelasteten Druckentlastungseinrichtungen ausgerüstet sein. Die Druckentlastungseinrichtungen müssen sich selbsttätig bei einem Druck öffnen, der nicht geringer sein darf als der höchstzulässige Betriebsdruck, und bei einem Druck von 110 % des höchstzulässigen Betriebsdrucks vollständig geöffnet sein. Diese Einrichtungen müssen sich nach der Entlastung bei einem Druck wieder schließen, der höchstens 10 % unter dem Ansprechdruck liegt, und bei allen niedrigeren Drücken geschlossen bleiben. Bei den Druckentlastungseinrichtungen muss es sich um eine Bauart handeln, die dynamischen Kräften einschließlich Flüssigkeitsschwall standhält. Berstscheiben, die nicht mit einer federbelasteten Druckentlastungseinrichtung in Reihe geschaltet sind, sind nicht zugelassen.

6.7	Vorschriften für die Auslegung, den Bau und die Prüfung von ortsbeweglichen Tanks und von UN-Gascontainern mit mehreren Elementen (MEGC)
ADR	RID

6.7.3.7.2   Die Druckentlastungseinrichtungen müssen so ausgelegt sein, dass keine Fremdstoffe eindringen und keine Gase austreten können und sich kein gefährlicher Überdruck bilden kann.

6.7.3.7.3   Ortsbewegliche Tanks, die für die Beförderung von bestimmten, in der Anweisung für ortsbewegliche Tanks T 50 in Absatz 4.2.5.2.6 genannten nicht tiefgekühlt verflüssigten Gasen vorgesehen sind, müssen mit einer von der zuständigen Behörde genehmigten Druckentlastungseinrichtung ausgerüstet sein. Die Entlastungseinrichtung muss aus einer Berstscheibe bestehen, die einer federbelasteten Druckentlastungseinrichtung vorgeschaltet ist, es sei denn, der ortsbewegliche Tank ist für die Beförderung eines einzigen Stoffes vorgesehen und mit einer genehmigten Druckentlastungseinrichtung aus einem Werkstoff ausgerüstet, der mit dem beförderten Stoff verträglich ist. Zwischen der Berstscheibe und der Druckentlastungseinrichtung ist ein Druckmessgerät oder eine andere geeignete Anzeigeeinrichtung für die Feststellung von Brüchen, Perforationen oder Undichtheiten der Scheibe, durch die das Druckentlastungssystem funktionsunfähig werden kann, anzubringen. Die Berstscheibe muss bei einem Nenndruck, der 10 % über dem Ansprechdruck der Druckentlastungseinrichtung liegt, bersten.

6.7.3.7.4   Bei ortsbeweglichen Tanks, die für die Beförderung verschiedener Gase vorgesehen sind, müssen die Druckentlastungseinrichtungen bei dem Druck öffnen, der in Absatz 6.7.3.7.1 für dasjenige der zur Beförderung im ortsbeweglichen Tank zugelassenen Gase mit dem größten höchstzulässigen Betriebsdruck angegeben ist.

6.7.3.8   **Abblasmenge von Druckentlastungseinrichtungen**

6.7.3.8.1   Die Gesamtabblasmenge der Druckentlastungseinrichtungen bei vollständiger Feuereinwirkung auf den ortsbeweglichen Tank muss ausreichen, damit der Druck (einschließlich Druckakkumulation) im Tankkörper höchstens 120 % des höchstzulässigen Betriebsdrucks beträgt. Um die vorgeschriebene Abblasmenge zu erreichen, sind federbelastete Druckentlastungseinrichtungen zu verwenden. Bei ortsbeweglichen Tanks, die für die Beförderung verschiedener Gase vorgesehen sind, muss die Gesamtabblasmenge der Druckentlastungseinrichtungen für dasjenige der zur Beförderung im ortsbeweglichen Tank zugelassenen Gase berechnet werden, das die höchste Abblasmenge erfordert.

6.7.3.8.1.1   Für die Bestimmung der erforderlichen Gesamtabblasmenge der Entlastungseinrichtungen, die als die Summe der einzelnen Abblasmengen der verschiedenen Einrichtungen angesehen wird, ist die folgende Formel[6] zu verwenden:

$$Q = 12{,}4 \frac{FA^{0{,}82}}{LC} \sqrt{\frac{ZT}{M}},$$

wobei:

Q = die mindestens erforderliche Abblasmenge in Kubikmetern Luft pro Sekunde (m³/s) unter den Normalbedingungen von 1 bar und 0 °C (273 K);

---

[6] Diese Formel gilt nur für nicht tiefgekühlt verflüssigte Gase, deren kritische Temperaturen deutlich über der Temperatur im Akkumulationszustand liegt. Bei Gasen, die eine kritische Temperatur nahe oder unterhalb der Temperatur im Akkumulationszustand haben, sind bei der Bestimmung der Gesamtabblasleistung der Entlastungseinrichtungen die übrigen thermodynamische Eigenschaften des Gases zu berücksichtigen (siehe beispielsweise CGA S-1.2-2003 «Pressure Relief Device Standards – Part 2 – Cargo and Portable Tanks for Compressed Gases» (Normen für Druckentlastungseinrichtungen – Teil 2 – Frachttanks und ortsbewegliche Tanks für verdichtete Gase).

Vorschriften für die Auslegung, den Bau und die Prüfung von ortsbeweglichen Tanks und von UN-Gascontainern mit mehreren Elementen (MEGC) 6.7

ADR	RID

F = ein Koeffizient mit dem folgenden Wert:
für nicht isolierte Tankkörper F = 1;
für isolierte Tankkörper F = U (649 - t)/13,6, aber auf keinen Fall geringer als 0,25, wobei:
U = Wärmedurchgangskoeffizient der Isolierung bei 38 °C in $kW \cdot m^{-2} \cdot K^{-1}$
t = tatsächliche Temperatur des nicht tiefgekühlt verflüssigten Gases beim Befüllen (in °C);
ist diese Temperatur nicht bekannt, t = 15 °C.
Der oben für isolierte Tankkörper angegebene Wert F darf verwendet werden, vorausgesetzt, die Isolierung entspricht den Vorschriften des Absatzes 6.7.3.8.1.2;

A = gesamte Außenoberfläche des Tankkörpers in m^2;

Z = der Gaskompressibilitätsfaktor unter Akkumulationsbedingungen (Abblasbedingungen) (ist dieser Faktor nicht bekannt, Z = 1,0);

T = absolute Temperatur in Kelvin (°C + 273) oberhalb der Druckentlastungseinrichtungen unter Akkumulationsbedingungen (Abblasbedingungen);

L = die latente Verdampfungswärme des flüssigen Stoffes in kJ/kg unter Akkumulationsbedingungen (Abblasbedingungen);

M = Molekülmasse des entlasteten Gases;

C = eine Konstante, die aus einer der folgenden Formeln als Funktion des Verhältnisses k der spezifischen Wärmen abgeleitet wird:

$$k = \frac{c_p}{c_v}$$

wobei:
c_p die spezifische Wärme bei konstantem Druck und
c_v die spezifische Wärme bei konstantem Volumen ist;

<u>wenn k > 1</u>:

$$C = \sqrt{k \left(\frac{2}{k+1}\right)^{\frac{k+1}{k-1}}} \; ;$$

<u>wenn k = 1</u> oder <u>wenn k unbekannt ist</u>:

$$C = \frac{1}{\sqrt{e}} = 0{,}607 \; ,$$

wobei e die mathematische Konstante 2,7183 ist.
C kann auch der folgenden Tabelle entnommen werden:

k	C	k	C	k	C
1,00	0,607	1,26	0,660	1,52	0,704
1,02	0,611	1,28	0,664	1,54	0,707
1,04	0,615	1,30	0,667	1,56	0,710
1,06	0,620	1,32	0,671	1,58	0,713
1,08	0,624	1,34	0,674	1,60	0,716
1,10	0,628	1,36	0,678	1,62	0,719
1,12	0,633	1,38	0,681	1,64	0,722
1,14	0,637	1,40	0,685	1,66	0,725
1,16	0,641	1,42	0,688	1,68	0,728
1,18	0,645	1,44	0,691	1,70	0,731
1,20	0,649	1,46	0,695	2,00	0,770
1,22	0,652	1,48	0,698	2,20	0,793
1,24	0,656	1,50	0,701		

6.7 Vorschriften für die Auslegung, den Bau und die Prüfung von ortsbeweglichen Tanks und von UN-Gascontainern mit mehreren Elementen (MEGC)

ADR	RID

6.7.3.8.1.2 Isolierungssysteme, die zur Reduzierung der Abblasmenge verwendet werden, müssen von der zuständigen Behörde oder einer von ihr bestimmten Stelle genehmigt werden. In jedem Fall müssen die für diesen Zweck genehmigten Isolierungssysteme

    a) bei allen Temperaturen bis 649 °C wirksam bleiben und

    b) mit einem Werkstoff mit einem Schmelzpunkt von mindestens 700 °C ummantelt sein.

6.7.3.9 Kennzeichnung von Druckentlastungseinrichtungen

6.7.3.9.1 Jede Druckentlastungseinrichtung muss mit folgenden Angaben deutlich und dauerhaft gekennzeichnet sein:

    a) der Ansprechdruck (in bar oder kPa);

    b) die zulässige Toleranz für den Entlastungsdruck von federbelasteten Einrichtungen;

    c) die Referenztemperatur, die dem nominalen Berstdruck von Berstscheiben zugeordnet ist;

    d) die nominale Abblasmenge der Einrichtung in Normkubikmetern Luft pro Sekunde (m^3/s) und

▶ 1.6.4.43   e) die Strömungsquerschnitte der federbelasteten Druckentlastungseinrichtungen und Berstscheiben in mm^2;

wenn möglich, ist auch folgende Information anzugeben:

    f) der Name des Herstellers und die entsprechende Registriernummer der Druckentlastungseinrichtung.

6.7.3.9.2 Die auf den Druckentlastungseinrichtungen angegebene nominale Abblasmenge ist nach den Normen ISO 4126-1:2004 und ISO 4126-7:2004 zu bestimmen.

6.7.3.10 Anschlüsse für Druckentlastungseinrichtungen

6.7.3.10.1 Die Anschlüsse für Druckentlastungseinrichtungen müssen ausreichend dimensioniert sein, damit die erforderliche Abblasmenge ungehindert zur Sicherheitseinrichtung gelangen kann. Zwischen dem Tankkörper und den Druckentlastungseinrichtungen dürfen keine Absperreinrichtungen angebracht sein, es sei denn, es sind doppelte Einrichtungen für die Wartung oder für andere Zwecke vorhanden, und die Absperreinrichtungen für die jeweils verwendeten Druckentlastungseinrichtungen sind in geöffneter Stellung verriegelt oder die Absperreinrichtungen sind so miteinander gekoppelt, dass mindestens eine der doppelt vorhandenen Einrichtungen immer in Betrieb und in der Lage ist, die Vorschriften des Unterabschnitts 6.7.3.8 zu erfüllen. In einer Öffnung, die zu einer Lüftungs- oder Druckentlastungseinrichtung führt, dürfen keine Hindernisse vorhanden sein, welche die Strömung vom Tankkörper zu diesen Einrichtungen begrenzen oder unterbrechen könnten. Abblasleitungen der Druckentlastungseinrichtungen müssen, sofern sie verwendet werden, die Dämpfe oder Flüssigkeiten so in die Atmosphäre ableiten, dass nur ein minimaler Gegendruck auf die Druckentlastungseinrichtungen wirkt.

6.7.3.11 Anordnung von Druckentlastungseinrichtungen

6.7.3.11.1 Jede Einlassöffnung der Druckentlastungseinrichtungen muss im Scheitel des Tankkörpers so nahe wie möglich am Schnittpunkt von Längs- und Querachse des Tankkörpers angeordnet sein. Alle Einlassöffnungen der Druckentlastungseinrichtungen müssen sich bei maximalen Füllungsbedingungen in der Dampfphase des Tankkörpers befinden; die Einrichtungen sind so anzuordnen, dass der Dampf ungehindert entweichen kann. Bei nicht tiefgekühlt verflüssigten entzündbaren Gasen muss der entweichende Dampf so vom Tankkörper abgeleitet werden, dass er nicht auf den Tankkörper einwirken kann. Schutzeinrichtungen, die die Strömung des Dampfes umleiten, sind zugelassen, vorausgesetzt, die geforderte Abblasmenge wird dadurch nicht vermindert.

Vorschriften für die Auslegung, den Bau und die Prüfung von ortsbeweglichen Tanks und von UN-Gascontainern mit mehreren Elementen (MEGC)   6.7

ADR	RID

6.7.3.11.2   Es sind Maßnahmen zu treffen, um den Zugang unbefugter Personen zu den Druckentlastungseinrichtungen zu verhindern und die Druckentlastungseinrichtungen bei einem Umkippen des ortsbeweglichen Tanks vor Beschädigung zu schützen.

6.7.3.12   **Füllstandsanzeigevorrichtungen**

6.7.3.12.1   Ein ortsbeweglicher Tank ist, sofern er nicht für das Befüllen nach Masse vorgesehen ist, mit einer oder mehreren Füllstandsanzeigevorrichtungen auszurüsten. Füllstandsanzeiger aus Glas und aus anderen zerbrechlichen Werkstoffen, die direkt mit dem Inhalt des Tankkörpers in Verbindung stehen, dürfen nicht verwendet werden.

6.7.3.13   **Traglager, Rahmen, Hebe- und Befestigungseinrichtungen für ortsbewegliche Tanks**

6.7.3.13.1   Ortsbewegliche Tanks sind mit einem Traglager auszulegen und zu bauen, das eine sichere Auflage während der Beförderung gewährleistet. Die in Absatz 6.7.3.2.9 angegebenen Kräfte und der in Absatz 6.7.3.2.10 angegebene Sicherheitsfaktor müssen dabei berücksichtigt werden. Kufen, Rahmen, Schlitten oder andere ähnliche Konstruktionen sind zugelassen.

6.7.3.13.2   Die von den Anbauten an ortsbeweglichen Tanks (z.B. Schlitten, Rahmen, usw.) sowie von den Hebe- und Befestigungseinrichtungen verursachten kombinierten Spannungen dürfen in keinem Bereich des Tankkörpers zu übermäßigen Spannungen führen. Alle ortsbeweglichen Tanks sind mit dauerhaften Hebe- und Befestigungseinrichtungen auszurüsten. Diese sind vorzugsweise an den Traglagern des ortsbeweglichen Tanks zu montieren, dürfen aber auch an Verstärkungsplatten montiert sein, die an den Auflagepunkten des Tankkörpers befestigt sind.

6.7.3.13.3   Bei der Auslegung von Traglagern und Rahmen müssen die Auswirkungen von Umweltkorrosion berücksichtigt werden.

6.7.3.13.4   Gabeltaschen müssen verschließbar sein. Die Einrichtungen zum Verschließen der Gabeltaschen müssen ein dauerhafter Bestandteil des Rahmens oder dauerhaft am Rahmen befestigt sein. Ortsbewegliche Einkammertanks mit einer Länge von weniger als 3,65 m müssen nicht mit verschließbaren Gabeltaschen ausgerüstet sein, vorausgesetzt:

a) der Tankkörper einschließlich aller Zubehörteile ist gut gegen Stöße der Gabeln des Gabelstaplers geschützt und

b) der Abstand von Mitte zu Mitte der Gabeltaschen ist mindestens halb so groß wie die größte Länge des ortsbeweglichen Tanks.

6.7.3.13.5   Wenn ortsbewegliche Tanks während der Beförderung nicht nach Unterabschnitt 4.2.2.3 geschützt sind, müssen die Tankkörper und die Bedienungsausrüstung gegen Beschädigung durch Längs- oder Querstöße oder Umkippen geschützt sein. Äußere Ausrüstungsteile müssen so geschützt sein, dass ein Austreten des Tankkörperinhalts durch Stöße oder Umkippen des ortsbeweglichen Tanks auf seine Ausrüstungsteile ausgeschlossen ist. Beispiele für Schutzmaßnahmen:

a) Schutz gegen seitliche Stöße, der aus Längsträgern bestehen kann, die den Tankkörper auf beiden Seiten in Höhe der Mittellinie schützen;

b) Schutz des ortsbeweglichen Tanks vor dem Umkippen, der aus Verstärkungsringen oder quer am Rahmen befestigten Stäben bestehen kann;

c) Schutz gegen Stöße von hinten, der aus einer Stoßstange oder einem Rahmen bestehen kann;

d) Schutz des Tankkörpers gegen Beschädigungen durch Stöße oder Umkippen durch Verwendung eines ISO-Rahmens nach ISO 1496-3:1995.

6.7	Vorschriften für die Auslegung, den Bau und die Prüfung von ortsbeweglichen Tanks und von UN-Gascontainern mit mehreren Elementen (MEGC)
ADR	**RID**

6.7.3.14 Baumusterzulassung
▶ 1.6.4.30

6.7.3.14.1 Für jedes neue Baumuster eines ortsbeweglichen Tanks ist durch die zuständige Behörde oder eine von ihr bestimmte Stelle eine Baumusterzulassungsbescheinigung auszustellen. Diese Bescheinigung muss bestätigen, dass ein ortsbeweglicher Tank von der Behörde begutachtet worden ist, für die beabsichtigte Verwendung geeignet ist und den Vorschriften dieses Kapitels und gegebenenfalls den in der Anweisung für ortsbewegliche Tanks T 50 in Absatz 4.2.5.2.6 vorgesehenen Vorschriften für Gase entspricht. Werden die ortsbeweglichen Tanks ohne Änderung in der Bauart in Serie gefertigt, gilt die Bescheinigung für die gesamte Serie. In dieser Bescheinigung ist der Baumusterprüfbericht, die zur Beförderung zugelassenen Gase, die Werkstoffe des Tankkörpers und eine Zulassungsnummer anzugeben. Die Zulassungsnummer muss aus dem Unterscheidungszeichen oder -symbol des Staates, in dem die Zulassung erfolgte, angegeben durch das für Kraftfahrzeuge im internationalen Verkehr verwendete Unterscheidungszeichen [7], und einer Registriernummer bestehen. In der Bescheinigung sind eventuelle alternative Vereinbarungen gemäß Unterabschnitt 6.7.1.2 anzugeben. Eine Baumusterzulassung darf auch für die Zulassung kleinerer ortsbeweglicher Tanks herangezogen werden, die aus Werkstoffen gleicher Art und Dicke, nach derselben Fertigungstechnik, mit identischem Traglager sowie gleichwertigen Verschlüssen und sonstigen Zubehörteilen hergestellt werden.

6.7.3.14.2 Der Baumusterprüfbericht für die Baumusterzulassung muss mindestens folgende Angaben enthalten:

a) die Ergebnisse der in ISO 1496-3:1995 beschriebenen anwendbaren Prüfung des Rahmens;

b) die Ergebnisse der erstmaligen Prüfung nach Absatz 6.7.3.15.3 und

c) soweit anwendbar, die Ergebnisse der Auflaufprüfung nach Absatz 6.7.3.15.1.

6.7.3.15 Prüfung

6.7.3.15.1 Ortsbewegliche Tanks, die der Begriffsbestimmung für Container des Internationalen Übereinkommens über sichere Container (CSC) von 1972 in der jeweils geänderten Fassung entsprechen, dürfen nicht verwendet werden, es sei denn, sie werden erfolgreich qualifiziert, nachdem ein repräsentatives Baumuster jeder Bauart der im Handbuch Prüfungen und Kriterien Teil IV Abschnitt 41 beschriebenen dynamischen Auflaufprüfung unterzogen wurde.

6.7.3.15.2 Der Tankkörper und die Ausrüstungsteile jedes ortsbeweglichen Tanks müssen vor der erstmaligen Inbetriebnahme (erstmalige Prüfung) und danach regelmäßig spätestens alle fünf Jahre (wiederkehrende 5-Jahres-Prüfung) mit einer wiederkehrenden Zwischenprüfung (wiederkehrende 2,5-Jahres-Prüfung) in der Halbzeit zwischen zwei wiederkehrenden 5-Jahres-Prüfungen geprüft werden. Die 2,5-Jahres-Prüfung darf innerhalb von 3 Monaten vor oder nach dem angegebenen Datum durchgeführt werden. Unabhängig von der zuletzt durchgeführten wiederkehrenden Prüfung ist, wenn es sich gemäß Absatz 6.7.3.15.7 als erforderlich erweist, eine außerordentliche Prüfung durchzuführen.

6.7.3.15.3 Die erstmalige Prüfung eines ortsbeweglichen Tanks muss eine Überprüfung der Auslegungsmerkmale, eine innere und äußere Untersuchung des ortsbeweglichen Tanks und seiner Ausrüstungsteile unter Berücksichtigung der zu befördernden nicht tiefgekühlt verflüssigten Gase sowie eine Druckprüfung unter Verwendung der Prüfdrücke des Absatzes 6.7.3.3.2 umfassen. Die Druckprüfung darf als Wasserdruckprüfung oder mit Zustimmung der zuständigen Behörde oder einer von ihr bestimmten Stelle unter

---

[7] Das für Kraftfahrzeuge und Anhänger im internationalen Straßenverkehr verwendete Unterscheidungszeichen des Zulassungsstaates, z.B. gemäß dem Genfer Übereinkommen über den Straßenverkehr von 1949 oder dem Wiener Übereinkommen über den Straßenverkehr von 1968.

Vorschriften für die Auslegung, den Bau und die Prüfung von ortsbeweglichen Tanks und von UN-Gascontainern mit mehreren Elementen (MEGC)   6.7

ADR	RID

Verwendung einer anderen Flüssigkeit oder eines anderen Gases durchgeführt werden. Vor der Inbetriebnahme des ortsbeweglichen Tanks ist eine Dichtheitsprüfung und eine Funktionsprüfung der gesamten Bedienungsausrüstung durchzuführen. Wenn der Tankkörper und seine Ausrüstungsteile getrennt einer Druckprüfung unterzogen worden sind, müssen sie nach dem Zusammenbau gemeinsam einer Dichtheitsprüfung unterzogen werden. Alle Schweißnähte, die den vollen Beanspruchungen im Tankkörper ausgesetzt sind, müssen bei der erstmaligen Prüfung mittels Durchstrahlung, Ultraschall oder einer anderen zerstörungsfreien Methode geprüft werden. Dies gilt nicht für die Ummantelung.

6.7.3.15.4   Die wiederkehrende 5-Jahres-Prüfung muss eine innere und äußere Untersuchung sowie in der Regel eine Wasserdruckprüfung umfassen. Schutzummantelungen, Wärmeisolierungen und dergleichen sind nur soweit zu entfernen, wie es für eine sichere Beurteilung des Zustands des ortsbeweglichen Tanks erforderlich ist. Wenn der Tankkörper und seine Ausrüstungsteile getrennt einer Druckprüfung unterzogen worden sind, müssen sie nach dem Zusammenbau gemeinsam einer Dichtheitsprüfung unterzogen werden.

6.7.3.15.5   Die wiederkehrende 2,5-Jahres-Zwischenprüfung muss mindestens eine innere und äußere Untersuchung des ortsbeweglichen Tanks und seiner Ausrüstungsteile unter Berücksichtigung der zu befördernden nicht tiefgekühlt verflüssigten Gase, eine Dichtheitsprüfung und eine Funktionsprüfung der gesamten Bedienungsausrüstung umfassen. Schutzummantelungen, Wärmeisolierungen und dergleichen sind nur soweit zu entfernen, wie es für eine sichere Beurteilung des Zustands des ortsbeweglichen Tanks erforderlich ist. Bei ortsbeweglichen Tanks, die für die Beförderung eines einzigen nicht tiefgekühlt verflüssigten Gases vorgesehen sind, kann auf die alle zweieinhalb Jahre vorzunehmende innere Untersuchung verzichtet oder durch andere, von der zuständigen Behörde oder der von ihr bestimmten Stelle festgelegte Prüfverfahren ersetzt werden.

6.7.3.15.6   *Prüfung und Befüllung von ortsbeweglichen Tanks nach Ablauf der Frist für die wiederkehrende Prüfung*

6.7.3.15.6.1   Nach Ablauf der Frist für die in Absatz 6.7.3.15.2 vorgeschriebene wiederkehrende 5-Jahres- oder 2,5-Jahres-Prüfung dürfen die ortsbeweglichen Tanks weder befüllt noch zur Beförderung aufgegeben werden. Jedoch dürfen ortsbewegliche Tanks, die vor Ablauf der Frist für die wiederkehrende Prüfung befüllt wurden, innerhalb eines Zeitraums von höchstens drei Monaten nach Ablauf dieser Frist befördert werden. Außerdem dürfen sie nach Ablauf dieser Frist befördert werden:

     a) nach dem Entleeren, jedoch vor dem Reinigen, um sie vor dem Wiederbefüllen der nächsten vorgeschriebenen Prüfung zuzuführen, und

     b) sofern von der zuständigen Behörde nichts anderes vorgesehen ist, innerhalb eines Zeitraums von höchstens sechs Monaten nach Ablauf dieser Frist, um die Rücksendung von gefährlichen Stoffen zur ordnungsgemäßen Entsorgung oder zum ordnungsgemäßen Recycling zu ermöglichen. Im Beförderungspapier muss auf diese Ausnahme hingewiesen werden.

6.7.3.15.6.2   Sofern in Absatz 6.7.3.15.6.1 nichts anderes vorgesehen ist, dürfen ortsbewegliche Tanks, die den Zeitrahmen für ihre geplante wiederkehrende 5-Jahres- oder 2,5-Jahres-Prüfung überschritten haben, nur dann befüllt und zur Beförderung aufgegeben werden, wenn eine neue wiederkehrende 5-Jahres-Prüfung gemäß Absatz 6.7.3.15.4 durchgeführt wird.

6.7.3.15.7   Eine außerordentliche Prüfung ist erforderlich, wenn der ortsbewegliche Tank Anzeichen von Beschädigung, Korrosion, Undichtheit oder anderer auf einen Mangel hinweisende Zustände aufweist, der die Unversehrtheit des ortsbeweglichen Tanks beeinträchtigen könnte. Der Umfang der außerordentlichen Prüfung hängt vom Ausmaß der Beschädigung oder der Verschlechterung des Zustands des ortsbeweglichen Tanks ab. Sie muss mindestens die 2,5-Jahres-Prüfung gemäß Absatz 6.7.3.15.5 umfassen.

6.7 Vorschriften für die Auslegung, den Bau und die Prüfung von ortsbeweglichen Tanks und von UN-Gascontainern mit mehreren Elementen (MEGC)

ADR	RID

6.7.3.15.8 Durch die inneren und äußeren Untersuchungen muss sichergestellt werden, dass:

a) der Tankkörper auf Lochfraß, Korrosion, Abrieb, Beulen, Verformungen, Fehler in Schweißnähten oder andere Zustände einschließlich Undichtheiten geprüft ist, durch die der ortsbewegliche Tank bei der Beförderung unsicher werden könnte. Wenn bei dieser Untersuchung Anzeichen einer Verringerung der Wanddicke festgestellt werden, muss die Wanddicke durch geeignete Messungen überprüft werden;

b) die Rohrleitungen, die Ventile und die Dichtungen auf Korrosion, Defekte oder andere Zustände einschließlich Undichtheiten geprüft sind, durch die der ortsbewegliche Tank beim Befüllen, Entleeren oder der Beförderung unsicher werden könnte;

c) die Einrichtungen, mit denen die Mannlochdeckel festgezogen werden, ordnungsgemäß funktionieren, und diese Deckel oder ihre Dichtungen keine Undichtheiten aufweisen;

d) fehlende oder lose Bolzen oder Muttern bei geflanschten Verbindungen oder Blindflanschen ersetzt oder festgezogen sind;

e) alle Sicherheitseinrichtungen und -ventile frei von Korrosion, Verformung, Beschädigung oder Defekten sind, die ihre normale Funktion behindern könnten. Fernbediente und selbstschließende Verschlusseinrichtungen sind zu betätigen, um ihre ordnungsgemäße Funktion nachzuweisen;

f) auf dem ortsbeweglichen Tank vorgeschriebene Kennzeichen lesbar sind und den anwendbaren Vorschriften entsprechen und

g) der Rahmen, das Traglager und die Hebeeinrichtungen des ortsbeweglichen Tanks sich in einem zufriedenstellenden Zustand befinden.

6.7.3.15.9 Die in den Absätzen 6.7.3.15.1, 6.7.3.15.3, 6.7.3.15.4, 6.7.3.15.5 und 6.7.3.15.7 angegebenen Prüfungen sind von einem von der zuständigen Behörde oder einer von ihr bestimmten Stelle zugelassenen Sachverständigen durchzuführen oder zu beglaubigen. Wenn die Druckprüfung Bestandteil der Prüfung ist, ist diese mit dem auf dem Tankschild des ortsbeweglichen Tanks angegebenen Prüfdruck durchzuführen. Der unter Druck stehende ortsbewegliche Tank ist auf Undichtheiten des Tankkörpers, der Rohrleitungen oder der Ausrüstung zu untersuchen.

6.7.3.15.10 In allen Fällen, in denen Schneid-, Brenn- oder Schweißarbeiten am Tankkörper durchgeführt werden, sind diese Arbeiten von der zuständigen Behörde oder einer von ihr bestimmten Stelle unter Berücksichtigung des für den Bau des Tankkörpers verwendeten Regelwerks für Druckbehälter zu genehmigen. Nach Abschluss der Arbeiten ist eine Druckprüfung mit dem ursprünglichen Prüfdruck durchzuführen.

6.7.3.15.11 Wird eine die Sicherheit gefährdende Fehlerhaftigkeit festgestellt, darf der ortsbewegliche Tank vor der Ausbesserung und dem erfolgreichen Bestehen einer erneuten Prüfung nicht wieder in Betrieb genommen werden.

Vorschriften für die Auslegung, den Bau und die Prüfung von ortsbeweglichen Tanks und von UN-Gascontainern mit mehreren Elementen (MEGC) 6.7

ADR	RID

6.7.3.16 Kennzeichnung

6.7.3.16.1 Jeder ortsbewegliche Tank muss mit einem korrosionsbeständigen Metallschild ausgerüstet sein, das dauerhaft an einer auffallenden und für die Prüfung leicht zugänglichen Stelle angebracht ist. Wenn das Schild aus Gründen der Anordnung von Einrichtungen am ortsbeweglichen Tank nicht dauerhaft am Tankkörper angebracht werden kann, muss der Tankkörper mindestens mit den im Regelwerk für Druckbehälter vorgeschriebenen Informationen gekennzeichnet sein. Auf dem Schild müssen mindestens die folgenden Angaben eingeprägt oder durch ein ähnliches Verfahren angebracht sein:

▶ 1.6.4.37

a) Eigentümerinformationen

  (i) Registriernummer des Eigentümers;

b) Herstellungsinformationen

  (i) Herstellungsland;

  (ii) Herstellungsjahr;

  (iii) Name oder Zeichen des Herstellers;

  (iv) Seriennummer des Herstellers;

c) Zulassungsinformationen

  (i) das Symbol der Vereinten Nationen für Verpackungen ⓤ;
  dieses Symbol darf nur zum Zweck der Bestätigung verwendet werden, dass eine Verpackung, ein flexibler Schüttgut-Container, ein ortsbeweglicher Tank oder ein MEGC den entsprechenden Vorschriften des Kapitels 6.1, 6.2, 6.3, 6.5, 6.6, 6.7 oder 6.11 entspricht;

  (ii) Zulassungsland;

  (iii) für die Baumusterzulassung zugelassene Stelle;

  (iv) Baumusterzulassungsnummer;

  (v) die Buchstaben «AA», wenn das Baumuster nach alternativen Vereinbarungen zugelassen wurde (siehe Unterabschnitt 6.7.1.2);

  (vi) Regelwerk für Druckbehälter, nach dem der Tankkörper ausgelegt wurde;

d) Drücke

  (i) höchstzulässiger Betriebsdruck (in bar oder kPa (Überdruck))[8];

  (ii) Prüfdruck (in bar oder kPa (Überdruck))[8];

  (iii) Datum der erstmaligen Druckprüfung (Monat und Jahr);

  (iv) Identifizierungskennzeichen des Sachverständigen der erstmaligen Druckprüfung;

  (v) äußerer Auslegungsdruck[9] (in bar oder kPa (Überdruck))[8];

e) Temperaturen

  (i) Auslegungstemperaturbereich (in °C)[8];

  (ii) Auslegungsreferenztemperatur (in °C)[8];

---

[8] Die verwendete Einheit ist anzugeben.
[9] Siehe Absatz 6.7.3.2.8.

6.7	Vorschriften für die Auslegung, den Bau und die Prüfung von ortsbeweglichen Tanks und von UN-Gascontainern mit mehreren Elementen (MEGC)
ADR	**RID**

f) Werkstoffe

　(i) Werkstoff(e) des Tankkörpers und Verweis(e) auf Werkstoffnorm(en);

　(ii) gleichwertige Wanddicke für Bezugsstahl (in mm)[8];

g) Fassungsraum

　(i) mit Wasser ausgeliterter Fassungsraum des Tanks bei 20 °C (in Litern)[8];

h) wiederkehrende Prüfungen

　(i) Art der zuletzt durchgeführten wiederkehrenden Prüfung (2,5-Jahres-, 5-Jahres-Prüfung oder außerordentliche Prüfung);

　(ii) Datum der zuletzt durchgeführten wiederkehrenden Prüfung (Monat und Jahr);

　(iii) Prüfdruck (in bar oder kPa (Überdruck))[8] der zuletzt durchgeführten wiederkehrenden Prüfung (sofern anwendbar);

　(iv) Identifizierungskennzeichen der zugelassenen Stelle, welche die letzte Prüfung durchgeführt oder beglaubigt hat.

---

[8] Die verwendete Einheit ist anzugeben.

Vorschriften für die Auslegung, den Bau und die Prüfung von ortsbeweglichen Tanks und von UN-Gascontainern mit mehreren Elementen (MEGC) 6.7

ADR	RID

Abbildung 6.7.3.16.1: Beispiel eines Kennzeichenschilds

Registriernummer des Eigentümers		
HERSTELLUNGSINFORMATIONEN		
Herstellungsland		
Herstellungsjahr		
Hersteller		
Seriennummer des Herstellers		
ZULASSUNGSINFORMATIONEN		
(u n)	Zulassungsland	
	für die Baumusterzulassung zugelassene Stelle	
	Baumusterzulassungsnummer	«AA» *(sofern anwendbar)*
Regelwerk für die Auslegung des Tankkörpers (Druckbehälter-Regelwerk)		
DRÜCKE		
höchstzulässiger Betriebsdruck		bar *oder* kPa
Prüfdruck		bar *oder* kPa
Datum der erstmaligen Druckprüfung:	*(MM/JJJJ)*	Stempel des Sachverständigen:
äußerer Auslegungsdruck		bar *oder* kPa
TEMPERATUREN		
Auslegungstemperaturbereich		°C bis °C
Auslegungsreferenztemperatur		°C
WERKSTOFFE		
Werkstoff(e) des Tankkörpers und Verweis(e) auf Werkstoffnorm(en)		
gleichwertige Wanddicke für Bezugsstahl		mm
FASSUNGSRAUM		
mit Wasser ausgeliterter Fassungsraum des Tanks bei 20 °C		Liter
WIEDERKEHRENDE PRÜFUNGEN		

Art der Prüfung	Prüfdatum	Stempel des Sachverständigen und Prüfdruck[a]	Art der Prüfung	Prüfdatum	Stempel des Sachverständigen und Prüfdruck[a]
	(MM/JJJJ)	bar oder kPa		*(MM/JJJJ)*	bar oder kPa

[a] Prüfdruck (sofern anwendbar).

6.7 Vorschriften für die Auslegung, den Bau und die Prüfung von ortsbeweglichen Tanks und von UN-Gascontainern mit mehreren Elementen (MEGC)

ADR	RID

6.7.3.16.2 Folgende Angaben müssen auf dem ortsbeweglichen Tank selbst oder auf einem am ortsbeweglichen Tank fest angebrachten Metallschild dauerhaft angegeben sein:

Name des Betreibers

Bezeichnung des (der) zur Beförderung zugelassenen nicht tiefgekühlt verflüssigten Gases (Gase)

höchstzulässige Masse der Füllung für jedes zur Beförderung zugelassene nicht tiefgekühlt verflüssigte Gas _____ kg

höchstzulässige Bruttomasse _____ kg

Leermasse (Tara) _____ kg

Anweisung für ortsbewegliche Tanks gemäß Absatz 4.2.5.2.6

Bem. Wegen der Identifizierung der beförderten nicht tiefgekühlt verflüssigten Gase siehe auch Teil 5.

6.7.3.16.3 Wenn ein ortsbeweglicher Tank für die Verwendung auf hoher See ausgelegt und zugelassen ist, muss das Identifizierungsschild mit «OFFSHORE PORTABLE TANK» gekennzeichnet sein.

6.7.4 Vorschriften für die Auslegung, den Bau und die Prüfung von ortsbeweglichen Tanks zur Beförderung von tiefgekühlt verflüssigten Gasen

6.7.4.1 Begriffsbestimmungen

▶ 1.2.1 Für Zwecke dieses Abschnitts gelten folgende Begriffsbestimmungen:

Alternative Vereinbarung: Eine Zulassung, die von der *zuständigen Behörde* für einen *ortsbeweglichen Tank* oder einen *MEGC* ausgestellt wird, der nach technischen Vorschriften oder Prüfmethoden ausgelegt, gebaut und geprüft ist, die von den in diesem Kapitel festgelegten abweichen.

Bauliche Ausrüstung: Die außen am Tankkörper angebrachten Versteifungselemente, Elemente für die Befestigung, den Schutz und die Stabilisierung.

Bedienungsausrüstung: Die Messinstrumente sowie die Füll-, Entleerungs-, Entlüftungs-, Sicherheits-, Druckerzeugungs-, Kühl- und Wärmeisolierungseinrichtungen.

Bezugsstahl: Stahl mit einer Zugfestigkeit von 370 N/mm² und einer Bruchdehnung von 27 %.

Dichtheitsprüfung: Eine Prüfung, bei der der Tankkörper und seine Bedienungsausrüstung unter Verwendung eines Gases mit einem effektiven Innendruck von mindestens 90 % des höchstzulässigen Betriebsdrucks belastet wird.

Haltezeit: Der Zeitraum zwischen der Herstellung des erstmaligen Füllzustandes bis zu dem Zeitpunkt, in dem der Druck durch Wärmezufuhr auf den niedrigsten Ansprechdruck der Druckbegrenzungseinrichtung(en) gestiegen ist.

Höchstzulässige Bruttomasse: Die Summe aus Leermasse des ortsbeweglichen Tanks und der höchsten für die Beförderung zugelassenen Ladung.

Höchstzulässiger Betriebsdruck: Der höchstzulässige effektive Überdruck im Scheitel des Tankkörpers eines befüllten ortsbeweglichen Tanks im Betriebszustand, einschließlich der höchste effektive Druck während des Füllens oder Entleerens.

Mindestauslegungstemperatur: Die Temperatur, die für die Auslegung und den Bau des Tankkörpers verwendet wird und die nicht höher ist als die niedrigste (kälteste) Temperatur (Betriebstemperatur) des Inhalts unter normalen Füll-, Entleerungs- und Beförderungsbedingungen.

Vorschriften für die Auslegung, den Bau und die Prüfung von ortsbeweglichen Tanks und von UN-Gascontainern mit mehreren Elementen (MEGC)   6.7

ADR	RID

Ortsbeweglicher Tank: Ein wärmeisolierter multimodaler Tank mit einem Fassungsraum von mehr als 450 Litern, der mit der für die Beförderung von tiefgekühlt verflüssigten Gasen notwendigen Bedienungsausrüstung und baulichen Ausrüstung ausgestattet ist. Der ortsbewegliche Tank muss befüllt und entleert werden können, ohne dass dazu die bauliche Ausrüstung entfernt werden muss. Er muss außen am Tank angebrachte Elemente zur Stabilisierung besitzen und muss in vollem Zustand angehoben werden können. Er muss hauptsächlich dafür ausgelegt sein, um auf einen Wagen, ein Fahrzeug, | Straßenfahrzeug ein See- oder Binnenschiff verladen werden zu können, und mit Kufen, Trageelementen oder Zubehörteilen ausgerüstet sein, um die mechanische Handhabung zu erleichtern. Straßentankfahrzeuge, Kesselwagen, nicht metallene Tanks, Großpackmittel (IBC), Gasflaschen und Großgefäße gelten nicht als ortsbewegliche Tanks.

Prüfdruck: Der höchste Überdruck im Scheitel des Tankkörpers während der Druckprüfung.

Tank: Eine Konstruktion, die normalerweise

a) entweder aus einer Ummantelung und einem oder mehreren inneren Tankkörpern besteht, wobei der Raum zwischen dem (den) Tankkörper(n) und der Ummantelung luftleer ist (Vakuumisolierung) und ein Wärmeisolationssystem beinhalten kann, oder

b) aus einer Ummantelung und einem inneren Tankkörper mit einer Zwischenschicht aus festem Isoliermaterial (z. B. fester Schaum)

besteht.

Tankkörper: Der Teil des ortsbeweglichen Tanks, der das zu befördernde tiefgekühlt verflüssigte Gas enthält (eigentlicher Tank), einschließlich der Öffnungen und ihrer Verschlüsse, jedoch mit Ausnahme der Bedienungsausrüstung und der äußeren baulichen Ausrüstung.

Ummantelung: Die äußere Abdeckung oder Verkleidung der Isolierung, die Teil des Isolationssystems sein kann.

6.7.4.2 Allgemeine Vorschriften für die Auslegung und den Bau

6.7.4.2.1 Die Tankkörper sind in Übereinstimmung mit den Vorschriften eines von der zuständigen Behörde anerkannten Regelwerks für Druckbehälter auszulegen und zu bauen. Die Tankkörper und Ummantelungen sind aus metallenen verformungsfähigen Werkstoffen herzustellen. Die Ummantelungen sind aus Stahl herzustellen. Nicht metallene Werkstoffe dürfen für die Befestigungseinrichtungen und Anbauten zwischen dem Tankkörper und der Ummantelung verwendet werden, sofern nachgewiesen ist, dass ihre Werkstoffeigenschaften bei der Mindestauslegungstemperatur ausreichend sind. Die Werkstoffe müssen grundsätzlich den nationalen oder internationalen Werkstoffnormen entsprechen. Für geschweißte Tankkörper und Ummantelungen dürfen nur Werkstoffe verwendet werden, deren Schweißbarkeit vollständig nachgewiesen worden ist. Die Schweißnähte müssen fachgerecht ausgeführt sein und volle Sicherheit bieten. Wenn es durch den Herstellungsprozess oder die verwendeten Werkstoffe erforderlich ist, müssen die Tankkörper einer Wärmebehandlung unterzogen werden, um zu gewährleisten, dass die Schweißnähte und die Wärmeeinflusszone eine ausreichende Zähigkeit aufweisen. Bei der Auswahl des Werkstoffes muss die Mindestauslegungstemperatur bezüglich des Risikos von Sprödbruch, Wasserstoffversprödung, Spannungsrisskorrosion und Schlagfestigkeit des Werkstoffes berücksichtigt werden. Bei Verwendung von Feinkornstahl darf nach den Werkstoffspezifikationen der garantierte Wert der Streckgrenze nicht größer als 460 N/mm^2 und der garantierte Wert für die obere Grenze der Zugfestigkeit nicht größer als 725 N/mm^2 sein. Die Werkstoffe des ortsbeweglichen Tanks müssen für die äußeren Umgebungsbedingungen, die während der Beförderung auftreten können, geeignet sein.

6.7 Vorschriften für die Auslegung, den Bau und die Prüfung von ortsbeweglichen Tanks und von UN-Gascontainern mit mehreren Elementen (MEGC)

ADR	RID

6.7.4.2.2 Alle Teile eines ortsbeweglichen Tanks, einschließlich Ausrüstungsteile, Dichtungen und Rohrleitungen, von denen normalerweise davon ausgegangen werden kann, dass sie mit dem beförderten tiefgekühlt verflüssigten Gas in Berührung kommen, müssen mit diesem verträglich sein.

6.7.4.2.3 Der Kontakt zwischen verschiedenen Metallen, der zu Schäden durch Kontaktkorrosion führen könnte, ist zu vermeiden.

6.7.4.2.4 Das Wärmeisolierungssystem muss eine vollständige Umhüllung des (der) Tankkörpers (Tankkörper) mit wirksamen Isolationswerkstoffen umfassen. Die äußere Isolierung ist mit einer Ummantelung zu schützen, um eine Aufnahme von Feuchtigkeit und eine Beschädigung unter normalen Beförderungsbedingungen zu verhindern.

6.7.4.2.5 Ist eine Ummantelung gasdicht verschlossen, ist eine Einrichtung vorzusehen, um einen gefährlichen Druck, der sich in der Isolierschicht entwickelt, zu verhindern.

6.7.4.2.6 Ortsbewegliche Tanks, die für die Beförderung von tiefgekühlt verflüssigten Gasen mit einem Siedepunkt unter –182 °C bei atmosphärischen Druck vorgesehen sind, dürfen keine Werkstoffe enthalten, die mit Sauerstoff oder einer mit Sauerstoff angereicherten Umgebung gefährlich reagieren können, wenn sich diese Werkstoffe in der Wärmeisolierung befinden und das Risiko besteht, dass sie mit Sauerstoff oder mit Sauerstoff angereicherter Flüssigkeit in Berührung kommen.

6.7.4.2.7 Die Isolierwerkstoffe dürfen sich während des Betriebs qualitativ nicht übermäßig verschlechtern.

6.7.4.2.8 Für jedes zur Beförderung in ortsbeweglichen Tanks vorgesehene tiefgekühlt verflüssigte Gas ist eine Referenzhaltezeit zu bestimmen.

6.7.4.2.8.1 Die Referenzhaltezeit ist nach einer von der zuständigen Behörde anerkannten Methode auf der Grundlage folgender Faktoren zu bestimmen:
a) die nach Absatz 6.7.4.2.8.2 bestimmte Wirksamkeit des Isolierungssystems;
b) der niedrigste Ansprechdruck der Druckbegrenzungseinrichtung(en);
c) die ursprünglichen Füllbedingungen;
d) eine angenommen Umgebungstemperatur von 30 °C;
e) die physikalischen Eigenschaften der einzelnen, für die Beförderung vorgesehenen tiefgekühlt verflüssigten Gase.

6.7.4.2.8.2 Die Wirksamkeit des Isolierungssystems (Wärmezufuhr in Watt) ist durch eine Typprüfung des ortsbeweglichen Tanks nach einem von der zuständigen Behörde anerkannten Verfahren zu prüfen. Diese Prüfung muss umfassen:
a) entweder eine Konstantdruckprüfung (zum Beispiel bei atmosphärischem Druck), bei der über einen bestimmten Zeitraum der Verlust an tiefgekühlt verflüssigtem Gas gemessen wird;
b) oder eine Prüfung im geschlossenen System, bei der über einen bestimmten Zeitraum der Druckanstieg im Tankkörper gemessen wird.

Bei der Durchführung der Konstantdruckprüfung sind Schwankungen des atmosphärischen Drucks zu berücksichtigen. Bei beiden Prüfungen sind Korrekturen für eventuelle Abweichungen der Umgebungstemperatur vom angenommenen Referenzwert von 30 °C für die Umgebungstemperatur vorzunehmen.

Bem. Wegen der Bestimmung der tatsächlichen Haltezeit vor jeder Beförderung siehe Unterabschnitt 4.2.3.7.

Vorschriften für die Auslegung, den Bau und die Prüfung von ortsbeweglichen Tanks und von UN-Gascontainern mit mehreren Elementen (MEGC) — 6.7

ADR	RID

6.7.4.2.9 Die Ummantelung eines vakuumisolierten doppelwandigen Tanks muss entweder einen nach einem anerkannten technischen Regelwerk berechneten äußeren Berechnungsdruck von mindestens 100 kPa (1 bar) (Überdruck) oder einen berechneten kritischen Einbeuldruck von mindestens 200 kPa (2 bar) (Überdruck) haben. Bei der Berechnung der Widerstandsfähigkeit der Ummantelung gegenüber dem äußeren Druck dürfen innere und äußere Verstärkungen einbezogen werden.

6.7.4.2.10 Ortsbewegliche Tanks sind mit einem Traglager, das eine sichere Auflage während der Beförderung gewährleistet, und mit geeigneten Hebe- und Befestigungseinrichtungen auszulegen und zu bauen.

6.7.4.2.11 Ortsbewegliche Tanks sind so auszulegen, dass sie ohne Verlust ihres Inhalts in der Lage sind, mindestens dem auf ihren Inhalt zurückzuführenden Innendruck sowie den unter normalen Handhabungs- und Beförderungsbedingungen entstehenden statischen, dynamischen und thermischen Belastungen standzuhalten. Aus der Auslegung muss zu erkennen sein, dass die Einflüsse der durch die wiederholte Einwirkung dieser Belastungen während der vorgesehenen Lebensdauer der ortsbeweglichen Tanks verursachte Ermüdung berücksichtigt worden ist.

6.7.4.2.12 Ortsbewegliche Tanks und ihre Befestigungseinrichtungen müssen bei der höchstzulässigen Beladung in der Lage sein, folgende getrennt einwirkende statische Kräfte aufzunehmen:

a) in Fahrtrichtung: das Zweifache der höchstzulässigen Bruttomasse multipliziert mit der Erdbeschleunigung (g) [10];

b) horizontal, im rechten Winkel zur Fahrtrichtung: die höchstzulässige Bruttomasse (das Zweifache der höchstzulässigen Bruttomasse, wenn die Fahrtrichtung nicht eindeutig bestimmt ist), multipliziert mit der Erdbeschleunigung (g) [10];

c) vertikal aufwärts: die höchstzulässige Bruttomasse multipliziert mit der Erdbeschleunigung (g) [10]; und

d) vertikal abwärts: das Zweifache der höchstzulässigen Bruttomasse (Gesamtbeladung einschließlich Wirkung der Schwerkraft) multipliziert mit der Erdbeschleunigung (g) [10].

6.7.4.2.13 Unter Wirkung jeder der unter Absatz 6.7.4.2.12 genannten Kräfte sind folgende Sicherheitskoeffizienten zu beachten:

a) bei Werkstoffen mit ausgeprägter Streckgrenze ein Sicherheitskoeffizient von 1,5, bezogen auf die garantierte Streckgrenze, oder

b) bei Werkstoffen ohne ausgeprägte Streckgrenze ein Sicherheitskoeffizient von 1,5, bezogen auf die garantierte 0,2 %-Dehngrenze und bei austenitischen Stählen auf die 1 %-Dehngrenze.

---

[10] Für Berechnungszwecke gilt: $g = 9{,}81\ m/s^2$.

6.7 Vorschriften für die Auslegung, den Bau und die Prüfung von ortsbeweglichen Tanks und von UN-Gascontainern mit mehreren Elementen (MEGC)

ADR	RID

6.7.4.2.14 Als Werte für die Streckgrenze oder die Dehngrenze gelten die in nationalen oder internationalen Werkstoffnormen festgelegten Werte. Bei austenitischen Stählen dürfen die in den Werkstoffnormen festgelegten Mindestwerte für die Streckgrenze oder die Dehngrenze um bis zu 15 % erhöht werden, sofern diese höheren Werte im Werkstoffabnahmezeugnis bescheinigt sind. Wenn für das betreffende Metall keine Werkstoffnorm existiert oder wenn nicht metallene Werkstoffe verwendet werden, ist der für die Streckgrenze oder die Dehngrenze verwendete Wert von der zuständigen Behörde zu genehmigen.

6.7.4.2.15 Ortsbewegliche Tanks, die für die Beförderung tiefgekühlt verflüssigter entzündbarer Gase vorgesehen sind, müssen elektrisch geerdet werden können.

6.7.4.3 Auslegungskriterien

6.7.4.3.1 Die Tankkörper müssen einen kreisförmigen Querschnitt haben.

6.7.4.3.2 Die Tankkörper sind so auszulegen und zu bauen, dass sie einem Prüfdruck von mindestens dem 1,3fachen des höchstzulässigen Betriebsdrucks standhalten. Bei vakuumisolierten Tanks darf der Prüfdruck nicht geringer sein als die 1,3fache Summe aus höchstzulässigem Betriebsdruck und 100 kPa (1 bar). Der Prüfdruck darf auf keinen Fall geringer sein als 300 kPa (3 bar) (Überdruck). Es wird auf die Vorschriften für die Mindestwanddicke der Tankkörper der Absätze 6.7.4.4.2 bis 6.7.4.4.7 hingewiesen.

6.7.4.3.3 Bei Metallen, die eine ausgeprägte Streckgrenze aufweisen oder die sich durch eine garantierte Dehngrenze auszeichnen (im Allgemeinen 0,2-%-Dehngrenze oder bei austenitischen Stählen 1-%-Dehngrenze), darf die primäre Membranspannung σ des Tankkörpers beim Prüfdruck nicht größer sein als der kleinere der Werte 0,75 Re oder 0,5 Rm, wobei

Re = Streckgrenze in N/mm² oder 0,2-%-Dehngrenze oder bei austenitischen Stählen 1-%-Dehngrenze

Rm = Mindestzugfestigkeit in N/mm².

6.7.4.3.3.1 Die für Re und Rm zu verwendenden Werte sind die in nationalen oder internationalen Werkstoffnormen festgelegten Mindestwerte. Bei austenitischen Stählen dürfen die in den Werkstoffnormen festgelegten Mindestwerte für Re und Rm um bis zu 15 % erhöht werden, sofern diese höheren Werte im Werkstoffabnahmezeugnis bescheinigt sind. Wenn für das betreffende Metall keine Werkstoffnorm existiert, sind die für Re und Rm verwendeten Werte von der zuständigen Behörde oder einer von ihr bestimmten Stelle zu genehmigen.

6.7.4.3.3.2 Stähle, die ein Verhältnis Re/Rm von mehr als 0,85 aufweisen, dürfen nicht für den Bau von geschweißten Tankkörpern verwendet werden. Die zur Berechnung dieses Verhältnisses für Re und Rm zu verwendenden Werte sind die im Werkstoffabnahmezeugnis festgelegten Werte.

6.7.4.3.3.3 Stähle, die für den Bau von Tankkörpern verwendet werden, müssen eine Bruchdehnung in % von mindestens 10000/Rm mit einem absoluten Minimum von 16 % für Feinkornstahl und 20 % für andere Stähle aufweisen. Aluminium und Aluminiumlegierungen, die für den Bau von Tankkörpern verwendet werden, müssen eine Bruchdehnung in % von mindestens 10000/6Rm mit einem absoluten Minimum von 12 % aufweisen.

Vorschriften für die Auslegung, den Bau und die Prüfung von ortsbeweglichen Tanks und von UN-Gascontainern mit mehreren Elementen (MEGC)   6.7

ADR	RID

6.7.4.3.3.4   Bei der Bestimmung tatsächlicher Werkstoffwerte ist zu beachten, dass bei Walzblech die Achse des Probestücks für die Zugspannungsprobe im rechten Winkel (quer) zur Walzrichtung liegen muss. Die bleibende Bruchdehnung ist an Probestücken mit rechteckigem Querschnitt gemäß Norm ISO 6892:1998 unter Verwendung einer Messlänge von 50 mm zu messen.

6.7.4.4   **Mindestwanddicke des Tankkörpers**

6.7.4.4.1   Die Mindestwanddicke des Tankkörpers muss dem größten der nachfolgenden Werte entsprechen:

    a) die nach den Vorschriften der Absätze 6.7.4.4.2 bis 6.7.4.4.7 bestimmte Mindestwanddicke und

    b) die nach dem anerkannten Regelwerk für Druckbehälter unter Berücksichtigung der Vorschriften des Unterabschnitts 6.7.4.3 bestimmte Mindestwanddicke.

6.7.4.4.2   Tankkörper mit einem Durchmesser von höchstens 1,80 m müssen, wenn sie aus Bezugsstahl sind, mindestens eine Wanddicke von 5 mm oder, wenn sie aus einem anderen Metall sind, eine gleichwertige Dicke haben. Tankkörper mit einem Durchmesser von mehr als 1,80 m müssen, wenn sie aus Bezugsstahl sind, eine Wanddicke von mindestens 6 mm oder, wenn sie aus einem anderen Metall sind, eine gleichwertige Dicke haben.

6.7.4.4.3   Tankkörper von vakuumisolierten Tanks mit einem Durchmesser von höchstens 1,80 m müssen, wenn sie aus Bezugsstahl sind, mindestens eine Wanddicke von 3 mm oder, wenn sie aus einem anderen Metall sind, eine gleichwertige Dicke haben. Tankkörper mit einem Durchmesser von mehr als 1,80 m müssen, wenn sie aus Bezugsstahl sind, eine Wanddicke von mindestens 4 mm oder, wenn sie aus einem anderen Metall sind, eine gleichwertige Dicke haben.

6.7.4.4.4   Bei vakuumisolierten Tanks muss die Gesamtwanddicke der Ummantelung und des Tankkörpers der in Absatz 6.7.4.4.2 vorgeschriebenen Mindestwanddicke entsprechen, wobei die Wanddicke des Tankkörpers selbst nicht geringer sein darf als die in Absatz 6.7.4.4.3 vorgeschriebene Mindestwanddicke.

6.7.4.4.5   Unabhängig vom verwendeten Werkstoff, darf die Wanddicke eines Tankkörpers nicht geringer sein als 3 mm.

6.7.4.4.6   Die gleichwertige Wanddicke eines Metalls mit Ausnahme der in den Absätzen 6.7.4.4.2 und 6.7.4.4.3 vorgeschriebenen Dicke für Bezugsstahl ist mit Hilfe folgender Formel zu bestimmen:

$$e_1 = \frac{21{,}4\, e_0}{\sqrt[3]{Rm_1\, A_1}}$$

wobei

e_1 = erforderliche gleichwertige Wanddicke (in mm) des verwendeten Metalls;

e_0 = die in den Absätzen 6.7.4.4.2 und 6.7.4.4.3 festgelegte Mindestwanddicke (in mm) für Bezugsstahl;

Rm_1 = die garantierte Mindestzugfestigkeit (in N/mm^2) des verwendeten Metalls (siehe Absatz 6.7.4.3.3);

A_1 = die garantierte Mindestbruchdehnung (in %) des verwendeten Metalls gemäß den nationalen oder internationalen Normen.

6.7	Vorschriften für die Auslegung, den Bau und die Prüfung von ortsbeweglichen Tanks und von UN-Gascontainern mit mehreren Elementen (MEGC)
ADR	**RID**

6.7.4.4.7 Die Wanddicke des Tankkörpers darf in keinem Fall geringer sein als die in den Absätzen 6.7.4.4.1 bis 6.7.4.4.5 beschriebenen Werte. Alle Teile des Tankkörpers müssen die in den Absätzen 6.7.4.4.1 bis 6.7.4.4.6 festgelegte Mindestwanddicke haben. In dieser Dicke darf ein eventueller Korrosionszuschlag nicht berücksichtigt sein.

6.7.4.4.8 Bei der Verbindung der Tankböden mit dem Tankmantel darf es keine sprunghafte Veränderung in der Blechdicke geben.

6.7.4.5 Bedienungsausrüstung

6.7.4.5.1 Die Bedienungsausrüstung ist so anzubringen, dass sie während der Handhabung und Beförderung gegen das Risiko des Abreißens oder der Beschädigung geschützt ist. Wenn die Verbindung zwischen dem Rahmen und dem Tank oder der Ummantelung und dem Tankkörper eine relative Bewegung zwischen den Baugruppen zulässt, muss die Ausrüstung so befestigt sein, dass durch eine solche Bewegung kein Risiko der Beschädigung von Teilen besteht. Die äußeren Entleerungseinrichtungen (Rohranschlüsse, Verschlusseinrichtungen), die Absperreinrichtung und ihr Sitz müssen gegen die Gefahr des Abreißens durch äußere Beanspruchungen geschützt sein (beispielsweise durch die Verwendung von Sollbruchstellen). Die Füll- und Entleerungseinrichtungen (einschließlich Flansche oder Schraubverschlüsse) und alle Schutzkappen müssen gegen unbeabsichtigtes Öffnen gesichert werden können.

6.7.4.5.2 Jede Füll- und Entleerungsöffnung in einem für die Beförderung von tiefgekühlt verflüssigten entzündbaren Gasen verwendeten ortsbeweglichen Tank muss mit mindestens drei hintereinander liegenden und voneinander unabhängigen Verschlüssen ausgerüstet sein, wobei der erste eine so nah wie möglich an der Ummantelung angebrachte Absperreinrichtung, der zweite eine Absperreinrichtung und der dritte ein Blindflansch oder eine gleichwertige Einrichtung sein muss. Bei dem am dichtesten zur Ummantelung angebrachten Verschluss muss es sich um eine schnellschließende Einrichtung handeln, die selbsttätig schließt, wenn der ortsbewegliche Tank beim Füllen oder Entleeren oder bei einer Feuereinwirkung unbeabsichtigt bewegt wird. Diese Einrichtung muss auch fernbedienbar sein.

6.7.4.5.3 Jede Füll- und Entleerungsöffnung in einem für die Beförderung von tiefgekühlt verflüssigten nicht entzündbaren Gasen verwendeten ortsbeweglichen Tank muss mit mindestens zwei hintereinander liegenden und voneinander unabhängigen Verschlüssen ausgerüstet sein, wobei der erste eine so nah wie möglich an der Ummantelung angebrachte Absperreinrichtung und der zweite ein Blindflansch oder eine gleichwertige Einrichtung sein muss.

6.7.4.5.4 Bei Rohrleitungsabschnitten, die beidseitig geschlossen werden können und in denen Flüssigkeit eingeschlossen sein kann, muss ein System zur selbsttätigen Druckentlastung vorgesehen sein, um einen übermäßigen Druckaufbau innerhalb der Rohrleitung zu verhindern.

6.7.4.5.5 Bei vakuumisolierten Tanks sind keine Untersuchungsöffnungen erforderlich.

6.7.4.5.6 Die äußeren Bauteile sind soweit wie möglich zu Gruppen zusammenzufassen.

6.7.4.5.7 Jede Verbindung eines ortsbeweglichen Tanks muss eindeutig mit ihrer Funktion gekennzeichnet sein.

Vorschriften für die Auslegung, den Bau und die Prüfung von ortsbeweglichen Tanks und von UN-Gascontainern mit mehreren Elementen (MEGC)   6.7

ADR	RID

6.7.4.5.8 Jede Absperreinrichtung oder sonstige Verschlusseinrichtung ist nach einem Nenndruck auszulegen und zu bauen, der mindestens dem höchstzulässigen Betriebsdruck des Tankkörpers entspricht, wobei die bei der Beförderung voraussichtlich auftretenden Temperaturen zu berücksichtigen sind. Alle Absperreinrichtungen mit einer Gewindespindel müssen sich durch Drehen des Handrades im Uhrzeigersinn schließen. Bei den übrigen Absperreinrichtungen muss die Stellung (offen und geschlossen) und die Drehrichtung für das Schließen eindeutig angezeigt werden. Alle Absperreinrichtungen sind so auszulegen, dass ein unbeabsichtigtes Öffnen verhindert wird.

6.7.4.5.9 Werden druckaufbauende Einrichtungen verwendet, müssen die Flüssigkeits- und Dampfverbindungen zu dieser Einrichtung so nah wie möglich an der Ummantelung mit einem Ventil versehen sein, um bei Schäden an der druckaufbauenden Einrichtung den Verlust von Füllgut zu verhindern.

6.7.4.5.10 Die Rohrleitungen sind so auszulegen, zu bauen und zu montieren, dass das Risiko der Beschädigung infolge thermischer Ausdehnung und Schrumpfung, mechanischer Erschütterung und Vibration vermieden wird. Alle Rohrleitungen müssen aus einem geeigneten Werkstoff sein. Um durch Feuer verursachte Undichtheiten zu verhindern, dürfen zwischen der Ummantelung und der Verbindung zum ersten Verschluss einer Auslauföffnung nur Stahlrohrleitungen und geschweißte Verbindungen verwendet werden. Die Methode für die Befestigung des Verschlusses an diese Verbindung muss den Anforderungen der zuständigen Behörde oder einer von ihr bestimmten Stelle genügen. An anderen Stellen müssen Rohrleitungsverbindungen, soweit erforderlich, geschweißt sein.

6.7.4.5.11 Verbindungen von Kupferrohrleitungen müssen hartgelötet oder durch eine metallene Verbindung gleicher Festigkeit hergestellt sein. Der Schmelzpunkt des Hartlots darf nicht niedriger als 525 °C sein. Die Verbindungen dürfen die Festigkeit der Rohrleitungen nicht vermindern, wie dies bei Schraubverbindungen der Fall sein kann.

6.7.4.5.12 Die für den Bau von Ventilen und Zubehörteilen verwendeten Werkstoffe müssen bei der niedrigsten Betriebstemperatur des ortsbeweglichen Tanks zufriedenstellende Eigenschaften aufweisen.

6.7.4.5.13 Der Berstdruck aller Rohrleitungen und Rohrleitungsbauteile darf nicht niedriger sein als der höhere der beiden folgenden Werte: das Vierfache des höchstzulässigen Betriebsdrucks des Tankkörpers oder das Vierfache des Drucks, zu dem es beim Betrieb durch Einwirkung einer Pumpe oder einer anderen Einrichtung (ausgenommen Druckentlastungseinrichtungen) kommen kann.

6.7.4.6 Druckentlastungseinrichtungen

6.7.4.6.1 Jeder Tankkörper muss mit mindestens zwei voneinander unabhängigen federbelasteten Druckentlastungseinrichtungen ausgerüstet sein. Die Druckentlastungseinrichtungen müssen sich selbsttätig bei einem Druck öffnen, der nicht geringer sein darf als der höchstzulässige Betriebsdruck, und bei einem Druck von 110 % des höchstzulässigen Betriebsdrucks vollständig geöffnet sein. Diese Einrichtungen müssen sich nach der Entlastung bei einem Druck wieder schließen, der höchstens 10 % unter dem Ansprechdruck liegt, und bei allen niedrigeren Drücken geschlossen bleiben. Bei den Druckentlastungseinrichtungen muss es sich um eine Bauart handeln, die dynamischen Kräften einschließlich Flüssigkeitsschwall standhält.

6.7.4.6.2 Tankkörper für tiefgekühlt verflüssigte nicht entzündbare Gase und Wasserstoff dürfen, wie in den Absätzen 6.7.4.7.2 und 6.7.4.7.3 angegeben, parallel zu den federbelasteten Einrichtungen zusätzlich mit Berstscheiben versehen sein.

6.7 Vorschriften für die Auslegung, den Bau und die Prüfung von ortsbeweglichen Tanks und von UN-Gascontainern mit mehreren Elementen (MEGC)

ADR	RID

6.7.4.6.3 Die Druckentlastungseinrichtungen müssen so ausgelegt sein, dass keine Fremdstoffe eindringen und keine Gase austreten können und sich kein gefährlicher Überdruck bilden kann.

6.7.4.6.4 Druckentlastungseinrichtungen müssen von der zuständigen Behörde oder einer von ihr bestimmten Stelle genehmigt werden.

6.7.4.7 Abblasmenge und Einstellung von Druckentlastungseinrichtungen

6.7.4.7.1 Bei Verlust des Vakuums in einem vakuumisolierten Tankkörper oder bei Verlust von 20 % der Isolierung eines mit festen Werkstoffen isolierten Tanks, muss die Gesamtabblasmenge aller eingebauten Druckentlastungseinrichtungen ausreichend sein, damit der Druck (einschließlich Druckanstieg) im Tankkörper 120 % des höchstzulässigen Betriebsdrucks nicht übersteigt.

6.7.4.7.2 Bei tiefgekühlt verflüssigten nicht entzündbaren Gasen (ausgenommen Sauerstoff) und bei Wasserstoff darf diese Abblasmenge durch die Verwendung von Berstscheiben parallel zu den vorgeschriebenen Sicherheitseinrichtungen gewährleistet werden. Berstscheiben müssen bei einem Nenndruck, der gleich dem Prüfdruck des Tankkörpers ist, bersten.

6.7.4.7.3 Unter den in den Absätzen 6.7.4.7.1 und 6.7.4.7.2 beschriebenen Umständen in Verbindung mit einer vollständigen Feuereinwirkung muss die Gesamtabblasmenge aller eingebauten Druckentlastungseinrichtungen ausreichend sein, um den Druck im Tankkörper auf den Prüfdruck zu begrenzen.

6.7.4.7.4 Die erforderliche Abblasmenge der Entlastungseinrichtungen ist nach einem von der zuständigen Behörde anerkannten bewährten technischen Regelwerk zu berechnen. [11]

6.7.4.8 Kennzeichnung von Druckentlastungseinrichtungen

6.7.4.8.1 Jede Druckentlastungseinrichtung muss mit folgenden Angaben deutlich und dauerhaft gekennzeichnet sein:

a) der Ansprechdruck (in bar oder kPa);

b) die zulässige Toleranz für den Entlastungsdruck von federbelasteten Einrichtungen;

c) die Referenztemperatur, die dem nominalen Berstdruck von Berstscheiben zugeordnet ist;

d) die nominale Abblasmenge der Einrichtung in Normkubikmetern Luft pro Sekunde (m^3/s) und

▶ 1.6.4.43 e) die Strömungsquerschnitte der federbelasteten Druckentlastungseinrichtungen und Berstscheiben in mm^2;

wenn möglich, ist auch folgende Information anzugeben:

f) der Name des Herstellers und die entsprechende Registriernummer der Druckentlastungseinrichtung.

6.7.4.8.2 Die auf den Druckentlastungseinrichtungen angegebene nominale Abblasmenge ist nach den Normen ISO 4126-1:2004 und ISO 4126-7:2004 zu bestimmen.

---

[11] Siehe zum Beispiel CGA S-1.2-2003 «Pressure Relief Device Standards – Part 2 – Cargo and Portable Tanks for Compressed Gases» (Normen für Druckentlastungseinrichtungen – Teil 2 – Frachttanks und ortsbewegliche Tanks für verdichtete Gase).

Vorschriften für die Auslegung, den Bau und die Prüfung von ortsbeweglichen Tanks und von UN-Gascontainern mit mehreren Elementen (MEGC) 6.7

ADR	RID

6.7.4.9 Anschlüsse für Druckentlastungseinrichtungen

6.7.4.9.1 Die Anschlüsse für Druckentlastungseinrichtungen müssen ausreichend dimensioniert sein, damit die erforderliche Abblasmenge ungehindert zur Sicherheitseinrichtung gelangen kann. Zwischen dem Tankkörper und den Druckentlastungseinrichtungen dürfen keine Absperreinrichtungen angebracht sein, es sei denn, es sind doppelte Einrichtungen für die Wartung oder für andere Zwecke vorhanden, und die Absperreinrichtungen für die jeweils verwendeten Druckentlastungseinrichtungen sind in geöffneter Stellung verriegelt oder die Absperreinrichtungen sind so miteinander gekoppelt, dass die Vorschriften des Unterabschnitts 6.7.4.7 immer erfüllt sind. In einer Öffnung, die zu einer Lüftungs- oder Druckentlastungseinrichtung führt, dürfen keine Hindernisse vorhanden sein, welche die Strömung vom Tankkörper zu diesen Einrichtungen begrenzen oder unterbrechen könnten. Rohrleitungen zur Ableitung des Dampfes oder der Flüssigkeit aus dem Auslass der Druckentlastungseinrichtungen müssen, sofern sie verwendet werden, die Dämpfe oder Flüssigkeiten so in die Atmosphäre ableiten, dass nur ein minimaler Gegendruck auf die Druckentlastungseinrichtungen wirkt.

6.7.4.10 Anordnung von Druckentlastungseinrichtungen

6.7.4.10.1 Jede Einlassöffnung der Druckentlastungseinrichtungen muss im Scheitel des Tankkörpers so nahe wie möglich am Schnittpunkt von Längs- und Querachse des Tankkörpers angeordnet sein. Alle Einlassöffnungen der Druckentlastungseinrichtungen müssen sich bei maximalen Füllungsbedingungen in der Dampfphase des Tankkörpers befinden; die Einrichtungen sind so anzuordnen, dass der Dampf ungehindert entweichen kann. Bei tiefgekühlt verflüssigten Gasen muss der entweichende Dampf so vom Tank abgeleitet werden, dass er nicht auf den Tank einwirken kann. Schutzeinrichtungen, die die Strömung des Dampfes umleiten, sind zugelassen, vorausgesetzt, die geforderte Abblasmenge wird dadurch nicht vermindert.

6.7.4.10.2 Es sind Maßnahmen zu treffen, um den Zugang unbefugter Personen zu den Einrichtungen zu verhindern und die Einrichtungen bei einem Umkippen des ortsbeweglichen Tanks vor Beschädigung zu schützen.

6.7.4.11 Füllstandsanzeigevorrichtungen

6.7.4.11.1 Ein ortsbeweglicher Tank ist, sofern er nicht für das Befüllen nach Masse vorgesehen ist, mit einer oder mehreren Füllstandsanzeigevorrichtungen auszurüsten. Füllstandsanzeiger aus Glas und aus anderen zerbrechlichen Werkstoffen, die direkt mit dem Inhalt des Tankkörpers in Verbindung stehen, dürfen nicht verwendet werden.

6.7.4.11.2 In der Ummantelung eines vakuumisolierten ortsbeweglichen Tank ist ein Anschluss für ein Vakuummeter vorzusehen.

6.7.4.12 Traglager, Rahmen, Hebe- und Befestigungseinrichtungen für ortsbewegliche Tanks

6.7.4.12.1 Ortsbewegliche Tanks sind mit einem Traglager auszulegen und zu bauen, das eine sichere Auflage während der Beförderung gewährleistet. Die in Absatz 6.7.4.2.12 angegebenen Kräfte und der in Absatz 6.7.4.2.13 angegebene Sicherheitsfaktor müssen dabei berücksichtigt werden. Kufen, Rahmen, Schlitten oder andere ähnliche Konstruktionen sind zugelassen.

6.7 Vorschriften für die Auslegung, den Bau und die Prüfung von ortsbeweglichen Tanks und von UN-Gascontainern mit mehreren Elementen (MEGC)

ADR	RID

6.7.4.12.2 Die von den Anbauten an ortsbeweglichen Tanks (z.B. Schlitten, Rahmen, usw.) sowie von den Hebe- und Befestigungseinrichtungen verursachten kombinierten Spannungen dürfen in keinem Bereich des Tanks zu übermäßigen Spannungen führen. Alle ortsbeweglichen Tanks sind mit dauerhaften Hebe- und Befestigungseinrichtungen auszurüsten. Diese sind vorzugsweise an den Traglagern des ortsbeweglichen Tanks zu montieren, dürfen aber auch an Verstärkungsplatten montiert sein, die an den Auflagepunkten des Tanks befestigt sind.

6.7.4.12.3 Bei der Auslegung von Traglagern und Rahmen müssen die Auswirkungen von Umweltkorrosion berücksichtigt werden.

6.7.4.12.4 Gabeltaschen müssen verschließbar sein. Die Einrichtungen zum Verschließen der Gabeltaschen müssen ein dauerhafter Bestandteil des Rahmens oder dauerhaft am Rahmen befestigt sein. Ortsbewegliche Einkammertanks mit einer Länge von weniger als 3,65 m müssen nicht mit verschließbaren Gabeltaschen ausgerüstet sein, vorausgesetzt:

  a) der Tank einschließlich aller Zubehörteile ist gut gegen Stöße der Gabeln des Gabelstaplers geschützt und

  b) der Abstand von Mitte zu Mitte der Gabeltaschen ist mindestens halb so groß wie die größte Länge des ortsbeweglichen Tanks.

6.7.4.12.5 Wenn ortsbewegliche Tanks während der Beförderung nicht nach Unterabschnitt 4.2.3.3 geschützt sind, müssen die Tankkörper und die Bedienungsausrüstung gegen Beschädigung durch Längs- oder Querstöße oder Umkippen geschützt sein. Äußere Ausrüstungsteile müssen so geschützt sein, dass ein Austreten des Tankkörperinhalts durch Stöße oder Umkippen des ortsbeweglichen Tanks auf seine Ausrüstungsteile ausgeschlossen ist. Beispiele für Schutzmaßnahmen:

  a) Schutz gegen seitliche Stöße, der aus Längsträgern bestehen kann, die den Tankkörper auf beiden Seiten in Höhe der Mittellinie schützen;

  b) Schutz des ortsbeweglichen Tanks vor dem Umkippen, der aus Verstärkungsringen oder quer am Rahmen befestigten Stäben bestehen kann;

  c) Schutz gegen Stöße von hinten, der aus einer Stoßstange oder einem Rahmen bestehen kann;

  d) Schutz des Tankkörpers gegen Beschädigungen durch Stöße oder Umkippen durch Verwendung eines ISO-Rahmens nach ISO 1496-3:1995;

  e) Schutz des ortsbeweglichen Tanks gegen Stöße oder Umkippen durch eine Ummantelung zur Vakuumisolierung.

6.7.4.13 Baumusterzulassung
▶ 1.6.4.30

6.7.4.13.1 Für jedes neue Baumuster eines ortsbeweglichen Tanks ist durch die zuständige Behörde oder eine von ihr bestimmte Stelle eine Baumusterzulassungsbescheinigung auszustellen. Diese Bescheinigung muss bestätigen, dass ein ortsbeweglicher Tank von der Behörde begutachtet worden ist, für die beabsichtigte Verwendung geeignet ist und den Vorschriften dieses Kapitels entspricht. Werden die ortsbeweglichen Tanks ohne Änderung in der Bauart in Serie gefertigt, gilt die Bescheinigung für die gesamte Serie. In dieser Bescheinigung ist der Baumusterprüfbericht, die zur Beförderung zugelassenen tiefgekühlt verflüssigten Gase, die Werkstoffe des Tankkörpers und der Ummantelung sowie eine Zulassungsnummer anzugeben. Die Zulassungsnummer muss aus dem Unterscheidungszeichen oder -symbol des Staates, in dem die Zulassung erfolgte, angegeben durch das für Kraftfahrzeuge im internationalen Verkehr verwendete

Vorschriften für die Auslegung, den Bau und die Prüfung von ortsbeweglichen Tanks und von UN-Gascontainern mit mehreren Elementen (MEGC) 6.7

ADR	RID

Unterscheidungszeichen [12], und einer Registriernummer bestehen. In der Bescheinigung sind eventuelle alternative Vereinbarungen gemäß Unterabschnitt 6.7.1.2 anzugeben. Eine Baumusterzulassung darf auch für die Zulassung kleinerer ortsbeweglicher Tanks herangezogen werden, die aus Werkstoffen gleicher Art und Dicke, nach derselben Fertigungstechnik, mit identischem Traglager sowie gleichwertigen Verschlüssen und sonstigen Zubehörteilen hergestellt werden.

6.7.4.13.2 Der Baumusterprüfbericht für die Baumusterzulassung muss mindestens folgende Angaben enthalten:

a) die Ergebnisse der in ISO 1496-3:1995 beschriebenen anwendbaren Prüfung des Rahmens;

b) die Ergebnisse der erstmaligen Prüfung nach Absatz 6.7.4.14.3 und

c) soweit anwendbar, die Ergebnisse der Auflaufprüfung nach Absatz 6.7.4.14.1.

6.7.4.14 Prüfung

6.7.4.14.1 Ortsbewegliche Tanks, die der Begriffsbestimmung für Container des Internationalen Übereinkommens über sichere Container (CSC) von 1972 in der jeweils geänderten Fassung entsprechen, dürfen nicht verwendet werden, es sei denn, sie werden erfolgreich qualifiziert, nachdem ein repräsentatives Baumuster jeder Bauart der im Handbuch Prüfungen und Kriterien Teil IV Abschnitt 41 beschriebenen dynamischen Auflaufprüfung unterzogen wurde.

6.7.4.14.2 Der Tankkörper und die Ausrüstungsteile jedes ortsbeweglichen Tanks müssen vor der erstmaligen Inbetriebnahme (erstmalige Prüfung) und danach regelmäßig spätestens alle fünf Jahre (wiederkehrende 5-Jahres-Prüfung) mit einer wiederkehrenden Zwischenprüfung (wiederkehrende 2,5-Jahres-Prüfung) in der Halbzeit zwischen zwei wiederkehrenden 5-Jahres-Prüfungen geprüft werden. Die 2,5-Jahres-Prüfung darf innerhalb von 3 Monaten vor oder nach dem angegebenen Datum durchgeführt werden. Unabhängig von der zuletzt durchgeführten wiederkehrenden Prüfung ist, wenn es sich gemäß Absatz 6.7.4.14.7 als erforderlich erweist, eine außerordentliche Prüfung durchzuführen.

6.7.4.14.3 Die erstmalige Prüfung eines ortsbeweglichen Tanks muss eine Überprüfung der Auslegungsmerkmale, eine innere und äußere Untersuchung des Tankkörpers des ortsbeweglichen Tanks und seiner Ausrüstungsteile unter Berücksichtigung der zu befördernden tiefgekühlt verflüssigten Gase sowie eine Druckprüfung unter Verwendung der Prüfdrücke des Absatzes 6.7.4.3.2 umfassen. Die Druckprüfung darf als Wasserdruckprüfung oder mit Zustimmung der zuständigen Behörde oder einer von ihr bestimmten Stelle unter Verwendung einer anderen Flüssigkeit oder eines anderen Gases durchgeführt werden. Vor der Inbetriebnahme des ortsbeweglichen Tanks ist eine Dichtheitsprüfung und eine Funktionsprüfung der gesamten Bedienungsausrüstung durchzuführen. Wenn der Tankkörper und seine Ausrüstungsteile getrennt einer Druckprüfung unterzogen worden sind, müssen sie nach dem Zusammenbau gemeinsam einer Dichtheitsprüfung unterzogen werden. Alle Schweißnähte, die den vollen Beanspruchungen im Tankkörper ausgesetzt sind, müssen bei der erstmaligen Prüfung mittels Durchstrahlung, Ultraschall oder einer anderen zerstörungsfreien Methode geprüft werden. Dies gilt nicht für die Ummantelung.

6.7.4.14.4 Die wiederkehrenden 2,5- und 5-Jahres-Prüfungen müssen eine äußere Untersuchung des ortsbeweglichen Tanks und seiner Ausrüstungsteile unter Berücksichtigung der beförderten tiefgekühlt verflüssigten Gase, eine Dichtheitsprüfung, eine Funktionsprüfung

---

[12] Das für Kraftfahrzeuge und Anhänger im internationalen Straßenverkehr verwendete Unterscheidungszeichen des Zulassungsstaates, z. B. gemäß dem Genfer Übereinkommen über den Straßenverkehr von 1949 oder dem Wiener Übereinkommen über den Straßenverkehr von 1968.

6.7	Vorschriften für die Auslegung, den Bau und die Prüfung von ortsbeweglichen Tanks und von UN-Gascontainern mit mehreren Elementen (MEGC)
ADR	**RID**

der gesamten Bedienungsausrüstung und gegebenenfalls eine Messung des Vakuums umfassen. Bei nicht vakuumisolierten Tanks müssen bei der wiederkehrenden 2,5- und 5-Jahres-Prüfung die Ummantelung und die Isolierung entfernt werden, jedoch nur soweit, wie es für eine sichere Beurteilung erforderlich ist.

6.7.4.14.5 (gestrichen)

6.7.4.14.6 *Prüfung und Befüllung von ortsbeweglichen Tanks nach Ablauf der Frist für die wiederkehrende Prüfung*

6.7.4.14.6.1 Nach Ablauf der Frist für die in Absatz 6.7.4.14.2 vorgeschriebene wiederkehrende 2,5-Jahres- oder 5-Jahres-Prüfung dürfen die ortsbeweglichen Tanks weder befüllt noch zur Beförderung aufgegeben werden. Jedoch dürfen ortsbewegliche Tanks, die vor Ablauf der Frist für die wiederkehrende Prüfung befüllt wurden, innerhalb eines Zeitraums von höchstens drei Monaten nach Ablauf dieser Frist befördert werden. Außerdem dürfen sie nach Ablauf dieser Frist befördert werden:

a) nach dem Entleeren, jedoch vor dem Reinigen, um sie vor dem Wiederbefüllen der nächsten vorgeschriebenen Prüfung zuzuführen, und

b) sofern von der zuständigen Behörde nichts anderes vorgesehen ist, innerhalb eines Zeitraums von höchstens sechs Monaten nach Ablauf dieser Frist, um die Rücksendung von gefährlichen Stoffen zur ordnungsgemäßen Entsorgung oder zum ordnungsgemäßen Recycling zu ermöglichen. Im Beförderungspapier muss auf diese Ausnahme hingewiesen werden.

6.7.4.14.6.2 Sofern in Absatz 6.7.4.14.6.1 nichts anderes vorgesehen ist, dürfen ortsbewegliche Tanks, die den Zeitrahmen für ihre geplante wiederkehrende 5-Jahres- oder 2,5-Jahres-Prüfung überschritten haben, nur dann befüllt und zur Beförderung aufgegeben werden, wenn eine neue wiederkehrende 5-Jahres-Prüfung gemäß Absatz 6.7.4.14.4 durchgeführt wird.

6.7.4.14.7 Eine außerordentliche Prüfung ist erforderlich, wenn der ortsbewegliche Tank Anzeichen von Beschädigung, Korrosion, Undichtheit oder anderer auf einen Mangel hinweisende Zustände aufweist, der die Unversehrtheit des ortsbeweglichen Tanks beeinträchtigen könnte. Der Umfang der außerordentlichen Prüfung hängt vom Ausmaß der Beschädigung oder der Verschlechterung des Zustands des ortsbeweglichen Tanks ab. Sie muss mindestens die 2,5-Jahres-Prüfung gemäß Absatz 6.7.4.14.4 umfassen.

6.7.4.14.8 Durch die innere Untersuchung bei der erstmaligen Prüfung muss sichergestellt werden, dass der Tankkörper auf Lochfraß, Korrosion, Abrieb, Beulen, Verformungen, Fehler in Schweißnähten oder andere Zustände geprüft ist, durch die der ortsbewegliche Tank bei der Beförderung unsicher werden könnte.

6.7.4.14.9 Durch die äußere Untersuchung muss sichergestellt werden, dass:

a) die äußeren Rohrleitungen, die Ventile, gegebenenfalls das Druck-/Kühlsystem und die Dichtungen auf Korrosion, Defekte oder andere Zustände einschließlich Undichtheiten geprüft sind, durch die der ortsbewegliche Tank beim Befüllen, Entleeren oder der Beförderung unsicher werden könnte;

b) die Mannlochdeckel oder ihre Dichtungen nicht undicht sind;

c) fehlende oder lose Bolzen oder Muttern bei geflanschten Verbindungen oder Blindflanschen ersetzt oder festgezogen sind;

Vorschriften für die Auslegung, den Bau und die Prüfung von ortsbeweglichen Tanks und von UN-Gascontainern mit mehreren Elementen (MEGC)		6.7
ADR	RID	

d) alle Sicherheitseinrichtungen und -ventile frei von Korrosion, Verformung, Beschädigung oder Defekten sind, die ihre normale Funktion behindern könnten. Ferngediente und selbstschließende Verschlusseinrichtungen sind zu betätigen, um ihre ordnungsgemäße Funktion nachzuweisen;

e) auf dem ortsbeweglichen Tank vorgeschriebene Kennzeichen lesbar sind und den anwendbaren Vorschriften entsprechen und

f) der Rahmen, das Traglager und die Hebeeinrichtungen des ortsbeweglichen Tanks sich in einem zufriedenstellenden Zustand befinden.

6.7.4.14.10 Die in den Absätzen 6.7.4.14.1, 6.7.4.14.3, 6.7.4.14.4 und 6.7.4.14.7 angegebenen Prüfungen sind von einem von der zuständigen Behörde oder einer von ihr bestimmten Stelle zugelassenen Sachverständigen durchzuführen oder zu beglaubigen. Wenn die Druckprüfung Bestandteil der Prüfung ist, ist diese mit dem auf dem Tankschild des ortsbeweglichen Tanks angegebenen Prüfdruck durchzuführen. Der unter Druck stehende ortsbewegliche Tank ist auf Undichtheiten des Tankkörpers, der Rohrleitungen oder der Ausrüstung zu untersuchen.

6.7.4.14.11 In allen Fällen, in denen Schneid-, Brenn- oder Schweißarbeiten am Tankkörper eines ortsbeweglichen Tanks durchgeführt werden, sind diese Arbeiten von der zuständigen Behörde oder einer von ihr bestimmten Stelle unter Berücksichtigung des für den Bau des Tankkörpers verwendeten Regelwerks für Druckbehälter zu genehmigen. Nach Abschluss der Arbeiten ist eine Druckprüfung mit dem ursprünglichen Prüfdruck durchzuführen.

6.7.4.14.12 Wird eine die Sicherheit gefährdende Fehlerhaftigkeit festgestellt, darf der ortsbewegliche Tank vor der Ausbesserung und dem erfolgreichen Bestehen einer erneuten Prüfung nicht wieder in Betrieb genommen werden.

6.7 Vorschriften für die Auslegung, den Bau und die Prüfung von ortsbeweglichen Tanks und von UN-Gascontainern mit mehreren Elementen (MEGC)

ADR	RID

6.7.4.15 Kennzeichnung

6.7.4.15.1 Jeder ortsbewegliche Tank muss mit einem korrosionsbeständigen Metallschild ausgerüstet sein, das dauerhaft an einer auffallenden und für die Prüfung leicht zugänglichen Stelle angebracht ist. Wenn das Schild aus Gründen der Anordnung von Einrichtungen am ortsbeweglichen Tank nicht dauerhaft am Tankkörper angebracht werden kann, muss der Tankkörper mindestens mit den im Regelwerk für Druckbehälter vorgeschriebenen Informationen gekennzeichnet sein. Auf dem Schild müssen mindestens die folgenden Angaben eingeprägt oder durch ein ähnliches Verfahren angebracht sein:
▶ 1.6.4.37

a) Eigentümerinformationen

  (i) Registriernummer des Eigentümers;

b) Herstellungsinformationen

  (i) Herstellungsland;

  (ii) Herstellungsjahr;

  (iii) Name oder Zeichen des Herstellers;

  (iv) Seriennummer des Herstellers;

c) Zulassungsinformationen

  (i) das Symbol der Vereinten Nationen für Verpackungen ⓤ;
  dieses Symbol darf nur zum Zweck der Bestätigung verwendet werden, dass eine Verpackung, ein flexibler Schüttgut-Container, ein ortsbeweglicher Tank oder ein MEGC den entsprechenden Vorschriften des Kapitels 6.1, 6.2, 6.3, 6.5, 6.6, 6.7 oder 6.11 entspricht;

  (ii) Zulassungsland;

  (iii) für die Baumusterzulassung zugelassene Stelle;

  (iv) Baumusterzulassungsnummer;

  (v) die Buchstaben «AA», wenn das Baumuster nach alternativen Vereinbarungen zugelassen wurde (siehe Unterabschnitt 6.7.1.2);

  (vi) Regelwerk für Druckbehälter, nach dem der Tankkörper ausgelegt wurde;

d) Drücke

  (i) höchstzulässiger Betriebsdruck (in bar oder kPa (Überdruck))[13];

  (ii) Prüfdruck (in bar oder kPa (Überdruck))[13];

  (iii) Datum der erstmaligen Druckprüfung (Monat und Jahr);

  (iv) Identifizierungskennzeichen des Sachverständigen der erstmaligen Druckprüfung;

e) Temperaturen

  (i) Mindestauslegungstemperatur (in °C)[13];

f) Werkstoffe

  (i) Werkstoff(e) des Tankkörpers und Verweis(e) auf Werkstoffnorm(en);

  (ii) gleichwertige Wanddicke für Bezugsstahl (in mm)[13];

---

[13] Die verwendete Einheit ist anzugeben.

Vorschriften für die Auslegung, den Bau und die Prüfung von ortsbeweglichen Tanks und von UN-Gascontainern mit mehreren Elementen (MEGC)   6.7

ADR	RID

g) Fassungsraum

    (i) mit Wasser ausgeliterter Fassungsraum des Tanks bei 20 °C (in Litern)[13];

h) Isolierung

    (i) die Angabe «wärmeisoliert» bzw. «vakuumisoliert»;

    (ii) Wirksamkeit des Isolierungssystems (Wärmezufuhr) (in Watt)[13];

i) Haltezeiten – für jedes zur Beförderung im ortsbeweglichen Tank zugelassene tiefgekühlt verflüssigte Gas

    (i) vollständige Bezeichnung des tiefgekühlt verflüssigten Gases;

    (ii) Referenzhaltezeit (in Tagen oder Stunden)[13];

    (iii) ursprünglicher Druck (in bar oder kPa (Überdruck))[13];

    (iv) Füllungsgrad (in kg)[13];

j) wiederkehrende Prüfungen

    (i) Art der zuletzt durchgeführten wiederkehrenden Prüfung (2,5-Jahres-, 5-Jahres-Prüfung oder außerordentliche Prüfung);

    (ii) Datum der zuletzt durchgeführten wiederkehrenden Prüfung (Monat und Jahr);

    (iii) Identifizierungskennzeichen der zugelassenen Stelle, welche die letzte Prüfung durchgeführt oder beglaubigt hat.

---

[13] Die verwendete Einheit ist anzugeben.

6.7 Vorschriften für die Auslegung, den Bau und die Prüfung von ortsbeweglichen Tanks und von UN-Gascontainern mit mehreren Elementen (MEGC)

ADR	RID

Abbildung 6.7.4.15.1: Beispiel eines Kennzeichenschilds

Registriernummer des Eigentümers				
HERSTELLUNGSINFORMATIONEN				
Herstellungsland				
Herstellungsjahr				
Hersteller				
Seriennummer des Herstellers				
ZULASSUNGSINFORMATIONEN				
(U N)	Zulassungsland			
	für die Baumusterzulassung zugelassene Stelle			
	Baumusterzulassungsnummer		«AA» *(sofern anwendbar)*	
Regelwerk für die Auslegung des Tankkörpers (Druckbehälter-Regelwerk)				
DRÜCKE				
höchstzulässiger Betriebsdruck			bar *oder* kPa	
Prüfdruck			bar *oder* kPa	
Datum der erstmaligen Druckprüfung:	(MM/JJJJ)	Stempel des Sachverständigen:		
TEMPERATUREN				
Mindestauslegungstemperatur			°C	
WERKSTOFFE				
Werkstoff(e) des Tankkörpers und Verweis(e) auf Werkstoffnorm(en)				
gleichwertige Wanddicke für Bezugsstahl			mm	
FASSUNGSRAUM				
mit Wasser ausgeliterter Fassungsraum des Tanks bei 20 °C			Liter	
ISOLIERUNG				
«wärmeisoliert» *bzw.* «vakuumisoliert»				
Wärmezufuhr			Watt	
HALTEZEITEN				
zugelassene(s) tiefgekühlt verflüssigte(s) Gas(e)	Referenzhaltezeit		ursprünglicher Druck	Füllungsgrad
	Tage *oder* Stunden		bar *oder* kPa	kg
WIEDERKEHRENDE PRÜFUNGEN				
Art der Prüfung	Prüfdatum	Stempel des Sachverständigen	Art der Prüfung	Prüfdatum	Stempel des Sachverständigen
	(MM/JJJJ)			(MM/JJJJ)	

Vorschriften für die Auslegung, den Bau und die Prüfung von ortsbeweglichen Tanks und von UN-Gascontainern mit mehreren Elementen (MEGC) 6.7

ADR	RID

6.7.4.15.2 Folgende Angaben müssen auf dem ortsbeweglichen Tank selbst oder auf einem am ortsbeweglichen Tank fest angebrachten Metallschild dauerhaft angegeben sein:

Name des Eigentümers und des Betreibers

Bezeichnung des beförderten tiefgekühlt verflüssigten Gases (und minimale mittlere Temperatur des Füllguts)

höchstzulässige Bruttomasse _____ kg

Leermasse (Tara) _____ kg

tatsächliche Haltezeit des beförderten Gases _____ Tage (oder Stunden)

Anweisung für ortsbewegliche Tanks gemäß Absatz 4.2.5.2.6

Bem. Wegen der Identifizierung der beförderten tiefgekühlt verflüssigten Gase siehe auch Teil 5.

6.7.4.15.3 Wenn ein ortsbeweglicher Tank für die Verwendung auf hoher See ausgelegt und zugelassen ist, muss das Identifizierungsschild mit «OFFSHORE PORTABLE TANK» gekennzeichnet sein.

6.7.5 **Vorschriften für die Auslegung, den Bau und die Prüfung von UN-Gascontainern mit mehreren Elementen (MEGC), die für die Beförderung nicht tiefgekühlter Gase vorgesehen sind**

6.7.5.1 **Begriffsbestimmungen**

Für Zwecke dieses Abschnitts gelten folgende Begriffsbestimmungen:

Alternative Vereinbarung: Eine Zulassung, die von der *zuständigen Behörde* für einen *ortsbeweglichen Tank* oder einen *MEGC* ausgestellt wird, der nach technischen Vorschriften oder Prüfmethoden ausgelegt, gebaut und geprüft ist, die von den in diesem Kapitel festgelegten abweichen.

Bauliche Ausrüstung: Die außen an den Elementen angebrachten Versteifungselemente, Elemente für die Befestigung, den Schutz und die Stabilisierung.

Bedienungsausrüstung: Die Messinstrumente sowie die Füll-, Entleerungs-, Lüftungs- und Sicherheitseinrichtungen.

Dichtheitsprüfung: Eine Prüfung, bei der die Elemente und die Bedienungsausrüstung des MEGC unter Verwendung eines Gases mit einem effektiven Innendruck von mindestens 20 % des Prüfdrucks belastet werden.

Elemente sind Flaschen, Großflaschen oder Flaschenbündel.

Höchstzulässige Bruttomasse: Die Summe aus Leermasse des MEGC und der höchsten für die Beförderung zugelassenen Ladung.

Sammelrohr: Eine Baueinheit von Rohren und Ventilen, welche die Befüllungs- und/oder Entleerungsöffnungen der Elemente miteinander verbindet.

UN-Gascontainer mit mehreren Elementen (MEGC): Eine für die multimodale Beförderung bestimmte Einheit aus Flaschen, Großflaschen und Flaschenbündeln, die untereinander mit einem Sammelrohr verbunden und in einem Rahmen montiert sind. Ein UN-MEGC umfasst die für die Beförderung von Gasen notwendige Bedienungsausrüstung und bauliche Ausrüstung.

6.7 Vorschriften für die Auslegung, den Bau und die Prüfung von ortsbeweglichen Tanks und von UN-Gascontainern mit mehreren Elementen (MEGC)

ADR	RID

6.7.5.2 **Allgemeine Vorschriften für die Auslegung und den Bau**

6.7.5.2.1 Der MEGC muss befüllt und entleert werden können, ohne dass dazu die bauliche Ausrüstung entfernt werden muss. Er muss außen an den Elementen angebrachte Elemente zur Stabilisierung besitzen, um eine bauliche Unversehrtheit bei der Handhabung und Beförderung sicherzustellen. MEGC sind mit einem Traglager, das eine sichere Auflage während der Beförderung gewährleistet, und mit geeigneten Hebe- und Befestigungseinrichtungen auszulegen und zu bauen, die für das Anheben des bis zu seiner höchstzulässigen Bruttomasse befüllten MEGC geeignet sind. Der MEGC muss dafür ausgelegt sein, um auf einen Wagen, ein

| Fahrzeug, | Straßenfahrzeug, |

ein See- oder Binnenschiff verladen werden zu können, und mit Kufen, Tragelementen oder Zubehörteilen ausgerüstet sein, um die mechanische Handhabung zu erleichtern.

6.7.5.2.2 MEGC sind so auszulegen, herzustellen und auszurüsten, dass sie allen während normaler Handhabung und Beförderung auftretenden Bedingungen standhalten. Bei der Auslegung sind die Einflüsse dynamischer Belastung und Ermüdung zu berücksichtigen.

6.7.5.2.3 Die Elemente eines MEGC müssen aus nahtlosem Stahl oder in Verbundbauweise hergestellt und gemäß den Abschnitten 6.2.1 und 6.2.2 gebaut und geprüft sein. Alle Elemente eines MEGC müssen demselben Baumuster entsprechen.

6.7.5.2.4 Die Elemente eines MEGC sowie die Ausrüstungsteile und Rohrleitungen müssen

a) mit dem (den) für die Beförderung vorgesehenen Stoff(en) verträglich sein (siehe ISO 11114-1:2012 + A1:2017 und ISO 11114-2:2013) oder

b) wirksam passiviert oder durch chemische Reaktion neutralisiert sein.

6.7.5.2.5 Der Kontakt zwischen verschiedenen Metallen, der zu Schäden durch Kontaktkorrosion führen könnte, ist zu vermeiden.

6.7.5.2.6 Die Werkstoffe des MEGC, einschließlich aller Einrichtungen, Dichtungen und Zubehörteile dürfen das Gas (die Gase), für dessen (deren) Beförderung der MEGC vorgesehen ist, nicht beeinträchtigen.

6.7.5.2.7 MEGC sind so auszulegen, dass sie ohne Verlust ihres Inhalts in der Lage sind, mindestens dem auf ihren Inhalt zurückzuführenden Innendruck sowie den unter normalen Handhabungs- und Beförderungsbedingungen entstehenden statischen, dynamischen und thermischen Belastungen standzuhalten. Aus der Auslegung muss zu erkennen sein, dass die Einflüsse der durch die wiederholte Einwirkung dieser Belastungen während der vorgesehenen Lebensdauer des MEGC verursachte Ermüdung berücksichtigt worden ist.

6.7.5.2.8 MEGC und ihre Befestigungseinrichtungen müssen bei der höchstzulässigen Beladung in der Lage sein, folgende getrennt einwirkende statische Kräfte aufzunehmen:

a) in Fahrtrichtung: das Zweifache der höchstzulässigen Bruttomasse multipliziert mit der Erdbeschleunigung (g) [14];

b) horizontal, im rechten Winkel zur Fahrtrichtung: die höchstzulässige Bruttomasse (das Zweifache der höchstzulässigen Bruttomasse, wenn die Fahrtrichtung nicht eindeutig bestimmt ist), multipliziert mit der Erdbeschleunigung (g) [14];

c) vertikal aufwärts: die höchstzulässige Bruttomasse multipliziert mit der Erdbeschleunigung (g) [14]; und

d) vertikal abwärts: das Zweifache der höchstzulässigen Bruttomasse (Gesamtbeladung einschließlich Wirkung der Schwerkraft) multipliziert mit der Erdbeschleunigung (g) [14].

---

[14] Für Berechnungszwecke gilt: $g = 9{,}81\ m/s^2$.

Vorschriften für die Auslegung, den Bau und die Prüfung von ortsbeweglichen Tanks und von UN-Gascontainern mit mehreren Elementen (MEGC) 6.7

ADR	RID

6.7.5.2.9 Unter Wirkung der in Absatz 6.7.5.2.8 definierten Kräfte darf die Spannung an der am stärksten beanspruchten Stelle der Elemente die Werte nicht überschreiten, die entweder in der anwendbaren Norm des Unterabschnitts 6.2.2.1 oder, wenn die Elemente nicht nach diesen Normen ausgelegt, gebaut und geprüft sind, in dem technischen Regelwerk oder in der Norm genannt sind, das/die von der zuständigen Behörde des Verwendungslandes anerkannt oder genehmigt ist (siehe Abschnitt 6.2.5).

6.7.5.2.10 Unter Wirkung jeder der unter Absatz 6.7.5.2.8 genannten Kräfte sind folgende Sicherheitskoeffizienten für das Rahmenwerk und die Befestigung zu beachten:

a) bei Stählen mit ausgeprägter Streckgrenze ein Sicherheitskoeffizient von 1,5, bezogen auf die garantierte Streckgrenze, oder

b) bei Stählen ohne ausgeprägte Streckgrenze ein Sicherheitskoeffizient von 1,5, bezogen auf die garantierte 0,2 %-Dehngrenze und bei austenitischen Stählen auf die 1 %-Dehngrenze.

6.7.5.2.11 MEGC, die für die Beförderung entzündbarer Gase vorgesehen sind, müssen elektrisch geerdet werden können.

6.7.5.2.12 Die Elemente müssen so gesichert sein, dass Bewegungen in Bezug auf die bauliche Gesamtanordnung und Bewegungen, die zu einer Konzentration schädlicher lokaler Spannungen führen, verhindert werden.

6.7.5.3 **Bedienungsausrüstung**

6.7.5.3.1 Die Bedienungsausrüstung muss so angeordnet oder ausgelegt sein, dass Schäden, die unter normalen Handhabungs- und Beförderungsbedingungen zu einem Freisetzen des Druckgefäßinhalts führen könnten, verhindert werden. Wenn die Verbindung zwischen dem Rahmen und den Elementen eine relative Bewegung zwischen den Baugruppen zulässt, muss die Ausrüstung so befestigt sein, dass durch eine solche Bewegung keine Beschädigung von Teilen erfolgt. Die Sammelrohre, die Entleerungseinrichtungen (Rohranschlüsse, Verschlusseinrichtungen) und die Absperreinrichtungen müssen gegen Abreißen durch äußere Beanspruchungen geschützt sein. Die zu den Absperrventilen führende Sammelrohrleitung muss ausreichend flexibel sein, um die Ventile und die Rohrleitung gegen Abscheren und gegen Freisetzen des Druckgefäßinhalts zu schützen. Die Füll- und Entleerungseinrichtungen (einschließlich Flansche oder Schraubverschlüsse) und alle Schutzkappen müssen gegen unbeabsichtigtes Öffnen gesichert werden können.

6.7.5.3.2 Jedes Element, das für die Beförderung giftiger Gase (Gase der Gruppen T, TF, TC, TO, TFC und TOC) vorgesehen ist, muss mit einem Ventil ausgerüstet sein. Die Rohrleitungen für verflüssigte giftige Gase (Gase der Klassifizierungscodes 2 T, 2 TF, 2 TC, 2 TO, 2 TFC und 2 TOC) müssen so ausgelegt sein, dass jedes Element getrennt befüllt und durch ein dicht verschließbares Ventil abgetrennt gehalten werden kann. Bei der Beförderung entzündbarer Gase (Gase der Gruppe F) müssen die Elemente in Gruppen von höchstens 3000 Litern unterteilt werden, die jeweils durch ein Ventil getrennt sind.

6.7.5.3.3 Bei den Öffnungen für das Füllen und Entleeren von MEGC müssen zwei hintereinanderliegende Ventile an einer zugänglichen Stelle jedes Auslauf- oder Füllstutzens angebracht sein. Eines der Ventile darf ein Rückschlagventil sein. Die Füll- und Entleerungseinrichtungen dürfen an einem Sammelrohr angebracht sein. Bei Rohrleitungsabschnitten, die beidseitig geschlossen werden können und in denen Flüssigkeit eingeschlossen sein kann, muss eine Druckentlastungseinrichtung vorgesehen sein, um einen

6.7 Vorschriften für die Auslegung, den Bau und die Prüfung von ortsbeweglichen Tanks und von UN-Gascontainern mit mehreren Elementen (MEGC)

ADR	RID

übermäßigen Druckaufbau zu verhindern. Die Haupttrennventile eines MEGC müssen deutlich mit Angabe der Drehrichtung für das Schließen gekennzeichnet sein. Jede Absperreinrichtung oder sonstige Verschlusseinrichtung ist so auszulegen und zu bauen, dass sie einem Druck standhält, der mindestens dem 1,5fachen des Prüfdrucks des MEGC entspricht. Alle Absperreinrichtungen mit einer Gewindespindel müssen sich durch Drehen des Handrades im Uhrzeigersinn schließen. Bei den übrigen Absperreinrichtungen muss die Stellung (offen und geschlossen) und die Drehrichtung für das Schließen eindeutig angezeigt werden. Alle Absperreinrichtungen sind so auszulegen und anzuordnen, dass ein unbeabsichtigtes Öffnen verhindert wird. Für den Bau von Verschlusseinrichtungen, Ventilen und Zubehörteilen sind verformungsfähige Metalle zu verwenden.

6.7.5.3.4 Die Rohrleitungen sind so auszulegen, zu bauen und zu montieren, dass eine Beschädigung infolge Ausdehnung und Schrumpfung, mechanischer Erschütterung und Vibration vermieden wird. Verbindungen der Rohrleitungen müssen hartgelötet oder durch eine metallene Verbindung gleicher Festigkeit hergestellt sein. Der Schmelzpunkt des Hartlots darf nicht niedriger als 525 °C sein. Der Nenndruck der Bedienungsausrüstung und des Sammelrohrs darf nicht geringer sein als zwei Drittel des Prüfdrucks der Elemente.

6.7.5.4 Druckentlastungseinrichtungen

6.7.5.4.1 Die Elemente von MEGC, die für die Beförderung von UN 1013 Kohlendioxid und UN 1070 Distickstoffmonoxid verwendet werden, müssen in Gruppen von höchstens 3000 Litern unterteilt werden, die jeweils durch ein Ventil getrennt sind. Jede Gruppe muss mit einer oder mehreren Druckentlastungseinrichtungen ausgerüstet sein. Sofern dies von der zuständigen Behörde des Verwendungslandes vorgeschrieben ist, müssen MEGC für andere Gase mit den von dieser zuständigen Behörde festgelegten Druckentlastungseinrichtungen ausgerüstet sein.

6.7.5.4.2 Wenn Druckentlastungseinrichtungen angebracht sind, muss jedes abtrennbare Element oder jede abtrennbare Gruppe von Elementen eines MEGC mit einer oder mehreren Druckentlastungseinrichtungen ausgerüstet sein. Bei den Druckentlastungseinrichtungen muss es sich um eine Bauart handeln, die dynamischen Kräften einschließlich Flüssigkeitsschwall standhält, und müssen so ausgelegt sein, dass keine Fremdstoffe eindringen und keine Gase austreten können und sich kein gefährlicher Überdruck bilden kann.

6.7.5.4.3 MEGC, die für die Beförderung von bestimmten, in der Anweisung für ortsbewegliche Tanks T 50 in Absatz 4.2.5.2.6 genannten nicht tiefgekühlten Gasen verwendet werden, dürfen, wie von der zuständigen Behörde des Verwendungslandes vorgeschrieben, mit einer Druckentlastungseinrichtung ausgerüstet sein. Die Entlastungseinrichtung muss aus einer Berstscheibe bestehen, die einer federbelasteten Druckentlastungseinrichtung vorgeschaltet ist, es sei denn, der MEGC ist für die Beförderung eines einzigen Gases vorgesehen und mit einer genehmigten Druckentlastungseinrichtung aus einem Werkstoff ausgerüstet, der mit dem beförderten Gas verträglich ist. Zwischen der Berstscheibe und der federbelasteten Einrichtung darf ein Druckmessgerät oder eine andere geeignete Anzeigeeinrichtung angebracht sein. Diese Anordnung erlaubt das Feststellen von Brüchen, Perforationen oder Undichtheiten der Scheibe, durch die das Druckentlastungssystem funktionsunfähig werden kann. Die Berstscheibe muss bei einem Nenndruck, der 10 % über dem Ansprechdruck der Druckentlastungseinrichtung liegt, bersten.

6.7.5.4.4 Bei MEGC, die für die Beförderung verschiedener unter niedrigem Druck verflüssigter Gase verwendet werden, müssen die Druckentlastungseinrichtungen bei dem Druck öffnen, der in Absatz 6.7.3.7.1 für dasjenige der zur Beförderung im MEGC zugelassenen Gase mit dem größten höchstzulässigen Betriebsdruck angegeben ist.

Vorschriften für die Auslegung, den Bau und die Prüfung von ortsbeweglichen Tanks und von UN-Gascontainern mit mehreren Elementen (MEGC) 6.7

ADR	RID

6.7.5.5 **Abblasmenge von Druckentlastungseinrichtungen**

6.7.5.5.1 Wenn Druckentlastungseinrichtungen angebracht sind, muss die Gesamtabblasmenge der Druckentlastungseinrichtungen bei vollständiger Feuereinwirkung auf den MEGC ausreichen, damit der Druck (einschließlich Druckakkumulation) in den Elementen höchstens 120 % des Ansprechdrucks der Druckentlastungseinrichtung beträgt. Für die Bestimmung der minimalen Gesamtdurchflussmenge des Systems von Druckentlastungseinrichtungen ist die in CGA S-1.2-2003 «Pressure Relief Device Standards – Part 2 – Cargo and Portable Tanks for Compressed Gases» (Normen für Druckentlastungseinrichtungen – Teil 2 – Frachttanks und ortsbewegliche Tanks für verdichtete Gase) vorgesehene Formel zu verwenden. Für die Bestimmung der Abblasmenge einzelner Elemente darf CGA S-1.1-2003 «Pressure Relief Device Standards – Part 1 – Cylinders for Compressed Gases» (Normen für Druckentlastungseinrichtungen – Teil 1 – Flaschen für verdichtete Gase) verwendet werden. Bei unter geringem Druck verflüssigten Gasen dürfen federbelastete Druckentlastungseinrichtungen verwendet werden, um die vorgeschriebene Abblasmenge zu erreichen. Bei MEGC, die für die Beförderung verschiedener Gase vorgesehen sind, muss die Gesamtabblasmenge der Druckentlastungseinrichtungen für dasjenige der zur Beförderung im MEGC zugelassenen Gase berechnet werden, das die höchste Abblasmenge erfordert.

6.7.5.5.2 Bei der Bestimmung der erforderlichen Gesamtabblasmenge der an den Elementen für die Beförderung verflüssigter Gase angebrachten Druckentlastungseinrichtungen sind die thermodynamischen Eigenschaften des Gases zu berücksichtigen (siehe z. B. CGA S-1.2-2003 «Pressure Relief Device Standards – Part 2 – Cargo and Portable Tanks for Compressed Gases» (Normen für Druckentlastungseinrichtungen – Teil 2 – Frachttanks und ortsbewegliche Tanks für verdichtete Gase) für unter geringem Druck verflüssigte Gase und CGA S-1.1-2003 «Pressure Relief Device Standards – Part 1 – Cylinders for Compressed Gases» (Normen für Druckentlastungseinrichtungen – Teil 1 – Flaschen für verdichtete Gase) für unter hohem Druck verflüssigte Gase).

6.7.5.6 **Kennzeichnung von Druckentlastungseinrichtungen**

6.7.5.6.1 Druckentlastungseinrichtungen müssen mit folgenden Angaben deutlich und dauerhaft gekennzeichnet sein:

a) der Name des Herstellers und die entsprechende Registriernummer der Druckentlastungseinrichtung;

b) der Ansprechdruck und/oder die Ansprechtemperatur;

c) das Datum der letzten Prüfung;

▶ 1.6.4.43   d) die Strömungsquerschnitte der federbelasteten Druckentlastungseinrichtungen und Berstscheiben in mm^2.

6.7.5.6.2 Die auf den federbelasteten Druckentlastungseinrichtungen für unter geringem Druck verflüssigte Gase angegebene nominale Abblasmenge ist nach den Normen ISO 4126-1:2004 und ISO 4126-7:2004 zu bestimmen.

6.7.5.7 **Anschlüsse für Druckentlastungseinrichtungen**

6.7.5.7.1 Die Anschlüsse für Druckentlastungseinrichtungen müssen ausreichend dimensioniert sein, damit die erforderliche Abblasmenge ungehindert zur Druckentlastungseinrichtung gelangen kann. Zwischen dem Element und den Druckentlastungseinrichtungen dürfen keine Absperreinrichtungen angebracht sein, es sei denn, es sind doppelte Einrichtungen für die Wartung oder für andere Zwecke vorhanden, und die Absperreinrichtungen für die jeweils verwendeten Druckentlastungseinrichtungen sind in geöffneter Stellung verriegelt

6.7	Vorschriften für die Auslegung, den Bau und die Prüfung von ortsbeweglichen Tanks und von UN-Gascontainern mit mehreren Elementen (MEGC)
ADR	**RID**

oder die Absperreinrichtungen sind so miteinander gekoppelt, dass mindestens eine der doppelt vorhandenen Einrichtungen immer in Betrieb und in der Lage ist, die Vorschriften des Unterabschnitts 6.7.5.5 zu erfüllen. In einer Öffnung, die zu einer Lüftungs- oder Druckentlastungseinrichtung führt, dürfen keine Hindernisse vorhanden sein, welche die Strömung vom Element zu diesen Einrichtungen begrenzen oder unterbrechen könnten. Die Durchgangsöffnungen aller Rohrleitungen und Ausrüstungen müssen mindestens denselben Durchflussquerschnitt haben wie der Einlass der Druckentlastungseinrichtung, mit der sie verbunden sind. Die Nenngröße der Abblasleitungen muss mindestens so groß sein wie die des Auslasses der Druckentlastungseinrichtung. Abblasleitungen der Druckentlastungseinrichtungen müssen, sofern sie verwendet werden, die Dämpfe oder Flüssigkeiten so in die Atmosphäre ableiten, dass nur ein minimaler Gegendruck auf die Druckentlastungseinrichtungen wirkt.

6.7.5.8 Anordnung von Druckentlastungseinrichtungen

6.7.5.8.1 Jede Druckentlastungseinrichtung muss unter maximalen Füllungsbedingungen mit der Dampfphase der Elemente zur Beförderung verflüssigter Gase in Verbindung stehen. Die Einrichtungen müssen, sofern sie angebracht sind, so angeordnet sein, dass der Dampf ungehindert nach oben entweichen kann und eine Einwirkung des ausströmenden Gases oder der ausströmenden Flüssigkeit auf den MEGC, seine Elemente oder das Personal verhindert wird. Bei entzündbaren, pyrophoren und oxidierenden Gasen muss das Gas so vom Element abgeleitet werden, dass es nicht auf die übrigen Elemente einwirken kann. Hitzebeständige Schutzeinrichtungen, die die Strömung des Gases umleiten, sind zugelassen, vorausgesetzt, die geforderte Abblasmenge wird dadurch nicht vermindert.

6.7.5.8.2 Es sind Maßnahmen zu treffen, um den Zugang unbefugter Personen zu den Druckentlastungseinrichtungen zu verhindern und die Druckentlastungseinrichtungen bei einem Umkippen des MEGC vor Beschädigung zu schützen.

6.7.5.9 Füllstandsanzeigevorrichtungen

6.7.5.9.1 Wenn ein MEGC für das Befüllen nach Masse vorgesehen ist, ist dieser mit einer oder mehreren Füllstandsanzeigevorrichtungen auszurüsten. Füllstandsanzeiger aus Glas oder anderen zerbrechlichen Werkstoffen dürfen nicht verwendet werden.

6.7.5.10 Traglager, Rahmen, Hebe- und Befestigungseinrichtungen für MEGC

6.7.5.10.1 MEGC sind mit einem Traglager, das eine sichere Auflage während der Beförderung gewährleistet, auszulegen und zu bauen. Die in Absatz 6.7.5.2.8 festgelegten Kräfte und der in Absatz 6.7.5.2.10 festgelegte Sicherheitskoeffizient sind bei diesem Aspekt der Auslegung zu berücksichtigen. Kufen, Rahmen, Schlitten oder andere ähnliche Konstruktionen sind zugelassen.

6.7.5.10.2 Die von den Anbauten an Elementen (z. B. Schlitten, Rahmen, usw.) sowie von den Hebe- und Befestigungseinrichtungen des MEGC verursachten kombinierten Spannungen dürfen in keinem Element zu übermäßigen Spannungen führen. Alle MEGC sind mit dauerhaften Hebe- und Befestigungseinrichtungen auszurüsten. Aufbauten oder Befestigungen dürfen in keinem Fall an den Elementen festgeschweißt werden.

6.7.5.10.3 Bei der Auslegung der Traglager und der Rahmenwerke sind die Einflüsse von Umweltkorrosion zu berücksichtigen.

6.7.5.10.4 Wenn MEGC während der Beförderung nicht nach Unterabschnitt 4.2.4.3 geschützt sind, müssen die Elemente und die Bedienungsausrüstung gegen Beschädigung durch Längs- oder Querstöße oder Umkippen geschützt sein. Äußere Ausrüstungsteile müssen so

Vorschriften für die Auslegung, den Bau und die Prüfung von ortsbeweglichen Tanks und von UN-Gascontainern mit mehreren Elementen (MEGC)	6.7
ADR	**RID**

geschützt sein, dass ein Austreten des Inhalts der Elemente durch Stöße oder Umkippen des MEGC auf seine Ausrüstungsteile ausgeschlossen ist. Besondere Aufmerksamkeit ist auf den Schutz des Sammelrohrs zu richten. Beispiele für Schutzmaßnahmen:

a) Schutz gegen seitliche Stöße, der aus Längsträgern bestehen kann;

b) Schutz vor dem Umkippen, der aus Verstärkungsringen oder quer am Rahmen befestigten Stäben bestehen kann;

c) Schutz gegen Stöße von hinten, der aus einer Stoßstange oder einem Rahmen bestehen kann;

d) Schutz der Elemente und der Bedienungsausrüstung gegen Beschädigungen durch Stöße oder Umkippen durch Verwendung eines ISO-Rahmens nach den anwendbaren Vorschriften der Norm ISO 1496-3:1995.

6.7.5.11 Baumusterzulassung

▶ 1.6.4.30

6.7.5.11.1 Für jedes neue Baumuster eines MEGC ist durch die zuständige Behörde oder eine von ihr bestimmte Stelle eine Baumusterzulassungsbescheinigung auszustellen. Diese Bescheinigung muss bestätigen, dass der MEGC von der Behörde begutachtet worden ist, für die beabsichtigte Verwendung geeignet ist und den Vorschriften dieses Kapitels und den für Gase anwendbaren Vorschriften des Kapitels 4.1 und der Verpackungsanweisung P 200 entspricht. Werden die MEGC ohne Änderung in der Bauart in Serie gefertigt, gilt die Bescheinigung für die gesamte Serie. In dieser Bescheinigung sind der Baumusterprüfbericht, die Werkstoffe des Sammelrohrs, die Normen, nach denen die Elemente hergestellt sind, und eine Zulassungsnummer anzugeben. Die Zulassungsnummer muss aus dem Unterscheidungszeichen oder -symbol des Staates, in dem die Zulassung erfolgte, angegeben durch das für Kraftfahrzeuge im internationalen Verkehr verwendete Unterscheidungszeichen [15], und einer Registriernummer bestehen. In der Bescheinigung sind eventuelle alternative Vereinbarungen gemäß Unterabschnitt 6.7.1.2 anzugeben. Eine Baumusterzulassung darf auch für die Zulassung kleinerer MEGC herangezogen werden, die aus Werkstoffen gleicher Art und Dicke, nach derselben Fertigungstechnik, mit identischem Traglager sowie gleichwertigen Verschlüssen und sonstigen Zubehörteilen hergestellt werden.

6.7.5.11.2 Der Baumusterprüfbericht für die Baumusterzulassung muss mindestens folgende Angaben enthalten:

a) die Ergebnisse der in ISO 1496-3:1995 beschriebenen anwendbaren Prüfung des Rahmens;

b) die Ergebnisse der erstmaligen Prüfung nach Absatz 6.7.5.12.3;

c) die Ergebnisse der Auflaufprüfung nach Absatz 6.7.5.12.1 und

d) Bescheinigungen, die bestätigen, dass die Flaschen und Großflaschen den anwendbaren Normen entsprechen.

6.7.5.12 Prüfung

6.7.5.12.1 MEGC, die der Begriffsbestimmung für Container des Internationalen Übereinkommens über sichere Container (CSC), 1972, in der jeweils geänderten Fassung entsprechen, dürfen nicht verwendet werden, es sei denn, sie werden erfolgreich qualifiziert, nachdem ein repräsentatives Baumuster jeder Bauart der im Handbuch Prüfungen und Kriterien Teil IV Abschnitt 41 beschriebenen dynamischen Auflaufprüfung unterzogen wurde.

---

[15] Das für Kraftfahrzeuge und Anhänger im internationalen Straßenverkehr verwendete Unterscheidungszeichen des Zulassungsstaates, z. B. gemäß dem Genfer Übereinkommen über den Straßenverkehr von 1949 oder dem Wiener Übereinkommen über den Straßenverkehr von 1968.

6.7 Vorschriften für die Auslegung, den Bau und die Prüfung von ortsbeweglichen Tanks und von UN-Gascontainern mit mehreren Elementen (MEGC)

ADR	RID

6.7.5.12.2 Die Elemente und Ausrüstungsteile jedes MEGC müssen vor der erstmaligen Inbetriebnahme geprüft werden (erstmalige Prüfung). Danach müssen die MEGC regelmäßig spätestens alle fünf Jahre geprüft werden (wiederkehrende 5-Jahres-Prüfung). Unabhängig von der zuletzt durchgeführten wiederkehrenden Prüfung ist, wenn es sich gemäß Absatz 6.7.5.12.5 als erforderlich erweist, eine außerordentliche Prüfung durchzuführen.

6.7.5.12.3 Die erstmalige Prüfung eines MEGC muss eine Überprüfung der Auslegungsmerkmale, eine äußere Untersuchung des MEGC und seiner Ausrüstungsteile unter Berücksichtigung der zu befördernden Gase sowie eine Druckprüfung unter Verwendung der Prüfdrücke des Unterabschnitts 4.1.4.1 Verpackungsanweisung P 200 umfassen. Die Druckprüfung des Sammelrohrsystems darf als Wasserdruckprüfung oder mit Zustimmung der zuständigen Behörde oder einer von ihr bestimmten Stelle unter Verwendung einer anderen Flüssigkeit oder eines anderen Gases durchgeführt werden. Vor der Inbetriebnahme des MEGC ist eine Dichtheitsprüfung und eine Funktionsprüfung der gesamten Bedienungsausrüstung durchzuführen. Wenn die Elemente und ihre Ausrüstungsteile getrennt einer Druckprüfung unterzogen worden sind, müssen sie nach dem Zusammenbau gemeinsam einer Dichtheitsprüfung unterzogen werden.

6.7.5.12.4 Die wiederkehrende 5-Jahres-Prüfung muss eine äußere Untersuchung des Aufbaus, der Elemente und der Bedienungsausrüstung gemäß Absatz 6.7.5.12.6 umfassen. Die Elemente und Rohrleitungen sind innerhalb der in Unterabschnitt 4.1.4.1 Verpackungsanweisung P 200 festgelegten Fristen und in Übereinstimmung mit den Vorschriften des Unterabschnitts 6.2.1.6 zu prüfen. Wenn die Elemente und die Ausrüstung getrennt einer Druckprüfung unterzogen worden sind, müssen sie nach dem Zusammenbau gemeinsam einer Dichtheitsprüfung unterzogen werden.

6.7.5.12.5 Eine außerordentliche Prüfung ist erforderlich, wenn der MEGC Anzeichen von Beschädigung, Korrosion, Undichtheit oder anderer auf einen Mangel hinweisende Zustände aufweist, der die Unversehrtheit des MEGC beeinträchtigen könnte. Der Umfang der außerordentlichen Prüfung hängt vom Ausmaß der Beschädigung oder der Verschlechterung des Zustands des MEGC ab. Sie muss mindestens die in Absatz 6.7.5.12.6 vorgeschriebenen Prüfungen umfassen.

6.7.5.12.6 Die Untersuchungen müssen sicherstellen, dass

a) die Elemente äußerlich auf Lochfraß, Korrosion, Abrieb, Beulen, Verformungen, Fehler in Schweißnähten oder andere Zustände einschließlich Undichtheiten geprüft sind, durch die der MEGC bei der Beförderung unsicher werden könnte;

b) die Rohrleitungen, die Ventile und die Dichtungen auf Korrosion, Defekte und andere Zustände einschließlich Undichtheiten geprüft sind, durch die der MEGC beim Befüllen, Entleeren oder der Beförderung unsicher werden könnte;

c) fehlende oder lose Bolzen oder Muttern bei geflanschten Verbindungen oder Blindflanschen ersetzt oder festgezogen sind;

d) alle Sicherheitseinrichtungen und -ventile frei von Korrosion, Verformung, Beschädigung oder Defekten sind, die ihre normale Funktion behindern könnten. Fernbediente und selbstschließende Verschlusseinrichtungen sind zu betätigen, um ihre ordnungsgemäße Funktion nachzuweisen;

e) die auf dem MEGC vorgeschriebenen Kennzeichen lesbar sind und den anwendbaren Vorschriften entsprechen und

f) der Rahmen, das Traglager und die Hebeeinrichtungen des MEGC sich in einem zufriedenstellenden Zustand befinden.

Vorschriften für die Auslegung, den Bau und die Prüfung von ortsbeweglichen Tanks und von UN-Gascontainern mit mehreren Elementen (MEGC) 6.7

ADR	RID

6.7.5.12.7 Die in den Absätzen 6.7.5.12.1, 6.7.5.12.3, 6.7.5.12.4 und 6.7.5.12.5 angegebenen Prüfungen sind von einer von der zuständigen Behörde bestimmten Stelle durchzuführen oder zu beglaubigen. Wenn die Druckprüfung Bestandteil der Prüfung ist, ist diese mit dem auf dem Tankschild des MEGC angegebenen Prüfdruck durchzuführen. Der unter Druck stehende MEGC ist auf Undichtheiten der Elemente, der Rohrleitungen oder der Ausrüstung zu untersuchen.

6.7.5.12.8 Wird eine die Sicherheit gefährdende Fehlerhaftigkeit festgestellt, darf der MEGC vor der Ausbesserung und dem erfolgreichen Bestehen der anwendbaren Prüfungen nicht wieder in Betrieb genommen werden.

6.7.5.13 **Kennzeichnung**

6.7.5.13.1 Jeder MEGC muss mit einem korrosionsbeständigen Metallschild ausgerüstet sein, das
▶ 1.6.4.37 dauerhaft an einer auffallenden und für die Prüfung leicht zugänglichen Stelle angebracht ist. Das Metallschild darf nicht an den Elementen angebracht sein. Die Elemente müssen gemäß Kapitel 6.2 gekennzeichnet sein. Auf dem Schild müssen mindestens die folgenden Angaben eingeprägt oder durch ein ähnliches Verfahren angebracht sein:

a) Eigentümerinformationen

    (i) Registriernummer des Eigentümers;

b) Herstellungsinformationen

    (i) Herstellungsland;

    (ii) Herstellungsjahr;

    (iii) Name oder Zeichen des Herstellers;

    (iv) Seriennummer des Herstellers;

c) Zulassungsinformationen

    (i) das Symbol der Vereinten Nationen für Verpackungen $\underset{u}{\overset{n}{\bigcirc}}$;
    dieses Symbol darf nur zum Zweck der Bestätigung verwendet werden, dass eine Verpackung, ein flexibler Schüttgut-Container, ein ortsbeweglicher Tank oder ein MEGC den entsprechenden Vorschriften des Kapitels 6.1, 6.2, 6.3, 6.5, 6.6, 6.7 oder 6.11 entspricht.

    (ii) Zulassungsland;

    (iii) für die Baumusterzulassung zugelassene Stelle;

    (iv) Baumusterzulassungsnummer;

    (v) die Buchstaben «AA», wenn das Baumuster nach alternativen Vereinbarungen zugelassen wurde (siehe Unterabschnitt 6.7.1.2);

d) Drücke

    (i) Prüfdruck (in bar oder kPa (Überdruck))[16];

    (ii) Datum der erstmaligen Druckprüfung (Monat und Jahr);

    (iii) Identifizierungskennzeichen des Sachverständigen der erstmaligen Druckprüfung;

e) Temperaturen

    (i) Auslegungstemperaturbereich (in °C)[16];

---

[16] Die verwendete Einheit ist anzugeben.

6.7	Vorschriften für die Auslegung, den Bau und die Prüfung von ortsbeweglichen Tanks und von UN-Gascontainern mit mehreren Elementen (MEGC)
ADR	**RID**

f) Elemente/Fassungsraum

   (i) Anzahl der Elemente;

   (ii) mit Wasser ausgeliterter Fassungsraum (in Litern)[16];

g) wiederkehrende Prüfungen

   (i) Art der zuletzt durchgeführten wiederkehrenden Prüfung (2,5-Jahres-, 5-Jahres-Prüfung oder außerordentliche Prüfung);

   (ii) Datum der zuletzt durchgeführten wiederkehrenden Prüfung (Monat und Jahr);

   (iii) Identifizierungskennzeichen der zugelassenen Stelle, welche die letzte Prüfung durchgeführt oder beglaubigt hat.

Abbildung 6.7.5.13.1: Beispiel eines Kennzeichenschilds

Registriernummer des Eigentümers			
HERSTELLUNGSINFORMATIONEN			
Herstellungsland			
Herstellungsjahr			
Hersteller			
Seriennummer des Herstellers			
ZULASSUNGSINFORMATIONEN			
(UN)	Zulassungsland		
	für die Baumusterzulassung zugelassene Stelle		
	Baumusterzulassungsnummer		«AA» *(sofern anwendbar)*
Regelwerk für die Auslegung des Tankkörpers (Druckbehälter-Regelwerk)			
DRÜCKE			
Prüfdruck			bar *oder* kPa
Datum der erstmaligen Druckprüfung:	(MM/JJJJ)	Stempel des Sachverständigen:	
TEMPERATUREN			
Auslegungstemperaturbereich		°C bis	°C
ELEMENTE/FASSUNGSRAUM			
Anzahl der Elemente			
gesamter mit Wasser ausgeliterter Fassungsraum			Liter
WIEDERKEHRENDE PRÜFUNGEN			

Art der Prüfung	Prüfdatum	Stempel des Sachverständigen	Art der Prüfung	Prüfdatum	Stempel des Sachverständigen
	(MM/JJJJ)			(MM/JJJJ)	

---

[16] Die verwendete Einheit ist anzugeben.

Vorschriften für die Auslegung, den Bau und die Prüfung von ortsbeweglichen Tanks und von UN-Gascontainern mit mehreren Elementen (MEGC) 6.7

ADR	RID

6.7.5.13.2 Folgende Angaben müssen auf einem am MEGC fest angebrachten Metallschild dauerhaft angegeben sein:

Name des Betreibers

höchstzulässige Masse der Füllung _____ kg

Betriebsdruck bei 15 °C _____ bar (Überdruck)

höchstzulässige Bruttomasse _____ kg

Leermasse (Tara) _____ kg.

6.7	**Vorschriften für die Auslegung, den Bau und die Prüfung von ortsbeweglichen Tanks und von UN-Gascontainern mit mehreren Elementen (MEGC)**

ADR	RID

Vorschriften für den Bau von Tanks / Kesselwagen 6.8

Vorschriften für den Bau, die Ausrüstung, die Zulassung des Baumusters, die Prüfung und die Kennzeichnung von

ADR: festverbundenen Tanks (Tankfahrzeugen), Aufsetztanks, Tankcontainern und Tankwechselaufbauten (Tankwechselbehältern), deren Tankkörper aus metallenen Werkstoffen hergestellt sind, sowie von Batterie-Fahrzeugen

RID: Kesselwagen, abnehmbaren Tanks, Tankcontainern und Tankwechselaufbauten (Tankwechselbehältern), deren Tankkörper aus metallenen Werkstoffen hergestellt sind, sowie von Batteriewagen

und Gascontainern mit mehreren Elementen (MEGC)

ADR:
Bem. 1. Für ortsbewegliche Tanks und UN-Gascontainer mit mehreren Elementen (MEGC) siehe Kapitel 6.7; für Tanks aus faserverstärkten Kunststoffen siehe Kapitel 6.9; für Saug-Druck-Tanks für Abfälle siehe Kapitel 6.10.

2. Für festverbundene Tanks (Tankfahrzeuge) und Aufsetztanks mit Additivierungseinrichtungen siehe Kapitel 3.3 Sondervorschrift 664.

RID:
Bem. Für ortsbewegliche Tanks und UN-MEGC siehe Kapitel 6.7; für Tankcontainer aus faserverstärkten Kunststoffen siehe Kapitel 6.9, für Saug-Druck-Tanks für Abfälle siehe Kapitel 6.10.

6.8.1 Anwendungsbereich

6.8.1.1 Vorschriften, die sich über die **gesamte Textbreite** erstrecken, gelten sowohl für
ADR: festverbundene Tanks (Tankfahrzeuge), Aufsetztanks und Batterie-Fahrzeuge
RID: Kesselwagen, abnehmbare Tanks und Batteriewagen
als auch für Tankcontainer, Tankwechselaufbauten (Tankwechselbehälter) und MEGC.

Vorschriften, die in **einer Spalte** erscheinen, gelten nur für
ADR: – festverbundene Tanks (Tankfahrzeuge), Aufsetztanks und Batterie-Fahrzeuge **(linke Spalte)**.
RID: – Kesselwagen, abnehmbare Tanks und Batteriewagen **(linke Spalte)**.

– Tankcontainer, Tankwechselaufbauten (Tankwechselbehälter) und MEGC **(rechte Spalte)**.

6.8.1.2 Diese Vorschriften gelten für ▶ 1.6.4.1 bis 1.6.4.3, 1.6.4.7, 1.6.4.9

ADR: festverbundene Tanks (Tankfahrzeuge), Aufsetztanks und Batterie-Fahrzeuge,	Tankcontainer, Tankwechselaufbauten (Tankwechselbehälter) und MEGC
RID: Kesselwagen, abnehmbare Tanks und Batteriewagen	RID: ▶ 1.6.4.4, 1.6.4.8, 1.6.4.14

zur Beförderung gasförmiger, flüssiger, pulverförmiger und körniger Stoffe.

6.8.1.3 Im Abschnitt 6.8.2 sind Vorschriften aufgeführt, die sowohl für
ADR: festverbundene Tanks (Tankfahrzeuge), Aufsetztanks,
RID: Kesselwagen, abnehmbare Tanks,
Tankcontainer und Tankwechselaufbauten (Tankwechselbehälter) zur Beförderung von Stoffen aller Klassen als auch für
ADR: Batterie-Fahrzeuge
RID: Batteriewagen
und MEGC zur Beförderung von Gasen der Klasse 2 gelten. Die Abschnitte 6.8.3 bis 6.8.5 enthalten die Sondervorschriften, die Ergänzungen zu oder Abweichungen von den Vorschriften des Abschnitts 6.8.2 bilden.

6.8.1.4 Wegen der Vorschriften bezüglich der Verwendung dieser Tanks siehe Kapitel 4.3.

6.8 Vorschriften für den Bau von Tanks / Kesselwagen

▶ *1.6.3.1 bis 1.6.3.8, 1.6.3.11 und 1.6.3.18*

6.8.2 Vorschriften für alle Klassen

6.8.2.1 Bau
▶ *RID: 1.6.3.14, 1.6.4.4*
▶ *1.6.4.1, 1.6.4.2, 1.6.4.3*

Grundsätze

6.8.2.1.1 Die Tankkörper,
ADR: ihre Befestigungseinrichtungen,
RID: –
ihre Bedienungsausrüstung und ihre bauliche Ausrüstung müssen so beschaffen sein, dass sie ohne Verlust des Inhalts (ausgenommen Gasmengen, die aus etwa vorhandenen Entgasungsöffnungen austreten)
- unter normalen Beförderungsbedingungen den in Absatz 6.8.2.1.2 und 6.8.2.1.13 definierten statischen und dynamischen Beanspruchungen standhalten,
- den in Absatz 6.8.2.1.15 vorgeschriebenen Mindestbeanspruchungen standhalten.

6.8.2.1.2 ADR: Die Tanks einschließlich ihrer Befestigungseinrichtungen müssen bei der höchstzulässigen Masse der Füllung folgende Kräfte aufnehmen können:
- 2fache Gesamtmasse in Fahrtrichtung;
- 1fache Gesamtmasse horizontal seitwärts zur Fahrtrichtung;
- 1fache Gesamtmasse vertikal aufwärts und
- 2fache Gesamtmasse vertikal abwärts.

RID: Die Kesselwagen müssen so gebaut sein, dass sie bei der höchstzulässigen Masse der Füllung den beim Eisenbahnverkehr auftretenden Beanspruchungen standhalten. [1] Hinsichtlich dieser Beanspruchungen ist es angezeigt, sich auf die Versuche zu beziehen, die von der zuständigen Behörde vorgeschrieben sind.

Die Tankcontainer [2] einschließlich ihrer Befestigungseinrichtungen müssen bei der höchstzulässigen Masse der Füllung folgende Kräfte aufnehmen können:
- 2fache Gesamtmasse in Fahrtrichtung;
- 1fache Gesamtmasse horizontal seitwärts zur Fahrtrichtung (wenn die Fahrtrichtung nicht eindeutig bestimmt ist, gilt die 2fache Gesamtmasse in jeder Richtung);
- 1fache Gesamtmasse vertikal aufwärts und
- 2fache Gesamtmasse vertikal abwärts.

[2] Siehe auch Abschnitt 7.1.3.

[1] Diese Anforderungen gelten als erfüllt, wenn
- die für die Prüfung der Konformität mit der technischen Spezifikation für die Interoperabilität (TSI) des Teilsystems «Fahrzeuge – Güterwagen» des Eisenbahnsystems in der Europäischen Union (Verordnung (EU) Nr. 321/2013 der Kommission vom 13. März 2013) benannte Stelle oder
- das für die Prüfung der Konformität mit den einheitlichen technischen Vorschriften (ETV) zum Teilsystem Fahrzeuge – Güterwagen bestimmte Prüforgan: GÜTERWAGEN – (Ref. A 94-02/2.2012 vom 1. Januar 2014) zusätzlich zu den Anforderungen der oben genannten TSI oder ETV erfolgreich die Konformität mit den Vorschriften des RID bewertet und durch die Ausstellung eines entsprechenden Zertifikats bestätigt hat.

6.8.2.1.3 Die Wände des Tankkörpers müssen mindestens die festgelegten Dicken haben nach den Absätzen
ADR: 6.8.2.1.17 bis 6.8.2.1.21.
RID: 6.8.2.1.17 und 6.8.2.1.18.

6.8.2.1.17 bis 6.8.2.1.20.

Vorschriften für den Bau von Tanks / Kesselwagen 6.8

6.8.2.1.4 Die Tankkörper müssen nach den Bestimmungen der in Unterabschnitt 6.8.2.6 aufgeführten Normen oder eines von der zuständigen Behörde gemäß Unterabschnitts 6.8.2.7 anerkannten technischen Regelwerks entworfen und gebaut sein, in denen bei der Wahl des Werkstoffes und der Bemessung der Wanddicke des Tankkörpers die höchsten und tiefsten Einfüll- und Betriebstemperaturen berücksichtigt werden; die Mindestanforderungen der Absätze 6.8.2.1.6 bis 6.8.2.1.26 müssen jedoch eingehalten werden.

6.8.2.1.5 Tanks für bestimmte gefährliche Stoffe müssen einen zusätzlichen Schutz haben. Dieser kann durch eine erhöhte Wanddicke des Tankkörpers, die auf Grund der Art der Gefahren, die der betreffende Stoff aufweist, bestimmt wird, gewährleistet sein (erhöhter Berechnungsdruck) oder aus einer Schutzeinrichtung bestehen (siehe Sondervorschriften des Abschnitts 6.8.4).

6.8.2.1.6 Die Schweißverbindungen müssen nach den Regeln der Technik ausgeführt sein und volle Sicherheit bieten. Die Schweißarbeiten und ihre Prüfung müssen den Vorschriften des Absatzes 6.8.2.1.23 entsprechen.

6.8.2.1.7
▶ *1.6.3.20*
Es müssen Maßnahmen getroffen werden, um die Tankkörper gegen das Risiko der Verformung infolge eines inneren Unterdrucks zu schützen.

Tankkörper, ausgenommen Tankkörper gemäß Absatz 6.8.2.2.6, die für eine Ausrüstung mit Vakuumventilen ausgelegt sind, müssen in der Lage sein, einem äußeren Überdruck von mindestens 21 kPa (0,21 bar) über dem Innendruck ohne bleibende Verformung standzuhalten. Tankkörper, die nur für die Beförderung fester (pulverförmiger oder körniger) Stoffe der Verpackungsgruppe II oder III, die sich während der Beförderung nicht verflüssigen, verwendet werden, dürfen für einen niedrigeren äußeren Überdruck, der nicht weniger als 5 kPa (0,05 bar) beträgt, ausgelegt sein. Die Vakuumventile müssen so eingestellt sein, dass sie sich bei einem Unterdruck öffnen, der nicht höher ist als der Unterdruck, für den der Tank ausgelegt ist. Tankkörper, die nicht für eine Ausrüstung mit Vakuumventilen ausgelegt sind, müssen in der Lage sein, einem äußeren Überdruck von mindestens 40 kPa (0,4 bar) über dem Innendruck ohne bleibende Verformung standzuhalten.

Werkstoffe des Tankkörpers

6.8.2.1.8 Die Tankkörper müssen aus geeigneten metallenen Werkstoffen hergestellt sein, die, sofern in den einzelnen Klassen nicht andere Temperaturbereiche vorgesehen sind, bei einer Temperatur zwischen − 20 °C und + 50 °C trennbruchsicher und unempfindlich gegen Spannungsrisskorrosion sein müssen.

6.8.2.1.9 Die Werkstoffe der Tankkörper oder ihrer Schutzauskleidungen, die mit dem Inhalt in Berührung kommen, dürfen keine Stoffe enthalten, die mit dem Inhalt gefährlich reagieren (siehe Begriffsbestimmung für gefährliche Reaktion in Abschnitt 1.2.1) oder die unter Einwirkung des Inhalts gefährliche Verbindungen bilden oder den Werkstoff merklich schwächen.

Zieht die Berührung zwischen dem beförderten Stoff und dem für den Bau des Tankkörpers verwendeten Werkstoff eine fortschreitende Verminderung der Wanddicke des Tankkörpers nach sich, so müssen diese bei der Herstellung durch einen geeigneten Wert erhöht werden. Dieser Abzehrungszuschlag darf bei der Berechnung der Wanddicke des Tankkörpers nicht berücksichtigt werden.

6.8.2.1.10 Für geschweißte Tankkörper darf nur ein Werkstoff verwendet werden, dessen Schweißbarkeit einwandfrei feststeht und für den ein ausreichender Wert der Kerbschlagzähigkeit bei einer Umgebungstemperatur von − 20 °C besonders in den Schweißnähten und in der Schweißeinflusszone gewährleistet werden kann.

RID: Für geschweißte Tankkörper aus Stahl darf kein wasservergüteter Stahl verwendet werden.

Bei Verwendung von Feinkornstahl darf nach den Werkstoffspezifikationen der garantierte Wert der Streckgrenze Re nicht größer als 460 N/mm² und der garantierte Wert für die obere Grenze der Zugfestigkeit Rm nicht größer als 725 N/mm² sein.

6.8 Vorschriften für den Bau von Tanks / Kesselwagen

6.8.2.1.11 Bei geschweißten Tankkörpern aus Stahl darf das Verhältnis Re/Rm nicht größer sein als 0,85.

Re = Streckgrenze für Stähle mit ausgeprägter Streckgrenze oder 0,2%-Dehngrenze für Stähle ohne ausgeprägter Streckgrenze (1%-Dehngrenze für austenitische Stähle)

Rm = Zugfestigkeit

Bei der Ermittlung dieses Verhältnisses sind in jedem Fall die im Werkstoffabnahmezeugnis ausgewiesenen Werte zugrunde zu legen.

6.8.2.1.12 Die Bruchdehnung in % bei Stahl muss mindestens dem Zahlenwert $\frac{10000}{\text{ermittelte Zugfestigkeit in N/mm}^2}$ entsprechen und darf bei Feinkornstählen nicht weniger als 16 % und bei anderen Stählen nicht weniger als 20 % betragen.

Bei Aluminiumlegierungen darf die Bruchdehnung nicht weniger als 12 % betragen [3].

Berechnung der Wanddicke des Tankkörpers

6.8.2.1.13 Der für die Bestimmung der Wanddicke des Tankkörpers maßgebliche Druck darf nicht geringer sein als der Berechnungsdruck, doch müssen dabei auch die im Absatz 6.8.2.1.1 erwähnten und gegebenenfalls die folgenden Beanspruchungen berücksichtigt werden:

ADR: Bei Fahrzeugen,
RID: Bei Wagen,
bei denen der Tank selbsttragend ist, muss der Tankkörper so berechnet werden, dass er den dadurch entstehenden Beanspruchungen neben anderen auftretenden Beanspruchungen standhalten kann.

ADR: Unter Wirkung jeder dieser Beanspruchungen darf die Spannung an dem am stärksten beanspruchten Punkt des Tankkörpers und seiner Befestigungseinrichtungen den in Absatz 6.8.2.1.16 festgelegten Wert für σ nicht übersteigen.	Unter Wirkung jeder dieser Beanspruchungen müssen folgende Sicherheitskoeffizienten eingehalten werden: – bei metallenen Werkstoffen mit ausgeprägter Streckgrenze ein Sicherheitskoeffizient von 1,5, bezogen auf die ausgeprägte Streckgrenze, oder – bei metallenen Werkstoffen ohne ausgeprägte Streckgrenze ein Sicherheitskoeffizient von 1,5, bezogen auf die garantierte 0,2%-Dehngrenze (bei austenitischen Stählen auf die 1%-Dehngrenze).

6.8.2.1.14 Der Berechnungsdruck ist im zweiten Teil der Tankcodierung (siehe Unterabschnitt 4.3.4.1) gemäß Kapitel 3.2 Tabelle A Spalte 12 angegeben.

Wenn ein «G» angegeben ist, gelten folgende Vorschriften:

a) Tankkörper mit Entleerung durch Schwerkraft, die für Stoffe bestimmt sind, die bei 50 °C einen Dampfdruck von höchstens 110 kPa (1,1 bar) (absolut) haben, sind nach einem Druck zu bemessen, der dem doppelten statischen Druck des zu befördernden Stoffes, mindestens jedoch dem doppelten statischen Druck von Wasser entspricht;

b) Tankkörper mit Druckfüllung oder -entleerung für Stoffe, die bei 50 °C einen Dampfdruck von höchstens 110 kPa (1,1 bar) (absolut) haben, sind nach einem Druck zu bemessen, der das 1,3fache des Füll- oder Entleerungsdrucks beträgt.

Wenn der Zahlenwert des Mindestberechnungsdrucks (Überdruck) angegeben ist, ist der Tankkörper nach diesem Druck zu bemessen, wobei dieser aber nicht geringer sein darf als das 1,3fache des Füll- oder Entleerungsdrucks. Dabei gelten folgende Mindestanforderungen:

---

[3] Für Bleche ist die Zugprobe quer zur Walzrichtung zu entnehmen. Die Dehnung nach Bruch wird an Probestäben mit kreisrundem Querschnitt bestimmt, wobei die Messlänge l zwischen den Messmarken gleich dem 5fachen Stabdurchmesser d ist (l = 5 d); werden Probestäbe mit eckigem Querschnitt verwendet, so wird die Messlänge l nach der Formel

$l = 5,65 \sqrt{F_0}$

berechnet, wobei F_0 gleich dem ursprünglichen Querschnitt des Probestabes ist.

Vorschriften für den Bau von Tanks / Kesselwagen 6.8

c) Tankkörper mit irgendeinem Füll- oder Entleerungssystem, die für Stoffe bestimmt sind, die bei 50 °C einen Dampfdruck von mehr als 110 kPa (1,1 bar), und einen Siedepunkt über 35 °C haben, sind nach einem Druck zu bemessen, der mindestens 150 kPa (1,5 bar) (Überdruck) beträgt oder der dem 1,3fachen des Füll- oder Entleerungsdrucks, wenn dieser höher ist, entspricht;

d) Tankkörper mit irgendeinem Füll- oder Entleerungssystem, die für Stoffe bestimmt sind, die einen Siedepunkt von höchstens 35 °C haben, sind nach einem Druck zu bemessen, der dem 1,3fachen des Füll- oder Entleerungsdrucks entspricht, mindestens jedoch 0,4 MPa (4 bar) (Überdruck) beträgt.

6.8.2.1.15 Beim Prüfdruck muss die Spannung σ an der am stärksten beanspruchten Stelle des Tankkörpers kleiner oder gleich den nachstehenden, in Abhängigkeit von den Werkstoffen festgelegten Grenzwerten sein. Dabei ist eine etwaige Schwächung durch die Schweißnähte zu berücksichtigen.

6.8.2.1.16 Für alle Metalle und Legierungen muss die Spannung σ beim Prüfdruck unter dem kleineren der Werte liegen, der sich aus folgenden Gleichungen ergibt:

$\sigma \leq 0{,}75\ Re$ oder $\sigma \leq 0{,}5\ Rm$

Dabei bedeutet:

Re = Streckgrenze für Stähle mit ausgeprägter Streckgrenze oder

0,2%-Dehngrenze für Stähle ohne ausgeprägter Streckgrenze (1%-Dehngrenze für austenitische Stähle)

Rm = Zugfestigkeit

Die zu verwendenden Werte von Re und Rm sind spezifizierte Minimalwerte aus Werkstoffnormen. Wenn keine Werkstoffnorm für das Metall oder die Legierung vorhanden ist, müssen die zu verwendenden Werte von Re und Rm von der zuständigen Behörde oder von einer von ihr beauftragten Stelle zugelassen sein.

Die Mindestwerte aus den Werkstoffnormen dürfen bei der Verwendung von austenitischen Stählen um bis zu 15 % überschritten werden, sofern im Werkstoffabnahmezeugnis diese höheren Werte bescheinigt sind. Diese Mindestwerte dürfen jedoch nicht überschritten werden, wenn die in Absatz 6.8.2.1.18 aufgeführte Formel angewendet wird.

Mindestwanddicke des Tankkörpers

6.8.2.1.17 Die Wanddicke des Tankkörpers muss mindestens dem größeren der beiden Werte entsprechen, die sich nach der Berechnung mit den folgenden Formeln ergeben:

$$e = \frac{P_T\ D}{2\ \sigma\ \lambda}$$

$$e = \frac{P_C\ D}{2\ \sigma},$$

wobei

e = Mindestwanddicke des Tankkörpers in mm
P_T = Prüfdruck in MPa
P_C = Berechnungsdruck in MPa nach Absatz 6.8.2.1.14
D = innerer Durchmesser des Tankkörpers in mm
σ = zulässige Spannung in N/mm², festgelegt in Absatz 6.8.2.1.16
λ = Koeffizient 1 oder weniger als 1, welcher der Schweißnahtgüte Rechnung trägt und von den in Absatz 6.8.2.1.23 definierten Prüfmethoden abhängig ist.

In keinem Fall darf die Wanddicke des Tankkörpers aber weniger betragen als die festgelegten Werte nach

ADR: den Absätzen 6.8.2.1.18 bis 6.8.2.1.21. | den Absätzen 6.8.2.1.18 bis 6.8.2.1.20.

RID: Absatz 6.8.2.1.18.

6.8 Vorschriften für den Bau von Tanks / Kesselwagen

6.8.2.1.18 **ADR:** Die Tankkörper, mit Ausnahme der in Absatz 6.8.2.1.21 genannten, mit kreisrundem Querschnitt und einem Durchmesser von nicht mehr als 1,80 m [4)] müssen eine Wanddicke von mindestens 5 mm haben, wenn sie aus Baustahl [5)] bestehen, oder eine gleichwertige Dicke, wenn sie aus einem anderen Metall hergestellt sind. Ist der Durchmesser größer als 1,80 m [4)], muss, mit Ausnahme der Tanks für pulverförmige oder körnige Stoffe, diese Dicke mindestens 6 mm betragen, wenn die Tankkörper aus Baustahl [5)] bestehen, oder eine gleichwertige Dicke, wenn sie aus einem anderen Metall hergestellt sind.

RID: Die Tankkörper müssen eine Wanddicke von mindestens 6 mm haben, wenn sie aus Baustahl [5)] bestehen, oder eine gleichwertige Dicke, wenn sie aus einem anderen Metall hergestellt sind. Für pulverförmige oder körnige Stoffe darf diese Dicke auf bis zu 5 mm für Baustahl oder auf eine gleichwertige Dicke für andere Metalle reduziert werden.

RID: Welches Metall auch verwendet wird, die Mindestwanddicke der Tankkörper darf in keinem Fall weniger als 4,5 mm betragen.

Die Tankkörper müssen eine Wanddicke von mindestens 5 mm haben, wenn sie aus den Vorschriften der Absätze 6.8.2.1.11 und 6.8.2.1.12 entsprechenden Baustahl [5)] bestehen, oder eine gleichwertige Dicke, wenn sie aus einem anderen Metall hergestellt sind.

Ist der Durchmesser größer als 1,80 m, muss mit Ausnahme der Tanks für pulverförmige oder körnige Stoffe diese Dicke 6 mm betragen, wenn die Tankkörper aus Baustahl [5)] bestehen, oder eine gleichwertige Dicke, wenn sie aus einem anderen Metall hergestellt sind.

Welches Metall auch verwendet wird, die Mindestwanddicke der Tankkörper darf nie weniger als 3 mm betragen.

Unter gleichwertiger Dicke versteht man diejenige, welche durch die nachstehende Formel [6)] bestimmt wird:

$$e_1 = \frac{464\, e_0}{\sqrt[3]{(Rm_1\, A_1)^2}}$$

ADR: 4) Bei anderen als kreisrunden Tankkörpern, z.B. kofferförmigen oder elliptischen Tankkörpern, entsprechen die angegebenen Durchmesser denjenigen, die sich aus einem flächengleichen Kreisquerschnitt errechnen. Bei diesen Querschnittformen dürfen die Wölbungsradien der Tankmäntel seitlich nicht größer als 2000 mm, oben und unten nicht größer als 3000 mm sein. Der Querschnitt von Tankkörpern gemäß Absatz 6.8.2.1.14 a) darf jedoch Aussparungen oder Ausbuchtungen, wie Wannen, Ausschnitte oder eingelassene Mannloch-Konstruktionen, aufweisen. Sie dürfen aus flachem oder (konkav oder konvex) geformtem Blech gebaut sein. Beulen und andere unbeabsichtigte Verformungen gelten nicht als Aussparungen oder Ausbuchtungen. Siehe «Leitfaden für die Anwendung der Fußnote 3 zu Absatz 6.8.2.1.18 ADR» auf der Website der UNECE (http://www.unece.org/trans/danger/danger.html).

5) Wegen der Begriffsbestimmungen für «Baustahl» und «Bezugsstahl» siehe Abschnitt 1.2.1. «Baustahl» deckt in diesem Fall auch Stähle ab, die in EN-Werkstoffnormen als «Baustahl» bezeichnet sind und eine Mindestzugfestigkeit zwischen 360 N/mm^2 und 490 N/mm^2 und eine Mindestbruchdehnung gemäß Absatz 6.8.2.1.12 aufweisen.

6) Diese Formel ergibt sich aus der allgemeinen Formel

$$e_1 = e_0 \sqrt[3]{\left(\frac{Rm_0\, A_0}{Rm_1\, A_1}\right)^2}$$

In dieser Formel bedeutet

- e_1 = Mindestwanddicke des Tankkörpers in mm für das gewählte Metall
- e_0 = Mindestwanddicke des Tankkörpers in mm für Baustahl nach Absätzen 6.8.2.1.18 und 6.8.2.1.19.
- Rm_0 = 370 (Zugfestigkeit für Bezugsstahl, siehe Begriffsbestimmung in Abschnitt 1.2.1, in N/mm^2)
- A_0 = 27 (Bruchdehnung für Bezugsstahl, in %)
- Rm_1 = Mindestzugfestigkeit des gewählten Metalls in N/mm^2
- A_1 = Mindestbruchdehnung in % des gewählten Metalls.

Vorschriften für den Bau von Tanks / Kesselwagen 6.8

6.8.2.1.19 **ADR:** Wenn die Tanks einen Schutz gegen Beschädigung durch seitliches Anfahren oder Überschlagen gemäß Absatz 6.8.2.1.20 aufweisen, kann die zuständige Behörde zulassen, dass diese Mindestwanddicken im Verhältnis zu diesem Schutz verringert werden; für Tankkörper mit einem Durchmesser von nicht mehr als 1,80 m [4] dürfen diese Dicken jedoch nicht weniger als 3 mm bei Verwendung von Baustahl [5] oder eine gleichwertige Dicke bei Verwendung anderer Metalle betragen. Für Tankkörper mit einem Durchmesser von mehr als 1,80 m [4] ist diese Dicke bei Verwendung von Baustahl [5] auf 4 mm zu erhöhen oder auf eine gleichwertige Dicke bei Verwendung eines anderen Metalls.

Unter gleichwertiger Dicke versteht man diejenige, die durch die Formel in Absatz 6.8.2.1.18 bestimmt wird.

Mit Ausnahme der in Absatz 6.8.2.1.21 bestimmten Fälle, darf die Wanddicke der Tankkörper mit einem Schutz gegen Beschädigung gemäß Absatz 6.8.2.1.20 a) oder b) nicht geringer sein als die in der folgenden Tabelle angegebenen Werte:

ADR + RID: Wenn die Tanks einen Schutz gegen Beschädigung gemäß Absatz 6.8.2.1.20 aufweisen, kann die zuständige Behörde zulassen, dass diese Mindestwanddicken im Verhältnis zu diesem Schutz verringert werden; für Tankkörper mit einem Durchmesser von nicht mehr als 1,80 m dürfen diese Dicken jedoch nicht weniger als 3 mm bei Verwendung von Baustahl [5] oder eine gleichwertige Dicke bei Verwendung anderer Metalle betragen. Für Tankkörper mit einem Durchmesser von mehr als 1,80 m ist diese Dicke bei Verwendung von Baustahl [5] auf 4 mm zu erhöhen oder auf eine gleichwertige Dicke bei Verwendung eines anderen Metalls.

Unter gleichwertiger Dicke versteht man diejenige, die durch die Formel in Absatz 6.8.2.1.18 bestimmt wird.

Die Wanddicke der Tankkörper, die gemäß Absatz 6.8.2.1.20 vor Beschädigung geschützt sind, darf nicht geringer sein als die in der folgenden Tabelle angegebenen Werte:

ADR:

	Durchmesser des Tankkörpers	≤ 1,80 m	> 1,80 m
Mindestwanddicke des Tankkörpers	austenitische rostfreie Stähle	2,5 mm	3 mm
	austenitisch-ferritische rostfreie Stähle	3 mm	3,5 mm
	andere Stähle	3 mm	4 mm
	Aluminiumlegierungen	4 mm	5 mm
	Aluminium, 99,80 % rein	6 mm	8 mm

ADR: [4] Bei anderen als kreisrunden Tankkörpern, z.B. kofferförmigen oder elliptischen Tankkörpern, entsprechen die angegebenen Durchmesser denjenigen, die sich aus einem flächengleichen Kreisquerschnitt errechnen. Bei diesen Querschnittformen dürfen die Wölbungsradien der Tankmäntel seitlich nicht größer als 2000 mm, oben und unten nicht größer als 3000 mm sein. Der Querschnitt von Tankkörpern gemäß Absatz 6.8.2.1.14 a) darf jedoch Aussparungen oder Ausbuchtungen, wie Wannen, Ausschnitte oder eingelassene Mannloch-Konstruktionen, aufweisen. Sie dürfen aus flachem oder (konkav oder konvex) geformtem Blech gebaut sein. Beulen und andere unbeabsichtigte Verformungen gelten nicht als Aussparungen oder Ausbuchtungen. Siehe «Leitfaden für die Anwendung der Fußnote 3 zu Absatz 6.8.2.1.18 ADR» auf der Website der UNECE (http://www.unece.org/trans/danger/danger.html).

[5] Wegen der Begriffsbestimmungen für «Baustahl» und «Bezugsstahl» siehe Abschnitt 1.2.1. «Baustahl» deckt in diesem Fall auch Stähle ab, die in EN-Werkstoffnormen als «Baustahl» bezeichnet sind und eine Mindestzugfestigkeit zwischen 360 N/mm^2 und 490 N/mm^2 und eine Mindestbruchdehnung gemäß Absatz 6.8.2.1.12 aufweisen.

6.8 Vorschriften für den Bau von Tanks / Kesselwagen

▶ *1.6.3.32* **RID:** (bleibt offen)

RID:

	Durchmesser des Tankkörpers	≤ 1,80 m	> 1,80 m
Mindest-wand-dicke des Tank-körpers	austenitische rostfreie Stähle	2,5 mm	3 mm
	austenitisch-ferritische rostfreie Stähle	3 mm	3,5 mm
	andere Stähle	3 mm	4 mm
	Aluminiumlegierungen	4 mm	5 mm
	Aluminium, 99,80 % rein	6 mm	8 mm

6.8.2.1.20 ADR: Für Tanks, die nach dem 1. Januar 1990 gebaut wurden, ist ein Schutz im Sinne des Absatzes 6.8.2.1.19 gegeben, wenn folgende oder gleichwertige [7] Maßnahmen ergriffen werden:

a) Bei Tanks zur Beförderung pulverförmiger oder körniger Stoffe muss der Schutz gegen Beschädigung den Anforderungen der zuständigen Behörde genügen.

b) Bei Tanks zur Beförderung anderer Stoffe ist ein Schutz gegen Beschädigung gegeben:

1. Bei Tankkörpern mit kreisrundem oder elliptischem Querschnitt mit einem Krümmungsradius von höchstens 2 m, wenn der Tankkörper mit Verstärkungsteilen ausgerüstet ist, die aus Trennwänden, Schwallwänden oder äußeren oder inneren Verstärkungsringen bestehen, die so angebracht sind, dass sie zumindest einer der folgenden Bestimmungen entsprechen:

– Abstand zwischen zwei benachbarten Verstärkungsteilen höchstens 1,75 m;

– Fassungsraum zwischen zwei Trennwänden oder Schwallwänden höchstens 7500 l.

Der senkrechte Querschnitt eines Ringes mit dem Teil der dazugehörigen Wand des Tankkörpers muss ein Widerstandsmoment von mindestens 10 cm³ aufweisen.

Der Schutz, auf den in Absatz 6.8.2.1.19 Bezug genommen wird, kann bestehen aus

– einem völlig umschließenden baulichen Schutz, wie einer geeigneten «Sandwich-Konstruktion», bei der der äußere Schutz am Tankkörper befestigt ist, oder

– einem den Tankkörper völlig umschließenden Rahmenwerk mit Längs- und Querträgern oder

– einem Doppelwandtank bestehen.

Wenn die Tanks als Doppelwandtank mit Vakuumisolierung gebaut sind, muss die Summe der Wanddicken der metallenen Außenwand und der des Tankkörpers der nach Absatz 6.8.2.1.18 festgelegten Mindestwanddicke entsprechen, wobei die Wanddicke des Tankkörpers selbst die in Absatz 6.8.2.1.19 festgelegte Mindestwanddicke nicht unterschreiten darf.

Wenn die Tanks als Doppelwandtanks mit einer Feststoffzwischenschicht von mindestens 50 mm Dicke gebaut sind, muss die Außenwand eine Dicke von mindestens 0,5 mm haben, wenn sie aus Baustahl [5] bestehen und von mindestens 2 mm, wenn sie aus glasfaserverstärktem Kunststoff bestehen. Als Feststoffzwischenschicht darf Hartschaum verwendet werden, der ein Schlagabsorptionsvermögen hat wie beispielsweise Polyurethanhartschaum.

---

[5] Wegen der Begriffsbestimmungen für «Baustahl» und «Bezugsstahl» siehe Abschnitt 1.2.1. «Baustahl» deckt in diesem Fall auch Stähle ab, die in EN-Werkstoffnormen als «Baustahl» bezeichnet sind und eine Mindestzugfestigkeit zwischen 360 N/mm² und 490 N/mm² und eine Mindestbruchdehnung gemäß Absatz 6.8.2.1.12 aufweisen.

[7] Gleichwertige Maßnahmen sind solche, die in Normen gemäß Unterabschnitt 6.8.2.6 angegeben sind.

Vorschriften für den Bau von Tanks / Kesselwagen 6.8

Die äußeren Ringe dürfen keine hervorspringenden Kanten mit einem kleineren Radius als 2,5 mm aufweisen.

Die Trennwände und die Schwallwände müssen den Vorschriften des Absatzes 6.8.2.1.22 entsprechen.

Die Dicke der Trennwände und der Schwallwände darf in keinem Fall geringer sein als die des Tankkörpers.

2. Bei Tanks, die als Doppelwandtanks mit Vakuumisolierung gebaut sind, wenn die Summe der Dicken der metallenen Außenwand und der des Tankkörpers der nach Absatz 6.8.2.1.18 festgelegten Wanddicke entspricht und die Wanddicke des Tankkörpers selbst die in Absatz 6.8.2.1.19 festgelegte Mindestwanddicke nicht unterschreitet.

3. Bei Tanks, die als Doppelwandtank mit einer Feststoffzwischenschicht von mindestens 50 mm Dicke gebaut sind, wenn die Außenwand eine Dicke von mindestens 0,5 mm hat, wenn sie aus Baustahl [5], und von mindestens 2 mm, wenn sie aus glasfaserverstärktem Kunststoff besteht. Als Feststoffzwischenschicht darf Hartschaum verwendet werden (mit einem Schlagabsorptionsvermögen wie beispielsweise Polyurethanhartschaum).

4. Bei Tankkörpern mit einer anderen Form als unter 1. aufgeführt, wie insbesondere Koffertankkörper, wenn sie rundum in der Mitte ihrer Höhe über mindestens 30 % ihrer Höhe mit einem Schutz versehen sind, der so bemessen ist, dass er ein spezifisches Arbeitsaufnahmevermögen aufweist, das mindestens jenem einer Wand aus Baustahl [5] mit einer Dicke von 5 mm (für einen Durchmesser des Tankkörpers von höchstens 1,80 m) oder von 6 mm (für einen Durchmesser

---

[5] Wegen der Begriffsbestimmungen für «Baustahl» und «Bezugsstahl» siehe Abschnitt 1.2.1. «Baustahl» deckt in diesem Fall auch Stähle ab, die in EN-Werkstoffnormen als «Baustahl» bezeichnet sind und eine Mindestzugfestigkeit zwischen 360 N/mm^2 und 490 N/mm^2 und eine Mindestbruchdehnung gemäß Absatz 6.8.2.1.12 aufweisen.

6.8 Vorschriften für den Bau von Tanks / Kesselwagen

des Tankkörpers über 1,80 m) gleichwertig ist. Der Schutz muss am Tankkörper dauerhaft angebracht sein.

Diese Anforderung kann ohne weitere Prüfung des spezifischen Arbeitsaufnahmevermögens als erfüllt angesehen werden, wenn der Schutz aus einem aufgeschweißten Blech gleichen Werkstoffs wie dem des Tankkörpers auf dem zu verstärkenden Abschnitt besteht, so dass die Mindestwanddicke des Tankkörpers dem Absatz 6.8.2.1.18 entspricht.

Dieser Schutz ist abhängig von den bei einem Unfall möglichen Beanspruchungen auf Tankkörper aus Baustahl [5], deren Böden und Wände bei einem Durchmesser von höchstens 1,80 m eine Dicke von mindestens 5 mm, oder bei einem Durchmesser über 1,80 m eine Dicke von mindestens 6 mm aufweisen. Bei Verwendung eines anderen Metalls erhält man die gleichwertige Dicke nach der Formel in Absatz 6.8.2.1.18.

Bei Aufsetztanks ist dieser Schutz nicht erforderlich, wenn sie allseits durch die Bordwände des Trägerfahrzeugs geschützt sind.

RID: (bleibt offen)

6.8.2.1.21
▶ 1.6.3.19

ADR: Die nach Absatz 6.8.2.1.14 a) bemessene Wanddicke der Tankkörper, deren Fassungsraum nicht mehr als 5 000 Liter beträgt oder die in dichte Abteile mit einem Fassungsraum von nicht mehr als 5 000 Liter unterteilt sind, darf auf einen Wert verringert werden, der nicht kleiner sein darf als der entsprechende, in der folgenden Tabelle angegebene Wert, vorausgesetzt, in Abschnitt 6.8.3 oder 6.8.4 wird nichts anderes vorgeschrieben:

(bleibt offen)

---

[5] Wegen der Begriffsbestimmungen für «Baustahl» und «Bezugsstahl» siehe Abschnitt 1.2.1. «Baustahl» deckt in diesem Fall auch Stähle ab, die in EN-Werkstoffnormen als «Baustahl» bezeichnet sind und eine Mindestzugfestigkeit zwischen 360 N/mm^2 und 490 N/mm^2 und eine Mindestbruchdehnung gemäß Absatz 6.8.2.1.12 aufweisen.

Vorschriften für den Bau von Tanks / Kesselwagen 6.8

Maximaler Durchmesser des Tankkörperquerschnitts (m)	Fassungsraum des Tankkörpers oder Tankkörperabteils (m³)	Mindestwanddicke (mm) Baustahl
≤ 2	≤ 5,0	3
2 - 3	≤ 3,5	3
	> 3,5 aber ≤ 5	4

Bei Verwendung eines anderen Metalls als Baustahl [5] muss die Wanddicke nach der in Absatz 6.8.2.1.18 vorgesehenen Gleichwertigkeitsformel bestimmt werden; sie darf nicht geringer sein als die in der folgenden Tabelle angegebenen Werte:

	maximaler Krümmungsradius des Tankkörpers (m)	≤ 2	2 - 3	2 - 3
	Fassungsraum des Tankkörpers oder Tankkörperabteils (m³)	≤ 5,0	≤ 3,5	> 3,5, aber ≤ 5,0
Mindestwanddicke des Tankkörpers	austenitische rostfreie Stähle	2,5 mm	2,5 mm	3 mm
	austenitische-ferritische rostfreie Stähle	3 mm	3 mm	3,5 mm
	andere Stähle	3 mm	3 mm	4 mm
	Aluminiumlegierungen	4 mm	4 mm	5 mm
	Aluminium, 99,80 % rein	6 mm	6 mm	8 mm

Die Dicke der Trennwände und der Schwallwände darf in keinem Fall geringer sein als die des Tankkörpers.

RID: (bleibt offen)

6.8.2.1.22 *ADR:* Schwallwände und Trennwände müssen bis zu einer Tiefe von mindestens 10 cm gewölbt oder gerillt, gerollt oder auf andere Weise verstärkt sein, um eine gleichwertige Widerstandsfähigkeit zu erhalten. Die Fläche der Schwallwand muss mindestens 70 % der Querschnittsfläche des Tankkörpers betragen, in dem sich die Schwallwand befindet.

(bleibt offen)

RID: (bleibt offen)

Ausführung und Prüfung der Schweißarbeiten

6.8.2.1.23 Die Prüfstelle, die Prüfungen in Übereinstimmung mit Absatz 6.8.2.4.1 oder 6.8.2.4.4 durchführt, muss die Befähigung des Herstellers oder der Wartungs- oder Reparaturwerkstatt für die Ausführung von Schweißarbeiten und den Betrieb eines Qualitätssicherungssystems für Schweißarbeiten überprüfen und bestätigen. Die Schweißarbeiten müssen von qualifizierten Schweißern unter Verwendung eines qualifizierten Schweißverfahrens durchgeführt werden, dessen Eignung (einschließlich etwa erforderlicher Wärmebehandlungen) durch Prüfungen nachgewiesen wurde. Die zerstörungsfreien Prüfungen müssen mittels Durchstrahlung oder Ultraschall[*] vorgenommen werden und müssen bestätigen, dass die Qualität der Schweißnähte beanspruchungsgerecht ist.

▶ *1.6.3.51*
▶ *1.6.4.53*

---

[5] Wegen der Begriffsbestimmungen für «Baustahl» und «Bezugsstahl» siehe Abschnitt 1.2.1. «Baustahl» deckt in diesem Fall auch Stähle ab, die in EN-Werkstoffnormen als «Baustahl» bezeichnet sind und eine Mindestzugfestigkeit zwischen 360 N/mm² und 490 N/mm² und eine Mindestbruchdehnung gemäß Absatz 6.8.2.1.12 aufweisen.

[*] Überlappungsverbindungen, die für die Verbindung des Tankbodens mit dem zylindrischen Teil des Tankkörpers verwendet werden, dürfen unter Verwendung alternativer Methoden anstelle von Durchstrahlung oder Ultraschall geprüft werden.

6.8　Vorschriften für den Bau von Tanks / Kesselwagen

Abhängig von dem für die Bestimmung der Wanddicke des Tankkörpers nach Absatz 6.8.2.1.17 verwendeten Wert für den Koeffizienten λ müssen für Schweißnähte, die nach jedem vom Hersteller verwendeten Schweißverfahren vorgenommen werden, folgende Prüfungen durchgeführt werden:

λ = 0,8: Alle Schweißnähte müssen auf beiden Seiten so weit wie möglich visuell geprüft und zerstörungsfreien Prüfungen unterzogen werden. Die zerstörungsfreien Prüfungen müssen alle «T»-Verbindungen, alle eingefügten Stoßstellen zur Vermeidung sich überschneidender Schweißnähte und alle Schweißnähte im Kantenbereich der Tankböden umfassen. Die Gesamtlänge der zu untersuchenden Schweißnähte darf nicht geringer sein als:

10 % der Länge aller Längsnähte,
10 % der Länge aller Umfangsnähte,
10 % der Länge aller Umfangsnähte in den Tankböden und
10 % der Länge aller Radialnähte in den Tankböden.

λ = 0,9: Alle Schweißnähte müssen auf beiden Seiten so weit wie möglich visuell geprüft und zerstörungsfreien Prüfungen unterzogen werden. Die zerstörungsfreien Prüfungen müssen alle Verbindungen, alle eingefügten Stoßstellen zur Vermeidung sich überschneidender Schweißnähte, alle Schweißnähte im Kantenbereich der Tankböden und alle Schweißnähte für die Montage von Ausrüstungsteilen mit größeren Durchmessern umfassen. Die Gesamtlänge der zu untersuchenden Schweißnähte darf nicht geringer sein als:

100 % der Länge aller Längsnähte,
 25 % der Länge aller Umfangsnähte,
 25 % der Länge aller Umfangsnähte in den Tankböden und
 25 % der Länge aller Radialnähte in den Tankböden.

λ = 1: Alle Schweißnähte müssen über ihre gesamte Länge zerstörungsfreien Prüfungen unterzogen und auf beiden Seiten so weit wie möglich visuell geprüft werden. Ein Schweißprobestück muss entnommen werden.

Wenn in den Fällen λ = 0,8 oder λ = 0,9 ein inakzeptabler Mangel in einem Teilstück einer Schweißnaht festgestellt wird, müssen die zerstörungsfreien Prüfungen auf ein Teilstück gleicher Länge auf beiden Seiten des Teilstücks ausgedehnt werden, das den Mangel enthält. Wenn bei den zerstörungsfreien Prüfungen ein zusätzlicher inakzeptabler Mangel festgestellt wird, müssen die zerstörungsfreien Prüfungen auf alle verbleibenden Schweißnähte desselben Typs des Schweißverfahrens ausgedehnt werden.

Wenn hinsichtlich der Qualität der Schweißnähte, einschließlich der Schweißnähte, die bei der Reparatur der durch die zerstörungsfreien Prüfungen festgestellten Mängel angebracht wurden, Bedenken bestehen, können zusätzliche Prüfungen der Schweißnähte gefordert werden.

Sonstige Vorschriften für den Bau

6.8.2.1.24 Die Schutzauskleidung muss so ausgelegt sein, dass ihre Dichtheit gewahrt bleibt, wie immer auch die Verformungen sein können, die unter normalen Beförderungsbedingungen (Absatz 6.8.2.1.2) eintreten können.

6.8.2.1.25 Die Wärmeisolierung muss so ausgelegt sein, dass sie weder den leichten Zugang zu den Füll- und Entleerungseinrichtungen sowie zu den Sicherheitsventilen behindert, noch deren Funktion beeinträchtigt.

6.8.2.1.26 Wenn Tankkörper zur Beförderung flüssiger Stoffe mit einem Flammpunkt bis höchstens 60 °C nichtmetallene Schutzauskleidungen (Innenbeschichtungen) haben, müssen die Tankkörper und die Schutzauskleidungen so ausgeführt sein, dass Zündgefahren infolge elektrostatischer Aufladungen nicht eintreten können.

6.8.2.1.27 *ADR:* Tanks zur Beförderung flüssiger Stoffe mit einem Flammpunkt bis höchstens 60 °C, entzündbarer Gase sowie von UN 1361 Kohle oder UN 1361 Ruß der Verpackungsgruppe II müssen eine gute elektrische Verbindung mit dem Fahrgestell aufweisen. Jeder | Alle Teile von Tankcontainern zur Beförderung flüssiger Stoffe mit einem Flammpunkt bis höchstens 60 °C, entzündbarer Gase sowie von UN 1361 Kohle oder UN 1361 Ruß der Verpackungsgruppe II müssen elektrisch geerdet werden können.

Vorschriften für den Bau von Tanks / Kesselwagen 6.8

▶ 7.5.10 — Metallkontakt, der eine elektrochemische Korrosion hervorrufen kann, muss vermieden werden. Die Tanks müssen zumindest mit einem Erdungsanschluss versehen sein, der deutlich durch das Symbol für Erdung «⏚» kenntlich gemacht ist und eine elektrische Verbindungsleitung/Potentialausgleichsleitung aufnehmen kann.

RID: Alle Teile des Kesselwagens zur Beförderung flüssiger Stoffe mit einem Flammpunkt bis höchstens 60 °C, entzündbarer Gase sowie von UN 1361 Kohle oder UN 1361 Ruß der Verpackungsgruppe II müssen mit dem Fahrgestell leitfähig verbunden sein und elektrisch geerdet werden können. Jeder Metallkontakt, der zu elektrochemischer Korrosion führt, muss vermieden werden.

Jeder Metallkontakt, der zu elektrochemischer Korrosion führt, muss vermieden werden.

6.8.2.1.28 ADR: *Schutz der Einrichtungen auf der Oberseite*

Die Einrichtungen und Ausrüstungsteile auf der Oberseite des Tanks müssen gegen Beschädigung bei einem eventuellen Überrollen geschützt sein. Dieser Schutz kann aus Verstärkungsreifen, Schutzkappen oder aus quer oder längs angeordneten Konstruktionselementen bestehen, die so angebracht sein müssen, dass sie einen wirksamen Schutz bieten.

RID: (bleibt offen)

6.8.2.1.29 ADR: (bleibt offen)

▶ 1.6.3.36 RID: Kesselwagen müssen einen Mindestabstand zwischen der Kopfträgerebene und dem am weitesten vorstehenden Punkt am Tankkörper von 300 mm haben.

Alternativ müssen Kesselwagen für Stoffe, für welche die Vorschriften der Sondervorschrift TE 25 des Abschnitts 6.8.4 b) nicht gelten, mit einer Überpufferungsschutzeinrichtung versehen sein, deren Bauart von der zuständigen Behörde zugelassen ist. Diese Alternative gilt nur für Kesselwagen, die ausschließlich auf Eisenbahninfrastrukturen verwendet werden, für die ein Güterwagen-Lademaß kleiner als G1 [7)] vorgeschrieben ist.

(bleibt offen)

[7)] Das Güterwagen-Lademaß G1 ist in Anlage A der Norm EN 15273-2:2013 Bahnanwendungen – Begrenzungslinien – Teil 2: Fahrzeugbegrenzungslinien in Bezug genommen.

1565

6.8 Vorschriften für den Bau von Tanks / Kesselwagen

6.8.2.2 Ausrüstung

6.8.2.2.1 Für die Herstellung von Bedienungsausrüstungen und baulichen Ausrüstungen dürfen auch geeignete nichtmetallene Werkstoffe verwendet werden.

▶ 1.6.3.28

RID: Die Befestigungen von angeschweißten Anbauteilen müssen so ausgeführt sein, dass ein Aufreißen des Tankkörpers im Falle von unfallbedingten Beanspruchungen verhindert wird. Dies kann durch folgende Maßnahmen erreicht werden:

– Verbindung mit dem Untergestell: Befestigung mittels Sattelblech zur Verteilung der dynamischer Kräfte;

– Stützen für Arbeitsbühne, Aufstiegsleiter, Ablassstutzen, Ventilbetätigung und andere kräfteübertragende Konsolen: Befestigung über eine angeschweißte Verstärkungsplatte;

– entsprechende Dimensionierung oder andere Schutzmaßnahmen (z.B. Sollbruchstelle).

Die Ausrüstungsteile sind so anzubringen, dass sie während der Beförderung und Handhabung gegen Losreißen oder Beschädigung gesichert sind. Sie müssen die gleiche Sicherheit gewährleisten wie die Tankkörper und müssen

– mit den beförderten Gütern verträglich sein;
– den Bestimmungen des Absatzes 6.8.2.1.1 entsprechen.

Die Rohrleitungen sind so auszulegen, zu bauen und zu montieren, dass die Gefahr der Beschädigung infolge thermischer Ausdehnung und Schrumpfung, mechanischer Erschütterung und Vibration vermieden wird.

ADR: Um eine möglichst geringe Zahl von Öffnungen im Tankkörper sind möglichst viele Einrichtungen anzuordnen.

Die Bedienungsausrüstung einschließlich der Deckel der Untersuchungsöffnungen muss auch beim Umkippen des Tanks trotz der bei einem Aufprall insbesondere durch Beschleunigungen und dynamische Drücke des Inhalts auftretenden Kräfte dicht bleiben. Geringfügiges Austreten des Inhalts auf Grund des während des Aufpralls entstehenden Druck-Spitzenwertes ist jedoch zulässig.

Die Dichtheit der Bedienungsausrüstung muss auch beim Umkippen des Tankcontainers gewährleistet sein.

RID: Die Dichtheit der Bedienungsausrüstung muss auch beim Umkippen des Kesselwagens oder Tankcontainers gewährleistet sein.

Die Dichtungen müssen aus einem Werkstoff gefertigt sein, der mit dem beförderten Stoff verträglich ist; sie müssen ersetzt werden, sobald ihre Wirksamkeit, z. B. durch Alterung, beeinträchtigt ist.

Die Dichtungen, welche die Dichtheit der Einrichtungen gewährleisten, die bei normaler Verwendung des Tanks betätigt werden, müssen so beschaffen und angeordnet sein, dass sie durch die Betätigung der Einrichtung, zu der sie gehören, in keiner Weise beschädigt werden.

Vorschriften für den Bau von Tanks / Kesselwagen 6.8

6.8.2.2.2 Jede Bodenöffnung für das Befüllen oder Entleeren von Tanks, die in Kapitel 3.2 Tabelle A Spalte 12 mit einer Tankcodierung gekennzeichnet sind, die im dritten Teil ein «A» enthält (siehe Absatz 4.3.4.1.1), muss mit mindestens zwei hintereinanderliegenden, voneinander unabhängigen Verschlüssen, bestehend aus
- einer äußeren Absperreinrichtung mit einem Stutzen aus verformungsfähigem metallenen Werkstoff und
- aus einer Verschlusseinrichtung am Ende jedes Stutzens als Schraubkappe, Blindflansch oder einer gleichwertigen Einrichtung versehen sein. Diese Verschlusseinrichtung muss so dicht sein, dass der Stoff ohne Verlust zurückgehalten wird. Es sind Maßnahmen zu treffen, dass eine gefahrlose Druckentlastung im Auslaufstutzen stattfindet, bevor die Verschlusseinrichtung vollständig entfernt wird.

Jede Bodenöffnung für das Befüllen oder Entleeren von Tanks zur Beförderung bestimmter Stoffe, die in Kapitel 3.2 Tabelle A Spalte 12 mit einer Tankcodierung gekennzeichnet sind, die im dritten Teil ein «B» enthält (siehe Absätze 4.3.3.1.1 und 4.3.4.1.1), muss mit mindestens drei hintereinanderliegenden, voneinander unabhängigen Verschlüssen, bestehend aus
- einer inneren Absperreinrichtung, d.h. einer Absperreinrichtung innerhalb des Tankkörpers oder innerhalb eines geschweißten Flansches oder dessen Gegenflansches,
- einer äußeren Absperreinrichtung oder einer gleichwertigen Einrichtung [8],
  die am Ende jedes Stutzens angebracht ist, und | die so nahe wie möglich am Tankkörper angebracht ist, und
- aus einer Verschlusseinrichtung am Ende jedes Stutzens als Schraubkappe, Blindflansch oder einer gleichwertigen Einrichtung versehen sein. Diese Verschlusseinrichtung muss so dicht sein, dass der Stoff ohne Verlust zurückgehalten wird. Es sind Maßnahmen zu treffen, dass eine gefahrlose Druckentlastung im Auslaufstutzen stattfindet, bevor die Verschlusseinrichtung vollständig entfernt wird.

Bei Tanks zur Beförderung bestimmter kristallisierbarer oder sehr dickflüssiger Stoffe sowie bei Tankkörpern, die mit einer Schutzauskleidung versehen sind, darf jedoch die innere Absperreinrichtung durch eine äußere Absperreinrichtung, die einen zusätzlichen Schutz aufweist, ersetzt sein.

Die innere Absperreinrichtung muss entweder von oben oder von unten her betätigt werden können. In beiden Fällen muss die Stellung – offen oder geschlossen – der inneren Absperreinrichtung, wenn möglich vom Boden aus, kontrollierbar sein. Die Betätigungselemente der inneren Absperreinrichtung müssen so beschaffen sein, dass jegliches ungewollte Öffnen infolge Stoßes oder einer unabsichtlichen Handlung ausgeschlossen ist.

Im Falle einer Beschädigung des äußeren Betätigungselementes muss der innere Verschluss wirksam bleiben.

Um jeglichen Verlust des Inhalts im Falle der Beschädigung der äußeren Einrichtungen (Rohrstutzen, seitliche Verschlusseinrichtungen) zu vermeiden, müssen die innere Absperreinrichtung und ihr Sitz so beschaffen oder geschützt sein, dass sie unter dem Einfluss äußerer Beanspruchungen nicht abgerissen werden können. Die Füll- und Entleerungseinrichtungen (einschließlich Flansche und Schraubverschlüsse) sowie eventuelle Schutzkappen müssen gegen ungewolltes Öffnen gesichert sein.

Die Stellung und/oder die Schließrichtung der Ventile muss klar ersichtlich sein.

Alle Öffnungen von Tanks zur Beförderung bestimmter Stoffe, die in Kapitel 3.2 Tabelle A Spalte 12 mit einer Tankcodierung gekennzeichnet sind, die im dritten Teil ein «C» oder «D» enthält (siehe Absätze 4.3.3.1.1 und 4.3.4.1.1), müssen sich oberhalb des Flüssigkeitsspiegels befinden. Diese Tanks dürfen unterhalb des Flüssigkeitsspiegels weder Rohrdurchgänge noch Rohransätze haben. Für Tanks, die durch eine Tankcodierung gekennzeichnet sind, die im dritten Teil ein «C» enthält, sind jedoch Reinigungsöffnungen (Handlöcher) im unteren Teil des Tankkörpers zugelassen. Diese Öffnung muss durch einen dichtschließenden Flansch verschlossen werden können, dessen Bauart von der zuständigen Behörde oder einer von ihr bestimmten Stelle zugelassen sein muss.

---

[8] Bei Tankcontainern mit einem Fassungsraum von weniger als 1 m³ darf diese Einrichtung durch einen Blindflansch ersetzt werden.

6.8 Vorschriften für den Bau von Tanks / Kesselwagen

6.8.2.2.3
▶ *1.6.3.39*

Nicht luftdicht verschlossene Tanks dürfen zur Vermeidung eines unzulässigen inneren Unterdrucks mit Vakuumventilen
  RID: oder zwangsbetätigten
  Belüftungsventilen
ausgerüstet sein; diese
  ADR: Vakuumventile
  RID: Ventile
müssen so eingestellt sein, dass sie sich bei einem Unterdruck öffnen, der nicht höher ist als der Unterdruck, für den der Tank ausgelegt ist (siehe Absatz 6.8.2.1.7). Luftdicht verschlossene Tanks dürfen nicht mit Vakuumventilen
  RID: oder zwangsbetätigten federbelaste-
  ten Belüftungsventilen
ausgerüstet sein. Tanks der Tankcodierung SGAH, S4AH oder L4BH, die mit diesen Ventilen ausgerüstet sind, die sich bei einem Unterdruck von mindestens 21 kPa (0,21 bar) öffnen, gelten jedoch als luftdicht verschlossen. Für Tanks, die nur für die Beförderung fester (pulverförmiger oder körniger) Stoffe der Verpackungsgruppe II oder III, die sich während der Beförderung nicht verflüssigen, vorgesehen sind, darf der Unterdruck auf nicht weniger als 5 kPa (0,05 bar) reduziert sein.

Vakuumventile
  RID: und zwangsbetätigte Belüftungsventile
und Über- und Unterdruckbelüftungseinrichtungen (siehe Absatz 6.8.2.2.6), die für Tanks zur Beförderung von Stoffen verwendet werden, die wegen ihres Flammpunktes die Kriterien der Klasse 3 erfüllen, müssen durch eine geeignete Schutzeinrichtung den unmittelbaren Flammendurchschlag in den Tankkörper verhindern, oder der Tankkörper des Tanks muss explosionsdruckstoßfest sein, d.h. er muss einer Explosion infolge eines Flammendurchschlags standhalten können, ohne dass er undicht wird, wobei jedoch Verformungen zulässig sind.

▶ *1.6.4.40*

Wenn die Schutzeinrichtung aus einem geeigneten Flammensieb oder einer geeigneten Flammendurchschlagssicherung besteht, muss diese(s) so nahe wie möglich am Tankkörper oder am Tankkörperabteil angeordnet sein. Wenn der Tank aus mehreren Abteilen besteht, muss jedes Abteil getrennt geschützt werden.

▶ *1.6.3.50*
▶ *1.6.4.52*

Flammensperren für Überdruck- und Unterdruckbelüftungseinrichtungen müssen für die von den beförderten Stoffen abgegebenen Dämpfe (experimentell ermittelte höchste sichere Spaltweite (MESG)), den Temperaturbereich und die Anwendung geeignet sein. Sie müssen die Vorschriften und Prüfungen der Norm EN ISO 16852:2016 (Flammendurchschlagssicherungen – Leistungsanforderungen, Prüfverfahren und Einsatzgrenzen) für die in der nachstehenden Tabelle angegebenen Situationen erfüllen:

Anwendung/Anbringung	Prüfvorschriften
direkte Verbindung mit der Atmosphäre	EN ISO 16852:2016, 7.3.2.1
Verbindung mit dem Rohrleitungssystem	EN ISO 16852:2016, 7.3.3.2 (gilt für Kombinationen von Ventilen/Flammensperren, sofern diese zusammen geprüft werden)
	EN ISO 16852:2016, 7.3.3.3 (gilt für Flammensperren, die unabhängig von den Ventilen geprüft werden)

RID: Bei Tanks mit zwangsbetätigten Belüftungsventilen muss die Verbindung zwischen dem zwangsbetätigten Belüftungsventil und dem Bodenventil so beschaffen sein, dass sich die Ventile bei einer Verformung des Tanks nicht öffnen oder der Inhalt trotz Öffnens nicht freigesetzt wird.

Vorschriften für den Bau von Tanks / Kesselwagen   6.8

6.8.2.2.4   Der Tankkörper oder jedes seiner Abteile muss mit einer Öffnung versehen sein, die groß genug ist, um die innere Untersuchung zu ermöglichen.

▶ 1.6.3.29   **RID:** Diese Öffnungen sind mit Verschlüssen zu versehen, die für einen Prüfdruck von mindestens 0,4 MPa (4 bar) ausgelegt sind. Klappbare Domdeckel für Tanks mit einem Prüfdruck von mehr als 0,6 MPa (6 bar) sind nicht zugelassen.

6.8.2.2.5   (bleibt offen)

6.8.2.2.6   Tanks zur Beförderung von flüssigen Stoffen mit einem Dampfdruck bei 50 °C bis 110 kPa (1,1 bar) (absolut) müssen entweder eine Über- und Unterdruckbelüftungseinrichtungen und eine Sicherung gegen Auslaufen des Tankinhalts beim Umstürzen haben oder dem Absatz 6.8.2.2.7 oder 6.8.2.2.8 entsprechen.

6.8.2.2.7   Tanks zur Beförderung von flüssigen Stoffen mit einem Dampfdruck bei 50 °C von mehr als 110 kPa (1,1 bar) und einem Siedepunkt über 35 °C müssen entweder ein Sicherheitsventil haben, das auf mindestens 150 kPa (1,5 bar) (Überdruck) eingestellt ist und sich spätestens bei einem Druck, der dem Prüfdruck entspricht, vollständig öffnet, oder dem Absatz 6.8.2.2.8 entsprechen.

6.8.2.2.8   Tanks zur Beförderung von flüssigen Stoffen mit einem Siedepunkt von höchstens 35 °C müssen entweder ein Sicherheitsventil haben, das auf mindestens 300 kPa (3 bar) (Überdruck) eingestellt ist und sich spätestens bei einem Druck, der dem Prüfdruck entspricht, vollständig öffnet, oder luftdicht verschlossen sein [9].

6.8.2.2.9   Bewegliche Teile, z.B. Deckel, Verschlussteile usw., die mit Tankkörpern aus Aluminium zur Beförderung entzündbarer flüssiger Stoffe mit einem Flammpunkt bis höchstens 60 °C und entzündbarer Gase in schlagende oder reibende Berührung kommen können, dürfen nicht aus ungeschütztem, rostendem Stahl gefertigt sein.

6.8.2.2.10   Wenn als luftdicht verschlossen geltende Tanks mit Sicherheitsventilen ausgerüstet sind,
▶ 1.6.3.49   muss diesen eine Berstscheibe vorgeschaltet sein und es sind folgende Bedingungen
▶ 1.6.4.51   einzuhalten:

Mit Ausnahme von Tanks für die Beförderung verdichteter, verflüssigter oder gelöster Gase, bei denen die Anordnung der Berstscheibe und des Sicherheitsventils den Anforderungen der zuständigen Behörde entsprechen muss, muss der Berstdruck der Berstscheiben folgenden Vorschriften entsprechen:

— der Mindestberstdruck bei 20 °C, einschließlich Toleranzen, muss mindestens dem 0,8-fachen Prüfdruck entsprechen,

— der höchste Berstdruck bei 20 °C, einschließlich Toleranzen, darf höchstens dem 1,1-fachen Prüfdruck entsprechen,

— der Berstdruck bei der höchsten Betriebstemperatur muss größer als der höchste Betriebsdruck sein.

Zwischen der Berstscheibe und dem Sicherheitsventil ist ein Druckmesser oder eine andere geeignete Anzeigeeinrichtung vorzusehen, um die Feststellung von Brüchen, Perforationen oder Undichtheiten der Scheibe zu ermöglichen.

6.8.2.2.11   Füllstandsanzeiger aus Glas und aus anderen zerbrechlichen Werkstoffen, die direkt mit
▶ 1.6.3.52   dem Inhalt des Tankkörpers in Verbindung stehen, dürfen nicht verwendet werden.
▶ 1.6.4.54

---

[9] Wegen der Begriffsbestimmung für luftdicht verschlossener Tank siehe Abschnitt 1.2.1.

6.8 Vorschriften für den Bau von Tanks / Kesselwagen

6.8.2.3   Zulassung des Baumusters
▶ *1.6.3.16*

6.8.2.3.1   Für jedes neue Baumuster eines
ADR: Tankfahrzeugs, eines Aufsetztanks, eines Tankcontainers, eines Tankwechselaufbaus (Tankwechselbehälters), eines Batterie-Fahrzeugs
RID: Kesselwagens, eines abnehmbaren Tanks, eines Tankcontainers, eines Tankwechselaufbaus (Tankwechselbehälters), eines Batteriewagens
oder eines MEGC ist durch die zuständige Behörde oder eine von ihr bestimmte Stelle eine Bescheinigung darüber auszustellen, dass das von ihr geprüfte Baumuster einschließlich der Befestigungseinrichtungen für den beabsichtigten Zweck geeignet ist und dass die Bauvorschriften nach Unterabschnitt 6.8.2.1, die Ausrüstungsvorschriften nach Unterabschnitt 6.8.2.2 und die Sondervorschriften für die beförderten Stoffe eingehalten sind.-

In dieser Bescheinigung sind anzugeben:

- die Prüfergebnisse,

▶ *1.6.3.53*
- eine Zulassungsnummer für das Baumuster, die aus dem für Kraftfahrzeuge im internationalen Verkehr verwendeten Unterscheidungszeichen [10] des Staates, in dem die Zulassung erteilt wurde, und einer Registriernummer besteht,

- die Tankcodierung gemäß Absatz 4.3.3.1.1 oder 4.3.4.1.1,

- die alphanumerischen Codes der Sondervorschriften für den Bau (TC), die Ausrüstung (TE) und die Zulassung des Baumusters (TA) des Abschnitts 6.8.4, die in Kapitel 3.2 Tabelle A Spalte 13 für diejenigen Stoffe aufgeführt sind, für deren Beförderung der Tank zugelassen ist,

- soweit erforderlich, die für den Tank zugelassenen Stoffe und/oder Gruppen von Stoffen. Diese müssen mit ihrer chemischen Bezeichnung oder mit der entsprechenden Sammelbezeichnung (siehe Unterabschnitt 2.1.1.2) sowie mit der Klasse, dem Klassifizierungscode und der Verpackungsgruppe angegeben werden.
Mit Ausnahme der Stoffe der Klasse 2 sowie mit Ausnahme der in Absatz 4.3.4.1.3 aufgeführten Stoffe, ist die Angabe der zugelassenen Stoffe in der Bescheinigung nicht erforderlich. In diesem Fall sind die auf der Grundlage der Angabe der Tankcodierung zugelassenen Stoffgruppen im rationalisierten Ansatz des Absatzes 4.3.4.1.2 unter Berücksichtigung der zutreffenden Sondervorschriften zur Beförderung zugelassen.

Die in der Bescheinigung genannten Stoffe bzw. die nach dem rationalisierten Ansatz zugelassenen Stoffgruppen müssen grundsätzlich mit den Eigenschaften des Tanks verträglich sein. In die Bescheinigung ist ein Vorbehalt aufzunehmen, falls dies bei der Zulassung des Baumusters nicht abschließend geprüft werden konnte.

▶ *1.6.4.18*   Eine Kopie der Bescheinigung ist der Tankakte jedes hergestellten Tanks,
ADR: Batterie-Fahrzeugs
RID: Batteriewagens
oder MEGC beizufügen (siehe Absatz 4.3.2.1.7).

Die zuständige Behörde oder eine von ihr bestimmte Stelle muss auf Wunsch des Antragstellers eine getrennte Baumusterzulassung der Bedienungsausrüstung, für die in der Tabelle des Absatzes 6.8.2.6.1 eine Norm aufgeführt ist, gemäß dieser Norm durchführen. Diese getrennte Baumusterzulassung muss bei der Ausstellung der Bescheinigung für den Tank berücksichtigt werden, sofern die Prüfergebnisse vorliegen und die Bedienungsausrüstung für die beabsichtigte Verwendung geeignet ist.

6.8.2.3.2   Werden die Tanks,
ADR: Batterie-Fahrzeuge
RID: Batteriewagen
oder MEGC ohne Änderung in Serie gefertigt oder nachgebaut, gilt diese Zulassung auch für die in Serie gefertigten oder nachgebauten Tanks,
ADR: Batterie-Fahrzeuge
RID: Batteriewagen
oder MEGC.

---

[10] Das für Kraftfahrzeuge und Anhänger im internationalen Straßenverkehr verwendete Unterscheidungszeichen des Zulassungsstaates, z. B. gemäß dem Genfer Übereinkommen über den Straßenverkehr von 1949 oder dem Wiener Übereinkommen über den Straßenverkehr von 1968.

Vorschriften für den Bau von Tanks / Kesselwagen 6.8

Eine Baumusterzulassung kann jedoch für die Zulassung von Tanks mit begrenzten Abweichungen in der Auslegung dienen, die entweder die Belastungen und Beanspruchungen der Tanks verringern (z. B. verringerter Druck, verringerte Masse, verringertes Volumen) oder die Sicherheit des Aufbaus erhöhen (z. B. erhöhte Wanddicke des Tankkörpers, mehr Schwallwände, verringerter Durchmesser der Öffnungen). Diese begrenzten Abweichungen müssen in der Bescheinigung über die Baumusterzulassung deutlich beschrieben werden.

6.8.2.3.3 Die nachfolgenden Vorschriften gelten für Tanks, für welche die Sondervorschrift TA 4 des Abschnitts 6.8.4 (und damit der Absatz 1.8.7.2.4) nicht anwendbar ist.

Die Baumusterzulassung darf höchstens zehn Jahre gültig sein. Wenn sich die entsprechenden technischen Vorschriften des ADR/RID (einschließlich der in Bezug genommenen Normen) während dieses Zeitraums geändert haben, so dass das zugelassene Baumuster nicht mehr in Übereinstimmung mit diesen Vorschriften ist, muss die zuständige Behörde oder die von dieser Behörde benannte Stelle, welche die Baumusterzulassung ausgestellt hat, die Baumusterzulassung zurückziehen und den Inhaber der Baumusterzulassung darüber in Kenntnis setzen.

Bem. Wegen des spätesten Zeitpunkts des Entzugs bestehender Baumusterzulassungen siehe Spalte 5 der Tabellen in Unterabschnitt 6.8.2.6 bzw. in Unterabschnitt 6.8.3.6.

Wenn eine Baumusterzulassung abgelaufen ist oder zurückgezogen wurde, ist die Herstellung von Tanks,
ADR: Batterie-Fahrzeugen
RID: Batteriewagen
oder MEGC in Übereinstimmung mit dieser Baumusterzulassung nicht mehr genehmigt.

In diesem Fall gelten die entsprechenden Vorschriften für die Verwendung, die wiederkehrende Prüfung und die Zwischenprüfung von Tanks,
ADR: Batterie-Fahrzeugen
RID: Batteriewagen
oder MEGC, die in der abgelaufenen oder zurückgezogenen Baumusterzulassung enthalten sind, weiterhin für die vor dem Ablauf oder dem Entzug der Baumusterzulassung gebauten Tanks,
ADR: Batterie-Fahrzeugen
RID: Batteriewagen
oder MEGC, sofern diese weiterverwendet werden dürfen.

Sie dürfen so lange weiterverwendet werden, solange sie weiterhin mit den Vorschriften des ADR/RID übereinstimmen. Wenn sie mit den Vorschriften des ADR/RID nicht mehr übereinstimmen, dürfen sie nur dann weiterverwendet werden, wenn eine solche Verwendung durch eine entsprechende Übergangsvorschrift in Kapitel 1.6 zugelassen ist.

Baumusterzulassungen dürfen durch eine vollständige Überprüfung und Bewertung der Konformität mit den zum Zeitpunkt der Verlängerung anwendbaren Vorschriften des ADR/RID verlängert werden. Eine Verlängerung ist nicht zugelassen, wenn eine Baumusterzulassung zurückgezogen wurde. Zwischenzeitliche Änderungen einer bestehenden Baumusterzulassung, welche keinen Einfluss auf die Konformität haben (siehe Absatz 6.8.2.3.2), verlängern oder verändern nicht die ursprüngliche Gültigkeit der Bescheinigung.

Bem. Die Überprüfung und Bewertung der Konformität darf durch eine andere Stelle als diejenige Stelle, welche die ursprüngliche Baumusterzulassung ausgestellt hat, durchgeführt werden.

Die ausstellende Stelle muss alle Unterlagen für die Baumusterzulassung während der gesamten Gültigkeitsdauer einschließlich ihrer gegebenenfalls eingeräumten Verlängerungen aufbewahren.

Wenn die Benennung der ausstellenden Stelle zurückgezogen oder eingeschränkt wurde oder wenn die Stelle ihre Tätigkeit eingestellt hat, muss die zuständige Behörde die entsprechenden Schritte einleiten, um sicherzustellen, dass die Akten entweder von einer anderen Stelle bearbeitet werden oder verfügbar bleiben.

6.8 Vorschriften für den Bau von Tanks / Kesselwagen

6.8.2.3.4 Bei Änderungen an einem Tank mit einer gültigen, abgelaufenen oder zurückgezogenen Baumusterzulassung beschränken sich die Prüfung und die Zulassung auf die Teile des Tanks, die geändert wurden. Die Änderung muss den zum Zeitpunkt der Änderung anwendbaren Vorschriften des ADR/RID entsprechen. Für alle von der Änderung nicht betroffenen Teile des Tanks behalten die Unterlagen der ursprünglichen Baumusterzulassung ihre Gültigkeit.

Eine Änderung kann sowohl für einen als auch für mehrere unter eine Baumusterzulassung fallende Tanks gelten.

Von der zuständigen Behörde
ADR: einer ADR-Vertragspartei
RID: eines RID-Vertragsstaates
oder einer von dieser Behörde bestimmten Stelle muss eine Bescheinigung über die Zulassung der Änderung ausgestellt werden, die als Teil der Tankakte aufbewahrt werden muss.

Jeder Antrag auf Erteilung einer Bescheinigung über die Zulassung einer Änderung muss bei einer einzigen zuständigen Behörde oder einer von dieser Behörde bestimmten Stelle eingereicht werden.

1572

Vorschriften für den Bau von Tanks / Kesselwagen 6.8

6.8.2.4 Prüfungen
▶ 1.6.3.1 bis 1.6.3.8 und 1.6.3.11

6.8.2.4.1 Die Tankkörper und ihre Ausrüstungsteile sind entweder zusammen oder getrennt erstmalig vor Inbetriebnahme zu prüfen. Diese Prüfung umfasst:
- eine Prüfung der Übereinstimmung mit dem zugelassenen Baumuster,
- eine Bauprüfung [11],
- eine Prüfung des inneren und äußeren Zustandes,
- eine Wasserdruckprüfung [12] mit dem Prüfdruck, der auf dem in Absatz 6.8.2.5.1 vorgeschriebenen Tankschild angegeben ist, sowie
- eine Dichtheitsprüfung und eine Funktionsprüfung der Ausrüstungsteile.

Mit Ausnahme der Klasse 2 hängt der Prüfdruck für die Wasserdruckprüfung vom Berechnungsdruck ab und muss mindestens so hoch sein wie der nachstehend angegebene Druck:

Berechnungsdruck (bar)	Prüfdruck (bar)
G [13]	G [14]
1,5	1,5
2,65	2,65
4	4
10	4
15	4
21	10 (4 [14])

[13] G = Mindestberechnungsdruck gemäß den allgemeinen Vorschriften des Absatzes 6.8.2.1.14 (siehe Unterabschnitt 4.3.4.1).
[14] Mindestprüfdruck für UN 1744 Brom oder UN 1744 Brom, Lösung.

Die Mindestprüfdrücke für die Klasse 2 sind in der Tabelle für Gase und Gasgemische in Absatz 4.3.3.2.5 angegeben.

Die Wasserdruckprüfung muss für den gesamten Tankkörper und für jedes Abteil von unterteilten Tankkörpern getrennt durchgeführt werden.

ADR: Die Prüfung muss für jedes Abteil mit einem Druck durchgeführt werden, der mindestens beträgt:
- das 1,3fache des höchsten Betriebsdrucks oder
- für Tanks mit Schwerkraftentleerung gemäß Absatz 6.8.2.1.14 a) das 1,3fache des statischen Drucks des zu befördernden Stoffes, jedoch nicht weniger als das 1,3fache des statischen Drucks von Wasser, mindestens jedoch 20 kPa (0,2 bar).

Die Wasserdruckprüfung ist vor dem Anbringen einer eventuell notwendigen Wärmeisolierung durchzuführen.

Wenn die Tankkörper und ihre Ausrüstungsteile getrennt geprüft werden, müssen sie nach dem Zusammenbau gemeinsam einer Dichtheitsprüfung gemäß Absatz 6.8.2.4.3 unterzogen werden.

Die Dichtheitsprüfung ist für jedes Abteil unterteilter Tankkörper gesondert durchzuführen.

---

[11] Die Bauprüfung umfasst bei Tankkörpern mit einem Mindestprüfdruck von 1 MPa (10 bar) auch die Prüfung von Schweißprobestücken – Arbeitsproben – gemäß Absatz 6.8.2.1.23 und nach den Prüfverfahren des Abschnitts 6.8.5.
[12] In Sonderfällen darf die Wasserdruckprüfung mit Zustimmung des von der zuständigen Behörde anerkannten Sachverständigen durch eine Prüfung mit einer anderen Flüssigkeit oder mit einem Gas ersetzt werden, wenn dieses Vorgehen nicht gefährlich ist.

6.8 Vorschriften für den Bau von Tanks / Kesselwagen

6.8.2.4.2
▶ 1.6.3.2
▶ 1.6.4.18
▶ 1.6.4.32

Die Tankkörper und ihre Ausrüstungsteile sind spätestens alle
ADR: sechs Jahre | fünf Jahre
RID: acht Jahre
wiederkehrenden Prüfungen zu unterziehen.
Diese wiederkehrenden Prüfungen umfassen:

– eine Untersuchung des inneren und äußeren Zustands;

– eine Dichtheitsprüfung des Tankkörpers mit der Ausrüstung gemäß Absatz 6.8.2.4.3 sowie eine Funktionsprüfung sämtlicher Ausrüstungsteile;

– im Allgemeinen eine Wasserdruckprüfung [12] (wegen des Prüfdrucks für den Tankkörper und gegebenenfalls die Abteile siehe Absatz 6.8.2.4.1).

Ummantelungen zur Wärmeisolierung oder andere Isolierungen sind nur soweit zu entfernen, wie es für die sichere Beurteilung der Eigenschaften des Tankkörpers erforderlich ist.

Bei Tanks zur Beförderung pulverförmiger oder körniger Stoffe dürfen mit Zustimmung des von der zuständigen Behörde anerkannten Sachverständigen die wiederkehrenden Wasserdruckprüfungen entfallen und durch Dichtheitsprüfungen gemäß Absatz 6.8.2.4.3 mit einem effektiven inneren Druck, der mindestens gleich hoch ist wie der höchste Betriebsdruck, ersetzt werden.

Schutzauskleidungen müssen visuell auf Schäden untersucht werden. Werden dabei Schäden festgestellt, muss der Zustand der Auskleidung durch eine geeignete Prüfung (geeignete Prüfungen) beurteilt werden.

6.8.2.4.3
Die Tankkörper und ihre Ausrüstungsteile sind alle
ADR: drei Jahre | zweieinhalb Jahre
RID: vier Jahre
nach der erstmaligen Prüfung und jeder wiederkehrenden Prüfung Zwischenprüfungen zu unterziehen. Diese Zwischenprüfungen dürfen innerhalb von drei Monaten vor oder nach dem festgelegten Datum durchgeführt werden.

Jedoch darf die Zwischenprüfung zu jedem Zeitpunkt vor dem festgelegten Datum durchgeführt werden.

Wenn eine Zwischenprüfung mehr als drei Monate vor dem vorgeschriebenen Datum erfolgt, muss eine erneute Zwischenprüfung spätestens
ADR: drei Jahre | zweieinhalb Jahre
RID: vier Jahre
nach diesem Datum durchgeführt werden.

Diese Zwischenprüfungen müssen eine Dichtheitsprüfung des Tankkörpers mit seinen Ausrüstungsteilen sowie eine Funktionsprüfung sämtlicher Ausrüstungsteile umfassen. Der Tank ist dabei einem effektiven inneren Druck zu unterwerfen, der mindestens gleich hoch ist wie der höchste Betriebsdruck. Für Tanks zur Beförderung flüssiger Stoffe oder fester körniger oder pulverförmiger Stoffe ist die Dichtheitsprüfung, sofern sie mit Hilfe eines Gases vorgenommen wird, mit einem Druck durchzuführen, der mindestens 25 % des höchsten Betriebsdrucks beträgt. In keinem Fall darf der Druck geringer sein als 20 kPa (0,2 bar) (Überdruck).

Bei Tanks mit Über- und Unterdruckbelüftungseinrichtungen und einer Sicherheitseinrichtung gegen Auslaufen des Tankinhalts beim Umstürzen muss die Dichtheitsprüfung mit einem Druck durchgeführt werden, der mindestens dem statischen Druck des zu befördernden Stoffes mit der höchsten Dichte, dem statischen Druck von Wasser oder 20 kPa (0,2 bar) entspricht, je nachdem, welcher der drei Werte höher ist.

Die Dichtheitsprüfung ist für jedes Abteil unterteilter Tankkörper gesondert durchzuführen.

---

[12] In Sonderfällen darf die Wasserdruckprüfung mit Zustimmung des von der zuständigen Behörde anerkannten Sachverständigen durch eine Prüfung mit einer anderen Flüssigkeit oder mit einem Gas ersetzt werden, wenn dieses Vorgehen nicht gefährlich ist.

Vorschriften für den Bau von Tanks / Kesselwagen 6.8

Schutzauskleidungen müssen visuell auf Schäden untersucht werden. Werden dabei Schäden festgestellt, muss der Zustand der Auskleidung durch eine geeignete Prüfung (geeignete Prüfungen) beurteilt werden.

6.8.2.4.4 Wenn die Sicherheit des Tanks oder seiner Ausrüstungen durch Ausbesserung, Umbau oder Unfall beeinträchtigt sein könnte, so ist eine außerordentliche Prüfung durchzuführen. Wenn eine außerordentliche Prüfung, welche die Vorschriften des Absatzes 6.8.2.4.2 erfüllt, durchgeführt wurde, darf die außerordentliche Prüfung als wiederkehrende Prüfung angesehen werden. Wenn eine außerordentliche Prüfung, welche die Vorschriften des Absatzes 6.8.2.4.3 erfüllt, durchgeführt wurde, darf die außerordentliche Prüfung als Zwischenprüfung angesehen werden.

6.8.2.4.5 Die Prüfungen nach den Absätzen 6.8.2.4.1 bis 6.8.2.4.4 sind durch den von der zuständigen Behörde anerkannten Sachverständigen durchzuführen. Über die Prüfungen sind auch im Falle negativer Prüfergebnisse Bescheinigungen auszustellen. In diesen Bescheinigungen ist ein Hinweis auf das Verzeichnis der in diesem Tank zur Beförderung zugelassenen Stoffe oder auf die Tankcodierung und die alphanumerischen Codes der Sondervorschriften gemäß Unterabschnitt 6.8.2.3 aufzunehmen.

Eine Kopie dieser Bescheinigungen ist der Tankakte jedes geprüften Tanks,
ADR: Batterie-Fahrzeugs
RID: Batteriewagens
oder MEGC beizufügen (siehe Absatz 4.3.2.1.7).

ADR: (bleibt offen)

RID: *Sachverständige für die Durchführung von Prüfungen an Tanks von Kesselwagen*

6.8.2.4.6 Um als Sachverständiger im Sinne des Absatzes 6.8.2.4.5 zu gelten, muss man von der zuständigen Behörde anerkannt sein und folgende Anforderungen erfüllen. Jedoch findet diese gegenseitige Anerkennung keine Anwendung auf Tätigkeiten, die mit einer Änderung der Baumusterzulassung zusammenhängen.

(bleibt offen)

1. Der Sachverständige muss von den beteiligten Parteien unabhängig sein. Er darf weder mit dem Urheber des Entwurfs, dem Hersteller, dem Lieferanten, dem Käufer, dem Eigentümer, dem Besitzer oder dem Benutzer der zu prüfenden Tanks von Kesselwagen identisch noch Beauftragter einer der genannten Parteien sein.

2. Der Sachverständige darf keiner Tätigkeit nachgehen, die mit der Unabhängigkeit seiner Beurteilung und mit der Zuverlässigkeit im Hinblick auf seine Inspektionsarbeiten in Konflikt kommen könnten. Insbesondere muss der Sachverständige unabhängig von wirtschaftlichen Einflussnahmen finanzieller oder sonstiger Art auf

6.8 Vorschriften für den Bau von Tanks / Kesselwagen

die Beurteilung sein, insbesondere seitens prüfstellenexterner, an den Ergebnissen der durchgeführten Prüfungen interessierter Personen oder Unternehmen. Die Unvoreingenommenheit des Prüfpersonals muss gewährleistet sein.

3. Der Sachverständige muss über die notwendigen Einrichtungen verfügen, die ihn zur sachgemäßen Durchführung der technischen und administrativen Aufgaben im Zusammenhang mit der Prüfung und den Prüfungstätigkeiten befähigen. Er muss auch Zugang zu Ausrüstungen haben, die zur Durchführung besonderer Prüfungen erforderlich sind.

4. Der Sachverständige muss angemessen qualifiziert sein und über eine solide technische und berufliche Ausbildung, ausreichende Kenntnisse der Vorschriften für die von ihm durchzuführenden Prüfungen sowie ausreichende praktische Erfahrungen auf diesem Gebiet verfügen. Um ein hohes Sicherheitsniveau zu gewährleisten, muss er über Sachkenntnisse im Bereich der Sicherheit von Tanks von Kesselwagen verfügen. Er muss in der Lage sein, die erforderlichen Zertifikate, Protokolle und Berichte auszufertigen, mit denen nachgewiesen wird, dass die Prüfungen durchgeführt wurden.

5. Der Sachverständige muss hinreichend vertraut sein mit den Technologien zur Herstellung der zu prüfenden Tanks, einschließlich des Zubehörs, mit der Verwendung oder geplanten Verwendung der zur Prüfung vorgeführten Geräte und mit den Defekten, die bei der Verwendung oder beim Betrieb auftreten können.

6. Der Sachverständige muss die Bewertungen und Prüfungen mit höchster beruflicher Zuverlässigkeit und größter technischer Sachkunde durchführen. Er muss die Vertraulichkeit von im Laufe der Prüfung erhaltenen Informationen gewährleisten. Die Eigentumsrechte müssen geschützt sein.

Vorschriften für den Bau von Tanks / Kesselwagen 6.8

7. Die Höhe des Arbeitsentgelts des mit der Prüfarbeit befassten Sachverständigen darf nicht direkt von der Zahl der durchgeführten Prüfungen und unter keinen Umständen vom Ergebnis dieser Prüfungen abhängen.

8. Der Sachverständige muss über eine angemessene Haftpflichtversicherung verfügen, sofern die Haftung nicht gemäß innerstaatlicher Rechtsvorschriften beim Staat oder dem Unternehmen liegt, dessen Teil er ist.

Diese Anforderungen gelten als erfüllt für:
– das Personal einer benannten Stelle gemäß Richtlinie 2010/35/EU,
– Personen, die auf der Grundlage eines Akkreditierungsverfahrens gemäß Norm EN ISO/IEC 17020:2012 (ausgenommen Absatz 8.1.3) («Allgemeine Kriterien für den Betrieb verschiedener Typen von Stellen, die Inspektionen durchführen») zugelassen wurden.

Die RID-Vertragsstaaten teilen dem Sekretariat der OTIF die Sachverständigen mit, die für die jeweiligen Prüfungen anerkannt sind. Hierbei sind der Stempelabdruck und der Schlagstempel anzugeben. Das Sekretariat der OTIF veröffentlicht die Liste der anerkannten Sachverständigen und sorgt für die Aktualisierung der Liste. Zur Einführung und Fortentwicklung harmonisierter Prüfverfahren und zur Gewährleistung eines einheitlichen Prüfniveaus organisiert das Sekretariat der OTIF bei Bedarf einen Erfahrungsaustausch.

6.8.2.5 Kennzeichnung

6.8.2.5.1 An jedem Tank muss für Kontrollzwecke ein Schild aus nicht korrodierendem Metall dauerhaft an einer leicht zugänglichen Stelle befestigt sein. Auf diesem Schild müssen mindestens die nachstehend aufgeführten Angaben eingeprägt oder in einem ähnlichen Verfahren angebracht sein. Diese Angaben dürfen unmittelbar auf den Wänden des Tankkörpers angebracht sein, wenn diese so verstärkt sind, dass die Widerstandsfähigkeit des Tankkörpers nicht beeinträchtigt wird:

– Zulassungsnummer;
– Name oder Zeichen des Herstellers;
– Seriennummer des Herstellers;
– Baujahr;
– Prüfdruck (Überdruck) [15];

▶ 1.6.3.26+1.6.4.6 – äußerer Auslegungsdruck (siehe Absatz 6.8.2.1.7) [15];
▶ 1.6.3.33
▶ 1.6.4.32   **ADR:** – Fassungsraum [15] – bei unterteilten Tankkörpern Fassungsraum jedes Abteils [15] –, gefolgt durch das Symbol «S», wenn der Tankkörper oder die Abteile mit einem Fassungsraum von mehr als 7 500 Litern durch Schwallwände in Abschnitte von höchstens 7 500 Liter Fassungsraum unterteilt ist;

        RID: – Fassungsraum [15] – bei unterteilten Tankkörpern Fassungsraum jedes Abteils [15] –;

---

[15] Nach den Zahlenwerten sind jeweils die Maßeinheiten hinzuzufügen.

6.8 Vorschriften für den Bau von Tanks / Kesselwagen

- , gefolgt durch das Symbol «S», wenn die Tankkörper oder die Abteile mit einem Fassungsraum von mehr als 7 500 Litern durch Schwallwände in Abschnitte von höchstens 7 500 Liter Fassungsraum unterteilt sind;
- Berechnungstemperatur (nur erforderlich bei Berechnungstemperaturen über +50 °C oder unter − 20 °C) [15];
- Datum und Art der zuletzt durchgeführten Prüfung: «Monat, Jahr», gefolgt von dem Buchstaben «P», wenn es sich bei dieser Prüfung um die erstmalige Prüfung oder um eine wiederkehrende Prüfung gemäß den Absätzen 6.8.2.4.1 und 6.8.2.4.2 handelt, oder «Monat, Jahr», gefolgt von dem Buchstaben «L», wenn es sich bei dieser Prüfung um eine Zwischenprüfung gemäß Absatz 6.8.2.4.3 handelt;
- Stempel des Sachverständigen, der die Prüfung vorgenommen hat;
- Werkstoff des Tankkörpers und Verweis auf Werkstoffnormen, soweit vorhanden, und gegebenenfalls Werkstoff der Schutzauskleidung;

ADR:
- Prüfdruck für den gesamten Tankkörper und Prüfdruck je Abteil in MPa oder bar (Überdruck), wenn der Druck je Abteil geringer ist als der auf den Tankkörper wirkende Druck.

An Tanks, die mit Druck gefüllt oder entleert werden, ist außerdem der höchstzulässige Betriebsdruck [15] anzugeben.

6.8.2.5.2
▶ *1.6.3.41*
▶ *1.6.4.42*

ADR: Folgende Angaben müssen auf dem Tankfahrzeug (auf dem Tank selbst oder auf Tafeln) angegeben sein:
- Name des Eigentümers oder Betreibers;
- Leermasse des Tankfahrzeugs [15] und
- höchstzulässige Gesamtmasse des Tankfahrzeugs [15].

Folgende Angaben müssen auf dem Aufsetztank (auf dem Tank selbst oder auf Tafeln) angegeben sein:
- Name des Eigentümers oder Betreibers;
- Angabe «Aufsetztank»;
- Eigenmasse des Tanks [15];
- höchstzulässige Bruttomasse des Tanks [15];
- für Stoffe gemäß Absatz 4.3.4.1.3 die offizielle Benennung für die Beförderung des (der) zur Beförderung zugelassenen Stoffes (Stoffe);
- Tankcodierung gemäß Absatz 4.3.4.1.1 und
- für andere als die in Absatz 4.3.4.1.3 genannten Stoffe die alphanumerischen Codes aller Sondervorschriften TC und TE, die in Kapitel 3.2 Tabelle A Spalte 13 für die im Tank zu befördernden Stoffe aufgeführt sind.

Folgende Angaben müssen auf dem Tankcontainer (auf dem Tank selbst oder auf Tafeln) angegeben sein:
- Name des Eigentümers und des Betreibers;
- Fassungsraum des Tankkörpers [15];
- Eigenmasse [15];
- höchstzulässige Bruttomasse [15];
- für Stoffe gemäß Absatz 4.3.4.1.3 die offizielle Benennung für die Beförderung des (der) zur Beförderung zugelassenen Stoffes (Stoffe);
- Tankcodierung gemäß Absatz 4.3.4.1.1 und
- für andere als die in Absatz 4.3.4.1.3 genannten Stoffe der alphanumerischen Codes aller Sondervorschriften TC und TE, die in Kapitel 3.2 Tabelle A Spalte 13 für die im Tank zu befördernden Stoffe aufgeführt sind.

---

[15] Nach den Zahlenwerten sind jeweils die Maßeinheiten hinzuzufügen.

Vorschriften für den Bau von Tanks / Kesselwagen 6.8

▶ 1.6.3.41
▶ 1.6.4.42

RID: Folgende Angaben müssen auf beiden Seiten des Kesselwagens (auf dem Tank selbst oder auf Tafeln) angegeben sein:
- Fahrzeughalterkennzeichen oder Name des Betreibers [16];
- Fassungsraum [15];
- Eigenmasse des Kesselwagens [15];
- Lastgrenzen nach den Eigenschaften des Wagens sowie der zu befahrenden Kategorien von Strecken;
- für Stoffe gemäß Absatz 4.3.4.1.3 die offizielle Benennung für die Beförderung des (der) zur Beförderung zugelassenen Stoffes (Stoffe);
- Tankcodierung gemäß Absatz 4.3.4.1.1;
- für andere als die in Absatz 4.3.4.1.3 genannten Stoffe die alphanumerischen Codes aller Sondervorschriften TC und TE, die in Kapitel 3.2 Tabelle A Spalte 13 für die im Tank zu befördernden Stoffe aufgeführt sind, und
- Datum (Monat, Jahr) der nächsten Prüfung nach den Absätzen 6.8.2.4.2 und 6.8.2.4.3 oder den Sondervorschriften TT des Abschnitts 6.8.4 für die zur Beförderung zugelassenen Stoffe. Wenn die nächste Prüfung eine Prüfung nach Absatz 6.8.2.4.3 ist, ist das Datum durch den Buchstabe «L» zu ergänzen.

6.8.2.6 Vorschriften für Tanks, die nach in Bezug genommenen Normen ausgelegt, gebaut und geprüft sind

▶ 1.6.4.39

Bem. Personen oder Organe, die in den Normen als Verantwortliche gemäß ADR/RID ausgewiesen sind, müssen die Vorschriften des ADR/RID einhalten.

6.8.2.6.1 Auslegung und Bau

▶ RID: 1.6.3.22
▶ 1.6.3.38

Baumusterzulassungen müssen gemäß Abschnitt 1.8.7 oder Unterabschnitt 6.8.2.3 ausgestellt werden. Die in der nachstehenden Tabelle in Bezug genommenen Normen müssen wie in der Spalte (4) der Tabelle angegeben für die Ausstellung von Baumusterzulassungen angewendet werden, um die in Spalte (3) der Tabelle genannten Vorschriften des Kapitels 6.8 zu erfüllen. Die Normen müssen in Übereinstimmung mit Abschnitt 1.1.5 angewendet werden. In der Spalte (5) ist der späteste Zeitpunkt angegeben, zu dem bestehende Baumusterzulassungen gemäß Absatz 1.8.7.2.4 oder 6.8.2.3.3 zurückgezogen werden müssen; wenn kein Datum angegeben ist, bleibt die Baumusterzulassung bis zur ihrem Ablauf gültig.

Seit dem 1. Januar 2009 ist die Anwendung in Bezug genommener Normen rechtsverbindlich. Ausnahmen sind in den Unterabschnitten 6.8.2.7 und 6.8.3.7 aufgeführt.

Wenn mehrere Normen für die Anwendung derselben Vorschriften in Bezug genommen sind, ist nur eine dieser Normen, jedoch in ihrer Gesamtheit anzuwenden, sofern in der nachstehenden Tabelle nicht etwas anderes angegeben ist.

---

15) Nach den Zahlenwerten sind jeweils die Maßeinheiten hinzuzufügen.
16) Fahrzeughalterkennzeichnung gemäß den Einheitlichen Technischen Vorschriften zur Fahrzeugnummer und entsprechende Kennbuchstaben (ETV Kennzeichnung) sowie gemäß der entsprechenden Gesetzgebung der Europäischen Union.

6.8 Vorschriften für den Bau von Tanks / Kesselwagen

Der Anwendungsbereich jeder Norm ist in der Anwendungsbestimmung der Norm definiert, sofern in der nachstehenden Tabelle nichts anderes festgelegt ist.

ADR: Referenz	Titel des Dokuments	anwendbar für Unterabschnitte/ Absätze	anwendbar für neue oder Verlängerungen von Baumusterzulassungen	letzter Zeitpunkt für den Entzug bestehender Baumusterzulassungen
(1)	(2)	(3)	(4)	(5)
für die Auslegung und den Bau von Tanks				
EN 14025:2003 + AC:2005	Tanks für die Beförderung gefährlicher Güter – Metallische Drucktanks – Auslegung und Bau	6.8.2.1	zwischen dem 1. Januar 2005 und dem 30. Juni 2009	
EN 14025:2008	Tanks für die Beförderung gefährlicher Güter – Metallische Drucktanks – Auslegung und Bau	6.8.2.1 und 6.8.3.1	zwischen dem 1. Juli 2009 und dem 31. Dezember 2016	
EN 14025:2013	Tanks für die Beförderung gefährlicher Güter – Drucktanks aus Metall – Auslegung und Bau	6.8.2.1 und 6.8.3.1	zwischen dem 1. Januar 2015 und dem 31. Dezember 2018	
EN 14025:2013 + A1:2016 (ausgenommen Anlage B)	Tanks für die Beförderung gefährlicher Güter – Metallische Drucktanks – Auslegung und Bau	6.8.2.1 und 6.8.3.1	zwischen dem 1. Januar 2017 und dem 31. Dezember 2021	
EN 14025:2018 + AC:2020	Tanks für die Beförderung gefährlicher Güter – Metallische Drucktanks – Auslegung und Bau **Bem.** Die Werkstoffe der Tankkörper müssen mindestens durch eine Typ-3.1-Bescheinigung gemäß der Norm EN 10204 bescheinigt werden.	6.8.2.1 und 6.8.3.1	bis auf Weiteres	
EN 12972:2018	Tanks für die Beförderung gefährlicher Güter – Prüfung, Inspektion und Kennzeichnung von Metalltanks	6.8.2.3	ab dem 1. Januar 2022 verpflichtend	
EN 13094:2004	Tanks für die Beförderung gefährlicher Güter – Metalltanks mit einem Betriebsdruck von höchstens 0,5 bar – Auslegung und Bau	6.8.2.1	zwischen dem 1. Januar 2005 und dem 31. Dezember 2009	
EN 13094:2008 + AC:2008	Tanks für die Beförderung gefährlicher Güter – Metalltanks mit einem Betriebsdruck von höchstens 0,5 bar – Auslegung und Bau	6.8.2.1	zwischen dem 1. Januar 2010 und dem 31. Dezember 2018	
EN 13094:2015	Tanks für die Beförderung gefährlicher Güter – Metalltanks mit einem Betriebsdruck von höchstens 0,5 bar – Auslegung und Bau **Bem.** Der Leitfaden auf der Website der UNECE (http://www.unece.org/trans/danger/danger.html) findet ebenfalls Anwendung.	6.8.2.1	bis auf Weiteres	
EN 12493:2001 (ausgenommen Anlage C)	Geschweißte Druckbehälter aus Stahl für Flüssiggas (LPG) – Straßentankfahrzeuge – Konstruktion und Herstellung **Bem.** Unter «Straßentankfahrzeuge» sind «festverbundene Tanks» und «Aufsetztanks» im Sinne des ADR zu verstehen.	6.8.2.1 (mit Ausnahme von 6.8.2.1.17), 6.8.2.4.1 (mit Ausnahme der Dichtheitsprüfung), 6.8.2.5.1, 6.8.3.1 und 6.8.3.5.1	zwischen dem 1. Januar 2005 und dem 31. Dezember 2010	31. Dezember 2012

Vorschriften für den Bau von Tanks / Kesselwagen 6.8

ADR: Referenz (1)	Titel des Dokuments (2)	anwendbar für Unterabschnitte/ Absätze (3)	anwendbar für neue oder Verlängerungen von Baumusterzulassungen (4)	letzter Zeitpunkt für den Entzug bestehender Baumusterzulassungen (5)
für die Auslegung und den Bau von Tanks (Forts.)				
EN 12493:2008 (ausgenommen Anlage C)	Flüssiggas-Geräte und Ausrüstungsteile – Geschweißte Druckbehälter aus Stahl für Flüssiggas (LPG) – Straßentankfahrzeuge – Konstruktion und Herstellung **Bem.** Unter «Straßentankfahrzeuge» sind «festverbundene Tanks» und «Aufsetztanks» im Sinne des ADR zu verstehen.	6.8.2.1 (mit Ausnahme von 6.8.2.1.17), 6.8.2.5, 6.8.3.1, 6.8.3.5, 6.8.5.1 bis 6.8.5.3	zwischen dem 1. Januar 2010 und dem 30. Juni 2013	31. Dezember 2014
EN 12493:2008 + A1:2012 (ausgenommen Anlage C)	Flüssiggas-Geräte und Ausrüstungsteile – Geschweißte Druckbehälter aus Stahl für Flüssiggas (LPG) – Straßentankfahrzeuge – Konstruktion und Herstellung **Bem.** Unter «Straßentankfahrzeuge» sind «festverbundene Tanks» und «Aufsetztanks» im Sinne des ADR zu verstehen.	6.8.2.1 (mit Ausnahme von 6.8.2.1.17), 6.8.2.5, 6.8.3.1, 6.8.3.5, 6.8.5.1 bis 6.8.5.3	bis zum 31. Dezember 2013	31. Dezember 2015
EN 12493:2013 (ausgenommen Anlage C)	Flüssiggas-Geräte und Ausrüstungsteile – Geschweißte Druckbehälter aus Stahl für Straßentankfahrzeuge für Flüssiggas (LPG) – Auslegung und Herstellung **Bem.** Unter «Straßentankfahrzeuge» sind «festverbundene Tanks» und «Aufsetztanks» im Sinne des ADR zu verstehen.	6.8.2.1, 6.8.2.5, 6.8.3.1, 6.8.3.5, 6.8.5.1 bis 6.8.5.3	zwischen dem 1. Januar 2015 und dem 31. Dezember 2017	31. Dezember 2018
EN 12493:2013 + A1:2014 + AC:2015 (ausgenommen Anlage C)	Flüssiggas-Geräte und Ausrüstungsteile – Geschweißte Druckbehälter aus Stahl für Straßentankwagen für Flüssiggas (LPG) – Auslegung und Herstellung **Bem.** Unter «Straßentankwagen» sind «festverbundene Tanks» und «Aufsetztanks» im Sinne des ADR zu verstehen.	6.8.2.1, 6.8.2.5, 6.8.3.1, 6.8.3.5, 6.8.5.1 bis 6.8.5.3	zwischen dem 1. Januar 2017 und dem 31. Dezember 2022	
EN 12493:2013 + A2:2018 (ausgenommen Anlage C)	Flüssiggas-Geräte und Ausrüstungsteile – Geschweißte Druckbehälter aus Stahl für Straßentankwagen für Flüssiggas (LPG) – Auslegung und Herstellung **Bem.** Unter «Straßentankwagen» sind «festverbundene Tanks» und «Aufsetztanks» im Sinne des ADR zu verstehen.	6.8.2.1, 6.8.2.5, 6.8.3.1, 6.8.3.5, 6.8.5.1 bis 6.8.5.3	bis auf Weiteres	
EN 13530-2:2002	Kryo-Behälter – Große ortsbewegliche, vakuum-isolierte Behälter – Teil 2: Bemessung, Herstellung und Prüfung	6.8.2.1 (mit Ausnahme von 6.8.2.1.17), 6.8.2.4, 6.8.3.1 und 6.8.3.4	zwischen dem 1. Januar 2005 und dem 30. Juni 2007	

6.8 Vorschriften für den Bau von Tanks / Kesselwagen

ADR:

Referenz (1)	Titel des Dokuments (2)	anwendbar für Unterabschnitte/ Absätze (3)	anwendbar für neue oder Verlängerungen von Baumusterzulassungen (4)	letzter Zeitpunkt für den Entzug bestehender Baumusterzulassungen (5)
für die Auslegung und den Bau von Tanks (Forts.)				
EN 13530-2:2002 + A1:2004	Kryo-Behälter – Große ortsbewegliche, vakuum-isolierte Behälter – Teil 2: Bemessung, Herstellung und Prüfung **Bem.** Die Normen EN 1252-1:1998 und EN 1626, auf die in dieser Norm Bezug genommen wird, gelten auch für verschlossene Kryo-Behälter zur Beförderung von UN 1972 (METHAN, TIEFGEKÜHLT, FLÜSSIG oder ERDGAS, TIEFGEKÜHLT, FLÜSSIG).	6.8.2.1 (mit Ausnahme von 6.8.2.1.17), 6.8.2.4, 6.8.3.1 und 6.8.3.4	bis auf Weiteres	
EN 14398-2:2003 (ausgenommen Tabelle 1)	Kryo-Behälter – Große ortsbewegliche, nicht vakuum-isolierte Behälter – Teil 2: Bemessung, Herstellung und Prüfung **Bem.** Diese Norm darf nicht für Gase verwendet werden, die bei Temperaturen unter -100 °C befördert werden.	6.8.2.1 (mit Ausnahme von 6.8.2.1.17, 6.8.2.1.19 und 6.8.2.1.20), 6.8.2.4, 6.8.3.1 und 6.8.3.4	zwischen dem 1. Januar 2005 und dem 31. Dezember 2016	
EN 14398-2:2003 + A2:2008	Kryo-Behälter – Große ortsbewegliche, nicht vakuum-isolierte Behälter – Teil 2: Bemessung, Herstellung, Überwachung und Prüfung **Bem.** Diese Norm darf nicht für Gase verwendet werden, die bei Temperaturen unter -100 °C befördert werden.	6.8.2.1 (mit Ausnahme von 6.8.2.1.17, 6.8.2.1.19 und 6.8.2.1.20), 6.8.2.4, 6.8.3.1 und 6.8.3.4	bis auf Weiteres	
für die Ausrüstung				
EN 14432:2006	Tanks für die Beförderung gefährlicher Güter – Ausrüstung für Tanks für die Beförderung flüssiger Chemieprodukte – Produktauslass- und Gaswechselventile	6.8.2.2.1	zwischen dem 1. Januar 2009 und dem 31. Dezember 2018	
EN 14432:2014	Tanks für die Beförderung gefährlicher Güter – Ausrüstung für Tanks für die Beförderung von flüssigen Chemieprodukten und Flüssiggasen – Produktabsperr- und Gaswechselventile **Bem.** Diese Norm darf auch für Tanks mit Entleerung durch Schwerkraft verwendet werden.	6.8.2.2.1, 6.8.2.2.2 und 6.8.2.3.1	bis auf Weiteres	
EN 14433:2006	Tanks für die Beförderung gefährlicher Güter – Ausrüstung für Tanks für die Beförderung flüssiger Chemieprodukte – Bodenventile	6.8.2.2.1	zwischen dem 1. Januar 2009 und dem 31. Dezember 2018	
EN 14433:2014	Tanks für die Beförderung gefährlicher Güter – Ausrüstung für Tanks für die Beförderung von flüssigen Chemieprodukten und Flüssiggasen – Bodenventile **Bem.** Diese Norm darf auch für Tanks mit Entleerung durch Schwerkraft verwendet werden.	6.8.2.2.1, 6.8.2.2.2 und 6.8.2.3.1	bis auf Weiteres	

▶ *1.6.3.43* (EN 14432:2006, EN 14433:2006)

Vorschriften für den Bau von Tanks / Kesselwagen 6.8

ADR: Referenz	Titel des Dokuments	anwendbar für Unterabschnitte/ Absätze	anwendbar für neue oder Verlängerungen von Baumusterzulassungen	letzter Zeitpunkt für den Entzug bestehender Baumusterzulassungen
(1)	(2)	(3)	(4)	(5)
für die Ausrüstung (Forts.)				
EN 12252:2000	Ausrüstung von Straßentankwagen für Flüssiggas (LPG) **Bem.** Unter «Straßentankwagen» sind «festverbundene Tanks» und «Aufsetztanks» im Sinne des ADR zu verstehen.	6.8.3.2 (mit Ausnahme von 6.8.3.2.3)	zwischen dem 1. Januar 2005 und dem 31. Dezember 2010	31. Dezember 2012
EN 12252:2005 + A1:2008	Flüssiggas-Geräte und Ausrüstungsteile – Ausrüstung von Straßentankwagen für Flüssiggas (LPG) **Bem.** Unter «Straßentankwagen» sind «festverbundene Tanks» und «Aufsetztanks» im Sinne des ADR zu verstehen.	6.8.3.2 (mit Ausnahme von 6.8.3.2.3) und 6.8.3.4.9	zwischen dem 1. Januar 2011 und dem 31. Dezember 2018	
EN 12252:2014	Flüssiggas-Geräte und Ausrüstungsteile – Ausrüstung von Straßentankwagen für Flüssiggas (LPG) **Bem.** Unter «Straßentankwagen» sind «festverbundene Tanks» und «Aufsetztanks» im Sinne des ADR zu verstehen.	6.8.3.2 und 6.8.3.4.9	bis auf Weiteres	
EN 14129:2014	Flüssiggas-Geräte und Ausrüstungsteile – Druckentlastungsventile für Behälter für Flüssiggas (LPG)	6.8.2.1.1 und 6.8.3.2.9	bis auf Weiteres	
EN 1626:2008 (ausgenommen Absperrarmaturen der Kategorie B)	Kryo-Behälter – Absperrarmaturen für tiefkalten Betrieb **Bem.** Diese Norm ist auch für Ventile für die Beförderung von UN 1972 (METHAN, TIEFGEKÜHLT, FLÜSSIG oder ERDGAS, TIEFGEKÜHLT, FLÜSSIG) anwendbar.	6.8.2.4 und 6.8.3.4	bis auf Weiteres	
EN 13648-1:2008	Kryo-Behälter - Sicherheitseinrichtungen gegen Drucküberschreitung – Teil 1: Sicherheitsventile für den Kryo-Betrieb	6.8.2.4, 6.8.3.2.12 und 6.8.3.4	bis auf Weiteres	
EN 13082:2001	Tanks für die Beförderung gefährlicher Güter – Bedienungsausrüstung von Tanks – Gaspendelventil	6.8.2.2 und 6.8.2.4.1	zwischen dem 1. Januar 2005 und dem 30. Juni 2013	31. Dezember 2014
EN 13082:2008 + A1:2012	Tanks für die Beförderung gefährlicher Güter – Bedienungsausrüstung von Tanks – Gaspendelventil	6.8.2.2 und 6.8.2.4.1	bis auf Weiteres	
EN 13308:2002	Tanks für die Beförderung gefährlicher Güter – Bedienungsausrüstung von Tanks – Nicht druckausgeglichenes Bodenventil	6.8.2.2 und 6.8.2.4.1	bis auf Weiteres	
EN 13314:2002	Tanks für die Beförderung gefährlicher Güter – Bedienungsausrüstung von Tanks – Fülllochdeckel	6.8.2.2 und 6.8.2.4.1	bis auf Weiteres	
EN 13316:2002	Tanks für die Beförderung gefährlicher Güter – Bedienungsausrüstung von Tanks – Druckausgeglichenes Bodenventil	6.8.2.2 und 6.8.2.4.1	bis auf Weiteres	

6.8 Vorschriften für den Bau von Tanks / Kesselwagen

ADR: Referenz	Titel des Dokuments	anwendbar für Unterabschnitte/ Absätze	anwendbar für neue oder Verlängerungen von Baumusterzulassungen	letzter Zeitpunkt für den Entzug bestehender Baumusterzulassungen
(1)	(2)	(3)	(4)	(5)
für die Ausrüstung (Forts.)				
EN 13317:2002 (ausgenommen Abbildung und Tabelle B.2 in Anlage B) (Der Werkstoff muss den Vorschriften der Norm EN 13094:2004 Nummer 5.2 entsprechen.)	Tanks für die Beförderung gefährlicher Güter – Bedienungsausrüstung von Tanks – Baugruppe Deckel für Einsteigeöffnungen	6.8.2.2 und 6.8.2.4.1	zwischen dem 1. Januar 2005 und dem 31. Dezember 2010	31. Dezember 2012
EN 13317:2002 + A1:2006	Tanks für die Beförderung gefährlicher Güter – Bedienungsausrüstung von Tanks – Baugruppe Deckel für Einsteigeöffnungen	6.8.2.2 und 6.8.2.4.1	zwischen dem 1. Januar 2009 und dem 31. Dezember 2021	
EN 13317:2018	Tanks für die Beförderung gefährlicher Güter – Bedienungsausrüstung von Tanks – Baugruppe Deckel für Einsteigeöffnungen	6.8.2.2 und 6.8.2.4.1	bis auf Weiteres	
EN 14595:2005	Tanks für die Beförderung gefährlicher Güter – Bedienungsausrüstung von Tanks – Über- und Unterdruckbelüftung	6.8.2.2 und 6.8.2.4.1	zwischen dem 1. Januar 2007 und dem 31. Dezember 2020	
EN 14595:2016	Tanks für die Beförderung gefährlicher Güter – Bedienungsausrüstung – Belüftungseinrichtung	6.8.2.2 und 6.8.2.4.1	bis auf Weiteres	
EN 16257:2012	Tanks für die Beförderung gefährlicher Güter – Bedienungsausrüstung – Bodenventile mit einem Nenndurchmesser von mehr oder weniger als 100 mm	6.8.2.2.1 und 6.8.2.2	bis auf Weiteres	
EN 13175:2014	Flüssiggas-Geräte und Ausrüstungsteile – Spezifikation und Prüfung für Ventile und Fittinge an Druckbehältern für Flüssiggas	6.8.2.1.1, 6.8.2.2, 6.8.2.4.1 und 6.8.3.2.3	zwischen dem 1. Januar 2017 und dem 31. Dezember 2022	
EN 13175:2019 (ausgenommen Absatz 6.1.6)	Tanks für die Beförderung gefährlicher Güter – Bedienungsausrüstung von Tanks – Baugruppe Deckel für Einsteigeöffnungen	6.8.2.1.1, 6.8.2.2, 6.8.2.4.1 und 6.8.3.2.3	bis auf Weiteres	

RID: Referenz	Titel des Dokuments	anwendbar für Unterabschnitte/ Absätze	anwendbar für neue oder Verlängerungen von Baumusterzulassungen	letzter Zeitpunkt für den Entzug bestehender Baumusterzulassungen
(1)	(2)	(3)	(4)	(5)
für die Auslegung und den Bau von Tanks				
EN 14025:2003 + AC:2005	Tanks für die Beförderung gefährlicher Güter – Metallische Drucktanks – Auslegung und Bau	6.8.2.1	zwischen dem 1. Januar 2005 und dem 30. Juni 2009	
EN 14025:2008	Tanks für die Beförderung gefährlicher Güter – Metallische Drucktanks – Auslegung und Bau	6.8.2.1 und 6.8.3.1	zwischen dem 1. Juli 2009 und dem 31. Dezember 2016	

Vorschriften für den Bau von Tanks / Kesselwagen 6.8

RID: Referenz (1)	Titel des Dokuments (2)	anwendbar für Unterabschnitte/ Absätze (3)	anwendbar für neue oder Verlängerungen von Baumusterzulassungen (4)	letzter Zeitpunkt für den Entzug bestehender Baumusterzulassungen (5)
für die Auslegung und den Bau von Tanks (Forts.)				
EN 14025:2013	Tanks für die Beförderung gefährlicher Güter – Drucktanks aus Metall – Auslegung und Bau	6.8.2.1 und 6.8.3.1	zwischen dem 1. Januar 2015 und dem 31. Dezember 2018	
EN 14025:2013 + A1:2016 (ausgenommen Anlage B)	Tanks für die Beförderung gefährlicher Güter – Metallische Drucktanks – Auslegung und Bau	6.8.2.1 und 6.8.3.1	zwischen dem 1. Januar 2017 und dem 31. Dezember 2021	
EN 14025:2018 + AC:2020	Tanks für die Beförderung gefährlicher Güter – Metallische Drucktanks – Auslegung und Bau **Bem.** Die Werkstoffe der Tankkörper müssen mindestens durch eine Typ-3.1-Bescheinigung gemäß der Norm EN 10204 bescheinigt werden.	6.8.2.1 und 6.8.3.1	bis auf Weiteres	
EN 12972:2018	Tanks für die Beförderung gefährlicher Güter – Prüfung, Inspektion und Kennzeichnung von Metalltanks	6.8.2.3	ab dem 1. Januar 2022 verpflichtend	
EN 13094:2004	Tanks für die Beförderung gefährlicher Güter – Metalltanks mit einem Betriebsdruck von höchstens 0,5 bar – Auslegung und Bau	6.8.2.1	zwischen dem 1. Januar 2005 und dem 31. Dezember 2009	
EN 13094:2008 + AC:2008	Tanks für die Beförderung gefährlicher Güter – Metalltanks mit einem Betriebsdruck von höchstens 0,5 bar – Auslegung und Bau	6.8.2.1	zwischen dem 1. Januar 2010 und dem 31. Dezember 2018	
EN 13094:2015	Tanks für die Beförderung gefährlicher Güter – Metalltanks mit einem Betriebsdruck von höchstens 0,5 bar – Auslegung und Bau **Bem.** Der Leitfaden auf der Website der OTIF (www.otif.org) findet ebenfalls Anwendung.	6.8.2.1	bis auf Weiteres	
für die Ausrüstung				
▶ 1.6.3.43 EN 14432:2006	Tanks für die Beförderung gefährlicher Güter – Ausrüstung für Tanks für die Beförderung flüssiger Chemieprodukte – Produktauslass- und Gaswechselventile	6.8.2.2.1	zwischen dem 1. Januar 2009 und dem 31. Dezember 2018	
EN 14432:2014	Tanks für die Beförderung gefährlicher Güter – Ausrüstung für Tanks für die Beförderung von flüssigen Chemieprodukten und Flüssiggasen – Produktabsperr- und Gaswechselventile **Bem.** Diese Norm darf auch für Tanks mit Entleerung durch Schwerkraft verwendet werden.	6.8.2.2.1, 6.8.2.2.2 und 6.8.2.3.1	bis auf Weiteres	
▶ 1.6.3.43 EN 14433:2006	Tanks für die Beförderung gefährlicher Güter – Ausrüstung für Tanks für die Beförderung flüssiger Chemieprodukte – Bodenventile	6.8.2.2.1	zwischen dem 1. Januar 2009 und dem 31. Dezember 2018	

6.8 Vorschriften für den Bau von Tanks / Kesselwagen

RID: Referenz	Titel des Dokuments	anwendbar für Unterabschnitte/ Absätze	anwendbar für neue oder Verlängerungen von Baumusterzulassungen	letzter Zeitpunkt für den Entzug bestehender Baumusterzulassungen
(1)	(2)	(3)	(4)	(5)
für die Ausrüstung (Forts.)				
EN 14433:2014	Tanks für die Beförderung gefährlicher Güter – Ausrüstung für Tanks für die Beförderung von flüssigen Chemieprodukten und Flüssiggasen – Bodenventile Bem. Diese Norm darf auch für Tanks mit Entleerung durch Schwerkraft verwendet werden.	6.8.2.2.1, 6.8.2.2.2 und 6.8.2.3.1		bis auf Weiteres

(linke Seitenmarkierung: RID:)

6.8.2.6.2 Prüfung

Die in der nachstehenden Tabelle in Bezug genommene Norm muss wie in der Spalte (4) angegeben für die Prüfung von Tanks angewendet werden, um die in Spalte (3) angegebenen Vorschriften des Kapitels 6.8 zu erfüllen. Die Normen müssen in Übereinstimmung mit Abschnitt 1.1.5 angewendet werden.

Die Anwendung einer in Bezug genommenen Norm ist rechtsverbindlich.

Der Anwendungsbereich jeder Norm ist in der Anwendungsbestimmung der Norm definiert, sofern in der nachstehenden Tabelle nichts anderes festgelegt ist.

Referenz	Titel des Dokuments	anwendbar für Unterabschnitte/ Absätze	anwendbar
(1)	(2)	(3)	(4)
EN 12972:2007	Tanks für die Beförderung gefährlicher Güter – Prüfung, Inspektion und Kennzeichnung von Metalltanks	6.8.2.4 6.8.3.4	bis zum 30. Juni 2021
EN 12972:2018	Tanks für die Beförderung gefährlicher Güter – Prüfung, Inspektion und Kennzeichnung von Metalltanks	6.8.2.4 6.8.3.4	ab dem 1. Juli 2021 verpflichtend
EN 14334:2014 *(nur ADR:)*	Flüssiggas-Geräte und Ausrüstungsteile – Inspektion und Prüfung von Straßentankwagen für Flüssiggas (LPG)	6.8.2.4 (ausgenommen 6.8.2.4.1), 6.8.3.4.2 und 6.8.3.4.9	bis auf Weiteres

6.8.2.7 Vorschriften für Tanks, die nicht nach in Bezug genommenen Normen ausgelegt, gebaut und geprüft sind

▶ *1.6.3.31*
▶ *1.6.4.9*

Um dem wissenschaftlichen und technischen Fortschritt Rechnung zu tragen, oder in Fällen, in denen in Unterabschnitt 6.8.2.6 keine Normen in Bezug genommen sind, oder um bestimmten Aspekten Rechnung zu tragen, die in einer in Unterabschnitt 6.8.2.6 in Bezug genommenen Norm nicht vorgesehen sind, kann die zuständige Behörde die Anwendung eines technischen Regelwerks anerkennen, das ein gleiches Sicherheitsniveau gewährleistet. Die Tanks müssen jedoch den Mindestanforderungen des Abschnitts 6.8.2 entsprechen.

Sobald eine in Unterabschnitt 6.8.2.6 neu in Bezug genommene Norm angewendet werden kann, muss die zuständige Behörde die Anerkennung des entsprechenden technischen Regelwerks zurückziehen. Eine Übergangsfrist, die spätestens zum Zeitpunkt des Inkrafttretens der nächsten Ausgabe des ADR/RID endet, darf angewendet werden.

Die zuständige Behörde muss dem Sekretariat der
ADR: UNECE
RID: OTIF
ein Verzeichnis der von ihr anerkannten technischen Regelwerke übermitteln und bei Änderungen aktualisieren. Das Verzeichnis muss folgende Angaben enthalten: Name und Datum des Regelwerks, Gegenstand des Regelwerks und Angaben darüber, wo dieses bezogen werden kann. Das Sekretariat muss diese Informationen auf seiner Website öffentlich zugänglich machen.

Vorschriften für den Bau von Tanks / Kesselwagen 6.8

Eine Norm, die für eine Inbezugnahme in einer zukünftigen Ausgabe des ADR/RID angenommen wurde, darf von der zuständigen Behörde zur Anwendung zugelassen werden, ohne dies dem Sekretariat der
ADR: UNECE
RID: OTIF
mitzuteilen.

Für die Prüfung und die Kennzeichnung darf auch die anwendbare Norm verwendet werden, die in Unterabschnitt 6.8.2.6 in Bezug genommen wird.

6.8.3 Sondervorschriften für die Klasse 2
▶ *1.6.3.3.3 (bis 31.12.2021), 1.6.3.3.4 (bis 31.12.2025), 1.6.3.3.5 (bis 31.12.2029)*

6.8.3.1 Bau von Tankkörpern

6.8.3.1.1 Tankkörper für verdichtete, verflüssigte oder gelöste Gase müssen aus Stahl hergestellt sein.

Bei nahtlosen Tankkörpern darf in Abweichung von Absatz 6.8.2.1.12 die Mindestbruchdehnung 14 % betragen und die Spannung σ darf die nachstehend im Verhältnis zum Werkstoff festgesetzten Grenzen nicht überschreiten:

a) Wenn das Verhältnis Re/Rm (garantierte Mindestwerte nach der Wärmebehandlung) größer als 0,66 und höchstens 0,85 ist: σ ≤ 0,75 Re.

b) Wenn das Verhältnis Re/Rm (garantierte Mindestwerte nach der Wärmebehandlung) größer als 0,85 ist: σ ≤ 0,5 Rm.

6.8.3.1.2 Die Vorschriften des Abschnitts 6.8.5 gelten für die Werkstoffe und den Bau geschweißter Tankkörper.

6.8.3.1.3 **ADR:** (bleibt offen)

RID: Bei Tankkörpern mit Doppelmantel darf abweichend von Absatz 6.8.2.1.18 die Mindestwanddicke des inneren Tankkörpers 3 mm betragen, wenn kaltzäher Werkstoff mit einer Mindestbruchfestigkeit von $Rm = 490\ N/mm^2$ und einer Mindestbruchdehnung von A = 30 % verwendet wird. Bei Verwendung anderer Werkstoffe ist eine gleichwertige Mindestwanddicke einzuhalten, die sich nach der Formel in der Fußnote 5* zu Absatz 6.8.2.1.18 errechnet, wobei für $Rm_0 = 490\ N/mm^2$ und für $A_0 = 30\ \%$ zu setzen ist. Der Außenmantel muss in diesem Fall eine Mindestwanddicke von 6 mm, bezogen auf Baustahl, haben. Bei Verwendung anderer Werkstoffe ist eine gleichwertige Mindestwanddicke einzuhalten, die sich nach der Formel in Absatz 6.8.2.1.18 errechnet.	(bleibt offen)

---

* **Anmerkung des Verlages:**
Ist in diesem Gesamtwerk ADR/RID Fußnote 6, da im RID eine Fußnote gelöscht wird, diese aber im ADR erhalten bleibt.

6.8 Vorschriften für den Bau von Tanks / Kesselwagen

ADR: Bau von Batterie-Fahrzeugen und MEGC
RID: Bau von Batteriewagen und MEGC

6.8.3.1.4 Flaschen, Großflaschen, Druckfässer und Flaschenbündel, die Elemente eines
ADR: Batterie-Fahrzeugs
RID: Batteriewagens
oder MEGC sind, müssen gemäß Kapitel 6.2 gebaut sein.

Bem. 1. Flaschenbündel, die nicht Elemente eines
ADR: Batterie-Fahrzeugs
RID: Batteriewagens
oder MEGC sind, unterliegen den Vorschriften des Kapitels 6.2.

2. Tanks, die Elemente eines
ADR: Batterie-Fahrzeugs
RID: Batteriewagens
oder MEGC sind, müssen gemäß Unterabschnitten 6.8.2.1 und 6.8.3.1 gebaut sein.

3. **ADR:** Aufsetztanks [15]
RID: Abnehmbare Tanks [15]
gelten nicht als Elemente eines
ADR: Batterie-Fahrzeugs
RID: Batteriewagens
oder MEGC.

6.8.3.1.5 Die Elemente von
ADR: Batterie-Fahrzeugen
RID: Batteriewagen
und ihre Befestigungseinrichtungen
MEGC und ihre Befestigungseinrichtungen sowie der Rahmen von MEGC
müssen unter der höchstzulässigen Masse der Füllung die in Absatz 6.8.2.1.2 definierten Kräfte aufnehmen können. Unter Wirkung jeder dieser Kräfte darf die Spannung an dem am stärksten beanspruchten Punkt des Elements und seiner Befestigungseinrichtungen für Flaschen, Großflaschen, Druckfässer und Flaschenbündel den in Unterabschnitt 6.2.5.3 definierten Wert und für Tanks den in Absatz 6.8.2.1.16 definierten Wert σ nicht überschreiten.

RID: Sonstige Vorschriften für den Bau von Kesselwagen und Batteriewagen

6.8.3.1.6
▶ 1.6.3.33
RID: Kesselwagen und Batteriewagen müssen mit Puffern mit einem minimalen dynamischen Arbeitsaufnahmevermögen von 70 kJ ausgerüstet sein. Diese Vorschrift gilt nicht für Kesselwagen und Batteriewagen, die mit Energieverzehrelementen gemäß Definition in Abschnitt 6.8.4 Sondervorschrift TE 22 ausgerüstet sind.

(bleibt offen)

6.8.3.2 Ausrüstung

6.8.3.2.1 Die Auslaufstutzen der Tanks müssen durch Blindflansche oder gleich wirksame Einrichtungen verschlossen werden können. Diese Blindflansche oder gleich wirksamen Einrichtungen dürfen bei Tanks für tiefgekühlt verflüssigte Gase mit Entlastungsbohrungen von höchstens 1,5 mm Durchmesser versehen sein.

---

[15] Wegen der Begriffsbestimmung für Aufsetztanks/abnehmbare Tanks siehe Abschnitt 1.2.1.

Vorschriften für den Bau von Tanks / Kesselwagen 6.8

6.8.3.2.2 Tankkörper für verflüssigte Gase dürfen außer mit Öffnungen nach den Absätzen 6.8.2.2.2 und 6.8.2.2.4 gegebenenfalls mit Öffnungen für Flüssigkeitsstandanzeiger, Thermometer, Manometer und Bohrungen für die Entlüftung, die für den Betrieb und die Sicherheit notwendig sind, versehen sein.

6.8.3.2.3 Die innere Absperreinrichtung für alle Öffnungen für das Füllen und alle Öffnungen für das Entleeren der Tanks | mit einem Fassungsraum über 1 m³ zur Beförderung verflüssigter entzündbarer oder giftiger Gase müssen schnell schließend sein und sich bei einem ungewollten Verschieben des Tanks oder einem Brand automatisch schließen. Die Absperreinrichtung muss auch fernbedienbar sein.

▶ 1.6.3.36

ADR: Jedoch darf an Tanks zur Beförderung verflüssigter nicht giftiger entzündbarer Gase ausschließlich bei Öffnungen für das Füllen, die in die Dampfphase des Tanks führen, die innere Absperreinrichtung mit Fernbedienung durch ein Rückschlagventil ersetzt werden. Das Rückschlagventil muss im Inneren des Tanks angeordnet sein, federbelastet sein, so dass sich das Ventil schließt, wenn der Druck in der Füllleitung kleiner oder gleich dem Druck im Tank ist, und mit einer geeigneten Dichtung ausgerüstet sein [14].

RID: Die Einrichtung, die den innenliegenden Verschluss geöffnet hält, z.B. ein Schienenhaken, ist nicht Bestandteil des Wagens.

6.8.3.2.4 Mit Ausnahme der Öffnungen für die Sicherheitsventile und verschlossenen Entlüftungsbohrungen müssen alle anderen Öffnungen der Tanks für verflüssigte entzündbare und/oder giftige Gase mit einem Nenndurchmesser von mehr als 1,5 mm mit einer inneren Absperreinrichtung versehen sein.

6.8.3.2.5 Abweichend von den Vorschriften der Absätze 6.8.2.2.2, 6.8.3.2.3 und 6.8.3.2.4 dürfen Tanks für tiefgekühlt verflüssigte Gase mit äußeren anstatt innenliegenden Absperreinrichtungen versehen sein, wenn diese durch einen Schutz gegen äußere Beschädigung, der mindestens dieselbe Sicherheit wie die Wand des Tankkörpers bietet, gesichert ist.

6.8.3.2.6 Sind Thermometer vorhanden, so dürfen diese nicht unmittelbar durch den Tankkörper in das Gas oder die Flüssigkeit eingeführt werden.

6.8.3.2.7 Die obenliegenden Öffnungen für das Füllen und Entleeren der Tanks müssen zusätzlich zu den Bestimmungen des Absatzes 6.8.3.2.3 mit einer zweiten äußeren Absperreinrichtung versehen sein. Diese muss durch einen Blindflansch oder eine gleich wirksame Einrichtung verschlossen werden können.

6.8.3.2.8 Sicherheitsventile müssen den Vorschriften der Absätze 6.8.3.2.9 bis 6.8.3.2.12 entsprechen.

6.8.3.2.9 Tanks für verdichtete, verflüssigte oder gelöste Gase dürfen mit federbelasteten Sicherheitsventilen versehen sein. Diese Ventile müssen in der Lage sein, sich bei einem Druck zwischen dem 0,9- und dem 1,0-fachen Prüfdruck des Tanks, an dem sie angebracht sind, selbsttätig zu öffnen. Bei den Ventilen muss es sich um eine Bauart handeln, die den dynamischen Kräften einschließlich Flüssigkeitsschwall standhält. Die Verwendung von gewichtsbelasteten Ventilen (Schwerkraft oder Gegengewicht) ist untersagt. Die erforderliche Abblasmenge der Sicherheitsventile ist nach der Formel in Absatz 6.7.3.8.1.1 zu berechnen.

---

[14] Die Verwendung von Metall-auf-Metall-Dichtungen ist nicht zugelassen.

6.8 Vorschriften für den Bau von Tanks / Kesselwagen

▶ 1.6.3.47
▶ 1.6.4.49
Sicherheitsventile müssen so ausgelegt oder geschützt sein, dass das Eindringen von Wasser oder einem anderen Fremdstoff, das/der ihre ordnungsgemäße Funktion beeinträchtigen kann, verhindert wird. Der Schutz darf die Leistungsfähigkeit des Ventils nicht beeinträchtigen.

6.8.3.2.10 Die Vorschriften des Absatzes 6.8.3.2.9 verbieten nicht das Anbringen von Sicherheitsventilen an Tanks, die für die Seebeförderung bestimmt sind und dem IMDG-Code entsprechen.

6.8.3.2.11 Tanks für tiefgekühlt verflüssigte Gase müssen mit zwei oder mehreren voneinander unabhängigen Sicherheitsventilen versehen sein, die in der Lage sind, sich bei dem auf dem Tank angegebenen höchsten Betriebsdruck zu öffnen. Zwei der Sicherheitsventile müssen jeweils so bemessen sein, dass die im normalen Betrieb durch Verdampfung entstehenden Gase abgeführt werden können, ohne dass der Druck zu irgendeinem Zeitpunkt den auf dem Tank angegebenen Betriebsdruck um mehr als 10 % übersteigt.

Eines der Sicherheitsventile darf durch eine Berstscheibe ersetzt werden, die beim Prüfdruck aufreißen muss.

Die Kombination der Druckentlastungseinrichtungen muss beim Zusammenbruch des Vakuums bei Doppelmanteltanks oder bei einer Beschädigung von 20 % der Isolierung von einwandigen Tanks einen Ausströmungsquerschnitt freigeben, der eine Drucksteigerung im Tank über den Prüfdruck hinaus verhindert. Die Vorschriften des Absatzes 6.8.2.1.7 gelten nicht für Tanks mit Vakuumisolierung.

6.8.3.2.12 Diese Druckentlastungseinrichtungen der Tanks für tiefgekühlt verflüssigte Gase müssen so gebaut sein, dass sie auch bei ihrer tiefsten Betriebstemperatur einwandfrei arbeiten. Die sichere Arbeitsweise bei dieser Temperatur ist durch die Prüfung der einzelnen Einrichtung oder durch eine Baumusterprüfung festzustellen und nachzuweisen.

6.8.3.2.13
ADR: Die Ventile von rollbaren Aufsetztanks müssen mit Schutzkappen versehen sein.	(bleibt offen)
RID: Für abnehmbare Tanks [15] gelten folgende Vorschriften: a) wenn sie gerollt werden können, müssen die Ventile mit Schutzkappen versehen sein; b) sie sind auf den Wagengestellen so zu befestigen, dass sie sich nicht verschieben können.	(bleibt offen)

Wärmeisolierung

6.8.3.2.14 Wenn die Tanks für verflüssigte Gase mit einer Wärmeisolierung versehen sind, muss diese
– entweder aus einem Sonnenschutz, der mindestens das obere Drittel, aber höchstens die obere Hälfte der Tankoberfläche bedeckt und von dieser durch eine Luftschicht von mindestens 4 cm getrennt ist,
– oder aus einer vollständigen Umhüllung von genügender Dicke aus isolierenden Stoffen bestehen.

---

[15] Wegen der Begriffsbestimmung für Aufsetztanks/abnehmbare Tanks siehe Abschnitt 1.2.1.

Vorschriften für den Bau von Tanks / Kesselwagen 6.8

6.8.3.2.15 Tanks für tiefgekühlt verflüssigte Gase müssen wärmeisoliert sein. Diese Wärmeisolierung muss durch eine vollständige Umhüllung gesichert sein. Ist der Raum zwischen Tankkörper und Umhüllung luftleer (Vakuumisolierung), muss rechnerisch nachgewiesen werden, dass die Schutzumhüllung einem äußeren Druck von mindestens 100 kPa (1 bar) (Überdruck) ohne Verformung standhält. Abweichend von der Begriffsbestimmung für Berechnungsdruck in Abschnitt 1.2.1 dürfen bei dieser Berechnung äußere und innere Verstärkungen berücksichtigt werden. Wenn die Umhüllung gasdicht schließt, muss durch eine Einrichtung verhindert werden, dass in der Isolierschicht bei Undichtheiten am Tankkörper oder an dessen Ausrüstungsteilen ein gefährlicher Druck entsteht. Diese Einrichtung muss das Eindringen von Feuchtigkeit in die Isolierschicht verhindern. Für die

ADR: Typprüfung der Wirksamkeit des Isolierungssystems siehe Absatz 6.8.3.4.11.

RID: Typprüfung der Wirksamkeit des Isolierungssystems siehe Absatz 6.8.3.4.11.

6.8.3.2.16 Bei Tanks für verflüssigte Gase mit einer Siedetemperatur bei Atmosphärendruck unter –182 °C dürfen weder die Wärmeisolierung noch die Einrichtungen zur Befestigung der Tankcontainer bzw. die Befestigungselemente des Tanks brennbare Stoffe enthalten.

Die Befestigungselemente der Tanks mit Vakuumisolierung dürfen mit Zustimmung der zuständigen Behörde zwischen Tankkörper und Umhüllung Kunststoffe enthalten.

6.8.3.2.17 Abweichend von Absatz 6.8.2.2.4 müssen Tankkörper für die Beförderung tiefgekühlt verflüssigter Gase nicht mit einer Untersuchungsöffnung versehen sein.

ADR: **Ausrüstung von Batterie-Fahrzeugen und MEGC**
RID: **Ausrüstung von Batteriewagen und MEGC**

6.8.3.2.18 Die Bedienungsausrüstung und die bauliche Ausrüstung müssen so angeordnet oder ausgelegt sein, dass Schäden, die unter normalen Handhabungs- und Beförderungsbedingungen zu einem Freisetzen des Druckgefäßinhalts führen könnten, verhindert werden. Wenn die Verbindung zwischen dem
ADR: Batterie-Fahrzeug
RID: Batteriewagen
oder dem MEGC und den Elementen eine relative Bewegung zwischen den Baugruppen zulässt, muss die Ausrüstung so befestigt sein, dass durch eine solche Bewegung keine Beschädigung von Teilen erfolgt. Die zu den Absperrventilen führende Sammelrohrleitung muss ausreichend flexibel sein, um die Ventile und die Rohrleitung gegen Abscheren und gegen Freisetzen des Druckgefäßinhalts zu schützen. Die Füll- und Entleerungseinrichtungen (einschließlich Flansche oder Schraubverschlüsse) und alle Schutzkappen müssen gegen unbeabsichtigtes Öffnen gesichert werden können.

6.8.3.2.19 Um ein Freisetzen des Inhalts bei Beschädigungen zu vermeiden, müssen die Sammelrohre, die Entleerungseinrichtungen (Rohranschlüsse, Verschlusseinrichtungen) und die Absperreinrichtungen gegen Abreißen durch äußere Beanspruchungen geschützt oder angeordnet sein oder so ausgelegt sein, dass sie diesen standhalten.

6.8.3.2.20 Das Sammelrohrsystem muss für den Betrieb im Temperaturbereich von –20 °C bis +50 °C ausgelegt sein.

Das Sammelrohrsystem muss so ausgelegt, gebaut und montiert sein, dass die Gefahr der Beschädigung infolge thermischer Ausdehnung und Schrumpfung, mechanischer Erschütterungen oder Vibrationen vermieden wird. Alle Rohrleitungen müssen aus einem geeigneten Werkstoff aus Metall sein. Soweit möglich müssen die Rohrleitungsverbindungen geschweißt sein.

Verbindungen von Kupferrohrleitungen müssen hartgelötet sein oder durch eine metallene Verbindung gleicher Festigkeit hergestellt sein. Der Schmelzpunkt von hartgelöteten Werkstoffen darf nicht niedriger als 525 °C sein. Die Verbindungen dürfen die Festigkeit der Rohrleitungen nicht vermindern, wie dies bei Schraubverbindungen der Fall sein kann.

6.8 Vorschriften für den Bau von Tanks / Kesselwagen

6.8.3.2.21 Mit Ausnahme für UN 1001 Acetylen, gelöst, darf die zulässige Spannung σ des Sammelrohrsystems beim Prüfdruck der Gefäße 75 % der garantierten Streckgrenze des Werkstoffes nicht überschreiten.

Die erforderliche Wanddicke des Sammelrohrsystems für UN 1001 Acetylen, gelöst, ist nach anerkannten Regeln der Technik zu berechnen.

Bem. Wegen der Streckgrenze siehe Absatz 6.8.2.1.11.

6.8.3.2.22 Abweichend von den Vorschriften der Absätze 6.8.3.2.3, 6.8.3.2.4 und 6.8.3.2.7 dürfen bei Flaschen, Großflaschen, Druckfässern und Flaschenbündeln, die
ADR: ein Batterie-Fahrzeug
RID: einen Batteriewagen
oder einen MEGC bilden, die geforderten Absperreinrichtungen auch innerhalb des Sammelrohrsystems eingebaut sein.

6.8.3.2.23 Hat ein Element ein Sicherheitsventil und befinden sich zwischen den Elementen Absperreinrichtungen, so muss jedes Element mit einem solchen versehen sein.

6.8.3.2.24 Die Füll- und Entleerungseinrichtungen dürfen an einem Sammelrohr angebracht sein.

6.8.3.2.25 Alle Elemente einschließlich aller einzelnen Flaschen eines Flaschenbündels, die zur Beförderung von giftigen Gasen vorgesehen sind, müssen durch ein Verschlussventil voneinander getrennt werden können.

6.8.3.2.26 *ADR:* Batterie-Fahrzeuge
RID: Batteriewagen
oder MEGC, die zur Beförderung giftiger Gase vorgesehen sind, dürfen keine Sicherheitsventile haben, es sei denn, vor diesen ist eine Berstscheibe angebracht. In diesem Fall muss die Anordnung der Berstscheibe und des Sicherheitsventils den Anforderungen der zuständigen Behörde entsprechen.

6.8.3.2.27 Die Vorschriften des Absatzes 6.8.3.2.26 verbieten nicht das Anbringen von Sicherheitsventilen an
ADR: Batterie-Fahrzeugen
RID: Batteriewagen
oder MEGC, die für die Seebeförderung bestimmt sind und dem IMDG-Code entsprechen.

6.8.3.2.28 Gefäße, die Elemente eines
ADR: Batterie-Fahrzeugs
RID: Batteriewagens
oder MEGC zur Beförderung entzündbarer Gase sind, müssen in Gruppen von höchstens 5 000 Litern zusammengefasst werden, die durch ein Verschlussventil voneinander getrennt werden können.

Die Elemente eines
ADR: Batterie-Fahrzeugs
RID: Batteriewagens
oder eines MEGC zur Beförderung entzündbarer Gase müssen, sofern sie aus Tanks nach diesem Kapitel bestehen, durch ein Verschlussventil voneinander getrennt werden können.

Vorschriften für den Bau von Tanks / Kesselwagen 6.8

6.8.3.3 **Zulassung des Baumusters**
Keine Sondervorschriften.

6.8.3.4 **Prüfungen**
▶ *1.6.3.1 bis 1.6.3.8, 1.6.3.11 und 1.6.3.16*

6.8.3.4.1 Die Werkstoffe jedes geschweißten Tankkörpers, mit Ausnahme der Flaschen, Großflaschen und Druckfässer sowie der Flaschen als Teil von Flaschenbündeln, die Elemente eines
ADR: Batterie-Fahrzeugs
RID: Batteriewagens
oder MEGC sind, müssen nach dem Prüfverfahren des Abschnitts 6.8.5 geprüft werden.

6.8.3.4.2 Die grundlegenden Vorschriften für den Prüfdruck sind in den Absätzen 4.3.3.2.1 bis 4.3.3.2.4 und die minimalen Prüfdrücke sind im Verzeichnis der Gase und Gasgemische in Absatz 4.3.3.2.5 angegeben.

6.8.3.4.3 Die erste Wasserdruckprüfung ist vor dem Anbringen der Wärmeisolierung durchzuführen. Wenn der Tankkörper, seine Armaturen, Rohrleitungen und Ausrüstungsteile getrennt geprüft worden sind, muss der Tank nach dem Zusammenbau einer Dichtheitsprüfung unterzogen werden.

6.8.3.4.4 Der Fassungsraum jedes Tankkörpers zur Beförderung verdichteter Gase, die nach Masse gefüllt werden, sowie zur Beförderung verflüssigter oder gelöster Gase muss unter Aufsicht eines von der zuständigen Behörde anerkannten Sachverständigen durch Wiegen oder durch Auslitern einer Wasserfüllung bestimmt werden; die Genauigkeit der Messung des Fassungsraums des Tankkörpers muss mindestens 1 % betragen. Eine rechnerische Bestimmung aus den Abmessungen des Tankkörpers ist nicht zulässig. Die höchstzulässige Masse der Füllung ist nach Unterabschnitt 4.1.4.1 Verpackungsanweisung P 200 oder P 203 sowie nach den Absätzen 4.3.3.2.2 und 4.3.3.2.3 durch einen von der zuständigen Behörde anerkannten Sachverständigen festzulegen.

6.8.3.4.5 Die Schweißnähte des Tankkörpers sind entsprechend einem Schweißnahtfaktor $\lambda = 1$ nach Absatz 6.8.2.1.23 zu prüfen.

6.8.3.4.6 Abweichend von den Vorschriften des Absatzes 6.8.2.4.2 sind die wiederkehrenden Prüfungen durchzuführen:
▶ *1.6.3.16*
▶ *1.6.4.18*

Spätestens	Spätestens acht Jahre
ADR: sechs Jahre	
RID: acht Jahre	

nach der Inbetriebnahme und danach mindestens alle 12 Jahre an Tanks für tiefgekühlt verflüssigte Gase.

Die Zwischenprüfungen nach Absatz 6.8.2.4.3 sind spätestens sechs Jahre nach jeder wiederkehrenden Prüfung durchzuführen.	Zwischen zwei aufeinanderfolgenden wiederkehrenden Prüfungen kann die zuständige Behörde eine Dichtheitsprüfung oder eine Zwischenprüfung nach Absatz 6.8.2.4.3 verlangen.

6.8.3.4.7 Bei Tanks mit Vakuumisolierung dürfen die Wasserdruckprüfung und die Feststellung des inneren Zustandes im Einvernehmen mit dem von der zuständigen Behörde anerkannten Sachverständigen durch eine Dichtheitsprüfung und eine Vakuummessung ersetzt werden.

6.8.3.4.8 Wenn bei wiederkehrenden Untersuchungen Öffnungen in die Tankkörper für tiefgekühlt verflüssigte Gase geschnitten werden, ist vor Wiederinbetriebnahme das zum dichten Verschließen des Tankkörpers angewandte Verfahren, welches die einwandfreie Beschaffenheit des Tankkörpers gewährleisten muss, von einem von der zuständigen Behörde anerkannten Sachverständigen zu genehmigen.

6.8 Vorschriften für den Bau von Tanks / Kesselwagen

6.8.3.4.9 Dichtheitsprüfungen an Tanks für Gase sind bei einem Druck durchzuführen, der
- für verdichtete, verflüssigte und gelöste Gase mindestens 20 % des Prüfdrucks entspricht;
- für tiefgekühlt verflüssigte Gase mindestens 90 % des höchsten Betriebsdrucks entspricht.

ADR:	**Haltezeiten für Tankcontainer zur Beförderung von tiefgekühlt verflüssigten Gasen**
6.8.3.4.10 ADR: (bleibt offen)	Die Referenzhaltezeit für Tankcontainer zur Beförderung von tiefgekühlt verflüssigten Gasen muss auf der Grundlage folgender Faktoren bestimmt werden: a) der nach Absatz 6.8.3.4.11 bestimmten Wirksamkeit des Isolierungssystems; b) des niedrigsten Ansprechdrucks der Druckbegrenzungseinrichtung(en); c) der ursprünglichen Füllbedingungen; d) einer angenommenen Umgebungstemperatur von 30 °C; e) der physikalischen Eigenschaften der einzelnen, für die Beförderung vorgesehenen tiefgekühlt verflüssigten Gase.

▶ *1.6.3.45*

RID: Haltezeiten für Tanks zur Beförderung von tiefgekühlt verflüssigten Gasen

6.8.3.4.10 RID: Die Referenzhaltezeit für Tanks zur Beförderung von tiefgekühlt verflüssigten Gasen muss auf der Grundlage folgender Faktoren bestimmt werden:
▶ *1.6.3.45*
▶ *1.6.4.47*

a) der nach Absatz 6.8.3.4.11 bestimmten Wirksamkeit des Isolierungssystems;
b) des niedrigsten Ansprechdrucks der Druckbegrenzungseinrichtung(en);
c) der ursprünglichen Füllbedingungen;
d) einer angenommenen Umgebungstemperatur von 30 °C;
e) der physikalischen Eigenschaften der einzelnen, für die Beförderung vorgesehenen tiefgekühlt verflüssigten Gase.

6.8.3.4.11 ADR: (bleibt offen)	Die Wirksamkeit des Isolierungssystems (Wärmezufuhr in Watt) muss durch eine Baumusterprüfung des Tankcontainers geprüft werden. Diese Prüfung muss Folgendes umfassen: a) entweder eine Konstantdruckprüfung (zum Beispiel bei atmosphärischem Druck), bei der über einen bestimmten Zeitraum der Verlust an tiefgekühlt verflüssigtem Gas gemessen wird, b) oder eine Prüfung im geschlossenen System, bei der über einen bestimmten Zeitraum der Druckanstieg im Tankkörper gemessen wird. Bei der Durchführung der Konstantdruckprüfung müssen Schwankungen des atmosphärischen Drucks berücksichtigt werden. Bei beiden Prüfungen müssen Korrekturen zur Berücksichtigung eventueller Abweichungen der Umgebungstemperatur vom angenommenen Referenzwert für die Umgebungstemperatur von 30 °C vorgenommen werden.

Vorschriften für den Bau von Tanks / Kesselwagen 6.8

> Bem. Die Norm ISO 21014:2006 «Kryo-Behälter – Leistungsmerkmale der Kryo-Isolierung» beschreibt Methoden für die Bestimmung der Leistungsmerkmale der Isolierung von Kryo-Behältern und bietet eine Methode für die Berechnung der Haltezeit.

6.8.3.4.11 ▶ 1.6.3.45 ▶ 1.6.4.47
RID: Die Wirksamkeit des Isolierungssystems (Wärmezufuhr in Watt) muss durch eine Baumusterprüfung des Tanks geprüft werden. Diese Prüfung muss Folgendes umfassen:

a) entweder eine Konstantdruckprüfung (zum Beispiel bei atmosphärischem Druck), bei der über einen bestimmten Zeitraum der Verlust an tiefgekühlt verflüssigtem Gas gemessen wird,

b) oder eine Prüfung im geschlossenen System, bei der über einen bestimmten Zeitraum der Druckanstieg im Tankkörper gemessen wird.

Bei der Durchführung der Konstantdruckprüfung müssen Schwankungen des atmosphärischen Drucks berücksichtigt werden. Bei beiden Prüfungen müssen Korrekturen zur Berücksichtigung eventueller Abweichungen der Umgebungstemperatur vom angenommenen Referenzwert für die Umgebungstemperatur von 30 °C vorgenommen werden.

Bem. Die Norm ISO 21014:2006 «Kryo-Behälter – Leistungsmerkmale der Kryo-Isolierung» beschreibt Methoden für die Bestimmung der Leistungsmerkmale der Isolierung von Kryo-Behältern und bietet eine Methode für die Berechnung der Haltezeit.

ADR: Prüfungen für Batterie-Fahrzeuge und MEGC
RID: Prüfungen für Batteriewagen und MEGC

6.8.3.4.12 Die Elemente und Ausrüstungsteile jedes
ADR: Batterie-Fahrzeugs
RID: Batteriewagens
oder MEGC sind entweder zusammen oder getrennt vor der erstmaligen Inbetriebnahme zu prüfen (erstmalige Prüfung).
ADR: Batterie-Fahrzeuge
RID: Batteriewagen
oder MEGC, deren Elemente aus Gefäßen bestehen, sind danach in Abständen von höchstens fünf Jahren zu prüfen.
ADR: Batterie-Fahrzeuge
RID: Batteriewagen
oder MEGC, deren Elemente aus Tanks bestehen, sind danach in Abständen gemäß den Absätzen 6.8.2.4.2 und 6.8.2.4.3 zu prüfen. Unabhängig von der zuletzt durchgeführten wiederkehrenden Prüfung ist, wenn es sich gemäß Absatz 6.8.3.4.16 als erforderlich erweist, eine außerordentliche Prüfung durchzuführen.

6.8.3.4.13 Die erstmalige Prüfung umfasst:
- eine Prüfung der Übereinstimmung mit dem zugelassenen Baumuster,
- eine Überprüfung der Auslegungsmerkmale,
- eine Prüfung des inneren und äußeren Zustandes,
- eine Wasserdruckprüfung [17] mit dem Prüfdruck, der auf dem in Absatz 6.8.3.5.10 vorgeschriebenen Schild angegeben ist,

---

[17] In Sonderfällen darf die Wasserdruckprüfung mit Zustimmung des von der zuständigen Behörde anerkannten Sachverständigen durch eine Prüfung mit einer anderen Flüssigkeit oder mit einem Gas ersetzt werden, wenn dieses Vorgehen nicht gefährlich ist.

6.8 Vorschriften für den Bau von Tanks / Kesselwagen

- eine Dichtheitsprüfung beim höchsten Betriebsdruck und
- eine Funktionsprüfung der Ausrüstungsteile.

Wenn die Elemente und die Ausrüstung getrennt einer Druckprüfung unterzogen worden sind, müssen sie nach dem Zusammenbau gemeinsam einer Dichtheitsprüfung unterzogen werden.

6.8.3.4.14 Flaschen, Großflaschen und Druckfässer sowie Flaschen als Teil von Flaschenbündeln, müssen gemäß Unterabschnitt 4.1.4.1 Verpackungsanweisung P 200 oder P 203 geprüft werden.
Der Prüfdruck des Sammelrohrsystems des
ADR: Batterie-Fahrzeugs
RID: Batteriewagens
oder MEGC muss derselbe sein wie für die Elemente des
ADR: Batterie-Fahrzeugs
RID: Batteriewagens
oder MEGC. Die Druckprüfung des Sammelrohrsystems kann als Wasserdruckprüfung oder mit Zustimmung der zuständigen Behörde oder der von ihr beauftragten Stelle unter Verwendung einer anderen Flüssigkeit oder eines Gases durchgeführt werden. Abweichend von dieser Vorschrift muss der Prüfdruck für das Sammelrohrsystem von
ADR: Batterie-Fahrzeugen
RID: Batteriewagen
oder MEGC für UN 1001 Acetylen, gelöst, mindestens 300 bar sein.

6.8.3.4.15 Die wiederkehrende Prüfung umfasst eine Dichtheitsprüfung beim höchsten Betriebsdruck sowie eine äußere Untersuchung des Aufbaus, der Elemente und der Bedienungsausrüstung ohne Demontage der Elemente. Die Elemente und Rohrleitungen sind innerhalb der in Unterabschnitt 4.1.4.1 Verpackungsanweisung P 200 festgelegten Fristen und in Übereinstimmung mit den Vorschriften des Unterabschnitts 6.2.1.6 bzw. 6.2.3.5 zu prüfen. Wenn die Elemente und die Ausrüstung getrennt einer Druckprüfung unterzogen worden sind, müssen sie nach dem Zusammenbau gemeinsam einer Dichtheitsprüfung unterzogen werden.

6.8.3.4.16 Eine außerordentliche Prüfung ist erforderlich, wenn
ADR: das Batterie-Fahrzeug
RID: der Batteriewagen
oder der MEGC Anzeichen von Beschädigung, Korrosion, Undichtheit oder anderer auf einen Mangel hinweisende Zustände aufweist, der die Unversehrtheit des
ADR: Batterie-Fahrzeugs
RID: Batteriewagens
oder MEGC beeinträchtigen könnte. Der Umfang der außerordentlichen Prüfung und, soweit dies als erforderlich erachtet wird, die Demontage der Elemente hängt vom Ausmaß der Beschädigung oder der Verschlechterung des Zustands des
ADR: Batterie-Fahrzeugs
RID: Batteriewagens
oder MEGC ab. Sie muss mindestens die in Absatz 6.8.3.4.17 vorgeschriebene Prüfung umfassen.

6.8.3.4.17 Die Prüfungen müssen sicherstellen, dass
a) die Elemente äußerlich auf Lochfraß, Korrosion, Abrieb, Beulen, Verformungen, Fehler in Schweißnähten oder andere Zustände einschließlich Undichtheiten geprüft sind, durch die
ADR: das Batterie-Fahrzeug
RID: der Batteriewagen
oder der MEGC bei der Beförderung unsicher werden könnte;

b) die Rohrleitungen, die Absperreinrichtungen und die Dichtungen auf Korrosion, Defekte und andere Zustände einschließlich Undichtheiten geprüft sind, durch die
ADR: das Batterie-Fahrzeug
RID: der Batteriewagen
oder der MEGC beim Befüllen, Entleeren oder der Beförderung unsicher werden könnte;

Vorschriften für den Bau von Tanks / Kesselwagen 6.8

c) fehlende oder lose Bolzen oder Muttern bei geflanschten Verbindungen oder Blindflanschen ersetzt oder festgezogen sind;

d) alle Sicherheitseinrichtungen und -ventile frei von Korrosion, Verformung, Beschädigung oder Defekten sind, die ihre normale Funktion behindern könnten. Fernbediente und selbstschließende Verschlusseinrichtungen sind zu betätigen, um ihre ordnungsgemäße Funktion nachzuweisen;

e) die auf dem
   ADR: Batterie-Fahrzeug
   RID: Batteriewagen
   oder MEGC vorgeschriebenen Kennzeichen lesbar sind und den anwendbaren Vorschriften entsprechen und

f) der Rahmen, das Traglager und die Hebeeinrichtungen des
   ADR: Batterie-Fahrzeugs
   RID: Batteriewagens
   oder MEGC sich in einem zufriedenstellenden Zustand befinden.

6.8.3.4.18 Die Prüfungen nach den Absätzen 6.8.3.4.12 bis 6.8.3.4.17 sind durch den von der zuständigen Behörde anerkannten Sachverständigen durchzuführen. Über die Prüfungen sind auch im Falle negativer Prüfergebnisse Bescheinigungen auszustellen. In diesen Bescheinigungen ist ein Hinweis auf das Verzeichnis der in diesem

ADR: Batterie-Fahrzeug
RID: Batteriewagen
oder MEGC zur Beförderung zugelassenen Stoffe gemäß Absatz 6.8.2.3.1 aufzunehmen.

Eine Kopie dieser Bescheinigungen ist der Tankakte jedes geprüften Tanks,
ADR: Batterie-Fahrzeugs
RID: Batteriewagens
oder MEGC beizufügen (siehe Absatz 4.3.2.1.7).

6.8.3.5 Kennzeichnung

6.8.3.5.1 Auf dem in Absatz 6.8.2.5.1 vorgesehenen Tankschild müssen nachstehende Angaben zusätzlich eingeprägt oder in einem ähnlichen Verfahren angebracht sein, oder diese Angaben dürfen unmittelbar auf den Wänden des Tankkörpers angebracht sein, wenn diese so verstärkt sind, dass die Widerstandsfähigkeit des Tanks nicht beeinträchtigt wird.

6.8.3.5.2 An Tanks für einen einzigen Stoff:

▶ 1.6.3.8
▶ 1.6.4.5
– die offizielle Benennung des Gases für die Beförderung und bei Gasen, die einer n.a.g.-Eintragung zugeordnet sind, zusätzlich die technische Benennung [18].

Diese Angabe ist

– bei Tanks für verdichtete Gase, die nach Druck gefüllt werden, durch den für den Tank höchstzulässigen Fülldruck bei 15 °C und

– bei Tanks für verdichtete Gase, die nach Masse gefüllt werden, sowie bei Tanks für verflüssigte, tiefgekühlt verflüssigte oder gelöste Gase durch die höchstzulässige Masse der Füllung in kg und durch die Füllungstemperatur, wenn diese niedriger als – 20 °C ist,

zu ergänzen.

---

[18] Anstelle der offiziellen Benennung für die Beförderung oder, soweit anwendbar, der offiziellen Benennung für die Beförderung der n.a.g.-Eintragung, gefolgt von der technischen Benennung, ist die Verwendung einer der folgenden Benennungen zu gelassen:
   – für UN 1078 Gas als Kältemittel, n.a.g.: Gemisch F 1, Gemisch F 2, Gemisch F 3;
   – für UN 1060 Methylacetylen und Propadien, Gemisch, stabilisiert: Gemisch P 1, Gemisch P 2;
   – für UN 1965 Kohlenwasserstoffgas, Gemisch, verflüssigt, n.a.g.: Gemisch A, Gemisch A 01, Gemisch A 02, Gemisch A 0, Gemisch A 1, Gemisch B 1, Gemisch B 2, Gemisch B, Gemisch C. Die in Unterabschnitt 2.2.2.3 Klassifizierungscode 2 F UN 1965 Bem. 1 aufgeführten Handelsnamen dürfen nur zusätzlich verwendet werden;
   – für UN 1010 Butadiene, stabilisiert: Buta-1,2-dien, stabilisiert, Buta-1,3-dien, stabilisiert.

6.8 Vorschriften für den Bau von Tanks / Kesselwagen

6.8.3.5.3 An Tanks für wechselweise Verwendung:
▶ 1.6.3.8
▶ 1.6.4.5
– die offizielle Benennung des Gases für die Beförderung und bei Gasen, die einer n.a.g.-Eintragung zugeordnet sind, zusätzlich die technische Benennung [18] der Gase, für die der Tank zugelassen ist.

Diese Angabe ist durch die höchstzulässige Masse der Füllung für jedes Gas in kg zu ergänzen.

6.8.3.5.4 An Tanks für tiefgekühlt verflüssigte Gase:
ADR: – der höchstzulässige Betriebsdruck [19];

– die Referenzhaltezeit (in Tagen oder Stunden) für jedes Gas [19];
– die dazugehörigen ursprünglichen Drücke (in bar oder kPa (Überdruck)) [19].

▶ 1.6.3.45
▶ 1.6.4.47
RID: – der höchstzulässige Betriebsdruck [19];
– die Referenzhaltezeit (in Tagen oder Stunden) für jedes Gas [19];
– die dazugehörigen ursprünglichen Drücke (in bar oder kPa (Überdruck)) [19].

6.8.3.5.5 An Tanks mit Wärmeisolierung:
– die Angaben «wärmeisoliert» oder «vakuumisoliert».

6.8.3.5.6 Zusätzlich zu den in Absatz 6.8.2.5.2 vorgesehenen Angaben müssen auf
▶ 1.6.3.41
▶ 1.6.4.42
ADR: dem Tankfahrzeug (auf dem Tank selbst oder auf Tafeln) | dem Tankcontainer (auf dem Tank selbst oder auf Tafeln)
RID: beiden Seiten des Kesselwagens (auf dem Tank selbst oder auf Tafeln)
angegeben sein:

a) – die Tankcodierung gemäß Zulassungsbescheinigung (siehe Absatz 6.8.2.3.1) mit dem tatsächlichen Prüfdruck des Tanks;
– die Angabe «niedrigste zugelassene Füllungstemperatur: ...»

▶ 1.6.4.5
b) bei Tanks für einen einzigen Stoff:
– die offizielle Benennung des Gases für die Beförderung und bei Gasen, die einer n.a.g.-Eintragung zugeordnet sind, zusätzlich die technische Benennung [18];
– **ADR:** für verdichtete Gase, die nach Masse gefüllt werden, sowie für verflüssigte, tiefgekühlt verflüssigte oder gelöste Gase die höchstzulässige Masse der Füllung in kg;

RID: für verdichtete Gase, die nach Masse gefüllt werden, sowie für verflüssigte, tiefgekühlt verflüssigte oder gelöste Gase die höchstzulässige Masse der Füllung in kg;

▶ 1.6.4.5
c) bei Tanks für wechselweise Verwendung:
– die offizielle Benennung des Gases für die Beförderung und bei Gasen, die einer n.a.g.-Eintragung zugeordnet sind, zusätzlich die technische Benennung [18] der Gase, zu deren Beförderung die Tanks verwendet werden;
– **ADR:** mit Angabe der höchstzulässigen Masse der Füllung für jedes Gas in kg;

RID: mit Angabe der höchstzulässigen Masse der Füllung für jedes Gas in kg;

---

[18] Anstelle der offiziellen Benennung für die Beförderung oder, soweit anwendbar, der offiziellen Benennung für die Beförderung der n.a.g.-Eintragung, gefolgt von der technischen Benennung, ist die Verwendung einer der folgenden Benennungen zu gelassen:
– für UN 1078 Gas als Kältemittel, n.a.g.: Gemisch F 1, Gemisch F 2, Gemisch F 3;
– für UN 1060 Methylacetylen und Propadien, Gemisch, stabilisiert: Gemisch P 1, Gemisch P 2;
– für UN 1965 Kohlenwasserstoffgas, Gemisch, verflüssigt, n.a.g.: Gemisch A, Gemisch A 01, Gemisch A 02, Gemisch A 0, Gemisch A 1, Gemisch B 1, Gemisch B 2, Gemisch B, Gemisch C. Die in Unterabschnitt 2.2.2.3 Klassifizierungscode 2 F UN 1965 Bem. 1 aufgeführten Handelsnamen dürfen nur zusätzlich verwendet werden;
– für UN 1010 Butadiene, stabilisiert: Buta-1,2-dien, stabilisiert, Buta-1,3-dien, stabilisiert.

[19] Nach den Zahlenwerten sind jeweils die Maßeinheiten hinzuzufügen.

Vorschriften für den Bau von Tanks / Kesselwagen 6.8

d) bei Tanks mit Wärmeisolierung:
- die Angabe «wärmeisoliert» oder «vakuumisoliert» in einer amtlichen Sprache des Zulassungslandes und, wenn diese Sprache nicht
  ADR: Deutsch, Englisch oder Französisch ist, außerdem in Deutsch, Englisch oder Französisch,
  RID: Deutsch, Englisch, Französisch oder Italienisch ist, außerdem in Deutsch, Englisch, Französisch oder Italienisch,
  sofern nicht Vereinbarungen zwischen den von der Beförderung berührten Staaten etwas anderes vorschreiben.

6.8.3.5.7 **ADR:** (bleibt offen)
RID: Die Lastgrenzen nach Absatz 6.8.2.5.2 sind für
- verdichtete Gase, die nach Masse eingefüllt werden,
- verflüssigte oder tiefgekühlt verflüssigte Gase und
- gelöste Gase

unter Berücksichtigung der höchstzulässigen Masse der Füllung des Tanks abhängig vom beförderten Stoff zu ermitteln; bei Tanks für wechselweise Verwendung ist mit der Lastgrenze die offizielle Benennung für die Beförderung des jeweils beförderten Gases auf derselben Klapptafel anzugeben. Die Klapptafeln müssen so ausgelegt sein und gesichert werden können, dass jegliches Umklappen oder Lösen aus der Halterung während der Beförderung (insbesondere durch Stöße und unabsichtliche Handlungen) ausgeschlossen ist.

6.8.3.5.8 **ADR:** Diese Angaben sind nicht erforderlich bei einem Trägerfahrzeug für Aufsetztanks. (bleibt offen)
RID: Die Wagentafeln der Tragwagen für abnehmbare Tanks nach Absatz 6.8.3.2.13 müssen nicht mit den Angaben nach den Absätzen 6.8.2.5.2 und 6.8.3.5.6 versehen sein. (bleibt offen)

6.8.3.5.9 (bleibt offen)

ADR: Kennzeichnung von Batterie-Fahrzeugen und MEGC
RID: Kennzeichnung von Batteriewagen und MEGC

6.8.3.5.10 An jedem
ADR: Batterie-Fahrzeug
RID: Batteriewagen
und MEGC muss für Kontrollzwecke ein Schild aus nicht korrodierendem Metall dauerhaft an einer leicht zugänglichen Stelle befestigt sein. Auf diesem Schild müssen mindestens die nachstehend aufgeführten Angaben eingeprägt oder in einem ähnlichen Verfahren angebracht sein:
- Zulassungsnummer;
- Namen oder Zeichen des Herstellers;
- Seriennummer des Herstellers;
- Baujahr;
- Prüfdruck (Überdruck) [19];
- Berechnungstemperatur (nur erforderlich bei Berechnungstemperaturen über +50 °C oder unter – 20 °C) [19];

---

[19] Nach den Zahlenwerten sind jeweils die Maßeinheiten hinzuzufügen.

6.8 Vorschriften für den Bau von Tanks / Kesselwagen

- Datum (Monat, Jahr) der erstmaligen und der zuletzt durchgeführten wiederkehrenden Prüfung nach den Absätzen 6.8.3.4.12 und 6.8.3.4.15;
- Stempel des Sachverständigen, der die Prüfung vorgenommen hat.

6.8.3.5.11   *ADR:* Folgende Angaben müssen auf dem Batterie-Fahrzeug selbst oder auf einer Tafel angegeben sein:
- Name des Fahrzeughalters oder Betreibers;
- Zahl der Elemente;
- gesamter Fassungsraum der Elemente [19];

und bei Batterie-Fahrzeugen, die nach Masse gefüllt werden:
- Leermasse [19];
- höchstzulässige Gesamtmasse [19].

RID: Folgende Angaben müssen auf beiden Seiten der Batteriewagen auf einer Tafel angegeben sein:
- Fahrzeughalterkennzeichen oder Name des Betreibers *);
- Zahl der Elemente;
- gesamter Fassungsraum der Elemente [19];
- Lastgrenzen nach den Eigenschaften des Wagens sowie der zu befahrenden Kategorien von Strecken;
- Tankcodierung gemäß Zulassungsbescheinigung (siehe Absatz 6.8.2.3.1) mit dem tatsächlichen Prüfdruck des Batteriewagens;
- offizielle Benennung des Gases für die Beförderung und bei Gasen, die einer n.a.g.-Eintragung zugeordnet sind, zusätzlich die technische Benennung [18] der Gase, zu deren Beförderung der Batteriewagen verwendet wird;
- Datum (Monat, Jahr) der nächsten Prüfung nach den Absätzen 6.8.2.4.3 und 6.8.3.4.15.

*) Fahrzeughalterkennzeichnung gemäß den Einheitlichen Technischen Vorschriften zur Fahrzeugnummer und entsprechende Kennbuchstaben (ETV Kennzeichnung) sowie gemäß der entsprechenden Gesetzgebung der Europäischen Union.

ADR + RID: Folgende Angaben müssen auf dem MEGC selbst oder auf einer Tafel angegeben sein:
- Name des Eigentümers und des Betreibers;
- Zahl der Elemente;
- gesamter Fassungsraum der Elemente [19];
- höchstzulässige Gesamtmasse [19];

ADR:
- Tankcodierung gemäß Zulassungsbescheinigung (siehe Absatz 6.8.2.3.1) mit dem tatsächlichen Prüfdruck des MEGC;
- offizielle Benennung des Gases für die Beförderung und bei Gasen, die einer n.a.g.-Eintragung zugeordnet sind, zusätzlich die technische Benennung [18] der Gase, zu deren Beförderung der MEGC verwendet wird;

RID:
- Tankcodierung gemäß Zulassungsbescheinigung (siehe Absatz 6.8.2.3.1) mit dem tatsächlichen Prüfdruck des MEGC;
- offizielle Benennung des Gases für die Beförderung und bei Gasen, die einer n.a.g.-Eintragung zugeordnet sind, zusätzlich die technische Benennung [18] der Gase, zu deren Beförderung der MEGC verwendet wird;

ADR + RID: und bei MEGC, die nach Masse gefüllt werden:
- Eigenmasse [19].

---

[18] Anstelle der offiziellen Benennung für die Beförderung oder, soweit anwendbar, der offiziellen Benennung für die Beförderung der n.a.g.-Eintragung, gefolgt von der technischen Benennung, ist die Verwendung einer der folgenden Benennungen zu gelassen:
- für UN 1078 Gas als Kältemittel, n.a.g.: Gemisch F 1, Gemisch F 2, Gemisch F 3;
- für UN 1060 Methylacetylen und Propadien, stabilisiert: Gemisch P 1, Gemisch P 2;
- für UN 1965 Kohlenwasserstoffgas, Gemisch, verflüssigt, n.a.g.: Gemisch A, Gemisch A 01, Gemisch A 02, Gemisch A 0, Gemisch A 1, Gemisch B 1, Gemisch B 2, Gemisch B, Gemisch C. Die in Unterabschnitt 2.2.2.3 Klassifizierungscode 2 F UN 1965 Bem. 1 aufgeführten Handelsnamen dürfen nur zusätzlich verwendet werden.
- für UN 1010 Butadiene, stabilisiert: Buta-1,2-dien, stabilisiert, Buta-1,3-dien, stabilisiert.

[19] Nach den Zahlenwerten sind jeweils die Maßeinheiten hinzuzufügen.

Vorschriften für den Bau von Tanks / Kesselwagen 6.8

6.8.3.5.12 Auf einer in der Nähe der Einfüllstelle angebrachten Tafel am Rahmen von
ADR: Batterie-Fahrzeugen
RID: Batteriewagen
und MEGC muss angegeben sein:
– der höchstzulässige Fülldruck [19] bei 15 °C der Elemente für verdichtete Gase,
– die offizielle Benennung des Gases für die Beförderung nach Kapitel 3.2 und bei Gasen, die einer n.a.g.-Eintragung zugeordnet sind, zusätzlich die technische Benennung [18],
sowie für verflüssigte Gase:
– die höchstzulässige Masse der Füllung eines jeden Elements [19].

6.8.3.5.13 Flaschen, Großflaschen und Druckfässer sowie Flaschen als Teil von Flaschenbündeln müssen mit den Aufschriften nach Unterabschnitt 6.2.2.7 versehen sein. Diese Gefäße müssen nicht einzeln mit Gefahrzetteln nach Kapitel 5.2 bezettelt sein.
ADR: Batterie-Fahrzeuge
RID: Batteriewagen
und MEGC müssen nach Kapitel 5.3 mit Großzetteln (Placards) versehen und gekennzeichnet sein.

6.8.3.6 *ADR:* **Vorschriften für Batterie-Fahrzeuge und MEGC, die nach in Bezug**
▶ 1.6.4.39   **genommenen Normen ausgelegt, gebaut und geprüft sind**
         Bem. Personen oder Organe, die in den Normen als Verantwortliche gemäß
▶ 1.6.3.38   ADR ausgewiesen sind, müssen die Vorschriften des ADR einhalten.
         Baumusterzulassungen müssen gemäß Abschnitt 1.8.7 ausgestellt werden. Die in der nachstehenden Tabelle in Bezug genommene Norm muss wie in der Spalte (4) der Tabelle angegeben für die Ausstellung von Baumusterzulassungen angewendet werden, um die in Spalte (3) der Tabelle genannten Vorschriften des Kapitels 6.8 zu erfüllen. Die Normen müssen in Übereinstimmung mit Abschnitt 1.1.5 angewendet werden. In der Spalte (5) ist der späteste Zeitpunkt angegeben, zu dem bestehende Baumusterzulassungen gemäß Absatz 1.8.7.2.4 zurückgezogen werden müssen; wenn kein Datum angegeben ist, bleibt die Baumusterzulassung bis zur ihrem Ablauf gültig.
Seit dem 1. Januar 2009 ist die Anwendung in Bezug genommener Normen rechtsverbindlich. Ausnahmen sind in Unterabschnitt 6.8.3.7 aufgeführt.
Wenn mehrere Normen für die Anwendung derselben Vorschriften in Bezug genommen sind, ist nur eine dieser Normen, jedoch in ihrer Gesamtheit anzuwenden, sofern in der nachstehenden Tabelle nicht etwas anderes angegeben ist.
Der Anwendungsbereich jeder Norm ist in der Anwendungsbestimmung der Norm definiert, sofern in der nachstehenden Tabelle nichts anderes festgelegt ist.

---

[18] Anstelle der offiziellen Benennung für die Beförderung oder, soweit anwendbar, der offiziellen Benennung für die Beförderung der n.a.g.-Eintragung, gefolgt von der technischen Benennung, ist die Verwendung einer der folgenden Benennungen zu gelassen:
– für UN 1078 Gas als Kältemittel, n.a.g.: Gemisch F 1, Gemisch F 2, Gemisch F 3;
– für UN 1060 Methylacetylen und Propadien, Gemisch, stabilisiert: Gemisch P 1, Gemisch P 2;
– für UN 1965 Kohlenwasserstoffgas, Gemisch, verflüssigt, n.a.g.: Gemisch A, Gemisch A 01, Gemisch A 02, Gemisch A 0, Gemisch A 1, Gemisch B 1, Gemisch B 2, Gemisch B, Gemisch C. Die in Unterabschnitt 2.2.2.3 Klassifizierungscode 2 F UN 1965 Bem. 1 aufgeführten Handelsnamen dürfen nur zusätzlich verwendet werden.
– für UN 1010 Butadiene, stabilisiert: Buta-1,2-dien, stabilisiert, Buta-1,3-dien, stabilisiert.

[19] Nach den Zahlenwerten sind jeweils die Maßeinheiten hinzuzufügen.

6.8 Vorschriften für den Bau von Tanks / Kesselwagen

Referenz	Titel des Dokuments	anwendbar für Unterabschnitte/Absätze	anwendbar für neue oder Verlängerungen von Baumusterzulassungen	letzter Zeitpunkt für den Entzug bestehender Baumusterzulassungen
(1)	(2)	(3)	(4)	(5)
EN 13807:2003	Ortsbewegliche Gasflaschen – Batterie-Fahrzeuge – Konstruktion, Herstellung, Kennzeichnung und Prüfung **Bem.** Diese Norm darf, soweit zutreffend, auch für MEGC aus Druckgefäßen angewendet werden.	6.8.3.1.4, 6.8.3.1.5, 6.8.3.2.18 bis 6.8.3.2.26, 6.8.3.4.12 bis 6.8.3.4.14 und 6.8.3.5.10 bis 6.8.3.5.13	zwischen dem 1. Januar 2005 und dem 31. Dezember 2020	
EN 13807:2017	Ortsbewegliche Gasflaschen – Batterie-Fahrzeuge und Gascontainer mit mehreren Elementen (MEGCs) – Auslegung, Herstellung, Kennzeichnung und Prüfung	6.8.3.1.4, 6.8.3.1.5, 6.8.3.2.18 bis 6.8.3.2.28, 6.8.3.4.12 bis 6.8.3.4.14 und 6.8.3.5.10 bis 6.8.3.5.13	bis auf Weiteres	

▶ 1.6.4.39

▶ 1.6.3.38

RID: Vorschriften für Batteriewagen und MEGC, die nach in Bezug genommenen Normen ausgelegt, gebaut und geprüft sind

Bem. Personen oder Organe, die in den Normen als Verantwortliche gemäß RID ausgewiesen sind, müssen die Vorschriften des RID einhalten.

Baumusterzulassungen müssen gemäß Abschnitt 1.8.7 ausgestellt werden. Die in der nachstehenden Tabelle in Bezug genommene Norm muss wie in der Spalte (4) der Tabelle angegeben für die Ausstellung von Baumusterzulassungen angewendet werden, um die in Spalte (3) der Tabelle genannten Vorschriften des Kapitels 6.8 zu erfüllen. Die Normen müssen in Übereinstimmung mit Abschnitt 1.1.5 angewendet werden. In der Spalte (5) ist der späteste Zeitpunkt angegeben, zu dem bestehende Baumusterzulassungen gemäß Absatz 1.8.7.2.4 zurückgezogen werden müssen; wenn kein Datum angegeben ist, bleibt die Baumusterzulassung bis zu ihrem Ablauf gültig.

Seit dem 1. Januar 2009 ist die Anwendung in Bezug genommener Normen rechtsverbindlich. Ausnahmen sind in Unterabschnitt 6.8.3.7 aufgeführt.

Wenn mehrere Normen für die Anwendung derselben Vorschriften in Bezug genommen sind, ist nur eine dieser Normen, jedoch in ihrer Gesamtheit anzuwenden, sofern in der nachstehenden Tabelle nicht etwas anderes angegeben ist.

Der Anwendungsbereich jeder Norm ist in der Anwendungsbestimmung der Norm definiert, sofern in der nachstehenden Tabelle nichts anderes festgelegt ist.

Referenz	Titel des Dokuments	anwendbar für Unterabschnitte/Absätze	anwendbar für neue oder Verlängerungen von Baumusterzulassungen	letzter Zeitpunkt für den Entzug bestehender Baumusterzulassungen
(1)	(2)	(3)	(4)	(5)
EN 13807:2003	Ortsbewegliche Gasflaschen – Batterie-Fahrzeuge – Konstruktion, Herstellung, Kennzeichnung und Prüfung **Bem.** Diese Norm darf, soweit zutreffend, auch für MEGC aus Druckgefäßen angewendet werden.	6.8.3.1.4, 6.8.3.1.5, 6.8.3.2.18 bis 6.8.3.2.26, 6.8.3.4.12 bis 6.8.3.4.14 und 6.8.3.5.10 bis 6.8.3.5.13	zwischen dem 1. Januar 2005 und dem 31. Dezember 2020	
EN 13807:2017	Ortsbewegliche Gasflaschen – Batterie-Fahrzeuge und Gascontainer mit mehreren Elementen (MEGCs) – Auslegung, Herstellung, Kennzeichnung und Prüfung	6.8.3.1.4, 6.8.3.1.5, 6.8.3.2.18 bis 6.8.3.2.28, 6.8.3.4.12 bis 6.8.3.4.14 und 6.8.3.5.10 bis 6.8.3.5.13	bis auf Weiteres	

Vorschriften für den Bau von Tanks / Kesselwagen 6.8

6.8.3.7 Vorschriften für
ADR: Batterie-Fahrzeuge
RID: Batteriewagen
und MEGC, die nicht nach in Bezug genommenen Normen ausgelegt, gebaut und geprüft sind

Um dem wissenschaftlichen und technischen Fortschritt Rechnung zu tragen, oder in Fällen, in denen in Unterabschnitt 6.8.3.6 keine Normen in Bezug genommen sind, oder um bestimmten Aspekten Rechnung zu tragen, die in einer in Unterabschnitt 6.8.3.6 in Bezug genommenen Norm nicht vorgesehen sind, kann die zuständige Behörde die Anwendung eines technischen Regelwerks anerkennen, das ein gleiches Sicherheitsniveau gewährleistet. Die
ADR: Batterie-Fahrzeuge
RID: Batteriewagen
und MEGC müssen jedoch den Mindestanforderungen des Abschnitts 6.8.3 entsprechen.

Sobald eine in Unterabschnitt 6.8.3.6 neu in Bezug genommene Norm angewendet werden kann, muss die zuständige Behörde die Anerkennung des entsprechenden technischen Regelwerks zurückziehen. Eine Übergangsfrist, die spätestens zum Zeitpunkt des Inkrafttretens der nächsten Ausgabe des ADR/RID endet, darf angewendet werden.

In der Baumusterzulassung muss die ausstellende Stelle das Verfahren für die wiederkehrenden Prüfungen festlegen, wenn die in Abschnitt 6.2.2 oder 6.2.4 oder in Unterabschnitt 6.8.2.6 in Bezug genommenen Normen nicht anwendbar sind oder nicht angewendet werden dürfen.

Die zuständige Behörde muss dem Sekretariat der
ADR: UNECE
RID: OTIF
ein Verzeichnis der von ihr anerkannten technischen Regelwerke übermitteln und bei Änderungen aktualisieren. Das Verzeichnis sollte folgende Angaben enthalten: Name und Datum des Regelwerks, Gegenstand des Regelwerks und Angaben darüber, wo dieses bezogen werden kann. Das Sekretariat muss diese Informationen auf seiner Website öffentlich zugänglich machen.

Eine Norm, die für eine Inbezugnahme in einer zukünftigen Ausgabe des ADR/RID angenommen wurde, darf von der zuständigen Behörde zur Anwendung zugelassen werden, ohne dies dem Sekretariat der
ADR: UNECE
RID: OTIF
mitzuteilen.

6.8 Vorschriften für den Bau von Tanks / Kesselwagen

6.8.4 Sondervorschriften

Bem. 1. Für flüssige Stoffe mit einem Flammpunkt bis höchstens 60 °C sowie für entzündbare Gase siehe auch Absätze 6.8.2.1.26, 6.8.2.1.27 und 6.8.2.2.9.

2. Wegen der Vorschriften für Tanks, die einer Druckprüfung von mindestens 1 MPa (10 bar) unterzogen werden müssen, oder für Tanks zur Beförderung von tiefgekühlt verflüssigten Gasen siehe Abschnitt 6.8.5.

Folgende Sondervorschriften sind anwendbar, wenn sie in Kapitel 3.2 Tabelle A Spalte 13 bei einer Eintragung angegeben sind:

▶ 1.6.4.12   **a) Bau (TC)**

TC 1

Für die Werkstoffe und den Bau dieser Tankkörper gelten die Vorschriften des Abschnitts 6.8.5.

TC 2

Tankkörper und ihre Ausrüstungsteile müssen aus Aluminium mit einem Reinheitsgrad von mindestens 99,5 % oder einem geeigneten Stahl hergestellt sein, der keine Zersetzung des Wasserstoffperoxids bewirkt. Wenn die Tankkörper aus Reinaluminium mit einem Reinheitsgrad von mindestens 99,5 % hergestellt sind, muss die Wanddicke nicht mehr als 15 mm betragen, auch wenn die Berechnung nach Absatz 6.8.2.1.17 einen höheren Wert ergibt.

TC 3

Tankkörper müssen aus austenitischem Stahl hergestellt sein.

TC 4

Tankkörper müssen mit einer Emailauskleidung oder einer gleichwertigen Schutzauskleidung versehen sein, sofern der Werkstoff des Tankkörpers von UN 3250 Chloressigsäure angegriffen wird.

TC 5

Tankkörper müssen mit einer Bleiauskleidung von mindestens 5 mm Dicke oder einer gleichwertigen Auskleidung versehen sein.

TC 6

Sofern die Verwendung von Aluminium für die Tanks erforderlich ist, müssen diese Tanks aus Aluminium mit einem Reinheitsgrad von mindestens 99,5 % hergestellt sein; auch wenn die Berechnung nach Absatz 6.8.2.1.17 einen höheren Wert ergibt, muss die Wanddicke nicht mehr als 15 mm betragen.

TC 7

ADR: Die Mindestwanddicke des Tankkörpers darf nicht geringer als 3 mm sein.
RID: (bleibt offen)

TC 8

ADR: Tankkörper müssen aus Aluminium oder Aluminiumlegierung hergestellt sein. Die Tankkörper dürfen für einen äußeren Auslegungsdruck von mindestens 5 kPa (0,05 bar) ausgelegt sein.
RID: (bleibt offen)

Vorschriften für den Bau von Tanks / Kesselwagen 6.8

▶ 1.6.4.12 **b) Ausrüstung (TE)**

TE 1
(gestrichen)

TE 2
(gestrichen)

TE 3
Die Tanks müssen zusätzlich folgenden Vorschriften entsprechen:
Die Heizeinrichtung darf nicht bis ins Innere des Tankkörpers führen, sondern muss außen am Tankkörper angebracht sein. Ein zur Entleerung des Phosphors dienendes Rohr darf jedoch mit einem Wärmemantel versehen sein. Die Heizeinrichtung dieses Mantels muss so eingestellt sein, dass ein Überschreiten der Temperatur des Phosphors über die Beladetemperatur des Tankkörpers verhindert wird. Die anderen Rohre müssen in den oberen Teil des Tankkörpers führen; die Öffnungen müssen oberhalb des höchstzulässigen Standes des Phosphors liegen und unter verriegelbaren Kappen vollständig verschließbar sein.
Der Tank muss mit einer Messeinrichtung zum Nachprüfen des Phosphorstandes versehen sein und, wenn Wasser als Schutzmittel verwendet wird, mit einem festen Zeichen, das den höchstzulässigen Wasserstand anzeigt.

TE 4
Die Tankkörper müssen mit einer Wärmeisolierung aus schwer entzündbaren Werkstoffen versehen sein.

TE 5
Wenn die Tankkörper mit einer Wärmeisolierung versehen sind, muss diese aus schwer entzündbaren Werkstoffen bestehen.

TE 6
Die Tanks dürfen mit einer Einrichtung ausgerüstet sein, die so ausgelegt ist, dass eine Verstopfung durch den beförderten Stoff ausgeschlossen und ein Freiwerden und der Aufbau eines Über- oder Unterdrucks im Innern des Tankkörpers verhindert wird.

TE 7
Die Entleerungseinrichtungen der Tankkörper müssen mit zwei hintereinanderliegenden, voneinander unabhängigen Verschlüssen versehen sein, von denen der erste aus einer inneren Absperreinrichtung mit einem Schnellschlussventil einer genehmigten Bauart und der zweite aus einer äußeren Absperreinrichtung am Ende jedes Auslaufstutzens besteht. Am Ausgang jeder äußeren Absperreinrichtung ist ein Blindflansch oder eine gleich wirksame Einrichtung anzubringen. Wenn die Schlauchanschlüsse weggerissen werden, muss die innere Absperreinrichtung mit dem Tankkörper verbunden und geschlossen bleiben.

TE 8
Die Schlauchanschlüsse der Tanks müssen aus Werkstoffen hergestellt sein, die keine Zersetzung des Wasserstoffperoxids verursachen.

TE 9
Die Tanks sind oben mit einer Verschlusseinrichtung zu versehen, die so beschaffen sein muss, dass sich im Innern des Tankkörpers kein Überdruck infolge der Zersetzung der beförderten Stoffe bilden kann und das Ausfließen von Flüssigkeit und das Eindringen fremder Substanzen ins Innere des Tankkörpers verhindert wird.

6.8 Vorschriften für den Bau von Tanks / Kesselwagen

TE 10

Die Verschlusseinrichtungen der Tanks müssen so hergestellt sein, dass während der Beförderung keine Verstopfung der Einrichtungen durch den fest gewordenen Stoff möglich ist. Sind die Tanks mit einem wärmeisolierenden Stoff umgeben, so muss dieser aus anorganischem Material bestehen und vollständig frei von brennbaren Stoffen sein.

TE 11

Die Tankkörper sowie ihre Bedienungsausrüstungen müssen so beschaffen sein, dass das Eindringen fremder Substanzen ins Innere des Tankkörpers, das Ausfließen von Flüssigkeit und die Entstehung eines gefährlichen Überdrucks im Innern des Tankkörpers infolge Zersetzung der beförderten Stoffe verhindert wird. Ein Sicherheitsventil, welches das Eindringen fremder Substanzen verhindert, erfüllt diese Vorschrift ebenfalls.

Vorschriften für den Bau von Tanks / Kesselwagen 6.8

TE 12

Die Tanks müssen mit einer Wärmeisolierung nach Absatz 6.8.3.2.14 versehen sein.

ADR: Wenn die SADT des organischen Peroxids im Tank höchstens 55 °C beträgt oder der Tank aus Aluminium hergestellt ist, muss der Tankkörper vollständig isoliert sein.

Der Sonnenschutz und jeder von ihm nicht bedeckte Teil des Tanks oder die äußere Umhüllung einer vollständigen Isolierung müssen einen weißen Anstrich haben oder in blankem Metall ausgeführt sein. Der Anstrich muss vor jeder Beförderung gereinigt und bei Vergilben oder Beschädigung erneuert werden. Die Wärmeisolierung darf keine brennbaren Stoffe enthalten.

Die Tanks müssen mit Temperaturmessgeräten ausgerüstet sein.

Die Tanks müssen mit Sicherheitsventilen und Notfall-Druckentlastungseinrichtungen ausgerüstet sein. Unterdruckventile dürfen ebenfalls verwendet werden. Notfall-Druckentlastungseinrichtungen müssen bei Drücken ansprechen, die den Eigenschaften des organischen Peroxids und dem Baumuster des Tanks entsprechend festgesetzt werden. Schmelzsicherungen dürfen am Tankkörper nicht zugelassen werden.

Die Tanks müssen mit federbelasteten Sicherheitsventilen ausgerüstet sein, um einen wesentlichen Druckaufbau im Tankkörper durch Zersetzungsprodukte und Dämpfe zu vermeiden, die bei einer Temperatur von 50 °C gebildet werden können. Die Abblasmenge und der Ansprechdruck des (der) Sicherheitsventils (-ventile) ist auf der Grundlage der Prüfergebnisse nach Sondervorschrift TA 2 festzulegen. Der Ansprechdruck darf jedoch keinesfalls so gewählt sein, dass flüssige Stoffe aus den Ventilen entweichen können, wenn der Tank umstürzt.

Die Notfall-Druckentlastungseinrichtungen der Tanks dürfen als federbelastete Ventile oder als Berstscheiben ausgeführt sein, die so ausgelegt sind, dass sämtliche entstehenden Zersetzungsprodukte und Dämpfe entlastet werden, die sich bei selbstbeschleunigender Zersetzung oder bei vollständiger Feuereinwirkung während eines Zeitraums von mindestens einer Stunde unter Bedingungen entwickeln, die durch folgende Formeln definiert werden:

$q = 70961 \cdot F \cdot A^{0,82}$,

wobei:

- q = Wärmeaufnahme [W]
- A = benetzte Fläche [m^2]
- F = Isolierungsfaktor [-]
- F = 1 für nicht isolierte Tanks oder
- $F = \dfrac{U(923 - T_{PO})}{47032}$ für isolierte Tanks,

wobei:

- K = Wärmeleitfähigkeit der Isolierungsschicht [W·m^{-1}·K^{-1}]
- L = Dicke der Isolierungsschicht [m]
- U = K/L = Wärmedurchgangskoeffizient der Isolierung [W·m^{-2}·K^{-1}]
- T_{PO} = Temperatur des Peroxids unter Entlastungsbedingungen [K]

Der Ansprechdruck der Notfall-Druckentlastungseinrichtung(en) muss höher sein als der oben genannte und auf der Grundlage der Prüfergebnisse nach Sondervorschrift TA 2 festgelegt sein. Die Notfall-Druckentlastungseinrichtungen müssen so bemessen sein, dass der höchste Druck im Tank zu keinem Zeitpunkt den Prüfdruck des Tanks übersteigt.

Bem. Im Handbuch Prüfungen und Kriterien Anhang 5 ist ein Beispiel für eine Prüfmethode zur Dimensionierung der Notfall-Druckentlastungseinrichtungen angegeben.

Für vollständig isolierte Tanks ist zur Ermittlung der Kapazität und der Einstellung der Notfall-Druckentlastungseinrichtung(en) von einem Isolierungsverlust von 1 % der Oberfläche auszugehen.

Unterdruckventile und federbelastete Sicherheitsventile der Tanks sind mit einer Flammendurchschlagsicherung auszurüsten, es sei denn, die zu befördernden Stoffe und deren Zersetzungsprodukte sind nicht brennbar. Die Verminderung der Abblasmenge der Ventile durch diese Flammendurchschlagsicherung ist zu berücksichtigen.

6.8 Vorschriften für den Bau von Tanks / Kesselwagen

TE 13

Die Tanks müssen mit einer Wärmeisolierung sowie einer außen angebrachten Heizausrüstung versehen sein.

TE 14

Die Tanks müssen mit einer Wärmeisolierung ausgerüstet sein. Wärmeisolierungen in direktem Kontakt mit dem Tankkörper müssen eine Entzündungstemperatur aufweisen, die mindestens 50 °C über der Höchsttemperatur liegt, für die der Tank ausgelegt ist.

▶ 1.6.3.20
▶ 1.6.4.13

TE 15

(gestrichen)

TE 16

ADR: (bleibt offen)

RID: Kein Teil des Kesselwagens darf aus Holz bestehen, es sei denn, dieses ist mit einem geeigneten Überzug geschützt.

TE 17

ADR: (bleibt offen)

RID: Für abnehmbare Tanks*) gelten folgende Vorschriften:
  a) sie sind auf den Wagengestellen so zu befestigen, dass sie sich nicht verschieben können;
  b) sie dürfen nicht durch Sammelrohre miteinander verbunden sein;
  c) wenn sie gerollt werden können, müssen die Ventile mit Schutzkappen versehen sein.

*) Wegen der Begriffsbestimmung für abnehmbare Tanks siehe Abschnitt 1.2.1.

TE 18

ADR: Die Tanks für Stoffe, die bei einer Temperatur über 190 °C gefüllt werden, müssen mit senkrecht zu den oberen Einfüllöffnungen angebrachten Leitblechen versehen sein, um beim Befüllen eine rasche und lokalisierte Erwärmung des Mantels zu verhindern.

RID: (bleibt offen)

Vorschriften für den Bau von Tanks / Kesselwagen 6.8

TE 19

ADR: Einrichtungen am oberen Teil des Tanks müssen:
- entweder in einem eingelassenen Dom eingebaut sein
- oder mit einem innenliegenden Sicherheitsventil versehen sein
- oder durch eine Schutzkappe oder durch quer und/oder längs angeordnete Konstruktionselemente oder durch gleich wirksame Einrichtungen geschützt sein, die so angebracht sein müssen, dass beim Umkippen des Fahrzeugs keine Beschädigung der Ausrüstungsteile möglich ist.

Einrichtungen am unteren Teil der Tanks:
Die Rohrstutzen und die seitlichen Verschlusseinrichtungen sowie alle Entleerungseinrichtungen müssen entweder von der äußersten Begrenzung des Tanks um 200 mm zurückversetzt oder durch ein schützendes Profil mit einem Widerstandsmoment von mindestens 20 cm³ quer zur Fahrtrichtung geschützt sein; der Bodenabstand muss bei vollem Tank mindestens 300 mm betragen.

Die Einrichtungen an der Rückseite des Tanks müssen durch eine Stoßstange nach Abschnitt 9.7.6 geschützt sein. Diese Einrichtungen müssen so hoch über dem Boden angebracht sein, dass sie durch die Stoßstange ausreichend geschützt sind.

RID: (bleibt offen)

(bleibt offen)

TE 20

Ungeachtet der anderen Tankcodierungen, die unter der Tankhierarchie im rationalisierten Ansatz in Absatz 4.3.4.1.2 zugelassen sind, müssen Tanks immer mit einem Sicherheitsventil ausgerüstet sein.

TE 21

Die Verschlüsse der Tanks müssen durch eine verriegelbare Kappe geschützt sein.

6.8 Vorschriften für den Bau von Tanks / Kesselwagen

	TE 22	
▶ 1.6.3.27b)	**ADR:** (bleibt offen)	(bleibt offen)
	RID: Um bei einem Auflaufstoß oder Unfall das Schadensausmaß zu reduzieren, müssen Kesselwagen für Stoffe, die in flüssigem Zustand befördert werden, und Gase sowie Batteriewagen eine Energie in Höhe von mindestens 800 kJ je Wagenende durch elastische oder plastische Verformung definierter Bauteile des Untergestells oder ähnlicher Verfahren (z.B. Einsatz von Crashelementen) aufnehmen können. Die Ermittlung der Energieaufnahme bezieht sich auf einen Auflauf in einem geraden Gleis.	
	Die Energieaufnahme durch plastische Verformung darf erst bei Bedingungen erfolgen, die außerhalb des normalen Eisenbahnbetriebs (Auflaufgeschwindigkeit ist größer als 12 km/h oder die Einzelpufferkraft ist größer als 1500 kN) liegen.	
	Bei der Energieaufnahme bis höchstens 800 kJ je Wagenende darf es zu keiner Krafteinleitung in den Tankkörper kommen, die zu einer sichtbaren, bleibenden Verformung des Tankkörpers führen kann.	
	Die Vorschriften dieser Sondervorschrift gelten als erfüllt, wenn kollisionssichere Puffer (Energieverzehrelemente) gemäß Abschnitt 7 der Norm EN 15551:2009 + A1:2010 (Bahnanwendungen – Schienenfahrzeuge – Puffer) verwendet werden und die Festigkeit der Wagenkästen dem Abschnitt 6.3 und dem Unterabschnitt 8.2.5.3 der Norm EN 12663-2:2010 (Bahnanwendungen – Festigkeitsanforderungen an Wagenkästen von Schienenfahrzeugen – Teil 2: Güterwagen) entspricht.	
	Die Vorschriften dieser Sondervorschrift gelten für Kesselwagen mit automatischer Kupplungseinrichtung, die mit Energieaufnahmeelementen ausgerüstet sind, deren Energieaufnahme mindestens 130 kJ je Wagenende beträgt, als erfüllt.	
	TE 23	
	Die Tanks müssen mit einer Einrichtung ausgerüstet sein, die so ausgelegt ist, dass eine Verstopfung durch den beförderten Stoff ausgeschlossen und ein Freiwerden und der Aufbau eines Über- oder Unterdrucks im Innern des Tankkörpers verhindert wird.	

Vorschriften für den Bau von Tanks / Kesselwagen 6.8

	TE 24	
	ADR: Wenn Tanks, die für Beförderung und Verarbeitung von Bitumen vorgesehen sind, am Ende des Auslaufstutzens mit einer Sprühstange ausgerüstet sind, darf die in Absatz 6.8.2.2.2 vorgeschriebene Verschlusseinrichtung durch ein Verschlussventil ersetzt werden, das sich im Auslaufstutzen befindet und der Sprühstange vorgeschaltet ist.	(gestrichen)
	RID: (gestrichen)	(gestrichen)
	TE 25	
	ADR: (bleibt offen)	
▶ 1.6.3.32	**RID:** Tankkörper von Kesselwagen müssen zur Verhinderung von Überpufferungen und Entgleisungen oder notfalls zur Begrenzung der Schäden bei Überpufferungen zusätzlich durch mindestens eine der nachfolgenden Maßnahmen geschützt sein. Maßnahmen zur Verhinderung von Überpufferungen a) Überpufferungsschutzeinrichtung Die Überpufferungsschutzeinrichtung muss sicherstellen, dass die Untergestelle der Wagen auf der gleichen horizontalen Ebene verbleiben. Folgende Anforderungen müssen erfüllt sein: – Die Überpufferungsschutzeinrichtung darf den normalen Betrieb der Wagen nicht beeinträchtigen (z.B. Durchfahrt von Kurven, Berner Raum, Rangierer-Handgriff). Die Überpufferungsschutzeinrichtung muss die freie Ausrichtung eines anderen mit einer Überpufferungsschutzeinrichtung ausgerüsteten Wagens in einem Kurvenradius von 75 m ermöglichen. – Die Überpufferungsschutzeinrichtung darf die normale Funktion der Puffer nicht beeinträchtigen (elastische und plastische Verformung) (siehe auch Abschnitt 6.8.4 b) Sondervorschrift TE 22). – Die Überpufferungsschutzeinrichtung muss unabhängig vom Lastzustand und dem Verschleißzustand der betroffenen Wagen funktionieren. – Die Überpufferungsschutzeinrichtung muss einer vertikalen Kraft (nach oben und nach unten) von 150 kN standhalten.	

6.8 Vorschriften für den Bau von Tanks / Kesselwagen

TE 25 (Forts.)

– Die Überpufferungsschutzeinrichtung muss wirksam sein, unabhängig davon, ob der andere betroffene Wagen mit einer Überpufferungsschutzeinrichtung ausgerüstet ist. Eine gegenseitige Behinderung von Überpufferungsschutzeinrichtungen muss ausgeschlossen werden.

– Die Zunahme des Überhangs für die Befestigung der Überpufferungsschutzeinrichtung muss geringer als 20 mm sein.

– Die Breite der Überpufferungsschutzeinrichtung muss mindestens so groß sein wie die Breite des Puffertellers (ausgenommen an der Stelle des linken Trittbretts, wo die Überpufferungsschutzeinrichtung den freien Raum des Rangierers nicht überschneiden darf, wobei jedoch die maximale Breite des Puffers abgedeckt werden muss).

– Über jedem Puffer muss sich eine Überpufferungsschutzeinrichtung befinden.

– Die Überpufferungsschutzeinrichtung muss die Anbringung von Puffern, die in den Normen EN 12663-2:2010 Bahnanwendungen – Festigkeitsanforderungen an Wagenkästen von Schienenfahrzeugen – Teil 2: Güterwagen und Norm EN 15551:2009 + A1:2010 (Bahnanwendungen – Schienenfahrzeuge – Puffer) vorgesehen sind, ermöglichen und darf für Wartungsarbeiten kein Hindernis darstellen.

– Die Überpufferungsschutzeinrichtung muss so gebaut sein, dass die Gefahr der Penetration des Tankbodens bei einem Aufstoß nicht vergrößert wird.

Maßnahmen zur Begrenzung der Schäden durch Überpufferungen

b) Erhöhung der Wanddicke der Tankböden oder Verwendung anderer Werkstoffe mit einem höheren Arbeitsaufnahmevermögen

Die Wanddicke der Tankböden muss in diesem Fall mindestens 12 mm betragen.

Vorschriften für den Bau von Tanks / Kesselwagen 6.8

TE 25 (Forts.)

Bei Tanks zur Beförderung der Gase UN 1017 Chlor, UN 1749 Chlortrifluorid, UN 2189 Dichlorsilan, UN 2901 Bromchlorid und UN 3057 Trifluoracetylchlorid muss die Wanddicke der Böden in diesem Fall jedoch mindestens 18 mm betragen.

c) Sandwich-Cover an den Tankböden

Wenn der Schutz aus einem Isolierungsaufbau (Sandwich-Cover) besteht, muss dieser den gesamten Bereich der Tankböden abdecken und ein spezifisches Arbeitsaufnahmevermögen von mindestens 22 kJ (entsprechend 6 mm Wanddicke) aufweisen, das entsprechend der in der Anlage B zur Norm EN 13094 «Tanks für die Beförderung gefährlicher Güter – Metalltanks mit einem Betriebsdruck von höchstens 0,5 bar – Auslegung und Bau» beschriebenen Methode bewertet wird. Wenn eine Korrosionsgefahr nicht durch bauliche Maßnahmen ausgeschlossen werden kann, müssen Möglichkeiten zu einer Beurteilung der äußeren Wand der Tankböden, z.B. durch ein abnehmbares Cover, gegeben sein.

d) Schutzschild an jedem Wagenende

Wenn ein Schutzschild an jedem Wagenende verwendet wird, gelten folgende Anforderungen:
– der Schutzschild muss die jeweilige Tankbreite in der jeweiligen Höhe abdecken. Die Breite des Schutzschildes muss darüber hinaus auf der gesamten Höhe des Schildes mindestens gleich groß sein wie der durch die Außenkanten der Pufferteller begrenzte Abstand;

1613

6.8 Vorschriften für den Bau von Tanks / Kesselwagen

TE 25 (Forts.)

– der Schutzschild muss in der Höhe, gemessen ab Oberkante Pufferbohle,
  • entweder zwei Drittel des Tankdurchmessers abdecken
  • oder mindestens 900 mm abdecken und zusätzlich an der oberen Kante mit einer Fangvorrichtung für aufsteigende Puffer ausgerüstet sein;
– der Schutzschild muss eine Wanddicke von mindestens 6 mm haben;
– der Schutzschild und seine Befestigungspunkte müssen so beschaffen sein, dass die Möglichkeit einer Penetration der Tankböden durch den Schutzschild selbst minimiert wird.

Die in den Absätzen b), c) und d) angegebenen Wanddicken beziehen sich auf Bezugsstahl. Bei Verwendung anderer Werkstoffe muss außer bei der Verwendung von Baustahl die gleichwertige Dicke nach der Formel in Absatz 6.8.2.1.18 ermittelt werden. Dabei sind für Rm und A Minimalwerte nach Werkstoffnormen zu verwenden.

e) Schutzschild an jedem Ende von Wagen, die mit automatischen Kupplungseinrichtungen ausgerüstet sind

Wenn ein Schutzschild an jedem Wagenende verwendet wird, gelten folgende Anforderungen:

– der Schutzschild muss den Tankboden bis zu einer Höhe von mindestens 1100 mm, gemessen ab Oberkante Pufferbohle, abdecken, die Kupplungseinrichtungen müssen mit Wanderschutzeinrichtungen ausgerüstet sein, um ein unbeabsichtigtes Entkuppeln zu verhindern, und der Schutzschild muss auf der gesamten Höhe eine Breite von mindestens 1200 mm haben;
– der Schutzschild muss eine Wanddicke von mindestens 12 mm haben
– der Schutzschild und seine Befestigungspunkte müssen so beschaffen sein, dass die Möglichkeit der Penetration der Tankböden durch den Schutzschild selbst minimiert wird.

Vorschriften für den Bau von Tanks / Kesselwagen 6.8

c) **Zulassung des Baumusters (TA)**

TA 1

Die Tanks dürfen nicht zur Beförderung organischer Stoffe zugelassen werden.

TA 2

Dieser Stoff darf nur unter den von der zuständigen Behörde des Ursprungslandes festgelegten Bedingungen in
ADR: festverbundenen Tanks, Aufsetztanks
RID: Kesselwagen
oder Tankcontainern befördert werden, wenn die zuständige Behörde auf Grund der nachstehenden Prüfungen feststellt, dass eine solche Beförderung sicher durchgeführt werden kann.

Ist das Ursprungsland
ADR: keine Vertragspartei des ADR,
RID: kein RID-Vertragsstaat,
so müssen die Bedingungen von der zuständigen Behörde
ADR: der
RID: des
ersten von der Sendung berührten
ADR: Vertragspartei des ADR
RID: RID-Vertragsstaates
anerkannt werden.

Für die Baumusterzulassung sind Prüfungen vorzunehmen, um:
– die Verträglichkeit mit allen Werkstoffen nachzuweisen, die normalerweise mit dem Stoff während der Beförderung in Berührung kommen;
– Daten für die Konstruktion der Notfall-Druckentlastungseinrichtungen und der Sicherheitsventile unter Berücksichtigung der Konstruktionsmerkmale des Tanks zu erhalten und
– alle Sondervorschriften festzulegen, die für die sichere Beförderung des Stoffes erforderlich sind.

Die Prüfergebnisse müssen im Zulassungsbescheid des Tankbaumusters aufgeführt sein.

TA 3

Dieser Stoff darf nur in Tanks mit der Tankcodierung LGAV oder SGAV befördert werden; die Hierarchie in Absatz 4.3.4.1.2 ist nicht anwendbar.

TA 4

Die Verfahren für die Konformitätsbewertung des Abschnitts 1.8.7 müssen von der zuständigen Behörde, deren Beauftragten oder von der gemäß EN ISO/IEC 17020:2012 (ausgenommen Absatz 8.1.3) Typ A akkreditierten Prüfstelle nach Unterabschnitt 1.8.6.2, 1.8.6.4, 1.8.6.5 und 1.8.6.8 angewendet werden.

TA 5

Dieser Stoff darf nur in Tanks mit der Tankcodierung S2,65AN(+) befördert werden; die Hierarchie in Absatz 4.3.4.1.2 ist nicht anwendbar.

6.8 Vorschriften für den Bau von Tanks / Kesselwagen

d) Prüfungen (TT)

TT 1

Tanks aus Reinaluminium müssen bei der Wasserdruckprüfung erstmalig und wiederkehrend nur mit einem Druck von 250 kPa (2,5 bar) (Überdruck) geprüft werden.

TT 2

Der Zustand der Auskleidung der Tankkörper ist von einem von der zuständigen Behörde anerkannten Sachverständigen jährlich durch eine innere Untersuchung des Tankkörpers zu prüfen (siehe Abschnitt 4.3.5 Sondervorschrift TU 43).

TT 3

ADR: Abweichend von den Vorschriften des Absatzes 6.8.2.4.2 sind die wiederkehrenden Prüfungen mindestens alle acht Jahre vorzunehmen, zu denen eine Prüfung der Wanddicken mittels geeigneter Instrumente gehören muss. Für diese Tanks findet die Dichtheits- und Funktionsprüfung gemäß Absatz 6.8.2.4.3 mindestens alle vier Jahre statt.

RID: (bleibt offen)	*RID:* Abweichend von den Vorschriften nach 6.8.2.4.2 sind bei den Tanks die wiederkehrenden Prüfungen spätestens alle acht Jahre vorzunehmen, zu denen eine Prüfung der Wanddicken mittels geeigneter Instrumente gehören muss. Für diese Tanks findet die Dichtheits- und Funktionsprüfung gemäß 6.8.2.4.3 spätestens alle vier Jahre statt.

TT 4

ADR: (bleibt offen)
RID: Die Tanks sind mindestens alle
vier Jahre | zweieinhalb Jahre
mit geeigneten Geräten (z.B. Ultraschall) auf Korrosionsbeständigkeit zu untersuchen.

TT 5

Die Wasserdruckprüfung Tanks ist mindestens alle
ADR: drei Jahre | zweieinhalb Jahre
RID: vier Jahre
durchzuführen.

TT 6

Die wiederkehrende Prüfung ist mindestens alle *ADR:* drei Jahre *RID:* vier Jahre durchzuführen.	(bleibt offen)

TT 7

Abweichend von den Vorschriften des Absatzes 6.8.2.4.2 darf die wiederkehrende innere Prüfung durch ein von der zuständigen Behörde genehmigtes Programm ersetzt werden.

Vorschriften für den Bau von Tanks / Kesselwagen 6.8

TT 8

An Tanks, die gemäß den Absätzen 6.8.3.5.1 bis 6.8.3.5.3 mit der für die Eintragung UN 1005 AMMONIAK, WASSERFREI vorgeschriebenen offiziellen Benennung für die Beförderung versehen und aus Feinkornstählen mit einer Streckgrenze nach Werkstoffnorm von mehr als 400 N/mm² hergestellt sind, sind bei jeder wiederkehrenden Prüfung gemäß Absatz 6.8.2.4.2 Magnetpulverprüfungen zur Feststellung von Oberflächenrissen durchzuführen.

Im unteren Teil jedes Tankkörpers sind mindestens 20 % der Länge der Rund- und Längsnähte, die Schweißnähte aller Stutzen sowie alle Reparatur- und Schleifstellen zu prüfen.

Wenn die Angabe des Stoffes auf dem Tank oder dem Tankschild entfernt wird, muss eine Magnetpulverprüfung durchgeführt werden; diese Tätigkeiten müssen in der Tankakte beigefügten Prüfbescheinigung protokolliert sein.

Solche Magnetpulverprüfungen müssen von einer sachkundigen Person durchgeführt werden, die für diese Methode gemäß der Norm EN ISO 9712:2012 (Zerstörungsfreie Prüfung – Qualifizierung und Zertifizierung von Personal der zerstörungsfreien Prüfung) qualifiziert ist.

TT 9

Für Prüfungen (einschließlich Überwachung der Herstellung) müssen die Verfahren des Abschnitts 1.8.7 von der zuständigen Behörde, deren Beauftragten oder von der gemäß EN ISO/IEC 17020:2012 (ausgenommen Absatz 8.1.3) Typ A akkreditierten Prüfstelle nach den Unterabschnitten 1.8.6.2, 1.8.6.4, 1.8.6.5 und 1.8.6.8 angewendet werden.

TT 10

Die in Absatz 6.8.2.4.2 vorgesehenen wiederkehrenden Prüfungen sind mindestens

ADR: alle drei Jahre	alle zweieinhalb Jahre
RID: alle vier Jahre	

durchzuführen.

TT 11
(nur ADR:)

Bei ausschließlich für die Beförderung von Flüssiggas verwendeten festverbundenen Tanks (Tankfahrzeugen) und Aufsetztanks mit Tankkörpern und Bedienungsausrüstungen aus Kohlenstoffstahl darf die Wasserdruckprüfung zum Zeitpunkt der wiederkehrenden Prüfung und auf Wunsch des Antragstellers durch die nachfolgend aufgeführten zerstörungsfreien Prüfverfahren ersetzt werden. Diese Verfahren dürfen entsprechend der Eignungsbewertung der zuständigen Behörde, deren Beauftragten oder der Prüfstelle (siehe Sondervorschrift TT 9) entweder einzeln oder in Kombination angewendet werden:

– Norm EN ISO 17640:2010 – Zerstörungsfreie Prüfung von Schweißverbindungen – Ultraschallprüfung – Techniken, Prüfklassen und Bewertung,

– Norm EN ISO 17638:2009 – Zerstörungsfreie Prüfung von Schweißverbindungen – Magnetpulverprüfung mit Zulässigkeitsgrenzen gemäß Norm EN ISO 23278:2009 – Zerstörungsfreie

6.8 Vorschriften für den Bau von Tanks / Kesselwagen

TT 11
(nur ADR:)
(Forts.)

Prüfung von Schweißverbindungen – Magnetpulverprüfung von Schweißverbindungen – Zulässigkeitsgrenzen,
– Norm EN 1711:2000 – Zerstörungsfreie Prüfung von Schweißverbindungen – Wirbelstromprüfung von Schweißverbindungen durch Vektorauswertung,
– Norm EN 14127:2011 – Zerstörungsfreie Prüfung – Dickenmessung mit Ultraschall.

Das bei zerstörungsfreien Prüfungen beteiligte Personal muss gemäß folgender Norm qualifiziert und zertifiziert sein und muss über geeignete theoretische und praktische Kenntnisse der zerstörungsfreien Prüfungen, die sie durchführen, festlegen, überwachen, beaufsichtigen oder auswerten, verfügen:
– Norm EN ISO 9712:2012 – Zerstörungsfreie Prüfung – Qualifizierung und Zertifizierung von Personal der zerstörungsfreien Prüfung.

Nach direkter Einwirkung von Hitze, wie Schweißen oder Schneiden, an drucktragenden Elementen des Tanks muss zusätzlich zu jeder vorgeschriebenen zerstörungsfreien Prüfung eine Wasserdruckprüfung durchgeführt werden.

Die zerstörungsfreie Prüfung muss in den Bereichen des Tankkörpers und der Ausrüstung durchgeführt werden, die in der nachstehenden Tabelle aufgeführt sind:

Bereich des Tankkörpers und der Ausrüstung	zerstörungsfreie Prüfung
Stumpfschweißnähte des Tankkörpers in Längsrichtung	100 % zerstörungsfreie Prüfung unter Verwendung einer oder mehrerer der folgenden Verfahren: Ultraschallprüfung, Magnetpulverprüfung oder Wirbelstromprüfung
Umfangsstumpfschweißnähte des Tankkörpers	
(innere) Befestigungs-, Mannloch-, Stutzen- und Öffnungsschweißnähte direkt am Tankkörper	
Bereiche hoher Beanspruchung der doppelten Futterbleche zur Befestigung (auf jeder Seite vom oberen Ende der Satteltragleisten plus 400 mm nach unten)	
Schweißnähte an Rohrleitungen und Ausrüstungen	
Bereiche des Tankkörpers, die von außen keiner Sichtprüfung unterzogen werden können	Prüfung der Wanddicke von innen durch Ultraschall in Rasterabständen von (höchstens) 150 mm

Vorschriften für den Bau von Tanks / Kesselwagen 6.8

TT 11
(nur ADR:)
(Forts.)

Unabhängig von den ursprünglichen für den Tank verwendeten Normen oder technischen Regelwerken für die Auslegung und den Bau müssen die Fehlerakzeptanzniveaus den Anforderungen der entsprechenden Teile der Norm EN 14025:2018 (Tanks für die Beförderung gefährlicher Güter – Metallische Drucktanks – Auslegung und Bau), EN 12493:2013 + A2:2018 (Flüssiggas-Geräte und Ausrüstungsteile – Geschweißte Druckbehälter aus Stahl für Straßentankfahrzeuge für Flüssiggas (LPG) – Auslegung und Herstellung), EN ISO 23278:2009 (Zerstörungsfreie Prüfung von Schweißverbindungen – Magnetpulverprüfung von Schweißverbindungen – Zulässigkeitsgrenzen) oder der Akzeptanznorm entsprechen, auf die in der anwendbaren Norm für die zerstörungsfreie Prüfung verwiesen wird.

Wenn durch zerstörungsfreie Prüfmethoden ein inakzeptabler Fehler festgestellt wird, muss der Tank repariert und erneut geprüft werden. Die Durchführung einer Wasserdruckprüfung ist ohne Vornahme der vorgeschriebenen Reparaturen nicht zugelassen.

Die Ergebnisse der zerstörungsfreien Prüfung müssen aufgezeichnet und über die gesamte Lebensdauer des Tanks aufbewahrt werden.

6.8 Vorschriften für den Bau von Tanks / Kesselwagen

e) Kennzeichnung (TM)

Bem. Die Angaben müssen in einer amtlichen Sprache des Landes der Zulassung abgefasst sein und, wenn diese Sprache nicht
ADR: Deutsch, Englisch oder Französisch ist, außerdem in Deutsch, Englisch oder Französisch,
RID: Deutsch, Englisch, Französisch oder Italienisch ist, außerdem in Deutsch, Englisch, Französisch oder Italienisch,
sofern nicht Vereinbarungen zwischen den von der Beförderung berührten Staaten etwas anderes vorschreiben.

TM 1

Tanks müssen zusätzlich zu den Angaben in Absatz 6.8.2.5.2 mit dem Vermerk «NICHT ÖFFNEN WÄHREND DER BEFÖRDERUNG. SELBSTENTZÜNDLICH.» versehen sein (siehe auch oben aufgeführte Bem.).

TM 2

Tanks müssen zusätzlich zu den Angaben in Absatz 6.8.2.5.2 mit dem Vermerk «NICHT ÖFFNEN WÄHREND DER BEFÖRDERUNG. BILDET IN BERÜHRUNG MIT WASSER ENTZÜNDBARE GASE.» versehen sein (siehe auch oben aufgeführte Bem.).

TM 3

An den Tanks muss auf dem in Absatz 6.8.2.5.1 vorgesehenen Schild zusätzlich die offizielle Benennung für die Beförderung und die höchstzulässige Masse der Füllung in kg für diesen Stoff angegeben sein.

RID: Die Lastgrenzen nach Absatz 6.8.2.5.2 sind für die aufgeführten Stoffe unter Berücksichtigung der höchstzulässigen Masse der Füllung des Tanks zu ermitteln.

TM 4

An den Tanks sind entweder auf dem in Absatz 6.8.2.5.2 vorgeschriebenen Schild oder auf dem Tankkörper selbst, wenn dieser so verstärkt ist, dass die Widerstandsfähigkeit des Tanks nicht beeinträchtigt wird, durch Prägen oder durch ein ähnliches Verfahren die nachstehend aufgeführten zusätzlichen Angaben anzubringen:
die chemische Benennung sowie die zugelassene Konzentration des betreffenden Stoffes.

TM 5

An den Tanks ist außer den in Absatz 6.8.2.5.1 vorgesehenen Angaben das Datum (Monat, Jahr) der letzten Untersuchung des inneren Zustandes anzubringen.

TM 6

ADR: (bleibt offen)
RID: An den Kesselwagen ist ein orangefarbener Streifen nach Abschnitt 5.3.5 anzubringen.

TM 7

An den Tanks ist entweder auf dem in Absatz 6.8.2.5.1 vorgeschriebenen Schild oder auf dem Tankkörper selbst, wenn dieser so verstärkt ist, dass die Widerstandsfähigkeit des Tankkörpers nicht beeinträchtigt wird, durch Prägen oder durch ein ähnliches Verfahren das in Absatz 5.2.1.7.6 dargestellte Strahlensymbol anzubringen.

Vorschriften für den Bau von Tanks / Kesselwagen 6.8

6.8.5 **Vorschriften für die Werkstoffe und den Bau von**
  ADR: geschweißten festverbundenen Tanks, geschweißten Aufsetztanks und geschweißten Tankkörpern von Tankcontainern, für die ein Prüfdruck von mindestens 1 MPa (10 bar) vorgeschrieben ist, sowie von geschweißten festverbundenen Tanks, geschweißten Aufsetztanks und geschweißten Tankkörpern von Tankcontainern
  RID: Tankkörpern von Kesselwagen und Tankcontainern, für die ein Prüfdruck von mindestens 1 MPa (10 bar) vorgeschrieben ist, sowie von Tankkörpern von Kesselwagen und Tankcontainern
  ▶ *1.6.3.3.3, 1.6.3.3.4, 1.6.3.3.5*
  zur Beförderung tiefgekühlt verflüssigter Gase der Klasse 2

6.8.5.1 **Werkstoffe und Tankkörper**

6.8.5.1.1 a) Die Tankkörper zur Beförderung von
  – verdichteten, verflüssigten oder gelösten Gasen der Klasse 2,
  – Stoffen der UN-Nummern 1380, 2845, 2870, 3194 und 3391 bis 3394 der Klasse 4.2 sowie
  – UN 1052 Fluorwasserstoff, wasserfrei, und UN 1790 Fluorwasserstoffsäure mit mehr als 85 % Fluorwasserstoff der Klasse 8
  müssen aus Stahl hergestellt sein.

  b) Tankkörper aus Feinkornstahl zur Beförderung von
  – ätzenden Gasen und UN 2073 Ammoniaklösung der Klasse 2 sowie
  – UN 1052 Fluorwasserstoff, wasserfrei, und UN 1790 Fluorwasserstoffsäure mit mehr als 85 % Fluorwasserstoff der Klasse 8
  müssen zur Vermeidung thermischer Spannungen wärmebehandelt werden.

  ▶ *1.6.3.24*
  ▶ *1.6.4.14*
  RID: Auf die Wärmebehandlung kann verzichtet werden, wenn
  1. keine Gefahr der Spannungsrisskorrosion besteht und
  2. der Mittelwert der Kerbschlagarbeit im Schweißgut, der Übergangszone und im Grundwerkstoff, jeweils ermittelt mit drei Proben, im Mittel mindestens 45 J beträgt. Als Probe ist die ISO-V-Probe zu verwenden. Für den Grundwerkstoff ist die Probenlage „quer" zu prüfen. Für das Schweißgut und die Übergangszone ist die Kerblage S in Schweißgutmitte bzw. Mitte der Übergangszone zu wählen. Die Prüfung ist bei tiefster Betriebstemperatur durchzuführen.

  c) Die Tankkörper zur Beförderung von tiefgekühlt verflüssigten Gasen der Klasse 2 müssen aus Stahl, Aluminium, Aluminiumlegierungen, Kupfer oder Kupferlegierungen, z. B. Messing, hergestellt sein. Tankkörper aus Kupfer oder Kupferlegierungen sind jedoch nur für die Gase zugelassen, die kein Acetylen enthalten; Ethylen darf jedoch höchstens 0,005 % Acetylen enthalten.

  d) Es dürfen nur Werkstoffe verwendet werden, die sich für die niedrigste und höchste Betriebstemperatur der Tankkörper sowie deren Zubehörteile eignen.

6.8.5.1.2 Für die Herstellung der Tankkörper sind folgende Werkstoffe zugelassen:
  a) Stähle, die bei der niedrigsten Betriebstemperatur dem Sprödbruch nicht unterworfen sind (siehe Absatz 6.8.5.2.1):
  – Baustähle (nicht für tiefgekühlt verflüssigte Gase der Klasse 2);
  – Feinkornstähle bis zu einer Temperatur von – 60 °C;
  – Nickelstähle (mit einem Gehalt von 0,5 % bis 9 % Nickel) bis zu einer Temperatur von – 196 °C, je nach dem Nickelgehalt;
  – austenitische Chrom-Nickelstähle bis zu einer Temperatur von – 270 °C;
  – austenitisch-ferritische rostfreie Stähle bis zu einer Temperatur von – 60 °C;
  b) Aluminium mit einem Gehalt von mindestens 99,5 % Aluminium oder Aluminiumlegierungen (siehe Absatz 6.8.5.2.2);
  c) sauerstofffreies Kupfer mit einem Gehalt von mindestens 99,9 % Kupfer und Kupferlegierungen mit einem Kupfergehalt von mehr als 56 % (siehe Absatz 6.8.5.2.3).

6.8 Vorschriften für den Bau von Tanks / Kesselwagen

6.8.5.1.3 a) Die Tankkörper aus Stahl, Aluminium oder Aluminiumlegierungen dürfen nur nahtlos oder geschweißt sein.

b) Die Tankkörper aus austenitischem Stahl, Kupfer oder Kupferlegierungen dürfen auch hartgelötet sein.

6.8.5.1.4 Die Zubehörteile dürfen mit den Tankkörpern durch Verschrauben oder wie folgt verbunden werden:

a) bei Tankkörpern aus Stahl, Aluminium oder Aluminiumlegierungen durch Schweißen;

b) bei Tankkörpern aus austenitischem Stahl, Kupfer oder Kupferlegierungen durch Schweißen oder Hartlöten.

6.8.5.1.5 Die Tankkörper müssen so gebaut und auf dem
ADR: Fahrzeug, auf dem Fahrgestell
RID: Untergestell des Wagens
oder im Containerrahmen befestigt sein, dass eine Abkühlung tragender Teile, die ein Sprödwerden bewirken könnte, mit Sicherheit vermieden wird. Die zur Befestigung der Tankkörper dienenden Teile müssen selbst so beschaffen sein, dass sie bei der Temperatur, die sie bei der niedrigsten für den Tankkörper zulässigen Betriebstemperatur erreichen können, noch die erforderlichen mechanischen Gütewerte aufweisen.

6.8.5.2 Prüfvorschriften

6.8.5.2.1 Tankkörper aus Stahl

Die für die Herstellung der Tankkörper verwendeten Werkstoffe und die Schweißverbindungen müssen bei ihrer niedrigsten Betriebstemperatur, wenigstens aber bei einer Temperatur von – 20 °C, folgenden Bedingungen für die Kerbschlagzähigkeit genügen:

- Die Prüfungen müssen mit Probestäben mit V-Kerbe durchgeführt werden.
- Die Mindestkerbschlagzähigkeit (siehe Absätze 6.8.5.3.1 bis 6.8.5.3.3) für Probestäbe mit senkrecht zur Walzrichtung verlaufender Längsachse und einer V-Kerbe (nach ISO R 148) senkrecht zur Plattenoberfläche muss 34 J/cm^2 für Baustahl (diese Prüfungen können auf Grund bestehender ISO-Normen mit Probestäben, deren Längsachse in Walzrichtung verläuft, ausgeführt werden), Feinkornstahl, legierten ferritischen Stahl Ni < 5 %, legierten ferritischen Stahl 5 % ≤ Ni ≤ 9 %, austenitischen Cr-Ni-Stahl oder austenitisch-ferritischen rostfreien Stahl betragen.
- Bei austenitischen Stählen ist nur die Schweißverbindung einer Kerbschlagzähigkeitsprüfung zu unterziehen.
- Für Betriebstemperaturen unter – 196 °C wird die Kerbschlagzähigkeitsprüfung nicht bei der niedrigsten Betriebstemperatur, sondern bei – 196 °C durchgeführt.

6.8.5.2.2 Tankkörper aus Aluminium oder Aluminiumlegierungen

Die Nähte der Tankkörper müssen den durch die zuständige Behörde festgelegten Bedingungen genügen.

6.8.5.2.3 Tankkörper aus Kupfer oder Kupferlegierungen

Prüfungen zum Nachweis ausreichender Kerbschlagzähigkeit sind nicht erforderlich.

6.8.5.3 Bestimmung der Kerbschlagzähigkeit

6.8.5.3.1 Bei Blechen mit einer Dicke von weniger als 10 mm aber mindestens 5 mm sind Probestäbe mit einem Querschnitt von 10 mm x e mm, wobei e die Blechdicke ist, zu verwenden. Eine Bearbeitung auf 7,5 mm oder 5 mm ist, falls erforderlich, zulässig. Ein Mindestwert von 34 J/cm^2 ist in jedem Fall einzuhalten.

Bem. Bei Blechen mit einer Dicke von weniger als 5 mm und ihren Schweißverbindungen wird keine Kerbschlagzähigkeitsprüfung durchgeführt.

Vorschriften für den Bau von Tanks / Kesselwagen   6.8

6.8.5.3.2 a) Bei der Prüfung der Bleche wird die Kerbschlagzähigkeit an drei Probestäben bestimmt. Die Probestäbe müssen quer zur Walzrichtung entnommen werden; bei Baustahl dürfen sie jedoch in Walzrichtung entnommen werden.

b) Für die Prüfung der Schweißnähte werden die Probestäbe wie folgt entnommen:

wenn e ≤ 10 mm:

drei Probestäbe aus der Mitte der Schweißverbindung;

drei Probestäbe mit der Kerbe in der Mitte der wärmebeeinflussten Zone (die V-Kerbe schneidet die Verschmelzungsgrenze in der Mitte des Musters);

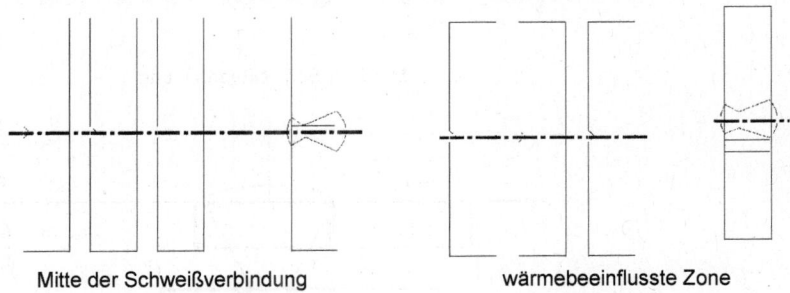

Mitte der Schweißverbindung   wärmebeeinflusste Zone

wenn 10 mm < e ≤ 20 mm:

drei Probestäbe aus der Mitte der Schweißverbindung;

drei Probestäbe aus der wärmebeeinflussten Zone (die V-Kerbe schneidet die Verschmelzungsgrenze in der Mitte des Musters);

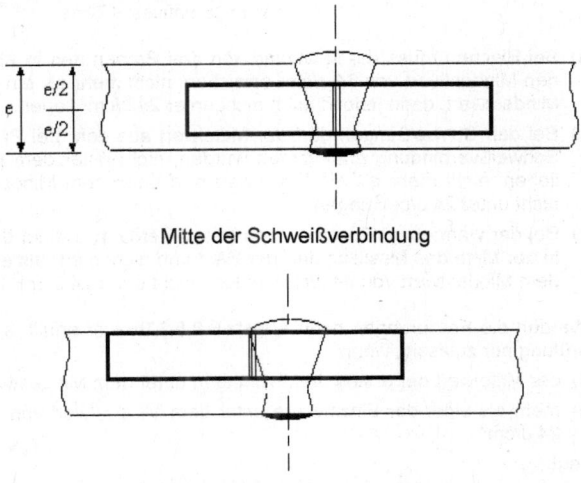

Mitte der Schweißverbindung

wärmebeeinflusste Zone

wenn e > 20 mm:

zwei Sätze von drei Probestäben (ein Satz von der Oberseite, ein Satz von der Unterseite) an den unten dargestellten Stellen entnommen (die V-Kerbe schneidet die Verschmelzungsgrenze in der Mitte des Musters, das aus der wärmebeeinflussten Zone entnommen ist).

6.8 Vorschriften für den Bau von Tanks / Kesselwagen

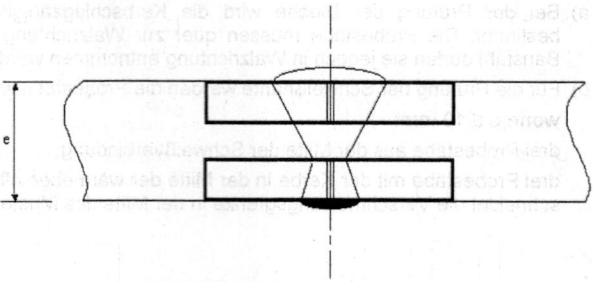

Mitte der Schweißverbindung

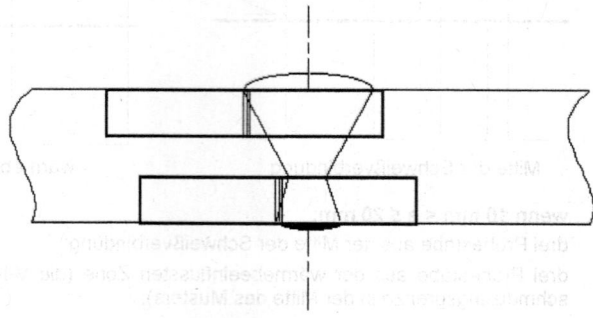

wärmebeeinflusste Zone

6.8.5.3.3 a) Bei Blechen muss der Mittelwert von drei Proben den in Absatz 6.8.5.2.1 angegebenen Mindestwert von 34 J/cm² erreichen; nicht mehr als ein Einzelwert darf unter dem Mindestwert, dann jedoch auch nicht unter 24 J/cm² liegen.

b) Bei den Schweißungen darf der Mittelwert aus den drei Proben, die in der Mitte der Schweißverbindung entnommen wurden, nicht unter dem Mindestwert von 34 J/cm² liegen; nicht mehr als ein Einzelwert darf unter dem Mindestwert, dann jedoch auch nicht unter 24 J/cm² liegen.

c) Bei der wärmebeeinflussten Zone (die V-Kerbe schneidet die Verschmelzungsgrenze in der Mitte des Musters) darf der Wert von nicht mehr als einer der drei Proben unter dem Mindestwert von 34 J/cm², jedoch nicht unter 24 J/cm² liegen.

6.8.5.3.4 Werden die Forderungen nach Absatz 6.8.5.3.3 nicht erfüllt, so ist eine Wiederholungsprüfung nur zulässig, wenn

a) der Mittelwert der ersten drei Prüfungen unter dem Mindestwert von 34 J/cm² oder

b) mehr als einer der Einzelwerte unter dem Mindestwert von 34 J/cm², aber nicht unter 24 J/cm²

liegt.

6.8.5.3.5 Bei einer wiederholten Kerbschlagzähigkeitsprüfung an Blechen oder Schweißverbindungen darf kein Einzelwert unter 34 J/cm² liegen. Der Mittelwert sämtlicher Ergebnisse der ursprünglichen Prüfung und der Wiederholungsprüfung muss gleich dem oder größer als der Mindestwert von 34 J/cm² sein.

Bei einer wiederholten Kerbschlagzähigkeitsprüfung der wärmebeeinflussten Zone darf kein Einzelwert unter 34 J/cm² liegen.

Vorschriften für den Bau von Tanks / Kesselwagen 6.8

6.8.5.4 **Verweis auf Normen**

Die Vorschriften der Unterabschnitte 6.8.5.2 und 6.8.5.3 gelten bei Anwendung der nachstehenden Normen als erfüllt:

EN ISO 21028:2016 Kryo-Behälter – Zähigkeitsanforderungen an Werkstoffe bei kryogenen Temperaturen – Teil 1: Temperaturen unter – 80 °C

EN ISO 21028-2:2018 Kryo-Behälter – Zähigkeitsanforderungen an Werkstoffe bei kryogenen Temperaturen – Teil 2: Temperaturen zwischen – 80 °C und – 20 °C.

6.8 Vorschriften für den Bau von Tanks / Kesselwagen

6.9 Vorschriften für die Auslegung, den Bau, die Ausrüstung, die Zulassung des Baumusters, die Prüfung und die Kennzeichnung von festverbundenen Tanks (Tankfahrzeugen), Aufsetztanks, Tankcontainern und Tankwechselaufbauten (Tankwechselbehältern) aus faserverstärkten Kunststoffen (FVK)

ADR	RID

Bem. Für ortsbewegliche Tanks und UN-Gascontainer mit mehreren Elementen (MEGC) siehe Kapitel 6.7; für

festverbundene Tanks (Tankfahrzeuge), Aufsetztanks, Tankcontainer und Tankwechselaufbauten (Tankwechselbehälter), deren Tankkörper aus metallenen Werkstoffen hergestellt sind, sowie für Batterie-Fahrzeuge	Kesselwagen, abnehmbare Tanks, Batteriewagen

und Gascontainer mit mehreren Elementen (MEGC) mit Ausnahme von UN-MEGC siehe Kapitel 6.8, für Saug-Druck-Tanks für Abfälle siehe Kapitel 6.10.

6.9.1 Allgemeines

6.9.1.1

FVK-Tanks	FVK-Tankcontainer einschließlich FVK-Tankwechselaufbauten (FVK-Tankwechselbehälter)

müssen nach einem von der zuständigen Behörde anerkannten Qualitätssicherungsprogramm ausgelegt, hergestellt und geprüft werden; insbesondere dürfen Laminations- und Schweißarbeiten von Thermoplastlinern nur durch Personal vorgenommen werden, das nach von der zuständigen Behörde anerkannten Regeln qualifiziert ist.

6.9.1.2 Für die Auslegung und Prüfung von

FVK-Tanks	FVK-Tankcontainern einschließlich FVK-Tankwechselaufbauten (FVK-Tankwechselbehälter)

sind auch die Vorschriften der Absätze 6.8.2.1.1, 6.8.2.1.7, 6.8.2.1.13, 6.8.2.1.14 a) und b), 6.8.2.1.25, 6.8.2.1.27, 6.8.2.1.28 und 6.8.2.2.3 anzuwenden.

6.9.1.3 Heizeinrichtungen sind in

FVK-Tanks	FVK-Tankcontainern einschließlich FVK-Tankwechselaufbauten (FVK-Tankwechselbehälter)

nicht zugelassen.

6.9.1.4

Hinsichtlich der Stabilität von Tanks ist der Unterabschnitt 9.7.5.1 anzuwenden.	(bleibt offen)

6.9.2 Bau

6.9.2.1 Die Tankkörper sind aus geeigneten Werkstoffen herzustellen, die mit den zu befördernden Stoffen in einem Betriebstemperaturbereich von −40 °C bis +50 °C verträglich sind, sofern von der zuständigen Behörde des Staates, in dem die Beförderung durchgeführt wird, wegen besonderer klimatischer Bedingungen kein anderer Temperaturbereich festgelegt ist.

6.9	Vorschriften für die Auslegung, den Bau, die Ausrüstung, die Zulassung des Baumusters, die Prüfung und die Kennzeichnung von festverbundenen Tanks (Tankfahrzeugen), Aufsetztanks, Tankcontainern und Tankwechselaufbauten (Tankwechselbehältern) aus faserverstärkten Kunststoffen (FVK)	
	ADR	RID

6.9.2.2   Die Tankkörper setzen sich aus folgenden drei Elementen zusammen:
– Innenliner,
– Tragschicht,
– Außenschicht.

6.9.2.2.1   Der Innenliner ist der innere Tankkörperbereich, der als erste Barriere zur Gewährleistung der Langzeitbeständigkeit gegenüber den zu befördernden Stoffen sowie zur Verhinderung gefährlicher Reaktionen mit dem Inhalt oder der Bildung gefährlicher Verbindungen sowie einer wesentlichen Schwächung der Tragschicht ausgelegt ist, wobei die Diffusion von Stoffen durch den Innenliner zu berücksichtigen ist.

Der Innenliner kann entweder ein FVK-Liner oder ein Thermoplast-Liner sein.

6.9.2.2.2   Die FVK-Liner setzen sich wie folgt zusammen:

a) Oberflächenschicht («gel-coat»): eine entsprechend harzreiche Oberflächenschicht, verstärkt mit einem Vlies, das mit dem Harz und dem Inhalt verträglich ist. Der Fasermassenanteil dieser Schicht darf 30 % nicht überschreiten und die Dicke muss 0,25 bis 0,60 mm betragen.

b) Verstärkungslage(n): eine oder mehrere Lage(n) mit einer Mindestdicke von 2 mm, die eine Glasmatte oder Spritzfasern von mindestens 900 g/m² enthalten, die einen Glasgehalt von mindestens 30 Masse-% aufweisen, es sei denn, für geringere Glasgehalte wird eine vergleichbare Sicherheit nachgewiesen.

6.9.2.2.3   Thermoplast-Liner sind Platten aus Thermoplast-Kunststoff gemäß Absatz 6.9.2.3.4, die zur erforderlichen Form zusammengeschweißt werden und auf der die Tragschichten geklebt werden. Die Dauerhaftigkeit der Verbindung zwischen Liner und Tragschicht ist durch die Verwendung eines geeigneten Haftvermittlers herzustellen.

Bem. Bei der Beförderung entzündbarer flüssiger Stoffe können gemäß Unterabschnitt 6.9.2.14 für den Innenliner zusätzliche Maßnahmen zur Verhinderung elektrostatischer Auflagung erforderlich werden.

6.9.2.2.4   Die Tragschicht des Tankkörpers ist der Bereich, der gemäß den Unterabschnitten 6.9.2.4 bis 6.9.2.6 besonders ausgelegt sein muss, um den mechanischen Belastungen standzuhalten. Dieser Teil besteht normalerweise aus mehreren faserverstärkten Lagen in definierter Richtung.

6.9.2.2.5   Die Außenschicht ist der Teil des Tankkörpers mit direktem Kontakt zur Umgebung. Er besteht aus einer harzreichen Lage mit einer Dicke von mindestens 0,2 mm. Bei Dicken von mehr als 0,5 mm muss eine Matte verwendet werden. Diese Schicht muss einen Massegehalt von weniger als 30 % Glas aufweisen und muss so beschaffen sein, dass sie Umwelteinflüssen, insbesondere gelegentlich vorkommende Kontakte mit dem zu befördernden Stoff, standhält. Zum Schutz der Tragschicht vor Schädigung durch ultraviolette Strahlung muss das Harz Füllstoffe oder Zusätze enthalten.

Vorschriften für die Auslegung, den Bau, die Ausrüstung, die Zulassung des Baumusters, die Prüfung und die Kennzeichnung von festverbundenen Tanks (Tankfahrzeugen), Aufsetztanks, Tankcontainern und Tankwechselaufbauten (Tankwechselbehältern) aus faserverstärkten Kunststoffen (FVK) 6.9

ADR	RID

6.9.2.3 Ausgangswerkstoffe:

6.9.2.3.1 Alle für die Herstellung von FVK-Tanks | FVK-Tankcontainern einschließlich FVK-Tankwechselaufbauten (FVK-Tankwechselbehälter)

verwendeten Werkstoffe müssen bekannten Ursprungs und spezifiziert sein.

6.9.2.3.2 Harze

Die Verarbeitung der Harzmischung muss genau nach den Empfehlungen des Lieferanten erfolgen. Dies betrifft hauptsächlich den Gebrauch von Härtern, Katalysatoren und Beschleunigern. Diese Harze können sein:
- ungesättigte Polyesterharze,
- Vinylesterharze,
- Epoxyharze,
- Phenolharze.

Die gemäß Norm EN ISO 75-1:2013 | – Kunststoffe – Bestimmung der Wärmeformbeständigkeitstemperatur – Teil 1: Allgemeines Prüfverfahren

ermittelte Wärmeformbeständigkeitstemperatur (HDT) des Harzes muss mindestens 20 °C über der maximalen Betriebstemperatur des

Tanks | Tankcontainers einschließlich Tankwechselaufbau (Tankwechselbehälter)

liegen und mindestens 70 °C betragen.

6.9.2.3.3 Verstärkungsfasern

Die Verstärkungswerkstoffe der Tragschichten müssen aus einer geeigneten Art von Fasern wie Glasfasern der Typen E oder ECR gemäß Norm ISO 2078:1993 bestehen. Für den Innenliner dürfen Glasfasern des Typs C gemäß Norm ISO 2078:1993 verwendet werden. Thermoplastvliese dürfen für den Innenliner nur verwendet werden, wenn ihre Verträglichkeit mit dem vorgesehenen Inhalt nachgewiesen wurde.

6.9.2.3.4 Werkstoffe für Thermoplastliner

Als Linerwerkstoffe dürfen Thermoplastliner, wie weichmacherfreies Polyvinylchlorid (PVC-U), Polypropylen (PP), Polyvinylidenfluorid (PVDF), Polytetrafluorethylen (PTFE) usw., verwendet werden.

6.9.2.3.5 Zusätze

Zusätze, die für die Behandlung des Harzes notwendig sind, wie Katalysatoren, Beschleuniger, Härter und Thixotropierstoffe, sowie Werkstoffe, die für die Verbesserung des Tanks verwendet werden, wie z.B. Füllstoffe, Farbstoffe, Pigmente, usw., dürfen unter Berücksichtigung der Auslegungslebensdauer und -temperatur nicht zu einer Schwächung des Werkstoffes führen.

6.9.2.4 Die Tankkörper, ihre Elemente für die Befestigung sowie ihre Bedienungsausrüstung und bauliche Ausrüstung müssen so ausgelegt sein, dass sie während der Auslegungslebensdauer ohne Verlust des Inhalts (ausgenommen Gasmengen, die aus eventuell vorhandenen Entlüftungseinrichtungen entweichen) standhalten:

6.9 Vorschriften für die Auslegung, den Bau, die Ausrüstung, die Zulassung des Baumusters, die Prüfung und die Kennzeichnung von festverbundenen Tanks (Tankfahrzeugen), Aufsetztanks, Tankcontainern und Tankwechselaufbauten (Tankwechselbehältern) aus faserverstärkten Kunststoffen (FVK)

ADR	RID

- den statischen und dynamischen Beanspruchungen unter normalen Beförderungsbedingungen;
- den in den Unterabschnitten 6.9.2.5 bis 6.9.2.10 beschriebenen Minimalbelastungen.

6.9.2.5 Bei den in den Absätzen 6.8.2.1.14 a) und b) angegebenen Drücken und der durch den Inhalt mit der für die Bauart festgelegten höchstzulässigen Dichte sowie bei höchstem Füllungsgrad hervorgerufenen statischen Eigenlast darf die Auslegungsspannung σ in Längs- und Umfangsrichtung jeder Lage des Tankkörpers folgenden Wert nicht überschreiten:

$$\sigma \leq \frac{R_m}{K},$$

wobei:

R_m = Zahlenwert der Zugfestigkeit aus dem Mittelwert der Prüfergebnisse abzüglich der doppelten Standardabweichung der Prüfergebnisse. Die Prüfung ist an mindestens sechs Proben, die für die Bauart und die Konstruktionsmethode repräsentativ sind, nach den Normen

EN ISO 527-4:1997 und EN ISO 527-5:2009	EN ISO 527-4:1997 – Kunststoffe – Bestimmung der Zugeigenschaften – Teil 4: Prüfbedingungen für isotrop und anisotrop faserverstärkte Kunststoffverbundwerkstoffe und EN ISO 527-5:2009 – Kunststoffe – Bestimmung der Zugeigenschaften – Teil 5: Prüfbedingungen für unidirektional faserverstärkte Kunststoffverbundwerkstoffe

durchzuführen.

$K = S \cdot K_0 \cdot K_1 \cdot K_2 \cdot K_3$,

wobei:

K einen Mindestwert von 4 haben muss und

S = Sicherheitskoeffizient. Für die allgemeine Auslegung beträgt der Wert für S mindestens 1,5, wenn in Kapitel 3.2 Tabelle A Spalte 12 für die Tanks eine Tankcodierung angegeben ist, die im zweiten Teil den Buchstaben «G» enthält (siehe Absatz 4.3.4.1.1). Für Tanks, die für die Beförderung von Stoffen ausgelegt sind, für die ein erhöhtes Sicherheitsniveau erforderlich ist, d.h. wenn in Kapitel 3.2 Tabelle A Spalte 12 für die Tanks eine Tankcodierung angegeben ist, die im zweiten Teil die Ziffer «4» enthält (siehe Absatz 4.3.4.1.1), muss der Wert verdoppelt werden, sofern der Tankkörper nicht mit einem zusätzlichen Schutz in Form eines den Tankkörper völlig umschließenden Metallrahmenwerkes mit Längs- und Oberträgern ausgerüstet ist.

K_0 = Faktor, der mit der Minderung der Werkstoffeigenschaften infolge Kriechverhaltens und Alterung unter dem chemischen Einfluss der zu befördernden Stoffe zusammenhängt. Er ist nach der Formel

$$K_0 = \frac{1}{\alpha \cdot \beta}$$

zu bestimmen, wobei «α» der Kriechfaktor und «β» der Alterungsfaktor ist, jeweils bestimmt nach der Norm EN 978:1997 im Anschluss an die Prüfung gemäß Norm EN 977:1997. Alternativ darf konservativ ein Wert von $K_0 = 2$ verwendet werden. Bei der Bestimmung von α und β muss die Ausgangsdurchbiegung 2 σ entsprechen.

6.9 Vorschriften für die Auslegung, den Bau, die Ausrüstung, die Zulassung des Baumusters, die Prüfung und die Kennzeichnung von festverbundenen Tanks (Tankfahrzeugen), Aufsetztanks, Tankcontainern und Tankwechselaufbauten (Tankwechselbehältern) aus faserverstärkten Kunststoffen (FVK)

ADR	RID

K_1 = Faktor, der mit der Betriebstemperatur und den thermischen Eigenschaften des Harzes zusammenhängt und der durch die folgende Gleichung mit einem Minimalwert von 1 ermittelt wird:

$$K_1 = 1{,}25 - 0{,}0125 \, (HDT - 70),$$

wobei HDT die Wärmeformbeständigkeitstemperatur des Harzes ist [in °C].

K_2 = Faktor, der mit der Ermüdung des Werkstoffes zusammenhängt; sofern kein anderer Wert von der zuständigen Behörde zugelassen wird, ist hierfür ein Wert von $K_2 = 1{,}75$ zu verwenden. Für die Auslegung gegenüber dynamischen Belastungen nach Unterabschnitt 6.9.2.6 ist ein Wert von $K_2 = 1{,}1$ zu verwenden.

K_3 = Faktor, der mit der Aushärtetechnik zusammenhängt und folgende Werte hat:
– 1,1, wenn das Aushärten nach einem dokumentierten und zugelassenen Verfahren erfolgt;
– 1,5 in anderen Fällen.

6.9.2.6 Bei den in Absatz 6.8.2.1.2 genannten dynamischen Belastungen darf die Auslegungsspannung den nach Unterabschnitt 6.9.2.5 geforderten und durch den Faktor α geteilten Wert nicht übersteigen.

6.9.2.7 Bei jeder der in den Unterabschnitten 6.9.2.5 und 6.9.2.6 definierten Spannungen darf die resultierende Dehnung in jeder Richtung den kleineren der Werte 0,2 % oder 1/10 der Bruchdehnung des Harzes nicht überschreiten.

6.9.2.8 Beim festgelegten Prüfdruck, der nicht geringer als der in den Absätzen 6.8.2.1.14 a) und b) festgelegte zutreffende Berechnungsdruck sein darf, darf die maximale Dehnung im Tankkörper die Rissbildungsgrenze des Harzes nicht überschreiten.

6.9.2.9 Der Tankkörper muss in der Lage sein, dem in Absatz 6.9.4.3.3 aufgeführten Kugelfallversuch ohne sichtbare innere oder äußere Schäden standzuhalten.

6.9.2.10 Die für die Verbindungen, einschließlich der Verbindungen der Böden, der Schwallwände und der Tankunterteilungen mit dem Tankkörper verwendeten Überlaminate müssen in der Lage sein, die oben genannten statischen und dynamischen Belastungen aufzunehmen. Um Spannungskonzentrationen im Überlaminat zu vermeiden, sind Neigungen mit einem Steigungsverhältnis von ≤ 1:6 zu verwenden.

Die Schubfestigkeit zwischen dem Überlaminat und den damit verbundenen Tankteilen darf nicht kleiner sein als

$$\tau = \frac{Q}{l} \leq \frac{\tau_R}{K},$$

wobei:

τ_R die Biegeschubfestigkeit nach der Norm EN ISO 14125:1998 + AC:2002 + A1:2011 – Faserverstärkte Kunststoffe – Bestimmung der Biegeeigenschaften (Drei-Punkte-Methode) ist, mit einem Wert von mindestens $\tau_R = 10 \text{ N/mm}^2$, wenn keine gemessenen Werte verfügbar sind;

Q die Last pro Längeneinheit ist, die die Verbindung unter den oben aufgeführten statischen und dynamischen Belastungen zu übernehmen hat;

6.9 Vorschriften für die Auslegung, den Bau, die Ausrüstung, die Zulassung des Baumusters, die Prüfung und die Kennzeichnung von festverbundenen Tanks (Tankfahrzeugen), Aufsetztanks, Tankcontainern und Tankwechselaufbauten (Tankwechselbehältern) aus faserverstärkten Kunststoffen (FVK)

ADR	RID

K   der gemäß Unterabschnitt 6.9.2.5 berechnete Faktor für die statischen und dynamischen Spannungen und

l   die Länge des Überlaminats ist.

6.9.2.11   Öffnungen im Tankkörper müssen verstärkt sein, um mindestens den gleichen Sicherheitsfaktor gegen die in den Unterabschnitten 6.9.2.5 und 6.9.2.6 aufgeführten statischen und dynamischen Belastungen wie der Tankkörper selbst zu gewährleisten. Ihre Anzahl muss so klein wie möglich sein. Bei ovalen Öffnungen darf das Verhältnis der beiden Achsen nicht mehr als 2 betragen.

6.9.2.12   Bei der Auslegung von Flanschen und Rohrleitungen, die mit dem Tankkörper verbunden sind, sind zusätzlich Kräfte durch Handhabung und Befestigung von Schrauben zu berücksichtigen.

6.9.2.13

Der Tank	Der Tankcontainer einschließlich Tankwechselaufbau (Tankwechselbehälter)

ist so auszulegen, dass er ohne wesentlichen Undichtheiten den Auswirkungen einer allseitigen dreißigminütigen Brandbelastung, wie in den Prüfvorschriften nach Absatz 6.9.4.3.4 definiert, standhält. Bei Vorliegen von Daten von Prüfungen mit vergleichbaren Tankbauarten kann mit Zustimmung der zuständigen Behörde auf eine Prüfung verzichtet werden.

6.9.2.14   **Sondervorschriften für die Beförderung von Stoffen mit einem Flammpunkt von höchstens 60 °C**

FVK-Tanks	FVK-Tankcontainer einschließlich FVK-Tankwechselaufbauten (FVK-Tankwechselbehälter)

zur Beförderung von Stoffen mit einem Flammpunkt von höchstens 60 °C sind so zu bauen, dass eine gefährliche elektrostatische Aufladung der verschiedenen Bestandteile verhindert wird.

6.9.2.14.1   Der an der Innen- und Außenseite des Tankkörpers gemessene Wert des elektrischen Oberflächenwiderstandes darf 10^9 Ohm nicht überschreiten. Dies kann durch die Verwendung von Additiven im Harz oder durch interlaminare, leitfähige Schichten wie Metall- oder Kohlefasernetzwerk erreicht werden.

6.9.2.14.2   Der gemessene elektrische Erdableitwiderstand darf 10^7 Ohm nicht überschreiten.

6.9.2.14.3   Alle Komponenten des Tankkörpers sind untereinander und mit den Metallteilen der Bedienungsausrüstung und der baulichen Ausrüstung des

Tanks sowie mit dem Fahrzeug	Tankcontainers einschließlich Tankwechselaufbau (Tankwechselbehälter)

elektrisch zu verbinden. Der elektrische Widerstand zwischen sich berührenden Teilen darf 10 Ohm nicht überschreiten.

Vorschriften für die Auslegung, den Bau, die Ausrüstung, die Zulassung des Baumusters, die Prüfung und die Kennzeichnung von festverbundenen Tanks (Tankfahrzeugen), Aufsetztanks, Tankcontainern und Tankwechselaufbauten (Tankwechselbehältern) aus faserverstärkten Kunststoffen (FVK)   6.9

ADR	RID

6.9.2.14.4 Der elektrische Oberflächen- und Erdableitwiderstand ist erstmalig bei jedem hergestellten

Tank	Tankcontainer einschließlich Tankwechselaufbau (Tankwechselbehälter)

oder an einem Ausschnitt des Tankkörpers mit einem von der zuständigen Behörde anerkannten Verfahren zu messen.

6.9.2.14.5 Der Erdableitwiderstand ist bei jedem

Tank	Tankcontainer einschließlich Tankwechselaufbau (Tankwechselbehälter)

als Teil der wiederkehrenden Prüfungen mit einem von der zuständigen Behörde anerkannten Verfahren zu messen.

6.9.3 Ausrüstungsteile

6.9.3.1 Es gelten die Vorschriften der Absätze 6.8.2.2.1, 6.8.2.2.2, 6.8.2.2.4 und 6.8.2.2.6 bis 6.8.2.2.8.

6.9.3.2 Zusätzlich gelten auch die Sondervorschriften des Abschnitts 6.8.4 b) (TE), sofern diese bei einer Eintragung in Kapitel 3.2 Tabelle A Spalte 13 angegeben sind.

6.9.4 Prüfung und Zulassung des Baumusters

6.9.4.1 Für jede Bauart eines

FVK-Tanks	FVK-Tankcontainers einschließlich FVK-Tankwechselaufbau (FVK-Tankwechselbehälter)

sind die Werkstoffe und ein repräsentativer Prototyp der nachstehend aufgeführten Bauartprüfung zu unterziehen.

6.9.4.2 Werkstoffprüfung

6.9.4.2.1 Für die verwendeten Harze ist die Bruchdehnung gemäß Norm

EN ISO 527-4:1997 oder EN ISO 527-5:2009	EN ISO 527-4:1997 – Kunststoffe – Bestimmung der Zugeigenschaften – Teil 4: Prüfbedingungen für isotrop und anisotrop faserverstärkte Kunststoffverbundwerkstoffe oder EN ISO 527-5:2009 – Kunststoffe – Bestimmung der Zugeigenschaften – Teil 5: Prüfbedingungen für unidirektional faserverstärkte Kunststoffverbundwerkstoffe

und die Wärmeformbeständigkeitstemperatur gemäß Norm EN ISO 75-1:2013

	– Kunststoffe – Bestimmung der Wärmeformbeständigkeitstemperatur – Teil 1: Allgemeines Prüfverfahren

zu ermitteln.

6.9 Vorschriften für die Auslegung, den Bau, die Ausrüstung, die Zulassung des Baumusters, die Prüfung und die Kennzeichnung von festverbundenen Tanks (Tankfahrzeugen), Aufsetztanks, Tankcontainern und Tankwechselaufbauten (Tankwechselbehältern) aus faserverstärkten Kunststoffen (FVK)

ADR	RID

6.9.4.2.2 Folgende Eigenschaften sind an Proben zu ermitteln, die aus dem Tankkörper herausgeschnitten wurden. Parallel gefertigte Proben dürfen nur verwendet werden, wenn das Ausschneiden von Proben aus dem Tankkörper nicht möglich ist. Vor der Prüfung sind gegebenenfalls vorhandene Liner zu entfernen.

Die Prüfungen umfassen:

– Dicke der Laminatschichten des Tankmantels und der Tankböden;

– Massegehalt und Zusammensetzung der Verstärkungsfasern sowie Orientierung und Aufbau der Verstärkungslagen;

– Zugfestigkeit, Bruchdehnung und Elastizitätsmodul gemäß Norm

EN ISO 527-4:1997 oder EN ISO 527-5:2009	EN ISO 527-4:1997 – Kunststoffe – Bestimmung der Zugeigenschaften – Teil 4: Prüfbedingungen für isotrop und anisotrop faserverstärkte Kunststoffverbundwerkstoffe oder EN ISO 527-5:2009 – Kunststoffe – Bestimmung der Zugeigenschaften – Teil 5: Prüfbedingungen für unidirektional faserverstärkte Kunststoffverbundwerkstoffe

in der Richtung der Spannungen. Zusätzlich ist die Rissbildungsgrenze des Harzes mittels Schallemissionsmessung zu bestimmen;

– Biegefestigkeit und Durchbiegung im Biegekriechversuch nach der Norm

EN ISO 14125:1998 + AC:2002 + A1:2011	– Faserverstärkte Kunststoffe – Bestimmung der Biegeeigenschaften

während einer Dauer von 1000 Stunden unter Verwendung von Proben mit einer Mindestbreite von 50 mm und einem Auflagerabstand von mindestens der zwanzigfachen Wanddicke. Bei dieser Prüfung sind auch der Kriechfaktor α und der Alterungsfaktor β gemäß Norm EN 978:1997 zu bestimmen.

6.9.4.2.3 Die interlaminare Scherfestigkeit der Verbindungen ist durch Prüfung repräsentativer Proben im Zugversuch nach der Norm EN ISO 14130:1997 zu messen.

6.9.4.2.4 Die chemische Verträglichkeit des Tankkörpers mit den zu befördernden Stoffen ist mit Zustimmung der zuständigen Behörde durch eines der nachstehenden Verfahren nachzuweisen. Dieser Nachweis muss alle Aspekte der Verträglichkeit der Werkstoffe des Tankkörpers und seiner Ausrüstungen mit den zu befördernden Stoffen einschließlich der chemischen Schädigung des Tankkörpers, der Einleitung kritischer Reaktionen durch den Inhalt und gefährlicher Reaktionen zwischen beiden berücksichtigen.

– Für die Feststellung einer Schädigung des Tankkörpers sind aus dem Tankkörper entnommene repräsentative Proben einschließlich gegebenenfalls vorhandener Liner mit Schweißnähten der chemischen Verträglichkeitsprüfung nach der Norm EN 977:1997 für eine Dauer von 1000 Stunden bei 50 °C zu unterziehen. Im Vergleich mit unbelasteten Proben darf der im Biegeversuch gemäß Norm EN 978:1997 gemessene Abfall der Festigkeit und des Elastizitätsmoduls 25 % nicht übersteigen. Risse, Blasen, punktförmige Schäden, Trennungen von Lagen und Linern sowie Rauhigkeit sind nicht zulässig.

Vorschriften für die Auslegung, den Bau, die Ausrüstung, die Zulassung des Baumusters, die Prüfung und die Kennzeichnung von festverbundenen Tanks (Tankfahrzeugen), Aufsetztanks, Tankcontainern und Tankwechselaufbauten (Tankwechselbehältern) aus faserverstärkten Kunststoffen (FVK)	6.9
ADR	RID

- Bescheinigte und dokumentierte Daten über positive Erfahrungen hinsichtlich der Verträglichkeit der betreffenden Füllgüter mit den in Kontakt tretenden Werkstoffen des Tankkörpers über angegebene Temperaturen, Zeiten und andere bedeutsame Betriebsbedingungen.
- In der Fachliteratur, in Normen oder in anderen Quellen veröffentlichte technische Daten, die von der zuständigen Behörde akzeptiert werden.

6.9.4.3 Prototypprüfung

Ein repräsentativer Prototyp ist den nachstehend dargestellten Prüfungen zu unterziehen. Soweit erforderlich, darf die Bedienungsausrüstung zu diesem Zweck durch andere Teile ersetzt werden.

6.9.4.3.1 Der Prototyp ist auf Übereinstimmung mit der Bauartspezifikation zu prüfen. Dies schließt eine innere und äußere Besichtigung und eine Maßkontrolle der wesentlichen Abmessungen ein.

6.9.4.3.2 Der an allen Stellen, für die ein Vergleich mit der rechnerischen Auslegung erforderlich ist, mit Dehnmessstreifen ausgerüstete Prototyp ist folgenden Belastungen zu unterziehen; die hierbei auftretenden Dehnungen sind aufzuzeichnen:

- Füllung mit Wasser bis zum höchstzulässigen Füllungsgrad. Die Messergebnisse sind zur Überprüfung der rechnerischen Auslegung nach Unterabschnitt 6.9.2.5 zu verwenden.
- Füllung mit Wasser bis zum höchstzulässigen Füllungsgrad und Beschleunigung in allen drei Richtungen durch Fahr- und Bremsversuche mit dem auf einem

Fahrzeug	Wagen

befestigten Prototyp. Für den Vergleich mit der rechnerischen Auslegung nach Unterabschnitt 6.9.2.6 sind die aufgezeichneten Dehnungen im Verhältnis der in Absatz 6.8.2.1.2 geforderten und der gemessenen Beschleunigungswerte zu extrapolieren.
- Füllung mit Wasser und Anwendung des festgelegten Prüfdrucks. Unter dieser Belastung darf der Tank keine sichtbaren Schäden und keine Undichtheit aufweisen.

6.9.4.3.3 Der Prototyp ist dem Kugelfallversuch nach der Norm EN 976-1:1997 Nr. 6.6 zu unterziehen. Dabei darf kein sichtbarer innerer oder äußerer Schaden auftreten.

6.9.4.3.4 Der zu 80 % seines höchsten Fassungsraums mit Wasser gefüllte Prototyp einschließlich seiner Bedienungsausrüstung und baulichen Ausrüstung ist einer allseitigen dreißigminütigen Brandbelastung durch ein Heizölbeckenfeuer oder einer anderen Art von Feuer mit gleicher Wirkung auszusetzen. Die Abmessungen des Beckens müssen den Tank um mindestens 50 cm nach allen Seiten überragen, und der Abstand zwischen dem Ölspiegel und dem Tank muss zwischen 50 und 80 cm betragen. Der unterhalb des Flüssigkeitsspiegels verbleibende Tank einschließlich der Öffnungen und Verschlüsse muss, abgesehen von Tropfleckagen, dicht bleiben.

6.9	Vorschriften für die Auslegung, den Bau, die Ausrüstung, die Zulassung des Baumusters, die Prüfung und die Kennzeichnung von festverbundenen Tanks (Tankfahrzeugen), Aufsetztanks, Tankcontainern und Tankwechselaufbauten (Tankwechselbehältern) aus faserverstärkten Kunststoffen (FVK)	
	ADR	RID

6.9.4.4 Zulassung des Baumusters

6.9.4.4.1 Die zuständige Behörde oder eine von ihr benannte Stelle hat für jedes neue Baumuster eines Tanks / Tankcontainers einschließlich Tankwechselaufbauten (Tankwechselbehälter) eine Zulassungsbescheinigung auszustellen, die die Eignung der Bauart für den vorgesehenen Zweck und die Einhaltung der Bau- und Ausrüstungsvorschriften sowie der für die zu befördernden Stoffe geltenden Sondervorschriften bescheinigt.

6.9.4.4.2 Die Zulassung ist auf der Grundlage der Berechnung sowie des Prüfberichtes, einschließlich aller Werkstoff- und Prototypprüfergebnisse und ihres Vergleiches mit der rechnerischen Auslegung, zu erstellen und muss sich auf die Bauartspezifikation und das Qualitätssicherungsprogramm beziehen.

6.9.4.4.3 Die Zulassung muss die Stoffe oder Stoffgruppen, für die die Verträglichkeit mit dem Tank / Tankcontainer einschließlich Tankwechselaufbauten (Tankwechselbehälter) nachgewiesen wurde, umfassen. Dabei sind die chemischen Benennungen oder die entsprechende Sammelbezeichnung (siehe Unterabschnitt 2.1.1.2) sowie die Klasse und der Klassifizierungscode anzugeben.

6.9.4.4.4 Die Zulassung muss ferner veröffentlichte Auslegungs- und Gewährleistungswerte (wie Lebensdauer, Betriebstemperaturbereich, Betriebs- und Prüfdrücke, Werkstoffkennwerte) sowie diejenigen Maßnahmen umfassen, die bei der Herstellung, Prüfung, Zulassung des Baumusters, Kennzeichnung und der Verwendung aller Tanks, / Tankcontainer einschließlich Tankwechselaufbauten (Tankwechselbehälter), die nach der zugelassenen Bauart gefertigt werden, zu beachten sind.

6.9.5 Prüfungen

6.9.5.1 Für jeden Tank, / Tankcontainer einschließlich Tankwechselaufbauten (Tankwechselbehälter), der in Übereinstimmung mit der zugelassenen Bauart hergestellt wird, sind die nachstehend aufgeführten Werkstoffprüfungen und Untersuchungen wie folgt durchzuführen:

6.9.5.1.1 Mit Proben aus dem Tankkörper sind die Werkstoffprüfungen nach Absatz 6.9.4.2.2 mit Ausnahme des Zugversuches und einer Verringerung der Prüfzeit für die Biegekriechprüfung auf 100 Stunden durchzuführen. Parallel gefertigte Proben dürfen nur verwendet werden, wenn das Ausschneiden von Proben aus dem Tankkörper nicht möglich ist. Die zugelassenen Auslegungswerte sind einzuhalten.

Vorschriften für die Auslegung, den Bau, die Ausrüstung, die Zulassung des Baumusters, die Prüfung und die Kennzeichnung von festverbundenen Tanks (Tankfahrzeugen), Aufsetztanks, Tankcontainern und Tankwechselaufbauten (Tankwechselbehältern) aus faserverstärkten Kunststoffen (FVK) 6.9

ADR	RID

6.9.5.1.2 Die Tankkörper und ihre Ausrüstung sind entweder zusammen oder getrennt erstmalig vor Inbetriebnahme zu prüfen. Diese Prüfung umfasst:
- eine Prüfung auf Übereinstimmung mit der zugelassenen Bauart;
- eine Prüfung der Merkmale der Bauart;
- eine innere und äußere Untersuchung;
- eine Wasserdruckprüfung mit dem Prüfdruck, der auf dem in Absatz 6.8.2.5.1 vorgeschriebenen Schild angegeben ist;
- eine Funktionsprüfung der Ausrüstungsteile;
- eine Dichtheitsprüfung, sofern der Tankkörper und seine Ausrüstung getrennt druckgeprüft worden sind.

6.9.5.2 Für die wiederkehrenden Prüfungen der

Tanks	Tankcontainer einschließlich Tankwechselaufbauten (Tankwechselbehälter)

gelten die Vorschriften der Absätze 6.8.2.4.2 bis 6.8.2.4.4. Darüber hinaus muss die Prüfung gemäß Absatz 6.8.2.4.3 die Untersuchung des inneren Zustands des Tankkörpers einschließen.

6.9.5.3 Die Prüfungen und Untersuchungen nach den Unterabschnitten 6.9.5.1 und 6.9.5.2 sind von einem von der zuständigen Behörde anerkannten Sachverständigen durchzuführen. Die Prüfergebnisse sind zu bescheinigen. In diesen Bescheinigungen ist auf die in diesem

Tank	Tankcontainer einschließlich Tankwechselaufbau (Tankwechselbehälter)

gemäß Unterabschnitt 6.9.4.4 zur Beförderung zugelassenen Stoffe Bezug zu nehmen.

6.9.6 Kennzeichnung

6.9.6.1 Für die Kennzeichnung von

▶ 1.6.3.100.1 (nur ADR)
▶ 1.6.3.100.2 (nur ADR)
▶ 1.6.4.55 bis 1.7.2021 (nur RID)

FVK-Tanks	FVK-Tankcontainern einschließlich FVK-Tankwechselaufbauten (FVK-Tankwechselbehälter)

gelten die Vorschriften des Unterabschnitts 6.8.2.5 mit folgenden Änderungen:
- das Tankschild darf auch auf den Tankkörper auflaminiert werden oder aus geeigneten Kunststoffen bestehen;
- der Auslegungstemperaturbereich ist immer anzugeben;

– sofern gemäß Absatz 6.8.2.5.2 eine Tankcodierung vorgeschrieben ist, muss der zweite Teil der Tankcodierung den höchsten Wert des Berechnungsdruckes des Stoffes (der Stoffe) angeben, der (die) gemäß der Baumusterzulassungsbescheinigung für die Beförderung zugelassen ist (sind).	– der zweite Teil der Tankcodierung muss den höchsten Wert des Berechnungsdruckes des Stoffes (der Stoffe) angeben, der (die) gemäß der Baumusterzulassungsbescheinigung für die Beförderung zugelassen ist (sind).

6.9.6.2 Zusätzlich gelten auch die Sondervorschriften des Abschnitts 6.8.4 e) (TM), sofern diese bei einer Eintragung in Kapitel 3.2 Tabelle A Spalte 13 angegeben sind.

6.9	Vorschriften für die Auslegung, den Bau, die Ausrüstung, die Zulassung des Baumusters, die Prüfung und die Kennzeichnung von festverbundenen Tanks (Tankfahrzeugen), Aufsetztanks, Tankcontainern und Tankwechselaufbauten (Tankwechselbehältern) aus faserverstärkten Kunststoffen (FVK)	
	ADR	RID

Vorschriften für den Bau, die Ausrüstung, die Zulassung, die Prüfung und die Kennzeichnung von Saug-Druck-Tanks für Abfälle 6.10

ADR	RID
Bem. 1. Für ortsbewegliche Tanks und UN-Gascontainer mit mehreren Elementen (MEGC) siehe Kapitel 6.7; für	
festverbundene Tanks (Tankfahrzeuge), Aufsetztanks, Tankcontainer und Tankwechselaufbauten (Tankwechselbehälter), deren Tankkörper aus metallenen Werkstoffen hergestellt sind, sowie Batterie-Fahrzeuge und Gascontainer mit mehreren Elementen (MEGC) mit Ausnahme von UN-MEGC siehe Kapitel 6.8; für	Kesselwagen, abnehmbare Tanks, Batteriewagen
faserverstärkte Kunststofftanks siehe Kapitel 6.9.	Tankcontainer aus faserverstärkten Kunststoffen
2. Dieses Kapitel gilt für festverbundene Tanks, Aufsetztanks, Tankcontainer und Tankwechselaufbauten (Tankwechselbehälter).	

6.10.1 Allgemeines

6.10.1.1 Begriffsbestimmungen

Bem. Ein Tank, der vollständig den Vorschriften des Kapitels 6.8 entspricht, gilt nicht als «Saug-Druck-Tank für Abfälle».

6.10.1.1.1 Als «geschützte Bereiche» gelten:

a) der untere Teil des Tanks in einem Abschnitt, der sich über einen Winkel von 60° beiderseits der unteren Mantellinie erstreckt;

b) der obere Teil des Tanks in einem Abschnitt, der sich über einen Winkel von 30° beiderseits der oberen Mantellinie erstreckt;

c) der Bereich am vorderen Tankboden im Falle von Trägerfahrzeugen;

d) die am hinteren Tankboden durch die Einrichtung gemäß Abschnitt 9.7.6 gebildete innere Schutzzone.

6.10.1.2 Anwendungsbereich

6.10.1.2.1 Die besonderen Vorschriften der Abschnitte 6.10.2 bis 6.10.4 ergänzen oder ändern Kapitel 6.8 und gelten für Saug-Druck-Tanks für Abfälle.

Saug-Druck-Tanks für Abfälle dürfen mit öffnungsfähigen Böden ausgerüstet werden, wenn die Vorschriften des Kapitels 4.3 eine Untenentleerung der beförderten Stoffe zulassen (gekennzeichnet durch die Buchstaben «A» oder «B» der Tankcodierung, wie in Kapitel 3.2 Tabelle A Spalte 12 gemäß Absatz 4.3.4.1.1 angegeben).

Saug-Druck-Tanks für Abfälle müssen allen Vorschriften des Kapitels 6.8 entsprechen, sofern in diesem Kapitel keine abweichenden besonderen Vorschriften aufgeführt sind. Die Vorschriften der Absätze 6.8.2.1.19, 6.8.2.1.20 und 6.8.2.1.21 gelten jedoch nicht.

6.10 Vorschriften für den Bau, die Ausrüstung, die Zulassung, die Prüfung und die Kennzeichnung von Saug-Druck-Tanks für Abfälle

ADR	RID

6.10.2 Bau

6.10.2.1 Die Tanks müssen nach einem Berechnungsdruck bemessen sein, der dem 1,3fachen des Füll- oder Entleerungsdrucks, mindestens jedoch 400 kPa (4 bar) (Überdruck) entspricht. Für die Beförderung von Stoffen, für die ein höherer Berechnungsdruck des Tanks in Kapitel 6.8 bestimmt ist, ist dieser höhere Wert anzuwenden.

6.10.2.2 Die Tanks sind so zu bemessen, dass sie einem negativen Innendruck von 100 kPa (1 bar) standhalten.

6.10.3 Ausrüstung

6.10.3.1 Die Ausrüstungsteile sind so anzubringen, dass sie während der Beförderung und Handhabung gegen Losreißen oder Beschädigung geschützt sind. Durch die Anordnung der Ausrüstungsteile in einem sogenannten «geschützten Bereich» (siehe Absatz 6.10.1.1.1) kann diese Vorschrift erfüllt werden.

6.10.3.2 Die Untenentleerungseinrichtung des Tanks darf aus einem äußeren Auslaufstutzen, der mit einer möglichst nahe am Tankkörper angebrachten Absperreinrichtung versehen ist, und einem zweiten Verschluss in Form eines Blindflansches oder einer anderen gleich wirksamen Einrichtung bestehen.

6.10.3.3 Die Stellung und die Schließrichtung des oder der Absperreinrichtung(en) am Tankkörper oder an jedem Abteil, im Falle von Tankkörpern mit mehreren Abteilen, muss klar ersichtlich und vom Boden aus kontrollierbar sein.

6.10.3.4 Um jeden Verlust des Inhalts bei Beschädigung der äußeren Füll- und Entleerungseinrichtungen (Stutzen, seitliche Verschlusseinrichtungen) zu vermeiden, müssen die innere Absperreinrichtung oder (gegebenenfalls) die erste äußere Absperreinrichtung und ihr Sitz so beschaffen oder geschützt sein, dass sie unter dem Einfluss äußerer Beanspruchungen nicht abgerissen werden können. Die Füll- und Entleerungseinrichtungen (einschließlich der Flansche oder Schraubverschlüsse) sowie eventuelle Schutzkappen müssen gegen unbeabsichtigtes Öffnen gesichert sein.

6.10.3.5 Die Tanks dürfen mit öffnungsfähigen Böden ausgerüstet sein. Diese öffnungsfähigen Böden müssen folgenden Anforderungen genügen:

a) sie müssen so ausgelegt sein, dass sie nach dem Verschließen dicht bleiben;

b) ein unbeabsichtigtes Öffnen darf nicht möglich sein;

c) wird der Öffnungsmechanismus mit Hilfskraft betätigt, muss der öffnungsfähige Boden auch bei einem Ausfall der Kraftversorgung luftdicht verschlossen bleiben;

d) eine Sicherheits- oder Blockiereinrichtung, die sicherstellt, dass der öffnungsfähige Boden solange nicht geöffnet werden kann, wie sich noch Restüberdruck im Tank befindet, ist einzubauen. Dies gilt nicht für hilfskraftbetätigte öffnungsfähige Böden mit zwangsgesteuertem Öffnungsmechanismus. In diesem Fall muss es sich um eine Betätigung mit «Totmanneinrichtung» handeln, die so angeordnet ist, dass der Benutzer den Vorgang jederzeit beobachten kann und während des Öffnens oder Schließens selbst nicht gefährdet ist;

e) es sind Maßnahmen zum Schutz des öffnungsfähigen Bodens, der beim Umstürzen des Fahrzeugs, des Tankcontainers oder des Tankwechselaufbaus (Tankwechselbehälter) verschlossen bleiben muss, zu treffen.

Vorschriften für den Bau, die Ausrüstung, die Zulassung, die Prüfung und die Kennzeichnung von Saug-Druck-Tanks für Abfälle		6.10
ADR	RID	

6.10.3.6 Saug-Druck-Tanks für Abfälle, die zur besseren Entleerung oder Reinigung des Tanks einen inneren Schubkolben haben, sind mit einer Anschlagvorrichtung zu versehen, die verhindert, dass der Schubkolben bei beliebiger Betriebslage aus dem Tank herausgedrückt wird, wenn eine dem höchsten Betriebsdruck des Tanks entsprechende Kraft auf den Schubkolben einwirkt. Der höchste Betriebsdruck von Tanks oder Tankabteilen mit pneumatischem Schubkolben darf 100 kPa (1 bar) nicht übersteigen. Der innere Schubkolben und sein Werkstoff müssen so beschaffen sein, dass durch die Bewegung des Schubkolbens keine Zündquellen entstehen.

Der innere Schubkolben kann auch als Abteilwand verwendet werden, vorausgesetzt, er wird in seiner Lage blockiert. Befindet sich irgendein Teil der Einrichtungen, mit denen der innere Schubkolben in seiner Lage gehalten wird, außen am Tank, so ist hierfür ein Platz zu wählen, an dem jede Gefahr einer versehentlichen Beschädigung ausgeschlossen ist.

6.10.3.7 Die Tanks dürfen mit einem Saugausleger ausgerüstet sein, wenn:

a) der Saugausleger mit einer inneren oder äußeren Absperreinrichtung ausgerüstet ist, die direkt am Tankkörper oder an einem mit dem Tankkörper verschweißten Rohrbogen befestigt ist; zwischen dem Tankkörper oder dem Rohrbogen und der äußeren Absperreinrichtung darf ein Drehkranz angebracht sein, wenn dieser Drehkranz im geschützten Bereich angeordnet ist und die Betätigungseinrichtung der äußeren Absperreinrichtung mit einem Gehäuse oder einer Abdeckung gegen Losreißen infolge äußerer Belastungen geschützt ist;

b) die unter a) genannte Absperreinrichtung so angeordnet ist, dass eine Beförderung in geöffnetem Zustand nicht möglich ist, und

c) der Saugausleger so angebracht ist, dass der Tank infolge eines versehentlichen Stoßes auf den Saugausleger nicht undicht wird.

6.10.3.8 Die Tanks sind mit folgenden zusätzlichen Bedienungsausrüstungen zu versehen:

a) durch die Anordnung der Öffnung der Druck-Vakuumpumpe ist sicherzustellen, dass giftige oder entzündbare Dämpfe so abgeleitet werden, dass sie keine Gefahren verursachen können;

Bem. Diese Vorschrift kann beispielsweise durch die Verwendung eines Rohres, das im oberen Teil ausbläst, oder eines mit einem Anschluss ausgerüsteten Auslasses im unteren Teil, der die Anbringung eines Schlauches ermöglicht, erfüllt werden.

b) Tanks für entzündbare Abfälle müssen an allen Öffnungen der Druck-Vakuumpumpe, die eine Zündquelle darstellen kann, über eine Einrichtung zur Verhinderung des unmittelbaren Flammendurchschlags verfügen oder der Tank muss explosionsdruckstoßfest sein, d.h. er muss einer Explosion infolge eines Flammendurchschlags standhalten können, ohne dass er undicht wird, wobei jedoch Verformungen zulässig sind;

c) Pumpen, die einen positiven Druck erzeugen können, müssen in der Druckleitung | Die Druckleitung von Pumpen, muss

mit einem Sicherheitsventil ausgerüstet sein. Das Sicherheitsventil ist auf einen Ansprechdruck einzustellen, der nicht größer ist als der höchste Betriebsdruck des Tanks;

d) zwischen dem Tankkörper oder dem Auslass der am Tankkörper befindlichen Überfüllsicherung und der Rohrleitung zwischen Tankkörper und Druck-Vakuumpumpe ist ein Absperrventil einzubauen;

6.10 Vorschriften für den Bau, die Ausrüstung, die Zulassung, die Prüfung und die Kennzeichnung von Saug-Druck-Tanks für Abfälle

ADR	RID

e) der Tank ist mit einem geeigneten Manometer/Vakuummeter auszurüsten, das so angeordnet ist, dass es von der die Druck-Vakuumpumpe bedienenden Person leicht ablesbar ist. Der höchste Betriebsdruck des Tanks ist durch eine Markierung auf der Anzeigeskala zu kennzeichnen;

f) der Tank oder bei unterteiltem Tank jedes Tankabteil ist mit einem Flüssigkeitsstandanzeiger auszurüsten. Füllstandsanzeiger aus Glas und aus anderen geeigneten durchsichtigen Werkstoffen dürfen als Flüssigkeitsstandanzeiger verwendet werden, sofern:

(i) sie Teil der Tankwand sind und eine Druckfestigkeit haben, die der des Tanks vergleichbar ist oder die Flüssigkeitsstandanzeiger außen am Tank angebracht sind;

(ii) die oberen und unteren Anschlüsse an den Tank mit direkt am Tankkörper befestigten Absperrventilen ausgerüstet sind, die so angeordnet sind, dass eine Beförderung mit geöffneten Ventilen verhindert wird;

(iii) sie beim höchsten Betriebsdruck des Tanks funktionsfähig sind;

(iv) sie in einem Bereich angeordnet sind, wo jede Gefahr einer versehentlichen Beschädigung ausgeschlossen ist.

6.10.3.9
▶ *1.6.3.30*
▶ *1.6.4.20*

Tankkörper von Saug-Druck-Tanks für Abfälle müssen mit einem Sicherheitsventil mit vorgeschalteter Berstscheibe ausgerüstet sein.

Das Ventil muss in der Lage sein, sich bei einem Druck zwischen dem 0,9- bis 1,0fachen Prüfdruck des Tanks, an dem es angebracht ist, selbsttätig zu öffnen. Die Verwendung von gewichtsbelasteten Ventilen (Schwerkraft oder Gegengewicht) ist untersagt.

Die Berstscheibe darf frühestens beim Ansprechdruck des Ventils und muss spätestens öffnen, wenn der Druck den Prüfdruck des Tanks erreicht hat, an dem das Ventil angebracht ist.

Die Sicherheitseinrichtungen müssen so gebaut sein, dass sie der dynamischen Beanspruchung, einschließlich des Anpralls der Flüssigkeit, standhalten.

Zwischen der Berstscheibe und dem Sicherheitsventil ist ein Druckmesser oder eine andere geeignete Anzeigeeinrichtung vorzusehen, um die Feststellung von Brüchen, Perforationen oder Undichtheiten der Scheibe, durch die das Sicherheitssystem funktionsunfähig werden kann, zu ermöglichen.

6.10.4 Prüfungen

Saug-Druck-Tanks für Abfälle sind bei festverbundenen Tanks oder Aufsetztanks mindestens alle drei Jahre und bei Tankcontainern und Tankwechselaufbauten (Tankwechselbehältern) mindestens alle zweieinhalb Jahre zusätzlich zu der Prüfung nach Absatz 6.8.2.4.3 einer Prüfung des inneren Zustands zu unterziehen.

Vorschriften für die Auslegung, den Bau und die Prüfung von Schüttgut-Containern 6.11

ADR	RID

6.11.1 (bleibt offen)

6.11.2 **Anwendungsbereich und allgemeine Vorschriften**

6.11.2.1 Schüttgut-Container und ihre Bedienungsausrüstung und bauliche Ausrüstung müssen so ausgelegt und gebaut sein, dass sie dem Innendruck des Füllgutes und den Beanspruchungen durch normale Handhabung und Beförderung ohne Verlust von Füllgut standhalten.

6.11.2.2 Sofern ein Entleerungsventil angebracht ist, muss dieses in geschlossener Stellung gesichert werden können, und das gesamte Entleerungssystem muss in geeigneter Weise vor Beschädigung geschützt werden. Ventile mit Hebelverschlüssen müssen gegen unbeabsichtigtes Öffnen gesichert werden können, und die offene und geschlossene Stellung müssen leicht erkennbar sein.

6.11.2.3 **Code für die Bezeichnung der Schüttgut-Container-Typen**

In der folgenden Tabelle sind die für die Bezeichnung der Schüttgut-Container-Typen zu verwendenden Codes angegeben:

Schüttgut-Container-Typ	Code
bedeckter Schüttgut-Container	BK1
geschlossener Schüttgut-Container	BK2
flexibler Schüttgut-Container	BK3

6.11.2.4 Um dem Fortschritt von Wissenschaft und Technik Rechnung zu tragen, kann von der zuständigen Behörde die Anwendung alternativer Vereinbarungen, die mindestens eine den Vorschriften dieses Kapitels gleichwertige Sicherheit bieten, in Betracht gezogen werden.

6.11.3 **Vorschriften für die Auslegung, den Bau und die Prüfung von Containern, die dem CSC entsprechen und als Schüttgut-Container des Typs BK 1 oder BK 2 verwendet werden**

6.11.3.1 **Vorschriften für die Auslegung und den Bau**

6.11.3.1.1 Die allgemeinen Vorschriften dieses Unterabschnittes für die Auslegung und den Bau gelten als erfüllt, wenn der Schüttgut-Container den Anforderungen der Norm ISO 1496-4:1991 («ISO-Container der Serie 1; Anforderungen und Prüfung; Teil 4: Drucklose Schüttgut-Container») entspricht und staubdicht ist.

6.11.3.1.2 Container, die in Übereinstimmung mit der Norm ISO 1496-1:1990 («ISO-Container der Baureihe 1; Spezifikation und Prüfung; Teil 1: Universalfrachtcontainer») ausgelegt und geprüft sind, müssen mit einer betrieblichen Ausrüstung ausgestattet sein, die einschließlich ihrer Verbindung zum Container so ausgelegt ist, dass die Stirnseiten verstärkt und der Widerstand gegen Beanspruchungen in Längsrichtung in dem Maße erhöht wird, wie es für die Erfüllung der entsprechenden Prüfanforderungen der Norm ISO 1496-4:1991 notwendig ist.

6.11	Vorschriften für die Auslegung, den Bau und die Prüfung von Schüttgut-Containern
ADR	**RID**

6.11.3.1.3 Schüttgut-Container müssen staubdicht sein. Sofern für die Herstellung der Staubdichtheit eine Auskleidung verwendet wird, muss diese aus einem geeigneten Werkstoff sein. Die Festigkeit des verwendeten Werkstoffes und die Bauart der Auskleidung müssen für den Fassungsraum des Containers und für die beabsichtigte Verwendung geeignet sein. Verbindungen und Verschlüsse der Auskleidung müssen den Drücken und Stößen standhalten, die unter normalen Handhabungs- und Beförderungsbedingungen auftreten können. Für belüftete Schüttgut-Container darf die Auskleidung die Funktion der Lüftungseinrichtungen nicht behindern.

6.11.3.1.4 Die betriebliche Ausrüstung von Schüttgut-Containern, die für eine Kippentleerung ausgelegt sind, müssen in der Lage sein, der Gesamtfüllmasse in Kipprichtung standzuhalten.

6.11.3.1.5 Bewegliche Dächer oder bewegliche Abschnitte von Seiten- oder Stirnwänden oder Dächern müssen mit Verschlusseinrichtungen, die eine Sicherungseinrichtung umfassen, ausgerüstet sein, die so ausgelegt sind, dass der geschlossene Zustand für einen am Boden stehenden Beobachter sichtbar ist.

6.11.3.2 **Bedienungsausrüstung**

6.11.3.2.1 Füll- und Entleerungseinrichtungen sind so zu bauen und anzuordnen, dass sie während der Beförderung und Handhabung gegen das Risiko des Abreißens oder der Beschädigung geschützt sind. Die Füll- und Entleerungseinrichtungen müssen gegen unbeabsichtigtes Öffnen gesichert werden können. Die geöffnete und geschlossene Stellung sowie die Schließrichtung müssen klar angegeben sein.

6.11.3.2.2 Dichtungen von Öffnungen müssen so angeordnet sein, dass Beschädigungen durch den Betrieb sowie das Befüllen und Entleeren des Schüttgut-Containers vermieden werden.

6.11.3.2.3 Wenn eine Belüftung vorgeschrieben ist, müssen Schüttgut-Container mit Mitteln für den Luftaustausch entweder durch natürliche Konvektion (z. B. durch Öffnungen) oder durch aktive Bauteile (z. B. Ventilatoren) ausgerüstet sein. Die Belüftung muss so ausgelegt sein, dass im Container zu keinem Zeitpunkt ein Unterdruck entsteht. Belüftungsbauteile von Schüttgut-Containern für die Beförderung von entzündbaren Stoffen oder von Stoffen, die entzündbare Gase oder Dämpfe abgeben, müssen so ausgelegt sein, dass sie keine Zündquelle bilden.

6.11.3.3 **Prüfung**

6.11.3.3.1 Container, die nach den Vorschriften dieses Abschnitts als Schüttgut-Container verwendet, unterhalten und qualifiziert werden, müssen in Übereinstimmung mit dem CSC geprüft und zugelassen werden.

6.11.3.3.2 Container, die als Schüttgut-Container verwendet und qualifiziert werden, müssen in Übereinstimmung mit dem CSC wiederkehrend geprüft werden.

6.11.3.4 **Kennzeichnung**

6.11.3.4.1 Container, die als Schüttgut-Container verwendet werden, müssen in Übereinstimmung mit dem CSC mit einem Sicherheitszulassungsschild («Safety Approval Plate») gekennzeichnet sein.

Vorschriften für die Auslegung, den Bau und die Prüfung von Schüttgut-Containern 6.11

ADR	RID

6.11.4 Vorschriften für die Auslegung, den Bau und die Zulassung von Schüttgut-Containern der Typen BK 1 und BK 2, die keine Container gemäß CSC sind

Bem. Wenn Container nach den Vorschriften dieses Abschnitts für die Beförderung von festen Stoffen in loser Schüttung verwendet werden, ist im Beförderungspapier anzugeben:

«SCHÜTTGUT-CONTAINER BK (x)[1] VON DER ZUSTÄNDIGEN BEHÖRDE VON ..... ZUGELASSEN» (siehe Absatz 5.4.1.1.17).

6.11.4.1 Die in diesem Abschnitt behandelten Schüttgut-Container schließen Mulden, Offshore-Schüttgut-Container, Silos für Güter in loser Schüttung, Wechselaufbauten (Wechselbehälter), trichterförmige Container, Rollcontainer und Ladeabteile von

| Fahrzeugen | Wagen |

ein.

Bem. Diese Schüttgut-Container schließen auch Container nach den in Abschnitt 7.1.3 genannten, von der UIC veröffentlichten IRS 50591 («Wechselbehälter für den horizontalen Umschlag – Technische Bedingungen für den Einsatz im internationalen Verkehr»)[2] und IRS 50592 («Intermodale Ladeeinheiten für Vertikalumschlag, außer Sattelanhänger, zur Beförderung auf Wagen – Mindestanforderungen»)[3] ein, die nicht dem CSC entsprechen.

6.11.4.2 Diese Schüttgut-Container sind so auszulegen und zu bauen, dass sie genügend widerstandsfähig sind, um den Stößen und Beanspruchungen standzuhalten, die normalerweise während der Beförderung, gegebenenfalls einschließlich des Umschlags zwischen verschiedenen Beförderungsmitteln, auftreten.

6.11.4.3 (bleibt offen)

6.11.4.4 Diese Schüttgut-Container müssen von der zuständigen Behörde zugelassen sein; die Zulassung muss den Code für die Typenbezeichnung des Schüttgut-Containers gemäß Unterabschnitt 6.11.2.3 und, sofern angemessen, die Vorschriften für die Prüfung enthalten.

6.11.4.5 Sofern die Verwendung einer Auskleidung notwendig ist, um die gefährlichen Güter zurückzuhalten, muss diese den Vorschriften des Absatzes 6.11.3.1.3 entsprechen.

---

[1] (x) muss durch «1» bzw. «2» ersetzt werden.
[2] Erste Fassung der ab 1. Juni 2020 geltenden IRS (International Railway Solution).
[3] Zweite Fassung der ab 1. Dezember 2020 geltenden IRS (International Railway Solution).

6.11	Vorschriften für die Auslegung, den Bau und die Prüfung von Schüttgut-Containern
ADR	**RID**

6.11.5 Vorschriften für die Auslegung, den Bau und die Prüfung von flexiblen Schüttgut-Containern des Typs BK 3

6.11.5.1 Vorschriften für die Auslegung und den Bau

6.11.5.1.1 Flexible Schüttgut-Container müssen staubdicht sein.

6.11.5.1.2 Flexible Schüttgut-Container müssen vollständig verschlossen sein, um ein Austreten von Füllgut zu verhindern.

6.11.5.1.3 Flexible Schüttgut-Container müssen wasserdicht sein.

6.11.5.1.4 Teile des flexiblen Schüttgut-Containers, die unmittelbar mit gefährlichen Gütern in Berührung kommen:

a) dürfen durch diese gefährlichen Güter nicht angegriffen oder erheblich geschwächt werden;

b) dürfen keinen gefährlichen Effekt auslösen, z.B. eine katalytische Reaktion oder eine Reaktion mit den gefährlichen Gütern, und

c) dürfen keine Permeation der gefährlichen Güter zulassen, die unter normalen Beförderungsbedingungen eine Gefahr darstellen könnte.

6.11.5.2 Bedienungsausrüstung und Handhabungseinrichtungen

6.11.5.2.1 Füll- und Entleerungseinrichtungen müssen so gebaut sein, dass sie während der Beförderung und Handhabung gegen Beschädigung geschützt sind. Die Füll- und Entleerungseinrichtungen müssen gegen unbeabsichtigtes Öffnen gesichert werden.

6.11.5.2.2 Die Schlaufen des flexiblen Schüttgut-Containers müssen, sofern sie angebracht sind, den Drücken und dynamischen Kräften standhalten, die unter normalen Handhabungs- und Beförderungsbedingungen auftreten können.

6.11.5.2.3 Die Handhabungseinrichtungen müssen ausreichend widerstandsfähig sein, um einer wiederholten Verwendung standzuhalten.

6.11.5.3 Prüfung

6.11.5.3.1 Die Bauart jedes flexiblen Schüttgut-Containers muss den in Abschnitt 6.11.5 vorgesehenen Prüfungen nach den von der zuständigen Behörde, welche die Zuteilung des Kennzeichens bestätigt, festgelegten Verfahren unterzogen und von dieser Behörde zugelassen werden.

6.11.5.3.2 Die Prüfungen müssen auch nach jeder Änderung des Baumusters, die zu einer Veränderung der Auslegung, des Werkstoffs oder der Bauweise eines flexiblen Schüttgut-Containers führt, wiederholt werden.

6.11.5.3.3 Die Prüfungen müssen an versandfertigen flexiblen Schüttgut-Containern durchgeführt werden. Die flexiblen Schüttgut-Container müssen bis zur höchsten Masse, für die sie verwendet werden dürfen, befüllt werden, wobei das Füllgut gleichmäßig verteilt werden muss. Die im flexiblen Schüttgut-Container zu befördernden Stoffe dürfen durch andere Stoffe ersetzt werden, sofern dadurch die Prüfergebnisse nicht verfälscht werden. Wird ein anderer Stoff verwendet, muss dieser die gleichen physikalischen Eigenschaften (Masse, Korngröße usw.) haben wie der zu befördernde Stoff. Es ist zulässig, Zusätze wie Säcke mit Bleischrot zu verwenden, um die erforderliche Gesamtmasse des flexiblen Schüttgut-Containers zu erreichen, sofern diese so eingebracht werden, dass sie die Prüfungsergebnisse nicht beeinträchtigen.

Vorschriften für die Auslegung, den Bau und die Prüfung von Schüttgut-Containern 6.11

ADR	RID

6.11.5.3.4 Flexible Schüttgut-Container müssen nach einem von der zuständigen Behörde als zufriedenstellend erachteten Qualitätssicherungsprogramm hergestellt und geprüft sein, um sicherzustellen, dass jeder hergestellte flexible Schüttgut-Container den Vorschriften dieses Kapitels entspricht.

6.11.5.3.5 Fallprüfung

6.11.5.3.5.1 Anwendungsbereich

Für alle Arten von flexiblen Schüttgut-Containern als Bauartprüfung.

6.11.5.3.5.2 Vorbereitung für die Prüfung

Der flexible Schüttgut-Container muss bis zu seiner höchstzulässigen Bruttomasse befüllt werden.

6.11.5.3.5.3 Prüfverfahren

Der flexible Schüttgut-Container muss auf eine nicht federnde und horizontale Aufprallplatte fallen gelassen werden. Die Aufprallplatte muss:

a) fest eingebaut und ausreichend massiv sein, dass sie sich nicht verschieben kann,

b) eben sein, wobei die Oberfläche frei von lokalen Mängeln sein muss, welche die Prüfergebnisse beeinflussen können,

c) ausreichend starr sein, dass sie unter den Prüfbedingungen nicht verformbar ist und durch die Prüfungen nicht leicht beschädigt werden kann, und

d) ausreichend groß sein, um sicherzustellen, dass der zu prüfende flexible Schüttgut-Container vollständig auf die Oberfläche fällt.

Nach dem Fall muss der flexible Schüttgut-Container zur Begutachtung wieder in aufrechte Lage verbracht werden.

6.11.5.3.5.4 Die Fallhöhe beträgt:

Verpackungsgruppe III: 0,8 m.

6.11.5.3.5.5 Kriterien für das Bestehen der Prüfung

a) Es darf kein Füllgut austreten. Ein geringfügiges Austreten des Füllgutes beispielsweise aus Verschlüssen oder Nahtstellen beim Aufprall gilt nicht als Versagen des flexiblen Schüttgut-Containers, vorausgesetzt, es tritt kein weiteres Füllgut aus, nachdem der Container wieder in aufrechte Lage verbracht wurde.

b) Es darf keine Beschädigung vorhanden sein, welche die Sicherheit des flexiblen Schüttgut-Containers für die Beförderung zur Verwertung oder Entsorgung beeinträchtigen kann.

6.11.5.3.6 Hebeprüfung von oben

6.11.5.3.6.1 Anwendungsbereich

Für alle Arten von flexiblen Schüttgut-Containern als Bauartprüfung.

6.11.5.3.6.2 Vorbereitung für die Prüfung

Flexible Schüttgut-Container sind mit dem Sechsfachen der höchsten Nettomasse zu befüllen, wobei die Last gleichmäßig zu verteilen ist.

6.11	Vorschriften für die Auslegung, den Bau und die Prüfung von Schüttgut-Containern
ADR	**RID**

6.11.5.3.6.3 Prüfverfahren

Flexible Schüttgut-Container müssen in der Weise hochgehoben werden, für die sie ausgelegt sind, bis sie sich frei über dem Boden befinden, und für eine Dauer von fünf Minuten in dieser Stellung gehalten werden.

6.11.5.3.6.4 Kriterien für das Bestehen der Prüfung

Es dürfen keine Beschädigung des flexiblen Schüttgut-Containers oder seiner Hebeeinrichtungen, durch die der flexible Schüttgut-Container für die Beförderung oder Handhabung ungeeignet wird, und kein Verlust von Füllgut auftreten.

6.11.5.3.7 Kippfallprüfung

6.11.5.3.7.1 Anwendungsbereich

Für alle Arten flexibler Schüttgut-Container als Bauartprüfung.

6.11.5.3.7.2 Vorbereitung für die Prüfung

Der flexible Schüttgut-Container muss bis zu seiner höchstzulässigen Bruttomasse gefüllt werden.

6.11.5.3.7.3 Prüfverfahren

Der flexible Schüttgut-Container muss so gekippt werden, dass er mit einer beliebigen Stelle seines Oberteils auf eine nicht federnde und horizontale Aufprallplatte fällt; zu diesem Zweck muss der flexible Schüttgut-Container an der am weitesten von der Aufprallkante entfernten Seite angehoben werden. Die Aufprallplatte muss:

a) fest eingebaut und ausreichend massiv sein, dass sie sich nicht verschieben kann,

b) eben sein, wobei die Oberfläche frei von lokalen Mängeln sein muss, welche die Prüfergebnisse beeinflussen können,

c) ausreichend starr sein, dass sie unter den Prüfbedingungen nicht verformbar ist und durch die Prüfungen nicht leicht beschädigt werden kann, und

d) ausreichend groß sein, um sicherzustellen, dass der zu prüfende flexible Schüttgut-Container vollständig auf die Oberfläche fällt.

6.11.5.3.7.4 Für alle flexiblen Schüttgut-Container ist folgende Kippfallhöhe festgelegt:

Verpackungsgruppe III: 0,8 m.

6.11.5.3.7.5 Kriterium für das Bestehen der Prüfung

Es darf kein Füllgut austreten. Ein geringfügiges Austreten aus Verschlüssen oder Nahtstellen beim Aufprall gilt nicht als Versagen des flexiblen Schüttgut-Containers, vorausgesetzt, es kommt nicht zu weiterer Undichtheit.

6.11.5.3.8 Aufrichtprüfung

6.11.5.3.8.1 Anwendungsbereich

Für alle Arten flexibler Schüttgut-Container, die für das Heben von oben oder von der Seite ausgelegt sind, als Bauartprüfung.

6.11.5.3.8.2 Vorbereitung für die Prüfung

Der flexible Schüttgut-Container muss bis mindestens 95 % seines Fassungsraums und bis zu seiner höchstzulässigen Bruttomasse gefüllt werden.

Vorschriften für die Auslegung, den Bau und die Prüfung von Schüttgut-Containern 6.11

ADR	RID

6.11.5.3.8.3 Prüfverfahren

Der auf der Seite liegende flexible Schüttgut-Container muss an höchstens der Hälfte der Hebeeinrichtungen mit einer Geschwindigkeit von mindestens 0,1 m/s angehoben werden, bis er aufrecht frei über dem Boden hängt.

6.11.5.3.8.4 Kriterium für das Bestehen der Prüfung

Es darf keine Beschädigung des flexiblen Schüttgut-Containers oder seiner Hebeeinrichtungen auftreten, durch die der flexible Schüttgut-Container für die Beförderung oder Handhabung ungeeignet wird.

6.11.5.3.9 Weiterreißprüfung

6.11.5.3.9.1 Anwendungsbereich

Für alle Arten flexibler Schüttgut-Container als Bauartprüfung.

6.11.5.3.9.2 Vorbereitung für die Prüfung

Der flexible Schüttgut-Container muss bis zu seiner höchstzulässigen Bruttomasse gefüllt werden.

6.11.5.3.9.3 Prüfverfahren

Bei dem auf dem Boden befindlichen flexiblen Schüttgut-Container müssen auf einer Breitseite in einer Länge von 300 mm alle Lagen des flexiblen Schüttgut-Containers vollständig durchschnitten werden. Der Schnitt ist in einem Winkel von 45° zur Hauptachse des flexiblen Schüttgut-Containers in halber Höhe zwischen dem Boden und dem oberen Füllgutspiegel vorzunehmen. Der flexible Schüttgut-Container ist dann einer gleichmäßig verteilten überlagerten Last auszusetzen, die dem Zweifachen der höchstzulässigen Bruttomasse entspricht. Die Last muss mindestens fünfzehn Minuten wirken. Ein flexibler Schüttgut-Container, der für das Heben von oben oder von der Seite ausgelegt ist, muss nach Entfernen der überlagerten Last hochgehoben werden, bis er sich frei über dem Boden befindet, und fünfzehn Minuten in dieser Stellung gehalten werden.

6.11.5.3.9.4 Kriterium für das Bestehen der Prüfung

Der Schnitt darf sich nicht um mehr als 25 % seiner ursprünglichen Länge vergrößern.

6.11.5.3.10 Stapeldruckprüfung

6.11.5.3.10.1 Anwendungsbereich

Für alle Arten von flexiblen Schüttgut-Containern als Bauartprüfung.

6.11.5.3.10.2 Vorbereitung für die Prüfung

Der flexible Schüttgut-Container ist bis zu seiner höchstzulässigen Bruttomasse zu befüllen.

6.11.5.3.10.3 Prüfverfahren

Der flexible Schüttgut-Container muss für eine Dauer von 24 Stunden einer auf die Oberseite des flexiblen Schüttgut-Containers aufgebrachten Last ausgesetzt werden, die dem Vierfachen der Auslegungstragfähigkeit entspricht.

6.11.5.3.10.4 Kriterium für das Bestehen der Prüfung

Es darf kein Verlust von Füllgut während der Prüfung oder nach dem Entfernen der Last auftreten.

6.11	Vorschriften für die Auslegung, den Bau und die Prüfung von Schüttgut-Containern
ADR	**RID**

6.11.5.4 Prüfbericht

6.11.5.4.1 Es ist ein Prüfbericht zu erstellen, der mindestens folgende Angaben enthält und der den Benutzern des flexiblen Schüttgut-Containers zur Verfügung gestellt werden muss:

1. Name und Anschrift der Prüfeinrichtung;
2. Name und Anschrift des Antragstellers (soweit erforderlich);
3. eine nur einmal vergebene Prüfbericht-Kennnummer;
4. Datum des Prüfberichts;
5. Hersteller des flexiblen Schüttgut-Containers;
6. Beschreibung der Bauart des flexiblen Schüttgut-Containers (z. B. Abmessungen, Werkstoffe, Verschlüsse, Wanddicke usw.) und/oder Foto(s);
7. höchster Fassungsraum/höchstzulässige Bruttomasse;
8. charakteristische Merkmale des Prüfinhalts, z. B. Teilchengröße bei festen Stoffen;
9. Beschreibung und Ergebnis der Prüfungen;
10. der Prüfbericht muss mit Namen und Funktionsbezeichnung des Unterzeichners unterschrieben sein.

6.11.5.4.2 Der Prüfbericht muss Erklärungen enthalten, dass der versandfertige flexible Schüttgut-Container in Übereinstimmung mit den entsprechenden Vorschriften dieses Kapitels geprüft worden ist und dass dieser Prüfbericht bei Anwendung anderer Umschließungsmethoden oder bei Verwendung anderer Umschließungsbestandteile ungültig werden kann. Eine Ausfertigung des Prüfberichts ist der zuständigen Behörde zur Verfügung zu stellen.

6.11.5.5 Kennzeichnung

6.11.5.5.1 Jeder flexible Schüttgut-Container, der für die Verwendung gemäß den Vorschriften des ADR/RID hergestellt und bestimmt ist, muss mit dauerhaften, lesbaren und an einer gut sichtbaren Stelle angebrachten Kennzeichen versehen sein. Die Buchstaben, Ziffern und Symbole mit einer Zeichenhöhe von mindestens 24 mm müssen folgende Angaben umfassen:

a) das Symbol der Vereinten Nationen für Verpackungen ⓤ;
dieses Symbol darf nur zum Zweck der Bestätigung verwendet werden, dass eine Verpackung, ein flexibler Schüttgut-Container, ein ortsbeweglicher Tank oder ein MEGC den entsprechenden Vorschriften des Kapitels 6.1, 6.2, 6.3, 6.5, 6.6, 6.7 oder 6.11 entspricht;

b) den Code BK 3;

c) einen Großbuchstaben, der die Verpackungsgruppe(n) angibt, für die die Bauart zugelassen worden ist:

Z nur für die Verpackungsgruppe III;

d) Monat und Jahr (die letzten zwei Ziffern) der Herstellung;

e) das Zeichen des Staates, in dem die Zuordnung des Kennzeichens zugelassen wurde, angegeben durch das für Kraftfahrzeuge im internationalen Verkehr verwendete Unterscheidungszeichen [4];

---

[4] Das für Kraftfahrzeuge und Anhänger im internationalen Straßenverkehr verwendete Unterscheidungszeichen des Zulassungsstaates, z.B. gemäß dem Genfer Übereinkommen über den Straßenverkehr von 1949 oder dem Wiener Übereinkommen über den Straßenverkehr von 1968.

Vorschriften für die Auslegung, den Bau und die Prüfung von Schüttgut-Containern 6.11

ADR	RID

f) Name oder Zeichen des Herstellers und jede andere von der zuständigen Behörde festgelegte Identifizierung des flexiblen Schüttgut-Containers;

g) Prüflast der Stapeldruckprüfung in kg;

h) höchstzulässige Bruttomasse in kg.

Die Kennzeichen müssen in der Reihenfolge der Absätze a) bis h) angebracht werden; jedes in diesen Absätzen vorgeschriebene Kennzeichen muss zur leichteren Identifizierung deutlich getrennt werden, z.B. durch einen Schrägstrich oder eine Leerstelle.

6.11.5.5.2 Beispiel für die Kennzeichnung:

BK3/Z/11 09
RUS/NTT/MK-14-10
56000/14000

6.11 Vorschriften für die Auslegung, den Bau und die Prüfung von Schüttgut-Containern

ADR	RID

Vorschriften für den Bau, die Ausrüstung, die Zulassung des Baumusters, die Prüfung und die Kennzeichnung von Tanks, Schüttgut-Containern und besonderen Laderäumen für explosive Stoffe oder Gegenstände mit Explosivstoff in mobilen Einheiten zur Herstellung von explosiven Stoffen oder Gegenständen mit Explosivstoff (MEMU) 6.12

nur ADR

▶ *1.6.5.11*

Bem. 1. Für ortsbewegliche Tanks siehe Kapitel 6.7; für festverbundene Tanks (Tankfahrzeuge), Aufsetztanks, Tankcontainer und Tankwechselaufbauten (Tankwechselbehälter), deren Tankkörper aus metallenen Werkstoffen hergestellt sind, siehe Kapitel 6.8; für Tanks aus faserverstärkten Kunststoffen siehe Kapitel 6.9; für Saug-Druck-Tanks für Abfälle siehe Kapitel 6.10; für Schüttgut-Container siehe Kapitel 6.11.

2. Dieses Kapitel findet Anwendung auf festverbundene Tanks, Aufsetztanks, Tankcontainer, Tankwechselaufbauten (Tankwechselbehälter), die nicht allen Vorschriften der in der Bem. 1 genannten Kapiteln entsprechen, sowie für Schüttgut-Container und für besondere Laderäume für explosive Stoffe oder Gegenstände mit Explosivstoff.

6.12.1 Anwendungsbereich

Die Vorschriften dieses Kapitels gelten für Tanks, Schüttgut-Container und besondere Laderäume, die für die Beförderung gefährlicher Güter in MEMU vorgesehen sind.

6.12.2 Allgemeine Vorschriften

6.12.2.1 Ungeachtet des in Abschnitt 1.2.1 für festverbundene Tanks definierten Mindestfassungsraums müssen die Tanks den Vorschriften des Kapitels 6.8 mit den Änderungen der besonderen Vorschriften dieses Kapitels entsprechen.

6.12.2.2 Schüttgut-Container, die für die Beförderung gefährlicher Güter in MEMU vorgesehen sind, müssen den Vorschriften für Schüttgut-Container des Typs BK 2 entsprechen.

6.12.2.3 Wenn ein einzelner Tank oder Schüttgut-Container mehr als einen Stoff enthält, muss jeder Stoff durch mindestens zwei Wände mit Luftzwischenraum und Ablauf abgetrennt werden.

6.12.3 Tanks

6.12.3.1 Tanks mit einem Fassungsraum von mindestens 1000 Litern

6.12.3.1.1 Diese Tanks müssen den Vorschriften des Abschnitts 6.8.2 entsprechen.

6.12.3.1.2 Für die UN-Nummern 1942 und 3375 muss der Tank den Vorschriften der Kapitel 4.3 und 6.8 betreffend die Über- und Unterdruckbelüftungseinrichtungen entsprechen und darüber hinaus mit Berstscheiben oder anderen geeigneten Mitteln zur Notfall-Druckentlastung ausgerüstet sein, die von der zuständigen Behörde des Verwendungslandes zugelassen sind.
▶ *1.6.5.14*

6.12.3.1.3 Bei anderen als kreisrunden Tankkörpern, z.B. Koffertankkörper oder elliptische Tankkörper, die nicht nach Absatz 6.8.2.1.4 und den dort genannten Normen oder technischen Regelwerken berechnet werden können, darf die Leistungsfähigkeit in Bezug auf die Beanspruchungsfestigkeit in geeigneter Weise durch eine von der zuständigen Behörde festgelegte Druckprüfung nachgewiesen werden.

Diese Tanks müssen den Vorschriften des Unterabschnitts 6.8.2.1 mit Ausnahme der Absätze 6.8.2.1.3, 6.8.2.1.4, 6.8.2.1.13 bis 6.8.2.1.22 entsprechen.

6.12 Vorschriften für den Bau, die Ausrüstung, die Zulassung des Baumusters, die Prüfung und die Kennzeichnung von Tanks, Schüttgut-Containern und besonderen Laderäumen für explosive Stoffe oder Gegenstände mit Explosivstoff in mobilen Einheiten zur Herstellung von explosiven Stoffen oder Gegenständen mit Explosivstoff (MEMU)

nur ADR

Die Dicke dieser Tankkörper darf nicht geringer sein als die in der folgenden Tabelle angegebenen Werte:

Werkstoff	Mindestwanddicke
rostfreie austenitische Stähle	2,5 mm
andere Stähle	3 mm
Aluminiumlegierungen	4 mm
Aluminium, 99,80 % rein	6 mm

Ein Schutz des Tanks gegen Beschädigung durch seitlichen Aufprall oder Umkippen muss vorgesehen werden. Der Schutz muss gemäß Absatz 6.8.2.1.20 erfolgen, oder die zuständige Behörde muss alternative Schutzmaßnahmen zulassen.

6.12.3.1.4 Abweichend von den Vorschriften des Absatzes 6.8.2.5.2 müssen Tanks nicht mit der Tankcodierung und, sofern anwendbar, den Sondervorschriften gekennzeichnet werden.

6.12.3.2 **Tanks mit einem Fassungsraum von weniger als 1000 Litern**

6.12.3.2.1 Der Bau dieser Tanks muss den Vorschriften des Unterabschnitts 6.8.2.1 mit Ausnahme der Absätze 6.8.2.1.3, 6.8.2.1.4, 6.8.2.1.6, 6.8.2.1.10 bis 6.8.2.1.23 und 6.8.2.1.28 entsprechen.

6.12.3.2.2 Die Ausrüstung dieser Tanks muss den Vorschriften des Absatzes 6.8.2.2.1 entsprechen.
▶ 1.6.5.14 Für die UN-Nummern 1942 und 3375 muss der Tank den Vorschriften der Kapitel 4.3 und 6.8 betreffend die Über- und Unterdruckbelüftungseinrichtungen entsprechen und darüber hinaus mit Berstscheiben oder anderen geeigneten Mitteln zur Notfall-Druckentlastung ausgerüstet sein, die von der zuständigen Behörde des Verwendungslandes zugelassen sind.

6.12.3.2.3 Die Dicke dieser Tankkörper darf nicht geringer sein als die in der folgenden Tabelle angegebenen Werte:

Werkstoff	Mindestwanddicke
rostfreie austenitische Stähle	2,5 mm
andere Stähle	3 mm
Aluminiumlegierungen	4 mm
Aluminium, 99,80 % rein	6 mm

6.12.3.2.4 Die Tanks dürfen Bauteile haben, die außerhalb des Konvexitätsradius liegen. Alternative abstützende Maßnahmen können gekrümmte Wände, gewellte Wände oder Verstärkungsrippen sein. In mindestens einer Richtung darf der Abstand zwischen parallelen Abstützungen auf jeder Seite des Tanks nicht größer als das Hundertfache der Wanddicke sein.

6.12.3.2.5 Die Schweißverbindungen müssen nach den Regeln der Technik ausgeführt sein und volle Sicherheit bieten. Die Schweißarbeiten sind von geprüften Schweißern nach einem Schweißverfahren durchzuführen, dessen Eignung (einschließlich etwa erforderlicher Wärmebehandlungen) durch eine Verfahrensprüfung nachgewiesen wurde.

Vorschriften für den Bau, die Ausrüstung, die Zulassung des Baumusters, die Prüfung und die Kennzeichnung von Tanks, Schüttgut-Containern und besonderen Laderäumen für explosive Stoffe oder Gegenstände mit Explosivstoff in mobilen Einheiten zur Herstellung von explosiven Stoffen oder Gegenständen mit Explosivstoff (MEMU) 6.12

nur ADR

6.12.3.2.6 Die Vorschriften des Unterabschnitts 6.8.2.4 finden keine Anwendung. Die erstmalige Prüfung und die wiederkehrenden Prüfungen dieser Tanks müssen jedoch unter der Verantwortung des Verwenders oder Eigentümers des MEMU durchgeführt werden. Tankkörper und ihre Ausrüstung sind mindestens alle drei Jahre zur Zufriedenheit der zuständigen Behörde einer Untersuchung des äußeren und inneren Zustands und einer Dichtheitsprüfung zu unterziehen.

6.12.3.2.7 Die Vorschriften des Unterabschnitts 6.8.2.3 für die Zulassung des Baumusters und des Unterabschnitts 6.8.2.5 für die Kennzeichnung finden keine Anwendung.

6.12.4 Ausrüstung

6.12.4.1 Tanks für Stoffe der UN-Nummern 1942 und 3375 mit Bodenentleerung müssen mindestens zwei Verschlüsse haben. Einer dieser Verschlüsse kann die Produktmisch- oder Entleerungspumpe oder die Förderschnecke sein.

6.12.4.2 Alle Rohre nach dem ersten Verschluss müssen aus einem schmelzbaren Werkstoff (z.B. Gummischlauch) bestehen oder schmelzbare Bauteile haben.

6.12.4.3 Um bei einer Beschädigung der äußeren Pumpen und Entleerungsarmaturen (Rohre) den Verlust von Füllgut zu vermeiden, müssen der erste Verschluss und sein Sitz gegen die Gefahr des Abreißens infolge äußerer Beanspruchungen geschützt oder so ausgelegt sein, dass sie diesen Beanspruchungen standhalten. Die Füll- und Entleerungseinrichtungen (einschließlich Flansche oder Gewindeverschlüsse) und Schutzkappen (sofern vorhanden) müssen gegen unbeabsichtigtes Öffnen geschützt werden können.

6.12.4.4 Über- und Unterdruckbelüftungseinrichtungen gemäß Absatz 6.8.2.2.6 an Tanks für die UN-Nummer 3375 dürfen durch «Schwanenhälse» ersetzt werden. Solche Ausrüstungen müssen gegen die Gefahr des Abreißens infolge äußerer Beanspruchungen geschützt oder so ausgelegt sein, dass sie diesen Beanspruchungen standhalten.

6.12.5 Besondere Laderäume für explosive Stoffe oder Gegenstände mit Explosivstoff

Laderäume für Versandstücke mit explosiven Stoffen oder Gegenständen mit Explosivstoff, die Zünder und/oder Zündeinrichtungen enthalten, und Versandstücke mit explosiven Stoffen oder Gegenständen mit Explosivstoff, die Stoffe oder Gegenstände der Verträglichkeitsgruppe D enthalten, müssen zur Gewährleistung einer wirksamen Trennung so ausgelegt sein, dass keine Gefahr der Zündübertragung von den Zündern und/oder Zündeinrichtungen auf Stoffe oder Gegenstände der Verträglichkeitsgruppe D besteht. Die Trennung muss durch die Verwendung getrennter Abteile oder durch Einsetzen einer der beiden Arten von explosiven Stoffen oder Gegenständen mit Explosivstoff in ein besonderes Umschließungssystem erfolgen. Beide Trennungsmethoden müssen von der zuständigen Behörde zugelassen sein. Wenn der für den Laderaum verwendete Werkstoff Metall ist, muss die gesamte Innenseite des Laderaums mit Werkstoffen abgedeckt sein, die eine geeignete Feuerbeständigkeit aufweisen. Die Laderäume für die explosiven Stoffe oder Gegenstände mit Explosivstoff müssen so angeordnet sein, dass sie vor Stößen und vor Beschädigungen in unebenem Gelände und vor gefährlichen Wechselwirkungen mit anderen gefährlichen Gütern an Bord und vor Zündquellen auf dem Fahrzeug, z. B. Auspuffrohre usw., geschützt sind.

Bem. Diese Vorschrift der Feuerbeständigkeit gilt bei Verwendung von Werkstoffen, die gemäß Norm EN 13501-1:2007 + A1:2009 der Klasse B-s3, d2 zugeordnet sind, als erfüllt.

6.12 Vorschriften für den Bau, die Ausrüstung, die Zulassung des Baumusters, die Prüfung und die Kennzeichnung von Tanks, Schüttgut-Containern und besonderen Laderäumen für explosive Stoffe oder Gegenstände mit Explosivstoff in mobilen Einheiten zur Herstellung von explosiven Stoffen oder Gegenständen mit Explosivstoff (MEMU)

nur ADR

Vorschriften für die Beförderung, die Be- und Entladung und die Handhabung 7

	ADR	RID
7.1	**Allgemeine Vorschriften und Sondervorschriften für die Temperaturkontrolle**	
7.1.7	Besondere Vorschriften für die Beförderung selbstzersetzlicher Stoffe der Klasse 4.1, organischer Peroxide der Klasse 5.2 und anderer Stoffe (als selbstzersetzliche Stoffe und organische Peroxide), die durch Temperaturkontrolle stabilisiert werden	
7.1.7.3	Vorschriften für die Temperaturkontrolle	
7.1.7.3.5	Ableitung von Kontroll- und Notfalltemperatur	
7.1.7.4	Beförderung unter Temperaturkontrolle	
7.2	**Vorschriften für die Beförderung in Versandstücken**	
7.3	**Vorschriften für die Beförderung in loser Schüttung**	
7.3.1	Allgemeine Vorschriften	
7.3.2	Vorschriften für die Beförderung in loser Schüttung bei Anwendung des Unterabschnitts 7.3.1.1 a)	
7.3.2.3	Güter der Klasse 4.2	
7.3.2.4	Güter der Klasse 4.3	
7.3.2.5	Güter der Klasse 5.1	
7.3.2.6	Güter der Klasse 6.2	
7.3.2.6.1	Tierische Stoffe der Klasse 6.2	
7.3.2.7	Stoffe der Klasse 7	
7.3.2.8	Güter der Klasse 8	
7.3.2.9	Güter der Klasse 9	
7.3.2.10	Verwendung von flexiblen Schüttgut-Containern	
7.3.3	Vorschriften für die Beförderung in loser Schüttung bei Anwendung des Unterabschnitts 7.3.1.1 b)	
7.4	**Vorschriften für die Beförderung in Tanks**	

1657

7 Vorschriften für die Beförderung, die Be- und Entladung und die Handhabung

	ADR	RID
7.5	**Vorschriften für die Be- und Entladung und die Handhabung**	
7.5.1	Allgemeine Vorschriften	
7.5.2	Zusammenladeverbote	
7.5.3	(bleibt offen)	Schutzabstand
7.5.4	Vorsichtsmaßnahmen bei Nahrungs-, Genuss- und Futtermitteln	
7.5.5	Begrenzung der beförderten Mengen	(bleibt offen)
7.5.5.2	Begrenzungen für explosive Stoffe und Gegenstände mit Explosivstoff	
7.5.5.2.3	Beförderung von explosiven Stoffen oder Gegenständen mit Explosivstoff in MEMU	
7.5.5.3	Begrenzungen für organische Peroxide, selbstzersetzliche Stoffe und polymerisierende Stoffe der Klasse 4.1	
7.5.6	(bleibt offen)	
7.5.7	Handhabung und Verstauung	
7.5.7.6	Verladung von flexiblen Schüttgut-Containern	
7.5.8	Reinigung nach dem Entladen	
7.5.9	Rauchverbot	(bleibt offen)
7.5.10	Maßnahmen zur Vermeidung elektrostatischer Aufladung	(bleibt offen)
7.5.11	Zusätzliche Vorschriften für bestimmte Klassen oder Güter	
7.6	(bleibt offen)	**Vorschriften für den Versand als Expressgut**
7.7	(bleibt offen)	**Huckepackverkehr in gemischten Zügen (kombinierter Personen- und Güterverkehr)**

Allgemeine Vorschriften und Sondervorschriften für die Temperaturkontrolle 7.1

ADR	RID

7.1.1 Die Beförderung gefährlicher Güter erfordert die Verwendung einer bestimmten Beförderungsausrüstung nach den Vorschriften dieses Kapitels sowie des Kapitels 7.2 für die Beförderung in Versandstücken, des Kapitels 7.3 für die Beförderung in loser Schüttung und des Kapitels 7.4 für die Beförderung in Tanks.

Darüber hinaus sind die Vorschriften des Kapitels 7.5 bezüglich der Be- und Entladung und der Handhabung zu beachten.

In Kapitel 3.2 Tabelle A Spalten 16, 17 und 18 sind die für bestimmte gefährliche Güter anwendbaren Sondervorschriften dieses Teils angegeben.

	Bem. Wagen dürfen mit Detektionseinrichtungen ausgerüstet sein, welche das Auftreten einer Entgleisung anzeigen oder darauf reagieren, vorausgesetzt, die Vorschriften für die Zulassung der Inbetriebnahme solcher Wagen werden erfüllt. Durch die Vorschriften für die Inbetriebnahme von Wagen darf die Verwendung solcher Detektionseinrichtungen nicht untersagt oder auferlegt werden. Der Verkehr von Wagen darf aufgrund des Vorhandenseins oder des Fehlens solcher Einrichtungen nicht eingeschränkt werden.

7.1.2 Neben den Vorschriften dieses Teils müssen die für die Beförderung gefährlicher Güter verwendeten Fahrzeuge hinsichtlich ihrer Auslegung, ihres Baus und gegebenenfalls ihrer Zulassung den jeweiligen Vorschriften des Teils 9 entsprechen. | (gestrichen)

7.1.3 Großcontainer, ortsbewegliche Tanks, MEGC und Tankcontainer, die unter die Definition «Container» des CSC in der jeweils geänderten Fassung oder der von der UIC veröffentlichten IRS 50591 («Wechselbehälter für den horizontalen Umschlag – Technische Bedingungen für den Einsatz im internationalen Verkehr»)[1] und IRS 50592 («Intermodale Ladeeinheiten für Vertikalumschlag, außer Sattelanhänger, zur Beförderung auf Wagen – Mindestanforderungen»)[2] fallen, dürfen für die Beförderung gefährlicher Güter nur verwendet werden, wenn der Großcontainer oder der Rahmen des ortsbeweglichen Tanks, des MEGC oder des Tankcontainers den Bestimmungen des CSC oder den Bestimmungen der IRS 50591 und IRS 50592 der UIC entspricht.

7.1.4 Großcontainer dürfen für die Beförderung nur verwendet werden, wenn diese in bautechnischer Hinsicht geeignet sind.

«In bautechnischer Hinsicht geeignet» bedeutet, dass die Bauelemente des Containers, wie obere und untere seitliche Längsträger, obere und untere Querträger, Türschwelle und Türträger, Bodenquerträger, Eckpfosten und Eckbeschläge, keine größeren Beschädigungen aufweisen. «Größere Beschädigungen» sind: Beulen oder Ausbuchtungen in Bauteilen, die tiefer als 19 mm sind, ungeachtet ihrer Länge; Risse oder Bruchstellen in Bauteilen; mehr als eine Verbindungsstelle oder eine untaugliche Verbindungsstelle

---

[1] Erste Fassung der ab 1. Juni 2020 geltenden IRS (International Railway Solution).
[2] Zweite Fassung der ab 1. Dezember 2020 geltenden IRS (International Railway Solution).

7.1 Allgemeine Vorschriften und Sondervorschriften für die Temperaturkontrolle

ADR	RID
(z.B. überlappende Verbindungsstelle) in oberen oder unteren Querträgern oder Türträgern oder mehr als zwei Verbindungsstellen in einem der oberen oder unteren seitlichen Längsträger oder eine Verbindungsstelle in einer Türschwelle oder in einem Eckpfosten; Türscharniere und Beschläge, die verklemmt, verdreht, zerbrochen, nicht vorhanden oder in anderer Art und Weise nicht funktionsfähig sind; undichte Dichtungen oder Verschlüsse; jede Verwindung der Konstruktion, die so stark ist, dass eine ordnungsgemäße Positionierung des Umschlaggeräts, ein Aufsetzen und ein Sichern auf Fahrgestellen oder Fahrzeugen nicht möglich ist.	Traggestellen oder Wagen

Darüber hinaus ist, ungeachtet des verwendeten Werkstoffs, jeglicher Verschleiß bei einem Bauelement des Containers, wie durchrostete Stellen in Metallseitenwänden oder zerfaserte Stellen in Bauteilen aus Glasfaser, unzulässig. Normale Abnützung, einschließlich Oxidation (Rost), kleine Beulen und Schrammen und sonstige Beschädigungen, die die Brauchbarkeit oder die Wetterfestigkeit nicht beeinträchtigen, sind jedoch zulässig.

Die Container sind vor der Beladung zu untersuchen, um sicherzustellen, dass sie frei von Rückständen früherer Ladungen sind und dass Boden und Wände innen frei von vorstehenden Teilen sind.

7.1.5	Die Großcontainer müssen den Vorschriften über den Fahrzeugaufbau genügen, die durch diesen Teil und gegebenenfalls den Teil 9 für die betreffende Ladung vorgesehen sind; der Fahrzeugaufbau muss dann diesen Vorschriften nicht entsprechen.	(bleibt offen)
	Großcontainer, die mit Fahrzeugen befördert werden, deren Boden Isoliereigenschaften und eine Hitzebeständigkeit aufweist, die diesen Vorschriften genügen, müssen diesen Vorschriften jedoch nicht entsprechen.	
	Diese Vorschrift gilt bei der Beförderung von explosiven Stoffen und Gegenständen mit Explosivstoff der Klasse 1 auch für Kleincontainer.	
7.1.6	Vorbehaltlich der Vorschriften des Abschnitts 7.1.5 letzter Satzteil werden die Vorschriften, die für das Fahrzeug wegen der Art und der Menge der beförderten gefährlichen Güter gelten, dadurch nicht berührt, dass sie in einem Container oder in mehreren Containern enthalten sind.	(bleibt offen)

Allgemeine Vorschriften und Sondervorschriften für die Temperaturkontrolle 7.1

ADR	RID
7.1.7 **Besondere Vorschriften für die Beförderung selbstzersetzlicher Stoffe der Klasse 4.1, organischer Peroxide der Klasse 5.2 und anderer Stoffe (als selbstzersetzliche Stoffe und organische Peroxide), die durch Temperaturkontrolle stabilisiert werden**	(gestrichen)
7.1.7.1 Alle selbstzersetzlichen Stoffe, organischen Peroxide und polymerisierenden Stoffe dürfen keiner direkten Sonneneinstrahlung und keinen Wärmequellen ausgesetzt sein und müssen an ausreichend belüfteten Stellen abgestellt sein.	
7.1.7.2 Wenn in einen Container oder ein geschlossenes Fahrzeug mehrere Versandstücke zusammen verladen werden, darf die Gesamtmenge des Stoffes, die Art und die Anzahl der Versandstücke und die Anordnung in Stapeln keine Explosionsgefahr verursachen.	
7.1.7.3 **Vorschriften für die Temperaturkontrolle**	
7.1.7.3.1 Diese Vorschriften gelten für bestimmte selbstzersetzliche Stoffe, sofern dies gemäß Absatz 2.2.41.1.17 vorgeschrieben ist, für bestimmte organische Peroxide, sofern dies gemäß Absatz 2.2.52.1.15 vorgeschrieben ist, und für bestimmte polymerisierende Stoffe, sofern dies gemäß Absatz 2.2.41.1.21 oder gemäß Kapitel 3.3 Sondervorschrift 386 vorgeschrieben ist, die nur unter Bedingungen befördert werden dürfen, bei denen die Temperatur kontrolliert wird.	
7.1.7.3.2 Diese Vorschriften gelten auch für die Beförderung von Stoffen, bei denen: a) die offizielle Benennung für die Beförderung in Kapitel 3.2 Tabelle A Spalte 2 oder gemäß Unterabschnitt 3.1.2.6 den Ausdruck «STABILISIERT» enthält und b) die für den Stoff (mit oder ohne chemische Stabilisierung) im zur Beförderung aufgegebenen Zustand bestimmte SADT oder SAPT (i) höchstens 50 °C für Einzelverpackungen und Großpackmittel (IBC) oder (ii) höchstens 45 °C für Tanks beträgt.	

7.1 Allgemeine Vorschriften und Sondervorschriften für die Temperaturkontrolle

ADR	RID
Wenn zur Stabilisierung eines reaktiven Stoffes, der unter normalen Beförderungsbedingungen gefährliche Mengen Wärme und Gase oder Dämpfe erzeugen kann, keine chemische Stabilisierung verwendet wird, muss dieser Stoff unter Temperaturkontrolle befördert werden. Diese Vorschriften gelten nicht für Stoffe, die durch Hinzufügen chemischer Inhibitoren stabilisiert werden, so dass die SADT oder SAPT höher ist als in Absatz b) (i) oder (ii) vorgeschrieben.	
7.1.7.3.3 Wenn ein selbstzersetzlicher Stoff, ein organisches Peroxid oder ein Stoff, dessen offizielle Benennung für die Beförderung den Ausdruck «STABILISIERT» enthält und der normalerweise nicht unter Temperaturkontrolle befördert werden muss, unter Bedingungen befördert wird, bei denen die Temperatur 55 °C übersteigen kann, kann darüber hinaus eine Temperaturkontrolle erforderlich sein.	
7.1.7.3.4 Die «Kontrolltemperatur» ist die höchste Temperatur, bei der der Stoff sicher befördert werden kann. Es wird davon ausgegangen, dass die Temperatur in der unmittelbaren Umgebung des Versandstücks während der Beförderung 55 °C nicht übersteigt und diesen Wert nur während eines relativ kurzen Zeitraums innerhalb von jeweils 24 Stunden erreicht. Bei Ausfall der Temperaturkontrolle kann es erforderlich werden, Notfallmaßnahmen zu ergreifen. Die «Notfalltemperatur» ist die Temperatur, bei der diese Maßnahmen einzuleiten sind.	

Allgemeine Vorschriften und Sondervorschriften für die Temperaturkontrolle 7.1

ADR	RID

7.1.7.3.5 Ableitung von Kontroll- und Notfalltemperatur

Art des Gefäßes	SADT[a)]/SAPT[a)]	Kontrolltemperatur	Notfalltemperatur
Einzelverpackungen und Großpackmittel (IBC)	≤ 20 °C	20 °C unter SADT/SAPT	10 °C unter SADT/SAPT
	> 20 °C ≤ 35 °C	15 °C unter SADT/SAPT	10 °C unter SADT/SAPT
	> 35 °C	10 °C unter SADT/SAPT	5 °C unter SADT/SAPT
Tanks	≤ 45 °C	10 °C unter SADT/SAPT	5 °C unter SADT/SAPT

[a)] Die Temperatur der selbstbeschleunigenden Zersetzung (SADT) oder die Temperatur der selbstbeschleunigenden Polymerisation (SAPT) des für die Beförderung verpackten Stoffes.

7.1.7.3.6 Die Kontrolltemperatur und die Notfalltemperatur werden unter Verwendung der Tabelle in Absatz 7.1.7.3.5 von der SADT oder der SAPT abgeleitet, die als die niedrigsten Temperaturen definiert sind, bei denen bei einem Stoff in den für die Beförderung verwendeten Verpackungen, Großpackmitteln (IBC) oder Tanks eine selbstbeschleunigende Zersetzung oder Polymerisation auftreten kann. Die SADT oder SAPT wird ermittelt, um zu entscheiden, ob ein Stoff unter Temperaturkontrolle befördert werden muss. Vorschriften für die Bestimmung der SADT und der SAPT sind im Handbuch Prüfung und Kriterien Teil II Abschnitt 28 enthalten.

7.1.7.3.7 Kontroll- und Notfalltemperaturen sind, sofern zutreffend, für die momentan zugeordneten selbstzersetzlichen Stoffe in Unterabschnitt 2.2.41.4 und für die momentan zugeordneten Zubereitungen organischer Peroxide in Unterabschnitt 2.2.52.4 angegeben.

7.1.7.3.8 Die tatsächliche Beförderungstemperatur darf niedriger als die Kontrolltemperatur sein, muss aber so gewählt werden, dass eine gefährliche Phasentrennung vermieden wird.

7.1		Allgemeine Vorschriften und Sondervorschriften für die Temperaturkontrolle
ADR		**RID**

7.1.7.4	Beförderung unter Temperaturkontrolle	
7.1.7.4.1	Die Aufrechterhaltung der vorgeschriebenen Temperatur ist von wesentlicher Bedeutung für die sichere Beförderung von Stoffen, die durch Temperaturkontrolle stabilisiert werden. Im Allgemeinen ist Folgendes erforderlich: a) eine sorgfältige Inspektion der Güterbeförderungseinheit vor dem Beladen; b) Hinweise für den Beförderer über den Betrieb des Kühlsystems, einschließlich einer Liste der an der Fahrstrecke gelegenen Kühlmittellieferanten; c) Verfahren, die bei Ausfall der Temperaturkontrolle zu befolgen sind; d) die regelmäßige Überwachung der Betriebstemperaturen und e) die Verfügbarkeit eines Reservekühlsystems oder von Ersatzteilen.	
7.1.7.4.2	Alle Kontrolleinrichtungen und Temperaturmesseinrichtungen des Kühlsystems müssen leicht zugänglich und alle elektrischen Verbindungen müssen witterungsbeständig sein. Die Lufttemperatur im Inneren der Güterbeförderungseinheit muss mit zwei voneinander unabhängigen Messfühlern gemessen werden und die Daten müssen so aufgezeichnet werden, dass jede Temperaturänderung leicht festgestellt werden kann. Die Temperatur muss alle vier bis sechs Stunden kontrolliert und aufgezeichnet werden. Wenn Stoffe mit einer Kontrolltemperatur von weniger als + 25 °C befördert werden, muss die Güterbeförderungseinheit mit einem optischen und akustischen Alarm ausgerüstet sein, der unabhängig vom Kühlsystem mit Energie versorgt wird und bei oder unter der Kontrolltemperatur anspricht.	

Allgemeine Vorschriften und Sondervorschriften für die Temperaturkontrolle 7.1

ADR	RID
7.1.7.4.3 Wenn während der Beförderung die Kontrolltemperatur überschritten wird, muss ein Alarmverfahren eingeleitet werden, das gegebenenfalls eine notwendige Reparatur der Kühlanlage oder eine Erhöhung der Kühlkapazität (z. B. durch Hinzufügen flüssiger oder fester Kühlmittel) umfasst. Außerdem muss die Temperatur häufig kontrolliert werden und es müssen Vorkehrungen für Notfallmaßnahmen getroffen werden. Wird die Notfalltemperatur erreicht, müssen die Notfallmaßnahmen eingeleitet werden.	
7.1.7.4.4 Die Eignung einer bestimmten Temperaturkontrolleinrichtung für die Beförderung ist abhängig von verschiedenen Faktoren. Zu betrachtende Faktoren sind unter anderem: a) die Kontrolltemperatur(en) des (der) zu befördernden Stoffes (Stoffe); b) die Differenz zwischen der Kontrolltemperatur und den zu erwartenden Umgebungstemperaturbedingungen; c) die Wirksamkeit der Wärmedämmung; d) die Beförderungsdauer und e) die Berücksichtigung einer Sicherheitsreserve für Verzögerungen.	
7.1.7.4.5 Geeignete Methoden zur Vermeidung der Überschreitung der Kontrolltemperatur sind in der Reihenfolge zunehmender Wirksamkeit: a) Wärmedämmung, vorausgesetzt, die Anfangstemperatur des (der) zu befördernden Stoffes (Stoffe) liegt in ausreichendem Maße unter der Kontrolltemperatur; b) Wärmedämmung mit Kältespeicher, vorausgesetzt: (i) eine ausreichende Menge nicht entzündbaren Kühlmittels (z.B. flüssiger Stickstoff oder Trockeneis) unter Berücksichtigung einer angemessenen Reserve für Verzögerungen wird mitgeführt oder eine Nachschubmöglichkeit ist sichergestellt;	

7.1 Allgemeine Vorschriften und Sondervorschriften für die Temperaturkontrolle

ADR	RID
(ii) als Kühlmittel wird weder flüssiger Sauerstoff noch flüssige Luft verwendet;	
(iii) eine gleichbleibende Kühlwirkung ist auch dann gewährleistet, wenn der größte Teil des Kühlmittels verbraucht ist, und	
(iv) auf der Tür (den Türen) der Beförderungseinheit befindet sich ein deutlich sichtbarer Warnhinweis, dass die Beförderungseinheit vor dem Betreten belüftet werden muss;	
c) Wärmedämmung und eine einzelne Kühlmaschine, vorausgesetzt, für zu befördernde Stoffe mit einem Flammpunkt, der niedriger ist als die um 5 °C erhöhte Notfalltemperatur, wird innerhalb des Kühlraums eine explosionsgeschützte elektrische Ausrüstung EEx IIB T3 verwendet, um die Entzündung der von den Stoffen freigesetzten entzündbaren Dämpfe zu vermeiden;	
d) Wärmedämmung und eine Kombination aus einer Kältemaschine und einem Kältespeicher, vorausgesetzt,	
(i) die beiden Systeme sind voneinander unabhängig und	
(ii) die Vorschriften der Absätze b) und c) sind erfüllt;	
e) Wärmedämmung und doppelt vorhandene Kältemaschinen, vorausgesetzt,	
(i) beide Systeme sind, abgesehen von der gemeinsamen Stromversorgung, voneinander unabhängig;	
(ii) jedes System kann allein eine ausreichende Temperaturkontrolle aufrechterhalten und	
(iii) für zu befördernde Stoffe mit einem Flammpunkt, der niedriger ist als die um 5 °C erhöhte Notfalltemperatur, wird innerhalb des Kühlraums eine explosionsgeschützte elektrische Ausrüstung EEx IIB T3 verwendet, um die Entzündung der von den Stoffen freigesetzten entzündbaren Dämpfe zu vermeiden.	

Allgemeine Vorschriften und Sondervorschriften für die Temperaturkontrolle

7.1

ADR	RID
7.1.7.4.6 Die in Absatz 7.1.7.4.5 d) und e) beschriebenen Methoden dürfen für alle organischen Peroxide, selbstzersetzlichen Stoffe und polymerisierenden Stoffe angewendet werden.	
Die in Absatz 7.1.7.4.5 c) beschriebene Methode darf für organische Peroxide und selbstzersetzliche Stoffe der Typen C, D, E und F und, wenn die zu erwartende höchste Umgebungstemperatur während der Beförderung die Kontrolltemperatur um nicht mehr als 10 °C übersteigt, für organische Peroxide und selbstzersetzliche Stoffe des Typs B sowie für polymerisierende Stoffe angewendet werden.	
Die in Absatz 7.1.7.4.5 b) beschriebene Methode darf für organische Peroxide und selbstzersetzliche Stoffe der Typen C, D, E und F sowie für polymerisierende Stoffe angewendet werden, wenn die während der Beförderung zu erwartende höchste Umgebungstemperatur die Kontrolltemperatur um nicht mehr als 30 °C übersteigt.	
Die in Absatz 7.1.7.4.5 a) beschriebene Methode darf für organische Peroxide und selbstzersetzliche Stoffe der Typen C, D, E und F sowie für polymerisierende Stoffe angewendet werden, wenn die während der Beförderung zu erwartende Umgebungstemperatur mindestens 10 °C niedriger ist als die Kontrolltemperatur.	
7.1.7.4.7 Wenn die Stoffe in Fahrzeugen oder Containern mit Wärmedämmung, Kältespeicher oder Kälte-/Kühlmaschine befördert werden müssen, müssen diese Fahrzeuge oder Container den Vorschriften des Kapitels 9.6 entsprechen.	
7.1.7.4.8 Wenn die Stoffe in mit Kühlmitteln befüllten Schutzverpackungen enthalten sind, sind sie in gedeckte oder bedeckte Fahrzeuge oder in geschlossene oder bedeckte Container zu verladen. Bei Verwendung von gedeckten Fahrzeugen oder geschlossenen Containern muss eine ausreichende Belüftung sichergestellt sein. Bedeckte Fahrzeuge und Container müssen mit Seitenwänden und einer Rückwand versehen sein. Die Plane dieser Fahrzeuge und Container muss aus einem undurchlässigen und nicht brennbaren Werkstoff bestehen.	

7.1	Allgemeine Vorschriften
und Sondervorschriften für die Temperaturkontrolle	
ADR	RID

Vorschriften für die Beförderung in Versandstücken 7.2

ADR	RID

7.2.1 Sofern in den Abschnitten 7.2.2 bis 7.2.4 nichts anderes vorgeschrieben ist, dürfen Versandstücke verladen werden in:

a) gedeckte Fahrzeuge oder geschlossene Container oder	gedeckte Wagen
b) bedeckte Fahrzeuge oder bedeckte Container oder	Wagen mit Decken
c) offene Fahrzeuge (ohne Plane) oder offene Container ohne Plane.	offene Wagen (ohne Decken)

7.2.2 Versandstücke mit Verpackungen aus nässeempfindlichen Werkstoffen müssen in gedeckte

oder bedeckte Fahrzeuge	Wagen oder in Wagen mit Decken

oder in geschlossene oder bedeckte Container verladen werden.

7.2.3 (bleibt offen)

7.2.4 Folgende Sondervorschriften sind anwendbar, wenn in Kapitel 3.2 Tabelle A Spalte 16

bei einer Eintragung angegeben sind:	ein mit dem Buchstaben «W» beginnender alphanumerischen Code angegeben ist:

V 1	W 1
Die Versandstücke sind in gedeckte oder bedeckte Fahrzeuge oder in geschlossene oder bedeckte Container zu verladen.	Die Versandstücke sind in gedeckte Wagen oder Wagen mit Decken oder in geschlossene oder bedeckte Container zu verladen.

V 2	W 2
(1) Die Versandstücke dürfen nur in Fahrzeuge EX/II oder EX/III, die den jeweiligen Vorschriften des Teils 9 entsprechen, verladen werden. Die Auswahl des Fahrzeugs hängt von der zu befördernden Menge ab, die nach den Vorschriften für die Beladung (siehe Unterabschnitt 7.5.5.2) je Beförderungseinheit begrenzt ist. Wenn eine Beförderungseinheit aus einem Fahrzeug EX/II und einem Fahrzeug EX/III besteht, in denen beiden explosive Stoffe oder Gegenstände mit Explosivstoff befördert werden, gilt die für die Beförderungseinheit EX/II geltende Mengengrenze des Absatzes 7.5.5.2.1 für die gesamte Beförderungseinheit. (2) Anhänger, ausgenommen Sattelanhänger, die den Anforderungen für Fahrzeuge EX/II oder EX/III entsprechen, dürfen von Kraftfahrzeugen gezogen werden, die diesen Anforderungen nicht entsprechen. Wegen der Beförderung in Containern siehe auch Abschnitte 7.1.3 bis 7.1.6. Werden Stoffe oder Gegenstände der Klasse 1 in Containern in Mengen, für die eine aus einem oder mehreren Fahrzeugen EX/III gebildete Beförderungseinheit erforderlich ist, zu oder von einem Bestimmungspunkt in einem Hafen, einem Bahnhof oder Flughafen im Vor- oder Nachlauf im Rahmen einer multimodalen Beförderung befördert, darf statt dessen eine aus einem oder mehreren Fahrzeugen EX/II gebildete Beförderungseinheit verwendet werden, vorausgesetzt, die beförderten Container entsprechen den jeweiligen Vorschriften des IMDG-Codes, des RID oder der Technischen Anweisungen der ICAO.	Die Stoffe und Gegenstände der Klasse 1 sind in gedeckte Wagen oder geschlossene Container zu verladen. Gegenstände, die wegen ihrer Abmessungen oder ihrer Masse nicht in gedeckte Wagen oder geschlossene Container verladen werden können, dürfen auch in offenen Wagen oder Containern befördert werden. Sie müssen mit Wagendecken abgedeckt werden. Für die Beförderung von Stoffen und Gegenständen der Unterklassen 1.1, 1.2, 1.3, 1.5, und 1.6, auch wenn diese in Großcontainern verladen sind, müssen Güterwagen mit ordnungsgemäßen Funkenschutzblechen verwendet werden. Bei Wagen mit einem brennbaren Boden dürfen die Funkenschutzbleche nicht unmittelbar am Wagenboden angebracht sein. Militärische Sendungen mit Stoffen und Gegenständen der Klasse 1, die zur Ausrüstung oder Struktur militärischen Materials gehören, dürfen unter den folgenden Bedingungen auch auf offene Wagen verladen werden: – die Sendungen müssen von oder im Auftrag der zuständigen militärischen Behörde begleitet werden; – die Zündeinrichtungen, die nicht mindestens zwei wirksame Sicherheitsvorrichtungen enthalten, müssen entfernt sein, es sei denn, die Stoffe und Gegenstände sind in abgeschlossenen Militärfahrzeugen untergebracht.

7.2 Vorschriften für die Beförderung in Versandstücken

ADR	RID
V 3 Bei der Beförderung von pulverförmigen, rieselfähigen Stoffen sowie von Feuerwerkskörpern muss der Containerboden eine nicht metallene Oberfläche oder Abdeckung haben.	**W 3** Bei der Beförderung von pulverförmigen, rieselfähigen Stoffen sowie von Feuerwerkskörpern muss der Boden des Wagens oder Containers eine nichtmetallene Oberfläche oder Abdeckung haben.
V 4 (bleibt offen)	**W 4**
V 5 Die Versandstücke dürfen nicht in Kleincontainern befördert werden.	**W 5**
V 6 Flexible Großpackmittel (IBC) müssen in gedeckte Fahrzeuge oder geschlossene Container, in bedeckte Fahrzeuge oder bedeckte Container verladen werden. Die Plane muss aus undurchlässigem und nicht brennbarem Werkstoff bestehen.	**W 6** (bleibt offen)
V 7 (bleibt offen)	**W 7** Die Versandstücke sind in gedeckte Wagen oder geschlossene Container mit ausreichender Belüftung zu verladen.
V 8 Siehe Abschnitt 7.1.7. **Bem.** Diese Sondervorschrift V 8 gilt nicht für Stoffe gemäß Unterabschnitt 3.1.2.6, wenn die Stabilisierung durch den Zusatz chemischer Inhibitoren erfolgt, so dass die Temperatur der selbstbeschleunigenden Zersetzung (SADT) höher als 50 °C ist. In diesem Fall kann eine Temperaturkontrolle bei Beförderungsbedingungen erforderlich werden, bei denen die Temperatur 55 °C überschreiten kann.	**W 8** Für die Beförderung von Versandstücken, die mit einem zusätzlichen Zettel nach Muster 1 versehen sind, dürfen nur Wagen mit ordnungsgemäßen Funkenschutzblechen verwendet werden, auch wenn diese Stoffe in Großcontainern verladen sind. Bei Wagen mit einem brennbaren Boden dürfen die Funkenschutzbleche nicht unmittelbar am Wagenboden angebracht sein.
V 9 (bleibt offen)	**W 9** Die Versandstücke sind in gedeckten Wagen, in Wagen mit öffnungsfähigem Dach oder in geschlossenen Containern zu befördern.
V 10 Großpackmittel (IBC) sind in gedeckten oder bedeckten Fahrzeugen oder in geschlossenen oder bedeckten Containern zu befördern.	**W 10** Großpackmittel (IBC) sind in gedeckten Wagen oder Wagen mit Decken oder in geschlossenen oder bedeckten Containern zu befördern.
V 11 Großpackmittel (IBC), ausgenommen metallene IBC und starre Kunststoff-IBC, sind in gedeckten oder bedeckten Fahrzeugen oder in geschlossenen oder bedeckten Containern zu befördern.	**W 11** Großpackmittel (IBC), ausgenommen metallene IBC und starre Kunststoff-IBC, sind in gedeckten Wagen oder Wagen mit Decken oder in geschlossenen oder bedeckten Containern zu befördern.

Vorschriften für die Beförderung in Versandstücken 7.2

ADR	RID
V 12 Großpackmittel (IBC) des Typs 31HZ2 (31HA2, 31HB2, 31HN2, 31HD2 und 31HH2) sind in gedeckten Fahrzeugen oder geschlossenen Containern zu befördern.	**W 12** Großpackmittel (IBC) des Typs 31HZ2 (31HA2, 31HB2, 31HN2, 31HD2 und 31HH2) sind in gedeckten Wagen oder geschlossenen Containern zu befördern.
V 13 Wenn der Stoff in Säcken 5H1, 5L1 oder 5M1 verpackt ist, so sind diese in gedeckten Fahrzeugen oder geschlossenen Containern zu befördern.	**W 13** Wenn der Stoff in Säcken 5H1, 5L1 oder 5M1 verpackt ist, so sind diese in gedeckten Wagen oder geschlossenen Containern zu befördern.
V 14 Druckgaspackungen, die gemäß Kapitel 3.3 Sondervorschrift 327 für Wiederaufarbeitungs- oder Entsorgungszwecke befördert werden, dürfen nur in belüfteten oder offenen Fahrzeugen oder Containern befördert werden.	**W 14** Druckgaspackungen, die gemäß Kapitel 3.3 Sondervorschrift 327 für Wiederaufarbeitungs- oder Entsorgungszwecke befördert werden, dürfen nur in belüfteten oder offenen Wagen oder Containern befördert werden.

7.2 Vorschriften für die Beförderung in Versandstücken

ADR	RID

Vorschriften für die Beförderung in loser Schüttung 7.3

ADR	RID

7.3.1 Allgemeine Vorschriften

7.3.1.1 Ein Gut darf in loser Schüttung in Schüttgut-Containern, Containern oder

Fahrzeugen	Wagen

nur befördert werden, wenn entweder

a) in Kapitel 3.2 Tabelle A Spalte 10 eine mit dem Code «BK» bezeichnete Sondervorschrift oder ein Verweis auf einen bestimmten Absatz angegeben ist, welche/welcher diese Beförderungsart ausdrücklich zulässt, und die anwendbaren Vorschriften des Abschnitts 7.3.2 zusätzlich zu den Vorschriften dieses Abschnitts eingehalten werden oder

b) in Kapitel 3.2 Tabelle A Spalte 17 eine mit dem Code «VC» bezeichnete Sondervorschrift oder ein Verweis auf einen bestimmten Absatz angegeben ist, welche/welcher diese Beförderungsart ausdrücklich zulässt, und die in Abschnitt 7.3.3 aufgeführten Bedingungen dieser Sondervorschrift zusammen mit allen gegebenenfalls angegebenen und mit dem Code «AP» bezeichneten ergänzenden Vorschriften zusätzlich zu den Vorschriften dieses Abschnitts eingehalten werden.

Abgesehen hiervon dürfen ungereinigte leere Verpackungen in loser Schüttung befördert werden, sofern diese Beförderungsart durch andere Vorschriften des ADR/RID nicht ausdrücklich verboten ist.

Bem. Wegen der Beförderung in Tanks siehe Kapitel 4.2 und 4.3.

7.3.1.2 Stoffe, die bei während der Beförderung wahrscheinlich auftretenden Temperaturen flüssig werden können, sind nicht zur Beförderung in loser Schüttung zugelassen.

7.3.1.3 Schüttgut-Container, Container oder Aufbauten von

Fahrzeugen	Wagen

müssen staubdicht und so verschlossen sein, dass unter normalen Beförderungsbedingungen, einschließlich der Auswirkungen von Vibration oder Temperatur-, Feuchtigkeits- oder Druckänderungen, vom Inhalt nichts nach außen gelangen kann.

7.3.1.4 Stoffe müssen so verladen und gleichmäßig verteilt werden, dass Bewegungen, die zu einer Beschädigung des Schüttgut-Containers, Containers oder

Fahrzeugs	Wagens

oder zu einem Austreten der gefährlichen Güter führen können, auf ein Minimum reduziert werden.

7.3.1.5 Sofern Lüftungseinrichtungen angebracht sind, müssen diese durchgängig und betriebsbereit sein.

7.3.1.6 Stoffe dürfen nicht gefährlich mit dem Werkstoff des Schüttgut-Containers, Containers, des

Fahrzeugs,	Wagens,

der Dichtungen und der Ausrüstung, einschließlich Deckel und Planen, sowie mit den Schutzauskleidungen, die mit dem Ladegut in Kontakt stehen, reagieren oder diese bedeutsam schwächen. Schüttgut-Container, Container oder

Fahrzeuge	Wagen

müssen so gebaut oder angepasst sein, dass die Güter nicht zwischen Bodenabdeckungen aus Holz gelangen oder in Berührung mit den Teilen des Schüttgut-Containers, Containers oder

Fahrzeugs	Wagens

kommen können, die durch den Stoff oder Rückstände dieses Stoffes angegriffen werden können.

1673

7.3 Vorschriften für die Beförderung in loser Schüttung

ADR	RID

7.3.1.7 Vor der Befüllung und der Übergabe zur Beförderung muss jeder Schüttgut-Container, Container oder

jedes Fahrzeug	Wagen

untersucht und gereinigt werden, um sicherzustellen, dass innerhalb und außerhalb des Schüttgut-Containers, Containers oder

Fahrzeugs	Wagens

keine Rückstände verbleiben, die

- eine gefährliche Reaktion mit dem für die Beförderung vorgesehenen Stoff verursachen können;
- die bauliche Unversehrtheit des Schüttgut-Containers, Containers oder

Fahrzeugs	Wagens

  schädigen können oder
- die Tauglichkeit des Schüttgut-Containers, Containers oder

Fahrzeugs,	Wagens,

  die gefährlichen Güter zurückzuhalten, beeinträchtigen können.

7.3.1.8 Während der Beförderung dürfen an der äußeren Oberfläche des Schüttgut-Containers, Containers oder des Aufbaus des

Fahrzeugs	Wagens

keine gefährlichen Rückstände anhaften.

7.3.1.9 Wenn mehrere Verschlusssysteme hintereinander angebracht sind, ist das System, das sich am nächsten zu dem zu befördernden Stoff befindet, vor dem Befüllen zu verschließen.

7.3.1.10 Leere Schüttgut-Container, Container oder

Fahrzeuge,	Wagen,

mit denen ein gefährlicher fester Stoff befördert wurde, sind in derselben Weise zu behandeln, wie es das ADR/RID für befüllte Schüttgut-Container, Container oder

Fahrzeuge	Wagen

vorschreibt, es sei denn, es wurden angemessene Maßnahmen ergriffen, um eine Gefahr auszuschließen.

7.3.1.11 Wenn Schüttgut-Container, Container oder

Fahrzeuge	Wagen

für die Beförderung von Gütern in loser Schüttung verwendet werden, die eine Staubexplosion verursachen oder entzündbare Dämpfe abgeben können (z.B. im Fall von bestimmten Abfällen), sind Maßnahmen zu ergreifen, um Zündquellen auszuschließen und eine gefährliche elektrostatische Entladung während der Beförderung, dem Befüllen oder Entladen zu verhindern.

7.3.1.12 Stoffe, z. B. Abfälle, die gefährlich miteinander reagieren können, sowie Stoffe verschiedener Klassen und nicht dem ADR/RID unterliegende Güter, die gefährlich miteinander reagieren können, dürfen in ein und demselben Schüttgut-Container, Container oder

Fahrzeug	Wagen

nicht miteinander vermischt werden. Gefährliche Reaktionen sind:

a) eine Verbrennung und/oder Entwicklung beträchtlicher Wärme;
b) eine Entwicklung entzündbarer und/oder giftiger Gase;
c) die Bildung ätzender flüssiger Stoffe oder
d) die Bildung instabiler Stoffe.

7.3.1.13 Bevor ein Schüttgut-Container, Container oder

Fahrzeug	Wagen

befüllt wird, ist eine Sichtprüfung vorzunehmen, um sicherzustellen, dass er/es in bautechnischer Hinsicht geeignet ist, seine Innenwände, seine Decke und sein Boden frei

Vorschriften für die Beförderung in loser Schüttung 7.3

ADR	RID

von Ausbuchtungen oder Beschädigungen sind und dass die Innenbeschichtungen oder Rückhalteeinrichtungen frei von Schlitzen, Rissen oder anderen Beschädigungen sind, welche die Tauglichkeit des Schüttgut-Containers, Containers oder

Fahrzeugs,	Wagens,

die Ladung zurückzuhalten, beeinträchtigen können. «In bautechnischer Hinsicht geeignet» bedeutet, soweit für das betreffende Beförderungsmittel zutreffend, dass die Bauelemente des Schüttgut-Containers, Containers oder

Fahrzeugs,	Wagens,

wie obere und untere seitliche Längsträger, obere und untere Querträger, Türschwellen und Türträger, Bodenquerträger, Eckpfosten und Eckbeschläge in einem Schüttgut-Container oder Container, keine größeren Beschädigungen aufweisen. «Größere Beschädigungen»

umfassen:	umfassen, soweit für das betreffende Beförderungsmittel zutreffend:

a) Ausbuchtungen, Risse oder Bruchstellen in Bauelementen oder tragenden Elementen, welche die Unversehrtheit des Schüttgut-Containers, Containers oder des Aufbaus des

Fahrzeugs	Wagens

beeinträchtigen können;

b) mehr als eine Verbindungsstelle oder eine untaugliche Verbindungsstelle (z. B. überlappende Verbindungsstelle) in oberen oder unteren Querträgern oder Türträgern;

c) mehr als zwei Verbindungsstellen in einem der oberen oder unteren seitlichen Längsträger;

d) eine Verbindungsstelle in einer Türschwelle oder in einem Eckpfosten;

e) Türscharniere und Beschläge, die verklemmt, verdreht, zerbrochen, nicht vorhanden oder in anderer Art und Weise nicht funktionsfähig sind;

f) undichte Dichtungen und Verschlüsse;

g) jede Verwindung der Konstruktion eines Schüttgut-Containers oder Containers, die stark genug ist, um eine ordnungsgemäße Positionierung des Umschlaggeräts, ein Aufsetzen und ein Sichern auf

Fahrgestellen oder Fahrzeugen	Traggestellen oder Wagen bzw. Fahrgestellen oder Fahrzeugen oder ein Einsetzen in Schiffszellen

zu verhindern;

h) jede Beschädigung an Hebeeinrichtungen oder an den Aufnahmepunkten für die Umschlagseinrichtungen;

i) jede Beschädigung an der Bedienungsausrüstung oder der betrieblichen Ausrüstung.

7.3.2 **Vorschriften für die Beförderung in loser Schüttung bei Anwendung des Unterabschnitts 7.3.1.1 a)**

7.3.2.1 Zusätzlich zu den allgemeinen Vorschriften des Abschnitts 7.3.1 gelten die Vorschriften dieses Abschnitts. Die Codes «BK 1», «BK 2» und «BK 3» in Kapitel 3.2 Tabelle A Spalte 10 haben folgende Bedeutung:

BK 1: Die Beförderung in bedeckten Schüttgut-Containern ist zugelassen.

BK 2: Die Beförderung in geschlossenen Schüttgut-Containern ist zugelassen.

BK 3: Die Beförderung in flexiblen Schüttgut-Containern ist zugelassen.

7.3.2.2 Der verwendete Schüttgut-Container muss den Vorschriften des Kapitels 6.11 entsprechen.

7.3.2.3 **Güter der Klasse 4.2**

Die in einem Schüttgut-Container beförderte Gesamtmasse muss so bemessen sein, dass die Selbstentzündungstemperatur größer als 55 °C ist.

1675

7.3	Vorschriften für die Beförderung in loser Schüttung
ADR	**RID**

7.3.2.4 **Güter der Klasse 4.3**
Diese Güter müssen in wasserdichten Schüttgut-Containern befördert werden.

7.3.2.5 **Güter der Klasse 5.1**
Die Schüttgut-Container müssen so gebaut oder angepasst sein, dass die Güter nicht mit Holz oder anderen unverträglichen Werkstoffen in Berührung kommen.

7.3.2.6 **Güter der Klasse 6.2**

7.3.2.6.1 **Tierische Stoffe der Klasse 6.2**

Tierische Stoffe, die ansteckungsgefährliche Stoffe (UN-Nummern 2814, 2900 und 3373) enthalten, sind zur Beförderung in Schüttgut-Containern zugelassen, sofern folgende Vorschriften erfüllt werden:

a) Bedeckte Schüttgut-Container BK 1 sind zugelassen, vorausgesetzt, sie werden nicht bis zum höchstzulässigen Fassungsraum befüllt, um zu verhindern, dass Stoffe mit der Abdeckung in Berührung kommen. Geschlossene Schüttgut-Container BK 2 sind ebenfalls zugelassen.

b) Geschlossene und bedeckte Schüttgut-Container und ihre Öffnungen müssen bauartbedingt dicht sein oder durch Anbringen einer geeigneten Auskleidung abgedichtet werden.

c) Die tierischen Stoffe müssen vollständig mit einem geeigneten Desinfektionsmittel behandelt werden, bevor sie für die Beförderung verladen werden.

d) Bedeckten Schüttgut-Container müssen mit einer zusätzlichen oberen Auskleidung bedeckt werden, die durch saugfähiges Material, das mit einem geeigneten Desinfektionsmittel behandelt ist, beschwert ist.

e) Geschlossene oder bedeckte Schüttgut-Container dürfen erst nach gründlicher Reinigung und Desinfektion wieder verwendet werden.

Bem. Zusätzliche Vorschriften können von den entsprechenden nationalen Gesundheitsbehörden festgelegt werden.

7.3.2.6.2 Abfälle der Klasse 6.2 (UN-Nummer 3291)

a) (bleibt offen)

b) Geschlossene Schüttgut-Container und ihre Öffnungen müssen bauartbedingt dicht sein. Diese Schüttgut-Container müssen nicht poröse innere Oberflächen haben und müssen frei von Rissen oder anderen Eigenschaften sein, die zu einer Beschädigung der darin enthaltenen Verpackungen, einer Verhinderung der Desinfektion oder einer unbeabsichtigten Freisetzung führen könnten.

c) Abfälle der UN-Nummer 3291 müssen innerhalb der geschlossenen Schüttgut-Container in UN-bauartgeprüften und -zugelassenen flüssigkeitsdicht verschlossenen Kunststoffsäcken enthalten sein, die für feste Stoffe der Verpackungsgruppe II geprüft und gemäß Unterabschnitt 6.1.3.1 gekennzeichnet sind. Diese Kunststoffsäcke müssen in der Lage sein, den Prüfungen für die Reiß- und Schlagfestigkeit gemäß ISO 7765-1:1988 «Kunststofffolien und -bahnen – Bestimmung der Schlagfestigkeit nach dem Fallhammerverfahren – Teil 1: Eingrenzungsverfahren» und ISO 6383-2:1983 «Kunststoffe – Folien und Bahnen – Bestimmung der Reißfestigkeit – Teil 2: Elmendorf-Verfahren» standzuhalten. Jeder Kunststoffsack muss eine Schlagfestigkeit von mindestens 165 g und eine Reißfestigkeit von mindestens 480 g sowohl in paralleler als auch in senkrechter Ebene zur Länge des Kunststoffsacks haben. Die Nettomasse jedes Kunststoffsacks darf höchstens 30 kg betragen.

Vorschriften für die Beförderung in loser Schüttung 7.3

ADR	RID

d) Einzelne Gegenstände mit einer Masse von mehr als 30 kg, wie verschmutzte Matratzen, dürfen mit Genehmigung der zuständigen Behörde ohne Kunststoffsack befördert werden.

e) Abfälle der UN-Nummer 3291, die flüssige Stoffe enthalten, dürfen nur in Kunststoffsäcken befördert werden, die ausreichend saugfähiges Material enthalten, um die gesamte Menge flüssiger Stoffe aufzusaugen, ohne dass davon etwas in den Schüttgut-Container gelangt.

f) Abfälle der UN-Nummer 3291, die scharfe Gegenstände enthalten, dürfen nur in UN-bauartgeprüften und -zugelassenen starren Verpackungen befördert werden, die den Vorschriften der Verpackungsanweisung P 621, IBC 620 oder LP 621 entsprechen.

g) Starre Verpackungen gemäß Verpackungsanweisung P 621, IBC 620 oder LP 621 dürfen ebenfalls verwendet werden. Sie müssen ordnungsgemäß gesichert sein, um unter normalen Beförderungsbedingungen Beschädigungen zu verhindern. Abfälle in starren Verpackungen und Kunststoffsäcken, die zusammen in demselben geschlossenen Schüttgut-Container befördert werden, müssen ausreichend voneinander getrennt sein, z. B. durch geeignete starre Absperrungen oder Trennwände, Maschennetze oder andere Mittel zur Sicherung, um eine Beschädigung der Verpackungen unter normalen Beförderungsbedingungen zu verhindern.

h) Abfälle der UN-Nummer 3291 in Kunststoffsäcken dürfen in geschlossenen Schüttgut-Containern nicht so stark komprimiert werden, dass die Säcke nicht mehr dicht bleiben.

i) Nach jeder Beförderung muss der geschlossene Schüttgut-Container auf ausgetretenes oder verschüttetes Ladegut untersucht werden. Wenn Abfälle der UN-Nummer 3291 in einem geschlossenen Schüttgut-Container ausgetreten sind und verschüttet wurden, darf dieser erst nach gründlicher Reinigung und, soweit erforderlich, nach Desinfektion oder Dekontamination mit einem geeigneten Mittel wieder verwendet werden. Mit Ausnahme von medizinischen oder veterinärmedizinischen Abfällen dürfen keine anderen Güter zusammen mit Abfällen der UN-Nummer 3291 befördert werden. Diese anderen, in demselben geschlossenen Schüttgut-Container beförderten Abfälle müssen auf eventuelle Kontaminationen untersucht werden.

7.3.2.7 **Stoffe der Klasse 7**
Für die Beförderung unverpackter radioaktiver Stoffe siehe Absatz 4.1.9.2.4.

7.3.2.8 **Güter der Klasse 8**
Diese Güter müssen in wasserdichten Schüttgut-Containern befördert werden.

7.3.2.9 **Güter der Klasse 9**

7.3.2.9.1 Für UN 3509 dürfen nur geschlossene Schüttgut-Container (Code BK 2) verwendet werden. Die Schüttgut-Container müssen flüssigkeitsdicht sein oder mit einer flüssigkeitsdichten, durchstoßfesten und dicht verschlossenen Auskleidung oder einem flüssigkeitsdichten, durchstoßfesten und dicht verschlossenen Sack ausgerüstet sein und müssen über Mittel verfügen, um die während der Beförderung möglicherweise austretende freie Flüssigkeit zurückzuhalten, z.B. saugfähiges Material. Leere, ungereinigte Altverpackungen mit Rückständen der Klasse 5.1 dürfen in Schüttgut-Containern befördert werden, die so gebaut oder angepasst sind, dass die Güter nicht mit Holz oder anderen brennbaren Werkstoffen in Berührung kommen können.

7.3 Vorschriften für die Beförderung in loser Schüttung

ADR	RID

7.3.2.10 Verwendung von flexiblen Schüttgut-Containern

Bem. Flexible Schüttgut-Container, die nach Unterabschnitt 6.11.5.5 gekennzeichnet sind, aber in einem Staat zugelassen wurden, der
keine Vertragspartei des ADR | kein RID-Vertragsstaat
ist, dürfen dennoch für Beförderungen gemäß ADR/RID verwendet werden.

7.3.2.10.1 Bevor ein flexibler Schüttgut-Container befüllt wird, ist eine Sichtprüfung vorzunehmen, um sicherzustellen, dass er in bautechnischer Hinsicht geeignet ist, seine Gewebeschlaufen, seine lasttragenden Gurtbänder, sein Gewebe und die Teile der Verschlusseinrichtung, einschließlich Metall- und Textilteile, keine Ausbuchtungen oder Schäden aufweisen und dass die Innenauskleidungen keine Schlitze, Risse oder andere Beschädigungen aufweisen.

7.3.2.10.2 Die zugelassene Verwendungsdauer von flexiblen Schüttgut-Containern für die Beförderung gefährlicher Güter beträgt zwei Jahre ab dem Zeitpunkt der Herstellung.

7.3.2.10.3 Wenn sich innerhalb des flexiblen Schüttgut-Containers eine gefährliche Anreicherung von Gasen entwickeln kann, muss eine Lüftungseinrichtung angebracht sein. Das Ventil muss so ausgelegt sein, dass unter normalen Beförderungsbedingungen das Eindringen fremder Stoffe oder von Wasser verhindert wird.

7.3.2.10.4 Flexible Schüttgut-Container müssen so befüllt werden, dass beim Verladen das Verhältnis Höhe zu Breite 1,1 nicht überschreitet. Die höchstzulässige Bruttomasse der flexiblen Schüttgut-Container darf 14 Tonnen nicht überschreiten.

7.3.3 Vorschriften für die Beförderung in loser Schüttung bei Anwendung des Unterabschnitts 7.3.1.1 b)
▶ 7.5.1.4

7.3.3.1 Zusätzlich zu den allgemeinen Vorschriften des Abschnitts 7.3.1 gelten die Vorschriften dieses Abschnitts, wenn sie in Kapitel 3.2 Tabelle A Spalte 17 bei einer Eintragung angegeben sind. Die nach den Vorschriften dieses Abschnitts verwendeten
bedeckten Fahrzeuge, gedeckten Fahrzeuge, | Wagen mit Decken, gedeckten Wagen,
bedeckten Container oder geschlossenen Container müssen nicht den Vorschriften des Kapitels 6.11 entsprechen. Die Codes VC 1, VC 2 und VC 3 in Kapitel 3.2 Tabelle A Spalte 17 haben folgende Bedeutung:

Bem. Wenn in Kapitel 3.2 Tabelle A Spalte 17 der Code VC 1 angegeben ist, darf daher für den Landverkehr auch ein BK 1-Schüttgut-Container verwendet werden, sofern die ergänzenden Vorschriften des Unterabschnitts 7.3.3.2 erfüllt werden. Wenn in Kapitel 3.2 Tabelle A Spalte 17 der Code VC 2 angegeben ist, darf daher für den Landverkehr auch ein BK 2-Schüttgut-Container für die Beförderung verwendet werden, sofern die ergänzenden Vorschriften des Unterabschnitts 7.3.3.2 erfüllt werden.

VC 1 Die Beförderung in loser Schüttung in
bedeckten Fahrzeugen, | Wagen mit Decken,
in bedeckten Containern oder in bedeckten Schüttgut-Containern ist zugelassen.

VC 2 Die Beförderung in loser Schüttung in
gedeckten Fahrzeugen, | gedeckten Wagen,
in geschlossenen Containern oder in geschlossenen Schüttgut-Containern ist zugelassen.

Vorschriften für die Beförderung in loser Schüttung　　　　　7.3

ADR	RID

VC 3　Die Beförderung in loser Schüttung in besonders ausgerüsteten Fahrzeugen oder Containern, | Wagen oder Großcontainern, die den von der zuständigen Behörde des Ursprungslandes festgelegten Normen entsprechen, ist zugelassen. Ist das Ursprungsland keine Vertragspartei des ADR, | kein RID-Vertragsstaat, so müssen die festgelegten Bedingungen von der zuständigen Behörde der | des ersten von der Sendung berührten Vertragspartei des ADR | RID-Vertragsstaates anerkannt werden.

7.3.3.2　Wenn die Codes VC für die Beförderung in loser Schüttung verwendet werden, gelten die folgenden in Kapitel 3.2 Tabelle A Spalte 17 angegebenen ergänzenden Vorschriften:

7.3.3.2.1　**Güter der Klasse 4.1**

AP1　Fahrzeuge | Wagen und Container müssen einen Aufbau aus Metall haben; Planen | Decken bzw. Planen müssen, sofern angebracht, nichtbrennbar sein.

AP2　Fahrzeuge | Wagen und Container müssen über eine angemessene Belüftung verfügen.

7.3.3.2.2　**Güter der Klasse 4.2**

AP1　Fahrzeuge | Wagen und Container müssen einen Aufbau aus Metall haben; Planen | Decken bzw. Planen müssen, sofern angebracht, nichtbrennbar sein.

7.3.3.2.3　**Güter der Klasse 4.3**

AP2　Fahrzeuge | Wagen und Container müssen über eine angemessene Belüftung verfügen.

AP3　Bedeckte Fahrzeuge | Wagen mit Decken und bedeckte Container dürfen nur verwendet werden, wenn der Stoff in Stücken (nicht als Pulver, Granulat, Staub oder Asche) vorliegt.

AP4　Gedeckte Fahrzeuge | Gedeckte Wagen und geschlossene Container müssen mit luftdicht verschlossenen Öffnungen für das Befüllen und Entleeren ausgerüstet sein, um das Austreten von Gas zu verhindern und das Eindringen von Feuchtigkeit auszuschließen.

AP5　Die Ladetüren der gedeckten Fahrzeuge | gedeckten Wagen oder der geschlossenen Container müssen mit folgendem Kennzeichen versehen sein, wobei die Buchstabenhöhe mindestens 25 mm betragen muss:

«ACHTUNG
KEINE BELÜFTUNG
VORSICHTIG ÖFFNEN»

Diese Angaben müssen in einer Sprache abgefasst sein, die vom Absender als geeignet angesehen wird.

7.3 Vorschriften für die Beförderung in loser Schüttung

ADR	RID

7.3.3.2.4 Güter der Klasse 5.1

AP6 Wenn
das Fahrzeug | der Wagen
oder der Container aus Holz oder einem anderen brennbaren Werkstoff hergestellt ist, muss eine undurchlässige brandbeständige Auskleidung oder eine Beschichtung aus Natriumsilicat oder einem ähnlichen Stoff vorgesehen sein.
Planen | Decken bzw. Planen
müssen ebenfalls undurchlässig und nichtbrennbar sein.

AP7 Die Beförderung in loser Schüttung darf nur als geschlossene Ladung durchgeführt werden.

7.3.3.2.5 Güter der Klasse 6.1

AP7 Die Beförderung in loser Schüttung darf nur als geschlossene Ladung durchgeführt werden.

7.3.3.2.6 Güter der Klasse 8

AP7 Die Beförderung in loser Schüttung darf nur als geschlossene Ladung durchgeführt werden.

AP8 Bei der Auslegung der Laderäume der
Fahrzeuge | Wagen
oder Container müssen mögliche Restströme und der mögliche Aufprall von Batterien berücksichtigt werden.

Die Laderäume der
Fahrzeuge | Wagen
oder Container müssen aus Stahl bestehen, der gegen die in den Batterien enthaltenen ätzenden Stoffe beständig ist. Weniger beständige Stähle dürfen verwendet werden, wenn entweder eine ausreichend starke Wanddicke oder eine gegen die ätzenden Stoffe beständige Beschichtung oder Auskleidung aus Kunststoff vorhanden ist.

Bem. Als beständig gelten Stähle, die bei Einwirkung der ätzenden Stoffe eine Korrosionsrate von höchstens 0,1 mm pro Jahr aufweisen.

Die Laderäume der
Fahrzeuge | Wagen
oder Container dürfen nicht über die Höhe der Wände hinaus beladen werden.

Die Beförderung ist auch in Kleincontainern aus Kunststoff zugelassen, die bei -18 °C einer Fallprüfung unter voller Beladung aus 0,8 m Höhe auf eine harte Oberfläche ohne Bruch standhalten können.

Vorschriften für die Beförderung in loser Schüttung		7.3
ADR	**RID**	

7.3.3.2.7 Güter der Klasse 9

AP2 Fahrzeuge | Wagen
und Container müssen über eine angemessene Belüftung verfügen.

AP9 Die Beförderung von festen Stoffen (Stoffe oder Gemische wie Präparate, Zubereitungen und Abfälle), die durchschnittlich nicht mehr als 1000 mg/kg an Stoffen der zugeordneten UN-Nummer enthalten, ist zugelassen. Die Konzentration dieses Stoffes oder dieser Stoffe darf an keiner Stelle der Ladung höher als 10000 mg/kg sein.

AP10 Fahrzeuge | Wagen
und Container müssen flüssigkeitsdicht sein oder mit einer flüssigkeitsdichten, durchstoßfesten und dicht verschlossenen Auskleidung oder einem flüssigkeitsdichten, durchstoßfesten und dicht verschlossenen Sack ausgerüstet sein und müssen über Mittel verfügen, um die während der Beförderung möglicherweise austretende freie Flüssigkeit zurückzuhalten, z. B. saugfähiges Material. Leere, ungereinigte Altverpackungen mit Rückständen der Klasse 5.1 müssen in Fahrzeugen | Wagen
und Containern befördert werden, die so gebaut oder angepasst sind, dass die Güter nicht mit Holz oder anderen brennbaren Werkstoffen in Berührung kommen können.

7.3	Vorschriften für die Beförderung in loser Schüttung	
	ADR	**RID**

Vorschriften für die Beförderung in Tanks 7.4

ADR	RID

7.4.1 Ein gefährliches Gut darf in Tanks nur befördert werden, wenn in der Spalte 10 oder 12 des Kapitels 3.2 Tabelle A ein Code angegeben ist oder eine zuständige Behörde eine Zulassung gemäß Unterabschnitt 6.7.1.3 erteilt hat. Bei der Beförderung müssen die Vorschriften des Kapitels 4.2, 4.3, 4.4 bzw. 4.5 eingehalten werden.

Die Fahrzeuge, unabhängig davon, ob es sich dabei um starre Fahrzeuge, Zugfahrzeuge, Anhänger oder Sattelanhänger handelt, müssen die jeweiligen Vorschriften der Kapitel 9.1, 9.2 und 9.7 bezüglich des gemäß Kapitel 3.2 Tabelle A Spalte 14 zu verwendenden Fahrzeugs erfüllen.

7.4.2 Die gemäß Unterabschnitt 9.1.1.2 durch den Code EX/III, FL oder AT bezeichneten Fahrzeuge sind wie folgt zu verwenden:
– wenn ein Fahrzeug EX/III vorgeschrieben ist, darf nur ein Fahrzeug EX/III verwendet werden;
– wenn ein Fahrzeug FL vorgeschrieben ist, darf nur ein Fahrzeug FL verwendet werden;
– wenn ein Fahrzeug AT vorgeschrieben ist, dürfen Fahrzeuge AT und FL verwendet werden.

7.4 Vorschriften für die Beförderung in Tanks

ADR	RID

Vorschriften für die Be- und Entladung und die Handhabung 7.5

ADR	RID

7.5.1 Allgemeine Vorschriften

7.5.1.1
▶ 1.10.1.5

Bei der Ankunft am Be- und Entladeort, einschließlich Container-Terminals, müssen das Fahrzeug und die Mitglieder der Fahrzeugbesatzung sowie gegebenenfalls der (die) Container, Schüttgut-Container, MEGC, Tankcontainer oder ortsbewegliche(n) Tank(s) (insbesondere hinsichtlich der Sicherheit, der Sicherung, der Sauberkeit und der ordnungsgemäßen Funktion der bei der Be- und Entladung verwendeten Ausrüstung) den Rechtsvorschriften genügen.	Für das Verladen der Güter sind die für den Versandbahnhof geltenden Vorschriften einzuhalten, soweit die Vorschriften dieses Kapitels nicht entgegenstehen.

7.5.1.2 Sofern im ADR/RID nichts anderes festgelegt ist, darf eine Beladung nicht erfolgen, wenn
– eine Kontrolle der Dokumente oder
– eine Sichtprüfung des

Fahrzeugs	Wagens

oder gegebenenfalls der (des) Container(s), Schüttgut-Container(s), MEGC, Tankcontainer(s)

oder ortsbeweglichen Tanks	, ortsbeweglichen Tanks oder Straßenfahrzeugs (Straßenfahrzeugs)

sowie ihrer bei der Be- und Entladung verwendeten Ausrüstung zeigt, dass

das Fahrzeug und die Mitglieder der Fahrzeugbesatzung,	der Wagen,

ein Container, ein Schüttgut-Container, ein MEGC, ein Tankcontainer, ein ortsbeweglicher Tank

	, ein Straßenfahrzeug

oder ihre Ausrüstung den Rechtsvorschriften nicht genügt.

Vor dem Beladen muss

das Fahrzeug	der Wagen

oder der Container von innen und außen untersucht werden, um sicherzustellen, dass keine Beschädigungen vorliegen, welche die Unversehrtheit des

Fahrzeugs	Wagens

oder Containers oder der zu verladenden Versandstücke beeinträchtigen könnten.

7.5.1.3 Sofern im ADR/RID nichts anderes festgelegt ist, darf eine Entladung nicht erfolgen, wenn die vorgenannten Kontrollen Verstöße aufzeigen, die die Sicherheit oder die Sicherung bei der Entladung in Frage stellen können.

7.5.1.4

Nach den Sondervorschriften des Abschnitts 7.3.3 oder 7.5.11 gemäß den Angaben in Kapitel 3.2 Tabelle A Spalten 17 und 18 dürfen bestimmte gefährliche Güter nur als geschlossene Ladung (siehe Begriffsbestimmung in Abschnitt 1.2.1) befördert werden. In diesem Fall können die zuständigen Behörden verlangen, dass das für die Beförderung verwendete Fahrzeug oder der verwendete Großcontainer nur an einer Stelle beladen und nur an einer Stelle entladen wird.	7.5.11 und Spalte 18 dürfen gewisse gefährliche Güter nur als geschlossene Ladung versandt werden.

7.5 Vorschriften für die Be- und Entladung und die Handhabung

ADR	RID

7.5.1.5 Wenn Ausrichtungspfeile vorgeschrieben sind, müssen die Versandstücke und Umverpackungen in Übereinstimmung mit diesen Kennzeichen ausgerichtet werden.

Bem. Flüssige gefährliche Güter müssen, sofern dies durchführbar ist, unter trockenen gefährlichen Gütern verladen werden.

7.5.1.6 Alle Umschließungsmittel müssen nach einer Handhabungsmethode verladen und entladen werden, für die sie ausgelegt und, sofern vorgeschrieben, geprüft sind.

7.5.2 **Zusammenladeverbote**

7.5.2.1 Versandstücke mit unterschiedlichen Gefahrzetteln dürfen nicht zusammen in
ein Fahrzeug oder einen Container | einen Wagen oder Container
verladen werden, sofern die Zusammenladung nicht gemäß nachstehender Tabelle auf der Grundlage der angebrachten Gefahrzettel zugelassen ist.

	Die Zusammenladeverbote für Versandstücke gelten auch für die Zusammenladung von Versandstücken und Kleincontainern sowie für die Zusammenladung von Kleincontainern in einem Wagen oder Großcontainer, in dem Kleincontainer befördert werden.

Bem. 1. Gemäß Absatz 5.4.1.4.2 müssen für Sendungen, die nicht mit anderen zusammen in
ein Fahrzeug oder einen Container | einen Wagen oder Container
verladen werden dürfen, gesonderte Beförderungspapiere ausgestellt werden.

2. Für Versandstücke, die nur Stoffe oder Gegenstände der Klasse 1 enthalten und die mit einem Gefahrzettel nach Muster 1, 1.4, 1.5 oder 1.6 versehen sind, ist eine Zusammenladung gemäß Unterabschnitt 7.5.2.2 zugelassen, unabhängig davon, ob für diese Versandstücke andere Gefahrzettel vorgeschrieben sind. Die Tabelle in Unterabschnitt 7.5.2.1 gilt nur, wenn solche Versandstücke mit Versandstücken mit Stoffen oder Gegenständen anderer Klassen zusammengeladen werden.

Vorschriften für die Be- und Entladung und die Handhabung 7.5

ADR | RID

Gefahr-zettel	1	1.4	1.5	1.6	2.1 2.2 2.3	3	4.1	4.1 + 1	4.2	4.3	5.1	5.2	5.2 + 1	6.1	6.2	7A 7B 7C	8	9, 9A
1											d)							b)
1.4		siehe Unterabschnitt 7.5.2.2			a)	a)	a)		a)	a)	a)	a)		a)	a)	a)	a)	a),b),c)
1.5																		b)
1.6																		b)
2.1 2.2 2.3		a)				X	X	X	X	X	X	X		X	X	X	X	X
3		a)			X		X	X	X	X	X	X		X	X	X	X	X
4.1		a)			X	X			X	X	X	X		X	X	X	X	X
4.1 + 1							X											
4.2		a)			X	X	X			X	X	X		X	X	X	X	X
4.3		a)			X	X	X		X		X	X		X	X	X	X	X
5.1	d)	a)			X	X	X		X	X		X		X	X	X	X	X
5.2		a)			X	X	X		X	X	X		X	X	X	X	X	X
5.2 + 1													X					
6.1		a)			X	X	X		X	X	X	X			X	X	X	X
6.2		a)			X	X	X		X	X	X	X		X		X	X	X
7A 7B 7C		a)			X	X	X		X	X	X	X		X	X		X	X
8		a)			X	X	X		X	X	X	X		X	X	X		X
9, 9A	b)	a),b),c)	b)	b)	X	X	X		X	X	X	X		X	X	X	X	

X Zusammenladung zugelassen.

a) Zusammenladung mit Stoffen und Gegenständen der Verträglichkeitsgruppe 1.4S zugelassen.

b) Zusammenladung von Gütern der Klasse 1 mit Rettungsmitteln der Klasse 9 (UN-Nummern 2990, 3072 und 3268) zugelassen.

c) Zusammenladung von Sicherheitseinrichtungen, pyrotechnisch, der Unterklasse 1.4 Verträglichkeitsgruppe G (UN-Nummer 0503) mit Sicherheitseinrichtungen, elektrische Auslösung, der Klasse 9 (UN-Nummer 3268) zugelassen.

d) Zusammenladung von Sprengstoffen (ausgenommen UN 0083 Sprengstoff Typ C) mit Ammoniumnitrat (UN-Nummern 1942 und 2067), Ammoniumnitrat-Emulsion, -Suspension oder -Gel (UN-Nummer 3375), Alkalimetall-Nitraten und Erdalkalimetall-Nitraten zugelassen, vorausgesetzt, die Einheit wird für Zwecke des Anbringens von Großzetteln (Placards), der Trennung, des Verladens und der höchstzulässigen Ladung als Sprengstoffe der Klasse 1 betrachtet. Zu den Alkalimetall-Nitraten gehören Caesiumnitrat (UN 1451), Lithiumnitrat (UN 2722), Kaliumnitrat (UN 1486), Rubidiumnitrat (UN 1477) und Natriumnitrat (UN 1498). Zu den Erdalkalimetall-Nitraten gehören Bariumnitrat (UN 1446), Berylliumnitrat (UN 2464), Calciumnitrat (UN 1454), Magnesiumnitrat (UN 1474) und Strontiumnitrat (UN 1507).

7.5 Vorschriften für die Be- und Entladung und die Handhabung

ADR	RID

7.5.2.2 Versandstücke, die Stoffe oder Gegenstände der Klasse 1 enthalten und mit einem Zettel nach Muster 1, 1.4, 1.5 oder 1.6 versehen sind, die aber unterschiedlichen Verträglichkeitsgruppen zugeordnet sind, dürfen nicht zusammen in

ein Fahrzeug oder einen Container	einen Wagen oder Container

verladen werden, sofern nicht gemäß nachstehender Tabelle für die jeweiligen Verträglichkeitsgruppen ein Zusammenladen zulässig ist.

Verträglichkeits-gruppen	A	B	C	D	E	F	G	H	J	L	N	S
A	X											
B		X		a)								X
C			X	X	X		X				b), c)	X
D		a)	X	X	X		X				b), c)	X
E			X	X	X		X				b), c)	X
F						X						X
G			X	X	X		X					X
H								X				X
J									X			X
L										d)		
N			b), c)	b), c)	b), c)						b)	X
S		X	X	X	X	X	X	X	X		X	X

X Zusammenladung zugelassen.

a) Versandstücke mit Gegenständen der Verträglichkeitsgruppe B und Versandstücke mit Stoffen oder Gegenständen der Verträglichkeitsgruppe D dürfen zusammen in

ein Fahrzeug	einen Wagen

oder einen Container verladen werden, vorausgesetzt, sie sind wirksam getrennt, so dass keine Gefahr der Explosionsübertragung von Gegenständen der Verträglichkeitsgruppe B auf Stoffe oder Gegenstände der Verträglichkeitsgruppe D besteht. Die Trennung ist durch die Verwendung getrennter Abteile oder durch Einsetzen einer der beiden Arten von explosiven Stoffen oder Gegenständen mit Explosivstoff in ein besonderes Umschließungssystem zu bewerkstelligen. Beide Trennungsmethoden müssen von der zuständigen Behörde zugelassen sein.

b) Verschiedene Arten von Gegenständen der Klassifizierung 1.6N dürfen nur als Gegenstände der Klassifizierung 1.6N zusammengeladen werden, wenn durch Prüfungen oder Analogieschluss nachgewiesen ist, dass keine zusätzliche Detonationsgefahr durch Übertragung unter den Gegenständen besteht. Andernfalls sind sie als Gegenstände der Gefahrenunterklasse 1.1 zu behandeln.

c) Wenn Gegenstände der Verträglichkeitsgruppe N mit Stoffen oder Gegenständen der Verträglichkeitsgruppe C, D, oder E zusammengeladen werden, sind die Gegenstände der Verträglichkeitsgruppe N so zu behandeln, als hätten sie die Eigenschaften der Verträglichkeitsgruppe D.

d) Versandstücke mit Stoffen und Gegenständen der Verträglichkeitsgruppe L dürfen mit Versandstücken mit gleichartigen Stoffen und Gegenständen derselben Art dieser Verträglichkeitsgruppe zusammen in

ein Fahrzeug	einen Wagen

oder einen Container verladen werden.

7.5.2.3 Bei Anwendung der Zusammenladeverbote in einem Fahrzeug sind die in geschlossenen, vollwandigen Containern enthaltenen Güter nicht zu berücksichtigen. Ungeachtet dessen gelten die Zusammenladeverbote des Unterabschnitts 7.5.2.1 betreffend die Zusammenladung von Versandstücken mit einem Zettel nach Muster 1, 1.4, 1.5 oder 1.6 mit anderen Versandstücken und des Unterabschnitts 7.5.2.2 betreffend die Zusammenladung von explosiven Stoffen und Gegenständen mit Explosivstoff verschiedener Verträglichkeitsgruppen für die in einem Container enthaltenen gefährlichen Güter und die anderen, in dasselbe Fahrzeug verladenen gefährlichen Güter, unabhängig davon, ob die letztgenannten in einem oder in mehreren anderen Containern enthalten sind. | (bleibt offen)

Vorschriften für die Be- und Entladung und die Handhabung 7.5

ADR	RID

7.5.2.4 Die Zusammenladung von in begrenzten Mengen verpackten gefährlichen Gütern mit allen Arten von explosiven Stoffen und Gegenständen mit Explosivstoff, ausgenommen solcher der Unterklasse 1.4 und der UN-Nummern 0161 und 0499, ist verboten.

7.5.3 (bleibt offen)

Schutzabstand

Jeder Wagen, Großcontainer, ortsbewegliche Tank oder jedes Straßenfahrzeug, der/das Stoffe oder Gegenstände der Klasse 1 enthält und mit Großzetteln (Placards) nach Muster 1, 1.5 oder 1.6 versehen ist, muss in demselben Zugverband von Wagen, Großcontainern, ortsbeweglichen Tanks, Tankcontainern, MEGC oder Straßenfahrzeugen mit Großzetteln (Placards) nach Muster 2.1, 3, 4.1, 4.2, 4.3, 5.1 oder 5.2 oder von Straßenfahrzeugen, für die im Beförderungspapier angegeben ist, dass sie Versandstücke mit Gefahrzetteln nach Muster 2.1, 3, 4.1, 4.2, 4.3, 5.1 oder 5.2 enthalten, durch einen Schutzabstand getrennt sein.

Die Bedingung dieses Schutzabstandes ist erfüllt, wenn der Zwischenraum zwischen dem Pufferteller eines Wagens oder der Wand eines Großcontainers, ortsbeweglichen Tanks oder Straßenfahrzeugs und dem Pufferteller eines anderen Wagens oder der Wand eines anderen Großcontainers, ortsbeweglichen Tanks, Tankcontainers, MEGC oder Straßenfahrzeugs

a) mindestens 18 Meter beträgt oder

b) durch zwei zweiachsige oder einen vier- oder mehrachsigen Wagen ausgefüllt ist.

7.5.4 Vorsichtsmaßnahmen bei Nahrungs-, Genuss- und Futtermitteln

Wenn in Kapitel 3.2 Tabelle A Spalte 18 bei einem Stoff oder einem Gegenstand die Sondervorschrift
CV 28 | CW 28
angegeben ist, müssen folgende Vorsichtsmaßnahmen bei Nahrungs-, Genuss- und Futtermitteln ergriffen werden:

Versandstücke sowie ungereinigte leere Verpackungen, einschließlich Großverpackungen und Großpackmittel (IBC), mit Zetteln nach Muster 6.1 oder 6.2 oder solche mit Zetteln nach Muster 9, die Güter der UN-Nummern 2212, 2315, 2590, 3151, 3152 oder 3245 enthalten, dürfen in
Fahrzeugen, | Wagen,
in Containern und an Belade-, Entlade- und Umladestellen nicht mit Versandstücken, von denen bekannt ist, dass sie Nahrungs-, Genuss- oder Futtermittel enthalten, übereinander gestapelt werden oder in deren unmittelbarer Nähe verladen werden.

Werden diese Versandstücke mit den genannten Zetteln in unmittelbarer Nähe von Versandstücken verladen, von denen bekannt ist, dass sie Nahrungs-, Genuss- oder Futtermittel enthalten, müssen sie von diesen getrennt sein:

7.5 Vorschriften für die Be- und Entladung und die Handhabung

ADR	RID

a) durch vollwandige Trennwände. Diese Trennwände müssen so hoch sein wie die Versandstücke mit oben genannten Zetteln; oder

b) durch Versandstücke, die nicht mit Zetteln nach Muster 6.1, 6.2 oder 9 versehen sind, oder durch Versandstücke, die mit Zetteln nach Muster 9 versehen sind, aber keine Güter der UN-Nummern 2212, 2315, 2590, 3151, 3152 oder 3245 enthalten, oder

c) durch einen Abstand von mindestens 0,8 m,

es sei denn, die Versandstücke mit oben genannten Zetteln sind zusätzlich verpackt oder vollständig abgedeckt (z. B. durch Folie, Stülpkarton oder sonstige Maßnahmen).

7.5.5 Begrenzung der beförderten Mengen | (bleibt offen)

7.5.5.1 Wenn die nachstehenden Vorschriften oder die gemäß den Angaben in Kapitel 3.2 Tabelle A Spalte 18 anwendbaren zusätzlichen Vorschriften des Abschnitts 7.5.11 für ein bestimmtes Gut eine Begrenzung der beförderten Mengen vorschreiben, berührt die Tatsache, dass gefährliche Güter in einem oder in mehreren Containern enthalten sind, nicht die durch diese Vorschriften festgelegten Massebegrenzungen je Beförderungseinheit.

7.5.5.2 Begrenzungen für explosive Stoffe und Gegenstände mit Explosivstoff

7.5.5.2.1 Beförderte Stoffe und Mengen

Die gesamte Nettomasse in kg der explosiven Stoffe (oder, bei Gegenständen mit Explosivstoff, die gesamte Nettomasse des in allen Gegenständen enthaltenen Explosivstoffs), die in einer Beförderungseinheit befördert werden darf, ist entsprechend den Angaben der folgenden Tabelle begrenzt (siehe auch Unterabschnitt 7.5.2.2 über die Zusammenladeverbote):

Höchstzulässige Nettomasse in kg je Beförderungseinheit von den in Gütern der Klasse 1 enthaltenen explosiven Stoffen

Beförderungs-einheit	Unter-klasse Verträg-lichkeits-gruppe	1.1		1.2	1.3	1.4		1.5 und 1.6	ungerei-nigte leere Verpackungen
		1.1A	außer 1.1A			außer 1.4S	1.4S		
EX/II a)		6,25	1000	3000	5000	15000	unbegrenzt	5000	unbegrenzt
EX/III a)		18,75	16000	16000	16000	16000	unbegrenzt	16000	unbegrenzt

a) Für die Beschreibung von Fahrzeugen EX/II und EX/III siehe Teil 9.

Vorschriften für die Be- und Entladung und die Handhabung   7.5

ADR	RID
7.5.5.2.2 Werden Stoffe und Gegenstände verschiedener Unterklassen der Klasse 1 in eine Beförderungseinheit verladen und sind die Zusammenladeverbote des Unterabschnitts 7.5.2.2 berücksichtigt, ist die gesamte Ladung so zu behandeln, als ob sie zur gefährlichsten Unterklasse gehörte (nach der Reihenfolge 1.1, 1.5, 1.2. 1.3, 1.6, 1.4). Jedoch wird die Nettomasse von explosiven Stoffen der Verträglichkeitsgruppe S bei der Begrenzung der beförderten Mengen nicht berücksichtigt. Werden Stoffe der Klassifizierung 1.5D in eine Beförderungseinheit zusammen mit Stoffen oder Gegenständen der Unterklasse 1.2 verladen, ist die gesamte Ladung für die Beförderung so zu behandeln, als ob sie zur Unterklasse 1.1 gehörte.	

7.5.5.2.3 Beförderung von explosiven Stoffen oder Gegenständen mit Explosivstoff in MEMU
 	
Die Beförderung von explosiven Stoffen oder Gegenständen mit Explosivstoff in MEMU ist nur unter folgenden Bedingungen zugelassen:
 	
a) Der Beförderungsvorgang muss von der zuständigen Behörde auf ihrem Hoheitsgebiet genehmigt sein.
 	
b) Der Typ und die Menge der beförderten verpackten explosiven Stoffe oder Gegenständen mit Explosivstoff muss auf Typ und Menge begrenzt werden, die für die in der MEMU herzustellenden Menge des Materials notwendig sind, und dürfen, sofern von der zuständigen Behörde nichts anderes zugelassen ist, in keinem Fall überschreiten:
  – 200 kg für explosive Stoffe oder Gegenstände mit Explosivstoff der Verträglichkeitsgruppe D und
  – eine Gesamtmenge von 400 Einheiten Zündern oder Zündeinrichtungen oder eine Mischung beider.
 	
c) Verpackte explosive Stoffe oder Gegenstände mit Explosivstoff dürfen nur in Laderäumen befördert werden, die den Vorschriften des Abschnitts 6.12.5 entsprechen.
 	
d) In demselben Laderaum, in dem die verpackten explosiven Stoffe oder Gegenstände mit Explosivstoff enthalten sind, dürfen keine anderen gefährlichen Güter befördert werden.	

7.5 Vorschriften für die Be- und Entladung und die Handhabung

ADR	RID
e) Erst, wenn die Beladung anderer gefährlicher Güter abgeschlossen ist, und erst unmittelbar vor der Beförderung dürfen verpackte explosive Stoffe oder Gegenstände mit Explosivstoff in die MEMU verladen werden. f) Wenn eine Zusammenladung von explosiven Stoffen oder Gegenständen mit Explosivstoff und Stoffen der Klasse 5.1 (UN-Nummern 1942 und 3375) zugelassen ist, wird die Gesamtmenge für Zwecke der Trennung, der Stauung und der höchstzulässigen Ladung als Sprengstoffe der Klasse 1 behandelt.	

7.5.5.3 **Begrenzungen für organische Peroxide, selbstzersetzliche Stoffe und polymerisierende Stoffe der Klasse 4.1**
Die höchste Menge organischer Peroxide der Klasse 5.2 und selbstzersetzlicher Stoffe der Klasse 4.1 des Typs B, C, D, E oder F sowie polymerisierender Stoffe ist auf 20000 kg je Beförderungseinheit begrenzt.

7.5.6 (bleibt offen)

Vorschriften für die Be- und Entladung und die Handhabung 7.5

ADR	RID

7.5.7 Handhabung und Verstauung

7.5.7.1 Die Fahrzeuge | Die Wagen
oder Container müssen gegebenenfalls mit Einrichtungen für die Sicherung und Handhabung der gefährlichen Güter ausgerüstet sein. Versandstücke, die gefährliche Güter enthalten, und unverpackte gefährliche Gegenstände müssen durch geeignete Mittel gesichert werden, die in der Lage sind, die Güter im
Fahrzeug | Wagen
oder Container so zurückzuhalten (z.B. Befestigungsgurte, Schiebewände, verstellbare Halterungen), dass eine Bewegung während der Beförderung, durch die die Ausrichtung der Versandstücke verändert wird oder die zu einer Beschädigung der Versandstücke führt, verhindert wird. Wenn gefährliche Güter zusammen mit anderen Gütern (z.B. schwere Maschinen oder Kisten) befördert werden, müssen alle Güter in den
Fahrzeugen | Wagen
oder Containern so gesichert oder verpackt werden, dass das Austreten gefährlicher Güter verhindert wird. Die Bewegung der Versandstücke kann auch durch das Auffüllen von Hohlräumen mit Hilfe von Stauhölzern oder durch Blockieren und Verspannen verhindert werden. Wenn Verspannungen wie Bänder oder Gurte verwendet werden, dürfen diese nicht überspannt werden, so dass es zu einer Beschädigung oder Verformung des Versandstücks kommt. [3]
Die Vorschriften dieses Unterabschnitts gelten als erfüllt, wenn die Ladung gemäß der Norm EN 12195-1:2010 gesichert ist.

7.5.7.2 Versandstücke dürfen nicht gestapelt werden, es sei denn, sie sind für diesen Zweck ausgelegt. Wenn verschiedene Arten von Versandstücken, die für eine Stapelung ausgelegt sind, zusammen zu verladen sind, ist auf die gegenseitige Stapelverträglichkeit Rücksicht zu nehmen. Soweit erforderlich müssen gestapelte Versandstücke durch die Verwendung tragender Hilfsmittel gegen eine Beschädigung der unteren Versandstücke geschützt werden.

7.5.7.3 Während des Be- und Entladens müssen Versandstücke mit gefährlichen Gütern gegen Beschädigung geschützt werden.

Bem. Besondere Beachtung ist der Handhabung der Versandstücke bei der Vorbereitung zur Beförderung, der Art des
Fahrzeugs | Wagens
oder Containers, mit dem die Versandstücke befördert werden sollen, und der Be- und Entlademethode zu schenken, so dass eine unbeabsichtigte Beschädigung durch Ziehen der Versandstücke über den Boden oder durch falsche Behandlung der Versandstücke vermieden wird.

---

[3] Anleitungen für das Verstauen gefährlicher Güter können im «IMO/ILO/UNECE Code of Practice for Packing of Cargo Transport Units (CTU Code)» (Verfahrensregeln der IMO/ILO/UNECE für das Packen von Güterbeförderungseinheiten) (siehe z. B. Kapitel 9 «Packing cargo into CTUs» (Verladen von Gütern in CTU) und Kapitel 10 «Additional advice on the packing of dangerous goods» (Zusätzliche Hinweise zum Verladen gefährlicher Güter)) und den von der Europäischen Kommission veröffentlichten «European Best Practice Guidelines on Cargo Securing for Road Transport» (Europäische Leitlinien für optimale Verfahren der Ladungssicherung im Straßenverkehr) entnommen werden. Weitere Anleitungen werden auch von zuständigen Behörden und Industrieverbänden zur Verfügung gestellt.

[3] Anleitungen für das Verstauen gefährlicher Güter können im «IMO/ILO/UNECE Code of Practice for Packing of Cargo Transport Units (CTU Code)» (Verfahrensregeln der IMO/ILO/UNECE für das Packen von Güterbeförderungseinheiten) (siehe z.B. Kapitel 9 «Packing cargo into CTUs» (Verladen von Gütern in CTU) und Kapitel 10 «Additional advice on the packing of dangerous goods» (Zusätzliche Hinweise zum Verladen gefährlicher Güter)) entnommen werden. Weitere Anleitungen werden auch von zuständigen Behörden und Industrie- und Transportverbänden zur Verfügung gestellt, insbesondere in den «Verladerichtlinien – Kodex für die Verladung und Sicherung von Ladegütern auf Fahrzeugen im Schienengüterverkehr» des Internationalen Eisenbahnverbands (UIC).

7.5 Vorschriften für die Be- und Entladung und die Handhabung

	ADR	RID

7.5.7.4 Die Vorschriften des Unterabschnitts 7.5.7.1 gelten auch für das Verladen, Verstauen und Absetzen
sowie für das Entladen
von Containern, Tankcontainern, ortsbeweglichen Tanks und MEGC auf bzw. von

Fahrzeugen.	Wagen.

Sofern Tankcontainer, ortsbewegliche Tanks und MEGC baubedingt keine Eckbeschläge umfassen, wie sie in der Norm ISO 1496-1 Series 1 freight containers – Specifications and testing – Part 1: General cargo containers for general purposes (Frachtcontainer der Serie 1 – Spezifikationen und Prüfungen – Teil 1: Allgemeine Frachtcontainer für allgemeine Anwendung) festgelegt sind, muss überprüft werden, ob die an den Tankcontainern, ortsbeweglichen Tanks oder MEGC verwendeten Systeme mit dem am

Fahrzeug	Wagen

verwendeten System kompatibel sind
und den Vorschriften des Abschnitts 9.7.3 .
entsprechen.

7.5.7.5 Mitglieder der Fahrzeugbesatzung dürfen Versandstücke mit gefährlichen Gütern nicht öffnen. | (bleibt offen)

7.5.7.6 **Verladung von flexiblen Schüttgut-Containern**

7.5.7.6.1 Flexible Schüttgut-Container müssen in

Fahrzeugen	Wagen

oder Containern mit starren Stirn- und Seitenwänden befördert werden, deren Höhe mindestens zwei Drittel der Höhe des flexiblen Schüttgut-Containers abdeckt. Die für die Beförderung verwendeten Fahrzeuge müssen mit einer gemäß der UN-Regelung Nr. 13 [4] zugelassenen Fahrzeugstabilisierungsfunktion ausgerüstet sein.

[4] UN-Regelung Nr. 13 (Einheitliche Bedingungen für die Genehmigung von Fahrzeugen der Klassen M, N und O hinsichtlich der Bremsen).

Bem. Bei der Verladung flexibler Schüttgut-Container in

ein Fahrzeug oder einen Container	einen Wagen oder Container

müssen den in Unterabschnitt 7.5.7.1 angegebenen Hinweisen für das Verstauen gefährlicher Güter besondere Beachtung geschenkt werden.

7.5.7.6.2 Flexible Schüttgut-Container müssen durch Mittel gesichert werden, die geeignet sind, sie im

Fahrzeug	Wagen

oder Container so zurückzuhalten, dass Bewegungen während der Beförderung, die zu einer Veränderung der Ausrichtung oder zu einer Beschädigung des flexiblen Schüttgut-Containers führen, verhindert werden. Bewegungen der flexiblen Schüttgut-Container dürfen auch durch das Ausfüllen der Leerräume mit Hilfe von Stauhölzern oder durch Blockieren und Verspannen verhindert werden. Sofern Rückhalteeinrichtungen, wie Bänder oder Gurtbänder, verwendet werden, dürfen diese nicht so überspannt werden, dass es zu einer Beschädigung oder Deformierung der flexiblen Schüttgut-Container kommt.

7.5.7.6.3 Flexible Schüttgut-Container dürfen nicht gestapelt werden.

Vorschriften für die Be- und Entladung und die Handhabung 7.5

ADR	RID

7.5.8 Reinigung nach dem Entladen

7.5.8.1 Wird nach dem Entladen eines

| Fahrzeugs | Wagens |

oder Containers, in dem sich verpackte gefährliche Güter befanden, festgestellt, dass ein Teil ihres Inhaltes ausgetreten ist, so ist

| das Fahrzeug oder der Container | der Wagen oder Container |

so bald wie möglich, auf jeden Fall aber vor erneutem Beladen, zu reinigen.

Ist eine Reinigung vor Ort nicht möglich, muss

| das Fahrzeug oder der Container | der Wagen oder Container |

unter Beachtung einer ausreichenden Sicherheit bei der Beförderung der nächsten geeigneten Stelle, wo eine Reinigung durchgeführt werden kann, zugeführt werden.

Eine ausreichende Sicherheit bei der Beförderung liegt vor, wenn geeignete Maßnahmen ergriffen wurden, die ein unkontrolliertes Freiwerden der ausgetretenen gefährlichen Güter verhindern.

7.5.8.2

| Fahrzeuge | Wagen |

oder Container, in denen sich gefährliche Güter in loser Schüttung befanden, sind vor erneutem Beladen in geeigneter Weise zu reinigen, wenn nicht die neue Ladung aus dem gleichen gefährlichen Gut besteht wie die vorhergehende.

7.5.9 Rauchverbot

Bei Ladearbeiten ist das Rauchen in der Nähe der Fahrzeuge oder Container und in den Fahrzeugen oder Containern untersagt. Das Rauchverbot gilt auch für die Verwendung elektronischer Zigaretten und ähnlicher Geräte.

(bleibt offen)

7.5.10 Maßnahmen zur Vermeidung elektrostatischer Auflädung

▶ 6.8.2.1.27

Bei entzündbaren Gasen, bei flüssigen Stoffen mit einem Flammpunkt bis höchstens 60 °C oder bei UN 1361 Kohle oder Ruß, Verpackungsgruppe II ist vor der Befüllung oder Entleerung der Tanks eine elektrisch gut leitende Verbindung zwischen dem Aufbau des Fahrzeugs, dem ortsbeweglichen Tank oder dem Tankcontainer und der Erde herzustellen. Außerdem ist die Füllgeschwindigkeit zu begrenzen.

(bleibt offen)

1695

7.5 Vorschriften für die Be- und Entladung und die Handhabung

ADR	RID

7.5.11
▶ 7.5.1.4

Zusätzliche Vorschriften für bestimmte Klassen oder Güter

ADR	RID
Neben den Vorschriften der Abschnitte 7.5.1 bis 7.5.10 gelten folgende Sondervorschriften, sofern diese in Kapitel 3.2 Tabelle A Spalte 18 bei einer Eintragung angegeben sind:	7.5.4 und 7.5.8 wenn ein mit den Buchstaben «CW» beginnender alphanumerischer Code angegeben ist:

CV 1	CW 1
(1) Es ist untersagt, a) an einer der Öffentlichkeit zugänglichen Stelle innerhalb von Ortschaften Güter ohne besondere Erlaubnis der zuständigen Behörden auf- oder abzuladen; b) an einer der Öffentlichkeit zugänglichen Stelle außerhalb von Ortschaften Güter auf- oder abzuladen, ohne die zuständigen Behörden davon benachrichtigt zu haben, es sei denn, dass diese Maßnahmen aus Sicherheitsgründen dringend erforderlich sind. (2) Sind aus irgendeinem Grund Ladearbeiten an einer der Öffentlichkeit zugänglichen Stelle auszuführen, so müssen Stoffe und Gegenstände verschiedener Art entsprechend den Gefahrzetteln getrennt werden.	Die Böden der Wagen und Container müssen vor dem Verladen vom Absender gründlich gereinigt werden. Im Innern des Wagens oder Containers dürfen keine metallenen Gegenstände vorstehen, die nicht zum Wagen oder Container gehören. Türen und Fenster (Luftklappen) der Wagen oder Container müssen geschlossen gehalten werden. Die Versandstücke sind in den Wagen oder Containern so zu verladen und zu befestigen, dass sie sich nicht bewegen oder verschieben können. Sie sind gegen Scheuern und Anschlagen jeder Art zu schützen.

CV 2	CW 2
(1) Vor dem Beladen ist die Ladefläche des Fahrzeugs oder des Containers gründlich zu reinigen. (2) Die Verwendung von Feuer und offenem Licht ist auf Fahrzeugen und in Containern, die diese Güter befördern, in ihrer Nähe sowie beim Be- und Entladen verboten.	(bleibt offen)

CV 3	CW 3
Siehe Unterabschnitt 7.5.5.2.	(bleibt offen)

CV 4	CW 4
Die Stoffe und Gegenstände der Verträglichkeitsgruppe L dürfen nur als geschlossene Ladung befördert werden.	Die Stoffe und Gegenstände der Verträglichkeitsgruppe L dürfen nur als geschlossene Ladung befördert werden.

CV 5 bis CV 8	CW 5 bis CW 8
(bleibt offen)	(bleibt offen)

CV 9	CW 9
Die Versandstücke dürfen nicht geworfen oder Stößen ausgesetzt werden. Die Gefäße sind in den Fahrzeugen so zu verladen, dass sie nicht umkippen oder herabfallen können.	

Vorschriften für die Be- und Entladung und die Handhabung 7.5

ADR	RID
CV 10 Die Flaschen gemäß Begriffsbestimmung in Abschnitt 1.2.1 müssen parallel oder quer zur Längsachse des Fahrzeugs oder Containers gelegt werden; in der Nähe der Stirnwände müssen sie jedoch quer zur Längsachse verladen werden. Kurze Flaschen mit großem Durchmesser (etwa 30 cm und mehr) dürfen auch längs gelagert werden, wobei die Schutzeinrichtungen der Ventile zur Fahrzeugmitte oder Containermitte zeigen müssen. Flaschen, die ausreichend standfest sind oder die in geeigneten Einrichtungen, die sie gegen Umfallen schützen, befördert werden, dürfen aufrecht verladen werden. Liegende Flaschen müssen in sicherer und geeigneter Weise so verkeilt, festgebunden oder festgelegt sein, dass sie sich nicht verschieben können.	**CW 10** Die Flaschen gemäß Begriffsbestimmung in Abschnitt 1.2.1 müssen parallel oder quer zur Längsachse des Wagens oder Containers gelegt werden; in der Nähe der Stirnwände müssen sie jedoch quer zur Längsachse verladen werden. Kurze Flaschen mit großem Durchmesser (etwa 30 cm und mehr) dürfen auch längs gelagert werden, wobei die Schutzeinrichtungen der Ventile zur Wagenmitte oder Containermitte zeigen müssen. Rollbare Gefäße müssen mit ihrer Längsachse parallel zu den Längsseiten des Wagens oder Containers gelagert und gegen seitliche Bewegung gesichert sein.
CV 11	**CW 11**
Die Gefäße müssen immer in der Lage verladen werden, für die sie gebaut sind, und sie müssen gegen jede mögliche Beschädigung durch andere Versandstücke geschützt sein.	
CV 12	**CW 12**
Wenn die Gegenstände auf Paletten verladen sind und die Paletten gestapelt werden, muss jede Palettenlage gleichmäßig auf der darunter liegenden verteilt sein, wenn nötig durch Einlegen eines Materials von genügender Festigkeit.	
CV 13	**CW 13**
Wenn Stoffe frei geworden sind und in einem Fahrzeug oder Container verschüttet wurden, so darf dieses/dieser erst nach gründlicher Reinigung, gegebenenfalls Desinfektion oder Entgiftung, wieder verwendet werden. Alle anderen in demselben Fahrzeug oder Container beförderten Güter und Gegenstände sind auf mögliche Verunreinigung zu prüfen.	Wenn Stoffe frei geworden sind und in einem Wagen oder Container verschüttet wurden, so darf dieser erst nach gründlicher Reinigung, gegebenenfalls Desinfektion oder Entgiftung, wieder verwendet werden. Alle anderen in demselben Wagen oder Container beförderten Güter und Gegenstände sind auf mögliche Verunreinigung zu prüfen.
CV 14	**CW 14**
Die Güter müssen während der Beförderung vor direkter Sonneneinstrahlung und Wärmeentwicklung geschützt sein. Die Versandstücke dürfen nur an kühlen und gut belüfteten Orten, entfernt von Wärmequellen gelagert werden.	(bleibt offen)
CV 15	**CW 15**
Siehe Unterabschnitt 7.5.5.3.	(bleibt offen)
CV 16	**CW 16**
(bleibt offen)	Sendungen von UN 1749 Chlortrifluorid mit einer Bruttomasse von mehr als 500 kg dürfen nur als geschlossene Ladung und als solche nur bis zu einer Masse von 5000 kg je Wagen oder Großcontainer befördert werden.
CV 17	**CW 17**
(bleibt offen)	Versandstücke mit Stoffen dieser Klasse, bei denen eine bestimmte Umgebungstemperatur einzuhalten ist, dürfen nur als geschlossene Ladung befördert werden. Die Beförderungsbedingungen sind zwischen Absender und Beförderer zu vereinbaren.

7.5 Vorschriften für die Be- und Entladung und die Handhabung

ADR	RID
CV 18 (bleibt offen)	**CW 18** Die Versandstücke müssen so verstaut sein, dass sie leicht zugänglich sind.
CV 19 (bleibt offen)	**CW 19**
CV 20 Die Vorschriften des Kapitels 5.3 und die Absätze 7.1.7.4.7 und 7.1.7.4.8 sowie die Sondervorschrift V 1 des Kapitels 7.2 gelten nicht, vorausgesetzt, der Stoff ist gemäß der jeweils vorgeschriebenen Verpackungsmethode OP1 oder OP2 des Unterabschnitts 4.1.4.1 Verpackungsanweisung P 520 verpackt und die Gesamtmenge der Stoffe, für die diese Abweichung angewendet wird, beträgt je Beförderungseinheit nicht mehr als 10 kg.	**CW 20** (bleibt offen)
CV 21 Vor der Beladung ist die Beförderungseinheit einer sorgfältigen Inspektion zu unterziehen. Vor der Beförderung ist der Beförderer in Kenntnis zu setzen über: – Anweisungen hinsichtlich der Bedienung des Kühlsystems, gegebenenfalls einschließlich einer Liste der unterwegs vorhandenen Kühlmittellieferanten; – Vorgehensweise bei Ausfall der Temperaturkontrolle. Im Falle einer Temperaturkontrolle nach den in Absatz 7.1.7.4.5 b) oder d) beschriebenen Verfahren ist eine ausreichende Menge nicht entzündbarer Kühlmittel (z. B. flüssiger Stickstoff oder Trockeneis) einschließlich eines angemessenen Zuschlags für eventuelle Verzögerungen mitzuführen, sofern nicht eine Nachschubmöglichkeit sichergestellt ist. Die Versandstücke müssen so verstaut sein, dass sie leicht zugänglich sind. Die vorgeschriebene Kontrolltemperatur muss während des ganzen Beförderungsvorgangs, einschließlich des Be- und Entladens sowie eventueller Zwischenhalte, eingehalten werden.	**CW 21** (bleibt offen)
CV 22 Die Versandstücke müssen so verladen werden, dass eine ungehinderte Luftzirkulation im Laderaum eine gleichmäßige Temperatur der Ladung gewährleistet. Wenn der Inhalt eines Fahrzeugs oder eines Großcontainers 5000 kg entzündbarer fester Stoffe, polymerisierender Stoffe und/oder organischer Peroxide überschreitet, muss die Ladung in Stapel von höchstens 5000 kg mit Luftzwischenräumen von mindestens 0,05 m unterteilt werden.	**CW 22** Die Wagen und Großcontainer müssen vor dem Beladen gründlich gereinigt werden. Die Versandstücke müssen so verladen sein, dass eine ungehinderte Luftzirkulation im Laderaum eine gleichmäßige Temperatur der Ladung gewährleistet. Falls in einem Wagen oder Großcontainer mehr als 5000 kg dieser Stoffe verladen sind, muss die Ladung in Stapel von nicht mehr als 5000 kg unterteilt werden, wobei Luftzwischenräume von mindestens 0,05 m einzuhalten sind. Die Versandstücke müssen gegen Beschädigung durch andere Versandstücke geschützt sein.
CV 23 Bei der Handhabung der Versandstücke sind besondere Maßnahmen zu treffen, damit sie nicht mit Wasser in Berührung kommen.	**CW 23**

Vorschriften für die Be- und Entladung und die Handhabung 7.5

ADR	RID
CV 24 Vor der Beladung sind die Fahrzeuge und Container gründlich zu reinigen und insbesondere von allen entzündbaren Resten (Stroh, Heu, Papier usw.) zu säubern. Es ist untersagt, leicht entzündbare Werkstoffe für die Verstauung der Versandstücke zu verwenden.	**CW 24** Vor der Beladung sind die Wagen und Container gründlich zu reinigen und insbesondere von allen entzündbaren Resten (Stroh, Heu, Papier usw.) zu säubern. Es ist untersagt, leicht entzündbare Werkstoffe für die Verstauung der Versandstücke zu verwenden.
CV 25 (1) Die Versandstücke müssen so verstaut sein, dass sie leicht zugänglich sind (2) Wenn Versandstücke bei einer Umgebungstemperatur von höchstens 15 °C oder gekühlt zu befördern sind, muss diese Temperatur während des Umladens oder der Zwischenlagerung eingehalten werden. (3) Die Versandstücke dürfen nur an kühlen Orten, entfernt von Wärmequellen gelagert werden.	**CW 25** (bleibt offen)
CV 26 Die Holzteile des Fahrzeugs oder Containers, die mit diesen Stoffen in Berührung gekommen sind, müssen entfernt und verbrannt werden.	**CW 26** Die Holzteile des Wagens oder Containers, die mit diesen Stoffen in Berührung gekommen sind, müssen entfernt und verbrannt werden.
CV 27 (1) Die Versandstücke müssen so verstaut sein, dass sie leicht zugänglich sind. (2) Wenn die Versandstücke gekühlt zu befördern sind, muss die Aufrechterhaltung der Kühlkette während des Umladens oder der Zwischenlagerung sichergestellt werden. (3) Die Versandstücke dürfen nur an kühlen Orten, entfernt von Wärmequellen gelagert werden.	**CW 27** (bleibt offen)
CV 28 Siehe Abschnitt 7.5.4.	**CW 28**
CV 29 (bleibt offen)	**CW 29** Die Versandstücke müssen aufrecht stehen.
CV 30 (bleibt offen)	**CW 30** (gestrichen)
CV 31 (bleibt offen)	**CW 31** Wagen oder Großcontainer, in denen Stoffe dieser Klasse als geschlossene Ladung befördert wurden, oder Kleincontainer, in denen diese Stoffe befördert wurden, müssen nach der Entladung auf Reste der Ladung geprüft werden.
CV 32 (bleibt offen)	**CW 32**

7.5 Vorschriften für die Be- und Entladung und die Handhabung

ADR	RID

▶ 1.7.2.5

CV 33	CW 33

Bem. 1. «Kritische Gruppe» ist eine Gruppe der Öffentlichkeit, die in Bezug auf ihre Exposition gegenüber einer vorhandenen Strahlungsquelle und einem vorhandenen Expositionspfad hinreichend homogen ist und die charakteristisch ist für Einzelpersonen, die durch den vorhandenen Expositionspfad von der vorhandenen Strahlungsquelle die höchste effektive Dosis erhalten.
2. «Öffentlichkeit» sind im Allgemeinen alle Einzelpersonen aus der Bevölkerung, ausgenommen solche, die aus beruflichen oder medizinischen Gründen einer Strahlung ausgesetzt sind.
3. «Beschäftigte» sind alle Personen, die entweder in Vollzeit, in Teilzeit oder zeitweise für einen Arbeitgeber beschäftigt sind und die bezüglich des beruflichen Strahlenschutzes Rechte und Pflichten übernommen haben.

(1) Trennung

(1.1) Versandstücke, Umverpackungen, Container und Tanks, die radioaktive Stoffe enthalten, und unverpackte radioaktive Stoffe sind während der Beförderung getrennt zu halten:
  a) von Beschäftigten in regelmäßig benutzten Arbeitsbereichen:
     (i) gemäß nachstehender Tabelle A oder
     (ii) durch einen Abstand, der unter Verwendung konservativer Modellparameter so berechnet ist, dass die sich in diesem Bereich aufhaltenden Beschäftigten weniger als 5 mSv pro Jahr erhalten;
  Bem. Beschäftigte, die für Zwecke des Strahlenschutzes einer Individualüberwachung unterliegen, müssen für Zwecke der Trennung nicht in Betracht gezogen werden.
  b) von Personen der Öffentlichkeit in Bereichen, zu denen die Öffentlichkeit regelmäßigen Zugang hat:
     (i) gemäß nachstehender Tabelle A oder
     (ii) durch einen Abstand, der unter Verwendung konservativer Modellparameter so berechnet ist, dass die sich in diesem Bereich aufhaltenden Personen der kritischen Gruppe weniger als 1 mSv pro Jahr erhalten;
  c) von unentwickelten Filmen und Postsäcken:
     (i) gemäß nachstehender Tabelle B oder
     (ii) durch einen Abstand, der so berechnet ist, dass die Strahlenexposition für unentwickelte Filme bei der Beförderung radioaktiver Stoffe auf 0,1 mSv pro Filmsendung beschränkt ist; und
  Bem. Postsäcke müssen so behandelt werden, als ob sie unentwickelte Filme und Fotoplatten enthielten, und müssen daher in gleicher Weise von radioaktiven Stoffen getrennt werden.
  d) von anderen gefährlichen Gütern gemäß Abschnitt 7.5.2.

Tabelle A Mindestabstände zwischen Versandstücken der Kategorie II-GELB oder III-GELB und Personen

Summe der Transportkennzahlen nicht größer als	Dauer der Exposition pro Jahr (in Stunden)			
	Bereiche, zu denen die Öffentlichkeit regelmäßigen Zugang hat		regelmäßig benutzte Arbeitsbereiche	
	50	250	50	250
	Mindestabstand in Metern, wenn kein abschirmendes Material vorhanden ist			
2	1	3	0,5	1
4	1,5	4	0,5	1,5
8	2,5	6	1,0	2,5
12	3	7,5	1,0	3
20	4	9,5	1,5	4
30	5	12	2	5
40	5,5	13,5	2,5	5,5
50	6,5	15,5	3	6,5

Vorschriften für die Be- und Entladung und die Handhabung 7.5

ADR	RID

Tabelle B Mindestabstände zwischen Versandstücken der Kategorien II-GELB oder III-GELB und Sendungen mit der Aufschrift «FOTO» oder Postsäcken

Gesamtzahl der Versandstücke nicht mehr als Kategorie		Summe der Transportkennzahlen nicht größer als	Dauer der Beförderung oder Lagerung in Stunden						
GELB-III	GELB-II		1	2	4	10	24	48	120	240
			Mindestabstand in Metern						
		0,2	0,5	0,5	0,5	0,5	1	1	2	3
		0,5	0,5	0,5	0,5	1	1	2	3	5
	1	1	0,5	0,5	1	1	2	3	5	7
	2	2	0,5	1	1	1,5	3	4	7	9
	4	4	1	1	1,5	3	4	6	9	13
	8	8	1	1,5	2	4	6	8	13	18
1	10	10	1	2	3	4	7	9	14	20
2	20	20	1,5	3	4	6	9	13	20	30
3	30	30	2	3	5	7	11	16	25	35
4	40	40	3	4	5	8	13	18	30	40
5	50	50	3	4	6	9	14	20	32	45

(1.2) Versandstücke oder Umverpackungen der Kategorie II-GELB oder III-GELB dürfen in von Personen besetzten Abteilen | in Reisezugwagen

nicht befördert werden; ausgenommen hiervon sind Abteile, die für Personen mit einer Genehmigung zur Begleitung solcher Versandstücke oder Umverpackungen reserviert sind.

(1.3) Außer den Mitgliedern der Fahrzeugbesatzung sind in Fahrzeugen, in denen Versandstücke, Umverpackungen oder Container mit Gefahrzetteln der Kategorie II-GELB oder III-GELB befördert werden, keine anderen Personen zugelassen. | (bleibt offen)

(2) **Aktivitätsgrenzwerte**

Die Gesamtaktivität darf in einem Fahrzeug | Wagen

zur Beförderung von LSA-Stoffen oder SCO-Gegenständen in Industrieversandstücken Typ 1 (Typ IP-1), Typ 2 (Typ IP-2), Typ 3 (Typ IP-3) oder unverpackt die in nachstehender Tabelle C angegebenen Grenzwerte nicht überschreiten. Für SCO-III-Gegenstände dürfen die Grenzwerte der nachstehenden Tabelle C überschritten werden, vorausgesetzt, der Beförderungsplan enthält Vorkehrungen, die während der Beförderung zu ergreifen sind, um ein allgemeines Sicherheitsniveau zu erreichen, das mindestens dem gleichwertig ist, das gegeben wäre, wenn die Grenzwerte eingehalten worden wären.

1701

7.5	Vorschriften für die Be- und Entladung und die Handhabung	
	ADR	RID

Tabelle C Aktivitätsgrenzwerte je Fahrzeug/Wagen für LSA-Stoffe und SCO-Gegenständen in Industrieversandstücken oder unverpackt

Art des Stoffes oder Gegenstandes	Aktivitätsgrenzwerte für Fahrzeuge/Wagen
LSA-I	unbegrenzt
LSA-II und LSA-III nicht brennbare feste Stoffe	unbegrenzt
LSA-II und LSA-III brennbare feste Stoffe und alle flüssigen Stoffe und Gase	100 A_2
SCO	100 A_2

(3) **Verstauung für die Beförderung und Zwischenlagerung**

(3.1) Die Sendungen sind sicher zu verstauen.

(3.2) Unter der Voraussetzung, dass der mittlere Wärmefluss an der Oberfläche 15 W/m² nicht überschreitet und die Güter in unmittelbarer Umgebung nicht in Säcken verpackt sind, darf ein Versandstück oder eine Umverpackung ohne besondere Ladevorschriften zusammen mit anderen verpackten Gütern befördert oder gelagert werden, sofern ein Genehmigungszeugnis der zuständigen Behörde nicht ausdrücklich etwas anderes bestimmt.

(3.3) Die folgenden Vorschriften sind beim Beladen der Container und beim Verladen von Versandstücken, Umverpackungen und Containern anzuwenden:

a) Mit Ausnahme der Beförderung unter ausschließlicher Verwendung und von Sendungen von LSA-I-Stoffen ist die Gesamtzahl von Versandstücken, Umverpackungen und Containern in einem
Fahrzeug | Wagen
so zu begrenzen, dass die Summe der Transportkennzahlen im
Fahrzeug | Wagen
die in nachstehender Tabelle D aufgeführten Werte nicht überschreitet.

b) Die Dosisleistung unter Routine-Beförderungsbedingungen darf auf der Außenfläche des
Fahrzeugs | Wagens
oder Containers an keinem Punkt 2 mSv/h und in einem Abstand von 2 m von der Außenfläche des
Fahrzeugs | Wagens
oder Containers an keinem Punkt 0,1 mSv/h überschreiten, ausgenommen Sendungen unter ausschließlicher Verwendung, für die die Dosisleistungsgrenzwerte in der Umgebung des
Fahrzeugs | Wagens
in (3.5) b) und c) festgelegt sind.

c) Die Summe der Kritikalitätssicherheitskennzahlen in einem Container oder
Fahrzeug | Wagen
darf die in nachstehender Tabelle E aufgeführten Werte nicht überschreiten.

Tabelle D Grenzwerte für die Transportkennzahl je Container und Fahrzeug/Wagen, die nicht unter ausschließlicher Verwendung stehen

Art des Containers oder Fahrzeugs/Wagens	Grenzwerte für die Summe der Transportkennzahlen in einem Container oder Fahrzeug/Wagen
Kleincontainer	50
Großcontainer	50
Fahrzeug/Wagen	50

Vorschriften für die Be- und Entladung und die Handhabung 7.5

ADR	RID

Tabelle E Grenzwerte für die Kritikalitätssicherheitskennzahlen je Container und Fahrzeug/Wagen, die spaltbare Stoffe enthalten

Art des Containers oder Fahrzeugs/Wagens	Grenzwerte für die Summe der Kritikalitätssicherheitskennzahlen in einem Container oder Fahrzeug/Wagen	
	nicht unter ausschließlicher Verwendung	unter ausschließlicher Verwendung
Kleincontainer	50	nicht zutreffend
Großcontainer	50	100
Fahrzeug/Wagen	50	100

(3.4) Alle Versandstücke oder Umverpackungen mit einer höheren Transportkennzahl als 10 und alle Sendungen mit einer höheren Kritikalitätssicherheitskennzahl als 50 dürfen nur unter ausschließlicher Verwendung befördert werden.

(3.5) Die Dosisleistung darf bei Sendungen, die unter ausschließlicher Verwendung befördert werden, folgende Werte nicht überschreiten:

   a) 10 mSv/h an keinem Punkt der Außenflächen von Versandstücken oder Umverpackungen; sie darf 2 mSv/h nur überschreiten, wenn

      (i) das Fahrzeug | der Wagen

      mit einer Umhüllung ausgerüstet ist, die unter Routine-Beförderungsbedingungen den Zugang Unbefugter in das Innere der Umhüllung verwehrt, und

      (ii) Vorkehrungen getroffen worden sind, um das Versandstück oder die Umverpackung so zu befestigen, dass deren Lage innerhalb der Umhüllung des Fahrzeugs | Wagens während der Routinebeförderung unverändert bleibt, und

      (iii) während der Beförderung keine Be- oder Entladung vorgenommen wird;

   b) 2 mSv/h an keinem Punkt der Außenfläche des Fahrzeugs | Wagens einschließlich der Dach- und Bodenflächen oder bei einem offenen Fahrzeug | Wagen an keinem Punkt, der sich auf den von den äußeren Kanten des Fahrzeugs | Wagens projizierten senkrechten Ebenen, der Oberfläche der Ladung und der unteren Außenfläche des Fahrzeugs | Wagens befindet, und

   c) 0,1 mSv/h an keinem Punkt im Abstand von 2 m von den senkrechten Flächen, die von den Außenflächen des Fahrzeugs | Wagens gebildet werden, oder, falls die Ladung auf einem offenen Fahrzeug | Wagen befördert wird, an keinem Punkt im Abstand von 2 m von den durch die äußeren Kanten des Fahrzeugs | Wagens projizierten senkrechten Ebenen.

7.5	Vorschriften für die Be- und Entladung und die Handhabung
ADR	**RID**

(4) **Zusätzliche Vorschriften für die Beförderung und Zwischenlagerung von spaltbaren Stoffen**

(4.1) Jede Gruppe von Versandstücken, Umverpackungen und Containern, die spaltbare Stoffe enthalten und in einem Lagerbereich zwischengelagert werden, ist so zu begrenzen, dass die Gesamtsumme der Kritikalitätssicherheitskennzahlen in der Gruppe den Wert 50 nicht überschreitet. Jede Gruppe ist so zu lagern, dass von anderen derartigen Gruppen ein Mindestabstand von 6 m eingehalten wird.

(4.2) Wenn die Summe der Kritikalitätssicherheitskennzahlen in einem
Fahrzeug | Wagen
oder Container in Übereinstimmung mit oben stehender Tabelle E größer ist als 50, so hat die Lagerung so zu erfolgen, dass zu anderen Gruppen von Versandstücken, Umverpackungen oder Containern, die spaltbare Stoffe enthalten, oder anderen
Fahrzeugen | Wagen
mit radioaktiven Stoffen ein Mindestabstand von 6 m eingehalten wird.

(4.3) Spaltbare Stoffe, die eine der Vorschriften der Absätze a) bis f) des Absatzes 2.2.7.2.3.5 erfüllen, müssen folgenden Anforderungen entsprechen:

a) je Sendung ist nur eine der Vorschriften der Absätze a) bis f) des Absatzes 2.2.7.2.3.5 zugelassen;

b) je Sendung ist nur ein gemäß Absatz 2.2.7.2.3.5 f) zugeordneter, zugelassener spaltbarer Stoff in Versandstücken zugelassen, es sei denn im Zulassungszeugnis sind mehrere Stoffe zugelassen;

c) gemäß Absatz 2.2.7.2.3.5 c) zugeordnete spaltbare Stoffe in Versandstücken müssen in einer Sendung mit höchstens 45 g spaltbaren Nukliden befördert werden;

d) gemäß Absatz 2.2.7.2.3.5 d) zugeordnete spaltbare Stoffe in Versandstücken müssen in einer Sendung mit höchstens 15 g spaltbaren Nukliden befördert werden;

e) gemäß Absatz 2.2.7.2.3.5 e) zugeordnete unverpackte oder verpackte spaltbare Stoffe müssen in einem
Fahrzeug | Wagen
unter ausschließlicher Verwendung mit höchstens 45 g spaltbaren Nukliden befördert werden.

(5) **Beschädigte oder undichte Versandstücke, kontaminierte Verpackungen**

(5.1) Ist ein Versandstück offensichtlich beschädigt oder undicht oder wird vermutet, dass das Versandstück beschädigt wurde oder undicht war, ist der Zugang zu diesem Versandstück zu beschränken und das Ausmaß der Kontamination und die daraus resultierende Dosisleistung des Versandstücks durch eine qualifizierte Person so schnell wie möglich abzuschätzen. Der Umfang der Abschätzung muss sich auf das Versandstück,
das Fahrzeug, | den Wagen,
die angrenzenden Be- und Entladebereiche und gegebenenfalls auf alle anderen mit dem
Fahrzeug | Wagen
beförderten Güter erstrecken. Falls erforderlich, sind zum Schutz von Personen, Eigentum und der Umwelt in Übereinstimmung mit den von der zuständigen Behörde aufgestellten Bestimmungen zusätzliche Maßnahmen zu ergreifen, um die Folgen derartiger Undichtheiten oder Beschädigungen zu beseitigen und zu verringern.

(5.2) Versandstücke, die beschädigt sind oder aus denen radioaktiver Inhalt über die für normale Beförderungsbedingungen zulässigen Grenzwerte hinaus entweicht, dürfen unter Aufsicht zu einem annehmbaren Zwischenlagerplatz gebracht, aber erst weiterbefördert werden, nachdem sie repariert oder instandgesetzt und dekontaminiert worden sind.

Vorschriften für die Be- und Entladung und die Handhabung 7.5

ADR	RID

(5.3) Regelmäßig für die Beförderung radioaktiver Stoffe verwendete

Fahrzeuge	Wagen

und Ausrüstungen sind wiederkehrend auf Kontamination zu überprüfen. Die Häufigkeit derartiger Überprüfungen richtet sich nach der Wahrscheinlichkeit einer Kontamination und nach dem Umfang, in dem radioaktive Stoffe befördert werden.

(5.4) Sofern in Absatz (5.5) nichts anderes vorgesehen ist, müssen alle

Fahrzeuge	Wagen

oder Ausrüstungen oder Teile davon, die während der Beförderung radioaktiver Stoffe über die in Absatz 4.1.9.1.2 festgelegten Grenzwerte hinaus kontaminiert wurden oder auf der Oberfläche eine Dosisleistung von mehr als 5 μSv/h aufweisen, so schnell wie möglich durch eine qualifizierte Person dekontaminiert werden und dürfen nicht wieder verwendet werden, es sei denn, folgende Vorschriften sind erfüllt:

a) die nicht festhaftende Kontamination überschreitet nicht die in Absatz 4.1.9.1.2 festgelegten Grenzwerte;

b) die aus der festhaftenden Kontamination resultierende Dosisleistung an der Oberfläche ist nicht größer als 5 μSv/h.

(5.5) Die für die Beförderung unverpackter radioaktiver Stoffe unter ausschließlicher Verwendung eingesetzten Container oder

Fahrzeuge	Wagen

sind von den Vorschriften des Absatzes 4.1.9.1.2 und des vorstehenden Absatzes (5.4) und nur bezüglich ihrer Innenflächen und nur solange ausgenommen, wie es bei dieser speziellen ausschließlichen Verwendung bleibt.

(6) Sonstige Vorschriften

Bei Unzustellbarkeit der Sendung ist diese an einem sicheren Ort zu lagern; die zuständige Behörde ist schnellstmöglich zu unterrichten und um Weisung für das weitere Vorgehen zu ersuchen.

CV 34	CW 34

Vor der Beförderung der Druckgefäße ist sicherzustellen, dass sich der Druck infolge einer potentiellen Wasserstoffbildung nicht erhöht hat.

CV 35	CW 35

Werden Säcke als Einzelverpackungen verwendet, müssen diese angemessen voneinander getrennt werden, um eine Verteilung der Wärme zu ermöglichen.

7.5 Vorschriften für die Be- und Entladung und die Handhabung

ADR	RID
CV 36 Die Versandstücke sind vorzugsweise in offene oder belüftete Fahrzeuge oder in offene oder belüftete Container zu verladen. Wenn dies nicht möglich ist und die Versandstücke in anderen gedeckten Fahrzeugen oder anderen geschlossenen Containern befördert werden, muss ein Gasaustausch zwischen dem Ladeabteil und dem Fahrerhaus verhindert werden und die Ladetüren der Fahrzeuge oder Container müssen mit folgendem Kennzeichen versehen sein, wobei die Buchstabenhöhe mindestens 25 mm betragen muss: «ACHTUNG KEINE BELÜFTUNG VORSICHTIG ÖFFNEN» Diese Angaben müssen in einer Sprache abgefasst sein, die vom Absender als geeignet angesehen wird. Für die UN-Nummern 2211 und 3314 ist dieses Kennzeichen nicht erforderlich, wenn das Fahrzeug oder der Container bereits gemäß der Sondervorschrift 965 des IMDG-Codes [5] gekennzeichnet ist. [5] Warnzeichen, das die Worte «VORSICHT – KANN ENTZÜNDBARE DÄMPFE ENTHALTEN» mit einer Buchstabenhöhe von mindestens 25 mm enthält und das an jedem Zugang an einer von Personen, die das Fahrzeug oder den Container öffnen oder betreten, leicht einsehbaren Stelle angebracht ist.	**CW 36** Die Versandstücke sind vorzugsweise in offene oder belüftete Wagen oder in offene oder belüftete Container zu verladen. Wenn dies nicht möglich ist und die Versandstücke in anderen gedeckten Wagen oder anderen geschlossenen Containern befördert werden, muss ein Gasaustausch zwischen dem Ladeabteil und den während der Beförderung zugänglichen Abteilen verhindert werden und die Ladetüren der Wagen oder Container müssen mit folgendem Kennzeichen versehen sein, wobei die Buchstabenhöhe mindestens 25 mm betragen muss: «ACHTUNG KEINE BELÜFTUNG VORSICHTIG ÖFFNEN» Diese Angaben müssen in einer Sprache abgefasst sein, die vom Absender als geeignet angesehen wird. Für die UN-Nummern 2211 und 3314 ist dieses Kennzeichen nicht erforderlich, wenn der Wagen oder Container bereits gemäß der Sondervorschrift 965 des IMGD-Codes [4] gekennzeichnet ist. [4] Warnzeichen, das die Worte «VORSICHT – KANN ENTZÜNDBARE DÄMPFE ENTHALTEN» mit einer Buchstabenhöhe von mindestens 25 mm enthält und das an jedem Zugang an einer von Personen, die die Güterbeförderungseinheit öffnen oder betreten, leicht einsehbaren Stelle angebracht ist.
CV 37 Vor der Verladung müssen diese Nebenprodukte auf Umgebungstemperatur abgekühlt werden, es sei denn, sie wurden zum Entziehen der Feuchtigkeit kalziniert. Fahrzeuge und Container, die eine Ladung in loser Schüttung enthalten, müssen über eine angemessene Belüftung verfügen und während der Beförderung gegen das Eindringen von Wasser geschützt sein. Die Ladetüren der gedeckten Fahrzeuge und der geschlossenen Container müssen mit folgendem Kennzeichen versehen sein, wobei die Buchstabenhöhe mindestens 25 mm betragen muss: «ACHTUNG GESCHLOSSENES UMSCHLIESSUNGSMITTEL VORSICHTIG ÖFFNEN» Diese Angaben müssen in einer Sprache abgefasst sein, die vom Absender als geeignet angesehen wird.	**CW 37** Vor der Verladung müssen diese Nebenprodukte auf Umgebungstemperatur abgekühlt werden, es sei denn, sie wurden zum Entziehen der Feuchtigkeit kalziniert. Wagen und Container, die eine Ladung in loser Schüttung enthalten, müssen über eine angemessene Belüftung verfügen und während der Beförderung gegen das Eindringen von Wasser geschützt sein. Die Ladetüren der gedeckten Wagen und der geschlossenen Container müssen mit folgendem Kennzeichen versehen sein, wobei die Buchstabenhöhe mindestens 25 mm betragen muss: «ACHTUNG GESCHLOSSENES UMSCHLIESSUNGSMITTEL VORSICHTIG ÖFFNEN» Diese Angaben müssen in einer Sprache abgefasst sein, die vom Absender als geeignet angesehen wird.

(bleibt offen)	**Vorschriften für den Versand als Expressgut** 7.6
ADR	**RID**
	Nach Artikel 5 § 1 des Anhangs C des COTIF ist ein gefährliches Gut zur Beförderung als Expressgut nur zugelassen, wenn für dieses Gut in Kapitel 3.2 Tabelle A Spalte 19 eine Sondervorschrift mit einem mit den Buchstaben «CE» beginnenden alphanumerischen Code angegeben ist, welche diese Beförderungsart ausdrücklich zulässt, und die Bedingungen dieser Sondervorschrift eingehalten werden. Folgende Sondervorschriften sind anwendbar, wenn sie in Kapitel 3.2 Tabelle A Spalte 19 bei einer Eintragung angegeben sind:

nur RID:

CE 1	Ein Expressgut-Versandstück darf nicht schwerer sein als 40 kg. Die Expressgutsendungen dürfen in Eisenbahnwagen, die gleichzeitig der Personenbeförderung dienen können, nur bis zu einer Höchstmasse von 100 kg je Wagen verladen werden.
CE 2	Ein Expressgut-Versandstück darf nicht schwerer sein als 40 kg.
CE 3	Ein Expressgut-Versandstück darf nicht schwerer sein als 50 kg.
CE 4	Ein Expressgut-Versandstück darf nicht mehr als 45 Liter dieses Stoffes enthalten und nicht schwerer sein als 50 kg.
CE 5	Ein Expressgut-Versandstück darf nicht mehr als 2 Liter dieses Stoffes enthalten.
CE 6	Ein Expressgut-Versandstück darf nicht mehr als 4 Liter dieses Stoffes enthalten.
CE 7	Ein Expressgut-Versandstück darf nicht mehr als 6 Liter dieses Stoffes enthalten.
CE 8	Ein Expressgut-Versandstück darf nicht mehr als 12 Liter dieses Stoffes enthalten.
CE 9	Ein Expressgut-Versandstück darf nicht mehr als 4 kg dieses Stoffes enthalten.
CE 10	Ein Expressgut-Versandstück darf nicht mehr als 12 kg dieses Stoffes enthalten.
CE 11	Ein Expressgut-Versandstück darf nicht mehr als 24 kg dieses Stoffes enthalten.
CE 12	Der Stoff muss, wenn er als Expressgut versandt wird, in unzerbrechlichen Gefäßen enthalten sein. Ein Expressgut-Versandstück darf nicht schwerer sein als 25 kg.

7.6	(bleibt offen)	Vorschriften für den Versand als Expressgut
	ADR	RID

nur RID:

CE 13 Es dürfen nur edelmetallhaltige anorganische Cyanide und deren Gemische als Expressgut versandt werden. In diesem Fall müssen zusammengesetzte Verpackungen mit Innenverpackungen aus Glas, Kunststoff oder Metall nach Unterabschnitt 6.1.4.21 verwendet werden. Ein Expressgut-Versandstück darf nicht mehr als 2 kg des Stoffes enthalten.
Die Beförderung in für Reisende zugänglichen Gepäckwagen oder Gepäckabteilen ist zugelassen, wenn durch geeignete Maßnahmen der Zugriff Unbefugter vermieden wird.

CE 14 Es dürfen nur Stoffe als Expressgut versandt werden, bei denen die Einhaltung einer bestimmten Umgebungstemperatur nicht erforderlich ist. In diesem Fall müssen folgende Mengenbegrenzungen eingehalten werden:
– bei Stoffen, die nicht unter die UN-Nummer 3373 fallen:
 bis zu 50 ml je Versandstück bei flüssigen Stoffen und bis zu 50 g je Versandstück bei festen Stoffen;
– bei Stoffen, die unter die UN-Nummer 3373 fallen:
 bis zu den in Unterabschnitt 4.1.4.1 Verpackungsanweisung P 650 genannten Mengen;
– mit Körperteilen oder Organen:
 ein Versandstück darf nicht schwerer sein als 50 kg.

CE 15 Bei Expressgut-Versandstücken darf die Summe der auf den Gefahrzetteln angegebenen Transportkennzahlen im Gepäckwagen oder im Gepäckabteil nicht mehr als 10 betragen. Der Beförderer kann bei Versandstücken der Kategorie III-GELB die Zeit der Auflieferung der Sendung bestimmen. Ein Expressgut-Versandstück darf nicht schwerer sein als 50 kg.

(bleibt offen)	Huckepackverkehr in gemischten Zügen (kombinierter Personen- und Güterverkehr) 7.7
ADR	**RID**
	Die Beförderung gefährlicher Güter im Huckepackverkehr in Zügen, in denen gleichzeitig Personen befördert werden, ist nur mit Zustimmung der zuständigen Behörden aller von der Beförderung berührten Staaten und unter den von diesen festgelegten Bedingungen möglich. **Bem.** 1. Einschränkungen im Rahmen privatrechtlicher Beförderungsbedingungen der Beförderer bleiben von diesen Vorschriften unberührt. 2. Für Beförderungen im Rahmen der rollenden Landstraße (begleitet oder unbegleitet) (siehe Begriffsbestimmung von «Huckepackverkehr» in Abschnitt 1.2.1) siehe Unterabschnitt 1.1.4.4.

7.7	(bleibt offen)	Huckepackverkehr in gemischten Zügen (kombinierter Personen- und Güterverkehr)
	ADR	RID

Anlage B	**Vorschriften für die Beförderungsausrüstung und die Durchführung der Beförderung**
	nur ADR

Anlage B Vorschriften für die Beförderungsausrüstung und die Durchführung der Beförderung

nur ADR

Vorschriften für die Fahrzeugbesatzungen, die Ausrüstung, den Betrieb der Fahrzeuge und die Dokumentation

nur ADR

8.1   **Allgemeine Vorschriften für die Beförderungseinheiten und das Bordgerät**

8.1.1   Beförderungseinheiten
8.1.2   Begleitpapiere
8.1.3   Anbringen von Großzetteln (Placards) und Kennzeichnung
8.1.4   Feuerlöschausrüstung
8.1.5   Sonstige Ausrüstung und persönliche Schutzausrüstung

8.2   **Vorschriften für die Schulung der Fahrzeugbesatzung**

8.2.1   Anwendungsbereich und allgemeine Vorschriften für die Schulung von Fahrzeugführern
8.2.2   Besondere Vorschriften für die Schulung von Fahrzeugführern
8.2.2.3   Aufbau der Schulung
8.2.2.4   Programm für die Erstschulung
8.2.2.5   Programm für die Auffrischungsschulung
8.2.2.6   Anerkennung der Schulung
8.2.2.7   Prüfungen
8.2.2.7.1   Prüfungen für den Basiskurs
8.2.2.7.2   Prüfungen für die Aufbaukurse für die Beförderung in Tanks oder für die Beförderung von Stoffen und Gegenständen der Klasse 1 oder von radioaktiven Stoffen der Klasse 7
8.2.2.8   Bescheinigung über die Fahrzeugführerschulung
8.2.3   Unterweisung aller an der Beförderung gefährlicher Güter auf der Straße beteiligten Personen mit Ausnahme der Fahrzeugführer, die im Besitz einer Bescheinigung gemäß Abschnitt 8.2.1 sind

8.3   **Verschiedene Vorschriften, die von der Fahrzeugbesatzung zu beachten sind**

8.3.1   Fahrgäste
8.3.2   Gebrauch der Feuerlöschgeräte
8.3.3   Verbot der Öffnung von Versandstücken
8.3.4   Tragbare Beleuchtungsgeräte
8.3.5   Rauchverbot
8.3.6   Betrieb des Motors während des Beladens oder Entladens
8.3.7   Verwendung der Feststellbremse und von Unterlegkeilen
8.3.8   Verwendung von elektrischen Anschlussverbindungen

8.4   **Vorschriften für die Überwachung der Fahrzeuge**

8.5   **Zusätzliche Vorschriften für besondere Klassen oder Güter**

8 Vorschriften für die Fahrzeugbesatzungen, die Ausrüstung, den Betrieb der Fahrzeuge und die Dokumentation

nur ADR

8.6 Straßentunnelbeschränkungen für die Durchfahrt von Fahrzeugen mit gefährlichen Gütern

8.6.1 Allgemeine Vorschriften

8.6.2 Straßenverkehrszeichen oder -lichtzeichen für die Regelung der Durchfahrt von Fahrzeugen mit gefährlichen Gütern

8.6.3 Tunnelbeschränkungscode

8.6.4 Beschränkungen für die Durchfahrt von Beförderungseinheiten mit gefährlichen Gütern durch Tunnel

Allgemeine Vorschriften für die Beförderungseinheiten und das Bordgerät 8.1

nur ADR

8.1.1 Beförderungseinheiten

In keinem Fall darf eine mit gefährlichen Gütern beladene Beförderungseinheit mehr als einen Anhänger (oder Sattelanhänger) umfassen.

8.1.2 Begleitpapiere

8.1.2.1 Außer den nach anderen Vorschriften erforderlichen Papieren müssen folgende Papiere in der Beförderungseinheit mitgeführt werden:

a) die nach Abschnitt 5.4.1 vorgeschriebenen Beförderungspapiere für alle beförderten gefährlichen Güter und gegebenenfalls das Container-/Fahrzeugpackzertifikat nach Abschnitt 5.4.2;

b) die in Abschnitt 5.4.3 vorgeschriebenen schriftlichen Weisungen;

c) (bleibt offen)

d) ein Lichtbildausweis gemäß Unterabschnitt 1.10.1.4 für jedes Mitglied der Fahrzeugbesatzung.

8.1.2.2 Falls die Vorschriften des ADR dies vorsehen, müssen in der Beförderungseinheit auch mitgeführt werden:

a) die Zulassungsbescheinigung nach Abschnitt 9.1.3 für jede Beförderungseinheit oder jedes ihrer Teile;

b) die Bescheinigung über die Schulung des Fahrzeugführers wie in Abschnitt 8.2.1 vorgeschrieben;

c) sofern nach den Absätzen 5.4.1.2.1 c) oder d) oder 5.4.1.2.3.3 vorgeschrieben, eine Kopie der Genehmigung der zuständigen Behörde.

8.1.2.3 Die in Abschnitt 5.4.3 vorgeschriebenen schriftlichen Weisungen müssen leicht zugänglich sein.

8.1.2.4 (gestrichen)

8.1.3 Anbringen von Großzetteln (Placards) und Kennzeichnung

Jede Beförderungseinheit mit gefährlichen Gütern muss gemäß Kapitel 5.3 mit Großzetteln (Placards) und Kennzeichen versehen sein.

8.1.4 Feuerlöschausrüstung

8.1.4.1 Die nachfolgende Tabelle enthält die Mindestvorschriften für tragbare Feuerlöschgeräte für die Brandklassen [1] A, B und C, die für Beförderungseinheiten gelten, die andere gefährliche Güter als die in Unterabschnitt 8.1.4.2 genannten befördern:

---

[1] Für die Definition der Brandklassen siehe Norm EN 2:1992 + A1:2004 Brandklassen.

8.1 Allgemeine Vorschriften für die Beförderungseinheiten und das Bordgerät

nur ADR

(1) höchstzulässige Masse der Beförderungseinheit	(2) Mindestanzahl der Feuerlöschgeräte	(3) Mindestgesamtfassungsvermögen je Beförderungseinheit	(4) geeignetes Feuerlöschgerät für einen Motor- oder Fahrerhausbrand; mindestens eines mit einem Mindestfassungsvermögen von:	(5) ein oder mehrere zusätzliche Feuerlöschgeräte; mindestens eines mit einem Mindestfassungsvermögen von:
≤ 3,5 Tonnen	2	4 kg	2 kg	2 kg
> 3,5 Tonnen ≤ 7,5 Tonnen	2	8 kg	2 kg	6 kg
> 7,5 Tonnen	2	12 kg	2 kg	6 kg

Das Fassungsvermögen bezieht sich auf Feuerlöschgeräte mit Pulver (bei anderen geeigneten Löschmitteln muss das Fassungsvermögen vergleichbar sein).

8.1.4.2 Beförderungseinheiten, die gefährliche Güter gemäß Unterabschnitt 1.1.3.6 befördern, müssen mit mindestens einem tragbaren Feuerlöschgerät für die Brandklassen [1] A, B und C mit einem Mindestfassungsvermögen von 2 kg Pulver (oder einem entsprechenden Fassungsvermögen für ein anderes geeignetes Löschmittel) ausgerüstet sein.

8.1.4.3
▶ 1.6.1.23
Die tragbaren Feuerlöschgeräte müssen für die Verwendung auf einem Fahrzeug geeignet sein und die entsprechenden Anforderungen der Norm EN 3 Tragbare Feuerlöscher Teil 7 (EN 3-7:2004 + A1:2007) erfüllen.

Ist das Fahrzeug mit einer festen, automatischen oder leicht auszulösenden Einrichtung zur Bekämpfung eines Motorbrandes ausgerüstet, so muss das tragbare Feuerlöschgerät nicht zur Bekämpfung eines Motorbrandes geeignet sein. Die Löschmittel müssen so beschaffen sein, dass sie weder im Fahrerhaus noch unter Einwirkung der Hitze eines Brandes giftige Gase entwickeln.

8.1.4.4 Die den Vorschriften des Unterabschnitts 8.1.4.1 oder 8.1.4.2 entsprechenden tragbaren Feuerlöschgeräte müssen mit einer Plombierung versehen sein, mit der nachgewiesen werden kann, dass die Geräte nicht verwendet wurden.

Die Feuerlöschgeräte müssen in Übereinstimmung mit den zugelassenen nationalen Normen Prüfungen unterzogen werden, um ihre Funktionssicherheit zu gewährleisten. Sie müssen mit einem Konformitätszeichen einer von einer zuständigen Behörde anerkannten Norm sowie, je nach Fall, mit einem Kennzeichen mit der Angabe des Datums (Monat, Jahr) der nächsten Prüfung oder des Ablaufs der höchstzulässigen Nutzungsdauer versehen sein.

8.1.4.5 Die Feuerlöschgeräte müssen so auf der Beförderungseinheit angebracht sein, dass sie für die Fahrzeugbesatzung leicht erreichbar sind. Die Anbringung hat so zu erfolgen, dass die Feuerlöschgeräte so gegen Witterungseinflüsse geschützt sind, dass ihre Betriebssicherheit nicht beeinträchtigt ist. Während der Beförderung darf das nach Unterabschnitt 8.1.4.4 vorgeschriebene Datum nicht überschritten werden.

8.1.5 Sonstige Ausrüstung und persönliche Schutzausrüstung

8.1.5.1 Jede Beförderungseinheit mit gefährlichen Gütern muss gemäß Unterabschnitt 8.1.5.2 mit Ausrüstungsteilen für den allgemeinen und persönlichen Schutz ausgestattet sein. Die Ausrüstungsteile sind nach der Gefahrzettel-Nummer der geladenen Güter auszuwählen. Die Gefahrzettel-Nummern können anhand des Beförderungspapiers bestimmt werden.

---

[1] Für die Definition der Brandklassen siehe Norm EN 2:1992 + A1:2004 Brandklassen.

Allgemeine Vorschriften für die Beförderungseinheiten und das Bordgerät 8.1

nur ADR

8.1.5.2 Die folgende Ausrüstung muss sich an Bord der Beförderungseinheit befinden:
- ein Unterlegkeil je Fahrzeug, dessen Abmessungen der höchsten Gesamtmasse des Fahrzeugs und dem Durchmesser der Räder angepasst sein müssen;
- zwei selbststehende Warnzeichen;
- Augenspülflüssigkeit [2] und

für jedes Mitglied der Fahrzeugbesatzung
- eine Warnweste (z. B. wie in der Norm EN ISO 20471 beschrieben);
- ein tragbares Beleuchtungsgerät nach den Vorschriften des Abschnitts 8.3.4;
- ein Paar Schutzhandschuhe und
- einen Augenschutz (z. B. Schutzbrille).

8.1.5.3 Für bestimmte Klassen vorgeschriebene zusätzliche Ausrüstung:
- an Bord von Beförderungseinheiten für die Gefahrzettel-Nummer 2.3 oder 6.1 muss sich für jedes Mitglied der Fahrzeugbesatzung eine Notfallfluchtmaske [3] befinden;
- eine Schaufel [4];
- eine Kanalabdeckung [4];
- ein Auffangbehälter [4].

---

[2] Nicht erforderlich für Gefahrzettel der Muster 1, 1.4, 1.5, 1.6, 2.1, 2.2 und 2.3.

[3] Zum Beispiel eine Notfallfluchtmaske mit einem Gas/Staub-Kombinationsfilter des Typs A1B1E1K1-P1 oder A2B2E2K2-P2, der mit dem in der Norm EN 14387:2004 + A1:2008 beschriebenen vergleichbar ist.

[4] Nur für feste und flüssige Stoffe mit Gefahrzettel-Nummer 3, 4.1, 4.3, 8 und 9 vorgeschrieben.

8.1 Allgemeine Vorschriften für die Beförderungseinheiten und das Bordgerät

nur ADR

Vorschriften für die Schulung der Fahrzeugbesatzung 8.2
nur ADR

8.2.1 **Anwendungsbereich und allgemeine Vorschriften für die Schulung von Fahrzeugführern**

8.2.1.1 Führer von Fahrzeugen, mit denen gefährliche Güter befördert werden, müssen im Besitz einer Bescheinigung sein, die von der zuständigen Behörde ausgestellt wurde und mit der bescheinigt wird, dass die Fahrzeugführer an einem Schulungskurs teilgenommen und eine Prüfung über die besonderen Anforderungen bestanden haben, die bei der Beförderung gefährlicher Güter zu erfüllen sind.

8.2.1.2 Führer von Fahrzeugen, mit denen gefährliche Güter befördert werden, müssen an einem Basiskurs teilnehmen. Die Schulung muss im Rahmen eines von der zuständigen Behörde anerkannten Kurses erfolgen. Wichtigstes Ziel der Schulung ist es, den Fahrzeugführern die Gefahren bewusst zu machen, die mit der Beförderung gefährlicher Güter verbunden sind, und ihnen Grundkenntnisse zu vermitteln, die erforderlich sind, um die Gefahr eines Zwischenfalls auf ein Mindestmaß zu beschränken und, sofern ein solcher eintritt, ihnen zu ermöglichen, die Maßnahmen zu treffen, die für ihre eigene Sicherheit, die der Allgemeinheit und zum Schutz der Umwelt sowie zur Begrenzung der Folgen des Zwischenfalls erforderlich sind. Diese Schulung, zu der praktische Einzelübungen gehören müssen, muss als Basisschulung für alle Arten von Fahrzeugführern erfolgen und mindestens die in Absatz 8.2.2.3.2 genannten Themen behandeln. Die zuständige Behörde kann Basiskurse zulassen, die auf bestimmte gefährliche Güter oder auf eine oder mehrere bestimmte Klassen beschränkt sind. Diese eingeschränkten Basiskurse berechtigen nicht zum Besuch von Kursen gemäß Unterabschnitt 8.2.1.4.

8.2.1.3 Führer von Fahrzeugen oder MEMU, mit denen gefährliche Güter in festverbundenen Tanks oder Aufsetztanks mit einem Fassungsraum von mehr als 1 m³ befördert werden, Führer von Batterie-Fahrzeugen mit einem Gesamtfassungsraum von mehr als 1 m³ und Führer von Fahrzeugen oder MEMU, mit denen gefährliche Güter in Tankcontainern, ortsbeweglichen Tanks oder MEGC mit einem Einzelfassungsraum von mehr als 3 m³ auf einer Beförderungseinheit befördert werden, müssen an einem Aufbaukurs für die Beförderung in Tanks teilgenommen haben, in dem mindestens die in Absatz 8.2.2.3.3 genannten Themen behandelt wurden. Die zuständige Behörde kann Aufbaukurse für die Beförderung in Tanks zulassen, die auf bestimmte gefährliche Güter oder auf eine oder mehrere bestimmte Klassen beschränkt sind. Diese eingeschränkten Aufbaukurse für die Beförderung in Tanks berechtigen nicht zum Besuch von Kursen gemäß Unterabschnitt 8.2.1.4.

8.2.1.4 Führer von Fahrzeugen, mit denen gefährliche Güter der Klasse 1, ausgenommen Stoffe und Gegenstände der Unterklasse 1.4, Verträglichkeitsgruppe S, oder der Klasse 7 befördert werden, müssen an Aufbaukursen teilgenommen haben, in denen mindestens die in Absatz 8.2.2.3.4 bzw. 8.2.2.3.5 genannten Themen behandelt werden.

8.2.1.5 Alle Schulungskurse, praktischen Übungen und Prüfungen sowie die Aufgaben der zuständigen Behörden müssen den Vorschriften nach Abschnitt 8.2.2 entsprechen.

8.2.1.6 Jede Schulungsbescheinigung nach den Vorschriften dieses Abschnitts, die von der zuständigen Behörde einer Vertragspartei in Übereinstimmung mit Unterabschnitt 8.2.2.8 ausgestellt wurde, muss während ihrer Geltungsdauer von den zuständigen Behörden der anderen Vertragsparteien anerkannt werden.

8.2 Vorschriften für die Schulung der Fahrzeugbesatzung
nur ADR

8.2.2 Besondere Vorschriften für die Schulung von Fahrzeugführern

8.2.2.1 Die erforderlichen theoretischen Kenntnisse und praktischen Fähigkeiten müssen durch theoretische Schulungskurse und praktische Übungen vermittelt werden. Die Kenntnisse müssen durch eine Prüfung nachgewiesen werden.

8.2.2.2 Der Schulungsveranstalter muss sicherstellen, dass die Lehrkräfte über gute Kenntnisse hinsichtlich der neuesten Entwicklungen der Regelwerke und Schulungsvorschriften für die Beförderung gefährlicher Güter verfügen und diese berücksichtigen. Die Schulung muss praxisbezogen sein. Das Schulungsprogramm muss hinsichtlich der in den Absätzen 8.2.2.3.2 bis 8.2.2.3.5 genannten Themen der Anerkennung gemäß Absatz 8.2.2.6 entsprechen. Die Schulung muss auch praktische Einzelübungen umfassen (siehe Absatz 8.2.2.3.8).

8.2.2.3 Aufbau der Schulung

8.2.2.3.1 Die Schulungen sind im Rahmen von Basiskursen und gegebenenfalls Aufbaukursen durchzuführen. Basiskurse und Aufbaukurse dürfen in Form von Mehrzweckkursen durchgeführt werden, die integral bei gleicher Gelegenheit von demselben Schulungsveranstalter abgehalten werden.

8.2.2.3.2 Der Basiskurs muss mindestens folgende Themen umfassen:

a) allgemeine Vorschriften, die für die Beförderung gefährlicher Güter gelten;
b) hauptsächliche Gefahrenarten;
c) Informationen über den Schutz der Umwelt durch die Überwachung der Beförderungen von Abfällen;
d) für die verschiedenen Gefahrenarten geeignete Vorsorge- und Sicherheitsmaßnahmen;
e) Verhalten nach einem Unfall (Erste Hilfe, Verkehrssicherung, Grundkenntnisse über die Verwendung von Schutzausrüstungen, schriftliche Weisungen usw.);
f) Kennzeichnung, Bezettelung, Anbringen von Großzetteln (Placards) und Kennzeichnung mit orangefarbenen Tafeln;
g) was ein Fahrzeugführer bei der Beförderung gefährlicher Güter zu tun und zu lassen hat;
h) Zweck und Funktionsweise der technischen Ausrüstung der Fahrzeuge;
i) Verbote für die Zusammenladung in einem Fahrzeug oder in einem Container;
j) beim Be- und Entladen gefährlicher Güter zu treffende Vorsichtsmaßnahmen;
k) allgemeine Informationen über zivilrechtliche Haftung;
l) Informationen über multimodale Transportvorgänge;
m) Handhabung und Verstauung der Versandstücke;
n) Verkehrsbeschränkungen in Tunneln und Anweisungen über das Verhalten in Tunneln (Vorbeugung von Zwischenfällen, Sicherheit, Maßnahmen im Brandfall oder bei anderen Notfällen usw.);
o) Sensibilisierung für die Sicherung.

Vorschriften für die Schulung der Fahrzeugbesatzung 8.2
nur ADR

8.2.2.3.3 Der Aufbaukurs für die Beförderung in Tanks muss mindestens folgende Themen umfassen:

a) Fahrverhalten der Fahrzeuge, einschließlich der Bewegungen der Ladung;
b) besondere Vorschriften hinsichtlich der Fahrzeuge;
c) allgemeine theoretische Kenntnisse über verschiedene Befüllungs- und Entleerungssysteme;
d) besondere zusätzliche Vorschriften für die Verwendung dieser Fahrzeuge (Zulassungsbescheinigungen, Zulassungskennzeichen, Anbringen von Großzetteln (Placards) und Kennzeichnung mit orangefarbenen Tafeln usw.).

8.2.2.3.4 Der Aufbaukurs für die Beförderung von Stoffen und Gegenständen der Klasse 1 muss mindestens folgende Themen umfassen:

a) von explosiven Stoffen und Gegenständen mit Explosivstoff sowie von pyrotechnischen Stoffen und Gegenständen ausgehende Gefahren;
b) besondere Vorschriften für die Zusammenladung von Stoffen und Gegenständen der Klasse 1.

8.2.2.3.5 Der Aufbaukurs für die Beförderung von radioaktiven Stoffen der Klasse 7 muss mindestens folgende Themen umfassen:

a) von ionisierender Strahlung ausgehende Gefahren;
b) besondere Vorschriften für die Verpackung, Handhabung, Zusammenladung und Verstauung radioaktiver Stoffe;
c) besondere Maßnahmen, die bei einem Unfall mit radioaktiven Stoffen zu treffen sind.

8.2.2.3.6 Die Dauer der Unterrichtseinheiten beträgt grundsätzlich 45 Minuten.

8.2.2.3.7 Ein Schulungstag darf normalerweise nicht mehr als acht Unterrichtseinheiten umfassen.

8.2.2.3.8 Die praktischen Einzelübungen müssen im Rahmen der theoretischen Schulung stattfinden und mindestens die Themen Erste Hilfe, Brandbekämpfung und die bei Zwischenfällen und Unfällen zu treffenden Maßnahmen umfassen.

8.2.2.4 **Programm für die Erstschulung**

8.2.2.4.1 Die Mindestdauer des theoretischen Teils jedes Erstschulungskurses oder des Teils des Mehrzweckkurses muss sich wie folgt zusammensetzen:

Basiskurs	18 Unterrichtseinheiten
Aufbaukurs für die Beförderung in Tanks	12 Unterrichtseinheiten
Aufbaukurs für die Beförderung von Stoffen und Gegenständen der Klasse 1	8 Unterrichtseinheiten
Aufbaukurs für die Beförderung radioaktiver Stoffe der Klasse 7	8 Unterrichtseinheiten

Für den Basiskurs und den Aufbaukurs für die Beförderung in Tanks sind zusätzliche Unterrichtseinheiten für die in Absatz 8.2.2.3.8 genannten praktischen Übungen erforderlich, die von der Anzahl der an der Schulung teilnehmenden Fahrzeugführer abhängig sind.

8.2.2.4.2 Die Gesamtdauer des Mehrzweckkurses kann von der zuständigen Behörde festgelegt werden, wobei die Dauer des Basiskurses und des Aufbaukurses für die Beförderung in Tanks beizubehalten ist, jedoch durch gekürzte Aufbaukurse für die Klassen 1 und 7 ergänzt werden kann.

8.2 Vorschriften für die Schulung der Fahrzeugbesatzung nur ADR

8.2.2.5 Programm für die Auffrischungsschulung

8.2.2.5.1 Die in regelmäßigen Zeitabständen stattfindende Auffrischungsschulung dient dazu, die Kenntnisse der Fahrzeugführer auf den aktuellen Stand zu bringen und muss neue technische, rechtliche und die Beförderungsgüter betreffende Entwicklungen behandeln.

8.2.2.5.2 Die Dauer der Auffrischungsschulung, einschließlich der praktischen Einzelübungen, muss bei Mehrzweckkursen mindestens zwei Tage oder bei Einzelkursen mindestens die Hälfte der Dauer betragen, die für die entsprechenden Erstschulungen des Basiskurses oder Erstschulungen des Aufbaukurses gemäß Absatz 8.2.2.4.1 vorgesehen ist.

8.2.2.5.3 Ein Fahrzeugführer darf eine Auffrischungsschulung und eine Prüfung der Auffrischungsschulung durch eine entsprechende Erstschulung und eine entsprechende Prüfung der Erstschulung ersetzen.

8.2.2.6 Anerkennung der Schulung

8.2.2.6.1 Die Schulungskurse müssen von der zuständigen Behörde anerkannt sein.

8.2.2.6.2 Diese Anerkennung darf nur auf schriftlichen Antrag hin erteilt werden.

8.2.2.6.3 Dem Antrag auf Anerkennung müssen folgende Unterlagen beigefügt werden:
a) ein ausführliches Schulungsprogramm mit Angaben zu Lehrstoff und Zeitplan sowie zu den vorgesehenen Unterrichtsmethoden;
b) Qualifikationen und Tätigkeitsbereiche der Lehrkräfte;
c) Angaben über die Schulungsräume und Lehrmittel sowie über die für die praktischen Übungen bereitgestellten Einrichtungen;
d) Bedingungen für die Teilnahme an den Kursen, wie z. B. die Anzahl der Teilnehmer.

8.2.2.6.4 Die zuständige Behörde muss die Aufsicht über die Schulungen und Prüfungen führen.

8.2.2.6.5 Die Anerkennung muss von der zuständigen Behörde schriftlich unter den folgenden Bedingungen erteilt werden:
a) die Schulung muss in Übereinstimmung mit den Antragsunterlagen durchgeführt werden;
b) die zuständige Behörde muss berechtigt sein, Beauftragte zu den Schulungskursen und Prüfungen zu entsenden;
c) der zuständigen Behörde muss der genaue Termin und der Ort jedes Schulungskurses rechtzeitig mitgeteilt werden;
d) die Anerkennung kann widerrufen werden, sofern die Bedingungen für die Anerkennung nicht eingehalten werden.

8.2.2.6.6 Aus dem Anerkennungsschreiben muss ersichtlich sein, ob es sich bei den Kursen um Basis- oder Aufbaukurse und dabei um Erst- oder Auffrischungskurse handelt und ob diese auf bestimmte gefährliche Güter oder eine oder mehrere bestimmte Klassen beschränkt sind.

8.2.2.6.7 Beabsichtigt der Schulungsveranstalter nach Erteilung der Anerkennung für einen Schulungskurs Änderungen in einzelnen Punkten, die für die Anerkennung von Bedeutung sind, so muss er vorher die Erlaubnis der zuständigen Behörde hierzu einholen; dies gilt insbesondere für Änderungen des Schulungsprogramms.

Vorschriften für die Schulung der Fahrzeugbesatzung 8.2
nur ADR

8.2.2.7 **Prüfungen**

8.2.2.7.1 **Prüfungen für den Basiskurs**

8.2.2.7.1.1 Nach Abschluss der Basisschulung einschließlich der praktischen Übungen muss eine Prüfung für den entsprechenden Basiskurs durchgeführt werden.

8.2.2.7.1.2 Der Kandidat muss bei der Prüfung nachweisen, dass er, wie im Basiskurs vorgesehen, über die Kenntnisse, das Verständnis und die Fähigkeiten verfügt, die für den Beruf eines Gefahrgutfahrzeugführers erforderlich sind.

8.2.2.7.1.3 Hierzu muss die zuständige Behörde einen Fragenkatalog erstellen, der die in Absatz 8.2.2.3.2 aufgeführten Themen umfasst. Die bei der Prüfung gestellten Fragen müssen diesem Fragenkatalog entnommen werden. Vor der Prüfung dürfen den Kandidaten die aus dem Fragenkatalog ausgewählten Fragen nicht bekannt sein.

8.2.2.7.1.4 Bei Mehrzweckkursen darf eine einzige Prüfung durchgeführt werden.

8.2.2.7.1.5 Jede zuständige Behörde muss die Einhaltung der Prüfungsmodalitäten überwachen, einschließlich gegebenenfalls der Infrastruktur und Organisation elektronischer Prüfungen entsprechend Absatz 8.2.2.7.1.8, wenn diese durchgeführt werden sollen.

8.2.2.7.1.6 Die Prüfung muss als schriftliche Prüfung oder als kombinierte schriftliche und mündliche Prüfung durchgeführt werden. Die Kandidaten müssen mindestens 25 schriftliche Fragen für den Basiskurs beantworten. Folgt die Prüfung auf einen Auffrischungskurs, müssen mindestens 15 schriftliche Fragen beantwortet werden. Die Dauer dieser Prüfungen muss mindestens 45 bzw. 30 Minuten betragen. Die Fragen dürfen unterschiedliche Schwierigkeitsgrade haben und unterschiedlich bewertet werden.

8.2.2.7.1.7 Jede Prüfung muss beaufsichtigt werden. Jegliche Manipulation und Täuschung muss weitestgehend ausgeschlossen sein. Eine Authentifizierung des Teilnehmers muss sichergestellt sein. Alle Prüfungsunterlagen müssen durch einen Ausdruck oder elektronisch als Datei erfasst und aufbewahrt werden.

8.2.2.7.1.8 Schriftliche Prüfungen können ganz oder teilweise auch als elektronische Prüfungen durchgeführt werden, bei denen die Antworten in Arbeitsverfahren der elektronischen Datenverarbeitung (EDV) erfasst und ausgewertet werden, wenn folgende Voraussetzungen erfüllt sind:

a) Die Hard- und Software muss von der zuständigen Behörde geprüft und akzeptiert sein.

b) Die einwandfreie technische Funktion ist sicherzustellen. Es müssen Vorkehrungen bei Ausfall von Geräten und Anwendungen getroffen werden, ob und wie die Prüfung fortgesetzt werden kann. Die Geräte dürfen über keine Hilfsmittel (z.B. elektronische Suchfunktion) verfügen; bei der zur Verfügung gestellten Ausrüstung muss die Möglichkeit ausgeschlossen sein, dass die Teilnehmer während der Prüfung mit anderen Geräten kommunizieren können.

c) Die endgültigen Eingaben der jeweiligen Teilnehmer müssen erfasst werden. Die Ergebnisermittlung muss nachvollziehbar sein.

d) Es dürfen nur die von der Prüfungsstelle zur Verfügung gestellten elektronischen Hilfsmittel verwendet werden. Es darf nicht die Möglichkeit bestehen, dass der Teilnehmer auf dem zur Verfügung gestellten elektronischen Hilfsmittel andere Daten aufnimmt; der Teilnehmer darf nur auf die gestellten Fragen antworten.

8.2 Vorschriften für die Schulung der Fahrzeugbesatzung
nur ADR

8.2.2.7.2 Prüfungen für die Aufbaukurse für die Beförderung in Tanks oder für die Beförderung von Stoffen und Gegenständen der Klasse 1 oder von radioaktiven Stoffen der Klasse 7

8.2.2.7.2.1 Nach Bestehen der Prüfung für den Basiskurs und der Teilnahme am Aufbaukurs für die Beförderung in Tanks oder für die Beförderung von Stoffen und Gegenständen der Klasse 1 oder von radioaktiven Stoffen der Klasse 7 ist der Kandidat berechtigt, an der Prüfung teilzunehmen, die der Schulung entspricht.

8.2.2.7.2.2 Diese Prüfung muss unter den in Absatz 8.2.2.7.1 genannten Bedingungen durchgeführt und beaufsichtigt werden. Der Fragenkatalog muss sich je nach Fall auf die in Absatz 8.2.2.3.3, 8.2.2.3.4 oder 8.2.2.3.5 aufgeführten Themen beziehen.

8.2.2.7.2.3 Bei jeder Prüfung der Aufbauschulung müssen mindestens 15 schriftliche Fragen gestellt werden. Folgt die Prüfung auf einen Auffrischungskurs, müssen mindestens 10 schriftliche Fragen beantwortet werden. Die Dauer dieser Prüfungen muss mindestens 30 bzw. 20 Minuten betragen.

8.2.2.7.2.4 Wenn eine Prüfung auf der Grundlage eines eingeschränkten Basiskurses erfolgt, wird dadurch die Prüfung des Aufbaukurses auf denselben Geltungsbereich beschränkt.

8.2.2.8 Bescheinigung über die Fahrzeugführerschulung

8.2.2.8.1 Die Bescheinigung gemäß Unterabschnitt 8.2.1.1 muss erteilt werden:

a) nach Abschluss eines Basiskurses, sofern der Kandidat die Prüfung gemäß Absatz 8.2.2.7.1 bestanden hat;

b) gegebenenfalls nach Abschluss eines Aufbaukurses für die Beförderung in Tanks oder die Beförderung von Stoffen und Gegenständen der Klasse 1 oder von radioaktiven Stoffen der Klasse 7 oder nach Erwerb der Kenntnisse gemäß den besonderen Vorschriften S1 und S11 in Kapitel 8.5, sofern der Kandidat die Prüfung gemäß Absatz 8.2.2.7.2 bestanden hat;

c) gegebenenfalls nach Abschluss eines eingeschränkten Basiskurses oder eines eingeschränkten Aufbaukurses für die Beförderung in Tanks, vorausgesetzt, der Kandidat hat die Prüfung gemäß Absatz 8.2.2.7.1 oder 8.2.2.7.2 bestanden. In der ausgestellten Bescheinigung muss der auf die entsprechenden gefährlichen Güter oder die entsprechende(n) Klasse(n) begrenzte Geltungsbereich deutlich angegeben werden.

8.2.2.8.2 Die Geltungsdauer der Schulungsbescheinigung des Fahrzeugführers beträgt fünf Jahre ab dem Zeitpunkt, zu dem der Fahrzeugführer eine Prüfung der ersten Basisschulung oder eine Prüfung der ersten Mehrzweckschulung bestanden hat.

Die Bescheinigung wird erneuert, wenn der Fahrzeugführer die Teilnahme an einer Auffrischungsschulung gemäß Unterabschnitt 8.2.2.5 nachweist und eine Prüfung gemäß Unterabschnitt 8.2.2.7 wie folgt bestanden hat:

a) Innerhalb von zwölf Monaten vor Ablauf der Bescheinigung. Die zuständige Behörde stellt eine neue, für eine Dauer von fünf Jahren gültige Bescheinigung aus, deren Geltungsdauer mit dem Datum des Ablaufs der vorherigen Bescheinigung beginnt.

b) Vor der Frist von zwölf Monaten vor Ablauf der Bescheinigung. Die zuständige Behörde stellt eine neue, für eine Dauer von fünf Jahren gültige Bescheinigung aus, deren Geltungsdauer mit dem Datum beginnt, an dem die Prüfung der Auffrischungsschulung bestanden wurde.

Vorschriften für die Schulung der Fahrzeugbesatzung 8.2
nur ADR

Wenn der Fahrzeugführer den Geltungsbereich seiner Bescheinigung während deren Geltungsdauer unter Einhaltung der Vorschriften des Absatzes 8.2.2.8.1 b) und c) ausdehnt, bleibt die Geltungsdauer der neuen Bescheinigung gegenüber derjenigen der vorherigen Bescheinigung unverändert. Wenn der Fahrzeugführer eine Prüfung der Aufbauschulung bestanden hat, bleibt die Spezialisierung bis zum Datum des Ablaufs der Bescheinigung gültig.

8.2.2.8.3 Die Gestaltung der Bescheinigung muss der des Musters in Absatz 8.2.2.8.5 entsprechen. Ihre Abmessungen müssen der Norm ISO 7810:2003 ID-1 entsprechen und sie muss aus Kunststoff hergestellt sein. Die Farbe muss weiß mit schwarzen Buchstaben sein. Die Bescheinigung muss ein zusätzliches Sicherheitsmerkmal, wie ein Hologramm, UV-Druck oder ein geätztes Profil, enthalten.

8.2.2.8.4 Die Bescheinigung muss in der (den) Sprache(n) oder in einer der Sprachen des Staates der zuständigen Behörde abgefasst werden, welche die Bescheinigung ausgestellt hat. Wenn keine dieser Sprache Deutsch, Englisch oder Französisch ist, müssen der Titel der Bescheinigung, der Titel der Ziffer 8 und die Titel auf der Rückseite außerdem in Deutsch, Englisch oder Französisch abgefasst werden.

8.2.2.8.5 Muster der Schulungsbescheinigung für Führer von Fahrzeugen zur Beförderung gefährlicher Güter

Vorderseite

ADR-SCHULUNGSBESCHEINIGUNG
FÜR FAHRZEUGFÜHRER
**

(Foto des Fahrzeugführers einfügen)*

1. (NR. DER BESCHEINIGUNG)*
2. (NAME)*
3. (VORNAME(N))*
4. (GEBURTSDATUM TT/MM/JJJJ)*
5. (STAATSANGEHÖRIGKEIT)*
6. (UNTERSCHRIFT DES FAHRZEUGFÜHRERS)*
7. (AUSSTELLENDE BEHÖRDE)
8. GÜLTIG BIS: (TT/MM/JJJJ)*

Rückseite

GÜLTIG FÜR KLASSE(N) ODER UN-NUMMERN:

IN TANKS	AUSGENOMMEN IN TANKS
9. (Klasse oder UN-Nummer(n) einfügen)*	10. (Klasse oder UN-Nummer(n) einfügen)*

* Text durch entsprechende Angaben ersetzen.

** Das für Kraftfahrzeuge im internationalen Verkehr verwendete Unterscheidungszeichen (für Parteien des Übereinkommens über den Straßenverkehr von 1968 oder des Übereinkommens über den Straßenverkehr von 1949 in der dem Generalsekretär der Vereinten Nationen gemäß Artikel 45 (4) oder Anlage 4 dieser Übereinkommen notifizierten Fassung).

8.2 Vorschriften für die Schulung der Fahrzeugbesatzung
nur ADR

8.2.2.8.6 Die Vertragsparteien müssen dem Sekretariat der UNECE ein Muster jeder nationalen Bescheinigung, die in Übereinstimmung mit diesem Abschnitt zur Ausstellung vorgesehen ist, zur Verfügung stellen. Die Vertragsparteien müssen zusätzlich erläuternde Bemerkungen einreichen, mit denen die Überprüfung der Konformität der Bescheinigungen gegenüber den zur Verfügung gestellten Mustern ermöglicht wird. Das Sekretariat muss diese Informationen auf seiner Website zugänglich machen.

8.2.3 **Unterweisung aller an der Beförderung gefährlicher Güter auf der Straße beteiligten Personen mit Ausnahme der Fahrzeugführer, die im Besitz einer Bescheinigung gemäß Abschnitt 8.2.1 sind**

Jede Person, die mit der Beförderung gefährlicher Güter auf der Straße befasst ist, muss entsprechend ihren Verantwortlichkeiten und Funktionen eine Unterweisung nach Kapitel 1.3 über die Bestimmungen erhalten haben, die für die Beförderung dieser Güter gelten. Diese Vorschrift gilt z.B. für das vom Beförderer oder Absender beschäftigte Personal, das die gefährlichen Güter beladende und entladende Personal, das Personal der Spediteure und Verlader sowie die an der Beförderung gefährlicher Güter auf der Straße beteiligten Fahrzeugführer, die nicht im Besitz einer Bescheinigung gemäß Abschnitt 8.2.1 sind.

8.3 Verschiedene Vorschriften, die von der Fahrzeugbesatzung zu beachten sind

nur ADR

8.3.1 Fahrgäste
Abgesehen von den Mitgliedern der Fahrzeugbesatzung dürfen Fahrgäste in Beförderungseinheiten mit gefährlichen Gütern nicht befördert werden.

8.3.2 Gebrauch der Feuerlöschgeräte
Die Mitglieder der Fahrzeugbesatzung müssen mit der Bedienung der Feuerlöschgeräte vertraut sein.

8.3.3 Verbot der Öffnung von Versandstücken
Das Öffnen eines Versandstücks mit gefährlichen Gütern durch den Fahrzeugführer oder Beifahrer ist verboten.

8.3.4 Tragbare Beleuchtungsgeräte
Die verwendeten tragbaren Beleuchtungsgeräte dürfen keine Oberfläche aus Metall haben, durch die Funken erzeugt werden könnten.

8.3.5 Rauchverbot
Während der Ladearbeiten ist das Rauchen in der Nähe der Fahrzeuge und in den Fahrzeugen verboten. Das Rauchverbot gilt auch für die Verwendung elektronischer Zigaretten und ähnlicher Geräte.

8.3.6 Betrieb des Motors während des Beladens oder Entladens
Abgesehen von den Fällen, in denen der Motor zum Betrieb von Pumpen oder anderen für das Beladen oder Entladen des Fahrzeugs erforderlichen Einrichtungen benötigt wird und die Rechtsvorschriften des Staates, in dem sich das Fahrzeug befindet, diese Verwendung gestatten, muss der Motor während der Belade- und Entladevorgänge abgestellt sein.

8.3.7 Verwendung der Feststellbremse und von Unterlegkeilen
Fahrzeuge mit gefährlichen Gütern dürfen nur mit angezogener Feststellbremse halten oder parken. Anhänger ohne Bremseinrichtungen müssen durch die Verwendung mindestens eines in Unterabschnitt 8.1.5.2 beschriebenen Unterlegkeils gegen Wegrollen gesichert werden.

8.3.8 Verwendung von elektrischen Anschlussverbindungen
Bei Beförderungseinheiten, die mit einem automatischen Blockierverhinderer ausgerüstet sind und aus einem Kraftfahrzeug und einem Anhänger mit einer höchsten Masse von mehr als 3,5 Tonnen bestehen, müssen die elektrischen Anschlussverbindungen gemäß Unterabschnitt 9.2.2.6 das Zugfahrzeug und den Anhänger während der Beförderung ununterbrochen verbinden.

8.3 Verschiedene Vorschriften, die von der Fahrzeugbesatzung zu beachten sind

nur ADR

8.3.1 Fahrgäste

Abgesehen von den Mitgliedern der Fahrzeugbesatzung dürfen Fahrgäste in Beförderungseinheiten mit gefährlichen Gütern nicht befördert werden.

8.3.2 Gebrauch der Feuerlöschgeräte

Die Mitglieder der Fahrzeugbesatzung müssen mit der Bedienung der Feuerlöschgeräte vertraut sein.

8.3.3 Verbot der Öffnung von Versandstücken

Das Öffnen eines Versandstücks mit gefährlichen Gütern durch den Fahrzeugführer oder Beifahrer ist verboten.

8.3.4 Tragbare Beleuchtungsgeräte

Die verwendeten tragbaren Beleuchtungsgeräte dürfen keine Oberfläche aus Metall haben, durch die Funken erzeugt werden können.

8.3.5 Rauchverbot

Während der Ladearbeiten ist das Rauchen in der Nähe der Fahrzeuge und in den Fahrzeugen verboten. Das Rauchverbot gilt auch für die Verwendung elektronischer Zigaretten und ähnlicher Geräte.

8.3.6 Betrieb des Motors während des Beladens oder Entladens

Abgesehen von den Fällen, in denen der Motor zum Betrieb von Pumpen oder anderen für das Be- oder Entladen des Fahrzeuges erforderlichen Einrichtungen benötigt wird oder die Rechtsvorschriften des Staates, in dem sich das Fahrzeug befindet, diese Verwendung gestatten, muss der Motor während der Belade- und Entladevorgänge abgestellt sein.

8.3.7 Verwendung der Feststellbremse und von Unterlegkeilen

Fahrzeuge mit gefährlichen Gütern dürfen nur mit angezogener Feststellbremse halten oder parken. Anhänger ohne Bremseinrichtungen müssen durch die Verwendung von mindestens einem in Unterabschnitt 8.1.5.2 beschriebenen Unterlegkeil gegen Wegrollen gesichert werden.

8.3.8 Verwendung der elektrischen Anschlussverbindungen

Bei Beförderungseinheiten, die mit einem automatischen Blockierverhinderer ausgerüstet sind und aus einem Kraftfahrzeug und einem Anhänger mit einer höchsten Masse von mehr als 3,5 Tonnen bestehen, müssen die elektrischen Anschlussverbindungen nach Unterabschnitt 9.2.2.6.3 des Zugfahrzeugs und des Anhängers während der Beförderung ununterbrochen verbunden sein.

Vorschriften für die Überwachung der Fahrzeuge nur ADR 8.4

8.4.1 Fahrzeuge, die gefährliche Güter in den Mengen befördern, die in den besonderen Vorschriften S1 (6) und S14 bis S24 des Kapitels 8.5 für ein bestimmtes Gut gemäß Kapitel 3.2 Tabelle A Spalte 19 angegeben sind, müssen überwacht werden; ohne Überwachung dürfen sie in einem Lager oder im Werksbereich parken, wenn dabei ausreichende Sicherheit gewährleistet ist. Sind solche Parkmöglichkeiten nicht vorhanden, darf das Fahrzeug, nachdem geeignete Sicherheitsmaßnahmen getroffen wurden, abseits an einem Platz geparkt werden, der den in den nachstehenden Absätzen a), b) oder c) genannten Bedingungen entspricht:

a) ein Parkplatz, der von einem Beauftragten, der über die Art der Ladung und den Aufenthaltsort des Fahrzeugführers unterrichtet sein muss, bewacht wird;

b) ein öffentlicher oder privater Parkplatz, auf dem für das Fahrzeug wahrscheinlich nicht die Gefahr besteht, durch andere Fahrzeuge beschädigt zu werden, oder

c) eine abseits von öffentlichen Hauptverkehrswegen und Wohngebieten gelegene geeignete Freifläche, die normalerweise nicht als öffentlicher Durchgangs- oder Versammlungsort dient.

Die Parkplätze nach Absatz b) dürfen nur benutzt werden, wenn solche nach Absatz a) nicht vorhanden sind; die nach Absatz c) dürfen nur benutzt werden, wenn solche nach Absatz a) und b) fehlen.

8.4.2 Beladene MEMU müssen überwacht werden; ohne Überwachung dürfen sie in einem Lager oder im Werksbereich parken, wenn dabei ausreichende Sicherheit gewährleistet ist. Ungereinigte leere MEMU sind von dieser Vorschrift freigestellt.

8.4 Vorschriften für die Überwachung der Fahrzeuge

nur ADR

Zusätzliche Vorschriften für besondere Klassen oder Güter   8.5
nur ADR

Wenn in Kapitel 3.2 Tabelle A Spalte 19 hierauf verwiesen wird, gelten zusätzlich zu den Vorschriften der Kapitel 8.1 bis 8.4 die folgenden Vorschriften für die Beförderung der betreffenden Stoffe oder Gegenstände. Stehen sie im Widerspruch zu den Vorschriften der Kapitel 8.1 bis 8.4, gehen die Vorschriften dieses Kapitels vor.

S1 Vorschriften für die Beförderung von explosiven Stoffen und Gegenständen mit Explosivstoff (Klasse 1)

(1) Besondere Schulung der Fahrzeugführer

Hat der Fahrzeugführer nach anderen Vorschriften, die in einem Vertragsstaat gelten, bereits an einer gleichwertigen Schulung teilgenommen, die nach einem anderen Verfahren oder zu einem anderen Zweck durchgeführt wurde und die in Absatz 8.2.2.3.4 festgelegten Themen umfasst, kann er ganz oder teilweise von der Teilnahme an einem Aufbaukurs befreit werden.

(2) Beauftragter

Die zuständige Behörde einer Vertragspartei des ADR kann auf Kosten des Beförderers die Anwesenheit eines Beauftragten im Fahrzeug verlangen, wenn nationale Rechtsvorschriften dies vorsehen.

(3) Rauchverbot sowie Verbot von Feuer und offenem Licht

Rauchen sowie die Verwendung von Feuer und offenem Licht ist auf Fahrzeugen, die Stoffe und Gegenstände der Klasse 1 befördern, in ihrer Nähe sowie beim Beladen und Entladen dieser Stoffe und Gegenstände verboten. Das Rauchverbot gilt auch für die Verwendung elektronischer Zigaretten und ähnlicher Geräte.

(4) Belade- und Entladestellen

a) Es ist untersagt, an einer der Öffentlichkeit zugänglichen Stelle innerhalb von Ortschaften Stoffe und Gegenstände der Klasse 1 ohne besondere Erlaubnis der zuständigen Behörden aufzuladen oder abzuladen.

b) Es ist untersagt, an einer der Öffentlichkeit zugänglichen Stelle außerhalb von Ortschaften Stoffe und Gegenstände der Klasse 1 aufzuladen oder abzuladen, ohne die zuständigen Behörden darüber unterrichtet zu haben, es sei denn, diese Maßnahmen waren aus Sicherheitsgründen dringend erforderlich.

c) Wenn aus irgendeinem Grund Ladearbeiten an einer der Öffentlichkeit zugänglichen Stelle durchgeführt werden müssen, so sind Stoffe und Gegenstände unterschiedlicher Art entsprechend den Gefahrzetteln zu trennen.

d) Wenn Fahrzeuge mit Stoffen oder Gegenständen der Klasse 1 zum Beladen oder Entladen an einer der Öffentlichkeit zugänglichen Stelle zum Halten gezwungen sind, muss zwischen den haltenden Fahrzeugen ein Abstand von mindestens 50 m eingehalten werden. Dieser Abstand gilt nicht für Fahrzeuge, die zu ein und derselben Beförderungseinheit gehören.

(5) Kolonnen

a) Wenn Fahrzeuge mit Stoffen oder Gegenständen der Klasse 1 in Kolonnen fahren, so muss zwischen einer Beförderungseinheit und der nachfolgenden ein Abstand von mindestens 50 m eingehalten werden.

b) Die zuständige Behörde kann Vorschriften bezüglich der Reihenfolge oder der Zusammensetzung der Kolonne erlassen.

8.5 Zusätzliche Vorschriften für besondere Klassen oder Güter nur ADR

(6) Überwachung der Fahrzeuge

Die Vorschriften des Kapitels 8.4 sind nur anzuwenden, wenn Stoffe und Gegenstände der Klasse 1, die eine Gesamtnettomasse an Explosivstoff über den unten angegebenen Grenzwerten haben, in einem Fahrzeug befördert werden:

Unterklasse 1.1:	0 kg
Unterklasse 1.2:	0 kg
Unterklasse 1.3, Verträglichkeitsgruppe C:	0 kg
Unterklasse 1.3 mit Ausnahme der Verträglichkeitsgruppe C:	50 kg
Unterklasse 1.4 mit Ausnahme der unten aufgeführten:	50 kg
Unterklasse 1.5:	0 kg
Unterklasse 1.6:	50 kg
Stoffe und Gegenstände der Unterklasse 1.4, die unter die UN-Nummern 0104, 0237, 0255, 0267, 0289, 0361, 0365, 0366, 0440, 0441, 0455, 0456 und 0500 fallen:	0 kg.

Bei Zusammenladungen ist für die gesamte Ladung der für einen der beförderten Stoffe und Gegenstände geltende niedrigste Grenzwert zu verwenden.

Außerdem müssen diese Stoffe und Gegenstände, sofern sie den Vorschriften des Abschnitts 1.10.3 unterliegen, in Übereinstimmung mit dem Sicherungsplan des Unterabschnitts 1.10.3.2 ständig überwacht werden, um jede böswillige Handlung zu verhindern und den Fahrzeugführer sowie die zuständigen Behörden im Falle von Verlusten oder Feuer zu alarmieren.

Ungereinigte leere Verpackungen sind hiervon ausgenommen.

(7) Verschließen der Fahrzeuge

Türen und starre Abdeckungen in Ladeabteilen von Fahrzeugen EX/II und alle Öffnungen in Ladeabteilen von Fahrzeugen EX/III, mit denen Stoffe und Gegenstände der Klasse 1 befördert werden, müssen während der Beförderung mit Ausnahme der Be- und Entladevorgänge verschlossen sein.

S2 Zusätzliche Vorschriften für die Beförderung entzündbarer flüssiger oder gasförmiger Stoffe

(1) Tragbare Beleuchtungsgeräte

Das Ladeabteil gedeckter Fahrzeuge, die flüssige Stoffe mit einem Flammpunkt bis höchstens 60 °C oder die entzündbare Stoffe oder Gegenstände der Klasse 2 befördern, darf nur mit solchen tragbaren Beleuchtungsgeräten betreten werden, die so beschaffen sind, dass sie entzündbare Dämpfe oder Gase, die sich im Inneren des Fahrzeugs ausgebreitet haben könnten, nicht entzünden können.

(2) Betrieb von Verbrennungsheizgeräten während der Beladung oder Entladung

Während der Beladung und Entladung sowie an den Ladestellen ist der Betrieb von Verbrennungsheizgeräten der Fahrzeuge des Typs FL (siehe Teil 9) verboten.

(3) Maßnahmen zur Vermeidung elektrostatischer Aufladungen

Bei Fahrzeugen des Typs FL (siehe Teil 9) ist vor der Befüllung oder Entleerung der Tanks eine elektrisch gut leitende Verbindung zwischen dem Aufbau des Fahrzeugs und der Erde herzustellen. Außerdem ist die Füllgeschwindigkeit zu begrenzen.

S3 Sondervorschriften für die Beförderung ansteckungsgefährlicher Stoffe

Die Vorschriften der Spalten 2, 3 und 5 der Tabelle in Unterabschnitt 8.1.4.1 und des Abschnitts 8.3.4 gelten nicht.

Zusätzliche Vorschriften für besondere Klassen oder Güter 8.5
nur ADR

S4	Siehe Abschnitt 7.1.7. **Bem.** Diese Sondervorschrift S 4 gilt nicht für Stoffe gemäß Unterabschnitt 3.1.2.6, wenn die Stabilisierung durch den Zusatz chemischer Inhibitoren erfolgt, so dass die Temperatur der selbstbeschleunigenden Zersetzung (SADT) höher als 50 °C ist. In diesem Fall kann eine Temperaturkontrolle bei Beförderungsbedingungen erforderlich werden, bei denen die Temperatur 55 °C überschreiten kann.
S5	**Gemeinsame Sondervorschriften für radioaktive Stoffe der Klasse 7 (UN-Nummern 2908, 2909, 2910 und 2911), die nur in freigestellten Versandstücken befördert werden** Die Vorschriften über schriftliche Weisungen in Unterabschnitt 8.1.2.1 b) und die Vorschriften der Abschnitte 8.2.1, 8.3.1 und 8.3.4 gelten nicht.
S6	**Gemeinsame Sondervorschriften für radioaktive Stoffe der Klasse 7, die nicht in freigestellten Versandstücken befördert werden** Die Vorschriften des Abschnitts 8.3.1 gelten nicht für Fahrzeuge, die nur Versandstücke, Umverpackungen oder Container mit Zetteln der Kategorie I–WEISS befördern. Die Vorschriften des Abschnitts 8.3.4 gelten nicht, vorausgesetzt, es sind keine Nebengefahren vorhanden.

Sonstige zusätzliche Vorschriften oder Sondervorschriften

S7	(gestrichen)
S8	Wenn eine Beförderungseinheit mehr als 2000 kg dieses Gutes befördert, dürfen Halte aus Betriebsgründen während der Beförderung möglichst nicht in der Nähe von Wohngebieten oder belebten Plätzen erfolgen. Ein längeres Halten in der Nähe solcher Orte ist nur mit Zustimmung der zuständigen Behörden zulässig.
S9	Während der Beförderung dieses Gutes dürfen Halte aus Betriebsgründen möglichst nicht in der Nähe von Wohngebieten oder belebten Plätzen erfolgen. Ein längeres Halten in der Nähe solcher Orte ist nur mit Zustimmung der zuständigen Behörden zulässig.
S10	Während der Monate April bis Oktober müssen die Versandstücke, wenn es die Vorschriften des Aufenthaltsstaates vorsehen, beim Halten und Parken des Fahrzeugs gegen Sonneneinwirkung wirksam geschützt sein, z. B. durch Planen, die mindestens 20 cm über der Ladung angebracht sind.
S11	Hat der Fahrzeugführer nach anderen Vorschriften, die in einem Vertragsstaat gelten, bereits an einer gleichwertigen Schulung teilgenommen, die nach einem anderen Verfahren oder zu einem anderen Zweck durchgeführt wurde und die in Absatz 8.2.2.3.5 festgelegten Themen umfasst, kann er ganz oder teilweise von der Teilnahme an einem Aufbaukurs befreit werden.

8.5 Zusätzliche Vorschriften für besondere Klassen oder Güter nur ADR

S12	Wenn die Gesamtzahl der Versandstücke mit radioaktiven Stoffen in der Beförderungseinheit nicht größer als 10 ist, die Summe der Transportkennzahlen der in der Beförderungseinheit beförderten Versandstücke 3 nicht übersteigt und keine Nebengefahren vorhanden sind, müssen die Vorschriften des Abschnitts 8.2.1 betreffend die Schulung der Führer von Fahrzeugen nicht angewendet werden. Die Führer von Fahrzeugen müssen dann jedoch an einer geeigneten, ihren Verantwortlichkeiten entsprechenden Schulung über die Beförderung radioaktiver Stoffe teilgenommen haben. Diese Schulung muss ihnen die mit der Beförderung radioaktiver Stoffe verbundenen Gefahren der Strahlung bewusst machen. Eine solche Schulung des Gefahrenbewusstseins muss durch eine von ihrem Arbeitgeber auszustellende Bescheinigung bestätigt werden. Siehe auch Abschnitt 8.2.3.
S13	(gestrichen)
S14	Die Vorschriften des Kapitels 8.4 über die Überwachung der Fahrzeuge gelten für Fahrzeuge, die beliebige Mengen dieser Stoffe befördern.
S15	Die Vorschriften des Kapitels 8.4 über die Überwachung der Fahrzeuge gelten für Fahrzeuge, die beliebige Mengen dieser Stoffe befördern. Die Anwendung der Vorschriften des Kapitels 8.4 ist jedoch nicht erforderlich, wenn der Laderaum verschlossen ist oder die beförderten Versandstücke auf andere Weise gegen jedes unrechtmäßige Entladen geschützt sind.
S16	Die Vorschriften des Kapitels 8.4 über die Überwachung der Fahrzeuge gelten, wenn die Gesamtmasse dieses Gutes im Fahrzeug 500 kg überschreitet. Außerdem müssen Fahrzeuge, die mehr als 500 kg dieser Stoffe befördern, sofern diese den Vorschriften des Abschnitts 1.10.3 unterliegen, in Übereinstimmung mit dem Sicherungsplan des Unterabschnitts 1.10.3.2 ständig so überwacht werden, dass böswillige Handlungen verhindert und der Fahrzeugführer sowie die zuständigen Behörden bei Verlusten oder Feuer alarmiert werden.
S17	Die Vorschriften des Kapitels 8.4 über die Überwachung der Fahrzeuge gelten, wenn die Gesamtmasse dieses Gutes im Fahrzeug 1000 kg überschreitet.
S18	Die Vorschriften des Kapitels 8.4 über die Überwachung der Fahrzeuge gelten, wenn die Gesamtmasse dieses Gutes im Fahrzeug 2000 kg überschreitet.
S19	Die Vorschriften des Kapitels 8.4 über die Überwachung der Fahrzeuge gelten, wenn die Gesamtmasse dieses Gutes im Fahrzeug 5000 kg überschreitet.
S20	Die Vorschriften des Kapitels 8.4 über die Überwachung der Fahrzeuge gelten, wenn die Gesamtmasse oder das Gesamtvolumen dieser Stoffe im Fahrzeug bei verpackten Gütern 10000 kg oder 3000 Liter in Tanks überschreitet.
S21	Die Vorschriften des Kapitels 8.4 über die Überwachung der Fahrzeuge gelten für alle Stoffe unabhängig von der Masse. Die Anwendung dieser Vorschriften ist jedoch nicht erforderlich, wenn: a) der Laderaum nach der Beladung verschlossen ist oder die beförderten Versandstücke auf andere Weise gegen jedes unrechtmäßige Entladen geschützt sind und b) die Dosisleistung an jeder erreichbaren Stelle der Fahrzeugoberfläche 5 µSv/h nicht überschreitet. Außerdem müssen diese Güter, sofern sie den Vorschriften des Abschnitts 1.10.3 unterliegen, in Übereinstimmung mit dem Sicherungsplan des Unterabschnitts 1.10.3.2 ständig so überwacht werden, dass böswillige Handlungen verhindert und der Fahrzeugführer sowie die zuständigen Behörden bei Verlusten oder Feuer alarmiert werden.

Zusätzliche Vorschriften für besondere Klassen oder Güter 8.5
nur ADR

S22	Die Vorschriften des Kapitels 8.4 über die Überwachung der Fahrzeuge gelten, wenn die Gesamtmasse oder das Gesamtvolumen dieser Stoffe im Fahrzeug bei verpackten Gütern 5000 kg oder 3000 Liter in Tanks überschreitet.
S23	Die Vorschriften des Kapitels 8.4 über die Überwachung der Fahrzeuge gelten, wenn dieser Stoff in loser Schüttung oder in Tanks befördert wird und die Gesamtmasse oder das Gesamtvolumen im Fahrzeug 3000 kg bzw. 3000 Liter überschreitet.
S24	Die Vorschriften des Kapitels 8.4 über die Überwachung der Fahrzeuge gelten, wenn die Gesamtmasse dieser Stoffe im Fahrzeug 100 kg überschreitet.

8.5 Zusätzliche Vorschriften für besondere Klassen oder Güter
nur ADR

Straßentunnelbeschränkungen für die Durchfahrt von Fahrzeugen mit gefährlichen Gütern 8.6

nur ADR

8.6.1 Allgemeine Vorschriften

Die Vorschriften dieses Kapitels finden Anwendung, wenn die Durchfahrt von Fahrzeugen durch Straßentunnel gemäß Abschnitt 1.9.5 beschränkt ist.

8.6.2 Straßenverkehrszeichen oder -lichtzeichen für die Regelung der Durchfahrt von Fahrzeugen mit gefährlichen Gütern

Die Tunnelkategorie, die von der zuständigen Behörde in Übereinstimmung mit Unterabschnitt 1.9.5.1 einem bestimmten Straßentunnel für Zwecke der Beschränkung der Durchfahrt von Beförderungseinheiten mit gefährlichen Gütern zugeordnet wird, muss wie folgt mit Hilfe von Straßenverkehrszeichen angegeben werden:

Straßenverkehrszeichen oder -lichtzeichen	Tunnelkategorie
kein Zeichen	Tunnelkategorie A
Zeichen mit zusätzlicher Tafel, auf der der Buchstabe B angegeben ist	Tunnelkategorie B
Zeichen mit zusätzlicher Tafel, auf der der Buchstabe C angegeben ist	Tunnelkategorie C
Zeichen mit zusätzlicher Tafel, auf der der Buchstabe D angegeben ist	Tunnelkategorie D
Zeichen mit zusätzlicher Tafel, auf der der Buchstabe E angegeben ist	Tunnelkategorie E

8.6.3 Tunnelbeschränkungscode

8.6.3.1 Die Beschränkungen für die Beförderung bestimmter gefährlicher Güter durch Tunnel basieren auf dem in Kapitel 3.2 Tabelle A Spalte 15 angegebenen Tunnelbeschränkungscode dieser Güter. Die Tunnelbeschränkungscodes sind in Klammern im unteren Teil der Zelle angegeben. Wenn anstelle einer der Tunnelbeschränkungscodes «–» angegeben ist, unterliegen die gefährlichen Güter keiner Tunnelbeschränkung; für gefährliche Güter, die den UN-Nummern 2919 und 3331 zugeordnet sind, können Beschränkungen für die Durchfahrt durch Tunnel jedoch Teil der von der (den) zuständigen Behörde(n) auf der Grundlage des Unterabschnitts 1.7.4.2 genehmigten Sondervereinbarungen sein.

8.6.3.2 Wenn eine Beförderungseinheit gefährliche Güter enthält, denen unterschiedliche Tunnelbeschränkungscodes zugeordnet wurden, ist der gesamten Ladung der restriktivste dieser Tunnelbeschränkungscodes zuzuordnen.

8.6.3.3 Gefährliche Güter, die in Übereinstimmung mit Abschnitt 1.1.3 befördert werden, unterliegen nicht den Tunnelbeschränkungen und sind bei der Bestimmung des der gesamten Ladung einer Beförderungseinheit zuzuordnenden Tunnelbeschränkungscodes nicht zu berücksichtigen, es sei denn, die Beförderungseinheit ist mit dem in Abschnitt 3.4.13 unter Vorbehalt des Abschnitts 3.4.14 vorgeschriebenen Kennzeichen versehen.

8.6 Straßentunnelbeschränkungen für die Durchfahrt von Fahrzeugen mit gefährlichen Gütern

nur ADR

8.6.4 Beschränkungen für die Durchfahrt von Beförderungseinheiten mit gefährlichen Gütern durch Tunnel

Die Beschränkungen für die Durchfahrt von Tunneln gelten für:

- Beförderungseinheiten, für die gemäß Abschnitt 3.4.13 unter Vorbehalt des Abschnitts 3.4.14 ein Kennzeichen vorgeschrieben ist, bei der Durchfahrt von Tunneln der Kategorie E und

- Beförderungseinheiten, für die in Abschnitt 5.3.2 eine Kennzeichnung mit orangefarbenen Tafeln vorgeschrieben ist, nach den Vorschriften der nachstehenden Tabelle, nachdem der der gesamten Ladung zuzuordnende Tunnelbeschränkungscode bestimmt worden ist.

Tunnelbeschränkungscode der gesamten Ladung	Beschränkung
B	Durchfahrt verboten durch Tunnel der Kategorien B, C D und E.
B1000C	Beförderungen, bei denen die Nettoexplosivstoffmasse je Beförderungseinheit – 1000 kg überschreitet: Durchfahrt verboten durch Tunnel der Kategorien B, C, D und E; – 1000 kg nicht überschreitet: Durchfahrt verboten durch Tunnel der Kategorien C, D und E.
B/D	Beförderungen in Tanks: Durchfahrt verboten durch Tunnel der Kategorien B, C, D und E. Sonstige Beförderungen: Durchfahrt verboten durch Tunnel der Kategorien D und E.
B/E	Beförderungen in Tanks: Durchfahrt verboten durch Tunnel der Kategorien B, C, D und E. Sonstige Beförderungen: Durchfahrt verboten durch Tunnel der Kategorie E.
C	Durchfahrt verboten durch Tunnel der Kategorien C, D und E.
C5000D	Beförderungen, bei denen die Nettoexplosivstoffmasse je Beförderungseinheit – 5000 kg überschreitet: Durchfahrt verboten durch Tunnel der Kategorien C, D und E; – 5000 kg nicht überschreitet: Durchfahrt verboten durch Tunnel der Kategorien D und E.
C/D	Beförderungen in Tanks: Durchfahrt verboten durch Tunnel der Kategorien C, D und E. Sonstige Beförderungen: Durchfahrt verboten durch Tunnel der Kategorien D und E.

Fortsetzung nächste Seite !

Straßentunnelbeschränkungen für die Durchfahrt von Fahrzeugen mit gefährlichen Gütern 8.6

nur ADR

Tunnelbeschränkungscode der gesamten Ladung	Beschränkung
C/E	Beförderungen in Tanks: Durchfahrt verboten durch Tunnel der Kategorien C, D und E. Sonstige Beförderungen: Durchfahrt verboten durch Tunnel der Kategorie E.
D	Durchfahrt verboten durch Tunnel der Kategorien D und E.
D/E	Beförderungen in loser Schüttung oder in Tanks: Durchfahrt verboten durch Tunnel der Kategorien D und E. Sonstige Beförderungen: Durchfahrt verboten durch Tunnel der Kategorie E.
E	Durchfahrt verboten durch Tunnel der Kategorie E.
–	Durchfahrt durch alle Tunnel gestattet (für die UN-Nummern 2919 und 3331 siehe auch Unterabschnitt 8.6.3.1).

Bem. 1. Zum Beispiel ist die Durchfahrt einer Beförderungseinheit mit UN 0161 Treibladungspulver, Klassifizierungscode 1.3C, Tunnelbeschränkungscode C5000D in einer Menge, die einer gesamten Nettoexplosivstoffmasse von 3000 kg entspricht, durch Tunnel der Kategorien D und E verboten.

2. In begrenzten Mengen verpackte gefährliche Güter, die in Containern oder Beförderungseinheiten befördert werden, die gemäß den Vorschriften des IMDG-Codes gekennzeichnet sind, unterliegen nicht den Beschränkungen für die Durchfahrt von Tunneln der Kategorie E, sofern die Bruttogesamtmasse der Versandstücke mit gefährlichen Gütern in begrenzten Mengen 8 Tonnen je Beförderungseinheit nicht überschreitet.

8.6 Straßentunnelbeschränkungen für die Durchfahrt von Fahrzeugen mit gefährlichen Gütern

nur ADR

Vorschriften für den Bau und die Zulassung der Fahrzeuge nur ADR

9.1	Anwendungsbereich, Begriffsbestimmungen und Vorschriften für die Zulassung von Fahrzeugen
9.1.1	Anwendungsbereich und Begriffsbestimmungen
9.1.1.1	Anwendungsbereich
9.1.1.2	Begriffsbestimmungen
9.1.2	Zulassung der Fahrzeuge EX/II, EX/III, FL und AT und der MEMU
9.1.2.1	Allgemeines
9.1.2.2	Vorschriften für typgenehmigte Fahrzeuge
9.1.2.3	Jährliche technische Untersuchung
9.1.3	Zulassungsbescheinigung
9.1.3.5	Muster der Zulassungsbescheinigung für Fahrzeuge zur Beförderung bestimmter gefährlicher Güter
9.2	Vorschriften für den Bau von Fahrzeugen
9.2.1	Übereinstimmung mit den Vorschriften dieses Kapitels
9.2.2	Elektrische Ausrüstung
9.2.2.1	Allgemeine Vorschriften
9.2.2.2	Leitungen
9.2.2.2.1	Kabel
9.2.2.2.2	Zusätzlicher Schutz
9.2.2.3	Sicherungen und Schutzschalter
9.2.2.4	Batterien
9.2.2.5	Beleuchtung
9.2.2.6	Elektrische Anschlussverbindungen zwischen Kraftfahrzeugen und Anhängern
9.2.2.7	Spannung
9.2.2.8	Batterietrennschalter
9.2.2.9	Dauerstromkreise
9.2.3	Bremsausrüstung
9.2.3.1	Allgemeine Vorschriften
9.2.4	Verhütung von Feuergefahren
9.2.4.1	Allgemeine Vorschriften
9.2.4.2	Fahrerhaus
9.2.4.3	Kraftstoffbehälter und -flaschen
9.2.4.4	Motor
9.2.4.5	Auspuffanlage
9.2.4.6	Dauerbremse des Fahrzeugs
9.2.4.7	Verbrennungsheizgerät
9.2.5	Geschwindigkeitsbegrenzer
9.2.6	Verbindungseinrichtungen von Kraftfahrzeugen und Anhängern
9.2.7	Verhinderung anderer von Kraftstoffen ausgehenden Risiken

9 Vorschriften für den Bau und die Zulassung der Fahrzeuge
nur ADR

9.3		Ergänzende Vorschriften für vollständige oder vervollständigte EX/II- und EX/III-Fahrzeuge zur Beförderung von explosiven Stoffen und Gegenständen mit Explosivstoff (Klasse 1) in Versandstücken
	9.3.1	Werkstoffe zur Herstellung des Fahrzeugaufbaus
	9.3.2	Verbrennungsheizgerät
	9.3.3	EX/II-Fahrzeuge
	9.3.4	EX/III-Fahrzeuge
	9.3.5	Motor und Laderaum
	9.3.6	Externe Wärmequellen und Laderaum
	9.3.7	Elektrische Ausrüstung
9.4		Ergänzende Vorschriften für die Herstellung der Aufbauten vollständiger oder vervollständigter Fahrzeuge (andere als EX/II- und EX/III-Fahrzeuge) zur Beförderung gefährlicher Güter in Versandstücken
9.5		Ergänzende Vorschriften für die Herstellung der Aufbauten vollständiger oder vervollständigter Fahrzeuge zur Beförderung fester gefährlicher Güter in loser Schüttung
9.6		Ergänzende Vorschriften für vollständige oder vervollständigte Fahrzeuge zur Beförderung von Stoffen unter Temperaturkontrolle
9.7		Ergänzende Vorschriften für Tankfahrzeuge (festverbundene Tanks), Batterie-Fahrzeuge und vollständige oder vervollständigte Fahrzeuge für die Beförderung gefährlicher Güter in Aufsetztanks mit einem Fassungsraum von mehr als 1 m^3 oder in Tankcontainern, ortsbeweglichen Tanks oder MEGC mit einem Fassungsraum von mehr als 3 m^3 (Fahrzeuge EX/III, FL und AT)
	9.7.1	Allgemeine Vorschriften
	9.7.2	Vorschriften für Tanks
	9.7.3	Befestigungseinrichtungen
	9.7.4	Elektrische Verbindung der Fahrzeuge FL
	9.7.5	Stabilität der Tankfahrzeuge
	9.7.6	Hinterer Schutz der Fahrzeuge
	9.7.7	Verbrennungsheizgerät
	9.7.8	Elektrische Ausrüstung
	9.7.9	Zusätzliche Sicherheitsvorschriften für Fahrzeuge EX/III
9.8		Ergänzende Vorschriften für vollständige oder vervollständigte MEMU
	9.8.1	Allgemeine Vorschriften
	9.8.2	Vorschriften für Tanks und Schüttgut-Container
	9.8.3	Elektrische Verbindung der MEMU
	9.8.4	Stabilität der MEMU
	9.8.5	Hinterer Schutz der MEMU
	9.8.6	Verbrennungsheizgeräte
	9.8.7	Zusätzliche Sicherheitsvorschriften
	9.8.8	Zusätzliche Vorschriften für die Sicherung

Anwendungsbereich, Begriffsbestimmungen und Vorschriften für die Zulassung von Fahrzeugen 9.1

nur ADR

9.1.1 Anwendungsbereich und Begriffsbestimmungen

9.1.1.1 Anwendungsbereich

Die Vorschriften des Teils 9 gelten für Fahrzeuge der Kategorien N und O gemäß der Gesamtresolution Kraftfahrzeuge; Fahrzeuge zur Beförderung gefährlicher Güter (R.E.3) [1].

Diese Vorschriften gelten für Fahrzeuge, insbesondere hinsichtlich ihres Baus, ihrer Typgenehmigung, ihrer ADR-Zulassung und ihrer jährlichen technischen Untersuchung.

9.1.1.2 Begriffsbestimmungen

Im Sinne des Teils 9 bedeutet:

«*Fahrzeug*»: Jedes Fahrzeug zur Beförderung gefährlicher Güter auf der Straße, unabhängig davon, ob es vollständig, unvollständig oder vervollständigt ist.

«*Fahrzeug EX/II*» oder
«*Fahrzeug EX/III*»: Ein Fahrzeug zur Beförderung von explosiven Stoffen oder Gegenständen mit Explosivstoff (Klasse 1).

«*Fahrzeug FL*»:
a) Ein Fahrzeug zur Beförderung flüssiger Stoffe mit einem Flammpunkt von höchstens 60 °C (mit Ausnahme von Dieselkraftstoffen entsprechend Norm EN 590:2013 + A1:2017, Gasöl oder Heizöl (leicht) – UN-Nummer 1202 – mit einem Flammpunkt entsprechend Norm EN 590:2013 + A1:2017) in festverbundenen Tanks oder Aufsetztanks mit einem Fassungsraum von mehr als 1 m^3 oder in Tankcontainern oder ortsbeweglichen Tanks mit einem Einzelfassungsraum von mehr als 3 m^3 oder

b) ein Fahrzeug zur Beförderung entzündbarer Gase in festverbundenen Tanks oder Aufsetztanks mit einem Fassungsraum von mehr als 1 m^3 oder in Tankcontainern, ortsbeweglichen Tanks oder MEGC mit einem Einzelfassungsraum von mehr als 3 m^3 oder

c) ein Batterie-Fahrzeug mit einem Gesamtfassungsraum von mehr als 1 m^3 zur Beförderung entzündbarer Gase oder

d) ein Fahrzeug zur Beförderung von Wasserstoffperoxid, stabilisiert, oder von Wasserstoffperoxid, wässerige Lösung, stabilisiert, mit mehr als 60 % Wasserstoffperoxid (Klasse 5.1 UN-Nummer 2015) in festverbundenen Tanks oder Aufsetztanks mit einem Fassungsraum von mehr als 1 m^3 oder in Tankcontainern oder ortsbeweglichen Tanks mit einem Einzelfassungsraum von mehr als 3 m^3.

«*Fahrzeug AT*»:
a) Ein Fahrzeug, das kein Fahrzeug EX/III oder FL oder kein MEMU ist, zur Beförderung gefährlicher Güter in festverbundenen Tanks oder Aufsetztanks mit einem Fassungsraum von mehr als 1 m^3 oder in Tankcontainern, ortsbeweglichen Tanks oder MEGC mit einem Einzelfassungsraum von mehr als 3 m^3 oder

b) ein Batterie-Fahrzeug mit einem Gesamtfassungsraum von mehr als 1 m^3, das kein Fahrzeug FL ist.

---

[1] Dokument ECE/TRANS/WP.29/78/Rev.6 der Vereinten Nationen.

9.1 Anwendungsbereich, Begriffsbestimmungen und Vorschriften für die Zulassung von Fahrzeugen

nur ADR

«Vollständiges Fahrzeug»:	Jedes Fahrzeug, das keiner weiteren Vervollständigung bedarf (z. B. Lieferwagen, Lastkraftwagen, Zugmaschinen und Anhänger, die in einem einzigen Produktionsschritt gebaut werden).
«Unvollständiges Fahrzeug»:	Jedes Fahrzeug, das noch einer Vervollständigung in mindestens einem weiteren Produktionsschritt bedarf (z. B. Fahrgestelle mit Fahrerhaus oder Anhängerfahrgestelle).
«Vervollständigtes Fahrzeug»:	Jedes Fahrzeug, das das Ergebnis eines aus mehreren Schritten bestehenden Produktionsprozesses ist (z. B. mit einer Karosserie versehene Fahrgestelle oder Fahrgestelle mit Fahrerhaus).
«Typgenehmigtes Fahrzeug»:	Jedes Fahrzeug, das in Übereinstimmung mit der UN-Regelung Nr. 105 [2)] zugelassen wurde.
«ADR-Zulassung»:	Eine durch eine zuständige Behörde einer ADR-Vertragspartei ausgestellte Bescheinigung, wonach ein für die Beförderung gefährlicher Güter vorgesehenes Fahrzeug die anwendbaren technischen Vorschriften dieses Teils als Fahrzeug EX/II, EX/III, FL oder AT oder als MEMU erfüllt.
«MEMU»:	Ein Fahrzeug, das der Begriffsbestimmung für «Mobile Einheit zur Herstellung von explosiven Stoffen oder Gegenständen mit Explosivstoff» in Abschnitt 1.2.1 entspricht.

9.1.2 Zulassung der Fahrzeuge EX/II, EX/III, FL und AT und der MEMU

Bem. Besondere Zulassungsbescheinigungen für andere Fahrzeuge als die Fahrzeuge EX/II, EX/III, FL und AT und die MEMU werden nicht gefordert; das gilt nicht für die Bescheinigungen, die auf Grund allgemeiner Sicherheitsvorschriften vorgeschrieben sind, die gewöhnlich für die Fahrzeuge in ihrem Ursprungsland gelten.

9.1.2.1 Allgemeines

Fahrzeuge EX/II, EX/III, FL und AT und MEMU müssen den anwendbaren Vorschriften dieses Teils entsprechen.

Jedes vollständige oder vervollständigte Fahrzeug muss gemäß den administrativen Vorschriften dieses Kapitels einer ersten Untersuchung durch die zuständige Behörde unterzogen werden, um die Übereinstimmung mit den anwendbaren technischen Vorschriften der Kapitel 9.2 bis 9.8 zu überprüfen.

Die zuständige Behörde kann bei einer gemäß Unterabschnitt 9.1.2.2 typgenehmigten Zugmaschine für einen Sattelanhänger, für die der Hersteller, sein gehörig bevollmächtigter Vertreter oder eine von der zuständigen Behörde anerkannte Stelle eine Erklärung der Übereinstimmung mit den Vorschriften des Kapitels 9.2 ausgestellt hat, auf die erste Untersuchung verzichten.

Die Übereinstimmung des Fahrzeugs muss durch die Ausstellung einer Zulassungsbescheinigung gemäß Abschnitt 9.1.3 bescheinigt werden.

[2)] UN-Regelung Nr. 105 (Einheitliche Bedingungen für die Genehmigung von Fahrzeugen für den Transport gefährlicher Güter hinsichtlich ihrer besonderen konstruktiven Merkmale).

Anwendungsbereich, Begriffsbestimmungen und Vorschriften für die Zulassung von Fahrzeugen

9.1

nur ADR

Wenn die Fahrzeuge mit einer Dauerbremsanlage ausgerüstet sein müssen, ist vom Fahrzeughersteller oder seinem gehörig bevollmächtigten Vertreter eine Erklärung der Übereinstimmung mit den anwendbaren Vorschriften der UN-Regelung Nr. 13 [3)] Anhang 5 zu liefern. Diese Erklärung ist bei der erstmaligen technischen Untersuchung vorzulegen.

9.1.2.2   **Vorschriften für typgenehmigte Fahrzeuge**

▶ 1.6.5.7
▶ 1.6.5.15

Auf Antrag des Fahrzeugherstellers oder seines gehörig bevollmächtigten Vertreters dürfen Fahrzeuge, die der ADR-Zulassung gemäß Unterabschnitt 9.1.2.1 unterliegen, von einer zuständigen Behörde typgenehmigt werden. Die anwendbaren technischen Vorschriften des Kapitels 9.2 gelten als erfüllt, wenn von einer zuständigen Behörde in Übereinstimmung mit der UN-Regelung Nr. 105 [2)] eine Bescheinigung über die Typgenehmigung ausgestellt wurde, vorausgesetzt, die technischen Vorschriften der genannten Regelung entsprechen denen des Kapitels 9.2 und die Gültigkeit der Bescheinigung wird nicht durch eine Änderung des Fahrzeugs beeinträchtigt. Im Fall der MEMU kann das Kennzeichen für die Typgenehmigung gemäß UN-Regelung Nr. 105 das Fahrzeug entweder als MEMU oder als EX/III ausweisen. MEMU müssen nur in der gemäß Abschnitt 9.1.3 ausgestellten Zulassungsbescheinigung als solche ausgewiesen werden.

Diese von einer Vertragspartei erteilte Typgenehmigung muss von den übrigen Vertragsparteien als Nachweis der Übereinstimmung des Fahrzeugs anerkannt werden, wenn das einzelne Fahrzeug der Untersuchung für die ADR-Zulassung unterzogen wird.

Bei der Untersuchung für die ADR-Zulassung müssen nur diejenigen Teile des typgenehmigten unvollständigen Fahrzeugs auf Übereinstimmung mit den anwendbaren Vorschriften des Kapitels 9.2 untersucht werden, die im Rahmen der Vervollständigung hinzugefügt oder verändert wurden.

9.1.2.3   **Jährliche technische Untersuchung**

Die Fahrzeuge EX/II, EX/III, FL und AT und die MEMU sind in ihrem Zulassungsstaat jährlichen technischen Untersuchungen zu unterziehen, um sicherzustellen, dass sie den anwendbaren Vorschriften dieses Teils und den in ihrem Zulassungsstaat geltenden allgemeinen Sicherheitsvorschriften (Bremsen, Beleuchtung, usw.) entsprechen.

Die Übereinstimmung des Fahrzeugs muss entweder durch die Verlängerung der Gültigkeit der Zulassungsbescheinigung oder durch die Ausstellung einer neuen Zulassungsbescheinigung gemäß Abschnitt 9.1.3 bescheinigt werden.

9.1.3   **Zulassungsbescheinigung**

9.1.3.1 Die Übereinstimmung der Fahrzeuge EX/II, EX/III, FL und AT und der MEMU mit den Vorschriften dieses Teils ist für jedes Fahrzeug, dessen Untersuchung ein befriedigendes Ergebnis liefert oder gemäß Unterabschnitt 9.1.2.1 zur Ausstellung einer Erklärung auf Übereinstimmung mit den Vorschriften des Kapitels 9.2 führt, in einer von der zuständigen Behörde des Zulassungsstaates erteilten Zulassungsbescheinigung (ADR-Zulassungsbescheinigung) [4)] zu bestätigen.

9.1.3.2 Eine von den zuständigen Behörden einer Vertragspartei erteilte Zulassungsbescheinigung für ein im Gebiet dieser Vertragspartei zugelassenes Fahrzeug wird während ihrer Geltungsdauer von den zuständigen Behörden der übrigen Vertragsparteien anerkannt.

---

2) UN-Regelung Nr. 105 (Einheitliche Bedingungen für die Genehmigung von Fahrzeugen für den Transport gefährlicher Güter hinsichtlich ihrer besonderen konstruktiven Merkmale).

3) UN-Regelung Nr. 13 (Einheitliche Bedingungen für die Genehmigung von Fahrzeugen der Klassen M, N und O hinsichtlich der Bremsen).

4) Ein Leitfaden für das Ausfüllen der Zulassungsbescheinigung kann auf der Website des Sekretariats der Wirtschaftskommission der Vereinten Nationen für Europa (http://www.unece.org/trans/danger/danger.htm) eingesehen werden.

9.1 Anwendungsbereich, Begriffsbestimmungen und Vorschriften für die Zulassung von Fahrzeugen

nur ADR

9.1.3.3 Die Zulassungsbescheinigung muss dem in Unterabschnitt 9.1.3.5 dargestellten Muster entsprechen. Ihre Abmessungen entsprechen dem 210 mm x 297 mm (Format A4). Es dürfen Vorder- und Rückseite verwendet werden. Die Farbe ist weiß mit einem diagonalen rosafarbenen Strich.

Sie ist in der Sprache oder in einer der Sprachen des Staates abzufassen, der sie erteilt. Wenn diese Sprache nicht Deutsch, Englisch oder Französisch ist, müssen der Titel der Zulassungsbescheinigung sowie jede unter Nummer 11 aufgeführte Bemerkung außerdem in Deutsch, Englisch oder Französisch abgefasst sein.

Die Zulassungsbescheinigung für ein Saug-Druck-Tankfahrzeug für Abfälle muss folgenden Vermerk tragen: «Saug-Druck-Tankfahrzeug für Abfälle».

Die Zulassungsbescheinigung für ein Fahrzeug EX/III zur Beförderung explosiver Stoffe in Tanks gemäß den Vorschriften des Abschnitts 9.7.9 muss unter Punkt 11 die folgende Bemerkung enthalten: «Fahrzeug gemäß Abschnitt 9.7.9 des ADR für die Beförderung explosiver Stoffe in Tanks».

9.1.3.4 Die Gültigkeit der Zulassungsbescheinigungen endet spätestens ein Jahr nach dem Tag der technischen Untersuchung des Fahrzeugs, die der Erteilung der Bescheinigung vorausging. Wird jedoch die technische Untersuchung innerhalb eines Monats vor oder eines Monats nach diesem Tag durchgeführt, so beginnt der nächste Gültigkeitszeitraum mit dem Tag des Ablaufs des vorhergehenden.

Das Fahrzeug darf nach Ablauf des Gültigkeitszeitraums erst wieder für die Beförderung gefährlicher Güter verwendet werden, wenn das Fahrzeug über eine gültige Zulassungsbescheinigung verfügt.

Für Tanks, für die eine wiederkehrende technische Untersuchung vorgeschrieben ist, bedeuten diese Vorschriften jedoch nicht, dass Dichtheitsprüfungen, Wasserdruckprüfungen oder innere Untersuchungen der Tanks in kürzeren Abständen als den in den Kapiteln 6.8 und 6.9 festgelegten durchgeführt werden müssen.

9.1.3.5 **Muster der Zulassungsbescheinigung für Fahrzeuge zur Beförderung bestimmter gefährlicher Güter**
▶ *1.6.1.48*
▶ *1.6.5.10*

Anwendungsbereich, Begriffsbestimmungen und Vorschriften für die Zulassung von Fahrzeugen

9.1

nur ADR

ZULASSUNGSBESCHEINIGUNG FÜR FAHRZEUGE ZUR BEFÖRDERUNG BESTIMMTER GEFÄHRLICHER GÜTER

Mit dieser Bescheinigung wird bestätigt, dass das nachstehend bezeichnete Fahrzeug die Anforderungen des Übereinkommens über die internationale Beförderung gefährlicher Güter auf der Straße (ADR) erfüllt.

1. Bescheinigung Nr.:	2. Fahrzeughersteller:	3. Fahrzeug-Ident.-Nr.:	4. amtl. Kennz. (wenn vorhanden):

5. Name und Betriebssitz des Beförderers, Betreibers (Halters) oder Eigentümers:

6. Beschreibung des Fahrzeugs:[1]

7. Fahrzeugbezeichnung(en) gemäß 9.1.1.2 des ADR[2]
EX/II   EX/III   FL   AT   MEMU

8. Dauerbremsanlage:[3]
☐ Nicht zutreffend
☐ Die Wirkung nach 9.2.3.1.2 des ADR ist ausreichend für eine Gesamtmasse der Beförderungseinheit von _____ t[4]

9. Beschreibung des (der) festverbundenen Tanks / des (der) Batterie-Fahrzeuge(s) (wenn vorhanden)
9.1 Tankhersteller:
9.2 Zulassungsnummer des Tanks/des Batterie-Fahrzeugs:
9.3 Herstellungsnummer des Tanks/Identifizierung der Elemente des Batterie-Fahrzeugs:
9.4 Herstellungsjahr:
9.5 Tankcodierung gemäß 4.3.3.1 oder 4.3.4.1 des ADR:
9.6 Sondervorschriften TC und TE gemäß 6.8.4 des ADR (falls zutreffend):[6]

10. Zur Beförderung zugelassene gefährliche Güter:
Das Fahrzeug erfüllt die Anforderungen zur Beförderung gefährlicher Güter entsprechend der (den) unter Nummer 7 angegebenen Fahrzeugbezeichnung(en).

10.1 Im Falle eines EX/II- bzw. EX/III-Fahrzeugs[3]
☐ Güter der Klasse 1 einschließlich Verträglichkeitsgruppe J
☐ Güter der Klasse 1 ausgenommen Verträglichkeitsgruppe J

10.2 Im Falle eines Tankfahrzeugs/Batterie-Fahrzeugs[3]
☐ Es dürfen nur Stoffe befördert werden, die gemäß der unter Nummer 9 angegebenen Tankcodierung und den unter Nummer 9 angegebenen eventuellen Sondervorschriften zugelassen sind.[5]
oder
☐ Es dürfen nur die folgenden Stoffe (Klasse, UN-Nummer und, falls erforderlich, Verpackungsgruppe und offizielle Benennung für die Beförderung) befördert werden:

Es dürfen nur Stoffe befördert werden, die nicht dazu neigen, gefährlich mit den Werkstoffen des Tankkörpers, der Dichtungen, der Ausrüstung und der Schutzauskleidung (falls vorhanden) zu reagieren.

11. Bemerkungen:

12. Gültig bis:

Stempel der Ausgabestelle

Ort, Datum, Unterschrift

---

[1] Entsprechend den Begriffsbestimmungen für Kraftfahrzeuge und Anhänger der Kategorien N und O gemäß der Gesamtresolution über die Konstruktion von Fahrzeugen (R.E.3) oder der Richtlinie 2007/46/EG

[2] Nicht Zutreffendes streichen

[3] Zutreffendes ankreuzen

[4] Zutreffenden Wert eintragen. Ein Wert von 44 t beschränkt nicht die im (in den) Zulassungsdokument(en) angegebene «zulässige Zulassungs-/Betriebsmasse»

[5] Stoffe, die der unter Nummer 9 angegebenen oder einer anderen gemäß der Hierarchie in Absatz 4.3.3.1.2 oder 4.3.4.1.2 zugelassenen Tankcodierung unter Berücksichtigung der eventuellen Sondervorschrift(en) zugeordnet sind.

[6] Nicht erforderlich, wenn die zugelassenen Stoffe unter Nummer 10.2 aufgeführt sind.

(Genaue Beschreibung der Zulassungsbescheinigung siehe Unterabschnitt 9.1.3.3)

9.1 Anwendungsbereich, Begriffsbestimmungen und Vorschriften für die Zulassung von Fahrzeugen

nur ADR

13. Verlängerung der Gültigkeit	
Gültigkeit verlängert bis	Stempel der Ausgabestelle, Ort, Datum, Unterschrift:

Bemerkung: Diese Bescheinigung ist der Ausgabestelle zurückzugeben, wenn das Fahrzeug aus dem Verkehr gezogen wird, bei einem Wechsel des unter Nummer 5 genannten Beförderers, Betreibers (Halters) oder Eigentümers, bei Ablauf der Gültigkeit und im Falle einer nennenswerten Änderung wesentlicher Merkmale des Fahrzeugs.

Vorschriften für den Bau von Fahrzeugen   9.2
nur ADR

9.2.1 **Übereinstimmung mit den Vorschriften dieses Kapitels**

9.2.1.1 Fahrzeuge EX/II, EX/III, FL und AT müssen den Vorschriften dieses Kapitels gemäß
▶ 1.6.5.7 nachstehender Tabelle entsprechen.

Für andere Fahrzeuge als die Fahrzeuge EX/II, EX/III, FL und AT:

— gelten die Vorschriften des Absatzes 9.2.3.1.1 (Bremsausrüstung in Übereinstimmung mit der UN-Regelung Nr. 13 oder der Richtlinie 71/320/EWG) für alle erstmalig nach dem 30. Juni 1997 zum Verkehr zugelassenen (oder, sofern eine Zulassung zum Verkehr nicht zwingend vorgeschrieben ist, in Betrieb genommene) Fahrzeuge;

— gelten die Vorschriften des Abschnittes 9.2.5 (Geschwindigkeitsbegrenzer in Übereinstimmung mit der UN-Regelung Nr. 89 oder der Richtlinie 92/24/EWG) für alle erstmalig nach dem 31. Dezember 1987 zum Verkehr zugelassenen Kraftfahrzeuge mit einer höchsten Gesamtmasse von mehr als 12 Tonnen und alle erstmalig nach dem 31. Dezember 2007 zum Verkehr zugelassene Kraftfahrzeuge mit einer höchsten Masse von mehr als 3,5 Tonnen und höchstens 12 Tonnen.

	TECHNISCHE MERKMALE	FAHRZEUGE				BEMERKUNGEN
		EX/II	EX/III	AT	FL	
9.2.2	**ELEKTRISCHE AUSRÜSTUNG**					
9.2.2.1	Allgemeine Vorschriften	X	X	X	X	
9.2.2.2.1	Kabel	X	X	X	X	
9.2.2.2.2	Zusätzlicher Schutz	X[a]	X	X[b]	X	a) Gilt für Fahrzeuge mit einer höchsten Gesamtmasse von mehr als 3,5 Tonnen, die nach dem 31. März 2018 erstmalig zum Verkehr zugelassen wurden (oder in Betrieb genommen wurden, sofern eine Zulassung zum Verkehr nicht zwingend vorgeschrieben ist). b) Gilt für Fahrzeuge, die nach dem 31. März 2018 erstmalig zum Verkehr zugelassen wurden (oder in Betrieb genommen wurden, sofern eine Zulassung zum Verkehr nicht zwingend vorgeschrieben ist).
9.2.2.3	Sicherungen und Schutzschalter	X[b]	X	X	X	b) Gilt für Fahrzeuge, die nach dem 31. März 2018 erstmalig zum Verkehr zugelassen wurden (oder in Betrieb genommen wurden, sofern eine Zulassung zum Verkehr nicht zwingend vorgeschrieben ist).
9.2.2.4	Batterien	X	X	X	X	
9.2.2.5	Beleuchtung	X	X	X	X	
9.2.2.6	elektrische Anschlussverbindungen zwischen Kraftfahrzeugen und Anhängern	X[c]	X	X[b]	X	b) Gilt für Fahrzeuge, die nach dem 31. März 2018 erstmalig zum Verkehr zugelassen wurden (oder in Betrieb genommen wurden, sofern eine Zulassung zum Verkehr nicht zwingend vorgeschrieben ist). c) Gilt für Kraftfahrzeuge, die dafür vorgesehen sind, Anhänger mit einer höchsten Gesamtmasse von mehr als 3,5 Tonnen zu ziehen, und Anhänger mit einer höchsten Gesamtmasse von mehr als 3,5 Tonnen, die nach dem 31. März 2018 erstmalig zum Verkehr zugelassen wurden (oder in Betrieb genommen wurden, sofern eine Zulassung zum Verkehr nicht zwingend vorgeschrieben ist).

9.2 Vorschriften für den Bau von Fahrzeugen
nur ADR

	TECHNISCHE MERKMALE	FAHRZEUGE				BEMERKUNGEN
		EX/II	EX/III	AT	FL	
9.2.2.7	Spannung	X	X			
9.2.2.8	Batterietrennschalter		X		X	
9.2.2.9	dauernd versorgte Stromkreise					
9.2.2.9.1					X	
9.2.2.9.2			X			
9.2.3	**BREMSAUSRÜSTUNG**					
9.2.3.1	Allgemeine Vorschriften	X	X	X	X	
	Automatischer Blockierverhinderer (ABV)	X e)	X d), e)	X d), e)	X d), e)	d) Gilt für Kraftfahrzeuge (Zugmaschinen und Trägerfahrzeuge) mit einer höchsten Gesamtmasse von mehr als 16 Tonnen und Kraftfahrzeuge, die Anhänger (d. h. vollständige Anhänger, Sattelanhänger und Zentralachsanhänger) mit einer höchsten Gesamtmasse von mehr als 10 Tonnen ziehen dürfen. Die Kraftfahrzeuge müssen mit einem automatischen Blockierverhinderer der Kategorie 1 ausgerüstet sein. Gilt für Anhänger (d. h. vollständige Anhänger, Sattelanhänger und Zentralachsanhänger) mit einer höchsten Gesamtmasse von mehr als 10 Tonnen. Die Anhänger müssen mit einem automatischen Blockierverhinderer der Kategorie A ausgerüstet sein. e) Gilt für alle Kraftfahrzeuge und für Anhänger mit einer höchsten Gesamtmasse von mehr als 3,5 Tonnen, die nach dem 31. März 2018 erstmalig zum Verkehr zugelassen wurden (oder in Betrieb genommen wurden, sofern eine Zulassung zum Verkehr nicht zwingend vorgeschrieben ist).
	Dauerbremsanlage	X f)	X g)	X g)	X g)	f) Gilt für nach dem 31. März 2018 erstmalig zum Verkehr zugelassene Kraftfahrzeuge mit einer höchsten Gesamtmasse von mehr als 16 Tonnen oder Kraftfahrzeuge, die Anhänger mit einer höchsten Gesamtmasse von mehr als 10 Tonnen ziehen dürfen. Das Dauerbremssystem muss vom Typ IIA sein. g) Gilt für Kraftfahrzeuge mit einer höchsten Gesamtmasse von mehr als 16 Tonnen oder für Kraftfahrzeuge, die Anhänger mit einer höchsten Gesamtmasse von mehr als 10 Tonnen ziehen dürfen. Das Dauerbremssystem muss vom Typ IIA sein.
9.2.4	**VERHÜTUNG VON FEUERGEFAHREN**					
9.2.4.3	Kraftstoffbehälter und -flaschen	X	X		X	
9.2.4.4	Motor	X	X		X	
9.2.4.5	Auspuffanlage	X	X		X	

Vorschriften für den Bau von Fahrzeugen 9.2
nur ADR

	TECHNISCHE MERKMALE	FAHRZEUGE				BEMERKUNGEN
		EX/II	EX/III	AT	FL	
9.2.4.6	Dauerbremsanlage des Fahrzeugs	X[f]	X	X	X	f) Gilt für nach dem 31. März 2018 erstmalig zum Verkehr zugelassene Kraftfahrzeuge mit einer höchsten Gesamtmasse von mehr als 16 Tonnen oder Kraftfahrzeuge, die Anhänger mit einer höchsten Gesamtmasse von mehr als 10 Tonnen ziehen dürfen. Das Dauerbremssystem muss vom Typ IIA sein.
9.2.4.7	Verbrennungsheizung					
9.2.4.7.1 9.2.4.7.2 9.2.4.7.5		X[h]	X[h]	X[h]	X[h]	h) Gilt für nach dem 30. Juni 1999 ausgerüstete Kraftfahrzeuge. Vor dem 1. Juli 1999 ausgerüstete Kraftfahrzeuge sind vor dem 1. Januar 2010 mit diesen Vorschriften in Übereinstimmung zu bringen. Wenn das Datum der Ausrüstung nicht verfügbar ist, muss stattdessen das Datum der erstmaligen Zulassung des Fahrzeugs zum Verkehr verwendet werden.
9.2.4.7.3 9.2.4.7.4					X[h]	h) Gilt für nach dem 30. Juni 1999 ausgerüstete Kraftfahrzeuge. Vor dem 1. Juli 1999 ausgerüstete Kraftfahrzeuge sind vor dem 1. Januar 2010 mit diesen Vorschriften in Übereinstimmung zu bringen. Wenn das Datum der Ausrüstung nicht verfügbar ist, muss stattdessen das Datum der erstmaligen Zulassung des Fahrzeugs zum Verkehr verwendet werden.
9.2.4.7.6		X	X			
9.2.5	Geschwindigkeitsbegrenzer	X[i]	X[i]	X[i]	X[i]	i) Gilt für Kraftfahrzeuge mit einer höchsten Gesamtmasse von mehr als 12 Tonnen, die nach dem 31. Dezember 1987 erstmalig zum Verkehr zugelassen wurden, und für alle Kraftfahrzeuge mit einer höchsten Gesamtmasse von mehr als 3,5 Tonnen und höchstens 12 Tonnen, die nach dem 31. Dezember 2007 erstmalig zum Verkehr zugelassen wurden.
9.2.6	Verbindungseinrichtung des Anhängers	X	X	X[j]	X[j]	j) Gilt für Verbindungseinrichtungen von Kraftfahrzeugen und Anhängern, die nach dem 31. März 2018 erstmalig zum Verkehr zugelassen wurden (oder in Betrieb genommen wurden, sofern eine Zulassung zum Verkehr nicht zwingend vorgeschrieben ist).
9.2.7	Verhinderung anderer von Kraftstoffen ausgehenden Risiken			X	X	

9.2.1.2   MEMU müssen den Vorschriften dieses Kapitels für Fahrzeuge EX/III entsprechen.

9.2 Vorschriften für den Bau von Fahrzeugen
nur ADR

9.2.2 Elektrische Ausrüstung
▶ 1.6.5.5

9.2.2.1 Allgemeine Vorschriften

Die elektrische Anlage muss so ausgelegt, gebaut und geschützt sein, dass sie unter normalen Einsatzbedingungen der Fahrzeuge keine unbeabsichtigte Zündung oder keinen unbeabsichtigten Kurzschluss verursachen kann.

Die elektrische Anlage muss in ihrer Gesamtheit den Vorschriften der Unterabschnitte 9.2.2.2 bis 9.2.2.9 entsprechend der Tabelle in Abschnitt 9.2.1 genügen.

9.2.2.2 Leitungen

9.2.2.2.1 Kabel

In einem elektrischen Schaltkreis darf kein Kabel mehr Strom führen als in der Auslegung des Kabels festgelegt. Leiter müssen in geeigneter Weise isoliert sein.

Die Kabel müssen für die Bedingungen in der Umgebung des Fahrzeugs, wie Temperaturbereichs- und Flüssigkeitsverträglichkeitsbedingungen, für deren Einsatz sie vorgesehen sind, ausgelegt sein.

Die Kabel müssen der Norm ISO 6722-1:2011 + Cor 01:2012 oder ISO 6722-2:2013 entsprechen.

Kabel müssen sicher befestigt und so verlegt sein, dass sie gegen mechanische und thermische Beanspruchungen geschützt sind.

9.2.2.2.2 Zusätzlicher Schutz

Die hinter dem Fahrerhaus und in den Anhängern verlegten Kabel müssen zusätzlich geschützt sein, um eine unbeabsichtigte Zündung oder einen unbeabsichtigten Kurzschluss bei einem Stoß oder einer Verformung zu minimieren.

Der zusätzliche Schutz muss für die normalen Einsatzbedingungen des Fahrzeugs geeignet sein.

Die Vorschriften für den zusätzlichen Schutz gelten als erfüllt, wenn Mehrleiterkabel in Übereinstimmung mit der Norm ISO 14572:2011 oder eines der in den Abbildungen 9.2.2.2.2.1 bis 9.2.2.2.2.4 wiedergegebenen Beispiele oder eine andere Anordnung verwendet wird, die einen ebenso wirksamen Schutz bietet.

ABBILDUNGEN

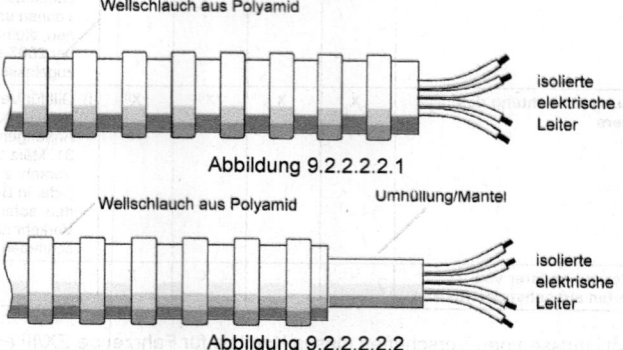

Abbildung 9.2.2.2.2.1

Abbildung 9.2.2.2.2.2

Vorschriften für den Bau von Fahrzeugen 9.2
nur ADR

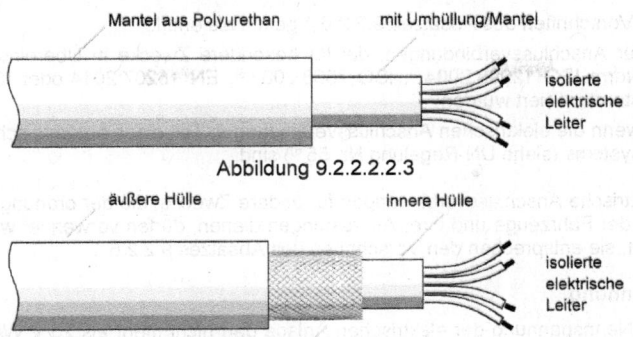

Abbildung 9.2.2.2.2.3

Abbildung 9.2.2.2.2.4

Für die Kabel der Raddrehzahlsensoren ist kein zusätzlicher Schutz erforderlich.

Diese Vorschriften gelten für EX/II-Fahrzeuge als erfüllt, die in einem einzigen Produktionsschritt gebaute Lieferwagen sind und bei denen die Verkabelung hinter dem Fahrerhaus durch den Fahrzeugaufbau geschützt ist.

9.2.2.3 Sicherungen und Schutzschalter

Alle Stromkreise müssen durch Sicherungen oder automatische Schutzschalter geschützt sein, ausgenommen folgende Stromkreise:

– von der Starterbatterie zur Kaltstarteinrichtung,
– von der Starterbatterie zur Lichtmaschine,
– von der Lichtmaschine zum Kasten mit den Sicherungen oder Schutzschaltern,
– von der Starterbatterie zum Motoranlasser,
– von der Starterbatterie zum Leistungsregelgehäuse der Dauerbremsanlage (siehe Absatz 9.2.3.1.2), wenn es sich dabei um ein elektrisches oder elektromagnetisches System handelt,
– von der Starterbatterie zur elektrischen Hebevorrichtung der Liftachse.

Die vorgenannten nicht abgesicherten Stromkreise müssen so kurz wie möglich sein.

9.2.2.4 Batterien

Die Batterieanschlussklemmen müssen elektrisch isoliert oder die Batterie muss durch einen isolierenden Deckel abgedeckt sein.

Batterien, die entzündbare Gase bilden können und nicht unter der Motorhaube eingebaut sind, müssen in einen belüfteten Kasten eingesetzt sein.

9.2.2.5 Beleuchtung

Lichtquellen mit Schraubsockel dürfen nicht verwendet werden.

9.2.2.6 Elektrische Anschlussverbindungen zwischen Kraftfahrzeugen und Anhängern

9.2.2.6.1 Elektrische Anschlussverbindungen müssen so ausgelegt sein, dass Folgendes verhindert wird:

– Eindringen von Feuchtigkeit und Schmutz; die verbundenen Teile müssen mindestens der Schutzart IP 54 gemäß Norm IEC 60529 entsprechen;
– unbeabsichtigtes Trennen; Anschlussverbindungen müssen die Anforderungen des Abschnitts 5.6 der Norm ISO 4091:2003 erfüllen.

9.2 Vorschriften für den Bau von Fahrzeugen
nur ADR

9.2.2.6.2 Die Vorschriften des Absatzes 9.2.2.6.1 gelten als erfüllt:
- für Anschlussverbindungen, die für besondere Zwecke in Übereinstimmung mit der Norm ISO 12098:2004 [5], ISO 7638:2003 [5], EN 15207:2014 oder ISO 25981:2008 [5] standardisiert wurden;
- wenn die elektrischen Anschlussverbindungen Teil eines automatischen Verbindungssystems (siehe UN-Regelung Nr. 55 [6]) sind.

9.2.2.6.3 Elektrische Anschlussverbindungen für andere Zwecke, die der ordnungsgemäßen Funktion der Fahrzeuge und ihrer Ausrüstungen dienen, dürfen verwendet werden, vorausgesetzt, sie entsprechen den Vorschriften des Absatzes 9.2.2.6.1.

9.2.2.7 **Spannung**

Die Nennspannung der elektrischen Anlage darf nicht mehr als 25 V Wechselstrom oder 60 V Gleichstrom betragen.

In galvanisch getrennten Teilen der elektrischen Anlage sind höhere Spannungen zugelassen, vorausgesetzt, diese Teile sind nicht in einem Umkreis von weniger als 0,5 Metern von der Außenseite des Ladeabteils oder des Tanks angebracht.

Zusätzliche Systeme, die mit einer Spannung von mehr als 1000 V Wechselstrom oder 1500 V Gleichstrom arbeiten, müssen in einem gekapselten Gehäuse eingebaut sein.

Wenn Xenon-Lampen verwendet werden, sind nur solche zugelassen, die einen integrierten Starter haben.

9.2.2.8 **Batterietrennschalter**

9.2.2.8.1 Ein Schalter zur Unterbrechung der Stromkreise muss so nahe wie in der Praxis möglich an der Batterie angebracht sein. Wenn ein einpoliger Schalter zur Unterbrechung verwendet wird, muss dieser an der spannungsführenden Leitung und nicht an der Masseleitung angebracht sein.

9.2.2.8.2 Eine Betätigungseinrichtung für das Ein- und Ausschalten des Schalters muss sich im Fahrerhaus befinden. Sie muss für den Fahrer leicht zugänglich und deutlich gekennzeichnet sein. Sie muss entweder durch eine Schutzabdeckung, durch eine zweifach zu betätigende Einrichtung oder durch eine andere geeignete Vorrichtung gegen unbeabsichtigte Betätigung geschützt sein. Zusätzliche Betätigungseinrichtungen dürfen eingebaut sein, sofern sie deutlich gekennzeichnet und gegen unbeabsichtigte Betätigung geschützt sind. Wenn die Betätigungseinrichtung(en) elektrisch betrieben wird (werden), unterliegen ihre Stromkreise den Vorschriften des Unterabschnitts 9.2.2.9.

9.2.2.8.3 Der Schalter muss die Stromkreise innerhalb von 10 Sekunden nach der Betätigung der Betätigungseinrichtung unterbrechen.

9.2.2.8.4 Der Schalter muss ein Gehäuse der Schutzgrad IP 65 gemäß Norm IEC 60529 haben.

9.2.2.8.5 Die elektrischen Anschlüsse am Schalter müssen der Schutzart IP 54 gemäß Norm IEC 60529 entsprechen. Dies ist jedoch nicht erforderlich, wenn sich die Anschlüsse in einem Gehäuse befinden, das auch der Batteriekasten sein kann. In diesem Fall genügt es, diese Anschlüsse gegen Kurzschluss zu schützen, z. B. mit einer Gummikappe.

---

[5] Die in dieser Norm in Bezug genommene Norm ISO 4009 muss nicht angewendet werden.

[6] UN-Regelung Nr. 55 (Einheitliche Vorschriften für die Genehmigung von mechanischen Verbindungseinrichtungen von miteinander verbundenen Fahrzeugen).

Vorschriften für den Bau von Fahrzeugen 9.2
nur ADR

9.2.2.9 **Dauerstromkreise**

9.2.2.9.1 a) Die Teile der elektrischen Anlage, einschließlich der Leitungen, die unter Spannung bleiben müssen, wenn der Batterietrennschalter geöffnet ist, müssen zur Verwendung innerhalb einer Gefahrenzone geeignet sein. Diese Ausrüstung muss den allgemeinen Vorschriften der Norm IEC 60079 Teile 0 und 14 [7)] und den zusätzlichen anwendbaren Vorschriften der Norm IEC 60079 Teil 1, 2, 5, 6, 7, 11, 15, 18, 26 oder 28 genügen.

b) Für die Anwendung der Norm IEC 60079 Teil 14 [7)] gilt folgende Klassifizierung:
Die unter dauernder Spannung stehende elektrische Ausrüstung, einschließlich der Leitungen, die nicht den Vorschriften der Unterabschnitte 9.2.2.4 und 9.2.2.8 unterliegt, muss den für die Zone 1 geltenden Vorschriften für elektrische Ausrüstungen im Allgemeinen oder den für die Zone 2 geltenden Vorschriften für elektrische Ausrüstungen im Fahrerhaus genügen. Sie muss den für die Explosionsgruppe IIC Temperaturklasse T6 geltenden Vorschriften entsprechen.

Jedoch muss für die dauernd unter Spannung stehende elektrische Ausrüstung, die in einer Umgebung angebracht ist, in der die Temperatur, die durch die in dieser Umgebung angebrachte nicht elektrische Ausrüstung entwickelt wird, den Grenzwert der Temperaturklasse T6 überschreitet, die Temperaturklasse der dauernd unter Spannung stehenden elektrischen Ausrüstung mindestens T4 sein.

c) Die Zuleitungen der unter dauernder Spannung stehenden elektrischen Ausrüstung müssen entweder den Bestimmungen der Norm IEC 60079 Teil 7 («Erhöhte Sicherheit») entsprechen und durch eine Sicherung oder einen automatischen Schutzschalter geschützt sein, die/der so nahe wie in der Praxis möglich an der Spannungsquelle angebracht ist, oder bei einer «eigensicheren Ausrüstung» durch eine so nahe wie in der Praxis möglich an der Spannungsquelle angebrachte Sicherheitsbarriere geschützt sein.

9.2.2.9.2 Die nicht über den Batterietrennschalter geführten Anschlüsse für die elektrische Ausrüstung, die dauernd unter Spannung bleiben muss, wenn der Batterietrennschalter geöffnet ist, müssen durch eine geeignete Einrichtung, wie eine Sicherung, einen Schutzschalter oder eine Sicherheitsbarriere (Strombegrenzer) gegen Überhitzung geschützt sein.

9.2.3 **Bremsausrüstung**

9.2.3.1 **Allgemeine Vorschriften**

9.2.3.1.1
▶ 1.6.5.13
Kraftfahrzeuge und Anhänger, die zur Verwendung als Beförderungseinheit für gefährliche Güter bestimmt sind, müssen allen zutreffenden technischen Vorschriften der UN-Regelung Nr. 13 [8)] in der jeweils geänderten Fassung gemäß den dort festgelegten Anwendungsdaten entsprechen.

9.2.3.1.2 EX/III-, FL- und AT-Fahrzeuge müssen den Vorschriften der UN-Regelung Nr. 13 [8)] Anlage 5 entsprechen.

9.2.3.2 (gestrichen)

[7)] Die Vorschriften der Norm IEC 60079 Teil 14 haben gegenüber den Vorschriften dieses Teils keinen Vorrang.

[8)] UN-Regelung Nr. 13 (Einheitliche Bedingungen für die Genehmigung von Fahrzeugen der Klassen M, N und O hinsichtlich der Bremsen).

9.2 Vorschriften für den Bau von Fahrzeugen nur ADR

9.2.4 Verhütung von Feuergefahren

9.2.4.1 Allgemeine Vorschriften

Die nachstehenden technischen Vorschriften gelten gemäß der Tabelle des Abschnitts 9.2.1.

9.2.4.2 (gestrichen)

9.2.4.3 Kraftstoffbehälter und -flaschen

Die Kraftstoffbehälter und -flaschen zur Versorgung des Fahrzeugmotors müssen folgenden Vorschriften entsprechen:

a) Der flüssige Kraftstoff oder die flüssige Phase des gasförmigen Kraftstoffs muss im Falle des Entweichens unter normalen Beförderungsbedingungen zum Boden hin abfließen und darf dabei weder mit der Ladung noch mit heißen Teilen des Fahrzeugs in Berührung kommen.

b) Kraftstoffbehälter für flüssige Kraftstoffe müssen den Vorschriften der UN-Regelung Nr. 34 [9] entsprechen; Kraftstoffbehälter, die Benzin enthalten, müssen mit einer wirksamen, der Einfüllöffnung angepassten Flammendurchschlagsicherung oder mit einem Verschluss versehen sein, mit dem die Einfüllöffnung luftdicht verschlossen gehalten werden kann. Kraftstoffbehälter und -flaschen für verflüssigtes Erdgas (LNG) bzw. verdichtetes Erdgas (CNG) müssen den anwendbaren Vorschriften der UN-Regelung Nr. 110 [10] entsprechen. Kraftstoffbehälter für Flüssiggas (LPG) müssen den Vorschriften der UN-Regelung Nr. 67 [11] entsprechen.

c) Die Austrittsöffnung(en) der Druckentlastungseinrichtungen und/oder der Druckentlastungsventile von Kraftstoffbehältern, die gasförmige Kraftstoffe enthalten, müssen von Lufteinlässen, Kraftstoffbehältern, der Ladung oder heißen Teilen des Fahrzeugs abgewandt sein und dürfen nicht auf geschlossene Räume, andere Fahrzeuge, außen angebrachte Einrichtungen mit Lufteinlass (z.B. Klimaanlagen), Motorzuluft- oder -abgasöffnungen gerichtet sein. Rohrleitungen des Kraftstoffsystems dürfen nicht am Tankkörper, der die Ladung enthält, befestigt sein.

---

[9] UN-Regelung Nr. 34 (Einheitliche Bedingungen für die Genehmigung der Fahrzeuge hinsichtlich der Verhütung von Brandgefahren).

[10] UN-Regelung Nr. 110 (Einheitliche Bedingungen für die Genehmigung:
 I. der speziellen Bauteile von Kraftfahrzeugen, in deren Antriebssystem komprimiertes Erdgas (CNG) und/oder Flüssigerdgas (LNG) verwendet wird,
 II. von Fahrzeugen hinsichtlich des Einbaus spezieller Bauteile eines genehmigten Typs für die Verwendung von komprimiertem Erdgas (CNG) und/oder Flüssigerdgas (LNG) in ihrem Antriebssystem).

[11] UN-Regelung Nr. 67 (Einheitliche Bedingungen über die:
 I. Genehmigung der speziellen Ausrüstung von Fahrzeugen der Klassen M und N, in deren Antriebssystem verflüssigte Gase verwendet werden;
 II. Genehmigung von Fahrzeugen der Klassen M und N, die mit der speziellen Ausrüstung für die Verwendung von verflüssigten Gasen in ihrem Antriebssystem ausgestattet sind, in Bezug auf den Einbau dieser Ausrüstung).

Vorschriften für den Bau von Fahrzeugen   9.2
nur ADR

9.2.4.4   Motor

Der Antriebsmotor der Fahrzeuge muss so ausgerüstet und angeordnet sein, dass jede Gefahr für die Ladung durch Erhitzung oder Entzündung vermieden wird. Die Verwendung von verdichtetem Erdgas (CNG) oder verflüssigtem Erdgas (LNG) als Kraftstoff darf nur zugelassen werden, wenn die besonderen Bauteile für CNG und LNG gemäß der UN-Regelung Nr. 110 [10] zugelassen sind und den Vorschriften des Abschnitts 9.2.2 entsprechen. Die Anbringung am Fahrzeug muss den technischen Vorschriften des Abschnitts 9.2.2 und der UN-Regelung Nr. 110 [10] entsprechen. Die Verwendung von Flüssiggas (LPG) als Kraftstoff darf nur zugelassen werden, wenn die spezifischen Bauteile für LPG in Übereinstimmung mit der UN-Regelung Nr. 67 [11] genehmigt werden und den Vorschriften des Abschnitts 9.2.2 entsprechen. Der Einbau im Fahrzeug muss den technischen Anforderungen des Abschnitts 9.2.2 und der UN-Regelung Nr. 67 [11] entsprechen. Bei EX/II- und EX/III-Fahrzeugen muss der Motor ein Motor mit Kompressionszündung sein, für den nur flüssige Kraftstoffe mit einem Flammpunkt über 55 °C verwendet werden dürfen. Gase dürfen nicht verwendet werden.

9.2.4.5   Auspuffanlage

Die Auspuffanlage (einschließlich der Auspuffrohre) muss so geführt oder geschützt sein, dass jede Gefahr für die Ladung durch Erhitzung oder Entzündung vermieden wird. Die Teile der Auspuffanlage, die sich direkt unter dem Kraftstoffbehälter (Diesel) befinden, müssen sich in einem Abstand von mindestens 100 mm von diesen Teilen befinden oder durch einen Hitzeabschirmung (Hitzeschild) geschützt sein.

9.2.4.6   Dauerbremse des Fahrzeugs

Fahrzeuge, die mit einer Dauerbremsanlage ausgerüstet sind, die sich hinter der Rückwand des Fahrerhauses befindet und höhere Temperaturen entwickelt, müssen zwischen dieser Anlage und dem Tank oder der Ladung mit einer Hitzeabschirmung (Hitzeschild) versehen sein, die sicher befestigt und so angebracht ist, dass jede – auch eine örtlich begrenzte – Erhitzung der Tankwand oder der Ladung vermieden wird.

Außerdem muss diese Hitzeabschirmung (Hitzeschild) die Anlage auch gegen zufälliges Entweichen oder Ausfließen der Ladung schützen. Ein Schutz durch z. B. eine zweischalige Abdeckung wird als ausreichend angesehen.

---

[10] UN-Regelung Nr. 110 (Einheitliche Bedingungen für die Genehmigung:
  I. der speziellen Bauteile von Kraftfahrzeugen, in deren Antriebssystem komprimiertes Erdgas (CNG) und/oder Flüssigerdgas (LNG) verwendet wird,
  II. von Fahrzeugen hinsichtlich des Einbaus spezieller Bauteile eines genehmigten Typs für die Verwendung von komprimiertem Erdgas (CNG) und/oder Flüssigerdgas (LNG) in ihrem Antriebssystem).

[11] UN-Regelung Nr. 67 (Einheitliche Bedingungen über die:
  I. Genehmigung der speziellen Ausrüstung von Fahrzeugen der Klassen M und N, in deren Antriebssystem verflüssigte Gase verwendet werden;
  II. Genehmigung von Fahrzeugen der Klassen M und N, die mit der speziellen Ausrüstung für die Verwendung von verflüssigten Gasen in ihrem Antriebssystem ausgestattet sind, in Bezug auf den Einbau dieser Ausrüstung).

9.2 Vorschriften für den Bau von Fahrzeugen
nur ADR

9.2.4.7 Verbrennungsheizgerät

9.2.4.7.1 Die Verbrennungsheizgeräte müssen den anwendbaren technischen Vorschriften der UN-Regelung Nr. 122 [12] in der geltenden Fassung gemäß den dort festgelegten Anwendungsdaten sowie den gemäß der Tabelle in Abschnitt 9.2.1 anwendbaren Vorschriften der Absätze 9.2.4.7.2 bis 9.2.4.7.6 entsprechen.

9.2.4.7.2 Die Verbrennungsheizgeräte und ihre Abgasanlage müssen so beschaffen, angeordnet und geschützt oder abgedeckt sein, dass jede unannehmbare Gefahr einer Erwärmung oder Entzündung der Ladung vermieden wird. Diese Vorschrift gilt als erfüllt, wenn der Kraftstoffbehälter und die Abgasanlage des Gerätes den Vorschriften entsprechen, die in den Unterabschnitten 9.2.4.3 und 9.2.4.5 für Kraftstoffbehälter und Auspuffanlagen der Fahrzeuge ähnlich sind.

9.2.4.7.3 Verbrennungsheizgeräte müssen mindestens durch die nachstehend beschriebenen Verfahren außer Betrieb gesetzt werden können:

a) Abschaltung von Hand im Fahrerhaus;

b) Abstellen des Fahrzeugmotors; in diesem Fall darf das Heizgerät vom Fahrzeugführer von Hand wieder eingeschaltet werden;

c) Inbetriebnahme einer eingebauten Förderpumpe im Kraftfahrzeug für beförderte gefährliche Güter.

9.2.4.7.4 Nach dem Abschalten der Verbrennungsheizgeräte ist eine Nachlaufzeit zulässig. Hinsichtlich der in Absatz 9.2.4.7.3 b) und c) beschriebenen Verfahren muss nach einer Nachlaufzeit von höchstens 40 Sekunden die Zuführung von Verbrennungsluft durch geeignete Maßnahmen unterbrochen sein. Es dürfen nur Verbrennungsheizgeräte verwendet werden, für die nachgewiesen wurde, dass der Wärmetauscher während des normalen Verwendungszeitraums der Verbrennungsheizgeräte einer beschränkten Nachlaufzeit von 40 Sekunden widerstehen kann.

9.2.4.7.5 Verbrennungsheizgeräte müssen von Hand eingeschaltet werden. Automatische Steuerungen sind verboten.

9.2.4.7.6 Verbrennungsheizgeräte für gasförmige Brennstoffe sind nicht zugelassen.

9.2.5 Geschwindigkeitsbegrenzer

Kraftfahrzeuge (Trägerfahrzeuge und Zugmaschinen für Sattelanhänger) mit einer höchsten Gesamtmasse von mehr als 3,5 Tonnen müssen mit einem Geschwindigkeitsbegrenzer oder einer Geschwindigkeitsbegrenzungsfunktion entsprechend den technischen Vorschriften der UN-Regelung Nr. 89 [13] in der jeweils geltenden Fassung ausgerüstet sein. Der Geschwindigkeitsbegrenzer oder die Geschwindigkeitsbegrenzungsfunktion ist so einzustellen, dass die Geschwindigkeit 90 km/h nicht übersteigt.

---

[12] UN-Regelung Nr. 122 (Vorschriften bezüglich der Bauartzulassung eines Heizsystems und eines Fahrzeugs hinsichtlich seines Heizsystems)

[13] UN-Regelung Nr. 89: Einheitliche Bedingungen für die Genehmigung von:
    I. Fahrzeugen hinsichtlich der Begrenzung ihrer Höchstgeschwindigkeit oder ihrer einstellbaren Geschwindigkeits-Begrenzungsfunktion
    II. Fahrzeugen hinsichtlich des Einbaus einer Geschwindigkeits-Begrenzungseinrichtung (SLD) oder einer einstellbaren Geschwindigkeits-Begrenzungseinrichtung (ASLD) eines genehmigten Typs
    III. Geschwindigkeits-Begrenzungseinrichtungen (SLD) und einstellbaren Geschwindigkeits-Begrenzungseinrichtungen (ASLD).

Vorschriften für den Bau von Fahrzeugen 9.2
nur ADR

9.2.6 **Verbindungseinrichtungen von Kraftfahrzeugen und Anhängern**

Verbindungseinrichtungen von Kraftfahrzeugen und Anhängern müssen den technischen Vorschriften der UN-Regelung Nr. 55[14] in der jeweils geänderten Fassung gemäß den dort festgelegten Anwendungsdaten entsprechen.

9.2.7 **Verhinderung anderer von Kraftstoffen ausgehenden Risiken**

9.2.7.1 Kraftstoffsysteme für Motoren, die durch verflüssigtes Erdgas (LNG) angetrieben werden, müssen so ausgerüstet und angeordnet sein, dass jede Gefahr für die Ladung auf Grund der Tatsache, dass das Gas tiefgekühlt ist, vermieden wird.

---

[14] UN-Regelung Nr. 55 (Einheitliche Vorschriften für die Genehmigung von mechanischen Verbindungseinrichtungen von miteinander verbundenen Fahrzeugen).

9.2 Vorschriften für den Bau von Fahrzeugen
nur ADR

9.3 Ergänzende Vorschriften für vollständige oder vervollständigte EX/II- und EX/III-Fahrzeuge zur Beförderung von explosiven Stoffen und Gegenständen mit Explosivstoff (Klasse 1) in Versandstücken

nur ADR

9.3.1 Werkstoffe zur Herstellung des Fahrzeugaufbaus

Für den Aufbau dürfen keine Werkstoffe verwendet werden, die mit den beförderten explosiven Stoffen und Gegenständen mit Explosivstoff gefährliche Verbindungen eingehen können.

9.3.2 Verbrennungsheizgerät

9.3.2.1 Verbrennungsheizgeräte dürfen in EX/II- und EX/III-Fahrzeugen nur für die Beheizung des Fahrerhauses oder des Motors eingebaut sein.

9.3.2.2 Die Verbrennungsheizgeräte müssen den Vorschriften der Absätze 9.2.4.7.1, 9.2.4.7.2, 9.2.4.7.5 und 9.2.4.7.6 genügen:

9.3.2.3 Der Schalter des Verbrennungsheizgerätes darf außerhalb des Fahrerhauses angebracht sein.

Es muss nicht nachgewiesen werden, dass der Wärmetauscher einer beschränkten Nachlaufzeit widersteht.

9.3.2.4 Im Laderaum dürfen keine Verbrennungsheizgeräte und keine zum Betrieb des Verbrennungsheizgerätes erforderlichen Kraftstoffbehälter, Energiequellen, Einlässe für Verbrennungs- oder Heizungsluft oder Auslässe von Abgasrohren eingebaut sein.

9.3.3 EX/II-Fahrzeuge
▶ *1.6.5.8*

Die Fahrzeuge müssen so entworfen, gebaut und ausgerüstet sein, dass die explosiven Stoffe oder die Gegenstände mit Explosivstoff vor äußeren Gefahren und vor Witterungseinflüssen geschützt sind. Die Fahrzeuge müssen gedeckt oder bedeckt sein. Die Plane muss reißfest und aus wasserdichtem und schwer entzündbarem [15] Werkstoff bestehen. Die Plane muss so über das Fahrzeug gespannt sein, dass sie den Ladebereich auf allen Seiten abschließt.

Alle Öffnungen im Laderaum von gedeckten Fahrzeugen müssen verschließbare, dicht schließende Türen oder starre Abdeckungen haben. Das Fahrerhaus muss vom Laderaum durch eine fugenlose Wand getrennt sein.

9.3.4 EX/III-Fahrzeuge
▶ *1.6.5.8*

9.3.4.1 Die Fahrzeuge müssen so entworfen, gebaut und ausgerüstet sein, dass die explosiven Stoffe oder die Gegenstände mit Explosivstoff vor äußeren Gefahren und vor Witterungseinflüssen geschützt sind. Diese Fahrzeuge müssen gedeckt sein. Das Fahrerhaus muss vom Laderaum durch eine fugenlose Wand getrennt sein. Die Ladefläche muss fugenlos sein. Verankerungspunkte für die Ladungssicherung dürfen eingebaut sein. Alle Verbindungen müssen abgedichtet sein. Alle Öffnungen müssen verschlossen werden können. Sie müssen so angeordnet und gebaut sein, dass sich die Verbindungen überlappen.

---

[15] Im Falle der Entzündbarkeit gilt diese Vorschrift als erfüllt, wenn Proben der Plane in Übereinstimmung mit dem in der ISO-Norm 3795:1989 (Straßenfahrzeuge sowie Traktoren und Maschinen für die Land- und Forstwirtschaft - Bestimmung des Brennverhaltens von Werkstoffen der Innenausstattung) festgelegten Verfahren eine Abbrandgeschwindigkeit von höchstens 100 mm/min hat.

9.3 Ergänzende Vorschriften für vollständige oder vervollständigte EX/II- und EX/III-Fahrzeuge zur Beförderung von explosiven Stoffen und Gegenständen mit Explosivstoff (Klasse 1) in Versandstücken

nur ADR

9.3.4.2 Der Aufbau muss aus hitze- und flammenbeständigen Werkstoffen mit einer Mindestdicke von 10 mm gebaut sein. Diese Vorschrift gilt bei Verwendung von Werkstoffen, die gemäß Norm EN 13501-1:2007 + A1:2009 der Klasse B-s3-d2 zugeordnet sind, als erfüllt.

Wenn der für den Aufbau verwendete Werkstoff Metall ist, muss die gesamte Innenseite des Aufbaus mit Werkstoffen, die dieselben Vorschriften erfüllen, abgedeckt sein.

9.3.5 **Motor und Laderaum**

Der Antriebsmotor eines EX/II- oder EX/III-Fahrzeugs muss sich vor der Vorderwand des Laderaums befinden. Er darf jedoch auch unter dem Laderaum angeordnet sein, wenn die Anlage so beschaffen ist, dass die Abwärme keine Gefahr für die Ladung darstellen kann, die aus einem Temperaturanstieg an der Innenfläche des Laderaums auf über 80 °C resultiert.

9.3.6 **Externe Wärmequellen und Laderaum**

Die Auspuffanlage der EX/II- und EX/III-Fahrzeuge oder anderer Teile dieser vollständigen oder vervollständigten Fahrzeuge müssen so gebaut und angeordnet sein, dass die Abwärme keine Gefahr für die Ladung darstellen kann, die aus einem Temperaturanstieg an der Innenfläche des Laderaums auf über 80 °C resultiert.

9.3.7 **Elektrische Ausrüstung**
▶ *1.6.5.5*

9.3.7.1 Die elektrische Anlage muss den zutreffenden Vorschriften der Unterabschnitte 9.2.2.1, 9.2.2.2, 9.2.2.3, 9.2.2.4, 9.2.2.5, 9.2.2.6, 9.2.2.7 und 9.2.2.8 sowie des Absatzes 9.2.2.9.2 entsprechen.

9.3.7.2 Die elektrische Anlage im Laderaum muss staubgeschützt sein, wobei der Schutz mindestens der Schutzart IP54 gemäß Norm IEC 60529 oder einem gleichwertigen Schutz entsprechen muss. Bei der Beförderung von Artikeln und Gegenständen der Verträglichkeitsgruppe J muss der Schutz mindestens der Schutzart IP65 gemäß Norm IEC 60529 oder einem gleichwertigen Schutz entsprechen.

9.3.7.3 Innerhalb des Laderaums dürfen keine elektrischen Leitungen verlegt sein. Vom Inneren des Laderaums zugängliche elektrische Ausrüstungen müssen ausreichend vor mechanischen Einwirkungen von innen geschützt sein.

9.4 Ergänzende Vorschriften für die Herstellung der Aufbauten vollständiger oder vervollständigter Fahrzeuge (andere als EX/II- und EX/III-Fahrzeuge) zur Beförderung gefährlicher Güter in Versandstücken

nur ADR

9.4.1 Die Verbrennungsheizgeräte müssen folgenden Vorschriften genügen:
  a) der Schalter darf außerhalb des Fahrerhauses angebracht sein;
  b) das Gerät muss außerhalb des Laderaums abgeschaltet werden können und
  c) es muss nicht nachgewiesen werden, dass der Wärmetauscher der Luftheizgeräte einer beschränkten Nachlaufzeit widersteht.

9.4.2 Wenn das Fahrzeug zur Beförderung gefährlicher Güter bestimmt ist, für die ein Zettel nach Muster 1, 1.4, 1.5, 1.6, 3, 4.1, 4.3, 5.1 oder 5.2 vorgeschrieben ist, darf im Laderaum kein Kraftstoffbehälter, keine Energiequelle, kein Einlass für Verbrennungs- oder Heizungsluft und kein Auslass von Abgasrohren, die zum Betrieb eines Verbrennungsheizgerätes erforderlich sind, eingebaut sein. Es ist sicherzustellen, dass die Heißluftöffnung nicht durch die Ladung blockiert werden kann. Die Temperatur, der die Versandstücke ausgesetzt sind, darf 50 °C nicht überschreiten. Im Laderaum angebrachte Heizgeräte müssen so beschaffen sein, dass die Entzündung einer explosiven Atmosphäre unter Betriebsbedingungen verhindert wird.

9.4.3 Ergänzende Vorschriften für die Herstellung der Aufbauten von Fahrzeugen zur Beförderung bestimmter gefährlicher Güter oder besonderer Verpackungen können für einen bestimmten Stoff je nach den Angaben in Kapitel 3.2 der Tabelle A Spalte 16 in Teil 7 Kapitel 7.2 aufgeführt sein.

9.4 Ergänzende Vorschriften für die Herstellung der Aufbauten vollständiger oder vervollständigter Fahrzeuge (andere als EX/II- und EX/III-Fahrzeuge) zur Beförderung gefährlicher Güter in Versandstücken

nur ADR

Ergänzende Vorschriften für die Herstellung der Aufbauten vollständiger oder vervollständigter Fahrzeuge zur Beförderung fester gefährlicher Güter in loser Schüttung   9.5

nur ADR

9.5.1 Die Verbrennungsheizgeräte müssen folgenden Vorschriften genügen:

a) der Schalter darf außerhalb des Fahrerhauses angebracht sein;

b) das Gerät muss außerhalb des Laderaums abgeschaltet werden können und

c) es muss nicht nachgewiesen werden, dass der Wärmetauscher der Luftheizgeräte einer beschränkten Nachlaufzeit widersteht.

9.5.2 Wenn das Fahrzeug zur Beförderung gefährlicher Güter bestimmt ist, für die ein Zettel nach Muster 4.1, 4.3 oder 5.1 vorgeschrieben ist, darf im Laderaum kein Kraftstoffbehälter, keine Energiequelle, kein Einlass für Verbrennungs- oder Heizungsluft und kein Auslass von Abgasrohren, die zum Betrieb eines Verbrennungsheizgerätes erforderlich sind, eingebaut sein. Es ist sicherzustellen, dass die Heißluftöffnung nicht durch die Ladung blockiert werden kann. Die Temperatur, der die Ladung ausgesetzt ist, darf 50 °C nicht überschreiten. Im Laderaum angebrachte Heizgeräte müssen so beschaffen sein, dass die Entzündung einer explosiven Atmosphäre unter Betriebsbedingungen verhindert wird.

9.5.3 Die Aufbauten von Fahrzeugen zur Beförderung gefährlicher fester Stoffe in loser Schüttung müssen je nach Fall den Vorschriften der Kapitel 6.11 und 7.3 entsprechen, und zwar einschließlich der Vorschriften des Abschnittes 7.3.2 oder 7.3.3, die gemäß den Angaben in Kapitel 3.2 Tabelle A Spalte 10 bzw. 17 für einen bestimmten Stoff anwendbar sein können.

9.5 Ergänzende Vorschriften für die Herstellung der Aufbauten vollständiger oder vervollständigter Fahrzeuge zur Beförderung fester gefährlicher Güter in loser Schüttung

nur ADR

Ergänzende Vorschriften für vollständige oder vervollständigte Fahrzeuge zur Beförderung von Stoffen unter Temperaturkontrolle

9.6

nur ADR

9.6.1 Die zur Beförderung von Stoffen unter Temperaturkontrolle verwendeten Fahrzeuge mit Wärmedämmung, Kältespeicher oder Kältemaschine müssen den folgenden Vorschriften entsprechen:

a) Das Fahrzeug muss hinsichtlich seiner Isolierung und der Kältequelle so beschaffen und ausgerüstet sein, dass die nach Absatz 2.2.41.1.17 oder 2.2.52.1.15 oder in Unterabschnitt 2.2.41.4 oder 2.2.52.4 vorgesehene Kontrolltemperatur für den zu befördernden Stoff nicht überschritten wird. Der Wärmedurchgangskoeffizient darf 0,4 W/m²K nicht überschreiten;

b) das Fahrzeug muss so eingerichtet sein, dass die Dämpfe der beförderten Stoffe oder Kühlmittel nicht in das Fahrerhaus eindringen können;

c) durch eine geeignete Einrichtung muss vom Fahrerhaus aus jederzeit die im Laderaum herrschende Temperatur festgestellt werden können;

d) der Laderaum muss mit Lüftungsschlitzen oder -klappen versehen sein, wenn die Gefahr der Bildung eines gefährlichen Überdrucks in diesem Raum besteht. Es müssen Vorkehrungen getroffen werden, um gegebenenfalls sicherzustellen, dass die Kühlung durch die Lüftungsschlitze oder -klappen nicht beeinträchtigt wird;

e) das Kühlmittel darf nicht entzündbar sein, und

f) das Kühlaggregat von Fahrzeugen mit Kältemaschinen muss unabhängig vom Antriebsmotor des Fahrzeugs betrieben werden können.

9.6.2 Die zur Vermeidung der Überschreitung der Kontrolltemperatur geeigneten Maßnahmen sind in Absatz 7.1.7.4.5 aufgeführt. Je nach angewandtem Verfahren können in Kapitel 7.2 die ergänzenden Vorschriften für die Herstellung des Fahrzeugaufbaus aufgeführt werden.

9.6 Ergänzende Vorschriften für vollständige oder vervollständigte Fahrzeuge zur Beförderung von Stoffen unter Temperaturkontrolle

nur ADR

9.7 Ergänzende Vorschriften für Tankfahrzeuge (festverbundene Tanks), Batterie-Fahrzeuge und vollständige oder vervollständigte Fahrzeuge für die Beförderung gefährlicher Güter in Aufsetztanks mit einem Fassungsraum von mehr als 1 m³ oder in Tankcontainern, ortsbeweglichen Tanks oder MEGC mit einem Fassungsraum von mehr als 3 m³ (Fahrzeuge EX/III, FL und AT)

nur ADR

9.7.1 Allgemeine Vorschriften

9.7.1.1 Ein Tankfahrzeug besteht – außer dem eigentlichen Fahrzeug oder dem Achsaggregat – aus einem oder mehreren Tanks sowie ihren Ausrüstungsteilen und den Verbindungsteilen zum Fahrzeug oder zum Achsaggregat.

9.7.1.2 Ist der Aufsetztank auf ein Trägerfahrzeug aufgesetzt, muss die Einheit den Vorschriften für Tankfahrzeuge entsprechen.

9.7.2 Vorschriften für Tanks

9.7.2.1 Festverbundene Tanks oder Aufsetztanks aus Metall müssen den einschlägigen Vorschriften des Kapitels 6.8 entsprechen.

9.7.2.2 Elemente von Batterie-Fahrzeugen oder MEGC müssen den einschlägigen Vorschriften des Kapitels 6.2 entsprechen, wenn es sich um Flaschen, Großflaschen, Druckfässer und Flaschenbündel handelt; für Tanks gelten die einschlägigen Vorschriften des Kapitels 6.8.

9.7.2.3 Tankcontainer aus Metall müssen den Vorschriften des Kapitels 6.8 entsprechen; ortsbewegliche Tanks müssen den Vorschriften des Kapitels 6.7 oder gegebenenfalls denen des IMDG-Codes (siehe Unterabschnitt 1.1.4.2) entsprechen.

9.7.2.4 Tanks aus faserverstärkten Kunststoffen müssen den Vorschriften des Kapitels 6.9 entsprechen.

9.7.2.5 Saug-Druck-Tanks für Abfälle müssen den Vorschriften des Kapitels 6.10 entsprechen.

9.7 Ergänzende Vorschriften für Tankfahrzeuge (festverbundene Tanks), Batterie-Fahrzeuge und vollständige oder vervollständigte Fahrzeuge für die Beförderung gefährlicher Güter in Aufsetztanks mit einem Fassungsraum von mehr als 1 m³ oder in Tankcontainern, ortsbeweglichen Tanks oder MEGC mit einem Fassungsraum von mehr als 3 m³ (Fahrzeuge EX/III, FL und AT)

nur ADR

9.7.3 Befestigungseinrichtungen
▶ 1.6.5.22

9.7.3.1 Die Befestigungseinrichtungen müssen so beschaffen sein, dass sie unter normalen Beförderungsbedingungen den statischen und dynamischen Beanspruchungen standhalten. Befestigungseinrichtungen umfassen alle Tragrahmen, die für die Anbringung der baulichen Ausrüstung (siehe Begriffsbestimmung in Abschnitt 1.2.1) am Fahrzeug verwendet werden.

9.7.3.2 Die Befestigungseinrichtungen von Tankfahrzeugen, Batterie-Fahrzeugen und Trägerfahrzeugen von Tankcontainern, Aufsetztanks, ortsbeweglichen Tanks, MEGC oder UN-MEGC müssen bei der höchstzulässigen Beladung in der Lage sein, folgende getrennt einwirkende statische Kräfte aufzunehmen:

– in Fahrtrichtung: das Zweifache der Gesamtmasse multipliziert mit der Erdbeschleunigung (g) [16];

– horizontal, im rechten Winkel zur Fahrtrichtung: die Gesamtmasse multipliziert mit der Erdbeschleunigung (g) [16];

– vertikal aufwärts: die Gesamtmasse multipliziert mit der Erdbeschleunigung (g) [16];

– vertikal abwärts: das Zweifache der Gesamtmasse multipliziert mit der Erdbeschleunigung (g) [16].

Bem. Die Vorschriften dieses Unterabschnitts gelten nicht für Befestigungseinrichtungen mit Bajonettverschluss in Übereinstimmung mit der Norm ISO 1161:2016 Series 1 freight containers – Corner and intermediate fittings – Specifications (ISO-Container der Reihe 1 – Eck- und Zwischenbeschläge – Anforderungen). Diese Vorschriften gelten jedoch für alle Rahmen oder andere Einrichtungen, die für die Auflage solcher Befestigungseinrichtungen auf dem Fahrzeug verwendet werden.

9.7.3.3 Bei Tankfahrzeugen, Batterie-Fahrzeugen und Trägerfahrzeugen von Aufsetztanks müssen die Befestigungseinrichtungen den in den Absätzen 6.8.2.1.11 bis 6.8.2.1.13, 6.8.2.1.15 und 6.8.2.1.16 vorgeschriebenen Mindestbeanspruchungen standhalten.

9.7.4 Elektrische Verbindung der Fahrzeuge FL

Tanks aus Metall oder aus faserverstärkten Kunststoffen der Tankfahrzeuge FL und die Teile von Batterie-Fahrzeugen FL müssen mindestens eine gute elektrische Verbindung mit dem Fahrgestell des Fahrzeugs aufweisen. Jeder metallische Kontakt, der eine elektrochemische Korrosion hervorrufen kann, ist zu vermeiden.

Bem. Siehe auch Unterabschnitt 6.9.1.2 und Absatz 6.9.2.14.3.

---

[16] Für Berechnungszwecke gilt: g = 9,81 m/s².

Ergänzende Vorschriften für Tankfahrzeuge (festverbundene Tanks), Batterie-Fahrzeuge und vollständige oder vervollständigte Fahrzeuge für die Beförderung gefährlicher Güter in Aufsetztanks mit einem Fassungsraum von mehr als 1 m³ oder in Tankcontainern, ortsbeweglichen Tanks oder MEGC mit einem Fassungsraum von mehr als 3 m³ (Fahrzeuge EX/III, FL und AT) 9.7

nur ADR

9.7.5 **Stabilität der Tankfahrzeuge**

9.7.5.1 Die Breite über alles der Aufstandsfläche am Boden (Entfernung zwischen den äußeren Berührungspunkten des rechten und des linken Reifens derselben Achse mit dem Boden) muss mindestens 90 % der Höhe des Schwerpunkts des beladenen Tankfahrzeugs betragen. Bei Sattelkraftfahrzeugen darf die Achslast des Sattelanhängers 60 % der nominalen Gesamtmasse des beladenen Sattelkraftfahrzeugs nicht übersteigen.

9.7.5.2
▶ *1.6.5.9*
Außerdem müssen Tankfahrzeuge mit festverbundenen Tanks mit einem Fassungsraum von mehr als 3 m³, die zur Beförderung gefährlicher Güter in flüssigem oder geschmolzenem Zustand bestimmt sind und mit einem Druck von weniger als 4 bar geprüft sind, den technischen Vorschriften der UN-Regelung Nr. 111 [17] über die seitliche Stabilität (Kippstabilität) in der jeweils geänderten Fassung gemäß den dort festgelegten Anwendungsdaten entsprechen. Diese Vorschriften gelten für Tankfahrzeuge, die ab 1. Juli 2003 erstmalig zum Verkehr zugelassen werden.

9.7.6 **Hinterer Schutz der Fahrzeuge**

Die Rückseite des Fahrzeugs muss über die gesamte Breite des Tanks durch eine ausreichend feste Stoßstange gegen Heckaufprall geschützt sein. Der Abstand zwischen der Rückwand des Tanks und der Rückseite der Stoßstange muss mindestens 100 mm betragen (wobei dieser Abstand von dem am weitesten nach hinten liegenden Punkt der Tankwand oder von den hervorstehenden Ausrüstungsteilen aus zu messen ist, die mit dem beförderten Stoff in Verbindung stehen). Fahrzeuge mit nach hinten entladbaren Kippbehältern für pulverförmige oder körnige Stoffe und Saug-Druck-Tanks für Abfälle mit kippbarem Behälter müssen nicht mit einer Stoßstange versehen sein, wenn die hinteren Ausrüstungen der Behälter eine Schutzvorrichtung haben, welche die Behälter ebenso schützt, wie eine Stoßstange.

Bem. 1. Diese Vorschrift gilt nicht für Fahrzeuge zur Beförderung gefährlicher Güter in Tankcontainern, ortsbeweglichen Tanks oder MEGC.

2. Wegen des Schutzes der Tanks gegen Beschädigung durch seitliches Anfahren oder Überschlagen siehe Absätze 6.8.2.1.20 und 6.8.2.1.2; wegen des Schutzes der ortsbeweglichen Tanks siehe Absätze 6.7.2.4.3 und 6.7.2.4.5.

9.7.7 **Verbrennungsheizgerät**

9.7.7.1 Die Verbrennungsheizgeräte müssen den Vorschriften der Absätze 9.2.4.7.1, 9.2.4.7.2, 9.2.4.7.5 und folgenden genügen:

a) der Schalter darf außerhalb des Fahrerhauses angebracht sein;

b) das Gerät muss außerhalb des Laderaums abgeschaltet werden können, und

c) es muss nicht nachgewiesen werden, dass der Wärmetauscher der Luftheizgeräte einer beschränkten Nachlaufzeit widersteht.

Für Fahrzeuge FL gelten ebenfalls die Vorschriften der Absätze 9.2.4.7.3 und 9.2.4.7.4.

---

[17] UN-Regelung Nr. 111: Einheitliche Bedingungen für die Genehmigung von Fahrzeugen der Klassen N und O hinsichtlich der seitlichen Stabilität (Kippstabilität).

9.7 Ergänzende Vorschriften für Tankfahrzeuge (festverbundene Tanks), Batterie-Fahrzeuge und vollständige oder vervollständigte Fahrzeuge für die Beförderung gefährlicher Güter in Aufsetztanks mit einem Fassungsraum von mehr als 1 m³ oder in Tankcontainern, ortsbeweglichen Tanks oder MEGC mit einem Fassungsraum von mehr als 3 m³ (Fahrzeuge EX/III, FL und AT)

nur ADR

9.7.7.2 Wenn das Fahrzeug zur Beförderung gefährlicher Güter bestimmt ist, für die ein Zettel nach Muster 1.5, 3, 4.1, 4.3, 5.1 oder 5.2 vorgeschrieben ist, darf im Laderaum kein Kraftstoffbehälter, keine Energiequelle, kein Einlass für Verbrennungs- oder Heizungsluft und kein Auslass von Abgasrohren, die zum Betrieb eines Verbrennungsheizgerätes erforderlich sind, eingebaut sein. Es ist sicherzustellen, dass die Heißluftöffnung nicht von der Ladung blockiert werden kann. Die Temperatur, der die Ladung ausgesetzt ist, darf 50 °C nicht überschreiten. Im Laderaum angebrachte Heizgeräte müssen so beschaffen sein, dass die Entzündung einer explosiven Atmosphäre unter Betriebsbedingungen verhindert wird.

9.7.8 **Elektrische Ausrüstung**
▶ *1.6.5.5*

9.7.8.1 Die elektrische Anlage von FL-Fahrzeugen muss den zutreffenden Vorschriften der Unterabschnitte 9.2.2.1, 9.2.2.2, 9.2.2.4, 9.2.2.5, 9.2.2.6 und 9.2.2.8 sowie des Absatzes 9.2.2.9.1 entsprechen.

Jedoch muss jede hinzugefügte oder geänderte elektrische Anlage den Vorschriften entsprechen, die gemäß den zu befördernden Stoffen für das elektrische Gerät der betreffenden Gruppe oder Temperaturklasse gelten.

Bem. Wegen Übergangsvorschriften siehe Abschnitt 1.6.5.

9.7.8.2 Die elektrische Ausrüstung von FL-Fahrzeugen, die sich in Zonen befindet, in denen eine explosive Atmosphäre in einem Ausmaß besteht oder auftreten kann, dass besondere Vorsichtsmaßnahmen erforderlich werden, muss geeignete Eigenschaften für die Verwendung in einer Gefahrenzone aufweisen. Diese Ausrüstung muss den allgemeinen Vorschriften der IEC-Norm 60079 Teile 0 und 14 und den zusätzlichen einschlägigen Vorschriften der IEC- Norm IEC 60079 Teil 1, 2, 5, 6, 7, 11, 18, 26 oder 28 genügen. Sie muss den Vorschriften entsprechen, die gemäß den zu befördernden Stoffen für das elektrische Gerät der betreffenden Gruppe oder Temperaturklasse gelten. Für die Anwendung der IEC-Norm 60079 Teil 14 gilt folgende Klassifizierung:

ZONE 0

Innenraum der Tankabteile, Befüllungs- und Entleerungsarmaturen und Dampfrückführungsleitungen.

ZONE 1

Innenraum der Schutzkästen für die zur Befüllung und Entleerung verwendete Ausrüstung sowie die Zone in einem Umkreis von weniger als 0,5 m um die Belüftungseinrichtungen und die Druckentlastungsventile.

9.7.8.3 Die dauernd unter Spannung stehende elektrische Ausrüstung, einschließlich der Leitungen, die sich außerhalb der Zonen 0 und 1 befindet, muss den für die Zone 1 bezüglich der elektrischen Ausrüstung im Allgemeinen geltenden Vorschriften oder den für die elektrische Ausrüstung der Zone 2 gemäß IEC-Norm 60079 Teil 14 geltenden Vorschriften für die elektrische Ausrüstung im Fahrerhaus genügen. Sie muss den Vorschriften entsprechen, die gemäß den zu befördernden Stoffen für das elektrische Gerät der betreffenden Gruppe gelten.

9.7

Ergänzende Vorschriften für Tankfahrzeuge (festverbundene Tanks), Batterie-Fahrzeuge und vollständige oder vervollständigte Fahrzeuge für die Beförderung gefährlicher Güter in Aufsetztanks mit einem Fassungsraum von mehr als 1 m³ oder in Tankcontainern, ortsbeweglichen Tanks oder MEGC mit einem Fassungsraum von mehr als 3 m³ (Fahrzeuge EX/III, FL und AT)

nur ADR

9.7.9 **Zusätzliche Sicherheitsvorschriften für Fahrzeuge EX/III**

9.7.9.1 Fahrzeuge EX/III müssen mit selbsttätigen Feuerlöschsystemen für den Motorraum ausgerüstet sein.

9.7.9.2 Der Schutz der Ladung vor Reifenbrand muss durch metallene Wärmeschutzschilde gewährleistet sein.

9.7 Ergänzende Vorschriften für Tankfahrzeuge (festverbundene Tanks), Batterie-Fahrzeuge und vollständige oder vervollständigte Fahrzeuge für die Beförderung gefährlicher Güter in Aufsetztanks mit einem Fassungsraum von mehr als 1 m³ oder in Tankcontainern, ortsbeweglichen Tanks oder MEGC mit einem Fassungsraum von mehr als 3 m³ (Fahrzeuge EX/III, FL und AT)

nur ADR

Ergänzende Vorschriften für vollständige oder vervollständigte MEMU

9.8

nur ADR

▶ *1.6.5.11*

9.8.1 Allgemeine Vorschriften

Ein MEMU besteht – außer dem eigentlichen Fahrzeug oder dem Achsaggregat – aus einem oder mehreren Tanks und Schüttgut-Containern, deren Ausrüstungsteilen und den Verbindungsteilen zum Fahrzeug oder zum Achsaggregat.

9.8.2 Vorschriften für Tanks und Schüttgut-Container

Tanks, Schüttgut-Container und besondere Laderäume für Versandstücke mit explosiven Stoffen oder Gegenständen mit Explosivstoff von MEMU müssen den Vorschriften des Kapitels 6.12 entsprechen.

9.8.3 Elektrische Verbindung der MEMU

Tanks, Schüttgut-Container und besondere Laderäume für Versandstücke mit explosiven Stoffen oder Gegenständen mit Explosivstoff, die aus Metall oder aus faserverstärkten Kunststoffen hergestellt sind, müssen mindestens eine gute elektrische Verbindung mit dem Fahrgestell des Fahrzeugs aufweisen. Jeder metallische Kontakt, der eine elektrochemische Korrosion hervorrufen oder mit den in den Tanks und Schüttgut-Containern beförderten gefährlichen Gütern reagieren kann, ist zu vermeiden.

9.8.4 Stabilität der MEMU

Die Breite über alles der Aufstandsfläche am Boden (Entfernung zwischen den äußeren Berührungspunkten des rechten und des linken Reifens derselben Achse mit dem Boden) muss mindestens 90 % der Höhe des Schwerpunkts des beladenen Tankfahrzeugs betragen. Bei Sattelkraftfahrzeugen darf die Achslast des Sattelanhängers 60 % der nominalen Gesamtmasse des beladenen Sattelkraftfahrzeugs nicht übersteigen.

9.8.5 Hinterer Schutz der MEMU

Die Rückseite des Fahrzeugs muss über die gesamte Breite des Tanks durch eine ausreichend feste Stoßstange gegen Heckaufprall geschützt sein. Der Abstand zwischen der Rückwand des Tanks und der Rückseite der Stoßstange muss mindestens 100 mm betragen (wobei dieser Abstand von dem am weitesten nach hinten liegenden Punkt der Tankwand oder von den schützenden Ausrüstungsteilen aus zu messen ist, die mit dem beförderten Stoff in Verbindung stehen). Fahrzeuge mit einem nach hinten entladbaren Kippbehälter müssen nicht mit einer Stoßstange versehen sein, wenn die hinteren Ausrüstungen des Behälters eine Schutzvorrichtung haben, welche den Behälter ebenso schützt wie eine Stoßstange.

Bem. Diese Vorschrift gilt nicht für MEMU, bei denen die Tanks durch andere Mittel, z.B. Geräte oder Rohre, die keine gefährlichen Güter enthalten, ausreichend gegen Heckaufprall geschützt sind.

9.8.6 Verbrennungsheizgeräte

9.8.6.1 Die Verbrennungsheizgeräte müssen den Vorschriften der Absätze 9.2.4.7.1, 9.2.4.7.2, 9.2.4.7.5, 9.2.4.7.6 und folgenden genügen:

a) der Schalter darf außerhalb des Fahrerhauses angebracht sein;

b) das Gerät muss außerhalb des MEMU-Laderaums abgeschaltet werden können, und

c) es muss nicht nachgewiesen werden, dass der Wärmetauscher der Luftheizgeräte einer beschränkten Nachlaufzeit widersteht.

9.8 Ergänzende Vorschriften für vollständige oder vervollständigte MEMU

nur ADR

9.8.6.2 Im Laderaum von MEMU, die Tanks enthalten, darf kein Kraftstoffbehälter, keine Energiequelle, kein Einlass für Verbrennungs- oder Heizungsluft und kein Auslass von Abgasrohren, die zum Betrieb eines Verbrennungsheizgerätes erforderlich sind, eingebaut sein. Es ist sicherzustellen, dass die Heißluftöffnung nicht blockiert werden kann. Die Temperatur, der die Ausrüstung ausgesetzt ist, darf 50 °C nicht überschreiten. Im Laderaum angebrachte Heizgeräte müssen so beschaffen sein, dass die Entzündung einer explosiven Atmosphäre unter Betriebsbedingungen verhindert wird.

9.8.7 **Zusätzliche Sicherheitsvorschriften**

9.8.7.1 MEMU müssen mit selbsttätigen Feuerlöschsystemen für den Motorraum ausgerüstet sein.

9.8.7.2 Der Schutz der Ladung vor Reifenbrand muss durch metallene Wärmeschutzschilde gewährleistet sein.

9.8.8 **Zusätzliche Vorschriften für die Sicherung**

Die Herstelleinrichtung und die besonderen Laderäume in MEMU müssen mit Schlössern ausgerüstet sein.

RL Binnenland
– Richtlinie über die Beförderung gefährlicher Güter im Binnenland –

GGBefG
Gesetz über die Beförderung gefährlicher Güter
– Gefahrgutbeförderungsgesetz –

GGVSEB
Verordnung über die innerstaatliche und grenzüberschreitende Beförderung
gefährlicher Güter auf der Straße, mit Eisenbahnen
und auf Binnengewässern
– Gefahrgutverordnung Straße, Eisenbahn und Binnenschifffahrt –

RSEB
Richtlinien zur Durchführung der
Gefahrgutverordnung Straße, Eisenbahn und Binnenschifffahrt (GGVSEB)
und weiterer gefahrgutrechtlicher Verordnungen
(Durchführungsrichtlinien-Gefahrgut)

GGAV
Verordnung über Ausnahmen von den
Vorschriften über die Beförderung gefährlicher Güter
– Gefahrgut-Ausnahmeverordnung –

GbV
Verordnung über die Bestellung
von Gefahrgutbeauftragten in Unternehmen
(Gefahrgutbeauftragtenverordnung – GbV)

GGKontrollV
Verordnung über die Kontrollen von Gefahrguttransporten
auf der Straße und in den Unternehmen
– Gefahrgutkontrollverordnung –

ODV
Verordnung über ortsbewegliche Druckgeräte

GGKostV
Kostenverordnung für Maßnahmen
bei der Beförderung gefährlicher Güter
– Gefahrgutkostenverordnung –

RICHTLINIE 2008/68/EG
DES EUROPÄISCHEN PARLAMENTS UND DES RATES
über die Beförderung gefährlicher Güter im Binnenland

vom 24. September 2008

(ABl. Nr. L 260 S. 13 vom 30.09.2008),

geändert durch Entscheidung der Kommission vom 4. März 2009

(ABl. Nr. L 71 S. 23 vom 17.09.2009),

geändert durch Beschluss der Kommission vom 25. März 2010

(ABl. Nr. L 83 S. 24 vom 30.03.2010),

geändert durch RICHTLINIE 2010/61/EU der Kommission vom 2. September 2010

(ABl. Nr. L 233 S. 27 vom 03.09.2010),

geändert durch Beschluss der Kommission vom 14. Januar 2011
zur Ermächtigung der Mitgliedstaaten, gemäß der Richtlinie 2008/68/EG des Europäischen Parlaments und des Rates über die Beförderung gefährlicher Güter im Binnenland bestimmte Ausnahmen zu erlassen

(ABl. Nr. L 13 S. 64 vom 18.01.2011),

geändert durch Beschluss der Kommission vom 4. April 2012
zur Ermächtigung der Mitgliedstaaten, gemäß der Richtlinie 2008/68/EG des Europäischen Parlaments und des Rates über die Beförderung gefährlicher Güter im Binnenland bestimmte Ausnahmen zu erlassen

(ABl. Nr. L 101 S. 18 vom 11.04.2012),

geändert durch RICHTLINIE 2012/45/EU der Kommission vom 3. Dezember 2012
(ABl. Nr. L 332 S. 18 vom 04.12.2012),

geändert durch Durchführungsbeschluss der Kommission vom 6. Mai 2013
(ABl. Nr. L 130 S. 26 vom 15.05.2013),

geändert durch Durchführungsbeschluss der Kommission vom 10. April 2014
(ABl. Nr. L 44 S. 1 vom 18.02.2015),

geändert durch RICHTLINIE 2014/103/EU der Kommission vom 21. November 2014
(ABl. Nr. L 335 S. 15 vom 22.11.2014),

geändert durch Durchführungsbeschluss (EU) 2015/974 der Kommission
(Bekanntgegeben unter Aktenzeichen C(2015) 4087),

geändert durch Durchführungsbeschluss der Kommission vom 20. April 2016
(ABl. Nr. L 106 S. 26 vom 22.01.2016),

geändert durch RICHTLINIE (EU) 2016/2309 der Kommission vom 16. Dezember 2016
(ABl. Nr. L 345 S. 48 vom 20.12.2016),

geändert durch RICHTLINIE (EU) 2018/217 der Kommission vom 31. Januar 2018
(ABl. Nr. L 42 S. 52 vom 15.02.2018),

geändert durch RICHTLINIE (EU) 2018/1846 der Kommission vom 23. November 2018
(ABl. Nr. L 299 S. 58 vom 23.11.2018),

geändert durch Durchführungsbeschluss der Kommission vom 17. Juni 2019
(ABl. Nr. L 173 S. 52 vom 27.06.2019),

geändert durch Beschluss der Kommission vom 28. August 2020
(ABl. Nr. L 284 S. 9 vom 01.09.2020),

**geändert durch RICHTLINIE (EU) 2020/1833 der Kommission vom 2. Oktober 2020
(ABl. Nr. L 408 S. 1 vom 04.12.2020).**

RL Binnenland

DAS EUROPÄISCHE PARLAMENT UND DER RAT DER EUROPÄISCHEN UNION –

gestützt auf den Vertrag zur Gründung der Europäischen Gemeinschaft, insbesondere auf Artikel 71,

auf Vorschlag der Kommission,

nach Stellungnahme des Europäischen Wirtschafts- und Sozialausschusses[1],

nach Anhörung des Ausschusses der Regionen,

gemäß dem Verfahren des Artikels 251 des Vertrags[2],

in Erwägung nachstehender Gründe:

(1) Von der Beförderung gefährlicher Güter auf der Straße, der Schiene oder Binnenwasserstraßen geht eine erhebliche Unfallgefahr aus. Daher sollten Maßnahmen getroffen werden, um zu gewährleisten, dass diese Beförderungen unter den bestmöglichen Sicherheitsbedingungen erfolgen.

(2) Einheitliche Vorschriften für die Beförderung gefährlicher Güter auf Straße und Schiene wurden durch die Richtlinie 94/55/EG des Rates vom 21. November 1994 zur Angleichung der Rechtsvorschriften der Mitgliedstaaten für den Gefahrguttransport auf der Straße[3] und die Richtlinie 96/49/EG des Rates vom 23. Juli 1996 zur Angleichung der Rechtsvorschriften der Mitgliedstaaten für die Eisenbahnbeförderung gefährlicher Güter[4] festgelegt.

(3) Um eine für alle Aspekte der Beförderung gefährlicher Güter zu Lande und auf Binnenwasserstraßen geltende gemeinsame Regelung festzulegen, sollten die Richtlinien 94/55/EG und 96/49/EG durch eine einzige Richtlinie ersetzt werden, die ferner Bestimmungen für die Beförderung auf Binnenwasserstraßen enthält.

(4) Die Mehrzahl der Mitgliedstaaten sind Vertragsparteien des Europäischen Übereinkommens über die internationale Beförderung gefährlicher Güter auf der Straße (ADR), haben sich der Regelung für die internationale Beförderung gefährlicher Güter mit der Eisenbahn (RID) unterworfen und sind, soweit es relevant ist, Vertragsparteien des Europäischen Übereinkommens über die internationale Beförderung gefährlicher Güter auf Binnenwasserstraßen (ADN).

(5) In ADR, RID und ADN sind einheitliche Vorschriften für die grenzüberschreitende Beförderung gefährlicher Güter festgelegt. Diese Vorschriften sollten auch auf die innerstaatliche Beförderung ausgeweitet werden, um die Bedingungen für die Beförderung gefährlicher Güter gemeinschaftsweit zu harmonisieren und das reibungslose Funktionieren des Verkehrsbinnenmarktes zu gewährleisten.

(6) In bestimmten Ausnahmefällen, die mit der Art des beteiligten Fahrzeugs oder Schiffes oder mit der begrenzten Art der Beförderung zusammenhängen, sollte diese Richtlinie nicht für die Beförderung gefährlicher Güter gelten.

(7) Diese Richtlinie sollte keine Anwendung auf die Beförderung gefährlicher Güter unter der direkten und unmittelbaren Verantwortung oder Aufsicht der Streitkräfte finden. Die Beförderung gefährlicher Güter durch gewerbliche Auftragnehmer der Streitkräfte sollte jedoch in den Anwendungsbereich dieser Richtlinie fallen, es sei denn, ihre vertraglich festgelegten Verpflichtungen werden unter der direkten und unmittelbaren Verantwortung oder Aufsicht der Streitkräfte durchgeführt.

(8) Ein Mitgliedstaat, der kein Eisenbahnnetz hat, und der voraussichtlich auch in der unmittelbaren Zukunft kein Eisenbahnnetz haben wird, würde einer unverhältnismäßigen und sinnlosen Verpflichtung unterliegen, wenn er die Bestimmungen dieser Richtlinie in Bezug auf die Eisenbahnbeförderung umsetzen und durchführen müsste. Daher sollte ein solcher Mitgliedstaat, solange er kein Eisenbahnsystem hat, von der Verpflichtung, diese Richtlinie umzusetzen und durchzuführen, in Bezug auf den Eisenbahnsektor ausgenommen werden.

---

1) ABl. C 256 vom 27.10.2007, S. 44.
2) Stellungnahme des Europäischen Parlaments vom 5. September 2007 (ABl. C 187 E vom 24.7.2008, S. 148), Gemeinsamer Standpunkt des Rates vom 7. April 2008 (ABl. C 117 E vom 14.5.2008, S. 1) und Standpunkt des Europäischen Parlaments vom 19. Juni 2008 (noch nicht im Amtsblatt veröffentlicht).
3) ABl. L 319 vom 12.12.1994, S. 7.
4) ABl. L 235 vom 17.9.1996, S. 25.

(9) Jeder Mitgliedstaat sollte weiterhin das Recht haben, die Beförderung gefährlicher Güter auf Binnenwasserstraßen von dieser Richtlinie auszunehmen, wenn die Binnenwasserstraßen auf seinem Hoheitsgebiet nicht durch Binnenwasserstraßen mit Wasserstraßen anderer Mitgliedstaaten verbunden sind oder keine gefährlichen Güter auf ihnen befördert werden.

(10) Unbeschadet des Gemeinschaftsrechts und der Bestimmungen des Anhangs I Abschnitt I.1 (1.9), des Anhangs II Abschnitt II.1 (1.9) und des Anhangs III Abschnitt III.1 (1.9) sollten die Mitgliedstaaten aus Gründen der Sicherheit der Beförderung in Bereichen, die nicht von dieser Richtlinie erfasst sind, Bestimmungen aufrechterhalten oder einführen können. Diese Bestimmungen sollten klar und spezifisch sein.

(11) Jeder Mitgliedstaat sollte auch künftig das Recht haben, aus anderen Gründen als der Sicherheit der Beförderung, z.B. aus Gründen der nationalen Sicherheit oder des Umweltschutzes, die Beförderung gefährlicher Güter auf seinem Hoheitsgebiet zu regeln oder zu untersagen.

(12) In Drittländern zugelassene Beförderungsmittel sollten vorbehaltlich der Einhaltung der einschlägigen Bestimmungen von ADR, RID und ADN und dieser Richtlinie für die grenzüberschreitende Beförderung gefährlicher Güter auf den Gebieten der Mitgliedstaaten eingesetzt werden können.

(13) Jeder Mitgliedstaat sollte weiterhin das Recht haben, auf innerstaatliche Transportvorgänge mit Beförderungsmitteln, die in seinem Hoheitsgebiet zugelassen oder in Betrieb genommen werden, strengere Vorschriften anzuwenden.

(14) Durch die Harmonisierung der für die innerstaatliche Beförderung gefährlicher Güter geltenden Bedingungen sollte die Berücksichtigung besonderer einzelstaatlicher Gegebenheiten nicht ausgeschlossen werden. Diese Richtlinie sollte daher den Mitgliedstaaten die Möglichkeit geben, unter festgelegten Bedingungen bestimmte Ausnahmen zu genehmigen. Diese Ausnahmen sollten in dieser Richtlinie als „innerstaatliche Ausnahmen" aufgeführt werden.

(15) Als Handhabe in ungewöhnlichen und außerordentlichen Situationen sollten die Mitgliedstaaten das Recht haben, Einzelgenehmigungen für die Beförderung gefährlicher Güter auf ihrem Hoheitsgebiet zu erlassen, die andernfalls aufgrund dieser Richtlinie nicht zulässig wären.

(16) Angesichts der Höhe der in diesem Sektor erforderlichen Investitionen sollte es den Mitgliedstaaten gestattet sein, für einen Übergangszeitraum bestimmte innerstaatliche Bestimmungen, die die Auslegung der Beförderungsmittel oder Ausrüstungen oder Beförderung durch den Ärmelkanal-Tunnel betreffen, beizubehalten. Darüber hinaus sollte es den Mitgliedstaaten gestattet sein, Bestimmungen für die Beförderung gefährlicher Güter mit der Bahn zwischen Mitgliedstaaten und Staaten, die Vertragsparteien der Organisation für die Zusammenarbeit der Eisenbahnen (OSJD) sind, beizubehalten und zu erlassen, bis Anhang II des Übereinkommens über den internationalen Eisenbahngüterverkehr (SMGS-Übereinkommen) und Anhang II Abschnitt II.1 der vorliegenden Richtlinie und damit das RID harmonisiert worden sind. Innerhalb von zehn Jahren nach Inkrafttreten dieser Richtlinie sollte die Kommission die Auswirkungen dieser Bestimmungen bewerten und gegebenenfalls geeignete Vorschläge unterbreiten. Diese Bestimmungen sollten in dieser Richtlinie als „zusätzliche Übergangsbestimmungen" aufgeführt werden.

(17) Die Anhänge dieser Richtlinie müssen rasch an den wissenschaftlichen und technischen Fortschritt einschließlich der Entwicklung neuer Technologien zur Überwachung und Verfolgung angepasst werden können, um insbesondere neue Bestimmungen von ADR, RID und ADN zu berücksichtigen. Die Änderungen an ADR, RID und ADN und die entsprechenden Anpassungen der Anhänge sollten gleichzeitig in Kraft treten. Die Kommission sollte gegebenenfalls den Mitgliedstaaten für die Übersetzung von ADR, RID und ADN und deren Änderungen in ihre Amtssprachen finanzielle Unterstützung gewähren.

(18) Die zur Durchführung dieser Richtlinie erforderlichen Maßnahmen sollten gemäß dem Beschluss 1999/468/EG des Rates vom 28. Juni 1999 zur Festlegung der Modalitäten für die Ausübung der der Kommission übertragenen Durchführungsbefugnisse[1] erlassen werden.

---

1) ABl. L 184 vom 17.7.1999, S. 23.

RL Binnenland

(19) Insbesondere sollte die Kommission die Befugnis zur Anpassung der Anhänge dieser Richtlinie an den wissenschaftlichen und technischen Fortschritt erhalten. Da es sich hierbei um Maßnahmen von allgemeiner Tragweite handelt, die eine Änderung nicht wesentlicher Bestimmungen dieser Richtlinie auch durch Ergänzung um neue nicht wesentliche Bestimmungen bewirken, sind diese Maßnahmen nach dem Regelungsverfahren mit Kontrolle des Artikels 5a des Beschlusses 1999/468/EG zu erlassen.

(20) Die Kommission sollte ferner in der Lage sein, die Verzeichnisse der innerstaatlichen Ausnahmen zu überarbeiten sowie über die Durchführung von Sofortmaßnahmen bei Unfällen oder Zwischenfällen zu entscheiden.

(21) Aus Gründen der Effizienz ist es erforderlich, die Fristen, die normalerweise im Rahmen des Regelungsverfahrens mit Kontrolle Anwendung finden, für die Annahme von Anpassungen an den wissenschaftlichen und technischen Fortschritt abzukürzen.

(22) Da die Ziele dieser Richtlinie, nämlich die Gewährleistung der einheitlichen Anwendung der harmonisierten Sicherheitsbestimmungen in der gesamten Gemeinschaft sowie eines hohen Sicherheitsniveaus im innerstaatlichen und grenzüberschreitenden Verkehr auf Ebene der Mitgliedstaaten nicht ausreichend verwirklicht werden kann und daher wegen des Umfangs und der Wirkungen dieser Richtlinie besser auf Gemeinschaftsebene zu verwirklichen sind, kann die Gemeinschaft im Einklang mit dem in Artikel 5 des Vertrags niedergelegten Subsidiaritätsprinzip tätig werden. Entsprechend dem in demselben Artikel genannten Grundsatz der Verhältnismäßigkeit geht diese Richtlinie nicht über das zur Erreichung dieser Ziele erforderliche Maß hinaus.

(23) Die Verpflichtung, sich um eine Harmonisierung der Klassifizierungssysteme für gefährliche Stoffe zu bemühen, welche die Gemeinschaft und ihre Mitgliedstaaten entsprechend den in der UN-Umwelt- und Entwicklungskonferenz von Rio de Janeiro im Juni 1992 festgelegten Zielen eingegangen sind, bleibt von dieser Richtlinie unberührt.

(24) Die gemeinschaftlichen Rechtsvorschriften zu den Sicherheitsbedingungen, unter denen biologische Wirkstoffe und genetisch veränderte Organismen zu befördern sind, die in der Richtlinie 90/219/EWG des Rates vom 23. April 1990 über die Anwendung genetisch veränderter Mikroorganismen in geschlossenen Systemen[1], der Richtlinie 2001/18/EG des Europäischen Parlaments und des Rates vom 12. März 2001 über die absichtliche Freisetzung genetisch veränderter Organismen in die Umwelt[2] sowie der Richtlinie 2000/54/EG des Europäischen Parlaments und des Rates vom 18. September 2000 über den Schutz der Arbeitnehmer gegen Gefährdung durch biologische Arbeitsstoffe bei der Arbeit[3] niedergelegt sind, bleiben von dieser Richtlinie unberührt.

(25) Die Bestimmungen dieser Richtlinie gelten unbeschadet anderer Bestimmungen der Gemeinschaft für die Sicherheit der Arbeitnehmer und den Umweltschutz. Dies gilt insbesondere für die Rahmenrichtlinie über Sicherheit und Gesundheitsschutz der Arbeitnehmer bei der Arbeit, Richtlinie 89/391/EWG des Rates vom 12. Juni 1989 über die Durchführung von Maßnahmen zur Verbesserung der Sicherheit und des Gesundheitsschutzes der Arbeitnehmer bei der Arbeit[4] und ihre Einzelrichtlinien.

(26) Gemäß der Richtlinie 2006/87/EG des Europäischen Parlaments und des Rates vom 12. Dezember 2006 über die technischen Bedingungen für Binnenschiffe[5] darf jedes Schiff mit einer nach der Verordnung über die Beförderung gefährlicher Güter auf dem Rhein (ADNR) erteilten Bescheinigung unter den in dieser Bescheinigung genannten Voraussetzungen gefährliche Güter auf dem gesamten Gebiet der Gemeinschaft befördern. Aufgrund der Annahme der vorliegenden Richtlinie sollte die Richtlinie 2006/87/EG geändert und diese Bestimmung gestrichen werden.

---

1) ABl. L 117 vom 8.5.1990, S. 1.
2) ABl. L 106 vom 17.4.2001, S. 1.
3) ABl. L 262 vom 17.10.2000, S. 21.
4) ABl. L 183 vom 29.6.1989, S.1.
5) ABl. L 389 vom 30.12.2006, S. 1.

(27) Für die Anwendung dieser Richtlinie auf die Beförderung gefährlicher Güter in der Binnenschifffahrt sollte ein Übergangszeitraum von bis zu zwei Jahren gewährt werden, damit genügend Zeit für die Anpassung der innerstaatlichen Bestimmungen, die Einführung eines entsprechenden Rechtsrahmens und die Schulung von Personal bleibt. Für alle Bescheinigungen für Schiffe und Personen, die vor oder während des Übergangszeitraums für die Anwendung dieser Richtlinie auf die Beförderung gefährlicher Güter auf Binnenwasserstraßen ausgestellt wurden, sollte eine allgemeine Übergangsfrist von fünf Jahren eingeräumt werden, es sei denn, in der Bescheinigung ist eine kürzere Gültigkeitsdauer angegeben.

(28) Die Richtlinien 94/55/EG und 96/49/EG sollten daher aufgehoben werden. Im Interesse der Klarheit und Kohärenz ist es ferner notwendig, die Richtlinie 96/35/EG des Rates vom 3. Juni 1996 über die Bestellung und die berufliche Befähigung von Sicherheitsberatern für die Beförderung gefährlicher Güter auf Straße, Schiene oder Binnenwasserstraßen[6], die Richtlinie 2000/18/EG des Europäischen Parlamentes und des Rates vom 17. April 2000 über die Mindestanforderungen für die Prüfung der Sicherheitsberater für die Beförderung gefährlicher Güter auf Straße, Schiene oder Binnenwasserstraßen[7], die Entscheidung 2005/263/EG der Kommission vom 4. März 2005 zur Ermächtigung der Mitgliedstaaten, gemäß der Richtlinie 94/55/EG bestimmte Ausnahmen in Bezug auf den Gefahrguttransport auf der Straße zu genehmigen[8], und die Entscheidung 2005/180/EG der Kommission vom 4. März 2005 zur Ermächtigung der Mitgliedstaaten, gemäß der Richtlinie 96/49/EG bestimmte Ausnahmen in Bezug auf die Eisenbahnbeförderung gefährlicher Güter zu genehmigen[9], aufzuheben.

(29) Gemäß Nummer 34 der Interinstitutionellen Vereinbarung über bessere Rechtsetzung[10] sind die Mitgliedstaaten aufgefordert, für ihre eigene Zwecke und im Interesse der Gemeinschaft eigene Tabellen aufzustellen, aus denen im Rahmen des Möglichen die Entsprechungen zwischen dieser Richtlinie und den Umsetzungsmaßnahmen zu entnehmen sind, und diese zu veröffentlichen –

HABEN FOLGENDE RICHTLINIE ERLASSEN:

---

6) ABl. L 145 vom 19.6.1996, S. 10.
7) ABl. L 118 vom 19.5.2000, S. 41.
8) ABl. L 85 vom 2.4.2005, S. 58.
9) ABl. L 61 vom 8.3.2005, S. 41.
10) ABl. C 321 vom 31.12.2003, S. 1.

RL Binnenland

Artikel 1
Anwendungsbereich

(1) Diese Richtlinie gilt für die Beförderung gefährlicher Güter auf der Straße, mit der Eisenbahn oder auf Binnenwasserstraßen innerhalb eines Mitgliedstaats oder von einem Mitgliedstaat in einen anderen, einschließlich der vom Anhang erfassten Tätigkeiten des Ein- und Ausladens der Güter, des Umschlags auf einen oder von einem anderen Verkehrsträger sowie der transportbedingten Aufenthalte.

Sie gilt nicht für die Beförderung gefährlicher Güter

a) mit Fahrzeugen, Eisenbahnwagen und Schiffen, für die die Streitkräfte verantwortlich sind;
b) mit Seeschiffen auf Seewasserstraßen, die Teil von Binnenwasserstraßen sind;
c) mit Fähren, die Binnenwasserstraßen oder Binnenhäfen nur queren, oder
d) die ausschließlich innerhalb eines abgeschlossenen Bereichs stattfindet.

(2) Anhang II Abschnitt II.1 gilt nicht für die Mitgliedstaaten, die kein Eisenbahnnetz haben, solange kein Eisenbahnnetz auf ihrem Hoheitsgebiet eingerichtet wird.

(3) Binnen eines Jahres nach Inkrafttreten dieser Richtlinie können die Mitgliedstaaten beschließen, Anhang III Abschnitt III.1 aus einem der nachstehenden Gründe nicht anzuwenden:

a) sie besitzen keine Binnenwasserstraßen;
b) ihre Binnenwasserstraßen sind nicht durch Binnenwasserstraßen mit den Wasserstraßen anderer Mitgliedstaaten verbunden, oder
c) auf ihren Binnenwasserstraßen werden keine gefährlichen Güter befördert.

Beschließt ein Mitgliedstaat, den Anhang III Abschnitt III.1 nicht anzuwenden, so teilt er diesen Beschluss der Kommission mit, die die übrigen Mitgliedstaaten davon unterrichtet.

(4) Die Mitgliedstaaten können in folgenden Fällen spezifische Sicherheitsvorschriften für die innerstaatliche und grenzüberschreitende Beförderung gefährlicher Güter auf ihrem Hoheitsgebiet erlassen:

a) Beförderung gefährlicher Güter mit Fahrzeugen, Eisenbahnwagen und Binnenschiffen, sofern diese nicht durch diese Richtlinie erfasst sind;
b) in begründeten Fällen die Nutzung vorgeschriebener Strecken und die Nutzung vorgeschriebener Verkehrsträger;
c) besondere Vorschriften für die Beförderung gefährlicher Güter in Reisezügen.

Diese Bestimmungen und ihre Begründungen werden der Kommission mitgeteilt.
Die Kommission unterrichtet die anderen Mitgliedstaaten davon.

(5) Die Mitgliedstaaten können ausschließlich aus Gründen, die nicht mit der Sicherheit der Beförderung in Zusammenhang stehen, die Beförderung gefährlicher Güter in ihrem Hoheitsgebiet regeln oder untersagen.

Artikel 2
Begriffsbestimmungen

Für Zwecke dieser Richtlinie bezeichnet der Begriff:

1. „ADR" das Europäische Übereinkommen über die internationale Beförderung gefährlicher Güter auf der Straße, das am 30. September 1957 in Genf geschlossen wurde, in der geltenden Fassung;

2. „RID" die Ordnung für die internationale Eisenbahnbeförderung gefährlicher Güter, die Anhang C des am 3. Juni 1999 in Vilnius geschlossenen Übereinkommens über den internationalen Eisenbahnverkehr (COTIF) bildet, in der geltenden Fassung;

3. „ADN" das Europäische Übereinkommen über die internationale Beförderung gefährlicher Güter auf Binnenwasserstraßen, das am 26. Mai 2000 in Genf geschlossen wurde, in der geltenden Fassung;

4. „Fahrzeug" alle zur Teilnahme am Straßenverkehr bestimmten Kraftfahrzeuge, mit mindestens vier Rädern und einer bauartbedingten Höchstgeschwindigkeit von mehr als 25 km/h sowie ihre Anhänger, mit Ausnahme von Schienenfahrzeugen, mobilen Maschinen und Geräten sowie land- und forstwirtschaftlichen Zug- und Arbeitsmaschinen, sofern diese nicht mit einer Geschwindigkeit von über 40 km/h fahren, wenn sie gefährliche Güter befördern;

5. „Eisenbahnwagen" jedes Schienenfahrzeug ohne eigenen Antrieb, das auf eigenen Rädern auf Schienen fährt und zur Güterbeförderung dient;

6. „Schiff" jedes Binnen- oder Seeschiff.

Artikel 3
Allgemeine Vorschriften

(1) Unbeschadet des Artikels 6 dürfen gefährliche Güter nicht befördert werden, soweit dies durch Anhang I Abschnitt I.1, Anhang II Abschnitt II.1 oder Anhang III Abschnitt III.1 untersagt ist.

(2) Unbeschadet der allgemeinen Regeln für den Marktzugang oder der allgemein geltenden Regelungen für die Güterbeförderung ist die Beförderung gefährlicher Güter vorbehaltlich der Einhaltung der in Anhang I Abschnitt I.1, Anhang II Abschnitt II.1 und Anhang III Abschnitt III.1 festgelegten Bedingungen zulässig.

Artikel 4
Drittländer

Die Beförderung gefährlicher Güter zwischen Mitgliedstaaten und Drittländern ist zulässig, sofern die Vorschriften von ADR, RID und ADN eingehalten werden und soweit in den Anhängen nichts anderes bestimmt ist.

Artikel 5
Einschränkungen aus Gründen der Sicherheit der Beförderung

(1) Die Mitgliedstaaten können aus Gründen der Sicherheit der Beförderung strengere Vorschriften, mit Ausnahme von Bauvorschriften, auf die innerstaatliche Beförderung gefährlicher Güter mit Fahrzeugen, Eisenbahnwagen und Binnenschiffen anwenden, die in ihrem Hoheitsgebiet zugelassen oder in Betrieb genommen werden.

(2) Ist ein Mitgliedstaat der Auffassung, dass sich die geltenden Sicherheitsvorschriften bei einem Unfall oder Zwischenfall auf seinem Hoheitsgebiet als zur Eindämmung der Beförderungsrisiken unzureichend herausgestellt haben, und besteht dringender Handlungsbedarf, so teilt er der Kommission die beabsichtigten Maßnahmen bereits mit, wenn diese sich noch in der Planung befinden.

Die Kommission entscheidet nach dem in Artikel 9 Absatz 2 genannten Verfahren, ob die Durchführung dieser Maßnahmen genehmigt werden soll, und legt ihre Dauer fest.

Artikel 6
Ausnahmen

(1) Die Mitgliedstaaten können bei den auf ihrem Hoheitsgebiet durchgeführten Beförderungen die Verwendung anderer als der in den Anhängen vorgesehenen Sprachen gestatten.

(2) a) Sofern die Sicherheit nicht beeinträchtigt ist, können die Mitgliedstaaten Ausnahmen von Anhang I Abschnitt I.1, Anhang II Abschnitt II.1 und Anhang III Abschnitt III.1 für die Beförderung kleiner Mengen bestimmter gefährlicher Güter in ihren Hoheitsgebieten beantragen, wobei die Beförderungsbedingungen jedoch nicht strenger sein dürfen als die in den Anhängen festgelegten Bedingungen; hiervon ausgenommen sind Stoffe mit mittlerer oder hoher Radioaktivität.

b) Sofern die Sicherheit nicht beeinträchtigt ist, können die Mitgliedstaaten ferner Ausnahmen von Anhang I Abschnitt I.1, Anhang II Abschnitt II.1 und Anhang III Abschnitt III.1 für die Beförderung gefährlicher Güter auf ihrem Hoheitsgebiet beantragen für:

   i) die örtlich begrenzte Beförderung über geringe Entfernungen oder

   ii) die örtlich begrenzte Beförderung mit der Eisenbahn auf genau bestimmten Strecken, die zu einem bestimmten industriellen Prozess gehört und unter genau festgelegten Bedingungen streng kontrolliert wird.

Die Kommission prüft in jedem Einzelfall, ob die Bedingungen der Buchstaben a und b erfüllt sind, und befindet nach dem in Artikel 9 Absatz 2 genannten Verfahren darüber, ob die Ausnahme genehmigt und zum Verzeichnis innerstaatlicher Ausnahmen in Anhang I Abschnitt I.3, Anhang II Abschnitt II.3 oder Anhang III Abschnitt III.3 hinzugefügt wird.

(3) Die in Absatz 2 genannten Ausnahmen gelten ab dem Datum ihrer Genehmigung für einen in der Genehmigungsentscheidung festzulegenden Zeitraum von höchstens sechs Jahren. Für die geltenden Ausnahmen gemäß Anhang I Abschnitt I.3, Anhang II Abschnitt II.3 und Anhang III Abschnitt III.3 gilt der 30. Juni 2009 als Datum der Genehmigung. Falls in einer Ausnahmegenehmigung nicht anders angegeben, gilt sie für einen Zeitraum von sechs Jahren.

Ausnahmen sind nichtdiskriminierend anzuwenden.

(4) Beantragt ein Mitgliedstaat die Verlängerung einer Ausnahmegenehmigung, so überprüft die Kommission die betreffende Ausnahme.

Wurde keine den Gegenstand der Ausnahme betreffende Änderung von Anhang I., Abschnitt I.1, Anhang II, Abschnitt II.1 oder Anhang III, Abschnitt III.1 angenommen, verlängert die Kommission nach dem in Artikel 9 Absatz 2 genannten Verfahren die Genehmigung um einen in der Genehmigungsentscheidung festzulegenden weiteren Zeitraum von höchstens sechs Jahren ab dem Zeitpunkt der Genehmigung.

Wurde eine den Gegenstand der Ausnahmeregelung betreffende Änderung von Anhang I Abschnitt I.1, Anhang II Abschnitt II.1 und Anhang III Abschnitt III.1 angenommen, so kann die Kommission nach dem in Artikel 9 Absatz 2 genannten Verfahren:

a) die Ausnahme für veraltet erklären und aus dem betreffenden Anhang streichen;

b) den Anwendungsbereich der Genehmigung begrenzen und den betreffenden Anhang entsprechend ändern;

c) die Genehmigung um einen weiteren Zeitraum von höchstens sechs Jahren ab dem in der Genehmigung über die Entscheidung festzulegenden Datum der Genehmigung verlängern.

(5) Jeder Mitgliedstaat kann ausnahmsweise, und sofern die Sicherheit nicht gefährdet ist, Einzelgenehmigungen erteilen für gemäß dieser Richtlinie untersagte Transportvorgänge gefährlicher Güter auf seinem Hoheitsgebiet oder für die Durchführung dieser Transportvorgänge unter anderen als den in der Richtlinie festgelegten Bedingungen, sofern diese Transportvorgänge klar bezeichnet und zeitlich begrenzt sind.

Artikel 7

Übergangsbestimmungen

(1) Auf ihrem Hoheitsgebiet können die Mitgliedstaaten die Bestimmungen von Anhang I Abschnitt I.2, Anhang II Abschnitt II.2 und Anhang III Abschnitt III.2 beibehalten.

Die Mitgliedstaaten, die diese Bestimmungen beibehalten, teilen dies der Kommission mit. Die Kommission unterrichtet die übrigen Mitgliedstaaten.

(2) Unbeschadet des Artikels 1 Absatz 3 können die Mitgliedstaaten beschließen, Anhang III Abschnitt III.1 längstens bis 30. Juni 2011 nicht anzuwenden. In diesem Fall wenden die betreffenden Mitgliedstaaten weiterhin die Bestimmungen der Richtlinien 96/35/EG und 2000/18/EG in Bezug auf Binnenwasserstraßen in der am 30. Juni 2009 gültigen Fassung an.

Artikel 8

Änderungen

(1) Die zur Anpassung der Anhänge an den wissenschaftlichen und technischen Fortschritt, einschließlich des Einsatzes von Technologien zur Überwachung und Verfolgung, in den unter diese Richtlinie fallenden Bereichen erforderlichen Änderungen, vor allem zur Berücksichtigung der Änderungen von ADR, RID und ADN werden nach dem in Artikel 9 Absatz 3 genannten Regelungsverfahren mit Kontrolle angenommen.

(2) Die Kommission gewährt gegebenenfalls den Mitgliedstaaten finanzielle Unterstützung für die

Übersetzung von ADR, RID und ADN und deren Änderungen in ihre jeweiligen Amtssprachen.

Artikel 9
Ausschussverfahren

(1) Die Kommission wird von einem Ausschuss für die Beförderung gefährlicher Güter unterstützt.

(2) Wird auf diesen Absatz Bezug genommen, so gelten die Artikel 5 und 7 des Beschlusses 1999/468/EG unter Beachtung von dessen Artikel 8.

Der Zeitraum nach Artikel 5 Absatz 6 des Beschlusses 1999/468/EG wird auf drei Monate festgesetzt.

(3) Wird auf diesen Absatz Bezug genommen, so gelten die Artikel 5a Absätze 1 bis 4 und 5 Buchstabe b sowie Artikel 7 des Beschlusses 1999/468/EG unter Beachtung von dessen Artikel 8.

Die Fristen nach Artikel 5a Absatz 3 Buchstabe c und Artikel 4 Buchstaben b und e des Beschlusses 1999/468/EG werden auf einen Monat, einen Monat bzw. zwei Monate festgesetzt.

Artikel 10
Umsetzung

1. Die Mitgliedstaaten setzen die erforderlichen Rechts- und Verwaltungsvorschriften in Kraft, um dieser Richtlinie bis zum 30. Juni 2009 nachzukommen. Sie setzen die Kommission unverzüglich davon in Kenntnis.

Bei Erlass dieser Vorschriften nehmen die Mitgliedstaaten in den Vorschriften selbst oder durch einen Hinweis bei der amtlichen Veröffentlichung auf diese Richtlinie Bezug. Die Mitgliedstaaten regeln die Einzelheiten der Bezugnahme.

(2) Die Mitgliedstaaten teilen der Kommission den Wortlaut der wichtigsten innerstaatlichen Rechtsvorschriften mit, die sie auf dem unter diese Richtlinie fallenden Gebiet erlassen.

Artikel 11
Änderung

Artikel 6 der Richtlinie 2006/87/EG wird gestrichen.

Artikel 12
Aufhebungen

(1) Die Richtlinien 94/55/EG, 96/49/EG, 96/35/EG und 2000/18/EG sind ab 30. Juni 2009 aufgehoben. Die aufgrund der aufgehobenen Richtlinien erteilten Genehmigungen bleiben bis zum Tage des Ablaufs ihrer Geltungsdauern gültig.

(2) Die Entscheidungen 2005/263/EG und 2005/180/EG werden aufgehoben.

Artikel 13
Inkrafttreten

Diese Richtlinie tritt am zwanzigsten Tag nach ihrer Veröffentlichung im Amtsblatt der Europäischen Union in Kraft.

Artikel 14
Adressaten

Diese Richtlinie ist an die Mitgliedstaaten gerichtet.

Geschehen zu Straßburg am 24. September 2008.

Im Namen des Europäischen Parlaments	Im Namen des Rates
Der Präsident	Der Präsident
H.-G. PÖTTERING	J.-P. JOUYET

RL Binnenland

BESCHLUSS DER KOMMISSION
vom 25. März 2010
zur Ermächtigung der Mitgliedstaaten, gemäß der Richtlinie 2008/68/EG des Europäischen Parlaments und des Rates über die Beförderung gefährlicher Güter im Binnenland bestimmte Ausnahmen zu erlassen

(Bekannt gegeben unter Aktenzeichen K(2010) 1610)

(2010/187/EU)

(ABl. Nr. L 83 S. 24 vom 30.03.2010)

DIE EUROPÄISCHE KOMMISSION –

gestützt auf den Vertrag über die Arbeitsweise der Europäischen Union,

gestützt auf die Richtlinie 2008/68/EG des Europäischen Parlaments und des Rates vom 24. September 2008 über die Beförderung gefährlicher Güter im Binnenland [1], insbesondere auf Artikel 6 Absatz 2 und Artikel 6 Absatz 4,

in Erwägung nachstehender Gründe:

(1) Anhang I Abschnitt I.3, Anhang II Abschnitt II.3 und Anhang III Abschnitt III.3 der Richtlinie 2008/68/EG enthalten Verzeichnisse innerstaatlicher Ausnahmen, die eine Berücksichtigung besonderer einzelstaatlicher Gegebenheiten zulassen. Diese Verzeichnisse sollten durch die Aufnahme neuer innerstaatlicher Ausnahmen aktualisiert werden.

(2) Aus Gründen der Klarheit ist es angebracht, diese Abschnitte in ihrer Gesamtheit zu ersetzen.

(3) Die Richtlinie 2008/68/EG sollte daher entsprechend geändert werden.

(4) Die in diesem Beschluss vorgesehenen Maßnahmen stehen mit der Stellungnahme des nach der Richtlinie 2008/68/EG eingesetzten Ausschusses für den Gefahrguttransport in Einklang –

HAT FOLGENDE ENTSCHEIDUNG ERLASSEN:

Artikel 1

Die im Anhang dieser Entscheidung genannten Mitgliedstaaten werden ermächtigt, die in diesem Anhang aufgeführten Ausnahmen für die Beförderung gefährlicher Güter in ihrem Hoheitsgebiet zu erlassen.

Diese Ausnahmen sind nichtdiskriminierend anzuwenden.

Artikel 2

Anhang I Abschnitt I.3, Anhang II Abschnitt II.3 und Anhang III Abschnitt III.3 der Richtlinie 2008/68/EG werden gemäß dem Anhang dieser Entscheidung geändert.

Artikel 3

Diese Entscheidung ist an die Mitgliedstaaten gerichtet.

Brüssel, den 25. März 2010

Für die Kommission
Siim KALLAS
Vizepräsident

---

1) ABl. L 260 vom 30.9.2008, S. 13.

RICHTLINIE

RICHTLINIE 2010/61/EU der Kommission

vom 2. September 2010

zur erstmaligen Anpassung der Anhänge der Richtlinie 2008/68/EG des Europäischen Parlaments und des Rates über die Beförderung gefährlicher Güter im Binnenland an den wissenschaftlichen und technischen Fortschritt

(ABl. Nr. L 233 S. 27 vom 03.09.2010)

(Text von Bedeutung für den EWR)

DIE EUROPÄISCHE KOMMISSION –

gestützt auf den Vertrag über die Arbeitsweise der Europäischen Union,

gestützt auf die Richtlinie 2008/68/EG des Europäischen Parlaments und des Rates vom 24. September 2008 über die Beförderung gefährlicher Güter im Binnenland[1], insbesondere auf Artikel 8 Absatz 1,

in Erwägung nachstehender Gründe:

(1) Anhang I Abschnitt I.1, Anhang II Abschnitt II.1 und Anhang III Abschnitt III.1 der Richtlinie beziehen sich auf Bestimmungen in internationalen Übereinkommen über die Beförderung gefährlicher Güter im Binnenland auf der Straße, auf der Schiene und auf Binnenwasserstraßen, die in Artikel 2 der Richtlinie genannt sind.

(2) Die Bestimmungen dieser internationalen Übereinkommen werden alle zwei Jahre aktualisiert. Daher treten am 1. Januar 2011 geänderte Fassungen dieser Übereinkommen mit einem Übergangszeitraum bis zum 30. Juni 2011 in Kraft.

(3) Anhang I Abschnitt I.1, Anhang II Abschnitt II.1 und Anhang III Abschnitt III.1 der Richtlinie 2008/68/EG sollten daher entsprechend geändert werden.

(4) Die in dieser Richtlinie vorgesehenen Maßnahmen entsprechen der Stellungnahme des Ausschusses für den Gefahrguttransport –

HAT FOLGENDE RICHTLINIE ERLASSEN:

Artikel 1

Änderungen der Richtlinie 2008/68/EG

(In Anhang I, II und III bereits eingearbeitet!)

Artikel 2

Umsetzung

(1) Die Mitgliedstaaten setzen die erforderlichen Rechts- und Verwaltungsvorschriften in Kraft, um dieser Richtlinie spätestens am 30. Juni 2011 nachzukommen. Sie teilen der Kommission unverzüglich den Wortlaut dieser Rechtsvorschriften mit und fügen eine Tabelle der Entsprechungen zwischen der Richtlinie und diesen innerstaatlichen Rechtsvorschriften bei.

Bei Erlass dieser Vorschriften nehmen die Mitgliedstaaten in den Vorschriften selbst oder durch einen Hinweis bei der amtlichen Veröffentlichung auf diese Richtlinie Bezug. Die Mitgliedstaaten regeln die Einzelheiten der Bezugnahme.

(2) Die Mitgliedstaaten teilen der Kommission den Wortlaut der wichtigsten innerstaatlichen Rechtsvorschriften mit, die sie auf dem unter diese Richtlinie fallenden Gebiet erlassen.

Artikel 3

Inkrafttreten

Diese Richtlinie tritt am zwanzigsten Tag nach ihrer Veröffentlichung im Amtsblatt der Europäischen Union in Kraft.

Artikel 4

Adressaten

Diese Richtlinie ist an die Mitgliedstaaten gerichtet.

Brüssel, den 2. September 2010 – Für die Kommission – *Der Präsident* – José Manuel BARROSODE

---

[1] ABl. L 260 vom 30.9.2008, S. 13.

RL Binnenland

BESCHLUSS DER KOMMISSION
vom 4. April 2012
zur Ermächtigung der Mitgliedstaaten, gemäß der Richtlinie 2008/68/EG
des Europäischen Parlaments und des Rates über die Beförderung
gefährlicher Güter im Binnenland bestimmte Ausnahmen zu erlassen
(ABl. Nr. L 101 S. 18 vom 11.04.2012)

DIE EUROPÄISCHE KOMMISSION –

gestützt auf den Vertrag über die Arbeitsweise der Europäischen Union,

gestützt auf die Richtlinie 2008/68/EG des Europäischen Parlaments und des Rates vom 24. September 2008 über die Beförderung gefährlicher Güter im Binnenland[1], insbesondere auf Artikel 6 Absätze 2 und 4,

in Erwägung nachstehender Gründe:

(1) Anhang I Abschnitt I.3, Anhang II Abschnitt II.3 und Anhang III Abschnitt III.3 der Richtlinie 2008/68/EG enthalten Verzeichnisse nationaler Ausnahmen, die eine Berücksichtigung besonderer nationaler Gegebenheiten zulassen. Diese Verzeichnisse sollten durch die Aufnahme neuer nationaler Ausnahmen aktualisiert werden.

(2) Aus Gründen der Klarheit ist es angebracht, diese Abschnitte in ihrer Gesamtheit zu ersetzen.

(3) Die Richtlinie 2008/68/EG sollte daher entsprechend geändert werden.

(4) Die in diesem Beschluss vorgesehenen Maßnahmen entsprechen der Stellungnahme des nach der Richtlinie 2008/68/EG eingesetzten Ausschusses für den Gefahrguttransport –

HAT FOLGENDEN BESCHLUSS ERLASSEN:

Artikel 1

Die im Anhang dieses Beschlusses genannten Mitgliedstaaten werden ermächtigt, die in diesem Anhang aufgeführten Ausnahmen für die Beförderung gefährlicher Güter in ihrem Hoheitsgebiet zu erlassen.

Diese Ausnahmen sind nichtdiskriminierend anzuwenden.

Artikel 2

Anhang I Abschnitt I.3, Anhang II Abschnitt II.3 und Anhang III Abschnitt III.3 der Richtlinie 2008/68/EG werden gemäß dem Anhang dieses Beschlusses geändert.

Artikel 3

Dieser Beschluss ist an die Mitgliedstaaten gerichtet.

Brüssel, den 4. April 2012

Für die Kommission

Siim KALLAS
Vizepräsident

---

1) ABl. L 260 vom 30.9.2008, S. 13.

RL Binnenland

RICHTLINIE 2012/45/EU DER KOMMISSION
vom 3. Dezember 2012
zur zweiten Anpassung der Anhänge der Richtlinie 2008/68/EG des Europäischen Parlaments und des Rates über die Beförderung gefährlicher Güter im Binnenland an den wissenschaftlichen und technischen Fortschritt
(ABl. Nr. L 332 S. 18 vom 04.12.2012)

DIE EUROPÄISCHE KOMMISSION –

gestützt auf den Vertrag über die Arbeitsweise der Europäischen Union,

gestützt auf die Richtlinie 2008/68/EG des Europäischen Parlaments und des Rates vom 24. September 2008 über die Beförderung gefährlicher Güter im Binnenland[1], insbesondere auf Artikel 8 Absatz 1,

in Erwägung nachstehender Gründe:

(1) Anhang I Abschnitt I.1, Anhang II Abschnitt II.1 und Anhang III Abschnitt III.1 der Richtlinie 2008/68/EG beziehen sich auf Bestimmungen in internationalen Übereinkommen, die die Beförderung gefährlicher Güter im Binnenland auf Straße, Schiene und Binnenwasserstraßen betreffen und in Artikel 2 der Richtlinie aufgeführt sind.

(2) Die Bestimmungen dieser internationalen Übereinkommen werden alle zwei Jahre aktualisiert. Daher treten am 1. Januar 2013 die zuletzt geänderten Fassungen dieser Übereinkommen mit einem Übergangszeitraum bis zum 30. Juni 2013 in Kraft.

(3) Anhang I Abschnitt I.1, Anhang II Abschnitt II.1 und Anhang III Abschnitt III.1 der Richtlinie 2008/68/EG sollten daher entsprechend geändert werden.

(4) Die in dieser Richtlinie vorgesehenen Maßnahmen entsprechen der Stellungnahme des Ausschusses für den Gefahrguttransport –

HAT FOLGENDE RICHTLINIE ERLASSEN:

Artikel 1
Änderungen der Richtlinie 2008/68/EG

(In Anhang I, II und III bereits eingearbeitet!)

Artikel 2
Umsetzung

(1) Die Mitgliedstaaten setzen die erforderlichen Rechts- und Verwaltungsvorschriften in Kraft, um dieser Richtlinie bis zum 30. Juni 2013 nachzukommen. Sie teilen der Kommission unverzüglich den Wortlaut dieser Rechtsvorschriften mit.
Bei Erlass dieser Vorschriften nehmen die Mitgliedstaaten in den Vorschriften selbst oder durch einen Hinweis bei der amtlichen Veröffentlichung auf diese Richtlinie Bezug. Die Mitgliedstaaten regeln die Einzelheiten dieser Bezugnahme.
(2) Die Mitgliedstaaten teilen der Kommission den Wortlaut der wichtigsten innerstaatlichen Rechtsvorschriften mit, die sie auf dem unter diese Richtlinie fallenden Gebiet erlassen.

Artikel 3
Inkrafttreten

Diese Richtlinie tritt am zwanzigsten Tag nach ihrer Veröffentlichung im Amtsblatt der Europäischen Union in Kraft.

Artikel 4
Adressaten

Diese Richtlinie ist an die Mitgliedstaaten gerichtet.

Brüssel, den 3. Dezember 2012 – Für die Kommission – *Der Präsident* – José Manuel BARROSODE

---

[1] ABl. L 260 vom 30.9.2008, S. 13.

RL Binnenland

DURCHFÜHRUNGSBESCHLUSS DER KOMMISSION
vom 6. Mai 2013
zur Ermächtigung der Mitgliedstaaten, gemäß der Richtlinie 2008/68/EG des Europäischen Parlaments und des Rates über die Beförderung gefährlicher Güter im Binnenland bestimmte Ausnahmen zu erlassen

(Bekanntgegeben unter Aktenzeichen C(2013) 2505)

(2013/218/EU)

DIE EUROPÄISCHE KOMMISSION –

gestützt auf den Vertrag über die Arbeitsweise der Europäischen Union,

gestützt auf die Richtlinie 2008/68/EG des Europäischen Parlaments und des Rates vom 24. September 2008 über die Beförderung gefährlicher Güter im Binnenland[1)], insbesondere auf Artikel 6 Absätze 2 und 4,

in Erwägung nachstehender Gründe:

(1) Anhang I Abschnitt I.3, Anhang II Abschnitt II.3 und Anhang III Abschnitt III.3 der Richtlinie 2008/68/EG enthalten Verzeichnisse nationaler Ausnahmen, die eine Berücksichtigung besonderer nationaler Gegebenheiten zulassen. Diese Verzeichnisse sollten durch die Aufnahme neuer nationaler Ausnahmen aktualisiert werden.

(2) Aus Gründen der Klarheit ist es angebracht, diese Abschnitte in ihrer Gesamtheit zu ersetzen.

(3) Die Richtlinie 2008/68/EG sollte daher entsprechend geändert werden.

(4) Die in diesem Beschluss vorgesehenen Maßnahmen entsprechen der Stellungnahme des nach der Richtlinie 2008/68/EG eingesetzten Ausschusses für den Gefahrguttransport –

HAT FOLGENDEN BESCHLUSS ERLASSEN:

Artikel 1

Die im Anhang dieses Beschlusses genannten Mitgliedstaaten werden ermächtigt, die in diesem Anhang aufgeführten Ausnahmen für die Beförderung gefährlicher Güter in ihrem Hoheitsgebiet zu erlassen.

Diese Ausnahmen sind nichtdiskriminierend anzuwenden.

Artikel 2

Anhang I Abschnitt I.3, Anhang II Abschnitt II.3 und Anhang III Abschnitt III.3 der Richtlinie 2008/68/EG werden gemäß dem Anhang dieses Beschlusses geändert.

Artikel 3

Dieser Beschluss ist an die Mitgliedstaaten gerichtet.

Brüssel, den 6. Mai 2013

Für die Kommission
Siim KALLAS
Vizepräsident

---

1) ABl. L 260 vom 30.9.2008, S. 13.

RL Binnenland

DURCHFÜHRUNGSBESCHLUSS DER KOMMISSION
vom 10.04.2014
zur Ermächtigung der Mitgliedstaaten, gemäß der Richtlinie 2008/68/EG des Europäischen Parlaments und des Rates über die Beförderung gefährlicher Güter im Binnenland bestimmte Ausnahmen zu erlassen

DIE EUROPÄISCHE KOMMISSION –

gestützt auf den Vertrag über die Arbeitsweise der Europäischen Union,

gestützt auf die Richtlinie 2008/68/EG des Europäischen Parlaments und des Rates vom 24. September 2008 über die Beförderung gefährlicher Güter im Binnenland[1], insbesondere auf Artikel 6 Absätze 2 und 4,

in Erwägung nachstehender Gründe:

(1) Anhang I Abschnitt I.3, Anhang II Abschnitt II.3 und Anhang III Abschnitt III.3 der Richtlinie 2008/68/EG enthalten Verzeichnisse nationaler Ausnahmen, die eine Berücksichtigung besonderer nationaler Gegebenheiten zulassen. Mehrere Mitgliedstaaten haben neue nationale Ausnahmen beantragt.

(2) Diese Ausnahmen sollten genehmigt werden.

(3) Da Anhang I Abschnitt 1.3, Anhang II Abschnitt 11.3 und Anhang III Abschnitt 111.3 deshalb angepasst werden müssen, ist es aus Gründen der Klarheit angebracht, sie in ihrer Gesamtheit zu ersetzen.

(4) Die Richtlinie 2008/68/EG sollte daher entsprechend geändert werden.

(5) Die in diesem Beschluss vorgesehenen Maßnahmen entsprechen der Stellungnahme des nach der Richtlinie 2008/68/EG eingesetzten Ausschusses für den Gefahrguttransport –

HAT FOLGENDEN BESCHLUSS ERLASSEN:

Artikel 1

Die im Anhang genannten Mitgliedstaaten werden ermächtigt, die in diesem Anhang aufgeführten Ausnahmen für die Beförderung gefährlicher Güter in ihrem Hoheitsgebiet zu erlassen.

Diese Ausnahmen sind nichtdiskriminierend anzuwenden.

Artikel 2

Anhang I Abschnitt I.3, Anhang II Abschnitt II.3 und Anhang III Abschnitt III.3 der Richtlinie 2008/68/EG werden gemäß dem Anhang dieses Beschlusses geändert.

Artikel 3

Dieser Beschluss ist an die Mitgliedstaaten gerichtet.

Brüssel, den 10.04.2014

Für die Kommission

Siim KALLAS
Vizepräsident

---

[1] ABl. L 260 vom 30.9.2008, S. 13.

RL Binnenland

RICHTLINIEN

RICHTLINIE 2014/103/EU DER KOMMISSION
vom 21. November 2014

zur dritten Anpassung der Anhänge der Richtlinie 2008/68/EG des Europäischen Parlaments und des Rates über die Beförderung gefährlicher Güter im Binnenland an den wissenschaftlichen und technischen Fortschritt

(ABl. Nr. L 335 S. 15 vom 22.11.2014)

(Text von Bedeutung für den EWR)

DIE EUROPÄISCHE KOMMISSION –

gestützt auf den Vertrag über die Arbeitsweise der Europäischen Union,

gestützt auf die Richtlinie 2008/68/EG des Europäischen Parlaments und des Rates vom 24. September 2008 über die Beförderung gefährlicher Güter im Binnenland[1], insbesondere auf Artikel 8 Absatz 1,

in Erwägung nachstehender Gründe:

(1) In Anhang I Abschnitt I.1, Anhang II Abschnitt II.1 und Anhang III Abschnitt III.1 der Richtlinie 2008/68/EG wird auf Bestimmungen in internationalen Übereinkommen verwiesen, die die Beförderung gefährlicher Güter im Binnenland auf Straße, Schiene und Binnenwasserstraßen betreffen und in Artikel 2 der Richtlinie aufgeführt sind.

(2) Die Bestimmungen dieser internationalen Übereinkommen werden alle zwei Jahre aktualisiert. Ab dem 1. Januar 2015 gelten daher neue Fassungen dieser Übereinkommen, wobei ein Übergangszeitraum bis zum 30. Juni 2015 vorgesehen ist.

(3) Anhang I Abschnitt I.1, Anhang II Abschnitt II.1 und Anhang III Abschnitt III.1 der Richtlinie 2008/68/EG sollten daher entsprechend geändert werden.

(4) Die in dieser Richtlinie vorgesehenen Maßnahmen entsprechen der Stellungnahme des Ausschusses für den Gefahrguttransport –

HAT FOLGENDEN BESCHLUSS ERLASSEN:

Artikel 1
Änderung der Richtlinie 2008/68/EG

(Hinweis des Verlages: In Anhang I, II und III bereits eingearbeitet!)

Artikel 2
Umsetzung

(1) Die Mitgliedstaaten setzen die erforderlichen Rechts- und Verwaltungsvorschriften in Kraft, um dieser Richtlinie bis zum 30. Juni 2015 nachzukommen. Sie teilen der Kommission unverzüglich den Wortlaut dieser Vorschriften mit.

Bei Erlass dieser Vorschriften nehmen die Mitgliedstaaten in den Vorschriften selbst oder durch einen Hinweis bei der amtlichen Veröffentlichung auf diese Richtlinie Bezug. Die Mitgliedstaaten regeln die Einzelheiten dieser Bezugnahme.

(2) Die Mitgliedstaaten teilen der Kommission den Wortlaut der wichtigsten innerstaatlichen Rechtsvorschriften mit, die sie auf dem unter diese Richtlinie fallenden Gebiet erlassen.

Artikel 3
Inkrafttreten

Diese Richtlinie tritt am zwanzigsten Tag nach ihrer Veröffentlichung im Amtsblatt der Europäischen Union in Kraft.

---

1) ABl. L 260 vom 30.9.2008, S. 13.

RL Binnenland

Artikel 4
Adressaten
Diese Richtlinie ist an die Mitgliedstaaten gerichtet.
Brüssel, den 6. Mai 2013

Für die Kommission
Der Präsident
Jean-Claude JUNCKER

RL Binnenland

DURCHFÜHRUNGSBESCHLUSS (EU) 2015/974 DER KOMMISSION
vom 17. Juni 2015
zur Ermächtigung der Mitgliedstaaten, im Einklang mit der Richtlinie 2008/68/EG des Europäischen Parlaments und des Rates über die Beförderung gefährlicher Güter im Binnenland bestimmte Ausnahmen zu erlassen

(Bekanntgegeben unter Aktenzeichen C(2015) 4087)

DIE EUROPÄISCHE KOMMISSION –

gestützt auf den Vertrag über die Arbeitsweise der Europäischen Union,

gestützt auf die Richtlinie 2008/68/EG des Europäischen Parlaments und des Rates vom 24. September 2008 über die Beförderung gefährlicher Güter im Binnenland [1], insbesondere auf Artikel 6 Absätze 2 und 4,

in Erwägung nachstehender Gründe:

(1) Anhang I Abschnitt I.3, Anhang II Abschnitt II.3 und Anhang III Abschnitt III.3 der Richtlinie 2008/68/EG enthalten Verzeichnisse nationaler Ausnahmen, die eine Berücksichtigung besonderer nationaler Gegebenheiten zulassen. Von den Mitgliedstaaten wurden eine neue nationale Ausnahme sowie mehrere Änderungen bereits genehmigter Ausnahmen beantragt.

(2) Diese Ausnahmen sollten genehmigt werden.

(3) Da Anhang I Abschnitt I.3, Anhang II Abschnitt II.3 und Anhang III Abschnitt III.3 deshalb angepasst werden müssen, ist es aus Gründen der Klarheit angebracht, sie in ihrer Gesamtheit zu ersetzen.

(4) Die Richtlinie 2008/68/EG sollte daher entsprechend geändert werden.

(5) Die in diesem Beschluss vorgesehenen Maßnahmen entsprechen der Stellungnahme des nach der Richtlinie 2008/68/EG eingesetzten Ausschusses für den Gefahrguttransport –

HAT FOLGENDEN BESCHLUSS ERLASSEN:

Artikel 1

Die im Anhang genannten Mitgliedstaaten werden ermächtigt, die in diesem Anhang aufgeführten Ausnahmen für die Beförderung gefährlicher Güter in ihrem Hoheitsgebiet zu erlassen.

Diese Ausnahmen sind nichtdiskriminierend anzuwenden.

Artikel 2

(Hinweis des Verlages: In Anhang I, II und III bereits eingearbeitet!)

Artikel 3

Diese Richtlinie ist an die Mitgliedstaaten gerichtet.

Brüssel, den 17. Juni 2015

Für die Kommission

Violeta BULC

Mitglied der Kommission

---

1) ABl. L 260 vom 30.9.2008, S. 13.

RL Binnenland

DURCHFÜHRUNGSBESCHLUSS DER KOMMISSION
vom 20. April 2016
zur Ermächtigung der Mitgliedstaaten, im Einklang mit der Richtlinie 2008/68/EG des Europäischen Parlaments und des Rates über die Beförderung gefährlicher Güter im Binnenland bestimmte Ausnahmen zu erlassen

(Bekanntgegeben unter Aktenzeichen C(2016) 2229)

DIE EUROPÄISCHE KOMMISSION –

gestützt auf den Vertrag über die Arbeitsweise der Europäischen Union,

gestützt auf die Richtlinie 2008/68/EG des Europäischen Parlaments und des Rates vom 24. September 2008 über die Beförderung gefährlicher Güter im Binnenland[1], insbesondere auf Artikel 6 Absätze 2 und 4,

in Erwägung nachstehender Gründe:

(1) Anhang 1 Abschnitt I.3 und Anhang II Abschnitt II.3 der Richtlinie 2008/68/EG enthalten Verzeichnisse nationaler Ausnahmen, die eine Berücksichtigung besonderer nationaler Gegebenheiten zulassen. Von den Mitgliedstaaten wurden mehrere neue nationale Ausnahmen sowie mehrere Änderungen bereits genehmigter Ausnahmen beantragt.

(2) Diese Ausnahmen sollten genehmigt werden.

(3) Da Anhang I Abschnitt I.3 und Anhang II Abschnitt II.3 deshalb angepasst werden müssen, ist es aus Gründen der Klarheit angebracht, sie in ihrer Gesamtheit zu ersetzen.

(4) Die Richtlinie 2008/68/EG sollte daher entsprechend geändert werden.

(5) Die in diesem Beschluss vorgesehenen Maßnahmen entsprechen der Stellungnahme des nach der Richtlinie 2008/68/EG eingesetzten Ausschusses für den Gefahrguttransport –

HAT FOLGENDEN BESCHLUSS ERLASSEN:

Artikel 1

Die im Anhang genannten Mitgliedstaaten werden ermächtigt, die in diesem Anhang aufgeführten Ausnahmen für die Beförderung gefährlicher Güter in ihrem Hoheitsgebiet zu erlassen. Diese Ausnahmen sind nichtdiskriminierend anzuwenden.

Artikel 2

(Hinweis des Verlages: In Anhang I, II und III bereits eingearbeitet!)

Artikel 3

Dieser Beschluss ist an die Mitgliedstaaten gerichtet.

Geschehen zu Brüssel am 20.4.2016

Für die Kommission

Violeta BULC

Mitglied der Kommission

RL Binnenland

RICHTLINIE (EU) 2016/2309 DER KOMMISSION
vom 16. Dezember 2016
zur vierten Anpassung der Anhänge der Richtlinie 2008/68/EG des Europäischen Parlaments und des Rates über die Beförderung gefährlicher Güter im Binnenland an den wissenschaftlichen und technischen Fortschritt
(ABl. Nr. L 345 S. 48 vom 20.12.2016)
(Text von Bedeutung für den EWR)

DIE EUROPÄISCHE KOMMISSION –

gestützt auf den Vertrag über die Arbeitsweise der Europäischen Union,

gestützt auf die Richtlinie 2008/68/EG des Europäischen Parlaments und des Rates vom 24. September 2008 über die Beförderung gefährlicher Güter im Binnenland[1], insbesondere auf Artikel 8 Absatz 1,

in Erwägung nachstehender Gründe:

(1) In Anhang I Abschnitt I.1, Anhang II Abschnitt II.1 und Anhang III Abschnitt III.1 der Richtlinie 2008/68/EG wird auf Bestimmungen in internationalen Übereinkommen verwiesen, die die Beförderung gefährlicher Güter im Binnenland auf Straße, Schiene und Binnenwasserstraßen betreffen und in Artikel 2 der Richtlinie aufgeführt sind.

(2) Die Bestimmungen dieser internationalen Übereinkommen werden alle zwei Jahre aktualisiert. Ab dem 1. Januar 2017 gelten daher neue Fassungen dieser Übereinkommen, wobei ein Übergangszeitraum bis zum 30. Juni 2017 vorgesehen ist.

(3) Anhang I Abschnitt I.1, Anhang II Abschnitt II.1 und Anhang III Abschnitt III.1 der Richtlinie 2008/68/EG sollten daher entsprechend geändert werden.

(4) Die in dieser Richtlinie vorgesehenen Maßnahmen entsprechen der Stellungnahme des Ausschusses für den Gefahrguttransport –

HAT FOLGENDE RICHTLINIE ERLASSEN:

Artikel 1
Änderung der Richtlinie 2008/68/EG
(Hinweis des Verlages: In Anhang I, II und III bereits eingearbeitet!)

Artikel 2
Umsetzung

(1) Die Mitgliedstaaten setzen die erforderlichen Rechts- und Verwaltungsvorschriften in Kraft, um dieser Richtlinie bis zum 30. Juni 2017 nachzukommen. Sie teilen der Kommission unverzüglich den Wortlaut dieser Vorschriften mit.

Bei Erlass dieser Vorschriften nehmen die Mitgliedstaaten in den Vorschriften selbst oder durch einen Hinweis bei der amtlichen Veröffentlichung auf diese Richtlinie Bezug. Die Mitgliedstaaten regeln die Einzelheiten dieser Bezugnahme.

(3) Die Mitgliedstaaten teilen der Kommission den Wortlaut der wichtigsten innerstaatlichen Rechtsvorschriften mit, die sie auf dem unter diese Richtlinie fallenden Gebiet erlassen.

Artikel 3
Inkrafttreten

Diese Richtlinie tritt am zwanzigsten Tag nach ihrer Veröffentlichung im Amtsblatt der Europäischen Union in Kraft.

Artikel 4
Adressaten

Diese Richtlinie ist an die Mitgliedstaaten gerichtet.

Brüssel, den 16. Dezember 2016.

Für die Kommission
Der Präsident
Jean-Claude JUNCKER

---

1) ABl. L 260 vom 30.9.2008, S. 13.

RICHTLINIE (EU) 2018/217 DER KOMMISSION
vom 31. Januar 2018
zur Änderung der Richtlinie 2008/68/EG des Europäischen Parlaments und des Rates über die Beförderung gefährlicher Güter im Binnenland durch Anpassung des Anhangs I Abschnitt I.1 an den wissenschaftlichen und technischen Fortschritt

(ABl. Nr. L 42 S. 52 vom 15.02.2018)

DIE EUROPÄISCHE KOMMISSION –

gestützt auf den Vertrag über die Arbeitsweise der Europäischen Union,

gestützt auf die Richtlinie 2008/68/EG des Europäischen Parlaments und des Rates vom 24. September 2008 über die Beförderung gefährlicher Güter im Binnenland[1], insbesondere auf Artikel 8 Absatz 1,

in Erwägung nachstehender Gründe:

(1) In Anhang I Abschnitt I.1 der Richtlinie 2008/68/EG wird auf die Bestimmungen des Europäischen Übereinkommens über die internationale Beförderung gefährlicher Güter auf der Straße im Sinne des Artikels 2 der genannten Richtlinie Bezug genommen.

(2) Gemäß Artikel 14 des Europäischen Übereinkommens über die internationale Beförderung gefährlicher Güter auf der Straße (ADR) sind die Bestimmungen dieses internationalen Übereinkommens regelmäßig zu aktualisieren. Die letzte geänderte Fassung des internationalen Übereinkommens soll ab dem 3. Januar 2018 gelten.

(3) Anhang I Abschnitt I.1 der Richtlinie 2008/68/EG sollte daher entsprechend geändert werden.

(4) Die in dieser Richtlinie vorgesehenen Maßnahmen entsprechen der Stellungnahme des Ausschusses für den Gefahrguttransport –

HAT FOLGENDE RICHTLINIE ERLASSEN:

Artikel 1

Anhang I Abschnitt I.1 der Richtlinie 2008/68/EG erhält folgende Fassung:

„I.1 ADR

Die Anlagen A und B des ADR in der ab dem 3. Januar 2018 geltenden Fassung, wobei das Wort ‚Vertragspartei' gegebenenfalls durch das Wort ‚Mitgliedstaat' ersetzt wird."

(Hinweis des Verlages: In Anhang I bereits eingearbeitet!)

Artikel 2

(1) Die Mitgliedstaaten setzen die erforderlichen Rechts- und Verwaltungsvorschriften in Kraft, um dieser Richtlinie spätestens bis zum 3. Juli 2018 nachzukommen. Sie teilen der Kommission unverzüglich den Wortlaut dieser Vorschriften mit.

Bei Erlass dieser Vorschriften nehmen die Mitgliedstaaten in den Vorschriften selbst oder durch einen Hinweis bei der amtlichen Veröffentlichung auf die vorliegende Richtlinie Bezug. Die Mitgliedstaaten regeln die Einzelheiten der Bezugnahme.

(2) Die Mitgliedstaaten teilen der Kommission den Wortlaut der wichtigsten nationalen Rechtsvorschriften mit, die sie auf dem unter diese Richtlinie fallenden Gebiet erlassen.

Artikel 3

Diese Richtlinie tritt am zwanzigsten Tag nach ihrer Veröffentlichung im Amtsblatt der Europäischen Union in Kraft.

Artikel 4

Diese Richtlinie ist an die Mitgliedstaaten gerichtet.

Brüssel, den 31. Januar 2018

Für die Kommission
Der Präsident
Jean-Claude JUNCKER

---

[1] ABl. L 260 vom 30.9.2008, S. 13.

RL Binnenland

RICHTLINIE (EU) 2018/1846 DER KOMMISSION
vom 23. November 2018
zur Anpassung der Anhänge der Richtlinie 2008/68/EG des Europäischen Parlaments und des Rates über die Beförderung gefährlicher Güter im Binnenland an den wissenschaftlichen und technischen Fortschritt
(ABl. Nr. L 299 S. 58 vom 26.11.2018)
(Text von Bedeutung für den EWR)

DIE EUROPÄISCHE KOMMISSION –

gestützt auf den Vertrag über die Arbeitsweise der Europäischen Union,

gestützt auf die Richtlinie 2008/68/EG des Europäischen Parlaments und des Rates vom 24. September 2008 über die Beförderung gefährlicher Güter im Binnenland[1], insbesondere auf Artikel 8 Absatz 1,

in Erwägung nachstehender Gründe:

(1) In Anhang I Abschnitt I.1, Anhang II Abschnitt II.1 und Anhang III Abschnitt III.1 der Richtlinie 2008/68/EG wird auf Bestimmungen in internationalen Übereinkommen verwiesen, die die Beförderung gefährlicher Güter im Binnenland auf Straße, Schiene und Binnenwasserstraßen betreffen und in Artikel 2 der Richtlinie aufgeführt sind.

(2) Die Bestimmungen dieser internationalen Übereinkommen werden alle zwei Jahre aktualisiert. Ab dem 1. Januar 2019 gelten daher neue Fassungen dieser Übereinkommen, wobei ein Übergangszeitraum bis zum 30. Juni 2019 vorgesehen ist.

(3) Anhang I Abschnitt I.1, Anhang II Abschnitt II.1 und Anhang III Abschnitt III.1 der Richtlinie 2008/68/EG sollten daher entsprechend geändert werden.

(4) Die in dieser Richtlinie vorgesehenen Maßnahmen entsprechen der Stellungnahme des Ausschusses für den Gefahrguttransport.

HAT FOLGENDE RICHTLINIE ERLASSEN:

Artikel 1
Änderung der Richtlinie 2008/68/EG
(Hinweis des Verlages: In Anhang I, II und III bereits eingearbeitet!)

Artikel 2
Umsetzung

(1) Die Mitgliedstaaten setzen die erforderlichen Rechts- und Verwaltungsvorschriften in Kraft, um dieser Richtlinie bis zum 30. Juni 2019 nachzukommen. Sie teilen der Kommission unverzüglich den Wortlaut dieser Vorschriften mit.

Bei Erlass dieser Vorschriften nehmen die Mitgliedstaaten in den Vorschriften selbst oder durch einen Hinweis bei der amtlichen Veröffentlichung auf diese Richtlinie Bezug. Die Mitgliedstaaten regeln die Einzelheiten dieser Bezugnahme.

(2) Die Mitgliedstaaten teilen der Kommission den Wortlaut der wichtigsten innerstaatlichen Rechtsvorschriften mit, die sie auf dem unter diese Richtlinie fallenden Gebiet erlassen.

Artikel 3
Inkrafttreten

Diese Richtlinie tritt am zwanzigsten Tag nach ihrer Veröffentlichung im Amtsblatt der Europäischen Union in Kraft.

Artikel 4
Adressaten

Diese Richtlinie ist an die Mitgliedstaaten gerichtet.
Brüssel, den 23. November 2018

*Für die Kommission
im Namen des Präsidenten,
Violeta BULC
Mitglied der Kommission*

---

[1] ABl. L 260 vom 30.9.2008, S. 13.

RL Binnenland

DURCHFÜHRUNGSBESCHLUSS (EU) 2019/1094 DER KOMMISSION
vom 17. Juni 2019
zur Ermächtigung der Mitgliedstaaten, im Einklang mit der Richtlinie 2008/68/EG des Europäischen Parlaments und des Rates über die Beförderung gefährlicher Güter im Binnenland bestimmte Ausnahmen zu erlassen

(ABl. Nr. L 173 S. 52 vom 27.06.2019)

(Text von Bedeutung für den EWR)

DIE EUROPÄISCHE KOMMISSION –

gestützt auf den Vertrag über die Arbeitsweise der Europäischen Union,

gestützt auf die Richtlinie 2008/68/EG des Europäischen Parlaments und des Rates vom 24. September 2008 über die Beförderung gefährlicher Güter im Binnenland [1], insbesondere auf Artikel 6 Absätze 2 und 4,

in Erwägung nachstehender Gründe:

(1) Anhang I Abschnitt I.3 und Anhang II Abschnitt II.3 der Richtlinie 2008/68/EG enthalten Verzeichnisse nationaler Ausnahmen, die eine Berücksichtigung besonderer nationaler Gegebenheiten zulassen. Von den Mitgliedstaaten wurden mehrere neue nationale Ausnahmen sowie mehrere Änderungen bereits genehmigter Ausnahmen beantragt.

(2) Diese Ausnahmen sollten genehmigt werden.

(3) Da Anhang I Abschnitt I.3 und Anhang II Abschnitt II.3 deshalb angepasst werden müssen, ist es aus Gründen der Klarheit angebracht, sie in ihrer Gesamtheit zu ersetzen.

(4) Die Richtlinie 2008/68/EG sollte daher entsprechend geändert werden.

(5) Die in diesem Beschluss vorgesehenen Maßnahmen entsprechen der Stellungnahme des nach der Richtlinie 2008/68/EG eingesetzten Ausschusses für den Gefahrguttransport –

HAT FOLGENDEN BESCHLUSS ERLASSEN:

Artikel 1

Die im Anhang genannten Mitgliedstaaten werden ermächtigt, die in diesem Anhang aufgeführten Ausnahmen für die Beförderung gefährlicher Güter in ihrem Hoheitsgebiet zu erlassen.

Diese Ausnahmen sind nichtdiskriminierend anzuwenden.

Artikel 2

Anhang I Abschnitt I.3 und Anhang II Abschnitt II.3 der Richtlinie 2008/68/EG werden gemäß dem Anhang dieses Beschlusses geändert.

Artikel 3

Dieser Beschluss ist an die Mitgliedstaaten gerichtet.

Brüssel, den 17. Juni 2019

Für die Kommission
Violeta BULC
Mitglied der Kommission

---

[1] ABl. L 260 vom 30.9.2008, S. 13.

RL Binnenland

DURCHFÜHRUNGSBESCHLUSS (EU) 2020/1241 DER KOMMISSION
vom 28. August 2020
zur Ermächtigung der Mitgliedstaaten, im Einklang mit der Richtlinie 2008/68/EG des Europäischen Parlaments und des Rates über die Beförderung gefährlicher Güter im Binnenland bestimmte Ausnahmen zu erlassen
(ABl. Nr. L 284 S. 9 vom 01.09.2020)
(Text von Bedeutung für den EWR)

DIE EUROPÄISCHE KOMMISSION –

gestützt auf den Vertrag über die Arbeitsweise der Europäischen Union,

gestützt auf die Richtlinie 2008/68/EG des Europäischen Parlaments und des Rates vom 24. September 2008 über die Beförderung gefährlicher Güter im Binnenland [1], insbesondere auf Artikel 6 Absätze 2 und 4,

in Erwägung nachstehender Gründe:

(1) Anhang I Abschnitt I.3 und Anhang II Abschnitt II.3 der Richtlinie 2008/68/EG enthalten Verzeichnisse nationaler Ausnahmen, die eine Berücksichtigung besonderer nationaler Gegebenheiten zulassen. Von den Mitgliedstaaten wurden mehrere neue nationale Ausnahmen sowie mehrere Änderungen bereits genehmigter Ausnahmen beantragt.

(2) Die Kommission hat diese Ausnahmen geprüft bzw. überprüft und ist zu dem Schluss gelangt, dass die Bedingungen nach Artikel 6 Absätze 2 und 4 der Richtlinie 2008/68/EG erfüllt sind. Die Ausnahmen sollten daher genehmigt werden.

(3) Da Anhang I Abschnitt I.3 und Anhang II Abschnitt II.3 der Richtlinie 2008/68/EG deshalb angepasst werden müssen, ist es aus Gründen der Klarheit angebracht, sie in ihrer Gesamtheit zu ersetzen.

(4) Die Richtlinie 2008/68/EG sollte daher entsprechend geändert werden.

(5) Die in diesem Beschluss vorgesehenen Maßnahmen entsprechen der Stellungnahme des Ausschusses für den Gefahrguttransport –

HAT FOLGENDEN BESCHLUSS ERLASSEN:

Artikel 1

Die im Anhang genannten Mitgliedstaaten werden ermächtigt, die in diesem Anhang aufgeführten Ausnahmen für die Beförderung gefährlicher Güter in ihrem Hoheitsgebiet zu erlassen.

Artikel 2

Anhang I Abschnitt I.3 und Anhang II Abschnitt II.3 der Richtlinie 2008/68/EG werden gemäß dem Anhang dieses Beschlusses geändert.

Artikel 3

Dieser Beschluss ist an die Mitgliedstaaten gerichtet.

Brüssel, den 28. August 2020

Für die Kommission
Adina-Ioana VĂLEAN
Mitglied der Kommission

---

[1] ABl. L 260 vom 30.9.2008, S. 13.

RL Binnenland

DELEGIERTE RICHTLINIE (EU) 2020/1833 DER KOMMISSION
vom 2. Oktober 2020
zur Anpassung der Anhänge der Richtlinie 2008/68/EG des Europäischen Parlaments und des Rates an den wissenschaftlichen und technischen Fortschritt
(ABl. Nr. L 408 S. 1 vom 04.12.2020)
(Text von Bedeutung für den EWR)

DIE EUROPÄISCHE KOMMISSION –

gestützt auf den Vertrag über die Arbeitsweise der Europäischen Union,

gestützt auf die Richtlinie 2008/68/EG des Europäischen Parlaments und des Rates vom 24. September 2008 über die Beförderung gefährlicher Güter im Binnenland [1], insbesondere auf Artikel 8 Absatz 1,

in Erwägung nachstehender Gründe:

(1) In Anhang I Abschnitt I.1, Anhang II Abschnitt II.1 und Anhang III Abschnitt III.1 der Richtlinie 2008/68/EG wird auf Bestimmungen in internationalen Übereinkommen verwiesen, die die Beförderung gefährlicher Güter im Binnenland auf Straße, Schiene und Binnenwasserstraßen betreffen und in Artikel 2 der Richtlinie aufgeführt sind.

(2) Die Bestimmungen dieser internationalen Übereinkommen werden alle zwei Jahre aktualisiert. Ihre zuletzt geänderten Fassungen gelten ab dem 1. Januar 2021, wobei ein Übergangszeitraum bis zum 30. Juni 2021 vorgesehen ist.

(3) Gemäß der Gemeinsamen Politischen Erklärung vom 28. September 2011 der Mitgliedstaaten und der Kommission zu erläuternden Dokumenten [2] haben sich die Mitgliedstaaten verpflichtet, in begründeten Fällen zusätzlich zur Mitteilung ihrer Umsetzungsmaßnahmen ein oder mehrere Dokumente zu übermitteln, in denen der Zusammenhang zwischen den Bestandteilen einer Richtlinie und den entsprechenden Teilen nationaler Umsetzungsinstrumente erläutert wird.

(4) Anhang I Abschnitt I.1, Anhang II Abschnitt II.1 und Anhang III Abschnitt III.1 der Richtlinie 2008/68/EG sollten daher entsprechend geändert werden –

HAT FOLGENDEN BESCHLUSS ERLASSEN:

Artikel 1
Änderung der Richtlinie 2008/68/EG
(Hinweis des Verlages: In Anhang I, II und III bereits eingearbeitet!)

Artikel 2
Umsetzung

(1) Die Mitgliedstaaten setzen die Rechts- und Verwaltungsvorschriften in Kraft, die erforderlich sind, um dieser Richtlinie spätestens am 30. Juni 2021 nachzukommen. Sie teilen der Kommission unverzüglich den Wortlaut dieser Rechtsvorschriften mit.
Bei Erlass dieser Vorschriften nehmen die Mitgliedstaaten in den Vorschriften selbst oder durch einen Hinweis bei der amtlichen Veröffentlichung auf diese Richtlinie Bezug. Die Mitgliedstaaten regeln die Einzelheiten dieser Bezugnahme.

(2) Die Mitgliedstaaten teilen der Kommission den Wortlaut der wichtigsten nationalen Rechtsvorschriften mit, die sie auf dem unter diese Richtlinie fallenden Gebiet erlassen.

Artikel 3
Inkrafttreten

Diese Richtlinie tritt am zwanzigsten Tag nach ihrer Veröffentlichung im *Amtsblatt der Europäischen Union* in Kraft.

RL Binnenland

Artikel 4
Adressaten
Diese Richtlinie ist an die Mitgliedstaaten gerichtet.
Brüssel, den 2. Oktober 2020

Für die Kommission
Die Präsidentin
Ursula VON DER LEYEN

---

1) ABl. L 260 vom 30.9.2008, S. 13.
2) ABl. C 369 vom 17.12.2011, S. 14.

RL Binnenland – Anhang I (Beförderung auf der Straße)

ANHANG I

Beförderung auf der Straße

I.1. ADR

Die Anlagen A und B des ADR in der ab dem 1. Januar 2021 geltenden Fassung, wobei das Wort ‚Vertragspartei' gegebenenfalls durch das Wort ‚Mitgliedstaat' ersetzt wird.

I.2. Zusätzliche Übergangsbestimmungen

1. Die Mitgliedstaaten können auf der Grundlage von Artikel 4 der Richtlinie 94/55/EG angenommene Ausnahmen bis zum 31. Dezember 2010 bzw. so lange beibehalten, bis Anhang I Abschnitt I.1 entsprechend den in diesem Artikel genannten Empfehlungen der Vereinten Nationen für die Beförderung gefährlicher Güter geändert wurde, falls dies früher geschieht.

2. Jeder Mitgliedstaat kann auf seinem Hoheitsgebiet die Benutzung von Tanks und Fahrzeugen gestatten, die vor dem 1. Januar 1997 gebaut wurden, wenn sie zwar nicht dieser Richtlinie entsprechen, aber nach den am 31. Dezember 1996 geltenden innerstaatlichen Rechtsvorschriften gebaut wurden, sofern diese Tanks und Fahrzeuge auf dem erforderlichen Sicherheitsstand gehalten werden.

   Ab dem 1. Januar 1997 gebaute Tanks und Fahrzeuge, die nicht dieser Richtlinie entsprechen, deren Herstellung aber den Anforderungen der zum Zeitpunkt ihres Baus geltenden Richtlinie 94/55/EG genügt, dürfen weiterhin für innerstaatliche Beförderungen verwendet werden.

3. Die Mitgliedstaaten, in denen regelmäßig Umgebungstemperaturen von weniger als -20 °C auftreten, können auf ihrem Hoheitsgebiet jedoch bezüglich der Betriebstemperaturen des für Kunststoffverpackungen, Tanks und ihre Ausrüstung, die für die innerstaatliche Beförderung gefährlicher Güter auf der Straße bestimmt sind, verwendeten Materials strengere Vorschriften festlegen, bis Bestimmungen über die angemessenen Referenztemperaturen für die verschiedenen Klimazonen in Anhang I Abschnitt I.1 aufgenommen worden sind.

4. Jeder Mitgliedstaat kann von dieser Richtlinie abweichende einzelstaatliche Rechtsvorschriften hinsichtlich der Referenztemperatur für die Beförderung von Flüssiggas und Flüssiggasmischungen auf seinem Hoheitsgebiet so lange beibehalten, bis im Rahmen europäischer Normen Vorschriften bezüglich der Referenztemperaturen für die verschiedenen Klimazonen festgelegt und in Anhang I Abschnitt I.1 dieser Richtlinie Verweise auf diese Normen aufgenommen worden sind.

5. Jeder Mitgliedstaat kann für Beförderungen durch auf seinem Hoheitsgebiet zugelassene Fahrzeuge seine am 31. Dezember 1996 geltenden innerstaatlichen Rechtsvorschriften beibehalten, nach denen anstelle der gemäß Anhang I Abschnitt I.1 vorgeschriebenen Nummer zur Kennzeichnung der Gefahr ein Sofortmaßnahmen-Code oder eine Gefahrenkarte anzugeben bzw. anzubringen ist.

6. Die Mitgliedstaaten können die am 31. Dezember 1996 geltenden innerstaatlichen Beschränkungen für die Beförderung von Stoffen, die Dioxine und Furane enthalten, beibehalten.

RL Binnenland – Anhang I (Beförderung auf der Straße)

I.3. Nationale Ausnahmen

Ausnahmen für Mitgliedstaaten für die Beförderung gefährlicher Güter in ihrem Hoheitsgebiet auf der Grundlage von Artikel 6 Absatz 2 der Richtlinie 2008/68/EG.

Nummerierung der Ausnahmen: RO-a/bi/bii-MS-nn

RO = Straße

a/bi/bii = Artikel 6 Absatz 2 Buchstabe a/bi/bii

MS = Abkürzung des Mitgliedstaats

nn = laufende Nummer

Auf der Grundlage von Artikel 6 Absatz 2 Buchstabe a der Richtlinie 2008/68/EG

RO–a–BE–2

Betrifft: Beförderung ungereinigter leerer Container, die Erzeugnisse unterschiedlicher Klassen enthielten.

Bezugnahme auf Anhang I Abschnitt I.1 der Richtlinie 2008/68/EG: 5.4.1.1.6.

Inhalt der nationalen Rechtsvorschriften: Angabe in dem Beförderungsdokument: „ungereinigte leere Verpackungen, die Erzeugnisse unterschiedlicher Klassen enthielten".

Ursprüngliche Bezugnahme auf die nationalen Rechtsvorschriften: *Dérogation 6-97.*

Anmerkungen: Von der Kommission als Ausnahme Nr. 21 (gemäß Artikel 6 Absatz 10 der Richtlinie 94/55/EG) registriert.

Ablauf der Geltungsdauer: 31. Dezember 2022

RO–a–BE–3

Betrifft: Verabschiedung von RO-a-HU-2

Ursprüngliche Bezugnahme auf die nationalen Rechtsvorschriften: *Dérogation 4-2004*

Ablauf der Geltungsdauer: 31. Dezember 2022.

RO–a–BE–4

Betrifft: Befreiung von allen ADR-Vorschriften für die nationale Beförderung von maximal 1 000 gebrauchten ionisierenden Rauchdetektoren von Privathaushalten zur Behandlungsanlage in Belgien über die im Szenario für die getrennte Sammlung von Rauchdetektoren vorgesehenen Sammelstellen.

Bezugnahme auf Anhang I Abschnitt I.1 der Richtlinie 2008/68/EG: alle Vorschriften.

Inhalt der nationalen Rechtsvorschriften: Der häusliche Gebrauch ionisierender Rauchdetektoren unterliegt in radiologischer Hinsicht keiner behördlichen Kontrolle, sofern es sich um zugelassene Bauarten handelt. Die Beförderung dieser Rauchdetektoren zum Endnutzer ist ebenfalls von den ADR-Vorschriften befreit (siehe 1.7.1.4.e).

Die Richtlinie 2002/96/EG über Elektro- und Elektronik-Altgeräte erfordert die selektive Sammlung gebrauchter Rauchdetektoren zwecks Behandlung der Leiterplatten und im Falle ionisierender Rauchdetektoren zwecks Entfernung der radioaktiven Stoffe. Um diese selektive Sammlung zu ermöglichen, wurde ein Szenario konzipiert, das Privathaushalte verstärkt dazu anhalten soll, ihre gebrauchten Rauchdetektoren bei einer Sammelstelle abzugeben, von der diese Detektoren – in einigen Fällen über eine zweite Sammelstelle oder ein Zwischenlager – zu einer Behandlungsanlage befördert werden können.

RL Binnenland – Anhang I (Beförderung auf der Straße)

An den Sammelstellen werden Metallverpackungen bereitgestellt werden, in die maximal 1 000 Rauchdetektoren verpackt werden können. Von diesen Stellen kann eine solche Verpackung mit Rauchdetektoren zusammen mit anderen Abfällen in ein Zwischenlager oder zur Behandlungsanlage befördert werden. Die Verpackung wird mit der Aufschrift „Rauchdetektor" gekennzeichnet.

Ursprüngliche Bezugnahme auf die nationalen Rechtsvorschriften: Das Szenario für die selektive Sammlung von Rauchdetektoren ist Teil der Bedingungen für die Beseitigung zugelassener Rauchdetektoren, die in Artikel 3.1.d.2 des königlichen Erlasses vom 20. Juli 2001 – allgemeine Strahlenschutzverordnung – vorgesehen sind.

Anmerkungen: Diese Ausnahme ist erforderlich, um die selektive Sammlung gebrauchter ionisierender Rauchdetektoren zu ermöglichen.

Ablauf der Geltungsdauer: 30. Juni 2026

DK Dänemark

RO–a–DK–2

Betrifft: Beförderung von Verpackungen mit explosiven Stoffen und Verpackungen mit Sprengkapseln in einem Fahrzeug.

Bezugnahme auf Anhang I Abschnitt I.1 der Richtlinie 2008/68/EG: 7.5.2.2.

Inhalt des Anhangs der Richtlinie: Vorschriften über die Zusammenpackung.

Inhalt der nationalen Rechtsvorschriften: Beim Gefahrguttransport auf der Straße sind die Bestimmungen des ADR zu beachten.

Ursprüngliche Bezugnahme auf die nationalen Rechtsvorschriften: *Bekendtgørelse nr. 729 af 15. august 2001 om vejtransport af farligt gods § 4, stk. l.*

Anmerkungen: Aus praktischen Erwägungen ist es erforderlich, explosive Stoffe zusammen mit Sprengkapseln in einem Fahrzeug verladen zu können, wenn diese Güter vom Ort ihrer Lagerung zum Arbeitsplatz und zurück befördert werden.

Wenn die dänischen Rechtsvorschriften über den Gefahrguttransport geändert werden, werden die dänischen Behörden derartige Beförderungen unter den folgenden Bedingungen gestatten:

1. Es dürfen nicht mehr als 25 kg explosive Stoffe der Gruppe D befördert werden.
2. Es dürfen nicht mehr als 200 Sprengkapseln der Gruppe B befördert werden.
3. Sprengkapseln und explosive Stoffe müssen getrennt in UN-zugelassenen Verpackungen gemäß den Bestimmungen der Richtlinie 2000/61/EG zur Änderung der Richtlinie 94/55/EG verpackt werden.
4. Der Abstand zwischen Verpackungen mit Sprengkapseln und Verpackungen mit explosiven Stoffen muss mindestens einen Meter betragen. Der Abstand muss auch nach einer scharfen Bremsung gewahrt bleiben. Verpackungen mit explosiven Stoffen und Verpackungen mit Sprengkapseln sind so zu verladen, dass sie schnell vom Fahrzeug abgeladen werden können.
5. Alle sonstigen Bestimmungen für den Gefahrguttransport auf der Straße sind einzuhalten.

Ablauf der Geltungsdauer: 30. Juni 2026

RO–a–DK–3

Betrifft: Beförderung von Abfälle oder Rückstände gefährlicher Stoffe bestimmter Klassen enthaltenden Verpackungen oder Gegenständen aus Haushalten und Betrieben zur Entsorgung.

Bezugnahme auf Anhang I Abschnitt I.1 der Richtlinie 2008/68/EG: Teile und Kapitel 2, 3, 4.1, 5.1, 5.2, 5.4, 6, 8.1 und 8.2.

Inhalt des Anhangs der Richtlinie: Einstufungsbestimmungen, Sonderbestimmungen, Verpackungsvorschriften, Versandverfahren, Anforderungen für Konstruktion und Prüfung von Verpackungen, allgemeine Anforderungen für Beförderungseinheiten, Bordausrüstung und Ausbildung.

RL Binnenland – Anhang I (Beförderung auf der Straße)

Inhalt der nationalen Rechtsvorschriften: Innenverpackungen und Gegenstände mit Abfällen oder Rückständen gefährlicher Stoffe bestimmter Klassen aus Haushalten oder Betrieben dürfen zur Entsorgung in bestimmten Außenverpackungen und/oder Umverpackungen zusammen verpackt und nach besonderen Versandverfahren einschließlich besonderer Verpackungs- und Kennzeichnungsbeschränkungen befördert werden. Die Menge gefährlicher Güter je Innenverpackung, Außenverpackung und/oder Beförderungseinheit ist begrenzt.

Ursprüngliche Bezugnahme auf die nationalen Rechtsvorschriften: *Bekendtgørelse nr. 818 af 28. juni 2011 om vejtransport af farligt gods § 4, stk. 3.*

Anmerkungen: Es ist den Abfallentsorgern nicht möglich, alle Bestimmungen von Anhang I Abschnitt I.1 der Richtlinie 2008/68/EG einzuhalten, wenn Abfälle mit Rückständen gefährlicher Stoffe aus Haushalten und Betrieben zur Entsorgung abgeholt werden. Die Abfälle befinden sich normalerweise in Verpackungen, die im Einzelhandel verkauft worden sind.

Ablauf der Geltungsdauer: 1. Januar 2025

DE Deutschland

RO–a–DE–1

Betrifft: Zusammenpackung und -ladung von Pkw-Teilen der Einstufung 1.4G mit bestimmten gefährlichen Gütern (n4).

Bezugnahme auf Anhang I Abschnitt I.1 der Richtlinie 2008/68/EG: 4.1.10 und 7.5.2.1.

Inhalt des Anhangs der Richtlinie: Vorschriften über Zusammenpackung und -ladung.

Inhalt der nationalen Rechtsvorschriften: UN 0431 und UN 0503 dürfen in bestimmten Mengen, die in der Ausnahme angegeben sind, zusammen mit bestimmten gefährlichen Gütern (Erzeugnissen der Pkw-Fertigung) geladen werden. Der Wert 1 000 (vergleichbar mit 1.1.3.6.4) darf nicht überschritten werden.

Ursprüngliche Bezugnahme auf die nationalen Rechtsvorschriften: *Gefahrgut-Ausnahmeverordnung – GGAV 2002 vom 6.11.2002 (BGBl. I S. 4350); Ausnahme 28.*

Anmerkungen: Die Ausnahme ist erforderlich, um je nach der örtlichen Nachfrage die schnelle Lieferung von sicherheitsbezogenen Pkw-Teilen zu gewährleisten. Aufgrund der großen Vielfalt des Sortiments ist die Lagerung dieser Erzeugnisse in den Werkstätten nicht üblich.

Ablauf der Geltungsdauer: 30. Juni 2021

RO–a–DE–2

Betrifft: Ausnahme von der Vorschrift, nach der für bestimmte Mengen gefährlicher Güter im Sinne von 1.1.3.6 (n1) ein Beförderungspapier und ein Frachtbrief mitzuführen sind.

Bezugnahme auf Anhang I Abschnitt I.1 der Richtlinie 2008/68/EG: 5.4.1.1.1 und 5.4.1.1.6.

Inhalt des Anhangs der Richtlinie: Inhalt des Beförderungsdokuments.

Inhalt der nationalen Rechtsvorschriften: Für alle Klassen, außer Klasse 7, gilt: Ein Beförderungsdokument ist nicht erforderlich, wenn die Menge der beförderten Güter die in 1.1.3.6 angegebenen Mengen nicht überschreitet.

Ursprüngliche Bezugnahme auf die nationalen Rechtsvorschriften: *Gefahrgut-Ausnahmeverordnung – GGAV 2002 vom 6.11.2002 (BGBl. I S. 4350); Ausnahme 18.*

Anmerkungen: Die durch die Kennzeichnung und Bezettelung der Verpackungen bereitgestellten Angaben gelten als ausreichend für die nationale Beförderung, da ein Beförderungsdokument nicht immer angemessen ist, wenn es sich um die örtliche Verteilung handelt.

Von der Kommission als Ausnahme Nr. 22 (gemäß Artikel 6 Absatz 10 der Richtlinie 94/55/EG) registriert.

Ablauf der Geltungsdauer: 30. Juni 2021

RL Binnenland – Anhang I (Beförderung auf der Straße)

RO–a–DE–3

Betrifft: Beförderung von Eichnormalen und Zapfsäulen (leer und ungereinigt).

Bezugnahme auf Anhang I Abschnitt I.1 der Richtlinie 2008/68/EG: Bestimmungen für die UN-Nummern 1202, 1203 und 1223.

Inhalt des Anhangs der Richtlinie: Verpackung, Kennzeichnung, Dokumente, Beförderungs- und Handhabungsvorschriften, Anweisungen für Fahrzeugbesatzungen.

Inhalt der nationalen Rechtsvorschriften: Bei der Anwendung der Ausnahme einzuhaltende Vorschriften und Nebenbestimmungen; bis 1 000 l: vergleichbar mit den Vorschriften für leere ungereinigte Gefäße; über 1 000 l: Erfüllung bestimmter Vorschriften für Tanks; Beförderung ausschließlich entleert und ungereinigt.

Ursprüngliche Bezugnahme auf die nationalen Rechtsvorschriften: *Gefahrgut-Ausnahmeverordnung – GGAV 2002 vom 6.11.2002 (BGBl. I S. 4350); Ausnahme 24.*

Anmerkungen: Listennummern 7, 38, 38a.

Ablauf der Geltungsdauer: 30. Juni 2021

RO–a–DE–5

Betrifft: Zusammenpackungszulassung.

Bezugnahme auf Anhang I Abschnitt I.1 der Richtlinie 2008/68/EG: 4.1.10.4 MP2.

Inhalt des Anhangs der Richtlinie: Verbot der Zusammenpackung von Gütern.

Inhalt der nationalen Rechtsvorschriften: Klassen 1.4S, 2, 3 und 6.1; erlaubt wird die Zusammenpackung von Gütern der Klasse 1.4S (Patronen für kleine Waffen), Aerosolen (Klasse 2) und Pflegemitteln der Klassen 3 und 6.1 (aufgeführte UN-Nummern) sowie ihr Verkauf in der Verpackungsgruppe II in kleinen Mengen.

Ursprüngliche Bezugnahme auf die nationalen Rechtsvorschriften: *Gefahrgut-Ausnahmeverordnung – GGAV 2002 vom 6.11.2002 (BGBl. I S. 4350); Ausnahme 21.*

Anmerkungen: Listennummern 30*, 30a, 30b, 30c, 30d, 30e, 30f, 30g.

Ablauf der Geltungsdauer: 30. Juni 2021

IE Irland

RO–a–IE–1

Betrifft: Befreiung von der Verpflichtung zur Mitführung eines Beförderungsdokuments gemäß 5.4.0 des ADR bei der Beförderung von Pestiziden der ADR-Klasse 3, aufgeführt unter 2.2.3.3 als FT2-Pestizide (Flammpunkt unter 23 °C), sowie der ADR-Klasse 6.1, aufgeführt unter 2.2.61.3 als T6-Pestizide, flüssig (Flammpunkt von 23 °C oder darüber), sofern die in 1.1.3.6 des ADR festgelegten Mengen nicht überschritten werden.

Bezugnahme auf Anhang I Abschnitt I.1 der Richtlinie 2008/68/EG: 5.4.

Inhalt des Anhangs der Richtlinie: Beförderungsdokument erforderlich.

Inhalt der nationalen Rechtsvorschriften: Bei der Beförderung von Pestiziden der ADR-Klassen 3 und 6.1 ist kein Beförderungsdokument erforderlich, sofern die in 1.1.3.6 des ADR festgelegten Mengen nicht überschritten werden.

Ursprüngliche Bezugnahme auf die nationalen Rechtsvorschriften: *Regulation 82(9) of the „Carriage of Dangerous Goods by Road Regulations, 2004".*

Anmerkungen: Bei örtlich begrenzten Beförderungen und Lieferungen ist diese Vorschrift unnötig und mit hohen Kosten verbunden.

Ablauf der Geltungsdauer: 30. Juni 2021

RL Binnenland – Anhang I (Beförderung auf der Straße)

RO–a–IE–4

Betrifft: Befreiung von den Anforderungen von 5.3, 5.4, 7 und Anlage B des ADR in Bezug auf die Beförderung von Gasflaschen für Schankanlagen, wenn sie zusammen mit den Getränken (für die sie bestimmt sind) in demselben Fahrzeug befördert werden.

Bezugnahme auf Anhang I Abschnitt I.1 der Richtlinie 2008/68/EG: 5.3, 5.4, 7 und Anlage B.

Inhalt des Anhangs der Richtlinie: Kennzeichnung der Fahrzeuge, mitzuführende Papiere sowie Vorschriften über Beförderungen und Beförderungsgeräte.

Inhalt der nationalen Rechtsvorschriften: Befreiung von den Anforderungen von 5.3, 5.4, 7 und Anlage B des ADR in Bezug auf Gasflaschen für Schankanlagen, wenn sie zusammen mit den Getränken, für die sie bestimmt sind, in demselben Fahrzeug befördert werden.

Ursprüngliche Bezugnahme auf die nationalen Rechtsvorschriften: *Vorschlag zur Änderung der „Carriage of Dangerous Goods by Road Regulations, 2004".*

Anmerkungen: Die Haupttätigkeit besteht in der Verteilung von Getränken, die nicht Gegenstand des ADR sind, sowie von einer geringen Zahl kleiner Flaschen mit den dazugehörigen Treibgasen.

Vormals unter Artikel 6 Absatz 10 der Richtlinie 94/55/EG.

Ablauf der Geltungsdauer: 30. Juni 2021

RO–a–IE–5

Betrifft: Ausnahme von den Bau-, Prüf- und Verwendungsvorschriften bei innerstaatlichen Beförderungen in Irland von den in 6.2 und 4.1 des ADR aufgeführten Gasflaschen und Druckfässern der Klasse 2, die in einem multimodalen Transportvorgang, einschließlich Seeverkehr, befördert werden, sofern diese Flaschen und Druckfässer i) gemäß dem IMDG-Code gebaut, geprüft und verwendet werden, ii) in Irland nicht neu befüllt, sondern in normalerweise leerem Zustand in das Herkunftsland des multimodalen Transports zurückbefördert werden, und iii) ihre Verteilung nur in kleiner Menge und örtlich begrenzt erfolgt.

Bezugnahme auf Anhang I Abschnitt I.1 der Richtlinie 2008/68/EG: 1.1.4.2, 4.1 und 6.2.

Inhalt des Anhangs der Richtlinie: Vorschriften für multimodale Transportvorgänge, einschließlich Seebeförderungen, die Verwendung von Gasflaschen und Druckfässern der ADR-Klasse 2 sowie für den Bau und die Prüfung dieser Gasflaschen und Druckfässer.

Inhalt der nationalen Rechtsvorschriften: Die Vorschriften von 4.1 und 6.2 gelten nicht für Gasflaschen und Druckfässer der Klasse 2, sofern diese Flaschen und Druckfässer i) gemäß dem IMDG-Code gebaut und geprüft wurden, ii) gemäß dem IMDG-Code verwendet werden, iii) in einem multimodalen Transportvorgang, einschließlich Seebeförderung, zum Empfänger gelangen, iv) innerhalb eines einzigen Transportvorgangs und Tages von dem unter iii) genannten Empfänger zum Endverbraucher gelangen, v) in dem Land nicht neu befüllt, sondern in normalerweise leerem Zustand in das Herkunftsland des unter iii) genannten multimodalen Transports zurückbefördert werden, und vi) ihre Verteilung in dem Land nur in kleiner Menge und örtlich begrenzt erfolgt.

Ursprüngliche Bezugnahme auf die nationalen Rechtsvorschriften: *Vorschlag zur Änderung der „Carriage of Dangerous Goods by Road Regulations, 2004".*

Anmerkungen: Die von den Endverbrauchern geforderte Spezifikation der Gase, die in diesen Gasflaschen und Druckfässern enthalten sind, macht es notwendig, diese außerhalb des Geltungsbereichs des ADR zu beziehen. Nach ihrer Verwendung müssen die normalerweise leeren Gasflaschen und Druckfässer zur Neubefüllung mit den Spezialgasen in das Herkunftsland zurückbefördert werden. Eine Neubefüllung in Irland oder einem anderen Teil des ADR-Gebiets ist nicht zulässig. Die Gasflaschen und Druckfässer entsprechen zwar nicht dem ADR, werden aber gemäß dem IMDG-Code anerkannt und stehen damit in Einklang. Der multimodale Transportvorgang beginnt außerhalb des ADR-Gebiets und endet beim Importeur, von wo aus die Gasflaschen und Druckfässer innerhalb Irlands in kleiner Menge und örtlich begrenzt an die Endverbraucher verteilt werden. Diese Beförderung innerhalb Irlands fiele unter den geänderten Artikel 6 Absatz 9 der Richtlinie 94/55/EG.

Ablauf der Geltungsdauer: 30. Juni 2021

RL Binnenland – Anhang I (Beförderung auf der Straße)

RO–a–IE–6

Betrifft: Ausnahme von einigen Bestimmungen von Anhang I Abschnitt I.1 der Richtlinie 2008/68/EG über die Verpackung, Kennzeichnung und Bezettelung bei kleinen Mengen (unterhalb der in 1.1.3.6 genannten Höchstmengen) pyrotechnischer Gegenstände mit den Klassifizierungscodes 1.3G, 1.4G und 1.4S der Klasse 1 von Anhang I Abschnitt I.1 der Richtlinie 2008/68/EG und den Kennnummern UN 0092, UN 0093, UN 0191, UN 0195, UN 0197, UN 0240, UN 0312, UN 0403, UN 0404, UN 0453, UN 0505, UN 0506 oder UN 0507, deren zulässige Verwendungsdauer überschritten ist und die zu Zwecken der Entsorgung zu einer Kaserne oder einem Kasernengelände befördert werden.

Bezugnahme auf Anhang I Abschnitt I.1 der Richtlinie 2008/68/EG: Teile 1, 2, 4, 5 und 6.

Inhalt des Anhangs der Richtlinie: Allgemeine Bestimmungen. Einstufung. Verpackungsvorschriften. Versandverfahren. Bau- und Prüfvorschriften für Verpackungen.

Inhalt der nationalen Rechtsvorschriften: Die Bestimmungen von Anhang I Abschnitt I.1 der Richtlinie 2008/68/EG für die Verpackung, Kennzeichnung und Bezettelung pyrotechnischer Gegenstände mit überschrittener zulässiger Verwendungsdauer, die die UN-Kennnummern UN 0092, UN 0093, UN 0191, UN 0195, UN 0197, UN 0240, UN 0312, UN 0403, UN 0404, UN 0453, UN 0505, UN 0506 oder UN 0507 tragen und zu einer Kaserne oder einem Kasernengelände befördert werden, sind nicht anwendbar, wenn die allgemeinen Verpackungsbestimmungen von Anhang I Abschnitt I.1 der Richtlinie 2008/68/EG beachtet werden und wenn das Beförderungsdokument zusätzliche Angaben enthält. Die Ausnahme gilt nur für örtlich begrenzte Beförderungen kleiner Mengen solcher pyrotechnischen Gegenstände mit überschrittener zulässiger Verwendungsdauer bis zu einer Kaserne oder einem Kasernengelände zur sicheren Entsorgung.

Ursprüngliche Bezugnahme auf die nationalen Rechtsvorschriften: *S.I. 349 of 2011 Regulation 57(f) and (g)*

Anmerkungen: Die Beförderung kleiner Mengen pyrotechnischer Gegenstände für den maritimen Bereich mit „überschrittener zulässiger Verwendungsdauer", insbesondere aus Beständen von Sportbootbesitzern und Schiffsausrüstern, bis zu einer Kaserne oder einem Kasernengelände zur sicheren Entsorgung hat zu Problemen geführt, vor allem hinsichtlich der Einhaltung von Verpackungsvorschriften. Die Ausnahmeregelung gilt für örtlich begrenzte Beförderungen kleiner Mengen (unterhalb der in Abschnitt 1.1.3.6 genannten Höchstmengen) für alle UN-Kennnummern für pyrotechnische Gegenstände für den maritimen Bereich.

Ablauf der Geltungsdauer: 30. Januar 2025

RO–a–IE–7

Betrifft: Verabschiedung von **RO-a-HU-2**

Ursprüngliche Bezugnahme auf die nationalen Rechtsvorschriften: –

Ablauf der Geltungsdauer: 30. Juni 2022

ES Spanien

RO-a-ES-1

Betrifft: Anbringen von Großzetteln (Placards) an Containern

Rechtsgrundlage: Richtlinie 2008/68/EG Artikel 6 Absatz 2 Buchstabe a

Bezugnahme auf Anhang I Abschnitt I.1 der Richtlinie 2008/68/EG: 5.3.1.2.

Inhalt des Anhangs der Richtlinie: Die Großzettel sind an beiden Längsseiten und an jedem Ende des Containers, des MEGC, des Tankcontainers oder des ortsbeweglichen Tanks anzubringen.

Inhalt der nationalen Rechtsvorschriften: Der Großzettel muss nicht an Containern, mit denen Versandstücke befördert werden, angebracht werden, wenn diese ausschließlich im Straßenverkehr befördert werden. Diese Befreiung gilt nicht für die Klassen 1 und 7.

Ursprüngliche Bezugnahme auf die nationalen Rechtsvorschriften: *Real Decreto 97/2014. Anejo 1. Apartado 8.*

RL Binnenland – Anhang I (Beförderung auf der Straße)

Anmerkungen: Wird ein anderer Container als ein Tankcontainer nur im Straßenverkehr verwendet und steht er nicht mit einem intermodalen Beförderungsvorgang in Zusammenhang, erfüllt er die Funktion eines Wechselbehälters. Für Wechselbehälter, mit denen verpackte Güter befördert werden, sind keine Gefahrzettel erforderlich, ausgenommen für die Klassen 1 und 7.

Daher wurde es als zweckmäßig erachtet, Container, die als Wechselbehälter ausschließlich im Straßenverkehr verwendet werden, von der Pflicht zur Anbringung von Großzetteln (Placards) zu befreien, ausgenommen Container, mit denen Güter der Klassen 1 und 7 befördert werden.

Mit dieser Befreiung werden Container in Bezug auf Sicherheitsbedingungen Wechselbehältern gleichgestellt; es gibt keinen Grund, mehr Anforderungen an Container als an Wechselbehälter zu stellen, da sie aufgrund ihres spezifischen Designs und Baus mehr Sicherheitsanforderungen erfüllen. Im Übrigen gelten für das Anbringen von Großzetteln (Placards) an und die Kennzeichnung von Fahrzeugen, die Gefahrgut befördern, die Bestimmungen in Anhang I Abschnitt I.1 Kapitel 5.3 der Richtlinie 2008/68/EG.

Ablauf der Geltungsdauer: 1. Januar 2025

FR Frankreich

RO–a–FR–2

Betrifft: Beförderung von unter UN 3291 fallenden klinischen Abfällen, die Infektionsrisiken bergen, mit einer Masse bis zu 15 kg.

Bezugnahme auf Anhang I Abschnitt I.1 der Richtlinie 2008/68/EG: Anhänge A und B.

Inhalt der nationalen Rechtsvorschriften: Ausnahme von den Vorschriften des ADR für die Beförderung von unter UN 3291 fallenden klinischen Abfällen, die infektiöse Risiken bergen, mit einer Masse bis zu 15 kg.

Ursprüngliche Bezugnahme auf die nationalen Rechtsvorschriften: *Arrêté du 1er juin 2001 relatif au transport des marchandises dangereuses par route – Article 12.*

Ablauf der Geltungsdauer: 30. Juni 2021

RO–a–FR–5

Betrifft: Beförderung gefährlicher Güter in Fahrzeugen des öffentlichen Personennahverkehrs (18).

Bezugnahme auf Anhang I Abschnitt I.1 der Richtlinie 2008/68/EG: 8.3.1.

Inhalt des Anhangs der Richtlinie: Beförderung von Fahrgästen und gefährlichen Gütern.

Inhalt der nationalen Rechtsvorschriften: Die Beförderung gefährlicher Güter (außer Klasse 7) in öffentlichen Verkehrsmitteln als Handgepäck ist zulässig: es gelten lediglich die Bestimmungen für die Verpackung, Kennzeichnung und Bezettelung von Paketen gemäß 4.1, 5.2 und 3.4.

Ursprüngliche Bezugnahme auf die nationalen Rechtsvorschriften: *Arrêté du 29 mai 2009 relatif au transport des marchandises dangereuses par voies terrestres, annexe I paragraphe 3.1.*

Anmerkungen: Als Handgepäck dürfen lediglich gefährliche Güter zur eigenen persönlichen oder beruflichen Verwendung befördert werden. Tragbare Gasbehälter sind für Patienten mit Atembeschwerden in der für eine Fahrt erforderlichen Menge zulässig.

Ablauf der Geltungsdauer: 28. Februar 2022

RO–a–FR–6

Betrifft: Beförderung kleiner Mengen gefährlicher Güter auf eigene Rechnung (18).

Bezugnahme auf Anhang I Abschnitt I.1 der Richtlinie 2008/68/EG: 5.4.1.

Inhalt des Anhangs der Richtlinie: Verpflichtung, ein Beförderungsdokument mitzuführen.

Inhalt der nationalen Rechtsvorschriften: Die Beförderung kleiner Mengen gefährlicher Güter (außer Klasse 7) auf eigene Rechnung, die die in 1.1.3.6 festgelegten Mengen nicht übersteigen, unterliegt nicht der Verpflichtung gemäß 5.4.1, nach der ein Beförderungsdokument mitzuführen ist.

RL Binnenland – Anhang I (Beförderung auf der Straße)

Ursprüngliche Bezugnahme auf die nationalen Rechtsvorschriften: *Arrêté du 29 mai 2009 relatif au transport des marchandises dangereuses par voies terrestres annexe I, paragraphe 3.2.1.*

Ablauf der Geltungsdauer: 28. Februar 2022

RO–a–FR–7

Betrifft: Beförderung von Proben chemischer Stoffe, Mischungen und gefährliche Stoffe enthaltender Gegenstände auf der Straße für Zwecke der Marktüberwachung

Bezugnahme auf Anhang I Abschnitt I.1 der Richtlinie 2008/68/EG: Teile 1 bis 9.

Inhalt des Anhangs der Richtlinie: Allgemeine Bestimmungen, Einstufung, Sonderbestimmungen und Ausnahmen betreffend die Beförderung gefährlicher Güter, die in begrenzten Mengen verpackt sind, Bestimmungen betreffend die Verwendung von Verpackungen und Tanks, Versandverfahren, Anforderungen für die Konstruktion der Verpackungen, Bestimmungen zu Beförderungsbedingungen, Handhabung, Be- und Entladen, Anforderungen für Beförderungsausrüstung und Beförderungsabläufe, Anforderungen betreffend Bau und Zulassung der Fahrzeuge.

Inhalt der nationalen Rechtsvorschriften: Proben chemischer Stoffe, Mischungen und gefährliche Stoffe enthaltender Gegenstände, die im Rahmen der Marktüberwachung zu Analysezwecken befördert werden, sind in Kombinationsverpackungen zu verpacken. Sie müssen den Vorschriften in Bezug auf Höchstmengen für Innenverpackungen entsprechen, die für die jeweiligen beteiligten Arten gefährlicher Güter gelten. Die Außenverpackung muss den Anforderungen für Kisten aus starren Kunststoffen entsprechen (4H2, Kapitel 6.1 von Anhang I Abschnitt I.1 der Richtlinie 2008/68/EG). Die Außenverpackung muss die Kennzeichnung gemäß Abschnitt 3.4.7, Anhang I Abschnitt I.1 der Richtlinie 2008/68/EG und den Text „Analyseproben" (auf Französisch: „Echantillons destinés à l'analyse") tragen. Werden diese Bestimmungen eingehalten, unterliegt die Beförderung nicht den Bestimmungen von Anhang I Abschnitt I.1 der Richtlinie 2008/68/EG.

Ursprüngliche Bezugnahme auf die nationalen Rechtsvorschriften: *Arrêté du 12 décembre 2012 modifiant l'arrêté du 29 mai 2009 relatif aux transports de marchandises dangereuses par voies terrestres*

Anmerkungen: In der Ausnahme gemäß Abschnitt 1.1.3, Anhang I Abschnitt I.1 der Richtlinie 2008/68/EG ist die Beförderung von Proben gefährlicher Güter für Analysezwecke, die von den zuständigen Behörden oder in ihrem Namen genommen wurden, nicht vorgesehen. Um eine effektive Marktüberwachung zu gewährleisten, hat Frankreich ein Verfahren auf der Grundlage des Systems eingeführt, das bei begrenzten Mengen Anwendung findet, um die Sicherheit der Beförderung von gefährliche Stoffe enthaltenden Proben sicherzustellen. Da es nicht immer möglich ist, die Bestimmungen der Tabelle A einzuhalten, wurde die Höchstmenge für die Innenverpackung unter eher operationellen Aspekten festgelegt.

Ablauf der Geltungsdauer: 1. Januar 2025

HU Ungarn

RO-a-HU-1

Betrifft: Verabschiedung von RO-a-DE-2

Ursprüngliche Bezugnahme auf die nationalen Rechtsvorschriften: *A nemzeti fejlesztési miniszter rendelete az ADR Megállapodás A és B Mellékletének belföldi alkalmazásáról*

Ablauf der Geltungsdauer: 30. Januar 2025

RO-a-HU-2

Betrifft: Verteilung von Gütern in Innenverpackungen an Einzelhändler oder von den örtlichen Auslieferungslagern an die Einzelhändler oder Verbraucher und von den Einzelhändlern an die Endverbraucher.

Bezugnahme auf Anhang I Abschnitt I.1 der Richtlinie 2008/68/EG: 6.1.

RL Binnenland – Anhang I (Beförderung auf der Straße)

Inhalt des Anhangs der Richtlinie: Bau- und Prüfvorschriften für Verpackungen.

Inhalt der nationalen Rechtsvorschriften: Die Innenverpackung muss nicht mit einem Kennzeichen gemäß Abschnitt 6.1.3 von Anhang I Abschnitt I.1 der Richtlinie 2008/68/EG versehen oder anderweitig gekennzeichnet sein, wenn sie gefährliche Güter enthält, die ursprünglich gemäß Anhang I Abschnitt I.1 Kapitel 3.4 der Richtlinie 2008/68/EG verpackt waren und in einer in den nationalen Rechtsvorschriften festgelegten Menge befördert wurden.

Ursprüngliche Bezugnahme auf die nationalen Rechtsvorschriften: *A nemzeti fejlesztési miniszter rendelete az ADR Megállapodás A és B Mellékletének belföldi alkalmazásáról*

Anmerkungen: Die Vorschriften von Anhang I Abschnitt I.1 der Richtlinie 2008/68/EG sind in den letzten Etappen der Beförderung von einem Auslieferungslager zu einem Einzelhändler oder Verbraucher oder von einem Einzelhändler zu einem Endverbraucher unzweckmäßig. Zweck dieser Ausnahme ist es zuzulassen, dass die Innenverpackungen von Waren für den Einzelhandelsvertrieb auf dem letzten Streckenabschnitt einer örtlichen Auslieferung ohne eine Außenverpackung befördert werden können.

Ablauf der Geltungsdauer: 30. Januar 2025

AT Österreich

RO–a–AT–1

Betrifft: Kleine Mengen aller Klassen, außer 1, 6.2 und 7.

Bezugnahme auf Anhang I Abschnitt I.1 der Richtlinie 2008/68/EG: 3.4.

Inhalt des Anhangs der Richtlinie: Beförderung gefährlicher Güter, die in begrenzten Mengen verpackt sind.

Inhalt der nationalen Rechtsvorschriften: Bis zu 30 kg bzw. l gefährlicher Güter, die nicht zu der Beförderungsklasse 0 oder 1 gehören und sich in den Innenverpackungen von begrenzten Mengen oder in Versandstücken, die im Einklang mit dem ADR stehen, befinden oder bei denen es sich um robuste Artikel handelt, können in geprüften Kisten (X) zusammen verpackt werden.

Endnutzer dürfen sie vom Geschäft abholen und sie zurückbringen; Einzelhändlern ist es gestattet, sie den Endverbrauchern zu bringen oder zwischen ihren Geschäften zu transportieren.

Die Höchstmenge je Beförderungseinheit beträgt 333 kg bzw. l, der zulässige Umkreis 100 km.

Die Kisten müssen einheitlich gekennzeichnet und von einem vereinfachten Beförderungsdokument begleitet sein.

Es gelten nur wenige Bestimmungen für das Entladen und die Handhabung.

Ursprüngliche Bezugnahme auf die nationalen Rechtsvorschriften: *„Gefahrgutbeförderungsverordnung Geringe Mengen – GGBV-GM from 5.7.2019, BGBl. II Nr. 203/2019"*.

Ablauf der Geltungsdauer: 30. Juni 2022

PT Portugal

RO-a-PT-3

Betrifft: Verabschiedung von **RO-a-HU-2**

Ursprüngliche Bezugnahme auf die nationalen Rechtsvorschriften: –

Ablauf der Geltungsdauer: 30. Januar 2022

RL Binnenland – Anhang I (Beförderung auf der Straße)

FI Finnland

RO–a–FI–1

Betrifft: Beförderung bestimmter Mengen gefährlicher Güter in Bussen

Rechtsgrundlage: Richtlinie 2008/68/EG Artikel 6 Absatz 2 Buchstabe a

Bezugnahme auf Anhang I Abschnitt I.1 der Richtlinie 2008/68/EG: Teile 1, 4 und 5.

Inhalt des Anhangs der Richtlinie: Ausnahmen, Verpackungsvorschriften, Kennzeichnung und Dokumentation.

Inhalt der nationalen Rechtsvorschriften: In Bussen mit Fahrgästen können kleine Mengen bestimmter gefährlicher Güter als Fracht befördert werden; dabei darf die Gesamtmenge 200 kg nicht überschreiten. In einem Bus kann eine Privatperson gefährliche Güter im Sinne von Abschnitt 1.1.3 transportieren, sofern die betreffenden Güter für den Verkauf im Einzelhandel verpackt und für ihre persönliche Verwendung bestimmt sind. Die Gesamtmenge entzündbarer Flüssigkeiten, die in nachfüllbaren Gefäßen abgefüllt sind, darf 5 l nicht überschreiten.

Ursprüngliche Bezugnahme auf die nationalen Rechtsvorschriften: Verordnung der finnischen Agentur für Verkehrssicherheit über den Gefahrguttransport auf der Straße und Regierungserlass zum Gefahrguttransport auf der Straße (194/2002).

Ablauf der Geltungsdauer: 30. Juni 2021

RO–a–FI–2

Betrifft: Beschreibung leerer Tanks in dem Beförderungsdokument.

Rechtsgrundlage: Richtlinie 2008/68/EG Artikel 6 Absatz 2 Buchstabe a

Bezugnahme auf Anhang I Abschnitt I.1 der Richtlinie 2008/68/EG: Teil 5, 5.4.1.

Inhalt des Anhangs der Richtlinie: Sonderbestimmungen für die Beförderung in Tankfahrzeugen oder Beförderungseinheiten mit mehr als einem Tank.

Inhalt der nationalen Rechtsvorschriften: Bei der Beförderung leerer ungereinigter Tankfahrzeuge oder von Beförderungseinheiten mit einem oder mehr Tanks, die gemäß 5.3.2.1.3 gekennzeichnet sind, kann der letzte beförderte Stoff, der in dem Beförderungsdokument angegeben wird, der Stoff mit dem niedrigsten Flammpunkt sein.

Ursprüngliche Bezugnahme auf die nationalen Rechtsvorschriften: Verordnung der finnischen Agentur für Verkehrssicherheit über den Gefahrguttransport auf der Straße.

Ablauf der Geltungsdauer: 30. Juni 2021

RO–a–FI–3

Betrifft: Anbringen von Großzetteln (Placards) und Kennzeichnung von Beförderungseinheiten für Sprengstoffe.

Rechtsgrundlage: Richtlinie 2008/68/EG Artikel 6 Absatz 2 Buchstabe a

Bezugnahme auf Anhang I Abschnitt I.1 der Richtlinie 2008/68/EG: 5.3.2.1.1.

Inhalt des Anhangs der Richtlinie: Allgemeine Vorschriften für die orangefarbene Kennzeichnung.

Inhalt der nationalen Rechtsvorschriften: Beförderungseinheiten, in denen (normalerweise in Lieferwagen) kleine Mengen Sprengstoff (maximal 1 000 kg netto) zu Steinbrüchen und anderen Einsatzorten befördert werden, können an ihrer Vorder- und Rückseite mit einem Großzettel gemäß dem Muster Nr. 1 gekennzeichnet werden.

Ursprüngliche Bezugnahme auf die nationalen Rechtsvorschriften: Verordnung der finnischen Agentur für Verkehrssicherheit über den Gefahrguttransport auf der Straße.

Ablauf der Geltungsdauer: 30. Juni 2021

RL Binnenland – Anhang I (Beförderung auf der Straße)

SE Schweden

RO-a-SE-1

Betrifft: Verabschiedung von RO-a-FR-7

Rechtsgrundlage: Richtlinie 2008/68/EG Artikel 6 Absatz 2 Buchstabe a (kleine Mengen)

Bezugnahme auf Anhang I Abschnitt I.1 der Richtlinie 2008/68/EG: Teile 1 bis 9.

Kontext der Richtlinie:

Bezugnahme auf die nationalen Rechtsvorschriften: *Särskilda bestämmelser om visa inrikes transporter av farligt gods på väg och i terräng.*

Anmerkungen:

Ablauf der Geltungsdauer: 30. Juni 2022

Auf der Grundlage von Artikel 6 Absatz 2 Buchstabe b Ziffer i der Richtlinie 2008/68/EG

BE Belgien

RO–bi–BE–5

Betrifft: Beförderung von Abfällen zu Abfallentsorgungsanlagen.

Bezugnahme auf Anhang I Abschnitt I.1 der Richtlinie 2008/68/EG: 5.2, 5.4, 6.1.

Inhalt des Anhangs der Richtlinie: Einstufung, Kennzeichnung und Verpackungsvorschriften.

Inhalt der nationalen Rechtsvorschriften: Anstatt Abfälle entsprechend dem ADR einzustufen, werden sie verschiedenen Abfallgruppen zugeordnet (brennbare Lösungsmittel, Farben, Säuren, Batterien usw.), damit gefährliche Reaktionen innerhalb einer Abfallgruppe vermieden werden. Die Vorschriften für den Bau von Verpackungen sind weniger streng.

Ursprüngliche Bezugnahme auf die nationalen Rechtsvorschriften: *Arrêté royal relatif au transport des marchandises dangereuses par route.*

Anmerkungen: Diese Regelung kann für die Beförderung kleiner Abfallmengen zu Entsorgungsanlagen verwendet werden.

Ablauf der Geltungsdauer: 31. Dezember 2022

RO–bi–BE–6

Betrifft: Verabschiedung von **RO–bi–SE–5**.

Ursprüngliche Bezugnahme auf die nationalen Rechtsvorschriften: *Dérogation 01-2004*

Ablauf der Geltungsdauer: 31. Dezember 2022

RO–bi–BE–7

Betrifft: Verabschiedung von RO–bi–SE–6.

Ursprüngliche Bezugnahme auf die nationalen Rechtsvorschriften: *Dérogation 02-2003*

Ablauf der Geltungsdauer: 31. Dezember 2022

RO–bi–BE–8

Betrifft: Ausnahme von dem Verbot für den Fahrer oder seinen Assistenten, Verpackungen mit gefährlichen Gütern in einer örtlichen Verteilerkette vom Verteilerlager zum Einzelhändler oder Endverbraucher und vom Einzelhändler zum Endverbraucher zu öffnen (außer für Klasse 7).

RL Binnenland – Anhang I (Beförderung auf der Straße)

Bezugnahme auf Anhang I Abschnitt I.1 der Richtlinie 2008/68/EG: 8.3.3.

Inhalt des Anhangs der Richtlinie: Verbot für den Fahrer oder seinen Assistenten, gefährliche Güter enthaltende Verpackungen zu öffnen.

Inhalt der nationalen Rechtsvorschriften: Das Verbot, Verpackungen zu öffnen, wird eingeschränkt durch die Klausel „sofern vom Transportunternehmen nicht ausdrücklich gestattet".

Ursprüngliche Bezugnahme auf die nationalen Rechtsvorschriften: *Arrêté royal relatif au transport des marchandises dangereuses par route.*

Anmerkungen: Wörtlich genommen kann das Verbot in dem im Anhang angeführten Wortlaut zu schwerwiegenden Problemen für den Einzelhandel führen.

Ablauf der Geltungsdauer: 31. Dezember 2022

RO–bi–BE–10

Betrifft: Beförderung in der unmittelbaren Nähe von Industriestandorten einschließlich der Beförderung auf öffentlichen Straßen.

Bezugnahme auf Anhang I Abschnitt I.1 der Richtlinie 2008/68/EG: Anhänge A und B.

Inhalt des Anhangs der Richtlinie: Anhänge A und B.

Inhalt der nationalen Rechtsvorschriften: Die Ausnahmen betreffen die Dokumentation, die Fahrerbescheinigung sowie die Bezettelung und/oder Kennzeichnung von Versandstücken.

Ursprüngliche Bezugnahme auf die nationalen Rechtsvorschriften: *Dérogations 10-2012, 12-2012, 24-2013, 31-2013, 07-2014, 08-2014, 09-2014 und 38-2014.*

Ablauf der Geltungsdauer: 31. Dezember 2022

RO–bi–BE–11

Betrifft: Sammlung von Butan-Propan-Flaschen ohne konforme Kennzeichnung

Bezugnahme auf Anhang I Abschnitt I.1 der Richtlinie 2008/68/EG: 5.2.2.1.1

Inhalt des Anhangs der Richtlinie: Gasflaschen müssen mit Gefahrzetteln versehen sein.

Inhalt der nationalen Rechtsvorschriften: Bei der Sammlung von Gasflaschen, die UN 1965 enthielten, müssen fehlende Gefahrzettel nicht ersetzt werden, wenn das Fahrzeug ordnungsgemäß gekennzeichnet ist (Muster 2.1).

Ursprüngliche Bezugnahme auf die nationalen Rechtsvorschriften: *Dérogation 14-2016.*

Ablauf der Geltungsdauer: 31. Dezember 2022

RO–bi–BE–12

Betrifft: Beförderung von UN 3509 in bedeckten Schüttgut-Containern

Bezugnahme auf Anhang I Abschnitt I.1 der Richtlinie 2008/68/EG: 7.3.2.1

Inhalt des Anhangs der Richtlinie: UN 3509 muss in geschlossenen Schüttgut-Containern befördert werden.

Ursprüngliche Bezugnahme auf die nationalen Rechtsvorschriften: *Dérogation 15-2016.*

Ablauf der Geltungsdauer: 31. Dezember 2022

RL Binnenland – Anhang I (Beförderung auf der Straße)

RO–bi–BE–13

Betrifft: Beförderung von DOT-Gasflaschen

Bezugnahme auf Anhang I Abschnitt I.1 der Richtlinie 2008/68/EG: 6.2.3.4 bis 6.2.3.9

Inhalt des Anhangs der Richtlinie: Gasflaschen müssen gemäß Kapitel 6.2 des ADR hergestellt und geprüft werden.

Inhalt der nationalen Rechtsvorschriften: Gasflaschen, die nach den Vorschriften des US-Verkehrsministeriums (Department of Transportation, DOT) gebaut und geprüft wurden, können für die Beförderung einer begrenzten Anzahl von Gasen verwendet werden, die in einer der Ausnahme beigefügten Liste aufgeführt sind.

Ursprüngliche Bezugnahme auf die nationalen Rechtsvorschriften: *Dérogation BWV01-2017*

Ablauf der Geltungsdauer: 31. Dezember 2022

DK Dänemark

RO–bi–DK–1

Betrifft: UN 1202, 1203, 1223 und Klasse 2 – kein Beförderungsdokument.

Bezugnahme auf Anhang I Abschnitt I.1 der Richtlinie 2008/68/EG: 5.4.1.

Inhalt des Anhangs der Richtlinie: Beförderungsdokument erforderlich.

Inhalt der nationalen Rechtsvorschriften: Bei der Beförderung von Mineralölprodukten der Klasse 3, UN 1202, 1203 und 1223 sowie Gasen der Klasse 2 im Hinblick auf deren Auslieferung (Güter, die an zwei oder mehr Empfänger zu liefern sind, und Aufnahme zurückgenommener Güter in ähnlichen Situationen) ist kein Beförderungsdokument erforderlich, sofern die schriftlichen Anweisungen neben den im ADR vorgeschriebenen Informationen Angaben über UN-Nr., Name und Klasse enthalten.

Ursprüngliche Bezugnahme auf die nationalen Rechtsvorschriften: *Bekendtgørelse nr. 729 af 15.8.2001 om vejtransport af farligt gods.*

Anmerkungen: Der Grund für diese nationale Ausnahme ist die Entwicklung elektronischer Ausrüstungen, die es beispielsweise den Mineralölgesellschaften, in denen diese Ausrüstungen eingesetzt werden, ermöglichen, ständig Kundendaten an die Fahrzeuge weiterzuleiten. Da diese Daten zu Beginn der Fahrt nicht verfügbar sind und erst während der Fahrt an das Fahrzeug weitergeleitet werden, ist die Erstellung der Beförderungsdokumente vor Beginn der Fahrt nicht möglich. Diese Art von Beförderungen ist auf bestimmte Gebiete beschränkt.

Ausnahme für Dänemark für eine ähnliche Bestimmung gemäß Artikel 6 Absatz 10 der Richtlinie 94/55/EG.

Ablauf der Geltungsdauer: 30. Juni 2026

RO–bi–DK–2

Betrifft: Verabschiedung von RO–bi–SE–6.

Ursprüngliche Bezugnahme auf die nationalen Rechtsvorschriften: *Bekendtgørelse nr. 437 af 6. Juni 2005 om vejtransport af farligt gods, in der geänderten Fassung.*

Ablauf der Geltungsdauer: 30. Juni 2026

RO–bi–DK–3

Betrifft: Beförderung gefährlicher Güter auf Privatgeländen, die sich in unmittelbarer Nähe zueinander befinden.

Bezugnahme auf Anhang I Abschnitt I.1 der Richtlinie 2008/68/EG: Anhänge A und B.

Inhalt des Anhangs der Richtlinie: Vorschriften für die Beförderung gefährlicher Güter auf öffentlichen Straßen.

RL Binnenland – Anhang I (Beförderung auf der Straße)

Inhalt der nationalen Rechtsvorschriften: Bei der Beförderung gefährlicher Güter auf der Straße zwischen zwei oder mehr gesonderten Privatgeländen, die sich in unmittelbarer Nähe zueinander befinden, kann die Beförderung mit einer schriftlichen Genehmigung der zuständigen Behörde erfolgen, wobei bestimmte Bedingungen gelten.

Ursprüngliche Bezugnahme auf die nationalen Rechtsvorschriften: *Bekendtgørelse nr. 828 af 10. juni 2017 om vejtransport af farligt gods.*

Anmerkungen: Eine solche Situation kann leicht eintreten, wenn Güter zwischen nahe beieinander gelegenen Privatgeländen befördert werden, aber dennoch eine sehr begrenzte Entfernung auf einer öffentlichen Straße zurückgelegt werden muss (z. B. Überqueren einer Straße). Dabei handelt es sich nicht um die Beförderung gefährlicher Güter auf einer öffentlichen Straße im üblichen Sinn, und nur weniger strenge Vorschriften finden Anwendung.

Ablauf der Geltungsdauer: 30. Juni 2026

RO–bi–DK–4

Betrifft: Beförderung gefährlicher Güter bestimmter Klassen von Privathaushalten und Betrieben auf der Straße zu nahe gelegenen Abfallsammelstellen oder Zwischenverarbeitungsstellen zwecks Entsorgung.

Bezugnahme auf Anhang I Abschnitt I.1 der Richtlinie 2008/68/EG: Teile 1 bis 9.

Inhalt des Anhangs der Richtlinie: Allgemeine Bestimmungen, Einstufungsbestimmungen, Sonderbestimmungen, Verpackungsbestimmungen, Versandverfahren, Anforderungen für Konstruktion und Prüfung von Verpackungen, Bestimmungen für Beförderungsbedingungen, Be- und Entladen und Handhabung, Anforderungen für Fahrzeugbesatzungen, Ausrüstung, Betrieb und Dokumentation sowie für Bau und Zulassung von Fahrzeugen.

Inhalt der nationalen Rechtsvorschriften: Gefährliche Güter von Privathaushalten und Betrieben können unter bestimmten Voraussetzungen zu Entsorgungszwecken auf der Straße zu nahe gelegenen Abfallsammelstellen oder Zwischenverarbeitungsstellen befördert werden. Die verschiedenen Bestimmungen werden jeweils entsprechend der Art der Beförderung und den damit verbundenen Risiken eingehalten, z.B. Höchstmenge gefährlicher Güter je Innenverpackung, Außenverpackung und/oder Beförderungseinheit, und in Abhängigkeit davon, ob die Beförderung gefährlicher Güter eine Nebentätigkeit der Betriebe ist oder nicht.

Ursprüngliche Bezugnahme auf die nationalen Rechtsvorschriften: *Bekendtgørelse nr. 818 af 28. juni 2011 om vejtransport af farligt gods § 4, stk. 3.*

Anmerkungen: Es ist den Abfallentsorgern und Betrieben nicht möglich, alle Bestimmungen von Anhang I Abschnitt I.1 der Richtlinie 2008/68/EG einzuhalten, wenn Abfall, der Rückstände gefährlicher Stoffe enthalten kann, von Haushalten und/oder Betrieben zur Entsorgung zu nahe gelegenen Abfallsammelstellen befördert wird. Bei dem Abfall handelt es sich üblicherweise um Verpackungen, die ursprünglich in Einklang mit der Ausnahme gemäß Unterabschnitt 1.1.3.1 Buchstabe c von Anhang I Abschnitt I.1 der Richtlinie 2008/68/EG befördert und/oder im Einzelhandel verkauft wurden. Ausnahme 1.1.3.1 Buchstabe c gilt jedoch nicht für die Beförderung von Abfall zu Abfallsammelstellen, und die Bestimmungen in Kapitel 3.4 von Anhang I Abschnitt I.1 der Richtlinie 2008/68/EG sind nicht geeignet für die Beförderung von Innenverpackungen, die Abfall sind.

Ablauf der Geltungsdauer: 1. Januar 2025

RO–bi–DK–5

Betrifft: Ausnahme, nach der gefährliche Güter, die der Sondervorschrift CV1 in 7.5.11 oder S1 in 8.5 unterliegen, an einer der Öffentlichkeit zugänglichen Stelle ohne besondere Erlaubnis der zuständigen Behörde auf- oder abgeladen werden dürfen.

Bezugnahme auf Anhang I Abschnitt I.1 dieser Richtlinie: 7.5.11, 8.5.

Inhalt des Anhangs der Richtlinie: Zusätzliche Vorschriften für die Be- und Entladung und die Handhabung.

Inhalt der nationalen Rechtsvorschriften: Abweichend von den Vorschriften gemäß 7.5.11 und 8.5 dürfen gefährliche Güter an einer der Öffentlichkeit zugänglichen Stelle ohne besondere Erlaubnis der zuständigen Behörde auf- oder abgeladen werden.

RL Binnenland – Anhang I (Beförderung auf der Straße)

Ursprüngliche Bezugnahme auf die nationalen Rechtsvorschriften: *Bekendtgørelse nr. 828 af 10/06/2017 om vejtransport af farligt gods.*

Anmerkungen: Bei nationalen Beförderungen ist diese Vorschrift mit sehr hohen Kosten verbunden, sowohl für die zuständigen Behörden als auch für die Unternehmen, die mit den betreffenden gefährlichen Gütern umgehen.

Ablauf der Geltungsdauer: 30. Juni 2026

DE Deutschland

RO–bi–DE–1

Betrifft: Verzicht auf bestimmte Angaben im Beförderungsdokument (N2).

Bezugnahme auf Anhang I Abschnitt I.1 der Richtlinie 2008/68/EG: 5.4.1.1.1.

Inhalt des Anhangs der Richtlinie: Inhalt des Beförderungsdokuments.

Inhalt der nationalen Rechtsvorschriften: Für alle Klassen, außer Klassen 1 (mit Ausnahme von 1.4S), 5.2 und 7:

Keine Angabe im Beförderungsdokument erforderlich für

(a) den Empfänger im Fall der örtlichen Verteilung (außer für vollständige Ladungen und für Beförderungen mit einem bestimmten Streckenverlauf);

(b) die Anzahl und Arten von Verpackungen, wenn 1.1.3.6 nicht angewandt wird und das Fahrzeug allen Bestimmungen der Anhänge A und B entspricht;

(c) leere ungereinigte Tanks, hier ist das Beförderungsdokument der letzten Ladung ausreichend.

Ursprüngliche Bezugnahme auf die nationalen Rechtsvorschriften: *Gefahrgut-Ausnahmeverordnung – GGAV 2002 vom 6.11.2002 (BGBl. I S. 4350); Ausnahme 18.*

Anmerkungen: Die Anwendung sämtlicher Bestimmungen wäre bei der betreffenden Beförderungsart nicht praktikabel.

Von der Kommission als Ausnahme Nr. 22 registriert (gemäß Artikel 6 Absatz 10 der Verordnung 94/55/EG).

Ablauf der Geltungsdauer: 30. Juni 2021

RO–bi–DE–3

Betrifft: Beförderung verpackter gefährlicher Abfälle.

Bezugnahme auf Anhang I Abschnitt I.1 der Richtlinie 2008/68/EG: 1 bis 5.

Inhalt des Anhangs der Richtlinie: Einstufung, Verpackung und Kennzeichnung.

Inhalt der nationalen Rechtsvorschriften: Klassen 2 bis 6.1, 8 und 9; Zusammenpackung und Beförderung gefährlicher Abfälle in Verpackungen und Großpackmitteln (IBC); die Abfälle müssen sich in einer (bei der Sammlung verwendeten) Innenverpackung befinden und bestimmten Abfallgruppen (Vermeidung gefährlicher Reaktionen innerhalb einer Abfallgruppe) zugeordnet werden; Verwendung einer schriftlichen Weisung mit Angabe der Abfallgruppe als Beförderungsdokument; Sammlung von Haus- und Laborabfällen usw.

Ursprüngliche Bezugnahme auf die nationalen Rechtsvorschriften: *Gefahrgut-Ausnahmeverordnung – GGAV 2002 vom 6.11.2002 (BGBl. I S. 4350); Ausnahme 20.*

Anmerkungen: Listennummer 6*.

Ablauf der Geltungsdauer: 30. Juni 2021

RL Binnenland – Anhang I (Beförderung auf der Straße)

RO–bi–DE–5

Betrifft: Örtlich begrenzte Beförderung von UN 3343 (Nitroglycerin-Gemisch, desensibilisiert, flüssig, entzündbar, n.a.g., mit höchstens 30 Masse-% Nitroglycerin) in Tankcontainern, abweichend von Anhang I Abschnitt I.1 Unterabschnitt 4.3.2.1.1 der Richtlinie 2008/68/EG.

Bezugnahme auf Anhang I Abschnitt I.1 der Richtlinie 2008/68/EG: 3.2, 4.3.2.1.1.

Inhalt des Anhangs der Richtlinie: Vorschriften für die Verwendung von Tankcontainern.

Inhalt der nationalen Rechtsvorschriften: Örtliche begrenzte Beförderung von Nitroglycerin (UN 3343) in Tankcontainern über geringe Entfernungen, vorbehaltlich der Einhaltung nachfolgend genannter Bedingungen:

1 Anforderungen an die Tankcontainer

1.1 Es dürfen nur speziell für diesen Anwendungszweck zugelassene Tankcontainer verwendet werden, die im Übrigen den Vorschriften über Bau, Ausrüstung, Zulassung des Baumusters, Prüfungen, Kennzeichnung und Betrieb in Anhang I Abschnitt I.1 Kapitel 6.8 der Richtlinie 2008/68/EG entsprechen.

1.2 Der Verschluss des Tankcontainers muss mit einem Druckentlastungssystem versehen sein, das bei einem Innendruck von 300 kPa (3 bar) über Normaldruck nachgibt und dabei eine nach oben gerichtete Öffnung mit einer Druckentlastungsfläche von mindestens 135 cm^2 (Durchmesser 132 mm) freigibt. Die Öffnung darf sich nach dem Ansprechen nicht wieder verschließen. Als Sicherheitseinrichtung können ein Sicherheitselement oder mehrere Sicherheitselemente mit gleichem Ansprechverhalten und entsprechender Druckentlastungsfläche zum Einsatz kommen. Die Bauart der Sicherheitseinrichtung muss einer Bauartprüfung und einer Bauartzulassung durch die zuständige Behörde erfolgreich unterzogen worden sein.

2 Kennzeichnung

Jeder Tankcontainer ist an beiden Seiten mit einem Gefahrzettel nach Muster 3 gemäß Anhang I Abschnitt I.1 Unterabschnitt 5.2.2.2.2 der Richtlinie 2008/68/EG zu kennzeichnen.

3 Betriebliche Vorschriften

3.1 Es muss sichergestellt sein, dass während der Beförderung das Nitroglycerin im Phlegmatisierungsmittel homogen verteilt ist und keine Entmischung eintreten kann.

3.2 Während des Be- und Entladens ist der Aufenthalt in oder auf einem Fahrzeug, außer zur Bedienung der Be- und Entladeeinrichtungen, nicht zulässig.

3.3 An der Entladestelle sind die Tankcontainer restlos zu entleeren. Können sie nicht vollständig entleert werden, so sind sie nach dem Entladen bis zur erneuten Befüllung dicht zu verschließen.

Ursprüngliche Bezugnahme auf nationale Rechtsvorschriften: Ausnahme Nordrhein-Westfalen

Anmerkungen: Es handelt sich um eine örtlich begrenzte Beförderung in Tankcontainern auf der Straße über geringe Entfernungen, die zu einem industriellen Prozess zwischen zwei festgelegten Produktionsstätten gehört. Zur Herstellung eines pharmazeutischen Produkts liefert Produktionsstätte A im Rahmen einer regelkonformen Beförderung in 600-Liter-Tankcontainern eine Harzlösung, entzündbar (UN 1866), Verpackungsgruppe II, zur Produktionsstätte B. Hier erfolgt die Zugabe einer Nitroglycerinlösung und Durchmischung, sodass ein nitroglycerinhaltiges Kleber-Gemisch, desensibilisiert, flüssig, entzündbar, n.a.g., mit höchstens 30 Masse-% Nitroglycerin (UN 3343) zur Weiterverwendung entsteht. Auch die Rückbeförderung dieses Stoffes zur Produktionsstätte A erfolgt in den vorgenannten Tankcontainern, die durch die zuständige Behörde gesondert auf den speziellen Beförderungsfall geprüft und zugelassen wurden und die Tankcodierung L10DN tragen.

Ablauf der Geltungsdauer: 30. Juni 2022

RL Binnenland – Anhang I (Beförderung auf der Straße)

RO–bi–DE–6

Betrifft: Verabschiedung von **RO–bi–SE–6**.

Ursprüngliche Bezugnahme auf die nationalen Rechtsvorschriften: *§ 1 Absatz 3 Nummer 1 der Gefahrgutverordnung Straße, Eisenbahn und Binnenschifffahrt (GGVSEB)*

Ablauf der Geltungsdauer: 30. Juni 2021

RO–bi–DE–7

Betrifft: Verabschiedung von RO–bi–BE–10.

Ursprüngliche Bezugnahme auf die nationalen Rechtsvorschriften:

Ablauf der Geltungsdauer: 20. März 2021

IE Irland

RO–bi–IE–3

Betrifft: Ausnahme, nach der gefährliche Güter, die der Sondervorschrift CV1 in 7.5.11 oder S1 in 8.5 unterliegen, an einer der Öffentlichkeit zugänglichen Stelle ohne besondere Erlaubnis der zuständigen Behörde auf- oder abgeladen werden dürfen.

Bezugnahme auf Anhang I Abschnitt I.1 der Richtlinie 2008/68/EG: 7.5 und 8.5.

Inhalt des Anhangs der Richtlinie: Zusätzliche Vorschriften für die Be- und Entladung und die Handhabung.

Inhalt der nationalen Rechtsvorschriften: Abweichend von den Vorschriften gemäß 7.5.11 und 8.5 dürfen gefährliche Güter an einer der Öffentlichkeit zugänglichen Stelle ohne besondere Erlaubnis der zuständigen Behörde auf- oder abgeladen werden.

Ursprüngliche Bezugnahme auf die nationalen Rechtsvorschriften: *Regulation 82(5) of the „Carriage of Dangerous Goods by Road Regulations, 2004".*

Anmerkungen: Bei nationalen Beförderungen ist diese Vorschrift mit sehr hohen Kosten für die zuständigen Behörden verbunden.

Ablauf der Geltungsdauer: 30. Juni 2021

RO–bi–IE–6

Betrifft: Ausnahme von der unter 4.3.4.2.2 genannten Vorschrift, wonach nicht dauernd am Tank befindliche flexible Füll- und Entleerrohre während der Beförderung entleert sein müssen.

Bezugnahme auf Anhang I Abschnitt I.1 der Richtlinie 2008/68/EG: 4.3.

Inhalt des Anhangs der Richtlinie: Verwendung von Tankfahrzeugen.

Inhalt der nationalen Rechtsvorschriften: Flexible Schlauchhaspeln (einschließlich dazugehöriger fester Rohrleitungen) an Tankfahrzeugen, die im Einzelhandelsvertrieb von Erdölerzeugnissen mit den UN-Nummern 1011, 1202, 1223, 1863 und 1978 eingesetzt werden, müssen während der Beförderung nicht entleert sein, sofern geeignete Maßnahmen den Verlust des Tankinhalts verhindern.

Ursprüngliche Bezugnahme auf die nationalen Rechtsvorschriften: *Regulation 82(8) of the „Carriage of Dangerous Goods by Road Regulations, 2004".*

Anmerkungen: Flexible Schlauchleitungen, die an Tankfahrzeugen zur Belieferung von Haushalten montiert sind, müssen stets gefüllt sein, auch während des Transports. Das Lieferverfahren erfordert, dass die Messeinrichtung und der Schlauch des Tankfahrzeugs gefüllt sind, damit der Kunde die korrekte Menge des Produkts erhält.

Ablauf der Geltungsdauer: 30. Juni 2021

RL Binnenland – Anhang I (Beförderung auf der Straße)

RO–bi–IE–7

Betrifft: Befreiung von einigen Vorschriften der Kapitel 5.4.0, 5.4.1.1.1 und 7.5.11 des ADR bezüglich der Beförderung von Ammoniumnitratdüngern mit der Kennnummer UN 2067 in loser Schüttung vom Hafen zum Empfänger.

Bezugnahme auf Anhang I Abschnitt I.1 der Richtlinie 2008/68/EG: 5.4.0, 5.4.1.1.1 und 7.5.11.

Inhalt des Anhangs der Richtlinie: Notwendigkeit eines gesonderten Beförderungsdokuments für jede einzelne Beförderung mit Angabe der Gesamtmenge der jeweils beförderten Ladung sowie die Anforderung, das Fahrzeug vor und nach der Beförderung zu reinigen.

Inhalt der nationalen Rechtsvorschriften: Vorschlag für eine Ausnahme von den Vorschriften des ADR bezüglich des Beförderungsdokuments und der Fahrzeugreinigung. Berücksichtigung von praktischen Erwägungen bei der Massengutbeförderung vom Hafen zum Empfänger.

Ursprüngliche Bezugnahme auf die nationalen Rechtsvorschriften: *Vorschlag zur Änderung der „Carriage of Dangerous Goods by Road Regulations, 2004".*

Anmerkungen: Die Vorschriften des ADR sehen a) ein gesondertes Beförderungsdokument mit Angabe der Gesamtmasse der beförderten gefährlichen Güter einer bestimmten Ladung vor und enthalten b) die Sondervorschrift CV24, wonach für jede einzelne Ladung, die beim Löschen eines Massengutschiffes zwischen Hafen und Empfänger befördert wird, eine Fahrzeugreinigung erforderlich ist. Da es sich um örtlich begrenzte Beförderungen und um das Löschen von Massengutschiffen handelt, wobei derselbe Stoff auf mehreren Fahrten (an einem Tag oder mehreren aufeinanderfolgenden Tagen) vom Schiff zum Empfänger befördert wird, dürfte ein einziges Beförderungsdokument mit ungefährer Angabe der Gesamtmasse der einzelnen Ladungen ausreichen und sollte auf die Sondervorschrift CV24 verzichtet werden können.

Ablauf der Geltungsdauer: 30. Juni 2021

RO–bi–IE–8

Betrifft: Beförderung gefährlicher Güter zwischen privaten Gebäuden und einem anderen Fahrzeug in unmittelbarer Nähe dieser Gebäude, oder zwischen zwei Teilen privater Gebäude, die sich in unmittelbarer Nähe zueinander befinden, jedoch zu beiden Seiten einer öffentlichen Straße liegen.

Bezugnahme auf den Anhang der Richtlinie: Anhang I, Abschnitt I.1 der Richtlinie 2008/68/EG: Anhänge A und B.

Inhalt des Anhangs der Richtlinie: Vorschriften für die Beförderung gefährlicher Güter auf der Straße.

Inhalt der nationalen Rechtsvorschriften: Nichtanwendung der Vorschriften bei Verwendung eines Fahrzeugs für die Beförderung gefährlicher Güter

(a) zwischen Privatgebäuden und einem anderen Fahrzeug in unmittelbarer Nähe dieser Gebäude, oder

(b) zwischen zwei Teilen privater Gebäude, die sich in unmittelbarer Nähe zueinander befinden, jedoch zu beiden Seiten einer öffentliche Straße liegen,

sofern die Beförderung auf dem direktesten Weg erfolgt.

Ursprüngliche Bezugnahme auf die nationalen Rechtsvorschriften: *European Communities (Carriage of Dangerous Goods by Road and Use of Transportable Pressure Equipment) Regulations 2011 and 2013. Regulation 56.*

Anmerkungen: Es können verschiedene Situationen eintreten, in denen Güter zwischen zwei Teilen von Privatgebäuden oder zwischen Privatgebäuden und einem anderen Fahrzeug befördert werden, wobei die Teile der Gebäude auf beiden Seiten einer öffentlichen Straße gelegen sind. Dabei handelt es sich nicht um die Beförderung gefährlicher Güter im üblichen Sinn, und die Vorschriften für die Beförderung gefährlicher Güter müssen nicht angewendet werden. Siehe auch RO-bi-SE-3 und **RO-bi-DK-3**.

Ablauf der Geltungsdauer: 30. Januar 2025

RL Binnenland – Anhang I (Beförderung auf der Straße)

EL Griechenland

RO–bi–EL–1

Betrifft: Ausnahme von den Sicherheitsanforderungen an fest verbundene Tanks (Tankfahrzeuge) mit einer Bruttomasse von weniger als 4 t, die für die örtlich begrenzte Beförderung von Gasöl (UN 1202) eingesetzt werden und erstmals zwischen dem 1. Januar 1991 und dem 31. Dezember 2002 in Griechenland zugelassen worden sind.

Bezugnahme auf Anhang I Abschnitt I.1 der Richtlinie 2008/68/EG: 1.6.3.6, 6.8.2.4.2, 6.8.2.4.3, 6.8.2.4.4, 6.8.2.4.5, 6.8.2.1.17 – 6.8.2.1.22, 6.8.2.1.28, 6.8.2.2, 6.8.2.2.1, 6.8.2.2.2.

Inhalt des Anhangs der Richtlinie: Vorschriften für den Bau, die Ausrüstung, die Zulassung des Baumusters, die Prüfungen und die Kennzeichnung von fest verbundenen Tanks (Tankfahrzeugen), Aufsetztanks, Tankcontainern und Tankwechselaufbauten (Tankwechselbehältern), deren Tankkörper aus metallenen Werkstoffen hergestellt sind, sowie von Batteriefahrzeugen und MEGC.

Inhalt der nationalen Rechtsvorschriften: Übergangsvorschrift: Fest verbundene Tanks (Tankfahrzeuge) mit einer Bruttomasse von weniger als 4 t, die erstmals zwischen dem 1. Januar 1991 und dem 31. Dezember 2002 in Griechenland zugelassen worden sind und die ausschließlich für die örtlich begrenzte Beförderung von Gasöl (UN 1202) eingesetzt werden und eine Wanddicke von weniger als 3 mm haben, dürfen noch verwendet werden. Diese Übergangsvorschrift soll für die örtlich begrenzte Beförderung bei in diesem Zeitraum zugelassenen Fahrzeugen gelten. Sie gilt nur für die Tankfahrzeuge, die gemäß 6.8.2.1.20 umgebaut und entsprechend den folgenden Kriterien angepasst worden sind:

1. Abschnitte des ADR über Prüfungen: 6.8.2.4.2, 6.8.2.4.3, 6.8.2.4.4, 6.8.2.4.5.

2. Die Tanks müssen die Anforderungen der Abschnitte 6.8.2.1.28, 6.8.2.2.1 und 6.8.2.2.2 erfüllen.

Im Feld „Anmerkungen" der Zulassungsbescheinigung des Fahrzeugs ist Folgendes anzugeben: „GÜLTIG BIS 30.6.2021".

Ursprüngliche Bezugnahme auf die nationalen Rechtsvorschriften: *Τεχνικές Προδιαγραφές κατασκευής, εξοπλισμού και ελέγχων των δεξαμενών μεταφοράς συγκεκριμένων κατηγοριών επικινδύνων εμπορευμάτων για σταθερές δεξαμενές (οχήματα-δεξαμενές), αποσυναρμολογούμενες δεξαμενές που βρίσκονται σε κυκλοφορία* (Vorschriften für den Bau, die Ausrüstung und die Prüfungen von zum Verkehr zugelassenen fest verbundenen Tanks (Tankfahrzeugen) und Aufsetztanks für bestimmte Kategorien gefährlicher Güter).

Ablauf der Geltungsdauer: 30. Juni 2021

ES Spanien

RO–bi–ES–2

Betrifft: Spezialausrüstung für die Verteilung von wasserfreiem Ammoniak.

Bezugnahme auf Anhang I Abschnitt I.1 der Richtlinie 2008/68/EG: 6.8.2.2.2.

Inhalt des Anhangs der Richtlinie: Um jeglichen Verlust des Inhalts im Falle der Beschädigung der äußeren Einrichtungen (Rohrstutzen, seitliche Verschlusseinrichtungen) zu vermeiden, müssen die innere Absperreinrichtung und ihr Sitz so beschaffen oder geschützt sein, dass sie unter dem Einfluss äußerer Beanspruchungen nicht abgerissen werden können. Die Füll- und Entleerungseinrichtungen (einschließlich Flansche und Schraubverschlüsse) sowie Schutzkappen (falls vorhanden) müssen gegen ungewolltes Öffnen gesichert sein.

Inhalt der nationalen Rechtsvorschriften: In der Landwirtschaft verwendete Tanks zur Verteilung und Ausbringung von wasserfreiem Ammoniak, die vor dem 1. Januar 1997 in Betrieb genommen wurden, dürfen mit äußeren – anstatt innerer – Sicherheitseinrichtungen ausgestattet sein, sofern diese einen Schutz bieten, der dem durch die Tankhülle gebotenen Schutz mindestens gleichwertig ist.

Ursprüngliche Bezugnahme auf die nationalen Rechtsvorschriften: *Real Decreto 97/2914. Anejo 1. Apartado 3.*

RL Binnenland – Anhang I (Beförderung auf der Straße)

Anmerkungen: Vor dem 1. Januar 1997 wurde ein mit äußeren Sicherheitseinrichtungen ausgestatteter Tanktyp ausschließlich in der Landwirtschaft zur direkten Ausbringung von wasserfreiem Ammoniak verwendet. Viele Tanks dieses Typs sind noch heute im Einsatz. Sie werden nur selten in beladenem Zustand auf der Straße bewegt und ausschließlich für Düngevorgänge in landwirtschaftlichen Großbetrieben verwendet.

Ablauf der Geltungsdauer: 28. Februar 2022

FR Frankreich

RO–bi–FR–1

Betrifft: Verwendung des für den Seeverkehr bestimmten Dokuments als Beförderungsdokument für Fahrten über kurze Entfernungen im Anschluss an die Entladung der Schiffe.

Bezugnahme auf Anhang I Abschnitt I.1 der Richtlinie 2008/68/EG: 5.4.1.

Inhalt des Anhangs der Richtlinie: Beförderungsdokument für die Beförderung gefährlicher Güter und damit zusammenhängende Informationen.

Inhalt der nationalen Rechtsvorschriften: Für Fahrten innerhalb eines Radius von 15 km wird das für den Seeverkehr bestimmte Dokument als Beförderungsdokument verwendet.

Ursprüngliche Bezugnahme auf die nationalen Rechtsvorschriften: *Arrêté du 1er juin 2001 relatif au transport des marchandises dangereuses par route – Article 23-4.*

Ablauf der Geltungsdauer: 30. Juni 2021

RO–bi–FR–3

Betrifft: Beförderung ortsfester Tanks zur Lagerung von LPG (18).

Bezugnahme auf Anhang I Abschnitt I.1 der Richtlinie 2008/68/EG: Anhänge A und B.

Inhalt der nationalen Rechtsvorschriften: Die Beförderung ortsfester Tanks zur Lagerung von LPG unterliegt bestimmten Regeln. Gilt nur für kurze Entfernungen.

Ursprüngliche Bezugnahme auf die nationalen Rechtsvorschriften: *Arrêté du 1er juin 2001 relatif au transport des marchandises dangereuses par route – Article 30.*

Ablauf der Geltungsdauer: 30. Juni 2021

RO–bi–FR–4

Betrifft: Verabschiedung von **RO–bi–BE–8**.

Ursprüngliche Bezugnahme auf die nationalen Rechtsvorschriften: *Arrêté du 29 mai 2009 modifié relatif aux transports de marchandises dangereuses par voies terrestres.*

Ablauf der Geltungsdauer: 30. Januar 2022

RO–bi–FR–5

Betrifft: Verabschiedung von RO–bi–BE–5.

Ursprüngliche Bezugnahme auf die nationalen Rechtsvorschriften: –

Ablauf der Geltungsdauer: 30. Juni 2024

RO–bi–FR–6

Betrifft: Beförderung von Abfällen, die freies Asbest enthalten

Bezugnahme auf Anhang I Abschnitt I.1 der Richtlinie 2008/68/EG: 4.1.4.

Inhalt des Anhangs der Richtlinie: Verpackungsanweisung P002

RL Binnenland – Anhang I (Beförderung auf der Straße)

Inhalt der nationalen Rechtsvorschriften: Beförderung von Abfällen mit freiem Asbest (UN 2212 ASBEST, AMPHIBOL (Amosit, Tremolit, Aktinolith, Anthophyllit, Krokydolith) oder UN 2590 ASBEST, CHRYSOTIL) aus Baustellen:

- die Abfälle werden auf Kipplastwagen befördert;
- die Abfälle werden in große Containersäcke (Faltsäcke mit den Abmessungen der Ladefläche) verpackt, die dicht verschlossen sind, damit während des Transports keine Asbestfasern entweichen können;
- die Containersäcke sind so ausgelegt, dass sie den unter normalen Transportbedingungen und beim Entladen auf der Deponie auftretenden Belastungen standhalten;
- die sonstigen Bedingungen des ADR werden erfüllt.

Diese Transportbedingungen erscheinen besonders geeignet für die Beförderung großer Abfallmengen, die bei Straßenbauarbeiten oder der Entfernung von Asbest aus Gebäuden entstehen. Die Bedingungen sind zudem für die Endlagerung der Abfälle in zugelassenen Deponien geeignet und erleichtern das Beladen, sodass die Arbeiter im Vergleich zu den Bedingungen der Verpackungsanweisung P002 in Kapitel 4.1.4 des ADR besser vor dem Asbest geschützt werden.

Ursprüngliche Bezugnahme auf die nationalen Rechtsvorschriften: –

Ablauf der Geltungsdauer: 30. Juni 2024

HU Ungarn

RO–bi–HU–1

Betrifft: Verabschiedung von RO-bi-SE-3.

Ursprüngliche Bezugnahme auf die nationalen Rechtsvorschriften: *A nemzeti fejlesztési miniszter rendelete az ADR Megállapodás A és B Mellékletének belföldi alkalmazásáról*

Ablauf der Geltungsdauer: 30. Januar 2025

NL Niederlande

RO–bi–NL–13

Betrifft: Regelung für die Beförderung gefährlicher Haushaltsabfälle 2015.

Bezugnahme auf Anhang I Abschnitt I.1 der Richtlinie 2008/68/EG: 1.1.3.6, 3.3, 4.1.4, 4.1.6, 4.1.8, 4.1.10, 5.1.2, 5.4.0, 5.4.1, 5.4.3, 6.1, 7.5.4, 7.5.7, 7.5.9, 8 und 9.

Inhalt des Anhangs der Richtlinie: Ausnahmen für bestimmte Mengen; Sonderbestimmungen; Verwendung von Verpackungen; Verwendung von Überverpackungen; Dokumentation; Bau- und Prüfvorschriften für Verpackungen; Be- und Entladen und Handhabung; Anforderungen für Fahrzeugbesatzungen; Ausrüstungen; Betrieb; Fahrzeuge und Dokumentation; Bau und Zulassung von Fahrzeugen.

Inhalt der nationalen Rechtsvorschriften: Bestimmungen für die Beförderung kleiner Mengen gesammelter gefährlicher Haushaltsabfälle und gefährlicher Abfälle aus Unternehmen in geeigneten Verpackungen mit einem maximalen Fassungsraum von 60 l. Wegen der jeweils kleinen Mengen, um die es sich handelt, und der Vielfalt der verschiedenen Stoffe können die Beförderungen nicht unter völliger Einhaltung der Bestimmungen des ADR durchgeführt werden. Mit der oben genannten Regelung wird daher eine vereinfachte Variante festgelegt, die von einigen Bestimmungen des ADR abweicht.

Ursprüngliche Bezugnahme auf die nationalen Rechtsvorschriften: *Regelung für die Beförderung gefährlicher Haushaltsabfälle 2015.*

Anmerkungen: Die Regelung wurde eingeführt, damit Privatpersonen und Betriebe ihre chemischen Kleinabfälle bei einer einzigen Stelle abgeben können. Bei den betreffenden Stoffen handelt es sich daher um Reststoffe wie zum Beispiel Farbreste. Der Gefährlichkeitsgrad wird durch die Wahl des

RL Binnenland – Anhang I (Beförderung auf der Straße)

Beförderungsmittels minimiert, was insbesondere die Verwendung besonderer Beförderungselemente und von Rauchverbotsschildern sowie eines gelben Blinklichts einschließt, die für die Öffentlichkeit deutlich sichtbar sind. Entscheidend bei der Beförderung ist, dass die Sicherheit gewährleistet wird. Dies lässt sich z.B. dadurch erreichen, dass die Stoffe in dicht verschlossenen Verpackungen befördert werden, um eine Freisetzung und Ausbreitung sowie die Gefahr des Austritts giftiger Dämpfe oder ihrer Ansammlung im Fahrzeug zu vermeiden. Im Fahrzeug sind Einheiten eingebaut, die für die Lagerung der verschiedenen Abfallkategorien geeignet sind und Schutz vor Verschieben, Verrutschen und unbeabsichtigtem Öffnen bieten. Gleichzeitig muss der Transportunternehmer wegen der Vielfalt der betroffenen Stoffe ungeachtet der geringen abzugebenden Abfallmengen eine Schulungsbescheinigung vorweisen können. Da Privatpersonen die Gefährlichkeitsgrade dieser Stoffe nicht ausreichend bekannt sind, müssen, wie im Anhang der Regelung festgelegt ist, schriftliche Weisungen bereitgestellt werden.

Ablauf der Geltungsdauer: 30. Juni 2021

PT Portugal

RO–bi–PT–1

Betrifft: Beförderungsdokumente für UN 1965.

Bezugnahme auf Anhang I Abschnitt I.1 der Richtlinie 2008/68/EG: 5.4.1.

Inhalt des Anhangs der Richtlinie: Anforderungen an Beförderungsdokumente.

Inhalt der nationalen Rechtsvorschriften: Die gemäß Abschnitt 5.4.1 des RPE (*Regulamento Nacional de Transporte de Mercadorias Perigosas por Estrada*) im Beförderungsdokument anzugebende offizielle Benennung für in Flaschen transportiertes handelsübliches Butangas und Propangas, die unter die Sammelbezeichnung „UN 1965 „Kohlenwasserstoffgas, Gemisch, verdichtet, n.a.g." fallen, kann durch andere Handelsnamen ersetzt werden:

„UN 1965 Butan" im Falle von in Flaschen transportierten Gemischen A, A01, A02 und A0 gemäß Unterabschnitt 2.2.2.3 des RPE;

„UN 1965 Propan" im Falle eines in Flaschen transportierten Gemischs C gemäß Unterabschnitt 2.2.2.3 des RPE.

Ursprüngliche Bezugnahme auf die nationalen Rechtsvorschriften: *Despacho DGTT 7560/2004 vom 16. April 2004 gemäß Artikel 5 Nr. 1 des Decreto-Lei Nr. 267-A/2003 vom 27. Oktober.*

Anmerkungen: Es wird anerkannt, wie wichtig es ist, den Wirtschaftsteilnehmern das Ausfüllen der Beförderungsdokumente für Gefahrgut zu erleichtern, vorausgesetzt, dass die Sicherheit dadurch nicht beeinträchtigt wird.

Ablauf der Geltungsdauer: 30. Juni 2021

RO–bi–PT–2

Betrifft: Beförderungsdokumente für leere, ungereinigte Tanks und Container.

Bezugnahme auf Anhang I Abschnitt I.1 der Richtlinie 2008/68/EG: 5.4.1.

Inhalt des Anhangs der Richtlinie: Anforderungen an Beförderungsdokumente.

Inhalt der nationalen Rechtsvorschriften: Für den Rücktransport leerer Tanks und Container, in denen Gefahrgut befördert wurde, kann das in Abschnitt 5.4.1 des RPE vorgesehene Beförderungsdokument ersetzt werden durch das Beförderungsdokument, das für den unmittelbar vorangehenden Transport zur Lieferung des Gefahrguts ausgestellt wurde.

Ursprüngliche Bezugnahme auf die nationalen Rechtsvorschriften: *Despacho DGTT 15162/2004 vom 28. Juli 2004 gemäß Artikel 5 Nr. 1 des Decreto-Lei Nr. 267-A/2003 vom 27. Oktober.*

Anmerkungen: Die Vorschrift, dass leere Tanks und Container, in denen zuvor gefährliche Güter befördert wurden, während des Transports von einem Beförderungsdokument gemäß RPE begleitet werden müssen, führt in einigen Fällen zu praktischen Problemen, die auf ein Minimum beschränkt werden können, ohne dass die Sicherheit dadurch beeinträchtigt wird.

Ablauf der Geltungsdauer: 30. Juni 2021

RL Binnenland – Anhang I (Beförderung auf der Straße)

FI Finnland

RO–bi–FI–1

Betrifft: Änderung der im Beförderungsdokument für explosive Stoffe enthaltenen Angaben.

Rechtsgrundlage: Richtlinie 2008/68/EG Artikel 6 Absatz 2 Buchstabe a

Bezugnahme auf Anhang I Abschnitt I.1 der Richtlinie 2008/68/EG: 5.4.1.2.1 a.

Inhalt des Anhangs der Richtlinie: Sondervorschriften für die Klasse 1.

Inhalt der nationalen Rechtsvorschriften: In dem Beförderungsdokument darf anstatt der Nettomasse der explosiven Stoffe die Anzahl der Sprengkapseln (1 000 Sprengkapseln entsprechen 1 kg Sprengstoff) angegeben werden.

Ursprüngliche Bezugnahme auf die nationalen Rechtsvorschriften: Verordnung der finnischen Agentur für Verkehrssicherheit über den Gefahrguttransport auf der Straße.

Anmerkungen: Für nationale Beförderungen wird diese Angabe für ausreichend erachtet. Diese Ausnahme ist in erster Linie für Sprengarbeiten und die örtlich begrenzte Beförderung kleiner Mengen bestimmt.

Ablauf der Geltungsdauer: 30. Juni 2021

RO–bi–FI–3

Betrifft: Verabschiedung von **RO-bi-DE-1**.

Ursprüngliche Bezugnahme auf die nationalen Rechtsvorschriften:

Ablauf der Geltungsdauer: 28. Februar 2022

RO–bi–FI–4

Betrifft: Verabschiedung von **RO-bi-SE-6**.

Ursprüngliche Bezugnahme auf die nationalen Rechtsvorschriften: Regierungserlass über eine Bescheinigung für Fahrer von Fahrzeugen zur Beförderung gefährlicher Güter (401/2011)

Ablauf der Geltungsdauer: 30. Juni 2021

SE Schweden

RO–bi–SE–1

Betrifft: Beförderung gefährlicher Abfälle zu Entsorgungsanlagen für gefährliche Abfälle.

Bezugnahme auf Anhang I Abschnitt I.1 der Richtlinie 2008/68/EG: Teile 5 und 6.

Inhalt des Anhangs der Richtlinie: Bau- und Prüfvorschriften für Verpackungen.

Inhalt der nationalen Rechtsvorschriften: Die Beförderung von gefährliche Stoffe als Abfall enthaltenden Verpackungen muss gemäß den Bestimmungen des ADR durchgeführt werden, wobei nur wenige Ausnahmen vorgesehen sind. Die Ausnahmen sind nicht für alle Arten von Stoffen und Gegenständen zulässig.

Die wichtigsten Ausnahmen sind:

Kleinverpackungen (weniger als 30 kg) mit gefährlichen Stoffen als Abfall dürfen in Verpackungen, einschließlich Großpackmitteln (IBC) und Großverpackungen, verpackt werden, ohne dass die Anforderungen der Unterabschnitte 6.1.5.2.1, 6.1.5.8.2, 6.5.6.1.2, 6.5.6.14.2, 6.6.5.2.1 und 6.6.5.4.3 von Anhang I Abschnitt I.1 der Richtlinie erfüllt sein müssen. Verpackungen, einschließlich Großpackmitteln (IBC) und Großverpackungen, müssen nicht versandfertig mit einer repräsentativen Probe der inneren Kleinverpackungen geprüft werden.

Dies ist unter folgenden Voraussetzungen zulässig:

RL Binnenland – Anhang I (Beförderung auf der Straße)

- die Verpackungen, Großpackmittel (IBC) und Großverpackungen entsprechen einem Muster, das gemäß der Verpackungsgruppe I oder II der einschlägigen Bestimmungen der Abschnitte 6.1, 6.5 oder 6.6 von Anhang I Abschnitt I.1 der Richtlinie geprüft und zugelassen wurde;
- die Kleinverpackungen werden mit saugfähigem Material verpackt, das jegliche freie Flüssigkeit, die während der Beförderung in die Außenverpackungen, Großpackmittel (IBC) oder Großverpackungen austreten kann, zurückhält; und
- die Bruttomasse der versandfertigen Verpackungen, Großpackmittel (IBC) oder Großverpackungen übersteigt nicht die zulässige Bruttomasse, die auf der UN-Bauartkennzeichnung der Verpackungsgruppe I oder II für die Verpackungen, Großpackmittel (IBC) oder Großverpackungen angegeben ist; und
- in das Beförderungsdokument wird folgender Satz aufgenommen: ‚Verpackt gemäß Teil 16 des ADR-S'.

Ursprüngliche Bezugnahme auf die nationalen Rechtsvorschriften: *Anhang S – Sondervorschriften für den innerstaatlichen Gefahrguttransport auf der Straße, erlassen gemäß dem Gesetz über den Gefahrguttransport.*

Anmerkungen: Die Anwendung der Unterabschnitte 6.1.5.2.1, 6.1.5.8.2, 6.5.6.1.2, 6.5.6.14.2, 6.6.5.2.1 und 6.6.5.4.3 von Anhang I Abschnitt I.1 der Richtlinie erweist sich als schwierig, da die Verpackungen, Großpackmittel (IBC) und Großverpackungen versandfertig mit einer repräsentativen Probe der Abfälle, die nur schwer vorhersehbar sind, geprüft werden müssen.

Ablauf der Geltungsdauer: 30. Juni 2021

RO–bi–SE–2

Betrifft: Name und Anschrift des Empfängers im Beförderungsdokument.

Bezugnahme auf Anhang I Abschnitt I.1 der Richtlinie 2008/68/EG: 5.4.1.1.

Inhalt des Anhangs der Richtlinie: Allgemeine, für das Beförderungsdokument vorgeschriebene Angaben.

Inhalt der nationalen Rechtsvorschriften: Gemäß den nationalen Rechtsvorschriften sind Name und Anschrift des Empfängers nicht erforderlich, wenn leere ungereinigte Verpackungen als Teil eines Verteilersystems zurückgegeben werden.

Ursprüngliche Bezugnahme auf die nationalen Rechtsvorschriften: *Särskilda bestämmelser om vissa inrikes transporter av farligt gods på väg och i terräng.*

Anmerkungen: Zurückgegebene leere ungereinigte Verpackungen werden in den meisten Fällen noch immer kleine Mengen gefährlicher Stoffe enthalten.

Diese Ausnahme wird hauptsächlich von Industriebetrieben in Anspruch genommen, wenn sie leere ungereinigte Gasbehälter im Austausch gegen volle zurückgeben.

Ablauf der Geltungsdauer: 30. Juni 2021

RO–bi–SE–3

Betrifft: Beförderung gefährlicher Güter in unmittelbarer Nähe von Industriestandorten, einschließlich Beförderung auf öffentlichen Straßen zwischen verschiedenen Teilen der Standorte.

Bezugnahme auf Anhang I Abschnitt I.1 der Richtlinie 2008/68/EG: Anhänge A und B.

Inhalt des Anhangs der Richtlinie: Vorschriften für die Beförderung gefährlicher Güter auf öffentlichen Straßen.

Inhalt der nationalen Rechtsvorschriften: Beförderung in unmittelbarer Nähe von Industriestandorten, einschließlich Beförderung auf öffentlichen Straßen zwischen verschiedenen Teilen der Standorte. Die Ausnahmen betreffen die Bezettelung und Kennzeichnung von Versandstücken, die Beförderungsdokumente, die Fahrerbescheinigung und die Bescheinigung über die Genehmigung gemäß 9.

Ursprüngliche Bezugnahme auf die nationalen Rechtsvorschriften: *Särskilda bestämmelser om vissa inrikes transporter av farligt gods på väg och i terräng.*

RL Binnenland – Anhang I (Beförderung auf der Straße)

Anmerkungen: Es gibt verschiedene Fälle, in denen gefährliche Güter zwischen Gebäuden befördert werden, die an gegenüberliegenden Seiten einer öffentlichen Straße liegen. Bei dieser Art der Beförderung handelt es sich nicht um die Beförderung gefährlicher Güter auf einer privaten Straße, daher müssen für sie die einschlägigen Vorschriften gelten. Vergleiche auch Artikel 6 Absatz 14 der Richtlinie 96/49/EG.

Ablauf der Geltungsdauer: 30. Juni 2021

RO–bi–SE–4

Betrifft: Beförderung gefährlicher Güter, die von den Behörden beschlagnahmt wurden.

Bezugnahme auf Anhang I Abschnitt I.1 der Richtlinie 2008/68/EG: Anhänge A und B.

Inhalt des Anhangs der Richtlinie: Vorschriften für die Beförderung gefährlicher Güter auf der Straße.

Inhalt der nationalen Rechtsvorschriften: Ausnahmen von den Vorschriften sind zulässig, wenn sie aus Gründen des Arbeitsschutzes, wegen Risiken bei der Entladung, aufgrund vorgelegter Beweise usw. gerechtfertigt sind.

Ausnahmen von den Vorschriften sind nur zulässig, wenn bei der normalen Beförderung ein ausreichendes Sicherheitsniveau gewährleistet ist.

Ursprüngliche Bezugnahme auf die nationalen Rechtsvorschriften: *Särskilda bestämmelser om vissa inrikes transporter av farligt gods på väg och i terräng.*

Anmerkungen: Diese Ausnahmen dürfen nur von den Behörden, die gefährliche Güter beschlagnahmen, in Anspruch genommen werden.

Diese Ausnahme gilt für die örtliche Beförderung z. B. von Gütern, die von der Polizei beschlagnahmt wurden, wie Sprengstoffe oder Diebesgut. Das Problem bei diesen Arten von Gütern ist, dass ihre Einstufung nie gesichert ist. Ferner sind diese Güter häufig nicht entsprechend dem ADR verpackt, gekennzeichnet oder bezettelt. Die Polizei führt jedes Jahr mehrere Hundert solcher Beförderungen durch. Geschmuggelte alkoholische Getränke müssen von dem Ort, an dem sie beschlagnahmt werden, zu einer amtlichen Lagereinrichtung und von dort zu einer Vernichtungsanlage befördert werden; die Letzteren können relativ weit voneinander entfernt sein. Die zulässigen Ausnahmen sind: a) die Verpackungen brauchen nicht einzeln gekennzeichnet werden, und b) es brauchen keine genehmigungspflichtigen Verpackungen verwendet werden. Dagegen müssen die einzelnen Paletten mit diesen Versandstücken ordnungsgemäß gekennzeichnet werden. Alle anderen Vorschriften sind zu erfüllen. Es werden jedes Jahr etwa 20 solcher Beförderungen durchgeführt.

Ablauf der Geltungsdauer: 30. Juni 2021

RO–bi–SE–5

Betrifft: Beförderung gefährlicher Güter in Häfen und in deren unmittelbarer Nähe.

Bezugnahme auf Anhang I Abschnitt I.1 der Richtlinie 2008/68/EG: 8.1.2, 8.1.5, 9.1.2.

Inhalt des Anhangs der Richtlinie: In der Beförderungseinheit mitzuführende Dokumente; alle Beförderungseinheiten, die gefährliche Güter befördern, müssen mit den entsprechenden Ausrüstungen ausgestattet sein; Fahrzeugzulassung.

Inhalt der nationalen Rechtsvorschriften: Die Dokumente (außer der Fahrerbescheinigung) müssen nicht in der Beförderungseinheit mitgeführt werden.

Eine Beförderungseinheit muss nicht mit der unter 8.1.5 vorgeschriebenen Ausrüstung ausgestattet sein.

Für Zugmaschinen ist keine Betriebserlaubnis erforderlich.

Ursprüngliche Bezugnahme auf die nationalen Rechtsvorschriften: *Särskilda bestämmelser om vissa inrikes transporter av farligt gods på väg och i terräng.*

Anmerkungen: Vgl. Richtlinie 96/49/EG, Artikel 6 Absatz 14.

Ablauf der Geltungsdauer: 30. Juni 2021

RL Binnenland – Anhang I (Beförderung auf der Straße)

RO–bi–SE–6

Betrifft: ADR-Ausbildungsbescheinigung der Inspektoren.

Bezugnahme auf Anhang I Abschnitt I.1 der Richtlinie 2008/68/EG: 8.2.1.

Inhalt des Anhangs der Richtlinie: Die Fahrzeugführer müssen an entsprechenden Schulungen teilnehmen.

Inhalt der nationalen Rechtsvorschriften: Inspektoren, die die jährliche technische Inspektion der Fahrzeuge durchführen, müssen weder an den unter 8.2 genannten Ausbildungskursen teilnehmen noch Inhaber der ADR-Ausbildungsbescheinigung sein.

Ursprüngliche Bezugnahme auf die nationalen Rechtsvorschriften: *Särskilda bestämmelser om vissa inrikes transporter av farligt gods på väg och i terräng.*

Anmerkungen: Es kann vorkommen, dass Fahrzeuge, die bei der technischen Inspektion überprüft werden, gefährliche Güter, z. B. ungereinigte leere Tanks, geladen haben.

Die Vorschriften unter 1.3 und 8.2.3 finden weiter Anwendung.

Ablauf der Geltungsdauer: 30. Juni 2021

RO–bi–SE–7

Betrifft: Örtliche Verteilung von UN 1202, 1203 und 1223 in Tanklastzügen.

Bezugnahme auf Anhang I Abschnitt I.1 der Richtlinie 2008/68/EG: 5.4.1.1.6, 5.4.1.4.1.

Inhalt des Anhangs der Richtlinie: Für leere ungereinigte Tanks und Tankcontainer gilt die Beschreibung gemäß 5.4.1.1.6. Name und Anschrift mehrerer Empfänger können in anderen Dokumenten angegeben werden.

Inhalt der nationalen Rechtsvorschriften: Für leere ungereinigte Tanks und Tankcontainer ist die Beschreibung gemäß 5.4.1.1.6 in dem Beförderungsdokument nicht erforderlich, wenn im Beladungsplan für die Menge des Stoffes 0 angegeben ist. Name und Anschrift der Empfänger müssen in den an Bord des Fahrzeugs mitgeführten Dokumenten nicht angegeben werden.

Ursprüngliche Bezugnahme auf die nationalen Rechtsvorschriften: *Särskilda bestämmelser om vissa inrikes transporter av farligt gods på väg och i terräng.*

Ablauf der Geltungsdauer: 30. Juni 2021

RO–bi–SE–9

Betrifft: Örtliche Beförderung im Zusammenhang mit landwirtschaftlichen Standorten oder Baustellen.

Bezugnahme auf Anhang I Abschnitt I.1 der Richtlinie 2008/68/EG: 5.4, 6.8 und 9.1.2.

Inhalt des Anhangs der Richtlinie: Beförderungsdokument; Bau von Tanks; Betriebserlaubnis.

Inhalt der nationalen Rechtsvorschriften: Bei der örtlichen Beförderung im Zusammenhang mit landwirtschaftlichen Standorten oder Baustellen müssen folgende Vorschriften nicht eingehalten werden:

(a) Die Deklarierung als gefährliche Stoffe ist nicht erforderlich.

(b) Ältere Tanks/Container, die nicht gemäß den Vorschriften von Kapitel 6.8, sondern nach älteren nationalen Rechtsvorschriften gebaut und auf Mannschaftswagen befestigt wurden, dürfen weiter verwendet werden.

(c) Ältere Tanklastwagen, die nicht den Vorschriften von 6.7 oder 6.8 genügen und zur Beförderung von Stoffen nach UN 1268, 1999, 3256 und 3257 bestimmt sind, mit oder ohne Ausrüstung zum Aufbringen des Straßenbelags, dürfen zur örtlichen Beförderung und in unmittelbarer Nähe der Straßenbauarbeiten weiter verwendet werden.

(d) Betriebserlaubnisbescheinigungen für Mannschaftswagen und Tankfahrzeuge mit oder ohne Ausrüstung zum Aufbringen des Straßenbelags sind nicht erforderlich.

RL Binnenland – Anhang I (Beförderung auf der Straße)

Ursprüngliche Bezugnahme auf die nationalen Rechtsvorschriften: *Särskilda bestämmelser om vissa inrikes transporter av farligt gods på väg och i terräng.*

Anmerkungen: Ein Mannschaftswagen ist eine Art Wohnmobil für die Belegschaft mit Mannschaftsraum, der mit einem nicht genehmigungspflichtigen Tank/Container für Dieselkraftstoff zum Antrieb forstwirtschaftlicher Zugmaschinen ausgerüstet ist.

Ablauf der Geltungsdauer: 30. Juni 2021

RO–bi–SE–10

Betrifft: Beförderung von Sprengstoffen in Tanks.

Bezugnahme auf Anhang I Abschnitt I.1 der Richtlinie 2008/68/EG: 4.1.4.

Inhalt des Anhangs der Richtlinie: Sprengstoffe dürfen nur gemäß 4.1.4 verpackt werden.

Inhalt der nationalen Rechtsvorschriften: Die Zulassung von Fahrzeugen für die Beförderung von Sprengstoffen in Tanks erfolgt durch die zuständige nationale Behörde. Beförderungen sind nur dann zulässig, wenn die betreffenden Sprengstoffe in der Verordnung aufgeführt sind, oder wenn die zuständige Behörde eine Sondergenehmigung erteilt.

Mit Sprengstoffen in Tanks beladene Fahrzeuge müssen gemäß 5.3.2.1.1, 5.3.1.1.2 und 5.3.1.4 gekennzeichnet und bezettelt werden. In der Beförderungseinheit darf nur ein Fahrzeug mit gefährlichen Gütern beladen sein.

Ursprüngliche Bezugnahme auf die nationalen Rechtsvorschriften: *Anhang S – Sondervorschriften für den innerstaatlichen Gefahrguttransport auf der Straße, erlassen gemäß dem Gesetz über den Gefahrguttransport und der schwedischen Verordnung SÄIFS 1993:4.*

Anmerkungen: Dies gilt nur für nationale und überwiegend örtlich begrenzte Beförderungen. Die betreffenden Regelungen waren bereits vor dem EU-Beitritt Schwedens in Kraft.

Beförderungen von Sprengstoffen in Tanks werden nur von zwei Unternehmen durchgeführt. Demnächst soll eine Umstellung auf Emulsionen erfolgen.

Vormals Ausnahme Nr. 84.

Ablauf der Geltungsdauer: 30. Juni 2021

RO–bi–SE–11

Betrifft: Fahrerbescheinigung.

Bezugnahme auf Anhang I Abschnitt I.1 der Richtlinie 2008/68/EG: 8.2.

Inhalt des Anhangs der Richtlinie: Vorschriften für die Ausbildung der Fahrzeugbesatzung.

Inhalt der nationalen Rechtsvorschriften: Die Fahrerausbildung ist mit den unter 8.2.1.1 genannten Fahrzeugen nicht zulässig.

Ursprüngliche Bezugnahme auf die nationalen Rechtsvorschriften: *Anhang S – Sondervorschriften für den innerstaatlichen Gefahrguttransport auf der Straße, erlassen gemäß dem Gesetz über den Gefahrguttransport.*

Anmerkungen: Örtlich begrenzte Beförderungen.

Ablauf der Geltungsdauer: 30. Juni 2021

RO–bi–SE–12

Betrifft: Beförderung von UN 0335 Feuerwerkskörpern.

Bezugnahme auf Anhang I Abschnitt I.1 der Richtlinie 2008/68/EG: Anhang B, 7.2.4, V2 (1).

Inhalt des Anhangs der Richtlinie: Vorschriften für den Einsatz von EX/II- und EX/III-Fahrzeugen.

RL Binnenland – Anhang I (Beförderung auf der Straße)

Inhalt der nationalen Rechtsvorschriften: Bei der Beförderung von UN 0335 Feuerwerkskörpern gilt die Sondervorschrift V2 (1) unter 7.2.4 nur für eine Nettoexplosivstoffmasse über 3 000 kg (4 000 kg mit Anhänger), sofern die Feuerwerkskörper gemäß der Klassifizierungstabelle für Feuerwerkskörper unter 2.1.3.5.5 in der 14. überarbeiteten Auflage der UN-Empfehlungen über den Transport gefährlicher Güter (UN-Recommendations on the Transport of Dangerous Goods) als UN 0335 klassifiziert wurden.

Eine solche Zuordnung muss mit Zustimmung der zuständigen Behörde erfolgen. In der Beförderungseinheit ist eine Bestätigung der Zuordnung mitzuführen.

Ursprüngliche Bezugnahme auf die nationalen Rechtsvorschriften: *Anhang S – Sondervorschriften für den innerstaatlichen Gefahrguttransport auf der Straße, erlassen gemäß dem Gesetz über den Gefahrguttransport.*

Anmerkungen: Die Beförderung von Feuerwerkskörpern ist auf zwei kurze Zeiträume im Jahr beschränkt (zum Jahreswechsel und Ende April/Anfang Mai). Die Beförderung von den Versendern zu den Umschlagplätzen (Terminals) kann ohne große Probleme mit dem bisherigen Bestand an Fahrzeugen mit EX-Genehmigung erfolgen. Allerdings ist die Verteilung der Feuerwerkskörper vom Umschlagplatz an die Einkaufszentren und die Beförderung überschüssiger Feuerwerkskörper zurück zum Umschlagplatz mangels Fahrzeugen mit EX-Genehmigung eingeschränkt. Die Transportunternehmen haben kein Interesse daran, in diese Genehmigungen zu investieren, da sie ihre Kosten nicht erstattet bekommen. Dadurch ist die gesamte Existenz der Versender von Feuerwerkskörpern gefährdet, da sie ihre Erzeugnisse nicht vermarkten können.

Diese Ausnahme kann nur angewandt werden, wenn die Klassifizierung der Feuerwerkskörper auf der Grundlage der Liste in den UN-Empfehlungen erfolgt ist, damit die aktuellste Klassifizierung zugrunde gelegt wird.

Eine vergleichbare Ausnahme für UN 0336 Feuerwerkskörper wurde einbezogen in die Sondervorschrift 651, 3.3.1 des ADR 2005.

Ablauf der Geltungsdauer: 30. Juni 2021

RO–bi–SE–13

Betrifft: Verabschiedung von RO-bi-DK-4.

Rechtsgrundlage: Richtlinie 2008/68/EG, Artikel 6 Absatz 2 Buchstabe b Ziffer i (örtlich begrenzte Beförderung über geringe Entfernungen)

Bezugnahme auf Anhang I Abschnitt I.1 der Richtlinie 2008/68/EG: Teile 1 bis 9.

Inhalt des Anhangs der Richtlinie:

Bezugnahme auf die nationalen Rechtsvorschriften: *Särskilda bestämmelser om vissa inrikes transporter av farligt gods på väg och i terräng.*

Anmerkungen:

Ablauf der Geltungsdauer: 30. Juni 2022

RL Binnenland – Anhang I (Beförderung auf der Straße)

RL Binnenland – Anhang II (Beförderung im Eisenbahnverkehr)

ANHANG II

Beförderung im Eisenbahnverkehr

II.1 RID

Die Anlage zur RID in der ab dem 1. Januar 2021 geltenden Fassung, wobei das Wort ‚RID-Vertragsstaat' gegebenenfalls durch das Wort ‚Mitgliedstaat' ersetzt wird.

II.2 Zusätzliche Übergangsbestimmungen

1. Die Mitgliedstaaten können auf der Grundlage von Artikel 4 der Richtlinie 96/49/EG angenommene Ausnahmen bis zum 31. Dezember 2010 bzw. so lange beibehalten, bis Anhang II Abschnitt II.1 entsprechend den in diesem Artikel genannten Empfehlungen der Vereinten Nationen für die Beförderung gefährlicher Güter geändert wurde, falls dies früher geschieht.

2. Jeder Mitgliedstaat kann auf seinem Hoheitsgebiet die Benutzung von Wagen und Kesselwagen mit einer Spurweite von 1 520/1 524 mm gestatten, die vor dem 1. Juli 2005 gebaut wurden, wenn sie zwar nicht dieser Richtlinie entsprechen, aber nach Anhang II des SMGS oder nach den am 30. Juni 2005 geltenden innerstaatlichen Rechtsvorschriften dieses Mitgliedstaates gebaut wurden, sofern diese Tanks und Fahrzeuge auf dem erforderlichen Sicherheitsstand gehalten werden.

3. Jeder Mitgliedstaat kann in seinem Gebiet die Benutzung von Wagen und Kesselwagen gestatten, die vor dem 1. Januar 1997 gebaut wurden, wenn sie zwar nicht dieser Richtlinie entsprechen, aber nach den am 31. Dezember 1996 geltenden innerstaatlichen Rechtsvorschriften gebaut wurden, sofern diese Tanks und Fahrzeuge auf dem erforderlichen Sicherheitsstand gehalten werden.

   Am oder nach dem 1. Januar 1997 gebaute Tanks und Wagen, die nicht dieser Richtlinie entsprechen, deren Herstellung aber den zum Zeitpunkt ihres Baus geltenden Anforderungen der Richtlinie 96/49/EG genügt, dürfen weiterhin für innerstaatliche Beförderungen verwendet werden.

4. Die Mitgliedstaaten, in denen regelmäßig Umgebungstemperaturen von weniger als – 20°C auftreten, können in ihrem Hoheitsgebiet jedoch bezüglich der Betriebstemperaturen des für Kunststoffverpackungen, Tanks und ihre Ausrüstung, die für die innerstaatliche Beförderung gefährlicher Güter mit der Eisenbahn bestimmt sind, verwendeten Materials strengere Vorschriften festlegen, bis Bestimmungen über die angemessenen Referenztemperaturen für die verschiedenen Klimazonen in Anhang II Abschnitt II.1 aufgenommen worden sind.

5. Jeder Mitgliedstaat kann von dieser Richtlinie abweichende einzelstaatliche Rechtsvorschriften hinsichtlich der Referenztemperatur für die Beförderung von Flüssiggas und Flüssiggasmischungen auf seinem Hoheitsgebiet so lange beibehalten, bis im Rahmen europäischer Normen Vorschriften bezüglich der Referenztemperaturen für die verschiedenen Klimazonen festgelegt und in Anhang II Abschnitt II.1 dieser Richtlinie Verweise auf diese Normen aufgenommen worden sind.

6. Jeder Mitgliedstaat kann für Beförderungen mit in seinem Hoheitsgebiet zugelassenen Eisenbahnwagen seine am 31. Dezember 1996 geltenden innerstaatlichen Rechtsvorschriften beibehalten, nach denen anstelle der gemäß Anhang II Abschnitt II.1 vorgeschriebenen Nummer zur Kennzeichnung der Gefahr ein Sofortmaßnahmen-Code oder eine Gefahrenkarte anzugeben bzw. anzubringen ist.

7. Bei Beförderungen durch den Ärmelkanal-Tunnel können Frankreich und das Vereinigte Königreich strengere Vorschriften als in dieser Richtlinie vorgesehen anwenden.

8. Die Mitgliedstaaten können für ihr Hoheitsgebiet Vorschriften für die Beförderung gefährlicher Güter mit der Eisenbahn von oder nach den Vertragsparteien der OSJD beibehalten und weiterentwickeln. Durch geeignete Maßnahmen und Auflagen stellen die betreffenden Mitgliedstaaten sicher, dass ein der Regelung des Anhangs II Abschnitt II.1 gleichwertiger Sicherheitsstandard gewahrt bleibt.

RL Binnenland – Anhang II (Beförderung im Eisenbahnverkehr)

Die Kommission wird von diesen Vorschriften in Kenntnis gesetzt und unterrichtet die anderen Mitgliedstaaten darüber.

Innerhalb eines Zeitraums von zehn Jahren nach Inkrafttreten dieser Richtlinie bewertet die Kommission die Auswirkungen der in diesem Absatz erwähnten Bedingungen. Erforderlichenfalls legt die Kommission zusammen mit einem Bericht geeignete Vorschläge vor.

9. Die Mitgliedstaaten können die am 31. Dezember 1996 geltenden innerstaatlichen Beschränkungen für die Beförderung von Stoffen, die Dioxine und Furane enthalten, beibehalten.

II.3. Nationale Ausnahmen

Ausnahmen für Mitgliedstaaten für die Beförderung gefährlicher Güter auf ihrem Hoheitsgebiet auf der Grundlage von Artikel 6 Absatz 2 der Richtlinie 2008/68/EG.

Nummerierung der Ausnahmen: RA-a/bi/bii-MS-nn

RA = Eisenbahn

a/bi/bii = Artikel 6 Absatz 2 Buchstabe a/bi/bii

MS = Abkürzung des Mitgliedstaats

nn = laufende Nummer

Auf der Grundlage von Artikel 6 Absatz 2 Buchstabe a der Richtlinie 2008/68/EG

DE Deutschland

RA–a–DE–2

Betrifft: Zusammenpackungszulassung.

Bezugnahme auf Anhang II Abschnitt II.1 der Richtlinie 2008/68/EG: 4.1.10.4 MP2.

Inhalt des Anhangs der Richtlinie: Verbot der Zusammenpackung von Gütern.

Inhalt der nationalen Rechtsvorschriften: Klassen 1.4S, 2, 3 und 6.1; erlaubt wird die Zusammenpackung von Gütern der Klasse 1.4S (Patronen für kleine Waffen), Aerosolen (Klasse 2) und Pflegemitteln der Klassen 3 und 6.1 (aufgeführte UN-Nummern) sowie ihr Verkauf in der Verpackungsgruppe II in kleinen Mengen.

Ursprüngliche Bezugnahme auf die nationalen Rechtsvorschriften: *Gefahrgut-Ausnahmeverordnung – GGAV 2002 vom 6.11.2002 (BGBl. I S. 4350); Ausnahme 21.*

Anmerkungen: Listennummern 30*, 30a, 30b, 30c, 30d, 30e, 30f, 30g.

Ablauf der Geltungsdauer: 30. Juni 2021

RL Binnenland – Anhang II (Beförderung im Eisenbahnverkehr)

FR Frankreich

RA–a–FR–3

Betrifft: Beförderung für die Erfordernisse des Frachtführers.

Bezugnahme auf Anhang II Abschnitt II.1 der Richtlinie 2008/68/EG: 5.4.1.

Inhalt des Anhangs der Richtlinie: Frachtbrief für die Beförderung gefährlicher Güter und damit zusammenhängende Informationen.

Inhalt der nationalen Rechtsvorschriften: Die Beförderung von Mengen für die Erfordernisse des Frachtführers unterliegt bis zu den in 1.1.3.6 genannten Höchstmengen nicht der Deklarationspflicht.

Ursprüngliche Bezugnahme auf die nationalen Rechtsvorschriften: *Arrêté du 5 juin 2001 relatif au transport des marchandises dangereuses par chemin de fer – Article 20.2.*

Ablauf der Geltungsdauer: 30. Juni 2021

RA–a–FR–4

Betrifft: Befreiung bestimmter Postwagen von der Kennzeichnungspflicht.

Bezugnahme auf Anhang II Abschnitt II.1 der Richtlinie 2008/68/EG: 5.3.1.

Inhalt des Anhangs der Richtlinie: Verpflichtung, auf der äußeren Oberfläche der Eisenbahnwagen Gefahrzettel anzubringen.

Inhalt der nationalen Rechtsvorschriften: Nur Postwagen, die mehr als 3 Tonnen Stoffe der gleichen Klasse befördern (außer 1, 6.2 und 7), sind zu kennzeichnen.

Ursprüngliche Bezugnahme auf die nationalen Rechtsvorschriften: *Arrêté du 5 juin 2001 relatif au transport des marchandises dangereuses par chemin de fer – Article 21.1.*

Ablauf der Geltungsdauer: 30. Juni 2021

SE Schweden

RA–a–SE–1

Betrifft: Ein Güterwagen, der gefährliche Güter als Expressgut befördert, muss nicht mit Gefahrzetteln gekennzeichnet werden.

Bezugnahme auf Anhang II Abschnitt II.1 der Richtlinie 2008/68/EG: 5.3.1.

Inhalt des Anhangs der Richtlinie: Güterwagen, die gefährliche Güter befördern, müssen mit Gefahrzetteln gekennzeichnet werden.

Inhalt der nationalen Rechtsvorschriften: Ein Güterwagen, der gefährliche Güter als Expressgut befördert, muss nicht mit Gefahrzetteln gekennzeichnet werden.

Ursprüngliche Bezugnahme auf die nationalen Rechtsvorschriften: *Särskilda bestämmelser om vissa inrikes transporter av farligt gods på väg och i terräng.*

Anmerkungen: Die RID sieht für Güter, die als Expressgut bezeichnet werden, mengenmäßige Begrenzungen vor. Somit sind von dieser Regelung nur kleine Mengen betroffen.

Ablauf der Geltungsdauer: 30. Juni 2021

RL Binnenland – Anhang II (Beförderung im Eisenbahnverkehr)

Auf der Grundlage von Artikel 6 Absatz 2 Buchstabe b Ziffer i der Richtlinie 2008/68/EG

DK Dänemark

RA–bi–DK–1

Betrifft: Beförderung gefährlicher Güter in Tunneln.

Bezugnahme auf Anhang II Abschnitt II.1 der Richtlinie 2008/68/EG: 7.5.

Inhalt des Anhangs der Richtlinie: Be- und Entladung sowie Schutzabstände.

Inhalt der nationalen Rechtsvorschriften: Die Rechtsvorschriften sehen für die Beförderung durch den Eisenbahntunnel der Querung des Großen Belts und des Øresunds andere Bestimmungen als in Anhang II Abschnitt II.1 der Richtlinie 2008/68/EG vor. Diese alternativen Bestimmungen beziehen sich nur auf das Ladevolumen und den Abstand zwischen den Ladungen gefährlicher Güter.

Ursprüngliche Bezugnahme auf die nationalen Rechtsvorschriften: *Bestemmelser om transport af Eksplosiver i jernbanetunnelerne på Storebælt og Øresund, 11. Maj 2017.*

Anmerkungen:

Ablauf der Geltungsdauer: 30. Juni 2022

RA–bi–DK–2

Betrifft: Beförderung gefährlicher Güter in Tunneln.

Bezugnahme auf Anhang II Abschnitt II.1 der Richtlinie 2008/68/EG: 7.5

Inhalt des Anhangs der Richtlinie: Be- und Entladung sowie Schutzabstände.

Inhalt der nationalen Rechtsvorschriften: Die Rechtsvorschriften sehen für die Beförderung durch den Eisenbahntunnel der Öresund-Querung andere Bestimmungen als in Anhang II Abschnitt II.1 der Richtlinie 2008/68/EG vor. Diese alternativen Bestimmungen beziehen sich nur auf das Ladevolumen und den Abstand zwischen den Ladungen gefährlicher Güter.

Ursprüngliche Bezugnahme auf die nationalen Rechtsvorschriften: *Bestemmelser om transport af Eksplosiver i jernbanetunnelerne på Storebælt og Øresund, 11. Maj 2017.*

Anmerkungen:

Ablauf der Geltungsdauer: 28. Februar 2022

DE Deutschland

RA–bi–DE–2

Betrifft: Beförderung verpackter gefährlicher Abfälle.

Bezugnahme auf Anhang II Abschnitt II.1 der Richtlinie 2008/68/EG: 1 bis 5.

Inhalt des Anhangs der Richtlinie: Einstufung, Verpackung und Kennzeichnung.

Inhalt der nationalen Rechtsvorschriften: Klassen 2 bis 6.1, 8 und 9: Zusammenpackung und Beförderung gefährlicher Abfälle in Verpackungen und Großpackmitteln (IBC); die Abfälle müssen sich in einer (bei der Sammlung verwendeten) Innenverpackung befinden und bestimmten Abfallgruppen (Vermeidung gefährlicher Reaktionen innerhalb einer Abfallgruppe) zugeordnet werden; Verwendung einer schriftlichen Weisung mit Angabe der Abfallgruppe als Beförderungsdokument; Sammlung von Haus- und Laborabfällen usw.

Ursprüngliche Bezugnahme auf die nationalen Rechtsvorschriften: *Gefahrgut-Ausnahmeverordnung – GGAV 2002 vom 6.11.2002 (BGBl. I S. 4350); Ausnahme 20.*

Anmerkungen: Listennummer 6*.

Ablauf der Geltungsdauer: 30. Juni 2021

RL Binnenland – Anhang II (Beförderung im Eisenbahnverkehr)

RA–bi–DE–3

Betrifft: Örtlich begrenzte Beförderung von UN 1381 (Phosphor, gelb, unter Wasser), Klasse 4.2, Verpackungsgruppe I, in Eisenbahnkesselwagen.

Bezugnahme auf Anhang II Abschnitt II.1 der Richtlinie 2008/68/EG: 6.8, 6.8.2.3.

Inhalt des Anhangs der Richtlinie: Vorschriften für den Bau von Tanks und Kesselwagen. Kapitel 6.8 Unterabschnitt 6.8.2.3 erfordert die Zulassung des Baumusters für Tanks, die UN 1381 (Phosphor, gelb, unter Wasser) geladen haben.

Inhalt der nationalen Rechtsvorschriften: Örtlich begrenzte Beförderung von UN 1381 (Phosphor, gelb, unter Wasser), Klasse 4.2, Verpackungsgruppe I, über geringe Entfernungen (von Sassnitz-Mukran nach Lutherstadt Wittenberg-Piesteritz bzw. Bitterfeld) in Eisenbahnkesselwagen russischer Bauart. Der Beförderungsvorgang ist durch zusätzliche betriebliche Vorschriften durch die zuständige Sicherheitsbehörde reglementiert.

Ursprüngliche Bezugnahme auf die nationalen Rechtsvorschriften: *Ausnahme Eisenbahn-Bundesamt Nr. E 1/92.*

Ablauf der Geltungsdauer: 30. Januar 2025

SE Schweden

RA–bi–SE–1

Betrifft: Beförderung gefährlicher Abfälle zu Entsorgungsanlagen für gefährliche Abfälle.

Bezugnahme auf Anhang II Abschnitt II.1 der Richtlinie 2008/68/EG: Teile 5 und 6.

Inhalt des Anhangs der Richtlinie: Bau- und Prüfvorschriften für Verpackungen.

Inhalt der nationalen Rechtsvorschriften: Die Beförderung von gefährliche Stoffe als Abfall enthaltenden Verpackungen muss gemäß den Bestimmungen der Richtlinie durchgeführt werden, wobei nur wenige Ausnahmen vorgesehen sind. Die Ausnahmen sind nicht für alle Arten von Stoffen und Gegenständen zulässig.

Die wichtigsten Ausnahmen sind:

Kleinverpackungen (weniger als 30 kg) mit gefährlichen Stoffen als Abfall dürfen in Verpackungen, einschließlich Großpackmitteln (IBC) und Großverpackungen, verpackt werden, ohne dass die Anforderungen der Unterabschnitte 6.1.5.2.1, 6.1.5.8.2, 6.5.6.1.2, 6.5.6.14.2, 6.6.5.2.1 und 6.6.5.4.3 in Anhang II Abschnitt II.1 der Richtlinie erfüllt sein müssen. Verpackungen, einschließlich Großpackmitteln (IBC) und Großverpackungen, müssen nicht versandfertig mit einer repräsentativen Probe der inneren Kleinverpackungen geprüft werden.

Dies ist unter folgenden Voraussetzungen zulässig:

– die Verpackungen, Großpackmittel (IBC) und Großverpackungen entsprechen einem Muster, das gemäß der Verpackungsgruppe I oder II der einschlägigen Bestimmungen der Abschnitte 6.1, 6.5 oder 6.6 in Anhang II Abschnitt II.1 der Richtlinie geprüft und zugelassen wurde;

– die Kleinverpackungen werden mit saugfähigem Material verpackt, das jegliche freie Flüssigkeit, die während der Beförderung in die Außenverpackungen, Großpackmittel (IBC) oder Großverpackungen austreten kann, zurückhält; und

– die Bruttomasse der versandfertigen Verpackungen, Großpackmittel (IBC) oder Großverpackungen übersteigt nicht die zulässige Bruttomasse, die auf der UN-Bauartkennzeichnung der Verpackungsgruppe I oder II für die Verpackungen, Großpackmittel (IBC) oder Großverpackungen angegeben ist;

– in das Beförderungsdokument wird folgender Satz aufgenommen: ‚Verpackt gemäß Teil 16 der RID-S'.

RL Binnenland – Anhang II (Beförderung im Eisenbahnverkehr)

Ursprüngliche Bezugnahme auf die nationalen Rechtsvorschriften: *Anhang S — Sondervorschriften für den innerstaatlichen Gefahrguttransport auf der Schiene, erlassen gemäß dem Gesetz über den Gefahrguttransport.*

Anmerkungen: Die Anwendung der Unterabschnitte 6.1.5.2.1, 6.1.5.8.2, 6.5.6.1.2, 6.5.6.14.2, 6.6.5.2.1 und 6.6.5.4.3 in Anhang II Abschnitt II.1 der Richtlinie erweist sich als schwierig, da die Verpackungen, Großpackmittel (IBC) und Großverpackungen versandfertig mit einer repräsentativen Probe der Abfälle, die nur schwer vorhersehbar sind, geprüft werden müssen.

Ablauf der Geltungsdauer: 30. Juni 2021

Auf der Grundlage von Artikel 6 Absatz 2 Buchstabe b Ziffer ii der Richtlinie 2008/68/EG

DE Deutschland

RA–bii–DE–1

Betrifft: Örtlich begrenzte Beförderung von UN 1051 (Cyanwasserstoff, stabilisiert, flüssig, mit höchstens 1 Masse-% Wasser) in Eisenbahnkesselwagen, abweichend von Anhang II Abschnitt II.1 Unterabschnitt 1 der Richtlinie 2008/68/EG.

Bezugnahme auf Anhang II Abschnitt II.1 der Richtlinie 2008/68/EG: 3.2, 4.3.2.1.1.

Inhalt des Anhangs der Richtlinie: Verbot der Beförderung von UN 1051 (Cyanwasserstoff, stabilisiert, flüssig, mit höchstens 1 Masse-% Wasser, in Eisenbahnkesselwagen RID-Tanks).

Inhalt der nationalen Rechtsvorschriften: Örtlich begrenzte Beförderung mit der Eisenbahn auf genau bestimmten Strecken, die zu einem bestimmten industriellen Prozess gehört und unter genau festgelegten Bedingungen streng kontrolliert wird. Die Beförderung erfolgt in speziell für diesen Anwendungszweck zugelassenen Kesselwagen, die hinsichtlich ihrer Konstruktion und Ausrüstung fortwährend an den aktuellen Stand der Sicherheitsanforderungen angepasst werden. Der Beförderungsvorgang ist durch zusätzliche betriebliche Sicherheitsvorschriften im Einvernehmen mit den zu beteiligenden Sicherheits- und Notfallbehörden detailliert reglementiert und wird durch die zuständigen Aufsichtsbehörden überwacht.

Ursprüngliche Bezugnahme auf nationale Rechtsvorschriften: *Ausnahmezulassung Eisenbahn-Bundesamt Nr. E 1/97.*

Ablauf der Geltungsdauer: 1. Januar 2023

RA–bii–DE–2

Betrifft: Örtlich begrenzte Beförderung von UN 1402 (Calciumcarbid), Verpackungsgruppe I, auf genau bestimmten Strecken, in Transportbehältern auf Güterwagen.

Bezugnahme auf Anhang II Abschnitt II.1 der Richtlinie 2008/68/EG: 3.2, 7.3.1.1.

Inhalt des Anhangs der Richtlinie: Allgemeine Vorschriften für die Beförderung in loser Schüttung. Kapitel 3.2, Tabelle A, lässt keine Ladung von Calciumcarbid in loser Schüttung zu.

Inhalt der nationalen Rechtsvorschriften: Örtlich begrenzte Eisenbahnbeförderung von UN 1402 (Calciumcarbid), Verpackungsgruppe I, auf genau bestimmten Strecken, die zu einem bestimmten industriellen Prozess gehört und unter genau festgelegten Bedingungen streng kontrolliert wird. Die Beförderung erfolgt in speziell für diesen Anwendungszweck gebauten Transportbehältern mit Güterwagen. Der Beförderungsvorgang ist durch zusätzliche betriebliche Vorschriften durch die zuständige Sicherheitsbehörde reglementiert.

Ursprüngliche Bezugnahme auf die nationalen Rechtsvorschriften: *Ausnahme Eisenbahn-Bundesamt Nr. E 3/10.*

Ablauf der Geltungsdauer: 15. Januar 2024

RL Binnenland – Anhang III (Beförderung auf Binnenwasserstraßen)

ANHANG III

Beförderung auf Binnenwasserstraßen

III.1. ADN

Die Anlagen des ADN in der ab dem 1. Januar 2021 geltenden Fassung sowie zu Artikel 3 Buchstaben f und h und Artikel 8 Absätze 1 und 3 des ADN, wobei das Wort ‚Vertragspartei' gegebenenfalls durch das Wort ‚Mitgliedstaat' ersetzt wird.

III.2. Zusätzliche Übergangsbestimmungen

1. Die Mitgliedstaaten können am 30. Juni 2009 geltende Einschränkungen für die Beförderung von Stoffen, die Dioxine und Furane enthalten, beibehalten.

2. Bescheinigung gemäß Anhang III Abschnitt III.1 8.1), die vor dem in Artikel 7 Absatz 2 Buchstabe a genannten Übergangszeitraum oder während dieses Zeitraums ausgestellt wurden, sind bis zum 30. Juni 2016 gültig, sofern in der Bescheinigung selbst keine kürzere Gültigkeitsdauer angegeben ist.

III.3. Nationale Ausnahmen

Ausnahmen für Mitgliedstaaten für die Beförderung gefährlicher Güter auf ihrem Hoheitsgebiet auf der Grundlage von Artikel 6 Absatz 2 der Richtlinie 2008/68/EG.

Nummerierung der Ausnahmen: IW-a/bi/bii-MS-nn

IW = Binnenwasserstraßen

a/bi/bii = Artikel 6 Absatz 2 Buchstabe a/bi/bii

MS = Abkürzung des Mitgliedstaats

nn = laufende Nummer

Auf der Grundlage von Artikel 6 Absatz 2 Buchstabe b Ziffer i der Richtlinie 2008/68/EG

BG Bulgarien

IW–bi–BG-1

Betrifft: Klassifikation und Überprüfung von Bunkerschiffen.

Bezugnahme auf Anhang III Abschnitt III.1 der Richtlinie 2008/68/EG: Kapitel 1.15.

Inhalt des Anhangs der Richtlinie: Gemäß Kapitel 1.15, Anerkennung von Klassifikationsgesellschaften, muss die Anerkennung einer Klassifikationsgesellschaft nach dem in Abschnitt 1.15.2 vorgesehenen Anerkennungsverfahren erfolgen.

Inhalt der nationalen Rechtsvorschriften: Die Klassifikation und Überprüfung von Bunkerschiffen für Erdölerzeugnisse, die in den Gewässern bulgarischer Flusshäfen oder anderen Gebieten unter direkter Zuständigkeit dieser Häfen eingesetzt werden, darf durch eine nicht gemäß Anhang III Abschnitt III.1 Kapitel 1.15 der Richtlinie 2008/68/EG anerkannte Klassifikationsgesellschaft erfolgen, sofern die Sicherheit nicht beeinträchtigt wird.

Ursprüngliche Bezugnahme auf die nationalen Rechtsvorschriften: Наредба № 16 от 20 юни 2006 г. за обработка и превоз на опасни товари по море и по вътрешни водни пътища; Наредба № 4 от 9 януари 2004 г. за признаване на организации за извършване на прегледи на кораби и корабопритежатели (Verordnung Nr. 16 vom 20. Juni 2006 über den Umgang mit gefährlichen Gütern und deren Beförderung auf See und auf Binnenwasserstraßen; Verordnung Nr. 4 vom

RL Binnenland – Anhang III (Beförderung auf Binnenwasserstraßen)

9. Januar 2004 über die Anerkennung von Gesellschaften für Schiffsbesichtigung und Schiffseigentümerüberprüfung).

Anmerkungen: Die Ausnahme gilt nur für Schiffe, die in Hafengebieten oder in anderen Gebieten unter direkter Zuständigkeit dieser Häfen eingesetzt werden.

Ablauf der Geltungsdauer: 15. Januar 2018

GGBefG

Gesetz über die Beförderung gefährlicher Güter
Bekanntmachung der Neufassung des Gefahrgutbeförderungsgesetzes – GGBefG *⁾

Vom 7. Juli 2009

(BGBl. I S. 1774),

zuletzt geändert durch Artikel 13 des Gesetzes vom 12. Dezember 2019

(BGBl. I S. 2510 vom 17. Dezember 2019)

Auf Grund des Artikels 2 des Gesetzes vom 6. Juli 2009 (BGBl. I S. 1704) wird nachstehend der Wortlaut des Gefahrgutbeförderungsgesetzes in der ab dem 1. Januar 2010 geltenden Fassung bekannt gemacht. Die Neufassung berücksichtigt:

1. die Fassung des Gesetzes vom 29. September 1998 (BGBl. I S. 3114),
2. den am 7. November 2001 in Kraft getretenen Artikel 250 der Verordnung vom 29. Oktober 2001 (BGBl. I S. 2785),
3. den am 1. Januar 2002 in Kraft getretenen Artikel 18 des Gesetzes vom 15. Dezember 2001 (BGBl. I S. 3762),
4. den am 1. November 2002 in Kraft getretenen Artikel 11 § 5 des Gesetzes vom 6. August 2002 (BGBl. I S. 3082),
5. den am 1. Juli 2005 in Kraft getretenen Artikel 45 des Gesetzes vom 21. Juni 2005 (BGBl. I S. 1818),
6. den am 8. November 2006 in Kraft getretenen Artikel 294 der Verordnung vom 31. Oktober 2006 (BGBl. I S. 2407),
7. den am 1. Januar 2010 in Kraft tretenden Artikel 1 des eingangs genannten Gesetzes (BGBl. I S. 1704).

Berlin, den 7. Juli 2009

Der Bundesminister für Verkehr,
Bau und Stadtentwicklung

W. Tiefensee

---

*⁾ Tritt am 1. Januar 2010 in Kraft.

GGBefG

§ 1
Geltungsbereich

(1) Dieses Gesetz gilt für die Beförderung gefährlicher Güter mit Eisenbahn-, Magnetschwebebahn-, Straßen-, Wasser- und Luftfahrzeugen sowie für das Herstellen, Einführen und Inverkehrbringen von Verpackungen, Beförderungsbehältnissen und Fahrzeugen für die Beförderung gefährlicher Güter.

Es findet keine Anwendung auf die Beförderung

1. innerhalb eines Betriebes oder mehrerer verbundener Betriebsgelände (Industrieparks), in denen gefährliche Güter hergestellt, bearbeitet, verarbeitet, aufgearbeitet, gelagert, verwendet oder entsorgt werden, soweit sie auf einem abgeschlossenen Gelände stattfindet,

2. (weggefallen)

3. im grenzüberschreitenden Verkehr, wenn und soweit auf den betreffenden Beförderungsvorgang Vorschriften der Europäischen Gemeinschaften oder zwischenstaatliche Vereinbarungen oder auf solchen Vorschriften oder Vereinbarungen beruhende innerstaatliche Rechtsvorschriften unmittelbar anwendbar sind, es sei denn, diese Vereinbarungen nehmen auf innerstaatliche Rechtsvorschriften Bezug.

4. mit Bergbahnen.

(2) Dieses Gesetz berührt nicht

1. Rechtsvorschriften über gefährliche Güter, die aus anderen Gründen als aus solchen der Sicherheit im Zusammenhang mit der Beförderung erlassen sind,

2. auf örtlichen Besonderheiten beruhende Sicherheitsvorschriften des Bundes der Länder oder der Gemeinden.

§ 2
Begriffsbestimmungen

(1) Gefährliche Güter im Sinne dieses Gesetzes sind Stoffe und Gegenstände, von denen auf Grund ihrer Natur, ihrer Eigenschaften oder ihres Zustandes im Zusammenhang mit der Beförderung Gefahren für die öffentliche Sicherheit oder Ordnung, insbesondere für die Allgemeinheit, für wichtige Gemeingüter, für Leben und Gesundheit von Menschen sowie für Tiere und Sachen ausgehen können.

(2) Die Beförderung im Sinne dieses Gesetzes umfasst nicht nur den Vorgang der Ortsveränderung, sondern auch die Übernahme und die Ablieferung des Gutes sowie zeitweilige Aufenthalte im Verlauf der Beförderung, Vorbereitungs- und Abschlusshandlungen (Verpacken und Auspacken der Güter, Be- und Entladen), Herstellen, Einführen und Inverkehrbringen von Verpackungen, Beförderungsmitteln und Fahrzeugen für die Beförderung gefährlicher Güter, auch wenn diese Handlungen nicht vom Beförderer ausgeführt werden. Ein zeitweiliger Aufenthalt im Verlauf der Beförderung liegt vor, wenn dabei gefährliche Güter für den Wechsel der Beförderungsart oder des Beförderungsmittels (Umschlag) oder aus sonstigen transportbedingten Gründen zeitweilig abgestellt werden. Auf Verlangen sind Beförderungsdokumente vorzulegen, aus denen Versand- und Empfangsort feststellbar sind. Wird die Sendung nicht nach der Anlieferung entladen, gilt das Bereitstellen der Ladung beim Empfänger zur Entladung als Ende der Beförderung. Versandstücke, Tankcontainer, Tanks und Kesselwagen dürfen während des zeitweiligen Aufenthaltes nicht geöffnet werden.

GGBefG

§ 3
Ermächtigungen

(1) Das Bundesministerium für Verkehr und digitale Infrastruktur wird ermächtigt, mit Zustimmung des Bundesrates Rechtsverordnungen und allgemeine Verwaltungsvorschriften über die Beförderung gefährlicher Güter zu erlassen, insbesondere über

1. die Zulassung der Güter zur Beförderung
2. das Zusammenpacken, Zusammenladen und die Verpackung, einschließlich deren
   a) Zulassung einschließlich Konformitätsbewertung,
   b) Herstellen, Einführen und Inverkehrbringen,
   c) Betreiben und Verwenden,
3. die Kennzeichnung von Versandstücken,
4. die Beförderungsbehältnisse und die Fahrzeuge, einschließlich deren
   a) Bau, Beschaffenheit, Ausrüstung, Prüfung und Kennzeichnung,
   b) Zulassung einschließlich Konformitätsbewertung,
   c) Herstellen, Einführen und Inverkehrbringen,
   d) Betreiben und Verwenden,
5. das Verhalten während der Beförderung,
6. die Beförderungsgenehmigungen, die Beförderungs- und Begleitpapiere,
7. die Auskunfts-, Aufzeichnungs- und Anzeigpflichten,
8. die Besetzung und Begleitung der Fahrzeuge,
9. die Befähigungsnachweise, auch in den Fällen des § 5 Absatz 2 Satz 3 Nummer 2,
10. die Mess- und Prüfverfahren,
11. die Schutzmaßnahmen für das Beförderungspersonal,
12. das Verhalten und die Schutz- und Hilfsmaßnahmen nach Unfällen mit gefährlichen Gütern,
13. bei der Beförderung beteiligte Personen, einschließlich ihrer ärztlichen Überwachung und Untersuchung, des Erfordernisses von Ausbildung, Prüfung und Fortbildung sowie zur Festlegung qualitativer Anforderungen an Lehrgangsveranstalter und Lehrkräfte,
14. Beauftragte in Unternehmen und Betrieben, einschließlich des Erfordernisses von Ausbildung, Prüfung und Fortbildung sowie zur Festlegung qualitativer Anforderungen an Lehrgangsveranstalter und Lehrkräfte,
15. Bescheinigungen und Meldepflichten für Abfälle, die gefährliche Güter sind,
16. die Stellen für Prüfung und Zulassung einschließlich Konformitätsbewertung der Verpackung nach Nummer 2 sowie der Beförderungsbehältnisse und Fahrzeuge nach Nummer 4,
17. die Geltung von Bescheiden über Zulassung und Prüfung der Verpackung nach Nummer 2 sowie der Beförderungsbehältnisse und Fahrzeuge nach Nummer 4, die in einem anderen Mitgliedstaat der Europäischen Union oder des Abkommens über den Europäischen Wirtschaftsraum oder in Drittstaaten ausgestellt sind,

18. die Zusammenarbeit und den Erfahrungsaustausch der mit Aufgaben der Zulassung einschließlich Konformitätsbewertung und Prüfung betrauten Behörden und Stellen,

soweit dies zum Schutz gegen die von der Beförderung gefährlicher Güter ausgehenden Gefahren und erheblichen Belästigungen erforderlich ist. Die Rechtsverordnungen nach Satz 1 haben den Stand der Technik zu berücksichtigen. Das Grundrecht auf körperliche Unversehrtheit (Artikel 2 Absatz 2 Satz 1 des Grundgesetzes) wird nach Maßgabe des Satzes 1 Nummer 13 eingeschränkt. In den Rechtsverordnungen nach Satz 1 kann auch geregelt werden, dass bei der Beförderung gefährlicher Güter eine zusätzliche haftungsrechtliche Versicherung abzuschließen und nachzuweisen ist.

(2) Rechtsverordnungen und allgemeine Verwaltungsvorschriften nach Absatz 1 können auch zur Durchführung oder Umsetzung von Rechtsakten der Europäischen Gemeinschaften und zur Erfüllung von Verpflichtungen aus zwischenstaatlichen Vereinbarungen erlassen werden. Rechtsverordnungen nach Absatz 1 Satz 1, die der Verwirklichung neuer Erkenntnisse hinsichtlich der internationalen Beförderung gefährlicher Güter auf dem Gebiet der See- und Binnenschifffahrt dienen, sowie Rechtsverordnungen zur Inkraftsetzung von Abkommen nach Artikel 5 § 2 des Anhanges B des Übereinkommens über den internationalen Eisenbahnverkehr vom 9. Mai 1980 (COTIF-Übereinkommen, BGBl. 1985 II S. 132), erlässt das Bundesministerium für Verkehr und digitale Infrastruktur ohne Zustimmung des Bundesrates; diese Rechtsverordnungen bedürfen jedoch der Zustimmung des Bundesrates, wenn sie die Einrichtung der Landesbehörden oder die Regelung ihres Verwaltungsverfahrens betreffen.

(3) (weggefallen)

(4) Soweit Sicherheitsgründe und die Eigenart des Verkehrsmittels es zulassen, soll die Beförderung gefährlicher Güter mit allen Verkehrsmitteln einheitlich geregelt werden.

(5) In den Rechtsverordnungen nach Absatz 1 sind Ausnahmen für die Bundeswehr, in ihrem Auftrag hoheitlich tätige zivile Unternehmen, ausländische Streitkräfte, die Bundespolizei und die Polizeien, die Feuerwehren, die Einheiten und Einrichtungen des Katastrophenschutzes sowie die Kampfmittelräumdienste der Länder oder Kommunen zuzulassen, soweit dies Gründe der Verteidigung, polizeiliche Aufgaben oder die Aufgaben der Feuerwehren, des Katastrophenschutzes oder der Kampfmittelräumung erfordern. Ausnahmen nach Satz 1 sind für den Bundesnachrichtendienst zuzulassen, soweit er im Rahmen seiner Aufgaben für das Bundesministerium der Verteidigung tätig wird und soweit sicherheitspolitische Interessen dies erfordern.

§ 4
(weggefallen)

§ 5
Zuständigkeiten

(1) Im Bereich der Eisenbahnen des Bundes, Magnetschwebebahnen, im Luftverkehr sowie auf dem Gebiet der See- und Binnenschifffahrt auf Bundeswasserstraßen einschließlich der bundeseigenen Häfen obliegt die Wahrnehmung der Aufgaben nach diesem Gesetz und nach den auf ihm beruhenden Rechtsvorschriften dem Bund in bundeseigener Verwaltung. Unberührt bleiben die Zuständigkeiten für die Hafenaufsicht (Hafenpolizei) in den nicht vom Bund betriebenen Stromhäfen an Bundeswasserstraßen.

(2) Das Bundesministerium für Verkehr und digitale Infrastruktur wird ermächtigt, durch Rechtsverordnung ohne Zustimmung des Bundesrates die für die Ausführung dieses Gesetzes und der auf ihm beruhenden Rechtsvorschriften zuständigen Behörden und Stellen zu bestimmen, soweit es sich um den Bereich der bundeseigenen Verwaltung handelt. Wenn und soweit der Zweck des Gesetzes durch das Verwaltungshandeln der Länder nicht erreicht werden kann, kann das Bundesministerium für Verkehr und digitale Infrastruktur durch Rechtsverordnung mit Zustimmung des Bundesrates das Bundesamt für Güterverkehr, das Bundesamt für die Sicherheit der nuklearen Entsorgung, das Bundes-

amt für Verbraucherschutz und Lebensmittelsicherheit, die Bundesanstalt für Materialforschung und -prüfung, das Bundesinstitut für Risikobewertung, das Eisenbahn- Bundesamt, das Kraftfahrt-Bundesamt, die Physikalisch-Technische Bundesanstalt, das Robert-Koch-Institut, das Umweltbundesamt und das Wehrwissenschaftliche Institut für Werk-, Explosiv- und Betriebsstoffe auch für den Bereich für zuständig erklären, in dem die Länder dieses Gesetz und die auf ihm beruhenden Rechtsvorschriften auszuführen hätten. Das Bundesministerium für Verkehr und digitale Infrastruktur kann ferner durch Rechtsverordnung mit Zustimmung des Bundesrates bestimmen, dass

1. die Industrie- und Handelskammern für die Durchführung, Überwachung und Anerkennung der Ausbildung, Prüfung und Fortbildung von am Gefahrguttransport beteiligten Personen, für die Erteilung von Bescheinigungen sowie für die Anerkennung von Lehrgängen, Lehrgangsveranstaltern und Lehrkräften zuständig sind und insoweit Einzelheiten durch Satzungen regeln sowie

2. Sachverständige und sachkundige Personen für Prüfungen, Überwachungen und Bescheinigungen hinsichtlich der Beförderung gefährlicher Güter zuständig sind. Die in Satz 3 Nummer 2 Genannten unterliegen der Aufsicht der Länder und dürfen im Bereich eines Landes nur tätig werden, wenn sie dazu von der zuständigen obersten Landesbehörde oder der von ihr bestimmten oder der nach Landesrecht zuständigen Stelle entsprechend ermächtigt worden sind.

(3) Soweit zwischenstaatliche Vereinbarungen oder Rechtsakte der Europäischen Gemeinschaften auf die zuständigen Behörden der Vertragsstaaten Bezug nehmen, gilt für die Bestimmung dieser Behörden durch Rechtsverordnung Absatz 2 entsprechend.

(4) (aufgehoben)

(5) Das Bundesministerium für Verkehr und digitale Infrastruktur wird ermächtigt, durch Rechtsverordnung ohne Zustimmung des Bundesrates zu bestimmen, dass der Vollzug dieses Gesetzes und der auf dieses Gesetz gestützten Rechtsverordnungen in Fällen, in denen gefährliche Güter durch die Bundeswehr, in ihrem Auftrag hoheitlich tätige zivile Unternehmen, ausländische Streitkräfte, den Bundesnachrichtendienst oder die Bundespolizei befördert werden, Bundesbehörden obliegt, soweit dies Gründe der Verteidigung, sicherheitspolitische Interessen oder die Aufgaben der Bundespolizei erfordern.

§ 6
Allgemeine Ausnahmen

Das Bundesministerium für Verkehr und digitale Infrastruktur kann allgemeine Ausnahmen von den auf diesem Gesetz beruhenden Rechtsverordnungen durch Rechtsverordnung mit Zustimmung des Bundesrates zulassen für die Beförderung gefährlicher Güter mit

1. Eisenbahn- oder Straßenfahrzeugen im Rahmen des Artikels 6 der Richtlinie 96/49/EG des Rates vom 23. Juli 1996 zur Angleichung der Rechtsvorschriften der Mitgliedstaaten für die Eisenbahnbeförderung gefährlicher Güter und des Artikels 6 der Richtlinie 94/55/EG des Rates vom 21. November 1994 zur Angleichung der Rechtsvorschriften der Mitgliedstaaten für den Gefahrguttransport auf der Straße,

2. Fahrzeugen, die nach Artikel 1 Absatz 2 Buchstabe a der Richtlinie 94/55/EG in den Geltungsbereich des Gesetzes einbezogen werden,

3. Wasserfahrzeugen,

4. Luftfahrzeugen.

§ 7
Sofortmaßnahmen

(1) Das Bundesministerium für Verkehr und digitale Infrastruktur kann die Beförderung bestimmter gefährlicher Güter mit Wasser- und Luftfahrzeugen untersagen oder nur unter Bedingungen und Auflagen gestatten, wenn sich die geltenden Sicherheitsvorschriften als unzureichend zur Einschränkung der von der Beförderung ausgehenden Gefahren herausstellen und eine Änderung der Rechtsvorschriften in dem nach § 3 vorgesehenen Verfahren nicht abgewartet werden kann. Allgemeine Anordnungen dieser Art trifft das Bundesministerium für Verkehr und digitale Infrastruktur durch Rechtsverordnung ohne Zustimmung des Bundesrates.

(2) Absatz 1 gilt sinngemäß für den Fall, dass sich bei der Beförderung von Gütern, die bisher nicht den Vorschriften für die Beförderung gefährlicher Güter unterworfen waren, eine Gefährdung im Sinne von § 2 Absatz 1 herausstellt.

(3) Auf Grund von Absatz 1 und 2 getroffene Anordnungen gelten ein Jahr, sofern sie nicht vorher zurückgenommen werden.

(4) Das Bundesministerium für Verkehr und digitale Infrastruktur kann nach vorheriger Genehmigung der Kommission der Europäischen Gemeinschaften die Beförderung bestimmter gefährlicher Güter mit Eisenbahn- und Straßenfahrzeugen untersagen oder nur unter Bedingungen oder Auflagen gestatten, wenn sich die geltenden Sicherheitsvorschriften bei einem Unfall oder Zwischenfall als unzureichend herausgestellt haben und dringender Handlungsbedarf besteht. Satz 1 gilt sinngemäß für den Fall, dass sich bei der Beförderung von Gütern, die bisher nicht den Vorschriften für die Beförderung gefährlicher Güter unterworfen waren, eine Gefahr im Sinne von § 2 Absatz 1 herausstellt. Auf Grund von Satz 1 und 2 getroffene Anordnungen werden entsprechend der Festlegung der Kommission der Europäischen Gemeinschaften befristet.

§ 7a
Anhörung

(1) Vor dem Erlass von Rechtsverordnungen nach den §§ 3, 6 und 7 sollen Sicherheitsbehörden und -organisationen angehört werden, insbesondere

1. das Bundesamt für die Sicherheit der nuklearen Entsorgung
2. die Bundesanstalt für Materialforschung und -prüfung,
3. das Bundesinstitut für Risikobewertung,
4. die Physikalisch-Technische Bundesanstalt,
5. das Robert-Koch-Institut,
6. das Umweltbundesamt,
7. das Wehrwissenschaftliche Institut für Werk-, Explosiv- und Betriebsstoffe und
8. das Eisenbahn-Bundesamt.

(2) Verbände und Sachverständige der beteiligten Wirtschaft einschließlich der Verkehrswirtschaft sollen vor dem Erlass der Rechtsverordnungen nach Absatz 1 gehört werden. Das Bundesministerium für Verkehr und digitale Infrastruktur bestimmt den jeweiligen Umfang der Anhörung und die anzuhörenden Verbände und Sachverständigen.

§ 7b
Beirat

(1) Beim Bundesministerium für Verkehr und digitale Infrastruktur wird ein Gefahrgut-Verkehrs-Beirat (Beirat) eingesetzt.

(2) Der Beirat hat die Aufgabe, das Bundesministerium für Verkehr und digitale Infrastruktur hinsichtlich der sicheren Beförderung gefährlicher Güter, insbesondere der Durchführung dieses Gesetzes, zu beraten.

(3) Dem Beirat sollen insbesondere sachverständige Personen aus dem Kreis der

1. Sicherheitsbehörden und -organisationen im Sinne von § 7a Absatz 1,
2. Länder,
3. Verbände der Wirtschaft, einschließlich der Verkehrswirtschaft,
4. Gewerkschaften und
5. Wissenschaft

angehören. Das Bundesministerium für Verkehr und digitale Infrastruktur bestimmt die Zahl der Beiratsmitglieder und benennt die dem Beirat angehörenden Stellen im Einzelnen.

(4) Die Bundesministerien haben das Recht, in Sitzungen des Beirats vertreten zu sein und gehört zu werden.

§ 8
Maßnahmen der zuständigen Behörden

(1) Die jeweils für die Überwachung zuständige Behörde kann im Einzelfall die Anordnungen treffen, die zur Beseitigung festgestellter oder zur Verhütung künftiger Verstöße gegen dieses Gesetz oder gegen die nach diesem Gesetz erlassenen Rechtsverordnungen erforderlich sind. Sie kann insbesondere

1. soweit ein Fahrzeug, mit dem gefährliche Güter befördert werden, nicht den jeweils geltenden Vorschriften über die Beförderung gefährlicher Güter entspricht oder die vorgeschriebenen Papiere nicht vorgelegt werden, die zur Behebung des Mangels erforderlichen Maßnahmen treffen und die Fortsetzung der Fahrt untersagen, bis die Voraussetzungen zur Weiterfahrt erfüllt sind,
2. die Fortsetzung der Fahrt untersagen, soweit eine nach § 46 Absatz 1 des Gesetzes über Ordnungswidrigkeiten in Verbindung mit § 132 Absatz 1 Nummer 1 der Strafprozessordnung angeordnete Sicherheitsleistung nicht oder nicht vollständig erbracht wird,
3. im grenzüberschreitenden Verkehr Fahrzeuge, die nicht in einem Mitgliedstaat der Europäischen Union oder einem anderen Vertragsstaat des Abkommens über den Europäischen Wirtschaftsraum zugelassen sind und in das Hoheitsgebiet der Bundesrepublik Deutschland einfahren wollen, in Fällen der Nummer 1 an den Außengrenzen der Mitgliedstaaten der Europäischen Union zurückweisen.

(2) Absatz 1 gilt für die Ladung entsprechend.

§ 9
Überwachung

(1) Die Beförderung gefährlicher Güter unterliegt der Überwachung durch die zuständigen Behörden.

(2) Die für die Beförderung gefährlicher Güter Verantwortlichen (Absatz 5) haben den für die Überwachung zuständigen Behörden und deren Beauftragten die zur Erfüllung ihrer Aufgaben erforderlichen Auskünfte unverzüglich zu erteilen. Die von der zuständigen Behörde mit der Überwachung beauftragten Personen sind befugt, Grundstücke, Betriebsanlagen, Geschäftsräume, Fahrzeuge und zur Verhütung dringender Gefahren für die öffentliche Sicherheit oder Ordnung, insbesondere für die Allge-

GGBefG

meinheit, für wichtige Gemeingüter, für Leben und Gesundheit von Menschen sowie für Tiere und Sachen auch die Wohnräume des Auskunftspflichtigen zu betreten, dort Prüfungen und Besichtigungen vorzunehmen und die geschäftlichen Unterlagen des Auskunftspflichtigen einzusehen. Der Auskunftspflichtige hat diese Maßnahmen zu dulden. Er hat den mit der Überwachung beauftragten Personen auf Verlangen Proben und Muster von gefährlichen Stoffen und Gegenständen oder Muster von Verpackungen zum Zwecke der amtlichen Untersuchung zu übergeben. Das Grundrecht der Unverletzlichkeit der Wohnung (Artikel 13 des Grundgesetzes) wird insoweit eingeschränkt. Der Auskunftspflichtige hat der für die Überwachung zuständigen Behörde bei der Durchführung der Überwachungsmaßnahmen die erforderlichen Hilfsmittel zu stellen und die nötige Mithilfe zu leisten.

(2a) Überwachungsmaßnahmen können sich auch auf Brief- und andere Postsendungen beziehen. Die von der zuständigen Behörde mit der Überwachung beauftragten Personen sind nur dann befugt, verschlossene Brief- und andere Postsendungen zu öffnen oder sich auf sonstige Weise von ihrem Inhalt Kenntnis zu verschaffen, wenn Tatsachen die Annahme begründen, dass sich darin gefährliche Güter im Sinne des § 2 Absatz 1 befinden und von diesen eine Gefahr ausgeht. Das Grundrecht des Brief- und Postgeheimnisses (Artikel 10 des Grundgesetzes) wird insoweit eingeschränkt. Absatz 2 gilt für die Durchführung von Überwachungsmaßnahmen entsprechend.

(3) Die Absätze 1 und 2 gelten auch für die Überwachung von Fertigungen von Verpackungen, Behältern (Containern) und Fahrzeugen, die nach Baumustern hergestellt werden, welche in den Vorschriften für die Beförderung gefährlicher Güter festgelegt sind.

(3a) Überwachungsmaßnahmen nach den Absätzen 1 und 2 können sich auch auf die Überprüfung der Konformität der in Verkehr befindlichen und verwendeten Verpackungen, Beförderungsbehältnisse und Fahrzeuge beziehen.

(3b) Überwachungsmaßnahmen nach den Absätzen 1 und 2 können sich auch auf die Überprüfung der Hersteller, Einführer, Eigentümer, Betreiber und Verwender von Verpackungen, Beförderungsbehältnissen und Fahrzeugen durch Stellen nach § 3 Absatz 1 Nummer 16 insoweit beziehen, wie die Verpackungen, Beförderungsbehältnisse und Fahrzeuge von diesen Stellen konformitätsbewertet, erstmalig oder wiederkehrend geprüft worden sind, soweit dies in Rechtsverordnungen nach § 3 gestattet ist.

(3c) Überwachungsmaßnahmen nach den Absätzen 1 und 2 können sich auch auf die Überprüfung der Herstellung und der Prüfungen durch die Stellen nach § 3 Absatz 1 Nummer 16 beziehen, wenn diese Stellen die Konformitätsbewertung der Verpackung, der Beförderungsbehältnisse oder der Fahrzeuge vorgenommen, das Qualitätssicherungsprogramm oder Prüfstellen des Herstellers oder Betreibers anerkannt haben, soweit dies in Rechtsverordnungen nach § 3 gestattet ist.

(3d) Das Bundesministerium für Verkehr und digitale Infrastruktur wird ermächtigt, durch Rechtsverordnung mit Zustimmung des Bundesrates die Maßnahmen nach Absatz 1 bis 3c näher zu bestimmen, Vorgaben für die Zusammenarbeit der zuständigen Behörden und Stellen zu treffen und die im Zusammenhang mit Meldepflichten und Schutzklauselverfahren nach Vorgaben von Rechtsakten und zwischenstaatlichen Vereinbarungen stehenden Maßnahmen nach § 3 Absatz 2 festzulegen.

(4) Der zur Erteilung der Auskunft Verpflichtete kann die Auskunft auf solche Fragen verweigern, deren Beantwortung ihn selbst oder einen der in § 383 Absatz 1 Nummer 1 bis 3 der Zivilprozessordnung bezeichneten Angehörigen der Gefahr strafrechtlicher Verfolgung oder eines Verfahrens nach dem Gesetz über Ordnungswidrigkeiten aussetzen würde.

(5) Verantwortlicher für die Beförderung ist, wer als Unternehmer oder als Inhaber eines Betriebes gefährliche Güter verpackt, verlädt, versendet, befördert, entlädt, empfängt oder auspackt. Als Verantwortlicher gilt auch, wer als Unternehmer oder als Inhaber eines Betriebes Verpackungen, Beförderungsbehältnisse oder Fahrzeuge zur Beförderung gefährlicher Güter gemäß Absatz 3 herstellt, einführt oder in den Verkehr bringt.

§ 9a
Amtshilfe und Datenschutz

(1) Die Übermittlung personenbezogener Daten bei der Gewährung von Amtshilfe gegenüber zuständigen Behörden der Mitgliedstaaten der Europäischen Union und anderer Vertragsstaaten des Abkommens über den Europäischen Wirtschaftsraum im Rahmen der Überwachung der Beförderung gefährlicher Güter ist nur zulässig, soweit dies zur Verfolgung von schwerwiegenden oder wiederholten Verstößen gegen Vorschriften über die Beförderung gefährlicher Güter erforderlich ist.

(2) Schwerwiegende oder wiederholte Verstöße eines Unternehmens mit Sitz in einem Mitgliedstaat der Europäischen Union oder einem anderen Vertragsstaat des Abkommens über den Europäischen Wirtschaftsraum sind den dort zuständigen Behörden im Rahmen ihrer Zuständigkeit mitzuteilen. Zugleich können die genannten Behörden ersucht werden, gegenüber dem betreffenden Unternehmen angemessene Maßnahmen zu ergreifen. Sofern diese Behörden im Rahmen ihrer Zuständigkeit bei schwerwiegenden oder wiederholten Verstößen eines Unternehmens mit Sitz im Inland die zuständige deutsche Behörde ersuchen, angemessene Maßnahmen zu ergreifen, hat diese den ersuchenden Behörden mitzuteilen, ob und welche Maßnahmen ergriffen wurden.

(3) Schwerwiegende oder wiederholte Verstöße mit einem Fahrzeug, das in einem Mitgliedstaat der Europäischen Union oder einem anderen Vertragsstaat des Abkommens über den Europäischen Wirtschaftsraum zugelassen ist, sind den dort zuständigen Behörden im Rahmen ihrer Zuständigkeit mitzuteilen. Zugleich können die genannten Behörden ersucht werden, gegenüber dem betreffenden Fahrzeughalter angemessene Maßnahmen zu ergreifen. Sofern diese Behörden im Rahmen ihrer Zuständigkeit bei schwerwiegenden oder wiederholten Verstößen mit einem Fahrzeug, das im Inland zugelassen ist, die zuständige deutsche Behörde um angemessene Maßnahmen ersuchen, hat diese den ersuchenden Behörden mitzuteilen, ob und welche Maßnahmen ergriffen wurden.

(4) Ergibt eine Kontrolle, der ein in einem anderen Mitgliedstaat der Europäischen Union oder in einem anderen Vertragsstaat des Abkommens über den Europäischen Wirtschaftsraum zugelassenes Fahrzeug unterzogen wird, Tatsachen, die Anlass zu der Annahme geben, dass schwerwiegende Verstöße gegen Vorschriften über die Beförderung gefährlicher Güter vorliegen, die bei dieser Kontrolle nicht festgestellt werden können, wird den zuständigen Behörden der betreffenden Mitgliedstaaten der Europäischen Union und der anderen Vertragsstaaten des Abkommens über den Europäischen Wirtschaftsraum dieser Sachverhalt mitgeteilt. Führt eine zuständige deutsche Behörde auf eine entsprechende Mitteilung einer zuständigen Behörde eines Mitgliedstaates der Europäischen Union oder eines anderen Vertragsstaates des Abkommens über den Europäischen Wirtschaftsraum eine Kontrolle in einem inländischen Unternehmen durch, so werden die Ergebnisse dem anderen betroffenen Staat mitgeteilt.

(5) Mitteilungen und Ersuchen nach den Absätzen 2 bis 4 sind im Straßenverkehr über das Bundesamt für Güterverkehr, im Eisenbahnverkehr über das Eisenbahn-Bundesamt und im Binnenschiffsverkehr über das Bundesministerium für Verkehr und digitale Infrastruktur zu leiten.

(6) Die in Absatz 5 bestimmten Stellen dürfen zum Zweck der Feststellung von wiederholten Verstößen nach den Absätzen 2 und 3 folgende personenbezogene Daten über abgeschlossene Bußgeldverfahren, bei denen sie Verwaltungsbehörde im Sinne des § 36 Absatz 1 Nummer 1 des Gesetzes über Ordnungswidrigkeiten sind, oder die ihnen von einer anderen zuständigen Verwaltungsbehörde übermittelt wurden, speichern und verändern:

1. Name, Anschrift und Geburtsdatum der Betroffenen sowie Name und Anschrift des Unternehmens,
2. Zeit und Ort der Begehung der Ordnungswidrigkeit,
3. die gesetzlichen Merkmale der Ordnungswidrigkeit,
4. Bußgeldbescheide mit dem Datum ihres Erlasses und dem Datum des Eintritts ihrer Rechtskraft, gerichtliche Entscheidungen in Bußgeldsachen mit dem Datum des Eintritts ihrer Rechtskraft und
5. die Höhe der Geldbuße.

GGBefG

Die in Absatz 5 bestimmten Stellen dürfen diese Daten verwenden, soweit es für den in Satz 1 genannten Zweck erforderlich ist. Zur Feststellung der Wiederholungsfälle haben sie die Zuwiderhandlungen der Angehörigen desselben Unternehmens zusammenzuführen. Die nach Satz 1 gespeicherten Daten sind zwei Jahre nach dem Eintritt der Rechtskraft des Bußgeldbescheides oder der gerichtlichen Entscheidung zu löschen, wenn in dieser Zeit keine weiteren Eintragungen im Sinne von Satz 1 Nummer 4 hinzugekommen sind. Sie sind spätestens fünf Jahre nach ihrer Speicherung zu löschen.

(7) Die zuständigen Verwaltungsbehörden im Sinne des § 36 des Gesetzes über Ordnungswidrigkeiten übermitteln den in Absatz 5 bestimmten Stellen nach Eintritt der Rechtskraft des Bußgeldbescheides oder nach dem Eintritt der Rechtskraft der gerichtlichen Entscheidung die in Absatz 6 Satz 1 genannten Daten.

(8) Der Empfänger der Mitteilung oder des Ersuchens ist darauf hinzuweisen, dass die übermittelten Daten nur zu dem Zweck verwendet werden dürfen, zu dessen Erfüllung sie ihm übermittelt werden.

(9) Die Übermittlung von Daten unterbleibt, wenn durch sie schutzwürdige Interessen der betroffenen Personen beeinträchtigt würden, insbesondere wenn im Empfängerland ein angemessener Datenschutzstandard nicht gewährleistet ist. Daten über schwerwiegende Verstöße gegen anwendbare Vorschriften über die Beförderung gefährlicher Güter dürfen auch übermittelt werden, wenn im Empfängerland kein angemessener Datenschutzstandard gewährleistet ist.

(10) Das Bundesministerium für Verkehr und digitale Infrastruktur wird ermächtigt, mit Zustimmung des Bundesrates Rechtsverordnungen und allgemeine Verwaltungsvorschriften über das Verfahren bei der Erhebung, Speicherung und Übermittlung der Daten nach den Absätzen 2 bis 9 zu erlassen.

§ 10
Ordnungswidrigkeiten

(1) Ordnungswidrig handelt, wer vorsätzlich oder fahrlässig

1. einer Rechtsverordnung nach

    a) § 3 Absatz 1 Satz 1 Nummer 2 Buchstabe b und c oder Nummer 4 Buchstabe c und d,

    b) § 3 Absatz 1 Satz 1 Nummer 1, 2 Buchstabe a, Nummer 3, 4 Buchstabe a und b, Nummern 5 bis 16 oder Nummer 17
    oder
    einer vollziehbaren Anordnung auf Grund einer solchen Rechtsverordnung zuwiderhandelt, soweit die Rechtsverordnung für einen bestimmten Tatbestand auf diese Bußgeldvorschrift verweist,

1a. einer Rechtsverordnung nach § 6, § 7 Absatz 1 Satz 2 oder § 7 Absatz 2 in Verbindung mit § 7 Absatz 1 Satz 2 zuwiderhandelt, soweit sie für einen bestimmten Tatbestand auf diese Bußgeldvorschrift verweist,

2. einer vollziehbaren Anordnung oder Auflage nach § 7 Absatz 1 Satz 1, auch in Verbindung mit § 7 Absatz 2, oder nach § 8 Absatz 1 Satz 2, auch in Verbindung mit § 8 Absatz 2 zuwiderhandelt,

3. entgegen § 9 Absatz 2 Satz 1 oder § 9 Absatz 3 in Verbindung mit § 9 Absatz 2 Satz 1 eine Auskunft nicht, nicht richtig, nicht vollständig oder nicht rechtzeitig erteilt,

4. einer Duldungspflicht nach § 9 Absatz 2 Satz 3 oder einer Übergabepflicht nach § 9 Absatz 2 Satz 4, jeweils auch in Verbindung mit § 9 Absatz 3, zuwiderhandelt oder

5. entgegen § 9 Absatz 2 Satz 6 die erforderlichen Hilfsmittel nicht stellt oder die nötige Mithilfe nicht leistet.

(2) Die Ordnungswidrigkeit kann in den Fällen des Absatzes 1 Nummer 1, Nummer 1a und Nummer 2 mit einer Geldbuße bis zu fünfzigtausend Euro, in den übrigen Fällen mit einer Geldbuße bis zu eintausend Euro geahndet werden.

(3) Wird eine Zuwiderhandlung nach Absatz 1 bei der Beförderung gefährlicher Güter auf der Straße, mit der Eisenbahn oder mit Binnenschiffen in einem Unternehmen begangen, das im Geltungsbereich des Gesetzes weder seinen Sitz noch eine geschäftliche Niederlassung hat, und hat auch die betroffene Person im Geltungsbereich des Gesetzes keinen Wohnsitz, so sind Verwaltungsbehörden im Sinne des § 36 Absatz 1 Nummer 1 des Gesetzes über Ordnungswidrigkeiten die in § 9a Absatz 5 genannten Stellen.

(4) § 7 Absatz 4 Satz 2 des Binnenschifffahrtsaufgabengesetzes in der Fassung der Bekanntmachung vom 5. Juli 2001 (BGBl. I S. 2026), das zuletzt durch Artikel 4 des Gesetzes vom 8. April 2008 (BGBl. I S. 706) geändert worden ist, bleibt unberührt.

§ 11
Strafvorschriften

Mit Freiheitsstrafe bis zu einem Jahr oder mit Geldstrafe wird bestraft, wer eine in § 10 Absatz 1 Nummer 1 Buchstabe a bezeichnete vorsätzliche Handlung beharrlich wiederholt oder durch eine solche vorsätzliche Handlung Leben oder Gesundheit eines Anderen, ihm nicht gehörende Tiere oder fremde Sachen von bedeutendem Wert gefährdet.

§ 12
Kosten

(1) Für Amtshandlungen einschließlich Prüfungen und Untersuchungen nach diesem Gesetz und den auf ihm beruhenden Rechtsvorschriften werden Kosten (Gebühren und Auslagen) erhoben. Das Verwaltungskostengesetz vom 23. Juni 1970 (BGBl. I S. 821) in der bis zum 14. August 2013 geltenden Fassung findet Anwendung.

(2) Das Bundesministerium für Verkehr und digitale Infrastruktur bestimmt durch Rechtsverordnung die gebührenpflichtigen Tatbestände näher und sieht dabei feste Sätze, auch in der Form von Gebühren nach Zeitaufwand, Rahmensätze oder Gebühren nach dem Wert des Gegenstandes der Amtshandlung vor. Die Gebühr beträgt mindestens fünf Euro. Mit Ausnahme der Gebühr für die Bauartprüfung, Zulassung oder Anerkennung der Muster der Versandstücke der Klasse 7 mit einer Gesamtbruttomasse von mehr als 1000 Kilogramm darf sie im Einzelfall fünfundzwanzigtausend Euro nicht übersteigen.

(3) In den Rechtsverordnungen nach Absatz 2 kann bestimmt werden, dass die für die Prüfung, Untersuchung oder Überwachung zulässige Gebühr auch erhoben werden darf, wenn die Prüfung, Untersuchung oder Überwachung ohne Verschulden der prüfenden oder untersuchenden Stelle und ohne ausreichende Entschuldigung des Antragstellers am festgesetzten Termin nicht stattfinden konnte oder abgebrochen werden musste.

(4) Rechtsverordnungen über Kosten, deren Gläubiger der Bund ist, bedürfen nicht der Zustimmung des Bundesrates.

§ 13
Änderungen anderer Gesetze
(weggefallen)

§ 14
Berlin-Klausel
(weggefallen)

§ 15
(Inkrafttreten)

Bekanntmachung
der Neufassung der
Gefahrgutverordnung Straße, Eisenbahn und Binnenschifffahrt

Vom 26. März 2021
(BGBl. I S. 481)

Auf Grund des Artikels 5 der Verordnung vom 26. März 2021 (BGBl. I S. 475) wird nachstehend der Wortlaut der Gefahrgutverordnung Straße, Eisenbahn und Binnenschifffahrt in der vom 2. April 2021 geltenden Fassung bekannt gemacht. Die Neufassung berücksichtigt:

1. die Fassung der Bekanntmachung der Verordnung vom 11. März 2019 (BGBl. I S. 258),

2. den am 1. Januar 2020 in Kraft getretenen Artikel 14 des Gesetzes vom 12. Dezember 2019 (BGBl. I S. 2510) und

3. den teils mit Wirkung vom 1. Januar 2021, teils am 2. April 2021 in Kraft tretenden Artikel 1 der eingangs genannten Verordnung.

Berlin, den 26. März 2021

Der Bundesminister
für Verkehr und digitale Infrastruktur
Andreas Scheuer

GGVSEB

Verordnung über die innerstaatliche und grenzüberschreitende Beförderung gefährlicher Güter auf der Straße, mit Eisenbahnen und auf Binnengewässern (Gefahrgutverordnung Straße, Eisenbahn und Binnenschifffahrt – GGVSEB) [1]

Neugefasst durch Bekanntmachung vom 26. März 2021

(BGBl. I S. 481)

Inhaltsverzeichnis

- § 1 Geltungsbereich
- § 2 Begriffsbestimmungen
- § 3 Zulassung zur Beförderung
- § 4 Allgemeine Sicherheitspflichten
- § 5 Ausnahmen
- § 6 Zuständigkeiten des Bundesministeriums für Verkehr und digitale Infrastruktur
- § 7 Zuständigkeiten der vom Bundesministerium der Verteidigung oder vom Bundesministerium des Innern, für Bau und Heimat bestellten Sachverständigen oder Dienststellen
- § 8 Zuständigkeiten der Bundesanstalt für Materialforschung und -prüfung
- § 9 Zuständigkeiten der von der Bundesanstalt für Materialforschung und -prüfung anerkannten Prüfstellen
- § 10 Zuständigkeiten des Bundesamtes für Ausrüstung, Informationstechnik und Nutzung der Bundeswehr
- § 11 Zuständigkeiten des Bundesamtes für die Sicherheit der nuklearen Entsorgung
- § 12 Ergänzende Zuständigkeiten der Benannten Stellen für Tanks
- § 13 Ergänzende Zuständigkeiten der Benannten Stellen für Druckgefäße
- § 13a Zuständigkeiten der Benennenden Behörde
- § 14 Besondere Zuständigkeiten im Straßenverkehr
- § 15 Besondere Zuständigkeiten im Eisenbahnverkehr
- § 16 Besondere Zuständigkeiten in der Binnenschifffahrt
- § 17 Pflichten des Auftraggebers des Absenders
- § 18 Pflichten des Absenders
- § 19 Pflichten des Beförderers
- § 20 Pflichten des Empfängers
- § 21 Pflichten des Verladers
- § 22 Pflichten des Verpackers
- § 23 Pflichten des Befüllers
- § 23a Pflichten des Entladers
- § 24 Pflichten des Betreibers eines Tankcontainers, ortsbeweglichen Tanks, MEGC, Schüttgut-Containers oder MEMU
- § 25 Pflichten des Herstellers, Wiederaufarbeiters und Rekonditionierers von Verpackungen, des Herstellers und Wiederaufarbeiters von IBC und der Stellen für Inspektionen und Prüfungen von IBC
- § 26 Sonstige Pflichten
- § 27 Pflichten mehrerer Beteiligter im Straßen- und Eisenbahnverkehr sowie in der Binnenschifffahrt
- § 28 Pflichten des Fahrzeugführers im Straßenverkehr

---

[1] Diese Verordnung dient der Umsetzung der Delegierten Richtlinie (EU) 2020/1833 der Kommission vom 2. Oktober 2020 zur Anpassung der Anhänge der Richtlinie 2008/68/EG des Europäischen Parlaments und des Rates an den wissenschaftlichen und technischen Fortschritt (ABl. L 408 vom 4.12.2020, S. 1).

GGVSEB

§ 29 Pflichten mehrerer Beteiligter im Straßenverkehr
§ 30 Pflichten des Betreibers eines Kesselwagens, abnehmbaren Tanks und Batteriewagens im Eisenbahnverkehr
§ 30a Pflichten der für die Instandhaltung zuständigen Stelle im Eisenbahnverkehr
§ 31 Pflichten des Betreibers der Eisenbahninfrastruktur im Eisenbahnverkehr
§ 31a Pflichten des Triebfahrzeugführers im Eisenbahnverkehr
§ 32 Pflichten des Reisenden im Eisenbahnverkehr
§ 33 Pflichten des Schiffsführers in der Binnenschifffahrt
§ 34 Pflichten des Eigentümers oder Betreibers in der Binnenschifffahrt
§ 34a Pflichten der Besatzung und sonstiger Personen an Bord in der Binnenschifffahrt
§ 35 Verlagerung
§ 35a Fahrweg im Straßenverkehr
§ 35b Gefährliche Güter, für deren Beförderung die §§ 35 und 35a gelten
§ 35c Ausnahmen zu den §§ 35 und 35a
§ 36 Prüffrist für Feuerlöschgeräte
§ 36a Beförderung gefährlicher Güter als behördliche Asservate
§ 36b Beförderung erwärmter flüssiger und fester Stoffe
§ 37 Ordnungswidrigkeiten
§ 38 Übergangsbestimmungen
Anlage 1 (weggefallen)
Anlage 2 Einschränkungen aus Gründen der Sicherheit der Beförderung gefährlicher Güter zu den Teilen 1 bis 9 des ADR und zu den Teilen 1 bis 7 des RID für innerstaatliche Beförderungen sowie zu den Teilen 1 bis 9 des ADN für innerstaatliche und grenzüberschreitende Beförderungen
Anlage 3 Festlegung der Anforderungen für besonders ausgerüstete Fahrzeuge/Wagen und Container/Großcontainer nach Abschnitt 7.3.3 Sondervorschrift VC 3 zur Beförderung erwärmter flüssiger und fester Stoffe der UN-Nummern 3257 und 3258 ADR/RID

GGVSEB

§ 1
Geltungsbereich

(1) Diese Verordnung regelt die innerstaatliche und grenzüberschreitende Beförderung einschließlich der Beförderung von und nach Mitgliedstaaten der Europäischen Union (innergemeinschaftliche Beförderung) gefährlicher Güter

1. auf der Straße mit Fahrzeugen (Straßenverkehr),
2. auf der Schiene mit Eisenbahnen (Eisenbahnverkehr) und
3. auf allen schiffbaren Binnengewässern (Binnenschifffahrt)

in Deutschland, soweit nachfolgend nichts Abweichendes bestimmt ist. Sie regelt nicht die Beförderung gefährlicher Güter mit Seeschiffen auf Seeschifffahrtsstraßen und in angrenzenden Seehäfen.

(2) Diese Verordnung gilt hinsichtlich der

1. in Absatz 1 Satz 1 Nummer 1 und 2 genannten Beförderungen auch für Fahrzeuge und Transportmittel, die der Bundeswehr und ausländischen Streitkräften gehören oder für die die Bundeswehr und ausländische Streitkräfte verantwortlich sind, und
2. in Absatz 1 Satz 1 Nummer 3 genannten Beförderungen nicht für die Beförderung gefährlicher Güter auf Fahrzeugen der Streitkräfte, einschließlich aller Fahrzeuge im Geschäftsbereich des Bundesministeriums der Verteidigung, soweit dies die Aufgaben der Bundeswehr erfordern.

(3) Es gelten für die in Absatz 1 Satz 1

1. Nummer 1 genannten

   a) innerstaatlichen Beförderungen auf der Straße die Vorschriften der Teile 1 bis 9 der Anlagen A und B zu dem Übereinkommen vom 30. September 1957 über die internationale Beförderung gefährlicher Güter auf der Straße (ADR) in der Fassung der Bekanntmachung der Neufassung der Anlagen A und B vom 4. Juli 2019 (BGBl. 2019 II S. 756), die zuletzt nach Maßgabe der 28. ADR-Änderungsverordnung vom 14. Oktober 2020 (BGBl. 2020 II S. 757) geändert worden sind, sowie die Vorschriften der Anlage 2 Nummer 2 und 3 und Anlage 3,

   b) grenzüberschreitenden einschließlich innergemeinschaftlichen Beförderungen auf der Straße die Vorschriften der Teile 1 bis 9 zu dem in Buchstabe a genannten ADR-Übereinkommen sowie die Vorschriften der Anlage 3,

2. Nummer 2 genannten

   a) innerstaatlichen Beförderungen mit Eisenbahnen die Vorschriften der Teile 1 bis 7 der Anlage der Ordnung für die internationale Eisenbahnbeförderung gefährlicher Güter (RID) - Anhang C des Übereinkommens über den internationalen Eisenbahnverkehr (COTIF) vom 9. Mai 1980 in der Fassung der Bekanntmachung vom 16. Mai 2008 (BGBl. 2008 II S. 475, 899), die zuletzt nach Maßgabe der 22. RID-Änderungsverordnung vom 26. Oktober 2020 (BGBl. 2020 II S. 856) geändert worden ist, sowie die Vorschriften der Anlage 2 Nummer 2 und 4 und Anlage 3,

   b) grenzüberschreitenden einschließlich innergemeinschaftlichen Beförderungen mit Eisenbahnen die Vorschriften der Teile 1 bis 7 RID sowie die Vorschriften der Anlage 3 und

3. Nummer 3 genannten

   a) Beförderungen auf allen schiffbaren Binnengewässern die Vorschriften der Teile 1 bis 9 der Anlage zu dem Europäischen Übereinkommen über die internationale Beförderung von gefährlichen Gütern auf Binnenwasserstraßen (ADN) vom 26. Mai 2000 (BGBl. 2007 II S. 1906, 1908), die zuletzt nach Maßgabe der 8. ADN-Änderungsverordnung vom 23. November 2020 (BGBl. 2020 II S. 1035) geändert worden ist, sowie die Vorschriften der Anlage 2 Nummer 5,

   b) Beförderungen auf dem Rhein zusätzlich die von der Zentralkommission für die Rheinschifffahrt am 3. Dezember 2009 beschlossenen Bestimmungen in Anlage 2 Nummer 6.

GGVSEB

(4) Für die Anwendung der Teile 1 bis 9 ADR/ADN und der Teile 1 bis 7 RID gilt für innerstaatliche und innergemeinschaftliche Beförderungen anstelle des Begriffes „Vertragspartei" jeweils der Begriff „Mitgliedstaat".

(5) Die in dieser Verordnung für die Teile 4 und 6 ADR/RID getroffenen Regelungen sind nach Maßgabe der Abschnitte 4.1.1 bis 4.1.4 und 6.1.1 bis 6.1.6 ADN auch für die Binnenschifffahrt anzuwenden.

§ 2
Begriffsbestimmungen

Die nachfolgenden Begriffe werden im Sinne dieser Verordnung wie folgt verwendet:

1. **Absender** ist das Unternehmen, das selbst oder für einen Dritten gefährliche Güter versendet. Erfolgt die Beförderung auf Grund eines Beförderungsvertrages, gilt als Absender der Absender nach diesem Vertrag. Bei Tankschiffen mit leeren oder entladenen Ladetanks ist hinsichtlich der erforderlichen Beförderungspapiere der Schiffsführer der Absender;

2. **Befüller** ist das Unternehmen, das die gefährlichen Güter in
   a) einen Tank (Tankfahrzeug, Aufsetztank, Kesselwagen, Wagen mit abnehmbaren Tanks, ortsbeweglicher Tank oder Tankcontainer),
   b) einen MEGC,
   c) einen Groß- oder Kleincontainer für Güter in loser Schüttung,
   d) einen Schüttgut-Container,
   e) ein Fahrzeug für Güter in loser Schüttung,
   f) ein Batterie-Fahrzeug,
   g) ein MEMU,
   h) einen Wagen für Güter in loser Schüttung,
   i) einen Batteriewagen,
   j) ein Schiff oder
   k) einen Ladetank
   einfüllt. Befüller ist auch das Unternehmen, das als unmittelbarer Besitzer das gefährliche Gut dem Beförderer zur Beförderung übergibt oder selbst befördert;

3. **Verlader** ist das Unternehmen, das
   a) verpackte gefährliche Güter, Kleincontainer oder ortsbewegliche Tanks in oder auf ein Fahrzeug (ADR), einen Wagen (RID), ein Beförderungsmittel (ADN) oder einen Container verlädt oder
   b) einen Container, Schüttgut-Container, MEGC, Tankcontainer oder ortsbeweglichen Tank auf ein Fahrzeug (ADR), einen Wagen (RID), ein Beförderungsmittel (ADN) verlädt oder
   c) ein Fahrzeug oder einen Wagen in oder auf ein Schiff verlädt (ADN).
   Verlader ist auch das Unternehmen, das als unmittelbarer Besitzer das gefährliche Gut dem Beförderer zur Beförderung übergibt oder selbst befördert;

4. **Verpacker** ist das Unternehmen, das die gefährlichen Güter in Verpackungen einschließlich Großverpackungen und IBC einfüllt oder die Versandstücke zur Beförderung vorbereitet. Verpacker ist auch das Unternehmen, das gefährliche Güter verpacken lässt oder das Versandstücke oder deren Kennzeichnung oder Bezettelung ändert oder ändern lässt;

5. **Versandstück** ist das versandfertige Endprodukt des Verpackungsvorganges, bestehend aus der Verpackung, der Großverpackung oder dem Großpackmittel (IBC) und ihrem beziehungsweise seinem Inhalt. Der Begriff umfasst die Gefäße für Gase sowie die Gegenstände, die wegen ihrer

GGVSEB

Größe, Masse oder Formgebung unverpackt, oder in Schlitten, Verschlägen oder Handhabungseinrichtungen befördert werden dürfen. Mit Ausnahme der Beförderung radioaktiver Stoffe gilt dieser Begriff weder für Güter, die in loser Schüttung, noch für Güter, die in Tanks oder Ladetanks befördert werden. An Bord von Schiffen schließt der Begriff Versandstück auch die Fahrzeuge, Wagen, Container (einschließlich Wechselaufbauten), Tankcontainer, ortsbewegliche Tanks, Großverpackungen, Großpackmittel (IBC), Batterie-Fahrzeuge, Batteriewagen, Tankfahrzeuge, Kesselwagen und Gascontainer mit mehreren Elementen (MEGC) ein;

6. **Fahrzeuge** sind im innerstaatlichen Verkehr und innergemeinschaftlichen Verkehr – abweichend von der Begriffsbestimmung im ADR – die in Abschnitt 1.2.1 ADR beschriebenen Fahrzeuge mit einer bauartbedingten Höchstgeschwindigkeit von mehr als 25 Kilometer pro Stunde einschließlich zwei- und dreirädrige Fahrzeuge sowie selbstfahrende Land-, Forst-, Bau- und sonstige Arbeitsmaschinen sowie ihre Anhänger, und Güterstraßenbahnen, die auf einem vom Eisenbahnnetz getrennten Schienennetz verkehren;

7. **Gefährliche Güter** sind die Stoffe und Gegenstände, deren Beförderung nach Teil 2, Kapitel 3.2 Tabelle A und Kapitel 3.3 ADR/RID/ADN verboten oder nach den vorgesehenen Bedingungen des ADR/RID/ADN gestattet ist;

8. **Wiederaufarbeiter** ist das Unternehmen, das wiederaufgearbeitete Verpackungen, wiederaufgearbeitete Großverpackungen und wiederaufgearbeitete Großpackmittel (IBC) im Sinne des Abschnitts 1.2.1 ADR/RID herstellt;

9. **Rekonditionierer** ist das Unternehmen, das rekonditionierte Verpackungen im Sinne des Abschnitts 1.2.1 ADR/RID herstellt;

10. **Auftraggeber des Absenders** ist das Unternehmen, das einen Absender beauftragt, als solcher aufzutreten und Gefahrgut selbst oder durch einen Dritten zu versenden;

11. **IBC** (Intermediate Bulk Container) ist das in Abschnitt 1.2.1 ADR/RID/ADN beschriebene Großpackmittel;

12. **IMDG-Code** (International Maritime Dangerous Goods Code) ist der Internationale Code für die Beförderung gefährlicher Güter mit Seeschiffen, der zuletzt durch die Entschließung MSC. 406(96) geändert worden ist, in der amtlichen deutschen Übersetzung bekannt gegeben am 16. November 2016 (VkBl. S. 718);

13. **MEGC** (Multiple-Element Gas Container) ist der in Abschnitt 1.2.1 ADR/RID/ADN beschriebene Gascontainer mit mehreren Elementen. Dies gilt auch für UN-MEGC;

14. **MEMU** (Mobile Einheit zur Herstellung von explosiven Stoffen oder Gegenständen mit Explosivstoff) ist die in Abschnitt 1.2.1 ADR beschriebene Einheit oder ein Fahrzeug;

15. **Ortsbewegliche-Druckgeräte-Verordnung** ist die Ortsbewegliche-Druckgeräte-Verordnung vom 29. November 2011 (BGBl. I S. 2349), die zuletzt durch Artikel 491 der Verordnung vom 31. August 2015 (BGBl. I S. 1474) geändert worden ist;

16. **OTIF** (Organisation Intergouvernementale pour les transports internationaux ferroviaires) ist die Zwischenstaatliche Organisation für den internationalen Eisenbahnverkehr;

17. **UNECE** (United Nations Economic Commission for Europe) ist die Wirtschaftskommission der Vereinten Nationen für Europa;

18. **GGVSee** ist die Gefahrgutverordnung See in der Fassung der Bekanntmachung vom 7. Dezember 2017 (BGBl. I S. 3862; 2018 I S. 131);

19. **Ortsbewegliche Druckgeräte** sind die in Artikel 2 Nummer 1 der Richtlinie 2010/35/EU bestimmten Gefäße und Tanks für Gase sowie die übrigen in den Kapiteln 6.2 und 6.8 ADR/RID bestimmten Gefäße und Tanks für Gase;

20. **Bundeswasserstraßen** sind die Wasserstraßen nach § 1 Absatz 1 und Absatz 4 des Bundeswasserstraßengesetzes in der Fassung der Bekanntmachung vom 23. Mai 2007 (BGBl. I S. 962, 2008 I S. 1980) in der jeweils geltenden Fassung mit Ausnahme der Elbe im Hamburger Hafen.

§ 3
Zulassung zur Beförderung

Gefährliche Güter dürfen unbeschadet des § 5 nur befördert werden, wenn deren Beförderung nach den Unterabschnitten 2.2.1.2, 2.2.2.2, 2.2.3.2, 2.2.41.2, 2.2.42.2, 2.2.43.2, 2.2.51.2, 2.2.52.2, 2.2.61.2, 2.2.62.2, 2.2.8.2, 2.2.9.2, Kapitel 3.2 Tabelle A und Kapitel 3.3 ADR/RID/ADN oder nach Anlage 2 nicht ausgeschlossen ist und die Beförderung unter Einhaltung der anwendbaren Vorschriften des ADR/RID/ADN erfolgt.

§ 4
Allgemeine Sicherheitspflichten

(1) Die an der Beförderung gefährlicher Güter Beteiligten haben die nach Art und Ausmaß der vorhersehbaren Gefahren erforderlichen Vorkehrungen zu treffen, um Schadensfälle zu verhindern und bei Eintritt eines Schadens dessen Umfang so gering wie möglich zu halten.

(2) Bilden die beförderten gefährlichen Güter eine besondere Gefahr für andere, insbesondere soweit gefährliches Gut bei Unfällen oder Unregelmäßigkeiten austritt oder austreten kann, und kann diese nicht rasch beseitigt werden, hat

1. der Fahrzeugführer im Straßenverkehr,
2. der jeweilige Betreiber der Eisenbahninfrastruktur im Eisenbahnverkehr oder
3. der Schiffsführer in der Binnenschifffahrt

die dem Ort des Gefahreneintritts nächstgelegenen zuständigen Behörden unverzüglich zu benachrichtigen oder benachrichtigen zu lassen und mit den notwendigen Informationen zu versehen oder versehen zu lassen. Im Eisenbahnverkehr hat der Beförderer unverzüglich den jeweiligen Betreiber der Eisenbahninfrastruktur zu benachrichtigen.

(3) Beim Feststellen eines Verstoßes, der die Sicherheit der Beförderung beeinträchtigen könnte, hat

1. der Fahrzeugführer im Straßenverkehr,
2. der Beförderer im Eisenbahnverkehr oder
3. der Schiffsführer in der Binnenschifffahrt

die Sendung möglichst rasch anzuhalten. Er darf die Beförderung erst fortsetzen, wenn die anzuwendenden Vorschriften erfüllt oder die Anweisungen oder Genehmigungen der zuständigen Behörden erteilt sind.

§ 5
Ausnahmen

(1) Die nach Landesrecht zuständigen Stellen können

1. im Straßenverkehr auf Antrag Ausnahmen von den Teilen 1 bis 9 – ausgenommen die Kapitel 1.8 und 1.10 – ADR sowie von den §§ 35 bis 35b und Anlage 2 dieser Verordnung,
2. im Eisenbahnverkehr für den Bereich der nichtbundeseigenen Eisenbahnen auf Antrag Ausnahmen von den Teilen 1 bis 7 – ausgenommen die Kapitel 1.8 und 1.10 – RID und
3. in der Binnenschifffahrt auf Wasserstraßen, die nicht Bundeswasserstraßen sind, auf Antrag Ausnahmen von den Teilen 1 bis 9 – ausgenommen die Kapitel 1.8 und 1.10 – ADN

für Beförderungen innerhalb Deutschlands zulassen, soweit dies nach der Richtlinie 2008/68/EG vom 24. September 2008 des Europäischen Parlaments und des Rates über die Beförderung gefährlicher Güter im Binnenland (ABl. L 260 vom 30.9.2008, S. 13) zulässig ist.

(2) Das Eisenbahn-Bundesamt kann im Eisenbahnverkehr für den Bereich der Eisenbahnen des Bundes auf Antrag Ausnahmen von den Teilen 1 bis 7 – ausgenommen die Kapitel 1.8 und 1.10 – RID für Beförderungen innerhalb Deutschlands zulassen, soweit dies nach der Richtlinie 2008/68/EG zulässig ist.

GGVSEB

(3) Die Generaldirektion Wasserstraßen und Schifffahrt kann in der Binnenschifffahrt für den Bereich der Bundeswasserstraßen auf Antrag Ausnahmen von den Teilen 1 bis 9 ADN – ausgenommen Abschnitt 1.5.2 ADN, Kapitel 1.8 und 1.10 ADN – für Beförderungen innerhalb Deutschlands zulassen, soweit dies nach der Richtlinie 2008/68/EG zulässig ist. Diese Ausnahmen schließen für den Bereich der Bundeswasserstraßen weitere für das Vorhaben erforderliche Entscheidungen nach Teil 7 ADN – ausgenommen Unterabschnitt 7.2.2.6 und Absätze 7.2.3.7.1 und 7.2.3.7.6 ADN – mit ein; die Entscheidung ergeht insoweit im Benehmen mit der nach § 16 Absatz 6 zuständigen Behörde.

(4) Bei Ausnahmen nach den Absätzen 1 bis 3 ist über die erforderlichen Sicherheitsvorkehrungen vom Antragsteller ein Gutachten eines Sachverständigen vorzulegen. In diesem Gutachten müssen insbesondere die verbleibenden Gefahren dargestellt und es muss begründet werden, weshalb die Zulassung der Ausnahme trotz der verbleibenden Gefahren als vertretbar angesehen wird. Die zuständige Stelle kann die Vorlage weiterer Gutachten auf Kosten des Antragstellers verlangen oder diese im Benehmen mit dem Antragsteller selbst erstellen lassen. In begründeten Einzelfällen kann die zuständige Stelle auf die Vorlage eines Gutachtens verzichten.

(5) Ausnahmen nach den Absätzen 1 bis 3 sind schriftlich oder elektronisch und unter dem Vorbehalt des Widerrufs für den Fall zu erteilen, dass sich die auferlegten Sicherheitsvorkehrungen als unzureichend zur Einschränkung der von der Beförderung ausgehenden Gefahren erweisen. Die nach Artikel 6 Absatz 2 der Richtlinie 2008/68/EG vorgesehenen Ausnahmen müssen dem Verfahren nach Artikel 6 Absatz 2 oder 4 unterzogen und von der Kommission anerkannt worden sein; sie sind dem Bundesministerium für Verkehr und digitale Infrastruktur mitzuteilen. Sie dürfen ab dem Zeitpunkt ihrer Genehmigung durch die Kommission für höchstens sechs Jahre erteilt werden; für die Verlängerung einer Ausnahme gilt das Verfahren nach Artikel 6 Absatz 4 der Richtlinie 2008/68/EG.

(6) Das Bundesministerium der Verteidigung oder die von ihm bestimmten Stellen dürfen für die Bundeswehr, in ihrem Auftrag hoheitlich tätige zivile Unternehmen und für ausländische Streitkräfte Ausnahmen von dieser Verordnung zulassen, soweit dies Gründe der Verteidigung erfordern und die öffentliche Sicherheit gebührend berücksichtigt ist. Ausnahmen nach Satz 1 sind für den Bundesnachrichtendienst zuzulassen, soweit er im Rahmen seiner neuen Aufgaben für das Bundesministerium der Verteidigung tätig wird und soweit sicherheitspolitische Interessen dies erfordern.

(7) Die Bundesministerien des Innern, für Bau und Heimat, der Justiz und für Verbraucherschutz und der Finanzen sowie die Innen- und Justizminister (-senatoren) der Länder oder die von ihnen bestimmten Stellen dürfen in ihrem Aufgabenbereich Ausnahmen für Beförderungen innerhalb Deutschlands zulassen, soweit dies nach der Richtlinie 2008/68/EG zulässig ist. Absatz 5 Satz 2 gilt entsprechend. Unabhängig davon dürfen sie Ausnahmen von den §§ 35 bis 35b und von Anlage 2 dieser Verordnung zulassen.

(8) Die für den Bereich

1. der Eisenbahnen des Bundes zugelassenen Ausnahmen nach Absatz 2 gelten auch für den Bereich der übrigen Eisenbahnen. Die von den Ländern nach Absatz 1 Satz 1 Nummer 2 zugelassenen Ausnahmen gelten im Benehmen mit dem Eisenbahn-Bundesamt auch für den Bereich der Eisenbahnen des Bundes;
2. der Bundeswasserstraßen nach Absatz 3 zugelassenen Ausnahmen gelten auch für den Bereich der übrigen schiffbaren Gewässer. Die von den Ländern nach Absatz 1 Satz 1 Nummer 3 zugelassenen Ausnahmen gelten im Benehmen mit der Generaldirektion Wasserstraßen und Schifffahrt auch für den Bereich der Bundeswasserstraßen,

sofern die die Ausnahme erteilende Behörde nicht etwas anderes bestimmt.

(9) Hat die Bundesrepublik Deutschland Vereinbarungen nach Abschnitt 1.5.1 ADR/RID oder Abkommen nach Abschnitt 1.5.1 ADN in Verbindung mit § 6 Nummer 1 abgeschlossen, dürfen innerstaatliche Beförderungen nach deren Bestimmungen durchgeführt werden.

(10) Eine Ausnahme für eine innerstaatliche Beförderung gilt auch für die Beförderung auf der innerdeutschen Teilstrecke einer innergemeinschaftlichen oder grenzüberschreitenden Beförderung, soweit in der Ausnahme nicht ausdrücklich etwas anderes bestimmt ist.

(11) Bei dem Bescheid nach Absatz 1 bis 3 genügt das Mitführen eines fernkopierten Bescheides oder des Ausdrucks eines elektronisch erteilten und signierten Bescheides sowie dessen digitalisierte Form auf einem Speichermedium, wenn diese derart mitgeführt wird, dass sie bei einer Kontrolle auf Verlangen zuständigen Personen lesbar gemacht werden kann.

§ 6
Zuständigkeiten des Bundesministeriums für Verkehr und digitale Infrastruktur

Das Bundesministerium für Verkehr und digitale Infrastruktur ist zuständige Behörde für

1. den Abschluss von Vereinbarungen nach Abschnitt 1.5.1 ADR/RID oder Abkommen nach Abschnitt 1.5.1 ADN und deren Übersendung an die UNECE/OTIF;
2. Aufgaben nach Kapitel 1.15 ADN;
3. die Anerkennung von Untersuchungsstellen nach Unterabschnitt 1.16.4.1 ADN;
4. die Übermittlung eines Verzeichnisses anerkannter technischer Regelwerke nach Abschnitt 6.2.5 und Unterabschnitt 6.8.2.7 ADR/RID
   a) im Straßenverkehr an das Sekretariat der UNECE und
   b) im Eisenbahnverkehr an das Sekretariat der OTIF;
5. die Prüfung und Auswertung der Berichte über die Meldungen von Ereignissen mit gefährlichen Gütern nach Unterabschnitt 1.8.5.1 ADR/RID/ADN und erforderlichenfalls deren Weiterleitung an das Sekretariat der UNECE, der OTIF oder der Zentralkommission für die Rheinschifffahrt;
6. den Erlass von Vorschriften für Druckbehälter nach den Absätzen 9.3.1.23.1, 9.3.2.23.5 und 9.3.3.23.5 ADN;
7. den Erlass von Vorschriften für Druckbehälter, Armaturen und Druckleitungen nach den Absätzen 9.1.0.40.2.7, 9.3.1.40.2.7, 9.3.2.40.2.7 und 9.3.3.40.2.7 ADN und
8. die Übertragung der Befugnis zur Ausstellung von Zulassungszeugnissen auf eine Untersuchungsstelle nach Unterabschnitt 1.16.2.3 ADN.

§ 7
Zuständigkeiten der vom Bundesministerium der Verteidigung oder vom Bundesministerium des Innern, für Bau und Heimat bestellten Sachverständigen oder Dienststellen

(1) Die vom Bundesministerium der Verteidigung bestellten Sachverständigen oder Dienststellen sind für die Bundeswehr und die ausländischen Streitkräfte zuständige Behörden für

1. Aufgaben nach den Teilen 8 und 9 ADR;
2. die Zulassung, erstmalige und wiederkehrende Prüfung von Druckgefäßen nach den Unterabschnitten 6.2.1.4 bis 6.2.1.6 ADR, die Inspektion und Prüfung der IBC nach Unterabschnitt 6.5.4.4 ADR, die Baumusterprüfung von ortsbeweglichen Tanks und UN-MEGC nach den Absätzen 6.7.2.18.1, 6.7.3.14.1, 6.7.4.13.1 und 6.7.5.11.1 in Verbindung mit Kapitel 4.2 und den Absätzen 6.7.2.19.9, 6.7.3.15.9, 6.7.4.14.10 und 6.7.5.12.7 ADR, die erstmalige und wiederkehrende Prüfung, Zwischenprüfung und außerordentliche Prüfungen der Tankkörper und der Ausrüstungsteile von ortsbeweglichen Tanks und UN-MEGC nach Kapitel 6.7 ADR und die Zulassung des Baumusters und die Prüfungen der Tanks nach den Unterabschnitten 6.8.2.3 und 6.8.2.4 ADR;
3. die Prüfungen von Tanks, sofern diese Prüfungen nicht in den Geltungsbereich der Ortsbewegliche-Druckgeräte-Verordnung fallen;
4. das Führen eines Verzeichnisses nach Unterabschnitt 1.10.1.6 ADR über alle gültigen Schulungsbescheinigungen für Fahrzeugführer und
5. die Bescheinigung nach § 35 Absatz 4 und die Fahrwegbestimmung nach § 35a Absatz 3,

soweit dies Gründe der Verteidigung erfordern.

(2) Die vom Bundesministerium des Innern, für Bau und Heimat bestellten Sachverständigen oder Dienststellen sind zuständige Behörden für

1. Aufgaben nach den Teilen 8 und 9 ADR;
2. die Zulassung des Baumusters und die Prüfungen der Tanks nach den Unterabschnitten 6.8.2.3 und 6.8.2.4 ADR sowie die Inspektion und Prüfung der IBC nach Unterabschnitt 6.5.4.4 ADR;
3. das Führen eines Verzeichnisses nach Unterabschnitt 1.10.1.6 ADR über alle gültigen Schulungsbescheinigungen für Fahrzeugführer und
4. die Bescheinigung nach § 35 Absatz 4 und die Fahrwegbestimmung nach § 35a Absatz 3,

GGVSEB

soweit dies für den Dienstbereich des Bundesministeriums des Innern, für Bau und Heimat erforderlich ist.

(3) Die Zuständigkeit der nach Absatz 1 und 2 bestellten Dienststellen gilt auch für Überwachungsmaßnahmen nach § 9 Absatz 1 und 2 des Gefahrgutbeförderungsgesetzes innerhalb von Liegenschaften der Bundeswehr und der ausländischen Streitkräfte sowie von Liegenschaften im Dienstbereich des Bundesministeriums des Innern, für Bau und Heimat. Bei der Beförderung gefährlicher Güter auf der Straße durch die Bundeswehr oder durch ausländische Streitkräfte, auch wenn sich die Bundeswehr ziviler Unternehmen bedient, sind die nach Absatz 1 bestellten Dienststellen neben den nach Landesrecht zuständigen Behörden zur Überwachung befugt.

§ 8
Zuständigkeiten der Bundesanstalt für Materialforschung und -prüfung

(1) Die Bundesanstalt für Materialforschung und -prüfung ist zuständige Behörde für

1. Aufgaben nach
    a) den Kapiteln 2.1 und 2.2 mit Ausnahme der Absätze 2.2.62.1.12.1 und 2.2.9.1.11 Bemerkung 4 ADR/RID/ADN und der dem Bundesamt für Ausrüstung, Informationstechnik und Nutzung der Bundeswehr nach § 10 und dem Bundesamt für die Sicherheit der nuklearen Entsorgung nach § 11 zugewiesenen Zuständigkeiten,
    b) Kapitel 3.3 ADR/RID/ADN mit Ausnahme der dem Bundesamt für Ausrüstung, Informationstechnik und Nutzung der Bundeswehr nach § 10 zugewiesenen Zuständigkeiten,
    c) Kapitel 4.1 mit Ausnahme von Unterabschnitt 4.1.4.1 Verpackungsanweisung P 200 ADR/RID und die dem Bundesamt für Ausrüstung, Informationstechnik und Nutzung der Bundeswehr nach § 10 zugewiesenen Zuständigkeiten,
    d) Kapitel 4.2 mit Ausnahme der Unterabschnitte 4.2.1.8, 4.2.2.5 und 4.2.3.4 ADR/RID,
    e) Kapitel 4.3, in Bezug auf Absatz 4.3.3.2.5 ADR/RID im Einvernehmen mit der Physikalisch-Technischen Bundesanstalt,
    f) Kapitel 6.2 mit Ausnahme des Unterabschnitts 6.2.2.11 ADR/RID und der Zuständigkeiten nach Nummer 10 sowie §§ 13 und 13a,
    g) Kapitel 6.7 ADR/RID,
    h) Kapitel 6.8 in Bezug auf die Prüfung, die Erteilung der Kennzeichen und die Baumusterzulassung von festverbundenen Tanks (Tankfahrzeugen), Aufsetztanks, Tankcontainern und Tankwechselaufbauten (Tankwechselbehältern) und die Festlegung von Bedingungen nach Abschnitt 6.8.4 Buchstabe c Sondervorschrift TA 2 ADR/RID sowie die Festlegung der Bedingungen für Schweißnähte der Tankkörper nach Absatz 6.8.5.2.2 ADR,
    i) Kapitel 6.9 ADR/RID,
    j) Kapitel 6.10 ADR/RID,
    k) Kapitel 6.11 ADR/RID und
    l) Kapitel 6.12 in Verbindung mit Absatz 7.5.5.2.3 und Kapitel 9.8 ADR,

    soweit die jeweilige Aufgabe keiner anderen Stelle zugewiesen ist;

2. die Prüfung und Zulassung radioaktiver Stoffe in besonderer Form nach Absatz 5.1.5.2.1 in Verbindung mit Unterabschnitt 6.4.22.5 Satz 1, das Zeugnis nach Unterabschnitt 6.4.22.8 Buchstabe a, die Zulassung der Bauart von Verpackungen für nicht spaltbares oder spaltbares freigestelltes Uranhexafluorid nach Absatz 5.1.5.2.1 in Verbindung mit Unterabschnitt 6.4.22.1, das Zeugnis nach Unterabschnitt 6.4.22.8 Buchstabe a, die Prüfung und Zulassung der Bauart gering dispergierbarer radioaktiver Stoffe nach Absatz 5.1.5.2.1 in Verbindung mit Unterabschnitt 6.4.22.5 Satz 2 und für das Zeugnis nach Unterabschnitt 6.4.22.8 Buchstabe a ADR/RID im Einvernehmen mit dem Bundesamt für die Sicherheit der nuklearen Entsorgung;

3. die Prüfung, die Anerkennung von Prüfstellen, die Erteilung der Kennzeichen und die Bauartzulassung von Verpackungen, IBC, Großverpackungen, Bergungsverpackungen und Bergungsgroßverpackungen nach den Kapiteln 6.1, 6.3, 6.5 und 6.6 ADR/RID sowie für die Zulassung der Reparatur flexibler IBC nach Abschnitt 1.2.1 ADR/RID/ADN;

4. die Anerkennung und Überwachung von Qualitätssicherungsprogrammen für die Fertigung, Wiederaufarbeitung, Rekonditionierung, Reparatur und Prüfung von Verpackungen, IBC und Großverpackungen sowie die Anerkennung von Überwachungsstellen für die Prüfung der Funktionsfähigkeit und Wirksamkeit der Qualitätssicherungsprogramme nach den Kapiteln 6.1, 6.3, 6.5 und 6.6 sowie die Anerkennung von Inspektionsstellen für die erstmaligen und wiederkehrenden Inspektionen und Prüfungen von IBC nach Unterabschnitt 6.5.4.4 ADR/RID;

5. die Bescheinigung über die Zulassung einer Änderung nach Absatz 6.8.2.3.4 ADR sowie für Tankcontainer und Tankwechselaufbauten (Tankwechselbehälter) nach Absatz 6.8.2.3.4 RID;

6. die Genehmigung der Beförderungsbedingungen für mit Temperaturkontrolle stabilisierte Gase nach Unterabschnitt 3.1.2.6 Satz 2 Buchstabe c ADR/RID/ADN;

7. die Anerkennung und Überwachung von Managementsystemen für die Auslegung, Herstellung, Prüfung, Dokumentation, den Gebrauch, die Wartung und Inspektion von nicht zulassungspflichtigen Versandstücken für radioaktive Stoffe nach Kapitel 6.4 ADR/RID in Verbindung mit Abschnitt 1.7.3 ADR/RID/ADN;

8. die Bauartprüfung zulassungspflichtiger Versandstücke für radioaktive Stoffe nach Kapitel 6.4 ADR/RID;

9. die Überwachung von Managementsystemen für die Auslegung, Herstellung, Prüfung, Dokumentation, den Gebrauch, die Wartung und Inspektion von zulassungspflichtigen Versandstücken für radioaktive Stoffe nach Kapitel 6.4 ADR/RID in Verbindung mit Abschnitt 1.7.3 ADR/RID/ADN;

10. die Anerkennung einer Norm oder eines Regelwerks nach Absatz 6.2.1.1.9 und die Anerkennung von technischen Regelwerken nach Absatz 6.2.1.3.6.5.4, Abschnitt 6.2.5, Absatz 6.2.7.2.2.1 Satz 1, Absatz 6.7.3.2.1 Satz 1, Absatz 6.7.4.2.1 Satz 1, Absatz 6.7.4.7.4, den Absätzen 6.7.5.2.9, 6.8.2.1.4 sowie den Unterabschnitten 6.8.2.7 und 6.8.3.7 Satz 1 ADR/RID im Einvernehmen mit dem Bundesministerium für Verkehr und digitale Infrastruktur;

11. die Zulassung der Trennungsmethoden nach Unterabschnitt 7.5.2.2 Fußnote a ADR/RID, soweit es sich nicht um den militärischen Bereich handelt;

12. die Festlegung von Normen und Bedingungen nach Unterabschnitt 7.3.3.1 VC 3 ADR und

13. die Erteilung von Ausnahmegenehmigungen für die Beförderung in Tankschiffen nach Abschnitt 1.5.2 ADN.

Satz 1 Nummer 1 Buchstabe h und Nummer 5 gelten nicht, sofern diese Aufgaben in den Geltungsbereich der Ortsbewegliche-Druckgeräte-Verordnung fallen.

(2) Die unter Absatz 1 Satz 1 Nummer 1 Buchstabe c, d und f bis l, Nummer 2 bis 7, 11 und 13 genannten Zulassungen, Zustimmungen, Anerkennungen und Genehmigungen können widerruflich erteilt, befristet und mit Auflagen versehen werden, soweit dies erforderlich ist, um die Einhaltung der gefahrgutbeförderungsrechtlichen Vorschriften sicherzustellen.

§ 9
Zuständigkeiten der von der Bundesanstalt für Materialforschung und -prüfung anerkannten Prüfstellen

Die von der Bundesanstalt für Materialforschung und -prüfung nach § 12 Absatz 1 Nummer 8 der GGVSee anerkannten Prüfstellen sind zuständig für die Baumusterprüfung sowie die erstmalige, wiederkehrende und außerordentliche Prüfung von ortsbeweglichen Tanks und Gascontainern mit mehreren Elementen (MEGC) nach Kapitel 6.7 ADR/RID. Satz 1 gilt nicht, sofern diese Prüfungen in den Geltungsbereich der Ortsbewegliche-Druckgeräte-Verordnung fallen.

GGVSEB

§ 10
Zuständigkeiten des Bundesamtes für Ausrüstung, Informationstechnik und Nutzung der Bundeswehr

Das Bundesamt für Bundesamt für Ausrüstung, Informationstechnik und Nutzung der Bundeswehr ist, soweit es sich um den militärischen Bereich handelt, zuständige Behörde für Aufgaben nach

1. Kapitel 2.2 ADR/RID/ADN in Bezug auf explosive Stoffe und Gegenstände mit Explosivstoff,
2. Kapitel 3.3 ADR/RID/ADN in Bezug auf explosive Stoffe und Gegenstände mit Explosivstoff,
3. Kapitel 4.1 ADR/RID in Bezug auf explosive Stoffe und Gegenstände mit Explosivstoff und
4. Unterabschnitt 7.5.2.2 Fußnote a ADR/RID in Bezug auf explosive Stoffe und Gegenstände mit Explosivstoff.

§ 11
Zuständigkeiten des Bundesamtes für die Sicherheit der nuklearen Entsorgung

Das Bundesamt für die Sicherheit der nuklearen Entsorgung ist zuständige Behörde für

1. die Erteilung der multilateralen Genehmigung für die Bestimmung der nicht in Tabelle 2.2.7.2.2.1 aufgeführten Radionuklidwerte und von alternativen Radionuklidwerten nach Absatz 2.2.7.2.2.2 ADR/RID/ADN;
2. die Genehmigung der Beförderung von radioaktiven Stoffen nach Absatz 5.1.5.1.2 ADR/RID/ADN;
3. die Beförderungsgenehmigung durch Sondervereinbarungen zur Beförderung radioaktiver Stoffe nach Absatz 5.1.5.1.3 in Verbindung mit Abschnitt 1.7.4 ADR/RID/ADN;
4. die Entgegennahme der Benachrichtigung nach den Absätzen 5.1.5.1.4 ADR/RID/ADN;
5. die Zulassung der Bauart von Versandstücken für radioaktive Stoffe und der Bauart von nach Absatz 2.2.7.2.3.5 Buchstabe f freigestellten spaltbaren Stoffen nach den Absätzen 5.1.5.2.1 und 5.1.5.3.5 ADR/RID/ADN, den Unterabschnitten 6.4.22.2 bis 6.4.22.4 und 6.4.22.6 sowie die Bestätigung nach Unterabschnitt 6.4.22.8 Buchstabe a ADR/RID und
6. die Genehmigung des Strahlenschutzprogramms für die Beförderung von radioaktiven Stoffen mit einem Spezialschiff nach Absatz 7.1.4.14.7.3.7 ADN.

§ 12
Ergänzende Zuständigkeiten der Benannten Stellen für Tanks

(1) Die Benannten Stellen nach § 16 der Ortsbewegliche-Druckgeräte-Verordnung, die für die Durchführung der nachfolgenden Aufgaben nach der Norm DIN EN ISO/IEC 17020:2012 akkreditiert sein müssen, sind zuständig für

1. die Baumusterprüfung von
   a) ortsbeweglichen Tanks und UN-MEGC nach den Absätzen 6.7.2.18.1, 6.7.3.14.1, 6.7.4.13.1 und 6.7.5.11.1 in Verbindung mit Kapitel 4.2 und den Absätzen 6.7.2.19.9, 6.7.3.15.9, 6.7.4.14.10 und 6.7.5.12.7 ADR/RID,
   b) festverbundenen Tanks, Aufsetztanks, Batterie-Fahrzeugen, Kesselwagen, abnehmbaren Tanks, Batteriewagen, Tankcontainern, Tankwechselaufbauten (Tankwechselbehältern) und MEGC nach Absatz 6.8.2.3.1 in Verbindung mit Kapitel 4.3 und Kapitel 6.10 in Verbindung mit Kapitel 4.5 ADR/RID und
   c) Tanks und Tankcontainer aus faserverstärkten Kunststoffen nach Unterabschnitt 6.9.4.1 in Verbindung mit Kapitel 4.4 ADR/RID im Einvernehmen mit der Bundesanstalt für Materialforschung und -prüfung;
2. die erstmalige und wiederkehrende Prüfung, Zwischenprüfung und außerordentliche Prüfungen der Tankkörper und der Ausrüstungsteile von
   a) ortsbeweglichen Tanks und UN-MEGC nach Kapitel 6.7 ADR/RID,
   b) festverbundenen Tanks, Aufsetztanks, Batterie-Fahrzeugen, Kesselwagen, abnehmbaren Tanks, Batteriewagen, Tankcontainern, Tankwechselaufbauten (Tankwechselbehältern) und MEGC nach Kapitel 6.8 sowie Kapitel 6.8 in Verbindung mit Kapitel 6.10 ADR/RID und

c) faserverstärkten Kunststofftanks (FVK-Tanks) nach Kapitel 6.9 ADR/RID;

3. Aufgaben nach den Absätzen 4.3.3.2.5, 6.7.2.6.3, 6.7.2.10.1, 6.7.2.19.10, 6.7.3.15.10, 6.8.2.2.10, 6.8.3.4.4, 6.8.3.4.7 und 6.8.3.4.8, Abschnitt 6.8.4 Buchstabe b und d Sondervorschrift TT 2 und TT 7 – jeweils im Einvernehmen mit der Bundesanstalt für Materialforschung und -prüfung – sowie nach Absatz 6.8.5.2.2 und die Überprüfung und Bestätigung der Befähigung des Herstellers oder der Wartungs- oder Reparaturwerkstatt für die Ausführung von Schweißarbeiten und den Betrieb eines Qualitätssicherungssystems für Schweißarbeiten sowie die Anordnung zusätzlicher Prüfungen nach Absatz 6.8.2.1.23 ADR/RID;

4. die Prüfung der elektrischen Ausrüstung für die Bedienungsausrüstung der Tanks nach den Abschnitten 9.2.2 und 9.7.8 ADR vor Inbetriebnahme der Tanks nach Absatz 6.8.2.4.1 ADR und bei der Prüfung der Tanks nach den Absätzen 6.8.2.4.2 und 6.8.2.4.4 ADR sowie für nicht vorgeschriebene informelle Änderungen oder Ergänzungen in Nummer 11 von ADR-Zulassungsbescheinigungen nach Unterabschnitt 9.1.3.1 ADR;

5. die Baumusterprüfung und die getrennte Baumusterzulassung von Bedienungsausrüstungen für Tanks nach Absatz 6.8.2.3.1 Satz 9, für die in der Tabelle in Absatz 6.8.2.6.1 eine Norm aufgeführt ist; für die getrennte Baumusterzulassung sind die Verfahren anzuwenden, die in Abschnitt 1.8.7 vorgeschrieben sind; dabei darf ein betriebseigener Prüfdienst nach Unterabschnitt 1.8.7.6 in Verbindung mit Absatz 1.8.7.7.5 nur für die Überwachung der Herstellung der Bedienungsausrüstungen nach Unterabschnitt 1.8.7.3 und deren erstmalige Prüfung nach Unterabschnitt 1.8.7.4 genehmigt werden, nicht jedoch für die Baumusterzulassung nach Unterabschnitt 1.8.7.2 und die wiederkehrende Prüfung nach Unterabschnitt 1.8.7.5; die Bemerkung zur Begriffsbestimmung „Antragsteller" nach Abschnitt 1.2.1 ADR/RID ist für diese Vorschrift nicht anwendbar;

6. a) die Prüfung zur Zulassung einer Änderung nach den Absätzen 1.8.7.2.5 und 6.8.2.3.4 ADR/RID und
   b) die Bescheinigung über die Zulassung einer Änderung nach Absatz 1.8.7.2.5 ADR/RID.

Satz 1 Nummer 1 und 2, jeweils Buchstabe b, und Nummer 5 und 6 gilt nicht, sofern diese Aufgaben in den Geltungsbereich der Ortsbewegliche-Druckgeräte-Verordnung fallen. Für alle vorgenannten Aufgaben nach Kapitel 6.7 ADR/RID sind auch die Benannten Stellen nach § 16 der Ortsbewegliche-Druckgeräte-Verordnung zuständig, die nicht nach der DIN EN ISO/IEC 17020:2012 akkreditiert, aber von der Bundesanstalt für Materialforschung und -prüfung nach § 6 Absatz 5 der Gefahrgutverordnung See als Prüfstelle anerkannt sind.

(2) Das Bundesministerium für Verkehr und digitale Infrastruktur richtet einen Erfahrungsaustausch zwischen den zuständigen Stellen nach Absatz 1 und § 9 und der nationalen Akkreditierungsstelle sowie den Baumusterzulassungsbehörden nach § 8 Absatz 1 Satz 1 Nummer 1 Buchstabe g bis l und § 15 Absatz 1 Nummer 10 ein, an dem die vorgenannten Behörden und Stellen teilnehmen müssen.

§ 13
Ergänzende Zuständigkeiten der Benannten Stellen für Druckgefäße

(1) Die nach § 16 Absatz 1 der Ortsbewegliche-Druckgeräte-Verordnung anerkannten Benannten Stellen sind zuständig für

1. die Bescheinigung über die Zulassung einer Änderung nach Absatz 1.8.7.2.5 ADR/RID;
2. die Aufgaben nach Unterabschnitt 4.1.4.1 Verpackungsanweisung P 200 mit Ausnahme des Absatzes 9 ADR/RID im Einvernehmen mit dem Bundesministerium für Verkehr und digitale Infrastruktur;
3. die Festlegung der Prüffristen nach Unterabschnitt 4.1.4.1 Verpackungsanweisung P 200 Absatz 9 ADR/RID im Einvernehmen mit der Bundesanstalt für Materialforschung und -prüfung;
4. die Prüfung und Zulassung der Druckgefäße nach Absatz 6.2.1.4.1 ADR/RID;
5. die Anerkennung des Qualitätssicherungsprogramms nach Absatz 6.2.1.4.2 ADR/RID;
6. die wiederkehrenden Prüfungen nach den Absätzen 6.2.1.6.1 und 6.2.1.6.2 ADR/RID und
7. die Bewertung der Eignung des Herstellers nach Absatz 6.2.1.7.2 ADR/RID.

GGVSEB

(2) Die Benannten Stellen müssen dabei die in den Abschnitten 1.8.7 und 1.8.8 ADR/RID festgelegten Verfahren für die Konformitätsbewertung und für die wiederkehrenden Prüfungen anwenden.

(3) Absatz 1 Nummer 1 und Nummer 4 bis 7 sowie Absatz 2 gelten nicht, sofern diese Aufgaben in den Geltungsbereich der Ortsbewegliche-Druckgeräte-Verordnung fallen.

§ 13a
Zuständigkeiten der Benennenden Behörde

Die Benennende Behörde im Sinne des § 2 Nummer 9 der Ortsbewegliche-Druckgeräte-Verordnung ist zuständig für die Registrierung der Unterscheidungszeichen oder der Stempel der Prüfstellen nach Absatz 6.2.2.7.2 Buchstabe d, Absatz 6.2.2.7.7 Buchstabe b, Absatz 6.2.2.9.2 Buchstabe d und Absatz 6.2.2.9.4 Buchstabe b sowie des Kennzeichens des Herstellers nach Absatz 6.2.2.7.4 Buchstabe n ADR/RID.

§ 14
Besondere Zuständigkeiten im Straßenverkehr

(1) Das Bundesamt für Güterverkehr ist zuständige Behörde für die Entgegennahme der Berichte über Ereignisse mit gefährlichen Gütern nach Unterabschnitt 1.8.5.1 ADR und deren Vorlage an das Bundesministerium für Verkehr und digitale Infrastruktur.

(2) Das Kraftfahrt-Bundesamt ist zuständige Behörde für die Typgenehmigung von Fahrzeugen nach Unterabschnitt 9.1.2.2 Satz 1 ADR.

(3) Die Industrie- und Handelskammern sind zuständig für

1. die Anerkennung und Überwachung der Schulung, die Durchführung der Prüfungen und die Erteilung der Bescheinigung über die Fahrzeugführerschulung nach Abschnitt 8.2.2 ADR, wobei die Schulungs- und Prüfungssprache deutsch ist,

2. die Umschreibung der Bescheinigung über die Fahrzeugführerschulung nach Abschnitt 8.2.2 ADR nach § 7 Absatz 1 Nummer 1 und Absatz 2 Nummer 1 in eine Bescheinigung nach § 14 Absatz 3 Satz 1 Nummer 1 und

3. das Führen eines Verzeichnisses zu Unterabschnitt 1.10.1.6 ADR über alle gültigen Schulungsbescheinigungen für Fahrzeugführer mit Ausnahme der in § 7 Absatz 1 Nummer 4 und Absatz 2 Nummer 3 genannten Schulungsbescheinigungen.

Einzelheiten zu Satz 1 Nummer 1 bis 3 können die Industrie- und Handelskammern durch Satzung regeln.

(4) Die amtlich anerkannten Sachverständigen für den Kraftfahrzeugverkehr, die von der zuständigen obersten Landesbehörde oder der von ihr bestimmten Stelle benannt oder die bei einer nach Landesrecht zuständigen Stelle tätig sind, und die Technischen Dienste, die im Rahmen der Benennung für die Prüfung von Gesamtfahrzeugen mindestens für die Prüfung von Gefahrgutfahrzeugen benannt sind, sind zuständig für die erste Untersuchung nach Unterabschnitt 9.1.2.1 Satz 2 zur Übereinstimmung mit den anwendbaren Vorschriften der Kapitel 9.2 bis 9.8 und die Ausstellung einer ADR-Zulassungsbescheinigung nach Unterabschnitt 9.1.2.1 Satz 4 in Verbindung mit Unterabschnitt 9.1.3.1 ADR.

(5) Die für Hauptuntersuchungen nach § 29 der Straßenverkehrs-Zulassungs-Ordnung berechtigten Personen sind zuständig für die jährliche technische Untersuchung und die Verlängerung der Gültigkeit von ADR-Zulassungsbescheinigungen nach Unterabschnitt 9.1.2.3 ADR sowie für nicht vorgeschriebene informelle Änderungen oder Ergänzungen in Nummer 11 von ADR-Zulassungsbescheinigungen nach Unterabschnitt 9.1.3.1 ADR.

(6) Die Zulassungsbehörden nach der Fahrzeug-Zulassungsverordnung sind zuständig für Änderungen in Nummer 4 und 5 von ADR-Zulassungsbescheinigungen nach Unterabschnitt 9.1.3.1 ADR.

§ 15
Besondere Zuständigkeiten im Eisenbahnverkehr

(1) Das Eisenbahn-Bundesamt ist zuständige Behörde für

1. die Erteilung einer Genehmigung für die Fortsetzung einer Beförderung nach Absatz 1.4.2.2.4 RID im Bereich der Eisenbahnen des Bundes;

2. die Entgegennahme der Informationen und Mitteilungen nach Unterabschnitt 1.7.6.1 Buchstabe b Gliederungseinheit iv und Buchstabe c RID im Bereich der Eisenbahnen des Bundes;

3. die Durchführung der behördlichen Gefahrgutkontrollen nach Abschnitt 1.8.1 RID und dieser Verordnung im Bereich der Eisenbahnen des Bundes;

4. die Durchführung der Amtshilfe nach Abschnitt 1.8.2 RID im Bereich der Eisenbahnen des Bundes;

5. die Entgegennahme der Berichte über die Meldung von Ereignissen mit gefährlichen Gütern nach Unterabschnitt 1.8.5.1 RID und deren Vorlage an das Bundesministerium für Verkehr und digitale Infrastruktur;

6. die Festlegung von ergänzenden Vorschriften oder besonderen Sicherheitsvorschriften nach Kapitel 1.9 im Bereich der Eisenbahnen des Bundes und die Unterrichtung der Zwischenstaatlichen Organisation für den internationalen Eisenbahnverkehr (OTIF) über die Beförderungseinschränkungen nach Abschnitt 1.9.4 RID im Bereich der Eisenbahnen des Bundes, jeweils im Einvernehmen mit dem Bundesministerium für Verkehr und digitale Infrastruktur;

7. das Vorschreiben von Versuchen für Kesselwagen nach Absatz 6.8.2.1.2 Satz 2 sowie die Zulassung der Streckgrenze und Zugfestigkeit nach Absatz 6.8.2.1.16 RID;

8. die Festlegung der Bedingungen für Schweißnähte der Tankkörper nach Absatz 6.8.5.2.2 RID;

9. die Entscheidung über die Ausnahme für Rücksendungen nach Absatz 4.3.2.3.7 Buchstabe b, Absatz 6.7.2.19.6.1 Buchstabe b, Absatz 6.7.3.15.6.1 Buchstabe b und Absatz 6.7.4.14.6.1 Buchstabe b RID;

10. die Baumusterzulassung von Kesselwagen und abnehmbaren Tanks nach Kapitel 6.8 RID, sofern diese Zulassungen nicht in den Geltungsbereich der Ortsbewegliche-Druckgeräte-Verordnung fallen;

11. die Erteilung der Zustimmung nach Absatz 6.8.3.2.16 RID;

12. die Festlegung der Bedingungen oder Genehmigung eines Prüfprogramms nach Abschnitt 6.8.4 Buchstabe c Sondervorschrift TA 2 RID, jeweils im Einvernehmen mit der Bundesanstalt für Materialforschung und -prüfung;

13. die Bescheinigung über die Zulassung einer Änderung nach Absatz 6.8.2.3.4 RID für Kesselwagen und abnehmbare Tanks, sofern diese Aufgabe nicht in den Geltungsbereich der Ortsbewegliche-Druckgeräte-Verordnung fällt;

14. die Verfolgung und Ahndung von Ordnungswidrigkeiten nach § 37 im Bereich der Eisenbahnen des Bundes und

15. die Festlegung von Normen und Bedingungen nach Unterabschnitt 7.3.3.1 VC 3 RID.

(2) Die unter Absatz 1 Nummer 8 und Nummer 10 bis 13 genannten Zulassungen, Zustimmungen, Anerkennungen und Genehmigungen können widerruflich erteilt, befristet und mit Auflagen versehen werden, soweit dies erforderlich ist, um die Einhaltung der gefahrgutbeförderungsrechtlichen Vorschriften sicherzustellen.

(3) Die nach Landesrecht zuständigen Behörden sind zuständig für Beförderungen im Bereich der nichtbundeseigenen Eisenbahnen, soweit in dieser Verordnung nichts anderes bestimmt ist.

GGVSEB

§ 16
Besondere Zuständigkeiten in der Binnenschifffahrt

(1) Die Physikalisch-Technische Bundesanstalt ist zuständige Behörde für

1. die Typzulassung von Flammendurchschlagsicherungen nach Absatz 1.6.7.2.2.2 ADN (Übergangsvorschrift zur Begriffsbestimmung „Flammendurchschlagsicherung"), von Hochgeschwindigkeitsventilen nach Absatz 1.6.7.2.2.2 ADN (Übergangsvorschrift zur Begriffsbestimmung „Hochgeschwindigkeitsventil"), von Deflagrationssicherheit der Probeentnahmeöffnung nach Absatz 1.6.7.2.2.2 ADN (Übergangsvorschrift zur Begriffsbestimmung „Probeentnahmeöffnung"), von Deflagrationssicherheit der Vorrichtung zum gefahrlosen Entspannen von Ladetanks nach Absatz 1.6.7.2.2.2 ADN (Übergangsvorschrift zur Begriffsbestimmung „Vorrichtung zum gefahrlosen Entspannen von Ladetanks") und von Unterdruckventilen nach Absatz 1.6.7.2.2.2 ADN (Übergangsvorschrift zur Begriffsbestimmung „Unterdruckventil-Deflagrationssicherheit") sowie

2. den Erlass von Vorschriften für den Öffnungsdruck von Sicherheitsventilen von Drucktanks nach Abschnitt 1.2.1 ADN Begriffsbestimmung „Öffnungsdruck".

(2) Die Generaldirektion Wasserstraßen und Schifffahrt ist zuständige Behörde für

1. Aufgaben nach Kapitel 1.16 mit Ausnahme der Unterabschnitte 1.16.2.3 und 1.16.13.2 Satz 2 und 3 ADN;

2. die Anerkennung und Überwachung der Schulungen und Prüfungen nach Unterabschnitt 8.2.2.6 sowie die Anerkennung von Dokumenten nach den Unterabschnitten 8.2.1.9 und 8.2.1.10 ADN;

3. die Zulassung von Personen zur Prüfung

   a) der Isolationswiderstände und der Erdung der festinstallierten elektrischen Anlagen und Geräte nach Unterabschnitt 8.1.7.1 ADN und

   b) der Anlagen und Geräte zum Einsatz in explosionsgefährdeten Bereichen, der Geräte vom Typ „begrenzte Explosionsgefahr", der Anlagen und Geräte, die den Unterabschnitten 9.3.1.51, 9.3.2.51 und 9.3.3.51 entsprechen, sowie der autonomen Schutzsysteme oder der Übereinstimmung von Unterlagen mit den Gegebenheiten an Bord nach Unterabschnitt 8.1.7.2 ADN;

4. die Zulassung von Personen für die Nachprüfung und Untersuchung der Feuerlöschgeräte, der Feuerlöschschläuche und der Lade- und Löschschläuche nach den Unterabschnitten 8.1.6.1 und 8.1.6.2 ADN;

5. die Feststellung, ob elektrische Geräte, Mess-, Regel- und Alarmeinrichtungen und Motoren gemäß Absatz 1.6.7.2.2.2 (Übergangsvorschrift zu den Absätzen 9.3.1.53.1, 9.3.2.53.1 und 9.3.3.53.1 ADN) hinsichtlich ihrer Betriebssicherheit in explosionsfähiger Atmosphäre geprüft und zugelassen sind;

6. das Eintragen eines Sichtvermerkes in die Unterlagen zu den elektrischen Betriebsmitteln nach Absatz 1.6.7.2.2.2 (Übergangsvorschrift zu Unterabschnitt 8.1.2.3 Buchstabe r, s, t und v ADN) und das Eintragen eines Sichtvermerkes in die an Bord mitzuführenden Dokumente nach den Unterabschnitten 8.1.2.2 und 8.1.2.3 ADN;

7. das Führen eines Verzeichnisses über alle gültigen Schulungsbescheinigungen für Sachkundige nach Unterabschnitt 1.10.1.6 ADN;

8. die Entgegennahme der Berichte über die Meldung von Ereignissen mit gefährlichen Gütern nach Unterabschnitt 1.8.5.1 ADN und deren Vorlage an das Bundesministerium für Verkehr und digitale Infrastruktur;

9. die Zulassung von sachkundigen Personen oder Firmen nach Unterabschnitt 3.2.3.1 Tabelle C Spalte 20 Nummer 12 Buchstabe q und Nummer 33 Buchstabe i 2 ADN;

10. die Genehmigung von alternativen Bauweisen und das Verlangen zusätzlicher Berechnungen und Nachweise nach Absatz 9.3.4.1.4 ADN;

11. Gleichwertigkeiten und Abweichungen nach Abschnitt 1.5.3 ADN;

12. die Genehmigung von Ladeplänen nach Unterabschnitt 3.2.3.1 Tabelle C Spalte 20 Nummer 12 Buchstabe p ADN bei der Beförderung von UN 1280 und UN 2983;
13. die Feststellung der Übereinstimmung der Kopie des Zulassungszeugnisses auf der Tafel eines Schubleichters mit dem Original nach den Unterabschnitten 8.1.2.6 und 8.1.2.7 ADN und
14. den Erlass von Betriebsvorschriften nach Absatz 1.6.7.2.2.2 Übergangsvorschrift zu den Absätzen 9.3.1.17.1 und 9.3.3.17.1 ADN.

Die in Satz 1 Nummer 3, 4, 9, 10 und 12 genannten Zulassungen und Genehmigungen können widerruflich erteilt, befristet und mit Auflagen versehen werden, soweit dies erforderlich ist, um die Einhaltung der gefahrgutbeförderungsrechtlichen Vorschriften sicherzustellen.

(3) Zuständige Behörde für die Zulassung von Personen zur Feststellung und Bescheinigung der Gasfreiheit nach den Absätzen 7.2.3.7.1.6 Satz 3 und 7.2.3.7.2.6 Satz 3 ADN ist
1. die Generaldirektion Wasserstraßen und Schifffahrt im Bereich der Bundeswasserstraßen und
2. die jeweilige nach Landesrecht zuständige Stelle im Bereich der übrigen schiffbaren Wasserstraßen.

Die Zulassung gilt als erteilt für die von einer Industrie- und Handelskammer öffentlich bestellten und vereidigten Handelschemiker mit der besonderen Qualifikation für die Feststellung von Gaszuständen auf Wasserfahrzeugen und die Ausstellung von Gaszustandsbescheinigungen. Die Zulassung kann widerruflich erteilt, befristet und mit Auflagen versehen werden, soweit dies erforderlich ist, um die Einhaltung der gefahrgutbeförderungsrechtlichen Vorschriften sicherzustellen.

(4) Die Generaldirektion Wasserstraßen und Schifffahrt im Bereich der Bundeswasserstraßen und die jeweilige nach Landesrecht zuständige Stelle im Bereich der übrigen schiffbaren Wasserstraßen ist zuständige Behörde für die Verfolgung und Ahndung von Ordnungswidrigkeiten nach § 37.

(5) Die Generaldirektion Wasserstraßen und Schifffahrt ist zuständige Behörde für
1. das Ausstellen von Bescheinigungen nach den Unterabschnitten 8.2.1.2 und 8.2.2.8 ADN und
2. die Durchführung von Prüfungen nach Unterabschnitt 8.2.2.7 ADN.

(6) Das Wasserstraßen- und Schifffahrtsamt in seinem jeweiligen Amtsbezirk im Bereich der Bundeswasserstraßen und die jeweilige nach Landesrecht zuständige Stelle im Bereich der übrigen schiffbaren Wasserstraßen ist zuständige Behörde für
1. Aufgaben nach Teil 7 ADN mit Ausnahme von Aufgaben nach Absatz 3 und § 11 Nummer 6;
2. das Genehmigen von Arbeiten an Bord mit elektrischem Strom oder Feuer oder bei deren Ausführung Funken entstehen können nach Abschnitt 8.3.5 ADN;
3. die Entgegennahme der Meldungen über erhöhte Konzentrationen an Schwefelwasserstoff nach Unterabschnitt 3.2.3.2 Tabelle C Spalte 20 Nummer 28 Buchstabe b ADN bei der Beförderung von UN 2448;
4. Kontrollen nach Absatz 1.8.1.1.1 und die Untersagung der Verwendung eines Schiffes für die Beförderung gefährlicher Güter nach Unterabschnitt 1.16.13.2 ADN und
5. die Entgegennahme der Informationen und Mitteilungen nach Unterabschnitt 1.7.6.1 Buchstabe b Gliederungseinheit iv und Buchstabe c ADN.

Zuständige Behörde nach Satz 1 Nummer 4 und 5 sowie Unterabschnitt 7.1.5.5 ADN ist auch die jeweils nach Landesrecht zuständige Stelle. Die in Nummer 2 genannte Genehmigung kann widerruflich erteilt, befristet und mit Auflagen versehen werden, soweit dies erforderlich ist, um die Einhaltung der gefahrgutbeförderungsrechtlichen Vorschriften sicherzustellen.

(7) Die jeweilige nach Landesrecht zuständige Stelle ist zuständige Behörde für Kontrollen nach Unterabschnitt 1.8.1.4 ADN.

(8) Die Berufsgenossenschaft Verkehrswirtschaft Post-Logistik Telekommunikation ist zuständig nach der IMO Resolution A.749 (18) einschließlich deren Anlage „Code über Intaktstabilität aller Schiffstypen" in der Fassung der Bekanntmachung vom 18. März 1999 (VkBl. S. 164) für die Prüfung der Stabilitätsunterlagen nach Absatz 9.2.0.94.4 ADN.

GGVSEB

§ 17
Pflichten des Auftraggebers des Absenders

(1) Der Auftraggeber des Absenders im Straßen- und Eisenbahnverkehr sowie in der Binnenschifffahrt hat

1. sich vor Erteilung eines Auftrags an den Absender zu vergewissern, ob die gefährlichen Güter nach Teil 2 ADR/RID/ADN klassifiziert sind und nach § 3 befördert werden dürfen;

2. dafür zu sorgen, dass dem Absender die Angaben nach den Unterabschnitten 5.4.1.1, 5.4.1.2 sowie den Absätzen 5.5.2.4.1, 5.5.2.4.3 und 5.5.3.7.1 ADR/RID/ADN, im Straßenverkehr mit Ausnahme von Namen und Anschrift des Absenders nach Absatz 5.4.1.1.1 Buchstabe g ADR, schriftlich oder elektronisch mitgeteilt werden, und ihn, wenn Güter auf der Straße befördert werden, die § 35 Absatz 4 Satz 1 oder § 35a Absatz 1 oder Absatz 4 Satz 1 unterliegen, auf deren Beachtung schriftlich oder elektronisch hinzuweisen, und

3. dafür zu sorgen, dass der Absender bei Beförderung nach Kapitel 3.4 auf das gefährliche Gut in begrenzten Mengen unter Angabe der Bruttomasse und bei Beförderung nach Kapitel 3.5 auf das gefährliche Gut in freigestellten Mengen unter Angabe der Anzahl der Versandstücke, ausgenommen bei Beförderungen nach Unterabschnitt 3.5.1.4 ADR/RID/ADN, hingewiesen wird.

(2) Der Auftraggeber des Absenders im Eisenbahnverkehr hat dafür zu sorgen, dass dem Absender die Angaben nach Absatz 1.1.4.4.5 RID schriftlich oder elektronisch mitgeteilt werden.

(3) Der Auftraggeber des Absenders im Straßenverkehr sowie in der Binnenschifffahrt hat dafür zu sorgen, dass dem Absender vor Beförderungsbeginn die erforderlichen Informationen für die Temperaturkontrolle nach Unterabschnitt 7.1.7.3 ADR/ADN zur Verfügung gestellt werden.

§ 18
Pflichten des Absenders

(1) Der Absender im Straßen- und Eisenbahnverkehr sowie in der Binnenschifffahrt hat

1. den Beförderer und, wenn die gefährlichen Güter über deutsche See-, Binnen- oder Flughäfen eingeführt worden sind, den Verlader, der als erster die gefährlichen Güter zur Beförderung mit Straßenfahrzeugen, mit der Eisenbahn oder mit Binnenschiffen übergibt oder im Straßenverkehr oder im Binnenschiffsverkehr selbst befördert, mit Erteilung des Beförderungsauftrags

    a) auf das gefährliche Gut durch die Angaben nach Absatz 5.4.1.1.1 Buchstabe a bis d ADR/RID/ADN oder Absatz 5.4.1.1.2 Buchstabe a bis d ADN

    b) und, wenn Güter auf der Straße befördert werden, die den §§ 35 und 35a unterliegen, auf deren Beachtung

    schriftlich oder elektronisch hinzuweisen; bei Beförderungen nach den Kapiteln 3.4 und 3.5 ADR/RID/ADN ist ein allgemeiner Hinweis auf das gefährliche Gut in begrenzten und freigestellten Mengen erforderlich;

2. den Beförderer vor der Beförderung nach Abschnitt 3.4.12 ADR/RID/ADN in nachweisbarer Form über die Bruttomasse der in begrenzten Mengen zu versendenden gefährlichen Güter zu informieren;

3. sich vor Erteilung des Beförderungsauftrags und vor Übergabe gefährlicher Güter zur Beförderung zu vergewissern, ob die gefährlichen Güter nach Teil 2 ADR/RID/ADN klassifiziert sind und nach § 3 befördert werden dürfen;

4. dafür zu sorgen, dass die in einer Ausnahmezulassung, einer Vereinbarung nach § 5 oder einer Ausnahmeverordnung nach § 6 des Gefahrgutbeförderungsgesetzes festgelegten Angaben in das Beförderungspapier eingetragen werden;

5. dafür zu sorgen, dass nur Verpackungen, Großverpackungen, IBC, Tanks, MEMU oder Schiffe verwendet werden, die für die Beförderung der betreffenden Güter nach Kapitel 3.2 Tabelle A ADR/RID, Unterabschnitt 1.1.4.3 ADR/RID oder Kapitel 3.2 Tabelle A und zusätzlich bei Tankschiffbeförderung nach Tabelle C ADN zugelassen und geeignet sind;

GGVSEB

6. dafür zu sorgen, dass die zuständige Behörde nach Absatz 5.1.5.1.4 ADR/RID/ADN benachrichtigt wird;
7. im Besitz einer Kopie der Anweisungen nach Absatz 4.1.9.1.9 und einer Kopie der erforderlichen Zeugnisse nach Absatz 5.1.5.2.2 zu sein und auf Anfrage der zuständigen Behörde nach Absatz 5.1.5.2.3 ADR/RID/ADN Aufzeichnungen zur Verfügung zu stellen;
8. dafür zu sorgen, dass ein Beförderungspapier nach Abschnitt 5.4.1 mitgegeben wird, das die nach Abschnitt 5.4.1, die nach den anwendbaren Sondervorschriften in Kapitel 3.3 sowie die nach den Absätzen 5.5.2.4.1, 5.5.2.4.3 und 5.5.3.7.1 ADR/RID/ADN, Unterabschnitt 6.7.1.3 ADR/RID und nach den erläuternden Bemerkungen in Unterabschnitt 3.2.3.2 Tabelle C Spalte 20 ADN geforderten Angaben, Anweisungen und Hinweise enthält;
9. dafür zu sorgen, dass dem Beförderer die Zeugnisse nach Absatz 5.4.1.2.5.4 ADR/RID/ADN vor dem Be- und Entladen zugänglich gemacht werden;
10. dafür zu sorgen, dass dem Beförderungspapier die erforderlichen Begleitpapiere nach den anwendbaren Sondervorschriften in Kapitel 3.3 ADR/RID/ADN, nach Absatz 4.1.3.8.2 ADR/RID, Unterabschnitt 5.4.1.2 und Abschnitt 5.4.2 ADR/RID/ADN beigefügt werden;
11. den Verlader auf die Begasung von Einheiten schriftlich oder elektronisch hinzuweisen und
12. eine Kopie des Beförderungspapiers für gefährliche Güter und der im ADR/RID/ADN festgelegten zusätzlichen Informationen und Dokumentation für einen Mindestzeitraum von drei Monaten ab Ende der Beförderung nach Unterabschnitt 5.4.4.1 ADR/RID/ADN aufzubewahren.

(2) Der Absender im Straßenverkehr hat dafür zu sorgen,
1. dass dem Beförderer vor Beförderungsbeginn die Ausnahmezulassung nach § 5 Absatz 1 Nummer 1, Absatz 6 oder 7 übergeben wird und
2. dass dem Beförderer vor Beförderungsbeginn die erforderlichen Informationen für die Temperaturkontrolle nach Unterabschnitt 7.1.7.3 ADR zur Verfügung gestellt werden.

(3) Der Absender im Eisenbahnverkehr hat
1. die Vorschriften für den Versand als Expressgut nach Kapitel 7.6 RID zu beachten;
2. dafür zu sorgen, dass auch an ungereinigten leeren Wagen, Großcontainern und Kleincontainern für Güter in loser Schüttung sowie Schüttgut-Containern
   a) Großzettel (Placards) nach Unterabschnitt 5.3.1.6 RID,
   b) die orangefarbene Tafel nach Absatz 5.3.2.1.7 mit Ausnahme von Absatz 5.3.2.1.5 RID,
   c) Kennzeichen nach Abschnitt 5.3.6 RID und
   d) Rangierzettel nach Abschnitt 5.3.4 RID
   angebracht werden und
3. dafür zu sorgen, dass das Beförderungspapier die Angaben nach Absatz 1.1.4.4.5 RID enthält.

(4) Der Absender in der Binnenschifffahrt hat dafür zu sorgen,
1. dass dem Beförderer oder Schiffsführer vor Beförderungsbeginn die Ausnahmezulassung nach § 5 Absatz 1 Nummer 3 oder Absatz 3 übergeben wird;
2. dass auch an ungereinigten und nicht entgasten leeren Tankfahrzeugen, Kesselwagen, Fahrzeugen mit Aufsetztanks, Wagen mit abnehmbaren Tanks, Batterie-Fahrzeugen, Batteriewagen, MEGC, MEMU, Tankcontainern und ortsbeweglichen Tanks sowie an ungereinigten leeren Fahrzeugen, Wagen und Containern für die Beförderung in loser Schüttung
   a) Großzettel (Placards) nach Absatz 5.3.1.6.1 ADN und
   b) die orangefarbenen Tafeln nach Absatz 5.3.2.1.7 ADN
   angebracht werden und
3. dass dem Beförderer vor Beförderungsbeginn die erforderlichen Informationen für die Temperaturkontrolle nach Unterabschnitt 7.1.7.3 ADN zur Verfügung gestellt werden.

GGVSEB

§ 19
Pflichten des Beförderers

(1) Der Beförderer im Straßen- und Eisenbahnverkehr sowie in der Binnenschifffahrt

1. muss den Absender nach Unterabschnitt 1.7.6.1 Buchstabe a Gliederungseinheit i ADR/RID/ADN über die Nichteinhaltung eines Grenzwertes für die Dosisleistung oder die Kontamination informieren;

2. darf, wenn er einen Verstoß gegen die in Absatz 1 Nummer 1 und 5 und Absatz 2 bis 4 genannten Vorschriften des ADR/RID/ADN feststellt, die Sendung so lange nicht befördern, bis die Vorschriften erfüllt sind;

3. hat dafür zu sorgen, dass Tanks nach Unterabschnitt 4.3.3.6 Buchstabe f ADR/RID nicht zur Beförderung aufgegeben werden;

4. hat eine Kopie des Beförderungspapiers für gefährliche Güter und der im ADR/RID/ADN festgelegten zusätzlichen Informationen und Dokumentation für einen Mindestzeitraum von drei Monaten ab Ende der Beförderung nach Unterabschnitt 5.4.4.1 ADR/RID/ADN aufzubewahren;

5. hat dafür zu sorgen, dass die Dokumente im Zusammenhang mit der Beförderung von Güterbeförderungseinheiten (CTU), die begast und vor der Beförderung nicht vollständig belüftet worden sind, die Angaben nach Absatz 5.5.2.4.1 ADR/RID/ADN enthalten, und

6. hat dafür zu sorgen, dass die Dokumente im Zusammenhang mit der Beförderung von Fahrzeugen, Wagen oder Containern, die Trockeneis (UN 1845) oder zu Kühl- oder Konditionierungszwecken verwendete Stoffe enthalten oder enthalten haben und vor der Beförderung nicht vollständig belüftet wurden, die Angaben nach Absatz 5.5.3.7.1 ADR/RID/ADN enthalten.

(2) Der Beförderer im Straßenverkehr hat

1. das Verbot der anderweitigen Verwendung nach Abschnitt 4.3.5 Sondervorschrift TU 15 ADR einzuhalten;

2. der Fahrzeugbesatzung vor Antritt der Fahrt die schriftlichen Weisungen nach Unterabschnitt 5.4.3.2 ADR zu übergeben und dafür zu sorgen, dass jedes Mitglied der Fahrzeugbesatzung diese verstehen und richtig anwenden kann;

3. dafür zu sorgen, dass die Vorschriften für die Beförderung in loser Schüttung in Fahrzeugen oder Containern nach den anwendbaren Vorschriften in den Kapiteln 3.3 und 7.3 und die Vorschriften für die Beförderung in Tanks nach Abschnitt 7.4.1 ADR beachtet werden;

4. dafür zu sorgen, dass die Vorschriften über die Begrenzung der beförderten Mengen nach Absatz 7.5.5.2.1 und Unterabschnitt 7.5.5.3 ADR eingehalten werden;

5. dafür zu sorgen, dass

   a) die Begleitpapiere nach Unterabschnitt 8.1.2.1 Buchstabe a und Unterabschnitt 8.1.2.2 Buchstabe a und c sowie bei innerstaatlichen Beförderungen in Aufsetztanks die Bescheinigung über die Prüfung des Aufsetztanks nach Absatz 6.8.2.4.5 und Unterabschnitt 6.9.5.3, sofern die Übergangsvorschrift nach Unterabschnitt 1.6.3.41 ADR in Anspruch genommen wird, und

   b) die Ausnahmezulassung nach § 5 Absatz 1 Nummer 1, Absatz 6 oder 7

   dem Fahrzeugführer vor Beförderungsbeginn übergeben werden;

6. dafür zu sorgen, dass nur Fahrzeugführer mit einer gültigen Bescheinigung nach Unterabschnitt 8.2.2.8 ADR eingesetzt werden;

7. dafür zu sorgen, dass ortsbewegliche Tanks nach Unterabschnitt 4.2.3.8 Buchstabe f ADR nicht zur Beförderung aufgegeben werden;

8. dafür zu sorgen, dass für festverbundene Tanks, Aufsetztanks und Batterie-Fahrzeuge die Tankakte nach Absatz 4.3.2.1.7 ADR geführt, aufbewahrt, an einen neuen Beförderer übergeben, auf Anforderung zuständigen Behörden vorgelegt und dem Sachverständigen zur Verfügung gestellt wird;

9. die Beförderungseinheit mit Feuerlöschgeräten nach Abschnitt 8.1.4 ADR auszurüsten;

10. die Prüffristen nach Unterabschnitt 8.1.4.4 ADR in Verbindung mit § 36 oder den zugelassenen nationalen Normen einzuhalten;
11. das Fahrzeug mit den erforderlichen Großzetteln (Placards) nach Abschnitt 5.3.1, den orangefarbenen Tafeln nach Abschnitt 5.3.2 und den Kennzeichen nach den Abschnitten 3.4.15, 5.3.3 und 5.3.6 auszurüsten und hat dafür zu sorgen, dass in den Fällen des Abschnitts 3.4.13 in Verbindung mit Abschnitt 3.4.14 die Kennzeichen nach Abschnitt 3.4.15 ADR angebracht werden;
12. dafür zu sorgen, dass nur Tanks verwendet werden, deren Dicke der Tankwände den in Absatz 4.3.2.3.1 in Verbindung mit den Absätzen 6.8.2.1.17 bis 6.8.2.1.21 ADR genannten Anforderungen entspricht;
13. dafür zu sorgen, dass der festverbundene Tank, der Aufsetztank, das Batterie-Fahrzeug und der Saug-Druck-Tank auch zwischen den Prüfterminen den Bau-, Ausrüstungs- und Kennzeichnungsvorschriften nach den Unterabschnitten 6.8.2.1, 6.8.2.2, 6.8.2.5, 6.8.3.1, 6.8.3.2 und 6.8.3.5 und den anwendbaren Sondervorschriften in Abschnitt 6.8.4 Buchstabe e, den Abschnitten 6.10.1, 6.10.2 und 6.10.3 für die in der ADR-Zulassungsbescheinigung nach Unterabschnitt 9.1.3.1 oder in der Bescheinigung nach den Absätzen 6.8.2.4.5 und 6.8.3.4.18 ADR angegebenen Stoffe entspricht, mit Ausnahme der durch den Befüller anzugebenden beförderten Stoffe und Gase;
14. dafür zu sorgen, dass nach Maßgabe der Absätze 6.8.2.4.4 und 6.8.3.4.14 ADR eine außerordentliche Prüfung des festverbundenen Tanks und des Batterie-Fahrzeugs durchgeführt wird, wenn die Sicherheit des Tanks oder seiner Ausrüstung beeinträchtigt sein kann;
15. dem Fahrzeugführer die erforderliche Ausrüstung zur Durchführung der Ladungssicherung zu übergeben;
16. die Beförderungseinheit nach Abschnitt 8.1.5 ADR auszurüsten;
17. dafür zu sorgen, dass an Fahrzeugen,
    a) die nach Unterabschnitt 9.1.2.1 Satz 4 zugelassen sind, für die in der ADR-Zulassungsbescheinigung nach Unterabschnitt 9.1.3.5 unter Nummer 10 angegebenen gefährlichen Güter die Vorschriften über den Bau und die Ausrüstung der Fahrzeuge nach Abschnitt 9.2.1 ADR in Verbindung mit den ergänzenden Vorschriften nach den Kapiteln 9.3 bis 9.8 ADR und
    b) die nach Unterabschnitt 9.1.2.1 Satz 4 nicht zulassungspflichtig sind, die Vorschriften über den Bau und die Ausrüstung der Fahrzeuge nach den anwendbaren Sondervorschriften in Abschnitt 7.3.3, Unterabschnitt 9.2.1.1 Satz 2 und den Kapiteln 9.4 bis 9.6 ADR

    beachtet werden;
18. dafür zu sorgen, dass die Vorschriften über die Überwachung der Fahrzeuge nach Kapitel 8.4 in Verbindung mit Kapitel 8.5 ADR sowie bei innerstaatlichen Beförderungen auch die Vorschrift über das Abstellen von kennzeichnungspflichtigen Fahrzeugen nach Anlage 2 Gliederungsnummer 3.3 beachtet werden, und
19. dafür zu sorgen, dass festverbundene Tanks, Batterie-Fahrzeuge, Aufsetztanks, MEGC, ortsbewegliche Tanks und Tankcontainer nicht verwendet werden, wenn das Datum der nächsten Prüfung überschritten ist.

(3) Der Beförderer im Eisenbahnverkehr

1. muss sicherstellen, dass der Betreiber der von ihm genutzten Eisenbahninfrastruktur zu jedem Zeitpunkt während der Beförderung schnell und uneingeschränkt über die Daten verfügen kann, die es ihm ermöglichen, die Anforderungen des Unterabschnitts 1.4.3.6 Buchstabe b RID zu erfüllen;
2. hat dafür zu sorgen, dass nach Unterabschnitt 1.10.1.4 RID jedes Mitglied der Besatzung eines Zuges, mit dem gefährliche Güter befördert werden, einen Lichtbildausweis während der Beförderung mit sich führt;
3. hat dafür zu sorgen, dass die in § 18 Absatz 1 Nummer 8 und 10 genannten Begleitpapiere während der Beförderung verfügbar sind und zuständigen Personen auf Verlangen zur Prüfung ausgehändigt werden;
4. hat dafür zu sorgen, dass die Vorschriften über den Schutzabstand nach Abschnitt 7.5.3 RID beachtet werden;

GGVSEB

5. hat nach Unterabschnitt 5.4.3.2 RID vor Antritt der Fahrt dem Triebfahrzeugführer die schriftlichen Weisungen in einer Sprache bereitzustellen, die der Triebfahrzeugführer lesen und verstehen kann;
6. hat den Triebfahrzeugführer vor Antritt der Fahrt über die geladenen gefährlichen Güter und deren Position im Zug nach Absatz 1.4.2.2.7 in Verbindung mit Unterabschnitt 5.4.3.3 RID zu informieren;
7. hat dafür zu sorgen, dass die in den schriftlichen Weisungen nach Unterabschnitt 5.4.3.4 RID vorgeschriebene Ausrüstung auf dem Führerstand mitgeführt wird;
8. hat dafür zu sorgen, dass im Huckepackverkehr am Anhänger die orangefarbenen Tafeln oder die Großzettel (Placards) oder das Kennzeichen nach Absatz 1.1.4.4.3 RID angebracht sind, und
9. hat, wenn er gefährliche Güter am Abgangsort übernimmt, sich nach Absatz 1.4.2.2.1 Buchstabe c RID durch eine Sichtprüfung zu vergewissern, dass die Wagen und die Ladung keine offensichtlichen Mängel, keine Undichtigkeiten oder Risse aufweisen und dass keine Ausrüstungsteile fehlen;
10. hat, wenn er gefährliche Güter am Abgangsort übernimmt, sich nach Absatz 1.4.2.2.1 Buchstabe f zu vergewissern, dass die für die Wagen in Kapitel 5.3 RID vorgeschriebenen Großzettel (Placards), Kennzeichen und orangefarbenen Tafeln angebracht sind, und
11. hat dafür zu sorgen, dass die Informationen, die nach Absatz 1.4.2.2.8 RID zur Verfügung gestellt werden, auch den Tank und seine Ausrüstung umfassen.

(4) Der Beförderer in der Binnenschifffahrt

1. hat sich zu vergewissern, dass das Schiff nach Abschnitt 7.1.2 oder Abschnitt 7.2.2 ADN zur Beförderung der gefährlichen Güter zugelassen ist;
2. hat dafür zu sorgen, dass nach Unterabschnitt 1.10.1.4 ADN für jedes Mitglied der Besatzung ein Lichtbildausweis an Bord ist;
3. hat dem Schiffsführer vor Antritt der Fahrt die schriftlichen Weisungen nach Abschnitt 5.4.3 ADN in den Sprachen bereitzustellen, die der Schiffsführer und der Sachkundige lesen und verstehen können;
4. hat dafür zu sorgen, dass dem Schiffsführer vor Beförderungsbeginn die erforderlichen Informationen für die Temperaturkontrolle nach Unterabschnitt 7.1.7.3 ADN zur Verfügung gestellt werden;
5. hat dafür zu sorgen, dass
   a) die Besatzung die Vorschriften für das Laden, Befördern, Löschen und sonstige Handhaben der Ladung nach Teil 7 beachtet, mit Ausnahme der Vorschriften über die Klassifikation von Tankschiffen, Gebrauchsanleitungen, Hinweistafeln, Ausrüstungen und Methoden zur Temperaturkontrolle, und
   b) der vorgeschriebene Ladungsrechner nach den Absätzen 9.3.1.13.3, 9.3.2.13.3 und 9.3.3.13.3 ADN benutzt wird;
6. hat dafür zu sorgen, dass die Vorschriften über die Begrenzung der beförderten Mengen nach Unterabschnitt 7.1.4.1 ADN eingehalten werden;
7. hat dafür zu sorgen, dass dem Schiffsführer die Dokumente nach den Unterabschnitten 8.1.2.1 bis 8.1.2.3 ADN übergeben werden;
8. hat dafür zu sorgen, dass Schiffe nur eingesetzt werden, wenn der hauptverantwortliche Schiffsführer oder, wenn ein solcher nicht bestellt ist, jeder Schiffsführer nach den Unterabschnitten 7.1.3.15 und 7.2.3.15 eine gültige Bescheinigung nach den Unterabschnitten 8.2.1.2, 8.2.1.5 oder 8.2.1.7 ADN hat, und
9. hat nach Absatz 1.4.2.2.1 Buchstabe d ADN sicherzustellen, dass beim Laden und Löschen ein zweites Evakuierungsmittel verfügbar ist, sofern die landseitige Einrichtung nicht mit dem vorgeschriebenen zweiten Evakuierungsmittel ausgerüstet ist.

§ 20

Pflichten des Empfängers

(1) Der Empfänger im Straßen- und Eisenbahnverkehr sowie in der Binnenschifffahrt

1. ist nach Absatz 1.4.2.3.1 ADR/RID/ADN verpflichtet,
   a) die Annahme des Gutes nicht ohne zwingenden Grund zu verzögern oder zu verweigern und

b) nach dem Entladen und vor dem Zurückstellen oder vor der Wiederverwendung zu prüfen, dass die ihn betreffenden Vorschriften des ADR/RID/ADN eingehalten worden sind, und

2. hat den Absender nach Unterabschnitt 1.7.6.1 Buchstabe a Gliederungseinheit ii in Verbindung mit Buchstabe c ADR/RID/ADN über die Nichteinhaltung eines Grenzwertes für die Dosisleistung oder die Kontamination zu informieren.

(2) Der Empfänger im Straßenverkehr darf nach Absatz 1.4.2.3.2 ADR, wenn die Prüfung nach Absatz 1 Nummer 1 Buchstabe b im Falle eines Containers einen Verstoß gegen die Vorschriften des ADR aufzeigt, dem Beförderer den Container erst dann zurückstellen, wenn der Verstoß behoben worden ist.

(3) Der Empfänger im Eisenbahnverkehr darf nach Absatz 1.4.2.3.2 RID einen Wagen oder Container erst zurückstellen oder wieder verwenden, wenn die Vorschriften des RID für die Entladung eingehalten worden sind.

(4) Der Empfänger in der Binnenschifffahrt darf, wenn die Prüfung nach Absatz 1 Nummer 1 Buchstabe b einen Verstoß gegen die Vorschriften des ADN aufzeigt, dem Beförderer den Container, das Fahrzeug oder den Wagen erst dann zurückstellen, wenn der Verstoß behoben worden ist.

§ 21
Pflichten des Verladers

(1) Der Verlader im Straßen- und Eisenbahnverkehr sowie in der Binnenschifffahrt

1. darf gefährliche Güter dem Beförderer nur übergeben, wenn sie nach § 3 befördert werden dürfen;
2. hat bei der Übergabe verpackter gefährlicher Güter oder ungereinigter leerer Verpackungen zur Beförderung zu prüfen, ob die Verpackung erkennbar unvollständig oder beschädigt oder an der Außenseite mit Anhaftungen gefährlicher Rückstände versehen ist. Er darf ein Versandstück, dessen Verpackung erkennbar unvollständig oder beschädigt, insbesondere undicht ist, sodass gefährliches Gut austritt oder austreten kann oder an der Außenseite mit Anhaftungen gefährlicher Rückstände versehen ist, zur Beförderung erst übergeben, wenn der Mangel beseitigt worden ist. Dies gilt auch für die Beförderung nach den Kapiteln 3.4 und 3.5 ADR/RID/ADN;
3. hat dafür zu sorgen, dass ein Versandstück nach Teilentnahme des gefährlichen Gutes nur verladen wird, wenn die Verpackung den Anforderungen des Unterabschnitts 4.1.1.1 ADR/RID entspricht;
4. hat dafür zu sorgen, dass die Vorschriften über die leeren Verpackungen nach Unterabschnitt 4.1.1.11 in Verbindung mit Unterabschnitt 4.1.1.1 ADR/RID beachtet werden;
5. hat dafür zu sorgen, dass ein Warnkennzeichen nach den Absätzen 5.5.2.3.1 und 5.5.3.6.1 ADR/RID/ ADN angebracht wird;
6. hat dafür zu sorgen, dass die Kennzeichnungsvorschriften nach den Abschnitten 3.4.13 bis 3.4.15 ADR/RID/ADN beachtet werden;
7. hat dafür zu sorgen, dass die Anzahl der Versandstücke nach Abschnitt 3.5.5 ADR/RID/ADN nicht überschritten wird, und
8. hat dafür zu sorgen, dass bei Verwendung von unverpacktem Trockeneis die Maßnahmen nach Unterabschnitt 5.5.3.5 ADR/RID/ADN ergriffen werden.

(2) Der Verlader im Straßenverkehr hat

1. den Fahrzeugführer auf das gefährliche Gut mit den Angaben nach Absatz 5.4.1.1.1 Buchstabe a bis d ADR sowie, wenn Güter auf der Straße befördert werden, die § 35 Absatz 4 Satz 1 oder § 35a Absatz 1 oder Absatz 4 Satz 1 unterliegen, auf deren Beachtung schriftlich oder elektronisch hinzuweisen. Bei der Beförderung nach den Kapiteln 3.4 und 3.5 ADR ist nur ein allgemeiner Hinweis auf das gefährliche Gut in begrenzten und freigestellten Mengen erforderlich;
2. dafür zu sorgen, dass die Vorschriften über die Trägerfahrzeuge von Tankcontainern, ortsbeweglichen Tanks und MEGC nach Abschnitt 7.4.1 ADR eingehalten werden;
3. dafür zu sorgen, dass die Vorschriften über die Gefahrzettel und Kennzeichen nach Unterabschnitt 5.1.3.1 in Verbindung mit Kapitel 5.2 ADR beachtet werden;

GGVSEB

4. dafür zu sorgen, dass an Containern mit Versandstücken Großzettel (Placards) nach Unterabschnitt 5.3.1.2, die orangefarbenen Tafeln nach Absatz 5.3.2.1.4 und das Kennzeichen nach Abschnitt 5.3.6 ADR angebracht sind;

5. dafür zu sorgen, dass nur Container eingesetzt werden, die den technischen Anforderungen nach den Abschnitten 7.1.3 und 7.1.4 ADR entsprechen, und

6. dafür zu sorgen, dass bei Tankcontainern und MEGC die Vorschriften nach Absatz 4.3.2.3.2 und bei ortsbeweglichen Tanks nach Unterabschnitt 4.2.1.2, 4.2.2.3 und 4.2.3.3 und bei UN-MEGC nach Unterabschnitt 4.2.4.3 ADR beachtet werden.

(3) Der Verlader im Eisenbahnverkehr hat

1. dafür zu sorgen, dass die Vorschriften über die Gefahrzettel und Kennzeichen nach Unterabschnitt 5.1.3.1 in Verbindung mit Kapitel 5.2 RID beachtet werden;

2. dafür zu sorgen, dass

    a) an Großcontainern und Wagen mit Versandstücken, an Schüttgut-Containern sowie an Tragwagen Großzettel (Placards) nach den Unterabschnitten 5.3.1.2, 5.3.1.3 und 5.3.1.5 sowie im Huckepackverkehr nach Absatz 1.1.4.4.4, Rangierzettel nach Abschnitt 5.3.4 sowie das Kennzeichen nach Abschnitt 5.3.6 RID,

    b) an einem Wagen oder Container orangefarbene Tafeln nach Absatz 5.3.2.1.1 Satz 1 neunter Anstrich und Absatz 5.3.2.1.2 RID und

    c) orangefarbene Tafeln an Tragwagen nach Absatz 5.3.2.1.5 sowie im Huckepackverkehr die Kennzeichen oder orangefarbene Tafeln nach Absatz 1.1.4.4.4 RID

    angebracht sind;

3. dafür zu sorgen, dass nur Container eingesetzt werden, die den technischen Anforderungen nach den Abschnitten 7.1.3 und 7.1.4 RID entsprechen;

4. dafür zu sorgen, dass beim Verladen gefährlicher Güter in oder auf Wagen oder in Container oder beim Verladen von Containern, Schüttgut-Containern, MEGC, Tankcontainern oder ortsbeweglichen Tanks auf einen Wagen die Vorschriften über

    a) die Beförderung in Versandstücken nach Kapitel 7.2 RID und

    b) die Beladung und Handhabung nach Kapitel 7.5 RID

    beachtet werden, und

5. dafür zu sorgen, dass bei Tankcontainern und MEGC die Vorschriften nach Absatz 4.3.2.3.2 und bei ortsbeweglichen Tanks nach Unterabschnitt 4.2.1.2, 4.2.2.3 und 4.2.3.3 und bei UN-MEGC nach Unterabschnitt 4.2.4.3 RID beachtet werden.

(4) Der Verlader in der Binnenschifffahrt hat

1. den Schiffsführer auf das gefährliche Gut durch die Angaben nach Absatz 5.4.1.1.1 Buchstabe a bis d ADN hinzuweisen. Bei der Beförderung in begrenzten und freigestellten Mengen nach den Kapiteln 3.4 und 3.5 ADN ist nur ein allgemeiner Hinweis auf das gefährliche Gut erforderlich;

2. dafür zu sorgen, dass

    a) an Containern, MEGC, Schüttgut-Containern, Tankcontainern und ortsbeweglichen Tanks Großzettel (Placards) nach Unterabschnitt 5.3.1.2 sowie das Kennzeichen nach Abschnitt 5.3.6 ADN,

    b) an Trägerfahrzeugen, auf denen Container, MEGC, Schüttgut-Container, Tankcontainer oder ortsbewegliche Tanks befördert werden, Großzettel (Placards) nach Unterabschnitt 5.3.1.3 ADN,

    c) an Fahrzeugen für die Beförderung in loser Schüttung, Tankfahrzeugen, Batterie-Fahrzeugen und Fahrzeugen mit Aufsetztanks Großzettel (Placards) nach Unterabschnitt 5.3.1.4 ADN,

    d) an Fahrzeugen, in denen nur Versandstücke befördert werden, Großzettel (Placards) nach Unterabschnitt 5.3.1.5 ADN und

e) auch an ungereinigten und nicht entgasten leeren Tankfahrzeugen, Kesselwagen, Fahrzeugen mit Aufsetztanks, Wagen mit abnehmbaren Tanks, Batterie-Fahrzeugen, Batteriewagen, MEGC, MEMU, Tankcontainern und ortsbeweglichen Tanks sowie an ungereinigten leeren Fahrzeugen, Wagen und Containern für die Beförderung in loser Schüttung Großzettel (Placards) nach Absatz 5.3.1.6.1 ADN

angebracht sind;

3. dafür zu sorgen, dass die Vorschriften über das Laden, Befördern und die Handhabung nach Abschnitt 7.1.4 ADN beachtet werden, und

4. nach Absatz 1.4.3.1.1 Buchstabe f ADN sicherzustellen, dass beim Laden die landseitige Einrichtung mit einem oder zwei Evakuierungsmitteln ausgerüstet ist.

§ 22
Pflichten des Verpackers

(1) Der Verpacker im Straßen- und Eisenbahnverkehr sowie in der Binnenschifffahrt hat

1. die Vorschriften über das Verpacken, Umverpacken und die Kennzeichnung nach den Abschnitten 3.4.1 bis 3.4.11 ADR/RID/ADN;

2. die Vorschriften über das Verpacken, Umverpacken und die Kennzeichnung nach den Abschnitten 3.5.1 bis 3.5.4 ADR/RID/ADN;

3. die Vorschriften über die Verwendung und Prüfung der Dichtheit nach dem Befüllen von Druckgefäßen, Verpackungen einschließlich IBC und Großverpackungen nach den Abschnitten 4.1.1 bis 4.1.9 und den Absätzen 6.2.6.3.2.1 und 6.2.6.3.2.2.2 ADR/RID sowie den anwendbaren Sondervorschriften in Kapitel 3.3 ADR/RID/ADN;

4. die Vorschriften über das Zusammenpacken nach

   a) Absatz 1.1.4.2.1 Buchstabe b ADR/RID, wenn eine See- oder Luftbeförderung eingeschlossen ist, und

   b) Abschnitt 4.1.10 ADR/RID;

5. die Vorschriften über die Kennzeichnung und Bezettelung

   a) von Versandstücken nach Absatz 1.1.4.2.1 Buchstabe a ADR/RID/ADN, wenn eine See- oder Luftbeförderung eingeschlossen ist, und

   b) von Versandstücken nach Abschnitt 5.1.4, Absatz 5.1.5.4.1, den Abschnitten 5.2.1, 5.2.2, nach Unterabschnitt 5.5.3.4 sowie nach den anwendbaren Sondervorschriften in Kapitel 3.3 ADR/RID/ADN

zu beachten und

6. Versandstücke in den Umverpackungen zu sichern.

(2) Der Verpacker im Straßenverkehr hat die Vorschriften über

1. die Verwendung von Umverpackungen nach Abschnitt 5.1.2 ADR und

2. die Bezettelung von Umverpackungen, die radioaktive Stoffe enthalten, nach Absatz 5.2.2.1.11 ADR

zu beachten.

(3) Der Verpacker im Eisenbahnverkehr hat die Vorschriften über

1. die Verwendung von Umverpackungen nach Abschnitt 5.1.2 RID und

2. die Bezettelung von Umverpackungen, die radioaktive Stoffe enthalten, nach Absatz 5.2.2.1.11 RID

zu beachten.

GGVSEB

§ 23
Pflichten des Befüllers

(1) Der Befüller im Straßen- und Eisenbahnverkehr sowie in der Binnenschifffahrt

1. darf gefährliche Güter dem Beförderer nur übergeben, wenn sie nach § 3 befördert werden dürfen;
2. darf Tanks nach Unterabschnitt 4.2.2.8 Buchstabe c und d, 4.2.3.8 Buchstabe c bis e sowie 4.3.3.6 Buchstabe c bis e und g ADR/RID dem Beförderer nicht übergeben;
3. darf ortsbewegliche Tanks und UN-MEGC nach Unterabschnitt 4.2.1.1, Unterabschnitt 4.2.2.2 in Verbindung mit Absatz 4.2.2.7.1, Unterabschnitt 4.2.3.2 in Verbindung mit Absatz 4.2.3.6.1, Unterabschnitt 4.2.4.1 in Verbindung mit Absatz 4.2.4.5.1 ADR/RID nur mit den für diese Tanks zugelassenen gefährlichen Gütern befüllen, wenn das Datum der nächsten Prüfung nicht überschritten ist;
4. hat dafür zu sorgen, dass an Tanks und UN-MEGC die Dichtheit der Verschlusseinrichtungen geprüft wird und die Tanks nach Absatz 4.2.1.9.6 Buchstabe b, Unterabschnitt 4.2.2.8 Buchstabe b, Unterabschnitt 4.2.3.8 Buchstabe b, Unterabschnitt 4.2.4.6 Buchstabe a und Unterabschnitt 4.3.3.6 Buchstabe b ADR/RID nicht befördert werden, wenn sie undicht sind;
5. darf Tanks, deren Datum der nächsten Prüfung nicht überschritten ist, mit den nach Absatz 4.3.2.1.5 zulässigen gefährlichen Gütern nur befüllen, wenn die Beförderung dieser gefährlichen Güter nach Absatz 4.3.2.1.1 ADR/RID in Tanks zulässig ist;
6. hat dafür zu sorgen, dass der zulässige Füllungsgrad oder die zulässige Masse der Füllung je Liter Fassungsraum oder die zulässige Bruttomasse nach den Absätzen 4.2.1.9.1.1, 4.2.1.13.13, 4.2.2.7.2, 4.2.2.7.3, Unterabschnitt 4.2.2.8 Buchstabe a, den Absätzen 4.2.3.6.2, 4.2.3.6.3, 4.2.3.6.4, Unterabschnitt 4.2.3.8 Buchstabe a, den Absätzen 4.2.4.5.2 und 4.2.4.5.3, den anwendbaren Sondervorschriften in Unterabschnitt 4.2.5.3, den Vorschriften in Unterabschnitt 4.3.2.2, den Absätzen 4.3.3.2.3 und 4.3.3.2.5, Unterabschnitt 4.3.3.6 Buchstabe a oder den anwendbaren Sondervorschriften in Abschnitt 4.3.5 ADR/RID eingehalten wird;
7. hat dafür zu sorgen, dass bei Tanks nach dem Befüllen nach den anwendbaren Sondervorschriften in Kapitel 3.3 ADR/RID/ADN und den Vorschriften nach Absatz 4.2.4.5.5 die Dichtheit der Verschlüsse und der Ausrüstung geprüft wird oder nach Absatz 4.3.2.3.3 ADR/RID alle Verschlüsse in geschlossener Stellung sind und keine Undichtheit auftritt;
8. hat dafür zu sorgen, dass nach Absatz 4.2.1.9.6 Buchstabe b oder Absatz 4.3.2.3.5 ADR/RID an den Tanks außen keine gefährlichen Reste des Füllgutes anhaften;
9. hat dafür zu sorgen, dass nach Unterabschnitt 4.2.1.6 oder Absatz 4.3.2.3.6 ADR/RID Tanks nicht mit Stoffen, die gefährlich miteinander reagieren können, in unmittelbar nebeneinanderliegenden Tankabteilen oder -kammern befüllt werden;
10. hat dafür zu sorgen, dass Tanks, Batterie-Fahrzeuge, Batteriewagen und MEGC, deren Datum der nächsten Prüfung überschritten ist, nach Absatz 4.3.2.3.7 ADR/RID nicht befüllt und nicht zur Beförderung aufgegeben werden;
11. hat dafür zu sorgen, dass bei wechselweiser Verwendung von Tanks die Entleerungs-, Reinigungs- und Entgasungsmaßnahmen nach Absatz 4.3.3.3.1 ADR/RID durchgeführt werden;
12. hat dafür zu sorgen, dass an ortsbeweglichen Tanks die Bezeichnung des beförderten tiefgekühlt verflüssigten Gases nach Absatz 6.7.4.15.2 ADR/RID angegeben wird;
13. hat dafür zu sorgen, dass an festverbundenen Tanks, Aufsetztanks, Kesselwagen, Tankcontainern, MEGC, Batterie-Fahrzeugen und Batteriewagen die offizielle Benennung der beförderten Stoffe und Gase und bei Gasen, die einer n.a.g.-Eintragung zugeordnet sind, zusätzlich die technische Benennung nach den Absätzen 6.8.3.5.6, 6.8.3.5.11 und 6.8.3.5.12 und die Kennzeichen nach den anwendbaren Sondervorschriften in Abschnitt 6.8.4 Buchstabe e ADR/RID angegeben werden;
14. hat dafür zu sorgen, dass befüllte MEGC nach Maßgabe des Unterabschnitts 4.2.4.6 Buchstabe b bis d ADR/RID nicht zur Beförderung aufgegeben werden, und
15. darf Tanks nur befüllen, wenn sich die Tanks und ihre Ausrüstungsteile in einem technisch einwandfreien Zustand befinden.

GGVSEB

(2) Der Befüller im Straßenverkehr

1. hat den Fahrzeugführer auf das gefährliche Gut mit den Angaben nach Absatz 5.4.1.1.1 Buchstabe a bis d ADR sowie, wenn Güter auf der Straße befördert werden, die § 35 Absatz 4 Satz 1 oder § 35a Absatz 1 oder Absatz 4 Satz 1 unterliegen, auf deren Beachtung schriftlich oder elektronisch hinzuweisen;
2. hat dem Fahrzeugführer die Nummern zur Kennzeichnung der Gefahr für die orangefarbenen Tafeln nach Abschnitt 5.3.2 ADR mitzuteilen;
3. hat dafür zu sorgen, dass an Tankcontainern, ortsbeweglichen Tanks, MEGC und Containern mit loser Schüttung

    a) Großzettel (Placards) nach Unterabschnitt 5.3.1.2 ADR,

    b) die orangefarbene Tafel nach Abschnitt 5.3.2 ADR,

    c) das Kennzeichen nach Abschnitt 5.3.3 ADR mit Ausnahme an MEGC und

    d) das Kennzeichen nach Abschnitt 5.3.6 ADR

    angebracht werden;
4. hat dafür zu sorgen, dass die Beladevorschriften nach Unterabschnitt 7.5.1.2 ADR beachtet werden;
5. hat das Rauchverbot nach den Abschnitten 7.5.9 und 8.3.5 ADR zu beachten;
6. hat dafür zu sorgen, dass die zusätzliche Vorschrift S2 Absatz 2 und 3 in Kapitel 8.5 ADR beachtet wird;
7. hat dafür zu sorgen, dass der Fahrzeugführer vor der erstmaligen Handhabung der Fülleinrichtung nach Anlage 2 Gliederungsnummer 3.2 Satz 1 eingewiesen wird;
8. hat dafür zu sorgen, dass die anwendbaren Sondervorschriften in Kapitel 3.3 und die Vorschriften nach Kapitel 7.3 ADR über die Beförderung in loser Schüttung beachtet werden;
9. hat dafür zu sorgen, dass bei Fahrzeugen, ortsbeweglichen Tanks oder Tankcontainern die Maßnahmen zur Vermeidung elektrostatischer Aufladungen nach Abschnitt 7.5.10 ADR durchgeführt werden;
10. darf Tanks nach Absatz 4.3.2.1.1 nur mit den nach Absatz 4.3.2.1.5 zugelassenen gefährlichen Gütern befüllen, wenn bei den verwendeten Fahrzeugen das Gültigkeitsdatum der ADR-Zulassungsbescheinigung nach Unterabschnitt 9.1.3.4 ADR nicht überschritten ist;
11. hat sich zu vergewissern, dass die Vorschriften für die Beförderung in Tanks nach Abschnitt 7.4.1 ADR eingehalten sind, und
12. hat dafür zu sorgen, dass die Verwendungsvorschriften für flexible Schüttgut-Container nach Unterabschnitt 7.3.2.10 ADR eingehalten werden.

(3) Der Befüller im Eisenbahnverkehr hat

1. dafür zu sorgen, dass vor und nach dem Befüllen von Flüssiggaskesselwagen die Kontrollvorschriften nach den Absätzen 4.3.3.4.1 und 4.3.3.4.3 RID beachtet werden;
2. dafür zu sorgen, dass

    a) Großzettel (Placards) nach den Unterabschnitten 5.3.1.2 und 5.3.1.4 RID,

    b) Rangierzettel nach Unterabschnitt 5.3.4.1 RID,

    c) die orangefarbene Tafel nach Absatz 5.3.2.1.1 Satz 1 und Absatz 5.3.2.1.2 RID,

    d) das Kennzeichen nach Abschnitt 5.3.3 RID und

    e) das Kennzeichen nach Abschnitt 5.3.6 RID

    angebracht werden;

12

GGVSEB

3. dafür zu sorgen, dass die Vorschriften über die Beförderung in loser Schüttung nach Kapitel 7.3 RID beachtet werden;

4. dafür zu sorgen, dass die Beladevorschriften nach den Unterabschnitten 7.5.1.1 und 7.5.1.2 RID beachtet werden;

5. nach Kapitel 3.3 Sondervorschrift 665 Satz 1 Buchstabe b Satz 2 RID sicherzustellen und zu dokumentieren, dass die maximal zulässige Temperatur der Ladung während oder unmittelbar nach dem Befüllen nicht überschritten wird, und

6. dafür zu sorgen, dass die Verwendungsvorschriften für flexible Schüttgut-Container nach Unterabschnitt 7.3.2.10 RID eingehalten werden.

(4) Der Befüller in der Binnenschifffahrt hat

1. den Schiffsführer auf das gefährliche Gut mit den Angaben nach Absatz 5.4.1.1.1 Satz 1 Buchstabe a bis d und Absatz 5.4.1.1.2 Satz 1 Buchstabe a bis d ADN hinzuweisen;

2. dafür zu sorgen, dass an Tankcontainern, ortsbeweglichen Tanks, MEGC und Containern mit gefährlichen Gütern in loser Schüttung

   a) die Großzettel (Placards) nach Unterabschnitt 5.3.1.2 ADN,

   b) die orangefarbene Tafel nach Unterabschnitt 5.3.2.1 ADN,

   c) das Kennzeichen nach Abschnitt 5.3.3 ADN mit Ausnahme an MEGC und

   d) das Kennzeichen nach Abschnitt 5.3.6 ADN

   angebracht werden;

3. dafür zu sorgen, dass ein Tankschiff nur mit den gefährlichen Gütern gemäß der Schiffsstoffliste nach Absatz 1.16.1.2.5 befüllt wird und das Datum nach Absatz 1.16.1.2.1 Satz 3 ADN im Zulassungszeugnis für das Tankschiff nicht überschritten ist;

4. nach Unterabschnitt 1.4.3.3 Buchstabe q und x ADN sicherzustellen, dass beim Laden die landseitige Einrichtung mit einem oder zwei Evakuierungsmitteln ausgerüstet ist;

5. nach Unterabschnitt 1.4.3.3 Buchstabe v, wenn die Sondervorschrift 803 in Abschnitt 3.3.1 ADN Anwendung findet, sicherzustellen und zu dokumentieren, dass die maximal zulässige Temperatur beim Verladen nicht überschritten wird, und dem Schiffsführer die in der Sondervorschrift 803 Buchstabe d genannten Instruktionen zu erteilen;

6. nach Unterabschnitt 1.4.3.3 Buchstabe u ADN sicherzustellen, dass für die gesamte Dauer des Befüllens eine ständige und zweckmäßige Überwachung gewährleistet ist;

7. nach Unterabschnitt 1.4.3.3 Buchstabe m vor dem Befüllen der Ladetanks eines Tankschiffes seinen Teil der Prüfliste nach Unterabschnitt 7.2.4.10 ADN auszufüllen;

8. nach Unterabschnitt 1.4.3.3 Buchstabe r sicherzustellen, dass in der Gasrückfuhrleitung, wenn diese nach Absatz 7.2.4.25.5 ADN erforderlich ist, eine Flammendurchschlagsicherung vorhanden ist, die das Schiff gegen Detonation und Flammendurchschlag von Land aus schützt, und

9. sicherzustellen, dass die Laderate mit der an Bord mitzuführenden Instruktion für die Lade- und Löschraten nach Absatz 9.3.2.25.9 oder 9.3.3.25.9 ADN übereinstimmt und der Druck an der Übergabestelle der Gasabfuhr- und Gasrückfuhrleitung den Öffnungsdruck des Hochgeschwindigkeitsventils nicht übersteigt.

§ 23a
Pflichten des Entladers

(1) Der Entlader im Straßen- und Eisenbahnverkehr sowie in der Binnenschifffahrt hat

1. sich nach Absatz 1.4.3.7.1 ADR/RID/ADN durch einen Vergleich der entsprechenden Informationen im Beförderungspapier mit den Informationen auf dem Versandstück, Container, Tank, MEMU, MEGC, Fahrzeug, Wagen oder Beförderungsmittel zu vergewissern, dass die richtigen Güter ausgeladen werden;

GGVSEB

2. nach Absatz 1.4.3.7.1 ADR/RID/ADN vor und während der Entladung zu prüfen, ob die Verpackungen, der Tank, das Fahrzeug, der Wagen, das Beförderungsmittel oder der Container so stark beschädigt worden sind, dass eine Gefahr für den Entladevorgang entsteht; in diesem Fall hat er sich zu vergewissern, dass die Entladung erst durchgeführt wird, wenn geeignete Maßnahmen zur Abwehr einer Gefahr ergriffen worden sind;
3. nach Absatz 1.4.3.7.1 ADR/RID/ADN unmittelbar nach der Entladung des Tanks, Fahrzeugs, Wagens, Beförderungsmittels oder Containers

    a) gefährliche Rückstände zu entfernen, die nach dem Entladevorgang an der Außenseite des Tanks, Fahrzeugs, Wagens, Beförderungsmittels oder Containers anhaften, und

    b) den Verschluss der Ventile und der Besichtigungsöffnungen sicherzustellen;

4. nach Absatz 1.4.3.7.1 ADR/RID/ADN sicherzustellen, dass die vorgeschriebene Reinigung und Entgiftung von Fahrzeugen, Wagen, Beförderungsmitteln oder Containern vorgenommen wird;
5. nach Absatz 1.4.3.7.1 ADR/RID/ADN dafür zu sorgen, dass bei vollständig entladenen, gereinigten, entgasten und entgifteten Fahrzeugen, Wagen, Beförderungsmitteln, Containern, MEGC, MEMU, Tankcontainern und ortsbeweglichen Tanks keine Großzettel (Placards), keine Kennzeichen und keine orangefarbenen Tafeln gemäß den Kapiteln 3.4 und 5.3 ADR/RID/ADN mehr sichtbar sind, und
6. das Warnkennzeichen nach Absatz 5.5.2.3.4 ADR/RID/ADN nach der Belüftung und Entladung von begasten Güterbeförderungseinheiten zu entfernen.

(2) Der Entlader im Straßenverkehr hat dafür zu sorgen, dass

1. bei Fahrzeugen, ortsbeweglichen Tanks oder Tankcontainern die Maßnahmen zur Vermeidung elektrostatischer Aufladungen nach Abschnitt 7.5.10 ADR durchgeführt werden;
2. die zusätzliche Vorschrift S2 Absatz 2 und 3 in Kapitel 8.5 ADR beachtet wird;
3. der Fahrzeugführer vor der erstmaligen Handhabung der Entleerungseinrichtung nach Anlage 2 Gliederungsnummer 3.2 Satz 2 in Verbindung mit Satz 1 eingewiesen wird, und
4. die Entladevorschriften nach Unterabschnitt 7.5.1.3 ADR beachtet werden.

(3) Der Entlader im Eisenbahnverkehr hat dafür zu sorgen, dass die Entladevorschriften nach Unterabschnitt 7.5.1.3 RID beachtet werden.

(4) Der Entlader in der Binnenschifffahrt hat

1. nach Absatz 1.4.3.7.1 Buchstabe g ADN sicherzustellen, dass beim Entladen die landseitige Einrichtung mit einem oder zwei Evakuierungsmitteln ausgerüstet ist, und
2. nach Absatz 1.4.3.7.1 ADN betreffend das Entladen von Ladetanks

    a) vor dem Entladen der Ladetanks eines Tankschiffes seinen Teil der Prüfliste nach Unterabschnitt 7.2.4.10 ADN auszufüllen;

    b) sicherzustellen, dass in der Gasrückfuhrleitung, wenn es erforderlich ist, sie an die Gasabfuhrleitung anzuschließen, und nach Unterabschnitt 3.2.3.2 Tabelle C Spalte 17 ADN Explosionsschutz erforderlich ist, eine Flammendurchschlagsicherung vorhanden ist, die das Schiff gegen Detonation und Flammendurchschlag von Land aus schützt;

    c) sicherzustellen, dass die Löschrate mit der an Bord mitzuführenden Instruktion für die Lade- und Löschraten nach Absatz 9.3.2.25.9 oder 9.3.3.25.9 ADN übereinstimmt und der Druck an der Übergabestelle der Gasabfuhr- und Gasrückfuhrleitung den Öffnungsdruck des Hochgeschwindigkeitsventils nicht übersteigt;

    d) sicherzustellen, dass die von ihm zur Verfügung gestellten Dichtungen zwischen den Verbindungsflanschen der Schiff-Land-Verbindung der Lade- und Löschleitungen aus Werkstoffen bestehen, die weder durch die Ladung angegriffen werden noch eine Zersetzung der Ladung oder eine schädliche oder gefährliche Reaktion mit der Ladung verursachen können;

    e) sicherzustellen, dass für die gesamte Dauer des Löschens eine ständige und zweckmäßige Überwachung gewährleistet ist, und

    f) sicherzustellen, dass beim Löschen mit der bordeigenen Löschpumpe diese von der Landanlage aus abgeschaltet werden kann.

GGVSEB

§ 24
Pflichten des Betreibers eines Tankcontainers, ortsbeweglichen Tanks, MEGC, Schüttgut-Containers oder MEMU

Der Betreiber eines Tankcontainers, ortsbeweglichen Tanks, MEGC, Schüttgut-Containers oder MEMU im Straßen- und Eisenbahnverkehr sowie in der Binnenschifffahrt hat dafür zu sorgen, dass

1. Tankcontainer, ortsbewegliche Tanks, MEGC, Schüttgut-Container und flexible Schüttgut-Container auch zwischen den Prüfterminen den Verwendungs-, Bau-, Ausrüstungs- und Kennzeichnungsvorschriften nach den Unterabschnitten 4.2.1.2, 4.2.2.3, 4.2.3.3, 4.2.4.3, dem Absatz 4.3.2.3.2, den Abschnitten 6.7.2, 6.7.3, 6.7.4, 6.7.5, den Unterabschnitten 6.8.2.1, 6.8.2.2, 6.8.2.5, 6.8.3.1, 6.8.3.2, 6.8.3.5 und den anwendbaren Sondervorschriften in Abschnitt 6.8.4 Buchstabe e, den Abschnitten 6.9.2, 6.9.3, 6.9.6, den Unterabschnitten 6.11.3.1, 6.11.3.2 und 6.11.3.4 und den Abschnitten 6.11.4 und 6.11.5 ADR/RID entsprechen, mit Ausnahme der durch den Befüller anzugebenden beförderten Stoffe und Gase;

2. nach Maßgabe der Absätze 6.7.2.19.7, 6.7.2.19.11, 6.7.3.15.7, 6.7.4.14.7, 6.7.4.14.12, 6.8.2.4.4, 6.8.3.4.14 und des Unterabschnitts 6.9.5.2 ADR/RID eine außerordentliche Prüfung durchgeführt wird;

3. nur Tankcontainer, ortsbewegliche Tanks oder MEGC verwendet werden, deren Dicke der Tankwände den in Absatz 4.3.2.3.1, den Unterabschnitten 6.7.2.4, 6.7.3.4, 6.7.4.4 und den Absätzen 6.8.2.1.17 bis 6.8.2.1.20 ADR/RID genannten Anforderungen entspricht;

4. MEGC nach Absatz 4.2.4.5.6 ADR/RID nicht zur Befüllung übergeben werden;

5. an ortsbeweglichen Tanks die Druckentlastungseinrichtungen nach Absatz 4.2.1.17.1 ADR/RID geprüft werden;

6. für Tankcontainer und MEGC die Tankakte nach Absatz 4.3.2.1.7 ADR/RID geführt, aufbewahrt, an einen neuen Eigentümer oder Betreiber übergeben, auf Anforderung zuständigen Behörden vorgelegt und dem Sachverständigen zur Verfügung gestellt wird, und

7. die MEMU nach Absatz 6.12.3.2.6 ADR untersucht und geprüft werden.

§ 25
Pflichten des Herstellers, Wiederaufarbeiters und Rekonditionierers von Verpackungen, des Herstellers und Wiederaufarbeiters von IBC und der Stellen für Inspektionen und Prüfungen von IBC

(1) Der Hersteller oder Wiederaufarbeiter im Straßen- und Eisenbahnverkehr sowie in der Binnenschifffahrt

1. darf an serienmäßig oder einzeln hergestellten Verpackungen, Gefäßen, IBC und Großverpackungen die Kennzeichen nach Abschnitt 6.1.3, den Unterabschnitten 6.2.2.7, 6.2.2.8, 6.2.3.9, 6.2.3.10, den Abschnitten 6.3.4, 6.5.2 und 6.6.3 ADR/RID nur anbringen, sofern diese der zugelassenen Bauart entsprechen und die in der Zulassung genannten Nebenbestimmungen erfüllt sind;

2. muss die ausstellende zuständige Behörde über Änderungen des zugelassenen Baumusters nach Absatz 6.2.2.5.4.10 Buchstabe a ADR/RID in Kenntnis setzen;

3. hat dem Verpacker die Anweisungen für das Befüllen und Verschließen der Versandstücke nach Unterabschnitt 4.1.4.1 Verpackungsanweisung P 650 Absatz 12 ADR/RID zu liefern und

4. muss nach Absatz 6.2.3.11.3 ADR/RID dem Eigentümer eines Bergungsdruckgefäßes eine Kopie der Zulassungsbescheinigung zur Verfügung stellen.

(2) Der Rekonditionierer im Straßen- und Eisenbahnverkehr sowie in der Binnenschifffahrt darf an rekonditionierten Verpackungen die Kennzeichen nach Abschnitt 6.1.3 nur anbringen, sofern die Verpackungen in Übereinstimmung mit dem anerkannten Qualitätssicherungsprogramm nach Unterabschnitt 6.1.1.4 ADR/RID rekonditioniert wurden und die im Anerkennungsbescheid genannten Nebenbestimmungen erfüllt sind.

(3) Die Stelle, die Inspektionen und Prüfungen von IBC nach Absatz 6.5.4.4.1, 6.5.4.4.2 oder 6.5.4.5.2 im Straßen- und Eisenbahnverkehr sowie in der Binnenschifffahrt durchführt, darf an IBC die Kennzeichen nach den Absätzen 6.5.2.2.1 und 6.5.4.5.3 ADR/RID nur anbringen, sofern die im Anerkennungsbescheid dieser Stelle genannten Nebenbestimmungen eingehalten werden.

§ 26
Sonstige Pflichten

(1) Wer ungereinigte und nicht entgaste leere Tanks zur Beförderung übergibt, versendet oder selbst befördert, hat dafür zu sorgen, dass

1. nach Absatz 4.3.2.4.1 ADR/RID den Tanks außen keine gefährlichen Reste des Füllgutes anhaften;

2. nach Absatz 4.3.2.4.2 und Unterabschnitt 4.2.1.5 ADR/RID ungereinigte leere und nicht entgaste Tanks ebenso verschlossen und dicht sind wie im gefüllten Zustand, und

3. die nach Unterabschnitt 5.3.1.6 und den Abschnitten 5.3.2, 5.3.4 und 5.3.6 RID vorgeschriebenen Großzettel (Placards) und Kennzeichen angebracht sind.

(2) Wenn eine Sichtprüfung bei Tanks nach Absatz 1 Nummer 2 ergibt, dass keine offensichtlichen Undichtigkeiten vorliegen, kann davon ausgegangen werden, dass beim vorherigen Entleerungsvorgang nicht betätigte Füll- und Entleerungseinrichtungen unverändert dicht sind.

(3) Der Hersteller von Gegenständen der UN 3164, für die Kapitel 3.3 Sondervorschrift 371 ADR/RID/ADN einschlägig ist, muss vor der Aufgabe zur Beförderung nach Absatz 2 Satz 1 dieser Sondervorschrift eine technische Dokumentation über die Bauart, die Herstellung sowie die Prüfungen und deren Ergebnisse anfertigen.

(4) Der Verlader, Befüller, Beförderer im Straßen- und Eisenbahnverkehr, der Betreiber eines Containers und Fahrzeugführer im Straßenverkehr sowie der Betreiber eines Wagens oder Großcontainers im Eisenbahnverkehr haben bei der Beförderung erwärmter flüssiger und fester Stoffe der UN-Nummern 3257 und 3258 nach Abschnitt 7.3.3 Sondervorschrift VC 3 ADR/RID die Vorschriften nach § 36b zu beachten.

(5) Der Betreiber einer Annahmestelle für Gase und Dämpfe aus leeren oder entladenen Ladetanks und Lade- und Löschleitungen eines Tankschiffs hat

1. dafür zu sorgen, dass sein Personal nach Unterabschnitt 1.3.2.2 ADN unterwiesen wird,

2. nach Absatz 1.4.3.8.1 Buchstabe a vor dem Entgasen von leeren oder entladenen Ladetanks und Lade- und Löschleitungen eines Tankschiffs an einer Annahmestelle seinen Teil der Prüfliste nach Absatz 7.2.3.7.2.2 Satz 2 ADN auszufüllen und

3. nach Absatz 1.4.3.8.1 Buchstabe b sicherzustellen, dass, soweit gemäß Absatz 7.2.3.7.2.3 ADN erforderlich, in der Leitung der Annahmestelle, die an das zu entgasende Schiff angeschlossen ist, eine Flammendurchschlagsicherung vorhanden ist, welche das Schiff gegen Detonation und Flammendurchschlag von der Annahmestelle aus schützt.

§ 27
Pflichten mehrerer Beteiligter im Straßen- und Eisenbahnverkehr sowie in der Binnenschifffahrt

(1) Der Verlader, Befüller, Beförderer, Entlader, Empfänger im Straßen- und Eisenbahnverkehr sowie in der Binnenschifffahrt, der Betreiber der Eisenbahninfrastruktur im Eisenbahnverkehr und der Betreiber einer Annahmestelle in der Binnenschifffahrt haben dafür zu sorgen, dass nach Unterabschnitt 1.8.5.1 ADR/RID/ADN die Vorlage eines Berichts spätestens einen Monat nach dem Ereignis

1. im Straßenverkehr an das Bundesamt für Güterverkehr,

2. im Eisenbahnverkehr an das Eisenbahn-Bundesamt und

3. in der Binnenschifffahrt an die Generaldirektion Wasserstraßen und Schifffahrt

erfolgt.

GGVSEB

(2) Der Beförderer, Absender und Empfänger im Straßen- und Eisenbahnverkehr sowie in der Binnenschifffahrt müssen nach Unterabschnitt 1.7.6.1 Buchstabe b ADR/RID/ADN bei Nichteinhaltung eines Grenzwertes für die Dosisleistung oder Kontamination die Nichteinhaltung und ihre Ursachen, Umstände und Folgen untersuchen und geeignete Maßnahmen ergreifen, um diese abzustellen und ein erneutes Auftreten ähnlicher Umstände, die zu der Nichteinhaltung geführt haben, zu verhindern, und haben dafür zu sorgen, dass

1. im Straßenverkehr die nach Landesrecht zuständige Behörde,
2. im Eisenbahnverkehr im Bereich der Eisenbahnen des Bundes das Eisenbahn-Bundesamt und im Bereich der nichtbundeseigenen Eisenbahnen die nach Landesrecht zuständige Behörde und
3. in der Binnenschifffahrt die zuständige Behörde nach § 16 Absatz 6 Satz 1 Nummer 5

informiert wird.

(3) Die an der Beförderung gefährlicher Güter im Straßen- und Eisenbahnverkehr sowie in der Binnenschifffahrt Beteiligten haben entsprechend ihren Verantwortlichkeiten

1. die Vorschriften über die Sicherung nach Kapitel 1.10 zu beachten und insbesondere die in Unterabschnitt 1.10.1.3 ADR/RID/ADN genannten Bereiche, Plätze, Fahrzeugdepots, Liegeplätze und Rangierbahnhöfe ordnungsgemäß zu sichern, gut zu beleuchten und, soweit möglich und angemessen, für die Öffentlichkeit unzugänglich zu gestalten und
2. dafür zu sorgen, dass

    a) die Unterweisung im Bereich der Sicherung nach Unterabschnitt 1.10.2.3 ADR/RID/ADN erfolgt, und

    b) die Aufzeichnungen über die Unterweisung des Arbeitnehmers nach Unterabschnitt 1.10.2.4 ADR/RID/ADN fünf Jahre ab ihrer Fertigung aufbewahrt werden.

(4) Die an der Beförderung gefährlicher Güter mit hohem Gefahrenpotenzial im Straßen- und Eisenbahnverkehr sowie in der Binnenschifffahrt beteiligten Auftraggeber des Absenders, Absender, Verpacker, Verlader, Befüller, Beförderer, Entlader und Empfänger müssen Sicherungspläne nach Absatz 1.10.3.2.1, die mindestens den Anforderungen des Absatzes 1.10.3.2.2 ADR/RID/ADN entsprechen, einführen und anwenden. Dies gilt nicht für Auftraggeber des Absenders oder Empfänger, die als Privatpersonen beteiligt sind.

(4a) Die nach Absatz 4 an der Beförderung gefährlicher Güter mit hohem Gefahrenpotenzial im Straßen- und Eisenbahnverkehr sowie in der Binnenschifffahrt Beteiligten haben dafür zu sorgen, dass der zuständigen Polizeibehörde unverzüglich mitgeteilt wird, wenn ihnen Fahrzeuge, Wagen, Beförderungsmittel oder Container mit gefährlichen Gütern mit hohem Gefahrenpotenzial oder diese Güter selbst abhandenkommen. Gleiches gilt im Falle des Wiederauffindens. Beim Abhandenkommen von in Tabelle 1.10.3.1.2 aufgelisteten explosiven Stoffen und Gegenständen mit Explosivstoff und in den Absätzen 1.10.3.1.3 bis 1.10.3.1.5 ADR/RID/ADN genannten radioaktiven Stoffen ist eine gesonderte Mitteilung nach Satz 1 nur erforderlich, sofern die zuständige Polizeibehörde nicht bereits in die entsprechende Meldung nach § 26 Absatz 1 des Sprengstoffgesetzes oder nach § 167 Absatz 1 Satz 1 und 2 der Strahlenschutzverordnung einbezogen worden ist. Die Polizeibehörde, die eine Meldung nach den Sätzen 1 bis 3 entgegennimmt, unterrichtet hierüber unverzüglich das Bundeskriminalamt (BKA) sowie das Bundesamt für Bevölkerungsschutz und Katastrophenhilfe (BBK).

(5) Die Beteiligten im Straßen- und Eisenbahnverkehr sowie in der Binnenschifffahrt haben dafür zu sorgen, dass

1. die Unterweisung von Personen, die an der Beförderung gefährlicher Güter beteiligt sind, nach Kapitel 1.3 ADR/RID/ADN erfolgt, mit Ausnahme des Fahrzeugführers im Straßenverkehr, der eine Bescheinigung über die Fahrzeugführerschulung nach Unterabschnitt 8.2.2.8 ADR besitzt, und
2. die Aufzeichnungen über die Unterweisung des Arbeitnehmers nach Abschnitt 1.3.3 ADR/RID/ADN fünf Jahre ab ihrer Fertigung aufbewahrt werden.

(6) Die Beteiligten im Straßen- und Eisenbahnverkehr sowie in der Binnenschifffahrt haben dafür zu sorgen, dass

1. die mit der Handhabung von begasten Güterbeförderungseinheiten befassten Personen nach Unterabschnitt 5.5.2.2 ADR/RID/ADN, und
2. die mit der Handhabung oder Beförderung von Fahrzeugen, Wagen oder Containern, mit denen Trockeneis (UN 1845) befördert wird oder die zu Kühl- oder Konditionierungszwecken verwendete Stoffe enthalten, befassten Personen nach Absatz 5.5.3.2.4 ADR/RID/ADN

unterwiesen sind.

(7) Der Beförderer und der Schiffsführer in der Binnenschifffahrt haben nach Absatz 1.4.2.2.1 Buchstabe f ADN sicherzustellen, dass an Bord des Schiffes in den explosionsgefährdeten Bereichen nur elektrische und nichtelektrische Anlagen und Geräte verwendet werden, die mindestens die Anforderungen für den Einsatz in der jeweiligen Zone erfüllen.

§ 28
Pflichten des Fahrzeugführers im Straßenverkehr

Der Fahrzeugführer im Straßenverkehr hat

1. kein Versandstück zu befördern, dessen Verpackung erkennbar unvollständig oder beschädigt, insbesondere undicht ist, sodass gefährliches Gut austritt oder austreten kann;
2. die Beförderungsbe- oder -einschränkungen nach Abschnitt 8.6.4 ADR zu beachten;
3. wenn er das Tankfahrzeug, den Aufsetztank, den Tankwechselbehälter oder das Batterie-Fahrzeug selbst befüllt, den vom Befüller angegebenen zulässigen Füllungsgrad oder die zulässige Masse der Füllung je Liter Fassungsraum und die zulässige Befülltemperatur nach Unterabschnitt 4.3.2.2, den Absätzen 4.3.3.2.3 und 4.3.3.2.5 oder den anwendbaren Sondervorschriften in Abschnitt 4.3.5 ADR einzuhalten; er hat bei flüssigen Stoffen mit Ausnahme bei Gasen einen Füllungsgrad von höchstens 85 Prozent einzuhalten, wenn der Befüller den zulässigen Füllungsgrad nicht angeben und dieser nicht einer anwendbaren Sondervorschrift entnommen werden kann;
4. die Vorschriften über
   a) den Betrieb von Tanks nach Unterabschnitt 4.3.2.3, [–]*) mit Ausnahme der Absätze 4.3.2.3.1, 4.3.2.3.2, 4.3.2.3.3 Satz 4 und 5, 4.3.2.3.6 und 4.3.2.3.7 [–]*), und Unterabschnitt 4.3.2.4, den Absätzen 4.3.3.3.2 und 4.3.3.3.3 und Abschnitt 4.3.5 Sondervorschrift TU 13 und TU 14 ADR und
   b) die ihn betreffenden zusätzlichen Vorschriften nach Kapitel 8.5 ADR
   zu beachten;
5. wenn er den Tank, das Batterie-Fahrzeug oder den MEGC selbst befüllt, nach dem Befüllen die Dichtheit der Verschlusseinrichtungen nach Absatz 4.3.2.3.3 Satz 4 und 5 ADR zu prüfen;
6. die Großzettel (Placards) nach den Unterabschnitten 5.3.1.3 bis 5.3.1.6 anzubringen und an Fahrzeugen nach Absatz 5.3.1.1.6 ADR zu entfernen oder abzudecken;
7. an Beförderungseinheiten und Fahrzeugen die Kennzeichen nach Abschnitt 3.4.15, die orangefarbenen Tafeln nach Abschnitt 5.3.2 und das Kennzeichen nach den Abschnitten 5.3.3 und 5.3.6 anzubringen oder sichtbar zu machen, die Kennzeichen nach Abschnitt 3.4.15 und die Tafeln nach Absatz 5.3.2.1.8 zu entfernen oder zu verdecken und das Kennzeichen nach den Abschnitten 5.3.3 und 5.3.6 ADR zu entfernen;
8. die in den schriftlichen Weisungen nach Unterabschnitt 5.4.3.4 ADR vorgeschriebenen Maßnahmen zu treffen;
9. sich zu vergewissern, dass ein Warnkennzeichen nach den Absätzen 5.5.2.3.1 und 5.5.3.6.1 ADR am Fahrzeug, Container oder Tank angebracht ist;

---

*) Hinweis der Verlages zu den ausgenommenen Vorschriften:
Die Angabe [–] ist im BGBl. nicht vorhanden.

GGVSEB

10. während der Beförderung

    a) die Begleitpapiere nach den Unterabschnitten 8.1.2.1 und 8.1.2.2 Buchstabe a und c sowie bei innerstaatlichen Beförderungen in Aufsetztanks die Bescheinigung über die Prüfung des Aufsetztanks nach Absatz 6.8.2.4.5, sofern die Übergangsvorschrift nach Unterabschnitt 1.6.3.41 ADR in Anspruch genommen wird,

    b) die Bescheinigung über die Fahrzeugführerschulung nach Unterabschnitt 8.2.2.8 ADR,

    c) die Feuerlöschgeräte nach den Unterabschnitten 8.1.4.1, 8.1.4.2 und 8.1.4.4 Satz 1 ADR,

    d) die Ausrüstungsgegenstände nach Abschnitt 8.1.5 ADR und

    e) die Ausnahmezulassung nach § 5 Absatz 1 Nummer 1, Absatz 6 und 7

    mitzuführen und zuständigen Personen auf Verlangen zur Prüfung auszuhändigen;

11. die Vorschriften über die Überwachung der Fahrzeuge nach Kapitel 8.4 in Verbindung mit Kapitel 8.5 ADR sowie bei innerstaatlichen Beförderungen auch nach Anlage 2 Gliederungsnummer 3.3 zu beachten;

12. nach Absatz 4.2.1.9.6 Buchstabe b oder Absatz 4.3.2.3.5 ADR außen am Tank anhaftende gefährliche Reste des Füllgutes zu entfernen oder entfernen zu lassen, wenn er das Tankfahrzeug, den Aufsetztank, das Batterie-Fahrzeug, den Tankcontainer, den ortsbeweglichen Tank oder den MEGC selbst befüllt;

13. während der Teilnahme am Straßenverkehr mit kennzeichnungspflichtigen Beförderungseinheiten die Einnahme von alkoholischen Getränken zu unterlassen und die Fahrt mit diesen Gütern nicht anzutreten, wenn er unter der Wirkung solcher Getränke mit einer Wirkung bis 0,249 mg/l AAK oder 0,49 Promille BAK steht;

14. sicherzustellen, dass die Verbindungsleitungen und die Füll- und Entleerrohre nach Absatz 4.3.4.2.2 ADR während der Beförderung entleert sind;

15. wenn er den Tank selbst befüllt oder entleert, das Fahrzeug, den ortsbeweglichen Tank oder den Tankcontainer vor und während des Befüllens oder Entleerens mit den in Abschnitt 7.5.10 ADR genannten Stoffen zur Vermeidung elektrostatischer Aufladungen zu erden und

16. die Vorschriften nach Kapitel 8.3 ADR zu beachten.

§ 29
Pflichten mehrerer Beteiligter im Straßenverkehr

(1) Der Verlader und der Fahrzeugführer im Straßenverkehr haben die Vorschriften über die Beladung und die Handhabung nach den Unterabschnitten 7.5.1.2, 7.5.1.4 und 7.5.1.5 und den Abschnitten 7.5.2, 7.5.5, 7.5.7, ausgenommen Unterabschnitt 7.5.7.4 Satz 2 beim Fahrzeugführer, sowie den Abschnitten 7.5.8 und 7.5.11 ADR zu beachten.

(2) Der Verlader, Beförderer, Fahrzeugführer, Entlader und Empfänger im Straßenverkehr haben die Vorschriften

1. über das Verbot der direkten Sonneneinstrahlung, der Einwirkung von Wärmequellen und die Vorschrift zum Abstellen an ausreichend belüfteten Stellen nach Abschnitt 3.3.1 Sondervorschrift 314 Buchstabe b oder nach Unterabschnitt 7.1.7.1 ADR;

2. über die Temperaturkontrolle nach Unterabschnitt 7.1.7.2, 7.1.7.3 und 7.1.7.4 ADR;

3. über die Beförderung in Versandstücken nach Kapitel 7.2 ADR;

4. über das Rauchverbot nach Abschnitt 7.5.9 in Verbindung mit Abschnitt 8.3.5 ADR und

5. über das Rauchverbot sowie Verbot von Feuer und offenem Licht nach Kapitel 8.5 zusätzliche Vorschrift S1 Absatz 3 ADR und bei innerstaatlichen Beförderungen nach der Anlage 2 Gliederungsnummer 3.1

zu beachten.

(3) Der Verlader, Fahrzeugführer und Entlader im Straßenverkehr haben die Vorschriften nach Abschnitt 7.5.4 ADR über Vorsichtsmaßnahmen bei Nahrungs-, Genuss- und Futtermitteln zu beachten.

(4) Der Verlader, Beförderer und Fahrzeugführer im Straßenverkehr haben die Vorschriften
1. über die Verladung in offene oder belüftete Fahrzeuge oder in offene oder belüftete Container oder über das Anbringen des Kennzeichens nach Abschnitt 7.5.11 Sondervorschrift CV36 ADR und
2. über die Beförderung von Nebenprodukten der Aluminiumherstellung oder Aluminiumumschmelzung nach Abschnitt 7.5.11 Sondervorschrift CV37 ADR

zu beachten.

§ 30
Pflichten des Betreibers eines Kesselwagens, abnehmbaren Tanks und Batteriewagens im Eisenbahnverkehr

Der Betreiber eines Kesselwagens, abnehmbaren Tanks und Batteriewagens im Eisenbahnverkehr hat dafür zu sorgen, dass

1. nur Kesselwagen, abnehmbare Tanks und Batteriewagen verwendet werden, deren Dicke der Tankwände den Vorschriften nach Absatz 4.3.2.3.1 in Verbindung mit den Absätzen 6.8.2.1.3 und 6.8.2.1.17 bis 6.8.2.1.20 und den anwendbaren Sondervorschriften in Abschnitt 6.8.4 RID entspricht;
2. Kesselwagen, abnehmbare Tanks und Batteriewagen auch zwischen den Prüfterminen den Bau-, Ausrüstungs- und Kennzeichnungsvorschriften nach den Unterabschnitten 6.8.2.1, 6.8.2.2, 6.8.2.5, 6.8.3.1, 6.8.3.2 und 6.8.3.5 und den anwendbaren Sondervorschriften in Abschnitt 6.8.4 RID entsprechen, mit Ausnahme der durch den Befüller anzugebenden beförderten Stoffe und Gase;
3. in den Fällen nach den Absätzen 6.8.2.4.4 und 6.8.3.4.14 RID eine außerordentliche Prüfung der Kesselwagen, abnehmbaren Tanks und Batteriewagen durchgeführt wird, wenn die Sicherheit des Tanks oder seiner Ausrüstung beeinträchtigt sein könnte;
4. für Kesselwagen, abnehmbare Tanks und Batteriewagen die Tankakte nach Absatz 4.3.2.1.7 RID geführt, aufbewahrt, an einen neuen Eigentümer oder Betreiber übergeben, auf Anforderung zuständigen Behörden vorgelegt und dem Sachverständigen sowie der für die Instandhaltung zuständigen Stelle (ECM) zur Verfügung gestellt wird;
5. ein Kesselwagen, ein abnehmbarer Tank oder ein Batteriewagen nicht verwendet wird, wenn das Datum der nächsten Prüfung überschritten ist, und
6. die Informationen, die nach Unterabschnitt 1.4.3.5 Buchstabe e RID zur Verfügung gestellt werden, auch den Tank und seine Ausrüstung umfassen.

§ 30a
Pflichten der für die Instandhaltung zuständigen Stelle im Eisenbahnverkehr

(1) Die für die Instandhaltung zuständige Stelle (ECM) hat dafür zu sorgen, dass

1. die Instandhaltung des Tanks und seiner Ausrüstung nach Unterabschnitt 1.4.3.8 Buchstabe a in einer Weise sichergestellt wird, die gewährleistet, dass der Kesselwagen unter normalen Betriebsbeanspruchungen auch zwischen den Prüfterminen den Bau-, Ausrüstungs- und Kennzeichnungsvorschriften nach den Unterabschnitten 6.8.2.1, 6.8.2.2, 6.8.2.5, 6.8.3.1, 6.8.3.2 und 6.8.3.5 und den anwendbaren Sondervorschriften in Abschnitt 6.8.4 RID entspricht, mit Ausnahme der durch den Befüller anzugebenden beförderten Stoffe und Gase;
2. die nach Unterabschnitt 1.4.3.8 Buchstabe b RID festgelegten Informationen auch den Tank und seine Ausrüstung umfassen, und
3. die Instandhaltungsarbeiten betreffend den Tank und seine Ausrüstung nach Unterabschnitt 1.4.3.8 Buchstabe c RID in den Instandhaltungsunterlagen aufgezeichnet werden.

(2) Soweit der Betreiber eines Kesselwagens die Organisation der Prüfungen der ECM überträgt, hat sie dafür zu sorgen, dass

1. ein Kesselwagen nicht verwendet wird, wenn das Datum der nächsten Prüfung überschritten ist und
2. in den Fällen nach Absatz 6.8.2.4.4 RID eine außerordentliche Prüfung des Kesselwagens durchgeführt wird, wenn die Sicherheit des Tanks oder seiner Ausrüstung beeinträchtigt sein könnte.

GGVSEB

§ 31
Pflichten des Betreibers der Eisenbahninfrastruktur im Eisenbahnverkehr

Der Betreiber der Eisenbahninfrastruktur im Eisenbahnverkehr

1. hat dafür zu sorgen, dass sein Personal nach Unterabschnitt 1.3.2.2 RID unterwiesen wird, und
2. hat
    a) dafür zu sorgen, dass nach Kapitel 1.11 RID interne Notfallpläne für Rangierbahnhöfe aufgestellt werden, und
    b) sicherzustellen, dass er während der Beförderung einen schnellen und uneingeschränkten Zugriff zu den Informationen nach Unterabschnitt 1.4.3.6 Buchstabe b RID hat.

§ 31a
Pflichten des Triebfahrzeugführers im Eisenbahnverkehr

Der Triebfahrzeugführer im Eisenbahnverkehr muss nach Unterabschnitt 5.4.3.3 RID vor Antritt der Fahrt die schriftlichen Weisungen zu den bei einem Unfall oder Zwischenfall zu ergreifenden Maßnahmen einsehen.

§ 32
Pflichten des Reisenden im Eisenbahnverkehr

Der Reisende darf im Eisenbahnverkehr gefährliche Güter als Handgepäck oder Reisegepäck nur mitführen oder in oder auf Fahrzeugen (Auto im Reisezug) nur befördern lassen, wenn die Vorschriften nach Unterabschnitt 1.1.3.8 RID beachtet sind.

§ 33
Pflichten des Schiffsführers in der Binnenschifffahrt

Der Schiffsführer in der Binnenschifffahrt

1. hat die allgemeinen Sicherheitspflichten nach Abschnitt 1.4.1 ADN zu beachten;
2. hat dafür zu sorgen, dass das Schiff oder Tankschiff nicht überladen oder der einzelne Ladetank nicht überfüllt ist und nach den Vorgaben des Stabilitätshandbuchs oder des Ladungsrechners gemäß den Absätzen 9.3.1.13.3, 9.3.2.13.3 und 9.3.3.13.3 ADN beladen ist;
3. hat sich durch eine Sichtprüfung zu vergewissern, dass das Schiff oder Tankschiff und die Ladung keine offensichtlichen Mängel, keine Undichtheiten oder Risse aufweisen und dass keine Ausrüstungsteile fehlen;
4. hat dafür zu sorgen, dass jedes betroffene Mitglied der Besatzung die schriftlichen Weisungen nach Abschnitt 5.4.3 ADN versteht und richtig anwenden kann;
5. hat die in den schriftlichen Weisungen nach Abschnitt 5.4.3 ADN vorgeschriebenen Maßnahmen zu treffen;
6. hat dafür zu sorgen, dass die Vorschriften für das Laden, Befördern, Löschen und sonstige Handhaben der Ladung des Teils 7 ADN eingehalten werden, mit Ausnahme der Vorschriften über die Klassifikation von Tankschiffen, Gebrauchsanleitungen, Hinweistafeln, Ausrüstungen und Methoden zur Temperaturkontrolle;
7. hat zu prüfen, ob der Eigentümer oder Betreiber seinen Pflichten nach § 34 nachgekommen ist;
8. hat während der Beförderung
    a) die Begleitpapiere nach den Unterabschnitten 8.1.2.1 bis 8.1.2.3 ADN und
    b) die Ausnahmezulassung nach § 5 Absatz 1 und 3
    mitzuführen und zuständigen Personen auf Verlangen zur Prüfung auszuhändigen;
9. hat dafür zu sorgen, dass die Vorschriften des Kapitels 8.3 ADN eingehalten werden, mit Ausnahme der Vorschriften über Hinweistafeln;
10. darf, wenn er einen Verstoß gegen die vorgenannten Vorschriften der Nummern 1 bis 9 feststellt, die Sendung so lange nicht befördern, bis die Vorschriften erfüllt sind;

11. hat nach Absatz 1.4.2.2.1 Buchstabe k vor dem Entgasen von leeren oder entladenen Ladetanks und Lade- und Löschleitungen des Tankschiffs an einer Annahmestelle seinen Teil der Prüfliste nach Absatz 7.2.3.7.2.2 Satz 2 ADN auszufüllen und

12. hat nach Absatz 1.4.2.2.1 Buchstabe l vor dem Beladen und Entladen der Ladetanks eines Tankschiffs seinen Teil der Prüfliste nach Unterabschnitt 7.2.4.10 ADN auszufüllen.

§ 34
Pflichten des Eigentümers oder Betreibers in der Binnenschifffahrt

Der Eigentümer oder, sofern das Schiff von einem Betreiber gechartert wurde, der Betreiber in der Binnenschifffahrt hat dafür zu sorgen, dass

1. die Vorschriften des Teils 7 ADN über die Klassifikation von Tankschiffen, Gebrauchsanleitungen, Hinweistafeln und Ausrüstungen eingehalten werden;
2. die Vorschriften des Kapitels 8.1 ADN eingehalten werden;
3. ein Sachkundiger gemäß den Unterabschnitten 8.2.1.2, 8.2.1.5 und 8.2.1.7 ADN an Bord ist;
4. die Vorschriften des Kapitels 8.3 ADN hinsichtlich der Hinweistafeln eingehalten werden;
5. die Vorschriften des Teils 9 ADN eingehalten werden;
6. bei der Klassifikationsgesellschaft eine Aktualisierung der Schiffsstoffliste nach Absatz 1.16.1.2.5 innerhalb der in Unterabschnitt 1.6.1.1 ADN genannten Frist erfolgt;
7. das Schiff nach Abschnitt 1.16.9 ADN in den dort genannten Fällen einer Sonderuntersuchung unterzogen wird und
8. die Schiffsakte nach den Unterabschnitten 9.1.0.1, 9.3.1.1, 9.3.2.1 und 9.3.3.1 ADN geführt, aufbewahrt und aktualisiert wird.

§ 34a
Pflichten der Besatzung und sonstiger Personen an Bord in der Binnenschifffahrt

Die Besatzung sowie alle sonstigen an Bord befindlichen Personen haben den Anweisungen des Schiffsführers Folge zu leisten. Die Besatzung hat, im Rahmen des Satzes 1, zur Einhaltung dieser Verordnung ihrerseits beizutragen.

§ 35
Verlagerung

(1) Die in § 35b genannten gefährlichen Güter müssen in dem dort festgelegten Rahmen auf dem Eisenbahn- oder Wasserweg befördert werden, sofern

1. der Verlader und der Befüller am Beginn und der Entlader am Ende der Beförderung über einen dafür geeigneten Gleis- oder Hafenanschluss verfügen,
2. die Beförderung auf dem Eisenbahn- oder Wasserweg durchführbar ist und
3. die gesamte Beförderungsstrecke im Geltungsbereich dieser Verordnung mehr als 200 Kilometer beträgt.

(2) Liegen die Bedingungen nach Absatz 1 Nummer 1 und 2 nicht vor, sind die in § 35b genannten gefährlichen Güter in dem dort festgelegten Rahmen im multimodalen Verkehr zu befördern, sofern

1. die gesamte Beförderungsstrecke im Geltungsbereich dieser Verordnung mehr als 400 Kilometer beträgt und
2. die Beförderung auf dem größeren Teil der Strecke mit der Eisenbahn oder dem Schiff durchgeführt werden kann.

In diesem Fall hat der Beförderer vor Beginn der Beförderung im Beförderungspapier die Bezeichnung der Bahnhöfe oder Hafenanlagen anzugeben, die er für die Beförderung in Anspruch nimmt, und zusätzlich zu vermerken „Beförderung nach § 35 Absatz 2 GGVSEB".

(3) Eine Pflicht zur Verlagerung nach den Absätzen 1 und 2 besteht nicht, wenn die Entfernung auf dem Eisenbahn- oder Wasserweg mindestens doppelt so groß ist wie die tatsächliche Entfernung auf der Straße. Im multimodalen Verkehr ist die Entfernung im Vor- und Nachlauf auf der Straße mit einzubeziehen.

(4) Sofern die Bedingungen für eine Verlagerung nach Absatz 1 Nummer 1 und 2 und Absatz 2 Satz 1 Nummer 2 nicht vorliegen und deshalb eine Beförderung auf der Straße durchgeführt werden soll, ist hierfür eine schriftliche oder elektronische Bescheinigung erforderlich. Die Bescheinigung wird für den jeweiligen Verkehrsträger auf Antrag durch das Eisenbahn-Bundesamt oder die Generaldirektion Wasserstraßen und Schifffahrt ausgestellt. Diese Bescheinigung kann widerruflich erteilt, befristet und mit Auflagen versehen werden, soweit dies erforderlich ist, um die Einhaltung der gefahrgutbeförderungsrechtlichen Vorschriften sicherzustellen. Der Beförderer hat dafür zu sorgen, dass die Bescheinigung nach Satz 1 dem Fahrzeugführer vor Beförderungsbeginn übergeben wird. Der Fahrzeugführer muss die Bescheinigung während der Beförderung mitführen und zuständigen Personen auf Verlangen zur Prüfung aushändigen.

(5) Bei der Bescheinigung nach Absatz 4 Satz 1 genügt das Mitführen einer fernkopierten Bescheinigung oder des Ausdrucks einer elektronisch erteilten und signierten Bescheinigung sowie deren digitalisierte Form auf einem Speichermedium, wenn diese derart mitgeführt wird, dass sie bei einer Kontrolle auf Verlangen zuständigen Personen lesbar gemacht werden kann.

§ 35a
Fahrweg im Straßenverkehr

(1) Beförderungen von in § 35b genannten gefährlichen Gütern, die teilweise oder vollständig im Straßenverkehr erfolgen, sind in dem dort festgelegten Rahmen auf Autobahnen durchzuführen.

(2) Absatz 1 gilt nicht, wenn

1. die Entfernung bei Benutzung der Autobahn mindestens doppelt so groß ist wie die Entfernung bei Benutzung anderer geeigneter Straßen, oder
2. die Benutzung der Autobahn nach den Vorschriften der Straßenverkehrs-Ordnung oder der Ferienreiseverordnung ausgeschlossen oder beschränkt ist.

(3) Der Fahrweg außerhalb der Autobahnen wird von der nach Landesrecht zuständigen Behörde für eine einzelne Fahrt oder bei vergleichbaren Sachverhalten für eine begrenzte oder unbegrenzte Zahl von Fahrten auf Antrag schriftlich oder elektronisch bestimmt. Die Fahrwegbestimmung kann auch durch Allgemeinverfügung erfolgen. Bei Sperrungen dürfen die ausgewiesenen Umleitungsstrecken ohne erneute Fahrwegbestimmung benutzt werden.

(4) Der Beförderer darf die gefährlichen Güter nur befördern, wenn eine Fahrwegbestimmung erteilt ist. Er hat dafür zu sorgen, dass die Fahrwegbestimmung dem Fahrzeugführer vor Beförderungsbeginn übergeben wird. Der Fahrzeugführer muss die Fahrwegbestimmung beachten und sie während der Beförderung mitführen und zuständigen Personen auf Verlangen zur Prüfung aushändigen.

(5) Bei der Fahrwegbestimmung nach Absatz 3 Satz 1 genügt das Mitführen eines fernkopierten Bescheides oder des Ausdrucks eines elektronisch erteilten und signierten Bescheides sowie dessen digitalisierte Form auf einem Speichermedium, wenn diese derart mitgeführt wird, dass sie bei einer Kontrolle auf Verlangen zuständigen Personen lesbar gemacht werden kann.

GGVSEB

§ 35b
Gefährliche Güter, für deren Beförderung die §§ 35 und 35a gelten

Für die nachfolgend genannten gefährlichen Güter gelten die §§ 35 und 35a wie folgt:

Tabelle

lfd. Nr.	Klasse/ Unterklasse	Stoff oder Gegenstand	Geltung der §§ 35 und 35a	Beförderung in Tanks ab	Beförderung in Versandstücken ab	Bemerkungen
1	1.1	explosive Stoffe und Gegenstände mit Explosivstoff	§ 35 und § 35a	nicht zulässig	1000 kg Nettoexplosivstoffmasse	Siehe Ausnahmen nach § 35c Absatz 9
	1.2	explosive Stoffe und Gegenstände mit Explosivstoff	§ 35 und § 35a	nicht zulässig	1000 kg Nettoexplosivstoffmasse	
	1.5	explosive Stoffe und Gegenstände mit Explosivstoff	§ 35 und § 35a	1000 kg Nettoexplosivstoffmasse	1000 kg Nettoexplosivstoffmasse	Beförderungen in Tanks sind nur für die UN-Nummern 0331 und 0332 zulässig (Siehe Ausnahmen nach § 35c Absatz 9)
2	2	entzündbare Gase (Klassifizierungscodes, die nur den Buchstaben F enthalten)	§ 35 und § 35a	9000 kg Nettomasse	entfällt	§§ 35 und 35a gelten nur für Beförderungen in Tanks (Siehe Ausnahmen nach § 35c Absatz 1 und 5 bis 8)
3	2	giftige Gase (Klassifizierungscodes, die den/die Buchstaben T, TF, TC, TO, TFC oder TOC enthalten)	§ 35 und § 35a	1000 kg Nettomasse	entfällt	§§ 35 und 35a gelten nur für Beförderungen in Tanks
4	3	entzündbare flüssige Stoffe der Verpackungsgruppen I und II, mit Ausnahme der UN-Nummern 1093, 1099, 1100, 1131 und 1921	§ 35a	3000 Liter bei Verpackungsgruppe I; 6000 Liter bei Verpackungsgruppe II	entfällt	§ 35a gilt nur für Beförderungen in Tanks (Siehe Ausnahmen nach § 35c Absatz 3)
5	3	UN-Nummern 1093, 1099, 1100, 1131 und 1921 der Verpackungsgruppe I	§ 35 und § 35a	3000 Liter	entfällt	§§ 35 und 35a gelten nur für Beförderungen in Tanks
6	4.1	desensibilisierte explosive Stoffe der UN-Nummern 3364, 3365, 3367 und 3368	§ 35 und § 35a	nicht zulässig	1000 kg Nettomasse	
7	4.2	UN-Nummer 3394	§ 35 und § 35a	3000 Liter	entfällt	§§ 35 und 35a gelten nur für Beförderungen in Tanks
8	4.3	UN-Nummern 1928 und 3399 der Verpackungsgruppe I	§ 35 und § 35a	3000 Liter	entfällt	§§ 35 und 35a gelten nur für Beförderungen in Tanks
9	5.1	entzündend (oxidierend) wirkende flüssige Stoffe der Verpackungsgruppe I der UN-Nummern 1745, 1746, 1873 und 2015	§ 35 und § 35a	3000 Liter	entfällt	§§ 35 und 35a gelten nur für Beförderungen in Tanks
10	6.1	giftige flüssige Stoffe der Verpackungsgruppe I	§ 35 und § 35a	3000 Liter	entfällt	§§ 35 und 35a gelten nur für Beförderungen in Tanks
11	8	ätzende flüssige Stoffe der Verpackungsgruppe I der UN-Nummern 1052, 1739, 1744, 1777, 1790, 1829 und 2699	§ 35 und § 35a	3000 Liter	entfällt	§§ 35 und 35a gelten nur für Beförderungen in Tanks

GGVSEB

Die angegebenen Mengen beziehen sich auf die Beförderungseinheit. Werden verschiedene Güter der Klasse 1 jeweils in geringeren Mengen als 1000 kg Nettoexplosivstoffmasse in einer Beförderungseinheit befördert, sind die §§ 35 und 35a ab einer Summe der Nettoexplosivstoffmassen dieser Güter von 1000 kg in der Beförderungseinheit anzuwenden.

§ 35c
Ausnahmen zu den §§ 35 und 35a

(1) Die §§ 35 und 35a gelten nicht für Beförderungen von entzündbaren Gasen nach § 35b Tabelle laufende Nummer 2, wenn Tanks verwendet werden,

1. die als Doppelwandtanks mit Vakuumisolierung gebaut sind,
2. deren Summe der Wanddicken der metallenen Außenwand und des Innentanks die Mindestwanddicke nach Absatz 6.8.2.1.18 ADR nicht unterschreitet,
3. deren Wanddicke des Innentanks die Mindestwanddicke nach Absatz 6.8.2.1.19 ADR nicht unterschreitet und
4. deren Innentanks aus austenitischen Chrom-Nickel- oder Chrom-Nickel-Molybdän-Stählen bestehen.

(2) Für die Tanks nach Absatz 1 ist dies in der ADR-Zulassungsbescheinigung nach Unterabschnitt 9.1.3.1 ADR oder in einer besonderen Bescheinigung des Tankherstellers oder eines Sachverständigen oder Technischen Dienstes nach § 14 Absatz 4 zu bestätigen. Bescheinigungen nach der Ausnahme Nr. 40 (S) der Gefahrgut-Ausnahmeverordnung (GGAV) sowie der Ausnahme 13 (S) der GGAV gelten weiter.

(3) § 35a gilt nicht für Beförderungen von entzündbaren flüssigen Stoffen nach § 35b Tabelle laufende Nummer 4, sofern die Beförderungen in

1. nicht wanddickenreduzierten zylindrischen Tanks nach Kapitel 6.7 oder 6.8 ADR, die nach einem Berechnungsdruck von mindestens 0,4 Mega-Pascal (4 Bar) bemessen sind oder mit einem Prüfdruck von mindestens 0,4 Mega-Pascal (4 Bar) geprüft sind,
2. Tanks, deren Sicherheitsniveau um 50 Prozent höher ist, als das eines Tanks aus Baustahl nach Absatz 6.8.2.1.18 ADR (Nummer 12 in Bild 21 des Forschungsberichts 203 „Sicherheitsniveaus von Transporttanks für Gefahrgut"[1] und Bekanntmachung zur Anwendung des Forschungsberichts 203[2]), wenn die Kenngröße f_s zur Ermittlung der Risikozahl mindestens 0,5 beträgt und das Sicherheitsniveau von der nach § 12 für die Baumusterprüfung zuständigen Stelle bescheinigt wurde,
3. Doppelwandtanks nach Absatz 6.8.2.1.20 Buchstabe b Nummer 2 und 3 linke Spalte oder
4. Doppelwandtanks nach Absatz 6.8.2.1.20 rechte Spalte, in Aufsetztanks nach Absatz 6.8.2.1.20 Buchstabe b letzter Satz linke Spalte oder in Saug-Druck-Tanks für Abfälle nach Kapitel 6.10 ADR

durchgeführt werden.

(4) Für die Tanks nach Absatz 3 Nummer 1 bis 3 ist dies in der ADR-Zulassungsbescheinigung nach Unterabschnitt 9.1.3.1 ADR oder in einer besonderen Bescheinigung des Tankherstellers oder eines Sachverständigen oder Technischen Dienstes nach § 14 Absatz 4 zu bestätigen. Bescheinigungen nach der Ausnahme Nr. 47 (S) der GGAV sowie der Ausnahme 14 (S) der GGAV gelten weiter.

(5) § 35 gilt nicht für Beförderungen von entzündbaren Gasgemischen der UN-Nummer 1965 (§ 35b Tabelle laufende Nummer 2), sofern die gesamte Beförderungsstrecke im Geltungsbereich dieser Verordnung nicht mehr als 300 Kilometer beträgt.

---

[1] Der Forschungsbericht 203 ist hinterlegt bei der Bundesanstalt für Materialforschung und -prüfung, 12205 Berlin, Unter den Eichen 87.
[2] Die Bekanntmachung ist veröffentlicht im Verkehrsblatt 2002 Heft 16 S. 522.

(6) Die §§ 35 und 35a gelten nicht für Beförderungen von entzündbaren Gasgemischen der UN-Nummer 1965 (§ 35b Tabelle laufende Nummer 2) in Tanks nach Abschnitt 1.2.1 ADR bis 11000 kg Nettomasse in der Beförderungseinheit, sofern die Fahrzeuge mit einem automatischen Blockierverhinderer (ABV) nach § 41 Absatz 18 oder § 41b der Straßenverkehrs-Zulassungs-Ordnung ausgerüstet sind und dies in der ADR-Zulassungsbescheinigung nach Unterabschnitt 9.1.3.1 ADR vermerkt ist.

(7) Die §§ 35 und 35a gelten nicht für Beförderungen von entzündbaren Gasgemischen der UN-Nummer 1965 (§ 35b Tabelle laufende Nummer 2) in Tanks nach Abschnitt 1.2.1 ADR von mehr als 11000 kg bis 22000 kg Nettomasse in der Beförderungseinheit, sofern die Fahrzeuge mit einem automatischen Blockierverhinderer (ABV) nach § 41 Absatz 18 oder § 41b der Straßenverkehrs-Zulassungs-Ordnung und mit einer Fahrdynamikregelung (Electronic Stability Control – ESC) ausgerüstet sind und dies in der ADR-Zulassungsbescheinigung nach Unterabschnitt 9.1.3.1 ADR vermerkt ist.

(8) § 35 Absatz 2 gilt nicht für Beförderungen von entzündbaren Gasen der UN-Nummern 1038, 1961, 1966, 1972, 3138 und 3312 (§ 35b Tabelle laufende Nummer 2).

(9) Die §§ 35 und 35a gelten nicht für Beförderungen zum Ort der Verwendung, sofern die gesamte Beförderungsstrecke im Geltungsbereich dieser Verordnung nicht mehr als 300 Kilometer beträgt, von explosiven Stoffen und Gegenständen mit Explosivstoff (§ 35b Tabelle laufende Nummer 1)

1. der UN-Nummern 0065, 0082 und 0241 (Unterklasse 1.1) und der UN-Nummern 0331 und 0332 (Unterklasse 1.5), wenn für diese explosiven Stoffe und Gegenstände mit Explosivstoff der Konformitätsnachweis nach § 5 des Sprengstoffgesetzes erbracht wurde und diese explosiven Stoffe und Gegenstände mit Explosivstoff eine Schlagempfindlichkeit von mehr als 30 Joule sowie eine Reibempfindlichkeit von mehr als 280 Newton bei Durchführung der Prüfverfahren [3] haben, und

2. der UN-Nummer 0081 (Unterklasse 1.1)

   a) bis 1000 kg Nettoexplosivstoffmasse in der Beförderungseinheit, sofern die Fahrzeuge mit einem automatischen Blockierverhinderer (ABV) nach § 41 Absatz 18 oder § 41b der Straßenverkehrs-Zulassungs-Ordnung, oder

   b) bis 3000 kg Nettoexplosivstoffmasse in der Beförderungseinheit, sofern die Fahrzeuge mit einem automatischen Blockierverhinderer (ABV) nach § 41 Absatz 18 oder § 41b der Straßenverkehrs-Zulassungs-Ordnung und mit einer Fahrdynamikregelung (Electronic Stability Control – ESC)

   ausgerüstet sind und dies in der ADR-Zulassungsbescheinigung nach Unterabschnitt 9.1.3.1 ADR vermerkt ist. Die Ausnahmen nach Satz 1 Nummer 1 und Nummer 2 Buchstabe a oder b können nebeneinander in Anspruch genommen werden. § 35b Satz 3 ist nicht anzuwenden.

§ 36
Prüffrist für Feuerlöschgeräte

Die Prüffrist nach Unterabschnitt 8.1.4.4 Satz 2 ADR beträgt für in Deutschland hergestellte Feuerlöschgeräte zwei Jahre ab dem Herstellungsdatum und danach ab dem Datum der nächsten auf dem Feuerlöschgerät angegebenen Prüfung.

---

[3] Prüfverfahren nach Anhang Teil A.14 der Verordnung (EG) Nr. 440/2008 der Kommission vom 30. Mai 2008 zur Festlegung von Prüfmethoden gemäß der Verordnung (EG) Nr. 1907/2006 des Europäischen Parlaments und des Rates zur Registrierung, Bewertung, Zulassung und Beschränkung chemischer Stoffe (REACH) (ABl. L 142 vom 31.5.2008, S. 1) in der jeweils jüngsten im Amtsblatt der Europäischen Union veröffentlichten Fassung.

GGVSEB

§ 36a
Beförderung gefährlicher Güter als behördliche Asservate

Sofern es aus ermittlungstaktischen Gründen oder zur Wahrnehmung einer behördlichen Aufgabe erforderlich ist, dürfen gefährliche Güter, denen in Kapitel 3.2 Tabelle A Spalte 6 die Sondervorschrift 274 zugeordnet ist, im Straßen- und Eisenbahnverkehr durch Polizeibehörden des Bundes und der Länder sowie durch Zoll- und Justizbehörden und in deren Auftrag tätige private Unternehmen befördert werden, ohne dass die offiziellen Benennungen für die Beförderung mit der technischen Benennung des Gutes nach Absatz 3.1.2.8.1 ADR/RID ergänzt werden. Dies gilt auch für die Angabe in einem Beförderungspapier nach Absatz 5.4.1.1.1 Buchstabe b ADR/RID.

§ 36b
Beförderung erwärmter flüssiger und fester Stoffe

Für die Beförderung erwärmter flüssiger und fester Stoffe der UN-Nummern 3257 und 3258 in besonders ausgerüsteten Fahrzeugen/Wagen und Containern/Großcontainern nach Abschnitt 7.3.3 Sondervorschrift VC 3 ADR/RID gelten die Anforderungen der Anlage 3.

§ 37
Ordnungswidrigkeiten

(1) Ordnungswidrig im Sinne des § 10 Absatz 1 Nummer 1 Buchstabe b des Gefahrgutbeförderungsgesetzes handelt, wer vorsätzlich oder fahrlässig

1. entgegen § 4 Absatz 2 eine Behörde oder einen Betreiber der Eisenbahninfrastruktur nicht oder nicht rechtzeitig benachrichtigt oder nicht oder nicht rechtzeitig benachrichtigen lässt und nicht mit Informationen versieht oder versehen lässt,
2. entgegen § 4 Absatz 3 die Sendung nicht oder nicht rechtzeitig anhält oder die Beförderung fortsetzt,
3. entgegen § 17
   a) Absatz 1 Nummer 1 sich nicht oder nicht rechtzeitig vergewissert,
   b) Absatz 1 Nummer 2 nicht dafür sorgt, dass eine dort genannte Angabe schriftlich oder elektronisch mitgeteilt oder auf eine dort genannte Vorschrift schriftlich oder elektronisch hingewiesen wird,
   c) Absatz 1 Nummer 3 nicht dafür sorgt, dass auf ein gefährliches Gut hingewiesen wird,
   d) Absatz 2 nicht dafür sorgt, dass eine dort genannte Angabe schriftlich oder elektronisch mitgeteilt wird, oder
   e) Absatz 3 nicht dafür sorgt, dass eine dort genannte Information zur Verfügung gestellt wird,
4. entgegen § 18
   a) Absatz 1 Nummer 1 einen Hinweis nicht, nicht richtig, nicht vollständig oder nicht in der vorgeschriebenen Weise gibt,
   b) Absatz 1 Nummer 2 den Beförderer nicht, nicht richtig oder nicht rechtzeitig informiert,
   c) Absatz 1 Nummer 3 sich nicht oder nicht rechtzeitig vergewissert,
   d) Absatz 1 Nummer 4 nicht dafür sorgt, dass eine Angabe in das Beförderungspapier eingetragen wird,
   e) Absatz 1 Nummer 5 nicht dafür sorgt, dass nur eine dort genannte Verpackung oder Großverpackung, ein dort genannter IBC oder Tank oder ein dort genanntes MEMU oder Schiff verwendet wird,
   f) Absatz 1 Nummer 6 nicht dafür sorgt, dass die zuständige Behörde benachrichtigt wird,
   g) Absatz 1 Nummer 7 nicht im Besitz einer Zeugnis- oder Anweisungskopie ist oder eine Aufzeichnung nicht oder nicht vollständig zur Verfügung stellt,

h) Absatz 1 Nummer 8 nicht dafür sorgt, dass ein Beförderungspapier mit einer geforderten Angabe, Anweisung oder einem geforderten Hinweis mitgegeben wird,
i) Absatz 1 Nummer 9 nicht dafür sorgt, dass ein erforderliches Zeugnis zugänglich gemacht wird,
j) Absatz 1 Nummer 10 nicht dafür sorgt, dass ein erforderliches Begleitpapier beigefügt wird,
k) Absatz 1 Nummer 11 den Verlader nicht, nicht richtig, nicht in der vorgeschriebenen Weise oder nicht rechtzeitig auf die Begasung hinweist,
l) Absatz 1 Nummer 12 eine Kopie des Beförderungspapiers, der Informationen oder Dokumentation nicht oder nicht mindestens drei Monate aufbewahrt,
m) Absatz 2 Nummer 1 nicht dafür sorgt, dass die Ausnahmezulassung vor Beförderungsbeginn übergeben wird,
n) Absatz 2 Nummer 2 nicht dafür sorgt, dass eine dort genannte Information zur Verfügung gestellt wird,
o) Absatz 3 Nummer 1 eine Vorschrift für den Versand als Expressgut nicht beachtet,
p) Absatz 3 Nummer 2 nicht dafür sorgt, dass ein Großzettel, die orangefarbene Tafel, das Kennzeichen und der Rangierzettel angebracht werden,
q) Absatz 3 Nummer 3 nicht dafür sorgt, dass das Beförderungspapier die Angaben enthält,
r) Absatz 4 Nummer 1 nicht dafür sorgt, dass die Ausnahmezulassung vor Beförderungsbeginn übergeben wird,
s) Absatz 4 Nummer 2 nicht dafür sorgt, dass ein Großzettel und die orangefarbene Tafel angebracht werden, oder
t) Absatz 4 Nummer 3 nicht dafür sorgt, dass eine dort genannte Information zur Verfügung gestellt wird,

5. entgegen § 19 Absatz 1
a) Nummer 1 den Absender nicht, nicht richtig oder nicht rechtzeitig informiert,
b) Nummer 2 eine Sendung befördert, die nicht die Vorschriften erfüllt,
c) Nummer 3 nicht dafür sorgt, dass ein Tank nicht zur Beförderung aufgegeben wird,
d) Nummer 4 eine Kopie des Beförderungspapiers, der Informationen oder Dokumentation nicht oder nicht mindestens drei Monate aufbewahrt,
e) Nummer 5 nicht dafür sorgt, dass die Dokumente die erforderlichen Angaben enthalten oder
f) Nummer 6 nicht dafür sorgt, dass die Dokumente die erforderlichen Angaben enthalten,

6. entgegen § 19 Absatz 2
a) Nummer 1 das Verbot der anderweitigen Verwendung nicht einhält,
b) Nummer 2 der Fahrzeugbesatzung nicht oder nicht rechtzeitig die schriftlichen Weisungen übergibt und nicht dafür sorgt, dass jedes Mitglied der Fahrzeugbesatzung diese verstehen und richtig anwenden kann,
c) Nummer 3 nicht dafür sorgt, dass eine dort genannte Vorschrift über die Beförderung in loser Schüttung und in Tanks beachtet wird,
d) Nummer 4 nicht dafür sorgt, dass eine dort genannte Vorschrift über die Begrenzung der Mengen eingehalten wird,
e) Nummer 5 nicht dafür sorgt, dass ein Begleitpapier, die Bescheinigung oder eine Ausnahmezulassung vor Beförderungsbeginn übergeben wird,
f) Nummer 6 nicht dafür sorgt, dass nur Fahrzeugführer mit einer gültigen Bescheinigung eingesetzt werden,
g) Nummer 7 nicht dafür sorgt, dass ein ortsbeweglicher Tank nicht zur Beförderung aufgegeben wird,
h) Nummer 8 nicht dafür sorgt, dass die Tankakte geführt, aufbewahrt, übergeben, vorgelegt oder zur Verfügung gestellt wird,
i) Nummer 9 die Beförderungseinheit nicht mit einem Feuerlöschgerät ausrüstet,
j) Nummer 10 eine Prüffrist nicht einhält,

k) Nummer 11 das Fahrzeug nicht mit einem Großzettel, einer orangefarbenen Tafel oder einem Kennzeichen ausrüstet oder nicht dafür sorgt, dass ein dort genanntes Kennzeichen angebracht wird,

l) Nummer 12 nicht dafür sorgt, dass ein Tank verwendet wird, der den dort genannten Anforderungen entspricht,

m) Nummer 13 nicht dafür sorgt, dass ein Tank oder ein Fahrzeug einer dort genannten Bau-, Ausrüstungs- und Kennzeichnungsvorschrift entspricht,

n) Nummer 14 nicht dafür sorgt, dass eine außerordentliche Prüfung durchgeführt wird,

o) Nummer 15 dem Fahrzeugführer eine erforderliche Ausrüstung nicht übergibt,

p) Nummer 16 die Beförderungseinheit nicht ausrüstet,

q) Nummer 17 nicht dafür sorgt, dass eine dort genannte Vorschrift beachtet wird,

r) Nummer 18 nicht dafür sorgt, dass eine dort genannte Vorschrift beachtet eingehalten wird, oder

s) Nummer 19 nicht dafür sorgt, dass ein festverbundener Tank, ein Batterie-Fahrzeug, ein Aufsetztank, ein MEGC, ein ortsbeweglicher Tank oder ein Tankcontainer nicht verwendet wird,

7. entgegen § 19 Absatz 3

a) Nummer 1 nicht sicherstellt, dass der Betreiber über Daten verfügen kann,

b) Nummer 2 nicht dafür sorgt, dass ein Besatzungsmitglied einen Lichtbildausweis mit sich führt,

c) Nummer 3 nicht dafür sorgt, dass ein Begleitpapier verfügbar ist und ausgehändigt wird,

d) Nummer 4 nicht dafür sorgt, dass eine dort genannte Vorschrift beachtet wird,

e) Nummer 5 eine schriftliche Weisung nicht, nicht richtig, nicht vollständig, nicht in der vorgeschriebenen Weise oder nicht rechtzeitig bereitstellt,

f) Nummer 6 den Triebfahrzeugführer nicht, nicht richtig, nicht vollständig oder nicht rechtzeitig informiert,

g) Nummer 7 nicht dafür sorgt, dass die vorgeschriebene Ausrüstung auf dem Führerstand mitgeführt wird,

h) Nummer 8 nicht dafür sorgt, dass die dort genannten Tafeln oder Großzettel (Placards) oder ein dort genanntes Kennzeichen angebracht sind,

i) Nummer 9 sich nicht vergewissert, dass ein Wagen oder eine Ladung keine Mängel, Undichtigkeiten oder Risse aufweist oder kein Ausrüstungsteil fehlt,

j) Nummer 10 sich nicht vergewissert, dass ein Großzettel, ein Kennzeichen oder eine orangefarbene Tafel angebracht ist, oder

k) Nummer 11 nicht dafür sorgt, dass eine dort genannte Information den Tank oder seine Ausrüstung umfasst,

8. entgegen § 19 Absatz 4

a) Nummer 1 sich nicht vergewissert, dass das Schiff zur Beförderung der gefährlichen Güter zugelassen ist,

b) Nummer 2 nicht dafür sorgt, dass für jedes Mitglied der Besatzung ein Lichtbildausweis an Bord ist,

c) Nummer 3 dem Schiffsführer nicht vor Antritt der Fahrt die schriftlichen Weisungen in Sprachen bereitstellt, die der Schiffsführer und der Sachkundige lesen und verstehen können,

d) Nummer 4 nicht dafür sorgt, dass eine dort genannte Information zur Verfügung gestellt wird,

e) Nummer 5 nicht dafür sorgt, dass eine dort genannte Vorschrift beachtet wird,

f) Nummer 6 nicht dafür sorgt, dass eine dort genannte Vorschrift eingehalten wird,

g) Nummer 7 nicht dafür sorgt, dass dem Schiffsführer ein Dokument übergeben wird,

h) Nummer 8 nicht dafür sorgt, dass ein Schiff nur unter der dort genannten Voraussetzung eingesetzt wird, oder

i) Nummer 9 nicht sicherstellt, dass ein zweites Evakuierungsmittel verfügbar ist,

GGVSEB

9. entgegen § 20
   a) Absatz 1 Nummer 1 Buchstabe a die Annahme des Gutes verzögert oder verweigert,
   b) Absatz 1 Nummer 1 Buchstabe b nicht oder nicht rechtzeitig prüft, dass die Vorschriften eingehalten worden sind,
   c) Absatz 1 Nummer 2 den Absender nicht oder nicht rechtzeitig über die Nichteinhaltung eines Grenzwertes informiert,
   d) Absatz 2 einen Container zurückstellt,
   e) Absatz 3 einen Wagen oder Container zurückstellt oder wieder verwendet oder
   f) Absatz 4 einen Container, ein Fahrzeug oder einen Wagen zurückstellt,

10. entgegen § 21
    a) Absatz 1 Nummer 1 Güter übergibt,
    b) Absatz 1 Nummer 2 ein Versandstück zur Beförderung übergibt,
    c) Absatz 1 Nummer 3 nicht dafür sorgt, dass ein Versandstück nur verladen wird, wenn die Verpackung den dort genannten Anforderungen entspricht,
    d) Absatz 1 Nummer 4 nicht dafür sorgt, dass eine dort genannte Vorschrift beachtet wird,
    e) Absatz 1 Nummer 5 nicht dafür sorgt, dass ein Warnkennzeichen angebracht wird,
    f) Absatz 1 Nummer 6 nicht dafür sorgt, dass eine dort genannte Kennzeichnungsvorschrift beachtet wird,
    g) Absatz 1 Nummer 7 nicht dafür sorgt, dass die Anzahl der Versandstücke nicht überschritten wird,
    h) Absatz 1 Nummer 8 nicht dafür sorgt, dass eine dort genannte Maßnahme ergriffen wird,
    i) Absatz 2 Nummer 1 Satz 1 einen Hinweis nicht, nicht richtig, nicht vollständig oder nicht in der vorgeschriebenen Weise gibt,
    j) Absatz 2 Nummer 2 nicht dafür sorgt, dass eine dort genannte Vorschrift eingehalten wird,
    k) Absatz 2 Nummer 3 nicht dafür sorgt, dass eine dort genannte Vorschrift beachtet wird,
    l) Absatz 2 Nummer 4 nicht dafür sorgt, dass ein Großzettel, eine Tafel oder ein Kennzeichen angebracht ist,
    m) Absatz 2 Nummer 5 nicht dafür sorgt, dass nur ein Container eingesetzt wird, der den dort genannten Anforderungen entspricht,
    n) Absatz 2 Nummer 6 nicht dafür sorgt, dass eine dort genannte Vorschrift beachtet wird,
    o) Absatz 3 Nummer 1 nicht dafür sorgt, dass eine Vorschrift über die Gefahrzettel und Kennzeichen beachtet wird,
    p) Absatz 3 Nummer 2 nicht dafür sorgt, dass ein Großzettel, ein Rangierzettel, ein Kennzeichen oder eine orangefarbene Tafel angebracht ist,
    q) Absatz 3 Nummer 3 nicht dafür sorgt, dass nur ein Container eingesetzt wird, der den dort genannten Anforderungen entspricht,
    r) Absatz 3 Nummer 4 nicht dafür sorgt, dass eine dort genannte Vorschrift über die Beförderung in Versandstücken oder die Beladung und Handhabung beachtet wird,
    s) Absatz 3 Nummer 5 nicht dafür sorgt, dass eine dort genannte Vorschrift beachtet wird,
    t) Absatz 4 Nummer 1 Satz 1 einen Hinweis nicht, nicht richtig oder nicht vollständig gibt,
    u) Absatz 4 Nummer 2 nicht dafür sorgt, dass ein Großzettel oder das Kennzeichen angebracht ist,
    v) Absatz 4 Nummer 3 nicht dafür sorgt, dass eine dort genannte Vorschrift beachtet wird, oder
    w) Absatz 4 Nummer 4 nicht sicherstellt, dass die landseitige Einrichtung mit einem oder zwei Evakuierungsmitteln ausgerüstet ist,

GGVSEB

11. entgegen § 22
    a) Absatz 1 Nummer 1 oder 2 eine dort genannte Vorschrift über das Verpacken, das Umverpacken und die Kennzeichnung nicht beachtet,
    b) Absatz 1 Nummer 3 eine dort genannte Vorschrift über die Verwendung und Prüfung nicht beachtet,
    c) Absatz 1 Nummer 4 eine dort genannte Vorschrift über das Zusammenpacken nicht beachtet,
    d) Absatz 1 Nummer 5 eine dort genannte Vorschrift über die Kennzeichnung und Bezettelung nicht beachtet,
    e) Absatz 1 Nummer 6 Versandstücke in Umverpackungen nicht sichert oder
    f) Absatz 2 oder 3 eine dort genannte Vorschrift nicht beachtet,

12. entgegen § 23 Absatz 1
    a) Nummer 1 Güter übergibt,
    b) Nummer 2 einen Tank übergibt,
    c) Nummer 3 einen Tank befüllt,
    d) Nummer 4 nicht dafür sorgt, dass die Dichtheit einer Verschlusseinrichtung geprüft und ein Tank nicht befördert wird, wenn dieser undicht ist,
    e) Nummer 5 einen Tank befüllt,
    f) Nummer 6 nicht dafür sorgt, dass der Füllungsgrad, die Masse oder Bruttomasse eingehalten wird,
    g) Nummer 7 nicht dafür sorgt, dass die Dichtheit der Verschlüsse und der Ausrüstung geprüft wird oder alle Verschlüsse in geschlossener Stellung sind und keine Undichtheit auftritt,
    h) Nummer 8 nicht dafür sorgt, dass einem Tank keine Reste anhaften,
    i) Nummer 9 nicht dafür sorgt, dass nebeneinanderliegende Tankabteile oder -kammern nicht mit gefährlich miteinander reagierenden Stoffen befüllt werden,
    j) Nummer 10 nicht dafür sorgt, dass ein Tank, Batterie-Fahrzeug, Batteriewagen oder MEGC nicht befüllt oder nicht zur Beförderung aufgegeben wird,
    k) Nummer 11 nicht dafür sorgt, dass eine Entleerungs-, Reinigungs- und Entgasungsmaßnahme durchgeführt wird,
    l) Nummer 12 nicht dafür sorgt, dass eine Bezeichnung angegeben wird,
    m) Nummer 13 nicht dafür sorgt, dass eine Benennung oder ein Kennzeichen angegeben wird,
    n) Nummer 14 nicht dafür sorgt, dass der MEGC nicht zur Beförderung aufgegeben wird, oder
    o) Nummer 15 einen Tank befüllt,

13. entgegen § 23 Absatz 2
    a) Nummer 1 einen Hinweis nicht, nicht richtig, nicht vollständig oder nicht in der vorgeschriebenen Weise gibt,
    b) Nummer 2 eine Nummer nicht mitteilt,
    c) Nummer 3 nicht dafür sorgt, dass ein Großzettel, die orangefarbene Tafel und das Kennzeichen angebracht werden,
    d) Nummer 4 nicht dafür sorgt, dass eine Beladevorschrift beachtet wird,
    e) Nummer 5 das Rauchverbot nicht beachtet,
    f) Nummer 6 nicht dafür sorgt, dass eine dort genannte zusätzliche Vorschrift beachtet wird,
    g) Nummer 7 nicht dafür sorgt, dass der Fahrzeugführer in der vorgeschriebenen Weise eingewiesen wird,
    h) Nummer 8 nicht dafür sorgt, dass eine Vorschrift über die Beförderung in loser Schüttung beachtet wird,

i) Nummer 9 nicht dafür sorgt, dass eine Maßnahme zur Vermeidung elektrostatischer Aufladungen durchgeführt wird,
j) Nummer 10 einen Tank befüllt,
k) Nummer 11 sich nicht vergewissert, dass die dort genannten Vorschriften eingehalten sind, oder
l) Nummer 12 nicht dafür sorgt, dass eine dort genannte Vorschrift eingehalten wird,

14. entgegen § 23 Absatz 3
   a) Nummer 1 nicht dafür sorgt, dass eine dort genannte Kontrollvorschrift beachtet wird,
   b) Nummer 2 nicht dafür sorgt, dass ein Großzettel, ein Rangierzettel, die orangefarbene Tafel und das Kennzeichen angebracht werden,
   c) Nummer 3 nicht dafür sorgt, dass eine dort genannte Vorschrift beachtet wird,
   d) Nummer 4 nicht dafür sorgt, dass eine Beladevorschrift beachtet wird,
   e) Nummer 5 nicht sicherstellt, dass die Temperatur nicht überschritten wird, oder
   f) Nummer 6 nicht dafür sorgt, dass eine dort genannte Vorschrift eingehalten wird,

15. entgegen § 23 Absatz 4
   a) Nummer 1 einen Hinweis nicht, nicht richtig oder nicht vollständig gibt,
   b) Nummer 2 nicht dafür sorgt, dass ein Großzettel, die orangefarbene Tafel und das Kennzeichen angebracht werden,
   c) Nummer 3 nicht dafür sorgt, dass ein Tankschiff nur mit den zugelassenen gefährlichen Gütern befüllt wird und das Datum im Zulassungszeugnis nicht überschritten ist,
   d) Nummer 4 nicht sicherstellt, dass die landseitige Einrichtung mit einem oder zwei Evakuierungsmitteln ausgerüstet ist,
   e) Nummer 5 nicht sicherstellt, dass die Temperatur nicht überschritten wird,
   f) Nummer 6 nicht sicherstellt, dass eine Überwachung gewährleistet ist,
   g) Nummer 7 seinen Teil der Prüfliste nicht, nicht richtig, nicht vollständig oder nicht rechtzeitig ausfüllt,
   h) Nummer 8 nicht sicherstellt, dass eine Flammendurchschlagsicherung vorhanden ist, oder
   i) Nummer 9 nicht sicherstellt, dass die Laderate übereinstimmt und der Druck an der Übergabestelle den Öffnungsdruck des Hochgeschwindigkeitsventils nicht übersteigt,

15a. entgegen § 23a
   a) Absatz 1 Nummer 1 sich nicht vergewissert, dass die richtigen Güter ausgeladen werden,
   b) Absatz 1 Nummer 2 nicht prüft oder sich nicht vergewissert, dass geeignete Maßnahmen ergriffen wurden,
   c) Absatz 1 Nummer 3 Buchstabe a gefährliche Rückstände nicht oder nicht rechtzeitig entfernt,
   d) Absatz 1 Nummer 3 Buchstabe b den Verschluss nicht oder nicht rechtzeitig sicherstellt,
   e) Absatz 1 Nummer 4 die Reinigung und Entgiftung nicht sicherstellt,
   f) Absatz 1 Nummer 5 nicht dafür sorgt, dass ein Großzettel, ein Kennzeichen oder eine orangefarbene Tafel nicht mehr sichtbar ist,
   g) Absatz 1 Nummer 6 das Warnkennzeichen nicht entfernt,
   h) Absatz 2 Nummer 1 nicht dafür sorgt, dass eine Maßnahme zur Vermeidung elektrostatischer Aufladungen durchgeführt wird,
   i) Absatz 2 Nummer 2 nicht dafür sorgt, dass eine dort genannte zusätzliche Vorschrift beachtet wird,
   j) Absatz 2 Nummer 3 nicht dafür sorgt, dass der Fahrzeugführer in der vorgeschriebenen Weise eingewiesen wird,

GGVSEB

- k) Absatz 2 Nummer 4 oder Absatz 3 nicht dafür sorgt, dass eine dort genannte Vorschrift beachtet wird,
- l) Absatz 4 Nummer 1 nicht sicherstellt, dass die landseitige Einrichtung mit einem oder zwei Evakuierungsmitteln ausgerüstet ist,
- m) Absatz 4 Nummer 2 Buchstabe a den ihn betreffenden Teil der Prüfliste nicht oder nicht rechtzeitig ausfüllt,
- n) Absatz 4 Nummer 2 Buchstabe b nicht sicherstellt, dass eine Flammendurchschlagsicherung vorhanden ist,
- o) Absatz 4 Nummer 2 Buchstabe c nicht sicherstellt, dass der Druck an der Übergabestelle den Öffnungsdruck des Hochgeschwindigkeitsventils nicht übersteigt,
- p) Absatz 4 Nummer 2 Buchstabe d nicht sicherstellt, dass die Dichtungen aus den dort genannten Werkstoffen bestehen,
- q) Absatz 4 Nummer 2 Buchstabe e nicht sicherstellt, dass eine Überwachung gewährleistet ist, oder
- r) Absatz 4 Nummer 2 Buchstabe f nicht sicherstellt, dass die Löschpumpe abgeschaltet werden kann,

16. entgegen § 24

- a) Nummer 1 nicht dafür sorgt, dass ein Tankcontainer, ein ortsbeweglicher Tank, ein MEGC, ein Schüttgut-Container oder flexibler Schüttgut-Container einer dort genannten Verwendungs-, Bau-, Ausrüstungs- und Kennzeichnungsvorschrift entspricht,
- b) Nummer 2 nicht dafür sorgt, dass eine außerordentliche Prüfung durchgeführt wird,
- c) Nummer 3 nicht dafür sorgt, dass nur ein Tankcontainer, ein ortsbeweglicher Tank oder MEGC verwendet wird, der den dort genannten Anforderungen entspricht,
- d) Nummer 4 nicht dafür sorgt, dass ein MEGC nicht zur Befüllung übergeben wird,
- e) Nummer 5 nicht dafür sorgt, dass eine Druckentlastungseinrichtung geprüft wird,
- f) Nummer 6 nicht dafür sorgt, dass die Tankakte geführt, aufbewahrt, übergeben, vorgelegt oder zur Verfügung gestellt wird, oder
- g) Nummer 7 nicht dafür sorgt, dass MEMU untersucht und geprüft werden,

17. entgegen § 25

- a) Absatz 1 Nummer 1 ein dort genanntes Kennzeichen anbringt,
- b) Absatz 1 Nummer 2 die Behörde nicht oder nicht richtig in Kenntnis setzt,
- c) Absatz 1 Nummer 3 die Anweisungen nicht liefert,
- d) Absatz 1 Nummer 4 dem Eigentümer eines Bergungsdruckgefäßes eine Kopie der Zulassungsbescheinigung nicht zur Verfügung stellt,
- e) Absatz 2 ein dort genanntes Kennzeichen anbringt oder
- f) Absatz 3 ein dort genanntes Kennzeichen anbringt,

18. entgegen § 26

- a) Absatz 1 Nummer 1 nicht dafür sorgt, dass einem Tank keine Reste des Füllgutes anhaften,
- b) Absatz 1 Nummer 2 nicht dafür sorgt, dass ein Tank verschlossen und dicht ist,
- c) Absatz 1 Nummer 3 nicht dafür sorgt, dass ein Großzettel oder ein Kennzeichen angebracht ist,
- d) Absatz 3 eine technische Dokumentation nicht richtig, nicht vollständig oder nicht rechtzeitig anfertigt,

e) Absatz 4 eine dort genannte Vorschrift nicht oder nicht richtig beachtet,

f) Absatz 5 Nummer 1 nicht dafür sorgt, dass das Personal unterwiesen wird,

g) Absatz 5 Nummer 2 einen dort genannten Teil der Prüfliste nicht, nicht richtig, nicht vollständig oder nicht rechtzeitig ausfüllt oder

h) Absatz 5 Nummer 3 nicht sicherstellt, dass eine Flammendurchschlagsicherung vorhanden ist,

19. entgegen § 27

a) Absatz 1 nicht dafür sorgt, dass die Vorlage eines Berichts rechtzeitig erfolgt,

b) Absatz 2 eine Untersuchung nicht durchführt, eine Maßnahme nicht ergreift oder nicht dafür sorgt, dass eine zuständige Behörde informiert wird,

c) Absatz 3 Nummer 1 eine Vorschrift über die Sicherung nicht beachtet,

d) Absatz 3 Nummer 2 Buchstabe a nicht dafür sorgt, dass die Unterweisung erfolgt,

e) Absatz 3 Nummer 2 Buchstabe b nicht dafür sorgt, dass die Aufzeichnungen fünf Jahre aufbewahrt werden,

f) Absatz 4 Sicherungspläne nicht einführt oder anwendet,

g) Absatz 4a Satz 1, auch in Verbindung mit Satz 2, nicht dafür sorgt, dass eine Mitteilung erfolgt,

h) Absatz 5 Nummer 1 nicht dafür sorgt, dass die Unterweisung erfolgt,

i) Absatz 5 Nummer 2 nicht dafür sorgt, dass die Aufzeichnungen fünf Jahre aufbewahrt werden,

j) Absatz 6 nicht dafür sorgt, dass die Personen unterwiesen sind, oder

k) Absatz 7 nicht sicherstellt, dass nur eine dort genannte Anlage oder ein dort genanntes Gerät verwendet wird,

20. entgegen § 28

a) Nummer 1 ein Versandstück befördert,

b) Nummer 2 eine dort genannte Vorschrift über die Beförderungsbe- oder -einschränkungen nicht beachtet,

c) Nummer 3 den Füllungsgrad, die Masse oder die Befülltemperatur nicht einhält,

d) Nummer 4 eine dort genannte Vorschrift über den Betrieb von Tanks und die zusätzlichen Vorschriften nicht beachtet,

e) Nummer 5 die Dichtheit nicht prüft,

f) Nummer 6 einen Großzettel nicht anbringt, entfernt oder abdeckt,

g) Nummer 7 ein dort genanntes Kennzeichen oder eine dort genannte Tafel nicht oder nicht richtig anbringt, nicht oder nicht richtig sichtbar macht, nicht, nicht richtig oder nicht vollständig entfernt oder nicht, nicht richtig oder nicht vollständig verdeckt,

h) Nummer 8 eine Maßnahme nicht trifft,

i) Nummer 9 sich nicht vergewissert, dass ein Warnkennzeichen angebracht ist,

j) Nummer 10 ein Begleitpapier, eine Bescheinigung, ein Feuerlöschgerät, einen Ausrüstungsgegenstand oder die Ausnahmezulassung nicht mitführt oder nicht oder nicht rechtzeitig aushändigt,

k) Nummer 11 eine dort genannte Vorschrift über die Überwachung nicht beachtet,

l) Nummer 12 gefährliche Reste des Füllgutes nicht entfernt oder entfernen lässt,

m) Nummer 13 die Einnahme alkoholischer Getränke nicht unterlässt oder die Fahrt unter der dort genannten Wirkung solcher Getränke antritt,

n) Nummer 14 nicht sicherstellt, dass eine Verbindungsleitung oder ein Rohr entleert ist,

o) Nummer 15 einen Tank nicht erdet oder

p) Nummer 16 eine dort genannte Vorschrift nicht beachtet,

GGVSEB

21. entgegen § 29
    a) Absatz 1 eine dort genannte Vorschrift über die Beladung und Handhabung nicht beachtet,
    b) Absatz 2 eine dort genannte Vorschrift nicht beachtet,
    c) Absatz 3 eine dort genannte Vorschrift über Vorsichtsmaßnahmen nicht beachtet,
    d) Absatz 4 Nummer 1 eine Vorschrift über die Verladung oder das Kennzeichen nicht beachtet oder
    e) Absatz 4 Nummer 2 eine Vorschrift über die Beförderung nicht beachtet,

22. entgegen § 30
    a) Nummer 1 nicht dafür sorgt, dass nur ein Wagen oder ein Tank verwendet wird, der den dort genannten Anforderungen entspricht,
    b) Nummer 2 nicht dafür sorgt, dass ein Wagen oder ein Tank einer dort genannten Bau-, Ausrüstungs- und Kennzeichnungsvorschrift entspricht,
    c) Nummer 3 nicht dafür sorgt, dass eine außerordentliche Prüfung durchgeführt wird,
    d) Nummer 4 nicht dafür sorgt, dass die Tankakte geführt, aufbewahrt, übergeben, vorgelegt oder zur Verfügung gestellt wird,
    e) Nummer 5 nicht dafür sorgt, dass ein Kesselwagen, ein abnehmbarer Tank oder ein Batteriewagen nicht verwendet wird, oder
    f) Nummer 6 nicht dafür sorgt, dass eine dort genannte Information den Tank oder seine Ausrüstung umfasst,

22a. entgegen § 30a
    a) Absatz 1 Nummer 1 nicht dafür sorgt, dass die Instandhaltung eines Tanks oder seiner Ausrüstung in einer dort genannten Weise sichergestellt wird,
    b) Absatz 1 Nummer 2 nicht dafür sorgt, dass eine dort genannte Information den Tank oder seine Ausrüstung umfasst,
    c) Absatz 1 Nummer 3 nicht dafür sorgt, dass eine Aufzeichnung gefertigt wird,
    d) Absatz 2 Nummer 1 nicht dafür sorgt, dass ein Kesselwagen nicht verwendet wird, oder
    e) Absatz 2 Nummer 2 nicht dafür sorgt, dass eine außerordentliche Prüfung durchgeführt wird,

23. entgegen § 31
    a) Nummer 1 nicht dafür sorgt, dass sein Personal unterwiesen wird,
    b) Nummer 2 Buchstabe a nicht dafür sorgt, dass ein interner Notfallplan aufgestellt wird, oder
    c) Nummer 2 Buchstabe b nicht sicherstellt, dass er Zugriff zu einer Information hat,

23a. entgegen § 31a eine schriftliche Weisung nicht oder nicht rechtzeitig einsieht,

24. entgegen § 32 ein gefährliches Gut mitführt oder befördern lässt,

25. entgegen § 33
    a) Nummer 1 die Sicherheitspflichten nicht beachtet,
    b) Nummer 2 nicht dafür sorgt, dass ein Schiff oder Tankschiff nicht überladen oder ein Ladetank nicht überfüllt ist,
    c) Nummer 3 sich nicht vergewissert, dass das Schiff oder Tankschiff oder die Ladung keine Mängel, Undichtheiten oder Risse aufweist oder keine Ausrüstungsteile fehlen,
    d) Nummer 4 nicht dafür sorgt, dass jedes betroffene Mitglied der Besatzung die schriftlichen Weisungen versteht und richtig anwenden kann,
    e) Nummer 5 eine vorgeschriebene Maßnahme nicht trifft,

- f) Nummer 6 nicht dafür sorgt, dass eine dort genannte Vorschrift eingehalten wird,
- g) Nummer 7 nicht prüft, ob der Eigentümer oder Betreiber seinen Pflichten nachgekommen ist,
- h) Nummer 8 ein Begleitpapier oder die Ausnahmezulassung nicht mitführt oder nicht oder nicht rechtzeitig aushändigt,
- i) Nummer 9 nicht dafür sorgt, dass eine dort genannte Vorschrift eingehalten wird,
- j) Nummer 10 eine Sendung befördert,
- k) Nummer 11 einen dort genannten Teil der Prüfliste nicht, nicht richtig, nicht vollständig oder nicht rechtzeitig ausfüllt oder
- l) Nummer 12 einen dort genannten Teil der Prüfliste nicht, nicht richtig, nicht vollständig oder nicht rechtzeitig ausfüllt,

26. entgegen § 34
    - a) Nummer 1, 2, 4 und 5 nicht dafür sorgt, dass eine dort genannte Vorschrift eingehalten wird,
    - b) Nummer 3 nicht dafür sorgt, dass ein Sachkundiger an Bord ist,
    - c) Nummer 6 nicht dafür sorgt, dass eine Aktualisierung erfolgt,
    - d) Nummer 7 nicht dafür sorgt, dass ein Schiff einer Sonderuntersuchung unterzogen wird, oder
    - e) Nummer 8 nicht dafür sorgt, dass eine Schiffsakte nach einer dort genannten Vorschrift geführt, aufbewahrt oder aktualisiert wird,

26a. entgegen § 34a Satz 1 den Anweisungen des Schiffsführers nicht Folge leistet,

27. entgegen § 35
    - a) Absatz 2 Satz 2 eine Angabe oder einen Vermerk nicht in das Beförderungspapier einträgt,
    - b) Absatz 4 Satz 3 nicht dafür sorgt, dass eine Bescheinigung übergeben wird, oder
    - c) Absatz 4 Satz 4 eine Bescheinigung nicht mitführt oder nicht oder nicht rechtzeitig aushändigt,

28. entgegen § 35a
    - a) Absatz 4 Satz 1 ein gefährliches Gut befördert,
    - b) Absatz 4 Satz 2 nicht dafür sorgt, dass eine Fahrwegbestimmung übergeben wird, oder
    - c) Absatz 4 Satz 3 eine Fahrwegbestimmung nicht oder nicht richtig beachtet, nicht mitführt oder nicht oder nicht rechtzeitig aushändigt.

(2) Artikel 32 der Revidierten Rheinschifffahrtsakte vom 17. Oktober 1868 (BGBl. 1969 II S. 597) in der Fassung des Zusatzprotokolls Nummer 6 vom 21. Oktober 1999 (BGBl. 2002 II S. 1772, 1773) hinsichtlich der Geldbußen auf dem Rhein bis zu fünfundzwanzigtausend Euro bleibt unberührt.

§ 38
Übergangsbestimmungen

(1) Bis zum 30. Juni 2021 darf die Beförderung gefährlicher Güter noch nach den Vorschriften dieser Verordnung in der bis zum 31. Dezember 2020 geltenden Fassung durchgeführt werden.

(2) Bei der Beförderung von im ADR/RID nicht näher bezeichneten Maschinen oder Geräten, die in ihrem inneren Aufbau oder in ihren Funktionselementen gefährliche Güter enthalten, nach der Übergangsvorschrift in Unterabschnitt 1.6.1.46 ADR/RID gilt im Straßenverkehr für innerstaatliche Beförderungen mit Fahrzeugen, die in Deutschland zugelassen sind, und für innerstaatliche Beförderungen im Eisenbahnverkehr weiterhin die Regelung nach Anlage 2 Gliederungsnummer 2.1 Buchstabe b dieser Verordnung in der bis zum 31. Dezember 2018 geltenden Fassung.

Berlin, den 26. März 2021

Der Bundesminister
für Verkehr und digitale Infrastruktur
Andreas Scheuer

GGVSEB

GGVSEB – Anlage 1

Anlage 1

(weggefallen)

GGVSEB – Anlage 1

GGVSEB – Anlage 2

Anlage 2

Einschränkungen aus Gründen der Sicherheit der Beförderung gefährlicher Güter zu den Teilen 1 bis 9 des ADR und zu den Teilen 1 bis 7 des RID für innerstaatliche Beförderungen sowie zu den Teilen 1 bis 9 des ADN für innerstaatliche und grenzüberschreitende Beförderungen

1. (weggefallen)

2. Im Straßenverkehr gelten für innerstaatliche Beförderungen mit Fahrzeugen, die in Deutschland zugelassen sind, und für innerstaatliche Beförderungen im Eisenbahnverkehr die nachstehenden Einschränkungen zu den Teilen 1 bis 7 des ADR/RID:

2.1 Regelung zu den Freistellungen in Zusammenhang mit der Art der Beförderungsdurchführung nach Unterabschnitt 1.1.3.1 ADR/RID:

a) Für die Anwendung des Buchstaben a gilt folgende Regelung:

Bei explosiven Stoffen der Klasse 1 Unterklasse 1.1 bis 1.4 darf die Gesamtnettoexplosivstoffmasse je Beförderungseinheit/Wagen 3 kg nicht überschreiten. Bei Gegenständen mit Explosivstoff der Klasse 1 Unterklasse 1.1 bis 1.3 darf die Bruttomasse je Beförderungseinheit/Wagen 5 kg und bei Unterklasse 1.4 50 kg nicht überschreiten. Selbstzersetzliche feste und flüssige Stoffe, desensibilisierte explosive feste Stoffe und mit selbstzersetzlichen Stoffen verwandte Stoffe der Klasse 4.1, Stoffe der Klasse 4.2 und Stoffe der Klasse 4.3, jeweils Verpackungsgruppe I und II, Stoffe der Klasse 5.1 Verpackungsgruppe I und Stoffe der Klasse 5.2 dürfen je Stoff 1 kg Nettomasse nicht überschreiten. Für die in den Sätzen 1 bis 3 nicht genannten Stoffe und Gegenstände der Klassen 1 bis 9 dürfen die Höchstmengen gemäß Unterabschnitt 1.1.3.6 ADR/RID nicht überschritten werden.

b) (weggefallen)

c) Für die Anwendung des Buchstaben c gilt folgende Regelung:

aa) Bei explosiven Stoffen der Klasse 1 Unterklasse 1.1 bis 1.4 darf die Gesamtnettoexplosivstoffmasse je Beförderungseinheit/Wagen 3 kg nicht überschreiten. Bei Gegenständen mit Explosivstoff der Klasse 1 Unterklasse 1.1 bis 1.3 darf die Bruttomasse je Beförderungseinheit/Wagen 5 kg und bei Unterklasse 1.4 50 kg nicht überschreiten. Selbstzersetzliche feste und flüssige Stoffe, desensibilisierte explosive feste Stoffe und mit selbstzersetzlichen Stoffen verwandte Stoffe der Klasse 4.1, Stoffe der Klasse 4.2 und Stoffe der Klasse 4.3, jeweils Verpackungsgruppe I und II, Stoffe der Klasse 5.1 Verpackungsgruppe I und Stoffe der Klasse 5.2 dürfen je Stoff 1 kg Nettomasse nicht überschreiten.

bb) Für die Beförderung nach Unterabschnitt 1.1.3.1 Buchstabe c ADR/RID müssen zusätzlich folgende Vorschriften eingehalten werden:

– Die „Allgemeinen Verpackungsvorschriften" nach den Unterabschnitten 4.1.1.1, 4.1.1.2, 4.1.1.6 und 4.1.1.7 ADR/RID sind zu beachten.

– Für Stoffe und Gegenstände der Klasse 2 gelten die allgemeinen Verpackungsvorschriften nach Unterabschnitt 4.1.6.8 ADR/RID.

2.2 Regelung zu den Übergangsvorschriften nach den Unterabschnitten 1.6.3.4 und 1.6.3.5 ADR/RID:

a) Die Randnummer 211 184, 211 185 Satz 1 und die Randnummer 211 186 in der für innerstaatliche Beförderungen geltenden Fassung der Gefahrgutverordnung Straße in der Fassung der Bekanntmachung vom 18. Juli 1995 (BGBl. I S. 1025) und

b) die Vorschriften der Anlage Anhang XI Absatz 1.8.4 Satz 3 und 4 und Absatz 1.8.5 in der für innerstaatliche Beförderungen geltenden Fassung der Gefahrgutverordnung Eisenbahn in der Fassung der Bekanntmachung vom 15. Dezember 1995 (BGBl. I S. 1852)

gelten für innerstaatliche Beförderungen weiter.

GGVSEB – Anlage 2

3. Im Straßenverkehr gelten für innerstaatliche Beförderungen mit Fahrzeugen, die in Deutschland zugelassen sind, die nachstehenden Vorschriften und Einschränkungen zu den Teilen 8 und 9 des ADR:

3.1 Verbot von Feuer und offenem Licht

Bei Ladearbeiten ist der Umgang mit Feuer oder offenem Licht in der Nähe der Fahrzeuge oder Container und in den Fahrzeugen oder Containern untersagt.

3.2 Unterrichtung des Fahrpersonals durch Befüller und Entlader

Übernimmt der Fahrzeugführer das Befüllen des Tanks, so hat der Befüller ihn in die Handhabung der Fülleinrichtung, soweit diese nicht Bestandteil des Fahrzeugs ist, einzuweisen. Entsprechendes gilt hinsichtlich der Entleerungseinrichtung für das Beförderungsunternehmen, das als Entlader tätig wird. Diese Einweisung ist schriftlich zu dokumentieren. Hinsichtlich der Aufbewahrung dieser Dokumentation gilt Abschnitt 1.3.3 ADR in Verbindung mit § 27 Absatz 5 Nummer 2 GGVSEB entsprechend.

3.3 Überwachung der Fahrzeuge und Container

Ergänzend zu Kapitel 8.4 sind alle mit orangefarbener Tafel kennzeichnungspflichtigen Fahrzeuge und Container entsprechend den Vorgaben nach Abschnitt 8.4.1 ADR zu überwachen. Gleiches gilt für Anhänger einer kennzeichnungspflichtigen Beförderungseinheit, die von dem Kraftfahrzeug getrennt geparkt werden, sofern diese Anhänger mit gefährlichen Gütern in kennzeichnungspflichtiger Menge beladen sind. Satz 2 gilt nicht für die Überwachung von Anhängern mit UN 1202.

4. Im Eisenbahnverkehr gelten für innerstaatliche Beförderungen die nachstehenden Vorschriften und Einschränkungen zu den Teilen 1 bis 7 des RID:

4.1 Hinweise in den Teilen 1 bis 7 RID auf das internationale Frachtrecht finden bei innerstaatlichen Beförderungen keine Anwendung. Bei innerstaatlichen Beförderungen gelten das anwendbare nationale Frachtrecht sowie mit ihm übereinstimmende Beförderungsbedingungen der Beförderer.

4.2 Gefahrgutbeförderung in Reisezügen

Gefahrgutbeförderungen in Reisezügen sind vorbehaltlich der Regelungen in den Buchstaben a und b verboten.

    a) Die in den Unterabschnitten 1.1.2.2 und 1.1.2.3 in Verbindung mit den Kapiteln 7.6 und 7.7 RID genannten Regelungen bzw. Sicherheitsvorschriften sind auch für die innerstaatliche Beförderung zu beachten.

    b) Im Übersetzverkehr mit der Eisenbahn über den Hindenburgdamm zwischen Niebüll und Westerland (Sylt) ist abweichend von den Unterabschnitten 1.1.2.2 und 1.1.2.3 in Verbindung mit den Kapiteln 7.6 und 7.7 RID die Gefahrgutbeförderung in Reisezügen unter Beachtung der nachfolgenden Bestimmungen erlaubt:

aa) Folgende Güter sind in folgenden Beförderungsmitteln zur Beförderung zugelassen:

Gefahrgüter der Klassen 1.4 und 2 bis 9	Beförderung in Versandstücken in gedeckten und bedeckten Straßenfahrzeugen
a) Gefahrgüter der Klasse 2 Gruppen A, O und F ohne Nebengefahr giftig, b) Gefahrgüter der Klasse 3, Verpackungsgruppe II und III ohne Nebengefahr giftig, c) Gefahrgüter der Klasse 8, Verpackungsgruppe II und III ohne Nebengefahr giftig und d) Gefahrgüter der Klasse 9, Verpackungsgruppe II und III	Beförderung in Tanks (Straßentankfahrzeugen, Straßenfahrzeugen mit Aufsetztanks und Straßenfahrzeugen mit Tankcontainern)

bb) Die Beförderung gefährlicher Güter erfolgt im Huckepackverkehr unter Beachtung der Vorschriften nach Unterabschnitt 1.1.4.4 RID.

cc) Zwischenwagen oder Elemente einer fest gekuppelten Einheit:

Erfolgt die Beförderung mit einzeln gekuppelten Güterwagen, ist zwischen den Güterwagen, auf denen mit gefährlichen Gütern beladene Straßenfahrzeuge verladen sind, und den übrigen Güterwagen, auf denen sich Personenkraftfahrzeuge oder mit Fahrgästen besetzte Busse befinden, mindestens ein unbeladener Güterwagen oder ein Güterwagen, der nur mit Straßenfahrzeugen ohne gefährliches Gut beladen ist, zu befördern.

Erfolgt die Beförderung mit fest gekuppelten Einheiten, sind zwischen den Elementen der Einheit, auf denen mit gefährlichen Gütern beladene Straßenfahrzeuge verladen sind, und den übrigen Elementen, auf denen sich Personenkraftfahrzeuge oder mit Fahrgästen besetzte Busse befinden, mindestens zwei unbeladene Elemente oder zwei Elemente, die nur mit Straßenfahrzeugen ohne gefährliches Gut beladen sind, oder je ein Element der vorstehenden Alternativen zu befördern.

Pro Reisezug darf nur eine kennzeichnungspflichtige Beförderungseinheit am Anfang oder am Ende mitgeführt werden.

dd) Schriftliche Weisungen:

Schriftliche Weisungen sind in den Straßenfahrzeugen nach den Vorschriften des Abschnitts 5.4.3 ADR mitzuführen.

ee) Beförderungsausschluss:

Die Beförderung von Straßenfahrzeugen mit gefährlichen Gütern in Verpackungen, einschließlich Großpackmittel (IBC) und Großverpackungen (Large Packagings), Straßentankfahrzeugen und Straßenfahrzeugen mit Aufsetztanks ist ausgeschlossen, wenn während der Beförderungsdauer mit einer Windstärke von zehn oder mehr (nach Beaufort-Skala) gerechnet werden kann.

ff) Straßenfahrzeuge mit ungereinigten leeren Tanks:

Vorstehende Regelungen sind auch bei der Beförderung von Straßenfahrzeugen mit ungereinigten leeren Tanks anzuwenden.

gg) Angaben im Beförderungspapier:

Die Bezeichnung des gefährlichen Gutes im Beförderungspapier nach dem Sylt-Shuttle-Tarif muss den Vorschriften des RID entsprechen.

GGVSEB – Anlage 2

5. **In der Binnenschifffahrt gelten für innerstaatliche und grenzüberschreitende Beförderungen die nachstehenden Vorschriften und Einschränkungen zu den Teilen 1 bis 9 des ADN:**

5.1 Eine Zustimmung nach Unterabschnitt 7.1.6.11 Anforderung ST01 ADN ist nicht erforderlich.

6. **Abweichungen von den Teilen 1 bis 9 ADN für Beförderungen auf dem Rhein**

6.1 Abweichend von den Abschnitten 7.1.5.1 und 7.2.5.1 ADN dürfen Schiffe, die gefährliche Güter befördern oder nicht entgast sind, nicht in Schubverbänden enthalten sein, deren Abmessungen 195 x 24 m überschreiten.

6.2 **Folgende Übergangsbestimmungen gelten bei der Beförderung nachstehender Stoffe:**

6.2.1 Folgende Stoffe dürfen in Tankschiffen des Typs N geschlossen mit einem Einstelldruck des Hochgeschwindigkeitsventils von mindestens 6 kPa (0,06 Bar) (Prüfdruck der Ladetanks von 10 kPa (0,10 Bar)) befördert werden:

   a) Alle Stoffe, für die in Kapitel 3.2 Tabelle C ADN mindestens ein Tankschiff des Typs N offen, Typ N offen mit Flammendurchschlagsicherung oder Typ N geschlossen mit einem Einstelldruck des Hochgeschwindigkeitsventils von 10 kPa (0,10 Bar) gefordert wird.

   b) Das nachstehend aufgeführte Schiff hatte am 31.12.1986 eine Sondergenehmigung für bestimmte Stoffe und ist auf Grund seiner Bauweise, d. h. mit Doppelboden und Wallgängen, zugelassen für die Beförderung von den in der separaten Liste aufgenommenen Stoffen.

Schiffsname	ENI Nummer	Stoffliste Nummer
T.M.S. PIZ EVEREST	0232 6324	1

6.2.2 Folgende Stoffe dürfen in Tankschiffen des Typs N geschlossen mit einem Einstelldruck des Hochgeschwindigkeitsventils von mindestens 10 kPa (0,10 Bar) (Prüfdruck der Ladetanks von 65 kPa (0,65 Bar)) befördert werden:

   a) Alle Stoffe, für die in Kapitel 3.2 Tabelle C ADN mindestens ein Tankschiff des Typs N offen, des Typs N offen mit Flammendurchschlagsicherung oder des Typs N geschlossen mit einem Einstelldruck des Hochgeschwindigkeitsventils von 10 kPa (0,10 Bar) gefordert wird.

   Wenn das Hochgeschwindigkeitsventil umgebaut wird auf 50 kPa (0,50 Bar), dürfen alle Stoffe, für die in Kapitel 3.2 Tabelle C ADN ein Einstelldruck des Hochgeschwindigkeitsventils von 50 kPa (0,50 Bar) gefordert wird, befördert werden.

   b) Das nachstehend aufgeführte Schiff hatte am 31.12.1986 eine Sondergenehmigung für bestimmte Stoffe und ist auf Grund seiner Bauweise, d.h. mit Doppelboden und Wallgängen, zugelassen für die Beförderung von den in der separaten Liste aufgenommenen Stoffen.

Schiffsname	ENI Nummer	Stoffliste Nummer
T.M.S. EILTANK 9	0430 4830	5

6.2.3 Folgende Stoffe dürfen in Tankschiffen des Typs C mit einem Einstelldruck des Hochgeschwindigkeitsventils von mindestens 9 kPa (0,09 Bar) befördert werden:

   Alle Stoffe, für die in Kapitel 3.2 Tabelle C ADN mindestens ein Tankschiff des Typs N oder des Typs C mit einem Einstelldruck des Hochgeschwindigkeitsventils von 10 kPa (0,10 Bar) gefordert wird.

6.2.4 Folgende Stoffe dürfen in Tankschiffen des Typs C mit einem Einstelldruck des Hochgeschwindigkeitsventils von mindestens 35 kPa (0,35 Bar) befördert werden:

   Alle Stoffe, für die in Kapitel 3.2 Tabelle C ADN mindestens ein Tankschiff des Typs N oder des Typs C mit einem Einstelldruck des Hochgeschwindigkeitsventils von 35 kPa (0,35 Bar) gefordert wird.

   Wenn das Hochgeschwindigkeitsventil umgebaut wird auf 50 kPa (0,50 Bar), dürfen alle Stoffe, für die in Kapitel 3.2 Tabelle C ADN ein Einstelldruck des Hochgeschwindigkeitsventils von 50 kPa (0,50 Bar) gefordert wird, befördert werden.

GGVSEB – Anlage 2

Stoffliste Nummer 1:

UN-Nummer	Klasse und Klassifizierungscode	Verpackungs-gruppe	Benennung und Beschreibung
1114	3, F1	II	BENZEN
1134	3, F1	III	CHLORBENZEN (Phenylchlorid)
1143	6.1, TF1	I	CROTONALDEHYD, STABILISIERT
1203	3, F1	II	BENZIN MIT MEHR ALS 10 % BENZEN
1218	3, F1	I	ISOPREN, STABILISIERT
1247	3, F1	II	METHYLMETHACRYLAT, MONOMER, STABILISIERT
1267	3, F1	I	ROHERDÖL, MIT MEHR ALS 10% BENZEN
1267	3, F1	II	ROHERDÖL, MIT MEHR ALS 10% BENZEN
1268	3, F1	I	ERDÖLDESTILLATE, N.A.G. MIT MEHR ALS 10 % BENZEN oder ERDÖLPRODUKTE, N.A.G. MIT MEHR ALS 10 % BENZEN
1268	3, F1	II	ERDÖLDESTILLATE, N.A.G. MIT MEHR ALS 10 % BENZEN oder ERDÖLPRODUKTE, N.A.G. MIT MEHR ALS 10 % BENZEN
1277	3, FC	II	PROPYLAMIN (1-Aminopropan)
1278	3, F1	II	1-CHLORPROPAN (Propylchlorid)
1296	3, FC	II	TRIETHYLAMIN
1578	6.1, T2	II	CHLORNITROBENZENE, FEST, GESCHMOLZEN (p-CHLORNITROBENZEN)
1591	6.1, T1	III	o-DICHLORBENZEN
1593	6.1, T1	III	DICHLORMETHAN (Methylenchlorid)
1605	6.1, T1	I	1,2-DIBROMETHAN
1710	6.1, T1	III	TRICHLORETHYLEN
1750	6.1, TC1	II	CHLORESSIGSÄURE, LÖSUNG
1831	8, CT1	I	SCHWEFELSÄURE, RAUCHEND
1846	6.1, T1	II	TETRACHLORKOHLENSTOFF
1863	3, F1	I	DÜSENKRAFTSTOFF MIT MEHR ALS 10% BENZEN
1863	3, F1	II	DÜSENKRAFTSTOFF MIT MEHR ALS 10% BENZEN
1888	6.1, T1	III	CHLOROFORM
1897	6.1, T1	III	TETRACHLORETHYLEN
1993	3, F1	I	ENTZÜNDBARER FLÜSSIGER STOFF, N.A.G. MIT MEHR ALS 10 % BENZEN
1993	3, F1	II	ENTZÜNDBARER FLÜSSIGER STOFF, N.A.G. MIT MEHR ALS 10 % BENZEN
2205	6.1, T1	III	ADIPONITRIL
2238	3, F1	III	CHLORTOLUENE (m-, o- oder p-CHLORTOLUEN)
2263	3, F1	II	DIMETHYLCYCLOHEXANE (cis-1,4-DIMETHYLCYCLOHEXAN)
2263	3, F1	II	DIMETHYLCYCLOHEXANE (trans-1,4-DIMETHYLCYCLOHEXAN)
2266	3, FC	II	DIMETHYL-N-PROPYLAMIN
2312	6.1, T1	II	PHENOL, GESCHMOLZEN
2333	3, FT1	II	ALLYLACETAT
2733	3, FC	II	AMINE, ENTZÜNDBAR, ÄTZEND, N.A.G. (2-AMINOBUTAN)
2810	6.1, T1	III	GIFTIGER, ORGANISCHER, FLÜSSIGER STOFF, N.A.G. (1,1,2-Trichlorethan)
2874	6.1, T1	III	FURFURYLALKOHOL
3295	3, F1	I	KOHLENWASSERSTOFFE, FLÜSSIG, N.A.G. MIT MEHR ALS 10 % BENZEN
3295	3, F1	II	KOHLENWASSERSTOFFE, FLÜSSIG, N.A.G. MIT MEHR ALS 10 % BENZEN
3455	6.1, TC2	II	CRESOLE, FEST, GESCHMOLZEN

GGVSEB – Anlage 2

Stoffliste Nummer 2 bis 4: (weggefallen)

Stoffliste Nummer 5:

UN-Nummer	Klasse und Klassifizierungscode	Verpackungs-gruppe	Benennung und Beschreibung
1134	3, F1	III	CHLORBENZEN (Phenylchlorid)
1218	3, F1	I	ISOPREN, STABILISIERT
1247	3, F1	II	METHYLMETHACRYLAT, MONOMER, STABILISIERT
1277	3, FC	II	PROPYLAMIN (1-Aminopropan)
1278	3, F1	II	1-CHLORPROPAN (Propylchlorid)
1296	3, FC	II	TRIETHYLAMIN
1547	6.1, T1	II	ANILIN
1750	6.1, TC1	II	CHLORESSIGSÄURE, LÖSUNG
1831	8, CT1	I	SCHWEFELSÄURE, RAUCHEND
2238	3, F1	III	CHLORTOLUENE (m-, o- oder p-CHLORTOLUEN)
2263	3, F1	II	DIMETHYLCYCLOHEXANE (cis-1,4-DIMETHYLCYCLOHEXAN)
2263	3, F1	II	DIMETHYLCYCLOHEXANE (trans-1,4-DIMETHYLCYCLOHEXAN)
2266	3, FC	II	DIMETHYL-N-PROPYLAMIN
2333	3, FT1	II	ALLYLACETAT
2733	3, FC	II	AMINE, ENTZÜNDBAR, ÄTZEND, N.A.G. (2-AMINOBUTAN)
3446	6.1, T2	II	NITROTOLUENE, FEST, GESCHMOLZEN (o-NITROTOLUEN)

GGVSEB – Anlage 3

Anlage 3
(zu § 36b)

Festlegung der Anforderungen für besonders ausgerüstete Fahrzeuge/Wagen und Container/Großcontainer nach Abschnitt 7.3.3 Sondervorschrift VC 3 zur Beförderung erwärmter flüssiger und fester Stoffe der UN-Nummern 3257 und 3258 ADR/RID

1. **Anwendungsbereich**

   Erwärmte Stoffe der UN-Nummern 3257 und 3258 dürfen in loser Schüttung in besonders ausgerüsteten Fahrzeugen/Wagen oder Containern/Großcontainern befördert werden, wenn die nachfolgenden Anforderungen erfüllt werden.

   1.1 Erwärmte flüssige Stoffe, UN-Nummer 3257, sind insbesondere
   - flüssiges Aluminium,
   - Bitumen,
   - flüssiges Eisen,
   - heißes Paraffin (Wachs).

   1.2 Erwärmte feste Stoffe, UN-Nummer 3258, sind insbesondere
   - heiße Brammen (massive Metalle als Halbzeug),
   - Stahlcoils (warm gewalzt),
   - Aluminiumkrätze, wenn dieses Gut den Grenzwert für die Gasbildung von 1 Liter je Kilogramm Masse in einer Stunde gemäß Absatz 2.2.43.1.5 Buchstabe b ADR/RID nicht überschreitet,

   wenn die Temperatur bei Beginn der Beförderung 240 °C oder höher ist.

2. **Allgemeine Anforderungen an die Umschließungen und deren Ladungssicherung**

   2.1 Die Umschließungen für das Gefahrgut (z.B. Sandbett mit hydraulisch bewegbarer Schutzhaube für den Transport heißer massiver Metalle, Coil-Wannen für den Transport von Coils, feuerfest ausgekleidete Tiegel für den Transport flüssiger Metalle, in feste Aufleger gesetzte Kübel mit umschließender Schutzhaube unter Schutzgasatmosphäre für den Transport heißer Aluminiumkrätze; siehe dazu auch Anhang 1) müssen entweder so isoliert sein, dass eine Oberflächentemperatur von 130 °C während des Beförderungsvorgangs nicht überschritten wird, oder so aufgestellt sein, dass ein Berühren der Umschließung nicht möglich ist. Hiervon ausgenommen ist die Regelung in Nummer 5.13 dieser Anlage. In keinem Fall darf durch die Oberflächentemperatur das Fahrzeug/der Wagen, insbesondere die Bremsleitungen und elektrischen Leitungen, in dessen Funktion beeinträchtigt werden.

   2.2 Die Umschließungen sind gemäß den Grundsätzen der Ladungssicherung nach Unterabschnitt 7.5.7.1 ADR/RID auf dem Fahrzeug/Wagen zu befestigen. Die heißen Güter sind in ihren Umschließungen so einzubringen und zu befördern, dass sich die relative Lage der Güter zu ihren Umschließungen bei normaler Beförderung nicht ändert (Beispiel: Sandbett mit Querverstrebungen bei Brammen, Coil-Wannen, Beförderung in loser Schüttung in Behältern).

   2.3 Von der Anbringung von Kennzeichen nach Kapitel 5.3 ADR/RID auf den Umschließungen kann abgesehen werden, wenn diese bereits auf dem Fahrzeug/Wagen angebracht wurden.

3. **Brand- und Explosionsschutz**

   Jede Brandgefahr durch thermische Einwirkung des Stoffes auf die Umschließung, das Fahrzeug/den Wagen oder Ladungssicherungshilfsmittel sowie jede Explosionsgefahr durch z.B. austretende Dämpfe oder chemische Reaktion entstandener Gase ist zu vermeiden (z.B. durch Schutzgase).

GGVSEB – Anlage 3

4. Zusätzliche Anforderungen für die Beförderung flüssiger Metalle in Tiegeln

4.1 Konstruktion und Prüfung der Tiegel

Tiegel, die seit dem 1. September 2016 gebaut werden, sind nach dem Stand der Technik unter Anwendung eines geeigneten technischen Regelwerks (EN 14025:2013 oder gleichwertiges Sicherheitsniveau) konstruktiv zu berechnen und herzustellen. Die konstruktive Auslegung ist im Rahmen eines Baumusterprüfverfahrens durch eine Stelle nach § 12 der GGVSEB auf Einhaltung der konstruktiven Anforderungen aus dem verwendeten technischen Regelwerk zu überprüfen. Hinsichtlich der Anforderungen an die zu prüfenden Unterlagen wird auf die Maßgaben der EN 12972:2007 hingewiesen. Über das Ergebnis der Baumusterprüfung ist ein qualifizierter Prüfbericht durch die mit der Prüfungsdurchführung beauftragte Stelle nach § 12 der GGVSEB auszustellen. Eine Kopie des Baumusterprüfberichts ist der Tiegelakte jedes hergestellten Tiegels gemäß Nummer 4.7 dieser Anlage beizufügen.

Bei der Dimensionierung und der Befestigung der Tiegel auf dem Fahrzeug/Wagen sind der hydrostatische Druck und die Schwallwirkung des flüssigen Metalls zu berücksichtigen. Dabei sind die Beschleunigungen des Absatzes 6.8.2.1.2 ADR bzw. die Beanspruchungen des Absatzes 6.8.2.1.2 RID zugrunde zu legen. Diese Anforderung gilt auch für Tiegel, die vor dem oben genannten Datum hergestellt wurden.

Die Verschlüsse der Tiegel sind ebenfalls gemäß einem geeigneten technischen Regelwerk auszulegen und so zu gestalten, dass sie auch bei umgekipptem befülltem Tiegel dicht bleiben.

Die Einfüll- und Ausgussöffnungen müssen konstruktiv geschützt werden, z.B. durch Kragen, Abweiser, Käfige oder gleichwertige Konstruktionen (siehe dazu die Beispiele in Anhang 2). Dabei ist die Schutzeinrichtung an der Tiegeloberseite so auszulegen, dass sie insgesamt einer statischen Belastung standhält, die der doppelten Masse des befüllten Tiegels entspricht.

Plastische Verformungen der Schutzeinrichtung durch das Einwirken der oben genannten Belastung sind soweit zulässig, wie der Schutz der Einfüll- und Ausgussöffnungen gewährleistet bleibt. Die Nachrüstung der Schutzeinrichtung bei vorhandenen Tiegeln war bis zum 30. Juni 2018 abzuschließen.

Die Überprüfung der vorgesehenen Schutzeinrichtung hinsichtlich ihrer konstruktiven Auslegung, Dimensionierung und Ausführung je Tiegel obliegt den Stellen nach § 12 der GGVSEB. Dazu ist jeweils ein qualifizierter Prüfbericht auszustellen sowie erforderlichenfalls nach erfolgtem Anbau eine außerordentliche Prüfung gemäß Nummer 4.5 dieser Anlage durchzuführen. Der Prüfbericht über die Schutzeinrichtung sowie gegebenenfalls die außerordentliche Prüfung sind der Tiegelakte gemäß Nummer 4.7 dieser Anlage beizufügen.

4.2 Erstmalige Prüfung der Tiegel vor der Inbetriebnahme

Die Tiegel sind erstmalig vor Inbetriebnahme durch eine Stelle nach § 12 der GGVSEB unter Anwendung der EN 12972:2007 zu prüfen.

Die Prüfung umfasst mindestens:
– eine Prüfung der Übereinstimmung mit den Konstruktionsunterlagen oder Gutachten unter Berücksichtigung des qualifizierten Prüfberichts über die Baumusterprüfung,
– eine Bauprüfung,
– eine Prüfung des inneren und äußeren Zustands,
– eine Wasserdruckprüfung mit einem Prüfdruck von 4 Bar; die Tiegel dürfen noch nicht feuerfest ausgekleidet oder beschichtet sein,
– eine Dichtheitsprüfung und eine Funktionsprüfung der Ausrüstungsteile.

Die Wasserdruckprüfung und Dichtheitsprüfung sind auch mit einer Ersatzdichtung zulässig.

GGVSEB – Anlage 3

4.3 Zwischenprüfung der Tiegel

Die Tiegel sind nach der erstmaligen Prüfung und jeder wiederkehrenden Prüfung nach Nummer 4.4 dieser Anlage Zwischenprüfungen durch eine Stelle nach § 12 der GGVSEB, mit Ausnahme der Wasserdruckprüfung und der Innenbesichtigung der metallischen Oberfläche, zu unterziehen. Die Zwischenprüfung umfasst die
- Prüfung des äußeren Zustands, diese schließt auch die Unversehrtheit der Flansch- und Deckelverbindungen ein,
- Wanddickenmessung,
- zerstörungsfreie Prüfung aller zugänglichen Schweißnähte.

Die maximale Frist für die Zwischenprüfung beträgt sechs Jahre. Dabei ist auch die Prüfung des inneren Zustands durch eine fachkundige Person in Verantwortung des Betreibers des Tiegels durchzuführen.

4.4 Wiederkehrende Prüfung der Tiegel

Bei jeder Erneuerung der Feuerfestauskleidung (Ausmauerung), spätestens jedoch nach zwölf Jahren, ist eine wiederkehrende Prüfung durch eine Stelle nach § 12 der GGVSEB durchzuführen. Der Umfang der Prüfung entspricht der nach Nummer 4.3 dieser Anlage zzgl. einer Wasserdruckprüfung mit einem Prüfdruck von 4 Bar sowie einer Besichtigung der metallischen inneren Oberfläche des Tiegels. Die Wasserdruckprüfung ist auch mit einer Ersatzdichtung zulässig.

4.5 Außerordentliche Prüfung der Tiegel

Wenn die Sicherheit der Tiegel durch Ausbesserung, Umbau oder Unfall beeinträchtigt sein kann, ist eine außerordentliche Prüfung durch eine Stelle nach § 12 der GGVSEB in entsprechender Anwendung des Absatzes 6.8.2.4.4 ADR/RID durchzuführen.

4.6 Kennzeichnung der Tiegel

Die Tiegel sind in entsprechender Anwendung des Absatzes 6.8.2.5.1 ADR/RID auf einem Tiegelschild zu kennzeichnen (Kennzeichnung für die Prüfung nach Absatz 6.8.2.4.1 und 6.8.2.4.2 ADR/RID mit „P", für die Prüfung nach Absatz 6.8.2.4.3 ADR/RID mit „L").

4.7 Führen einer Tiegelakte (Wartungs- und Prüfbuch)

Die Ergebnisse aller Prüfungen und die der erstmaligen Prüfung zugrundeliegenden Unterlagen sind vom Betreiber des Tiegels in der Tiegelakte aufzubewahren.

4.8 Beförderung der Tiegel

An die Fahrzeuge für den Straßenverkehr werden folgende zusätzlichen Anforderungen gestellt:
- Das Kraftfahrzeug (Zugmaschine oder Motorwagen) muss seit dem 1. Juli 2017 und der Sattelanhänger oder Anhänger ab dem 1. Januar 2021 mit einer Fahrdynamikregelung (Electronic Stability Control - ESC) ausgestattet sein.
- Die Tiegel sind auf den Fahrzeugen/Wagen so zu verladen, dass z.B. Bremsleitungen und elektrische Leitungen in ihrer Funktion nicht beeinflusst werden können.
- Die Tiegel sind auf den Fahrzeugen/Wagen so auszurichten, dass die Ausgussöffnungen in oder gegen die Fahrtrichtung angeordnet sind.

GGVSEB – Anlage 3

4.9 Anforderungen an die Fahrzeugführer

Ergänzend zum Basiskurs nach Unterabschnitt 8.2.1.2 müssen die Fahrzeugführer für die Beförderung von flüssigen Metallen in Tiegeln entweder eine Schulungsbescheinigung für den Aufbaukurs Tank nach Unterabschnitt 8.2.1.3 ADR besitzen oder eine ergänzende Einweisung durch eine fachkundige Person erhalten. Diese soll die folgenden Schwerpunkte beinhalten:
- besonderes Fahrverhalten der Trägerfahrzeuge mit Tiegeln,
- allgemeine Grundlagen der Fahrphysik (Fahrstabilität/Kippverhalten, insbesondere Schwerpunkthöhe, Schwallwirkung),
- Grenzen von Fahrdynamikregelungen (ESC) und
- besondere Maßnahmen, die bei einem Unfall einzuleiten sind.

Diese Einweisung ist mit Datum, Dauer und wesentlichem Inhalt schriftlich oder elektronisch durch den Beförderer zu dokumentieren.

5. Sondervorschriften für den Transport von flüssigem Eisen in Torpedo- oder Rohrpfannenwagen (Pfannen) mit der Eisenbahn

5.1 Die Pfannen müssen aus einem Blechmaterial und einer geeigneten feuerfesten Auskleidung bestehen. Der Blechmantel der Pfanne muss als selbsttragendes System auf zwei Stützen aufgebaut sein.

5.2 Die Pfannen, ihre Einfüllöffnungen und ihre baulichen Ausrüstungen müssen so beschaffen sein, dass sie ohne Verlust des Inhalts unter normalen Beförderungsbedingungen den statischen und dynamischen Beanspruchungen, wie sie in Absatz 6.8.2.1.2 RID festgelegt sind, standhalten.

5.3 Bei höchster Betriebslast darf die zulässige Beanspruchung im Blechmantel der Pfanne 6/10 der oberen Streckgrenze (0,6 Re bei 20 °C und 0,75 Re bei 250 °C, je nachdem, welcher Wert niedriger ist) nicht überschreiten.

5.4 Im Blechmantel der Pfannen ist eine ausreichende Zahl von Ausdampflöchern anzubringen, deren Durchmesser maximal 10 mm betragen darf.

5.5 Der feuerfeste Aufbau muss dem Stand der Technik entsprechen. Jede Erneuerung und Reparatur des feuerfesten Aufbaus ist durch den Betreiber bzw. Hersteller aufzuzeichnen.

5.6 Die Eigenschaften der feuerfesten Materialien für die Auskleidung von Pfannen sind im Rahmen der Qualitätskontrollen vom Betreiber und Lieferanten durch entsprechende Prüfungen zu überwachen. Für die tragenden Teile der Pfannen sind nur geprüfte Werkstoffe zu verwenden. Die Prüfung ist durch das Abnahmezeugnis und die Bescheinigung nachzuweisen. TRT 042 (VkBl. 2003 Heft 7 Seite 178) gilt entsprechend.

5.7 Schweißarbeiten am Blechmantel, insbesondere an tragenden Teilen, dürfen nur von anerkannten Schweißbetrieben und nur von geprüften Schweißern unter Aufsicht einer zugelassenen Schweißaufsichtsperson vorgenommen werden. Die Anforderungen aus Absatz 6.8.2.1.23 RID gelten entsprechend.

5.8 Die Pfannen sind erstmalig vor der Inbetriebnahme zu prüfen.

5.9 Die Pfannen sind wiederkehrenden Prüfungen zu unterziehen. Diese umfassen
- die Wanddickenmessung,
- die Rissprüfung im Bereich der Auflagerstellen,
- die Gefügeuntersuchung.

5.10 Die wiederkehrenden Prüfungen sind spätestens nach acht Jahren durchzuführen. Bei jeder Erneuerung der Feuerfestauskleidung (Verschleiß- und Dauerfutter) muss eine Innenbesichtigung der metallischen Oberfläche erfolgen.

GGVSEB – Anlage 3

5.11 Wenn die Sicherheit der Pfanne durch Ausbesserung, Umbau oder Unfall beeinträchtigt sein kann, ist eine außerordentliche Prüfung vorzunehmen.

5.12 Alle vorstehenden Prüfungen sind durch eine Stelle nach § 12 der GGVSEB durchzuführen. Über die Prüfungen sind von den Prüfstellen Bescheinigungen auszustellen, die vom Betreiber aufzubewahren sind.

5.13 Während der Beförderung darf die Oberflächentemperatur im frei zugänglichen Bereich des metallischen Außenbehälters 250 °C nicht übersteigen.

5.14 Die feuerfeste Auskleidung der Pfannen ist vom Betreiber vor dem ersten Einsatz zu kontrollieren.

5.15 Das Aufheizen ist nach einem Aufheizplan entsprechend der gewählten Steinqualität und Art der Auskleidung vorzunehmen und zu überwachen.

5.16 Vor jeder Verwendung ist der ordnungsgemäße Zustand der Pfannen vom Betreiber oder Befüller zu überprüfen. Zutreffendenfalls sind Nachbesserungen vorzunehmen. Hierüber sind Aufzeichnungen zu führen.

5.17 Während des Transports ist die Einfüllöffnung der Pfannen mit einem Deckel dicht zu verschließen.

GGVSEB – Anlage 3

Anhang 1

Bild 1

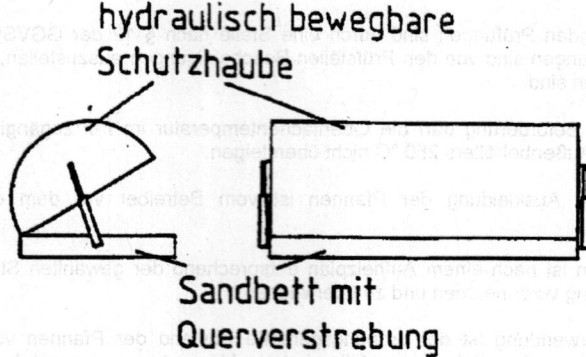

hydraulisch bewegbare Schutzhaube

Sandbett mit Querverstrebung

Bild 2

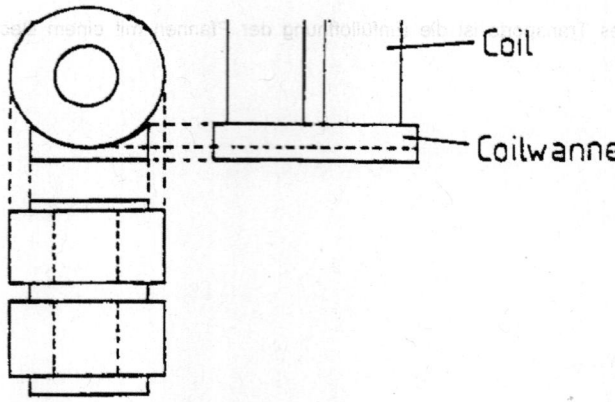

Coil

Coilwanne

GGVSEB – Anlage 3

Anhang 2

Schutzeinrichtung „Kragen"

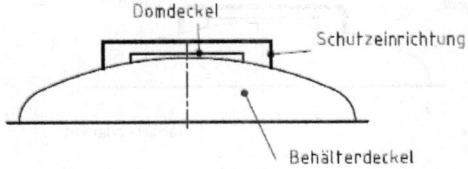

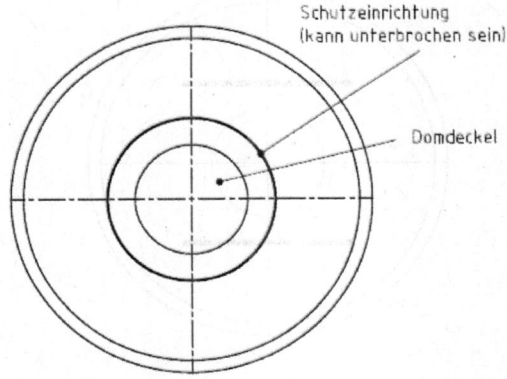

GGVSEB – Anlage 3

Schutzeinrichtung „Abweiser"

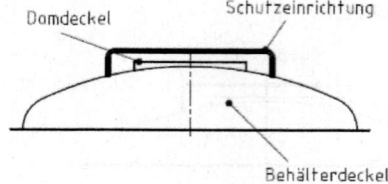

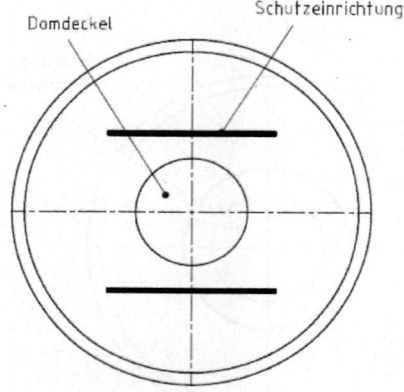

Schutzeinrichtung „Käfig"

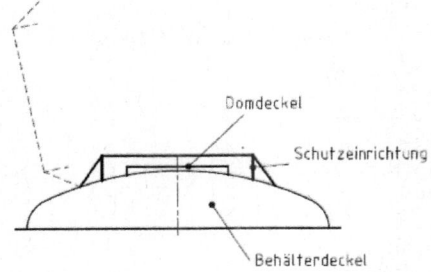

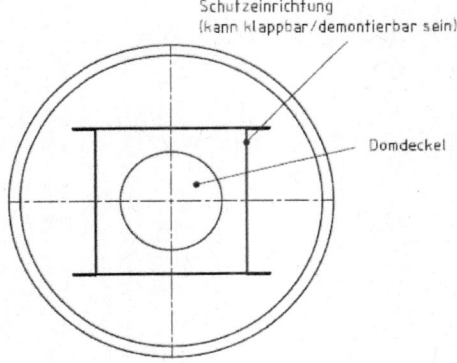

GGVSEB – Anlage 3

RSEB

Richtlinien zur Durchführung der Gefahrgutverordnung Straße, Eisenbahn und Binnenschifffahrt (GGVSEB) und weiterer gefahrgutrechtlicher Verordnungen (Durchführungsrichtlinien-Gefahrgut) – RSEB –

vom 15. April 2021

(VkBl. 2021 Heft 7 S. 375)

Bonn, den 15. April 2021
G 16/3642.71/2021-3

Hiermit gebe ich die Richtlinien zur Durchführung der Gefahrgutverordnung Straße, Eisenbahn und Binnenschifffahrt und weiterer gefahrgutrechtlicher Verordnungen – RSEB – bekannt. Diese Richtlinien berücksichtigen

- die Gefahrgutverordnung Straße, Eisenbahn und Binnenschifffahrt (GGVSEB) in der Fassung der Bekanntmachung vom 26. März 2021 (BGBl. I S. 481),
- die Gefahrgutbeauftragtenverordnung (GbV) in der Fassung der Bekanntmachung vom 11. März 2019 (BGBl. I S. 304), geändert durch Verordnung vom 26. März 2021 (BGBl. I S. 475),
- die Gefahrgut-Ausnahmeverordnung (GGAV) in der Fassung der Bekanntmachung vom 11. März 2019 (BGBl. I S. 229), zuletzt geändert durch Verordnung vom 26. März 2021 (BGBl. I S. 475) und
- die Ortsbewegliche-Druckgeräte-Verordnung (ODV) vom 29. November 2011 (BGBl. I S. 2349), die zuletzt durch Artikel 491 der Verordnung vom 31. August 2015 (BGBl. I S. 1474) geändert worden ist.

Gleichzeitig hebe ich die Durchführungsrichtlinien-Gefahrgut – RSEB – vom 30. April 2019 (VkBl. 2019 S. 306) auf.

Die neuen Durchführungsrichtlinien-Gefahrgut wurden gemeinsam mit den zuständigen obersten Landesbehörden ausgearbeitet und sollen als deren allgemeine Verwaltungsvorschriften eingeführt werden, um eine einheitliche Durchführung der gefahrgutrechtlichen Vorschriften im Straßen-, Eisenbahn- und Binnenschiffsverkehr in Deutschland zu gewährleisten.

Der Wortlaut der Richtlinien wird in einem Sonderdruck zu diesem Heft veröffentlicht.

Dieser Sonderdruck (B 2207) kann vom Verkehrsblatt-Verlag, Schleefstraße 14, 44287 Dortmund, Fax 0231 / 125640, bezogen werden.

Bundesministerium für
Verkehr und digitale Infrastruktur
Im Auftrag
Gudula Schwan

RSEB

Richtlinien zur Durchführung der Gefahrgutverordnung Straße, Eisenbahn und Binnenschifffahrt (GGVSEB) und weiterer gefahrgutrechtlicher Verordnungen (Durchführungsrichtlinien-Gefahrgut)
– RSEB –
vom 15. April 2021
(VkBl. 2021 Heft 7 S. 375)

Inhaltsverzeichnis:

Abschnitt I:
Erläuterungen zur GGVSEB

Abschnitt II:
Abschnitt II A: Erläuterungen zur GbV
Abschnitt II B: Erläuterungen zur GGAV
Abschnitt II C: Erläuterungen zur ODV

Abschnitt III:
Erläuterungen zum ADR/RID/ADN

Anlagenverzeichnis:

- **Anlage 1:** Formblatt für Anträge im Gefahrgutbereich
- **Anlage 2:** Artikel 6 (Ausnahmen) der Richtlinie 2008/68/EG
- **Anlage 3:** Muster für den Untersuchungsbericht nach Unterabschnitt 1.16.3.1 ADN
- **Anlage 4:** Antrag auf Fahrwegbestimmung nach § 35a Absatz 3 der GGVSEB
- **Anlage 5:** Fahrwegbestimmung nach § 35a Absatz 3 der GGVSEB
- **Anlage 6:** Antrag auf Ausstellung einer Bescheinigung nach § 35a Absatz 4 der GGVSEB
- **Anlage 7:** Buß- und Verwarnungsgeldkatalog
- **Anlage 7a:** Erläuterungen zu Bußgeldverfahren nach der GGVSEB bei gleichzeitigem Verstoß gegen die StVO/StVZO im Hinblick auf die Eintragung von Verstößen im Fahreignungsregister (FAER)
- **Anlage 8:** Muster-Rahmenlehrpläne für die Aus- und Fortbildung von Gefahrgutkontrollpersonal für Länder- und Bundesbehörden
- **Anlage 9:** Muster für die Bekanntgabe der Tunnelkategorien
- **Anlage 10:** Muster-Einzelausnahmen für Kampfmittelräumdienste und unkonventionelle Spreng- und Brandvorrichtungen
- **Anlage 11:** Prüfung und außerordentliche Prüfung von Rohrleitungen an Tanks zur Beförderung von Gasen der Klasse 2
- **Anlage 12:** – offen –
- **Anlage 13:** Hinweise zur Ausführung der Kapitel 4.3 und 6.8 ADR/RID
- **Anlage 14:** Verfahren zur Zulassung der Baumuster von Tanks zur Beförderung gefährlicher Güter nach der GGVSEB in Verbindung mit Kapitel 6.7, 6.8, 6.9 und 6.10 ADR/RID
- **Anlage 15:** Prüfliste für die Prüfung von Fahrzeugen nach den Vorschriften des ADR zur Ausstellung/Verlängerung der ADR-Zulassungsbescheinigung
- **Anlage 16:** Anleitung zum Ausfüllen der ADR-Zulassungsbescheinigung
- **Anlage 17:** Erklärung über Betriebserfahrungen bezüglich der Korrosion von Werkstoffen
- **Anlage 18:** Erstellung der Tankcodes für spezielle Tanks bzw. Tanks nach den Übergangsvorschriften des ADR mit Festlegung der Verwendung
- **Anlage 19:** Muster für die Bestimmung von Rangierbahnhöfen mit internen Notfallplänen gemäß Kapitel 1.11 RID

RSEB

Die Durchführungsrichtlinien-Gefahrgut erläutern

in Abschnitt I:
- die GGVSEB in der Fassung der Bekanntmachung vom 26. März 2021 (BGBl. I S. 481),

in Abschnitt II A:
- die GbV in der Fassung der Bekanntmachung vom 11. März 2019 (BGBl. I S. 304), geändert durch Verordnung vom 26. März 2021 (BGBl. I S. 475),

in Abschnitt II B:
- die GGAV in der Fassung der Bekanntmachung vom 11. März 2019 (BGBl. I S. 229), zuletzt geändert durch Verordnung vom 26. März 2021 (BGBl. I S. 475),

in Abschnitt II C:
- die ODV vom 29. November 2011 (BGBl. I S. 2349), die zuletzt durch Artikel 491 der Verordnung vom 31. August 2015 (BGBl. I S. 1474) geändert worden ist.

in Abschnitt III:
- das ADR in der Fassung der 28. ADR-Änderungsverordnung vom 14. Oktober 2020 (BGBl. 2020 II S. 757),
- das RID in der Fassung der 22. RID-Änderungsverordnung vom 26. Oktober 2020 (BGBl. 2020 II S. 856) und
- das ADN in der Fassung der 8. ADN-Änderungsverordnung vom 23. November 2020 (BGBl. 2020 II S. 1035).

Wird in den folgenden Erläuterungen Teil, Kapitel, Abschnitt, Unterabschnitt oder Absatz ohne den Zusatz ADR/RID/ADN angegeben, bezieht sich die Erläuterung immer auf das ADR/RID/ADN.

Abschnitt I

Erläuterungen zur GGVSEB

Zu § 1 Geltungsbereich

1.1 Die GGVSEB gilt nicht bei Beförderungen innerhalb eines Betriebes oder mehrerer verbundener Betriebsgelände (Industriepark), sofern es sich um ein abgeschlossenes und mit Zugangskontrollen versehenes Gelände mit einheitlicher Nutzerordnung handelt.

1.2 Nach § 1 Absatz 3 Nummer 1 und 2 der GGVSEB gilt für innerstaatliche und grenzüberschreitende Beförderungen auch die Anlage 3 der GGVSEB. Bei Beförderungen aus dem Ausland nach Deutschland gelten davon abweichend jedoch die von der zuständigen Behörde des Ursprungslandes nach Abschnitt 7.3.3 Sondervorschrift VC 3 ADR/RID festgelegten Normen.

Zu § 2 Begriffsbestimmungen

2.1 In diese Verordnung wurden keine Begriffsbestimmungen aufgenommen, die bereits wortgleich im ADR/RID/ADN enthalten sind. Aufgenommen wurden nur Begriffe, die im Rahmen dieser Verordnung erweitert oder eingeschränkt werden. Außerdem wurden Abkürzungen aufgenommen, um diese in der Verordnung weiter zu verwenden.

2.2 Zu den in Nummer 4 genannten Verpackungen gehören auch Druckgefäße und Bergungsverpackungen bzw. Bergungsgroßverpackungen. Zu den Versandstücken in Nummer 5 gehören auch unverpackte Gegenstände nach Unterabschnitt 4.1.3.8 ADR/RID.

2.3.S Die in Nummer 6 festgelegte bauartbedingte Höchstgeschwindigkeit bemisst sich nach § 30a StVZO und wird gemäß § 11 Absatz 1 Satz 1 in Verbindung mit Anlage 5 FZV im Feld T der Zulassungsbescheinigung Teil I eingetragen. Bauliche Veränderungen am Fahrzeug, die eine Veränderung der Höchstgeschwindigkeit bewirken, führen zu einer Anpassung der Angabe im Feld T.

2.4.B Die Begriffsbestimmung für gefährliche Güter in Nummer 7 schließt für die Binnenschifffahrt auch die Tabelle C des ADN ein. Nur so kann Rechtssicherheit für die Verwendung von Tankschiffen erreicht werden.

2.5.S Ein Tunnel im Sinne des Kapitels 1.9 ADR ist ein Bauwerk im Sinne der Richtlinien für die Ausstattung und den Betrieb von Straßentunneln (RABT) Ausgabe 2006 (Allgemeines Rundschreiben Straßenbau Nr. 10/2006 vom 27.04.2006, veröffentlicht im VkBl. 2006 Heft 10 S. 471); in der jeweils gültigen Fassung.

Zu § 3 Zulassung zur Beförderung

3.1 Auskünfte darüber, welche Vorschriften im Einzelfall anzuwenden sind, kann eine Behörde nur erteilen, wenn für das betreffende Gut die UN-Nummer oder die offizielle Benennung für die Beförderung nach Abschnitt 3.1.2 bekannt ist. Ist diese Benennung des Gutes unbekannt und sind die notwendigen Angaben auch nicht vom Hersteller zu erhalten, so können Anfragen zur Klassifizierung an geeignete Stellen (z. B. für die Klassen 1, 2, 4.1, 4.2, 4.3, 5.1 und 5.2 an die Bundesanstalt für Materialforschung und -prüfung (BAM), Unter den Eichen 87, 12205 Berlin) gerichtet werden. Für die Anfrage wird das Formblatt nach **Anlage 1** der RSEB empfohlen. Anfragen zu Klassifizierungen können auch gerichtet werden an die Sicherheitsbehörden und -organisationen in der Anlage 1 der „Geschäftsordnung für den Gefahrgut-Verkehrs-Beirat" vom 1. Mai 2020, veröffentlicht im VkBl. 2020 Heft 6 S. 187.

Zu § 4 Allgemeine Sicherheitspflichten

4.1 Ob und mit welchen Auswirkungen die Sicherheit der Beförderung beeinträchtigt ist, ist unter Berücksichtigung der Kriterien der Gefahrenkategorien nach der Anlage 3 zur GGKontrollV zu prüfen.

Zu § 5 Ausnahmen

5.1 Für den Antrag auf Erteilung einer Ausnahme nach § 5 der GGVSEB wird das Formblatt nach **Anlage 1** der RSEB empfohlen.

5.2 Nach § 5 der GGVSEB sind Ausnahmen vom ADR/RID/ADN nur möglich, wenn diese nach der RL 2008/68/EG zulässig sind. Ausnahmen nach Artikel 6 Absatz 2 müssen zuvor das Verfahren nach Artikel 6 Absatz 2 oder 4 durchlaufen. Das Verfahren nach Artikel 6 Absatz 2 der Richtlinie ist nicht erforderlich für zeitlich zu begrenzende Einzelgenehmigungen nach Artikel 6 Absatz 5 der RL sowie für Genehmigungen nach den zusätzlichen Übergangsbestimmungen gemäß Anhang I.2, II.2 und III.2. Den Wortlaut des Artikels 6 der Richtlinie 2008/68/EG enthält die **Anlage 2** der RSEB.

5.3 Verfahren zur Meldung von Ausnahmen der Länder, des EBA und der GDWS an das BMVI und deren Weiterleitung an die Europäische Kommission (KOM) gemäß Artikel 6 Absatz 2 oder 4 der RL 2008/68/EG:

(1) Die Zuordnung von Ausnahmesachverhalten nach § 5 der GGVSEB zu Artikel 6 Absatz 2 erfolgt zunächst durch die für die Ausnahmen zuständigen Behörden. Diese erstellen bei der beabsichtigten Erteilung einer Ausnahme deren Entwurf zur Vorlage bei der KOM (Vorgaben siehe (5)).

(2) Die Entwürfe für Ausnahmen nach Artikel 6 Absatz 2 sind dem BMVI zuzuleiten. Das BMVI leitet die Entwürfe kurzfristig der KOM zur Durchführung des Verfahrens nach Artikel 6 Absatz 2 der RL 2008/68/EG zu. Die Ausnahmebehörden werden vom BMVI von der Übersendung an die KOM unterrichtet. Sofern als zuständige Behörde eines Landes nicht die oberste Landesbehörde tätig wird, erfolgt die Zuleitung und Unterrichtung über diese.

RSEB

(3) Das BMVI sieht von der Meldung eines Ausnahmesachverhaltes im Einvernehmen mit dem jeweiligen Land/dem EBA/der GDWS ab, wenn der Ausnahmesachverhalt bereits von der KOM beurteilt und für Deutschland akzeptiert worden ist. Danach kann die Ausnahme im Rahmen der 6-Jahresfrist erteilt werden. Der maximale Gültigkeitszeitraum ergibt sich aus den Anhängen I bis III zur RL 2008/68/EG in ihrer jeweils geltenden Fassung.

(4) Das BMVI teilt dem jeweiligen Land/dem EBA/der GDWS die Beratungsergebnisse der KOM mit. Die Ergebnisse der KOM-Beratungen sind von den Ländern/dem EBA/der GDWS entsprechend umzusetzen. Nur bei einer zustimmenden Entscheidung der KOM darf eine Ausnahme erteilt werden, fehlt es an dieser positiven KOM-Entscheidung, so scheidet die Erteilung der Ausnahme aus Zulässigkeitsgesichtspunkten aus. Darauf ist in der Mitteilung des Landes/des EBA/der GDWS an den Antragsteller hinzuweisen.

(5) Die Ausnahmesachverhalte für die Meldungen an die KOM sollen folgende Angaben enthalten:

1. Angabe der zuständigen Behörde und Kurzbezeichnung des Ausnahmesachverhalts.
2. Angabe der Fundstellen, von denen in dem Ausnahmesachverhalt abgewichen wird.
3. Angabe „DE" für Deutschland und Angabe des Landes/der Länder/des EBA/der GDWS in Klammern, die diesen Ausnahmesachverhalt zulassen wollen.
4. Angabe des Artikels 6 Absatz 2 der RL 2008/68/EG, auf den sich der Ausnahmesachverhalt stützt.
5. Prägnante Darstellung des Regelungszieles sowie wesentliche Auflagen, mit denen eine adäquate Sicherheit gegenüber den Vorschriften des ADR/RID/ADN erreicht wird. Diese Beschreibung soll der KOM die Beurteilung der Konformität des Ausnahmesachverhaltes mit den Richtlinien ermöglichen.

Diese Mindestangaben sollen auch für die Ausformulierung der Ausnahmeentscheidungen nach Artikel 6 Absatz 5 verwendet werden.

5.4 Bei der Beantragung von Ausnahmen nach Artikel 6 Absatz 2 hat die zuständige Behörde zu prüfen, ob die Sicherheit nicht beeinträchtigt ist und dies ausreichend belegt ist. Sofern dies nicht der Fall ist, ist die Weiterleitung eines Ausnahmeantrags abzulehnen. Da das BMVI für den Mitgliedstaat den Antrag bei der KOM stellt, hat es zu prüfen, ob die grundsätzlichen Voraussetzungen für die Erteilung der Ausnahme vorliegen. Ergibt diese Prüfung, dass die Voraussetzungen für die Weiterleitung nicht vorliegen, teilt das BMVI dies unter Angabe der Gründe der zuständigen Behörde mit.

5.5 Für **ausnahmsweise Beförderungen** nach Artikel 6 Absatz 5 der RL 2008/68/EG können Ausnahmen durch die Länder/das EBA/die GDWS ohne Beteiligung der KOM zugelassen werden. Bei der Erteilung dieser Ausnahmen sind die nachfolgenden Voraussetzungen des Artikels 6 Absatz 5 zu beachten:

1. Ausnahmen dürfen nur ausnahmsweise erteilt werden, dies bedeutet, dass keine Vielzahl nicht bestimmbarer Transporte im Rahmen einer Einzelausnahme genehmigt werden können.
2. In der Regel ist das Fortbestehen der Sicherheit gutachterlich zu belegen.
3. Unter anderen Bedingungen bedeutet, dass die Vorschrift, von der abgewichen wird, benannt und die „anderen Bedingungen" festgelegt werden.
4. Der Transportvorgang und seine Umstände müssen klar beschrieben werden. Ggf. können mehrere einzelne Beförderungsvorgänge zur Erledigung einer Transportaufgabe erlaubt werden.
5. Der Zeitraum, in dem die Transportvorgänge auf Grund der Einzelgenehmigung erfolgen, ist festzulegen.
6. Einzelgenehmigung bedeutet, dass es sich um einen oder mehrere namentlich genannte Adressaten und einen beschriebenen Vorgang handelt. Dies schließt jedoch nicht aus, dass der Adressat weitere Unternehmen/Beteiligte zur Abarbeitung der einzelnen Beförderungsvorgänge beschäftigt.

5.6.S Ausnahmen dürfen auch für Fahrzeuge erteilt werden, die unter den Begriff „Fahrzeuge" der GGVSEB nicht jedoch unter den Begriff „Fahrzeuge" der RL 2008/68/EG fallen. Bei diesbezüglichen Ausnahmen gelten die vorgenannten Beschränkungen nicht, allerdings ist auch die gleichwertige Sicherheit nachzuweisen.

RSEB

5.7 Nach § 5 Absatz 4 Satz 1 der GGVSEB hat der Antragsteller bei Abweichungen vom ADR/RID/ADN in der Regel ein Sachverständigengutachten vorzulegen. In dem Gutachten sind das jeweilige Gefahrenpotential sowie die zur Herabminderung dieser Gefahren notwendigen Sicherheitsvorkehrungen exakt und nachprüfbar darzulegen. Es müssen alle maßgeblichen Daten und Fakten für eine sachgerechte Entscheidung über die Zulassung zum Transport vorgelegt werden. Es bleibt dem Antragsteller überlassen, welche Sachverständige er für geeignet hält, sein Anliegen mit Sachwissen zu vertreten.

Folgende Sachverständige kommen insbesondere in Betracht:

a) Für gefährliche Stoffe und Gegenstände sowie für die Kennzeichnung von Versandstücken mit gefährlichen Gütern:
Chemische und physikalische Untersuchungsstellen (z. B. wissenschaftliche Institute), anerkannte Chemiker/Physiker.

b) Für Verpackungen (einschließlich Zusammenpacken und Zusammenladen):
Materialprüfstellen (z. B. Materialprüfämter, TÜV).

c) Für Kraftfahrzeuge und deren Ausrüstung:
Sachverständige und Technische Dienste nach § 14 Absatz 4 der GGVSEB, berechtigte Personen nach § 14 Absatz 5 der GGVSEB sowie von einer IHK öffentlich bestellte und vereidigte Sachverständige.

d) Für Gefäße zur Beförderung von Gasen, für Kesselwagen, Tanks (Tankfahrzeuge, Aufsetztanks, Elemente von Batterie-Fahrzeugen, Tankcontainer, ortsbewegliche Tanks, MEGC) und deren Ausrüstung:
Benannte Stellen nach § 16 der ODV sowie für Tankcontainer, ortsbewegliche Tanks, MEGC und deren Ausrüstung:
auch anerkannte Prüfstellen nach § 9 der GGVSEB.

e) Für ortsbewegliche Druckgeräte:
Benannte Stellen nach § 16 der ODV.

f) Für Binnenschiffe und deren Ausrüstung:
Von der GDWS anerkannte Sachverständige und anerkannte Klassifikationsgesellschaften sowie von einer IHK öffentlich bestellte und vereidigte Sachverständige.

5.8 Für die Bundeswehr und ausländische Streitkräfte bestimmt das Bundesministerium der Verteidigung, welche fachlich geeigneten Personen und Dienststellen gutachterliche Stellungnahmen (Gutachten im Sinne von § 5 Absatz 4 der GGVSEB) erstellen. Diese gutachterlichen Stellungnahmen sind an keine bestimmte Form gebunden. Da die RL 2008/68/EG Beförderungen durch die Streitkräfte nicht regelt, unterliegen die Ausnahmen nach § 5 Absatz 6 der GGVSEB nicht den Einschränkungen und Verfahrensvorschriften der RL 2008/68/EG.

5.9 Zuständige Behörden für Ausnahmen sind in:
BW:
Regierungspräsidium Karlsruhe
Postfach 53 43
76035 Karlsruhe
BY:
Bayerisches Staatsministerium für Wohnen, Bau und Verkehr
Franz-Josef-Strauß-Ring 4
80539 München
BE:
Landesamt für Bürger- und Ordnungsangelegenheiten
Puttkamerstraße 16 – 18
10958 Berlin
BB:
Ministerium für Infrastruktur und Landesplanung
Henning-von-Tresckow-Str. 2 – 8
14467 Potsdam

RSEB

HB:
Senator für Wirtschaft, Arbeit und Häfen
Referat 30
Zweite Schlachtpforte 3
28195 Bremen

HH:
Behörde für Inneres und Sport - Polizei -

- WSP 521 -
Zentralstelle Gefahrgutüberwachung
Wilstorfer Straße 100
21073 Hamburg

HE:
Hessisches Ministerium für Wirtschaft, Verkehr und Landesentwicklung
Kaiser-Friedrich-Ring 75
65185 Wiesbaden

MV:
Ministerium für Energie, Infrastruktur und Digitalisierung
Referat 210
Schloßstraße 6 – 8
19053 Schwerin

NI:
Niedersächsische Landesbehörde für Straßenbau und Verkehr
Göttinger Chaussee 76 A
30453 Hannover
Binnenschifffahrt:
Niedersächsisches Ministerium für Wirtschaft, Arbeit, Verkehr und Digitalisierung
Friedrichswall 1
30159 Hannover

NW:
Landesbetrieb Mess- und Eichwesen (LBME) NRW
Betriebsstelle Eichamt Dortmund
Kronprinzenstraße 51
44135 Dortmund
Binnenschifffahrt:
Ministerium für Verkehr
Stadttor 1
40219 Düsseldorf

RP:
Ministerium für Wirtschaft, Verkehr, Landwirtschaft und Weinbau
Stiftsstraße 9
55116 Mainz

SL:
Ministerium für Wirtschaft, Arbeit, Energie und Verkehr
Franz-Josef-Röder-Straße 17
66119 Saarbrücken

SN:
Landesamt für Straßenbau und Verkehr
Referat 43
Hausanschrift
Stauffenbergallee 24
01099 Dresden
Postanschrift:
Postfach 10 07 63
01077 Dresden

ST:
Ministerium für Landesentwicklung und Verkehr des Landes Sachsen-Anhalt
Turmschanzenstraße 30
39011 Magdeburg

SH:
Ministerium für Wirtschaft, Arbeit, Verkehr und Technologie des Landes Schleswig-Holstein
Düsternbrooker Weg 94
24105 Kiel

TH:
LANDESVERWALTUNGSAMT
Referat 520 | Verkehr
Jorge-Semprun-Platz 4
99423 Weimar

Eisenbahn-Bundesamt (EBA)
Heinemannstraße 6
53175 Bonn

Generaldirektion Wasserstraßen und Schifffahrt (GDWS)
Am Propsthof 51
53121 Bonn

5.10 Das Verfahren nach Nummer 5.3 gilt für alle Stellen/Behörden nach § 5 der GGVSEB, außer den in § 5 Absatz 6 der GGVSEB genannten Stellen und Behörden.

5.11 Wird die Verlängerung einer Ausnahmegenehmigung nach Artikel 6 Absatz 4 der RL 2008/68/EG angestrebt, so sind die entsprechenden Anträge/Informationen vom Ausnahmeinhaber der für Ausnahmen zuständigen Behörde vorzulegen. Die Festlegungen in den Nummern 5.1 bis 5.10 gelten sinngemäß.

5.12 Sofern die Geltungsdauer einer Ausnahme am Tag der Antragstellung bereits abgelaufen ist, ist das Verfahren nach Artikel 6 Absatz 2 der RL 2008/68/EG erneut zu durchlaufen.

5.13 **Verfahren bei zeitweiligen Abweichungen nach Abschnitt 1.5.1:**

(1) Ausnahmesachverhalte zur unmittelbaren Nutzung des technischen Fortschritts können nur noch über das BMVI eingebracht und – sofern keine sicherheitstechnischen Bedenken bestehen – durch Multilaterale Vereinbarungen/Multilaterale Sondervereinbarungen der Vertragsparteien/Vertragsstaaten untereinander entsprechend geregelt werden.

(2) Das BMVI prüft auf Plausibilität und bestimmt Art und Umfang der vorzulegenden Unterlagen. Es entscheidet, ob hinsichtlich der sicherheitstechnischen Beurteilung die Beteiligung von Sachverständigen bzw. fachspezifischer Arbeitsgruppen des AGGB erforderlich ist.

(3) Wird der betreffende Ausnahmesachverhalt positiv in Bezug auf eine notwendige Regelwerksänderung beurteilt und ist ein internationaler Beförderungsbedarf erkennbar, initiiert das BMVI eine Multilaterale Vereinbarung/Multilaterale Sondervereinbarung.

(4) Der Regelungsinhalt einer vorgeschlagenen Vereinbarung wird von der zuständigen Behörde der Vertragspartei/des Vertragsstaates, welche/r die Initiative zu einer Vereinbarung ergreift (in D durch das BMVI), den entsprechend zuständigen Sekretariaten (UNECE/ OTIF), der Europäischen Kommission sowie den übrigen Vertragsparteien/Vertragsstaaten mitgeteilt.

(5) Die Vereinbarung erhält Gültigkeit, sobald sie durch eine weitere Vertragspartei/einen weiteren Vertragsstaat unterzeichnet wird und darf danach in den Hoheitsgebieten dieser Zeichnerstaaten angewendet werden. Ihre Geltungsdauer ist auf maximal fünf Jahre begrenzt.

(6) Das BMVI unterrichtet die zuständigen Verkehrsbehörden der Länder / das EBA / das BAG / die GDWS über die Gegenzeichnung einer Multilateralen Vereinbarung / Multilateralen Sondervereinbarung und veröffentlicht die Gegenzeichnung im Verkehrsblatt.

(7) Der Regelungsinhalt sowohl vorgeschlagener als auch gegengezeichneter Multilateraler Vereinbarungen/Multilateraler Sondervereinbarungen sowie deren Zeichnerstaaten können auf den Internetseiten der jeweiligen Sekretariate (UNECE/OTIF) eingesehen werden.

RSEB

Zu § 5 Absatz 3

5.14.B Die GDWS kann für die Beförderung von Feuerwerkskörpern der Klasse 1 in Zusammenhang mit dem Abbrennen eines Feuerwerks eine Einzelausnahme nach § 5 Absatz 3 der GGVSEB erteilen, nach der Feuerwerkskörper abweichend von den Vorschriften des ADN befördert werden dürfen. Die Ausnahme muss Nebenbestimmungen enthalten, die eine diesen Vorschriften entsprechende Sicherheit gewährleisten.

Zu § 5 Absatz 6 und 7

5.15.S Die staatlichen Kampfmittelräumdienste der Länder sowie die nach § 5 Absatz 6 und 7 der GGVSEB zuständigen Stellen können die in der **Anlage 10** enthaltenen drei Muster-Einzelausnahmen für ihre Zwecke nutzen.

Auf die in diesem Zusammenhang bestehenden Allgemeinverfügungen der BAM zu Fragen der Klassifizierung wird verwiesen:

Allgemeinverfügung zur Klassifizierung von Kampfmitteln:
https://tes.bam.de/kampfmittel

Allgemeinverfügung zur Klassifizierung von Asservaten von Feuerwerk:
https://tes.bam.de/asservate-feuerwerk

Zu § 6 bis 16 Zuständigkeiten

6.0 Die Zuständigkeitsregelungen der GGVSEB zur Festlegung der zuständigen Behörden/Stellen/Personen nach ADR/RID/ADN schließen auch die Übergangsvorschriften zu den angegebenen Fundstellen ein.

Zu § 8 Zuständigkeiten der Bundesanstalt für Materialforschung und -prüfung

8.1 Die BAM hat zur Erläuterung ihrer Verwaltungsverfahren sogenannte Gefahrgutregeln (GGRs) auf ihrer Internetseite veröffentlicht. Der Wortlaut der GGRs kann unter
https://tes.bam.de/amtliche-mitteilungen
eingesehen werden.

8.2 Die Zuständigkeit der BAM für Aufgaben nach Kapitel 2.2 schließt die Zulassung ein, auf einen Gefahrzettel nach Muster 1 nach Absatz 5.2.2.1.9 Buchstabe a oder b zu verzichten, weil die Prüfungsergebnisse gezeigt haben, dass der Stoff in einer bestimmten Verpackung kein explosives Verhalten aufweist.

Zu § 12 und 13 Ergänzende Zuständigkeiten der Benannten Stellen

12.1 Diese Zuständigkeiten sind den Benannten Stellen nach § 16 der ODV zugewiesen. Benannte Stellen nach § 16 der ODV sind nur diejenigen, denen von der Zentralstelle der Länder für Sicherheitstechnik (ZLS) als Benennender Behörde die Befugnis zu Konformitätsbewertungen, Neubewertungen der Konformität, wiederkehrenden Prüfungen, Zwischenprüfungen und außerordentlichen Prüfungen für ortsbewegliche Druckgeräte erteilt wurde und die von der ZLS dem BMVI als solche benannt wurden.
Aufgrund des Verweises in § 13 Absatz 2 auf die Verfahren nach Abschnitt 1.8.7 ADR/RID darf für die Tätigkeiten nach § 13 Absatz 1 der GGVSEB auch ein betriebseigener Prüfdienst, der von einer solchen Benannten Stelle anerkannt und überwacht wird, im festgelegten Umfang (Unterabschnitt 6.2.2.11 oder 6.2.3.6 ADR/RID) tätig werden.

12.2 Soweit den Benannten Stellen aufgrund der §§ 12 und 13 der GGVSEB hoheitliche Aufgaben übertragen werden (beliehene Unternehmer), unterliegen sie der Aufsicht des BMVI. In Fällen unterschiedlicher Auffassungen über die Anwendung des materiellen Rechts oder von Normen kann das BMVI den Stellen entsprechende Weisungen erteilen.

RSEB

Zu § 12 Absatz 1 Satz 1 Nummer 2

12.3 Für die Überwachung der Herstellung (Fertigungsprüfung) von Bedienungsausrüstungen für Tanks nach Kapitel 6.7 und für Tanks nach Kapitel 6.8, die nicht die Anforderungen nach Absatz 6.8.2.3.1 Satz 9 bzgl. einer separaten Baumusterzulassung nach ADR/RID erfüllen, kann die Stelle nach § 12 der GGVSEB auch einen betriebseigenen Prüfdienst nach Unterabschnitt 1.8.7.6 ADR/RID beauftragen. Die Fertigungsprüfung ist vom Hersteller zu bescheinigen. Die Beauftragung beschränkt sich auf von der Stelle nach § 12 der GGVSEB baumustergeprüfte Bedienungsausrüstungen. Die von der Stelle nach § 12 der GGVSEB ausgestellte Baumusterprüfbescheinigung ist Grundlage für die Baumusterzulassung des Tanks (Tankkörper und Ausrüstung). Eine separate Baumusterzulassung der Bedienungsausrüstung ist nicht zulässig.

Hat der Hersteller keinen betriebseigenen Prüfdienst nach Unterabschnitt 1.8.7.6 ADR/RID eingerichtet, ist die Fertigungsprüfung der Bedienungsausrüstungen von der Stelle nach § 12 der GGVSEB durchzuführen.

Zu § 14 Besondere Zuständigkeiten im Straßenverkehr

14.1.S Die Benennung der Sachverständigen, der Personen und Stellen in § 14 Absatz 4 und 5 der GGVSEB gilt als erfolgt, soweit sie in dem Land tätig sind, von dem die Anerkennung für die Prüftätigkeit nach der StVZO bzw. dem KfSachvG erteilt wurde.

14.2.S Die Qualifikation der Technischen Dienste nach § 14 Absatz 4 der GGVSEB muss umfassende Kenntnisse zum Gesamtfahrzeug einschließen. Formell muss eine Unterschriftsberechtigung für „Gesamtfahrzeug" nicht verlangt werden, wenn entsprechende Kenntnisse durch die Anforderungen an die Erteilung der Befugnis für „Gefahrguttransporter" (Prüfumfang 01-07) abgedeckt sind.

Zu § 16 Besondere Zuständigkeiten in der Binnenschifffahrt

16.1.B Handlungen oder Sachverhalte im Rahmen der Beförderung auf Binnenwasserstraßen, zu denen eine Maßnahme der zuständigen Behörde erforderlich ist, liegen dann *„im Bereich der Bundeswasserstraßen"*, wenn sich das betroffene Schiff auf der Wasserfläche oder am Ufer einer Bundeswasserstraße nach § 1 Absatz 1 Nummer 1 und Absatz 4 Bundeswasserstraßengesetz (WaStrG) in der jeweils geltenden Fassung befindet. Das schließt Teile einer Bundeswasserstraße ein, die in einen Hafen einbezogen sind, der vom Bund betrieben wird, wenn die Wasserfläche des Hafens mit der Bundeswasserstraße, an der er liegt, eine natürliche Einheit bildet, sodass sich die Ufer des Hafens zugleich als Ufer der Bundeswasserstraße darstellen. Der Bundeswasserstraße nicht zuzuordnen sind diejenigen nicht bundeseigenen Verkehrs- und Umschlagshäfen, deren Hafenwasserflächen von der Bundeswasserstraße deutlich abgegrenzt sind und die bei natürlicher Betrachtungsweise ein in sich geschlossenes selbstständiges Ganzes bilden, das mit dem Gewässer nur durch eine Zufahrt oder einen Stichkanal verbunden ist. Dabei ist auf das äußere Erscheinungsbild abzustellen, wie es sich bei unvoreingenommener Betrachtungsweise darstellt. Unberührt bleiben die Zuständigkeiten für die Hafenaufsicht (Hafenpolizei) in den nicht vom Bund betriebenen Stromhäfen an Bundeswasserstraßen.

16.2.B Für Aufgaben nach § 16 Absatz 3 der GGVSEB kommt es darauf an, wo die betreffende Person oder Firma ihre Tätigkeit ausführt.

16.3.B Die Zuständigkeit der Wasserstraßen- und Schifffahrtsämter für die Erteilung von strom- und schifffahrtspolizeilichen Genehmigungen nach § 31 WaStrG und der nach Landesrecht zuständigen Stellen, z. B. für wasserrechtliche, baurechtliche oder arbeitsschutzrechtliche Entscheidungen, bleibt unberührt.

16.4.B Die Benennung von Stellen für das Entgasen von Tankschiffen nach den Absätzen 7.2.3.7.1 und 7.2.3.7.2 ADN ist eine immissionsschutzrechtliche Angelegenheit der Länder. Die Aufgabe fällt nicht in die Zuständigkeit der Wasserstraßen- und Schifffahrtsämter.

16.5.B Die Zulassung von Stellen für den Betrieb von Annahmestellen (siehe Begriffsbestimmung nach Abschnitt 1.2.1 ADN) für das Entgasen von Binnentankschiffen ist keine Angelegenheit des ADN, weil es hier hauptsächlich um immissionsschutzrechtliche und anlagentechnische Aspekte in Bezug auf die Annahmestelle an Land geht. Es werden daher nach Vorschriften außerhalb des Gefahrgutrechts, insbesondere im Rahmen des Übereinkommens über die Sammlung, Abgabe und Annahme von Abfällen in der Rhein- und Binnenschifffahrt (CDNI), zugelassene Annahmestellen für das Entgasen vorausgesetzt. Die Aufgabe fällt nicht in die Zuständigkeit der Wasserstraßen- und Schifffahrtsämter.

RSEB

Zu § 17 bis 34a Pflichten

17.0 Sofern im ADR/RID/ADN Pflichten festgelegt sind, die in der GGVSEB abweichend geregelt sind, gelten in Deutschland immer die Pflichten nach der GGVSEB.

Zu § 17 Pflichten des Auftraggebers des Absenders

17.1 Üblicherweise wird zwischen Auftraggeber des Absenders und Absender/Spediteur ein sogenannter Speditionsvertrag geschlossen. Liegt dem Auftrag ein Speditionsvertrag zugrunde, ist der Auftraggeber des Spediteurs damit Auftraggeber des Absenders. Der Spediteur führt zumeist den eigentlichen Transportauftrag nicht selbst durch, sondern vergibt diesen Auftrag an einen Fuhrunternehmer (Dritten). Der Absender/Spediteur schließt mit dem Dritten (Beförderer) dazu einen Beförderungsvertrag. Beauftragt ein Beförderer einen weiteren Beförderer, die ihm beauftragte Beförderung auszuführen, so ist er der Absender für die nachfolgende Beförderung. Bei jeder weiteren Beauftragung der tatsächlichen Beförderung durch einen weiteren Subunternehmer gilt das gleiche.

17.2 Auch der Empfänger des Gefahrguts kann Auftraggeber des Absenders sein, nämlich wenn er den Beförderungsauftrag gegenüber dem Absender auslöst.

17.3 Im Laufe der Beförderungskette sind Konstellationen denkbar, in denen es mehrere Auftraggeber des Absenders gibt. Dies ist dann der Fall, wenn ein Auftraggeber einen Weiteren mit der Organisation einer Beförderung im Sinne eines Speditionsvertrages beauftragt.

17.4 „Vergewissern" nach § 17 Absatz 1 Nummer 1 der GGVSEB schließt ein, dass die Klassifizierung nach Teil 2 entweder selbst vorzunehmen oder aber sicherzustellen ist, dass die Klassifizierung durch Dritte rechtskonform erfolgt. In jedem Fall ist aber eine Plausibilitätsprüfung erforderlich.

Zu § 18 Pflichten des Absenders

18.1 Das „Einführen" gemäß § 18 Absatz 1 Nummer 1 der GGVSEB schließt auch den Transit durch Deutschland ein.

18.2 „Vergewissern" nach § 18 Absatz 1 Nummer 3 der GGVSEB schließt ein, dass die Klassifizierung nach Teil 2 entweder selbst vorzunehmen oder aber sicherzustellen ist, dass die Klassifizierung durch Dritte rechtskonform erfolgt. In jedem Fall ist aber eine Plausibilitätsprüfung erforderlich.

18.3 Bei der Beförderung einer begasten Beförderungseinheit (CTU) UN 3359, nach einem vorausgegangenen Seetransport, hat der Absender nach § 18 Absatz 1 Nummer 8 der GGVSEB die grundsätzliche Ermittlungspflicht für die nach den Absätzen 5.5.2.4.1 und 5.5.2.4.3 ADR/RID erforderlichen Angaben. Sofern das Beförderungsdokument nach Abschnitt 5.4.1 IMDG-Code die erforderlichen Angaben und Anweisungen nicht enthält und diese vom ursprünglichen Versender für den Seetransport nicht zu erhalten sind, kann die Ermittlung der erforderlichen Angaben und Anweisungen mit Hilfe einer nach Anhang I Nr. 4 GefStoffV bestellten verantwortlichen Person (Befähigungsschein-Inhaber) durch Gasanalyse vor Beginn der Beförderung erfolgen.

18.4 Eine Kopie des Beförderungspapiers und der zusätzlichen Informationen und Dokumentation ist nach § 18 Absatz 1 Nummer 12 der GGVSEB für einen Mindestzeitraum von drei Monaten ab Ende der Beförderung aufzubewahren. Diese Frist beginnt, wenn der Absender seinen sonstigen gefahrgutrechtlichen Pflichten im Rahmen einer aktuellen Beförderung abschließend nachgekommen ist.

18.5.B Bei der Beförderung in Tankschiffen ist Absatz 5.4.1.1.6.5 zu beachten. Bei Tankschiffen mit leeren und entladenen Ladetanks wird hinsichtlich der erforderlichen Beförderungspapiere der Schiffsführer als Absender angesehen. Nach Unterabschnitt 1.1.2.5 gelten die Vorschriften des ADN auch für die leeren oder entladenen Schiffe, solange die Ladetanks nicht frei von gefährlichen Gütern oder Gasen oder gasfrei sind (sofern keine Freistellungen nach Abschnitt 1.1.3 ADN vorgesehen sind).

Zu § 19 Pflichten des Beförderers

19.1 Der Beförderer hat nach § 19 Absatz 1 Nummer 1 der GGVSEB den Absender über die Nichteinhaltung eines Grenzwertes für die Dosisleistung oder die Kontamination nach Unterabschnitt 1.7.6.1 zu informieren. Nach Abschnitt 7.5.11 CV 33/CW 33, jeweils Absatz 2, darf eine Gesamtaktivität nicht überschritten werden. Diese Aktivität fällt nicht unter die Meldungen nach Unterabschnitt 1.7.6.1.

19.2 Eine Kopie des Beförderungspapiers und der zusätzlichen Informationen und Dokumentation ist nach § 19 Absatz 1 Nummer 4 der GGVSEB für einen Mindestzeitraum von drei Monaten ab Ende der Beförderung aufzubewahren. Diese Frist beginnt, wenn der Beförderer seinen sonstigen gefahrgutrechtlichen Pflichten im Rahmen einer aktuellen Beförderung abschließend nachgekommen ist.

19.3.S Die nach § 19 Absatz 2 Nummer 13 der GGVSEB in der ADR-Zulassungsbescheinigung angegebenen Stoffe können alternativ auch durch die angegebene Tankcodierung ersetzt sein.

19.4.S Zu Unrichtigkeiten in der ADR-Zulassungsbescheinigung siehe Nummer 37.8.S der RSEB.

Zu § 20 Pflichten des Empfängers

20.1 Nach § 20 Absatz 1 Nummer 1 Buchstabe a der GGVSEB ist der Empfänger verpflichtet, die Annahme des Gutes nicht ohne zwingenden Grund zu verzögern oder zu verweigern. „Zwingende Gründe" liegen z. B. nicht vor, wenn zur Vermeidung einer Lagerhaltung, Anlieferungen vor der Einfahrt in das Betriebsgelände für längere Zeit im öffentlichen Verkehrsraum warten.

20.2 Der Empfänger hat nach § 20 Absatz 1 Nummer 2 der GGVSEB den Absender über die Nichteinhaltung eines Grenzwertes für die Dosisleistung oder die Kontamination nach Unterabschnitt 1.7.6.1 zu informieren. Nach Abschnitt 7.5.11 CV 33/CW 33, jeweils Absatz 2, darf eine Gesamtaktivität nicht überschritten werden. Diese Aktivität fällt nicht unter die Meldungen nach Unterabschnitt 1.7.6.1.

20.3 Ein Beförderungsvorgang ist erst abgeschlossen, wenn der Empfänger das Gut empfangen und in seinen Besitz übernommen hat.

Zu § 23 Pflichten des Befüllers

23.1 „Technisch einwandfreier Zustand" – wie in § 23 Absatz 1 Nummer 15 der GGVSEB gefordert – ist auch bei normaler Abnutzung, kleinen Beulen und Schrammen und sonstigen geringfügigen Beschädigungen gewährleistet, sofern die Funktionsfähigkeit des Tanks und seiner Ausrüstung nicht beeinträchtigt ist.

Zu § 23a Pflichten des Entladers
Zu Absatz 4 Nummer 2 Buchstabe e

23a.1.B Auch die wasserrechtlichen Regelungen für den Umgang mit wassergefährdenden Stoffen bedingen für die gesamte Dauer des Entladens eine **ständige** Überwachung an Land, um sofort reagieren zu können und die notwendigen und ausreichenden Maßnahmen unverzüglich ergreifen zu können oder veranlassen zu können.

23a.2.B Eine Überwachung kann auch als **zweckmäßig** angesehen werden, wenn sie durch technische Hilfsmittel erfolgt, die auch bei schlechten Sichtverhältnissen aussagefähige Bilder (auch Details), insbesondere von der Umschlagleitung und den Anschlussstücken, in den Kontrollraum übertragen. Das Ablesen der Druckmesseinrichtungen muss unter allen Witterungsbedingungen möglich sein. Es muss sichergestellt sein, dass der Umschlagvorgang unverzüglich unterbrochen werden kann und eine Kommunikation zwischen Bord- und Landseite jederzeit gewährleistet ist. Der Hafenbetreiber muss der Nutzung technischer Hilfsmittel zugestimmt haben.

RSEB

Zu § 26 Sonstige Pflichten

26.1 Die Pflicht nach § 26 Absatz 1 Nummer 2 der GGVSEB ist von demjenigen zu erfüllen, der als erster ungereinigte leere und nicht entgaste Tanks verschließt. Bei Teilen der Verschlusseinrichtungen, die nicht vom Boden aus einsehbar sind, kann bei nachfolgenden Umschlagvorgängen auf die Einhaltung der Pflichten durch den erstmaligen Übergeber vertraut werden, sofern keine offensichtlichen Undichtigkeiten vorhanden sind.

Zu § 28 Pflichten des Fahrzeugführers

28.1.S Belädt der **Fahrzeugführer** nicht selbst, so bleibt er im Rahmen der zumutbaren Einwirkungsmöglichkeiten neben demjenigen, der tatsächlich belädt, verantwortlich. Von dem **Fahrzeugführer** ist zu verlangen, dass er vor Abfahrt die Ladungssicherung durch äußere Besichtigung prüft und während der Fahrt erkennbare Störungen behebt oder beheben lässt.

28.2.S Bei flüssigen gefährlichen Gütern, ausgenommen bei verflüssigten Gasen, hat der Fahrzeugführer nach § 28 Nummer 3 2. Halbsatz der GGVSEB einen Füllungsgrad von höchstens 85 % einzuhalten, wenn der Befüller (Betreiber der Abfüllanlage) den zulässigen Füllungsgrad nicht angeben und dieser nicht einer anwendbaren Sondervorschrift entnommen werden kann. Füllungsgrade, die in anderen Veröffentlichungen (z. B. berufsgenossenschaftlichen Regelungen) genannt werden, finden keine Anwendung.

Zu § 29 Pflichten mehrerer Beteiligter im Straßenverkehr

29.1.S Der Bestimmtheitsgrundsatz verlangt eine eindeutige Pflichtenzuweisung, wenn mehrere Adressaten handeln sollen. Durch die Verwendung des Wortes „und" wird zum Ausdruck gebracht, dass bei den Mehrfachverantwortlichen die Adressaten gleichrangig zur Erfüllung der Rechtspflichten nach den Absätzen 1 bis 4 angehalten sind.

Zu § 30 Pflichten des Betreibers eines Kesselwagens, abnehmbaren Tanks und Batteriewagens im Eisenbahnverkehr

30.1.E Die Pflichten des Betreibers eines Kesselwagens nach § 30 Nummer 2 der GGVSEB gelten als erfüllt, wenn mindestens die Vorgaben des „VPI-Merkblattes Betreiberpflichten Gefahrgut-Kesselwagen" in der Fassung vom 15.05.2012 eingehalten werden. Das Merkblatt ist zu finden unter

www.vpihamburg.de

unter „Downloadbereich" – „öffentlich" – „Publikationen".

Zu § 33 Pflichten des Schiffsführers in der Binnenschifffahrt

33.1.B Die Pflicht des Schiffsführers in § 33 Nummer 3 der GGVSEB sich zu vergewissern, dass keine Ausrüstungsteile fehlen, schließt auch die Schutzausrüstung nach Abschnitt 8.1.5 ADN ein.

Zu § 34 Pflichten des Eigentümers oder Betreibers in der Binnenschifffahrt

34.1.B Hinsichtlich des Betreibers in der Binnenschifffahrt siehe Nummer 1-36.2.B und 1-36.3.B der RSEB zu Kapitel 1.16 ADN.

Zu § 35 bis 35c Verlagerung und Fahrweg im Straßenverkehr

Zu § 35 Verlagerung

35.1.1.S Die Beförderung auf dem Eisenbahn- oder Wasserweg ist nach § 35 Absatz 1 Nummer 2 der GGVSEB nicht durchführbar, wenn zum Beispiel
- der Verkehr witterungsbedingt eingeschränkt oder eingestellt ist,
- der Verkehrsträger bestreikt wird,
- geeignete Beförderungsmittel (z. B. Eisenbahnwagen) aus Gründen, die die Beteiligten nicht zu vertreten haben, nicht zur Verfügung stehen oder nicht eingesetzt werden können.

Darüber hinaus können weitere Kriterien bei der Antragstellung im Rahmen der Ermessensentscheidung Berücksichtigung finden.

35.1.2.S Kann das gefährliche Gut im multimodalen Verkehr verladen und befördert werden (§ 35 Absatz 2 der GGVSEB), darf eine Bescheinigung nach § 35 Absatz 4 der GGVSEB nicht erteilt werden. Das Eisenbahn-Bundesamt/die Generaldirektion Wasserstraßen und Schifffahrt teilt dem Antragsteller bei Bedarf aber die jeweils nächstgelegenen geeigneten Bahnhöfe/Häfen mit.

35.1.3.S Für die Beantragung einer Bescheinigung nach § 35 Absatz 4 der GGVSEB des Eisenbahn-Bundesamtes oder der Generaldirektion Wasserstraßen und Schifffahrt wird das Muster nach **Anlage 6** der RSEB empfohlen. Der Antrag ist jeweils zu richten an
- das Eisenbahn-Bundesamt, Referat 33, Heinemannstraße 6, 53175 Bonn oder
- die Generaldirektion Wasserstraßen und Schifffahrt, Am Propsthof 51, 53121 Bonn.

Der maximale Gültigkeitszeitraum einer Bescheinigung nach § 35 Absatz 4 der GGVSEB beträgt drei Jahre.

Zu § 35a Fahrweg im Straßenverkehr

35.2.1.S Für die Beantragung einer Fahrwegbestimmung nach § 35a Absatz 3 Satz 1 der GGVSEB wird das Muster nach **Anlage 4** der RSEB empfohlen.

35.2.2.S Bei der Fahrwegbestimmung nach § 35a Absatz 3 Satz 1 der GGVSEB werden in der Regel zwei nach Landesrecht zuständige Behörden/Stellen unabhängig voneinander auf Antrag tätig. So bestimmt die für den Beladeort zuständige Behörde/Stelle den Fahrweg nur zwischen dem Beladeort und der Autobahn sowie die für den Entladeort zuständige Behörde/Stelle den Fahrweg nur zwischen der Autobahn und dem Entladeort. Liegt der zu bestimmende Fahrweg jedoch nicht ausschließlich im Bezirk der für den Be- bzw. Entladeort zuständigen Behörde/Stelle, hat diese die anderen Behörden/Stellen bei der Fahrwegbestimmung zu beteiligen, durch deren Bezirk der Fahrweg zum oder vom Anschluss an die Autobahn ebenfalls führt.

Bei grenzüberschreitenden Beförderungen über nicht an Autobahnen liegenden Grenzübergangsstellen ist die nach Landesrecht zuständige Behörde/Stelle zuständig, in deren Bezirk die Grenzübergangsstelle der Einfahrt liegt.

Den Fahrweg zwischen zwei Autobahnabschnitten bei unterbrochenen Autobahnen (auch mit unterschiedlichen Autobahnnummern) bestimmt die nach Landesrecht zuständige Behörde/Stelle, in deren Bezirk der endende Autobahnabschnitt liegt.

Ist die Benutzung von Autobahnen nach § 35a Absatz 2 Nummer 1 unzumutbar oder nach § 35a Absatz 2 Nummer 2 der GGVSEB ausgeschlossen oder beschränkt, liegt die Zuständigkeit bei der für den Beladeort nach Landesrecht zuständigen Behörde/Stelle. Diese hat ggf. die anderen Behörden/Stellen zu beteiligen, durch deren Bezirk der Fahrweg ebenfalls führt.

35.2.3.S Der Fahrweg kann positiv und/oder negativ bestimmt werden. Dies schließt sowohl die Festlegung/den Ausschluss bestimmter Straßen als auch die allgemeine Benennung von Straßen bestimmter Klassifizierung (z. B. Bundesstraßen, Landesstraßen, Kreisstraßen, Vorfahrtstraßen) ein, sofern deren Benutzung nicht durch entsprechende Zeichen der StVO oder durch Allgemeinverfügung nach § 35a Absatz 3 Satz 2 der GGVSEB verboten ist.

35.2.4.S Für die Fahrwegbestimmung nach § 35a Absatz 3 Satz 1 der GGVSEB soll die nach Landesrecht zuständige Behörde/Stelle das Muster nach **Anlage 5** der RSEB verwenden.

RSEB

35.2.5.S Die für die Fahrwegbestimmung nach § 35a Absatz 3 Satz 1 der GGVSEB nach Landesrecht zuständigen Behörden/Stellen sind:

Baden-Württemberg:	Untere Verwaltungsbehörden (Landratsämter und Stadtkreise)
Bayern:	Kreisverwaltungsbehörden
Berlin:	Verkehrslenkung Berlin (VLB)
Brandenburg:	Landkreise und kreisfreie Städte als Kreisordnungsbehörde
Bremen:	Senator für Wirtschaft, Arbeit und Häfen
Hamburg:	Behörde für Inneres und Sport
Hessen:	Landräte, in den kreisfreien Städten die Oberbürgermeister
Mecklenburg-Vorpommern:	Landräte, in den kreisfreien Städten die Oberbürgermeister (Bürgermeister)
Niedersachsen:	Landkreise, kreisfreie Städte und große selbständige Städte
Nordrhein-Westfalen:	Kreise und kreisfreie Städte als Kreisordnungsbehörde
Rheinland-Pfalz:	Kreisverwaltungen, kreisfreie Städte, große kreisangehörige Städte
Saarland:	Untere Straßenverkehrsbehörden (bei den Landräten, dem Regionalverband Saarbrücken, der Landeshauptstadt Saarbrücken sowie den Mittelstädten)
Sachsen:	Landkreise und kreisfreie Städte
Sachsen-Anhalt:	Untere Verwaltungsbehörden (Landkreise und kreisfreie Städte)
Schleswig-Holstein:	Landräte, in den kreisfreien Städten die Oberbürgermeister (Bürgermeister)
Thüringen:	Landkreise und kreisfreie Städte

35.2.6.S Erfolgt die Fahrwegbestimmung durch Allgemeinverfügung nach § 35a Absatz 3 Satz 2 der GGVSEB, gelten die Bestimmungen zum Übergeben, Beachten, Mitführen und Aushändigen nach § 35a Absatz 4 und 5 der GGVSEB entsprechend, sofern in der Allgemeinverfügung nichts anderes bestimmt ist.

Zu § 35c Ausnahmen zu den §§ 35 und 35a

35.3.S Unter dem in § 35c Absatz 9 verwendeten Begriff „Ort der Verwendung" ist sowohl der Steinbruch oder die Baustelle, wo eine Sprengung erfolgt, zu verstehen, als auch in der Nähe befindliche Lager und Zwischenlager, die der unmittelbaren Versorgung des Steinbruchs oder der Baustelle dienen.

Zu § 37 Ordnungswidrigkeiten

37.1 Die Verfolgung von Ordnungswidrigkeiten liegt im pflichtgemäßen Ermessen der Verfolgungsbehörde (Opportunitätsgrundsatz, § 47 Absatz 1 Satz 1 des OWiG).

37.2 Die Bußgeldbeträge des Bußgeldkatalogs in der **Anlage 7** der RSEB sind Regelsätze, die von fahrlässiger Begehung, normalen Tatumständen und von mittleren wirtschaftlichen Verhältnissen ausgehen. Bei vorsätzlichem Handeln sind die angegebenen Sätze angemessen bis zum doppelten Satz zu erhöhen. Die Regelsätze, soweit die Angelegenheit nicht strafrechtlich verfolgt wird, erhöhen sich um mindestens 25 %, wenn durch die Zuwiderhandlung ein anderer gefährdet oder geschädigt ist. Liegt Tateinheit vor, so ist der höchste in Betracht kommende Regelsatz um 25 % der Regelsätze für die anderen Ordnungswidrigkeiten zu erhöhen.

37.3 Bei geringfügigen Ordnungswidrigkeiten kann die Verwaltungsbehörde den Betroffenen verwarnen und ein Verwarnungsgeld von fünf bis fünfundfünfzig Euro erheben (§ 56 Absatz 1 Satz 1 des OWiG). Mit der Verwarnung soll bei einer geringfügigen Ordnungswidrigkeit dem Betroffenen sein Fehlverhalten vorgehalten werden; sie ist daher mit einem Hinweis auf die Zuwiderhandlung zu verbinden. Die Beträge des Verwarnungsgeldkatalogs sind Regelsätze für fahrlässige Begehung unter gewöhnlichen Tatumständen. Dies gilt auch bei Verstößen gegen eine Bestimmung einer Ausnahmeregelung. Bei Formalverstößen sollte von einer Ahndung mit einem Bußgeld abgesehen werden.

37.4 Ob eine Ordnungswidrigkeit geringfügig ist, richtet sich nach der Bedeutung der Handlung und dem Grad der Vorwerfbarkeit, wobei die Gesamtbetrachtung entscheidet. Auch bei einem gewichtigeren Verstoß kann die Handlung ausnahmsweise wegen geringer Vorwerfbarkeit insgesamt wenig bedeutsam sein. Dies impliziert die grundsätzliche Möglichkeit, zu jedem gesetzlichen Ordnungswidrigkeitstatbestand unter Berücksichtigung der Umstände des Einzelfalls im Rahmen der angeführten Zulässigkeitsvoraussetzungen und des pflichtgemäßen Ermessens der Verwaltungsbehörde auch eine Verwarnung mit oder ohne Verwarnungsgeld auszusprechen. Eine explizite Ausweisung in einem Verwarnungsgeldkatalog ist dafür nicht notwendig.

37.5 Bei Verstößen gegen eine Bestimmung einer Ausnahme nach der Gefahrgut-Ausnahmeverordnung (GGAV) liegt ein Verstoß gegen die entsprechende Vorschrift des ADR/RID/ADN in Verbindung mit der GGVSEB vor. Demgemäß gelten in diesem Fall die Ordnungswidrigkeitentatbestände der GGVSEB.

37.6 Die Bußgeldnormen des § 37 der GGVSEB sind im Bußgeldkatalog mit Nummer (arabische Zahlen) und Buchstabe (kleine Buchstaben) zitiert. Die einzelnen Verstöße sind in die Kategorien (Gefahrenkategorien I, II und III, wobei I die schwerwiegendste ist) entsprechend der Anlage 3 zur GGKontrollV unterteilt.

37.7.S Erläuterungen zu Bußgeldverfahren nach der GGVSEB bei gleichzeitigem Verstoß gegen die StVO/StVZO im Hinblick auf die Eintragung von Verstößen im Fahreignungsregister (FAER) sind der **Anlage 7a** der RSEB zu entnehmen.

37.8.S Hinsichtlich nicht offensichtlicher Unrichtigkeiten in der ADR-Zulassungsbescheinigung gilt gegenüber dem Beförderer der Vertrauensgrundsatz mangels Vorwerfbarkeit. Das heißt, für das korrekte Ausstellen der ADR-Zulassungsbescheinigung sind grundsätzlich die zuständigen Stellen oder Personen nach § 14 Absatz 4 der GGVSEB verantwortlich.

Zu Anlage 2

60. – offen –

RSEB

Zu den Vertragsstaaten/Vertragsparteien des ADR/RID/ADN

70.1.S Die 52 ADR-Vertragsparteien sind:

Albanien, Andorra, Aserbaidschan, Belgien, Bosnien und Herzegowina, Bulgarien, Dänemark, Deutschland, Estland, Finnland, Frankreich, Georgien, Griechenland, Irland, Island, Italien, Kasachstan, Kroatien, Lettland, Liechtenstein, Litauen, Luxemburg, Malta, Marokko, Republik Moldau (Moldawien), Montenegro, Niederlande, Nigeria, Nordmazedonien, Norwegen, Österreich, Polen, Portugal, Rumänien, Russische Föderation, San Marino, Schweden, Schweiz, Serbien, Slowakei, Slowenien, Spanien, Tadschikistan, Tschechische Republik, Tunesien, Türkei, Ukraine, Ungarn, Usbekistan, Vereinigtes Königreich, Weißrussland (Belarus) und Zypern.

70.2.E Die 45 RID-Vertragsstaaten sind:

Afghanistan, Albanien, Algerien, Armenien, Aserbaidschan, Belgien, Bosnien und Herzegowina, Bulgarien, Dänemark, Deutschland, Estland, Finnland, Frankreich, Georgien, Griechenland, Iran, Irland, Italien, Kroatien, Lettland, Liechtenstein, Litauen, Luxemburg, Marokko, Monaco, Montenegro, Niederlande, Nordmazedonien, Norwegen, Österreich, Polen, Portugal, Rumänien, Schweden, Schweiz, Serbien, Slowakei, Slowenien, Spanien, Tschechische Republik, Tunesien, Türkei, Ukraine, Ungarn und Vereinigtes Königreich.

Bis zur Wiederaufnahme des internationalen Verkehrs ruht die OTIF-Mitgliedschaft des Iraks, des Libanon und Syriens.

70.3.B Die 18 ADN-Vertragsparteien sind:

Belgien, Bulgarien, Deutschland, Frankreich, Kroatien, Luxemburg, Republik Moldau (Moldawien), Niederlande, Österreich, Polen, Rumänien, Russische Föderation, Schweiz, Serbien, Slowakei, Tschechische Republik, Ukraine und Ungarn.

Abschnitt II

Abschnitt II A: Erläuterungen zur GbV

Zu § 3 Bestellung von Gefahrgutbeauftragten

A-3/1 Auf Grund der Differenzierung der Pflichten zwischen Empfänger und Entlader im ADR/RID/ADN, die in der GGVSEB konkret umgesetzt sind, müssen Unternehmen, denen Pflichten als Entlader (§ 3 Absatz 1 der GbV) zugewiesen sind, einen Gefahrgutbeauftragten bestellen.

Zu § 8 Pflichten des Gefahrgutbeauftragten

A-8/1 Bei einer Delegation von Aufgaben nach § 8 der GbV durch den Gefahrgutbeauftragten an Dritte, sind von ihm geeignete Verfahren anzuwenden, mit denen er die Erledigung dieser Aufgaben überwacht und gewährleistet. Der Gefahrgutbeauftragte behält dabei die volle Verantwortung und hat auf Verlangen der zuständigen Behörde nachzuweisen, dass er und die beauftragten Dritten alle Aufgaben erfüllen.

Zu § 8 Absatz 5 (Jahresbericht des Gefahrgutbeauftragten)

A-8/2 Ein Jahresbericht für das vergangene Geschäftsjahr darf auch durch einen Gefahrgutbeauftragten erstellt werden, der in dem berichtspflichtigen Geschäftsjahr noch nicht tätig war.

Zu § 8 Absatz 5 Satz 2 Nummer 2 (Jahresbericht des Gefahrgutbeauftragten)

A-8/3 Nach Absatz 5 Satz 4 schließt die anzugebende Gesamtmenge der gefährlichen Güter auch die empfangenen gefährlichen Güter ein. In die Ermittlung der Mengen an gefährlichen Gütern nach Satz 2 Nummer 2 müssen freigestellte Beförderungen nach § 2 Absatz 1 Nummer 4 bis 6 jedoch nicht einbezogen werden. Dies gilt auch für empfangene freigestellte gefährliche Güter.

Abschnitt II B: Erläuterungen zur GGAV

Zu Ausnahme 8 (B)

B-8/1.B Für die Beförderung von Fahrzeugen und Geräten der UN-Nummern 3166 und 3171, die von Fahrgästen (Privatpersonen und Unternehmen) auf der Fähre mitgeführt werden, gilt die Freistellung nach Absatz 1.1.3.4.1 in Verbindung mit Kapitel 3.3 Sondervorschrift 666 ADN, wenn diese Fahrzeuge oder Geräte im Straßenverkehr keine anderen gefährlichen Güter als nach den Freistellungen der Unterabschnitte 1.1.3.1 bis 1.1.3.5 und 1.1.3.7 bis 1.1.3.10 ADR/ADN als Ladung mitführen. Die Ausnahme 8 (B) gilt dann, wenn diese Fahrzeuge oder Geräte im Straßenverkehr andere gefährliche Güter als nach den Freistellungen der Unterabschnitte 1.1.3.1 bis 1.1.3.5 und 1.1.3.7 bis 1.1.3.10 ADR/ADN als Ladung mitführen.

Zu Ausnahme 18 (S) Nummer 2.1

B-18/1.S Auch wenn eine Beförderung im Werkverkehr im Sinne des § 1 Absatz 2 GüKG stattfindet, handelt es sich nicht um eine Übergabe an Dritte.

Abschnitt II C: Erläuterungen zur ODV

Zu § 22 Marktüberwachungsmaßnahmen

C-22/1 Die Maßnahmen der Marktüberwachung stellen sicher, dass die ortsbeweglichen Druckgeräte mit den einschlägigen Anforderungen während ihres Lebenszyklus übereinstimmen. Sie gelten nicht nur für die erstmalige Bereitstellung ortsbeweglicher Druckgeräte auf dem Markt (Inverkehrbringen).

RSEB

Abschnitt III

Erläuterungen zum ADR/RID/ADN

Erläuterungen zu Teil 1 und Anlage 2 der GGVSEB

Zu ADR/RID/ADN allgemein

0-1 Die Worte „sofern im ADR/RID/ADN nichts anderes festgelegt ist" oder inhaltsgleiche Formulierungen besagen, dass an anderer Stelle konkrete Vorschriften festgelegt sein können, die dann Vorrang haben.

Allgemeine Hinweise zu den Freistellungsregelungen in Unterabschnitt 1.1.3.1

1-1.1 Um die Beförderung von Fahrzeugen/Wagen, Maschinen und Geräten mit gefährlichen Gütern in ihren Tanks und Einrichtungen im Straßen-/Schienenverkehr/in der Binnenschifffahrt nur im sicherheitstechnisch notwendigen Umfang zu regeln, gibt es eine Reihe von Vorschriften im ADR/RID/ADN, die entweder zu einer vollständigen oder teilweisen Freistellung von den gefahrgutrechtlichen Vorschriften führen.

1-1.2 Eine vollständige Freistellung vom ADR/RID/ADN ist in den Fällen vorgesehen, in denen

– Privatpersonen unter den in **Unterabschnitt 1.1.3.1 Buchstabe a** genannten Bedingungen befördern (persönlicher/häuslicher Gebrauch oder private Verwendung bei Sport/Freizeit; einzelhandelsgerechte Verpackung oder im beschränkten Umfang entzündbare flüssige Stoffe in nachfüllbaren Behältern). Der Begriff „Privatpersonen" umfasst auch Fahrgäste z. B. in Bussen, Taxis, Fahrgastschiffen und Personenzügen;

– bestimmte Beförderungen von Unternehmen in Zusammenhang mit ihrer Haupttätigkeit nach **Unterabschnitt 1.1.3.1 Buchstabe c** durchgeführt werden. Dies kann z. B. die Mitnahme von Brennstoff in einem transportablen Brennstoffbehälter betreffen, den ein Unternehmen für den Betrieb seiner Maschinen an der Baustelle benötigt. Beförderungen zum Zwecke der internen oder externen Verteilung/Versorgung eines Unternehmens fallen nicht unter die Freistellungsregelung des Unterabschnitts 1.1.3.1 Buchstabe c. Dies betrifft u. a. Beförderungen von einer Produktionsanlage zu einer anderen innerhalb eines Unternehmens, jedoch außerhalb des Betriebsgeländes. Die Angabe „450 Liter je Verpackung" in Unterabschnitt 1.1.3.1 Buchstabe c ist eine Angabe der tatsächlich eingefüllten Menge unabhängig vom Fassungsraum der Verpackung (siehe auch Erläuterung zur Gesamtmenge in Absatz 1.1.3.6.3). Allerdings dürfen die in Unterabschnitt 1.1.3.6 festgelegten höchstzulässigen Gesamtmengen je Beförderungseinheit nicht überschritten werden (z. B. nicht mehr als 1000 Liter Heizöl oder Diesel).

Hinweis:
Bei Inanspruchnahme der Übergangsvorschrift nach Unterabschnitt 1.6.1.46 für Maschinen und Geräte **(bisheriger Unterabschnitt 1.1.3.1 Buchstabe b)** können weiterhin die entsprechenden Auslegungshinweise der RSEB 2017 angewendet werden (siehe hierzu auch die Übergangsvorschrift in § 38 Absatz 2 der GGVSEB).

RSEB

Besondere Hinweise zu einzelnen Freistellungen

Zu Unterabschnitt 1.1.3.1 Buchstabe a, c und f

1-2 Beispiele für erforderliche Maßnahmen im Sinne von „normalen Beförderungsbedingungen" sind:
- ausreichende Ladungssicherung,
- wirksamer Schutz von Verschlussventilen bei verpackten Gütern der Klasse 2 (z. B. Schutzkappen),
- Verwendung sicherer Verschlüsse für flüssige und feste Stoffe.

Zu Unterabschnitt 1.1.3.1 Buchstabe a ADR

1-3.1.S Im Sinne des Buchstaben a gelten Stoffe der Klasse 1 Unterklassen 1.1 und 1.3 (z. B. UN 0027 Schwarzpulver oder UN 0161 Treibladungspulver) auch dann als einzelhandelsgerecht abgepackt, wenn die zur Beförderung zulässigen Mengen von Privatpersonen zum Vorderlader- oder Böllerschießen in Einzelladungen, unter Beachtung zutreffender sicherheitlicher Empfehlungen behördlicher Stellen oder von Verbänden, verpackt und befördert werden. Hierbei sind die spezialgesetzlichen Regelungen (z. B. WaffenG, SprengG) zu beachten. Sicherheitliche Empfehlungen im genannten Sinne sind zur Zeit die „Sicherheitsregeln für Böllerschützen" der Regierung von Oberbayern oder die „Ausführungsregel Nr. 1 zum Vorderlader und/oder Böllerschießen" des Deutschen Schützenbundes e.V..

1-3.2.S Zusätzlich zu den nach Buchstabe a zulässigen Mengen von bis zu 240 Litern entzündbarer flüssiger Stoffe in für eine Wiederbefüllung vorgesehenen Behältern, dürfen auch noch bis zu 60 Liter in tragbaren Brennstoffbehältern nach Unterabschnitt 1.1.3.3 Buchstabe a ADR als Ersatzbrennstoff für das verwendete Fahrzeug befördert werden (siehe auch Nummer 1-9.1.S der RSEB).

Zu Unterabschnitt 1.1.3.1 Buchstabe c

1-4.1 Freigestellt sind Beförderungen zum direkten Verbrauch wie z. B.
- Farbe im Fahrzeug eines Malers,
- Sauerstoff- und Acetylenflaschen im Fahrzeug eines Schweißers,
- Kraftstoff für die Befüllung von Rasenmähern im Fahrzeug eines städtischen Arbeiters oder in einem Schienenkraftwagen,
- Kraftstoff für die Befüllung von Arbeitsgeräten oder
- Mittel zur Schädlingsbekämpfung durch Landwirte für die eigene Verwendung oder
- Lithiumbatterien (Ersatzbatterien), die zum Betrieb seiner Maschinen und Geräte benötigt werden (siehe auch Nummer 1-4.5 der RSEB),

sofern die jeweilige Beförderung z. B. zu oder von einem Kunden bzw. Einsatzort erfolgt.

1-4.2 Zwischenversorgungen zu Tankanlagen fallen nicht unter die Freistellungsregelung des Buchstaben c.

1-4.3 Siehe Nummer 1-1.2, 2. Anstrich der RSEB.

1-4.4 Ungereinigte leere Eichnormale bis 450 Liter Einzelfassungsraum der Gefäße sind als Verpackungen im Sinne des Unterabschnitts 1.1.3.1 Buchstabe c anzusehen und fallen demgemäß unter die Freistellungsregelung dieses Unterabschnitts. Ebenso sind Maßnahmen zu treffen, die unter normalen Beförderungsbedingungen ein Freiwerden des Inhalts verhindern. Eichnormale sind dicht verschlossen oder in dicht verschlossenen Umverpackungen und ohne äußere Anhaftungen zu befördern.

1-4.5 Bei im Rahmen von Unterabschnitt 1.1.3.1 Buchstabe c mitgeführten Lithium-Ionen-Batterien der UN-Nummern 3480 und 3481 sowie von Lithium-Metall-Batterien der UN-Nummern 3090 und 3091 sind geeignete Maßnahmen zur Vermeidung von Beschädigungen der Batterien zu treffen.

RSEB

Zu Unterabschnitt 1.1.3.1 Buchstabe d

1-5.1 Einsatzkräfte sind nur die für Notfallmaßnahmen nach dem deutschen Recht zuständigen Stellen.

1-5.2 Buchstabe d kommt zur Anwendung, wenn Maßnahmen bei einem Notfall (Gefahr im Verzug) Beförderungen außerhalb des Regelwerks durch staatliche Einsatzkräfte oder die von ihnen überwachten beauftragten Unternehmen erfordern. Hierunter fallen auch die Beförderungen von Sprengstoffen, Munition und Bombenfunden sowie andere Gefahrgüter (insbesondere ABC-Stoffe), die im Rahmen einer Notfallmaßnahme an einen sicheren Ort verbracht werden müssen. Die Festlegung der Art und Weise der Überwachung der Notfallbeförderung liegt in der Verantwortung der zuständigen Einsatzleitung. Die Einsatzleitung legt unter Berücksichtigung der tatsächlichen Gegebenheiten auch den sicheren Ort und damit das Ende der Notfallbeförderung fest. Wegen der zwingend erforderlichen Mitwirkung der zuständigen Stellen wird im Gegensatz zu Unterabschnitt 1.1.3.1 Buchstabe e nicht ausdrücklich die völlig sichere Beförderung verlangt. D. h. die zuständige Stelle kann ein Restrisiko ggf. durch zusätzliche Maßnahmen kompensieren, z. B. Evakuieren, Sperrung von Verkehrswegen.

1-5.3 Unter den Buchstaben d fallen auch sonstige Fahrten, die zur Aufrechterhaltung der Einsatzfähigkeit erforderlich sind, wie z. B. im Rahmen von Übungen sowie Bewegungs- und Überführungsfahrten, nicht jedoch Versorgungsfahrten.

Zu Unterabschnitt 1.1.3.1 Buchstabe e

1-6 Notfallbeförderungen, die unmittelbar zur Rettung menschlichen Lebens oder zum Schutz der Umwelt erforderlich sind, dürfen ohne Anwendung des Regelwerks auch von Dritten durchgeführt werden. Bei den erforderlichen Maßnahmen zur völlig sicheren Durchführung der Beförderung ist die Verhältnismäßigkeit zu berücksichtigen.

Zu Unterabschnitt 1.1.3.1 Buchstabe f

1-7 Als übliche Restmengen in einem ungereinigten leeren Tank sind Mengen zu akzeptieren, die nach der vollständigen Entleerung mit der technisch vorhandenen Entnahmeeinrichtung im Tank verbleiben und die sich aus Anhaftungen nach der Entleerung ergeben.

Zu Unterabschnitt 1.1.3.2 Buchstabe e ADR/RID

1-8 Unter die Regelungen des Unterabschnitts 1.1.3.2 Buchstabe e ADR/RID können u. a. fallen: Gase in
- Getränkeschankanlagen in Fahrzeugen,
- Hähnchengrillfahrzeugen,
- Arbeitsmaschinen für Erdarbeiten und Straßenbau, wie Asphalt-Kocher mit oder ohne Spritzeinrichtung,
- Fahrzeugen für Wohn- und Aufenthaltszwecke wie Campinganhänger bzw. Campingfahrzeuge mit Ausrüstung gemäß DVGW Arbeitsblatt G 607,
- Lastkraftwagen mit Ausrüstung gemäß DVGW Arbeitsblatt G 607.

Die Freistellung in Buchstabe e gilt auch
- für nicht fest verbundene, für diesen Verwendungszweck geeignete und zugelassene besondere Einrichtungen, die ladungsgesichert befördert werden und deren Verwendung während der Beförderung erforderlich ist und
- für zugehörige Ersatz- und Tauschgefäße.

Der Begriff „während der Beförderung" im Sinne des Buchstaben e setzt nicht voraus, dass die gasbetriebenen Einrichtungen fortlaufend während der Ortsveränderung im Einsatz sind. Sie können auch mitgeführt werden, um während eines zeitweiligen Aufenthalts im Fahrzeug Verwendung zu finden. Solche Einrichtungen sind u. a. Grilleinrichtungen von Fahrzeugen, die an wechselnden Orten zur Zubereitung von Lebensmitteln verwendet werden.

RSEB

Zu Unterabschnitt 1.1.3.3 Buchstabe a ADR

1-9.1.S Als tragbare Brennstoffbehälter im Sinne des Unterabschnitts 1.1.3.3 Buchstabe a ADR gelten nur solche, die für diese Verwendung vom Hersteller bestimmt sind und während der Beförderung den sicheren Einschluss des Brennstoffs gewährleisten.

1-9.2.S Das Energieäquivalent von maximal 54 000 MJ, bezogen auf den Gesamtfassungsraum nach Bem. 2, schließt die höchstens 60 Liter in tragbaren Brennstoffbehältern nicht mit ein, welche zusätzlich befördert werden dürfen.

Zu Unterabschnitt 1.1.3.3 RID

1-10.E Unter die Regelungen des Unterabschnitts 1.1.3.3 RID können u. a. fallen:
- Eisenbahndrehkräne,
- Gleisbaumaschinen mit eigenem Antrieb, wie Bettungsreinigungs- und Gleisstopfmaschinen,
- Fahrzeuge mit oder ohne eigenen Antrieb.

Zu Unterabschnitt 1.1.3.5

1-11 Geeignete Maßnahmen zur Beseitigung der Gefahren der Klassen 1 bis 9 sind ergriffen, wenn die Verpackungen z. B.
- keine gefährlichen Dämpfe oder Reste enthalten, die freigesetzt werden können,
- die Verpackungen vollständig entleert sind oder die Restinhalte neutralisiert, gebunden, ausgehärtet, polymerisiert oder chemisch umgesetzt sind,

und, wenn an der Außenseite der Verpackung keine gefährlichen Rückstände anhaften.

Zu Unterabschnitt 1.1.3.6 ADR/RID

1-12.1 Die Freistellungsregelung des Unterabschnitts 1.1.3.6 ADR/RID darf auch für Beförderungen von Versandstücken in Containern, die auf einer Beförderungseinheit/einem Wagen befördert werden, in Anspruch genommen werden, sofern die entsprechenden Mengengrenzen nicht überschritten sind.

1-12.2 Da die Stoffe und Gegenstände der Beförderungskategorie 4 in unbegrenzter Menge je Beförderungseinheit/Wagen befördert werden dürfen, bleiben diese Stoffe und Gegenstände bei der Berechnung nach Absatz 1.1.3.6.4 ADR/RID unberücksichtigt.

1-12.3 Auch für die in der Beförderungskategorie 4 enthaltenen Stoffe und Gegenstände (Höchstmenge je Beförderungseinheit/Wagen unbegrenzt) sind die Vorschriften des ADR/RID anzuwenden, sofern Stoffe und Gegenstände der Beförderungskategorie 0 oder Stoffe und Gegenstände der Beförderungskategorie 1 bis 3 zugeladen werden und für diese Güter der nach Absatz 1.1.3.6.4 ADR/RID berechnete Wert 1000 überschreitet.

1-12.4 Für ungereinigte leere Verpackungen gilt auch Unterabschnitt 1.1.3.5, wonach mögliche Gefährdungen auszuschließen sind, wenn Verpackungen freigestellt befördert werden soll. Unterabschnitt 1.1.3.6 ADR/RID gilt nicht für Beförderungen in loser Schüttung sondern nur für verpackte gefährliche Güter. Sofern sich ungereinigte leere Verpackungen in einem ordnungsgemäßen Zustand befinden und wieder verschlossen sind, dürfen sie deshalb ebenso befördert werden wie gefüllte Verpackungen. Eine erneute Verpackung ist nur dann erforderlich, wenn die ungereinigten leeren Verpackungen beispielsweise undicht oder erheblich beschädigt sind.

Zu Absatz 1.1.3.6.3, 1. Anstrich ADR/RID und 1.1.3.6.1 ADN

1-13 Für die Berechnung der höchstzulässigen Gesamtmenge ist für Gegenstände der Klasse 1 die Nettoexplosivstoffmasse in kg maßgebend. Für gefährliche Güter in Geräten und Ausrüstungen, die im ADR/RID/ADN näher bezeichnet sind, ist die Gesamtmenge der darin enthaltenen gefährlichen Güter in kg oder Liter maßgebend, dies betrifft u. a. folgende UN-Nummern: 2857, 2870, 2990, 3072, 3091, 3150, 3268, 3316, 3358, 3468, 3473, 3476, 3477, 3478, 3479 und 3481. Das bedeutet, dass z. B. in Kältemaschinen UN 2857 nur das enthaltene nicht entzündbare, nicht giftige Gas berechnet wird oder in Flugzeugnotrutschen als Rettungsmittel UN 2990 nur die dort enthaltenen Zündvorrichtungen zum Auslösen berechnet werden.

RSEB

Zu Unterabschnitt 1.1.3.10 und Kapitel 3.3 Sondervorschrift 366

1-14 Aus der Formulierung „vorausgesetzt, sie enthalten keine radioaktiven Stoffe und sie enthalten kein Quecksilber in größeren als den in der Sondervorschrift 366 des Kapitels 3.3 festgelegten Mengen" ergibt sich, dass für Leuchtmittel mit radioaktiven Stoffen und mit mehr Quecksilber als in Kapitel 3.3 Sondervorschrift 366 festgelegt, die speziellen Beförderungsbedingungen der stoffspezifischen Einträge gelten. Wenn höchstens 1 kg Quecksilber enthalten ist, die sonstigen in Unterabschnitt 1.1.3.10 genannten Bedingungen aber nicht vorliegen, kann für Leuchtmittel mit Quecksilber auch die Freistellung nach der Sondervorschrift 366 angewendet werden. Die Sondervorschrift 366 setzt aber voraus, dass das Quecksilber in dem hergestellten Gegenstand eingeschlossen ist. Wenn dies bei Abfall-Leuchtmitteln nicht gegeben ist, kann im Rahmen von Sammlungen eine freigestellte Beförderung nur unter den Bedingungen nach Unterabschnitt 1.1.3.10 Buchstabe a bzw. c erfolgen.

Zu Unterabschnitt 1.1.3.10 Buchstabe c

1-15 Bei Beförderungen nach Unterabschnitt 1.1.3.10 Buchstabe c ist unter Außenverpackung eine allseitige Umschließung zu verstehen, die auch bei einem Fall aus mindestens 1,20 m Höhe in der Lage ist, den festen und flüssigen Inhalt einzuschließen. Die Außenverpackung muss weder verhindern, dass bei einem Zubruchgehen von Leuchtmitteln während der Beförderung Gas austritt, noch, dass bei der Durchführung des Falltests Leuchtmittel zerstört werden. Eine Außenverpackung liegt auch dann vor,
   – wenn bewegliche Seiten und Böden durch geeignete Maßnahmen (z. B. Umwickeln mit Stretchfolie) auf einer Rungenpalette eine Umschließung bilden oder
   – wenn eine Gitterbox mit festen Seiten, Böden und Deckel versehen ist.

Zu Unterabschnitt 1.1.3.10 Buchstabe d

1-16 Die Freistellung nach Buchstabe d bezieht sich auf gasgefüllte Leuchtmittel, mit ausschließlich Gasen der Gruppen A und O und keinen anderen gefährlichen Gütern.

Bei der Inanspruchnahme von Buchstabe d für Leuchtmittel bei der Entsorgung, ist von einer Einhaltung der Bedingungen für das Versandstück auszugehen, wenn aus der verwendeten Umschließung keine Splitter, bedingt durch Wurfwirkung beim Zubruchgehen der Leuchtmittel austreten können. Der Begriff „Versandstück" ist allgemein als geeignete Umschließung zu verstehen. Die Beispiele unter Nummer 1-15 der RSEB zur zulässigen Außenverpackung gelten auch für Buchstabe d, die Einhaltung von Unterabschnitt 4.1.1.1 ADR/RID und eine Fallprüfung sind jedoch nicht erforderlich.

Zu Absatz 1.1.4.2.1 Buchstabe a

1-17 Zusätzliche Kennzeichen nach ADR/RID/ADN sind bei anwendbaren Sondervorschriften wie z. B. Kapitel 3.3 Sondervorschrift 633 nicht erforderlich, wenn das Versandstück gemäß IMDG-Code oder ICAO-TI gekennzeichnet ist.

Zu Absatz 1.1.4.2.2 ADR

1-18.S Werden Beförderungseinheiten, die nach ADR zu kennzeichnen sind, statt nach diesen Vorschriften nach den Vorschriften des IMDG-Codes gekennzeichnet und mit Großzetteln versehen, dann ist dies in einer Transportkette, die den Seeverkehr einschließt, zulässig. Die Beförderungseinheit ist mit orangefarbenen Tafeln nach Abschnitt 5.3.2 zu versehen, sofern die Mengengrenzen nach Unterabschnitt 1.1.3.6 ADR überschritten sind.

Zu Absatz 1.1.4.2.3 ADR

1-19.S Der Eintrag, der ggf. geforderten zusätzlichen Angaben nach ADR, kann auch in den Beförderungspapieren der Verkehrsträger See oder Luft erfolgen, sofern dies möglich/zulässig ist. Dies betrifft auch Angaben zum Absender.

RSEB

Zu Unterabschnitt 1.1.4.3

1-20 Die Regelung zur Verwendung der für den Seeverkehr zugelassenen ortsbeweglichen Tanks schließt die Tankcontainer und Gascontainer mit mehreren Elementen (MEGC) mit ein.

Zu Abschnitt 1.2.1

1-21 Die UN-Modellvorschriften (Recommendations on the Transport of Dangerous Goods, Model Regulations) können über folgende Anschrift bezogen werden:
Sales Office and Bookshop
Bureau E-4
CH-1211 Geneva 10, Switzerland
E-Mail: unpubli@unog.ch

Zu Abschnitt 1.3.1

1-22 Personen im Sinne des § 9 Absatz 2 Satz 1 Nummer 2 OWiG, die ausdrücklich beauftragt sind, in eigener Verantwortung Aufgaben im Bereich der Beförderung gefährlicher Güter wahrzunehmen, müssen in den Anforderungen, die die Beförderung gefährlicher Güter an ihren Arbeits- und Verantwortungsbereich stellt, unterwiesen sein.

Zu Unterabschnitt 1.6.3.44 ADR

1-23.S Die Verwendungsmöglichkeit von Additivierungseinrichtungen durch Zustimmung der zuständigen Behörde ist erfüllt, wenn in der ADR-Zulassungsbescheinigung nach Unterabschnitt 9.1.3.5 ADR ein entsprechender Vermerk unter Nummer 11 (Bemerkungen) über die Ausrüstung(en) eingetragen wurde (siehe auch Nummer 3-10.S und 9-2.2.3.S der RSEB).

Zu Unterabschnitt 1.6.5.20 ADR

1-24.S Die Übergangsvorschrift schließt ein, dass ADR-Zulassungsbescheinigungen, die für Fahrzeuge EX/II, EX/III, FL, AT und MEMU vor dem 1. Januar 2017 ausgestellt wurden und die dem bis zum 31. Dezember 2016 geltenden Muster des Unterabschnitts 9.1.3.5 ADR entsprechen und in denen die Fahrzeugbezeichnung OX im Muster aufgeführt ist, ebenfalls weiterverwendet werden dürfen. Dies schließt auch die Verlängerung der Gültigkeit vorhandener ADR-Zulassungsbescheinigungen ein.

Zu Unterabschnitt 1.7.6.1 Buchstabe c

1-25 Eine Notfallexpositionssituation, die sich aus der Nichteinhaltung irgendeines Grenzwertes für die Dosisleistung oder Kontamination entwickelt hat oder entwickelt, ist eine Situation im Sinne des Artikels 2 der Richtlinie 2013/59/EURATOM des Rates vom 5. Dezember 2013 zur Festlegung grundlegender Sicherheitsnormen für den Schutz vor den Gefahren einer Exposition gegenüber ionisierender Strahlung (ABl. EU Nr. L 13 S. 1), bei der ein Grenzwert für die Dosis von 1 mSv im Kalenderjahr zugrunde zu legen ist.

Zu Abschnitt 1.8.1 ADR/RID

1-26 Es wird empfohlen, Gefahrgutpersonal von zuständigen Behörden im Straßen- und Eisenbahnverkehr auf der Basis der Muster-Rahmenlehrpläne für die Aus- und Fortbildung nach der **Anlage 8** der RSEB zu schulen.

RSEB

Zu Abschnitt 1.8.4

1-27.1.S Die Liste der zuständigen Behörden hat die UNECE als nichtamtlichen Teil des ADR veröffentlicht. Sie ist unter
http://www.unece.org/trans/danger/publi/adr/country-info_e.htm
in das Internet eingestellt.

1-27.2.E Die Liste der zuständigen Behörden hat die OTIF unter
http://otif.org/de/?page_id=176
in das Internet eingestellt.

1-27.3.B Die Liste der zuständigen Behörden für das ADN hat die UNECE unter
http://www.unece.org/trans/danger/publi/adn/country-info_e.html
in das Internet eingestellt.

Zu Abschnitt 1.8.5

1-28.1 Die Berichte nach Unterabschnitt 1.8.5.1 sind gemäß dem in Unterabschnitt 1.8.5.4 ADR/RID vorgeschriebenen Muster vom Beförderer, Verlader, Befüller, Entlader oder Empfänger sowie im Eisenbahnverkehr ggf. vom Betreiber der Eisenbahninfrastruktur zu fertigen und gemäß
- § 14 Absatz 1 der GGVSEB für den Straßenverkehr dem
  Bundesamt für Güterverkehr (BAG)
  - Sachbereich 2 -
  Winzererstraße 52
  80797 München
  Fax: 089/12 603 280
  E-Mail: SB2-Muenchen@bag.bund.de
- § 15 Absatz 1 Nummer 5 der GGVSEB für den Eisenbahnverkehr dem
  Eisenbahn-Bundesamt (EBA)
  Referat 33
  Heinemannstraße 6
  53175 Bonn
  Fax: 0228/9826-9199
  E-Mail: ref33@eba.bund.de

spätestens einen Monat nach dem Ereignis vorzulegen.
Die Vordrucke der Berichte können über die Internetseiten des BAG unter
www.bag.bund.de
oder des EBA unter
www.eba.bund.de
abgerufen werden.

1-28.2.B Die Berichte nach Unterabschnitt 1.8.5.1 sind gemäß dem in Unterabschnitt 1.8.5.4 ADN vorgeschriebenen Muster vom Beförderer, Verlader, Befüller, Entlader, Empfänger oder Betreiber der Annahmestelle zu fertigen und gemäß § 16 Absatz 2 Nummer 8 der GGVSEB für den Binnenschiffsverkehr der
Generaldirektion Wasserstraßen und Schifffahrt (GDWS)
Dezernat S12
Brucknerstraße 2
55127 Mainz
Fax: 06131/979-265
E-Mail: zsuk@wsv.bund.de
spätestens einen Monat nach dem Ereignis vorzulegen.
Die Vordrucke der Berichte können unter
https://www.elwis.de/DE/Untersuchung-Eichung/Befoerderung-gefaehrlicher-Gueter/ADN/Gefahrgut-Unfall-Bericht/Gefahrgut-Unfall-Bericht-node.html
abgerufen werden.

1-28.3 Das BAG/EBA reicht diese Berichte an das BMVI
- mit/ohne Empfehlung zur Prüfung durch den AGGB oder seiner Arbeitsgruppen,
- mit/ohne Empfehlung zur Weiterleitung an die Sekretariate der UNECE/OTIF

weiter. Zusätzliche Informationen, die zur Abgabe dieser Empfehlung erforderlich sind, ermittelt das BAG/EBA in eigener Zuständigkeit.

1-28.4.B Die Generaldirektion Wasserstraßen und Schifffahrt (GDWS) reicht diese Berichte an das BMVI
- mit/ohne Empfehlung zur Prüfung durch den AGGB oder seiner Arbeitsgruppen,
- mit/ohne Empfehlung zur Weiterleitung an die UNECE

weiter. Zusätzliche Informationen, die zur Abgabe dieser Empfehlung erforderlich sind, ermittelt die GDWS in eigener Zuständigkeit.

Zu Absatz 1.9.5.3.7 ADR

1-29.S Die Tunnelbeschränkungen müssen offiziell bekannt und der Allgemeinheit zugänglich gemacht werden. Dafür soll von den zuständigen Behörden das Muster der **Anlage 9** der RSEB verwendet werden. Die Bekanntgabe erfolgt durch das BMVI auf seinen Internetseiten. Die Tunnelbeschränkungen aller Vertragsparteien sind im Internet unter
www.unece.org/trans/danger/publi/adr/country-info_e.html
eingestellt.

Zu Unterabschnitt 1.10.1.4 ADR

1-30.S Der Lichtbildausweis muss ein amtlicher Ausweis (z. B. Personalausweis, Pass, Führerschein, Fahrerkarte für das digitale Kontrollgerät oder ADR-Schulungsbescheinigung mit Lichtbild) sein.

Zu Unterabschnitt 1.10.1.4 RID

1-31.1.E Der Lichtbildausweis muss ein amtlicher Ausweis (z. B. Personalausweis, Pass, Führerschein, Triebfahrzeugführerschein gemäß Triebfahrzeugführerscheinverordnung mit Lichtbild) sein.

1-31.2.E Zur Besatzung eines Zuges zählen dienstlich dazu berechtigte Personen wie Zugbegleiter sowie Triebfahrzeugführer, Triebfahrzeugbegleiter, Bediener von Kleinlokomotiven und Führer von Nebenfahrzeugen gemäß § 47 Absatz 1 Nummer 8 und 9 der Eisenbahn-Bau- und Betriebsordnung (EBO).

Zu Unterabschnitt 1.10.1.4 ADN

1-32.B Der Lichtbildausweis muss ein amtlicher Ausweis (z. B. Personalausweis, Pass, Führerschein, Schiffsführerpatent oder Radarpatent mit Lichtbild) sein.

Zu Abschnitt 1.10.3

1-33.1 Es wird auf den „Leitfaden zur Umsetzung der gesetzlichen Sicherungsbestimmungen für die Beförderung gefährlicher Güter" der Verbände BGL, DSLV, VCH, VCI, VDV, VPI verwiesen, der als Hilfe zur Umsetzung der Vorschriften für die Sicherung und zur Erstellung der Sicherungspläne entwickelt wurde.

1-33.2 Sicherungspläne sollten durch die Überwachungsbehörden im Rahmen von Stichproben bzw. aus gegebenem Anlass Plausibilitätskontrollen unterzogen werden. Die Notwendigkeit für Prüfungen im Detail kann sich in besonderen Fällen ergeben.

RSEB

1-33.3 Abschnitt 1.10.3 sieht spezielle Sicherungsmaßnahmen für gefährliche Güter mit hohem Gefahrenpotenzial vor, bei denen die Möglichkeit eines Missbrauchs zu terroristischen Zwecken und damit die Gefahr schwerwiegender Folgen, wie Verlust zahlreicher Menschenleben und massive Zerstörungen, besteht. Für den Fall, dass gefährliche Güter mit hohem Gefahrenpotenzial gleichwohl abhandenkommen, müssen die jeweils zuständigen Behörden unverzüglich in der Lage sein, schnellstmöglich entsprechende Maßnahmen zu treffen (z. B. Strafverfolgung wegen Abhandenkommen durch Diebstahl oder widerrechtliche Entwendung bzw. Gefahrenabwehr in Bezug auf eine mögliche missbräuchliche Verwendung der abhandengekommenen Stoffe).

Die an der Beförderung von gefährlichen Gütern mit hohem Gefahrenpotenzial im Straßen- und Eisenbahnverkehr sowie in der Binnenschifffahrt Beteiligten haben daher gemäß § 27 Absatz 4a der GGVSEB dafür zu sorgen, dass der zuständigen Polizeibehörde unverzüglich mitgeteilt wird, wenn ihnen Fahrzeuge, Wagen, Beförderungsmittel oder Container mit gefährlichen Gütern mit hohem Gefahrenpotenzial oder diese Güter selbst abhandenkommen. Gleiches gilt im Falle des Wiederauffindens. Weitere Einzelheiten hierzu sind im Sicherungsplan zu regeln.

Darüber hinaus sollen auch bereits erkennbare Vorbereitungs- und Versuchsfälle, bei denen es noch nicht zu unberechtigter Entwendung von gefährlichen Gütern mit hohem Gefahrenpotenzial gekommen ist, unverzüglich der zuständigen Polizeibehörde gemeldet werden. Dies könnte beispielsweise der Fall sein bei unvorhergesehener Störung und Abbruch eines entsprechenden Vorhabens.

Zu Abschnitt 1.10.4 ADR/RID

1-34 Für Beförderungen von gefährlichen Gütern nach Unterabschnitt 1.1.3.6 sind die Vorschriften des Kapitels 1.10 grundsätzlich nicht anzuwenden, auch wenn die in der Tabelle in Absatz 1.10.3.1.2 ADR/RID genannten Mengen überschritten werden. Für die in Abschnitt 1.10.4 von dieser Freistellung ausgenommenen Stoffe und Gegenstände sind die Vorschriften des Kapitels 1.10 ADR/RID jedoch anzuwenden.

Zu Kapitel 1.11 RID

1-35.E Der Betreiber der Eisenbahninfrastruktur hat dafür zu sorgen, dass für die Beförderung gefährlicher Güter in Rangierbahnhöfen interne Notfallpläne erstellt werden. Dafür soll das Muster in der **Anlage 19** der RSEB verwendet werden.

Zu Kapitel 1.16 ADN

1-36.1.B Der Eigner eines Binnenschiffes hat für sein Fahrzeug bei der zuständigen Behörde schriftlich oder elektronisch einen Antrag auf Erteilung eines Zulassungszeugnisses zu stellen. Dem Antrag ist ein Untersuchungsbericht nach Unterabschnitt 1.16.3.1 ADN beizufügen. Für den Bericht soll das Muster wie in der **Anlage 3** der RSEB angegeben verwendet werden.

1-36.2.B Betreiber im Sinne des Abschnitts 1.16.0 ADN in Verbindung mit § 34 der GGVSEB ist das Unternehmen, das ein ihm nicht gehörendes Schiff ohne technische Ausrüstung und ohne Besatzung im Wege der „Bareboat Charter" oder durch eine vergleichbare vertragliche Regelung übernimmt, das Schiff sodann im eigenen Namen und für eigene Rechnung zur Binnenschifffahrt verwendet und es entweder selbst führt oder die Führung einem Schiffsführer anvertraut. Siehe auch § 2 Absatz 1 Binnenschifffahrtsgesetz. Ein Betreiber nach Abschnitt 1.16.0 ADN trägt die rechtliche und wirtschaftliche Verantwortung für das Schiff und hat die Entscheidungsbefugnis für die Ausrüstung und Instandhaltung des Schiffes.

1-36.3.B Ansprechpartner der Behörde ist bei einem Eigner oder Betreiber, der seinen Sitz nicht in Deutschland hat, dessen Schiff aber in einem deutschen Schiffsregister eingetragen ist, der Vertreter gemäß § 4 Absatz 3 der Schiffsregisterordnung (SchRegO).

RSEB

Erläuterungen zu Teil 2

Zu Unterabschnitt 2.1.3.9

2-1 Bei freiwilliger Beförderung von Abfällen unter den UN-Nummern 3077 und 3082, entsprechend den Regelungen nach Unterabschnitt 2.1.3.9, gelten auch die weiteren einschlägigen Vorschriften nach ADR/RID/ADN. In diesem Fall reicht es jedoch aus, wenn im Beförderungspapier anstelle der gefahrenauslösenden Komponente angegeben wird:

„... Abfall (Eintrag der Codenummer des harmonisierten Systems nach Anhang III, IV oder V der Verordnung (EG) Nr. 1013/2006 vom 14. Juni 2006 über die Verbringung von Abfällen – EG-Abfallverbringungsverordnung (ABl. EU Nr. L 190 S. 1 vom 12.7.2006), zuletzt geändert durch Verordnung (EU) Nr. 2020/2174 vom 19. Oktober 2020 (ABl. EU Nr. L 433 S. 11 vom 22.12.2020), oder im innerstaatlichen Verkehr der Abfallschlüssel nach dem Abfallverzeichnis zur Verordnung über das Europäische Abfallverzeichnis vom 10. Dezember 2001 (BGBl. I S. 3379), zuletzt geändert durch Artikel 1 der Verordnung vom 30. Juni 2020 (BGBl. I S. 1533))".

Wenn keine freiwillige Zuordnung zu den genannten UN-Nummern erfolgt, dann gelten auch die weiteren Vorschriften nach ADR/RID/ADN nicht.

Zu Abschnitt 2.2.3

2-2 ETHANOL (ETHYLALKOHOL), denaturiert oder ETHANOL, LÖSUNG (ETHYLALKOHOL, LÖSUNG), denaturiert mit einem Flammpunkt von höchstens 60 °C ist der UN-Nummer 1170 zuzuordnen.

Zu Abschnitt und Absatz 2.2.3, 2.2.9.1.10 und 2.2.9.1.13

2-3 Die Zuordnung von HEIZÖL, SCHWER erfolgt nach den Kriterien zur Klassifizierung auf der Grundlage der konkreten Eigenschaften. Gemäß ADR/RID und, unabhängig von der Beförderung in Tankschiffen, gemäß ADN bedeutet dies:

    a) UN 1268 ERDÖLPRODUKTE, N.A.G., Klasse 3, wenn der Flammpunkt bei höchstens 60 °C liegt,

    b) UN 3256 ERWÄRMTER FLÜSSIGER STOFF, ENTZÜNDBAR, N.A.G., Klasse 3, wenn der Flammpunkt bei über 60 °C liegt und das Gut mit einer bei oder über dem Flammpunkt liegenden Temperatur befördert oder zur Beförderung aufgegeben wird,

    c) UN 3257 ERWÄRMTER FLÜSSIGER STOFF, N.A.G., Klasse 9, wenn das Gut mit einer Temperatur bei oder über 100 °C befördert oder zur Beförderung aufgegeben wird, die Temperatur jedoch unter dem Flammpunkt liegt,

    d) UN 3082 UMWELTGEFÄHRDENDER STOFF, FLÜSSIG, N.A.G., Klasse 9, wenn das Gut die Bedingungen der Buchstaben a bis c nicht erfüllt, jedoch den Kriterien für eine Einstufung als umweltgefährdender Stoff (aquatische Umwelt) entspricht, oder

    e) ungefährlicher Stoff, wenn das Gut die Bedingungen der Buchstaben a bis d nicht erfüllt (siehe auch Nummer 2-18.1 und 2-18.2 der RSEB).

Zu Absatz 2.2.41.1.4

2-4 Die Stoffe Holzmehl, Sägemehl, Holzspäne, Holzwolle, Holzschliff, Holzzellstoff, Altpapier, Papierabfälle, Papierwolle, Rohr, Schilf, Schilfrohr, Spinnstoffe pflanzlichen Ursprungs und Kork unterliegen anhand bei der Bundesanstalt für Materialforschung und -prüfung durchgeführter Untersuchungen nach dem für die Klasse 4.1 vorgeschriebenen Prüfverfahren bzw. aufgrund von Erfahrungswerten nicht den Vorschriften des ADR/RID/ADN.

13

1953

RSEB

Zu Absatz 2.2.62.1.1

2-5 Unter die Klasse 6.2 fallen nicht alle Stoffe, Materialien, Gegenstände und Abfälle, die Krankheitserreger (pathogene Mikroorganismen oder andere Erreger wie Prionen) enthalten, sondern nur solche, die bei physischem Kontakt mit Menschen oder Tieren Krankheiten hervorrufen können. Als Krankheitserreger gelten Mikroorganismen und andere Erreger der WHO-Risikogruppen 2 bis 4 entsprechend § 3 der Biostoffverordnung (BioStoffV). Falls die Voraussetzungen der Absätze 2.2.62.1.5.1 bis 2.2.62.1.5.9 vorliegen, unterliegen die Beförderungen jedoch nicht dem ADR/RID/ADN.

Zu Absatz 2.2.62.1.3 – Kulturen

2-6 Der Begriff „Kultur" wird einheitlich als Ergebnis eines Prozesses definiert, bei dem Krankheitserreger absichtlich vermehrt wurden. Die Möglichkeit der Differenzierung von Kulturen für diagnostische und klinische Zwecke einerseits und Kulturen für alle anderen Anwendungszwecke andererseits wurde mit dem ADR/RID 2007 aufgehoben. Entsprechend werden alle Formen der Kulturen von Krankheitserregern, die in der Beispieltabelle zu ansteckungsgefährlichen Stoffen der Kategorie A aufgeführt sind, auch der UN-Nummer 2814 bzw. 2900 zugeordnet. Ausnahmen sind einzig möglich für die Kulturen von

    a) verotoxigenen *Escherichia coli*,

    b) *Mycobacterium tuberculosis* und

    c) *Shigella dysenteriae type 1*,

wenn diese für diagnostische oder klinische Zwecke vorgesehen sind. In diesen Fällen darf weiterhin eine Klassifizierung als ansteckungsgefährlicher Stoff der Kategorie B erfolgen (vgl. Fußnote a) zu Absatz 2.2.62.1.4.1). Unter Kulturen für diagnostische oder klinische Zwecke sind Abimpfungen (Subkulturen) in der Regel aus diagnostischen Proben isolierter Mikroorganismen zu verstehen, die in geringen Mengen zum Zweck weiterer Diagnostik in geeigneter Form (z. B. in einem Transportmedium) befördert werden. Entsprechend hergestellte Subkulturen für Standardisierungs-, Qualitätssicherungs- und ähnliche Zwecke fallen unter diese Definition.

Zu Absatz 2.2.62.1.4.1 – Kategorie A

2-7.1 Die Tabelle zu diesem Absatz enthält Beispiele von Krankheitserregern (entsprechend der WHO-Risikogruppe 4), die in jeder Form, d. h. als Kultur jeder Art oder enthalten in Patientenproben, medizinischen Abfällen oder anderen Materialien, der Kategorie A und damit der UN-Nummer 2814 oder der UN-Nummer 3549 zuzuordnen sind, z. B. Ebola-Virus. Ansteckungsgefährliche Stoffe, nur gefährlich für Tiere, werden der UN-Nummer 2900 nur zugeordnet, wenn die Krankheitserreger als Kultur befördert werden.

2-7.2 Daneben sind in der Liste Erreger aufgeführt, bei denen nur Kulturen der Definition nach Absatz 2.2.62.1.3 der Kategorie A zugeordnet werden, z. B. Bacillus anthracis (nur Kulturen). Dies sind in der Regel Erreger, die bisher der WHO-Risikogruppe 3 zugeordnet waren, die normalerweise ernste aber keine lebensbedrohlichen oder tödlichen Krankheiten hervorrufen.

Zu Absatz 2.2.62.1.4.1

2-8 Zur Kategorie A sind wegen des unbekannten Gefährdungsgrades auch bioterroristisch verdächtige Materialien zu zählen. Die Sicherstellung, Probenahme und Beförderung derartiger Materialien von der Fund- zur Untersuchungsstelle erfolgen bei der gegenwärtig geübten Praxis in der Regel durch Polizei- oder Rettungskräfte. In diesem Fall ist die Beförderung nach Unterabschnitt 1.1.3.1 Buchstabe d von den Vorschriften des ADR/RID/ADN freigestellt (siehe auch Nummer 1-5.1 bis 1-5.3 der RSEB).

RSEB

Zu Absatz 2.2.62.1.4.2 – Kategorie B

2-9.1 Bei der Zuordnung ist zu prüfen, ob die Voraussetzungen der Definition nach Absatz 2.2.62.1.1 für ansteckungsgefährliche Stoffe gegeben sind und ob die Bedingungen einer Freistellung nach Absatz 2.2.62.1.5 erfüllt sind.

2-9.2 Zur Kategorie B gehören insbesondere:
- Kulturen für diagnostische oder klinische Zwecke von verotoxigenen *Escherichia coli*, *Mycobacterium tuberculosis* und *Shigella dysenteriae type 1* (Kulturen dieser Erreger für andere Zwecke fallen in die Kategorie A),
- biologische Produkte der UN-Nummer 3373,
- medizinische oder klinische Abfälle, die Krankheitserreger der Kategorie B enthalten (UN-Nummer 3291), und
- ansteckungsgefährliche Stoffe, die den Kriterien für die Aufnahme in die Kategorie A nicht entsprechen.

Zu Absatz 2.2.62.1.5.1 bis 2.2.62.1.5.9 – Freistellungen

2-10.1 Nicht unter die Klasse 6.2 fallen alle natürlich vorkommenden Stoffe, Materialien und Gegenstände des täglichen Lebens, bei denen sich die Konzentration und Art möglicherweise enthaltener Krankheitserreger auf einem in der Natur vorkommenden Niveau befindet. Beispiele sind:
- Lebensmittel,
- Wasser- und Umweltproben,
- Hausmüll,
- Abwässer,
- Fäkalien menschlicher und tierischer Herkunft,
- lebende und verstorbene Personen,
- lebende und tote Tiere und
- Stoffe, die so behandelt wurden, dass enthaltene Krankheitserreger inaktiviert sind.

Ebenfalls nicht unter die Vorschriften des ADR/RID/ADN für die Klasse 6.2 fällt getrocknetes Blut, in Form eines auf ein saugfähiges Material aufgetropften Tropfens, oder Blut, Blutbestandteile oder Blutprodukte für Transfusionszwecke oder Gewebe und Organe für Transplantationen.

2-10.2 Proben von Menschen oder Tieren, mit einer minimalen Wahrscheinlichkeit, dass darin Krankheitserreger enthalten sind, können als „FREIGESTELLTE MEDIZINISCHE PROBE" bzw. „FREIGESTELLTE VETERINÄRMEDIZINISCHE PROBE" befördert werden. Voraussetzung dafür ist neben der Einhaltung der entsprechenden Verpackungsvorschriften die zuvor erfolgte fachliche Beurteilung.

Zu Absatz 2.2.62.1.11.1 Buchstabe b

2-11 Zu den Abfällen der UN-Nummer 3291 zählen die Abfälle, die bei der Behandlung von Menschen oder Tieren innerhalb von medizinischen Einrichtungen anfallen und aus infektionspräventiver Sicht auch außerhalb dieser Einrichtungen einer besonderen Behandlung bedürfen. Dies ist z. B. der Fall bei Abfällen der Schlüsselnummern „EAK 18 01 03*" und „EAK 18 02 02*" nach der „Vollzugshilfe zur Entsorgung von Abfällen aus Einrichtungen des Gesundheitsdienstes" (Stand: Januar 2015) der Bund/Länder-Arbeitsgemeinschaft Abfall (LAGA).

Zu Absatz 2.2.62.1.11.2

2-12 Abfälle, an deren Entsorgung aus infektionspräventiver Sicht nur innerhalb der Einrichtungen des Gesundheitsdienstes besondere Anforderungen zu stellen sind, unterliegen nicht den Vorschriften der Klasse 6.2. Dies ist z. B. der Fall bei Abfällen der Schlüsselnummern „EAK 18 01 02", „EAK 18 01 04" und „EAK 18 02 03" nach der unter Nummer 2-11 der RESE genannten Vollzugshilfe.

RSEB

Zu Absatz 2.2.62.1.11.3

2-13 Zur Dekontamination infektiöser Abfälle können die Verfahren der chemischen Desinfektion oder thermischen Sterilisation (Autoklavierung) angewendet werden, die eine irreversible Inaktivierung enthaltener Erreger sicherstellen (siehe Liste der vom Robert Koch-Institut anerkannten Desinfektionsmittel und -verfahren).

Zu Absatz 2.2.62.1.1, 2.2.62.1.12.1, Unterabschnitt 2.2.62.2 und Absatz 2.2.9.1.11 – infizierte und genetisch veränderte lebende Tiere

2-14.1 Nach Absatz 2.2.62.1.1 Bem. 1 sind nur absichtlich infizierte lebende Tiere der Klasse 6.2 zuzuordnen, wenn sie die Bedingungen dieser Klasse erfüllen. Nicht absichtlich oder auf natürliche Weise infizierte lebende Tiere unterliegen nicht zusätzlich den Vorschriften des ADR/RID/ADN sondern den einschlägigen veterinärrechtlichen Vorschriften.

2-14.2 <u>Absichtlich infizierte lebende Tiere</u> dürfen nach Absatz 2.2.62.1.12.1 in Verbindung mit Unterabschnitt 2.2.62.2 nur unter den von den zuständigen Behörden genehmigten Bedingungen befördert werden. Die Genehmigung ist auf der Grundlage der einschlägigen veterinärrechtlichen Regelungen zu erteilen, wobei gefahrgutrechtliche Gesichtspunkte zu berücksichtigen sind. Daraus folgt, dass die zuständige Veterinärbehörde das Genehmigungsverfahren durchführt und dabei gegebenenfalls die für das Gefahrgutrecht zuständige Behörde beteiligt.

2-14.3 <u>Genetisch veränderte lebende Tiere</u> sind nach Absatz 2.2.9.1.11 der Klasse 9 zuzuordnen, wenn sie in der Lage sind, Tiere, Pflanzen oder mikrobiologische Stoffe in einer Weise zu verändern, die normalerweise nicht aus natürlicher Reproduktion resultiert. Sie unterliegen nach Absatz 2.2.9.1.11 Bem. 2 nicht den Vorschriften des ADR/RID/ADN, wenn sie von den für das Gentechnikrecht zuständigen Behörden der Ursprungs-, Transit- und Bestimmungsländer zur Verwendung zugelassen wurden (siehe auch Nummer 3-7 der RSEB). Nach Absatz 2.2.9.1.11 Bem. 3 unterliegen sie ebenfalls nicht den Vorschriften des ADR/RID/ADN, wenn sie nach dem derzeitigen Stand der wissenschaftlichen Erkenntnisse keine pathogenen (potentiell krankmachenden) Auswirkungen auf Menschen, Tiere und Pflanzen haben und sie in ausbruchs- und zugriffssicheren Behältnissen befördert werden. Sofern diese Freistellungen nicht in Anspruch genommen werden können, müssen die genetisch veränderten lebenden Tiere nach Absatz 2.2.9.1.11 Bem. 4 nach den von den zuständigen Behörden der Ursprungs- und Bestimmungsländer festgelegten Bedingungen befördert werden. Auch hier begründen ADR/RID/ADN keine gefahrgutrechtlichen Zuständigkeiten. Das Verfahren zur Festlegung der Beförderungsbedingungen wird von der zuständigen Veterinärbehörde durchgeführt, gegebenenfalls unter Beteiligung der für das Gentechnikrecht zuständigen Behörde.

Zu Absatz 2.2.62.1.12

2-15 Die Regelung in Absatz 2.2.62.1.12.2, wonach tierische Stoffe (Tierkörper, Tierkörperteile oder aus Tieren gewonnene Nahrungs- oder Futtermittel), die mit Krankheitserregern behaftet sind, die nur in Kulturen der Kategorie A zuzuordnen wären und ansonsten in die Kategorie B fallen, auch dann der Kategorie A zugeordnet werden mussten, wenn diese Krankheitserreger nicht als Kulturen vorlagen, wurde mit dem ADR/RID/ADN 2019 gestrichen. Damit unterliegen auch diese tierischen Stoffe nunmehr den allgemeinen Klassifizierungsgrundsätzen der Klasse 6.2, wonach z. B. ein Tierkörper, der mit der Afrikanischen Schweinepest (ASP) behaftet ist (keine Kultur), der UN-Nummer 3373 BIOLOGISCHER STOFF, KATEGORIE B zuzuordnen ist.

Zu Absatz 2.2.8.1.5.2 und den zugehörigen Fußnoten

2-16 Die OECD Guidelines können als kostenloser Download bezogen werden unter:

http://www.oecd-ilibrary.org/environment/oecd-guidelines-for-the-testing-of-chemicals-section-4-health-effects_20745788

RSEB

Zu Absatz 2.2.9.1.7

2-17.1 Die Bem. zu Buchstabe a soll klarstellen, dass sowohl die Batterien, als auch die Zellen, aus denen die Batterien zusammengesetzt sind, immer einem geprüften Typ entsprechen müssen.

2-17.2 Nach Buchstabe e (vii) muss das Qualitätssicherungsprogramm geeignete Kontrollmechanismen enthalten, damit Zellen oder Batterien, die aufgrund von Herstellungsfehlern dem geprüften Typ nicht entsprechen, erkannt werden und nicht zur Beförderung gelangen. Ferner muss das Qualitätssicherungsprogramm auch Kontrollmechanismen für Zellen und Batterien aus Kleinserien und für Vorproduktionsprototypen enthalten, die nach Kapitel 3.3 Sondervorschrift 310 befördert werden, weil die Sondervorschrift 310 nur von den Prüfvorschriften des Handbuchs Prüfungen und Kriterien freistellt und nicht von allen Vorschriften des ADR/RID/ADN.

Zu Absatz 2.2.9.1.10 ADR/RID/ADN und Kapitel 2.4 ADN

2-18.1 Eine Einstufung als umweltgefährdende Stoffe (aquatische Umwelt) ist im Rahmen der Klassifizierung eigenverantwortlich vorzunehmen (Selbsteinstufung). Dabei sind zuerst die Kriterien nach den Absätzen 2.2.9.1.10.3 und 2.2.9.1.10.4 ADR/RID bzw. in den Absätzen 2.4.3 und 2.4.4 ADN anzuwenden. Liegen hierfür keine Daten vor, erfolgt die Einstufung nach Absatz 2.2.9.1.10.5 ADR/RID bzw. 2.2.9.1.10.3 ADN nach gefahrstoffrechtlichen Kriterien. Die am 20. Januar 2009 in Kraft getretene Verordnung 1272/2008/EG (CLP-Verordnung) hat die bisherigen Richtlinien 67/548/EWG (Stoffrichtlinie) und 1999/45/EG (Zubereitungsrichtlinie) ersetzt, welche zum 1. Juni 2015 aufgehoben wurden. Die in Anhang I der Stoffrichtlinie enthaltene Liste von rechtsverbindlichen Legaleinstufungen enthielt grundsätzlich Kompletteinstufungen hinsichtlich der zugeordneten Gefahrenklassen und Differenzierungen (Endpunkte), einschließlich verbindlich anzuwendender Nichteinstufungen. Die Liste wurde zwar in Anhang VI Teil 3 der CLP-Verordnung überführt, die Legaleinstufungen sind nunmehr allerdings nur noch als Teileinstufungen zu verstehen. Das bedeutet, dass die Einstufung zunächst gemäß dem Eintrag in Anhang VI Teil 3 zu erfolgen hat. Darüber hinaus sind jedoch alle übrigen Endpunkte, die nicht durch eine Legaleinstufung vorgegeben sind, durch den Hersteller bzw. Importeur zu bewerten und gegebenenfalls selbst einzustufen. Nach der Stoffrichtlinie bestand eine solche Ergänzungspflicht nur dann, wenn der entsprechende Eintrag in der Liste der Legaleinstufungen dies über eine zugeordnete Anmerkung explizit verlangte (insbesondere bei der Vergabe der Anmerkung H). Das Nichtvorhandensein einer harmonisierten Einstufung als umweltgefährdet ist demnach nicht als harmonisierte und damit abschließende Nichteinstufung zu bewerten. Hersteller bzw. Importeure sind vielmehr verpflichtet, Nachforschungen zur verfügbaren Datenlage durchzuführen und eine gegebenenfalls notwendige Einstufung als umweltgefährdend eigenverantwortlich vorzunehmen.

2-18.2 Einstufung von Mineralölprodukten als umweltgefährdende Stoffe (aquatische Umwelt) nach gefahrstoffrechtlichen Kriterien:

In Anhang VI Teil 3 der CLP-Verordnung sind diverse Legaleinstufungen für Mineralölprodukte gelistet, die jedoch keine Einstufung der Umweltgefährdung beinhalten. Wie unter Nummer 2-18.1 der RSEB beschrieben, ist diese eigenverantwortlich vorzunehmen. Aufgrund der Zuordnung der Anmerkung H zu den relevanten Einträgen galt diese Ergänzungspflicht bei Mineralölprodukten bereits nach der Stoffrichtlinie. Zur Harmonisierung der gegebenenfalls notwendigen Selbsteinstufung hat die Europäische Vereinigung von Erdölunternehmen für Umweltschutz, Gesundheit und Sicherheit in Raffinerien und Transport (CONCAWE) im Jahr 2001 den Report 01/54 „Environmental classification of petroleum substances – summary data and rationale" und im Jahr 2020 den Report 22/20 „Hazard Classification and Labelling of Petroleum Substances in the European Economic Area – 2020" veröffentlicht (http://www.concawe.eu). In diesen Reporten wird die vorhandene Datenlage dargestellt und daraus eine Empfehlung für eine gegebenenfalls notwendige Einstufung als umweltgefährdend abgeleitet. Für z. B. Diesel und Heizöl (UN-Nummer 1202), schweres Heizöl (UN-Nummer 3082) sowie Kerosin (UN-Nummer 1223) empfiehlt CONCAWE eine Einstufung als umweltgefährdend und für Bitumen (UN-Nummer 1999) keine Einstufung als umweltgefährdend. Es liegen keine Erkenntnisse vor, die gegen die Verwendung der Empfehlungen der CONCAWE sprechen würden. Für den Fall, dass konkrete Testdaten nach den Kriterien für eine Einstufung nach den Absätzen 2.2.9.1.10.3 und 2.2.9.1.10.4 ADR/RID bzw. den Abschnitten 2.4.3 und 2.4.4 ADN zu einer abweichenden Einstufung führen, sind diese Testergebnisse jedoch vorrangig anzuwenden (siehe auch Nummer 2-3 der RSEB).

RSEB

Erläuterungen zu Teil 3

Zu Kapitel 3.3 Sondervorschriften

3-0 Versandstücke, die zusätzliche, nicht geforderte Kennzeichen und Bezettelungen tragen, die jedoch auf eine vorhandene Gefahr im Sinne des Gefahrgutrechts hinweisen, begründen keine Ordnungswidrigkeit.

Zu Kapitel 3.3 Sondervorschrift 310

3-1 Der Begriff „Prüfung" in Kapitel 3.3 Sondervorschrift 310 im Zusammenhang mit der Zuführung zur Prüfung, umfasst nicht nur die gemäß Handbuch Prüfungen und Kriterien durchzuführenden Tests, sondern schließt auch die Durchführung von Performance- bzw. Applikationstests ein, z. B. im Rahmen der Erprobung von Kraftfahrzeugen.

Zu Kapitel 3.3 Sondervorschrift 327

3-2 Aus Kapitel 3.3 Sondervorschrift 327 Satz 2 ergibt sich, dass die Anforderung aus der Verpackungsanweisung P 207 bzw. der Sondervorschrift für die Verpackung L 2 in der Verpackungsanweisung LP 200, dass die Verpackungen/Großverpackungen so ausgelegt und gebaut sein müssen, dass übermäßige/gefährliche Bewegungen der Druckgaspackungen und Gaspatronen und eine unbeabsichtigte Entleerung unter normalen Beförderungsbedingungen verhindert werden, bei Beförderungen nach der Sondervorschrift 327 nicht gilt.

Zu Kapitel 3.3 Sondervorschrift 363

3-3.1 Unter Kapitel 3.3 Sondervorschrift 363 fallen auch festverbundene brennstoffbetriebene Einrichtungen von Fahrzeugen, die nicht für eine Verwendung während der Beförderung bestimmt sind.

3-3.2 Die Vorgabe in Kapitel 3.3 Sondervorschrift 363 Buchstabe h, dass alle Ventile oder Öffnungen (z. B. Lüftungseinrichtungen) während der Beförderung geschlossen sein müssen, bedeutet nicht, dass die Umschließungsmittel luftdicht verschlossen sein müssen. Ein notwendiger Druckausgleich muss stattfinden können.

3-3.3 Bei Anwendung von Kapitel 3.3 Sondervorschrift 363 Buchstabe l gelten die Vorschriften des Absatzes 5.4.1.1.1 Buchstabe f für flüssige Brennstoffe als erfüllt, wenn im Beförderungspapier die Angabe des Fassungsraums erfolgt.

Zu Kapitel 3.3 Sondervorschrift 371

3-4 Konfettishooter sind ausschließlich nach Kapitel 3.3 Sondervorschrift 371 zu befördern. Die Anwendung von Kapitel 3.3 Sondervorschrift 594 ist ausgeschlossen, da Konfettishooter mit einer Auslöseeinheit versehen sind.

Zu Kapitel 3.3 Sondervorschrift 389

3-5 Die nach Kapitel 3.3 Sondervorschrift 389 letzter Satz vorgeschriebenen orangefarbenen Tafeln sind im europäischen Landverkehr nach ADR/RID/ADN ohne Nummer zur Kennzeichnung der Gefahr und ohne UN-Nummer zulässig. Die Anbringung dieser Tafeln ist an den beiden Längsseiten der Güterbeförderungseinheit mit Lithiumbatterien ausreichend. Falls die Güterbeförderungseinheit mit eingebauten Lithiumbatterien ein Container ist, müssen die Tafeln nicht am Fahrzeug angebracht sein, das Anbringen am Container ist ausreichend.

Zu Kapitel 3.3 Sondervorschrift 390 Buchstabe b

3-6 Sofern bei der Beförderung nach Kapitel 3.3 Sondervorschrift 390 für Knopfzellen-Batterien, die in Ausrüstungen (einschließlich Platinen) eingebaut sind, im Beförderungspapier kein Eintrag nach Sondervorschrift 390 Buchstabe b erfolgt, besteht kein öffentliches Interesse an einer Verfolgung dieses Verstoßes als Ordnungswidrigkeit (§ 47 Absatz 1 des OWiG).

RSEB

Zu Kapitel 3.3 Sondervorschrift 637

3-7 Für Kapitel 3.3 Sondervorschrift 637 ist eine separate Zuständigkeitsregelung im Gefahrgutrecht entbehrlich, da im Gentechnikrecht die Zuständigkeiten sowohl auf Landes- und Bundesebene als auch auf EU-Ebene geregelt und in der Praxis unstrittig sind. Die in der Fußnote zur Sondervorschrift 637 genannte Richtlinie 2001/18/EG wurde in Deutschland durch das Gentechnikgesetz umgesetzt. Für die Genehmigungsverfahren nach Teil B (Freisetzung, z. B. Freilandversuche) und Teil C (Inverkehrbringen) dieser Richtlinie ist in Deutschland das Bundesamt für Verbraucherschutz und Lebensmittelsicherheit (BVL) die zuständige Behörde. Das Inverkehrbringen von gentechnisch veränderten Lebens- und Futtermitteln nach der Verordnung (EG) Nr. 1829/2003 wird in einem von der EU-Kommission zentral geführten Verfahren entschieden. Hier ist das BVL ebenfalls als die für Deutschland national zuständige Behörde am Verfahren beteiligt.

Zu Kapitel 3.3 Sondervorschrift 650

3-8 Die Beförderung von befüllten und original verschlossenen, aber überlagerten Verpackungen mit Farbe, ist nach Kapitel 3.3 Sondervorschrift 650 zulässig, sofern es sich nachweisbar um eine Beförderung zur Entsorgung handelt.

Zu Kapitel 3.3 Sondervorschrift 653

3-9 Für die in Kapitel 3.3 Sondervorschrift 653 enthaltene Vorgabe für die Größe des Kennzeichens kann auch die Regelung zur Verkleinerung nach Absatz 5.2.2.2.1.1.3 angewendet werden, wenn es die Größe des Versandstücks erfordert.

Zu Kapitel 3.3 Sondervorschrift 664 ADR

3-10.S Bei integrierten Additivbehältern oder Sonderformen von Additivbehältern sind nach Kapitel 3.3 Sondervorschrift 664 Buchstabe g ADR keine Kennzeichnung mit der UN-Nummer und Gefahrzettel erforderlich. Zugelassene Verpackungen als Additivbehälter müssen jedoch den Vorschriften entsprechend gekennzeichnet und bezettelt sein (siehe auch Nummer 1-23.S und 9-2.2.3.S der RSEB).

Zu Kapitel 3.3 Sondervorschrift 666

3-11 Als Ventil im Sinne von Kapitel 3.3 Sondervorschrift 666 ist jegliche Einrichtung zu verstehen, die in der Leitung zwischen Brennstoffbehälter und Motor bzw. Einrichtung eingebaut und geeignet ist, eine Unterbrechung der Brennstoffzufuhr zu bewirken. Die Funktionselemente Einspritz- und Benzinpumpe gehören dazu.

Zu Kapitel 3.3 Sondervorschrift 803 ADN

3-12.B Für die in Kapitel 3.3 Sondervorschrift 803 ADN geforderten Instruktionen, wie im Falle einer wesentlichen Erwärmung der Ladung zu verfahren ist, wird auf das Dokument der „Instruktionen für die Beförderung von Steinkohle, Koks und Anthrazitkohle (UN 1361) mit Binnenschiffen" der Verbände BDB und VdKI verwiesen:

http://binnenschiff.de/content/instruktionen-zum-transport-von-kohle/

Enthält eine Instruktion diese Vorgaben, ist sie für die Einhaltung der Bedingungen der Sondervorschrift 803 geeignet.

Zu Kapitel 3.4 in Verbindung mit Unterabschnitt 4.1.1.5 ADR/RID

3-13 Aus Absatz 4.1.1.5.1 ADR/RID folgt nicht, dass bei Beförderungen nach Kapitel 3.4 nur bauartgeprüfte Verpackungen verwendet werden dürfen.

Zu Abschnitt 3.4.1

3-14 In den Fällen, in denen in sonstigen Vorschriften weitergehende Freistellungsregelungen enthalten sind, gehen diese Freistellungsregelungen vor.

RSEB

Zu Abschnitt 3.4.7 und 3.4.8

3-15 Sofern Versandstücke zusätzlich zu dem in Abschnitt 3.4.7 oder 3.4.8 geforderten Kennzeichen mit den jeweils zutreffenden Gefahrzetteln oder auch anderen zutreffenden gefahrgutbezogenen Aufschriften (z. B. aus Kapitel 3.3 Sondervorschrift 625) versehen sind, besteht kein öffentliches Interesse an einer Verfolgung dieses Verstoßes als Ordnungswidrigkeit (§ 47 Absatz 1 des OWiG).

Zu Abschnitt 3.4.12 und 3.4.14

3-16 Sofern die Angabe einer höheren Bruttomasse als der tatsächlichen Bruttomasse erfolgt, besteht kein öffentliches Interesse an einer Verfolgung dieses Verstoßes als Ordnungswidrigkeit (§ 47 Absatz 1 des OWiG).

Zu Abschnitt 3.4.12, 3.4.13 und 3.4.14 ADR

3-17.S Sofern eine vertragliche Vereinbarung zwischen Absender und Beförderer besteht, dass durch den Beförderer ausschließlich Beförderungseinheiten mit einer höchstzulässigen Gesamtmasse von nicht mehr als 12 Tonnen eingesetzt werden und der Absender den Beförderer nicht über die Bruttomasse der in begrenzten Mengen zu versendenden gefährlichen Güter informiert, besteht kein öffentliches Interesse an einer Verfolgung dieses Verstoßes als Ordnungswidrigkeit (§ 47 Absatz 1 des OWiG).

Zu Abschnitt 3.4.13 und 3.4.14

3-18 Das Kennzeichen nach Abschnitt 3.4.13 darf auch sichtbar angebracht sein, wenn die nach Abschnitt 3.4.14 angegebenen Mengengrenzen nicht erreicht sind oder im Verlauf der Beförderung unterschritten (z. B. durch Teilentladung) werden.

Zu Abschnitt 3.4.13 Buchstabe b

3-19 Bei der Kennzeichnung von Wechselaufbauten (Wechselbehältern) ist sinngemäß wie nach der Bemerkung in Unterabschnitt 5.3.1.2 zu verfahren. Das bedeutet, dass das Kennzeichen nach Abschnitt 3.4.15 nicht auf Wechselaufbauten (Wechselbehälter), ausgenommen im kombinierten Verkehr Straße/Schiene, anzubringen ist.

Zu Unterabschnitt 3.5.4.2

3-20 In dem Kennzeichen für freigestellte Mengen ist unter anderem der Absender anzugeben. Dies ist der ursprüngliche Absender, auch wenn im Verlauf der Beförderung mehrere Absender vorhanden sind, da das Kennzeichen mit seinem Informationsgehalt vom Absender bis zum Empfänger gilt. Demgemäß ist dieser Absender nicht zwingend der Absender nach der Begriffsbestimmung in der GGVSEB.

RSEB

Erläuterungen zu Teil 4

Zu Absatz 4.1.1.5.2 ADR/RID

4-1 Sofern nach den anwendbaren Vorschriften eine bauartzugelassene Verpackung zu verwenden ist, muss die verwendete Verpackung, einschließlich der Innenverpackungen und zusätzlichen Verpackungen, sofern jeweils vorhanden, einer Bauart entsprechen, die erfolgreich nach den jeweils geltenden Vorschriften des Abschnitts 6.1.5, 6.3.5 oder 6.6.5 ADR/RID geprüft wurde. Die zusätzlichen Verpackungen alleine müssen dies nicht.

Zu Unterabschnitt 4.1.1.8 ADR/RID

4-2 Für die Stoffe, bei denen eine Lüftungseinrichtung erforderlich ist, gilt auch der erste Absatz des Unterabschnitts 4.1.1.8 ADR/RID nach dem das austretende Gas nicht zu einer Gefahr führen darf.

Zu Unterabschnitt 4.1.1.9 ADR/RID

4-3 Soweit Lithiumbatterien (UN 3090, UN 3091, UN 3480 und UN 3481) für die Beförderung zur Entsorgung oder zum Recycling nach Verpackungsanweisung P 909 Absatz 1 ADR/RID verpackt und hierfür Kunststofffässer (Codierung 1H2) verwendet werden, die einer Bauart entsprechen, deren Bauartprüfung mit einem Füllgut durchgeführt wurde, das hinsichtlich seiner physikalischen Eigenschaften nicht den Vorgaben von Absatz 6.1.5.2.1 ADR/RID entspricht, besteht kein öffentliches Interesse an einer Verfolgung der sich daraus ergebenden Verstöße als Ordnungswidrigkeiten (§ 47 Absatz 1 des OWiG) (Siehe VkBl. 2020 Heft 24 S. 847, befristet bis 31.12.2025).

Zu Unterabschnitt 4.1.1.11 ADR/RID

4-4 Ungereinigte leere Verpackungen einschließlich Großpackmittel (IBC) und Großverpackungen können nach Unterabschnitt 1.1.3.5 freigestellt werden. Bei der Nutzung der Freistellung sind die Bedingungen nach Nummer 1-11 der RSEB (Ergreifen geeigneter Maßnahmen) zu erfüllen.

Zu Unterabschnitt 4.1.3.8 ADR

4-5.S Für die Beförderung von Kraftstofftanks von Kraftfahrzeugen und Schienenfahrzeugen mit Restmengen von entzündbaren flüssigen Stoffen der UN-Nummer 1202 bzw. 1203 darf die Allgemeinverfügung der Bundesanstalt für Materialforschung und -prüfung (BAM) Nr. D/BAM/ADR, Az. 3.12/301549 vom 23. Mai 2014 angewendet werden:

https://tes.bam.de/allgemeinverfuegung-kraftstofftanks

Zu Unterabschnitt 4.1.4.1 ADR/RID

4-6.1 Sofern bei den Kennzeichen nach den Verpackungsanweisungen P 650 Absatz 4 und P 904 Absatz 2 eine Schreibweise mit Leerzeichen zwischen den Buchstaben „UN" und der UN-Nummer („UN 3373" bzw. „UN 3245") erfolgt, besteht kein öffentliches Interesse an einer Verfolgung dieses Verstoßes als Ordnungswidrigkeit (§ 47 Absatz 1 des OWiG).

4-6.2 Die Verpackungsoption nach Verpackungsanweisung P 801 Absatz 2 ist eine Alternative für gebrauchte Batterien zur Verpackungsoption nach Absatz 1. Beide Verpackungsoptionen gelten unabhängig voneinander. Die Verpackungsanweisung P 801 Absatz 2 Buchstabe f sieht vor, dass Maßnahmen getroffen werden, um Kurzschlüsse zu verhindern. Neben Maßnahmen, die auf den individuellen Schutz der Batterien abzielen (z. B. Entladung der Batterien, einzelner Schutz der Batterien, Abkleben der Pole), kommen auch andere geeignete Maßnahmen in Betracht, z. B. die entsprechende Stapelung der Batterien in den Behältnissen.

4-6.3 Gegenstände mit Stoffen der UN-Nummer 2315, 3151, 3152 und 3432 dürfen ohne einzelne Verpackung gemeinsam in einer Verpackung nach der Verpackungsanweisung P 906 verpackt werden.

RSEB

4-6.4 Elektro- und Elektronikaltgeräte mit Lithiumbatterien dürfen nach der Verpackungsanweisung P 909 Absatz 3 Satz 3 unverpackt befördert werden, vorausgesetzt, die enthaltenen Zellen und Batterien werden durch das Gerät gleichwertig geschützt. Dies ist z. B. der Fall, wenn die Geräte in Gitterboxpaletten gestapelt werden. Eine Verdichtung oder Umschüttung darf nicht erfolgen, da dies zu einer Beschädigung der enthaltenen Zellen und Batterien führen kann.

4-6.5 Die Maßnahmen zum Schutz gegen gefährliche Wärmeentwicklung in den zusätzlichen Vorschriften 1 und 2 der Verpackungsanweisung P 909 beziehen sich auf gefährliche Wärmeentwicklung, die infolge eines äußeren Kurzschlusses entstehen kann.

Zu Unterabschnitt 4.1.8.7 ADR

4-7.S Für die Beförderung von ansteckungsgefährlichen tierischen Stoffen der Klasse 6.2 dürfen die entsprechenden Allgemeinverfügungen der Bundesanstalt für Materialforschung und -prüfung (BAM) angewendet werden:
https://tes.bam.de/amtliche-mitteilungen

Zu Absatz 4.2.1.9.1, 4.2.2.7.1, 4.2.3.6.1 und 4.3.2.1.5 ADR/RID

4-8.1 Für die Beurteilung der Beständigkeit der Werkstoffe gegen merkliche Schwächung können die Werkstoffbeständigkeitsbewertungen der BAM-Liste „Anforderungen an Tanks zur Beförderung gefährlicher Güter" in der jeweils gültigen Fassung oder das Verfahren nach der **Anlage 17** der RSEB zu Grunde gelegt werden.

4-8.2 Die Werkstoffbeständigkeit ist ausreichend, wenn die angegebenen Zeiten der Beständigkeit mindestens den Zeitintervallen der wiederkehrenden Prüfungen des Tanks mit Innenbesichtigung entsprechen oder der Zeitpunkt der nächsten wiederkehrenden Prüfung des Tanks mit Innenbesichtigung nicht überschritten ist und die angegebenen stofflichen und betrieblichen Auflagen zur Werkstoffbeständigkeit erfüllt sind (siehe auch Nummer 6-7 der RSEB).

Zu Absatz 4.3.2.3.3 und 4.3.2.4.3 ADR/RID

4-9.1 An Tanks der Codierung LGAV, die mit einem Bodenventil und als zweiten Verschluss mit einer Verschlusseinrichtung am Ende eines Stutzens nach Absatz 6.8.2.2.2 ADR/RID verschlossen sind, gilt ein Schnellschieber, der zwischen diesen Absperreinrichtungen eingebaut ist, nicht als Absperreinrichtung des Tanks nach ADR/RID. In diesem Fall muss dieser Schieber bei der Beförderung nicht geschlossen sein.

4-9.2 Sofern für die Beförderung von UN 3257 ERWÄRMTER FLÜSSIGER STOFF, N.A.G. (Bitumen) ein Tank mit einer „B"-Codierung verwendet wird und die äußere Absperreinrichtung nicht verschlossen ist, besteht kein öffentliches Interesse an einer Verfolgung dieses Verstoßes als Ordnungswidrigkeit (§ 47 Absatz 1 des OWiG), wenn gewährleistet ist, dass der Stoff ohne Verlust zurückgehalten werden kann.

4-9.3 Sofern für die Beförderung von Stoffen der UN-Nummer 3256 ERWÄRMTER FLÜSSIGER STOFF, ENTZÜNDBAR, N.A.G. und UN-Nummer 3257 ERWÄRMTER FLÜSSIGER STOFF, N.A.G. (Phthalsäureanhydrid (PSA), Dimethylterephthalat (DMT), deren Derivate, Dimethylisophthalat (DMI) und das Gemisch aus Benzoldicarbonsäure und Dimethylester (315-Cofree) sowie Cyclododecan und Anthracenöl) ein Tank mit einer „B"-Codierung verwendet wird und die innere Absperreinrichtung (Bodenventil) nicht verschlossen ist, besteht kein öffentliches Interesse an einer Verfolgung dieses Verstoßes als Ordnungswidrigkeit (§ 47 Absatz 1 des OWiG), wenn gewährleistet ist, dass die Füll- und Entleerungseinrichtungen am Boden gegen Unfallbelastungen zusätzlich geschützt sind (z. B. durch einen umschließenden Metallkasten) und der Stoff ohne Verlust zurückgehalten werden kann.

Erläuterungen zu Teil 5

Zu Unterabschnitt 5.1.2.1 Buchstabe a

5-1.1 Der Ausdruck „UMVERPACKUNG" muss nicht in Großbuchstaben erfolgen. In Deutschland wird die englische Schreibweise „OVERPACK" und die französische Schreibweise „SUREMBALLAGE" nicht beanstandet.

5-1.2 Sofern zusätzlich zu einer Umverpackung eine weitere Umhüllung erfolgt, z. B. als Wetterschutz oder als Thermohaube, ist diese ebenfalls als eine Umverpackung zu bewerten und entsprechend zu kennzeichnen und zu bezetteln.

5-1.3 Durch den Bezug auf Kapitel 5.2 in Unterabschnitt 5.1.2.1 Buchstabe a (ii) besteht eine Verknüpfung zu dem Unterabschnitt 5.2.1.2 und somit gelten die Anforderungen hinsichtlich der Lesbarkeit und Witterungsbeständigkeit auch für Umverpackungen.

Zu Kapitel 5.2 und 5.3

5-2 Versandstücke, Tanks, Container, MEGC, MEMU und Beförderungseinheiten/Wagen, die zusätzliche, nicht geforderte Kennzeichen und Bezettelungen tragen, die jedoch auf eine vorhandene Gefahr im Sinne des Gefahrgutrechts hinweisen, begründen keine Ordnungswidrigkeit. Bei der ausschließlichen Beförderung von Gütern in begrenzten Mengen nach Kapitel 3.4 darf die Beförderungseinheit nicht mit orangefarbenen Tafeln gekennzeichnet sein. Das gilt auch für Beförderungseinheiten mit einer höchstzulässigen Gesamtmasse bis 12 Tonnen.

Zu Unterabschnitt 5.2.1.3

5-3 Das Kennzeichen „BERGUNG" ist auch bei der Verwendung einer Bergungsverpackung nach Absatz 4.1.1.19.1 Satz 2 ADR/RID erforderlich.

Zu Unterabschnitt 5.2.1.9

5-4 In dem Kennzeichen für Lithiumbatterien dürfen auch mehrere UN-Nummern zur Auswahl vorhanden sein. Es muss aber eindeutig erkennbar sein, z. B. durch Durchstreichen oder Ankreuzen, welche UN-Nummer(n) angewendet wird (werden) und sich tatsächlich in dem Versandstück befindet (befinden).

Zu Absatz 5.2.2.1.12.2

5-5 Ob eine Anbringung von Ausrichtungspfeilen an unverpackten Gegenständen möglich ist, hängt von der Beschaffenheit des Gegenstandes ab. Auf eine Anbringung darf nur dann verzichtet werden, wenn diese physisch nicht möglich ist.

Zu Absatz 5.2.2.2.1.2, 3. Unterabsatz

5-6 Als beschädigt, aber noch verwendbar sind Gefahrzettel anzusehen, wenn auf einem Teil des Gefahrzettels die Hinweise auf Gefahren wie Symbole oder Ziffer der Klasse erkennbar sind und der Informationsgehalt des Gefahrzettels erkennbar bleibt.

Zu Absatz 5.2.2.2.1.3 Satz 3 und 5.2.2.2.1.5

5-7 Auch bei Angabe der UN-Nummer auf dem Gefahrzettel ist auf Versandstücken die UN-Nummer weiterhin anzugeben.

Zu Unterabschnitt 5.3.1.3 Bem. ADR

5-8.S Trägerfahrzeuge mit Wechselaufbauten (Wechselbehältern), in denen Container, Tankcontainer, MEGC oder ortsbewegliche Tanks befördert werden, sind nach Unterabschnitt 5.3.1.3 ADR zu kennzeichnen, d. h. es müssen dieselben Großzettel auf beiden Längsseiten und hinten am Fahrzeug oder am Wechselbehälter selbst angebracht werden.

Zu Absatz 5.3.2.1.1 ADR

5-9.S Absatz 5.3.2.1.1 Satz 4 und 5 ADR gilt nur, wenn der getrennte Anhänger mit gefährlichen Gütern in kennzeichnungspflichtiger Menge beladen ist.

RSEB

Zu Absatz 5.3.2.1.3 ADR

5-10.S Bei der Beförderung von UN 1202, 1203, 1223, 1268 und 1863 zusammen mit Biodiesel als Nichtgefahrgut ist eine Kennzeichnung nach Absatz 5.3.2.1.3 ADR zulässig.

Zu Abschnitt 5.3.2 ADR

5-11.1.S Wenn mit einer Beförderungseinheit in einem Tank und in Versandstücken der gleiche nach Kapitel 3.2 Tabelle A für Tanks zulässige Stoff befördert wird und nicht nach Absatz 5.3.2.1.1 und 5.3.2.1.2, sondern nach Absatz 5.3.2.1.6 ADR gekennzeichnet ist, besteht kein öffentliches Interesse an einer Verfolgung dieses Verstoßes als Ordnungswidrigkeit (§ 47 Absatz 1 des OWiG).

5-11.2.S Orangefarbene Tafeln dürfen auch sichtbar angebracht sein, wenn die in Absatz 1.1.3.6.3 ADR angegebenen Mengengrenzen nicht erreicht sind oder im Verlauf der Beförderung unterschritten (z. B. durch Teilentladung) werden.

Zu Absatz 5.3.2.1.4 und 5.3.2.1.6 ADR

5-12.S Die erleichternde Kennzeichnung nach Absatz 5.3.2.1.6 ADR darf auch bei der Beförderung von Containern oder Schüttgut-Containern angewendet werden, in denen nur ein gefährlicher Stoff oder Gegenstand in loser Schüttung oder ein unter ausschließlicher Verwendung zu befördernder verpackter radioaktiver Stoff enthalten ist.

Zu Abschnitt 5.3.6

5-13.1 Die Abbildung des Kennzeichens für umweltgefährdende Stoffe wurde ab 2011 geringfügig geändert. Werden Kennzeichen in der Darstellung der Regelwerke 2009 weiter verwendet, besteht wegen der geringfügigen Abweichungen kein öffentliches Interesse an einer Verfolgung dieses Verstoßes als Ordnungswidrigkeit (§ 47 Absatz 1 des OWiG).

5-13.2 Wird das Kennzeichen für umweltgefährdende Stoffe nach Abschnitt 5.3.6 wie ein Großzettel verwendet, begründet das Fehlen weiterer gestalterischer Merkmale nach Abschnitt 5.3.1 keine Ordnungswidrigkeit.

Zu Abschnitt 5.4.0.2

5-14.1 Diese Regelung betrifft alle schriftlichen Dokumentationen, die in Kapitel 5.4 geregelt sind. Die Verfügbarkeit von elektronischen Dokumentationen während der Beförderung entspricht schriftlichen Dokumenten, wenn die EDV-Datensätze auf der Beförderungseinheit (ADR) oder vor Ort (RID) oder an Bord (ADN) bei Bedarf eingesehen und ausgedruckt werden können.

5-14.2 Zwischen BMVI, den Ländern und der beteiligten Wirtschaft wurde ein nationales Verfahren zur Anwendung eines elektronischen Beförderungspapiers abgesprochen. Dieses Verfahren wurde bekannt gegeben im VkBl. 2015 Heft 14 S. 450:

„Einheitliche Anwendung von Arbeitsverfahren der elektronischen Datenverarbeitung (EDV) oder des elektronischen Datenaustauschs (EDI) zur Unterstützung oder anstelle der schriftlichen Dokumentation nach Abschnitt 5.4.1 des Europäischen Übereinkommens über die internationale Beförderung gefährlicher Güter auf der Straße (ADR)/der Ordnung für die internationale Eisenbahnbeförderung gefährlicher Güter (RID)/des Europäischen Übereinkommens über die internationale Beförderung von gefährlichen Gütern auf Binnenwasserstraßen (ADN) (Elektronisches Beförderungsdokument für die Beförderung gefährlicher Güter)".

Dieses Verfahren wird mit Ablauf des 31.01.2022 aufgehoben. Es wird ersetzt durch das Verfahren gemäß dem von der Gemeinsamen Tagung entwickelten „Leitfaden für die Anwendung des Unterabschnitts 5.4.0.2 RID/ADR/ADN". Dieser Leitfaden kann mit Bekanntmachung vom 4. Februar 2021 im VkBl. 2021 Heft 4 S. 103 in Deutschland angewendet werden.

Zu Unterabschnitt 5.4.1.1

5-15 Die Angaben im Beförderungspapier im Vor- und/oder Nachlauf des See-/Luftverkehrs dürfen auch in englischer Sprache erfolgen.

Zu Absatz 5.4.1.1.1 Buchstabe b

5-16.1 Nicht alle dem Sprengstoffrecht unterliegenden Stoffe sind gefährliche Güter der Klasse 1. Empfohlen wird, bei der Beförderung solcher Stoffe im Beförderungspapier einen entsprechenden Vermerk anzubringen.

5-16.2 Zusätzliche Angaben, die in Kleinbuchstaben als beschreibender Text in Kapitel 3.2 Tabelle A Spalte 2 enthalten sind, dürfen zur Konkretisierung in das Beförderungspapier aufgenommen werden.

Zu Absatz 5.4.1.1.1 Buchstabe c

5-17 Unter der Angabe in Absatz 5.4.1.1.1 Buchstabe c „wenn mehrere Nummern der Gefahrzettelmuster angegeben sind, sind die Nummern nach der ersten Nummer in Klammern anzugeben" kann die Angabe im Beförderungspapier sich wie folgt darstellen:

UN 1295 TRICHLORSILAN, 4.3 (3, 8), I oder
UN 1295 TRICHLORSILAN, 4.3 (3 + 8), I oder
UN 1295 TRICHLORSILAN, 4.3 (3) (8), I.

Zu Absatz 5.4.1.1.1 Buchstabe e

5-18 Unter der Angabe in Absatz 5.4.1.1.1 Buchstabe e „Beschreibung der Versandstücke" ist die Art der Verpackung – wie in den Kapiteln 6.1, 6.2, 6.3, 6.4, 6.5 und 6.6 bezeichnet – zu verstehen.

Beispiele: 10 Säcke,
3 IBC,
2 Bergungsverpackungen.

Zulässig sind auch in Regelwerken verwendete Bezeichnungen, wie z. B. Holzfass, Fasscontainer.

Zu Absatz 5.4.1.1.1 Buchstabe f ADR

5-19.S Sofern nur gefährliche Güter einer UN-Nummer unter Anwendung des Unterabschnitts 1.1.3.6 ADR in der Beförderungseinheit befördert werden und dabei der berechnete Wert nach Bem. 1 nicht angegeben wird, besteht kein öffentliches Interesse an einer Verfolgung dieses Verstoßes als Ordnungswidrigkeit (§ 47 Absatz 1 des OWiG).

Zu Absatz 5.4.1.1.1 Buchstabe h ADR

5-20.S In Deutschland gibt es hierzu die Ausnahme 18(S) der GGAV mit der Möglichkeit, bei örtlich begrenzten Verkehren (Verteilerverkehr einschließlich Sammelverkehr) auf den Eintrag des Empfängers im Beförderungspapier zu verzichten.

Zu Absatz 5.4.1.1.1 Buchstabe k ADR

5-21.S Bei einer Beförderung innerhalb der Freistellungsregelungen nach Unterabschnitt 1.1.3.6 ADR ist die Eintragung der Tunnelbeschränkungscodes in das Beförderungspapier nicht erforderlich, weil Tunnelbeschränkungen keine Anwendung finden. Für den Verlauf der Beförderung muss jedoch sichergestellt sein, dass die Mengengrenzen nach Unterabschnitt 1.1.3.6 ADR nicht überschritten werden.

Zu Absatz 5.4.1.1.5

5-22 Der Eintrag „BERGUNGSVERPACKUNG" im Beförderungspapier nach Absatz 5.4.1.1.5 ist auch bei der Verwendung einer Bergungsverpackung nach Absatz 4.1.1.19.1 Satz 2 ADR/RID erforderlich.

Zu Absatz 5.4.1.1.6.2.1 Buchstabe b ADR

5-23.S Wird der Tunnelbeschränkungscode bei Anwendung von Absatz 5.4.1.1.6.2.1 Buchstabe b ADR nicht angegeben, besteht kein öffentliches Interesse an einer Verfolgung dieses Verstoßes als Ordnungswidrigkeit (§ 47 Absatz 1 des OWiG).

RSEB

Zu Absatz 5.4.1.1.14

5-24 Bei der Beförderung von erwärmten Stoffen ist unter bestimmten Bedingungen im Beförderungspapier direkt nach der offiziellen Benennung für die Beförderung der Ausdruck „HEISS" anzugeben. Wenn dieser Ausdruck stattdessen vor der offiziellen Benennung angegeben wird, wie dies in der englischen Sprachfassung des ADR/RID/ADN vorgesehen ist, besteht kein öffentliches Interesse an einer Verfolgung dieses Verstoßes als Ordnungswidrigkeit (§ 47 Absatz 1 des OWiG).

Zu Absatz 5.4.1.1.18

5-25 Angaben nach Absatz 5.4.1.1.18 ausschließlich in englischer Sprache begründen keine Ordnungswidrigkeit.

Zu Absatz 5.4.1.1.18 und 5.4.1.1.1

5-26 Die Angabe nach Absatz 5.4.1.1.18 („UMWELTGEFÄHRDEND" oder „MEERESSCHADSTOFF/UMWELTGEFÄHRDEND") darf nicht in die vorgegebene Reihenfolge der Angaben im Beförderungspapier nach Absatz 5.4.1.1.1 eingefügt werden.

Zu Absatz 5.4.1.2.5.4

5-27 Die erforderlichen Zeugnisse für Stoffe der Klasse 7 sind die in Absatz 5.1.5.2.1 aufgeführten Zulassungen und Genehmigungen. Die erforderlichen Antragsinhalte für diese Zulassungen/Genehmigungen sind in Abschnitt 6.4.23 beschrieben.

Zu Absatz 5.4.1.4.1, 2. Unterabsatz ADR/ADN

5-28 Der in Absatz 5.4.1.4.1, 2. Unterabsatz verwendete Begriff „Vermerke" bezieht sich auf alle verbindlich in das Beförderungspapier einzutragenden Angaben (siehe auch Unterabschnitt 1.8.3.11 Buchstabe b, 4. Anstrich ADR/ADN).

Zu Abschnitt 5.4.2

5-29 Erfolgt die Beladung durch mehrere Verlader, so ist das Container/Fahrzeugpackzertifikat entweder durch den jeweiligen Verlader für die in seiner Verantwortung erfolgte Beladung zu ergänzen oder es ist jeweils ein neues Container/Fahrzeugpackzertifikat zu erstellen und mitzugeben.

Zu Abschnitt 5.4.3.4

5-30 Die Regelung bezieht sich ausschließlich darauf, dass Form und Inhalt dem abgebildeten Muster entsprechen müssen. Eine äußere Umrahmung um die schriftlichen Weisungen gegenüber anderen Dokumenten hervorzuheben begründet keine Ordnungswidrigkeit.

RSEB

Erläuterungen zu Teil 6

Zu Absatz 6.1.5.2.1 ADR/RID

6-1 Zur Verwendung von Verpackungen zur Entsorgung oder zum Recycling von Lithiumbatterien siehe Nummer 4-3 der RSEB.

Zu Absatz 6.2.1.1.9 ADR/RID

6-2 Die Norm ISO 3807:2013, zitiert in Absatz 6.2.2.1.3 und Unterabschnitt 6.2.4.1, deckt die in Absatz 6.2.1.1.9 ADR/RID genannten Anforderungen an Acetylenflaschen mit porösem Material einschließlich der Typprüfungen ab.

Zu Absatz 6.5.4.4.2 ADR/RID

6-3 Die erforderliche geeignete Dichtheitsprüfung bezieht sich auf:
- alle metallenen IBC, alle starren Kunststoff-IBC und alle Kombinations-IBC für flüssige Stoffe sowie
- alle metallenen IBC, alle starren Kunststoff-IBC und alle Kombinations-IBC für feste Stoffe, die unter Druck eingefüllt oder entleert werden.

Zu Absatz 6.5.6.14.1 ADR/RID

6-4 Nach der Wiederaufarbeitung eines IBC darf in dem Prüfbericht nach Absatz 6.5.6.14.1 ADR/RID unter Nummer 5 der „Hersteller des IBC" durch den „Wiederaufarbeiter des IBC (Hersteller im Sinne der GGVSEB)" ersetzt werden.

Zu Unterabschnitt 6.7.2.18, 6.7.3.14, 6.7.4.13, 6.7.5.11, 6.8.2.3 und 6.9.4.4 ADR/RID

6-5 Das Verfahren zur Baumusterzulassung von Tanks nach Kapitel 6.7, 6.8, 6.9 und 6.10 ADR/RID ausgenommen Tanks für Gase, die nach der ODV zu bewerten und zu kennzeichnen sind, richtet sich nach der **Anlage 14** der RSEB.

Zu Unterabschnitt und Absatz 6.7.2.20, 6.7.3.16.1, 6.7.4.15, 6.7.5.13.1, 6.8.2.5 und 6.8.3.5 ADR/RID

6-6 Wenn an Tanks, die nicht nach der ODV gekennzeichnet sind, ein Tankschild oder eine zusätzliche Tafel mit Angaben verloren gegangen ist und die Stelle, die die erstmalige Prüfung vorgenommen hat, nicht mehr erreichbar ist, darf eine Stelle nach § 12 der GGVSEB aufgrund vorhandener Unterlagen das Ersatzschild anbringen und die bis zu diesem Termin durchgeführten Prüfungen nach ADR/RID bestätigen.

Zu Absatz 6.8.2.1.4 und 6.8.2.1.9 ADR/RID

6-7 Für die Beurteilung zur ausreichenden Bemessung der Wanddicke des Tankkörpers gegen eine merkliche Schwächung während der Frist bis zur nächsten wiederkehrenden Prüfung mit Innenbesichtigung des Tanks können die Beständigkeitsbewertungen in der BAM-Liste „Anforderungen an Tanks für die Beförderung gefährlicher Güter" oder das Verfahren nach der **Anlage 17** der RSEB unter Berücksichtigung der Angaben in der Erklärung angewendet werden.

RSEB

Zu Absatz 6.8.2.1.27 ADR

6-8.S Bei der Befüllung von Tankfahrzeugen zur Beförderung flüssiger Stoffe mit einem Flammpunkt bis höchstens 60 °C ist der vorgeschriebene Erdungsanschluss durch deren Ausrüstung nach der Zwanzigsten Verordnung zur Durchführung des Bundes-Immissionsschutzgesetzes (20. BImSchV) vom 18. August 2014 (BGBl. I S. 1447), geändert durch Artikel 2 der Verordnung vom 24. März 2017 (BGBl. I S. 656), in Verbindung mit der VOC-Richtlinie 94/63/EG vom 20. Dezember 1994 (ABl. Nr. L 365 S. 24) auch erfüllt. Der Nachweis dieser Ausrüstung kann durch den „Untenbefüllungs-Sicherheits-Pass" nach dem VdTÜV-Merkblatt 959 erfolgen. Bei der Entleerung der Tankfahrzeuge erfolgt die Erdung durch den leitfähigen Abgabeschlauch (gekennzeichnet mit „Ω") oder durch den angeschlossenen Grenzwertgeber.

Zu Absatz 6.8.2.2.1 ADR

6-9.S Die Anforderungen an die Dichtheit der Bedienungsausrüstung von Tanks sind auch von den Deckeln der Untersuchungsöffnungen (die Domdeckel einschließlich der sogenannten Fülllochdeckel) zu erfüllen. Es dürfen nur Domdeckel und Fülllochdeckel auf neuen Tanks nach den Bestimmungen des Kapitels 6.8 montiert werden, die den Normen nach Absatz 6.8.2.6.1 ADR entsprechen bzw. nach diesen erfolgreich geprüft wurden. Für die Montage der Deckel auf dem Tank müssen Montageanweisungen der Hersteller vorliegen und danach verfahren werden.

Zu Absatz 6.8.2.2.2, 2. und 5. Anstrich, jeweils Satz 3 ADR/RID

6-10 Die zu treffenden Maßnahmen zur gefahrlosen Druckentlastung im Auslaufstutzen vor der vollständigen Entfernung der Verschlusseinrichtung können konstruktiver oder betrieblicher Art sein.

Eine gefahrlose Druckentlastung über die Verschlusseinrichtung findet z. B. statt,

a) wenn die zum Tank liegenden Absperreinrichtungen geöffnet sind und der Innendruck im Tank über eine Entspannungs- oder Lüftungseinrichtung abgeführt wurde

oder

b) wenn die zum Tank liegenden Absperreinrichtungen geschlossen sind

und

– die Verschlusseinrichtung nur in drucklosem Zustand entfernt werden kann oder
– beim Lösen der Verschlusseinrichtung durch konstruktive Maßnahmen kraftschlüssiger oder formschlüssiger Art (Hebel, Nuten, Rillen, Bohrungen, ausreichende Gewindelänge usw.) eine gefahrlose Druckentlastung stattfindet oder
– kein oder ein vernachlässigbar geringer Druckaufbau zwischen der Verschlusseinrichtung und der nächsten zum Tank liegenden Absperreinrichtung stattfinden kann (begrenztes Volumen) oder
– ein evtl. vorhandener Druck durch Betätigung einer Entspannungseinrichtung zwischen der Verschlusseinrichtung und der nächsten zum Tank liegenden Absperreinrichtung abgebaut wurde oder
– die Verschlusseinrichtung eine offene Verbindung zur Umgebung besitzt oder
– die Verschlusseinrichtung ein Blindflansch ist und darauf geachtet wird, dass nicht alle Schrauben vollständig entfernt werden, bevor der Flansch gelöst wird (verklebte Dichtung).

Weitere geeignete Maßnahmen sind nicht ausgeschlossen.

Zu Unterabschnitt 6.8.2.3 ADR/RID

6-11 Tanks, die nicht in den Geltungsbereich der ODV fallen, für die bereits eine Baumusterzulassung (BMZ) durch die zuständige Behörde einer/eines anderen ADR-Vertragspartei/RID-Vertragsstaates ausgestellt wurde und die entweder in Deutschland für eine nachfolgende Zulassung in Deutschland hergestellt werden sollen oder für Tanks, die in einer/einem anderen ADR-Vertragspartei/RID-Vertragsstaat hergestellt wurden und die in Deutschland zu einem Fahrzeug oder Wagen vervollständigt werden sollen, gilt Folgendes:

RSEB

6-11.1 Entweder kann eine neue BMZ nach dem in der **Anlage 14** der RSEB beschriebenen Verfahren ohne Berücksichtigung der ausländischen BMZ beantragt werden oder die im Ausland erteilte BMZ mit dem ihr zugrundeliegenden Baumusterprüfbericht können in Deutschland von einer Stelle nach § 12 der GGVSEB validiert werden und eine nochmalige Baumusterprüfung und BMZ in Deutschland ersetzen. Vorausgesetzt, dass die BMZ durch die im Ursprungsstaat zuständige Behörde/Stelle unter Einhaltung des ADR/RID erteilt wurde und die Behörde/Stelle, die die Baumusterprüfung durchgeführt hat, nach dem dortigen Recht zuständig und für ihre Aufgabe gemäß EN ISO/IEC 17020:2012 als Prüfstelle Typ A akkreditiert war. Dazu hat der Antragsteller der Stelle nach § 12 der GGVSEB alle Nachweise vorzulegen, welche diese für erforderlich hält.

6-11.2 Die erstmalige Prüfung eines in Deutschland hergestellten Tanks ist von einer Stelle nach § 12 der GGVSEB durchzuführen.

Zu Absatz 6.8.2.3.1 ADR/RID

6-12 Sofern Ausrüstungsteile keine separate Baumusterzulassung (BMZ) besitzen, muss jedes Teil im Rahmen der BMZ des Tanks bewertet werden. Eine Herstellererklärung hinsichtlich einer Normenkonformität von Ausrüstungsteilen reicht alleine nicht aus, um von dieser Prüfung vollständig abzusehen. Für die Bewertung können jedoch alle Prüfergebnisse berücksichtigt werden, die aus vorherigen Baumusterprüfverfahren stammen, die in einer ADR-Vertragspartei/ einem RID-Vertragsstaat von einer dort zuständigen akkreditierten Prüfstelle des Typs A nach EN ISO/IEC 17020:2012 oder der dort zuständigen Behörde erstellt wurden.

Zu Absatz 6.8.2.3.2 ADR/RID

6-13 Werden in einer Baumusterzulassung (BMZ) Varianten zugelassen, so muss das zur Durchführung der Baumusterprüfung hergestellte Fahrzeug oder der Wagen (Prototyp) repräsentativ sein. Der Prototyp muss nicht die nach der BMZ zulässigen höchsten Belastungen und Beanspruchungen abbilden; diese sind rechnerisch darzulegen und zu bewerten.

Zu Absatz 6.8.2.4.5 ADR

6-14.S In die Prüfbescheinigung von Tanks zur Beförderung von UN 1202 DIESELKRAFTSTOFF, der Norm EN 590:2013 + A1:2017 entsprechend, oder GASÖL oder HEIZÖL, LEICHT mit einem Flammpunkt gemäß EN 590:2013 + A1:2017 (Flammpunkt von 55 °C oder höher), die bis 31. Dezember 2001 unter die Regelung der Ausnahme 6 der GGAV in der Fassung des Artikels 1 der GefÄndV vom 23. Juni 1999 (BGBl. I S. 1435) gefallen sind, ist unter Berücksichtigung von Unterabschnitt 1.6.3.18 ADR sinngemäß folgender Vermerk aufzunehmen:

„Tank darf im innerstaatlichen Verkehr für die Beförderung von UN 1202 Dieselkraftstoff, der Norm EN 590:2013 + A1:2017 entsprechend, oder Gasöl oder Heizöl, leicht mit einem Flammpunkt gemäß EN 590:2013 + A1:2017 ohne Flammendurchschlagsicherung betrieben werden."

Diese Eintragung für UN 1202, der Norm EN 590:2013 + A1:2017 entsprechend, darf auch für DIESELKRAFTSTOFF nach DIN 51628 mit einem Flammpunkt, der der Norm EN 590:2013 + A1:2017 entspricht, verwendet werden.

Werden diese Tanks auf ein neues Basisfahrzeug oder Achsaggregat umgesetzt, sind die Tanks für die Beförderung der o. g. Stoffe entsprechend dem jeweils geltenden ADR mit Flammendurchschlagsicherungen/Flammensperren auszurüsten (siehe auch Nummer 9-6.2.S der RSEB).

Zu Absatz 6.8.2.5.1 ADR/RID

6-15.1 Die Angabe des äußeren Auslegungsdrucks ist obligatorisch. Bei Tanks mit einer Lüftungseinrichtung nach Absatz 6.8.2.2.6 ADR/RID ist ggf. die Angabe „0" zulässig.

6-15.2 Die Angabe des Buchstaben „S" muss nicht unbedingt hinter sondern kann auch in unmittelbarer Nähe der Volumenangabe erfolgen.

Zu Absatz 6.8.2.5.2 und 6.8.3.5.11 ADR

6-16.S Bei festverbundenen Tanks und Batterie-Fahrzeugen ist die Angabe der Tankcodierung zulässig.

RSEB

Zu Absatz 6.8.2.6.2 ADR/RID

6-17 Auf Beschluss der Gemeinsamen Tagung, die vom 17. bis 21. September 2018 in Genf getagt hat (Bericht OTIF/RID/RC/2018-B vom 18. Oktober 2018, Absätze 16 bis 19 und Anlage III), soll die Anwendung der Norm EN 12972:2018 entsprechend der Regelung in Unterabschnitt 6.8.2.7, 4. Unterabsatz ADR/RID möglichst frühzeitig, spätestens jedoch zum 1. Januar 2020, erfolgen. In Deutschland ist diese Norm bereits seit dem 1. Januar 2020 verbindlich anzuwenden.

Zu Absatz 6.8.3.4.13 ADR/RID

6-18 Hinsichtlich der Prüffristen der einzelnen Gefäße und Rohrleitungen gelten die Vorschriften nach Unterabschnitt 4.1.4.1 Verpackungsanweisung P 200 ADR/RID. Diese Prüffristen stehen nicht in unmittelbarem Zusammenhang mit den Prüfungen nach Absatz 6.8.3.4.12 Satz 2 ADR/RID.

RSEB

Erläuterungen zu Teil 7

Zu Abschnitt 7.1.2 ADR

7-1.S Alle Fahrzeuge, die der Begriffsbestimmung nach Artikel 1 Buchstabe a des ADR in Verbindung mit § 2 Nummer 6 der GGVSEB entsprechen, dürfen zur Beförderung gefährlicher Güter eingesetzt werden. Wenn jedoch ein EX/II-, EX/III-, FL-, AT-Fahrzeug oder MEMU vorgeschrieben ist, muss ein Fahrzeug der Kategorie N oder O verwendet werden. Für die Verwendung eines Fahrzeugs der Kategorie N oder O, das kein EX/II-, EX/III-, FL-, AT-Fahrzeug oder MEMU ist, sind in Abschnitt 9.2.1 ADR die geltenden Bedingungen klar bestimmt. Wird ein anderes Fahrzeug als ein Fahrzeug der Kategorie N oder O verwendet, z. B. ein Fahrzeug der Kategorie M (4-rädrige Personenfahrzeuge) oder ein Fahrzeug der Kategorie T (Traktoren für die Land- oder Forstwirtschaft), so ist der Teil 9 ADR nicht anwendbar. Diese Fahrzeuge unterliegen in ihren Ursprungsländern den allgemeinen Sicherheitsbestimmungen der auf sie anwendbaren Regelungen des Übereinkommens von 1958.

Zu Abschnitt 7.1.4 und 7.5.1 ADR/RID

7-2 Der aus dem Urteil des OLG Düsseldorf vom 23. August 1991 (5 Ss OWi 132/91 – OWi 82/91 I) hervorgehende Verhältnismäßigkeitsgrundsatz ist auch auf Beschädigungen gemäß Abschnitt 7.1.4 Absatz 2 ADR/RID, die tiefer als 19 mm sind, anzuwenden. Insbesondere bei der Beförderung gefährlicher Güter in loser Schüttung muss gewährleistet sein, dass alle Bauelemente einschließlich Längs- und Seitenwände frei von Rissen oder Bruchstellen und nicht durchgerostet oder anders verschlissen sind, um den sicheren Einschluss der Gefahrgüter zu gewährleisten.

Zu Kapitel 7.3 ADR/RID

7-3.1 Ist ein gefährliches Gut sowohl zur Beförderung in loser Schüttung als auch in Tanks zugelassen, so kann die Beförderung in loser Schüttung auch in Silotanks erfolgen, wenn der Tank die Anforderungen des ADR/RID an die Umschließungen nach Kapitel 7.3 erfüllt. Dies gilt auch für Silotanks, die nach Kapitel 6.11 ADR/RID als BK2-Schüttgut-Container zugelassen sind. Erfolgt die Beförderung in einem gemäß Kapitel 6.7 oder 6.8 ADR/RID zugelassenen Tank, so müssen der Tank und die Durchführung der Beförderung allen vorgeschriebenen Anforderungen genügen (u. a. Tankcodierung, Fahrerschulung mit Aufbaukurs Tank).

7-3.2 Eine Beförderung in loser Schüttung schließt nicht aus, dass das Gut in zusätzlichen Umschließungen (Verpackungen ohne gefahrgutrechtliche Bauartzulassung) enthalten ist. Dabei müssen jedoch alle einschlägigen Vorschriften zur Beförderung in loser Schüttung eingehalten werden. Es reicht deshalb z. B. nicht aus, den staubdichten Einschluss ausschließlich über die zusätzliche Umschließung darzustellen. Die Anforderungen an die Staubdichtheit des Containers oder der Aufbauten von Fahrzeugen nach Unterabschnitt 7.3.1.3 ADR/RID sind ebenfalls zu erfüllen.

Zu Abschnitt 7.3.3 ADR/RID

7-4 Bei Beförderungen in loser Schüttung nach den Sondervorschriften sind die allgemeinen Vorschriften nach Unterabschnitt 7.3.1.2 bis 7.3.1.13 ADR/RID fallbezogen zusätzlich einzuhalten.

Zu Abschnitt 7.5.1 ADR/RID

7-5.1 Die allgemeinen Vorschriften des Abschnitts 7.5.1 ADR/RID sind grundsätzlich auch für das Befüllen anzuwenden.

RSEB

7-5.2 Grundsätzlich ist davon auszugehen, dass die in Kapitel 1.4 in Verbindung mit Abschnitt 7.5.1 ADR/RID angestrebte Sicherheitswirkung nur mit einer hundertprozentigen Kontrolle erreichbar ist. Es können jedoch auch stichprobenartige Kontrollen akzeptiert werden, wenn eine gleichwertige Sicherheitswirkung erzielt wird. Sowohl das Vorgehen bei der Stichprobe als auch das zugrunde liegende Qualitätssicherungssystem sind schriftlich und nachvollziehbar zu dokumentieren. Diese Verfahren können durch die Überwachungsbehörden überprüft werden.

Zu Unterabschnitt 7.5.1.1 und 7.5.1.2 ADR

7-6.S Die bezüglich des Fahrzeugführers zu prüfenden Rechtsvorschriften betreffen die ADR-Schulungsbescheinigung und die Beachtung des Alkoholverbots.

Bezüglich des Alkoholverbots beschränkt sich die Prüfung auf die Feststellung offensichtlicher Auffälligkeiten.

Zu Unterabschnitt 7.5.1.2 Satz 1 ADR/RID

7-7.1 Der Begriff „Rechtsvorschriften" im Satz 1 umfasst ausschließlich gefahrgutrechtliche Rechtsvorschriften.

7-7.2 Die Verpflichtung zur Kontrolle der Dokumente erfolgt in Hinblick auf die Beurteilung, ob eine nachfolgende Beladung/Befüllung erfolgen darf. Daraus lässt sich keine Verpflichtung des Verladers/Befüllers zur Prüfung der inhaltlichen Richtigkeit und Vollständigkeit der Dokumente ableiten. Offensichtliche Unrichtigkeiten sind jedoch zu berücksichtigen und sind vor der Beladung/Befüllung zu beseitigen. Die originären Pflichten des Verladers und des Befüllers bleiben unberührt.

7-7.3 „Sichtprüfung des Fahrzeugs/Wagens" bedeutet, dass dabei offensichtliche Mängel feststellbar sein sollen, ohne dass hierfür besondere technische Hilfsmittel eingesetzt werden und vertiefte fahrzeug-/wagentechnische Kenntnisse erforderlich sind.

7-7.4 Die „Sichtprüfung der Ausrüstung" beschränkt sich auf die bei der Be- und Entladung verwendete Ausrüstung. Dazu gehören auch die Bestandteile der Ausrüstungen nach Abschnitt 8.1.4 und 8.1.5 ADR, die im Rahmen der schriftlichen Weisungen bei der Be- und Entladung ggf. einzusetzen sind. Auch in diesem Fall bedeutet „Sichtprüfung" nur die Feststellung offensichtlicher Mängel.

Zu Unterabschnitt 7.5.1.2 Satz 2 ADR/RID

7-8 Mit den Worten „keine Beschädigungen vorliegen, welche die Unversehrtheit des Fahrzeugs, des Wagens oder Containers oder der zu verladenden Versandstücke beeinträchtigen könnten" sind allgemeine offensichtliche Mängel gemeint (z. B. Reifenschäden/fehlende Bremssohle) und nicht nur gefahrgutrechtliche Mängel.

Zu Unterabschnitt 7.5.7.1 ADR/RID

7-9 Bei der Ladungssicherung sogenannter weicher Verpackungen (z. B. Säcke, Fässer aus Kunststoff) sind Verformungen zu akzeptieren, die für die jeweilige Verpackung unschädlich sind und zu keinem Gefahrgutaustritt führen.

Zu Unterabschnitt 7.5.7.2 ADR/RID

7-10 Aus der Formulierung des Unterabschnitts 7.5.7.2 ADR/RID ergibt sich kein grundsätzliches Stapelverbot. Für Versandstücke mit UN- und ADR/RID-Kennzeichnung einschließlich von Säcken gilt die Stapelfähigkeit bis zu einer Höhe von 3,0 m, mit Ausnahme der Kombinationsverpackungen mit ADR/RID-Kennzeichnung und der IBC mit Angabe einer Stapellast „0" in der UN-Kennzeichnung, als nachgewiesen. Um den Forderungen dieses Unterabschnitts Rechnung zu tragen, ist beim Stapeln von Versandstücken die Stapelfähigkeit auf der unteren Ladung in geeigneter Weise sicherzustellen. Hierzu können z. B. die Kriterien nach dem CTU-Code (bekannt gegeben im VkBl. 2015 Heft 13 S. 422) herangezogen werden.

Zu Abschnitt 7.5.11 CV 1 ADR

7-11.1.S Stoffe und Gegenstände der Klasse 1, 6.1 und 9 dürfen an einer der Öffentlichkeit zugänglichen Stelle innerhalb von Ortschaften ohne besondere Erlaubnis der zuständigen Behörde oder außerhalb von Ortschaften ohne die zuständige Behörde zu benachrichtigen in Beförderungseinheiten geladen oder aus Beförderungseinheiten entladen werden, wenn sich die Umschlagstelle vor einer Herstellungsstätte, an einer Verwendungsstelle oder vor einem Lagerraum befindet.

7-11.2.S Stoffe der Klasse 6.1 und Stoffe der Klasse 9 Verpackungsgruppe II dürfen an einer der Öffentlichkeit zugänglichen Stelle innerhalb von Ortschaften auch ohne besondere Erlaubnis der zuständigen Behörde geladen werden, wenn der Beladevorgang im Rahmen der Entsorgung von Abfällen nach der Ausnahme 20 (B, E, S) der GGAV durchgeführt wird und es sich bei den Beladeorten um Apotheken, Laboratorien oder ähnliche Einrichtungen handelt, bei denen die örtlichen Gegebenheiten keine andere Möglichkeit zulassen, als den Beladevorgang auf öffentlichen Wegen oder Plätzen durchzuführen.

Zu Abschnitt 7.5.11 CV/CW 10 ADR/RID

7-12 Ausreichend standfest sind Flaschen nur, wenn diese mit einem Fußteil versehen sind. Für Flaschen ohne Fußteil wird z. B. ein geeignetes Ladegestell benötigt, das ladungsgesichert werden muss.

Zu Abschnitt 7.5.11 CV 21, CV 25 und CV 27 ADR

7-13.S Die Anforderung, dass die Versandstücke so verstaut sein müssen, dass sie leicht zugänglich sind, schließt neben der leicht zugänglichen Anordnung der Versandstücke auf der Ladefläche auch die Zugänglichkeit der Ladefläche selbst ein. Das bedeutet beispielsweise im Falle zweier 20-Fuß-Container, die hintereinander auf einen Sattelanhänger verladen werden, dass diese so angeordnet werden, dass die Türen jeweils zu einem Fahrzeugende zeigen und nicht verdeckt sind. Die Verwendung sogenannter Seitenlader wird damit nicht ausgeschlossen, weil die Container auch während der Beförderung bei Bedarf schnell und ohne externe Hilfsmittel vom Fahrzeug abgesetzt werden können. Auch ein Verplomben der Zugänge ist zulässig, weil die Kontroll- und Rettungskräfte überwiegend über die erforderlichen Werkzeuge verfügen, um Plomben im Bedarfsfall entfernen zu können. Die Verplombung muss jedoch entfernbar sein. Eine Beeinträchtigung der leichten Zugänglichkeit durch eine erforderliche Ladungssicherung ist nicht zu beanstanden.

Zu Abschnitt 7.5.11 CV/CW 36 ADR/RID

7-14.1 Die Beförderung von Stoffen, die unter der CV 36/CW 36 ADR/RID befördert werden, sollte vorzugsweise nur in belüfteten Fahrzeugen/Wagen erfolgen.

7-14.2.S Auf Grund der Unfallsituation sollten Gase der Klasse 2 in offenen oder belüfteten Fahrzeugen befördert werden. Entsprechende Empfehlungen gibt es in dem Merkblatt 0211 des DVS – Deutscher Verband für Schweißen und verwandte Verfahren e.V.

7-14.3.S Nur bei kurzfristigem Einsatz von nicht firmeneigenen Fahrzeugen (Mietfahrzeuge) kann ausnahmsweise auf die ausreichende Belüftung verzichtet werden, wenn das Fahrzeug keine Belüftungsmöglichkeiten hat. Zusätzlich zu der entsprechenden Aufschrift ist der Fahrzeugführer über die möglichen Gefahren einer nicht ausreichenden Belüftung zu informieren. Die Gasflaschen sollten nach der Beförderung nicht im Fahrzeug verbleiben.

7-14.4.S Dass von den im Fahrzeug beförderten Gasen ein nicht hinnehmbares Risiko ausgeht, kann auch durch eine Gefährdungsanalyse ausgeschlossen werden. Damit kann auch die Anbringung des Kennzeichens nach der CV 36 begründet werden.

RSEB

Erläuterungen zu Teil 7 ADN

Zu Absatz 7.1.4.3.5, 7.1.4.3.6 und 7.1.4.14.7.3.2 ADN

7-1.B Die in diesen Absätzen angesprochenen Genehmigungen der zuständigen Behörde sind die vom Bundesamt für die Sicherheit der nuklearen Entsorgung nach § 11 Nummer 3 der GGVSEB erteilten Beförderungsgenehmigungen.

Zu Unterabschnitt 7.1.4.7 und 7.2.4.7 ADN

7-2.B Eine Lade- und Löschstelle (Umschlagstelle) für gefährliche Güter gilt als dafür von den zuständigen Behörden der Länder bezeichnet oder zugelassen, wenn an ihr unter Beachtung der anwendbaren Rechtsvorschriften (insbesondere Bau-, Immissionsschutz- und Wasserrecht) durch eine oder mehrere Verwaltungsakte eine Nutzung auch für das Be- oder Entladen von Gefahrgütern allgemein oder für bestimmte Stoffe oder Gegenstände geregelt wird.

Enthält die Bezeichnung/Zulassung der Umschlagstelle keine ausdrückliche Aussage zum Umschlag gefährlicher Güter, ist von der Zulässigkeit des Umschlags auszugehen, wenn sich dies aus der Zweckbestimmung der Anlage ergibt.

Für eine Lade- oder Löschstelle in oder an einer Bundeswasserstraße ist in der Regel auch eine strom- und schifffahrtspolizeiliche Genehmigung erforderlich.

Das Laden und Löschen (d. h. Beladen oder Befüllen und Entladen) von Trockengüter- oder Tankschiffen kann an festen Anlagen oder mittels anderen Beförderungsmitteln (Wagen, Fahrzeugen) erfolgen, wenn dies zugelassen ist.

Zu Unterabschnitt 7.1.4.9 und 7.2.4.9 ADN

7-3.B Ein Schubverband oder gekuppelte Schiffe gelten nach Absatz 7.2.2.19.2 ADN als ein Schiff. Soweit rechtlich zulässig, sind Umfüllvorgänge daher nicht als Umladen im Sinne des Unterabschnitts 7.2.4.9 ADN zu betrachten.

Es handelt sich in den Fällen um einen Verband oder gekuppelte Schiffe, in denen die Fahrzeuge im Zuge eines Beförderungsvorgangs zusammengestellt werden. Das kurzzeitige Verbinden eines Fahrzeugs mit einem anderen, außerhalb eines Beförderungsvorgangs, macht die beteiligten Fahrzeuge noch nicht zu einem Verband.

Zu Unterabschnitt 7.1.4.77 und 7.2.4.77 ADN

7-4.B Der Begriff „lokales Recht" bestimmt sich in Deutschland nach dem Landesrecht.

Zu Absatz 7.2.3.1.5 und 7.2.3.1.6 ADN

7-5.B Es ist zwischen den Regelungen in Absatz 7.2.3.1.5 und 7.2.3.1.6 ADN wie folgt zu unterscheiden:

In Absatz 7.2.3.1.5 ADN geht es um die generelle Vorsichtsmaßnahme bevor Personen Ladetanks, Restetanks, Pumpenräume unter Deck, Kofferdämme, Wallgänge, Doppelböden, Aufstellungsräume oder andere geschlossene Räume betreten, wenn die Ladetanks noch gefüllt sind.

Nach Absatz 7.2.3.1.6 ADN geht es um ungereinigt leere Tanks und den aus den Ladungsresten resultierenden Gefahren.

Die Regelung zu dem Verhalten bei Notfällen oder bei mechanischen Problemen, wonach der Tank bei einer Konzentration von aus der Ladung herrührenden entzündbaren Gasen und Dämpfen von 10 % bis 50 % der unteren Explosionsgrenze (UEG) betreten werden darf, bezieht sich nur auf ungereinigt leere Tanks.

RSEB

Zu Unterabschnitt 7.2.3.7 ADN

7-6.1.B Die Zulassung von Stellen, an denen Binnentankschiffe entgast werden dürfen, und die hierfür zuständige Behörde (Absätze 7.2.3.7.1.1 und 7.2.3.7.1.3 ADN) bestimmen sich nach den Vorschriften außerhalb des Gefahrgutrechts, z. B. nach immissionsschutzrechtlichen Vorschriften. § 16 Absatz 6 Nummer 1 der GGVSEB ist hier nicht einschlägig.

7-6.2.B Die Zulassungspflicht für Annahmestellen und die zuständigen Behörden nach Absatz 7.2.3.7.2.1 ADN bestimmen sich nach den Ausführungsvorschriften zum CDNI-Übereinkommen oder nach immissionsschutzrechtlichen Vorschriften. § 16 Absatz 6 Nummer 1 der GGVSEB ist hier nicht einschlägig.

Zu Unterabschnitt 7.2.4.40 ADN

7-7.B *„In Bereitschaft halten"* einer Feuerlöscheinrichtung im Sinne der Vorschrift erfordert:

a) Der Feuerlöschschlauch ist an die Wasserrohrleitung angeflanscht.
b) Der Feuerlöschschlauch muss an Deck ausgerollt sein.
c) Die Sprüh- bzw. Strahlrohrarmatur ist am Feuerlöschschlauch angeflanscht.
d) Die Stellung der Ventile obliegt der Beurteilung des Schiffsführers/Sachkundigen.
e) Das Einschalten der Feuerlöschpumpe muss jederzeit möglich sein.

RSEB

Erläuterungen zu Teil 8 und 9 ADR

Zu Teil 8 ADR

Zu Unterabschnitt 8.1.2.1 und 8.1.2.2 ADR

8-1.S Außer den in den Unterabschnitten 8.1.2.1 und 8.1.2.2 ADR genannten Papieren sowie Bescheinigungen nach anderen Vorschriften sind, wenn es die Vorschriften vorsehen, in der Beförderungseinheit insbesondere mitzuführen:
- die Ausnahme gemäß § 5 der GGVSEB bzw. eine Kopie,
- die Bescheinigung bezüglich der Verlagerung nach § 35 Absatz 4 bzw. die Fahrwegbestimmung gemäß § 35a Absatz 3 der GGVSEB.

Zu Unterabschnitt 8.1.4.4 ADR

8-2.1.S Das nach Unterabschnitt 8.1.4.4 ADR auf in Deutschland hergestellten Feuerlöschgeräten anzugebende Datum (Monat/Jahr) der ersten wiederkehrenden Prüfung berechnet sich aus der zweijährigen Prüffrist, bezogen auf das tatsächliche Herstellungsdatum des Feuerlöschgeräts. Es ist rechtskonform, wenn dabei das Herstellungsjahr ohne Monatsangabe auf dem Feuerlöschgerät angegeben ist und die zweijährige Prüffrist mit dem Ablauf dieses Jahres beginnt.

8-2.2.S Eine Plombierung im Sinne von Unterabschnitt 8.1.4.4 ADR kann beispielsweise auch eine Kunststoffsicherung an der Abzugsvorrichtung sein, die bei der Benutzung irreversibel zerstört wird. Die Sicherung des Feuerlöschgeräts muss den Eindruck erwecken, dass das Feuerlöschgerät ordnungsgemäß geprüft und einsetzbar ist. Eine Manipulation muss glaubhaft auszuschließen sein.

Zu Abschnitt 8.1.5 ADR

8-3.S Die nach den neuen schriftlichen Weisungen mitgeführte Ausrüstung muss dem Schutzziel entsprechend geeignet sein.

Zu Unterabschnitt 8.2.1.1 und 8.2.1.3 ADR

8-4.S Zu den in Unterabschnitt 8.2.1.1 ADR genannten Fahrzeugführern werden auch solche zugeordnet, die gefährliche Güter in loser Schüttung gemäß Kapitel 7.3 ADR befördern. Ein Aufbaukurs Tank nach Unterabschnitt 8.2.1.3 ADR ist bei der Verwendung von gemäß ADR zugelassenen Tanks erforderlich.

Zu Kapitel 8.4 und 8.5 ADR und Anlage 2 Nummer 3.3 der GGVSEB

8-5.1.S „Ausreichende Sicherheit" im Sinne von Abschnitt 8.4.1 Satz 1 bzw. 8.4.2 ADR ist z. B. gewährleistet, wenn
- das Fahrzeug auf einem abgeschlossenen Werksgelände abgestellt ist; handelt es sich bei dem Ladegut um gefährliche Güter mit hohem Gefahrenpotenzial, muss das Werksgelände die Anforderungen nach Kapitel 1.10 ADR erfüllen, oder
- das Fahrzeug in einem Lager oder Werksbereich parkt und über eine elektronische Wegfahrsperre und eine Alarmanlage verfügt, die auf das Mobiltelefon des Fahrzeugführers aufgeschaltet ist. Voraussetzung dafür ist, dass der Fahrzeugführer bei einem Alarm in angemessener Zeit geeignete Maßnahmen einleiten kann. Bei Tankfahrzeugen müssen der Armaturenschrank sowie alle frei zugänglichen Ventile abgeschlossen sein. Für gefährliche Güter mit hohem Gefahrenpotenzial nach Kapitel 1.10 ADR ist diese Möglichkeit ausgeschlossen.

8-5.2.S Um „geeignete Sicherheitsmaßnahmen" im Sinne von Abschnitt 8.4.1 Satz 2 Buchstabe b und c ADR handelt es sich auch, wenn der Fahrzeugführer am oder im Fahrzeug anwesend ist oder er sich nur kurzfristig vom Fahrzeug entfernt. Eine Überwachung kann auch durch gleichwertige Maßnahmen (z. B. visuelle Überwachung durch Bildübertragung) sichergestellt werden.

8-5.3.S Alarmeinrichtungen ersetzen nicht die vorgeschriebene Überwachung.

Zu Kapitel 8.5 Sondervorschrift S1 und S11 ADR

8-6.1.S Stoffe und Gegenstände der Klasse 1 dürfen an einer der Öffentlichkeit zugänglichen Stelle innerhalb von Ortschaften ohne besondere Erlaubnis der zuständigen Behörde auf- oder abgeladen werden, wenn sich die Umschlagstelle vor einer Herstellungsstätte, an einer Verwendungsstelle oder vor einem Lagerraum befindet.

8-6.2.S Gleichwertige Schulungen nach Kapitel 8.5 S1 Absatz 1 und S11 ADR werden derzeit in Deutschland nicht durchgeführt.

8-6.3.S Bei Anwendung der Sondervorschrift S11 in Kapitel 8.5 ist in jedem Fall ein Basiskurs nach Unterabschnitt 8.2.1.2 ADR erforderlich.

Zu Kapitel 8.5 Sondervorschrift S8 und S9 ADR

8-7.S Wenn die Zustimmung der zuständigen Behörde nach den Sondervorschriften S8 und S9 in Kapitel 8.5 ADR nicht eingeholt werden kann, wird empfohlen, für ein längeres Halten aus Betriebsgründen die Zustimmung der örtlichen Polizei einzuholen.

Zu Unterabschnitt 8.6.3.2 ADR

8-8.S Nachdem der restriktivste Tunnelbeschränkungscode gemäß Unterabschnitt 8.6.3.2 ermittelt wurde, ist die Erläuterung zu diesem Code nach Abschnitt 8.6.4 ADR maßgebend. Demgemäß ist bei Klasse 1 die gesamte Nettoexplosivstoffmasse, die auf einer Beförderungseinheit befördert werden soll, zu addieren, um die Beschränkungen für die Durchfahrt durch Tunnel letztlich zu ermitteln.

RSEB

Zu Teil 9 ADR

Zu Unterabschnitt 9.1.2.1 Absatz 3 ADR

9-1.S Die Möglichkeit, auf die erste Untersuchung zu verzichten, besteht nur dann, wenn für eine typgenehmigte Sattelzugmaschine die Erklärung der Übereinstimmung mit den Vorschriften des Kapitels 9.2 ADR vorliegt. Diese Erklärung darf nur ausgestellt werden, wenn die Zugmaschine vollständig der Typgenehmigung entspricht und keinerlei zusätzliche Ausstattungen insbesondere hinsichtlich der elektrischen Anlage oder Zusatzheizungen verwendet wurden.

Zu Unterabschnitt 9.1.3.1 in Verbindung mit Kapitel 6.8 ADR

9-2.S Ausstellung der ADR-Zulassungsbescheinigung

9-2.1.S Verfahren der Ausstellung der ADR-Zulassungsbescheinigung

Die ADR-Zulassungsbescheinigung ist durch die nach § 14 Absatz 4 der GGVSEB zuständigen Stellen oder Personen auszufertigen. Dafür ist das Muster gemäß Unterabschnitt 9.1.3.5 ADR zu verwenden.

- Das amtliche Kennzeichen des Fahrzeugs darf in die ADR-Zulassungsbescheinigung unter Nummer 4 auch von der nach § 14 Absatz 6 der GGVSEB zuständigen Zulassungsbehörde eingetragen werden.
- Zum Eintrag des Namens und Betriebssitzes des Beförderers, Betreibers (Halters) oder Eigentümers ist das in Nummer 5 der **Anlage 16** der RSEB beschriebene Verfahren zu beachten.
- Bei Fahrzeugen mit festverbundenen Tanks oder Batterie-Fahrzeugen erfolgt die Eintragung der Fahrzeugbezeichnung(en) in Nummer 7 der ADR-Zulassungsbescheinigung entsprechend der elektrischen Ausrüstung des Tanks oder der Elemente des Batterie-Fahrzeugs (siehe Bescheinigung nach Nummer 9-2.2.1.S der RSEB), auch bei höherwertiger elektrischer Ausrüstung des Basisfahrzeugs.
- Nebenbestimmungen aus der Bescheinigung nach Nummer 9-2.2.1.S der RSEB sind unter Nummer 11 der ADR-Zulassungsbescheinigung aufzunehmen.
- Sonstige nicht vorgeschriebene Eintragungen können unter Nummer 11 der ADR-Zulassungsbescheinigung durch die zuständigen Stellen nach § 12 und die berechtigten Personen nach § 14 Absatz 5 der GGVSEB vorgenommen werden.
- Die ADR-Zulassungsbescheinigung ist unter Nummer 12 gemäß Unterabschnitt 9.1.3.4 ADR mit dem Tagesdatum der technischen Untersuchung des Fahrzeugs, längstens jedoch für ein Jahr, zu befristen. Gegebenenfalls ist die Gültigkeitsdauer bis zur nächsten Prüfung des Tanks oder der Elemente des Batterie-Fahrzeugs gemäß der Bescheinigung nach Nummer 9-2.2.1.S der RSEB zu befristen; es gilt jeweils der nächstgelegene Termin.

9-2.2.S Für Tankfahrzeuge und Batterie-Fahrzeuge

9-2.2.1.S Der festverbundene Tank oder die Elemente und Ausrüstungsteile von Batterie-Fahrzeugen sind gemäß 6.8.2.4.1 oder 6.8.3.4.12 ADR durch eine zuständige Stelle nach § 12 der GGVSEB zu prüfen. Über die Prüfung wird eine Bescheinigung gemäß Absatz 6.8.2.4.5 oder 6.8.3.4.18 ADR ausgestellt. Eine Kopie dieser Bescheinigung ist der Tankakte beizufügen. Aus dieser Bescheinigung müssen hervorgehen bzw. darin enthalten sein:

- das Datum (Monat, Jahr) der nächsten wiederkehrenden Prüfung des Tanks oder der Elemente des Batterie-Fahrzeugs gemäß Absatz 6.8.2.4.2 oder 6.8.3.4.12 ADR,
- die Codierung des Tanks oder Batterie-Fahrzeugs gemäß Absatz 4.3.3.1.1 oder 4.3.4.1.1 ADR, die der Tank oder das Batterie-Fahrzeug erfüllt,
- die Codierungen der zutreffenden Sondervorschriften für den Bau (TC) und die Ausrüstung (TE) nach Abschnitt 6.8.4 ADR,
- soweit erforderlich, die Stoffe mit den Angaben nach Absatz 6.8.2.3.1, 5. Anstrich ADR, die in dem Tank- oder Batterie-Fahrzeug befördert werden dürfen,
- Angabe der Fahrzeugart, die der am Tank verbauten elektrischen Ausrüstung entspricht,

- Angaben über begrenzte Abweichungen nach Absatz 6.8.2.3.2 ADR oder stoffspezifische oder betriebliche Nebenbestimmungen zum Tank oder Batterie-Fahrzeug, sofern diese in der Baumusterzulassung des Tanks oder Batterie-Fahrzeugs enthalten sind,
- Angabe von Nebenbestimmungen in einer Ausnahmeregelung (§ 5 GGVSEB, GGAV, Vereinbarung nach Abschnitt 1.7.4 ADR), sofern dies vorgesehen ist,
- Angabe des Unterabschnitts der Übergangsvorschrift sowie der jeweiligen Fassung des ADR, wenn die Tanks oder Batterie-Fahrzeuge nach einer Übergangsvorschrift nach Kapitel 1.6 ADR betrieben werden dürfen.

9-2.2.2.S Für die Bestimmung der Tankcodierung bei Tanks und Elementen von Batterie-Fahrzeugen, die nach den bis zum 31.12.2002 geltenden Vorschriften zugelassen worden sind, kann die **Anlage 18** der RSEB verwendet werden.

Sofern für Tanks und Elemente von Batterie-Fahrzeugen, die auf Grund von Übergangsvorschriften weiterverwendet werden dürfen, keine Tankcodierung vergeben werden kann, ist eine Stoffaufzählung einzutragen oder beizufügen.

9-2.2.3.S Ist ein Tankfahrzeug, für das die Übergangsvorschrift nach Unterabschnitt 1.6.3.44 ADR anwendbar ist, mit einer Additivierungseinrichtung ausgerüstet, so ist in der ADR-Zulassungsbescheinigung ein Vermerk unter Nummer 11 (Bemerkungen) über die Ausrüstung(en) einzutragen (siehe auch Nummer 1-23.S und 3-10.S der RSEB). Diese Eintragungspflicht gilt nicht für Additivierungseinrichtungen gemäß Kapitel 3.3 Sondervorschrift 664 ADR.

9-2.2.4.S Das Fahrzeug, mit Ausnahme des festverbundenen Tanks oder der Elemente des Batterie-Fahrzeugs, ist gemäß Unterabschnitt 9.1.2.1 ADR durch die nach § 14 Absatz 4 der GGVSEB zuständigen Stellen oder Personen zu untersuchen.

Für diese Untersuchung müssen die Bescheinigung nach Nummer 9-2.2.1.S der RSEB sowie die Dokumente gemäß § 6 der Fahrzeug-Zulassungsverordnung (FZV) oder die Gutachten nach § 21 der StVZO bzw. nach § 13 EG-FGV vorliegen.

Die Untersuchung beinhaltet den Umfang einer Hauptuntersuchung (HU) nach § 29 der StVZO, jedoch ohne Untersuchung der Umweltverträglichkeit, sowie zusätzlich die Untersuchung nach der **Anlage 15** der RSEB, die auf Antrag gemeinsam durchgeführt werden sollten.

Auf die Untersuchung im Umfang einer HU kann bei Neufahrzeugen verzichtet werden, wenn eine Übereinstimmungsbescheinigung (COC) des Herstellers bzw. ein Gutachten nach § 21 der StVZO oder nach § 13 EG-FGV vorliegt. Neufahrzeuge sind Fahrzeuge, welche noch nicht zugelassen sind oder Fahrzeuge, bei denen das Datum der Erstzulassung maximal einen Monat vor dem Untersuchungstermin liegt.

Ein befriedigendes Untersuchungsergebnis im Sinne des Unterabschnitts 9.1.3.1 ADR liegt vor, wenn

- das Fahrzeug vorschriftsmäßig ist oder
- nur geringe Mängel festgestellt worden sind und zu erwarten ist, dass diese Mängel unverzüglich beseitigt werden.

9-2.3.S **Für andere Fahrzeuge**

Nummer 9-2.2.4.S der RSEB, mit Ausnahme der Vorlage der Bescheinigung nach Nummer 9-2.2.1.S der RSEB, gilt entsprechend.

9-3.S **Verlängerung der Gültigkeitsdauer der ADR-Zulassungsbescheinigung**

9-3.1.S **Allgemeines**

9-3.1.1.S Die ADR-Zulassungsbescheinigung ist unter Nummer 13 gemäß Unterabschnitt 9.1.3.4 ADR mit dem Tagesdatum der technischen Untersuchung des Fahrzeugs zu befristen.

RSEB

Bei Verlängerung der Gültigkeitsdauer, taggenau bis spätestens einen Monat nach Ablauf der Gültigkeit, beginnt der nächste Gültigkeitszeitraum mit dem Tag des Ablaufs des vorhergehenden Gültigkeitszeitraums. Innerhalb dieser Karenzzeit von einem Monat darf das Fahrzeug **nicht** für die Beförderung gefährlicher Güter weiterverwendet werden.

Ist diese Karenzzeit von einem Monat abgelaufen, ist für das betreffende Fahrzeug eine neue ADR-Zulassungsbescheinigung erforderlich. Das Fahrzeug ist einer technischen Untersuchung nach Unterabschnitt 9.1.2.1 Satz 2 ADR zu unterziehen.

Eine technische Untersuchung zur Verlängerung der Gültigkeitsdauer nach Unterabschnitt 9.1.3.4 ADR ist auch früher als einen Monat vor Ablauf der Gültigkeit jederzeit möglich. In diesem Fall beginnt der nächste Gültigkeitszeitraum von maximal einem Jahr jedoch mit dem Tagesdatum der technischen Untersuchung.

9-3.1.2.S Hinsichtlich der Übergangsvorschrift in Unterabschnitt 1.6.5.20 ADR siehe auch Nummer 1-24.S der RSEB.

9-3.2.S   Für Tankfahrzeuge und Batterie-Fahrzeuge

Bei der Verlängerung der Gültigkeitsdauer ist das Fahrzeug, mit Ausnahme des festverbundenen Tanks oder der Elemente des Batterie-Fahrzeugs, gemäß Unterabschnitt 9.1.2.3 ADR durch die berechtigten Personen nach § 14 Absatz 5 der GGVSEB zu untersuchen. Dabei ist nach Nummer 9-2.2.4.S Satz 3 und 6 der RSEB zu verfahren. Es sind die Dokumente gemäß § 6 der Fahrzeug-Zulassungsverordnung (FZV), die ADR-Zulassungsbescheinigung sowie die aktuell gültige Bescheinigung nach Nummer 9-2.2.1.S der RSEB durch den Antragsteller vorzulegen.

Ergibt sich aus der vorgenannten Bescheinigung, dass das Datum der nächsten Prüfung des Tanks oder der Elemente des Batterie-Fahrzeugs innerhalb der nächsten 12 Monate nach der technischen Untersuchung des Fahrzeugs liegt, ist die Gültigkeitsdauer der ADR-Zulassungsbescheinigung auf das Datum der nächsten Prüfung des Tanks oder der Elemente des Batterie-Fahrzeugs zu befristen.

Nach Durchführung der Prüfung des Tanks oder der Elemente des Batterie-Fahrzeugs darf die Gültigkeitsdauer der ADR-Zulassungsbescheinigung ohne erneute technische Untersuchung bis zu dem Datum der ursprünglichen Frist von 12 Monaten verlängert werden, sofern der Fahrzeugzustand keine offensichtlichen Mängel aufweist. Andernfalls ist eine erneute technische Untersuchung durchzuführen. Anschließend beträgt die Gültigkeitsdauer der ADR-Zulassungsbescheinigung wieder 12 Monate.

9-3.3.S   Für andere Fahrzeuge

Bei der Verlängerung der Gültigkeitsdauer ist das Fahrzeug gemäß Unterabschnitt 9.1.2.3 ADR durch die berechtigten Personen nach § 14 Absatz 5 der GGVSEB zu untersuchen. Dabei ist nach Nummer 9-2.2.4.S Satz 3 und 6 der RSEB zu verfahren. Es sind die Dokumente gemäß § 6 der Fahrzeug-Zulassungsverordnung (FZV) und die ADR-Zulassungsbescheinigung durch den Antragsteller vorzulegen.

9-4.S   Änderung der ADR-Zulassungsbescheinigung

9-4.1.S Die Änderung der Tankcodierung oder die Ergänzung der Stoffaufzählung in der ADR-Zulassungsbescheinigung darf nur mit Zustimmung der Baumusterzulassungsstelle vorgenommen werden. Das folgt aus Absatz 6.8.2.3.1 ADR. Auf der Grundlage des Prüfberichts der zuständigen Stelle nach § 12 der GGVSEB und der Zustimmung der Baumusterzulassungsstelle wird die Änderung oder Ergänzung durch eine Neuausstellung durch die nach § 14 Absatz 4 der GGVSEB zuständigen Stellen oder Personen vorgenommen.

9-4.2.S Bei nicht vorgeschriebenen informellen Änderungen in der ADR-Zulassungsbescheinigung handelt es sich um solche, die ohne Überprüfung des Fahrzeugs, des Tanks oder der Ausrüstung vorgenommen werden können, wie z. B. die Eintragung des Datums der nächsten Tankprüfung. Diese dürfen durch die zuständigen Stellen nach § 12 und die berechtigten Personen nach § 14 Absatz 5 der GGVSEB in Nummer 11 eingetragen werden.

Die Änderung des Firmennamens/Halters, der Anschrift und des amtlichen Kennzeichens darf nur durch die nach § 14 Absatz 6 der GGVSEB zuständige Zulassungsbehörde vorgenommen werden. Die geänderten Angaben sind in Nummer 11 einzutragen und mit Dienstsiegel bzw. Prüfstempel und Namenszeichen zu versehen. Die Änderungen können wie bisher auch durch eine Neuausstellung der ADR-Zulassungsbescheinigung durch Stellen oder Personen nach § 14 Absatz 4 der GGVSEB vorgenommen werden.

9-4.3.S Für alle anderen Änderungen ist immer eine Neuausstellung durch Stellen oder Personen nach § 14 Absatz 4 der GGVSEB erforderlich.

9-5.S Zu Abschnitt 9.1.2 ADR für importierte Tankfahrzeuge und Fahrzeuge mit Aufsetztanks

9-5.1.S Für den Betrieb von Tankfahrzeugen/Fahrzeugen mit Aufsetztanks (internationaler Transport) ist eine gegenseitige Anerkennung der ADR-Zulassungsbescheinigungen durch die ADR-Vertragsparteien in Unterabschnitt 9.1.3.2 ADR geregelt. Die ADR-Zulassungsbescheinigung ist durch die zuständige Behörde des Zulassungsstaates auszustellen (Unterabschnitt 9.1.3.1 ADR). Wird ein Tankfahrzeug oder ein Fahrzeug mit Aufsetztank aus dem Ausland importiert und soll es mit deutscher Zulassung betrieben werden, ist dazu eine ADR-Zulassungsbescheinigung durch eine nach § 14 Absatz 4 der GGVSEB zuständige Stelle oder Person auszustellen, auch wenn bereits eine ausländische ADR-Zulassungsbescheinigung vorhanden ist.

Explizite Regelungen zur gegenseitigen Anerkennung von Tankzulassungen und -prüfungen bestehen nur in der Europäischen Union aufgrund der TPED.

Für Tanks, die nicht in den Geltungsbereich der TPED fallen, bestehen keine Regelungen zur gegenseitigen Anerkennung. Aus diesem Grund haben sich in den ADR-Vertragsparteien sehr unterschiedliche Vorgehensweisen entwickelt. Da der Prozess zur Regelung der gegenseitigen Anerkennung erst begonnen hat, bedarf es einer Erläuterung der für Deutschland vereinbarten Vorgehensweise unter Berücksichtigung des internationalen Diskussionsstandes.

9-5.2.S Für diese Tankfahrzeuge/Fahrzeuge mit Aufsetztanks ist eines der folgenden Verfahren durchzuführen:

Es kann auf Antrag und bei Vorliegen aller Voraussetzungen eine deutsche Baumusterzulassung (BMZ) durch die zuständige deutsche Behörde (BAM) gemäß Unterabschnitt 6.8.2.3 ADR erteilt werden.

Die Tankfahrzeuge/Fahrzeuge mit Aufsetztanks können aber auch in dem nachfolgend beschriebenen Verfahren überprüft, registriert und nachfolgend als ADR-konform bei der Zulassung des Fahrzeugs berücksichtigt werden.

– Tanks, die bereits im Ausland erstmalig geprüft wurden und für deren Fahrzeuge dort eine ADR-Zulassungsbescheinigung ausgestellt wurde, sind auf Antrag von einer in Deutschland nach § 12 der GGVSEB zuständigen Stelle hinsichtlich der Übereinstimmung mit den Vorgaben des ADR gutachterlich zu bewerten und es ist eine außerordentliche Prüfung nach Absatz 6.8.2.4.4 ADR gemäß den Vorgaben der BAM in der BAM-GGR 020 durch diese Stelle durchzuführen. Die Bewertung hat aufgrund der im Ausland erstellten Zulassung zu erfolgen, dazu müssen die BMZ (Zulassungsschein) und die Tankakte vorliegen. Im Rahmen der außerordentlichen Prüfung hat die Stelle nach § 12 der GGVSEB zu prüfen, ob der Tank den aktuellen Anforderungen des ADR einschließlich der ggf. anwendbaren Übergangsvorschriften und den Festlegungen in der BMZ entspricht. Über die Bewertung und außerordentliche Prüfung ist von der Stelle nach § 12 der GGVSEB ein Gutachten zu erstellen, das mindestens den Anforderungen der BAM in der BAM-GGR 020 entspricht. Der Antragsteller hat das Gutachten und den Zulassungsschein der BAM zur kostenpflichtigen Registrierung vorzulegen. Die BAM registriert die ausländische BMZ auf der Basis der positiven gutachterlichen Stellungnahme und erteilt dem Antragsteller eine Registrierungsbescheinigung. Der Antragsteller hat der Stelle nach § 14 Absatz 4 der GGVSEB das Gutachten und die Registrierungsbescheinigung der BAM als Nachweis der Einhaltung von Abschnitt 9.7.2 ADR vorzulegen.

RSEB

- Für Fahrzeuge mit ausländischer BMZ der Tanks, die im Ausland noch nicht erstmalig geprüft wurden oder die dort zwar schon erstmalig geprüft wurden, aber noch keine ADR-Zulassungsbescheinigung erhalten haben, gelten die vorstehenden Ausführungen mit folgender Abweichung:

  Es ist eine erstmalige Prüfung nach Absatz 6.8.2.4.1 ADR durchzuführen, dabei hat die Stelle nach § 12 der GGVSEB auch zu prüfen und durch ein Gutachten zu bestätigen, dass die BMZ und alle diesbezüglichen Unterlagen dem aktuellen ADR entsprechen. Das Baumuster muss rechts- und zulassungskonform sein.

  Alle erforderlichen Unterlagen zur Durchführung der vorstehenden Bewertungen und Prüfungen müssen in deutscher Sprache vorliegen (siehe auch Nummer 6-11 der RSEB).

9-5.3.S Die Registrierungsbescheinigung der BAM nach Nummer 9-5.2.S der RSEB ist der Tankakte beizufügen. Nachdem das Fahrzeug in Deutschland zugelassen ist, dürfen nach Ablauf der Prüffrist, diese beginnt mit der vorgenannten außerordentlichen oder erstmaligen Prüfung, nur noch die in Deutschland zuständigen Stellen nach § 12 der GGVSEB die erforderlichen Tankprüfungen durchführen.

9-5.4.S Für aus Österreich importierte gebrauchte Tankfahrzeuge und Fahrzeuge mit Aufsetztanks, deren Tanks über keine separate BMZ nach Unterabschnitt 6.8.2.3 ADR verfügen, darf in Deutschland nach dem vorstehenden Verfahren eine ADR-Zulassungsbescheinigung nach Unterabschnitt 9.1.3.1 ADR erteilt werden, sofern in Österreich für das Gesamtfahrzeug anstelle einer BMZ eine besondere Genehmigung des zuständigen Landeshauptmanns gemäß § 12 des österreichischen Bundesgesetzes über die Beförderung gefährlicher Güter auf der Straße (Gefahrgutbeförderungsgesetz-Straße, GGSt) in der Fassung vom 10. Oktober 1996 und inhaltsgleichen älteren Fassungen erteilt wurde und bereits in Österreich eine ADR-Zulassungsbescheinigung ausgestellt war. Dazu hat der Antragsteller alle Nachweise vorzulegen, die nach dem vorgenannten § 12 zu erstellen waren und von der zuständigen Stelle nach § 12 der GGVSEB für erforderlich gehalten werden.

Aufgrund der fehlenden separaten BMZ, dürfen die betreffenden Tanks jedoch nur auf ein anderes Basisfahrzeug oder Achsaggregat umgesetzt werden, wenn dieses mit dem ursprünglichen baugleich ist und dabei keine Veränderungen an den Tanks vorgenommen werden.

Zu Unterabschnitt 9.1.3.5 ADR

9-6.1.S Eine Anleitung zum Ausfüllen der ADR-Zulassungsbescheinigung enthält die **Anlage 16 der RSEB**.

9-6.2.S In die ADR-Zulassungsbescheinigung von AT-Fahrzeugen mit Tanks zur Beförderung von UN 1202 DIESELKRAFTSTOFF, der Norm EN 590:2013 + A1:2017 entsprechend, oder GASÖL oder HEIZÖL, LEICHT mit einem Flammpunkt gemäß EN 590:2013 + A1:2017 (Flammpunkt von 55 °C oder höher), die bis 31. Dezember 2001 unter die Regelung der Ausnahme 6 der GGAV in der Fassung des Artikels 1 der GefÄndV vom 23. Juni 1999 (BGBl. I S. 1435) gefallen sind, ist unter Berücksichtigung von Unterabschnitt 1.6.3.18 ADR unter Nummer 11 (Bemerkungen) sinngemäß folgender Vermerk aufzunehmen:

„Tank darf im innerstaatlichen Verkehr für die Beförderung von UN 1202 Dieselkraftstoff, der Norm EN 590:2013 + A1:2017 entsprechend, oder Gasöl oder Heizöl, leicht mit einem Flammpunkt gemäß EN 590:2013 + A1:2017 ohne Flammendurchschlagsicherung betrieben werden."

Die Nennung der Normen EN 590:1993, EN 590:2004, EN 590:2009 + A1:2010 oder EN 590:2013+AC:2014 in einer gültigen ADR-Zulassungsbescheinigung muss nicht angepasst werden.

Dieser Vermerk ist zu streichen bzw. ist nicht zutreffend, wenn diese Tanks zur Beförderung der o. g. Stoffe auf ein neues Basisfahrzeug oder Achsaggregat umgesetzt wurden und entsprechend dem jeweils geltenden ADR mit Flammendurchschlagsicherungen/Flammensperren ausgerüstet sind (siehe auch Nummer 6-14.S der RSEB).

9-6.3.S Die Verrohrung von Sattelaufliegern mit Tanks zur Beförderung der in der **Anlage 11** der RSEB genannten Gase der Klasse 2, bei denen wegen der angewendeten Schweißverfahren und möglicher Einwirkungen von (Pumpen-)Vibrationen eine Einschränkung der Dichtheit nicht auszuschließen ist, soll – soweit noch nicht erfolgt – im Rahmen einer außerordentlichen Prüfung geprüft werden. Den tatsächlichen Umfang der Prüfung und ggf. eine besondere Festlegung zur Prüfungsfrequenz entscheidet die Benannte Stelle nach § 16 der ODV. Über die außerordentliche Prüfung ist eine Bescheinigung nach der **Anlage 11** der RSEB auszustellen. Die ADR-Zulassungsbescheinigung darf nur bei Vorlage dieser Bescheinigung verlängert werden.

9-6.4.S Die Verrohrung von Tanks an Tankfahrzeugen zur Beförderung der genannten Gase, die keine Probleme aufweist (andere Schweißverfahren, keine wesentlichen Vibrationen), ist im Rahmen der wiederkehrenden Prüfung in angemessenem Umfang zu prüfen. Über die Prüfung ist eine Bescheinigung nach der **Anlage 11** der RSEB auszustellen. Diese Bescheinigung ist bei der Verlängerung der ADR-Zulassungsbescheinigung vorzulegen.

9-6.5.S Bei Tank- oder Batterie-Fahrzeugen mit Erstzulassung ab 01.01.2021 muss im Rahmen der ersten Begutachtung nach Kapitel 9.1 ein Nachweis der Befestigungseinrichtungen gemäß Abschnitt 9.7.3 ADR durch den Fahrzeug- oder Tankhersteller bzw. durch den Hersteller des Aufbaus vorliegen. Bei diesen Fahrzeugen muss die Berechnung von der gesamten Fahrzeugmasse ausgehen. Dies wird in der Regel schon bei der Baumusterzulassung nachgewiesen und vorgemerkt.

9-6.6.S Gleiches gilt auch bei Trägerfahrzeugen von Tankcontainern, Aufsetztanks, ortsbeweglichen Tanks, MEGC oder UN-MEGC. Für Trägerfahrzeuge mit Erstzulassung ab 01.01.2021 muss im Rahmen der erstmaligen Begutachtung nach Kapitel 9.1 ein Nachweis der Befestigungseinrichtungen gemäß Abschnitt 9.7.3 ADR vorliegen. Der Nachweis muss sich gemäß Abschnitt 9.7.3 ADR auf die Aufbaumasse [*)] beziehen.

In Nummer 11 der ADR-Zulassungsbescheinigung ist folgender Vermerk aufzunehmen:

„Die Befestigungseinrichtungen wurden gemäß Unterabschnitt 9.7.3.2 ADR für die maximal zulässige Aufbaumasse von … t nachgewiesen."

Bei Fahrzeugen, anders als bei Trägerfahrzeugen für austauschbare Ladungsträger, muss ein Aufsetztank in die allgemeinen Fahrzeugpapiere (Zulassungsbescheinigung Teil I nach FZV bzw. Teil II nach StVZO) eingetragen werden.

Ein Trägerfahrzeug liegt nicht mehr vor, wenn Befüll- oder Entleerungsarmaturen fest mit dem Fahrzeug verbunden sind.

Zu Unterabschnitt 9.2.2.6 ADR

9-7.1.S Die Normen ISO 25981:2008, ISO 12098:2004, ISO 7638:2003 bzw. EN 15207:2014 sind nur für die in der jeweiligen Norm vorgesehenen Anwendungsbereiche anzuwenden.

9-7.2.S Für den Fall, dass ein Anhänger, der den Anforderungen nicht entsprechen muss (z. B. bestimmte AT-Anhänger) und an dem erforderliche Anschlussverbindungen nach den vorgesehenen Normen nicht installiert sind, mit einem FL-, EX/III- oder MEMU-Zugfahrzeug betrieben wird, darf an dem Anhänger – nicht aber am Zugfahrzeug – ein Adapter zur Herstellung der elektrischen Verbindung angebracht sein.

Zu Unterabschnitt 9.2.4.4 ADR

9-8.S Die Anforderungen in Unterabschnitt 9.2.4.4 ADR „dass jede Gefahr für die Ladung durch Erhitzung oder Entzündung vermieden wird" sind erfüllt, wenn zum Beispiel folgende Bedingungen alternativ eingehalten sind:

  a) Es werden Abdeckungen verwendet, die in der Regel horizontal angeordnete Bleche sind, die je nach den Gegebenheiten als Wanne oder Haube ausgebildet sein können und verhindern, dass Füllgut auf Teile tropfen kann, die betriebsmäßig heiß (über 200 °C) werden.

[*)] Aufbaumasse ist die tatsächliche Masse des zu befestigenden und bis zum maximal zulässigen Füllungsgrad befüllten Tankcontainers, Aufsetztanks, ortsbeweglichen Tanks, MEGC oder UN-MEGC.

RSEB

b) Für flüssige gefährliche Güter (verflüssigte Gase der Klasse 2 gehören nicht dazu) werden Fahrzeuge mit festverbundenen Tanks, Aufsetztanks, ortsbeweglichen Tanks oder Tankcontainern verwendet und diese Tanks sind so ausgerüstet, dass sie ausschließlich über fest angeschlossene Leitungen im geschlossenen System befüllt oder entleert werden können und durch die Motorkonstruktion/-anbringung eine schädliche Hitzeeinwirkung auf die Ladung ausgeschlossen ist.

c) Es werden Fahrzeuge mit Tankcontainern oder ortsbeweglichen Tanks verwendet, die nicht auf den Trägerfahrzeugen befüllt oder entleert werden. In der ADR-Zulassungsbescheinigung nach Unterabschnitt 9.1.3.5 ADR ist unter Nummer 11 (Bemerkungen) aufzunehmen, dass die Tanks nicht auf dem Trägerfahrzeug befüllt oder entleert werden dürfen, wenn für die betreffenden Güter in Kapitel 3.2 Tabelle A Spalte 14 ADR FL-Fahrzeuge vorgeschrieben sind und durch die Motorkonstruktion/-anbringung eine schädliche Hitzeeinwirkung auf die Ladung ausgeschlossen ist. Dies schließt die Verwendung von Aufsetztanks in der Regel aus.

Zu Unterabschnitt 9.2.4.5 ADR

9-9.S Die Anforderungen in Unterabschnitt 9.2.4.5 ADR gelten zum Beispiel als erfüllt, wenn Folgendes eingehalten wird:

a) Die Auspuffanlage ist vor der Fahrerhausrückwand angeordnet.

b) Alternativ sind die Maßnahmen nach Nummer 9-8.S der RSEB anzuwenden.

Zu Unterabschnitt 9.2.4.6 ADR

9-10.1.S Eine Wärmeisolierung gemäß Unterabschnitt 9.2.4.6 ADR ist nur erforderlich, wenn die Oberfläche der Dauerbremsanlage betriebsmäßig heiß (über 200 °C) wird. Die Oberflächentemperatur der Wärmeisolierung darf ebenfalls 200 °C nicht überschreiten.

9-10.2.S Ein ausreichender Schutz der Anlage gegen zufälliges Entweichen oder Ausfließen des beförderten Gutes ist zum Beispiel auch gegeben, wenn die isolierende Einrichtung (Haube) seitlich mindestens zwei Drittel der Höhe der Dauerbremsanlage abdeckt.

Zu Unterabschnitt 9.2.4.7 ADR

9-11.1.S Für Verbrennungsheizgeräte muss eine Typgenehmigung nach UN-Regelung Nr. 122 oder nach der Richtlinie 2001/56/EG oder eine nationale Bauartgenehmigung nach § 22a StVZO erteilt sein. Für die Anwendung gelten auf Basis des erstmaligen Inverkehrbringens der Fahrzeuge folgende Abgrenzungen:

– Mit flüssigem Brennstoff betriebene Verbrennungsheizgeräte müssen erstmalig ab dem 09.05.2005 nach der Richtlinie 2001/56/EG und ab dem 01.08.2013 nach UN-Regelung Nr. 122 typgenehmigt sein.

– Mit Flüssiggas betriebene Verbrennungsheizgeräte müssen erstmalig ab dem 01.01.2007 nach der Richtlinie 2001/56/EG und ab dem 01.08.2013 nach UN-Regelung Nr. 122 typgenehmigt sein.

9-11.2.S Verbrennungsheizgeräte mit nationaler Bauartgenehmigung nach § 22a StVZO müssen in den Zulassungsbescheinigungen Teil I und II nach StVZO (Fahrzeugbrief und Fahrzeugschein) eingetragen sein oder es muss eine Bestätigung des ordnungsgemäßen Einbaus gemäß § 19 Absatz 3 StVZO mitgeführt werden.

9-11.3.S Einschalten mit z. B. Funkfernschaltung ist kein Einschalten von Hand im Sinne des Absatzes 9.2.4.7.5 ADR.

9-11.4.S Verbotene automatische Steuerungen im Sinne des Absatzes 9.2.4.7.5 ADR sind z. B. Zeitschaltuhren. Die Temperaturregelung mit Raumthermostat ist zulässig, wenn die vorgenannten Bedingungen eingehalten werden, d. h. das Verbrennungsheizgerät zuvor von Hand eingeschaltet wurde.

RSEB

Zu Unterabschnitt 9.3.4.1 ADR

9-12.S Als Verankerungspunkte für die Ladungssicherung gelten auch Ladungssicherungsschienen, vorausgesetzt, es besteht die Möglichkeit, alle ausgetretenen Rieselgüter in den Schienen zu erkennen und aus diesen gefahrlos abzusaugen oder auszublasen.

Zu Unterabschnitt 9.7.5.2 ADR

9-13.S Die nach § 14 Absatz 4 der GGVSEB zuständigen Stellen oder Personen prüfen die Einhaltung der technischen Vorschriften zur Kippstabilität der Tankfahrzeuge nach den Verfahren der UN-Regelung Nr. 111 vor Inbetriebnahme der Tankfahrzeuge.

Zu Abschnitt 9.7.6 ADR

9-14.1.S Der Unterfahrschutz nach UN-Regelung Nr. 58 bzw. nach der Richtlinie 70/221/EWG, zuletzt geändert durch die Richtlinie 2006/20/EG, gilt als hinterer Schutz des Fahrzeugs gemäß Abschnitt 9.7.6 nur dann, wenn er die Bedingungen nach Abschnitt 9.7.6 ADR erfüllt und als feste Stoßstange über die gesamte Breite ausreichend den Tank gegen Heckaufprall schützt.

9-14.2.S Sofern Silofahrzeuge nach Kapitel 6.8 zugelassen sind, gelten auch die Anforderungen an den hinteren Schutz der Fahrzeuge gemäß Abschnitt 9.7.6 ADR. In diesem Fall dürfen Füll- und Entleerungseinrichtungen nicht über die hintere Stoßstange hinausragen bzw. ungeschützt sein. Werden gefährliche Güter zulässigerweise in loser Schüttung in Silofahrzeugen befördert, die keine Tankzulassung besitzen, gelten die Anforderungen gemäß Abschnitt 9.7.6 ADR nicht.

13

1985

RSEB

Erläuterungen zu Teil 8 und 9 ADN

Zu Teil 8 ADN

Zu Unterabschnitt 8.1.6.1 ADN

8-1.B Für diese Aufgabe können von der zuständigen Behörde (GDWS) im Einzelfall oder durch Allgemeinverfügung insbesondere auch von einer IHK öffentlich bestellte und vereidigte Sachverständige für Feuerlöschgeräte oder Feuerlöschschläuche zugelassen werden.

Zu Unterabschnitt 8.1.6.2 ADN

8-2.B Es kann bei Bedarf auch ein Mitarbeiter/eine Mitarbeiterin des Herstellers von der GDWS für diese Prüftätigkeit zugelassen werden.

Zu Unterabschnitt 8.2.2.7 ADN

8-3.B Soweit Kapitel 8.2 ADN keine abschließenden oder vollständigen Regelungen zur Durchführung der Prüfungen zum Nachweis der besonderen Kenntnisse des ADN (Basiskurs und Aufbaukurse) enthält, sind die Prüfungen bei der GDWS bis zum Erlass einer besonderen Prüfungsordnung in sinngemäßer Anwendung der Vorschriften in Teil III Kapitel 7 Abschnitt 2 der Verordnung über das Schiffspersonal auf dem Rhein (Schiffspersonalverordnung-Rhein – RheinSchPersV) vom 16. Dezember 2011 (BGBl. 2011 II S. 1300 und Anlageband) in der jeweils geänderten Fassung und in sinngemäßer Anwendung der Dienstanweisung Nr. 2 nach § 1.03 RheinSchPersV der Zentralkommission für die Rheinschifffahrt vom 30.05.2016 durchzuführen. Die Abnahme der Prüfung zum Basiskurs kann nach Abschnitt I. der Richtlinie des Verwaltungsausschusses für die Verwendung des Fragenkatalogs für die Prüfung von ADN-Sachkundigen (Kapitel 8.2 ADN) auch durch einen einzelnen Prüfer erfolgen.

Zu Abschnitt 8.3.5 ADN

8-4.B „Arbeiten an Bord" umfassen alle Arbeiten an der Struktur (am Schiffskörper) oder der Ausrüstung des Schiffes, einschließlich z. B. Ankerketten oder Propeller.

Die Gasfreiheitsbescheinigung für Tankschiffe richtet sich nach Absatz 7.2.3.7.1.6 oder 7.2.3.7.2.6 ADN und muss sich auf das gesamte Schiff beziehen. Die zuständige Behörde kann abweichend davon Arbeiten genehmigen, wenn die Gasfreiheit nur für Teilbereiche eines Schiffes gegeben ist. Die Gasfreiheitsbescheinigung muss für Arbeiten, die im Geltungsbereich der GGVSEB durchgeführt werden, von einer in Deutschland zugelassenen Person ausgestellt werden.

Andere einschlägige Rechtsvorschriften zur Arbeits- und Betriebssicherheit bleiben neben den Vorschriften dieses Abschnitts und bei der Erteilung einer Genehmigung durch die zuständige Behörde unberührt.

Zu Teil 9 ADN

Zu Absatz 9.1.0.40.2.7 Buchstabe a, 9.3.1.40.2.7 Buchstabe a, 9.3.2.40.2.7 Buchstabe a und 9.3.3.40.2.7 Buchstabe a ADN

9-1.B Ortsfeste Druckbehälter, Armaturen und Druckleitungen, die für einen nicht spezifizierten Einsatzzweck hergestellt, in Verkehr gebracht und auf Binnenschiffen für die fest installierte Feuerlöschanlage verwendet werden, müssen den Vorschriften der Vierzehnten Verordnung zum Produktsicherheitsgesetz (Druckgeräteverordnung) vom 13. Mai 2015 (BGBl. I S. 692), die durch Verordnung vom 6. April 2016 (BGBl. I S. 597) geändert worden ist, entsprechen.

Ortsfeste Druckbehälter, Armaturen und Druckleitungen, die speziell für den dauerhaften Einbau in Binnenschiffen, auch in fest installierten Feuerlöscheinrichtungen, bestimmt sind, müssen den Vorschriften einer anerkannten Klassifikationsgesellschaft entsprechen.

Für ortsbewegliche Druckgeräte sind die Vorschriften der Ortsbewegliche-Druckgeräte-Verordnung zu beachten.

Zu Absatz 9.3.1.23.1 ADN

9-2.B Druckbehälter, die Teile von Binnenschiffen sind oder speziell für den dauerhaften Einbau in diese bestimmt sind, unterliegen nicht der Vierzehnten Verordnung zum Produktsicherheitsgesetz (Druckgeräteverordnung). Sie müssen den Vorschriften einer anerkannten Klassifikationsgesellschaft entsprechen.

RSEB

Zu Absatz 9.3.1.23.1 ADR:

9-2.B Druckbehälter, die Teile von Dümenschütten sind oder der speziell für den darstellen Einbau in diese bestimmt sind, unterliegen, nicht der Vorschriften, Verordnung zum Produktsicherheits- gesetz (Druckgeräteverordnung). Sie müssen den Vorschriften einer anerkannten Klassifika- tionsgesellschaft entsprechen.

1988

RSEB – Anlage 1

Anlage 1

Formblatt für Anträge im Gefahrgutbereich

Bei Anträgen auf Zulassung einer Ausnahme bzw. den Abschluss von Vereinbarungen sowie bei Anregungen von Vorschriftenänderungen sind Angaben zu folgenden Fragen oder Punkten zu machen [1]:

Antragsteller

....
(Name)   (Firma)

....
( )

....
(Anschrift)

Kurzbeschreibung des Antrags
(z. B. „Verpackung von .... in freitragenden Kunststoffgefäßen mit einem Fassungsraum von höchstens .... Liter"
oder
„Zulassung der Beförderung von .... als Stoff der Klasse ....")

---

[1] Bei Fragen, die für den betreffenden Antragsgegenstand nicht zutreffen, ist „entfällt" einzutragen. Die Angaben werden nur für amtliche Zwecke verwendet und vertraulich behandelt.

1989

RSEB – Anlage 1

Anlagen
(mit Kurzbeschreibung)

Aufgestellt:

Ort: ....

Datum: ....

Unterschrift: ....

(des für die Angaben Verantwortlichen)

1. Allgemeines

1.1 Folgende Regelung(en) wird (werden) berührt, mit Angabe der Rechtsgrundlage (z. B. Paragraph, Teil, Kapitel, Abschnitt, Unterabschnitt, Absatz):

- ☐ GGVSEB
- ☐ RID
- ☐ ADR
- ☐ ADN
- ☐ GGVSee
- ☐ IMDG-Code
- ☐ ICAO-TI
- ☐ UN-Modellvorschriften

1.2 **Der Antrag/die Anträge betrifft/betreffen:**

- ☐ einen nach den Beförderungsvorschriften nicht zugelassenen Stoff oder Gegenstand
- ☐ eine nach den Beförderungsvorschriften nicht zulässige Verpackung
- ☐ ein nach den Beförderungsvorschriften nicht zugelassenes Beförderungsmittel
- ☐ eine Ersterteilung, Erweiterung oder Neuerteilung einer Ausnahme gemäß § 5 der GGVSEB (Gutachten beifügen)
- ☐ eine Vereinbarung gemäß Abschnitt 1.5.1, einschließlich Anträge auf Erweiterung und Neuerteilung von Vereinbarungen (Fragebogen und Gutachten dem Antrag beifügen)
- ☐ eine Ersterteilung, Erweiterung oder Neuerteilung einer Ausnahme gemäß § 5 GGVSee (Gutachten beifügen)
- ☐ die Klassifizierung von Stoffen und Gegenständen
- ☐ die Umklassifizierung
- ☐ die Aufnahme eines Stoffes, einer Verpackungsart oder eines Beförderungsmittels in
  - ☐ UN-Modellvorschriften
  - ☐ ADR
  - ☐ RID

RSEB – Anlage 1

        ☐ ADN

        ☐ IMDG-Code

        ☐ ICAO-TI

    ☐ Sonstige Anträge

1.3 Welche Gründe erfordern das Abweichen von den gesetzlichen Vorschriften?

    ☐ Einhaltung der Vorschriften unzumutbar (Gründe angeben)

    ☐ Beförderung sonst ausgeschlossen

1.4 Voraussichtlicher Umfang der vorgesehenen Transporte, soweit bekannt (maximale Größe je Verpackungseinheit, Versandstück oder Ladungseinheit)

1.5 Voraussichtliche Zielgebiete (In-, Ausland, ggf. Staaten)

1.6 Mit welchen Staaten bzw. Eisenbahnverwaltungen soll ggf. eine Vereinbarung getroffen werden?

1.7 Welche Verkehrsträger sind vorgesehen?

2. Allgemeine Angaben zum Gefahrgut

2.1 Handelt es sich
    ☐ um einen Stoff
    ☐ um ein Gemisch
    ☐ um eine Lösung
    ☐ um einen Gegenstand

2.2 Chemische Bezeichnung

2.3 Synonyme

2.4 Handelsname

2.5 Strukturformel und/oder Zusammensetzung, Konzentration, technischer Aufbau und Wirkungsmechanismus des Gegenstandes

2.6 Gefahrklasse
- ggf. Verträglichkeitsgruppe (nur bei explosiven Stoffen und Gegenständen mit Explosivstoff)
- ggf. Prüfung oder Zulassung durch die Bundesanstalt für Materialforschung und -prüfung (nur bei organischen Peroxiden der Klasse 5.2 und gewissen selbstzersetzlichen Stoffen der Klasse 4.1 sowie bei explosiven Stoffen und Gegenständen mit Explosivstoff der Klasse 1)
- ggf. Prüfung und Zulassung durch das Bundesamt für Ausrüstung, Informationstechnik und Nutzung der Bundeswehr (nur bei explosiven Stoffen und Gegenständen mit Explosivstoff der Klasse 1, die ausschließlich militärisch genutzt werden)

2.7 UN-Nummer (soweit vorhanden)

2.8 ggf. Verpackungsgruppe (I, II oder III)

2.9 Angaben zur Umweltgefährdung

RSEB – Anlage 1

3. Physikalisch-chemische Eigenschaften

3.1 Zustand während der Beförderung (z. B. gasförmig, flüssig, körnig, pulverförmig, geschmolzen ...)

3.2 Dichte der Flüssigkeit bei 20 °C

3.3 Beförderungstemperatur (bei Stoffen, die in aufgeheiztem oder gekühltem Zustand befördert werden)

3.4 Schmelzpunkt oder Schmelzbereich ... °C

3.5 Ergebnis des Penetrometer-Tests gemäß Abschnitt 2.3.4:
 – Auslaufzeit nach ISO 2431 (1984) für den
 4-mm-Becher: .... Sekunden oder
 6-mm-Becher: .... Sekunden
 – Temperatur: .... °C (vorzugsweise bei 23 °C)
 (falls nach DIN 53 211 bestimmt, Auslaufzeiten für den DIN-Becher sowie die für den geeigneten ISO-Becher umgerechneten Auslaufzeiten angeben)

3.6 Siedepunkt/Siedebeginn oder Siedebereich ... °C

3.7 Dampfdruck bei 20 °C ..., bei 50 °C ..., bei 55 °C ...
 bei verflüssigten Gasen, Dampfdruck bei 70 °C ...
 bei permanenten Gasen, Druck der Füllung bei 15 °C ...
 Betriebstemperatur (höchster Wert aus Füll-, Transport- und Entleerungstemperatur) ... °C

3.8 Löslichkeit in Wasser bei 15 °C
 Angabe der Sättigungskonzentration in mg/l ...
 bzw. Mischbarkeit mit Wasser bei 15 °C
 ☐ beliebig
 ☐ teilweise
 ☐ keine
 (Konzentration angeben)

3.9 Farbe

3.10 Geruch

3.11 pH-Wert des Stoffes bzw. einer wässerigen Lösung (Konzentration angeben)

3.12 Sonstige Angaben

4. Sicherheitstechnische Eigenschaften

4.1 Zündtemperatur nach DIN 51 794 ... °C

4.2 Flammpunkt
 im geschlossenen Tiegel ... °C
 im offenen Tiegel ... °C
 (Prüfmethode angeben, z. B. nach DIN ....)

RSEB – Anlage 1

4.3 Explosionsgrenzen (Zündgrenzen):
untere ... %, obere ... %
(Prüfmethode angeben, z. B. nach DIN ...)

4.4 Ist der Stoff bei Luftzufuhr brennbar (Prüfmethode angeben)?

4.5 Explosionsgefahr bei Stoß/Entzündung/Reibung/Sonstigem (entsprechend den Prüfverfahren in den jeweils zutreffenden Vorschriften)?

4.6 ☐ Bildung explosionsfähiger Dampf/Luft-Gemische

☐ Bildung explosionsfähiger Staub/Luft-Gemische

4.7 ☐ Kann sich der Stoff schon in kleinen Mengen und nach kurzer Zeit (Minuten) bei gewöhnlicher Temperatur an der Luft ohne Energiezufuhr erhitzen und schließlich entzünden?

☐ Kann sich der Stoff nur in größeren Mengen und nach längerer Zeit (Stunden bis Tage) bei gewöhnlicher Temperatur an der Luft ohne Energiezufuhr erhitzen und schließlich entzünden?

4.8 Neigt der Stoff ohne Luftzufuhr zur Selbstzersetzung?

☐ bei gewöhnlicher Temperatur

☐ bei erhöhter Temperatur

Für organische Peroxide der Klasse 5.2 und gewisse selbstzersetzliche Stoffe der Klasse 4.1 angeben:
– SADT ... °C
– Höchstzulässige Beförderungstemperatur ... °C
– Notfalltemperatur ... °C

4.9 Zersetzungsprodukte bei Brand unter Luftzutritt oder bei Einwirkung eines Fremdbrandes:

4.10 Ist der Stoff brandfördernd?

☐ Ja

☐ Nein

4.11 Reagiert der Stoff mit Wasser oder feuchter Luft unter Entwicklung entzündlicher oder giftiger Gase?

☐ Ja

☐ Nein

Entstehende Gase:

4.12 Reagiert der Stoff gefährlich mit Säuren, Alkalien, brandfördernden Stoffen, Metallen?

☐ Ja

☐ Nein

RSEB – Anlage 1

4.13 Ist der Stoff radioaktiv?

☐ Ja

☐ Nein

4.14 Reagiert der Stoff auf andere Weise gefährlich? Wie?

5. Physiologische Gefahren

5.1.1 Mögliche schädliche Wirkungen bei Einwirkung auf Augen oder Haut, Aufnahme durch die Haut, die Atemwege oder den Mund?

Die Tabelle ist wie folgt auszufüllen:

1 starke Reizwirkung

2 mittlere Reizwirkung

3 geringe Reizwirkung

4 stark ätzend

5 Ätzend

6 schwach ätzend

7 sehr giftig

8 Giftig

9 schwach giftig

Schäden	innerlich			äußerlich		
Bei Einwirkung auf bzw. Aufnahme durch	Haut	Atemwege	Mund	Haut	Atemwege	Augen
in fester Form						
in flüssiger Form						
in Dampfform						

5.1.2 LD_{50}- und/oder LC_{50}-Werte bzw. Nekrosewerte

5.2 Ist ein verzögerter Vergiftungseffekt bekannt?

5.3 Entstehen bei Zersetzung oder Reaktion physiologisch gefährliche Stoffe (soweit bekannt, angeben)?

5.4 Sonstige gefährliche physiologische Eigenschaften

6. Angaben zum Gefahrenpotential

6.1 Mit welchen konkreten Schäden muss gerechnet werden, wenn die gefährlichen Eigenschaften des zu befördernden Gutes wirksam werden?

☐ Verbrennung

☐ Verätzung

☐ Vergiftung bei Aufnahme durch die Haut

☐ Vergiftung beim Einatmen

☐ Vergiftung beim Verschlucken

RSEB – Anlage 1

    ☐   mechanische Beschädigung

    ☐   Zerstörung

    ☐   Brand

    ☐   Korrosion

    ☐   Umweltschaden

    ☐   Strahlenbelastung

    ☐   Erstickungsgefahr

    ☐   Sonstiges

6.2 Wie verändert sich daher jeweils die Wirkung

    – bei unterschiedlichen Mengen des gefährlichen Gutes?

    – bei unterschiedlichen Entfernungen vom Ort des Freiwerdens?

In welchem Zeitraum treten diese Schäden ein?

7. Angaben zum Beförderungsmittel

7.1 Welche Beförderungsmittel sind von dem Antrag auf Ausnahmezulassung betroffen?

    ☐   Eisenbahngüterwagen (geschlossen, offen?) – Reisegepäckwagen

    ☐   Lastkraftfahrzeuge (Art der Aufbauten)

    ☐   Binnenfrachtschiffe – Überseefrachtschiffe – Containerschiffe – Passagierschiffe

    ☐   Frachtflugzeuge – Passagierflugzeuge

    ☐   Sonstige

7.2 Sind besondere Stauvorschriften vorgesehen/erforderlich? (Welche?)

7.3 Wie soll das Beförderungsmittel ausgerüstet sein (z. B. elektrische und Brandschutzausrüstung, Lüftungseinrichtung, Kühleinrichtung)?

8. Beförderung gefährlicher Güter in Tanks

8.1 In welchen Tanks soll das gefährliche Gut befördert werden? (Tankcontainer, Aufsetztank, MEGC, MEMU, Batterie-Fahrzeug, Tankfahrzeug, Silofahrzeug, Eisenbahnkesselwagen, Batteriewagen, ortsbeweglicher Tank, Binnentankschiff, Seetankschiff, RoRo-Schiff)

8.2 Liegt hierfür bereits eine Zulassung vor (ggf. Zulassungskennzeichnung und ausstellende Behörde angeben)?

8.3 Gilt die Zulassung für das/die unter 2. beschriebene(n) Gut/Güter? (Bei neuen, noch nicht zugelassenen Tanks sind Konstruktionsunterlagen entsprechend **Anlage 14** der RSEB sowie ein gutachterlicher Eignungsnachweis erforderlich)

9. Angaben zur Verpackung

9.1 Beschreibung und Codierung der Verpackungsbauart (Konstruktionszeichnungen und einen gutachterlichen Eignungsnachweis beifügen)

9.2 Nach welchen Vorschriften (z. B. Teil 6 ADR / RID / IMDG-Code) geprüft? (Prüfbericht beifügen)

RSEB – Anlage 1

9.3 Soll die Verpackung nur unter zusätzlichem Schutz

☐ einer Palette,

☐ einer Palette mit Schrumpffolie oder Stretchfolie,

☐ eines Containers,

☐ in geschlossener Ladung

verwendet werden? (ggf. näher erläutern)

9.4 Sind mit der Verpackung bereits Erfahrungen beim Transport gesammelt worden? (Wenn ja, in welcher Zeitspanne, mit welchem Beförderungsmittel und mit welchen Füllgütern?)

9.5 Sonstige Hinweise

10. Sicherheitstechnische Begründung

(Sachverständigen-Gutachten beifügen)

10.1 Welche Sicherheitsvorkehrungen sind nach dem Stand der Technik im Hinblick auf die vom Gut ausgehenden Gefahren sowie die im Verlauf des gesamten Transportes möglichen Gefährdungen erforderlich?

10.2 Welche Sicherheitsvorkehrungen werden vorgeschlagen (z. B. Verpackung, Ladungssicherung, Menge, Verkehrsträger, Weg)?

10.3 Falls die in Nr. 10.2 vorgeschlagenen Sicherheitsvorkehrungen nicht den in Nr. 10.1 angegebenen erforderlichen Sicherheitsvorkehrungen nach dem Stand der Technik entsprechen:

– Darstellung der verbleibenden Gefahren

– Begründung, weshalb die verbleibenden Gefahren als vertretbar angesehen werden.

1996

RSEB – Anlage 2

Anlage 2

Artikel 6 (Ausnahmen) der Richtlinie 2008/68/EG

Artikel 6 (Ausnahmen) der Richtlinie 2008/68/EG (Richtlinie Binnenland) vom 24. September 2008 (ABl. L 260 vom 30.9.2008, S. 13)

(1) Die Mitgliedstaaten können bei den auf ihrem Hoheitsgebiet durchgeführten Beförderungen die Verwendung anderer als der in den Anhängen vorgesehenen Sprachen gestatten.

(2) a) Sofern die Sicherheit nicht beeinträchtigt ist, können die Mitgliedstaaten Ausnahmen von Anhang I Abschnitt I.1, Anhang II Abschnitt II.1 und Anhang III Abschnitt III.1 für die Beförderung kleiner Mengen bestimmter gefährlicher Güter in ihren Hoheitsgebieten beantragen, wobei die Beförderungsbedingungen jedoch nicht strenger sein dürfen als die in den Anhängen festgelegten Bedingungen; hiervon ausgenommen sind Stoffe mit mittlerer oder hoher Radioaktivität.

b) Sofern die Sicherheit nicht beeinträchtigt ist, können die Mitgliedstaaten ferner Ausnahmen von Anhang I Abschnitt I.1, Anhang II Abschnitt II.1 und Anhang III Abschnitt III.1 für die Beförderung gefährlicher Güter auf ihrem Hoheitsgebiet beantragen für:

   i) die örtlich begrenzte Beförderung über geringe Entfernungen oder

   ii) die örtlich begrenzte Beförderung mit der Eisenbahn auf genau bestimmten Strecken, die zu einem bestimmten industriellen Prozess gehört und unter genau festgelegten Bedingungen streng kontrolliert wird.

Die Kommission prüft in jedem Einzelfall, ob die Bedingungen der Buchstaben a und b erfüllt sind, und befindet nach dem in Artikel 9 Absatz 2 genannten Verfahren darüber, ob die Ausnahme genehmigt und zum Verzeichnis innerstaatlicher Ausnahmen in Anhang I Abschnitt I.3, Anhang II Abschnitt II.3 oder Anhang III Abschnitt III.3 hinzugefügt wird.

(3) Die in Absatz 2 genannten Ausnahmen gelten ab dem Datum ihrer Genehmigung für einen in der Genehmigungsentscheidung festzulegenden Zeitraum von höchstens sechs Jahren. Für die geltenden Ausnahmen gemäß Anhang I Abschnitt I.3, Anhang II Abschnitt II.3 und Anhang III Abschnitt III.3 gilt der 30. Juni 2009 als Datum der Genehmigung. Falls in einer Ausnahmegenehmigung nicht anders angegeben, gilt sie für einen Zeitraum von sechs Jahren.

Ausnahmen sind nichtdiskriminierend anzuwenden.

(4) Beantragt ein Mitgliedstaat die Verlängerung einer Ausnahmegenehmigung, so überprüft die Kommission die betreffende Ausnahme.

Wurde keine den Gegenstand der Ausnahme betreffende Änderung von Anhang I Abschnitt I.1, Anhang II Abschnitt II.1 oder Anhang III Abschnitt III.1 angenommen, verlängert die Kommission nach dem in Artikel 9 Absatz 2 genannten Verfahren die Genehmigung um einen in der Genehmigungsentscheidung festzulegenden weiteren Zeitraum von höchstens sechs Jahren ab dem Zeitpunkt der Genehmigung.

Wurde eine den Gegenstand der Ausnahmeregelung betreffende Änderung von Anhang I Abschnitt I.1, Anhang II Abschnitt II.1 und Anhang III Abschnitt III.1 angenommen, so kann die Kommission nach dem in Artikel 9 Absatz 2 genannten Verfahren:

a) die Ausnahme für veraltet erklären und aus dem betreffenden Anhang streichen;

b) den Anwendungsbereich der Genehmigung begrenzen und den betreffenden Anhang entsprechend ändern;

c) die Genehmigung um einen weiteren Zeitraum von höchstens sechs Jahren ab dem in der Genehmigung über die Entscheidung festzulegenden Datum der Genehmigung verlängern.

RSEB – Anlage 2

(5) Jeder Mitgliedstaat kann ausnahmsweise, und sofern die Sicherheit nicht gefährdet ist, Einzelgenehmigungen erteilen für gemäß dieser Richtlinie untersagte Transportvorgänge gefährlicher Güter auf seinem Hoheitsgebiet oder für die Durchführung dieser Transportvorgänge unter anderen als den in der Richtlinie festgelegten Bedingungen, sofern diese Transportvorgänge klar bezeichnet und zeitlich begrenzt sind.

RSEB – Anlage 3

Anlage 3

Muster für den Untersuchungsbericht nach Unterabschnitt 1.16.3.1 ADN

Bei Anträgen auf Erteilung eines Zulassungszeugnisses soll der Untersuchungsbericht nach Unterabschnitt 1.16.3.1 ADN dem folgenden Muster entsprechen:

1. Muster für einen Untersuchungsbericht für Trockengüterschiffe und Schiffe, die in eine Schiffszusammenstellung mit gefährlichen Gütern eingestellt werden
2. Muster für einen Untersuchungsbericht für Tankschiffe

RSEB – Anlage 3

1. Muster für einen Untersuchungsbericht nach Unterabschnitt 1.16.3.1 ADN Trockengüterschiffe und Schubboote

Bescheinigung Nr.
Ausstellungsdatum: (dd.mm.yyyy)
(diese Angabe ist auf jedem Folgeblatt zu wiederholen)

☐ Erstuntersuchung ☐ Wiederholungsuntersuchung ☐ Sonderuntersuchung

Untersuchungsstelle oder Klassifikationsgesellschaft, die die Untersuchung durchgeführt hat:
Name, Anschrift

Antragsteller der Untersuchung:
Name, Anschrift

Angaben zum Schiff
Name des Schiffes
Amtliche Schiffsnummer/ENI:
Art des Schiffes
Reederei/Eigner:

, (dd.mm.yyyy)
Ort und Datum der Untersuchung:

Bedingungen
Das Fahrzeug

erfüllt die Anforderungen nach 9.1.0.0 bis 9.1.0.79	☐
erfüllt die Anforderungen nach 7.1.2.19.1[1)]	☐
erfüllt die Anforderungen nach 7.2.2.19.3[2)]	☐
erfüllt die zusätzlichen Bauvorschriften für Doppelhüllenschiffe nach 9.1.0.80 bis 9.1.0.95	☐
erfüllt die Anforderungen nach 9.1.0.12.3 b)	☐
erfüllt die Anforderungen für ein Lüftungssystem nach 9.1.0.12.3 b) in:	☐
erfüllt die Anforderungen nach 9.1.0.12.3 c), 9.1.0.51 und 9.1.0.52	☐
erfüllt die Anforderungen nach 9.1.0.53	☐
erfüllt die Anforderungen nach 9.2.0.0 bis 9.2.0.79	☐
erfüllt die zusätzlichen Bauvorschriften für Doppelhüllenschiffe nach 9.2.0.80 bis 9.2.0.95	☐
erfüllt SOLAS 74 Kapitel II-2, Regel 19 oder SOLAS 74 Kapitel II-2, Regel 54	☐
wurde für die höchste Klasse einer anerkannten Klassifikationsgesellschaft gebaut	☐
ist derzeit in die höchste Klasse **Name der Klassifikationsgesellschaft** eingestuft	☐

Die Klasse läuft bis zum: (dd.mm.yyyy)

Stationäre elektrische und nichtelektrische Anlagen und Geräte zum Einsatz in geschützten Bereichen
Temperaturklasse:
Explosionsgruppe:
Zugelassene Gleichwertigkeit oder Abweichungen:
In Anspruch genommene Ausnahmegenehmigung:
Angewendete Übergangsvorschriften:
Bemerkungen:

[1)] Schiff darf keine gefährlichen Güter befördern, aber in einen Verband mit gefährlichen Gütern eingestellt werden
[2)] Fahrzeug ist geeignet zur Fortbewegung von Tankschiffen mit gefährlichen Gütern

RSEB – Anlage 3

Bescheinigung Nr.
Ausstellungsdatum: (dd.mm.yyyy)

Letztes Zulassungszeugnis ausgestellt von: _____
Ausgestellt am: _____
Nummer: _____

Diese Bescheinigung bestätigt den baulichen Zustand des Schiffes zum Zeitpunkt der Untersuchung und dient als Vorlage bei der zuständigen Behörde zwecks Ausstellung des Zulassungszeugnisses.

Hiermit wird bescheinigt:

☐ dass das oben genannte Schiff vom unterzeichnenden Besichtiger auf Einhaltung der ADN-Vorschriften untersucht worden ist und dass Bau und Ausrüstung den anwendbaren Vorschriften der dem ADN beigefügten Verordnung in der Fassung vom 01.01.2021 vollständig entsprechen.

☐ dass das oben genannte Schiff vom unterzeichnenden Besichtiger auf Einhaltung der ADN-Vorschriften untersucht worden ist und dass Bau und Ausrüstung den anwendbaren Vorschriften der dem ADN beigefügten Verordnung in der Fassung vom 01.01.2021 teilweise entsprechen. Die entsprechenden Abweichungen und die Termine für die Mängelbeseitigung sind nachfolgend dokumentiert.

Abweichungen von ADN Abschnitt/Unterabschnitt/Absatz   Mängelbeseitigung bis spätestens:

_____
                                                                                               (dd.mm.yyyy):
_____
                                                                                               (dd.mm.yyyy):

Es wird eine Laufzeit für das Zulassungszeugnis bis zum (dd.mm.yyyy) empfohlen.

Ausgestellt in Ort am (dd.mm.yyyy)

Untersuchungsstelle/
anerkannte Klassifikationsgesellschaft

....
(Name)
Besichtiger/Vertretungsberechtigter
Siegel

Anlage/n

13

2001

RSEB – Anlage 3

2. Muster für einen Untersuchungsbericht nach Unterabschnitt 1.16.3.1 ADN Tankschiffe

Bescheinigung Nr.
Ausstellungsdatum: (dd.mm.yyyy)

☐ Erstuntersuchung ☐ Wiederholungsuntersuchung ☐ Sonderuntersuchung

Untersuchungsstelle oder Klassifikationsgesellschaft, die die Untersuchung durchgeführt hat:
Name, Anschrift

Antragsteller der Untersuchung:
Name, Anschrift

Angaben zum Schiff
Name des Tankschiffes
Amtliche Schiffsnummer/ENI:
Tankschiff des Typs
Reederei/Eigner:

_____ , (dd.mm.yyyy)
Ort und Datum der Untersuchung:

Ladezustand[1)]

1.	Drucktank	☐
2.	Ladetank, geschlossen	☐
3.	Ladetank, offen – mit Flammendurchschlagsicherung	☐
4.	Ladetank, offen – ohne Flammendurchschlagsicherung	☐

Ladetanktyp[1)]

1.	Unabhängiger Ladetank	☐
2.	integraler Ladetank	☐
3.	Ladetankwandung nicht Außenhaut	☐
4.	Membrantank	☐

Überdruck-/Hochgeschwindigkeitsventil/Sicherheitsventil
Öffnungsdruck: kPa

Zusätzliche Einrichtungen[1)]:

Probeentnahmeeinrichtung	
Anschlussmöglichkeit	☐
geschlossen	☐
teilweise geschlossen	☐
Probeentnahmeöffnung	☐
Berieselungsanlage	☐
Druckalarm 40 kPa	☐

Heizung ☐

Heizmöglichkeit von Land	☐
Heizmöglichkeit an Bord	☐

[1)] Bei unterschiedlichen Eigenschaften der Ladetanks siehe Anlage.

RSEB – Anlage 3

Bescheinigung Nr.
Ausstellungsdatum: (dd.mm.yyyy)

Kühlanlage	☐
Inertgasanlage	☐
Pumpenraum unter Deck	☐
Lüftungssystem nach 9.3.x.12.4 b) in	☐
erfüllt die Anforderungen nach 9.3.x.12.4 b)	☐
erfüllt die Anforderungen nach 9.3.x.12.4 c), 9.3.x.51 und 9.3.x.52	☐
Gasabfuhrleitung und Einrichtungen beheizt	☐

entspricht den Bauvorschriften, die sich aus der/den folgenden Bemerkung(en)
in Kapitel 3.2 Tabelle C der Spalte 20 ergeben: _____

Stationäre elektrische Anlagen und Geräte

Temperaturklasse: _____
Explosionsgruppe: _____

Autonome Schutzsysteme

Explosionsgruppe/Untergruppe der Explosionsgruppe IIB: _____

Instruktionen für die Lade- und Löschrate: ☐

Lade-/Löschrate: _____ m^3/h

Zugelassene relative Dichte:
(bei maximalem Füllungsgrad) _____

Schiff entspricht Bauschriften
9.3.x.12, 9.3.x.51, 9.3.x.52 ☐

Zugelassene Gleichwertigkeit oder Abweichungen: _____

(Verweis auf die jeweilige Empfehlung des ADN-Verwaltungsausschusses)

_____
_____

In Anspruch genommene Ausnahmegenehmigung: _____
Angewendete Übergangsvorschriften: _____
Letztes Zulassungszeugnis ausgestellt von: _____
Ausgestellt am: _____
Nummer: _____

Klassenzeichen (soweit zutreffend)

Schiff: _____
Maschine: _____

Bei der Klassifikationsgesellschaft _____ ist eine Schiffsstoffliste beantragt, vorläufige Zuordnung aufgrund alter Schiffsstoffliste vom:

Ein Klassenzertifikat mit einer Laufzeit von: _____ Jahren wurde ausgestellt: (mm.yyyy)

2003

RSEB – Anlage 3

Bescheinigung Nr.
Ausstellungsdatum: (dd.mm.yyyy)

Diese Bescheinigung bestätigt den baulichen Zustand des Schiffes zum Zeitpunkt der Untersuchung und dient als Vorlage bei der zuständigen Behörde zwecks Ausstellung des Zulassungszeugnisses.

Hiermit wird bescheinigt:

☐ dass das oben genannte Tankschiff vom unterzeichnenden Besichtiger auf Einhaltung der ADN-Vorschriften untersucht worden ist und dass Bau und Ausrüstung den anwendbaren Vorschriften der dem ADN beigefügten Verordnung in der Fassung vom 01.01.2021 vollständig entsprechen.

☐ dass das oben genannte Tankschiff vom unterzeichnenden Besichtiger auf Einhaltung der ADN-Vorschriften untersucht worden ist und dass Bau und Ausrüstung den anwendbaren Vorschriften der dem ADN beigefügten Verordnung in der Fassung vom 01.01.2021 teilweise entsprechen. Die entsprechenden Abweichungen und die Termine für die Mängelbeseitigung sind nachfolgend dokumentiert.

Abweichungen von ADN Abschnitt/Unterabschnitt/Absatz	Mängelbeseitigung bis spätestens:
	(dd.mm.yyyy):
	(dd.mm.yyyy):

Es wird eine Laufzeit für das Zulassungszeugnis bis zum (dd.mm.yyyy) empfohlen.

Ausgestellt in Ort am (dd.mm.yyyy)

Untersuchungsstelle/
anerkannte Klassifikationsgesellschaft

....
(Name)
Besichtiger/Vertretungsberechtigter
Siegel

Anlage/n

2004

RSEB – Anlage 3

Anlage zum Untersuchungsbericht nach Unterabschnitt 1.16.3.1 ADN vom _____
der Klassifikationsgesellschaft/Untersuchungsstelle _____
für das Tankschiff (Name, ENI) _____

Wenn die Ladetanks des Tankschiffs kein einheitlicher Typ sind oder deren Ausführung und Ausrüstung nicht gleich sind, dann müssen deren Typ, deren Ausführung und deren Ausrüstung hierunter angegeben werden.												
Tanknummer	1	2	3	4	5	6	7	8	9	10	11	12
Drucktank												
Ladetank geschlossen												
Ladetank offen mit Flammendurchschlagsicherung												
Ladetank offen												
unabhängiger Ladetank												
integraler Ladetank												
Ladetankwandung nicht Außenhaut												
Membrantank												
Öffnungsdruck Überdruck/ Hochgeschwindigkeitsventil/ Sicherheitsventil in kPa												
Anschluss für eine Probeentnahmeeinrichtung												
Probeentnahmeöffnung												
Berieselungsanlage												
Druckalarmeinrichtung 40 kPa												
Heizmöglichkeit von Land												
Heizanlage an Bord												
Kühlanlage												
Inertgasanlage												
Gasabfuhrleitung und Einrichtungen beheizt												
Entspricht den Bauvorschriften, die sich aus der (den) Bemerkung(en) .... in Kapitel 3.2 Tabelle C Spalte (20) ergeben												

13

2005

RSEB – Anlage 3

RSEB – Anlage 4

Anlage 4

| **Antrag auf Fahrwegbestimmung nach § 35a Absatz 3 der GGVSEB** |

....
(Name und Anschrift des Antragstellers)

An die nach Landesrecht zuständige Behörde/Stelle [1)]

( ) .... (Beladung)

( ) .... (Entladung)

( ) .... (Endender Autobahnabschnitt)

Betr.: Antrag auf Fahrwegbestimmung nach § 35a Absatz 3 GGVSEB

1. Folgende gefährliche Güter sollen befördert werden:

   .... Gefahrzettel (Klasse) .... ggf. Verpackungsgruppe ....
   (UN-Nummer und Benennung des Gutes)

   .... Gefahrzettel (Klasse) .... ggf. Verpackungsgruppe ....
   (UN-Nummer und Benennung des Gutes)

   .... Gefahrzettel (Klasse) .... ggf. Verpackungsgruppe ....
   (UN-Nummer und Benennung des Gutes)

2. Beladeort

   ....
   (Gemeinde, Straße, Hausnummer, ggf. sonstige Lagebeschreibung)

3. Entladeort

   ....
   (Gemeinde, Straße, Hausnummer, ggf. sonstige Lagebeschreibung)

4. Die dem Beladeort (Nummer 2) nächstgelegene Autobahnanschlussstelle

   ....

5. Die dem Entladeort (Nummer 3) nächstgelegene Autobahnanschlussstelle

   ....

6. Vorschlag des Fahrweges zwischen dem Beladeort und der nächstgelegenen Autobahnanschlussstelle

   ....
   (Beschreibung des Fahrwegs durch Angabe der Straßennamen oder -bezeichnungen, wie beispielsweise Straßenklasse und -nummer)

RSEB – Anlage 4

7. Vorschlag des Fahrwegs zwischen der dem Entladeort nächstgelegenen Autobahnanschlussstelle und dem Entladeort

....

(Beschreibung des Fahrwegs durch Angabe der Straßennamen oder -bezeichnungen, wie beispielsweise Straßenklasse und -nummer)

8. Vorschlag des Fahrwegs zwischen Autobahnabschnitten
(nur bei „unterbrochenen Autobahnen")

....

(Beschreibung des Fahrwegs durch Angabe der Straßennamen oder -bezeichnungen, wie beispielsweise Straßenklasse und -nummer)

9. Zeitraum, in dem die Fahrwegbestimmung gültig sein soll

....

....
(Ort, Datum) (Unterschrift)

---

1) Siehe auch Nummer 35.2.2.S der RSEB.

Die nach Landesrecht zuständigen Behörden/Stellen sind in

Baden-Württemberg die unteren Verwaltungsbehörden (Landratsämter und Stadtkreise);

Bayern die Kreisverwaltungsbehörden;

Berlin die Verkehrslenkung Berlin (VLB);

Brandenburg die Landkreise und kreisfreien Städte als Kreisordnungsbehörde;

Bremen der Senator für Wirtschaft, Arbeit und Häfen;

Hamburg die Behörde für Inneres und Sport;

Hessen die Landräte und in den kreisfreien Städten die Oberbürgermeister;

Mecklenburg-Vorpommern die Landräte und in den kreisfreien Städten die Oberbürgermeister (Bürgermeister);

Niedersachsen die Landkreise, kreisfreien Städte und großen selbständigen Städte;

Nordrhein-Westfalen die Kreise und kreisfreien Städte als Kreisordnungsbehörde;

Rheinland-Pfalz die Kreisverwaltungen, kreisfreien Städte und großen kreisangehörigen Städte;

Saarland die unteren Straßenverkehrsbehörden (bei den Landräten, dem Regionalverband Saarbrücken, der Landeshauptstadt Saarbrücken sowie den Mittelstädten);

Sachsen die Landkreise und kreisfreien Städte;

Sachsen-Anhalt die unteren Verwaltungsbehörden (Landkreise und kreisfreien Städte);

Schleswig-Holstein die Landräte und in den kreisfreien Städten die Oberbürgermeister (Bürgermeister);

Thüringen die Landkreise und kreisfreien Städte.

RSEB – Anlage 5

Anlage 5

(Ausstellende Behörde)
Fahrwegbestimmung nach § 35a Absatz 3 der GGVSEB

1. Für die Beförderung von

   .... Gefahrzettel (Klasse) .... ggf. Verpackungsgruppe ....
   (UN-Nummer und Benennung des Gutes) [1]

   .... Gefahrzettel (Klasse) .... ggf. Verpackungsgruppe ....
   (UN-Nummer und Benennung des Gutes) [1]

   .... Gefahrzettel (Klasse) .... ggf. Verpackungsgruppe ....
   (UN-Nummer und Benennung des Gutes) [1]

   zwischen dem/der Beladeort/Entladeort/Grenzübergangsstelle/Autobahnanschlussstelle [2]

   ....
   (Gemeinde, Straße, Hausnummer, ggf. sonstige Lagebeschreibung)

   und dem Entladeort/der Grenzübergangsstelle/Autobahnanschlussstelle [2]

   ....
   (Gemeinde, Straße, Hausnummer, ggf. sonstige Lagebeschreibung)

   wird folgender Fahrweg bestimmt:

   ....
   (Beschreibung des Fahrwegs durch Angabe der Straßennamen oder -bezeichnungen, wie beispielsweise Straßenklasse und -nummer)

2. Geltungsdauer der Fahrwegbestimmung

   ....

3. Nebenbestimmungen

   ....

4. Antragsteller
   Diese Fahrwegbestimmung wurde auf Antrag von

   ....
   (Name und Anschrift)
   erteilt.

5. Kostenfestsetzung

   ....

6. Rechtsbehelfsbelehrung

   ....

   ....
              (Ort, Datum)   (Unterschrift)

---

[1] Die UN-Nummer und die Benennung des Gutes ergeben sich aus der Tabelle A in Kapitel 3.2 ADR. Falls der Stoffname nicht namentlich aufgeführt ist, muss die technische Benennung eingesetzt werden.
[2] Nicht zutreffendes streichen.

RSEB – Anlage 5

RSEB – Anlage 6

Anlage 6

Antrag auf Ausstellung einer Bescheinigung nach § 35 Absatz 4 der GGVSEB

....
(Name und Anschrift des Antragstellers)

An
Eisenbahn-Bundesamt/Generaldirektion Wasserstraßen und Schifffahrt [1]

1. Die UN-Nummer und die Benennung der zu befördernden Stoffe und Gegenstände sowie Angabe des/der Gefahrzettels/Gefahrzettel (Klasse)

   ....

2. Beförderungsart
   (die im Straßenverkehr vorgesehen ist – z. B. in Tankcontainern, in Tankfahrzeugen, Versandstücken, Versandstücken in Containern, Art und Größe der Container)

   ....

3. Beladeort
   (Angabe der Gemeinde, Straße, Hausnummer, ggf. genaue Bezeichnung der Stelle auf dem Betriebsgelände)

   ....

4. Name des Befüllers oder Verladers
   (§ 2 Nr. 2 oder 3 der GGVSEB)

   ....

5. Entladeort
   (Angabe der Gemeinde, Straße, Hausnummer, ggf. genaue Bezeichnung der Stelle auf dem Betriebsgelände)

   ....

6. Name des Empfängers

   ....

7. Zeitraum, in dem die Bescheinigung gültig sein soll

   ....

8. Voraussichtliche durchschnittliche Beförderungsmengen je Beförderung

   ....

9. Voraussichtliche Anzahl der Beförderungen

   ....

10. Entfernung in Kilometern auf der Straße

    ....

11. Ein gleichlautender Antrag wurde an das Eisenbahn-Bundesamt gestellt.
    (Nur bei Anträgen an die Generaldirektion Wasserstraßen und Schifffahrt auszufüllen)

    ....

....
(Ort, Datum)   (Unterschrift)

_____
[1] Nicht zutreffendes streichen

RSEB – Anlage 6

Eisenbahn-Bundesamt [1)]
Referat 33
Heinemannstraße 6
53175 Bonn

Für die vorstehend durch die Nummern 1 bis 10 bestimmten Beförderungen wird hiermit nach § 35 Absatz 4 der GGVSEB bescheinigt, dass eine Beförderung auf dem Eisenbahnweg, einschließlich des multimodalen Verkehrs, nicht möglich ist.

Generaldirektion Wasserstraßen und Schifffahrt [1)]
Am Propsthof 51
53121 Bonn

Für die vorstehend durch die Nummern 1 bis 10 bestimmten Beförderungen wird hiermit nach § 35 Absatz 4 der GGVSEB bescheinigt, dass eine Beförderung auf dem Wasserweg, einschließlich des multimodalen Verkehrs, nicht möglich ist.

Diese Bescheinigung gilt bis zum ....

....
(Ort, Datum) (Unterschrift)

[1)] Nicht zutreffendes streichen

2012

RSEB – Anlage 7

Anlage 7

Buß- und Verwarnungsgeldkatalog

1. Bußgeldkatalog (G)eltungsbereich: (S)traße; (E)isenbahn; (B)innenschifffahrt

G	Lfd. Nr.	Ordnungswidrigkeit, die darin besteht, dass	GGVSEB § 37 Abs. 1	Euro	Kategorie
	A.	der Auftraggeber des Absenders			
		der Auftraggeber des Absenders entgegen § 17 Abs. 1			
S,E,B	1	Nr. 1 sich nicht oder nicht rechtzeitig vergewissert;	Nr. 3a	1500,-	I
S,E,B	2	Nr. 2 nicht dafür sorgt, dass eine dort genannte Angabe schriftlich oder elektronisch mitgeteilt oder auf eine dort genannte Vorschrift schriftlich oder elektronisch hingewiesen wird;	Nr. 3b	500,-	I
S,E,B	3	Nr. 3 nicht dafür sorgt, dass auf das gefährliche Gut hingewiesen wird;	Nr. 3c	500,-	I
		der Auftraggeber des Absenders entgegen § 17 Abs. 2			
E	4	nicht dafür sorgt, dass eine dort genannte Angabe schriftlich oder elektronisch mitgeteilt wird;	Nr. 3d	200,-	III
		der Auftraggeber des Absenders entgegen § 17 Abs. 3			
S,B	5	nicht dafür sorgt, dass eine dort genannte Information zur Verfügung gestellt wird;	Nr. 3e	500,-	I
		der Auftraggeber des Absenders entgegen § 27 Abs. 4 (auch Absender, Verpacker, Verlader, Befüller, Entlader, Beförderer und Empfänger)			
S,E,B	6	Sicherungspläne nicht einführt und nicht anwendet;	Nr. 19f	500,-	II
	B.	der Absender			
		der Absender entgegen § 18 Abs. 1			
S,E,B	7	Nr. 1 einen Hinweis			
	7.1	nicht oder nicht richtig oder nicht vollständig (relevante Angaben, z. B. UN-Nummer, offizielle Benennung, Verpackungsgruppe) oder nicht in der vorgeschriebenen Weise gibt,	Nr. 4a	500,-	I
	7.2	nicht vollständig (andere fehlende Angaben als unter 7.1) gibt;		200,-	III
S,E,B	8	Nr. 2 den Beförderer nicht, nicht richtig oder nicht rechtzeitig informiert;	Nr. 4b	500,-	I
S,E,B	9	Nr. 3 sich nicht oder nicht rechtzeitig vergewissert;	Nr. 4c	1500,-	I
S,E,B	10	Nr. 4 nicht dafür sorgt,	Nr. 4d		
	10.1	dass eine Angabe in das Beförderungspapier richtig oder vollständig (relevante Angaben, z. B. UN-Nummer, offizielle Benennung, Verpackungsgruppe) eingetragen wird,		500,-	I
	10.2	dass eine Angabe in das Beförderungspapier vollständig (andere fehlende Angaben als unter 10.1) eingetragen wird;		200,-	III
S,E,B	11	Nr. 5 nicht dafür sorgt,	Nr. 4e		
	11.1	dass nur eine dort genannte Verpackung oder Großverpackung, ein dort genannter IBC oder Tank oder nur ein dort genanntes MEMU oder		800,-	I
B	11.2	dass nur ein dort genanntes Schiff verwendet wird;		1500,-	I
S,E,B	12	Nr. 6 nicht dafür sorgt, dass die zuständige Behörde benachrichtigt wird;	Nr. 4f	800,-	I
S,E,B	13	Nr. 7	Nr. 4g		
	13.1	nicht im Besitz einer Zeugnis- oder Anweisungskopie ist,		800,-	I
	13.2	eine Aufzeichnung nicht oder nicht vollständig zur Verfügung stellt;		500,-	I
S,E,B	14	Nr. 8 nicht dafür sorgt,	Nr. 4h		
	14.1	dass ein Beförderungspapier mit einer geforderten Angabe, Anweisung oder einem geforderten Hinweis mitgegeben, richtig mitgegeben oder vollständig (relevante Angaben, z. B. UN-Nummer, offizielle Benennung, Verpackungsgruppe) mitgegeben wird,		500,-	I
	14.2	dass ein Beförderungspapier mit einer geforderten Angabe, Anweisung oder einem geforderten Hinweis vollständig (andere fehlende Angaben als unter 14.1) mitgegeben wird;		200,-	III
S,E,B	15	Nr. 9 nicht dafür sorgt, dass ein erforderliches Zeugnis zugänglich gemacht wird;	Nr. 4i	500,-	I
S,E,B	16	Nr. 10 nicht dafür sorgt, dass ein erforderliches Begleitpapier beigefügt wird;	Nr. 4j	500,-	I
S,E,B	17	Nr. 11 den Verlader nicht oder nicht richtig oder nicht in der vorgeschriebenen Weise oder nicht rechtzeitig auf die Begasung hinweist;	Nr. 4k	500,-	I
S,E,B	18	Nr. 12 eine Kopie des Beförderungspapiers, der Information oder Dokumentation nicht oder nicht mindestens 3 Monate aufbewahrt;	Nr. 4l	500,-	I
		der Absender entgegen § 18 Abs. 2			
S	19	Nr. 1 nicht dafür sorgt, dass eine Ausnahmezulassung vor Beförderungsbeginn übergeben wird;	Nr. 4m	500,-	I

2013

RSEB – Anlage 7

Bußgeldkatalog (Fortsetzung)

G	Lfd. Nr.	Ordnungswidrigkeit, die darin besteht, dass	GGVSEB § 37 Abs. 1	Euro	Kategorie
	B.	**der Absender** (Fortsetzung)			
S	20	Nr. 2 nicht dafür sorgt, dass eine dort genannte Information zur Verfügung gestellt wird;	Nr. 4n	500,-	I
		der Absender entgegen § 18 Abs. 3			
E	21	Nr. 1 eine Vorschrift für den Versand als Expressgut nicht beachtet;	Nr. 4o	500,-	I
E	22	Nr. 2 nicht dafür sorgt, dass ein Großzettel, die orangefarbene Tafel, das Kennzeichen und der Rangierzettel angebracht werden;	Nr. 4p	500,-	I
E	23	Nr. 3 nicht dafür sorgt, dass das Beförderungspapier die Angabe enthält;	Nr. 4q	200,-	III
		der Absender entgegen § 18 Abs. 4			
B	24	Nr. 1 nicht dafür sorgt, dass die Ausnahmezulassung vor Beförderungsbeginn übergeben wird;	Nr. 4r	500,-	I
B	25	Nr. 2 nicht dafür sorgt, dass ein Großzettel und die orangefarbene Tafel angebracht werden;	Nr. 4s	500,-	I
B	26	Nr. 3 nicht dafür sorgt, dass eine dort genannte Information zur Verfügung gestellt wird;	Nr. 4t	500,-	I
		der Absender entgegen § 27 Abs. 2 (auch Beförderer und Empfänger)			
S,E,B	27		Nr. 19b		
	27.1	eine Untersuchung nicht durchführt,		500,-	I
	27.2	eine Maßnahme nicht ergreift,		800,-	I
	27.3	nicht dafür sorgt, dass eine zuständige Behörde informiert wird;		800,-	I
		der Absender entgegen § 27 Abs. 4 (auch Auftraggeber des Absenders, Verpacker, Verlader, Befüller, Beförderer, Entlader und Empfänger)			
S,E,B	28	Sicherungspläne nicht eingeführt und nicht anwendet;	Nr. 19f	500,-	II
	C.	**der Beförderer**			
		der Beförderer entgegen § 4 Abs. 2 Satz 2			
E	29	einen Betreiber der Eisenbahninfrastruktur nicht oder nicht rechtzeitig benachrichtigt oder nicht oder nicht rechtzeitig benachrichtigen lässt und nicht mit Informationen versieht oder versehen lässt;	Nr. 1	800,-	I
		der Beförderer entgegen § 4 Abs. 3			
E	30	Nr. 2 die Sendung nicht oder nicht rechtzeitig anhält oder die Beförderung fortsetzt;	Nr. 2	800,-	I
		der Beförderer entgegen § 19 Abs. 1			
S,E,B	31	Nr. 1 den Absender nicht, nicht richtig oder nicht rechtzeitig informiert;	Nr. 5a	500,-	I
S,E,B	32	Nr. 2 eine Sendung befördert, die nicht die Vorschriften erfüllt; *) Bei den bereits aufgeführten Ordnungswidrigkeiten wird der Betrag verdoppelt; ansonsten wegen vorsätzlichen Handelns: 500,-.	Nr. 5b	500,-*)	I/II/III
S,E,B	33	Nr. 3 nicht dafür sorgt, dass ein Tank nicht zur Beförderung aufgegeben wird;	Nr. 5c	800,-	I
S,E,B	34	Nr. 4 eine Kopie des Beförderungspapiers, der Information oder Dokumentation nicht oder nicht mindestens 3 Monate aufbewahrt;	Nr. 5d	500,-	I
S,E,B	35	Nr. 5 nicht dafür sorgt, dass die Dokumente die erforderlichen Angaben enthalten;	Nr. 5e	800,-	I
S,E,B	36	Nr. 6 nicht dafür sorgt, dass die Dokumente die erforderlichen Angaben enthalten;	Nr. 5f	500,-	I
		der Beförderer entgegen § 19 Abs. 2			
S	37	Nr. 1 das Verbot der anderweitigen Verwendung nicht einhält;	Nr. 6a	500,-	I
S	38	Nr. 2 der Fahrzeugbesatzung nicht oder nicht rechtzeitig die schriftlichen Weisungen übergibt und nicht dafür sorgt, dass jedes Mitglied der Fahrzeugbesatzung diese verstehen und richtig anwenden kann;	Nr. 6b	300,-	II
S	39	Nr. 3 nicht dafür sorgt, dass eine dort genannte Vorschrift über die Beförderung in loser Schüttung und in Tanks beachtet wird;	Nr. 6c	500,-	I
S	40	Nr. 4 nicht dafür sorgt, dass eine dort genannte Vorschrift über die Begrenzung der Mengen eingehalten wird;	Nr. 6d	500,-	I

RSEB – Anlage 7

Bußgeldkatalog (Fortsetzung)

G	Lfd. Nr.	Ordnungswidrigkeit, die darin besteht, dass	GGVSEB § 37 Abs. 1	Euro	Kategorie
	C.	**der Beförderer** (Fortsetzung)			
		der Beförderer entgegen § 19 Abs. 2			
S	41	Nr. 5 nicht dafür sorgt, dass ein Begleitpapier, die Bescheinigung oder eine Ausnahmezulassung vor Beförderungsbeginn übergeben wird	Nr. 6e		
	41.1.1	Beförderungspapiere nicht übergibt,		500,-	I
	41.1.2	Beförderungspapiere übergibt, die aber nicht den Vorschriften entsprechen (fehlende relevante Angaben, z. B. UN-Nummer, offizielle Benennung, Verpackungsgruppe),		500,-	I
	41.1.3	Beförderungspapiere übergibt, die aber nicht den Vorschriften entsprechen (andere fehlende Angaben als unter 41.1.2),		200,-	III
	41.2	Container-/Fahrzeugpackzertifikat,		300,-	II
	41.3	Bescheinigung über die Prüfung des Aufsetztanks (innerstaatlich),		300,- bis 800,-	II/I
	41.4	Ausnahmezulassung,		300,- bis 800,-	II/I
	41.5.1	Zulassungsbescheinigung fehlt oder ist nicht verlängert worden,		800,-	I
	41.5.2	Zulassungsbescheinigung mit fehlenden oder unrichtigen Angaben außer in den Feldern 2 bis 6,		300,- bis 500,-	I
	41.5.3	Zulassungsbescheinigung mit fehlenden oder unrichtigen Angaben in den Feldern 2 bis 6,		200,- bis 300,-	II
	41.6	Kopie der Genehmigung der zuständigen Behörde;		300,- bis 800,-	II/I
S	42	Nr. 6 nicht dafür sorgt, dass nur Fahrzeugführer mit einer gültigen Bescheinigung eingesetzt werden; es fehlen:	Nr. 6f		
	42.1	Basiskurs,		500,-	I
	42.2	Aufbaukurs,		500,-	I
	42.3	Basis- und Aufbaukurs,		600,-	I
	42.4	abgelaufener Basis- und/oder Aufbaukurs, bei einem Ablauf von bis zu 12 Monaten;		100,- bis 500,-	I
S	43	Nr. 7 nicht dafür sorgt, dass ein ortsbeweglicher Tank nicht zur Beförderung aufgegeben wird;	Nr. 6g	800,-	I
S	44	Nr. 8 nicht dafür sorgt, dass die Tankakte geführt, aufbewahrt, übergeben, vorgelegt oder zur Verfügung gestellt wird;	Nr. 6h	200,-	III
S	45	Nr. 9 die Beförderungseinheit	Nr. 6i		
	45.1	nicht mit Feuerlöschgeräten ausgerüstet ist (Weiterfahrt untersagt),		500,-	I
	45.2	nicht mit den vorgeschriebenen Feuerlöschgeräten ausgerüstet ist (andere Mängel),		200,-	II
	45.3	nicht mit den vorgeschriebenen Feuerlöschgeräten ausgerüstet ist (leichte Mängel);		100,-	III
S	46	Nr. 10 eine Prüffrist nicht einhält;	Nr. 6j	200,-	II
S	47	Nr. 11 das Fahrzeug nicht mit einem Großzettel, einer orangefarbenen Tafel oder den Kennzeichen nach den Abschnitten 3.4.15, 5.3.3 und 5.3.6 ADR ausrüstet oder nicht dafür sorgt, dass ein Kennzeichen nach Abschnitt 3.4.15 ADR angebracht wird; *) wenn nur ein Großzettel oder ein Kennzeichen fehlt	Nr. 6k	500,- 200,-*)	I II*)
S	48	Nr. 12 nicht dafür sorgt, dass ein Tank verwendet wird, der den dort genannten Anforderungen entspricht.	Nr. 6l	1000,-	I
S	49	Nr. 13 nicht dafür sorgt, dass ein Tank oder ein Fahrzeug einer dort genannten	Nr. 6m		
	49.1	Bau- und Ausrüstungsvorschrift,		500,- bis 1000,-	II/I
	49.2	Kennzeichnungsvorschrift entspricht;		200,- bis 500,-	II/I
S	50	Nr. 14 nicht dafür sorgt, dass eine außerordentliche Prüfung durchgeführt wird;	Nr. 6n	800,-	I
S	51	Nr. 15 dem Fahrzeugführer eine erforderliche Ausrüstung nicht übergibt;	Nr. 6o	800,-	I
S	52	Nr. 16 die Beförderungseinheit nicht ausrüstet;	Nr. 6p	200,-	II

2015

RSEB – Anlage 7

Bußgeldkatalog (Fortsetzung)

G	Lfd. Nr.	Ordnungswidrigkeit, die darin besteht, dass	GGVSEB § 37 Abs. 1	Euro	Kategorie
	C.	**der Beförderer** (Fortsetzung)			
		der Beförderer entgegen § 19 Abs. 2			
S	53.1	Nr. 17 Buchstabe a nicht dafür sorgt,	Nr. 6q		
	53.1.1	dass an Fahrzeugen, die nach Unterabschnitt 9.1.2.1 Satz 4 ADR zugelassen sind, eine dort genannte Vorschrift beachtet wird (Stilllegung/Weiterfahrt untersagt).		800,-	I
	53.1.2	dass an Fahrzeugen, die nach Unterabschnitt 9.1.2.1 Satz 4 ADR zugelassen sind, eine dort genannte Vorschrift beachtet wird (andere Mängel),		200,- bis 500,-	III/II
	53.2	Nr. 17 Buchstabe b nicht dafür sorgt,			
	53.2.1	dass an Fahrzeugen, die nicht zulassungspflichtig sind, eine dort genannte Vorschrift beachtet wird (Stilllegung/Weiterfahrt untersagt),		800,-	I
	53.2.2	dass an Fahrzeugen, die nicht zulassungspflichtig sind, eine dort genannte Vorschrift beachtet wird (andere Mängel);		200,- bis 500,-	III/II
S	54	Nr. 18 nicht dafür sorgt, dass die Vorschriften über die Überwachung und das Abstellen von kennzeichnungspflichtigen Fahrzeugen eingehalten werden;	Nr. 6r	500,-	II
S	55	Nr. 19 nicht dafür sorgt, dass ein festverbundener Tank, ein Batterie-Fahrzeug, ein Aufsetztank, ein MEGC, ein ortsbeweglicher Tank oder ein Tankcontainer nicht verwendet wird;	Nr. 6s	500,-	I/II
		der Beförderer entgegen § 19 Abs. 3			
E	56	Nr. 1 nicht sicherstellt, dass der Betreiber über Daten verfügen kann;	Nr. 7a	800,-	I
E	57	Nr. 2 nicht dafür sorgt, dass ein Besatzungsmitglied einen Lichtbildausweis mit sich führt;	Nr. 7b	500,-	I
E	58	Nr. 3 nicht dafür sorgt, dass ein Begleitpapier	Nr. 7c		
	58.1	verfügbar ist,		500,-	I
	58.2	ausgehändigt wird;		300,-	III
E	59	Nr. 4 nicht dafür sorgt, dass die Vorschriften über den Schutzabstand beachtet werden;	Nr. 7d	800,-	I
E	60	Nr. 5 vor Antritt der Fahrt die Vorschriften über die schriftlichen Weisungen gemäß Unterabschnitt 5.4.3.2 RID nicht beachtet;	Nr. 7e	300,-	II
E	61	Nr. 6 den Triebfahrzeugführer nicht, nicht richtig, nicht vollständig oder nicht rechtzeitig informiert;	Nr. 7f	300,-	I
E	62	Nr. 7 nicht dafür sorgt, dass die vorgeschriebene Ausrüstung auf dem Führerstand mitgeführt wird;	Nr. 7g	800,-	I
E	63	Nr. 8 nicht dafür sorgt, dass die dort genannten Tafeln oder Großzettel (Placards) oder ein dort genanntes Kennzeichen angebracht sind;	Nr. 7h	500,-	I
E	64	Nr. 9 sich nicht vergewissert, dass ein Wagen oder eine Ladung	Nr. 7i		
	64.1	keine offensichtlichen Mängel,		1000,-	I
	64.2	keine Undichtheiten oder Risse aufweist oder		1000,-	I
	64.3	kein Ausrüstungsteil fehlt;		500,-	I
E	65	Nr. 10 sich nicht vergewissert, dass ein Großzettel, ein Kennzeichen oder eine orangefarbene Tafel angebracht ist;	Nr. 7j	500,-	I
E	66	Nr.11 nicht dafür sorgt, dass eine dort genannte Information den Tank oder seine Ausrüstung umfasst;	Nr. 7k	500,-	II
		der Beförderer entgegen § 19 Abs. 4			
B	67	Nr. 1 sich nicht vergewissert, dass das Schiff zur Beförderung der gefährlichen Güter zugelassen ist;	Nr. 8a	1500,-	I
B	68	Nr. 2 nicht dafür sorgt, dass für jedes Mitglied der Besatzung ein Lichtbildausweis an Bord ist;	Nr. 8b	500,-	I
B	69	Nr. 3 dem Schiffsführer nicht vor Antritt der Fahrt die schriftlichen Weisungen in Sprachen bereitstellt, die der Schiffsführer und der Sachkundige lesen und verstehen können;	Nr. 8c	300,-	II
B	70	Nr. 4 nicht dafür sorgt, dass eine dort genannte Information zur Verfügung gestellt wird;	Nr. 8d	500,-	I
B	71	Nr. 5 nicht dafür sorgt, dass eine dort genannte Vorschrift beachtet wird;	Nr. 8e	150,- bis 5000,-	III/II/I
B	72	Nr. 6 nicht dafür sorgt, dass eine dort genannte Vorschrift eingehalten wird;	Nr. 8f	500,-	I

RSEB – Anlage 7

Bußgeldkatalog (Fortsetzung)

G	Lfd. Nr.	Ordnungswidrigkeit, die darin besteht, dass	GGVSEB § 37 Abs. 1	Euro	Kategorie
	C.	**der Beförderer** (Fortsetzung)			
		der Beförderer entgegen § 19 Abs. 4			
B	73	Nr. 7 nicht dafür sorgt, dass dem Schiffsführer ein Dokument übergeben wird,	Nr. 8g		
	73.1	folgende Dokumente nach Unterabschnitt 8.1.2.1 ADN:			
	73.1.1	a) Zulassungszeugnis nach Unterabschnitt 1.16.1.1 oder 1.16.1.3 ADN und Anlage nach Unterabschnitt 1.16.1.4 ADN,		150,- bis 300,-	II/I
	73.1.2	b) Beförderungspapiere nach Abschnitt 5.4.1 ADN			
	73.1.2.1	nicht vorhanden,		500,-	I
	73.1.2.2	nicht vollständig,		200,-	III
	73.1.3	c) Container-/ Fahrzeugpackzertifikat nach Abschnitt 5.4.2 ADN,		300,-	II
	73.1.4	c) schriftliche Weisungen nach Abschnitt 5.4.3 ADN,		300,-	II
	73.1.5	d) Abdruck des ADN mit der beigefügten Verordnung in der jeweils geltenden Fassung,		150,-	II
	73.1.6	e) Bescheinigungen über die Prüfung nach den Unterabschnitten 8.1.7.1, 8.1.7.2 ADN,		150,- bis 500,-	II/I
	73.1.7	f) Bescheinigungen über die Prüfung der Feuerlöschschläuche nach Unterabschnitt 8.1.6.1 ADN und der besonderen Ausrüstung nach den Unterabschnitt 8.1.6.3 ADN,		300,- bis 500,-	II/I
	73.1.8	g) Prüfbuch für Messergebnisse nach ADN,		150,-	II
	73.1.9	h) Kopie einer Sonderregelung nach Kapitel 1.5 ADN,		150,-	II
	73.1.10	i) Lichtbildausweis nach Unterabschnitt 1.10.1.4 ADN,		300,-	I
	73.2	folgende Dokumente nach Unterabschnitt 8.1.2.2 ADN:			
	73.2.1	a) Stauplan nach Unterabschnitt 7.1.4.11 ADN,		500,-	II
	73.2.2	b) Bescheinigung über besondere Kenntnisse nach Unterabschnitt 8.2.1.2 ADN,		500,-	II
	73.2.3	c) Lecksicherheitsplan und Intaktstabilitätsunterlagen nach Unterabschnitt 9.1.0.94 und 9.1.0.95 ADN sowie Bescheinigung der anerkannten Klassifikationsgesellschaft nach Unterabschnitt 9.1.0.88 oder 9.2.0.88 ADN,		500,-	II
	73.2.4	d) Prüfbescheinigungen über die fest installierten Feuerlöscheinrichtungen nach Absatz 9.1.0.40.2.9 ADN,		300,-	II
	73.2.5	e) Liste oder Übersichtsplan mit den erforderlichen Angaben,		500,-	II
	73.2.6	f) Liste oder Übersichtsplan der rot gekennzeichneten fest installierten Anlagen und Geräte nach Absatz 9.1.0.52.2 ADN,		500,-	II
	73.2.7	g) Plan mit den erforderlichen Angaben beim Einsatz fest installierter Anlagen und Geräte in explosionsgefährdeten Bereichen,		500,-	II
	73.2.8	h) Liste über die unter Buchstabe g) aufgeführten Anlagen/Geräte mit den vorgeschriebenen Angaben,		500,-	II
	73.2.9	fehlender Sichtvermerk der zuständigen Behörde auf den unter e) bis h) genannten Unterlagen,		100,-	III
	73.3	folgende Dokumente nach Unterabschnitt 8.1.2.3 ADN:			
	73.3.1	a) Stauplan nach Unterabschnitt 7.2.4.11 ADN,		500,-	II
	73.3.2	b) Bescheinigung über besondere Kenntnisse nach Unterabschnitt 8.2.1.2 ADN,		500,-	II
	73.3.3	c) Lecksicherheitsplan und Stabilitätshandbuch nach Unterabschnitt 9.3.1.13, 9.3.2.13 oder 9.3.3.13 ADN sowie Beleg für den Ladungsrechner,		500,-	II
	73.3.4	d) (gestrichen)			
	73.3.5	e) Klassifikationszeugnis nach Absatz 9.3.1.8.1, 9.3.2.8.1 oder 9.3.3.8.1 ADN,		500,-	II
	73.3.6	f) Bescheinigung über die Prüfung der besonderen Ausrüstung, der Gasspüranlagen und der Sauerstoffmessanlage nach Unterabschnitt 8.1.6.3 ADN,		500,-	II
	73.3.7	g) Schiffsstoffliste nach Absatz 1.16.1.2.5 ADN,		1000,-	I
	73.3.8	h) Bescheinigung über die Prüfung der Schlauchleitungen nach Unterabschnitt 8.1.6.2 ADN,		500,-	II
	73.3.9	i) Instruktion für Lade- und Löschraten nach Absatz 9.3.2.25.9 oder 9.3.3.25.9 ADN,		800,-	I
	73.3.10	j) Bescheinigung über die Kontrolle der Pumpenräume nach Abschnitt 8.1.8 ADN,		500,-	II
	73.3.11	k) Heizinstruktion nach ADN,		800,-	I
	73.3.12	l) (gestrichen)			
	73.3.13	m) Reiseregistrierung nach Abschnitt 8.1.11 ADN,		500,-	II
	73.3.14	n) Instruktion nach Unterabschnitt 7.2.3.28 ADN,		800,-	I
	73.3.15	o) Bescheinigung über die Kühlanlage nach Absatz 9.3.1.27.10, 9.3.2.27.10 oder 9.3.3.27.10 ADN,		500,-	II

RSEB – Anlage 7

Bußgeldkatalog (Fortsetzung)					
G	Lfd. Nr.	Ordnungswidrigkeit, die darin besteht, dass	GGVSEB § 37 Abs. 1	Euro	Kategorie
	C.	der Beförderer (Fortsetzung)			
		der Beförderer entgegen § 19 Abs. 4			
	73.3.16	p) Prüfbescheinigungen über die fest installierten Feuerlöscheinrichtungen nach den Absätzen 9.3.1.40.2.9, 9.3.2.40.2.9 und 9.3.3.40.2.9 ADN,		300,-	II
	73.3.17	q) Berechnung der Haltezeit nach den Absätzen 7.2.4.16.16, 7.2.4.16.17 ADN und die Dokumentation des Wärmeübergangswertes,		500,-	II
	73.3.18	r) Liste oder Übersichtsplan mit den erforderlichen Angaben,		500,-	II
	73.3.19	s) Liste oder Übersichtsplan der rot gekennzeichneten fest installierten Anlagen und Geräte nach Absatz 9.3.1.52.3, 9.3.2.52.3 oder 9.3.3.52.3 ADN,		500,-	II
	73.3.20	t) Plan mit den erforderlichen Angaben beim Einsatz fest installierter Anlagen und Geräte in explosionsgefährdeten Bereichen sowie den autonomen Schutzsystemen,		500,-	II
	73.3.21	u) Liste der unter Buchstabe t) aufgeführten Anlagen und Geräte sowie der autonomen Schutzsysteme mit den vorgeschriebenen Angaben,		500,-	II
	73.3.22	v) Liste oder Übersichtsplan mit den erforderlichen Angaben beim Einsatz fest installierter Anlagen und Geräte außerhalb explosionsgefährdeter Bereiche,		300,-	II
	73.3.23	fehlender Sichtvermerk der zuständigen Behörde auf den unter r) bis v) genannten Unterlagen,		100,-	III
	73.3.24	w) Bescheinigungen nach Unterabschnitt 3.2.3.1, Erläuterungen zur Tabelle C, Erläuternde Bemerkung zu Spalte (20), Zusätzliche Anforderung/Bemerkung 12, Buchstaben p) und q) ADN, wenn zutreffend,		500,-	II
	73.3.25	x) Bescheinigungen nach Unterabschnitt 3.2.3.1, Erläuterungen zur Tabelle C, Erläuternde Bemerkung zu Spalte (20), Zusätzliche Anforderung/Bemerkung 33, Buchstaben i), n) und o) ADN, wenn zutreffend,		500,-	II
B	74	Nr. 8 nicht dafür sorgt, dass das Schiff nur eingesetzt wird, wenn der hauptverantwortliche Schiffsführer oder, wenn ein solcher nicht bestellt ist, jeder Schiffsführer nach den Unterabschnitten 7.1.3.15 und 7.2.3.15 eine gültige Bescheinigung nach Unterabschnitt 8.2.1.2, 8.2.1.5 oder 8.2.1.7 ADN hat, es fehlen:	Nr. 8h		
	74.1	Basiskurs nach Unterabschnitt 8.2.1.2 ADN,		500,-	I
	74.2	Aufbaukurs Gase nach Unterabschnitt 8.2.1.5 ADN,		500,-	I
	74.3	Aufbaukurs Chemie nach Unterabschnitt 8.2.1.7 ADN,		500,-	I
	74.4	Basiskurs und Aufbaukurs nach ADN;		600,-	I
B	75	Nr. 9 nicht sichergestellt, dass beim Laden oder Löschen ein zweites Evakuierungsmittel verfügbar ist;	Nr. 8i	1000,-	I
		der Beförderer entgegen § 26 Abs. 4 (auch Verlader, Befüller, Betreiber eines Containers, Fahrzeugführer und Betreiber eines Wagens)			
S,E	76	eine dort genannte Vorschrift nicht oder nicht richtig beachtet;	Nr. 18e	200,- bis 800,-	I/II/III
		der Beförderer entgegen § 27 Abs. 1 (auch Verlader, Befüller, Entlader, Empfänger, Betreiber der Eisenbahninfrastruktur und Betreiber einer Annahmestelle)			
S,E,B	77	nicht dafür sorgt, dass die Vorlage eines Berichts rechtzeitig erfolgt;	Nr. 19a	200,-	III
		der Beförderer entgegen § 27 Abs. 2 (auch Absender und Empfänger)			
S,E,B	78		Nr. 19b		
	78.1	eine Untersuchung nicht durchführt,		500,-	I
	78.2	eine Maßnahme nicht ergreift,		800,-	I
	78.3	nicht dafür sorgt, dass eine zuständige Behörde informiert wird;		800,-	I
		der Beförderer entgegen § 27 Abs. 4 (auch Auftraggeber des Absenders, Absender, Verpacker, Verlader, Befüller, Entlader und Empfänger)			
S,E,B	79	Sicherungspläne nicht einführt und nicht anwendet;	Nr. 19f	500,-	II
		der Beförderer entgegen § 27 Abs. 7 (auch Schiffsführer)			
B	80	nicht sicherstellt, dass nur eine dort genannte Anlage oder ein dort genanntes Gerät verwendet wird;	Nr. 19k	1000,-	I

RSEB – Anlage 7

Bußgeldkatalog (Fortsetzung)

G	Lfd. Nr.	Ordnungswidrigkeit, die darin besteht, dass	GGVSEB § 37 Abs. 1	Euro	Kategorie
	C.	**der Beförderer (Fortsetzung)**			
		der Beförderer entgegen § 29 Abs. 2 (auch Verlader, Fahrzeugführer, Entlader und Empfänger)			
S	81	eine dort genannte Vorschrift über	Nr. 21b		
	81.1	Nr. 1 das Verbot der direkten Sonneneinstrahlung, der Einwirkung von Wärmequellen und zum Abstellen an ausreichend belüfteten Stellen,		600,-	I
	81.2	Nr. 2 die Temperaturkontrolle,		500,-	I
	81.3	Nr. 3 die Beförderung in Versandstücken,		500,-	I
	81.4	Nr. 4 das Rauchverbot,		500,-	I
	81.5	Nr. 5 das Rauchverbot sowie das Verbot von Feuer und offenem Licht nicht beachtet;		500,-	I
		der Beförderer entgegen § 29 Abs. 4 (auch Verlader und Fahrzeugführer)			
S	82	Nr. 1 eine Vorschrift über die Verladung oder das Kennzeichen nicht beachtet;	Nr. 21d	600,-	I
S	83	Nr. 2 eine Vorschrift über die Beförderung nicht beachtet;	Nr. 21e	600,-	I
		der Beförderer entgegen § 35			
S	84	Abs. 2 Satz 2 eine Angabe oder einen Vermerk nicht in das Beförderungspapier einträgt;	Nr. 27a	250,-	II
S	85	Abs. 4 Satz 3 nicht dafür sorgt, dass eine Bescheinigung übergeben wird;	Nr. 27b	250,-	II
		der Beförderer entgegen § 35a Abs. 4			
S	86	Satz 1 ein gefährliches Gut befördert;	Nr. 28a	800,-	I
S	87	Satz 2 nicht dafür sorgt, dass eine Fahrwegbestimmung übergeben wird;	Nr. 28b	250,-	II
	D.	**der Empfänger**			
		der Empfänger entgegen § 20 Abs. 1			
S,E,B	88	Nr. 1 Buchstabe a die Annahme des Gutes verzögert oder verweigert;	Nr. 9a	200,-	III
S,E,B	89	Nr. 1 Buchstabe b nicht oder nicht rechtzeitig prüft, dass die ihn betreffenden Vorschriften eingehalten worden sind;	Nr. 9b	200,- bis 500,-	III/II/I
S,E,B	90	Nr. 2 den Absender nicht oder nicht rechtzeitig über die Nichteinhaltung eines Grenzwertes informiert;	Nr. 9c	500,-	I
		der Empfänger entgegen § 20 Abs. 2			
S	91	dem Beförderer einen Container zurückstellt;	Nr. 9d	300,-	II
		der Empfänger entgegen § 20 Abs. 3			
E	92	einen Wagen oder Container zurückstellt oder wieder verwendet;	Nr. 9e	300,-	II
		der Empfänger entgegen § 20 Abs. 4			
B	93	einen Container, ein Fahrzeug oder einen Wagen zurückstellt;	Nr. 9f	300,-	II
		der Empfänger entgegen § 27 Abs. 1 (auch Verlader, Befüller, Entlader, Beförderer, Betreiber der Eisenbahninfrastruktur und Betreiber einer Annahmestelle)			
S,E,B	94	nicht dafür sorgt, dass die Vorlage eines Berichts rechtzeitig erfolgt;	Nr. 19a	200,-	III
		der Empfänger entgegen § 27 Abs. 2 (auch Absender und Beförderer)			
S,E,B	95		Nr. 19b		
	95.1	eine Untersuchung nicht durchführt,		500,-	I
	95.2	eine Maßnahme nicht ergreift,		800,-	I
	95.3	nicht dafür sorgt, dass eine zuständige Behörde informiert wird;		800,-	I
		der Empfänger entgegen § 27 Abs. 4 (auch Auftraggeber des Absenders, Absender, Verpacker, Verlader, Entlader, Befüller und Beförderer)			
S,E,B	96	Sicherungspläne nicht einführt und nicht anwendet;	Nr. 19f	500,-	II
		der Empfänger entgegen § 29 Abs. 2 (auch Verlader, Entlader, Beförderer und Fahrzeugführer)			
S	97	eine Vorschrift über	Nr. 21b		
	97.1	Nr. 1 das Verbot der direkten Sonneneinstrahlung, der Einwirkung von Wärmequellen und zum Abstellen an ausreichend belüfteten Stellen,		600,-	I
	97.2	Nr. 2 die Temperaturkontrolle,		500,-	I
	97.3	Nr. 3 die Beförderung in Versandstücken,		500,-	I
	97.4	Nr. 4 das Rauchverbot,		500,-	I
	97.5	Nr. 5 das Rauchverbot sowie das Verbot von Feuer und offenem Licht nicht beachtet;		500,-	I

RSEB – Anlage 7

Bußgeldkatalog (Fortsetzung)					
G	Lfd. Nr.	Ordnungswidrigkeit, die darin besteht, dass	GGVSEB § 37 Abs. 1	Euro	Kategorie
	E.	**der Verlader**			
		der Verlader entgegen § 21 Abs. 1			
S,E,B	98	Nr. 1 Güter übergibt;	Nr. 10a	1500,-	I
S,E,B	99	Nr. 2	Nr. 10b		
	99.1	ein unvollständiges,		300,-	II
	99.2	ein beschädigtes,		500,-	I
	99.3	ein an der Außenseite mit Anhaftungen gefährlicher Rückstände versehenes Versandstück zur Beförderung übergibt;		500,-	I
S,E,B	100	Nr. 3 nicht dafür sorgt, dass ein Versandstück nach Teilentnahme nur verladen wird, wenn die Verpackung den dort genannten Anforderungen entspricht;	Nr. 10c	500,-	I
S,E,B	101	Nr. 4 nicht dafür sorgt, dass eine dort genannte Vorschrift beachtet wird;	Nr. 10d	400,-	II
S,E,B	102	Nr. 5 nicht dafür sorgt, dass ein Warnkennzeichen angebracht wird;	Nr. 10e	500,-	I
S,E,B	103	Nr. 6 nicht dafür sorgt, dass eine dort genannte Kennzeichnungsvorschrift beachtet wird;	Nr. 10f	500,-	I
S,E,B	104	Nr. 7 nicht dafür sorgt, dass die Anzahl der Versandstücke nicht überschritten wird;	Nr. 10g	300,-	II
S,E,B	105	Nr. 8 nicht dafür sorgt, dass eine dort genannte Maßnahme ergriffen wird;	Nr. 10h	150,-	II
		der Verlader entgegen § 21 Abs. 2			
S	106	Nr. 1 Satz 1 einen Hinweis	Nr. 10i		
	106.1	nicht oder nicht richtig oder nicht vollständig (relevante Angaben, z. B. UN-Nummer, offizielle Benennung, Verpackungsgruppe) oder nicht in der vorgeschriebenen Weise gibt,		500,-	I
	106.2	nicht vollständig (andere fehlende Angaben als unter 106.1) gibt;		200,-	III
S	107	Nr. 2 nicht dafür sorgt, dass eine dort genannte Vorschrift eingehalten wird;	Nr. 10j	500,-	I
S	108	Nr. 3 nicht dafür sorgt, dass eine dort genannte Vorschrift beachtet wird;	Nr. 10k	500,-	I/II
S	109	Nr. 4 nicht dafür sorgt, dass Großzettel, die orangefarbenen Tafeln oder das Kennzeichen angebracht sind;	Nr. 10l	500,-	I/II
S	110	Nr. 5 nicht dafür sorgt, dass nur ein Container eingesetzt wird, der den dort genannten technischen Anforderungen entspricht;	Nr. 10m	500,-	I
S	111	Nr. 6 nicht dafür sorgt, dass eine dort genannte Vorschrift beachtet wird;	Nr. 10n	500,-	I
		der Verlader entgegen § 21 Abs. 3			
E	112	Nr. 1 nicht dafür sorgt, dass eine Vorschrift über die Gefahrzettel und Kennzeichen beachtet wird;	Nr. 10o	500,-	I
E	113	Nr. 2 nicht dafür sorgt, dass ein Großzettel, ein Rangierzettel, ein Kennzeichen oder eine orangefarbene Tafel angebracht ist;	Nr. 10p	500,-	I
E	114	Nr. 3 nicht dafür sorgt, dass nur ein Container eingesetzt wird, der den dort genannten Anforderungen entspricht;	Nr. 10q	500,-	I
E	115	Nr. 4 nicht dafür sorgt, dass eine dort genannte Vorschrift über die Beförderung in Versandstücken oder die Beladung und Handhabung beachtet wird;	Nr. 10r	500,-	I
E	116	Nr. 5 nicht dafür sorgt, dass eine dort genannte Vorschrift beachtet wird;	Nr. 10s	500,-	I
		der Verlader entgegen § 21 Abs. 4			
B	117	Nr. 1 Satz 1 einen Hinweis	Nr. 10t		
	117.1	nicht oder nicht richtig oder nicht vollständig (relevante Angaben, z. B. UN-Nummer, offizielle Benennung, Verpackungsgruppe),		500,-	I
	117.2	nicht vollständig (andere fehlende Angaben als unter 117.1) gibt;		300,-	II
B	118	Nr. 2 nicht dafür sorgt, dass ein Großzettel oder das Kennzeichen angebracht ist;	Nr. 10u	500,-	I
B	119	Nr. 3 nicht dafür sorgt, dass eine dort genannte Vorschrift beachtet wird;	Nr. 10v	250,- bis 5000,-	III/II/I
B	120	Nr. 4 nicht sicherstellt, dass die landseitige Einrichtung mit einem oder zwei Evakuierungsmitteln ausgerüstet ist;	Nr. 10w	1000,-	I
		der Verlader entgegen § 26 Abs. 4 (auch Beförderer, Befüller, Betreiber eines Containers, Fahrzeugführer und Betreiber eines Wagens)			
S,E	121	eine dort genannte Vorschrift nicht oder nicht richtig beachtet;	Nr. 18e	200,- bis 800,-	I/II/III

RSEB – Anlage 7

G	Lfd. Nr.	Bußgeldkatalog (Fortsetzung) Ordnungswidrigkeit, die darin besteht, dass	GGVSEB § 37 Abs. 1	Euro	Kategorie
	E.	der Verlader (Fortsetzung)			
		der Verlader entgegen § 27 Abs. 1 (auch Befüller, Beförderer, Entlader, Empfänger, Betreiber der Eisenbahninfrastruktur und Betreiber einer Annahmestelle)			
S,E,B	122	nicht dafür sorgt, dass die Vorlage eines Berichts rechtzeitig erfolgt;	Nr. 19a	200,-	III
		der Verlader entgegen § 27 Abs. 4 (auch Auftraggeber des Absenders, Absender, Verpacker, Beförderer, Entlader, Befüller und Empfänger)			
S,E,B	123	Sicherungspläne nicht einführt und nicht anwendet;	Nr. 19f	500,-	II
		der Verlader entgegen § 29 Abs. 1 (auch Fahrzeugführer)			
S	124	eine dort genannte Vorschrift über die Beladung und Handhabung nicht beachtet	Nr. 21a		
	124.1	Zusammenladung,		500,-	I
	124.2	Begrenzung der beförderten Mengen,		500,-	I
	124.3	Handhabung und Verstauung,		500,-	I
	124.4	Reinigung vor dem erneuten Beladen, wenn Gefahrgut ausgetreten ist,		250,-	II
	124.5	Sondervorschriften für die Beladung und die Handhabung,		600,-	I
	124.6	Ausrichten von Versandstücken und Umverpackungen,		500,-	I
	124.7	Beladung trotz einer bei Dokumentenkontrolle/Sichtprüfung festgestellten Rechtsnonkonformität,		200,- bis 1000,-	III/II/I
	124.8	Unterlassene Untersuchung vor Beladung,		250,-	II
	124.9	Be- oder Entladung an unzulässiger Stelle;		200,-	II
		der Verlader entgegen § 29 Abs. 2 (auch Beförderer, Entlader, Fahrzeugführer und Empfänger)			
S	125	eine dort genannte Vorschrift über	Nr. 21b		
	125.1	Nr. 1 das Verbot der direkten Sonneneinstrahlung, der Einwirkung von Wärmequellen und zum Abstellen an ausreichend belüfteten Stellen,		600,-	I
	125.2	Nr. 2 die Temperaturkontrolle,		500,-	I
	125.3	Nr. 3 die Beförderung in Versandstücken,		500,-	I
	125.4	Nr. 4 das Rauchverbot,		500,-	I
	125.5	Nr. 5 das Rauchverbot sowie das Verbot von Feuer und offenem Licht nicht beachtet;		500,-	I
		der Verlader entgegen § 29 Abs. 3 (auch Fahrzeugführer und Entlader)			
S	126	eine dort genannte Vorschrift über Vorsichtsmaßnahmen nicht beachtet;	Nr. 21c	500,-	I/II
		der Verlader entgegen § 29 Abs. 4 (auch Beförderer und Fahrzeugführer)			
S	127	Nr. 1 eine Vorschrift über die Verladung oder das Kennzeichen nicht beachtet;	Nr. 21d	600,-	I
S	128	Nr. 2 eine Vorschrift über die Beförderung nicht beachtet;	Nr. 21e	600,-	I
	F.	der Verpacker			
		der Verpacker entgegen § 22 Abs. 1			
S,E,B	129	Nr. 1 oder 2 eine dort genannte Vorschrift über das Verpacken, das Umverpacken und die Kennzeichnung nicht beachtet;	Nr. 11a	500,-	I
S,E,B	130	Nr. 3 eine dort genannte Vorschrift über die Verwendung und Prüfung nicht beachtet;	Nr. 11b	800,-	I
S,E,B	131	Nr. 4 eine dort genannte Vorschrift über das Zusammenpacken nicht beachtet;	Nr. 11c	800,-	I
S,E,B	132	Nr. 5 eine dort genannte Vorschrift über die Kennzeichnung und Bezettelung nicht beachtet;	Nr. 11d	500,-	I/II
S,E,B	133	Nr. 6 Versandstücke in Umverpackungen nicht sichert;	Nr. 11e	500,-	I
		der Verpacker entgegen § 22 Abs. 2			
S	134	eine dort genannte Vorschrift über	Nr. 11f		
	134.1	Nr. 1 die Verwendung von Umverpackungen,		500,-	I/II
	134.2	Nr. 2 die Bezettelung von Umverpackungen, die radioaktive Stoffe enthalten, nicht beachtet;		500,-	I/II
		der Verpacker entgegen § 22 Abs. 3			
E	135	eine dort genannte Vorschrift über	Nr. 11f		
	135.1	Nr. 1 die Verwendung von Umverpackungen,		500,-	I/II
	135.2	Nr. 2 die Bezettelung von Umverpackungen, die radioaktive Stoffe enthalten, nicht beachtet;		500,-	I/II

RSEB – Anlage 7

Bußgeldkatalog (Fortsetzung)

G	Lfd. Nr.	Ordnungswidrigkeit, die darin besteht, dass	GGVSEB § 37 Abs. 1	Euro	Kategorie
	F.	der Verpacker (Fortsetzung)			
		der Verpacker entgegen § 27 Abs. 4 (auch Auftraggeber des Absenders, Absender, Verlader, Beförderer, Entlader, Befüller und Empfänger)			
S,E,B	136	Sicherungspläne nicht einführt und nicht anwendet;	Nr. 19f	500,-	II
	G.	der Befüller			
		der Befüller entgegen § 23 Abs. 1			
S,E,B	137	Nr. 1 Güter übergibt;	Nr. 12a	1500,-	I
S,E,B	138	Nr. 2 einen Tank übergibt;	Nr. 12b	800,-	I
S,E,B	139	Nr. 3	Nr. 12c		
	139.1	einen nicht zugelassenen Tank befüllt,		800,-	I
	139.2	einen Tank befüllt, bei dem das Datum der nächsten Prüfung überschritten ist;		500,-	II
S,E,B	140	Nr. 4 nicht dafür sorgt, dass die Dichtheit einer Verschlusseinrichtung geprüft und ein Tank nicht befördert wird, wenn dieser undicht ist;	Nr. 12d	500,-	I
S,E,B	141	Nr. 5	Nr. 12e		
	141.1	einen Tank mit gefährlichen Gütern befüllt, für deren Beförderung der Tank nicht zugelassen ist oder die mit den Werkstoffen des Tanks gefährlich reagieren,		800,-	I
	141.2	einen Tank befüllt, dessen Datum der nächsten Prüfung überschritten ist;		500,-	II
S,E,B	142	Nr. 6 nicht dafür sorgt, dass der Füllungsgrad, die Masse oder Bruttomasse eingehalten wird;	Nr. 12f	500,-	I
S,E,B	143	Nr. 7 nicht dafür sorgt, dass die Dichtheit der Verschlüsse und der Ausrüstung geprüft wird oder alle Verschlüsse in geschlossener Stellung sind und keine Undichtheit auftritt;	Nr. 12g	500,-	I/II
S,E,B	144	Nr. 8 nicht dafür sorgt, dass einem Tank keine Reste anhaften;	Nr. 12h	500,-	I
S,E,B	145	Nr. 9 nicht dafür sorgt, dass nebeneinander liegende Tankabteile oder -kammern nicht mit gefährlich miteinander reagierenden Stoffen befüllt werden;	Nr. 12i	800,-	I
S,E,B	146	Nr. 10 nicht dafür sorgt, dass ein Tank, Batterie-Fahrzeug, Batteriewagen oder MEGC nicht befüllt oder nicht zur Beförderung aufgegeben wird;	Nr. 12j	500,-	I
S,E,B	147	Nr. 11 nicht dafür sorgt, dass eine Entleerungs-, Reinigungs- und Entgasungsmaßnahme durchgeführt wird;	Nr. 12k	500,-	I
S,E,B	148	Nr. 12 nicht dafür sorgt, dass eine Bezeichnung angegeben wird;	Nr. 12l	500,-	I
S,E,B	149	Nr. 13 nicht dafür sorgt, dass eine Benennung oder ein Kennzeichen angegeben wird;	Nr. 12m	500,-	I
S,E,B	150	Nr. 14 nicht dafür sorgt, dass der MEGC nicht zur Beförderung aufgegeben wird;	Nr. 12n	800,-	I
S,E,B	151	Nr. 15 einen Tank befüllt, obwohl sich dieser bzw. seine Ausrüstungsteile nicht in einem technisch einwandfreien Zustand befunden haben;	Nr. 12o	300,- bis 800,-	II/I
		der Befüller entgegen § 23 Abs. 2			
S	152	Nr. 1 einen Hinweis	Nr. 13a		
	152.1	nicht oder nicht richtig oder nicht vollständig (relevante Angaben, z. B. UN-Nummer, offizielle Benennung, Verpackungsgruppe) oder nicht in der vorgeschriebenen Weise gibt,		500,-	I
	152.2	nicht vollständig (andere fehlende Angaben als unter 152.1) gibt;		200,-	III
S	153	Nr. 2 eine Nummer nicht mitteilt;	Nr. 13b	300,-	II
S	154	Nr. 3 nicht dafür sorgt, dass ein Großzettel, die orangefarbene Tafel und das Kennzeichen angebracht werden;	Nr. 13c	500,-	I/II
S	155	Nr. 4 nicht dafür sorgt, dass eine Beladevorschrift beachtet wird;	Nr. 13d	200,- bis 500,-	III/II/I
S	156	Nr. 5 das Rauchverbot nicht beachtet;	Nr. 13e	500,-	I
S	157	Nr. 6 nicht dafür sorgt, dass eine dort genannte zusätzliche Vorschrift beachtet wird;	Nr. 13f	200,- bis 500,-	II/I
S	158	Nr. 7 nicht dafür sorgt, dass der Fahrzeugführer vor der erstmaligen Handhabung der Fülleinrichtung in der vorgeschriebenen Weise eingewiesen wird;	Nr. 13g	300,-	II
S	159	Nr. 8 nicht dafür sorgt, dass eine Vorschrift über die Beförderung in loser Schüttung beachtet wird;	Nr. 13h	500,-	I
S	160	Nr. 9 nicht dafür sorgt, dass eine Maßnahme zur Vermeidung elektrostatischer Aufladung durchgeführt wird;	Nr. 13i	150,-	II

RSEB – Anlage 7

Bußgeldkatalog (Fortsetzung)

G	Lfd. Nr.	Ordnungswidrigkeit, die darin besteht, dass	GGVSEB § 37 Abs. 1	Euro	Kategorie
	G.	der Befüller (Fortsetzung)			
		der Befüller entgegen § 23 Abs. 2			
S	161	Nr. 10	Nr. 13j		
	161.1	einen für diesen Stoff nicht zugelassenen Tank befüllt,		800,-	I
	161.2	einen Tank befüllt, obwohl bei dem verwendeten Fahrzeug das Gültigkeitsdatum der Zulassungsbescheinigung überschritten ist;		500,-	I
S	162	Nr. 11 sich nicht vergewissert, dass die dort genannten Vorschriften für die Beförderung in Tanks eingehalten sind;	Nr. 13k	500,-	I
S	163	Nr. 12 nicht dafür sorgt, dass eine dort genannte Vorschrift eingehalten wird;	Nr. 13l	1000,-	I
		der Befüller entgegen § 23 Abs. 3			
E	164	Nr. 1 nicht dafür sorgt, dass eine dort genannte Kontrollvorschrift beachtet wird;	Nr. 14a	500,-	I
E	165	Nr. 2 nicht dafür sorgt, dass	Nr. 14b		
	165.1	ein Großzettel,		500,-	I/II
	165.2	ein Rangierzettel,		200,-	II
	165.3	die orangefarbene Tafel oder		500,-	I/II
	165.4	das Kennzeichen angebracht werden;		500,-	I
E	166	Nr. 3 nicht dafür sorgt, dass eine dort genannte Vorschrift beachtet wird;	Nr. 14c	500,-	I
E	167	Nr. 4 nicht dafür sorgt, dass eine Beladevorschrift beachtet wird;	Nr. 14d	500,-	I
E	168	Nr. 5 nicht sicherstellt, dass die Temperatur nicht überschritten wird;	Nr. 14e	500,- bis 800,-	II/I
E	169	Nr. 6 nicht dafür sorgt, dass eine dort genannte Vorschrift eingehalten wird;	Nr. 14f	500,-	II
		der Befüller entgegen § 23 Abs. 4			
B	170	Nr. 1 einen Hinweis	Nr. 15a		
	170.1	nicht oder nicht richtig oder nicht vollständig (relevante Angaben, z. B. UN-Nummer, offizielle Benennung, Verpackungsgruppe) gibt,		500,-	I
	170.2	nicht vollständig (andere fehlende Angaben als unter 170.1) gibt;		200,-	III
B	171	Nr. 2 nicht dafür sorgt, dass ein Großzettel, die orangefarbene Tafel und das Kennzeichen angebracht werden;	Nr. 15b	500,-	I/II
B	172	Nr. 3 nicht dafür sorgt, dass	Nr. 15c		
	172.1	ein Tankschiff nur mit den zugelassenen gefährlichen Gütern befüllt wird und		1500,-	I
	172.2	das Datum im Zulassungszeugnis nicht überschritten ist;		900,-	I
B	173	Nr. 4 nicht sicherstellt, dass die landseitige Einrichtung mit einem oder zwei Evakuierungsmitteln ausgerüstet ist;	Nr. 15d	1000,-	I
B	174	Nr. 5 nicht sicherstellt, dass die zulässige Temperatur beim Verladen nicht überschritten wird;	Nr. 15e	500,- bis 800,-	II/I
B	175	Nr. 6 nicht sicherstellt, dass eine Überwachung gewährleistet ist;	Nr. 15f	500,- bis 1000,-	II/I
B	176	Nr. 7 seinen Teil der Prüfliste nicht, nicht richtig, nicht vollständig oder nicht rechtzeitig ausfüllt;	Nr. 15g	200,- bis 1000,-	III/II/I
B	177	Nr. 8 nicht sicherstellt, dass eine Flammendurchschlagsicherung vorhanden ist;	Nr. 15h	1000,-	I
B	178	Nr. 9 nicht sicherstellt, dass die Laderate übereinstimmt und der Druck an der Übergabestelle den Öffnungsdruck des Hochgeschwindigkeitsventils nicht übersteigt;	Nr. 15i	800,-	I
		der Befüller entgegen § 26 Abs. 4 (auch Beförderer, Verlader, Betreiber eines Containers, Fahrzeugführer und Betreiber eines Wagens)			
S,E	179	eine dort genannte Vorschrift nicht oder nicht richtig beachtet;	Nr. 18e	200,- bis 800,-	I/II/III
		der Befüller entgegen § 27 Abs. 1 (auch Verlader, Beförderer, Entlader, Empfänger, Betreiber der Eisenbahninfrastruktur und Betreiber einer Annahmestelle)			
S,E,B	180	nicht dafür sorgt, dass die Vorlage eines Berichts rechtzeitig erfolgt;	Nr. 19a	200,-	III

RSEB – Anlage 7

Bußgeldkatalog (Fortsetzung)

G	Lfd. Nr.	Ordnungswidrigkeit, die darin besteht, dass	GGVSEB § 37 Abs. 1	Euro	Kategorie
	G.	**der Befüller** (Fortsetzung)			
		der Befüller entgegen § 27 Abs. 4 (auch Auftraggeber des Absenders, Absender, Verpacker, Verlader, Entlader, Beförderer und Empfänger)			
S,E,B	181	Sicherungspläne nicht einführt und nicht anwendet;	Nr. 19f	500,-	II
	H.	**der Entlader**			
		der Entlader entgegen § 23a Abs. 1			
S,E,B	182	Nr. 1 sich nicht vergewissert, dass die richtigen Güter ausgeladen werden;	Nr. 15a. a)	800,-	I
S,E,B	183	Nr. 2 nicht prüft oder sich nicht vergewissert, dass geeignete Maßnahmen ergriffen wurden;	Nr. 15a. b)	800,-	I
S,E,B	184	Nr. 3 Buchstabe a gefährliche Rückstände nicht oder nicht rechtzeitig entfernt;	Nr. 15a. c)	500,-	II
S,E,B	185	Nr. 3 Buchstabe b den Verschluss nicht oder nicht rechtzeitig sicherstellt;	Nr. 15a. d)	800,-	I
S,E,B	186	Nr. 4 die Reinigung und Entgiftung nicht sicherstellt;	Nr. 15a. e)	500,-	II
S,E,B	187	Nr. 5 nicht dafür sorgt, dass ein Großzettel, ein Kennzeichen oder eine orangefarbene Tafel nicht mehr sichtbar ist;	Nr. 15a. f)	200,-	II
S,E,B	188	Nr. 6 das Warnkennzeichen nicht entfernt;	Nr. 15a. g)	200,-	II
		der Entlader entgegen § 23a Abs. 2			
S	189	Nr. 1 nicht dafür sorgt, dass eine Maßnahme zur Vermeidung elektrostatischer Aufladung durchgeführt wird;	Nr. 15a. h)	150,-	II
S	190	Nr. 2 nicht dafür sorgt, dass eine dort genannte zusätzliche Vorschrift beachtet wird;	Nr. 15a. i)	200,- bis 500,-	II/I
S	191	Nr. 3 nicht dafür sorgt, dass der Fahrzeugführer vor der erstmaligen Handhabung der Entleerungseinrichtung in der vorgeschriebenen Weise eingewiesen wird;	Nr. 15a. j)	300,-	II
S	192	Nr. 4 nicht dafür sorgt, dass die Entladevorschriften beachtet werden;	Nr. 15a. k)	200,- bis 1000,-	III/II/I
		der Entlader entgegen § 23a Abs. 3			
E	193	nicht dafür sorgt, dass die Entladevorschriften beachtet werden;	Nr. 15a. k)	200,- bis 1000,-	III/II/I
		der Entlader entgegen § 23a Abs. 4			
B	194	Nr. 1 nicht sicherstellt, dass die landseitige Einrichtung mit einem oder zwei Evakuierungsmitteln ausgerüstet ist;	Nr. 15a. l)	1000,-	I
B	195	Nr. 2 Buchstabe a seinen Teil der Prüfliste nicht oder nicht rechtzeitig ausfüllt;	Nr. 15a. m)	250,- bis 1000,-	III/II/I
B	196	Nr. 2 Buchstabe b nicht sicherstellt, dass eine Flammendurchschlagsicherung vorhanden ist;	Nr. 15a. n)	1000,-	I
B	197	Nr. 2 Buchstabe c nicht sicherstellt, dass der Druck an der Übergabestelle den Öffnungsdruck des Hochgeschwindigkeitsventils nicht übersteigt;	Nr. 15a. o)	800,-	I
B	198	Nr. 2 Buchstabe d nicht sicherstellt, dass die Dichtungen aus den dort genannten Werkstoffen bestehen;	Nr. 15a. p)	1000,-	I
B	199	Nr. 2 Buchstabe e nicht sicherstellt, dass eine Überwachung gewährleistet ist;	Nr. 15a. q)	500,- bis 1000,-	II/I
B	200	Nr. 2 Buchstabe f nicht sicherstellt, dass die Löschpumpe abgeschaltet werden kann;	Nr. 15a. r)	500,-	II
		der Entlader entgegen § 27 Abs. 1 (auch Verlader, Befüller, Beförderer, Empfänger, Betreiber der Eisenbahninfrastruktur und Betreiber einer Annahmestelle)			
S,E,B	201	nicht dafür sorgt, dass die Vorlage eines Berichts rechtzeitig erfolgt;	Nr. 19a	200,-	III
		der Entlader entgegen § 27 Abs. 4 (auch Auftraggeber des Absenders, Absender, Verpacker, Verlader, Befüller, Beförderer und Empfänger)			
S,E,B	202	Sicherungspläne nicht einführt und nicht anwendet;	Nr. 19f	500,-	II
		der Entlader entgegen § 29 Abs. 2 (auch Verlader, Beförderer, Empfänger und Fahrzeugführer)			
S	203	eine dort genannte Vorschrift über	Nr. 21b		
	203.1	Nr. 1 das Verbot der direkten Sonneneinstrahlung, der Einwirkung von Wärmequellen und zum Abstellen an ausreichend belüfteten Stellen,		600,-	I
	203.2	Nr. 2 die Temperaturkontrolle,		500,-	I

2024

RSEB – Anlage 7

G	Lfd. Nr.	Ordnungswidrigkeit, die darin besteht, dass	GGVSEB § 37 Abs. 1	Euro	Kategorie
	H.	der Entlader (Fortsetzung)			
	203.3	Nr. 3 die Beförderung in Versandstücken,		500,-	I
	203.4	Nr. 4 das Rauchverbot,		500,-	I
	203.5	Nr. 5 das Rauchverbot sowie das Verbot von Feuer und offenem Licht nicht beachtet;		500,-	I
		der Entlader entgegen § 29 Abs. 3 (auch Verlader und Fahrzeugführer)			
S	204	eine dort genannte Vorschrift über Vorsichtsmaßnahmen nicht beachtet;	Nr. 21c	500,-	I/II
	I.	der Betreiber eines Tankcontainers, ortsbeweglichen Tanks, MEGC, Schüttgut-Containers oder MEMU			
		der Betreiber eines Tankcontainers, ortsbeweglichen Tanks, MEGC, Schüttgut-Containers oder MEMU entgegen § 24			
S,E	205	Nr. 1 nicht dafür sorgt, dass ein Tankcontainer, ein ortsbeweglicher Tank, ein MEGC, ein Schüttgut-Container oder ein flexibler Schüttgut-Container einer dort genannten	Nr. 16a		
	205.1	Verwendungs-, Bau- und Ausrüstungsvorschrift,		2000,-	I
	205.2	Kennzeichnungsvorschrift entspricht;		500,-	II
S,E	206	Nr. 2 nicht dafür sorgt, dass eine außerordentliche Prüfung durchgeführt wird	Nr. 16b		
	206.1	Personen- und Umweltschäden sind zu erwarten,		800,-	I
	206.2	Personen- und Umweltschäden sind nicht zu erwarten;		500,-	II
S,E	207	Nr. 3 nicht dafür sorgt, dass nur ein Tankcontainer, ein ortsbeweglicher Tank oder MEGC verwendet wird, der den dort genannten Anforderungen entspricht;	Nr. 16c	1000,-	I
S,E	208	Nr. 4 nicht dafür sorgt, dass ein MEGC nicht zur Befüllung übergeben wird;	Nr. 16d	800,-	I
S,E	209	Nr. 5 nicht dafür sorgt, dass eine Druckentlastungseinrichtung geprüft wird;	Nr. 16e	500,-	I
S,E	210	Nr. 6 nicht dafür sorgt, dass die Tankakte geführt, aufbewahrt, übergeben, vorgelegt oder zur Verfügung gestellt wird;	Nr. 16f	200,-	III
S	211	Nr. 7 nicht dafür sorgt, dass MEMU untersucht und geprüft werden;	Nr. 16g	1500,-	I
		der Betreiber eines Containers entgegen § 26 Abs. 4 (auch Beförderer, Verlader, Befüller, Fahrzeugführer und Betreiber eines Wagens)			
S,E	212	eine dort genannte Vorschrift nicht oder nicht richtig beachtet;	Nr. 18e	200,- bis 800,-	I/II/III
	J.	der Hersteller, der Wiederaufarbeiter und der Rekonditionierer von Verpackungen, der Hersteller und Wiederaufarbeiter von IBC und die Stellen für Inspektionen und Prüfungen von IBC			
		der Hersteller oder Wiederaufarbeiter entgegen § 25 Abs. 1			
S,E,B	213	Nr. 1 ein dort genanntes Kennzeichen anbringt;	Nr. 17a	2000,-	I
S,E,B	214	Nr. 2 die Behörde nicht oder nicht richtig in Kenntnis setzt;	Nr. 17b	2000,-	I
S,E,B	215	Nr. 3 die Anweisungen nicht liefert;	Nr. 17c	500,-	I
S,E,B	216	Nr. 4 dem Eigentümer eines Bergungsdruckgefäßes eine Kopie der Zulassungsbescheinigung nicht zur Verfügung stellt;	Nr. 17d	300,-	II
		der Rekonditionierer von Verpackungen entgegen § 25 Abs. 2			
S,E,B	217	ein dort genanntes Kennzeichen anbringt;	Nr. 17e	2000,-	I
		die Stellen für Inspektionen und Prüfungen von IBC entgegen § 25 Abs. 3			
S,E,B	218	ein dort genanntes Kennzeichen anbringen;	Nr. 17f	2000,-	I
	K.	der Übergeber, Versender oder Beförderer von leeren Tanks			
		der Übergeber, Versender oder Beförderer von leeren Tanks entgegen § 26 Abs. 1			
S,E	219	Nr. 1 nicht dafür sorgt, dass einem Tank keine Reste des Füllgutes anhaften;	Nr. 18a	500,-	I
S,E	220	Nr. 2 nicht dafür sorgt, dass ein Tank verschlossen und dicht ist;	Nr. 18b	500,-	II
E	221	Nr. 3 nicht dafür sorgt, dass ein Großzettel oder die nach 5.3.2, 5.3.4 oder 5.3.6 RID vorgeschriebenen Kennzeichen angebracht sind;	Nr. 18c	500,-	I
	L.	der Hersteller			
		der Hersteller von Gegenständen der UN 3164 entgegen § 26 Abs. 3			
S,E,B	222	eine technische Dokumentation über Bauart, Herstellung sowie Prüfungen und deren Ergebnisse nicht richtig, nicht vollständig oder nicht rechtzeitig anfertigt;	Nr. 18d	200,-	III

RSEB – Anlage 7

Bußgeldkatalog (Fortsetzung)

G	Lfd. Nr.	Ordnungswidrigkeit, die darin besteht, dass	GGVSEB § 37 Abs. 1	Euro	Kategorie
	M.	**der Beteiligte**			
		der Beteiligte entgegen § 27 Abs. 3			
S,E,B	223	Nr. 1 eine Vorschrift über die Sicherung nicht beachtet;	Nr. 19c	500,-	I
S,E,B	224	Nr. 2 Buchstabe a nicht dafür sorgt, dass die Unterweisung nach Unterabschnitt 1.10.2.3 erfolgt;	Nr. 19d	300,-	II
S,E,B	225	Nr. 2 Buchstabe b nicht dafür sorgt, dass die Aufzeichnungen über die Unterweisung der Arbeitnehmer fünf Jahre aufbewahrt werden;	Nr. 19e	300,-	II
		der Beteiligte entgegen § 27 Abs. 4a			
S,E,B	226	Satz 1, auch i.V.m. Satz 2, nicht dafür sorgt, dass eine Mitteilung an die zuständige Polizeibehörde erfolgt;	Nr. 19g	400,-	II
		der Beteiligte entgegen § 27 Abs. 5			
S,E,B	227	Nr. 1 nicht dafür sorgt, dass die Unterweisung nach Kap. 1.3 erfolgt;	Nr. 19h	500,-	I
S,E,B	228	Nr. 2 nicht dafür sorgt, dass die Aufzeichnungen des Arbeitnehmers nach Abschnitt 1.3.3 fünf Jahre aufbewahrt werden;	Nr. 19i	500,-	I
		der Beteiligte entgegen § 27 Abs. 6			
S,E,B	229	Nr. 1 nicht dafür sorgt, dass die mit der Handhabung von begasten Güterbeförderungseinheiten befassten Personen unterwiesen werden;	Nr. 19j	500,-	I
S,E,B	230	Nr. 2 nicht dafür sorgt, dass Personen unterwiesen wurden, die mit der Handhabung oder Beförderung von Fahrzeugen, Wagen oder Containern, mit denen Trockeneis (UN 1845) befördert wird oder die zu Kühl- oder Konditionierungszwecken verwendete Stoffe enthalten, befasst sind;	Nr. 19j	300,-	II
	N.	**der Fahrzeugführer**			
		der Fahrzeugführer entgegen § 4 Abs. 2			
S	231	Nr. 1 eine Behörde nicht oder nicht rechtzeitig benachrichtigt oder nicht oder nicht rechtzeitig benachrichtigen lässt und nicht mit Informationen versieht oder versehen lässt;	Nr. 1	250,-	I
		der Fahrzeugführer entgegen § 4 Abs. 3			
S	232	Nr. 1 die Sendung nicht oder nicht rechtzeitig anhält oder die Beförderung fortsetzt;	Nr. 2	500,-	I
		der Fahrzeugführer entgegen § 26 Abs. 4 (auch Beförderer, Verlader, Befüller, Betreiber eines Containers und Betreiber eines Wagens)			
S	233	eine dort genannte Vorschrift nicht oder nicht richtig beachtet;	Nr. 18e	200,- bis 800,-	I/II/III
		der Fahrzeugführer entgegen § 28			
S	234	Nr. 1 ein Versandstück befördert;	Nr. 20a	250,-	I
S	235	Nr. 2 eine dort genannte Vorschrift über Beförderungsbe- oder -einschränkungen nicht beachtet;	Nr. 20b	500,-	I
S	236	Nr. 3 den Füllungsgrad, die Masse oder die Befülltemperatur nicht einhält;	Nr. 20c	250,-	I
S	237	Nr. 4 eine dort genannte Vorschrift über	Nr. 20d		
	237.1	den Betrieb von Tanks mit zu erwartenden Personen- und Umweltschäden,		500,-	I
	237.2	den Betrieb von Tanks ohne zu erwartenden Personen- und Umweltschäden und		250,-	II
	237.3	die zusätzlichen Vorschriften nicht beachtet;		100,-	II
S	238	Nr. 5 die Dichtheit nicht prüft;	Nr. 20e	250,-	II
S	239	Nr. 6 die Großzettel	Nr. 20f		
	239.1	nicht anbringt,		300,-	I
	239.2	nicht entfernt oder abdeckt;		100,-	II
S	240	Nr. 7 ein dort genanntes Kennzeichen oder eine dort genannte Tafel	Nr. 20g		
	240.1	nicht richtig anbringt oder nicht richtig sichtbar macht oder		100,-	II
	240.2	nicht anbringt oder nicht sichtbar macht oder		300,-	I
	240.3	nicht, nicht richtig oder nicht vollständig entfernt oder verdeckt;		100,-	II
S	241	Nr. 8 eine Maßnahme nicht trifft;	Nr. 20h	250,-	I
S	242	Nr. 9 sich nicht vergewissert, dass ein Warnkennzeichen angebracht ist;	Nr. 20i	250,-	I

RSEB – Anlage 7

Bußgeldkatalog (Fortsetzung)

G	Lfd. Nr.	Ordnungswidrigkeit, die darin besteht, dass	GGVSEB § 37 Abs. 1	Euro	Kategorie
	N.	**der Fahrzeugführer** (Fortsetzung)			
		der Fahrzeugführer entgegen § 28			
S	243	Nr. 10 ein Begleitpapier, eine Bescheinigung, ein Feuerlöschgerät, einen Ausrüstungsgegenstand oder die Ausnahmezulassung nicht mitführt oder nicht oder nicht rechtzeitig aushändigt:	Nr. 20j		
	243.1	Schriftliche Weisung,		150,-	II
	243.2	Beförderungspapier,		150,-	I
	243.3	Beförderungspapier zwar mitgeführt,			
	243.3.1	aber relevante Angaben zu dem beförderten Stoff fehlen (z. B. UN-Nummer, offizielle Benennung, Verpackungsgruppe),		100,-	I
	243.3.2	aber andere Angaben als die unter 238.3.1 fehlen,		60,-	III
	243.4	Lichtbildausweis,		150,-	II
	243.5	Container-/Fahrzeugpackzertifikat,		150,-	II
	243.6.1	Zulassungsbescheinigung, fehlt oder ist nicht verlängert worden,		400,-	I
	243.6.2	Zulassungsbescheinigung mit fehlenden oder unrichtigen Angaben außer in den Feldern 2 bis 6,		150,- bis 250,-	I
	243.6.3	Zulassungsbescheinigung mit fehlenden oder unrichtigen Angaben in den Feldern 2 bis 6,		100,- bis 150,-	II
	243.7	Bescheinigung über die Schulung des Fahrzeugführers nicht mitgeführt, es fehlen:			
	243.7.1	Basiskurs,		300,-	I
	243.7.2	Aufbaukurs,		300,-	I
	243.7.3	Basis- und Aufbaukurs,		500,-	I
	243.7.4	abgelaufener Basis- und/oder Aufbaukurs, bei einem Ablauf von bis zu 12 Monaten,		100,- bis 300,-	I
	243.8	Bescheinigung über die Prüfung des Aufsetztanks (innerstaatlich),		150,- bis 400,-	II/I
	243.9	Kopie der Genehmigung der zuständigen Behörde,		150,- bis 400,-	II/I
	243.10	Feuerlöschgeräte,		150,-	I
	243.11	Plombierung der Feuerlöschgeräte,		60,-	III
	243.12	Ausrüstungsgegenstände,		150,-	II
	243.13	Ausnahmezulassung;		150,- bis 400,-	II/I
S	244	Nr. 11 eine dort genannte Vorschrift über die Überwachung nicht beachtet;	Nr. 20k	250,-	II
S	245	Nr. 12 gefährliche Reste des Füllgutes nicht entfernt oder entfernen lässt;	Nr. 20l	250,-	I
S	246	Nr. 13 während der Teilnahme am Straßenverkehr mit kennzeichnungspflichtigen Beförderungseinheiten die Einnahme von alkoholischen Getränken nicht unterlässt oder die Fahrt mit diesen Gütern unter der Wirkung solcher Getränke mit einer Wirkung bis 0,249 mg/l AAK (Alkohol in der Atemluft) oder 0,49 Promille BAK (Alkohol im Blut) antritt;	Nr. 20m	250,-	I
S	247	Nr. 14 nicht sicherstellt, dass eine Verbindungsleitung oder ein Rohr entleert ist;	Nr. 20n	250,-	I
S	248	Nr. 15 einen Tank nicht erdet;	Nr. 20o	150,-	II
S	249	Nr. 16 eine dort genannte Vorschrift nicht beachtet;	Nr. 20p	100,- bis 250,-	II/I
		der Fahrzeugführer entgegen § 29 Abs. 1 (auch Verlader)			
S	250	eine dort genannte Vorschrift über die Beladung und Handhabung nicht beachtet:	Nr. 21a		
	250.1	Zusammenladung,		250,-	I
	250.2	Begrenzung der beförderten Mengen,		250,-	I
	250.3	Handhabung und Verstauung,		300,-	I
	250.4	Reinigung nach dem Entladen,		250,-	II
	250.5	Sondervorschriften für die Be- und Entladung und die Handhabung,		300,-	I
	250.6	Ausrichten von Versandstücken und Umverpackungen,		250,-	I

RSEB – Anlage 7

Bußgeldkatalog (Fortsetzung)

G	Lfd. Nr.	Ordnungswidrigkeit, die darin besteht, dass	GGVSEB § 37 Abs. 1	Euro	Kategorie
	N.	der Fahrzeugführer (Fortsetzung)			
	250.7	Beladung trotz einer bei Dokumentenkontrolle/Sichtprüfung festgestellten Rechtsnonkonformität,		100,- bis 500,-	III/II/I
	250.8	Unterlassene Untersuchung vor Beladung,		125,-	II
	250.9	Be- oder Entladung an unzulässiger Stelle;		100,-	II
		der Fahrzeugführer entgegen § 29 Abs. 2 (auch Verlader, Entlader, Beförderer und Empfänger)			
S	251	eine dort genannte Vorschrift über	Nr. 21b		
	251.1	Nr. 1 das Verbot der direkten Sonneneinstrahlung, der Einwirkung von Wärmequellen und zum Abstellen an ausreichend belüfteten Stellen,		300,-	I
	251.2	Nr. 2 die Temperaturkontrolle,		250,-	I
	251.3	Nr. 3 die Beförderung in Versandstücken,		250,-	I
	251.4	Nr. 4 das Rauchverbot,		250,-	I
	251.5	Nr. 5 das Rauchverbot sowie das Verbot von Feuer und offenem Licht nicht beachtet;		250,-	I
		der Fahrzeugführer entgegen § 29 Abs. 3 (auch Verlader und Entlader)			
S	252	eine dort genannte Vorschrift über Vorsichtsmaßnahmen nicht beachtet;	Nr. 21c	250,-	I/II
		der Fahrzeugführer entgegen § 29 Abs. 4 (auch Beförderer und Verlader)			
S	253	Nr. 1 eine Vorschrift über die Verladung oder das Kennzeichen nicht beachtet;	Nr. 21d	300,-	I
S	254	Nr. 2 eine Vorschrift über die Beförderung nicht beachtet;	Nr. 21e	300,-	I
		der Fahrzeugführer entgegen § 35 Abs. 4			
S	255	Satz 4 eine Bescheinigung nicht mitführt oder nicht oder nicht rechtzeitig aushändigt;	Nr. 27c	250,-	II
		der Fahrzeugführer entgegen § 35a Abs. 4			
S	256	Satz 3 eine Fahrwegbestimmung nicht oder nicht richtig beachtet, nicht mitführt oder nicht nicht rechtzeitig aushändigt;	Nr. 28c	250,-	II
	O.	der Betreiber eines Kesselwagens, abnehmbaren Tanks und Batteriewagens			
		der Betreiber eines Wagens entgegen § 26 Abs. 4 (auch Beförderer, Verlader, Befüller, Fahrzeugführer und Betreiber eines Containers)			
E	257	eine dort genannte Vorschrift nicht oder nicht richtig beachtet;	Nr. 18e	200,- bis 800,-	I/II/III
		der Betreiber eines Kesselwagens, abnehmbaren Tanks und Batteriewagens entgegen § 30			
E	258	Nr. 1 nicht dafür sorgt, dass nur ein Wagen oder ein Tank verwendet wird, der den dort genannten Anforderungen entspricht;	Nr. 22a	1000,-	I
E	259	Nr. 2 nicht dafür sorgt, dass ein Wagen oder Tank einer dort genannten	Nr. 22b		
	259.1	Bauvorschrift und Ausrüstungsvorschrift,		2000,-	I
	259.2	Kennzeichnungsvorschrift entspricht;		500,-	I/II
E	260	Nr. 3 nicht dafür sorgt, dass eine außerordentliche Prüfung durchgeführt wird;	Nr. 22c	800,-	I
E	261	Nr. 4 nicht dafür sorgt, dass die Tankakte geführt, aufbewahrt, übergeben, vorgelegt oder zur Verfügung gestellt wird;	Nr. 22d	200,-	III
E	262	Nr. 5 nicht dafür sorgt, dass ein Kesselwagen, ein abnehmbarer Tank oder ein Batteriewagen nicht verwendet wird;	Nr. 22e	500,-	I/II
E	263	Nr. 6 nicht dafür sorgt, dass eine dort genannte Information den Tank oder seine Ausrüstung umfasst;	Nr. 22f	500,-	II
	P.	Die für die Instandhaltung zuständige Stelle (ECM)			
		die für die Instandhaltung zuständige Stelle (ECM) entgegen § 30a Abs. 1			
E	264	Nr. 1 nicht dafür sorgt, dass die Instandhaltung eines Tanks oder seiner Ausrüstung in einer dort genannten Weise sichergestellt wird;	Nr. 22a. a)	1000,-	I
E	265	Nr. 2 nicht dafür sorgt, dass eine dort genannte Information den Tank oder seine Ausrüstung umfasst;	Nr. 22a. b)	500,-	II
E	266	Nr. 3 nicht dafür sorgt, dass eine Aufzeichnung gefertigt wird;	Nr. 22a. c)	500,-	II
		die für die Instandhaltung zuständige Stelle (ECM) entgegen § 30a Abs. 2			
E	267	Nr. 1 nicht dafür sorgt, dass ein Kesselwagen nicht verwendet wird;	Nr. 22a. d)	500,-	I
E	268	Nr. 2 nicht dafür sorgt, dass eine außerordentliche Prüfung durchgeführt wird;	Nr. 22a. e)	800,-	I

RSEB – Anlage 7

		Bußgeldkatalog (Fortsetzung)			
G	Lfd. Nr.	Ordnungswidrigkeit, die darin besteht, dass	GGVSEB § 37 Abs. 1	Euro	Kategorie
	Q.	**der Betreiber der Eisenbahninfrastruktur**			
		der Betreiber der Eisenbahninfrastruktur entgegen § 4 Abs. 2			
E	269	Nr. 2 eine Behörde nicht oder nicht rechtzeitig benachrichtigt oder nicht oder nicht rechtzeitig benachrichtigen lässt und nicht mit Informationen versieht oder versehen lässt;	Nr. 1	800,-	I
		der Betreiber der Eisenbahninfrastruktur entgegen § 27 Abs. 1 (auch Beförderer, Verlader, Befüller, Empfänger und Betreiber einer Annahmestelle)			
E	270	nicht dafür sorgt, dass die Vorlage eines Berichts rechtzeitig erfolgt;	Nr. 19a	200,-	III
		der Betreiber der Eisenbahninfrastruktur entgegen § 31			
E	271	Nr. 1 nicht dafür sorgt, dass sein Personal unterwiesen wird;	Nr. 23a	200,-	II
E	272	Nr. 2 Buchstabe a nicht dafür sorgt, dass ein interner Notfallplan aufgestellt wird;	Nr. 23b	800,-	I
E	273	Nr. 2 Buchstabe b nicht sicherstellt, dass er Zugriff zu einer Information hat;	Nr. 23c	800,-	I
	R.	**der Triebfahrzeugführer**			
		der Triebfahrzeugführer entgegen § 31a			
E	274	eine schriftliche Weisung nicht oder nicht rechtzeitig einsieht;	Nr. 23a	200,-	II
	S.	**der Reisende**			
		der Reisende entgegen § 32			
E	275	ein gefährliches Gut mitführt oder befördern lässt;	Nr. 24	500,-	I
	T.	**der Schiffsführer**			
		der Schiffsführer entgegen § 4 Abs. 2			
B	276	Nr. 3 eine Behörde nicht oder nicht rechtzeitig benachrichtigt oder nicht oder nicht rechtzeitig benachrichtigen lässt und nicht mit Informationen versieht oder versehen lässt;	Nr. 1	800,-	I
		der Schiffsführer entgegen § 4 Abs. 3			
B	277	Nr. 3 die Sendung nicht oder nicht rechtzeitig anhält oder die Beförderung fortsetzt;	Nr. 2	1600,-	I
		der Schiffsführer entgegen § 27 Abs. 7 (auch Beförderer)			
B	278	nicht sicherstellt, dass nur eine dort genannte Anlage oder ein dort genanntes Gerät verwendet wird;	Nr. 19k	1000,-	I
		der Schiffsführer entgegen § 33			
B	279	Nr. 1 die Sicherheitspflichten nicht beachtet;	Nr. 25a	800,-	I
B	280	Nr. 2 nicht dafür sorgt, dass ein Schiff oder Tankschiff nicht überladen oder ein Ladetank nicht überfüllt ist;	Nr. 25b	1000,-	I
B	281 281.1 281.2 281.3	Nr. 3 sich nicht vergewissert, dass das Schiff oder Tankschiff oder die Ladung keine offensichtlichen Mängel, Undichtheiten oder Risse aufweist oder keine Ausrüstungsteile fehlen;	Nr. 25c	 1000,- 1000,- 200,- bis 1000,-	 I I III/II/I
B	282	Nr. 4 nicht dafür sorgt, dass jedes betroffene Mitglied der Besatzung die schriftlichen Weisungen versteht und richtig anwenden kann;	Nr. 25d	300,-	II
B	283	Nr. 5 eine vorgeschriebene Maßnahme nicht trifft;	Nr. 25e	800,-	I
B	284	Nr. 6 nicht dafür sorgt, dass eine dort genannte Vorschrift eingehalten wird;	Nr. 25f	150,- bis 5000,-	III/II/I
B	285	Nr. 7 nicht prüft, ob der Eigentümer oder Betreiber seinen Pflichten nach § 34 nachgekommen ist;	Nr. 25g	200,- bis 1000,-	III/II/I

RSEB – Anlage 7

Bußgeldkatalog (Fortsetzung)

G	Lfd. Nr.	Ordnungswidrigkeit, die darin besteht, dass	GGVSEB § 37 Abs. 1	Euro	Kategorie
	T.	**der Schiffsführer** (Fortsetzung)			
		der Schiffsführer entgegen § 33			
B	286	Nr. 8 Buchstabe a ein Begleitpapier nicht mitführt oder nicht oder nicht rechtzeitig aushändigt;	Nr. 25 h		
	286.1	folgende Dokumente nach Unterabschnitt 8.1.2.1 ADN:			
	286.1.1	a) Zulassungszeugnis nach Unterabschnitt 1.16.1.1 oder 1.16.1.3 ADN und Anlage nach Unterabschnitt 1.16.1.4 ADN,		150,- bis 300,-	II/I
	286.1.2	b) Beförderungspapiere nach Abschnitt 5.4.1 ADN			
	286.1.2.1	nicht vorhanden,		500,-	I
	286.1.2.2	nicht vollständig,		200,-	III
	286.1.3	b) Container-/ Fahrzeugpackzertifikat nach Abschnitt 5.4.2 ADN,		300,-	II
	286.1.4	c) schriftliche Weisungen nach Abschnitt 5.4.3 ADN,		300,-	II
	286.1.5	d) Abdruck des ADN mit der beigefügten Verordnung in der jeweils geltenden Fassung,		150,-	II
	286.1.6	e) Bescheinigungen über die Prüfung nach den Unterabschnitten 8.1.7.1, 8.1.7.2 ADN,		150,- bis 500,-	II/I
	286.1.7	f) Bescheinigungen über die Prüfung der Feuerlöschschläuche nach Unterabschnitt 8.1.6.1 ADN und der besonderen Ausrüstung nach Unterabschnitt 8.1.6.3 ADN,		300,- bis 500,-	II/I
	286.1.8	g) Prüfbuch für Messergebnisse nach ADN,		150,-	II
	286.1.9	h) Kopie einer Sonderregelung nach Kapitel 1.5 ADN,		150,-	II
	286.1.10	i) Lichtbildausweis nach Unterabschnitt 1.10.1.4 ADN,		300,-	I
	286.2	folgende Dokumente nach Unterabschnitt 8.1.2.2 ADN:			
	286.2.1	a) Stauplan nach Unterabschnitt 7.1.4.11 ADN,		500,-	II
	286.2.2	b) Bescheinigung über besondere Kenntnisse nach Unterabschnitt 8.2.1.2 ADN,		500,-	II
	286.2.3	c) Lecksicherheitsplan und Intaktstabilitätsunterlagen nach Unterabschnitt 9.1.0.94 und 9.1.0.95 ADN sowie Bescheinigung der anerkannten Klassifikationsgesellschaft nach Unterabschnitt 9.1.0.88 oder 9.2.0.88 ADN,		500,-	II
	286.2.4	d) Prüfbescheinigungen über die fest installierten Feuerlöscheinrichtungen nach Absatz 9.1.0.40.2.9 ADN,		300,-	II
	286.2.5	e) Liste oder Übersichtsplan mit den erforderlichen Angaben,		500,-	II
	286.2.6	f) Liste oder Übersichtsplan der rot gekennzeichneten fest installierten Anlagen und Geräte nach Absatz 9.1.0.52.2 ADN,		500,-	II
	286.2.7	g) Plan mit den erforderlichen Angaben beim Einsatz fest installierter Anlagen und Geräte in explosionsgefährdeten Bereichen,		500,-	II
	286.2.8	h) Liste über die unter Buchstabe g) aufgeführten Anlagen/Geräte mit den vorgeschriebenen Angaben,		500,-	II
	286.2.9	fehlender Sichtvermerk der zuständigen Behörde auf den unter e) bis h) genannten Unterlagen,		100,-	III
	286.3	folgende Dokumente nach Unterabschnitt 8.1.2.3 ADN:			
	286.3.1	a) Stauplan nach Unterabschnitt 7.2.4.11 ADN,		500,-	II
	286.3.2	b) Bescheinigung über besondere Kenntnisse nach Unterabschnitt 8.2.1.2 ADN,		500,-	II
	286.3.3	c) Lecksicherheitsplan und Stabilitätshandbuch nach Unterabschnitt 9.3.1.13, 9.3.2.13 oder 9.3.3.13 ADN sowie Beleg für den Ladungsrechner,		500,-	II
	286.3.4	d) (gestrichen)			
	286.3.5	e) Klassifikationszeugnis nach Absatz 9.3.1.8.1, 9.3.2.8.1 oder 9.3.3.8.1 ADN,		500,-	II
	286.3.6	f) Bescheinigungen über die Prüfung der besonderen Ausrüstung, der Gasspüranlagen und der Sauerstoffmessanlage nach Unterabschnitt 8.1.6.3 ADN,		1000,-	I
	286.3.7	g) Schiffsstoffliste nach Absatz 1.16.1.2.5 ADN,		500,-	II
	286.3.8	h) Bescheinigung über die Prüfung der Schlauchleitungen nach Unterabschnitt 8.1.6.2 ADN,		800,-	I
	286.3.9	i) Instruktion für Lade- und Löschraten nach Absatz 9.3.2.25.9 oder 9.3.3.25.9 ADN,		800,-	I
	286.3.10	j) Bescheinigung über die Kontrolle der Pumpenräume nach Abschnitt 8.1.8 ADN,		500,-	II
	286.3.11	k) Heizinstruktion nach ADN,		800,-	I
	286.3.12	l) (gestrichen)			
	286.3.13	m) Reiseregistrierung nach Abschnitt 8.1.11 ADN,		800,-	I

RSEB – Anlage 7

Bußgeldkatalog (Fortsetzung)

G	Lfd. Nr.	Ordnungswidrigkeit, die darin besteht, dass	GGVSEB § 37 Abs. 1	Euro	Kategorie
	T.	**der Schiffsführer** (Fortsetzung)			
		der Schiffsführer entgegen § 33			
	286.3.14	n) Instruktion nach Unterabschnitt 7.2.3.28 ADN,		500,-	II
	286.3.15	o) Bescheinigung über die Kühlanlage nach Absatz 9.3.1.27.10, 9.3.2.27.10 oder 9.3.3.27.10 ADN,		500,-	II
	286.3.16	p) Prüfbescheinigungen über die fest installierten Feuerlöscheinrichtungen nach den Absätzen 9.3.1.40.2.9, 9.3.2.40.2.9 und 9.3.3.40.2.9 ADN,		300,-	II
	286.3.17	q) Berechnung der Haltezeit nach den Absätzen 7.2.4.16.16, 7.2.4.16.17 ADN und die Dokumentation des Wärmeübergangswertes,		500,-	II
	286.3.18	r) Liste oder Übersichtsplan mit den erforderlichen Angaben,		500,-	II
	286.3.19	s) Liste oder Übersichtsplan der rot gekennzeichneten fest installierten Anlagen und Geräte nach Absatz 9.3.1.52.3, 9.3.2.52.3 oder 9.3.3.52.3 ADN,		500,-	II
	286.3.20	t) Plan mit den erforderlichen Angaben beim Einsatz fest installierter Anlagen und Geräte in explosionsgefährdeten Bereichen sowie den autonomen Schutzsystemen,		500,-	II
	286.3.21	u) Liste der unter Buchstabe t) aufgeführten Anlagen und Geräte sowie der autonomen Schutzsysteme mit den vorgeschriebenen Angaben,		500,-	II
	286.3.22	v) Liste oder Übersichtsplan mit den erforderlichen Angaben beim Einsatz fest installierter Anlagen und Geräte außerhalb explosionsgefährdeter Bereiche,		300,-	II
	286.3.23	fehlender Sichtvermerk der zuständigen Behörde auf den unter r) bis v) genannten Unterlagen,		100,-	III
	286.3.24	w) Bescheinigungen nach Unterabschnitt 3.2.3.1, Erläuterungen zur Tabelle C, Erläuternde Bemerkung zu Spalte (20), Zusätzliche Anforderung/Bemerkung 12, Buchstaben p) und q) ADN, wenn zutreffend,		500,-	II
	286.3.25	x) Bescheinigungen nach Unterabschnitt 3.2.3.1, Erläuterungen zur Tabelle C, Erläuternde Bemerkung zu Spalte (20), Zusätzliche Anforderung/Bemerkung 33, Buchstaben i), n) und o) ADN, wenn zutreffend,		500,-	II
	286.4	Nr. 8 Buchstabe b die Ausnahmezulassung nicht mitführt oder nicht oder nicht rechtzeitig aushändigt;		500,-	II
B	287	Nr. 9 nicht dafür sorgt, dass eine in Kapitel 8.3 genannte Vorschrift eingehalten wird:	Nr. 25i		
	287.1	nicht dafür sorgt, das sich nur der in Unterabschnitt 8.3.1.1 genannte Personenkreis an Bord aufhält,		250,- bis 500,-	I
	287.2	nicht dafür sorgt, dass sich nach Unterabschnitt 8.3.1.2 Personen nur kurzfristig in den dort genannten Bereichen aufhalten,		500,-	II
	287.3	nicht dafür sorgt, dass nach Unterabschnitt 8.3.1.3 keine Personen unter 14 Jahren an Bord sind, wenn das Schiff eine Bezeichnung mit zwei blauen Kegeln oder zwei blauen Lichtern führt,		500,-	I
	287.4.1	nicht dafür sorgt, dass nach Abschnitt 8.3.2 an Bord von Trockengüterschiffen tragbare Lampen mit eigener Stromquelle verwendet werden und diese die Anforderungen für den Einsatz in der jeweiligen Zone erfüllen,		150,-	III
	287.4.2	nicht dafür sorgt, dass nach Abschnitt 8.3.2 an Bord von Tankschiffen tragbare Lampen mit eigener Stromquelle verwendet werden und diese die Anforderungen für den Einsatz in der jeweiligen Zone erfüllen,		250,-	II
	287.5.1	nicht dafür sorgt, dass nach Abschnitt 8.3.5 das Verwendungsverbot von Feuer, elektrischem Strom und Funkenbildung an Bord von Trockengüterschiffen eingehalten wird,		500,-	I
	287.5.2	nicht dafür sorgt, dass nach Abschnitt 8.3.5 das Verwendungsverbot von Feuer, elektrischem Strom und Funkenbildung an Bord von Tankschiffen eingehalten wird;		1000,-	I
B	288	Nr. 10 eine Sendung befördert, ohne dass die Vorschriften erfüllt sind;	Nr. 25j	200,- bis 1000,-	III/II/I
B	289	Nr. 11 vor dem Entgasen eines Tankschiffs an einer Annahmestelle seinen Teil der Prüfliste nicht, nicht richtig, nicht vollständig oder nicht rechtzeitig ausfüllt;	Nr. 25k	200,- bis 1000,-	III/II/I
B	290	Nr. 12 vor dem Beladen und Entladen der Ladetanks eines Tankschiffs seinen Teil der Prüfliste nicht, nicht richtig, nicht vollständig oder nicht rechtzeitig ausfüllt;	Nr. 25l	200,- bis 1000,-	III/II/I

RSEB – Anlage 7

Bußgeldkatalog (Fortsetzung)

G	Lfd. Nr.	Ordnungswidrigkeit, die darin besteht, dass	GGVSEB § 37 Abs. 1	Euro	Kategorie
	U.	der Betreiber einer Annahmestelle			
		der Betreiber einer Annahmestelle entgegen § 26 Abs. 5			
B	291	Nr. 1 nicht dafür sorgt, dass sein Personal nach Unterabschnitt 1.3.2.2 unterwiesen wird;	Nr. 18f	500,-	I
B	292	Nr. 2 vor dem Entgasen eines Tankschiffs seinen Teil der Prüfliste nicht, nicht richtig, nicht vollständig oder nicht rechtzeitig ausfüllt;	Nr. 18g	200,- bis 1000,-	III/II/I
B	293	Nr. 3 nicht sicherstellt, dass eine Flammendurchschlagsicherung vorhanden ist;	Nr. 18h	1000,-	I
		der Betreiber einer Annahmestelle entgegen § 27 Abs. 1 (auch Verlader, Befüller, Beförderer, Empfänger und Betreiber der Eisenbahninfrastruktur)			
B	294	nicht dafür sorgt, dass die Vorlage eines Berichts rechtzeitig erfolgt;	Nr. 19a	200,-	III
	V.	der Eigentümer oder Betreiber			
		der Eigentümer oder Betreiber entgegen § 34			
B	295	Nr. 1, 2, 4 und 5 nicht dafür sorgt, dass eine dort genannte Vorschrift eingehalten wird;	Nr. 26a	100,- bis 5000,-	III/II/I
B	296	Nr. 3 nicht dafür sorgt, dass ein Sachkundiger an Bord ist;	Nr. 26b	1000,-	I
B	297	Nr. 6 nicht dafür sorgt, dass eine Aktualisierung erfolgt;	Nr. 26c	100,- bis 1000,-	III/II/I
B	298	Nr. 7 nicht dafür sorgt, dass ein Schiff einer Sonderuntersuchung unterzogen wird;	Nr. 26d	500,- bis 1500,-	II/I
B	299	Nr. 8 nicht dafür sorgt, dass eine Schiffsakte nach einer dort genannten Vorschrift geführt, aufbewahrt oder aktualisiert wird;	Nr. 26e	150,- bis 300,-	III
	W.	die Besatzung und sonstige Personen an Bord			
		die Besatzung und sonstige Personen an Bord entgegen § 34a Satz 1			
B	300	den Anweisungen des Schiffsführers nicht Folge leisten.	Nr. 26a.	100,- bis 1000,-	III/II/I

RSEB – Anlage 7

2. Verwarnungsgeldkatalog Straße (Tatbestände sind der Gefahrenkategorie III zuzuordnen)

G	Lfd. Nr.	Ordnungswidrigkeit, die darin besteht, dass	GGVSEB § 37 Abs. 1	Euro
	A.	**der Beförderer**		
S	1	der Beförderer entgegen § 19 Abs. 2 Nr. 13 nicht dafür sorgt, dass nach Absatz 6.8.2.5.2 ADR auf dem Tankfahrzeug oder auf einer Tafel der Name des Eigentümers oder Betreibers angegeben ist;	Nr. 6m	40,-
S	2	der Beförderer entgegen § 19 Abs. 2 Nr. 16 nicht dafür sorgt, dass die Beförderungseinheit (Kraftfahrzeug mit Anhänger) mit dem nach Unterabschnitt 8.1.5.2 ADR vorgeschriebenen Unterlegkeil ausgerüstet ist (beim Fehlen eines Unterlegkeils);	Nr. 6p	55,-
S	3	der Beförderer entgegen § 19 Abs. 2 Nr. 13 nicht dafür sorgt, dass der Erdungsanschluss nach Absatz 6.8.2.1.27 ADR mit dem Erdungssymbol kenntlich gemacht ist;	Nr. 6m	55,-
S	4	der Beförderer entgegen § 29 Abs. 2 Nr. 3 die Vorschriften des Abschnitts 7.5.9 in Verbindung mit Abschnitt 8.3.5 ADR über das Rauchverbot in der Nähe von Fahrzeugen oder Containern, die mit nicht brennbaren Gasen der Klasse 2 und Gütern der Klassen 6.1, 6.2, 7, 8 und 9 beladen sind, nicht beachtet;	Nr. 21b	55,-
	B.	**der Empfänger**		
S	5	der Empfänger entgegen § 29 Abs. 2 Nr. 3 die Vorschriften des Abschnitts 7.5.9 in Verbindung mit Abschnitt 8.3.5 ADR über das Rauchverbot in der Nähe von Fahrzeugen oder Containern, die mit nicht brennbaren Gasen der Klasse 2 und Gütern der Klassen 6.1, 6.2, 7, 8 und 9 beladen sind, nicht beachtet;	Nr. 21b	55,-
	C.	**der Verlader**		
S	6	der Verlader entgegen § 29 Abs. 2 Nr. 3 die Vorschriften des Abschnitts 7.5.9 in Verbindung mit Abschnitt 8.3.5 ADR über das Rauchverbot in der Nähe von Fahrzeugen oder Containern, die mit nicht brennbaren Gasen der Klasse 2 und Gütern der Klassen 6.1, 6.2, 7, 8 und 9 beladen sind, nicht beachtet;	Nr. 21b	55,-
S	7	der Verlader entgegen § 21 Abs. 2 Nr. 4 einen nach Unterabschnitt 5.3.1.2 vorgeschriebenen Großzettel (Placard) oder ein nach Abschnitt 5.3.6 ADR vorgeschriebenes Kennzeichen für umweltgefährdende Stoffe nicht anbringt;	Nr. 10l	55,-
	D.	**der Befüller**		
S	8	der Befüller entgegen § 23 Abs. 2 Nr. 3 Buchstaben a, c oder d einen der nach Unterabschnitt 5.3.1.2 vorgeschriebenen Großzettel (Placard) oder ein nach Abschnitt 5.3.3 vorgeschriebenes Kennzeichen für erwärmte Stoffe oder ein nach Abschnitt 5.3.6 ADR vorgeschriebenes Kennzeichen für umweltgefährdende Stoffe nicht anbringt;	Nr. 13c	55,-
	E.	**der Betreiber eines Tankcontainers, eines ortsbeweglichen Tanks, eines MEGC oder eines Schüttgut-Containers**		
S	9	der Betreiber eines Tankcontainers, eines ortsbeweglichen Tanks, eines MEGC oder eines Schüttgut-Containers entgegen § 24 Nr. 1 nicht dafür sorgt, dass nach Absatz 6.7.4.15.2, Absatz 6.8.2.5.2, Absatz 6.8.3.5.11 und Unterabschnitt 6.9.6.1 ADR auf dem ortsbeweglichen Tank, Tankcontainer, MEGC, Schüttgut-Container und FVK-Tank selbst oder auf einer Tafel der Name des Eigentümers und/oder Betreibers angegeben ist;	Nr. 16a	40,-
	F.	**der Fahrzeugführer**		
S	10	der Fahrzeugführer entgegen § 28 Nr. 10 Buchstabe d einen nach Unterabschnitt 8.1.5.2 ADR vorgeschriebenen Unterlegkeil nicht mitführt oder nicht oder nicht rechtzeitig aushändigt;	Nr. 20j	35,-
S	11	der Fahrzeugführer entgegen § 28 Nr. 10 Buchstabe b die nach Unterabschnitt 8.2.2.8 ADR vorgeschriebene Schulungsbescheinigung nicht mitführt, aber im Verlauf der Straßenkontrolle ermittelt oder nachgewiesen wird, dass eine solche Bescheinigung erteilt worden ist;	Nr. 20j	35,-
S	12	der Fahrzeugführer entgegen § 28 Nr. 7 gemäß Abschnitt 5.3.2 ADR	Nr. 20g	
	12.1	eine orangefarbene Tafel,		15,-
	12.2	mehrere orangefarbene Tafeln nicht parallel/senkrecht zur Längsachse anbringt oder		25,-
	12.3	eine orangefarbene Tafel nicht vollständig entfernt oder verdeckt;		40,-
S	13	der Fahrzeugführer entgegen § 28 Nr. 6 einen der nach den Unterabschnitten 5.3.1.3 bis 5.3.1.6 ADR vorgeschriebenen Großzettel (Placard) nicht anbringt;	Nr. 20f	40,-
S	14	der Fahrzeugführer entgegen § 28 Nr. 6 gemäß Absatz 5.3.1.1.6 ADR einen Großzettel (Placard) nicht entfernt oder abdeckt;	Nr. 20f	40,-
S	15	der Fahrzeugführer entgegen § 28 Nr. 7 gemäß Abschnitt 5.3.6 ADR ein Kennzeichen für umweltgefährdende Stoffe nicht entfernt oder abdeckt;	Nr. 20g	40,-
S	16	der Fahrzeugführer entgegen § 29 Abs. 2 Nr. 3 die Vorschriften des Abschnitts 7.5.9 in Verbindung mit Abschnitt 8.3.5 ADR über das Rauchverbot in der Nähe von Fahrzeugen oder Containern, die mit nicht brennbaren Gasen der Klasse 2 und Gütern der Klassen 6.1, 6.2, 7, 8 und 9 beladen sind, nicht beachtet;	Nr. 21b	55,-
	G.	**der Entlader**		
S	17	der Entlader entgegen § 29 Abs. 2 Nr. 3 die Vorschriften des Abschnitts 7.5.9 in Verbindung mit Abschnitt 8.3.5 ADR über das Rauchverbot in der Nähe von Fahrzeugen oder Containern, die mit nicht brennbaren Gasen der Klasse 2 und Gütern der Klassen 6.1, 6.2, 7, 8 und 9 beladen sind, nicht beachtet.	Nr. 21b	55,-

RSEB – Anlage 7

3. Verwarnungsgeldkatalog Eisenbahn

G	Lfd. Nr.	Ordnungswidrigkeit, die darin besteht, dass	GGVSEB § 37 Abs. 1	Euro
	A.	**der Absender**		
E	1	der Absender entgegen § 18 Abs. 3 Nr. 2 Buchstabe a einen der nach Unterabschnitt 5.3.1.6 RID vorgeschriebenen Großzettel (Placards) nicht vorschriftsmäßig anbringt;	Nr. 4p	55,-
E	2 2.1 2.2	der Absender entgegen § 18 Abs. 3 Nr. 2 Buchstabe b i. V. m. Absatz 5.3.2.1.7 RID eine orangefarbene Tafel, zwei orangefarbene Tafeln nicht parallel zur Längsachse anbringt;	Nr. 4p	15,- 25,-
E	3	der Absender entgegen § 18 Abs. 1 Nr. 8 die gemäß den Sondervorschriften in Unterabschnitt 5.4.1.1.1 RID vorgeschriebenen relevanten Angaben – ausgenommen die Angaben nach Absatz 5.4.1.1.6 RID – im Beförderungspapier nicht vermerkt;	Nr. 4h	55,-
	B.	**der Verlader**		
E	4	der Verlader entgegen § 21 Abs. 3 Nr. 2 Buchstabe a oder c nicht dafür sorgt, dass einer der nach den Unterabschnitten 5.3.1.2, 5.3.1.3 und 5.3.1.5 vorgeschriebenen Großzettel (Placards) oder einer der nach Abschnitt 5.3.4 RID vorgeschriebenen Rangierzettel oder ein Kennzeichen vorschriftsmäßig angebracht ist;	Nr. 10p	55,-
E	5 5.1 5.2	der Verlader entgegen § 21 Abs. 3 Nr. 2 Buchstabe b oder c gemäß Abschnitt 5.3.2 RID eine orangefarbene Tafel, zwei orangefarbene Tafeln nicht parallel zur Längsachse anbringt;	Nr. 10p	15,- 25,-
	C.	**der Befüller**		
E	6	der Befüller entgegen § 23 Abs. 3 Nr. 2 Buchstaben a, b, d oder e einen der nach Unterabschnitt 5.3.1.2 und 5.3.1.4 vorgeschriebenen Großzettel (Placards) oder einen nach Unterabschnitt 5.3.4.1 Satz 1 vorgeschriebenen Rangierzettel oder das Kennzeichen nach Abschnitt 5.3.3 oder das Kennzeichen nach Abschnitt 5.3.6 RID nicht vorschriftsmäßig anbringt;	Nr. 14b	55,-
E	7 7.1 7.2	der Befüller entgegen § 23 Abs. 3 Nr. 2 Buchstabe c gemäß Abschnitt 5.3.2 RID eine orangefarbene Tafel, zwei orangefarbene Tafeln nicht parallel zur Längsachse anbringt;	Nr. 14b	15,- 25,-
	D.	**der Betreiber eines Tankcontainers, eines ortsbeweglichen Tanks, eines MEGC oder eines Schüttgut-Containers**		
E	8	der Betreiber eines Tankcontainers, eines ortsbeweglichen Tanks, eines MEGC oder eines Schüttgut-Containers entgegen § 24 Nr. 1 nicht dafür sorgt, dass nach Absatz 6.7.4.15.2, Absatz 6.8.2.5.2 und Absatz 6.8.3.5.11 RID auf dem ortsbeweglichen Tank, Tankcontainer, MEGC oder Schüttgut-Container selbst oder auf einer Tafel der Name des Eigentümers und Betreibers angegeben ist;	Nr. 16a	55,-
	E.	**der Betreiber eines Kesselwagens, abnehmbaren Tanks oder Batteriewagens**		
E	9 9.1 9.2	der Betreiber eines Kesselwagens, abnehmbaren Tanks oder Batteriewagens entgegen § 30 Nr. 2 nicht dafür sorgt, dass nach Absatz 6.8.2.5.2 RID auf dem Kesselwagen, abnehmbaren Tank oder Batteriewagen selbst oder auf einer Tafel - der Name des Betreibers angegeben ist, - das Datum der nächsten Zwischenprüfung nach Absatz 6.8.2.4.3 RID um den Buchstaben „L" ergänzt ist.	Nr. 22b	55,-

RSEB – Anlage 7a

Anlage 7a

Erläuterungen zu Bußgeldverfahren nach der GGVSEB bei gleichzeitigem Verstoß gegen die StVO/StVZO im Hinblick auf die Eintragung von Verstößen im Fahreignungsregister (FAER)

Gemäß § 28 Absatz 3 Nummer 3 Buchstabe c Straßenverkehrsgesetz (StVG) werden im Fahreignungsregister (FAER) Daten über rechtskräftige Entscheidungen wegen einer Ordnungswidrigkeit nach § 10 GGBefG gespeichert, soweit sie in der Rechtsverordnung nach § 6 Absatz 1 Nummer 1 Buchstabe s StVG bezeichnet ist.

Neu aufgenommen in Anlage 13 zu § 40 Fahrerlaubnis-Verordnung (FeV) sind diesbezüglich in der Nummer 3.6 Zuwiderhandlungen gegen die GGVSEB. Dies entspricht der insoweit erweiterten Ermächtigungsgrundlage und Speichervorschrift im § 28 StVG. Durch die Formulierung der Tatbestände soll sichergestellt werden, dass nur Entscheidungen über solche rechtswidrigen Handlungen gespeichert werden, die auch ohne das Vorliegen eines gefahrgutrechtlichen Verstoßes nach den Vorschriften des Straßenverkehrsrechts registriert werden.

Diese Entscheidungen werden im FAER mit **einem** Punkt bewertet.

In der Bekanntmachung der Neunten Verordnung zur Änderung der Fahrerlaubnis-Verordnung und anderer straßenverkehrsrechtlicher Vorschriften vom 20.11.2013 (VkBl. 2013 Heft 23 S. 1162) heißt es in der Begründung zu Nummer 18 (Neufassung der Anlage 13):

„Die Anlage 13 wird von folgenden Grundgedanken geleitet:

Die Eintragung im Fahreignungsregister soll zum einen davon abhängen, ob die Zuwiderhandlung eine Bedeutung für die Sicherheit im Straßenverkehr hat. Dies wird für sämtliche Straftaten und Ordnungswidrigkeiten der Anlage 13 vom Verordnungsgeber bejaht. Zum anderen muss den Ordnungswidrigkeiten eine nennenswerte objektive Schwere zu Eigen sein."

Vor diesem Hintergrund ist im Hinblick auf den Eintrag der Punkte in das FAER bei Ladungssicherungsverstößen auf Folgendes hinzuweisen: Jede dementsprechende rechtskräftige Bußgeldentscheidung führt zu einem Eintrag **eines** Punktes. In der Vergangenheit konnten im Bereich der Straßenverkehrs-Ordnung (StVO)/Straßenverkehrs-Zulassungs-Ordnung (StVZO) aufgrund der Beurteilung der Gefährdung unterschiedliche Bußgeldhöhen festgesetzt und ein bis drei Punkte eingetragen werden: die Fahrerlaubnis wurde ab 18 Punkten entzogen. Nach dem geltenden Recht erfolgt dies ab 8 Punkten.

Der Eintrag in das FAER ist nur aufgrund eines rechtskräftigen Bußgeldbescheides möglich. Liegt ein solcher vor und ist ein Tatbestand der Nummer 3.6 der Anlage 13 zu § 40 FeV gegeben, muss ein Punkteeintrag erfolgen. Auch in den Fällen, in denen das Bußgeld im weiteren Verfahren auf einen Betrag von unter 60 Euro reduziert wird, würde ein Eintrag erfolgen, da nach § 28 Absatz 3 Nummer 3 Buchstabe c StVG keine Mindestgeldbuße vorgesehen ist (Anmerkung: Für die StVO/StVZO ist nach § 28 Absatz 3 Nummer 3 Buchstabe a eine Geldbuße von mindestens 60 Euro erforderlich.).

Insofern sollte bei geringfügigen Ordnungswidrigkeiten überprüft werden, ob dem Betroffenen eine Verwarnung mit Verwarnungsgeld angeboten werden kann.

Die Eintragung der Punkte bewirkt auch **keine inhaltliche Veränderung des Bußgeldverfahrens.**

Neu aufzunehmen in den Bußgeldbescheid ist lediglich ein informativer Hinweis für den Betroffenen auf die Eintragung im FAER, analog zu dem bereits im Straßenverkehrsordnungswidrigkeitenverfahren praktizierten Vorgehen

(Hinweis: Punkte im FAER sind eine Folge eines rechtskräftigen Ordnungswidrigkeitenverfahrens und können nicht eigenständig angefochten werden.).

RSEB – Anlage 7a

Der in Nummer 3.6.1 der Anlage 13 zu § 40 FeV aufgeführte Begriff „tatsächlicher Verlader" meint den für die Ladungssicherung im Sinne des § 22 Absatz 1 StVO verpflichteten Verlader. Im Falle eines Verstoßes ist das die für das verladende Unternehmen verantwortlich handelnde Person nach § 9 OWiG, die einen Ladungssicherungsverstoß nach den Gefahrgutvorschriften und tateinheitlich nach der StVO zu verantworten hat. Dies ist in der Regel der Verantwortliche für die Ladearbeiten und nicht der ausführende Gabelstaplerfahrer oder Lagerarbeiter.

Für die Auslegung des Begriffs „tatsächlicher Verlader" ist die Begriffsbestimmung zum Verlader nach § 2 Nummer 3 GGVSEB nicht heranzuziehen. Für den Eintrag von Punkten wird ausschließlich die Verantwortlichkeit nach der StVO berücksichtigt, da nur dann ein Punkteeintrag gewollt ist, wenn eine Verfolgung des Verstoßes auch bei der Beförderung von nicht gefährlichen Gütern zu einem Bußgeld nach der StVO für den Verlader führen würde.

Die Pflicht des Beförderers zur Ausrüstung der Fahrzeuge mit Ladungssicherungsmitteln entspricht der Verpflichtung des Halters in der StVZO und ein entsprechender Verstoß wurde insofern in die Anlage 13 zu § 40 FeV aufgenommen.

<u>Datenübermittlung an das Kraftfahrt-Bundesamt (KBA)</u>

Anhand der den Tatbeständen zugeordneten Tatbestandsnummern erfolgt die Übermittlung der Entscheidungen wegen Ordnungswidrigkeiten an das FAER durch die für die Ahndung von Zuwiderhandlungen gegen gefahrgutrechtliche Bestimmungen zuständige Bußgeldbehörde.

Grundlage für die Datenübermittlung ist die Allgemeine Verwaltungsvorschrift zur Datenübermittlung mit dem Verkehrszentralregister (VwV-VZR) vom 16. August 2000 (BAnz. S. 17269). Hiernach hat die Datenübermittlung auf elektronischem Wege zu erfolgen. Die Art der Übermittlung der Daten (Aufbau und Inhalt der Datensätze) ist in den aufgrund dieser VwV festgelegten Standards für die Übermittlung von Mitteilungen an das Verkehrszentralregister (SDÜ-VZR-MIT, BAnz Nr. 188a v. 09.10.2002 S. 23221; VkBl. 2002 Heft 16 S. 529 ff) geregelt. Die Standards stehen auf der Internetseite des KBA (www.kba.de) zur Verfügung.

RSEB – Anlage 7a

Gegenüberstellung der in der Anlage 13 zum § 40 FeV enthaltenen Parallelverstöße nach der GGVSEB und der StVO/StVZO

TBNR	Verstöße gegen die Vorschriften der GGVSEB	TBNR	Verstöße gegen die Vorschriften der StVO/StVZO
	Nr. 3.6.1 bis 3.6.3 der Anlage 13 FeV		Nr. 3.2.14 bzw. 3.5.2 der Anlage 13 FeV in Verbindung mit BKatV
529500/ 529506	Als tatsächlicher Verlader Versandstücke, die gefährliche Güter enthalten, und unverpackte gefährliche Gegenstände nicht durch geeignete Mittel sichert, die in der Lage sind, die Güter im Fahrzeug oder Container zurückzuhalten, sowie, wenn gefährliche Güter zusammen mit anderen Gütern befördert werden, nicht alle Güter in den Fahrzeugen oder Containern so sichert oder verpackt, dass das Austreten gefährlicher Güter verhindert wird. (Unterabschnitt 7.5.7.1 ADR i.V.m. § 37 Absatz 1 Nummer 21 Buchstabe a der GGVSEB (lfd. Nr. 124.3 Anlage 7 RSEB))		102.1 Wer die Ladung oder Ladeeinrichtung nicht so verstaut oder sichert, dass sie selbst bei Vollbremsung oder plötzlicher Ausweichbewegung nicht verrutschen, umfallen, hin- und herrollen oder herabfallen können 102.1.1 bei Lastkraftwagen oder Kraftomnibussen bzw. ihren Anhängern – mit Gefährdung 102.2.1 bei anderen als in Nummer 102.1.1 genannten Kraftfahrzeugen bzw. ihren Anhängern – mit Gefährdung (§ 22 Abs. 1 StVO)
529512/ 529518	Als Fahrzeugführer Versandstücke, die gefährliche Güter enthalten, und unverpackte gefährliche Gegenstände nicht durch geeignete Mittel sichert, die in der Lage sind, die Güter im Fahrzeug oder Container zurückzuhalten, sowie, wenn gefährliche Güter zusammen mit anderen Gütern befördert werden, nicht alle Güter in den Fahrzeugen oder Containern so sichert oder verpackt, dass das Austreten gefährlicher Güter verhindert wird. (Unterabschnitt 7.5.7.1 ADR i.V.m. § 37 Absatz 1 Nummer 21 Buchstabe a der GGVSEB (lfd. Nr. 250.3 Anlage 7 RSEB))		
519500	Als Beförderer und in der Funktion als Halter des Fahrzeuges entgegen § 19 Absatz 2 Nummer 15 der GGVSEB dem Fahrzeugführer die erforderliche Ausrüstung zur Durchführung der Ladungssicherung nicht übergeben. (Unterabschnitt 7.5.7.1 ADR i.V.m. § 37 Absatz 1 Nummer 6 Buchstabe o der GGVSEB (lfd. Nr. 51 Anlage 7 RSEB))		189.3 Als Halter die Inbetriebnahme eines Fahrzeugs oder Zuges angeordnet oder zugelassen, obwohl die Verkehrssicherheit des Fahrzeugs oder des Zuges durch die Ladung oder die Besetzung wesentlich litt. 189.3.1 bei Lastkraftwagen oder Kraftomnibussen bzw. ihren Anhängern 189.3.2 bei anderen als in Nummer 189.3.1 genannten Fahrzeugen (§ 31 Abs. 2 StVZO)

RSEB – Anlage 7a

RSEB – Anlage 8

Anlage 8

Muster-Rahmenlehrpläne für die Aus- und Fortbildung von Gefahrgutkontrollpersonal für Länder- und Bundesbehörden

Anlage 8/1
Einheitlicher Muster-Rahmenlehrplan gemäß Abschnitt 1.8.1 ADR/RID allgemein

1. Vorwort

Bei der Beförderung gefährlicher Güter auf Straße und Schiene handelt es sich um eine besonders sensible und komplexe Materie. Die Regelungen unterliegen ständigen Änderungen durch die UN-Modellvorschriften sowie durch die Übereinkommen über die internationale Beförderung gefährlicher Güter auf der Straße (ADR) und über die internationale Eisenbahnbeförderung gefährlicher Güter (RID).

Nicht nur der Gefahrguttransport selbst, sondern auch die behördlichen Gefahrgutkontrollen und ihre Ergebnisse stehen immer öfter im Blickpunkt der Öffentlichkeit. Von den Betroffenen werden einheitliche und qualitativ hochwertige Kontrollen erwartet. Entscheidungen der Kontrollbehörden sind vor Gericht überprüfbar.

2. Ziele

Zur Steigerung der Effizienz und der Einheitlichkeit von Gefahrgutkontrollen ist es erforderlich, für die Aus- und Fortbildung des Kontrollpersonals eine gemeinsame Grundlage zu schaffen. Einheitliche Gefahrgutkontrollen sind kein Selbstzweck, sondern dienen der Einhaltung der Gefahrgutvorschriften und erhöhen die Sicherheit. Die Teilnehmer einer Schulung sollen nach Abschluss in der Lage sein, selbständig Gefahrgutkontrollen bei den Verkehrsträgern Straße und/oder Schiene durchzuführen und die notwendigen Maßnahmen zu treffen.

3. Zielgruppen

Der Rahmenlehrplan richtet sich an die Entscheidungsträger für die Aus- und Fortbildung.

1. Zielgruppe der Ausbildung ist das Kontrollpersonal, welches bisher in der Regel keine Erfahrungen in der Durchführung von Gefahrgutkontrollen hat.
2. Zielgruppe der Fortbildung ist das Kontrollpersonal, welches bisher bereits bei der Durchführung von Gefahrgutkontrollen eingesetzt wird.

Im Sinne einer ganzheitlichen Kontrolle wird empfohlen, dass die Schulungsteilnehmer über einschlägige Kenntnisse auch in anderen vorkommenden Rechtsbereichen (z. B. Straßenverkehrs- bzw. Eisenbahnrecht) verfügen.

4. Rahmenlehrplan

1. Der Rahmenlehrplan für die Ausbildung des Kontrollpersonals trägt Empfehlungscharakter. Er ist unter praktischen und anwenderbezogenen Aspekten gegliedert und nach einem Bausteinsystem aufgebaut. Er enthält die Mindestanforderungen an Wissensstoff, der für die Durchführung von behördlichen Gefahrgutkontrollen erforderlich ist.

   Die Lehr- und Lerninhalte können in Einzelmodule unterteilt werden. Die Lerninhalte sind durch eine zeitnahe praktische Aus- und Fortbildung zu ergänzen.

   Der Rahmenlehrplan enthält derzeit keine besonderen Bausteine für die Durchführung von Gefahrgutkontrollen für die Klasse 1 und 7. Für diese Themenbereiche sowie bei aktuellen Rechtsänderungen sind zusätzliche Aufbau- und Auffrischungskurse erforderlich. Für den Bereich Klasse 7 ist mit der **Anlage 8/2** der RSEB ein Rahmenlehrplan vorgegeben. Für den Aufbaukurs Klasse 1 werden 8 Unterrichtseinheiten empfohlen (zusätzlich sind Unterrichtseinheiten für die Vorschriften des Sprengstoffrechts einzuplanen).

2. Für die Fortbildung des Kontrollpersonals wird kein festgelegter Rahmenlehrplan vorgegeben. Die Inhalte der Fortbildung sind den Erfordernissen bzgl. neuer Techniken, aktuellen Rechtsänderungen und Erkenntnissen aus den eigenen Kontrollen anzupassen.

   Kleinere Rechtsänderungen mit einem Umfang bis 5 Unterrichtseinheiten können auch durch elektronische Medien vermittelt werden.

RSEB – Anlage 8

5. Grundsätze

1. Die Themen sind durch zentrale Veranstaltungen von fachlich qualifizierten Personen zu unterrichten.
2. Diese müssen umfangreiche gefahrgutspezifische Kenntnisse (z. B. einen Schulungsnachweis als Gefahrgutbeauftragter oder eine mehrjährige behördeninterne Berufserfahrung im Bereich Gefahrgutrecht) besitzen und entweder über eine pädagogische Grundausbildung verfügen oder langjährige Erfahrung haben, Lerninhalte zu vermitteln.
3. Die Anzahl der Teilnehmer soll möglichst auf 16 Seminarteilnehmer begrenzt werden.
4. Jedem Teilnehmer sind die aktuellen Rechtsvorschriften zur Verfügung zu stellen.
5. Es wird empfohlen, den Vortragsanteil auf höchstens 5 Unterrichtseinheiten je Unterrichtstag zu beschränken.
6. Bereits bei anderen Lehr-/Lernschwerpunkten behandelte Inhalte können verkürzt oder als Wiederholungsinhalte unterrichtet werden.
7. Die erfolgreiche Vermittlung der Lehrinhalte soll durch Lernzielkontrollen überprüft werden.
8. Die Teilnehmer erhalten nach Abschluss des Seminars eine Bescheinigung über die Teilnahme.

6. Zeitansätze

1. Der Zeitansatz für die Ausbildung des Kontrollpersonals von 104 Unterrichtseinheiten (einschließlich des Praxistages) für den Gesamtlehrplan beruht auf Erfahrungswerten und kann individuell an die Bedürfnisse der Teilnehmer angepasst werden.
2. Der Zeitansatz für die regelmäßige Fortbildung des Kontrollpersonals ergibt sich jeweils aus dem Schulungsbedarf aufgrund neuer Techniken, aktuellen Rechtsänderungen und Erkenntnissen aus den eigenen Kontrollen sowie dem vorhandenen Wissensstand des Kontrollpersonals. Er sollte durchschnittlich 8 Unterrichtseinheiten pro Jahr nicht unterschreiten.

RSEB – Anlage 8

7. **Übersicht der Lehr-/Lernschwerpunkte**

	Unterrichtseinheiten
1. Einführung	1
2. Bestimmungen des Gefahrgutbeförderungsgesetzes	2
3. Bestimmungen der GGVSEB	5
4. Bestimmungen des Gesetzes zum ADR	1
Bestimmungen des Übereinkommens zum COTIF	
5. Übereinkommen über die internationale Beförderung gefährlicher Güter auf der Straße (ADR) Ordnung über die internationale Eisenbahnbeförderung gefährlicher Güter (RID)	2
6. Gefahreneigenschaften und Klassifizierung	4
7. Relevante Begriffsbestimmungen und Definitionen	1
8. Allgemeine Sicherheitspflichten	1
9. Begleitpapiere nach Gefahrgutvorschriften	8
10. Beförderungsarten	1
11. Beförderung in Versandstücken	20
12. Beförderung in Tanks	12
13. Beförderung in loser Schüttung	8
14. Beförderung nach Vorschriften anderer Verkehrsträger	1
15. Freistellungen	8
16. Übergangsvorschriften	1
17. Ausnahmen	4
18. RSEB und sonstige Vollzugshinweise	1
19. Sicherheitsberater/Gefahrgutbeauftragter	3
20. Unterweisung von Personen/Schulungsverpflichtung	1
21. Besondere Verfahren für Konformitätsbewertungen und Prüfungen	1
22. Ermittlung des Verantwortlichen, Verfolgung und Ahndung	4
23. Kontrollablauf	5
24. Praktische Ausbildungskontrolle	7
25. Lernzielkontrolle	2
Gesamtzahl der Unterrichtseinheiten	**104**

RSEB – Anlage 8

8. Erläuterung zu den Spalten des Muster-Rahmenlehrplanes

1. **Lehr-/Lernschwerpunkt**

   Die Spalte 1 stellt die Lern-/Lehrschwerpunkte dar. Sie gibt keine für den Unterrichtsaufbau verbindliche Reihenfolge vor.

2. **Lehr-/Lerninhalte**

   Hier werden alle verbindlich zu unterrichtenden Inhalte unter Bezug auf die einschlägigen Rechtsvorschriften aufgeführt.

3. **S/E**

   Bedeutung „S" = Straße, „E" = Eisenbahn

   Der Rahmenlehrplan ist auf die Verkehrsträger Straße und Eisenbahn abgestellt und kann bei Bedarf spezifisch angewendet werden. Spalten ohne Eintrag sind für beide Verkehrsträger gültig.

4. **Lehr-/Lernmethode**

   Diese ist von dem Vortragenden auf Besonderheiten der Seminargruppe abzustimmen. Da der Lehrplan sich an pädagogisch vorgebildete Lehrkräfte wendet, wird auf eine Erläuterung der einzelnen Methoden (z. B. Vortrag, Einzelarbeit, Gruppenarbeit, Sachverhaltslösungen, erarbeitender Unterricht, Verwendung von Medien) verzichtet.

5. **Stufe**

   Für die Festlegung der Tiefe der Schulung sind folgende Intensitätsstufen zu unterscheiden:

   Stufe I: Kennenlernen und Wiedergeben (Reproduktion)
   Stufe II: Ordnen und Verstehen (Reorganisation)
   Stufe III: Anwenden und Umsetzen (Transfer)
   Stufe IV: Problemlösen (Analyse, Synthese, Beurteilung)

6. **UE (Unterrichtseinheit)**

   Eine UE wird mit 45 Minuten angesetzt.

7. **Hinweise**

   Diese enthalten sowohl Anregungen zur weiteren Feingliederung der Lehrinhalte als auch zusätzliche Differenzierungen zur Intensität der Themenbehandlung.

RSEB – Anlage 8

Lehr-/ Lernschwerpunkt	Lehr-/Lerninhalte	S/E	Lehr-/ Lernmethode	Stufe	UE	Hinweise
1. Einführung	Überblick über Entstehung und Entwicklung der Gefahrgutvorschriften		Vortrag medienunterstützt	I	1	
	Internationale und nationale Organisationen wie UNO, IMO, IAEA, UNECE, ZRK, ADN-Sicherheitsausschuss, UNECE/WP.15, OTIF, RID-Fachausschuss, GT					
	Internationale und nationale Regelwerke wie UN-Modellvorschriften, ADR, RID, ADR-AusnV (Multilaterale Vereinbarungen), RID-AusnV (Multilaterale Sondervereinbarungen), IMDG-Code, ADN, ICAO-TI, EU-Richtlinien, Gesetz zum ADR, GGBefG, GGVSEB, GGVSee, GGAV, GGKontrollV, GbV, GGKostV, RSEB, Technische Richtlinien, ODV					Insbesondere EU-Richtlinie 2008/68/EG (in der jeweils aktuellen Fassung)
2. Bestimmungen des Gefahrgutbeförderungsgesetzes	GGBefG Überblick über die §§ 1 bis 12 § 1 Geltungsbereich		Vortrag medienunterstützt	IV	2	
	§ 2 Begriffsbestimmungen					§ 2 Begriffsbestimmungen: vertieft behandeln (siehe amtliche Begründung)
	§ 3 Ermächtigungen § 5 Zuständigkeiten § 6 Allgemeine Ausnahmen § 7 Sofortmaßnahmen					zu § 7 ggf. aktuelle Sofortmaßnahme-VO nennen
	§ 8 Maßnahmen der zuständigen Behörden (Sicherungsmaßnahmen, Zurückweisung von Gefahrguttransporten)					§§ 8 und 9: Ermächtigungsgrundlagen für Kontrollen darstellen (Verweis auf Zuständigkeiten gem. §§ 6 – 16 GGVSEB) Länderzuständigkeiten, GüKG
	§ 9 Überwachung					§§ 8 und 9: Ermächtigungsgrundlagen für Kontrollen darstellen (Verweis auf Zuständigkeiten gem. §§ 6 – 16 GGVSEB)
	§ 9a Amtshilfe und Datenschutz					
	§ 10 Ordnungswidrigkeiten					§ 10 Ordnungswidrigkeiten: 1. eigenständige Bußgeldnormen nach Abs. 1 Nr. 2 bis 5 2. Zusammenhang mit §§ 4, 17 – 35a und 37 GGVSEB 3. Hinweis auf Verjährungsfrist
	§ 11 Strafvorschriften					Konkurrenz § 11 GGBefG zum § 328 StGB ansprechen
	§ 12 Kosten					GGKostV

RSEB – Anlage 8

Lehr-/ Lernschwerpunkt	Lehr-/ Lerninhalte	S/E	Lehr-/ Lernmethode	Stufe	UE	Hinweise
3. Bestimmungen der GGVSEB	GGVSEB mit Hinweis auf Erläuterungen in der RSEB		Vortrag	IV	5	
	Überblick über §§ 1 bis 38 sowie Anlagen 2 und 3					
	§ 1 Geltungsbereich					§ 1 als Bindeglied zwischen GGBefG und Gesetz zum ADR/COTIF im Hinblick auf die Rechtmäßigkeit der Überwachungsmaßnahmen darstellen
	§ 2 Begriffsbestimmungen					§ 2 Begriffsbestimmungen können ggf. in dem Schwerpunkt „Begriffsbestimmungen und Definitionen" zusammen mit den Begriffsbestimmungen des GGBefG und des ADR/RID behandelt werden
	§ 3 Zulassung zur Beförderung					
	§ 4 Allgemeine Sicherheitspflichten					Hinweis auf § 37
	§ 5 Ausnahmen					Hinweis auf § 5 Abs. 7 (Zuständigkeit zum Erlass von Ausnahmen für andere Ressorts)
	§§ 6 – 16 Zuständigkeiten					
	§§ 17 – 34a Pflichten					vertiefte Behandlung unter Verantwortlichkeiten
	§ 35 Verlagerung					Zu § 35 ff. und Hinweis auf § 37
	§ 35a Fahrweg im Straßenverkehr					eingangs nur Hinweis: § 35 ff. sollte als Einzelthema mit mind. 2 UE in der zweiten Seminarwoche behandelt werden
	§ 35b Gefährliche Güter, für deren Beförderung die §§ 35 und 35a gelten					
	§ 35c Ausnahmen zu den §§ 35 und 35a					
	§ 36 Prüffrist für Feuerlöschgeräte	S				
	§ 36a Beförderung gefährlicher Güter als behördliche Asservate					
	§ 36b Beförderung erwärmter flüssiger und fester Stoffe					§ 36b in Verbindung mit Anlage 3 soll beim Lernschwerpunkt 13 (Beförderung in loser Schüttung) vertieft werden
	§ 37 Ordnungswidrigkeiten					vertiefte Behandlung der Verantwortlichkeiten
						Hinweis auf Anlage 7 RSEB (Buß- und Verwarnungsgeldkatalog)
	§ 38 Übergangsbestimmungen					

RSEB – Anlage 8

Lehr-/ Lernschwerpunkt	Lehr-/Lerninhalte	S/E	Lehr-/ Lernmethode	Stufe	UE	Hinweise
	Anlage 2 Anwendbarkeit der Anlagen im nationalen/internationalen Verkehr					zu Anlage 2 (Überblick) materielle Einzelregelungen der Anlage 2 sind bei den speziellen Themenbereichen des ADR/RID jeweils anzusprechen
	Anlage 3 Festlegung der Anforderungen für besonders ausgerüstete Fahrzeuge/Wagen und Container/Großcontainer nach Abschnitt 7.3.3 Sondervorschrift VC 3 zur Beförderung erwärmter flüssiger und fester Stoffe der UN-Nummern 3257 und 3258 ADR/RID					Vertiefung beim Lernschwerpunkt 13 (Beförderung in loser Schüttung)
4. Bestimmungen des Gesetzes zum ADR	Übereinkommen über die internationale Beförderung gefährlicher Güter auf der Straße (ADR)	S	Vortrag medienunterstützt	IV	1	Artikel des Übereinkommens kurz besprechen und Bezug zu entsprechenden Bestimmungen des GGBefG herstellen Hinweis auf die Möglichkeit von Multilateralen Vereinbarungen geben (Art. 4 Nr. 3 des Übereinkommens) Artikel 2 des Gesetzes zum ADR als Schnittstelle zur GGVSEB
Bestimmungen des Übereinkommens zum COTIF	Übereinkommen über den internationalen Eisenbahnverkehr (COTIF) Anhang B (CIM) Anhang C (RID) Gesetz zum Übereinkommen über den internationalen Eisenbahnverkehr (COTIF)	E				Zwischenstaatliche Organisation für den internationalen Eisenbahnverkehr (OTIF) CIM: Artikel 6 Beförderungsvertrag Artikel 7 Inhalt des Frachtbriefes
5. Übereinkommen über die internationale Beförderung gefährlicher Güter auf der Straße (ADR) Ordnung über die internationale Eisenbahnbeförderung gefährlicher Güter (RID)	Aufbau und Systematik Überblick über die Teile 1 bis 9 ADR und Teile 1 bis 7 RID		Vortrag	III	2	Systematik und Gliederung der einzelnen Teile darstellen Inhaltsverzeichnis als Hilfsmittel verwenden Beförderungsvorgang vom Absender bis zum Empfänger (Teile 1 bis 9) darstellen Systematik der Tabelle A
	Teil 1 Allgemeine Vorschriften					
	Teil 2 Klassifizierung					
	Teil 3 Verzeichnis der gefährlichen Güter, Sondervorschriften und Freistellungen im Zusammenhang mit begrenzten und freigestellten Mengen					
	Teil 4 Vorschriften für die Verwendung von Verpackungen und Tanks					
	Teil 5 Vorschriften für den Versand					

RSEB – Anlage 8

Lehr-/ Lernschwerpunkt	Lehr-/Lerninhalte	S/E	Lehr-/ Lernmethode	Stufe	UE	Hinweise
	Teil 6 Bau- und Prüfvorschriften für Verpackungen, Großpackmittel (IBC), Großverpackungen und Tanks					(nur „S": Auf Besonderheiten des Kap. 6.12 (MEMU) eingehen) 2010/35/EU (TPED) und ODV
	Teil 7 Vorschriften für die Beförderung, die Be- und Entladung und die Handhabung					
	Teil 8 Vorschriften für die Fahrzeugbesatzungen, die Ausrüstung, den Betrieb der Fahrzeuge und die Dokumentation	S				
	Teil 9 Vorschriften für den Bau und die Zulassung der Fahrzeuge	S				
6. Gefahreneigenschaften und Klassifizierung	Teil 2 ADR/RID – Klassifizierung		Experimentalvortrag AV-Medien Video Gefahrgutversuche zur Klasseneinteilung	II	4	
	Kapitel 2.1 – Allgemeine Vorschriften – Einteilung in Klassen 1 bis 9 – Grundsätze der Klassifizierung – Anwendung der Tabelle der überwiegenden Gefahr (Unterabschnitt 2.1.3.10) – Zuordnung von Proben, Klassifizierung von Gegenständen, die gefährliche Güter enthalten, n.a.g und Klassifizierung von Altverpackungen (Abschnitte 2.1.4 bis 2.1.6)					Sicherheitsdatenblatt vorstellen
	Kapitel 2.2 – Besondere Vorschriften für die einzelnen Klassen – Kriterien der einzelnen Klassen (Eigenschaften und Klassifizierungscodes) – Unterklassen (Klasse 1) – Klassifizierungsdokumentation (Klasse 1) – nicht zur Beförderung zugelassene Stoffe – Verzeichnis der Sammeleintragungen (Entscheidungsbäume)					Klassifizierungscode für die Anwendung erläutern
7. Relevante Begriffsbestimmungen und Definitionen	Kapitel 1.2 ADR/RID § 2 GGVSEB		Vortrag	II	1	nationale Unterschiede zu § 2 GGVSEB darstellen
8. Allgemeine Sicherheitspflichten/ Sicherheitsvorsorge Sicherung	Abschnitt 1.4.1 ADR/RID § 4 GGVSEB 1.10 ADR/RID Vorschriften für die Sicherung		Vortrag	II	1	VCI-Leitfaden beachten (siehe RSEB)

RSEB – Anlage 8

Lehr-/ Lernschwerpunkt	Lehr-/Lerninhalte	S/E	Lehr-/ Lernmethode	Stufe	UE	Hinweise
9. Begleitpapiere nach Gefahrgutvorschriften	– Abschnitt 8.1.2 ADR/RID		Vortrag Gruppenarbeit Präsentation von Musterpapieren	IV	8	
	– Relevante Papiere (GGVSEB/ADR/RID)					
	– Beförderungspapier (Abschnitt 5.4.1 ADR/RID)					Hinweis auf § 36a GGVSEB
	– Container-/Fahrzeugpackzertifikat (Abschnitt 5.4.2 ADR/RID)					Hinweis auf IMDG-Code
	– Schriftliche Weisungen (Abschnitt 5.4.3 ADR/RID)					
	– Dokumente mit Angaben über begaste Güterbeförderungseinheiten (CTU) (Unterabschnitt 5.5.2.4 ADR/RID)					
	– Dokumente im Zusammenhang mit der Beförderung von Fahrzeugen/Wagen oder Containern, die Trockeneis oder zu Kühl- oder Konditionierungszwecken verwendete Stoffe enthalten oder enthalten haben und vor der Beförderung nicht vollständig belüftet wurden, (Unterabschnitt 5.5.3.7 ADR/RID)					
	– ADR-Schulungsbescheinigung (Abschnitt 8.2.1 ADR)	S				
	– Lichtbildausweis (Abschnitt 8.1.2 und Kapitel 1.10)					
	– Zulassungsbescheinigung (Abschnitt 9.1.1/9.1.2 ADR)	S				
	– Verlagerung und Fahrweg im Straßenverkehr (§§ 35 und 35a GGVSEB)	S				Hinweis auf Eintragung im Beförderungspapier nach § 35 Abs.2 Satz 2 GGVSEB
	– Fahrwegbestimmung					
	– Bescheinigung EBA/GDWS					
	– Ausnahmen (§ 5 GGVSEB, GGAV)					
	– Zeitweilige Abweichungen (Kapitel 1.5 ADR/RID)					
	– Transportgenehmigung ADR/RID (Absatz 5.4.1.2.1 c), 5.4.1.2.3.3, 2.2.41.1.13, 2.2.52.1.8)					Überblick über die nach anderen Rechtsvorschriften vorgeschriebenen Unterlagen z. B. Abfallbegleitschein, Sprengstoffbefähigungsschein, (siehe auch RSEB)
	– Sonstige Unterlagen					
10. Beförderungsarten	– Versandstücke		Vortrag Bilder	II	1	Begriffsbestimmungen erläutern Unterschiede und Gemeinsamkeiten der materiellen Einzelfallregelungen bei der jeweiligen Beförderungsart vertiefen (z. B. Abgrenzung IBC – Tankcontainer, Anwendbarkeit 1.1.3.6, Schulungsbescheinigung)
	– Lose Schüttung					
	– Tanks					

RSEB – Anlage 8

Lehr-/ Lernschwerpunkt	Lehr-/Lerninhalte	S/E	Lehr-/ Lernmethode	Stufe	UE	Hinweise
11 Beförderung in Versandstücken	Begriffsbestimmungen in Abschnitt 1.2.1 Inhalte der Tabelle A Spalten 4, 7 bis 9b im Zusammenhang mit Versandstücken Spalte 6 – Sondervorschriften in Kapitel 3.3 im Zusammenhang mit Verpackungen Kapitel 4.1 Verwendungsvorschriften Allgemeine Grundsätze für Verpackungen in Abschnitt 4.1.1 bis 4.1.3 Spalten 8 und 9a – System der Verpackungsanweisungen Abschnitt 4.1.4 Sondervorschriften in Abschnitt 4.1.5 bis 4.1.9 Spalte 9b – Sondervorschriften für die Zusammenpackung Abschnitt 4.1.10		Vortrag Gruppenarbeit Einzelne Verpackungen anhand von Mustern/Bildern zeigen	IV	20	auf Besonderheiten der Klassen 1 und 7 nur hinweisen
	Kapitel 6.1 bis 6.6 Bau- und Prüfvorschriften		Video			Zuständige Behörden gemäß §§ 6 – 16 GGVSEB benennen Codierung erläutern auf Prüfbericht hinweisen
	Kapitel 5.1 Allgemeine Grundsätze für den Versand von Gefahrgut					Kennzeichnung und Bezettelung von Umverpackungen bei Behandlung von Kapitel 5.2 erläutern
	Kapitel 5.2 Kennzeichnung und Bezettelung		Video Bilder			Hinweis auf Kennzeichnung und Bezettelung von Umverpackungen (Unterabschnitt 5.1.2.1)
	Zusätzliche Vorschriften in Unterabschnitt 5.2.1.5 bis 5.2.1.10 und Absatz 5.2.2.1.9 bis 5.2.2.1.12 Spalte 6 i. V. m. SV nach Kapitel 3.3 für Kennzeichnung durch Gefahrzettel Kapitel 5.3 Anbringen von Großzetteln (Placards), orangefarbenen Kennzeichnungen und Kennzeichen an Containern, Fahrzeugen und Wagen					Besonderheiten der Wechselbehälter erläutern (nur für „S")
	Kapitel 5.4 Dokumentation					Inhalt des Abschnitts „Begleitpapiere nach Gefahrgutvorschriften" wiederholen
	Kapitel 5.5 Sondervorschriften – für begaste Güterbeförderungseinheiten (CTU) – für die Beförderung von Trockeneis (UN 1845) und für Versandstücke, Fahrzeuge/Wagen und Container mit Stoffen, die bei der Verwendung zu Kühl- oder Konditionierungszwecken ein Erstickungsrisiko darstellen können – für gefährliche Güter in Geräten, die während der Beförderung verwendet werden oder für eine Verwendung während der Beförderung bestimmt sind und die an Versandstücken, Umverpackungen, Containern oder Ladeabteilen angebracht sind oder in diese eingesetzt sind					
	Kapitel 7.1 Allgemeine Vorschriften		Gruppenarbeit			nur allgemeine Hinweise zu Teil 7 CSC-Übereinkommen erläutern

RSEB – Anlage 8

Lehr-/ Lernschwerpunkt	Lehr-/Lerninhalte	S/E	Lehr-/ Lernmethode	Stufe	UE	Hinweise
	Abschnitt 7.1.7 Besondere Vorschriften für die Beförderung selbstzersetzlicher Stoffe der Klasse 4.1, organischer Peroxide der Klasse 5.2 und anderer Stoffe (als selbstzersetzliche Stoffe und organische Peroxide), die durch Temperaturkontrolle stabilisiert werden					
	Kapitel 7.2 Vorschriften für die Beförderung in Versandstücken					
	Kapitel 7.5 Vorschriften für die Be- und Entladung und für die Handhabung					Empfehlung: das Thema „Ladungssicherung" in einem besonderen Seminar vertiefen Besonderheiten im Eisenbahnverkehr beachten (Schutzabstände)
	Kapitel 7.6 Vorschriften für den Versand als Expressgut	E				i. V. m. Unterabschnitt 1.1.2.2 RID
	Kapitel 7.7 Huckepackverkehr in gemischten Zügen (kombinierter Personen- und Güterverkehr)	E				i. V. m. Unterabschnitt 1.1.4.4 RID
	Kapitel 8.1 Allgemeine Vorschriften für die Beförderungseinheiten und das Bordgerät	S				auf nationale Regelungen in Anlage 2 zur GGVSEB hinweisen: Überwachung der Fahrzeuge und Container
	Kapitel 8.2 Vorschriften für die Schulung der Fahrzeugbesatzung	S				
	Kapitel 8.3 Verschiedene von der Fahrzeugbesatzung zu beachtende Vorschriften	S				
	Kapitel 8.4 Vorschriften für die Überwachung der Fahrzeuge	S				
	Kapitel 8.5 Zusätzliche Vorschriften für besondere Klassen oder Güter	S				
	Kapitel 8.6 Straßentunnelbeschränkungen für die Durchfahrt von Fahrzeugen mit gefährlichen Gütern					
	Teil 9 ADR – Vorschriften für den Bau und die Zulassung der Fahrzeuge	S				auf Besonderheiten für die Klassen 4.1 und 5.2 hinweisen Kapitel 7.2 und 7.5 bei Kapitel 9.3 und 9.6 erläutern
	Kapitel 9.1 Allgemeine Vorschriften und Vorschriften für die Zulassung von Fahrzeugen	S				
	Kapitel 9.2 Vorschriften für den Bau von Fahrzeugen	S				
	Kapitel 9.3 Ergänzende Vorschriften für EX/II-/ EX/III-Fahrzeuge	S				
	Kapitel 9.4 Ergänzende Vorschriften der Aufbauten vollständiger oder vervollständigter Fahrzeuge	S				
	Kapitel 9.6 Ergänzende Vorschriften für vollständige oder vervollständigte Fahrzeuge zur Beförderung von Stoffen unter Temperaturkontrolle	S				

13

RSEB – Anlage 8

Lehr-/Lernschwerpunkt	Lehr-/Lerninhalte	S/E	Lehr-/Lernmethode	Stufe	UE	Hinweise
12. Beförderung in Tanks	Begriffsbestimmungen in Abschnitt 1.2.1		Darstellung der Tankbauarten anhand von AV-Medien Vortrag Einzel-/Gruppenarbeit	IV	12	Unterscheidungsmerkmale zwischen Tankcontainer und ortsbeweglichem Tank sowie die Abgrenzung zu IBC darstellen
	Kapitel 4.2 bis 4.5 Verwendungsvorschriften für Tanks Inhalte der Tabelle A Spalten 10 bis 14					Abgrenzung zu MEMU (Kapitel 4.7) Anwendung der Tankcodierung und der Tankhierarchie vertieft darstellen Zusammenhänge mit den Sondervorschriften erläutern im Eisenbahnverkehr besonders beachten: • Füllungsgrad berechnen (Unterabschnitt 4.3.2.2) • Betrieb (Unterabschnitt 4.3.2.3) • Kontrollvorschriften für Flüssiggas-Kesselwagen (Unterabschnitt 4.3.3.4) • Bestimmung der Haltezeit (Unterabschnitt 4.3.3.5)
	Kapitel 6.7 bis 6.12 Bau- und Prüfvorschriften					Zuständige Behörden gemäß GGVSEB benennen Schwerpunkte: • Ausrüstung (Unterabschnitt 6.8.2.2) • Prüfungen (Unterabschnitt 6.8.2.4) • Kennzeichnung (Unterabschnitt 6.8.2.5) • Sondervorschriften (Abschnitt 6.8.4) • Besonderheiten Klasse 2 (Abschnitt 6.8.3) • Besonderheiten Kapitel 6.7 Besonderheiten Saug-Druck-Tanks (Kapitel 6.10) i. V. m. GGAV Nr. 22 (S, E) darstellen Kapitel 6.9 nur im Überblick darstellen
	Kapitel 5.1 Allgemeine Grundsätze für den Versand von Gefahrgut					
	Kapitel 5.3 Anbringen von Großzetteln (Placards), orangefarbene Tafeln und Kennzeichen an Tanks, Fahrzeugen/Wagen und Containern					Abweichungen zwischen Eisenbahn- und Straßenverkehr darstellen

RSEB – Anlage 8

Lehr-/ Lernschwerpunkt	Lehr-/Lerninhalte	S/E	Lehr-/ Lernmethode	Stufe	UE	Hinweise
	Kapitel 5.4 Dokumentation					Abweichungen zwischen Eisenbahn- und Straßenverkehr darstellen Inhalt des Abschnitts „relevante Begleitpapiere nach Gefahrgutvorschriften" wiederholen
	Kapitel 7.1 Allgemeine Vorschriften					nur allgemeine Hinweise zu Teil 7
	Abschnitt 7.1.7 Besondere Vorschriften für die Beförderung selbstzersetzlicher Stoffe der Klasse 4.1, organischer Peroxide der Klasse 5.2 und anderer Stoffe (als selbstzersetzliche Stoffe und organische Peroxide), die durch Temperaturkontrolle stabilisiert werden					Umfassende Besprechung bei der Beförderung in Versandstücken; hier Hinweis auf die bei der Beförderung in Tanks betroffenen UN-Nummern
	Kapitel 7.4 Vorschriften für die Beförderung in Tanks (Spalte 14)	S				
	Kapitel 7.5 Vorschriften für die Be- und Entladung und die Handhabung					die relevanten Regelungen darstellen (Abschnitt 7.5.1, Unterabschnitt 7.5.5.3, Abschnitt 7.5.10)
	Vorschriften für die Beförderungsausrüstung und die Durchführung der Beförderung	S				Anlage 2 GGVSEB
	Kapitel 8.1 Allgemeine Vorschriften für die Beförderungseinheiten und das Bordgerät					
	Kapitel 8.2 Vorschriften für die Schulung der Fahrzeugbesatzung	S				
	Kapitel 8.3 Verschiedene von der Fahrzeugbesatzung zu beachtende Vorschriften	S				
	Kapitel 8.4 Vorschriften für die Überwachung der Fahrzeuge	S				Anlage 2 GGVSEB
	Kapitel 8.5 Zusätzliche Vorschriften für besondere Klassen oder Güter	S				
	Kapitel 8.6 Straßentunnelbeschränkungen für die Durchfahrt von Fahrzeugen mit gefährlichen Gütern	S				
	Kapitel 9.1 Allgemeine Vorschriften für die Zulassung von Fahrzeugen	S				
	Kapitel 9.2 Vorschriften für den Bau von Fahrzeugen	S				Anwendung aller Tank- und Fahrzeugvorschriften (Teil 9)
	Kapitel 9.7 Ergänzende Vorschriften für Tankfahrzeuge	S				
13 Beförderung in loser Schüttung	Begriffsbestimmungen in Abschnitt 1.2.1		Fahrzeuge anhand von AV-Medien zeigen Vortrag Einzel-/Gruppenarbeit	IV	8	für die Anwendung der Tankvorschriften, Regelungen in der RSEB erläutern Verknüpfung zu Kapitel 7.3 herstellen
	Inhalte der Tabelle A Spalten 10 und 17 im Zusammenhang mit Beförderung in loser Schüttung (Kapitel 7.3)	S				Abgrenzung von Beförderung in loser Schüttung (Tab. A Sp. 17) zu Beförderung fester Stoffe in Tanks (Tab A. Sp. 14) nach Kapitel 4.3 und 6.8
	Kapitel 5.1 Allgemeine Grundsätze für den Versand von Gefahrgut					

RSEB – Anlage 8

Lehr-/ Lernschwerpunkt	Lehr-/Lerninhalte	S/E	Lehr-/ Lernmethode	Stufe	UE	Hinweise
	Kapitel 5.3 Anbringen von Großzetteln (Placards), orangefarbene Tafeln und Kennzeichen an Containern, Fahrzeugen und Wagen für die Beförderung in loser Schüttung					
	Kapitel 5.4 Dokumentation					Besonderheiten im Eisenbahnverkehr darstellen
						Inhalt des Abschnitts „Begleitpapiere nach Gefahrgutvorschriften" wiederholen
	Kapitel 6.11 Vorschriften für Auslegung, Bau und Prüfung von Schüttgut-Containern					
	Kapitel 7.1 Allgemeine Vorschriften					nur allgemeine Hinweise zu Teil 7 Hinweis: CSC-Übereinkommen erläutern
	Kapitel 7.3 Beförderung in loser Schüttung					Sondervorschriften VC und AP Vertiefung § 36b in Verbindung mit Anlage 3 GGVSEB
	Kapitel 7.5 Vorschriften für die Be- und Entladung und die Handhabung					
	Teil 8 Vorschriften für die Beförderungsausrüstung und die Durchführung der Beförderung	S				Anlage 2 GGVSEB Hinweis auf § 36 GGVSEB
	Kapitel 8.1 Allgemeine Vorschriften für die Beförderungseinheiten und das Bordgerät					
	Kapitel 8.2 Vorschriften für die Schulung der Fahrzeugbesatzung	S				
	Kapitel 8.3 Verschiedene von der Fahrzeugbesatzung zu beachtende Vorschriften	S				Anlage 2 GGVSEB
	Kapitel 8.4 Vorschriften für die Überwachung der Fahrzeuge	S				Anlage 2 GGVSEB
	Kapitel 8.5 Zusätzliche Vorschriften für besondere Klassen oder Güter	S				
	Kapitel 8.6 Straßentunnelbeschränkungen für die Durchfahrt von Fahrzeugen mit gefährlichen Gütern	S				
	Kapitel 9.1 Allgemeine Vorschriften und Vorschriften für die Zulassung von Fahrzeugen	S				
	Kapitel 9.2 Vorschriften für den Bau von Basisfahrzeugen	S				bei 9.2.1 Satz 2 ansprechen
	Kapitel 9.5 Herstellung von Aufbauten vollständiger oder vervollständigter Fahrzeuge	S				
14. Beförderung nach Vorschriften anderer Verkehrsträger	Beförderung in einer Transportkette, die eine See- oder Luftbeförderung einschließt			IV	1	
	Verwendung der für den Seeverkehr zugelassenen ortsbeweglichen Tanks des IMO-Typs					
	Unterabschnitt 1.1.4.4 Huckepackverkehr	E				
15. Freistellungen	ADR/RID Teil 1		Vortrag, Gruppenarbeit erarbeitender Unterricht	IV	8	Freistellungen mit der Anwendung des Gefahrgutrechts verknüpfen

RSEB – Anlage 8

Lehr-/ Lernschwerpunkt	Lehr-/Lerninhalte	S/E	Lehr-/ Lernmethode	Stufe	UE	Hinweise
	Unterabschnitt 1.1.3.1 Art der Beförderungsdurchführung					Bemerkungen (z. B. 2.2.62.1.1) und Fußnoten (z. B. Unterabschnitt 2.2.43.2) beachten
	Unterabschnitt 1.1.3.2 Beförderung von Gasen					
	Unterabschnitt 1.1.3.3 Beförderung von flüssigen Brennstoffen					
	Unterabschnitt 1.1.3.4 Sondervorschriften oder mit in begrenzten Mengen verpackten gefährlichen Gütern					
	Kapitel 3.3 Sondervorschriften					Konkurrenzen zu Freistellungen ansprechen
	Kapitel 3.4 Beförderung von in begrenzten Mengen verpackten gefährlichen Gütern					
	Kapitel 3.5 Beförderung von in freigestellten Mengen verpackten gefährlichen Gütern					
	Unterabschnitt 1.1.3.5 Ungereinigte leere Verpackungen					
	Unterabschnitt 1.1.3.6 Mengen je Beförderungseinheit					
	Unterabschnitt 1.1.3.7 Freistellung in Zusammenhang mit der Beförderung von Einrichtungen zur Speicherung und Erzeugung elektrischer Energie					u. a. für Lithiumbatterien
	Unterabschnitt 1.1.3.8 Anwendung der Freistellung bei Beförderung gefährlicher Güter als Handgepäck, Reisegepäck oder in oder auf Fahrzeugen	E				i. V. m. Unterabschnitt 1.1.2.3 RID
	Unterabschnitt 1.1.3.9 Freistellungen in Zusammenhang mit gefährlichen Gütern, die während der Beförderung als Kühl- oder Konditionierungsmittel verwendet werden					
	Unterabschnitt 1.1.3.10 Freistellungen in Zusammenhang mit der Beförderung von Leuchtmitteln, die gefährliche Güter enthalten					
16. Übergangsvorschriften	Abschnitt 1.6 Anwendung von Übergangsvorschriften		Vortrag, Gruppenarbeit erarbeitender Unterricht	IV	1	Abschnitt 1.6.1 Verschiedene Übergangsvorschriften Abschnitt 1.6.2 Druckgefäße, Gefäße Klasse 2 Abschnitt 1.6.3 Festverbundene Tanks (Tankfahrzeuge), Aufsetztanks und Batterie-Fahrzeuge (ADR) Abschnitt 1.6.3 Kesselwagen, Batteriewagen (RID) Abschnitt 1.6.4 Tankcontainer, ortsbewegliche Tanks und MEGC Abschnitt 1.6.5 Fahrzeuge Hier erfolgt nur ein zusammenfassender Überblick; Die ausführliche Behandlung der einzelnen Übergangsvorschriften erfolgt jeweils beim entsprechenden Einzelthema.

13

RSEB – Anlage 8

Lehr-/ Lernschwerpunkt	Lehr-/Lerninhalte	S/E	Lehr-/ Lernmethode	Stufe	UE	Hinweise
17. Ausnahmen	Überblick über die Ausnahmen vom Gefahrgutrecht Artikel 6 der Richtlinie 2008/68/EG über die Beförderung gefährlicher Güter im Binnenland GGBefG § 6 Allgemeine Ausnahmen GGVSEB § 5 Ausnahmen ADR/RID Abschnitt 1.5.1 Zeitweilige Abweichungen GGAV		Vortrag	IV	4	Entscheidung 2009/240/EG Abschluss von Multilateralen Vereinbarungen/ Sondervereinbarungen Hinweis auf § 5 Abs. 9 GGVSEB
18. RSEB und sonstige Vollzugshinweise					1	Einzelregelungen der RSEB und der sonstigen Vollzugshinweise bei den materiellen Einzelthemen behandeln
19. Sicherheitsberater/ Gefahrgutbeauftragter	Abschnitt 1.8.3 ADR/RID GbV		Vortrag	II	3	Aufnahme der Vorgaben der EG-Richtlinie zur Kontrolle auf der Straße und in den Unternehmen (gilt auch für die Schiene) Vorgaben aus der EG-Richtlinie für den Sicherheitsberater werden ebenfalls für alle ADR/RID-Vertragsstaaten übernommen Befreiungen von der GbV Stellung des Gb im Betrieb/im Verhältnis zu den Ermittlungsbehörden
20. Unterweisung von Personen/Schulungsverpflichtung	Kapitel 1.3 ADR/RID			II	1	
21. Besondere Verfahren für Konformitätsbewertungen und Prüfungen	Abschnitt 1.8.6 und 1.8.7 ADR/RID			II	1	2010/35/EU (TPED) und ODV Eventuell Abschnitt 1.8.8. ADR/RID
22. Ermittlung des Verantwortlichen, Verfolgung und Ahndung	– Kapitel 1.2 ADR/RID – Kapitel 1.4 ADR/RID – § 9 GGBefG – § 10 GGBefG – § 4 GGVSEB – §§ 17 – 35a GGVSEB – § 37 GGVSEB – Amtshilfe nach Abschnitt 1.8.2 ADR/RID – § 8 GbV		Vortrag Gruppenarbeit	IV	4	Pflichten werden bei den Einzelthemen behandelt die Verantwortlichkeiten (Sicherheitspflichten) werden definiert mit dem Ziel, einen reibungsloseren Verkehr und schnellere behördliche Kontrollen vor Ort durchzuführen Verantwortlichkeiten = Normadressaten Unfallberichte gemäß Abschnitt 1.8.5 ADR/RID

RSEB – Anlage 8

Lehr-/ Lernschwerpunkt	Lehr-/Lerninhalte	S/E	Lehr-/ Lernmethode	Stufe	UE	Hinweise
	– angrenzende Rechtsbereiche					Haftungs-/Vertrags-/ Speditionsrecht z. B. StVO, StVZO, AEG/EBO § 12a StVG HGB §§ 9, 14, 130 OWiG §§ 324 ff StGB (Straftaten gegen die Umwelt)
23. Kontrollablauf	Zuständigkeiten Eingriffsgrundlagen Verantwortlichkeiten – Eigensicherung/Arbeitsschutz – Anwendung von Prüfkatalogen und Checklisten – Erfassung der Kontrolldaten – Bewertung von Verstößen – Sicherungs-/Gefahrenabwehrmaßnahmen Durchführung spezifischer Schwerpunktkontrollen Verfolgung und Ahndung von Ordnungswidrigkeiten Straftaten Ermittlung und Sachbearbeitung Gefahrgutproben Prävention Kostenerhebung Aufbau und Durchführung einer Kontrolle			IV	5	länder- und behördenabhängig § 4 GGVSEB §§ 17 – 34, Hinweis auf § 35 ff Verordnung über die Kontrollen von Gefahrguttransporten auf der Straße und in den Unternehmen (GGKontrollV) Einstufung in Gefahrenkategorien §§ 17 – 35a und § 37 Hinweis auf Anlage 7 RSEB (Buß- und Verwarnungsgeldkatalog) länder- und behördenabhängig z. B. GGKostV
24. Praktische Ausbildungskontrolle					7	spezielle Ausrüstung und Kleidung
25. Lernzielkontrolle					2	
Summe UE					**104**	

RSEB – Anlage 8

Anlage 8/2

Einheitlicher Muster-Rahmenlehrplan gemäß Abschnitt 1.8.1 ADR/RID
Teilbereich: Klasse 7 (Radioaktive Stoffe)

1. Vorwort

Ergänzend zu dem einheitlichen Muster-Rahmenlehrplan für die behördlichen Gefahrgutkontrollen gemäß **Anlage 8/1** der RSEB soll auch die Aus- und Fortbildung des Personals zur Kontrolle der Beförderung gefährlicher Güter der Klasse 7 (Radioaktive Stoffe) geregelt werden.

2. Ziele

Den Schulungsteilnehmern sollen über die Lerninhalte des allgemeinen Muster-Rahmenlehrplans hinaus die besonderen Anforderungen bzgl. der Klasse 7 vermittelt werden. Hierzu zählen u. a. die Vermittlung der relevanten gefahrgutrechtlichen Vorschriften, der sichere Umgang mit Messgeräten und das richtige Einsatzverhalten. Die atomrechtlichen und strahlenschutzrechtlichen Vorschriften, die für die Beförderung radioaktiver Stoffe gelten, sollen vorgestellt werden. Die Teilnehmer sollen am Ende der Schulung in der Lage sein, selbstständig Gefahrgutkontrollen bei der Beförderung radioaktiver Stoffe bei den Verkehrsträgern Straße und Schiene durchzuführen.

3. Zielgruppen

1. Zielgruppe der Ausbildung für die Klasse 7 ist das Kontrollpersonal, das bereits einen Grundlehrgang gemäß **Anlage 8/1** der RSEB mit Erfolg absolviert oder einen vergleichbaren Kenntnisstand erreicht hat.
2. Zielgruppe der Fortbildung ist das Kontrollpersonal, welches bisher bereits bei der Durchführung von Gefahrgutkontrollen eingesetzt wird.

4. Rahmenlehrplan

1. Der Muster-Rahmenlehrplan für die Ausbildung im Teilbereich der Klasse 7 (Radioaktive Stoffe) trägt Empfehlungscharakter. Er enthält die Mindestanforderungen an Wissensstoff und praktischer Ausbildung, die für die Durchführung von behördlichen Gefahrgutkontrollen der Klasse 7 erforderlich sind.
2. Für die Fortbildung des Kontrollpersonals wird kein festgelegter Rahmenlehrplan vorgegeben. Die Inhalte der Fortbildung sind den Erfordernissen bzgl. neuer Techniken, aktuellen Rechtsänderungen und Erkenntnissen aus den eigenen Kontrollen anzupassen.

Kleinere Rechtsänderungen mit einem Umfang bis zu 5 Unterrichtseinheiten können auch durch elektronische Medien vermittelt werden.

5. Grundsätze

1. Die Themen sind an zentralen Veranstaltungen von fachlich qualifizierten Personen zu unterrichten. Diese müssen umfangreiche gefahrgutspezifische Kenntnisse sowie Grundkenntnisse im Atomrecht/Strahlenschutzrecht besitzen.
2. Die Anzahl der Teilnehmer soll aufgrund der Komplexität der Vorschriften und der praktischen Übungen möglichst auf 12 bis 16 Seminarteilnehmer begrenzt werden.
3. Jedem Teilnehmer sind die aktuellen Rechtsvorschriften zur Verfügung zu stellen.
4. Es wird empfohlen, den Vortragsanteil auf höchstens 5 Unterrichtseinheiten je Unterrichtstag zu beschränken.
5. Die erfolgreiche Vermittlung der Lehrinhalte soll durch Lernzielkontrollen überprüft werden.
6. Die Teilnehmer erhalten nach Abschluss des Seminars eine Bescheinigung über die Teilnahme.

6. Zeitansätze

Der Zeitansatz der Unterrichtseinheiten für den Gesamtlehrplan beruht auf Erfahrungswerten und kann individuell an die Bedürfnisse der Teilnehmer angepasst werden. Der im Lehr- und Lernschwerpunkt angegebene Zeitrahmen bezieht sich dabei auf Kontrollpersonal ohne Vorkenntnisse bei der Beförderung radioaktiver Stoffe. Die Ausbildung des Kontrollpersonals sowie die bisherige Kontrollerfahrung sind zu berücksichtigen und können den Zeitbedarf erheblich reduzieren.

Der Zeitansatz für die regelmäßige Fortbildung des Kontrollpersonals ergibt sich jeweils aus dem Schulungsbedarf aufgrund neuer Techniken, aktuellen Rechtsänderungen und Erkenntnissen aus den eigenen Kontrollen sowie dem vorhandenen Wissensstand des Kontrollpersonals.

7. Übersicht der Lehr-/Lernschwerpunkte

	Unterrichts-einheiten
1. Einführung	1
2. Physikalische Grundlagen	6
3. Gefahrgutrechtliche Bestimmungen des ADR/RID zur Klasse 7	10
4. Atom- und strahlenschutzrechtliche Vorschriften (Atomgesetz, Strahlenschutzgesetz, Strahlenschutzverordnung, Atomrechtliche Entsorgungsverordnung)	3
5. Strahlenschutz	3
6. Strahlungsmessung	8
7. Ahndung von Ordnungswidrigkeiten und Straftaten	2
8. Praktische Ausbildungskontrolle	5
9. Lernzielkontrolle	2
Gesamtzahl der Unterrichtseinheiten	**40**

8. Erläuterung zu den Spalten des Muster-Rahmenlehrplans

1. Lehr-/Lernschwerpunkt
   Die hier vorgegebene Reihenfolge kann in einem begrenzten Rahmen geändert werden.

2. Lehr-/Lerninhalte
   Hier werden alle verbindlich zu unterrichtenden Inhalte unter Bezug auf die einschlägigen Rechtsvorschriften aufgeführt. Bei den Gliederungspunkten, die auch Vorschriften anderer Klassen beinhalten, sind jeweils die Vorschriften der Klasse 7 zu lehren.

3. S/E (Bedeutung „S" = Straße, „E" = Eisenbahn)
   Der Rahmenlehrplan ist auf die Verkehrsträger Straße und Eisenbahn abgestellt und kann bei Bedarf spezifisch angewendet werden. Spalten ohne Eintrag sind für beide Verkehrsträger gültig.

4. Lehr-/Lernmethode
   Diese ist von dem Vortragenden auf Besonderheiten der Seminargruppe abzustimmen. Da der Lehrplan sich an Lehrkräfte wendet, die entweder pädagogisch vorgebildet sind oder langjährige Erfahrung haben, Lerninhalte zu vermitteln, wird auf eine Erläuterung der einzelnen Methoden (z. B. Vortrag, Einzelarbeit, Gruppenarbeit, Sachverhaltslösungen, erarbeitender Unterricht, Verwendung von Medien) verzichtet.

5. Stufe
   Für die Festlegung der Tiefe der Schulung sind folgende Intensitätsstufen zu unterscheiden:
   Stufe I: Kennen lernen und Wiedergeben (Reproduktion)
   Stufe II: Ordnen und Verstehen (Reorganisation)
   Stufe III: Anwenden und Umsetzen (Transfer)
   Stufe IV: Problemlösen (Analyse, Synthese, Beurteilung)

6. (UE) Unterrichtseinheit
   Eine UE wird mit 45 Minuten angesetzt.

7. Hinweise
   Diese enthalten sowohl Anregungen zur weiteren Feingliederung der Lehrinhalte als auch zusätzliche Differenzierungen zur Intensität der Themenbehandlung.

9. Weitere Erläuterungen

Von besonderer Bedeutung ist der Schutz des Kontrollpersonals vor möglichen Gefährdungen. Dies gilt insbesondere bei festgestellten Mängeln bei der Beförderung radioaktiver Stoffe.

Um dies zu gewährleisten, soll den Teilnehmern der sichere Umgang mit den Messgeräten, das entsprechende Einsatzverhalten und die Beachtung der arbeitsschutzrechtlichen Vorschriften vermittelt werden. Hinsichtlich der Strahlenexposition des Kontrollpersonals und daraus abzuleitender Maßnahmen ist sich an dem Strahlenschutzgesetz (StrlSchG) und der Strahlenschutzverordnung (StrlSchV) zu orientieren.

RSEB – Anlage 8

Lehr-/ Lernschwerpunkt	Lehr-/Lerninhalte	S/E	Lehr-/ Lernmethode	Stufe	UE	Hinweise
1. Einführung	Überblick: Regelwerke und deren Rechtsstellung: – GGBefG, ADR/RID, GGVSEB – AtG, StrlSchG, StrlSchV, AtEV – IAEO- und UN-Empfehlungen		Vortrag	I	1	

2. Physikalische Grundlagen	– Aufbau der Atome
	– Ionisierende Strahlung Quellen und Ursachen ionisierender Strahlen (natürliche und künstliche Strahlenquellen, Abgrenzung nicht ionisierender Strahlen)
	– Strahlenarten (Alpha-, Beta-, Gamma- und Neutronenstrahlung)
	– Biologische Wirkung der verschiedenen Strahlenarten
	– Nachweismöglichkeiten
	– Anwendungsgebiete für radioaktive Stoffe (Medizin, Forschung und Industrie)
	– Strahlungsmessung
	  – Messgrößen und SI-Einheiten
	  – Energiedosis und Äquivalentdosis
	  – Dosis und Dosisleistung
	  – SI-Vorsätze
	  – Exponentialschreibweise
			Vortrag	II	6	

3. Gefahrgutrechtliche Bestimmungen des ADR/RID	Teil 1 Abschnitt 1.2.1 Begriffsbestimmungen Abschnitt 1.6.6 Übergangsvorschriften Kapitel 1.7 Allg. Vorschriften Abschnitt 1.8.5 Meldung von Ereignissen Kapitel 1.10 Vorschriften für die Sicherung	S	Vortrag	IV	10	
	Teil 2 Unterabschnitt 2.2.7.1 Besondere Begriffsbestimmungen – Spezifische Aktivität – LSA-Stoffe – SCO-Gegenstände – Radioaktive Stoffe in besonderer Form – Spaltbare Stoffe Unterabschnitt 2.2.7.2 Klassifizierung allgemein Klassifizierung von Versandstücken und unverpackten Stoffen: – Freigestellte Versandstücke – LSA-Stoffe – SCO-Gegenstände – Typ A-Versandstücke – Uranhexafluorid – Typ B(U)-, Typ B(M)- oder Typ C-Versandstücke – Versandstücke mit spaltbaren Stoffen		Vortrag Gruppenarbeit	III		A_1 und A_2-Werte und Aktivitätsgrenzen für freigestellte Stoffe oder Sendungen Berechnungsbeispiele der Klassifizierung über die Grenzwertbestimmungen von Versandstückarten
	Teil 3: Inhalte der Tabelle A gemäß Kapitel 3.2 ADR/RID			I		Praktisches Beispiel zur Einordnung in die Klasse 7 und Prüfung der relevanten Vorschriften z. B. Prüfstrahler, der mit Messgeräten mitgeliefert wurde (Cäsium 137, 333 kBq; Iridium 192-Quelle mit 592 GBq)

Lehr-/ Lernschwerpunkt	Lehr-/Lerninhalte		S/E	Lehr-/ Lernmethode	Stufe	UE	Hinweise
3. Gefahrgutrechtliche Bestimmungen des ADR/RID (Forts.)	Teil 3: Abschnitt 3.3.1	Sondervorschriften 172, 290, 317, 325, 326, 369			IV		Begleitende Erstellung eines Kontrollablaufplanes für den praktischen Einsatz
	Teil 4: Abschnitt 4.1.9	Besondere Vorschriften für das Verpacken – Versandstückarten – Kontaminationsgrenzwerte – Verpackung von LSA-Stoffen und SCO-Gegenständen					
	Teil 5: Abschnitt 5.1.5	Allgemeine Vorschriften für die Klasse 7 Beförderungsgenehmigung Zulassung/Genehmigung Bestimmung von Transportkennzahl (TI) und Kritikalitätssicherheitskennzahl (CSI)					Berechnungsbeispiele der Klassifizierung über die Grenzwertbestimmung von Versandstückarten bis zur Berechnung des TI
	Unterabschnitt 5.2.1.7	Kennzeichnung					
	Absatz 5.2.2.1.11	Bezettelung					
	Kapitel 5.3	Anbringen von Großzetteln (Placards) und orangefarbenen Tafeln					
	Absatz 5.4.1.2.5	Dokumentation					
	Teil 6: Kapitel 6.4	Bau-, Prüf- und Zulassungsvorschriften		Filmvorführung z. B. „Test von Versandstückmustern"			Überblick
	Teil 7: Abschnitt 7.5.11	CW/CV 33: Vorschriften für die Be- und Entladung sowie für die Handhabung					
	Kapitel 7.6	Vorschriften für den Versand als Expressgut	E				
	Teil 8: Kapitel 8.2	Vorschriften für die Schulung der Fahrzeugbesatzung – Unterabschnitt 8.2.2.4 und Absatz 8.2.2.7.2	S				
	Kapitel 8.5	Zusätzliche Vorschriften für besondere Klassen oder Güter	S				Besonderheiten der Klasse 7 (S5, S6, S11, S12 und S21)
4. Atomrechtliche Vorschriften (Atomgesetz, Strahlenschutzgesetz, Strahlenschutzverordnung, Atomrechtliche Entsorgungsverordnung)	Beförderung radioaktiver Stoffe AtG §§ 2, 4, 19, 22 bis 24 StrlSchG §§ 27 bis 29 StrlSchV § 94 AtEV § 4				I	3	Information über die Vorschriften und Zuständigkeiten

RSEB – Anlage 8

Lehr-/ Lernschwerpunkt	Lehr-/Lerninhalte	S/E	Lehr-/ Lernmethode	Stufe	UE	Hinweise
5. Strahlenschutz	„A-Regeln" (Abstand – Aufenthaltszeit – Abschirmung) Strahlenschutzprogramm Abschnitt 1.7.2 ADR/RID Minimierungsgebot § 8 StrlSchG Behördenspezifische Anweisungen zum Arbeitsschutz, wie z. B. − Leitfaden 450 sowie Leitfaden 371 der Polizei − Feuerwehr-Dienstvorschrift 500 Strahlenschutz gemäß StrlSchG und StrlSchV			IV	3	Verknüpfung mit Strahlenschutzgrundsätzen der StrlSchV aufzeigen (Dosisbegrenzung)
6. Strahlungsmessung	Messgeräte: Einsatzbereiche Kontrolle der Funktionsfähigkeit der Messgeräte Eichung, Kalibrierung Bedienung von Kontaminations-, Dosis- und Dosisleistungsmessgeräten, regelmäßige Überprüfung gemäß § 90 StrlSchV Messfehlerquellen Praktische Messübungen mit unterschiedlichen Exponaten und unterschiedlichen Vorgaben Feststellung des Nulleffektes		Vortrag Praktische Übungen	IV	8	Begleitende Erstellung eines Kontrollablaufplanes für den praktischen Einsatz
7. Ahndung von Ordnungswidrigkeiten und Straftaten	GGVSEB, RSEB StGB 28. und 29. Abschnitt Ermittlungszuständigkeiten für die Verfolgung		Fallbesprechung		2	Ordnungswidrigkeiten Straftaten
8. Praktische Ausbildungskontrolle	Gefahrgutkontrolle nach Kontrollablaufplan ggf. auch durch Simulation von typischen Kontrollsituationen			IV	5	Spezielle Ausrüstung und Kleidung
9. Lernzielkontrolle					2	
Summe UE					**40**	

RSEB – Anlage 9

Anlage 9

Muster für die Bekanntgabe der Tunnelkategorien

（Straßenbezeichnung, z. B. A 3, B 56）

（Streckenkilometer/Ortslage）

（Tunnelkategorie und ggf. Wochentag, Zeitfenster）

（Bemerkungen）

RSEB – Anlage 9

RSEB – Anlage 10

Anlage 10

Muster-Einzelausnahmen für Kampfmittelräumdienste und unkonventionelle Spreng- und Brandvorrichtungen

Anlage 10/1

Einzelausnahme Nr.
für die innerstaatliche Beförderung von großen Kampfmitteln
mit Straßenfahrzeugen

Hiermit wird für *[Name und Anschrift des Antragstellers]*

gemäß § 5 *[Absatz 6 oder 7]* [1] der Gefahrgutverordnung Straße, Eisenbahn und Binnenschifffahrt (GGVSEB) in der jeweils geltenden Fassung [2] und gemäß § 46 Absatz 2 der Straßenverkehrsordnung in der jeweils geltenden Fassung [2] in Verbindung mit der Allgemeinverfügung der BAM zur Klassifizierung von Kampfmitteln für die innerstaatliche Beförderung gefährlicher Güter auf der Straße durch die staatlichen Kampfmittelräumdienste der Länder – Allgemeinverfügung Kampfmittel – vom 27. Juni 2011 (VkBl. 2011 S. 454) für die innerstaatliche Beförderung gefährlicher Güter auf der Straße folgende Ausnahme zugelassen:

I. Abweichungen
Abweichend von
– Absatz 2.2.1.1.2 Unterabsatz 1,
– Unterabschnitt 4.1.1.3, Abschnitt 4.1.4,
– Unterabschnitt 5.2.1.5,
– Kapitel 6.1 und
– Absatz 7.5.5.2.1

der Anlagen A und B zu dem Übereinkommen vom 30. September 1957 über die internationale Beförderung gefährlicher Güter auf der Straße (ADR) in der jeweils geltenden Fassung [2] und

abweichend von § 35 bis 35c der GGVSEB

dürfen die in der **Anlage** aufgeführten großen Kampfmittel, deren Länge 1,50 m oder deren Durchmesser 15 cm oder deren Masse 50 kg brutto überschreitet,

vom Zwischenlager
[Anschrift]

zur Entsorgungsstätte
[Anschrift]

am
[Datum] in der Zeit vom *[Zeitangabe]* bis *[Zeitangabe]*
auf der Straße befördert werden, wenn die nachstehenden Nebenbestimmungen eingehalten werden.

---

1) Anpassung nach Betroffenheit des Ressorts
2) Bitte Datum und Fundstelle der letzten Neufassung oder Änderung konkret angeben

RSEB – Anlage 10

II. Nebenbestimmungen

1. Behandlung der Kampfmittel vor der Beladung
Sind Stoffe, für die eine Beförderung unter Luftabschluss erforderlich ist (z. B. Phosphor), in den Kampfmitteln enthalten, ist der Luftabschluss durch geeignete Maßnahmen sicherzustellen.

2. Versandstücke
Kampfmittel dürfen unverpackt befördert werden. Sie sind nach den geltenden Regeln der Technik zu sichern oder in Ladungssicherungshilfsmittel zu verladen. Es sind geeignete Maßnahmen zu ergreifen, die ein Austreten des Explosivstoffes verhindern. Die Gegenstände/Ladeeinheiten/Versandstücke müssen nicht mit der offiziellen Benennung für die Beförderung versehen sein.

3. Be- und Entladung der Fahrzeuge sowie deren Handhabung
Die höchstzulässige Nettomasse des in den Kampfmitteln enthaltenen Explosivstoffes darf je Beförderungseinheit bei Verwendung eines

– EX/II-Fahrzeugs   1.000 kg,
– EX/III-Fahrzeugs   5.000 kg

nicht übersteigen.

Überschreitet ein Einzelstück (z. B. Großladungsbombe) 1 000 kg Nettoexplosivstoffmasse, kann dieses auch auf einem Fahrzeug EX/II befördert werden. Kampfmittel dürfen nicht gemeinsam mit anderen Gütern, mit Ausnahme von Ladungssicherungshilfsmitteln und Ausrüstungsteilen, auf der Ladefläche des Fahrzeugs verladen werden. Bezünderte Sprengbomben dürfen nur im Einzeltransport befördert werden. Bedeckte Fahrzeuge EX/II dürfen nur bis zur Höhe der Bordwand beladen werden, außer, die Ladungssicherung wird ohne Berücksichtigung der Rückhaltewirkung der Stabilität der Bordwände durchgeführt.

4. Fahrzeugführer/Begleitpersonen
Der Fahrzeugführer eines Fahrzeugs, mit dem Kampfmittel befördert werden, muss Inhaber einer gültigen ADR-Schulungsbescheinigung für die Beförderung von Stoffen und Gegenständen der Klasse 1 sein. Die Bescheinigung nach Unterabschnitt 8.2.2.8 ADR ist mitzuführen.

Weiterhin muss sich in jedem Fahrzeug, mit dem Kampfmittel befördert werden, eine Fachkundige Person des staatlichen Kampfmittelräumdienstes/Kampfmittelbeseitigungsdienstes befinden. Fahren die Fahrzeuge in einer Kolonne, reicht es aus, wenn sich nur auf einem Fahrzeug eine Fachkundige Person befindet. Abweichend davon darf sich die Fachkundige Person auch in einem Begleitfahrzeug (Fahrzeug ohne Kampfmittelbeladung) befinden. Die Fachkundige Person muss Inhaber einer gültigen ADR-Schulungsbescheinigung für die Beförderung von Stoffen und Gegenständen der Klasse 1 sein. Die Bescheinigung nach Unterabschnitt 8.2.2.8 ADR ist mitzuführen.

5. Fahrwegbestimmung
Eine Fahrwegbestimmung ist abweichend von § 35a der GGVSEB nicht erforderlich.

6. Bestimmung der Fahrstrecke (siehe Anlage)
Die Beförderung ist der Entsorgungsstätte (Empfänger) unter Angabe der geplanten Eintreffzeit anzuzeigen. Vor Antritt der Fahrt ist in eigener Verantwortung des Antragstellers zu überprüfen, ob die Beförderung auf der vorgeschriebenen Fahrstrecke durchgeführt werden kann. Gegebenenfalls erforderliche Nutzung von Umleitungsstrecken darf nur dann erfolgen, wenn dies gefahrlos möglich ist.

7. Fahrzeugbeleuchtung
Während der Beförderung ist ganzjährig das Abblendlicht bzw. Tagfahrlicht des Fahrzeugs einzuschalten.

8. Fahrtunterbrechung
Wird eine Fahrtunterbrechung notwendig, so ist eine Mindestentfernung von 300 m von bewohnten Orten oder Menschenansammlungen einzuhalten.

Während eines Gewitters oder wenn sich ein Gewitter in gefährlicher Nähe befindet, haben die Fahrzeuge die Fahrt zu unterbrechen. Die Fahrzeuge sind möglichst auf einem geeigneten Platz abseits des fließenden Verkehrs abzustellen. Die Fahrzeugbesatzung hat das Fahrzeug zu verlassen und trotzdem weiterhin zu überwachen.

RSEB – Anlage 10

Kann ein mit Kampfmitteln beladenes Fahrzeug im Fall einer Panne nicht vor Ort instand gesetzt werden, so ist es, unter Beteiligung der zuständigen Einsatzkräfte, zum nächstgelegenen geeigneten Ort abzuschleppen, an dem die Ladung ohne Behinderung für den übrigen Verkehr umgeladen werden kann. Dieser Ort soll mindestens 300 m von bewohnten Orten oder Menschenansammlungen entfernt sein. Kann das vorgesehene Fahrtziel innerhalb von 30 Minuten erreicht werden, so ist das Fahrzeug unter Beteiligung der zuständigen Einsatzkräfte dorthin abzuschleppen. Ist das Abschleppen nicht möglich, so ist die Ladung vor Ort unter Beachtung von Schutz- und Sicherungsmaßnahmen umzuladen.

Mit Kampfmitteln beladene Fahrzeuge sind ständig zu überwachen.

9. Auflagen
Diese Einzelausnahme oder eine Kopie der Einzelausnahme ist bei jeder Beförderung mitzuführen und bei einer Kontrolle zuständigen Personen unaufgefordert zur Prüfung vorzulegen.

III. Widerrufsvorbehalt
Diese Ausnahmezulassung erfolgt unter dem Vorbehalt des jederzeitigen Widerrufs für den Fall, dass sich die auferlegten Sicherheitsvorkehrungen als unzureichend zur Einschränkung der von der Beförderung ausgehenden Gefahren erweisen.

Ort, Datum   Stempel, Unterschrift

Anlagen:
- Munitionsliste *[beifügen]*
- Fahrstrecken *[beifügen]*

13

RSEB – Anlage 10

Anlage 10/2

Einzelausnahme Nr.
für die innerstaatliche Beförderung von Kampfmitteln mit chemischen Kampfstoffen mit Straßenfahrzeugen

Hiermit wird für *[Name und Anschrift des Antragstellers]*

gemäß § 5 *[Absatz 6 oder 7]* [1]) der Gefahrgutverordnung Straße, Eisenbahn und Binnenschifffahrt (GGVSEB) in der jeweils geltenden Fassung [2]) und gemäß § 46 Absatz 2 der Straßenverkehrsordnung in der jeweils geltenden Fassung [2]) in Verbindung mit der Allgemeinverfügung der BAM zur Klassifizierung von Kampfmitteln für die innerstaatliche Beförderung gefährlicher Güter auf der Straße durch die staatlichen Kampfmittelräumdienste der Länder - Allgemeinverfügung Kampfmittel - vom 27. Juni 2011 (VkBl. 2011 S. 454) für die innerstaatliche Beförderung gefährlicher Güter auf der Straße folgende Ausnahme zugelassen:

I. Abweichungen

Abweichend von

– Absatz 2.2.1.1.2 Unterabsatz 1,
– Absatz 2.2.1.2.2,
– Unterabschnitt 4.1.1.3, Abschnitt 4.1.4,
– Unterabschnitt 5.2.1.5,
– Kapitel 6.1 und

der Anlagen A und B zu dem Übereinkommen vom 30. September 1957 über die internationale Beförderung gefährlicher Güter auf der Straße (ADR) in der jeweils geltenden Fassung [2]) und

abweichend von § 35 bis 35c der GGVSEB

dürfen die in der Anlage aufgeführten Kampfmittel mit chemischen Kampfstoffen

vom Zwischenlager
[Anschrift]
zur Entsorgungsstätte
[Anschrift]
am
[Datum] in der Zeit vom *[Zeitangabe]* bis *[Zeitangabe]*
auf der Straße befördert werden, wenn die nachstehenden Nebenbestimmungen eingehalten werden.

II. Nebenbestimmungen

1. Bedingungen

1.1 Fahrzeug/Transportbehälter

Die Kampfmittel mit chemischen Kampfstoffen sind mit den nachfolgend genannten explosionsdruckstoßfesten Transportkugeln [3])/Transportbehältern [4]) mit einem für die Umsetzung der vorgesehenen Explosivstoffmasse entsprechenden Dichtheitsverhältnis in einem dafür zugelassenen Sprengstoffäquivalent sowie auf einem darauf ausgerichteten Fahrzeug zu befördern:

---

1) Anpassung nach Betroffenheit des Ressorts
2) Bitte Datum und Fundstelle der letzten Neufassung oder Änderung konkret angeben
3) Zugelassene Behälter nach Stand 5/2013 sind: MECV 5 (bitte anpassen)
4) Zugelassene Behälter nach Stand 5/2013 sind: BOFOS Dynasafe AB (bitte anpassen)

RSEB – Anlage 10

Transportkugel/ -behälter [5)]
Bauart:
Hersteller:
Typ:
Herstellungs-Nr.:
Zugelassenes Sprengstoffäquivalent:

Transportfahrzeug/Anhänger
Amtliches Kennzeichen des Transportfahrzeugs:
Amtliches Kennzeichen des Anhängers:

1.2 Mengenbegrenzung
Es ist durch geeignete Maßnahmen sicherzustellen, dass die Menge des nach Nummer 1.1 angegebenen Sprengstoffäquivalents eingehalten wird. Hierzu zählen z. B. gesicherte Datenblätter oder grundsätzlich aussagefähige Röntgenbilder der Kampfmittel, anhand der die Nettoexplosivstoffmasse zu bestimmen ist.

1.3 Verwendung eines Anhängers
Bei Verwendung eines Anhängers dürfen nur Kraftfahrzeuge eingesetzt werden, bei denen die zulässige Anhängelast ausreichend ist. Kraftfahrzeuge, bei denen die Anhängelast nur mit Einschränkungen der Steigfähigkeit erreicht wird, dürfen nicht eingesetzt werden.

1.4 Bestimmung der Fahrstrecke
Die Beförderung ist der Entsorgungsstätte (Empfänger) unter Angabe der geplanten Eintreffzeit anzuzeigen. Vor Antritt der Fahrt ist in eigener Verantwortung des Antragstellers zu überprüfen, ob die Beförderung auf der vorgeschriebenen Fahrstrecke durchgeführt werden kann. Gegebenenfalls erforderliche Nutzung von Umleitungsstrecken darf nur dann erfolgen, wenn dies gefahrlos möglich ist.

1.5 Verwendung der Transportkugel/des Transportbehälters
Die Transportkugel/der Transportbehälter ist vor jeder Beförderung durch eine Fachkundige Person hinsichtlich der Funktionsfähigkeit zu überprüfen. Die Dichtungen sind bei Beschädigungen bzw. gemäß Herstellerangabe zu erneuern. Nach Zwischenfällen wie Unfällen oder Explosionen ist eine zusätzliche Dichtigkeitskontrolle zu veranlassen.

1.6 Transportführer
Bei der Beförderung von Kampfmitteln mit chemischen Kampfstoffen ist immer ein „Transportführer" (Fachkundige Person mit zusätzlicher Fachkunde für den Umgang mit Kampfmitteln mit chemischen Kampfstoffen) einzusetzen. Fahren die Fahrzeuge in einer Kolonne, reicht es aus, wenn sich nur auf einem Fahrzeug ein Transportführer befindet. Dieser kann sich auch in einem Begleitfahrzeug (Fahrzeug ohne Kampfstoffbeladung) befinden. Er muss über eine Schulung gemäß Abschnitt 8.2.1 ADR verfügen. Die Bescheinigung nach Unterabschnitt 8.2.2.8 ADR ist mitzuführen.

1.7 Fahrzeugbesatzung
Die Fahrzeugbesatzung besteht mindestens aus einem Fahrzeugführer und einem weiteren Mitglied der Fahrzeugbesatzung, das in der Lage sein muss, den Fahrzeugführer abzulösen. Fahrzeugführer und ein weiteres Mitglied der Fahrzeugbesatzung müssen an einer Schulung gemäß Kapitel 8.2 ADR (Basiskurs und Aufbaukurs Klasse 1) erfolgreich teilgenommen haben und im Besitz einer gültigen ADR-Schulungsbescheinigung gemäß Unterabschnitt 8.2.2.8 ADR sein. Diese Bescheinigung ist mitzuführen.

1.8 Begleitfahrzeuge
Die Beförderungseinheiten mit Kampfmitteln mit chemischen Kampfstoffen sind auf Autobahnen durch ein dahinter und auf sonstigen Straßen mit Gegenverkehr durch ein davor und ein dahinter fahrendes mehrspuriges Fahrzeug der zuständigen Einsatzkräfte zu begleiten.

---

5) Exakte Modelldaten eintragen

RSEB – Anlage 10

1.9 Zusätzliche persönliche Schutzausrüstung

In der Beförderungseinheit und in den Begleitfahrzeugen sind mitzuführen:

- mindestens eine Notfallfluchtmaske nach Abschnitt 5.4.3 ADR mit gültig geprüften stoffgeeigneten Filtern für jedes Mitglied der Fahrzeugbesatzung und
- Kampfstoffmessgerät (nur in einem Begleitfahrzeug).

1.10 Fahrtunterbrechung

Wird eine Fahrtunterbrechung notwendig, so ist eine Mindestentfernung von 300 m von bewohnten Orten oder Menschenansammlungen einzuhalten.

Während eines Gewitters oder wenn sich ein Gewitter in gefährlicher Nähe befindet, haben die Fahrzeuge die Fahrt zu unterbrechen. Die Fahrzeuge sind möglichst auf einem geeigneten Platz abseits des fließenden Verkehrs abzustellen. Die Fahrzeugbesatzung hat das Fahrzeug zu verlassen und trotzdem weiterhin zu überwachen.

1.11 Kennzeichnung

Die Beförderungseinheit ist gemäß Abschnitt 8.1.3 in Verbindung mit Absatz 5.3.2.1.1 ADR mit orangefarbenen Tafeln zu kennzeichnen. Zusätzlich ist das Fahrzeug mit dem Transportbehälter mit Großzetteln (Placards) gemäß Absatz 5.3.1.1.1 in Verbindung mit Unterabschnitt 5.3.1.5 ADR nach Muster 1 ergänzt um die Unterklasse 1.2, Verträglichkeitsgruppe K sowie zusätzlich nach Muster 6.1 zu kennzeichnen.

1.12 Rauchverbot

Während der Beförderung (Ortsveränderung) gilt ein absolutes Rauchverbot.

1.13 Beladung

Die Beladung der Transportkugel/des Transportbehälters mit Kampfmitteln mit chemischen Kampfstoffen hat nach den jeweiligen Angaben des Herstellers der Transportkugel/des Transportbehälters zu erfolgen.

1.14 Ersthelfer

Es ist sicherzustellen, dass der Transportführer und die Fahrzeugbesatzung der Beförderungseinheit über eine Ersthelferausbildung mit zusätzlicher Unterweisung über das Verhalten bei Unfällen mit giftigen Stoffen verfügen.

1.15 Fernmeldemittel

In der Beförderungseinheit und ggf. in den Begleitfahrzeugen sind geeignete Fernmeldemittel zur schnellen Verbindungsaufnahme mitzuführen und einsatzbereit zu halten.

1.16 Verpackungen

Die Kampfmittel mit chemischen Kampfstoffen sind in gasdichte Verpackungen zu verstauen und so in der Transportkugel/in dem Transportbehälter zu fixieren, dass schädliche Lageveränderungen während der Beförderung ausgeschlossen sind.

2. Auflagen

Diese Einzelausnahme oder eine Kopie der Einzelausnahme ist bei jeder Beförderung mitzuführen und bei einer Kontrolle zuständigen Personen unaufgefordert zur Prüfung vorzulegen.

[III. Widerrufsvorbehalt

Diese Ausnahmezulassung erfolgt unter dem Vorbehalt des jederzeitigen Widerrufs für den Fall, dass sich die auferlegten Sicherheitsvorkehrungen als unzureichend zur Einschränkung der von der Beförderung ausgehenden Gefahren erweisen.]

Ort, Datum   Stempel, Unterschrift

Anlage:
- Kampfmittel mit chemischen Kampfstoffen *[beifügen]*

RSEB – Anlage 10

Anlage 10/3

**Einzelausnahme Nr.
für die innerstaatliche Beförderung von unkonventionellen Spreng- und Brandvorrichtungen (USBV) sowie von nicht zugelassenen und/oder nicht klassifizierten Stoffen/Gegenständen mit Straßenfahrzeugen**

Hiermit wird für *[Name und Anschrift des Antragstellers]*

gemäß § 5 *[Absatz 6 oder 7]* [1] der Gefahrgutverordnung Straße, Eisenbahn und Binnenschifffahrt (GGVSEB) in der jeweils geltenden Fassung [2] und gemäß § 46 Absatz 2 der Straßenverkehrsordnung in der jeweils geltenden Fassung [2] für die innerstaatliche Beförderung gefährlicher Güter auf der Straße folgende Ausnahme zugelassen:

I. Abweichungen
Abweichend von
– Abschnitt 2.1.4, Absatz 2.2.1.1.2 Unterabsatz 1,
– Absatz 2.2.1.2.1,
– Kapitel 3.3 (Sondervorschrift 16, Sondervorschrift 274, Sondervorschrift 311),
– Unterabschnitt 4.1.1.3, Abschnitt 4.1.4, Abschnitt 4.1.9,
– Unterabschnitt 5.2.1.5, Unterabschnitt 5.4.1.1, Unterabschnitt 5.4.1.2,
– Abschnitt 7.2.4 (Sondervorschrift V2),
– Unterabschnitt 7.5.5.2 und
– Kapitel 8.4 i.V.m. Kapitel 8.5

der Anlagen A und B zu dem Übereinkommen vom 30. September 1957 über die internationale Beförderung gefährlicher Güter auf der Straße (ADR) in der jeweils geltenden Fassung [2] und

abweichend von § 35 bis 35c der GGVSEB

dürfen die folgenden Stoffe und Gegenstände:

☐ aus unkonventioneller Spreng- und/oder Brandvorrichtung delaborierte Stoffe und Gegenstände *[sofern möglich Angabe der UN-Nummer]*

☐ nicht zugelassene und/oder nicht klassifizierte Pyrotechnik *[sofern möglich Angabe der UN-Nummer, siehe Hinweise zur Klassifizierung von Pyrotechnik (Anlage)]*

☐ Gegenstände mit ABC-Stoffen *[sofern möglich Angabe der UN-Nummer]*

☐ Gegenstände mit Explosivstoff *[sofern möglich Angabe der UN-Nummer]*

☐ aufgefundene nicht klassifizierte Stoffe der Klasse 1 *[sofern möglich Angabe der UN-Nummer]*

☐ aufgefundene nicht klassifizierte Stoffe der Klassen 2 bis 9 *[sofern möglich Angabe der UN-Nummer]*

☐ Probentransport *[Angaben zu Art und Menge der Probe sowie Zuordnung (siehe Hinweise zur Klassifizierung von Proben (Anlage))]*

☐ Andere oben nicht genannte Stoffe und/oder Gegenstände

---
1) Anpassung nach Betroffenheit des Ressorts
2) Bitte Datum und Fundstelle der letzten Neufassung oder Änderung konkret angeben

RSEB – Anlage 10

vom sicheren Ort
[Ortsangabe]

nach
[Ortsangabe]

am *[Datum]* in der Zeit von *[Zeitangabe]* bis *[Zeitangabe]*

auf der Straße befördert werden, wenn die nachstehenden Nebenbestimmungen eingehalten werden.

II. Nebenbestimmungen

1. Bedingungen

1.1 Fahrzeug/Transportbehälter

Die o. g. Stoffe und Gegenstände sind vorrangig mit nachfolgend genannten explosionsdruckstoßfesten Transportkugeln [3]/Transportbehältern [4] in einem dafür zugelassenen Sprengstoffäquivalent sowie auf einem darauf ausgerichteten Fahrzeug zu befördern. Sollte dies nicht möglich sein, sind auch die alternativ genannten Fahrzeuge verwendbar:

Transportkugel/Transportbehälter [5]

Bauart:

Hersteller:

Typ:

Herstellungs-Nr.:

Zugelassenes Sprengstoffäquivalent:

Transportfahrzeug/Anhänger

Amtliches Kennzeichen des Transportfahrzeugs:

Amtliches Kennzeichen des Anhängers:

Falls die Transportkugel/der Transportbehälter aufgrund von Volumen oder Masse des aufgefundenen Stoffes/Gegenstandes nicht nutzbar ist, dann:

Klasse 1:

☐ Fahrzeug EX/II (max. 1.000 kg NEM je Beförderungseinheit, wenn NEM nicht bekannt, ist die Bruttomasse anzusetzen);
   amtliches Kennzeichen:

☐ Fahrzeug EX/III (max. 16.000 kg NEM je Beförderungseinheit, wenn NEM nicht bekannt, ist die Bruttomasse anzusetzen);
   amtliches Kennzeichen:

☐ sonstiges geeignetes mehrspuriges Fahrzeug (mit getrennter Fahrgastzelle) für Probentransport zur chemischen oder sonstigen Analyse;
   amtliches Kennzeichen:

Klassen 2 bis 9:

☐ geeignetes mehrspuriges Fahrzeug (mit getrennter Fahrgastzelle);
   amtliches Kennzeichen:

1.2 Mengenbegrenzung

Es ist durch geeignete Maßnahmen sicherzustellen, dass die Mengenbegrenzungen nach Nummer 1.1 dieser Ausnahme eingehalten werden.

---

[3] Zugelassene Behälter nach Stand 05/2013 sind: MECV 5
[4] Zugelassene Behälter nach Stand 05/2013 sind: BOFOS Dynasafe AB
[5] Exakte Modelldaten eintragen

RSEB – Anlage 10

1.3 Verwendung von Anhängern und Krafträdern
Bei Verwendung eines Anhängers dürfen nur Kraftfahrzeuge eingesetzt werden, bei denen die zulässige Anhängelast ausreichend ist. Kraftfahrzeuge, bei denen die Anhängelast nur mit Einschränkungen der Steigfähigkeit erreicht wird, dürfen nicht eingesetzt werden. Krafträder dürfen nicht eingesetzt werden.

1.4 Bestimmung der Fahrstrecke
Eine Fahrwegbestimmung ist abweichend von § 35a GGVSEB nicht erforderlich. Die Beförderung ist dem Empfänger unter Angabe der geplanten Eintreffzeit anzuzeigen. Vor Antritt der Fahrt ist in eigener Verantwortung des Antragstellers zu überprüfen, ob die Beförderung auf der vorgeschriebenen Fahrstrecke durchgeführt werden kann. Gegebenenfalls erforderliche Nutzung von Umleitungsstrecken darf nur dann erfolgen, wenn dies gefahrlos möglich ist. Die Tunnelregelungen gemäß ADR sind zu beachten.

1.5 Verwendung der Transportkugel/des Transportbehälters
Die Transportkugel/der Transportbehälter ist vor jeder Durchführung der Beförderung durch eine Fachkundige Person hinsichtlich der Funktionsfähigkeit zu überprüfen. Die Dichtungen sind bei Beschädigungen bzw. gemäß Herstellerangabe zu erneuern. Nach Zwischenfällen wie Unfällen oder Explosionen ist eine zusätzliche Dichtigkeitskontrolle zu veranlassen.

1.6 Transportführer
Bei der Beförderung von unbestimmbaren Stoffen und Gegenständen ist von der zuständigen Behörde immer ein sachkundiger Transportführer [6] zu bestimmen. Die Aufgabe des Transportführers kann von Fahrzeugführer oder einem anderen Mitglied der Fahrzeugbesatzung wahrgenommen werden. Fahren die Fahrzeuge in einer Kolonne, reicht es aus, wenn sich nur auf einem Fahrzeug ein Transportführer befindet. Dieser kann sich auch in einem Begleitfahrzeug (Fahrzeug ohne unbestimmbare Stoffe und Gegenstände) befinden. Er muss über eine Schulung gemäß Abschnitt 8.2.1 ADR verfügen. Die Bescheinigung nach Unterabschnitt 8.2.2.8 ADR ist mitzuführen.

1.7 Fahrzeugbesatzung
Die Fahrzeugbesatzung besteht mindestens aus einem Fahrzeugführer und einem Beifahrer, der in der Lage sein muss, den Fahrzeugführer abzulösen. Fahrzeugführer und Beifahrer müssen an einer Schulung gemäß Kapitel 8.2 ADR (Basiskurs und Aufbaukurs Klasse 1 und in Fällen der Klasse 7 ein Aufbaukurs der Klasse 7) erfolgreich teilgenommen haben und im Besitz einer gültigen ADR-Bescheinigung gemäß Unterabschnitt 8.2.2.8 ADR sein. Diese Bescheinigung ist mitzuführen.

1.8 Begleitfahrzeuge
Beförderungseinheiten mit unbestimmbaren Stoffen und Gegenständen sind auf Autobahnen durch ein dahinter und auf sonstigen Straßen mit Gegenverkehr durch ein davor und ein dahinter fahrendes mehrspuriges Fahrzeug der zuständigen Einsatzkräfte zu begleiten.

1.9 Besondere Ausrüstung
In der Beförderungseinheit ist die nach ADR geforderte Ausrüstung mitzuführen. Aufgrund der vom Stoff und/oder vom Gegenstand ausgehenden besonderen Gefahr *[Benennung der Gefahr]* ist folgende Ausrüstung [7] zusätzlich mitzuführen:

- ☐ Notfallfluchtmaske nach Abschnitt 5.4.3 ADR mit geprüften stoffgeeigneten Filtern für jedes Mitglied der Fahrzeugbesatzung
- ☐ geeignetes Messgerät für die ausgehenden Gefahren
- ☐ weitere Ausrüstungen (z. B. persönliche Schutzausrüstung)

---

[6] Transportführer mit erweiterter Sachkunde nach Vorgabe der zuständigen Behörde.
[7] Der notwendige Ausrüstungsumfang ist je nach Stoff und/oder Gegenstand und angedachten Notfallmaßnahmen der Fahrzeugbesatzung zu bestimmen und festzulegen.

RSEB – Anlage 10

1.10 Fahrtunterbrechung
Fahrtunterbrechungen sind zu vermeiden. Sind Aufenthalte während der Beförderung unumgänglich, ist ein angemessener Sicherheitsabstand zu bewohnten Orten oder Menschenansammlungen einzuhalten. Abweichend von Kapitel 8.4 i.V.m. Kapitel 8.5 ADR ist die Beförderungseinheit während der Aufenthalte ständig zu überwachen.

1.11 Kennzeichnung

1.11.1 Kennzeichnung der Beförderungseinheit
☐ Die Beförderungseinheit ist gemäß Abschnitt 8.1.3 in Verbindung mit Absatz 5.3.2.1.1 ADR mit orangefarbenen Tafeln zu kennzeichnen. Zusätzlich ist die Beförderungseinheit mit den geforderten Großzetteln (Placards) gemäß Absatz 5.3.1.1.1 ADR für die Klasse 1 oder Klasse 7 zu kennzeichnen.

☐ Probentransport ohne Kennzeichnung

1.11.2 Kennzeichnung der Verpackung
Auf die Angabe der offiziellen Benennung für die Beförderung bei Stoffen und Gegenständen der Klasse 1 gemäß Unterabschnitt 5.2.1.5 ADR kann verzichtet werden.

1.12 Rauchverbot
Während der Beförderung gilt ein absolutes Rauchverbot.

1.13 Verpackungen
☐ Die Stoffe und Gegenstände sind in geeigneten und zugelassenen Verpackungen zu verpacken und so in der Umschließung zu sichern, dass Lageveränderungen während der Beförderung weitgehend ausgeschlossen sind.
Benutzt wird: [Angabe der Verpackungsart und des Verpackungsmaterials]

☐ Beim Probentransport ist eine geeignete Innenverpackung in einer geeigneten und zugelassenen Außenverpackung aus Pappe oder Kunststoff mindestens der Verpackungsgruppe II zu verwenden.

1.14 Beladung
Die Beladung der Transportkugel/des Transportbehälters oder der Verpackung hat nach Herstellerangabe zu erfolgen.

1.15 Ersthelfer
Es ist sicherzustellen, dass der Transportführer und die Fahrzeugbesatzung der Beförderungseinheit über eine Ersthelferausbildung mit zusätzlicher Unterweisung über das Verhalten bei Unfällen mit giftigen Stoffen verfügen.

1.16 Fernmeldemittel
In der Beförderungseinheit und ggf. in den Begleitfahrzeugen sind geeignete Fernmeldemittel zur schnellen Verbindungsaufnahme mitzuführen und einsatzbereit zu halten.

2. Auflagen
Diese Einzelausnahme oder eine Kopie der Einzelausnahme ist bei jeder Beförderung mitzuführen und bei einer Kontrolle zuständigen Personen unaufgefordert zur Prüfung vorzulegen.

III. Zusätzliche Angaben/Bemerkungen
Hinweise zur Klassifizierung der Stoffe und/oder Gegenstände sind der Anlage zu dieser Ausnahme zu entnehmen.

[IV. Widerrufsvorbehalt
Diese Ausnahmezulassung erfolgt unter dem Vorbehalt des jederzeitigen Widerrufs für den Fall, dass sich die auferlegten Sicherheitsvorkehrungen als unzureichend zur Einschränkung der von der Beförderung ausgehenden Gefahren erweisen.]

Ort, Datum   Stempel, Unterschrift

RSEB – Anlage 10

Anlage

Hinweise zur Klassifizierung von Proben:
Die Klassifizierung richtet sich nach der überwiegenden Gefahr. Folgende Reihenfolge ist einzuhalten:
1. Prüfung auf Klasse 7
   → Festlegung der UN-Nummer im Benehmen mit der zuständigen Strahlenschutzbehörde
2. Prüfung auf Klasse 1
   → UN 0190 EXPLOSIVSTOFF, MUSTER, 1
3. Prüfung auf Klasse 2
   → UN 3168 GASPROBE, NICHT UNTER DRUCK STEHEND, GIFTIG, N.A.G., 2.3 (2.1)
4. Sind die Prüfungen unter Nr. 1 bis 3 ohne positives Ergebnis verlaufen, ist der Stoff/Gegenstand wie folgt den desensibilisierten explosiven flüssigen oder festen Stoffen zuzuordnen:
   → UN 3379 DESENSIBILISIERTER EXPLOSIVER FLÜSSIGER STOFF, N.A.G., 3, I
   → UN 3380 DESENSIBILISIERTER EXPLOSIVER FESTER STOFF, N.A.G., 4.1, I

Hinweise zur Klassifizierung von Pyrotechnik:
Ist eine eindeutige Zuordnung der Pyrotechnik nicht möglich, so wird diese wie folgt zugeordnet:
→ UN 0333 FEUERWERKSKÖRPER, 1.1G

RSEB – Anlage 10

RSEB – Anlage 11

Anlage 11

Prüfung und außerordentliche Prüfung von Rohrleitungen an Tanks zur Beförderung von Gasen der Klasse 2

Allgemeines

Die Rohrleitungen von Tanks zur Beförderung der folgenden Gase der Klasse 2 sind unter Zugrundelegung eines anerkannten Druckbehälter-Regelwerks von einer Benannten Stelle nach § 16 der ODV zu prüfen:

1011	BUTAN,
1012	BUT-1-EN oder cis-BUT-2-EN oder trans-BUT-2-EN oder BUTENE, GEMISCH,
1077	PROPEN,
1965	KOHLENWASSERSTOFFGAS, GEMISCH, VERFLÜSSIGT, N.A.G. (Gemisch A, A01, A02, A0, A1, B1, B2, B oder C),
1969	ISOBUTAN,
1978	PROPAN.

Prüfung und Bescheinigung

Über die Prüfung ist eine Bescheinigung auszustellen. Diese Prüfbescheinigung ist nur zusammen mit der ADR-Zulassungsbescheinigung nach Unterabschnitt 9.1.3.5 ADR gültig. Ein entsprechender Verweis über die Prüfung der Verrohrung ist unter 11. Bemerkungen in die ADR-Zulassungsbescheinigung aufzunehmen.

Die Mindestanforderungen an die Prüfung und die Mindestangaben in der Bescheinigung sind nachstehend wiedergegeben. Bei den Schweißnähten ist besonders auf Wurzelfehler zu achten:

1. Titel der Bescheinigung:
   Bescheinigung über die Prüfung oder die außerordentliche Prüfung der Verrohrung eines Tanks zur Beförderung von Gasen der Klasse 2 nach Anlage 11 der RSEB.
2. Angabe des Betreibers.
3. Hersteller des Tanks.
4. Herstell-Nr. des Tanks (Identifikations-Nr.).
5. Beschreibung des Prüfgegenstandes (Rohrleitung, Anzahl der Rohrleitungsabschnitte, ggf. durchgeführte Teilprüfungen mit entsprechenden Beschreibungen).
6. Beschreibung des Prüfumfanges: äußere Prüfung, innere Prüfung, zerstörungsfreie Prüfung/Art, Festigkeitsprüfung (1,5 x höchster Betriebsüberdruck der Rohrleitung bzw. des Rohrleitungsabschnittes, mindestens jedoch der 1,5-fache Prüfüberdruck des Tanks).
7. Prüfergebnis.
8. Angaben zur Kennzeichnung:
   Die geprüften Rohrleitungen sind mit der Herstell-Nr. des Tanks und dem Stempel der Benannten Stelle nach § 16 der ODV zu kennzeichnen.
9. Angaben zu Ort, Datum und Unterschrift des Mitarbeiters der Benannten Stelle nach § 16 der ODV.

RSEB – Anlage 11

Muster der Bescheinigung

(Die Bescheinigung enthält Mindestangaben. Die Reihenfolge der Einträge und das Layout können frei gewählt werden)

Betreiber: _____

_____

Bescheinigung *)
über die Prüfung oder außerordentliche Prüfung der Verrohrung eines Tanks zur Beförderung von Gasen der Klasse 2 nach Anlage 11 der RSEB

Hersteller des Tanks: _____

Herstell-Nr. des Tanks: _____

Prüfgegenstand:
(Zutreffendes ankreuzen)

Anzahl Rohrleitungsabschnitte: ___ Stück, dies entspricht

☐ Gesamte Rohrleitung

☐ Teilprüfung - Beschreibung: _____

_____

Prüfumfang:
(Zutreffendes ankreuzen)

☐ Visuelle Prüfung des äußeren und – soweit möglich – des inneren Zustandes

☐ Zerstörungsfreie Prüfung/Art: _____

☐ Druckprüfung (Gas-/Flüssigkeitsdruckprüfung) mit einem Prüfüberdruck von ____ bar

Prüfergebnis: _____

Die geprüften Rohrleitungsabschnitte wurden mit der Herstell-Nr. des Tanks und dem Stempel gekennzeichnet.

_____ _____   _____
(Ort)   (Datum)   Die Benannten Stelle nach § 16 der ODV

*) Diese Prüfbescheinigung gilt nur bei gleichzeitiger Tankprüfung und Vorliegen der ADR-Zulassungsbescheinigung nach Unterabschnitt 9.1.3.5 ADR.

RSEB – Anlage 12

Anlage 12

– offen –

RSEB – Anlage 12

RSEB – Anlage 13

Anlage 13

Hinweise zur Ausführung der Kapitel 4.3 und 6.8 ADR/RID

Hinweise zu Absatz 4.3.3.1.1 und 4.3.4.1.1 Tankcodierung „C" sowie 6.8.2.2.2 ADR/RID Reinigungsöffnungen	ehemals TRT 038

Ein dicht schließender Flansch bei Reinigungsöffnungen liegt vor, wenn dieser Flansch abschersicher oder durch geeignete Maßnahmen gegen Abscheren geschützt ist. Die füllgutbeständige Dichtung sollte gekammert sein. Die Schrauben sind gegen selbsttätiges Lösen zu sichern.

Die Bauart muss gemäß Absatz 6.8.2.2.2 ADR/RID durch die in der GGVSEB festgelegte zuständige Behörde oder einer von ihr bestimmten Stelle zugelassen sein.

Anerkannt werden zum Beispiel:
- eine Blockflansch/Blinddeckel-Verbindung mit Nut und Feder oder
- eine Verbindung Vor-Rücksprung mit gekammerter O-Ring-Abdichtung.

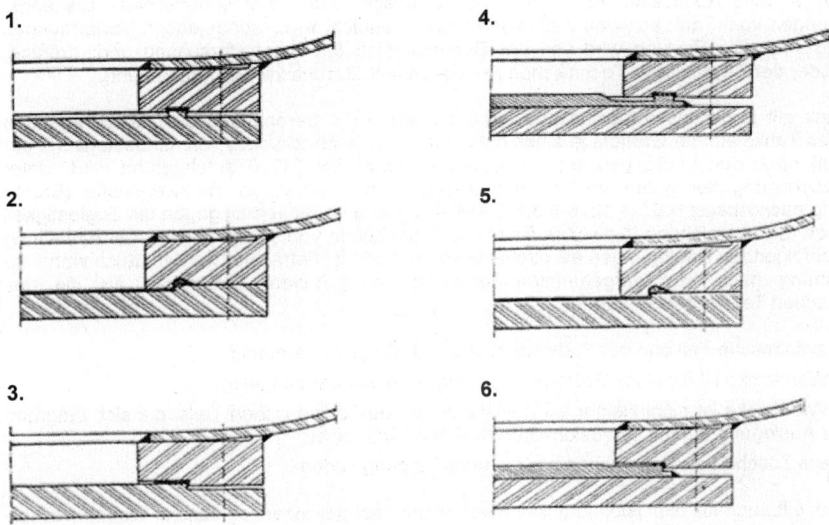

RSEB – Anlage 13

Hinweise zu Absatz 4.3.4.1.1 Tankcodierung „F" und 6.8.2.2.3 ADR/RID	ehemals
Explosionsdruckstoßfestigkeit	TRT 006

Allgemeiner Hinweis: Das hier beschriebene Verfahren des Nachweises der Explosionsdruckstoßfestigkeit ist ein zulässiges Alternativverfahren zum Nachweis nach DIN EN 14460.

1. Tanks sind explosionsdruckstoßfest, wenn sie so gebaut sind, dass sie einer Explosion infolge eines Flammendurchschlags standhalten können, ohne dass sie undicht werden, wobei jedoch Verformungen zulässig sind.

   Der für den Nachweis der Explosionsdruckstoßfestigkeit maßgebliche Explosionsdruck ist stoffabhängig und abhängig von dem Ausgangsdruck, bei dem die Zündung im Tank erfolgt. Bei Transporttanks ist davon auszugehen, dass eine störungsbedingte Zündung durch eine betriebsmäßig freie Öffnung erfolgt.

   Für den Ausgangsdruck kann daher der Atmosphärendruck von 1000 mbar angesetzt werden. Für den Ausgangsdruck von 1000 mbar weist ein Gemisch von 8,0 Vol.-% Ethylen in Luft unter allen bislang untersuchten Stoffen[1] den höchsten Explosionsdruck von 9,7 bar (absolut) auf.

2. Ein Tank gilt auch als explosionsdruckstoßfest, wenn in einer experimentellen Prüfung an einem Baumuster eine Explosion mit dem o. g. Gemisch unter atmosphärischen Ausgangsbedingungen vom Tank ertragen wird, ohne dass er undicht wird, wobei jedoch Verformungen zulässig sind. Die Prüfung wird von der Bundesanstalt für Materialforschung und -prüfung, Berlin oder der Physikalisch-Technischen Bundesanstalt, Braunschweig durchgeführt.

3. Ein Tank gilt ferner als explosionsdruckstoßfest, wenn die Berechnung aller drucktragenden Teile des Tanks auf der Grundlage eines maximalen Explosionsdruckes von mindestens 9,7 bar (absolut) nach den Maßgaben der Europäischen Norm EN 14025 durchgeführt wird. Unter Berücksichtigung der guten Verformungsfähigkeit der eingesetzten Tankwerkstoffe (Bruchdehnung nach Absatz 6.8.2.1.12, 6.8.3.1.1 ADR/RID) ist eine Sicherheit gegen die Zugfestigkeit (Rm) von 1,3 ausreichend. Gewölbte End- und Trennböden von Tanks können bei Einhaltung der nachfolgenden Bedingungen als explosionsdruckstoßfest betrachtet werden, auch wenn die Berechnung nach dem vorgenannten Regelwerk eine höhere Wanddicke als die des zylindrischen Teils ergeben würde:

   – der zylindrische Teil und der Boden sind aus einheitlichem Werkstoff,
   – die Wanddicke ist für einen Prüfdruck von mindestens 4 bar ausgelegt,
   – die Wanddicke ist nicht kleiner als die Wanddicke des zylindrischen Teils, die sich aufgrund ihrer Auslegung auf die Explosionsdruckstoßfestigkeit ergibt,
   – andere Zuschläge müssen ebenfalls Berücksichtigung finden.

4. Ein Tank gilt auch als explosionsdruckstoßfest, wenn nachgewiesen ist, dass er einem Wasserdruckversuch mit dem 1,3-fachen des höchsten auftretenden Explosionsdruckes standhält, ohne dass er undicht wird, wobei jedoch Verformungen zulässig sind.

5. Die Nachweise nach Nummer 3 und 4 gelten nur für Tanks ohne Einbauten, die den Tankquerschnitt nennenswert einschränken (insbesondere Schwallwände), die zu einer weiteren Druckerhöhung im Explosionsverlauf führen können.

---

[1] Ausgenommen sind solche Stoffe, die zum Selbstzerfall neigen.

RSEB – Anlage 13

Hinweise zu Absatz 4.3.4.1.1 Tankcodierung „F" und 6.8.2.2.6 ADR/RID Lüftungseinrichtungen, Flammendurchschlagsicherungen	ehemals TRT 030

1. Lüftungseinrichtungen belüften oder entlüften das Tankinnere (Über- und Unterdruckbelüftungseinrichtung). Eine Lüftungseinrichtung umfasst alle Stutzen, Armaturen und Rohrleitungen, die dazu dienen, das Tankinnere mit der umgebenen Atmosphäre zu verbinden.

2. Flammendurchschlagsicherungen sind Armaturen, die den Durchtritt potentiell explosionsfähiger Gemische erlauben, aber den Durchschlag einer Flamme sicher verhindern.

3. Lüftungseinrichtungen sind flammendurchschlagsicher, wenn sie bei einer Zündung und Explosion außerhalb des Tanks einen Durchschlag der Flamme in das Tankinnere verhindern. Dies wird in der Regel dadurch erzielt, dass in die Lüftungseinrichtung eine Flammendurchschlagsicherung eingebaut wird.

4. Für die Flammendurchschlagsicherung sollte eine Konformitätserklärung des Herstellers vorliegen; Grundlage dafür ist eine Eignungsprüfung durch eine Benannte Stelle.

5. Die Flammendurchschlagsicherung sollte hinsichtlich ihrer Eignung klassifiziert sein für
   – die Explosionsgruppe II A, II B oder II C der entzündbaren flüssigen Stoffe,
   – die Explosionstypen Deflagration oder Detonation.

   Fakultativ kann eine Flammendurchschlagsicherung nach entsprechendem Eignungsnachweis auch zusätzlich als sicher gegen Dauerbrand klassifiziert sein.

6. Flammendurchschlagsicherungen sollten nur verwendet werden, wenn sie für die vorgesehenen Einsatzbedingungen geeignet sind:

   Die Explosionsgruppe der zu transportierenden entzündbaren Stoffe muss unter die Explosionsgruppe fallen, für die die Flammendurchschlagsicherung geeignet ist. Die Eignung für II B umfasst diejenige für II A, die Eignung für II C diejenige für II B und II A.

   Je nach Installations- und Verwendungsart der Flammendurchschlagsicherung sollen folgende Anforderungen erfüllt werden:

   – Sicherheit gegen Flammendurchschlag bei Deflagration (Explosions- und genaue Deflagrationssicherheit) ist unabdingbare Grundanforderung.
   – Sicherheit gegen Flammendurchschlag bei Detonation ist erforderlich, wenn an der dem Tank abgewandten Seite der Sicherung Rohrleitungen angeschlossen sind oder angeschlossen werden können. Detonationssicherheit umfasst stets die Deflagrationssicherheit.
   – Sicherheit gegen Flammendurchschlag bei Dauerbrand, wenn aus der Entlüftungseinrichtung über längere Zeit explosionsfähige Gemische austreten können (Verdrängung beim Füllvorgang, Erwärmung bei Sonneneinstrahlung) und wenn darüber hinaus im Falle einer Zündung dort mit einem länger andauernden Brennen der Gemische zu rechnen ist.

RSEB – Anlage 13

Hinweise zu Absatz 6.8.2.1.8 ADR/RID	ehemals
Geeignete metallene Werkstoffe	TRT 042

Die Forderung auf Eignung metallener Werkstoffe, die, sofern in den einzelnen Klassen nicht andere Temperaturbereiche vorgesehen sind, bei einer Temperatur zwischen -20 °C und +50 °C trennbruchsicher sein müssen, gilt für Tanks, für die ein Prüfdruck < 0,1 MPa (10 bar) vorgeschrieben ist, z. B. als erfüllt, wenn

1. für den Werkstoff, der durch Normen oder vergleichbare Regeln in den Behälterbau eingeführt ist, ein Abnahmeprüfzeugnis 3.1 oder 3.2 nach DIN EN 10 204 oder ein vergleichbares Zeugnis erbracht wird,

sowie in Bezug auf die Kerbschlagzähigkeit von schweißgeeigneten Werkstoffen bei Tanks aus Stahl mit einer Wanddicke ≥ 5 mm als erfüllt, wenn

2.1. in den einschlägigen Werkstoffnormen bzw. in den vergleichbaren Regeln, z. B. VdTÜV-Werkstoffblättern, ein Mindestwert[1] für die Kerbschlagarbeit von 27 J (Kerbschlagzähigkeit 34 J/cm^2) bei -20 °C für den Grundwerkstoff ausgewiesen ist oder im Einzelfall ausgewiesen ist[1]; bei Nachweisen im Einzelfall richtet sich der Prüfumfang nach der jeweiligen Werkstoffnorm; der Nachweis ist mindestens für jede Charge zu erbringen,

2.2. die Werte nach Nummer 2.1 für die Schweißnähte und die Wärmeeinflusszone (WEZ) durch ein Prüfverfahren nach Absatz 6.8.5.3.1 ADR/RID im Rahmen der Schweißverfahrensprüfung nachgewiesen sind

und eine Unempfindlichkeit gegen Spannungsrisskorrosion besteht.

Bei Tanks aus Stahl mit einer Mantelwanddicke < 5 mm ist ein technologischer Biegeversuch an Schweißverbindungen nach DIN EN ISO 5173 durchzuführen. Dabei dürfen Anrisse nicht auftreten.

---

[1] vgl. z. B. Unterabschnitt 6.8.5.2 ADR/RID

RSEB – Anlage 13

Hinweise zu Absatz 6.8.2.1.9 und 6.8.2.1.24 ADR/RID	ehemals
Schutzauskleidungen	TRT 010

Für Schutzauskleidungen auf organischer Basis von Tanks und Ausrüstungsteilen aus metallischen Werkstoffen gelten die Anforderungen z. B. als erfüllt, wenn folgende Bedingungen eingehalten sind:

1. Begriffsbestimmungen

1.1 Schutzauskleidungen sind gleichmäßig aufgebrachte Beschichtungen oder Auskleidungen aus einem Schutzwerkstoff, die ganzflächig und festhaftend mit den Bereichen des Tankkörpers zu verbinden sind, die mit dem zu transportierenden Stoff in Berührung kommen (auch kommen können).

1.2 Bei Schutzauskleidungen wird in Beschichtungen und Auskleidungen unterteilt. Zudem wird nach Schichtdicke, Aufbau und Aufbringungsart unterschieden.

1.2.1 Beschichtungen sind eine oder mehrere in sich zusammenhängende, aus Beschichtungsstoffen hergestellte Schichten, wie z. B. Lackierungen, Anstriche, Spachtel- und Füllschichten, die auf den mit dem zu transportierenden Produkt in Berührung kommenden Bereichen des Tankkörpers aufgebracht werden.

1.2.2 Auskleidungen sind Folien, Bahnen, Tafeln oder dergleichen und bestehen aus Gummi, Kunststoff (Thermoplaste, Duroplaste) sowie Verbundwerkstoffen. Sie werden auf den mit dem zu transportierenden Produkt in Berührung kommenden Bereichen des Tankkörpers aufgebracht.

2. Hersteller von Werkstoffen für Schutzauskleidungen

2.1 Die Hersteller von Werkstoffen für Schutzauskleidungen müssen ausreichend sachkundig sein und ihre Sachkunde auf Verlangen nachweisen können.

2.2 Die Hersteller von Werkstoffen für Schutzauskleidungen müssen über ein dokumentiertes und zertifiziertes QM-System verfügen.

2.3 Die Hersteller von Werkstoffen für Schutzauskleidungen müssen über Prüflaboratorien verfügen, deren Ausstattung es ermöglicht, Beständigkeitsprüfungen vorzunehmen.

2.4 Die Laboratorien müssen mit sachkundigem Fachpersonal besetzt sein.

2.5 Die Hersteller müssen in der Lage sein, durch geeignete Untersuchungsverfahren nachzuweisen, für welche gefährlichen Güter die Werkstoffe für Schutzauskleidungen geeignet sind. Die Ergebnisse dieser Untersuchungen müssen in Prüfberichten und Verarbeitungsrichtlinien festgehalten und u. a. dem Verarbeiter der Schutzwerkstoffe ausgehändigt werden.

2.6 Es muss sichergestellt sein, dass für jedes Fertigungslos eines Werkstoffes für Schutzauskleidungen die Ergebnisse des Prüfberichtes eingehalten werden. Die Fertigungen sind laufend durch geeignete Maßnahmen zu überwachen und zu dokumentieren. Hierüber sind schriftliche Aufzeichnungen anzufertigen und über einen Zeitraum von mindestens 5 Jahren (60 Monate ab Datum der Ausstellung) aufzubewahren.

3. Verarbeiter von Werkstoffen für Schutzauskleidungen

3.1 Die Verarbeiter von Werkstoffen für Schutzauskleidungen müssen ausreichend sachkundig sein und dies durch eine geeignete Verfahrensprüfung der für die Baumusterzulassung zuständigen Behörde oder einer von ihr beauftragten Stelle nachweisen.

3.2 Die Verarbeiter von Werkstoffen für Schutzauskleidungen müssen über geeignete Verfahren und Einrichtungen verfügen, um die Werkstoffe für Schutzauskleidungen sach- und fachgerecht aufzubringen.

RSEB – Anlage 13

3.3 Der Verarbeiter des Schutzwerkstoffes darf mit seinen Arbeiten erst beginnen, wenn er sich überzeugt hat, dass der Tank entsprechend den Vorgaben des Herstellers der Werkstoffe für Schutzauskleidungen hergerichtet ist.

3.4 Es dürfen nur solche Werkstoffe für Schutzauskleidungen verarbeitet werden, für die Prüfberichte und Verarbeitungsrichtlinien des zertifizierten Herstellers vorliegen.

3.5 Bei der Verarbeitung des Werkstoffes für Schutzauskleidungen sind die Verarbeitungsrichtlinien des Herstellers einzuhalten. Abweichungen sind nur mit ausdrücklicher Zustimmung des Herstellers des Werkstoffes für Schutzauskleidungen zugelassen.

3.6 Verfügt der Verarbeiter von Werkstoffen für Schutzauskleidungen über Prüflaboratorien nach Nummer 2, darf er den Werkstoff für Schutzauskleidungen auch für andere Güter als geeignet beurteilen sowie andere Verarbeitungsverfahren festlegen. Die Empfehlungen in Nummer 2 gelten dann sinngemäß.

3.7 Die einwandfreie Verarbeitung und Dichtheit des Werkstoffes der Schutzauskleidung ist bei jedem Tank durch einen Sachkundigen zu prüfen.

3.8 Der Sachkundige soll mit Geräten ausgerüstet werden, die es gestatten, nach dem Stand der Technik (z. B. DIN EN 14879) die aufgebrachten Schutzwerkstoffe auf einwandfreie Verarbeitung und Dichtheit zu prüfen.

3.9 Über das Ergebnis der Prüfung ist eine aussagekräftige Bescheinigung auszustellen und dem Verarbeiter auszuhändigen.

3.10 Hat der Sachkundige Mängel festgestellt, sind diese vom Verarbeiter des Werkstoffes der Schutzauskleidung zu beheben. Der Sachkundige hat die Behebung der Mängel erneut zu prüfen.

4. **Prüfungen**

Hersteller und Verarbeiter des Werkstoffes der Schutzauskleidung geben verbindlich vor, ob und ggf. in welchen Abständen Zwischenkontrollen der gefertigten Schutzauskleidung durch den Betreiber im Benehmen mit dem Verarbeiter und wiederkehrende Prüfungen in verkürzten Fristen durchzuführen sind.

Die Unterlagen der Prüfungen sowie der Fristen für die Abstände der durchzuführenden Prüfungen der angefertigten Schutzauskleidung sind den Unterlagen im Rahmen des Baumusterzulassungsverfahrens nach Unterabschnitt 6.8.2.3 ADR/RID sowie der Tankakte beizufügen.

RSEB – Anlage 13

Hinweise zu Absatz 6.8.2.1.23 und 6.8.2.3.1 ADR/RID Erstmaliges Prüfen von Schweißnähten an Tanks für tiefgekühlte verflüssigte Gase	ehemals TRT 206

Art und Umfang der zerstörungsfreien Prüfungen

1. Allgemein

Die Prüfungen sind nach Absatz 6.8.2.1.23 unter Berücksichtigung der gemäß Unterabschnitt 6.8.2.6 ADR/RID vorgeschriebenen Tanknormen für diesen Anwendungsbereich mit den folgenden Zusatzanforderungen durchzuführen:

2. Art der Prüfung

2.1 Durchstrahlungsprüfung nach EN ISO 5579

2.2 Ultraschallprüfung nach EN ISO 16810

2.3 Magnetpulverprüfung nach EN ISO 9934-1

2.4 Farbeindringprüfung nach EN ISO 3452-1

2.5 Visuelle Prüfung nach EN 13018.

3. Umfang der Prüfung

3.1 Stumpfnähte des Innenbehälters:
Die Stumpfnähte des Innenbehälters sind zu 100 % einer Durchstrahlungs- oder Ultraschallprüfung zu unterziehen.

3.2 Stutzen- und Kehlnähte des Innenbehälters:
Die Prüfungen sind für einen Schweißfaktor von 100 % (λ = 1,0) durchzuführen.

3.3 Verbindungsnähte an Tanks aus Feinkornbaustählen:
Bei Tanks aus Feinkornbaustählen (Tank und/oder Vakuumisolierung) mit $Re \geq 430$ N/mm^2 sind die besonders hoch beanspruchten Schweißverbindungen zwischen Tankwand und Tragkonstruktion einer Oberflächenrissprüfung nach dem Magnetpulververfahren zu unterziehen.

3.4 Verbindungsnähte Tragleisten/Tanks an Tanks von Eisenbahnkesselwagen:
An Tanks von Eisenbahnkesselwagen (Tank und/oder Vakuumisolierung) aus Feinkornbaustählen mit $Re \geq 430$ N/mm^2 sind die Verbindungsnähte Tragleisten/Tank auf ihrer gesamten Länge einer Oberflächenrissprüfung nach dem Magnetpulververfahren zu unterziehen. Bei der Verwendung von Feinkornbaustählen mit $Re < 430$ N/mm^2 kann diese Prüfung auf den Bereich der Tragleistenumfassung und einer ab Bodenrundnaht anschließenden Länge von 500 mm beschränkt werden.

3.5 Verbindungsnähte von Tank und Tragkonstruktion:
Verbindungsnähte zwischen Tank und Tragkonstruktion sind zu mindestens 50 % einer Oberflächenrissprüfung zu unterziehen.

3.6 Schweißnähte selbsttragender Außenbehälter:
15 % der am stärksten beanspruchten Schweißnähte sowie alle Stoßstellen von Rund- und Längsnähten sind einer Durchstrahlungs- oder Ultraschallprüfung zu unterziehen. Montagenähte (Schlussnähte) sind zu 100 % einer Oberflächenrissprüfung, z. B. nach dem Farbeindringverfahren, zu unterziehen.

RSEB – Anlage 13

Hinweise zu Absatz 6.8.2.1.26 ADR/RID Vermeidung gefährlicher elektrostatischer Auflading von nichtmetallischen Innenbeschichtungen	ehemals TRT 008

Tanks zur Beförderung von entzündbaren Flüssigkeiten mit Flammpunkten bis 60 °C, die mit nichtmetallischen Innenbeschichtungen ausgerüstet sind, sollen zur Vermeidung gefährlicher elektrostatischer Aufladungen folgende Bedingungen erfüllen:

1. Alle Metallteile des Tanks sowie elektrisch leitfähigen Teile der Innenbeschichtungen müssen untereinander leitfähig verbunden sein. Der Gesamtwiderstand zwischen jedem leitfähigen Teil (z. B. der Innenbeschichtung) und dem Fahrgestell darf nicht größer als 10^6 Ohm sein. Es wird darauf hingewiesen, dass der elektrische Widerstand zwischen metallischen Teilen und der Schiene bei Güterwagen nicht größer als 0,15 Ohm sein darf.

2. Der Erdableitwiderstand begehbarer Flächen der Tanks (innen oder außen) darf nicht größer als 10^8 Ohm sein.

3. Der Oberflächenwiderstand der Innenbeschichtung darf nicht größer als 10^9 Ohm sein.

Verwiesen wird auf:

– die „Richtlinien zur Vermeidung von Zündgefahren infolge elektrostatischer Aufladungen" des Hauptverbandes der gewerblichen Berufsgenossenschaften BGR 132, statische Elektrizität, Ausgabe 10/89

– CENELEC Report R 044-001:1999 „Guidance and Recommendations for the Avoidance of Hazards due to Static Electricity".

RSEB – Anlage 13

Hinweise zu Unterabschnitt 6.8.2.6 ADR/RID	
Verfahren für die Auslegung und Prüfung von Ausrüstungsteilen von Tanks, die über keine getrennte Baumusterzulassung verfügen und die zusammen mit dem Tankkörper zugelassen werden müssen	ehemals TRT 002

1. Einleitung

Für die Umsetzung der im ADR/RID vorgegebenen Schutzziele sind in Unterabschnitt 6.8.2.6 ADR/RID Normen vorgegeben, die rechtsverbindlich anzuwenden sind. Werden für die Umsetzung der Schutzziele in Unterabschnitt 6.8.2.6 ADR/RID keine Normen in Bezug genommen, sind das ADR/RID sowie sonstige, geeignete Normen und/oder technischen Regelwerke anzuwenden, die ein gleichwertiges Sicherheitsniveau gewährleisten.

Nachfolgend wird die Vorgehensweise für die Auslegung und Prüfung von Ausrüstungsteilen festgelegt, für die keine getrennte Baumusterzulassung vorliegt. Mit ihrer Anwendung soll bewirkt werden, dass die Ausrüstungsteile die Anforderungen des Abschnitts 6.8.2 ADR/RID erfüllen.

Die Ausrüstungsteile können nur mit dem Tankkörper zugelassen und erstmalig vor Inbetriebnahme geprüft werden.

2. Sonstige geeignete Normen und Regelwerke

Folgende Normen und Regelwerke können angewendet werden, um die Anforderungen des Abschnitts 6.8.2 ADR/RID zu bewerten:

2.1   EN-Normen, auf die in Unterabschnitt 6.8.2.6 ADR/RID nicht normativ verwiesen wird und die als Norm vollumfänglich angewendet werden können. EN-Normen, auf die in Unterabschnitt 6.8.2.6 ADR/RID nicht normativ verwiesen wird oder normativ verwiesen wird[*)] und die als Norm in wesentlichen Teilen angewendet werden können.

2.2   Normen, auf die im ADR/RID kein Bezug genommen wird, mit deren Umsetzung die im ADR/RID vorgegebenen Schutzziele erfüllt werden, z. B. Industrienormen für Armaturen.

2.3   Technische Regelwerke, mit deren Anwendung die im ADR/RID vorgegebenen Schutzziele erfüllt werden.

Im Rahmen der Anwendung dieser Anlage ist folgende Vorgehensweise zu beachten:

– Überprüfen, ob eine Norm, auf die in Unterabschnitt 6.8.2.6 ADR/RID nicht normativ verwiesen wird, vollumfänglich angewendet werden kann.

– Sollte dies nicht der Fall sein, überprüfen, ob eine Norm, auf die in Unterabschnitt 6.8.2.6 ADR/RID nicht normativ verwiesen wird oder normativ verwiesen wird (siehe[*)]), in wesentlichen Teilen angewendet werden kann.

– Sollte dies nicht umsetzbar sein, überprüfen, ob eine (allgemeine) Industrienorm oder ein sonstiges technisches Regelwerk angewendet werden kann.

– Sollten die vorstehenden Möglichkeiten nicht umsetzbar sein, ist ein Prüfverfahren festzulegen, welches die sicherheitstechnische Gleichwertigkeit der einzuhaltenden Schutzziele nachweist.

[*)] Für die Fälle anwenden, in denen eine zitierte Norm zum Teil oder vollständig auf Ausrüstungsteile angewendet wird, die nicht dem Anwendungsbereich der Norm entsprechen.

RSEB – Anlage 13

3. Prüfungen

3.1 Prüfungen als Grundlage für das Baumusterzulassungsverfahren des Tanks

In der Bescheinigung der Prüfung des Ausrüstungsteils ist detailliert darzulegen, welche Normen oder deren wesentliche Bestandteile sowie technischen Regelwerke angewandt und welche Prüfungen durchgeführt wurden. Die Bescheinigung dient als Teil der Baumusterprüfung der Zulassungsbehörde als Grundlage für die Zulassung des Tanks. Nach erteilter Baumusterzulassung des Tanks können auf dieser Grundlage Ausrüstungsteile für diesen Tank in Serie gefertigt werden. In der Bescheinigung der Prüfung des Ausrüstungsteils ist festzulegen, welche Prüfungen im Rahmen der Fertigung des Ausrüstungsteils und der erstmaligen Prüfung durchzuführen sind.

Die Bescheinigung kann auch in Baumusterzulassungsverfahren für andere Tanks verwendet werden, wenn dies die Stelle nach § 12 der GGVSEB zulässt (siehe auch **Anlage 14** Nummer 5.14 der RSEB).

3.2 Fertigungsprüfung

Der Prüfumfang der Fertigungsprüfung für jedes nachgebaute Ausrüstungsteil ergibt sich aus der Bescheinigung der Prüfung des Ausrüstungsteils sowie ggf. weiteren Auflagen in der Baumusterzulassung des Tanks und falls vorhanden mit den Anforderungen aus den angewandten Normen/Regelwerken.

Die Prüfungen können beim Hersteller des Ausrüstungsteils oder beim Hersteller des Tanks durchgeführt werden. Sie sind von der Stelle nach § 12 der GGVSEB oder dem betriebseigenen Prüfdienst des Herstellers des Ausrüstungsteils auf der Grundlage der Nummer 12.3 der RSEB (Hinweis zu § 12 der GGVSEB) durchzuführen und zu bescheinigen.

3.3 Erstmalige Prüfung

Die erstmalige Prüfung des Ausrüstungsteils wird mit der erstmaligen Prüfung des Tanks durchgeführt (Absatz 6.8.2.4.1 ADR/RID).

Die Bescheinigung über die Fertigungsprüfung des Ausrüstungsteils muss vorliegen.

Die Prüfungen sind im Zusammenhang mit dem Tank zu bescheinigen.

Die Prüfungen sind von einer Stelle nach § 12 der GGVSEB durchzuführen.

4. Zulassung

Die Baumusterzulassung kann nur für den Tank erteilt werden.

Die Zulassungen sind in Abhängigkeit von der Zuständigkeit von

– der BAM nach § 8 der GGVSEB oder
– dem EBA nach § 15 der GGVSEB auszustellen.

RSEB – Anlage 13

Hinweise zu Abschnitt 6.8.4 Buchstabe a Sondervorschrift TC 2 ADR/RID	ehemals TRT 501
Geeigneter Stahl/Zersetzung	

1. Für die Fertigung von Tanks zum Transport von UN 2014, UN 2984 wässerigen Lösungen von Wasserstoffperoxid und für UN 2015 Wasserstoffperoxid wird empfohlen, bei der Verwendung von Stahl dessen Eignung durch Zustimmung der Bundesanstalt für Materialforschung und -prüfung, Berlin nachweisen zu lassen. Hierin ist für einen bestimmten Stahl und eine bestimmte Bau- und Verarbeitungsweise festzustellen, unter welchen Bedingungen keine gefährliche Zersetzung auftritt.

2. Für wässerige Lösungen von Wasserstoffperoxid und für Wasserstoffperoxid sind nach den Ergebnissen der bisher durchgeführten Untersuchungen für nicht wärmeisolierte Behälter grundsätzlich nichtrostende austenitische Stähle geeignet. Dabei wird eine sachgerechte Passivierung und Verarbeitung in Hinblick auf die Verträglichkeit mit den Füllgütern entsprechend Nummer 4 vorausgesetzt.

3. Eine Zersetzung von flüssigen Peroxiden gilt als ungefährlich, solange die durch sie erzeugte Wärme durch eine zulässige Temperaturdifferenz sicher abgeführt wird. Es hängt von den anzunehmenden Umgebungstemperaturen und der niedrigsten Temperatur ab, bei der in dem jeweiligen Stoff unter den Bedingungen der Wärmestaulagerungen eine exotherme Reaktion mit Selbstbeschleunigung abläuft („self accelerating decomposition temperature", „SADT"), welche Temperaturdifferenz noch zulässig ist.

4. Die Zersetzungsrate hängt auch von der sachgerechten Verarbeitung, Beizung und Passivierung des Stahls ab. Sachgerechte Verarbeitung bedeutet unter anderem die Auswahl geeigneter Schweißverfahren und geeigneter Schweißzusatzwerkstoffe. Für eine sachgerechte Passivierung muss die vorangehende Verarbeitung berücksichtigt werden. Die Einzelheiten in Bezug auf die Verarbeitung und Passivierung müssen in Zusammenarbeit mit den Herstellern der zu befördernden organischen Peroxide bzw. Wasserstoffperoxide abgestimmt werden.

Hinweise zu Abschnitt 6.8.4 Buchstabe b Sondervorschriften TE 4 und TE 5 ADR/RID	ehemals TRT 401
Schutzeinrichtung aus schwer entzündbaren Werkstoffen	

Das Material (der Werkstoff) bei wärmeisolierenden Schutzeinrichtungen gilt z. B. als schwer entflammbar, wenn mindestens die Anforderungen der DIN EN 13501-1:2019-05 (Schutzklasse B-s1d1 oder B-s1d2) erfüllt sind.

Hinweise zu Abschnitt 6.8.4 Buchstabe b Sondervorschrift TE 9 ADR/RID	ehemals TRT 510
Beschaffenheit der Verschlusseinrichtungen für bestimmte Stoffe der Klasse 5.1 hinsichtlich des Überdruckes	

Ein sich durch Zersetzung des zu befördernden Stoffes bildender Überdruck im Tankinnern von höchstens 0,5 bar ist sicherheitstechnisch zu tolerieren, da der Tank und seine Ausrüstung für einen solchen Überdruck konstruktiv ausgeführt sein müssen.

RSEB – Anlage 13

Hinweise zu Abschnitt 6.8.4 Buchstabe b Sondervorschrift TE 11 ADR/RID **Dichtheit der Verschlusseinrichtungen beim Umkippen der Tanks für wässerige Lösungen von Wasserstoffperoxid und für Wasserstoffperoxid**	ehemals TRT 511

Die Anforderungen an die Dichtheit der Ausrüstungsteile, insbesondere der Verschlusseinrichtungen ist erfüllt, wenn eine Leckrate von 10 Litern pro Stunde nur unter der alleinigen Wirkung des hydrostatischen Druckes von Wasser (max. 0,3 bar Überdruck) infolge des Umkippens nicht überschritten wird.

Darüber hinaus ist sicherzustellen, dass die Summe aus hydrostatischem Druck und dem sich durch Zersetzung des Wasserstoffperoxids aufbauenden zusätzlichen Druck den Prüfüberdruck des Tanks auch in umgekippter Lage nicht übersteigt. Federbelastete Ventile müssen beim Prüfüberdruck einen Flüssigkeitsaustritt bei umgekippten Tanks von mindestens 60 Litern pro Stunde bezogen auf 1 m³ Tankinhalt gewährleisten.

RSEB – Anlage 14

Anlage 14

**Verfahren zur Zulassung der Baumuster von Tanks
zur Beförderung gefährlicher Güter nach der
GGVSEB in Verbindung mit Kapitel 6.7, 6.8, 6.9 und 6.10 ADR/RID**

1. Tankcontainer (TC), ortsbewegliche Tanks (OT), festverbundene Tanks (Tankfahrzeuge) (T), Aufsetztanks (AT) und Kesselwagen (KW), die nicht nach der Ortsbewegliche-Druckgeräte-Verordnung (ODV) konformitätsbewertet werden, dürfen als Baumuster zugelassen werden, wenn die für die Beförderung der vorgesehenen gefährlichen Güter maßgebenden Vorschriften des ADR/RID eingehalten werden.

2. Zuständige Behörden für die Zulassung der Baumuster sind

    1. von TC, OT, T und A: Bundesanstalt für Materialforschung und -prüfung (BAM), Berlin,

    2. von KW: Eisenbahn-Bundesamt (EBA), Bonn.

3. Grundlage für die Zulassung der Baumuster ist der Prüfbericht einer nach § 9 der GGVSEB zuständigen anerkannten Prüfstelle (im Folgenden: anerkannte Prüfstelle) bzw. einer Stelle nach § 12 der GGVSEB für die betreffenden Tanks.

4. Der Antragsteller hat mit der Baumusterprüfung eine Stelle nach § 12 der GGVSEB bzw. anerkannte Prüfstelle zu beauftragen. Der zuständigen Behörde für die Zulassung des Baumusters ist eine Kopie des Prüfauftrags und gleichzeitig der Antrag auf Zulassung des Baumusters entsprechend dem Muster nach Anhang 1 zu übersenden.

5. Mit dem Auftrag zur Baumusterprüfung sind der Stelle nach § 12 der GGVSEB bzw. anerkannten Prüfstelle mindestens folgende Angaben und Unterlagen einzureichen:

5.1 Firma und Anschrift des Antragstellers;

5.2 Baubeschreibung des TC, OT, T, AT oder KW:

Mit allen erforderlichen Angaben, z. B. Gesamtmasse, Kammeranzahl und Kammervolumen, Tankform/Tankbauart (z. B. Zylinderform, Kofferform), Wanddicke (reduziert/nicht reduziert), Tankwerkstoff/Schutzauskleidung, Dichtungswerkstoff, Schweißverfahren, -nahtform, -zusatzwerkstoff, -faktor, Verbindung Tank/Fahrgestell, Schutz der Einrichtung auf der Oberseite, Bedienungsausrüstung, Additivierungseinrichtung, Angaben zu begrenzten Abweichungen (Varianten);

5.3 vorgesehene Verwendung (Rechtsvorschrift, nach der die Zulassung erteilt werden soll);

5.4 vorgesehene Betriebsweise (z. B. Druckentleerung);

5.5 schematische Darstellung des TC, OT, T, AT oder KW durch eine Baumusterskizze:

Beschreibung des konkreten und, im Fall der Beantragung von Varianten, des repräsentativen Baumusters (Prototyp) sowie ggf. bei Varianten alle minimalen und maximalen Hauptabmessungen;

5.6 Schaltschema für Rohrleitungen und Armaturen;

5.7 Datenblatt, das kurz gefasste Angaben über die wichtigsten Betriebsgrößen des TC, OT, T, AT oder KW enthält:

Beispielsweise Angaben zu Leermasse des Tanks und der relevanten Aufbauanteile und Nutzlast, Drücke und Temperaturen, Tankvolumen;

5.8 Berechnung des Tanks und ggf. der Varianten;

RSEB – Anlage 14

5.9 Nachweis darüber, dass der Tank und seine Befestigungseinrichtungen den vorgesehenen Beanspruchungen für die einzelnen Verkehrsträger beim Transport und Umschlag standhalten (z. B. durch Versuch, Berechnung oder nachgewiesen im Vergleich);

5.10 sämtliche zur Beurteilung des TC, OT, T, AT oder KW erforderlichen Zeichnungen einschließlich einer Zusammenstellungszeichnung;

5.11 Armaturenliste mit Armaturendaten und entsprechenden Nachweisen

Beispiel Armaturenliste:

Laufende Nummer/ Position	Bezeichnung	Hersteller	Typen- bezeichnung	Norm	Nenn- weite	Bauteilprüfung/Zulassung/Nachweise nach Anlage 13 der RSEB
	Domdeckel					
…						
	1. Absperreinrichtung/Bodenventil					
…						
	…					
	…					
	…					

- **Herstellerunterlagen** (Beschreibungen/technische Zeichnungen),
- ggf. **vorhandene Baumusterzulassungen** (Normenarmaturen) für Bauteile der Bedienungsausrüstung nach Absatz 6.8.2.3.1 Satz 9 ADR/RID, die von akkreditierten zuständigen Prüfstellen (z. B. in Deutschland nach § 12 der GGVSEB) oder von zuständigen Behörden in anderen ADR/RID-Herstellungsstaaten erteilt wurden,
- ggf. **Prüfberichte** (Normenarmaturen) sowie **Prüfnachweise** für Bauteile der Bedienungsausrüstung, aus bereits durchgeführten Baumusterzulassungsverfahren und weitere Unterlagen von akkreditierten zuständigen Prüfstellen (z. B. in Deutschland nach § 12 der GGVSEB) oder von zuständigen Behörden in anderen ADR/RID-Herstellungsstaaten.
- ggf. Nachweise nach **Anlage 13** der RSEB (ehemals TRT 002) von Ausrüstungsteilen, die von Stellen nach § 12 der GGVSEB erstellt wurden.

Die Akkreditierung der nach dem jeweiligen nationalen Recht zuständigen Prüfstelle nach EN ISO/IEC 17020:2012 (Typ A) muss nachgewiesen werden;

5.12 Nachweis der Eignung und der ausreichenden Bemessung der Sicherheitseinrichtungen (z. B. Be- und Entlüftung, Flammendurchschlagsicherung, Berstscheiben, Sicherheitsventile);

5.13 Zeichnung des unausgefüllten Schildes am TC, OT, T, AT oder KW;

5.14 Darstellung der sonstigen Kennzeichnung des TC, OT, T, AT oder KW;

5.15 Nachweis der Eignung des Tankwerkstoffs oder der Schutzauskleidung und des Dichtungswerkstoffs und/oder Werkstoffgutachten;

5.16 – Firma und Anschrift des Herstellers des TC, OT, T, AT oder KW mit den Nachweisen/Zertifikaten für den jeweiligen Anwendungsbereich (z. B. Stahl, Aluminium, …) über die zur sachgemäßen Ausführung von Schweißarbeiten durchgeführten qualifizierten Verfahrensprüfungen sowie über die Qualifizierung der Schweißer und über den Betrieb eines Qualitätssicherungssystems für Schweißarbeiten.

– Für ausländische Hersteller können die oben genannten Nachweise/Zertifikate bei der Bewertung berücksichtigt werden, wenn sie von den hierfür zuständigen Prüfstellen oder Behörden ausgestellt wurden. Die Qualifizierung der Schweißer, die Verfahrensprüfungen sowie der Betrieb eines Qualitätssicherungssystems haben auf Grundlage der gültigen anzuwendenden Normen für das Schweißen nach ADR/RID zu erfolgen.

Diese Anforderung gilt nicht für Tanks nach Kapitel 6.9 ADR/RID;

RSEB – Anlage 14

5.17 soweit erforderlich, die Benennung der Stoffe oder Stoffgruppen, einschließlich UN-Nummer, Klasse, Klassifizierungscode und Verpackungsgruppe nach Kapitel 3.2 ADR/RID sowie bei Stoffen nach n.a.g.-Eintragungen die Angabe von Dampfdruck (absolut) und Dichte bei 50 °C;

5.18 für jeden genannten Stoff oder Gruppe von Stoffen, zur Beurteilung der Korrosion bzw. Korrosionsgeschwindigkeiten, ein Nachweis z. B. gemäß BAM-Liste „Anforderungen an Tanks für die Beförderung gefährlicher Güter" in der jeweils geltenden Fassung oder nach der **Anlage 17** der RSEB;

5.19 bei KW ein Tankdatenblatt;

5.20 Tankcodierung/Tankanweisung und die Sondervorschriften für den Bau (TC), die Ausrüstung (TE) und die Zulassung des Baumusters (TA) bzw. für OT die Sondervorschriften (TP);

6. Die Stelle nach § 12 der GGVSEB bzw. anerkannte Prüfstelle muss folgende Prüfungen durchführen:

6.1 Stufe 1:

6.1.1 Prüfung der Antragsunterlagen auf Vollständigkeit;

6.1.2 Prüfung der Zeichnungen und Berechnungen sowie der Ausrüstungsteile.
Berechnung des Tanks:
– für Drucktanks gilt Bild 1 der Norm EN 14025;
– für drucklose Tanks ist die Norm EN 13094 einschlägig;
– für OT gilt Anhang 3;

6.1.3.1 Erstellung eines Prüfberichts Stufe 1 nach Anhang 2a;

6.1.3.2 Bestätigung der Stelle nach § 12 der GGVSEB, dass nach Absatz 6.8.2.1.23 ADR/RID der Hersteller zur Ausführung von Schweißarbeiten entsprechend der angewendeten Norm/dem technischen Regelwerk zum Bau des Tanks befähigt ist, wie in Nummer 5.16 beschrieben.

6.2 Stufe 2:

6.2.1 Es sind die Bau-, Wasserdruck- und Dichtheitsprüfung und eine Prüfung auf Vollständigkeit und Funktionsfähigkeit der Ausrüstungsteile an dem unter Nummer 5.5 beschriebenen Prototypen durchzuführen. Wenn der Tankkörper und seine Ausrüstungsteile getrennt geprüft werden, müssen sie nach dem Zusammenbau gemeinsam einer Dichtheits- und Funktionsprüfung unterzogen werden;
Für baumusterzugelassene Ausrüstungsteile hat die Bescheinigung über die erstmalige Prüfung gemäß Absatz 6.8.2.4.1 ADR/RID vorzuliegen;

6.2.2 Es muss ferner nachgeprüft werden, ob das Baumuster entsprechend dem vorgesehenen Verwendungszweck den besonderen Anforderungen im Straßen-, Schienenverkehr genügt;

6.2.3 Zusätzlich für Tanks nach Kapitel 6.9 ADR/RID sind die Ergebnisse der Werkstoffprüfungen sowie die Ergebnisse der Prototypprüfungen zu bewerten.

6.2.4 Erstellung eines Prüfberichts Stufe 2 nach Anhang 2b mit einer Darstellung des vollständig ausgefüllten Tankschilds des Baumusters (Prototyps) als Anlage.

7. Ist die Baumusterzulassung für eine Baureihe von TC, OT, T, AT oder KW beantragt worden, so kann sich die Stelle nach § 12 der GGVSEB bzw. anerkannte Prüfstelle mit Zustimmung der zuständigen Behörde auf das Prüfen der Größen beschränken, die eine Beurteilung zulassen, ob die gesamte Baureihe den sicherheitstechnischen Anforderungen entspricht.

8. Zum Prüfbericht Stufe 1 der Stelle nach § 12 der GGVSEB bzw. der anerkannten Prüfstelle gehören die mit dem Original-Prüfvermerk versehenen eingereichten vollständigen Unterlagen des Antragstellers in Papierform sowie ggf. Vorschläge der Stelle nach § 12 der GGVSEB bzw. anerkannten Prüfstelle für weitergehende Prüfungen bei der Serienfertigung. Dafür wird die Norm EN 12972 herangezogen.

Voraussetzung für die Bearbeitung eines Antrags durch die zuständige Behörde ist die Vorlage des Prüfberichts Stufe 1 mit vollständigen Unterlagen.

RSEB – Anlage 14

9. Auf der Grundlage des erfolgreich geprüften Prüfberichts Stufe 1 entscheidet und informiert die zuständige Behörde über die vorläufige Reservierung einer Zulassungsnummer gemäß den Festlegungen unter Nummer 11 für das Baumuster nach den Rechtsvorschriften für die Beförderung gefährlicher Güter sowie für TC oder OT, die der Definition von Containern gemäß dem Internationalen Übereinkommen über sichere Container (CSC) entsprechen, gleichzeitig über die vorläufige Reservierung der Kennzeichnungsnummer nach dem CSC in der jeweils geltenden Fassung.

   Nach Vorlage und positiv abschließender Prüfung des Prüfberichts Stufe 2 entscheidet die zuständige Behörde über die endgültige Erteilung der zunächst vorläufig reservierten Zulassungsnummer für die Baumusterzulassung sowie ggf. der vorläufig reservierten Kennzeichnungsnummer nach dem CSC.

10. Die Baumusterzulassungsnummer besteht aus dem Buchstaben „D" (bei OT aus den Buchstaben „UN D"), aus der Kurzbezeichnung der zuständigen Behörde, einer Registriernummer und einer Kodierung der Tankbauart. Für die Kodierung der Tankbauart werden die unter Nummer 1 in Klammern stehenden Großbuchstaben verwendet. Für Kesselwagen entfällt die Angabe der Tankbauart.

    Beispiele für Zulassungsnummern:

    Tankcontainer = „D / BAM / Registrier-Nr. / TC",
    Ortsbeweglicher Tank = „UN D / BAM / Registrier-Nr. / OT",
    Tankfahrzeug = „D / BAM / Registrier-Nr. / T",
    Aufsetztank = „D / BAM / Registrier-Nr. / AT",
    Kesselwagen = „D / EBA / Registrier-Nr.".

    Die Verwendung eines nach einer gültigen Baumusterzulassung hergestellten Tanks richtet sich nach den jeweils für die Beförderung zu beachtenden Rechtsvorschriften.

    In der Baumusterzulassung für TC oder OT legt die zuständige Behörde gleichzeitig die Kennzeichnung nach dem CSC fest.

11. Die Verlängerung einer Baumusterzulassung sollte, unter Beifügung aller erforderlichen Unterlagen, mindestens sechs Monate vor dem Auslaufen der in Frage stehenden Baumusterzulassung bei der zuständigen Behörde beantragt werden, falls eine kontinuierliche Verwendung der Baumusterzulassung angestrebt wird. Die Verlängerung wird in Form einer Neufassung der Baumusterzulassung erteilt.

RSEB – Anlage 14

Anhang 1

Antrag auf Zulassung des Baumusters eines Tankcontainers/ortsbeweglichen Tanks/festverbundenen Tanks/Aufsetztanks/Kesselwagens *)

Der Antrag auf Baumusterzulassung kann für TC, OT, T, AT unter nachfolgender Internetadresse aufgerufen und ausgefüllt werden:

https://tes.bam.de/zulassung-tank

Der Antrag auf Baumusterzulassung kann für KW unter nachfolgender Internetadresse aufgerufen und ausgefüllt werden:

https://www.eba.bund.de/zulassung-gefahrgutkesselwagen

Alternativ kann auch der nachfolgende Antrag verwendet werden:

1. Hiermit beantrage(n) ich (wir) *)

   ....
   (Name, Anschrift des Antragstellers)

   die Zulassung des in dem beigefügten Prüfantrag vom .... (einschließlich Anlagen) beschriebenen Baumusters eines TC, OT, T, AT oder KW*) zur Beförderung folgender Güter:

   ....
   (Soweit erforderlich, Benennung der Stoffe oder Stoffgruppen, einschl. UN-Nr., Klasse, Klassifizierungscode, Verpackungsgruppe, Dampfdruck, Dichte)

   Tankcodierung/Tankanweisung ....

   Sondervorschriften ....

   nach den Vorschriften der GGVSEB und, sofern zutreffend,
   dem Internationalen Übereinkommen über sichere Container (CSC) *).

2. Hersteller des Baumusters und der danach zu fertigenden TC, OT, T, AT oder KW*) ist (sind) *):

2.1 Tank

   ....
   (Name und Anschrift)

2.2 Tankarmaturen

   ....
   (Name und Anschrift)

2.3 Rahmenwerk

   ....
   (Name und Anschrift)

2.4 Zusammenbau

   ....
   (Name und Anschrift)

3. Die Prüfungen nach Nummer 6 der **Anlage 14** der RSEB werden durchgeführt von

   ....
   (Name und Anschrift)

4. Bei Kesselwagen, die nach der Technischen Spezifikation für die Interoperabilität (TSI) zum Teilsystem „Fahrzeuge – Güterwagen" zuständige Stelle

   ....
   (Name und Anschrift)

5. Bei Kesselwagen, die für die Genehmigung der Inbetriebnahme nach RL 2008/57/EG zuständige Stelle

   ....
   (Name und Anschrift)

6. Ich (wir) *) erklären uns zur Übernahme der Kosten für die Zulassung bereit.

   ....
   (Name und Anschrift, Unterschrift/Stempel)

---

*) Nichtzutreffendes jeweils streichen.

RSEB – Anlage 14

Anhang 2a - Stufe 1

Bericht über die Prüfung des Baumusters eines Tanks und dessen Varianten gemäß ADR/RID *)

1. Stelle nach § 12 der GGVSEB bzw. anerkannte Prüfstelle nach § 9 der GGVSEB: ....

2. Antragsteller: ....

3. Hersteller: ....

4. Angaben zum TC, OT, T, AT, KW *):

4.1 Form: zylindrisch / kofferförmig / elliptisch / sonstige *)

4.2.1 Bauart: einwandig / doppelwandig / selbsttragend / wärmeisoliert / beheizbar / Sandwich-Bauweise *)

4.2.2 Tankcodierung/Tankanweisung, Sondervorschriften für den Bau (TC), die Ausrüstung (TE) und die Zulassung des Baumusters (TA) sowie für OT (TP) *): ....

4.3 Berechnet nach: ....

4.4 Tankwerkstoffe (Kurzbezeichnung, Werkstoffnummer, Werkstoffnorm, Werkstoffgutachten): ....

4.5 Dichtungswerkstoffe (ggf. Angaben zur Auskleidung, Beschichtung): ....

4.6 erforderliche Mindestwanddicken

   Gleichwertige Wanddicke in Bezugsstahl *): .... mm

   Tankmantel: .... mm

   Endböden: .... mm

   Schwallwände / Trennwände: .... mm

   Schutz- /Isolierboden: .... mm

   Isolieraufbau: .... mm

   Mannlochkragen und -deckel: .... mm

   Korrosionszuschlag: .... mm

4.7.1 Vorgesehene Schweißverfahren:

   Nahtform: ....

   Schweißnahtkoeffizient: ....

4.7.2 Normen oder angewendetes technisches Regelwerk: ....

4.8 Volumen / Masse:

   höchstzulässige Gesamtmasse T in kg: ....

   höchstzulässige Bruttomasse TC, OT, AT, KW in kg: ....

   Fassungsraum des Tanks (gesamt) in l: ....

   Anzahl der Abteile: ....

   Fassungsraum jedes Abteils in l: ....

4.9 Berechnungstemperatur in °C: ....

---

*) Nichtzutreffendes jeweils streichen.

RSEB – Anlage 14

4.10 höchstzulässiger Berechnungsdruck nach ADR/RID *) in MPa (Bar): ....

4.11 Prüfdruck (Überdruck) Tank in MPa (Bar): ....

Prüfdruck (Überdruck) je Abteil in MPa (Bar): ....

4.12 höchstzulässiger Betriebsdruck Tank in MPa (Bar): ....

höchstzulässiger Betriebsdruck je Abteil in MPa (Bar): ....

4.13 Äußerer Auslegungsdruck in MPa (Bar): ....

4.14 Angaben zu Tankarmaturen: ....

4.15 Bei TC, OT Angaben zum

Rahmenwerk: ....

Rahmenart (ISO) geschlossen: .... sonstige: ....

Hersteller des Rahmenwerkes: ....

Hauptabmessungen: ....

Art der Verbindung zwischen Tank und Rahmenwerk (geschweißt/geschraubt):
....

4.16 Hersteller des Tanks (falls abweichend zu Nummer 3): ....
....

Herstellnummer: ....

Baujahr: ....

4.17 Beschreibung der Varianten: ....
....

4.18 Sonstiges (z. B. Befestigung des Tanks auf dem Fahrzeug): ....
....

5. Prüfungen:

Folgende Prüfungen wurden im Rahmen der Baumusterprüfung durchgeführt:

5.1 Prüfung der Antragsunterlagen auf Vollständigkeit: ....

5.2 Prüfung der Zeichnungen, Stücklisten, Berechnungen, Beschreibungen, Überprüfung der Antragsunterlagen auf Einhaltung der Anforderungen nach den Vorschriften des ADR/RID *): ....

5.3 Überprüfung und Bestätigung, dass nach Absatz 6.8.2.1.23 ADR/RID der Hersteller zur Ausführung von Schweißarbeiten entsprechend der angewendeten Norm/dem technischen Regelwerk zum Bau des Tanks befähigt ist.

*) Nichtzutreffendes jeweils streichen.

RSEB – Anlage 14

6. Prüfergebnis:

6.1 Die Prüfungen der Baumusterunterlagen nach Nummer 5 dieses Prüfberichts ergaben, dass das Baumuster den Bau- und Ausrüstungsvorschriften nach ADR/RID für die Beförderung folgender Stoffe und/oder Gruppen von Stoffen (soweit zutreffend), der Tankcodierung/Tankanweisung und den Sondervorschriften für den Bau (TC), die Ausrüstung (TE) und die Zulassung des Baumusters (TA) sowie für OT (TP) entspricht *⁾:

UN-Nummer: ....

Benennung: ....

Klasse: ....

Klassifizierungscode: ....

Verpackungsgruppe: ....

Dichte (kg/dm^3): ....

Dampfdruck bei 50 °C: ....

Prüfdruck in MPa (Bar): ....

Tankcodierung/Tankanweisung *⁾: ....

Sondervorschriften TC, TE, TA und TP *⁾: ....

6.2 Grundlage der Prüfungen sind ADR/RID*⁾ mit – sofern zutreffend – den in Unterabschnitt 6.8.2.6 aufgeführten Normen.

7. Vorschläge für Nebenbestimmungen (Beispiele):

7.1 Die Frist für die wiederkehrende Prüfung für dieses Baumuster und die diesem Baumuster nachgebauten TC, OT, T, AT, KW *⁾ beträgt .... Jahre.

7.2 Jeder Tank ist auf einem Tankschild/Fabrikschild dauerhaft zu kennzeichnen mit:
....

8. Angaben/Unterlagen zu Nummer 5 sind in einer besonderen Liste zu diesem Prüfbericht aufgeführt.*⁾

....
(Ort, Datum, Unterschrift)   (Name der Stelle nach § 12 der GGVSEB bzw.
                                                                 anerkannten Prüfstelle nach § 9 der GGVSEB)

---

*⁾ Nichtzutreffendes jeweils streichen.

RSEB – Anlage 14

Anhang 2b-Stufe 2
(siehe Anhang 2a-Stufe 1)

Bericht über die Prüfung des Baumusters eines Tanks (Prototyp) gemäß ADR/RID *)

1. Stelle nach § 12 der GGVSEB bzw. anerkannte Prüfstelle nach § 9 der GGVSEB: ....

2. Antragsteller: ....

3. Hersteller: ....

4. Angaben zum TC, OT, T, AT, KW *): ....

4.1 Form: zylindrisch / kofferförmig / elliptisch / sonstige *)

4.2.1 Bauart: einwandig / doppelwandig / selbsttragend / wärmeisoliert / beheizbar / Sandwich-Bauweise *)

4.2.2 Tankcodierung/Tankanweisung, Sondervorschriften für den Bau (TC), die Ausrüstung (TE) und die Zulassung des Baumusters (TA) sowie für OT (TP) *):
....

4.3 Berechnet nach: ....

4.4 Tankwerkstoffe (Kurzbezeichnung, Werkstoff-Nr., Werkstoffnorm, Werkstoffgutachten):
....

4.5 Dichtungswerkstoffe (ggf. Angaben zur Auskleidung, Beschichtung):
....

4.6 Wanddicken (erforderlich / ausgeführt)

   Gleichwertige Wanddicke in Bezugsstahl *): .... mm

   Tankmantel: .... mm

   Endböden: .... mm

   Schwallwände / Trennwände: .... mm

   Schutz- /Isolierboden: .... mm

   Isolieraufbau: .... mm

   Mannlochkragen und -deckel: .... mm

   Korrosionszuschlag: .... mm

4.7 Angewendete Schweißverfahren:
   Nahtform: ....
   Schweißnahtkoeffizient: ....

4.8 Volumen/Masse (äquivalent Anhang 2a):
   höchstzulässige Gesamtmasse T in kg: ....
   höchstzulässige Bruttomasse TC, OT, AT, KW in kg: ....
   Fassungsraum des Tanks (gesamt) in l: ....
   Anzahl der Abteile: ....
   Fassungsraum jedes Abteils in l: ....

4.9 Berechnungstemperatur in °C: ....

---

*) Nichtzutreffendes jeweils streichen.

RSEB – Anlage 14

4.10 höchstzulässiger Berechnungsdruck nach ADR/RID*) in MPa (Bar): ....

4.11 Prüfdruck (Überdruck) Tank in MPa (Bar): ....

Prüfdruck (Überdruck) je Abteil in MPa (Bar): ....

4.12 höchstzulässiger Betriebsdruck Tank in MPa (Bar): ....

höchstzulässiger Betriebsdruck je Abteil in MPa (Bar): ....

4.13 Äußerer Auslegungsdruck in MPa (Bar): ....

4.14 Angaben zu Tankarmaturen: ....

4.15 Bei TC, OT Angaben zum
Rahmenwerk: ....

Rahmenart (ISO) geschlossen: .... sonstige: ....

Hersteller des Rahmenwerkes: ....

Hauptabmessungen: ....

Art der Verbindung zwischen Tank und Rahmenwerk (geschweißt/geschraubt):
....

4.16 Hersteller des Tanks (falls abweichend zu Nummer 3):
....

Herstellnummer: ....

Baujahr: ....

4.17 Sonstiges (z. B. Befestigung des Tanks auf dem Fahrzeug):
....

2100

RSEB – Anlage 14

5. Prüfungen:
Folgende Prüfungen wurden im Rahmen der Baumusterprüfung durchgeführt:

		Ja	Nein	Bemerkungen
5.1	Prüfung der Antragsunterlagen auf Vollständigkeit			(Hier könnte der Verweis auf den Prüfbericht Stufe 1 vorgesehen werden. Falls Änderungen erfolgt sind, wären diese aufzunehmen.)
5.2	Technische Prüfung:			
5.2.1	Prüfung der Zeichnungen, Stücklisten, Berechnungen, Beschreibungen, Überprüfung der Antragsunterlagen auf Einhaltung der Anforderungen der Vorschriften des ADR/RID *)			(Hier könnte der Verweis auf den Prüfbericht Stufe 1 vorgesehen werden. Falls Änderungen erfolgt sind, wären diese aufzunehmen.)
5.2.2	Bauprüfung:			
	– Maßprüfung:			
	– Zerstörungsfreie Prüfung, Art:			
	– Prüfung der Oberflächenbeschaffenheit:			
	– Arbeitsprüfung (mitgeschweißte Probestücke) :			
	– Einsichtnahme in Werkstoffnachweise, Bescheinigungen, Berichte über zerstörungsfreie Prüfungen und Arbeitsprüfungen, Zeichnungen, Stücklisten, Schemata:			
5.2.3	Druckprüfung:			
	– Prüfmedium:			
	– Prüfüberdruck MPa (Bar):			
	– Standzeit:			
5.2.4	Abnahmeprüfung:			
	– Überprüfung der Vollständigkeit und Anordnung der Ausrüstungsteile:			
	– Dichtheitsprüfung:			
	– Funktionsprüfung:			
	– Überprüfung der Kennzeichnung:			

*) Nichtzutreffendes jeweils streichen.

RSEB – Anlage 14

6. Prüfergebnis:

6.1 Die Prüfungen nach Nummer 5 dieses Prüfberichts ergaben, dass das Baumuster den Bau- und Ausrüstungsvorschriften nach ADR/RID für die Beförderung folgender Stoffe und/oder Gruppen von Stoffen (soweit zutreffend), der Tankcodierung/Tankanweisung und den Sondervorschriften für den Bau (TC), die Ausrüstung (TE) und die Zulassung des Baumusters (TA) sowie für OT (TP) entspricht *):

UN-Nummer: ....

Benennung: ....

Klasse: ....

Klassifizierungscode: ....

Verpackungsgruppe: ....

Dichte (kg/dm^3): ....

Dampfdruck bei 50 °C: ....

Prüfdruck in MPa (Bar): ....

Tankcodierung/Tankanweisung *): ....

Sondervorschriften TC, TE, TA und TP *): ....

6.2 Grundlage der Prüfungen sind ADR/RID*) mit - sofern zutreffend - den in Unterabschnitt 6.8.2.6 aufgeführten Normen.

7. Vorschläge für Nebenbestimmungen (Beispiele):

7.1 Die Frist für die wiederkehrende Prüfung für dieses Baumuster und die diesem Baumuster nachgebauten TC, OT, T, AT, KW*) beträgt .... Jahre.

7.2 Jeder Tank ist auf einem Tankschild/Fabrikschild dauerhaft zu kennzeichnen mit:
....

8. Angaben/Unterlagen zu Nummer 5 sind in einer besonderen Liste zu diesem Prüfbericht aufgeführt.*)

....
(Ort, Datum, Unterschrift)   (Name der Stelle nach § 12 der GGVSEB bzw.
                                                    anerkannten Prüfstelle nach § 9 der GGVSEB)

---

*) Nichtzutreffendes jeweils streichen.

RSEB – Anlage 14

Anhang 3

Ortsbewegliche Tanks
Berechnung der Mindestwanddicke
(schematisch)

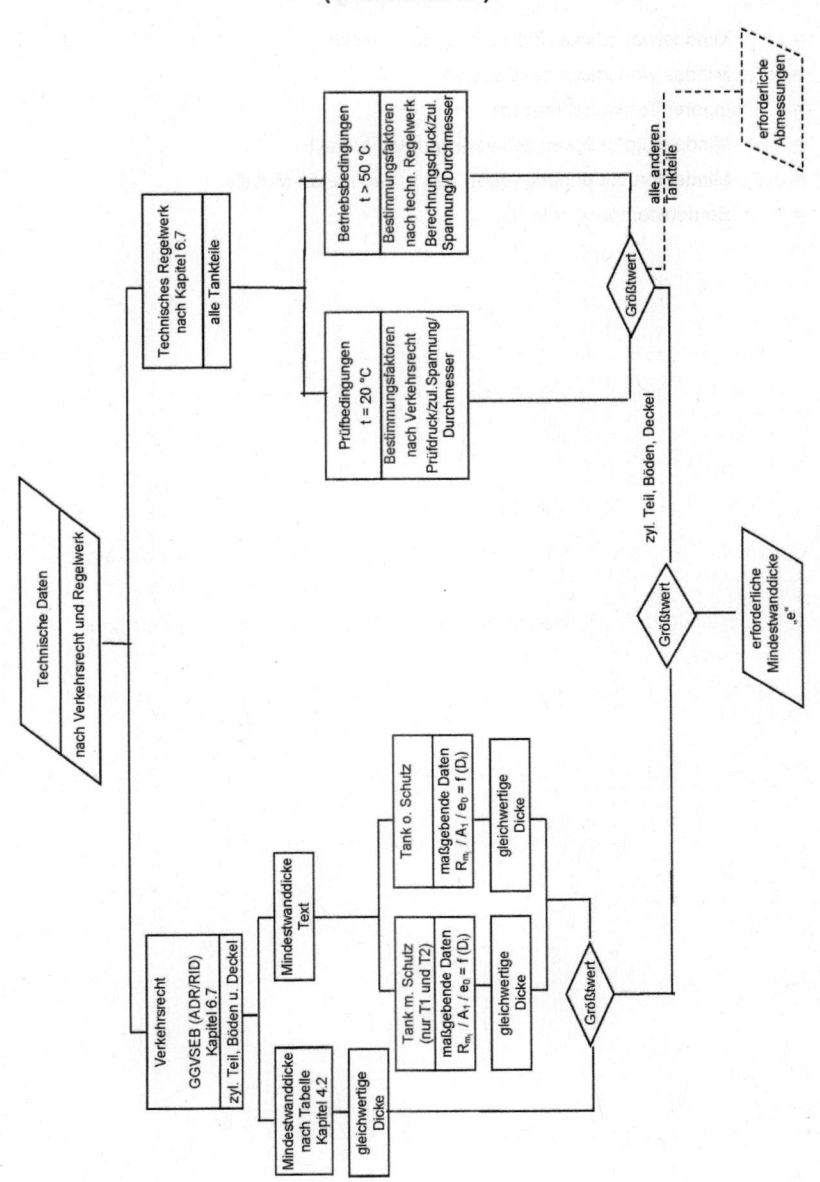

RSEB – Anlage 14

Anhang 4

Verzeichnis der Abkürzungen
für die Berechnung der Mindestwanddicke
nach Anhang 3

e	=	Mindestwanddicke (Zylinder, Böden, Deckel)
e_0	=	Mindestwanddicke bei Baustahl
D_i	=	innerer Tankdurchmesser
R_{m1}	=	Mindestzugfestigkeit des verwendeten Metalls
A_1	=	Mindestbruchdehnung (quer) des verwendeten Metalls
t	=	Betriebstemperatur in °C

RSEB – Anlage 15

Anlage 15

Prüfliste für die Prüfung von Fahrzeugen nach den Vorschriften des ADR zur Ausstellung/Verlängerung der ADR-Zulassungsbescheinigung

		Fahrzeugbezeichnung					Fundstelle	Prüfungsumfang	
		EX/II	EX/III	MEMU	AT	FL		Ausstellung	Verlängerung
1.	**Ausrüstung**								
1.1	hinterer Anfahrschutz		X		X	X	9.7.6	Erfordernis, Ausführung, Wirksamkeit,	Zustand
				X			9.8.5		
1.2	Verhütung von Feuergefahren								
	Motor	X	X	X		X	9.2.4.4; 9.3.5	Erfordernis, Ausführung, Wirksamkeit	Erfordernis, Zustand
	Feuerlöschsystem für Motorraum		X *)				9.7.9.1	Ausführung, Einsatzbereitschaft (z. B. Plombierung)	Zustand Einsatzbereitschaft (z. B. Plombierung)
				X			9.8.7.1		
	Reifen (Abdeckung)		X *)				9.7.9.2	Ausführung, Wirksamkeit	Erfordernis, Zustand
				X			9.8.7.2		
	Auspuffanlage	X	X	X		X	9.2.4.5; 9.3.6	Erfordernis, Wirksamkeit, Ausführung	Erfordernis, Zustand
	Kraftstoffbehälter	X	X	X		X	9.2.4.3	Erfordernis, Wirksamkeit, Ausführung	Erfordernis, Zustand
	Dauerbremse (Abdeckung)	X	X	X	X	X	9.2.4.6	Erfordernis, Wirksamkeit, Ausführung	Erfordernis, Zustand
	Verbrennungsheizgeräte	X	X	X		X	9.2.4.7.1; 9.2.4.7.2; 9.2.4.7.5	Einbau/ Funktionsprüfung	Zustand
						X	9.2.4.7.3; 9.2.4.7.4	Funktionsprüfung, Kontrolle Herstellernachweis	Zustand
		X	X	X			9.2.4.7.6	Einbau/ Funktionsprüfung	Zustand
			X		X	X	9.7.7.1		
				X			9.8.6.1		
	Verbrennungsheizgerät Laderaum	X	X				9.3.2	Einbau/ Funktionsprüfung	Zustand
					X	X	9.7.7.2		
				X			9.8.6.2		
2.	**Bremsanlage**	X	X	X	X	X	9.2.3.1	Erfordernis, Ausführung	Zustand, Kontrolle
2.1	Automatischer Blockierverhinderer	X	X	X	X	X		Erfordernis, Ausführung	Zustand
2.2	Dauerbremse	X	X	X	X	X		Erfordernis, Ausführung und Kontrolle Herstellernachweis	Zustand
3.	**Geschwindigkeitsbegrenzer**	X	X	X	X	X	9.2.5	Nachweis	Zustand, Kontrolle
4.	**Elektrische Ausrüstung**								
4.1	Allgemeine Vorschriften	X	X	X	X	X	9.2.2.1	Ausführung	Erfordernis, Zustand
	Kabel	X	X	X	X	X	9.2.2.2.1	Ausführung, Wirksamkeit, Kontrolle Herstellernachweis	Erfordernis, Zustand
	Zusätzlicher Schutz	X	X	X	X	X	9.2.2.2.2	Ausführung, Wirksamkeit	Erfordernis, Zustand
	Sicherungen und Schutzschalter	X	X	X	X	X	9.2.2.3	Ausführung, Wirksamkeit	Erfordernis, Zustand
4.2	Batterien	X	X	X	X	X	9.2.2.4	Ausführung	Zustand
4.3	Beleuchtung	X	X	X	X	X	9.2.2.5	Ausführung	Zustand, Kontrolle

RSEB – Anlage 15

		Fahrzeugbezeichnung					Fundstelle	Prüfungsumfang	
		EX/II	EX/III	MEMU	AT	FL		Ausstellung	Verlängerung
4.4	Elektrische Anschlussverbindungen	X	X	X	X	X	9.2.2.6	Ausführung, Wirksamkeit, Kontrolle Herstellernachweis	Zustand, Kontrolle
4.5	Spannung	X	X	X			9.2.2.7	Ausführung	Zustand
4.6	Batterietrennschalter		X	X		X	9.2.2.8	Erfordernis, Ausführung, Wirksamkeit	Zustand, Funktion
4.7	Dauerstromkreise								
	Dauernd versorgte Stromkreise FL					X	9.2.2.9.1	Erfordernis, Ausführung, Kontrolle Nachweise	Zustand, Kontrolle, ggf. Ausführung
	Dauernd versorgte Stromkreise EX/III		X	X			9.2.2.9.2	Erfordernis, Ausführung, Wirksamkeit	
4.8	Elektrische Anlage im Laderaum	X	X				9.3.7.1; 9.3.7.2; 9.3.7.3	Erfordernis, Ausführung, ggf. Kontrolle Nachweis	Zustand, Kontrolle
4.9	Elektrische Ausrüstung Tankfahrzeug FL					X	9.7.8.1; 9.7.8.2; 9.7.8.3	Erfordernis, Ausführung, ggf. Kontrolle Nachweis	Zustand, Kontrolle
5.	Verbindungseinrichtung des Anhängers	X	X	X	X	X	9.2.6	Anbau, Kontrolle Nachweis	Zustand
6.	**Tanks und Schüttgut-Container**								
6.1	Tankprüfbescheinigung bzw. Schüttgut-Container-Kennzeichnung/ wiederkehrende Prüfungen gem. MEMU-Baumusterzulassung			X		X	9.7.2; 6.8.2.4.5	Prüfung, Kontrolle, Übernahme in ADR-Zulassungsbescheinigung	Kontrolle, Identität, Vollständigkeit
				X			9.8.2; 6.8.2.4.5; 6.11.3.4; BAM Zulassung		
6.2	Betreiberangaben			X		X	9.7.2; 6.8.2.5.2	Identität, Vollständigkeit	Identität, Vollständigkeit
				X			9.8.2; 6.8.2.5.2		
6.3	Angaben auf Tankschild bzw. Schüttgut-Container-Kennzeichnung			X		X	9.7.2; 6.8.2.5.1	Identität, Vollständigkeit	Identität, Vollständigkeit
				X			9.8.2; 6.8.2.5.1; 6.11.3.4		
6.4	Tankwandung			X		X	9.7.2; 6.8.2.1.3	äußerer Zustand	äußerer Zustand
				X			9.8.2; 6.8.2.1.3; 6.11.3.1		
6.5	Tankausrüstung/ Bedienungsausrüstung			X		X	9.7.2; 6.8.2.2	äußerer Zustand	äußerer Zustand
				X			9.8.2; 6.8.2.2; 6.11.3.2		
6.6	Tankbefestigung bzw. Auslegungen für den Bau von Schüttgut-Containern			X		X	9.7.3; 6.8.2.1.2	Wirksamkeit, Ausführung	äußerer Zustand
				X			9.8.2; 6.8.2.1.2; 6.11.3.1		
6.7	Erdung von Tanks und Schüttgut-Containern, Symbol					X	9.7.4; 6.8.2.1.27	Wirksamkeit, Ausführung	äußerer Zustand
				**)			9.8.3		
6.8	Stabilität		X		X		9.7.5.1	Berechnung	—
				X			9.8.4		
6.9	Kippstabilität				X	X	9.7.5.2	Erfordernis, Kontrolle, Nachweis	—

RSEB – Anlage 15

		Fahrzeugbezeichnung					Fundstelle	Prüfungsumfang	
		EX/II	EX/III	MEMU	AT	FL		Ausstellung	Verlängerung
7.	**Fahrzeugaufbau**								
7.1	Aufbau	X					9.3.1; 9.3.3	Erfordernis, Ausführung	Zustand
			X				9.3.1; 9.3.4.1; 9.3.4.2		
7.2	Schlösser, Herstelleinrichtung, Laderäume			X			9.8.8	Erfordernis, Ausführung	Zustand
8.	**Baumusterzulassung gemäß BAM-GGR 010**			X			BAM-GGR 010 Anhang 3	Vorhandensein, Identität	—

*) Anforderung gilt nur bei Beförderung explosiver Stoffe in Tanks
**) Fahrzeuge „AT", die auch UN 1202 DIESELKRAFTSTOFF, der Norm EN 590:2013 + A1:2017 entsprechend, oder GASÖL oder HEIZÖL, LEICHT mit einem Flammpunkt gemäß EN 590:2013 + A1:2017 befördern dürfen, müssen mit Erdungsanschluss und Symbol versehen sein. Das gilt auch für die Beförderung von UN 1361 KOHLE oder RUSS der Verpackungsgruppe II. In Altbescheinigungen kann anstelle der Norm EN 590:2013 + A1:2017 auch die Norm EN 590:2013 + AC:2014 oder EN 590:2009 + A1:2010 oder EN 590:2004 oder EN 590:1993 angegeben sein.

Erfordernis: Feststellung anhand der Vorschriftentexte, ob diese auf das Fahrzeug zutreffen.
Ausführung: Feststellung, ob das Bauteil den Anforderungen genügt.
Wirksamkeit: Prüfung des Anbaues, ggf. erforderliche Messungen.

RSEB – Anlage 15

RSEB – Anlage 16

Anlage 16

Anleitung zum Ausfüllen der ADR-Zulassungsbescheinigung

Die einzelnen nummerierten Felder der ADR-Zulassungsbescheinigung (Muster abgebildet in Unterabschnitt 9.1.3.5 ADR) sind wie folgt auszufüllen:

1 Bescheinigung Nr.:

Eine Nummer, die von der zuständigen Stelle zuzuweisen ist.

2 Fahrzeughersteller:

Die Angabe ist der Zulassungsbescheinigung Teil I bzw. II (Fahrzeugschein, Fahrzeugbrief), der Übereinstimmungsbescheinigung (COC), dem Gutachten nach § 21 der StVZO bzw. § 13 EG-FGV oder der Angabe auf dem Fahrzeug zu entnehmen.

3 Fahrzeug-Ident.-Nr.:

Die Angabe ist dem Fahrzeugschein, Fahrzeugbrief, der Übereinstimmungsbescheinigung (COC), dem Gutachten nach § 21 der StVZO bzw. § 13 EG-FGV oder der Angabe auf dem Fahrzeug zu entnehmen.

4 amtl. Kennzeichen:

Die Angabe ist dem Fahrzeugschein zu entnehmen. Wenn das Fahrzeug nicht zugelassen ist, wird dieses Feld zunächst offen gelassen. Es soll bei der Zulassung des Fahrzeugs von der Zulassungsbehörde nach § 14 Absatz 6 der GGVSEB nachgetragen werden. Sofern bei einer wiederkehrenden Prüfung das amtliche Kennzeichen noch nicht eingetragen ist, muss es spätestens bei der Verlängerung der Gültigkeit von der Zulassungsbehörde nachgetragen worden sein.

5 Name und Betriebssitz des Beförderers, Betreibers (Halters) oder Eigentümers:

Die Angaben (Halter und Anschrift) sind dem Fahrzeugschein zu entnehmen. Wenn das Fahrzeug nicht zugelassen ist, müssen die Angaben zum zukünftigen Eigentümer, Betreiber (Halter) oder Beförderer eingetragen werden. Sind diese Angaben nicht bekannt, muss die ADR-Zulassungsbescheinigung deutlich mit dem Begriff „ENTWURF" gekennzeichnet werden. In diesem Fall dürfen der Stempel der Ausgabestelle und die Unterschrift nicht angebracht werden.

6 Beschreibung des Fahrzeugs

Entsprechend der Fußnote 1 der ADR-Zulassungsbescheinigung sind für die Fahrzeugbeschreibung die Begriffe gemäß der Gesamtresolution über die Konstruktion von Fahrzeugen (R.E.3) oder der Richtlinie 2007/46/EG zu verwenden. Diese Begriffe sind im Einzelnen:

Beschreibung von Kraftfahrzeugen gemäß R.E.3

Höchste zulässige Gesamtmasse (zGM)	Kraftfahrzeuge der Klasse N
zGM ≤ 3,5 t	Klasse N_1
3,5 t < zGM ≤ 12 t	Klasse N_2
zGM > 12 t	Klasse N_3

RSEB – Anlage 16

Beschreibung von Kraftfahrzeugen gemäß Richtlinie 2007/46/EG

Höchste zulässige Gesamtmasse (zGM)	Kraftfahrzeuge der Klasse N
zGM ≤ 3,5 t	Lastkraftwagen, Straßenzugmaschine, Sattelzugmaschine N_1
3,5 t < zGM ≤ 12 t	Lastkraftwagen, Straßenzugmaschine, Sattelzugmaschine N_2
zGM > 12 t	Lastkraftwagen, Straßenzugmaschine, Sattelzugmaschine N_3

Beschreibung von Anhängern

Höchste zulässige Gesamtmasse	Anhänger
zGM ≤ 0,75 t	Deichselanhänger, Sattelanhänger, Zentralachsanhänger O_1
0,75 t < zGM ≤ 3,5 t	Deichselanhänger, Sattelanhänger, Zentralachsanhänger O_2
3,5 t < zGM ≤ 10 t	Deichselanhänger, Sattelanhänger, Zentralachsanhänger O_3
zGM > 10 t	Deichselanhänger, Sattelanhänger, Zentralachsanhänger O_4

Gegebenenfalls sind weitere fahrzeugbeschreibende Angaben den vorweg aufgeführten Fahrzeugbeschreibungen hinzuzufügen, wie z. B. „Saug-Druck-Tankfahrzeug für Abfälle" gemäß Unterabschnitt 9.1.3.3 ADR. Alternativ kann dieser zusätzliche Vermerk auch in Nummer 11 (Bemerkungen) der ADR-Zulassungsbescheinigung eingetragen werden.

7   Fahrzeugbezeichnung(en) gemäß 9.1.1.2 des ADR:

Um unbefugte Änderungen an der Bescheinigung zu verhindern, sind alle nicht zutreffenden Bezeichnungen zu streichen. Es können mehrere Fahrzeugbezeichnungen zutreffend sein. Z. B. erfüllt ein Fahrzeug, das den Anforderungen für FL-Fahrzeuge entspricht, ebenfalls die AT-Anforderungen und ein EX/III-Fahrzeug erfüllt ebenfalls die EX/II-Anforderungen. In diesem Fall sind beide Bezeichnungen in der Bescheinigung aufzuführen. Die Informationen unter Nummer 7 bestimmen zusammen mit den Angaben unter Nummer 10, welche Güter mit einem Fahrzeug befördert werden dürfen.

Die Angabe(n) der Fahrzeugbezeichnung(en) muss/müssen mit den Angaben zur elektrischen Ausrüstung des Tanks übereinstimmen.

8   Dauerbremsanlage:

„Nicht zutreffend" ist anzukreuzen, in den ADR-Zulassungsbescheinigungen von Fahrzeugen, für die die Vorschriften zur Ausrüstung mit Dauerbremsanlagen nach Unterabschnitt 9.2.3.1 ADR nicht anzuwenden sind, wegen
– ihrer geringen zul. Gesamtmasse oder
– ihrer geringen Anhängelast
in Übereinstimmung mit der Bemerkung f oder g unter Unterabschnitt 9.2.3.1 in der Tabelle in Abschnitt 9.2.1 ADR.

In den anderen Fällen ist die zweite Zeile der Nummer 8 anzukreuzen und die zulässige Zulassungs-/Betriebsmasse (Definition siehe Richtlinie 2007/46/EG) des Fahrzeugs bzw. der Fahrzeugkombination einzutragen.

9   Beschreibung des (der) festverbundenen Tanks/des (der) Batterie-Fahrzeuge(s):

Die Angaben können der Baumusterzulassung, dem Prüfbericht über die letzte Tankprüfung bzw. dem Tankschild entnommen werden. Die Angaben zu Nummer 9.1 bis 9.5 sind in jedem Fall zwingend anzugeben, die Angabe TC und TE unter Nummer 9.6 jedoch nicht, wenn die zugelassenen Stoffe unter Nummer 10.2 aufgeführt sind.

RSEB – Anlage 16

10 **Zur Beförderung zugelassene gefährliche Güter:**

Für andere Fahrzeuge als EX/II- und EX/III-Fahrzeuge oder Fahrzeuge mit festverbundenem Tank oder Batterie-Fahrzeuge sind unter Nummer 10 keine Eintragungen erforderlich. Diese Fahrzeuge (z. B. Sattelzugmaschinen) dürfen für die Beförderung der Güter entsprechend der Fahrzeugbezeichnung in Nummer 7 verwendet werden.

10.1 Gemäß Unterabschnitt 9.3.7.2 ADR muss die elektrische Anlage in Laderäumen von EX/II- und EX/III-Fahrzeugen der Schutzart IP 65 gemäß Norm IEC 60529 oder einem gleichwertigen Schutz entsprechen, wenn das Fahrzeug zur Beförderung von explosiven Artikeln und Gegenständen der Verträglichkeitsgruppe J bestimmt ist. Bei anderen explosiven Stoffen und Gegenständen mit Explosivstoff muss die elektrische Anlage im Laderaum der Schutzart IP 54 gemäß Norm IEC 60529 oder einem gleichwertigen Schutz entsprechen.

10.2 Für Tankfahrzeuge und Batterie-Fahrzeuge ist eines von zwei Verfahren durch Ankreuzen zu wählen:
– Entweder es wird auf die Tankcodierung in Nummer 9.5 und die eventuellen Sondervorschriften TC und TE in Nummer 9.6 Bezug genommen oder
– die Stoffe sind unter Angabe der Klasse, der UN-Nummer und, falls erforderlich, der Verpackungsgruppe und der offiziellen Benennung für die Beförderung aufzulisten.

10.3 Siehe auch Nummer 19.3.S der RSEB (zu § 19 Absatz 2 Nummer 13 der GGVSEB).

11 **Bemerkungen:**

Platz für vorgeschriebene und freiwillige Bemerkungen.
Beispiele:

– Bemerkung „Fahrzeug gemäß Abschnitt 9.7.9 des ADR für die Beförderung explosiver Stoffe in Tanks" nach Unterabschnitt 9.1.3.3 ADR;
– Datum der nächsten fälligen Tankprüfung;
– Übergangsvorschriften oder Nebenbestimmungen aus der Baumusterzulassung ;
– bei der Erstausstellung hat der Sachverständige bzw. der Technische Dienst das Vorliegen der Voraussetzungen des § 35c Absatz 1, Absatz 3 Nummer 1 bis 3, Absatz 6, 7 und 9 der GGVSEB zu bestätigen. Bei vorhandenen Zulassungsbescheinigungen ist dies im Rahmen der nächsten wiederkehrenden Prüfung nachzutragen. Dies ist nicht erforderlich, sofern in den Fällen von § 35c Absatz 1 und 3 Nummer 1 bis 3 der GGVSEB eine besondere Bescheinigung des Tankherstellers, Sachverständigen oder Technischen Dienstes vorliegt;
– Einträge durch die Zulassungsbehörde nach § 14 Absatz 6 der GGVSEB, wie Änderung des Firmennamens/des Halters und/oder der Anschrift, Änderung des amtlichen Kennzeichens.
– Bemerkung „Die Befestigungseinrichtungen wurden gemäß Unterabschnitt 9.7.3.2 ADR für die maximal zulässige Aufbaumasse von …. t nachgewiesen.".

12 **Gültig bis:**

Die Gültigkeit ist mit Tagesdatum anzugeben, sowie Ort und Datum der Ausstellung. Die ADR-Zulassungsbescheinigung ist von der Ausgabestelle abzustempeln und zu unterzeichnen.

13 **Verlängerung der Gültigkeit:**

Die Gültigkeit ist mit Tagesdatum anzugeben. Die Verlängerung der Gültigkeitsdauer erfolgt taggenau für ein Jahr, wird jedoch innerhalb dieses Jahres eine Tankprüfung fällig, so ist die Gültigkeitsdauer auf den letzten Tag des Monats zu befristen, in dem die Tankprüfung fällig ist. Die Gültigkeit kann auch durch Ablaufen einer Übergangsvorschrift begrenzt sein.

RSEB – Anlage 16

RSEB – Anlage 17

Anlage 17

Erklärung über Betriebserfahrungen bezüglich der Korrosion von Werkstoffen

Betriebserfahrungen zu den Absätzen 6.7.2.2.2, 6.7.2.2.7 und 6.8.2.1.9 ADR/RID über Widerstandsfähigkeit, Ausschluss der Beeinträchtigung des Transportguts und die merkliche Schwächung des Werkstoffes:

Verbindliche Erklärung über hinreichende Erfahrungen über die Korrosion des Werkstoffes unter Einwirkung des Transportgutes und Ausschluss der Beeinträchtigung des Transportguts. Dieser Nachweis kann durch Betriebsdaten von transportablen Behältern erbracht werden. Er kann auch durch Betriebsdaten von stationären Behältern oder Anlagen erbracht werden, soweit diese auf Tanks übertragen werden können. Die Erklärung soll nach folgendem Muster abgegeben werden:

Erklärung
über Betriebserfahrungen bezüglich der Korrosion von Werkstoffen unter Einwirkung von Transportgütern

Wir erklären, dass mit dem Tankwandungswerkstoff ....

sowie dem Armaturenwerkstoff ....

bei Transport auf .... / bei der Lagerung in ....

der nachstehend aufgeführten Stoffe ....

UN-Nummer	Benennung	Klasse	Verpackungsgruppe

unter Berücksichtigung einer maximal auftretenden Temperatur von .... in transportablen Behältern / stationären Behältern / Anlagen folgende Betriebserfahrungen vorliegen:

Baujahr des transportablen Behälters / stationären Behälters / der stationären Anlage	
Transportgut	
Beaufschlagungszeit von bis	
Monate / Jahre	
ggf. Anzahl der inneren Prüfungen	
Prüfstelle	

Auf Grund dieser Betriebserfahrungen bestätigen wir, dass die Stoffe mit dem Werkstoff nicht gefährlich reagiert haben, keine gefährlichen Stoffe erzeugt haben, den Werkstoff nicht merklich geschwächt haben und den zu befördernden Stoff nicht beeinträchtigt haben.

Name, Datum, Ort   (rechtsverbindliche) Unterschrift

....

Anlagen:
Laboruntersuchungen
Versuchsergebnisse aus Laboruntersuchungen

Bemerkung:
Ergibt die Beurteilung mit der angegebenen Nachweismethode unter Beachtung der Randbedingungen eine merkliche Schwächung des Werkstoffes, so kann durch Nebenbestimmungen im Zulassungsbescheid eine gleichartige Sicherheit alternativ herbeigeführt werden, z. B. durch die Forderung nach einer Innenauskleidung, die Verkürzung des Prüfzeitraumes oder durch Korrosionszuschläge.

RSEB – Anlage 17

RSEB – Anlage 18

Anlage 18

Erstellung der Tankcodes für spezielle Tanks bzw. Tanks nach den Übergangsvorschriften des ADR mit Festlegung der Verwendung

Bem.: Tanks sind grundsätzlich nach den Abschnitten 4.3.3 (Kl.2) oder 4.3.4 (Kl. 1 und 3 – 9) ADR zu kodieren. Nachfolgend werden nur Sonderfälle beschrieben.

Beschreibung des Tanks		Eintragungen in Bescheinigung nach 6.8.2.4.5 ADR	
		Tankcode	Verwendung
1.	**Mineralöltanks**		
1.1	Tanks, die bis zum 31. Dezember 2001 nach Ausnahme Nr. 6 (S) ohne Flammendurchschlagsicherung im innerstaatlichen Verkehr ausschließlich zur Beförderung von UN 1202 Dieselkraftstoff, UN 1202 Gasöl und UN 1202 Heizöl (leicht), jeweils mit einem Flammpunkt von 55 °C oder höher verwendet und die innerstaatlich betrieben werden durften.	LGBV [1]	„Tank darf im innerstaatlichen Verkehr für die Beförderung von UN 1202 Dieselkraftstoff der Norm EN 590:2013 + A1:2017 entsprechend, oder Gasöl oder Heizöl, leicht mit einem Flammpunkt gemäß EN 590:2013 + A1:2017 ohne Flammendurchschlagsicherung betrieben werden".
2.	**Fahrwegbefreite Tanks nach § 35c der GGVSEB**		
2.1	Tanks nach § 35c der GGVSEB druckloser Betrieb, Berechnungsdruck von 4 Bar und Druck je Tankabteil geringer (z. B. 0,25 Bar), mit 4 Bar Dom und Flammendurchschlagsicherung.	LGBF	„Tank entspricht § 35c Abs. 3 Nr. 1 der GGVSEB"
2.2	Tanks nach § 35c der GGVSEB druckloser Betrieb, Berechnungsdruck von 4 Bar und Druck je Tankabteil geringer, mit 4 Bar Dom ohne Flammendurchschlagsicherung, mit Absperreinrichtung in Lüftungsleitung und ohne Sicherheitsventil, mit Vakuumventil ausgelegt für äußeren Überdruck von ≥ 0,21 Bar	LGBV LGBF	„Tank entspricht § 35c Abs. 3 Nr. 1 der GGVSEB" Wenn Flammendurchschlagsicherung im Vakuumventil vorhanden oder nachgerüstet oder Tank explosionsdruckstoßfest
2.3	Tanks nach § 35c der GGVSEB Berechnungsdruck 4 Bar, die nicht für eine Ausrüstung mit Vakuumventilen ausgelegt sind, die einem äußeren Überdruck von ≥ 0,4 Bar standhalten, mit Chemiedom, ohne Flammendurchschlagsicherung, mit Absperreinrichtung in Lüftungsleitung	L4BH	„Tank entspricht § 35c Abs. 3 Nr. 1 der GGVSEB"
2.4	Tanks nach § 35c der GGVSEB Berechnungsdruck 4 Bar, mit Chemiedom, ohne Flammendurchschlagsicherung, mit Absperreinrichtung im Tankscheitel, Vakuumventil < 0,21 Bar	L4BN	„Tank entspricht § 35c Abs. 3 Nr. 1 der GGVSEB" *Hinweis:* Ohne Flammendurchschlagsicherung im Vakuumventil oder Tank nicht explosionsdruckstoßfest nur für Flüssigkeiten mit Flammpunkt > 60°C geeignet (Absatz 6.8.2.2.3 ADR)

[1] Tanks, die im grenzüberschreitenden Verkehr betrieben werden und alle Tanks, die nach dem 31.12.2001 in Verkehr gebracht wurden, müssen mit Flammendurchschlagsicherungen ausgerüstet sein. Codierung LGBF.

RSEB – Anlage 18

	Beschreibung des Tanks	Eintragungen in Bescheinigung nach 6.8.2.4.5 ADR	
		Tankcode	Verwendung
3.	**Tanks für Reinigungszwecke** (nur zum Zwischenlagern während der Tankreinigung)		
3.1	mit Baumusterzulassung	LGBV [1]	„Tank darf im innerstaatlichen Verkehr für die Beförderung von UN 1202 Dieselkraft-stoff der Norm EN 590:2013 + A1:2017 entsprechend, oder Gasöl oder Heizöl, leicht mit einem Flammpunkt gemäß EN 590:2013 + A1:2017 ohne Flammendurchschlag-sicherung betrieben werden".
4.	**Silotanks**		
4.1	mit Sicherheitsventil am Tank und Vakuumventil ≤ 0,05 Bar	SGAN S1,5AN S2,65AN	
4.2	ohne Sicherheitsventil am Tank und Vakuumventil ≤ 0,05 Bar	SGAN S1,5AN S2,65AN	„Der Tank unterliegt der Über-gangsvorschrift 1.6.3.20 ADR" „Verwendung wie SGAH"
4.3	für äußeren Überdruck von ≥ 0,05 Bar gebaut ohne Sicherheitsventil, mit Vakuumventil ≥ 0,05 Bar	SGAH	*Hinweis: Nur für Stoffe der VG II und III.*
5.	**Tank mit Mindestberechnungsdruck 4 Bar (Chemietanks)**		
5.1	mit Sicherheitsventil am Tank mit Vakuumventil < 0,21 Bar	L4BN	*Hinweis: Ohne Vakuumventil mit Flam-mendurchschlagsicherung oder Tank nicht explosionsdruck-stoßfest nur für Flüssigkeiten mit Flammpunkt > 60 °C geeig-net (Absatz 6.8.2.2.3 ADR)*
5.2	Tanks, die vor 2003 gebaut wurden: ohne Sicherheitsventil mit Vakuumventil < 0,21 Bar	L4BN	„Der Tank unterliegt der Über-gangsvorschrift 1.6.3.20 ADR" „Verwendung wie L4BH" *Hinweis: Ohne Flammendurchschlag-sicherung im Vakuumventil oder Tank nicht explosionsdruck-stoßfest nur für Flüssigkeiten mit Flammpunkt > 60 °C geeignet (Absatz 6.8.2.2.3 ADR)*
5.3	Tanks, die nach 2003 gebaut wurden ohne Sicherheitsventil mit Vakuumventil < 0,21 Bar	L4BN	*Kein Transport von Stoffen, die eine „H"-Codierung erfordern, möglich!* *Hinweis: Ohne Flammendurchschlag-sicherung im Vakuumventil oder Tank nicht explosionsdruck-stoßfest nur für Flüssigkeiten mit Flammpunkt > 60 °C geeignet (Absatz 6.8.2.2.3 ADR)*

[1] Tanks, die im grenzüberschreitenden Verkehr betrieben werden und alle Tanks, die nach dem 31.12.2001 in Verkehr gebracht wurden, müssen mit Flammendurchschlagsicherungen ausgerüstet sein. Codierung LGBF.

RSEB – Anlage 18

	Beschreibung des Tanks	Eintragungen in Bescheinigung nach 6.8.2.4.5 ADR	
		Tankcode	Verwendung
5.4	ohne Sicherheitsventil mit Vakuumventil ≥ 0,21 Bar	L4BH	*Hinweis: Ohne Flammendurchschlagsicherung im Vakuumventil oder Tank nicht explosionsdruckstoßfest nur für Flüssigkeiten mit Flammpunkt > 60 °C geeignet (Absatz 6.8.2.2.3 ADR)*
5.5	mit Sicherheitsventil und Berstscheibe mit Druckmesser zwischen Berstscheibe und Sicherheitsventil und Vakuumventil ≥ 0,21 Bar	L4BH	*Hinweis: Ohne Flammendurchschlagsicherung im Vakuumventil oder Tank nicht explosionsdruckstoßfest nur für Flüssigkeiten mit Flammpunkt > 60 °C geeignet (Absatz 6.8.2.2.3/6.8.2.2.10 ADR)*
5.6	ohne Sicherheitsventil, die nicht für eine Ausrüstung mit Vakuumventilen ausgelegt sind, die einem äußeren Überdruck von ≥ 0,4 Bar standhalten	L4BH	
5.7	mit Sicherheitsventil und Berstscheibe mit Druckmesser zwischen Berstscheibe und Sicherheitsventil, die nicht für eine Ausrüstung mit Vakuumventilen ausgelegt sind, die einem äußeren Überdruck von ≥ 0,4 Bar standhalten	L4BH	*Hinweis: Sicherheitsventil, Berstscheibe, Druckmesser gem. Absatz 6.8.2.2.10 ADR*
6.	**Saug-Druck-Tanks für Abfälle**		
6.1	nach ehemaliger Ausnahme Nr. 63 in Verbindung mit TRT 011 ohne Sicherheitsventil, Berstscheibe oder ähnliche Sicherheitseinrichtungen am Tank	L4BH	„Ausnahme 22 GGAV" „Saug-Druck-Tank für Abfälle"
6.2	nach ehemaliger Ausnahme Nr. 63 in Verbindung mit TRT 011 mit Sicherheitsventil und Berstscheibe mit Druckmesser zwischen Berstscheibe und Sicherheitsventil nachgerüstet	L4BH	„Saug-Druck-Tank für Abfälle"
6.3	Saug-Druck-Tanks für Abfälle, die nach dem 1.1.1999 gem. Anhang B.1e gebaut worden sind, mit Sicherheitsventil und vorgeschalteter Berstscheibe	L4AH	„Saug-Druck-Tank für Abfälle" Bemerkung: Ab 1.1.2003 gilt nach Unterabschnitt 4.5.1.1 ADR: *„Verwendung auch für die Stoffe, denen in Kapitel 3.2 Tabelle A Spalte 12 ADR der Tankcode L4BH zugeordnet ist"*
6.4	Saug-Druck-Tanks für Abfälle, die nach dem 1.1.1999 gem. Kap. 6.10 ADR gebaut worden sind, mit drei unabhängigen Verschlüssen (z. B. innere und äußere Absperreinrichtung und Schraubkappe)	L4BH	„Saug-Druck-Tank für Abfälle"
6.5	Saug-Druck-Tanks für Abfälle, die nach dem 1.1.1999 gem. Kap. 6.10 ADR mit zwei unabhängigen Verschlüssen (z. B. äußere Absperreinrichtung und Schraubkappe) gebaut worden sind	L4AH	„Saug-Druck-Tank für Abfälle" Bemerkung: Ab 1.1.2003 gilt nach Unterabschnitt 4.5.1.1 ADR: *„Verwendung auch für die Stoffe, denen in Kapitel 3.2 Tabelle A Spalte 12 ADR der Tankcode L4BH zugeordnet ist"*

RSEB – Anlage 18

Beschreibung des Tanks		Eintragungen in Bescheinigung nach 6.8.2.4.5 ADR	
		Tankcode	Verwendung
7.	**Tanks aus Kunststoffen**		
7.1	Tank aus glasfaserverstärktem Kunststoff nach ehemaliger Ausnahme 26 (jetzt Ausnahme 9)	Codierung nach Abschn. 4.3.4 ADR	„Verwendung nach Ausnahme 9 GGAV, nur im innerstaatlichen Verkehr" *Bemerkung: Liste der zugelassenen Stoffe nach der Baumusterzulassung in Verbindung mit der Ausnahme 26 (jetzt 9) durch Zulassungsbehörde an das gültige ADR anpassen lassen und beifügen*
7.2	Tanks aus verstärkten Kunststoffen nach Anhang B.1c ADR	Codierung nach Abschn. 4.3.4 ADR	„Tank unterliegt der Übergangsvorschrift 1.6.3.40 ADR 2009" *Bemerkung: Liste der zugelassenen Stoffe nach der Baumusterzulassung in Verbindung mit der Ausnahme 26 (jetzt 9) durch Zulassungsbehörde an das gültige ADR anpassen lassen und beifügen*
7.3	Tanks aus faserverstärkten Kunststoffen (FVK-Tanks) nach Kapitel 6.9 ADR	Codierung nach Abschn. 4.3.4 ADR	*Bemerkung: Liste der zugelassenen Stoffe nach der Baumusterzulassung in Verbindung mit der Ausnahme 26 (jetzt 9) durch Zulassungsbehörde an das gültige ADR anpassen lassen und beifügen*

RSEB – Anlage 19

Anlage 19

Muster für die Bestimmung von Rangierbahnhöfen mit internen Notfallplänen gemäß Kapitel 1.11 RID

1. Allgemeines

Der Betreiber der Eisenbahninfrastruktur hat dafür zu sorgen, dass für die Beförderung gefährlicher Güter in Rangierbahnhöfen interne Notfallpläne erstellt werden. Die Bestimmungen des Kapitels 1.11 RID gelten bei Anwendung der von der UIC veröffentlichten IRS 20201 (Transport gefährlicher Güter - Leitfaden für die Notfallplanung in Rangierbahnhöfen) als erfüllt. Die IRS 20201 enthält eine weit gefasste Definition für Rangierbahnhöfe. Diese enthält jedoch keine Angaben über Verkehrsmengen oder Infrastrukturdaten als Schwellenwerte, ab denen eine Notfallplanung erforderlich wird. Deshalb sind für die praktische Umsetzung in Deutschland nachvollziehbare Kriterien für die Festlegung der Rangierbahnhöfe mit internen Notfallplänen erforderlich.

2. Grundsätze

Die Betreiber der Eisenbahninfrastruktur der Eisenbahnen des Bundes sowie der nicht bundeseigenen Eisenbahnen ermitteln gemäß ihrer Verpflichtung auf der Grundlage der Kriterien unter Punkt 3. welche Rangierbahnhöfe den Regelungen des Kapitels 1.11 RID unterliegen und teilen dies der zuständigen Behörde mit. Es sind grundsätzlich alle Rangier- bzw. Zugbildungsanlagen zu betrachten, die für die betrieblichen Produktionssysteme der Eisenbahn-Verkehrsunternehmen auf der jeweiligen Infrastruktur notwendig sind. In diesem Rahmen werden die Verkehrs- und Infrastrukturdaten als wesentliche und nachvollziehbare Kriterien für einen Rangierbahnhof zu Grunde gelegt und unter Berücksichtigung der möglichen Spanne dieser Daten in der Praxis differenziert mit Punkten gewichtet. Mit dieser Vorgehensweise wird ein empirischer Ansatz gewählt und mit einer quantitativen Betrachtung der Verkehrs- und Infrastrukturdaten verbunden.

Zur Ermittlung sind die Kriterien gemäß Punkt 3. anzuwenden und die ermittelten Daten in die Bewertungsmatrix gemäß Anhang 1 einzutragen. Werden von 20 möglichen Bewertungspunkten mindestens 10 Punkte erreicht, unterliegt der Rangierbahnhof den Anforderungen des Kapitels 1.11 RID. Die Ermittlung der Daten bezieht sich grundsätzlich auf das zurückliegende Jahr. Es können auch die Durchschnittswerte der letzten 3 Jahre angesetzt werden.

Der Betreiber hat die Ergebnisse spätestens alle 3 Jahre zu überprüfen sowie in kürzeren Zeitabständen, wenn sich die Daten wesentlich verändern. Änderungen sind der zuständigen Behörde mitzuteilen. Unter der Voraussetzung, dass die Anforderungen des Kapitels 1.11 RID erfüllt werden, kann der Betreiber im Einzelfall im Einvernehmen mit der zuständigen Behörde von der Einstufung abweichen.

Dem Betreiber bleibt es freigestellt, über diesen Mindeststandard hinaus, weitere Anlagen zusätzlich den Anforderungen des Kapitels 1.11 RID zu unterwerfen.

3. Kriterien

3.1 Anzahl der Güterwagen

Die Anzahl der in einem Rangierbahnhof behandelten Wagen stellt ein wesentliches Element für die Auslastung und den Betrieb eines Rangierbahnhofs dar. Es sind alle Güterwagen zu erfassen, die rangierdienstlich behandelt werden. Wagen ohne rangierdienstliche Behandlung (z. B. Beförderung als Ganzzugverkehr) werden nicht erfasst.

RSEB – Anlage 19

Anzahl der Güterwagen pro Jahr	Punkte
bis 100.000	1
100.001 – 200.000	2
200.001 – 300.000	3
300.001 – 400.000	4
400.001 – 600.000	5
600.001 – 800.000	6
800.001 – 1.000.000	7
über 1.000.000	8

3.2 Anzahl der Gefahrgutwagen

Der Anteil der Güterwagen mit gefährlichen Gütern am gesamten Wagendurchsatz eines Rangierbahnhofs beeinflusst das Gefährdungspotential und wird deshalb quantitativ stärker gewichtet. Es sind alle Gefahrgutwagen mit rangierdienstlicher Behandlung zu erfassen. Wagen ohne rangierdienstliche Behandlung (z. B. Beförderung als Ganzzugverkehr) werden nicht erfasst.

Anzahl der Gefahrgutwagen pro Jahr	Punkte
bis 20.000	1
20.001 – 30.000	2
30.001 – 40.000	3
40.001 – 50.000	4
50.001 – 75.000	5
75.001 – 100.000	6
100.001 – 150.000	7
über 150.000	8

3.3 Bergleistung

Die Bergleistung des Ablaufberges eines Rangierbahnhofs beschreibt den theoretischen Durchschnittswert der abgelaufenen Wagen pro Stunde, bei einer angenommenen Arbeitsleistung von 20 Stunden/Tag. Es können auch vergleichbare Verfahren (z. B. Anzahl der Rangiervorgänge ohne Nutzung eines Ablaufberges) herangezogen werden.

Bergleistung (Wagen/Stunde)	Punkte
bis 150	1
über 150	2

3.4 Ausdehnung

Mit der Ausdehnung eines Rangierbahnhofes soll die Infrastruktur bzw. Komplexität einer Anlage hinsichtlich des Einsatzes von Hilfskräften angemessen berücksichtigt werden. Rangierbahnhöfe mit großer räumlicher Ausdehnung besitzen in der Regel eine leistungsstarke Zugbildungsanlage mit einem entsprechend hohen Gefahrgutaufkommen. Für die Ermittlung ist die Flächenausdehnung des Rangierbahnhofs in Hektar (ha) anzugeben. Starke flächenmäßige Unterschiede der Anlagen (z. B. in Seehäfen) können eine Abweichung vom Punktsystem erfordern.

Ausdehnung (Fläche in ha)	Punkte
bis 70 ha	1
über 70 ha	2

RSEB – Anlage 19

Anhang 1

Bewertungsmatrix
für die Bestimmung von Rangierbahnhöfen mit internen Notfallplänen gemäß Kapitel 1.11 RID

1	2a	2b	3a	3b	4a	4b	5a	5b	6
Rangierbahnhof	Anzahl der Güterwagen	Punkte	Anzahl der Gefahrgutwagen	Punkte	Bergleistung (Wagen/Stunden)	Punkte	Ausdehnung (Fläche in ha)	Punkte	Punktsumme

13

RSEB – Anlage 19

GGAV

**Verordnung
über Ausnahmen von den Vorschriften
über die Beförderung gefährlicher Güter
(Gefahrgut-Ausnahmeverordnung – GGAV)**

Vom 11. März 2019
(BGBl. I S. 229),

geändert durch Artikel 2 der 12. Verordnung
zur Änderung gefahrgutrechtlicher Verordnungen vom 21. Oktober 2019
(BGBl. I S. 1472),

zuletzt geändert durch Artikel 2 der 13. Verordnung
zur Änderung gefahrgutrechtlicher Verordnungen vom 26. März 2021
(BGBl. I S. 475)

§ 1
Geltungsbereich

(1) Diese Verordnung enthält allgemeine Ausnahmen von

1. der Gefahrgutverordnung Straße, Eisenbahn und Binnenschifffahrt vom 30. März 2017 (BGBl. I S. 711, 993), die zuletzt durch Artikel 1 der Verordnung vom 20. Februar 2019 (BGBl. I S. 124) geändert worden ist*, und

2. der Gefahrgutverordnung See in der Fassung der Bekanntmachung vom 7. Dezember 2017 (BGBl. I S. 3862; 2018 I S. 131).

(2) Die in der Anlage dieser Verordnung aufgeführten Ausnahmen finden nur in dem Geltungsbereich Anwendung, der im Titel der einzelnen Ausnahmen durch Buchstaben gekennzeichnet ist. Die dort verwendeten Buchstaben haben folgende Bedeutung:

1. „B" entspricht dem Geltungsbereich der Gefahrgutverordnung Straße, Eisenbahn und Binnenschifffahrt nach § 1 Absatz 1 Satz 1 Nummer 3 für Beförderungen auf allen schiffbaren Binnengewässern (Binnenschifffahrt),

2. „E" entspricht dem Geltungsbereich der Gefahrgutverordnung Straße, Eisenbahn und Binnenschifffahrt nach § 1 Absatz 1 Satz 1 Nummer 2 für Beförderungen auf der Schiene mit Eisenbahnen (Eisenbahnverkehr),

3. „M" entspricht dem Geltungsbereich der Gefahrgutverordnung See nach § 1 Absatz 1 und

4. „S" entspricht dem Geltungsbereich der Gefahrgutverordnung Straße, Eisenbahn und Binnenschifffahrt nach § 1 Absatz 1 Satz 1 Nummer 1 für Beförderungen auf der Straße mit Fahrzeugen (Straßenverkehr).

§ 2
Geltungsbereich von Ausnahmegenehmigungen
nach § 5 Absatz 1 Nummer 2 und Absatz 2 der Gefahrgutverordnung
Straße, Eisenbahn und Binnenschifffahrt

Für Beförderungen zum und vom nächstgelegenen geeigneten Bahnhof gelten Ausnahmegenehmigungen nach § 5 Absatz 1 Nummer 2 und Absatz 2 der Gefahrgutverordnung Straße, Eisenbahn und Binnenschifffahrt auch bei Beförderungen im Straßenverkehr. In diesen Fällen ist ein Abdruck der jeweiligen Ausnahmegenehmigung dem Beförderungspapier beizufügen.

§ 3
Grenzüberschreitende Beförderung

Soweit in einer Ausnahme in der Anlage zu dieser Verordnung nicht ausdrücklich etwas anderes bestimmt ist, darf bei grenzüberschreitenden Beförderungen der innerstaatliche Teil der Beförderung nach den Vorschriften dieser Verordnung erfolgen.

---

* *Anmerkung des Verlages:*
Neufassung vom 26. März 2021 (BGBl. I S. 481)

GGAV

Anlage (zu § 1 Absatz 2)

Erklärung der verwendeten Abkürzungen

In dieser Anlage bedeuten:

ADN	Europäisches Übereinkommen über die internationale Beförderung von gefährlichen Gütern auf Binnenwasserstraßen
ADR	Übereinkommen über die internationale Beförderung gefährlicher Güter auf der Straße
AGBwGGVSE	Allgemeine Ausnahmegenehmigungen der Bundeswehr zur Gefahrgutverordnung Straße und Eisenbahn
Bem.	Bemerkung
BGBl.	Bundesgesetzblatt
CSC	Internationales Übereinkommen über sichere Container
CTU	Güterbeförderungseinheit (Cargo transport unit)
EmS	Unfallbekämpfungsmaßnahmen für Schiffe, die gefährliche Güter befördern
Flp.	Flammpunkt
GGVSEB	Gefahrgutverordnung Straße, Eisenbahn und Binnenschifffahrt
GGVSee	Gefahrgutverordnung See
IMDG-Code	International Maritime Dangerous Goods Code
MEGC	Gascontainer mit mehreren Elementen
MEMU	Mobile Einheit zur Herstellung von explosiven Stoffen oder Gegenständen mit Explosivstoff
n.a.g.	nicht anderweitig genannt
Richtlinie 2008/68/EG	Richtlinie 2008/68/EG des Europäischen Parlaments und des Rates über die Beförderung gefährlicher Güter im Binnenland (ABl. L 260 vom 30.9.2008, S. 13), die zuletzt durch die Richtlinie 2018/1846/EU vom 23. November 2018 (ABl. L 299 vom 26.11.2018, S. 58) geändert worden ist
RID	Ordnung für die internationale Eisenbahnbeförderung gefährlicher Güter
S.	Seite
StVZO	Straßenverkehrs-Zulassungs-Ordnung
UN	United Nations (Vereinte Nationen)
VMBl	Ministerialblatt des Bundesministeriums der Verteidigung

GGAV

Inhaltsübersicht

Ausnahme 1	– offen –
Ausnahme 2	– offen –
Ausnahme 3	– offen –
Ausnahme 4	– offen –
Ausnahme 5	– offen –
Ausnahme 6	– offen –
Ausnahme 7	– offen –
Ausnahme 8 (B)	Beförderung gefährlicher Güter mit Fähren
Ausnahme 9 (B, E, S)	Tanks aus glasfaserverstärktem Kunststoff
Ausnahme 10	– offen –
Ausnahme 11	– offen –
Ausnahme 12	– offen –
Ausnahme 13	– offen –
Ausnahme 14	– offen –
Ausnahme 15	– offen –
Ausnahme 16	– offen –
Ausnahme 17	– offen –
Ausnahme 18 (S)	Beförderungspapier
Ausnahme 19	– offen –
Ausnahme 20 (B, E, S)	Beförderung verpackter gefährlicher Abfälle
Ausnahme 21 (B, E, S)	Zusammenpacken von Patronen mit Waffenpflegemitteln
Ausnahme 22 (E, S)	Saug-Druck-Tanks
Ausnahme 23	– offen –
Ausnahme 24 (S)	Beförderung von ungereinigten leeren Eichnormalen
Ausnahme 25	– offen –
Ausnahme 26	– offen –
Ausnahme 27	– offen –
Ausnahme 28 (E, S)	Zusammenladung von Automobilteilen der Klassifizierung 1.4G mit gefährlichen Gütern
Ausnahme 29	– offen –
Ausnahme 30	– offen –
Ausnahme 31 (S)	Prüfungsfahrten bei technischen Untersuchungen
Ausnahme 32 (E, S)	Beförderungen durch zivile Unternehmen im Auftrag und unter der Verantwortung der Bundeswehr
Ausnahme 33 (M)	Beförderung gefährlicher Güter auf Fährschiffen, die Küstenschifffahrt betreiben
Ausnahme 34 (M)	Beförderung gefährlicher Güter zur Offshore-Versorgung

GGAV

1	**Ausnahme 1** – offen –

2	**Ausnahme 2** – offen –

3	**Ausnahme 3** – offen –

4	**Ausnahme 4** – offen –

5	**Ausnahme 5** – offen –

6	**Ausnahme 6** – offen –

7	**Ausnahme 7** – offen –

8	**Ausnahme 8 (B)** Beförderung gefährlicher Güter mit Fähren

1   Abweichend von § 1 Absatz 3 Nummer 3 der GGVSEB in Verbindung mit Absatz 1.16.1.1.1, Abschnitt 1.16.3 und 1.16.4, Abschnitt 8.3.1 sowie Teil 7 und Kapitel 9.1 ADN dürfen gefährliche Güter auf Fahrzeugen (Beförderungseinheiten) mit Fähren nur befördert werden, wenn die nachstehenden ergänzenden Vorschriften eingehalten werden. Vorschriften, die nur für offene Fähren oder nur für gedeckte oder geschlossene Fähren gelten, sind mit einer entsprechenden Überschrift unmittelbar vor der betreffenden Bestimmung versehen.

2   **Bau und Ausrüstung**

2.1   **Offene Fähren**
Das Fahrbahndeck muss an mindestens zwei Seiten offen sein.

Gedeckte / geschlossene Fähren
Das Fahrzeugdeck muss mit einer mechanischen Lüftung versehen sein, deren Kapazität ausreicht, um einen 20fachen Luftwechsel pro Stunde im Fahrzeugdeck zu erzielen. Hierbei ist mit dem Volumen des leeren Fahrzeugdecks zu rechnen. Der Ventilator muss so ausgeführt sein, dass Funkenbildung bei Berührung eines Flügels mit dem Ventilatorgehäuse sowie elektrostatische Aufladung ausgeschlossen sind. Der Ventilator ist so anzuordnen oder zu schützen, dass keine Gegenstände hineingelangen können. Die Luftführung muss so angeordnet sein, dass die abgesaugte Luft nicht wieder in Schiffsräume eindringen kann. Die Absaugschächte müssen bis zu 50 Millimeter Abstand an das Fahrzeugdeck geführt sein und sich an dessen äußeren Enden befinden. Sind die Absaugschächte abnehmbar, müssen sie für den Zusammenbau mit dem Ventilator geeignet sein und sicher befestigt werden können. Der Schutz gegen Witterungseinflüsse und Spritzwasser muss gegeben sein. Die Zuluft muss während des Ventilierens gewährleistet sein.

GGAV

2.2 Das Fahrbahndeck oder Fahrzeugdeck muss wasserdicht und aus Stahl sein. Ist auf das Fahrbahndeck oder Fahrzeugdeck ein zusätzlicher Belag aufgebracht, muss er aus schwer entflammbarem und nicht saugfähigem Material sein.

2.3 Es dürfen keine Zugänge und Ausstiege im Fahrbahndeck oder Fahrzeugdeck vorhanden sein, die während des normalen Betriebs der Fähre begangen werden. Andere Zugänge und Ausstiege müssen in geschlossenem Zustand wasserdicht sein.

2.4. Für Beförderungseinheiten sind Stellplätze festzulegen; diese sind auf dem Fahrbahndeck oder Fahrzeugdeck kenntlich zu machen. Die Stellplätze müssen folgende Anforderungen erfüllen:

2.4.1 Im Umkreis von 3 Meter um die Stellplätze und 2 Meter über der im Zulassungszeugnis der Fähre festgelegten größten Höhe der Beförderungseinheiten müssen folgende Anforderungen erfüllt sein:

2.4.1.1 **Offene Fähren**
Die elektrischen Anlagen müssen mindestens der Vorschrift für elektrische Einrichtung vom Typ „begrenzte Explosionsgefahr" für die Temperaturklasse T3 im Sinne des Abschnitts 1.2.1 ADN entsprechen.

Gedeckte / geschlossene Fähren
Die elektrischen Anlagen müssen mindestens der Vorschrift für elektrische Einrichtung vom Typ „begrenzte Explosionsgefahr" für die Temperaturklasse T4 im Sinne des Abschnitts 1.2.1 ADN entsprechen.

2.4.1.2 Zu- und Ablüfter müssen wasserdicht verschließbar sein.

2.4.1.3 **Offene Fähren**
Nieder- und Eingänge zu Unterdecksräumen und Seitenräumen und sonstige Öffnungen müssen sprühwasserdicht und wetterdicht sein, wobei die Süllhöhe nicht unter 300 Millimeter betragen darf.

2.4.1.4 Mündungen von Abgasrohren von Maschinen oder Heizanlagen müssen mit Vorrichtungen zum Schutz gegen das Austreten von Funken ausgerüstet sein.

2.4.2 **Offene Fähren**
Die Stellplätze dürfen nicht überbaut sein. Steuerhäuser und Geräteträger dürfen sich über den Stellplätzen befinden, wenn die Vorschriften der Nummer 2.4.1 eingehalten sind.

2.4.3 Die Stellplätze sind durch geeignete Maßnahmen gegen den Zutritt Unbefugter zu sichern.

2.5 Die Antriebsmaschinen der Fähren müssen unter Deck oder in einem geschlossenen Maschinenraum aufgestellt sein. Der Maschinenraum muss so gebaut und eingerichtet sein, dass ein auf dem Fahrbahndeck oder Fahrzeugdeck frei werdendes Dampf/Luft-Gemisch weder von der Antriebsmaschine angesaugt werden kann, noch in das Innere des Maschinenraumes gelangen kann.

2.6 Es muss eine Sprechfunkanlage für den öffentlichen Fernsprechdienst vorhanden sein.

2.7 Unbeschadet der Vorschriften der Binnenschiffsuntersuchungsordnung vom 21. September 2018 (BGBl. I S. 1398) in der jeweils geltenden Fassung sind folgende Maßnahmen zu treffen:

2.7.1 Im Maschinenraum und in einem eventuell vorhandenen Heizungsraum muss eine fest eingebaute Feuerlöschanlage vorhanden sein, die im Steuerhaus ausgelöst werden kann. Für Fähren, deren Kiel vor dem 1. Januar 1994 gelegt worden ist, reicht es aus, wenn die Feuerlöschanlage außerhalb des Aufstellungsraumes von gut zugänglicher Stelle an Deck ausgelöst werden kann.

2.7.2 **Gedeckte / geschlossene Fähren**
Das Fahrzeugdeck muss mit einer Feuerlöschanlage ausgerüstet sein. Die Anlage muss entweder automatisch ausgelöst werden oder es muss eine ständige Überwachung der Beförderungseinheiten durch die Besatzung erfolgen oder es muss eine vollständige Videoüberwachung des Fahrzeugdecks vorhanden sein.

GGAV

2.7.3 Im Bereich des Fahrbahndecks oder Fahrzeugdecks und der Aufenthaltsräume für Fahrgäste muss jede beliebige Stelle von mindestens zwei örtlich verschiedenen Hydranten mit je einer einzigen Schlauchlänge von höchstens 20 Meter Länge erreicht werden können. Feuerlöschschläuche müssen an die Hydranten fest angeschlossen sein.

2.7.4 Die Hydranten müssen durch eine fest eingebaute Feuerlöschpumpe versorgt werden, die im Steuerhaus oder von einer gut zugänglichen Stelle an Deck in Betrieb genommen werden kann.

2.7.5 **Offene Fähren**
Zusätzlich zu den nach der Binnenschiffsuntersuchungsordnung geforderten Feuerlöschern ist je ein Feuerlöscher vorn und achtern im Bereich des Fahrbahndecks anzubringen.

Gedeckte / geschlossene Fähren
Zusätzlich zu den nach der Binnenschiffsuntersuchungsordnung geforderten Handfeuerlöschern sind Feuerlöscher gemäß Notfallplan an Bord zu platzieren.

2.8 Wenn die Bau- und Ausrüstungsvorschriften der Nummern 2.1 bis 2.7 nicht eingehalten sind, dürfen nur die freigestellten Mengen nach Unterabschnitt 1.1.3.6 ADN oder Beförderungseinheiten ohne Kennzeichnung nach Unterabschnitt 5.3.2.1 ADR und Tankfahrzeuge mit gefährlichen Gütern der UN-Nummer 1202 befördert werden. Ein Zulassungszeugnis nach Absatz 1.16.1.1.1 ADN ist in diesem Fall nicht erforderlich.

3 Betriebsvorschriften

3.0 Diese Betriebsvorschriften gelten auch in den Fällen der Nummer 2.8.

3.1 Pflichten des Fährbetreibers und des Fährpersonals

3.1.1 Der Fährbetreiber hat sicherzustellen, dass der Fahrzeugführer einer Beförderungseinheit mit gefährlichen Gütern in geeigneter Weise auf seine nachfolgend genannten Pflichten hingewiesen wird. Der Hinweis kann insbesondere durch Aufstellen von Hinweisschildern oder durch mündliche Unterrichtung durch den Fährbetreiber oder das Fährpersonal erfolgen.

3.1.2 **Gedeckte / geschlossene Fähren**
Für jede Fähre ist ein Notfallplan aufzustellen, in dem Angaben über die Platzierung der Feuerlöscher, der Hydranten, das Verhalten der Besatzung in Notfällen und der zu unterrichtenden zuständigen Behörden enthalten sind und der EmS-Leitfaden „Unfallbekämpfungsmaßnahmen für Schiffe, die gefährliche Güter befördern" Berücksichtigung findet. Der Notfallplan ist durch die Reederei aufzustellen und muss mit der den Fährbetrieb genehmigenden Behörde abgestimmt sein.

3.1.3 **Gedeckte / geschlossene Fähren**
Während der Beförderung gefährlicher Güter muss ein Sachkundiger gemäß Unterabschnitt 8.2.1.2 ADN mit gültiger Bescheinigung an Bord sein.

3.1.4 **Gedeckte / geschlossene Fähren**
Die Besatzung muss gemäß den Seeverkehrsvorschriften eine Sicherheits- und Brandschutzausbildung erhalten haben und regelmäßig darin unterwiesen werden.

3.2 Pflichten des Fährführers

3.2.1 **Offene Fähren**
Der Fährführer darf, wenn Fahrgäste an Bord sind, je Überfahrt nur eine mit gefährlichen Gütern beladene Beförderungseinheit und deren Mitglieder der Fahrzeugbesatzung befördern. Sofern die baulichen Voraussetzungen der Nummer 2, ausgenommen über die Kenntlichmachung der Stellplätze auf dem Fahrbahndeck, erfüllt sind, dürfen auch mehrere Beförderungseinheiten mit gefährlichen Gütern und deren Mitglieder der Fahrzeugbesatzung befördert werden, wenn keine Fahrgäste an Bord sind.

3.2.2 **Gedeckte / geschlossene Fähren**
Es dürfen nur gefährliche Güter der Klassen 1.4S, 3, 4.1 (mit Ausnahme von selbstzersetzlichen Stoffen), 4.2, 4.3, 5.1, 6.1, 6.2, 7, 8 und 9 befördert werden. Temperaturkontrollierte Stoffe dieser Gefahrgutklassen dürfen nicht befördert werden.

GGAV

3.2.3 **Gedeckte/geschlossene Fähren**
Während der Be- und Entladung der Fähre sind die Bug- und Hecktore vollständig zu öffnen.

3.2.4 **Gedeckte/geschlossene Fähren**
Der Fährführer hat dafür zu sorgen, dass die Beförderungseinheiten mit gefährlichen Gütern vor dem Auffahren auf die Fähre auf austretendes Gefahrgut hin kontrolliert werden.

3.2.5 **Gedeckte/geschlossene Fähren**
Der Fährführer hat dafür zu sorgen, dass alle Motoren, Fremdheizungen und Kühlgeräte von allen abgestellten Fahrzeugen auf dem Fahrzeugdeck abgeschaltet sind.

3.2.6 **Gedeckte/geschlossene Fähren**
Es dürfen sich während der Überfahrt außer den Mitgliedern der Fahrzeugbesatzung keine Fahrgäste auf dem Fahrzeugdeck aufhalten.

3.2.7 Der Fährführer hat sicherzustellen, dass die Beförderungseinheit mit gefährlichen Gütern als erstes oder letztes Fahrzeug auf die Fähre auffährt, sofern nicht ausschließlich Beförderungseinheiten mit gefährlichen Gütern und deren Mitglieder der Fahrzeugbesatzung befördert werden.

3.2.8 Der Fährführer hat dafür zu sorgen, dass während der Beförderung rund um die Beförderungseinheit mit gefährlichen Gütern ein Schutzbereich von mindestens 1 Meter frei und begehbar bleibt.

3.2.9 Der Fährführer hat einen Abdruck dieser Ausnahme an Bord mitzuführen.

3.2.10 Die für die jeweilige Wasserstraße erlassenen Verkehrsvorschriften bleiben unberührt.

3.3 Pflichten des Fahrzeugführers der Beförderungseinheit mit gefährlichen Gütern

3.3.1 Der Fahrzeugführer muss vor der Auffahrt auf die Fähre den Fährführer durch Vorlage des Beförderungspapiers über die Art der Ladung und die sich daraus ergebenden Gefahren in Kenntnis setzen.

3.3.2 Der Fahrzeugführer muss an Bord der Fähre die Beförderungseinheit durch Anziehen der Feststellbremse und Unterlegen von Keilen gegen Wegrollen und Wegrutschen sichern.

3.3.3 **Offene Fähren**
Der Fahrzeugführer ist während der Überfahrt zur Überwachung der Beförderungseinheit verpflichtet.

3.3.4 Wird vor Auffahrt auf die Fähre austretendes gefährliches Gut festgestellt oder wird die in Nummer 3.3.1 bestimmte Pflicht nicht erfüllt, darf der Fahrzeugführer die Beförderungseinheit nicht auf die Fähre fahren.

3.3.5 Der Fahrzeugführer hat unbeschadet der **Ausnahme 18** das für die Beförderung auf der Straße nach dem ADR erforderliche Beförderungspapier mitzuführen.

3.3.6 Der Fahrzeugführer hat die für die Beförderung auf der Straße erforderlichen schriftlichen Weisungen nach Abschnitt 5.4.3 ADR mitzuführen. Werden für die Beförderung nach dem ADR keine schriftlichen Weisungen benötigt, sind diese auch für die Beförderung mit der Fähre nicht erforderlich.

4 **Zulassungszeugnis**
Im Zulassungszeugnis muss für die Fähre abweichend von Abschnitt 1.16.3 ADN von einer Schiffsuntersuchungskommission bestätigt sein, dass die Vorschriften der Nummer 2 eingehalten sind.

5 **Sonstige Vorschriften**
Die Vorschriften der Fährenbetriebsverordnung vom 24. Mai 1995 (BGBl. I S. 752) in der jeweils geltenden Fassung bleiben unberührt.

GGAV

Ausnahme 9 (B, E, S)
Tanks aus glasfaserverstärktem Kunststoff

1. Abweichend von § 1 Absatz 3 Nummer 1 bis 3 der GGVSEB in Verbindung mit den Teilen 4 und 6 ADR/RID/ADN sowie Abschnitt 7.4.1 ADR und Kapitel 7.4 RID dürfen bestimmte
   a) entzündbare flüssige Stoffe der Klasse 3,
   b) entzündend (oxidierend) wirkende Stoffe der Klasse 5.1,
   c) giftige Stoffe der Klasse 6.1,
   d) ätzende Stoffe der Klasse 8

   nach der Ausnahme Nr. 26 der GGAV vom 23. Juni 1993 (BGBl. I S. 994), die zuletzt durch Artikel 1 der Verordnung vom 23. Juni 1999 (BGBl. I S. 1435) geändert worden ist, in Tanks (festverbundene Tanks, Aufsetztanks und Tankcontainer) aus glasfaserverstärktem ungesättigtem Polyesterharz oder glasfaserverstärkten Epoxidharz-Formstoffen (glasfaserverstärktem Kunststoff) befördert werden, für die diese Tanks vor dem 1. Januar 2002 entsprechend der jeweils gültigen Fassung der Ausnahme Nr. 26 der GGAV vom 23. Juni 1993 gebaut, ausgerüstet, bauartgeprüft, zugelassen und gekennzeichnet worden sind. Die neue Bezeichnung der Stoffe (UN-Nummer und Benennung) ist nach Kapitel 3.2 Tabelle A ADR/RID von den nach der GGVSEB für die Prüfung oder Zulassung von Tanks zuständigen Stellen zu ermitteln und in den Bescheinigungen nach Unterabschnitt 6.9.5.3 ADR/RID sowie in der ADR-Zulassungsbescheinigung nach Unterabschnitt 9.1.3.1 ADR und bei Tankcontainern zusätzlich auf dem Tankcontainer (auf dem Tank selbst oder auf einer Tafel) nach Absatz 6.8.2.5.2 ADR/RID anzugeben.

2. **Angaben im Beförderungspapier**
   Zusätzlich zu den sonst vorgeschriebenen Angaben ist zu vermerken: „Ausnahme 9".

Ausnahme 10
– offen –

Ausnahme 11
– offen –

Ausnahme 12
– offen –

Ausnahme 13 (S)
– offen –

Ausnahme 14 (S)
– offen –

Ausnahme 15
– offen –

Ausnahme 16
– offen –

GGAV

| 17 | **Ausnahme 17**
– offen – | 17 |

| 18 | **Ausnahme 18 (S)**
Beförderungspapier | 18 |

1 Abweichend von § 1 Absatz 3 Nummer 1 der GGVSEB in Verbindung mit Abschnitt 5.4.0 und 5.4.1 ADR

    a) dürfen gefährliche Güter ohne Beförderungspapier befördert werden oder

    b) darf im Beförderungspapier auf folgende Angaben verzichtet werden:

        aa) Empfänger,

        bb) Gesamtmenge der gefährlichen Güter,

    wenn die nachfolgenden Bestimmungen beachtet werden.

2 **Befreiung vom Beförderungspapier**

2.1 Gefährliche Güter in Versandstücken und ungereinigte leere Verpackungen, die für die Beförderung nicht an Dritte übergeben werden, dürfen ohne Beförderungspapier befördert werden, wenn die höchstzulässige Gesamtmenge je Beförderungseinheit nach Unterabschnitt 1.1.3.6 ADR nicht überschritten ist und eine Ausnahme dieser Verordnung, nach § 5 der GGVSEB oder eine multilaterale Vereinbarung nach Abschnitt 1.5.1 ADR nicht angewendet wird. Für gefährliche Güter nach Unterabschnitt 1.1.3.6 Beförderungskategorie 4 ADR, ausgenommen ungereinigte leere Verpackungen, sind für die Bestimmung der höchstzulässigen Gesamtmenge die Mengenangaben der Beförderungskategorie 3 in Verbindung mit Absatz 1.1.3.6.4 ADR anzuwenden.

2.2 Bei der Beförderung von ungereinigten leeren Tankfahrzeugen, ungereinigten leeren Fahrzeugen, ungereinigten leeren Aufsetztanks, ungereinigten leeren ortsbeweglichen Tanks, ungereinigten leeren Tankcontainern, ungereinigten leeren Containern, ungereinigten leeren Schüttgut-Containern, ungereinigten leeren Batterie-Fahrzeugen, ungereinigten leeren MEGC oder ungereinigten leeren MEMU darf das Beförderungspapier für das zuletzt darin enthaltene Gut mitgeführt werden.

3 **Verzicht auf Angaben im Beförderungspapier**

3.1 Bei örtlich begrenzten Beförderungen (Verteilerverkehr, einschließlich Sammelverkehr) darf auf die Angabe

    a) des Empfängers verzichtet werden, wenn die Beförderung nicht verpflichtend nach ADR als geschlossene Ladung befördert werden muss und nicht nach den §§ 35 und 35a der GGVSEB durchgeführt wird,

    b) der Gesamtmenge verzichtet werden, wenn der Unterabschnitt 1.1.3.6 ADR nicht angewendet wird und die übrigen Vorschriften des ADR eingehalten sind.

Satz 1 darf nicht angewendet werden für Beförderungen von Gütern

    a) der Klasse 1, ausgenommen solcher der Klassifizierung 1.4S, sowie

    b) der Klasse 5.2.

3.2 Zusätzlich zu den sonst vorgeschriebenen Angaben ist im Beförderungspapier zu vermerken: „Ausnahme 18".

4 **Sonstige Vorschriften**

Diese Ausnahme darf nicht angewendet werden für Beförderungen von Gütern der Klasse 7.

5 **Befristung**

Die Ausnahme 18 ist bis zum 30. Juni 2027 befristet.

GGAV

| 19 | **Ausnahme 19**
– offen – | 19 |

| 20 | **Ausnahme 20 (B, E, S)**
Beförderung verpackter gefährlicher Abfälle | 20 |

1   Abweichend von § 1 Absatz 3 Nummer 1 bis 3 sowie den §§ 18, 21 und 22 der GGVSEB in Verbindung mit den Teilen 1 bis 5 ADR/RID/ADN dürfen Abfälle, die nach den unter Nummer 2 aufgeführten Bestimmungen nach den Abfallgruppen 1 bis 15 klassifiziert, verpackt, gekennzeichnet und bezettelt sind, unter Einhaltung der Bestimmungen nach den Nummern 3 bis 5 befördert werden.

2   **Klassifizierung, Verpackung, Kennzeichnung und Bezettelung**

2.1   Für eine sicherheitsgerechte Beförderung sind Abfälle so zu sortieren, dass sie keine gefährlichen Reaktionen miteinander eingehen können.

2.2   Um Gefahren, die während der Beförderung auftreten können, auszuschließen, sind die Abfälle einer der nachstehenden Abfallgruppen zuzuordnen. Ein Vermischen der einzelnen Abfallgruppen ist nicht zulässig. Die Abfallgruppen dürfen nicht auf solche Stoffe angewendet werden, für die ein Beförderungsverbot besteht oder die nach Sondervorschriften befördert werden müssen.

Die Abfallgruppen gliedern sich in Untergruppen. Werden Abfälle mehrerer Untergruppen innerhalb einer Abfallgruppe befördert, sind im Beförderungspapier die für die Klasse der überwiegenden Gefahr gemäß den Absätzen 2.1.3.5.2 und 2.1.3.5.3 in Verbindung mit Unterabschnitt 2.1.3.10 ADR/RID/ADN zutreffenden Gefahrzettel und, soweit vorhanden, die Verpackungsgruppe des höchsten Gefahrengrades, gekennzeichnet durch I, II oder III, anzugeben.

Für die Abfallgruppe 1 sind im Beförderungspapier alle zutreffenden Gefahrzettel der Sendung anzugeben. Die Angabe der Verpackungsgruppe ist nicht erforderlich.

Die Gefahrzettel sind entsprechend den Untergruppen der jeweiligen Abfallgruppe anzubringen.

2.3   Wer Abfälle eigenverantwortlich verpackt oder verpacken lässt, muss feststellen, welcher Untergruppe innerhalb der Abfallgruppe die gefährlichen Abfälle zuzuordnen sind, damit der Nachweis der ausreichenden chemischen Verträglichkeit mit den vorgesehenen Verpackungen aus Kunststoff auf Grund der durchgeführten Bauartprüfung mit der/den Standardflüssigkeit(en) geführt werden kann. Werden innerhalb der Abfallgruppe verschiedene Untergruppen gemischt verpackt, muss der Nachweis der ausreichenden chemischen Verträglichkeit nach Unterabschnitt 4.1.1.21 in Verbindung mit Abschnitt 6.1.6 ADR/RID für alle in Spalte 8 der Tabelle in Nummer 2.4 der betreffenden Abfallgruppe aufgeführten Standardflüssigkeiten geführt worden sein. Dabei gilt dieser Verträglichkeitsnachweis für Essigsäure auch als erbracht, wenn die Verpackungsbauart für die Standardflüssigkeit Netzmittellösung zugelassen ist. Für Verpackungen der Codierung 1H2, 3H2 und 4H2 gilt der Nachweis der ausreichenden chemischen Verträglichkeit als erbracht, wenn die Verträglichkeit des Werkstoffs mit den jeweiligen Standardflüssigkeiten im Rahmen einer Bauartprüfung und -zulassung für Verpackungen der Codierung 1H1 oder 3H1 nachgewiesen wurde.

GGAV

2.4 Tabelle der gefährlichen Abfälle

Die in der nachfolgenden Tabelle angegebenen Klassen, Klassifizierungscodes (soweit anwendbar), Verpackungsgruppen (soweit anwendbar), Tunnelbeschränkungscodes (soweit anwendbar) und Nummern der Gefahrzettelmuster beziehen sich auf die jeweiligen gefahrgutrechtlichen Regelwerke ADN für die Binnenschifffahrt (B), RID für die Eisenbahn (E) und ADR für den Straßenverkehr (S).

| Abfall-/ Untergruppe | Klasse(n) | Verpackungsgruppe(n) oder für Klasse 2: Klassifizierungscode | Benennung | Angaben im Beförderungspapier | | Gefahrzettelmuster Nummer | Die chemische Verträglichkeit der Werkstoffe der Verpackungen aus Kunststoff muss mindestens gegenüber folgenden Standardflüssigkeiten gegeben sein |
				Tunnelbeschränkungscode	Verpackungsgruppe		
(1)	(2)	(3)	(4)	(5)	(6)	(7)	(8)
1.1	2	Klassifizierungscode 5A 5F 5FC 5O	Gefäße, klein, mit Gas (Gaspatronen) (UN 2037) mit folgenden Eigenschaften: erstickend, entzündbar, entzündbar, ätzend oder oxidierend Bem. 1: Dieser Gruppe dürfen auch nach Kapitel 3.4 des ADR/RID/ADN freigestellte Gegenstände der Klasse 2 beigegeben werden (z.B. Kohlendioxidpatronen). Bem. 2: Feuerzeuge und deren Nachfüllpatronen der UN 1057 sind Gegenstände des Klassifizierungscodes 6F des ADR/RID/ADN und dürfen daher nicht im Rahmen dieser Ausnahme befördert werden (Beförderung nach Sondervorschrift 654 ADR/RID/ADN).	(E) (E)		2.2 2.1 2.1 + 8 2.2 + 5.1	Essigsäure, Kohlenwasserstoffgemisch
1.2	2	Klassifizierungscode 5T 5TF 5TC 5TO 5TFC 5TOC	Gefäße, klein, mit Gas (Gaspatronen) (UN 2037) mit folgenden Eigenschaften: giftig, giftig, entzündbar, giftig, ätzend, giftig, oxidierend, giftig, entzündbar, ätzend oder giftig, oxidierend, ätzend	(D)		2.3 2.3 + 2.1 2.3 + 8 2.3 + 5.1 2.3 + 2.1 + 8 2.3 + 5.1 + 8	
1.3	2	6A	Abfallfeuerlöscher	(D)		2.2	
2.1	3	II und III	Entzündbare, flüssige, nicht giftige, nicht ätzende Abfälle mit einem Flammpunkt unter 23 °C, deren Dampfdruck bei 50 °C 110 kPa (1,10 bar) nicht übersteigt, z.B. Benzin, Spiritus, Petroleum, Alkohole außer Methanol und mit einem Flammpunkt zwischen 23 °C und 60 °C, z.B. Dieselkraftstoff oder Heizöl, leicht	(D/E)	II	3	Essigsäure, Kohlenwasserstoffgemisch
2.2	3	I bis III	Klebstoffabfälle sowie Farb- und Lackabfälle (außer solche, die der UN 1263 zuzuordnen sind, Beförderung gemäß Sondervorschrift 650 ADR/RID/ADN) einschließlich solcher mit Nitrocellulose mit einem Stickstoffgehalt von höchstens 12,6 % in der Trockenmasse Bem.: Zu Härterpasten siehe Abfallgruppe 8.	(D/E)	I	3	

GGAV

Abfall-/ Untergruppe	Klasse(n)	Verpackungsgruppe(n) oder für Klasse 2: Klassifizierungscode	Benennung	Angaben im Beförderungspapier		Gefahrzettelmuster Nummer	Die chemische Verträglichkeit der Werkstoffe der Verpackungen aus Kunststoff muss mindestens gegenüber folgenden Standardflüssigkeiten gegeben sein
				Tunnelbeschränkungscode	Verpackungsgruppe		
(1)	(2)	(3)	(4)	(5)	(6)	(7)	(8)
3.1	3	I bis III	Entzündbare, flüssige, organische halogenhaltige oder organische sauerstoffhaltige, giftige Abfälle und solche, die nicht einer anderen Sammeleintragung zugeordnet werden können, der UN 1992, UN 2603 und UN 3248, z.B. Altöle, auch solche mit geringen Chlorteilen (z.B. polychlorierten Kohlenwasserstoffen) sowie Abfälle mit Methanol	(C/E)	I	3 + 6.1	Essigsäure, Kohlenwasserstoffgemisch
3.2	6.1	I bis III	Abfälle mit halogenhaltigen Kohlenwasserstoffen mit Ausnahme von Isocyanaten der UN 2285, z.B. Trichlorethan, Trichlorethylen (Tri), Perchlorethylen (Per), Methylenchlorid, Tetrachlorkohlenstoff, Chloroform, Filterpatronen aus chemischen Reinigungsbetrieben, Antiklopfmittel	(C/D)	I	6.1 + 3	
3.3	9	II	Polychlorierte Biphenyle (PCB) (UN 2315 und UN 3432), polyhalogenierte Biphenyle und Terphenyle (UN 3151 und UN 3152), auch in verpackten Kleingeräten, wie Kleinkondensatoren Bem.: Wegen PCB, PCT und polyhalogenierten Biphenylen und Terphenylen in unverpackten Geräten siehe Klasse 9, UN 2315, UN 3432, UN 3151 und UN 3152.	(D/E)	II	9	
3.4	3	I und II	Abfälle mit flüssigen, entzündbaren, giftigen Schädlingsbekämpfungsmitteln und Pflanzenschutzmitteln mit einem Flammpunkt unter 23 °C	(C/E)	I	3 + 6.1	
3.5	6.1	I bis III	Abfälle mit flüssigen, giftigen, entzündbaren Schädlingsbekämpfungsmitteln und Pflanzenschutzmitteln	(C/E)	I	6.1 + 3	
4.1	3	I bis III	Entzündbare flüssige, ätzende Abfälle	(C/E)	I	3 + 8	Essigsäure, Kohlenwasserstoffgemisch
4.2	3	I und II	Entzündbare flüssige, giftige und ätzende Abfälle mit einem Flammpunkt unter 23 °C, einschließlich Gegenstände mit diesen Flüssigkeiten	(C/E)	I	3 + 6.1 + 8	
5.1	9	III	Umweltgefährdender Stoff fest oder flüssig	(E)	III	9 Zusätzlich ist dauerhaft die Kennzeichnung nach 5.2.1.8.3 anzubringen	

GGAV

Abfall-/ Unter-gruppe	Klasse(n)	Verpa-ckungs-gruppe(n) oder für Klasse 2: Klassifi-zierungs-code	Benennung	Angaben im Beförderungspapier		Gefahrzettel-muster Nummer	Die chemische Verträglichkeit der Werkstoffe der Verpackungen aus Kunststoff muss mindestens gegenüber folgenden Standardflüssigkeiten gegeben sein
				Tunnel-be-schrän-kungs-code	Verpa-ckungs-gruppe		
(1)	(2)	(3)	(4)	(5)	(6)	(7)	(8)
6.1	4.1	II und III	Abfälle, die aus festen Stoffen bestehen, die nicht giftige und nicht ätzende entzündbare flüssige Stoffe mit einem Flammpunkt bis 60 °C enthalten können, z.B. Holzwolle, Sägespäne, Papierabfälle, Putztücher, gebrauchte Ölfilter, verunreinigte Ölbinder, getränkt oder behaftet mit Ölen und Fetten Bem.: Phosphorsulfide, nicht frei von weißem oder gelbem Phosphor, sind zur Beförderung nicht zugelassen.	(E)	II	4.1	
6.2	4.1	II und III	Abfälle, die Metalle oder Metall-Legierungen, pulverförmig oder in anderer entzündbarer Form enthalten	(E)	II	4.1	
6.3	4.1	II und III	Abfälle, die entzündbare feste Stoffe, giftig enthalten	(E)	II	4.1 + 6.1	
6.4	4.1	II und III	Abfälle, die entzündbare feste Stoffe, ätzend enthalten	(E)	II	4.1 + 8	
6.5	4.2	II und III	Gebrauchte Putztücher, Putzwolle und ähnliche Abfälle, nicht giftig, nicht ätzend, die mit selbstentzündlichen Stoffen verunreinigt sind, z.B. bestimmte Öle und Fette Selbsterhitzungsfähige organische feste Stoffe, nicht giftig, nicht ätzend, z.B. körnige oder poröse brennbare Stoffe, die mit der Selbstoxidation unterliegenden Bestandteilen getränkt oder verunreinigt sind, z.B. mit Leinöl, Leinölfirnisse, Firnisse aus anderen analogen Ölen, Petroleumrückstände	(D/E)	II	4.2	
6.6	4.2	II und III	Abfälle, die Metalle oder Metall-Legierungen, pulverförmig oder in anderer selbstentzündlicher Form enthalten	(D/E)	II	4.2	
6.7	4.2	II und III	Abfälle, die feste selbsterhitzungsfähige Stoffe, giftig enthalten	(D/E)	II	4.2 + 6.1	
6.8	4.2	II und III	Abfälle, die feste selbsterhitzungsfähige Stoffe, ätzend enthalten	(D/E)	II	4.2 + 8	
6.9	4.2	II und III	Sulfide, Hydrogensulfide und Dithionite, wie Natriumdithionit und Zubereitungen, z.B. Textilentfärber und selbsterhitzungsfähige anorganische feste Stoffe, nicht giftig, nicht ätzend	(D/E)	II	4.2	
6.10	4.3	II und III	Abfälle, die Metalle oder Metall-Legierungen, pulverförmig oder in anderer Form enthalten und die mit Wasser entzündbare Gase entwickeln	(D/E)	II	4.3	
7.1	4.3	I und II	Metallcarbide und Metallnitride, wie Calciumcarbid, Aluminiumcarbid	(B/E)	I	4.3	
7.2	4.3	I	Metallphosphide, giftig, wie Calciumphosphid, Aluminiumphosphid	(B/E)	I	4.3 + 6.1	
7.3	6.1	I	Phosphidhaltige feste Pflanzenschutz- und Schädlingsbekämpfungsmittel	(C/E)	I	6.1	

GGAV

Abfall-/ Unter-gruppe	Klasse(n)	Verpa-ckungs-gruppe(n) oder für Klasse 2: Klassi-fizierungs-code	Benennung	Angaben im Beförderungspapier		Gefahrzettel-muster Nummer	Die chemische Verträglichkeit der Werkstoffe der Verpackungen aus Kunststoff muss mindestens gegenüber folgenden Standardflüssigkeiten gegeben sein
				Tunnel-beschrän-kungs-code	Verpa-ckungs-gruppe		
(1)	(2)	(3)	(4)	(5)	(6)	(7)	(8)
8.1	5.1	II und III	Abfälle, die entzündend (oxidierend) wirkende Chlorite oder Hypochlorite enthalten, wie feste Schwimmbad-chlorierungsmittel mit Natriumchlorit, Kaliumchlorit, Calciumhypochlorit oder Mischungen von Chloriten Bem. 1: Lösungen von Schwimmbad-chlorierungsmitteln siehe Abfallgruppe 14. Bem. 2: Chlorit- und Hypochlorit-mischungen mit einem Ammoniumsalz sind zur Beförderung nicht zugelassen.	(E)	II	5.1	Salpetersäure, 55 %
8.2	5.1	II und III	Abfälle, die entzündend (oxidierend) wirkende Stoffe, fest, giftig enthalten	(E)	II	5.1 + 6.1	
8.3	5.1	II und III	Abfälle, die entzündend (oxidierend) wirkende Stoffe, fest, ätzend enthalten	(E)	II	5.1 + 8	
8.4	5.2	II	Pastenförmige Abfälle mit Dibenzoyl-peroxid, Dicumylperoxid der UN 3104, UN 3106, UN 3108 oder UN 3110 in Dosen und Tuben, z.B. Härter für Polyesterharze	(D)	II	5.2	
9.1	6.1	I bis III	Abfälle, fest oder flüssig, mit Quecksilberverbindungen	(C/E)	I	6.1	Netzmittellösung
9.2	8	III	Abfälle, die metallisches Quecksilber enthalten Bem.: Dieser Gruppe dürfen auch Gegenstände mit Quecksilber beigegeben werden.	(E)	III	8	
9.3	6.1	I bis III	Abfälle mit Cyanidgehalt, z.B. Gold- und Silberputzmittel	(C/E)	I	6.1	
9.4	6.1	I bis III	Feste und flüssige Abfälle mit giftigen Stoffen, nicht ätzend und nicht entzündbar	(C/E)	I	6.1	
9.5	6.1	I bis III	Feste und flüssige Abfälle mit giftigen Stoffen, ätzend	(C/E)	I	6.1 + 8	
9.6	6.1	I und II	Feste und flüssige Abfälle mit organischen giftigen Stoffen, entzündbar	(C/D)	I	6.1 + 3	
9.7	6.1	I bis III	Feste und flüssige Pflanzenschutz- und Schädlingsbekämpfungsmittel, ausgenommen solche der Abfallgruppe 7	(C/E)	I	6.1	

GGAV

Abfall-/ Untergruppe	Klasse(n)	Verpackungsgruppe(n) oder für Klasse 2: Klassifizierungscode	Benennung	Angaben im Beförderungspapier Tunnelbeschränkungscode	Verpackungsgruppe	Gefahrzettelmuster Nummer	Die chemische Verträglichkeit der Werkstoffe der Verpackungen aus Kunststoff muss mindestens gegenüber folgenden Standardflüssigkeiten gegeben sein
(1)	(2)	(3)	(4)	(5)	(6)	(7)	(8)
10.1	8	II I und II II	Abfälle mit Salpetersäure (UN 2031), Nitriersäuremischungen (UN 1796 und UN 1826) und/oder Perchlorsäure (UN 1802), z.B. bestimmte Reinigungsmittel Bem. 1: Mischungen aus Salpetersäure und Salzsäure der UN 1798 sind zur Beförderung nicht zugelassen. Bem. 2: Chemisch instabile Nitriersäuremischungen, nicht denitriert, sind zur Beförderung nicht zugelassen. Bem. 3: Perchlorsäure, wässerige Lösungen mit mehr als 72 Masse-% reiner Säure, sind zur Beförderung nicht zugelassen.	(E)	I	8	Salpetersäure, 55 %, Netzmittellösung
11.1	8	II	Abfälle mit Schwefelsäure, z.B. bestimmte Reinigungsmittel, Biersteinentfernerpasten, Bleisulfat Bem.: Chemisch instabile Mischungen von Abfallschwefelsäure sind zur Beförderung nicht zugelassen.	(E)	II	8	Netzmittellösung
11.2	8	II	Abfälle mit Flusssäurelösungen, z.B. bestimmte Reinigungsmittel	(E)	II	8 + 6.1	
11.3	8	I bis III	Flüssige Abfälle mit ätzenden, giftigen Stoffen	(C/D)	I	8 + 6.1	
11.4	8	I bis III	Wässerige Lösungen von Halogenwasserstoffen (ausgenommen Fluorwasserstoff), saure fluorhaltige Stoffe, flüssige Halogenide und andere flüssige halogenierte Stoffe (ausgenommen der Fluorverbindungen, die in Berührung mit feuchter Luft oder Wasser saure Dämpfe entwickeln), flüssige Carbonsäuren und ihre Anhydride, sowie flüssige Halogencarbonsäuren und ihre Anhydride, Alkyl- und Arylsulfonsäuren, Alkylschwefelsäuren und organische Säurehalogenide, wie Salzsäure, Phosphorsäure, Essigsäure, Chlorsulfonsäure, Ameisensäure, Chloressigsäure, Propionsäure, Toluolsulfonsäuren, Thionylchlorid	(E)	I	8	
12.1	8	I bis III	Feste Halogenide und andere feste halogenierte Stoffe (ausgenommen der Fluorverbindungen, die in Berührung mit feuchter Luft oder Wasser saure Dämpfe entwickeln) und feste Hydrogensulfate, wie Eisentrichlorid, wasserfrei; Zinkchlorid, wasserfrei; Aluminiumchlorid, wasserfrei; Phosphorpentachlorid	(E)	I	8	
12.2	8	I bis III	Feste Abfälle mit ätzenden, giftigen Stoffen	(E)	I	8 + 6.1	

GGAV

Abfall-/ Unter-gruppe	Klasse(n)	Verpa-ckungs-gruppe(n) oder für Klasse 2: Klassifi-zierungs-code	Benennung	Angaben im Beförderungspapier		Gefahrzettel-muster Nummer	Die chemische Verträglichkeit der Werkstoffe der Verpackungen aus Kunststoff muss mindestens gegenüber folgenden Standardflüssigkeiten gegeben sein
				Tunnel-be-schrän-kungs-code	Verpa-ckungs-gruppe		
(1)	(2)	(3)	(4)	(5)	(6)	(7)	(8)
13.1	8	III	Abfälle mit wässerigen Ammoniaklösungen mit höchstens 35 % Ammoniak	(E)	III	8	Wasser, Netzmittellösung
13.2	8	I bis III	Übrige feste und flüssige basische Abfälle (ausgenommen UN 2029), z.B. bestimmte Reinigungsmittel mit Natrium- und/oder Kaliumhydroxid sowie Natronkalk, Brünierungsmittel mit Natrium- und/oder Kaliumsulfid (Geschirrspülmittel oder Entkalker mit Natriummetasilicat, Kalkmilch mit Calciumhydroxid)	(E)	I	8	
13.3	8	III	Abfälle von Formaldehydlösungen, z.B. bestimmte Reinigungsmittel, Desinfektionsmittel	(E)	III	8	
14.1	8	II und III	Abfälle mit Chlorit- und Hypochloritlösungen, z.B. bestimmte Chlorbleichlaugen, Lösungen von Schwimmbadchlorierungsmitteln der Abfallgruppe 8	(E)	II	8	Salpetersäure, 55 %, Netzmittellösung
14.2	5.1	II und III	Abfälle, die entzündend (oxidierend) wirkende flüssige Stoffe enthalten	(E)	II	5.1	
14.3	5.1	II und III	Abfälle mit Wasserstoffperoxid-Lösungen, z.B. bestimmte Reinigungsmittel, Haarfärbemittel	(E)	II	5.1 + 8	
14.4	5.1	II und III	Abfälle, die entzündend (oxidierend) wirkende Stoffe, flüssig, giftig enthalten	(E)	II	5.1 + 6.1	
15.1			Nicht identifizierbare gefährliche Abfälle Bem.: Für diese Abfälle gelten besondere Vorschriften, siehe Nummern 2.6, 2.8 und 4.3 dieser Ausnahme.	(B/E)		Kennzeichnung gemäß 5.2.1.10.1 Zusätzlich ist auf mindestens 2 Seiten dauerhaft die Aufschrift „Gefahrgut, nicht identifiziert" anzubringen.	

2.5 Sonstige Vorschriften

Die Abfälle dürfen bei Sammlungen nur in kleinen Anlieferungsgefäßen bis zu 60 Liter Fassungsraum oder 60 Kilogramm Masse unter Aufsicht einer fachkundigen Person in die Verpackungen und Großpackmittel (IBC) eingegeben werden.

Die Abfälle sind in die folgenden Verpackungen zu verpacken, die für feste Stoffe der Verpackungsgruppe I bauartzugelassen sind:

a) Fässer oder Kanister aus Kunststoff der Codierung 1H2 oder 3H2,

b) Fässer oder Kanister aus Stahl der Codierung 1A2 oder 3A2,

c) Kisten aus Stahl oder starren Kunststoffen der Codierung 4A oder 4H2 oder

d) zusammengesetzte Verpackungen mit einem dicht anliegenden eingesetzten Innenbehälter aus geeignetem Kunststoff als Innenverpackung und Kisten aus Stahl oder Aluminium der Codierung 4A oder 4B als Außenverpackung.

Es sind die Bedingungen für feste Stoffe der Verpackungsgruppe I anzuwenden.

GGAV

Bei der Verwendung von zusammengesetzten Verpackungen mit einer Kiste aus Pappe der Codierung 4GW als Außenverpackung für die Beförderung von Stoffen der Abfallgruppen 1, 6, 7, 8, 9, 12 und 13 müssen folgende Anforderungen erfüllt werden:
a) Verwendung einer nassfesten Verklebung für die Wellpappe,
b) erfolgreiche Bauartprüfung als zusammengesetzte Verpackung mit Ersatzfüllgut und Originalfüllgut (z.B. Gefäß, klein, mit Gas (Gaspatrone)),
c) Bauartprüfung mit der doppelten Nettomasse wie zugelassen,
d) zusätzliche Kennzeichnung mit dem Herstellungsmonat,
e) Verwendungsbegrenzung der Verpackung auf ein Jahr nach ihrer Herstellung für den einmaligen Transport und
f) Bestehen der Permeationsprüfung in Analogie zu Unterabschnitt 6.1.5.7 ADR/RID.

Innenverpackungen von zusammengesetzten Verpackungen dürfen die gleiche höchstzulässige Füllmenge wie die Außenverpackung besitzen.

2.6 Abfälle der Abfallgruppe 15 sind im jeweiligen Anlieferungsgefäß mit inerten Saug- und Füllstoffen einzusetzen in eine Kiste aus Holz der Codierung 4C1, 4C2, 4D oder 4F, aus Pappe der Codierung 4G, aus starren Kunststoffen der Codierung 4H2, in Säcke aus Kunststofffolie der Codierung 5H4 oder in Fässer aus Kunststoff der Codierung 1H2, die mindestens nach der Verpackungsgruppe II bauartgeprüft, -zugelassen und gekennzeichnet sein müssen. Diese Kisten, Säcke oder Fässer sind einzeln oder zu mehreren in Kisten aus Stahl, Aluminium oder starrem Kunststoff der Codierung 4A, 4B, 4H2 oder in Fässern aus Stahl oder Kunststoff der Codierung 1A2, 1H2, die bauartgeprüft, -zugelassen und gekennzeichnet sind, zu verpacken.

2.7 Die Abfälle der Abfallgruppen/Abfalluntergruppen 1, 2.1, 5, 6, 7, 8, 13 und 14 in Anlieferungsgefäßen dürfen auch in Großpackmitteln (IBC) aus Stahl mit abnehmbarem Deckel oder in Kombinations-IBC mit Innenbehältern aus starrem Kunststoff verpackt werden.
Außerdem dürfen auch Kombinations-IBC mit Kunststoffinnenbehältern nach Kapitel 6.5 ADR/RID verwendet werden. Diese Großpackmittel (IBC) müssen für feste Stoffe der Verpackungsgruppe II bauartgeprüft, -zugelassen und gekennzeichnet sein.

2.8 Die Abfälle der Abfallgruppen/Abfalluntergruppen 2.2, 3, 4, 9, 10, 11, 12 und 15 in Anlieferungsgefäßen dürfen auch in metallenen Großpackmitteln (IBC) der Verpackungsgruppe I verpackt werden.

2.9 Die Verschlüsse der Anlieferungsgefäße sind vor der Eingabe in die Verpackungen und Großpackmittel (IBC) auf Dichtheit zu kontrollieren.

2.10 Bei zerbrechlichen, beschädigten oder nicht ordnungsgemäß verschlossenen Anlieferungsgefäßen sind inerte Saugstoffe so einzufüllen, dass die Freiräume zwischen den Anlieferungsgefäßen vollständig ausgefüllt sind.

2.11 Bei Verpackungen mit W-Codierung (z.B. „1H2W") müssen die Saugstoffe so bemessen sein, dass sie die gesamte Flüssigkeitsmenge bei einem eventuellen Freiwerden aufsaugen können. Bei festen Abfällen darf stattdessen das Anlieferungsgefäß in einen dicht zu verschließenden Beutel oder Sack aus Kunststofffolie verpackt werden.

2.12 Gefäße, klein, mit Gas (Gaspatronen), die eingedrückt, aber noch dicht sind, dürfen nur in Fässern, Kanistern oder Kisten aus Pappe (z.B. „4GW") mit inerten Füllstoffen verpackt werden. Teilentleerte und nicht funktionsfähige Gefäße, klein, mit Gas (Gaspatronen), der Klasse 2 Klassifizierungscode 5F, die entzündbare Gase enthalten, können auch unter folgenden Bedingungen befördert werden:
a) Sie sind so in Pappkisten einzusetzen, dass eine Bewegung und eine Belastung der Ventile vermieden werden.
b) Die Pappkisten müssen nach Kapitel 6.1 ADR/RID bauartgeprüft, -zugelassen und gekennzeichnet sein. Es gelten die Anforderungen der Verpackungsgruppe II.

2.13 Abfallfeuerlöscher der Abfalluntergruppe 1.3 dürfen auch in folgenden nicht bauartgeprüften und -zugelassenen Verpackungen befördert werden: Boxpaletten aus Metall oder Kunststoff sowie Gitterboxpaletten, wobei die Palette auch aus Holz bestehen darf.

2.14 Die Verpackungen und Großpackmittel (IBC) für Abfälle der Abfallgruppen 1 und 14 müssen mit einer Lüftungseinrichtung nach Unterabschnitt 4.1.1.8 ADR/RID ausgerüstet sein.

GGAV

2.15 Die Stoffe dürfen nur dann mit nicht dem ADR/RID/ADN unterliegenden Gütern zusammengepackt werden, wenn keine gefährlichen Reaktionen entstehen können.

Gefährliche Reaktionen sind:
a) eine Verbrennung und/oder eine Entwicklung beträchtlicher Wärme;
b) die Entwicklung von entzündbaren und/oder giftigen Gasen;
c) die Bildung von ätzenden flüssigen Stoffen;
d) die Bildung instabiler Stoffe.

3 Verantwortlichkeiten

3.1 Bei Abfallsammelaktionen hat eine fachkundige Aufsichtsperson die Pflichten nach den §§ 18, 21 und 22 der GGVSEB zu erfüllen.

3.2 Die fachkundige Aufsichtsperson muss in der Lage sein,
a) die Abfälle nach ihren gefährlichen Eigenschaften sowie im Hinblick auf Maßnahmen bei Zwischenfällen oder Unfällen zu beurteilen und
b) die Vorschriften dieser Ausnahme und der GGVSEB anzuwenden.

3.3 Bei der Eisenbahnbeförderung hat der Verlader nach § 21 Absatz 3 der GGVSEB die Güterwagen – entsprechend der verladenen Güter – auf beiden Längsseiten mit den zutreffenden Großzetteln (Placards) nach der Spalte 7 der Tabelle in Nummer 2.4 und zusätzlich mit einem Rangierzettel nach Muster 13 nach Unterabschnitt 5.3.4.2 RID zu versehen.

4 Sonstige Vorschriften

4.1 Die Versandstücke sind im Eisenbahnverkehr als Wagenladung mit gedeckten Wagen oder in Containern und im Straßenverkehr mit gedeckten oder bedeckten Fahrzeugen oder in Containern sowie im Binnenschiffsverkehr in Containern mit Schiffen mit wetterdicht schließenden Luken unter ausreichender Belüftung zu befördern.

4.2 Versandstücke der Codierungen 1A2, 1H2, 3A2, 3H2, 4A, 4B, 4H2, 11A und 11HZ1 dürfen im Straßenverkehr auch mit offenen Fahrzeugen befördert werden. Zur Ladungssicherung sind hierbei genau passende Gestelle und Vorrichtungen für die Versandstücke zu verwenden.

4.3 Versandstücke mit Abfällen der Abfallgruppe 15 sind abseits, das heißt nicht über, nicht unter und nicht unmittelbar neben den übrigen Versandstücken zu stauen und zu sichern.

4.4 Die Versandstücke sind so zu sichern, dass sie nicht verrutschen, verkanten, umfallen oder durch andere Versandstücke oder Gegenstände beschädigt werden können.

4.5 Beförderungen nach dieser Ausnahme müssen spätestens sechs Monate nach Befüllung der Verpackungen und Großpackmittel (IBC) abgeschlossen sein.

4.6 Ungereinigte leere Verpackungen (Anlieferungsgefäße) sind wie die Stoffe zu behandeln, deren Reste in ihnen enthalten sind.

5 Beförderungspapier

Im Beförderungspapier sind anzugeben:
a) Name und Anschrift des Absenders und Empfängers,
b) als Bezeichnung des Gutes:
   – Abfallgruppe(n) <<.....>>
   – Nummern der Gefahrzettelmuster <<.....>>
   – Verpackungsgruppe oder Klassifizierungscode <<.....>>
   – Tunnelbeschränkungscode <<.....>>

Bem.: Sofern nach Absatz 5.4.1.1.1 Buchstabe k) ADR erforderlich.

– Anzahl der Versandstücke und

– Beschreibung der Versandstücke

Anstelle von „<<.....>>" sind die entsprechenden Angaben gemäß der Tabelle in Nummer 2.4 einzutragen. Die Verpackungsgruppe ist hierbei der Spalte 6 zu entnehmen.

c) Zusätzlich ist zu vermerken: „Ausnahme 20".

6 Befristung

Die Ausnahme 20 ist bis zum 30. Juni 2027 befristet.

Ausnahme 21 (B, E, S)
Zusammenpacken von Patronen mit Waffenpflegemitteln

1 Zusammenpackungszulassung

1.1 Abweichend von § 1 Absatz 3 Nummer 1 bis 3 der GGVSEB in Verbindung mit Unterabschnitt 4.1.10.4 MP 23 ADR/RID und Kapitel 4.1 ADN dürfen

   a) Gegenstände mit Explosivstoff der Klassifizierung 1.4S, UN 0012, UN 0014 und UN 0323 mit UN 1950 Druckgaspackungen der Klasse 2, Klassifizierungscode 5A, 5F, 5O, 5T, 5TC, 5TF, 5TFC, 5TO und 5TOC, Kohlenwasserstoffen und deren Gemische der Klasse 3, UN 1136, UN 1147, UN 1288, UN 1299, UN 1300, UN 1307, UN 1918, UN 1920, UN 1999, UN 2046, UN 2048, UN 2049, UN 2052, UN 2055, UN 2057, UN 2247, UN 2286, UN 2303, UN 2319, UN 2324, UN 2325, UN 2330, UN 2364, UN 2368, UN 2520, UN 2541, UN 2618, UN 2709, UN 2850 und UN 3295 sowie UN 2831 1,1,1-Trichlorethan der Klasse 6.1 in der in Nummer 2.1 beschriebenen Verpackung zusammengepackt werden.

   b) Gegenstände mit Explosivstoff der Klassifizierung 1.4S, UN 0012, UN 0014 und UN 0323 mit nicht der GGVSEB unterliegenden Gütern in der in Nummer 2.1 beschriebenen Verpackung zusammengepackt werden.

1.2 Die Mengengrenzen in Unterabschnitt 4.1.10.4 MP 7, MP 17 und MP 19 ADR/RID sind bei Beförderungen nach dieser Ausnahme zu beachten.

1.3 Die nach Nummer 1.1 zusammengepackten Stoffe und Gegenstände dürfen ohne besondere Mengenbegrenzung mit einem Binnenschiff, in einem Eisenbahnwagen oder in einem Straßenfahrzeug befördert werden.

2 Verpackung

2.1 Als Außenverpackung sind Kisten aus Stahl der Codierung 4A, Kisten aus Aluminium der Codierung 4B, Kisten aus Holz der Codierungen 4C1, 4C2, 4D oder 4F oder Kisten aus Pappe der Codierung 4G zu verwenden.

2.2 Bauartprüfung

Bei der Bauartprüfung sind die Vorschriften für feste Stoffe der Verpackungsgruppe II anzuwenden.

3 Sonstige Vorschriften

Ein Versandstück darf nicht schwerer als 100 Kilogramm sein.

4 Angaben im Beförderungspapier

Zusätzlich zu den sonst vorgeschriebenen Angaben ist zu vermerken: „Ausnahme 21".

5 Befristung

Die Ausnahme 21 ist bis zum 30. Juni 2027 befristet.

GGAV

Ausnahme 22 (E, S)
Saug-Druck-Tanks

1 Abweichend von § 1 Absatz 3 Nummer 1 und 2 der GGVSEB in Verbindung mit Kapitel 6.10 ADR/RID dürfen gefährliche Güter der Klassen 3, 4.1, 5.1, 6.1, 8 und 9

a) in festverbundenen Tanks (Tankfahrzeugen),
b) in Aufsetztanks,
c) in Tankcontainern,

die als Saug-Druck-Tanks nach der Gefahrgutverordnung Straße vom 12. Dezember 1996 (BGBl. I S. 1886) in Verbindung mit Anhang B.1a oder B.1b der Anlage B zum ADR in der Fassung der 13. ADR-Änderungsverordnung vom 17. Juli 1996 (BGBl. II S. 1178) und in Verbindung mit der Ausnahme Nr. 63 der GGAV vom 23. Juni 1993 zugelassen worden sind, weiterhin befördert werden.

Die Beförderung ist auf die Stoffe begrenzt, denen in Kapitel 3.2 Tabelle A Spalte 12 ADR/RID die Tankcodierung L4BH oder S4AH oder eine andere gemäß der Hierarchie in Absatz 4.3.4.1.2 ADR/RID zugelassene Tankcodierung zugeordnet ist. Die für bestimmte Stoffe in Kapitel 3.2 Tabelle A Spalte 13 ADR/RID aufgeführten Sondervorschriften sind, soweit zutreffend, einzuhalten.

2 **Sonstige Vorschriften**

a) Bei Beförderung von Stoffen mit einem Flammpunkt von höchstens 60 Grad Celsius und solchen, die auf oder über ihren Flammpunkt erwärmt verladen oder befördert werden, darf eine Vermischung mit entzündend (oxidierend) wirkenden Stoffen nicht erfolgen.

b) Die Tanks sind nach jeder Benutzung zu reinigen und vor der erneuten Befüllung auf Schäden zu untersuchen. Dies gilt auch für die Armaturen und Dichtungen. Werden in festverbundenen Tanks und Aufsetztanks bei aufeinanderfolgenden Beförderungen die gleichen Stoffe befördert, sind die Tanks nach der ersten Beförderung und danach in Abständen von längstens sieben Tagen zu reinigen und zu untersuchen.

3 **Angaben in der ADR-Zulassungsbescheinigung, im Prüfbericht und im Beförderungspapier**

In der ADR-Zulassungsbescheinigung für Tankfahrzeuge nach Unterabschnitt 9.1.3.1 ADR ist unter Nummer 11 Bemerkungen anzugeben: „Ausnahme 22". In den Prüfbescheinigungen für festverbundene Tanks, Aufsetztanks und Tankcontainer nach Absatz 6.8.2.4.5 ADR/RID ist zusätzlich zu vermerken: „Ausnahme 22".

Bei Beförderungen in Tankcontainern ist im Beförderungspapier nach Abschnitt 5.4.1 ADR/RID zusätzlich zu vermerken: „Ausnahme 22".

Ausnahme 23
– offen –

Ausnahme 24 (S)
Beförderung von ungereinigten leeren Eichnormalen

1 Abweichend von § 1 Absatz 3 Nummer 1 der GGVSEB in Verbindung mit den Vorschriften des ADR

a) für die Klasse 2, UN 1011 BUTAN, UN 1012 BUT-1-EN, UN 1077 PROPEN, UN 1965 KOHLENWASSERSTOFFGAS, GEMISCH, VERFLÜSSIGT, N.A.G. (Gemisch A, A 01, A 02, A 0, A 1, B 1, B 2, B oder C), UN 1969 ISOBUTAN, UN 1971 METHAN, VERDICHTET oder ERDGAS, VERDICHTET, UN 1972 METHAN, TIEFGEKÜHLT, FLÜSSIG oder ERDGAS, TIEFGEKÜHLT, FLÜSSIG und UN 1978 PROPAN,

b) für die Klasse 3, Klassifizierungscode F1, Verpackungsgruppe II und III und

c) für flüssige Stoffe der Klasse 9

dürfen ungereinigte leere Eichnormale unter Einhaltung der nachfolgenden Bestimmungen befördert werden.

2 Vorschriften für die Beförderung von ungereinigten leeren Eichnormalen mit einem Fassungsraum von höchstens 1 000 Liter

2.1 Die Vorschriften für ungereinigte leere Gefäße der Unterabschnitte 4.1.1.1, 4.1.1.11 und 5.1.3.1 sowie des Absatzes 5.4.1.1.6.2.1 ADR sind einzuhalten.

2.2 Ungereinigte leere Eichnormale mit einem Einzelfassungsraum der Gefäße von höchstens 450 Liter gelten als Verpackung im Sinne des Unterabschnitts 1.1.3.1 Buchstabe c ADR.

2.3 Schriftliche Weisungen nach Abschnitt 5.4.3 ADR sind bei jeder Beförderung mitzuführen.

2.4 Die Eichnormale sind an beiden Seiten deutlich und dauerhaft mit der zutreffenden UN-Nummer, der die Buchstaben „UN" vorangestellt werden, und mit den zutreffenden Gefahrzetteln nach Absatz 5.2.2.2.2 ADR zu kennzeichnen.

2.5 Die Fahrzeuge mit Eichnormalen sind mit orangefarbenen Tafeln nach Absatz 5.3.2.1.1 ADR zu kennzeichnen.

2.6 Die Vorschriften des Kapitels 1.3, der Abschnitte 7.5.7, 8.1.1 und 8.1.4, des Unterabschnitts 8.2.1.1 in Verbindung mit 8.2.1.2 sowie der Kapitel 8.3 und 8.5 S2 Absatz 1 ADR sind einzuhalten.

3 Vorschriften für die Beförderung von ungereinigten leeren Eichnormalen mit einem Fassungsraum über 1 000 Liter und Fahrzeuge, die ungereinigte leere Eichnormale mit einem Fassungsraum über 1 000 Liter befördern

3.1 Die Eichnormale für flüssige Stoffe sind entleert und drucklos und die Eichnormale für Gase sind entleert und mit einem Inertgas beaufschlagt zu befördern. Alle Öffnungen für das Befüllen und für das Entleeren müssen dicht verschlossen sein.

3.2 Die Be- und Entlüftungsöffnungen müssen mit einer flammendurchschlagsicheren Armatur ausgerüstet sein.

3.3 Schriftliche Weisungen nach Abschnitt 5.4.3 ADR sind bei jeder Beförderung mitzuführen, nicht jedoch die darin aufgeführte Ausrüstung.

3.4 Die Eichnormale sind an beiden Seiten deutlich und dauerhaft mit der zutreffenden UN-Nummer, der die Buchstaben „UN" vorangestellt werden, sowie mit dem Kennzeichen für umweltgefährdende Stoffe nach Absatz 5.2.1.8.3 und mit den zutreffenden Gefahrzetteln nach Absatz 5.2.2.2.2 ADR zu kennzeichnen. Diese Kennzeichnungen sind nicht erforderlich, wenn das Fahrzeug bereits mit Kennzeichnungen nach den Nummern 3.5 und 3.6 versehen ist, und die Eichnormale mit dem Fahrzeug fest verbunden sind.

3.5 Die Fahrzeuge mit Eichnormalen mit einem Fassungsraum über 1 000 Liter sind mit dem Kennzeichen für umweltgefährdende Stoffe nach Abschnitt 5.3.6 und mit Großzetteln nach Abschnitt 5.3.1 ADR an beiden Längsseiten und hinten zu versehen.

3.6 Die Beförderungseinheiten sind vorn und hinten nach Absatz 5.3.2.1.2 ADR mit orangefarbenen Tafeln mit der Nummer zur Kennzeichnung der Gefahr und der UN-Nummer für den Stoff, der zuletzt in den Eichnormalen enthalten war, zu kennzeichnen.

GGAV

3.7 Die Eichnormale sind erstmalig vor Inbetriebnahme sowie wiederkehrend mindestens alle drei Jahre von einer Stelle nach § 12 der GGVSEB einer äußeren und inneren Prüfung sowie einer Dichtheitsprüfung mit Wasser ohne Überdruck zu unterziehen. Über die Prüfung hat die Überwachungsstelle eine Bescheinigung auszustellen, die bei jeder Beförderung mitzuführen ist.

3.8 Zusätzlich zu den Vorschriften nach Nummer 2.6 sind die Vorschriften der Absätze 4.3.2.3.6, 4.3.2.4.1, 4.3.2.4.2, 4.3.4.2.2 und 6.8.2.1.27, des Abschnitts 7.5.10, des Unterabschnitts 8.2.1.1 in Verbindung mit 8.2.1.3, des Kapitels 8.5 S2 Absatz 2 und 3 sowie des Abschnitts 9.7.4 ADR einzuhalten.

3.9 Die Fahrzeuge für die Beförderung von Eichnormalen müssen den Bau- und Zulassungsvorschriften für Fahrzeuge FL nach Teil 9 des ADR entsprechen.

3.10 In der ADR-Zulassungsbescheinigung nach Unterabschnitt 9.1.3.1 ADR darf unter Nummer 9 auf die Angabe zu den Nummern 9.2, 9.5 und 9.6 verzichtet werden. Unter Nummer 11 ist anzugeben: „Ausnahme 24".

4 Sonstige Vorschriften

Die übrigen Vorschriften des ADR finden keine Anwendung.

5 Befristung

Die Ausnahme 24 ist bis zum 30. Juni 2027 befristet.

25 Ausnahme 25
– offen –

26 Ausnahme 26
– offen –

27 Ausnahme 27
– offen –

28 Ausnahme 28 (E, S)
Zusammenladung von Automobilteilen der Klassifizierung 1.4G mit gefährlichen Gütern

1 Abweichend von § 1 Absatz 3 Nummer 1 und 2 der GGVSEB in Verbindung mit Unterabschnitt 7.5.2.1 ADR/RID dürfen Automobilteile

– UN 0431, PYROTECHNISCHE GEGENSTÄNDE für technische Zwecke sowie
– UN 0503 SICHERHEITSEINRICHTUNGEN, PYROTECHNISCH

der Klasse 1, Klassifizierungscode 1.4G mit den in der nachfolgenden Tabelle dargestellten Gefahrgütern der Klassen 2, 3, 8 und 9 unter Einhaltung der Bedingungen der Nummern 2 bis 6 zusammengeladen werden.

GGAV

2 Tabelle der Gefahrgüter

UN-Nummer	Benennung und Beschreibung	Klasse / Klassifizierungscode	Verpackungsgruppe	Höchstzulässige Gesamtmenge je Beförderungseinheit/ Wagen/ Container
1	2	3	4	5
1090	ACETON	3/F1	II	333 l
1133	KLEBSTOFFE	3/F1	II und III	333 / 1 000 l
1139	SCHUTZANSTRICHLÖSUNG	3/F1	II und III	333 / 1 000 l
1170	ETHANOL, LÖSUNG	3/F1	II	333 l
1173	ETHYLACETAT	3/F1	II	333 l
1219	ISOPROPANOL (ISOPROPYLALKOHOL)	3/F1	II	333 l
1263	FARBE oder FARBZUBEHÖRSTOFFE	3/F1	II und III	333 / 1 000 l
1268	ERDÖLDESTILLATE, N.A.G. oder ERDÖLPRODUKTE, N.A.G.	3/F1	II	333 l
1300	TERPENTINÖLERSATZ	3/F1	III	1 000 l
1805	PHOSPHORSÄURE, LÖSUNG	8/C1	III	1 000 l
1866	HARZLÖSUNG, entzündbar	3/F1	II und III	333 / 1 000 l
1950	DRUCKGASPACKUNGEN entzündbar, bis max. 1 l Fassungsraum	2/5F	–	333 kg
1987	ALKOHOLE, N.A.G.	3/F1	III	1 000 l
1993	ENTZÜNDBARER FLÜSSIGER STOFF, N.A.G.	3/F1	II und III	333 / 1 000 l
2735	AMINE, FLÜSSIG, ÄTZEND, N.A.G. oder POLYAMINE, FLÜSSIG, ÄTZEND, N.A.G.	8/C7	III	1 000 l
2796	SCHWEFELSÄURE, mit höchstens 51 % Säure oder BATTERIEFLÜSSIGKEIT, SAUER	8/C1	II	333 l
2797	BATTERIEFLÜSSIGKEIT, ALKALISCH	8/C5	II	333 l
3077	UMWELTGEFÄHRDENDER STOFF, FEST, N.A.G.	9/M7	III	1 000 kg
3082	UMWELTGEFÄHRDENDER STOFF, FLÜSSIG, N.A.G.	9/M6	III	1 000 l

3 Verpackung

Die Stoffe und Gegenstände sind in geprüften und zugelassenen Verpackungen nach Kapitel 4.1 ADR/RID zu verpacken.

4 Höchstzulässige Gesamtmenge je Beförderungseinheit oder Wagen

Die Gesamtmenge aller gefährlichen Güter in einer Beförderungseinheit oder in einem Wagen darf die höchstzulässige Menge von 1 000 Kilogramm oder 1 000 Liter oder einer entsprechenden Summe beider Maßeinheiten nicht überschreiten. Bei der Berechnung sind die Mengen der gefährlichen Güter, deren Höchstmenge in der Tabelle in Nummer 2 auf 333 Liter oder 333 Kilogramm begrenzt ist, mit dem Faktor 3 zu multiplizieren.

5 Sonstige Vorschriften

Die sonstigen, für die Beförderung von UN 0431 PYROTECHNISCHE GEGENSTÄNDE für technische Zwecke sowie UN 0503 SICHERHEITSEINRICHTUNGEN, PYROTECHNISCH der Klasse 1, Klassifizierungscode 1.4G geltenden Vorschriften sind einzuhalten.

6 Angaben im Beförderungspapier

Zusätzlich zu den sonst vorgeschriebenen Angaben ist zu vermerken: „Ausnahme 28".

7 Befristung

Die Ausnahme 28 ist bis zum 30. Juni 2027 befristet.

29	**Ausnahme 29** – offen –	29

GGAV

Ausnahme 30
– offen –

Ausnahme 31 (S)
Prüfungsfahrten bei technischen Untersuchungen

1 Abweichend von § 1 Absatz 3 Nummer 1 der GGVSEB in Verbindung mit Unterabschnitt 8.2.1.1 ADR müssen die nach § 14 Absatz 4 und 5 der GGVSEB zuständigen Sachverständigen und die Mitarbeiter der Technischen Dienste nicht im Besitz einer Bescheinigung über die Fahrzeugführerschulung sein, wenn die nachfolgenden Bestimmungen eingehalten werden.

2 Bei Prüfungsfahrten im Zusammenhang mit der Durchführung von Untersuchungen nach den §§ 19, 21 und 29 der Straßenverkehrs-Zulassungs-Ordnung sowie technischen Untersuchungen gemäß Teil 9 ADR müssen die Personen von einem Inhaber der vorgenannten Bescheinigung begleitet werden. Der Inhaber der Bescheinigung ist verantwortlich für die Einhaltung der Gefahrgutvorschriften im Sinne der §§ 28 und 29 Absatz 1 bis 4 der GGVSEB.

3 **Befristung**
Die Ausnahme ist bis zum 30. Juni 2027 befristet.

Ausnahme 32 (S, E)
Beförderungen durch zivile Unternehmen im Auftrag und unter der Verantwortung der Bundeswehr

1 Abweichend von § 1 Absatz 3 Nummer 1 in Verbindung mit § 5 Absatz 6 der GGVSEB dürfen folgende Allgemeine Ausnahmegenehmigungen der Bundeswehr zur Gefahrgutverordnung Straße, Eisenbahn und Binnenschifffahrt (GGVSEB) *) auch durch zivile Unternehmen angewendet werden, die im Auftrag und unter der Verantwortung der Bundeswehr gefährliche Güter befördern:

a)	Bw 01 (S, E) AGGABw	„Mitführen" gefährlicher Güter auf der Straße und der Eisenbahn mit Fahrzeugen der Bundeswehr
b)	Bw 17 (S, E) AGGABw	Kennzeichnung von Gegenständen/Versandstücken gefährlicher Güter mit Gefahrzetteln geringerer Größe
c)	Bw 21 (S, E) AGGABw	Beförderung gefährlicher Güter Klasse 1 in (alt-)palettierten Versandstücken/geeigneten Handhabungseinrichtungen; keine Kennzeichnung mit Gefahrzetteln Nr. 8; Kennzeichnung mit Gefahrzetteln geringerer Abmessungen
d)	Bw 23 (S, E) AGGABw	Zusammenpacken von Gegenständen der Klasse 1 mit nicht gefährlichen Gütern (Zubehör)
e)	Bw 24 (S, E) AGGABw	Keine Mitnahme der Genehmigung zur Beförderung von n.a.g.-Gütern und Feuerwerkskörpern der Klasse 1
f)	Bw 25 (S) AGGABw	Beförderung von Resten oder Komponenten gefährlicher Güter Klasse 1, die beim Verschuss anfallen
g)	Bw 27 (S, E) AGGABw	Verpackungen für militärische Güter der Klasse 1
h)	Bw 29 (S) AGGABw	Beförderung von Resten und/oder Komponenten gefährlicher Güter der Klasse 1 in Originalverpackungen unter Verzicht auf die vorgeschriebene Metallbebänderung.

*) Die Allgemeinen Ausnahmegenehmigungen können auch beim Bundesamt für Infrastruktur, Umweltschutz und Dienstleistungen der Bundeswehr, Abteilung gesetzliche Schutzaufgaben, Referat Grundsatz Gefahrgutwesen (BAUIDBw GS III 1), Fontainengraben 200, Postfach 29 63, 53123 Bonn, angefordert werden.

GGAV

2 Angaben im Beförderungspapier

Zusätzlich zu den sonst vorgeschriebenen Angaben ist zu vermerken: „Ausnahme 32 (BwXX)", wobei XX der Nummer der Allgemeinen Ausnahmegenehmigung der Bundeswehr gemäß Nummer 1 Buchstaben a bis h entspricht.

33 — Ausnahme 33 (M)
Beförderung gefährlicher Güter auf Fährschiffen, die Küstenschifffahrt betreiben

1 Abweichend von § 3 Absatz 1 der GGVSee dürfen gefährliche Güter auf Fährschiffen, die Küstenschifffahrt im Sinne des § 1 der Verordnung über die Küstenschifffahrt vom 5. Juli 2002 (BGBl. I S. 2555), die zuletzt durch Artikel 176 des Gesetzes vom 29. März 2017 (BGBl. I S. 626) geändert worden ist, betreiben, sowie auf der Fährstrecke Eemshaven/Borkum befördert werden, wenn die nachfolgenden Bestimmungen beachtet werden.

2 Anwendungsbereich

Mit Ausnahme der unter Nummer 3 genannten gefährlichen Güter dürfen gefährliche Güter in CTU nur befördert werden, wenn

a) sie den Klassen 1 bis 9 ADR oder IMDG-Code zugeordnet und zur Beförderung zugelassen sind und

b) während der gesamten Dauer der Beförderung eine Wellenhöhe von nicht mehr als 1,5 Meter zu erwarten ist. Der Schiffsführer sorgt eigenverantwortlich für die Einhaltung dieser Bedingung.

3 Von der Ausnahme ausgenommene gefährliche Güter

Es dürfen nicht befördert werden:

a) Güter der Klasse 1, ausgenommen UN 0336, UN 0337, UN 0431 und UN 0503,

b) Güter der Klasse 5.2,

c) Güter der Klassen 4.1, 4.2, 4.3, 6.1 und 8, die der Verpackungsgruppe I zugeordnet sind.

4 Eignungsbescheinigung

Für die Fährschiffe muss eine Bescheinigung des Germanischen Lloyds vorliegen, aus der ersichtlich ist, dass das betreffende Schiff CTU des Straßenverkehrs oder andere rollbare CTU befördern darf. In der Bescheinigung ist der Stellplatz so festzulegen, dass rund um die CTU ein Schutzbereich von mindestens 1 Meter frei und begehbar bleibt. Zu den Maschinenräumen, Ventilatorein- und -austritten, sonstigen Zugängen zu Unterdecksräumen, sonstigen Decksöffnungen und zur Begrenzung des Maschinenraumdecks muss mindestens ein Abstand von 1 Meter eingehalten werden. Satz 3 gilt nicht für explosionsgeschützte Zugänge und Öffnungen.

5 Feuerlöscheinrichtungen

Der Teil des Fährschiffes, der in der Bescheinigung nach Nummer 4 als Stellplatz für CTU mit gefährlichen Gütern zugelassen ist, muss von Strahlrohren mit einfacher Schlauchlänge erreicht werden können. Alle Strahlrohre müssen zugelassene Mehrzweckstrahlrohre (z.B. Sprüh-/Vollstrahlrohre) mit Absperrung sein. Sofern die Eigenschaften der gefährlichen Güter es erfordern, sind außerdem entsprechende Löschmittel mitzuführen. Zusätzlich müssen zwei mobile Luft-Schaum-Feuerlöscheinrichtungen, bestehend aus Zumischer, Luftschaumrohr mit mindestens 400 Liter/Minute Wasserdurchsatz und transportablen Behältern für Schaummittel, oder gleichwertige Feuerlöscheinrichtungen vorhanden sein. Die mitzuführende Schaummittelmenge muss je Löscher mindestens 300 Liter betragen. Die Feuerlöscheinrichtungen müssen bis zur Entladung der Fährschiffe mit CTU, die gefährliche Güter enthalten, einsatzbereit sein.

GGAV

6 Mengengrenzen

Es darf höchstens eine kennzeichnungspflichtige CTU des Straßenverkehrs (Beförderungseinheit im Sinne des Abschnitts 1.2.1 ADR) oder eine andere rollbare CTU mit gefährlichen Gütern je Fahrt befördert werden. Die gefährlichen Güter müssen hinsichtlich ihrer Klassifizierung, Verpackung, Kennzeichnung, Bezettelung und der Begleitpapiere dem jeweils gültigen ADR entsprechen. Enthalten die CTU gefährliche Güter innerhalb der Mengengrenzen der Tabelle in Unterabschnitt 1.1.3.6 ADR oder gefährliche Güter, die nach Unterabschnitt 1.1.3.1 Buchstabe c ADR freigestellt sind, hat der Fahrzeugführer den Schiffsführer über die Art und Menge der gefährlichen Güter vor Antritt der Fahrt zu informieren.

7 Meldepflicht

Werden gefährliche Güter freigesetzt, muss die dem Ort des Gefahreneintritts nächstgelegene zuständige Behörde mit Benennung, Klasse und Menge der gefährlichen Güter unverzüglich informiert werden.

8 Sicherungsmaßnahmen

Der Schiffsführer hat durch geeignete Maßnahmen dafür zu sorgen, dass der Stellplatz der CTU mit gefährlichen Gütern einschließlich des freien Schutzbereichs nach Nummer 4 von Unbefugten nicht betreten wird.

Die Beförderungseinheiten sind gegen Wegrollen und Wegrutschen durch Anziehen der Feststellbremse, Unterlegen von Keilen vor und hinter mindestens je einem Rad an allen Achsen, und weitere Sicherungsmaßnahmen (z.B. Einlegen des 1. Ganges) zu sichern.

9 Angaben im Beförderungspapier

Zusätzlich zu den sonst vorgeschriebenen Angaben ist zu vermerken: „Ausnahme 33".

10 Schriftliche Weisungen

Der Schiffsführer hat die schriftlichen Weisungen nach Abschnitt 5.4.3 ADR griffbereit auf der Brücke vorzuhalten.

11 Anlaufbedingungsverordnung

Die Anlaufbedingungsverordnung vom 18. Februar 2004 (BGBl. I S. 300), die zuletzt durch Artikel 3 der Verordnung vom 28. Juni 2016 (BGBl. I S. 1504) geändert worden ist, gilt mit der Maßgabe, dass Nummer 2.5 der Anlage zu § 1 Absatz 1 anzuwenden ist.

GGAV

Ausnahme 34 (M)
Beförderung gefährlicher Güter zur Offshore-Versorgung

Abweichend von § 3 Absatz 1 Nummer 1 der GGVSee dürfen gefährliche Güter auf Seeschiffen im Verkehr zu Offshore-Anlagen und -Baustellen unter Einhaltung der nachfolgenden Bestimmungen befördert werden:

1 Art der Beförderungsdurchführung

Die gefährlichen Güter werden von Unternehmen in Verbindung mit ihrer Haupttätigkeit als Lieferung oder Rücklieferung zu Offshore-Anlagen oder -Baustellen zum Zweck der Errichtung, des Betriebs, der Instandhaltung und der Wartung befördert.

2 Verpackung und Kennzeichnung von Versandstücken

2.1 Die gefährlichen Güter sind nach Kapitel 4.1 in Verbindung mit den Kapiteln 6.1, 6.2, 6.5 und 6.6 des IMDG-Codes oder des ADR/RID zu verpacken.

2.2 Die Versandstücke sind nach Kapitel 5.2 des IMDG-Codes oder des ADR/RID zu kennzeichnen und zu bezetteln. Die Kennzeichnung mit dem richtigen technischen Namen der gefährlichen Güter ist nicht erforderlich.

3 Dokumentation

3.1 Für alle an Bord befindlichen gefährlichen Güter müssen die auf die jeweiligen Stoffe und Gegenstände zutreffenden Sicherheitsdatenblätter mitgeführt werden. Dies gilt nicht für Gegenstände, für die kein Sicherheitsdatenblatt nach Artikel 31 in Verbindung mit Anlage II der Verordnung (EG) Nr. 1907/2006 des Europäischen Parlaments und des Rates vorgeschrieben ist.

3.2 Zusätzlich ist ein Verzeichnis mitzuführen, in dem die gefährlichen Güter mit folgenden Angaben aufgeführt sind:

a) die UN-Nummer, der die Buchstaben „UN" vorangestellt werden,

b) der richtige technische Name nach Spalte 2 der Gefahrgutliste des IMDG-Codes,

c) die Klasse der Hauptgefahr oder, falls zugeordnet, Unterklasse der Güter sowie bei Klasse 1 der Buchstabe der Verträglichkeitsgruppe,

d) die gegebenenfalls zugeordnete(n) Nummer(n) für die Klasse oder Unterklasse der Zusatzgefahr und

e) gegebenenfalls die dem Stoff oder Gegenstand zugeordnete Verpackungsgruppe.

4 Ladung

Die Versandstücke sind in geeignete und zugelassene Offshore-Container zu verladen, die den Anforderungen des Unterabschnitts 7.3.2.3 des IMDG-Codes entsprechen. Alternativ können Lagerschränke nach der DIN EN 14470-1:2004 verwendet werden. Die Güter sind unter Beachtung der Vorschriften des Abschnitts 7.3.3 des IMDG-Codes in die Container oder in die Lagerschränke zu stauen, mit der Ausnahme, dass anstelle der in Unterabschnitt 7.3.3.5 des IMDG-Codes in Bezug genommenen Trennvorschriften die Zusammenladeverbote nach den Abschnitten 7.5.2 und 7.5.4 des ADR Anwendung finden. Ist die Zusammenladung verboten, sind verschiedene Container oder Lagerschränke zu verwenden, die in einem Abstand von mindestens 0,5 m an Bord des Schiffes aufgestellt sind. Die Bestimmungen über die Kennzeichnung und Plakatierung in Unterabschnitt 7.3.3.13 erster Satz des IMDG-Codes und die Bestimmungen zum CTU-Packzertifikat in Unterabschnitt 7.3.3.17 des IMDG-Codes finden keine Anwendung.

5 Menge der Güter

Die Bruttomasse aller gefährlichen Güter darf 3000 kg nicht überschreiten, wobei die Bruttomasse der gefährlichen Güter, die der Verpackungsgruppe I zugeordnet sind sowie der gefährlichen Güter der Klassen 1 und 2.3, insgesamt 300 kg nicht überschreiten darf.

GGAV

6 Von der Freistellung ausgenommene Güter

Nicht befördert werden dürfen:

a) gefährliche Güter, die in Tanks befördert werden,

b) gefährliche Güter, deren Beförderung nach den Vorschriften des IMDG-Codes verboten ist oder für die die Verpackungsanweisung P 099 vorgeschrieben ist,

c) gefährliche Güter der Klasse 1 mit den Klassifizierungscodes 1.1 A, 1.1 L, 1.2 K, 1.2 L, 1.3 K und 1.3 L sowie der UN-Nummer 0190,

d) selbstzersetzliche Stoffe der Klasse 4.1, organische Peroxide der Klasse 5.2, polymerisierende Stoffe und entzündbare Gase und flüssige Stoffe mit einem Flammpunkt unter 23 °C, die unter Temperaturkontrolle zu befördern sind,

e) Stoffe der Klassen 4.1 und 5.2, die zusätzlich mit dem Gefahrzettel „EXPLOSIVE" Muster 1 zu versehen sind,

f) gefährliche Güter der Klasse 6.2, Kategorie A und

g) gefährliche Güter der Klasse 7 mit Ausnahme der UN-Nummern 2908, 2909, 2910 und 2911.

GbV

Verordnung über die Bestellung von Gefahrgutbeauftragten in Unternehmen (Gefahrgutbeauftragtenverordnung – GbV)

Vom 11. März 2019
(BGBl. I S. 304),

geändert durch Artikel 3 der 13. Verordnung
zur Änderung gefahrgutrechtlicher Verordnungen vom 26. März 2021
(BGBl. I S. 475)

§ 1
Geltungsbereich

(1) Die nachfolgenden Vorschriften gelten für jedes Unternehmen, dessen Tätigkeit die Beförderung gefährlicher Güter auf der Straße, auf der Schiene, auf schiffbaren Binnengewässern und mit Seeschiffen umfasst.

(2) Die in dem jeweiligen Abschnitt 1.8.3 des Übereinkommens vom 30. September 1957 über die internationale Beförderung gefährlicher Güter auf der Straße (ADR), der Anlage der Ordnung für die internationale Eisenbahnbeförderung gefährlicher Güter (RID) – Anhang C des Übereinkommens über den internationalen Eisenbahnverkehr (COTIF) und des Europäischen Übereinkommens über die internationale Beförderung von gefährlichen Gütern auf Binnenwasserstraßen (ADN) für die Beförderung gefährlicher Güter auf der Straße, auf der Schiene und auf schiffbaren Binnengewässern getroffenen Regelungen sind auch auf die Beförderung gefährlicher Güter mit Seeschiffen anzuwenden.

§ 2
Befreiungen

(1) Die Vorschriften dieser Verordnung gelten nicht für Unternehmen,

1. denen ausschließlich Pflichten als Fahrzeugführer, Triebfahrzeugführer, Schiffsführer, Besatzung in der Binnenschifffahrt, Betreiber einer Annahmestelle in der Binnenschifffahrt, Empfänger, Reisender, Hersteller und Rekonditionierer von Verpackungen, Wiederaufarbeiter von Verpackungen und Großpackmitteln (IBC) und als Stelle für Inspektionen und Prüfungen von IBC zugewiesen sind,
2. denen ausschließlich Pflichten als Auftraggeber des Absenders zugewiesen sind und die an der Beförderung gefährlicher Güter von nicht mehr als 50 Tonnen netto je Kalenderjahr beteiligt sind, ausgenommen radioaktive Stoffe der Klasse 7 und gefährliche Güter der Beförderungskategorie 0 nach Absatz 1.1.3.6.3 ADR,
3. denen ausschließlich Pflichten als Entlader zugewiesen sind und die an der Beförderung gefährlicher Güter von nicht mehr als 50 Tonnen netto je Kalenderjahr beteiligt sind,
4. deren Tätigkeit sich auf die Beförderung gefährlicher Güter erstreckt, die von den Vorschriften des ADR/RID/ADN/IMDG-Code freigestellt sind,
5. deren Tätigkeit sich auf die Beförderung gefährlicher Güter im Straßen-, Eisenbahn-, Binnenschiffs- oder Seeverkehr erstreckt, deren Mengen die in Unterabschnitt 1.1.3.6 ADR festgelegten höchstzulässigen Mengen nicht überschreiten,
6. deren Tätigkeit sich auf die Beförderung gefährlicher Güter erstreckt, die nach den Bedingungen des Kapitels 3.3, 3.4 und 3.5 ADR/RID/ADN/IMDG-Code freigestellt sind, und
7. die gefährliche Güter von nicht mehr als 50 Tonnen netto je Kalenderjahr für den Eigenbedarf in Erfüllung betrieblicher Aufgaben befördern, wobei dies bei radioaktiven Stoffen nur für solche der UN-Nummern 2908 bis 2911 gilt.

(2) Die Befreiungstatbestände nach Absatz 1 können auch nebeneinander in Anspruch genommen werden.

GbV

§ 3
Bestellung von Gefahrgutbeauftragten

(1) Sobald ein Unternehmen an der Beförderung gefährlicher Güter beteiligt ist und ihm Pflichten als Beteiligter in der Gefahrgutverordnung Straße, Eisenbahn und Binnenschifffahrt oder in der Gefahrgutverordnung See zugewiesen sind, muss es mindestens einen Sicherheitsberater für die Beförderung gefährlicher Güter (Gefahrgutbeauftragter) schriftlich bestellen. Werden mehrere Gefahrgutbeauftragte bestellt, so sind deren Aufgaben gegeneinander abzugrenzen und schriftlich festzulegen. Nimmt der Unternehmer die Funktion des Gefahrgutbeauftragten selbst wahr, ist eine Bestellung nicht erforderlich.

(2) Die Funktion des Gefahrgutbeauftragten kann nach dem Unterabschnitt 1.8.3.4 ADR/RID/ADN vom Leiter des Unternehmens, von einer Person mit anderen Aufgaben in dem Unternehmen oder von einer dem Unternehmen nicht angehörenden Person wahrgenommen werden, sofern diese tatsächlich in der Lage ist, die Aufgaben des Gefahrgutbeauftragten zu erfüllen. Der Name des Gefahrgutbeauftragten ist allen Mitarbeitern des Unternehmens schriftlich bekannt zu geben; die Bekanntmachung kann auch durch schriftlichen Aushang an einer für alle Mitarbeiter leicht zugänglichen Stelle erfolgen.

(3) Als Gefahrgutbeauftragter darf nur bestellt werden oder als Unternehmer selbst die Funktion des Gefahrgutbeauftragten wahrnehmen, wer Inhaber eines für den betroffenen Verkehrsträger gültigen Schulungsnachweises nach § 4 ist.

(4) Wenn ein nach § 2 befreites Unternehmen wiederholt oder schwerwiegend gegen Vorschriften über die Beförderung gefährlicher Güter verstößt, kann die zuständige Behörde die Bestellung eines Gefahrgutbeauftragten anordnen.

(5) Die zuständige Behörde trifft die zur Einhaltung dieser Verordnung erforderlichen Anordnungen. Sie kann insbesondere die Abberufung des bestellten Gefahrgutbeauftragten und die Bestellung eines anderen Gefahrgutbeauftragten verlangen.

§ 4
Schulungsnachweis

Der Schulungsnachweis wird mit den Mindestangaben nach Unterabschnitt 1.8.3.18 ADR/RID/ADN erteilt, wenn der Betroffene an einer Schulung nach § 5 teilgenommen und eine Prüfung nach § 6 Absatz 1 mit Erfolg abgelegt hat. Der Schulungsnachweis gilt fünf Jahre und kann jeweils um weitere fünf Jahre verlängert werden, wenn der Betroffene eine Prüfung nach § 6 Absatz 4 mit Erfolg abgelegt hat.

§ 5
Schulungsanforderungen

(1) Die Schulung erfolgt in einem nach § 7 Absatz 1 Nummer 2 anerkannten Lehrgang.

(2) Die in den Schulungen zu behandelnden Sachgebiete ergeben sich aus den Unterabschnitten 1.8.3.3 und 1.8.3.11 ADR/RID/ADN sowie aus § 8.

(3) Die Schulungssprache ist deutsch. Auf Antrag kann eine Schulung in englischer Sprache zugelassen werden, wenn mit dem Antrag Schulungsunterlagen zu den Sachgebieten nach Absatz 2 und die erforderlichen Rechtsvorschriften in englischer Sprache nachgewiesen werden und die sonstigen Voraussetzungen für die Anerkennung des Lehrgangs nach Absatz 1 vorliegen.

(4) Die Schulung umfasst im Falle der Beförderung durch einen Verkehrsträger mindestens 22 Stunden und 30 Minuten und für jeden weiteren Verkehrsträger mindestens sieben Stunden und 30 Minuten. Dabei muss die Schulung für jeden weiteren Verkehrsträger innerhalb der Geltungsdauer des Schulungsnachweises erfolgen.

(5) Ein Unterrichtstag darf nicht mehr als sieben Stunden und 30 Minuten Unterricht umfassen.

(6) Der Schulungsveranstalter darf Schulungen nur bei Vorliegen aller Voraussetzungen nach Absatz 1 bis 5 durchführen.

§ 6
Prüfungen

(1) Die Prüfung besteht aus einer schriftlichen Prüfung, die ganz oder teilweise auch als elektronische Prüfung durchgeführt werden kann. Die Grundsätze der Prüfung richten sich nach Absatz 1.8.3.12.2 bis 1.8.3.12.5 ADR/RID/ADN.

(2) Die nach einer Schulung abzulegende Prüfung nach Absatz 1.8.3.12.4 ADR/RID/ADN darf einmal ohne nochmalige Schulung wiederholt werden. Die Prüfung ist bestanden, wenn mindestens 50 vom Hundert der von der Industrie- und Handelskammer in der Satzung nach § 7 Absatz 2 festgelegten Höchstpunktzahl erreicht wird.

(3) Die Prüfungssprache ist deutsch. Auf Antrag kann eine Prüfung nach Absatz 1 in englischer Sprache zugelassen werden, wenn der Prüfling die erforderlichen Rechtsvorschriften in englischer Sprache nachweist sowie die Kosten jeweils für die Erstellung der Prüfungsunterlagen in englischer Sprache und die Durchführung der Prüfung in englischer Sprache übernimmt. Die Teilnahme an einer Prüfung in englischer Sprache ist nur für Prüflinge möglich, die zuvor an einer zugelassenen Schulung nach § 5 Absatz 1 in englischer Sprache teilgenommen haben.

(4) Die Prüfung zur Verlängerung des Schulungsnachweises nach Absatz 1.8.3.16.1 ADR/RID/ADN darf unbegrenzt wiederholt werden, jedoch nur bis zum Ablauf der Geltungsdauer des Schulungsnachweises. Absatz 2 Satz 2 gilt entsprechend. Die Höchstpunktzahl ist jedoch um 50 vom Hundert zu reduzieren.

(5) Die Prüfungsfragen sind aus einer Sammlung auszuwählen, die vom Deutschen Industrie- und Handelskammertag veröffentlicht wird.

(6) Prüfungen dürfen nur bei Vorliegen aller Voraussetzungen nach Absatz 1 bis 5 durchgeführt werden.

§ 7
Zuständigkeiten

(1) Die Industrie- und Handelskammern sind zuständig für
1. die Erteilung der Schulungsnachweise nach § 4,
2. die Anerkennung und Überwachung der Lehrgänge nach § 5 Absatz 1,
3. die Erteilung von Ausnahmen von § 5 Absatz 3 und § 6 Absatz 3,
4. die Durchführung der Prüfungen nach § 6 Absatz 1 bis 4 und
5. die Umschreibung eines Schulungsnachweises nach § 7 Absatz 3 in einen Schulungsnachweis nach § 4.

Für die Erteilung einer Ausnahme nach § 6 Absatz 3 Satz 2 ist die Industrie- und Handelskammer zuständig, die zuvor die Ausnahme nach § 5 Absatz 3 in Verbindung mit § 5 Absatz 1 zugelassen hat.

(2) Einzelheiten nach Absatz 1 regeln die Industrie- und Handelskammern durch Satzung.

(3) Abweichend von Absatz 1 und 2 können Bund, Länder, Gemeinden und sonstige juristische Personen des öffentlichen Rechts für ihren hoheitlichen Aufgabenbereich eigene Schulungen veranstalten, die Prüfung selbst durchführen und die Schulungsnachweise selbst ausstellen. Einzelheiten sind durch die jeweils zuständige oberste Bundes- oder Landesbehörde durch Verwaltungsvorschriften zu regeln.

(4) Das Bundesministerium der Verteidigung und das Bundesministerium des Innern, für Bau und Heimat bestimmen die zuständigen Behörden im Sinne des § 3 Absatz 4 und 5 für ihren Dienstbereich.

§ 8
Pflichten des Gefahrgutbeauftragten

(1) Der Gefahrgutbeauftragte hat die Aufgaben nach Unterabschnitt 1.8.3.3 ADR/RID/ADN wahrzunehmen.

(2) Der Gefahrgutbeauftragte ist verpflichtet, schriftliche Aufzeichnungen über seine Überwachungstätigkeit unter Angabe des Zeitpunktes der Überwachung, der Namen der überwachten Personen und der überwachten Geschäftsvorgänge zu führen.

(3) Der Gefahrgutbeauftragte hat die Aufzeichnungen nach Absatz 2 mindestens fünf Jahre nach deren Erstellung aufzubewahren. Diese Aufzeichnungen sind der zuständigen Behörde auf Verlangen in Schriftform zur Prüfung vorzulegen.

(4) Der Gefahrgutbeauftragte hat dafür zu sorgen, dass ein Unfallbericht nach Unterabschnitt 1.8.3.6 ADR/RID/ADN erstellt wird.

(5) Der Gefahrgutbeauftragte hat für den Unternehmer einen Jahresbericht über die Tätigkeiten des Unternehmens in Bezug auf die Gefahrgutbeförderung innerhalb eines halben Jahres nach Ablauf des Geschäftsjahres mit den Angaben nach Satz 2 zu erstellen. Der Jahresbericht muss mindestens enthalten:

1. Art der gefährlichen Güter unterteilt nach Klassen,
2. Gesamtmenge der gefährlichen Güter in einer der folgenden vier Stufen:
   a) bis 5 t,
   b) mehr als 5 t bis 50 t,
   c) mehr als 50 t bis 1 000 t,
   d) mehr als 1 000 t,
3. Zahl und Art der Unfälle mit gefährlichen Gütern über die ein Unfallbericht nach Unterabschnitt 1.8.3.6 ADR/RID/ADN erstellt worden ist,
4. sonstige Angaben, die nach Auffassung des Gefahrgutbeauftragten für die Beurteilung der Sicherheitslage wichtig sind, und
5. Angaben, ob das Unternehmen an der Beförderung gefährlicher Güter nach Abschnitt 1.10.3 ADR/RID/ADN oder 1.4.3 IMDG-Code beteiligt gewesen ist.

Der Jahresbericht muss keine Angaben über die Beförderung gefährlicher Güter im Luftverkehr enthalten. Die anzugebende Gesamtmenge der gefährlichen Güter schließt auch die empfangenen gefährlichen Güter ein.

(6) Der Gefahrgutbeauftragte muss den Schulungsnachweis nach § 4 der zuständigen Behörde auf Verlangen vorlegen. Er hat dafür zu sorgen, dass dieser Schulungsnachweis rechtzeitig verlängert wird.

§ 9
Pflichten der Unternehmer

(1) Der Unternehmer darf den Gefahrgutbeauftragten wegen der Erfüllung der ihm übertragenen Aufgaben nicht benachteiligen.

(2) Der Unternehmer hat dafür zu sorgen, dass der Gefahrgutbeauftragte

1. vor seiner Bestellung im Besitz eines gültigen und auf die Tätigkeiten des Unternehmens abgestellten Schulungsnachweises nach § 4 ist,
2. alle zur Wahrnehmung seiner Tätigkeit erforderlichen sachdienlichen Auskünfte und Unterlagen erhält, soweit sie die Beförderung gefährlicher Güter betreffen,
3. die notwendigen Mittel zur Aufgabenwahrnehmung erhält,
4. jederzeit seine Vorschläge und Bedenken unmittelbar der entscheidenden Stelle im Unternehmen vortragen kann,
5. zu vorgesehenen Vorschlägen auf Änderung oder Anträgen auf Abweichungen von den Vorschriften über die Beförderung gefährlicher Güter Stellung nehmen kann und
6. alle Aufgaben, die ihm nach § 8 übertragen worden sind, ordnungsgemäß erfüllen kann.

(3) Der Unternehmer hat den Jahresbericht nach § 8 Absatz 5 fünf Jahre nach dessen Vorlage durch den Gefahrgutbeauftragten aufzubewahren und der zuständigen Behörde auf Verlangen vorzulegen.

GbV

(4) Der Unternehmer hat auf Verlangen der zuständigen Behörde den Namen des Gefahrgutbeauftragten bekannt zu geben.

(5) Der Unternehmer hat auf Verlangen der zuständigen Behörde die Unfallberichte nach Unterabschnitt 1.8.3.6 ADR/RID/ADN vorzulegen.

§ 10
Ordnungswidrigkeiten

Ordnungswidrig im Sinne des § 10 Absatz 1 Nummer 1 Buchstabe b des Gesetzes über die Beförderung gefährlicher Güter handelt, wer vorsätzlich oder fahrlässig

1. als Unternehmer
    a) entgegen § 3 Absatz 1 Satz 1 einen Gefahrgutbeauftragten nicht, nicht in der vorgeschriebenen Weise oder nicht rechtzeitig bestellt,
    b) entgegen § 3 Absatz 3 einen Gefahrgutbeauftragten bestellt oder die Funktion des Gefahrgutbeauftragten selbst wahrnimmt, ohne im Besitz eines gültigen Schulungsnachweises nach § 4 zu sein,
    c) einer vollziehbaren Anordnung nach § 3 Absatz 4 zuwiderhandelt,
    d) entgegen § 9 Absatz 2 Nummer 1 nicht dafür sorgt, dass der Gefahrgutbeauftragte im Besitz eines dort genannten Schulungsnachweises ist,
    e) entgegen § 9 Absatz 2 Nummer 6 nicht dafür sorgt, dass der Gefahrgutbeauftragte alle Aufgaben ordnungsgemäß erfüllen kann,
    f) entgegen § 9 Absatz 3 den Jahresbericht nicht oder nicht mindestens fünf Jahre aufbewahrt oder nicht oder nicht rechtzeitig vorlegt,
    g) entgegen § 9 Absatz 4 den Namen des Gefahrgutbeauftragten nicht oder nicht rechtzeitig bekannt gibt oder
    h) entgegen § 9 Absatz 5 den Unfallbericht nicht oder nicht rechtzeitig vorlegt,
2. als Schulungsveranstalter entgegen § 5 Absatz 6 eine Schulung durchführt oder
3. als Gefahrgutbeauftragter
    a) entgegen § 8 Absatz 2 eine Aufzeichnung nicht, nicht richtig oder nicht vollständig führt,
    b) entgegen § 8 Absatz 3 eine Aufzeichnung nicht oder nicht mindestens fünf Jahre aufbewahrt oder nicht oder nicht rechtzeitig vorlegt,
    c) entgegen § 8 Absatz 4 nicht dafür sorgt, dass ein Unfallbericht erstellt wird,
    d) entgegen § 8 Absatz 5 Satz 1 einen Jahresbericht nicht, nicht richtig, nicht vollständig oder nicht rechtzeitig erstellt oder
    e) entgegen § 8 Absatz 6 Satz 1 den Schulungsnachweis nicht oder nicht rechtzeitig vorlegt.

§ 11
(Übergangsbestimmungen)

§ 12
(Aufheben von Vorschriften)

§ 13
(Inkrafttreten)

GbV

GGKontrollV

Verordnung
über die Kontrollen von Gefahrguttransporten auf der Straße und in den Unternehmen
(GGKontrollV) *)

Vom 26. Oktober 2005
(BGBl. I 2005 S. 3104)
zuletzt geändert durch Artikel 488 der Verordnung vom 31. August 2015
(BGBl. I S. 1474 vom 7. September 2015)

§ 1
Anwendungsbereich

(1) Die Vorschriften dieser Verordnung gelten für die Kontrollen von Gefahrguttransporten durch die nach § 9 Abs. 1 des Gesetzes über die Beförderung gefährlicher Güter zuständigen Behörden auf der Straße, die mit Fahrzeugen durchgeführt werden, die am Straßenverkehr teilnehmen oder aus einem Drittland in Deutschland einfahren, sowie für Kontrollen in den Unternehmen.

(2) Die §§ 2 bis 6 gelten nicht für Kontrollen von Gefahrguttransporten der Streitkräfte, die durch deutsche Behörden und die Streitkräfte gemeinsam durchgeführt werden.

(3) Das Bundesamt für Güterverkehr wendet die §§ 2 bis 6 entsprechend an.

§ 2
Begriffsbestimmungen

Im Sinne dieser Verordnung bezeichnet der Begriff

1. „Fahrzeug": alle zur Teilnahme am Straßenverkehr bestimmten Kraftfahrzeuge und ihre Anhänger;
2. „gefährliche Güter": die Güter, die in der Richtlinie 94/55/EG des Rates vom 21. November 1994 zur Angleichung der Rechtsvorschriften der Mitgliedstaaten für den Gefahrguttransport auf der Straße (ABl. EG Nr. L 319 S. 7) als gefährlich eingestuft sind;
3. „Beförderung": jeden Transport, der auf den öffentlichen Straßen in Deutschland mit einem Fahrzeug erfolgt, einschließlich der in der Richtlinie 94/55/EG des Rates vom 21. November 1994 zur Angleichung der Rechtsvorschriften der Mitgliedstaaten für den Gefahrguttransport auf der Straße erfaßten Tätigkeiten des Ein- und Ausladens der Güter, und zwar unbeschadet der in den Rechtsvorschriften der Mitgliedstaaten hinsichtlich dieser Tätigkeiten vorgesehenen Regelungen über die Verantwortlichkeiten;
4. „Unternehmen": jede natürliche und juristische Person mit oder ohne Erwerbszweck, jede Vereinigung oder jeder Zusammenschluss von Personen mit oder ohne Rechtspersönlichkeit oder mit oder ohne Erwerbszweck sowie jede staatliche Einrichtung, unabhängig davon, ob sie über eine eigene Rechtspersönlichkeit verfügt oder von einer Behörde mit Rechtspersönlichkeit abhängt, die gefährliche Güter befördert – einschließlich des zeitweiligen Aufenthalts im Verlaufe der Beförderung –, lädt, entlädt, oder befördern lässt, sowie jede solche, die gefährliche Güter im Zusammenhang mit einer Beförderungstätigkeit verpackt, sammelt oder in Empfang nimmt, sofern sie ihren Sitz im Gebiet der Gemeinschaft hat.
5. „Kontrolle": jede Überwachung, Prüfung oder Untersuchung, die aus Sicherheitsgründen auf der Straße oder in den Unternehmen im Zusammenhang mit der Beförderung gefährlicher Güter von den zuständigen Behörden durchgeführt wird.

---

*) Diese Verordnung dient der Umsetzung der Richtlinie 95/50/EG des Rates vom 6. Oktober 1995 über einheitliche Verfahren für die Kontrolle von Gefahrguttransporten auf der Straße (ABl. EG Nr. L 249 S. 35), der Richtlinie 2001/26/EG des Europäischen Parlaments und des Rates vom 7. Mai 2001 zur Änderung der Richtlinie 95/50/EG des Rates über einheitliche Verfahren für die Kontrolle von Gefahrguttransporten auf der Straße und der Richtlinie 2004/112/EG der Kommission vom 13. Dezember 2004 zur Anpassung der Richtlinie 95/50/EG des Rates über einheitliche Verfahren für die Kontrolle von Gefahrguttransporten auf der Straße an den technischen Fortschritt (ABl. EU Nr. L 367 S. 23).

§ 3
Kontrollen auf der Straße

(1) Die oberste Landesbehörde oder die von ihr bestimmte oder nach Landesrecht zuständige Stelle stellt sicher, daß in ihrem Gebiet ein repräsentativer Anteil der Gefahrguttransporte auf der Straße den in dieser Verordnung vorgesehenen Kontrolle unterzogen wird, um zu überprüfen, ob die Vorschriften für die Beförderung gefährlicher Güter auf der Straße eingehalten werden. Diese Kontrollen werden in Ausführung von Artikel 3 der Verordnung (EWG) Nr. 4060/89 und Artikel 1 der Verordnung (EWG) Nr. 3912/92 durchgeführt. Das Bundesamt für Güterverkehr kontrolliert im Rahmen seiner Zuständigkeit nach dem Güterkraftverkehrsgesetz Gefahrguttransporte auf der Straße in angemessenem Umfang.

(2) Bei der Festlegung des repräsentativen Anteils der Gefahrguttransporte im Sinne des Absatzes 1 Satz 1 ist der Anteil der im jeweiligen Land zugelassenen Lastkraftwagen, Zugmaschinen und Sattelzugmaschinen am Gesamtbestand der genannten Kraftfahrzeuge in Deutschland zu berücksichtigen. Die Zahlen über Gefahrgutbeförderungen und Fahrzeugbestände werden jährlich zum 30. Juni für das vorangegangene Jahr durch das Bundesamt für Güterverkehr in Abstimmung mit dem Kraftfahrt-Bundesamt zur Verfügung gestellt.

(3) Die nach Landesrecht für die Überwachung zuständigen Behörden und das Bundesamt für Güterverkehr orientieren sich bei der Durchführung von Kontrollmaßnahmen, die der Umsetzung der Richtlinie 95/50/EG dienen, an der Prüfliste nach Anlage 1. Über das Ergebnis der Kontrolle händigt der Prüfer dem Fahrzeugführer eine geeignete Kontrollbescheinigung aus.

(4) Die Kontrollen nach den Absätzen 1 bis 3 sind im Stichprobenverfahren möglichst auf einem ausgedehnten Teil des Straßennetzes durchzuführen. Sie sind möglichst an Orten durchzuführen, an denen Fahrzeuge, bei denen Verstöße festgestellt wurden, in einen vorschriftsmäßigen Zustand versetzt oder – wenn der Behörde es für angebracht hält – an Ort und Stelle oder an einem von dieser Behörde bezeichneten Platz abgestellt werden können, ohne dass dadurch ein Sicherheitsrisiko entsteht.

(5) Dem Transportgut können Proben entnommen werden, um sie von behördlichen oder von behördlich anerkannten Prüfstellen untersuchen zu lassen. Bei der Entnahme von Proben sind die besonderen Gefahren der gefährlichen Stoffe und Gegenstände in den einzelnen Klassen zu berücksichtigen.

(6) Die Kontrollen sollen eine angemessene Zeitdauer nicht überschreiten.

(7) Bei Gefahrguttransporten, bei denen ein Verstoß gegen die Vorschriften für die Beförderung gefährlicher Güter, insbesondere einer der in Anlage 3 genannten Verstöße, festgestellt wurden, können alle erforderlichen Maßnahmen zum Schutz gegen die von der Beförderung gefährlicher Güter ausgehenden Gefahren getroffen werden; hierzu gehören insbesondere die Verweigerung der Einfahrt in die Europäische Gemeinschaft und das Abstellen des Fahrzeugs an Ort und Stelle oder auf einem hierfür geeigneten Platz.

§ 4
Kontrollen in den Unternehmen

(1) Die nach § 9 Abs. 1 des Gesetzes über die Beförderung gefährlicher Güter für die Überwachung in den Unternehmen zuständigen Behörden können, vorbeugend oder wenn bei Gefahrguttransporten auf der Straße Verstöße festgestellt wurden, die die Sicherheit des Gefahrguttransports gefährden, Kontrollen in den inländischen Unternehmen durchführen, um sicherzustellen, dass die Vorschriften über die Beförderung gefährlicher Güter auf der Straße eingehalten werden.

(2) Wird vor Durchführung einer Beförderung ein Verstoß gegen die Vorschriften über die Beförderung gefährlicher Güter festgestellt, kann die zuständige Behörde die Fahrt solange untersagen, bis die Beförderung vorschriftsmäßig durchgeführt werden kann; sie kann auch andere geeignete Maßnahmen ergreifen.

(3) § 3 Abs. 3 Satz 2 und Abs. 4 bis 7 gilt entsprechend.

§ 5
Berichtswesen

(1) Die zuständige oberste Landesbehörde oder eine von ihr beauftragte Stelle und das Bundesamt für Güterverkehr übermitteln dem Bundesministerium für Verkehr und digitale Infrastruktur für jedes Kalenderjahr, spätestens sechs Monate nach dessen Ablauf, einen nach dem Muster in der Anlage 5 erstellten Bericht über die Anwendung dieser Verordnung mit folgenden Angaben:

1. Anzahl der kontrollierten Fahrzeuge, aufgeschlüsselt nach der Zulassung in Deutschland, in anderen Mitgliedstaaten der Europäischen Union oder in Drittländern,
2. Zahl der beanstandeten Fahrzeuge,
3. Anzahl der festgestellten Verstöße und die Art der Verstöße,
4. Anzahl und Art der veranlassten Sanktionen.

(2) Das Bundesamt für Güterverkehr erstellt aufgrund der Berichte nach Absatz 1 einen zusammengefassten Bericht und übersendet diesen dem Bundesministerium für Verkehr und digitale Infrastruktur zur Weiterleitung an die Kommission der Europäischen Gemeinschaften.

§ 6
Inkrafttreten *)

---

*) Die Erste Verordnung zur Änderung der Verordnung über die Kontrollen von Gefahrguttransporten auf der Straße und in den Unternehmen ist am 5. November 2005 in Kraft getreten.

GGKontrollV

Anlage 1
(zu § 3 Abs. 3 Satz 1)

Prüfliste

1. Ort der Kontrolle
2. Datum
3. Zeit
4. Nationalitätskennzeichen und Zulassungsnummer des Fahrzeugs
5. Nationalitätskennzeichen und Zulassungsnummer des Anhängers/Sattelanhängers
6. Transportunternehmen / Anschrift
7. Fahrer / Beifahrer
8. Absender, Anschrift, Verladeort [1), 2)]
9. Empfänger, Anschrift, Entladeort [1), 2)]
10. Gesamtmenge der Gefahrgüter je Beförderungseinheit
11. Höchstmenge gemäß ADR 1.1.3.6 überschritten ☐ Ja ☐ Nein
12. Beförderungsart ☐ in loser Schüttung ☐ Versandstück ☐ Tank

Dokumente an Bord

13. Beförderungspapier ☐ kontrolliert ☐ Verstoß festgestellt ☐ nicht anwendbar
14. Schriftliche Weisungen ☐ kontrolliert ☐ Verstoß festgestellt ☐ nicht anwendbar
15. Bilaterale / multilaterale Vereinbarung oder nationale Genehmigung ☐ kontrolliert ☐ Verstoß festgestellt ☐ nicht anwendbar
16. Zulassungsbescheinigung für Fahrzeuge ☐ kontrolliert ☐ Verstoß festgestellt ☐ nicht anwendbar
17. Schulungsbescheinigung des Fahrers ☐ kontrolliert ☐ Verstoß festgestellt ☐ nicht anwendbar

Beförderung

18. Zur Beförderung zugelassene Güter ☐ kontrolliert ☐ Verstoß festgestellt ☐ nicht anwendbar
19. Zur Beförderung der Güter zugelassene Fahrzeuge ☐ kontrolliert ☐ Verstoß festgestellt ☐ nicht anwendbar
20. Vorschriften in Bezug auf das Beförderungsmittel (lose Schüttung, Versandstück, Tank) ☐ kontrolliert ☐ Verstoß festgestellt ☐ nicht anwendbar
21. Verbot der Zusammenladung ☐ kontrolliert ☐ Verstoß festgestellt ☐ nicht anwendbar
22. Beladen, Sicherung der Ladung und Handhabung [3)] ☐ kontrolliert ☐ Verstoß festgestellt ☐ nicht anwendbar
23. Austreten von Gütern oder Beschädigung des Versandstücks [3)] ☐ kontrolliert ☐ Verstoß festgestellt ☐ nicht anwendbar
24. Kennzeichnung des Versandstücks nach UN und des Tanks nach UN/ADR/RID/IMO ☐ kontrolliert ☐ Verstoß festgestellt ☐ nicht anwendbar
25. Kennzeichnung des Versandstücks (z.B. UN-Nummer) und Bezettelung [2)] (ADR 3.3/3.4/4.1/5.2) ☐ kontrolliert ☐ Verstoß festgestellt ☐ nicht anwendbar
26. Anbringen von Großzetteln (Placards) auf Tank / Fahrzeug (ADR 5.3.1) ☐ kontrolliert ☐ Verstoß festgestellt ☐ nicht anwendbar
27. Kennzeichnung von Fahrzeug/Beförderungseinheit (orangefarbene Kennzeichnung, erwärmter Zustand) (ADR 5.3.2/5.3.3) ☐ kontrolliert ☐ Verstoß festgestellt ☐ nicht anwendbar

Ausrüstung an Bord

28. Allgemeine Sicherheitsausrüstung gemäß ADR ☐ kontrolliert ☐ Verstoß festgestellt ☐ nicht anwendbar
29. Ausrüstung nach Maßgabe der beförderten Güter ☐ kontrolliert ☐ Verstoß festgestellt ☐ nicht anwendbar
30. Andere in den schriftlichen Anweisungen genannte Ausrüstung ☐ kontrolliert ☐ Verstoß festgestellt ☐ nicht anwendbar
31. Feuerlöscher ☐ kontrolliert ☐ Verstoß festgestellt ☐ nicht anwendbar
32. Gegebenenfalls schwerwiegendste Gefahrenkategorie der festgestellten Verstöße ☐ Kategorie I ☐ Kategorie II ☐ Kategorie III

33. Bemerkungen (z.B. getroffene Maßnahmen) ....
34. Behörde / Beamter die / der die Kontrolle durchgeführt hat ....

---

1) Nur ausfüllen, wenn für einen Verstoß von Bedeutung.
2) Bei Sammelbeförderungen unter „Bemerkungen" angeben.
3) Prüfung auf sichtbare Verstöße.

GGKontrollV

Anlage 2
(weggefallen)

Anlage 3
(zu § 3 Abs. 7)

Verstöße

Für die Zwecke dieser Verordnung stellt die folgende, nicht erschöpfende Liste mit drei Gefahrenkategorien (wobei Kategorie I die schwerwiegendste ist) eine Leitlinie dafür dar, was als Verstoß einzustufen ist.

Die Bestimmung der angemessenen Gefahrenkategorie erfolgt unter Berücksichtigung der besonderen Umstände und liegt im Ermessen der vollziehenden Behörde bzw. des vollziehenden Beamten auf der Straße.

Nicht unter den Gefahrenkategorien aufgeführte Mängel werden entsprechend den Beschreibungen der Kategorien eingestuft.

Bei mehreren Verstößen je Beförderungseinheit wird bei der Berichterstattung (Anlage 5 dieser Verordnung) nur die schwerwiegendste Gefahrenkategorie (wie unter Nummer 32 der Anlage 1 dieser Verordnung angegeben) angewandt.

A. Gefahrenkategorie I

Wenn der Verstoß gegen die einschlägigen ADR-Bestimmungen mit einer hohen Lebensgefahr bzw. der Gefahr schwerer gesundheitlicher Schäden oder einer erheblichen Schädigung der Umwelt verbunden ist, so dass in der Regel unverzüglich geeignete Maßnahmen zur Beseitigung der Gefahr ergriffen werden, z.B. Untersagung der Weiterfahrt, Stilllegung des Fahrzeugs.

Mängel sind:

1. die Beförderung der beförderten Gefahrgüter ist verboten,
2. Austreten von gefährlichen Stoffen,
3. Beförderung in einer verbotenen Beförderungsart oder einem ungeeigneten Beförderungsmittel,
4. Beförderung in loser Schüttung in einem in bautechnischer Hinsicht ungeeigneten Behälter,
5. Beförderung in einem Fahrzeug ohne entsprechende Zulassungsbescheinigung,
6. das Fahrzeug entspricht nicht mehr den Zulassungsbestimmungen und stellt eine unmittelbare Gefahr dar (sonst Gefahrenkategorie II),
7. nicht zulässige Verpackung,
8. Verpackung ist nicht mit den gültigen Verpackungsanweisungen konform,
9. die besonderen Bestimmungen für die Zusammenpackung wurden nicht eingehalten,
10. die Regeln für die Sicherung der Ladung wurden nicht eingehalten,
11. die Vorschriften für die Zusammenladung von Versandstücken wurden nicht eingehalten,
12. der zulässige Füllungsgrad von Tanks oder Versandstücken wurde nicht eingehalten,
13. die Vorschriften zur Begrenzung der in einer Beförderungseinheit beförderten Mengen wurden nicht eingehalten,
14. Beförderung von Gefahrgütern ohne Hinweis auf ihr Vorhandensein (z.B. Dokumente, Kennzeichnung und Bezettelung der Versandstücke, Anbringen von Großzetteln (Placards) und Kennzeichnung am Fahrzeug),
15. Beförderung ohne Anbringen von Großzetteln (Placards) und Kennzeichnung von Containern, MEGC, Tankcontainern, ortsbeweglichen Tanks und Fahrzeugen,
16. relevante Angaben zu dem beförderten Stoff, die die Feststellung eines Verstoßes der Gefahrenkategorie I ermöglichen, fehlen (z.B. UN-Nummer, offizielle Benennung, Verpackungsgruppe),
17. der Fahrer ist nicht Inhaber einer gültigen Schulungsbescheinigung,

GGKontrollV

18. Verwendung von Feuer oder offenem Licht oder
19. das Rauchverbot bei Ladearbeiten wird nicht beachtet.

B. Gefahrenkategorie II

Wenn der Verstoß gegen die einschlägigen ADR-Bestimmungen mit der Gefahr schwerer Verletzungen oder einer erheblichen Schädigung der Umwelt verbunden ist, so dass in der Regel geeignete Maßnahmen zur Beseitigung der Gefahr ergriffen werden, z.B. wenn möglich und angemessen die Behebung am Kontrollort, spätestens jedoch nach Abschluss der laufenden Beförderung.

Mängel sind:

1. die Beförderungseinheit besteht aus mehr als einem Anhänger/Sattelanhänger,
2. das Fahrzeug entspricht nicht mehr den Zulassungsbestimmungen, stellt jedoch keine unmittelbare Gefahr dar,
3. im Fahrzeug befinden sich nicht die geforderten funktionsfähigen Feuerlöscher; ein Feuerlöscher gilt noch als funktionsfähig, wenn nur das vorgeschriebene Siegel und/oder das Verfallsdatum fehlen; dies gilt jedoch nicht, wenn der Feuerlöscher offensichtlich nicht länger funktionstüchtig ist, z.B. Manometer auf 0,
4. im Fahrzeug befindet sich nicht die im ADR oder den schriftlichen Weisungen vorgeschriebene Ausrüstung,
5. Prüffristen und Verwendungszeiträume von Verpackungen, Großpackmitteln (IBC) oder Großverpackungen wurden nicht eingehalten,
6. Versandstücke mit beschädigter Verpackung, beschädigtem Großpackmittel (IBC), beschädigter Großverpackung oder beschädigte, ungereinigte leere Verpackungen werden befördert,
7. Beförderung verpackter Güter in einem in bautechnischer Hinsicht ungeeigneten Container,
8. Tanks/Tankcontainer (einschließlich leerer und ungereinigter) wurden nicht ordnungsgemäß verschlossen,
9. Beförderung einer zusammengesetzten Verpackung, bei der die Außenverpackung nicht ordnungsgemäß verschlossen ist,
10. Falsche Kennzeichnung, Bezettelung oder falsches Anbringen von Großzetteln (Placards).
11. keine schriftlichen Weisungen gemäß ADR vorhanden oder die schriftlichen Weisungen betreffen nicht die beförderten Güter oder
12. das Fahrzeug ist nicht ordnungsgemäß überwacht oder geparkt.

C. Gefahrenkategorie III

Wenn der Verstoß gegen die einschlägigen ADR-Bestimmungen mit einer geringen Gefahr von Verletzungen oder einer Schädigung der Umwelt verbunden ist und geeignete Maßnahmen zur Beseitigung der Gefahr nicht an der Straße ergriffen werden müssen, sondern zu einem späteren Zeitpunkt auf dem Betriebsgelände getroffen werden können.

Mängel sind:

1. die Größe der Großzettel (Placards) oder Zettel oder der Buchstaben, Zahlen oder Symbole auf den Großzetteln oder Zetteln entspricht nicht den Vorschriften,
2. weitere Angaben als die in Gefahrenkategorie I Nr. 16 sind in den Beförderungsunterlagen nicht verfügbar oder
3. die Schulungsbescheinigung befindet sich nicht an Bord des Fahrzeugs, es gibt jedoch Belege dafür, dass der Fahrer sie besitzt.

GGKontrollV

Anlage 4
(weggefallen)

Anlage 5
(zu § 5 Abs. 1)

**Muster des Formulars
für den Bericht an das BMVBW
über Verstöße und Maßnahmen**

Bundesland: Jahr:

Auf der Straße durchgeführte Kontrollen

		Ort der Zulassung des Fahrzeugs [1]			Insgesamt
		Inland	Andere EU-Mitgliedstaaten	Drittländer	
1.1	Anzahl der auf der Grundlage des Inhalts der Ladung (und ADR) kontrollierten Beförderungseinheiten				
1.2	Anzahl der nicht mit dem ADR konformen Beförderungseinheiten				
1.3	Untersagung der Weiterfahrt / stillgelegte Beförderungseinheiten				
2.	Anzahl der festgestellten Verstöße nach Gefahrenkategorie [2]	2.1 Gefahrenkategorie I			
		2.2 Gefahrenkategorie II			
		2.3 Gefahrenkategorie III			
3.	Art und Anzahl der veranlassten Maßnahmen	3.1 Verwarnungsgeld			
		3.2 Anzeigen für Bußgeldverfahren			
		3.3 Sonstige			

[1] Im Sinne dieser Anlage bezieht sich das Land der Zulassung auf das Fahrzeug.
[2] Bei mehreren Verstößen je Beförderungseinheit wird nur die schwerwiegendste Gefahrenkategorie (wie unter Nummer 32 der Anlage 1 angegeben) angewandt.

GGKontrollV

Ortsbewegliche-Druckgeräte-Verordnung (ODV) *)

Artikel 1
der Sechsten Verordnung zur Änderung gefahrgutrechtlicher Verordnungen
Vom 29. November 2011
(BGBl. I S. 2349)

zuletzt geändert durch Artikel 491 der Verordnung vom 31. August 2015
(BGBl. I S. 1474 vom 7. September 2015)

Inhaltsverzeichnis

Abschnitt 1: Geltungsbereich und Begriffsbestimmungen
§ 1 Geltungsbereich
§ 2 Begriffsbestimmungen

Abschnitt 2: Pflichten der Wirtschaftsakteure
§ 3 Hersteller
§ 4 Bevollmächtigte
§ 5 Einführer
§ 6 Vertreiber
§ 7 Eigentümer
§ 8 Betreiber
§ 9 Geltung der Pflichten des Herstellers für Einführer und Vertreiber
§ 10 Sonstige Pflichten der Wirtschaftsakteure

Abschnitt 3: Konformität ortsbeweglicher Druckgeräte
§ 11 Konformität ortsbeweglicher Druckgeräte und Konformitätsbewertung
§ 12 Neubewertung der Konformität
§ 13 Allgemeine Grundsätze der Pi-Kennzeichnung
§ 14 Freier Verkehr ortsbeweglicher Druckgeräte und gegenseitige Anerkennung

Abschnitt 4: Benennende Behörde und Benannte Stellen
§ 15 Benennende Behörde
§ 16 Benennungsverfahren
§ 17 Weitere Aufgaben der Benennenden Behörde
§ 18 Rechte und Pflichten der Benannten Stellen
§ 19 Koordinierung der Benannten Stellen

Abschnitt 5: Marktüberwachung
§ 20 Zuständigkeiten und Zusammenarbeit
§ 21 Aufgaben und Befugnisse der Marktüberwachungsbehörden
§ 22 Marktüberwachungsmaßnahmen
§ 23 Formale Nichtkonformität

Abschnitt 6: Informations- und Meldepflichten
§ 24 Meldeverfahren
§ 25 Schnellinformationssystem
§ 26 Veröffentlichung von Informationen
§ 27 Ordnungswidrigkeiten
§ 28 Straftaten
§ 29 Übergangsbestimmungen
§ 30 Aufhebung
§ 31 Anerkennung der Gleichwertigkeit

Anlagen Anlage 1   Bestimmung der ortsbeweglichen Druckgeräte,
(zu § 1 Absatz 1):   die unter § 1 Absatz 1 fallen

Anlagen Anlage 2   Bestimmung der ortsbeweglichen Druckgeräte,
(zu § 1 Absatz 2):   die unter § 1 Absatz 2 fallen

---

*) Diese Verordnung dient der Umsetzung der Richtlinie 2010/35/EU des Europäischen Parlaments und des Rates vom 16. Juni 2010 über ortsbewegliche Druckgeräte und zur Aufhebung der Richtlinien des Rates 76/767/EWG, 84/525/EWG, 84/526/EWG, 84/527/EWG und 1999/36/EG (ABl. L 165 vom 30.6.2010, S. 1).

Abschnitt 1
Geltungsbereich und Begriffsbestimmungen

§ 1
Geltungsbereich

(1) Diese Verordnung gilt für die Konformitätsbewertung, Prüfung, Zulassung, Herstellung, Kennzeichnung, das Inverkehrbringen und Bereitstellen auf dem Markt, die wiederkehrenden und außerordentlichen Prüfungen, die Zwischenprüfungen, den Betrieb, die Verwendung und die Marktüberwachung der in Anlage 1 bestimmten ortsbeweglichen Druckgeräte.

(2) Mit Ausnahme des § 20 Absatz 1 und des § 22 Absatz 2 bis 8 in Verbindung mit § 10 Absatz 3 gilt diese Verordnung nicht für die in Anlage 2 Abschnitt A bestimmten ortsbeweglichen Druckgeräte. Diese Verordnung gilt nicht für die in Anlage 2 Abschnitt B bestimmten ortsbeweglichen Druckgeräte.

§ 2
Begriffsbestimmungen

(1) Im Sinne dieser Verordnung bezeichnet

1. „Hersteller" jede natürliche oder juristische Person, die ortsbewegliche Druckgeräte oder Teile davon herstellt, entwickeln oder herstellen lässt und unter ihrem eigenen Namen oder ihrer eigenen Marke vermarktet;

2. „Bevollmächtigter" jede in einem Mitgliedstaat der Europäischen Union ansässige natürliche oder juristische Person, die von einem Hersteller schriftlich beauftragt worden ist, in seinem Namen bestimmte Aufgaben wahrzunehmen;

3. „Einführer" jede in einem Mitgliedstaat der Europäischen Union ansässige natürliche oder juristische Person, die ortsbewegliche Druckgeräte oder Teile davon aus einem Drittstaat in der Europäischen Union oder im Europäischen Wirtschaftsraum in Verkehr bringt;

4. „Vertreiber" jede in einem Mitgliedstaat der Europäischen Union ansässige natürliche oder juristische Person, die ortsbewegliche Druckgeräte oder Teile davon auf dem Markt bereitstellt, mit Ausnahme des Herstellers und des Einführers;

5. „Betreiber" jede in einem Mitgliedstaat der Europäischen Union ansässige natürliche oder juristische Person, die ortsbewegliche Druckgeräte verwendet;

6. „Wirtschaftsakteur" den entgeltlich oder unentgeltlich im Rahmen einer Geschäftstätigkeit oder Gemeinwohldienstleistung handelnden Hersteller, Bevollmächtigten, Einführer, Vertreiber, Eigentümer oder Betreiber;

7. „nationale Akkreditierungsstelle" die gemäß § 8 des Akkreditierungsstellengesetzes vom 31. Juli 2009 (BGBl. I S. 2625) eingerichtete Stelle;

8. „Akkreditierung" die Bestätigung durch die nationale Akkreditierungsstelle darüber, dass eine Stelle die Anforderungen gemäß Unterabschnitt 1.8.6.8 Satz 2 ADR/RID erfüllt;

9. „Benennende Behörde" die durch das Abkommen über die Zentralstelle der Länder für Sicherheitstechnik und über die Akkreditierungsstelle der Länder für Mess- und Prüfstellen zum Vollzug des Gefahrstoffrechts (ZLS/AKMP) vom 16./17. Dezember 1993, das zuletzt durch Abkommen vom 13. März 2003 geändert worden ist, eingerichtete Zentralstelle der Länder für Sicherheitstechnik;

10. „Benannte Stelle" eine Prüfstelle, der eine Befugnis gemäß § 16 Absatz 1 erteilt und die nach § 16 Absatz 1 zugelassen, benannt und nach Absatz 4 notifiziert wurde;

11. „Marktüberwachung" die von den zuständigen Behörden durchgeführten Tätigkeiten und von ihnen getroffenen Maßnahmen, durch die sichergestellt werden soll, dass die ortsbeweglichen Druckgeräte mit den Anforderungen dieser Verordnung während ihres Lebenszyklus übereinstimmen und die Sicherheit und Gesundheit von Personen oder andere im öffentlichen Interesse schützenswerte Belange nicht gefährden;

12. „Marktüberwachungsbehörde" jede Behörde, die für Aufgaben der Marktüberwachung zuständig ist.

Abschnitt 2
Pflichten der Wirtschaftsakteure

§ 3
Hersteller

(1) Der Hersteller darf nur ortsbewegliche Druckgeräte in Verkehr bringen, die nach den in Kapitel 6.2 und Kapitel 6.8 ADR/RID und den in Abschnitt 3 festgelegten Anforderungen und Verfahren ausgelegt und hergestellt worden sind. Er hat unmittelbar nach der Herstellung für jedes Druckgefäß die in Absatz 1.8.7.1.5 in Verbindung mit Absatz 6.2.2.5.6 ADR/RID vorgeschriebenen Unterlagen zu erstellen; die Unterlagen müssen alle in Kapitel 6.2 und in der jeweils angewandten in Abschnitt 6.2.2 oder 6.2.4 ADR/RID zitierten Norm vorgeschriebenen Angaben enthalten. Er hat unmittelbar nach der Herstellung für jeden Tank die in Absatz 1.8.7.1.5 und die in der jeweils angewandten Norm gemäß der Tabelle in Absatz 6.8.2.6.1 ADR/RID vorgeschriebenen Unterlagen zu erstellen und die in Absatz 6.8.2.3.1 Satz 4 vorgeschriebene Unterlage der Tankakte gemäß Absatz 4.3.2.1.7 ADR/RID beizugeben; die Unterlagen müssen alle in Kapitel 6.8 und in der jeweils angewandten in Unterabschnitt 6.8.2.6 oder 6.8.3.6 ADR/RID zitierten Norm vorgeschriebenen Angaben enthalten.

(2) Wurde durch das in Abschnitt 1.8.7, Kapitel 6.2 und Kapitel 6.8 ADR/RID festgelegte Verfahren der Konformitätsbewertung und Baumusterzulassung nachgewiesen, dass die ortsbeweglichen Druckgeräte die geltenden Anforderungen erfüllen, versieht er diese unmittelbar nach der Herstellung mit der Pi-Kennzeichnung gemäß § 13 Absatz 1 in Verbindung mit Artikel 15 der Richtlinie 2010/35/EU des Europäischen Parlaments und des Rates vom 16. Juni 2010 über ortsbewegliche Druckgeräte und zur Aufhebung der Richtlinien des Rates 76/767/EWG, 84/525/EWG, 84/526/EWG, 84/527/EWG und 1999/36/EG (ABl. L 165 vom 30.6.2010, S. 1). Er darf die Pi-Kennzeichnung gemäß § 13 Absatz 1 in Verbindung mit Artikel 15 der Richtlinie 2010/35/EU nicht anbringen, wenn die Voraussetzungen nach Satz 1 ganz oder teilweise nicht erfüllt sind.

(3) Der Hersteller hat für jedes Druckgefäß die in Absatz 1.8.7.1.5 in Verbindung mit Absatz 6.2.2.5.6 ADR/RID genannten technischen Unterlagen sowie für jeden Tank die in Absatz 1.8.7.1.5 und die in der jeweils angewandten Norm gemäß der Tabelle in Absatz 6.8.2.6.1 ADR/RID genannten technischen Unterlagen während des gesamten dort festgelegten Zeitraums aufzubewahren und für Überprüfungen durch die Prüfstelle und die zuständige Marktüberwachungsbehörde bereitzuhalten und auf Verlangen für Prüfungen zur Verfügung zu stellen.

(3a) Wurde zu einer gültigen Baumusterzulassung für Druckgefäße oder Tanks, die ortsbewegliche Druckgeräte sind, eine Bescheinigung der Zulassung einer Änderung nach Absatz 1.8.7.2.5 Satz 5 ADR/RID ausgestellt, darf der Hersteller diese Druckgeräte nur in Verkehr bringen, wenn sie den Bestimmungen beider Zulassungen entsprechen. Er hat die Vorschriften des Absatzes 1.8.7.2.5 Satz 5 ADR/RID zu beachten.

(4) Hat ein Hersteller Grund zu der Annahme, dass von ihm in Verkehr gebrachte ortsbewegliche Druckgeräte nicht den Anforderungen gemäß Absatz 1 entsprechen, hat er unverzüglich alle erforderlichen Maßnahmen zu ergreifen, um die Konformität der ortsbeweglichen Druckgeräte herzustellen. Er hat sie zurückzunehmen oder zurückzurufen, wenn dies angemessen ist. Ist mit den ortsbeweglichen Druckgeräten eine Gefahr verbunden, hat der Hersteller zudem unverzüglich die zuständige Marktüberwachungsbehörde und die für die Marktüberwachung zuständigen Behörden aller übrigen Mitgliedstaaten der Europäischen Union und des Europäischen Wirtschaftsraums, in denen er diese ortsbeweglichen Druckgeräte auf dem Markt bereitgestellt hat, über die Abweichungen und die ergriffenen Maßnahmen in dem für deren jeweilige Aufgabenerfüllung erforderlichen Umfang zu unterrichten.

(5) Der Hersteller hat alle Fälle von Nichtkonformität von dem Zeitpunkt an, zu dem sie ihm bekannt geworden sind, und alle Maßnahmen von dem Zeitpunkt an, zu dem er sie ergriffen hat oder zu dem sie von der Marktüberwachungsbehörde angeordnet wurden, schriftlich aufzuzeichnen und die Aufzeichnungen zehn Jahre aufzubewahren und anschließend unverzüglich zu löschen, es sei denn, dass gesetzliche Aufbewahrungsfristen der Löschung entgegenstehen.

ODV

(6) Der Hersteller hat der Marktüberwachungsbehörde auf deren Verlangen alle Informationen und Unterlagen einschließlich angewandter Normen in deutscher Sprache vorzulegen oder fremdsprachigen Unterlagen eine beglaubigte deutsche Übersetzung beizugeben, die für den Nachweis der Konformität der ortsbeweglichen Druckgeräte erforderlich sind. Er hat mit der Marktüberwachungsbehörde auf deren Verlangen bei allen Gefahrenabwehrmaßnahmen zusammenzuarbeiten.

(7) Der Hersteller darf den Betreibern nur solche Informationen zur Verfügung stellen, die den in Absatz 1 genannten Vorschriften entsprechen.

§ 4
Bevollmächtigte

(1) Ein Hersteller kann einen Dritten schriftlich bevollmächtigen. Die Verpflichtungen nach § 3 Absatz 1 und 2 sowie die Erstellung der technischen Unterlagen dürfen nicht Teil der Bevollmächtigung sein.

(2) Der Bevollmächtigte darf unter Beachtung von Absatz 1 Satz 2 nur die Aufgaben wahrnehmen, die der Hersteller ihm schriftlich übertragen hat. Die Übertragung muss mindestens folgende Aufgaben enthalten:

1. die technischen Unterlagen für die Marktüberwachungsbehörden über mindestens den Zeitraum bereitzuhalten, der in Absatz 1.8.7.1.5 in Verbindung mit Absatz 6.2.2.5.6 oder Kapitel 6.8 ADR/RID für Hersteller festgelegt ist;

2. den Marktüberwachungsbehörden auf deren Verlangen alle Informationen und Unterlagen einschließlich angewandter Normen in deutscher Sprache vorzulegen oder fremdsprachigen Unterlagen eine beglaubigte deutsche Übersetzung beizugeben, die für den Nachweis der Konformität der ortsbeweglichen Druckgeräte erforderlich sind, und

3. mit Marktüberwachungsbehörden auf deren Verlangen bei allen Gefahrenabwehrmaßnahmen zusammenzuarbeiten.

(3) Der Bevollmächtigte hat seine Aufgaben in gleicher Weise zu erfüllen, wie dies für den Hersteller bezüglich der übertragenen Aufgaben in § 3 Absatz 1 bis 7 festgelegt ist.

(4) Der Bevollmächtigte hat vor dem Inverkehrbringen eines ortsbeweglichen Druckgeräts seinen Namen oder Firmennamen und seine Anschrift in die Konformitätsbescheinigung nach Absatz 1.8.7.1.5 in Verbindung mit Kapitel 6.2 oder Kapitel 6.8 ADR/RID einzutragen. Die Anschrift muss die postalische, telefonische und elektronische Erreichbarkeit einschließen.

(5) Der Bevollmächtigte darf den Betreibern nur solche Informationen zur Verfügung stellen, die den in § 3 Absatz 1 genannten Vorschriften entsprechen.

§ 5
Einführer

(1) Der Einführer darf nur ortsbewegliche Druckgeräte in Verkehr bringen, die den in § 3 Absatz 1 Satz 1 genannten Anforderungen entsprechen.

(2) Der Einführer hat sich zu vergewissern, dass

1. das betreffende Konformitätsbewertungsverfahren vom Hersteller durchgeführt worden ist,

2. die Baumusterzulassung nach Unterabschnitt 1.8.7.2 in Verbindung mit der Bescheinigung der Zulassung einer Änderung nach Absatz 1.8.7.2.5 Satz 5, sofern eine solche ausgestellt wurde, oder die Baumusterbescheinigung nach Absatz 1.8.8.2.3 Satz 1 ADR/RID vorliegt,

3. der Hersteller die technischen Unterlagen erstellt hat,

4. die ortsbeweglichen Druckgeräte mit der Pi-Kennzeichnung versehen sind und

5. den ortsbeweglichen Druckgeräten die Konformitätsbescheinigung nach Absatz 1.8.7.1.5 in Verbindung mit Kapitel 6.2 oder Kapitel 6.8 ADR/RID beigefügt ist.

Liegen die Voraussetzungen nach Satz 1 nicht vor, darf der Einführer ortsbewegliche Druckgeräte nicht einführen und auf dem Markt bereitstellen.

(3) Ist mit den ortsbeweglichen Druckgeräten eine Gefahr verbunden, hat der Einführer den Hersteller und die Marktüberwachungsbehörden zu unterrichten, sobald ihm diese bekannt geworden ist.

(4) Der Einführer hat in der Konformitätsbescheinigung nach Absatz 1.8.7.1.5 in Verbindung mit Kapitel 6.2 oder Kapitel 6.8 ADR/RID oder in einer dieser Bescheinigung beigefügten Unterlage seinen Namen und seine Anschrift einzutragen. Die Anschrift muss die postalische, telefonische und elektronische Erreichbarkeit einschließen. Ohne die Einträge nach Satz 1 darf der Einführer die Konformitätsbescheinigung keinem ortsbeweglichen Druckgerät beigeben.

(5) Der Einführer hat ortsbewegliche Druckgeräte so zu handhaben, lagern und zu befördern, dass die Übereinstimmung der ortsbeweglichen Druckgeräte mit den in § 3 Absatz 1 Satz 1 genannten Anforderungen nicht beeinträchtigt wird.

(6) Hat der Einführer Grund zu der Annahme, dass von ihm in Verkehr gebrachte ortsbewegliche Druckgeräte nicht den in § 3 Absatz 1 Satz 1 genannten Anforderungen entsprechen, hat er unverzüglich alle erforderlichen Maßnahmen zu ergreifen, um die Konformität der ortsbeweglichen Druckgeräte herzustellen. Er hat sie zurückzunehmen oder zurückzurufen, wenn dies angemessen ist. Ist mit den ortsbeweglichen Druckgeräten eine Gefahr verbunden, hat er unverzüglich die zuständige Marktüberwachungsbehörde und die für die Marktüberwachung zuständigen Behörden der übrigen Mitgliedstaaten der Europäischen Union und des Europäischen Wirtschaftsraums, in denen er diese ortsbeweglichen Druckgeräte auf dem Markt bereitgestellt hat, über die Abweichungen und die ergriffenen Maßnahmen in dem für deren jeweilige Aufgabenerfüllung erforderlichen Umfang zu unterrichten. Er hat außerdem alle Fälle von Nichtkonformität von dem Zeitpunkt an, zu dem sie ihm bekannt geworden sind, und alle Maßnahmen von dem Zeitpunkt an, zu dem er sie ergriffen hat oder zu dem sie von der Marktüberwachungsbehörde angeordnet wurden, schriftlich aufzuzeichnen und die Aufzeichnungen zehn Jahre aufzubewahren und anschließend unverzüglich zu löschen, es sei denn, dass gesetzliche Aufbewahrungsfristen der Löschung entgegenstehen.

(7) Der Einführer hat über einen Zeitraum, der mindestens dem in Absatz 1.8.7.1.5 in Verbindung mit Absatz 6.2.2.5.6 oder Kapitel 6.8 ADR/RID für Hersteller festgelegten Zeitraum entspricht, eine Abschrift der technischen Unterlagen für die Marktüberwachungsbehörden bereitzuhalten und ihnen die technischen Unterlagen auf Verlangen vorzulegen.

(8) Der Einführer hat den zuständigen Marktüberwachungsbehörden auf deren Verlangen alle Informationen und Unterlagen einschließlich angewandter Normen, die für den Nachweis der Konformität der ortsbeweglichen Druckgeräte erforderlich sind, in deutscher Sprache auszuhändigen oder fremdsprachigen Unterlagen eine beglaubigte deutsche Übersetzung beizugeben. Er hat mit der Marktüberwachungsbehörde auf deren Verlangen bei allen Gefahrenabwehrmaßnahmen zusammenzuarbeiten.

(9) Der Einführer darf den Betreibern nur solche Informationen zur Verfügung stellen, die den in § 3 Absatz 1 genannten Vorschriften entsprechen.

§ 6
Vertreiber

(1) Der Vertreiber darf nur solche ortsbewegliche Druckgeräte auf dem Markt bereitstellen, die den in § 3 Absatz 1 Satz 1 genannten Anforderungen entsprechen. Bevor er ortsbewegliche Druckgeräte auf dem Markt bereitstellt, hat er zu überprüfen, ob sie mit der Pi-Kennzeichnung versehen sind und ihnen die Konformitätsbescheinigung, die Bescheinigung der Zulassung einer Änderung nach Absatz 1.8.7.2.5 Satz 5 ADR/RID, sofern eine solche ausgestellt wurde, und die Anschrift gemäß § 4 Absatz 4 und § 5 Absatz 4 beiliegen.

(2) Ist mit den ortsbeweglichen Druckgeräten eine Gefahr verbunden, hat er den Hersteller oder den Einführer sowie die Marktüberwachungsbehörden zu unterrichten, sobald ihm diese bekannt geworden ist.

(3) Der Vertreiber hat ortsbewegliche Druckgeräte so zu handhaben, lagern und zu befördern, dass die Übereinstimmung der ortsbeweglichen Druckgeräte mit den in § 3 Absatz 1 Satz 1 genannten Anforderungen nicht beeinträchtigt wird.

(4) Hat ein Vertreiber Grund zu der Annahme, dass von ihm auf dem Markt bereitgestellte ortsbewegliche Druckgeräte nicht den in § 3 Absatz 1 Satz 1 genannten Anforderungen entsprechen, hat er unverzüglich, nachdem ihm die Nichtkonformität bekannt wird, alle erforderlichen Maßnahmen zu er-

ODV

greifen, um die Konformität der ortsbeweglichen Druckgeräte herzustellen. Er hat sie gegebenenfalls zurückzunehmen oder zurückzurufen. Ist mit den ortsbeweglichen Druckgeräten eine Gefahr verbunden, hat er unverzüglich den Hersteller, den Einführer und die zuständige Marktüberwachungsbehörde und die für die Marktüberwachung zuständigen Behörden der übrigen Mitgliedstaaten der Europäischen Union und des Europäischen Wirtschaftsraums, in denen er diese ortsbeweglichen Druckgeräte auf dem Markt bereitgestellt hat, über die Abweichungen und die ergriffenen Maßnahmen in dem für deren jeweilige Aufgabenerfüllung erforderlichen Umfang zu unterrichten. Er hat außerdem alle Fälle von Nichtkonformität von dem Zeitpunkt an, zu dem sie ihm bekannt geworden sind, und alle Maßnahmen, von dem Zeitpunkt an, zu dem er sie ergriffen hat oder zu dem sie von der Marktüberwachungsbehörde angeordnet wurden, schriftlich aufzuzeichnen und die Aufzeichnungen zehn Jahre aufzubewahren und anschließend unverzüglich zu löschen, es sei denn, dass gesetzliche Aufbewahrungsfristen der Löschung entgegenstehen.

(5) Der Vertreiber hat der zuständigen Marktüberwachungsbehörde auf deren Verlangen alle Informationen und Unterlagen einschließlich angewandter Normen in deutscher Sprache auszuhändigen oder fremdsprachigen Unterlagen eine beglaubigte deutsche Übersetzung beizufügen, die für den Nachweis der Konformität der ortsbeweglichen Druckgeräte erforderlich sind. Er hat mit der Marktüberwachungsbehörde auf deren Verlangen bei allen Gefahrenabwehrmaßnahmen zusammenzuarbeiten.

(6) Der Vertreiber darf den Betreibern nur solche Informationen zur Verfügung stellen, die den in § 3 Absatz 1 genannten Vorschriften entsprechen.

(7) Der Vertreiber hat Betreiber, die Privatpersonen im Sinne des § 8 Absatz 3 sind, auf die Bestimmung in § 8 Absatz 3 bei Aushändigung eines ortsbeweglichen Druckgeräts schriftlich hinzuweisen.

§ 7
Eigentümer

(1) Hat ein Eigentümer Grund zu der Annahme, dass die ortsbeweglichen Druckgeräte nicht den in § 3 Absatz 1 Satz 1 genannten Anforderungen einschließlich der wiederkehrenden Prüfungen entsprechen, darf er die ortsbeweglichen Druckgeräte nicht auf dem Markt bereitstellen oder verwenden, bevor ihre Konformität hergestellt ist. Ist mit den ortsbeweglichen Druckgeräten eine Gefahr verbunden, hat er den Hersteller oder den Einführer sowie die Marktüberwachungsbehörden in dem für deren jeweilige Aufgabenerfüllung erforderlichen Umfang zu unterrichten, sobald ihm diese bekannt geworden ist. Er hat zudem alle Fälle von Nichtkonformität von dem Zeitpunkt an, zu dem sie ihm bekannt geworden sind, und alle Maßnahmen von dem Zeitpunkt an, zu dem er sie ergriffen hat oder zu dem sie von der Marktüberwachungsbehörde angeordnet wurden, schriftlich aufzuzeichnen und die Aufzeichnungen zehn Jahre aufzubewahren und anschließend unverzüglich zu löschen, es sei denn, dass gesetzliche Aufbewahrungsfristen der Löschung entgegenstehen.

(1a) Liegt eine Bescheinigung der Zulassung einer Änderung nach Absatz 1.8.7.2.5 Satz 5 vor, darf der Eigentümer die Druckgefäße und Tanks nur dann auf dem Markt bereitstellen oder verwenden, wenn sie den Bestimmungen in der Bescheinigung entsprechen und die Bescheinigung der Tankakte nach Absatz 1.8.7.2.5 Satz 6 ADR/RID beigefügt ist.

(2) Der Eigentümer hat ortsbewegliche Druckgeräte so zu handhaben, lagern und zu befördern, dass die Übereinstimmung der ortsbeweglichen Druckgeräte mit den in § 3 Absatz 1 Satz 1 genannten Anforderungen nicht beeinträchtigt wird.

(3) Der Eigentümer darf den Betreibern nur solche Informationen zur Verfügung stellen, die den in § 3 Absatz 1 genannten Vorschriften entsprechen.

(4) Die Absätze 1 bis 3 gelten nicht für Privatpersonen, die ortsbewegliche Druckgeräte für den persönlichen oder häuslichen Gebrauch oder für Freizeit- oder Sportzwecke zu gebrauchen beabsichtigen oder gebrauchen.

§ 8
Betreiber

(1) Der Betreiber darf nur ortsbewegliche Druckgeräte verwenden, die den in § 3 Absatz 1 Satz 1 genannten Anforderungen entsprechen.

(1a) Liegt eine Bescheinigung der Zulassung einer Änderung nach Absatz 1.8.7.2.5 Satz 5 vor, darf der Betreiber die Druckgefäße und Tanks nur dann verwenden, wenn sie den Bestimmungen in der Bescheinigung entsprechen und die Bescheinigung der Tankakte nach Absatz 1.8.7.2.5 Satz 6 ADR/RID beigefügt ist.

(2) Ist mit den ortsbeweglichen Druckgeräten eine Gefahr verbunden, hat der Betreiber den Eigentümer sowie die Marktüberwachungsbehörden zu unterrichten, sobald ihm diese bekannt geworden ist.

(3) Hat ein Betreiber, der als Privatperson ortsbewegliche Druckgeräte für den persönlichen oder häuslichen Gebrauch oder für Freizeit- oder Sportzwecke verwendet, Kenntnis, dass mit dem Betrieb des ortsbeweglichen Druckgeräts eine Gefahr verbunden ist, hat er abweichend von Absatz 2 den Vertreiber zu unterrichten, sobald ihm diese bekannt geworden ist.

§ 9
Geltung der Pflichten des Herstellers für Einführer und Vertreiber

Ein Einführer oder Vertreiber gilt als Hersteller im Sinne dieser Verordnung und unterliegt den Verpflichtungen eines Herstellers nach § 3, wenn er ortsbewegliche Druckgeräte unter seinem eigenen Namen oder seiner eigenen Marke in Verkehr bringt oder bereits auf dem Markt befindliche ortsbewegliche Druckgeräte so verändert, dass die Konformität mit den geltenden Anforderungen beeinträchtigt werden kann. Sie haben in den Fällen des Satzes 1 die in § 3 Absatz 1 bis 7 aufgeführten Pflichten zu erfüllen und die aufgeführten Maßnahmen zu treffen.

§ 10
Sonstige Pflichten der Wirtschaftsakteure

(1) Die Wirtschaftsakteure benennen den Marktüberwachungsbehörden auf Verlangen für einen Zeitraum von mindestens zehn Jahren

1. alle Wirtschaftsakteure, von denen sie ortsbewegliche Druckgeräte bezogen haben, und
2. alle Wirtschaftsakteure, an die sie ortsbewegliche Druckgeräte abgegeben haben.

(2) Die Wirtschaftsakteure haben die Maßnahmen nach § 22 Absatz 2 und 3 und § 23 Absatz 1 zu dulden sowie die Marktüberwachungsbehörden zu unterstützen. Sie sind verpflichtet, den Marktüberwachungsbehörden auf Verlangen die Auskünfte zu erteilen, die für deren Aufgabenerfüllung erforderlich sind. Verpflichtete können die Auskunft auf Fragen verweigern, wenn die Beantwortung sie selbst oder einen der in § 383 Absatz 1 Nummer 1 bis 3 der Zivilprozessordnung bezeichneten Angehörigen der Gefahr strafrechtlicher Verfolgung oder eines Verfahrens nach dem Gesetz über Ordnungswidrigkeiten aussetzen würde.

(3) Die Absätze 1 und 2 gelten nicht für Privatpersonen, die ortsbewegliche Druckgeräte für den persönlichen oder häuslichen Gebrauch oder für Freizeit- oder Sportzwecke zu gebrauchen beabsichtigen oder gebrauchen.

Abschnitt 3
Konformität ortsbeweglicher Druckgeräte

§ 11
Konformität ortsbeweglicher Druckgeräte und Konformitätsbewertung

(1) Für die in Anlage 1 Abschnitt A Nummer 1 genannten ortsbeweglichen Druckgeräte bestimmen sich die Konformitätsbewertung, die wiederkehrenden Prüfungen, Zwischenprüfungen und außerordentlichen Prüfungen nach den Anforderungen der Abschnitte 1.8.7 oder 1.8.8 in Verbindung mit Kapitel 6.2 oder Kapitel 6.8 ADR/RID.

ODV

(2) Die in Anlage 1 Abschnitt A Nummer 2 genannten ortsbeweglichen Druckgeräte müssen den Spezifikationen der Baumusterzulassung und den technischen Unterlagen entsprechen, nach denen sie hergestellt wurden. Sie werden wiederkehrenden Prüfungen, Zwischenprüfungen und außerordentlichen Prüfungen nach Abschnitt 1.8.7 in Verbindung mit Kapitel 6.2 oder Kapitel 6.8 ADR/RID unterzogen.

(3) Abnehmbare Teile nachfüllbarer ortsbeweglicher Druckgeräte können einer gesonderten Konformitätsbewertung unterzogen werden. Satz 1 gilt nicht für ortsbewegliche Druckgeräte, deren Konformität nach Abschnitt 1.8.8 ADR/RID bewertet wurde.

§ 12
Neubewertung der Konformität

Der Eigentümer, der Vertreiber oder der Betreiber eines in Anlage 1 Abschnitt A Nummer 3 genannten ortsbeweglichen Druckgeräts kann veranlassen, dass die Konformität nach dem Verfahren zur Neubewertung der Konformität gemäß Anhang III der Richtlinie 2010/35/EU neu bewertet wird. Der Eigentümer, der Vertreiber oder der Betreiber, durch den die Neubewertung nach Satz 1 veranlasst wurde, hat bei der ersten wiederkehrenden Prüfung gemäß Unterabschnitt 4.1.4.1 Verpackungsvorschrift P 200 ADR/RID unmittelbar nach Abschluss der Neubewertung die Pi-Kennzeichnung gemäß § 13 Absatz 1 in Verbindung mit Artikel 15 und Anhang III der Richtlinie 2010/35/EU anzubringen, wenn im Verfahren zur Neubewertung nach Satz 1 die Konformität bestätigt wurde. Der Eigentümer, der Vertreiber oder der Betreiber darf die Pi-Kennzeichnung gemäß § 13 Absatz 1 in Verbindung mit Artikel 15 und Anhang III der Richtlinie 2010/35/EU nicht anbringen, wenn im Verfahren zur Neubewertung nach Satz 1 die Konformität nicht bestätigt wurde. Die Verfahren nach den Sätzen 1 bis 3 sind auf ortsbewegliche Druckgeräte, deren Konformität nach Abschnitt 1.8.8 ADR/RID bewertet wurde, nicht anzuwenden.

§ 13
Allgemeine Grundsätze der Pi-Kennzeichnung

(1) Der Hersteller oder im Falle der Neubewertung ortsbeweglicher Druckgeräte gemäß § 12 der Eigentümer, der Vertreiber oder Betreiber hat die für die Anbringung, Gestaltung und Verwendung der Pi-Kennzeichnung in Artikel 14 Absatz 2 und 6, in Artikel 15 und in Anhang III der Richtlinie 2010/35/EU festgelegten Vorschriften einzuhalten.

(2) Der Hersteller oder im Falle der Neubewertung ortsbeweglicher Druckgeräte nach § 12 der Eigentümer, der Vertreiber oder Betreiber übernimmt mit der Pi-Kennzeichnung die Verantwortung für die Konformität der ortsbeweglichen Druckgeräte mit den in § 3 Absatz 1 genannten Anforderungen.

(3) Wer auf einem ortsbeweglichen Druckgerät eine Kennzeichnung anbringt, darf diese nicht derart anbringen, dass sie

1. aufgrund ihrer Gestaltung oder ihrer Aussage mit der Pi-Kennzeichnung verwechselt werden kann oder

2. das Pi-Kennzeichen verdeckt.

§ 14
Freier Verkehr ortsbeweglicher Druckgeräte und gegenseitige Anerkennung

(1) Von notifizierten Stellen anderer Mitgliedstaaten der Europäischen Union und des Europäischen Wirtschaftsraums ausgestellte Konformitätsbewertungsbescheinigungen und Neubewertungsbescheinigungen sowie Berichte über die wiederkehrenden Prüfungen, Zwischenprüfungen und außerordentlichen Prüfungen stehen einer im Inland ausgestellten Bescheinigung gleich.

(2) Eine in einem anderen Mitgliedstaat der Europäischen Union oder des Europäischen Wirtschaftsraums benannte und notifizierte Stelle darf die ihr von der zuständigen Behörde des Mitgliedstaates gestatteten Tätigkeiten im Inland ausüben.

Abschnitt 4
Benennende Behörde und Benannte Stellen

§ 15
Benennende Behörde

(1) Die Benennende Behörde ist zuständig für die Einrichtung und Durchführung der erforderlichen Verfahren für die Bewertung, Benennung und anschließende Überwachung Benannter Stellen.

(2) Die Benennende Behörde hat die Europäische Kommission über ihre Verfahren zur Begutachtung, Benennung und Überwachung von Benannten Stellen sowie über alle Änderungen dieser Angaben zu unterrichten.

(3) Die Benennende Behörde nimmt am Erfahrungsaustausch nach Artikel 28 Buchstabe a der Richtlinie 2010/35/EU teil.

(4) Die Benennende Behörde kann Überwachungsmaßnahmen zur Überprüfung der Benannten Stellen nach § 9 Absatz 3c des Gefahrgutbeförderungsgesetzes vornehmen.

§ 16
Benennungsverfahren

(1) Die Benennende Behörde erteilt auf Antrag einer Stelle die Befugnis, Konformitätsbewertungen, Neubewertungen der Konformität, wiederkehrende Prüfungen, Zwischenprüfungen und außerordentliche Prüfungen für ortsbewegliche Druckgeräte durchzuführen und benennt diese Stelle dem Bundesministerium für Verkehr und digitale Infrastruktur als zugelassene Prüfstelle nach Unterabschnitt 1.8.6.1 ADR/RID, wenn die nachfolgend genannten Voraussetzungen vorliegen.

(2) Die Stelle mit Sitz oder Niederlassung in Deutschland legt mit dem Antrag auf Befugniserteilung, Zulassung und Benennung nach Abschnitt 1.8.6 ADR/RID folgende Nachweise vor:

1. eine Beschreibung der Tätigkeiten im Zusammenhang mit der Konformitätsbewertung, den wiederkehrenden Prüfungen, den Zwischenprüfungen, den außerordentlichen Prüfungen und der Neubewertung der Konformität,
2. eine Beschreibung der Verfahren im Zusammenhang mit den Tätigkeiten nach Nummer 1,
3. eine Aufstellung der ortsbeweglichen Druckgeräte, für die sie als Prüfstelle benannt werden will,
4. eine Akkreditierungsurkunde der deutschen Akkreditierungsstelle, in der diese bescheinigt, dass die Stelle über eine gültige Bescheinigung gemäß Unterabschnitt 1.8.6.8 Satz 2 ADR/RID verfügt, und
5. den Nachweis, dass sie eine nach deutschem Recht gegründete juristische Person ist.

(3) Eine von einer Benennenden Behörde eingerichtete Stelle kann keinen Antrag nach Absatz 2 stellen; einer solchen Stelle kann keine Befugnis nach Absatz 1 erteilt werden, sie kann auch nicht nach Absatz 1 benannt und nach Absatz 4 notifiziert werden. Behörden, denen nach der Gefahrgutverordnung Straße, Eisenbahn und Binnenschifffahrt Zuständigkeiten nach den Vorschriften des ADR oder des RID zugewiesen sind, können einen Antrag nach Absatz 2 stellen.

(4) Die Benennende Behörde notifiziert die Benannten Stellen gegenüber der Europäischen Kommission und den übrigen Mitgliedstaaten der Europäischen Union und des Europäischen Wirtschaftsraums entsprechend den Vorgaben der Europäischen Kommission für die Übermittlung der Angaben. Sie teilt der Europäischen Kommission außerdem die nach dieser Verordnung Benannten Stellen mit den ihnen zugewiesenen Kennnummern und den Tätigkeiten, für die sie benannt wurden, für die Veröffentlichung mit. Sie meldet zudem jede später eintretende Änderung der Benennung und Notifizierung.

ODV

§ 17
Weitere Aufgaben der Benennenden Behörde

(1) Erfüllt die Benannte Stelle die Benennungsvoraussetzungen nach § 16 Absatz 2 ganz oder teilweise nicht mehr, kann die Benennende Behörde die Benennung ganz oder teilweise widerrufen. Sie unterrichtet unverzüglich die Europäische Kommission und die übrigen Mitgliedstaaten der Europäischen Union und des Europäischen Wirtschaftsraums darüber.

(2) Bei Widerruf oder bei Einstellung der Tätigkeit der Benannten Stelle, hat die Benennende Behörde die Maßnahmen zu treffen, um die Weiterbearbeitung der Unterlagen durch eine andere Benannte Stelle oder ihre Bereithaltung für die Marktüberwachungsbehörden auf deren Verlangen sicherzustellen.

(3) Die Benennende Behörde erteilt der Europäischen Kommission auf ein auf Artikel 25 Absatz 2 der Richtlinie 2010/35/EU gestütztes Verlangen die erforderlichen Auskünfte über die Voraussetzungen der Benennung einer Benannten Stelle oder deren Aufrechterhaltung.

(4) Hat die Europäische Kommission eine Feststellung gemäß Artikel 25 Absatz 4 der Richtlinie 2010/35/EU getroffen, so hat die Benennende Behörde die erforderlichen Maßnahmen zu treffen, einschließlich erforderlichenfalls eines Widerrufs der Benennung und der Notifizierung.

(5) Wird der Benennenden Behörde bekannt, dass eine von einem anderen Mitgliedstaat der Europäischen Union oder des Europäischen Wirtschaftsraums notifizierte Benannte Stelle die Anforderungen für eine Notifizierung nicht oder nicht vollständig erfüllt, so unterrichtet sie unverzüglich das Bundesministerium für Verkehr und digitale Infrastruktur, die Europäische Kommission und die Benennende Behörde des Mitgliedstaates, der die Stelle notifiziert hat und überwacht.

§ 18
Rechte und Pflichten der Benannten Stellen

(1) Benannte Stellen dürfen Konformitätsbewertungen, wiederkehrende Prüfungen, Zwischenprüfungen und außerordentliche Prüfungen entsprechend den Verfahren, die in ADR/RID und in dieser Verordnung festgelegt sind, durchführen, wenn sie dafür notifiziert sind. Sind sie nicht oder nicht mehr dafür notifiziert, dürfen sie die Tätigkeiten nach Satz 1 nicht mehr ausführen.

(1a) Die Benannten Stellen dürfen eine Baumusterprüfung und eine getrennte Baumusterzulassung von Ventilen und anderen Bedienungsausrüstungen für Tanks nach Absatz 6.8.2.3.1 Satz 9 nur durchführen, wenn für diese Teile in der Tabelle in Absatz 6.8.2.6.1 eine Norm aufgeführt ist. Für die getrennte Baumusterzulassung sind die Verfahren anzuwenden, die in Abschnitt 1.8.7 vorgeschrieben sind. Abweichend davon darf ein betriebseigener Prüfdienst nach Unterabschnitt 1.8.7.6 in Verbindung mit Absatz 1.8.7.7.5 nur für die Überwachung der Herstellung der Ventile und anderen Bedienungsausrüstungen nach Unterabschnitt 1.8.7.3 und deren erstmalige Prüfung nach Unterabschnitt 1.8.7.4 genehmigt werden. Die Bemerkung zur Begriffsbestimmung „Antragsteller" nach Abschnitt 1.2.1 ADR/RID ist nicht anwendbar.

(2) Benannte Stellen dürfen Neubewertungen der Konformität gemäß § 12 durchführen, wenn sie dafür notifiziert sind. Sind sie nicht oder nicht mehr dafür notifiziert, dürfen sie die Tätigkeiten nach Satz 1 nicht mehr ausführen.

(3) Eine Benannte Stelle hat der Benennenden Behörde unverzüglich mitzuteilen:

1. jede Ablehnung, Rücknahme und jeden Widerruf einer Bescheinigung,

2. alle Umstände, die Folgen für den Geltungsbereich und die Nebenbestimmungen der Benennung haben,

3. jedes Auskunftsersuchen über durchgeführte Tätigkeiten, das sie von den Marktüberwachungsbehörden erhalten hat, und

4. auf Verlangen, welchen Tätigkeiten sie im Geltungsbereich ihrer Benennung nachgegangen ist und welche anderen Tätigkeiten, einschließlich grenzüberschreitender Tätigkeiten und Vergabe von Unteraufträgen, sie ausgeführt hat.

(4) Benannte Stellen übermitteln den übrigen notifizierten Stellen, die Prüfstellen für die gleichen ortsbeweglichen Druckgeräte sind, die für deren Aufgabenerfüllung erforderlichen Informationen über die negativen und, auf Verlangen, auch über die positiven Ergebnisse von Konformitätsbewertungen.

(5) Benannte Stellen sollen ihre Erfahrungen in die Normungsarbeit einbringen. Entsenden sie keinen Vertreter in die Normungsarbeit, so müssen sie ihr Bewertungspersonal über neue und geänderte Normen fortlaufend unterrichten, sobald diese veröffentlicht sind.

(6) Die Benannten Stellen sind verpflichtet, an dem nach § 19 eingerichteten Erfahrungsaustausch teilzunehmen.

(7) Eine Stelle darf ihre Aufgaben als Benannte Stelle nur dann wahrnehmen, wenn weder die Europäische Kommission noch einer der übrigen Mitgliedstaaten der Europäischen Union oder des Europäischen Wirtschaftsraums innerhalb von zwei Wochen nach ihrer Notifizierung Einwände erhoben hat.

(8) Eine Benannte Stelle darf nur die ihr von der Europäischen Kommission zugewiesene Kennnummer verwenden. Dies gilt auch, wenn eine Benannte Stelle auch nach anderen Rechtsvorschriften benannt und notifiziert ist.

(9) Eine von einem anderen Mitgliedstaat der Europäischen Union oder des Europäischen Wirtschaftsraums notifizierte Stelle muss die Aufnahme ihrer Tätigkeit als Benannte Stelle in Deutschland oder für in Deutschland ansässige Unternehmen der Benennenden Behörde anzeigen. Diese unterrichtet sie über den nach § 19 eingerichteten Erfahrungsaustausch und fordert sie zur Teilnahme auf.

§ 19
Koordinierung der Benannten Stellen

Das Bundesministerium für Verkehr und digitale Infrastruktur richtet einen nationalen Erfahrungsaustausch der Benannten Stellen für ortsbewegliche Druckgeräte ein, an dem die Benennende Behörde und die Benannten Stellen nach § 16 teilnehmen müssen sowie die Benannten Stellen nach § 18 Absatz 9 teilnehmen dürfen.

Abschnitt 5
Marktüberwachung

§ 20
Zuständigkeiten und Zusammenarbeit

(1) Für die Marktüberwachung im Sinne dieser Verordnung sind zuständig:

1. die Bundesanstalt für Materialforschung und -prüfung für Tanks von Tankcontainern und für Gascontainer mit mehreren Elementen (MEGC), die Tanks als Elemente enthalten, soweit diese den Vorschriften des Kapitels 6.8 ADR/RID unterliegen,

2. das Eisenbahn-Bundesamt für Gefäße und Tanks von Batteriewagen, für Tanks von Eisenbahnkesselwagen und für abnehmbare Tanks gemäß Kapitel 6.8 RID,

3. die nach Landesrecht zuständigen Behörden für übrige ortsbewegliche Druckgeräte.

(2) Die Länder teilen dem Bundesministerium für Verkehr und digitale Infrastruktur die zuständigen Stellen mit. Dieses unterrichtet die Europäische Kommission.

(3) Das Bundesministerium für Verkehr und digitale Infrastruktur richtet einen Erfahrungsaustausch für die Marktüberwachung ortsbeweglicher Druckgeräte ein.

§ 21
Aufgaben und Befugnisse der Marktüberwachungsbehörden

(1) Die Marktüberwachungsbehörden haben eine wirksame Marktüberwachung auf der Grundlage eines Überwachungskonzepts zu gewährleisten. Das Überwachungskonzept soll insbesondere umfassen:

1. die Erhebung, Speicherung und Nutzung von Informationen zur Ermittlung von Mängelschwerpunkten und Warenströmen ortsbeweglicher Druckgeräte,

2. die Aufstellung und Durchführung von Marktüberwachungsprogrammen, auf deren Grundlage die ortsbeweglichen Druckgeräte überprüft werden; diese Programme sind regelmäßig zu aktualisieren.

Die Marktüberwachungsbehörden überprüfen und bewerten regelmäßig, mindestens alle vier Jahre, die Wirksamkeit des Überwachungskonzepts. Das Marktüberwachungskonzept soll in dem nach § 20 Absatz 3 eingerichteten Erfahrungsaustausch entwickelt und fortgeschrieben werden.

(2) Die Bundesanstalt für Materialforschung und -prüfung stellt die Marktüberwachungsprogramme nach Absatz 1 Satz 2 Nummer 2 der Öffentlichkeit auf elektronischem Weg und falls erforderlich in anderer Form zur Verfügung.

(3) Die Marktüberwachungsbehörden leisten den Marktüberwachungsbehörden anderer Mitgliedstaaten in angemessenem Umfang Amtshilfe, indem sie die hierfür erforderlichen Informationen oder Unterlagen bereitstellen, geeignete Untersuchungen oder andere angemessene Maßnahmen durchführen und sich an Untersuchungen beteiligen, die in anderen Mitgliedstaaten eingeleitet wurden.

§ 22
Marküberwachungsmaßnahmen

(1) Die Marktüberwachungsbehörden kontrollieren ortsbewegliche Druckgeräte anhand angemessener Stichproben auf geeignete Art und Weise und in angemessenem Umfang. Dazu überprüfen sie die Unterlagen oder führen falls erforderlich technische Prüfungen nach Kapitel 6.2 ADR/RID in Verbindung mit den in Abschnitt 6.2.2 oder 6.2.4 ADR/RID für Druckgefäße zitierten Normen oder nach Kapitel 6.8 ADR/RID in Verbindung mit den in Unterabschnitt 6.8.2.6 oder 6.8.3.6 ADR/RID zitierten Normen durch oder ordnen die Durchführung unter ihrer Überwachung an. Sie berücksichtigen die geltenden Grundsätze der Risikobewertung, eingegangene Beschwerden und verfügbare Informationen über nichtkonforme ortsbewegliche Druckgeräte.

(2) Besteht der begründete Verdacht, dass ortsbewegliche Druckgeräte nicht die Anforderungen dieser Verordnung erfüllen, treffen die Marktüberwachungsbehörden die erforderlichen Maßnahmen.

Sie sind insbesondere befugt,

1. Maßnahmen anzuordnen, die gewährleisten, dass nur den Anforderungen dieser Verordnung entsprechende ortsbewegliche Druckgeräte auf dem Markt bereitgestellt werden,
2. anzuordnen, dass ortsbewegliche Druckgeräte von einer Benannten Stelle überprüft werden,
3. die Bereitstellung ortsbeweglicher Druckgeräte auf dem Markt für den Zeitraum zu verbieten, der für die Prüfung zwingend erforderlich ist,
4. anzuordnen, dass geeignete, klare und leicht verständliche Hinweise zu Risiken, die mit ortsbeweglichen Druckgeräten verbunden sind, in deutscher Sprache angebracht werden,
5. zu verbieten, dass ortsbewegliche Druckgeräte auf dem Markt bereitgestellt werden,
6. die Rücknahme oder den Rückruf auf dem Markt bereitgestellter ortsbeweglicher Druckgeräte oder eine Einschränkung ihrer Bereitstellung anzuordnen,
7. ortsbewegliche Druckgeräte sicherzustellen, diese zu vernichten oder vernichten zu lassen oder auf andere Weise unbrauchbar zu machen oder machen zu lassen,
8. anzuordnen, dass die Öffentlichkeit vor den Risiken gewarnt wird, die mit auf dem Markt bereitgestellten ortsbeweglichen Druckgeräten verbunden sind; die Marktüberwachungsbehörde kann selbst die Öffentlichkeit warnen, wenn der Wirtschaftsakteur nicht oder nicht rechtzeitig warnt oder eine andere ebenso wirksame Maßnahme nicht oder nicht rechtzeitig trifft.

(3) Die Marktüberwachungsbehörden ordnen den Rückruf oder die Rücknahme ortsbeweglicher Druckgeräte an oder untersagen ihre Bereitstellung auf dem Markt, wenn diese ein ernstes Risiko darstellen, einschließlich eines solchen ohne unmittelbare Auswirkungen, und ein sofortiges Eingreifen erforderlich ist. Bei der Abwägung, ob ein ernstes Risiko besteht, werden die Art der Gefahr und die Wahrscheinlichkeit ihres Eintritts berücksichtigt. Ein ernstes Risiko besteht nicht allein aufgrund der Möglichkeit, einen höheren Sicherheitsgrad zu erreichen.

(4) Hat die Marktüberwachungsbehörde angeordnet, ortsbewegliche Druckgeräte vom Markt zu nehmen, die in einem anderen Staat hergestellt worden sind, setzt sie die betroffenen Wirtschaftsakteure unter Nutzung der in der Baumusterzulassung, in den Prüfbescheinigungen, auf den ortsbeweglichen Druckgeräten oder in deren Begleitunterlagen angegebenen Adresse davon in Kenntnis.

(5) Die Marktüberwachungsbehörden sind befugt, Räume oder Grundstücke zu betreten, in oder auf denen im Rahmen einer Geschäftätigkeit ortsbewegliche Druckgeräte hergestellt, geprüft, befüllt, für die Beförderung bereitgestellt oder verwendet werden oder zum Zweck der Bereitstellung auf dem Markt vorgehalten werden. Sie sind befugt, diese zu besichtigen, zu prüfen oder prüfen zu lassen sowie insbesondere zu diesem Zweck in Betrieb nehmen zu lassen. Hat die Kontrolle ergeben, dass ortsbewegliche Druckgeräte die Anforderungen nicht erfüllen, erheben die Marktüberwachungsbehörden die Kosten ihrer Amtshandlungen. Die Kosten sind von den betroffenen Wirtschaftsakteuren zu tragen.

(6) Die Marktüberwachungsbehörden können unentgeltlich Proben entnehmen, Muster ortsbeweglicher Druckgeräte verlangen und die für ihre Aufgabenerfüllung erforderlichen Unterlagen und Informationen anfordern.

(7) In den Fällen des § 10 Absatz 2 haben die Marktüberwachungsbehörden die betroffenen Wirtschaftsakteure bei Maßnahmen gemäß den Absätzen 2 und 3 über ihr Recht auf Auskunftsverweigerung zu belehren.

(8) Die Frist zur Anhörung der betroffenen Wirtschaftsakteure nach § 28 des Verwaltungsverfahrensgesetzes beträgt vor Erlass einer Maßnahme nach Absatz 2 oder 3 mindestens zehn Tage. Ist nach § 28 Absatz 2 Nummer 1 des Verwaltungsverfahrensgesetzes von einer Anhörung abgesehen worden, ist die Anhörung nach Erlass der Maßnahme nachzuholen. Wenn der betroffene Wirtschaftsakteur sich äußert, überprüft die Marktüberwachungsbehörde die Maßnahme von Amts wegen. Die Marktüberwachungsbehörde nimmt eine Maßnahme nach den Absätzen 2 und 3 unverzüglich ganz oder teilweise zurück, sobald der Wirtschaftsakteur nachweist, dass er wirksame Maßnahmen getroffen hat.

(9) Werden ortsbewegliche Druckgeräte oder deren Teile ausgestellt, sind die für das Ausstellen und für Aussteller von Produkten geltenden Bestimmungen des Produktsicherheitsgesetzes vom 8. November 2011 (BGBl. I S. 2178, 2179) entsprechend anzuwenden.

§ 23
Formale Nichtkonformität

(1) Liegt bei einem ortsbeweglichen Druckgerät ein Fall formaler Nichtkonformität vor, verpflichtet die Marktüberwachungsbehörde den betroffenen Wirtschaftsakteur, die formale Nichtkonformität innerhalb einer festgelegten Frist zu beheben. Eine formale Nichtkonformität liegt vor, wenn:

1. die Pi-Kennzeichnung unter Nichteinhaltung von Artikel 12, Artikel 13, Artikel 14 oder Artikel 15 der Richtlinie 2010/35/EU angebracht worden ist;
2. die Pi-Kennzeichnung fehlt;
3. die technischen Unterlagen nicht verfügbar oder unvollständig sind oder
4. die formalen Anforderungen der in § 3 Absatz 2 genannten Vorschriften nicht erfüllt sind.

(2) Kommt der Wirtschaftsakteur der Anordnung nach Absatz 1 nicht nach und besteht die formale Nichtkonformität fort, kann die Marktüberwachungsbehörde

1. die Bereitstellung der ortsbeweglichen Druckgeräte auf dem Markt beschränken oder untersagen oder
2. anordnen, dass die ortsbeweglichen Druckgeräte zurückgerufen oder vom Markt genommen werden.

Abschnitt 6
Informations- und Meldepflichten

§ 24
Meldeverfahren

(1) Die Marktüberwachungsbehörde unterrichtet die Bundesanstalt für Materialforschung und -prüfung über

1. Untersagungen, ortsbewegliche Druckgeräte auf dem Markt bereitzustellen,
2. Beschränkungen, ortsbewegliche Druckgeräte auf dem Markt bereitzustellen, und
3. Rücknahme oder Rückruf von ortsbeweglichen Druckgeräten.

Sie unterrichtet die Bundesanstalt für Materialforschung und -prüfung einschließlich der Begründung für die Erforderlichkeit der Maßnahme. Dabei gibt sie auch an, ob der Anlass für die Maßnahme nicht im Inland liegt oder die Auswirkungen dieser Maßnahme über das Inland hinausreichen. Sind ortsbewegliche Druckgeräte mit der Pi-Kennzeichnung versehen und folgt dieser Kennzeichnung die Kennnummer einer Benannten Stelle, so unterrichtet die Marktüberwachungsbehörde diese sowie die Benennende Behörde des Staates, der diese Stelle notifiziert hat, über die von ihr getroffene Maßnahme.

(2) Die Bundesanstalt für Materialforschung und -prüfung überprüft die eingegangenen Meldungen nach Absatz 1 Satz 1 auf Vollständigkeit und Schlüssigkeit und leitet die Meldungen an die Europäische Kommission und die zuständigen Behörden der übrigen Mitgliedstaaten der Europäischen Union weiter, wenn die Marktüberwachungsbehörde angegeben hat, dass der Anlass für die Maßnahme nicht im Inland liegt oder die Auswirkungen dieser Maßnahme über das Inland hinausreichen.

(3) Die Bundesanstalt für Materialforschung und -prüfung unterrichtet die Marktüberwachungsbehörden sowie die Bundesministerien für Verkehr und digitale Infrastruktur sowie der Verteidigung über Meldungen der Kommission oder eines anderen Mitgliedstaates der Europäischen Union.

§ 25
Schnellinformationssystem

(1) Trifft die Marktüberwachungsbehörde eine Maßnahme nach § 22 Absatz 3 oder beabsichtigt sie dies, so unterrichtet sie die Bundesanstalt für Materialforschung und -prüfung unverzüglich hierüber. Dabei gibt sie auch an, ob der Anlass für die Maßnahme oder die Auswirkungen dieser Maßnahme über das Inland hinausreichen. Außerdem informiert sie die Bundesanstalt für Materialforschung und -prüfung unverzüglich über Änderungen einer solchen Maßnahme oder ihre Rücknahme.

(2) Geht von auf dem Markt bereitgestellten ortsbeweglichen Druckgeräten ein ernstes Risiko aus, unterrichtet die Marktüberwachungsbehörde die Bundesanstalt für Materialforschung und -prüfung über alle ihr bekannten Maßnahmen, die ein Wirtschaftsakteur getroffen hat.

(3) Bei der Unterrichtung nach den Absätzen 1 und 2 werden alle hierfür erforderlichen verfügbaren Daten für die Identifizierung der ortsbeweglichen Druckgeräte, ihre Herkunft und Lieferkette, die mit ihnen verbundenen Gefahren, die Art und die Dauer der getroffenen Maßnahme sowie die von Wirtschaftsakteuren freiwillig getroffenen Maßnahmen übermittelt.

(4) Die Bundesanstalt für Materialforschung und -prüfung überprüft die eingegangenen Meldungen auf Vollständigkeit und Schlüssigkeit und leitet sie an die Europäische Kommission und die übrigen Mitgliedstaaten der Europäischen Union weiter, wenn die Marktüberwachungsbehörde angegeben hat, dass der Anlass für die Maßnahme nicht im Inland liegt oder die Auswirkungen dieser Maßnahme über das Inland hinausreichen. Für diese Zwecke wird das von der Europäischen Kommission bereitgestellte und in Artikel 22 Absatz 4 der Verordnung (EG) Nr. 765/2008 bezeichnete System für Marktüberwachung und Informationsaustausch verwendet. Die Bundesanstalt für Materialforschung und -prüfung unterrichtet die Marktüberwachungsbehörden sowie die zuständigen Bundesministerien über Meldungen, die ihr über das System nach Satz 2 zugehen.

§ 26
Veröffentlichung von Informationen

(1) Die Bundesanstalt für Materialforschung und -prüfung informiert die Öffentlichkeit über unanfechtbare oder sofort vollziehbare Anordnungen nach § 22 Absatz 2 Satz 2 Nummer 3, 5, 6, 7 und 8. Personenbezogene Daten dürfen nur veröffentlicht werden, wenn sie zur Identifizierung der ortsbeweglichen Druckgeräte erforderlich sind.

(2) Die Marktüberwachungsbehörden und die Bundesanstalt für Materialforschung und -prüfung informieren die Öffentlichkeit, vorzugsweise auf elektronischem Weg, über sonstige ihnen zur Verfügung stehende Erkenntnisse zu ortsbeweglichen Druckgeräten, die mit Risiken für die Sicherheit und Gesundheit von Personen verbunden sind. Dies betrifft insbesondere Informationen zur Identifizierung der Produkte, die Art der Risiken und die getroffenen Maßnahmen.

(3) Personenbezogene Daten sowie Betriebs- und Geschäftsgeheimnisse oder wettbewerbsrelevante Informationen, die dem Wesen nach Betriebs- und Geschäftsgeheimnissen gleichkommen, dürfen bei Informationen nach Absatz 2 Satz 1 nur veröffentlicht werden, soweit der Betroffene eingewilligt hat oder das schutzwürdige Informationsinteresse der Öffentlichkeit Vorrang hat vor dem schutzwürdigen Interesse des Betroffenen. Vor der Veröffentlichung ist der Betroffene anzuhören.

(4) Informationen nach Absatz 2 dürfen nicht veröffentlicht werden, soweit

1. dadurch die Vertraulichkeit der Beratung von Behörden berührt oder eine erhebliche Gefahr für die öffentliche Sicherheit verursacht werden kann,
2. es sich um Daten handelt, die Gegenstand eines laufenden Gerichtsverfahrens, strafrechtlichen Ermittlungsverfahrens, Disziplinarverfahrens oder ordnungswidrigkeitsrechtlichen Verfahrens sind, oder
3. der Schutz geistigen Eigentums, insbesondere der Urheberrechte, den Informationsanspruch überwiegt.

(5) Stellt sich im Nachhinein heraus, dass die Informationen, die die Behörde an die Öffentlichkeit gegeben hat, falsch sind oder dass die zugrunde liegenden Umstände unrichtig wiedergegeben worden sind, informiert die Marktüberwachungsbehörde die Öffentlichkeit darüber, sofern

1. dies zur Wahrung erheblicher Belange des Gemeinwohls erforderlich ist oder
2. der Betroffene ein berechtigtes Interesse daran hat und dies beantragt.

Die Marktüberwachungsbehörde informiert die Öffentlichkeit darüber in der gleichen Art und Weise, in der sie die betreffenden Informationen zuvor bekannt gegeben hat.

§ 27
Ordnungswidrigkeiten

(1) Ordnungswidrig im Sinne des § 10 Absatz 1 Nummer 1 Buchstabe a des Gefahrgutbeförderungsgesetzes handelt, wer vorsätzlich oder fahrlässig

1. als Hersteller entgegen § 3
    a) Absatz 1 Satz 1 ortsbewegliche Druckgeräte in Verkehr bringt;
    b) Absatz 2 Satz 1 die Pi-Kennzeichnung nicht oder nicht rechtzeitig anbringt,
    c) Absatz 2 Satz 2 die Pi-Kennzeichnung anbringt,
    d) Absatz 3 eine technische Unterlage nicht oder nicht mindestens 20 Jahre aufbewahrt, nicht bereithält oder nicht oder nicht rechtzeitig zur Verfügung stellt,
    e) Absatz 3a ein ortsbewegliches Druckgerät in Verkehr bringt,
    f) Absatz 4 Satz 1 eine dort genannte Maßnahme nicht oder nicht rechtzeitig ergreift oder
    g) Absatz 4 Satz 3 eine dort genannte Behörde nicht, nicht richtig, nicht vollständig oder nicht rechtzeitig unterrichtet,

ODV

2. als Bevollmächtigter entgegen § 4
   a) Absatz 2 eine Aufgabe wahrnimmt,
   b) Absatz 3 in Verbindung mit § 3 Absatz 3 eine technische Unterlage nicht oder nicht mindestens 20 Jahre aufbewahrt, nicht bereithält oder nicht oder nicht rechtzeitig zur Verfügung stellt,
   c) Absatz 3 in Verbindung mit § 3 Absatz 4 Satz 1 eine dort genannte Maßnahme nicht oder nicht rechtzeitig ergreift oder
   d) Absatz 3 in Verbindung mit § 3 Absatz 4 Satz 3 eine dort genannte Behörde nicht, nicht richtig, nicht vollständig oder nicht rechtzeitig unterrichtet,
3. als Einführer entgegen § 5
   a) Absatz 1 ein ortsbewegliches Druckgerät in Verkehr bringt,
   b) Absatz 2 Satz 2 ein ortsbewegliches Druckgerät einführt oder auf dem Markt bereitstellt,
   c) Absatz 3 den Hersteller oder die Marktüberwachungsbehörde nicht oder nicht rechtzeitig unterrichtet,
   d) Absatz 5 ein ortsbewegliches Druckgerät nicht richtig handhabt, nicht richtig lagert oder nicht richtig befördert,
   e) Absatz 6 Satz 1 eine Maßnahme nicht oder nicht rechtzeitig ergreift oder
   f) Absatz 6 Satz 3 eine dort genannte Behörde nicht, nicht richtig, nicht vollständig oder nicht rechtzeitig unterrichtet,
4. als Vertreiber entgegen § 6
   a) Absatz 1 Satz 1 ein ortsbewegliches Druckgerät auf dem Markt bereitstellt,
   b) Absatz 1 Satz 2 eine dort genannte Überprüfung nicht, nicht richtig, nicht vollständig oder nicht rechtzeitig vornimmt,
   c) Absatz 2 den Hersteller, den Einführer oder die Marktüberwachungsbehörde nicht oder nicht rechtzeitig unterrichtet,
   d) Absatz 3 ein ortsbewegliches Druckgerät nicht richtig handhabt, nicht richtig lagert oder nicht richtig befördert,
   e) Absatz 4 Satz 1 eine Maßnahme nicht oder nicht rechtzeitig ergreift oder
   f) Absatz 4 Satz 3 den Hersteller, den Einführer oder eine dort genannte Behörde nicht oder nicht rechtzeitig unterrichtet,
5. als Eigentümer entgegen § 7
   a) Absatz 1 Satz 1 oder Absatz 1a ein ortsbewegliches Druckgerät auf dem Markt bereitstellt oder verwendet,
   b) Absatz 1 Satz 2 den Hersteller, den Einführer oder die Marktüberwachungsbehörde nicht oder nicht rechtzeitig unterrichtet oder
   c) Absatz 2 ein ortsbewegliches Druckgerät nicht richtig handhabt, nicht richtig lagert oder nicht richtig befördert,
6. als Betreiber entgegen § 8
   a) Absatz 1 oder 1a ein ortsbewegliches Druckgerät verwendet,
   b) Absatz 2 den Eigentümer oder die Marktüberwachungsbehörde nicht oder nicht rechtzeitig unterrichtet oder
   c) Absatz 3 den Vertreiber nicht oder nicht rechtzeitig unterrichtet,
7. als Einführer oder Vertreiber entgegen § 9 Satz 2 in Verbindung mit
   a) § 3 Absatz 1 Satz 1 ein ortsbewegliches Druckgerät in Verkehr bringt,

b) § 3 Absatz 2 Satz 1 die Pi-Kennzeichnung nicht oder nicht rechtzeitig anbringt,

c) § 3 Absatz 2 Satz 2 die Pi-Kennzeichnung anbringt,

d) § 3 Absatz 3 eine technische Unterlage nicht oder nicht mindestens 20 Jahre aufbewahrt, nicht bereithält oder nicht oder nicht rechtzeitig zur Verfügung stellt,

e) § 3 Absatz 4 Satz 1 eine dort genannte Maßnahme nicht oder nicht rechtzeitig ergreift oder

f) § 3 Absatz 4 Satz 3 eine dort genannte Behörde nicht, nicht richtig, nicht vollständig oder nicht rechtzeitig unterrichtet oder

8. als Eigentümer, Vertreiber oder Betreiber entgegen § 12 Satz 3 die Pi-Kennzeichnung anbringt.

(2) Ordnungswidrig im Sinne des § 10 Absatz 1 Nummer 1 Buchstabe b des Gefahrgutbeförderungsgesetzes handelt, wer vorsätzlich oder fahrlässig

1. als Hersteller entgegen § 3

   a) Absatz 5 eine Aufzeichnung nicht, nicht richtig, nicht vollständig, nicht in der vorgeschriebenen Weise oder nicht rechtzeitig fertigt oder nicht oder nicht mindestens zehn Jahre aufbewahrt oder

   b) Absatz 6 Satz 1 eine dort genannte Unterlage nicht oder nicht rechtzeitig vorlegt oder nicht oder nicht rechtzeitig beigibt,

2. als Bevollmächtigter entgegen § 4

   a) Absatz 3 in Verbindung mit § 3 Absatz 5 eine Aufzeichnung nicht, nicht richtig, nicht vollständig, nicht in der vorgeschriebenen Weise oder nicht rechtzeitig fertigt oder nicht oder nicht mindestens zehn Jahre aufbewahrt,

   b) Absatz 3 in Verbindung mit § 3 Absatz 6 Satz 1 eine dort genannte Unterlage nicht oder nicht rechtzeitig vorlegt oder nicht oder nicht rechtzeitig beigibt oder

   c) Absatz 4 eine Eintragung nicht, nicht richtig, nicht vollständig oder nicht rechtzeitig macht,

3. als Einführer entgegen § 5

   a) Absatz 4 Satz 3 eine Konformitätsbescheinigung einem ortsbeweglichen Druckgerät beigibt,

   b) Absatz 6 Satz 4 eine Aufzeichnung nicht, nicht richtig, nicht vollständig, nicht in der vorgeschriebenen Weise oder nicht rechtzeitig fertigt oder nicht oder nicht mindestens zehn Jahre aufbewahrt,

   c) Absatz 7 eine Abschrift nicht bereithält oder eine technische Unterlage nicht oder nicht rechtzeitig vorlegt oder

   d) Absatz 8 Satz 1 eine dort genannte Unterlage nicht oder nicht rechtzeitig aushändigt oder nicht oder nicht rechtzeitig beigibt,

4. als Vertreiber entgegen § 6

   a) Absatz 4 Satz 4 eine Aufzeichnung nicht, nicht richtig, nicht vollständig, nicht in der vorgeschriebenen Weise oder nicht rechtzeitig fertigt oder nicht oder nicht mindestens zehn Jahre aufbewahrt,

   b) Absatz 5 Satz 1 eine dort genannte Unterlage nicht oder nicht rechtzeitig aushändigt oder nicht oder nicht rechtzeitig beifügt oder

   c) Absatz 7 einen Hinweis nicht, nicht richtig oder nicht rechtzeitig gibt,

5. als Einführer oder Vertreiber entgegen § 9 Satz 2 in Verbindung mit

   a) § 3 Absatz 5 eine Aufzeichnung nicht, nicht richtig, nicht vollständig, nicht in der vorgeschriebenen Weise oder nicht rechtzeitig fertigt oder nicht oder nicht mindestens zehn Jahre aufbewahrt oder

   b) § 3 Absatz 6 Satz 1 eine dort genannte Unterlage nicht oder nicht rechtzeitig vorlegt oder nicht oder nicht rechtzeitig beigibt,

ODV

6. als Wirtschaftsakteur entgegen § 10

    a) Absatz 1 einen dort genannten Wirtschaftsakteur nicht, nicht richtig oder nicht rechtzeitig benennt oder

    b) Absatz 2 Satz 1 oder Satz 2 eine Maßnahme nicht duldet oder eine Auskunft nicht, nicht richtig, nicht vollständig oder nicht rechtzeitig erteilt oder

7. als Benannte Stelle entgegen § 18

    a) Absatz 1 Satz 2 oder Absatz 2 Satz 2 eine dort genannte Tätigkeit ausführt,

    b) Absatz 3 eine Mitteilung nicht, nicht richtig, nicht vollständig oder nicht rechtzeitig macht,

    c) Absatz 5 Satz 2 das Personal nicht oder nicht rechtzeitig unterrichtet,

    d) Absatz 6 an dem dort genannten Erfahrungsaustausch nicht teilnimmt,

    e) Absatz 7 eine Aufgabe wahrnimmt oder

    f) Absatz 8 Satz 1, auch in Verbindung mit Satz 2, eine Kennnummer verwendet.

§ 28
Straftaten

Wer eine in § 27 Absatz 1 bezeichnete vorsätzliche Handlung beharrlich wiederholt oder durch eine solche vorsätzliche Handlung Leben oder Gesundheit eines Anderen, ihm nicht gehörende Tiere oder fremde Sachen von bedeutendem Wert gefährdet, macht sich nach § 11 des Gefahrgutbeförderungsgesetzes strafbar.

§ 29
Übergangsbestimmungen

(1) Bestimmungen im Sinne des Anhangs II Nummer 1 der Richtlinie 2010/35/EU gelten weiter.

(2) Benannte Stellen, die nach der Richtlinie 1999/36/EG notifiziert sind, gelten solange als notifiziert im Sinne dieser Verordnung, wie ihre vor dem Inkrafttreten dieser Verordnung erhaltene Anerkennung und Benennung gültig ist.

(3) Ortsbewegliche Druckgeräte, die vor dem Inkrafttreten dieser Verordnung nach der Verordnung über ortsbewegliche Druckgeräte gemäß Artikel 1 der Verordnung vom 17. Dezember 2004 (BGBl. I S. 3711) konformitätsbewertet und mit der Pi-Kennzeichnung gekennzeichnet wurden, gelten als ortsbewegliche Druckgeräte im Sinne dieser Verordnung. Sie unterliegen den wiederkehrenden Prüfungen, Zwischenprüfungen und außerordentlichen Prüfungen gemäß den Vorschriften des ADR/RID, der Richtlinie 2010/35/EU und dieser Verordnung.

(4) Konformitätsbewertungen und Zulassungen, die unter Anwendung der Verfahren gemäß § 3 oder 4 der in Absatz 3 genannten Verordnung in Verbindung mit Anhang IV und V der Richtlinie 1999/36/EG vorgenommen und erteilt wurden, gelten vorbehaltlich der Bestimmungen des Absatzes 1.8.7.2.4 ADR/RID in Verbindung mit der Übergangsvorschrift in Unterabschnitt 1.6.2.8 ADR/RID in der ab 1. Januar 2011 geltenden Fassung weiter. Nach diesen dürfen noch bis zum 31. Dezember 2012 neue ortsbewegliche Druckgeräte hergestellt und in Verkehr gebracht werden, sofern Zulassungen nicht vor diesem Datum ihre Gültigkeit verlieren. Die Neubewertung der Konformität vor diesem Datum in der Europäischen Union im Markt befindlicher ortsbeweglicher Druckgeräte im Sinne des § 12 bleibt unberührt.

(5) Abweichend von Absatz 1.8.7.1.4 ADR/RID dürfen Hersteller, welche die Einrichtung eines betriebseigenen Prüfdienstes gemäß Absatz 1.8.7.1.4 ADR/RID beantragt haben und die am 3. Dezember 2011 über eine gültige Bescheinigung gemäß Modul D oder F oder als Modul 2 Stelle nach Absatz 6.2.1.4.4 der in Unterabschnitt 1.6.2.7 genannten Vorschriften des ADR/RID in der bis zum 31. Dezember 2008 anwendbaren Fassung verfügen, diese für die Überwachung der Herstellung ortsbeweglicher Druckgeräte bis zu ihrem Ablauf, längstens jedoch bis zum 31. Dezember 2011, verwenden.

(6) Hersteller dürfen die Überwachung der Herstellung und die Dokumentation der gemäß Absatz 4 betroffenen Produkte nach vorgenannten Bescheinigungen ausstellen. Die betroffenen Prüfstellen dürfen die Überwachung des Herstellers (Audit) gemäß den dafür niedergelegten Verfahren durchführen.

§ 30
Aufhebung

Die Verordnung über ortsbewegliche Druckgeräte vom 17. Dezember 2004 (BGBl. I S. 3711) wird zum 3. Dezember 2011 aufgehoben.

§ 31
Anerkennung der Gleichwertigkeit

(1) Die gemäß den Richtlinien 84/525/EWG, 84/526/EWG und 84/527/EWG erteilten EWG-Bauartzulassungen für ortsbewegliche Druckgeräte und die gemäß der Richtlinie 1999/36/EG ausgestellten EG-Entwurfsprüfbescheinigungen werden als den in ADR/RID und den Anhängen der Richtlinie 2008/68/EG genannten Bauartzulassungszeugnissen gleichwertig anerkannt. Sie unterliegen aber den Bestimmungen über eine zeitlich begrenzte Anerkennung der Baumusterzulassung in Absatz 1.8.7.2.4 ADR/RID.

(2) Ventile und Ausrüstungsteile gemäß Artikel 3 Absatz 3 der Richtlinie 1999/36/EG, die gemäß Artikel 3 Absatz 4 der Richtlinie 1999/36/EG mit dem in der Richtlinie 97/23/EG [2)] vorgesehenen Kennzeichen versehen sind, dürfen weiter verwendet werden.

[2)] Richtlinie 97/23/EG des Europäischen Parlaments und des Rates vom 29. Mai 1997 zur Angleichung der Rechtsvorschriften der Mitgliedstaaten über Druckgeräte (ABl. L 181 vom 9.7.1997, S. 1).

ODV

Anlage 1
(zu § 1 Absatz 1)

Bestimmung der ortsbeweglichen Druckgeräte, die unter § 1 Absatz 1 fallen

Abschnitt A

Ortsbewegliche Druckgeräte im Sinne des § 1 Absatz 1 sind:

1. neue ortsbewegliche Druckgeräte gemäß Artikel 1 Absatz 2 Buchstabe a der Richtlinie 2010/35/EU, die nicht die Konformitätskennzeichnung gemäß den Richtlinien 84/525/EWG, 84/526/EWG, 84/527/EWG oder 1999/36/EG tragen, hinsichtlich ihrer Bereitstellung auf dem Markt;
2. ortsbewegliche Druckgeräte gemäß Artikel 1 Absatz 2 Buchstabe b der Richtlinie 2010/35/EU, die die Konformitätskennzeichnung gemäß der Richtlinie 2010/35/EU oder gemäß den Richtlinien 84/525/EWG, 84/526/EWG, 84/527/EWG oder 1999/36/EG tragen, hinsichtlich der wiederkehrenden Prüfungen, Zwischenprüfungen oder außerordentlichen Prüfungen der Geräte und ihrer Verwendung;
3. ortsbewegliche Druckgeräte gemäß Artikel 1 Absatz 2 Buchstabe c der Richtlinie 2010/35/EU, die nicht die Konformitätskennzeichnung gemäß der Richtlinie 1999/36/EG oder der Richtlinie 2010/35/EU tragen, hinsichtlich der Neubewertung der Konformität.

Abschnitt B

Als ortsbewegliche Druckgeräte gemäß § 1 Absatz 1 gelten

1. alle Druckgefäße und gegebenenfalls ihre Ventile und anderen Zubehörteile gemäß Kapitel 6.2 ADR/RID;
2. Tanks, Batteriefahrzeuge/-wagen, Gascontainer mit mehreren Elementen (MEGC) und gegebenenfalls ihre Ventile und anderen Zubehörteile gemäß Kapitel 6.8 ADR/RID,

sofern die unter Nummer 1 oder Nummer 2 genannten Geräte im Einklang mit den Bestimmungen der in § 3 Absatz 1 genannten Vorschriften für die Beförderung von Gasen der Klasse 2, ausgenommen Gase oder Gegenstände mit der Ziffer 6 oder 7 im Klassifizierungscode, oder für die Beförderung der in Anhang I der Richtlinie 2010/35/EU genannten gefährlichen Stoffe anderer Klassen verwendet werden.

Ferner gelten als ortsbewegliche Druckgeräte gelten Gaspatronen (UN-Nummer 2037), jedoch nicht Druckgaspackungen (UN-Nummer 1950), offene Kryo-Behälter, Gasflaschen für Atemschutzgeräte, Feuerlöscher (UN-Nummer 1044), ortsbewegliche Druckgeräte, die gemäß Unterabschnitt 1.1.3.2 ADR/RID ausgenommen sind, sowie ortsbewegliche Druckgeräte, die aufgrund der besonderen Vorschriften in Kapitel 3.3 ADR/RID von den Bau- und Prüfvorschriften für Verpackungen ausgenommen sind.

Anlage 2
(zu § 1 Absatz 2)

Bestimmung der ortsbeweglichen Druckgeräte, die unter § 1 Absatz 2 fallen

Abschnitt A

Ortsbewegliche Druckgeräte im Sinne des § 1 Absatz 2 Satz 1 sind:

1. ortsbewegliche Druckgeräte, die in Deutschland vor dem in § 2 Nummer 5 Buchstabe a und b der Verordnung über ortsbewegliche Druckgeräte vom 17. Dezember 2004 (BGBl. I S. 3711) für den Anwendungsbeginn genannten Datum oder in einem anderen Mitgliedstaat der Europäischen Union oder des Europäischen Wirtschaftsraums vor dem Datum des Anwendungsbeginns der Richtlinie 1999/36/EG in Verkehr gebracht und keiner Neubewertung der Konformität unterzogen wurden;

2. ortsbewegliche Druckgeräte, die ausschließlich zur Beförderung gefährlicher Güter zwischen Mitgliedstaaten der Europäischen Union oder des Europäischen Wirtschaftsraums und Drittländern gemäß Artikel 4 der Richtlinie 2008/68/EG verwendet werden.

Abschnitt B

Ortsbewegliche Druckgeräte im Sinne des § 1 Absatz 2 Satz 2 sind:

1. Druckgeräte, die unter die jeweils geltende Fassung der Druckgeräteverordnung vom 27. September 2002 (BGBl. I S. 3777, 3806) fallen;

2. ortsbewegliche Druckgeräte, deren Eigentümer die Bundeswehr oder ausländische Streitkräfte sind oder für die diese verantwortlich sind, sofern sich diese ortsbeweglichen Druckgeräte in der Verwendung und Verfügungsgewalt der Streitkräfte befinden und soweit die Bundeswehr und die ausländischen Streitkräfte die ortsbeweglichen Druckgeräte erst dann wieder einer zivilen Verwendung zuführen, wenn sie von einer Benannten Stelle nach § 16 nach den in § 3 Absatz 1 genannten Vorschriften geprüft wurden, sofern die Prüffrist nach Verpackungsanweisung P 200 des Unterabschnitts 4.1.4.1 ADR/RID erreicht oder überschritten ist. Prüfungen, die von der Bundeswehr oder den ausländischen Streitkräften während der militärischen Verwendung der ortsbeweglichen Druckgeräte durchgeführt werden, gelten nicht als Prüfungen im Sinne dieser Verordnung.

ODV

Auszug aus
Artikel 5 der Sechsten Verordnung zur Änderung gefahrgutrechtlicher Verordnungen

Diese Verordnung tritt am Tag nach der Verkündung in Kraft. *)

---

*) Hinweis des Verlages:
Diese Verordnung ist am 3. Dezember 2011 in Kraft getreten.

GGKostV

Kostenverordnung für Maßnahmen bei der Beförderung gefährlicher Güter (Gefahrgutkostenverordnung – GGKostV)

Vom 11. März 2019
(BGBl. I S. 308),
geändert durch Artikel 15 des Gesetzes vom 12. Dezember 2019
(BGBl. I S. 2510),
zuletzt geändert durch Artikel 4 der 13. Verordnung
zur Änderung gefahrgutrechtlicher Verordnungen vom 26. März 2021
(BGBl. I S. 475)

§ 1
Kosten

(1) Für Amtshandlungen

1. der Bundesbehörden und der Landesbehörden nach dem Gesetz über die Beförderung gefährlicher Güter und den auf der Grundlage dieses Gesetzes erlassenen Rechtsverordnungen,
2. der Prüfstellen nach § 9 der Gefahrgutverordnung Straße, Eisenbahn und Binnenschifffahrt und nach § 12 Absatz 1 Nummer 8 der Gefahrgutverordnung See,
3. der Benannten Stellen nach § 12 der Gefahrgutverordnung Straße, Eisenbahn und Binnenschifffahrt und nach § 16 Absatz 2 der Gefahrgutverordnung See,
4. der Benannten Stellen für Druckgefäße nach § 13 der Gefahrgutverordnung Straße, Eisenbahn und Binnenschifffahrt und nach § 16 Absatz 1 der Gefahrgutverordnung See,
5. der amtlich anerkannten Sachverständigen und Technischen Dienste nach § 14 Absatz 4 der Gefahrgutverordnung Straße, Eisenbahn und Binnenschifffahrt,
6. der zuständigen Stellen oder Personen nach § 14 Absatz 5 der Gefahrgutverordnung Straße, Eisenbahn und Binnenschifffahrt,
7. der Zulassungsbehörden nach § 14 Absatz 6 der Gefahrgutverordnung Straße, Eisenbahn und Binnenschifffahrt,
8. der zuständigen Stelle nach § 16 Absatz 8 der Gefahrgutverordnung Straße, Eisenbahn und Binnenschifffahrt,
9. der Marktüberwachungsbehörden nach § 22 Absatz 5 Satz 3 der Ortsbewegliche-Druckgeräte-Verordnung

werden Gebühren und Auslagen erhoben. Die Gebühren ergeben sich aus § 2 in Verbindung mit dem Gebührenverzeichnis der Anlage 1 zu dieser Verordnung. Zu den in Absatz 1 Satz 1 Nummer 1 genannten Behörden zählen nicht die in den Absätzen 2 bis 5 aufgeführten Behörden.

(2) Für Amtshandlungen im Rahmen der Zuständigkeit nach § 11 der Gefahrgutverordnung Straße, Eisenbahn und Binnenschifffahrt und im Rahmen der Zuständigkeit nach § 13 der Gefahrgutverordnung See erhebt das Bundesamt für die Sicherheit der nuklearen Entsorgung Gebühren und Auslagen. Die Gebühren ergeben sich aus § 2 in Verbindung mit der Anlage 2 und für Widerspruchsverfahren aus § 2 in Verbindung mit der Anlage 1 zu dieser Verordnung.

(3) Für Amtshandlungen im Rahmen der Zuständigkeit nach § 8 Absatz 1 und 2 der Gefahrgutverordnung Straße, Eisenbahn und Binnenschifffahrt und im Rahmen der Zuständigkeit nach § 12 Absatz 1 und 2 der Gefahrgutverordnung See erhebt die Bundesanstalt für Materialforschung und -prüfung Gebühren und Auslagen. Die Gebühren ergeben sich aus der Gebührenfestsetzung nach § 2 in Verbindung mit der Anlage 3 und für Widerspruchsverfahren aus der Gebührenfestsetzung nach § 2 in Verbindung mit der Anlage 1 zu dieser Verordnung.

GGKostV

(4) Für Amtshandlungen im Rahmen der Zuständigkeit nach § 14 Absatz 2 der Gefahrgutverordnung Straße, Eisenbahn und Binnenschifffahrt erhebt das Kraftfahrt-Bundesamt Gebühren und Auslagen. Die Gebühren ergeben sich aus § 2 in Verbindung mit der Anlage 4 und für Widerspruchsverfahren aus § 2 in Verbindung mit der Anlage 1 zu dieser Verordnung.

(5) Für Amtshandlungen im Rahmen der Zuständigkeit nach § 16 Absatz 1 der Gefahrgutverordnung Straße, Eisenbahn und Binnenschifffahrt erhebt die Physikalisch-Technische Bundesanstalt Gebühren und Auslagen. Die Gebühren ergeben sich aus § 2 in Verbindung mit der Anlage 5 und für Widerspruchsverfahren aus § 2 in Verbindung mit der Anlage 1 zu dieser Verordnung.

§ 2
Gebührenfestsetzung

(1) Die Gebühren werden nach Zeitaufwand berechnet. Davon abweichend werden für wiederkehrende Amtshandlungen mit vergleichbarem Arbeitsaufwand Gebühren in Form von Rahmensätzen oder nach dem Wert des Gegenstandes erhoben.

(2) Der Zeitaufwand wird in Stunden ermittelt. Angefangene Stunden werden anteilig erfasst. Dabei ist auf Viertelstunden aufzurunden.

(3) Die im Zusammenhang mit der Vornahme der Amtshandlung erforderliche Reisezeit wird je begonnene Viertelstunde mit dem für die einzelnen Abschnitte geltenden Stundensatz abgerechnet. Werden Amtshandlungen, die für mehrere Antragsteller zu erbringen sind, miteinander verbunden, ist die Reisezeit anteilig zu berechnen.

GGKostV

Anlage 1
(zu § 1 Absatz 1)

Gebührenverzeichnis

Inhaltsübersicht

	Gebührennummer
I. Teil: Verkehrsträgerübergreifende Gebühren	001 bis 013
II. Teil: Straßenverkehr	
1. Abschnitt: Gebühren der Bundesbehörden	100
2. Abschnitt: Gebühren der Landesbehörden	102 bis 104
3. Abschnitt: Gebühren der Behörden und Stellen nach § 1 Absatz 1 Satz 1 Nummer 2 bis 7	211 bis 227.1
III. Teil: Eisenbahnverkehr	
1. Abschnitt: Gebühren der Bundesbehörden	311.1 bis 312.1
2. Abschnitt: Gebühren der Landesbehörden	411
3. Abschnitt: Gebühren der Behörden und Stellen nach § 1 Absatz 1 Satz 1 Nummer 2 bis 4	611 bis 618.1
IV. Teil: Binnenschiffsverkehr	
1. Abschnitt: Gebühren der Bundesbehörden	701 bis 740
2. Abschnitt: Gebühren der Landesbehörden	801 bis 840
V. Teil: Seeschiffsverkehr	
1. Abschnitt: Gebühren der Bundesbehörden	901 bis 902
2. Abschnitt: Gebühren der Landesbehörden	1001 bis 1002
3. Abschnitt: Gebühren der Stellen nach § 1 Absatz 1 Satz 1 Nummer 2 bis 4	1050 bis 1064.1
VI. Teil: Ortsbewegliche Druckgeräte	
1. Abschnitt: Gebühren der Bundesbehörden	1101
2. Abschnitt: Gebühren der Landesbehörden	1102
3. Abschnitt: Gebühren der Stellen nach § 1 Absatz 1 Satz 1 Nummer 4	1201 bis 1207

GGKostV

I. Teil: Verkehrsträgerübergreifende Gebühren

Gebühren-nummer	Gebührentatbestand	Gebühr (EUR)
001	Zurückweisung eines Widerspruchs aus formalen Gründen aus sachlichen Gründen	60 bis 425 120 bis 850
002 bis 012	nicht vergeben	
013	Anordnung von Maßnahmen zur Beseitigung festgestellter oder zur Verhütung künftiger Verstöße gegen Vorschriften des Gefahrgutbeförderungsgesetzes oder gegen die nach dem Gefahrgutbeförderungsgesetz erlassenen Rechtsverordnungen (§ 8 des Gefahrgutbeförderungsgesetzes).	30 je begonnene Viertelstunde

II. Teil: Straßenverkehr

1. Abschnitt: Gebühren der Bundesbehörden

Gebühren-nummer	Gebührentatbestand	Gebühr (EUR)
100	Prüfung und Erteilung einer Bescheinigung, dass die Bedingungen für eine Verlagerung nicht vorliegen, einschließlich der Ausfertigung der Bescheinigung (§ 35 Absatz 4 Satz 2 der Gefahrgutverordnung Straße, Eisenbahn und Binnenschifffahrt).	30 bis 300

2. Abschnitt: Gebühren der Landesbehörden

Gebühren-nummer	Gebührentatbestand	Gebühr (EUR)
102	Prüfung und Erteilung einer Ausnahme, einschließlich der Ausfertigung oder Verlängerung der Ausnahme (§ 5 Absatz 1 Nummer 1 der Gefahrgutverordnung Straße, Eisenbahn und Binnenschifffahrt).	50 bis 2 000
103	nicht vergeben	
104	Prüfung und Erteilung der Fahrwegbestimmung für die Beförderung bestimmter gefährlicher Güter, einschließlich der Ausfertigung des Bescheids über die Fahrwegbestimmung (§ 35a Absatz 3 der Gefahrgutverordnung Straße, Eisenbahn und Binnenschifffahrt).	25 bis 1 000

GGKostV

3. Abschnitt: Gebühren der Behörden und Stellen nach § 1 Absatz 1 Satz 1 Nummer 2 bis 7

Gebühren-nummer	Gebührentatbestand	Gebühr (EUR)
211	Erstmalige Untersuchung eines Fahrzeugs, einschließlich der Ausfertigung der Zulassungsbescheinigung (Unterabschnitt 9.1.3.1 ADR):	
211.1	Erstmalige Untersuchung für Fahrzeuge EX/II, EX/III, FL (Unterabschnitt 9.1.3.1 in Verbindung mit Unterabschnitt 9.1.2.1 ADR).	80 bis 110
211.2	Erstmalige Untersuchung für MEMU (Unterabschnitt 9.1.3.1 in Verbindung mit Unterabschnitt 9.1.2.1 ADR).	90 bis 220
211.3	Erstmalige Untersuchung und Erteilung der Zulassungsbescheinigung für AT-Fahrzeuge (Unterabschnitt 9.1.3.1 in Verbindung mit Unterabschnitt 9.1.2.1 ADR).	45
212	Jährliche technische Untersuchung eines Fahrzeugs (Unterabschnitt 9.1.2.3 Satz 1 ADR), einschließlich der Verlängerung der Zulassungsbescheinigung (Unterabschnitt 9.1.2.3 Satz 2 ADR):	
212.1	Untersuchung eines EX/II-, EX/III-, FL-Fahrzeugs oder MEMU (Unterabschnitt 9.1.2.1 ADR).	45
212.2	Untersuchung eines AT-Fahrzeugs (Unterabschnitt 9.1.2.1 ADR).	40
213	Nachprüfungen im Anschluss an Prüfungen nach den Gebührennummern 211 bis 212 je Prüfung.	30
213.1	Wie Gebührennummer 213, jedoch zusätzliche Untersuchung der Bremsanlage (Abschnitt 9.2.3 ADR).	35 je begonnene Viertelstunde
214	Änderung oder Neuausstellung der ADR-Zulassungsbescheinigung nach Unterabschnitt 9.1.3.1 ohne erforderliche Prüfungen nach Abschnitt 9.1.2 ADR (§ 14 Absatz 4 bis 6 der Gefahrgutverordnung Straße, Eisenbahn und Binnenschifffahrt).	30 je begonnene Viertelstunde
215 bis 220	nicht vergeben	
221	Baumusterprüfungen für festverbundene Tanks (Tankfahrzeuge), Aufsetztanks, ortsbewegliche Tanks, UN-MEGC, Tankcontainer oder Teile eines Batterie-Fahrzeugs (Unterabschnitt 6.7.2.18, 6.7.3.14, 6.7.4.13, 6.7.5.11, 6.8.2.3, 6.9.4.4 ADR):	
221.1	Prüfung der Antragsunterlagen.	40 je begonnene Viertelstunde
221.2	Für die übrigen im Rahmen der Baumusterprüfung anfallenden Prüfungen gelten die Gebühren nach Nummer 222.	

GGKostV

Gebühren-nummer	Gebührentatbestand	Gebühr (EUR) bis 7 500 Liter:	Gebühr (EUR) bis 20 000 Liter:	Gebühr (EUR) über 20 000 Liter:
222	Prüfung vor Inbetriebnahme (P), Gebührenhöhe abhängig vom Fassungsraum des Tanks (Kapitel 6.7 bis 6.10 ADR):			
222.1	Bauprüfung (Unterabschnitt 6.7.2.19, 6.7.3.15, 6.7.4.14, 6.7.5.12, 6.8.2.4 Abschnitt 6.9.5 ADR).	195	225	315
222.2	Prüfung der Ergebnisse der zerstörungsfreien Prüfung der Schweißnähte (Unterabschnitt 6.8.1.23 ADR).	40 je begonnene Viertelstunde	40 je begonnene Viertelstunde	40 je begonnene Viertelstunde
222.3	Druckprüfung (Unterabschnitt 6.7.2.19, 6.7.3.15, 6.7.4.14, 6.7.5.12, 6.8.2.4, Abschnitt 6.9.5 ADR).	100	115	130
222.4	Dichtheits- und Funktionsprüfung der Ausrüstungsteile (Unterabschnitt 6.7.2.19, 6.7.3.15, 6.7.4.14, 6.7.5.12, 6.8.2.4, 6.8.3.4, Abschnitt 6.9.5 ADR).	65	65	65
222.5	Prüfung der Übereinstimmung mit dem Baumuster im Anschluss an 222.1 bis 222.4.	100	120	155
222.6	Prüfung des inneren und äußeren Zustands (Unterabschnitt 6.7.2.19, 6.7.3.15, 6.7.4.14, 6.7.5.12, 6.8.2.4, 6.8.3.4, Abschnitt 6.9.5 ADR).	60 bis 90	80 bis 120	100 bis 150
222.7	Prüfung der elektrischen Ausrüstung für die Bedienungsausrüstung der festverbundenen Tanks (Unterabschnitt 9.1.2.1 ADR).	100	120	155
223	Wiederkehrende Prüfung (P), Gebührenhöhe abhängig vom Fassungsraum des Tanks (Kapitel 6.7 bis 6.10 ADR):			
223.1	Prüfung des inneren und äußeren Zustands (Unterabschnitt 6.7.2.19, 6.7.3.15, 6.7.4.14, 6.7.5.12, 6.8.2.4, 6.8.3.4, Abschnitt 6.9.5, 6.10.4 ADR).	145 bis 175	180 bis 220	215 bis 265
223.2	Druckprüfung (Unterabschnitt 6.7.2.19, 6.7.3.15, 6.7.4.14, 6.7.5.12, 6.8.2.4, 6.8.3.4, Abschnitt 6.9.5 ADR).	100	115	130
223.3	Dichtheits- und Funktionsprüfung der Ausrüstungsteile (Unterabschnitt 6.7.2.19, 6.7.3.15, 6.7.4.14, 6.7.5.12, 6.8.2.4, 6.8.3.4, Abschnitt 6.9.5 ADR).	65	65	65

GGKostV

Gebühren-nummer	Gebührentatbestand	Gebühr (EUR) bis 7 500 Liter:	Gebühr (EUR) bis 20 000 Liter:	Gebühr (EUR) über 20 000 Liter:
223.4	Nachprüfung der elektrischen Ausrüstungsausrüstung der festverbundenen Tanks (Unterabschnitt 9.1.2.3 ADR).	65	65	65
224	Zwischenprüfung (L) (Unterabschnitt 6.7.2.19, 6.7.3.15, 6.7.4.14, 6.7.5.12, 6.8.2.4, 6.8.3.4, Abschnitt 6.9.5, 6.10.4 ADR).	210	230	265

Gebühren-nummer	Gebührentatbestand	Gebühr (EUR)
225	Sonderregelungen für Prüfungen (Kapitel 6.7 bis 6.10):	
225.1	Im Zusammenhang mit den Prüfungen vor Inbetriebnahme durchzuführende oder wiederkehrende Funktionsprüfungen von ausgebauten Armaturen (Unterabschnitt 6.8.3.4 ADR).	20 je Funktionsprüfung
225.2	Außerordentliche Prüfungen (Unterabschnitt 6.7.2.19, 6.7.3.15, 6.7.4.14, 6.7.5.12, 6.8.2.4, 6.8.3.4 ADR). Für Prüfungen werden die Gebühren für die entsprechenden erstmaligen oder wiederkehrenden Prüfungen erhoben.	
225.3	Bei Tanks, die durch Trennwände unterteilt sind, wird bei der erstmaligen Prüfung, wiederkehrenden Prüfung und der Zwischenprüfung (Unterabschnitt 6.7.2.19, 6.7.3.15, 6.7.4.14, 6.7.5.12, 6.8.2.4, 6.8.3.4, Abschnitt 6.9.5, 6.10.4 ADR) ein Zuschlag je Abteil erhoben, sofern die Prüfung der Abteile getrennt erfolgt.	25
225.4	Dichtheits- und Funktionsprüfung der Ausrüstungsteile nach den Gebührennummern 222.4, 223.3 und 224 bei Behältern zum Transport von Gasen (Klasse 2).	40 je begonnene Viertelstunde
225.5	Bauprüfung bei Tanks zum Transport von tiefgekühlten verflüssigten Gasen der Klasse 2 (vakuumisolierte Behälter) (Unterabschnitt 6.7.4.14 und 6.8.3.4 ADR).	40 je begonnene Viertelstunde
225.6	Vakuummessung des Isolierraumes (Absatz 6.8.3.4.7 ADR).	55
225.7	Änderung der Zulassungsbescheinigung (Unterabschnitt 9.1.3.1 ADR), einschließlich eventuell erforderlicher Prüfungen.	40 je begonnene Viertelstunde
225.8	Für die Überprüfung und Bestätigung der Befähigung des Herstellers oder der Wartungs- oder Reparaturwerkstatt für die Ausführung von Schweißarbeiten und den Betrieb eines Qualitätssicherungssystems für Schweißarbeiten sowie die Anordnung zusätzlicher Prüfungen (Absatz 6.8.2.1.23 ADR) werden Gebühren nach Gebührennummer 226 berechnet.	
226	Für andere als die aufgeführten Prüfungen werden Gebühren für vergleichbare Prüfungen berechnet (Kapitel 6.7 und 6.8 ADR). Sind vergleichbare Prüfungen nicht angegeben, werden die Gebühren nach dem Zeitaufwand berechnet. Bei Anwendung besonderer Prüfverfahren oder einem erweiterten Prüfumfang ist der Mehraufwand ebenfalls nach dem Zeitaufwand zu berechnen.	40 je begonnene Viertelstunde
227	Getrennte Baumusterzulassung von Ventilen und anderen Bedienungsausrüstungen (Unterabschnitt 6.8.2.3 ADR):	
227.1	Ausstellen der Baumusterzulassungsbescheinigung.	40 je begonnene Viertelstunde

GGKostV

III. Teil: Eisenbahnverkehr

1. Abschnitt: Gebühren der Bundesbehörden

Gebühren-nummer	Gebührentatbestand	Gebühr (EUR)
311.1	Prüfung und Erteilung einer Ausnahme, einschließlich der Ausfertigung oder Verlängerung der Ausnahme (§ 5 Absatz 2 der Gefahrgutverordnung Straße, Eisenbahn und Binnenschifffahrt).	60 bis 2 000
311.2	Prüfung und Erteilung einer Genehmigung für die Fortsetzung einer Beförderung (§ 15 Absatz 1 Satz 1 Nummer 1 der Gefahrgutverordnung Straße, Eisenbahn und Binnenschifffahrt).	30 je begonnene Viertelstunde
312	Tanks der Kesselwagen (Kapitel 6.8 RID, § 15 Absatz 1 Satz 1 Nummer 8 und 10 der Gefahrgutverordnung Straße, Eisenbahn und Binnenschifffahrt):	
312.1	Für die – erstmalige Zulassung eines Baumusters, – Nachträge zu Zulassungen für Änderungen oder Ergänzungen, – Bescheinigung über die Zulassung einer Änderung (Absatz 6.8.2.3.4 RID) sowie – Zustimmung nach Absatz 1.6.3.3.1 RID zur Weiterverwendung von Kesselwagen für die Beförderung von Gasen der Klasse 2 werden Gebühren nach dem Zeitaufwand nach der Gebührennummer 617 berechnet.	

2. Abschnitt: Gebühren der Landesbehörden

Gebühren-nummer	Gebührentatbestand	Gebühr (EUR)
411	Prüfung und Erteilung einer Ausnahme einschließlich der Ausfertigung oder Verlängerung der Ausnahme (§ 5 Absatz 1 Nummer 2 der Gefahrgutverordnung Straße, Eisenbahn und Binnenschifffahrt).	50 bis 2 000

GGKostV

3. Abschnitt: Gebühren der Behörden und Stellen nach § 1 Absatz 1 Satz 1 Nummer 2 bis 4

Gebühren-nummer	Gebührentatbestand	Gebühr (EUR)
611	Baumusterprüfungen für Kesselwagen, abnehmbare Tanks, ortsbewegliche Tanks, UN-MEGC und Tankcontainer (Unterabschnitt 6.7.2.18, 6.7.3.14, 6.7.4.13, 6.7.5.11, 6.8.2.3, 6.9.4.4 RID):	
611.1	Prüfung der Antragsunterlagen.	40 je begonnene Viertelstunde
611.2	Für die übrigen im Rahmen der Baumusterprüfung von Kesselwagen und abnehmbaren Tanks anfallenden Prüfungen gelten die Gebühren nach Nummer 613.	
611.3	Für die übrigen im Rahmen der Baumusterprüfung von ortsbeweglichen Tanks, UN-MEGC und Tankcontainern anfallenden Prüfungen gelten die Gebühren nach Nummer 222.	

Gebühren-nummer	Gebührentatbestand	Gebühr (EUR) bis 50 000 Liter:	Gebühr (EUR) über 50 000 Liter:
613	Prüfungen vor Inbetriebnahme der Tanks (P), Gebührenhöhe abhängig vom Fassungsraum des Tanks (Kapitel 6.8 RID):		
613.1	Bauprüfung (Unterabschnitt 6.8.2.4, 6.8.3.4 RID).	250	315
613.2	Prüfung der Ergebnisse der zerstörungsfreien Prüfung der Schweißnähte (Absatz 6.8.2.1.23 RID).	40 je begonnene Viertelstunde	40 je begonnene Viertelstunde
613.3	Druckprüfung (Unterabschnitt 6.8.2.4 RID).	165	195
613.4	Dichtheitsprüfung des Tankkörpers und der Ausrüstungsteile und Funktionsprüfung der Ausrüstungsteile (Unterabschnitt 6.8.2.4 RID).	95	95
613.5	Prüfung der Übereinstimmung mit dem Baumuster im Anschluss an 613.1 bis 613.4.	95	110
613.6	Prüfung des inneren und äußeren Zustands (Unterabschnitt 6.8.2.4 RID).	80 bis 120	100 bis 150
614	Wiederkehrende Prüfungen (P), Gebührenhöhe abhängig vom Fassungsraum des Tanks (Kapitel 6.8 RID):		
614.1	Innere und äußere Prüfung (Unterabschnitt 6.8.2.4, 6.8.3.4 RID).	215 bis 255	245 bis 295
614.2	Druckprüfung (Unterabschnitt 6.8.2.4, 6.8.3.4 RID).	165	195
614.3	Dichtheitsprüfung des Tankkörpers und der Ausrüstungsteile und Funktionsprüfung der Ausrüstungsteile (Unterabschnitt 6.8.2.4, 6.8.3.4 RID):		
614.3.1	Klasse 2.	160	160
614.3.2	Klassen 3 bis 9.	95	95
615	Zwischenprüfung (L) (Unterabschnitt 6.8.2.4, 6.8.3.4 RID).	265	265

GGKostV

Gebühren-nummer	Gebührentatbestand	Gebühr (EUR)
616	Weitere Prüfungen:	
616.1	Bauprüfung bei Tanks zum Transport von tiefgekühlten verflüssigten Gasen der Klasse 2 (vakuumisolierte Behälter) (Unterabschnitt 6.7.4.14 RID).	40 je begonnene Viertelstunde
616.2	Vakuummessung des Isolierraumes (Absatz 6.8.3.4.7 RID).	55
616.3	Bei Eisenbahnkesselwagen, die nur mit Obenentleerung ausgerüstet sind (z.B. Klassen 3 bis 9), werden bei den Gebührennummern 613.3, 613.4, 614.2, 614.3 und 615 nur 70 Prozent der jeweiligen Gebühr berechnet.	
616.4	Außerordentliche Prüfungen (Absatz 6.8.2.4.4 RID): Für Prüfungen im Rahmen von außerordentlichen Prüfungen sind Gebühren wie für die entsprechenden erstmaligen oder wiederkehrenden Prüfungen zu entrichten.	
616.5	Einzelne Funktionsprüfungen: Im Zusammenhang mit den Prüfungen nach Unterabschnitt 6.8.2.4 und 6.8.3.4 RID vor Inbetriebnahme durchzuführende oder wiederkehrende Funktionsprüfungen von ausgebauten Armaturen.	20 je Funktionsprüfung
616.6	Für die Überprüfung und Bestätigung der Befähigung des Herstellers oder der Wartungs- oder Reparaturwerkstatt für die Ausführung von Schweißarbeiten und den Betrieb eines Qualitätssicherungssystems für Schweißarbeiten sowie die Anordnung zusätzlicher Prüfungen (Absatz 6.8.2.1.23 RID) werden Gebühren nach Gebührennummer 617 berechnet.	
617	Für andere als die aufgeführten Prüfungen werden Gebühren für vergleichbare Prüfungen berechnet (Kapitel 6.8 RID). Sind vergleichbare Prüfungen nicht angegeben, werden die Gebühren nach dem Zeitaufwand berechnet. Bei Anwendung besonderer Prüfverfahren oder einem erweiterten Prüfumfang ist der Mehraufwand ebenfalls nach dem Zeitaufwand zu berechnen.	40 je begonnene Viertelstunde
618	Getrennte Baumusterzulassung von Ventilen und anderen Bedienungsausrüstungen (Unterabschnitt 6.8.2.3 RID):	
618.1	Ausstellen der Baumusterzulassungsbescheinigung.	40 je begonnene Viertelstunde

GGKostV

IV. Teil: Binnenschiffsverkehr

1. Abschnitt: Gebühren der Bundesbehörden

Gebühren-nummer	Gebührentatbestand	Gebühr (EUR)
701	Prüfung zur Erteilung einer Ausnahme, einschließlich der Ausfertigung oder Verlängerung der Ausnahme, für Beförderungen innerhalb Deutschlands auf Bundeswasserstraßen (§ 5 Absatz 3 der Gefahrgutverordnung Straße, Eisenbahn und Binnenschifffahrt).	50 bis 2 000
702.1	Anerkennung der ADN-Sachkundigen Schulungen (Absatz 8.2.2.6.1 ADN).	80 bis 320
702.2	Aufsicht über die ADN-Sachkundigen Schulungen (Absatz 8.2.2.6.4 ADN).	55 je Stunde
703	Zulassung sowie Verlängerung und/oder Aufhebung einer Zulassung a) von Personen für die Bescheinigung der Rohrleitungstrennung vor der Beladung mit UN 1230 und UN 2983 und vor jeder Wiederaufnahme solcher Transporte (Unterabschnitt 3.2.3.1 Tabelle C Spalte 20 Nummer 12 Buchstabe q ADN), b) von sachkundigen Personen oder Firmen für die Reinigung von Ladetanks, in denen Wasserstoffperoxid-Lösungen befördert wurden (Unterabschnitt 3.2.3.1 Tabelle C Spalte 20 Nummer 33 Buchstabe i 2 ADN), c) für die Nachprüfung und Untersuchung der Feuerlöschgeräte, der Feuerlöschschläuche, der Lade- und Löschschläuche (Unterabschnitt 8.1.6.1 bis 8.1.6.3 ADN), d) für die Prüfung der elektrischen Anlagen und Geräte (Unterabschnitt 8.1.7.1 ADN), e) für die Prüfung der Anlagen und Geräte zum Einsatz in explosionsgefährdeten Bereichen, der Geräte vom Typ „begrenzte Explosionsgefahr", Anlagen und Geräte, die Unterabschnitt 9.3.1.51, 9.3.2.51, 9.3.3.51 entsprechen, sowie der autonomen Schutzsysteme (Unterabschnitt 8.1.7.2 ADN), f) für die Prüfung der Übereinstimmung von Unterlagen mit den Gegebenheiten an Bord (Absatz 9.3.1.8.4, 9.3.2.8.4, 9.3.3.8.4 ADN) und g) für die Feststellung und Bescheinigung des Ergebnisses des Entgasens von Ladetanks und im Bereich der Ladung befindlicher Rohrleitungen von Binnentankschiffen (Absatz 7.2.3.7.1.6 und 7.2.3.7.2.6 ADN).	150 bis 1 000
704	Anerkennung von Dokumenten nach Unterabschnitt 8.2.1.9 und 8.2.1.10 ADN.	55 bis 110
705	Eintragung eines Sichtvermerkes nach Absatz 1.6.7.2.2.2 und Abschnitt 8.1.2 ADN.	30
706	Prüfung und Ausstellung eines normalen Zulassungszeugnisses (Abschnitt 1.16.2 und Unterabschnitt 1.16.3 ADN) oder Ausstellung einer Ersatzausfertigung (Abschnitt 1.16.14 ADN).	40 bis 200
707	Prüfung und Verlängerung der Gültigkeitsdauer des normalen Zulassungszeugnisses im Ausnahmefall (Abschnitt 1.16.11 ADN) oder zur Vornahme von Änderungen im Zulassungszeugnis (Abschnitt 1.16.6 ADN).	30 bis 150
707a	Prüfung und Ausstellung oder Einziehung der Anlage zum Zulassungszeugnis (Unterabschnitt 1.16.2.5, 1.16.2.6 ADN).	40 bis 200

GGKostV

Gebühren-nummer	Gebührentatbestand	Gebühr (EUR)
708	Einziehung oder Prüfung zur Änderung des normalen Zulassungszeugnisses (Unterabschnitt 1.16.13.1 bis 1.16.13.3 ADN).	30 bis 100
709	Untersagung der Verwendung eines Schiffes (Unterabschnitt 1.16.13.2 ADN).	30 bis 100
710	Prüfung und Ausstellung eines vorläufigen Zulassungszeugnisses (Unterabschnitt 1.16.1.3 ADN).	30 bis 100
711	Prüfung und Erteilung der Genehmigung von Arbeiten an Bord mit elektrischem Strom oder Feuer oder wenn Funken entstehen können (Abschnitt 8.3.5 ADN).	80 bis 200
712	Genehmigung zum Füllen und Entleeren von Gefäßen, Tankfahrzeugen, Kesselwagen, Großpackmitteln (IBC), Großverpackungen, MEGC, ortsbeweglichen Tanks oder Tankcontainern auf dem Schiff (Unterabschnitt 7.1.4.16 ADN).	55
713	Genehmigung des Umladens der Ladung in ein anderes Schiff außerhalb einer dafür zugelassenen Umschlagstelle (Unterabschnitt 7.1.4.9 und 7.2.4.9 ADN).	80 bis 200
714	Schriftliche Genehmigung zum Beginn von Lade- und Löscharbeiten von Stoffen und Gegenständen der Klassen 1, 4.1 und 5.2, für die drei Kegel/drei blaue Lichter vorgeschrieben sind, oder wenn diese Stoffe an Bord sind (Absatz 7.1.4.8.1 ADN).	80 bis 200
715	Genehmigung des Be- und Entladens gemäß Unterabschnitt 7.1.6.14 ADN Sondervorschrift HA03 und Abschnitt 3.2.1 Tabelle A Spalte 11 ADN.	80 bis 200
716	Genehmigung geringerer Abstände beim Stillliegen außerhalb der besonderen Liegeplätze (Absatz 7.1.5.4.4 und 7.2.5.4.4 ADN).	80 bis 200
717	Prüfung und Eintragung der Zulassung einer Gleichwertigkeit in das Zulassungszeugnis (Unterabschnitt 1.5.3.3 ADN).	30
718	Prüfung und Ausstellung eines Zulassungszeugnisses zu Versuchszwecken (Unterabschnitt 1.5.3.2 ADN).	550 bis 1 100
719	nicht vergeben	
720	Zustimmung zum Laden oder Löschen von Trockengüterschiffen, wenn die erforderlichen Evakuierungsmittel nicht vorhanden sind (Absatz 7.1.4.7.1 ADN).	110
720.1	Zustimmung zum Laden oder Löschen von Tankschiffen, wenn nicht alle Fragen der Prüfliste mit „JA" beantwortet werden können (Absatz 7.2.4.10.1 ADN).	110
720.2	nicht vergeben	
721	Prüfung zum Nachweis über besondere Kenntnisse des ADN und zur Ausstellung der Bescheinigungen (Unterabschnitt 8.2.2.8 ADN):	
721.1	Prüfung von Schulungsteilnehmern zum Erwerb der Bescheinigung über besondere Kenntnisse des ADN (Basis) (Absatz 8.2.2.7.1.1 ADN).	50
721.2	Prüfung von Schulungsteilnehmern zum Erwerb der Bescheinigung über besondere Kenntnisse des ADN (Gas/Chemie) (Absatz 8.2.2.7.2.1 ADN).	60
721.3	Ausstellung der Bescheinigung über besondere Kenntnisse des ADN.	20
722	nicht vergeben	

GGKostV

Gebühren-nummer	Gebührentatbestand	Gebühr (EUR)
723	Prüfung und Erteilung der Zulassung alternativer Bauweisen (Absatz 9.3.4.1.4 ADN).	320 bis 640
724	Prüfung und Erteilung der Zulassung der abweichenden Kennzeichnung von Seeschiffen, die Binnenwasserstraßen nur zeitweilig befahren (Absatz 7.1.5.0.5 ADN).	30 bis 55
725	Prüfung und Auferlegung von Beschränkungen bezüglich der Einbeziehung von Schiffen, die gefährliche Güter befördern, in großen Schubverbänden oder Beschränkungen der Abmessungen der Verbände oder der gekuppelten Schiffe (Unterabschnitt 7.1.5.1 ADN).	30 bis 110
726	Prüfung und Erteilung der Befreiung von der Pflicht des ständigen Aufenthalts eines Sachkundigen an Bord in Hafenbecken oder zugelassenen Stellen (Absatz 7.1.5.4.2 und 7.2.5.4.2 ADN).	30 bis 110
727 und 728	nicht vergeben	
729	Prüfung und Erteilung der Zulassung von Abweichungen nach Absatz 7.2.4.2.4 ADN (Schiffbetriebsabfälle, Schiffbetriebsstoffe).	30 bis 55
730	Prüfung und Erteilung der Zulassung von Ausnahmen zum Verbot des Ladens oder Löschens während des Löschens von Ladetanks (Unterabschnitt 7.2.4.24 ADN).	55 bis 110
731	Prüfung und Erteilung der Zulassung der abweichenden Kennzeichnung von Seeschiffen, die Binnenwasserstraßen nur zeitweilig befahren (Absatz 7.2.5.0.3 ADN).	30 bis 110
732	Auferlegung von Beschränkungen zur Einbeziehung von Tankschiffen in großen Schubverbänden (Unterabschnitt 7.2.5.1 ADN).	30 bis 110
733 und 734	nicht vergeben	
735	Beaufsichtigung der Untersuchung eines Schiffes durch Untersuchungsstelle oder Klassifikationsgesellschaft (Unterabschnitt 1.16.3.1 ADN).	50 je Stunde
736	Prüfung und Zustimmung zum Entgasen an einer Annahmestelle, wenn nicht alle Fragen der Prüfliste mit „JA" beantwortet werden können (Absatz 7.2.3.7.2.2 ADN).	100
737	Prüfung und Genehmigung von Ladeplänen bei der Beförderung von UN 1280 und UN 2983 (Unterabschnitt 3.2.3.1 Tabelle C Spalte 20 Bemerkung 12 Buchstabe p ADN).	100
738	Prüfung und Genehmigung des Aufenthalts eines Schiffes an einer Lade- oder Löschstelle, bei der landseitig eine Explosionsschutzzone ausgewiesen ist, in dieser oder unmittelbar angrenzend an diese Zone, wenn das Schiff die Anforderungen des Absatzes 9.1.0.12.3 Buchstabe b oder c, des Unterabschnitts 9.1.0.51, der Absätze 9.1.0.52.1 und 9.1.0.52.2 nicht erfüllt (Absatz 7.1.4.7.3 ADN).	100
739	Prüfung und Zulassung einer Ausnahme bezüglich des Aufhaltens des Schiffes in einer von der Landanlage ausgewiesenen Explosionsschutzzone, wenn das Schiff die Anforderungen des Absatzes 9.3.x.12.4 Buchstabe b oder c, des Unterabschnitts 9.3.x.51, der Absätze 9.3.x.52.1 und 9.3.x.52.3 nicht erfüllt (Absatz 7.2.4.7.1 ADN).	100
740	Prüfung und Genehmigung des Aufenthalts eines Schiffes in einer oder unmittelbar angrenzend an eine landseitig ausgewiesene Explosionsschutzzone, wenn das Schiff die Anforderungen aus Absatz 7.1.3.51.5 und 7.1.3.51.6 nicht erfüllt (Absatz 7.1.3.51.8 ADN).	100

GGKostV

2. Abschnitt: Gebühren der Landesbehörden

Gebühren-nummer	Gebührentatbestand	Gebühr (EUR)
801	Prüfung zur Erteilung einer Ausnahme, einschließlich der Ausfertigung oder Verlängerung der Ausnahme, für Beförderungen innerhalb Deutschlands auf Wasserstraßen, die nicht Bundeswasserstraßen sind (§ 5 Absatz 1 Nummer 3 der Gefahrgutverordnung Straße, Eisenbahn und Binnenschifffahrt).	50 bis 2 000
802	Zustimmung zum Laden oder Löschen von Trockengüterschiffen, wenn die erforderlichen Evakuierungsmittel nicht vorhanden sind (Absatz 7.1.4.7.1 ADN).	110
803	Zustimmung zum Laden oder Löschen von Tankschiffen, wenn nicht alle Fragen der Prüfliste mit „JA" beantwortet werden können (Absatz 7.2.4.10.1 ADN).	110
804 bis 808	nicht vergeben	
809	Untersagung der Verwendung eines Schiffes (Unterabschnitt 1.16.13.2 ADN).	30 bis 100
810	nicht vergeben	
811	Prüfung und Erteilung der Genehmigung von Arbeiten an Bord mit elektrischem Strom oder Feuer oder wenn Funken entstehen können (Abschnitt 8.3.5 ADN).	80 bis 200
812	Genehmigung zum Füllen und Entleeren von Gefäßen, Tankfahrzeugen, Kesselwagen, Großpackmitteln (IBC), Großverpackungen, MEGC, ortsbeweglichen Tanks oder Tankcontainern auf dem Schiff (Unterabschnitt 7.1.4.16 ADN).	55
813	Genehmigung des Umladens der Ladung in ein anderes Schiff außerhalb einer dafür zugelassenen Umschlagstelle (Unterabschnitt 7.1.4.9 und 7.2.4.9 ADN).	80 bis 200
814	Schriftliche Genehmigung zum Beginn von Lade- und Löscharbeiten von Stoffen und Gegenständen der Klassen 1, 4.1 und 5.2, für die drei Kegel/drei blaue Lichter vorgeschrieben sind, oder wenn diese Stoffe an Bord sind (Absatz 7.1.4.8.1 ADN).	80 bis 200
815	Genehmigung des Be- und Entladens gemäß Unterabschnitt 7.1.6.14 ADN Sondervorschrift HA03 und Abschnitt 3.2.1 Tabelle A Spalte 11 ADN.	80 bis 200
816	Genehmigung geringerer Abstände beim Stillliegen außerhalb der besonderen Liegeplätze (Absatz 7.1.5.4.4 und 7.2.5.4.4 ADN).	80 bis 200
817 bis 821	nicht vergeben	
822	Zulassung sowie Verlängerung und/oder Aufhebung einer Zulassung für die Feststellung und Bescheinigung des Ergebnisses des Entgasens von Ladetanks und im Bereich der Ladung befindlicher Rohrleitungen von Binnentankschiffen (Absatz 7.2.3.7.1.6 und 7.2.3.7.2.6 ADN).	150 bis 500
823	nicht vergeben	
824	Prüfung und Erteilung der Zulassung der abweichenden Kennzeichnung von Seeschiffen, die Binnenwasserstraßen nur zeitweilig befahren (Absatz 7.1.5.0.5 ADN).	30 bis 55
825	Prüfung und Auferlegung von Beschränkungen bezüglich der Einbeziehung von Schiffen, die gefährliche Güter befördern, in großen Schubverbänden oder Beschränkungen der Abmessungen der Verbände oder der gekuppelten Schiffe (Unterabschnitt 7.1.5.1 ADN).	30 bis 110

GGKostV

Gebühren-nummer	Gebührentatbestand	Gebühr (EUR)
826	Prüfung und Erteilung der Befreiung von der Pflicht des ständigen Aufenthalts eines Sachkundigen an Bord in Hafenbecken oder zugelassenen Stellen (Absatz 7.1.5.4.2 und 7.2.5.4.2 ADN).	30 bis 110
827 und 828	nicht vergeben	
829	Prüfung und Erteilung der Zulassung von Abweichungen nach Absatz 7.2.4.2.4 ADN (Schiffbetriebsabfälle, Schiffbetriebsstoffe).	30 bis 55
830	Prüfung und Erteilung der Zulassung von Ausnahmen zum Verbot des Ladens oder Löschens während des Löschens von Ladetanks (Unterabschnitt 7.2.4.24 ADN).	55 bis 110
831	Prüfung und Erteilung der Zulassung der abweichenden Kennzeichnung von Seeschiffen, die Binnenwasserstraßen nur zeitweilig befahren (Absatz 7.2.5.0.3 ADN).	30 bis 110
832	Auferlegung von Beschränkungen zur Einbeziehung von Tankschiffen in großen Schubverbänden (Unterabschnitt 7.2.5.1 ADN).	30 bis 110
833 bis 835	nicht vergeben	
836	Prüfung und Zustimmung zum Entgasen an einer Annahmestelle, wenn nicht alle Fragen der Prüfliste mit „JA" beantwortet werden können (Absatz 7.2.3.7.2.2 ADN).	100
837	nicht vergeben	
838	Prüfung und Genehmigung des Aufenthalts eines Schiffes an einer Lade- oder Löschstelle, bei der landseitig eine Explosionsschutzzone ausgewiesen ist, in dieser oder unmittelbar angrenzend an diese Zone, wenn das Schiff die Anforderungen des Absatzes 9.1.0.12.3 Buchstabe b oder c, des Unterabschnitts 9.1.0.51, der Absätze 9.1.0.52.1 und 9.1.0.52.2 nicht erfüllt (Absatz 7.1.4.7.3 ADN).	100
839	Prüfung und Zulassung einer Ausnahme bezüglich des Aufenthalts des Schiffes in einer von der Landanlage ausgewiesenen Explosionsschutzzone, wenn das Schiff die Anforderungen des Absatzes 9.3.x.12.4 Buchstabe b oder c, des Unterabschnitts 9.3.x.51, der Absätze 9.3.x.52.1 und 9.3.x.52.3 nicht erfüllt (Absatz 7.2.4.7.1 ADN)	100
840	Prüfung und Genehmigung des Aufenthalts eines Schiffes in einer oder unmittelbar angrenzend an eine landseitig ausgewiesene Explosionsschutzzone, wenn das Schiff die Anforderungen aus Absatz 7.1.3.51.5 und 7.1.3.51.6 nicht erfüllt (Absatz 7.1.3.51.8 ADN).	100

GGKostV

V. Teil: Seeschiffsverkehr

1. Abschnitt: Gebühren der Bundesbehörden

Gebühren-nummer	Gebührentatbestand	Gebühr (EUR)
901	Prüfung und Erteilung einer Ausnahme, einschließlich der Ausfertigung oder Verlängerung der Ausnahme (§ 7 Absatz 3 und 4 der Gefahrgutverordnung See).	50 bis 2 000
902	Erteilung der Zustimmung nach Unterabschnitt 2.10.2.6 des IMDG-Codes (§ 14 der Gefahrgutverordnung See).	25 je begonnene Viertelstunde
903	Ausstellung von Bescheinigungen über die Übereinstimmung mit den besonderen Vorschriften für Schiffe, die gefährliche Güter befördern (§ 15 Nummer 1 der Gefahrgutverordnung See)	50 bis 2 000

2. Abschnitt: Gebühren der Landesbehörden

Gebühren-nummer	Gebührentatbestand	Gebühr (EUR)
1001	Prüfung und Erteilung einer Ausnahme, einschließlich der Ausfertigung oder Verlängerung der Ausnahme (§ 7 Absatz 1 der Gefahrgutverordnung See).	50 bis 2 000
1002	Amtshandlungen, einschließlich Prüfungen, der in § 9 Absatz 2 der Gefahrgutverordnung See genannten Landesbehörden, für Aufgaben, die ihnen im IMDG-Code zugewiesen sind.	25 je begonnene Viertelstunde

3. Abschnitt: Gebühren der Stellen nach § 1 Absatz 1 Satz 1 Nummer 2 bis 4

Gebühren-nummer	Gebührentatbestand	Gebühr (EUR)
1050	Prüfung und Erteilung einer Bescheinigung für IMO-Tanks (Absatz 6.8.3.1.3.2, 6.8.3.2.3.2, 6.8.3.3.3.2 und 6.8.3.4.3.2 IMDG-Code).	25 je begonnene Viertelstunde
1060	Baumusterprüfungen für ortsbewegliche Tanks und UN-MEGC (Unterabschnitt 6.7.2.18, 6.7.3.14, 6.7.4.13 und 6.7.5.11 IMDG-Code):	
1060.1	Prüfung der Antragsunterlagen.	40 je begonnene Viertelstunde
1060.2	Für die übrigen im Rahmen der Baumusterprüfung anfallenden Prüfungen gelten die Gebühren nach Nummer 1061.	

GGKostV

Gebühren-nummer	Gebührentatbestand	Gebühr (EUR) bis 7 500 Liter:	Gebühr (EUR) bis 20 000 Liter:	Gebühr (EUR) über 20 000 Liter:
1061	Prüfung vor Inbetriebnahme, Gebührenhöhe abhängig vom Fassungsraum des Tanks (Kapitel 6.7 IMDG-Code):			
1061.1	Bauprüfung (Unterabschnitt 6.7.2.19, 6.7.3.15, 6.7.4.14 und 6.7.5.12 IMDG-Code).	195	225	315
1061.2	Druckprüfung (Unterabschnitt 6.7.2.19, 6.7.3.15, 6.7.4.14 und 6.7.5.12 IMDG-Code).	100	115	130
1061.3	Dichtheits- und Funktionsprüfung der Ausrüstungsteile (Unterabschnitt 6.7.2.19, 6.7.3.15, 6.7.4.14 und 6.7.5.12 IMDG-Code).	65	65	65
1061.4	Prüfung der Übereinstimmung mit dem Baumuster im Anschluss an 1061.1 bis 1061.3 (Unterabschnitt 6.7.2.19, 6.7.3.15, 6.7.4.14 und 6.7.5.12 IMDG-Code).	100	100	100
1061.5	Prüfung des inneren und äußeren Zustands (Unterabschnitt 6.7.2.19, 6.7.3.15, 6.7.4.14 und 6.7.5.12 IMDG-Code).	60 bis 90	80 bis 120	100 bis 150
1062	Wiederkehrende Prüfung, Gebührenhöhe abhängig vom Fassungsraum des Tanks:			
1062.1	Prüfung des inneren und äußeren Zustands (Unterabschnitt 6.7.2.19, 6.7.3.15, 6.7.4.14 und 6.7.5.12 IMDG-Code).	145 bis 175	180 bis 220	215 bis 265
1062.2	Druckprüfung (Unterabschnitt 6.7.2.19, 6.7.3.15, 6.7.4.14 und 6.7.5.12 IMDG-Code).	100	115	130
1062.3	Dichtheits- und Funktionsprüfung der Ausrüstungsteile (Unterabschnitt 6.7.2.19, 6.7.3.15, 6.7.4.14 und 6.7.5.12 IMDG-Code).	65	65	65
1063	Zwischenprüfung (Unterabschnitt 6.7.2.19, 6.7.3.15, 6.7.4.14 und 6.7.5.12 IMDG-Code).	210	230	265

Gebühren-nummer	Gebührentatbestand	Gebühr (EUR)
1064	Sonderregelungen für Prüfungen (Kapitel 6.7 IMDG-Code):	
1064.1	Außerordentliche Prüfungen (Unterabschnitt 6.7.2.19, 6.7.3.15, 6.7.4.14 und 6.7.5.12 IMDG-Code). Für Prüfungen werden die Gebühren für die entsprechenden erstmaligen oder wiederkehrenden Prüfungen erhoben.	

GGKostV

VI. Teil: Ortsbewegliche Druckgeräte

1. Abschnitt: Gebühren der Bundesbehörden

Gebühren-nummer	Gebührentatbestand	Gebühr (EUR)
1101	Überwachung nach den §§ 21 bis 23 der Ortsbewegliche-Druckgeräte-Verordnung vom 29. November 2011 (BGBl. I S. 2349), die zuletzt durch Artikel 491 der Verordnung vom 31. August 2015 (BGBl. I S. 1474) geändert worden ist, des Herstellers, Bevollmächtigten, Einführers, Vertreibers, Eigentümers oder Betreibers durch die nach § 20 Absatz 1 Nummer 1 und 2 zuständige Behörde, wenn die Überwachungsmaßnahme auf Grund eines begründeten Verdachts oder einer Beschwerde oder als Stichprobe durchgeführt wurde.	25 je begonnene Viertelstunde

2. Abschnitt: Gebühren der Landesbehörden

Gebühren-nummer	Gebührentatbestand	Gebühr (EUR)
1102	Überwachung nach den §§ 21 bis 23 der Ortsbewegliche-Druckgeräte-Verordnung vom 29. November 2011 (BGBl. I S. 2349), die zuletzt durch Artikel 491 der Verordnung vom 31. August 2015 (BGBl. I S. 1474) geändert worden ist, des Herstellers, Bevollmächtigten, Einführers, Vertreibers, Eigentümers oder Betreibers durch die nach § 20 Absatz 1 Nummer 3 zuständige Behörde, wenn die Überwachungsmaßnahme auf Grund eines begründeten Verdachts oder einer Beschwerde oder als Stichprobe durchgeführt wurde.	25 je begonnene Viertelstunde

3. Abschnitt: Gebühren der Stellen nach § 1 Absatz 1 Satz 1 Nummer 4

Gebühren-nummer	Gebührentatbestand	Gebühr (EUR)
1201	Bescheinigung über die Zulassung einer Änderung nach Absatz 1.8.7.2.5 ADR/RID.	40 je begonnene Viertelstunde
1202	Aufgaben nach Unterabschnitt 4.1.4.1 Verpackungsanweisung P 200 mit Ausnahme des Absatzes 9 ADR/RID.	40 je begonnene Viertelstunde
1203	Festlegung der Prüffristen nach Unterabschnitt 4.1.4.1 Verpackungsanweisung P 200 Absatz 9 ADR/RID.	40 je begonnene Viertelstunde
1204	Prüfung und Zulassung der Druckgefäße nach Absatz 6.2.1.4.1 ADR/RID.	40 je begonnene Viertelstunde
1205	Anerkennung des Qualitätssicherungsprogramms nach Absatz 6.2.1.4.2 ADR/RID.	40 je begonnene Viertelstunde
1206	Wiederkehrende Prüfungen nach den Absätzen 6.2.1.6.1 und 6.2.1.6.2 ADR/RID.	40 je begonnene Viertelstunde
1207	Bewertung der Eignung des Herstellers nach Absatz 6.2.1.7.2 ADR/RID.	40 je begonnene Viertelstunde

GGKostV

Anlage 2
(zu § 1 Absatz 2)

Gebührenverzeichnis
Gebühren des Bundesamtes für die Sicherheit der nuklearen Entsorgung

Inhaltsübersicht

	Gebührennummer
I. Teil: Amtshandlungen nach § 11 der Gefahrgutverordnung Straße, Eisenbahn und Binnenschifffahrt	001 bis 006
II. Teil: Amtshandlungen nach § 13 der Gefahrgutverordnung See	100

I. Teil: Amtshandlungen nach § 11 der Gefahrgutverordnung Straße, Eisenbahn und Binnenschifffahrt

Gebühren-nummer	Gebührentatbestand	Gebühr (EUR)
001	Prüfung und Erteilung der Genehmigung für die Bestimmung von nicht in Tabelle 2.2.7.2.2.1 aufgeführten Radionuklidwerten und von alternativen Radionuklidwerten nach Absatz 2.2.7.2.2.2 ADR/RID/ADN.	50 bis 25 000
002	Prüfung und Erteilung der Genehmigung der Beförderung von radioaktiven Stoffen (Absatz 5.1.5.1.2 ADR/RID/ADN).	50 bis 25 000
003	Prüfung und Erteilung der Beförderungsgenehmigung durch Sondervereinbarungen zur Beförderung radioaktiver Stoffe (Absatz 5.1.5.1.3 in Verbindung mit Abschnitt 1.7.4 ADR/RID/ADN.	50 bis 25 000
004.1	Prüfung und Erteilung der Zulassung der Bauart von Versandstücken für radioaktive Stoffe mit einer Gesamtbruttomasse von weniger als 1 000 Kilogramm (Absatz 5.1.5.2.1 und 5.1.5.3.5, Unterabschnitt 6.4.22.2 bis 6.4.22.4 ADR/RID) und die Bestätigung nach Unterabschnitt 6.4.22.8 Buchstabe a ADR/RID.	50 bis 25 000
004.2	Prüfung und Erteilung der Zulassung der Bauart von Versandstücken für radioaktive Stoffe mit einer Gesamtbruttomasse von mehr als 1 000 Kilogramm (Absatz 5.1.5.2.1 und 5.1.5.3.5, Unterabschnitt 6.4.22.2 bis 6.4.22.4 ADR/RID) und die Bestätigung nach Unterabschnitt 6.4.22.8 Buchstabe a ADR/RID.	50 bis 2 000 000
005	Prüfung und Erteilung der Zulassung der Bauart von gemäß Absatz 2.2.7.2.3.5 Buchstabe f freigestellten spaltbaren Stoffen (Absatz 5.1.5.2.1 und 5.1.5.3.5, Unterabschnitt 6.4.22.6 ADR/RID).	50 bis 25 000
006	Prüfung und Erteilung der Genehmigung des Strahlenschutzprogramms für die Beförderung von radioaktiven Stoffen mit einem Spezialschiff (Absatz 7.1.4.14.7.3.7 ADN).	50 bis 25 000

II. Teil: Amtshandlungen nach § 13 der Gefahrgutverordnung See

Gebühren-nummer	Gebührentatbestand	Gebühr (EUR)
100	Amtshandlungen, einschließlich Prüfungen, nach § 13 der Gefahrgutverordnung See.	50 bis 2 000 000

2205

GGKostV

Anlage 3
(zu § 1 Absatz 3)

Gebührenverzeichnis
Gebühren der Bundesanstalt für Materialforschung und -prüfung

Amtshandlungen, einschließlich Prüfungen, der Bundesanstalt für Materialforschung und -prüfung (BAM) ergeben sich aus § 8 der Gefahrgutverordnung Straße, Eisenbahn und Binnenschifffahrt und aus § 12 Absatz 1 der Gefahrgutverordnung See. Für die Gebührenfestsetzung werden die Stundensätze der jeweils tätigen Organisationseinheiten der BAM zugrunde gelegt.

Organisations-einheit Abteilung	Bezeichnung der Organisationseinheit	Stundensatz (EUR)
1	Analytische Chemie; Referenzmaterialien	126
2	Chemische Sicherheitstechnik	154
3	Gefahrgutumschließungen	133
4	Material und Umwelt	137
5	Werkstofftechnik	149
6	Materialschutz und Oberflächentechnik	131
7	Bauwerkssicherheit	115
8	Zerstörungsfreie Prüfung	132
9	Komponentensicherheit	132
S	Qualitätsinfrastruktur	138

GGKostV

Anlage 4
(zu § 1 Absatz 4)

Gebührenverzeichnis
Gebühren des Kraftfahrt-Bundesamtes

Gebühren für die Erteilung einer Typgenehmigung

Gebühren-nummer	Gebührentatbestand	Gebühr (EUR)
001	Prüfung und Erteilung der Typgenehmigung nach der ECE-Regelung Nr. 105 (Einheitliche Bedingungen für die Genehmigung von Fahrzeugen für den Transport gefährlicher Güter hinsichtlich ihrer besonderen konstruktiven Merkmale) bzw. Erteilung einer Typgenehmigung nach der Richtlinie 98/91/EG des Europäischen Parlaments und des Rates vom 14. Dezember 1998 über Kraftfahrzeuge und Kraftfahrzeuganhänger, die zur Beförderung gefährlicher Güter auf der Straße bestimmt sind, und zur Änderung der Richtlinie 70/156/EWG über die Betriebserlaubnis für Kraftfahrzeuge und Kraftfahrzeuganhänger (ABl. L 11 vom 16.1.1999, S. 25).	404 bis 537
002	Prüfung und Erteilung des Nachtrags zu einer Typgenehmigung:	
002.1	Zu einer Typgenehmigung nach der ECE-Regelung Nr. 105 (Einheitliche Bedingungen für die Genehmigung von Fahrzeugen für den Transport gefährlicher Güter hinsichtlich ihrer besonderen konstruktiven Merkmale) bzw. zu einer Typgenehmigung nach der Richtlinie 98/91/EG des Europäischen Parlaments und des Rates vom 14. Dezember 1998 über Kraftfahrzeuge und Kraftfahrzeuganhänger, die zur Beförderung gefährlicher Güter auf der Straße bestimmt sind, und zur Änderung der Richtlinie 70/156/EWG über die Betriebserlaubnis für Kraftfahrzeuge und Kraftfahrzeuganhänger (ABl. L 11 vom 16.1.1999, S. 25):	
002.1.1	ohne Gutachten.	125 bis 200
002.1.2	mit Gutachten.	251 bis 260
003	Prüfung und Erteilung von Nachträgen ohne Gutachten für mehrere Erlaubnisse oder Genehmigungen gleichzeitig auf Grund desselben Sachverhalts wird eine Gebühr nach Gebührennummer 002.1.1 bzw. 002.1.2 (einmalig) zuzüglich 22,00 Euro für jeden weiteren Folgenachtrag erhoben.	
004	Prüfung und Erteilung der Unbedenklichkeitserklärung bei nachträglichen Änderungen genehmigter Fahrzeug- und Fahrzeugteiletypen wird die Hälfte der jeweiligen Gebühr nach den Gebührennummern 002.1.1 bis 002.1.2 berechnet.	
005	Nachprüfung der Übereinstimmung der Produktion auf Grund einer durch das Kraftfahrt-Bundesamt erteilten Erlaubnis oder Genehmigung, wenn:	
005.1	ein Verstoß gegen Meldepflichten festgestellt wird.	141
005.2	eine Abweichung vom genehmigten Typ oder von den Vorschriften über die Erlaubnis oder Genehmigung festgestellt wird.	361

GGKostV

Anlage 5
(zu § 1 Absatz 5)

Gebührenverzeichnis
Gebühren der Physikalisch-Technischen Bundesanstalt

Gebühren (Stundensätze) der Organisationseinheiten der Physikalisch-Technischen Bundesanstalt für Amtshandlungen nach § 16 Absatz 1 der Gefahrgutverordnung Straße, Eisenbahn und Binnenschifffahrt.

Gebühren-nummer	Gebührentatbestand	Stundensatz (EUR)
001	Prüfung und Erteilung der Typzulassung von Hochgeschwindigkeitsventilen, Flammendurchschlagsicherungen sowie der Deflagrationssicherheit von Probeentnahmeöffnungen und der Vorrichtung zum gefahrlosen Entspannen von Ladetanks (Absatz 1.6.7.2.2.2 Übergangsvorschrift zu Abschnitt 1.2.1 ADN).	138
002	Prüfung und Zulassung von elektrischen Einrichtungen hinsichtlich ihrer Betriebssicherheit in explosionsfähiger Atmosphäre (Absatz 1.6.7.2.2.2 ADN).	138